類語例解辞典◆分類一覧 5–9

5 社会生活

01…生計
02…勤務・仕事
03…職業
04…会議・集団
05…産業・流通・交通
06…社会・世間
07…国家・政治
08…法・裁判・警察
09…戦争・平和・治安
10…軍事
11…階級・階層
12
13
14
15
16
17
18
19
20

6 文化

01…学問・研究
02…教育
03…道徳
04…宗教
05…儀式・祭事
06…文化・風俗・習慣
07…言語・文字
08…記号・目印
09…読み書き
10…文章・文書
11…表現
12…発言
13…議論
14…芸術
15…芸能
16…文芸
17…趣味・レジャー
18…情報・伝達
19…マスコミ
20…スポーツ

7 自然

01…天体・日月
02…天地
03…海
04…川・池・湖
05…都市・道路
06…地理・地形
07…水利・水
08…風景
09…土砂・岩石
10…季節
11…年月
12…寒暖
13…天気・天候
14…火
15…光
16…色
17…音
18…自然現象
19…動物
20…植物

8 事柄・性質

01…状態
02…基礎・中心
03…構造
04…形式・様式
05…全体・部分
06…概念・観念
07…真偽
08…数量
09…外に現れた性質
10…内面的な性質
11…形状
12…方法・手段
13…原因・結果
14…始まり・終わり
15…時・時間
16…今昔
17…位置
18…価値
19…程度
20…事柄・用件

9 物の動き

01…存在
02…運動
03…移動
04…離合
05…接触
06…出し入れ
07…開閉
08…変化・変質
09…破壊
10…作成
11…発生
12…存続
13…増減・消失
14…進歩・発展
15…混乱
16…影響
17…均衡
18…類似
19…優劣
20…制限・禁止

類語例解辞典

目次

はじめに ①〜②
記述の要領 ③〜⑦
分類一覧 ⑧〜⑩
五十音順総索引 ❶〜⑱⓪
本文編 1〜1108
助詞・助動詞解説編 1109〜1143
英語表現索引 巻末❶〜⑦①

使い方の分かる

類語例解辞典

新装版

A DICTIONARY OF SYNONYMS IN JAPANESE

A DICTIONARY OF SYNONYMS IN JAPANESE

小学館

類語例解辞典◆編集委員

遠藤織枝　元文教大学教授

小林賢次　元早稲田大学特任教授

三井昭子　元桜美林大学講師

村木新次郎　同志社女子大学特任教授

吉沢　靖　元昭和学院短期大学教授

はじめに

国際社会の一員としての日本のあり方が問われている今日、日本語の評価もまた、劇的な変化を遂げようとしている。日本語はもはや日本人だけの言語ではなくなろうとしているのである。海外への企業の進出、外国人の受け入れなどに伴っての日本語教育の盛況ぶりは、まさにその事実を裏付けるものであるといえよう。

こうした状況の中で、日本人自身も、日常漫然と使ってきたわが言語を客観的に見直す必要に迫られているのではないだろうか。

この辞典は、こうした日本語をとりまく新しい状況に対応するひとつの試みとして、特に日本語を母国語としている者ですら説明に窮することの多い類語のニュアンスの違いを明らかにすることを第一の目標として企画された。幸い編集委員をはじめとする大勢の方々の協力を得て、大方の成果を得たと自負するものである。

この辞典には、さまざまな新機軸が盛り込まれている。まず、従来の国語辞典のように、見出しを機械的な五十音順に配列するのではなく、意味の似ている言葉を集めて類語のグループを作り、そのグループ毎に解説を施すという方式を採った。よく似た意味の言葉、すなわち類語、同義語を取り出して整理した上で、それらを対比することによってより理解が深まると考えられる語、のべ約二万五千語を精選し、約六千の類語のグループを構築した。これは、現代の一般的な言語生活において遭遇する類語の数としては、まず妥当なものと考える。

解説は、例文や複合語例などを多用して、実際の使われ方から、類語の意味や用法の違いが理解できるように努めた。さらに、類語の対比表を随所に掲げ、類語の用いられ方の差異が具体的な例文によってそのニュアンスの違いを対比してとらえられるように工夫した。これは先に刊行した『現代国語例解辞典』での対比表の成果をふまえて発展させたものである。類語辞典でありながら「例解」の名を冠した所以である。

さらに新たな試みとして、必要に応じてそのグループに共通する意味にほぼ相当する英語表現を添えた。これもまた、日本語の国際化という現象をふまえたもので、英語を借りて日本語の類語の対比を理解する糸口としようという試みである。

この辞典が、日本語のニュアンスを大事にして、さらに理解を深めたいと思っている人々、日本語を再確認したいと思っている人や日本語を第二言語として学んでいる人のよき伴侶となることを期待するものである。

なお、新しい試みであるが故に思わぬ遺漏その他も多いかと危惧するものであるが、この辞典が読者諸賢の叱正を仰ぎつつ成長していくことを願ってやまない。

一九九三年一一月

小学館

「新装版」によせて

本書の刊行から、早くも一〇年の歳月が経過した。発刊の第一の目標に掲げた「類語のニュアンスの違いを明らかにする」という行き方は多くの読者の賛同を得て、版を重ねることができた。今回、読者から寄せられた声をもとに、活字・表組み・記号など紙面の体裁を一新して、装いも新たにごらんいただくことになった。ここにあらためて、倍旧のご支持とご批正を請うものである。

二〇〇三年一一月

小学館

類語例解辞典

記述の要領

全体の構成と、分類・配列について

◆この辞典は、意味の似ている類語を一括した複数の言葉からなる類語グループが、解説の単位となっている。類語グループは全部で六千あり、のべ約二万五千の言葉を包含している。

◆類語グループは、人間に関するものから、人間の動作、性質、生活、外界の事物、自然の事象にいたるまでの、一〇の大分類、さらにこれらの大分類をそれぞれ二〇ずつに分けた中分類と、計二〇〇の分類の枠の中におさめられている。枠の中での類語グループは、近い意味をもつグループが隣り合うように配列した。↓分類一覧参照

◆大分類、中分類、類語グループと段階を追った分類をコード化した数字を、各類語グループに付与した。

分類コードは、五桁の数字から成り、それぞれの数字の表わす意味は、以下の通りである。

①一桁目の**0**～**9**の数字…大分類
②二・三桁目の**01**～**20**の数字…中分類
③ハイフン(-)以下の二桁の数字…グループの番号

▼例▲

③グループの番号
②中分類
①大分類

7 15-22 光る(ひか) 照る(て)

なお、助詞・助動詞およびその複合形のグループに関しては**999**という上位分類コードと下位のグループ番号とを付けて、一括して示した。↓一一 助詞・助動詞の解説

一二 索引

◆巻頭に五十音順総索引を、巻末に英語表現索引を掲げて検索の便を図った。↓

解説の仕方について

一 **見出し**

1 類語グループを構成する語を、分類コードの下に一括して掲げ、見出しとした。語と語の境はスラッシュ(／)をおくか、改行するかした。

▼例▲

7 15-22
光る(ひか)／輝く(かがや)／きらめく
照る(て)

2 類語グループの各語と意味の上で関連の深い語がある場合、それを関連語と名付け、**【関連語】**の記号の後に示した。

▼例▲

7 15-22
光る(ひか)／輝く(かがや)／きらめく
照る(て)
【関連語】◆**(閃く)**ひらめく◆**(照り輝く)**てりかがやく◆**(照り付ける)**てりつける◆**(ぎらつく)**

3 意味の似ている語が特になく、類語グループを構成しない場合には、単独で見出しとし、固有の分類コードを付与した。

▼例▲

0 02-02
つむじ

4　見出しの表記は、標準的な表記にとらわれず、語の弁別が容易となるように当てられる漢字を取り込んだかたちを表記としたものも多い。漢字には、すべてわきに読みがなをつけた。

二　共通する意味の記述

1　類語グループを構成する各語に共通する意味、すなわちグループ内の各語をまとめるよりどころとなった意味を **共通する意味** の欄に記述した。

▼例▲

7 15-22　光る(ひか)／輝く(かがや)／きらめく／照る(て)

【関連語】◆(閃く)ひらめく◆(照り輝く)てりかがやく◆(照り付ける)てりつける◆(ぎらつく)

共通する意味★光を発する。**【英】** *to shine*

2　意味記述はごく概括的なものであるが、それに相当する英語表現を、**【英】**として添えた場合もある。→一〇　意味欄で示した英語について

三　使い方の例示と品詞の注記

1　類語グループを構成する各語の、共通する意味での用法が明らかになるように典型的な例文や複合語例を **使い方** の欄に示した。

2　例文や複合語は、〔　〕内に入れて示された各語の後に、▽に続けて列挙した。

▼例▲

使い方▼〔**光る**〕(ラ五)▽白刃が**光る**▽親の目が**光っ**ている(＝監視する)　〔**輝く**〕(カ五)▽朝日が**輝く**▽**輝く**瞳(ひとみ)　〔**きらめく**〕(カ五)▽ネオンが**きらめく**　〔**照る**〕(ラ五)▽太陽が**照る**▽月がこうこうと**照る**

3　例文中の見出し語にあたる部分は、ゴシック体の活字で示した。その際、表記は必ずしも見出しの表記にはよらず、現在一般に通用していると思われる標準的な表記によった。

4　例文に説明を要するような場合は、(＝　)の中に示した。

5　品詞の注記を、例文等に先立って〔　〕でくくった語の後に、次のように略したかたちで示した。

a　名詞の品詞表示は特に示さない。ただし、形容動詞・副詞としても用いられる場合には、(名・形動)(名・形動たる・と)(名・副)のように示した。

b　代名詞…(代名)

c　動詞…活用する行と、活用の種類を示した。
ア行五段活用…(ア五)　カ行上一段活用…(カ上一)　ラ行下一段活用…(ラ下一)　カ行変格活用…(カ変)　サ行変格活用…(サ変)

d　形容詞…(形)　〔文語形容詞シク活用〕…(形シク)

e　形容動詞…(形動)　〔文語型タリ活用の形容動詞〕…(形動たる・と)

f　副詞…(副)　g　連体詞…(連体)　h　接続詞…(接続)

i　感動詞…(感動)　j　接頭語…(接頭)　k　接尾語…(接尾)

l　連語…(連語)

なお、名詞や副詞で「する」をともなって、サ変動詞のように使われるものは、スルの注記を加えた。

四　類語対比表

1　類語グループを構成する各語と、それらの語を含む共通の例文を組み合わせて、その可否を示すことによって、類語の用いられ方の差異が対比してとらえられるように工夫した表を設けた。

2　表内で、組み合わせの可否の判断を、○△－で示した。○は抵抗なく用いられること、△は用いることもできるが避けた方が無難と考えられること、－は不適当と思われることを表わしている。これらの判断は、男女、年齢、経歴等、相当の配慮をした集団によっておこなった。

▼例▲

	夜空に月が□	ダイヤが□	頬(ほお)に涙が□	□星座	日がかんかん□
光る	○	○	○	－	－
輝く	○	○	－	○	－
きらめく	△	○	－	○	－
照る	○	－	－	－	○

3　ここで示された例文は、あくまでも各語に共通する意味についてのものに限っていて、他の意味がかかわる例文は原則として比較の対象とはしていない。

五　さらに詳しい意味と使い分け

1　共通する意味を越えてなお存在する各語の意味の差や用法の違いなどを**使い分け**の欄で解説した。ただし、グループ内のすべての語について解説を施したわけではなく、使い分けが微妙であったり、特記する事柄があったりする場合に、それらを箇条書きで示した。また、意味や用法に大きな差がないグループでは、この欄を省略した場合もある。

▼例▲

使い分け【1】「光る」は、それ自体が光を発したり、光を反射したりして明るく見えるものについて広く使われる。【2】「輝く」「きらめく」は、まぶしいほどの光を四方に発する意で、多く、きらきらと美しく見える場合に使われる。【3】「照る」は、特に、太陽や月が光を発する場合に使われる。【4】「光る」には、「彼の作品がひときわ光っている」のように、他よりもいちだんとすぐれて目立つ意もある。【5】「輝く」には、「希望に輝く顔」「栄冠に輝く」のように、喜びや名誉などを得て、華々しく感じられる意もある。【6】「きらめく」は、「煌めく」「燦めく」とも書く。

2　右の欄で、必要に応じてその語のもつ他の意味や用法に触れた場合がある。

六　関連語の解説

1　見出しの類語グループに付記した関連語については、類語グループ一連の記述の後に**【関連語】**の欄を設けて解説した。

▼例▲

【関連語】◆**(閃く)**(カ五)ぴかっと一瞬光る。「稲妻がひらめく」◆**(照り輝く)**(カ五)光が明るく美しく輝く。「シャンデリアが燦然(さんぜん)と照り輝く」◆**(照り付ける)**(カ下一)日光が激しく照る。「夏の太陽が照り付ける」◆**(ぎらつく)**(カ五)ぎらぎらと光る。「ぎらつく夏の太陽」「工場の排水が油でぎらついている」

2　見出し語は(　)でくくり、各語について簡単な意味を記述し、また例文を「　」に入れて示した。

3　意味のきわめて近いものは、見出し語を(　)内に併記して、一括して解説した場合もある。

4　項目によっては、例文だけを示し、語釈を省略したものもある。

5　各語の品詞注記を見出し語の後に添えた。注記の仕方は、**使い方**の注記方法(三－5)に準じた。

6　◆以下に、補足しておきたい、さまざまな説明を記述した。

七　単独見出しの解説

1　単独で見出しとした語については、**意味**欄と**使い方**の欄を設けて解説した。英語表現の付記や、例文の示し方、品詞注記の仕方等については、類語グループの場合に準じた。

▼例▲

02-02　つむじ

意味★頭頂にある、髪の毛が渦のように巻いて生えている部分。「旋毛」と当てる。**【英】***a hair whirl*

使い方▼〔つむじ〕▽彼の**つむじ**は左巻きだ▽**つむじ**曲がり

2　単独語ではあるが、関連語を付け加えたものもある。この場合の単独語の解説の仕方は類語グループにおける関連語の解説に準じた。

▼例▲

04-13　耳(みみ)

【関連語】◆**(耳介)**(じかい)◆**(耳殻)**(じかく)◆**(耳朶)**(みみたぶ)◆**(耳朶)**(じだ)

〈中略〉

【関連語】◆**(耳介・耳殻)**外耳の一部で、頭部の両側に突き出た器官。哺乳類(ほにゅうるい)にだけ見られ、軟骨とそれを覆う皮膚からなる。「耳介」のほうが新しい呼び名。◆**(耳朶)**(みみたぶ)・**(耳朶)**(じだ)耳介の下部の垂れ下がった肉の部分。「耳朶(じだ)」には「耳」の意もある。「耳たぶがふくよかだ」「耳朶(じだ)に触れる(＝耳に入る。聞こえる)」「耳朶(じだ)を打つ」

八　反対語の注記

1　必要に応じて解説の末尾に反対語を示した。各語に共通する反対語を示す場合は、その反対語だけを **反対語** の欄に挙げた。また、個別の語に対応する反対語を示す場合は、個別の語とその反対語とを⇳で対応させて示した。

▼例▲

7 12-05 暑い／蒸し暑い／暑苦しい

〈中略〉

反対語▼暑い⇳寒い・涼しい

2　関連語や単独見出しにおける反対語は、その意味記述の後に⇳を使って示した。

九　参照指示

同一の語が複数の類語グループに入って出現している場合には、それぞれに **参照** の欄を設け、他のグループを分類コードで指示した。

▼例▲

7 15-22 光る／輝く／きらめく

照る

【関連語】◆(閃く)ひらめく◆(照り輝く)てりかがやく◆(照り付ける)てりつける◆(ぎらつく)

〈中略〉

参照▼閃く⇒208-17 903-35

2 08-17 思いつく／考えつく

ひらめく

〈中略〉

参照▼ひらめく⇒715-22 903-35

一〇　意味欄で示した英語について

1　意味記述に続いて、必要に応じてそれに相当する英語表現を、**【英】** の記号以下に示した。

▼例▲

7 15-22 光る／輝く／きらめく

照る

【関連語】◆(閃く)ひらめく◆(照り輝く)てりかがやく◆(照り付ける)てりつける◆(ぎらつく)

共通する意味★光を発する。**【英】** *to shine*

2　ここで示された英語は、類語グループの冒頭の語にほぼ相当する英語表現で、類語グループを形成する日本語を理解する手がかりとなると同時に、近隣する類語グループの対比の目安となることを期待したものである。

3　**【英】** 欄は、類語グループの大半の語に共通して対応する英語表現の場合には、**共通する意味** の欄に掲げた。ただし、個々の語に対応する英語表現を挙げた場合は、**使い分け** の欄の各語の解説の後においた。また、単独語の場合は、**意味** の欄の解説の後においた。

4　英語の品詞は、原則として見出しの品詞に合わせたが、別の品詞の語の方が英語表現としては一般的と思われるものについては、品詞を変えて示した。

5　名詞には原則として、冠詞を付けて示した。ただし、冠詞を付けなくても使われる名詞の場合、冠詞は省略した。

6　動詞は、to＋Vの型で示した。

7　スペリングは米語スペリングで示した。

8　(　)内は、それを省略してもよいことを示す。

9　[　]内の単語は、言い換えを示す。

10　日本語の意味を注記する必要のある場合は、(　)内で付記した。

11　***one's*** は、主語と同じ人称を示し、***a person's*** は、主語と異なる人称を示す。

12　次の略号のもとに、その語の品詞、位相等を注記した。

a　《米》…米語
b　《英》…英語
c　《動》…動詞
d　《形》…形容詞

e　《副》…副詞
f　《古》…古語
g　《口》…口語
h　《俗》…俗語

13　必要に応じて、**使い方**の欄で示した複合語や慣用表現にも、対応する英語表現を挙げた。

一一　助詞・助動詞の解説

1　本文の類語グループとは別に、助詞・助動詞およびその連接形約三八〇語をリストアップしたうえで、意味・用法の似ているものをくくって、七八のグループをつくった。

2　これらのグループは、本文の二〇〇の分類の枠とは別に、９９９という上位の分類コードをつけて、本文の最後に一括して掲げた。それぞれのグループには、01から78までの下位の番号を付け、近い意味用法をもつグループが隣り合うように配列した。

3　助詞、助動詞の別、あるいは、格助詞、副助詞、終助詞、接続助詞等の助詞の種類などは、特に必要がある場合以外は示さなかった。また、助動詞では活用型を示すことはしなかったが、用いられる活用の形は極力その例文で示すよう努めた。

一二　索引

1　巻頭に、収録したすべての語を五十音順に配列した総索引を設け、調べたい語をたやすく検索できるようにした。この総索引では、その語が含まれている類語グループの分類コードと、その類語グループの見出し欄があるページの両方を掲げて、どちらからも検索できるようにした。

2　巻末に、英語表現索引を設け、英語からその表現に近い日本語を検索できるようにした。この索引ではその英語表現が含まれている類語グループの分類コードを掲げて、検索できるようにした。また、あわせてその英語表現が含まれている類語グループの冒頭の語、あるいは英語表現に相当する日本語を示して、日英両語の概括的な対応を理解する目安とした。

類語例解辞典

分類一覧

一、この辞典では、意味の似ている語を一括した複数の言葉からなる類語グループを、一〇の大分類、それをさらに二〇の中分類に分け、計二〇〇分類の枠の中におさめた。

二、この「分類一覧」は、それらの大分類と中分類とを一括して示したもので、大分類とその下位の分類である中分類とを段ごとに分けて掲げた。

三、**0**〜**9**の大きな数字は大分類であることを、**01**〜**20**の小さな数字は、中分類であることを表わす。

四、この辞典では、類語グループが解説の単位となっているが、それぞれのグループには、大分類を表わす数字に中分類を表わす数字を合わせた三桁の数字(例 **001**, **920**など)と、それぞれのグループを表わす二桁の数字からなる合計五桁の数字が、個別の分類コードとして付与されている。(例 **001-01**, **920-08**など)

五、助詞・助動詞およびその複合形のグループに関しては、これらの二〇〇の分類の枠とは別に、**999**という上位分類コードを付けて、一括して示した。

0 人間の体
01…全身
02…頭
03…顔
04…目・耳
05…鼻
06…口
07…首・あご
08…手
09…足
10…胴体
11…内臓・器官
12…肌・毛
13…成長
14…呼吸
15…分泌物
16…排泄物
17…病気・怪我
18…血液
19…妊娠・出産
20…健康

1 人間の動作
01…全身の動き
02…頭部・表情
03…目の働き
04…耳の働き
05…鼻の働き
06…飲食
07…味覚
08…声
09…手の動作
10…足の動作
11…感覚
12…睡眠・目覚め
13…往来
14…行為
15…授受
16…所有
17…使用
18…選定
19…居住
20…対処・処理

2 人間の性質
01…性格
02…品性
03…態度
04…しぐさ
05…人当たり
06…美醜
07…能力
08…思考
09…心・精神
10…悲喜
11…苦労
12…怒り
13…安心・満足
14…心配・後悔
15…恐怖
16…愛憎
17…体面・誇示・恥
18…希望・願望・欲望
19…気力
20…意志

3 一生
01…命
02…人生・一生
03…経歴
04…死
05…人物
06…男女
07…恋愛
08…結婚
09…夫婦
10…親
11…子
12…孫
13…兄弟姉妹
14…親戚
15…家庭・家族
16…境遇
17…運・運命
18…幸運
19…禍・災難
20…氏名・代名詞

4 衣食住
01…衣服
02…衣料
03…装身具
04…着る・飾る
05…裁縫・仕立て
06…食事
07…食品
08…料理
09…酒・飲酒
10…台所用品
11…家
12…建物
13…庭・塀
14…風呂・入浴
15…掃除
16…建築
17…家具
18…機械・器具
19…日用品
20…物品・廃棄物

類語例解辞典

五十音順総索引

一、この索引は、本辞典に見出し語として収録したすべての語（助詞、助動詞も含む）を五十音順に配列したものである。

二、長音記号「ー」は、直前の仮名の母音にあたる仮名と同じ扱いにした。

三、見出し語の仮名が同じ場合は次の順によった。

（1）清音、濁音、半濁音の順。

（2）促音・拗促音が先、直音があと。

（3）片仮名見出しが先、平仮名見出しがあと。

（4）漢字表記のないものが先、あるものがあと。漢字表記のある場合は、漢字の文字数の少ない方が先。また、同数の漢字からなる場合は、一字めの漢字の画数の少ない方を先に出した。

四、（ ）内の漢字表記は、本文の見出し欄で示した表記によったが、仮名書きされることが普通であったり、漢字が当てられなかったりする部分は、ハイフン（-）で代用した。また、外来語は、（ ）内に原つづりを示した。

五、見出し語の下の数字は、上のアラビア数字（**819-30**など）が、その語を含む分類グループの個別のコードを示し、下の漢数字（一〇〇四など）が、その分類グループの見出し欄のあるページを示す。

あ

ああ……819-30……一〇〇四
ああいう……819-30……一〇〇四
アーケード（英 arcade）……412-10……四〇六
アーチ（英 arch）……412-35……四一〇
アイ（英 eye）……004-01……一一
あい（愛）……216-01……二六六
あいいく（愛育）……013-05……二三
あいいん（合印）……608-10……六六五
あいか（哀歌）……614-38……七一三
あいかぎ（合鍵）……419-25……四二八
あいかた（相方）……516-66……五八一
あいかわらず（相変－）……819-56……一〇一〇
あいかん（哀感）……210-41……二五〇
あいかん（哀歓）……210-42……二五〇
あいがん（哀願）……218-08……二八三
あいがん（愛玩）……216-08……二六八
あいぎ（合着）……401-09……三七二
あいきょう（愛嬌）……205-02……一八四
あいくち……510-34……五一一
あいくち（合口）……201-12……一五四
あいくるしい（愛－）……206-02……一九五
あいこ……620-24……七六〇
あいこ（愛顧）……216-16……二六九
あいご（愛護）……216-08……二六八
あいこう（愛好）……216-17……二六九
あいさい（愛妻）……309-04……三四二
あいさつ（挨拶）……515-65……五六五
あいじ（愛児）……311-15……三四八
あいしゅう（哀愁）……210-41……二五〇
あいしょう（相性）……201-12……一五四
あいしょう（哀傷）……210-56……二五四
あいじょう（愛情）……216-02……二六六
あいじん（愛人）……307-11……三三八
あいず（合図）……608-22……六六七
アイスホッケー（英 ice hockey）……620-50……七六四
あいする（愛）……216-05……二六七
あいせき（哀惜）……210-40……二五〇
あいせき（愛惜）……214-11……二六三
あいそ（愛想）……205-02……一八四
あいぞう（愛蔵）……116-09……一三一
あいそく（愛息）……311-15……三四八
あいだ（間）……817-25……九七六
あいたい（相対）……120-08……一三八
あいたいする（相対）……120-09……一三八
あいだがら（間柄）……515-04……五五一
あいだぐい（間食）……406-08……三八八
あいちゃく（愛着）……216-02……二六六
あいつ……320-34……三七〇
あいづち（相槌）……613-53……七〇六
あいて（相手）……516-66……五八一
〃……516-67……五八一
アイディア（英 idea）……208-25……二一五
あいてどる（相手取）……515-21……五五六
あいとう（哀悼）……210-40……二五〇
あいのこ（間子）……305-42……三二七
あいのて（合－手）……614-30……七一一
あいのり（相乗）……516-25……五七二
あいはん（合判）……608-10……六六五
あいびき……307-02……三三七
あいぶ（愛撫）……109-20……八三
あいふく（合服）……401-09……三七二
あいぼう（相棒）……516-66……五八一
あいま（合間）……617-06……七三三
あいまい（曖昧）……810-48……九一七
あいみたがい（相身互）……517-59……五九三
あいやど（相宿）……617-38……七三九
あいよう（愛用）……117-06……一三二
あいよく（愛欲）……218-31……二八八
あいらしい（愛－）……206-02……一九五
あいれん（哀憐）……216-50……二七五
あいれん（愛憐）……216-50……二七五
あいろ（隘路）……705-33……七八二
アイロニー（英 irony）……611-09……六八二
アイロン（英 iron）……419-14……四二六
あう（会）……516-01……五六六
あう（合）……904-13……一〇三三
アウトコース（洋語 out course）……620-38……七六二
アウトコーナー（アメリカ out corner）……620-38……七六二
アウトサイド（英 outside）……620-38……七六二
あえて（敢）……203-33……一七四
あお（青）……716-25……八三六
あおあお（青青）……716-26……八三六
あおい（青）……716-26……八三六
あおいきといき（青息吐息）……014-07……二五
あおぐ……109-23……八四
あおぐ（仰）……517-01……五八一
あおざめる（青－）……716-18……八三五
あおじゃしん（青写真）……208-23……二一五
あおじろい（青白）……716-18……八三五
あおすじ（青筋）……018-02……三四
あおぞら（青空）……701-02……七六五
あおっぱな（青－）……015-13……二七
あおてんじょう（青天井）……701-02……七六五
あおな（青菜）……720-26……八四五
あおにさい（青二才）……303-11……三〇九
あおば（青葉）……720-08……八四三
あおむらさき（青紫）……716-32……八三七
あおもの（青物）……720-25……八四五
あおり（煽）……916-01……一〇九五
あおる……106-18……七四
〃……109-23……八四
〃……515-48……五六〇
あか（赤）……716-20……八三五
あか（垢）……015-07……二七
あかあか（赤赤）……716-21……八三五
あかい（赤）……716-21……八三五
あかぎれ（皹）……012-03……二二
あがく……101-24……四六
あかげ（赤毛）……002-05……九
あかご（赤子）……311-02……三四六
あかし（証）……806-17……八七八
あかじ（赤字）……512-58……五三三
あかじみる（垢染）……015-08……二七
あかす（明）……112-39……一〇二
あかちゃん（赤－）……311-02……三四六
あかつき（暁）……711-37……八〇三
アカデミー（英 academy）……504-37……四六九
あがなう（購）……512-11……五二五
あかぬける（垢抜）……206-16……一九八
あかはじ（赤恥）……217-22……二八〇
あかはた（赤旗）……608-16……六六六
あかはだか（赤裸）……001-34……八
あかぼう（赤帽）……503-25……四五五
あかむらさき（赤紫）……716-32……八三七
あがめる（崇）……517-01……五八一

あからさま……514-13……五四七
あからむ(赤)……716-22……八三六
あからめる(赤)……716-22……八三六
あかり(明)……715-03……八二七
あかりとり(明取)……417-10……四二〇
あがる(上)……516-41……五七五
〃……903-04……一〇一九
あかるい(明)……201-38……一六〇
〃……715-28……八三二
あかるみ(明)……715-26……八三二
あかるむ(明)……715-26……八三二
あかんぼう(赤坊)……311-02……三四六
あき(空)……617-05……七三三
〃……811-20……九二四
あき(秋)……710-12……七九五
あきあき(飽飽)……210-33……二四九
あきかぜ(秋風)……713-48……八一八
あきさめ(秋雨)……713-28……八一六
あきしょう(飽性)……218-34……二八九
あきち(空地)……413-05……四一一
あきない(商)……512-02……五二三
あきなう(商)……512-02……五二三
あきばれ(秋晴)……713-05……八一二
あきびより(秋日和)……713-05……八一二
あきらか(明)……810-44……九一六
あきらめる……218-24……二八七
あきる(飽)……209-61……二四一
あきれかえる(呆返)……210-07……二四三
あきれる(呆)……210-07……二四三
あきんど……503-12……四五三
あく(空)……811-30……九二六
あく(悪)……305-46……三二八
あく(開)……907-01……一〇五一
あくい(悪意)……216-37……二七三
あくえん(悪縁)……604-13……六四〇
あくかんじょう(悪感情)……216-37……二七三
あくぎょう(悪行)……520-24……六〇八
あくじ(悪事)……520-24……六〇八
あくじき(悪食)……406-13……三八八
あくしつ(悪疾)……017-04……二九
あくしつ(悪質)……819-36……一〇〇五
アクシデント(英 accident)……518-02……五九八
あくしゅ(握手)……515-03……五五一
〃……515-67……五六五
あくしゅう(悪臭)……105-10……七〇
あくしゅう(悪習)……606-17……六五七
あくしゅみ(悪趣味)……216-17……二六九
あくしょ(悪所)……706-04……七八四
あくじょ(悪女)……306-12……三三四
〃……306-16……三三五
あくじょうけん(悪条件)……820-04……一〇一二
アクション(英 action)……114-05……一一四
あくしん(悪心)……209-18……二三二
あくせい(悪声)……108-01……七七
〃……618-22……七四四
あくせい(悪政)……507-25……四八七
あくせく……204-09……一七八
アクセサリー(英 accessory)……403-01……三七八
アクセント(英 accent)……607-21……六六一
あくたい(悪態)……517-22……五八六
あくだま(悪玉)……305-46……三二八
〃……615-36……七二一
あくたろう(悪太郎)……311-23……三四九
あくてん(悪天)……713-15……八一四
あくどい……201-66……一六五
あくとう(悪党)……305-46……三二八
あくどう(悪童)……311-23……三四九
あくにち(悪日)……711-31……八〇二
あくにん(悪人)……305-46……三二八
あくば(悪罵)……517-21……五八五
あくび(欠伸)……014-02……二四
あくひつ(悪筆)……609-36……六七四
あくひょう(悪評)……613-34……七〇二
あくふう(悪風)……606-17……六五七
あくぶん(悪文)……611-11……六八二
あくへい(悪弊)……606-17……六五七
あくへき(悪癖)……201-17……一五五
あくほう(悪報)……604-16……六四一
あくま(悪魔)……604-41……六四四
あくまで……220-15……二九九
あくめい(悪名)……618-22……七四四
あくやく(悪役)……615-36……七二一
あくゆう(悪友)……516-53……五七八
あくよう(悪用)……117-02……一三一
あぐら……101-08……四三
あくらつ(悪辣)……203-42……一七六
あくりょう(悪霊)……604-40……六四四
あくるあさ(明朝)……711-39……八〇三
あくるとし(明年)……711-08……七九九
あくるひ(明日)……711-23……八〇一
あくろ(悪路)……705-34……七八二
アクロバット(英 acrobat)……615-50……七二三
あけ(明)……711-37……八〇三
〃……814-47……九四〇
あげあしとり(揚足取)……517-32……五八八
あげおろし(上下)……903-06……一〇二〇
あけがた(明方)……711-37……八〇三
あげく(に)……999-50……一一三一
あげくのはて(―果)……816-35……九七〇
あけくれる(明暮)……209-46……二三八
あげさげ(上下)……903-06……一〇二〇
あけしめ(開閉)……907-03……一〇五一
あけすけ(明透)……514-14……五四七
あけたて(開―)……907-03……一〇五一
あけっぱなし(開放)……514-14……五四七
あけっぴろげ(開広)……514-14……五四七
あげつらう……613-01……六九六
あげて(挙)……805-28……八六九
あけのみょうじょう(明―明星)……701-16……七六七
あけはなす(開放)……907-02……一〇五一
あけはなつ(開放)……907-02……一〇五一
あけはらう(開払)……907-02……一〇五一
あけばん(明番)……502-27……四四七
あけぼの(曙)……711-37……八〇三
あげまく(揚幕)……615-29……七二〇
あける(明)……715-25……八三二
あける(開)……907-01……一〇五一
あげる……115-14……一二一
あげる(上)……903-05……一〇一九
あげる(挙)……520-55……六一三
あけわたす(明渡)……115-15……一二二
あけわたる(明渡)……715-26……八三二
あご(顎)……007-03……一四
あこがれ……218-05……二八三
あこぎ……218-27……二八七
あごひげ(顎鬚)……007-05……一四
あさ(麻)……402-03……三七七
あさ(朝)……711-35……八〇三
あさい(浅)……809-22……九〇三
あさいち(朝市)……503-33……四五六
あさおき(朝起)……112-38……一〇二

あさがた(朝方)……711-36……八〇三
あさぐろい(浅黒)……716-14……八三四
あさげ(朝餉)……406-03……三八七
あざけり(嘲)……517-08……五八三
あざける(嘲)……517-10……五八三
あさごはん(朝御飯)……406-03……三八七
あさせ(浅瀬)……704-13……七七六
あさだち(朝立)……814-18……九三四
あさぢえ(浅知恵)……207-58……二〇九
あさって……711-24……八〇一
あさっぱら(朝－)……711-36……八〇三
あさつゆ(朝露)……713-52……八一九
あさで(浅手)……017-28……二三
あさね(朝寝)……112-23……九九
あさねぼう(朝寝坊)……112-23……九九
あさはか(浅－)……207-54……二〇八
あさはん(朝飯)……406-03……三八七
あさばん(朝晩)……711-32……八〇二
あさひ(朝日)……701-08……七六五
あさましい(浅)……202-05……一六七
あさまだき(朝－)……711-37……八〇三
あさみどり(浅緑)……716-27……八三六
あざむく(欺)……517-37……五八九
あさめし(朝飯)……406-03……三八七
あざやか(鮮)……715-08……八二九
あさゆう(朝夕)……711-32……八〇二
あさる……220-22……三〇一
あざわらう(－笑)……102-23……五八
あし(足)……009-01……一六
〃……110-02……八八
あじ(味)……107-03……七四
〃……810-04……九〇八
あしがかり(足掛)……814-14……九三三
あしくせ(足癖)……201-16……一五五
あしげ(足蹴)……110-17……九二
アシスタント(英 assistant)……502-43……四五〇
あした……711-35……八〇三
あした(明日)……711-23……八〇一
あしだ(足駄)……403-13……三八〇
あしだい(足代)……513-17……五四〇
あしどめ(足止)……520-72……六一六
あしば(足場)……802-05……八五三
あしまかせ(足任)……617-25……七三六
あじみ(味見)……106-12……七三
あしもと(足元)……817-35……九七八
あじゃり(阿闍梨)……604-66……六四八
あしゅら(阿修羅)……604-42……六四五
あじわい(味)……107-03……七四
あじわう(味)……106-01……七一
〃……107-01……七四
あす(明日)……711-23……八〇一
あずかり(預)……620-24……七六〇
あずかる(与)……905-12……一〇四三
あずける(預)……218-16……二八五
あずまや(東屋)……411-05……四〇三
あせ(汗)……015-04……二六
あせじみる(汗染)……015-06……二六
あせする(汗)……015-05……二六
あせだく(汗－)……015-06……二六
あせとり(汗取)……401-33……三七五
あせばむ(汗－)……015-05……二六
あせまみれ(汗－)……015-06……二六
あせみず(汗水)……015-04……二六
あせみずく(汗－)……015-06……二六
あぜみち(－道)……705-30……七八二
あせみどろ(汗－)……015-06……二六
あせも(汗疹)……017-30……二三
あせる(焦)……210-47……二五一
あせる(褪)……716-11……八三四
あぜん(唖然)……209-40……二三七
あそこ……817-48……九八〇
あそび(遊)……617-08……七三三
あそびにん(遊人)……305-21……三二三
あそぶ(遊)……617-09……七三三
あだ……206-12……一九七
あたい……320-22……三六八
あたい(価)……512-27……五二八
あだうち(仇討)……517-23……五八六
あたえる(与)……115-14……一二一
あたかも……918-07……一〇九九
あたくし……320-22……三六八
あたし……320-22……三六八
あたたか……712-08……八〇八
あたたかい……712-08……八〇八
あたたまる……712-10……八〇九
あたためる……712-10……八〇九
アタック(英 attack)……509-13……五〇〇
〃……509-15……五〇〇
アタッシェケース(英 attaché case)……403-22……三八一
あだっぽい……206-12……一九七
あだな(－名)……320-10……三六五
〃……618-20……七四三
あたふた……204-07……一七七
あたま(頭)……002-01……八
〃……805-43……八七二
〃……808-59……八九六
〃……814-02……九三一
あたまかず(頭数)……808-59……八九六
あたまきん(頭金)……513-12……五三九
あたまごなし(頭－)……217-17……二七九
あたまわり(頭割)……512-66……五三四
あたら……214-12……二六四
あたらしい(新)……810-26……九一二
あたり(辺)……817-36……九七八
あたり(当)……208-62……二二三
〃……905-18……一〇四五
あたりまえ(当前)……816-11……九六四
あたる(当)……905-16……一〇四四
アダルト(英 adult)……303-14……三一〇
あちこち……804-17……八六〇
〃……817-51……九八一
あちら……817-46……九八〇
あちらこちら……817-51……九八一
あつあつ……307-07……三三七
あつい(厚)……809-30……九〇四
あつい(暑)……712-05……八〇八
あつい(熱)……712-06……八〇八
あっか(悪化)……914-17……一〇九〇
あつかう(扱)……120-02……一三六
あつかましい(厚－)……205-27……一八九
あっかん(悪漢)……305-46……三二八
あつかん(熱燗)……409-05……三九六
あつくるしい(暑苦)……712-05……八〇八
あつげしょう(厚化粧)……404-10……三八三
あっけにとられる(呆気－)……210-07……二四三
あっけらかん……213-13……二六一
あっこう(悪口)……517-22……五八六
あつさ(厚－)……808-27……八九〇
あつさ(暑－)……712-04……八〇七
あっさく(圧搾)……908-27……一〇五九
あっさつ(圧殺)……520-38……六一一
あっさり……107-18……七六
〃……201-41……一六〇
〃……810-34……九一四
あっし……320-23……三六八
あっしゅく(圧縮)……908-27……一〇五九

あっしょう(圧勝)……620-13……七五八
あっせい(圧制)……507-44……四九〇
あっせい(圧政)……507-25……四八七
あっせん(斡旋)……515-31……五五七
あっち……817-46……九八〇
あつで(厚手)……809-30……九〇四
あっとう(圧倒)……920-07……一一〇八
あっぱく(圧迫)……507-44……四九〇
あつぼったい(厚－)……809-30……九〇四
あつまり(集)……504-31……四六八
あつまる(集)……504-01……四五九
あつみ(厚－)……808-27……八九〇
あつめる(集)……504-02……四六〇
あつらえむき(誂向)……818-18……九九二
あつらえる(誂)……910-01……一〇七〇
あつりょく(圧力)……101-46……五〇
あつれき(軋轢)……515-11……五五三
あて(当)……208-57……二二二
あてがう……513-28……五四二
あてこすり(当擦)……517-32……五八八
あてこむ(当込)……208-84……二二九
あてずいりょう(当推量)
……208-55……二二二
あてずっぽう(当－)……208-55……二二二
あてつけ(当付)……517-32……五八八
あてつける(当－)……217-20……二八〇
あてど……208-61……二二三
あでやか……206-10……一九七
あてる(当)……905-17……一〇四五
あと(後)……816-25……九六七
〃……817-06……九七二
あと(跡)……315-11……三五六
〃……912-07……一〇七七
あとあと(後後)……816-25……九六七
あとおし(後押)……517-57……五九二
あとがき(後書)……610-11……六七五
あとかた(跡形)……912-07……一〇七七
あとがま(後釜)……502-22……四四六
あとくされ(後腐)……905-15……一〇四四
あどけない……206-03……一九六
あとさき(後先)……817-09……九七三
あとしき(跡式)……315-11……三五六
あとしまつ(後始末)……120-01……一三六
あとずさり(後－)……113-36……一〇九
あとぞなえ(後備)……510-05……五〇七
あとつぎ(跡継)……311-08……三四七
あとづけ(後付)……610-11……六七五
あととり(跡取)……311-08……三四七
アドベンチャー(英 adventure)
……114-14……一一六
あとめ(跡目)……315-11……三五六
あともどり(後戻)……914-17……一〇九〇
アトラクション(英 attraction)
……615-55……七二四
アトリエ(フランス atelier)……412-20……四〇八
アドレス(英 address)
……817-72……九八五
あな(穴)……811-26……九二五
あなうめ(穴埋)……913-04……一〇七九
アナウンサー(英 announcer)
……503-14……四五三
アナウンス(英 announce)
……619-12……七四九
あながち……819-49……一〇〇八
あなた……320-28……三六九
あなたまかせ(－任)……205-37……一九一
〃……218-13……二八四
あなどる(侮)……517-10……五八三
あなぼこ(穴－)……811-26……九二五
あに(兄)……313-02……三五〇
あにき(兄貴)……313-03……三五〇
あによめ(兄嫁)……308-12……三四〇
あね(姉)……313-08……三五〇
あねき(姉貴)……313-09……三五〇
あねご(姉御)……313-09……三五〇
あの……817-56……九八二
あのよ(彼－世)……604-48……六四六
あのよう……819-30……一〇〇四
アパート(アメリカ apartment house の略)
……411-13……四〇四
あばく(暴)……514-15……五四七
あばずれ……306-16……三三五
あばらや(－屋)……411-04……四〇三
あばれもの(暴者)……305-47……三二八
あばれる(暴)……204-27……一八一
あばれんぼう(暴坊)……305-47……三二八
アバンチュール(フランス aventure)
……114-14……一一六
あびる(浴)……905-14……一〇四四
あぶく……707-22……七八九
アフターサービス(洋語 after service)……502-39……四五〇
アフタヌーン(英 afternoon)
……711-43……八〇四
あぶない(危)……519-15……六〇二
あぶなっかしい(危－)
……214-03……二六二
あぶら(油)……407-14……三九一
あぶら(脂)……407-14……三九一
あぶらあせ(脂汗)……015-04……二六
あぶらじみる(油染)……015-08……二七
あぶる……408-12……三九五
あふれでる(－出)……903-17……一〇二三
あふれる……903-15……一〇二三
アプローチ(英 approach)
……412-10……四〇六
あべこべ……817-08……九七二
アベック(フランス avec)……805-50……八七三
あほう……305-51……三二九
アマ……305-34……三二五
あま……306-02……三三一
あま(尼)……604-69……六四九
あま(海人)……505-73……四八〇
あま(海女)……505-73……四八〇
あまあし(雨脚)……713-22……八一五
あまい(甘)……107-07……七五
あまえる(甘)……205-38……一九一
あまがさ(雨傘)……403-15……三八〇
あまくち(甘口)……107-08……七五
あまぐつ(雨靴)……403-12……三七九
あまぐも(雨雲)……713-12……八一三
あまぐもり(雨曇)……713-11……八一三
あまじお(甘塩)……107-14……七六
あます(余)……912-02……一〇七六
あまずっぱい(甘酸)……107-11……七六
あまぞら(雨空)……713-15……八一四
あまた(数多)……808-39……八九二
あまだれ(雨垂)……707-18……七八八
アマチュア(英 amateur)
……305-34……三二五
あまつさえ……913-28……一〇八五
あまったるい(甘－)……107-07……七五
あまったれる(甘－)……205-38……一九一
あまつぶ(雨粒)……707-18……七八八
あまど(雨戸)……417-07……四一九
あまねく(遍)……805-20……八六七
あまのがわ(天－川)……701-17……七六七
あまみ(甘－)……107-08……七五
あまもよい(雨催)……713-17……八一四
あまもり(雨漏)……707-19……七八八

あまやかす（甘ー）……205-39……一九一
あまり……819-23……一〇〇二
あまり（余）……808-05……八八五
あまる（余）……912-02……一〇七六
あまんずる（甘ー）……213-04……二五九
あみ（網）……419-04……四二五
あみあげぐつ（編上靴）
……403-12……三七九
あみだくじ……617-19……七三五
あみだな（網棚）……417-06……四一九
あみど（網戸）……417-07……四一九
あみもの（編物）……405-01……三八四
あむ（編）……405-04……三八五
あめ（雨）……713-20……八一四
あめあがり（雨上）……713-39……八一七
あめかぜ（雨風）……713-29……八一六
あめつち（天地）……702-01……七六七
あめつゆ（雨露）……713-52……八一九
あめふり（雨降）……713-22……八一五
あめもよう（雨模様）……713-17……八一四
アメリカンフットボール（英 American football）……620-42……七六三
あやうい（危）……519-15……六〇二
あやうく（危）……816-36……九七〇
あやかる……918-01……一〇九八
あやしい（怪）……208-70……二二六
〃……307-09……三三八
あやしむ（怪）……208-69……二二五
あやつる（操）……418-14……四二四
あやふや……810-48……九一七
あやまち（過）……114-16……一一六
あやまり（誤）……114-16……一一六
あやまる（誤）……114-23……一一七
あやまる（謝）……515-73……五六六
あやめ（文目）……208-65……二二四

あゆ（阿諛）……205-33……一九〇
あゆみ（歩）……110-02……一八八
あゆむ（歩）……110-01……一八八
あら……818-08……九九〇
あらあらしい（荒荒）……204-28……一八一
あらい（荒）……204-28……一八一
あらいあげる（洗上）……405-13……三八六
あらいざらい（洗ー）……805-29……八六九
あらいざらし（洗晒）……405-14……三八六
あらいたてる（洗立）……405-13……三八六
あらいなおす（洗直）……405-13……三八六
あらう（洗）……405-13……三八六
あらかじめ……816-17……九六五
あらかた……805-18……八六六
あらし（嵐）……713-18……八一四
あらしごと（荒仕事）……502-45……四五一
あらすじ（粗筋）……805-54……八七四
あらそい（争）……515-14……五五四
あらそう（争）……515-12……五五三
あらた（新）……810-26……九一二
あらたまる（改）……908-06……一〇五四
あらためる（改）……908-05……一〇五四
あらっぽい（荒ー）……204-28……一八一
あらて（新手）……510-14……五〇八
あらなみ（荒波）……703-10……七七四
あらなわ（荒縄）……419-03……四二五
アラビアすうじ（ー数字）
……607-35……六六二
あらぼとけ（新仏）……604-34……六四三
あらまし……805-18……八六六
〃……805-54……八七四
あらもの（荒物）……420-14……四三四
あらゆる……805-13……八六五
あられ（霰）……713-20……八一四
あらわ……514-13……五四七

あらわす（表）……611-01……六八〇
あらわす（現）……514-09……五四六
あらわす（著）……616-34……七二九
あらわれ（現）……514-11……五四六
あらわれる（現）……514-08……五四六
ありあり……810-44……九一六
ありあわせ（有合）……517-13……五八四
ありがたい（有難）……213-08……二六〇
ありがね（有金）……513-09……五三九
ありきたり……918-15……一一〇〇
ありさま（有様）……801-01……八四九
ありたけ（有ー）……805-27……八六八
ありてい（有体）……201-22……一五六
ありのまま……201-22……一五六
ありふれる……918-15……一一〇〇
ありゅう（亜流）……819-19……一〇〇一
ある……901-01……一〇一四
あるいは……208-85……二二九
〃……913-30……一〇八五
あるく（歩）……110-01……一八八
あることないこと……807-01……八七九
あるじ……511-38……五二〇
〃……511-40……五二一
アルバイト（ドイツ Arbeit）
……502-26……四四七
あるひ（ー日）……711-26……八〇一
アルファベット（英 alphabet）
……607-33……六六二
あれ……817-56……九八二
あれ（荒）……713-16……八一四
あれこれ……804-17……八六〇
あれち（荒地）……702-20……七七〇
あれの（荒野）……702-17……七六九
あれる（荒）……713-37……八一七
あわ（泡）……707-22……七八九

アワー（英 hour）……815-01……九四六
あわせ（袷）……401-26……三七五
あわせて（合ー）……808-14……八八七
あわせる（合）……904-13……一〇三三
あわただしい（慌）……519-24……六〇三
あわだつ（泡立）……703-11……七七四
あわてもの（慌者）……204-04……一七七
あわてる……210-46……二五一
あわれ（哀）……210-55……二五三
あわれみ……216-51……二七五
あわれむ……216-52……二七五
あん（案）……208-24……二一五
あん（庵）……411-05……四〇三
あんい（安易）……810-35……九一五
あんいつ（安逸）……213-10……二六〇
あんか（行火）……419-11……四二六
あんか（安価）……512-41……五三〇
あんがい（案外）……208-76……二二七
あんき（暗記）……602-16……六二四
あんぎゃ（行脚）……617-33……七三七
あんぎゃそう（行脚僧）
……604-68……六四八
あんきょ（暗渠）……707-05……七八六
あんぐ（暗愚）……207-55……二〇九
あんごう（暗号）……608-03……六六四
あんさつ（暗殺）……520-36……六一〇
あんざん（安産）……019-03……三六
アンサンブル（フランス ensemble）
……401-15……三七三
あんじ（暗示）……602-32……六二七
あんしつ（庵室）……411-05……四〇三
あんじゅう（安住）……119-02……一三四
〃……213-01……二五九
あんしゅつ（案出）……208-16……二一三
あんしょう（暗礁）……519-19……六〇二

あんしょう(暗礁)……702-10……七六八
あんじる(案)……214-04……二六二
あんしん(安心)……213-06……二五九
あんぜん(安全)……810-20……九一一
あんそく(安息)……020-15……三九
アンソロジー(英 anthology)
……619-56……七五五
あんだ(安打)……620-37……七六二
アンダーライン(英 underline)
……608-08……六六四
あんたん(暗澹)……210-54……二五三
アンチテーゼ(ドイツ Antithese)
……806-11……八七六
あんちゃん……313-03……三五〇
あんちょく(安直)……205-03……一八四
あんちょこ……619-52……七五五
あんてい(安定)……903-52……一〇三〇
あんど(安堵)……213-06……二五九
あんとう(暗闘)……515-14……五五四
アントニム(英 antonym)
……607-13……六六〇
あんな……819-30……一〇〇四
あんない(案内)……608-21……六六七
〃……618-04……七四〇
あんないしょ(案内書)
……619-48……七五四
あんに(暗)……203-34……一七五
あんのじょう(案－定)208-78……二二七
あんのん(安穏)……810-24……九一二
あんばい……519-02……五九九
アンパイア(英 umpire)
……620-35……七六二
アンバランス(英 unbalance)
……917-06……一〇九七
あんぽんたん……305-51……三二九
あんまく(暗幕)……615-28……七二〇
あんみん(安眠)……112-10……九八
あんや(暗夜)……711-49……八〇五
あんゆ(暗喩)……611-08……六八二
あんよ……009-01……一六
〃……110-02……八八
あんらく(安楽)……213-09……二六〇
あんらくし(安楽死)……304-11……三一五
アンラッキー(英 unlucky)
……318-08……三六〇

い

い……999-54……一一三三
い(意)……209-02……二三〇
〃……806-09……八七六
いあつ(威圧)……507-44……四九〇
いあん(慰安)……216-06……二六七
いい……818-01……九九九
いいあい(言合)……613-03……六九六
いいあらそい(言争)……613-03……六九六
いいあらわす(言表)……612-09……六八五
いいおく(言置)……612-41……六九〇
いいおくる(言送)……612-40……六九〇
いいかえす(言返)……613-54……七〇六
いいかえる(言換)……612-42……六九〇
いいがかり(言掛)……517-26……五八七
いいかげん(－加減)……203-06……一六九
いいきる(言切)……612-33……六八九
いいぐさ(言－)……612-18……六八六
〃……612-57……六九三
いいざま(言－)……612-15……六八六
イージー(英 easy)……810-35……九一五
いいすぎ(言過)……612-43……六九〇
いいすてる(言捨)……612-41……六九〇
いいそこなう(言損)……612-47……六九一
いいそびれる(言－)……612-47……六九一
いいだくだく(唯唯諾諾)
……517-64……五九四
いいだす(言出)……612-01……六八三
いいたてる(言立)……612-32……六八八
いいちらす(言散)……612-39……六九〇
いいつくす(言尽)……612-24……六八七
いいつける(言付)……612-38……六八九
いいつたえ(言伝)……616-30……七二八
いいつたえる(言伝)……612-41……六九〇
いいつのる(言募)……612-24……六八七
いいとおす(言通)……612-31……六八八
いいなおす(言直)……612-42……六九〇
いいなす(言－)……612-37……六八九
いいなずけ……307-10……三三八
いいなり(言－)……205-37……一九一
いいぬけ(言抜)……613-31……七〇一
いいね(言値)……512-32……五二九
いいのがれ(言逃)……613-31……七〇一
いいのこす(言残)……612-41……六九〇
いいはなつ(言放)……612-32……六八八
いいはる(言張)……612-31……六八八
いいひらき(言開)……613-31……七〇一
いいふくめる(言含)……612-37……六八九
いいふらす(言触)……612-39……六九〇
いいぶん(言分)……612-18……六八六
いいまかす(言負)……613-08……六九七
いいまくる(言－)……612-24……六八七
いいまわし(言回)……612-20……六八六
いいわけ(言訳)……613-31……七〇一
いいわたす(言渡)……612-38……六八九
いいん(医院)……503-40……四五八
いいん(委員)……504-13……四六三
いう(言)……612-01……六八三
いえ(家)……315-02……三五五
〃……411-01……四〇二
いえがら(家柄)……316-06……三五八
いえすじ(家筋)……316-07……三五八
いえで(家出)……113-25……一〇七
いえなみ(家並)……411-16……四〇五
いえもと(家元)……314-06……三五二
いえる(癒)……020-12……三九
イエロー(英 yellow)
……716-28……八三六
いおり(庵)……411-05……四〇三
いおんびん(－音便)……607-18……六六〇
いか(以下)……805-10……八六四
いか(医家)……503-04……四五二
いが……720-12……八四三
いがい(以外)……805-10……八六四
〃……999-27……一一二〇
いがい(意外)……208-76……二二七
いがい(遺骸)……304-30……三一八
いかが……819-31……一〇〇四
いかがわしい……208-70……二二六
いかく(威嚇)……520-47……六一二
いがく(医学)……020-03……三七
いがぐりあたま(毬栗頭)
……002-07……九
いかさま……807-19……八八三
いかす(生)……301-07……三〇五
いかつ(威喝)……520-47……六一二
いかに……819-32……一〇〇四
いかばかり……808-58……八九六
いかほど(－程)……808-58……八九六
いがみあい(－合)……515-14……五五四
いかめしい(厳)……205-26……一八九
いかものぐい(－食)……406-13……三八八
いかり(怒)……212-01……二五七

いかる（怒）……212-07……二五八
いかれる……209-52……二三九
〃……909-03……一〇六七
いかん（異観）……708-04……七九一
いかん（偉観）……708-04……七九一
いかん（遺憾）……214-05……二六二
いがん（依願）……613-39……七〇三
いき（息）……014-01……二四
いき（粋）……206-05……一九六
いき（意気）……219-05……二九〇
いき（遺棄）……120-67……一五〇
いぎ（威儀）……205-24……一八八
いぎ（異議）……613-07……六九七
いぎ（意義）……806-09……八七六
いきいき……201-42……一六一
いきうつし（生写）……102-16……五七
いきおい（勢）……508-25……四九六
いきおいこむ（勢込）……219-16……二九二
いきかえる（生返）……301-09……三〇六
いきがけ（行－）……814-63……九四三
いきぐるしい（息苦）……210-38……二五〇
いきごみ（意気込）……219-18……二九二
いきごむ（意気込）……219-16……二九二
いきさつ……814-58……九四二
いきじ（意気地）……219-01……二八九
いきじびき（生字引）……207-30……二〇四
いきすぎ（行過）……913-10……一〇八一
いきち（生血）……018-01……三四
いきづまる（息詰）……210-38……二五〇
いきとうごう（意気投合）……220-17……三〇〇
いきどおり（憤）……212-01……二五七
いきどおる（憤）……212-07……二五八
いきながらえる（生永）……301-08……三〇五
いきなり……815-44……九五六
いきぬき（息抜）……020-17……四〇
いきのこる（生残）……301-08……三〇五
いきのね（息－根）……014-01……二四
いきのびる（生延）……301-08……三〇五
いきはじ（生恥）……217-22……二八〇
いきぼとけ（生仏）……604-71……六四九
いきまく（息巻）……212-08……二五八
いきみ（生身）……001-02……一
いきもの（生物）……719-02……八四〇
いきょ（依拠）……802-07……八五三
いきょう（異教）……604-07……六四〇
いきょう（異郷）……507-11……四八五
いきょう（異境）……507-11……四八五
いぎょう（偉業）……505-03……四七一
いきょく（委曲）……809-40……九〇七
いきりたつ（－立）……212-08……二五八
いきりょう（生霊）……604-40……六四四
いきる（生）……301-07……三〇五
いきわかれ（生別）……516-20……五七一
いく（行）……113-01……一〇二
いく（逝）……304-03……三一四
いくさ（戦）……509-01……四九七
いくじ（育児）……013-05……二三
いくせい（育成）……013-04……二三
いくた（幾多）……808-39……八九二
いくつ（幾）……808-57……八九六
いくばく……808-58……八九六
いくぶん（幾分）……808-56……八九六
いくら（幾）……808-58……八九六
いくらか（幾－）……808-56……八九六
いけ（池）……704-21……七七七
いけい（畏敬）……517-01……五八一
いけがき（生垣）……413-01……四一一
いけしゃあしゃあ……204-19……一八〇
いけない……818-04……九八九
いけにえ……219-25……二九四
いけばな（生花）……617-03……七一三
いけん（意見）……208-10……二一二
〃……602-44……六二九
いけん（違憲）……508-12……四九四
いげん（威厳）……205-24……一八八
いご（以後）……816-28……九六八
いこう（憩）……020-19……四〇
いこう（以降）……816-28……九六八
いこう（移行）……903-01……一〇一九
いこう（意向）……220-01……二九六
イコール（英 equal）……918-03……一〇九八
いこく（異国）……507-11……四八五
いこじ……203-24……一七二
いこつ（遺骨）……304-33……三一九
いこん（遺恨）……216-31……二七二
いさい（委細）……809-40……九〇七
いさい（異彩）……207-45……二〇七
いさい（偉才）……207-09……二〇〇
いざい（偉材）……305-13……三二三
いさかい（諍）……515-14……五五四
いざかや（居酒屋）……503-45……四五九
いざこざ……515-13……五五四
いささか……808-52……八九五
いざなう……515-47……五六〇
いさましい（勇）……204-23……一八〇
いさみたつ（勇立）……219-15……二九二
いさむ（勇）……219-15……二九二
いさめる（諫）……602-44……六二九
いさん（遺産）……520-04……六〇五
いし（石）……709-05……七九三
いし（医師）……503-04……四五二
いし（意志）……220-01……二九六
いし（意思）……220-01……二九六
いし（遺址）……708-10……七九二
いし（縊死）……304-25……三一七
いじ（意地）……220-06……二九七
いじ（維持）……912-10……一〇七八
いじ（遺児）……311-17……三四八
いじいじ……204-34……一八二
いしき（意識）……209-08……二三一
いじくる……109-21……八三
いしくれ（石－）……709-05……七九三
いじける……204-32……一八二
いしころ（石－）……709-05……七九三
いしずえ（礎）……412-26……四〇九
いしだん（石段）……412-32……四一〇
いしつ（異質）……804-19……八六一
いしつ（遺失）……120-65……一四九
いじっぱり（意地張）……203-24……一七二
いしつぶつ（遺失物）……420-09……四三三
いしべきんきち（石部金吉）……305-28……三二四
いじめる……520-49……六一二
いしゃ（医者）……503-04……四五二
いしゃ（慰謝）……216-06……二六七
いしやま（石山）……702-25……七七〇
いしゅ（異種）……804-19……八六一
いしゅ（意趣）……216-37……二七三
いしゅう（異臭）……105-10……七〇
いじゅう（移住）……119-09……一三五
いしゅく（畏縮）……215-06……二六五
いしゅく（萎縮）……908-27……一〇五九
いしゅつ（移出）……512-79……五三七
いじゅつ（医術）……020-03……三七
いしょ（遺書）……610-31……六七九
いしょう（衣装）……401-01……三七一
いしょう（意匠）……614-11……七〇九
いじょう（以上）……805-10……八六四

いじょう(委譲)……115-15……一一三
いじょう(異状)……810-59……九二〇
いじょう(異常)……810-59……九二〇
いじょう(は) (以上ー)
……999-37……一一二五
いしょく(委嘱)……218-11……二八四
いしょく(異色)……207-45……二〇七
いじる……109-21……八三
いじわる(意地悪)……205-16……一八七
いしん(維新)……507-45……四九〇
いじん(異人)……305-41……三三七
いじん(偉人)……305-10……三三一
いしんでんしん(以心伝心)
……613-57……七〇七
いす(椅子)……417-03……四一九
〃……511-02……五一五
いずかた……817-50……九八一
いずこ……817-49……九八一
いずまい(居ー)……203-02……一六八
いずみ(泉)……704-24……七七七
いずれ……816-31……九六九
いせい(威勢)……508-25……四九六
いせい(遺制)……606-09……六五六
いせき(遺跡)……708-10……七九二
いぜん(以前)……816-03……九六二
いぜんとして(依然ー)
……819-56……一〇一〇
いそ(磯)……703-06……七七三
いそいそ……210-09……二四四
いそう(移送)……903-42……一〇二九
いそうろう(居候)……501-09……四三九
いそがしい(忙)……519-24……六〇三
いそぎ(急)……815-41……九五五
いそぐ(急)……814-66……九四四
いそしむ……219-08……二九〇
いぞん(依存)……218-10……二八四
いぞん(異存)……613-07……六九七
いた(板)……416-26……四一八
いたい(痛)……111-06……九三
いたい(遺体)……304-30……三一八
いだい(偉大)……207-50……二〇八
いたいけ……206-03……一九六
いたいたしい(痛痛)……210-55……二五三
いたきれ(板切)……805-47……八七二
いたく(依託)……218-12……二八四
いたく(委託)……218-12……二八四
いだく(抱)……109-38……八七
いたけだか(居丈高)……217-17……二七九
いたしかた(致方)……812-01……九二六
いたす……114-09……一一四
いたずら……520-31……六〇九
いただき(頂)……702-29……七七一
いただく(頂)……106-01……七一
〃……115-46……一二八
いただく(戴)……102-01……五四
いたで(痛手)……017-27……三三
いたまえ(板前)……503-28……四五五
いたましい(痛)……210-55……二五三
いたみ(痛)……111-07……九三
いたむ(悼)……605-15……六五三
いたむ(痛)……111-04……九二
いたむ(傷)……909-09……一〇六八
いためつける(痛ー)……101-51……五一
いためる(炒)……408-13……三九五
いためる(痛)……111-05……九二
いたり(至)……814-33……九三七
いたる(至)……905-19……一〇四五
いたわる……216-06……二六七
〃……216-07……二六七
いち(一)……808-02……八八五
いち(市)……503-33……四五六
いち(位置)……511-02……五一五
いちい(一位)……814-04……九三三
いちいち……805-42……八七一
いちいん(一員)……504-13……四六三
いちえん(一円)……805-12……八六五
いちおう(一応)……805-26……八六八
いちぎ(一義)……806-07……八七六
いちく(移築)……416-03……四一四
いちぐう(一隅)……817-63……九八三
いちげい(一芸)……615-01……七一五
いちげん……612-17……六八六
いちげん(一見)……516-60……五七九
いちげんこじ(一言居士)
……612-68……六九四
いちけんしき(一見識)
……207-35……二〇五
いちこ(市子)……604-74……六四九
いちご(一期)……302-03……三〇六
いちごいちえ(一期一会)
……516-01……五六六
いちごん……612-17……六八六
いちざ(一座)……504-14……四六三
いちじ(一次)……814-01……九三二
いちじ(一事)……820-06……一〇一二
いちじ(一時)……815-38……九五四
いちじいっく(一字一句)
……607-36……六六二
いちじきん(一時金)……513-25……五四一
いちじしのぎ(一時ー)
……517-13……五八四
いちじのがれ(一時逃)
……517-13……五八四
いちじょう(一条)……820-05……一〇一二
いちじるしい(著)……514-05……五四五
いちず……219-32……二九五
いちぞく(一族)……314-05……三五二
いちぞん(一存)……208-01……二一〇
いちだい(一代)……302-03……三〇六
いちだいじ(一大事)……518-04……五九八
いちだんらく(一段落)
……811-28……九二六
いちど(一度)……815-13……九四八
いちどう(一同)……808-63……八九七
いちどく(一読)……609-04……六六九
いちにち(一日)……711-26……八〇一
いちにん(一任)……218-13……二八四
いちにんしょう(一人称)
……320-20……三六八
いちにんまえ(一人前)
……501-13……四三九
いちねん(一年)……602-68……六三四
いちねんせい(一年生)
……602-68……六三四
いちば(市場)……503-33……四五六
いちばん(一番)……814-03……九三二
〃……819-35……一〇〇五
いちばんぼし(一番星)
……701-16……七六七
いちばんやり(一番槍)
……120-18……一四〇
いちぶ(一部)……805-31……八六九
いちぶしじゅう(一部始終)
……814-58……九四二
いちぶぶん(一部分)……805-31……八六九
いちべつ(一別)……516-20……五七一
いちべつ(一瞥)……103-20……六四
いちぼう(一望)……103-16……六三
いちまいかんばん(一枚看板)
……619-13……七四九

いちまつ(一抹)……808-52……八九五
いちみ(一味)……516-47……五七六
いちめい(一名)……808-67……八九八
いちめい(一命)……301-01……三〇三
いちめん(一面)……805-12……八六五
〃……805-38……八七〇
いちもく(一目)……103-20……一六四
いちもくりょうぜん(一目瞭然)……810-47……九一七
いちもつ(逸物)……818-47……九九八
いちもん(一門)……314-05……三五二
いちや(一夜)……711-48……八〇五
〃……815-36……九五三
いちゃつく……307-07……三三七
いちやづけ(一夜漬)……602-14……六二四
いちゃもん……517-26……五八七
いちゅう(意中)……209-28……二三四
いちよう(一様)……804-15……八六〇
いちらん(一覧)……103-21……一六五
〃……619-49……七五四
いちらんひょう(一覧表)……614-16……七〇九
いちり(一利)……512-48……五三一
いちり(一理)……806-07……八七六
いちりつ(一律)……804-15……八六〇
いちりつ(市立)……504-47……四七〇
いちりゅう(一流)……819-07……九九九
いちるい(一類)……804-13……八五九
いちれい(一礼)……515-67……五六五
いちろ(一路)……814-64……九四四
いちをきいてじゅうをしる(一−聞−十−知)……207-39……二〇六
いつ……815-12……九四八
いつか……817-57……九八二
いっかい(一介)……808-67……八九八
いっかい(一回)……815-13……九四八
いっかいせい(一回生)……602-68……六三四
いっかく(一角)……817-63……九八三
いっかつ(一括)……504-10……四六二
いっかつ(一喝)……602-45……六二九
いっかん(一貫)……903-38……一〇二八
いっかん(一環)……805-32……八六九
いっきいちゆう(一喜一憂)……210-42……二五〇
いっきに(一気−)……815-34……九五三
いっきょいちどう(一挙一動)……114-06……一一四
いっきょしゅいっとうそく(一挙手一投足)……114-06……一一四
いっきょに(一挙−)……815-34……九五三
いつくしみ……216-49……二七五
いつくしむ(慈)……216-04……二六七
いっけい(一計)……208-19……二一三
いっけつ(溢血)……018-06……三五
いっけん(一件)……820-05……一〇一二
いっけん(一見)……103-20……一六四
いっこ(一己)……808-68……八九八
いっこ(一顧)……103-20……一六四
いっこう(一考)……208-07……二一一
いっこう(一行)……516-55……五七八
いっこうに(一向−)……819-47……一〇〇七
いっこく(一刻)……815-37……九五四
いっこじん(一個人)……808-68……八九八
いつごろ……815-12……九四八
いっこん(一献)……409-07……三九六
いっさい(一切)……805-27……八六八
〃……819-47……一〇〇七
いつざい(逸材)……305-13……三二二
いっさいがっさい(一切合切)……805-27……八六八
いっさくじつ(一昨日)……711-21……八〇〇
いっさくねん(一昨年)……711-06……七九八
いっさつ(一札)……610-27……六七八
いっしき(一式)……805-48……八七三
いっしゅ(一種)……804-13……八五九
いっしゅう(一周)……902-09……一〇一八
いっしゅう(一蹴)……517-67……五九五
いっしゅつ(逸出)……818-42……九九七
いっしゅん(一瞬)……815-32……九五三
いっしょ(一緒)……516-24……五七二
〃……918-03……一〇九八
いっしょう(一生)……302-02……三〇六
いっしょうがい(一生涯)……302-02……三〇六
いっしょうけんめい(一生懸命)……219-28……二九五
いっしょく(一色)……804-14……八五九
いっしょに(一緒−)……817-11……九七三
いっしん(一心)……219-28……二九五
いっしん(一新)……908-02……一〇五三
いっしんふらん(一心不乱)……219-28……二九五
いっすい(一睡)……112-11……九八
いっする(逸)……113-31……一〇八
いっすん(一寸)……808-54……八九五
いっせい(一世)……302-03……三〇六
〃……314-20……三五四
いっせいに(一斉−)……817-11……九七三
いっせき(一夕)……711-48……八〇五
いっせん(一閃)……715-02……八二七
いっせん(一戦)……509-02……四九八
いっせん(一線)……811-28……九二六
いっそ……819-55……一〇一〇
いっそう(一掃)……120-54……一四七
いっそう(一層)……913-32……一〇八六
いったい(一帯)……805-12……八六五
いったん(一端)……805-32……八六九
〃……805-44……八七二
いっち(一致)……818-15……九九一
いっちはんかい(一知半解)……208-48……二二〇
いっちょう(一朝)……815-13……九四八
〃……815-36……九五三
いっちょういっせき(一朝一夕)……815-36……九五三
いっちょうまえ(一丁前)……501-13……四三九
いっちょうら(一張羅)……401-04……三七二
いっちょくせん(一直線)……608-07……六六四
いつつ(五−)……808-02……八八五
いつつもん(五紋)……608-19……六六七
いってい(一定)……903-53……一〇三〇
いってん(一転)……908-10……一〇五五
いってんき(一転機)……815-50……九五七
いっとう(一等)……814-04……九三三
〃……819-35……一〇〇五
いっとき(一時)……815-38……九五四
いつに(一−)……805-14……八六五
いっぱ(一派)……516-47……五七六
いっぱい……808-36……八九二
いっぱい(一杯)……409-07……三九六
いっぱい(一敗)……620-17……七五九
いっぱいいっぱい(一杯一杯)……816-16……九六五
いっぱいくわす(一杯食)

……517-37……五八九
いっぱん(一般)……805-20……八六七
いっぴつ(一筆)……610-29……六七九
いっぴん(逸品)……420-12……四三四
いっぷく(一服)……020-09……三八
いつぶん(逸聞)……612-66……六九四
いっぺん(一片)……805-46……八七二
いっぺん(一変)……908-10……一〇五五
いっぺん(一遍)……815-13……九四八
いっぽう(一方)……805-36……八七〇
いっぽんぎ(一本気)……603-12……六三九
いっぽんだち(一本立)……501-10……四三九
いつも……815-23……九五一
いつらく(逸楽)……210-19……二四六
いつわ(逸話)……612-60……六九三
いつわり(偽)……807-13……八八一
いつわる(偽)……517-37……五八九
イディオム(英 idiom)……607-08……六五九
イデオロギー(ドイツ Ideologie)……806-15……八七七
いでたち(出立)……617-39……七三九
いてつく(凍－)……707-29……七九〇
いでゆ(出湯)……414-04……四一二
いてん(移転)……119-10……一三五
いと(糸)……402-04……三七七
いと(意図)……220-02……二九六
いとう(厭)……216-25……二七一
いどう(異同)……919-02……一一〇五
いどう(移動)……903-01……一〇一九
いとおしい……206-02……一九五
いとおしむ……216-04……二六七
いとく(威徳)……205-24……一八八
いとぐち(糸口)……814-15……九三三
いとけない……303-07……三〇九
いとこ……314-15……三五三
いどころ(居所)……817-73……九八五
いとしい……206-02……一九五
いとしご(愛子)……311-15……三四八
いとなむ(営)……114-09……一一四
いとはん……306-04……三三二
いとま(暇)……617-05……七三三
いどむ(挑)……517-81……五九七
いとわしい……216-27……二七一
いない(以内)……805-10……八六四
いなか(田舎)……705-12……七七九
〃……705-14……七七九
いなかみち(田舎道)……705-30……七八二
いなす……120-58……一四七
いなずま(稲妻)……713-54……八一九
いななく(嘶)……719-14……八四一
いなびかり(稲光)……713-54……八一九
いなほ(稲穂)……720-23……八四四
いなむ(否)……517-68……五九五
いならぶ(居並)……904-19……一〇三五
いなり(稲荷)……604-64……六四八
いにしえ……816-06……九六三
イニシャル(英 initial)……607-31……六六二
いにゅう(移入)……512-80……五三七
いにょう(囲繞)……906-18……一〇四九
いにょう(遺尿)……016-06……二八
いにん(委任)……218-11……二八四
いぬじに(犬死)……304-12……三二五
いねむり(居眠)……112-06……九七
いのいちばん(－一番)……814-05……九三二
いのう(異能)……207-09……二〇〇
いのこる(居残)……912-01……一〇七六
いのち(命)……301-01……三〇三
いのちがけ(命懸)……219-27……二九四
いのちしらず(命知)……203-20……一七二
いのり(祈)……604-20……六四二
いのる(祈)……604-21……六四二
いはい(違背)……517-35……五八八
いはつ(遺髪)……304-33……三一九
いばら……211-03……二五四
いばる(威張)……217-11……二七八
いはん(違反)……508-12……四九四
いひょう(意表)……208-76……二二七
いびる……520-49……六一二
いひん(遺品)……304-33……三一九
いふ(畏怖)……215-01……二六四
いふ(異父)……315-07……三五五
イブ(英 eve)……605-07……六五一
いふう(威風)……001-11……一四
いぶかしい……208-70……二二六
いぶかる……208-69……二二五
いぶき(息吹)……014-01……二四
いふく(衣服)……401-01……三七一
いふく(異腹)……315-06……三五五
いぶしぎん(－銀)……716-31……八三七
いぶす(燻)……714-09……八二五
いぶつ(遺物)……304-33……三一九
イブニング(英 evening)……711-44……八〇四
いぶる(燻)……714-09……八二五
いぶん(異聞)……612-66……六九四
いへん(異変)……518-05……五九八
イベント(英 event)……605-03……六五一
いぼ(異母)……315-06……三五五
いほう(異邦)……507-11……四八五
いほう(違法)……508-12……四九四
いほうじん(異邦人)……305-41……三二七
いま(今)……816-18……九六五
いま(居間)……412-13……四〇七
いまいましい……212-09……二五八
いまごろ(今－)……816-19……九六六
いまさら(今更)……816-19……九六六
いましがた(今－)……816-02……九六二
イマジネーション(英 imagination)……209-57……二四〇
いましめる(戒)……602-43……六二九
いまじぶん(今時分)……816-19……九六六
いまだに……819-57……一〇一〇
いまどき(今時)……816-19……九六六
いまに(今－)……816-32……九六九
いまよう(今様)……816-21……九六六
いまわ……304-28……三一八
いまわしい(忌)……216-27……二七一
いみ(忌)……605-22……六五四
いみ(意味)……806-09……八七六
いみあい(意味合)……806-09……八七六
いみあけ(忌明)……605-22……六五四
いみことば(忌言葉)……607-12……六五九
いみな(諱)……605-21……六五三
いみん(移民)……119-09……一三五
いむ(忌)……216-26……二七一
いむ(医務)……020-03……三七
イメージ(英 image)……209-36……二三六
イメージチェンジ(洋語 image change)……908-11……一〇五五
いもうと(妹)……313-10……三五一
いもん(慰問)……216-06……二六七
いやがる(嫌)……216-25……二七一
いやく(医薬)……020-20……四〇
いやく(違約)……517-35……五八八
いやく(意訳)……611-15……六八三
いやけ(嫌気)……216-26……二七一

いやしい(卑)……511-18……五一七
いやしめる(卑)……517-10……五八三
いやす(癒)……020-13……三九
いやみ(嫌味)……517-32……五八八
いやらしい……202-07……一六七
いゆう(畏友)……516-50……五七七
いよいよ……816-34……九七〇
いよう(威容)……001-11……一四
〃……913-32……一〇八六
いよう(異様)……810-61……九二〇
いよう(偉容)……001-11……一四
いよく(意欲)……219-03……二八九
いらい(以来)……816-28……九六八
いらい(依頼)……218-09……二八三
いらいら……210-51……二五二
イラストレーション(英 illustration)……614-06……七〇八
いらだたしい(苛立)……210-49……二五二
いらだち(苛立)……210-45……二五一
いらだつ(苛立)……210-48……二五二
いらつく(苛ー)……210-48……二五二
いらっしゃる……113-02……一〇二
〃……113-40……一一〇
〃……901-01……一〇一四
いりうみ(入海)……703-02……七七三
いりえ(入江)……703-02……七七三
いりぐち(入口)……412-24……四〇八
いりつける(ー付)……408-13……三九五
いりひ(入日)……701-10……七六六
いりむこ(入婿)……308-14……三四一
いりゅう(遺留)……120-68……一五〇
イリュージョン(英 illusion)……209-57……二四〇
いりゅうひん(遺留品)……420-09……四三三
いりょう(衣料)……401-01……三七一
いりょう(医療)……020-03……三七
いりよう(入用)……818-32……九九五
いりょく(威力)……508-25……四九六
いりょく(意力)……219-01……二八九
いる……408-13……三九五
いる(居)……901-01……一〇一四
いる(要)……818-31……九九四
いる(射)……510-43……五一三
いるい(衣類)……401-01……三七一
いるす(居留守)……119-08……一三五
いれい(異例)……810-59……九二〇
いれかえ(入替)……908-20……一〇五七
いれかえる(入替)……908-23……一〇五八
いれかわり(入替)……908-20……一〇五七
いれずみ(入墨)……404-13……三八四
いれぢえ(入知恵)……515-50……五六一
いれちがい(入違)……516-07……五六八
いれもの(入物)……420-19……四三五
いれる(入)……113-41……一一〇
いれる(淹)……408-15……三九五
いろ……307-11……三三八
いろ(色)……716-01……八三二
いろあい(色合)……716-04……八三三
いろあせる(色褪)……716-11……八三四
いろいろ……804-16……八六〇
いろう(慰労)……216-07……二六七
いろう(遺漏)……114-21……一一七
〃……906-21……一〇五〇
いろおとこ(色男)……306-21……三三六
いろおんな(色女)……306-10……三三四
いろがわり(色変)……908-13……一〇五六
いろぐろ(色黒)……716-14……八三四
いろけし(色消)……220-31……三〇三
いろこい(色恋)……216-01……二六六
いろごと(色事)……307-03……三三七
いろごのみ(色好)……218-32……二八八
いろざと(色里)……705-08……七七九
いろじろ(色白)……102-10……五六
いろづく(色ー)……716-12……八三四
いろっぽい(色ー)……206-12……一九七
いろつや(色ー)……716-09……八三四
いろまち(色町)……705-08……七七九
いろめがね(色ー)……403-18……三八〇
いろめく(色ー)……206-14……一九八
いろり……417-18……四二一
いろわけ(色分)……904-48……一〇四〇
いろん(異論)……613-07……六九七
いろんな……804-16……八六〇
いわ(岩)……709-06……七九三
いわい(祝)……605-09……六五二
いわう(祝)……605-10……六五二
いわお(巌)……709-06……七九三
いわく(曰ー)……813-02……九二八
いわね(岩根)……709-06……七九三
いわや(岩屋)……702-41……七七二
いわやま(岩山)……702-25……七七〇
いわれ……813-02……九二八
〃……813-06……九二九
いわんや……819-54……一〇〇九
いん(印)……608-11……六六五
いんいん(陰陰)……713-14……八一四
いんえい(陰影)……715-16……八三〇
いんか(引火)……714-02……八二三
いんが(印画)……418-11……四二三
いんが(因果)……318-09……三六一
いんかん(印鑑)……608-11……六六五
いんき(陰気)……201-45……一六一
いんきくさい(陰気臭)……201-45……一六一
いんきょ(隠居)……303-20……三二一
いんぎん(慇懃)……515-72……五六六
いんけん(引見)……516-06……五六八
いんけん(陰険)……203-42……一七六
いんこう(印行)……619-17……七五〇
いんこう(咽喉)……007-04……二四
インコース(洋語 in course)……620-39……七六二
インコーナー(アメリカ in-corner)……620-39……七六二
インサイド(英 inside)……620-39……七六二
いんさつ(印刷)……619-24……七五一
いんさん(陰惨)……210-53……二五三
いんし(因子)……813-05……九二九
いんじ(印璽)……608-09……六六五
いんしつ(陰湿)……713-64……八二一
いんじゃ(隠者)……305-25……三三四
いんしゅ(飲酒)……409-06……三九六
いんしゅう(因習)……606-07……六五五
いんじゅん(因循)……204-34……一八二
いんしょう(印章)……608-11……六六五
いんしょう(印象)……209-36……二三六
いんしょく(飲食)……406-02……三八七
いんずう(員数)……808-59……八九六
インストラクター(英 instructor)……602-77……六三五
インスピレーション(英 inspiration)……209-10……二三一
いんせい(院政)……507-23……四八七
いんせい(陰性)……201-45……一六一
いんせき(姻戚)……314-01……三五一
いんせつ(引接)……516-06……五六八
いんぞく(姻族)……314-01……三五一
いんそつ(引率)……516-38……五七五

インターバル（英 interval）……808-21……八八九
インターホン（英 inter-phone）……419-09……四二五
いんたい（引退）……517-50……五九一
インタビュー（英 interview）……516-04……五六七
いんちき……807-19……八八三
インデックス（英 index）……619-62……七五六
インテリ……511-12……五一六
インテリア（英 interior）……412-07……四〇六
インテリジェンス（英 intelli-gence）……207-27……二〇四
インドア（英 indoor）……412-08……四〇六
いんとう（咽頭）……007-04……一四
いんとう（淫蕩）……520-29……六〇九
いんとく（陰徳）……114-12……一一五
いんとく（隠匿）……514-27……五五〇
イントネーション（英 intona-tion）……607-21……六六一
イントロダクション（英 intro-duction）……610-06……六七五
いんとん（隠遁）……119-03……一三四
いんねん（因縁）……517-26……五八七
〃……604-13……六四〇
いんばん（印判）……608-11……六六五
いんび（淫靡）……202-07……一六七
いんぶ（陰部）……010-15……二〇
インフォメーション（英 infor-mation）……503-16……四五三
〃……618-01……七三九
インフルエンザ（英 influenza）……017-15……三一
いんぶん（韻文）……616-21……七二七
いんぺい（隠蔽）……514-27……五五〇
いんぼう（陰謀）……208-26……二一五
いんめつ（隠滅）……913-15……一〇八二
いんゆ（隠喩）……611-08……六八二
いんよう（引用）……611-14……六八三
いんよく（淫欲）……218-31……二八八
いんらく（淫楽）……210-19……二四六
いんりょう（飲料）……407-24……三九二
いんわい（淫猥）……202-07……一六七

う

ウイークデー（英 weekday）……711-28……八〇二
ウイークポイント（英 weak point）……818-09……九九〇
ういういしい（初初）……201-32……一五八
ういご（初子）……311-06……三四六
ういざん（初産）……019-03……三六
ウイット（英 wit）……207-31……二〇五
ウイニング（英 winning）……620-11……七五八
ういまご（初孫）……312-01……三四九
ウインク（英 wink）……608-22……六六七
ウインタースポーツ（英 winter sports）……620-50……七六四
ウーマン（英 woman）……306-02……三三一
うえ（上）……817-12……九七四
うえ（飢）……111-21……九五
ウエーター（英 waiter）……503-23……四五五
ウエート（英 weight）……808-30……八九〇
ウエートレス（英 waitress）……503-23……四五五
うえきや（植木屋）……505-40……四七六
うえじに（飢死）……304-20……三一六
ウエスト（英 waist）……010-17……二〇
うえ（で）……999-50……一一三一
ウエディング（英 wedding）……308-15……三四一
うえ（に）……999-53……一一三三
うえは……999-37……一一二五
うえる（飢）……111-20……九四
うえる（植）……720-29……八四五
ウオーター（英 water）……707-30……七九〇
ウおんびん（ー音便）……607-18……六六〇
うかい（迂回）……113-09……一〇四
うがい（嗽）……106-20……七四
うかがう……220-26……三〇二
うかがう（伺）……516-41……五七五
〃……613-43……七〇四
うかつ……207-62……二一〇
うがつ（穿）……101-63……五四
うかびあがる（浮上）……903-23……一〇二三
うかぶ（浮）……903-23……一〇二三
うかべる（浮）……903-23……一〇二三
うかる（受）……602-60……六三二
うかれる（浮）……209-50……二三九
うがん（右岸）……704-17……七七六
うきあがる（浮上）……903-23……一〇二三
うきうき（浮浮）……210-09……二四四
うきごし（浮腰）……101-26……四七
うきしずみ（浮沈）……914-20……一〇九一
うきだす（浮出）……903-24……一〇二四
うきでる（浮出）……903-24……一〇二四
うきな（浮名）……618-20……七四三
うきめ（憂目）……210-39……二五〇
うきよ（浮世）……506-01……四八二
うきょく（紆曲）……908-37……一〇六二
うきよばなれ（浮世離）……204-16……一七九
うく（浮）……903-23……一〇二三
うぐ（迂愚）……207-53……二〇八
うぐいすじょう（鶯嬢）……503-14……四五三
うけ（受）……618-15……七四二
うけあう（請合）……502-20……四四六
うけいれる（受入）……517-62……五九三
うけおう（請負）……502-20……四四六
うけこたえ（受答）……613-55……七〇七
うけたまわる（承）……517-62……五九三
うけつぐ（受継）……315-08……三五五
うけつけ（受付）……503-16……四五三
うけつける（受付）……517-62……五九三
うけとめる（受止）……120-39……一四三
うけとり（受取）……610-30……六七九
うけとる（受取）……115-02……一一九
うけばこ（受箱）……419-40……四三〇
うけもち（受持）……502-12……四四四
うけもつ（受持）……502-20……四四六
うける（受）……315-08……三五五
うご（雨後）……713-39……八一七
うごう（烏合）……504-21……四六五
うごかす（動）……902-01……一〇一六
うごく（動）……902-01……一〇一六
〃……903-01……一〇一九
〃……908-01……一〇五三
うさ（憂）……210-39……二五〇
うさばらし（憂晴）……210-44……二五一
うさんくさい（胡散臭）……208-70……二二六
うじうじ……204-34……一八二

うっすら……809-32……九〇五
うつぜん(鬱然)……720-41……八四七
うっそう(鬱蒼)……720-41……八四七
うったえる(訴)……508-19……四九五
〃……613-36……七〇二
うっちゃらかす……120-73……一五一
うっちゃる……120-73……一五一
うってつけ……818-18……九九二
うっとうしい……210-29……二四八
〃……210-37……二五〇
うっとり……209-43……二三八
うつぶせ(俯伏)……112-34……一〇一
うつぶせる(−伏)……112-33……一〇一
うっぷん(鬱憤)……214-07……二六三
うつむき(俯)……112-34……一〇一
うつむく(俯)……112-33……一〇一
うつらうつら……112-17……九九
うつりかわり(移変)……908-14……一〇五六
うつりぎ(移気)……218-34……二八九
うつる(写)……418-09……四二三
うつる(映)……715-27……八三二
うつる(移)……814-60……九四三
〃……903-01……一〇一九
〃……908-01……一〇五三
うつろ(空)……901-09……一〇一五
うつろう(移)……908-01……一〇五三
うつわ(器)……420-19……四三五
うで(腕)……008-02……一五
〃……207-14……二〇一
うてき(雨滴)……707-18……七八八
うできき(腕利)……207-15……二〇一
うでずく(腕−)……219-26……二九四
うでだっしゃ(腕達者)……207-15……二〇一
うでっこき(腕−)……207-15……二〇一
うでっぷし(腕節)……101-45……五〇
うでどけい(腕時計)……419-10……四二六
うでまえ(腕前)……207-14……二〇一
うでまくら(腕枕)……112-30……一〇〇
うでる……408-04……三九三
うてん(雨天)……713-15……八一四
うとい(疎)……204-06……一七七
うとうと……112-17……九九
うとましい……216-27……二七一
うとむ……216-26……二七一
うどん(饂飩)……407-09……三九〇
うどんこ(−粉)……407-12……三九〇
うとんずる……216-26……二七一
うながす(促)……914-03……一〇八七
うなじ(項)……007-02……一四
うなずく(頷)……102-04……五五
うなばら(海原)……703-01……七七三
うなる(唸)……108-07……七八
うぬぼれ……217-06……二七七
うぬぼれる……217-01……二七六
うねり……703-09……七七四
うねる……908-35……一〇六一
うばう(奪)……115-04……一一九
うぶ……201-32……一五八
うぶげ(産毛)……012-06……二二
うぶごえをあげる(産声−)……301-06……三〇四
うほう(右方)……817-23……九七五
うまい……107-05……七五
〃……818-39……九九六
うまる(埋)……906-06……一〇四七
うまれ(生)……316-04……三五七
うまれおちる(生落)……301-06……三〇四
うまれかわる(生変)……301-10……三〇六
うまれつき(生−)……207-07……二〇〇
うまれながら(生−)……207-07……二〇〇
うまれる(生)……301-06……三〇四
〃……911-06……一〇七四
うみ(海)……703-01……七七三
うみ(膿)……015-15……二八
うみおとす(産落)……019-03……三六
うみじ(海路)……505-54……四七八
うみづき(産月)……019-06……三六
うみべ(海辺)……703-08……七七四
うむ(倦)……209-61……二四一
うむ(産)……019-03……三六
うむ(熟)……720-38……八四六
うむ(膿)……017-34……三三
うめく(呻)……108-07……七八
うめくさ(埋草)……619-06……七四八
うめたてる(埋立)……707-02……七八六
〃……906-06……一〇四七
うめる(埋)……906-06……一〇四七
うもう(羽毛)……719-08……八四一
うもれる(埋)……906-06……一〇四七
うやうやしい(恭)……205-50……一九四
うやまう(敬)……517-01……五八一
うやむや……810-48……九一七
うゆう(烏有)……901-08……一〇一五
うようよ……504-26……四六七
うよく(右翼)……510-06……五〇七
うら(浦)……703-02……七七三
うら(裏)……817-81……九八七
うらうち(裏打)……806-17……八七八
うらおもて(裏表)……817-74……九八六
うらかいどう(裏街道)……705-28……七八二
うらがえす(裏返)……902-07……一〇一七
うらがき(裏書)……806-17……八七八
うらがなしい(−悲)……210-21……二四六
うらがね(裏金)……513-31……五四二
うらがれる(末枯)……720-49……八四八
うらがわ(裏側)……817-79……九八七
うらぎり(裏切)……517-36……五八八
うらぎる(裏切)……517-34……五八八
うらげい(裏芸)……615-54……七二四
うらごえ(裏声)……108-01……七七
うらさびしい(−寂)……210-23……二四七
うらづけ(裏付)……806-17……八七八
うらづける(裏付)……613-47……七〇五
うらて(裏手)……817-79……九八七
うらどおり(裏通)……705-28……七八二
うらない(占)……208-63……二二四
うらないし(占師)……503-27……四五五
うらはずかしい(−恥)……217-27……二八一
うらばなし(裏話)……612-60……六九三
うらはら(裏腹)……817-08……九七二
うらばんぐみ(裏番組)……615-07……七一六
うらぼん(盂蘭盆)……605-24……六五四
うらみ(恨)……216-31……二七二
うらみち(裏道)……705-28……七八二
うらむ(恨)……216-32……二七二
うらめしい(恨)……216-31……二七二
うらもん(裏門)……412-35……四一〇
うらやましい(羨)……216-35……二七三
うらやむ(羨)……216-36……二七三
うららか……201-39……一六〇
〃……713-08……八一二
うらわかい(−若)……303-09……三〇九
うりあげ(売上)……512-75……五三六
うりいそぐ(売急)……512-03……五二三
うりかい(売買)……512-05……五二三
うりかた(売方)……512-13……五二五

五十音順総索引

うりきれる(売切)……512-03……五二三
うりこ(売子)……512-13……五二五
うりこむ(売込)……512-03……五二三
うりさばく(売捌)……512-03……五二三
うりだし(売出)……512-06……五二四
うりつける(売付)……512-03……五二三
うりて(売手)……512-13……五二五
うりぬし(売主)……512-13……五二五
うりね(売値)……512-32……五二九
うりはらう(売払)……512-03……五二三
うりふたつ(瓜二)……918-10……一一〇〇
うりもの(売物)……207-17……二〇二
〃……420-10……四三三
うる……999-69……一一三九
うる(売)……512-03……五二三
うるおう(潤)……713-66……八二一
うるおす(潤)……713-66……八二一
うるさい……210-29……二四八
〃……810-16……九一〇
うるさがた(－型)……612-68……六九四
うるし(漆)……416-14……四一六
うるむ(潤)……713-66……八二一
うるわしい(麗)……206-07……一九六
うれい(憂)……214-01……二六一
うれえる(憂)……214-04……二六二
うれくち(売口)……512-04……五二三
うれしい(嬉)……210-15……二四五
うれだか(売高)……512-75……五三六
うれる(売)……512-03……五二三
うれる(熟)……720-38……八四六
うろうろ……210-50……二五二
うろおぼえ(－覚)……602-17……六二四
うろたえる……210-46……二五一
うろつく……617-35……七三八
うわき(浮気)……218-34……二八九
うわぎ(上着)……401-14……三七三
うわごと……517-15……五八四
うわさ(噂)……618-18……七四三
うわづつみ(上包)……419-44……四三一
うわっぱり(上張)……401-32……三七五
うわづみ(上積)……913-05……一〇八〇
うわつら(上面)……817-77……九八六
うわて(上手)……207-42……二〇六
〃……817-13……九七四
うわのせ(上乗)……913-05……一〇八〇
うわべ(上辺)……817-77……九八六
うわまわる(上回)……913-09……一〇八〇
うわやく(上役)……511-09……五一六
うん(運)……317-01……三五八
うんえい(運営)……505-12……四七二
うんか(雲霞)……504-21……四六五
うんが(運河)……707-03……七八六
うんかい(雲海)……713-12……八一三
うんき(温気)……712-04……八〇七
うんこ……016-01……一八
うんこう(運行)……113-15……一〇五
うんこう(運航)……505-55……四七八
うんざり……210-33……二四九
うんさん(雲散)……904-42……一〇三九
うんさんむしょう(雲散霧消)……913-21……一〇八三
うんすい(雲水)……604-68……六四八
うんせい(運勢)……317-01……三五八
うんそう(運送)……505-80……四八一
うんちく(蘊蓄)……207-28……二〇四
うんちん(運賃)……513-17……五四〇
うんでいのさ(雲泥－差)……919-03……一一〇五
うんてん(運転)……418-14……四二四
うんと……808-40……八九二
うんどう(運動)……620-08……七五七
うんどうじょう(運動場)……620-31……七六一
うんぱん(運搬)……505-80……四八一
うんぴつ(運筆)……609-26……六七二
うんめい(運命)……317-01……三五八
うんゆ(運輸)……505-80……四八一
うんよう(運用)……117-02……一三一

え

え(柄)……419-28……四二九
え(絵)……614-05……七〇八
え(餌)……505-44……四七六
えいい(鋭意)……219-26……二九四
えいいん(影印)……619-19……七五〇
えいえい(営営)……204-09……一七八
えいえん(永遠)……815-65……九六〇
えいが(映画)……615-44……七二三
えいが(栄華)……914-05……一〇八七
えいかん(栄冠)……403-03……三七八
〃……618-16……七四三
えいきゅう(永久)……815-65……九六〇
えいきょう(影響)……916-01……一〇九五
えいぎょう(営業)……505-12……四七二
えいけつ(永訣)……516-23……五七一
えいけつ(英傑)……305-14……三二三
えいこう(栄光)……618-16……七四三
えいごう(永劫)……815-66……九六〇
えいこせいすい(栄枯盛衰)……914-20……一〇九一
えいこん(英魂)……604-36……六四四
えいさい(英才)……305-09……三二一
えいし(英姿)……001-11……四
えいじ(嬰児)……311-02……三四六
えいしゃ(映写)……615-45……七二三
えいじゅう(永住)……119-02……一三四
えいしゅん(英俊)……207-40……二〇六
えいしん(栄進)……517-40……五八九
えいずる(映)……715-27……八三二
えいせい(永世)……815-65……九六〇
えいせい(永逝)……304-02……三一四
えいせいこく(衛星国)……507-10……四八五
えいぞう(映像)……615-06……七一六
えいぞう(影像)……614-13……七〇九
えいぞく(永続)……912-12……一〇七八
えいたい(永代)……815-66……九六〇
えいたつ(栄達)……517-40……五八九
えいたん(詠嘆)……520-07……六〇五
えいだん(英断)……208-29……二一七
えいち(英知)……207-32……二〇五
えいてん(栄典)……605-08……六五一
えいてん(栄転)……517-41……五八九
えいびん(鋭敏)……207-47……二〇七
えいへい(衛兵)……510-16……五〇八
えいべつ(永別)……516-23……五七一
えいまい(英邁)……207-41……二〇六
えいみん(永眠)……304-02……三一四
えいめい(英名)……618-11……七四一
えいめい(英明)……207-41……二〇六
えいゆう(英雄)……305-17……三二三
えいよ(栄誉)……618-16……七四三
えいよう(栄養)……020-10……三八
えいり(営利)……512-54……五三二
えいり(鋭利)……207-48……二〇七
えいれい(英霊)……604-36……六四四
エービーシー(ABC)……607-33……六六二
えがお(笑顔)……102-11……五六

えかき(絵－)……614-15……七〇九
えがく(描)……609-12……六七〇
えがたい(得難)……818-22……九九三
えがら(絵柄)……614-21……七一〇
えがらっぽい……107-17……七六
えき(役)……509-01……四九七
えき(易)……208-63……二二四
えき(益)……512-47……五三一
〃……512-50……五三二
えき(液)……420-20……四三五
えき(駅)……505-79……四八一
エキサイト(英 excite)……209-48……二三九
えきしゃ(易者)……503-27……四五五
エキストラ(英 extra)……615-35……七二一
エキスパート(英 expert)……305-03……三二〇
エキセントリック(英 eccentric)……201-59……一六四
えきたい(液体)……420-20……四三五
えきびょう(疫病)……017-07……三〇
えきべん(駅弁)……406-07……三八八
えきゆう(益友)……516-53……五七八
えぐい……107-17……七六
えぐる……101-56……五二
えげつない……205-27……一八九
エゴ(ラテ ego)……220-07……二九七
〃……806-16
エゴイズム(英 egoism)……806-16……八七七
えこう(回向)……605-14……六五二
エコノミー(英 economy)……501-18……四四一
えこひいき……216-16……二六九
えさ(餌)……505-44……四七六
えし(絵師)……614-15……七〇九
えしき(会式)……605-13……六五二
えじき……219-25……二九四
えしゃく(会釈)……515-66……五六五
えず(絵図)……614-05……七〇八
エスエフ(ＳＦ)……616-09……七二五
エスケープ(英 escape)……113-32……一〇八
エスコート(英 escort)……516-39……五七五
エスピー(ＳＰ)……508-17……四九五
エスプリ(フラ esprit)……207-31……二〇五
えせ……807-12……八八一
えだ(枝)……904-44……一〇三九
えたい(得体)……801-11……八五一
えだは(枝葉)……720-07……八四二
えだみち(枝道)……705-39……七八三
えだわかれ(枝分)……904-43……一〇三九
エチケット(フラ étiquette)……515-62……五六四
えっけん(越権)……508-27……四九七
えっけん(謁見)……516-05……五六八
エッセー(英 essay)……616-12……七二六
エッセンス(英 essence)……813-05……九二九
えっちらおっちら……110-13……九一
えつらく(悦楽)……210-19……二四六
えて(得手)……207-18……二〇二
えてかって(得手勝手)……203-35……一七五
えとき(絵解)……614-18……七一〇
えとく(会得)……208-38……二一八
エナメル(英 enamel)……416-14……四一六
えにし(縁)……515-07……五五二
エネルギー(ドイ Energie)……101-43……五〇
えはがき(絵－)……618-29……七四五
エピソード(英 episode)……612-60……六九三
エピローグ(英 epilogue)……610-10……六七五
エプロン(英 apron)……401-32……三七五
エポック(英 epoch)……815-31……九五二
えほん(絵本)……619-43……七五三
えみ(笑)……102-18……五七
えむ(笑)……102-17……五七
エメラルドグリーン(英 emerald green)……716-27……八三六
えもいわれぬ(得－言－)……818-45……九九七
エラー(英 error)……114-18……一一六
〃……620-40
えらい(偉)……207-50……二〇八
えらぶ(選)……118-01……一三三
えらぶつ(偉物)……305-11……三二三
えり(襟)……401-29……三七五
えりくび(襟首)……007-02……一四
えりごのみ(選好)……216-21……二七〇
えりぬき(選抜)……118-06……一三三
えりまき(襟巻)……403-06……三七九
える……999-69……一一三九
エル……999-69……一一三九
える(得)……115-01……一一八
エレガント(英 elegant)……206-04……一九六
エレジー(英 elegy)……614-38……七一三
エレメント(英 element)……813-05……九二九
えん(円)……811-04……九二三
えん(宴)……409-22……三九八
えん(縁)……515-07……五五二
〃……604-15……六四一
えんいん(遠因)……813-01……九二八
えんえん(奄奄)……111-28……九六
えんえん(延延)……815-61……九五九
えんえん(炎炎)……714-08……八二四
えんお(厭悪)……216-23……二七〇
えんかい(沿海)……703-08……七七四
えんかい(宴会)……409-22……三九八
えんかく(遠隔)……817-41……九七九
えんがわ(縁側)……412-22……四〇八
えんがん(沿岸)……703-08……七七四
えんき(延期)……814-70……九四五
えんぎ(演技)……615-01……七一五
えんぎ(縁起)……317-02……三五九
〃……813-06……九二九
えんきょく(婉曲)……514-30……五五〇
えんきょり(遠距離)……808-24……八九〇
えんぐみ(縁組)……308-06……三三九
えんぐん(援軍)……510-13……五〇八
えんけい(遠景)……708-01……七九一
えんげい(園芸)……720-30……八四五
えんげい(演芸)……615-01……七一五
えんげき(演劇)……615-02……七一五
えんこ(縁故)……314-03……三五一
〃……515-05……五五二
えんご(援護)……120-35……一四三
えんこん(怨恨)……216-31……二七二
えんざ(円座)……101-09……四三
えんざい(冤罪)……520-22……六〇八
エンサイクロペディア(英 en-

cyclopedia）……619-45……七五四
えんし（遠視）……004-05……一一
えんじ（園児）……602-79……六三六
エンジニア（英 engineer）……503-08……四五二
えんじゃ（縁者）……314-03……三五一
えんしゅう（演習）……602-73……六三四
えんじゅく（円熟）……207-19……二〇二
えんしゅつか（演出家）……615-43……七二三
えんしょ（炎暑）……712-04……八〇七
えんしょ（艶書）……618-31……七四五
えんじょ（援助）……517-54……五九二
エンジョイ（英 enjoy）……210-02……二四二
えんしょう（延焼）……714-13……八二五
えんじる（演）……114-10……一一五
〃……615-21……七一八
えんじん（円陣）……510-04……五〇七
えんせい（遠征）……509-30……五〇二
えんせき（宴席）……409-24……三九九
えんぜつ（演説）……612-35……六八九
えんせん（沿線）……705-42……七八四
えんぜん（婉然）……206-10……一九七
えんぜん（嫣然）……102-25……五八
えんそう（演奏）……614-32……七一二
えんそく（遠足）……617-28……七三七
えんだい（遠大）……810-64……九二一
えんだい（縁台）……412-22……四〇八
えんだん（縁談）……308-06……三三九
えんちょう（延長）……814-70……九四五
えんちょく（鉛直）……817-64……九八四
えんづく（縁付）……308-02……三三九
えんつづき（縁続）……314-03……三五一
えんてい（堰堤）……707-06……七八六
えんてい（園丁）……505-40……四七六
エンディング（英 ending）……610-10……六七五
えんてん（炎天）……713-03……八一二
えんどう（沿道）……705-42……七八四
エントリー（英 entry）……613-38……七〇三
えんにち（縁日）……605-06……六五一
えんねつ（炎熱）……712-04……八〇七
えんのした（縁－下）……412-34……四一〇
えんぶん（艶文）……618-31……七四五
えんぶん（艶聞）……618-20……七四三
えんぺい（援兵）……510-13……五〇八
えんぼう（遠謀）……208-26……二一五
えんぽう（遠方）……817-41……九七九
えんまん（円満）……205-05……一八五
えんむすび（縁結）……308-06……三三九
えんめい（延命）……301-03……三〇四
えんりょ（遠慮）……205-47……一九三
えんりょぶかい（遠慮深）……205-50……一九四
えんれい（艶麗）……206-10……一九七
えんろ（遠路）……113-10……一〇四

お

お（尾）……702-37……七七二
〃……719-10……八四一
おあし……513-01……五三七
おあずけ（－預）……814-68……九四四
おい（甥）……314-16……三五三
おいうち（追撃）……509-13……五〇〇
おいえげい（－家芸）……207-17……二〇二
おいおい……102-35……六〇
〃……815-30……九五二
おいおとす（追落）……120-49……一四五
おいかける（追－）……113-22……一〇七
おいかぜ（追風）……713-47……八一八
おいこす（追越）……903-20……一〇二三
おいこむ（老込）……303-27……三一三
おいさき（老先）……303-21……三一一
おいさらばえる（老－）……303-27……三一三
おいしい……107-05……七五
おいしげる（生茂）……720-42……八四七
おいだす（追出）……120-49……一四五
おいたち（生立）……316-05……三五七
おいたてる（追立）……120-49……一四五
〃……814-66……九四四
おいちらす（追散）……120-49……一四五
おいつく（追－）……113-22……一〇七
おいつめる（追詰）……113-22……一〇七
おいて（追手）……713-47……八一八
おいで……516-44……五七六
おいでになる……113-02……一〇二
〃……113-40……一一〇
おいど……010-14……二〇
おいぬく（追抜）……903-20……一〇二三
おいはぎ（追剝）……305-57……三三一
おいばら（追腹）……304-24……三一七
おいはらう（追払）……120-49……一四五
おいまくる（追－）……814-66……九四四
おいら……320-23……三六八
おいる（老）……303-27……三一三
おいわけ（追分）……705-38……七八三
おう（王）……511-22……五一八
おう（負）……109-35……八六
おう（追）……113-22……一〇七
おう（翁）……303-25……三一三
おう（嫗）……303-24……三一二
おうい（王位）……511-25……五一八
おういん（押印）……608-13……六六五
おうえん（応援）……517-54……五九二
おうおう（往往）……815-22……九五〇
おうか（欧化）……606-13……六五六
おうか（謳歌）……210-19……二四六
おうが（枉駕）……516-43……五七六
おうかん（王冠）……403-03……三七八
おうかん（往還）……705-24……七八一
おうぎ（奥義）……802-16……八五五
おうきゅう（王宮）……412-02……四〇五
おうきゅう（応急）……812-05……九二八
おうこう（横行）……915-09……一〇九三
おうこく（王国）……507-03……四八四
おうごんじだい（黄金時代）……815-55……九五八
おうさつ（殴殺）……520-38……六一一
おうさま（王様）……511-22……五一八
おうし（横死）……304-13……三一六
おうじ（王子）……511-28……五一九
おうじ（往時）……816-06……九六三
おうしつ（王室）……511-26……五一九
おうしゅう（応酬）……613-55……七〇七
おうしゅう（押収）……115-09……一二〇
おうじょ（王女）……511-29……五一九
おうじょう（往生）……211-09……二五六
〃……218-24……二八七
〃……304-02……三一四
おうじょうぎわ（往生際）……304-28……三一八
おうじる（応）……517-62……五九三
おうせ（逢瀬）……307-02……三三七
おうせい（王政）……507-23……四八七
おうせい（旺盛）……914-06……一〇八八
おうせつ（応接）……515-59……五六三

おうせつしつ（応接室）……412・14……四〇七
おうせつま（応接間）……412・14……四〇七
おうせん（応戦）……509・02……四九八
おうぞく（王族）……511・26……五一九
おうだ（殴打）……109・40……八八
おうたい（応対）……515・59……五六三
〃……613・55……七〇七
おうたい（横隊）……904・24……一〇三五
おうだん（横断）……904・51……一〇四一
おうちゃく（横着）……203・11……一七〇
おうてん（横転）……902・06……一〇一七
おうと（嘔吐）……015・03……二六
おうどいろ（黄土色）……716・28……八三六
おうとう（応答）……613・52……七〇六
おうどう（横道）……520・30……六〇九
おうとつ（凹凸）……811・18……九二四
おうな（嫗）……303・24……三二二
おうなつ（押捺）……608・13……六六五
おうねん（往年）……816・06……九六三
おうふう（欧風）……606・13……六五六
おうふく（往復）……113・08……一〇四
おうぶん（応分）……918・09……一一〇〇
おうへい（横柄）……217・16……二七九
おうぼ（応募）……613・38……七〇三
おうほう（応報）……604・16……六四一
おうぼう（横暴）……204・22……一八〇
おうよう（応用）……117・03……一三一
おうよう（鷹揚）……204・13……一七九
おうらい（往来）……113・07……一〇三
〃……705・18……七八〇
おうりょう（横領）……115・08……一二〇
おうレンズ（凹－）……403・17……三八〇
おうろ（往路）……113・06……一〇三
おえつ（嗚咽）……102・32……五九
おえらいさん（－偉－）……320・16……三六七
おえらがた（－偉方）……320・16……三六七
おえる（終）……814・49……九四〇
おおあめ（大雨）……713・24……八一五
おおあれ（大荒）……713・16……八一四
おおい（多）……808・36……八九二
おおい（覆）……419・44……四三一
おおいそぎ（大急）……815・41……九五五
おおいに（大－）……819・33……一〇〇四
おおう（覆）……102・02……五四
おおうつし（大写）……615・45……七二二
オーエル（ＯＬ）……503・02……四五二
おおおとこ（大男）……305・39……三二六
おおがかり（大－）……809・05……九〇〇
おおかぜ（大風）……713・44……八一八
おおかた（大方）……805・15……八六六
〃……808・65……八九八
おおがた（大形）……001・23……五
おおがら（大柄）……001・23……五
おおかわ（大川）……704・04……七七五
おおきい（大）……809・02……九〇〇
おおきさ（大－）……808・29……八九〇
おおきな（大）……809・02……九〇〇
おおぎり（大切）……615・15……七一七
おおく（多）……805・11……八六五
おおぐい（大食）……106・08……七二
オークション（英 auction）……512・08……五二四
オーケー（アメリカ O. K.）……517・62……五九三
おおげさ（大袈裟）……203・29……一七四
おおごえ（大声）……108・04……七七
おおごしょ（大御所）……305・06……三二一
おおごと（大事）……518・04……五九八
おおざけ（大酒）……409・19……三九八
おおざけのみ（大酒飲）……409・13……三九七
おおざっぱ（大雑把）……805・17……八六六
おおさわぎ（大騒）……810・14……九一〇
おおじ（大路）……705・27……七八一
オージー（ＯＧ）……602・83……六三六
おおしい（雄雄）……201・58……一六四
おおすじ（大筋）……805・54……八七四
おおぜい（大勢）……808・61……八九七
おおせつける（仰付）……612・38……六八九
おおせられる（仰－）……612・02……六八四
おおぞら（大空）……701・01……七六五
おおたちまわり（大立回）……515・14……五五四
おおだてもの（大立者）……615・41……七二二
おおづかみ（大－）……109・03……七九
おおつごもり（大－）……710・24……七九七
おおっぴら……514・02……五四四
おおづめ（大詰）……615・15……七一七
〃……814・29……九三六
おおどおり（大通）……705・27……七八一
おおなみ（大波）……703・10……七七四
おおにんずう（大人数）……808・61……八九七
おおね（大根）……802・01……八五二
オーバー（英 over）……203・29……一七四
〃……913・10
オーバー（英 overcoat の略）……401・17……三七三
おおはば（大幅）……805・22……八六七
オービー（ＯＢ）……602・83……六三六
おおぶり（大－）……001・23……五
おおぶり（大降）……713・23……八一五
おおぶろしき（大－）……612・28……六八八
オープン（英 open）……502・38……四四九
〃……514・02
おおまか（大－）……805・17……八六六
おおまじめ（大－）……201・19……一五五
おおみず（大水）……319・09……三六三
おおみそか（大－）……710・24……七九七
おおみだし（大見出）……610・24……六七八
おおむかし（大昔）……816・07……九六三
おおむこう（大向）……516・61……五七九
おおむね……805・18……八六六
おおめだま（大目玉）……602・45……六二九
おおもじ（大文字）……607・32……六六二
おおもと（大本）……802・01……八五二
おおもの（大物）……305・11……三二二
おおや（大家）……511・43……五二一
おおやけ（公）……514・01……五四四
〃……514・02……五四四
おおゆき（大雪）……713・57……八二〇
おおよう（大様）……204・13……一七九
おおよそ……805・18……八六六
おおらか（大－）……204・13……一七九
オールドミス（洋語 old miss）……306・07……三三三
オールマイティー（英 al-mighty）……207・04……一九九
オールラウンド（英 all-round）……207・04……一九九
おおわらい（大笑）……102・20……五七
おおわらわ（大－）……219・27……二九四
おか（丘）……702・13……七六九
おか（陸）……702・03……七六七
おかあさん（母）……310・03……三四四
おかくれ（隠）……304・06……三一五
おかげ（御蔭）……603・04……六三七
おかげで……999・39……一一二六

五十音順総索引

おかしい……810-51……九一八
おかす(侵)……509-24……五〇一
おかす(冒)……017-10……三〇
おかず……407-03……三八九
おかちめんこ……306-12……三三四
おかどちがい(－門違)
……519-12……六〇一
おかぶ(－株)……207-17……二〇二
おかぼれ……216-15……二六九
おかみ……309-06……三四二
〃……511-41……五二一
おかみ(－上)……504-40……四六九
おかみさん……309-06……三四二
おがむ(拝)……604-21……六四二
おかめ(岡目)……103-30……六六
おかやき(焼)……216-33……二七二
おがわ(小川)……704-03……七七五
おき(沖)……703-05……七七三
おきあい(沖合)……703-05……七七三
おきざり(置去)……120-72……一五一
おきて……508-06……四九三
おきどけい(置時計)……419-10……四二六
おきな(翁)……303-25……三一三
おぎなう(補)……913-03……一〇七九
おきみやげ(置－)……115-51……一二八
おきゃくさま(－客様)
……516-60……五七九
おきゃん……201-62……一六五
おきる(起)……112-36……一〇一
〃……911-06……一〇七四
おく(奥)……817-21……九七五
おく(置)……911-01……一〇七三
おく(億)……808-02……八八五
おくがい(屋外)……817-86……九八八
おくがき(奥書)……610-11……六七五
おくがた(奥方)……309-05……三四二
おくさま(奥様)……309-05……三四二
おくさん(奥－)……309-05……三四二
おくじょう(屋上)……412-28……四〇九
おくする(臆)……215-02……二六四
おくそく(憶測)……208-55……二二二
おくそこ(奥底)……817-21……九七五
おくち(奥地)……705-13……七七九
おくづけ(奥付)……610-11……六七五
おくでん(奥伝)……602-49……六三〇
おくない(屋内)……412-08……四〇六
おくのて(奥－手)……601-19……六二〇
おくび……014-08……二五
おくびょう(臆病)……201-50……一六二
おくふかい(奥深)……809-21……九〇三
おくまん(億万)……808-38……八九二
おくやま(奥山)……702-27……七七〇
おくゆかしい(奥－)……202-04……一六七
おくゆき(奥行)……412-27……四〇九
おくゆるし(奥許)……602-49……六三〇
おくりがな(送仮名)……607-30……六六二
おくりだす(送出)……516-18……五七〇
おくりつける(送付)……903-39……一〇二八
おくりとどける(送届)
……903-39……一〇二八
おくりな(贈名)……605-21……六五三
おくりむかえ(送迎)……516-17……五七〇
おくりもの(贈物)……115-49……一二八
おくる(送)……516-18……五七〇
〃……903-39……一〇二八
おくる(贈)……115-39……一二六
おくれる(後)……914-11……一〇八九
おくれる(遅)……814-74……九四六
おけ(桶)……419-01……四二四
おけら……501-14……四三九
おこうこう(－香香)……407-17……三九一
おこがましい……205-27……一八九
おこし(－越)……516-44……五七六
おこす(起)……101-01……四一
〃……112-36……一〇一
〃……911-07……一〇七四
おごそか(厳)……810-53……九一九
おこたる(怠)……203-13……一七〇
おこない(行)……114-01……一一三
おこなう(行)……114-09……一一四
おこぼれ……808-05……八八五
おこもり(－籠)……604-26……六四二
おこり(起)……814-12……九三三
おごり……501-20……四四一
おこる(起)……911-06……一〇七四
おこる(怒)……212-07……二五八
〃……602-45……六二九
おこる(興)……914-07……一〇八八
おごる……217-11……二七八
〃……501-20……四四一
(お)さい(－菜)……407-03……三八九
おさえこむ(押込)……101-49……五一
おさえつける(押付)……101-49……五一
おさえる(抑)……120-41……一四四
おさえる(押)……101-49……五一
おざしき(－座敷)……409-24……三九九
〃……412-11……四〇七
おさと(里)……316-04……三五七
おさない(幼)……303-06……三〇八
おさながお(幼顔)……003-05……一〇
おさなご(幼子)……311-03……三四六
おさなごころ(幼心)……209-14……二三二
おさななじみ(幼馴染)
……516-54……五七八
おざなり……203-09……一七〇
おさまる(収)……210-11……二四四
〃……906-15……一〇四九
おさまる(治)……507-42……四九〇
おさまる(修)……602-06……六二二
おさまる(納)……115-17……一二三
おさめる(収)……115-01……一一八
〃……906-15……一〇四九
おさめる(治)……507-42……四九〇
おさめる(修)……602-03……六二二
おさめる(納)……115-17……一二三
おさん(－産)……019-03……三六
(お)さんじ(－三時)……406-08……三八八
おじ……314-14……三五三
おしい(惜)……214-12……二六四
おじいさん……303-25……三一三
〃……314-12……三五三
おしいただく(押頂)……115-47……一二八
おしいる(押入)……113-44……一一一
おしえ(教)……602-21……六二五
おしえご(教子)……602-81……六三六
おしえる(教)……602-20……六二五
おしおき(－仕置)……602-47……六三〇
おしかくす(押隠)……514-25……五四九
おじぎ(－辞儀)……515-66……五六五
おしきる(押切)……814-51……九四一
おじけ(怖気)……215-06……二六五
おじける……209-41……二三七
おしこむ(押込)……906-05……一〇四七
おしこめる(押込)……906-05……一〇四七
おじさん……314-14……三五三
おしだし(押出)……001-10……三
おしだまる(押黙)……612-70……六九五
おしつける(押付)……101-49……五一
おしっこ……016-04……二八
おして(押)……203-33……一七四

おしとおす(押通)……814-51……九四一
おしのける(押－)……101-50……五一
おしはかる(推量)……208-45……二二〇
おしぼり(－絞)……402-07……三七七
おしまい……909-11……一〇六九
おしまくる(押－)……101-50……五一
おしむ(惜)……214-10……二六三
おしめ……401-39……三七六
おしめり(－湿)……713-21……八一五
おしもんどう(押問答)……613-09……六九七
おしゃべり……612-25……六八七
〃……612-65……六九四
おじゃま(－邪魔)……516-41……五七五
おしやる(押－)……101-50……五一
おしゃれ(－洒落)……206-05……一九六
〃……404-07……三八三
おじゃん……909-11……一〇六九
おしょう(和尚)……604-66……六四八
おじょうさま(－嬢様)……306-04……三三二
おじょうさまそだち(－嬢様育)……207-59……二〇九
おしょく(汚職)……520-45……六一二
おじょく(汚辱)……517-28……五八七
おしよせる(押寄)……101-37……四八
おしんこ(－新香)……407-17……三九一
おす(押)……101-50……五一
おす(雄)……306-17……三三五
おすい(汚水)……707-16……七八八
おずおず……204-33……一八二
(お)すまし……407-21……三九二
おすもうさん(－相撲－)……620-34……七六一
おせっかい(－節介)……205-29……一八九
おせん(汚染)……818-10……九九〇
おそい(遅)……204-39……一八三
おそう(襲)……315-08……三五五
おそかれはやかれ(遅－早－)……816-31……九六九
おそじも(遅霜)……713-53……八一九
おそなえ(－供)……115-45……一二八
おぞましい……216-27……二七一
おそらく……805-24……八六八
おそるおそる(恐恐)……215-10……二六六
おそれ(恐)……214-02……二六一
〃……215-01……二六四
おそれおおい(恐多)……213-08……二六〇
おそれる(畏)……205-48……一九四
おそれる(恐)……215-02……二六四
おそろしい(恐)……215-03……二六四
おそわる(教)……602-03……六二三
おたおた……210-50……二五二
おたく(－宅)……320-28……三六九
おだく(汚濁)……707-15……七八八
おたずねもの(－尋者)……520-54……六一三
おたっし(－達)……618-09……七四一
おだてる……515-49……五六一
おだぶつ(陀仏)……304-02……三一四
おたまじゃくし(－玉杓子)……410-19……四〇二
おためごかし……205-33……一九〇
おだやか(穏)……201-36……一五九
〃……810-20……九一一
おたんこなす……305-51……三二九
おたんちん……305-51……三二九
おち(落)……906-20……一〇五〇
おちいる(陥)……903-10……一〇二一
おちこち……817-51……九八一
おちこぼれ(落－)……602-85……六三七
おちこむ(落込)……903-10……一〇二一
おちつく(落着)……210-11……二四四
おちど(落度)……114-20……一一七
おちば(落葉)……720-10……八四三
おちぶれる(落－)……914-18……一〇九〇
おちぼ(落穂)……720-23……八四四
おちめ(落目)……914-14……一〇八九
おちゃ(－茶)……617-02……七三二
おちゃらかす……517-06……五八二
おちる(落)……903-10……一〇二一
おつかいもの(－遣物)……115-49……一二八
おっかぶせる……102-02……五四
おつけ……407-20……三九二
おつげ(－告)……604-09……六四〇
おっこちる(落)……903-10……一〇二一
おっしゃる……612-02……六八四
おっちょこちょい……204-04……一七七
おっつかっつ……819-03……九九八
おっつけ……816-32……九六九
おって(追－)……816-31……九六九
おってがき(追書)……618-40……七四六
おっと(夫)……309-11……三四三
おっとり……204-13……一七九
おっぱい……015-14……二七
おっぱらう(追払)……120-49……一四五
おっぽ(尾－)……719-10……八四一
おつむ……002-01……八
おでこ……003-07……一一
おてつだいさん(－手伝－)……503-30……四五六
おてて(－手手)……008-01……一五
おてのもの(－手物)……207-17……二〇二
おでまし(－出－)……516-44……五七六
おてもと……410-16……四〇一
おてらさん(－寺－)……604-65……六四八
おてん(汚点)……818-10……九九〇
おてんき(天気)……218-34……二八九
おてんとうさま(－天道様)……701-06……七六五
おてんば……201-62……一六五
おと(音)……717-01……八三七
おとうさん(－父－)……310-09……三四五
おとうと(弟)……313-06……三五〇
おどおど……204-33……一八二
おとがい(頤)……007-03……一四
おどかす(脅)……210-06……二四三
〃……520-48……六一二
おとぎばなし(－話)……616-33……七二九
おとこ(男)……306-17……三三五
〃……307-13……三三八
おとこおや(男親)……310-08……三四五
おとこぎ(男気)……603-12……六三九
おとこざか(男坂)……705-36……七八三
おとこずき(男好)……218-35……二八九
おとこのこ(男－子)……306-20……三三六
おとこやく(男役)……615-37……七二一
おとこらしい(男－)……201-58……一六四
おとさた(音沙汰)……618-30……七四五
おどし(脅)……520-47……六一二
おとしご(落子)……311-20……三四八
おとしだね(落胤)……311-20……三四八
おどしつける(脅－)……520-48……六一二
おとしばなし(落話)……615-49……七二三
おとしめる(貶)……517-10……五八三
おとしもの(落物)……420-09……四三三
おとす(落)……913-18……一〇八二
おどす(脅)……520-48……六一二
おとずれる(訪)……516-41……五七五
おととい……711-21……八〇〇

おととし……711-06……七九八
おとな(大人)……303-14……三一〇
おとなう(訪)……516-41……五七五
おとなげない(大人気ー)……303-16……三一〇
おとなしい……201-36……一五九
おとなびる(大人ー)……303-15……三一〇
おとめ(乙女)……306-03……三三二
おとも(ー供)……516-26……五七二
おどり(踊)……614-44……七一三
おどりあがる(躍上)……110-06……八九
おどりかかる(躍掛)……101-35……四八
おどりこむ(躍込)……113-45……一一一
おとる(劣)……914-11……一〇八九
おどる(踊)……614-46……七一四
おどる(躍)……110-06……八九
おとろえる(衰)……914-13……一〇八九
おどろおどろしい……810-61……九二〇
おどろかす(驚)……210-06……二四三
おどろき(驚)……210-04……二四三
おどろく(驚)……210-05……二四三
おなか……010-09……一九
おながれ(ー流)……120-71……一五〇
おなぐさみ(ー慰)……615-55……七二四
おなご……306-02……三三一
おなじ(同)……918-03……一〇九八
おに(鬼)……604-39……六四四
〃……604-41……六四四
おね(尾根)……702-32……七七一
お…ねがいたい……999-66……一一三八
おねじ(雄螺子)……416-25……四一八
おねしょ……016-06……二八
おの(斧)……416-23……四一七
おのおの(各各)……805-40……八七一
おのずから(自ー)……203-18……一七一
おのずと(自ー)……203-18……一七一
おののく……215-09……二六五
オノマトペ(フランス onomatopée)……607-16……六六〇
おのれ(己)……320-26……三六九
おば……314-13……三五三
おばあさん……303-24……三一二
〃……314-11……三五三
おばけ(ー化)……604-41……六四四
おはこ……207-17……二〇二
おはこび(ー運)……516-44……五七六
おはち(ー鉢)……410-11……四〇一
おばさん……314-13……三五三
おはな(ー花)……617-03……七三三
おばば……303-24……三一二
おはらい(ー祓)……604-77……六四九
おはらいばこ(ー払箱)……517-45……五九〇
おび(帯)……401-30……三七五
おびえる……215-02……二六四
おびきだす(ー出)……515-54……五六二
おびきよせる(ー寄)……515-54……五六二
おひさま(ー日様)……701-06……七六五
おびただしい(夥)……808-36……八九二
〃……819-40……一〇〇六
おひつ(ー櫃)……410-11……四〇一
おひとよし(ー人好)……305-44……三二七
おひねり……513-32……五四三
おびやかす(脅)……520-48……六一二
おひゃらかす……517-06……五八二
(お)ひる(ー昼)……406-04……三八七
おひろめ(ー披露目)……615-56……七二四
オフィスガール(洋語 office girl)……503-02……四五二
おぶう(負)……109-36……八七
おふくろ……310-03……三四四
おふだ(ー札)……604-77……六四九
おふる(ー古)……401-05……三七二
おべっか……205-34……一九一
オペラ(イタリア opera)……615-03……七一五
オペレッタ(イタリア operetta)……615-03……七一五
おぼえ(覚)……217-04……二七六
〃……515-56……五六二
〃……602-15……六二四
おぼえがき(覚書)……610-29……六七九
〃……618-06……七四〇
おぼえる(覚)……111-01……九二
〃……602-15……六二四
おぼこ……201-32……一五八
おぼつかない……214-03……二六二
おぼれじに(ー死)……304-19……三二六
おぼれる(溺)……209-52……二三九
おぼろ(朧)……713-13……八一三
おぼろげ……810-48……九一七
おまいり(ー参)……604-23……六四二
おまえ(ー前)……320-29……三六九
おまけ……420-08……四三三
おまつりさわぎ(祭騒)……810-14……九一〇
おまもり(ー守)……604-77……六四九
おまわり(ー巡)……508-16……四九五
おまわりさん(ー巡ー)……508-16……四九五
おみえになる(ー見ー)……113-40……一一〇
おみおつけ……407-20……三九二
おみくじ……617-19……七三五
オミット(英 omit)……120-51……一四六
おむこさん(ー婿ー)……308-13……三四〇
おむつ……401-39……三七六
オムニバス(英 omnibus)……616-36……七三〇
おめい(汚名)……618-22……七四四
おめかし……404-07……三八三
おめしになる(ー召ー)……404-01……三八二
おめしもの(ー召物)……401-01……三七一
おめだま(ー目玉)……602-45……六二九
おめでた……318-06……三六〇
おめにかかる(ー目ー掛)……516-01……五六六
おめみえ(ー目見)……516-05……五六八
おも(主)……802-14……八五五
おもい(思)……208-01……二一〇
おもい(重)……809-25……九〇三
おもいあがる(思上)……217-01……二七六
おもいあわせる(思合)……208-05……二一一
おもいおもい(思思)……904-31……一〇三六
おもいかえす(思返)……208-80……二二八
おもいがけない(思ー)……208-76……二二七
おもいきる(思切)……218-24……二八七
〃……220-11……二九八
おもいだす(思出)……208-80……二二八
おもいちがい(思違)……208-67……二二五
おもいつき(思ー)……208-08……二一一
おもいつく(思ー)……208-17……二一三
おもいつめる(思詰)……210-26……二四七
おもいで(思出)……208-79……二二八
おもいのこす(思残)……214-09……二六三
おもいのほか(思ー)……208-76……二二七
おもいやり(思ー)……216-51……二七五
おもいやる(思ー)……216-52……二七五

おもいわずらう(思煩)……210-26……二四七
おもう(思)……208-03……二一一
おもおもしい(重重)……210-38……二五〇
おもかげ(面影)……102-06……五五
おもがわり(面変)……908-11……一〇五五
おもくるしい(重苦)……210-38……二五〇
おもさ(重ー)……808-30……八九〇
おもざし(面差)……102-06……五五
おもし(重)……808-31……八九一
おもしろい(面白)……210-18……二四六
〃……810-51……九一八
おもたせ(ー持)……115-51……一二八
おもだち(面立)……102-06……五五
おもちゃ……617-11……七三四
おもて(表)……817-75……九八六
おもて(面)……003-01……一〇
おもてかんばん(表看板)……619-13……七四九
おもてざた(表沙汰)……514-04……五四五
おもてだつ(表立)……514-12……五四七
おもてどおり(表通)……705-27……七八一
おもてむき(表向)……514-02……五四四
おもてもん(表門)……412-35……四一〇
おもに(主ー)……805-14……八六五
おもねる……205-33……一九〇
おもはゆい(面映)……217-26……二八一
おもみ(重ー)……808-30……八九〇
おもむき(趣)……810-02……九〇八
おもむく(赴)……113-01……一〇二
おももち(面持)……102-05……五五
おもや(母屋)……412-11……四〇七
おもゆ(重湯)……407-07……三九〇
おもらし……016-06……二八
おもり(重)……808-31……八九一
おもわく(思惑)……220-02……二九六
おもわず(思ー)……208-73……二二六
おもわせぶり(思振)……114-05……一一四
おもんずる(重)……517-03……五八二
おや(親)……310-01……三四三
〃……802-04……八五三
おやかた(親方)……511-39……五二〇
おやく(ー役)……502-13……四四五
おやこ(親子)……315-05……三五五
おやこうこう(親孝行)……603-10……六三八
おやごころ(親心)……216-54……二七六
おやじ……310-09……三四五
〃……511-40……五二一
おやじ(親字)……607-28……六六一
おやすくない(ー安ー)……307-09……三三八
おやだま(親玉)……511-39……五二〇
おやつ……406-08……三八八
おやふこう(親不孝)……603-11……六三八
おやぶね(親船)……505-58……四七八
おやぶん(親分)……511-39……五二〇
おやま(女形)……615-37……七二一
おやゆずり(親譲)……315-09……三五六
おやゆび(親指)……008-09……一六
およぎ(泳)……620-47……七六三
およぐ(泳)……620-48……七六三
およそ……805-19……八六六
および(及)……913-31……一〇八五
およびごし(及腰)……101-27……四七
およぶ(及)……905-20……一〇四六
およめさん(ー嫁ー)……308-11……三四〇
おら……320-23……三六八
おり(折)……815-03……九四六
おり(織)……402-02……三七七
おりあい(折合)……516-34……五七三
おりあう(折合)……814-42……九三九
おりおり(折折)……815-16……九四九
おりから(折ー)……710-02……七九四
〃……815-46……九五六
おりこむ(織込)……906-01……一〇四六
オリジナリティー(英 originality)……910-03……一〇七一
オリジナル(英 original)……615-08……七一六
おりしも(折ー)……616-41……七三〇
〃……815-46……九五六
おりたたむ(折畳)……109-24……八四
おりふし(折節)……710-01……七九四
〃……815-16……九四九
おりほん(折本)……619-31……七五二
おりまげる(折曲)……908-34……一〇六一
おりめ(折目)……811-28……九二六
おりもおり(折ー折)……815-59……九五九
おりもの(織物)……402-02……三七七
おりる(降)……113-51……一一二
おる……901-01……一〇一四
おる(折)……908-42……一〇六三
おる(織)……405-03……三八四
おれ……320-23……三六八
おれいまいり(ー礼参)……517-23……五八六
おれきれき(ー歴歴)……320-16……三六七
おれまがる(折曲)……908-35……一〇六一
おれる(折)……908-42……一〇六三
オレンジいろ(ー色)……716-29……八三七
おろか(愚)……207-52……二〇八
おろかしい(愚)……207-52……二〇八
おろかもの(愚者)……305-52……三三〇
おろし(卸)……503-48……四五九
おろしうり(卸売)……503-48……四五九
おろす(下)……903-09……一〇二〇
おろす(卸)……512-03……五二三
おろす(降)……113-51……一一二
〃……517-47……五九〇
おろそか……203-08……一六九
おわい……016-07……二九
おわらい(ー笑)……615-49……七二三
おわり(終)……814-26……九三五
おわる(終)……814-50……九四〇
おん(音)……717-01……八三七
おん(恩)……603-03……六三七
おんあい(恩愛)……216-49……二七五
おんがえし(恩返)……603-06……六三八
おんがく(音楽)……614-25……七一一
おんぎ(恩義)……603-03……六三七
おんきゅう(恩給)……513-30……五四二
おんきょう(音響)……717-02……八三七
おんぎょく(音曲)……614-25……七一一
おんけい(恩恵)……603-04……六三七
おんけん(穏健)……201-31……一五八
おんけんは(穏健派)……507-35……四八八
おんこ(恩顧)……603-04……六三七
おんこう(温厚)……201-31……一五八
おんし(恩師)……602-78……六三五
おんし(恩賜)……520-16……六〇七
おんしつそだち(温室育)……013-09……二四
おんしゃ(恩赦)……520-81……六一七
おんじゅん(温順)……201-29……一五八
おんしょう(温床)……814-09……九三二
おんじょう(恩情)……216-46……二七四
おんじょう(温情)……216-46……二七四
おんしょく(温色)……716-07……八三三
おんしん(音信)……618-30……七四五

おんせい(音声)……108-01……七七
〃……717-01……八三七
おんせん(温泉)……414-04……四一二
おんぞうし(御曹司)……311-07……三四七
おんぞん(温存)……116-05……一三〇
おんだん(温暖)……712-08……八〇八
おんちょう(音調)……614-26……七一一
おんど(音頭)……614-28……七一一
おんど(温度)……712-02……八〇七
おんとう(温湯)……407-26……三九二
おんどく(音読)……609-06……六六九
おんどとり(音頭取)……120-19……一四〇
おんな(女)……306-02……三三一
〃……307-12……三三八
おんなおや(女親)……310-02……三四四
おんなごろし(女殺)……305-22……三二三
おんなざか(女坂)……705-36……七八三
おんなざかり(女盛)……306-06……三三三
おんなずき(女好)……218-35……二八九
おんなたらし(女－)……305-22……三二三
おんなのこ(女－子)……306-03……三三二
おんねん(怨念)……216-31……二七二
おんばひがさ(－日傘)……013-09……二四
おんびん(音便)……607-18……六六〇
おんぶ……109-37……八七
おんぷ(音譜)……614-40……七一三
おんもと(御許)……618-39……七四六
おんりょう(怨霊)……604-40……六四四
おんりょう(温良)……201-31……一五八
おんわ(温和)……201-31……一五八
〃……712-08……八〇八
〃……810-20……九一一

か

か……999-28……一一二〇
〃……999-54……一一三三
か(化)……801-02……八四九
か(香)……105-09……七〇
か(課)……504-42……四七〇
が……120-63……一四八
〃……999-01……一一一〇
〃……999-02……一一一〇
〃……999-18……一一一六
〃……999-24……一一一八
〃……999-44……一一二八
が(我)……220-06……二九七
が(賀)……605-09……六五二
カーディガン(英 cardigan)……401-19……三七四
カーテン(英 curtain)……417-12……四二〇
ガーデン(英 garden)……413-03……四一一
カード(英 card)……610-38……六八〇
〃……617-17
ガード(英 guard)……707-10……七八七
ガードル(英 girdle)……401-42……三七六
カーブ(英 curve)……908-37……一〇六二
ガール(英 girl)……306-03……三三二
かい(会)……504-31……四六八
かい(戒)……602-43……六二九
かい(買)……512-12……五二五
かい(階)……412-09……四〇六
〃……412-32……四一〇
かい(甲斐)……818-24……九九三
がい(害)……020-25……四一
がい(我意)……220-06……二九七
がいあく(害悪)……020-25……四一
かいあげる(買上)……512-11……五二五
かいあさる(買漁)……512-11……五二五
がいあつ(外圧)……101-46……五〇
かいい(怪異)……810-56……九一九
がいい……999-67……一一三八
かいいれる(買入)……512-11……五二五
かいいん(会員)……504-13……四六三
かいいん(海員)……505-62……四七九
かいうける(買受)……512-11……五二五
かいうん(海運)……505-82……四八二
かいか(怪火)……714-12……八二五
かいか(開花)……720-34……八四六
かいが(絵画)……614-05……七〇八
がいか(外貨)……513-01……五三七
がいか(凱歌)……108-10……七八
かいがい(海外)……507-11……四八五
かいかく(改革)……507-45……四九〇
がいかく(外角)……620-38……七六二
かいかた(買方)……512-14……五二五
かいかつ(快活)……201-43……一六一
かいかつ(開豁)……201-44……一六一
がいかつ(概括)……805-54……八七四
かいかん(会館)……412-04……四〇六
かいがん(海岸)……703-08……七七四
がいかん(外観)……001-07……二
がいかん(概観)……103-16……六三
かいき(回忌)……605-20……六五三
かいき(快気)……020-11……三八
かいき(怪奇)……810-56……九一九
かいぎ(会議)……504-31……四六八
かいぎ(懐疑)……208-68……二二五
かいぎゃく(諧謔)……612-58……六九三
かいきゅう(階級)……511-01……五一四
かいきゅう(懐旧)……208-82……二二八
かいきょ(快挙)……114-13……一一五
かいきょう(海峡)……703-03……七七三
かいぎょう(開業)……814-25……九三五
かいきる(買切)……512-11……五二五
かいきん(解禁)……520-82……六一七
がいきん(外勤)……502-28……四四八
かいけい(会計)……512-21……五二六
かいけつ(怪傑)……305-14……三二二
かいけつ(解決)……814-43……九三九
かいけん(会見)……516-04……五六七
かいけん(懐剣)……510-34……五一一
かいげん(改元)……711-58……八〇七
かいげん(戒厳)……509-46……五〇四
がいけん(外見)……001-07……二
かいこ(回顧)……208-81……二二八
かいこ(解雇)……517-45……五九〇
かいこ(懐古)……208-82……二二八
かいご(悔悟)……214-09……二六三
かいこう(改稿)……610-20……六七七
かいこう(邂逅)……516-02……五六七
かいごう(会合)……504-31……四六八
かいごう(改号)……711-58……八〇七
がいこう(外交)……613-21……六九九
かいこく(戒告)……602-43……六二九
かいこく(海国)……507-16……四八六
がいこく(外国)……507-11……四八五
がいこくじん(外国人)……305-41……三三七
がいこつ(骸骨)……304-31……三一九
かいこむ(買込)……512-11……五二五
かいこん(悔恨)……214-09……二六三
かいこん(開墾)……505-26……四七四
かいさい(開催)……615-18……七一八

かいさく（改作）……616-37……七三〇
かいさん（解散）……504-20……四六五
がいさん（概算）……808-10……八八六
かいざん（改竄）……908-07……一〇五四
かいし（怪死）……304-13……三一六
かいし（海市）……718-03……八三九
かいし（開始）……814-10……九三三
かいし（懐紙）……419-19……四二七
がいして（概ー）……805-20……八六七
かいしゃ（会社）……505-07……四七一
かいしゃいん（会社員）……503-01……四五一
かいしゃく（解釈）……208-34……二一七
がいじゅ（外需）……512-44……五三一
かいしゅう（回収）……115-12……一二一
かいしゅう（改修）……416-15……四一六
かいじゅう（懐柔）……517-38……五八九
がいしゅつ（外出）……113-49……一一二
かいしょ（楷書）……614-48……七一四
かいじょ（解除）……520-82……六一七
かいしょう（甲斐性）……219-01……二八九
かいしょう（快勝）……620-13……七五八
かいしょう（解消）……120-46……一四五
かいじょう（会場）……504-28……四六七
かいじょう（海上）……703-04……七七三
がいしょう（外傷）……017-19……三二
がいしょう（街商）……503-35……四五七
かいしょく（会食）……504-32……四六八
かいしょく（海食）……718-05……八三九
かいしょく（解職）……517-46……五九〇
かいしん（会心）……213-02……二五九
かいしん（改新）……507-45……四九〇
かいじん（灰燼）……714-25……八二七
がいじん（外人）……305-41……三二七
かいすう（回数）……808-07……八八六
かいする（介）……515-29……五五七
がいする（害）……017-10……三〇
かいせい（改正）……908-04……一〇五四
かいせい（快晴）……713-03……八一二
かいせき（解析）……601-05……六一八
がいせき（外戚）……314-10……三五三
かいせつ（開設）……911-03……一〇七三
かいせつ（解説）……602-41……六二九
がいせつ（概説）……613-13……六九八
かいせん（会戦）……509-01……四九七
かいぜん（改善）……908-05……一〇五四
がいぜんせい（蓋然性）……810-42……九一六
かいそ（開祖）……314-18……三五四
かいそう（回送）……903-45……一〇二九
かいそう（回想）……208-81……二二八
かいそう（快走）……110-09……九〇
かいそう（改装）……416-02……四一四
かいそう（階層）……511-01……五一四
かいそう（潰走）……113-38……一一〇
かいぞう（改造）……507-45……四九〇
かいぞえ（介添）……120-37……一四三
かいそく（快足）……110-08……九〇
がいそく（概則）……508-06……四九三
かいたい（解体）……904-40……一〇三八
かいたい（懐胎）……019-01……三五
かいたく（開拓）……505-26……四七四
かいだく（快諾）……517-62……五九三
かいだし（買出）……512-12……五二五
かいたたく（買叩）……512-11……五二五
かいだん（会談）……613-18……六九八
かいだん（戒壇）……604-57……六四七
かいだん（階段）……412-32……四一〇
がいたん（慨嘆）……212-02……二五七
かいだんし（快男子）……306-22……三三六
かいだんじ（快男児）……306-22……三三六
かいちく（改築）……416-03……四一四
かいちゅうもの（懐中物）……420-07……四三三
かいちょう（快調）……519-03……五九九
かいちょう（諧調）……614-31……七一二
かいつけ（買付）……512-12……五二五
かいて（買手）……512-14……五二五
かいてい（改定）……908-04……一〇五四
かいてい（改訂）……610-21……六七七
かいてい（階梯）……412-32……四一〇
かいてき（快適）……210-16……二四五
かいてん（回転）……902-08……一〇一八
かいてん（開店）……502-38……四四九
ガイド（英 guide）……608-21……六六七
かいとう（回答）……613-52……七〇六
かいとう（解答）……613-52……七〇六
かいどう（怪童）……311-21……三四八
かいどう（街道）……705-24……七八一
がいとう（外套）……401-17……三七三
がいとう（街頭）……705-40……七八四
がいとう（該当）……818-14……九九一
かいどく（解読）……609-09……六六九
がいどく（害毒）……020-25……四一
ガイドブック（英 guide-book）……619-48……七五四
かいとる（買取）……512-11……五二五
かいな……008-02……一五
かいなん（海難）……319-08……三六三
かいにゅう（介入）……205-29……一八九
かいにん（解任）……517-46……五九〇
かいにん（懐妊）……019-01……三五
かいぬし（買主）……512-14……五二五
かいね（買値）……512-33……五二九
がいねん（概念）……806-01……八七四
かいば（飼葉）……720-24……八四四
がいはく（外泊）……617-37……七三八
がいはく（該博）……207-30……二〇四
かいはつ（開発）……505-26……四七四
かいばつ（海抜）……808-25……八九〇
かいはつとじょうこく（開発途上国）……507-08……四八五
かいひ（回避）……120-59……一四八
かいひん（海浜）……703-07……七七三
がいぶ（外部）……817-78……九八六
かいふく（回復）……908-16……一〇五六
かいぶつ（怪物）……604-41……六四四
がいぶん（外聞）……001-12……四
かいへい（開閉）……907-03……一〇五一
かいへん（改変）……507-45……四九〇
かいべん（快弁）……612-23……六八七
かいべん（快便）……016-02……二八
かいほう（介抱）……120-37……一四三
かいほう（快報）……318-14……三六二
かいほう（開放）……907-02……一〇五一
かいほう（解放）……109-19……八三
かいぼう（解剖）……601-23……六二一
かいまく（開幕）……814-10……九三三
かいまみる（垣間見）……103-10……六二
かいみょう（戒名）……605-21……六五三
かいみん（快眠）……112-10……九八
かいむ（会務）……502-05……四四三
かいむ（皆無）……901-12……一〇一六
がいむ（外務）……502-05……四四三
かいめい（解明）……601-22……六二一
かいめつ（壊滅）……913-24……一〇八四
かいめん（海面）……703-04……七七三
がいめん（外面）……001-07……一二
〃……817-75……九八六
かいもく（皆目）……819-47……一〇〇七

かいもどす(買戻)……512-11……五二五
かいもの(買物)……512-12……五二五
かいやく(解約)……120-61……一四八
かいゆ(快癒)……020-11……三八
かいゆう(回遊)……617-32……七三七
がいゆう(外遊)……617-22……七三六
かいよう(海洋)……703-01……七七三
がいよう(概要)……805-54……八七四
がいらい(外来)……020-04……三七
かいらく(快楽)……210-19……二四六
かいらん(解纜)……505-52……四七七
かいらん(壊乱)……509-33……五〇三
かいり(乖離)……904-37……一〇三八
がいりゃく(概略)……805-54……八七四
かいりゅう(海流)……703-12……七七四
かいりょう(改良)……908-05……一〇五四
かいろ(海路)……505-54……四七八
かいろ(懐炉)……419-11……四二六
がいろ(街路)……705-27……七八一
かいろう(回廊)……412-10……四〇六
がいろん(概論)……613-13……六九八
かいわ(会話)……613-19……六九九
かう(買)……512-11……五二五
かう(飼)……013-06……二三
ガウン(英 goun)……401-17……三七三
カウント(英 count)
……620-28……七六〇
かえす(返)
〃……808-09……八八六
かえす(返)……902-12……一〇一八
かえだま(替玉)……807-14……八八二
かえって……819-55……一〇一〇
かえり(帰)……113-13……一〇五
かえりざき(返咲)……517-52……五九一
かえりち(返血)……018-07……三五
かえりみち(帰道)……113-13……一〇五
かえりみる(顧)……101-22……四六
かえる(代)……908-19……一〇五七
かえる(返)……908-15……一〇五六
かえる(変)……908-01……一〇五三
かえる(帰)……113-12……一〇四
かえる(孵)……301-06……三〇四
かえん(火炎)……714-01……八二三
かお(顔)……003-01……一〇
〃……102-06……五五
かおあわせ(顔合)……516-04……五六七
かおいろ(顔色)……102-07……五六
かおく(家屋)……411-01……四〇二
かおだし(顔出)……504-15……四六三
かおだち(顔立)……102-06……五五
かおつき(顔付)……102-06……五五
かおなじみ(顔馴染)……516-56……五七八
かおぶれ(顔－)……504-13……四六三
かおみしり(顔見知)……516-56……五七八
かおみせ(顔見)……602-39……六二八
かおり(香)……105-09……七〇
かおる(香)……105-02……六九
かおん(訛音)……607-22……六六一
かか(呵呵)……102-26……五八
がか(画家)……614-15……七〇九
かかあ……309-03……三四一
がかい(瓦解)……909-10……一〇六九
かかえこむ(抱込)……517-65……五九四
かかえる(抱)……109-38……八七
かかく(価格)……512-27……五二八
かかく(家格)……316-06……三五八
かがく(化学)……601-06……六一八
かがく(科学)……601-03……六一八
ががく(雅楽)……614-25……七一一
かがくせんい(化学繊維)
……402-05……三七七
かかげる(掲)……602-39……六二八
かかずらう……209-53……二四〇
〃……905-12……一〇四三
かかと(踵)……009-08……一七
かがみ(鏡)……403-20……三八一
かがみ(鑑)……804-08……八五八
かがみもち(鏡餅)……407-08……三九〇
かがむ……101-10……四三
かがめる……101-10……四三
かがやかしい(輝)……818-45……九九七
かがやかす(輝)……715-23……八三一
かがやき(輝)……715-19……八三一
かがやく(輝)……715-22……八三一
かかり(係)……502-12……四四四
かかりあい……515-07……五五二
かかりきり(掛切)……502-08……四四四
かかりちょう(係長)……511-31……五一九
かかる……819-28……一〇〇三
かかる(掛)……905-14……一〇四四
かかる(罹)……017-08……三〇
かがる(縢)……405-02……三八四
かかわり……515-07……五五二
かかわる……905-11……一〇四三
かかん(果敢)……204-23……一八〇
かがん(河岸)……704-20……七七七
かき(垣)……413-01……四一一
かき(火気)……714-03……八二三
かき(火器)……510-22……五〇九
かき(夏季)……710-08……七九五
かき(夏期)……710-08……七九五
かぎ(鍵)……419-25……四二八
〃……602-34……六二七
がき(餓鬼)……311-05……三四六
かきあつめる(掻集)……504-02……四六〇
かぎあてる(－当)……220-24……三〇一
かきあらわす(書表)……609-10……六六九
かきいれ(書入)……610-14……六七六
かきいれる(書入)……609-18……六七一
かきいろ(柿色)……716-29……八三七
かきおき(書置)……610-31……六七九
かきおこす(書起)……609-15……六七〇
かきおろし(書下)……616-41……七三〇
かきかえ(書換)……908-08……一〇五四
かきかた(書方)……609-26……六七二
かききる(－切)……101-52……五一
かきくだす(書下)……609-23……六七二
かきくもる(掻曇)……713-13……八一三
かきけす(掻消)……913-14……一〇八一
かきことば(書言葉)……607-04……六五八
かきこみ(書込)……610-14……六七六
かきこむ……106-02……七一
かきこむ(書込)……609-18……六七一
かぎざき(鉤裂)……811-29……九二六
かきすてる(書捨)……609-22……六七二
かきそえる(書添)……609-20……六七一
かきだし(書出)……610-07……六七五
かきだす(書出)……609-15……六七〇
かぎだす(－出)……220-24……三〇一
かきたてる(書立)……609-10……六六九
かきちらす(書散)……609-23……六七二
かきつけ(書付)……610-29……六七九
かきつける(書付)……609-17……六七一
かぎつける……220-24……三〇一
かきて(書手)……616-47……七三一
かきとどめる(書留)……609-17……六七一
かきとめる(書留)……609-17……六七一
かきとる(書取)……609-28……六七二
かきながす(書流)……609-23……六七二
かきなぐる(書－)……609-23……六七二
かきならす(－鳴)……614-33……七一二

かきね(垣根)……413·01……四一一
かきのこす(書残)……609·22……六七二
かきまぜる(－混)……109·25……八四
かきまわす(－回)……109·26……八四
かきみだす(掻乱)……915·01……一〇九一
かきむしる(掻－)……109·22……八四
かきもの(書物)……609·11……六七〇
かきゅう(下級)……819·18……一〇〇一
かきゅう(火急)……519·21……六〇三
かぎょう(家業)……502·01……四四二
かぎょう(課業)……502·14……四四五
かぎり(限)……814·30……九三六
〃……817·83……九八八
かぎりない(限－)……809·18……九〇二
かぎり(は)……999·37……一一二五
〃……999·42……一一二七
かぎる(限)……814·54……九四一
かぎろい……718·02……八三九
かきわける(掻分)……904·47……一〇四〇
かきん(瑕瑾)……818·12……九九一
かく……819·28……一〇〇三
かく(欠)……906·23……一〇五〇
かく(角)……811·03……九二三
かく(書)……609·10……六六九
かく(格)……511·02……五一五
かく(核)……802·10……八五四
かく(描)……609·12……六七〇
かく(掻)……109·22……八四
かぐ(家具)……417·01……四一八
かぐ(嗅)……105·01……六九
がく(学)……207·29……二〇四
がく(楽)……614·25……七一一
かくい(各位)……805·41……八七一
かくい(隔意)……216·39……二七三
かくいつてき(画一的)……804·14……八五九
がくいん(学院)……602·50……六三〇
かくう(架空)……209·57……二四〇
かぐう(仮寓)……411·10……四〇四
がくえん(学園)……602·50……六三〇
かくおび(角帯)……401·30……三七五
がくおん(楽音)……717·01……八三七
かくかい(角界)……506·02……四八二
かくかく(赫赫)……715·05……八二八
がくがく……215·12……二六六
がくぎょう(学業)……602·01……六二一
がくげい(学芸)……616·01……七二四
がくげき(楽劇)……615·03……七一五
かくげん(格言)……607·10……六五九
かくげん(確言)……612·33……六八九
かくご(覚悟)……220·10……二九八
かくさ(格差)……919·03……一一〇五
かくさ(較差)……919·03……一一〇五
かくさく(画策)……208·26……二一五
かくさん(拡散)……904·39……一〇三八
かくじ(各自)……805·41……八七一
かくしき(格式)……316·08……三五八
がくしき(学識)……207·28……二〇四
かくしきばる(格式)……217·10……二七七
かくしげい(隠芸)……615·54……七二四
かくしごと(隠事)……514·22……五四九
かくしだて(隠立)……514·27……五五〇
かくしつ(確執)……515·20……五五五
かくじつ(確実)……810·46……九一七
かくしどころ(隠所)……010·15……二〇
がくしゃ(学舎)……602·56……六三一
がくしゃ(学者)……601·20……六二一
かくしゃく(矍鑠)……020·01……三七
かくしゅ(各種)……804·16……八六〇
かくしゅ(馘首)……517·45……五九〇
かくじゅう(拡充)……908·31……一〇六〇
がくしゅう(学修)……602·05……六二三
がくしゅう(学習)……602·01……六二一
がくしゅうじゅく(学習塾)……602·54……六三一
かくしゅがっこう(各種学校)……602·53……六三一
がくじゅつ(学術)……601·01……六一八
かくしょう(確証)……806·20……八七八
かくしん(革新)……908·02……一〇五三
かくしん(核心)……802·10……八五四
かくじん(各人)……805·41……八七一
かくす(隠)……514·25……五四九
かくする(画)……904·45……一〇三九
かくせい(覚醒)……112·37……一〇二
がくせい(学生)……602·79……六三六
がくせつ(学説)……613·15……六九八
かくぜん(画然)……810·45……九一七
がくぜん(愕然)……210·04……二四三
がくそう(学窓)……602·50……六三〇
かくだい(拡大)……908·31……一〇六〇
かくだいきょう(拡大鏡)……403·19……三八一
かくだん(格段)……819·25……一〇〇二
がくだん(楽団)……614·34……七一二
がくだん(楽壇)……506·04……四八三
かくち(各地)……817·52……九八一
かくちく(角逐)……515·18……五五五
かくちょう(拡張)……908·31……一〇六〇
かくちょう(格調)……202·01……一六六
がくちょう(学長)……602·75……六三五
がくちょう(楽長)……614·43……七一三
かくづけ(格付)……208·32……二一七
かくてい(確定)……801·18……八五二
がくと(学徒)……602·79……六三六
かくとう(格闘)……515·15……五五四
かくとう(確答)……613·59……七〇七
がくどう(学童)……602·79……六三六
かくとく(獲得)……115·03……一一九
がくない(学内)……602·55……六三一
かくにん(確認)……613·47……七〇五
かくばる(角張)……811·15……九二三
かくひつ(擱筆)……609·25……六七二
がくふ(岳父)……310·11……三四五
がくふ(学府)……602·50……六三〇
がくふ(楽譜)……614·40……七一三
がくふう(学風)……606·15……六五七
かくへいき(核兵器)……510·19……五〇九
かくべつ(格別)……918·26……一一〇三
かくまう(匿)……514·29……五五〇
がくむ(学務)……502·05……四四三
かくめい(革命)……507·45……四九〇
がくもん(学問)……207·29……二〇四
〃……601·01……六一八
かくやく(確約)……515·36……五五八
かくやす(格安)……512·41……五三〇
がくやばなし(楽屋話)……612·62……六九三
がくゆう(学友)……516·52……五七八
がくようひん(学用品)……419·36……四三〇
かくりつ(確立)……911·05……一〇七三
かくりつ(確率)……919·09……一一〇六
かくりょう(閣僚)……507·31……四八八
がくりょう(学寮)……411·15……四〇四
がくれき(学歴)……303·01……三〇七
かくれみの(隠－)……612·16……六八六
かくれる(隠)……514·26……五四九
かくろん(各論)……613·13……六九八
かぐわしい……105·04……七〇

かくん（家訓）……508-10……四九四
かけ（賭）……617-18……七三五
かげ（陰）……817-88……九八八
かげ（影）……715-16……八三〇
がけ（崖）……706-03……七八四
かけあう（掛合）……613-21……六九九
かけあし（駆足）……110-09……九〇
かけあわせる（掛合）……719-11……八四一
かけい（花茎）……720-06……八四二
かけい（佳景）……708-05……七九二
かけい（家系）……316-07……三五八
かけうり（掛売）……512-67……五三五
かけおち（駆落）……113-25……一〇七
かけがね（掛金）……420-18……四三五
かげき（過激）……819-38……一〇〇六
かげき（歌劇）……615-03……七一五
かげぐち（陰口）……517-22……五八六
かけくらべ（駆比）……620-05……七五七
かけごえ（掛声）……108-11……七九
かけごと（賭事）……617-18……七三五
かけこむ（駆込）……113-45……一一一
かけずりまわる（駆回）……110-04……八九
かげぜん（陰膳）……410-15……四〇一
かけだし（駆出）……305-31……三二五
かけつ（可決）……613-26……七〇〇
かけつける（駆付）……504-01……四五九
かけっこ（駆ー）……620-05……七五七
かけはなれる（ー離）……904-35……一〇三七
かけひき（駆引）……613-21……六九九
かげぼうし（影法師）……715-16……八三〇
かげぼし（陰干）……713-71……八二三
かげまつり（陰祭）……605-05……六五一
かけまわる（駆回）……110-04……八九
がけみち（崖道）……705-33……七八二
かけもち（掛持）……502-18……四四六
かけや（掛矢）……416-18……四一七
かけら……805-46……八七二
かける（欠）……906-22……一〇五〇
かける（掛）……101-05……四二
〃……102-02……五四
かける（翔）……903-32……一〇二六
かける（駆）……110-03……八九
かける（賭）……513-29……五四二
かげる（陰）……713-13……八一三
かげろう……718-02……八三九
かけん（家憲）……508-10……四九四
かげん（下弦）……701-14……七六六
かげん（加減）……519-02……五九九
〃……920-05……一一〇七
かこ（過去）……303-01……三〇七
〃……816-06……九六三
かご（籠）……419-02……四二五
かご（加護）……604-11……六四〇
かご（過誤）……114-20……一一七
かこい（囲）……906-18……一〇四九
かこう（下降）……914-19……一〇九〇
かこう（火口）……702-31……七七一
かこう（加工）……910-08……一〇七二
かこう（囲）……514-29……五五〇
〃……906-17……一〇四九
かこう（華甲）……303-23……三一二
かこう（歌稿）……610-16……六七六
がこう（画工）……614-15……七〇九
がこう（画稿）……610-16……六七六
がごう（雅号）……320-06……三六五
かこく（苛酷）……205-22……一八八
かこく（過酷）……205-21……一八八
かこちょう（過去帳）……619-65……七五六
かこつ……210-27……二四七
かこつける……517-19……五八五
かこみ（囲）……619-07……七四八
〃……906-18……一〇四九
かこむ（囲）……906-17……一〇四九
かごん（過言）……612-43……六九〇
かさ（傘）……403-15……三八〇
かさ（嵩）……808-32……八九一
かさあげ（嵩上）……913-05……一〇八〇
かざあし（風脚）……713-40……八一七
かさい（火災）……714-11……八二五
かさい（花菜）……720-25……八四五
かさい（果菜）……407-23……三九二
〃……720-25……八四五
かざい（家財）……417-01……四一八
〃……512-23……五二七
かざかみ（風上）……713-41……八一七
かさく（佳作）……616-44……七三一
かさく（寡作）……616-43……七三一
かざしも（風下）……713-41……八一七
がさつ……204-28……一八一
かさなる（重）……904-06……一〇三三
かさねて（重ー）……815-15……九四九
かさねる（重）……904-05……一〇三三
かさばる……908-59……一〇六六
かさむ……908-59……一〇六六
かざむき（風向）……209-06……二三〇
〃……713-41……八一七
〃……801-07……八五〇
かざり（飾）……611-05……六八一
かざりけ（飾気）……217-08……二七七
かざりたてる（飾立）……404-05……三八二
かざりだな（飾棚）……417-06……四一九
かざりつける（飾付）……404-05……三八二
かざりまど（飾窓）……417-11……四二〇
かざる（飾）……404-05……三八二
かさん（加算）……808-15……八八七
かざん（火山）……702-26……七七〇
かざんばい（火山灰）……714-25……八二七
かし（貸）……115-25……一二四
かし（下賜）……520-16……六〇七
かし（河岸）……503-33……四五六
かし（菓子）……407-22……三九二
かし（瑕疵）……818-12……九九一
かじ（火事）……714-11……八二五
かじ（加持）……604-20……六四二
かじ（家事）……501-03……四三八
がし（餓死）……304-20……三一六
かじかむ……712-16……八一〇
かしかり（貸借）……115-23……一二四
かしきる（貸切）……115-24……一二四
かしぐ（炊）……408-02……三九三
かしぐ（傾）……101-14……四四
かしげる（傾）……101-13……四四
かしこ……618-37……七四六
かしこい（賢）……207-43……二〇六
かしこまる（畏）……205-48……一九四
かししつ（貸室）……411-08……四〇四
かしだす（貸出）……115-24……一二四
かしつ（過失）……114-20……一一七
かじつ（佳日）……711-30……八〇二
かじつ（果実）……720-13……八四三
かじつ（過日）……816-01……九六一
がしつ（画室）……412-20……四〇八
かしつけ（貸付）……115-25……一二四
かして（貸手）……115-33……一二五
かしぬし（貸主）……115-33……一二五
かしま（貸間）……411-08……四〇四
かしましい……810-16……九一〇
かしもと（貸元）……115-33……一二五
かしや（貸家）……411-08……四〇四

かしゃく(呵責)……613-50……七〇六
かしゅ(歌手)……614-45……七一三
がしゅ(雅趣)……810-03……九〇八
かしゅう(歌集)……619-56……七五五
がしゅう(我執)……203-25……一七三
がしゅう(画集)……619-43……七五三
かしょ(箇所)……805-01……八六二
かしょう(火傷)……017-24……三三
かしょう(過小)……809-08……九〇一
かじょう(過剰)……913-10……一〇八一
かしょく(河食)……718-05……八三九
かしょく(過食)……106-09……七二
かしょくのてん(華燭-典)……308-15……三四一
かしら(頭)……002-01……八
かしらもじ(頭文字)……607-31……六六二
かしら(ん)……999-54……一一三三
かじりつく……101-36……四八
かじりつく(齧-)……106-03……七一
かじる(齧)……106-05……七二
かしん(花信)……618-34……七四六
かしん(家臣)……511-47……五二三
かしん(過信)……604-03……六三九
かじん(佳人)……306-10……三三四
かじん(歌人)……616-51……七三二
かす(貸)……115-24……一二四
かす(滓)……420-23……四三六
かず(数)……808-01……八八四
ガス(ｵﾗﾝﾀﾞgas)……713-10……八二三
かすい(仮睡)……112-12……九八
かすか……819-24……一〇〇二
かすがい(鎹)……416-24……四一八
かずかず(数数)……804-16……八六〇
かすみ(霞)……713-10……八二三
かすむ(霞)……713-13……八二三
かすめる……903-22……一〇二三
かすめる(掠)……115-06……一一九
かすりきず(-傷)……017-28……三三
かする……903-22……一〇二三
かする(化)……908-01……一〇五三
かする(嫁)……308-03……三三九
かすれる……108-08……七八
かぜ(風)……606-04……六五五
かぜ(風邪)……017-15……三一
かぜあたり(風当)……613-49……七〇五
かせい(火勢)……714-03……八三三
かせい(加勢)……517-57……五九二
かせい(苛政)……507-25……四八七
かせい(家政)……501-03……四三八
かぜい(苛税)……513-40……五四四
かぜい(課税)……115-05……一一九
かせいふ(家政婦)……503-30……四五六
かせぎ(稼)……512-74……五三六
かせぐ(稼)……501-05……四三八
かせつ(仮設)……416-04……四一四
かせつ(仮説)……208-12……二一二
かせつ(佳節)……605-06……六五一
かせつ(架設)……416-06……四一四
かぜのたより(風-便)……618-24……七四四
かせん(化繊)……402-05……三七七
かせん(河川)……704-01……七七五
かせん(架線)……416-06……四一四
かぜん(果然)……208-78……二二七
がぜん(俄然)……815-39……九五四
かそ(過疎)……901-04……一〇一五
かそう(下層)……817-20……九七五
かそう(仮葬)……605-16……六五三
かそう(仮装)……807-17……八八三
がぞう(画像)……614-13……七〇九
がぞう(画像)……615-06……七一六
かぞえあげる(数上)……602-40……六二八
かぞえたてる(数-)……808-09……八八六
〃……808-09……八八六
かぞえる(数)……808-09……八八六
かぞく(家族)……315-01……三五四
かた(方)……305-02……三三〇
かた(肩)……010-04……一八
かた(型)……804-03……八五七
かた(潟)……704-21……七七七
がた(方)……320-13……三六六
かたい……809-27……九〇四
かたい(難)……810-38……九一五
かだい(仮題)……610-22……六七七
かだい(過大)……809-03……九〇〇
がたい(難)……810-39……九一六
かたいじ(片意地)……203-24……一七二
かたいっぽう(片一方)……805-36……八七〇
かたいれ(肩入)……517-57……五九二
かたうで(片腕)……008-02……一五
〃……502-43……四五〇
かたおもい(片思)……216-15……二六九
かたがき(肩書)……511-02……五一五
かたかけ(肩掛)……403-07……三七九
かたがた(方方)……808-64……八九七
がたがた……215-12……二六六
かたかな(片仮名)……607-27……六六一
かたがわ(片側)……805-38……八七〇
かたき(敵)……516-67……五八一
かたぎ(気質)……201-11……一五四
かたぎ(堅気)……201-27……一五七
かたきうち(敵討)……517-23……五八六
かたきやく(敵役)……502-16……四四五
〃……615-36……七二一
かたぐち(肩口)……010-05……一八
かたくな……203-24……一七二
かたぐるま(肩車)……109-37……八七
かたこと(片言)……612-55……六九二
かたさ……808-73……八九九
かたさき(肩先)……010-05……一八
かたじけない……213-08……二六〇
かたしろ(形代)……807-14……八八二
かたじん(堅人)……305-28……三三四
かたず……015-02……二六
かたすみ(片隅)……817-63……九八三
かたぞう(堅蔵)……305-28……三三四
かたぞめ(型染)……405-16……三八六
かたち(形)……001-14……四
かたちづくる(形作)……910-01……一〇七〇
かたつ(下達)……618-09……七四一
かたづく(片付)……814-42……九三九
かたづける(片付)……915-14……一〇九四
かたとき(片時)……815-37……九五四
かたどる(象)……614-09……七〇八
かたな(刀)……510-32……五一一
かたは(片刃)……419-07……四二五
かたはし(片端)……805-44……八七二
かたひじ(肩肘)……010-04……一八
かたぶつ(堅物)……305-28……三三四
かたほう(片方)……805-36……八七〇
かたまり(塊)……811-13……九二三
かたまる(固)……504-01……四五九
〃……908-60……一〇六六
かたみ(形見)……304-33……三一九
かたみ(肩身)……010-04……一八
かたみち(片道)……113-06……一〇三
かたむき(傾)……817-59……九八三
かたむく(傾)……101-14……四四
かたむける(傾)……101-13……四四

かためる(固)……908-60……一〇六六
かためん(片面)……805-38……八七〇
かたやぶり(型破)……201-59……一六四
かたよる(偏)……517-05……五八二
かたらい(語)……613-19……六九九
かたらう(語)……612-10……六八五
かたり……520-52……六一三
かたりぐさ(語－)……612-57……六九三
かたりくち(語口)……612-14……六八五
かたる(語)……612-01……六八三
かたる(騙)……517-37……五八九
カタログ(英 catalogue)……619-60……七五六
かたわら(傍)……817-35……九七八
かたわれ(片割)……805-36……八七〇
かたん(荷担)……517-56……五九二
かだん(花壇)……413-04……四一一
かだん(歌壇)……506-04……四八三
がだん(画壇)……506-04……四八三
かち(勝)……620-11……七五八
かち(価値)……818-07……九九〇
がち(雅致)……810-03……九〇八
かちき(勝気)……201-48……一六二
かちっぱなし(勝放)……620-12……七五八
かちどき(勝－)……108-10……七八
かちまけ(勝負)……620-02……七五七
かちめ(勝目)……208-60……二二三
かちょう(課長)……511-31……五一九
かつ(且)……913-28……一〇八五
かつ(渇)……111-24……九五
かつ(勝)……620-10……七五八
かつあい(割愛)……115-48……一二八
かつえる(餓)……111-20……九四
かっか……714-08……八二四
がっか(学科)……602-69……六三四
がっか(学課)……602-71……六三四
がっかい(学界)……506-02……四八二
がっかい(楽界)……506-02……四八二
かっかざん(活火山)……702-26……七七〇
かつかつ……816-16……九六五
がっかり……218-21……二八六
かっき(活気)……219-34……二九六
かっきてき(画期的)……918-30……一一〇四
がっきゅう(学究)……601-20……六二一
がっきゅう(学級)……602-67……六三三
かっきょう(活況)……512-70……五三五
がっきょく(楽曲)……614-35……七一二
かっくう(滑空)……903-32……一〇二六
がっけい(学兄)……516-58……五七九
かっこ(確固)……809-33……九〇五
かっこう(恰好)……001-09……三
がっこう(学校)……602-50……六三〇
かっさい(喝采)……520-07……六〇五
がっさいぶくろ(合切袋)……419-38……四三〇
がっさく(合作)……616-36……七三〇
がっさん(合算)……808-12……八八七
がっしゅうこく(合衆国)……507-03……四八四
がっしゅく(合宿)……617-37……七三八
かつじょう(割譲)……115-48……一二八
かっしょく(褐色)……716-24……八三六
がっしり……809-35……九〇六
かっすい(渇水)……713-09……八一三
かっする(渇)……111-23……九五
かっせん(合戦)……509-01……四九七
がったい(合体)……504-09……四六一
かったつ(闊達)……201-44……一六一
かったるい……111-15……九四
がっち(合致)……818-15……九九一
かっちゅう(甲冑)……510-30……五一〇
がっちり……809-35……九〇六
ガッツ(英 guts)……219-01……二八九
がっつく……218-29……二八八
かって(勝手)……203-35……一七五
〃……412-15……四〇七
かつて……816-03……九六二
かってぐち(勝手口)……412-25……四〇九
カット(英 cut)……614-06……七〇八
〃……615-11
かっとう(葛藤)……515-11……五五三
かつどう(活動)……615-44……七二二
かっぱ(合羽)……401-17……三七三
かっぱ(喝破)……612-33……六八九
かっぱつ(活発)……201-43……一六一
かっぱらう(－払)……115-06……一一九
カップ(英 cup)……620-22……七六〇
かっぷ(割賦)……512-68……五三五
かっぷく(恰幅)……001-05……二
かっぷく(割腹)……304-24……三一七
カップル(英 couple)……805-50……八七三
がっぺい(合併)……504-09……四六一
かっぽう(割烹)……408-01……三九三
〃……503-45……四五九
かつぼう(渇望)……218-02……二八二
かっぽうぎ(割烹着)……401-32……三七五
かつもく(刮目)……103-05……六一
かつやく(活躍)……219-13……二九一
かつよう(活用)……117-02……一三一
かつりょく(活力)……101-43……五〇
かつろ(活路)……113-05……一〇三
かて(糧)……407-01……三八九
かてい(仮定)……208-12……二一二
かてい(家庭)……315-02……三三五
かてい(過程)……814-58……九四二
かてい(課程)……602-71……六三四
かててくわえて(－加－)……913-28……一〇八五
かでん(家伝)……314-21……三五四
がてん(合点)……208-35……二一八
かど(角)……817-61……九八三
かど(門)……412-35……四一〇
かど(過度)……913-10……一〇八一
かとう(下等)……819-18……一〇〇一
かどう(華道)……617-03……七三二
(か)とおもうと(－思－)……999-49……一一三一
(か)とおもうまもなく(－思間－)……999-49……一一三一
(か)とおもえば(－思－)……999-49……一一三一
かとく(家督)……315-11……三五六
かどぐち(門口)……412-25……四〇九
かどで(門出)……814-16……九三四
かどまつ(門松)……605-28……六五四
(か)とみれば……999-49……一一三一
かな(仮名)……607-27……六六一
かない(家内)……309-03……三四一
〃……412-08……四〇六
かなう(敵)……515-23……五五六
かなきりごえ(金切声)……108-01……七七
かなぐ(金具)……420-18……四三五
かなしい(悲)……210-21……二四六
かなしみ(悲)……210-56……二五四
かなしむ(悲)……210-22……二四七
かなた……817-46……九八〇
かなづかい(仮名遣)……607-29……六六二
かなづち(金槌)……416-18……四一七

かなでる(奏)……614-33……七一二
かなぶつ(金仏)……604-58……六四七
かなめ(要)……802-13……八五五
かなもの(金物)……420-17……四三五
かならず(必)……220-13……二九九
かならずしも(必－)……819-49……一〇〇八
かなり……805-22……八六七
かにゅう(加入)……504-06……四六一
かなん(火難)……319-07……三六三
かね(金)……513-01……五三七
かね(鉦)……419-23……四二八
かね(鐘)……419-23……四二八
かねあい(兼合)……917-01……一〇九六
かねがね……816-03……九六二
かねぐり(金繰)……120-03……一三七
かねて……816-03……九六二
かねもち(金持)……305-38……三三六
かねる(兼)……908-21……一〇五七
かの……817-56……九八二
かのう(化膿)……017-34……一三
かのう(可能)……810-40……九一六
かのうせい(可能性)……810-42……九一六
かのじょ(彼女)……320-32……三六九
カバー(英 cover)……419-44……四三一
〃……620-41
〃……913-03
かばいだて(庇立)……613-30……七〇一
かばう……120-33……一四二
かはく(科白)……615-10……七一六
がはく(画伯)……614-15……七〇九
かばね(屍)……304-30……三一八
がはやいか(－早－)……999-49……一二三一
かはん(河畔)……704-19……七七七
かばん(鞄)……403-22……三八一
かはんしん(下半身)……010-03……一八
かひ(可否)……120-60……一四八
〃……818-16……九九二
かひ(歌碑)……708-13……七九二
かび(華美)……206-15……一九八
〃……501-21……四四二
かびん(過敏)……207-46……二〇七
かふ(寡婦)……309-10……三四三
かぶ(株)……720-05……八四二
かぶ(下部)……817-18……九七五
かふう(家風)……606-14……六五六
カフェテラス(洋語 café terrace)……503-46……四五九
かふく(禍福)……318-02……三五九
かふくぶ(下腹部)……010-11……一九
かぶしきがいしゃ(株式会社)……505-09……四七二
かぶせる(被)……102-02……一五四
かぶと(兜)……510-30……五一〇
がぶのみ(－飲)……409-09……三九六
かぶり……002-01……八
かぶりつく……106-03……七一
かぶりもの(被物)……403-02……三七八
かぶる(被)……404-01……三八二
〃……102-01……一五四
かぶれる……017-32……一三
かぶん(過分)……819-51……一〇〇九
かぶん(寡聞)……208-11……二一二
がぶん(雅文)……611-10……六八二
かべ(壁)……412-29……四〇九
かへい(貨幣)……513-01……五三七
かべしんぶん(壁新聞)……619-05……七四八
かへん(佳編)……616-44……七三一
かほう(下方)……817-17……九七四
かほう(火砲)……510-22……五〇九
かほう(果報)……604-16……六四一
かほう(家法)……508-10……四九四
がほう(画法)……614-04……七〇八
がほう(画報)……619-43……七五三
かほご(過保護)……013-09……一四
かぼそい(－細)……001-32……七
かま(釜)……410-02……三九九
かま(鎌)……505-31……四七五
かまえ(構)……203-02……一六八
がまぐち(蟇口)……403-24……三八一
かまける……209-53……二四〇
かまとと……205-14……一八六
かまびすしい……810-16……九一〇
がまん(我慢)……219-23……二九三
がまんづよい(我慢強)……203-28……一七三
かみ(上)……511-19……五一七
〃……817-12……九七四
かみ(神)……604-31……六四三
かみ(紙)……420-26……四三六
かみ(髪)……002-03……九
かみ(加味)……913-03……一〇七九
かみ(佳味)……107-06……七五
かみかくし(神隠)……113-24……一〇七
かみくだく(嚙砕)……106-04……七一
かみころす(嚙殺)……520-37……六一〇
かみざ(上座)……511-19……五一七
かみさん……309-03……三四一
かみしめる(嚙締)……107-01……七四
かみそり(剃刀)……419-06……四二五
かみだな(神棚)……417-06……四一九
かみつ(過密)……504-22……四六五
かみつく(嚙－)……106-03……七一
かみて(上手)……511-19……五一七
〃……817-12……九七四
かみなり(雷)……713-54……八一九
かみのけ(髪－毛)……002-03……九
かみわける(嚙分)……107-01……七四
かみん(仮眠)……112-12……九八
かむ(嚙)……106-04……七一
カムバック(英 comeback)……517-52……五九一
かむる(被)……102-01……一五四
かめ(甕)……410-14……四〇一
かめい(加盟)……504-06……四六一
がめつい……218-27……二八七
がめん(画面)……615-06……七一六
かもく(科目)……602-69……六三四
かもく(寡黙)……612-71……六九五
かもしれない……999-65……一二三七
かもす(醸)……409-02……三九六
かもつ(貨物)……419-41……四三〇
かもん(家紋)……608-19……六六七
かやく(火薬)……510-28……五一〇
かゆ(粥)……407-07……三九〇
かゆい……111-14……九四
かよい(通)……113-07……一〇三
かよいじ(通路)……113-18……一〇六
かよいちょう(通帳)……610-28……六七八
かよう……819-28……一〇〇三
かよう(通)……113-14……一〇五
かよう(歌謡)……614-36……七一二
かようきょく(歌謡曲)……614-39……七一三
がよく(我欲)……218-28……二八八
かよわい(－弱)……809-36……九〇六
から……999-01……一二一〇
〃……999-05……一二一二
〃……999-08……一二一三
〃……999-11……一二一四

から……999-12……一一四
〃……999-14……一一五
〃……999-36……一二四
から(空)……901-09……一〇一五
がら(柄)……001-18……五
〃……511-03……五一五
〃……614-21……七一〇
カラー(英 collar)……401-29……三七五
からい(辛)……107-09……七五
〃……107-13……七六
からいうと……999-20……一一七
からいえば……999-20……一一七
からいって……999-20……一一七
からいばり(空威張)……217-12……二七八
からかう……517-06……五八二
からかさ(唐傘)……403-15……三八〇
からから……102-26……五八
からきし……819-47……一〇〇七
からくじ(空-)……617-19……七三五
からくち(辛口)……107-10……七五
からくも……816-36……九七〇
からくり……615-53……七二四
からげる(絡)……109-10……八一
からさわぎ(空騒)……810-15……九一〇
からして……999-20……一一七
ガラス(ｵﾗﾝﾀﾞ glas)……416-28……四一八
からすのあしあと(烏-足跡)……012-04……二三
からすると……999-20……一一七
からすれば……999-20……一一七
からせき(空咳)……014-03……二四
からだ(体)……001-01……一
からだつき(体-)……001-05……二
からっかぜ(空風)……713-49……八一八
からっと……201-41……一六〇
がらっぱち……204-30……一八二
からっぺた(-下手)……207-20……二〇二
からっぽ(空-)……901-09……一〇一五
からつゆ(空梅雨)……713-26……八一五
からて(空手)……109-41……八八
からといって……999-48……一一三〇
からとう(辛党)……409-15……三九七
からには……999-37……一一二五
からは……999-37……一一二五
からまる(絡)……904-25……一〇三五
からみ(辛-)……107-10……七五
からみあう(絡合)……904-25……一〇三五
からみたら……999-20……一一七
からみつく(絡付)……904-25……一〇三五
からみて……999-20……一一七
からみると……999-20……一一七
からみれば……999-20……一一七
からむ(絡)……904-25……一〇三五
からめ(辛)……107-10……七五
からめる(絡)……904-26……一〇三六
カラン(ｵﾗﾝﾀﾞ kraan)……419-31……四二九
がらん(伽藍)……604-50……六四六
がらんどう……901-09……一〇一五
かり(仮)……517-13……五八四
かり(借)……115-30……一二五
がり(我利)……512-54……五三二
かりあつめる(駆集)……504-02……四六〇
かりいれ(刈入)……505-25……四七四
かりいれる(借入)……115-28……一二四
かりかり……210-51……二五二
かりきる(借切)……115-28……一二四
かりずまい(仮住)……411-10……四〇四
かりそめ(仮初)……203-08……一六九
かりて(借手)……115-34……一二五
かりに(仮-)……208-51……二二一
かりぬし(借主)……115-34……一二五
かりね(仮寝)……112-12……九八
〃……617-37……七三八
かりまた(雁股)……510-39……五一二
かりゅう(下流)……704-07……七七五
かりゅうかい(花柳界)……506-02……四八二
かりゅうど(狩人)……503-26……四五五
かりょう(下僚)……503-19……四五四
かりょう(加療)……020-06……三八
がりょう(雅量)……205-42……一九二
かりる(借)……115-28……一二四
かる(刈)……101-54……五二
かるい(軽)……809-26……九〇四
かるがる(軽軽)……810-22……九一二
かるがるしい(軽軽)……204-05……一七七
かるくち(軽口)……612-58……六九三
カルタ(ﾎﾟﾙﾄｶﾞﾙ carta)……617-17……七三四
カルテル(ﾄﾞｲﾂ Kartell)……505-05……四七一
かるはずみ(軽-)……204-05……一七七
かるわざ(軽業)……615-50……七二三
かれ(彼)……320-32……三六九
かれい(華麗)……206-15……一九八
かれこれ……805-19……八六六
かれし(彼氏)……320-32……三六九
かれつ(苛烈)……205-21……一八八
かれの(枯野)……702-17……七六九
かれは(枯葉)……720-10……八四三
かれる……713-69……八二二
かれる(枯)……720-49……八四八
かれん(可憐)……206-03……一九六
カレンダー(英 calendar)……711-01……七九七
かろう(過労)……111-25……九五
かろうじて……816-36……九七〇
かろやか(軽)……810-32……九一四
かわ(川)……704-01……七七五
かわ(皮)……012-01……二一
〃……419-21……四二七
かわ(革)……419-21……四二七
かわいい……206-01……一九五
かわいがる……216-04……二六七
かわいそう(可哀相)……210-55……二五三
かわいらしい……206-01……一九五
かわかす(乾)……713-70……八二二
かわかみ(川上)……704-06……七七五
かわき(渇)……111-24……九五
かわぎし(川岸)……704-20……七七七
かわきり(皮切)……814-13……九三三
かわく(乾)……713-69……八二二
かわく(渇)……111-23……九五
かわざんよう(皮算用)……808-17……八八八
かわしも(川下)……704-07……七七五
かわじり(川尻)……704-07……七七五
かわす……904-28……一〇三六
かわす(交)……904-03……一〇三二
かわすじ(川筋)……705-43……七八四
かわせ(川瀬)……704-13……七七六
かわせ(為替)……513-36……五四三
かわぞい(川沿)……704-20……七七七
かわづら(川面)……704-09……七七六
かわむこう(川向)……704-18……七七七
かわも(川面)……704-09……七七六
かわや(厠)……412-19……四〇八
かわらけ……410-04……四〇〇
かわり(代)……807-15……八八二
かわりだね(変種)……201-60……一六四
〃……305-24……三二四

かわりだね（変種）……804・18……八六〇
かわりばんこ（代－）……817・10……九七三
かわりめ（変目）……815・52……九五八
かわりもの（変者）……201・60……一六四
かわる（代）……908・18……一〇五七
〃……305・24……三二四
かわる（変）……908・01……一〇五三
かわるがわる（代代）……817・10……九七三
かん（刊）……619・17……七五〇
かん（缶）……419・01……四二四
かん（巻）……619・28……七五二
かん（勘）……209・10……二三一
かん（棺）……605・23……六五四
かん（管）……418・08……四二三
かん（癇）……201・55……一六三
かん（観）……001・07……二
かん（鐶）……418・07……四二三
かんあく（奸悪）……203・42……一七六
かんあん（勘案）……208・04……二一一
かんい（簡易）……810・34……九一四
かんいっぱつ（間一髪）……816・36……九七〇
かんいん（官印）……608・09……六六五
かんいん（官員）……503・18……四五四
かんいん（姦淫）……307・04……三三七
かんえい（官営）……505・13……四七二
かんおう（観桜）……617・29……七三七
かんおけ（棺桶）……605・23……六五四
かんか（看過）……103・19……六四
かんか（閑暇）……617・05……七三三
かんか（感化）……602・24……六二五
かんか（管下）……511・45……五二一
かんが（閑雅）……810・03……九〇八
かんかい（官界）……506・02……四八二
かんかい（勧戒）……602・43……六二九
かんがい（感慨）……210・01……二四二
かんがい（灌漑）……707・01……七八五
かんがえ（考）……208・01……二一〇
かんがえあわせる（考合）……208・05……二一一
かんがえごと（考事）……208・06……二一一
かんがえつく（考－）……208・17……二一三
かんがえる（考）……208・03……二一一
かんかく（間隔）……808・21……八八九
かんかく（感覚）……209・07……二三一
がんかけ（願掛）……604・25……六四二
かんかつ（管轄）……507・43……四九〇
かんかんがくがく（侃侃諤諤）……810・17……九一一
かんかんぼう（帽）……403・02……三七八
かんき（寒気）……712・12……八〇九
かんき（歓喜）……210・14……二四五
かんぎく（観菊）……617・29……七三七
かんきゃく（閑却）……120・73……一五一
かんきゃく（観客）……516・61……五七九
がんきゅう（眼球）……004・03……一一
かんきょ（閑居）……119・03……一三四
かんきょう（環境）……316・01……三五六
がんきょう（頑強）……809・33……九〇五
かんきん（監禁）……520・70……六一五
がんきん（元金）……513・38……五四四
かんく（管区）……511・45……五二一
がんぐ（玩具）……617・11……七三四
がんぐ（頑愚）……203・23……一七二
がんくつ（岩窟）……702・41……七七二
がんくび（雁首）……002・01……八
かんぐる（勘－）……208・55……二二二
かんけい（関係）……515・04……五五一
かんげい（歓迎）……516・16……五七〇
かんげき（感激）……210・01……二四二
かんげき（観劇）……615・25……七一九
かんけつ（完結）……814・46……九四〇
かんけつ（簡潔）……810・36……九一五
かんげつ（観月）……617・31……七三七
かんけつせん（間欠泉）……414・04……四一二
かんけん（官憲）……504・40……四六九
かんけん（管見）……208・11……二一二
かんげん（甘言）……205・35……一九一
かんげん（換言）……612・42……六九〇
かんげん（還元）……908・16……一〇五六
かんげん（諫言）……602・44……六二九
がんけん（眼瞼）……004・10……一二
がんけん（頑健）……020・01……三七
かんこ（歓呼）……108・09……七八
かんご（看護）……120・37……一四三
かんご（監護）……120・38……一四三
がんこ（頑固）……203・22……一七二
がんこいってつ（頑固一徹）……203・22……一七二
かんこう（刊行）……619・17……七五〇
かんこう（完工）……416・08……四一五
かんこう（勘校）……610・21……六七七
かんこう（敢行）……120・30……一四二
かんこう（慣行）……606・10……六五六
かんこう（緩行）……903・49……一〇三〇
かんこう（観光）……617・26……七三六
がんこう（眼光）……207・34……二〇五
かんこうちょう（官公庁）……504・40……四六九
かんこく（勧告）……602・27……六二六
かんごく（監獄）……520・75……六一六
かんごふ（看護婦）……503・06……四五二
かんごり（寒垢離）……604・27……六四二
かんさ（監査）……601・13……六一九
かんさ（鑑査）……601・13……六一九
かんさい（完済）……115・38……一二六
かんさく（奸策）……208・26……二一五
がんさく（贋作）……807・18……八八三
かんざけ（燗酒）……409・05……三九六
かんさつ（監察）……601・13……六一九
かんさつ（観察）……601・15……六二〇
かんざまし（燗冷）……409・05……三九六
かんさやく（監査役）……511・32……五一九
かんさん（閑散）……810・07……九〇九
かんし（漢詩）……616・29……七二八
かんし（監視）……509・49……五〇五
かんし（諫死）……602・44……六二九
かんじ（完治）……020・11……三八
かんじ（感）……209・36……二三六
かんじ（漢字）……607・28……六六一
かんじ（幹事）……511・33……五一九
かんしき（鑑識）……208・64……二二四
がんしき（眼識）……207・33……二〇五
かんしきがん（鑑識眼）……207・33……二〇五
がんじつ（元日）……710・21……七九七
かんじとる（感取）……208・45……二二〇
かんしゃ（官舎）……411・14……四〇四
かんしゃ（感謝）……515・70……五六五
かんじゃ（患者）……017・35……三四
かんしゃく（癇癪）……201・55……一六三
かんしゅ（看守）……509・54……五〇六
かんじゅ（甘受）……517・62……五九三
かんじゅ（官需）……512・44……五三一
かんしゅう（慣習）……606・03……六五五
かんしゅう（観衆）……516・61……五七九
がんしゅう（含羞）……217・23……二八〇
かんじゅく（完熟）……720・37……八四六
かんじゅせい（感受性）

……209-11……二三一
がんしょ(願書)……613-40……七〇三
かんしょう(干渉)……205-29……一八九
かんしょう(完勝)……620-13……七五八
かんしょう(冠省)……618-36……七四六
かんしょう(勧奨)……515-46……五六〇
かんしょう(感傷)……210-56……二五四
かんしょう(管掌)……507-43……四九〇
かんしょう(緩衝)……908-41……一〇六三
かんしょう(癇性)……201-55……一六三
かんしょう(環礁)……702-11……七六八
かんしょう(観賞)……208-72……二二六
かんしょう(鑑賞)……208-72……二二六
かんじょう(勘定)……512-60……五三四
〃……808-10……八八六
かんじょう(感情)……209-04……二三〇
がんしょう(岩漿)……709-08……七九四
がんしょう(岩礁)……702-10……七六八
がんじょう(頑丈)……809-33……九〇五
かんじょうずく(勘定ー)……201-67……一六六
かんしょく(官職)……511-05……五一五
かんしょく(寒色)……716-08……八三三
かんしょく(間色)……716-06……八三三
かんしょく(間食)……406-08……三八八
かんしょく(閑職)……502-11……四四四
かんしょく(感触)……111-02……九二
〃……209-36……二三六
がんしょく(顔色)……102-07……五六
かんじる(感)……111-01……九二
かんしん(感心)……210-01……二四二
かんしん(関心)……220-30……三〇二
かんじん(肝心)……818-21……九九二
かんじん(寛仁)……205-41……一九二
かんじん(勧進)……512-72……五三六
かんすい(完遂)……814-45……九四〇
かんすい(冠水)……319-10……三六四
かんすうじ(漢数字)……607-35……六六二
かんすぼん(巻子本)……619-31……七五二
かんする(関)……905-11……一〇四三
かんせい(完成)……814-35……九三七
かんせい(官製)……910-09……一〇七二
かんせい(喚声)……108-09……七八
かんせい(閑静)……810-06……九〇九
かんせい(感性)……209-11……二三一
かんせい(管制)……920-03……一一〇七
かんせい(歓声)……108-09……七八
がんせき(岩石)……709-06……七九三
かんせつ(間接)……905-10……一〇四三
かんせつ(関節)……011-03……二一
かんせつせんきょ(間接選挙)……507-37……四八九
かんぜより(観世縒)……419-20……四二七
かんせん(官選)……507-37……四八九
かんせん(感染)……017-13……三一
かんせん(観戦)……615-25……七一九
かんせん(艦船)……505-57……四七八
かんぜん(完全)……819-16……一〇〇〇
がんぜん(眼前)……817-04……九七二
かんぜんむけつ(完全無欠)……819-16……一〇〇〇
かんそ(簡素)……501-19……四四一
がんそ(元祖)……314-18……三五四
かんそう(完走)……620-06……七五七
かんそう(乾燥)……713-69……八二三
かんそう(感想)……208-09……二一二
かんそう(歓送)……516-19……五七〇
がんそう(含嗽)……106-20……七四
がんぞう(贋造)……807-18……八八三
かんそく(観測)……808-20……八八九
かんぞく(奸賊)……305-49……三二九
かんたい(歓待)……515-58……五六三
かんだい(寛大)……205-41……一九二
かんたいじ(簡体字)……607-28……六六一
かんたく(干拓)……707-02……七八六
かんたん(感嘆)……520-07……六〇五
かんたん(簡単)……810-33……九一四
〃……810-34……九一四
かんだん(歓談)……612-11……六八五
がんたん(元旦)……710-21……七九七
かんち(奸知)……207-57……二〇九
かんち(感知)……208-40……二一九
かんちがい(勘違)……208-67……二二五
がんちく(含蓄)……906-16……一〇四九
かんちょう(干潮)……703-13……七七四
かんちょう(官庁)……504-40……四六九
かんちょう(艦長)……505-61……四七九
がんちょう(元朝)……710-21……七九七
かんつう(姦通)……307-04……三三七
かんつう(貫通)……101-60……五三
かんづく(感ー)……209-12……二三二
かんづめ(缶詰)……520-70……六一五
かんてい(官邸)……411-14……四〇四
かんてい(鑑定)……208-64……二二四
かんていりゅう(勘亭流)……614-48……七一四
かんてつ(貫徹)……903-38……一〇二八
かんてん(寒天)……710-18……七九六
かんてん(観点)……806-22……八七九
かんと(官途)……511-05……五一五
かんとう(巻頭)……610-08……六七五
かんとう(敢闘)……509-11……四九九
かんどう(勘当)……308-09……三四〇
かんどう(間道)……705-39……七八三
かんどう(感動)……210-01……二四二
かんどうし(感動詞)……607-39……六六三
かんとく(監督)……615-43……七二二
がんとして(頑ー)……220-15……二九九
かんな(鉋)……416-21……四一七
かんない(管内)……511-45……五二一
かんなん(艱難)……211-01……二五四
かんぬし(神主)……604-73……六四九
かんねい(奸佞)……203-42……一七六
かんねん(観念)……218-24……二八七
〃……806-01……八七四
かんのう(官能)……209-07……二三一
カンパ……512-72……五三六
かんぱ(看破)……208-42……二一九
かんぱ(寒波)……712-12……八〇九
かんばい(観梅)……617-29……七三七
かんぱい(完敗)……620-20……七五九
かんぱい(乾杯)……409-12……三九七
かんばしい(芳)……105-04……七〇
かんばつ(旱魃)……713-09……八一三
かんばつ(間伐)……505-47……四七七
かんはつをいれず(間髪ー入ー)……815-43……九五五
カンパニー(英 company)……505-07……四七一
がんばる(頑張)……219-11……二九一
かんばん(看板)……502-37……四四九
〃……619-13……七四九
かんぱん(甲板)……505-59……四七八
かんび(完備)……120-25……一四一
かんぴ(官費)……513-18……五四〇
かんびょう(看病)……120-37……一四三
かんぶ(幹部)……511-07……五一六
かんぷ(還付)……115-35……一二五
かんぷう(寒風)……713-49……八一八
かんぷく(感服)……517-02……五八二

かんぶつ(乾物)……407-11……三九〇
がんぶつ(贋物)……807-12……八八一
かんぺき(完璧)……819-16……一〇〇〇
かんぺき(癇癖)……201-55……一六三
がんぺき(岸壁)……704-17……七七六
がんぺき(岩壁)……709-06……七九三
かんべつ(鑑別)……208-64……二二四
かんべん(勘弁)……517-60……五九三
かんべん(簡便)……519-05……六〇〇
かんぼう(感冒)……017-15……三一
がんぼう(願望)……218-06……二八三
かんぼく(灌木)……720-18……八四四
かんぼつ(陥没)……811-16……九二四
かんぽん(刊本)……619-32……七五二
がんぽん(元本)……513-38……五四四
かんまつ(巻末)……610-09……六七五
かんまん(緩慢)……204-39……一八三
かんみ(甘味)……107-08……七五
がんみ(玩味)……107-02……七四
〃……208-72……二二六
かんむり(冠)……403-03……三七八
かんめい(感銘)……210-01……二四二
かんめい(簡明)……810-43……九一六
がんめい(頑迷)……203-23……一七二
がんめん(顔面)……003-01……一〇
がんもく(眼目)……802-15……八五五
かんもん(喚問)……613-51……七〇六
かんやく(完訳)……611-15……六八三
かんやく(簡約)……810-36……九一五
かんゆう(奸雄)……305-17……三三三
かんゆう(官有)……116-07……一三〇
かんゆう(勧誘)……515-45……五六〇
かんよ(関与)……516-35……五七四
〃……905-12……一〇四三
かんよう(肝要)……818-21……九九二
かんよう(寛容)……205-41……一九二
かんようく(慣用句)……607-08……六五九
がんらい(元来)……816-09……九六三
かんらく(陥落)……509-40……五〇三
かんらく(歓楽)……210-19……二四六
かんらん(観覧)……617-27……七三六
かんり(官吏)……503-18……四五四
かんり(管理)……507-43……四九〇
がんり(元利)……513-38……五四四
がんりき(眼力)……207-34……二〇五
かんりつ(官立)……504-46……四七〇
かんりゃく(簡略)……810-34……九一四
かんりゅう(寒流)……703-12……七七四
かんりょう(完了)……814-46……九四〇
かんりん(翰林)……516-47……五七六
かんれい(寒冷)……712-12……八〇九
かんれい(慣例)……606-10……六五六
かんれき(還暦)……303-23……三一二
かんれん(関連)……515-06……五五二
かんろく(貫禄)……205-24……一八八
かんわ(漢和)……607-23……六六一
かんわ(緩和)……908-41……一〇六三

き

き(木)……720-15……八四四
き(気)……209-05……二三〇
き(記)……609-13……六七〇
き(期)……815-06……九四七
き(機)……815-48……九五七
ぎ(義)……603-07……六三八
ぎ(儀)……820-02……一〇一二
きあい(気合)……219-19……二九二
きあわせる(来合)……516-01……五六六
ぎあん(議案)……613-22……七〇〇
キー(英 key)……419-25……四二八
〃……602-34
きい(奇異)……810-56……九一九
きいたふう(利風)……217-19……二七九
きいっぽん(生一本)……201-57……一六四
キーポイント(洋語 key point)……802-13……八五五
キーボード(英 key bord)……419-33……四二九
きいろ(黄色)……716-28……八三六
きいん(気韻)……810-02……九〇八
きいん(起因)……813-03……九二九
ぎいん(議員)……507-33……四八八
ぎいん(議院)……507-30……四八八
きうつり(気移)……218-34……二八九
きえ(帰依)……604-02……六三九
きえつ(喜悦)……210-12……二四四
きえる(消)……714-17……八二六
きえん(気炎)……219-20……二九三
きえん(奇縁)……604-13……六四〇
きえん(機縁)……604-13……六四〇
きおう(気負)……219-15……二九二
きおく(記憶)……602-15……六二四
きおくれ(気後)……215-06……二六五
きおち(気落)……218-22……二八六
きおん(気温)……712-02……八〇七
ぎおんご(擬音語)……607-16……六六〇
きか(机下)……618-39……七四六
きか(気化)……707-23……七八九
きか(奇禍)……319-02……三六三
きか(貴下)……320-30……三六九
きか(幾何)……601-05……六一八
きが(飢餓)……111-21……九五
きかい(奇怪)……810-56……九一九
きかい(器械)……418-01……四二一
きかい(機会)……815-49……九五七
きかい(機械)……418-01……四二一
きがい(危害)……020-25……四一
きがい(気概)……219-03……二八九
ぎかい(議会)……507-30……四八八
きがえ(着替)……404-04……三八二
きかえる(着替)……404-04……三八二
きがかり(気－)……214-01……二六一
きがかわる(気－変)……209-24……二三三
きかく(企画)……208-20……二一四
きかく(規格)……804-07……八五八
ぎがく(器楽)……614-25……七一一
きかざる(着飾)……404-06……三八三
きがね(気兼)……120-10……一三八
きがはる(気－張)……220-09……二九八
きがまえ(気構)……209-32……二三五
きがる(気軽)……205-03……一八四
きかん(奇観)……708-04……七九一
きかん(帰還)……119-11……一三六
きかん(基幹)……802-01……八五二
きかん(亀鑑)……804-08……八五八
きかん(期間)……815-06……九四七
きかん(機関)……803-03……八五六
きがん(奇岩)……709-06……七九三
きがん(祈願)……218-06……二八三
きかんき(－気)……201-48……一六二
きかんし(機関紙)……619-05……七四八
きかんしゃ(機関車)……505-77……四八一
きかんじゅう(機関銃)……510-21……五〇九
きかんほう(機関砲)……510-21……五〇九
きかんぼう(－坊)……311-22……三四九
きき(危機)……519-13……六〇一
きき(機器)……418-01……四二一
ぎぎ(疑義)……208-68……二二五

ききあやまる(聞誤) 104-05 六八
ききあわせる(聞合) 613-45 七〇四
ききいっぱつ(危機一髪) 519-17 六〇二
ききいる(聞入) 104-02 六七
ききいれる(聞入) 517-62 五九三
ききうで(利腕) 008-02 一五
ききおとす(聞落) 104-08 六八
ききおぼえ(聞覚) 602-15 六二四
ききおよぶ(聞及) 618-26 七四四
ききかえす(聞返) 613-46 七〇五
ききかじり(聞－) 208-48 二二〇
ききこむ(聞込) 618-26 七四四
ききすごす(聞過) 104-07 六八
ききずて(聞捨) 104-07 六八
ききそこなう(聞損) 104-05 六八
〃 104-06 六八
ききただす(聞－) 613-45 七〇四
ききつぐ(聞継) 618-26 七四四
ききつける(聞－) 104-03 六七
ききづたえ(聞伝) 618-24 七四四
ききとどける(聞届) 517-62 五九三
ききなおす(聞直) 613-46 七〇五
ききながす(聞流) 104-07 六八
ききなれる(聞慣) 104-03 六七
ききのがす(聞逃) 104-06 六八
ききほれる(聞惚) 104-02 六七
ききめ(効目) 818-24 九九三
ききもらす(聞漏) 104-08 六八
ききゅう(危急) 519-21 六〇三
ききゅう(希求) 218-02 二八二
ききょ(起居) 114-07 一一四
ぎきょ(義挙) 114-13 一一五
ききょう(奇矯) 201-59 一六四
ききょう(帰京) 119-11 一三六
ききょう(帰郷) 119-11 一三六
きぎょう(企業) 505-04 四七一
ぎきょう(義侠) 603-12 六三九
ききょく(危局) 519-16 六〇二
ぎきょく(戯曲) 615-08 七一六
きぎれ(木切) 805-47 八七二
ききわけ(聞分) 208-37 二一八
ききわすれる(聞忘) 104-06 六八
ききん(飢饉) 505-28 四七五
ききん(基金) 512-22 五二七
ききんぞく(貴金属) 420-16 四三五
きく(利) 818-23 九九三
きく(聞) 104-01 六七
〃 613-43 七〇四
きく(規矩) 804-08 八五八
きぐ(危惧) 214-02 二六一
きぐ(器具) 418-04 四二二
きぐう(奇遇) 516-02 五六七
きぐう(寄寓) 501-09 四三九
きくばり(気配) 120-10 一三八
きぐらい(気位) 202-01 一六六
ぎくり 215-11 二六六
きぐろう(気苦労) 211-05 二五五
きくん(貴君) 320-30 三六九
きけい(奇計) 208-19 二一三
きけい(貴兄) 320-30 三六九
きけい(詭計) 208-26 二一五
きげき(喜劇) 615-04 七一五
きけつ(帰結) 814-52 九四一
ぎけつ(議決) 613-26 七〇〇
きけん(危険) 519-13 六〇一
きけん(棄権) 120-67 一五〇
きげん(起源) 814-09 九三二
きげん(期限) 815-07 九四七
きげん(機嫌) 209-06 二三〇
きこう(気候) 713-01 八一一
きこう(季候) 713-01 八一一
きこう(紀行) 616-15 七二六
きこう(起稿) 609-16 六七〇
きこう(寄港) 505-53 四七七
きこう(寄稿) 610-19 六七七
きこう(貴公) 320-31 三六九
きこう(機構) 803-03 八五六
きごう(記号) 608-01 六六三
ぎこう(技巧) 207-13 二〇一
きこうぼん(稀覯本) 619-36 七五三
きこえ(聞) 618-10 七四一
きこえる(聞) 104-01 六七
〃 717-07 八三八
きこく(帰国) 119-11 一三六
きごころ(気心) 201-09 一五四
ぎごちない 204-38 一八三
きこつ(気骨) 219-03 二八九
きこなし(着－) 404-07 三八三
きこなす(着－) 404-01 三八二
きこむ(着込) 404-01 三八二
きこん(気根) 219-02 二八九
きざ(気障) 217-09 二七七
きさい(奇才) 207-09 二〇〇
きさい(鬼才) 207-09 二〇〇
きさい(記載) 609-18 六七一
きざい(器材) 418-04 四二二
きさく(気－) 201-38 一六〇
きさく(奇策) 208-19 二一三
ぎさく(偽作) 807-18 八八三
きざし(兆) 911-14 一〇七五
きざす(兆) 911-15 一〇七五
きざはし 412-32 四一〇
きさま(貴様) 320-29 三六九
きざみ(刻) 101-58 五三
きざむ(刻) 101-52 五一
きさん(帰参) 119-11 一三六
きさんじ(気散) 210-44 二五一
きし(岸) 704-17 七七六
きじ(生地) 201-05 一五三
〃 402-01 三七七
きじ(記事) 619-06 七四八
ぎし(技師) 503-08 四五二
ぎし(義子) 311-16 三四八
ぎじ(議事) 613-22 七〇〇
きしかいせい(起死回生) 908-17 一〇五七
ぎしき(儀式) 605-04 六五一
きじく(基軸) 802-10 八五四
きじく(機軸) 802-12 八五四
きしつ(気質) 201-08 一五三
〃 812-01 九二六
きじつ(期日) 815-07 九四七
ぎじどう(議事堂) 412-04 四〇六
きしべ(岸辺) 704-17 七七六
きしゃ(汽車) 505-77 四八一
きしゃ(記者) 503-10 四五三
きしゃ(貴社) 505-08 四七二
きじゅ(喜寿) 303-23 三一二
きしゅう(奇襲) 509-20 五〇一
きしゅく(寄宿) 501-08 四三八
きしゅくしゃ(寄宿舎) 411-15 四〇四
きじゅつ(奇術) 615-51 七二三
きじゅつ(記述) 611-03 六八一
ぎじゅつ(技術) 207-13 二〇一
ぎじゅつしゃ(技術者) 503-08 四五二
きじゅん(帰順) 516-28 五七二
きじゅん(基準) 804-06 八五八

きじゅん(規準)……804-06……八五八
きしょ(希書)……619-36……七五三
ぎしょ(偽書)……609-33……六七三
きしょう(気性)……201-08……一五三
きしょう(気象)……713-01……八一一
きしょう(奇勝)……708-03……七九一
きしょう(起床)……112-27……一〇〇
きしょう(記章)……608-27……六六八
きしょう(起請)……515-36……五五八
きじょう(机上)……417-15……四二一
きじょう(気丈)……201-48……一六二
きじょう(軌条)……505-78……四八一
きじょう(騎乗)……620-49……七六四
ぎしょう(偽証)……806-21……八七八
きしょく(気色)……801-13……八五一
きしょく(寄食)……501-09……四三九
きしょく(喜色)……102-11……五六
きしん(帰心)……209-16……二三二
きしん(寄進)……115-42……一二七
きじん(奇人)……201-60……一六四
〃……305-24……三二四
ぎしん(疑心)……208-68……二二五
ぎじん(擬人)……611-06……六八一
キス(英 kiss)……307-05……三三七
きず(傷)……017-18……一三
〃……818-11……九九一
きずあと(傷跡)……017-23……一三
きずい(気随)……203-35……一七五
きすう(帰趨)……814-52……九四一
きずく(築)……910-01……一〇七〇
きずつく(傷付)……017-25……一三
きずつける(傷付)……017-26……一三
きずな(絆)……515-07……五五二
きする(帰)……814-52……九四一
きする(記)……609-10……六六九
ぎする(擬)……611-07……六八一
きせい(気勢)……219-18……二九二
きせい(帰省)……119-11……一三六
きせい(既製)……910-12……一〇七三
きせい(規制)……920-03……一一〇七
ぎせい(犠牲)……219-25……二九四
ぎせいご(擬声語)……607-16……六六〇
きせき(奇跡)……518-05……五九八
きせき(鬼籍)……619-65……七五六
きせつ(季節)……710-01……七九四
きぜつ(気絶)……209-38……二三七
ぎぜつ(義絶)……308-09……三四〇
キセル……113-54……一一三
きせる(着)……404-02……三八二
きぜわしい(気－)……519-24……六〇三
きぜん(毅然)……220-14……二九九
ぎぜん(偽善)……807-13……八八一
きせんをせいする(機先－制)……120-15……一三九
きそ(起訴)……508-19……四九五
きそ(基礎)……412-26……四〇九
〃……802-01……八五二
きそう(起草)……609-16……六七〇
きぞう(寄贈)……115-39……一二六
ぎそう(擬装)……807-17……八八三
ぎぞう(偽造)……807-18……八八三
きそうてんがい(奇想天外)……810-58……九一九
きそく(気息)……014-01……二四
きそく(規則)……508-06……四九三
きぞく(帰属)……516-31……五七三
きそん(毀損)……909-07……一〇六八
きぞん(既存)……901-02……一〇一四
きた(北)……817-66……九八四
きたい(気体)……420-20……四三五
きたい(希代)……918-29……一一〇四
きたい(期待)……218-01……二八二
きだい(貴台)……320-31……三六九
ぎだい(議題)……613-22……七〇〇
ぎたいご(擬態語)……607-16……六六〇
きたえる(鍛)……602-08……六二三
きたかぜ(北風)……713-49……八一八
きたく(寄託)……218-14……二八四
きたけ(着丈)……405-06……三八五
きだて(気立)……201-10……一五四
きたない(汚)……810-30……九一三
きたならしい(汚－)……810-30……九一三
きたる(来)……816-27……九六八
きだん(奇談)……612-66……六九四
きち(吉)……318-06……三六〇
きち(危地)……519-18……六〇二
きち(奇知)……207-32……二〇五
きち(基地)……510-01……五〇六
きち(機知)……207-31……二〇五
きちがい(気違)……209-59……二四一
きちがいざた(気違－)……520-32……六〇九
きちきち……906-24……一〇五〇
ぎちぎち……906-24……一〇五〇
きちじ(吉事)……318-06……三六〇
きちじつ(吉日)……711-30……八〇二
きちゃく(帰着)……814-52……九四一
きちゅう(忌中)……605-18……六五三
きちょう(記帳)……609-18……六七一
きちょう(貴重)……818-22……九九三
ぎちょう(議長)……511-35……五二〇
きちょうめん(几帳面)……201-19……一五五
きちんと……915-16……一〇九五
きちんやど(木賃宿)……503-39……四五八
きつい……809-20……九〇三
〃……819-41……一〇〇六
きづかい(気遣)……120-10……一三八
きっかけ……815-48……九五七
きづかれ(気疲)……211-05……二五五
きっきょう(吉凶)……318-02……三五九
きっきょう(喫驚)……210-04……二四三
きづく(気－)……209-12……二三二
ぎっくり……215-11……二六六
きづけ(気付)……618-38……七四六
きっこう(拮抗)……819-03……九九八
きっさき(切先)……510-37……五一二
きっさてん(喫茶店)……503-46……四五九
ぎっしり……906-24……一〇五〇
きっすい(生粋)……201-57……一六四
きっすい(喫水)……704-10……七七六
きっする(喫)……106-16……七三
きっそう(吉左右)……318-14……三六二
きっそう(吉相)……318-03……三五九
きづち(木槌)……416-18……四一七
きっちょう(吉兆)……318-03……三五九
きっちり……906-24……一〇五〇
ぎっちり……906-24……一〇五〇
キッチン(英 kitchen)……412-15……四〇七
きっと……220-13……二九九
きつねのよめいり(狐－嫁入)……713-25……八一五
きっぱり……220-14……二九九
きっぷ……603-12……六三九
きっぽう(吉報)……318-14……三六二
きづまり(気詰)……210-29……二四八
きつもん(詰問)……613-48……七〇五
きづよい(気強)……213-07……二六〇
きつりつ(屹立)……706-09……七八五

きてい(既定)……801-18……八五二
きてい(基底)……802-01……八五二
きてい(規定)……508-06……四九三
きてい(規程)……508-06……四九三
ぎてい(議定)……613-26……七〇〇
きてれつ(奇天烈)……810-56……九一九
きてん(基点)……802-02……八五三
きてん(機転)……207-31……二〇五
きでん(貴殿)……320-31……三六九
きと(帰途)……113-13……一〇五
きとう(祈禱)……604-20……六四二
きどう(軌道)……505-78……四八一
きどう(起動)……814-11……九三三
きどうたい(機動隊)……508-17……四九五
きとく(危篤)……017-05……二九
きとく(奇特)……201-37……一五九
きとく(既得)……115-03……一一九
きどり(気取)……217-08……二七七
きどる(気取)……217-10……二七七
きなが(気長)……204-12……一七八
きなぐさみ(気慰)……210-44……二五一
きにいり(気 - 入)……216-17……二六九
きにいる(気 - 入)……216-18……二六九
きにち(忌日)……605-19……六五三
きにゅう(記入)……609-18……六七一
きにん(帰任)……517-52……五九一
きぬ(絹)……402-03……三七七
きぬけ(気抜)……218-22……二八六
キネマ……615-44……七二三
きねん(祈念)……604-20……六四二
きねん(記念)……208-79……二二八
ぎねん(疑念)……208-68……二二五
きねんひ(記念碑)……708-13……七九二
きのう(昨日)……711-20……八〇〇
きのう(機能)……418-03……四二三
ぎのう(技能)……207-13……二〇一
きのどく(気毒)……210-55……二五三
きのめ(木 - 芽)……720-04……八四二
きば(騎馬)……620-49……七六四
きはい(跪拝)……604-24……六四二
きはく(気迫)……219-19……二九二
きはく(希薄)……809-32……九〇五
きはずかしい(気恥)……217-27……二八一
きはだ(木肌)……720-17……八四四
きばつ(奇抜)……810-58……九一九
きばや(気早)……201-52……一六三
きばらし(気晴)……210-44……二五一
きばる(気張)……219-16……二九二
きはん(規範)……804-08……八五八
きばん(基盤)……802-01……八五二
きひ(忌避)……120-59……一四八
きびき(忌引)……502-33……四四八
きびきび……204-11……一七八
きびしい(厳)……819-41……一〇〇六
きびす……009-08……一七
きひつ(起筆)……609-16……六七〇
ぎひつ(偽筆)……609-33……六七三
きひん(気品)……202-01……一六六
きひん(貴賓)……516-63……五八〇
きびん(機敏)……207-47……二〇七
きふ(寄付)……115-39……一二六
きぶ(基部)……802-01……八五二
ぎふ(義父)……310-11……三四五
きふう(気風)……201-11……一五四
〃……606-14……六五六
きふく(起伏)……914-20……一〇九一
きふく(帰服)……516-28……五七二
きぶく(忌服)……605-22……六五四
きふじん(貴婦人)……306-08……三三三
きぶつ(木仏)……604-58……六四七
きぶつ(器物)……418-04……四二三
ぎぶつ(偽物)……807-12……八八一
ギフト(英 gift)……115-49……一二八
きふるし(着古)……401-05……三七二
きぶん(気分)……209-03……二三〇
〃……801-13……八五一
きぶん(奇聞)……612-66……六九四
きへき(奇癖)……201-17……一五五
きべん(詭弁)……806-08……八七六
きぼ(規模)……808-29……八九〇
ぎぼ(義母)……310-06……三四四
きほう(奇峰)……702-30……七七一
きぼう(希望)……218-01……二八二
ぎほう(技法)……614-04……七〇八
きほよう(気保養)……020-17……四〇
きほん(基本)……802-01……八五二
きほんきゅう(基本給)……513-24……五四一
きまえ(気 -)……201-10……一五四
きまかせ(気任)……203-35……一七五
きまぐれ(気 -)……218-34……二八九
きまじめ(生 -)……201-19……一五五
きまま(気 -)……203-35……一七五
きまり……508-06……四九三
きまりもんく(決文句)……611-13……六八二
きまりわるい(- 悪)……217-27……二八一
きまる(決)……613-28……七〇一
きみ(君)……320-29……三六九
きみ(黄身)……407-10……三九〇
きみじか(気短)……201-53……一六三
きみつ(機密)……514-18……五四八
きみどり(黄緑)……716-27……八三六
きみゃくをつうじる(気脈 - 通)……517-36……五八八
きみょう(奇妙)……810-56……九一九
きみわるい(気味悪)……215-04……二六五
ぎむ(義務)……502-14……四四五
きむずかしい(気 -)……201-54……一六三
きむすめ(生娘)……306-05……三三三
きめい(記名)……608-15……六六六
きめる(決)……613-27……七〇一
きも(肝)……209-27……二三四
きもがちいさい(肝 - 小)……201-50……一六二
きもち(気持)……209-03……二三〇
〃……808-51……八九五
きもったま(肝玉)……219-07……二九〇
きもったまがちいさい(肝玉 - 小)……201-50……一六二
きもの(着物)……401-01……三七一
〃……401-03……三七二
ぎもん(疑問)……208-68……二二五
きゃく(客)……516-60……五七九
きやく(規約)……508-06……四九三
ぎゃく(逆)……817-08……九七二
きゃくあしらい(客 -)……515-59……五六三
きゃくあつかい(客扱)……515-59……五六三
ぎゃくさつ(虐殺)……520-39……六一一
ぎゃくさん(逆算)……808-10……八八六
きゃくしつ(客室)……412-14……四〇七
ぎゃくしゅう(逆襲)……509-21……五〇一
ぎゃくじょう(逆上)……210-03……二四二
きゃくしょく(脚色)……615-09……七一六
きゃくすじ(客筋)……516-65……五八〇
ぎゃくせい(虐政)……507-25……四八七
ぎゃくせつ(逆説)……613-16……六九八
きゃくそう(客層)……516-65……五八〇

ぎゃくぞく（逆賊）……305-49……三二九
ぎゃくたい（虐待）……520-50……六二三
きゃくだね（客種）……516-65……五八〇
きゃくちゅう（脚注）……610-15……六七六
ぎゃくてん（逆転）……902-10……一〇一八
きゃくひき（客引）……516-13……五七〇
きゃくほん（脚本）……615-08……七一六
きゃくま（客間）……412-14……四〇七
きゃくよせ（客寄）……516-68……五八一
ギャザー（英 gathers から）……405-07……三八五
きゃしゃ……001-32……一七
きやすい（気安）……205-04……一八四
キャスター（英 caster）……503-10……四五三
キャスト（英 cast）……615-42……七二二
きやすめ（気休）……213-06……二五九
きゃっかん（客観）……806-04……八七五
きゃっかんてき（客観的）……209-23……二三三
ぎゃっきょう（逆境）……519-18……六〇二
きゃっこう（脚光）……715-04……八二八
キャッシュ（英 cash）……513-09……五三九
キャッチフレーズ（英 catch phrase）……607-11……六五九
キャップ（英 cap）……620-30……七六一
キャバレー（フランス cabaret）……503-45……四五九
キャピタル（英 capital）……512-22……五二七
〃……607-32……六六二
キャプテン（英 captain）……505-61……四七九
〃……620-30……七六一
ギャラ……513-21……五四一
キャラクター（英 character）……201-02……一五二
ギャラリー（英 gallery）……516-61……五七九
キャリア（英 carrier）……017-14……三一
ギャル（英 gal）……306-03……三三二
ギャルソン（フランス garçon）……503-23……四五五
ギャング（英 gang）……305-57……三三一
キャンセル（英 cancel）……120-61……一四八
キャンパス（アメリカ campus）……602-55……六三一
キャンプ（英 camp）……510-01……五〇六
ギャンブル（英 gamble）……617-18……七三五
きゅう（九）……808-02……八八五
きゅう（旧）……816-12……九六四
きゅう（急）……519-21……六〇三
〃……706-06……七八五
〃……815-39……九五四
きゆう（杞憂）……214-02……二六一
きゅうあく（旧悪）……520-24……六〇八
きゅういん（吸引）……014-11……二五
きゅういん（吸飲）……014-10……二五
ぎゅういん（牛飲）……409-09……三九六
ぎゅういんばしょく（牛飲馬食）……106-08……一七二
きゅうえん（休演）……615-23……七一九
きゅうえん（救援）……120-34……一四三
きゅうか（休暇）……711-29……八〇二
きゅうかい（球界）……506-02……四八二
きゅうかく（嗅覚）……111-03……一九二
きゅうがく（休学）……602-63……六三三
きゅうかざん（休火山）……702-26……七七〇
きゅうかなづかい（旧仮名遣）……607-29……六六二
きゅうかん（旧慣）……606-08……六五六
きゅうかん（旧館）……412-06……四〇六
きゅうかん（休刊）……619-23……七五一
きゅうかん（休閑）……120-75……一五一
きゅうかん（急患）……017-02……二九
きゅうぎ（球技）……620-42……七六三
きゅうきゅう（汲汲）……204-09……一七八
きゅうきゅう（救急）……120-34……一四三
ぎゅうぎゅう……906-24……一〇五〇
きゅうきょ（急遽）……815-41……九五五
きゅうきょく（究極）……814-33……九三七
きゅうくつ（窮屈）……809-20……九〇三
きゅうけい（休憩）……020-15……三九
きゅうげき（急激）……815-40……九五四
きゅうご（救護）……120-35……一四三
きゅうこう（旧交）……515-01……五五〇
きゅうこう（休校）……602-63……六三三
きゅうごう（糾合）……504-05……四六一
きゅうこうか（急降下）……903-12……一〇二一
きゅうこく（急告）……618-05……七四〇
きゅうこく（救国）……120-34……一四三
きゅうこん（求婚）……308-05……三三九
きゅうさい（救済）……120-34……一四三
きゅうし（九死）……519-17……六〇二
きゅうし（旧址）……708-10……七九二
きゅうし（旧師）……602-78……六三五
きゅうし（休止）……120-71……一五〇
きゅうし（急死）……304-09……三一五
きゅうし（急使）……502-44……四五一
きゅうじ（旧時）……816-06……九六三
きゅうじ（給仕）……503-23……四五五
きゅうしき（旧識）……516-54……五七八
きゅうじつ（休日）……711-29……八〇二
きゅうしゅ（鳩首）……613-20……六九九
きゅうしゅう（旧習）……606-08……六五六
きゅうしゅう（吸収）……014-11……二五
きゅうしゅう（急襲）……509-20……五〇一
きゅうしゅん（急峻）……706-07……七八五
きゅうしょ（急所）……802-13……八五五
きゅうじょ（救助）……120-34……一四三
きゅうじょう（休場）……615-23……七一九
きゅうじょう（宮城）……412-03……四〇五
きゅうじょう（球場）……620-31……七六一
きゅうじょう（窮状）……801-17……八五二
ぎゅうじる（牛耳）……507-41……四八九
きゅうしん（急伸）……908-30……一〇六〇
きゅうじん（求人）……504-04……四六〇
きゅうす（急須）……410-13……四〇一
きゅうすい（給水）……903-48……一〇三〇
きゅうする（窮）……211-07……二五五
きゅうせい（旧制）……606-09……六五六
きゅうせい（急逝）……304-09……三一五
きゅうせい（救世）……120-34……一四三
きゅうせき（旧跡）……708-10……七九二
きゅうそく（休息）……020-15……三九
きゅうそく（急速）……815-40……九五四
きゅうそねこをかむ（窮鼠猫－噛）……515-19……五五五
きゅうだい（及第）……602-60……六三二
きゅうだん（糾弾）……613-49……七〇三
きゅうち（旧知）……516-54……五七八
きゅうち（窮地）……519-18……六〇二
きゅうちゅう（宮中）……412-03……四〇五
きゅうてい（宮廷）……412-02……四〇五
きゅうてき（仇敵）……516-67……五八一

きゅうてん(急転)……908-10……一〇五五
きゅうでん(宮殿)……412-02……四〇五
きゅうテンポ(急—)……815-40……九五四
きゅうとう(急騰)……512-34……五二九
きゅうどう(旧道)……705-23……七八一
ぎゅうとう(牛刀)……510-32……五一一
きゅうなん(救難)……120-34……一四三
きゅうにゅう(吸入)……014-10……一二五
きゅうねん(旧年)……711-05……七九八
きゅうは(旧派)……504-39……四六九
きゅうはく(急迫)……519-20……六〇二
きゅうはん(急坂)……705-36……七八三
きゅうびょう(急病)……017-02……一二九
きゅうふ(給付)……512-73……五三六
きゅうへい(旧弊)……606-18……六五七
きゅうへん(急変)……908-10……一〇五五
きゅうぼ(急募)……504-04……四六〇
きゅうほう(急報)……618-05……七四〇
きゅうぼう(窮乏)……501-17……四四〇
きゅうぼん(旧盆)……605-24……六五四
きゅうみん(救民)……120-34……一四三
きゅうむ(急務)……502-04……四四三
きゅうめい(究明)……601-22……六二一
きゅうめい(糾明)……601-22……六二一
きゅうめい(救命)……120-34……一四三
きゅうもん(糾問)……613-51……七〇六
きゅうゆう(旧友)……516-54……五七八
きゅうゆう(級友)……516-51……五七七
きゅうよ(給与)……513-22……五四一
きゅうよう(休養)……020-15……一三九
きゅうよう(急用)……820-08……一〇一三
きゅうらい(旧来)……816-13……九六四
きゅうらく(急落)……512-37……五二九
きゅうりゅう(急流)……704-08……七七五
きゅうりょう(丘陵)……702-13……七六九
きゅうりょう(給料)……513-22……五四一
キュロット(フランス culotte)
……401-22……三七四
きょ(虚)……807-13……八八一
きよ(寄与)……219-24……二九三
きよい(清)……810-29……九一三
きょう(凶)……318-10……三六一
きょう(境)……209-09……二三一
〃……805-02……八六三
きょう(興)……810-04……九〇八
きょう(今日)……711-22……八〇〇
きよう(起用)……517-76……五九七
きよう(器用)……207-16……二〇二
きょうあい(狭隘)……205-43……一九二
きょうあつ(強圧)……507-44……四九〇
きょうい(胸囲)……010-16……一一〇
きょうい(驚異)……210-04……二四三
きょういく(教育)……602-20……六二五
きょういん(教員)……602-76……六三五
きょうえん(共演)……615-21……七一八
きょうえん(競演)……615-21……七一八
きょうえん(饗宴)……409-25……三九九
きょうおう(供応)……515-60……五六三
きょうおう(胸奥)……209-25……二三四
きょうおく(胸臆)……209-28……二三四
きょうか(狂歌)……616-26……七二八
きょうか(供花)……115-44……一二七
きょうか(強化)……914-10……一〇八八
きょうか(教化)……602-24……六二五
きょうか(教科)……602-69……六三四
きょうが(恭賀)……605-12……六五二
きょうかい(協会)……504-34……四六八
きょうかい(胸懐)……209-28……二三四
きょうかい(教戒)……602-43……六二九
きょうかい(教誨)……602-28……六二六
きょうがい(境界)……316-01……三五六
きょうがい(境涯)……316-01……三五六
ぎょうかい(業界)……506-02……四八二
きょうがく(驚愕)……210-04……二四三
きょうかしょ(教科書)
……619-51……七五五
きょうかつ(恐喝)……520-46……六一二
きょうかん(凶漢)……305-49……三二九
きょうかん(共感)……220-18……三〇〇
きょうかん(胸間)……209-28……二三四
きょうかん(教官)……602-76……六三五
きょうき(狂気)……209-59……二四一
きょうき(狂喜)……210-14……二四五
きょうき(侠気)……603-12……六三九
きょうき(驚喜)……210-14……二四五
きょうぎ(協議)……613-18……六九八
きょうぎ(狭義)……806-09……八七六
きょうぎ(教義)……604-12……六四〇
きょうぎ(競技)……620-03……七五七
ぎょうぎ(行儀)……515-62……五六四
きょうぎじょう(競技場)
……620-31……七六一
きょうきゅう(供給)……512-45……五三一
きょうきょう(恟恟)……215-08……二六五
きょうきん(胸襟)……209-28……二三四
きょうく(狂句)……616-28……七二八
きょうぐ(教具)……419-35……四三〇
きょうぐう(境遇)……316-01……三五六
きょうくん(教訓)……602-28……六二六
きょうげき(挟撃)……509-13……五〇〇
ぎょうけつ(凝結)……707-24……七八九
〃……908-27……一〇五九
きょうけん(恭謙)……205-45……一九三
きょうけん(強健)……020-01……一三七
〃……809-33……九〇五
きょうこ(強固)……809-33……九〇五
きょうご(教護)……120-38……一四三
ぎょうこ(凝固)……707-24……七八九
きょうこう(凶行)……520-24……六〇八
きょうこう(凶荒)……505-28……四七五
きょうこう(恐慌)……509-34……五〇三
〃……512-71……五三五
きょうこう(強行)……120-30……一四二
きょうこう(強攻)……509-14……五〇〇
きょうこう(強硬)……203-22……一七二
きょうごう(校合)……610-21……六七七
ぎょうこう(僥倖)……318-01……三五九
きょうこうは(強硬派)
……507-36……四八八
きょうこく(峡谷)……702-38……七七二
きょうこく(強国)……507-06……四八四
きょうさ(教唆)……515-49……五六一
きょうさい(共催)……516-35……五七四
〃……615-18……七一八
きょうざい(教材)……419-35……四三〇
きょうさく(凶作)……505-28……四七五
きょうさく(競作)……616-36……七三〇
きょうざまし(興醒)……220-31……三〇三
きょうざめ(興醒)……220-31……三〇三
きょうさん(協賛)……516-35……五七四
きょうし(教師)……602-76……六三五
きょうじ(凶事)……318-11……三六一
きょうじ(矜持)……217-03……二七六
きょうじ(教示)……602-29……六二六
きょうじ(驕児)……311-22……三四九
ぎょうし(凝視)……103-04……六一
ぎょうじ(行事)……605-03……六五一
きょうしつ(教室)……602-56……六三一
きょうじつ(凶日)……711-31……八〇二
きょうしゃ(強者)……305-16……三二三

きょうしゃ(驕奢)……501-20……四四一
きょうしゅ(拱手)……203-16……一七一
きょうしゅ(興趣)……810-01……九〇八
きょうじゅ(享受)……210-19……二四六
きょうじゅ(教授)……602-20……六二五
〃……602-76……六三五
ぎょうしゅ(業種)……502-41……四五〇
きょうしゅう(教習)……602-20……六二五
きょうしゅう(郷愁)……209-15……二三二
ぎょうじゅうざが(行住坐臥)……114-07……一一四
きょうしゅく(恐縮)……515-73……五六六
ぎょうしゅく(凝縮)……707-24……七八九
〃……908-27……一〇五九
きょうじゅん(恭順)……517-02……五八二
ぎょうしょ(行書)……614-48……七一四
ぎょうしょう(行商)……503-35……四五七
ぎょうじょう(行状)……114-11……一一五
きょうじる(興)……210-02……二四二
きょうしん(狂信)……604-02……六三九
きょうじん(強靭)……020-02……二七
きょうする(供)……115-14……一二一
きょうする(饗)……515-60……五六三
きょうせい(強制)……920-06……一一〇八
きょうせい(強請)……520-46……六一二
きょうせい(矯正)……602-23……六二五
ぎょうせい(行政)……507-28……四八七
ぎょうせい(暁星)……701-16……七六七
ぎょうせき(行跡)……114-11……一一五
ぎょうせき(業績)……520-02……六〇四
〃……818-26……九九四
きょうそ(教祖)……314-18……三五四
きょうそう(狂騒)……810-12……九一〇
きょうそう(強壮)……020-01……二七
きょうそう(競争)……620-03……七五七
きょうそう(競走)……620-04……七五七
ぎょうそう(行草)……614-48……七一四
ぎょうそう(形相)……102-06……一五
きょうぞく(凶賊)……305-49……三二九
きょうぞん(共存)……504-12……四六三
きょうたい(狂態)……520-32……六〇九
きょうたい(嬌態)……205-07……一八五
きょうだい(兄弟)……313-01……三四九
きょうだい(強大)……809-34……九〇六
きょうだい(鏡台)……403-20……三八一
きょうたく(供託)……218-14……二八四
きょうたん(驚嘆)……210-04……二四三
きょうだん(凶弾)……510-24……五一〇
きょうち(境地)……209-09……二三一
きょうちゅう(胸中)……209-28……二三四
〃……316-01……三五六
きょうちょう(協調)……205-36……一九一
きょうちょう(強調)……612-30……六八八
きょうつう(共通)……918-06……一〇九九
きょうつうご(共通語)……607-06……六五九
きょうてい(協定)……515-37……五五九
ぎょうてん(仰天)……210-05……二四三
きょうてんどうち(驚天動地)……210-04……二四三
きょうと(教徒)……604-76……六四九
きょうど(郷土)……705-14……七七九
きょうど(強度)……819-42……一〇〇六
きょうとう(共闘)……515-14……五五四
きょうとう(郷党)……705-14……七七九
きょうとう(驚倒)……210-04……二四三
きょうどう(共同)……516-35……五七四
きょうどう(協同)……516-35……五七四
きょうどう(教導)……602-31……六二七
きょうどう(嚮導)……602-30……六二六
きょうどうくみあい(協同組合)……504-34……四六八
きょうとうほ(橋頭堡)……510-02……五〇六
きょうどしょく(郷土色)……705-15……七八〇
きょうねつ(狂熱)……209-33……二三五
きょうねん(享年)……304-35……三一九
ぎょうねん(行年)……304-35……三一九
きょうばい(競売)……512-08……五二四
きょうはく(脅迫)……520-46……六一二
きょうはく(強迫)……520-46……六一二
きょうはん(共犯)……516-36……五七四
きょうび(－日)……816-18……九六五
きょうふ(恐怖)……215-01……二六四
きょうぶ(胸部)……010-07……一八
きょうふう(強風)……713-44……八一八
きょうへき(胸壁)……010-07……一八
きょうべん(強弁)……612-30……六八八
きょうほう(凶報)……318-15……三六二
きょうぼう(凶暴)……204-29……一八一
きょうぼう(狂暴)……204-29……一八一
きょうぼく(喬木)……720-19……八四四
きょうほん(教本)……619-51……七五五
きょうまん(驕慢)……217-18……二七九
きょうみ(興味)……220-30……三〇二
きょうむ(教務)……502-05……四四三
ぎょうむ(業務)……502-04……四四三
きょうめい(共鳴)……220-18……三〇〇
きょうもう(凶猛)……204-29……一八一
きょうやく(協約)……515-36……五五八
きょうゆ(教諭)……602-76……六三五
きょうゆう(共有)……116-06……一三〇
きょうゆう(享有)……116-04……一三〇
きょうよ(供与)……115-14……一二一
きょうよう(共用)……117-06……一三一
きょうよう(強要)……920-06……一一〇八
きょうよう(教養)……207-29……二〇四
きょうらく(享楽)……210-19……二四六
きょうらん(狂乱)……209-59……二四一
きょうり(胸裏)……209-28……二三四
きょうり(郷里)……705-14……七七九
きょうりょう(狭量)……205-43……一九二
きょうりょう(橋梁)……707-09……七八七
きょうりょく(協力)……516-35……五七四
きょうりょく(強力)……809-34……九〇六
きょうれつ(強烈)……819-37……一〇〇五
ぎょうれつ(行列)……504-21……四六五
きょうわ(協和)……515-33……五五八
きょうわこく(共和国)……507-03……四八四
きょえいしん(虚栄心)……217-08……二七七
きょか(許可)……517-60……五九三
きょがく(巨額)……513-03……五三八
ぎょかく(漁獲)……505-70……四八〇
きょかん(巨漢)……305-39……三二六
きょがん(巨岩)……709-06……七九三
ぎょがんレンズ(魚眼－)……403-17……三八〇
きょぎ(虚偽)……807-13……八八一
きょぎょう(虚業)……505-02……四七一
ぎょぎょう(漁業)……505-68……四八〇
きょきん(拠金)……512-25……五二七
きょく(巨軀)……001-22……五
きょく(曲)……614-35……七一二
〃……810-04……九〇八
きょく(局)……504-42……四七〇
きょく(極)……814-33……九三七
ぎょく(漁区)……505-69……四八〇

ぎょくあんか(玉案下)……618-39……七四六
きょくいん(局員)……503-03……四五二
きょくがい(局外)……515-10……五五三
きょくぎ(曲技)……615-50……七二三
きょくげい(曲芸)……615-50……七二三
きょくげん(極言)……612-36……六八九
きょくげん(極限)……814-31……九三七
ぎょくさい(玉砕)……304-21……三一六
きょくじつ(旭日)……701-08……七六五
きょくしょ(局所)……010-15……二〇
〃……805-31……八六九
きょくしょう(極小)……809-08……九〇一
きょくせつ(曲折)……908-36……一〇六一
きょくせん(曲線)……811-05……九二二
きょくだい(極大)……808-44……八九三
きょくたん(極端)……814-32……九三七
きょくち(極地)……814-27……九三六
きょくち(極致)……814-33……九三七
きょくてん(極点)……814-33……九三七
きょくど(極度)……814-32……九三七
ぎょくはい(玉杯)……409-27……三九九
きょくぶ(局部)……010-15……二〇
〃……805-31……八六九
きょくめん(局面)……801-03……八五〇
きょくりょく(極力)……219-26……二九四
ぎょくろ(玉露)……407-25……三九二
きょくろん(曲論)……613-10……六九七
きょくろん(極論)……612-36……六八九
ぎょけい(御慶)……318-07……三六〇
きょげん(虚言)……807-13……八八一
きょこう(挙行)……615-18……七一八
きょこう(虚構)……616-38……七三〇
きょごう(倨傲)……217-18……二七九
ぎょこう(漁港)……505-64……四七九
きょさつ(巨刹)……604-50……六四六
きょじ(虚辞)……807-13……八八一
きょじつ(虚実)……807-01……八七九
きょじゃく(虚弱)……809-36……九〇六
きょしゅう(去就)……517-82……五九七
きょじゅう(居住)……119-01……一三四
きょしゅつ(拠出)……512-25……五二七
きょしょう(巨匠)……305-07……三二一
ぎょじょう(漁場)……505-69……四八〇
きょしょく(虚飾)……611-05……六八一
きょしん(虚心)……220-08……二九八
きょじん(巨人)……305-10……三二一
〃……305-39……三二六
きょせい(巨星)……305-10……三二一
きょせい(虚勢)……217-12……二七八
きょぜつ(拒絶)……517-67……五九五
きょそ(挙措)……114-07……一一四
ぎょそん(漁村)……705-10……七七九
きょたい(巨体)……001-22……五
きょだい(巨大)……809-03……九〇〇
きょだつ(虚脱)……209-39……二三七
きょっかい(曲解)……208-67……二二五
きょっこう(旭光)……715-14……八三〇
ぎょっこう(玉稿)……610-18……六七七
きょてん(拠点)……802-05……八五三
きょどう(挙動)……114-06……一一四
きょとん……209-44……二三八
きょねん(去年)……711-05……七九八
きょひ(拒否)……517-67……五九五
ぎょふ(漁夫)……505-73……四八〇
きょへい(挙兵)……509-29……五〇二
きょぼく(巨木)……720-20……八四四
きょまん(巨万)……808-38……八九二
ぎょみん(漁民)……505-73……四八〇
きよめ(清)……604-28……六四三
きよめる(清)……908-48……一〇六四
きょよう(挙用)……517-76……五九七
きょよう(許容)……517-61……五九三
ぎょらい(魚雷)……510-25……五一〇
きよらか(清)……810-29……九一三
きょり(距離)……808-21……八八九
きょりゅう(居留)……119-05……一三四
きょれい(虚礼)……515-61……五六四
ぎょろう(漁労)……505-70……四八〇
きよわ(気弱)……201-51……一六三
きらい(嫌)……216-22……二七〇
きらい(機雷)……510-25……五一〇
きらう(嫌)……216-25……二七一
きらきら……715-07……八二八
ぎらぎら……715-07……八二八
きらく(気楽)……213-09……二六〇
ぎらつく……715-22……八三一
きらびやか……206-15……一九八
きらぼし(綺羅星)……701-15……七六六
きらめく……715-22……八三一
きらり……715-07……八二八
ぎらり……715-07……八二八
きり……814-30……九三六
〃……999-27……一一二〇
きり(錐)……416-22……四一七
きり(霧)……713-10……八一三
きりあげる(切上)……120-69……一五〇
きりうり(切売)……512-07……五二四
きりかえ(切替)……908-08……一〇五四
きりかかる(切－)……101-53……五二
きりかける(切－)……101-53……五二
きりきざむ(切刻)……101-52……五一
きりきり……111-09……九三
ぎりぎり……816-16……九六五
きりきりまい(－舞)……519-26……六〇四
きりこみ(切込)……101-58……五三
きりこむ(切込)……101-52……五一
きりさげる(切下)……512-36……五二九
きりさめ(霧雨)……713-30……八一六
きりじに(切死)……304-15……三一六
きりだす(切出)……101-52……五一
きりたつ(切立)……706-09……七八五
きりつ(起立)……101-01……四一
きりつ(規律)……508-06……四九三
きりつける(切－)……101-53……五二
きりつめる(切詰)……501-18……四四一
きりぬく(切抜)……101-52……五一
きりはなす(切離)……904-33……一〇三七
きりひらく(切開)……505-26……四七四
きりまわす(切回)……120-02……一三六
きりもみ(錐揉)……903-12……一〇二一
きりもり(切盛)……120-03……一三七
きりゃく(機略)……208-26……二一五
きりゅう(寄留)……501-08……四三八
きりゃく(機略)……208-26……二一五
きりょ(羇旅)……617-21……七三五
きりょう(器量)……207-02……一九九
ぎりょう(技量)……207-13……二〇一
きりょく(気力)……219-01……二八九
きる(切)……101-52……五一
きる(着)……404-01……三八二
きれ(切)……805-45……八七二
きれい……206-07……一九六
〃……810-29……九一三
ぎれい(儀礼)……515-63……五六四
きれいどころ(綺麗－)
……503-24……四五五
きれぎれ(切切)……815-18……九四九
きれくち(切口)……811-27……九二六
きれはし(切端)……805-45……八七二
きれめ(切目)……811-27……九二六

きろ(岐路)……705-39……七八三
〃……815-51……九五七
きろ(帰路)……113-13……一〇五
きろく(記録)……609-17……六七一
〃……616-14……七二六
ぎろん(議論)……613-01……六九六
きわ(際)……817-61……九八三
きわ(奇話)……612-66……六九四
ぎわく(疑惑)……208-68……二二五
きわだつ(際立)……514-05……五四五
きわどい(際)……519-14……六〇一
きわまりない(極－)……809-18……九〇二
きわまる(極)……814-55……九四一
きわみ(極)……814-33……九三七
きわめて……819-33……一〇〇四
きわめる(究)……601-07……六一八
きわめる(極)……220-25……二三〇
〃……814-54……九四一
きんあつ(禁圧)……920-02……一一〇七
きんいつ(均一)……804-14……八五九
きんいろ(金色)……716-30……八三七
ぎんいろ(銀色)……716-31……八三七
きんいん(近因)……813-01……九二八
きんえい(近影)……614-14……七〇九
ぎんえい(吟詠)……614-42……七一三
きんが(謹賀)……605-12……六五二
ぎんが(銀河)……701-17……七六七
きんかい(襟懐)……209-28……二三四
きんがく(金額)……512-27……五二八
きんがん(近眼)……004-04……一一
ぎんかん(銀漢)……701-17……七六七
きんがんきょう(近眼鏡)……403-18……三八〇
きんかんばん(金看板)……619-13……七四九
きんき(錦旗)……608-16……六六六
きんきじゃくやく(欣喜雀躍)……210-14……二四五
きんきゅう(緊急)……815-41……九五五
きんきょう(近況)……801-10……八五一
きんきょり(近距離)……808-23……八八九
きんく(禁句)……607-12……六五九
キング(英 king)……511-22……五一八
キングサイズ(英 king-size)……809-04……九〇〇
きんけい(近景)……708-01……七九一
きんけい(謹啓)……618-36……七四六
きんげん(金言)……607-10……六五九
きんげん(謹言)……618-37……七四六
きんげん(謹厳)……201-23……一五六
きんこ(金庫)……512-18……五二六
きんこ(禁固)……520-63……六一五
きんこう(近郊)……705-09……七七九
きんこう(均衡)……917-01……一〇九六
ぎんこう(銀行)……512-18……五二六
きんごく(近国)……507-12……四八五
きんこつ(筋骨)……001-05……二
きんさ(僅差)……919-04……一一〇五
きんざん(金山)……505-49……四七七
ぎんざん(銀山)……505-49……四七七
きんし(近視)……004-04……一一
きんし(禁止)……920-01……一一〇七
きんじ(近似)……918-06……一〇九九
きんじ(近時)……816-20……九六六
きんしつ(均質)……804-14……八五九
きんじつ(近日)……816-31……九六九
きんじとう(金字塔)……520-04……六〇五
ぎんしゃり(銀－)……407-06……三九〇
きんじょ(近所)……817-34……九七八
きんしょう(僅少)……808-49……八九四
きんじょう(近状)……801-10……八五一
きんじょう(金城)……510-47……五一三
きんじょう(謹上)……115-43……一二七
ぎんじょう(吟醸)……409-02……三九六
きんしん(近親)……314-02……三三一
きんしん(謹慎)……205-47……一九三
きんずる(禁)……920-01……一一〇七
ぎんずる(吟)……612-44……六九〇
きんせい(均整)……917-01……一〇九六
きんせい(禁制)……920-02……一一〇七
ぎんせかい(銀世界)……708-08……七九二
きんせつ(近接)……905-09……一〇四三
きんせん(金銭)……513-01……五三七
きんせんずく(金銭－)……201-67……一六六
きんそく(禁足)……520-72……六一六
きんぞく(金属)……420-16……四三五
きんぞく(勤続)……502-02……四四二
きんだい(近代)……816-21……九六六
きんだん(禁断)……920-02……一一〇七
きんちょう(緊張)……220-09……二九八
きんちょう(謹聴)……104-11……六八
きんちょく(謹直)……201-23……一五六
きんてい(謹呈)……115-43……一二七
きんとう(均等)……804-14……八五九
きんにく(筋肉)……011-04……二一
きんねん(近年)……816-20……九六六
きんのう(金納)……115-20……一二三
きんぱい(金杯)……409-27……三九九
ぎんぱい(銀杯)……409-27……三九九
きんばく(緊縛)……520-60……六一四
きんぱく(緊迫)……519-20……六〇二
きんぱつ(金髪)……002-05……九
ぎんぱつ(銀髪)……002-04……九
きんぴん(金品)……420-05……四三二
きんべん(勤勉)……219-14……二九二
きんぺん(近辺)……817-35……九七八
きんまんか(金満家)……305-38……三二六
ぎんみ(吟味)……601-11……六一九
きんみつ(緊密)……905-09……一〇四三
きんむ(勤務)……502-02……四四二
きんむさき(勤務先)……502-42……四五〇
ぎんめし(銀飯)……407-06……三九〇
きんもつ(禁物)……818-04……九八九
きんゆう(金融)……512-16……五二六
きんゆうきかん(金融機関)……512-17……五二六
きんらい(近来)……816-20……九六六
きんり(金利)……513-37……五四三
きんりん(近隣)……817-34……九七八
きんろう(勤労)……502-02……四四二
きんろうしゃ(勤労者)……503-01……四五一

く

く(句)……607-36……六六二
〃……616-27……七二八
ぐ(愚)……207-52……二〇八
ぐあい(具合)……519-01……五九九
くい(杭)……419-26……四二八
くい(悔)……214-09……二六三
くいいじ(食意地)……218-30……二八八
クイーン(英 queen)……511-24……五一八
クイーンサイズ(英 queen-size)……809-04……九〇〇
くいき(区域)……805-02……八六三
くいけ(食気)……218-30……二八八
クイズ(英 quiz)……617-12……七三四
くいすぎ(食過)……106-09……七二

くいちがい(食違)……519-09……六〇〇
くいつく(食－)……106-03……七一
くいどうらく(食道楽)
……406-12……三八八
くいとめる(食止)……120-39……一四三
ぐいのみ(－飲)……409-10……三九六
〃……409-27……三九九
くいぶち(食扶持)……513-41……五四四
くいもの(食物)……407-01……三八九
くいる(悔)……214-09……二六三
くう(空)……901-08……一〇一五
くう(食)……106-01……七一
くうい(空位)……511-04……五一五
ぐうい(寓意)……611-08……六八二
くうかん(空間)……811-20……九二四
くうき(空気)……712-01……八〇七
〃……801-13……八五一
くうきょ(空虚)……901-10……一〇一六
ぐうきょ(寓居)……411-10……四〇四
ぐうぐう……112-19……九九
くうげき(空隙)……811-19……九二四
くうけん(空拳)……109-41……八八
くうげん(空言)……618-19……七四三
くうこう(空港)……505-67……四七九
くうこく(空谷)……702-38……七七二
ぐうじ(宮司)……604-73……六四九
くうしゅう(空襲)……509-17……五〇〇
くうせき(空席)……511-04……五一五
くうぜん(空前)……918-30……一一〇四
ぐうぜん(偶然)……815-47……九五六
くうそ(空疎)……901-10……一〇一六
くうそう(空想)……209-57……二四〇
くうそうかがくしょうせつ
(空想科学小説)……616-09……七二五
ぐうたら……203-12……一七〇
くうち(空地)……413-05……四一一
くうちゅう(空中)……817-15……九七四
くうちゅうぶんかい(空中分解)
……909-11……一〇六九
くうちゅうろうかく(空中楼閣)
……718-03……八三九
クーデター(フラ coup d'État)
……507-45……四九〇
くうはく(空白)……901-06……一〇一五
くうばく(空漠)……809-16……九〇二
くうばく(空爆)……509-17……五〇〇
くうひ(空費)……513-14……五三九
くうふく(空腹)……111-18……九四
くうほう(空砲)……510-27……五一〇
くうゆ(空輸)……505-83……四八二
ぐうわ(寓話)……611-08……六八二
クォーテーション(英 quota-
tion)……611-14……六八三
くがい(苦界)……506-05……四八三
くかく(区画)……805-02……八六三
くき(茎)……720-06……八四二
くぎ(釘)……416-24……四一八
くぎざき(釘裂)……811-29……九二六
ぐきょ(愚挙)……520-28……六〇九
くきょう(苦境)……519-18……六〇二
くぎり(区切)……811-28……九二六
くぎる(区切)……904-45……一〇三九
くくりつける……109-11……八一
くぐりぬける(－抜)……113-19……一〇六
くくる(括)……109-10……八一
ぐけい(愚兄)……313-04……三五〇
くける(絎)……405-02……三八四
くげん(苦言)……517-30……五八七
ぐげん(具現)……611-01……六八〇
ぐこう(愚行)……520-28……六〇九
くさ(草)……720-02……八四二
くさい(臭)……105-03……六九
ぐさい(愚妻)……309-07……三四二
くさいち(草市)……503-33……四五六
くさがれ(草枯)……720-48……八四八
くさく(句作)……616-35……七二九
ぐさく(愚作)……616-45……七三一
ぐさく(愚策)……208-19……二二三
くさす(腐)……517-25……五八六
くさち(草地)……702-19……七七〇
くさつみ(草摘)……617-30……七三七
くさば(草葉)……720-07……八四二
くさはら(草原)……702-16……七六九
くさび(楔)……416-24……四一八
くさぶかい(草深)……720-41……八四七
くさみ(臭)……105-10……七〇
くさむら(草－)……720-46……八四八
くさり(鎖)……419-03……四二五
ぐさり……101-62……五四
くさる(腐)……908-52……一〇六五
くされえん(腐縁)……604-13……六四〇
くさわけ(草分)……814-24……九三五
くし(駆使)……117-04……一三三
くじ……617-19……七三五
くじく(挫)……017-22……三三
〃……920-08……一一〇八
くしけずる(梳)……404-12……三八四
くじける(挫)……209-41……二三七
ぐしゃ(愚者)……305-52……三三〇
くしゃみ……014-05……二五
くじゅ(口授)……602-49……六三〇
くしゅう(句集)……619-56……七五五
くじゅう(苦汁)……303-02……三〇七
くじゅう(苦渋)……211-06……二五五
くじょ(駆除)……120-52……一四六
くしょう(苦笑)……102-21……五八
くじょう(苦情)……517-31……五八七
ぐしょう(具象)……806-02……八七五
ぐしょぐしょ……713-68……八二二
ぐしょぬれ(－濡)……713-65……八二一
くしん(苦心)……211-04……二五五
ぐしん(具申)……613-24……七〇〇
ぐじん(愚人)……305-52……三三〇
くず(屑)……420-23……四三六
ぐず……207-60……二〇九
くすくす……102-28……五八
ぐずぐず……204-37……一八三
くすぐったい……111-13……九四
くずしがき(崩書)……609-24……六七二
くずす(崩)……909-01……一〇六七
〃……915-01……一〇九一
ぐずつく……713-37……八一七
〃……814-72……九四五
くずてつ(屑鉄)……420-22……四三六
くすねる……115-08……一二〇
くすぶる(燻)……714-09……八二五
くずもの(屑物)……420-22……四三六
くすり……102-28……五八
くすり(薬)……020-20……四〇
くすりや(薬屋)……503-41……四五八
くすりゆび(薬指)……008-09……一六
ぐずる……204-40……一八四
くずれる(崩)……713-37……八一七
〃……915-01……一〇九一
くせ(癖)……201-15……一五五
〃……818-11……九九一
ぐせい(愚生)……320-25……三六八
くせして……999-46……一一二九
くせに……999-46……一一二九
くせん(苦戦)……509-12……四九九

くそ(糞)……016-01……二八
ぐそく(具足)……510-30……五一〇
ぐそく(愚息)……311-13……三四七
くそまじめ……201-19……一五五
くだ(管)……418-08……四二三
ぐたい(具体)……806-02……八七五
くだく(砕)……909-02……一〇六七
〃……920-08……一一〇八
くたくた……111-28……九六
くだくだしい……210-29……二四八
くだける(砕)……209-41……二三七
〃……909-03……一〇六七
くださる……115-14……一二一
くだす(下)……903-09……一〇二〇
くたばる……111-27……九五
〃……304-03……三三四
くたびれもうけ……909-11……一〇六九
くたびれる……111-26……九五
くだもの(果物)……407-23……三九二
くだらない……202-06……一六七
くだり……820-02……一〇二二
くだりざか(下坂)……705-36……七八三
〃……914-14……一〇八九
くだる(下)……516-30……五七三
くち(口)……006-01……一三
〃……501-02……四三七
〃……612-20……六八六
ぐち(愚知)……517-14……五八四
くちあけ(口開)……814-13……九三三
くちあらそい(口争)……613-03……六九六
くちい……111-22……九五
くちいれ(口入)……515-31……五五七
くちうるさい(口ー)……810-16……九一〇
くちえ(口絵)……614-06……七〇八
くちおしい(口惜)……214-06……二六二
くちおも(口重)……612-48……六九一
くちがね(口金)……420-18……四三五
くちぎわ(口際)……006-02……一三
くちく(駆逐)……120-52……一四六
くちげんか(口喧嘩)……613-03……六九六
くちごうしゃ(口巧者)……612-69……六九四
くちごたえ(口答)……613-54……七〇六
くちコミ(口ー)……618-24……七四四
くちごもる(口籠)……612-48……六九一
くちさき(口先)……612-22……六八七
くちしのぎ(口ー)……501-02……四三七
くちじょうず(口上手)……612-69……六九四
くちすぎ(口過)……501-02……四三七
くちすごし(口過)……501-02……四三七
くちずさむ(口ー)……612-45……六九一
くちぞえ(口添)……515-31……五五七
くちだし(口出)……205-29……一八九
くちだっしゃ(口達者)……612-69……六九四
くちつき(口ー)……612-15……六八六
くちづけ……307-05……三三七
くちづたえ(口伝)……618-25……七四四
くちば(朽葉)……720-10……八四三
くちばし(嘴)……719-06……八四〇
くちはっちょう(口八丁)……612-69……六九四
くちひげ(口髭)……007-05……一四
くちびる(唇)……006-03……一三
くちぶり(口振)……612-15……六八六
くちべた(口下手)……612-48……六九一
くちまめ(口ー)……612-25……六八七
くちもと(口元)……006-02……一三
くちやかましい(口ー)……810-16……九一〇
くちょう(口調)……612-14……六八五
ぐちょく(愚直)……201-19……一五五
くちよせ(口寄)……604-74……六四九
くちる(朽)……908-52……一〇六五
ぐちる(愚痴)……612-54……六九二
ぐちん(具陳)……612-13……六八五
くつ(靴)……403-12……三七九
くつう(苦痛)……211-03……二五四
くつがえす(覆)……902-07……一〇一七
くっきょう(屈強)……809-33……九〇五
くっきょく(屈曲)……908-36……一〇六一
くっきり……715-08……八二九
クッキング(英 cooking)……408-01……三九三
くつくつ……102-28……五八
くっさく(掘削)……101-57……五三
くっし(屈指)……818-41……九九六
くつした(靴下)……401-40……三七六
くつじゅう(屈従)……516-28……五七二
くつじょく(屈辱)……517-27……五八七
ぐっしょり……713-68……八二二
くっしん(屈伸)……101-20……四五
〃……908-25……一〇五八
ぐっすり……112-19……九九
くっする(屈)……209-41……二三七
〃……516-30……五七三
くっせつ(屈折)……908-36……一〇六一
くったく(屈託)……120-10……一三八
ぐったり……111-28……九六
くっつく……905-02……一〇四二
くっぷく(屈伏)……516-28……五七二
くつろぐ……020-19……四〇
ぐてい(愚弟)……313-07……三五〇
くてん(句点)……608-04……六六四
くでん(口伝)……602-49……六三〇
くどい……203-27……一七三
くとう(苦闘)……509-12……四九九
くとうてん(句読点)……608-04……六六四
くどく(口説)……612-34……六八九
くどく(功徳)……114-12……一一五
ぐどん(愚鈍)……207-61……二一〇
くなん(苦難)……211-03……二五四
くに(国)……507-01……四八四
〃……705-14……七七九
くにことば(国言葉)……607-07……六五九
くになまり(国訛)……607-22……六六一
くにぶり(国ー)……606-12……六五六
くにもと(国ー)……705-14……七七九
くねる……908-35……一〇六一
くのう(苦悩)……211-06……二五五
くはい(苦杯)……303-02……三〇七
くばる(配)……115-21……一二三
くひ(句碑)……708-13……七九二
くび(首)……007-01……一四
〃……517-45……五九〇
くびきり(首切)……517-45……五九〇
くびくくり(首ー)……304-25……三一七
くびす……009-08……一七
くびすじ(首筋)……007-02……一四
くびったま(首玉)……007-01……一四
くびつり(首吊)……304-25……三一七
くびねっこ(首根ー)……007-02……一四
くびまき(首巻)……403-06……三七九
くびる(縊)……520-37……六一〇
くふう(工夫)……208-16……二二三
くぶくりん(九分九厘)……805-25……八六八
ぐぶつ(愚物)……305-52……三三〇
くぶん(区分)……904-46……一〇四〇

五十音順総索引

くべつ(区別)……904-46……一〇四〇
くべる……714-06……八二四
くぼち(窪地)……702-14……七六九
くぼみ(窪)……811-26……九二五
くぼむ(窪)……811-16……九二四
ぐまい(愚昧)……207-55……二〇九
くまなく……805-29……八六九
くみ(組)……504-30……四六七
〃……602-67……六三三
〃……805-48……八七三
くみあい(組合)……504-34……四六八
くみあわせ(組合)……917-04……一〇九七
くみあわせる(組合)……910-04……一〇七一
くみいれる(組入)……906-01……一〇四六
くみうち(組討)……515-15……五五四
くみしく(組敷)……101-49……五一
くみたて(組立)……803-01……八五六
くみたてる(組立)……910-04……一〇七一
くみつく(組付)……101-34……四八
くみふせる(組伏)……101-49……五一
くみわけ(組分)……904-48……一〇四〇
くむ……101-40……四九
くむ(組)……910-04……一〇七一
くめん(工面)……120-03……一三七
くも(雲)……713-10……八二三
くもつ(供物)……115-45……一二八
くもま(雲間)……713-06……八二二
くもゆき(雲行)……713-02……八二二
〃……801-07……八五〇
くもり(曇)……713-11……八二三
くもる(曇)……713-13……八二三
くもをつかむよう(雲－摑様)……810-50……九一八
くもん(苦悶)……211-06……二五五
くやしい(悔)……214-06……二六二
くやむ(悔)……214-09……二六三
〃……605-15……六五三
ぐゆう(具有)……116-04……一三〇
くよう(供養)……605-14……六五二
くら(倉)……412-37……四一〇
くらい……999-25……一一一九
くらい(位)……511-02……五一五
くらい(暗)……715-13……八三〇
くらいつく(食－)……106-03……七一
クライマックス(英 climax)……815-54……九五八
クライミング(英 climbing)……620-44……七六三
くらう(食)……106-01……七一
グラウンド(英 ground)……620-31……七六一
くらがえ(鞍替)……908-24……一〇五八
くらがり(暗－)……711-46……八〇五
ぐらぐら……902-05……一〇一七
くらざらえ(蔵浚)……512-06……五二四
くらし(暮)……501-01……四三七
クラス(英 class)……511-51……五二二
〃……602-67
くらす(暮)……501-04……四三八
グラス(英 glass)……410-08……四〇〇
〃……416-28
クラスメート(英 class mate)……516-51……五七七
ぐらつく……902-01……一〇一六
クラブ(英 club)……503-45……四五九
〃……504-29
グラフ(英 graph)……619-43……七五三
くらべる(比)……919-10……一一〇六
グラマー(英 glamour)……206-13……一九七
くらやみ(暗闇)……711-46……八〇五
ぐらりと……902-05……一〇一七
くらわす(食)……109-39……八七
クランケ(ドイツ Kranke)……017-35……三四
グランプリ(フランス grand prix)……520-12……六〇六
くりあげる(繰上)……814-67……九四四
くりあわせ(繰合)……120-03……一三七
クリーニング(英 cleaning)……405-12……三八六
クリームいろ(－色)……716-28……八三六
くりいれる(繰入)……906-01……一〇四六
グリーン(英 green)……716-27……八三六
クリエート(英 create)……910-03……一〇七一
くりかえす(繰返)……912-13……一〇七八
くりごと(繰言)……517-16……五八五
くりこむ(繰込)……906-01……一〇四六
グリップ(英 grip)……419-27……四二八
クリニック(ドイツ Klinik)……503-40……四五八
くりぬく……101-56……五二
くりのべる(繰延)……814-71……九四五
くりめいげつ(栗名月)……701-13……七六六
くりょ(苦慮)……211-04……二五五
くる(来)……113-40……一一〇
くる(刳)……101-56……五二
ぐる……516-36……五七四
クルー(英 crew)……505-62……四七九
くるう(狂)……209-58……二四一
〃……915-01……一〇九一
グループ(英 group)……504-30……四六七
くるしい(苦)……211-10……二五六
くるしみ(苦)……211-03……二五四
くるしむ(苦)……211-07……二五五
くるしめる(苦)……520-51……六一三
くるぶし(踝)……009-07……一七
くるま(車)……505-74……四八〇
くるまざ(車座)……101-09……四三
くるまだい(車代)……513-17……五四〇
くるむ……109-16……八二
グルメ(フランス gourmet)……406-11……三八八
ぐるり……817-33……九七七
くれ(暮)……710-23……七九七
グレー(英 grey)……716-15……八三四
グレーカラー(英 gray collar)……503-01……四五一
グレード(英 grade)……511-51……五二二
クレーム(英 claim)……517-31……五八七
くれがた(暮方)……711-44……八〇四
くれぐれも……205-44……一九二
クレジット(英 credit)……115-30……一二五
〃……512-67……五三五
ぐれつ(愚劣)……207-53……二〇八
くれない(紅)……716-20……八三五
くれる……115-14……一二一
くれる(暮)……715-12……八二九
くろ(黒)……716-13……八三四
グロ……810-61……九二〇
くろい(黒)……716-14……八三四
くろう(苦労)……211-01……二五四
ぐろう(愚弄)……517-08……五八三
くろうと(玄人)……305-35……三二六
クローズアップ(英 close-up)……615-45……七二二
くろかみ(黒髪)……002-03……九

くろぐろ(黒黒)……716-14……八三四
くろこ(黒子)……615-33……七二一
くろじ(黒字)……512-51……五三二
クロス(英 cross)……904-04……一〇三二
クロスゲーム(英 close game)……620-23……七六〇
くろずむ(黒ー)……716-14……八三四
クロスワードパズル(英 crossword puzzle)……617-12……七三四
クロッキー(フランス croquis)……614-08……七〇八
グロテスク(英 grotesque)……810-61……九二〇
くろまく(黒幕)……615-29……七二〇
くろめ(黒目)……004-02……一一
くろやま(黒山)……504-21……四六五
ぐろん(愚論)……613-10……六九七
くわ(鍬)……505-30……四七五
くわえこむ……106-03……七一
くわえる……106-05……七二
くわえる(加)……913-01……一〇七八
くわけ(区分)……904-46……一〇四〇
くわしい(詳)……809-39……九〇七
くわずぎらい(食嫌)……106-11……七三
くわだて(企)……208-19……二一三
くわだてる(企)……208-22……二一四
くわわる(加)……913-01……一〇七八
くん(君)……320-12……三六六
ぐん(軍)……510-10……五〇七
ぐん(郡)……705-02……七七八
くんいく(訓育)……013-05……二三
ぐんか(軍靴)……403-12……三七九
くんかい(訓戒)……602-43……六二九
ぐんき(軍旗)……608-18……六六六
ぐんぐん……815-45……九五六
ぐんこう(軍港)……505-64……四七九
くんし(君子)……305-04……三二〇
くんじ(訓示)……602-29……六二六
くんしゅ(君主)……511-21……五一八
ぐんじゅ(軍需)……512-44……五三一
ぐんしゅう(群衆)……504-21……四六五
ぐんしゅう(群集)……504-21……四六五
くんしゅこく(君主国)……507-03……四八四
くんしょう(勲章)……520-14……六〇六
ぐんじん(軍人)……510-11……五〇八
ぐんじん(軍陣)……510-02……五〇六
ぐんせい(軍政)……507-25……四八七
ぐんせい(群生)……720-43……八四七
ぐんぜい(軍勢)……510-10……五〇七
ぐんたい(軍隊)……510-10……五〇七
くんづけ(君付)……320-14……三六六
ぐんて(軍手)……403-10……三七九
くんとう(薫陶)……013-04……二三
ぐんとう(軍刀)……510-32……五一一
ぐんとう(群島)……702-07……七六八
ぐんぱつ(群発)……911-11……一〇七五
ぐんび(軍備)……509-27……五〇二
ぐんむ(軍務)……502-05……四四三
ぐんゆう(群雄)……305-17……三二三
ぐんらく(群落)……720-43……八四七
ぐんりゃく(軍略)……208-27……二一六
くんりん(君臨)……507-41……四八九
くんれん(訓練)……602-02……六二二

け

け……999-54……一一三三
け(毛)……012-05……二二
け(毛)……719-08……八四一
けあし(毛足)……719-09……八四一
けい(刑)……520-62……六一四
けい(計)……808-13……八八七
げい(芸)……615-01……七一五
けいあい(敬愛)……517-01……五八一
けいい(経緯)……814-58……九四二
けいいん(契印)……608-10……六六五
げいいん(鯨飲)……409-09……三九六
けいえい(経営)……505-12……四七二
けいえい(警衛)……120-44……一四四
けいえん(敬遠)……120-59……一四八
けいか(経過)……814-57……九四二
けいが(慶賀)……605-12……六五二
げいか(猊下)……604-66……六四八
けいかい(軽快)……810-32……九一四
けいかい(警戒)……509-46……五〇四
けいがい(形骸)……001-06……二
けいかく(計画)……208-23……二一五
けいかん(景観)……708-04……七九一
けいかん(警官)……508-16……四九五
けいがん(慧眼)……207-34……二〇五
けいき(計器)……808-72……八九九
けいき(契機)……815-48……九五七
けいき(景気)……512-69……五三五
げいぎ(芸妓)……503-24……四五五
けいきょ(軽挙)……204-05……一七七
けいきんぞく(軽金属)……420-16……四三五
けいく(警句)……607-10……六五九
けいぐ(敬具)……618-37……七四六
けいけい(炯炯)……715-05……八二八
けいけい(軽軽)……204-05……一七七
げいげき(迎撃)……509-18……五〇〇
けいけん(経験)……303-02……三〇七
けいけん(敬虔)……205-45……一九三
けいげん(軽減)……913-17……一〇八二
けいこ(稽古)……602-02……六二二
けいご(警護)……120-44……一四四
げいこ(芸子)……503-24……四五五
けいこう(傾向)……801-08……八五〇
けいこう(携行)……109-06……八〇
げいごう(迎合)……205-36……一九一
けいこうぎょう(軽工業)……505-06……四七一
けいこうとう(蛍光灯)……715-06……八二八
けいこく(渓谷)……702-38……七七二
けいこく(警告)……602-27……六二六
けいさい(荊妻)……309-07……三四二
けいさい(掲載)……619-15……七五〇
けいさい(継妻)……309-09……三四二
けいざい(経済)……512-01……五二三
けいさつ(警察)……508-14……四九四
けいさつかん(警察官)……508-16……四九五
けいさつこっか(警察国家)……507-04……四八四
けいさつしょ(警察署)……508-15……四九四
けいさん(計算)……808-10……八八六
けいさんずく(計算ー)……201-67……一六六
けいし(刑死)……304-17……三一六
けいし(軽視)……205-12……一八六
けいし(継子)……311-16……三四八
けいじ(刑事)……508-17……四九五
けいじ(掲示)……602-39……六二八
けいじ(慶事)……318-06……三六〇
けいしき(形式)……804-01……八五七

けいしき(型式)……804-02……八五七
けいじじょうがく(形而上学)……603-02……六三七
けいしゃ(傾斜)……817-59……九八三
げいしゃ(芸者)……503-24……四五五
けいしゅ(景趣)……810-05……九〇八
けいしゅう(閨秀)……306-15……三三五
けいしゅく(慶祝)……605-12……六五二
けいしゅつ(掲出)……602-39……六二八
げいじゅつ(芸術)……614-01……七〇七
けいしょう(形勝)……708-03……七九一
けいしょう(敬称)……320-08……三六五
けいしょう(景勝)……708-03……七九一
けいしょう(軽症)……017-28……三三
けいしょう(軽傷)……017-28……三三
けいしょう(継承)……315-10……三五六
けいじょう(形状)……811-01……九二一
けいじょう(計上)……808-15……八八七
けいじょう(啓上)……618-36……七四六
けいじょう(経常)……815-65……九六〇
けいじょう(敬譲)……205-46……一九三
けいする(啓)……612-03……六八四
けいする(敬)……517-01……五八一
けいせい(形勢)……801-01……八四九
けいせき(形跡)……912-07……一〇七七
けいぞう(恵贈)……115-39……一二六
けいそく(計測)……808-19……八八八
けいぞく(係属)……515-08……五五三
けいぞく(継続)……912-12……一〇七八
けいそつ(軽率)……204-05……一七七
けいたい(形態)……811-01……九二一
けいたい(携帯)……109-06……八〇
けいだい(境内)……604-56……六四七
けいちゅう(傾注)……209-46……二三八
けいちょう(軽佻)……207-54……二〇八
けいちょう(傾聴)……104-11……六八
けいちょう(慶弔)……318-02……三五九
けいと(毛糸)……402-04……三七七
けいとう(系統)……515-08……五五三
けいとう(傾倒)……209-45……二三八
げいとう(芸当)……615-50……七二三
げいどう(芸道)……615-01……七一五
げいにん(芸人)……615-30……七二〇
げいのう(芸能)……615-01……七一五
げいのうかい(芸能界)……506-02……四八二
けいはく(敬白)……618-37……七四六
けいはく(軽薄)……207-54……二〇八
けいばく(繋縛)……520-60……六一四
けいはつ(啓発)……602-25……六二六
けいばつ(刑罰)……520-62……六一四
けいひ(経費)……513-15……五四〇
けいび(警備)……509-27……五〇二
けいひん(景品)……520-15……六〇七
げいひん(迎賓)……516-16……五七〇
けいふ(継父)……310-11……三四五
けいぶ(軽侮)……517-11……五八四
けいぶ(頸部)……007-01……一四
けいふく(敬服)……517-02……五八二
けいべつ(軽蔑)……517-11……五八四
けいべん(軽便)……519-05……六〇〇
けいぼ(継母)……310-06……三四四
けいぼう(閨房)……412-17……四〇八
けいみょう(軽妙)……810-32……九一四
けいむしょ(刑務所)……520-75……六一六
げいめい(芸名)……320-06……三六五
けいもう(啓蒙)……602-25……六二六
けいやく(契約)……515-36……五五八
けいよ(刑余)……520-73……六一六
けいよ(恵与)……115-14……一二一
けいよう(形容)……611-06……六八一
けいようし(形容詞)……607-39……六六三
けいようどうし(形容動詞)……607-39……六六三
けいらん(鶏卵)……407-10……三九〇
けいり(経理)……512-21……五二六
けいりゃく(計略)……208-26……二一五
けいりゅう(渓流)……704-02……七七五
けいるい(係累)……314-02……三五一
けいれい(敬礼)……515-67……五六五
けいれき(経歴)……303-01……三〇七
けいれつ(系列)……515-08……五五三
けいろ(毛色)……719-09……八四一
けいろ(経路)……113-18……一〇六
けう(希有)……918-29……一一〇四
ケーオー(KO)……620-46……七六三
ケーケー(KK)……505-09……四七二
ケース(英 case)……804-25……八六一
ゲート(英 gate)……412-35……四一〇
ケープ(英 cape)……401-17……三七三
ゲーム(英 geme)……617-10……七三四
ゲーム(英 game)……620-07……七五七
けおされる(気圧)……920-07……一一〇八
けが(怪我)……017-18……三一
げかい(下界)……506-05……四八三
けがにん(怪我人)……017-35……三四
けがれ(汚)……818-10……九九〇
けがれる(汚)……908-49……一〇六四
けがわ(毛皮)……419-21……四二七
げき(劇)……615-02……七一五
げきえつ(激越)……204-29……一八一
げきか(劇化)……615-09……七一六
げきが(劇画)……619-55……七五五
げきかい(劇界)……506-02……四八二
げきこう(激昂)……210-03……二四二
げきこう(激昂)……212-03……二五七
げきさく(劇作)……616-35……七二九
げきしゅう(激臭)……105-10……七〇
げきしょ(激暑)……712-04……八〇七
げきしょう(激賞)……520-06……六〇五
げきじょう(劇場)……615-26……七一九
げきじょう(激情)……209-33……二三五
げきする(激)……210-03……二四二
げきせん(激戦)……509-09……四九九
げきたい(撃退)……120-52……一四六
げきだん(劇壇)……506-04……四八三
げきつう(激痛)……111-08……九三
げきど(激怒)……212-03……二五七
げきとう(激闘)……509-09……四九九
げきどう(激動)……902-02……一〇一六
げきとつ(激突)……905-16……一〇四四
げきは(撃破)……909-08……一〇六八
げきはつ(激発)……911-11……一〇七五
げきへん(激変)……908-10……一〇五五
げきむ(激務)……502-04……四四三
げきやく(劇薬)……020-23……四〇
けぎらい(毛嫌)……216-22……二七〇
げきりゅう(激流)……704-08……七七五
げきりんにふれる(逆鱗－)……212-03……二五七
げきれい(激励)……515-55……五六二
げきれつ(激烈)……819-37……一〇〇五
げきろう(激浪)……703-10……七七四
けげん(怪訝)……208-69……二二五
げごく(下獄)……520-68……六一五
けさ(今朝)……711-38……八〇三
けさ(袈裟)……604-78……六四九
げざ(下座)……511-20……五一八
けしいん(消印)……608-10……六六五
けしかける……515-48……五六〇

けしからん……818-04……九八九
けしき(景色)……708-01……七九一
けしずみ(消炭)……419-17……四二七
けじめ……904-46……一〇四〇
げしゃ(下車)……113-53……一一二
げしゅく(下宿)……501-08……四三八
げじゅん(下旬)……711-16……八〇〇
げじょ(下女)……503-29……四五六
けしょう(化粧)……404-10……三八三
けしょうしつ(化粧室)……412-19……四〇八
けしん(化身)……604-19……六四一
けす(消)……520-33……六一〇
〃……714-16……八二六
〃……913-14……一〇八一
げす……202-06……一六七
げすい(下水)……707-16……七八八
ゲスト(英 guest)……516-63……五八〇
けずる(削)……101-55……五二
げせん(下船)……113-53……一一二
げせん(下賤)……511-18……五一七
げた(下駄)……403-13……三八〇
けたい(懈怠)……203-11……一七〇
けだかい(気高)……202-03……一六六
けたちがい(桁違)……808-46……八九四
けたはずれ(桁外)……808-46……八九四
けだもの……719-03……八四〇
けだるい……111-15……九四
けち……201-64……一六五
けちくさい……201-65……一六五
けちけち……201-65……一六五
けちらす(蹴散)……120-49……一四五
けちをつける(－付)……517-25……五八六
けちんぼう……201-64……一六五
けつ……010-14……二〇
けつい(決意)……220-10……二九八
けつえき(血液)……018-01……三四
けつえん(血縁)……314-04……三五二
けっか(結果)……813-07……九三〇
けっかん(欠陥)……818-11……九九一
けっかん(血管)……018-02……三四
けっき(血気)……219-34……二九六
けっき(決起)……814-22……九三五
けつぎ(決議)……613-26……七〇〇
げっきゅう(月給)……513-23……五四一
けっきょく(結局)……814-56……九四一
けっきん(欠勤)……502-32……四四八
げっけいかん(月桂冠)……403-03……三七八
けつご(結語)……618-35……七四六
けっこう(決行)……120-30……一四二
けっこう(結構)……803-04……八五七
〃……805-23……八六七
〃……818-45……九九七
けつごう(結合)……504-11……四六二
げっこう(月光)……715-15……八三〇
けっこん(結婚)……308-01……三三九
けっこんしき(結婚式)……308-15……三四一
けっさい(決済)……808-16……八八八
けっさい(決裁)……208-31……二一七
けっさい(潔斎)……604-28……六四三
けっさく(傑作)……616-44……七三一
けっさん(決算)……808-16……八八八
けっし(傑士)……305-14……三三二
けつじつ(結実)……818-26……九九四
けっして(決－)……819-48……一〇〇八
けっしゃ(結社)……504-08……四六一
げっしゃ(月謝)……512-28……五二八
けっしゅう(結集)……504-05……四六一
けっしゅつ(傑出)……818-41……九九六
けつじょ(欠如)……906-21……一〇五〇
けっしょう(決勝)……620-01……七五六
けつじょう(欠場)……502-32……四四八
けっしん(決心)……220-10……二九八
けつじん(傑人)……305-14……三三二
けっする(決)……613-27……七〇一
けっせい(結成)……504-08……四六一
けつぜい(血税)……513-40……五四四
けっせき(欠席)……502-32……四四八
けっせん(血戦)……509-09……四九九
けっせん(決戦)……509-02……四九八
けっせんとうひょう(決選投票)……507-39……四八九
けっそう(血相)……102-06……五五
けつぞく(血族)……314-04……三五二
けったい……810-56……九一九
けったく(結託)……516-36……五七四
けつだん(決断)……208-28……二一六
けつだん(結団)……504-08……四六一
けっちゃく(決着)……814-43……九三九
けってい(決定)……208-28……二一六
けってん(欠点)……818-08……九九〇
けっとう(血統)……316-07……三五八
けっとう(決闘)……515-15……五五四
けっとう(結党)……504-08……四六一
けっぱく(潔白)……201-20……一五六
けっぱん(血判)……608-12……六六五
げっぱん(月販)……512-68……五三五
けっぴょう(結氷)……707-29……七九〇
げっぷ……014-08……二五
げっぷ(月賦)……512-68……五三五
けつぶつ(傑物)……305-14……三三二
けつべつ(決別)……516-20……五七一
けつぼう(欠乏)……913-12……一〇八一
けつまつ(結末)……610-10……六七五
〃……814-29……九三六
げつまつ(月末)……711-16……八〇〇
けつみゃく(血脈)……316-07……三五八
けつめい(血盟)……515-36……五五八
げつめい(月明)……715-15……八三〇
けつらく(欠落)……906-21……一〇五〇
げつり(月利)……513-37……五四三
けつれい(欠礼)……515-64……五六四
けつれつ(決裂)……515-24……五五六
けつろ(血路)……113-05……一〇三
げてものぐい(－食)……406-13……三八八
げどう(外道)……604-07……六四〇
げどく(解毒)……020-24……四一
けとばす(蹴飛)……110-17……九二
けなげ(健気)……201-37……一五九
けなす(貶)……517-25……五八六
けなみ(毛並)……316-07……三五八
〃……719-09……八四一
げなん(下男)……503-29……四五六
けねん(懸念)……214-02……二六一
けはい(気配)……801-01……八四九
けばけばしい……819-39……一〇〇六
げばひょう(下馬評)……618-10……七四一
ゲバルト(ドイ Gewalt)……515-14……五五四
けびょう(仮病)……807-17……八八三
げひん(下品)……202-05……一六七
けぶかい(毛深)……012-07……二二
けぶる……714-09……八二五
けむい(煙)……111-29……九六
けむくじゃら(毛－)……012-07……二二
けむたい(煙)……111-29……九六
けむり(煙)……714-19……八二六
けむる(煙)……714-09……八二五

けもの(獣)……719-03……八四〇
げや(下野)……517-50……五九一
けらい(家来)……511-47……五二二
げらく(下落)……512-37……五二九
けらけら……102-27……五八
げらげら……102-27……五八
けり……814-28……九三六
げり(下痢)……017-17……三一
ける(蹴)……110-17……九二
げれつ(下劣)……202-06……一六七
けれど……120-63……一四八
けれども……120-63……一四八
〃……999-44……一一二八
げろ……015-03……二六
けろりと……213-13……二六一
けわしい(険)……706-06……七八五
けん(券)……610-38……六八〇
けん(県)……705-02……七七八
けん(剣)……510-32……五一一
けん(険)……706-05……七八五
げん(言)……607-01……六五八
げん(舷)……505-60……四七九
げん(減)……913-19……一〇八三
げん(験)……317-02……三五九
〃……818-24……九九三
けんあく(険悪)……519-14……六〇一
けんあん(懸案)……208-24……二一五
げんあん(原案)……208-24……二一五
けんい(権威)……305-06……三二一
けんいん(検印)……608-10……六六五
げんいん(原因)……813-01……九二八
げんえい(幻影)……715-18……八三〇
けんえつ(検閲)……601-10……六一九
けんお(嫌悪)……216-23……二七〇
けんか(喧嘩)……515-14……五五四
けんか(献花)……115-44……一二七
けんが(懸河)……704-08……七七五
げんか(原価)……512-31……五二八
げんか(現下)……816-18……九六五
けんかい(見解)……208-10……二一二
けんがい(圏外)……817-84……九八八
けんがい(懸崖)……706-03……七八四
げんかい(限界)……814-31……九三七
げんかい(厳戒)……509-46……五〇四
けんかく(剣客)……510-51……五一四
けんかく(懸隔)……904-36……一〇三八
けんがく(見学)……617-27……七三六
げんかく(幻覚)……209-57……二四〇
げんかく(厳格)……205-54……一九五
けんがみね(剣－峰)……519-17……六〇二
げんかん(玄関)……412-25……四〇九
げんかん(厳寒)……712-12……八〇九
けんぎ(建議)……613-24……七〇〇
けんぎ(嫌疑)……520-23……六〇八
げんき(元気)……020-01……三七
〃……219-34……二九六
けんきゃく(健脚)……110-08……九〇
けんきゅう(研究)……601-07……六一八
げんきゅう(言及)……613-05……六九六
けんきょ(検挙)……520-55……六一三
けんきょ(謙虚)……205-45……一九三
げんきょ(原拠)……802-06……八五三
けんぎょう(兼業)……502-18……四四六
げんきょう(現況)……801-10……八五一
けんきょうふかい(牽強付会)……517-18……五八五
げんきん(現金)……513-09……五三九
げんきん(厳禁)……920-01……一一〇七
けんけい(賢兄)……313-05……三五〇
げんけい(原形)……804-11……八五九
げんけい(原型)……804-11……八五九
げんけい(減刑)……520-81……六一七
けんげん(建言)……613-37……七〇三
けんげん(献言)……613-24……七〇〇
けんげん(権限)……508-22……四九六
けんけんがくがく(喧喧諤諤)……810-17……九一一
けんけんごうごう(喧喧囂囂)……810-17……九一一
けんけんふくよう(拳拳服膺)……602-18……六二四
けんご(堅固)……809-33……九〇五
げんこ(拳固)……008-07……一六
げんご(言語)……607-01……六五八
げんご(諺語)……607-09……六五九
けんこう(健康)……020-01……三七
けんごう(剣豪)……510-51……五一四
げんこう(言行)……114-03……一一三
げんこう(原稿)……610-16……六七六
げんごう(元号)……711-57……八〇七
げんこつ(拳骨)……008-07……一六
けんこん(乾坤)……702-01……七六七
げんこん(現今)……816-21……九六六
けんさ(検査)……601-10……六一九
げんざい(現在)……816-18……九六五
けんさく(検索)……601-17……六二〇
けんさく(献策)……613-24……七〇〇
げんさく(原作)……616-41……七三〇
けんさん(研鑽)……601-08……六一九
けんざん(見参)……516-05……五六八
げんさん(原産)……910-05……一〇七二
げんさんち(原産地)……705-17……七八〇
けんし(剣士)……510-51……五一四
けんし(絹糸)……402-04……三七七
けんじ(堅持)……203-26……一七三
けんじ(顕示)……217-02……二七六
げんし(幻視)……715-18……八三〇
げんじ(言辞)……607-01……六五八
けんしき(見識)……207-35……二〇五
けんじつ(堅実)……201-27……一五七
げんじつ(現実)……807-02……八七九
けんじゃ(賢者)……305-05……三二一
けんしゅ(堅守)……203-26……一七三
げんしゅ(元首)……511-21……五一八
げんしゅ(厳守)……516-33……五七三
けんじゅう(拳銃)……510-21……五〇九
げんじゅう(現住)……119-02……一三四
げんじゅう(厳重)……205-54……一九五
けんしゅうせい(研修生)……602-80……六三六
げんしゅく(厳粛)……810-53……九一九
けんしゅつ(検出)……601-23……六二一
けんじゅつ(剣術)……620-53……七六四
げんしゅつ(現出)……514-11……五四六
げんじゅつ(幻術)……615-52……七二三
けんしゅん(険峻)……706-07……七八五
げんしょ(原初)……814-01……九三一
げんしょ(原書)……619-57……七五五
げんしょ(厳暑)……712-04……八〇七
けんしょう(健勝)……020-01……三七
けんしょう(検証)……806-18……八七八
けんしょう(憲章)……508-02……四九二
けんしょう(顕彰)……520-13……六〇六
けんじょう(堅城)……510-47……五一三
けんじょう(献上)……115-43……一二七
けんじょう(謙譲)……205-46……一九三
げんしょう(現象)……801-12……八五一
げんしょう(減少)……913-16……一〇八二
けんじょうご(謙譲語)……607-15……六六〇

けんしょく(兼職)……502-18……四四六
げんしょく(原色)……716-02……八三三
げんしょく(現職)……502-10……四四四
けんしん(検診)……020-05……三七
けんしん(献身)……219-24……二九三
けんじん(賢人)……305-05……三三一
けんずる(献)……115-41……一二七
げんずる(減)……913-16……一〇八二
げんせ(現世)……506-05……四八三
けんせい(牽制)……920-03……一一〇七
けんせい(権勢)……508-25……四九六
げんせい(厳正)……205-54……一九五
けんせき(譴責)……602-45……六二九
げんせき(言責)……508-28……四九七
げんせき(原籍)……610-36……六八〇
けんせつ(建設)……416-01……四一三
けんぜん(健全)……020-01……三七
げんせん(源泉)……814-09……九三三
げんせん(厳選)……118-07……一三三
げんぜん(現前)……817-04……九七二
げんぜん(厳然)……810-53……九一九
けんそ(険阻)……706-07……七八五
けんそう(喧噪)……810-12……九一〇
けんぞう(建造)……416-01……四一三
げんそう(幻想)……209-57……二四〇
げんぞう(現像)……418-10……四二三
けんぞうぶつ(建造物)……412-01……四〇五
けんそく(検束)……520-61……六一四
げんそく(原則)……508-07……四九三
げんそく(減速)……903-57……一〇三一
けんそん(謙遜)……205-46……一九三
げんそん(玄孫)……312-03……三四九
げんそん(現存)……901-02……一〇一四
げんそん(減損)……913-19……一〇八三
けんたい(倦怠)……209-61……二四一
げんたい(減退)……914-14……一〇八九
げんだい(原題)……610-22……六七七
げんだい(現代)……816-21……九六六
げんだいかなづかい(現代仮名遣)……607-29……六六二
けんたん(健啖)……106-08……七二
げんち(現地)……807-07……八八〇
けんちく(建築)……416-01……四一三
けんちくぶつ(建築物)……412-01……四〇五
けんちょ(顕著)……514-05……五四五
げんちょ(原著)……616-41……七三〇
げんちょう(幻聴)……104-14……六九
けんてい(検定)……601-10……六一九
げんてい(限定)……602-35……六二七
けんてき(硯滴)……614-55……七一五
けんでん(喧伝)……618-27……七四五
げんてん(原典)……619-37……七五三
げんてん(原点)……802-02……八五三
げんど(限度)……814-31……九三七
けんとう(見当)……208-58……二二二
けんとう(健闘)……509-11……四九九
けんとう(検討)……601-11……六一九
けんどう(剣道)……620-53……七六四
げんとう(幻灯)……615-44……七二二
げんどう(言動)……114-03……一一三
げんどうりょく(原動力)……101-43……五〇
けんどん(慳貪)……218-27……二八七
けんない(圏内)……817-83……九八八
げんなま(現生)……513-09……五三九
げんなり……210-33……二四九
けんなん(剣難)……319-07……三六三
けんにん(兼任)……502-18……四四六
けんのう(献納)……115-42……一二七
げんのう(玄翁)……416-18……四一七
げんば(現場)……807-07……八八〇
けんぱく(建白)……613-37……七〇三
げんばつ(厳罰)……520-66……六一五
けんばん(鍵盤)……419-33……四二九
けんび(兼備)……120-25……一四一
げんぴん(現品)……420-06……四三三
けんぶつ(見物)……617-27……七三六
げんぶつ(現物)……420-06……四三三
けんぶつにん(見物人)……516-61……五七九
けんぶん(見聞)……303-02……三〇七
けんぶん(検分)……601-09……六一九
けんぼ(賢母)……310-07……三四四
げんぼ(原簿)……610-28……六七八
けんぼう(権謀)……208-26……二一五
けんぽう(剣法)……620-53……七六四
けんぽう(憲法)……508-02……四九二
けんぽく(硯北)……618-39……七四六
げんぽん(原本)……619-37……七五三
〃……619-57……七五五
げんまい(玄米)……407-04……三八九
けんまく(剣幕)……102-06……五五
げんまん……515-43……五六〇
げんみつ(厳密)……203-05……一六八
けんむ(兼務)……502-18……四四六
けんめい(賢明)……207-39……二〇六
けんめい(懸命)……219-27……二九四
げんめい(言明)……612-33……六八九
げんめい(厳命)……517-70……五九六
げんめつ(幻滅)……218-21……二八六
けんもほろろ……205-08……一八五
けんもん(検問)……509-51……五〇五
げんや(原野)……702-17……七六九
けんやく(倹約)……501-18……四四一
げんゆう(現有)……116-01……一二九
けんよう(兼用)……117-05……一三一
けんらん(絢爛)……206-15……一九八
けんり(権利)……508-21……四九六
げんり(原理)……806-06……八七五
げんりゅう(源流)……704-23……七七七
〃……814-09……九三三
げんりょう(原料)……420-02……四三二
けんりょく(権力)……508-25……四九六
けんろ(険路)……705-33……七八二
けんろう(堅牢)……809-33……九〇五
げんろう(元老)……511-07……五一六
げんろん(言論)……612-35……六八九
げんわく(幻惑)……209-54……二四〇
げんわく(眩惑)……209-54……二四〇

こ

こ(子)……311-01……三四五
〃……311-04……三四六
こ(弧)……811-05……九一二
こ(個)……805-42……八七一
〃……808-68……八九八
こ(粉)……420-21……四三五
ご(五)……808-02……八八五
ご(碁)……617-14……七三四
ご(語)……607-01……六五八
こあきない(小商)……512-02……五二三
こい(恋)……216-01……二六六
こい(請)……218-18……二八五
こい(濃)……809-31……九〇五
こい(故意)……203-31……一七四
ごい(語彙)……607-02……六五八
こいき(小粋)……206-05……一九六

こいし（小石）……709-05……七九三
こいしい（恋）……216-10……二六八
こいする（恋）……216-05……二六七
こいつ……320-35……三七〇
こいなか（恋仲）……515-04……五五一
こいにょうぼう（恋女房）……309-04……三四二
こいねがう……218-03……二八二
こいびと（恋人）……307-11……三三八
こいぶみ（恋文）……618-31……七四五
こう……819-28……一〇〇三
こう（功）……520-01……六〇四
こう（効）……818-24……九九三
こう（候）……710-25……七九七
こう（恋）……216-09……二六八
こう（項）……805-42……八七一
こう（稿）……610-16……六七六
こう（請）……218-09……二八三
こう（講）……504-36……四六九
ごう（郷）……705-12……七七九
ごう（壕）……811-26……九二五
こうあつてき（高圧的）……217-17……二七九
こうあん（公安）……509-45……五〇四
こうあん（考案）……208-16……二二三
こうい（行為）……114-01……一一三
こうい（好意）……216-45……二七四
こうい（更衣）……404-04……三八二
こうい（皇位）……511-25……五一八
こうい（厚意）……216-45……二七四
ごうい（合意）……220-17……三〇〇
こういう……819-28……一〇〇三
ごういつ（合一）……504-09……四六一
こういっつい（好一対）……805-50……八七三
こういってん（紅一点）……808-66……八九八
こういん（工員）……503-21……四五四
こういん（公印）……608-09……六六五
こういん（行員）……503-03……四五二
こういん（光陰）……711-02……七九八
こういん（拘引）……520-56……六一三
ごういん（強引）……205-31……一九〇
こうう（降雨）……713-22……八一五
ごうう（豪雨）……713-24……八一五
こううん（幸運）……318-01……三五九
こうえい（光栄）……618-16……七四三
こうえい（後裔）……312-04……三四九
こうえき（公益）……512-55……五三三
こうえき（交易）……512-81……五三七
こうえつ（校閲）……610-21……六七七
こうえん（口演）……612-12……六八五
こうえん（公園）……413-02……四一一
こうえん（公演）……615-22……七一九
こうえん（好演）……615-21……七一八
こうえん（後援）……517-54……五九二
こうえん（講演）……602-26……六二六
こうお（好悪）……216-21……二七〇
こうおん（厚恩）……603-05……六三七
こうおん（恒温）……712-03……八〇七
こうおん（高恩）……603-05……六三七
ごうおん（轟音）……717-04……八三八
こうか（効果）……818-24……九九三
こうか（高価）……512-35……五二九
こうか（高架）……416-06……四一四
こうか（高歌）……614-41……七一三
ごうか（豪華）……501-21……四四二
こうかい（公海）……703-01……七七三
こうかい（公開）……514-03……五四五
こうかい（更改）……908-08……一〇五四
こうかい（後悔）……214-09……二六三
こうかい（航海）……505-55……四七八
こうがい（口外）……612-19……六八六
こうがい（公害）……319-11……三六四
こうがい（郊外）……705-09……七七九
こうがい（梗概）……805-53……八七四
こうがい（慷慨）……212-02……二五七
ごうがい（号外）……619-05……七四八
こうかいどう（公会堂）……412-04……四〇六
こうがく（後学）……516-59……五七九
こうがく（高額）……513-03……五三八
ごうかく（合格）……602-60……六三三
こうかくレンズ（広角－）……403-17……三八〇
こうかつ（狡猾）……201-68……一六六
こうかん（交換）……908-22……一〇五七
こうかん（好感）……216-45……二七四
こうかん（好漢）……306-22……三三六
こうかん（交歓）……515-02……五五一
こうかん（巷間）……506-01……四八二
こうがん（厚顔）……205-28……一八九
こうがん（紅顔）……102-09……五六
ごうかん（強姦）……520-44……六一一
ごうがん（傲岸）……217-18……二七九
こうき（光輝）……715-19……八三一
こうき（好機）……815-49……九五七
こうき（香気）……105-09……七〇
こうき（後記）……610-11……六七五
こうき（高貴）……511-17……五一七
こうき（綱紀）……508-02……四九二
こうぎ（巧技）……620-25……七六〇
こうぎ（広義）……806-09……八七六
こうぎ（好技）……620-25……七六〇
こうぎ（交誼）……515-02……五五一
こうぎ（抗議）……613-06……六九七
こうぎ（厚誼）……515-02……五五一
こうぎ（講義）……602-70……六三四
ごうき（剛毅）……219-29……二九五
ごうき（豪気）……204-25……一八一
ごうぎ（合議）……613-18……六九八
こうきぎょう（公企業）……505-04……四七一
こうきしん（好奇心）……220-30……三〇二
こうきゅう（考究）……601-08……六一九
こうきゅう（攻究）……601-08……六一九
こうきゅう（恒久）……815-65……九六〇
こうきゅう（高級）……819-07……九九九
こうきゅう（講究）……601-08……六一九
ごうきゅう（号泣）……102-34……六〇
こうきょ（皇居）……412-03……四〇五
こうきょ（溝渠）……707-05……七八六
こうきょ（薨去）……304-06……三一五
こうきょう（公共）……514-01……五四四
こうきょう（好況）……512-70……五三五
こうぎょう（工業）……505-06……四七一
こうぎょう（鉱業）……505-48……四七七
こうぎょう（興行）……615-16……七一七
こうきょうじぎょう（公共事業）……504-45……四七〇
こうきょうほうそう（公共放送）……619-09……七四八
こうきん（拘禁）……520-61……六一四
こうぎん（高吟）……614-41……七一三
こうぐ（工具）……418-04……四二二
こうぐ（校具）……419-35……四三〇
こうぐ（耕具）……505-29……四七五
こうぐう（厚遇）……515-58……五六三
こうくうき（航空機）……505-66……四七九
こうけい（口径）……808-22……八八九

こうけい(光景)……708-02……七九一
こうげい(工芸)……614-03……七〇七
ごうけい(合計)……808-11……八八七
こうけいき(好景気)……512-70……五三五
こうげき(攻撃)……509-13……五〇〇
こうけつ(高潔)……201-20……一五六
ごうけつ(豪傑)……305-16……三二三
こうけん(効験)……818-24……九九三
こうけん(後見)……615-33……七二一
こうけん(貢献)……219-24……二九三
こうげん(公言)……612-19……六八六
こうげん(巧言)……205-35……一九一
こうげん(広言)……612-28……六八八
こうげん(広原)……702-15……七六九
こうげん(荒原)……702-17……七六九
こうげん(高原)……702-15……七六九
ごうけん(合憲)……508-13……四九四
ごうけん(剛健)……219-29……二九五
こうこ(公庫)……512-18……五二六
こうご(口語)……607-03……六五八
こうご(向後)……816-27……九六八
ごうご(豪語)……612-28……六八八
こうこう(口腔)……006-01……一三
こうこう(孝行)……603-10……六三八
こうこう(後攻)……509-14……五〇〇
こうこう(後項)……609-39……六七四
こうこう(航行)……505-55……四七八
こうこう(皓皓)……715-05……八二八
こうこう(煌煌)……715-05……八二八
こうごう(交合)……307-06……三三七
ごうごう(囂囂)……810-17……九一一
こうごうしい(神神)……810-55……九一九
こうこうむすこ(孝行息子)……305-45……三二七
こうこうむすめ(孝行娘)……305-45……三二七
こうこうもの(孝行者)……305-45……三二七
こうこく(公告)……618-08……七四一
こうこく(広告)……619-12……七四九
こうこく(抗告)……508-19……四九五
こうこつ(恍惚)……209-43……二三八
〃……303-28……三一三
こうこつ(硬骨)……203-22……一七二
こうごに(交互―)……817-10……九七三
こうさ(考査)……602-59……六三三
こうさ(交差)……904-04……一〇三三
こうさい(光彩)……715-19……八三一
こうさい(交際)……515-01……五五〇
こうさく(工作)……416-10……四一五
こうさく(交錯)……915-06……一〇九二
こうさく(耕作)……505-23……四七四
こうさつ(考察)……208-04……二一一
こうさつ(絞殺)……520-38……六一一
こうざつ(交雑)……719-11……八四一
こうさてん(交差点)……705-38……七八三
こうさん(公算)……919-09……一一〇六
こうさん(恒産)……512-23……五二七
こうさん(降参)……210-32……二四九
〃……516-29……五七三
こうざん(高山)……702-24……七七〇
こうざん(鉱山)……505-49……四七七
こうし(行使)……117-04……一三三
こうし(孝子)……305-45……三二七
こうし(厚志)……216-47……二七四
こうし(嚆矢)……814-01……九三一
こうし(講師)……602-76……六三五
こうじ(工事)……416-09……四一五
こうじ(小路)……705-20……七八一
こうじ(公示)……618-08……七四一
こうじ(好事)……318-06……三六〇
こうじ(好餌)……219-25……二九四
こうしき(公式)……514-01……五四四
こうしきせん(公式戦)……620-07……七五七
こうしつ(皇室)……511-26……五一九
こうしつ(高湿)……713-64……八二一
こうしつ(硬質)……809-27……九〇四
こうじつ(口実)……612-16……六八六
こうじつ(好日)……711-30……八〇二
こうしど(格子戸)……417-07……四一九
こうしゃ(公社)……504-44……四七〇
こうしゃ(公舎)……411-14……四〇四
こうしゃ(後者)……805-39……八七〇
こうしゃ(降車)……113-53……一一二
こうしゃ(校舎)……602-56……六三一
ごうしゃ(豪奢)……501-21……四四二
こうしゃく(講釈)……615-48……七二三
こうしゅ(攻守)……509-26……五〇一
こうしゅう(公衆)……507-50……四九一
こうしゅう(講習)……602-72……六三四
こうじゅつ(口述)……612-12……六八五
こうしょ(向暑)……712-04……八〇七
こうじょ(孝女)……305-45……三二七
こうじょ(控除)……913-13……一〇八一
こうしょう(口承)……618-25……七四四
こうしょう(交渉)……515-03……五五一
〃……613-21……六九九
こうしょう(哄笑)……102-20……五七
こうしょう(高尚)……202-03……一六六
こうじょう(口上)……612-12……六八五
こうじょう(工場)……505-11……四七二
こうじょう(向上)……914-08……一〇八八
こうじょう(荒城)……510-53……五一四
こうじょう(厚情)……216-47……二七四
ごうしょう(豪商)……503-13……四五三
ごうじょう(強情)……203-24……一七二
こうしょく(公職)……511-05……五一五
こうしょく(好色)……218-32……二八八
こうしん(口唇)……006-03……一三
こうしん(更新)……908-08……一〇五四
こうしん(昂進)……913-07……一〇八〇
こうしん(後進)……516-59……五七九
こうじん(後陣)……510-05……五〇七
こうじん(黄塵)……718-04……八三九
こうじんぶつ(好人物)……305-44……三二七
こうしんりょう(香辛料)……407-15……三九一
こうずい(洪水)……319-09……三六三
こうする(抗)……515-19……五五五
こうずる(薨)……304-05……三一四
こうせい(公正)……517-04……五八二
こうせい(更生)……908-17……一〇五七
こうせい(攻勢)……801-14……八五一
こうせい(後世)……815-68……九六一
こうせい(恒星)……701-15……七六六
こうせい(校正)……610-21……六七七
こうせい(構成)……803-01……八五六
ごうせい(合成)……504-11……四六二
ごうせい(豪勢)……501-21……四四二
ごうせいしゅ(合成酒)……409-03……三九六
こうせき(功績)……520-01……六〇四
こうせき(鉱石)……709-07……七九四
こうせつ(交接)……307-06……三三七
こうせつ(降雪)……713-56……八二〇
こうせつ(高説)……613-12……六九八
ごうせつ(豪雪)……713-57……八二〇
こうせん(公選)……507-37……四八九

こうせん(交戦)……509-02……四九八
こうせん(光線)……715-01……八二七
こうせん(抗戦)……509-02……四九八
こうせん(黄泉)……604-48……六四六
こうせん(鉱泉)……414-04……四一二
こうぜん(公然)……514-02……五四四
こうぜん(浩然)……204-12……一七八
ごうぜん(傲然)……217-16……二七九
こうそ(控訴)……508-19……四九五
こうそう(抗争)……515-14……五五四
こうそう(高僧)……604-71……六四九
こうそう(高層)……817-16……九七四
こうそう(構想)……208-23……二一五
こうぞう(構造)……803-01……八五六
ごうそう(豪壮)……810-52……九一八
こうそく(拘束)……520-59……六一四
こうぞく(皇族)……511-26……五一九
こうそくどうろ(高速道路)
……705-25……七八一
こうたい(交代)……908-20……一〇五七
こうたい(交替)……908-20……一〇五七
こうたい(後退)……113-36……一〇九
〃……914-14……一〇八九
こうだい(広大)……809-15……九〇二
こうだい(後代)……815-68……九六一
こうたいし(皇太子)……511-27……五一九
こうたく(光沢)……716-09……八三四
ごうだつ(強奪)……115-11……一二一
こうたん(降誕)……019-04……三六
こうだん(公団)……504-44……四七〇
こうだん(講談)……615-48……七二三
ごうたん(豪胆)……201-46……一六一
こうだんし(好男子)……306-22……三三六
こうち(巧緻)……809-43……九〇七
こうち(拘置)……520-61……六一四
こうち(狡知)……207-57……二〇九
こうち(耕地)……505-20……四七三
こうち(高地)……702-13……七六九
こうちしょ(拘置所)……520-74……六一六
こうちょう(好調)……519-03……五九九
こうちょう(紅潮)……716-22……八三六
こうちょく(硬直)……809-27……九〇四
ごうちょく(剛直)……219-29……二九五
こうつう(交通)……113-07……一〇三
こうつうひ(交通費)……513-17……五四〇
ごうつくばり(業突張)
……203-24……一七二
こうつごう(好都合)……519-04……五九九
こうてい(公邸)……411-14……四〇四
こうてい(行程)……814-62……九四三
こうてい(肯定)……517-63……五九四
こうてい(皇帝)……511-22……五一八
こうてい(高弟)……602-81……六三六
こうでい(拘泥)……209-53……二四〇
ごうてい(豪邸)……411-03……四〇三
こうてき(公的)……514-01……五四四
こうてきしゅ(好敵手)
……516-67……五八一
こうてつ(更迭)……908-20……一〇五七
こうてん(好天)……713-03……八一二
こうてん(好転)……914-08……一〇八八
こうてん(荒天)……713-15……八一四
こうど(高度)……819-05……九九九
こうど(硬度)……808-73……八九九
こうとう(口頭)……612-12……六八五
こうとう(叩頭)……515-66……五六五
こうとう(高等)……819-05……九九九
こうとう(高騰)……512-34……五二九
こうとう(喉頭)……007-04……一四
こうどう(公道)……705-21……七八一
こうどう(行動)……114-01……一一三
こうどう(坑道)……705-37……七八三
こうどう(講堂)……412-04……四〇六
ごうとう(強盗)……305-57……三三一
ごうどう(合同)……504-09……四六一
こうない(校内)……602-55……六三一
こうにゅう(購入)……512-11……五二五
こうにん(公認)……517-62……五九三
こうにん(後任)……502-22……四四六
こうねん(後年)……816-30……九六九
こうねん(高年)……303-19……三一一
こうのう(効能)……818-24……九九三
こうのう(後納)……115-18……一二三
ごうのう(豪農)……505-38……四七六
こうのもの(香-物)……407-17……三九一
こうば(工場)……505-11……四七二
こうはい(交配)……719-11……八四一
こうはい(後輩)……516-59……五七九
こうはい(興廃)……914-21……一〇九一
こうばい(公売)……512-09……五二四
こうばい(勾配)……817-59……九八三
こうばい(購買)……512-11……五二五
こうばしい(香)……105-04……七〇
こうはん(甲板)……505-59……四七八
こうはん(広範)……809-14……九〇二
こうばん(交番)……508-15……四九四
こうひ(公費)……513-18……五四〇
こうび(交尾)……307-06……三三七
こうひょう(公表)……514-03……五四五
こうひょう(好評)……618-14……七四二
こうひょう(高評)……618-14……七四二
こうひょう(講評)……613-32……七〇二
ごうびょう(業病)……017-04……二九
こうひん(公賓)……516-63……五八〇
こうふ(公布)……618-08……七四一
こうふ(交付)……512-73……五三六
こうぶ(後部)……817-06……九七二
こうぶ(荒蕪)……702-23……七七〇
こうふう(校風)……606-15……六五七
こうふく(幸福)……318-04……三六〇
こうふく(降伏)……516-29……五七三
こうぶつ(鉱物)……709-07……七九四
こうふん(口吻)……612-15……六八六
こうふん(興奮)……210-03……二四二
こうぶんしょ(公文書)
……610-26……六七八
こうべ……002-01……八
こうへい(公平)……517-04……五八二
こうへいむし(公平無私)
……517-04……五八二
こうべん(抗弁)……613-54……七〇六
こうほ(候補)……807-16……八八二
こうぼ(公募)……504-04……四六〇
こうほう(広報)……619-12……七四九
こうほう(後方)……817-06……九七二
こうほう(高峰)……702-30……七七一
こうぼう(工房)……412-20……四〇八
こうぼう(攻防)……509-26……五〇一
こうぼう(興亡)……914-21……一〇九一
ごうほう(合法)……508-13……四九四
ごうほう(業報)……604-16……六四一
ごうほう(豪放)……201-46……一六一
こうぼく(公僕)……503-18……四五四
こうぼく(高木)……720-19……八四四
こうほん(稿本)……619-32……七五二
こうまい(高邁)……207-51……二〇八
こうまん(高慢)……217-18……二七九
ごうまん(傲慢)……217-18……二七九
こうみょう(功名)……517-39……五八九
こうみょう(巧妙)……818-39……九九六

こうみょう(光明)……715-19……八三一
こうみん(公民)……507-47……四九一
こうむ(工務)……416-09……四一五
こうむ(公務)……502-05……四四三
こうむいん(公務員)……503-18……四五四
こうむる(被)……905-14……一〇四四
こうめい(高名)……618-12……七四二
こうめん(後面)……817-06……九七二
こうもく(項目)……820-02……一〇一二
こうもりがさ(蝙蝠傘)……403-15……三八〇
こうや(広野)……702-15……七六九
こうや(荒野)……702-17……七六九
こうやく(公約)……515-36……五五八
こうゆう(公有)……116-07……一三〇
こうゆう(交友)……515-01……五五〇
こうゆう(交遊)……515-02……五五一
こうゆう(校友)……516-52……五七八
〃……602-83……六三六
ごうゆう(豪勇)……204-25……一八一
ごうゆう(豪遊)……617-08……七三三
こうよう(公用)……117-06……一三二
〃……820-09……一〇一三
こうよう(効用)……818-24……九九三
こうよう(紅葉)……720-09……八四三
こうよう(黄葉)……720-09……八四三
ごうよく(強欲)……218-27……二八七
こうらい(光来)……516-43……五七六
こうらく(行楽)……617-26……七三六
こうり(小売)……503-48……四五九
こうり(公理)……806-06……八七五
ごうり(合理)……807-10……八八一
ごうりき(強力)……503-25……四五五
こうりつ(公立)……504-46……四七〇
こうりつ(効率)……919-08……一一〇六
ごうりてき(合理的)……806-13……八七七
こうりゃく(攻略)……509-13……五〇〇
こうりゃく(後略)……609-37……六七四
こうりゅう(勾留)……520-61……六一四
こうりゅう(拘留)……520-63……六一五
こうりゅう(興隆)……914-05……一〇八七
ごうりゅう(合流)……504-09……四六一
こうりょ(考慮)……208-04……二一一
こうりょう(広量)……205-42……一九二
こうりょう(荒涼)……810-65……九二一
こうりょく(効力)……818-24……九九三
こうりん(光臨)……516-43……五七六
こうるさい……210-29……二四八
こうれい(好例)……804-28……八六二
こうれい(恒例)……606-10……六五六
こうれい(高齢)……303-19……三一一
ごうれい(号令)……517-69……五九五
こうろ(行路)……501-01……四三七
こうろ(航路)……505-54……四七八
こうろう(功労)……520-01……六〇四
こうろん(口論)……613-03……六九六
こうろん(公論)……613-17……六九八
こうろん(抗論)……613-06……六九七
こうろん(高論)……613-11……六九七
こうろんおつばく(甲論乙駁)……613-06……六九七
こうわ(講和)……509-42……五〇四
こうわ(講話)……602-26……六二六
こうわん(港湾)……505-64……四七九
こえ(声)……108-01……一一七
こえ(肥)……505-35……四七五
ごえい(護衛)……120-44……一四四
こえだめ(肥溜)……420-25……四三六
こえつき(声ー)……108-02……一一七
こえる(肥)……001-26……一六
こえる(越)……903-19……一〇二三
こえる(超)……913-09……一〇八〇
こおう(呼応)……613-57……七〇七
ゴージャス(英 gorgeous)……501-21……四四二
コース(英 course)……602-71……六三四
〃……705-19
コーチ(英 coach)……602-20……六二五
コーディネイト(英 cordinate)……404-07……三八三
コーディネーター(英 coordinator)……305-12……三三二
コート(英 coat)……401-17……三七三
コート(英 court)……620-31……七六一
こおどり(小躍)……110-06……一八九
コーポラス(英 cooperative house の略)……411-13……四〇四
こおり(氷)……707-27……七八九
こおりつく(凍ー)……707-29……七九〇
こおる(凍)……707-29……七九〇
ゴールイン(洋語 goal in)……308-01……三三九
こが(個我)……220-07……二九七
こがい(子飼)……013-06……二三
こがい(戸外)……817-86……九八八
ごかい(誤解)……208-67……二二五
こがき(小書)……610-15……六七六
ごかく(互角)……819-03……九九八
こかげ(木陰)……817-89……九八九
こがす(焦)……714-10……八二五
こがた(小形)……001-24……一六
こがたな(小刀)……419-06……四二五
こかつ(枯渇)……713-69……八二二
〃……913-12……一〇八一
こがね(小金)……513-05……五三八
こがねいろ(黄金色)……716-30……八三七
こがら(小柄)……001-24……一六
こがらし(木枯)……713-49……八一八
こがれる(焦)……216-05……二六七
こがん(湖岸)……704-20……七七七
ごかん(五感)……111-03……一九二
ごかん(語感)……806-09……八七六
こき(古希)……303-23……三一二
こぎ(狐疑)……208-68……二二五
ごき(語気)……612-14……六八五
こきおろす(扱下)……517-25……五八六
ごきげん(御機嫌)……209-06……二三〇
ごきげんよう……516-22……五七一
こぎたない(小汚)……810-30……九一三
こきゃく(顧客)……516-62……五八〇
こきゅう(呼吸)……014-01……二四
こきゅう(故旧)……516-54……五七八
こきょう(故郷)……705-14……七七九
こぎよう(小器用)……207-16……二〇二
こく……107-04……一七五
こく(酷)……205-22……一八八
こぐ(漕)……418-15……四二四
ごく……819-33……一〇〇四
ごく(語句)……607-36……六六二
ごくあく(極悪)……819-21……一〇〇一
こくい(国威)……507-20……四八六
ごくい(極意)……802-16……八五五
こくう(虚空)……701-01……七六五
こくえい(国営)……505-13……四七二
こくえき(国益)……512-55……五三三
こくえん(黒煙)……714-20……八二六
こくおう(国王)……511-22……五一八
こくげん(刻限)……815-10……九四八
こくご(国語)……601-04……六一八
〃……607-05……六五八

ごさん(午餐)……406-04……三八七
こし(腰)……010-13……一九
こし(古址)……708-10……七九二
こし(虎視)……103-04……六一
こじ(古寺)……604-50……六四六
こじ(孤児)……311-18……三四八
こじ(固持)……203-26……一七三
こじ(固辞)……517-66……五九四
こじ(故事)……813-06……九二九
こじ(誇示)……217-02……二七六
ごし(五指)……008-08……一六
こしいれ(輿入)……308-03……三三九
こしかけ(腰掛)……417-03……四一九
〃……502-24……四四七
こしかける(腰掛)……101-05……四二
こしつ(固執)……203-25……一七三
こしつ(個室)……412-21……四〇八
ごじつ(後日)……816-30……九六九
ゴシック(英 Gothic)
……804-24……八六一
こじつけ……517-18……五八五
こじつける……517-19……五八五
こしぬけ(腰抜)……203-03……一六八
こしべん(腰弁)……406-07……三八八
こしまわり(腰回)……010-18……二〇
こしゅ(固守)……203-26……一七三
こしょ(古書)……619-35……七五二
ごしょ(御所)……412-03……四〇五
ごじょ(互助)……517-59……五九三
こしょう(古称)……320-07……三六五
こしょう(故障)……519-06……六〇〇
こしょう(湖沼)……704-21……七七七
こしょう(誇称)……612-28……六八八
こじょう(古城)……510-53……五一四
こじょう(孤城)……510-54……五一四
ごしょう(後生)……604-48……六四六
こしらえ(拵)……404-10……三八三
こしらえる(拵)……910-01……一〇七〇
〃……803-04……八五七
こじわ(小皺)……012-04……二三
こしをおろす(腰－下)
……101-05……四二
こじん(古人)……305-40……三三七
こじん(故人)……304-27……三一八
〃……516-54……五七八
こじん(個人)……808-68……八九八
ごしん(誤信)……604-03……六三九
ごしん(護身)……120-43……一四四
ごじん(吾人)……320-24……三六八
ごしんぷ(御親父)……310-10……三四五
こす……101-41……四九
こす(越)……903-19……一〇二三
こす(超)……913-09……一〇八〇
こすい……201-66……一六五
こすい(鼓吹)……515-50……五六一
ごすい(午睡)……112-16……九八
コスチューム(英 costume)
……404-08……三八三
こすっからい……201-66……一六五
コスト(英 cost)……513-15……五四〇
こする……109-20……八三
こする(鼓)……515-50……五六一
ごする(伍)……904-14……一〇三三
ごせ(後世)……604-48……六四六
こせい(古制)……606-09……六五六
こせい(個性)……201-04……一五三
〃……918-27……一一〇三
こぜい(小勢)……808-62……八九七
こせがれ……311-12……三四七
こせき(戸籍)……610-36……六八〇
こせき(古跡)……708-10……七九二
こせこせ……204-10……一七八
こせつく……204-10……一七八
こぜに(小銭)……513-05……五三八
こぜりあい(小競合)……515-13……五五四
ごぜん(午前)……711-40……八〇四
こせんきょう(跨線橋)
……707-10……七八七
こぞ……711-05……七九八
こぞう(小僧)……503-31……四五六
〃……604-72……六四九
ごぞう(五臓)……011-01……二〇
ごぞうろっぷ(五臓六腑)
……011-01……二〇
こそく(姑息)……203-41……一七六
こそげる……120-56……一四七
こそだて(子育)……013-05……二三
こぞって(挙－)……805-28……八六九
ごそっと……805-30……八六九
こそどろ(－泥)……305-57……三三一
こそばゆい……111-13……九四
〃……217-26……二八一
こたい(固体)……420-20……四三五
こだい(古代)……816-07……九六三
こだい(誇大)……203-29……一七四
ごたい(五体)……001-04……二
〃……614-48……七一四
こたえ(答)……613-52……七〇六
こたえる(答)……613-52……七〇六
こだから(子宝)……311-01……三四五
ごたごた……515-13……五五四
こだち(小太刀)……510-33……五一一
こだち(木立)……720-44……八四七
ごたつく……504-23……四六六
こだね(子種)……311-01……三四五
こだま(木霊)……604-38……六四四
〃……717-06……八三八
こだわる……209-53……二四〇
こちとら……320-23……三六八
こちょう(誇張)……612-28……六八八
ごちょう(語調)……612-14……六八五
こちら……817-46……九八〇
こつ……601-19……六二〇
ごつい……001-28……六
こっか(国家)……507-01……四八四
こっかい(国会)……507-30……四八八
こづかい(小遣)……513-10……五三九
こっかく(骨格)……001-06……二
〃……802-09……八五四
こっかこうむいん(国家公務員)
……503-18……四五四
こつがら(骨柄)……001-06……二
こっかん(酷寒)……712-12……八〇九
ごっかん(極寒)……712-12……八〇九
こっき(克己)……219-04……二九〇
こっき(国旗)……608-17……六六六
コック(英 cock)……419-32……四二九
コック(蘭 kok)……503-28……四五五
こっく(刻苦)……219-13……二九一
こづく(小突)……109-39……八七
こづくり(小作)……001-24……六
こっくりこっくり……112-17……九九
こっけい(滑稽)……810-51……九一八
こっけん(国権)……508-24……四九六
こっこう(国交)……515-01……五五〇
ごつごうしゅぎ(御都合主義)
……203-36……一七五
こつこつ……204-09……一七八
ごつごつ……001-28……六
こっし(骨子)……802-09……八五四

こっせつ(骨折)……017-22……三二
こつぜん(忽然)……815-39……九五四
こっそり……810-09……九〇九
ごっそり……805-30……八六九
ごったがえす(-返)……504-23……四六六
こっち……817-46……九八〇
こづつみ(小包)……419-41……四三〇
こってり……819-45……一〇〇七
ゴッド(英 God)……604-31……六四三
こっとう(骨董)……418-04……四二二
こっぱみじん(木端微塵)
……909-17……一〇七〇
コップ(蘭 copo)……410-08……四〇〇
こつぶ(小粒)……001-24……六
ごづめ(後詰)……510-14……五〇八
こて(鏝)……419-14……四二六
こて(小手)……510-31……五一〇
こてい(固定)……903-53……一〇三〇
こてん(古典)……619-41……七五三
ごてん(御殿)……412-02……四〇五
こと……999-57……一一三四
こと(事)……820-01……一〇一一
こと(糊塗)……517-13……五八四
ことあげ(言挙)……612-32……六八八
ことう(孤島)……702-08……七六八
こどう(鼓動)……018-04……三四
ことか……999-56……一一三四
ことができる……999-69……一一三九
ことがら(事柄)……820-01……一〇一一
ごとき……999-68……一一三九
ことぎれる(事切)……304-04……三一四
こどく(孤独)……808-70……八九九
ごとく……999-68……一一三九
ことごとく……805-13……八六五
ことごとしい(事事)……203-29……一七四
ことさら(殊更)……203-31……一七四
ことし(今年)……711-07……七九八
ことだ……999-56……一一三四
ことづけ……999-61……一一三五
〃……618-03……七四〇
ことづける(言付)……218-16……二八五
〃……618-03……七四〇
ことづて……618-03……七四〇
ことなる(異)……919-01……一一〇四
ことに(殊-)……918-31……一一〇四
ことになる……999-61……一一三五
ことに(は)……999-29……一一二一
ことには……999-42……一一二七
ことのは(言-葉)……607-01……六五八
ことは……999-29……一一二一
ことば(言葉)……607-01……六五八
ことはいけない……999-75……一一四一
ことはじめ(事始)……814-01……九三一
ことはない……999-72……一一四〇
〃……999-76……一一四二
ことはならない……999-75……一一四一
ことぶき(寿)……318-06……三六〇
こども(子供)……311-01……三四五
〃……311-04……三四六
こどもごころ(子供心)
……209-14……二三二
こどもっぽい(子供-)
……303-07……三〇九
こどもらしい(子供-)……204-18……一七九
こともなげ(事-)
……303-07……三〇九
ことわざ……607-09……六五九
ことわり……806-05……八七五
ことわり(断)……517-66……五九四
ことわる(断)……517-68……五九五
こな(粉)……420-21……四三五
こなごな(粉粉)……909-17……一〇七〇
こなし……114-08……一一四
こなす……120-02……一三六
こなまいき(小生意気)
……217-19……二七九
こなみじん(粉微塵)……909-17……一〇七〇
こなゆき(粉雪)……713-59……八二〇
こなれ……106-15……七三
こにくらしい(小憎)……216-29……二七一
こにもつ(小荷物)……419-41……四三〇
こにんずう(小人数)……808-62……八九七
こぬかあめ(小糠雨)……713-30……八一六
コネ……515-05……五五二
こねかえす(捏返)……109-26……八四
こねまわす(捏回)……109-26……八四
こねる(捏)……109-27……八五
この……817-56……九八二
このあいだ(-間)……816-01……九六一
このかた(-方)……320-35……三七〇
このごろ……816-20……九六六
このせつ(-節)……816-20……九六六
このたび(-度)……815-14……九四八
このところ(-所)……816-20……九六六
このは(木-葉)……720-07……八四二
このほど(-程)……815-14……九四八
このまえ(-前)……816-01……九六一
このましい(好)……216-19……二七〇
このみ(好)……216-17……二六九
このみ(木-実)……720-13……八四三
このむ(好)……216-18……二六九
このよ(-世)……506-05……四八三
このよう……819-28……一〇〇三
ごはさん(御破算)……120-64……一四九
こはずかしい(小恥)……217-27……二八一
こはぜ……405-11……三八五
こばな(小鼻)……005-01……一三
こばなし(小話)……612-59……六九三
〃……615-49……七二三
こばむ(拒)……517-68……五九五
こばら(小腹)……212-05……二五七
こはる(小春)……710-07……七九五
こはん(湖畔)……704-19……七七七
ごはん(御飯)……406-01……三八七
ごはんむし(御飯蒸)……410-12……四〇一
ごび(語尾)……607-38……六六三
コピー(英 copy)……609-29……六七三
〃……619-12
ごびゅう(誤謬)……114-16……一一六
こひょう(小兵)……001-24……六
こびりつく……905-02……一〇四二
こひる(小昼)……406-05……三八七
こびる……205-33……一九〇
こぶ(鼓舞)……515-50……五六一
ごふ(護符)……604-77……六四九
ごぶ(五分)……805-33……八六九
こふう(古風)……606-11……六五六
ごふく(呉服)……402-01……三七七
ごぶごぶ(五分五分)……819-03……九九八
こぶし(拳)……008-07……一六
こぶとり(小太)……001-25……六
こぶり(小-)……001-24……六
こぶり(小降)……713-34……八一六
こぶん(子分)……511-49……五二三
こべつ(個別)……805-42……八七一
ごほう(語法)……610-02……六七四
ごぼう(御坊)……604-65……六四八
こぼうず(小坊主)……604-72……六四九
こぼく(古木)……720-22……八四四
こぼす……612-54……六九二

こぼね（小骨）……211-02……二五四
こぼればなし（零話）……612-61……六九三
こぼれる……903-15……一〇二三
こぼんのう（子煩悩）……216-11……二六八
コマーシャル（英 commercial）……619-12……七四九
こまい（古米）……407-04……三八九
こまか（細）……809-37……九〇七
こまかい（細）……201-33……一五八
〃……809-37……九〇七
ごまかす……517-37……五八九
こまげた（駒下駄）……403-13……三八〇
ごますり……205-33……一九〇
こまち（小町）……306-10……三三四
ごまつ（語末）……607-38……六六三
こまもの（小間物）……420-14……四三四
こまりきる（困－）……211-07……二五五
こまりぬく（困－）……211-07……二五五
こまりはてる（困果）……211-07……二五五
こまる（困）……211-07……二五五
こまわり（小回）……113-09……一〇四
ごまんと……808-40……八九二
ごみ……420-23……四三六
こみあう（込合）……504-23……四六六
こみあげる（込上）……906-12……一〇四八
コミカル（英 comical）……810-51……九一八
こみだし（小見出）……610-24……六七八
ごみため（－溜）……420-25……四三六
こみち（小道）……705-20……七八一
コミック（英 comic）……619-55……七五五
コミッショナー（英 commissioner）……305-12……三二三
コミッション（英 commission）……513-31……五四二
コミュニケ（フラ communiqué）……618-06……七四〇
コミュニケーション（英 communication）……618-02……七三九
こむ（込）……504-23……四六六
ゴムいん（－印）……608-11……六六五
こむぎこ（小麦粉）……407-12……三九〇
こむずかしい（小難）……810-38……九一五
こむそう（虚無僧）……604-68……六四八
こめ（米）……407-04……三八九
こめい（古名）……320-07……三六五
こめこ（米粉）……407-13……三九一
コメディ（英 comedy）……615-04……七一五
コメディアン（英 comedian）……615-38……七二一
ごめん（御免）……517-66……五九四
コメント（英 comment）……613-33……七〇二
こも（薦）……417-14……四二一
こもかぶり（薦被）……410-10……四〇〇
こもじ（小文字）……607-32……六六二
こもの（小物）……305-54……三三〇
こもる……907-04……一〇五二
こもん（顧問）……511-32……五一九
こや（小屋）……411-04……四〇三
〃……615-26……七一九
こやかましい（小－）……810-16……九一〇
ごやく（誤訳）……611-15……六八三
こやくにん（小役人）……503-19……四五四
こやし（肥）……505-35……四七五
こやつ……320-35……三七〇
こやま（小山）……702-24……七七〇
こやみ（小止）……713-34……八一六
こゆう（固有）……918-28……一一〇三
こゆび（小指）……008-09……一六
こよい（今宵）……711-53……八〇六
こよう（小用）……820-09……一〇一三
こよう（雇用）……517-77……五九七
ごようたし（御用達）……503-13……四五三
こよみ（暦）……711-01……七九七
こより（紙縒）……419-20……四二七
こらい（古来）……816-13……九六四
ごらいこう（御来光）……701-07……七六五
こらえる……219-22……二九三
ごらく（娯楽）……617-07……七三三
こらしめる（懲）……602-46……六三〇
こらす（懲）……602-46……六三〇
コラム（英 column）……619-07……七四八
コラムニスト（英 columnist）……616-48……七三一
ごらん（御覧）……103-01……六〇
こり（垢離）……604-27……六四二
ごりおし（－押）……205-31……一九〇
こりくつ（小理屈）……806-08……八七六
こりごり（懲懲）……210-33……二四九
こりつ（孤立）……515-20……五五五
こりょ（顧慮）……120-10……一三八
ごりょう（御陵）……604-83……六五〇
ごりょうにん（御寮人）……309-05……三四二
こりる（懲）……214-09……二六三
こる（凝）……209-52……二三九
こるい（孤塁）……510-54……五一四
コルセット（英 corset）……401-42……三七六
ゴルフ（英 golf）……620-42……七六三
これ……817-56……九八二
ごれい（語例）……804-27……八六二
これきり……808-53……八九五
これぐらい……808-53……八九五
これだけ……808-53……八九五
これっきり……808-53……八九五
これっぽっち……808-53……八九五
こればかり……808-53……八九五
ころ（頃）……815-04……九四七
ごろ……305-48……三二八
ころあい（頃合）……815-49……九五七
ころう（古老）……303-26……三一三
ころう（固陋）……203-23……一七二
ころがす（転）……101-18……四五
ころがりこむ（転込）……113-45……一一一
ころがる（転）……101-19……四五
ころげる（転）……101-19……四五
コロシアム（英 colosseum）……620-31……七六一
ころしもんく（殺文句）……205-35……一九一
ころす（殺）……520-33……六一〇
ごろつき……305-48……三二八
ごろね（－寝）……112-29……一〇〇
ころばす（転）……101-18……四五
ころぶ（転）……101-19……四五
ころも（衣）……401-01……三七一
〃……604-78……六四九
ころもがえ（衣替）……404-04……三八二
コロン（英 colon）……608-05……六六四
こわい（怖）……215-03……二六四
こわい（強）……809-27……九〇四
こわいろ（声色）……108-02……七七
こわがる（怖）……215-02……二六四
こわき（小脇）……010-06……一八
こわけ（小分）……904-46……一〇四〇
こわごわ……215-10……二六六

こわす（壊）……909-01……一〇六七
こわね（声音）……108-02……七七
こわばる（強張）……908-60……一〇六六
こわれる（壊）……909-03……一〇六七
こん（根）……219-02……二八九
こんい（懇意）……515-02……五五一
こんいん（婚姻）……308-01……三三九
こんかい（今回）……815-14……九四八
こんがらかる……915-03……一〇九二
こんがん（懇願）……218-08……二八三
こんき（根気）……219-02……二八九
こんぎ（婚儀）……308-15……三四一
こんきゃく（困却）……211-09……二五六
こんきゅう（困窮）……501-17……四四〇
こんきょ（根拠）……802-06……八五三
こんきょち（根拠地）……802-05……八五三
こんく（困苦）……501-17……四四〇
コンクール（フランス concours）
……615-19……七一八
ごんげ（権化）……604-19……六四一
こんけつじ（混血児）……305-42……三二七
こんげん（根源）……814-09……九三三
こんご（今後）……816-27……九六八
こんこう（混交）……915-06……一〇九二
こんごう（混合）……915-06……一〇九二
コンコース（アメリカ concourse）
……412-10……四〇六
こんこん（昏昏）……112-19……九九
〃……713-14……八一四
コンサート（英 concert）
……615-19……七一八
こんさい（根菜）……720-25……八四五
こんざい（混在）……901-04……一〇一五
こんざつ（混雑）……504-24……四六六
こんじ（根治）……020-11……三八
こんじゃく（今昔）……816-14……九六五
こんしゅう（今週）……711-17……八〇〇
こんじょう（今生）……302-03……三〇六
こんじょう（根性）……201-09……一五四
〃……219-01……二八九
こんしょく（混食）……406-14……三八九
こんしん（混信）……915-07……一〇九三
こんしん（渾身）……001-04……二
こんしん（懇親）……515-02……五五一
こんしんかい（懇親会）
……504-32……四六八
こんすい（昏睡）……112-09……九七
こんせい（混生）……720-43……八四七
こんせい（懇請）……218-08……二八三
こんせいしゅ（混成酒）
……409-03……三九六
こんせき（痕跡）……912-07……一〇七七
こんせつ（今節）……816-20……九六六
こんせつ（懇切）……205-40……一九二
こんぜつ（根絶）……913-24……一〇八四
こんせん（混戦）……509-04……四九八
こんせん（混線）……915-07……一〇九三
コンセンサス（英 consensus）……220-17……三〇〇
コンセント（英 concentric plug から）……419-12……四二六
コンソメ（フランス consommé）
……407-18……三九一
こんだく（混濁）……707-15……七八八
コンダクター（英 conductor）……614-43……七一三
コンタクト（英 contact）
……515-03……五五一
こんだて（献立）……619-63……七五六
こんたん（魂胆）……209-31……二三五
こんだん（懇談）……612-11……六八五
こんだんかい（懇談会）
……504-32……四六八
コンツェルン（ドイツ Konzern）
……505-05……四七一
こんてい（根底）……802-01……八五二
コンディション（英 condition）……519-02……五九九
コンテスト（英 contest）
……615-19……七一八
コント（フランス conte）……616-06……七二五
こんど（今度）……815-14……九四八
こんとう（昏倒）……101-17……四四
こんどう（混同）……208-67……二二五
こんとく（懇篤）……205-40……一九二
コントロール（英 control）
……920-05……一一〇七
こんとん（混沌）……915-04……一〇九二
こんな……819-28……一〇〇三
こんなん（困難）……810-38……九一五
こんにち（今日）……816-18……九六五
こんねん（今年）……711-07……七九八
こんぱい（困憊）……111-25……九五
こんぱく（魂魄）……604-37……六四四
こんばん（今晩）……711-53……八〇六
こんぱん（今般）……815-14……九四八
コンビ……805-50……八七三
コンビネーション（英 combination）……515-06……五五二
コンプレックス（英 complex）……217-21……二八〇
こんぼう（棍棒）……419-26……四二八
こんぽう（梱包）……419-43……四三一
こんぽん（根本）……802-01……八五二
コンマ（英 comma）……608-05……六六四
こんめい（混迷）……211-08……二五六
こんもう（懇望）……218-08……二八三
こんもり……720-41……八四七
こんや（今夜）……711-53……八〇六
こんやく（婚約）……308-01……三三九
こんやくしゃ（婚約者）
……307-10……三三八
こんゆう（今夕）……711-44……八〇四
こんらん（混乱）……915-04……一〇九二
こんりゅう（建立）……416-01……四一三
こんれい（婚礼）……308-15……三四一
こんわ（懇話）……612-11……六八五
こんわく（困惑）……211-08……二五六

さ

さ（左）……817-22……九七五
さ（差）……919-03……一一〇五
ざ（座）……817-73……九八五
サーカス（英 circus）……615-50……七二三
サークル（英 circle）……504-29……四六七
ざあざあ……713-38……八一七
サービス（英 service）
……502-39……四五〇
サーベル（オランダ sabel）……510-32……五一一
さい（才）……207-01……一九九
さい（妻）……309-03……三四一
さい（歳）……711-03……七九八
さい（際）……815-03……九四六
さい（差異）……919-02……一一〇五
ざい（在）……705-12……七七九
ざい（財）……512-23……五二七
さいあく（最悪）……819-21……一〇〇一
ざいあく（罪悪）……520-17……六〇七
さいえん（才媛）……306-14……三三五

さいえん(再縁)……308-07……三四〇
サイエンス(英 science)……601-03……六一八
さいか(災禍)……319-02……三六三
さいか(裁可)……517-60……五九三
ざいか(財貨)……420-15……四三四
ざいか(罪科)……520-17……六〇七
さいかい(再会)……516-01……五六六
さいかい(斎戒)……604-28……六四三
さいかい(際会)……516-03……五六七
さいがい(災害)……319-01……三六二
ざいかい(財界)……506-02……四八二
さいかく(才覚)……207-03……一九九
ざいがく(在学)……602-61……六三二
さいかん(再刊)……619-19……七五〇
さいき(才気)……207-03……一九九
さいき(再起)……517-52……五九一
さいぎ(猜疑)……208-68……二二五
さいぎ(祭儀)……605-01……六五〇
さいきん(細瑾)……818-12……九九一
さいきん(最近)……816-20……九六六
さいく(細工)……416-10……四一五
さいくつ(採掘)……505-50……四七七
サイクリング(英 cycling)……617-23……七三六
さいくん(細君)……309-03……三四一
さいけいれい(最敬礼)……515-66……五六五
さいけつ(採決)……613-26……七〇〇
さいけつ(裁決)……613-25……七〇〇
さいげつ(歳月)……711-02……七九八
さいけん(再見)……103-22……六五
さいけん(再建)……416-03……四一四
さいけん(債権)……513-33……五四三
さいげん(再現)……514-11……五四六
さいげん(際限)……814-30……九三六
ざいげん(財源)……512-22……五二七
さいご(最後)……814-26……九三五
さいご(最期)……304-29……三一八
さいこう(再興)……914-09……一〇八八
さいこう(採鉱)……505-50……四七七
さいこう(最高)……819-10……一〇〇〇
ざいこう(在校)……602-61……六三二
さいこうちょう(最高潮)……815-54……九五八
さいこん(再婚)……308-07……三四〇
さいさい(再再)……815-17……九四九
さいさき(幸先)……318-03……三五九
さいさん(再三)……815-17……九四九
さいさん(採算)……808-16……八八八
ざいさん(財産)……512-23……五二七
さいし(才子)……305-08……三二一
さいし(祭祀)……605-01……六五〇
さいじ(祭事)……605-02……六五〇
さいじ(細事)……820-07……一〇一二
さいしき(彩色)……716-10……八三四
さいじき(歳時記)……619-56……七五五
さいじつ(祭日)……605-06……六五一
ざいしつ(材質)……420-03……四三二
さいしゅ(採取)……504-03……四六〇
さいしゅう(採集)……504-03……四六〇
さいしゅう(最終)……814-26……九三五
ざいじゅう(在住)……119-02……一三四
さいしゅつ(歳出)……512-64……五三四
さいしゅっぱつ(再出発)……517-51……五九一
さいしょ(最初)……814-01……九三一
さいじょ(才女)……306-14……三三五
ざいしょ(在所)……705-12……七七九
〃……705-14……七七九
さいしょう(宰相)……507-32……四八八
さいしょう(最小)……809-08……九〇一
さいじょう(斎場)……604-60……六四七
さいじょう(最上)……819-11……一〇〇〇
さいしょく(栽植)……720-30……八四五
さいしょく(菜食)……406-15……三八九
さいしん(再伸)……618-40……七四六
さいしん(細心)……120-10……一三八
さいしん(最新)……810-26……九一二
さいじん(才人)……305-08……三二一
さいする(際)……816-22……九六七
さいせい(再生)……908-17……一〇五七
さいせい(済世)……120-34……一四三
さいせい(最盛)……914-05……一〇八七
ざいせい(在世)……301-07……三〇五
さいせいき(最盛期)……815-55……九五八
さいぜん(最前)……816-02……九六二
さいぜん(最善)……819-09……一〇〇〇
さいぜんせん(最前線)……509-08……四九九
さいそく(細則)……508-06……四九三
さいそく(催促)……218-19……二八五
さいたい(妻帯)……308-02……三三九
さいだい(細大)……809-44……九〇八
さいだい(最大)……808-44……八九三
さいたん(採炭)……505-50……四七七
さいだん(祭壇)……604-57……六四七
さいだん(裁断)……208-31……二一七
〃……904-51……一〇四一
さいち(才知)……207-03……一九九
さいち(細緻)……809-42……九〇七
さいちゅう(最中)……815-53……九五八
さいづち(才槌)……416-18……四一七
さいてい(最低)……819-21……一〇〇一
さいてん(祭典)……605-01……六五〇
さいど(再度)……815-15……九四九
さいど(彩度)……716-03……八三三
サイドビジネス(洋語 side business)……502-24……四四七
サイドリーダー(洋語 side reader)……619-53……七五五
サイドワーク(洋語 side work)……502-24……四四七
さいなむ……520-49……六一二
さいなん(災難)……319-01……三六二
ざいにち(在日)……119-06……一三五
ざいにん(罪人)……520-53……六一三
さいねん(再燃)……911-12……一〇七五
さいのう(才能)……207-01……一九九
さいはい(再拝)……604-24……六四二
さいはい(采配)……517-73……五九六
さいばい(栽培)……720-30……八四五
さいばし(菜箸)……410-16……四〇一
さいはつ(再発)……911-12……一〇七五
ざいばつ(財閥)……305-38……三二六
さいはて(最果)……814-27……九三六
さいはん(再犯)……520-20……六〇七
さいはん(再版)……619-19……七五〇
さいばん(裁判)……508-18……四九五
さいび(細微)……809-38……九〇七
さいひつ(才筆)……611-10……六八二
さいふ(財布)……403-24……三八一
さいぶ(細部)……809-41……九〇七
さいぶつ(才物)……305-08……三二一
ざいぶつ(財物)……420-15……四三四
さいほう(裁縫)……405-01……三八四
ざいほう(財宝)……420-15……四三四
さいまつ(歳末)……710-23……七九七
さいみつ(細密)……203-05……一六八
さいみん(済民)……120-34……一四三

さいみん(催眠)……112-21……九九
さいむ(債務)……513-33……五四三
ざいむ(財務)……502-05……四四三
さいもく(細目)……820-03……一〇一二
ざいや(在野)……511-06……五一六
さいやく(災厄)……319-02……三六三
さいゆ(採油)……505-50……四七七
さいよう(採用)……517-77……五九七
さいりゅう(細流)……704-03……七七五
ざいりゅう(在留)……119-07……一三五
さいりょう(最良)……819-09……一〇〇〇
さいりょう(裁量)……208-31……二一七
ざいりょう(材料)……420-02……四三二
さいれい(祭礼)……605-01……六五〇
さいろく(採録)……619-16……七五〇
さいろく(載録)……619-16……七五〇
さいろん(細論)……613-14……六九八
さいわい(幸)……318-04……三六〇
サイン(英 sign)……608-15……六六六
〃……608-22……六六七
サウナ(フィンランド sauna)……414-01……四一二
サウンド(英 sound)……717-01……八三七
さえ……999-26……一一一九
さえき(差益)……512-52……五三三
さえぎる(遮)……120-41……一四四
〃……514-25……五四九
さえずる(囀)……719-14……八四一
さえる(冴)……908-45……一〇六三
さか(坂)……705-36……七八三
さが(性)……201-08……一五三
さかい(境)……811-28……九二六
さかいめ(境目)……815-52……九五八
さかうらみ(逆恨)……216-31……二七二
さかえる(栄)……914-05……一〇八七
さかさ(逆)……817-08……九七二
さかさま(逆様)……817-08……九七二
さがしあてる(探当)……220-23……三〇一
さかしい(賢)……207-43……二〇六
さがしだす(探出)……220-23……三〇一
さがしもの(捜物)……220-20……三〇〇
ざがしら(座頭)……615-41……七二三
さがす……220-22……三〇一
さかずき(杯)……409-27……三九九
さかだい(酒代)……513-11……五三九
さかだち(逆立)……101-04……四二
さかだる(酒樽)……410-10……四〇〇
さかて(酒手)……513-11……五三九
さかなで(逆撫)……109-20……八三
さかなみ(逆波)……703-09……七七四
さかねじ(逆ー)……613-08……六九七
さかば(酒場)……503-45……四五九
さかみち(坂道)……705-36……七八三
さかもり(酒盛)……409-23……三九八
さからう(逆)……515-19……五五五
さかり(盛)……815-55……九五八
さかりば(盛場)……705-07……七七九
さかる(盛)……914-07……一〇八八
さがる(下)……113-34……一〇九
〃……903-08……一〇二〇
さかん(左官)……503-22……四五五
さかん(盛)……914-06……一〇八八
さがん(左岸)……704-17……七七六
さき(先)……805-43……八七二
〃……816-12……九六四
〃……816-25……九六七
〃……817-03……九七一
さき(崎)……702-06……七六八
さぎ(詐欺)……520-52……六一三
さきがけ(先駆)……120-18……一四〇
さきこぼれる(咲ー)……720-35……八四六
さきごろ(先ー)……816-01……九六一
さきざき(先先)……816-25……九六七
さきぞなえ(先備)……510-05……五〇七
さきそろう(咲揃)……720-35……八四六
さきだつ(先立)……120-16……一三九
さきっぽ(先ー)……805-43……八七二
さきどり(先取)……120-17……一四〇
さきに(先ー)……816-02……九六二
さきばらい(先払)……512-63……五三四
さきほこる(咲誇)……720-35……八四六
さきほど(先程)……816-02……九六二
さきまわり(先回)……120-14……一三九
さきみだれる(咲乱)……720-35……八四六
さきゅう(砂丘)……702-25……七七〇
さきゆき(先行)……816-33……九七〇
さぎょう(作業)……502-45……四五一
ざきょう(座興)……615-55……七二四
さきんじる(先ー)……120-15……一三九
さく(作)……616-02……七二四
さく(咲)……720-34……八四六
さく(柵)……413-01……四一一
さく(策)……208-19……二一三
さく(裂)……904-50……一〇四〇
さくいん(索引)……619-62……七五六
さくげん(削減)……913-17……一〇八二
さくご(錯誤)……114-16……一一六
ざくざく……101-61……五四
さくし(作詞)……616-35……七二九
さくじつ(昨日)……711-20……八〇〇
さくしゃ(作者)……616-47……七三一
さくしゅ(搾取)……115-10……一二〇
さくじょ(削除)……120-50……一四六
さくず(作図)……614-17……七〇九
さくせい(作成)……910-02……一〇七一
さくせい(作製)……910-02……一〇七一
さくせん(作戦)……208-26……二一五
さくそう(錯綜)……915-04……一〇九二
さくどう(策動)……208-26……二一五
さくねん(昨年)……711-05……七九八
さくばん(昨晩)……711-52……八〇六
さくひん(作品)……616-02……七二四
さくぶつ(作物)……616-02……七二四
さくぶん(作文)……616-35……七二九
さくもつ(作物)……505-36……四七五
さくや(昨夜)……711-52……八〇六
さくゆう(昨夕)……711-52……八〇六
さくらいろ(桜色)……716-23……八三六
さくらん(錯乱)……915-04……一〇九二
さぐり(探)……509-48……五〇四
ざくり……101-61……五四
さぐりあてる(探当)……220-23……三〇一
さくりゃく(策略)……208-26……二一五
さぐる(探)……220-22……三〇一
さくれい(作例)……804-27……八六二
さくれつ(炸裂)……909-14……一〇七〇
さけ(酒)……409-01……三九五
さけぐせ(酒癖)……409-21……三九八
さけずき(酒好)……409-13……三九七
さげすむ(蔑)……517-10……五八三
さけのみ(酒飲)……409-13……三九七
さけびごえ(叫声)……108-05……七七
さけぶ(叫)……108-06……七八
〃……612-30……六八八
さけめ(裂目)……811-27……九二六
さける(裂)……904-50……一〇四〇
さける(避)……120-58……一四七
さげる(下)……903-09……一〇二〇
ざこ(雑魚)……305-54……三三〇
ざこね(雑魚寝)……112-29……一〇〇
ささい(些細)……809-09……九〇一

ささえる（支）……120-39……一四三
〃……912-08……一〇七七
ささげもの（捧物）……115-45……一二八
ささげる（捧）……115-41……一二七
ささつ（査察）……509-52……五〇五
さざなみ（-波）……703-09……七七四
ささめゆき（細雪）……713-59……八二〇
ささやか……808-52……八九五
ささやく（囁）……612-07……六八四
ささやぶ（笹藪）……720-47……八四八
さし（差）……120-08……一三八
さじ（匙）……410-17……四〇一
さじ（些事）……820-07……一〇一二
さしあげる（差上）……115-14……一二一
〃……115-41……一二七
さしあし（差足）……110-10……九〇
さしえ（挿絵）……614-06……七〇八
さしおく（差置）……120-72……一五一
さしかえる（差替）……908-23……一〇五八
さしかかる……113-17……一〇六
さしかける（差掛）……102-03……五五
さしかざす（差-）……102-03……五五
さしかわす（差交）……904-03……一〇三三
ざしき（座敷）……412-11……四〇七
さしこみ（差込）……419-12……四二六
さしこむ（差込）……111-04……九二
さしころす（刺殺）……520-37……六一〇
さしさわり（差障）……519-07……六〇〇
さしさわる（差障）……519-08……六〇〇
さししめす（指示）……602-37……六二八
さしず（指図）……517-72……五九六
さしずめ……816-24……九六七
さしたる……819-23……一〇〇二
さしつかえ（差支）……519-07……六〇〇
さしつかえる（差支）……519-08……六〇〇
さしつかわす（差遣）……517-74……五九六
さして……819-23……一〇〇二
さしとおす（刺通）……101-60……五三
さしひかえる（差控）……205-51……一九四
さしひく（差引）……913-13……一〇八一
さしまねく（差招）……612-08……六八四
さしむかい（差向）……120-08……一三八
さしむける（差向）……517-74……五九六
さしもの（指物）……417-01……四一八
〃……608-18……六六六
さしゅ（詐取）……115-10……一二〇
さしゅう（査収）……115-02……一一九
さじゅつ（詐術）……812-02……九二七
さしょう（些少）……808-49……八九四
ざしょう（座礁）……505-63……四七九
さしわたし（差渡）……808-22……八八九
さす……999-78……一一四三
さす（刺）……101-59……五三
さす（指）……602-37……六二八
さす（砂州）……702-09……七六八
さすがに……819-58……一〇一〇
さずかる（授）……115-47……一二八
さずける（授）……115-14……一二一
〃……602-49……六三〇
サスペンス（英 suspense）……810-63……九二一
さすらう……617-35……七三八
さする……109-20……八三
ざする（座）……101-05……四二
ざせき（座席）……817-73……九八五
ざせつ（挫折）……909-11……一〇六九
さぞ……819-59……一〇一一
さそい（誘）……515-45……五六〇
さそう（誘）……515-47……五六〇
ざそう（挫創）……017-21……三二
さぞかし……819-59……一〇一一
さぞや……819-59……一〇一一
さた（沙汰）……114-01……一一三
〃……618-30……七四五
さだか（定）……810-44……九一六
さだまる（定）……613-28……七〇一
さだめ（定）……508-06……四九三
〃……604-14……六四一
さだめし……819-59……一〇一一
さだめて……819-59……一〇一一
さだめる（定）……613-27……七〇一
ざだんかい（座談会）……504-31……四六八
さち（幸）……318-04……三六〇
さつ……508-14……四九四
さつ（札）……513-02……五三八
ざつ（雑）……203-14……一七〇
さついれ（札入）……403-24……三八一
さつえい（撮影）……418-09……四二三
ざつえき（雑役）……502-04……四四三
ざつおん（雑音）……717-03……八三八
さっか（作家）……616-49……七三二
さっか（作歌）……616-35……七二九
ざっか（雑貨）……420-14……四三四
サッカー（英 soccer）……620-42……七六三
さつがい（殺害）……520-34……六一〇
さっかしょう（擦過傷）……017-20……三二
ざっかん（雑感）……209-20……二三三
さっき……816-02……九六二
ざっき（雑記）……610-29……六七九
さつきばれ（五月晴）……713-04……八一二
さっきゅう（早急）……815-41……九五五
ざっきょ（雑居）……501-07……四三八
さっきん（殺菌）……020-24……四一
ざっくばらん……514-14……五四七
ざっくり……101-61……五四
ざっこく（雑穀）……505-37……四七六
さっこん（昨今）……816-20……九六六
さつさつ（颯颯）……713-51……八一九
さっし（察）……208-49……二二〇
さっし（冊子）……619-31……七五二
ざっし（雑誌）……619-42……七五三
ざつじ（雑事）……820-09……一〇一三
ざっしょく（雑食）……406-14……三八九
さっしん（刷新）……908-02……一〇五三
さつじん（殺人）……520-34……六一〇
さっする（察）……208-45……二二〇
ざつぜん（雑然）……915-05……一〇九二
さっそく（早速）……815-42……九五五
ざった（雑多）……915-06……一〇九二
ざつだん（雑談）……612-65……六九四
さっち（察知）……208-40……二一九
さっちゅう（殺虫）……520-35……六一〇
ざっと……805-19……八六六
さっとう（殺到）……504-01……四五九
ざっとう（雑踏）……504-24……四六六
ざつねん（雑念）……209-20……二三三
ざっぱい（雑俳）……616-28……七二八
ざっぱい（雑輩）……305-54……三三〇
ざっぱく（雑駁）……203-14……一七〇
さつばつ（殺伐）……204-26……一八一
さっぱり……107-18……七六
〃……201-40……一六〇
〃……201-41……一六〇
〃……819-47……一〇〇七
ざっぴ（雑費）……513-15……五四〇
さっぴく（差引）……913-13……一〇八一
さつびら（札-）……513-02……五三八
さっぷうけい（殺風景）……810-65……九二一

ざっぽう（雑報）……619-06……七四八
さつまのかみ（薩摩－守）……113-54……一一三
ざつむ（雑務）……502-04……四四三
ざつよう（雑用）……820-09……一〇一三
さつりく（殺戮）……520-39……六一一
さてい（査定）……208-30……二一七
さと（里）……314-22……三五四
〃……705-11……七七九
さとい……207-43……二〇六
さとう（左党）……409-15……三九七
さどう（茶道）……617-02……七三二
さとがえり（里帰）……119-11……一三六
さとごころ（里心）……209-16……二三二
さとし（諭）……602-21……六二五
さとす（諭）……602-44……六二九
さとり（悟）……604-05……六三九
さとる（悟）……208-39……二一八
さなえ（早苗）……720-14……八四三
さなか（最中）……815-53……九五八
さながら……918-07……一〇九九
サナトリウム（英 sanatorium）……503-40……四五八
さばく……120-02……一三六
さばく（砂漠）……702-18……七六九
さばさば……201-41……一六〇
サバンナ（英 savanna）……702-16……七六九
さびしい（寂）……210-23……二四七
さびつく（錆－）……908-53……一〇六五
さびる（錆）……908-53……一〇六五
さびれる（寂）……914-13……一〇八九
サブタイトル（英 subtitle）……610-23……六七七
さべつ（差別）……904-46……一〇四〇
さほう（左方）……817-22……九七五
さほう（作法）……515-62……五六四
さぼう（茶房）……503-46……四五九
サボタージュ（$^{フラ}_{ンス}$ sabotage）……502-36……四四九
さほど……819-23……一〇〇二
サボる……203-13……一七〇
さま（様）……320-12……三六六
さまがわり（様変）……908-11……一〇五五
さまざま……804-16……八六〇
さます（冷）……712-17……八一一
さます（覚）……112-36……一〇一
さまたげる（妨）……120-41……一四四
さまつ（瑣末）……809-09……九〇一
さまよう……617-35……七三八
さみしい……210-23……二四七
さみだれ（五月雨）……713-26……八一五
さむい（寒）……712-13……八一〇
さむけ（寒気）……712-12……八〇九
さむさ（寒－）……712-12……八〇九
さむざむ（寒寒）……712-13……八一〇
さむぞら（寒空）……710-18……七九六
さむらい（侍）……510-50……五一三
さめざめ……102-36……六〇
さめる（冷）……712-17……八一一
さめる（覚）……112-36……一〇一
さめる（褪）……716-11……八三四
さもしい……202-05……一六七
さもん（査問）……613-51……七〇六
さやか……810-44……九一六
さゆ（－湯）……407-26……三九二
ざゆう（座右）……618-39……七四六
ざゆうのめい（座右－銘）……607-10……六五九
さよう（作用）……916-02……一〇九五
さようなら……516-22……五七一
さよく（左翼）……510-06……五〇七
さら（皿）……410-06……四〇〇
さらう……101-40……四九
〃……109-07……八〇
さらけだす（－出）……514-15……五四七
ざらざら……811-23……九二五
さらす（晒）……405-13……三八六
ざらつく……811-23……九二五
さらに（更－）……913-32……一〇八六
サラリー（英 salary）……513-22……五四一
サラリーマン（$^{洋}_{語}$ salaryman）……503-01……四五一
さりげない……204-20……一八〇
さりじょう（去状）……308-10……三四〇
さりとて……612-74……六九五
さる（去）……113-34……一〇九
ざる（笊）……419-02……四二五
さるしばい（猿芝居）……615-02……七一五
さるぢえ（猿知恵）……207-58……二〇九
さるまた（猿股）……401-37……三七六
さるまね（猿－）……918-21……一一〇二
ざるをえない（－得－）……999-63……一一三六
されこうべ……304-32……三一九
サロン（$^{フラ}_{ンス}$ salon）……504-29……四六七
さわ（沢）……704-03……七七五
〃……704-21……七七七
さわかい（茶話会）……504-32……四六八
さわがしい（騒）……810-16……九一〇
さわぎ（騒）……515-13……五五四
〃……810-12……九一〇
さわぎたてる（騒立）……810-18……九一一
さわぐ（騒）……810-18……九一一
ざわつく……810-19……九一一
ざわめき……810-13……九一〇
ざわめく……810-19……九一一
さわやか……210-17……二四五
さわり……615-13……七一七
さわり（障）……017-01……二九
〃……519-07……六〇〇
さわる（触）……905-01……一〇四一
さわる（障）……519-08……六〇〇
さん……320-12……三六六
さん（三）……808-02……八八五
さん（産）……115-53……一二九
さん（燦）……715-05……八二八
ざん（残）……912-04……一〇七七
さんいん（産院）……503-40……四五八
さんか（参加）……504-06……四六一
さんか（惨禍）……319-03……三六三
さんか（傘下）……511-45……五二一
さんかい（山塊）……702-33……七七一
さんかい（参会）……504-15……四六三
さんかい（散会）……504-20……四六五
さんがい（三界）……604-44……六四五
さんがい（惨害）……319-03……三六三
さんかく（参画）……504-06……四六一
さんがく（山岳）……702-24……七七〇
ざんがく（残額）……912-05……一〇七七
さんがにち（三－日）……710-22……七九七
さんかん（山間）……702-34……七七一
さんかん（参観）……617-27……七三六
さんぎいん（参議院）……507-30……四八八
ざんぎゃく（残虐）……205-22……一八八
さんきょう（山峡）……702-40……七七二
さんぎょう（産業）……505-01……四七一
さんぎょう（賛仰）……517-02……五八二
ざんきょう（残響）……717-08……八三九
ざんぎょう（残業）……502-29……四四八

さんくつ(山窟)……702-41……七七二
サングラス(英 sunglasses から)……403-18……三八〇
ざんげ(懺悔)……612-52……六九二
さんけい(山系)……702-33……七七一
さんけい(参詣)……604-23……六四二
さんげき(惨劇)……518-06……五九九
さんげんしょく(三原色)……716-02……八三三
さんこう(参考)……613-44……七〇四
さんこう(鑽孔)……101-57……五三
ざんこう(残光)……701-10……七六六
さんこうしょ(参考書)……619-52……七五五
ざんこく(残酷)……205-22……一八八
さんごしょう(珊瑚礁)……702-11……七六八
さんさい(山妻)……309-07……三四二
さんざい(散在)……901-04……一〇一五
さんざい(散財)……513-14……五三九
さんさく(散策)……617-25……七三六
ざんさつ(惨殺)……520-39……六一一
ざんさつ(斬殺)……520-38……六一一
さんさろ(三叉路)……705-38……七八三
さんじ(惨事)……518-06……五九九
さんじ(賛辞)……520-11……六〇六
ざんし(惨死)……304-13……三一六
ざんじ(暫時)……815-38……九五四
さんじゅ(傘寿)……303-23……三一二
さんしゅう(参集)……504-01……四五九
さんじゅうろっけい(三十六計)……208-27……二一六
さんしゅつ(産出)……910-05……一〇七二
さんしゅつ(算出)……808-10……八八六
さんじゅつ(算術)……601-05……六一八
さんじょ(賛助)……517-54……五九二
ざんしょ(残暑)……712-04……八〇七
さんしょう(参照)……613-44……七〇四
さんじょう(参上)……113-02……一〇二
さんじょう(惨状)……801-17……八五二
ざんしょう(残照)……715-29……八三三
さんじる(参)……113-02……一〇二
ざんしん(斬新)……810-26……九一二
さんすい(散水)……415-04……四一三
さんすう(算数)……601-05……六一八
さんする(産)……910-05……一〇七二
さんする(賛)……520-10……六〇六
さんぜ(三世)……604-44……六四五
さんせい(賛成)……220-16……二二九
さんせき(山積)……904-10……一〇三三
ざんせつ(残雪)……713-61……八二〇
さんぜん(燦然)……715-05……八二八
ざんそ(讒訴)……517-24……五八六
さんそう(山相)……702-35……七七二
さんそう(山荘)……411-06……四〇三
さんぞう(三蔵)……604-66……六四八
さんそん(山村)……705-10……七七九
ざんぞん(残存)……912-04……一〇七七
さんたい(三体)……614-48……七一四
ざんだか(残高)……912-05……一〇七七
さんたん(惨憺)……210-54……二五三
さんだん(散弾)……510-24……五一〇
さんだん(算段)……120-03……一三七
さんち(山地)……702-33……七七一
さんち(産地)……705-17……七八〇
さんちゅう(山中)……702-34……七七一
さんちょう(山頂)……702-29……七七一
さんづけ(-付)……320-14……三六六
さんてい(算定)……808-10……八八六
ざんてい(暫定)……801-18……八五二
さんてん(山巓)……702-29……七七一
さんとう(三等)……819-19……一〇〇一
さんどう(山道)……705-32……七八二
さんどう(賛同)……220-16……二二九
さんない(山内)……604-56……六四七
〃……702-34……七七一
さんにゅう(算入)……808-15……八八七
ざんにん(残忍)……205-22……一八八
さんにんしょう(三人称)……320-20……三六八
ざんねん(残念)……214-05……二六二
さんば(産婆)……503-07……四五二
さんぱい(参拝)……604-23……六四二
ざんぱい(惨敗)……620-20……七五九
さんぱいきゅうはい(三拝九拝)……515-69……五六五
さんぱくがん(三白眼)……004-06……一一
さんばし(桟橋)……707-09……七八七
さんぱつ(散発)……909-15……一〇七〇
さんぱつ(散髪)……404-11……三八四
ざんばらがみ(-髪)……002-06……九
さんび(酸鼻)……210-53……二五三
さんび(賛美)……520-05……六〇五
さんぴ(賛否)……120-60……一四八
さんびゃくだいげん(三百代言)……503-09……四五三
ざんぴん(残品)……912-04……一〇七七
さんぷ(産婦)……019-05……三六
さんぷ(散布)……904-41……一〇三九
ざんぶ(残部)……912-04……一〇七七
さんぶつ(産物)……115-53……一二九
さんぶん(散文)……616-03……七二五
さんぽ(散歩)……617-25……七三六
さんぼう(参謀)……510-56……五一四
さんまいめ(三枚目)……615-40……七二二
さんまん(散漫)……203-10……一七〇
さんみ(酸味)……107-12……七六
さんみゃく(山脈)……702-33……七七一
ざんむ(残務)……912-04……一〇七七
さんめんきょう(三面鏡)……403-20……三八一
さんもん(山門)……604-50……六四六
さんよ(参与)……516-35……五七四
ざんよ(残余)……912-04……一〇七七
さんよう(山容)……702-35……七七二
さんようすうじ(算用数字)……607-35……六六二
さんらん(燦爛)……715-05……八二八
さんりゅう(三流)……819-19……一〇〇一
ざんりゅう(残留)……912-04……一〇七七
さんりょう(山陵)……604-83……六五〇
さんりょう(山稜)……702-32……七七一
さんりん(山林)……720-44……八四七
さんれい(山霊)……604-38……六四四
さんれい(山嶺)……702-29……七七一
さんれつ(参列)……504-15……四六三
さんれつ(惨烈)……210-54……二五三
さんろう(参籠)……604-26……六四二
さんろく(山麓)……702-36……七七二

し

し(氏)……320-12……三六六
〃……320-33……三七〇
し(史)……616-17……七二六
し(四)……808-02……八八五
し(市)……705-03……七七八
し(死)……304-01……三一三
し(師)……602-77……六三五

し（詩）……616-22……七二七
じ（地）……201-05……一五三
じ（字）……607-25……六六一
じ（持）……620-24……七六〇
じ（時）……711-55……八〇六
じ（辞）……607-01……六五八
しあい（試合）……620-07……七五七
じあい（慈愛）……216-49……二七五
しあがり（仕上）……814-38……九三八
しあがる（仕上）……814-39……九三八
しあげる（仕上）……814-39……九三八
〃……814-49……九四〇
しあさって……711-24……八〇一
シアター（英 theater）……615-26……七一九
しあわせ（幸）……318-04……三六〇
しあん（思案）……208-06……二二一
しあん（試案）……208-24……二二五
しい（四囲）……817-32……九七七
しい（恣意）……203-15……一七一
じい（示威）……217-02……二七六
しいか（詩歌）……616-24……七二八
しいく（飼育）……013-06……二三
じいさん……303-25……三二三
シーズン（英 season）……710-01……七九四
シーソーゲーム（英 seesaw game）……620-23……七六〇
しいたげる（虐）……520-49……六一二
しいて（強）……203-33……一七四
シート（英 seat）……817-73……九八五
シール（英 seal）……608-14……六六六
しいる（強）……920-06……一一〇八
しいれる（仕入）……512-11……五二五
シーン（英 scene）……615-11……七一七
〃……708-02
しいん（私印）……608-09……六六五
しいん（試飲）……106-12……七三
じいん（寺院）……604-50……六四六
しいんと……810-10……九〇九
じう（慈雨）……713-21……八一五
しうち（仕打）……517-12……五八四
しえい（私営）……505-14……四七二
じえい（自営）……505-16……四七三
じえい（自衛）……120-40……一四四
シェイプアップ（英 shape up）……404-09……三八三
しえき（私益）……512-54……五三二
しえき（使役）……117-04……一三二
ジェネレーション（英 generation）……303-04……三〇八
シェフ（フランス chef）……503-28……四五五
ジェラシー（英 jealousy）……216-33……二七二
しえん（支援）……517-54……五九二
しえん（私怨）……216-31……二七二
しえん（紫煙）……714-20……八二六
ジェントルマン（英 gentleman）……305-18……三三三
しお（潮）……703-13……七七四
しおあじ（塩味）……107-14……七六
しおからい（塩辛）……107-13……七六
しおくり（仕送）……903-46……一〇二九
しおけ（塩気）……107-14……七六
しおみ（塩味）……107-14……七六
しおらしい……204-15……一七九
しおり（栞）……619-48……七五四
しおれる……720-49……八四八
しか……999-27……一一二〇
しか（市価）……512-30……五二八
しが（歯牙）……006-04……一三
じか（自家）……411-07……四〇三
じか（時下）……816-18……九六五
じか（時価）……512-30……五二八
じが（自我）……220-07……二九七
しかい（視界）……103-23……六五
しがい（死骸）……304-30……三一八
じかい（耳介）……004-13……一二
じかい（次回）……815-57……九五九
じかい（自戒）……217-07……二七七
じがい（自害）……304-22……三一七
しかえし（仕返）……517-23……五八六
じがお（地顔）……003-03……一〇
しかく（死角）……103-23……六五
しかく（視覚）……111-03……九二
しかく（資格）……508-21……四九六
しがく（志学）……303-23……三二二
じかく（耳殻）……004-13……一二
じかく（自覚）……208-39……二一八
しかくしめん（四角四面）……201-19……一五五
しかけ（仕掛）……803-03……八五六
しかける（仕掛）……517-80……五九七
しかざん（死火山）……702-26……七七〇
しかし……120-63……一四八
じがじさん（自画自賛）……217-06……二七七
しかしながら……120-63……一四八
しかしゅう（詞花集）……619-56……七五五
じがぞう（自画像）……614-13……七〇九
しかた（仕方）……812-01……九二六
しかたない（仕方ー）……218-23……二八七
じかたび（地下足袋）……401-41……三七六
じかつ（自活）……501-10……四三九
しかない……999-63……一一三六
じかに（直ー）……905-08……一〇四三
じがね（地金）……201-05……一五三
しかばね（屍）……304-30……三一八
じがみ（地髪）……002-03……九
しがみつく……101-36……四八
しかめっつら（ー面）……102-13……五六
しかめる（顰）……102-38……六〇
しかも……913-28……一〇八五
しかりつける（叱ー）……602-45……六二九
しかる（叱）……602-45……六二九
しかるに（然）……120-63……一四八
しかん（弛緩）……908-41……一〇六三
しがん（此岸）……506-05……四八三
じかん（時間）……815-01……九四六
〃……815-02……九四六
しき（式）……605-04……六五一
しき（士気）……219-05……二九〇
しき（四季）……710-01……七九四
しき（死期）……304-29……三一八
しき（志気）……219-05……二九〇
しき（始期）……814-02……九三一
しき（指揮）……517-73……五九六
じき……815-42……九五五
じき（自記）……609-31……六七三
じき（自棄）……203-19……一七一
じき（時季）……710-01……七九四
じき（時期）……815-04……九四七
じき（時機）……815-49……九五七
じき（磁器）……410-04……四〇〇
しきぎょう（私企業）……505-04……四七一
しきけん（識見）……207-35……二〇五
しきさい（色彩）……716-04……八三三
じきじきに（直直ー）……905-08……一〇四三
しきしゃ（指揮者）……614-43……七一三
しきしゃ（識者）……305-05……三三一
じきしょ（直書）……609-31……六七三

しきじょう(色情)……218-33……二八八
しきじょう(式場)……504-28……四六七
しきそう(色相)……716-03……八三三
しきたり……606-05……六五五
しきち(敷地)……805-07……八六四
しきちょう(色調)……716-04……八三三
しきてん(式典)……605-04……六五一
じきに……815-42……九五五
じきひ(直披)……618-38……七四六
じきひつ(直筆)……609-31……六七三
しきふく(式服)……401-10……三七三
しきべつ(識別)……208-64……二二四
しきゅう(支給)……512-73……五三六
しきゅう(至急)……815-41……九五五
じきゅう(自給)……512-45……五三一
じきゅう(時給)……513-23……五四一
しきょ(死去)……304-02……三一四
じきょ(辞去)……113-34……一〇九
しきょう(市況)……512-69……五三五
しきょう(司教)……604-75……六四九
しぎょう(始業)……814-25……九三五
じきょう(自供)……612-52……六九二
じぎょう(事業)……505-01……四七一
じぎょうか(事業家)……503-11……四五三
じぎょうしゃ(事業者)
……503-11……四五三
しきょく(支局)……505-18……四七三
しきよく(色欲)……218-31……二八八
しきり(仕切)……904-45……一〇三九
しきりに……815-64……九六〇
しきる(仕切)……904-45……一〇三九
しきん(至近)……817-37……九七九
しきん(資金)……512-22……五二七
しく(敷)……911-01……一〇七三
じく(字句)……607-36……六六二
しぐさ……114-05……一一四
しくしく……102-36……六〇
〃……111-09……九三
しくじる……114-19……一一六
シグナル(英 signal)……608-22……六六七
しくはっく(四苦八苦)
……211-03……二五四
しくみ(仕組)……616-39……七三〇
〃……803-03……八五六
しくむ(仕組)……517-80……五九七
しぐれ(時雨)……713-31……八一六
しぐれる……713-36……八一六
しけ(時化)……713-16……八一四
じげ(地毛)……002-03……九
しけい(私刑)……520-62……六一四
じけい(次兄)……311-06……三四六
しげき(刺激)……916-01……一〇九五
しけつ(止血)……018-10……三五
じけつ(自決)……220-12……二九八
〃……304-22……三一七
しげみ(茂)……720-46……八四八
しける……713-37……八一七
しける(湿気)……713-66……八二一
しげる(茂)……720-42……八四七
しけん(試験)……601-18……六二〇
〃……602-59……六三三
しげん(至言)……607-10……六五九
しげん(資源)……420-01……四三三
じけん(事件)……518-01……五九八
じげん(示現)……604-09……六四〇
じげん(次元)……806-22……八七九
じげん(字源)……607-26……六六一
じげん(時限)……815-08……九四七
じけんきしゃ(事件記者)
……503-10……四五三
しご(私語)……612-53……六九二
じこ(自己)……320-26……三六九
じこ(事故)……518-02……五九八
じご(耳語)……612-53……六九二
じご(爾後)……816-28……九六八
しこう(至高)……819-10……一〇〇〇
しこう(思考)……208-01……二一〇
しこう(指向)……220-21……三〇〇
しこう(施行)……120-31……一四三
しこう(歯垢)……015-11……二七
しこう(嗜好)……216-17……二六九
しこう(試行)……208-18……二一三
しごう(諡号)……605-21……六五三
じこう(事項)……820-02……一〇一二
じこう(時候)……710-25……七九七
じごうじとく(自業自得)
……604-17……六四一
じごえ(地声)……108-03……七七
しごく(至極)……819-14……一〇〇〇
じこく(自国)……507-13……四八五
じこく(時刻)……815-02……九四六
じごく(地獄)……604-49……六四六
しごたま……808-37……八九二
しごと(仕事)……502-01……四四二
しごとば(仕事場)……502-42……四五〇
しこな(四股名)……320-06……三六五
じこまんぞく(自己満足)
……213-01……二五九
しこみ(仕込)……602-23……六二五
しこむ(仕込)……602-22……六二五
しこめ……306-12……三三四
じこん(自今)……816-27……九六八
しさ(示唆)……602-32……六二七
しざ(視座)……806-22……八七九
しさい(子細)……809-40……九〇七
しさい(司祭)……604-75……六四九
しさい(詩才)……207-37……二〇五
しざい(私財)……512-23……五二七
しざい(資材)……420-01……四三三
じさい(自裁)……304-22……三一七
しさく(思索)……208-01……二一〇
しさく(施策)……208-19……二一三
しさく(詩作)……616-35……七二九
しさつ(刺殺)……520-38……六一一
しさつ(視察)……509-52……五〇五
じさつ(自殺)……304-22……三一七
しさん(四散)……904-42……一〇三九
しさん(資産)……512-23……五二七
じさん(自賛)……217-06……二七七
じさん(持参)……109-06……八〇
しし(死屍)……304-30……三一八
しし(孜孜)……204-09……一七八
しし(嗣子)……311-08……三四七
しじ(支持)……220-16……二九九
しじ(私事)……514-16……五四八
しじ(指示)……517-72……五九六
〃……602-38……六二八
しじ(師事)……602-58……六三三
じし(次子)……311-06……三四六
じし(次姉)……311-06……三四六
じし(侍史)……618-39……七四六
じじ(時事)……518-01……五九八
じじい……303-25……三一三
ししつ(私室)……412-21……四〇八
ししつ(資質)……201-06……一五三
じしつ(自失)……209-39……二三七
じじつ(事実)……807-02……八七九
〃……819-44……一〇〇七
しじま……810-06……九〇九
ししむら……001-01……一

ししゃ(支社)……505-18……四七三
ししゃ(死者)……304-27……三一八
ししゃ(使者)……502-44……四五一
ししゃ(試写)……615-45……七二二
じじゃく(示寂)……304-07……三一五
ししゅ(死守)……203-26……一七三
じしゅ(自主)……501-12……四三九
ししゅう(刺繍)……405-01……三八四
ししゅう(詩集)……619-56……七五五
ししゅう(始終)……815-24……九五一
じしゅう(次週)……711-18……八〇〇
じしゅう(自習)……602-12……六二三
じじゅう(侍従)……511-48……五二二
ししゅく(止宿)……617-37……七三八
ししゅく(私淑)……517-02……五八二
じしゅく(自粛)……217-07……二七七
ししゅつ(支出)……512-64……五三四
しじゅん(至純)……201-56……一六四
じじゅん(耳順)……303-23……三一二
ししょ(支所)……505-18……四七三
ししょ(支署)……504-43……四七〇
ししょ(死所)……304-34……三一九
しじょ(子女)……306-03……三三二
〃……311-01……三四五
じしょ(地所)……805-06……八六四
じしょ(字書)……619-46……七五四
じしょ(自書)……609-31……六七三
じしょ(辞書)……619-44……七五四
じじょ(次女)……311-06……三四六
じじょ(自助)……501-12……四三九
じじょ(自序)……610-05……六七五
ししょう(支障)……519-06……六〇〇
ししょう(死傷)……017-25……三二
ししょう(師匠)……602-77……六三五
しじょう(至上)……819-13……一〇〇〇
じしょう(自称)……320-20……三六八
じしょう(事象)……801-12……八五一
じじょう(事情)……801-11……八五一
じじょうじばく(自縄自縛)
……604-17……六四一
ししょうせつ(私小説)
……616-07……七二五
しじょうめいれい(至上命令)
……517-70……五九六
ししょく(試食)……106-12……七三
じしょく(辞職)……517-50……五九一
じじょでん(自叙伝)……616-11……七二五
ししん(指針)……806-15……八七七
しじん(士人)……305-15……三二三
しじん(詩人)……616-50……七三二
じしん(自身)……320-26……三六九
じしん(自信)……217-04……二七六
じしん(地震)……319-06……三六三
じじん(自刃)……304-22……三一七
じじん(自尽)……304-22……三一七
しずか(静)……810-06……九〇九
しずく(滴)……707-17……七八八
シスター(英 sister)……604-69……六四九
しずまりかえる(静返)
……810-11……九一〇
しずまる(静)……210-11……二四四
〃……810-11……九一〇
しずむ(沈)……903-26……一〇二四
しずめる(沈)……903-26……一〇二四
しずめる(鎮)……509-53……五〇五
しする(死)……304-02……三一四
しせい(市井)……705-05……七七八
しせい(至誠)……201-26……一五七
しせい(私製)……910-09……一〇七二
しせい(刺青)……404-13……三八四
しせい(姿勢)……203-01……一六八
〃……203-02……一六八
しせい(資性)……201-06……一五三
じせい(自生)……720-40……八四七
じせい(自制)……205-49……一九四
じせい(自省)……214-08……二六三
じせい(自製)……910-09……一〇七二
じせい(時世)……815-31……九五二
じせい(辞世)……304-02……三一四
しせいし(私生子)……311-19……三四八
しせいじ(私生児)……311-19……三四八
しせき(史跡)……708-10……七九二
しせき(咫尺)……817-37……九七九
しせき(歯石)……015-11……二七
じせき(事績)……520-02……六〇四
しせつ(私設)……911-02……一〇七三
しせつ(使節)……502-44……四五一
しせつ(施設)……416-07……四一四
じせつ(時節)……710-01……七九四
〃……815-49……九五七
じせつがら(時節柄)……710-02……七九四
しせん(視線)……103-24……六五
しぜん(自然)……203-18……一七一
〃……718-01……八三九
じせん(自薦)……515-53……五六二
じぜん(次善)……819-09……一〇〇〇
じぜん(慈善)……120-34……一四三
じぜんじぎょう(慈善事業)
……504-45……四七〇
しそ(始祖)……314-18……三五四
しそう(思想)……208-13……二一二
しそう(指嗾)……515-49……五六一
しそう(詞藻)……207-37……二〇五
〃……616-23……七二七
しぞう(死蔵)……116-09……一三一
しぞう(私蔵)……116-09……一三一
しそく(子息)……311-12……三四七
じぞく(持続)……912-09……一〇七八
しそん(子孫)……312-04……三四九
した(下)……817-17……九七四
した(舌)……006-06……一四
じだ(耳朶)……004-13……一二
したい(支隊)……510-17……五〇八
したい(死体)……304-30……三一八
したい(肢体)……001-04……二
しだい(次第)……814-61……九四三
じたい(自体)……816-09……九六三
じたい(事態)……801-03……八五〇
じたい(辞退)……517-66……五九四
じだい(事大)……516-32……五七三
じだい(時代)……815-31……九五二
じだいしょく(時代色)
……801-06……八五〇
しだいに(次第－)……815-30……九五二
したう(慕)……216-09……二六八
〃……517-01……五八一
したうち(舌打)……106-07……七二
したえ(下絵)……614-08……七〇八
したおび(下帯)……401-38……三七六
したがう(従)……516-26……五七二
したがえる(従)……516-37……五七四
したがき(下書)……610-16……六七六
したがって(従－)……813-08……九三〇
したぎ(下着)……401-33……三七五
したく(支度)……120-21……一四〇
したく(私宅)……411-07……四〇三
じたく(自宅)……411-07……四〇三
したけんぶん(下検分)
……601-12……六一九
したごころ(下心)……209-31……二三五

したごしらえ(下ー)……120-22……一四一
したさき(舌先)……612-22……六八七
したじ(下地)……201-05……一五三
〃……207-23……二〇三
しだし(仕出)……903-43……一〇二九
したしい(親)……515-34……五五八
したしむ(親)……515-35……五五八
したじゅんび(下準備)……120-22……一四一
したしらべ(下調)……601-12……六一九
〃……602-11……六二三
したず(下図)……610-16……六七六
したためる……609-10……六六九
したたらず(舌足)……612-48……六九一
したたる(滴)……903-14……一〇二一
じたつ(示達)……618-09……七四一
したつづみ(舌鼓)……106-07……七二
したづみ(下積)……904-11……一〇三三
したて(下手)……817-18……九七五
したて(仕立)……405-01……三八四
したてあげる(仕立上)……910-01……一〇七〇
したてる(仕立)……910-01……一〇七〇
したなめずり(舌ー)……106-07……七二
したばき(下ー)……401-33……三七五
したばたらき(下働)……503-29……四五六
したはら(下腹)……010-11……一九
したび(下火)……914-14……一〇八九
したまわる(下回)……913-11……一〇八一
したみ(下見)……601-12……六一九
したやく(下役)……503-19……四五四
したよみ(下読)……602-11……六二三
じだらく(自堕落)……520-27……六〇八
しだれる……903-08……一〇二〇
したわしい(慕)……216-10……二六八
しだん(指弾)……613-49……七〇五
しだん(詩壇)……506-04……四八三
じだん(示談)……613-20……六九九
しち(七)……808-02……八八五
しち(質)……513-34……五四三
しち(死地)……304-34……三一九
しちてんばっとう(七転八倒)……211-03……二五四
しちむずかしい(七難)……810-38……九一五
しちや(質屋)……503-42……四五八
しちゅう(支柱)……412-30……四〇九
しちゅう(市中)……705-06……七七八
じちゅう(寺中)……604-56……六四七
しちょう(思潮)……208-14……二一二
しちょう(視聴)……103-31……六六
じちょう(自重)……217-07……二七七
じちょう(自嘲)……102-24……五八
しつ(室)……412-12……四〇七
しつ(質)……201-06……一五三
〃……809-01……八九九
じつ(実)……209-30……二三五
〃……807-04……八八〇
しつい(失意)……218-21……二八六
じついん(実印)……608-09……六六五
しつう(私通)……307-04……三三七
じつえき(実益)……512-53……五三二
じつえん(実演)……615-22……七一九
しっか(膝下)……618-39……七四六
じっか(実家)……314-22……三五四
じつがい(実害)……512-58……五三三
しっかく(失格)……517-44……五九〇
しっかり……809-35……九〇六
しっかん(疾患)……017-01……二九
じっかん(実感)……209-35……二三六
しっき(漆器)……410-05……四〇〇
しつぎ(質疑)……613-42……七〇四
じっき(実記)……616-14……七二六
じつき(地付)……119-04……一三四
しっきゃく(失脚)……517-43……五九〇
しつぎょう(失業)……517-48……五九一
じっきょう(実況)……801-11……八五一
じつぎょう(実業)……505-02……四七一
じつぎょうか(実業家)……503-11……四五三
しっきん(失禁)……016-06……二八
シック(フランス chic)……206-04……一九六
しっく(疾駆)……110-09……九〇
しっけ(湿気)……713-63……八二〇
しつけ(躾)……602-23……六二五
しっけい(失敬)……115-08……一二〇
〃……515-64……五六四
〃……516-22……五七一
じっけい(実刑)……520-62……六一四
じつげつ(日月)……701-05……七六五
〃……711-02……七九八
しつける(躾)……602-22……六二五
しつげん(失言)……517-20……五八五
しつげん(湿原)……702-16……七六九
じっけん(実権)……508-25……四九六
じっけん(実験)……601-18……六二〇
じつげん(実現)……514-11……五四六
しつこい……203-27……一七三
しっこう(執行)……615-18……七一八
じっこう(実行)……120-29……一四二
じっこう(実効)……818-24……九九三
しっこうゆうよ(執行猶予)……520-62……六一四
しっこく(漆黒)……716-13……八三四
じっこん(昵懇)……515-02……五五一
じっさい(実際)……807-03……八七九
〃……819-44……一〇〇七
じつざい(実在)……901-03……一〇一五
しっさく(失策)……114-17……一一六
〃……620-40……七六二
じっし(十指)……008-08……一六
じっし(実施)……120-31……一四二
しつじつ(質実)……201-24……一五六
じっしつ(実質)……817-80……九八七
じっしゃ(実写)……614-09……七〇八
じっしゃ(実射)……510-41……五一二
じっしゅう(実収)……512-76……五三六
じっしゅう(実習)……602-73……六三四
しつじゅん(湿潤)……713-64……八二一
じっしょう(実証)……806-18……八七八
じつじょう(実情)……801-11……八五一
しっしょく(失職)……517-48……五九一
しっしん(失神)……209-38……二三七
しっしん(湿疹)……017-30……三三
じっすう(実数)……808-04……八八五
しっせき(失跡)……113-24……一〇七
しっせき(叱責)……602-45……六二九
じっせき(実績)……520-03……六〇五
じっせん(実戦)……509-02……四九八
じっせん(実践)……120-29……一四二
しっそ(質素)……501-19……四四一
しっそう(失踪)……113-24……一〇七
しっそう(疾走)……110-09……九〇
じっそう(実相)……801-11……八五一
じつぞう(実像)……807-06……八八〇
しっそく(失速)……903-57……一〇三一
じっそく(実測)……808-20……八八九
じつぞん(実存)……901-03……一〇一五
しった(叱咤)……602-45……六二九
しったい(失態)……114-17……一一六

じったい(実体)……802-03……八五三
じったい(実態)……801-11……八五一
したかぶり(知－)……217-13……二七八
じつだん(実弾)……510-24……五一〇
しっち(湿地)……704-22……七七七
じっち(実地)……807-07……八八〇
じっちょく(実直)……201-23……一五六
しっつい(失墜)……517-43……五九〇
じつづき(地続)……702-05……七六八
じってい(実体)……201-23……一五六
しっと(嫉妬)……216-33……二七二
しつど(湿度)……713-63……八二〇
じっとり……713-67……八二一
しつない(室内)……412-08……四〇六
じつに(実－)……819-44……一〇〇七
しつねん(失念)……602-19……六二四
じつねん(実年)……303-18……三三一
ジッパー(英 zipper)……405-10……三八五
しっぱい(失敗)……114-17……一一六
しっぴ(失費)……512-64……五三四
じっぴ(実費)……513-15……五四〇
しっぴつ(執筆)……609-11……六七〇
しっぷう(疾風)……713-45……八一八
じつぶつ(実物)……807-05……八八〇
しっぺい(疾病)……017-01……二九
しっぺがえし(－返)……517-23……五八六
しっぽ……719-10……八四一
じつぼ(実母)……310-05……三四四
しつぼう(失望)……218-21……二八六
しつぼく(質朴)……201-24……一五六
しっぽり……713-68……八二二
しつむ(執務)……502-07……四四四
じつむ(実務)……502-04……四四三
じつめい(実名)……320-05……三六五
しつもん(質問)……613-42……七〇四
しつよう(執拗)……203-27……一七三
じつよう(実用)……512-50……五三三
じつり(実利)……512-53……五三三
しつりょう(質量)……808-32……八九一
じつりょく(実力)……101-45……五〇
しつれい(失礼)……515-64……五六四
〃……516-22……五七一
じつれい(実例)……804-25……八六一
じつろく(実録)……616-14……七二六
シテ……615-31……七二〇
して……816-29……九六九
してい(私邸)……411-07……四〇三
してい(指定)……602-35……六二七
じてき(自適)……213-10……二六〇
してん(支店)……505-18……四七三
してん(視点)……806-22……八七九
しでん(師伝)……602-49……六三〇
じてん(字典)……619-46……七五四
じてん(事典)……619-44……七五四
じてん(時点)……815-02……九四六
じてん(辞典)……619-44……七五四
じでん(自伝)……616-11……七二五
しと(使途)……812-03……九二七
しど(示度)……808-08……八八六
しとう(死闘)……509-09……四九九
しどう(私道)……705-21……七八一
しどう(始動)……814-11……九三三
しどう(指導)……602-20……六二五
しどう(祠堂)……604-64……六四八
じとう(自答)……613-52……七〇六
じどう(児童)……311-04……三四六
〃……602-79……六三六
じどうしゃ(自動車)……505-74……四八〇
しとしと……713-38……八一七
じとじと……713-67……八二一
しとど……713-68……八二二
しとやか……204-15……一七九
しな……205-07……一八五
しな(品)……420-05……四三二
〃……818-35……九九五
しない(市内)……705-06……七七八
しない(竹刀)……510-35……五一一
じない(寺内)……604-56……六四七
しなう……908-33……一〇六一
しながき(品書)……619-63……七五六
しながら(品柄)……818-35……九九五
しなさだめ(品定)……208-32……二一七
しなしな……001-31……七
しなびる……720-49……八四八
しなもの(品物)……420-05……四三二
しなやか……809-28……九〇四
シナリオ(英 scenario)……615-08……七一六
しなん(至難)……810-38……九一五
しなん(指南)……602-20……六二五
じなん(次男)……311-06……三四六
しにおくれる(死後)……301-08……三〇五
しにがみ(死神)……604-33……六四三
しにぎわ(死際)……304-28……三一八
しにそこなう(死損)……301-08……三〇五
しにどころ(死所)……304-34……三一九
しにはじ(死恥)……217-22……二八〇
しにばしょ(死場所)……304-34……三一九
しにめ(死目)……304-28……三一八
しにものぐるい(死物狂)……219-27……二九四
しにょう(屎尿)……016-07……二九
しにわかれる(死別)……516-23……五七一
しにん(死人)……304-27……三一八
じにん(自任)……217-03……二七六
じにん(自認)……517-62……五九三
じにん(辞任)……517-50……五九一
しぬ(死)……304-02……三一四
シネマ(フラ cinéma)……615-44……七二二
しのぐ(凌)……219-22……二九三
〃……818-38……九九六
シノニム(英 synonym)……607-14……六六〇
しのび(忍)……510-52……五一四
〃……514-24……五四九
しのびあい(忍逢)……307-02……三三七
しのびあし(忍足)……110-10……九〇
しのびこむ(忍込)……113-43……一一一
しのびなく(忍泣)……102-32……五九
しのびやか(忍－)……810-09……九〇九
しのぶ(忍)……219-22……二九三
〃……514-26……五四九
しのぶ(偲)……216-09……二六八
しはい(支配)……507-41……四八九
しばい(芝居)……615-02……七一五
しばいごや(芝居小屋)……615-26……七一九
しはいにん(支配人)……511-37……五二〇
じはく(自白)……612-52……六九二
しばしば……815-22……九五〇
じはだ(地肌)……012-02……二一
〃……702-04……七六七
しばたたく……103-32……六六
じはつてき(自発的)……201-49……一六二
しばふ(芝生)……720-28……八四五
しはらい(支払)……512-61……五三四
しはらう(支払)……512-60……五三四
しばらく……816-37……九七一
しばらくぶり……816-37……九七一
しばりあげる(縛上)……109-11……八一

しばりつける(縛付)……109-11……八一
しばる(縛)……109-11……八一
〃……520-59……六一四
しはん(師範)……602-77……六三五
じはん(事犯)……520-19……六〇七
じばん(地盤)……805-06……八六四
しひ(私費)……513-19……五四〇
しひ(詩碑)……708-13……七九二
じひ(自費)……513-19……五四〇
じひ(慈悲)……216-49……二七五
シビアー(英 severe)……205-23……一八八
じびき(字引)……619-44……七五四
〃……619-46……七五四
じひつ(自筆)……609-31……六七三
しびと(死人)……304-27……三一八
しひょう(指標)……608-01……六六三
しびょう(死病)……017-04……二九
じひょう(辞表)……610-34……六八〇
じびょう(持病)……017-01……二九
〃……201-17……一五五
シビリアン(英 civilian)……507-48……四九一
しびれる(痺)……111-12……九三
しふ(詩賦)……616-24……七二八
しぶ(支部)……505-18……四七三
じふ(自負)……217-03……二七六
しぶい(渋)……107-15……七六
しぶき……707-20……七八八
しふく(私服)……508-17……四九五
しふく(私腹)……512-54……五三二
しぶつ(私物)……420-07……四三三
じぶつ(事物)……820-01……一〇一一
じぶつ(持仏)……604-58……六四七
しぶとい……203-27……一七三
しぶる(渋)……220-27……三〇二
しぶん(詩文)……616-23……七二七
じふん(自刎)……304-22……三一七
じぶん(自分)……320-26……三六九
じぶん(時分)……815-04……九四七
じぶんかって(自分勝手)……203-35……一七五
じぶんじしん(自分自身)……320-26……三六九
しぶんしょ(私文書)……610-26……六七八
しへい(紙幣)……513-02……五三八
じべた(地-)……702-04……七六七
しべつ(死別)……516-23……五七一
しへん(詩編)……616-22……七二七
しべん(支弁)……512-61……五三四
しべん(至便)……519-05……六〇〇
じへん(事変)……518-03……五九八
じべん(自弁)……513-20……五四一
じぼ(慈母)……310-07……三四四
しほう(四方)……817-53……九八一
しほう(司法)……507-28……四八七
しぼう(死亡)……304-02……三一四
しぼう(脂肪)……407-14……三九一
じぼうじき(自暴自棄)……203-19……一七一
しほうはっぽう(四方八方)……817-53……九八一
しぼうゆ(脂肪油)……407-14……三九一
しぼつ(死没)……304-02……三一四
しぼむ……720-49……八四八
〃……908-26……一〇五八
しぼりあげる(-上)……109-30……八五
しぼりだす(-出)……109-30……八五
しぼりとる(-取)……109-30……八五
しぼる……109-30……八五
しほん(資本)……512-22……五二七
しほんきん(資本金)……512-22……五二七
しま(島)……702-07……七六八
〃……805-04……八六三
しま(縞)……614-22……七一〇
しまい……814-26……九三五
しまい(姉妹)……313-01……三四九
しまう……915-14……一〇九四
しまぐに(島国)……507-16……四八六
しまつ(始末)……120-04……一三七
〃……501-18……四四一
〃……814-61……九四三
しまる(締)……109-29……八五
じまわり(地回)……305-48……三三八
じまん(自慢)……217-01……二七六
じまんたらしい(自慢-)……217-15……二七八
じみ(地味)……501-19……四四一
じみ(滋味)……107-06……七五
〃……810-01……九〇八
しみじみ……209-63……二四二
しみず(清水)……704-24……七七七
じみち(地道)……201-27……一五七
しみったれ……201-64……一六五
しみる(染)……903-18……一〇二二
しみん(市民)……507-47……四九一
しむ……999-78……一一四三
じむ(事務)……502-04……四四三
じむかん(事務官)……503-18……四五四
しむける(仕向)……515-49……五六一
〃……517-80……五九七
しめ(締)……808-11……八八七
しめあげる(締上)……613-48……七〇五
しめい(氏名)……320-01……三六四
しめい(指名)……602-35……六二七
じめい(自明)……810-47……九一七
しめいとうひょう(指名投票)……507-39……四八九
しめかざり(注連飾)……605-28……六五四
しめきり(締切)……815-07……九四七
しめきる(閉切)……907-09……一〇五二
しめくくり(締括)……504-10……四六二
しめくくる(締括)……814-42……九三九
しめこみ(締込)……401-38……三七六
しめころす(絞殺)……520-37……六一〇
しめし(示)……602-21……六二五
じめじめ……713-67……八二一
しめす(示)……602-36……六二八
しめす(湿)……713-66……八二一
じめつく……713-66……八二一
しめつける(締付)……109-28……八五
しめっぽい(湿-)……713-67……八二一
しめて(締-)……808-14……八八七
しめなわ(-縄)……419-03……四二五
しめやか……210-25……二四七
しめりけ(湿気)……713-63……八二〇
しめる(占)……116-02……一二九
しめる(閉)……907-09……一〇五二
しめる(湿)……713-66……八二一
しめる(締)……109-28……八五
しめん(四面)……817-32……九七七
じめん(地面)……702-04……七六七
しも(下)……010-03……一八
〃……511-20……五一八
〃……817-17……九七四
しも(霜)……713-53……八一九
しもがれ(霜枯)……720-48……八四八
じもく(耳目)……303-02……三〇七
しもざ(下座)……511-20……五一八
しもて(下手)……511-20……五一八
〃……817-17……九七四

じもと(地元)……705-16……七八〇
しもばしら(霜柱)……713-53……八一九
しもべ(僕)……503-29……四五六
しもん(試問)……602-59……六三二
しもん(諮問)……613-42……七〇四
じもん(地紋)……614-21……七一〇
しゃ(社)……505-08……四七二
しや(視野)……103-23……六五
じゃあく(邪悪)……203-42……一七六
しゃあしゃあ……204-19……一八〇
ジャーナリスト(英 journalist)……616-48……七三一
ジャーナリズム(英 journalism)……619-03……七四七
シャープ(英 sharp)……207-48……二〇七
しゃい(謝意)……515-70……五六五
ジャイアント(英 giant)……305-39……三二六
しゃいん(社員)……503-03……四五二
しゃおん(謝恩)……515-70……五六五
しゃかい(社会)……506-01……四八二
しゃかいか(社会科)……601-04……六一八
しゃかいじぎょう(社会事業)……504-45……四七〇
しゃがみこむ……101-12……四四
しゃがむ……101-10……四三
しゃがれる……108-08……七八
しゃき(社規)……508-09……四九四
しゃき(社旗)……608-16……六六六
しゃきしゃき……204-11……一七八
じゃきょう(邪教)……604-07……六四〇
しゃく(酌)……409-08……三九六
じゃく(寂)……304-08……三一五
しゃくざい(借財)……115-30……一二五
しゃくし(杓子)……410-19……四〇二
じゃくしゃ(弱者)……305-56……三三〇
じゃくしょう(若少)……303-10……三〇九
じゃくする(寂)……304-05……三一四
じゃくたいか(弱体化)……914-15……一〇九〇
じゃぐち(蛇口)……419-31……四二九
じゃくてん(弱点)……818-09……九九〇
しゃくど(尺度)……804-06……八五八
じゃくねん(若年)……303-10……三〇九
じゃくはい(若輩)……303-11……三〇九
しゃくほう(釈放)……520-79……六一七
しゃくめい(釈明)……613-31……七〇一
じゃくめつ(寂滅)……304-07……三一五
しゃくや(借家)……411-09……四〇四
しゃくよう(借用)……115-28……一二四
しゃくりあげる……102-33……五九
じゃくれい(弱齢)……303-10……三〇九
しゃけい(舎兄)……313-04……三五〇
しゃげき(射撃)……510-41……五一二
ジャケット(英 jacket)……401-14……三七三
じゃけん(邪慳)……205-16……一八七
しゃこう(社交)……515-01……五五〇
しゃこうかい(社交界)……506-03……四八三
しゃこうじれい(社交辞令)……205-34……一九一
しゃざい(謝罪)……515-73……五六六
しゃさつ(射殺)……520-38……六一一
しゃし(社史)……616-18……七二七
しゃし(斜視)……004-08……一二
しゃし(奢侈)……501-20……四四一
しゃじつ(写実)……614-09……七〇八
しゃしゃらくらく(洒洒落落)……205-06……一八五
しゃしゃりでる(-出)……205-30……一九〇
じゃしゅう(邪宗)……604-07……六四〇
しゃしょう(捨象)……806-02……八七五
しゃしょく(社稷)……507-01……四八四
じゃすい(邪推)……208-55……二二二
しゃする(謝)……515-73……五六六
しゃせい(写生)……614-07……七〇八
しゃぜつ(謝絶)……517-66……五九四
しゃたい(車体)……505-74……四八〇
しゃたく(社宅)……411-15……四〇四
しゃだつ(洒脱)……810-25……九一二
しゃだん(遮断)……903-54……一〇三一
しゃちょう(社長)……511-31……五一九
シャツ(英 shirt)……401-34……三七五
しゃっかん(借款)……115-30……一二五
じゃっかん(若干)……808-56……八九六
じゃっかん(弱冠)……303-10……三〇九
〃……303-23……三一二
しゃっきん(借金)……115-30……一二五
しゃっくり……014-09……二五
じゃっこく(弱国)……507-07……四八五
ジャッジ(英 judge)……620-35……七六二
シャッター(英 shutter)……417-07……四一九
シャットアウト(英 shutout)……120-53……一四六
しゃてい(舎弟)……313-07……三五〇
しゃどう(車道)……705-18……七八〇
シャトー(フランス château)……510-45……五一三
しゃなりしゃなり……110-13……九一
じゃねん(邪念)……209-20……二三三
じゃのめがさ(蛇-目傘)……403-15……三八〇
しゃば(娑婆)……506-05……四八三
しゃばけ(娑婆気)……218-25……二八七
しゃひん(社賓)……516-63……五八〇
しゃふつ(煮沸)……408-09……三九四
しゃぶる……106-06……七二
シャベル(英 shovel)……505-32……四七五
しゃべる……612-01……六八三
じゃほう(邪法)……604-07……六四〇
しゃほん(写本)……619-32……七五二
じゃま(邪魔)……519-11……六〇一
じゃまだて(邪魔-)……519-11……六〇一
しゃむ(社務)……502-05……四四三
しゃめん(赦免)……520-80……六一七
しゃめん(斜面)……817-60……九八三
しゃもじ……410-19……四〇二
しゃもん(沙門)……604-65……六四八
しゃよう(斜陽)……701-10……七六六
しゃらく(洒落)……205-06……一八五
しゃらくさい……217-19……二七九
じゃらす……101-39……四九
しゃり……407-06……三九〇
じゃり……311-05……三四六
じゃり(砂利)……709-05……七九三
しゃりょう(車両)……505-74……四八〇
しゃれ(洒落)……612-58……六九三
しゃれい(謝礼)……515-71……五六六
しゃれき(社歴)……616-18……七二七
しゃれっけ(洒落気)……217-08……二七七
しゃれる……217-10……二七七
じゃれる……101-39……四九
シャワー(英 shower)……414-01……四一二
シャン(ドイツ schön)……306-10……三三四
ジャングル(英 jungle)……720-44……八四七

ジャンパー（英 jumper）……401-18……三七四
ジャンプ（英 jump）……110-05……八九
シャンプー（英 shampoo）……405-15……三八六
ジャンボ（アメリカ jumbo）……809-03……九〇〇
ジャンル（フランス genre）……804-12……八五九
しゅ（主）……802-14……八五五
しゅ（種）……804-12……八五九
しゅい（首位）……814-04……九三二
しゅい（趣意）……805-55……八七四
しゅいん（朱印）……608-10……六六五
じゅいん（樹陰）……817-89……九八九
しゅう（周）……817-33……九七七
しゅう（週）……711-17……八〇〇
しゆう（私有）……116-07……一三〇
しゆう（雌雄）……306-01……三三一
〃……620-02……七五七
じゅう（十）……808-02……八八五
じゅう（銃）……510-21……五〇九
じゆう（自由）……520-83……六一七
しゅうい（周囲）……817-33……九七七
しゅうい（秋意）……710-15……七九六
しゅうい（拾遺）……913-04……一〇七九
しゅういつ（秀逸）……818-41……九九六
じゅういつ（充溢）……913-26……一〇八四
しゅうう（秋雨）……713-28……八一六
しゅうう（驟雨）……713-31……八一六
しゅうえき（収益）……512-47……五三一
しゅうえき（就役）……502-06……四四三
しゅうえん（周縁）……817-33……九七七
しゅうえん（終焉）……304-28……三一八
〃……814-29……九三六
しゅうえん（終演）……615-24……七一九
じゅうおう（縦横）……203-40……一七六
じゅうおうむじん（縦横無尽）……203-40……一七六
じゅうか（銃火）……509-03……四九八
しゅうかい（周回）……817-33……九七七
しゅうかい（集会）……504-31……四六八
しゅうかく（収穫）……505-25……四七四
〃……818-26……九九四
しゅうがく（修学）……602-05……六二二
しゅうがく（就学）……602-57……六三一
しゅうかん（収監）……520-69……六一五
しゅうかん（週間）……711-17……八〇〇
しゅうかん（習慣）……606-03……六五五
じゅうかん（重患）……017-03……二九
じゅうかん（縦貫）……904-52……一〇四一
しゅうき（周忌）……605-20……六五三
しゅうき（周期）……815-06……九四七
しゅうき（秋気）……710-15……七九六
しゅうき（臭気）……105-10……七〇
しゅうき（秋季）……710-12……七九五
しゅうき（秋期）……710-12……七九五
しゅうき（終期）……815-56……九五九
しゅうぎ（祝儀）……513-32……五四三
〃……605-08……六五一
じゅうき（什器）……417-01……四一八
じゅうき（銃器）……510-21……五〇九
しゅうぎいん（衆議院）……507-30……四八八
しゅうきゅう（週給）……513-23……五四一
じゅうきょ（住居）……411-02……四〇二
しゅうきょう（宗教）……604-01……六三九
しゅうぎょう（就業）……502-06……四四三
じゅうぎょう（従業）……502-07……四四四
しゅうきょく（終局）……617-15……七三四
〃……814-29……九三六
しゅうきょく（終極）……814-33……九三七
しゅうきん（集金）……512-72……五三六
じゅうきんぞく（重金属）……420-16……四三五
しゅうく（秀句）……611-12……六八二
じゅうぐん（従軍）……509-30……五〇二
しゅうけい（集計）……808-11……八八七
しゅうげき（襲撃）……509-13……五〇〇
じゅうげき（銃撃）……510-41……五一二
しゅうけつ（終結）……814-48……九四〇
しゅうけつ（集結）……504-05……四六一
じゅうけつ（充血）……018-09……三五
しゅうげん（祝言）……308-15……三四一
じゅうけん（銃剣）……510-32……五一一
しゅうこう（舟航）……505-55……四七八
しゅうこう（修好）……515-33……五五八
しゅうこう（醜行）……520-28……六〇九
しゅうごう（集合）……504-05……四六一
じゅうこう（銃口）……510-26……五一〇
じゅうこうぎょう（重工業）……505-06……四七一
しゅうさい（収載）……619-16……七五〇
しゅうさい（秀才）……305-09……三二一
じゅうざい（重罪）……520-18……六〇七
しゅうさく（秀作）……616-44……七三一
じゅうさつ（銃殺）……520-38……六一一
しゅうさん（集散）……904-01……一〇三一
しゅうし（収支）……512-65……五三四
しゅうし（終始）……815-23……九五一
〃……903-38……一〇二八
しゅうじ（修辞）……611-02……六八一
しゅうじ（習字）……614-47……七一四
じゅうし（重視）……517-03……五八二
じゅうじ（住持）……604-67……六四八
じゅうじ（従事）……502-07……四四四
じゆうし（自由詩）……616-22……七二七
じゅうしちもじ（十七文字）……616-27……七二八
しゅうじつ（終日）……711-34……八〇三
じゅうじつ（充実）……913-26……一〇八四
しゅうしふ（終止符）……608-05……六六四
しゅうじゅ（収受）……115-02……一一九
しゅうしゅう（収拾）……120-01……一三六
しゅうしゅう（収集）……504-03……四六〇
しゅうしゅく（収縮）……908-27……一〇五九
しゅうじゅく（習熟）……207-19……二〇二
じゅうじゅつ（柔術）……620-52……七六四
じゅうじゅん（柔順）……201-29……一五八
しゅうじょ（醜女）……306-12……三三四
じゅうしょ（住所）……817-72……九八五
しゅうしょう（周章）……210-46……二五一
しゅうしょう（終章）……610-10……六七五
しゅうしょう（就床）……112-03……九七
しゅうしょう（愁傷）……210-40……二五〇
じゅうしょう（重症）……017-03……二九
じゅうしょう（重傷）……017-27……三三
しゅうしょく（秋色）……710-15……七九六
しゅうしょく（修飾）……611-05……六八一
しゅうしょく（就職）……502-06……四四三
じゅうしょく（住職）……604-67……六四八
じゅうしょく（重職）……502-11……四四四
じゅうじろ（十字路）……705-38……七八三
しゅうしん（執心）……203-25……一七三
しゅうしん（終身）……302-04……三〇七
しゅうしん（就寝）……112-03……九七
しゅうじん（囚人）……520-76……六一六
しゅうじん（衆人）……808-65……八九八
じゅうしん（重心）……808-30……八九〇
シューズ（英 shoes）……403-12……三七九
しゅうする（修）……602-03……六二二
しゅうせい（修正）……416-15……四一六

しゅうせい（終生）……302-04……三〇七
しゅうせい（習性）……201-14……一五四
しゅうせい（集成）……504-10……四六二
しゅうぜい（収税）……115-05……一一九
じゅうせい（銃声）……717-05……八三八
じゅうぜい（重税）……513-40……五四四
しゅうせき（集積）……904-08……一〇三三
じゅうせき（重責）……508-28……四九七
しゅうせん（周旋）……515-31……五五七
しゅうぜん（修繕）……416-15……四一六
じゅうぜん（十全）……819-16……一〇〇〇
じゅうそう（重層）……906-19……一〇五〇
じゅうそう（縦走）……904-52……一〇四一
しゅうそく（終息）……814-48……九四〇
しゅうぞく（習俗）……606-02……六五五
じゅうぞく（従属）……516-32……五七三
じゅうぞくこく（従属国）……507-10……四八五
しゅうたい（醜態）……001-17……一五
じゅうたい（重体）……017-05……二九
じゅうたい（渋滞）……814-73……九四五
じゅうたい（縦隊）……904-24……一〇三五
じゅうだい（重代）……314-21……三五四
じゅうたく（住宅）……411-02……四〇二
しゅうだつ（収奪）……115-04……一一九
しゅうたん（愁嘆）……210-56……二五四
しゅうだん（集団）……504-30……四六七
じゅうだん（銃弾）……510-24……五一〇
じゅうだん（縦断）……904-51……一〇四一
しゅうち（周知）……619-12……七四九
しゅうち（羞恥）……217-22……二八〇
しゅうち（衆知）……207-32……二〇五
しゅうちゃく（執着）……203-25……一七三
しゅうちゅう（集中）……904-02……一〇三一
じゅうちん（重鎮）……511-07……五一六
しゅうてい（舟艇）……505-57……四七八
しゅうてい（修訂）……610-21……六七七
しゅうてん（終点）……814-27……九三六
じゅうてん（充塡）……913-04……一〇七九
じゅうてん（重点）……802-15……八五五
じゅうでん（充電）……418-13……四二四
しゅうと（宗徒）……604-76……六四九
しゅうと（舅）……310-11……三四五
しゅうとう（周到）……203-04……一六八
じゅうどう（柔道）……620-52……七六四
しゅうどういん（修道院）……604-63……六四八
しゅうどうじょ（修道女）……604-69……六四九
しゅうとく（拾得）……115-03……一一九
しゅうとく（修得）……602-04……六二二
しゅうとく（習得）……602-04……六二二
しゅうとめ（姑）……310-06……三四四
じゅうなん（柔軟）……809-28……九〇四
じゅうにぶん（十二分）……819-17……一〇〇一
しゅうにゅう（収入）……512-74……五三六
しゅうにん（就任）……502-06……四四三
じゅうにん（住人）……507-49……四九一
しゅうねん（周年）……711-03……七九八
しゅうねん（執念）……220-05……二九七
しゅうのう（収納）……906-15……一〇四九
じゅうはちばん（十八番）……207-17……二〇二
しゅうばん（週番）……502-30……四四八
しゅうばん（終盤）……617-15……七三四
じゅうはん（重犯）……520-20……六〇七
じゅうはん（重版）……619-19……七五〇
じゅうびょう（重病）……017-03……二九
しゅうふ（醜婦）……306-12……三三四
しゅうふう（秋風）……713-48……八一八
しゅうふく（修復）……416-15……四一六
しゅうぶん（醜聞）……618-21……七四四
じゅうぶん（十分）……819-17……一〇〇一
しゅうへき（習癖）……201-17……一五五
しゅうへん（周辺）……817-33……九七七
しゅうまく（終幕）……615-15……七一七
しゅうまつ（終末）……814-29……九三六
じゅうまん（充満）……913-26……一〇八四
しゅうみん（就眠）……112-03……九七
じゅうみん（住民）……507-49……四九一
しゅうむ（宗務）……502-05……四四三
しゅうめい（醜名）……618-21……七四四
しゅうめい（襲名）……315-09……三五六
じゅうめん（渋面）……102-13……五六
しゅうもく（衆目）……103-07……六二
じゅうもく（十目）……103-07……六二
じゅうもつ（什物）……417-01……四一八
しゅうや（終夜）……711-51……八〇六
しゅうやく（集約）……504-10……四六二
じゅうやく（重役）……511-32……五一九
しゅうゆう（周遊）……617-32……七三七
しゅうよう（修養）……602-06……六二二
じゅうよう（重要）……818-21……九九二
しゅうらい（襲来）……509-23……五〇一
じゅうらい（従来）……816-13……九六四
しゅうらく（集落）……705-10……七七九
しゅうり（修理）……416-15……四一六
しゅうりょう（修了）……602-66……六三三
しゅうりょう（終了）……814-46……九四〇
じゅうりょう（重量）……808-30……八九〇
じゅうりん（蹂躙）……909-06……一〇六八
じゅうるい（獣類）……719-03……八四〇
しゅうれい（秀麗）……206-07……一九六
しゅうれい（秋冷）……712-11……八〇九
しゅうれん（修練）……602-07……六二三
しゅうれん（習練）……602-02……六二二
しゅうろう（就労）……502-06……四四三
じゅうろうどう（重労働）……502-45……四五一
しゅうろく（収録）……619-16……七五〇
しゅうろく（集録）……619-16……七五〇
しゅうわい（収賄）……513-31……五四二
しゅえい（守衛）……509-54……五〇六
しゅえん（主演）……615-21……七一八
しゅえん（酒宴）……409-23……三九八
しゅか（酒家）……409-13……三九七
じゅかい（樹海）……720-45……八四八
しゅかく（主客）……511-44……五二一
しゅかく（酒客）……409-13……三九七
しゅかん（主観）……806-03……八七五
しゅかん（首巻）……610-08……六七五
しゅがん（主眼）……802-15……八五五
しゅかんてき（主観的）……209-23……二三三
しゅき（手記）……616-14……七二六
しゅき（酒器）……410-03……三九九
しゅぎ（主義）……806-15……八七七
じゅきゅう（需給）……512-43……五三一
しゅぎょう（修行）……602-06……六二二
しゅぎょう（修業）……602-06……六二二
じゅぎょう（授業）……602-70……六三四
しゅきん（手巾）……402-07……三七七
じゅく（塾）……602-54……六三一
しゅくうん（宿運）……604-14……六四一
しゅくえん（祝宴）……409-25……三九九
しゅくえん（宿縁）……604-13……六四〇
しゅくが（祝賀）……605-09……六五二
しゅくがん（宿願）……218-07……二八三
じゅくご（熟語）……607-36……六六二

しゅくさいじつ(祝祭日)……605-06……六五一
じゅくし(熟視)……103-04……六一
しゅくじつ(祝日)……605-06……六五一
しゅくしゃ(宿舎)……411-15……四〇四
〃……503-38……四五七
しゅくしゅく(粛粛)……810-53……九一九
しゅくじょ(淑女)……306-08……三三三
しゅくしょ(宿所)……503-38……四五七
しゅくしょう(縮小)……908-27……一〇五九
しゅくず(縮図)……611-06……六八一
しゅくすい(宿酔)……409-20……三九八
じゅくすい(熟睡)……112-09……九七
じゅくする(熟)……720-38……八四六
しゅくせ(宿世)……604-45……六四五
しゅくだい(宿題)……602-12……六二三
じゅくたつ(熟達)……207-19……二〇二
しゅくちょく(宿直)……502-30……四四八
しゅくてき(宿敵)……516-67……五八一
しゅくてん(祝典)……605-08……六五一
じゅくどく(熟読)……609-05……六六九
じゅくねん(熟年)……303-18……三一一
しゅくはい(祝杯)……409-12……三九七
しゅくはく(宿泊)……617-37……七三八
しゅくへい(宿弊)……606-18……六五七
しゅくほう(祝砲)……510-27……五一〇
じゅくみん(熟眠)……112-09……九七
しゅくめい(宿命)……604-14……六四一
じゅくりょ(熟慮)……208-07……二一一
じゅくれん(熟練)……207-19……二〇二
しゅくん(殊勲)……520-01……六〇四
しゅげい(手芸)……405-01……三八四
じゅけい(受刑)……520-68……六一五
じゅけいしゃ(受刑者)……520-76……六一六
しゅけん(主権)……508-24……四九六
じゅけん(受験)……602-59……六三三
しゅけんざいみん(主権在民)……507-26……四八七
しゅご(守護)……120-36……一四三
しゅこう(趣向)……208-21……二一四
しゅごう(酒豪)……409-13……三九七
しゅこうぎょう(手工業)……505-06……四七一
しゅざ(首座)……511-08……五一六
しゅさい(主催)……615-18……七一八
しゅさんち(主産地)……705-17……七八〇
しゅし(主旨)……805-55……八七四
しゅし(種子)……720-03……八四二
しゅし(趣旨)……805-55……八七四
しゅしゃ(取捨)……118-04……一三三
しゅじゅ(種種)……804-16……八六〇
しゅじゅう(主従)……511-44……五二一
しゅじゅつ(手術)……020-06……三八
じゅじゅつ(呪術)……615-52……七二三
しゅしょう(主将)……510-07……五〇七
〃……620-30……七六一
しゅしょう(主唱)……612-29……六八八
しゅしょう(首相)……507-32……四八八
しゅしょう(首唱)……612-29……六八八
しゅしょう(殊勝)……201-37……一五九
しゅしょく(主食)……407-02……三八九
しゅしょく(酒食)……406-02……三八七
しゅじん(主人)……309-11……三四三
〃……511-38……五二〇
〃……511-40……五二一
じゅしん(受信)……618-45……七四七
じゅしん(受診)……020-05……三七
しゅじんこう(主人公)……616-46……七三一
じゅすい(入水)……304-23……三一七
じゅする(誦)……612-44……六九〇
しゅせい(守勢)……801-15……八五二
じゅせい(受精)……719-12……八四一
しゅせき(首席)……511-08……五一六
しゅせき(酒席)……409-24……三九九
しゅせん(酒仙)……409-13……三九七
しゅぜん(鬚髯)……007-05……一四
じゅそ(呪詛)……604-30……六四三
しゅぞく(種族)……507-51……四九二
しゅたい(主体)……802-11……八五四
しゅだい(主題)……612-56……六九二
じゅたい(受胎)……019-01……三五
しゅたく(手沢)……015-09……二七
じゅだく(受諾)……517-62……五九三
しゅだん(手段)……812-01……九二六
しゅちゅう(手中)……116-03……一二九
しゅちょう(主張)……612-30……六八八
しゅちょう(主潮)……208-14……二一二
しゅつえん(出演)……615-21……七一八
しゅっか(出火)……714-02……八三三
しゅつがん(出願)……613-39……七〇三
しゅつぎょ(出御)……504-15……四六三
しゅっきん(出勤)……502-25……四四七
しゅっけ(出家)……604-65……六四八
じゅっけい(術計)……812-01……九二六
しゅつげき(出撃)……509-13……五〇〇
しゅっけつ(出欠)……502-32……四四八
しゅっけつ(出血)……018-06……三五
しゅつげん(出現)……514-11……五四六
しゅっこう(出向)……502-28……四四八
しゅっこう(出航)……505-52……四七七
しゅっこう(出港)……505-52……四七七
じゅっこう(熟考)……208-07……二一一
じゅっさく(述作)……616-34……七二九
じゅっさく(術策)……208-26……二一五
しゅっさん(出産)……019-03……三六
しゅっし(出資)……512-24……五二七
しゅつじ(出自)……316-04……三五七
しゅっしゃ(出社)……502-25……四四七
しゅっしょ(出所)……316-04……三五七
〃……502-25……四四七
しゅっしょう(出生)……019-04……三六
しゅつじょう(出場)……504-15……四六三
しゅっしょく(出色)……818-41……九九六
しゅっしん(出身)……316-04……三五七
しゅつじん(出陣)……509-30……五〇二
しゅっすい(出水)……319-09……三六三
しゅっする(卒)……304-05……三一四
しゅっせ(出世)……517-39……五八九
しゅっせい(出征)……509-30……五〇二
しゅっせき(出席)……504-15……四六三
しゅっせん(出船)……505-52……四七七
しゅったい(出来)……911-09……一〇七四
しゅっちょうじょ(出張所)……505-18……四七三
しゅってん(出典)……802-08……八五四
しゅっとう(出頭)……504-15……四六三
しゅつどう(出動)……814-16……九三四
しゅつにゅう(出入)……113-46……一一一
しゅつば(出馬)……507-38……四八九
しゅっぱつ(出発)……814-16……九三四
しゅっぱん(出帆)……505-52……四七七
しゅっぱん(出版)……619-17……七五〇
しゅっぱんしゃ(出版社)……619-26……七五一
しゅっぴ(出費)……512-64……五三四
しゅっぴん(出品)……615-20……七一八
しゅっぺい(出兵)……509-28……五〇二
しゅつぼつ(出没)……113-26……一〇七

しゅっぽん(出奔)……113-25……一〇七
しゅつりょう(出漁)……505-70……四八〇
しゅと(首都)……705-04……七七八
しゅと(酒徒)……516-49……五七七
しゅとう(手套)……403-10……三七九
しゅどうけん(主導権)……508-24……四九六
しゅとく(取得)……115-03……一一九
しゅとして(主－)……805-14……八六五
じゅなん(受難)……519-22……六〇三
ジュニア(英 junior)……311-12……三四七
じゅにゅう(授乳)……013-07……二四
しゅにん(主任)……305-12……三三二
しゅのう(首脳)……511-07……五一六
じゅのう(受納)……115-02……一一九
しゅはい(酒杯)……409-27……三九九
しゅはん(首班)……511-08……五一六
しゅび(守備)……120-43……一四四
しゅび(首尾)……814-61……九四三
じゅひ(樹皮)……720-17……八四四
しゅひん(主賓)……516-63……五八〇
しゅふ(主婦)……309-06……三四二
しゅふ(首府)……705-04……七七八
しゅぶ(主部)……802-11……八五四
しゅへい(手兵)……510-12……五〇八
しゅほう(手法)……614-04……七〇八
しゅみ(趣味)……216-17……二六九
〃……617-01……七三二
じゅみょう(寿命)……301-02……三〇四
しゅもく(種目)……820-03……一〇一二
じゅもく(樹木)……720-15……八四四
しゅやく(主役)……615-31……七二〇
じゅよ(授与)……115-14……一二一
しゅよう(主要)……802-14……八五五
じゅよう(受容)……517-62……五九三
じゅよう(需要)……512-44……五三一
しゅらん(酒乱)……409-21……三九八
じゅり(受理)……115-02……一一九
しゅりけん(手裏剣)……510-32……五一一
じゅりつ(樹立)……911-05……一〇七三
しゅりゅう(主流)……504-38……四六九
しゅりょう(首領)……511-39……五二〇
じゅりょう(受領)……115-02……一一九
じゅりょうしょ(受領書)……610-30……六七九
じゅりん(樹林)……720-45……八四八
しゅるい(酒類)……409-01……三九五
しゅるい(種類)……804-12……八五九
じゅわき(受話器)……419-09……四二五
しゅわん(手腕)……207-14……二〇一
しゅん(旬)……815-55……九五八
じゅん(純)……201-56……一六四
〃……810-37……九一五
じゅん(順)……817-71……九八五
じゅんい(順位)……817-71……九八五
じゅんいつ(純一)……810-37……九一五
しゅんえい(俊英)……207-40……二〇六
じゅんえき(純益)……512-51……五三二
じゅんえん(順延)……814-70……九四五
じゅんか(純化)……908-48……一〇六四
じゅんか(醇化)……602-24……六二五
じゅんかい(巡回)……509-50……五〇五
〃……617-33……七三七
しゅんかしゅうとう(春夏秋冬)……710-01……七九四
しゅんかん(春寒)……712-15……八一〇
しゅんかん(瞬間)……815-32……九五三
じゅんかん(循環)……912-13……一〇七八
しゅんき(春季)……710-03……七九四
しゅんき(春期)……710-03……七九四
じゅんきょ(準拠)……802-07……八五三
じゅんきょう(殉教)……304-21……三一六
じゅんぎょう(巡業)……615-17……七一八
じゅんぐりに(順繰－)……815-29……九五二
しゅんけつ(俊傑)……305-14……三三二
じゅんけつ(純潔)……201-20……一五六
しゅんけん(峻険)……706-07……七八五
じゅんけん(巡見)……509-50……五〇五
しゅんこう(竣工)……416-08……四一五
じゅんこう(巡行)……617-33……七三七
じゅんさ(巡査)……508-17……四九五
しゅんさい(俊才)……305-09……三三一
じゅんさつ(巡察)……509-52……五〇五
しゅんじ(瞬時)……815-32……九五三
じゅんし(殉死)……304-22……三一七
じゅんじ(順次)……815-29……九五二
じゅんしゅ(遵守)……516-33……五七三
しゅんしゅう(俊秀)……207-40……二〇六
しゅんじゅう(春秋)……303-03……三〇八
しゅんじゅん(逡巡)……220-28……三〇二
じゅんじゅんに(順順－)……815-29……九五二
じゅんじょ(順序)……817-71……九八五
じゅんじょう(純情)……201-34……一五九
じゅんしょく(殉職)……304-21……三一六
じゅんしょく(潤色)……616-37……七三〇
じゅんしん(純真)……201-34……一五九
じゅんすい(純粋)……201-56……一六四
〃……810-37……九一五
じゅんずる(準)……802-07……八五三
じゅんせい(純正)……807-10……八八一
じゅんぜん(純然)……810-37……九一五
しゅんそく(駿足)……110-08……九〇
じゅんたく(潤沢)……808-41……八九三
しゅんだん(春暖)……710-07……七九五
じゅんちょう(順調)……519-03……五九九
しゅんとう(春闘)……502-35……四四九
じゅんなん(殉難)……304-21……三一六
じゅんのう(順応)……818-14……九九一
じゅんぱく(純白)……716-16……八三五
じゅんばん(順番)……817-71……九八五
じゅんび(準備)……120-21……一四〇
しゅんびん(俊敏)……207-47……二〇七
じゅんぷう(順風)……713-47……八一八
しゅんぷうたいとう(春風駘蕩)……713-51……八一九
じゅんぽう(遵法)……516-33……五七三
じゅんぼく(純朴)……201-24……一五六
じゅんら(巡邏)……509-50……五〇五
じゅんり(純利)……512-51……五三二
しゅんれい(峻嶺)……702-30……七七一
じゅんれき(巡歴)……617-33……七三七
しゅんれつ(峻烈)……205-21……一八八
しょ(書)……619-28……七五二
しょ(署)……504-42……四七〇
しょ(緒)……814-15……九三三
じょ(序)……610-05……六七五
〃……615-12……七一七
じよ(自余)……912-06……一〇七七
しょい(所為)……114-04……一一三
しょいこむ(－込)……517-65……五九四
しょいん(所員)……503-03……四五二
しょいん(署員)……503-03……四五二
しょう(性)……201-07……一五三
しょう(省)……504-42……四七〇
しょう(章)……610-12……六七六
しょう(衝)……706-08……七八五
しょう(賞)……520-12……六〇六
しよう(仕様)……812-01……九二六

しよう(私用)……820-09……一〇一三
しよう(使用)……117-02……一三一
しよう(枝葉)……820-07……一〇一二
じょう(情)……209-04……二三〇
″……216-43……二七四
じょう(嬢)……306-07……三三三
じょう(錠)……419-25……四二八
じよう(滋養)……020-10……三八
じょうあい(情愛)……216-02……二六六
しょうい(小異)……919-02……一一〇五
しょういん(証印)……608-10……六六五
しょうう(小雨)……713-30……八一六
じょうえい(上映)……615-45……七三二
しょうえん(硝煙)……714-22……八二七
じょうえん(上演)……615-22……七一九
じょうおん(常温)……712-03……八〇七
しょうか(昇華)……707-23……七八九
しょうか(消化)……106-15……七三
しょうか(消火)……714-16……八二六
しょうか(消夏)……710-11……七九五
じょうか(浄化)……908-48……一〇六四
しょうかい(紹介)……515-28……五五七
しょうかい(照会)……613-44……七〇四
しょうかい(詳解)……602-42……六二九
しょうがい(生涯)……302-02……三〇六
しょうがい(渉外)……613-21……六九九
しょうがい(傷害)……017-26……三二
しょうがい(障害)……519-11……六〇一
じょうがい(場外)……817-86……九八八
しょうかく(昇格)……517-40……五八九
しょうがく(少額)……513-04……五三八
じょうかく(城郭)……510-45……五一三
しょうがつ(正月)……710-19……七九六
しょうかん(小官)……503-19……四五四
しょうかん(召喚)……516-12……五六九
しょうかん(償還)……115-38……一二六
しょうがん(賞翫)……107-02……一七四
じょうかん(上官)……511-09……五一六
しょうき(小器)……207-06……二〇〇
しょうき(正気)……209-08……二三一
しょうぎ(将棋)……617-13……七三四
じょうき(上気)……210-03……二四二
じょうき(常軌)……812-06……九二八
じょうき(蒸気)……707-25……七八九
じょうぎ(定規)……804-06……八五八
じょうきげん(上機嫌)
……209-06……二三〇
しょうぎだおし(将棋倒)
……902-06……一〇一七
しょうきゃく(消却)……913-15……一〇八二
しょうきゃく(償却)……115-38……一二六
じょうきゃく(上客)……516-62……五八〇
じょうきゃく(乗客)……516-64……五八〇
じょうきゃく(常客)……516-62……五八〇
しょうきゅう(昇級)……517-40……五八九
じょうきゅう(上級)……819-05……九九九
しょうきゅうし(小休止)
……020-18……四〇
しょうきょ(消去)……913-15……一〇八二
しょうきょう(商況)……512-69……五三五
しょうぎょう(商業)……512-02……五二三
じょうきょう(上京)……817-69……九八五
じょうきょう(状況)……801-01……八四九
しょうきょくてき(消極的)
……205-50……一九四
しょうきん(賞金)……520-15……六〇七
じょうきん(常勤)……502-26……四四七
しょうく(章句)……607-36……六六二
しょうぐん(将軍)……510-07……五〇七
じょうげ(上下)……903-06……一〇二〇
しょうけい(小径)……705-20……七八一
しょうけい(少憩)……020-18……四〇
しょうけい(勝景)……708-05……七九二
しょうけい(憧憬)……218-05……二八三
じょうけい(情景)……708-02……七九一
しょうげき(笑劇)……615-04……七一五
しょうげき(衝撃)……209-34……二三六
″……916-03……一〇九五
しょうげん(証言)……806-18……八七八
じょうけん(条件)……820-04……一〇一二
じょうげん(上弦)……701-14……七六六
しょうこ(証拠)……806-19……八七八
しょうご(正午)……711-41……八〇四
じょうこ(上古)……816-07……九六三
じょうご(上戸)……409-15……三九七
しょうこう(小康)……810-20……九一一
しょうこう(小稿)……610-17……六七六
しょうこう(昇降)……903-07……一〇二〇
しょうこう(商港)……505-64……四七九
しょうごう(照合)……601-16……六二〇
じょうこう(条項)……820-03……一〇一二
じょうこう(乗降)……113-55……一一三
じょうこう(情交)……307-06……三三七
しょうこく(小国)……507-07……四八五
しょうごく(生国)……705-14……七七九
じょうこく(上告)……508-19……四九五
じょうごや(定小屋)……615-26……七一九
しょうこん(商魂)……209-17……二三三
しょうこん(傷痕)……017-23……三二
しょうさ(小差)……919-04……一一〇五
しょうさ(証左)……806-19……八七八
じょうざ(上座)……511-19……五一七
しょうさい(詳細)……809-43……九〇七
しょうさっし(小冊子)
……619-50……七五四
しょうさん(消散)……913-21……一〇八三
しょうさん(称賛)……520-05……六〇五
しょうさん(勝算)……208-60……二二三
しょうし(頌詞)……520-11……六〇六
しょうし(賞詞)……520-11……六〇六
しょうじ(小事)……820-07……一〇一二
しょうじ(少時)……815-38……九五四
しょうじ(頌辞)……520-11……六〇六
しょうじ(障子)……417-08……四二〇
しょうじ(賞辞)……520-11……六〇六
じょうし(上司)……511-09……五一六
じょうし(上梓)……619-17……七五〇
じょうし(城址)……708-12……七九二
じょうし(情死)……304-26……三一七
じょうじ(情事)……307-03……三三七
じょうじ(常時)……815-23……九五一
しょうじき(正直)……201-18……一五五
じょうしき(常識)……207-25……二〇三
じょうしきまく(定式幕)
……615-29……七二〇
しょうしつ(消失)……913-21……一〇八三
しょうしつ(焼失)……714-15……八二六
じょうしつ(上質)……819-06……九九九
しょうしみん(小市民)
……511-11……五一六
しょうしゃ(小社)……505-08……四七二
しょうしゃ(商社)……505-10……四七二
しょうしゃ(勝者)……620-21……七五九
しょうしゃ(照射)……715-24……八三二
しょうしゃ(瀟洒)……206-06……一九六
しようしゃ(使用者)……512-15……五二六
じょうしゃ(乗車)……113-52……一一二
じょうしゅ(情趣)……810-01……九〇八
じょうじゅ(成就)……814-36……九三八
しょうしゅう(召集)……516-08……五六八

しょうしゅう(招集)……516-08……五六八
しょうじゅう(小銃)……510-21……五〇九
じょうしゅう(常習)……201-14……一五四
じょうじゅう(常住)……119-02……一二四
しょうしゅつ(抄出)……609-19……六七一
しょうじゅつ(詳述)……612-13……六八五
じょうじゅん(上旬)……711-14……七九九
しょうしょ(消暑)……710-11……七九五
しょうしょ(証書)……610-27……六七八
しょうじょ(少女)……306-03……三三二
しょうしょう(少少)……808-48……八九四
しょうじょう(症状)……017-11……三〇
しょうじょう(賞状)……610-33……六七九
じょうしょう(上昇)……903-04……一〇一九
じょうしょう(常勝)……620-14……七五八
じょうじょう(嫋嫋)……713-51……八一九
しょうじる(生)……911-06……一〇七四
じょうじる(乗)……515-44……五六〇
しょうしん(小心)……201-50……一六二
しょうしん(昇進)……517-40……五八九
しょうしん(傷心)……210-56……二五四
しょうじん(小人)……305-55……三三〇
しょうじん(精進)……219-13……二九一
じょうしん(上申)……613-24……七〇〇
じょうじん(情人)……307-11……三三八
じょうず(上手)……818-39……九九六
しょうすい(小水)……016-04……二八
しょうずい(祥瑞)……318-03……三五九
じょうすいち(浄水池)……707-07……七八六
しょうすう(少数)……808-62……八九七
しょうする(称)……320-11……三六五
しょうする(頌)……520-10……六〇六
しょうする(賞)……520-10……六〇六
しょうせい(小生)……320-25……三六八
しょうせい(招請)……516-08……五六八
じょうせい(上製)……910-10……一〇七二
じょうせい(情勢)……801-01……八四九
じょうせい(醸成)……409-02……三九六
じょうせき(上席)……511-19……五一七
じょうせき(定石)……812-01……九二六
しょうせつ(小説)……616-04……七二五
しょうせつ(詳説)……613-14……六九八
じょうせつ(常設)……911-02……一〇七三
じょうぜつ(饒舌)……612-25……六八七
しょうせつか(小説家)……616-49……七三三
しょうぜん(悄然)……210-24……二四七
じょうせん(乗船)……113-52……一一二
じょうそ(上訴)……508-19……四九五
しょうそう(焦燥)……210-45……二五一
しょうぞう(肖像)……614-13……七〇九
じょうそう(上層)……511-14……五一七
〃……817-16……九七四
じょうそう(情操)……209-04……二三〇
じょうぞう(醸造)……409-02……三九六
じょうぞうしゅ(醸造酒)……409-03……三九六
しょうぞく(装束)……401-01……三七一
しょうたい(正体)……209-08……二三一
〃……807-06……八八〇
しょうたい(招待)……516-08……五六八
じょうたい(状態)……801-01……八四九
じょうだい(上代)……816-07……九六三
しょうたく(沼沢)……704-21……七七七
しょうだく(承諾)……517-62……五九三
じょうたつ(上達)……207-19……二〇二
しょうたん(小胆)……201-50……一六二
しょうたん(賞嘆)……520-07……六〇五
しょうだん(昇段)……517-40……五八九
しょうだん(章段)……610-12……六七六
しょうだん(商談)……512-10……五二四
じょうだん(冗談)……612-58……六九三
しょうち(承知)……208-36……二一八
しょうち(招致)……516-09……五六九
しょうちゅう(掌中)……116-03……一二九
じょうちゅう(常駐)……119-07……一二五
じょうちょ(情緒)……810-01……九〇八
しょうちょう(消長)……914-20……一〇九一
しょうちょう(象徴)……611-06……六八一
〃……804-10……八五九
じょうちょう(上長)……511-16……五一七
じょうちょう(冗長)……612-46……六九一
しょうつきめいにち(祥月命日)……605-19……六五三
しょうてい(小弟)……313-07……三五〇
〃……320-25……三六八
しょうてん(商店)……503-32……四五六
じょうてんき(上天気)……713-03……八一二
じょうと(譲渡)……115-15……一二三
じょうど(浄土)……604-46……六四五
しょうとう(小刀)……510-33……五一一
しょうどう(唱導)……602-31……六二七
じょうとう(上等)……819-06……九九九
じょうとう(常套)……812-06……九二八
じょうどう(情動)……209-04……二三〇
じょうどう(常道)……812-06……九二八
しょうどく(消毒)……020-24……四一
じょうとくい(上得意)……516-62……五八〇
じょうとくい(常得意)……516-62……五八〇
しょうとつ(衝突)……905-16……一〇四四
しょうに(小児)……311-04……三四六
しょうにゅうどう(鍾乳洞)……702-41……七七二
しょうにん(上人)……604-66……六四八
しょうにん(小人)……311-04……三四六
しょうにん(昇任)……517-40……五八九
しょうにん(承認)……517-62……五九三
しょうにん(商人)……503-12……四五三
しょうにん(聖人)……604-71……六四九
しょうね(性根)……201-09……一五四
じょうねつ(情熱)……209-33……二三五
しょうねん(少年)……306-20……三三六
しょうねんば(正念場)……615-13……七一七
じょうば(乗馬)……620-49……七六四
しょうはい(勝敗)……620-02……七五七
しょうはい(賞杯)……620-22……七六〇
しょうはい(賞牌)……620-22……七六〇
しょうばい(商売)……502-01……四四二
〃……512-02……五二三
しょうばいぎ(商売気)……209-17……二三三
しょうばいにん(商売人)……503-12……四五三
じょうはく(上膊)……008-03……一五
じょうはつ(蒸発)……113-24……一〇七
〃……707-23……七八九
しょうばん(相伴)……515-60……五六三
じょうはんしん(上半身)……010-02……一八
しょうひ(消費)……513-13……五三九
じょうひ(冗費)……513-14……五三九
じょうび(常備)……120-25……一四一
しょうひょう(商標)……608-23……六六七
しょうびょう(傷病)……017-18……三一
しょうひん(小品)……616-12……七二六

しょうひん(商品)……420-10……四三三
しょうひん(賞品)……520-15……六〇七
じょうひん(上品)……202-03……一六六
しょうぶ(勝負)……620-01……七五六
じょうふ(情夫)……307-13……三三八
じょうふ(情婦)……307-12……三三八
じょうぶ(丈夫)……020-01……三七
じょうぶ(上部)……817-13……九七四
しょうふく(承服)……517-62……五九三
しょうぶん(性分)……201-07……一五三
しょうへい(招聘)……516-08……五六八
しょうへい(哨兵)……510-16……五〇八
しょうへき(障壁)……519-11……六〇一
しょうへん(小片)……805-46……八七二
しょうべん(小便)……016-04……二八
じょうほ(譲歩)……516-34……五七三
しょうぼう(消防)……714-16……八二六
しょうぼう(焼亡)……714-15……八二六
じょうほう(上方)……817-12……九七四
じょうほう(情報)……618-01……七三九
しょうほん(抄本)……610-37……六八〇
じょうまえ(錠前)……419-25……四二八
しようまっせつ(枝葉末節)……820-07……一〇一二
じょうまん(冗漫)……612-46……六九一
しょうみ(正味)……808-04……八八五
しょうみ(賞味)……107-02……七四
じょうみ(情味)……216-44……二七四
〃……810-01……九〇八
しょうみつ(詳密)……203-05……一六八
じょうみゃく(静脈)……018-03……三四
しょうむ(商務)……502-05……四四三
じょうむ(常務)……511-31……五一九
しょうめい(証明)……806-17……八七八
しょうめい(照明)……715-24……八三二
しょうめいしょ(証明書)……610-27……六七八
しょうめつ(消滅)……913-21……一〇八三
しょうめん(正面)……817-02……九七一
しょうもう(消耗)……913-19……一〇八三
しょうもうひん(消耗品)……420-14……四三四
じょうもく(条目)……820-03……一〇一二
じょうもの(上物)……420-12……四三四
しょうもん(証文)……610-27……六七八
しょうやく(抄訳)……611-15……六八三
しょうやく(硝薬)……510-28……五一〇
じょうやく(条約)……515-37……五五九
しょうゆう(小勇)……204-24……一八〇
しょうよ(賞与)……513-25……五四一
じょうよ(剰余)……808-05……八八五
じょうよ(譲与)……115-15……一二二
しょうよう(小用)……820-09……一〇一三
しょうよう(称揚)……520-05……六〇五
しょうよう(逍遥)……617-25……七三六
しょうよう(慫慂)……515-52……五六一
じょうよう(常用)……117-06……一三三
じょうよく(情欲)……218-31……二八八
しょうらい(招来)……516-08……五六八
しょうらい(将来)……816-27……九六八
じょうらん(擾乱)……509-32……五〇二
しょうり(小吏)……503-19……四五四
しょうり(勝利)……620-11……七五八
じょうり(条理)……806-05……八七五
しょうりつ(聳立)……706-09……七八五
しょうりゃく(省略)……913-27……一〇八四
じょうりゅう(上流)……511-14……五一七
〃……704-06……七七五
じょうりゅうしゃかい(上流社会)……506-03……四八三
じょうりゅうしゅ(蒸留酒)……409-03……三九六
しょうりょ(焦慮)……210-45……二五一
しょうりょう(小量)……207-06……二〇〇
しょうりょう(少量)……808-50……八九四
しょうりょう(精霊)……604-37……六四四
しょうりょうえ(精霊会)……605-24……六五四
じょうりょくじゅ(常緑樹)……720-21……八四四
しょうれい(省令)……508-05……四九三
しょうれい(奨励)……515-46……五六〇
じょうれい(条例)……508-05……四九三
じょうれん(常連)……516-47……五七六
〃……516-62……五八〇
じょうろ(如雨露)……505-34……四七五
しょうろく(抄録)……609-19……六七一
しょうろん(詳論)……613-14……六九八
じょうわ(情話)……612-64……六九四
しょうわる(性悪)……203-42……一七六
じょうわん(上腕)……008-03……一五
じょえん(助演)……615-21……七一八
ショー(英 show)……615-16……七一七
じょおう(女王)……511-24……五一八
ショーウインドー(英 show window)……417-11……四二〇
しょおく(書屋)……412-18……四〇八
ジョーク(英 joke)……612-58……六九三
ショーツ(英 shorts)……401-35……三七六
ショート(英 short)……809-11……九〇一
ショール(英 shawl)……403-07……三七九
しょか(初夏)……710-09……七九五
しょか(書架)……417-05……四一九
しょか(諸家)……320-15……三六七
しょかい(所懐)……208-09……二一二
じょがい(除外)……120-51……一四六
しょかつ(所轄)……507-43……四九〇
しょかん(所感)……208-09……二一二
しょかん(所管)……507-43……四九〇
しょかん(書簡)……618-29……七四五
しょき(初期)……814-02……九三一
しょき(書記)……609-13……六七〇
しょき(暑気)……712-04……八〇七
じょきじょき……101-61……五四
じょきゅう(女給)……503-23……四五五
じょきょ(除去)……120-50……一四六
しょぎょう(所業)……114-04……一一三
しょく(食)……406-01……三八七
しょく(職)……502-01……四四二
しよく(私欲)……218-28……二八八
しょくあたり(食中)……017-16……三一
しょくいん(職員)……503-03……四五二
しょぐう(処遇)……515-58……五六三
しょくぎょう(職業)……502-01……四四二
しょくざい(贖罪)……520-67……六一五
しょくし(食指)……008-09……一六
しょくじ(食事)……406-01……三八七
しょくじだい(食事代)……513-41……五四四
しょくしゅ(職種)……502-41……四五〇
しょくじゅ(植樹)……505-46……四七七
しょくしょう(食傷)……017-16……三一
〃……209-61……二四一
しょくしょう(職掌)……502-03……四四三
しょくする(食)……106-01……七一
じょくせ(濁世)……506-07……四八三
しょくせき(職責)……508-28……四九七
しょくぜん(食膳)……410-15……四〇一
しょくたく(食卓)……417-02……四一九
しょくたく(嘱託)……218-11……二八四

しょくちゅうどく（食中毒）……017-16……三一
しょくつう（食通）……406-11……三八八
しょくどう（食堂）……412-16……四〇七
〃……503-44……四五八
しょくどうらく（食道楽）……406-12……三八八
しょくば（職場）……502-42……四五〇
しょくひ（食費）……513-41……五四四
しょくひん（食品）……407-01……三八九
しょくぶつ（植物）……720-01……八四二
しょくぶん（職分）……502-03……四四三
しょくみんち（植民地）……805-05……八六三
しょくむ（職務）……502-03……四四三
しょくもつ（食物）……407-01……三八九
しょくよく（食欲）……218-30……二八八
しょくりょう（食料）……407-01……三八九
しょくりょう（食糧）……407-01……三八九
しょくりん（植林）……505-46……四七七
しょくれき（職歴）……303-01……三〇七
しょくん（諸君）……320-15……三六七
しょけい（処刑）……520-68……六一五
しょけい（諸兄）……320-15……三六七
じょけい（叙景）……611-04……六八一
しょげかえる（ー返）……210-34……二四九
じょけつ（女傑）……306-13……三三四
しょげる……210-34……二四九
しょけん（所見）……208-10……二一二
しょけん（書見）……609-02……六六八
しょけん（諸賢）……320-15……三六七
しょげん（緒言）……610-05……六七五
じょげん（助言）……602-29……六二六
じょげん（序言）……610-05……六七五
しょこう（曙光）……715-14……八三〇
じょこう（女工）……503-21……四五四
じょこう（徐行）……903-49……一〇三〇
しょこく（諸国）……507-05……四八四
しょさ（所作）……114-05……一一四
しょさい（所載）……619-15……七五〇
しょさい（書斎）……412-18……四〇八
しょざい（所在）……901-02……一〇一四
しょざいない（所在ー）……209-60……二四一
しょさつ（書冊）……619-28……七五二
じょさんぷ（助産婦）……503-07……四五二
しょし（初志）……209-13……二三二
しょし（書肆）……619-27……七五一
しょし（書誌）……619-60……七五六
しょし（庶子）……311-19……三四八
しょし（諸子）……320-15……三六七
しょし（諸氏）……320-15……三六七
しょし（諸姉）……320-15……三六七
しょじ（所持）……116-01……一二九
じょし（女子）……306-02……三三一
〃……306-03……三三二
じょし（女史）……306-02……三三一
じょし（助詞）……607-39……六六三
じょじ（女児）……306-03……三三二
じょじ（叙事）……611-04……六八一
じょじし（叙事詩）……616-22……七二七
しょじひん（所持品）……420-07……四三三
しょしゃ（書写）……609-28……六七二
しょしゅ（諸種）……804-16……八六〇
じょしゅ（助手）……502-43……四五〇
しょしゅう（初秋）……710-13……七九六
じょしゅう（女囚）……520-76……六一六
じょじゅつ（叙述）……611-03……六八一
しょしゅん（初春）……710-04……七九五
しょじゅん（初旬）……711-14……七九九
しょしょ（所所）……817-54……九八一
しょしょ（諸所）……817-52……九八一
しょじょ（処女）……306-05……三三三
しょしょう（書証）……806-21……八七八
じょしょう（女将）……511-41……五二一
じょしょう（序章）……610-05……六七五
じょじょう（叙情）……611-04……六八一
じょじょうし（叙情詩）……616-22……七二七
じょじょうふ（女丈夫）……306-13……三三四
じょじょに（徐徐ー）……815-30……九五二
しょしん（初心）……209-13……二三二
しょしんしゃ（初心者）……305-32……三二五
しょずり（初刷）……619-20……七五一
しょする（処）……120-02……一三六
しょせい（処世）……501-01……四三七
じょせい（女性）……306-02……三三一
じょせい（女婿）……308-14……三四一
じょせい（助成）……517-54……五九二
じょせい（助勢）……517-55……五九二
しょせき（書籍）……619-28……七五二
しょせつ（所説）……613-15……六九八
じょせつ（序説）……610-06……六七五
じょせつ（除雪）……713-62……八二〇
しょせん（所詮）……814-56……九四一
しょぞう（所蔵）……116-01……一二九
じょそう（除霜）……120-45……一四四
しょそく（初速）……808-35……八九二
しょぞく（所属）……516-31……五七三
しょぞん（所存）……208-09……二一二
しょたい（所帯）……315-03……三五五
しょたい（書体）……614-49……七一四
しょだい（初代）……314-20……三五四
しょだな（書棚）……417-05……四一九
しょち（処置）……120-04……一三七
じょちゅう（女中）……503-30……四五六
じょちょう（助長）……517-56……五九二
しょっかく（食客）……501-09……四三九
しょっかく（触覚）……111-03……九二
しょっき（食器）……410-03……三九九
ジョッキ（英 jug から）……410-08……四〇〇
ショック（英 shock）……209-34……二三六
〃……916-03……一〇九五
しょっけん（職権）……508-22……四九六
しょっこう（職工）……503-21……四五四
しょっちゅう……815-24……九五一
ショット（英 shot）……615-11……七一七
しょっぱい……107-13……七六
しょっぱな……814-13……九三三
しょっぴく……520-56……六一三
ショップ（英 shop）……503-32……四五六
しょてい（所定）……801-18……八五二
じょてい（女帝）……511-24……五一八
しょてん（書店）……619-27……七五一
しょとう（初冬）……710-17……七九六
しょとう（初等）……814-07……九三二
しょとう（初頭）……814-02……九三一
しょとう（諸島）……702-07……七六八
しょどう（書道）……614-47……七一四
じょどうし（助動詞）……607-39……六六三
しょとく（所得）……512-74……五三六
じょなん（女難）……319-07……三六三
しょねつ（暑熱）……712-04……八〇七
じょのくち（序ー口）……814-13……九三三
しょばつ（処罰）……520-66……六一五
しょはん（初版）……619-20……七五一
しょはん（諸般）……805-09……八六四

しょふう(書風)……614-49……七一四
しょぶん(処分)……120-04……一三七
じょぶん(序文)……610-05……六七五
しょほ(初歩)……814-07……九三二
しょほう(処方)……020-07……三八
しょぼう(書房)……619-27……七五一
しょぼしょぼ……713-38……八一七
じょまく(序幕)……615-12……七一七
しょみん(庶民)……507-50……四九一
しょむ(庶務)……502-05……四四三
しょめい(署名)……608-15……六六六
じょめい(除名)……120-53……一四六
しょめん(書面)……610-04……六七四
しょもう(所望)……218-01……二八二
しょもつ(書物)……619-28……七五二
じょや(除夜)……710-24……七九七
じょやく(助役)……502-43……四五〇
しょゆう(所有)……116-01……一二九
しょよう(所用)……117-02……一三一
〃……820-08……一〇一三
しょよう(所要)……818-32……九九五
しょり(処理)……120-04……一三七
じょりゅう(女流)……306-15……三三五
じょりょく(助力)……517-55……五九二
しょりん(書林)……619-27……七五一
しょるい(書類)……610-26……六七八
じょれつ(序列)……817-71……九八五
しょろう(初老)……303-18……三一一
じょろん(序論)……610-06……六七五
しょんぼり……210-24……二四七
じらい(爾来)……816-28……九六八
しらが(白髪)……002-04……九
しらかゆ(白粥)……407-07……三九〇
しらかわよふね(白河夜船)……112-09……九七
しらける(白)……220-31……三〇三
〃……716-19……八三五
しらじらしい(白白)……205-11……一八六
しらす(知)……618-07……七四〇
しらずしらず(知-知-)……208-73……二二六
しらせ(知)……618-04……七四〇
しらせる(知)……618-07……七四〇
しらたき(白滝)……704-16……七七六
しらたまこ(白玉粉)……407-13……三九一
しらちゃける(白茶)……716-19……八三五
しらなみ(白波)……703-09……七七四
しらばくれる……205-14……一八六
しらはた(白旗)……608-16……六六六
しらふ(素面)……102-08……一五六
しらべ(調)……614-27……七一一
しらべる(調)……601-09……六一九
しらみつぶし(虱潰)……805-29……八六九
しらむ(白)……716-19……八三五
しらをきる(-切)……205-14……一八六
しらんぷり(知-)……205-14……一八六
しり(尻)……010-14……二〇
しり(私利)……512-54……五三二
しりあい(知合)……516-57……五七八
シリーズ(英 series)……515-08……五五三
〃……619-39……七五三
しりがる(尻軽)……201-62……一六五
じりき(自力)……101-47……一五一
しりごみ……204-35……一八三
じりじり……210-51……二五二
しりすぼまり(尻-)……914-14……一〇八九
しりぞく(退)……113-34……一〇九
しりぞける(退)……517-47……五九〇
〃……517-68……五九五
しりつ(市立)……504-47……四七〇
しりつ(私立)……504-48……四七〇
じりつ(而立)……303-23……三一二
じりつ(自立)……501-10……四三九
しりぬぐい(尻拭)……120-01……一三六
じりひん(-貧)……501-16……四四〇
〃……512-38……五三〇
しりめつれつ(支離滅裂)……915-12……一〇九四
じりやす(-安)……512-38……五三〇
しりゅう(支流)……704-05……七七五
じりゅう(時流)……801-06……八五〇
〃……904-44……一〇三九
しりょ(思慮)……208-02……二一〇
しりょう(史料)……616-19……七二七
しりょう(死霊)……604-40……六四四
しりょう(資料)……616-19……七二七
しりょう(飼料)……505-44……四七六
しりょく(死力)……101-44……一五〇
しりん(四隣)……507-12……四八五
しる(汁)……407-19……三九一
しる(知)……208-34……二一七
シルエット(フランス silhouette)……001-15……四
〃……715-16……八三〇
シルクハット(英 silk hat)……403-02……三七八
しるし(印)……608-01……六六三
しるす(記)……609-10……六六九
しれい(指令)……517-69……五九五
じれい(事例)……804-25……八六一
じれい(辞令)……610-35……六八〇
しれごと(痴言)……517-14……五八四
しれつ(歯列)……006-05……一四
じれったい……210-49……二五二
しれもの(痴者)……305-52……三三〇
じれる……210-48……二五二
しれん(試練)……211-03……二五四
ジレンマ(ラテン dilemma)……519-09……六〇〇
しろ(白)……716-16……八三五
しろ(城)……510-45……五一三
しろあと(城跡)……708-12……七九二
しろい(白)……716-17……八三五
しろうと(素人)……305-34……三二五
しろがねいろ(-色)……716-31……八三七
しろじろ(白白)……716-17……八三五
しろっぽい(白-)……716-17……八三五
しろみ(白身)……407-10……三九〇
しろめ(白目)……004-06……一一
しろもの(代物)……420-05……四三二
しわ(皺)……012-04……二二
しわい……201-65……一六五
しわがれる……108-08……七八
しわけ(仕分)……904-48……一〇四〇
しわざ(仕業)……114-04……一一三
しわぶき……014-03……二四
しわんぼう……201-64……一六五
しん(心)……802-10……八五四
しん(臣)……511-47……五二二
しん(真)……807-08……八八〇
しん(新)……908-03……一〇五三
じん(陣)……510-02……五〇六
しんあい(親愛)……515-34……五五八
しんい(真意)……209-31……二三五
しんいき(神域)……604-56……六四七
しんいり(新入)……305-30……三二五
じんいん(人員)……808-59……八九六
しんうち(真打)……615-47……七二三
しんえい(新鋭)……305-29……三二四
じんえい(陣営)……510-02……五〇六

しんえん（神苑）……604-56……六四七
しんえん（深淵）……704-15……七七六
しんえん（深遠）……810-64……九二一
じんえん（人煙）……714-21……八二六
しんおう（心奥）……209-25……二三四
しんおう（深奥）……810-64……九二一
しんか（臣下）……511-47……五二二
しんか（深化）……811-17……九二四
しんか（進化）……914-01……一〇八六
じんか（人家）……411-11……四〇四
シンガー（英 singer）……614-45……七一三
しんがい（侵害）……509-25……五〇一
しんがい（震駭）……101-25……一四六
じんかい（塵芥）……420-23……四三六
じんかい（人界）……506-05……四八三
じんかい（塵界）……506-06……四八三
しんがお（新顔）……305-30……三二五
じんかく（人格）……202-02……一六六
しんがた（新型）……804-22……八六一
しんかなづかい（新仮名遣）……607-29……六六二
じんがね（陣鐘）……510-44……五一三
しんがり……814-34……九三七
しんかん（神官）……604-73……六四九
しんかん（深閑）……810-07……九〇九
しんかん（新刊）……619-18……七五〇
しんかん（新患）……017-35……一三四
しんかん（新館）……412-06……四〇六
しんかん（震撼）……902-02……一〇一六
しんがん（心眼）……207-34……二〇五
しんき（心悸）……018-04……一三四
しんき（心機）……209-05……二三〇
しんき（新規）……908-03……一〇五三
しんぎ（神技）……620-25……七六〇
しんぎ（真偽）……807-01……八七九
しんぎ（審議）……613-18……六九八
じんぎ（仁義）……603-07……六三八
しんきいってん（心機一転）……908-10……一〇五五
しんきじく（新機軸）……208-21……二一四
しんきょ（新居）……411-12……四〇四
しんきょう（心境）……209-09……二三一
しんきろう（蜃気楼）……718-03……八三九
しんきん（親近）……905-09……一〇四三
しんく（辛苦）……211-01……二五四
しんく（真紅）……716-20……八三五
しんぐ（寝具）……419-34……四三〇
じんぐう（神宮）……604-64……六四八
シングル（英 single）……808-69……八九八
シングルベッド（英 single bed）……417-17……四二一
しんけい（神経）……011-05……一一
〃……209-05……二三〇
しんけいしつ（神経質）……201-33……一五八
しんげつ（新月）……701-14……七六六
じんけつ（人血）……018-01……一三四
じんけつ（人傑）……305-14……三二二
しんけん（真剣）……510-32……五一一
しんげん（進言）……613-24……七〇〇
しんげん（箴言）……607-10……六五九
じんけん（人権）……508-23……四九六
しんげんぶくろ（信玄袋）……419-38……四三〇
しんこ（糝粉）……407-13……三九一
しんこう（信仰）……604-02……六三九
しんこう（侵寇）……509-25……五〇一
しんこう（深交）……515-02……五五一
しんこう（進行）……113-03……一〇三
しんこう（深更）……711-50……八〇五
しんこう（新興）……914-07……一〇八八
しんこう（親交）……515-02……五五一
しんごう（信号）……608-22……六六七
じんこう（人口）……808-59……八九六
じんこう（人工）……910-08……一〇七二
しんこく（申告）……613-40……七〇三
しんこく（深刻）……209-62……二四一
じんこつ（人骨）……304-31……三一九
しんこん（心魂）……209-29……二三四
しんこん（身魂）……209-64……二四二
しんこんりょこう（新婚旅行）……617-21……七三五
しんさい（震災）……319-05……三六三
じんさい（人災）……319-05……三六三
じんざい（人材）……305-13……三二二
しんさつ（診察）……020-05……一三七
しんさん（辛酸）……211-01……二五四
しんざん（深山）……702-27……七七〇
しんざん（新参）……305-30……三二五
しんし（真摯）……201-26……一五七
しんし（紳士）……305-18……三二三
しんじ（神事）……605-02……六五〇
じんし（人士）……305-15……三二二
しんしき（新式）……804-22……八六一
シンジケート（英 syndicate）……505-05……四七一
しんしつ（寝室）……412-17……四〇八
しんじつ（信実）……201-26……一五七
しんじつ（真実）……807-04……八八〇
〃……819-44……一〇〇七
じんじふせい（人事不省）……209-38……二三七
しんしゃ（深謝）……515-70……五六五
しんじゃ（信者）……604-76……六四九
じんじゃ（神社）……604-64……六四八
しんしゃく（斟酌）……208-49……二二〇
じんしゅ（人種）……507-51……四九二
しんしゅう（新秋）……710-13……七九六
しんじゅう（心中）……304-26……三一七
しんしゅく（伸縮）……908-25……一〇五八
しんしゅつ（進出）……905-13……一〇四四
しんしゅん（新春）……710-19……七九六
しんじゅん（浸潤）……713-66……八二一
しんじょ（神助）……604-10……六四〇
しんじょ（寝所）……412-17……四〇八
じんしょ（陣所）……510-02……五〇六
しんしょう（辛勝）……620-13……七五八
しんじょう（心情）……209-04……二三〇
しんじょう（信条）……806-15……八七七
しんじょう（真情）……209-30……二三五
しんじょう（進上）……115-43……一二七
じんしょう（人証）……806-21……八七八
じんじょう（尋常）……918-18……一一〇一
じんじょういちよう（尋常一様）……918-18……一一〇一
しんしょく（神職）……604-73……六四九
しんしょく（浸食）……718-05……八三九
しんしろく（紳士録）……619-59……七五六
しんしん（心身）……209-64……二四二
しんしん（心神）……209-29……二三四
しんしん（深深）……712-13……八一〇
〃……810-07……九〇九
しんしん（新進）……305-29……三二四
しんじん（信心）……604-02……六三九
しんじん（新人）……305-30……三二五
じんしん（人身）……001-03……二
しんしんきえい（新進気鋭）……305-29……三二四
しんすい（心酔）……209-45……二三八
しんすい（浸水）……319-10……三六四

しんずい(神髄)……802-16……八五五
しんずる(信)……604-02……六三九
しんせい(申請)……613-39……七〇三
しんせい(神聖)……810-55……九一九
しんせい(真正)……807-10……八八一
しんせい(新星)……305-29……三二四
しんせい(親政)……507-23……四八七
じんせい(人生)……302-01……三〇六
じんせい(仁政)……507-24……四八七
しんせき(親戚)……314-01……三五一
しんせつ(新設)……911-03……一〇七三
しんせつ(新雪)……713-58……八二〇
しんせつ(親切)……205-40……一九二
しんせん(神仙)……604-32……六四三
しんせん(新鮮)……810-27……九一三
しんぜん(親善)……515-33……五五八
しんそう(新装)……416-02……四一四
しんぞう(心臓)……802-10……八五四
じんぞう(人造)……910-08……一〇七二
しんぞく(親族)……314-01……三五一
じんそく(迅速)……204-01……一七六
しんそこ(心底)……209-25……二三四
しんそつ(真率)……201-24……一五六
しんたい(身体)……001-01……一
しんたい(進退)……517-82……五九七
しんだい(身代)……512-23……五二七
しんだい(寝台)……417-17……四二一
じんたい(人体)……001-03……二
じんだい(甚大)……808-42……八九三
じんだいこ(陣太鼓)……510-44……五一三
しんたいし(新体詩)……616-22……七二七
しんたく(信託)……218-12……二八四
しんたく(神託)……604-09……六四〇
しんたく(新宅)……411-12……四〇四
しんたん(心胆)……209-27……二三四
しんたん(薪炭)……419-15……四二六
しんだん(診断)……020-05……三七
じんち(人知)……207-32……二〇五
じんち(陣地)……510-02……五〇六
しんちく(新築)……416-01……四一三
しんちゃ(新茶)……407-25……三九二
しんちゅう(心中)……209-26……二三四
しんちゅう(進駐)……903-51……一〇三〇
しんちょう(伸長)……908-30……一〇六〇
しんちょう(身長)……001-19……五
しんちょう(伸張)……908-31……一〇六〇
しんちょう(深長)……810-64……九二一
しんちょう(慎重)……201-28……一五七
しんつう(心痛)……211-05……二五五
じんつうりき(神通力)
……604-43……六四五
しんてい(心底)……209-25……二三四
しんてい(進呈)……115-43……一二七
しんてき(心的)……209-21……二三三
しんてん(伸展)……908-31……一〇六〇
しんてん(進展)……914-01……一〇八六
しんてん(親展)……618-38……七四六
しんと……810-10……九〇九
しんと(信徒)……604-76……六四九
しんど(進度)……914-22……一〇九一
しんとう(心頭)……209-29……二三四
しんとう(浸透)……903-18……一〇二二
〃……916-07……一〇九六
しんとう(親等)……314-01……三五一
しんどう(神童)……311-21……三四八
しんどう(振動)……902-02……一〇一六
しんどう(新道)……705-22……七八一
しんどう(震動)……902-02……一〇一六
じんどう(人道)……603-07……六三八
〃……705-29……七八二
しんに(真-)……819-44……一〇〇七
しんにゅう(侵入)……509-24……五〇一
しんにゅう(進入)……113-43……一一一
しんにん(信任)……515-56……五六二
しんねりむっつり……201-45……一六一
しんねん(信念)……220-05……二九七
しんねん(新年)……710-19……七九六
しんのう(親王)……511-28……五一九
しんぱ(新派)……504-39……四六九
しんぱい(心配)……214-01……二六一
しんばつ(神罰)……520-65……六一五
しんぱん(侵犯)……509-25……五〇一
しんぱん(信販)……512-67……五三五
しんぱん(新版)……619-20……七五一
しんぱん(審判)……508-18……四九五
〃……620-35……七六二
しんぴ(神秘)……810-62……九二一
じんぴ(靭皮)……720-17……八四四
しんぴょう(信憑)……515-56……五六二
じんぴん(人品)……202-02……一六六
しんぷ(神父)……604-75……六四九
しんぷ(新婦)……308-11……三四〇
しんぷく(心服)……517-02……五八二
じんぶつ(人物)……201-01……一五二
〃……305-13……三二二
シンプル(英 simple)
……810-37……九一五
しんぶん(新聞)……619-05……七四八
じんぷん(人糞)……016-01……二八
しんぶんじれい(新聞辞令)
……619-08……七四八
しんぺん(身辺)……817-38……九七九
しんぺん(新編)……619-14……七四九
しんぽ(進歩)……914-01……一〇八六
しんぼう(辛抱)……219-23……二九三
しんぼう(信望)……618-15……七四二
しんぼう(深謀)……208-26……二一五
じんぼう(人望)……618-15……七四二
しんぼうづよい(辛抱強)
……203-28……一七三
しんぼく(親睦)……515-02……五五一
シンポジウム(ラテン sympo-
sium)……602-74……六三五
じんぼつ(陣没)……304-16……三一六
シンボル(英 symbol)
……804-10……八五九
しんぽん(新本)……619-34……七五二
しんまい(新米)……305-31……三二五
〃……407-04……三八九
じんましん(蕁麻疹)……017-29……三三
しんみち(新道)……705-22……七八一
しんみつ(親密)……515-34……五五八
じんみゃく(人脈)……515-05……五五二
しんみょう(神妙)……201-37……一五九
〃……810-62……九二一
しんみり……210-25……二四七
しんみん(臣民)……507-46……四九一
じんみん(人民)……507-46……四九一
しんめ(新芽)……720-04……八四二
しんめい(身命)……301-01……三〇三
じんめい(人命)……301-01……三〇三
シンメトリー(英 symmetry)
……805-52……八七三
しんもつ(進物)……115-49……一二八
しんもん(審問)……613-51……七〇六
じんもん(尋問)……613-51……七〇六
しんや(深夜)……711-50……八〇五
じんや(陣屋)……510-02……五〇六
しんゆう(心友)……516-50……五七七
しんゆう(神佑)……604-10……六四〇

しんゆう（親友）……516-50……五七七
しんよう（信用）……515-56……五六二
〃……618-15……七四二
しんようきかん（信用機関）……512-17……五二六
しんらい（信頼）……515-56……五六二
しんらつ（辛辣）……205-23……一八八
しんらばんしょう（森羅万象）……718-01……八三九
しんり（心理）……209-05……二三〇
しんり（真理）……807-04……八八〇
じんりき（人力）……101-48……五一
しんりてき（心理的）……209-21……二三三
しんりゃく（侵略）……509-25……五〇一
しんりょ（深慮）……208-26……二一五
しんりょう（診療）……020-06……三八
しんりょう（新涼）……712-11……八〇九
しんりょうじょ（診療所）……503-40……四五八
じんりょく（人力）……101-48……五一
じんりょく（尽力）……219-24……二九三
しんりん（森林）……720-44……八四七
しんりん（親臨）……504-15……四六三
じんりん（人倫）……603-07……六三八
しんるい（親類）……314-01……三五一
じんるい（人類）……305-01……三一九
しんろう（心労）……211-05……二五五
しんろう（辛労）……211-02……二五四
しんろう（新郎）……308-13……三四〇
しんわ（神話）……616-31……七二九
しんわ（親和）……515-33……五五八

す

す（州）……702-09……七六八
す（巣）……411-02……四〇二
ず……999-70……一一四〇
すあし（素足）……009-10……一七
ずあん（図案）……614-21……七一〇
すい（酸）……107-11……七六
ずい（髄）……802-10……八五四
すいい（水位）……704-10……七七六
すいい（推移）……908-14……一〇五六
ずいい（随意）……203-15……一七一
ずいいち（随一）……819-10……一〇〇〇
すいうん（水運）……505-82……四八二
すいえい（水泳）……620-47……七六三
すいえん（水煙）……707-21……七八九
すいえん（炊煙）……714-21……八二六
すいがい（水害）……319-08……三六三
すいかん（酔漢）……409-14……三九七
ずいき（随喜）……210-14……二四五
すいきゃく（酔客）……409-14……三九七
すいきょ（推挙）……515-53……五六二
すいきょう（酔狂）……216-20……二七〇
すいけい（推計）……808-17……八八八
すいげん（水源）……704-23……七七七
すいこう（水耕）……720-30……八四五
すいこう（推敲）……610-20……六七七
すいこう（遂行）……814-45……九四〇
ずいこう（随行）……516-26……五七二
ずいこう（瑞光）……318-03……三五九
すいこみ（吸込）……014-11……二五
すいさつ（推察）……208-49……二二〇
すいさん（炊爨）……408-03……三九三
すいさんぎょう（水産業）……505-68……四八〇
すいし（水死）……304-19……三一六
すいじ（炊事）……408-01……三九三
ずいじ（随時）……815-11……九四八
すいじゃく（衰弱）……914-15……一〇九〇
すいじゅん（水準）……804-06……八五八
すいしょう（推奨）……515-52……五六一
すいしょう（推賞）……515-52……五六一
すいじょう（水上）……704-11……七七六
ずいしょう（瑞祥）……318-03……三五九
すいじょうき（水蒸気）……707-25……七八九
すいしん（水深）……704-10……七七六
すいしん（推進）……914-03……一〇八七
すいじん（粋人）……305-20……三二三
すいせん（推薦）……515-53……五六二
ずいそう（随想）……616-12……七二六
ずいそう（瑞相）……318-03……三五九
すいそく（推測）……208-49……二二〇
すいたい（衰退）……914-15……一〇九〇
すいだん（推断）……208-49……二二〇
ずいちょう（瑞兆）……318-03……三五九
すいちょく（垂直）……817-64……九八四
スイッチ（英 switch）……419-13……四二六
すいてい（水底）……704-12……七七六
すいてい（推定）……208-49……二二〇
すいてき（水滴）……614-55……七一五
〃……707-17……七八八
すいでん（水田）……505-21……四七三
すいとう（出納）……512-65……五三四
すいどう（水道）……703-03……七七三
すいどう（隧道）……705-37……七八三
すいとる（吸取）……115-04……一一九
すいなん（水難）……319-08……三六三
すいばん（推輓）……515-53……五六二
ずいはん（随伴）……516-26……五七二
すいび（衰微）……914-15……一〇九〇
ずいひつ（随筆）……616-12……七二六
すいふ（水夫）……505-62……四七九
すいふく（推服）……517-02……五八二
すいぶん（水分）……713-63……八二〇
ずいぶん（随分）……805-21……八六七
すいへい（水平）……811-10……九二三
すいほ（酔歩）……110-11……九〇
すいほう（水泡）……707-22……七八九
すいぼう（水防）……707-01……七八五
すいぼう（衰亡）……913-23……一〇八三
すいぼつ（水没）……319-10……三六四
すいま（睡魔）……112-21……九九
すいまつ（水沫）……707-20……七八八
すいみん（睡眠）……112-07……九七
すいめん（水面）……704-11……七七六
すいもの（吸物）……407-21……三九二
すいよせる（吸寄）……109-09……八一
すいらい（水雷）……510-25……五一〇
すいり（水利）……707-01……七八五
すいり（推理）……208-50……二二一
すいりしょうせつ（推理小説）……616-08……七二五
すいりょう（推量）……208-49……二二〇
すいれん（水練）……620-47……七六三
すいろ（水路）……505-54……四七八
〃……707-03……七八六
すいろん（推論）……208-50……二二一
すう（吸）……014-10……二五
〃……106-19……七四
すう（数）……808-01……八八四
すうがく（数学）……601-05……六一八
すうき（枢機）……802-12……八五四
すうき（数奇）……318-09……三六一
すうこう（崇高）……207-51……二〇八
すうこう（趨向）……801-08……八五〇
すうじ（数字）……607-34……六六二

すうじく(枢軸)……802-12……八五四
すうすう……112-18……九九
ずうずうしい(図図)……205-27……一八九
すうせい(趨勢)……801-03……八五〇
ずうたい(図体)……001-18……五
すうち(数値)……808-01……八八四
スーツ(英 suit)……401-13……三七二
〃……401-15
スーツケース(英 suitcase)……403-22……三八一
スーパーマーケット(英 super market)……503-37……四五七
スーパーマン(英 superman)……305-23……三二四
すうはい(崇拝)……517-01……五八一
スープ(英 soup)……407-18……三九一
すうよう(枢要)……802-12……八五四
すうりょう(数量)……808-01……八八四
すえ(末)……805-43……八七二
〃……814-26……九三五
〃……816-27……九六八
すえおき(据置)……814-68……九四四
すえずえ(末末)……816-27……九六八
すえたのもしい(末頼)……207-44……二〇七
すえつける(据付)……911-01……一〇七三
すえっこ(末子)……311-06……三四六
すえ(に)……999-50……一一三一
すえのよ(末ー世)……506-07……四八三
すえる(据)……911-01……一〇七三
すえる(饐)……908-52……一〇六五
ずが(図画)……614-05……七〇八
スカート(英 skirt)……401-22……三七四
スカーフ(英 scarf)……403-08……三七九
ずかい(図解)……614-18……七一〇
スカイライン(英 skyline)……705-25……七八一
スカウト(英 scout)……517-78……五九七
すがお(素顔)……003-03……一〇
すがすがしい……210-17……二四五
すがた(姿)……001-09……三
すがたかたち(姿形)……001-08……三
すがたみ(姿見)……403-20……三八一
すかっと……201-40……一六〇
ずがら(図柄)……614-21……七一〇
すがりつく……101-32……四七
すがる(縋)……101-32……四七
〃……218-10……二八四
ずかん(図鑑)……619-54……七五五
すかんぴん(素寒貧)……501-14……四三九
すき……811-19……九二四
すき(好)……203-35……一七五
すき(鋤)……505-30……四七五
スキー(英 ski)……620-50……七六四
すきかえす(鋤返)……505-24……四七四
すきかって(好勝手)……203-35……一七五
すききらい(好嫌)……216-21……二七〇
すぎさる(過去)……814-60……九四三
ずきずき……111-09……九三
すきとおる(透通)……908-47……一〇六四
すきはら(空腹)……111-18……九四
すきま……811-19……九二四
すきもの(好者)……218-32……二八八
すきや(数寄屋)……412-36……四一〇
スキャンダル(英 scandal)……618-21……七四四
すぎゆく(過行)……814-60……九四三
すぎる(過)……814-60……九四三
すく(好)……216-05……二六七
〃……216-18……二六九
すく(空)……111-17……九四
〃……811-30……九二六
すく(梳)……404-12……三八四
すく(鋤)……505-24……四七四
すぐ……815-42……九五五
すくう……101-40……四九
すくう(救)……120-32……一四二
スクープ(英 scoop)……619-08……七四八
スクール(英 school)……602-50……六三〇
スクールカラー(洋語 school colour)……606-15……六五七
すぐさま……815-42……九五五
すくない(少)……808-47……八九四
すくなくとも(少ー)……819-53……一〇〇九
すぐに……815-42……九五五
すくむ……908-26……一〇五八
すくめる……908-26……一〇五八
すぐる……118-01……一三二
すぐれる(優)……818-36……九九五
スケート(英 skate)……620-50……七六四
スケープゴート(英 scape-goat)……807-14……八八二
スケジュール(英 schedule)……814-65……九四四
すけだち(助太刀)……517-57……五九二
スケッチ(英 sketch)……614-07……七〇八
〃……614-08……七〇八
すけっと(助人)……502-43……四五〇
ずけない……205-08……一八五
すけべえ……218-32……二八八
スコア(英 score)……614-40……七一三
〃……620-28
すごい……819-41……一〇〇六
すごうで(凄腕)……207-14……二〇一
スコール(英 squall)……713-31……八一六
すこし(少)……808-47……八九四
すこしも(少ー)……819-47……一〇〇七
すごす(過)……501-04……四三八
スコップ(オランダ schop)……505-32……四七五
すこぶる……819-33……一〇〇四
すごむ(凄)……520-48……六一二
すこやか(健)……020-01……三七
す……999-78……一一四三
すさまじい……819-42……一〇〇六
ずさん(杜撰)……203-14……一七〇
すじ(筋)……616-39……七三〇
すじかい(筋交)……904-04……一〇三二
すじがき(筋書)……208-23……二一五
すじちがい(筋違)……519-12……六〇一
すしづめ(詰ー)……504-22……四六五
すじみち(筋道)……806-05……八七五
すじむかい(筋向)……817-60……九八三
すじめ(筋目)……316-07……三五八
すじょう(素性)……316-03……三五七
ずじょう(頭上)……002-10……一〇
すす(煤)……714-23……八二七
すず(鈴)……419-23……四二八
すずかぜ(涼風)……713-43……八一八
すすぐ(濯)……405-13……三八六
すすける(煤)……714-09……八二五
すずしい(涼)……712-11……八〇九
すずしさ(涼ー)……712-11……八〇九
すすはき(煤掃)……415-01……四一三
すすはらい(煤払)……415-01……四一三
すすみ(進)……914-22……一〇九一
すすむ(進)……113-03……一〇三
〃……914-02……一〇八六
すずむ(涼)……712-11……八〇九
すすめ(勧)……515-45……五六〇

すすめる(進)……113-03……一〇三
すすめる(勧)……515-51……五六一
すすめる(薦)……515-51……五六一
すすりあげる……102-33……五九
すすりなく(－泣)……102-32……五九
すする(啜)……106-19……七四
ずせつ(図説)……614-18……七一〇
すそ(裾)……405-08……三八五
すその(裾野)……702-37……七七二
スター(英 star)……615-41……七二二
〃……701-15
スタート(英 start)……814-16……九三四
スタイル(英 style)……001-14……一四
〃……804-04……八五七
すだく……504-01……四五九
スタジアム(英 stadium)……620-31……七六一
すたすた……110-13……九一
すだち(巣立)……013-08……二四
ずだぶくろ(頭陀袋)……419-38……四三〇
すだま(魑魅)……604-38……六四四
すだれ(簾)……417-13……四二〇
すたれる(廃)……914-13……一〇八九
スタンド(英 stand)……503-34……四五七
スタンドプレー(アメリカ grand-stand play から)……620-26……七六〇
スタントマン(アメリカ stunt man)……615-34……七二一
スタンバイ(英 stand-by)……120-24……一四一
スタンプ(英 stamp)……608-11……六六五
スチーム(英 steam)……707-25……七八九
すっかり……805-13……八六五
すっきり……201-40……一六〇
すってんてん……501-14……四三九
ずっと……913-32……一〇八六
すっとんきょう(－頓狂)……201-61……一六四
すっぱい(酸)……107-11……七六
すっぱだか(素裸)……001-34……八
〃……501-14……四三九
すっぱぬく(－抜)……514-15……五四七
すっぱり……101-61……五四
すっぽり……906-25……一〇五一
すで(素手)……109-41……八八
すていん(捨印)……608-10……六六五
すてうり(捨売)……512-06……五二四
ステージ(英 stage)……615-27……七二〇
ステーション(英 station)……505-79……四八一
ステータス(英 status)……511-03……五一五
ステートメント(英 statement)……618-06……七四〇
すておく(捨置)……120-72……一五一
すてき……818-45……九九七
すてぜりふ(捨台詞)……612-41……六九〇
ステッキ(英 stick)……403-16……三八〇
ステップ(英 step)……702-16……七六九
〃……819-01
すててこ……401-37……三七六
すでに(既－)……816-04……九六二
すてばち(捨鉢)……203-19……一七一
すてみ(捨身)……219-27……二九四
すてる(捨)……120-66……一四九
ストア(英 store)……503-32……四五六
すどおり(素通)……113-17……一〇六
ストール(英 stole)……403-07……三七九
ストッキング(英 stockings)……401-40……三七六
ストップ(英 stop)……903-55……一〇三二
ストップウォッチ(英 stop watch)……419-10……四二六
すどまり(素泊)……617-37……七三八
ストライキ(英 strike)……502-34……四四九
ストライプ(英 stripe)……614-22……七一〇
ストリート(英 street)……705-27……七八一
ストレス(英 stress)……211-05……二五五
ストロボ(英 strobe)……715-02……八二七
すな(砂)……709-03……七九三
すなお(素直)……201-29……一五八
すなけむり(砂煙)……718-04……八三九
スナック(英 snack)……503-45……四五九
スナップ(英 snap)……405-11……三八五
〃……614-14
すなどけい(砂時計)……419-10……四二六
すなはま(砂浜)……703-07……七七三
すなやま(砂山)……702-25……七七〇
すなわち……813-08……九三〇
ずぬける(図抜)……818-37……九九五
すね(脛)……009-05……一七
すねる……204-32……一八二
ずのう(頭脳)……011-07……二一
〃……207-26……二〇四
スパーク(英 spark)……715-02……八二七
スパイ(英 spy)……503-17……四五四
スパイク(英 spike)……403-12……三七九
スパイス(英 spice)……407-15……三九一
ずばしこい……204-01……一七六
すはだ(素肌)……012-02……二一
すばなれ(巣離)……013-08……二四
ずばぬける(－抜)……818-37……九九五
すばやい(素早)……204-01……一七六
すばらしい(素晴)……818-45……九九七
スピード(英 speed)……808-34……八九一
スピードダウン(洋語 speed down)……903-57……一〇三二
ずひょう(図表)……614-16……七〇九
スピン(英 spin)……903-12……一〇二二
ずふ(図譜)……619-54……七五五
スプーン(英 spoon)……410-17……四〇一
ずぶずぶ……903-29……一〇二五
ずぶとい(図太)……201-47……一六二
ずぶぬれ(－濡)……713-65……八二一
ずぶり……101-62……五四
〃……903-29……一〇二五
スプリング(英 spring)……418-06……四二三
すべ(術)……812-01……九二六
スペース(英 space)……811-20……九二四
スペクタクル(英 spectacle)……708-04……七九一
スペシャリスト(英 specialist)……305-35……三三六
すべすべ……811-22……九二五
すべっこい(滑－)……811-21……九二四
すべて……805-13……八六五
すべりこむ(滑込)……113-45……一一一
すべりだし(滑出)……814-06……九三三
スペリング(英 spelling)……609-27……六七二
すべる(統)……507-42……四九〇
すべる(滑)……903-03……一〇一九
スペル(英 spell)……609-27……六七二
スポーツ(英 sports)……620-08……七五七
スポーツマン(英 sportsman)……620-29……七六一

すぼし(素干)……713-71……八二三
すぽっと……906-25……一〇五一
スポットライト(英 spot-light)……715-04……八二八
すぼまる……908-26……一〇五八
すぼむ……908-26……一〇五八
すぼめる……908-28……一〇五九
ずぼら……203-12……一七〇
ズボン(フランス jupon)……401-21……三七四
スポンサー(英 sponsor)……511-36……五二〇
スマート(英 smart)……001-33……七
すまい(住)……411-02……四〇二
〃……206-04……一九六
スマイル(英 smile)……102-19……五七
すましじる(-汁)……407-21……三九二
すます(済)……814-49……九四〇
すます(澄)……217-10……二七七
すみ(炭)……419-17……四二七
すみ(隅)……817-61……九八三
すみか(住処)……411-02……四〇二
すみきる(澄-)……908-45……一〇六三
すみずみ(隅隅)……817-52……九八一
すみっこ(隅-)……817-61……九八三
すみやか(速)……204-01……一七六
すみれいろ(菫色)……716-32……八三七
すみわたる(澄渡)……908-45……一〇六三
すむ(住)……119-01……一三四
すむ(済)……814-50……九四〇
すむ(澄)……908-45……一〇六三
スムーズ(英 smooth)……519-03……五九九
すめん(素面)……102-08……五六
すもう(相撲)……620-32……七六一
すもうとり(相撲取)……620-34……七六一
スモッグ(英 smog)……713-10……八二三
すやすや……112-18……九九
すら……999-26……一二一九
スライド(英 slide)……615-44……七二二
すらすら……815-45……九五六
スラックス(英 slacks)……401-21……三七四
すりあし(-足)……110-10……九〇
すりきず(擦傷)……017-20……三三
すりぬける(擦抜)……113-19……一〇六
スリム(英 slim)……001-33……七
すりむく(擦-)……017-20……三三
すりよる(-寄)……101-38……四九
スリル(英 thrill)……810-63……九二一
する……114-09……一一四
する(刷)……619-24……七五一
する(掏)……109-07……八〇
する(擂)……909-02……一〇六七
する(擦)……109-20……八三
ずるい……201-66……一六五
ずるがしこい(-賢)……201-68……一六六
ずるける……203-13……一七〇
するどい(鋭)……207-48……二〇七
ずれ……519-09……六〇〇
すれからし……205-32……一九〇
すれすれ……816-16……九六五
スロー(英 slow)……204-39……一八三
スローガン(英 slogan)……607-11……六五九
ズロース(英 drawers)……401-35……三七六
ずろく(図録)……619-54……七五五
すわり(座)……903-52……一〇三〇
すわりこむ(座込)……101-12……四四
すわる(座)……101-05……四二
すんげん(寸言)……607-10……六五九
すんこく(寸刻)……815-37……九五四
すんし(寸志)……115-50……一二八
すんじ(寸時)……815-37……九五四
すんしゃく(寸借)……115-28……一二四
すんぜん(寸前)……816-15……九六五
〃……817-05……九七二
すんだん(寸断)……904-51……一〇四一
すんてつ(寸鉄)……607-10……六五九
すんでのところで……816-36……九七〇
すんびょう(寸秒)……815-37……九五四
すんびょう(寸描)……614-10……七〇八
すんぴょう(寸評)……613-33……七〇二
すんぶん(寸分)……808-54……八九五
すんぽう(寸法)……808-26……八九〇

せ

せ(背)……001-19……五
〃……010-08……一九
せ(瀬)……704-13……七七六
ぜ(是)……807-11……八八一
せい……813-01……九二八
せい(正)……807-08……八八〇
せい(生)……302-01……三〇六
せい(姓)……320-02……三六四
せい(性)……306-01……三三一
せい(聖)……810-55……九一九
せい(精)……101-43……五〇
ぜい(税)……513-39……五四四
ぜい(贅)……501-20……四四一
せいあつ(制圧)……509-53……五〇五
せいい(誠意)……209-30……二三五
せいいく(生育)……013-01……二二
せいいく(成育)……013-01……二二
せいいっぱい(精一杯)……219-26……二九四
せいいん(成員)……504-13……四六三
せいえい(精鋭)……207-40……二〇六
せいえん(声援)……515-55……五六二
せいえん(盛宴)……409-25……三九九
せいおん(清音)……607-17……六六〇
せいか……999-39……一二二六
せいか(正価)……512-29……五二八
せいか(生家)……314-22……三五四
せいか(成果)……818-26……九九四
せいか(青果)……720-25……八四五
せいか(盛夏)……710-10……七九五
せいかい(正解)……613-58……七〇七
せいかい(政界)……506-02……四八二
せいかく(正確)……810-46……九一七
せいかく(性格)……201-02……一五二
せいかく(精確)……810-46……九一七
せいがく(声楽)……614-25……七一一
せいかつ(生活)……501-01……四三七
せいかん(清閑)……810-06……九〇九
せいかん(精悍)……204-23……一八〇
せいがん(誓願)……604-25……六四二
せいがん(請願)……613-41……七〇三
せいき(生気)……219-34……二九六
せいき(性器)……010-15……二〇
せいき(盛期)……815-55……九五八
せいき(精気)……219-05……二九〇
せいぎ(正義)……603-07……六三八
せいきゅう(性急)……201-52……一六三
せいきゅう(請求)……218-17……二八五
せいきょ(逝去)……304-02……三一四
せいぎょ(制御)……920-05……一一〇七
せいきょう(盛況)……512-70……五三五
せいぎょう(生業)……502-01……四四二

せいきん(精勤)……219-14……二九二
ぜいきん(税金)……513-39……五四四
せいく(成句)……607-08……六五九
せいけい(生計)……501-02……四三七
せいけい(成型)……910-06……一〇七二
せいけい(整形)……910-06……一〇七二
せいけつ(清潔)……810-29……九一三
せいけん(政権)……508-24……四九六
せいげん(制限)……920-04……一一〇七
せいご(正誤)……807-21……八八四
せいこう(生硬)……809-27……九〇四
せいこう(成功)……814-37……九三八
せいこう(性交)……307-06……三三七
せいこう(性向)……201-08……一五三
せいこう(性行)……201-03……一五二
せいこう(盛行)……606-20……六五七
せいこう(精巧)……809-43……九〇七
せいこう(製鋼)……505-51……四七七
せいこん(精根)……219-02……二八九
せいさ(精査)……601-14……六一九
せいざ(正座)……101-07……四三
せいざ(星座)……701-15……七六六
せいさい(正妻)……309-12……三四三
せいさい(制裁)……520-66……六一五
せいさい(精彩)……201-43……一六一
せいさい(精細)……809-43……九〇七
せいさく(制作)……910-02……一〇七一
せいさく(政策)……507-27……四八七
せいさく(製作)……910-02……一〇七一
せいさつ(精察)……601-15……六二〇
せいさん(生産)……910-05……一〇七二
せいさん(成算)……208-60……二二三
せいさん(凄惨)……210-54……二五三
せいさん(清算)……808-16……八八八
せいさん(精算)……808-16……八八八
せいし(正使)……502-44……四五一
せいし(正視)……103-06……六一
せいし(制止)……120-41……一四四
せいし(青史)……616-17……七二六
せいし(静止)……903-55……一〇三一
せいじ(政治)……507-21……四八六
せいじ(盛時)……815-55……九五八
せいじか(政治家)……507-33……四八八
せいしき(正式)……804-20……八六一
せいしつ(正室)……309-12……三四三
せいしつ(性質)……201-02……一五二
〃……809-01……八九九
せいじつ(誠実)……201-26……一五七
せいじゃ(正邪)……807-21……八八四
せいじゃく(静寂)……810-06……九〇九
ぜいじゃく(脆弱)……809-36……九〇六
せいしゅ(清酒)……409-04……三九六
せいしゅく(静粛)……810-06……九〇九
せいじゅく(成熟)……720-37……八四六
せいしゅん(青春)……303-12……三一〇
せいじゅん(清純)……201-20……一五六
せいしょ(盛暑)……710-10……七九五
せいしょう(政商)……503-13……四五三
せいじょう(正常)……807-09……八八〇
せいじょう(性状)……201-03……一五二
せいじょう(性情)……201-08……一五三
せいじょう(清浄)……810-29……九一三
せいしょうねん(青少年)……303-13……三一〇
せいしん(生新)……810-27……九一三
せいしん(西進)……817-68……九八四
せいしん(清新)……210-17……二四五
せいしん(誠心)……209-30……二三五
せいしん(精神)……209-01……二二九
せいじん(成人)……303-14……三一〇
せいしんてき(精神的)……209-21……二二三
せいしんりょく(精神力)……219-01……二八九
せいず(製図)……614-17……七〇九
せいする(制)……920-01……一一〇七
せいせい(生成)……911-08……一〇七四
せいせい(清清)……201-40……一六〇
せいぜい(精精)……219-26……二九四
せいせき(成績)……520-03……六〇五
せいぜつ(凄絶)……819-37……一〇〇五
せいせん(生鮮)……810-27……九一三
せいせん(精選)……118-07……一三三
せいぜん(整然)……915-15……一〇九五
せいそ(清楚)……206-06……一九六
せいそう(星霜)……711-02……七九八
せいそう(清掃)……415-01……四一三
せいそう(清爽)……210-17……二四五
せいそう(盛装)……404-07……三八三
せいぞう(製造)……910-02……一〇七一
せいそく(生息)……301-07……三〇五
せいぞろい(勢－)……504-21……四六五
せいぞん(生存)……301-07……三〇五
せいたい(生体)……001-02……一
せいだい(盛大)……914-06……一〇八八
せいだく(清濁)……607-17……六六〇
ぜいたく(贅沢)……501-20……四四一
せいたん(生誕)……019-04……三六
せいち(生地)……705-14……七七九
せいち(聖地)……604-61……六四七
せいち(精緻)……809-42……九〇七
せいちょう(生長)……013-01……二二
せいちょう(成長)……013-01……二二
せいちょう(声調)……108-02……七七
せいちょう(清澄)……908-45……一〇六三
せいちょう(清聴)……104-11……六八
せいちょう(静聴)……104-11……六八
せいで……999-39……一一二六
せいてき(性的)……206-11……一九七
せいてつ(製鉄)……505-51……四七七
せいてん(晴天)……713-03……八一二
せいと(生徒)……602-79……六三六
せいど(制度)……508-11……四九四
せいとう(正当)……807-11……八八一
せいとう(正答)……613-58……七〇七
せいとう(正統)……314-08……三五二
せいとう(征討)……509-37……五〇三
せいとう(政党)……507-34……四八八
せいとく(生得)……207-07……二〇〇
せいどく(精読)……609-05……六六九
せいとん(整頓)……915-14……一〇九四
せいねん(青年)……303-13……三一〇
せいねん(盛年)……303-17……三一一
せいのう(性能)……418-03……四二二
せいのう(精農)……505-38……四七六
せいは(制覇)……620-15……七五九
せいばい(成敗)……520-66……六一五
せいはく(精白)……407-05……三九〇
せいはつ(整髪)……404-11……三八四
せいばつ(征伐)……509-37……五〇三
せいひ(正否)……807-21……八八四
せいひ(成否)……814-37……九三八
せいび(整備)……120-21……一四〇
せいびょう(聖廟)……604-62……六四八
せいひん(清貧)……501-16……四四〇
せいひん(製品)……420-05……四三二
せいふ(政府)……507-29……四八七
せいふく(制服)……401-12……三七三
せいふく(征服)……507-41……四八九
せいぶつ(生物)……719-01……八四〇

せいぶつがく(生物学)……601-06……六一八
せいぶん(成分)……813-05……九二九
せいへき(性癖)……201-15……一五五
せいべつ(生別)……516-20……五七一
せいぼ(生母)……310-05……三四四
せいぼ(聖母)……310-07……三四四
せいぼ(歳暮)……115-50……一二八
″……710-23……七九七
せいぼう(声望)……618-15……七四二
せいまい(精米)……407-05……三九〇
せいみつ(精密)……203-05……一六八
せいむ(政務)……502-05……四四三
ぜいむ(税務)……502-05……四四三
せいめい(生命)……301-01……三〇三
せいめい(声明)……618-06……七四〇
せいめい(姓名)……320-01……三六四
せいめい(盛名)……618-11……七四一
せいもん(正門)……412-35……四一〇
せいやく(成約)……515-41……五五九
せいやく(制約)……920-04……一一〇七
せいやく(誓約)……515-36……五五八
せいゆう(清遊)……617-08……七三三
せいよう(静養)……020-14……三九
せいよく(性欲)……218-31……二八八
せいらい(生来)……207-07……二〇〇
せいり(整理)……915-14……一〇九四
せいりつ(成立)……814-35……九三七
せいりゅうとう(青竜刀)……510-32……五一一
せいりょう(清涼)……712-11……八〇九
せいりょく(勢力)……508-25……四九六
せいりょく(精力)……101-43……五〇
せいれい(政令)……508-05……四九三
せいれい(清麗)……810-29……九一三
せいれい(精励)……219-09……二九一
せいれい(精霊)……604-38……六四四
せいれつ(凄烈)……819-37……一〇〇五
せいれつ(清冽)……712-14……八一〇
せいれつ(整列)……904-21……一〇三五
せいれん(清廉)……201-20……一五六
せいれん(精錬)……505-51……四七七
せいろう(蒸籠)……410-12……四〇一
せいろん(正論)……613-11……六九七
セーター(英 sweater)……401-19……三七四
セーブ(英 save)……501-18……四四一
セーラー(英 sailor)……505-62……四七九
セールス(英 sales)……503-35……四五七
せおう(背負)……109-36……八七
セオリー(英 theory)……806-06……八七五
せかい(世界)……506-01……四八二
″……507-02……四八四
せがき(施餓鬼)……605-14……六五二
せかす(急)……814-66……九四四
せかせか……204-08……一七七
せかつく……204-08……一七七
せかっこう(背恰好)……001-05……二
せがむ……218-20……二八六
せがれ……311-12……三四七
せき(咳)……014-03……二四
せき(席)……615-46……七二三
″……817-73……九八五
せき(堰)……707-06……七八六
せき(籍)……610-36……六八〇
ぜき(関)……620-34……七六一
せきがく(碩学)……601-20……六二一
せきこむ(咳込)……014-04……二四
せきこむ(急込)……219-15……二九二
せきし(赤子)……507-46……四九一
せきじ(席次)……817-71……九八五
せきじゅん(席順)……817-71……九八五
せきせつ(積雪)……713-56……八二〇
せきぞう(石造)……910-11……一〇七二
せきぞく(石鏃)……510-39……五一二
せきたてる(急立)……814-66……九四四
せきてい(席亭)……615-46……七二三
せきとめる……120-41……一四四
せきとり(関取)……620-34……七六一
せきにん(責任)……508-28……四九七
せきねん(昔年)……816-06……九六三
せきねん(積年)……816-08……九六三
せきはい(惜敗)……620-17……七五九
せきばく(寂寞)……810-08……九〇九
せきばらい(咳払)……014-03……二四
せきひ(石碑)……604-80……六五〇
″……708-13……七九二
せきひん(赤貧)……501-16……四四〇
せきぶつ(石仏)……604-58……六四七
せきへい(積弊)……606-18……六五七
せきむ(責務)……502-14……四四五
せきりょう(寂寥)……810-08……九〇九
せく(急)……210-47……二五一
″……814-66……九四四
セクシー(英 sexy)……206-11……一九七
セクシュアル(英 sexual)……206-11……一九七
セクション(英 section)……504-42……四七〇
セクレタリー(英 secretary)……503-15……四五三
せけん(世間)……506-01……四八二
せけんしらず(世間知-)……207-59……二〇九
せけんずれ(世間擦)……205-32……一九〇
せけんてい(世間体)……001-12……四
せけんなみ(世間並)……918-13……一一〇〇
せけんばなし(世間話)……612-65……六九四
せけんばなれ(世間離)……204-16……一七九
せこ(世故)……820-10……一〇一三
せさい(世才)……207-10……二〇〇
せじ(世事)……820-10……一〇一三
せじ(世辞)……205-34……一九一
せしめる……115-04……一一九
せしゅう(世襲)……315-09……三五六
せじょう(世上)……506-01……四八二
せじん(世塵)……820-10……一〇一三
ぜせい(是正)……908-07……一〇五四
せせこましい……809-19……九〇二
せせらぎ……704-03……七七五
せせらわらう(-笑)……102-23……五八
せそう(世相)……801-05……八五〇
せぞく(世俗)……506-06……四八三
せたい(世帯)……315-03……三五五
せたい(世態)……801-05……八五〇
せだい(世代)……303-04……三〇八
せたけ(背丈)……001-19……五
せち(世知)……207-10……二〇〇
せちがらい(世知辛)……201-65……一六五
せつ(節)……610-12……六七六
せつ(説)……613-15……六九八
せつえい(設営)……911-02……一〇七三
ぜつえん(絶遠)……817-43……九八〇
ぜつえん(絶縁)……308-09……三四〇
ぜっか(絶佳)……810-21……九一二
せっかい(石階)……412-32……四一〇

せっかく……203-32……一七四
せっかち……201-52……一六三
せっかん(折檻)……602-47……六三〇
せっき(節季)……710-23……七九七
ぜつぎ(絶技)……620-25……七六〇
せっきゃく(接客)……515-59……五六三
せっきょう(説教)……602-26……六二六
ぜっきょう(絶叫)……108-05……一七七
せっきょくてき(積極的)……201-49……一六二
せっきん(接近)……905-09……一〇四三
ぜっく(絶句)……616-29……七二八
セックス(英 sex)……307-06……三三七
せっくつ(石窟)……702-41……七七二
せっけい(設計)……208-20……二一四
ぜっけい(絶景)……708-05……七九二
せっけん(石鹸)……405-15……三八六
せっけん(接見)……516-06……五六八
せつげん(節減)……913-17……一〇八二
せっこう(斥候)……509-48……五〇四
せっこう(拙稿)……610-17……六七六
ぜっこう(絶交)……515-25……五五六
せっさく(拙作)……616-45……七三一
せっさたくま(切磋琢磨)……602-08……六二三
ぜっさん(絶賛)……520-06……六〇五
せっし(切歯)……212-06……二五七
せつじつ(切実)……209-62……二四一
せっしゃ(拙者)……320-25……三六八
せっしゃ(摂社)……604-64……六四八
せつじゅ(接受)……115-02……一一九
せっしゅう(接収)……115-09……一二〇
せっしょう(折衝)……613-21……六九九
せっしょう(殺生)……520-35……六一〇
ぜっしょう(絶勝)……708-03……七九一
せっしょく(接触)……515-03……五五一
せつじょく(雪辱)……517-23……五八六
ぜっしょく(絶食)……106-14……一七三
せっする(接)……905-01……一〇四一
ぜっする(絶)……814-54……九四一
せっせい(節制)……205-49……一九四
ぜっせい(絶世)……918-29……一一〇四
せっせと……204-09……一七八
せっせん(接戦)……620-23……七六〇
せつぜん(截然)……810-45……九一七
せっそう(節操)……205-52……一九五
せつぞく(接続)……904-17……一〇三四
ぜっそく(絶息)……304-02……三一四
せつぞくし(接続詞)……607-39……六六三
せった(雪駄)……403-14……三八〇
せったい(接待)……515-59……五六三
ぜつだい(絶大)……808-42……八九三
ぜったいぜつめい(絶体絶命)……519-17……六〇二
ぜったいに(絶対ー)……220-13……二九九
〃……819-48……一〇〇八
せったく(拙宅)……411-07……四〇三
せつだん(切断)……904-51……一〇四一
ぜったん(舌端)……612-21……六八七
せっち(設置)……911-02……一〇七三
せっちゃく(接着)……905-04……一〇四二
せっちゅう(折衷)……915-06……一〇九二
ぜっちょう(絶頂)……815-54……九五八
せっちん(雪隠)……412-19……四〇八
せってい(設定)……208-12……二一二
セッティング(英 setting)……903-50……一〇三〇
セット(英 set)……805-48……八七三
せっとう(窃盗)……520-41……六一一
ぜっとう(舌頭)……612-21……六八七
ゼットき(Z旗)……608-16……六六六
せっとく(説得)……612-34……六八九
せつな(刹那)……815-32……九五三
せつない(切)……211-10……二五六
せっぱく(切迫)……519-20……六〇二
せっぱつまる(切羽詰)……203-21……一七二
せっぱん(折半)……805-34……八七〇
ぜっぱん(絶版)……619-23……七五一
せつび(設備)……416-07……四一四
ぜっぴつ(絶筆)……609-25……六七二
ぜっぴん(絶品)……420-12……四三四
せっぷく(切腹)……304-24……三一七
せっぷん(接吻)……307-05……三三七
せつぶん(拙文)……611-11……六八二
ぜっぺき(絶壁)……706-03……七八四
せっぺん(切片)……805-45……八七二
せっぽう(説法)……602-26……六二六
せつぼう(切望)……218-02……二八二
ぜっぽう(舌鋒)……612-21……六八七
ぜつぼう(絶望)……218-21……二八六
ぜつみょう(絶妙)……818-39……九九六
ぜつむ(絶無)……901-12……一〇一六
せつめい(説明)……602-41……六二九
ぜつめい(絶命)……304-02……三一四
ぜつめつ(絶滅)……913-24……一〇八四
せつもん(設問)……613-42……七〇四
せつやく(節約)……501-18……四四一
せつりつ(設立)……911-02……一〇七三
せつわ(説話)……616-31……七二九
せと(瀬戸)……703-03……七七三
せどうか(旋頭歌)……616-26……七二八
せとぎわ(瀬戸際)……816-15……九六五
せともの(瀬戸物)……410-04……四〇〇
せなか(背中)……010-08……一九
ぜに(銭)……513-01……五三七
ぜにん(是認)……517-63……五九四
ゼネスト……502-34……四四九
せばめる(狭)……908-28……一〇五九
セパレーツ(英 separates)……401-15……三七三
ぜひ……205-44……一九二
ぜひ(是非)……807-20……八八四
ぜひとも……205-44……一九二
せひょう(世評)……618-10……七四一
せびる……218-20……二八六
せびろ(背広)……401-13……三七三
せまい(狭)……809-19……九〇二
せまる(迫)……101-37……一四八
セミコロン(英 semicolon)……608-05……六六四
ゼミナール(ドイ Seminar)……602-73……六三四
せめ(責)……508-28……四九七
せめさいなむ(責ー)……520-51……六一三
せめだいこ(攻太鼓)……510-44……五一三
せめたてる(責立)……613-48……七〇五
せめつける(責付)……613-48……七〇五
せめて……819-53……一〇〇九
せめる(攻)……509-13……五〇〇
せめる(責)……520-51……六一三
〃……613-48……七〇五
せやく(施薬)……020-08……三八
せり(競)……512-08……五二四
せりあう(競合)……515-22……五五六
せりいち(競市)……503-33……四五六
せりうり(競売)……512-08……五二四
せりふ……615-10……七一六
せりょう(施療)……020-06……三八
せる（させる）……999-78……一一四三

セレクト（英 select）……118・04……一三三
セレモニー（英 ceremony）……605・04……六五一
ゼロ（英 zero）……808・02……八八五
〃……901・11
ゼロはい（－敗）……620・19……七五九
せろん（世論）……613・17……六九八
せわ（世話）……515・31……五五七
せわしい……519・24……六〇三
せわしない（忙－）……519・24……六〇三
せわにん（世話人）……511・33……五一九
せわやく（世話役）……511・33……五一九
せん（千）……808・02……八八五
せん（栓）……419・32……四二九
せん（撰）……619・14……七四九
せん（線）……001・15……一四
〃……608・06……六六四
ぜん（前）……816・12……九六四
ぜん（善）……818・03……九八九
ぜん（膳）……410・15……四〇一
ぜんあく（善悪）……807・20……八八四
せんい（戦意）……216・38……二七三
ぜんい（善意）……216・45……二七四
ぜんいき（全域）……805・12……八六五
せんいん（船員）……505・62……四七九
ぜんいん（全員）……808・63……八九七
せんえき（戦役）……509・01……四九七
せんえつ（僭越）……508・27……四九七
せんおう（専横）……204・22……一八〇
せんか（戦火）……509・03……四九八
せんか（戦禍）……509・31……五〇二
ぜんか（前科）……520・73……六一六
せんかい（旋回）……902・08……一〇一八
ぜんかい（全会）……504・14……四六三
ぜんかい（全快）……020・11……三八
ぜんかい（全壊）……909・16……一〇七〇
せんかく（先覚）……516・58……五七九
せんがく（先学）……516・58……五七九
ぜんがく（全額）……512・26……五二八
せんかたない（－方－）……218・23……二八七
せんがん（洗顔）……414・05……四一二
せんきゃく（先客）……516・60……五七九
せんきゃく（船客）……516・64……五八〇
せんきょ（占拠）……116・02……一二九
せんきょ（選挙）……507・37……四八九
せんきょう（宣教）……604・08……六四〇
せんぎょう（専業）……502・08……四四四
せんきょく（戦局）……509・35……五〇三
せんぎり（千切）……408・14……三九五
せんく（先駆）……120・18……一四〇
せんくち（先口）……515・39……五五九
ぜんくつ（前屈）……101・20……四五
せんげ（遷化）……304・07……三一五
ぜんけい（全景）……708・06……七九二
せんけつ（鮮血）……018・01……三四
せんげつ（先月）……711・12……七九九
ぜんげつ（前月）……711・12……七九九
せんけん（先見）……120・13……一三九
せんけん（浅見）……208・11……二一二
せんげん（宣言）……618・06……七四〇
ぜんけんたいし（全権大使）……502・44……四五一
せんげんばんご（千言万語）……612・26……六八七
ぜんご（前後）……817・09……九七三
せんこう（先行）……120・16……一三九
せんこう（先攻）……509・14……五〇〇
せんこう（穿孔）……101・57……五三
せんこう（専行）……501・12……四三九
せんこう（専攻）……601・02……六一八
せんこう（閃光）……715・02……八二七
せんこう（潜行）……903・27……一〇二五
ぜんこう（善行）……609・39……六七四
ぜんこう（前項）……114・12……一一五
せんこく（先刻）……816・02……九六二
せんこく（宣告）……618・08……七四一
ぜんこく（全国）……507・19……四八六
ぜんこくし（全国紙）……619・05……七四八
ぜんごさく（善後策）……208・19……二一三
ぜんこん（善根）……114・12……一一五
せんさい（先妻）……309・08……三四二
せんさい（戦災）……319・05……三六三
せんさい（繊細）……201・33……一五八
せんざい（千載）……815・67……九六一
せんざい（洗剤）……405・15……三八六
せんざい（潜在）……901・05……一〇一五
ぜんさい（前妻）……309・08……三四二
せんさく（詮索）……601・17……六二〇
せんし（先師）……602・78……六三五
せんし（戦士）……510・11……五〇八
せんし（戦死）……304・16……三一六
ぜんじ（漸次）……815・30……九五二
せんじつ（先日）……816・01……九六一
ぜんしつ（禅室）……604・54……六四七
ぜんじつ（前日）……711・20……八〇〇
せんじつめる（煎詰）……220・25……三〇一
〃……408・07……三九四
ぜんしゃ（前者）……805・39……八七〇
せんしゅ（先取）……120・17……一四〇
せんしゅ（選手）……620・29……七六一
せんしゅう（千秋）……815・67……九六一
せんしゅう（先週）……711・17……八〇〇
せんしゅう（撰集）……619・56……七五五
せんしゅう（選集）……619・40……七五三
せんじゅう（先住）……119・02……一三四
せんじゅう（専従）……502・08……四四四
ぜんしゅう（全集）……619・38……七五三
せんしゅうがっこう（専修学校）……602・53……六三一
せんしゅうらく（千秋楽）……620・33……七六一
せんしゅつ（選出）……118・03……一三三
せんじゅつ（戦術）……208・27……二一六
せんしょ（選書）……619・40……七五三
ぜんしょ（全書）……619・38……七五三
ぜんしょ（善処）……120・01……一三六
せんしょう（選奨）……515・52……五六一
せんじょう（洗浄）……405・12……三八六
せんじょう（戦場）……509・07……四九九
ぜんしょう（全勝）……620・14……七五八
ぜんしょう（全焼）……714・14……八二五
ぜんしょう（前生）……604・45……六四五
ぜんしょうせん（前哨戦）……509・02……四九八
せんしょく（染色）……405・16……三八六
せんじる（煎）……408・07……三九四
せんしん（専心）……209・46……二三八
せんじん（先人）……305・40……三二七
せんじん（先陣）……510・05……五〇七
せんじん（戦陣）……510・02……五〇六
ぜんしん（全身）……001・04……一二
ぜんしん（前進）……113・03……一〇三
ぜんじん（前人）……305・40……三二七
センス（英 sense）……209・07……二三一
せんすい（潜水）……903・27……一〇二五
せんする（宣）……618・07……七四〇
ぜんせ（前世）……604・45……六四五
せんせい（先生）……602・76……六三五
せんせい（先制）……120・15……一三九
せんせい（専制）……507・41……四八九

せんせい(宣誓)……515-36……五五八
ぜんせい(全盛)……914-05……一〇八七
ぜんせい(善政)……507-24……四八七
センセーション(英 sensation)……209-34……二三六
せんせん(戦線)……509-08……四九九
ぜんせん(善戦)……509-11……四九九
ぜんぜん(全然)……819-47……一〇〇七
せんせんきょうきょう(戦戦恐恐)……215-08……二六五
せんぞ(先祖)……314-17……三五三
せんそう(戦争)……509-01……四九七
せんぞく(専属)……516-31……五七三
ぜんそくりょく(全速力)……204-03……一七七
ぜんたい(全体)……805-08……八六四
せんたいしょう(線対称)……805-52……八七三
ぜんだいみもん(前代未聞)……918-30……一一〇四
せんたく(洗濯)……405-12……三八六
せんたく(選択)……118-04……一三三
せんだつ(先達)……608-21……六六七
せんだって(先－)……816-01……九六一
ぜんだま(善玉)……305-44……三二七
せんたん(先端)……805-43……八七二
せんだん(専断)……220-12……二九八
せんち(戦地)……509-07……四九九
ぜんち(全治)……020-11……三八
ぜんち(全知)……207-32……二〇五
せんちゃ(煎茶)……407-25……三九二
せんちょう(船長)……505-61……四七九
ぜんちょう(前兆)……911-14……一〇七五
せんてい(選定)……118-04……一三三
ぜんてい(前提)……820-04……一〇一二
せんてをうつ(先手－打)……120-15……一三九
せんでん(宣伝)……619-12……七四九
センテンス(英 sentence)……610-01……六七四
せんてんてき(先天的)……207-07……二〇〇
せんど(先度)……816-01……九六一
せんど(鮮度)……810-27……九一三
ぜんと(前途)……816-27……九六八
ぜんど(全土)……507-19……四八六
せんとう(尖塔)……412-05……四〇六
せんとう(先頭)……814-03……九三一
せんとう(戦闘)……509-01……四九七
せんとう(銭湯)……414-03……四一二
せんどう(先導)……602-30……六二六
せんどう(扇動)……515-50……五六一
せんどう(船頭)……505-61……四七九
ぜんどう(善導)……602-31……六二七
せんにゅうかん(先入観)……209-22……二三三
せんにゅうしゅ(先入主)……209-22……二三三
せんにょ(仙女)……604-32……六四三
せんにん(仙人)……604-32……六四三
せんにん(先任)……502-21……四四六
せんにん(専任)……502-08……四四四
ぜんにん(前任)……502-21……四四六
ぜんにん(善人)……305-44……三二七
せんねん(専念)……209-46……二三八
ぜんねん(前年)……711-05……七九八
ぜんのう(全納)……115-17……一二三
ぜんのう(前納)……115-17……一二三
せんばい(専売)……512-09……五二四
せんぱい(先輩)……516-58……五七九
ぜんぱい(全敗)……620-20……七五九
ぜんぱい(全廃)……120-71……一五〇
せんばいとっきょ(専売特許)……207-18……二〇二
せんぱく(浅薄)……204-06……一七七
せんぱく(船舶)……505-57……四七八
せんばつ(選抜)……118-03……一三三
せんぱつ(洗髪)……414-05……四一二
せんばん(千万)……819-14……一〇〇〇
せんぱん(先般)……816-01……九六一
ぜんぱん(全般)……805-08……八六四
せんびょう(線描)……614-10……七〇八
せんぷ(宣布)……618-08……七四一
ぜんぶ(全部)……805-08……八六四
せんぷう(旋風)……713-46……八一八
せんぷく(潜伏)……113-33……一〇九
ぜんぶん(前文)……610-05……六七五
せんべつ(選別)……118-01……一三三
せんべつ(餞別)……115-40……一二七
せんぺんいちりつ(千篇一律)……804-15……八六〇
せんぼう(羨望)……216-36……二七三
せんぽう(戦法)……208-27……二一六
ぜんぽう(前方)……817-01……九七一
せんぼつ(戦没)……304-16……三一六
ぜんまい……418-06……四二二
せんまいどおし(千枚通)……416-22……四一七
せんむ(専務)……511-31……五一九
せんめい(鮮明)……715-08……八二九
せんめつ(殲滅)……913-24……一〇八四
ぜんめつ(全滅)……913-24……一〇八四
ぜんめん(前面)……817-01……九七一
せんめんじょ(洗面所)……412-19……四〇八
せんもん(専門)……601-02……六一八
せんもんか(専門家)……305-35……三二六
せんもんがっこう(専門学校)……602-53……六三一
せんや(先夜)……711-52……八〇六
せんや(戦野)……509-07……四九九
ぜんや(前夜)……711-52……八〇六
せんやく(先約)……515-39……五五九
ぜんやく(全訳)……611-15……六八三
ぜんやく(前約)……515-39……五五九
ぜんやさい(前夜祭)……605-07……六五一
ぜんゆ(全癒)……020-11……三八
せんゆう(占有)……116-02……一二九
せんゆう(専有)……116-08……一三〇
せんよう(占用)……117-06……一三三
せんよう(専用)……117-06……一三三
ぜんら(全裸)……001-34……八
せんらん(戦乱)……509-31……五〇二
せんりつ(旋律)……614-26……七一一
せんりつ(戦慄)……101-25……四六
せんりゃく(戦略)……208-27……二一六
ぜんりゃく(前略)……609-37……六七四
〃……618-36……七四六
せんりゅう(川柳)……616-28……七二八
せんりょ(浅慮)……204-06……一七七
せんりょう(占領)……116-02……一二九
ぜんりょう(善良)……201-18……一五五
せんりょうやくしゃ(千両役者)……615-41……七二三
せんりょく(戦力)……502-46……四五一
〃……510-18……五〇八
ぜんりょく(全力)……101-44……五〇
ぜんりん(善隣)……515-33……五五八
せんれい(先例)……804-26……八六二
せんれい(洗礼)……303-02……三〇七

ぜんれい（前例）……804-26……八六二
ぜんれき（前歴）……303-01……三〇七
せんれつ（戦列）……904-23……一〇三五
せんれつ（鮮烈）……819-37……一〇〇五
せんれん（洗練）……206-16……一九八
せんろ（線路）……505-78……四八一
せんろっぽん（千六本）……408-14……三九五

そ

そあく（粗悪）……819-36……一〇〇五
そい（粗衣）……401-06……三七二
そい（疎意）……216-39……二七三
そいつ……320-34……三七〇
そいね（添寝）……112-29……一〇〇
そいん（素因）……813-04……九二九
そう……819-29……一〇〇四
そう（双）……805-49……八七三
そう（添）……516-40……五七五
そう（僧）……604-65……六四八
ぞう（像）……614-13……七〇九
そうあい（相愛）……216-13……二六九
そうあん（草案）……610-16……六七六
そうあん（草庵）……411-05……四〇三
そうあん（創案）……208-16……二二三
そうい（相違）……919-02……一一〇五
そうい（創痍）……017-19……三二
そうい（創意）……208-21……二一四
そういう……819-29……一〇〇四
そういん（僧院）……604-63……六四八
ぞうえい（造営）……416-01……四一三
ぞうお（憎悪）……216-23……二七〇
そうおう（相応）……918-09……一一〇〇
そうおん（騒音）……717-03……八三八
そうか（挿花）……617-03……七三二
そうが（挿画）……614-06……七〇八
ぞうか（造化）……718-01……八三九
ぞうか（増加）……913-08……一〇八〇
そうかい（壮快）……210-16……二四五
そうかい（爽快）……210-16……二四五
そうかい（総会）……504-33……四六八
そうがく（奏楽）……614-32……七一二
そうがく（総額）……512-26……五二八
そうかつ（総括）……504-10……四六二
そうかつ（総轄）……507-43……四九〇
そうかん（壮観）……708-04……七九一
そうかん（相関）……515-09……五五三
そうかん（送還）……903-44……一〇二九
そうかん（創刊）……619-18……七五〇
ぞうかん（増刊）……619-21……七五一
そうぎ（争議）……502-35……四四九
そうぎ（葬儀）……605-16……六五三
ぞうき（臓器）……011-01……二〇
ぞうきばやし（雑木林）……720-44……八四七
そうきゅう（蒼穹）……701-02……七六五
そうきょ（壮挙）……114-13……一一五
そうきょう（躁狂）……810-12……九一〇
そうぎょう（創業）……814-25……九三五
ぞうきょう（増強）……914-10……一〇八八
そうきん（送金）……903-46……一〇二九
ぞうきん（雑巾）……402-08……三七八
そうく（痩軀）……001-33……七
そうぐ（装具）……418-04……四二二
そうぐう（遭遇）……516-03……五六七
そうけ（宗家）……314-06……三五二
そうけ（僧家）……604-65……六四八
そうけい（総計）……808-11……八八七
そうげい（送迎）……516-17……五七〇
ぞうけい（造形）……910-06……一〇七二
ぞうけい（造詣）……207-28……二〇四
そうけん（双肩）……010-04……一八
そうけん（壮健）……020-01……三七
そうけん（総見）……615-25……七一九
そうげん（草原）……702-16……七六九
そうご（壮語）……612-28……六八八
そうこう……804-17……八六〇
そうこう（壮行）……516-19……五七〇
そうこう（草稿）……610-16……六七六
そうこう（操行）……114-11……一一五
そうごう（相好）……102-06……五五
そうごう（総合）……504-10……四六二
そうこうげき（総攻撃）……509-13……五〇〇
そうごに（相互ー）……817-10……九七三
そうごん（荘厳）……810-54……九一九
ぞうごん（雑言）……517-22……五八六
そうさ（捜査）……220-20……三〇〇
そうさ（操作）……418-14……四二四
ぞうさ（造作）……210-31……二四八
そうさい（相殺）……120-64……一四九
そうざい（総菜）……407-03……三八九
そうさく（捜索）……220-20……三〇〇
そうさく（創作）……616-38……七三〇
〃……910-03……一〇七一
ぞうさつ（増刷）……619-21……七五一
ぞうさない（造作ー）……810-34……九一四
そうし（相思）……216-13……二六九
そうし（草紙）……619-31……七五二
そうし（創始）……814-24……九三五
そうじ（相似）……918-06……一〇九九
そうじ（掃除）……415-01……四一三
そうしき（葬式）……605-16……六五三
そうしたら……813-09……九三〇
そうしつ（喪失）……913-18……一〇八二
そうじて（総）……805-20……八六七
そうしゃ（掃射）……510-41……五一二
そうしゅう（早秋）……710-13……七九六
そうじゅう（操縦）……418-14……四二四
そうしゅつ（創出）……910-03……一〇七一
そうしゅん（早春）……710-04……七九五
そうしょ（草書）……614-48……七一四
そうしょ（叢書）……619-39……七五三
そうしょう（相承）……315-10……三五六
そうしょう（創傷）……017-19……三二
そうじょう（騒擾）……509-32……五〇二
そうしょく（草食）……406-15……三八九
そうしょく（装飾）……611-05……六八一
ぞうしょく（増殖）……913-08……一〇八〇
そうしん（送信）……618-44……七四七
そうしん（総身）……001-04……二
そうしん（痩身）……001-33……七
ぞうしん（増進）……913-07……一〇八〇
そうしんぐ（装身具）……403-01……三七八
そうず（挿図）……614-06……七〇八
そうすかん（総ー）……216-24……二七〇
そうする（奏）……612-03……六八四
〃……614-33……七一二
ぞうする（蔵）……116-09……一三一
そうすると……813-09……九三〇
そうせい（早世）……301-05……三〇四
そうせい（創成）……910-03……一〇七一
そうせい（創製）……910-03……一〇七一
そうせい（蒼生）……507-46……四九一
そうせい（叢生）……720-43……八四七
ぞうせい（造成）……910-03……一〇七一
そうせいじ（双生児）……311-11……三四七
そうせつ（創設）……911-04……一〇七三
そうせつ（総説）……613-13……六九八

そうぜつ(壮絶)……819-37……一〇〇五
ぞうせつ(増設)……416-04……四一四
そうぜん(蒼然)……713-14……八一四
〃……716-26……八三六
そうぜん(騒然)……810-16……九一〇
そうせんきょ(総選挙)……507-37……四八九
そうそう(早早)……618-37……七四六
そうそう(怱怱)……618-37……七四六
そうそう(草草)……618-37……七四六
そうそう(草創)……814-24……九三五
そうそう(葬送)……605-16……六五三
そうそう(蒼蒼)……720-41……八四七
そうぞう(創造)……910-03……一〇七一
そうぞう(想像)……209-57……二四〇
そうぞうしい(騒騒)……810-16……九一〇
そうそく(総則)……508-06……四九三
そうぞく(相続)……315-10……三五六
そうそん(曾孫)……312-02……三四九
そうだ……999-74……一一四一
そうたい(早退)……502-33……四四八
そうたい(総体)……805-08……八六四
ぞうだい(増大)……913-08……一〇八〇
そうたつ(送達)……903-42……一〇二九
そうだつ(争奪)……115-11……一二一
そうだん(相談)……613-20……六九九
そうだんやく(相談役)……511-32……五一九
そうち(送致)……903-42……一〇二九
そうち(装置)……418-02……四二一
ぞうちく(増築)……416-03……四一四
そうちゃく(装着)……905-03……一〇四二
そうちょう(早朝)……711-36……八〇三
そうちょう(荘重)……810-54……九一九
そうちょう(総長)……602-75……六三五
そうてい(想定)……208-12……二二二
ぞうてい(贈呈)……115-43……一二七
そうでん(送電)……903-47……一〇三〇
そうとう(争闘)……515-14……五五四
そうとう(相当)……805-22……八六七
〃……818-14……九九一
そうとう(掃討)……120-52……一四六
そうどう(草堂)……411-05……四〇三
ぞうとう(贈答)……115-39……一二六
そうなん(遭難)……519-22……六〇三
そうねん(壮年)……303-17……三一一
そうは(走破)……620-06……七五七
そうば(相場)……618-13……七四二
そうはく(蒼白)……716-18……八三五
そうばん(早晩)……816-31……九六九
ぞうはん(造反)……517-33……五八八
そうび(装備)……418-02……四二一
そうびょう(宗廟)……604-62……六四八
ぞうひん(贓品)……420-11……四三四
そうふ(送付)……903-42……一〇二九
そうふ(総譜)……614-40……七一三
ぞうふ(臓腑)……011-01……二〇
ぞうふく(増幅)……908-31……一〇六〇
ぞうぶつ(贓物)……420-11……四三四
そうべつ(送別)……516-19……五七〇
ぞうほ(増補)……913-04……一〇七九
そうほう(双方)……320-17……三六七
そうぼう(僧坊)……604-54……六四七
そうぼう(蒼氓)……507-46……四九一
そうぼう(蒼茫)……809-16……九〇二
そうほんけ(総本家)……314-06……三五二
そうほんざん(総本山)……604-51……六四六
そうみ(総身)……001-04……二
そうめい(聡明)……207-39……二〇六
そうめつ(掃滅)……120-54……一四七
そうめん(素麺)……407-09……三九〇
ぞうもつ(臓物)……011-01……二〇
ぞうよ(贈与)……115-39……一二六
そうらん(争乱)……509-55……五〇六
そうらん(騒乱)……509-55……五〇六
そうり(総理)……507-32……四八八
ぞうり(草履)……403-14……三八〇
そうりだいじん(総理大臣)……507-32……四八八
そうりつ(創立)……911-04……一〇七三
そうりょ(僧侶)……604-65……六四八
そうりょう(爽涼)……712-11……八〇九
そうりょう(総領)……311-06……三四六
ぞうりょう(増量)……913-08……一〇八〇
そうりょく(総力)……101-44……五〇
ぞうりん(造林)……505-46……四七七
そうれい(壮齢)……303-17……三一一
そうれい(壮麗)……206-07……一九六
そうれい(葬礼)……605-16……六五三
そうれつ(壮烈)……819-37……一〇〇五
そうろ(走路)……705-19……七八〇
そうろん(争論)……613-04……六九六
そうろん(総論)……613-13……六九八
そうわ(送話)……618-46……七四七
ぞうわい(贈賄)……513-31……五四二
そうわき(送話器)……419-09……四二五
そえもの(添物)……420-08……四三三
そえる(添)……913-01……一〇七八
ソース(英 source)……802-08……八五四
そかい(租界)……805-05……八六三
そがい(阻害)……519-11……六〇一
そく(即)……815-42……九五五
そぐ……101-55……五二
ぞく(俗)……202-06……一六七
ぞく(俗)……918-15……一一〇〇
ぞく(賊)……305-57……三三一
ぞくあく(俗悪)……202-06……一六七
そぐう……918-19……一一〇一
そくおう(即応)……818-14……九九一
そくおん(促音)……607-17……六六〇
そくおんびん(促音便)……607-18……六六〇
ぞくがん(俗眼)……103-07……六二
ぞくげん(俗諺)……607-09……六五九
ぞくご(俗語)……607-03……六五八
そくざ(即座)……815-43……九五五
そくさい(息災)……020-01……三七
ぞくさい(俗才)……207-10……二〇〇
そくし(即死)……304-09……三一五
そくじ(即時)……815-43……九五五
ぞくじ(俗字)……607-28……六六一
ぞくじ(俗事)……820-10……一〇一三
そくしゃ(速射)……510-41……五一二
ぞくしゅう(俗習)……606-03……六五五
ぞくしゅつ(続出)……911-10……一〇七四
そくじょ(息女)……306-04……三三二
ぞくしょう(俗称)……320-10……三六五
そくしん(促進)……914-03……一〇八七
ぞくじん(俗人)……305-27……三二四
ぞくじん(俗塵)……820-10……一〇一三
そくする(即)……918-19……一一〇一
そくする(則)……802-07……八五三
ぞくする(属)……906-01……一〇四六
そくせい(速成)……814-36……九三八
そくせき(足跡)……520-02……六〇四
ぞくせけん(俗世間)……506-06……四八三
ぞくぞく……210-09……二四四
ぞくぞく(続続)……815-61……九五九
そくだん(即断)……208-29……二一七

そくだん(速断)……208-29……二一七
ぞくっぽい(俗－)……202-06……一六七
そくてい(測定)……808-20……八八九
ぞくでん(俗伝)……616-30……七二八
そくど(速度)……808-34……八九一
そくとう(即答)……613-59……七〇七
そくとう(速答)……613-59……七〇七
ぞくねん(俗念)……209-20……二三三
そくばい(即売)……512-09……五二四
そくばく(束縛)……520-59……六一四
ぞくはつ(続発)……911-10……一〇七四
ぞくぶつ(俗物)……305-27……三二四
そくぶん(仄聞)……618-24……七四四
そくほう(速報)……618-05……七四〇
そくみょう(即妙)……818-20……九九二
そくめん(側面)……817-31……九七七
ぞくよう(俗用)……820-10……一〇一三
ぞくよう(俗謡)……614-39……七一三
ぞくり(俗吏)……503-19……四五四
ぞくり(属吏)……503-19……四五四
そくりょう(測量)……808-20……八八九
ぞくりょう(属僚)……503-19……四五四
そくりょく(速力)……808-34……八九一
そげき(狙撃)……510-42……五一二
ソケット(英 socket)……419-12……四二六
そこ……817-47……九八〇
そこ(底)……817-21……九七五
そご(齟齬)……519-09……六〇〇
そこいら……817-47……九八〇
そこう(素行)……114-11……一一五
そこかしこ……817-51……九八一
そこく(祖国)……507-13……四八五
そこここ……817-54……九八一
そこぢから(底力)……101-44……五〇
そこつ(粗忽)……120-12……一三九
そこづみ(底積)……904-11……一〇三三
そこで……913-29……一〇八五
そこなう(損)……114-24……一一八
〃……909-05……一〇六八
そこねる(損)……909-05……一〇六八
そこら……817-47……九八〇
そさい(蔬菜)……720-25……八四五
そざい(素材)……420-02……四三二
そざつ(粗雑)……203-07……一六九
そさん(粗餐)……406-10……三八八
そし(阻止)……120-42……一四四
そじ(素地)……207-23……二〇三
そしき(組織)……803-02……八五六
そしつ(素質)……201-06……一五三
そして……816-29……九六九
そしな(粗品)……818-30……九九四
そしゃく(咀嚼)……106-04……七一
そしょう(訴訟)……508-19……四九五
そしょく(粗食)……406-10……三八八
そしり(謗)……517-22……五八六
そしる(謗)……517-25……五八六
そすい(疎水)……707-03……七八六
そせい(組成)……803-01……八五六
そせい(蘇生)……301-09……三〇六
〃……908-17……一〇五七
そぜい(租税)……513-39……五四四
そせき(礎石)……412-26……四〇九
そせん(祖先)……314-17……三五三
そそ(楚楚)……206-06……一九六
そそう(粗相)……016-06……二八
〃……114-20……一一七
そぞう(塑像)……614-13……七〇九
そそぐ(注)……408-15……三九五
そそくさ……204-07……一七七
そそっかしい……204-04……一七七
そそのかす(唆)……515-49……五六一
そそりたつ(－立)……706-09……七八五
そぞろあるき(－歩)……617-25……七三六
そだち(育)……316-05……三五七
そだつ(育)……013-02……二三
そだてあげる(育上)……013-04……二三
そだてる(育)……013-03……二三
そちこち……817-54……九八一
そちら……817-46……九八〇
そつ……114-21……一一七
そつ(卒)……304-08……三一五
〃……602-66……六三三
そつえん(卒園)……602-66……六三三
そっか(足下)……618-39……七四六
ぞっかい(俗界)……506-06……四八三
ぞっかん(属官)……503-19……四五四
そっきょ(卒去)……304-06……三一五
そっきょう(即興)……615-55……七二四
そつぎょう(卒業)……602-66……六三三
ぞっきょく(俗曲)……614-39……七一三
そっきん(即金)……512-63……五三四
そっきん(側近)……511-48……五二三
ソックス(英 socks)……401-40……三七六
そっくり……918-10……一一〇〇
そっくりかえる(反返)……101-21……四五
そっけない……205-08……一八五
そっこう(速攻)……509-14……五〇〇
そっこう(側溝)……707-05……七八六
ぞっこう(続行)……912-11……一〇七八
そっこく(即刻)……815-43……九五五
ぞっこく(属国)……507-10……四八五
そつじゅ(卒寿)……303-23……三一二
そっせん(率先)……120-19……一四〇
そっち……817-46……九八〇
そっちのけ……120-74……一五一
そっちょく(率直)……201-22……一五六
そっと……810-09……九〇九
そっとう(卒倒)……101-17……四四
そつどく(卒読)……609-03……六六八
そで(袖)……401-25……三七四
そでのした(袖－下)……513-31……五四二
そと(外)……817-78……九八六
そとがわ(外側)……817-78……九八六
そとぼり(外堀)……707-04……七八六
そとまご(外孫)……312-01……三四九
そなえる(供)……115-41……一二七
そなえる(備)……120-21……一四〇
ソネット(英 sonnet)……616-22……七二七
そねみ……216-30……二七二
そねむ……216-34……二七二
その……817-56……九八二
その(園)……413-03……四一一
そのうえ(－上)……913-28……一〇八五
そのうち……816-31……九六九
そのくせ……612-74……六九五
そのご(－後)……816-28……九六八
そのた(－他)……912-06……一〇七七
そのばしのぎ(－場－)……517-13……五八四
そのばのがれ(－場逃)……517-13……五八四
そのひかせぎ(－日稼)……501-15……四四〇
そのひぐらし(－日暮)……501-15……四四〇
そのよう……819-29……一〇〇四
そば……817-35……九七八
そば(蕎麦)……407-09……三九〇

そばから……999-49……一一三一
そばだつ……706-09……七八五
そばづえ……905-15……一〇四四
そばづかえ(側仕)……511-48……五二二
そばみち(岨道)……705-33……七八二
そはん(粗飯)……406-10……三八八
そびえる(聳)……706-09……七八五
そびょう(素描)……614-08……七〇八
そふ(祖父)……314-12……三五三
ソファー(英 sofa)……417-03……四一九
ソフィスティケート(英 sophisticate)……206-16……一九八
ソフトボール(アメリカ softball)……620-36……七六二
そぶり(素振)……114-05……一一四
そぼ(祖母)……314-11……三五三
そぼう(粗暴)……204-21……一八〇
そほうか(素封家)……305-38……三三六
そぼく(素朴)……201-24……一五六
そぼふる(-降)……713-36……八一六
そまつ(粗末)……203-07……一六九
そまる(染)……405-18……三八七
そむく(背)……517-34……五八八
そむける(背)……101-22……四六
そめつけ(染付)……405-16……三八六
そめもの(染物)……405-16……三八六
そめる(染)……405-17……三八七
そもそも……816-09……九六三
そや(粗野)……204-28……一八一
そよう(素養)……207-24……二〇三
そよかぜ(-風)……713-42……八一八
そら……807-13……八八一
そら(空)……701-01……七六五
そらいろ(空色)……716-25……八三六
そらおそろしい(-恐)……215-05……二六五
そらおぼえ(-覚)……602-17……六二四
そらごと(-言)……807-13……八八一
そらす……904-28……一〇三六
そらぞらしい(空空)……205-11……一八六
そらとぼける……205-14……一八六
そらに(-似)……102-16……五七
そらね(空寝)……112-13……九八
そらね(-音)……807-13……八八一
そらみみ(-耳)……104-14……六九
そらもよう(空模様)……713-02……八一二
そりかえる(反返)……101-21……四五
そりはし(反橋)……707-09……七八七
そりゃく(疎略)……203-07……一六九
そる(反)……908-33……一〇六一
そる(剃)……101-55……五二
それ……817-56……九八二
それがし……320-24……三六八
〃……320-36……三七〇
それから……816-29……九六九
それぞれ……805-40……八七一
それで……913-29……一〇八五
それでは……813-09……九三〇
それでも……120-63……一四八
それとなく……203-34……一七五
それとも……913-30……一〇八五
それなのに……612-74……六九五
それなら……813-09……九三〇
それに……913-28……一〇八五
それほど……819-23……一〇〇二
それる……904-28……一〇三六
そろい(揃)……805-48……八七三
そろう(揃)……915-13……一〇九四
そろえる(揃)……915-13……一〇九四
そろそろ……204-36……一八三
ぞろぞろ……504-25……四六六
そろばんずく……201-67……一六六
そわそわ……204-08……一七七
そん(損)……512-58……五三三
そんえき(損益)……512-46……五三一
そんかい(損壊)……909-09……一〇六八
そんがい(損害)……512-58……五三三
ぞんがい(存外)……208-76……二二七
そんがん(尊顔)……003-02……一〇
ソング(英 song)……614-36……七一二
そんけい(尊兄)……313-05……三五〇
そんけい(尊敬)……517-01……五八一
そんけいご(尊敬語)……607-15……六六〇
そんげん(尊厳)……205-24……一八八
そんげんし(尊厳死)……304-11……三二五
そんこう(尊公)……320-31……三六九
そんざい(存在)……901-02……一〇一四
ぞんざい……203-06……一六九
そんしつ(損失)……512-58……五三三
そんしょう(尊称)……320-08……三六五
そんしょう(損傷)……909-09……一〇六八
ぞんじょう(存生)……301-07……三〇五
そんしょく(遜色)……818-11……九九一
そんじょそこら……817-47……九八〇
そんじる(損)……114-24……一一八
そんずる(損)……909-05……一〇六八
そんぞく(存続)……912-09……一〇七八
そんだい(尊大)……217-16……二七九
そんだい(尊台)……320-31……三六九
そんだいご(尊大語)……607-15……六六〇
そんちょう(尊重)……517-03……五八二
そんどう(尊堂)……320-31……三六九
そんとく(損得)……512-46……五三一
そんな……819-29……一〇〇四
そんぷ(尊父)……310-10……三四五
ぞんぶん(存分)……819-17……一〇〇一
そんめい(尊名)……320-09……三六五
ぞんめい(存命)……301-07……三〇五
そんもう(損耗)……913-19……一〇八三
そんよう(尊容)……003-02……一〇
そんらく(村落)……705-10……七七九
そんりょう(損料)……115-37……一二六

た

た(他)……918-24……一一〇三
た(田)……505-21……四七三
だ……999-60……一一三五
ダーツ(英 darts)……405-07……三八五
ターミナル(英 terminal)……505-79……四八一
タイ(英 tie)……403-09……三七九
たい……999-66……一一三八
たい(体)……001-01……一
たい(対)……120-08……一三八
たい(隊)……510-10……五〇七
たい(他意)……209-19……二三三
だい(代)……512-28……五二八
だい(題)……610-22……六七七
たいあたり(体当)……219-26……二九四
ダイアリー(英 diary)……616-13……七二六
ダイアローグ(英 dialogue)……615-10……七一六
たいあん(対案)……208-24……二一五
だいあん(代案)……208-24……二一五
たいい(大意)……805-53……八七四
たいい(体位)……203-02……一六八
たいいく(体育)……620-09……七五八
だいいち(第一)……814-01……九三一

だいいちいんしょう（第一印象）……209-36……二三六
だいいちがくねん（第一学年）……602-68……六三四
だいいちにんしゃ（第一人者）……305-06……三三一
だいいっせん（第一線）……509-08……四九九
だいいっぽ（第一歩）……814-07……九三二
たいえき（退役）……517-50……五九一
たいおう（対応）……120-01……一三六
だいおう（大王）……511-22……五一八
たいおうさく（対応策）……208-19……二二三
だいおうじょう（大往生）……304-02……三一四
だいおん（大恩）……603-05……六三七
だいおんじょう（大音声）……108-04……七七
たいか（大家）……305-07……三三一
たいか（退化）……914-17……一〇九〇
たいが（大河）……704-04……七七五
だいか（台下）……618-39……七四六
だいか（代価）……512-28……五二八
たいかい（大会）……504-33……四六八
たいかい（大海）……703-01……七七三
たいかい（退会）……504-18……四六四
たいがい（大概）……805-16……八六六
たいかく（体格）……001-05……二
たいがく（退学）……602-64……六三三
だいがく（大学）……602-51……六三〇
だいかつ（大喝）……602-45……六二九
だいがっこう（大学校）……602-51……六三〇
たいかん（大患）……017-03……二九
たいかん（退官）……517-50……五九一
たいがん（対岸）……704-18……七七七
だいがん（代願）……604-25……六四二
たいき（大気）……712-01……八〇七
たいき（大器）……305-11……三三二
たいき（待機）……120-20……一四〇
たいぎ（大義）……806-10……八七六
たいぎ（体技）……620-45……七六三
だいきぎょう（大企業）……505-04……四七一
たいぎご（対義語）……607-13……六六〇
だいぎし（代議士）……507-33……四八八
だいきぼ（大規模）……809-05……九〇〇
たいぎめいぶん（大義名分）……806-10……八七六
たいきゃく（退却）……113-35……一〇九
たいきょ（退去）……113-35……一〇九
たいぎょう（大業）……505-03……四七一
たいぎょう（怠業）……502-36……四四九
たいきょく（大局）……801-04……八五〇
たいきょく（対局）……617-16……七三四
だいきん（代金）……512-28……五二八
たいく（体軀）……001-05……二
だいく（大工）……503-22……四五五
たいぐう（待遇）……515-58……五六三
たいくつ（退屈）……209-60……二四一
たいけい（大慶）……318-07……三六〇
たいけい（体形）……001-14……四
たいけい（体系）……803-02……八五六
たいけつ（対決）……515-18……五五五
たいけん（体験）……303-02……三〇七
たいげん（体言）……607-39……六六三
たいげん（体現）……611-01……六八〇
たいげんそうご（大言壮語）……612-28……六八八
たいこ（太古）……816-07……九六三
たいご（隊伍）……904-23……一〇三五
たいこう（大綱）……805-55……八七四
たいこう（対向）……120-07……一三八
たいこう（対抗）……515-18……五五五
たいこう（退校）……602-64……六三三
たいこく（大国）……507-06……四八四
だいこくばしら（大黒柱）……412-30……四〇九
たいこばし（太鼓橋）……707-09……七八七
だいごみ（醍醐味）……810-04……九〇八
たいさ（大差）……919-02……一一〇五
たいざ（対座）……101-09……四三
たいさい（大祭）……605-05……六五一
たいざい（大罪）……520-18……六〇七
たいざい（滞在）……119-05……一三四
だいざい（題材）……612-56……六九二
たいさく（大作）……616-44……七三一
たいさく（対策）……208-19……二二三
だいさく（代作）……807-18……八八三
たいさん（退散）……113-35……一〇九
だいさん（代参）……604-23……六四二
だいさんしゃ（第三者）……320-19……三六七
たいし（大志）……220-03……二九七
たいし（太子）……511-27……五一九
たいじ（対峙）……706-09……七八五
たいじ（退治）……509-37……五〇三
だいし（大師）……604-66……六四八
だいし（台詞）……615-10……七一六
だいじ（大事）……518-04……五九八
〃……818-21……九九二
ダイジェスト（英 digest）……805-53……八七四
たいして（大－）……819-23……一〇〇二
たいしゃ（大社）……604-64……六四八
たいしゃ（大赦）……520-81……六一七
たいしゃく（貸借）……115-23……一二四
たいじゅ（大樹）……720-20……八四四
たいしゅう（大衆）……507-50……四九一
たいじゅう（体重）……808-30……八九〇
たいしゅうか（大衆化）……618-28……七四五
たいしゅか（大酒家）……409-13……三九七
たいしゅつ（退出）……504-19……四六五
たいしょ（大書）……609-30……六七三
たいしょ（大暑）……712-04……八〇七
たいしょ（対処）……120-01……一三六
だいしょ（代書）……609-32……六七三
だいしょ（代署）……609-32……六七三
たいしょう（大将）……510-07……五〇七
〃……620-30……七六一
たいしょう（大勝）……620-13……七五八
たいしょう（大賞）……520-12……六〇六
たいしょう（対称）……320-20……三六八
〃……805-52……八七三
たいしょう（対象）……208-62……二三三
たいしょう（対照）……601-16……六二〇
たいじょう（退場）……504-19……四六五
だいしょう（代償）……115-37……一二六
〃……219-25……二九四
だいじょうぶ（大丈夫）……810-20……九一一
たいしょく（大食）……106-08……七二
たいしょく（退色）……405-14……三八六
たいしょく（退職）……517-50……五九一
たいじん（大人）……305-04……三三〇
〃……305-39……三三六
たいじん（退陣）……113-37……一一〇
〃……517-50……五九一

だいじん(大尽)……305-38……三二六
だいじん(大臣)……507-31……四八八
だいじんぶつ(大人物)
……305-11……三二二
だいすう(代数)……601-05……六一八
たいすい(大酔)……409-19……三九八
たいする(対)……120-09……一三八
たいせい(大成)……814-36……九三八
たいせい(大勢)……801-04……八五〇
たいせい(体制)……803-02……八五六
たいせい(体勢)……203-02……一六八
たいせい(態勢)……203-01……一六八
たいせき(体積)……808-32……八九一
たいせき(退席)……504-19……四六五
たいせき(堆積)……904-08……一〇三三
たいせつ(大切)……818-21……九九二
たいせん(大戦)……509-02……四九八
たいせん(対戦)……509-02……四九八
たいぜん(泰然)……204-18……一七九
たいそう(大層)……203-29……一七四
たいそう(体操)……620-08……七五七
だいそれた(大－)……819-27……一〇〇三
たいだ(怠惰)……203-11……一七〇
だいたい(大体)……805-25……八六八
〃……816-09……九六三
だいたい(大腿)……009-03……一七
だいだい(代代)……314-19……三五四
だいだいいろ(橙色)……716-29……八三七
たいだん(対談)……613-02……六九六
たいだん(退団)……504-18……四六四
だいたん(大胆)……201-46……一六一
だいだんえん(大団円)
……615-15……七一七
だいち(大地)……702-02……七六七
だいち(台地)……702-13……七六九
たいちょう(退潮)……914-14……一〇八九
だいちょう(台帳)……610-28……六七八
タイツ(英 tights)……401-40……三七六
たいてい(大抵)……805-16……八六六
たいど(態度)……203-01……一六八
たいとう(台頭)……514-06……五四五
たいとう(対等)……819-02……九九八
たいとう(駘蕩)……810-23……九一三
たいどう(帯同)……516-24……五七二
だいとう(大刀)……510-32……五一一
だいどう(大同)……504-07……四六一
だいどう(大道)……603-07……六三八
〃……705-27……七八一
だいどうしょうい(大同小異)
……919-02……一一〇五
だいどうだんけつ(大同団結)
……504-07……四六一
だいとうりょう(大統領)
……511-21……五一八
たいとく(体得)……208-38……二一八
だいどころ(台所)……412-15……四〇七
タイトル(英 title)……610-22……六七七
だいなし(台無)……909-11……一〇六九
だいなん(大難)……319-04……三六三
たいにち(滞日)……119-06……一三五
たいにん(退任)……517-50……五九一
ダイニングキッチン(英 dining kitchen)……412-15……四〇七
ダイニングルーム(英 dining room)……412-16……四〇七
たいのう(滞納)……115-19……一二三
だいのう(代納)……115-20……一二三
たいは(大破)……909-16……一〇七〇
たいはい(大敗)……620-20……七五九
たいはん(大半)……805-11……八六五
たいひ(対比)……601-16……六二〇
たいひ(退避)……113-35……一〇九
だいひつ(代筆)……609-32……六七三
たいびょう(大病)……017-03……二九
だいひょう(大兵)……001-23……五
だいひょう(代表)……807-15……八八二
ダイビング(英 diving)
……903-27……一〇二五
たいぶ(退部)……504-18……四六四
タイプ(英 type)……804-03……八五七
だいぶ(大分)……805-21……八六七
たいふう(台風)……713-19……八一四
だいふくちょう(大福帳)
……610-28……六七八
だいぶつ(代物)……807-15……八八二
だいぶぶん(大部分)……805-15……八六六
だいぶん(大分)……805-21……八六七
たいへい(太平)……509-41……五〇四
たいへいらく(太平楽)
……213-09……二六〇
たいべつ(大別)……904-47……一〇四〇
たいへん……819-33……一〇〇四
だいへん(代返)……613-53……七〇六
だいべん(大便)……016-01……二八
たいほ(退歩)……914-17……一〇九〇
たいほ(逮捕)……520-55……六一三
たいほう(大砲)……510-22……五〇九
たいぼう(待望)……218-02……二八二
たいぼく(大木)……720-20……八四四
だいほん(台本)……615-08……七一六
だいほんざん(大本山)
……604-51……六四六
たいまん(怠慢)……203-11……一七〇
タイム(英 time)……617-42……七三九
〃……815-01
だいめい(題名)……610-22……六七七
だいめいし(代名詞)……607-39……六六三
たいめん(体面)……001-12……四
たいめん(対面)……120-07……一三八
〃……516-04……五六七
たいもう(大望)……218-26……二八七
たいもう(体毛)……012-05……二二
だいもく(題目)……610-22……六七七
〃……612-56……六九二
たいやく(大厄)……319-04……三六三
たいやく(大役)……502-15……四四五
だいやく(代役)……615-34……七二一
たいゆう(大勇)……204-24……一八〇
たいよ(貸与)……115-25……一二四
たいよう(大洋)……703-01……七七三
たいよう(大要)……802-13……八五五
〃……805-54……八七四
たいよう(太陽)……701-06……七六五
だいよう(代用)……812-05……九二八
たいら(平)……811-10……九二三
たいらか(平)……810-20……九一一
たいらげる(平)……509-53……五〇五
だいり(内裏)……412-03……四〇五
だいり(代理)……807-16……八八二
たいりく(大陸)……702-03……七六七
たいりつ(対立)……515-20……五五五
たいりゅう(滞留)……119-05……一三四
たいりょう(大量)……205-42……一九二
〃……808-41……八九三
たいりょう(大漁)……505-72……四八〇
たいりょく(体力)……101-43……五〇
たいれつ(隊列)……904-23……一〇三五
たいろ(退路)……113-39……一一〇
だいろっかん(第六感)
……209-37……二三六

たいわ(対話)……612-10……六八五
タウン(英 town)……705-05……七七八
たえいる(絶入)……304-04……三一四
だえき(唾液)……015-02……二六
たえしのぶ(堪忍)……219-22……二九三
たえず(絶ー)……815-23……九五一
たえはてる(絶果)……304-04……三一四
たえまない(絶間ー)……815-24……九五一
たえる(耐)……219-22……二九三
たえる(絶)……120-70……一五〇
たおす(倒)……101-16……四四
タオル(英 towel)……402-07……三七七
たおる(手折)……908-42……一〇六三
たおれる(倒)……101-17……四四
たか(多寡)……808-55……八九五
だが……120-63……一四八
たかい(高)……512-35……五二九
〃……809-12……九〇一
たかい(他界)……304-02……三一四
だかい(打開)……519-28……六〇四
たがいに(互ー)……817-10……九七三
たかく(多角)……817-55……九八二
たがく(多額)……513-03……五三八
たかしお(高潮)……703-13……七七四
たかだい(高台)……702-13……七六九
たかたかゆび(高高指)……008-09……一六
たかとび(高飛)……113-28……一〇八
たかなみ(高波)……703-10……七七四
たかなる(高鳴)……210-08……二四四
〃……717-07……八三八
たかね(高値)……512-35……五二九
たかね(高嶺)……702-30……七七一
たかは(ー派)……507-36……四八八
たかびしゃ(高飛車)……217-17……二七九
たかぶる(高)……217-11……二七八
たかまる(高)……913-02……一〇七九
たかみ(高ー)……817-12……九七四
たかむら……720-47……八四八
たかめ(高ー)……512-35……五二九
たかめる(高)……913-02……一〇七九
たがやす(耕)……505-24……四七四
たかようじ(高楊枝)……419-22……四二八
たから(宝)……420-15……四三四
だから……813-08……九三〇
たからくじ(宝ー)……617-19……七三五
たからもの(宝物)……420-15……四三四
たかる……504-01……四五九
たがる……999-66……一一三八
たかわらい(高笑)……102-20……五七
たかん(多感)……207-49……二〇八
たき(滝)……704-16……七七六
たき(多岐)……817-55……九八二
だきあう(抱合)……109-38……八七
だきかかえる(抱ー)……109-38……八七
たきぎ(薪)……419-16……四二六
だきこむ(抱込)……906-03……一〇四六
だきしめる(抱ー)……109-38……八七
だきつく(抱付)……101-34……四八
たきつける(焚付)……515-48……五六〇
〃……714-06……八二四
たきょう(他郷)……507-11……四八五
だきょう(妥協)……516-34……五七三
たぎる……408-10……三九四
たく(宅)……309-11……三四三
たく(卓)……417-02……四一九
たく(炊)……408-02……三九三
たく(焚)……714-07……八二四
だく(抱)……109-38……八七
たぐい……804-12……八五九
たくえつ(卓越)……818-42……九九七
だくおん(濁音)……607-17……六六〇
たくさん……808-36……八九二
たくしき(卓識)……207-36……二〇五
だくしゅ(濁酒)……409-04……三九六
たくしゅつ(卓出)……818-42……九九七
たくじょう(卓上)……417-15……四二一
だくすい(濁水)……707-16……七八八
たくする(託)……218-16……二八五
だくせい(濁世)……506-06……四八三
たくせつ(卓説)……613-12……六九八
たくぜつ(卓絶)……818-42……九九七
たくせん(託宣)……604-09……六四〇
だくだく(諾諾)……517-64……五九四
たくち(宅地)……805-07……八六四
たくはい(宅配)……903-43……一〇二九
たくばつ(卓抜)……818-42……九九七
たくほん(拓本)……609-28……六七二
たくましい(逞)……020-02……三七
たくみ(巧)……818-39……九九六
たくらみ(企)……208-26……二一五
だくりゅう(濁流)……704-08……七七五
たぐりよせる(手繰寄)……109-09……八一
たぐる(手繰)……109-08……八〇
たくろん(卓論)……613-11……六九七
たくわえ(蓄)……512-19……五二六
たくわえる(蓄)……512-19……五二六
たけ(丈)……001-19……五
〃……405-06……三八五
だけ……999-27……一一二〇
だけあって……999-38……一一二五
だげき(打撃)……916-03……一〇九五
だけつ(妥結)……515-41……五五九
たけなわ……815-53……九五八
だけに……999-38……一一二五
たけのこいしゃ(ー医者)……503-05……四五二
だけのことはある……999-38……一一二五
たけみつ(竹光)……510-35……五一一
たけやぶ(竹藪)……720-47……八四八
たけりたつ(猛立)……212-08……二五八
たける(長)……818-38……九九六
たける(猛)……219-15……二九二
たげん(多言)……612-26……六八七
たこう(多幸)……318-05……三六〇
だこう(蛇行)……908-35……一〇六一
たこく(他国)……507-11……四八五
たごん(他言)……612-19……六八六
たさい(多彩)……804-16……八六〇
たさく(多作)……616-43……七三一
ださく(駄作)……616-45……七三一
たさつ(他殺)……520-34……六一〇
ださん(打算)……808-10……八八六
たじ(他事)……514-17……五四八
たじ(多事)……519-25……六〇三
だし(山車)……605-26……六五四
だしいれ(出入)……113-46……一一一
たしか(確)……810-46……九一七
たしかめる(確)……613-47……七〇五
たじたじ……204-35……一八三
たしつ(多湿)……713-64……八二一
たしなみ(嗜)……207-24……二〇三
たしなむ(嗜)……216-18……二六九
だしぬけ(出抜)……815-44……九五六
たしゃ(多謝)……515-73……五六六
だじゃれ(駄洒落)……612-58……六九三
たしゅ(多種)……804-16……八六〇
たしゅつ(他出)……113-49……一一二
たしゅみ(多趣味)……617-01……七三二

たしょう(他生)……604-44……六四五
たしょう(他称)……320-20……三六八
たしょう(多少)……808-55……八九五
たしょう(多祥)……318-05……三六〇
たじょう(多情)……207-49……二〇八
〃……218-34……二八九
たじろぐ……204-35……一八三
だしん(打診)……613-45……七〇四
たす(足)……913-01……一〇七八
だす(出)……113-47……一一二
〃……514-09……五四六
たすう(多数)……808-61……八九七
たすかる(助)……517-58……五九三
たすき(襷)……401-31……三七五
たすける(助)……120-32……一四二
〃……517-53……五九一
たずさわる(携)……905-13……一〇四四
たずねる(訪)……516-41……五七五
たずねる(尋)……220-22……三〇一
〃……613-43……七〇四
たぜい(多勢)……808-61……八九七
たせん(他薦)……515-53……五六二
たそがれ(黄昏)……711-44……八〇四
ただ……513-07……五三八
だだ……201-63……一六五
ただい(多大)……808-42……八九三
ただいま(只今)……816-18……九六五
たたえる……520-08……六〇六
たたえる(湛)……906-11……一〇四八
たたかい(戦)……509-01……四九七
たたかう(戦)……509-01……四九七
たたきうり(叩売)……512-06……五二四
たたきころす(叩殺)……520-37……六一〇
たたきだい(－台)……208-24……二一五
たたきだいく(叩大工)
……503-22……四五五
たたきだす(－出)……120-49……一四五
たたきのめす(叩－)……109-39……八七
たたく(叩)……109-39……八七
ただし(但)……612-73……六九五
ただしい(正)……807-09……八八〇
ただしがき(但書)……610-13……六七六
ただす(正)……908-07……一〇五四
ただす(質)……613-43……七〇四
たたずまい(佇)……801-13……八五一
たたずむ(佇)……101-01……四一
ただちに(直－)……815-42……九五五
だだっこ(駄駄子)……311-22……三四九
だだっぴろい(－広)……809-16……九〇二
ただのり(－乗)……113-54……一一三
たたみ(畳)……417-14……四二一
たたみかける(畳－)……517-80……五九七
たたむ(畳)……109-24……八四
たたり(祟)……604-16……六四一
ただれる(爛)……017-33……三三
たち(達)……320-13……三六六
たち(質)……201-07……一五三
たち(大刀)……510-32……五一一
たち(太刀)……510-32……五一一
たちいたる(立至)……905-19……一〇四五
たちいふるまい(立居振舞)
……114-07……一一四
たちいる(立入)……113-44……一一一
たちかえる(立返)……908-15……一〇五六
たちがれ(立枯)……720-48……八四八
たちぎえ(立消)……913-21……一〇八三
たちぎき(立聞)……104-04……六七
たちきる(断切)……904-33……一〇三七
たちぐい(立食)……106-13……七三
たちさる(立去)……113-34……一〇九
たちさわぐ(立騒)……810-18……九一一
たちつくす(立尽)……101-01……四一
たちっぱなし(立－)……101-03……四二
たちづめ(立－)……101-03……四二
たちどおし(立通)……101-03……四二
たちなおる(立直)……908-15……一〇五六
たちのく(立退)……113-34……一〇九
たちば(立場)……316-02……三五七
たちばさみ(裁鋏)……419-08……四二五
たちはたらく(立働)……502-02……四四二
たちばん(立番)……509-49……五〇五
たちふさがる(立塞)……120-41……一四四
たちふるまい(立振舞)
……114-07……一一四
たちまさる(立勝)……818-38……九九六
たちまち……815-40……九五四
たちまわり(立回)……515-14……五五四
たちまわる(立回)……110-04……八九
たちみ(立見)……615-25……七一九
たちむかう(立向)……515-19……五五五
たちやく(立役)……615-37……七二一
たちよる(立寄)……516-45……五七六
だちん(駄賃)……513-22……五四一
たちんぼう(立坊)……101-03……四二
たつ(立)……101-01……四一
たつ(発)……814-17……九三四
たつ(断)……120-69……一五〇
たつ(経)……814-60……九四三
たつ(裁)……101-52……五一
たつい(達意)……602-41……六二九
だっかい(脱会)……504-18……四六四
だっかい(奪回)……115-13……一二一
たつがん(達眼)……207-34……二〇五
だっかん(奪還)……115-13……一二一
だっきゃく(脱却)……113-29……一〇八
だっきゅう(脱臼)……017-22……三二
たっけん(卓見)……613-12……六九八
たっけん(達見)……207-36……二〇五
だっこ……109-37……八七
だっこう(脱稿)……609-25……六七二
だつごく(脱獄)……520-78……六一六
たっしき(達識)……207-36……二〇五
たっしゃ(達者)……020-01……三七
ダッシュ(英 dash)……110-09……九〇
だっしゅ(奪取)……115-11……一二一
だっしゅつ(脱出)……113-29……一〇八
たつじん(達人)……305-03……三三〇
だっすい(脱水)……707-14……七八七
たっする(達)……905-20……一〇四六
たつせ(立瀬)……316-02……三五七
たっせい(達成)……814-36……九三八
だっそう(脱走)……113-28……一〇八
たった……808-47……八九四
だったい(脱退)……504-18……四六四
タッチ(英 touch)……614-50……七一四
〃……905-13
たって……203-33……一七四
〃……999-44……一二二八
だって……999-26……一二一九
たっていい……999-77……一二四二
たってかまわない……999-77……一二四二
たづな(手綱)……419-05……四二五
だっとう(脱党)……504-18……四六四
たっぷり……808-40……八九二
たつぶん(達文)……611-10……六八二
だっぷん(脱糞)……016-02……二八
たつべん(達弁)……612-23……六八七
だつぼう(脱帽)……515-69……五六五
たつまき(竜巻)……713-46……八一八
だつもう(脱毛)……002-09……九

だつらく(脱落)……906-21……一〇五〇
だつりゃく(奪略)……115-11……一二一
だつろう(脱牢)……520-78……六一六
だつろう(脱漏)……906-21……一〇五〇
たて(盾)……510-20……五〇九
たて(縦)……817-29……九七七
だて(伊達)……217-09……二七七
たてかえる(立替)……512-62……五三四
たてかん(立看)……619-13……七四九
たてかんばん(立看板)
……619-13……七四九
たてぐ(建具)……417-08……四二〇
たてこむ(-込)……504-23……四六六
たてこもる……907-05……一〇五二
だてしゃ(伊達者)……305-19……三二三
たてつく(盾突)……515-19……五五五
たてつづけ(立続)……815-63……九六〇
たてひざ(立膝)……101-08……四三
たてまえ(建前)……806-15……八七七
たてまし(建増)……416-03……四一四
たてまつる(奉)……115-41……一二七
たてもの(建物)……412-01……四〇五
たてやくしゃ(立役者)
……615-41……七二二
たてる(立)……101-01……四一
たてる(建)……416-01……四一三
たてる(閉)……907-09……一〇五二
たとえ……208-51……二二一
〃……611-06……六八一
たとえば……611-06……六八一
たとえる……611-07……六八一
たどく(多読)……609-08……六六九
たどたどしい……204-38……一八三
たどりつく(辿着)……905-19……一〇四五
たどる……113-01……一〇二
たどん(炭団)……419-17……四二七
たな(棚)……417-06……四一九
たなあげ(棚上)……208-33……二一七
たなごころ……008-06……一五
たなびく(棚引)……903-35……一〇二七
たに(谷)……702-38……七七二
たにあい(谷間)……702-39……七七二
たにがわ(谷川)……704-02……七七五
たにま(谷間)……702-39……七七二
たにん(他人)……320-19……三六七
たにんごと(他人事)……514-17……五四八
たにんまかせ(他人任)
……218-13……二八四
たぬきねいり(狸寝入)
……112-13……九八
たね(種)……720-03……八四二
〃……813-01……九二八
たねちがい(種違)……315-07……三五五
たねつけ(種付)……719-11……八四一
たねん(他念)……209-19……二三三
たねん(多年)……815-66……九六〇
だの……999-28……一一二〇
たのしい(楽)……210-15……二四五
たのしみ(楽)……617-07……七三三
たのしむ(楽)……210-02……二四二
たのむ(頼)……218-09……二八三
たのもし(頼-)……504-36……四六九
たのもしい(頼)……207-44……二〇七
たば(束)……419-29……四二九
だは(打破)……519-28……六〇四
たばい(多売)……512-09……五二四
たばかる……517-37……五八九
たはた(田畑)……505-20……四七三
たはつ(多発)……911-11……一〇七五
たばねる(束)……109-10……八一
たび(度)……815-27……九五二
たび(旅)……617-21……七三五
たび(足袋)……401-41……三七六
たびじたく(旅支度)……617-39……七三九
たびそう(旅僧)……604-68……六四八
たびだち(旅立)……814-16……九三四
たびたび(度度)……815-22……九五〇
たひつ(他筆)……609-32……六七三
たびね(旅寝)……617-37……七三八
たびまわり(旅回)……615-17……七一八
たびょう(多病)……017-06……三〇
タフ(英 tough)……020-02……三七
だふ(懦夫)……305-56……三三〇
タブー(英 taboo)……607-12……六五九
たぶらかす(誑)……517-37……五八九
ダブリューシー(WC)
……412-19……四〇八
ダブル(英 double)……805-35……八七〇
ダブる……912-13……一〇七八
ダブルベッド(英 double
bed)……417-17……四二一
たぶん(他聞)……104-13……六九
たぶん(多分)……805-24……八六八
だぶん(駄文)……611-11……六八二
たべすぎ(食過)……106-09……七二
たべずぎらい(食-嫌)
……106-11……七三
たべもの(食物)……407-01……三八九
たべる(食)……106-01……七一
たべん(多弁)……612-25……六八七
だべん(駄弁)……612-65……六九四
たほう(他方)……805-36……八七〇
たぼう(多忙)……519-25……六〇三
たほうめん(多方面)……817-55……九八二
だぼく(打撲)……109-40……八八
だぼくしょう(打撲傷)
……017-21……三二
たま……815-19……九五〇
たま(球)……620-43……七六三
たま(霊)……604-37……六四四
たまげる……210-05……二四三
たまご(玉子)……407-10……三九〇
たまご(卵)……407-10……三九〇
たまさか……815-47……九五六
たましい(魂)……604-35……六四三
だましうち(-討)……509-20……五〇一
だます(騙)……517-37……五八九
たまたま……815-47……九五六
たまや(霊屋)……604-62……六四八
たまらない……211-10……二五六
たまりかねる(-兼)……219-22……二九三
だまりこくる(黙-)……612-70……六九五
たまる(溜)……913-02……一〇七九
だまる(黙)……612-70……六九五
たまわる(賜)……115-14……一二一
たみ(民)……507-46……四九一
ダミー(英 dummy)……807-14……八八二
たみくさ(民草)……507-46……四九一
だみごえ(-声)……108-01……七七
だみん(惰眠)……112-24……九九
ダム(英 dam)……707-06……七八六
たむろ(屯)……504-01……四五九
ため……512-48……五三一
ため(溜)……420-25……四三六
だめ(駄目)……909-11……一〇六九
ためいき(-息)……014-06……二五
ためいけ(溜池)……707-07……七八六
ためす(試)……601-18……六二〇
ため(に)……999-39……一一二六
〃……999-51……一一三三

ためらい……220-28……三〇二
ためらう……220-27……三〇二
ためる……908-07……一〇五四
ためる(溜)……913-02……一〇七九
ためる(矯)……602-23……六二五
ためん(他面)……805-38……八七〇
ためん(多面)……817-55……九八二
たもう(多毛)……012-07……二三
たもつ(保)……912-08……一〇七七
たもと(袂)……401-25……三七四
たやす(絶)……913-22……一〇八三
たやすい……810-34……九一四
たゆむ……908-40……一〇六二
たよう(多用)……519-25……六〇三
たよう(多様)……804-16……八六〇
たより(便)……618-30……七四五
たよる(頼)……218-10……二八四
たら……999-40……一一二六
たらい……419-01……四二四
たらいい……999-67……一一三八
だらく(堕落)……520-27……六〇八
だらけ……905-05……一〇四二
だらける……908-40……一〇六二
だらしない……203-12……一七〇
たらす(垂)……903-13……一〇二一
〃……903-14……一〇二一
たらだめ(だ)……999-75……一一四一
たらたら……903-31……一〇二六
だらだら……903-31……一〇二六
たらどう……999-67……一一三八
たらふく……111-22……九五
たりほ(垂穂)……720-23……八四四
たりょう(多量)……808-41……八九三
たりる(足)……913-25……一〇八四
たる(足)……213-05……二五九
たる(樽)……410-10……四〇〇
だるい……111-15……九四
たるむ……908-40……一〇六二
だれ(誰)……320-37……三七〇
だれがし(誰－)……320-36……三七〇
たれさがる(垂下)……903-08……一〇二〇
だれそれ(誰－)……320-36……三七〇
だれだれ(誰誰)……320-36……三七〇
たれながし(垂流)……016-06……二八
たれまく(垂幕)……615-28……七二〇
たれる(垂)……903-08……一〇二〇
〃……903-14……一〇二一
だれる……908-40……一〇六二
タレント(英 talent)……615-30……七二〇
だろう……999-64……一一三七
だろう(か)……999-59……一一三五
タワー(英 tower)……412-05……四〇六
たわいない……303-16……三一〇
たわけ……305-51……三二九
たわける……101-39……四九
たわごと(－言)……517-14……五八四
たわむ……908-33……一〇六一
たわむれる(戯)……101-39……四九
たわめる……908-32……一〇六〇
たわわ……908-33……一〇六一
たん(端)……814-15……九三三
だん(段)……610-12……六七六
〃……815-03……九四六
だん(断)……208-28……二一六
だん(壇)……615-27……七二〇
だんあつ(弾圧)……507-44……四九〇
たんい(単位)……808-03……八八五
たんいつ(単一)……808-18……八八八
だんいん(団員)……504-13……四六三
たんか(単価)……512-27……五二八
たんか(短歌)……616-26……七二八
だんかい(段階)……819-01……九九八
だんがい(断崖)……706-03……七八四
だんがい(弾劾)……613-49……七〇五
たんかをきる(啖呵－切)……612-31……六八八
たんがん(嘆願)……218-08……二八三
だんがん(弾丸)……510-24……五一〇
たんき(短気)……201-53……一六三
だんぎ(談義)……602-26……六二六
たんきゅう(探究)……601-08……六一九
たんきょり(短距離)……808-23……八八九
たんく(短軀)……001-21……五
たんぐつ(短靴)……403-12……三七九
だんけつ(団結)……504-07……四六一
たんけん(短剣)……510-34……五一一
だんげん(断言)……612-33……六八九
たんご(単語)……607-37……六六二
だんこ(断固)……220-14……二九九
たんこう(炭鉱)……505-49……四七七
だんこう(男工)……503-21……四五四
だんこう(断交)……515-25……五五六
だんこう(断行)……120-30……一四二
だんごう(談合)……613-20……六九九
だんごく(暖国)……507-17……四八六
たんさ(探査)……601-14……六一九
たんざ(端座)……101-07……四三
だんさい(断裁)……904-51……一〇四一
だんざい(断罪)……508-18……四九五
たんさく(探索)……220-20……三〇〇
だんし(男子)……306-17……三三五
〃……306-20……三三六
だんじ(男児)……306-17……三三五
〃……306-20……三三六
たんしき(単式)……804-21……八六一
だんじき(断食)……106-14……七三
だんじて(断)……819-48……一〇〇八
たんじゅう(短銃)……510-21……五〇九
だんしゅう(男囚)……520-76……六一六
たんしゅく(短縮)……908-27……一〇五九
たんじゅん(単純)……207-54……二〇八
〃……810-37……九一五
たんしょ(短所)……818-11……九九一
たんしょ(端緒)……814-15……九三三
だんじょ(男女)……306-01……三三一
たんしょう(探勝)……617-26……七三六
たんしょう(短小)……809-11……九〇一
たんじょう(誕生)……019-04……三六
だんしょう(談笑)……612-11……六八五
だんしょく(暖色)……716-07……八三三
だんじり(檀尻)……605-26……六五四
たんしん(単身)……808-66……八九八
たんしん(短身)……001-21……五
たんす(簞笥)……417-04……四一九
ダンス(英 dance)……614-44……七一三
たんすい(淡水)……707-31……七九〇
たんすう(単数)……808-18……八八八
たんずる(嘆)……210-27……二四七
だんずる(弾)……614-33……七一二
たんせい(端正)……915-15……一〇九五
だんせい(男性)……306-17……三三五
だんせいてき(男性的)……201-58……一六四
たんせき(旦夕)……711-32……八〇二
だんぜつ(断絶)……120-71……一五〇
たんぜん(丹前)……401-24……三七四
だんぜん(断然)……220-14……二九九
たんそく(嘆息)……014-06……二五
だんたい(団体)……504-29……四六七
たんたん(淡淡)……205-06……一八五

だんだん……815-30……九五二
だんだん(段段)……412-32……四一〇
たんち(探知)……208-40……二一九
だんちがい(段違)……819-25……一〇〇二
たんちょう(単調)……918-16……一一〇一
たんてい(探偵)……503-17……四五四
だんてい(断定)……208-28……二一六
ダンディー(英 dandy)……305-19……三三三
たんてき(端的)……810-43……九一六
たんでき(耽溺)……209-52……二三九
たんと……808-40……八九二
たんとう(担当)……502-12……四四四
たんとう(短刀)……510-34……五一一
たんとうちょくにゅう(単刀直入)……514-14……五四七
たんどく(単独)……808-66……八九八
だんどり(段取)……815-58……九五九
だんな(旦那)……309-11……三四三
だんなでら(檀那寺)……604-53……六四七
たんにん(担任)……502-12……四四四
たんねん(丹念)……203-04……一六八
だんねん(断念)……218-24……二八七
たんのう(堪能)……213-03……二五九
たんぱく(淡泊)……107-18……七六
〃……201-41……一六〇
だんばしご(段梯子)……412-33……四一〇
たんぱつ(単発)……909-15……一〇七〇
だんぱん(談判)……613-21……六九九
ダンピング(英 dumping)……512-06……五二四
タンブラー(英 tumbler)……410-08……四〇〇
だんぺん(断片)……805-45……八七二
たんぺんしょうせつ(短編小説)……616-06……七二五
たんぼ……505-21……四七三
たんぽ(担保)……513-34……五四三
たんぼみち(田圃道)……705-30……七八二
たんま……617-42……七三九
だんまつま(断末魔)……304-28……三一八
たんまり……808-37……八九二
だんまり……612-72……六九五
たんめい(短命)……301-04……三〇四
たんもの(反物)……402-01……三七七
だんやく(弾薬)……510-28……五一〇
だんらく(段落)……610-12……六七六
だんらん(団欒)……504-31……四六八
たんり(単利)……513-37……五四三
だんりゅう(暖流)……703-12……七七四
たんりょ(短慮)……201-53……一六三
〃……204-06……一七七
たんりょく(胆力)……219-07……二九〇
たんれい(端麗)……206-07……一九六
たんれん(鍛練)……602-07……六二三
だんわ(談話)……613-19……六九九

ち

ち(地)……702-02……七六七
ち(血)……018-01……三四
〃……316-07……三五八
ち(知)……207-27……二〇四
ちあん(治安)……509-44……五〇四
ちい(地位)……511-02……五一五
ちいき(地域)……805-02……八六三
ちいさい(小)……809-06……九〇〇
ちいさな(小)……809-06……九〇〇
チーム(英 team)……504-30……四六七
チームワーク(英 teamwork)……516-35……五七四
ちえ(知恵)……207-27……二〇四
チェアパーソン(英 chairperson)……511-35……五二〇
チェアマン(英 chairman)……511-35……五二〇
チェーン(英 chain)……904-44……一〇三九
ちえしゃ(知恵者)……305-08……三二一
ちえん(遅延)……814-74……九四六
ちか(地下)……817-85……九八八
ちかい(近)……817-39……九七九
ちがい(違)……919-02……一一〇五
ちかう(誓)……515-36……五五八
ちがう(違)……919-01……一一〇四
ちがえる(違)……114-23……一一七
ちかがい(地下街)……705-37……七八三
ちかく(近)……816-32……九六九
〃……817-35……九七八
ちかく(知覚)……209-07……二三一
ちがく(地学)……601-06……六一八
ちかけい(地下茎)……720-06……八四二
ちかごろ(近ー)……816-20……九六六
ちかしい(近)……515-34……五五八
ちかぢか……715-07……八二八
ちかぢか(近近)……816-31……九六九
ちかづく(近付)……905-06……一〇四二
ちかどう(地下道)……705-37……七八三
ちかま(近間)……817-34……九七八
ちかまわり(近回)……113-11……一〇四
ちかみち(近道)……113-11……一〇四
ちかめ(近目)……004-04……一一
ちかよる(近寄)……905-06……一〇四二
ちから(力)……101-42……四九
ちからいっぱい(力一杯)……219-26……二九四
ちからおとし(力落)……218-22……二八六
ちからしごと(力仕事)……502-45……四五一
ちからずく(力ー)……219-26……二九四
ちからぞえ(力添)……517-57……五九二
ちからづける(力付)……515-55……五六二
ちからぬけ(力抜)……218-22……二八六
ちからまかせ(力任)……219-26……二九四
ちからまけ(力負)……620-17……七五九
ちき(知己)……516-57……五七八
ちぎ(遅疑)……220-28……三〇二
ちきゅう(地球)……701-18……七六七
ちぎり(契)……604-13……六四〇
ちぎる……101-52……五一
ちく(地区)……805-02……八六三
ちくいち(逐一)……805-42……八七一
ちぐう(知遇)……515-58……五六三
ちくさん(畜産)……505-19……四七三
ちくじ(逐次)……815-29……九五二
ちくせき(蓄積)……904-09……一〇三三
ちくぞう(築造)……416-01……四一三
ちくちく……111-11……九三
ちくでん(逐電)……113-25……一〇七
ちくでん(蓄電)……418-13……四二四
ちぐはぐ……915-08……一〇九三
ちくり……111-11……九三
ちけい(地形)……706-02……七八四
ちけむり(血煙)……018-07……三五
ちこく(遅刻)……814-74……九四六
ちし(致仕)……303-23……三一二
ちしお(血潮)……018-07……三五
ちしき(知識)……207-25……二〇三
ちしきかいきゅう(知識階級)……511-12……五一六
ちしきじん(知識人)……511-12……五一六

ちしぶき（血ー）……018-07……三五
ちしょう（知将）……510-08……五〇七
ちじょう（地上）……506-05……四八三
〃……702-04……七六七
ちじょう（痴情）……218-33……二八八
ちじょく（恥辱）……517-27……五八七
ちじん（知人）……516-57……五七八
ちじん（痴人）……305-52……三三〇
ちず（地図）……614-20……七一〇
ちすい（治水）……707-01……七八五
ちすじ（血筋）……018-02……三四
〃……316-07……三五八
ちせい（地勢）……706-02……七八四
ちせい（治世）……507-41……四八九
ちせい（知性）……207-27……二〇四
ちせつ（稚拙）……207-20……二〇二
ちそう（地相）……706-02……七八四
ちそう（馳走）……515-60……五六三
ちたい（地帯）……805-02……八六三
ちたい（痴態）……520-32……六〇九
ちだらけ（血ー）……018-08……三五
ちだるま（血達磨）……018-08……三五
ちち（父）……310-08……三四五
〃……604-31……六四三
ちち（乳）……015-14……二七
ちち（遅遅）……204-36……一八三
ちちうえ（父上）……310-09……三四五
ちちおや（父親）……310-08……三四五
ちちかた（父方）……314-09……三五二
ちちぎみ（父君）……310-10……三四五
ちちご（父御）……310-10……三四五
ちぢこまる（縮）……908-26……一〇五八
ちちはは（父母）……310-01……三四三
ちぢみ（縮）……908-27……一〇五九
ちぢみあがる（縮上）……908-26……一〇五八
ちぢむ（縮）……908-26……一〇五八
ちぢめる（縮）……908-26……一〇五八
ちぢれる（縮）……908-26……一〇五八
ちっきょ（蟄居）……520-71……六一六
ちつじょ（秩序）……917-03……一〇九七
ちっちゃい……809-06……九〇〇
ちつづき（血続）……314-04……三五二
ちっと……808-48……八九四
ちっとも……819-47……一〇〇七
チップ（英 tip）……513-32……五四三
ちっぽけ……809-06……九〇〇
ちてい（地底）……817-85……九八八
ちてき（知的）……207-39……二〇六
ちてん（地点）……805-01……八六二
ちと……808-48……八九四
ちどめ（血止）……018-10……三五
ちどりあし（千鳥足）……110-11……九〇
ちどん（遅鈍）……207-61……二一〇
ちなまぐさい（血ー）……105-07……七〇
〃……210-53……二五三
ちのう（知能）……207-26……二〇四
ちのみご（乳飲子）……311-02……三四六
ちのり（血糊）……018-07……三五
ちばしる（血走）……018-09……三五
ちはん（池畔）……704-19……七七七
ちび……001-21……五
ちひょう（地表）……702-04……七六七
ちぶ（恥部）……010-15……二〇
ちへど（血反吐）……018-07……三五
ちほ（地歩）……316-02……三五七
ちほう（地方）……805-02……八六三
ちほうこうむいん（地方公務員）……503-18……四五四
ちほうし（地方紙）……619-05……七四八
ちほうしょく（地方色）……705-15……七八〇
ちほうせんきょ（地方選挙）……507-37……四八九
ちまた（巷）……705-05……七七八
ちまみれ（血ー）……018-08……三五
ちみち（血道）……209-51……二三九
ちみつ（緻密）……203-05……一六八
ちみどろ（血ー）……018-08……三五
ちめい（知名）……618-12……七四二
ちめい（知命）……303-23……三一二
ちめいしょう（致命傷）……017-27……三三
ちゃ（茶）……407-25……三九二
チャーター（英 charter）……115-28……一二四
チャイム（英 chime）……419-24……四二八
ちゃいろ（茶色）……716-24……八三六
ちゃかい（茶会）……617-02……七三三
ちゃかす（茶化）……517-06……五八二
ちゃき（茶器）……410-03……三九九
ちゃくい（着衣）……401-01……三七一
ちゃくがん（着眼）……806-23……八七九
ちゃくざ（着座）……101-06……四三
ちゃくし（嫡子）……311-09……三四七
ちゃくじつ（着実）……201-27……一五七
ちゃくしゅ（着手）……814-19……九三四
ちゃくしゅつし（嫡出子）……311-09……三四七
ちゃくしょく（着色）……405-16……三八六
ちゃくしん（着信）……618-45……七四七
ちゃくせき（着席）……101-06……四三
ちゃくそう（着装）……905-03……一〇四二
ちゃくそう（着想）……208-08……二一一
ちゃくでん（着電）……618-45……七四七
ちゃくふく（着服）……115-08……一二〇
ちゃくもく（着目）……806-23……八七九
ちゃくよう（着用）……905-03……一〇四二
ちゃくりゅう（嫡流）……314-08……三五二
ちゃしつ（茶室）……412-36……四一〇
ちゃしゃく（茶杓）……410-19……四〇二
ちゃじん（茶人）……305-20……三二三
ちゃだんす（茶簞笥）……417-04……四一九
ちゃち……206-17……一九八
ちゃっか（着火）……714-02……八二三
チャック……405-10……三八五
ちゃのま（茶ー間）……412-13……四〇七
ちゃのみぢゃわん（茶飲茶碗）……410-07……四〇〇
ちゃのみともだち（茶飲友ー）……516-49……五七七
ちゃのゆ（茶ー湯）……617-02……七三三
ちゃぶだい（卓袱台）……417-02……四一九
ちやほやする……205-39……一九一
ちゃみせ（茶店）……503-46……四五九
ちゃらんぽらん……203-06……一六九
チャレンジ（英 challenge）……509-15……五〇〇
ちゃわん（茶碗）……410-06……四〇〇
チャンス（英 chance）……815-49……九五七
ちゃんちゃんこ……401-23……三七四
ちゃんと……915-16……一〇九五
ちゃんぽん……915-06……一〇九二
ちゆ（治癒）……020-11……三八
ちゅう（宙）……817-15……九七四
ちゅう（忠）……603-08……六三八
ちゅう（注）……610-15……六七六
ちゆう（知友）……516-50……五七七
ちゅうい（注意）……120-11……一三九
ちゅうおう（中央）……817-24……九七六
ちゅうかい（仲介）……515-29……五五七

ちゅうがえり(宙返)……902-11……一〇一八
ちゅうかく(中核)……802-12……八五四
ちゅうかん(中間)……817-26……九七六
ちゅうかん(昼間)……711-41……八〇四
ちゅうかんしょく(中間色)……716-06……八三三
ちゅうき(注記)……610-14……六七六
ちゅうぎ(忠義)……603-08……六三八
ちゅうくう(中空)……701-03……七六五
ちゅうくらい(中位)……817-28……九七七
ちゅうけい(中継)……619-10……七四八
ちゅうげん(中元)……115-50……一二八
ちゅうこ(中古)……810-28……九一三
ちゅうこう(中興)……914-09……一〇八八
ちゅうこう(忠孝)……603-08……六三八
ちゅうこうねん(中高年)……303-18……三二一
ちゅうこく(忠告)……602-27……六二六
ちゅうざ(中座)……504-19……四六五
ちゅうさい(仲裁)……515-30……五五七
ちゅうざい(駐在)……119-07……一三五
ちゅうざいしょ(駐在所)……508-15……四九四
ちゅうさつ(誅殺)……509-38……五〇三
ちゅうさつ(駐箚)……119-07……一三五
ちゅうさんかいきゅう(中産階級)……511-11……五一六
ちゅうし(中止)……120-71……一五〇
ちゅうし(注視)……103-05……六一
ちゅうじつ(忠実)……201-26……一五七
ちゅうしゃ(駐車)……505-75……四八〇
ちゅうじゅん(中旬)……711-15……八〇〇
ちゅうしょう(中傷)……517-22……五八六
ちゅうしょう(抽象)……806-02……八七五
ちゅうしょうきぎょう(中小企業)……505-04……四七一
ちゅうしょく(昼食)……406-04……三八七
ちゅうしん(中心)……802-10……八五四
〃……817-24……九七六
ちゅうすい(注水)……707-13……七八七
ちゅうすう(中枢)……802-12……八五四
ちゅうすうしんけい(中枢神経)……011-05……一二
ちゅうする(誅)……509-38……五〇三
ちゅうせい(中正)……807-10……八八一
ちゅうせい(忠誠)……603-08……六三八
ちゅうせつ(忠節)……205-52……一九五
ちゅうぜつ(中絶)……120-71……一五〇
ちゅうせん(抽選)……118-03……一三三
ちゅうたい(中退)……602-64……六三三
ちゅうだん(中断)……120-71……一五〇
ちゅうちょ(躊躇)……220-28……三〇二
ちゅうてん(中天)……701-03……七六五
ちゅうと(中途)……814-63……九四三
ちゅうどく(中毒)……017-16……一三
ちゅうとはんぱ(中途半端)……819-22……一〇〇二
ちゅうとん(駐屯)……903-51……一〇三〇
ちゅうにち(中日)……607-23……六六一
ちゅうにち(駐日)……119-06……一三五
ちゅうにゅう(注入)……707-13……七八七
ちゅうねん(中年)……303-18……三二一
ちゅうばつ(誅伐)……509-38……五〇三
ちゅうばん(中盤)……817-27……九七六
チューブ(英 tube)……418-08……四二三
ちゅうぶらりん(宙ー)……819-22……一〇〇二
ちゅうぼう(厨房)……412-15……四〇七
ちゅうみつ(稠密)……504-22……四六五
ちゅうもく(注目)……103-05……六一
ちゅうもん(注文)……517-71……五九六
ちゅうや(昼夜)……711-33……八〇三
ちゅうやけんこう(昼夜兼行)……502-27……四四七
ちゅうよう(中庸)……817-28……九七七
ちゅうりく(誅戮)……509-38……五〇三
ちゅうりゃく(中略)……609-37……六七四
ちゅうりゅう(駐留)……903-51……一〇三〇
ちょ(著)……616-34……七二九
ちよ(千代)……815-67……九六一
ちょいちょい……815-22……九五〇
ちょいと……808-48……八九四
ちょいやく(ー役)……615-35……七二一
ちょう(庁)……504-42……四七〇
ちょう(兆)……808-02……八八五
ちょういん(調印)……608-10……六六五
ちょうえき(懲役)……520-63……六一五
ちょうえつ(超越)……818-46……九九七
ちょうおん(長音)……607-17……六六〇
ちょうか(長歌)……616-26……七二八
ちょうか(超過)……913-10……一〇八一
ちょうかい(懲戒)……602-48……六三〇
ちょうかく(聴覚)……111-03……九二
ちょうかん(鳥瞰)……103-17……六四
ちょうき(弔旗)……608-16……六六六
ちょうきゃく(弔客)……516-60……五七九
ちょうきゅう(長久)……815-65……九六〇
ちょうきょ(聴許)……517-60……五九三
ちょうきょう(調教)……602-23……六二五
ちょうきょり(長距離)……808-24……八九〇
ちょうきん(超勤)……502-29……四四八
ちょうく(長軀)……001-20……五
ちょうけい(長兄)……311-06……三四六
ちょうけし(帳消)……120-64……一四九
ちょうけん(朝見)……516-05……五六八
ちょうこう(兆候)……911-14……一〇七五
ちょうこう(聴講)……104-12……六九
ちょうごう(調合)……020-07……一八
ちょうこく(彫刻)……614-12……七〇九
ちょうこく(超克)……219-04……二九〇
ちょうさ(調査)……601-09……六一九
ちょうざい(調剤)……020-07……一八
ちょうし(長子)……311-06……三四六
ちょうし(長姉)……311-06……三四六
ちょうし(銚子)……409-26……三九九
ちょうし(調子)……519-02……五九九
〃……614-27……七一一
ちょうし(聴視)……103-31……六六
ちょうじ(弔事)……318-11……三六一
ちょうじ(寵児)……311-15……三四八
ちょうしぜん(超自然)……810-62……九二一
ちょうじゃ(長者)……305-38……三二六
ちょうしゅ(聴取)……104-10……六八
ちょうじゅ(長寿)……301-03……三〇四
ちょうしゅう(徴収)……115-05……一一九
ちょうしゅう(聴衆)……516-61……五七九
ちょうしょ(長所)……818-06……九九〇
ちょうじょ(長女)……311-06……三四六
ちょうしょう(徴証)……806-19……八七八
ちょうしょう(嘲笑)……102-24……五八
ちょうじょう(長上)……511-16……五一七
ちょうじょう(重畳)……906-19……一〇五〇
ちょうじょう(頂上)……702-29……七七一
〃……815-54……九五八
ちょうしょく(朝食)……406-03……三八七
ちょうしん(長身)……001-20……五
ちょうじん(超人)……305-23……三二四
ちょうず(手水)……412-19……四〇八

ちょうせい(長生)……301-03……三〇四
ちょうせい(長逝)……304-02……三一四
ちょうせい(調整)……917-05……一〇九七
ちょうぜい(徴税)……115-05……一一九
ちょうせき(朝夕)……711-32……八〇二
ちょうせつ(調節)……917-05……一〇九七
ちょうぜつ(超絶)……818-43……九九七
ちょうせん(挑戦)……509-15……五〇〇
ちょうそ(彫塑)……614-12……七〇九
ちょうぞう(彫像)……614-13……七〇九
ちょうだい(長大)……809-10……九〇一
ちょうだい(頂戴)……115-46……一二八
ちょうちゃく(打擲)……109-40……八八
ちょうつがい(蝶番)……420-18……四三五
ちょうてい(調停)……515-30……五五七
ちょうてん(頂点)……815-54……九五八
ちょうと(長途)……113-10……一〇四
ちょうど……918-07……一〇九九
ちょうど(調度)……418-04……四二二
ちょうとっきゅう(超特急)……815-41……九五五
ちょうな(手斧)……416-23……四一七
ちょうない(町内)……705-06……七七八
ちょうなん(長男)……311-06……三四六
ちょうネクタイ(蝶ー)……403-09……三七九
ちょうば(帳場)……503-16……四五三
ちょうば(嘲罵)……517-21……五八五
ちょうはつ(挑発)……515-50……五六一
ちょうはつ(徴発)……115-05……一一九
ちょうはつ(調髪)……404-11……三八四
ちょうばつ(懲罰)……602-48……六三〇
ちょうふく(重複)……912-13……一〇七八
ちょうへんしょうせつ(長編小説)……616-05……七二五
ちょうぼ(帳簿)……610-28……六七八
ちょうほう(弔砲)……510-27……五一〇
ちょうほう(重宝)……519-05……六〇〇
ちょうぼう(眺望)……103-16……六三
ちょうぼん(超凡)……818-46……九九七
ちょうみ(調味)……408-01……三九三
ちょうめい(長命)……301-03……三〇四
ちょうめん(帳面)……610-28……六七八
ちょうもん(頂門)……002-10……一〇
ちょうもん(聴聞)……104-10……六八
ちょうやく(跳躍)……110-07……九〇
ちょうやく(調薬)……020-07……三八
ちょうよう(長幼)……303-22……三一二
ちょうらく(凋落)……914-18……一〇九〇
ちょうり(調理)……408-01……三九三
ちょうりし(調理師)……503-28……四五五
ちょうりゅう(潮流)……703-12……七七四
ちょうりょう(跳梁)……915-09……一〇九三
ちょうろう(長老)……303-26……三一三
ちょうろう(嘲弄)……517-08……五八三
ちょうわ(調和)……917-02……一〇九七
ちょきん(貯金)……512-19……五二六
〃……512-20……五二六
ちょく(猪口)……409-27……三九九
ちょくえい(直営)……505-16……四七三
ちょくげき(直撃)……509-13……五〇〇
ちょくご(直後)……816-25……九六七
〃……817-06……九七二
ちょくし(直視)……103-06……六一
ちょくじょう(直上)……817-14……九七四
ちょくせつ(直接)……905-08……一〇四三
ちょくせつせんきょ(直接選挙)……507-37……四八九
ちょくせん(直線)……608-07……六六四
ちょくぜん(直前)……816-15……九六五
ちょくぜん(直前)……817-05……九七二
ちょくぞく(直属)……516-31……五七三
ちょくちょく……815-22……九五〇
ちょくつう(直通)……113-16……一〇五
ちょくばい(直売)……512-09……五二四
ちょくはん(直販)……512-09……五二四
ちょくやく(直訳)……611-15……六八三
ちょくゆ(直喩)……611-08……六八二
ちょくりつ(直立)……101-02……四二
ちょくりゅう(直流)……504-38……四六九
ちょこざい(ー才)……217-19……二七九
ちょさく(著作)……616-34……七二九
ちょさくか(著作家)……616-48……七三一
ちょじゅつ(著述)……616-34……七二九
ちょしゃ(著者)……616-47……七三一
ちょしょ(著書)……616-34……七二九
ちょすいち(貯水池)……707-07……七八六
ちょぞう(貯蔵)……512-19……五二六
ちょちく(貯蓄)……512-19……五二六
ちょっか(直下)……817-19……九七五
ちょっかい……205-29……一八九
ちょっかく(直角)……817-64……九八四
ちょっかつ(直轄)……507-43……四九〇
ちょっかん(直感)……209-37……二三六
チョッキ……401-20……三七四
ちょっけい(直系)……314-08……三五二
ちょっけい(直径)……808-22……八八九
ちょっこう(直行)……113-16……一〇五
ちょっと……808-48……八九四
ちょっとみ(ー見)……103-20……六四
ちょっぴり……808-48……八九四
ちょとつもうしん(猪突猛進)……113-04……一〇三
ちょびひげ(ー髭)……007-05……一四
ちょめい(著名)……618-12……七四二
ちょめいじん(著名人)……511-34……五二〇
ちょん……101-61……五四
ちょんぎる(ー切)……101-52……五一
ちらかす(散)……904-38……一〇三八
ちらかる(散)……904-38……一〇三八
ちらし(散)……619-50……七五四
ちらす(散)……904-38……一〇三八
ちらちら……715-07……八二八
ちらつく……713-36……八一六
〃……903-22……一〇二三
ちらばる(散)……904-38……一〇三八
ちらほら……504-27……四六七
ちり(塵)……420-23……四三六
ちり(地理)……706-01……七八四
ちりあくた(塵芥)……420-23……四三六
ちりがみ(塵紙)……419-19……四二七
ちりぢり(散散)……904-31……一〇三六
ちりょう(治療)……020-06……三八
ちりょく(知力)……207-03……一九九
ちりれんげ(散蓮華)……410-17……四〇一
ちる(散)……904-38……一〇三八
ちわ(痴話)……612-64……六九四
ちんあげ(賃上)……513-26……五四二
ちんあつ(鎮圧)……509-53……五〇五
ちんうつ(沈鬱)……210-36……二四九
ちんか(沈下)……903-26……一〇二四
ちんか(鎮火)……714-17……八二六
ちんがし(賃貸)……115-26……一二四
ちんがり(賃借)……115-29……一二五
ちんき(珍奇)……810-57……九一九
ちんきゃく(珍客)……516-60……五七九
ちんぎん(賃金)……513-22……五四一
ちんこう(沈降)……903-26……一〇二四
ちんじ(珍事)……518-05……五九八

ちんしごと(賃仕事)……502-26……四四七
ちんしゃ(陳謝)……515-73……五六六
ちんしゃく(賃借)……115-29……一二五
ちんじゅ(鎮守)……604-64……六四八
ちんじゅつ(陳述)……612-05……六八四
ちんしょ(珍書)……619-36……七五三
ちんじょう(陳情)……613-41……七〇三
ちんずる(陳)……612-04……六八四
ちんせい(沈静)……810-06……九〇九
ちんせい(鎮静)……810-11……九一〇
ちんぞう(珍蔵)……116-09……一三一
ちんたい(賃貸)……115-26……一二四
ちんちくりん……001-21……五
ちんちゃく(沈着)……204-17……一七九
ちんちょう(珍重)……818-22……九九三
ちんつう(沈痛)……210-35……二四九
ちんてい(鎮定)……509-53……五〇五
ちんでん(沈殿)……903-26……一〇二四
ちんとう(枕頭)……112-31……一〇〇
ちんぴら……305-48……三二八
ちんぴん(珍品)……420-12……四三四
ちんぶ(鎮撫)……509-53……五〇五
ちんぷ(陳腐)……810-28……九一三
ちんぼつ(沈没)……903-26……一〇二四
ちんぽん(珍本)……619-36……七五三
ちんみ(珍味)……107-06……七五
ちんみょう(珍妙)……810-57……九一九
ちんもく(沈黙)……612-70……六九五
ちんれつ(陳列)……615-20……七一八

つ

ツアー(英 tour)……617-21……七三五
つい……208-73……二二六
つい(対)……805-49……八七三
ついえる(潰)……909-09……一〇六八
ついおく(追憶)……208-81……二二八
ついか(追加)……913-03……一〇七九
ついき(追記)……609-20……六七一
ついきゅう(追及)……613-48……七〇五
ついきゅう(追求)……220-19……三〇〇
ついきゅう(追究)……601-08……六一九
ついきゅう(追給)……512-73……五三六
ついげき(追撃)……509-13……五〇〇
ついごう(追号)……605-21……六五三
ついじ(築地)……413-01……四一一
ついじゅう(追従)……516-27……五七二
ついしょう(追従)……205-34……一九一
ついしん(追伸)……618-40……七四六
ついずい(追随)……516-27……五七二
ついせき(追跡)……113-23……一〇七
ついそう(追想)……208-81……二二八
ついたて(衝立)……417-09……四二〇
ついちょう(追徴)……115-05……一一九
ついで……815-60……九五九
ついで(次－)……816-29……九六九
ついとう(追悼)……210-40……二五〇
ついに……816-35……九七〇
ついのう(追納)……115-18……一二三
ついばむ(啄)……106-01……七一
ついび(追尾)……113-23……一〇七
ついほう(追放)……120-52……一四六
ついやす(費)……513-13……五三九
ついらく(墜落)……903-11……一〇二一
ついろく(追録)……609-20……六七一
つういん(通院)……020-04……三七
つういん(痛飲)……409-09……三九六
つううん(通運)……505-80……四八一
つうか(通貨)……513-01……五三七
つうか(通過)……814-59……九四二
つうかい(痛快)……210-18……二四六
つうがく(通学)……602-57……六三一
つうかん(痛感)……209-35……二三六
つうこう(通行)……113-15……一〇五
つうこう(通航)……505-55……四七八
つうこく(通告)……618-04……七四〇
つうこく(痛哭)……210-56……二五四
つうこん(痛恨)……214-05……二六二
つうさん(通算)……808-12……八八七
つうじ(通)……016-02……二八
つうじ(通事)……611-16……六八三
つうしょう(通称)……320-10……三六五
つうしょう(通商)……512-81……五三七
つうじょう(通常)……918-17……一一〇一
つうじる(通)……113-14……一〇五
つうしん(通信)……618-41……七四六
つうせつ(痛切)……209-62……二四一
つうそく(通則)……508-06……四九三
つうぞく(通俗)……202-06……一六七
つうたつ(通達)……618-04……七四〇
つうち(通知)……618-04……七四〇
つうちょう(通帳)……610-28……六七八
つうちょう(通牒)……618-04……七四〇
つうどく(通読)……609-04……六六九
つうねん(通念)……208-14……二一二
〃……618-13……七四二
つうば(痛罵)……517-21……五八五
ツーピース(英 two-piece)
……401-15……三七三
つうべん(通弁)……611-16……六八三
つうやく(通訳)……611-16……六八三
つうよう(通用)……117-02……一三一
つうよう(痛痒)……111-08……九三
つうらん(通覧)……103-21……六五
ツーリスト(英 tourist)
……617-41……七三九
ツーリング(英 touring)
……617-23……七三六
つうれい(通例)……606-10……六五六
つうれつ(痛烈)……205-23……一八八
つうろ(通路)……705-18……七八〇
つうろん(通論)……613-13……六九八
つうろん(痛論)……613-35……七〇二
つうわ(通話)……618-46……七四七
つえ(杖)……403-16……三八〇
つか(柄)……419-28……四二九
つか(塚)……604-81……六五〇
つかい(使)……502-44……四五一
つがい(番)……805-50……八七三
つかいかた(使方)……812-03……九二七
つかいこなす(使－)……120-05……一三七
つかいこむ(使込)……513-14……五三九
つかいさき(使先)……812-03……九二七
つかいみち(使道)……812-03……九二七
つかいわける(使分)……120-05……一三七
つかう(使)……117-01……一三一
つがう(番)……719-13……八四一
つかえる……906-14……一〇四九
つかえる(仕)……502-02……四四二
つかえる(使)……818-25……九九三
つかさどる……502-20……四四六
〃……507-43……四九〇
つかぬこと……514-17……五四八
つかねる(束)……109-10……八一
つかのま(束－間)……815-33……九五三
つかまえる(捕)……520-58……六一四
つかまる(捕)……520-57……六一三
つかまる(摑)……101-31……四七
つかみあい(摑合)……515-15……五五四
つかみどころがない(摑所－無)

つかむ……810-50……九一八
つかる(漬)……109-02……一七九
つかれ(疲)……903-28……一〇二五
つかれ(疲)……111-25……一九五
つかれる(疲)……111-26……一九五
つかわす(遣)……517-74……五九六
つき(月)……701-11……七六六
〃……711-11……七九九
つき(付)……318-01……三五九
つぎ(次)……815-57……九五九
つきあい(付合)……515-01……五五〇
つきあかり(月明)……715-15……八三〇
つきあたる(突当)……905-16……一〇四四
つきあわせる(突合)……919-11……一一〇六
つきかげ(月影)……715-15……八三〇
つぎこむ(ー込)……906-04……一〇四七
つきさす(突刺)……101-60……五三
つきせぬ(尽ー)……808-45……八九三
つきそい(付添)……516-39……五七五
つきそう(付添)……516-40……五七五
つぎつぎに(次次ー)……815-29……九五二
つきつめる(突詰)……220-25……三〇一
つきとおす(突通)……101-60……五三
つきとめる……220-23……三〇一
つきなかば(月半)……711-15……八〇〇
つきなみ(月並)……918-12……一一〇〇
つきぬく(突抜)……101-60……五三
つきぬける(突抜)……113-19……一〇六
つきのける(突ー)……101-50……五一
つきはじめ(月初)……711-14……七九九
つきはなす(突放)……904-34……一〇三七
つきひ(月日)……711-02……七九八
つきまとう(付ー)……101-33……四八
つきみ(月見)……617-31……七三七
つぎめ(継目)……811-27……九二六
つきもの(付物)……420-08……四三三
つきる(尽)……814-55……九四一
つく(付)……516-26……五七二
〃……905-02……一〇四二
つく(突)……101-59……五三
つく(就)……502-07……四四四
つく(着)……101-05……四二
〃……905-19……一〇四五
つく(搗)……909-02……一〇六七
つぐ(注)……408-15……三九五
つぐ(接)……109-14……一八二
つぐ(継)……315-08……三五五
つくえ(机)……417-02……四一九
つくす(尽)……219-10……二九一
つくだに(佃煮)……407-16……三九一
つくづく……209-63……二四二
つぐない(償)……219-25……二九四
つぐなう(償)……115-37……一二六
つくばう……101-11……四三
つくりあげる(作上)……910-01……一〇七〇
つくりごと(作事)……616-38……七三〇
つくりだす(作出)……910-01……一〇七〇
つくりばなし(作話)……612-63……六九三
つくる(作)……910-01……一〇七〇
つくろいもの(繕物)……405-01……三八四
つくろう(繕)……416-15……四一六
つけ(付)……512-67……五三五
つけあがる(付上)……217-11……二七八
つけいる(付入)……515-44……五六〇
つけかえる(付替)……908-23……一〇五八
つけくわえる(付加)……913-01……一〇七八
つけこむ(付込)……515-44……五六〇
つけたす(付足)……913-01……一〇七八
つけとどけ(付届)……115-49……一二八
つけね(付値)……512-33……五二九
つけねらう……220-26……三〇二
つけび(付火)……714-18……八二六
つけひげ(付髭)……007-05……一四
つけぶみ(付文)……618-31……七四五
つけめ……208-61……二三三
つけもの(漬物)……407-17……三九一
つけやきば(付焼刃)……602-14……六二四
つける(付)……905-02……一〇四二
つける(点)……715-21……八三一
つける(漬)……903-28……一〇二五
つげる(告)……618-07……七四〇
つごう(都合)……120-03……一三七
〃……519-01……五九九
〃……808-14……八八七
つじ(辻)……705-41……七八四
つじつま……806-05……八七五
つたう(伝)……903-02……一〇一九
つたえきく(伝聞)……618-26……七四四
つたえる(伝)……618-07……七四〇
つたない……207-20……二〇二
〃……207-21……二〇三
つたわる(伝)……618-23……七四四
つち(土)……702-02……七六七
〃……709-01……七九三
つち(槌)……416-18……四一七
つちかう(培)……013-03……二三
つちくさい(土臭)……105-06……七〇
つちけむり(土煙)……718-04……八三九
つちつかず(土ー)……620-12……七五八
つつ……999-47……一一二九
つつ(筒)……418-08……四二三
つつおと(筒音)……717-05……八三八
つっかかる(突ー)……517-81……五九七
つっかける(突ー)……404-01……三八二
つづき(続)……904-16……一〇三四
つつく(突)……101-59……五三
〃……106-01……七一
つづく(続)……904-16……一〇三四
つづけざま(続ー)……815-63……九六〇
つづける(続)……904-16……一〇三四
つっけんどん(突慳貪)……205-16……一八七
つっこむ(突込)……113-45……一一一
〃……906-05……一〇四七
つつしむ(慎)……205-51……一九四
つつしむ(謹)……205-48……一九四
つったつ(突立)……101-01……四一
つつぬけ(筒抜)……514-02……五四四
つっぱねる(突ー)……517-68……五九五
つつましい(慎)……205-50……一九四
つつましやか(慎ー)……205-50……一九四
つづまやか……501-19……四四一
つづまる……908-26……一〇五八
つつみ(包)……419-43……四三一
つつみ(堤)……707-08……七八六
つつみかくす(包隠)……514-25……五四九
つつむ(包)……109-16……一八二
つづめる(約)……913-16……一〇八二
つづらおり(九十九折)
……908-37……一〇六二
つづり(綴)……609-27……六七二
つづる(綴)……109-15……一八二
つづれ……401-06……三七二
つて……515-05……五五二
つど(都度)……815-27……九五二
つどい(集)……504-31……四六八
つどう(集)……504-01……四五九
つとに……816-04……九六二
つとまる(勤)……502-02……四四二
つとめ(務)……502-14……四四五

つとめぐち(勤口)……502-42……四五〇
つとめさき(勤先)……502-42……四五〇
つとめにん(勤人)……503-01……四五一
つとめる(努)……219-08……二九〇
つとめる(勤)……502-02……四四二
つな(綱)……419-03……四二五
つながり(繫)……515-06……五五二
〃……904-16……一〇三四
つながる(繫)……904-16……一〇三四
つなぐ……109-14……八二
つなみ(津波)……703-09……七七四
つね(常)……815-25……九五一
つねづね(常常)……815-23……九五一
つねに(常－)……815-23……九五一
つねひごろ(常日頃)……815-25……九五一
つねる……109-04……八〇
つの(角)……719-04……八四〇
つのかくし(角隠)……403-04……三七八
つのぐむ(角－)……720-32……八四五
つのだる(角樽)……410-10……四〇〇
つのる(募)……504-04……四六〇
つば……015-02……二六
つば(鍔)……510-36……五一一
つばき……015-02……二六
つばさ(翼)……719-07……八四〇
つぶ(粒)……811-07……九二三
つぶす(潰)……909-01……一〇六七
つぶぞろい(粒揃)……819-08……九九九
つぶつぶ……811-08……九二三
つぶて……709-05……七九三
つぶやく(呟)……612-07……六八四
つぶより(粒選)……819-08……九九九
つぶる……103-33……六七
つぶれる(潰)……909-03……一〇六七
つぼ(壺)……410-14……四〇一
つぼ(壺)……802-13……八五五
つぼまる……908-26……一〇五八
つぼみ(蕾)……720-11……八四三
つぼむ……908-26……一〇五八
つぼめる……908-28……一〇五九
つま(妻)……309-03……三四一
つまさき(爪先)……009-09……一七
つましい……501-19……四四一
つまずく……101-15……四四
〃……114-19……一一六
つまはじき(爪弾)……515-26……五五六
つまびく(爪弾)……614-33……七一二
つまみ……419-27……四二八
つまみぐい(－食)……106-10……七二
つまみだす(－出)……120-49……一四五
つまむ……109-04……八〇
つまようじ(爪楊枝)……419-22……四二八
つまらない(詰－)……818-28……九九四
つまり……814-56……九四一
つまる(詰)……906-14……一〇四九
つみ(罪)……520-17……六〇七
つみあげる(積上)……904-07……一〇三二
つみかさねる(積重)……904-07……一〇三二
つみくさ(摘草)……617-30……七三七
つみたてる(積立)……512-19……五二六
つみつくり(罪作)……520-25……六〇八
つみに(積荷)……419-41……四三〇
つみびと(罪人)……520-53……六一三
つみほろぼし(罪滅)……520-67……六一五
つむ(摘)……109-04……八〇
つむ(積)……904-05……一〇三二
つむじ……002-02……九
つむじかぜ(－風)……713-46……八一八
つむじまがり(－曲)……201-54……一六三
つむり……002-01……八
つむる……103-33……六七
つめ(爪)……008-10……一六
つめあわせ(詰合)……419-42……四三一
つめいん(爪印)……608-12……六六五
つめこむ(詰込)……906-05……一〇四七
つめたい(冷)……712-14……八一〇
つめばら(詰腹)……304-24……三一七
つめよる(詰寄)……101-38……四九
つめる(詰)……906-05……一〇四七
つもり(積)……220-02……二九六
〃……808-17……八八八
つもりだ……999-73……一一四一
つもる(積)……904-06……一〇三二
つや……716-09……八三四
つやけし(艶消)……220-31……三〇三
つやぶきん(艶布巾)……402-08……三七八
つやめく……206-14……一九八
つゆ……407-19……三九一
つゆ(露)……713-52……八一九
つゆ(梅雨)……713-26……八一五
つゆあけ(梅雨明)……713-27……八一五
つゆいり(梅雨入)……713-27……八一五
つゆさむ(梅雨寒)……712-15……八一〇
つゆじも(露霜)……713-52……八一九
つゆぞら(梅雨空)……713-15……八一四
つゆはらい(露払)……608-21……六六七
つゆばれ(梅雨晴)……713-04……八一二
つよい(強)……809-34……九〇六
つよき(強気)……201-48……一六二
つよまる(強)……914-10……一〇八八
つよめる(強)……914-10……一〇八八
つら(面)……003-01……一〇
つらい(辛)……211-10……二五六
づらい(辛)……810-39……九一六
つらがまえ(面構)……102-06……五五
つらだましい(面魂)……102-06……五五
つらなる(連)……904-14……一〇三三
つらにくい(面憎)……216-29……二七一
つらぬく(貫)……101-60……五三
〃……903-38……一〇二八
つらねる(連)……904-15……一〇三四
つらのかわがあつい(面－皮－厚)……205-28……一八九
つらよごし(面汚)……217-30……二八二
つらら……707-28……七九〇
つり(釣)……513-08……五三八
つりあい(釣合)……917-01……一〇九六
つりあう(釣合)……918-19……一一〇一
つりがね(釣鐘)……604-55……六四七
つりせん(釣銭)……513-08……五三八
つりだす(釣出)……515-54……五六二
つりだな(釣棚)……417-06……四一九
つりばし(釣橋)……707-09……七八七
つる(釣)……505-71……四八〇
つる(蔓)……720-06……八四二
つる(攣)……111-12……九三
つるぎ(剣)……510-32……五一一
つるしあげる(吊上)……613-48……七〇五
つるす(吊)……903-13……一〇二一
つるつる……811-22……九二五
つるはし(鶴嘴)……505-30……四七五
つるむ……719-13……八四一
つるり……811-22……九二五
つれ(連)……516-55……五七八
つれあい(連合)……309-02……三四一
つれこ(連子)……311-16……三四八
つれこみ(連込)……503-39……四五八
つれそう(連添)……308-02……三三九
つれだつ(連立)……516-37……五七四
つれない……205-08……一八五

つれる(連)……516・37……五七四
つわもの……510・11……五〇八
つんけん……205・17……一八七
つんつん……205・17……一八七
つんと……105・08……七〇
つんのめる……101・15……四四

て

て(手)……008・01……一五
〃……208・19……二三
で……999・01……一一〇
〃……999・06……一一二
〃……999・07……一一二
〃……999・11……一一四
〃……999・12……一一四
〃……999・13……一一四
〃……999・16……一一六
〃……999・17……一一六
〃……999・21……一一七
で(出)……316・04……三五七
てあい(手合)……617・16……七三四
であい(出会)……516・02……五六七
であう(出ー)……516・01……五六六
てあか(手垢)……015・09……二七
てあし(手足)……511・50……五二三
であし(出足)……808・35……八九二
てあつい(手厚)……205・40……一九二
てあて(手当)……020・06……三八
〃……513・21……五四一
てあら(手荒)……204・28……一八一
てあらい(手洗)……412・19……四〇八
てあらい(手荒)……204・28……一八一
である……999・60……一二五
であるく(出歩)……617・35……七三八
てあわせ(手合)……617・16……七三四
ていあん(提案)……613・23……七〇〇
ていい(帝位)……511・25……五一八
ティーシャツ(英 T-shirt)……401・34……三七五
ティーチイン(アメリカ teach-in)……602・74……六三五
ティーポット(英 teapot)……410・13……四〇一
ていいん(定員)……808・59……八九六
ていえん(庭園)……413・03……四一一
ていおう(帝王)……511・22……五一八
ていおん(定温)……712・03……八〇七
ていか(低下)……914・19……一〇九〇
ていか(定価)……512・29……五二八
ていがく(低額)……513・04……五三八
ていがく(停学)……602・63……六三三
ていかん(定款)……508・04……四九三
ていかん(諦観)……604・05……六三九
ていき(提起)……613・23……七〇〇
ていぎ(提議)……613・23……七〇〇
ていきあつ(低気圧)……713・19……八一四
ていきゅう(低級)……819・18……一〇〇一
ていきょう(提供)……115・14……一二一
ていけい(提携)……516・35……五七四
ていけいし(定型詩)……616・22……七二七
ていけつ(貞潔)……201・20……一五六
ていけつ(締結)……515・41……五五九
ていげん(低減)……913・17……一〇八二
ていげん(提言)……613・23……七〇〇
ていこう(抵抗)……515・19……五五五
ていこく(定刻)……815・10……九四八
ていこく(帝国)……507・03……四八四
ていさい(体裁)……001・12……四
〃……804・01……八五七
ていさつ(偵察)……509・48……五〇四
ていし(停止)……903・55……一〇三一
ていじ(呈示)……602・38……六二八
ていじ(定時)……815・10……九四八
ていじ(提示)……602・38……六二八
ていじ(綴字)……609・27……六七二
ていしき(定式)……804・21……八六一
ていしつ(低湿)……713・64……八二一
ていしつ(帝室)……511・26……五一九
ていしゃ(停車)……505・75……四八〇
ていしゃじょう(停車場)……505・79……四八一
ていしゅ(亭主)……309・11……三四三
ていしゅう(定収)……512・74……五三六
ていじゅう(定住)……119・02……一三四
ていしゅく(貞淑)……205・53……一九五
ていしゅつ(提出)……613・23……七〇〇
ていしょう(提唱)……612・29……六八八
ていしょく(定職)……502・10……四四四
ていじろ(丁字路)……705・38……七八三
ていしん(挺身)……219・24……二九三
でいすい(泥酔)……409・19……三九八
ディスカウント(英 discount)……512・39……五三〇
ディスカッション(英 discussion)……613・02……六九六
ディスプレー(英 display)……615・20……七一八
ていする(呈)……602・36……六二八
ていせい(訂正)……610・21……六七七
ていせい(帝政)……507・23……四八七
ていせつ(定説)……613・15……六九八
ていせつ(貞節)……205・53……一九五
ていせん(停船)……903・55……一〇三一
ていそ(提訴)……508・19……四九五
ていそう(低層)……817・20……九七五
ていそう(貞操)……205・53……一九五
ていそく(定則)……508・06……四九三
ていぞく(低俗)……202・06……一六七
ていたい(停滞)……814・73……九四五
ていたく(邸宅)……411・03……四〇三
ていただきたい……999・66……一一三八
ていだん(鼎談)……613・02……六九六
ていち(低地)……702・14……七六九
ていちゃく(定着)……905・04……一〇四二
ていちょう(丁重)……515・72……五六六
ていちょう(低調)……810・60……九二〇
ティッシュペーパー(英 tissue paper)……419・19……四二七
ディテール(英 detail)……809・41……九〇七
ていど(程度)……808・06……八八五
ていとう(抵当)……513・34……五四三
ていとく(提督)……510・56……五一四
ていとん(停頓)……814・73……九四五
ディナー(英 dinner)……406・06……三八八
ていねい(丁寧)……203・04……一六八
〃……515・72……五六六
でいねい(泥濘)……908・44……一〇六三
ていねいご(丁寧語)……607・15……六六〇
ていのう(低能)……207・52……二〇八
ていはく(停泊)……505・53……四七七
ていひょう(定評)……618・13……七四二
ていぼう(堤防)……707・08……七八六
ていぼく(低木)……720・18……八四四
ていほん(底本)……619・37……七五三
ていやく(締約)……515・41……五五九
ていらく(低落)……512・37……五二九
ていり(定理)……806・06……八七五

でいり(出入)……113-46……一一一
〃……515-15……五五四
でいりぐち(出入口)……412-24……四〇八
ていりつ(定律)……508-08……四九四
ていりつ(鼎立)……515-20……五五五
ていりゅう(停留)……903-55……一〇二一
ていりゅうじょ(停留所)……505-79……四八一
ていれ(手入)……416-15……四一六
ていれい(定例)……606-10……六五六
ディレクター(英 director)……615-43……七一二
ていれん(低廉)……512-41……五三〇
テーゼ(ドイツ These)……806-11……八七六
データ(英 data)……618-01……七三九
デート(英 date)……307-01……三三六
〃……815-05
テープ(英 tape)……419-03……四二五
テーブル(英 table)……417-02……四一九
テーマ(ドイツ Thema)……612-56……六九二
ておい(手負)……017-25……三二
ておくれ(手遅)……814-74……九四六
ておち(手落)……114-21……一一七
ておの(手斧)……416-23……四一七
ており(手織)……405-03……三八四
でか……508-17……四九五
でかい……809-02……九〇〇
てがうしろにまわる(手後-回)……520-55……六一三
てかがみ(手鏡)……403-20……三八一
てがかり(手掛)……814-14……九三三
てかけ(手掛)……307-12……三三八
でかける(出)……113-49……一一二
てかげん(手加減)……920-05……一一〇七
てかず(手数)……210-31……二四八
てがた(手形)……513-35……五四三
てがたい(手堅)……201-28……一五七
てかてか……715-07……八二八
てがみ(手紙)……618-29……七四五
てがら(手柄)……520-01……六〇四
てがる(手軽)……810-34……九一四
てき(的)……801-02……八四九
てき(敵)……516-67……五八一
でき(出来)……814-38……九三八
できあい(出来合)……910-12……一〇七三
できあい(溺愛)……216-11……二六八
できあがる(出来上)……814-39……九三八
てきい(敵意)……216-38……二七三
てきおう(適応)……818-14……九九一
てきがいしん(敵愾心)……216-38……二七三
てきかく(的確)……810-46……九一七
てきき(手利)……207-15……二〇一
てきぎ(適宜)……818-13……九九一
てきぎょう(適業)……502-09……四四四
てきごう(適合)……818-14……九九一
できごころ(出来心)……209-18……二三三
できごと(出来事)……518-01……五九八
てきし(敵視)……216-40……二七三
できし(溺死)……304-19……三一六
てきしょく(適職)……502-09……四四四
てきじん(敵陣)……510-02……五〇六
てきず(手傷)……017-18……三一
テキスト(英 text)……619-51……七五五
てきする(敵)……515-23……五五六
てきせい(適正)……807-10……八八一
てきせつ(適切)……818-13……九九一
てきたい(敵対)……216-38……二七三
てきちゅう(的中)……905-18……一〇四五
てきとう(適当)……203-06……一六九
てきとう(適当)……818-13……九九一
てきにん(適任)……818-17……九九二
できばえ(出来映)……814-38……九三八
てきぱき……204-11……一七八
てきひ(適否)……818-16……九九二
てきびしい(手厳)……205-23……一八八
てきほう(適法)……508-13……四九四
てきやく(適役)……818-17……九九二
てきやく(適訳)……611-15……六八三
てきよう(適用)……117-03……一三一
てきよう(摘要)……805-53……八七四
できる……999-69……一一三九
できる(出来)……814-39……九三八
てきれい(適例)……804-28……八六二
てぎわ(手際)……207-14……二〇一
てくせ(手癖)……201-16……一五五
てくだ(手管)……812-02……九二七
てぐち(手口)……812-01……九二六
でぐち(出口)……412-24……四〇八
てくてく……110-13……九一
テクニック(英 technic)……207-13……二〇一
でくのぼう(-坊)……305-53……三三〇
てくばり(手配)……120-23……一四一
てくび(手首)……008-05……一五
てくらがり(手暗)……715-13……八三〇
でくわす(出-)……516-01……五六六
てこずる……211-07……二五五
てごたえ(手応)……111-02……九二
〃……613-56……七〇七
でこぼこ(凸凹)……811-18……九二四
デザート(英 dessert)……407-23……三九二
デザイナー(英 designer)……614-15……七〇九
デザイン(英 design)……614-11……七〇九
てさき(手先)……511-49……五二二
てさぐり(手探)……601-17……六二〇
てさげ(手提)……403-22……三八一
てざわり(手触)……111-02……九二
でし(弟子)……602-81……六三六
てしごと(手仕事)……502-45……四五一
てした(手下)……511-49……五二二
てじな(手品)……615-51……七一三
〃……812-02……九二七
てじゃく(手酌)……409-08……三九六
でしゃばる(出-)……205-30……一九〇
てじゅん(手順)……815-58……九五九
でじろ(出城)……510-45……五一三
です……999-60……一一三五
てすう(手数)……210-31……二四八
てすうりょう(手数料)……512-28……五二八
ですぎる(出過)……205-30……一九〇
デスク(英 desk)……305-12……三二三
〃……417-02
てすさび(手-)……210-43……二五一
テスト(英 test)……602-59……六三三
てすり(手摺)……707-11……七八七
てせい(手製)……910-07……一〇七二
てぜい(手勢)……510-12……五〇八
てぜま(手狭)……809-19……九〇二
てだし(手出)……205-29……一八九
でだし(出-)……814-06……九三三
てだすけ(手助)……517-57……五九二
てだて……812-01……九二六
でたとこしょうぶ(出-勝負)……120-26……一四一
でたらめ……203-06……一六九

てだれ(手練)……207-15……二〇一
てぢか(手近)……817-38……九七九
てちがい(手違)……114-20……一一七
てちょう(手帳)……610-28……六七八
てつ(轍)……804-26……八六二
てっか(鉄火)……204-29……一八一
てっかい(撤回)……120-46……一四五
てつがく(哲学)……603-02……六三七
てつかぶと(鉄兜)……510-29……五一〇
てづかみ(手－)……109-03……七九
デッキ(英 deck)……505-59……四七八
てっきょ(撤去)……120-50……一四六
てづくり(手作)……910-07……一〇七二
てつけ(手付)……513-12……五三九
てっけん(鉄拳)……008-07……一六
デッサン(フランス dessin)……614-08……七〇八
てっしゅう(撤収)……113-37……一一〇
てつじょう(鉄条)……416-27……四一八
てつじょうもう(鉄条網)……416-27……四一八
てっする(徹)……903-38……一〇二八
てっせん(鉄線)……416-27……四一八
てっそく(鉄則)……508-07……四九三
てったい(撤退)……113-37……一一〇
てつだう(手伝)……517-53……五九一
でっち(丁稚)……503-31……四五六
てっつい(鉄槌)……416-18……四一七
てつづき(手続)……815-58……九五九
てってい(徹底)……916-07……一〇九六
てつどう(鉄道)……505-76……四八一
てっとりばやい(手取早)……810-34……九一四
デッドロック(英 deadlock)……519-19……六〇二
てっぱい(撤廃)……120-46……一四五
でっぱり(出張)……811-14……九二三
でっぱる(出張)……811-15……九二三
てつびん(鉄瓶)……410-13……四〇一
てっぺい(撤兵)……113-37……一一〇
てっぺん……702-29……七七一
てっぽう(鉄砲)……510-21……五〇九
てっぽうだま(鉄砲玉)……510-24……五一〇
てっぽうみず(鉄砲水)……319-09……三六三
てづまり(手詰)……211-09……二五六
てつめんぴ(鉄面皮)……205-28……一八九
てつや(徹夜)……112-39……一〇二
てづる(手蔓)……515-05……五五二
てつろ(鉄路)……505-76……四八一
でどころ(出所)……802-08……八五四
てどり(手取)……512-76……五三六
てなおし(手直)……416-15……四一六
てなぐさみ(手慰)……210-43……二五一
てなみ(手並)……207-14……二〇一
テナント(英 tenant)……115-34……一二五
テニス(英 tennis)……620-42……七六三
てにもつ(手荷物)……419-41……四三〇
てぬかり(手抜)……114-21……一一七
てぬき(手抜)……114-21……一一七
てぬぐい(手拭)……402-07……三七七
てのうち(手－内)……008-06……一五
〃……207-14……二〇一
〃……208-23……二二五
てのうら(手－裏)……008-06……一五
てのこう(手－甲)……008-06……一五
てのひら(手－平)……008-06……一五
ては……999-42……一二七
〃……999-43……一二八
では……813-09……九三〇
でば(出刃)……410-20……四〇二
デパート(英 department store から)……503-37……四五七
てはい(手配)……120-23……一四一
てはいけない……999-75……一四一
ではいり(出入)……113-46……一一一
てはじめ(手始)……814-01……九三一
てはず(手－)……815-58……九五九
てばた(手旗)……608-16……六六六
てはだめ(だ)……999-75……一四一
てはどう……999-67……一三八
ではないか……999-56……一三四
てばなす(手放)……115-15……一二二
てはならない……999-75……一四一
でばん(出番)……502-31……四四八
てびかえ(手控)……610-29……六七九
てびき(手引)……608-21……六六七
てびきしょ(手引書)……619-47……七五四
デビュー(フランス début)……514-06……五四五
てびょうし(手拍子)……614-30……七一一
でぶ……001-25……六
てふき(手拭)……402-07……三七七
てぶくろ(手袋)……403-10……三七九
でふね(出船)……505-52……四七七
てぶら(手－)……109-41……八八
てべんとう(手弁当)……513-20……五四一
てほしい……999-66……一三八
てほどき(手－)……602-20……六二五
てほん(手本)……804-08……八五八
てま(手間)……210-31……二四八
デマ(ドイツ Demagogie から)……618-19……七四三
てまえ(手前)……320-25……三六八
でまえ(出前)……903-43……一〇二九
てまえがって(手前勝手)……203-35……一七五
てまえども(手前共)……320-27……三六九
てまえみそ(手前味噌)……217-06……二七七
でまかせ(出任)……517-20……五八五
てまくら(手枕)……112-30……一〇〇
てましごと(手間仕事)……502-26……四四七
てまちん(手間賃)……513-22……五四一
でまど(出窓)……417-10……四二〇
てまどる(手間取)……814-75……九四六
てまねき(手招)……608-22……六六七
てまめ(手－)……207-16……二〇二
てまわし(手回)……120-23……一四一
でまわる(出回)……916-05……一〇九六
てみじか(手短)……810-36……九一五
でみせ(出店)……505-18……四七三
てみたら……999-43……一二八
てみやげ(手－)……115-51……一二八
てみると……999-43……一二八
てみれば……999-43……一二八
てむかう(手向)……515-19……五五五
でむかえ(出迎)……516-14……五七〇
でむかえる(出迎)……516-15……五七〇
でむく(出向)……113-01……一〇二
デメリット(英 demerit)……818-08……九九〇
ても……999-44……一二八
でも……120-63……一四八
〃……999-26……一一九
て(も)いい……999-77……一四二
て(も)かまわない……999-77……一四二
て(も)けっこうだ……999-77……一四二
て(も)さしつかえない……999-77……一四二

てもちぶさた(手持無沙汰)……209-60……二四一
でもって……999-13……一二一四
〃……999-19……一二一七
〃……999-21……一二一七
てもと(手元)……817-35……九七八
てもらいたい……999-66……一二三八
てら(寺)……604-50……六四六
てらしあわせる(照合)……601-16……六二〇
テラス(ソフランス terrasse)……412-23……四〇八
てらす(照)……715-24……八三三
デラックス(ソフランス de luxe)……501-21……四四二
てらてら……715-07……八二八
てりかえし(照返)……715-10……八二九
てりかえす(照返)……715-11……八二九
てりかがやく(照輝)……715-22……八三一
デリカシー(英 delicacy)……201-33……一五八
デリケート(英 delicate)……201-33……一五八
てりつける(照付)……715-22……八三一
テリトリー(英 territory)……805-04……八六三
てる(照)……715-22……八三一
でる(出)……113-48……一一二
〃……514-08……五四六
デルタ(ギリシア delta)……702-09……七六八
てれくさい(照-)……217-26……二八一
テレフォン(英 telephone)……618-42……七四七
てれる(照)……217-24……二八〇
てれん(手練)……207-14……二〇一
〃……812-02……九二七
てわけ(手分)……502-19……四四六
てをそめる(手-染)……814-19……九三四
てをつける(手-付)……814-19……九三四
てん(天)……701-01……七六五
てん(点)……608-02……六六四
〃……608-04……六六四
〃……620-28……七六〇
でん(伝)……812-01……九二六
てんいん(店員)……503-03……四五二
てんうん(天運)……317-01……三五八
てんか(天下)……506-01……四八二
てんか(点火)……714-02……八二三
てんか(添加)……913-01……一〇七八
てんが(典雅)……202-03……一六六
でんか(伝家)……314-21……三五四
でんか(殿下)……511-30……五一九
てんかい(展開)……908-31……一〇六〇
てんかい(転回)……902-10……一〇一八
てんがく(転学)……602-62……六三三
てんかん(展観)……615-20……七一八
てんかん(転換)……908-09……一〇五四
てんがんきょう(天眼鏡)……403-19……三八一
てんき(天気)……713-01……八一一
てんき(転機)……815-50……九五七
でんき(伝記)……616-10……七二五
でんき(電気)……418-12……四二四
てんきあめ(天気雨)……713-25……八一五
てんきぼ(点鬼簿)……619-65……七五六
でんきゅう(電球)……715-06……八二八
てんきょ(典拠)……802-06……八五三
てんきょ(転居)……119-09……一三五
てんきん(転勤)……517-41……五八九
てんくう(天空)……701-01……七六五
でんぐりがえる(-返)……902-11……一〇一八
てんけい(天恵)……604-11……六四〇
てんけい(典型)……804-08……八五八
でんげき(電撃)……916-03……一〇九五
てんけん(天険)……706-05……七八五
てんけん(点検)……601-10……六一九
てんこう(天候)……713-01……八一一
てんこう(転向)……908-09……一〇五四
てんこう(転校)……602-62……六三三
でんこう(電光)……713-54……八一九
でんこうせっか(電光石火)……204-02……一七六
てんこく(篆刻)……614-12……七〇九
てんごく(天国)……604-46……六四五
でんごん(伝言)……618-03……七四〇
てんさい(天才)……207-09……二〇〇
〃……305-09……三二一
てんさい(天災)……319-05……三六三
てんさい(転載)……619-15……七五〇
てんざい(点在)……901-04……一〇一五
てんさく(添削)……610-20……六七七
てんし(天子)……511-23……五一八
てんし(天使)……604-31……六四三
てんし(天資)……207-08……二〇〇
てんじ(展示)……615-20……七一八
てんじかい(展示会)……504-35……四六九
てんしゃ(転写)……609-28……六七二
でんしゃ(電車)……505-77……四八一
てんしゃく(転借)……115-31……一二五
てんしゅ(天守)……510-48……五一三
てんしゅ(店主)……511-40……五二一
てんじゅ(天寿)……301-02……三〇四
でんじゅ(伝授)……602-49……六三〇
でんしゅう(伝習)……602-72……六三四
てんしゅかく(天守閣)……510-48……五一三
てんしゅだい(天守台)……510-48……五一三
てんしゅつ(転出)……119-09……一三五
てんしょ(篆書)……614-48……七一四
てんじょ(天助)……604-10……六四〇
てんじょう(天井)……412-31……四一〇
てんじょう(添乗)……516-39……五七五
でんしょう(伝承)……616-30……七二八
てんしょく(天職)……502-09……四四四
てんしょく(転職)……517-41……五八九
てんしん(転身)……908-09……一〇五四
でんしん(電信)……618-43……七四七
てんずる(点)……715-21……八三一
てんずる(転)……908-01……一〇五三
てんせい(天性)……207-08……二〇〇
てんせい(転生)……301-10……三〇六
てんせき(典籍)……619-41……七五三
でんせつ(伝説)……616-30……七二八
てんせん(転戦)……509-06……四九八
でんせん(伝染)……017-13……三一
〃……916-06……一〇九六
でんせんびょう(伝染病)……017-07……三〇
てんそう(転送)……903-45……一〇二九
てんぞく(転属)……517-42……五九〇
てんたい(天体)……701-05……七六五
てんたい(転貸)……115-27……一二四
てんたいしょう(点対称)……805-52……八七三
てんたく(転宅)……119-09……一三五
でんたつ(伝達)……618-02……七三九
てんち(天地)……702-01……七六七
てんち(転地)……119-10……一三五
でんち(田地)……505-21……四七三

てんちゃ(点茶)……617-02……七三二
てんちゅう(天誅)……520-65……六一五
てんちょう(天頂)……702-29……七七一
てんてき(点滴)……707-17……七八八
てんてこまい(ー舞)……519-26……六〇四
てんでに……805-41……八七一
てんてん(点点)……904-32……一〇三七
てんてん(輾転)……112-26……一〇〇
てんでん……805-41……八七一
てんでんばらばら……904-31……一〇三六
てんとう(点灯)……715-21……八三一
てんとう(点頭)……102-04……五五
てんとう(店頭)……503-36……四五七
てんとう(転倒)……902-06……一〇一七
でんとう(伝統)……606-07……六五五
でんとう(電灯)……715-06……八二八
でんどう(伝道)……604-08……六四〇
でんどう(殿堂)……604-59……六四七
てんにゅう(転入)……119-09……一三五
〃……602-62……六三三
てんにょ(天女)……306-11……三三四
てんにん(天人)……306-11……三三四
てんにん(転任)……517-41……五八九
てんねん(天然)……718-01……八三九
てんのう(天皇)……511-23……五一八
でんぱ(伝播)……916-06……一〇九六
でんぱた(田畑)……505-20……四七三
てんばつ(天罰)……520-65……六一五
てんぴ(天日)……701-06……七六五
てんびょう(点描)……614-09……七〇八
てんぴん(天稟)……207-08……二〇〇
てんぷ(天賦)……207-08……二〇〇
でんぶ(臀部)……010-14……二〇
てんぷく(転覆)……902-06……一〇一七
てんぶん(天分)……207-08……二〇〇
でんぶん(伝聞)……618-24……七四四
てんぺん(転変)……908-14……一〇五六
テンポ(イタリア tempo)……808-34……八九一
てんぽ(店舗)……503-32……四五六
てんぽ(填補)……913-04……一〇七九
てんぼう(展望)……103-16……六三
でんぽう(電報)……618-43……七四七
てんまく(天幕)……615-28……七二〇
てんまつ(顛末)……814-58……九四二
てんまど(天窓)……417-10……四二〇
てんめい(天命)……301-02……三〇四
〃……317-01……三五八
てんめつ(点滅)……715-20……八三一
てんやわんや……810-15……九一〇
てんゆう(天佑)……604-10……六四〇
てんよう(転用)……117-02……一三一
てんらく(転落)……903-11……一〇二一
〃……914-18……一〇九〇
てんらん(展覧)……615-20……七一八
てんらんかい(展覧会)……504-35……四六九
てんれい(典礼)……605-04……六五一
でんれい(伝令)……618-02……七三九
でんわ(電話)……618-42……七四七
でんわき(電話機)……419-09……四二五

と

と……999-04……一二一一
〃……999-28……一二二〇
〃……999-40……一二二六
と(戸)……417-07……四一九
と(都)……705-02……七七八
ど(度)……808-06……八八五
〃……808-08……八八六
ドア(英 door)……417-07……四一九
どあい(度合)……808-06……八八五
とい(問)……613-42……七〇四
といあわせる(問合)……613-45……七〇四
といい……999-67……一二三八
~といい…といい……999-35……一二二四
という……999-23……一二一八
〃……999-29……一二二一
というと……999-33……一二二三
というのは……999-32……一二二二
といえども……999-34……一二二三
といえば……999-33……一二二三
といき(吐息)……014-06……二五
といただす(問質)……613-43……七〇四
どいつ……320-37……三七〇
といった……999-23……一二一八
〃……999-29……一二二一
といったら……999-33……一二二三
〃……999-55……一二三三
といって……999-29……一二二一
といっても……999-34……一二二三
トイレット(英 toilet)……412-19……四〇八
トイレットペーパー(英 toilet paper)……419-19……四二七
~といわず…といわず……999-35……一二二四
とう(党)……504-39……四六九
とう(問)……613-43……七〇四
とう(訪)……516-41……五七五
とう(塔)……412-05……四〇六
とう(等)……320-13……三六六
どう……819-31……一〇〇四
どう(胴)……010-01……一八
〃……510-31……五一〇
どう(堂)……604-59……六四七
どう(道)……705-02……七七八
どうあく(獰悪)……204-29……一八一
どうい(同位)……819-02……九九八
どうい(同意)……220-16……二九九
どうい(胴囲)……010-17……二〇
どういう……819-31……一〇〇四
とういそくみょう(当意即妙)……818-20……九九二
とういつ(統一)……504-10……四六二
どういつ(同一)……918-08……一〇九九
とうえい(投影)……715-16……八三〇
とうか(灯火)……715-03……八二七
とうか(投下)……512-24……五二七
どうか……205-44……一九二
どうか(同化)……208-38……二一八
とうかい(倒壊)……909-16……一〇七〇
とうがい(当該)……905-11……一〇四三
どうかく(同格)……918-08……一〇九九
どうがく(同学)……602-82……六三六
とうかつ(統括)……504-10……四六二
とうかつ(統轄)……507-43……四九〇
どうかつ(恫喝)……520-47……六一二
とうから……816-05……九六三
とうかん(盗汗)……015-04……二六
どうかん(同感)……220-18……三〇〇
どうがん(童顔)……003-05……一〇
とうき(冬季)……710-16……七九六
とうき(冬期)……710-16……七九六
とうき(陶器)……410-04……四〇〇
とうき(登記)……609-14……六七〇
とうき(騰貴)……512-34……五二九
とうぎ(討議)……613-02……六九六
どうき(動悸)……018-04……三四
どうき(動機)……813-03……九二九

どうぎ(胴着)……401-20……三七四
どうぎ(動議)……613-23……七〇〇
どうぎ(道義)……603-07……六三八
どうぎご(同義語)……607-14……六六〇
とうきゅう(等級)……511-51……五二二
どうきゅう(同級)……819-02……九九八
とうぎょ(統御)……920-05……一一〇七
どうきょ(同居)……501-07……四三八
〃……504-12……四六三
どうきん(同衾)……112-29……一〇〇
どうぐ(道具)……418-04……四二二
とうぐう(東宮)……511-27……五一九
どうくつ(洞窟)……702-41……七七二
どうくん(同君)……320-33……三七〇
とうげ(峠)……815-54……九五八
とうけい(統計)……808-12……八八七
どうけい(同形)……918-08……一〇九九
どうけい(同系)……918-04……一〇九八
どうけい(同慶)……318-07……三六〇
どうけし(道化師)……615-39……七二一
とうけつ(凍結)……707-29……七九〇
どうけつ(洞穴)……702-41……七七二
とうけん(刀剣)……510-32……五一一
とうげん(桃源)……604-47……六四六
とうご(頭語)……618-35……七四六
とうこう(投光)……715-24……八三二
とうこう(投降)……516-29……五七三
とうこう(投稿)……610-19……六七七
とうごう(統合)……504-10……四六二
どうこう……817-58……九八二
どうこう(同好)……216-17……二六九
どうこう(同行)……516-24……五七二
どうこう(瞳孔)……004-02……一一
どうこういきょく(同工異曲)……919-02……一一〇五
とうごく(投獄)……520-69……六一五
どうこく(慟哭)……102-34……六〇
とうこん(当今)……816-20……九六六
とうこん(闘魂)……219-21……二九三
とうさ(踏査)……601-14……六一九
とうざ(当座)……816-23……九六七
どうさ(動作)……114-02……一一三
どうざ(同座)……504-17……四六四
とうさい(搭載)……904-12……一〇三三
とうさい(登載)……619-15……七五〇
とうさく(盗作)……616-40……七三〇
とうざしのぎ(当座－)……517-13……五八四
どうさつ(洞察)……120-13……一三九
とうざのがれ(当座逃)……517-13……五八四
とうさん(倒産)……512-59……五三三
どうざん(銅山)……505-49……四七七
とうし(投資)……512-24……五二七
とうし(凍死)……304-18……三一六
とうし(透視)……208-43……二一九
とうし(闘志)……219-06……二九〇
とうじ(当事)……905-11……一〇四三
とうじ(当時)……816-06……九六三
とうじ(湯治)……414-05……四一二
どうし(同士)……516-47……五七六
どうし(同氏)……320-33……三七〇
どうし(同志)……516-47……五七六
どうし(動詞)……607-39……六六三
どうじ(同時)……817-11……九七三
とうじき(陶磁器)……410-04……四〇〇
とうしつ(等質)……819-04……九九九
とうじつ(当日)……711-22……八〇〇
どうしつ(同質)……819-04……九九九
どうして……208-71……二二六
どうしても……819-50……一〇〇九
とうしゃ(透写)……609-28……六七二
とうしゃ(謄写)……609-28……六七二
どうしゅ(同種)……918-04……一〇九八
とうしゅく(投宿)……617-37……七三八
どうしゅく(同宿)……617-38……七三九
とうしょ(当初)……814-02……九三一
とうしょ(投書)……610-19……六七七
どうじょ(童女)……311-03……三四六
とうしょう(闘将)……510-09……五〇七
とうじょう(搭乗)……113-52……一一二
とうじょう(登場)……514-06……五四五
どうじょう(同上)……609-38……六七四
どうじょう(同乗)……516-25……五七二
どうじょう(同情)……216-51……二七五
とうしろう……305-34……三二五
とうしん(投身)……304-23……三一七
とうしん(東進)……817-68……九八四
とうしん(答申)……613-24……七〇〇
どうしん(童心)……209-14……二三二
どうじん(同人)……516-47……五七六
とうすい(陶酔)……409-18……三九八
とうすい(統帥)……516-38……五七五
どうすい(導水)……707-12……七八七
とうずる(投)……109-32……八六
とうせい(当世)……816-18……九六五
とうせい(統制)……920-03……一一〇七
どうせい(同棲)……501-07……四三八
どうせい(動静)……801-01……八四九
どうせき(同席)……504-17……四六四
〃……819-02……九九八
とうせつ(当節)……816-20……九六六
とうせん(当選)……118-08……一三四
とうぜん(当然)……816-10……九六四
どうせん(銅線)……416-27……四一八
どうぜん(同前)……609-38……六七四
どうぜん(同然)……918-03……一〇九八
どうぞ……205-44……一九二
とうそう(逃走)……113-28……一〇八
とうそう(闘争)……502-35……四四九
〃……515-14……五五四
どうそう(同窓)……602-82……六三六
とうぞく(盗賊)……305-57……三三一
とうそつ(統率)……516-38……五七五
とうた(淘汰)……120-55……一四七
とうだい(当代)……816-21……九六六
とうだい(灯台)……510-49……五一三
どうたい(胴体)……010-01……一八
とうたつ(到達)……814-44……九三九
とうち(統治)……507-41……四八九
とうちゃく(到着)……814-44……九三九
どうちゃく(撞着)……519-10……六〇一
どうちゅう(道中)……814-63……九四三
とうちょう(盗聴)……104-04……六七
とうちょう(登庁)……502-25……四四七
とうちょう(登頂)……620-44……七六三
どうちょう(同調)……205-36……一九一
とうちょく(当直)……502-30……四四八
とうつう(疼痛)……111-08……九三
とうてい(到底)……819-46……一〇〇七
どうてい(道程)……814-62……九四三
とうてん(読点)……608-04……六六四
とうとい(尊)……511-17……五一七
とうとい(貴)……511-17……五一七
とうとう……816-35……九七〇
とうとう(等等)……320-13……三六六
とうとう(滔滔)……612-27……六八七
どうとう(同等)……819-02……九九八
どうどう(同道)……516-24……五七二
どうとく(道徳)……603-01……六三七

とうとつ（唐突）……815-39……九五四
とうとぶ（尊）……517-01……五八一
とうなん（盗難）……319-07……三六三
とうに……816-05……九六三
どうにか……816-36……九七〇
とうにゅう（投入）……906-04……一〇四七
どうにゅう（導入）……906-04……一〇四七
とうにん（当人）……320-18……三六七
とうねん（当年）……711-07……七九八
とうは（党派）……504-39……四六九
どうは（道破）……612-33……六八九
どうはい（同輩）……516-48……五七七
とうはつ（頭髪）……002-03……九
とうばつ（討伐）……509-37……五〇三
とうばつ（盗伐）……505-47……四七七
とうはん（登攀）……620-44……七六三
とうばん（当番）……502-12……四四四
どうはん（同伴）……516-24……五七二
とうひ（当否）……818-16……九九二
とうひょう（投票）……507-39……四八九
とうびょう（投錨）……505-53……四七七
とうびょう（闘病）……020-14……三九
どうひょう（道標）……608-20……六六七
とうひん（盗品）……420-11……四三四
とうぶ（頭部）……002-01……八
どうふく（同腹）……315-04……三五五
〃……516-47……五七六
どうぶつ（動物）……719-02……八四〇
どうぶるい（胴震）……101-25……四六
とうぶん（当分）……816-23……九六七
とうぶん（等分）……805-34……八七〇
とうへんぼく（唐変木）……305-53……三三〇
どうぼ（同母）……315-04……三五五
とうぼう（逃亡）……113-27……一〇七
どうほう（同胞）……507-46……四九一
とうほん（謄本）……610-37……六八〇
とうほんせいそう（東奔西走）……519-26……六〇四
どうまごえ（胴間声）……108-01……七七
どうまわり（胴回）……010-17……二〇
どうみぎ（同右）……609-38……六七四
どうみゃく（動脈）……018-03……三四
とうめい（透明）……908-46……一〇六四
どうめい（同盟）……504-09……四六一
どうめいこく（同盟国）……507-09……四八五
どうめいひぎょう（同盟罷業）……502-34……四四九
とうめん（当面）……816-23……九六七
どうも……819-50……一〇〇九
どうもう（獰猛）……204-29……一八一
とうもく（頭目）……511-39……五二〇
どうもん（同門）……602-82……六三六
とうや（当夜）……711-53……八〇六
とうやく（投薬）……020-08……三八
どうやら……805-24……八六八
とうよ（投与）……020-08……三八
とうよう（盗用）……117-02……一三一
とうよう（登用）……517-76……五九七
どうよう（同様）……918-03……一〇九八
どうよう（動揺）……902-02……一〇一六
どうよう（童謡）……614-37……七一二
どうよく（胴欲）……218-27……二八七
どうらく（道楽）……520-29……六〇九
〃……617-01……七三三
どうらくむすこ（道楽息子）……311-14……三四八
どうらん（動乱）……509-31……五〇二
どうり（道理）……806-05……八七五
とうりつ（倒立）……101-04……四二
とうりゅう（逗留）……119-05……一三四
とうりょう（投了）……617-15……七三四
とうりょう（棟梁）……511-39……五二〇
とうりょう（等量）……808-33……八九一
どうりょう（同量）……808-33……八九一
どうりょう（同僚）……516-48……五七七
どうりょく（動力）……101-43……五〇
どうるい（同類）……918-04……一〇九八
とうれい（答礼）……515-67……五六五
どうれつ（同列）……819-02……九九八
どうろ（道路）……705-18……七八〇
とうろうのおの（蟷螂－斧）……515-19……五五五
とうろく（登録）……609-14……六七〇
とうろくしょうひょう（登録商標）……608-23……六六七
どうろひょうしき（道路標識）……608-20……六六七
とうろん（討論）……613-02……六九六
どうわ（童話）……616-33……七二九
とうわく（当惑）……211-08……二五六
とえはたえ（十重二十重）……906-19……一〇五〇
とお（十）……808-02……八八五
とおい（遠）……817-44……九八〇
とおえん（遠縁）……314-03……三五一
とおからず（遠－）……816-32……九六九
とおく（遠）……817-41……九七九
とおざかる（遠－）……904-29……一〇三六
とおざける（遠－）……904-29……一〇三六
とおす（通）……113-14……一〇五
とおせんぼう（通－坊）……903-54……一〇三一
トータル（英 total）……808-11……八八七
トーチカ（ロシア točka）……510-02……五〇六
とおで（遠出）……617-28……七三七
とおのく（遠－）……904-29……一〇三六
とおぼえ（遠吠）……108-05……七七
とおまき（遠巻）……906-18……一〇四九
とおまわし（遠回）……514-30……五五〇
とおまわり（遠回）……113-09……一〇四
とおみち（遠道）……113-09……一〇四
ドーム（英 dome）……412-28……四〇九
とおめ（遠目）……004-05……一一
とおり（通）……705-18……七八〇
とおりあめ（通雨）……713-31……八一六
とおりあわせる（通合）……113-17……一〇六
とおりいっぺん（通一遍）……203-09……一七〇
とおりかかる（通－）……113-17……一〇六
とおりこす（通越）……814-59……九四二
とおりすぎる（通過）……814-59……九四二
とおりそうば（通相場）……618-13……七四二
とおりな（通名）……320-10……三六五
とおりぬける（通抜）……113-19……一〇六
とおりま（通魔）……604-41……六四四
とおりみち（通道）……113-18……一〇六
とおる（通）……113-14……一〇五
トーン（英 tone）……716-04……八三三
とか……999-28……一一二〇
とか（渡河）……113-21……一〇六
とが（科）……520-17……六〇七
とかい（都会）……705-01……七七八
どがいし（度外視）……205-12……一八六
とかく……804-17……八六〇
とかす（溶）……908-58……一〇六六
とがにん（咎人）……520-53……六一三

どかべん(－弁)……406-07……三八八
とがめる(咎)……613-48……七〇五
とがらす(尖)……811-15……九二三
とがる(尖)……811-15……九二三
とき(時)……815-01……九四六
〃……815-03……九四六
〃……815-31……九五二
どき(土器)……410-04……四〇〇
どき(怒気)……212-01……二五七
ときおり(時折)……815-16……九四九
ときたま(時－)……815-16……九四九
ときたら……999-33……一一二三
どぎつい……819-39……一〇〇六
ときつける(説－)……612-34……六八九
どきっと……210-10……二四四
ときどき(時時)……815-16……九四九
どきどき……210-10……二四四
ときのこえ(－声)……108-10……七八
ときはなす(解放)……109-19……八三
ときふせる(説伏)……612-34……六八九
どぎまぎ……210-50……二五二
ときめく……210-08……二四四
どぎもをぬかれる(度肝－抜)
……210-07……二四三
ドキュメンタリー(英 documentary)……616-15……七二六
ドキュメント(英 document)
……616-15……七二六
ときよ(時世)……815-31……九五二
どきょう(度胸)……219-07……二九〇
どきりと……210-10……二四四
とぎれとぎれ……815-18……九四九
とぎれる……120-70……一五〇
ときわぎ(常磐木)……720-21……八四四
ときをうつさず(時－移－)
……815-43……九五五
とく(得)……512-49……五三二
とく(溶)……908-58……一〇六六
とく(解)……109-18……八三
とく(徳)……603-01……六三七
〃……603-04……六三七
とく(説)……602-41……六二九
とぐ(研)……416-16……四一七
どく(毒)……020-22……四〇
どく(退)……113-34……一〇九
とくい(特異)……810-59……九二〇
とくい(得意)……213-02……二五九
〃……516-62……五八〇
どくえん(独演)……615-21……七一八
どくがく(独学)……602-12……六二三
とくぎ(特技)……207-18……二〇二
どくけし(毒消)……020-24……四一
どくご(独語)……612-51……六九二
どくさい(独裁)……507-41……四八九
とくさく(得策)……208-19……二一三
どくさつ(毒殺)……520-38……六一一
とくさん(特産)……115-52……一二九
とくし(特使)……502-44……四五一
どくじ(独自)……918-28……一一〇三
とくしつ(特質)……918-27……一一〇三
とくしつ(得失)……512-46……五三一
とくじつ(篤実)……201-26……一五七
とくしゃ(特赦)……520-81……六一七
どくしゃ(読者)……616-53……七三二
どくしゃく(独酌)……409-08……三九六
とくしゅ(特殊)……918-26……一一〇三
とくじゅ(特需)……512-44……五三一
どくしゅう(独習)……602-12……六二三
どくしょ(読書)……609-02……六六八
とくじょう(特上)……819-11……一〇〇〇
とくしょく(特色)……918-25……一一〇三
とくしょく(瀆職)……604-06……六三九
とくしん(得心)……208-35……二一八
とくしん(瀆神)……604-06……六三九
どくしん(独身)……808-69……八九八
とくせい(特性)……918-27……一一〇三
とくせい(特製)……910-10……一〇七二
とくせい(徳政)……507-24……四八七
とくせつ(特設)……416-04……四一四
どくぜつ(毒舌)……517-32……五八八
とくせん(特選)……118-06……一三三
どくせん(独占)……116-08……一三〇
どくそう(独創)……910-03……一〇七一
とくそく(督促)……218-19……二八五
ドクター(英 doctor)……503-04……四五二
〃……601-21……六二一
とくだい(特大)……809-04……九〇〇
とくだね(特種)……619-08……七四八
どくだん(独断)……220-12……二九八
どくだんせんこう(独断専行)
……204-22……一八〇
とぐち(戸口)……412-25……四〇九
とくちょう(特長)……818-06……九九〇
とくちょう(特徴)……918-25……一一〇三
どくづく(毒突)……517-21……五八五
とくてい(特定)……602-35……六二七
とくてん(特典)……508-26……四九七
とくてん(得点)……620-28……七六〇
とくとう(禿頭)……002-08……九
とくとう(特等)……819-12……一〇〇〇
とくとく(得得)……217-14……二七八
どくとく(独特)……918-28……一一〇三
どくどくしい(毒毒)……216-29……二七一
〃……819-39……一〇〇六
ドクトル(オランダ doctor)……503-04……四五二
とくに(特－)……918-31……一一〇四
とくのう(篤農)……505-38……四七六
どくは(読破)……609-03……六六八
とくばい(特売)……512-06……五二四
とくはいん(特派員)……503-10……四五三
どくはく(独白)……615-10……七一六
とくひつ(特筆)……609-30……六七三
とくひょう(得票)……507-40……四八九
どくふ(毒婦)……306-16……三三五
とくぶん(得分)……513-27……五四二
とくべつ(特別)……918-26……一一〇三
とくぼう(徳望)……618-15……七四二
とくほん(読本)……619-51……七五五
どくみ(毒見)……106-12……七三
とくむ(特務)……502-04……四四三
とくやく(特約)……515-36……五五八
どくやく(毒薬)……020-23……四〇
とくゆう(特有)……918-28……一一〇三
とくり(徳利)……409-26……三九九
どくりつ(独立)……501-10……四三九
どくりょう(読了)……609-03……六六八
どくりょく(独力)……101-47……五一
とくると……999-33……一一二三
とくれい(特例)……804-25……八六一
とぐろ……811-06……九二二
どくろ……304-32……三一九
どくわ(独話)……612-51……六九二
とげ……720-12……八四三
とけあう(解合)……515-35……五五八
とけい(時計)……419-10……四二六
どげざ(土下座)……515-68……五六五
とげとげしい……205-17……一八七
とける(溶)……908-56……一〇六五
とげる(遂)……814-40……九三八
どける……120-47……一四五

とこ(床)……417-16……四二一
どこ……817-49……九八一
とこあげ(床上)……112-28……一〇〇
とこう……804-17……八六〇
とこう(渡航)……505-56……四七八
どごう(怒号)……108-05……七七
どこか……817-57……九八二
とこしえ(常―)……815-65……九六〇
とこばしら(床柱)……412-30……四〇九
とこばなれ(床離)……112-28……一〇〇
とこばらい(床払)……112-28……一〇〇
とこはる(常春)……710-07……七九五
どこら……817-49……九八一
ところ(所)……805-01……八六二
〃……815-03……九四六
ところが……120-63……一四八
〃……999-45……一二二九
ところ(が)……999-50……一二三一
どころか……999-53……一二三三
ところがら(所柄)……801-09……八五〇
ところで……612-75……六九五
〃……999-45……一二二九
〃……999-48……一二三〇
どころではない……999-72……一二四〇
ところどころ(所所)……817-54……九八一
ところばんち(所番地)……817-72……九八五
とこをあげる(床―上)……112-28……一〇〇
どさくさ……515-13……五五四
とざす(閉)……907-09……一〇五二
どさまわり(―回)……615-17……七一八
とざん(登山)……620-44……七六三
どさん(土産)……115-53……一二九
とし(年)……303-03……三〇八
とし(年)……711-03……七九八
とし(都市)……705-01……七七八
とじ(途次)……814-63……九四三
どじ……114-22……一一七
としうえ(年上)……511-15……五一七
としかさ(年―)……511-15……五一七
とじこめる(閉込)……906-05……一〇四七
とじこもる(閉―)……907-05……一〇五二
としごろ(年―)……306-06……三三三
としたら……999-42……一二二七
としつき(年月)……711-02……七九八
として……999-19……一二一七
〃……999-29……一二二一
としては……999-34……一二二三
としても……999-34……一二二三
〃……999-45……一二二九
〃……999-48……一二三〇
としどし(年年)……711-09……七九九
としのいち(年―市)……503-33……四五六
としのくれ(年―暮)……710-23……七九七
としのせ(年―瀬)……710-23……七九七
とじほん(綴本)……619-31……七五二
としゃ(吐瀉)……015-03……二六
どしゃ(土砂)……709-04……七九三
どしゃぶり(―降)……713-23……八一五
としゅ(徒手)……109-41……八八
としょ(図書)……619-28……七五二
としょう(徒渉)……113-21……一〇六
とじょう(途上)……814-63……九四三
どじょう(土壌)……709-01……七九三
としより(年寄)……303-20……三一一
とじる(閉)……907-09……一〇五二
とじる(綴)……109-15……八二
としん(妬心)……216-33……二七二
どす……510-34……五一一
どすう(度数)……808-07……八八六
どすぐろい(―黒)……716-14……八三四
とすると……999-42……一二二七
とすれば……999-42……一二二七
とせい(渡世)……501-01……四三七
どせき(土石)……709-04……七九三
とぜつ(途絶)……120-71……一五〇
とそう(塗装)……416-11……四一五
どぞく(土俗)……606-06……六五五
どだい……816-09……九六三
どだい(土台)……412-26……四〇九
とだえる……120-70……一五〇
とたん……815-35……九五三
とたん(に)……999-49……一二三一
とち(土地)……709-01……七九三
とちがら(土地柄)……801-09……八五〇
どちゃく(土着)……119-04……一三四
とちゅう(途中)……814-63……九四三
どちら……817-50……九八一
とちる……114-24……一一八
とっか(徳化)……602-24……六二五
どっか(読過)……609-03……六六八
とっき(突起)……811-14……九二三
とっき(特記)……609-30……六七三
とっきゅう(特急)……815-41……九五五
とっきゅう(特級)……819-12……一〇〇〇
とっきょ(特許)……517-60……五九三
どっきょ(独居)……501-11……四三九
とつぐ(嫁)……308-03……三三九
とっくに……816-04……九六二
とつくに(外―国)……507-11……四八五
とっくみあい(取組合)……515-15……五五四
とっくん(特訓)……602-02……六二三
とつげき(突撃)……509-13……五〇〇
とっけん(特権)……508-26……四九七
どっこいどっこい……819-03……九九八
とっこう(篤行)……114-12……一一五
とっこう(篤厚)……201-26……一五七
とっこうやく(特効薬)……020-21……四〇
とっさ……815-32……九五三
どっさり……808-40……八九二
とつじょ(突如)……815-39……九五四
どっしり……204-12……一七八
とっしん(突進)……113-04……一〇三
とつぜん(突然)……815-39……九五四
とったん(突端)……805-43……八七二
どっち……817-50……九八一
どっちつかず……810-48……九一七
とっちめる……602-46……六三〇
とっつき(取―)……205-01……一八四
とって(取手)……419-27……四二八
とってい(突堤)……707-08……七八六
とっておき(取置)……116-09……一三一
どっと……504-25……四六六
とつとつ……612-48……六九一
とっぱ(突破)……519-28……六〇四
とっぱつ(突発)……911-09……一〇七四
とっぱらう(取払)……120-48……一四五
とっぴ……810-58……九一九
とっぴょうしもない……819-27……一〇〇三
トップ(英 top)……814-03……九三一
とっぷう(突風)……713-45……八一八
とつべん(訥弁)……612-48……六九一
どっぽ(独歩)……501-12……四三九
とつレンズ(凸―)……403-17……三八〇
どて(土手)……707-08……七八六
とてい(徒弟)……503-31……四五六
とてつもない……819-27……一〇〇三

とても……819-33……一〇〇四
〃……819-46……一〇〇七
どてら……401-24……三七四
ととう(徒党)……516-47……五七六
どとう(怒濤)……703-10……七七四
とどうじに(－同時－)……999-49……一一三一
とどく(届)……905-19……一〇四五
とどけ(届)……613-40……七〇三
とどけで(届出)……613-40……七〇三
とどけでる(届出)……613-36……七〇二
とどける(届)……903-39……一〇二八
とどこおる(滞)……814-72……九四五
ととのう(調)……915-13……一〇九四
ととのえる(調)……915-13……一〇九四
とどのつまり……816-35……九七〇
とどまる……912-01……一〇七六
とどめる……912-01……一〇七六
とどろく(轟)……717-07……八三八
となえる(称)……320-11……三六五
となえる(唱)……612-44……六九〇
どなた……320-37……三七〇
となっては……999-33……一一二三
となり(隣)……817-40……九七九
となりあわせ(隣合)……905-07……一〇四三
となりきんじょ(隣近所)……817-34……九七八
どなる(怒鳴)……108-06……七八
となると……999-33……一一二三
となれば……999-33……一一二三
とにかく……819-60……一〇一一
との……999-23……一一一八
どの……817-56……九八二
どの(殿)……320-12……三六六
とのがた(殿方)……306-18……三三五
どのかた(－方)……320-37……三七〇
とのご(殿御)……306-18……三三五
とのことだ……999-74……一一四一
どのひと(－人)……320-37……三七〇
どのよう……819-31……一〇〇四
とは……999-32……一一二二
〃……999-55……一一三三
とはいうものの……999-48……一一三〇
とはいえ……999-48……一一三〇
と(は)いっても……999-48……一一三〇
とはかぎらない(－限－)……999-71……一一四〇
とばかり(に)……999-30……一一二二
とばく(賭博)……617-18……七三五
とばっちり……905-15……一〇四四
とひ(徒費)……513-14……五三九
とびあがる(飛上)……110-06……八九
とびあるく(飛歩)……110-04……八九
とびいり(飛入)……504-06……四六一
とびおりる(飛降)……113-51……一一二
とびかう(飛交)……903-33……一〇二七
とびかかる(飛掛)……101-35……四八
とびきり(飛切)……819-25……一〇〇二
とびこみ(飛込)……504-06……四六一
とびこむ(飛込)……113-45……一一一
とびしょく(鳶職)……503-22……四五五
とびたつ(飛立)……814-17……九三四
とびちがう(飛違)……903-33……一〇二七
とびちる(飛散)……903-34……一〇二七
とびつく(飛付)……101-35……四八
トピック(英 topic)……612-56……六九二
とびどうぐ(飛道具)……510-21……五〇九
とびとび(飛飛)……904-32……一〇三七
とびぬける(飛抜)……818-37……九九五
とびのる(飛乗)……113-50……一一二
とびはなれる(飛離)……904-35……一〇三七
とびはねる(飛跳)……110-06……八九
とびひ(飛火)……714-13……八二五
とびまわる(飛回)……110-04……八九
とびら(扉)……417-07……四一九
どびん(土瓶)……410-13……四〇一
とふ(塗布)……416-11……四一五
とぶ(飛)……903-32……一〇二六
とぶ(跳)……110-05……八九
どぶ……707-05……七八六
どぶろく(濁酒)……409-04……三九六
とほ(徒歩)……110-02……八八
とほうもない(途方－)……819-27……一〇〇三
とぼける……205-14……一八六
とぼしい(乏)……501-16……四四〇
とぼとぼ……110-13……九一
とまつ(塗抹)……416-11……四一五
とまどう(惑)……220-29……三〇二
とまり(泊)……502-30……四四八
とまりばん(泊番)……502-30……四四八
とまる……903-56……一〇三一
とまる(泊)……505-53……四七七
〃……617-37……七三八
どまんじゅう(土饅頭)……604-81……六五〇
どまんなか(－真中)……817-24……九七六
とみ(富)……512-23……五二七
とむ(富)……914-05……一〇八七
とむらい(弔)……605-16……六五三
とめおく(留置)……814-69……九四五
とめがね(止金)……420-18……四三五
とめそで(留袖)……401-25……三七四
とめだて(留立)……920-03……一一〇七
とめる(留)……814-69……九四五
とめる(留)……903-56……一〇三一
とも……999-44……一一二八
とも(友)……516-49……五七七
ども(共)……320-13……三六六
ともがき(友垣)……516-49……五七七
ともかく……819-60……一〇一一
ともかせぎ(共稼)……501-06……四三八
ともしび(－火)……715-03……八二七
ともす(灯)……715-21……八三一
ともすれば……815-21……九五〇
ともだち(友－)……516-49……五七七
ともなう(伴)……516-37……五七四
ともに(共－)……817-11……九七三
ともね(共寝)……112-29……一〇〇
ともばたらき(共働)……501-06……四三八
どやどや……504-25……四六六
とよう(渡洋)……505-56……四七八
どようなみ(土用波)……703-09……七七四
どようぼし(土用干)……713-71……八二三
どよめき……810-13……九一〇
どよめく……810-19……九一一
とら(虎)……409-14……三九七
ドライクリーニング(英 dry cleaning)……405-12……三八六
ドライバー(英 driver)……416-20……四一七
ドライブウエー(アメリカ drive-way)……705-25……七八一
とらえる(捕)……520-58……六一四
どらごえ(－声)……108-01……七七
ドラスティック(英 drastic)……819-38……一〇〇六
トラスト(英 trust)……505-05……四七一
トラック(英 track)……620-31……七六一
とらのこ(虎－子)……116-09……一三一

とらのまき(虎－巻)……619-52……七五五
トラブル(英 trouble)……515-13……五五四
トラベラー(英 traveller)……617-41……七三九
ドラマ(英 drama)……615-02……七一五
どらむすこ(息子)……311-14……三四八
とらわれる(囚)……203-25……一七三
とらわれる(捕)……520-57……六一三
トランク(英 trunk)……403-22……三八一
トランクス(英 trunks)……401-36……三七六
トランプ(英 trump)……617-17……七三四
とり(取)……615-47……七二三
とり(鳥)……719-05……八四〇
とりあえず……816-24……九六七
とりあげばば(取上婆)……503-07……四五二
とりあげる(取上)……115-04……一一九
とりあつかう(取扱)……120-02……一三六
とりあわせ(取合)……917-04……一〇九七
とりいそぎ(取急)……815-41……九五五
とりいる(取入)……205-33……一九〇
とりいれ(取入)……505-25……四七四
とりうちぼう(鳥打帽)……403-02……三七八
とりえ(取柄)……818-06……九九〇
とりおさえる(取押)……520-58……六一四
とりかえす(取返)……115-12……一二一
とりかえる(取替)……908-23……一〇五八
とりきめ(取決)……515-42……五六〇
とりけす(取消)……120-61……一四八
とりこ……520-77……六一六
とりこしぐろう(取越苦労)……214-02……二六一
とりこわす(取壊)……909-04……一〇六七
とりざた(取沙汰)……618-19……七四三
とりさばく(取－)……120-02……一三六
とりさる(取去)……120-48……一四五
とりしまりやく(取締役)……511-32……五一九
とりしまる(取締)……920-01……一一〇七
とりすがる(取－)……101-32……四七
とりそろえる(取揃)……915-13……一〇九四
とりだか(取高)……513-27……五四二
とりだす(取出)……118-02……一三三
とりたてる(取立)……115-05……一一九
とりちがえる(取違)……208-67……二二五
トリック(英 trick)……615-53……七二四
とりつく(取付)……101-32……四七
とりつぐ(取次)……515-29……五五七
とりつける(取付)……911-01……一〇七三
とりで……510-45……五一三
とりてき(取的)……620-34……七六一
とりどり……804-16……八六〇
とりなす(取成)……515-30……五五七
とりにがす(取逃)……113-31……一〇八
とりのこす(取残)……814-69……九四五
とりのぞく(取除)……120-48……一四五
とりはらう(取払)……120-48……一四五
とりひき(取引)……512-81……五三七
とりひきじょ(取引所)……503-33……四五六
とりぶん(取分)……513-27……五四二
とりまく(取巻)……906-17……一〇四九
とりまぜる(取混)……109-25……八四
とりむすぶ(取結)……109-11……八一
とりもつ(取持)……515-29……五五七
とりもどす(取戻)……115-12……一二一
とりょう(塗料)……416-14……四一六
どりょう(度量)……207-02……一九九
どりょうこう(度量衡)……808-72……八九九
どりょく(努力)……219-09……二九一
ドリル(英 drill)……416-22……四一七
とりわけ……918-31……一一〇四
〃……602-70……六三四
とる(取)……109-01……七九
〃……115-01……一一八
〃……404-03……三八二
とる(撮)……418-09……四二三
どるい(土塁)……510-46……五一三
どれ……817-56……九八二
どれい(奴隷)……503-29……四五六
トレードマーク(英 trade-mark)……608-23……六六七
トレーニング(英 training)……602-02……六二二
ドレス(英 dress)……401-01……三七一
ドレスアップ(英 dress up)……404-07……三八三
どれほど(－程)……808-58……八九六
とろ(瀞)……704-15……七七六
どろ(泥)……709-02……七九三
とろい……204-39……一八三
とろう(徒労)……502-40……四五〇
ドロー(英 draw)……620-24……七六〇
どろくさい(泥臭)……105-06……七〇
とろける……908-57……一〇六六
どろぬま(泥沼)……704-21……七七七
トロフィー(英 trophy)……620-22……七六〇
どろぼう(泥棒)……305-57……三三一
どろみち(泥道)……705-34……七八二
どろん……113-25……一〇七
どろんこ(泥－)……709-02……七九三
とわ……815-65……九六〇
どわすれ(－忘)……602-19……六二四
ドン(ス Don)……511-39……五二〇
どん(鈍)……207-61……二一〇
とんかち……416-18……四一七
どんかん(鈍感)……207-62……二一〇
とんきょう(頓狂)……201-61……一六四
どんけつ……814-34……九三七
とんざ(頓挫)……914-15……一〇九〇
どんさい(鈍才)……207-61……二一〇
とんし(頓死)……304-09……三一五
とんじ(豚児)……311-13……三四七
とんしゅ(頓首)……618-37……七四六
どんじゅう(鈍重)……207-61……二一〇
どんじり……814-34……九三七
とんずら……113-32……一〇八
とんだ……819-27……一〇〇三
とんち(頓知)……207-31……二〇五
とんちき……207-56……二〇九
とんちゃく(頓着)……203-25……一七三
どんちゃんさわぎ(－騒)……810-14……九一〇
どんちょう(緞帳)……615-29……七二〇
どんつう(鈍痛)……111-08……九三
どんづまり(－詰)……814-26……九三五
とんでもない……819-27……一〇〇三
どんてん(曇天)……713-11……八一三
とんと……805-13……八六五
とんとん……819-03……九九八
どんどん……815-45……九五六
どんな……819-31……一〇〇四
トンネル(英 tunnel)……620-40……七六二
〃……705-37……七八三
とんぷく(頓服)……020-09……三八

どんぶり(丼)……410-06……四〇〇
とんぼ……902-11……一〇一八
とんぼがえり(－返)……902-11……一〇一八
とんま……305-51……三三九
とんや(問屋)……503-47……四五九
どんよく(貪欲)……218-27……二八七
どんより……713-14……八一四

な

な(名)……320-03……三六四
〃……618-11……七四一
なあ……999-57……一一三四
ナース(英 nurse)……503-06……四五二
ない……999-70……一一四〇
ない(無)……901-07……一〇一五
ナイーブ(英 naive)……201-34……一五九
ないえつ(内謁)……516-05……五六八
ないえん(内縁)……308-01……三三九
ないおう(内応)……517-36……五八八
ないかく(内角)……620-39……七六二
ないかく(内閣)……507-29……四八七
ないかくそうりだいじん(内閣総理大臣)……507-32……四八八
ないき(内規)……508-09……四九四
ないきん(内勤)……502-28……四四八
ないこう(内向)……201-45……一六一
ないし……913-30……一〇八五
ないじ(内示)……602-38……六二八
ないじつ(内実)……514-21……五四九
ないじゅ(内需)……512-44……五三一
ないしゅっけつ(内出血)……018-06……三五
ないしょ(内緒)……514-20……五四八
ないじょ(内助)……517-59……五九三
ないじょう(内情)……514-21……五四九
ないしょく(内職)……502-26……四四七
ないしん(内心)……209-25……二三四
ないしんのう(内親王)……511-29……五一九
ないせい(内政)……507-22……四八七
ないせい(内省)……214-08……二六三
ないせき(内戚)……314-09……三五二
ないせん(内戦)……509-05……四九八
ないそう(内装)……412-07……四〇六
ないぞう(内臓)……011-01……二〇
ないだく(内諾)……517-62……五九三
ないち(内地)……507-14……四八六
ナイチンゲール(英 nightingale)……503-06……四五二
ないつう(内通)……517-36……五八八
ないてい(内定)……801-18……八五二
ないない(内内)……514-20……五四八
ナイフ(英 knife)……419-06……四二五
ないぶ(内部)……511-46……五二二
〃……817-82……九八七
ないふく(内服)……020-09……三八
ないふん(内紛)……515-16……五五五
ないぶん(内分)……514-20……五四八
ないぶん(内聞)……514-20……五四八
ないみつ(内密)……514-20……五四八
ないめん(内面)……209-01……二二九
〃……817-82……九八七
ないやく(内約)……515-38……五五九
ないよう(内用)……020-09……三八
ないよう(内容)……817-80……九八七
ないらん(内乱)……509-05……四九八
ないりく(内陸)……702-03……七六七
なう(綯)……109-12……八二
なうて(名－)……618-12……七四二
なえ(苗)……720-14……八四三
なえぎ(苗木)……720-14……八四三
なえる(萎)……720-49……八四八
なお……612-73……六九五
なおかつ……819-56……一〇一〇
〃……819-57……一〇一〇
なおさら……819-54……一〇〇九
なおざり……203-08……一六九
なおし(直)……416-15……四一六
なおす(治)……020-13……三九
なおす(直)……416-15……四一六
なおも……819-56……一〇一〇
なおる(治)……020-12……三九
〃……908-15……一〇五六
なおれ(名折)……217-30……二八二
なか(中)……817-25……九七六
〃……817-82……九八七
なか(仲)……515-04……五五一
ながあめ(長雨)……713-32……八一六
ながい(長)……809-10……九〇一
ながいき(長生)……301-03……三〇四
なかおれ(中折)……403-02……三七八
なかがい(仲買)……503-48……四五九
ながぐつ(長靴)……403-12……三七九
なかごろ(中頃)……817-27……九七六
ながさ(長－)……808-26……八九〇
ながしめ(流目)……103-28……六六
なかす(中州)……702-09……七六八
ながす(流)……405-13……三八六
〃……903-37……一〇二八
なかぞら(中空)……701-03……七六五
なかたがい(仲違)……515-11……五五三
なかだち(仲立)……515-29……五五七
ながたび(長旅)……617-21……七三五
ながたらしい(長－)……612-46……六九一
ながちょうば(長丁場)……808-24……八九〇
ながつづき(長続)……912-09……一〇七八
なかなおり(仲直)……515-27……五五六
なかなか……805-23……八六七
ながなが(長長)……815-61……九五九
ながながしい(長長)……612-46……六九一
ながねん(永年)……815-66……九六〇
ながのわかれ(永－別)……516-23……五七一
なかば(半－)……817-26……九七六
ながびく(長引)……814-75……九四六
なかほど(中程)……817-28……九七七
なかま(仲間)……516-47……五七六
なかまいり(仲間入)……504-06……四六一
なかまはずれ(仲間外)……515-26……五五六
なかみ(中身)……817-80……九八七
ながめ(眺)……708-01……七九一
ながめいる(眺入)……103-03……六一
ながめやる(眺－)……103-14……六三
ながめる(眺)……103-03……六一
〃……103-14……六三
ながや(長屋)……411-13……四〇四
なかゆび(中指)……008-09……一六
なかよし(仲良)……515-34……五五八
ながら……999-44……一一二八
〃……999-47……一一二九
ながらえる(永)……301-08……三〇五
ながれず(流図)……614-19……七一〇
ながれせんず(流線図)……614-19……七一〇
ながれだま(流弾)……510-24……五一〇
ながれる(流)……903-37……一〇二八
なかんずく……918-31……一一〇四

なき（無）……901-11……一〇一六
なきがお（泣顔）……102-12……五六
なきがら（亡骸）……304-30……三一八
なきごと（泣言）……108-12……七九
なぎさ（渚）……703-06……七七三
なきさけぶ（泣叫）……102-33……五九
なきしきる（泣－）……102-33……五九
なきじゃくる（泣－）……102-33……五九
なきじょうご（泣上戸）……409-21……三九八
なぎたおす（薙倒）……519-27……六〇四
なきつく（泣付）……218-08……二八三
なきつら（泣面）……102-12……五六
なきどころ（泣所）……818-09……九九〇
なぎなた……510-20……五〇九
なきぬれる（泣濡）……102-33……五九
なきねいり（泣寝入）……112-14……九八
なきふす（泣伏）……102-33……五九
なきべそ（泣－）……102-12……五六
なきり（菜切）……410-20……四〇二
なきわかれ（泣別）……516-20……五七一
なく（泣）……102-31……五九
なく（鳴）……719-14……八四一
なぐさみ（慰）……210-43……二五一
なぐさめ（慰）……210-43……二五一
なぐさめる（慰）……216-06……二六七
なくす（無）……913-18……一〇八二
なくてはいけない……999-62……一一三六
なくてはだめ（だ）……999-62……一一三六
なくてはならない……999-62……一一三六
なくなる（亡）……304-03……三一四
なくなる（無）……913-18……一〇八二
なぐりがき（－書）……609-24……六七二
なぐりころす（殴殺）……520-37……六一〇
なぐりつける（殴－）……109-39……八七
なぐりとばす（殴飛）……109-39……八七
なぐる（殴）……109-39……八七
なげうり（投売）……512-06……五二四
なげかわしい（嘆）……210-28……二四七
なげく（嘆）……210-27……二四七
なげだす（投出）……109-33……八六
なげつける（投－）……109-32……八六
なげなし（－無）……808-56……八九六
なげやり（投遣）……203-06……一六九
なげる（投）……109-32……八六
なければいけない……999-62……一一三六
なければだめ（だ）……999-62……一一三六
なければならない……999-62……一一三六
なこうど（仲人）……515-32……五五八
なごむ（和）……908-41……一〇六三
なごやおび（名古屋帯）……401-30……三七五
なごり（名残）……912-04……一〇七七
なごりのつき（名残－月）……701-13……七六六
なさけ（情）……216-43……二七四
なさけしらず（情知）……205-18……一八七
なさけない（情）……210-28……二四七
なさけぶかい（情深）……205-40……一九二
なざし（名指）……602-35……六二七
なさる……114-09……一一四
なし（無）……901-11……一〇一六
なしとげる（成遂）……814-40……九三八
なじみ（馴染）……516-56……五七八
〃……516-62……五八〇
なじむ（馴染）……515-35……五五八
なじる（詰）……613-48……七〇五
なす（為）……114-09……一一四
なぜ……208-71……二二六
なぞ（謎）……810-62……九二一
なぞなぞ……617-12……七三四
なぞらえる……611-07……六八一
なた（鉈）……416-23……四一七
なだい（名代）……618-12……七四二
なだかい（名高）……618-12……七四二
なたねづゆ（菜種梅雨）……713-26……八一五
なだらか……811-12……九二三
なつ（夏）……710-08……七九五
なついん（捺印）……608-13……六六五
なつかしい（懐）……216-10……二六八
なつかしむ（懐）……208-82……二二八
なつぎ（夏着）……401-07……三七二
なづける（名付）……320-04……三六四
ナッシング（英 nothing）……901-11……一〇一六
なっせん（捺染）……405-16……三八六
なっとく（納得）……208-35……二一八
なつば（夏場）……710-08……七九五
なつふく（夏服）……401-07……三七二
なつもの（夏物）……401-07……三七二
なであげる（撫上）……109-20……八三
なでおろす（撫下）……109-20……八三
なでる（撫）……109-20……八三
など……999-26……一一一九
ななころびやおき（七転八起）……914-20……一〇九一
ななつ（七－）……808-02……八八五
ななつや（七屋）……503-42……四五八
ななまがり（七曲）……908-37……一〇六二
ななめ（斜）……817-60……九八三
なにか（何－）……817-57……九八二
なにがし……320-36……三七〇
なにくれ（何－）……817-58……九八二
なにげない（何気－）……204-20……一八〇
なにしろ（何－）……819-60……一〇一一
なにとぞ……205-44……一九二
なにぼう（何某）……320-36……三七〇
なにもの（何者）……320-37……三七〇
なにやかや（何－）……817-58……九八二
なにやつ（何奴）……320-37……三七〇
なにゆえ（何故）……208-71……二二六
なのる（名乗）……320-11……三六五
なびく（靡）……903-35……一〇二七
なふだ（名札）……608-26……六六八
なぶりごろし（－殺）……520-39……六一一
なぶる……520-49……六一二
なべ（鍋）……410-01……三九九
なま（生）……619-10……七四八
〃……810-27……九一三
なまあたたかい（生－）……712-08……八〇八
なまいき（生意気）……217-19……二七九
なまえ（名前）……320-03……三六四
なまかじり（生－）……208-48……二二〇
なまきず（生傷）……017-18……三一
なまぐさい（生臭）……105-07……七〇
なまける（怠）……203-13……一七〇
なまごろし（生殺）……520-40……六一一
なまじ……219-33……二九六
なまじっか……219-33……二九六
なまちゅうけい（生中継）……619-10……七四八
なまつば（生－）……015-02……二六
なまなましい……201-42……一六一
なまぬるい（生－）……712-09……八〇八
なまはんか（生半可）……203-06……一六九
〃……819-22……一〇〇二
なまへんじ（生返事）……613-53……七〇六
なまほうそう（生放送）

……619・10……七四八
なまみ(生身)……001・02……一
なまめかしい……206・12……一九七
なまめく……206・14……一九八
なまやさしい(生ー)……810・35……九一五
なまよい(生酔)……409・18……三九八
なまり(訛)……607・22……六六一
なみ(並)……918・15……一一〇〇
なみ(波)……703・09……七七四
なみいる(並居)……904・19……一〇三五
なみうちぎわ(波打際)
……703・06……七七三
なみうつ(波打)……703・11……七七四
なみきみち(並木道)……705・27……七八一
なみせい(並製)……910・10……一〇七二
なみだ(涙)……102・37……六〇
なみだぐむ(涙)……102・31……五九
なみだする(涙)……102・31……五九
なみだつ(波立)……703・11……七七四
なみなみ……808・40……八九二
なめらか(滑)……811・21……九二四
なめる(舐)……106・06……七二
なや(納屋)……412・37……四一〇
なやみ(悩)……211・06……二五五
なやむ(悩)……210・26……二四七
なよなよ……001・31……七
なよやか……001・31……七
なら……999・40……一一二六
ならい(習)……606・05……六五五
ならう(倣)……918・22……一一〇二
ならう(習)……602・03……六二二
ならく(奈落)……604・49……六四六
ならす(慣)……602・09……六二三
ならずもの(ー者)……305・48……三三八
ならび(並)……904・20……一〇三五
ならびに(並ー)……913・31……一〇八五
ならぶ(並)……515・23……五五六
〃……904・14……一〇三三
ならべる(並)……904・15……一〇三四
ならわし……606・05……六五五
なり……001・09……三
〃……999・28……一一二〇
なりあがり(成上)……517・39……五八九
なりきん(成金)……305・38……三三六
なりたつ(成立)……814・39……九三八
なりひびく(鳴響)……717・07……八三八
なりふり……001・07……二
なりものいり(鳴物入)
……618・27……七四五
なりゆき(成行)……814・57……九四二
なりわい……502・01……四四二
なりわたる(鳴渡)……717・07……八三八
なる(成)……814・39……九三八
なる(鳴)……717・07……八三八
なるたけ……819・52……一〇〇九
なるべく……819・52……一〇〇九
なるほど……819・58……一〇一〇
なれあい(馴合)……516・36……五七四
なれっこ(慣ー)……602・10……六二三
なれる(慣)……602・09……六二三
なわ(縄)……419・03……四二五
なわのれん(縄暖簾)……503・45……四五九
なわばしご(縄梯子)……412・33……四一〇
なわばり(縄張)……805・04……八六三
なん(難)……319・01……三六二
〃……818・11……九九一
なんか(南下)……817・68……九八四
なんか(軟化)……809・28……九〇四
なんかい(難解)……810・38……九一五
なんかん(難関)……519・19……六〇二
なんぎ(難儀)……211・06……二五五
なんきつ(難詰)……613・48……七〇五
なんぎょう(難業)……505・03……四七一
なんきょく(難局)……519・16……六〇二
なんきん(軟禁)……520・70……六一五
なんきんじょう(南京錠)
……419・25……四二八
なんくせ(難癖)……517・26……五八七
なんくん(難訓)……607・19……六六〇
なんご(喃語)……612・55……六九二
なんこう(難航)……814・73……九四五
なんごく(南国)……507・17……四八六
なんじ(汝)……320・28……三六九
なんじゃく(軟弱)……809・36……九〇六
なんじゅう(難渋)……211・09……二五六
〃……814・73……九四五
なんしょ(難所)……706・04……七八四
なんしょく(難色)……517・67……五九五
なんじる(難)……613・48……七〇五
なんしん(南進)……817・68……九八四
なんせん(難船)……505・63……四七九
ナンセンス(英 nonsense)
……909・12……一〇六九
なんだい(難題)……517・26……五八七
なんだか(何ー)……203・17……一七一
なんで……208・71……二二六
なんてき(難敵)……516・67……五八一
なんてん(難点)……818・11……九九一
なんとか(何ー)……205・44……一九二
〃……816・36……九七〇
なんどき……815・12……九四八
なんどく(難読)……607・19……六六〇
なんとなく(何ー)……203・17……一七一
なんぱ(難破)……505・63……四七九
ナンバー(英 number)
……808・71……八九九
なんびょう(難病)……017・04……二九
なんみん(難民)……305・43……三三七
なんやく(難役)……502・15……四四五
なんら(何ー)……819・47……一〇〇七
なんろ(難路)……705・34……七八二

に

に……999・01……一一一〇
〃……999・02……一一一〇
〃……999・04……一一一一
〃……999・05……一一一二
〃……999・06……一一一二
〃……999・09……一一一三
〃……999・12……一一一四
〃……999・14……一一一五
〃……999・15……一一一五
〃……999・16……一一一六
〃……999・28……一一二〇
〃……999・51……一一三二
に(二)……808・02……八八五
に(荷)……419・41……四三〇
にあい(似合)……818・19……九九二
にあう(似合)……918・19……一一〇一
にあたって……999・07……一一一二
にあたり……999・07……一一一二
にあって……999・07……一一一二
にいさん(兄ー)……313・03……三五〇
にいたっては(ー至ー)
……999・33……一一二三
にいたると(ー至ー)……999・33……一一二三
にいたるまで(ー至ー)
……999・10……一一一三
にいづま(新妻)……308・11……三四〇

にいぼん（新盆）……605-24……六五四
にいん（二院）……507-30……四八八
にえかえる（煮返）……408-09……三九四
にえきらない（煮切－）……810-48……九一七
にえくりかえる（煮繰返）……408-09……三九四
にえたぎる（煮－）……408-09……三九四
にえたつ（煮立）……408-09……三九四
にえゆ（煮湯）……707-33……七九一
にえる（煮）……408-02……三九三
におい……801-13……八五一
において……999-07……一一一二
におう（匂）……105-02……六九
におやか（匂）……105-05……七〇
におわす（匂）……105-02……六九
におわせる（匂）……602-33……六二七
にがい（苦）……107-15……七六
にかぎらず（－限－）……999-31……一一二三
〃……999-53……一一三三
にがす（逃）……113-31……一〇八
にがて（苦手）……207-22……二〇三
にがにがしい（苦苦）……212-09……二五八
にがみ（苦－）……107-16……七六
にかよう（似通）……918-01……一〇九八
にがわらい（苦笑）……102-21……五八
にかんして（－関－）……999-03……一一一〇
にきび（面皰）……017-29……三三
にきまっている……999-65……一一三七
にぎやか……810-16……九一〇
にぎり（握）……419-27……四二八
にぎりこぶし（握－）……008-07……一六
にぎる（握）……109-02……七九
にぎわう……914-05……一〇八七
にく（肉）……011-04……二一
にくい……810-39……九一六
にくい（憎）……216-28……二七一
にくかい（肉界）……506-05……四八三
にくかい（肉塊）……001-01……一
にくしみ（憎）……216-23……二七〇
にくしょく（肉食）……406-16……三八九
にくしん（肉親）……314-02……三五一
にくせい（肉声）……108-03……七七
にくたい（肉体）……001-01……一
にくたいろうどう（肉体労働）……502-45……四五一
にくたらしい（憎）……216-29……二七一
にくづき（肉付）……001-05……二
にくてい（憎体）……216-29……二七一
にくにくしい（憎憎）……216-29……二七一
にくはく（肉薄）……113-04……一〇三
にくまれぐち（憎口）……517-17……五八五
にくまれやく（憎役）……502-16……四四五
にくむ（憎）……216-25……二七一
にくよく（肉欲）……218-31……二八八
にくらしい（憎）……216-28……二七一
にげ（逃）……113-32……一〇八
にげかくれ（逃隠）……113-33……一〇九
にげこうじょう（逃口上）……613-31……七〇一
にげごし（逃腰）……101-26……四七
にげこむ（逃込）……113-45……一一一
にげみち（逃道）……113-39……一一〇
にげる（逃）……113-30……一〇八
にごう（二号）……307-12……三三八
にこげ（－毛）……012-06……二三
にごしらえ（荷拵）……419-43……四三一
にごす（濁）……707-15……七八八
にこにこ……102-25……五八
にこむ（煮込）……408-08……三九四
にこやか……102-25……五八
にこり……102-25……五八
にごる（濁）……707-15……七八八
にころがし（煮転）……407-16……三九一
にさいし（－際）……999-07……一一一二
にさん（二三）……808-62……八九七
にし（西）……817-66……九八四
にしきのみはた（錦－御旗）……608-16……六六六
にしたって……999-34……一一二三
〃……999-45……一一二九
〃……999-48……一一三〇
にして……999-07……一一一二
〃……999-13……一一一四
にしては……999-34……一一二三
〃……999-52……一一三三
にしてみれば……999-34……一一二三
にしても……999-29……一一二一
〃……999-34……一一二三
〃……999-45……一一二九
〃……999-48……一一三〇
～にしても…にしても……999-35……一一二四
にしび（西日）……701-10……七六六
にじみでる（滲出）……903-17……一〇二三
にじむ（滲）……903-18……一〇二三
にしめ（煮染）……407-16……三九一
にしめる（煮染）……408-08……三九四
にじりよる（－寄）……101-38……四九
にしろ……999-34……一一二三
〃……999-45……一一二九
〃……999-48……一一三〇
～にしろ…にしろ……999-35……一一二四
にしん（二伸）……618-40……七四六
にせ（二世）……604-44……六四五
にせ（偽）……807-12……八八一
にせい（二世）……311-01……三四五
にせもの（偽物）……807-12……八八一
にせよ……999-45……一一二九
〃……999-48……一一三〇
～にせよ…にせよ……999-35……一一二四
にそう（尼僧）……604-69……六四九
にそういない（－相違－）……999-65……一一三七
にそくのわらじ（二足－草鞋）……502-18……四四六
にたいして（－対－）……999-03……一一一〇
〃……999-22……一一一七
にたき（煮炊）……408-01……三九三
にたつ（煮立）……408-09……三九四
にたにた……102-30……五九
にたり……102-30……五九
にたりよったり（似－寄－）……918-06……一〇九九
にちがいない（－違－）……999-65……一一三七
にちじ（日時）……815-05……九四七
にちじょう（日常）……815-25……九五一
にちじょうさはんじ（日常茶飯事）……918-17……一一〇一
にちにち（日日）……711-25……八〇一
にちぼつ（日没）……701-09……七六六
にちや（日夜）……711-33……八〇三
にちよう（日用）……117-06……一三二
にちようひん（日用品）……420-14……四三四
にちりん（日輪）……701-06……七六五
について……999-03……一一一〇
〃……999-22……一一一七
にっか（日課）……502-14……四四五

につかわしい(似－)……918-20……一一〇二
にっかんてき(肉感的)……206-13……一九七
にっき(日記)……616-13……七二六
につき……999-03……一一一〇
〃……999-13……一一一四
〃……999-22……一一一七
にっきゅう(日給)……513-23……五四一
にっきん(日勤)……502-27……四四七
につく(似－)……918-01……一〇九八
ニックネーム(英 nickname)……320-10……三六五
にづくり(荷造)……419-43……四三一
につけ(煮付)……407-16……三九一
につけて……999-03……一一一〇
～につけ…につけ……999-35……一一二四
につける(煮付)……408-08……三九四
にっこう(日光)……715-09……八二九
にっこり……102-25……五八
にっし(日誌)……616-13……七二六
にっしょう(日照)……715-10……八二九
にっしょうき(日章旗)……608-17……六六六
にっすう(日数)……711-27……八〇一
にっちゅう(日中)……711-41……八〇四
にっちょく(日直)……502-30……四四八
にってい(日程)……814-65……九四四
にっと……102-30……五九
につまる(煮詰)……408-08……三九四
にと(二途)……805-51……八七三
にとうぶん(二等分)……805-34……八七〇
にとって……999-20……一一一七
になう(担)……109-35……八六
ににんしょう(二人称)……320-20……三六八
にのあしをふむ(二－足－踏)……220-28……三〇二
にのうで(二－腕)……008-03……一五
にはおよばない(－及－)……999-76……一一四二
にびたし(煮浸)……407-16……三九一
にぶい(鈍)……207-62……二一〇
にぶる(鈍)……914-12……一〇八九
にぶん(二分)……904-47……一〇四〇
に(へ)かけて……999-10……一一一三
にべない……205-08……一八五
にほんしゅ(日本酒)……409-04……三九六
にほんとう(日本刀)……510-32……五一一
にほんばれ(日本晴)……713-03……八一二
にまいじた(二枚舌)……807-13……八八一
にまいめ(二枚目)……306-21……三三六
にまつわる……999-03……一一一〇
〃……615-40……七二二
に(も)かかわらず……999-48……一一三〇
にもつ(荷物)……419-41……四三〇
にもの(煮物)……407-16……三九一
にやける……307-08……三三八
にやにや……102-29……五九
にやり……102-29……五九
ニュアンス(仏 nuance)……806-09……八七六
ニュー(英 new)……908-03……一〇五三
にゅういん(入院)……020-04……三七
にゅうかい(入会)……504-06……四六一
にゅうがく(入学)……602-57……六三一
にゅうきょ(入居)……119-10……一三五
にゅうぎょ(入漁)……505-70……四八〇
にゅうじ(乳児)……311-02……三四六
にゅうじゃく(入寂)……304-07……三一五
にゅうじゃく(柔弱)……809-36……九〇六
にゅうしゅ(入手)……115-03……一一九
にゅうじょう(入定)……304-07……三一五
ニュース(英 news)……619-04……七四七
にゅうせん(入選)……118-08……一三四
にゅうとう(入湯)……414-05……四一二
にゅうねん(入念)……203-04……一六八
にゅうばい(入梅)……713-27……八一五
ニューフェース(英 new face)……305-30……三二五
にゅうめつ(入滅)……304-07……三一五
にゅうもん(入門)……602-58……六三二
にゅうもんしょ(入門書)……619-47……七五四
にゅうよう(入用)……818-32……九九五
にゅうようじ(乳幼児)……311-03……三四六
にゅうよく(入浴)……414-05……四一二
にゅうわ(柔和)……201-31……一五八
にょう(尿)……016-04……二八
にょうぼう(女房)……309-03……三四一
にょうぼうやく(女房役)……502-17……四四五
にょじつ(如実)……807-03……八七九
によって……999-13……一一一四
によらず……999-31……一一二三
によると……999-13……一一一四
によれば……999-13……一一一四
にらみ(睨)……103-26……六六
にらみあう(－合)……103-25……六五
にらみつける……103-25……六五
にらむ……103-25……六五
にりゅう(二流)……819-19……一〇〇一
にる(似)……918-01……一〇九八
にる(煮)……408-02……三九三
にわ(庭)……413-03……四一一
にわか……815-39……九五四
にわかあめ(俄雨)……713-31……八一六
にわし(庭師)……505-40……四七六
にわたって……999-10……一一一三
にん(人)……808-60……八九六
にんい(任意)……203-15……一七一
にんか(認可)……517-60……五九三
にんき(人気)……618-15……七四二
にんき(任期)……815-09……九四八
にんきょう(任侠)……603-12……六三九
にんぎょう(人形)……617-20……七三五
にんげん(人間)……201-01……一五二
〃……305-01……三一九
にんげんみ(人間味)……216-44……二七四
にんさんぷ(妊産婦)……019-05……三六
にんしき(認識)……208-41……二一九
にんじゃ(忍者)……510-52……五一四
にんじゅう(忍従)……516-28……五七二
にんじゅつ(忍術)……510-52……五一四
にんしょう(認証)……806-17……八七八
にんじょう(人情)……216-43……二七四
にんじょう(刃傷)……017-26……三二
にんじょうみ(人情味)……216-44……二七四
にんしん(妊娠)……019-01……三五
にんずう(人数)……808-59……八九六
にんずる(任)……517-75……五九六
にんそう(人相)……102-06……五五
にんたい(忍耐)……219-23……二九三
にんたいづよい(忍耐強)……203-28……一七三
にんたいりょく(忍耐力)……219-02……二八九
にんち(認知)……208-41……二一九
にんてい(人体)……001-10……一三

にんてい(認定)……208-30……二一七
にんぷ(妊婦)……019-05……一三六
にんぽう(忍法)……510-52……五一四
にんまり……102-29……五九
にんむ(任務)……502-14……四四五
にんめい(任命)……517-75……五九六

ぬ

ぬいぐるみ(縫－)……617-20……七三五
ぬいこむ(縫込)……405-02……三八四
ぬいもの(縫物)……405-01……三八四
ぬう(縫)……405-02……三八四
ヌード(英 nude)……001-34……一八
ぬかあめ(糠雨)……713-30……八一六
ぬかす……612-06……六八四
ぬかり(抜)……114-21……一一七
ぬかる……908-43……一〇六三
ぬかる(抜)……114-19……一一六
ぬかるみ……908-44……一〇六三
ぬかるむ……908-43……一〇六三
ぬきあし(抜足)……110-10……九〇
ぬきがき(抜書)……609-19……六七一
ぬきずり(抜刷)……619-25……七五一
ぬきだす(抜出)……118-02……一三三
ぬきとる(抜取)……118-02……一三三
ぬきみ(抜身)……510-38……五一二
ぬきよみ(抜読)……609-07……六六九
ぬきんでる……818-37……九九五
ぬく(抜)……118-02……一三三
ぬぐ(脱)……404-03……三八二
ぬぐう(拭)……415-03……四一三
ぬくぬく……213-12……二六一
〃……712-09……八〇八
ぬくもり……712-09……八〇八
ぬけ(抜)……906-20……一〇五〇
ぬけあな(抜穴)……113-39……一一〇
ぬけがけ(抜駆)……120-18……一四〇
ぬけさく(抜作)……305-51……三三九
ぬけでる(抜出)……818-37……九九五
ぬけみち(抜道)……113-39……一一〇
ぬし(主)……511-38……五二〇
ぬすびと(盗人)……305-57……三三一
ぬすみ(盗)……520-41……六一一
ぬすみぎき(盗聞)……104-04……六七
ぬすみぐい(盗食)……106-10……七二
ぬすみみる(盗見)……103-10……六二
ぬすみよみ(盗読)……609-07……六六九
ぬすむ(盗)……520-42……六一一
ぬたくる(塗－)……416-13……四一五
ぬの(布)……402-01……三七七
ぬのじ(布地)……402-01……三七七
ぬま(沼)……704-21……七七七
ぬまち(沼地)……704-22……七七七
ぬらす(濡)……713-66……八二一
ぬり(塗)……416-11……四一五
ぬりたくる(塗－)……416-13……四一五
ぬりたてる(塗立)……416-13……四一五
ぬりつける(塗付)……416-13……四一五
ぬりつぶす(塗潰)……416-13……四一五
ぬりもの(塗物)……410-05……四〇〇
ぬる(塗)……416-12……四一五
ぬるい……712-09……八〇八
ぬるまゆ(－湯)……707-33……七九一
ぬるむ……712-09……八〇八
ぬれえん(濡縁)……412-22……四〇八
ぬれぎぬ(濡衣)……520-22……六〇八
ぬれそぼつ(濡－)……713-66……八二一
ぬれねずみ(濡鼠)……713-65……八二一
ぬれば(濡場)……615-14……七一七
ぬれる(濡)……713-66……八二一
ぬ(ん)……999-70……一一四〇

ね

ね(音)……717-01……八三七
ね(値)……512-27……五二八
ね(根)……720-05……八四二
ね(寝)……112-07……九七
ねあがり(値上)……512-34……五二九
ねあげ(値上)……512-34……五二九
ねあせ(寝汗)……015-04……二六
ねいき(寝息)……014-01……二四
ねいじつ(寧日)……711-30……八〇二
ねいりばな(寝入－)……112-04……九七
ねいる(寝入)……112-05……九七
ねいろ(音色)……717-01……八三七
ねうち(値打)……818-07……九九〇
ね(え)……999-57……一一三四
ねえさん(姉－)……313-09……三五〇
ネーミング(英 naming)……320-04……三六四
ネームプレート(英 name-plate)……608-26……六六八
ねえや……503-30……四五六
ねおき(寝起)……112-35……一〇一
ねがい(願)……218-06……二八三
ねがいごと(願事)……218-06……二八三
ねがいさげ(願下)……517-66……五九四
ねがいでる(願出)……613-36……七〇二
ねがう(願)……218-03……二八二
ねがえり(寝返)……112-26……一〇〇
ねかす(寝)……101-16……四四
〃……112-02……九六
ねかせる(寝)……112-02……九六
ねがわくは(願－)……205-44……一九二
ねぎらう……216-07……二六七
ねぎわ(寝－)……112-04……九七
ねくずれ(値崩)……512-37……五二九
ねぐせ(寝癖)……201-16……一五五
ネクタイ(英 necktie)……403-09……三七九
ねぐら……411-07……四〇三
ネグリジェ(フラ négligé)……401-43……三七七
ねげしょう(寝化粧)……404-10……三八三
ねこかわいがり(猫－)……216-11……二六八
ねこそぎ(根－)……805-29……八六九
ねごと(寝言)……517-15……五八四
ねこなでごえ(猫撫声)……108-01……七七
ねこばば(猫－)……115-08……一二〇
ねこみ(寝込)……112-05……九七
ねこむ(寝込)……112-05……九七
ねころがる(寝転)……112-32……一〇一
ねころぶ(寝転)……112-32……一〇一
ねさがり(値下)……512-36……五二九
ねさげ(値下)……512-36……五二九
ねざす(根差)……720-33……八四六
ねざめ(寝覚)……112-35……一〇一
ねじ(螺子)……416-25……四一八
ねじくれる……204-32……一八二
ねじける……204-32……一八二
ねしずまる(寝静)……810-11……九一〇
ねしな(寝－)……112-04……九七
ねじふせる(－伏)……101-49……五一
ねじまげる(－曲)……908-34……一〇六一
ねじまわし(－回)……416-20……四一七
ねしょうべん(寝小便)

……016·06……二八
ねじりはちまき(－鉢巻)……403·05……三七九
ねじる……908·32……一〇六〇
ねじれる……908·32……一〇六〇
ねじろ(根城)……510·55……五一四
ねすがた(寝姿)……112·25……一〇〇
ねすぎる(寝過)……112·24……九九
ねすごす(寝過)……112·24……九九
ねずみいろ(鼠色)……716·15……八三四
ねせる(寝)……112·02……九六
ねぞう(寝相)……112·25……一〇〇
ねそべる(寝)……112·32……一〇一
ねた……806·19……八七八
ねたましい……216·35……二七三
ねたみ……216·30……二七二
ねたむ……216·34……二七二
ねだやし(根絶)……913·24……一〇八四
ねだる……218·20……二八六
ねだん(値段)……512·27……五二八
ねつ(熱)……712·18……八一一
ねつい(熱意)……219·18……二九二
ねつえん(熱演)……615·21……七一八
ネッカチーフ(英 necker-chief)……403·08……三七九
ねつがん(熱願)……218·08……二八三
ねっき(熱気)……219·18……二九二
ねっきょう(熱狂)……209·48……二三九
ねつく(寝－)……017·08……三〇
〃……112·05……九七
ねづく(根付)……720·33……八四六
ねっけつ(熱血)……219·20……二九三
ねっこ(根－)……720·05……八四二
ねつじょう(熱情)……209·33……二三五
ねっしん(熱心)……219·28……二九五
ねっする(熱)……712·10……八〇九
ねっせん(熱戦)……509·09……四九九
ねっちゅう(熱中)……209·48……二三九
ねっとう(熱湯)……707·33……七九一
ねつぼう(熱望)……218·02……二八二
ねどこ(寝床)……417·16……四二一
ねとぼける(寝－)……112·22……九九
ねとまり(寝泊)……617·37……七三八
ねばつく……908·55……一〇六五
ねばならぬ……999·62……一一三六
ねばり(粘)……809·29……九〇四
ねばりけ(粘気)……809·29……九〇四
ねばりづよい(粘強)……203·28……一七三
ねばりぬく(粘抜)……814·51……九四一
ねばる(粘)……219·12……二九一
〃……908·54……一〇六五
ねはん(涅槃)……304·07……三一五
ねびき(値引)……512·39……五三〇
ねぶかい(根深)……809·21……九〇三
ねぼう(寝坊)……112·23……九九
ねぼける(寝－)……112·22……九九
ねま(寝間)……412·17……四〇八
ねまき(寝巻)……401·43……三七七
ねみだれがみ(寝乱髪)……002·06……九
ねむい(眠)……112·20……九九
ねむけ(眠気)……112·21……九九
ねむたい(眠)……112·20……九九
ねむり(眠)……112·07……九七
ねむりこける(眠－)……112·08……九七
ねむりこむ(眠込)……112·08……九七
ねむる(眠)……112·01……九六
ねめつける……103·25……六五
ねもと(根－)……720·05……八四二
ねや(寝屋)……412·17……四〇八
ねゆき(根雪)……713·61……八二〇
ねらい(狙)……208·61……二二三
ねらいうち(－撃)……510·42……五一二
ねらいどころ(狙所)……208·61……二二三
ねらう……220·26……三〇二
ねる(寝)……101·17……四四
〃……112·01……九六
ねる(練)……109·27……八五
〃……602·08……六二三
ねん(年)……711·03……七九八
ねん(念)……209·02……二三〇
ねんいり(念入)……203·04……一六八
ねんがらねんじゅう(年－年中)……815·26……九五一
ねんがん(念願)……218·07……二八三
ねんき(年忌)……605·20……六五三
ねんき(年季)……815·09……九四八
ねんき(年期)……815·09……九四八
ねんきん(年金)……513·30……五四二
ねんげつ(年月)……711·02……七九八
ねんげん(年限)……815·08……九四七
ねんごう(年号)……711·57……八〇七
ねんごろ(懇)……515·34……五五八
ねんざ(捻挫)……017·22……三二
ねんし(年始)……710·20……七九六
ねんじ(年次)……711·04……七九八
ねんしき(年式)……804·02……八五七
ねんじゅう(年中)……815·26……九五一
ねんしゅつ(捻出)……120·03……一三七
ねんしょ(年初)……710·20……七九六
ねんしょ(念書)……610·27……六六八
ねんしょう(年少)……303·10……三〇九
ねんしょう(燃焼)……219·26……二九四
ねんだい(年代)……303·04……三〇八
〃……815·31……九五二
ねんちょう(年長)……511·15……五一七
ねんど(年度)……711·04……七九八
ねんとう(年頭)……710·20……七九六
ねんとう(念頭)……209·28……二三四
ねんね……112·07……九七
ねんねん(年年)……711·09……七九九
ねんぱい(年配)……303·19……三一一
ねんばらし(念晴)……216·41……二七四
ねんぴょう(年表)……619·64……七五六
ねんぷ(年賦)……512·68……五三五
ねんぷ(年譜)……619·64……七五六
ねんぽう(年俸)……513·23……五四一
ねんまく(粘膜)……011·06……二一
ねんまつ(年末)……710·23……七九七
ねんり(年利)……513·37……五四三
ねんりょう(燃料)……419·15……四二六
ねんれい(年齢)……303·03……三〇八

の

の……999·01……一一一〇
〃……999·18……一一一六
〃……999·28……一一二〇
〃……999·54……一一三三
の(野)……702·15……七六九
のあまり(に)……999·29……一一二一
ノイズ(英 noise)……717·03……八三八
のう(能)……207·01……一九九
のう(脳)……011·07……二一
のうえん(農園)……505·20……四七三
のうか(農家)……505·39……四七六
のうきぐ(農機具)……505·29……四七五
のうぎょう(農業)……505·19……四七三
のうきん(納金)……115·16……一二二
のうぐ(農具)……505·29……四七五

のうげい(農芸)……505-23……四七四
のうこう(農耕)……505-23……四七四
のうこう(濃厚)……809-31……九〇五
のうこつ(納骨)……605-17……六五三
のうさく(農作)……505-23……四七四
のうさくぶつ(農作物)……505-36……四七五
のうさんぶつ(農産物)……505-36……四七五
のうじゅう(膿汁)……015-15……二八
のうしゅく(濃縮)……908-27……一〇五九
のうしょ(能書)……609-35……六七四
のうじょう(農場)……505-20……四七三
のうずい(脳髄)……011-07……二一
のうぜい(納税)……115-16……一三三
のうそん(農村)……705-10……七七九
のうち(農地)……505-20……四七三
のうどう(農道)……705-30……七八二
のうどうてき(能動的)……201-49……一六二
のうにゅう(納入)……115-17……一三三
のうのう……213-12……二六一
ノウハウ(アメリカ know-how)……618-01……七三九
のうひつ(能筆)……609-35……六七四
のうふ(納付)……115-16……一三三
のうふ(農夫)……505-38……四七六
のうふ(農婦)……505-38……四七六
のうべん(能弁)……612-23……六八七
のうみそ(脳味噌)……011-07……二一
のうみつ(濃密)……809-31……九〇五
のうみん(農民)……505-38……四七六
のうり(能吏)……503-20……四五四
のうりつ(能率)……919-08……一一〇六
のうりょく(能力)……207-01……一九九
のうりん(農林)……505-19……四七三
ノーコメント(英 no comment)……613-59……七〇七
ノート(英 note)……610-28……六七八
のおりから(-折-)……999-07……一一一二
のおりに(-折-)……999-07……一一一二
のがい(野飼)……505-42……四七六
のかぎり……999-29……一一二一
のがす(逃)……113-31……一〇八
のがれる(逃)……113-30……一〇八
のきなみ(軒並)……411-16……四〇五
のく(退)……113-34……一〇九
のけぞる(-反)……101-21……四五
のけもの(-者)……515-26……五五六
のける……120-47……一四五
のこ(鋸)……416-17……四一七
のこぎり(鋸)……416-17……四一七
のこす(残)……912-02……一〇七六
のこと(で)……999-29……一一二一
のこのこ……110-13……九一
のこらず(残-)……805-29……八六九
のこり(残)……912-04……一〇七七
のこる(残)……912-01……一〇七六
のさいに(-際-)……999-07……一一一二
のさばる……915-10……一〇九三
のし(熨斗)……605-27……六五四
のじ(野路)……705-31……七八二
のしもち(伸餅)……407-08……三九〇
のじゅく(野宿)……617-37……七三八
ノスタルジア(英 nostalgia)……209-15……二三三
のせる(乗)……113-50……一一二
のぞきこむ(-込)……103-10……六二
のぞく……103-10……六二
のぞく(除)……120-47……一四五
のぞく(除)……913-13……一〇八一
のそだち(野育)……720-40……八四七
のぞましい(望)……216-19……二七〇
のぞみ(望)……208-57……二三三
〃……218-01……二八二
のぞむ(望)……103-14……六三
〃……218-03……二八二
のぞむ(臨)……816-22……九六七
のだ……999-60……一一三五
のたうちまわる(-打回)……101-24……四六
のたうつ(-打)……101-24……四六
のだて(野点)……617-02……七三二
のたまう……612-02……六八四
のために……999-04……一一一一
のたれじに(-死)……304-14……三一六
のだろう……999-64……一一三七
のち(後)……816-25……九六七
のちぞい(後添)……309-09……三四二
のちのち(後後)……816-25……九六七
のちのつき(後-月)……701-13……七六六
のちのよ(後-世)……604-48……六四六
のちほど(後程)……816-26……九六八
ノックアウト(英 knockout)……620-46……七六三
のっけ……814-05……九三二
のっそり……204-37……一八三
のっとる(則)……802-07……八五三
のっぺり……811-22……九二五
のっぽ……001-20……五
ので……999-36……一一二四
のてん(野天)……817-86……九八八
のど(喉)……007-04……一四
のどか……713-08……八一二
〃……810-24……九一二
のどくび(喉首)……007-04……一四
のどもと(喉元)……007-04……一四
のに……999-44……一一二八
〃……999-46……一一二九
〃……999-51……一一三二
ののしる……517-21……五八五
のばす……908-29……一〇五九
のばなし(野放)……120-72……一五一
のはら(野原)……702-15……七六九
のび(伸)……908-30……一〇六〇
のびちぢみ(伸縮)……908-25……一〇五八
のびのび(伸伸)……213-11……二六一
〃……810-23……九一二
のびやか(伸)……810-23……九一二
のびる……908-29……一〇五九
ノブ(英 knob)……419-27……四二八
のぶとい(野太)……201-47……一六二
のべ(延)……808-13……八八七
のべつ……815-24……九五一
ノベル(英 novel)……616-04……七二五
のべる(述)……612-01……六八三
のほうず(野放図)……203-38……一七五
のぼせる……209-50……二三九
〃……210-03……二四二
のほほん……213-11……二六一
のぼり(上)……817-69……九八五
のぼりおり(昇降)……903-07……一〇二〇
のぼりくだり(上下)……903-07……一〇二〇
のぼりざか(上坂)……705-36……七八三
のぼりちょうし(上調子)……914-08……一〇八八
のぼる(上)……903-04……一〇一九
〃……905-20……一〇四六
のまれる(飲)……920-07……一一〇八
のみ……999-27……一一二〇

のみ(鑿)……416-19……四一七
のみくい(飲食)……406-02……三八七
のみくだす(飲下)……106-17……七四
のみこみ(－込)……208-34……二一七
のみこむ(飲込)……106-17……七四
のみしろ(飲代)……513-11……五三九
のみすけ(飲助)……409-13……三九七
のみち(野道)……705-31……七八二
のみて(飲手)……409-13……三九七
のみならず……999-53……一一一三
ノミネート(英 nominate)……515-53……五六二
のみのいち(蚤－市)……503-33……四五六
のみほす(飲干)……106-18……七四
のみもの(飲物)……407-24……三九二
のみや(飲屋)……503-45……四五九
のむ(飲)……106-16……七三
のめる……101-15……四四
のり……508-01……四九二
のりあい(乗合)……516-25……五七二
のりおり(乗降)……113-55……一一三
のりかえる(乗換)……908-24……一〇五八
のりくみいん(乗組員)……505-62……四七九
のりこえる(乗越)……113-19……一〇六
のりこす(乗越)……903-21……一〇二三
のりこむ(乗込)……113-44……一一一
のりすごす(乗過)……903-21……一〇二三
のりだす(乗出)……905-13……一〇四四
のりもの(乗物)……505-74……四八〇
のる(乗)……113-50……一一二
のれん(暖簾)……417-12……四二〇
のろい……204-39……一八三
のろい(呪)……604-30……六四三
のろのろ……204-37……一八三
のろま……207-60……二〇九
のわき(野分)……713-19……八一四
のんき……213-09……二六〇
のんだくれ(飲－)……409-13……三九七
のんびり……213-11……二六一
ノンフィクション(英 nonfiction)……616-15……七二六
ノンプロ……305-34……三三五
のんべえ……409-13……三九七

は

は……999-24……一一一八
は(刃)……419-07……四二五
は(派)……504-39……四六九
は(葉)……720-07……八四二
は(歯)……006-04……一三
は(覇)……620-15……七五九
ば……999-40……一一二六
ば(場)……615-11……七一七
〃……815-03……九四六
バー(英 bar)……419-26……四二八
〃……503-45
ばあい(場合)……815-03……九四六
パーキング(英 parking)……505-75……四八〇
はあく(把握)……208-34……二一七
パーク(英 park)……413-02……四一一
ばあさん……303-24……三二二
パージ(英 purge)……120-52……一四六
バージン(英 virgin)……306-05……三三三
パーセンテージ(英 percentage)……919-05……一一〇五
パーソナリティー(英 personality)……201-04……一五三
ばあたり(場当)……812-05……九二八
パーツ(英 parts)……420-13……四三四
パーティー(英 party)……409-22……三九八
〃……504-30……四六七
ハート(英 heart)……209-01……二二九
パートタイム(英 part-time)……502-26……四四七
ハーフ(英 half)……305-42……三三七
〃……805-33
ハーモニー(英 harmony)……614-31……七一二
はい(灰)……714-25……八二七
はい(拝)……618-39……七四六
はい(杯)……409-27……三九九
ばい(倍)……805-35……八七〇
ばいい……999-67……一一三八
はいいろ(灰色)……716-15……八三四
〃……810-49……九一八
ばいう(梅雨)……713-26……八一五
ハイウエー(英 highway)……705-25……七八一
はいえつ(拝謁)……516-05……五六八
ばいえん(煤煙)……714-24……八二七
はいおく(廃屋)……411-04……四〇三
はいか(配下)……511-49……五二二
はいか(廃家)……411-04……四〇三
ばいか(売価)……512-32……五二九
ばいか(倍加)……913-06……一〇八〇
ばいか(買価)……512-33……五二九
はいかい(俳諧)……616-27……七二八
はいかい(徘徊)……617-35……七三八
ばいかい(媒介)……515-29……五五七
はいかいし(俳諧師)……616-52……七三二
はいかん(拝観)……617-27……七三六
はいかん(廃刊)……619-23……七五一
はいがん(拝顔)……516-01……五六六
はいき(排気)……906-10……一〇四八
はいき(廃棄)……120-66……一四九
はいきぶつ(廃棄物)……420-22……四三六
はいきゅう(配給)……115-22……一二三
はいきょ(廃墟)……708-11……七九二
はいきょう(背教)……604-04……六三九
ハイキング(英 hiking)……617-28……七三七
はいく(俳句)……616-27……七二八
はいぐ(拝具)……618-37……七四六
はいぐうしゃ(配偶者)……309-02……三四一
ハイクラス(英 high-class)……819-07……九九九
はいけい(拝啓)……618-36……七四六
はいけい(背景)……817-07……九七二
はいけん(拝見)……103-01……六〇
はいご(背後)……817-81……九八七
はいごう(配合)……917-04……一〇九七
はいざい(配剤)……020-07……三八
はいし(廃止)……120-46……一四五
はいしゃ(拝謝)……515-70……五六五
はいしゃ(敗者)……305-56……三三〇
はいしゃく(拝借)……115-28……一二四
ばいしゃく(媒酌)……515-32……五五八
ばいしゅう(買収)……512-11……五二五
はいしゅつ(排出)……906-10……一〇四八
はいしゅつ(輩出)……514-11……五四六
はいじょ(排除)……120-50……一四六
ばいしょう(賠償)……115-37……一二六
はいしょく(配色)……716-10……八三四
はいしょく(敗色)……509-36……五〇三
はいしん(背信)……604-04……六三九

はいじん(俳人)……616-52……七三二
はいすい(配水)……903-48……一〇三〇
はいすい(排水)……906-10……一〇四八
はいする(排)……120-47……一四五
はいせい(敗勢)……509-36……五〇三
はいせき(排斥)……120-53……一四六
ばいせき(陪席)……504-17……四六四
はいせつ(排泄)……016-03……二八
はいせん(敗戦)……620-18……七五九
はいそう(配送)……505-80……四八一
はいそう(敗走)……113-38……一一〇
ばいぞう(倍増)……913-06……一〇八〇
はいぞく(配属)……516-31……五七三
ハイソサエティー(英 high society)……506-03……四八三
はいた(排他)……120-53……一四六
はいたい(敗退)……620-17……七五九
はいたい(廃頽)……914-14……一〇八九
はいたつ(配達)……903-43……一〇二九
はいだん(俳壇)……506-04……四八三
はいち(配置)……903-50……一〇三〇
はいちがえ(配置換)……517-42……五九〇
はいちてんかん(配置転換)……517-42……五九〇
はいちょう(拝聴)……104-11……六八
ばいちょう(陪聴)……104-11……六八
ハイツ(英 heights)……411-13……四〇四
はいでん(配電)……903-47……一〇三〇
ばいてん(売店)……503-34……四五七
はいとう(配当)……115-22……一二三
はいとく(背徳)……603-09……六三八
はいにょう(排尿)……016-05……二八
はいにん(背任)……520-45……六一二
はいのう(背嚢)……403-23……三八一
はいはい……110-16……九一
バイバイ(英 bye-bye)……516-22……五七一
ばいばい(売買)……512-05……五二三
バイパス(英 by-pass)……705-25……七八一
はいはん(背反)……517-33……五八八
はいび(拝眉)……516-01……五六六
ハイヒール(英 high heeled shoes から)……403-12……三七九
ハイピッチ(英 high pitch)……815-40……九五四
はいひん(廃品)……420-22……四三六
ばいひん(売品)……420-10……四三三
はいふ(肺腑)……209-25……二三四
はいふ(配付)……115-21……一二三
はいふ(配布)……115-21……一二三
はいぶ(背部)……010-08……一九
パイプ(英 pipe)……418-08……四二三
はいふく(拝復)……618-36……七四六
はいぶつ(廃物)……420-22……四三六
パイプレーヤー(洋語 byplayer)……615-32……七二〇
はいぶん(配分)……115-22……一二三
はいべん(排便)……016-02……二八
はいぼく(敗北)……620-17……七五九
ばいまし(倍増)……913-06……一〇八〇
ハイミス(洋語 high miss)……306-07……三三三
はいめん(背面)……817-81……九八七
バイヤー(英 buyer)……512-14……五二五
はいやく(配役)……615-42……七二二
ばいやく(売約)……515-40……五五九
はいゆう(俳優)……615-30……七二〇
ばいよう(培養)……720-30……八四五
ハイライト(英 highlight)……615-13……七一七
はいり(背離)……904-37……一〇三八
はいりこむ(入込)……113-43……一一一
はいりょ(配慮)……120-10……一三八
はいりょう(拝領)……520-16……六〇七
はいる(入)……113-42……一一〇
はいれい(拝礼)……604-24……六四二
はいれつ(配列)……904-22……一〇三五
はう(這)……110-16……九一
ハウス(英 house)……411-01……四〇二
ハウスキーパー(英 house-keeper)……503-30……四五六
ハウツーもの(−物)……619-48……七五四
はえ(栄)……618-17……七四三
はえる(生)……720-39……八四七
はおり(羽織)……401-23……三七四
はおる(羽織)……404-01……三八二
はか(墓)……604-81……六五〇
はか(破瓜)……303-23……三二二
ばか(馬鹿)……305-51……三二九
はかあな(墓穴)……604-79……六五〇
はかい(破壊)……909-07……一〇六八
はかがいく(−行)……914-02……一〇八六
はがき……618-29……七四五
はかく(破格)……801-16……八五二
はかげ(葉陰)……817-89……九八九
ばかさわぎ(−騒)……810-14……九一〇
はかしょ(墓所)……604-82……六五〇
ばかしょうじき(馬鹿正直)……201-18……一五五
はがす(剝)……120-56……一四七
ばかす(化)……517-37……五八九
はかせ(博士)……601-21……六二一
はかたおび(博多帯)……401-30……三七五
ばかたれ(馬鹿)……305-51……三二九
ばかていねい(−丁寧)……515-72……五六六
はかどる……914-02……一〇八六
はかない……818-27……九九四
はかば(墓場)……604-82……六五〇
ばかばかしい(馬鹿馬鹿しい)……818-28……九九四
はかまいり(墓参)……605-25……六五四
はがみ(歯−)……212-06……二五七
ばかもの(馬鹿者)……305-51……三二九
ばかやろう(馬鹿野郎)……305-51……三二九
はがゆい(歯−)……210-49……二五二
はからう(計)……120-02……一三六
ばからしい(馬鹿−)……818-28……九九四
はからずも(図−)……208-75……二二七
ばかり……999-25……一一一九
〃……999-27……一一二〇
はかりうり(量売)……512-07……五二四
ばかりか……999-53……一一三三
はかりごと……208-26……二一五
ばかりに……999-38……一一二五
はかる(図)……208-22……二一四
はかる(計)……808-19……八八八
はかる(測)……808-19……八八八
はかる(量)……808-19……八八八
はがれる(剝)……120-57……一四七
バカンス(フランス vacances)……711-29……八〇二
はき(破棄)……120-66……一四九
はき(覇気)……219-06……二九〇
はぎ……009-05……一七
はぎしり(歯−)……212-06……二五七
はきだめ(掃溜)……420-25……四三六
はぎとる(剝取)……120-56……一四七

はきはき……204-11……一七八
はきもの(履物)……403-11……三七九
はきゅう(波及)……916-06……一〇九六
はぎょう(覇業)……505-03……四七一
はぎれ(歯切)……612-14……六八五
はく(吐)……014-12……一二五
はく(刷)……416-12……四一五
はく(掃)……415-02……四一三
はく(履)……404-01……三八二
はぐ(剝)……120-56……一四七
ばく(縛)……520-60……六一四
はくあい(博愛)……216-12……二六八
はくいのてんし(白衣－天使)
……503-06……四五二
はくえん(白煙)……714-20……八二六
ばくおん(爆音)……717-04……八三八
はくがい(迫害)……520-50……六一三
はくがく(博学)……207-30……二〇四
はくがんし(白眼視)……517-12……五八四
はくぎん(白銀)……716-31……八三七
はくぐう(薄遇)……517-12……五八四
はぐくむ(育)……013-03……一一三
はくげき(迫撃)……509-13……五〇〇
ばくげき(爆撃)……509-17……五〇〇
ばくさい(爆砕)……909-13……一〇六九
はくし(博士)……601-21……六二一
はくしき(博識)……207-30……二〇四
はくじつ(白日)……701-06……七六五
はくしゃ(白砂)……709-03……七九三
はくじゃく(薄弱)……809-36……九〇六
はくしゅ(拍手)……614-30……七一一
はくじゅ(白寿)……303-23……三一二
はくしょ(白書)……616-20……七二七
はくじょう(白状)……612-52……六九二
はくじょう(薄情)……205-19……一八七
ばくしょう(爆笑)……102-20……五七
はくじん(白刃)……510-38……五一二
はくせい(剝製)……804-05……八五八
はくせき(白皙)……102-10……五六
ばくぜん(漠然)……810-48……九一七
はくそ(歯糞)……015-11……一二七
ばくだい(莫大)……808-42……八九三
はくだく(白濁)……707-15……七八八
はくだつ(剝奪)……115-04……一一九
ばくだん(爆弾)……510-23……五〇九
ばくち(博打)……617-18……七三五
はくちゅう(白昼)……711-42……八〇四
はくちゅう(伯仲)……819-03……九九八
ぱくつく……106-02……七一
ばくは(爆破)……909-13……一〇六九
ばくばく(漠漠)……809-16……九〇二
はくはつ(白髪)……002-04……九
ばくはつ(爆発)……909-14……一〇七〇
はくひょう(薄氷)……707-27……七八九
ばくふ(瀑布)……704-16……七七六
はくへいせん(白兵戦)
……509-02……四九八
はくぼ(薄暮)……711-44……八〇四
はくまい(白米)……407-04……三八九
はくめい(薄命)……301-04……三〇四
〃……318-09……三六一
はくめん(白面)……102-10……五六
ばくやく(爆薬)……510-28……五一〇
はぐらかす……517-37……五八九
はくらん(博覧)……207-30……二〇四
はくらんかい(博覧会)
……504-35……四六九
はくり(剝離)……120-57……一四七
ばくれつ(爆裂)……909-14……一〇七〇
ばくれつだん(爆裂弾)
……510-23……五〇九
ばくろ(暴露)……514-03……五四五
〃……514-15……五四七
はげ(禿)……002-08……九
はげあたま(禿頭)……002-08……九
バケーション(英 vacation)
……711-29……八〇二
はけぐち(捌口)……512-04……五二三
はげしい(激)……819-41……一〇〇六
バケツ(英 bucket)……419-01……四二四
はげます(励)……515-55……五六二
はげむ(励)……219-10……二九一
ばけもの(化物)……604-41……六四四
はげる(禿)……002-09……九
はげる(剝)……120-57……一四七
ばける(化)……908-01……一〇五三
はけん(派遣)……517-74……五九六
はけん(覇権)……508-24……四九六
はこ(箱)……419-39……四三〇
はこいり(箱入)……116-09……一二一
〃……419-42……四三一
はこいりむすめ(箱入娘)
……306-04……三三三
はごく(破獄)……520-78……六一六
はごたえ(歯応)……613-56……七〇七
はこぶ(運)……505-80……四八一
〃……914-02……一〇八六
はこん(破婚)……308-08……三四〇
バザー(英 bazar)……503-33……四五六
バザール(ペルシア bāzār)……503-33……四五六
はさい(破砕)……909-08……一〇六八
はさき(刃先)……510-37……五一二
はさまる(挟)……906-09……一〇四八
はさみ(鋏)……419-08……四二五
はさみうち(挟撃)……509-13……五〇〇
はさみこむ(挟込)……906-08……一〇四八
はさむ(挟)……906-08……一〇四八
はさむ(剪)……101-55……五二
はさん(破産)……512-59……五三三
はし(端)……817-61……九八三
はし(箸)……410-16……四〇一
はし(橋)……707-09……七八七
はじ(恥)……217-22……二八〇
はじいる(恥入)……217-25……二八一
はしがき……610-05……六七五
はじき……510-21……五〇九
はじきかえす(弾返)……101-30……四七
はじきだす(－出)……120-49……一四五
はじく(弾)……101-30……四七
はしくれ(端－)……805-45……八七二
はじける……903-34……一〇二七
はしご(梯子)……412-33……四一〇
はしごだん(梯子段)……412-33……四一〇
はじさらし(恥－)……217-29……二八一
はじしらず(恥知)……217-29……二八一
はしたがね(－金)……513-06……五三八
はしたない……203-30……一七四
はじっこ(端－)……817-61……九八三
はしなくも……208-75……二二七
はじまり(始)……814-09……九三三
はじまる(始)……814-20……九三四
はじめ(初)……814-01……九三一
はじめ(始)……814-09……九三三
はじめて(初－)……814-08……九三二
はじめる(始)……814-21……九三五
はしゃ(覇者)……620-21……七五九
はしゃぐ……101-39……四九
パジャマ(英 pajamas)
……401-43……三七七
はしゅつじょ(派出所)

はしゅつふ(派出婦)……508-15……四九四
はしょ(場所)……503-30……四五六
ばしょ(場所)……805-01……八六二
ばしょがら(場所柄)……801-09……八五〇
はしょく(波食)……718-05……八三九
はしょる……913-27……一〇八四
はしら(柱)……412-30……四〇九
はじらい(恥)……217-23……二八〇
はじらう(恥)……217-24……二八〇
はしらどけい(柱時計)……419-10……四二六
はしりがき(走書)……609-24……六七二
はしりよみ(走読)……609-07……六六九
はしる(走)……110-03……八九
はじる(恥)……217-25……二八一
はしわたし(橋渡)……515-29……五五七
はす……817-60……九八三
ハズ……309-11……三四三
はず(筈)……510-40……五一二
バス(英 bath)……414-01……四一二
パス(英 pass)……602-60……六三三
はすう(端数)……808-05……八八五
はすかい……817-60……九八三
はずかしい(恥)……217-26……二八一
はずかしめる(辱)……517-29……五八七
はずがない……999-72……一一四〇
バスケットボール(英 basketball)……620-42……七六三
はずす(外)……120-48……一四五
〃……904-28……一〇三六
はずだ……999-61……一一三五
〃……999-65……一一三七
パスタ(イタリア pasta)……407-09……三九〇
バスタブ(英 bathtub)……414-02……四一二
はすっぱ……201-62……一六五
パステルカラー(英 pastel colour)……716-06……八三三
バスト(英 bust)……010-16……二〇
はずみ……815-35……九五三
はずむ(弾)……903-34……一〇二七
パズル(英 puzzle)……617-12……七三四
バスルーム(英 bathroom)……414-01……四一二
はずれる(外)……904-28……一〇三六
はせい(派生)……904-43……一〇三九
はせさんじる(馳参)……113-02……一〇二
はせる(馳)……110-03……八九
はぜる……903-34……一〇二七
はそん(破損)……909-09……一〇六八
はた(畑)……505-22……四七四
はた(旗)……608-16……六六六
はた(端)……817-35……九七八
〃……817-62……九八三
はだ(肌)……012-01……二一
〃……201-11……一五四
はだあい(肌合)……111-02……九二
〃……201-11……一五四
はたあげ(旗揚)……509-29……五〇二
〃……814-22……九三五
パターン(英 pattern)……614-21……七一〇
はたいろ(旗色)……509-35……五〇三
〃……804-03……八五七
はだえ……012-01……二一
はたおり(機織)……405-03……三八四
はだか(裸)……001-34……八
〃……501-14……四三九
はだかいっかん(裸一貫)……501-14……四三九
はだぎ(肌着)……401-33……三七五
はたく……101-29……四七
はたけ(畑)……505-22……四七四
はたご(旅籠)……503-39……四五八
はたさしもの(旗指物)……608-18……六六六
はださむい(肌寒)……712-13……八一〇
はだざわり(肌触)……111-02……九二
はだし……009-10……一七
はたしあい(果合)……515-15……五五四
はたして(果)……208-78……二二七
はたじるし(旗印)……608-19……六六七
はたす(果)……814-40……九三八
はたせるかな(果－)……208-78……二二七
はたち(畑地)……505-22……四七四
はたび(旗日)……605-06……六五一
はため(－目)……103-30……六六
はためく……903-35……一〇二七
はたらきかける(働－)……517-80……五九七
はたらきざかり(働盛)……303-17……三三一
はたらきて(働手)……502-46……四五一
はたらく(働)……502-02……四四二
はたん(破綻)……915-01……一〇九一
はだん(破談)……120-61……一四八
はち(八)……808-02……八八五
はち(鉢)……410-06……四〇〇
ばち(罰)……520-65……六一五
はちあわせ(鉢合)……516-02……五六七
ばちがい(場違)……519-12……六〇一
はちまき(鉢巻)……403-05……三七九
はちまん(八幡)……604-64……六四八
ばつ……608-01……六六三
ばつ(跋)……610-11……六七五
ばつ(罰)……520-62……六一四
ばつ(閥)……504-39……四六九
はつあん(発案)……208-16……二一三
〃……613-23……七〇〇
はついく(発育)……013-01……二三
はつおん(発音)……607-20……六六一
はつおん(撥音)……607-17……六六〇
はつおんびん(撥音便)……607-18……六六〇
はっか(発火)……714-02……八二三
はつが(発芽)……720-31……八四五
はっかい(発会)……814-23……九三五
はっかく(発覚)……514-12……五四七
はっかん(発刊)……619-17……七五〇
はっかん(発汗)……015-05……二六
はっき(発揮)……514-07……五四六
はっきょう(発狂)……209-58……二四一
はっきり……810-44……九一六
パッキング(英 packing)……419-43……四三一
バック(英 back)……817-07……九七二
バッグ(英 bag)……403-22……三八一
バックアップ(英 back up)……517-54……五九二
〃……620-41……七六二
はっくつ(発掘)……517-78……五九七
ばつぐん(抜群)……818-41……九九六
はっけん(発見)……220-23……三〇一
はつげん(発言)……612-05……六八四
はつげん(発現)……514-11……五四六
はつご(初子)……311-06……三四六
ばっこ(跋扈)……915-09……一〇九三
はつこい(初恋)……216-01……二六六
はっこう(発行)……619-17……七五〇
はっこう(発酵)……908-52……一〇六五

はっこう（薄幸）……318-09……三六一
はっこうじょ（発行所）……619-26……七五一
はつごおり（初氷）……707-27……七八九
はっこつ（白骨）……304-31……三一九
ばっさい（伐採）……505-47……四七七
ばっさり……101-61……一五四
はっさん（発散）……904-41……一〇三九
バッジ（英 badge）……608-27……六六八
はつしも（初霜）……713-53……八一九
はっしゃ（発射）……510-41……五一二
はっしょう（発祥）……514-11……五四六
ばっしょう（跋渉）……113-21……一〇六
はっしん（発信）……618-44……七四七
はっしん（発疹）……017-29……一三
ばっすい（抜粋）……609-19……六七一
ハッスル（英 hustle）……219-16……二九二
はっする（発）……814-17……九三四
ばっする（罰）……602-46……六三〇
はっせい（発生）……911-08……一〇七四
はっせい（発声）……108-01……一七
はっそう（発想）……208-08……二一一
ばっそく（罰則）……520-64……六一五
はったつ（発達）……914-01……一〇八六
はったり……807-13……八八一
パッチ……401-37……三七六
ばってき（抜擢）……517-76……五九七
はってん（発展）……914-01……一〇八六
はってんとじょうこく（発展途上国）……507-08……四八五
はっと（法度）……508-01……四九二
ばっとう（抜刀）……510-38……五一二
はつなつ（初夏）……710-09……七九五
はつばい（発売）……512-03……五二三
はつはる（初春）……710-19……七九六
はつひので（初日-出）……701-07……七六五
はっぴょう（発表）……514-03……五四五
はつびょう（発病）……017-09……三〇
ばつびょう（抜錨）……505-52……四七七
はっぷ（発布）……618-08……七四一
はっぷん（発奮）……219-17……二九二
ばつぶん（跋文）……610-11……六七五
はつほ（初穂）……720-23……八四四
はっぽう（八方）……817-53……九八一
はっぽう（発砲）……510-41……五一二
はっぽうやぶれ（八方破れ）……203-19……一七一
はつまご（初孫）……312-01……三四九
はつめい（発明）……207-38……二〇六
はつもん（発問）……613-42……七〇四
はつゆき（初雪）……713-58……八二〇
はつらつ（溌剌）……219-05……二九〇
はつろ（発露）……514-07……五四六
はて（果）……814-30……九三六
はで……206-15……一九八
〃……501-21……四四二
はてし（果-）……814-30……九三六
はてしない（果無）……809-15……九〇二
はでやか……206-15……一九八
はてる（果）……304-03……三一四
ばてる……111-27……九五
はてんこう（破天荒）……819-43……一〇〇七
はとう（波濤）……703-10……七七四
ばとう（罵倒）……517-21……五八五
はとこ……314-15……三五三
はとは（-派）……507-35……四八八
はとば（波止場）……505-65……四七九
はどめ（歯止）……418-05……四二三
パトロール（英 patrol）……509-50……五〇五
パトロン（フランス patron）……511-36……五二〇
はな（花）……815-55……九五八
はな（洟）……015-13……一二七
はな（端）……814-13……九三三
はな（鼻）……005-01……一三
はながた（花形）……615-41……七三三
はながみ（鼻紙）……419-19……四二七
はなぐすり（鼻薬）……513-31……五四二
はなくそ（鼻糞）……015-13……一二七
はなぐもり（花曇）……713-11……八一三
はなくよう（花供養）……605-14……六五二
はなごえ（鼻声）……108-01……一七
はなさき（鼻先）……005-03……一三
はなし（話）……613-19……六九九
はなしあい（話合）……613-19……六九九
はなしあう（話合）……612-10……六八五
はなしがい（放飼）……505-42……四七六
はなしことば（話言葉）……607-03……六五八
はなして（話手）……612-67……六九四
はなじる（鼻汁）……015-13……一二七
はなす（放）……109-19……八三
はなす（話）……612-01……六八三
はなす（離）……904-30……一〇三六
はなすじ（鼻筋）……005-02……一三
はなぞの（花園）……413-04……四一一
はなたば（花束）……419-30……四二九
はなだより（花便）……618-34……七四六
はなぢ（鼻血）……018-06……一三五
はなつ（放）……109-19……八三
はなっぱし（鼻-）……201-48……一六二
はなっぱしら（鼻柱）……201-48……一六二
はなつまみ（鼻-）……216-24……二七〇
はなづら（鼻面）……005-03……一三
はなにつく（鼻-）……105-02……六九
はなばしら（鼻柱）……005-02……一三
はなはだ……819-33……一〇〇四
はなはだしい（甚）……819-40……一〇〇六
はなばなしい（華華）……206-15……一九八
はなびえ（花冷）……712-15……八一〇
はなまち（花街）……705-08……七七九
はなみ（花見）……617-29……七三七
はなみ（歯並）……006-05……一四
はなみず（鼻水）……015-13……一二七
はなむけ……115-40……一二七
はなむこ（花婿）……308-13……三四〇
はなやか（華）……206-15……一九八
はなよめ（花嫁）……308-11……三四〇
はならび（歯並）……006-05……一四
はなれ（離）……412-11……四〇七
ばなれ（場慣）……602-10……六二三
はなれじま（離島）……702-08……七六八
はなればなれ（離離）……904-31……一〇三六
はなれる（放）……109-19……八三
はなれる（離）……904-30……一〇三六
はなれわざ（離業）……615-50……七三三
はなわ（花輪）……419-30……四二九
はにかむ……217-24……二八〇
パニック（英 panic）……509-34……五〇三
はね（羽）……719-07……八四〇
〃……719-08……八四一
ばね……418-06……四二三
はねあがる（跳上）……110-06……八九
はねあげる（跳上）……110-06……八九
はねかえす（-返）……101-30……四七
はねつける……517-68……五九五
はねのける……101-30……四七
はねばし（跳橋）……707-09……七八七

ハネムーン（英 honeymoon）……617-21……七三五
はねる（刎）……101-52……五一
はねる（跳）……110-05……八九
〃……903-34……一〇二七
パノラマ（英 panorama）……614-09……七〇八
はは（母）……310-02……三四四
〃……802-04……八五三
はば（幅）……808-21……八八九
ばば……016-01……二八
〃……303-24……三二二
パパ（英 papa）……310-09……三四五
ばばあ……303-24……三二二
ははうえ（母上）……310-03……三四四
ははおや（母親）……310-02……三四四
ははかた（母方）……314-10……三五三
はばかり（憚）……412-19……四〇八
はばかる（憚）……205-51……一九四
ははぎみ（母君）……310-04……三四四
ははご（母御）……310-04……三四四
はばつ（派閥）……504-39……四六九
はばむ（阻）……120-42……一四四
はびこる……720-42……八四七
〃……915-10……一〇九三
パブ（英 pub）……503-45……四五九
はぶく（省）……913-27……一〇八四
ハプニング（英 happening）……518-05……五九八
はへい（派兵）……509-28……五〇二
はへん（破片）……805-46……八七二
はま（浜）……703-07……七七三
はまべ（浜辺）……703-07……七七三
はまりやく（－役）……818-17……九九二
はまる……906-07……一〇四七
はむかう（歯向）……515-19……五五五
はめこむ（－込）……906-07……一〇四七
はめつ（破滅）……913-23……一〇八三
はめる……906-07……一〇四七
ばめん（場面）……615-11……七一七
はもの（葉物）……720-27……八四五
はやあし（早足）……110-09……九〇
はやい（速）……204-01……一七六
はやおき（早起）……112-38……一〇二
はやがてん（早合点）……208-47……二二〇
はやく（破約）……120-61……一四八
〃……517-35……五八八
はやく（端役）……615-35……七二一
はやさ（速－）……808-34……八九一
はやし（林）……720-44……八四七
はやじに（早死）……301-05……三〇四
はやじも（早霜）……713-53……八一九
はやす（生）……720-39……八四七
はやす（囃）……517-07……五八三
〃……614-33……七一二
はやて（疾風）……713-45……八一八
はやとちり（早－）……208-47……二二〇
はやね（早寝）……112-15……九八
はやのみこみ（早込）……208-47……二二〇
はやびけ（早引）……502-33……四四八
はやまる（早）……814-67……九四四
はやみち（早道）……113-11……一〇四
はやめる（早）……814-67……九四四
はやり……606-19……六五七
はやりすたり……914-21……一〇九一
はやりやまい（－病）……017-07……三〇
はやる……606-19……六五七
はやる（逸）……219-15……二九二
はやわかり（早分）……619-48……七五四
はら（原）……702-15……七六九
はら（腹）……010-09……一九
〃……209-26……二三四
バラード（フランス ballade）……616-22……七二七
はらい（払）……512-61……五三四
はらいこみ（払込）……512-61……五三四
はらいさげる（払下）……512-03……五二三
はらいせ（腹－）……216-41……二七四
はらいっぱい（腹一杯）……111-22……九五
はらいのける（払－）……101-29……四七
はらいもどし（払戻）……115-36……一二六
ばらいろ（薔薇色）……716-23……八三六
はらう（払）……101-29……四七
〃……120-47……一四五
〃……512-60……五三四
バラエティー（英 variety）……615-48……七二三
〃……804-18……八六〇
はらきり（腹切）……304-24……三三七
はらくだし（腹下）……017-17……三一
はらくだり（腹下）……017-17……三一
パラグラフ（英 paragraph）……610-12……六七六
はらぐろい（腹黒）……201-68……一六六
はらごしらえ（腹拵）……406-01……三八七
はらす（腫）……017-31……三三
ばらす……514-15……五四七
〃……909-01……一〇六七
ばらせん（－銭）……513-05……五三八
パラソル（英 parasol）……403-15……三八〇
パラダイス（英 paradise）……604-46……六四五
はらだたしい（腹立）……212-09……二五八
はらだち（腹立）……212-01……二五七
はらちがい（腹違）……315-06……三五五
バラック（英 barrack）……411-04……四〇三
ぱらつく……713-36……八一六
はらっぱ（原－）……702-15……七六九
はらづもり（腹積）……209-32……二三五
パラドックス（英 paradox）……613-16……六九八
はらばい（腹這）……112-34……一〇一
はらはら……210-10……二四四
〃……903-31……一〇二六
ばらばら……713-38……八一七
〃……904-31……一〇三六
ぱらぱら……504-27……四六七
〃……713-38……八一七
はらぺこ（腹－）……111-18……九四
ばらまく……109-34……八六
はらむ（孕）……019-02……三六
はらわた（腸）……011-01……二〇
〃……209-27……二三四
はらん（波乱）……515-13……五五四
バランス（英 balance）……917-01……一〇九六
はり（針）……405-09……三八五
はり（張）……219-31……二九五
ばり（罵詈）……517-22……五八六
はりあい（張合）……219-31……二九五
はりあう（張合）……515-22……五五六
はりあげる（張上）……108-06……七八
はりがね（針金）……416-27……四一八
ばりき（馬力）……101-43……五〇
はりきる（張切）……219-11……二九一
はりしごと（針仕事）……405-01……三八四

ばりぞうごん(罵詈雑言)……517-22……五八六
はりだす(張出)……602-39……六二八
はりつめる(張詰)……220-09……二九八
バリュー(英 value)……818-07……九九〇
はる(春)……710-03……七九四
はる(張)……109-39……八七
〃……906-11……一〇四八
はるか(遥)……817-42……九七九
バルコニー(英 balcony)……412-23……四〇八
はるさき(春先)……710-04……七九五
はるばる(遥遥)……817-42……九七九
はれ(晴)……713-03……八一二
ばれい(馬齢)……303-03……三〇八
バレーボール(アメリカ volleyball)……620-42……七六三
はれぎ(晴着)……401-04……三七二
はれつ(破裂)……909-14……一〇七〇
はればれ(晴晴)……201-39……一六〇
はれま(晴間)……713-06……八一二
はれやか(晴ー)……201-39……一六〇
はれる(晴)……713-07……八一二
はれる(腫)……017-31……三三
ばれる……514-12……五四七
はれわたる(晴渡)……713-07……八一二
はれんち(破廉恥)……217-29……二八一
はろう(波浪)……703-09……七七四
はろう(破牢)……520-78……六一六
バロック(フランス baroque)……804-24……八六一
パロディー(英 parody)……616-42……七三〇
パワー(英 power)……101-43……五〇
はん(判)……608-11……六六五
はん(班)……504-30……四六七
はん(斑)……614-23……七一〇
はん(範)……804-08……八五八
ばん(晩)……711-47……八〇五
ばん(番)……509-49……五〇五
〃……817-71……九八五
はんあい(汎愛)……216-12……二六八
はんい(範囲)……805-04……八六三
はんいご(反意語)……607-13……六六〇
はんえい(反映)……715-27……八三二
はんえい(繁栄)……914-05……一〇八七
ばんかい(挽回)……908-16……一〇五六
はんかがい(繁華街)……705-07……七七九
はんがく(半額)……512-40……五三〇
ばんがさ(番傘)……403-15……三八〇
ばんがた(晩方)……711-44……八〇四
ハンカチ……402-07……三七七
はんかつう(半可通)……217-13……二七八
ばんから(蛮ー)……204-30……一八二
はんかん(反感)……216-38……二七三
はんかんはんみん(半官半民)……505-15……四七二
はんき(反旗)……608-16……六六六
はんき(半季)……711-10……七九九
はんき(半期)……711-10……七九九
はんき(半旗)……608-16……六六六
ばんき(晩期)……815-56……九五九
はんぎゃく(反逆)……517-33……五八八
はんきょう(反響)……717-08……八三九
バンク(英 bank)……512-18……五二六
パンク(英 puncture から)……909-11……一〇六九
ばんぐみ(番組)……615-07……七一六
はんぐん(反軍)……509-43……五〇四
はんげき(反撃)……509-21……五〇一
はんけつ(判決)……613-25……七〇〇
はんげん(半減)……913-17……一〇八二
はんこ(判子)……608-11……六六五
はんご(反語)……611-09……六八二
はんこう(反抗)……515-19……五五五
はんこう(反攻)……509-21……五〇一
はんこう(犯行)……520-19……六〇七
ばんこう(蛮行)……520-28……六〇九
ばんごう(番号)……808-71……八九九
ばんこく(万国)……507-02……四八四
ばんこくき(万国旗)……608-17……六六六
はんこつ(反骨)……219-03……二八九
ばんこつ(万骨)……304-31……三一九
ばんごはん(晩御飯)……406-06……三八八
はんごろし(半殺)……520-40……六一一
はんさ(煩瑣)……210-30……二四八
はんざい(犯罪)……520-19……六〇七
はんざつ(煩雑)……210-30……二四八
ハンサム(英 handsome)……306-21……三三六
はんさよう(反作用)……916-02……一〇九五
ばんさん(晩餐)……406-06……三八八
ばんじ(万事)……805-27……八六六
はんしゃ(反射)……715-11……八二九
ばんしゃ(万謝)……515-70……五六五
ばんじゃく(磐石)……709-06……七九三
ばんしゅう(晩秋)……710-14……七九六
ばんしゅん(晩春)……710-05……七九五
はんしょう(反証)……806-21……八七八
はんしょう(反照)……715-10……八二九
はんしょう(半焼)……714-14……八二五
はんしょう(半鐘)……419-23……四二八
はんじょう(繁盛)……914-05……一〇八七
ばんしょう(万障)……519-06……六〇〇
ばんしょう(晩鐘)……604-55……六四七
はんしょく(繁殖)……913-08……一〇八〇
はんしんはんぎ(半信半疑)……208-68……二三五
はんすう(反芻)……106-04……七一
ハンスト……502-34……四四九
はんする(反)……517-34……五八八
はんせい(反省)……214-08……二六三
はんせん(反戦)……509-43……五〇四
はんぜん(判然)……810-47……九一七
ばんぜん(万全)……819-16……一〇〇〇
はんそ(反訴)……508-19……四九五
はんそう(搬送)……505-80……四八一
はんそく(反則)……620-27……七六〇
はんた(繁多)……519-25……六〇三
ハンター(英 hunter)……503-26……四五五
はんたい(反対)……817-08……九七二
はんだい(飯台)……417-02……四一九
はんたいご(反対語)……607-13……六六〇
はんたいしょく(反対色)……716-05……八三三
はんだくおん(半濁音)……607-17……六六〇
パンタロン(フランス pantalon)……401-21……三七四
はんだん(判断)……208-28……二二六
ばんち(番地)……817-72……九八五
パンチ(英 punch)……101-57……五三
〃……109-40
ばんちゃ(番茶)……407-25……三九二
はんちゅう(範疇)……804-12……八五九
ハンチング(英 hunting cap から)……403-02……三七八
パンツ(アメリカ pants)……401-21……三七四
〃……401-36……三七六

はんてい(判定)……208-30……二一七
パンティー(英 panty)……401-35……三七六
はんてん(反転)……902-06……一〇一七
はんてん(半纏)……401-23……三七四
はんてん(斑点)……614-23……七一〇
バンド(英 band)……403-21……三八一
〃……614-34……七一二
はんとう(半島)……702-06……七六八
ばんとう(番頭)……511-37……五二〇
はんどく(判読)……609-09……六六九
はんとし(半年)……711-10……七九九
ハンドブック(英 handbook)……619-47……七五四
ハンドボール(英 handball)……620-42……七六三
ハンドル(英 handle)……419-27……四二八
はんどん(半－)……502-27……四四七
ばんなん(万難)……519-06……六〇〇
はんにん(犯人)……520-53……六一三
ばんにん(万人)……808-65……八九八
ばんにん(番人)……509-54……五〇六
はんね(半値)……512-40……五三〇
ばんねん(晩年)……303-21……三二一
はんのう(反応)……613-52……七〇六
ばんのう(万能)……207-04……一九九
はんば(飯場)……411-15……四〇四
はんぱ(半端)……819-22……一〇〇二
はんばい(販売)……512-03……五二三
はんばく(反駁)……613-06……六九七
ばんばん(万万)……208-53……二二一
ばんぱん(万般)……805-09……八六四
はんびょうにん(半病人)……017-35……三四
はんぷく(反復)……912-13……一〇七八
パンプス(英 pumps)……403-12……三七九
ばんぶつ(万物)……718-01……八三九
パンフレット(英 pamphlet)……619-50……七五四
はんぶん(半分)……805-33……八六九
ばんぺい(番兵)……510-16……五〇八
はんべつ(判別)……208-64……二二四
はんぼう(繁忙)……519-25……六〇三
ばんぽう(万邦)……507-02……四八四
はんぽん(版本)……619-32……七五二
ハンマー(英 hammer)……416-18……四一七
ばんみん(万民)……507-46……四九一
ばんめし(晩飯)……406-06……三八八
はんめん(反面)……805-38……八七〇
はんめん(半面)……805-38……八七〇
はんも(繁茂)……720-42……八四七
はんもく(反目)……515-11……五五三
はんもと(版元)……619-26……七五一
はんもん(煩悶)……211-06……二五五
ばんゆう(蛮勇)……204-24……一八〇
はんよう(繁用)……519-25……六〇三
はんら(半裸)……001-34……八
はんらん(反乱)……517-33……五八八
はんらん(氾濫)……319-09……三六三
はんりょ(伴侶)……309-02……三四一
〃……915-09……一〇九三
はんろん(反論)……613-06……六九七
はんろん(汎論)……613-13……六九八

ひ

ひ(日)……701-06……七六五
ひ(日)……711-19……八〇〇
〃……711-41……八〇四
ひ(比)……919-06……一一〇六
ひ(火)……714-01……八二三
ひ(灯)……715-03……八二七
ひ(非)……807-19……八八三
ひ(碑)……708-13……七九二
ひあい(悲哀)……210-41……二五〇
ひあがる(干上)……713-69……八二二
ひあそび(火遊)……307-03……三三七
ひあたり(日当)……817-87……九八八
ピーアール(PR)……619-12……七四九
ひいき……216-16……二六九
ビーきゅう(B級)……819-19……一〇〇一
ピーク(英 peak)……815-54……九五八
ピース(英 peace)……509-41……五〇四
ひいでる(秀)……818-36……九九五
ビート(英 beat)……614-28……七一一
ひいまご(－孫)……312-02……三四九
ひいろ(緋色)……716-20……八三五
ヒーロー(英 hero)……305-17……三三三
〃……616-46……七三一
ひうん(非運)……318-08……三六〇
ひうん(悲運)……318-08……三六〇
ひえこむ(冷込)……712-13……八一〇
ひえびえ(冷冷)……712-14……八一〇
ひえる(冷)……712-16……八一〇
ピエロ(フランス pierrot)……615-39……七二一
ひおおい(日覆)……417-13……四二〇
ひか(悲歌)……614-38……七一三
ひがい(被害)……519-23……六〇三
ひかえ(控)……120-20……一四〇
ひかえめ(控－)……205-47……一九三
ひかえる(控)……205-51……一九四
〃……609-17……六七一
ひかく(比較)……919-10……一一〇六
ひかく(皮革)……419-21……四二七
ひかくてき(比較的)……805-23……八六七
ひかげ(日陰)……817-88……九八八
ひかげ(日影)……715-09……八二九
ひがさ(日傘)……403-15……三八〇
ひがし(東)……817-66……九八四
ひかず(日数)……711-27……八〇一
ぴかぴか……715-07……八二八
ひがみ……216-30……二七二
ひがむ……204-32……一八二
ひからす(光)……715-23……八三一
ひからびる(干)……713-69……八二二
ひかり(光)……715-01……八二七
ぴかり……715-07……八二八
ひかる(光)……715-22……八三一
ひかん(悲観)……214-02……二六一
ひがん(悲願)……218-07……二八三
びかん(美観)……708-04……七九一
びがん(美顔)……102-09……五六
ひき(悲喜)……210-42……二五〇
びぎ(美技)……620-25……七六〇
ひきあい(引合)……611-14……六八三
ひきあげる(引上)……113-34……一〇九
〃……517-79……五九七
ひきあてる(引当)……919-10……一一〇六
ひきあわせる(引合)……515-28……五五七
ひきいる(率)……919-11……一一〇六
〃……516-37……五七四
ひきいれる(引入)……906-03……一〇四六
ひきうける(引受)……502-20……四四六
ひきおこす(引起)……101-01……四一
〃……911-07……一〇七四
ひきかえす(引返)……113-12……一〇四
ひきかえる(引換)……908-22……一〇五七

ひきがね(引金)……420-18……四三五
〃……813-03……九二九
ひきくらべる(引比)……919-10……一一〇六
ひきこむ(引込)……906-03……一〇四六
ひきこもる……907-05……一〇五二
ひきころす(轢殺)……520-37……六一〇
ひきさがる(引下)……113-34……一〇九
ひきさく(引裂)……904-50……一〇四〇
ひきしお(引潮)……703-13……七七四
ひきしぼる(引ー)……109-30……八五
ひきしまる(引締)……109-29……八五
ひきしめる(引締)……109-28……八五
〃……501-18……四四一
ひぎしゃ(被疑者)……520-54……六一三
ひきずる(引ー)……109-08……八〇
ひきたつ(引立)……514-05……五四五
ひきたてやく(引立役)……502-17……四四五
ひきたてる(引立)……515-55……五六二
〃……517-79……五九七
ひきちゃ(挽茶)……407-25……三九二
ひきつぐ(引継)……315-08……三五五
ひきつける(引付)……109-09……八一
ひきつづき(引続)……815-63……九六〇
ひきつづく(引続)……904-18……一〇三四
ひきつれる(引連)……516-37……五七四
ひきとる(引取)……113-34……一〇九
ビギナー(英 beginner)……305-32……三二五
ひきぬく(引抜)……118-02……一三三
ひきのける(引ー)……120-48……一四五
ひきのばす(引ー)……908-29……一〇五九
ひきはがす(引剥)……120-56……一四七
ひきはなす(引離)……904-34……一〇三七
ひきはらう(引払)……113-34……一〇九
ひきまく(引幕)……615-29……七二〇
びきょ(美挙)……114-13……一一五
ひきょう(比況)……611-06……六八一
ひきょう(卑怯)……203-41……一七六
ひきよせる(引寄)……109-09……八一
ひきわけ(引分)……620-24……七六〇
ひきわたす(引渡)……115-15……一二三
ひきん(卑近)……817-38……九七九
ひきんぞく(卑金属)……420-16……四三五
ひく(引)……109-08……八〇
〃……913-13……一〇八一
ひく(弾)……614-33……七一二
ひく(碾)……909-02……一〇六七
びく(比丘)……604-65……六四八
ひくい(低)……809-13……九〇一
びくしょう(微苦笑)……102-21……五八
ひくつ(卑屈)……205-33……一九〇
びくつく……215-02……二六四
ピクニック(英 picnic)……617-28……七三七
びくびく……204-33……一八二
ひぐれ(日暮)……711-44……八〇四
ひげ(髭)……007-05……一四
ひげ(卑下)……205-46……一九三
ピケ……509-49……五〇五
びけい(美景)……708-05……七九二
ひげき(悲劇)……518-06……五九九
〃……615-05……七一六
ひけし(火消)……714-16……八二六
ひけつ(秘訣)……601-19……六二〇
ひけめ(引目)……217-21……二八〇
ひけらかす……217-20……二八〇
ひけん(比肩)……918-11……一一〇〇
ひこ……312-02……三四九
ひご(庇護)……120-36……一四三
ひこう(非行)……520-28……六〇九
ひこう(飛行)……903-32……一〇二六
ひごう(非業)……208-77……二二七
びこう(尾行)……113-23……一〇七
びこう(備考)……610-13……六七六
びこう(微行)……514-24……五四九
ひこうき(飛行機)……505-66……四七九
ひこうじょう(飛行場)……505-67……四七九
ひごうほう(非合法)……508-12……四九四
ひごうり(非合理)……806-14……八七七
ひごと(日ー)……711-25……八〇一
ひこばえ……720-04……八四二
ひごろ(日頃)……815-25……九五一
ひざ(膝)……009-06……一七
ひさい(非才)……207-11……二〇一
ひさい(被災)……519-23……六〇三
びさい(微細)……809-38……九〇七
びざい(微罪)……520-19……六〇七
ひざがしら(膝頭)……009-06……一七
ひさかたぶり(久方振)……816-37……九七一
ひさく(秘策)……208-19……二一三
ひさぐ……512-03……五二三
ひざこぞう(膝小僧)……009-06……一七
ひさし(庇)……412-28……四〇九
ひざし(日差)……715-09……八二九
ひさしい(久)……816-37……九七一
ひさしぶり(久振)……816-37……九七一
ひざづめ(膝詰)……101-09……四三
ひさびさ(久久)……816-37……九七一
ひざまくら(膝枕)……112-30……一〇〇
ひざまずく(跪)……101-05……四二
ひさめ(氷雨)……713-20……八一四
ひさん(悲惨)……210-54……二五三
ひじ(肘)……008-05……一五
びじ(美辞)……205-35……一九一
びしつ(美質)……201-06……一五三
ビジネス(英 business)……502-01……四四二
ビジネスマン(英 business-man)……503-01……四五一
〃……503-11……四五三
ひじまくら(肘枕)……112-30……一〇〇
ひしめく……504-23……四六六
ひしゃく(柄杓)……410-19……四〇二
びしゃびしゃ……713-68……八二二
びじゅつ(美術)……614-02……七〇七
ひじゅん(批准)……517-60……五九三
ひしょ(秘書)……503-15……四五三
びじょ(美女)……306-10……三三四
ひしょう(飛翔)……903-32……一〇二六
ひじょう(非常)……810-59……九二〇
ひじょう(非情)……205-20……一八八
びしょう(微小)……809-07……九〇一
びしょう(微少)……808-49……八九四
びしょう(微笑)……102-19……五七
ひじょうきん(非常勤)……502-26……四四七
ひじょうぐち(非常口)……412-24……四〇八
ひじょうじ(非常時)……519-16……六〇二
ひじょうしき(非常識)……520-30……六〇九
びしょうじょ(美少女)……306-10……三三四
ひじょうせん(非常線)……509-51……五〇五
ひじょうに(非常ー)……819-33……一〇〇四
びしょうねん(美少年)

……306-21……三三六
びじょうふ(美丈夫)……306-21……三三六
びしょく(美食)……406-09……三八八
びしょぬれ(－濡)……713-65……八二一
びしょびしょ……713-68……八二二
ひじり(聖)……604-71……六四九
びじん(美人)……306-10……三三四
びすい(微酔)……409-18……三九八
ヒステリック(英 hysteric)
……201-55……一六三
ピストル(オランダ pistool)
……510-21……五〇九
ひずみ……908-39……一〇六二
ひずむ……908-38……一〇六二
ひする(比)……919-10……一一〇六
びせい(美声)……108-01……七七
ひせん(卑賤)……511-18……五一七
ひそう(皮相)……817-77……九八六
ひそう(悲壮)……819-37……一〇〇五
ひそう(悲愴)……210-35……二四九
ひぞう(秘蔵)……116-09……一三一
ひそか……810-09……九〇九
ひぞく(卑俗)……202-06……一六七
びぞく(美俗)……606-16……六五七
ひぞっこ(秘蔵子)……311-15……三四八
ひそひそ……612-50……六九一
ひそむ(潜)……514-26……五四九
ひそやか……810-10……九〇九
ひだ……405-07……三八五
ひたい(額)……003-07……一一
びたい(媚態)……205-07……一八五
びだくおん(鼻濁音)……607-17……六六〇
ひたす(浸)……903-28……一〇二五
ひたすら……219-32……二九五
ひだまり(日溜)……817-87……九八八
ひたむき……219-32……二九五
ひだり(左)……817-22……九七五
ひだりがわ(左側)……817-22……九七五
ひだりきき(左利)……409-15……三九七
ひだりづま(左褄)……503-24……四五五
ひだりて(左手)……817-22……九七五
ひだりまえ(左前)……914-14……一〇八九
ひたる(浸)……903-28……一〇二五
ひたん(悲嘆)……210-56……二五四
びちく(備蓄)……512-19……五二六
びちゃびちゃ……713-68……八二二
ひつう(悲痛)……210-35……二四九
ひっかく(引掻)……109-22……八四
ひっかぶる(引被)……102-01……五四
ひっき(筆記)……609-13……六七〇
ひつぎ(柩)……605-23……六五四
ひっきりなし(引－無)
……815-64……九六〇
ひっくくる……109-10……八一
ビッグサイズ(英 big-size)
……809-04……九〇〇
びっくり……210-05……二四三
ひっくりかえす(－返)
……902-07……一〇一七
ひつけ(火付)……714-18……八二六
ひづけ(日付)……815-05……九四七
ひっけい(必携)……109-06……八〇
ひっこし(引越)……119-09……一三五
ひっこみじあん(引込思案)
……201-51……一六三
ひっこむ(引込)……113-34……一〇九
〃……811-16……九二四
ひっさい(筆才)……207-37……二〇五
ひっさつ(必殺)……520-36……六一〇
ひっし(必死)……219-27……二九四
ひっし(必至)……613-29……七〇一
ひっしゃ(筆写)……609-28……六七二
ひっしゃ(筆者)……616-47……七三一
ひつじゅ(必需)……818-33……九九五
ぴっしょり……713-68……八二二
びっしり……906-24……一〇五〇
ひっす(必須)……818-32……九九五
ひっせい(畢生)……302-04……三〇七
ひっせい(筆勢)……614-53……七一四
ひっせき(筆跡)……614-52……七一四
ひつぜつ(筆舌)……611-01……六八〇
ひつぜん(必然)……613-29……七〇一
ひっそり……810-10……九〇九
ひったくる……109-07……八〇
ぴったり……818-19……九九二
ひっち(筆致)……614-49……七一四
ピッチ(英 pitch)……808-34……八九一
ヒッチハイク(アメリカ hitchhike)
……617-24……七三六
ひっつく……905-02……一〇四二
ひってき(匹敵)……918-11……一一〇〇
ヒット(英 hit)……620-37……七六二
ひっぱたく……109-39……八七
ひっぱる(引張)……109-09……八一
〃……520-56……六一三
ヒップ(英 hip)……010-18……二〇
ひっぷ(匹夫)……305-55……三三〇
ひっぽう(筆法)……609-26……六七二
ひっぽう(筆鋒)……614-51……七一四
ひつめい(筆名)……320-06……三六五
ひつよう(必要)……818-32……九九五
ひつりょく(筆力)……614-53……七一四
ひつろく(筆録)……616-14……七二六
ひてい(否定)……120-62……一四八
ビデオ(英 video)……619-11……七四九
ひでり(日照)……713-09……八一三
ひでん(秘伝)……802-16……八五五
びてん(美点)……818-06……九九〇
ひでんか(妃殿下)……511-30……五一九
ひと(人)……201-01……一五二
〃……305-01……三一九
〃……305-02……三二〇
ひとあしちがい(一足違)
……516-07……五六八
ひとあしらい(人－)……515-59……五六三
ひとあたり(人当)……205-01……一八四
ひとあつめ(人集)……516-68……五八一
ひとあめ(一雨)……713-22……八一五
ひとあんしん(一安心)
……213-06……二五九
ひどい……819-41……一〇〇六
ひといきに(一息－)……815-34……九五三
ひとう(秘湯)……414-04……四一二
ひどう(非道)……520-30……六〇九
びどう(美童)……306-21……三三六
ひとえ(単)……401-27……三七五
ひとえに……805-14……八六五
ひとおじ(人－)……215-07……二六五
ひとがき(人垣)……504-21……四六五
ひとかど……501-13……四三九
ひとかど(一廉)……818-40……九九六
ひとがら(人柄)……201-01……一五二
ひとぎき(人聞)……104-13……六九
ひとく(秘匿)……514-27……五五〇
びとく(美徳)……114-13……一一五
ひとくちばなし(一口話)
……612-59……六九三
ひとくろう(一苦労)……211-01……二五四
ひとごこち(人心地)……209-08……二三一
ひとごころ(人心)……209-08……二三一

ひとこと……612-17……六八六
ひとごと(人事)……514-17……五四八
ひとこま(一齣)……615-11……七一七
ひとごみ(人込)……504-24……四六六
ひとごろし(人殺)……520-34……六一〇
ひとさしゆび(人差指)
……008-09……一六
ひとざと(人里)……705-11……七七九
ひとさらい(人－)……520-43……六一一
ひとしい(等)……918-03……一〇九八
ひとしきり……815-38……九五四
ひとじち(人質)……520-77……六一六
ひとしなみ(等並)……819-02……九九八
ひとすじ(一筋)……219-32……二九五
ひとだかり(人－)……504-21……四六五
ひとだすけ(人助)……517-57……五九二
ひとたび……815-13……九四八
ひとだま(人魂)……604-39……六四四
ひとつ(一－)……205-44……一九二
〃……808-02……八八五
〃……918-03……一〇九八
ひとづかい(人使)……117-04……一三三
ひとづき(人付)……205-01……一八四
ひとづきあい(人付合)
……515-01……五五〇
ひとつこと(一事)……820-06……一〇一二
ひとづて(人－)……618-24……七四四
ひとつひとつ(一一)……805-42……八七一
ひとつぶだね(一粒種)
……311-10……三四七
ひとづま(人妻)……309-05……三四二
ひとで(人手)……502-46……四五一
ひとで(人出)……504-21……四六五
ひととおり(－通)……805-26……八六八
〃……918-18……一一〇一
ひとどおり(人通)……504-21……四六五
ひととき(一時)……815-38……九五四
ひととなり(人－)……201-01……一五二
ひとなか(人中)……506-01……四八二
ひとなみ(人並)……918-13……一一〇〇
ひとなみ(人波)……504-21……四六五
ひとねいり(－寝入)……112-11……九八
ひとねむり(－眠)……112-11……九八
ひとのみ(一飲)……409-10……三九六
ひとひ(一日)……711-26……八〇一
ひとびと(人人)……808-64……八九七
ひとふで(－筆)……610-29……六七九
ひとほね……211-02……二五四
ひとまかせ(人任)……218-13……二八四
ひとまず……816-24……九六七
ひとまね(人－)……918-21……一一〇二
ひとまわり(一回)……902-09……一〇一八
ひとみ(瞳)……004-02……一一
ひとむかし(一昔)……816-06……九六三
ひとめ(一目)……103-20……六四
ひとめ(人目)……103-07……六二
ひともしころ(火－)……711-44……八〇四
ひとやく(－役)……502-13……四四五
ひとやすみ(－休)……020-18……四〇
ひとよせ(人寄)……516-68……五八一
ひとり(一人)……808-66……八九八
〃……808-67……八九八
〃……808-69……八九八
ひとりあるき(独歩)……501-10……四三九
ひとりがてん(独合点)
……208-47……二二〇
ひとりぎめ(独決)……220-12……二九八
ひとりぐらし(一人暮)
……501-11……四三九
ひとりごと(独言)……612-51……六九二
ひとりじめ(独占)……116-08……一三〇
ひとりずまい(独住)……501-11……四三九
ひとりだち(独立)……501-10……四三九
ひとりっこ(一人子)……311-10……三四七
ひとりでに(独－)……203-18……一七一
ひとりひとり(一人一人)
……805-41……八七一
ひとりぼっち……808-70……八九九
ひとりみ(独身)……808-69……八九八
ひとりもの(独者)……808-69……八九八
ひな(鄙)……705-12……七七九
ひなか(日中)……711-41……八〇四
ひながた(雛形)……804-09……八五八
ひなた(日向)……817-87……九八八
ひなん(非難)……613-49……七〇五
ひなん(避難)……113-35……一〇九
びなん(美男)……306-21……三三六
びなんし(美男子)……306-21……三三六
ひなんみん(避難民)……305-43……三二七
ひにく(皮肉)……517-32……五八八
ひにち(日－)……711-27……八〇一
ひにひに(日－日－)……815-28……九五二
ひにん(否認)……120-62……一四八
ひにんじょう(非人情)
……205-19……一八七
ひねくる……109-21……八三
ひねくれる……204-32……一八二
ひねもす……711-34……八〇三
ひねる……303-15……三一〇
〃……908-32……一〇六〇
ひのいり(日－入)……701-09……七六六
ひのきぶたい(－舞台)
……615-27……七二〇
ひのし(火熨斗)……419-14……四二六
ひので(日－出)……701-07……七六五
ひのべ(日延)……814-70……九四五
ひのまる(日－丸)……608-17……六六六
ひのみやぐら(火－見－)
……510-49……五一三
ひばいひん(非売品)……420-10……四三三
ひばら(脾腹)……010-10……一九
ひはん(批判)……613-32……七〇二
ひばん(非番)……502-31……四四八
ひび(輝)……012-03……二二
ひび(日日)……711-25……八〇一
びび(微微)……809-07……九〇一
ひびき(響)……717-02……八三七
ひびきわたる(響渡)……717-07……八三八
ひびく(響)……717-07……八三八
びびしい(美美)……206-15……一九八
ひひょう(批評)……613-32……七〇二
びひん(備品)……420-14……四三四
ひふ(皮膚)……012-01……二一
ひふ(被布)……401-17……三七三
ひぶ(日歩)……513-37……五四三
びふう(美風)……606-16……六五七
びふう(微風)……713-42……八一八
ひふく(被服)……401-01……三七一
ひふく(被覆)……419-44……四三一
ひふん(悲憤)……212-04……二五七
びぶん(美文)……611-10……六八二
ひへい(疲弊)……111-25……九五
ひほう(悲報)……318-15……三六二
ひぼう(誹謗)……517-22……五八六
びぼうろく(備忘録)……610-29……六七九
ひぼし(干乾)……111-21……九五
ひぼし(日干)……713-71……八二三
ひぼん(非凡)……818-46……九九七
ひま(暇)……617-05……七三三
ひまご(－孫)……312-02……三四九

ひましに（日増－）……815-28……九五二
ひまつ（飛沫）……707-20……七八八
ひまどる（暇取）……814-75……九四六
ひまん（肥満）……001-25……六
びみ（美味）……107-06……七五
ひみつ（秘密）……514-18……五四八
ひめい（悲鳴）……108-12……七九
びめい（美名）……618-11……七四一
ひめくり（日－）……711-01……七九七
ひめごと（秘事）……514-22……五四九
ひめる（秘）……514-28……五五〇
ひめん（罷免）……517-46……五九〇
ひも（紐）……307-13……三三八
〃……419-03……四二五
ひもく（費目）……820-02……一〇一二
ひもじい……111-19……九四
ひもの（干物）……407-11……三九〇
ひや（冷）……707-32……七九〇
ひやあせ（冷汗）……015-04……二六
ビヤガーデン（英 beer garden）……503-45……四五九
ひやかす（冷－）……517-06……五八二
ひゃく（百）……808-02……八八五
ひやく（飛躍）……110-07……九〇
〃……914-04……一〇八七
ひやく（秘薬）……020-21……四〇
ひゃくしょう（百姓）……505-38……四七六
ひゃくせん（百戦）……509-06……四九八
ひゃくせんひゃくしょう（百戦百勝）……620-14……七五八
ひゃくにんいっしゅ（百人一首）……617-17……七三四
ひゃくぶんひ（百分比）……919-07……一一〇六
ひゃくぶんりつ（百分率）……919-07……一一〇六
ひゃくまんげん（百万言）……612-26……六八七
ひやざけ（冷酒）……409-05……三九六
ひやす（冷）……712-17……八一一
びやだる（－樽）……410-10……四〇〇
ひゃっかじてん（百科事典）……619-45……七五四
ひゃっかぜんしょ（百科全書）……619-45……七五四
ひゃっかてん（百貨店）……503-37……四五七
ひゃっかりょうらん（百花繚乱）……720-35……八四六
ひゃっぱつひゃくちゅう（百発百中）……905-18……一〇四五
ひゃっぱん（百般）……805-09……八六四
ビヤホール（アメリカ beer hall）……503-45……四五九
ひやみず（冷水）……707-32……七九〇
ひやむぎ（冷麦）……407-09……三九〇
ひややか（冷）……205-09……一八五
ひやり……712-14……八一〇
ひゆ（比喩）……611-06……六八一
ひょう（表）……614-16……七〇九
ひょう（票）……507-40……四八九
ひょう（評）……613-32……七〇二
ひょう（雹）……713-20……八一四
ひよう（費用）……513-15……五四〇
びょう（秒）……711-55……八〇六
びょう（廟）……604-62……六四八
びょう（鋲）……416-24……四一八
びよう（美容）……404-09……三八三
ひょういつ（飄逸）……204-14……一七九
びょういん（病因）……017-12……三〇
びょういん（病院）……503-40……四五八
ひょうか（評価）……613-32……七〇二
ひょうが（氷河）……707-28……七九〇
ひょうかい（氷塊）……707-28……七九〇
ひょうき（表記）……609-27……六七二
ひょうぎ（評議）……613-18……六九八
びょうき（病気）……017-01……二九
ひょうきん……810-51……九一八
びょうく（病軀）……001-36……八
ひょうけい（表敬）……515-69……五六五
ひょうけつ（氷結）……707-29……七九〇
ひょうけつ（表決）……613-26……七〇〇
ひょうけつ（票決）……613-26……七〇〇
びょうけつ（病欠）……502-32……四四八
ひょうげん（表現）……611-01……六八〇
びょうげん（病原）……017-12……三〇
ひょうご（標語）……607-11……六五九
ひょうこう（標高）……808-25……八九〇
びょうこん（病根）……017-12……三〇
ひょうさつ（表札）……608-25……六六八
ひょうざん（氷山）……707-28……七九〇
ひょうし（拍子）……614-28……七一一
〃……815-35……九五三
ひょうじ（表示）……602-38……六二八
ひょうじ（標示）……602-38……六二八
びょうし（病死）……304-10……三一五
ひょうしき（標識）……608-01……六六三
ひょうしぬけ（拍子抜）……218-22……二八六
びょうしゃ（描写）……614-09……七〇八
びょうじゃく（病弱）……017-06……三〇
ひょうしゅつ（表出）……611-01……六八〇
びょうしゅつ（描出）……614-09……七〇八
ひょうじゅん（標準）……804-06……八五八
ひょうじゅんご（標準語）……607-06……六五九
ひょうしょう（表象）……804-10……八五九
ひょうしょう（表彰）……520-13……六〇六
ひょうじょう（表情）……102-05……五五
びょうじょう（病状）……017-11……三〇
びょうしん（病身）……001-36……八
ひょうする（表）……612-09……六八五
ひょうせつ（剽窃）……616-40……七三〇
ひょうだい（表題）……610-22……六七七
びょうたい（病体）……001-36……八
びょうたい（病態）……017-11……三〇
ひょうちゅう（氷柱）……707-28……七九〇
ひょうちょう（表徴）……804-10……八五九
ひょうてい（評定）……208-30……二一七
ひょうでん（評伝）……616-10……七二五
びょうどう（平等）……517-04……五八二
びょうどう（廟堂）……604-62……六四八
びょうどく（病毒）……017-12……三〇
びょうにん（病人）……017-35……三四
ひょうはく（表白）……611-01……六八〇
ひょうはく（漂泊）……617-36……七三八
ひょうばん（評判）……618-10……七四一
ひょうひょう（飄飄）……204-14……一七九
びょうびょう（渺渺）……809-17……九〇二
びょうぶ（屛風）……417-09……四二〇
ひょうへん（豹変）……908-10……一〇五五
びょうほう（描法）……614-04……七〇八
びょうぼう（渺茫）……809-17……九〇二
びょうぼつ（病没）……304-10……三一五
ひょうほん（標本）……804-05……八五八
びょうま（病魔）……017-01……二九
ひょうめい（表明）……611-01……六八〇
ひょうめん（表面）……817-75……九八六
ひょうめんか（表面化）……514-04……五四五

ひょうり（表裏）……817-74……九八六
ひょうりゅう（漂流）……617-36……七三八
ひょうろん（評論）……613-32……七〇二
ひょうろんか（評論家）……616-48……七三一
ひよく（肥沃）……702-22……七七〇
びよく（鼻翼）……005-01……一三
ひよけ（日除）……417-13……四二〇
ひょっこり……815-47……九五六
ひょっと……208-73……二三六
ひょっとして……208-85……二三九
ひょっとすると……208-85……二三九
ひよみ（日読）……711-01……七九七
ひより（日和）……713-01……八一一
ひよりみ（日和見）……203-36……一七五
ひょろつく……110-12……九一
ひょろひょろ……001-30……一七
ひょろり……001-30……一七
ひよわ（－弱）……809-36……九〇六
ひよわい（－弱）……809-36……九〇六
びら……619-50……七五四
ひらあやまり（平謝）……515-73……五六六
ひらい（飛来）……903-32……一〇二六
ひらがな（平仮名）……607-27……六六一
ひらき（開）……904-36……一〇三八
ひらく（開）……907-01……一〇五一
ひらしゃいん（平社員）……511-31……五一九
ひらたい（平）……810-33……九一四
〃……811-10……九二三
ひらて（平手）……008-06……一五
ひらべったい（平）……811-10……九二三
ひらめかす（閃）……715-23……八三一
ひらめき……209-10……二三一
ひらめき（閃）……715-02……八二七
ひらめく……208-17……二二三
〃……903-35……一〇二七
ひらめく（閃）……715-22……八三一
びり……814-34……九三七
ピリオド（英 period）……608-05……六六四
ひりき（非力）……207-12……二〇一
ひりつ（比率）……919-06……一一〇六
ひりつく……111-04……九二
びりっけつ……814-34……九三七
ひりひり……111-10……九三
ぴりぴり……111-10……九三
ひりょう（肥料）……505-35……四七五
びりょう（微量）……808-50……八九四
びりょう（鼻梁）……005-02……一三
ひる（昼）……711-41……八〇四
ひるがえす（翻）……902-07……一〇一七
〃……903-35……一〇二七
ひるがえる（翻）……903-35……一〇二七
ひるげ（昼餉）……406-04……三八七
ひるごはん（昼御飯）……406-04……三八七
ひるさがり（昼下）……711-43……八〇四
ひるすぎ（昼過）……711-43……八〇四
ビルディング（英 building）……412-01……四〇五
ひるなか（昼中）……711-41……八〇四
ひるね（昼寝）……112-16……九八
ひるはん（昼飯）……406-04……三八七
ひるま（昼間）……711-41……八〇四
ひるむ……204-35……一八三
ひるめし（昼飯）……406-04……三八七
ひれい（非礼）……515-64……五六四
びれい（美麗）……206-07……一九六
ひれつ（卑劣）……203-41……一七六
ひろい（広）……809-14……九〇二
ヒロイック（英 heroic）……204-25……一八一
ひろいよみ（拾読）……609-07……六六九
ヒロイン（英 heroine）……616-46……七三一
ひろう（拾）……109-31……八六
ひろう（披露）……514-03……五四五
ひろう（疲労）……111-25……九五
びろう（尾籠）……810-30……九一三
ひろがり（広）……808-28……八九〇
ひろがる（広）……908-29……一〇五九
〃……916-04……一〇九六
ひろげる（広）……908-29……一〇五九
ひろこうじ（広小路）……705-27……七八一
ひろさ（広－）……808-28……八九〇
ひろの（広野）……702-15……七六九
ひろば（広場）……413-05……四一一
ひろびろ（広広）……809-14……九〇二
ひろまる（広）……916-04……一〇九六
ひろめる（広）……916-04……一〇九六
ひろやか（広）……809-14……九〇二
ひわ（秘話）……612-62……六九三
ひわい（卑猥）……202-07……一六七
ひん（品）……202-01……一六六
ひん（貧）……501-16……四四〇
びん（敏）……207-47……二〇七
びん（瓶）……410-09……四〇〇
ひんい（品位）……202-01……一六六
ひんかく（品格）……202-01……一六六
びんかつ（敏活）……204-02……一七六
ひんかん（貧寒）……501-16……四四〇
びんかん（敏感）……207-46……二〇七
ひんきゃく（賓客）……516-63……五八〇
ひんきゅう（貧窮）……501-17……四四〇
ひんく（貧苦）……501-17……四四〇
ピンク（英 pink）……716-23……八三六
ひんこう（品行）……114-11……一一五
ひんこん（貧困）……501-17……四四〇
ひんし（品詞）……607-39……六六三
ひんし（瀕死）……017-05……二九
ひんしつ（品質）……818-35……九九五
ひんじゃく（貧弱）……206-17……一九八
ひんしゅ（品種）……804-12……八五九
びんしょう（敏捷）……204-02……一七六
びんじょう（便乗）……516-25……五七二
ひんする（貧）……501-16……四四〇
ひんせい（品性）……202-02……一六六
ひんせい（稟性）……207-08……二〇〇
びんせん（便箋）……419-18……四二七
ひんそう（貧相）……206-17……一九八
びんそく（敏速）……204-02……一七六
ピンチ（英 pinch）……519-13……六〇一
ヒント（英 hint）……602-34……六二七
ひんのう（貧農）……505-38……四七六
ひんぱつ（頻発）……911-11……一〇七五
ピンはね……115-10……一二〇
ひんぱん（頻繁）……815-64……九六〇
ひんぴょう（品評）……208-32……二二七
びんぼう（貧乏）……501-16……四四〇
びんぼうがみ（貧乏神）……604-33……六四三
びんぼうくじ（貧乏－）……617-19……七三五
ピンポン（英 ping-pong）……620-42……七六三
ひんまげる（－曲）……908-34……一〇六一
ひんもく（品目）……820-03……一〇一二
ひんやり……712-14……八一〇
びんらん（紊乱）……509-33……五〇三
びんわん（敏腕）……207-05……一九九

五十音順総索引

ふ

ふ(府)…705-02…七七八
ふ(訃)…318-16…三六二
ふ(腑)…209-27…二三四
ふ(譜)…614-40…七一三
ぶあい(歩合)…919-06…一一〇六
ぶあいきょう(無愛嬌)…205-10…一八六
ぶあいそう(無愛想)…205-10…一八六
ファイト(英 fight)…219-06…二九〇
ファインプレー(英 fine play)…620-26…七六〇
ファウル(英 foul)…620-27…七六〇
ファクター(英 factor)…813-05…九二九
ファスナー(英 fastner)…405-10…三八五
ぶあつい(分厚)…809-30…九〇四
ファッション(英 fashion)…606-19…六五七
ファミリー(英 family)…315-01…三五四
ファン(英 fan)…516-61…五七九
ふあん(不安)…214-01…二六一
ファンタジー(英 fantasy)…209-57…二四〇
ファンド(英 fund)…512-22…五二七
ふい…909-11…一〇六九
ふい(不意)…815-44…九五六
フィアンセ(フランス fiancé(男) fiancée(女))…307-10
フィーリング(英 feeling)…209-07…二三一
フィールド(英 field)…620-31…七六一
フィールドワーク(英 field work)…602-73…六三四
ふいうち(不意討)…509-20…五〇一
フィクション(英 fiction)…616-04…七二五
〃…616-38
ふいちょう(吹聴)…618-27…七四五
ふいつ(不一)…618-37…七四六
ブイティーアール(VTR)…619-11…七四九
ふいん(訃音)…318-16…三六二
ぶいん(無音)…618-33…七四五
ふう(風)…606-04…六五五
ふういん(封印)…608-14…六六六
ふういん(風韻)…810-02…九〇八
ふうう(風雨)…713-29…八一六
ふううんじ(風雲児)…305-17…三三三
ふううんのこころざし(風雲-志)…218-26…二八七
ふうか(風化)…718-05…八三九
ふうが(風雅)…810-03…九〇八
ふうかく(風格)…202-01…一六六
ふうがわり(風変)…201-59…一六四
〃…810-58…九一九
ふうかん(封緘)…608-14…六六六
ふうかんし(封緘紙)…608-14…六六六
ふうき(風紀)…606-02…六五五
ブーケ(フランス bouquet)…419-30…四二九
ふうけい(風景)…708-01…七九一
ふうこう(風光)…708-01…七九一
ふうこう(風向)…713-41…八一七
ふうさ(封鎖)…907-08…一〇五二
ふうさい(風采)…001-10…一三
ふうし(風刺)…517-32…五八八
ふうしゅ(風趣)…810-05…九〇八
ふうしゅう(風習)…606-02…六五五
ふうしょ(封書)…618-29…七四五
ふうしょく(風食)…718-05…八三九
ふうじん(風塵)…506-06…四八三
ふうせつ(風説)…618-19…七四三
ふうそう(風霜)…711-02…七九八
ふうそく(風速)…713-40…八一七
ふうぞく(風俗)…606-02…六五五
ふうぞくえいぎょう(風俗営業)…503-43…四五八
ふうち(風致)…810-05…九〇八
ふうちょう(風潮)…801-06…八五〇
ブーツ(英 boots)…403-12…三七九
ふうてい(風体)…001-10…一三
ふうど(風土)…713-01…八一一
ふうひょう(風評)…618-10…七四一
ふうふ(夫婦)…309-01…三四一
ふうぶつ(風物)…708-01…七九一
ふうぶん(風聞)…618-18…七四三
ふうぼう(風防)…120-45…一四四
ふうぼう(風貌)…001-08…一三
ふうみ(風味)…107-04…一七五
ブーム(英 boom)…606-20…六五七
ふうゆ(諷喩)…611-08…六八二
ふうりゅう(風流)…810-03…九〇八
ふうりゅうじん(風流人)…305-20…三三三
ふうりょく(風力)…713-40…八一七
ふうん(不運)…318-08…三六〇
フェア(英 fair)…807-10…八八一
フェアプレー(英 fair play)…114-13…一一五
フェース(英 face)…003-01…一〇
ふえて(不得手)…207-22…二〇三
ふえる(増)…913-02…一〇七九
フェンス(英 fence)…413-01…四一一
フォーク(英 fork)…410-18…四〇二
フォーマルウエア(英 formal wear)…401-10…三七三
フォーム(英 form)…804-01…八五七
フォーラム(英 forum)…602-74…六三五
フォロー(英 follow)…517-54…五九二
ふおん(不穏)…519-14…六〇一
ぶおんな…306-12…三三四
ふか(付加)…913-03…一〇七九
ぶか(部下)…511-49…五二二
ふかい(深)…809-21…九〇三
ふかい(不快)…210-20…二四六
ぶかい(部会)…504-33…四六八
ふがいない…203-03…一六八
ふかく(不覚)…208-77…二二七
ふかけつ(不可欠)…818-33…九九五
ふかしぎ(不可思議)…810-56…九一九
ふかす(蒸)…408-06…三九三
ぶかっこう(不恰好)…001-17…一五
ふかで(深手)…017-27…一三
ふかのう(不可能)…810-41…九一六
ふかひ(不可避)…120-59…一四八
ふかま(深間)…704-14…七七六
ふかまる(深)…811-17…九二四
ふかみ(深-)…704-14…七七六
ふかみどり(深緑)…716-27…八三六
ふかめる(深)…811-17…九二四
ふかん(俯瞰)…103-17…六四
ぶかん(武官)…503-18…四五四
ふき(付記)…609-20…六七一
ふぎ(不義)…520-30…六〇九

ぶき(武器)……510-19……五〇九
ふきあげる(吹上)……713-50……八一九
〃……903-36……一〇二八
ふきあれる(吹荒)……713-50……八一九
ふきおろす(吹下)……713-50……八一九
ふきかえ(吹替)……615-34……七二一
ふきげん(不機嫌)……210-20……二四六
ふきこみ(吹込)……619-11……七四九
ふきこむ(吹込)……713-50……八一九
ふきすさぶ(吹ー)……713-50……八一九
ふきだす(吹出)……102-20……五七
〃……903-24……一〇二四
ふきつ(不吉)……318-10……三六一
ぶきっちょ……207-16……二〇二
ふきつける(吹付)……713-50……八一九
ふきでもの(吹出物)……017-29……三三
ふきでる(吹出)……903-24……一〇二四
ふきとばす(吹飛)……903-36……一〇二八
ふきぬける(吹抜)……713-50……八一九
ふきはらう(吹払)……903-36……一〇二八
ぶきみ(不気味)……215-04……二六五
ふきゅう(不朽)……815-69……九六一
ふきゅう(普及)……618-28……七四五
ふきょう(不況)……512-71……五三五
ふきょう(不興)……210-20……二四六
ふきょう(布教)……604-08……六四〇
ぶきよう(不器用)……207-16……二〇二
ふぎょうぎ(不行儀)……520-26……六〇八
ふぎょうじょう(不行状)……520-26……六〇八
ふぎょうせき(不行跡)……520-26……六〇八
ぶきりょう(不器量)……102-15……五七
ふきん(布巾)……402-08……三七八
ふきん(付近)……817-35……九七八
ふく(吹)……014-12……二五
〃……713-50……八一九
ふく(服)……401-02……三七二
ふく(拭)……415-03……四一三
ふく(福)……318-04……三六〇
ぶぐ(武具)……510-30……五一〇
ふくあん(腹案)……208-24……二一五
ふくいく(馥郁)……105-05……七〇
ふくいん(福音)……318-14……三六二
ふくえき(服役)……520-68……六一五
ふくぎょう(副業)……502-24……四四七
ふくげん(復元)……908-16……一〇五六
ふくごう(複合)……504-11……四六二
ふくさ(袱紗)……402-06……三七七
ふくざい(伏在)……901-05……一〇一五
ふくざい(服罪)……520-68……六一五
ふくざつ(複雑)……210-30……二四八
ふくさよう(副作用)……916-02……一〇九五
ふくし(副使)……502-43……四五〇
ふくし(副詞)……607-39……六六三
ふくし(福祉)……318-12……三六一
ふくじ(服地)……402-01……三七七
ふくしゃ(複写)……609-29……六七三
ふくしゅう(復習)……602-01……六二一
ふくしゅう(復讐)……517-23……五八六
ふくじゅう(服従)……516-28……五七二
ふくしょく(服飾)……404-08……三八三
ふくしょく(副食)……407-03……三八九
ふくしょく(復職)……517-52……五九一
ふくしん(腹心)……209-25……二三四
〃……511-50……五二二
ふくする(伏)……516-30……五七三
ふくする(服)……106-16……七三
ふくする(復)……908-15……一〇五六
ふくせい(複製)……609-29……六七三
ふくそう(服装)……404-08……三八三
ふくだい(副題)……610-23……六七七
ふくつ(不屈)……219-29……二九五
ふくどくほん(副読本)……619-53……七五五
ふくびき(福引)……617-19……七三五
ふくぶ(腹部)……010-09……一九
ふくへい(伏兵)……510-15……五〇八
ふくみ(含)……906-16……一〇四九
ふくむ(含)……906-15……一〇四九
ふくむ(服務)……502-07……四四四
ふくも(服喪)……605-22……六五四
ふくやく(服薬)……020-09……三八
ふくよう(服用)……020-09……三八
ふくらす(膨)……908-61……一〇六六
ふくらはぎ(膨ー)……009-05……一七
ふくらます(膨)……908-61……一〇六六
ふくらむ(膨)……908-61……一〇六六
ふくり(福利)……318-12……三六一
ふくり(複利)……513-37……五四三
ふくれる(膨)……908-61……一〇六六
ふくろ(袋)……419-38……四三〇
ふくろ(復路)……113-13……一〇五
ふくろおび(袋帯)……401-30……三七五
ふくろだたき(袋ー)……109-40……八八
ふくん(夫君)……309-11……三四三
ふくん(父君)……310-10……三四五
ふけい(父系)……314-09……三五二
ふけい(不敬)……515-64……五六四
ふけい(婦警)……508-17……四九五
ぶげい(武芸)……620-51……七六四
ふけいき(不景気)……512-71……五三五
ふけいざい(不経済)……513-14……五三九
ふけこむ(老込)……303-27……三三三
ふけつ(不潔)……810-31……九一四
ふける……209-52……二三九
ふける(老)……303-27……三三三
ふける(更)……715-12……八二九
ふげん(不言)……612-71……六九五
ふこう(不孝)……603-11……六三八
ふこう(不幸)……318-09……三六一
ふごう(符号)……608-01……六六三
ふごう(符合)……818-15……九九一
ふごう(富豪)……305-38……三三六
ふごうかく(不合格)……602-65……六三三
ふこうへい(不公平)……517-05……五八二
ふごうり(不合理)……806-14……八七七
ふこく(布告)……618-08……七四一
ぶこく(誣告)……517-24……五八六
ふこころえ(不心得)……520-26……六〇八
ぶこつ(無骨)……201-25……一五七
ふさ(房)……419-29……四二九
ブザー(英 buzzer)……419-24……四二八
ふさい(不才)……207-11……二〇一
ふさい(夫妻)……309-01……三四一
ふさい(付載)……609-20……六七一
ふさい(負債)……115-30……一二五
ふざい(不在)……119-08……一三五
ぶさいく(不細工)……102-15……五七
ふざいしゃとうひょう(不在者投票)……507-39……四八九
ふさがる(塞)……906-14……一〇四九
ふさぎこむ……210-34……二四九
ふさく(不作)……505-28……四七五
ふさぐ……210-34……二四九
〃……907-09……一〇五二
ふざける……101-39……四九
ぶさた(無沙汰)……618-33……七四五
ふさふさ……811-24……九二五
ぶさほう(無作法)……515-64……五六四

ぶざま(無様)……001-17……五
ふさわしい……918-20……一一〇二
ふし(節)……614-26……七一一
ふし(父子)……315-05……三五五
ふじ(不二)……618-37……七四六
ぶし(武士)……510-50……五一三
ぶじ(無事)……810-20……九一一
ふしあわせ(不幸)……318-09……三六一
ふじいろ(藤色)……716-32……八三七
ふしぎ(不思議)……810-56……九一九
ふしぜん(不自然)……810-59……九二〇
ふしだら……520-26……六〇八
ふじつ(不実)……201-30……一五八
ぶしつけ……515-64……五六四
ふしぶし(節節)……011-03……二一
ふしまつ(不始末)……520-25……六〇八
ふしまわし(節回)……614-26……七一一
ふじみ(不死身)……020-02……三七
ふしめ(節目)……811-27……九二六
〃……811-28……九二六
ふしゅう(腐臭)……105-10……一七〇
ふじゅうぶん(不十分)……114-15……一一六
ぶじゅつ(武術)……620-51……七六四
ふじゅん(不純)……810-31……九一四
ふじゅん(不順)……810-60……九二〇
ふじょ(扶助)……517-53……五九一
ふじょ(婦女)……306-02……三三一
ふしょう(不肖)……207-21……二〇三
〃……320-25……三六八
ふしょう(不祥)……318-10……三六一
ふしょう(不詳)……810-50……九一八
ふしょう(負傷)……017-25……三三
ふじょう(不浄)……412-19……四〇八
〃……810-31……九一四
ふじょう(浮上)……903-25……一〇二四
ぶしょう(武将)……510-08……五〇七
ぶしょう(無精)……203-11……一七〇
ふしょうじ(不祥事)……318-11……三六一
ふしょうち(不承知)……517-67……五九五
ぶしょうひげ(無精髭)……007-05……一四
ぶじょく(侮辱)……517-28……五八七
ふじょし(婦女子)……306-02……三三一
ふしん(不信)……216-39……二七三
ふしん(不振)……914-14……一〇八九
ふしん(不審)……208-68……二二五
ふしん(普請)……416-01……四一三
ふしん(腐心)……211-04……二五五
ふじん(夫人)……306-09……三三三
〃……309-05……三四二
ふじん(婦人)……306-02……三三一
ふしんせつ(不親切)……205-18……一八七
ふしんにん(不信任)……515-56……五六二
ふしんび(不審火)……714-12……八二五
ふす(伏)……112-33……一〇一
ぶす……306-12……三三四
ふずい(付随)……906-02……一〇四六
ぶすい(無粋)……201-25……一五七
ぶすぶす……101-62……五四
ふすま(襖)……417-08……四二〇
ぶすり……101-62……五四
ふする(賦)……513-28……五四二
ふせい(不正)……807-19……八八三
ふせい(父性)……201-13……一五四
ふぜい(風情)……810-02……九〇八
ぶぜい(無勢)……808-62……八九七
ふせいあい(父性愛)……216-54……二七六
ふせいじつ(不誠実)……201-30……一五八
ふせいしゅつ(不世出)……818-43……九九七
ふせぐ(防)……120-39……一四三
ふせぜい(伏勢)……510-15……五〇八
ふせつ(浮説)……612-63……六九三
ふせつ(敷設)……416-05……四一四
ふせる(伏)……112-33……一〇一
〃……514-28……五五〇
ふそうおう(不相応)……918-14……一一〇〇
ふそく(不足)……214-07……二六三
〃……913-12……一〇八一
ふそく(不測)……208-77……二二七
ふそく(付則)……508-06……四九三
ふぞく(付属)……906-02……一〇四六
ふぞろい(不ー)……915-08……一〇九三
ふそん(不遜)……217-18……二七九
ふた(蓋)……419-37……四三〇
ふだ(札)……610-38……六八〇
ふたい(付帯)……906-02……一〇四六
ぶたい(部隊)……510-10……五〇七
ぶたい(舞台)……615-27……七二〇
ふたいてん(不退転)……219-30……二九五
ふたおや(二親)……310-01……三四三
ふたく(付託)……218-11……二八四
ふたご……311-11……三四七
ふたごころ(二心)……205-52……一九五
ふたしか(不確)……810-48……九一七
ふたすじみち(二筋道)……705-39……七八三
ふたたび(再)……815-15……九四九
ふたつ(二ー)……808-02……八八五
ふだつき(札付)……618-22……七四四
ふたつへんじ(二返事)……613-53……七〇六
ふたて(二手)……805-37……八七〇
ぶたばこ(豚箱)……520-74……六一六
ふたみち(二道)……805-51……八七三
ふため(二目)……103-22……六五
ふだん……815-25……九五一
ふだんぎ(着)……401-11……三七三
ふち(淵)……704-15……七七六
ふち(縁)……817-61……九八三
ぶち……614-23……七一〇
ぶちころす(ー殺)……520-37……六一〇
ぶちこわす(ー壊)……909-04……一〇六七
プチブル(フランス petit bourgeois から)……511-11……五一六
ふちゅうい(不注意)……120-12……一三九
ふちょう(不調)……810-60……九二〇
ふちょう(符丁)……608-03……六六四
ぶちょう(部長)……511-31……五一九
ぶちょうほう(不調法)……120-12……一三九
ふちん(浮沈)……914-20……一〇九一
ぶつ……109-39……八七
ふつう(普通)……918-17……一一〇一
ぶっか(物価)……512-27……五二八
ぶっかく(仏閣)……604-50……六四六
ふっかつ(復活)……301-09……三〇六
〃……908-17……一〇五七
ふつかよい(二日酔)……409-20……三九八
ぶつかる……905-16……一〇四四
ふっかん(復刊)……619-19……七五〇
ふっき(復帰)……517-52……五九一
ぶつぎ(物議)……613-17……六九八
ふっきゅう(復旧)……908-16……一〇五六
ぶっきらぼう……205-10……一八六
ぶつぎり(ー切)……408-14……三九五
フック(英 hook)……405-11……三八五
ブック(オランダ boek)……619-28……七五二
ぶっけ(仏家)……604-50……六四六

ぶつける……905-17……一〇四五
ぶっこ(物故)……304-02……三一四
ふっこう(復興)……914-09……一〇八八
ふつごう(不都合)……519-07……六〇〇
ふっこく(復刻)……619-19……七五〇
ぶっさつ(仏刹)……604-50……六四六
ぶっさん(物産)……115-53……一二九
ぶっし(物資)……420-01……四三二
ぶつじ(仏寺)……604-50……六四六
ぶつじ(仏事)……605-13……六五二
ぶっしつ(物質)……420-04……四三二
ぶっしょう(物証)……806-21……八七八
ぶつじょう(物情)……801-05……八五〇
ふっしょく(払拭)……120-54……一四七
ぶっしょく(物色)……601-17……六二〇
ぶっしん(物心)……209-64……二四二
ぶっせつ(仏説)……604-12……六四〇
ぶっそう(物騒)……519-14……六〇一
ぶつぞう(仏像)……604-58……六四七
ぶったい(物体)……420-04……四三二
ぶったぎる(－切)……101-52……五一
ぶつだん(仏壇)……604-57……六四七
ふつつか……207-21……二〇三
ぶっつけほんばん(－本番)
……120-26……一四一
ぶっつづけ(－続)……912-11……一〇七八
ふっと……208-74……二二七
ふっとう(沸騰)……408-10……三九四
ぶっとおし(－通)……912-11……一〇七八
フットライト(英 footlight)
……715-04……八二八
ぶつのう(物納)……115-20……一二三
ぶつばつ(仏罰)……520-65……六一五
ぶっぴん(物品)……420-05……四三二
ぶつぶつ……811-08……九二二
ぶっぽう(仏法)……604-12……六四〇
ぶつま(仏間)……604-57……六四七
ぶつり(物理)……601-06……六一八
ふていさい(不体裁)……001-17……五
ふてき(不敵)……201-46……一六一
ふてぎわ(不手際)……114-20……一一七
ふてくされる……203-19……一七一
ふでさき(筆先)……614-51……七一四
ふでづかい(筆使)……614-50……七一四
ふてってい(不徹底)……114-15……一一六
ふてね(－寝)……112-14……九八
ふてぶてしい……205-27……一八九
ふと……208-74……二二七
ふとい(太)……809-23……九〇三
ふとう(不当)……807-19……八八三
ふとう(不撓)……219-30……二九五
ふとう(埠頭)……505-65……四七九
ふどう(不動)……903-52……一〇三〇
ぶとう(舞踏)……614-44……七一三
ぶどう(武道)……620-51……七六四
ふとういつ(不統一)……917-06……一〇九七
ふどうとく(不道徳)……603-09……六三八
ふとく(不徳)……603-09……六三八
ふとくい(不得意)……207-22……二〇三
ふとくぎ(不徳義)……603-09……六三八
ふところがたな(懐刀)
……510-34……五一一
〃
……511-50……五二三
ふところかんじょう(懐勘定)
……808-17……八八八
ふところぐあい(懐具合)
……808-17……八八八
ふとっちょ(太－)……001-25……六
ふとっぱら(太腹)……205-42……一九二
ふとどき(不届)……520-25……六〇八
〃
……819-27……一〇〇三
ふとばし(太箸)……410-16……四〇一
ふともの(太物)……402-01……三七七
ふともも(太－)……009-03……一七
ふとりじし(太－)……001-25……六
ふとる(太)……001-26……六
ふとん(布団)……419-34……四三〇
ぶない(部内)……511-46……五二二
ふなか(不仲)……515-11……五五三
ふながかり(船繋)……505-53……四七七
ふなじ(船路)……505-54……四七八
ふなだいく(船大工)……503-22……四五五
ふなつきば(船着場)……505-65……四七九
ふなづみ(船積)……904-12……一〇三三
ふなで(船出)……505-52……四七七
ふなのり(船乗)……505-62……四七九
ふなばた(船－)……505-60……四七九
ふなべり(船－)……505-60……四七九
ふにん(赴任)……517-41……五八九
ふにんき(不人気)……613-34……七〇二
ふにんじょう(不人情)
……205-18……一八七
ふぬけ(腑抜)……203-03……一六八
ふね(船)……505-57……四七八
ふのう(不能)……810-41……九一六
ふのう(富農)……505-38……四七六
ふはい(不敗)……620-14……七五八
ふはい(腐敗)……520-27……六〇八
〃
……908-52……一〇六五
ふはく(浮薄)……207-54……二〇八
ふはつ(不発)……909-15……一〇七〇
ふばつ(不抜)……219-30……二九五
ふびじん(不美人)……306-12……三三四
ふひょう(不評)……613-34……七〇二
ふびょうどう(不平等)
……517-05……五八二
ふびん(不憫)……210-55……二五三
ぶひん(部品)……420-13……四三四
ふひんこう(不品行)……520-26……六〇八
ぶふうりゅう(無風流)
……201-25……一五七
ふぶき(吹雪)……713-57……八二〇
ふふく(不服)……214-07……二六三
ぶぶん(部分)……805-31……八六九
ふぶんりつ(不文律)……508-07……四九三
ふへい(不平)……214-07……二六三
ぶべつ(侮蔑)……517-11……五八四
ふへん(不変)……815-65……九六〇
ふへん(普遍)……918-03……一〇九八
ふぼ(父母)……310-01……三四三
ふほう(不法)……508-12……四九四
ふほう(訃報)……318-16……三六二
ふまえる(踏)……110-14……九一
ふまじめ(不－)……201-30……一五八
ふまん(不満)……214-07……二六三
ふまんぞく(不満足)……214-07……二六三
ふみあらす(踏荒)……909-06……一〇六八
ふみきる(踏切)……220-11……二九八
ふみこえる(踏越)……903-19……一〇二三
ふみこたえる(踏－)……219-22……二九三
ふみこむ(踏込)……113-44……一一一
ふみしだく(踏－)……909-06……一〇六八
ふみたおす(踏倒)……115-32……一二五
ふみつける(踏－)……110-14……九一
ふみとどまる(踏止)……219-12……二九一
ふみにじる(踏－)……517-29……五八七
〃
……909-06……一〇六八
ふみもち(不身持)……520-26……六〇八
ふむ(踏)……110-14……九一

ふむき(不向)……918-14……一一〇〇
ふめい(不明)……810-49……九一八
ふめいよ(不名誉)……217-31……二八二
ふめいりょう(不明瞭)……810-49……九一八
ふめつ(不滅)……815-69……九六一
ふめん(譜面)……614-40……七一三
ふめんぼく(不面目)……217-31……二八二
ふもう(不毛)……702-23……七七〇
〃……909-12……一〇六九
ふもと(麓)……702-36……七七二
ぶもん(部門)……820-03……一〇一二
ふやける……908-57……一〇六六
ふやす(増)……913-02……一〇七九
ふゆ(冬)……710-16……七九六
ぶゆう(武勇)……204-25……一八一
ふゆかい(不愉快)……210-20……二四六
ふゆがれ(冬枯)……720-48……八四八
ふゆぎ(冬着)……401-08……三七二
ふゆきとどき(不行届)……114-15……一一六
ふゆぞら(冬空)……710-18……七九六
ふゆば(冬場)……710-16……七九六
ふゆふく(冬服)……401-08……三七二
ふゆめ(冬芽)……720-04……八四二
ふゆもの(冬物)……401-08……三七二
ふよう(不用)……818-34……九九五
ふよう(不要)……818-34……九九五
ふよう(浮揚)……903-25……一〇二四
ぶよう(舞踊)……614-44……七一三
ぶらいかん(無頼漢)……305-48……三二八
プライド(英 pride)……217-05……二七七
プライバシー(英 privacy)……514-16……五四八
ブラインド(英 blind)……417-13……四二〇
ブラウス(英 blouse)……401-14……三七三
ブラウン(英 brown)……716-24……八三六
プラカード(英 placard)……619-13……七四九
プラグ(英 plug)……419-12……四二六
ぶらさがる(-下)……903-08……一〇二〇
ぶらさげる(-下)……903-13……一〇二一
ブラジャー(英 brassiere)……401-42……三七六
ふらち(不埒)……520-25……六〇八
ふらつく……110-12……九一
ぶらつく……617-35……七三八
ブラックリスト(英 black list)……619-59……七五六
フラッシュ(英 flash)……715-02……八二七
ふらん(腐乱)……908-52……一〇六五
プラン(英 plan)……208-23……二二五
フランク(英 frank)……201-22……一五六
ブランク(英 blank)……901-06……一〇一五
ブランチ(英 brunch)……406-05……三八七
ブランド(英 brand)……608-23……六六七
ふり(振)……114-05……一一四
ふり(不利)……512-56……五三三
ふりあてる(振当)……513-28……五四二
フリー(英 free)……520-83……六一七
プリーツ(英 pleats)……405-07……三八五
ブリーフ(英 briefs)……401-36……三七六
ふりえき(不利益)……512-56……五三三
ぶりかえす(-返)……911-12……一〇七五
ふりかえる(振返)……101-22……四六
ふりきる(振切)……904-34……一〇三七
ふりこめる(降-)……713-36……八一六
ふりしきる(降-)……713-36……八一六
ふりそで(振袖)……401-25……三七四
ふりだし(振出)……814-06……九三三
ブリッジ(英 bridge)……707-09……七八七
ふりまく……109-34……八六
プリミティブ(英 primitive)……201-25……一五七
ふりむく(振向)……101-22……四六
ふりょ(不慮)……208-77……二二七
ふりょ(俘虜)……520-77……六一六
ふりょう(不良)……520-26……六〇八
〃……819-36……一〇〇五
ぶりょく(武力)……510-18……五〇八
ふりわける(振分)……513-28……五四二
ふりん(不倫)……307-04……三三七
プリンシプル(英 principle)……806-06……八七五
プリンス(オランダ prins)……511-28……五一九
プリンセス(オランダ prinses)……511-29……五一九
プリント(英 print)……614-21……七一〇
〃……619-24……七五一
フル(英 full)……819-17……一〇〇一
ふる(振)……902-04……一〇一七
ふる(降)……713-35……八一六
ふるい(古)……810-28……九一三
ふるい(篩)……505-33……四七五
ぶるい(部類)……820-03……一〇一二
ふるいたつ(奮立)……219-15……二九二
ふるう(振)……902-04……一〇一七
〃……914-07……一〇八八
ふるう(奮)……219-15……二九二
ふるう(篩)……118-01……一三三
ブルー(英 blue)……716-25……八三六
ブルーカラー(英 blue collar)……503-01……四五一
フルーツ(英 fruits)……407-23……三九二
ブルーマー(英 bloomers)……401-35……三七六
ふるえ(震)……101-25……四六
ふるえあがる(震上)……215-09……二六五
ふるえる(震)……101-25……四六
ふるがお(古顔)……305-33……三二五
ふるかぶ(古株)……305-33……三二五
ふるぎ(古着)……401-05……三七二
ふるきず(古傷)……017-18……三一
ふるくさい(古臭)……810-28……九一三
ふるさと……705-14……七七九
ブルジョア(フランス bourgeois)……511-10……五一六
ブルジョアジー(フランス bourgeoisie)……511-10……五一六
フルスピード(英 full speed)……204-03……一七七
ブルゾン(フランス blouson)……401-18……三七四
ふるて(古手)……305-33……三二五
ふるどうぐ(古道具)……418-04……四二二
ぶるぶる……215-12……二六六
ふるほん(古本)……619-35……七五二
ふるまう(振舞)……114-10……一一五
〃……515-60……五六三
ふるめかしい(古-)……810-28……九一三
ふれ(触)……618-08……七四一
ふれあう(触合)……905-01……一〇四一
ぶれい(無礼)……515-64……五六四
プレー(英 play)……617-08……七三三
〃……620-03……七五七
ブレーキ(英 brake)……418-05……四二二
フレーズ(英 phrase)

……607-36……六六二
プレーボーイ(アメリカ play boy)……305-22……三三三
プレーヤー(英 player)……620-29……七六一
ふれこみ(触込)……619-12……七四九
ブレザー(英 blazer)……401-14……三七三
プレス(英 press)……619-05……七四八
プレゼント(英 present)……115-49……一二八
プレッシャー(英 pressure)……101-46……五〇
フレッシュマン(英 freshman)……305-30……三三五
ふれる……209-58……二四一
ふれる(触)……613-05……六九六
〃……618-07……七四〇
〃……905-01……一〇四一
ふろ(風呂)……414-01……四一二
プロ……305-35……三三六
フロア(英 floor)……412-09……四〇六
ふろう(浮浪)……617-36……七三八
ブローカー(英 broker)……503-47……四五九
ふろおけ(風呂桶)……414-02……四一二
フローシート(英 flow sheet)……614-19……七一〇
フローチャート(英 flow chart)……614-19……七一〇
ふろく(付録)……619-22……七五一
プログラム(英 program)……615-07……七一六
〃……814-65……九四四
プロジェクト(英 project)……208-23……二一五
ふろしき……402-06……三七七
プロセス(英 process)……814-58……九四二
プロット(英 plot)……616-39……七三〇
プロデューサー(英 producer)……305-12……三三二
ふろば(風呂場)……414-01……四一二
プロパガンダ(英 propaganda)……619-12……七四九
プロバビリティー(英 probability)……810-42……九一六
プロフィール(英 profile)……003-04……一〇
プロポーズ(英 propose)……308-05……三三九
プロミネンス(英 prominence)……607-21……六六一
ふろや(風呂屋)……414-03……四一二
プロレタリア(ドイツ Proletarier)……511-13……五一七
プロレタリアート(ドイツ Proletariat)……511-13……五一七
プロローグ(英 prologue)……610-05……六七五
フロント(英 front)……503-16……四五三
ブロンド(英 blonde)……002-05……九
ふわ(不和)……515-11……五五三
ふわく(不惑)……303-23……三二二
ふわっと……811-25……九二五
ふわふわ……811-25……九二五
ふわらいどう(付和雷同)……220-16……二九九
ふわり……811-25……九二五
ふん(分)……711-55……八〇六
ふん(糞)……016-01……二八
ぶん(分)……511-03……五一五
〃……513-27……五四二
ぶん(文)……610-01……六七四
ぶんあん(文案)……610-16……六七六
ふんいき(雰囲気)……801-13……八五一
ふんえん(噴煙)……714-24……八二七
ぶんか(文化)……606-01……六五五
ぶんか(文科)……601-04……六一八
ふんがい(憤慨)……212-02……二五七
ぶんかい(分解)……904-40……一〇三八
ぶんがい(分外)……819-51……一〇〇九
ぶんがく(文学)……616-01……七二四
ぶんがくしゃ(文学者)……616-49……七三二
ふんかこう(噴火口)……702-31……七七一
ふんかざん(噴火山)……702-26……七七〇
ぶんかつ(分割)……904-47……一〇四〇
ぶんかつ(分轄)……507-43……四九〇
ぶんかつばらい(分割払)……512-68……五三五
ぶんかん(文官)……503-18……四五四
ふんき(奮起)……219-17……二九二
ぶんきてん(分岐点)……815-50……九五七
ふんきゅう(紛糾)……515-17……五五五
ぶんきょう(文教)……602-24……六二五
ぶんぎょう(分業)……502-19……四四六
ぶんきょうじょう(分教場)……602-52……六三一
ふんぎり……220-10……二九八
ぶんぐ(文具)……419-36……四三〇
ぶんけ(分家)……314-07……三五二
ぶんげい(文芸)……616-01……七二四
ふんげき(憤激)……212-04……二五七
ぶんけん(文献)……619-28……七五二
ぶんげん(分限)……511-03……五一五
ぶんこ(文庫)……619-39……七五三
ぶんご(文語)……607-04……六五八
ふんごう(吻合)……818-15……九九一
ぶんこう(分校)……602-52……六三一
ぶんごう(文豪)……616-49……七三二
ふんこつさいしん(粉骨砕身)……219-13……二九一
ふんさい(粉砕)……909-08……一〇六八
ぶんさい(文才)……207-37……二〇五
ぶんざい(分際)……511-03……五一五
ぶんさん(分散)……904-39……一〇三八
ぶんし(文士)……616-49……七三二
ふんしつ(紛失)……120-65……一四九
ぶんしょ(文書)……610-26……六七八
ぶんしょ(分署)……504-43……四七〇
ふんじょう(紛擾)……515-17……五五五
ぶんしょう(文章)……610-01……六七四
ぶんしょう(分掌)……502-19……四四六
ぶんじょう(分譲)……115-15……一二二
ぶんしょうご(文章語)……607-04……六五八
ふんしょく(粉飾)……611-05……六八一
ぶんしょく(文飾)……611-05……六八一
ぶんじん(文人)……616-49……七三二
ぶんすいれい(分水嶺)……702-32……七七一
ふんする(扮)……404-06……三八三
ぶんせき(分析)……601-23……六二一
ぶんせき(文責)……508-28……四九七
ふんせん(奮戦)……509-10……四九九
ふんぜん(憤然)……212-08……二五八
ふんそう(扮装)……807-17……八八三
ふんそう(紛争)……515-14……五五四
ぶんそう(文藻)……207-37……二〇五

ぶんそうおう(分相応)……918-09……一一〇〇
ふんぞりかえる(－反返)……101-21……四五
ぶんたい(文体)……610-03……六七四
ぶんたい(分隊)……510-17……五〇八
ふんだくる……115-07……一二〇
ふんだん……808-40……八九二
ぶんたん(分担)……502-19……四四六
ぶんだん(分断)……904-51……一〇四一
ぶんだん(文壇)……506-04……四八三
ぶんてん(文典)……610-02……六七四
ぶんと……105-08……七〇
ふんとう(奮闘)……219-13……二九一
〃……509-10……四九九
ぶんとう(文頭)……610-07……六七五
ふんどし(褌)……401-38……三七六
ふんどしかつぎ(－担)……620-34……七六一
ぶんどる(分捕)……115-06……一一九
ぶんなぐる(－殴)……109-39……八七
ぶんなげる(－投)……109-32……八六
ふんにょう(糞尿)……016-07……二九
ふんぬ(憤怒)……212-03……二五七
ぶんのう(分納)……115-17……一二三
ぶんぱ(分派)……504-39……四六九
ぶんばい(分売)……512-07……五二四
ぶんぱい(分配)……115-22……一二三
ふんぱつ(奮発)……219-17……二九二
ふんばる(踏張)……219-12……二九一
ぶんぴつ(分泌)……015-01……二六
ぶんぴつ(文筆)……609-11……六七〇
ぶんぴつか(文筆家)……616-48……七三一
ぶんぷ(分布)……901-04……一〇一五
ふんぷん(芬芬)……105-08……七〇
ぷんぷん……105-08……七〇
ふんべつ(分別)……208-02……二一〇
ぶんべつ(分別)……904-48……一〇四〇
ふんべつくさい(分別－)……303-15……三一〇
ふんべん(糞便)……016-01……二八
ぶんべん(分娩)……019-03……三六
ふんぼ(墳墓)……604-81……六五〇
ぶんぽう(文法)……610-02……六七四
ぶんぼうぐ(文房具)……419-36……四三〇
ふんまつ(粉末)……420-21……四三五
ぶんまつ(文末)……610-09……六七五
ふんまん(憤懣)……212-04……二五七
ぶんみん(文民)……507-48……四九一
ぶんめい(文明)……606-01……六五五
ぶんめん(文面)……610-04……六七四
ぶんや(分野)……805-03……八六三
ぶんゆう(分有)……116-06……一三〇
ぶんり(分離)……904-40……一〇三八
ぶんりゅう(分流)……704-05……七七五
〃……904-44……一〇三九
ぶんりょう(分量)……808-01……八八四
ぶんるい(分類)……904-48……一〇四〇
ふんれい(奮励)……219-09……二九一
ぶんれい(文例)……804-27……八六二
ぶんれつ(分列)……904-21……一〇三五
ぶんれつ(分裂)……904-40……一〇三八
ふんわりと……811-25……九二五

へ

へ……999-09……一一一三
ペア(英 pair)……805-49……八七三
へい(兵)……510-11……五〇八
へい(塀)……413-01……四一一
ペイ(英 pay)……513-22……五四一
へいあん(平安)……618-38……七四六
〃……810-20……九一一
へいい(平易)……810-33……九一四
へいい(弊衣)……401-06……三七二
へいいん(閉院)……907-06……一〇五二
へいえい(兵営)……510-01……五〇六
へいおん(平穏)……810-20……九一一
へいか(陛下)……511-30……五一九
へいかい(閉会)……907-07……一〇五二
へいかつ(平滑)……811-21……九二四
へいかん(閉館)……907-06……一〇五二
へいき(平気)……204-18……一七九
へいき(兵器)……510-19……五〇九
へいき(併記)……609-21……六七一
へいきのへいざ(平気－平左)……204-18……一七九
へいぎょう(閉業)……502-37……四四九
へいきん(平均)……917-01……一〇九六
へいげい(睥睨)……103-26……六六
へいげん(平原)……702-15……七六九
へいこう(平行)……904-27……一〇三六
へいこう(平衡)……917-01……一〇九六
へいこう(閉口)……210-32……二四九
へいごう(併合)……504-09……四六一
べいこく(米穀)……505-37……四七六
へいさ(閉鎖)……907-08……一〇五二
へいし(兵士)……510-11……五〇八
へいしき(閉式)……907-07……一〇五二
へいじつ(平日)……711-28……八〇二
へいしゃ(弊社)……505-08……四七二
べいじゅ(米寿)……303-23……三一二
へいしゅう(弊習)……606-17……六五七
へいじょう(平常)……815-25……九五一
へいしんていとう(平身低頭)……515-68……五六五
へいせい(平静)……204-17……一七九
へいぜい(平生)……815-25……九五一
へいせつ(併設)……911-02……一〇七三
へいぜん(平然)……204-18……一七九
へいそ(平素)……815-25……九五一
へいそつ(兵卒)……510-11……五〇八
へいぞん(併存)……504-12……四六三
へいたい(兵隊)……510-11……五〇八
へいたん(平坦)……811-11……九二三
へいたん(平淡)……810-25……九一二
へいち(平地)……702-12……七六八
へいてい(平定)……509-53……五〇五
へいてん(閉店)……502-37……四四九
へいばん(平板)……918-16……一一〇一
へいふう(弊風)……606-17……六五七
へいふく(平伏)……515-68……五六五
へいふく(平服)……401-11……三七三
べいふん(米粉)……407-13……三九一
ぺいぺい……511-18……五一七
へいぼん(平凡)……918-15……一一〇〇
へいまく(閉幕)……615-24……七一九
へいみん(平民)……507-50……四九一
へいめい(平明)……810-43……九一六
へいめん(平面)……817-76……九八六
へいもん(閉門)……907-06……一〇五二
へいや(平野)……702-12……七六八
へいゆ(平癒)……020-11……三八
へいよう(併用)……117-05……一三三
へいらん(兵乱)……509-31……五〇二
へいりょく(兵力)……510-18……五〇八
へいれつ(並列)……904-21……一〇三五
へいわ(平和)……509-41……五〇四
ペイント(英 paint)……416-14……四一六
ベース(英 base)……510-01……五〇六

ペース（英 pace）……808-34……八九一
ベースアップ（洋語 base up）……513-26……五四二
ベーゼ（フランス baiser）……307-05……三三七
ペーソス（英 pathos）……210-41……二五〇
へがす……120-56……一四七
べからず……999-75……一一四一
へき（癖）……201-15……一五五
へきえき（辟易）……210-32……二四九
へきえん（僻遠）……817-41……九七九
べきだ……999-62……一一三六
へきち（僻地）……705-13……七七九
べきで（は）ない……999-71……一一四〇
へぐ……120-56……一四七
べくもない……999-72……一一四〇
ペケ……608-01……六六三
へげる……120-57……一四七
へこおび（兵児帯）……401-30……三七五
へこたれる……209-41……二三七
ぺこぺこ……111-19……九四
へこむ……811-16……九二四
へしおる（－折）……908-42……一〇六三
ベスト（英 best）……101-44……五〇
〃……819-09……一〇〇〇
ベスト（英 vest）……401-20……三七四
ベストセラー（英 best seller）……619-33……七五二
へそ（臍）……010-12……一九
べそ……102-12……五六
へそくり……513-10……五三九
へそまがり（－曲）……201-54……一六三
へた（下手）……207-20……二〇二
ベターハーフ（英 better half）……309-03……三四一
へたくそ（下手－）……207-20……二〇二
へだたり（隔）……808-21……八八九
〃……904-36……一〇三八
へだたる（隔）……904-35……一〇三七
べたつく……908-55……一〇六五
へたばる……111-27……九五
べたべた……307-07……三三七
べたぼめ（－褒）……520-06……六〇五
へたりこむ……101-12……四四
べつ（別）……918-23……一一〇二
べっかく（別格）……918-26……一一〇三
べっかん（別館）……412-06……四〇六
べつくち（別口）……918-05……一〇九九
べっけ（別家）……314-07……三五二
べっけん（瞥見）……103-20……六四
べっこ（別個）……918-23……一一〇二
べっこう（別項）……609-39……六七四
べっさつ（別冊）……619-22……七五一
べっし（蔑視）……517-11……五八四
べっしゅ（別種）……804-19……八六一
べつじょう（別条）……810-59……九二〇
べつずり（別刷）……619-25……七五一
べっせかい（別世界）……604-47……六四六
べっそう（別荘）……411-06……四〇三
べったく（別宅）……411-06……四〇三
べつだん（別段）……918-31……一一〇四
べってい（別邸）……411-06……四〇三
ヘッディング（英 heading）……610-24……六七八
べってんち（別天地）……604-47……六四六
ヘッド（英 head）……002-01……八
〃……805-43
べっと（別途）……812-04……九二七
〃……918-05……一〇九九
ベッド（英 bed）……417-17……四二一
べつどうたい（別働隊）……510-17……五〇八
べっぱ（別派）……504-39……四六九
へっぴりごし（屁放腰）……101-27……四七
べっぴん（別嬪）……306-10……三三四
べつべつ（別別）……805-40……八七一
べっぽう（別法）……812-04……九二七
べつもの（別物）……807-15……八八二
へつらう……205-33……一九〇
べつり（別離）……516-20……五七一
ベテラン（英 veteran）……305-33……三二五
ペテン……520-52……六一三
へど（反吐）……015-03……二六
べとつく……908-55……一〇六五
へとへと……111-28……九六
ペナルティー（英 penalty）……520-64……六一五
ペナント（英 pennant）……608-16……六六六
べに（紅）……716-20……八三五
べにさしゆび（紅差指）……008-09……一六
へばりつく……905-02……一〇四二
へばる……111-27……九五
ベビー（英 baby）……311-02……三四六
へぼ……207-20……二〇二
へま……114-22……一一七
へめぐる（経巡）……617-34……七三七
へや（部屋）……412-12……四〇七
へらす（減）……913-16……一〇八二
へらずぐち（減口）……517-17……五八五
べらべら……612-27……六八七
ぺらぺら……612-27……六八七
べらぼう……305-51……三二九
〃……819-42……一〇〇六
ベランダ（英 veranda）……412-23……四〇八
へり……817-61……九八三
へりくだる……205-46……一九三
へりくつ（屁理屈）……806-08……八七六
へる（経）……814-60……九四三
へる（減）……111-17……九四
〃……913-16……一〇八二
ベル（英 bell）……419-24……四二八
ベルト（英 belt）……403-21……三八一
ヘルメット（英 helmet）……510-29……五一〇
ベレー（フランス béret）……403-02……三七八
べろ……006-06……一四
へん（辺）……817-36……九七八
へん（変）……518-03……五九八
〃……810-59……九二〇
べん（弁）……612-20……六八六
べん（便）……016-01……二八
〃……519-05……六〇〇
へんい（変異）……908-11……一〇五五
へんい（変移）……908-14……一〇五六
べんえき（便益）……512-48……五三一
へんか（変化）……908-12……一〇五五
べんかい（弁解）……613-31……七〇一
へんかく（変革）……507-45……四九〇
へんかく（変格）……801-16……八五二
べんがく（勉学）……602-01……六二一
へんかん（返還）……115-35……一二五
へんかん（変換）……908-12……一〇五五
べんぎ（便宜）……519-04……五九九
ペンキ（オランダ pek から）……416-14……四一六
へんきゃく（返却）……115-35……一二五

へんきょう(辺境)……705-13……七七九
へんきょう(偏狭)……205-43……一九二
べんきょう(勉強)……602-01……六二一
へんきん(返金)……115-36……一二六
へんくつ(偏屈)……201-54……一六三
へんけい(変形)……908-11……一〇五五
べんけいのなきどころ(弁慶泣所)……009-05……一七
へんけん(偏見)……209-22……二三三
べんご(弁護)……613-30……七〇一
へんこう(変更)……908-04……一〇五四
へんこう(偏向)……517-05……五八二
べんごし(弁護士)……503-09……四五三
へんさい(返済)……115-36……一二六
へんさい(変災)……319-05……三六三
べんさい(弁済)……115-36……一二六
へんさん(編纂)……619-14……七四九
へんし(変死)……304-13……三一六
へんじ(返事)……613-53……七〇六
へんじ(変事)……518-05……五九八
へんしつ(変質)……908-12……一〇五五
へんしゅ(変種)……804-18……八六〇
へんじゃ(編者)……616-47……七三一
へんしゅう(偏執)……203-25……一七三
へんしゅう(編修)……619-14……七四九
へんしゅう(編集)……619-14……七四九
へんしゅうきょう(偏執狂)……305-37……三三六
へんしょ(返書)……618-32……七四五
べんじょ(便所)……412-19……四〇八
へんしょう(返照)……715-10……八二九
へんじょう(返上)……115-35……一二五
べんしょう(弁償)……115-37……一二六
へんしょく(変色)……908-13……一〇五六
へんしょく(偏食)……106-11……七三
ペンション(英 pension)……503-39……四五八
へんしん(返信)……618-32……七四五
へんしん(変心)……209-24……二三三
へんしん(変身)……908-11……一〇五五
へんじん(変人)……201-60……一六四
〃……305-24……三二四
へんする(偏)……517-05……五八二
へんずる(変)……908-01……一〇五三
へんせい(編成)……803-01……八五六
へんせつ(変節)……908-09……一〇五四
べんぜつ(弁舌)……612-20……六八六
へんせん(変遷)……908-14……一〇五六
へんそう(返送)……903-44……一〇二九
へんそう(変装)……807-17……八八三
へんそく(変則)……801-16……八五二
へんたい(変態)……908-11……一〇五五
へんち(辺地)……705-13……七七九
へんちくりん(変－)……810-59……九二〇
ベンチ(英 bench)……417-03……四一九
べんちゃら……205-34……一九一
へんちょ(編著)……619-14……七四九
へんちょう(変調)……810-60……九二〇
べんつう(便通)……016-02……二八
へんてこ(変－)……810-59……九二〇
へんてこりん(変－)……810-59……九二〇
へんてん(変転)……908-14……一〇五六
べんてん(弁天)……306-11……三三四
へんとう(返答)……613-52……七〇六
へんどう(変動)……908-14……一〇五六
べんとう(弁当)……406-07……三八八
へんにゅう(編入)……602-62……六三二
ペンネーム(英 pen name)……320-06……三六五
べんばく(弁駁)……613-08……六九七
ペンパル(英 pen pal)……516-49……五七七
へんぴ(辺鄙)……705-13……七七九
へんぴん(返品)……115-35……一二五
へんぶつ(変物)……305-24……三二四
ペンフレンド(英 pen-friend)……516-49……五七七
へんぺい(扁平)……811-11……九二三
べんべつ(弁別)……208-64……二二四
べんべん(便便)……612-46……六九一
へんぼう(変貌)……908-11……一〇五五
へんぽう(返報)……517-23……五八六
べんぽう(便法)……601-19……六二〇
べんめい(弁明)……613-31……七〇一
へんよう(変容)……908-11……一〇五五
べんらん(便覧)……619-49……七五四
べんり(便利)……519-05……六〇〇
へんれい(返礼)……603-06……六三八
へんれき(遍歴)……617-33……七三七
べんろん(弁論)……612-35……六八九

ほ

ほ(歩)……110-02……八八
ほあん(保安)……509-45……五〇四
ほい(補遺)……913-04……一〇七九
ほいく(保育)……013-05……二三
ぼいん(拇印)……608-12……六六五
ポイント(英 point)……608-02……六六四
〃……620-28……七六〇
〃……802-13……八五五
ほう(方)……817-65……九八四
ほう(法)……508-01……四九二
ほう(報)……618-04……七四〇
ぼう(坊)……604-54……六四七
ぼう(某)……320-36……三七〇
ぼう(棒)……419-26……四二八
ぼうあつ(暴圧)……507-44……四九〇
ほうあん(法案)……208-24……二一五
ぼうあんき(棒暗記)……602-16……六二四
ほうい(方位)……817-65……九八四
ほうい(包囲)……906-18……一〇四九
ほういつ(放逸)……203-39……一七六
ぼういん(暴飲)……409-09……三九六
ぼういんぼうしょく(暴飲暴食)……106-09……七二
ほうえ(法会)……605-13……六五二
ほうえ(法衣)……604-78……六四九
ぼうえい(防衛)……120-43……一四四
ぼうえき(防疫)……120-45……一四四
ぼうえき(貿易)……512-81……五三七
ほうえん(砲煙)……714-22……八二七
ぼうえん(望遠)……103-16……六三
ほうおん(芳恩)……603-03……六三七
ほうか(邦家)……507-01……四八四
ほうか(放火)……714-18……八二六
ほうか(放歌)……614-41……七一三
ほうか(砲火)……509-03……四九八
ほうが(奉賀)……605-12……六五二
ほうが(萌芽)……911-15……一〇七五
ぼうか(防火)……120-45……一四四
ぼうが(忘我)……209-47……二三九
ほうかい(崩壊)……909-10……一〇六九
ほうがい(法外)……819-27……一〇〇三
ぼうがい(妨害)……519-11……六〇一
ぼうがい(望外)……208-76……二二七
ぼうがいい……999-67……一一三八
ほうかいりんき(法界悋気)……216-33……二七二
ほうがく(方角)……817-65……九八四

ほうがく(邦楽)……614-25……七一一
ほうかつ(包括)……504-10……四六二
ほうかん(宝冠)……403-03……三七八
ほうがん(包含)……906-15……一〇四九
ほうがん(砲丸)……510-24……五一〇
ぼうかん(防寒)……120-45……一四四
ぼうかん(暴漢)……305-47……三二八
ほうがんびいき(判官－)……216-16……二六九
ほうき(芳紀)……306-06……三三三
ほうき(法規)……508-03……四九二
ほうき(放棄)……120-67……一五〇
ほうき(箒)……415-05……四一三
ぼうぎ(謀議)……613-18……六九八
ぼうきゃく(忘却)……602-19……六二四
ぼうぎゃく(暴虐)……205-22……一八八
ほうぎょ(崩御)……304-06……三一五
ぼうきょ(暴挙)……204-21……一八〇
ぼうぎょ(防御)……120-43……一四四
ぼうきれ(棒切)……805-47……八七二
ほうぎん(放吟)……614-41……七一三
ぼうくう(防空)……120-45……一四四
ほうげい(奉迎)……516-16……五七〇
ぼうけい(傍系)……904-44……一〇三九
ぼうけい(謀計)……208-26……二一五
ほうける……209-50……二三九
ほうけん(奉献)……115-42……一二七
ほうげん(方言)……607-07……六五九
ほうげん(放言)……517-20……五八五
ぼうけん(冒険)……114-14……一一六
ぼうげん(暴言)……517-20……五八五
ほうご(邦語)……607-05……六五八
ぼうご(防護)……120-43……一四四
ほうこう(方向)……208-62……二二三
〃……817-65……九八四

ほうこう(芳香)……105-09……七〇
ほうこう(彷徨)……617-35……七三八
ほうこう(咆哮)……108-05……七七
ほうこう(放校)……602-64……六三三
ほうこう(砲口)……510-26……五一〇
ぼうこう(暴行)……520-28……六〇九
〃……520-44……六一一
ほうこく(報告)……616-16……七二六
ぼうさ(防砂)……120-45……一四四
ぼうさい(防塞)……510-46……五一三
ほうさく(方策)……208-19……二一三
ほうさく(豊作)……505-27……四七四
ぼうさつ(忙殺)……519-25……六〇三
ぼうさつ(謀殺)……520-36……六一〇
ほうさん(放散)……904-41……一〇三九
ぼうさん(坊－)……604-65……六四八
ほうし(芳志)……216-48……二七五
ほうし(奉仕)……502-39……四五〇
ほうし(放恣)……203-39……一七六
ほうし(法師)……604-65……六四八
ほうじ(邦字)……607-25……六六一
ほうじ(法事)……605-13……六五二
ぼうし(防止)……120-39……一四三
ぼうし(某氏)……320-36……三七〇
ぼうし(帽子)……403-02……三七八
ほうしき(方式)……812-01……九二六
ぼうしつ(亡失)……120-65……一四九
ぼうしつ(忘失)……602-19……六二四
ぼうしつ(防湿)……120-45……一四四
ぼうじつ(某日)……711-26……八〇一
ぼうじゃくぶじん(傍若無人)……203-38……一七五
ぼうじゅ(傍受)……618-45……七四七
ほうしゅう(報酬)……513-21……五四一
ほうじゅう(放縦)……203-39……一七六

ぼうしゅう(防臭)……120-45……一四四
ほうしゅく(奉祝)……605-12……六五二
ほうじゅく(豊熟)……505-27……四七四
ぼうしゅく(防縮)……120-45……一四四
ほうしゅつ(放出)……906-10……一〇四八
ほうじょ(幇助)……517-53……五九一
ぼうしょ(防暑)……120-45……一四四
ほうしょう(報奨)……520-15……六〇七
ほうしょう(報償)……115-37……一二六
ほうしょう(褒章)……520-14……六〇六
ほうじょう(方丈)……604-67……六四八
ほうじょう(芳情)……216-48……二七五
ほうじょう(豊穣)……505-27……四七四
ほうじょう(豊饒)……702-22……七七〇
ほうじょう(褒状)……610-33……六七九
ぼうしょう(傍証)……806-21……八七八
ぼうしょく(防食)……120-45……一四四
ほうじる(焙)……408-13……三九五
ほうしん(方針)……806-15……八七七
ほうしん(芳心)……216-48……二七五
ほうしん(放心)……209-39……二三七
ほうじん(方陣)……510-04……五〇七
ほうじん(法人)……504-34……四六八
ぼうず(坊主)……306-19……三三五
〃……604-65……六四八
ぼうずあたま(坊主頭)……002-07……九
ほうすい(放水)……707-12……七八七
ぼうすい(防水)……120-45……一四四
ほうずる(奉)……115-41……一二七
ほうずる(崩)……304-05……三一四
ほうずる(報)……618-07……七四〇
ほうすん(方寸)……209-28……二三四
ほうせい(方正)……807-10……八八一
ほうせい(法制)……508-03……四九二

ほうせい(砲声)……717-05……八三八
ぼうせい(暴政)……507-25……四八七
ぼうせつ(防雪)……120-45……一四四
ぼうせん(防戦)……120-43……一四四
ぼうせん(傍線)……608-08……六六四
ぼうぜん(呆然)……209-40……二三七
ほうそう(包装)……419-43……四三一
ほうそう(放送)……619-09……七四八
ほうそうかい(法曹界)……506-02……四八二
ほうそく(法則)……508-08……四九四
ぼうだい(傍題)……610-23……六七七
ぼうだい(膨大)……808-42……八九三
ぼうだち(棒立)……101-02……四二
ほうたん(放胆)……201-46……一六一
ほうだん(放談)……612-65……六九四
ほうだん(砲弾)……510-24……五一〇
ほうち(放置)……120-72……一五一
ほうちく(放逐)……120-52……一四六
ほうちこく(法治国)……507-04……四八四
ほうちこっか(法治国家)……507-04……四八四
ほうちゃく(逢着)……516-03……五六七
ほうちょう(包丁)……410-20……四〇二
ぼうちょう(防潮)……120-45……一四四
ぼうちょう(傍聴)……104-12……六九
ぼうちょう(膨張)……908-31……一〇六〇
ぼうっと……209-44……二三八
ぽうっと……209-44……二三八
ほうてき(放擲)……120-67……一五〇
ほうてん(法典)……508-01……四九二
ほうてん(奉奠)……115-41……一二七
ほうと(方途)……812-01……九二六
ほうど(邦土)……507-18……四八六
ぼうと(暴徒)……305-47……三二八

ほうとう(宝刀) 510-32 五一一
ほうとう(放蕩) 520-29 六〇九
ほうとう(蓬頭) 002-06 九
ほうどう(報道) 619-04 七四七
ぼうとう(冒頭) 610-07 六七五
ぼうとう(暴騰) 512-34 五二九
ぼうどう(暴動) 509-32 五〇二
ほうとうむすこ(放蕩息子) 311-14 三四八
ぼうとく(冒瀆) 604-06 六三九
ぼうどく(防毒) 120-45 一四四
ほうにち(訪日) 516-46 五七六
ほうにょう(放尿) 016-05 二八
ほうにん(放任) 120-72 一五一
ほうのう(奉納) 115-42 一二七
ほうはい(奉拝) 604-24 六四二
ほうばい(朋輩) 516-48 五七七
ほうはつ(蓬髪) 002-06 九
ぼうはつ(暴発) 909-15 一〇七〇
ほうび(褒美) 520-15 六〇七
ぼうび(防備) 509-27 五〇二
ぼうびき(棒引) 120-64 一四九
ほうふ(抱負) 220-03 二九七
ほうふ(豊富) 808-41 八九三
ぼうふ(防腐) 120-45 一四四
ぼうふう(防風) 120-45 一四四
ぼうふう(暴風) 713-44 八一八
ぼうふうう(暴風雨) 713-18 八一四
ほうふく(報復) 517-23 五八六
ほうふつ(髣髴) 918-06 一〇九九
ほうぶん(邦文) 607-24 六六一
ほうべん(方便) 812-01 九二六
ほうほう(方法) 812-01 九二六
ほうぼう(方方) 817-52 九八一
ぼうぼう 714-08 八二四
ぼうぼう 915-11 一〇九四
ぼうぼう(茫茫) 809-17 九〇二
ほうぼく(放牧) 505-42 四七六
ほうまん(放漫) 203-10 一七〇
ぼうまん(暴慢) 217-18 二七九
ほうみょう(法名) 605-21 六五三
ほうむ(法務) 502-05 四四三
ほうむる(葬) 605-17 六五三
ほうめい(芳名) 320-09 三六五
ぼうめい(亡命) 113-27 一〇七
ほうめん(方面) 805-03 八六三
ほうめん(放免) 520-79 六一七
ほうもう(法網) 508-01 四九二
ほうもん(砲門) 510-26 五一〇
ほうもん(訪問) 516-41 五七五
ぼうや(坊-) 306-19 三三五
ほうやく(邦訳) 611-15 六八三
ほうゆう(朋友) 516-49 五七七
ぼうゆう(暴勇) 204-24 一八〇
ほうよう(法要) 605-13 六五二
ほうよう(抱擁) 109-38 八七
ぼうよう(茫洋) 809-18 九〇二
ほうよく(豊沃) 702-22 七七〇
ぼうよみ(棒読) 609-06 六六九
ぼうらく(暴落) 512-37 五二九
ほうらつ(放埒) 203-39 一七六
ほうりだす(-出) 109-33 八六
ほうりつ(法律) 508-01 四九二
ほうりなげる(-投) 109-32 八六
ぼうりゃく(謀略) 208-26 二二五
ぼうりゅう(傍流) 904-44 一〇三九
ほうりょう(豊漁) 505-72 四八〇
ぼうりょく(暴力) 520-28 六〇九
ぼうりょくだん(暴力団) 305-48 三二八
ほうる(放) 109-32 八六
ほうるい(堡塁) 510-46 五一三
ほうれい(法令) 508-03 四九二
ほうれい(法例) 508-03 四九二
ほうれい(豊麗) 206-10 一九七
ぼうれい(亡霊) 604-39 六四四
ほうろう(放浪) 617-36 七三八
ぼうろう(望楼) 510-49 五一三
ぼうろん(暴論) 613-10 六九七
ほえづら(吠面) 102-12 五六
ポエム(フランス poème) 616-22 七二七
ほえる(吠) 719-14 八四一
ほお(頰) 003-06 一〇
ボーイ(英 boy) 306-20 三三六
〃 503-23
ポーカーフェース(英 poker face) 102-14 五六
ほおかむり(頰被) 205-14 一八六
ほおげた(頰-) 003-06 一〇
ホース(オランダ hoos) 418-08 四二三
ポーズ(英・フランス pause) 203-02 一六八
ポーター(英 porter) 503-25 四五五
ボードビリアン(英 vaudevillian) 615-38 七二一
ポートレート(英 portrait) 614-13 七〇九
ボーナス(英 bonus) 513-25 五四一
ほおひげ(頰髯) 007-05 一四
ホーム(英 home) 315-02 三五五
ホームシック(英 homesickness) 209-15 二三二
ホームラン(アメリカ home run) 620-37 七六二
ボーリング(英 boring)
ホール(英 hall) 101-57 五三
ホール(英 hole) 412-04 四〇六
ボール(英 ball) 811-26 九二五
ポール(英 pole) 620-43 七六三
ほか 419-26 四二八
〃 918-24 一一〇三
ぽか 999-27 一二二〇
ぼかす 114-22 一一七
ほかほか 908-50 一〇六四
ぽかぽか 712-08 八〇八
ほがらか(朗) 712-08 八〇八
ほかん(保管) 201-38 一六〇
ぽかん 116-05 一三〇
ぼき(簿記) 209-44 二三八
ボキャブラリー(英 vocabulary) 609-18 六七一
ほきゅう(補給) 607-02 六五八
ほきょう(補強) 913-04 一〇七九
ぼきん(募金) 914-10 一〇八八
ほきんしゃ(保菌者) 512-72 五三六
ぼく(僕) 017-14 三一
ぼくさつ(撲殺) 320-23 三六八
ぼくし(牧師) 520-38 六一一
ぼくしゅ(墨守) 604-75 六四九
ほくじょう(北上) 203-26 一七三
ぼくじょう(牧場) 817-68 九八四
ほくしん(北進) 505-43 四七六
ボクシング(英 boxing) 817-68 九八四
ほぐす 620-45 七六三
ぼくせき(墨跡) 109-18 八三
ぼくそう(牧草) 614-54 七一五
ほくそえむ(-笑) 720-24 八四四
ぼくちく(牧畜) 102-29 五九
505-41 四七六

ぼくとう(木刀)……510-35……五一一
ぼくとつ(木訥)……201-24……一五六
ぼくねんじん(朴念仁)
……305-53……三三〇
ぼくめつ(撲滅)……913-24……一〇八四
ぼけ(惚)……303-28……三一三
ぼけい(母系)……314-10……三五三
ほけつ(補欠)……807-16……八八二
ぼけつ(墓穴)……604-79……六五〇
ぼけっと……209-44……二三八
ポケットマネー(英 pocket money)……513-10……五三九
ほけん(保健)……020-14……三九
ほけん(保険)……512-78……五三七
ほこ(矛)……510-20……五〇九
ほご(反故)……120-61……一四八
ほご(保護)……120-36……一四三
〃……120-38……一四三
ぼご(母語)……607-05……六五八
ほこう(歩行)……110-02……一八八
ぼこく(母国)……507-13……四八五
ぼこくご(母国語)……607-05……六五八
ほごこく(保護国)……507-10……四八五
ほこさき(矛先)……208-62……二二三
ほこら(祠)……604-64……六四八
ほこらか(誇)……217-14……二七八
ほこらしい(誇)……217-15……二七八
ほこらしげ(誇)……217-14……二七八
ほこり(埃)……420-23……四二六
ほこり(誇)……217-05……二七七
ほこる(誇)……217-01……二七六
ほころびる(綻)……915-02……一〇九一
ほさ(補佐)……517-53……五九一
ほざく……612-06……六八四
ぼさっと……209-44……二三八
ぼさぼさ……209-44……二三八
〃……915-11……一〇九四
ぼさん(墓参)……605-25……六五四
ほし(星)……701-15……七六六
ほじ(保持)……912-10……一〇七八
ぼし(母子)……315-05……三五五
ぼし(拇指)……008-09……一六
ほしあかり(星明)……715-17……八三〇
ほしい(欲)……218-04……二八三
ほしいまま……203-35……一七五
ほしかげ(星影)……715-17……八三〇
ほしくさ(干草)……720-24……八四四
ほじくる……101-56……五二
ポジション(英 position)
……511-02……五一五
ほしまわり(星回)……317-01……三五八
ほしゃく(保釈)……520-79……六一七
ポシャる……909-03……一〇六七
ほじゅう(補充)……913-03……一〇七九
ぼしゅう(募集)……504-04……四六〇
ぼしゅう(暮秋)……710-14……七九六
ぼしゅん(暮春)……710-05……七九五
ほじょ(補助)……517-53……五九一
ほしょう(歩哨)……510-16……五〇八
ほしょう(保証)……515-57……五六三
ほしょう(保障)……515-57……五六三
ほしょう(補償)……115-37……一二六
ぼじょう(慕情)……216-03……二六六
ほしょく(補色)……716-05……八三三
ぼしょく(暮色)……711-45……八〇五
ほす(干)……713-70……八二二
ボス(英 boss)……511-39……五二〇
ポスター(英 poster)……619-50……七五四
ホステス(英 hostess)
……511-42……五二一
ホスト(英 host)……511-42……五二一
ポスト(英 post)……511-02……五一五
ホスピス(英 hospice)
……503-40……四五八
ほせい(補正)……908-04……一〇五四
ぼせい(母性)……201-13……一五四
ぼせいあい(母性愛)……216-54……二七六
ぼせき(墓石)……604-80……六五〇
ぼせん(母船)……505-58……四七八
ほぞ(臍)……010-12……一九
ほそい(細)……809-24……九〇三
ほそうで(細腕)……008-02……一五
ほそく(補足)……913-03……一〇七九
ほそづくり(細作)……001-32……七
ぼそっと……209-44……二三八
〃……612-49……六九一
ほそびき(細引)……419-03……四二五
ぼそぼそ……612-49……六九一
ほそみ(細身)……001-33……七
ほそみち(細道)……705-20……七八一
ほそめ(細目)……004-07……一二
ほそる(細)……001-29……六
ほぞん(保存)……116-05……一三〇
ポタージュ(フランス potage)
……407-18……三九一
ぼたい(母胎)……802-04……八五三
ぼだい(菩提)……318-13……三六二
ぼだいじ(菩提寺)……604-53……六四七
ほだされる……216-53……二七五
ぼたぼた……903-31……一〇二六
ぽたぽた……903-31……一〇二六
ぽたり……903-30……一〇二五
ボタン(ポルトガル botão)……405-11……三八五
ぼたんゆき(牡丹雪)……713-60……八二〇
ぼち(墓地)……604-82……六五〇
ぼつ(没)……304-08……三一五
〃……909-11……一〇六九
ぼつが(没我)……209-47……二三九
ほっき(発起)……814-22……九三五
ほつぎ(発議)……613-23……七〇〇
ホック(英 hook)……405-11……三八五
ボックス(英 box)……419-39……四三〇
ぽっくり……403-13……三八〇
ホッケー(英 hockey)
……620-42……七六三
ぼっこう(勃興)……914-07……一〇八八
ぼっこん(墨痕)……614-54……七一五
ぼっしゅう(没収)……115-09……一二〇
ぼっしゅみ(没趣味)……818-29……九九四
ほっする(欲)……218-03……二八二
ぼっする(没)……304-03……三一四
〃……903-26……一〇二四
ほっそく(発足)……814-23……九三五
ほっそり……001-30……七
ほったらかし……120-74……一五一
ほったん(発端)……814-12……九三三
ぼっちゃん(坊－)……306-19……三三五
〃……311-07……三四七
ぼっちゃんそだち(坊－育)
……207-59……二〇九
ほっつく……617-35……七三八
ぽっと……209-44……二三八
ぼっとう(没頭)……209-46……二三八
ぼつにゅう(没入)……209-46……二三八
ぼつねん(没年)……304-35……三一九
ぽつねんと……210-24……二四七
ぼっぱつ(勃発)……911-09……一〇七四
ほっぺ……003-06……一〇
ほっぺた……003-06……一〇
ぼつぼつ……811-08……九二二

ぽつぽつ……504-27……四六七
〃……713-38……八一七
ほっぽる……109-32……八六
ぼつらく(没落)……914-18……一〇九〇
ぽつり……903-30……一〇二五
ぽつりぽつり……612-49……六九一
ほつれる……915-02……一〇九一
ボディー(英 body)……001-01……一
ホテル(英 hotel)……503-39……四五八
ほてる……712-10……八〇九
ほてん(補塡)……913-04……一〇七九
ほど……999-25……一一一九
ほど(程)……808-06……八八五
ほどう(歩道)……705-29……七八二
ほどう(補導)……602-31……六二七
ぼどう(母堂)……310-04……三四四
ほどうきょう(歩道橋)……707-10……七八七
ほどく……109-18……八三
ほとけ(仏)……604-34……六四三
ほどける……915-02……一〇九一
ほどこす(施)……115-14……一二一
ほどちかい(程近)……817-39……九七九
ほどなく(程ー)……816-32……九六九
ほとばしる……903-34……一〇二七
ぼとぼと……903-31……一〇二六
ぽとぽと……903-31……一〇二六
ほとり……817-62……九八三
ほとんど(殆)……805-15……八六六
ほにゅう(哺乳)……013-07……二四
ぼにゅう(母乳)……015-14……二七
ほね(骨)……011-02……二〇
〃……802-09……八五四
ほねおり(骨折)……211-02……二五四
ほねおる(骨折)……219-08……二九〇
ほねぐみ(骨組)……001-06……二
〃……802-09……八五四
ほねっぷし(骨節)……219-03……二八九
ほねみ(骨身)……001-01……一
ほねやすめ(骨休)……020-17……四〇
ほのお(炎)……714-01……八二三
ほのか……819-24……一〇〇二
ほのぐらい(ー暗)……715-13……八三〇
ほのめかす(仄ー)……602-33……六二七
ほのめく……908-50……一〇六四
ぼひ(墓碑)……604-80……六五〇
〃……708-13……七九二
ぼひょう(墓標)……604-80……六五〇
ほふく(匍匐)……110-16……九一
ほぼ……805-25……八六八
ほほえみ(微笑)……102-19……五七
ほほえむ(微笑)……102-17……五七
ほまれ(誉)……618-17……七四三
ほむら……714-01……八二三
ほめことば(褒言葉)……520-11……六〇六
ほめそやす(褒ー)……520-09……六〇六
ほめたたえる(褒ー)……520-08……六〇六
ほめたてる(褒ー)……520-09……六〇六
ほめちぎる(褒ー)……520-09……六〇六
ほめる(褒)……520-08……六〇六
ホモサピエンス(ラテン Homo sapiens)……305-01……三一九
ぼや……714-11……八二五
ぼやく……612-54……六九二
ぼやける……908-50……一〇六四
ほゆう(保有)……116-01……一二九
ほよう(保養)……020-14……三九
ほら(洞)……702-41……七七二
ほら(法螺)……807-13……八八一
ほらあな(洞穴)……702-41……七七二
ボランティア(英 volunteer)……502-39……四五〇
ほり(堀)……707-04……七八六
ほり(彫)……101-58……五三
ポリシー(英 policy)……507-27……四八七
ポリス(英 police)……508-14……四九四
ホリデー(英 holiday)……711-29……八〇二
ほりもの(彫物)……404-13……三八四
〃……614-12……七〇九
ほりゅう(保留)……208-33……二一七
ほりゅうのしつ(蒲柳ー質)……017-06……三〇
ボリューム(英 volume)……808-01……八八四
ほりょ(捕虜)……520-77……六一六
ほりわり(掘割)……707-03……七八六
ほる(彫)……101-55……五二
ほる(掘)……101-63……五四
ほれる(惚)……216-05……二六七
ぼろ……401-06……三七二
〃……818-08……九九〇
ぼろい……206-17……一九八
ポロシャツ(英 polo-shirt)……401-34……三七五
ほろにがい(ー苦)……107-15……七六
ほろびる(滅)……913-23……一〇八三
ほろぼす(滅)……913-22……一〇八三
ほろほろ……903-31……一〇二六
ぼろぼろ……903-31……一〇二六
ぽろぽろ……903-31……一〇二六
ほろよい(ー酔)……409-18……三九八
ほろり……903-30……一〇二五
ぽろり……903-30……一〇二五
ホワイトカラー(英 white-collar)……503-01……四五一
ほん(本)……619-28……七五二
ぼん(盆)……605-24……六五四
ほんあん(翻案)……616-37……七三〇
ほんい(本位)……804-06……八五八
ほんい(本意)……209-31……二三五
ほんえい(本営)……510-03……五〇六
ほんかい(本懐)……218-07……二八三
ほんかくてき(本格的)……804-20……八六一
ほんがん(本願)……218-07……二八三
ほんき(本気)……219-28……二九五
ほんぎ(本義)……806-09……八七六
ほんぎまり(本決)……801-18……八五二
ほんきゅう(本給)……513-24……五四一
ほんきょ(本拠)……802-05……八五三
ほんぎょう(本業)……502-23……四四七
ほんきょく(本局)……504-41……四七〇
ぼんぐ(凡愚)……207-53……二〇八
ぼんくら……207-56……二〇九
ほんけ(本家)……314-06……三五二
ほんこく(翻刻)……619-19……七五〇
ほんごく(本国)……507-14……四八六
ぽんこつ……420-22……四三六
ほんさい(本妻)……309-12……三四三
ぼんさい(凡才)……207-11……二〇一
ぼんさく(凡作)……616-45……七三一
ほんざん(本山)……604-51……六四六
ほんじ(本字)……607-28……六六一
ほんじ(本寺)……604-51……六四六
ほんしき(本式)……804-20……八六一
ほんしつ(本質)……802-03……八五三
ほんじつ(本日)……711-22……八〇〇
ほんしゃ(本社)……505-08……四七二

ほんしゃ(本社)……505-17……四七三
〃……604-64……六四八
ほんしょ(本署)……504-41……四七〇
ほんしょう(本性)……201-05……一五三
ほんしょう(本省)……504-41……四七〇
ほんじょう(本城)……510-55……五一四
ぼんしょう(梵鐘)……604-55……六四七
ほんしょく(本職)……502-23……四四七
ほんしん(本心)……209-31……二三五
ほんじん(本陣)……510-03……五〇六
ぼんじん(凡人)……305-26……三二四
ほんすじ(本筋)……806-12……八七七
ほんせき(本籍)……610-36……六八〇
ぼんせつ(梵刹)……604-50……六四六
ほんせん(本船)……505-58……四七八
ほんそう(本葬)……605-16……六五三
ほんそう(奔走)……219-13……二九一
ほんそく(本則)……508-06……四九三
ぼんぞく(凡俗)……918-15……一一〇〇
ほんぞん(本尊)……604-58……六四七
ほんたい(本体)……802-03……八五三
〃……802-11……八五四
ほんだい(本題)……612-56……六九二
ほんたて(本立)……417-05……四一九
ほんだな(本棚)……417-05……四一九
ぼんち(盆地)……702-14……七六九
ほんちょう(本庁)……504-41……四七〇
ほんちょう(本朝)……507-15……四八六
ほんちょうし(本調子)……519-02……五九九
ほんてん(本店)……505-17……四七三
ほんど(本土)……507-14……四八六
ほんとう(本当)……807-03……八七九
ほんどう(本道)……705-24……七八一
〃……806-12……八七七
ほんとうに(本当－)……819-44……一〇〇七
ほんにん(本人)……320-18……三六七
ほんね(本音)……209-31……二三五
ボンネット(英 bonnet)……403-02……三七八
ほんねん(本年)……711-07……七九八
ほんのり……819-24……一〇〇二
ほんば(本場)……705-17……七八〇
ほんばこ(本箱)……417-05……四一九
ぽんびき(－引)……516-13……五七〇
ほんぶ(本部)……505-17……四七三
ぼんぷ(凡夫)……305-26……三二四
ほんぷく(本復)……020-11……三八
ほんぶり(本降)……713-23……八一五
ほんぶん(本分)……502-14……四四五
ほんぽ(本舗)……505-17……四七三
ほんぽう(本邦)……507-15……四八六
ほんぽう(本俸)……513-24……五四一
ほんぽう(奔放)……203-35……一七五
ぼんぼん……311-07……三四七
ほんまつてんとう(本末転倒)……208-67……二二五
ほんまつり(本祭)……605-05……六五一
ほんみょう(本名)……320-05……三六五
ほんむ(本務)……502-23……四四七
ほんもう(本望)……213-01……二五九
ほんもと(本元)……814-09……九三二
ほんもの(本物)……807-05……八八〇
ほんや(本屋)……619-27……七五一
ほんやく(翻訳)……611-15……六八三
ぼんやり……209-44……二三八
ぼんよう(凡庸)……918-12……一一〇〇
ほんらい(本来)……816-09……九六三
ほんりゅう(本流)……504-38……四六九
ほんりゅう(奔流)……704-08……七七五
ほんるいだ(本塁打)……620-37……七六二
ほんろう(翻弄)……517-09……五八三

ま

ま(間)……617-06……七三三
〃……808-21……八八九
ま(魔)……604-41……六四四
まあい(間合)……808-21……八八九
マーク(英 mark)……608-01……六六三
マーケット(英 market)……503-33……四五六
マージン(英 margin)……512-52……五三三
まあたらしい(真新)……810-26……九一二
まい……999-64……一二三七
〃……999-73……一二四一
まい(舞)……614-44……七一三
まいあがる(舞上)……110-06……八九
まいかい(毎回)……815-27……九五二
まいきょ(枚挙)……602-40……六二八
まいこつ(埋骨)……605-17……六五三
まいじ(毎次)……815-27……九五二
まいじ(毎時)……711-56……八〇六
まいしゅう(毎週)……711-56……八〇六
まいせつ(埋設)……416-05……四一四
まいそう(埋葬)……605-17……六五三
まいど(毎度)……815-27……九五二
まいとし(毎年)……711-09……七九九
まいない……513-31……五四二
マイナス(英 minus)……913-13……一〇八一
まいに……999-58……一二三四
まいにち(毎日)……711-25……八〇一
まいねん(毎年)……711-09……七九九
まいばん(毎晩)……711-54……八〇六
まいびょう(毎秒)……711-56……八〇六
まいふん(毎分)……711-56……八〇六
マイホーム(洋語 my home)……315-02……三五五
まいもどる(舞戻)……908-15……一〇五六
まいよ(毎夜)……711-54……八〇六
まいる(参)……113-02……一〇二
〃……209-41……二三七
〃……604-22……六四二
まう(舞)……614-46……七一四
まうえ(真上)……817-14……九七四
まえ(前)……816-12……九六四
〃……817-03……九七一
まえうしろ(前後)……817-09……九七三
まえおき(前置)……610-05……六七五
まえかがみ(前－)……101-20……四五
まえがき(前書)……610-05……六七五
まえかけ(前掛)……401-32……三七五
まえきん(前金)……512-63……五三四
まえだれ(前垂)……401-32……三七五
まえづけ(前付)……610-05……六七五
まえばらい(前払)……512-63……五三四
まえぶれ(前触)……911-16……一〇七五
まえまえ(前前)……816-03……九六二
まえもって(前－)……816-17……九六五
まおとこ(間男)……307-13……三三八
まがい……807-12……八八一
まがいもの(－物)……807-12……八八一
まがう……918-02……一〇九八
マガジン(英 magazine)……619-42……七五三
まかす(負)……101-51……五一
まかせる(任)……218-15……二八五
まかなう……120-03……一三七
まかふしぎ(摩訶不思議)

……810-56……九一九
まがり(曲)……908-37……一〇六二
まがりかど(曲角)……705-38……七八三
〃 ……815-50……九五七
まがりくねる(曲－)……908-35……一〇六一
まかりでる(罷出)……113-02……一〇二
まがる(曲)……908-33……一〇六一
まき(薪)……419-16……四二六
まきあげる(巻上)……115-07……一二〇
まきこむ(巻込)……906-03……一〇四六
まきぞえ(巻添)……905-15……一〇四四
まきちらす(撒散)……109-34……八六
まきつく(巻付)……904-25……一〇三五
まきつける(巻付)……904-26……一〇三六
まきなおし(蒔直)……517-51……五九一
まきば(牧場)……505-43……四七六
まぎらす(紛)……918-02……一〇九八
まぎれる(紛)……918-02……一〇九八
まぎわ(間際)……816-15……九六五
まく(巻)……904-26……一〇三六
まく(幕)……615-11……七一七
〃 ……615-28……七二〇
まく(膜)……011-06……二一
まくあき(幕開)……814-10……九三三
まくぎれ(幕切)……814-28……九三六
まぐさ(秣)……720-24……八四四
まくしたてる(－立)……612-24……六八七
まぐち(間口)……412-27……四〇九
マグマ(ギリシア magma)……709-08……七九四
まくら(枕)……419-34……四三〇
〃 ……610-07……六七五
まくらがみ(枕上)……112-31……一〇〇
まくらもと(枕元)……112-31……一〇〇
まくる……109-17……八二
マクロ(英 macro-)……809-03……九〇〇
まけ(負)……620-17……七五九
まけいくさ(負戦)……620-18……七五九
まけいろ(負色)……509-36……五〇三
まけじだましい(負魂)……219-21……二九三
まけずぎらい(負嫌)……201-48……一六二
まげて……205-44……一九二
まける(負)……620-16……七五九
まげる(曲)……908-32……一〇六〇
まけんき(負気)……201-48……一六二
まご(孫)……312-01……三四九
まごこ(孫子)……312-04……三四九
まごころ(真心)……209-30……二三五
まごつく……210-46……二五一
まこと(真)……807-04……八八〇
まこと(誠)……209-30……二三五
まことしやか……807-13……八八一
まことに……819-44……一〇〇七
まごびき(孫引)……611-14……六八三
まごまご……210-50……二五二
まさか……208-53……二二一
まさかり(鉞)……416-23……四一七
まさぐる……109-21……八三
まさご(真砂)……709-03……七九三
まさしく……819-44……一〇〇七
まさつ(摩擦)……515-13……五五四
まさに……819-44……一〇〇七
まざまざ……810-44……九一六
まさる(勝)……818-38……九九六
まざる(混)……915-06……一〇九二
まじえる(交)……904-03……一〇三三
ました(真下)……817-19……九七五
マジック(英 magic)……615-51……七二三
まして……819-54……一〇〇九
まじない……615-52……七二三
まじめ……201-19……一五五
まじゅつ(魔術)……615-52……七二三
ましょうめん(真正面)……817-02……九七一
まじる(混)……915-06……一〇九二
まじろぐ……103-32……六六
まじわり(交)……515-01……五五〇
まじわる(交)……904-04……一〇三三
マス(英 mass)……507-50……四九一
ます(増)……913-02……一〇七九
まず……814-01……九三一
まずい……207-20……二〇二
マスコミ……619-01……七四七
まずしい(貧)……501-16……四四〇
マスター(英 master)……511-40……五二一
ますます……913-32……一〇八六
まぜあわせる(混合)……109-25……八四
まぜこぜ……915-06……一〇九二
ませる……303-15……三一〇
まぜる(混)……109-25……八四
また……815-15……九四九
また(股)……009-02……一六
まだ……819-57……一〇一〇
またいとこ……314-15……三五三
またがし(又貸)……115-27……一二四
またがり(又借)……115-31……一二五
またがる……110-15……九一
またぎき(又聞)……618-24……七四四
またぐ……110-15……九一
またぐら(股－)……009-02……一六
またたく(瞬)……103-32……六六
またたくま(瞬間)……815-33……九五三
または……913-30……一〇八五
マダム(フランス madame)
……306-09……三三三
まだら(斑)……614-23……七一〇
〃 ……511-41……五二一
まだるっこい……210-49……二五二
まち(町)……705-05……七七八
まちあぐむ(待－)……120-28……一四一
まちうける(待受)……120-27……一四一
まぢか(間近)……816-15……九六五
〃 ……817-05……九七二
〃 ……817-39……九七九
まちがい(間違)……114-16……一一六
まちがう(間違)……114-23……一一七
まちがえる(間違)……114-23……一一七
まちかど(町角)……705-40……七八四
まちかまえる(待構)……120-27……一四一
まちぎ(街着)……401-04……三七二
まちこがれる(待焦)……120-28……一四一
まちすじ(町筋)……705-43……七八四
まちどおしい(待遠)……120-28……一四一
まちのぞむ(待望)……120-28……一四一
まちまち……915-08……一〇九三
まちわびる(待－)……120-28……一四一
まつ(待)……120-27……一四一
まつえい(末裔)……312-04……三四九
まっか(真赤)……716-20……八三五
まつかざり(松飾)……605-28……六五四
まっき(末期)……815-56……九五九
まっくらやみ(真暗闇)
……711-46……八〇五
まっくろ(真黒)……716-13……八三四
まっくろけ(真黒)……716-14……八三四
まつげ(睫毛)……004-12……一二
まつご(末期)……304-28……三一八
まっこう(真向)……817-02……九七一
まつざ(末座)……511-20……五一八

まっさいちゅう(真最中)……815-53……九五八
まっさお(真青)……716-25……八三六
まっさかり(真盛)……815-53……九五八
まっさき(真先)……814-05……九三三
まっさつ(抹殺)……913-15……一〇八二
まつじ(末寺)……604-52……六四六
まっしゃ(末社)……604-64……六四八
まっしょう(抹消)……913-15……一〇八二
まっしょうじき(真正直)……201-18……一五五
まっしょうしんけい(末梢神経)……011-05……二一
まっしろ(真白)……716-16……八三五
まっすぐ……811-02……九二一
まっせ(末世)……506-07……四八三
まっせき(末席)……511-20……五一八
まっせきをけがす(末席-汚)……504-17……四六四
まっせつ(末節)……820-07……一〇一二
まった(待)……617-42……七三九
まつだい(末代)……815-68……九六一
まったく(全)……819-47……一〇〇七
まっただなか(真只中)……815-53……九五八
まったん(末端)……805-43……八七二
マッチ(英 match)……620-07……七五七
〃……917-02
まっちゃ(抹茶)……407-25……三九二
まっとう……201-35……一五九
まっとうする(全)……814-40……九三八
まつのうち(松-内)……710-22……七九七
まっぱだか(真裸)……001-34……八
まつばづえ(松葉杖)……403-16……三八〇
まつび(末尾)……814-26……九三五
まっぴつ(末筆)……610-11……六七五
まっぴるま(真昼間)……711-42……八〇四
まつぶん(末文)……610-09……六七五
まつり(祭)……605-01……六五〇
まつりごと(政)……507-21……四八六
まつる(纏)……405-02……三八四
まつろ(末路)……303-21……三一一
まつわりつく……101-33……四八
まつわる……101-33……四八
まで……999-04……一一一
〃……999-09……一一三
〃……999-27……一一二〇
までも……999-45……一一二九
までもない……999-76……一一四二
まと(的)……208-62……二二三
まど(窓)……417-10……四二〇
まどい……504-31……四六八
まといつく……101-33……四八
まとう……404-01……三八二
まどう(惑)……220-29……三〇二
まどおい(間遠)……817-42……九七九
まどぐち(窓口)……503-16……四五三
まとまる(纏)……814-42……九三九
まとめる(纏)……814-42……九三九
まとも……201-35……一五九
マドモワゼル(フランス mademoiselle)……306-07……三三三
マドロス(オランダ matroos)……505-62……四七九
まどろむ……112-01……九六
まどわす(惑)……220-29……三〇二
マドンナ(イタリア madonna)……306-10……三三四
まな(真名)……607-28……六六一
マナー(英 manners)……515-62……五六四
まないた(俎)……410-21……四〇二
まなこ(眼)……004-01……一一
まなざし(眼差)……103-27……六六
まなじり……004-09……一二
まなつ(真夏)……710-10……七九五
まなでし(愛弟子)……602-81……六三六
まなびや(学舎)……602-50……六三〇
まなぶ(学)……602-03……六二二
まなむすめ(愛娘)……311-15……三四八
マニア(英 mania)……305-36……三二六
まにあう(間-合)……913-25……一〇八四
まにあわせ(間-合)……517-13……五八四
まにあわせる(間-合)……913-25……一〇八四
マニュアル(英 manual)……619-47……七五四
まぬがれる(免)……113-30……一〇八
まぬけ……305-51……三二九
まね……918-21……一一〇二
マネージャー(英 manager)……511-37……五二〇
マネキン(英 mannequin)……617-20……七三五
まねく(招)……516-08……五六八
まねる……918-22……一一〇二
まのび(間延)……908-41……一〇六三
まばたく(瞬)……103-32……六六
まばゆい……111-16……九四
まばら(疎)……901-04……一〇一五
まひ(麻痺)……111-12……九三
まびく(間引)……913-27……一〇八四
まひる(真昼)……711-42……八〇四
まぶ(間夫)……307-13……三三八
まぶしい(眩)……111-16……九四
まぶた(瞼)……004-10……一二
マフラー(英 muffler)……403-06……三七九
まほう(魔法)……615-52……七二三
まぼろし(幻)……715-18……八三〇
ママ(英 mamma)……310-03……三四四
〃……511-41……五二一
まま(間間)……815-16……九四九
ままこ(-子)……311-16……三四八
ままちち(-父)……310-11……三四五
まま(で)……999-50……一一三一
ままはは(-母)……310-06……三四四
まみえる……516-01……五六六
まみず(真水)……707-31……七九〇
まみれ……905-05……一〇四二
まむかい(真向)……120-08……一三八
まめ(忠実)……201-19……一五五
まめたん(豆炭)……419-17……四二七
まめつ(摩滅)……913-20……一〇八三
まめめいげつ(豆名月)……701-13……七六六
まもう(摩耗)……913-20……一〇八三
まもなく(間-)……816-32……九六九
まもり(守)……604-11……六四〇
まもりがたな(守刀)……510-34……五一一
まもりふだ(守札)……604-77……六四九
まもる(守)……120-33……一四二
〃……516-33……五七三
まやかし……807-12……八八一
まゆ(眉)……004-11……一二
まゆげ(眉毛)……004-11……一二
まよう(迷)……220-29……三〇二
まよなか(真夜中)……711-50……八〇五
まよわす(迷)……220-29……三〇二
まり……620-43……七六三

まりょく(魔力)……604-43……六四五
まる(丸)……608-01……六六三
〃……608-04……六六四
まるあんき(丸暗記)……602-16……六二四
まるい(丸)……811-09……九二二
まるおび(丸帯)……401-30……三七五
まるきばし(丸木橋)……707-09……七八七
まるきり……819-47……一〇〇七
まるごし(丸腰)……101-28……四七
まるだし(丸出)……514-10……五四六
まるっきり……819-47……一〇〇七
まるつぶれ(丸潰)……909-16……一〇七〇
まるで……819-47……一〇〇七
〃……918-07……一〇九九
まるはだか(丸裸)……001-34……八
まるひ(丸秘)……514-18……五四八
〃……501-14……四三九
まるぼうず(丸坊主)……002-07……九
まるめる(丸)……811-15……九二三
まるやけ(丸焼)……714-14……八二五
まれ……815-19……九五〇
まろやか……811-09……九二二
まわし(回)……401-38……三七六
まわす(回)……902-08……一〇一八
まわり……817-32……九七七
まわりあわせ(回合)……317-01……三五八
まわりくどい(回－)……210-49……二五二
まわりぶたい(回舞台)……615-27……七二〇
まわりみち(回道)……113-09……一〇四
まわる(回)……617-34……七三七
〃……902-08……一〇一八
まん(万)……808-02……八八五
まんいち(万一)……208-52……二二一
まんいん(満員)……913-26……一〇八四
まんえつ(満悦)……210-12……二四四
まんえん(蔓延)……915-10……一〇九三
まんが(漫画)……619-55……七五五
まんかい(満開)……720-35……八四六
まんがいち(万一)……208-52……二二一
まんきつ(満喫)……213-03……二五九
まんげつ(満月)……701-12……七六六
まんげん(万言)……612-26……六八七
まんざ(満座)……504-14……四六三
まんさい(満載)……619-15……七五〇
まんざい(漫才)……615-48……七二三
まんさく(満作)……505-27……四七四
まんざら……819-49……一〇〇八
まんじょう(満場)……504-14……四六三
マンション(英 mansion)……411-13……四〇四
まんしん(満身)……001-04……二
まんしん(慢心)……217-18……二七九
まんぞく(満足)……213-01……二五九
まんだん(漫談)……615-48……七二三
まんちょう(満潮)……703-13……七七四
まんてん(満点)……819-16……一〇〇〇
マント(フランス manteau)……401-17……三七三
まんなか(真中)……817-24……九七六
まんねんゆき(万年雪)……713-61……八二〇
まんば(漫罵)……517-21……五八五
まんぱい(満杯)……913-26……一〇八四
まんびき(万引)……520-41……六一一
まんぷく(満腹)……111-22……九五
まんぽ(漫歩)……617-25……七三六
まんまえ(真前)……817-02……九七一
まんまく(幔幕)……615-28……七二〇
まんまんいち(万万一)……208-52……二二一
まんまんなか(－真中)……817-24……九七六
まんゆう(漫遊)……617-32……七三七
まんりょう(満了)……814-47……九四〇

み

み(身)……001-01……一
み(実)……720-13……八四三
みあい(見合)……516-04……五六七
みあう(見合)……103-12……六二
〃……918-19……一一〇一
みあげる(見上)……103-11……六二
みあやまる(見誤)……208-66……二二四
みあわせる(見合)……103-12……六二
みいだす(見－)……220-23……三〇一
ミーティング(英 meeting)……504-31……四六八
みいり(実入)……512-74……五三六
みいる(見入)……103-03……六一
みうける(見受)……103-09……六二
みうごき(身動)……114-02……一一三
みうしなう(見失)……103-18……六四
みうち(身内)……314-02……三五一
みえ(見)……217-08……二七七
みえがくれ(見隠)……113-26……一〇七
みえすく(見透)……208-43……二一九
みえる(見)……103-01……六〇
みおくり(見送)……516-19……五七〇
みおくる(見送)……516-18……五七〇
みおとし(見落)……103-19……六四
みおとす(見落)……103-18……六四
みおぼえ(見覚)……602-15……六二四
みおも(身重)……019-01……三五
みおろす(見下)……103-11……六二
みかえす(見返)……103-13……六三
みかえり(見返)……115-37……一二六
みかえる(見返)……103-11……六二
みかぎる(見限)……205-15……一八七
みかく(味覚)……111-03……九二
みがく(磨)……416-16……四一七
〃……602-08……六二三
みかけ(見－)……001-07……二
みかける(見掛)……103-09……六二
みかた(見方)……208-15……二一三
みかた(味方)……516-47……五七六
みかづき(三日月)……701-14……七六六
みがって(身勝手)……203-35……一七五
みかど(帝)……511-23……五一八
みがまえ(身構)……120-24……一四一
みからでたさび(身－出－錆)……604-17……六四一
みかわす(見交)……103-12……六二
みがわり(身代)……807-14……八八二
みかん(未完)……814-53……九四一
みかんいろ(蜜柑色)……716-29……八三七
みかんせい(未完成)……814-53……九四一
みき(幹)……720-16……八四四
みぎ(右)……817-23……九七五
みぎうで(右腕)……008-02……一五
〃……511-50……五二二
みぎがわ(右側)……817-23……九七五
みきき(見聞)……303-02……三〇七
みぎて(右手)……817-23……九七五
みぎへならえ(右－倣)……918-21……一一〇二
みぎり(砌)……710-25……七九七
みきる(見切)……205-15……一八七
みきわめ(見極)……208-58……二二三

みきわめる(見極)……208-44……二一九
みくだす(見下)……517-10……五八三
みくだりはん(三下半)……308-10……三四〇
みくびる(見－)……517-10……五八三
みくらべる(見比)……919-10……一一〇六
みぐるしい(見苦)……203-30……一七四
ミクロ(ﾌﾗﾝｽ micro-)……809-07……九〇一
みけん(眉間)……003-07……一一
みこ(巫女)……604-69……六四九
みごしらえ(身拵)……404-07……三八三
みこす(見越)……208-45……二二〇
みごと(見事)……818-44……九九七
みごなし(身－)……114-08……一一四
みこみ(見込)……208-58……二二二
みこむ(見込)……208-84……二二九
みごもる(身籠)……019-02……三六
みさお(操)……205-53……一九五
みさかい(見境)……208-65……二二四
みさき(岬)……702-06……七六八
みさげる(見下)……517-10……五八三
みささぎ(陵)……604-83……六五〇
みさだめる(見定)……208-44……二一九
みじかい(短)……809-11……九〇一
みじたく(身支度)……617-39……七三九
みじまい(身－)……404-07……三八三
みじめ(惨)……210-54……二五三
みじゅく(未熟)……303-06……三〇八
みしょう(未詳)……810-50……九一八
みじろぎ(身－)……114-02……一一三
みじんぎり(－切)……408-14……三九五
ミス(英 miss)……114-18……一一六
ミス(英 Miss)……306-07……三三三
ミズ(英 Ms.)……306-07……三三三
みず(水)……707-30……七九〇
みずあげ(水揚)……512-75……五三六
みずいろ(水色)……716-25……八三六
みずうみ(湖)……704-21……七七七
みすえる(見据)……103-02……六〇
〃……208-44……二一九
みずかけろん(水掛論)……613-09……六九七
みずがし(水菓子)……407-23……三九二
みすかす(見透)……208-43……二一九
みすがら(身－)……501-14……四三九
みすぎ(身過)……501-01……四三七
みずきり(水切)……707-14……七八七
みずぎわ(水際)……703-06……七七三
みずぎわだつ(水際立)……514-05……五四五
みずぐき(水茎)……614-52……七一四
みずくさい(水臭)……107-20……七七
みずけ(水気)……713-63……八二〇
みずけむり(水煙)……707-21……七八九
みすごす(見過)……103-18……六四
みずごり(水垢離)……604-27……六四二
みずしごと(水仕事)……501-03……四三八
みずしぶき(水－)……707-20……七八八
みずしょうばい(水商売)……503-43……四五八
みずっぱな(水－)……015-13……二七
みずっぽい(水－)……107-20……七七
ミステリー(英 mystery)……616-08……七二五
〃……810-62……九二一
みすてる(見捨)……205-15……一八七
みずひき(水引)……605-27……六五四
みずびたし(水浸)……319-10……三六四
みずほ(瑞穂)……720-23……八四四
みすぼらしい……206-17……一九八
みずまき(水撒)……415-04……四一三
みすます(見澄)……103-02……六〇
みずみずしい……201-42……一六一
みずもれ(水漏)……707-19……七八八
みせ(店)……503-32……四五六
みせいねん(未成年)……303-11……三〇九
みせさき(店先)……503-36……四五七
みせじまい(店－)……502-37……四四九
みせしめ(見－)……602-47……六三〇
ミセス(英 Mrs.)……306-09……三三三
みせつける(見－)……217-20……二八〇
みせどころ(見所)……615-13……七一七
みせば(見場)……615-13……七一七
みせびらかす(見－)……217-20……二八〇
みせびらき(店開)……502-38……四四九
みせもの(見物)……615-16……七一七
みせや(店屋)……503-32……四五六
みせる(見)……602-36……六二八
みぜん(未然)……911-13……一〇七五
みぞ(溝)……707-05……七八六
みぞう(未曾有)……918-30……一一〇四
みそぎ(禊)……604-27……六四二
みそこなう(見損)……103-18……六四
〃……208-66……二二四
みそしる(味噌汁)……407-20……三九二
みそひともじ(三十一文字)……616-26……七二八
みそめる(見初)……216-05……二六七
みそら(身空)……316-01……三五六
みぞれ(霙)……713-20……八一四
みたいだ……999-64……一一三七
〃……999-68……一一三九
みたけ(身丈)……405-06……三八五
みだし(見出)……610-24……六七八
みたす(満)……906-13……一〇四八
みだす(乱)……915-01……一〇九一
みたて(見立)……020-05……三七
みたてる(見－)……611-07……六八一
みたま(霊)……604-36……六四四
みため(見目)……001-07……二
みだら……204-31……一八二
みだり……819-26……一〇〇三
みだりがわしい……204-31……一八二
みだれがみ(乱髪)……002-06……九
みだれとぶ(乱飛)……903-33……一〇二七
みだれる(乱)……915-01……一〇九一
みち(道)……603-01……六三七
〃……705-18……七八〇
〃……814-62……九四三
みちあんない(道案内)……608-21……六六七
みぢか(身近)……817-38……九七九
みちがえる(見違)……208-66……二二四
みちしお(満潮)……703-13……七七四
みちしるべ(道－)……608-20……六六七
みちすじ(道筋)……113-18……一〇六
〃……806-05……八七五
みちたりる(満足)……213-05……二五九
みちづれ(道連)……516-55……五七八
みちのり(道－)……814-62……九四三
みちばた(道端)……705-41……七八四
みちびく(導)……602-22……六二五
みちる(満)……906-13……一〇四八
みつ(三－)……808-02……八八五
みつ(密)……203-05……一六八
みっかい(密会)……307-02……三三七
みつぐ(貢)……115-41……一二七
みづくろい(身繕)……404-07……三八三
みつくろう(見繕)……208-46……二二〇
みつける(見－)……220-23……三〇一

みつご(密語)……612-53……六九二
みっこう(密航)……505-56……四七八
みっさつ(密殺)……520-36……六一〇
みっし(密使)……502-44……四五一
みつじ(密事)……514-22……五四九
みっしゅう(密集)……904-02……一〇三一
みっせい(密生)……720-43……八四七
みっせつ(密接)……905-09……一〇四三
みっそう(密葬)……605-16……六五三
みつぞろい(三揃)……401-13……三七三
みっちゃく(密着)……905-04……一〇四二
みっちり……819-45……一〇〇七
みっつう(密通)……307-04……三三七
みってい(密偵)……503-17……四五四
ミッドナイト(英 midnight)……711-50……八〇五
みっともない……203-30……一七四
みつばい(密売)……512-09……五二四
みつぼうえき(密貿易)……512-82……五三七
みつめる(見－)……103-02……六〇
みつもり(見積)……808-17……八八八
みつもる(見積)……208-84……二二九
みつやく(密約)……515-38……五五九
みつゆ(密輸)……512-82……五三七
みつゆしゅつ(密輸出)……512-82……五三七
みつゆにゅう(密輸入)……512-82……五三七
みつゆび(三指)……008-08……一六
みつりょう(密漁)……505-70……四八〇
みつりん(密林)……720-44……八四七
みてい(未定)……801-18……八五二
みてくれ(見－)……001-07……二
みてとる(見取)……208-42……二一九
みとおし(見通)……103-16……六三
みとおす(見通)……103-15……六三
〃……208-58……二二二
みどく(味読)……609-05……六六九
〃……208-43……二一九
みどころ(見－)……818-06……九九〇
みとめいん(認印)……608-09……六六五
みとめる(認)……517-62……五九三
みどり(緑)……716-27……八三六
みどりご……311-02……三四六
みとれる(見－)……103-03……六一
みどろ……905-05……一〇四二
ミトン(英 mitten)……403-10……三七九
みな(皆)……805-13……八六五
みなおす(見直)……103-13……六三
〃……808-63……八九七
みなぎる……906-13……一〇四八
みなげ(身投)……304-23……三一七
みなごろし(皆殺)……520-39……六一一
みなしご……311-18……三四八
みなす(見－)……611-07……六八一
みなそこ(水底)……704-12……七七六
みなと(港)……505-64……四七九
みなみ(南)……817-66……九八四
みなみな(皆皆)……808-63……八九七
みなも(水面)……704-11……七七六
みなもと(源)……704-23……七七七
みならう(見習)……918-22……一一〇二
〃……814-09……九三三
みなり(身－)……001-09……三
〃……404-08……三八三
みにくい(醜)……102-15……五七
ミニコミ……619-02……七四七
ミニチュア(英 miniature)……804-09……八五八
みにつまされる(身－)……216-53……二七五
みぬく(見抜)……208-42……二一九
みね(峰)……702-29……七七一
みのう(未納)……115-19……一二三
みのうえ(身－上)……316-01……三五六
みのがす(見逃)……103-18……六四
みのけ(身－毛)……012-05……二二
みのたけ(身－丈)……001-19……五
みのほど(身－程)……511-03……五一五
みのり(実)……818-26……九九四
みのる(実)……720-36……八四六
みば(見場)……001-07……二
みばえ(見栄)……001-07……二
みはからう(見計)……208-46……二二〇
みはつ(未発)……911-13……一〇七五
みはなす(見放)……205-15……一八七
みはらし(見晴)……103-16……六三
みはらす(見晴)……103-15……六三
みはり(見張)……509-49……五〇五
みはる(見張)……103-08……六二
みはるかす(見晴)……103-15……六三
みびいき(身－)……216-16……二六九
みひとつ(身一)……501-14……四三九
みひらく(見開)……103-08……六二
みぶり(身振)……114-05……一一四
みぶるい(身震)……101-25……四六
みぶん(身分)……511-03……五一五
みぼうじん(未亡人)……309-10……三四三
みほれる(見－)……103-03……六一
みほん(見本)……804-28……八六二
みまい(見舞)……216-06……二六七
みまう(見舞)……516-41……五七五
みまえ(御前)……618-39……七四六
みまがう(見紛)……208-66……二二四
みまかる……304-03……三一四
みまもる(見守)……103-02……六〇
みまわす(見回)……103-11……六二
みまわり(見回)……509-50……五〇五
みまん(未満)……805-10……八六四
みみ(耳)……004-13……一二
みみあか(耳垢)……015-10……二七
みみうち(耳打)……104-09……六八
みみくそ(耳糞)……015-10……二七
みみこすり(耳－)……104-09……六八
みみたぶ(耳朶)……004-13……一二
みめ(見目)……001-08……三
みめい(未明)……711-37……八〇三
みめうるわしい(見目麗)……206-08……一九七
みめかたち(見目形)……001-08……三
みめよい(見目－)……206-08……一九七
みもだえ(身悶)……101-24……四六
〃……114-02……一一三
みもち(身持)……114-11……一一五
みもと(身元)……316-03……三五七
みもの(実物)……720-27……八四五
みや(宮)……604-64……六四八
みゃく(脈)……018-05……三四
〃……208-57……二二二
みゃくはく(脈搏)……018-05……三四
みゃくみゃく(脈脈)……815-61……九五九
みゃくらく(脈絡)……515-08……五五三
みやげ……115-51……一二八
みやこ(都)……705-04……七七八
みやこおち(都落)……517-41……五八九
みやだいく(宮大工)……503-22……四五五
みやび……206-09……一九七
みやびやか……206-09……一九七
みやぶる(見破)……208-42……二一九

む

むじつ（無実）……520-21……六〇八
むしのいき（虫－息）……014-07……二五
むしのしらせ（虫－知）……209-37……二三六
むしばむ（蝕）……017-10……三〇
むじひ（無慈悲）……205-20……一八八
むしぶろ（蒸風呂）……414-01……四一二
むしぼし（虫干）……713-71……八三三
むしむし……712-07……八〇八
むしめがね（虫眼鏡）……403-19……三八一
むしゃ（武者）……510-50……五一三
むじゃき（無邪気）……201-21……一五六
むしゃくしゃ……210-51……二五二
むしゃぶりつく……101-36……四八
むしゃぶるい（武者震）……101-25……四六
むしゅみ（無趣味）……617-01……七三三
むじゅん（矛盾）……519-10……六〇一
むじょう（無上）……819-13……一〇〇〇
むじょう（無情）……205-19……一八七
むしょうに（無性－）……819-26……一〇〇三
むしょく（無職）……502-10……四四四
むしろ……819-55……一〇一〇
むしろ（筵）……417-14……四二一
むしん（無心）……218-20……二八六
〃……220-08……二九八
むじん（無人）……119-08……一三五
むじん（無尽）……504-36……四六九
〃……808-45……八九三
むしんけい（無神経）……207-62……二一〇
むじんぞう（無尽蔵）……808-45……八九三
むす（蒸）……408-06……三九三
むすう（無数）……808-43……八九三
むずかしい（難）……810-38……九一五
むずがゆい……111-14……九四
むずかる……204-40……一八四
むすこ（息子）……311-12……三四七
むすび（結）……610-09……六七五
むすびつける（結付）……109-14……八二
むすぶ（結）……109-11……八一
むずむず……210-52……二五三
むすめ（娘）……306-03……三三二
〃……306-04……三三二
むすめざかり（娘盛）……306-06……三三三
むせきにん（無責任）……203-06……一六九
むせびなく（－泣）……102-32……五九
むせる（噎）……014-04……二四
むせん（無銭）……513-07……五三八
むせん（無線）……618-43……七四七
むそう（無双）……819-15……一〇〇〇
むそう（夢想）……209-57……二四〇
むぞうさ（無造作）……810-22……九一二
むだ（無駄）……909-11……一〇六九
むだあし（無駄足）……502-40……四五〇
むたい（無体）……920-06……一一〇八
むだぐち（無駄口）……517-14……五八四
むだじに（無駄死）……304-12……三一五
むだづかい（無駄遣）……513-14……五三九
むだばなし（無駄話）……612-65……六九四
むだぼね（無駄骨）……502-40……四五〇
むだん（無断）……514-23……五四九
むち（無知）……204-06……一七七
むち（無恥）……217-29……二八一
むちゃ……819-34……一〇〇五
〃……915-12……一〇九四
むちゃくちゃ……204-21……一八〇
〃……819-42……一〇〇六
〃……915-12……一〇九四
むちゅう（夢中）……209-47……二三九
むつ（六－）……808-02……八八五
むつき……401-39……三七六
むつごと（睦言）……612-11……六八五
むつまじい（睦）……515-34……五五八
むてき（無敵）……809-34……九〇六
むてっぽう（無鉄砲）……203-20……一七二
むでん（無電）……618-43……七四七
むどう（無道）……520-30……六〇九
むとうひょう（無投票）……507-39……四八九
むとどけ（無届）……514-23……五四九
むとんちゃく（無頓着）……205-13……一八六
むないた（胸板）……010-07……一八
むなくそがわるい（胸糞－悪）……210-20……二四六
むなぐら（胸倉）……010-07……一八
むなぐるしい（胸苦）……210-38……二五〇
むなさわぎ（胸騒）……210-08……二四四
むなざんよう（胸算用）……808-17……八八八
むなしい（空）……818-27……九九四
むに（無二）……819-15……一〇〇〇
むね（旨）……806-09……八七六
むね（胸）……010-07……一八
〃……209-26……二三四
むねさんずん（胸三寸）……209-28……二三四
むねまわり（胸回）……010-16……二〇
むのう（無能）……207-12……二〇一
むのうりょく（無能力）……207-12……二〇一
むひ（無比）……819-15……一〇〇〇
むひつ（無筆）……609-34……六七三
むひょうじょう（無表情）……102-14……五六
むふんべつ（無分別）……303-16……三一〇
むへん（無辺）……809-15……九〇二
むへんさい（無辺際）……809-15……九〇二
むほう（無法）……520-30……六〇九
むぼう（無謀）……203-20……一七二
むほうもの（無法者）……305-48……三二八
むほん（謀反）……517-33……五八八
むみ（無味）……818-29……九九四
むもん（無文）……614-24……七一一
むやみ……819-26……一〇〇三
むやみやたら……819-26……一〇〇三
むよう（無用）……512-57……五三三
むら……218-34……二八九
むら（村）……705-10……七七九
むらがる（群）……504-01……四五九
むらき（－気）……218-34……二八九
むらくも（－雲）……713-12……八一三
むらさき（紫）……716-32……八三七
むらざと（村里）……705-11……七七九
むらさめ（村雨）……713-31……八一六
むらす（蒸）……408-06……三九三
むらはちぶ（村八分）……515-26……五五六
むり（無理）……806-14……八七七
むりおし（無理押）……205-31……一九〇
むりなんだい（無理難題）……517-26……五八七
むりむたい（無理無体）……920-06……一一〇八
むりやり……203-33……一七四
むりょう（無料）……513-07……五三八
むりょう（無量）……808-43……八九三
むるい（無類）……819-15……一〇〇〇
むれ（群）……504-21……四六五
むれる（群）……504-01……四五九
むれる（蒸）……408-06……三九三

むろん(無論)……816-11……九六四
むんむん……712-07……八〇八

め

め(目)……004-01……一一
め(芽)……720-04……八四二
めあか(目垢)……015-12……二七
めあたらしい(目新)……810-26……九一二
めあて(目当)……208-61……二二三
めあわせる……308-02……三三九
めい(名)……320-03……三六四
〃……808-60……八九六
めい(命)……517-69……五九五
めい(姪)……314-16……三五三
めい(銘)……608-23……六六七
めいあん(名案)……208-25……二一五
めいうん(命運)……317-01……三五八
めいか(名花)……306-10……三三四
めいかい(明快)……810-43……九一六
めいかい(明解)……602-42……六二九
めいかい(冥界)……604-48……六四六
めいかく(明確)……810-46……九一七
めいがら(銘柄)……608-23……六六七
めいき(明記)……609-30……六七三
めいき(銘記)……602-18……六二四
めいぎ(名義)……320-03……三六四
めいく(名句)……607-10……六五九
〃……611-12……六八二
めいげつ(名月)……701-12……七六六
めいげつ(明月)……701-12……七六六
めいげん(名言)……607-10……六五九
めいげん(明言)……612-33……六八九
めいさい(明細)……809-43……九〇七
めいさく(名作)……616-44……七三一
めいさつ(名刹)……604-50……六四六
めいさつ(明察)……120-13……一三九
めいさん(名産)……115-52……一二九
めいし(名士)……511-34……五二〇
めいし(名詞)……607-39……六六三
めいじ(明示)……602-38……六二八
めいしょ(名所)……708-09……七九二
めいしゅ(名手)……305-03……三二〇
めいしょう(名匠)……305-07……三二一
めいしょう(名将)……510-08……五〇七
めいしょう(名称)……320-03……三六四
めいしょう(名勝)……708-03……七九一
めいしょう(明証)……806-20……八七八
めいじょう(名状)……611-01……六八〇
めいじょう(名城)……510-53……五一四
めいしん(迷信)……604-03……六三九
めいじん(名人)……305-03……三二〇
めいすう(命数)……301-02……三〇四
〃……317-01……三五八
めいする(瞑)……304-03……三一四
めいずる(命)……517-69……五九五
めいずる(銘)……602-18……六二四
めいせい(名声)……618-11……七四一
めいせき(名跡)……708-10……七九二
めいせき(明晰)……810-43……九一六
めいそう(名僧)……604-71……六四九
めいだい(命題)……806-11……八七六
めいちゅう(命中)……905-18……一〇四五
めいてい(酩酊)……409-19……三九八
めいてつ(明哲)……207-39……二〇六
めいど(明度)……716-03……八三三
めいど(冥土)……604-48……六四六
めいとう(名刀)……510-32……五一一
めいとう(明答)……613-59……七〇七
めいにち(命日)……605-19……六五三
めいはく(明白)……810-43……九一六
めいび(明媚)……810-21……九一二
めいびん(明敏)……207-47……二〇七
めいふ(冥府)……604-48……六四六
めいふく(冥福)……318-13……三六二
めいぶつ(名物)……115-52……一二九
めいぶん(名分)……316-08……三五八
めいぶん(名文)……611-10……六八二
めいぶん(名聞)……618-11……七四一
めいぼ(名簿)……619-59……七五六
めいほう(盟邦)……507-09……四八五
めいぼう(名望)……618-15……七四二
めいみゃく(命脈)……301-02……三〇四
めいめい……805-41……八七一
めいめい(命名)……320-04……三六四
めいめつ(明滅)……715-20……八三一
めいもく(名目)……612-16……六八六
めいもく(瞑目)……103-33……六七
めいもんく(名文句)……611-13……六八二
めいやく(名訳)……611-15……六八三
めいやく(盟約)……515-36……五五八
めいゆ(明喩)……611-08……六八二
めいゆう(名優)……615-41……七二二
めいゆう(盟友)……516-47……五七六
めいよ(名誉)……618-17……七四三
めいよしょく(名誉職)……502-11……四四四
めいり(名利)……512-54……五三二
めいりょう(明瞭)……810-43……九一六
めいる……210-34……二四九
めいれい(命令)……517-69……五九五
めいろ(迷路)……705-26……七八一
めいろう(明朗)……201-38……一六〇
めいろん(名論)……613-11……六九七
めいわく(迷惑)……210-20……二四六
めうえ(目上)……511-16……五一七
めうつり(目移)……211-08……二五六
メーキャップ(英 make-up)……404-10……三八三
メーター(英 meter)……808-72……八九九
メード(オランダ meid)……503-30……四五六
メーンエベント(英 main event)……620-07……七五七
めおと……309-01……三四一
めかけ(妾)……307-12……三三八
めがける(目掛)……220-21……三〇〇
めかしこむ(-込)……404-06……三八三
めがしら(目頭)……004-09……一二
めかす……404-06……三八三
めかた(目方)……808-30……八九〇
メカニズム(英 mechanism)……803-03……八五六
めがね(眼鏡)……403-18……三八〇
めからはなへぬける(目-鼻-抜)……207-39……二〇六
めきき(目利)……207-33……二〇五
めくされがね(目腐金)……513-06……五三八
めくそ(目糞)……015-12……二七
めくばせ(目配)……608-22……六六七
めくばり(目配)……103-05……六一
めぐみ(恵)……603-04……六三七
めぐむ(芽)……720-32……八四五
めぐむ(恵)……115-14……一二一
めぐらす(巡)……906-17……一〇四九
めぐりあい(巡合)……516-02……五六七
めぐりあう(巡合)……516-01……五六六
めぐりあわせ(巡合)……317-01……三五八
めくる……109-17……八二

めぐる(巡)……617-34……七三七
〃……906-17……一〇四九
めこぼし(目－)……103-19……一六四
めさき(目先)……816-33……九七〇
めざす(目指)……220-21……三〇〇
めざまし(目覚)……112-37……一〇二
〃……419-10……四二六
めざましい(目覚)……818-45……九九七
めざましどけい(目覚時計)……419-10……四二六
めざめ(目覚)……112-35……一〇一
めざめる(目覚)……112-36……一〇一
めし(飯)……406-01……三八七
めしあがる(召上)……106-01……一七一
めしあげる(召上)……115-09……一二〇
めした(目下)……511-49……五二二
めしたき(飯炊)……408-03……三九三
めしだす(召出)……516-11……五六九
めしつかい(召使)……503-29……四五六
めしとる(召捕)……520-55……六一三
めしびつ(飯櫃)……410-11……四〇一
めしよせる(召寄)……516-10……五六九
めじり(目－)……004-09……一二
めじるし(目印)……608-01……六六三
めじろおし(目白押)……504-22……四六五
めす(召)……516-10……五六九
めす(雌)……306-02……三三一
めずらしい(珍)……815-19……九五〇
めせん(目線)……103-24……一六五
メソッド(英 method)……812-01……九二六
めそめそ……102-36……一六〇
めだつ(目立)……514-05……五四五
めだま(目玉)……004-03……一一
〃……802-10……八五四

メダル(英 medal)……620-22……七六〇
めちゃ……819-34……一〇〇五
〃……915-12……一〇九四
めちゃくちゃ……915-12……一〇九四
めちゃめちゃ……915-12……一〇九四
めっき……217-08……二七七
めつき(目－)……103-27……一六六
めっし(滅私)……220-08……二九八
メッセージ(英 message)……618-03……七四〇
めったに……815-20……九五〇
めつぼう(滅亡)……913-23……一〇八三
めでる(愛)……216-04……二六七
めど(目途)……208-62……二三三
めどおり(目通)……516-05……五六八
めとる(娶)……308-02……三三九
メニュー(フランス menu)……619-63……七五六
めねじ(雌螺子)……416-25……四一八
めのかたき(目敵)……216-40……二七三
めのたま(目玉)……004-03……一一
めのまえ(目－前)……817-04……九七二
めばえ(芽生)……720-31……八四五
めばえる(芽生)……720-32……八四五
〃……911-15……一〇七五
めぶく(芽吹)……720-32……八四五
めぶんりょう(目分量)……808-19……八八八
めべり(目減)……914-19……一〇九〇
めぼし(目星)……208-56……二三二
めぼしい……514-05……五四五
めまぐるしい(目－)……519-24……六〇三
メモ(英 memo)……610-29……六七九
めもと(目－)……004-09……一二
めもり(目盛)……608-01……六六三

めやす(目安)……208-62……二三三
めやに(目脂)……015-12……二七
めらめら……714-08……八二四
メランコリー(英 melancholy)……210-36……二四九
メリケンこ(－粉)……407-12……三九〇
メリット(英 merit)……818-05……九九〇
メルヘン(ドイツ Märchen)……616-33……七二九
メロディー(英 melody)……614-26……七一一
めん(面)……003-01……一〇
〃……510-31……五一〇
〃……817-76……九八六
めんえき(免疫)……602-10……六二三
めんかい(面会)……516-04……五六七
めんきつ(面詰)……517-21……五八五
めんきょ(免許)……517-60……五九三
めんきょしょう(免許証)……610-32……六七九
めんきょじょう(免許状)……610-32……六七九
めんくらう(面食)……210-46……二五一
めんざい(免罪)……520-80……六一七
めんし(綿糸)……402-04……三七七
めんしき(面識)……516-56……五七八
めんじょ(免除)……517-49……五九一
めんじょう(免状)……610-32……六七九
めんしょく(免職)……517-46……五九〇
めんする(面)……120-09……一三八
めんずる(免)……517-47……五九〇
〃……517-49……五九一
めんせき(面責)……613-50……七〇六
めんせつ(面接)……516-04……五六七
めんぜん(面前)……817-04……九七二

めんそう(面相)……102-06……一五五
めんたいしょう(面対称)……805-52……八七三
めんだん(面談)……613-02……六九六
メンツ……001-13……一四
めんどう(面倒)……210-30……二四八
めんどうくさい(面倒臭)……210-29……二四八
めんば(面罵)……517-21……五八五
メンバー(英 member)……504-13……四六三
めんぽお(面－)……510-31……五一〇
めんぼく(面目)……001-13……一四
めんみつ(綿密)……203-05……一六八
めんめん(面面)……805-41……八七一
めんめん(綿綿)……815-62……九六〇
めんよう(面妖)……810-56……九一九
めんるい(麺類)……407-09……三九〇

も

も……999-24……一一一八
も(喪)……605-22……六五四
もう……816-04……九六二
もうあい(盲愛)……216-11……二六八
もうあく(猛悪)……204-29……一八一
もうか(孟夏)……710-09……七九五
もうか(猛火)……714-04……八二四
もうけ(儲)……512-47……五三一
もうげき(猛撃)……509-16……五〇〇
もうける(設)……120-21……一四〇
もうける(儲)……501-05……四三八
もうげん(妄言)……517-20……五八五
もうこう(猛攻)……509-16……五〇〇
もうさいけっかん(毛細血管)

……018-03……三四
もうしあげる(申上)……612-03……六八四
もうしあわせ(申合)……515-42……五六〇
もうしいれ(申入)……613-40……七〇三
もうしおくる(申送)……612-40……六九〇
もうしきかせる(申聞)……612-38……六八九
もうしご(申子)……311-20……三四八
もうしこみ(申込)……613-38……七〇三
もうしこむ(申込)……613-36……七〇二
もうしたてる(申立)……613-37……七〇三
もうしつける(申付)……612-38……六八九
もうしで(申出)……613-40……七〇三
もうしでる(申出)……613-36……七〇二
もうしのべる(申述)……612-04……六八四
もうしひらき(申開)……613-31……七〇一
もうしゅう(孟秋)……710-13……七九六
もうしゅん(孟春)……710-04……七九五
もうしょ(猛暑)……712-04……八〇七
もうしょう(猛将)……510-09……五〇七
もうしわけ(申訳)……613-31……七〇一
もうしわたす(申渡)……612-38……六八九
もうしん(妄信)……604-03……六三九
もうしん(盲信)……604-03……六三九
もうす(申)……612-03……六八四
もうせい(猛省)……214-08……二六三
もうそう(妄想)……209-57……二四〇
もうでる(詣)……604-22……六四二
もうとう(孟冬)……710-17……七九六
もうどく(猛毒)……020-22……四〇
もうばく(盲爆)……509-17……五〇〇
もうばく(猛爆)……509-17……五〇〇
もうはつ(毛髪)……002-03……九
もうまい(蒙昧)……207-55……二〇九
もうもう(濛濛)……713-14……八一四
もうゆう(猛勇)……204-25……一八一
もうりょう(魍魎)……604-38……六四四
もうれつ(猛烈)……819-37……一〇〇五
もえあがる(燃上)……714-05……八二四
もえがら(燃殻)……420-24……四三六
もえさかる(燃盛)……714-05……八二四
もえさし(燃－)……420-24……四三六
もえたつ(燃立)……714-05……八二四
もえひろがる(燃広)……714-05……八二四
もえる(萌)……720-32……八四五
もえる(燃)……714-05……八二四
モーテル(アメリカ motel)……503-39……四五八
モーニング(英 morning)……711-35……八〇三
モーメント(英 moment)……813-05……九二九
もがく……101-24……四六
もぎ(模擬)……918-21……一一〇二
もぎとる(－取)……109-05……八〇
もぎる……109-05……八〇
もぐ……109-05……八〇
もくげき(目撃)……103-09……六二
もくさつ(黙殺)……205-12……一八六
もくさん(目算)……208-59……二二三
〃……808-17……八八八
もくじ(目次)……619-61……七五六
もくしつ(木質)……420-03……四三三
もくする(黙)……612-70……六九五
もくせい(木製)……910-11……一〇七二
もくぜん(目前)……816-15……九六五
〃……817-05……九七二
もくそう(目送)……516-19……五七〇
もくぞう(木造)……910-11……一〇七二
もくそく(目測)……808-19……八八八
もくたん(木炭)……419-17……四二七
もくてき(目的)……208-61……二二三
もくとう(黙禱)……604-20……六四二
もくどく(黙読)……609-06……六六九
もくにん(黙認)……517-62……五九三
もくひ(木皮)……720-17……八四四
もくひ(黙秘)……612-72……六九五
もくひょう(目標)……208-62……二二三
もくへん(木片)……805-47……八七二
もくもく(黙黙)……612-71……六九五
もくやく(黙約)……515-38……五五九
もくよく(沐浴)……604-27……六四二
もぐり(潜)……512-82……五三七
もぐりこむ(潜込)……113-43……一一一
もぐる(潜)……514-26……五四九
〃……903-27……一〇二五
もくれい(目礼)……515-66……五六五
もくれい(黙礼)……515-66……五六五
もくろく(目録)……619-60……七五六
もくろみ……208-59……二二三
もくろむ……208-22……二一四
もけい(模型)……804-09……八五八
もこ(模糊)……713-14……八一四
もさく(模索)……601-17……六二〇
もし……208-51……二二一
もじ(文字)……607-25……六六一
もしか……208-51……二二一
もしかして……208-85……二二九
もしかすると……208-85……二二九
もしくは……913-30……一〇八五
もしも……208-52……二二一
もじもじ……204-34……一八二
もしゃ(模写)……609-29……六七三
もじゃもじゃ……811-24……九二五
もじる……918-22……一一〇二
もす(燃)……714-07……八二四
もすこし(－少)……913-32……一〇八六
もぞう(模造)……807-18……八八三
もだえる(悶)……101-24……四六
もたもた……204-37……一八三
もたらす……903-40……一〇二八
もたれかかる(－掛)……101-23……四六
もたれる……101-23……四六
モダン(英 modern)……816-21……九六六
もち(持)……513-20……五四一
もち(餅)……407-08……三九〇
もちあげる(持上)……903-05……一〇一九
もちあじ(持味)……810-04……九〇八
もちあわせる(持合)……116-04……一三〇
モチーフ(フランス motif)……813-03……九二九
もちいる(用)……117-01……一三一
もちかける(持－)……517-80……五九七
もちこす(持越)……814-71……九四五
もちこたえる(持－)……912-08……一〇七七
もちだし(持出)……513-20……五四一
もちづき(望月)……701-12……七六六
もちなおす(持直)……908-15……一〇五六
もちもの(持物)……420-07……四三三
もちゅう(喪中)……605-18……六五三
もちろん……816-10……九六四
もつ(持)……109-01……七九
もっか(目下)……816-18……九六五
もっきょ(黙許)……517-60……五九三
もっけい(黙契)……515-38……五五九
もっこう(黙考)……208-07……二一一
もったいない……213-08……二六〇
〃……214-12……二六四
もったいぶる(勿体－)……217-10……二七七
もってのほか……819-27……一〇〇三

もっと……913-32……一〇八六
モットー（英 motto）……806-15……八七七
もっとも……816-11……九六四
もっとも（最）……819-35……一〇〇五
もっぱら（専）……805-14……八六五
もつれる……915-03……一〇九二
もてあそぶ……109-21……八三
〃……517-09……五八三
もてあます（持余）……209-60……二四一
もてなす……515-60……五六三
もてはやす……520-09……六〇六
モデル（英 model）……804-08……八五八
〃……804-09……八五八
もと……813-01……九二八
もと（元）……816-12……九六四
もと（許）……817-35……九七八
もどかしい……210-49……二五二
もどき……807-12……八八一
もときん（元金）……512-22……五二七
もどす（戻）……902-12……一〇一八
もとづく（基）……802-17……八五六
もとで（元手）……512-22……五二七
もとね（元値）……512-31……五二八
もとめ（求）……218-18……二八五
もとめる（求）……218-03……二八二
もともと……816-09……九六三
もとより（元－）……816-10……九六四
もどる（戻）……113-12……一〇四
〃……908-15……一〇五六
モニュメント（英 monument）……708-13……七九二
もの（物）……420-05……四三二
もの（者）……305-02……三三〇
ものいい（物言）……612-20……六八六
ものうい（－憂）……210-21……二四六
ものおき（物置）……412-37……四一〇
ものおじ（物－）……215-07……二六五
ものおしみ（物惜）……214-11……二六三
ものおそろしい（－恐）……215-05……二六五
ものおと（物音）……717-01……八三七
ものおぼえ（物覚）……602-15……六二四
ものおもい（物思）……208-06……二二一
ものか……999-59……一一三五
ものかげ（物陰）……817-88……九八八
ものがたり（物語）……616-04……七二五
ものがたる（物語）……612-09……六八五
ものがなしい（－悲）……210-21……二四六
ものぐさ……203-12……一七〇
ものごし（物腰）……114-08……一一四
ものごと（物事）……820-01……一〇一一
ものさし（物差）……804-06……八五八
ものさびしい（－寂）……210-23……二四七
ものしずか（物静）……810-06……九〇九
ものしり（物知）……207-30……二〇四
ものずき（－好）……216-20……二七〇
ものすごい……819-42……一〇〇六
ものだ……999-56……一一三四
〃……999-61……一一三五
ものだね（物種）……814-09……九三三
ものでは（は）ない……999-71……一一四〇
ものではない……999-75……一一四一
ものなら……999-41……一一二七
ものの……999-48……一一三〇
もののけ（物－怪）……604-40……六四四
もののふ（武士）……510-50……五一三
ものび（物日）……605-06……六五一
モノマニア（英 monomania）……305-37……三三六
ものみやぐら（物見－）……510-49……五一三
ものもうす（物申）……613-37……七〇三
ものもち（物持）……305-38……三三六
ものものしい（物物）……205-26……一八九
ものやわらか（物柔）……205-05……一八五
モノローグ（英 monologue）……615-10……七一六
ものわかり（物分）……208-37……二二八
ものわかれ（物別）……515-24……五五六
ものわすれ（物忘）……602-19……六二四
ものわらい（物笑）……102-24……五八
ものを……999-48……一一三〇
もはや……816-04……九六二
もはん（模範）……804-08……八五八
もはんせい（模範生）……602-84……六三六
もほう（模倣）……918-21……一一〇二
もみあう（揉合）……515-22……五五六
もみけす（揉消）……913-14……一〇八一
もみじ（紅葉）……720-09……八四三
もむ（揉）……109-13……八二
もめごと（－事）……515-13……五五四
もめる（揉）……515-12……五五三
もめん（木綿）……402-03……三七七
もも……009-03……一七
ももいろ（桃色）……716-23……八三六
ももひき（股引）……401-37……三七六
もや（靄）……713-10……八一三
もやう（舫）……109-14……八二
もやす（燃）……714-06……八二四
もよう（模様）……614-21……七一〇
〃……801-01……八四九
もようがえ（模様替）……416-02……四一四
もよおし（催）……605-03……六五一
もよおしもの（催物）……605-03……六五一
もよおす（催）……911-15……一〇七五
もより（最寄）……817-34……九七八
もらいび（－火）……714-13……八二五
もらう（貰）……115-46……一二八
もらす（漏）……903-16……一〇二二
モラル（英 moral）……603-01……六三七
もり（守）……013-05……二三
もり（森）……720-44……八四七
もりあわせる（盛合）……408-15……三九五
もりこむ（盛込）……408-15……三九五
もりつける（盛付）……408-15……三九五
もりもの（盛物）……115-45……一二八
もりもり……001-27……六
もる（盛）……408-15……三九五
〃……904-05……一〇三三
もる（漏）……903-16……一〇二二
もれ（漏）……906-20……一〇五〇
もれきく（漏聞）……618-26……七四四
もれる（漏）……903-16……一〇二二
もろい……809-36……九〇六
もろて（－手）……008-04……一五
もろは（諸刃）……419-07……四二五
もろびと（諸人）……808-65……八九八
もん（門）……412-35……四一〇
もん（紋）……608-19……六六七
もんえい（門衛）……509-54……五〇六
もんか（門下）……602-81……六三六
もんかせい（門下生）……602-81……六三六
もんく（文句）……517-31……五八七
もんさつ（門札）……608-25……六六八
もんしょう（紋章）……608-19……六六七
もんじん（門人）……602-81……六三六
もんせき（問責）……613-50……七〇六
もんぜつ（悶絶）……209-38……二三七
もんだい（問題）……613-42……七〇四

もんち(門地)……316-06……三五八
もんちゃく(悶着)……515-13……五五四
もんてい(門弟)……602-81……六三六
もんと(門徒)……604-76……六四九
もんどう(問答)……613-42……七〇四
もんどころ(紋所)……608-19……六六七
もんどり……902-11……一〇一八
もんなし(文無)……501-14……四三九
もんばん(門番)……509-54……五〇六
もんぴょう(門標)……608-25……六六八
もんもう(文盲)……609-34……六七三
もんよう(文様)……614-21……七一〇
もんりゅう(門流)……904-44……一〇三九

や

や……999-28……一一二〇
や(矢)……510-40……五一二
や(家)……411-01……四〇二
や(野)……511-06……五一六
やいなや……999-49……一一二一
やいば(刃)……510-38……五一二
やいん(夜陰)……711-45……八〇五
やうつり(家移)……119-10……一三五
やおちょう(八百長)……516-36……五七四
やがい(野外)……817-86……九八八
やかた(館)……411-03……四〇三
やがて……816-31……九六九
やかましい……210-29……二四八
〃……810-16……九一〇
やから……516-47……五七六
やかん(夜間)……711-47……八〇五
やかん(薬罐)……410-13……四〇一
やきつけ(焼付)……418-11……四一三
やきなおし(焼直)……616-37……七三〇
やきまし(焼増)……418-11……四一三
やきもき……210-51……二五二
やきもち(焼餅)……216-33……二七三
やきもの(焼物)……410-04……四〇〇
やきゅう(野球)……620-36……七六二
やぎょう(夜業)……502-27……四四七
やきん(冶金)……505-51……四七七
やきん(夜勤)……502-27……四四七
やく(厄)……319-02……三六三
やく(役)……502-13……四四五
やく(約)……805-19……八六六
やく(訳)……611-15……六八三
やく(焼)……216-34……二七二
〃……408-12……三九五
〃……714-06……八二四
やぐ(夜具)……419-34……四三〇
やくいん(役員)……511-32……五一九
やくおとし(厄落)……604-29……六四三
やくざ……305-48……三二八
やくさい(訳載)……619-15……七五〇
やくざい(薬剤)……020-20……四〇
やくさつ(扼殺)……520-38……六一一
やくさつ(薬殺)……520-38……六一一
やくじ(薬餌)……020-20……四〇
やくしゃ(役者)……615-30……七二〇
やくしゃ(訳者)……616-47……七三一
やくしゅつ(訳出)……611-15……六八三
やくしょ(役所)……504-40……四六九
やくしょ(訳書)……619-58……七五五
やくしょく(役職)……511-02……五一五
やくしん(躍進)……914-04……一〇八七
やくする(訳)……611-15……六八三
やくそく(約束)……515-36……五五八
やくたい(益体)……512-48……五三一
やくだく(約諾)……517-62……五九三
やくだつ(役立)……818-25……九九三
やくづき(役付)……511-02……五一五
やくどころ(役所)……502-13……四四五
やくどし(厄年)……303-23……三一二
やくにん(役人)……503-18……四五四
やくばらい(厄払)……604-29……六四三
やくび(厄日)……711-31……八〇二
やくびょうがみ(疫病神)……604-33……六四三
やくひん(薬品)……020-20……四〇
やくぶつ(薬物)……020-20……四〇
やくほ(薬舗)……503-41……四五八
やくほん(訳本)……619-58……七五五
やくまわり(役回)……502-13……四四五
やくめ(役目)……502-13……四四五
やくよけ(厄除)……604-29……六四三
やぐら(櫓)……510-49……五一三
やくわり(役割)……502-13……四四五
やけ……203-19……一七一
やけい(夜景)……708-07……七九二
やけい(夜警)……509-47……五〇四
やけくそ……203-19……一七一
やけざけ(－酒)……409-11……三九七
やけっぱち……203-19……一七一
やけっぱら(－腹)……212-05……二五七
やけど……017-24……三三
やけのみ(－飲)……409-11……三九七
やける(焼)……216-34……二七二
〃……714-05……八二四
やさい(野菜)……720-25……八四五
やさき(矢先)……510-39……五一二
〃……815-59……九五九
やさしい(易)……810-33……九一四
やさしい(優)……201-36……一五九
やじうま(野次馬)……504-21……四六五
やしき(屋敷)……411-03……四〇三
やしなう(養)……013-03……二三
やしゃ(夜叉)……604-42……六四五
やしゃご……312-03……三四九
やしゅう(夜襲)……509-22……五〇一
やじゅう(野獣)……719-03……八四〇
やしょく(夜色)……708-07……七九二
やじり(矢－)……510-39……五一二
やじる……517-07……五八三
やしろ(社)……604-64……六四八
やしん(野心)……218-26……二八七
やじん(野人)……305-50……三二九
やすい……810-34……九一四
やすい(安)……512-41……五三〇
やすうり(安売)……512-06……五二四
やすっぽい(安－)……512-42……五三〇
やすで(安手)……512-42……五三〇
やすね(安値)……512-41……五三〇
やすみ(休)……020-15……三九
〃……711-29……八〇二
やすむ(休)……020-16……四〇
やすめ(安－)……512-41……五三〇
やすめる(休)……020-16……四〇
やすもの(安物)……818-30……九九四
やすやす……810-22……九一二
やすらか(安)……810-24……九一二
やすり(鑢)……416-21……四一七
やすんずる(安)……213-04……二五九
やせ……001-33……七
やせい(野生)……720-40……八四七
やせうで(－腕)……008-02……一五
やせがまん(－我慢)……807-17……八八三
やせぎす……001-33……七
やせこける……001-29……六
やせち(痩地)……702-20……七七〇

やせっぽち……001-33……七
やせほそる(－細)……001-29……六
やせる……001-29……六
やせん(夜戦)……509-02……四九八
やたい(屋台)……503-34……四五七
やたら……819-26……一〇〇三
やちょく(夜直)……502-30……四四八
やつ(八－)……808-02……八八五
やつ(奴)……305-02……三三〇
やつあたり(八当)……212-07……二五八
やっかい(厄介)……210-30……二四八
やっかい(訳解)……602-42……六二九
やっかむ……216-34……二七二
やっかん(約款)……508-04……四九三
やっき(躍起)……219-27……二九四
やっきょく(薬局)……503-41……四五八
やつす……807-17……八八三
やっつける……101-51……五一
やってのける……814-41……九三九
やっと……816-36……九七〇
やっとこさ……816-36……九七〇
やつはし(八橋)……707-09……七八七
やっぱり……819-56……一〇一〇
やど(宿)……503-39……四五八
やとう(雇)……517-77……五九七
やとう(野党)……507-34……四八八
やどがえ(宿替)……119-10……一三五
やどす(宿)……019-02……三六
やどひき(宿引)……516-13……五七〇
やどや(宿屋)……503-39……四五八
やどる(宿)……617-37……七三八
やどろく(宿六)……309-11……三四三
やなぎだる(柳樽)……410-10……四〇〇
やなみ(家並)……411-16……四〇五
やにさがる(－下)……307-08……三三八
やにわに……815-44……九五六
やぬし(家主)……511-43……五二一
やね(屋根)……412-28……四〇九
やのあさって……711-24……八〇一
やのね(矢－根)……510-39……五一二
やはり……208-78……二二七
〃……819-56……一〇一〇
やはん(夜半)……711-50……八〇五
やばん(野蛮)……204-28……一八一
やばんじん(野蛮人)……305-50……三三九
やひ(野卑)……202-06……一六七
やぶ(藪)……503-05……四五二
〃……720-46……八四八
やぶいしゃ(藪医者)……503-05……四五二
やぶいちくあん(藪井竹庵)……503-05……四五二
やぶく(破)……904-50……一〇四〇
やぶける(破)……904-50……一〇四〇
やぶだたみ(藪畳)……720-47……八四八
やぶにらみ(藪睨)……004-08……一二
やぶのなか(藪－中)……810-50……九一八
やぶへび(藪蛇)……604-17……六四一
やぶる(破)……904-50……一〇四〇
やぶれかぶれ(破－)……203-19……一七一
やぶれる(破)……904-50……一〇四〇
やぶれる(敗)……620-16……七五九
やぶん(夜分)……711-47……八〇五
やぼ(野暮)……201-25……一五七
やぼう(野望)……218-26……二八七
やぼったい(野暮－)……201-25……一五七
やぼてん……207-56……二〇九
やぼよう(野暮用)……820-09……一〇一三
やま(山)……702-24……七七〇
〃……815-54……九五八
やまあい(山間)……702-40……七七二
やまい(病)……017-01……二九
やまおく(山奥)……702-34……七七一
やまかい(山峡)……702-40……七七二
やまさか(山坂)……705-36……七八三
やまざと(山里)……705-11……七七九
やまじ(山路)……705-32……七八二
やましい……217-28……二八一
やますそ(山裾)……702-36……七七二
やまたかぼうし(山高帽子)……403-02……三七八
やまづみ(山積)……904-10……一〇三三
やまとうた(大和歌)……616-25……七二八
やまとなでしこ(大和撫子)……306-10……三三四
やまなみ(山並)……702-33……七七一
やまのかみ(山－神)……309-03……三四一
やまのぼり(山登)……620-44……七六三
やまば(山場)……815-54……九五八
やまびこ(山彦)……717-06……八三八
やまぶきいろ(山吹色)……716-28……八三六
やまぶし(山伏)……604-68……六四八
やまふところ(山懐)……702-34……七七一
やまぼこ(山鉾)……605-26……六五四
やまほど(山－)……808-37……八九二
やまみち(山道)……705-32……七八二
やみ(闇)……711-46……八〇五
やみうち(闇討)……509-22……五〇一
やみじ(闇路)……705-35……七八三
やみつき(病－)……201-14……一五四
やみとりひき(闇取引)……512-82……五三七
やみね(闇値)……512-30……五二八
やみよ(闇夜)……711-49……八〇五
やむ……120-70……一五〇
やむ(病)……017-08……三〇
やめる……120-69……一五〇
やもめ……309-10……三四三
やや……808-48……八九四
ややこしい……210-29……二四八
ややもすれば……815-21……九五〇
やゆ(揶揄)……517-08……五八三
やら……999-28……一一二〇
やり(槍)……510-20……五〇九
やりかえす(－返)……908-15……一〇五六
やりかた(－方)……812-01……九二六
やりきれない(－切)……211-10……二五六
やりくち(－口)……812-01……九二六
やりくり……120-03……一三七
やりこめる(遣込)……613-08……六九七
やりそこなう(－損)……114-19……一一六
やりとげる(－遂)……814-41……九三九
やりとり……613-55……七〇七
やりなおす(－直)……908-15……一〇五六
やる(遣)……114-09……一一四
〃……115-14……一二一
〃……517-74……五九六
やるせない……211-10……二五六
やろう(野郎)……306-17……三三五
やろうじだい(夜郎自大)……217-12……二七八
やわら(柔)……620-52……七六四
やわらか(柔)……809-28……九〇四
やわらかい……809-28……九〇四
やわらぐ(和)……908-41……一〇六三
やわらげる(和)……908-41……一〇六三
ヤング(英 young)……303-10……三〇九
やんちゃ……201-63……一六五

ゆ

ゆ(湯)……707-33……七九一
ゆあみ(湯ー)……414-05……四一二
ゆいいつ(唯一)……808-18……八八八
ゆいごん(遺言)……610-31……六七九
ゆいごんしょ(遺言書)……610-31……六七九
ゆいごんじょう(遺言状)……610-31……六七九
ゆいしょ(由緒)……813-06……九二九
ゆう(夕)……711-44……八〇四
ゆう(勇)……204-24……一八〇
ゆう(結)……109-11……八一
ゆうあい(友愛)……216-42……二七四
ゆうい(有為)……207-44……二〇七
ゆういん(誘因)……813-03……九二九
ゆううつ(憂鬱)……210-36……二四九
ゆうえき(有益)……512-50……五三三
ゆうえつ(優越)……818-40……九九六
ゆうえん(幽遠)……810-64……九二一
ゆうえん(悠遠)……817-43……九八〇
ゆうえんち(遊園地)……413-02……四一一
ゆうが(優雅)……206-09……一九七
ゆうかい(幽界)……604-48……六四六
ゆうかい(誘拐)……520-43……六一一
ゆうがい(有害)……020-25……四一
ゆうがく(遊学)……602-13……六二四
ゆうかげ(夕影)……701-10……七六六
ゆうがた(夕方)……711-44……八〇四
ゆうかん(勇敢)……204-23……一八〇
ゆうき(勇気)……204-24……一八〇
ゆうき(幽鬼)……604-39……六四四
ゆうぎ(友誼)……216-42……二七四
ゆうぎ(遊戯)……617-10……七三四
ゆうきゅう(悠久)……815-65……九六〇
ゆうきゅう(遊休)……120-75……一五一
ゆうきょう(遊興)……617-08……七三三
ゆうぐう(優遇)……515-58……五六三
ゆうぐれ(夕暮)……711-44……八〇四
ゆうげ(夕餉)……406-06……三八八
ゆうげい(遊芸)……615-01……七一五
ゆうげき(遊撃)……509-19……五〇一
ゆうけむり(夕煙)……714-21……八二六
ゆうげん(幽玄)……810-02……九〇八
ゆうげんがいしゃ(有限会社)……505-09……四七二
ゆうこう(友好)……515-02……五五一
ゆうこう(有効)……512-50……五三三
ゆうごう(融合)……504-11……四六二
ゆうこく(夕刻)……711-44……八〇四
ゆうこく(幽谷)……702-38……七七二
ゆうごはん(夕御飯)……406-06……三八八
ユーザー(英 user)……512-15……五二六
ゆうざい(有罪)……520-19……六〇七
ゆうさんかいきゅう(有産階級)……511-10……五一六
ゆうし(勇士)……305-16……三三三
ゆうし(勇姿)……001-11……四
ゆうし(雄姿)……001-11……四
ゆうし(融資)……512-24……五二七
ゆうじ(有事)……518-03……五九八
ゆうしき(有識)……207-30……二〇四
ゆうしゃ(勇者)……305-16……三三三
ゆうしゅう(憂愁)……210-36……二四九
ゆうしゅう(優秀)……818-40……九九六
ゆうじょ(宥恕)……517-60……五九三
ゆうしょう(勇将)……510-09……五〇七
ゆうしょう(優勝)……620-15……七五九
ゆうじょう(友情)……216-42……二七四
ゆうしょく(夕食)……406-06……三八八
ゆうじん(友人)……516-49……五七七
ゆうすいち(遊水池)……707-07……七八六
ゆうすう(有数)……819-08……九九九
ゆうずう(融通)……120-03……一三七
ゆうする(有)……116-01……一二九
ゆうせい(優勢)……801-14……八五一
ゆうせん(優先)……814-01……九三一
ゆうぜん(悠然)……204-12……一七八
ゆうそう(勇壮)……204-23……一八〇
ゆうそう(郵送)……505-80……四八一
ゆうたい(勇退)……517-50……五九一
ゆうたい(優待)……515-58……五六三
ゆうだい(雄大)……810-52……九一八
ゆうだち(夕立)……713-31……八一六
ゆうち(誘致)……516-09……五六九
ゆうちょう(悠長)……204-12……一七八
ユーティリティー(英 utility)……512-50……五三三
ゆうとう(遊蕩)……520-29……六〇九
ゆうとう(優等)……818-40……九九六
ゆうどう(誘導)……602-30……六二六
ゆうとうせい(優等生)……602-84……六三六
ゆうのう(有能)……207-05……一九九
ゆうばえ(夕映)……701-10……七六六
ゆうはん(夕飯)……406-06……三八八
ゆうひ(夕日)……701-10……七六六
ゆうび(優美)……206-09……一九七
ゆうびん(郵便)……618-29……七四五
ゆうびんうけ(郵便受)……419-40……四三〇
ゆうびんばこ(郵便箱)……419-40……四三〇
ゆうべ(夕ー)……711-44……八〇四
ゆうべ(昨夜)……711-52……八〇六
ゆうへい(幽閉)……520-70……六一五
ゆうべん(雄弁)……612-23……六八七
ゆうほ(遊歩)……617-25……七三六
ゆうほう(友邦)……507-09……四八五
ゆうぼう(有望)……207-44……二〇七
ゆうぼく(遊牧)……505-42……四七六
ゆうまぐれ(夕間暮)……711-44……八〇四
ゆうみん(遊民)……305-21……三三三
ゆうめい(有名)……618-12……七四二
ゆうめい(幽冥)……604-48……六四六
ゆうめし(夕飯)……406-06……三八八
ユーモア(英 humour)……207-31……二〇五
ゆうもう(勇猛)……204-25……一八一
ゆうやく(勇躍)……110-07……九〇
〃……914-04……一〇八七
ゆうやみ(夕闇)……711-45……八〇五
ゆうゆう(悠悠)……204-12……一七八
〃……809-17……九〇三
ゆうよ(猶予)……220-28……三〇二
〃……814-70……九四五
ゆうよう(有用)……512-50……五三三
ゆうよう(悠揚)……204-12……一七八
ゆうらく(遊楽)……617-08……七三三
ゆうらん(遊覧)……617-32……七三七
ゆうり(有利)……512-50……五三三
ゆうりょ(憂慮)……214-02……二六一
ゆうりょう(有料)……512-28……五二八
ゆうりょう(優良)……818-02……九八九
ゆうりょく(有力)……818-48……九九八
ゆうれい(幽霊)……604-39……六四四
ゆうれつ(優劣)……807-20……八八四
ゆうわ(宥和)……515-33……五五八

ゆうわ(融和)……908-41……一〇六三
ゆうわく(誘惑)……515-45……五六〇
ゆえ(故)……813-02……九二八
ゆえつ(愉悦)……210-12……二四四
ゆえに(故－)……813-08……九三〇
ゆえん……813-02……九二八
ゆえん(油煙)……714-24……八二七
ゆか(床)……412-09……四〇六
ゆかい(愉快)……210-18……二四六
ゆがく(湯掻)……408-04……三九三
ゆかしい……202-04……一六七
〃……216-10……二六八
ゆかした(床下)……412-34……四一〇
ゆかた(浴衣)……401-28……三七五
ゆがみ……908-39……一〇六二
ゆがむ……908-38……一〇六二
ゆがめる(歪)……908-34……一〇六一
ゆかり……515-07……五五二
ゆき(行)……113-06……一〇三
ゆき(裄)……405-05……三八五
ゆき(雪)……713-20……八一四
ゆきあう(行合)……516-01……五六六
ゆきあたりばったり(行－)……203-06……一六九
ゆきあたる(行当)……905-16……一〇四四
ゆきおろし(雪下)……713-62……八二〇
ゆきかえり(行帰)……113-08……一〇四
ゆきかき(雪掻)……713-62……八二〇
ゆきき(行来)……113-07……一〇三
〃……515-01……五五〇
ゆきげしき(雪景色)……708-08……七九二
ゆきさき(行先)……817-70……九八五
ゆきだおれ(行倒)……304-14……三一六
ゆきたけ(裄丈)……405-05……三八五
ゆきちがい(行違)……516-07……五六八
ゆきちがい(行違)……519-09……六〇〇
ゆきづまる(行詰)……203-21……一七二
ゆきとどく(行届)……916-05……一〇九六
ゆきもよい(雪催)……713-55……八一九
ゆきもよう(雪模様)……713-55……八一九
ゆぎょう(遊行)……617-33……七三七
ゆきわたる(行渡)……916-05……一〇九六
ゆく(逝)……304-03……三一四
ゆくえ(行方)……817-70……九八五
ゆくさき(行先)……817-70……九八五
ゆくすえ(行末)……816-27……九六八
ゆくて(行手)……817-70……九八五
ゆくりなく……208-75……二二七
ゆげ(湯気)……707-26……七八九
ゆけむり(湯煙)……707-26……七八九
ゆこく(論告)……602-27……六二六
ゆさぶる(揺)……902-03……一〇一七
ゆざまし(湯冷)……407-26……三九二
ゆさん(遊山)……617-26……七三六
ゆし(油脂)……407-14……三九一
ゆし(論旨)……602-43……六二九
ゆしゅつ(輸出)……512-79……五三七
ゆしゅつにゅう(輸出入)……512-81……五三七
ゆすぐ(濯)……405-13……三八六
ゆすぶる(揺)……902-03……一〇一七
ゆすり……520-46……六一二
ゆずりわたす(譲渡)……115-15……一二二
ゆする(揺)……115-07……一二〇
〃……902-03……一〇一七
ゆずる(譲)……115-15……一二二
ゆそう(輸送)……505-80……四八一
ゆたか(豊)……808-41……八九三
ゆだねる(委)……218-15……二八五
ゆだる(茹)……408-05……三九三
ゆだん(油断)……103-18……六四
ゆたんぽ(湯－)……419-11……四二六
ゆちゃ(湯茶)……407-26……三九二
ゆちゃく(癒着)……905-04……一〇四二
ゆっくり……204-36……一八三
〃……213-11……二六一
ゆったり……213-11……二六一
〃……912-03……一〇七六
ゆでる(茹)……408-04……三九三
ゆとう(湯桶)……410-13……四〇一
ゆどの(湯殿)……414-01……四一二
ゆとり……912-03……一〇七六
ユニホーム(英 uniform)……401-12……三七三
ゆにゅう(輸入)……512-80……五三七
ゆのみ(湯飲)……410-07……四〇〇
ゆび(指)……008-08……一六
ゆびおり(指折)……808-10……八八六
ゆびきり(指切)……515-43……五六〇
ゆびく(湯引)……408-04……三九三
ゆびさす(指差)……602-37……六二八
ゆぶね(湯船)……414-02……四一二
ゆみ(弓)……510-40……五一二
ゆみず(湯水)……407-26……三九二
ゆみや(弓矢)……510-40……五一二
ゆめ……819-48……一〇〇八
ゆめ(夢)……209-55……二四〇
〃……218-01……二八二
ゆめうつつ(夢－)……209-42……二三七
ゆめごこち(夢心地)……209-42……二三七
ゆめまくら(夢枕)……112-31……一〇〇
ゆめみごこち(夢見心地)……209-42……二三七
ゆめものがたり(夢物語)……612-63……六九三
ゆめゆめ……819-48……一〇〇八
ゆらい(由来)……813-06……九二九
ゆらぐ(揺)……902-01……一〇一六
ゆらす(揺)……902-03……一〇一七
ゆりかえし(揺返)……319-06……三六三
ゆるがせ……203-08……一六九
ゆるす(許)……517-60……五九三
ゆるむ(緩)……908-40……一〇六二
ゆるめる(緩)……908-40……一〇六二
ゆるやか(緩)……811-12……九二三
ゆるゆる……204-36……一八三
ゆれる(揺)……902-01……一〇一六
ゆわえる(結)……109-11……八一

よ

よ(世)……506-01……四八二
よ(余)……320-24……三六八
〃……912-06……一〇七七
よ(夜)……711-47……八〇五
よあかし(夜明)……112-39……一〇二
よあけ(夜明)……711-37……八〇三
よい(良)……818-01……九八九
よい(宵)……711-44……八〇四
よい(酔)……409-16……三九七
よいごこち(酔心地)……409-16……三九七
よいざまし(酔－)……409-16……三九七
よいざめ(酔－)……409-16……三九七
よいしれる(酔－)……409-17……三九八
よいっぱり(宵張)……112-39……一〇二
よいつぶれる(酔潰)……409-17……三九八
よいどれ(酔－)……409-14……三九七
よいね(宵寝)……112-15……九八
よいのくち(宵－口)……711-44……八〇四
よいのみょうじょう(宵－明

星)……701-16……七六七
よいまつり(宵祭)……605-07……六五一
よいやみ(宵闇)……711-45……八〇五
よいん(余韻)……717-08……八三九
(よ)う……999-64……一一二七
〃……999-73……一一四一
よう(幼)……303-05……三〇八
よう(用)……812-03……九二七
〃……820-08……一〇二三
よう(酔)……409-17……三九八
よう(様)……801-02……八四九
ようい(用意)……120-21……一四〇
ようい(容易)……810-34……九一四
よういく(養育)……013-05……一三
よういん(要因)……813-04……九二九
ようえん(妖艶)……206-10……一九七
(よ)う(か)……999-59……一一三五
(よ)うが……999-45……一一二九
〃……999-58……一一三四
ようかい(妖怪)……604-41……六四四
ようかい(容喙)……205-29……一八九
ようかい(溶解)……908-56……一〇六五
ようがい(要害)……706-05……七八五
ようがく(洋楽)……614-25……七一一
ようがさ(洋傘)……403-15……三八〇
ようがし(洋菓子)……407-22……三九二
ようき(容器)……420-19……四三五
ようき(陽気)……201-38……一六〇
〃……713-01……八一一
ようぎ(容疑)……520-23……六〇八
ようぎしゃ(容疑者)……520-54……六一三
ようきゅう(要求)……218-17……二八五
ようぐ(用具)……418-04……四二二
ようげき(邀撃)……509-18……五〇〇
ようけん(用件)……820-08……一〇二三
ようけん(要件)……820-04……一〇一二
ようげん(用言)……607-39……六六三
ようご(養護)……120-37……一四三
ようご(擁護)……120-36……一四三
ようこう(洋行)……617-22……七三六
ようこう(要項)……805-56……八七四
ようこう(陽光)……715-09……八二九
(よ)うことなら……999-41……一一二七
ようさい(洋菜)……720-25……八四五
ようさい(要塞)……510-46……五一三
ようさい(葉菜)……720-25……八四五
ようし(用紙)……419-18……四二七
ようし(要旨)……805-53……八七四
ようし(洋紙)……420-26……四三六
ようし(容姿)……001-08……三
ようし(養子)……311-16……三四八
ようじ(幼児)……311-03……三四六
ようじ(用事)……820-08……一〇二三
ようじ(幼時)……303-08……三〇九
ようじ(楊枝)……419-22……四二八
ようしき(様式)……804-04……八五七
ようしゃ(容赦)……517-60……五九三
ようじゃく(幼弱)……303-05……三〇八
ようじゅつ(妖術)……615-52……七二三
ようしゅん(陽春)……710-19……七九六
ようしょ(要所)……802-13……八五五
ようしょ(洋書)……619-29……七五二
ようじょ(幼女)……311-03……三四六
ようしょう(幼少)……303-05……三〇八
ようしょう(要衝)……706-08……七八五
ようじょう(洋上)……703-04……七七三
ようじょう(養生)……020-14……三九
ようしょく(要職)……502-11……四四四
ようしょく(容色)……102-06……五五
ようじん(用心)……120-11……一三九
ようじん(要人)……511-07……五一六
ようじんぶかい(用心深)……201-28……一五七
ようす(様子)……801-01……八四九
ようする(要)……818-31……九九四
ようするに(要−)……814-56……九四一
ようせい(夭逝)……301-05……三〇四
ようせい(要請)……218-17……二八五
ようせい(養成)……013-04……一三
ようせき(容積)……808-32……八九一
ようせつ(夭折)……301-05……三〇四
ようせん(用箋)……419-18……四二七
ようそ(要素)……813-05……九二九
ようそう(様相)……801-01……八四九
ようだ……999-64……一一三七
〃……999-68……一一三九
ようたい(様態)……801-01……八四九
ようだい(容態)……017-11……三〇
ようたし(用足)……016-03……二八
ようだてる(用立)……115-24……一二四
ようだん(用談)……512-10……五二四
ようち(用地)……805-07……八六四
ようち(幼稚)……303-06……三〇八
ようち(夜討)……509-22……五〇一
ようち(要地)……706-08……七八五
(よ)うではないか……999-67……一一三八
ようてん(要点)……802-13……八五五
(よ)うと……999-45……一一二九
ようと(用途)……812-03……九二七
(よ)うに……999-58……一一三四
ようにん(容認)……517-61……五九三
ようねん(幼年)……303-08……三〇九
ようはい(遥拝)……604-24……六四二
ようび(妖美)……206-10……一九七
ようひん(用品)……418-04……四二二
ようひん(洋品)……401-01……三七一
ようふ(養父)……310-11……三四五
ようぶ(腰部)……010-13……一九
ようふう(洋風)……606-13……六五六
ようふく(洋服)……401-02……三七二
ようぶん(養分)……020-10……三八
ようべん(用便)……016-03……二八
ようぼ(養母)……310-06……三四四
ようぼう(要望)……218-17……二八五
ようぼう(容貌)……102-06……五五
ようほん(洋本)……619-29……七五二
ようむ(要務)……502-04……四四三
ようむき(用向)……820-08……一〇二三
ようめい(用命)……517-71……五九六
ようもう(羊毛)……402-03……三七七
ようもく(要目)……805-56……八七四
(よ)うものなら……999-41……一一二七
ようやく……816-36……九七〇
ようやく(要約)……805-53……八七四
ようよう(要用)……818-32……九九五
ようよう(揚揚)……217-14……二七八
ようらん(要覧)……619-49……七五四
ようりょう(要領)……802-13……八五五
ようりょう(容量)……808-32……八九一
ようりょうをえない(要領−得−)……810-48……九一七
ようれい(用例)……804-25……八六一
よか(予価)……512-29……五二八
よか(余暇)……617-04……七三三
よかん(予感)……209-37……二三六
よかん(余寒)……712-15……八一〇
よき(予期)……208-54……二二二
よぎ(余技)……615-54……七二四
よぎ(夜着)……419-34……四三〇
よぎない(余儀−)……218-23……二八七

よきょう(余興)……615-55……七二四
よぎる……903-22……一〇二三
よきん(預金)……512-20……五二六
よく……815-22……九五〇
よく(欲)……218-25……二八七
よくあさ(翌朝)……711-39……八〇三
よくあつ(抑圧)……507-44……四九〇
よくけ(欲気)……218-25……二八七
よくげつ(翌月)……711-13……七九九
よくし(抑止)……920-03……一一〇七
よくしつ(浴室)……414-01……四一二
よくじつ(翌日)……711-23……八〇一
よくしゅう(翌週)……711-18……八〇〇
よくじょう(浴場)……414-03……四一二
よくじょう(欲情)……218-33……二八八
よくしん(欲心)……218-25……二八七
よくせい(抑制)……920-03……一一〇七
よくそう(浴槽)……414-02……四一二
よくち(沃地)……702-21……七七〇
よくちょう(翌朝)……711-39……八〇三
よくど(沃土)……702-21……七七〇
よくねん(翌年)……711-08……七九九
よくねん(欲念)……218-25……二八七
よくばり(欲張)……218-27……二八七
よくばる(欲張)……218-29……二八八
よくふか(欲深)……218-27……二八七
よくぼう(欲望)……218-25……二八七
よくりゅう(抑留)……520-61……六一四
よけい(余計)……808-05……八八五
よける……120-58……一四七
よけん(予見)……208-54……二二三
よこ(横)……817-30……九七七
〃……817-31……九七七
よこあい(横合)……817-31……九七七
よこう(余光)……715-29……八三三
よこがお(横顔)……003-04……一〇
よこがみやぶり(横紙破)……205-31……一九〇
よこぎる(横切)……903-22……一〇二三
よこく(与国)……507-09……四八五
よこく(予告)……911-16……一〇七五
よこざま(横様)……807-19……八八三
よこしま(邪)……807-19……八八三
よこす……903-40……一〇二八
よごす(汚)……908-49……一〇六四
よこずき(横好)……216-17……二六九
よこずわり(横座)……101-08……四三
よこたえる(横)……112-32……一〇一
よこだおし(横倒)……902-06……一〇一七
よこたわる(横)……112-32……一〇一
よこっちょ(横ー)……817-31……九七七
よごと(夜毎)……711-54……八〇六
よこどり(横取)……115-08……一二〇
よこなぐり(横殴)……713-33……八一六
よこばら(横腹)……010-10……一九
よこぶり(横降)……713-33……八一六
よこみち(横道)……705-39……七八三
よこめ(横目)……103-28……六六
よごれ(汚)……818-10……九九〇
よごれる(汚)……908-49……一〇六四
よこれんぼ(横恋慕)……216-14……二六九
よざい(余罪)……520-19……六〇七
よさん(予算)……512-77……五三六
よし(由)……813-02……九二八
よしみ……515-07……五五二
よしゅう(予習)……602-11……六二三
よじょう(余剰)……808-05……八八五
よしょく(余色)……716-05……八三三
よじる……908-32……一〇六〇
よじれる……908-32……一〇六〇
よしん(余震)……319-06……三六三
よしんば……208-51……二二一
よす……120-69……一五〇
よすが……814-14……九三三
よすぎ(世過)……501-01……四三七
よすてびと(世捨人)……305-25……三三四
よせ(寄席)……615-46……七二三
よせあつめる(寄集)……504-02……四六〇
よせい(余生)……303-21……三一一
よせい(余勢)……801-14……八五一
よせる(寄)……101-37……四八
よせん(予選)……620-07……七五七
よそ……918-24……一一〇三
よそう……408-15……三九五
よそう(予想)……208-54……二二三
よそう(装)……404-06……三八三
よそうがい(予想外)……208-76……二二七
よそおい(装)……404-08……三八三
よそおう(装)……404-06……三八三
よそく(予測)……208-54……二二三
よそごと(余所事)……514-17……五四八
よそみ(ー見)……103-29……六六
よそめ(ー目)……103-30……六六
よそゆき……401-04……三七二
よそよそしい……205-08……一八五
よたく(預託)……512-20……五二六
よたもの(与太者)……305-48……三三八
よだれ……015-02……二六
よたろう(与太郎)……305-51……三三九
よだん(予断)……208-54……二二三
よだん(余談)……612-65……六九四
よち(予知)……208-54……二二三
よち(余地)……912-03……一〇七六
よちょう(予兆)……911-14……一〇七五
よちよち……110-13……九一
よつ(四ー)……808-02……八八五
よつかど(四角)……705-38……七八三
よっきゅう(欲求)……218-25……二八七
よつつじ(四辻)……705-38……七八三
よって……813-08……九三〇
よっぱらい(酔ー)……409-14……三九七
よっぱらう(酔払)……409-17……三九八
よっぽど(余程)……805-21……八六七
よつゆ(夜露)……713-52……八一九
よつんばい(四這)……110-16……九一
よてい(予定)……801-18……八五二
よてき(余滴)……707-18……七八八
よとう(与党)……507-34……四八八
よどおし(夜通)……711-51……八〇六
よなおし(世直)……507-45……四九〇
よなか(夜中)……711-50……八〇五
よなべ(夜ー)……502-27……四四七
よなよな(夜夜)……711-54……八〇六
よにげ(夜逃)……113-28……一〇八
よねん(余念)……209-19……二三三
よのう(予納)……115-17……一二三
よのなか(世ー中)……506-01……四八二
よばわる(呼)……612-08……六八四
よばん(夜番)……509-47……五〇四
よび(予備)……120-25……一四一
よびあつめる(呼集)……504-02……四六〇
よびおこす(呼起)……208-83……二二九
よびかける(呼ー)……612-08……六八四
よびこう(予備校)……602-54……六三一
よびごえ(呼声)……618-10……七四一
よびさます(呼覚)……208-83……二二九
よびすて(呼捨)……320-14……三六六
よびだし(呼出)……516-12……五六九
よびだす(呼出)……516-11……五六九
よびたてる(呼立)……516-11……五六九

よびたてる(呼立)……612-08……六八四
よびつける(呼－)……516-10……五六九
よびよせる(呼寄)……516-10……五六九
よびりん(呼鈴)……419-24……四二八
よぶ(呼)……516-08……五六八
〃……612-08……六八四
よふかし(夜更)……112-39……一〇二
よふけ(夜更)……711-50……八〇五
よぶん(余分)……808-05……八八五
よぶん(余聞)……612-61……六九三
よほう(予報)……911-16……一〇七五
よぼう(予防)……120-40……一四四
よほど(余程)……805-21……八六七
よまいごと(世迷言)……517-16……五八五
よまわり(夜回)……509-47……五〇四
よみ(読)……208-58……二二二
よみ(黄泉)……604-48……六四六
よみがえる(蘇)……208-83……二二九
〃……301-09……三〇六
〃……908-15……一〇五六
よみせ(夜店)……503-34……四五七
よみち(夜道)……705-35……七八三
よみて(読手)……616-53……七三三
よむ(詠)……612-45……六九一
よむ(読)……609-01……六六八
よめ(嫁)……308-12……三四〇
よめい(余命)……301-02……三〇四
よめいり(嫁入)……308-03……三三九
よめご(嫁御)……308-12……三四〇
よめじょ(嫁女)……308-12……三四〇
よもすがら(夜－)……711-51……八〇六
よもや……208-53……二二一
よもやまばなし(－話)……612-65……六九四
よやく(予約)……515-40……五五九
よゆう(余裕)……912-03……一〇七六
より……913-32……一〇八六
〃……999-08……一一一三
よりあい(寄合)……504-31……四六八
よりかかる(寄掛)……101-23……四六
よりすがる(寄－)……101-32……四七
よりそう(寄添)……516-40……五七五
よりどころ(拠所)……802-06……八五三
よりどり(選取)……118-05……一三三
よりほか(は)ない……999-63……一一一六
よりみち(寄道)……113-09……一〇四
よりめ(寄目)……004-08……一二
よりょく(余力)……101-44……五〇
よりわける(－分)……118-01……一三二
よる(因)……802-17……八五六
よる(夜)……711-47……八〇五
よる(寄)……516-45……五七六
〃……905-06……一〇四二
よる(選)……118-01……一三二
よる(縒)……109-12……八二
よるひる(夜昼)……711-33……八〇三
よろい(鎧)……510-30……五一〇
よろける……110-12……九一
よろこばしい(喜)……210-15……二四五
よろこび……605-09……六五二
よろこび(喜)……210-12……二四四
よろこぶ(喜)……210-13……二四五
よろず(万)……805-27……八六八
よろめく……110-12……九一
よろん(輿論)……613-17……六九八
よわ(余話)……612-61……六九三
よわい(弱)……809-36……九〇六
よわい(齢)……303-03……三〇八
よわき(弱気)……201-51……一六三
よわたり(世渡)……501-01……四三七
よわね(弱音)……108-12……七九
よわまる(弱)……914-12……一〇八九
よわみ(弱－)……818-09……九九〇
よわむし(弱虫)……305-56……三三〇
よわめる(弱)……920-08……一一〇八
よわよわしい(弱弱)……809-36……九〇六
よわる(弱)……914-12……一〇八九
よをてっして(夜－徹－)……112-39……一〇二
よんどころない……218-23……二八七

ら

ら(等)……320-13……三六六
らいう(雷雨)……713-18……八一四
らいうん(雷雲)……713-12……八一三
らいが(来駕)……516-43……五七六
らいかい(来会)……504-16……四六四
らいかん(来観)……617-27……七三六
らいきゃく(来客)……516-60……五七九
らいげつ(来月)……711-13……七九九
らいさん(礼賛)……520-05……六〇五
らいしゃ(来車)……516-43……五七六
らいしゅう(来週)……711-18……八〇〇
らいしゅう(来襲)……509-23……五〇一
らいしゅん(来春)……710-06……七九五
らいじょう(来場)……504-16……四六四
らいせ(来世)……604-48……六四六
ライター(英 writer)……616-48……七三一
らいたく(来宅)……516-42……五七六
らいちょう(来朝)……516-46……五七六
ライト(英 light)……715-03……八二七
ライト(英 right)……817-23……九七五
らいにち(来日)……516-46……五七六
らいねん(来年)……711-08……七九九
らいはい(礼拝)……604-24……六四二
らいはる(来春)……710-06……七九五
ライバル(英 rival)……516-67……五八一
らいひん(来賓)……516-63……五八〇
ライフ(英 life)……302-01……三〇六
ライブラリー(英 library)……619-39……七五三
ライフル(英 rifle)……510-21……五〇九
らいほう(来訪)……516-42……五七六
らいらく(磊落)……201-44……一六一
らいりん(来臨)……516-43……五七六
らいれき(来歴)……813-06……九二九
ライン(英 line)……608-06……六六四
らく(楽)……620-33……七六一
〃……810-34……九一四
らくいん(烙印)……608-10……六六五
らくいん(落胤)……311-20……三四八
らくえん(楽園)……604-46……六四五
らくご(落語)……615-49……七二三
らくさ(落差)……919-03……一一〇五
らくじつ(落日)……701-10……七六六
らくしょう(楽勝)……620-13……七五八
らくじょう(落城)……509-40……五〇三
らくせい(落成)……416-08……四一五
らくだい(落第)……602-65……六三三
らくたん(落胆)……218-21……二八六
らくちゃく(落着)……814-43……九三九
らくてんち(楽天地)……604-46……六四五
らくど(楽土)……604-46……六四五
らくのう(酪農)……505-19……四七三
らくはく(落魄)……914-18……一〇九〇
らくび(楽日)……620-33……七六一
ラグビー(英 Rugby)……620-42……七六三

らくよう(落陽)……701-10……七六六
らくらく(楽楽)……810-22……九一二
らくるい(落涙)……102-31……五九
らしい……999-64……一一三七
ラジカル(英 radical)……819-38……一〇〇六
らしゅつ(裸出)……514-10……五四六
らしん(裸身)……001-34……一八
ラスト(英 last)……814-26……九三五
らせつ(羅刹)……604-42……六四五
らせん(螺旋)……811-06……九一二
らたい(裸体)……001-34……一八
らち(拉致)……520-56……六一三
らちがい(埒外)……817-84……九八八
らちない(埒内)……817-83……九八八
らっか(落下)……903-11……一〇二一
ラッカー(英 lacquer)……416-14……四一六
らっかん(落款)……608-15……六六六
ラッキー(英 lucky)……318-01……三五九
ラッシュ(英 rush)……504-24……四六六
らっぱのみ(－飲)……409-10……三九六
らつわん(辣腕)……207-05……一九九
ラブ(英 love)……216-01……二六六
ラブシーン(英 love scene)……615-14……七一七
ラブホテル(洋語 love hotel)……503-39……四五八
ラブレター(英 love letter)……618-31……七四五
ラベル(英 label)……608-24……六六八
られつ(羅列)……904-22……一〇二五
られる……999-69……一一三九
らん(乱)……509-31……五〇二
らん(欄)……619-07……七四八
らんおう(卵黄)……407-10……三九〇
らんかん(欄干)……707-11……七八七
らんぎょう(乱行)……520-28……六〇九
らんぎり(乱切)……408-14……三九五
ランキング(英 ranking)……511-51……五一三
ランク(英 rank)……511-51……五一三
らんさく(濫作)……616-43……七三一
らんざつ(乱雑)……915-05……一〇九二
らんしゃ(乱射)……510-41……五一二
らんしょう(濫觴)……814-09……九三三
らんしん(乱心)……209-59……二四一
らんせん(乱戦)……509-04……四九八
らんだ(懶惰)……203-11……一七〇
ランダム(英 random)……203-15……一七一
ランチ(英 lunch)……406-04……三八七
らんちきさわぎ(－騒)……810-14……九一〇
ランデブー(フランス rendez-vous)……307-01……三三六
らんとう(乱闘)……509-04……四九八
らんどく(乱読)……609-08……六六九
ランドセル(オランダ ransel から)……403-23……三八一
らんにゅう(乱入)……509-24……五〇一
らんばい(乱売)……512-06……五二四
らんぱく(卵白)……407-10……三九〇
らんばつ(濫伐)……505-47……四七七
らんぴ(濫費)……513-14……五三九
らんぴつ(乱筆)……609-36……六七四
らんぶん(乱文)……611-11……六八二
らんぼう(乱暴)……204-21……一八〇
〃……204-28……一八一
らんみゃく(乱脈)……915-05……一〇九二
らんる(襤褸)……401-06……三七二

り

り(利)……512-47……五三一
〃……513-37……五四三
り(理)……806-05……八七五
リアル(英 real)……807-03……八七九
リース(英 lease)……115-26……一二四
リーダー(英 reader)……619-53……七五五
リード(英 lead)……120-16……一三九
りいん(吏員)……503-18……四五四
りえき(利益)……512-47……五三一
〃……512-48……五三一
りえん(離縁)……308-09……三四〇
りえんじょう(離縁状)……308-10……三四〇
りか(理科)……601-06……六一八
りかい(理解)……208-34……二一七
りがい(利害)……512-46……五三一
りかん(罹患)……017-09……三〇
りきさく(力作)……616-44……七三一
りきし(力士)……620-34……七六一
りきせつ(力説)……612-30……六八八
りきせん(力戦)……509-10……四九九
りきそう(力走)……110-09……九〇
りきとう(力闘)……509-10……四九九
りきりょう(力量)……207-01……一九九
りく(陸)……702-03……七六七
りくうん(陸運)……505-81……四八二
リクエスト(英 request)……218-18……二八五
りくじょう(陸上)……702-04……七六七
りくそう(陸送)……505-81……四八二
りくぞく(陸続)……815-64……九六〇
りくち(陸地)……702-03……七六七
りくつ(理屈)……806-08……八七六
りくつづき(陸続)……702-05……七六八
リクルート(英 recruit)……504-04……四六〇
りけん(利権)……508-26……四九七
りげん(里言)……607-07……六五九
りげん(俚諺)……607-09……六五九
りこう(利口)……207-38……二〇六
りこう(履行)……120-29……一四二
りごう(離合)……904-01……一〇三一
りこしゅぎ(利己主義)……806-16……八七七
りこん(離婚)……308-08……三四〇
リサーチ(英 research)……601-07……六一八
リザーブ(英 reserve)……515-40……五五九
りさい(罹災)……519-23……六〇三
りざい(理財)……512-01……五二三
リサイタル(英 recital)……615-19……七一八
りざや(利鞘)……512-52……五三三
りさん(離散)……904-42……一〇三九
りし(利子)……513-37……五四三
りじ(理事)……511-32……五一九
りしゅう(履修)……602-05……六二三
りじゅん(利潤)……512-47……五三一
りしょう(離床)……112-27……一〇〇
リスト(英 list)……619-59……七五六
リズム(英 rhythm)……614-29……七一一
りせい(理性)……207-27……二〇四
りそう(理想)……209-56……二四〇

りそく(利息)……513-37……五四三
りそん(離村)……119-09……一三五
リタイア(英 retire)……517-50……五九一
りたつ(利達)……517-39……五八九
りだつ(離脱)……504-18……四六四
りち(理知)……207-27……二〇四
りちぎ(律儀)……201-23……一五六
りつ(率)……919-05……一一〇五
りつあん(立案)……208-20……二一四
りつがん(立願)……604-25……六四二
りっきゃく(立脚)……802-07……八五三
りっきょう(陸橋)……707-10……七八七
りっこうほ(立候補)……507-38……四八九
りっし(律詩)……616-29……七二八
りっしょう(立証)……806-17……八七八
りっしょく(立食)……106-13……一七三
りっしん(立身)……517-39……五八九
りっしんしゅっせ(立身出世)……517-39……五八九
りっする(律)……120-02……一三六
りつぜん(慄然)……215-08……二六五
りったいこうさ(立体交差)……904-04……一〇三二
りっとう(立党)……504-08……四六一
りつどう(律動)……614-29……七一一
りっぱ(立派)……207-50……二〇八
〃……818-44……九九七
リップ(英 lip)……006-03……一三
りっぷく(立腹)……212-01……二五七
りっぽう(立法)……507-28……四八七
りづめ(理詰)……806-13……八七七
りてん(利点)……818-05……九九〇
りとう(離党)……504-18……四六四
りとう(離島)……702-08……七六八
りとく(利得)……512-49……五三三
りねん(理念)……806-01……八七四
りはつ(利発)……207-38……二〇六
りはつ(理髪)……404-11……三八四
りはん(離反)……904-37……一〇三八
りひ(理非)……807-20……八八四
りびょう(罹病)……017-09……三〇
リビングルーム(英 living room)……412-13……四〇七
りふじん(理不尽)……806-14……八七七
リプリント(英 reprint)……609-29……六七三
リベート(英 rebate)……513-31……五四二
りべつ(離別)……308-08……三四〇
〃……516-20……五七一
リベット(英 rivet)……416-24……四一八
りべん(利便)……519-05……六〇〇
リミット(英 limit)……814-31……九三七
りめん(裏面)……817-81……九八七
リモートコントロール(英 remote control)……920-05……一一〇七
りゃく(略)……913-27……一〇八四
りゃくごう(略号)……608-01……六六三
りゃくしき(略式)……804-21……八六一
りゃくしゅ(略取)……115-11……一二一
りゃくしょう(略章)……608-27……六六八
りゃくす(略)……913-27……一〇八四
りゃくせつ(略説)……613-13……六九八
りゃくだつ(略奪)……115-11……一二一
りゃくふく(略服)……401-11……三七三
りゃくれき(略歴)……303-01……三〇七
りゆう(理由)……813-02……九二八
りゅうい(留意)……120-11……一三九
りゅうがく(留学)……602-13……六二四
りゅうがくせい(留学生)……602-80……六三六
りゅうかん(流汗)……015-05……二六
りゅうぎ(流儀)……804-04……八五七
りゅうけつ(流血)……018-07……三五
りゅうげんひご(流言飛語)……618-19……七四三
りゅうこう(流行)……606-19……六五七
りゅうこうか(流行歌)……614-39……七一三
りゅうこうせいかんぼう(流行性感冒)……017-15……三一
りゅうし(粒子)……811-07……九二二
りゅうせい(隆盛)……914-05……一〇八七
りゅうせつ(流説)……618-19……七四三
りゅうち(留置)……520-61……六一四
りゅうちじょう(留置場)……520-74……六一六
りゅうちょう(流暢)……612-23……六八七
りゅうつう(流通)……618-28……七四五
りゅうへい(流弊)……606-18……六五七
りゅうほ(留保)……208-33……二一七
りゅうみん(流民)……305-43……三二七
りゅうよう(流用)……117-02……一三一
りゅうり(流離)……617-36……七三八
りゅうりゅう(隆隆)……001-27……六
りゅうれい(流麗)……206-07……一九六
リュックサック(ドイ Rucksack)……403-23……三八一
りょう(涼)……712-11……八〇九
りょう(量)……808-01……八八四
りょう(漁)……505-70……四八〇
りょう(寮)……411-15……四〇四
りよう(利用)……117-02……一三一
りよう(理容)……404-09……三八三
りょうあん(良案)……208-25……二一五
りょういき(領域)……805-04……八六三
りょういん(両院)……507-30……四八八
りょううで(両腕)……008-04……一五
りょうえん(良縁)……308-06……三三九
りょうえん(遼遠)……817-43……九八〇
りょうが(凌駕)……818-38……九九六
りょうかい(了解)……208-36……二一八
りょうかい(領海)……703-01……七七三
りょうかん(涼感)……712-11……八〇九
りょうがん(両岸)……704-17……七七六
りょうき(涼気)……712-11……八〇九
りょうきん(料金)……512-28……五二八
りょうこう(良好)……818-02……九八九
りょうし(両氏)……320-33……三七〇
りょうし(料紙)……419-18……四二七
りょうし(猟師)……503-26……四五五
りょうし(漁師)……505-73……四八〇
りょうじ(療治)……020-06……三八
りょうしき(良識)……207-25……二〇三
りょうしつ(良質)……819-06……九九九
りょうしゃ(両者)……320-17……三六七
りょうしゅう(領収)……115-02……一一九
りょうじゅう(猟銃)……510-21……五〇九
りょうしゅうしょ(領収書)……610-30……六七九
りょうしょう(了承)……208-36……二一八
りょうしょく(糧食)……407-01……三八九
りょうじょく(凌辱)……517-28……五八七
〃……520-44……六一一
りょうしん(両親)……310-01……三四三
りょうしん(良心)……209-01……二二九
りょうする(領)……116-02……一二九
りょうせい(両性)……306-01……三三一
りょうせいばい(両成敗)

……520-66……六一五
りょうせん(稜線)……702-32……七一一
りょうぞく(良俗)……606-16……六五七
りょうだん(両断)……904-51……一〇四一
りょうち(料地)……805-07……八六四
りょうち(領地)……805-05……八六三
りょうて(両手)……008-04……一五
りょうてい(料亭)……503-44……四五八
りょうど(領土)……805-05……八六三
りょうどう(両道)……805-51……八七三
りょうとうづかい(両刀遣)……409-15……三九七
りょうとく(両得)……512-49……五三三
りょうにん(両人)……320-17……三六七
りょうはん(量販)……512-09……五二四
りょうひ(良否)……807-20……八八四
りょうふう(良風)……606-16……六五七
りょうふう(涼風)……713-43……八一八
りょうぶん(両分)……904-47……一〇四〇
りょうぶん(領分)……805-04……八六三
りょうぼ(陵墓)……604-83……六五〇
りょうほう(両方)……320-17……三六七
りょうめん(両面)……805-37……八七〇
りょうやく(良薬)……020-21……四〇
りょうゆう(両雄)……305-17……三三三
りょうゆう(良友)……516-53……五七八
りょうゆう(領有)……116-01……一二九
りょうよう(両用)……117-05……一三二
りょうよう(療養)……020-14……三九
りょうようじょ(療養所)……503-40……四五八
りょうらん(繚乱)……720-35……八四六
りょうり(良吏)……503-20……四五四
りょうり(料理)……408-01……三九三
りょうりつ(両立)……504-12……四六三
りょうりや(料理屋)……503-44……四五八
りょうりょう(寥寥)……810-08……九〇九
りょがい(慮外)……208-76……二二七
りょかく(旅客)……516-64……五八〇
りょかくき(旅客機)……505-66……四七九
りょかん(旅館)……503-39……四五八
りよく(利欲)……218-28……二八八
りょくいん(緑陰)……817-89……九八九
りょくち(緑地)……702-19……七七〇
りょくど(緑土)……702-19……七七〇
りょこう(旅行)……617-21……七三五
りょこうしゃ(旅行者)……617-41……七三九
りょしゅう(旅愁)……617-40……七三九
りょしゅう(虜囚)……520-77……六一六
りょしゅく(旅宿)……617-37……七三八
りょじょう(旅情)……617-40……七三九
りょそう(旅装)……617-39……七三九
りょてい(旅程)……814-62……九四三
りょひ(旅費)……513-16……五四〇
リライト(英 rewrite)……610-20……六七七
リラックス(英 relax)……020-19……四〇
りりしい……204-23……一八〇
りれき(履歴)……303-01……三〇七
りろ(理路)……806-05……八七五
りろん(理論)……806-06……八七五
りん(鈴)……419-24……四二八
りんう(霖雨)……713-32……八一六
りんかく(輪郭)……001-15……四
りんかん(輪姦)……520-44……六一一
りんき(悋気)……216-33……二七二
りんぎょう(林業)……505-45……四七六
リング(英 ring)……418-07……四二三
りんげつ(臨月)……019-06……三六
りんこ(凜乎)……205-25……一八九
りんごく(隣国)……507-12……四八五
りんじ(臨時)……815-11……九四八
りんじさい(臨時祭)……605-05……六五一
りんじゅう(臨終)……304-28……三一八
りんじょう(臨場)……504-15……四六三
りんしょく(吝嗇)……201-64……一六五
りんせき(臨席)……504-15……四六三
りんせつ(隣接)……905-07……一〇四三
りんぜん(凜然)……205-25……一八九
リンチ(英 lynch)……520-62……六一四
りんどう(林道)……705-32……七八二
りんね(輪廻)……604-18……六四一
りんぽう(隣邦)……507-12……四八五
りんり(倫理)……603-01……六三七
りんりん(凜凜)……205-25……一八九
〃……712-13……八一〇

る

るい(累)……905-15……一〇四四
るい(塁)……510-46……五一三
るい(類)……804-12……八五九
るいえん(類縁)……918-06……一〇九九
るいぎご(類義語)……607-14……六六〇
るいご(類語)……607-14……六六〇
るいじ(類似)……918-06……一〇九九
るいしょう(類焼)……714-13……八二五
るいすい(類推)……208-50……二二一
るいする(類)……918-01……一〇九八
るいせき(累積)……904-09……一〇三三
るいだい(累代)……314-19……三五四
るいねん(累年)……816-08……九六三
るいはん(累犯)……520-20……六〇七
るいべつ(類別)……904-48……一〇四〇
るいれい(類例)……804-25……八六一
ルーズ(英 loose)……203-10……一七〇
ルーツ(英 roots)……314-18……三五四
ルーフ(英 roof)……412-28……四〇九
ルーペ(ドイツ Lupe)……403-19……三八一
ルームメイト(アメリカ room-mate)……516-49……五七七
ルール(英 rule)……508-06……四九三
るこつ(鏤骨)……211-04……二五五
るじゅつ(縷述)……612-13……六八五
るす(留守)……119-08……一三五
ルックス(英 looks)……001-08……三
るてん(流転)……604-18……六四一
〃……908-14……一〇五六
るふ(流布)……618-28……七四五
ルポルタージュ(フランス report-age)……616-15……七二六
るりいろ(瑠璃色)……716-25……八三六
るる(縷縷)……815-62……九六〇
るろう(流浪)……617-36……七三八

れ

レイ(ハワイ lei)……419-30……四二九
れい(礼)……515-61……五六四
〃……515-66……五六五
〃……515-71……五六六
れい(例)……804-25……八六一
れい(零)……808-02……八八五
れい(霊)……604-35……六四三
れいい(霊位)……605-21……六五三
れいいき(霊域)……604-60……六四七
れいえん(霊園)……604-82……六五〇
れいかい(例会)……504-33……四六八

れいかい（例解）……602-42……六二九
れいかい（霊界）……604-48……六四六
れいがい（例外）……804-25……八六一
れいかん（霊感）……604-43……六四五
れいぎ（礼儀）……515-62……五六四
れいきゃく（冷却）……712-17……八一一
れいきゅう（霊柩）……605-23……六五四
れいぐう（礼遇）……515-58……五六三
れいぐう（冷遇）……517-12……五八四
れいけい（令兄）……313-05……三五〇
れいけつ（冷血）……018-01……三四
れいげん（冷厳）……205-23……一八八
れいげん（霊験）……818-24……九九三
れいこく（冷酷）……205-20……一八八
れいこん（霊魂）……604-35……六四三
れいさい（例祭）……605-05……六五一
れいざん（霊山）……702-28……七七一
れいじ（例示）……602-38……六二八
れいしき（礼式）……515-63……五六四
れいしゅ（冷酒）……409-05……三九六
れいしょ（隷書）……614-48……七一四
れいしょう（冷笑）……102-24……五八
れいしょう（例証）……806-18……八七八
れいじょう（令嬢）……306-04……三三二
れいじょう（霊場）……604-61……六四七
れいじん（麗人）……306-10……三三四
れいすい（冷水）……707-32……七九〇
れいせい（冷静）……204-17……一七九
れいせつ（礼節）……515-61……五六四
れいせん（冷泉）……414-04……四一二
れいぜん（冷然）……205-09……一八五
れいそく（令息）……311-07……三四七
れいぞく（隷属）……516-32……五七三
れいたん（冷淡）……205-09……一八五
れいち（霊地）……604-61……六四七
れいとう（冷凍）……707-29……七九〇
れいどう（霊堂）……604-59……六四七
れいば（冷罵）……517-21……五八五
れいはい（零敗）……620-19……七五九
れいばい（霊媒）……604-74……六四九
れいひつ（麗筆）……611-10……六八二
〃……614-52……七一四
れいひょう（冷評）……613-35……七〇二
れいびょう（霊廟）……604-62……六四八
レイプ（英 rape）……520-44……六一一
れいふく（礼服）……401-10……三七三
れいほう（礼法）……515-63……五六四
れいほう（礼砲）……510-27……五一〇
れいほう（霊峰）……702-28……七七一
れいぼう（冷房）……712-17……八一一
れいまいり（礼参）……604-23……六四二
れいめい（令名）……618-11……七四一
れいめい（黎明）……711-37……八〇三
れいらく（零落）……914-18……一〇九〇
れいり（怜悧）……207-38……二〇六
れいりょう（冷涼）……712-11……八〇九
れいりょく（霊力）……604-43……六四五
れいろう（玲瓏）……715-05……八二八
レース（英 race）……620-04……七五七
レート（英 rate）……919-06……一一〇六
レール（英 rail）……505-78……四八一
れき（礫）……709-05……七九三
れきさつ（轢殺）……520-38……六一一
れきし（歴史）……616-17……七二六
れきじつ（暦日）……711-27……八〇一
れきしてきかなづかい（歴史的仮名遣）……607-29……六六二
れきすう（暦数）……317-01……三五八
れきせい（歴世）……314-19……三五四
れきぜん（歴然）……810-47……九一七
れきだい（歴代）……314-19……三五四
れきど（礫土）……709-04……七九三
れきほう（歴訪）……516-41……五七五
レクチャー（英 lecture）……602-70……六三四
レクリエーション（英 recreation）……617-07……七三三
レザー（英 leather）……419-21……四二七
レシート（英 receipt）……610-30……六七九
レシーバー（英 receiver）……419-09……四二五
レジデンス（英 residence）……411-13……四〇四
レジャー（英 leisure）……617-04……七三三
レジュメ（フランス résumé）……805-53……八七四
レストラン（フランス restaurant）……503-44……四五八
レスリング（英 wrestling）……620-45……七六三
れつ（列）……904-20……一〇三五
れつあく（劣悪）……819-20……一〇〇一
れっか（劣化）……914-19……一〇九〇
れっか（烈火）……714-04……八二四
れっき（列記）……609-21……六七一
れっきょ（列挙）……602-40……六二八
れっきょう（列強）……507-06……四八四
れっこく（列国）……507-05……四八四
れつじつ（烈日）……715-10……八二九
れっしゃ（列車）……505-77……四八一
れつじゃく（劣弱）……809-36……九〇六
れつじょう（劣情）……218-33……二八八
れっする（列）……904-14……一〇三三
レッスン（英 lesson）……602-70……六三四
れっせい（劣勢）……801-15……八五二
れっせき（列席）……504-15……四六三
レッテル（オランダ letter）……608-24……六六八
レッド（英 red）……716-20……八三五
れっとう（列島）……702-07……七六八
れっとう（劣等）……819-20……一〇〇一
れっとうかん（劣等感）……217-21……二八〇
れっとうせい（劣等生）……602-85……六三七
レッドパージ（英 red purge）……120-52……一四六
れっぱい（劣敗）……620-17……七五九
れっぷう（烈風）……713-44……八一八
レディー（英 lady）……306-08……三三三
レディーメード（英 ready-made）……910-12……一〇七三
レトリック（英 rhetoric）……611-02……六八一
レビュー（フランス revue）……613-33……七〇二
レフェリー（英 referee）……620-35……七六二
レフト（英 left）……817-22……九七五
レベル（英 level）……804-06……八五八
レポーター（英 reporter）……503-10……四五三
レポート（英 report）……610-25……六七八
〃……616-16……七二六
れる……999-69……一一三九
れん（連）……320-13……三六六

れんあい（恋愛）……216-01……二六六
れんか（廉価）……512-41……五三〇
れんが（連歌）……616-26……七二八
れんかん（連関）……515-06……五五二
れんけい（連係）……515-06……五五二
れんけい（連携）……516-35……五七四
れんけつ（廉潔）……201-20……一五六
れんこう（連行）……520-56……六一三
れんごう（連合）……504-09……四六一
れんごうこく（連合国）……507-09……四八五
れんごく（煉獄）……604-49……六四六
れんさ（連鎖）……515-06……五五二
れんさい（連載）……619-15……七五〇
れんさく（連作）……616-36……七三〇
れんざん（連山）……702-33……七七一
れんじつ（連日）……711-25……八〇一
れんしゅう（練習）……602-02……六二二
れんしょう（連勝）……620-12……七五八
れんじょう（恋情）……216-03……二六六
レンズ（英 lens）……403-17……三八〇
れんせん（連戦）……509-06……四九八
れんそう（連想）……209-57……二四〇
れんぞく（連続）……912-12……一〇七八
れんたい（連帯）……515-06……五五二
れんたいし（連体詞）……607-39……六六三
レンタル（英 rental）……115-26……一二四
れんたん（練炭）……419-17……四二七
れんちゅう（連中）……808-64……八九七
れんちょく（廉直）……201-20……一五六
れんねん（連年）……711-09……七九九
れんぱ（連覇）……620-12……七五八
れんばい（廉売）……512-06……五二四
れんぱい（連敗）……620-17……七五九
れんぱつ（連発）……911-10……一〇七四
れんぱん（連判）……608-10……六六五
れんびん（憐憫）……216-50……二七五
れんぼ（恋慕）……216-14……二六九
れんぽう（連邦）……507-03……四八四
れんぽう（連峰）……702-33……七七一
れんめい（連盟）……504-09……四六一
れんや（連夜）……711-54……八〇六
れんらく（連絡）……904-17……一〇三四

ろ

ろ（炉）……417-18……四二一
ろう（労）……211-02……二五四
ろう（牢）……520-75……六一六
ろうえい（朗詠）……614-42……七一三
ろうおう（老翁）……303-25……三一三
ろうおう（老媼）……303-24……三一二
ろうか（老化）……914-16……一〇九〇
ろうか（廊下）……412-10……四〇六
ろうかい（老獪）……205-32……一九〇
ろうがんきょう（老眼鏡）……403-18……三八〇
ろうきゅう（老朽）……914-16……一〇九〇
ろうぎん（朗吟）……614-42……七一三
ろうく（老軀）……001-35……一八
ろうく（労苦）……211-01……二五四
ろうご（老後）……303-21……三一一
ろうこう（老巧）……818-39……九九六
ろうごく（牢獄）……520-75……六一六
ろうこつ（老骨）……001-35……一八
ろうさく（労作）……616-44……七三一
ろうし（老師）……604-70……六四九
ろうし（牢死）……304-17……三一六
ろうじゃく（老弱）……303-22……三一二
ろうじゅ（老樹）……720-22……八四四
ろうしゅう（陋習）……606-17……六五七
ろうじょ（老女）……303-24……三一二
ろうじょう（老嬢）……306-07……三三三
ろうじょう（籠城）……520-71……六一六
ろうじん（老人）……303-20……三一一
ろうすい（漏水）……707-19……七八八
ろうぜき（狼藉）……520-28……六〇九
ろうそう（老僧）……604-70……六四九
ろうたい（老体）……303-20……三一一
ろうたいか（老大家）……303-26……三一三
ろうどう（労働）……502-02……四四二
ろうどうしゃ（労働者）……503-01……四五一
ろうどうそうぎ（労働争議）……502-35……四四九
ろうどうりょく（労働力）……502-46……四五一
ろうどく（朗読）……609-06……六六九
ろうにゃく（老若）……303-22……三一二
ろうぬけ（牢抜）……520-78……六一六
ろうねん（老年）……303-19……三一一
ろうば（老婆）……303-24……三一二
ろうはい（老廃）……914-16……一〇九〇
ろうばい（狼狽）……210-46……二五一
ろうばしん（老婆心）……216-45……二七四
ろうひ（浪費）……513-14……五三九
ろうふ（老夫）……303-25……三一三
ろうふ（老婦）……303-24……三一二
ろうほう（朗報）……318-14……三六二
ろうぼく（老木）……720-22……八四四
ろうむ（労務）……502-05……四四三
ろうや（老爺）……303-25……三一三
ろうや（牢屋）……520-75……六一六
ろうやぶり（牢破）……520-78……六一六
ろうゆう（老雄）……305-17……三三三
ろうよう（老幼）……303-22……三一二
ろうらく（籠絡）……517-38……五八九
ろうりょく（労力）……211-02……二五四
ろうれい（老齢）……303-19……三一一
ろうれん（老練）……207-19……二〇二
ローカル（英 local）……705-12……七七九
ローカルカラー（英 local colour）……705-15……七八〇
ローカルほうそう（－放送）……619-09……七四八
ロートル……303-20……三一一
ローヒール（英 low heeled shoes から）……403-12……三七九
ローマじ（－字）……607-25……六六一
ローマすうじ（－数字）……607-35……六六二
ろぎん（路銀）……513-16……五四〇
ろく（六）……808-02……八八五
ろくおん（録音）……619-11……七四九
ろくが（録画）……619-11……七四九
ろくする（録）……609-17……六七一
ろくに……815-20……九五〇
ろくろく……815-20……九五〇
ろけん（露見）……514-12……五四七
ロココ（英 rococo）……804-24……八六一
ろこつ（露骨）……514-13……五四七
ろじ（路地）……705-20……七八一
ろじ（路次）……814-63……九四三
ろしゅつ（露出）……514-10……五四六
ろせん（路線）……806-15……八七七
ろてい（露呈）……514-12……五四七
ろてん（露天）……817-86……九八八
ろてん（露店）……503-34……四五七
ろてんしょう（露天商）

五十音順総索引

……503-35……四五七
ろてんぼり（露天掘）……505-50……四七七
ろとう（路頭）……705-41……七八四
ろぼう（路傍）……705-41……七八四
ロマネスク（ソフラ romanesque）……804-24……八六一
ロマン（ソフラ roman）……616-05……七二五
ロマンス（英 romance）……216-01……二六六
ろめい（露命）……301-01……三〇三
ろよう（路用）……513-16……五四〇
ろれつ（呂律）……612-14……六八五
ろん（論）……613-01……六九六
ろんがい（論外）……909-12……一〇六九
ろんかく（論客）……612-68……六九四
ろんぎ（論議）……613-01……六九六
ろんきゅう（論及）……613-05……六九六
ロング（英 long）……809-10……九〇一
ロングセラー（洋語 long seller）……619-33……七五二
ろんし（論旨）……805-53……八七四
ろんしょう（論証）……806-18……八七八
ろんずる（論）……613-01……六九六
ろんせつ（論説）……602-41……六二九
ろんせん（論戦）……613-04……六九六
ろんそう（論争）……613-04……六九六
ろんだい（論題）……612-56……六九二
ろんだん（論壇）……506-04……四八三
ろんちょう（論調）……612-14……六八五
ろんなん（論難）……613-49……七〇五
ろんぱ（論破）……613-08……六九七
ろんぱん（論判）……613-04……六九六
ろんぴょう（論評）……613-32……七〇二
ろんぶん（論文）……610-25……六七八
ろんり（論理）……806-06……八七五

わ

わ（和）……515-33……五五八
わ（輪）……418-07……四二三
わ（あ）……999-57……一一三四
ワイシャツ（英 white shirt）……401-34……三七五
わいしょう（矮小）……001-24……六
わいせつ（猥褻）……202-07……一六七
わいだん（猥談）……612-64……六九四
ワイフ（英 wife）……309-03……三四一
ワイヤ（英 wire）……416-27……四一八
わいろ（賄賂）……513-31……五四二
わか（和歌）……616-25……七二八
わかい（若）……303-09……三〇九
わかい（和解）……515-27……五五六
わかげ（若気）……303-09……三〇九
わがし（和菓子）……407-22……三九二
わかじに（若死）……301-05……三〇四
わかす（沸）……408-10……三九四
わかぞう（若造）……303-11……三〇九
わかだんな（若旦那）……311-07……三四七
わかづくり（若作）……404-10……三八三
わかて（若手）……303-13……三一〇
わかな（若菜）……720-26……八四五
わかば（若葉）……720-08……八四三
わがはい（我輩）……320-24……三六八
わがまま……203-35……一七五
わかめ（若芽）……720-04……八四二
わかもの（若者）……303-13……三一〇
わかやか（若）……303-09……三〇九
わかやぐ（若）……303-09……三〇九
わからずや（分屋）……305-53……三三〇
わかり（分）……208-34……二一七
わかる（分）……208-34……二一七
わかれ（分）……904-44……一〇三九
わかれ（別）……516-20……五七一
わかれじも（別霜）……713-53……八一九
わかれみち（分道）……705-39……七八三
〃……815-51……九五七
わかれめ（分目）……815-50……九五七
わかれる（分）……904-49……一〇四〇
わかれる（別）……516-21……五七一
わかれわかれ（別別）……904-31……一〇三六
わかわかしい（若若）……303-09……三〇九
わき……010-06……一八
〃……817-35……九七八
ワキ……615-32……七二〇
わきあいあい（和気藹藹）……515-34……五五八
わきあがる（沸上）……408-11……三九四
わきあがる（湧上）……906-12……一〇四八
わきかえる（沸返）……408-11……三九四
わきざし（脇差）……510-33……五一一
わきたつ（沸立）……408-11……三九四
わきづけ（脇付）……618-35……七四六
わきでる（湧出）……903-24……一〇二四
わきのした（－下）……010-06……一八
わきばら（脇腹）……010-10……一九
わきまえる……208-39……二一八
わきみ（－見）……103-29……六六
わきみず（湧水）……704-24……七七七
わきみち（脇道）……705-39……七八三
わきめ（－目）……103-29……六六
わきやく（－役）……615-32……七二〇
わきやく（脇役）……502-17……四四五
わぎり（輪切）……408-14……三九五
わく（枠）……805-04……八六三
わく（沸）……408-10……三九四
わく（湧）……911-06……一〇七四
わくがい（枠外）……817-84……九八八
わくせい（惑星）……701-15……七六六
わくでき（惑溺）……209-52……二三九
わくない（枠内）……817-83……九八八
わくらば（－葉）……720-10……八四三
わくわく……210-09……二四四
わけ（訳）……813-02……九二八
わけいる（分入）……113-43……一一一
わけがない……999-72……一一四〇
わけだ……999-61……一一三五
わけではない……999-71……一一四〇
わけにはいかない……999-71……一一四〇
わけまえ（分前）……513-27……五四二
わけめ（分目）……811-27……九二六
〃……815-52……九五八
わける（分）……904-45……一〇三九
わこうど（若人）……303-13……三一〇
わざ（技）……207-14……二〇一
わざと……203-31……一七四
わざわい（災）……319-01……三六二
わさわさ……204-08……一七七
わざわざ……203-32……一七四
わし……320-23……三六八
わし（和紙）……420-26……四三六
わしき（和式）……804-23……八六一
わしづかみ……109-03……七九
わしゃ（話者）……612-67……六九四
わしょ（和書）……619-30……七五二
わしん（和親）……515-33……五五八
わずか（僅）……808-47……八九四
わずらい（患）……017-01……二九
わずらう（患）……017-08……三〇
わずらう（煩）……210-26……二四七
わずらわしい（煩）……210-29……二四八

わすれがたみ(忘形見)……311-17……三四八
わすれもの(忘物)……420-09……四三三
わすれる(忘)……602-19……六二四
わせい(和声)……614-31……七一二
わせん(和戦)……509-42……五〇四
わだい(話題)……612-56……六九二
わたいれ(綿入)……401-24……三七四
わたくし……320-21……三六八
わたくしごと(私事)……514-16……五四八
わたくししょうせつ(私小説)……616-07……七二五
わたくしたち(私達)……320-27……三六九
わたくしども(私共)……320-27……三六九
わたくしりつ(私立)……504-48……四七〇
わたし……320-21……三六八
わたす(渡)……903-41……一〇二九
わたぼうし(綿帽子)……403-04……三七八
わたゆき(綿雪)……713-60……八二〇
わたりあう(渡合)……515-21……五五六
わたりあるく(渡歩)……617-34……七三七
わたりろうか(渡廊下)……412-10……四〇六
わたる(渡)……113-20……一〇六
わっか(輪−)……418-07……四二三
わっぱ(輪−)……418-07……四二三
わな……208-26……二一五
わななく……215-09……二六五
わなわな……215-12……二六六
ワニス(英 varnish)……416-14……四一六
わび……515-73……五六六
わびごと(−言)……515-73……五六六
わびしい(侘)……210-23……二四七
わびずまい(−住)……119-03……一三四
わびる……515-73……五六六
わふう(和風)……804-23……八六一
わふく(和服)……401-03……三七二
わぶん(和文)……607-24……六六一
わへい(和平)……509-42……五〇四
わぼく(和睦)……515-27……五五六
わほん(和本)……619-30……七五二
わめく(喚)……108-06……七八
わや……909-11……一〇六九
わやく(和訳)……611-15……六八三
わよう(和様)……804-23……八六一
わらい(笑)……102-18……五七
わらいがお(笑顔)……102-11……五六
わらいぐさ(笑−)……612-57……六九三
わらいこける(笑転)……102-20……五七
わらいじょうご(笑上戸)……409-21……三九八
わらいとばす(笑飛)……102-17……五七
わらいばなし(笑話)……612-59……六九三
わらう(笑)……102-17……五七
わらじ(草鞋)……403-14……三八〇
わらべ(童)……311-04……三四六
わらべうた(童歌)……614-37……七一二
わらわ(童)……311-04……三四六
わり(割)……919-05……一一〇五
わりあい(割合)……805-23……八六七
〃……919-05……一一〇五
わりあいに……999-52……一一三三
わりあて(割当)……512-66……五三四
わりあてる(割当)……513-28……五四二
わりいん(割印)……608-10……六六五
わりがき(割書)……610-15……六七六
わりかん(割勘)……512-66……五三四
わりこむ(割込)……113-43……一一一
わりだか(割高)……512-35……五二九
わりちゅう(割注)……610-15……六七六
わりに(割−)……805-23……八六七
わりに(は)……999-52……一一三三
わりばし(割箸)……410-16……四〇一
わりびき(割引)……512-39……五三〇
わりびく(割引)……913-13……一〇八一
わりひざ(割膝)……101-08……四三
わりふり(割振)……512-66……五三四
わりふる(割振)……513-28……五四二
わりまえ(割前)……513-27……五四二
わりまし(割増)……913-05……一〇八〇
わりやす(割安)……512-41……五三〇
わる(悪)……305-46……三三八
わる(割)……913-11……一〇八一
わるい(悪)……818-04……九八九
わるがしこい(悪賢)……201-68……一六六
わるぎ(悪気)……216-37……二七三
わるくち(悪口)……517-22……五八六
わるさ(悪−)……520-31……六〇九
わるだくみ(悪−)……208-26……二一五
わるぢえ(悪知恵)……207-57……二〇九
わるば(悪場)……706-04……七八四
わるびれる(悪−)……215-02……二六四
わるふざけ(悪−)……520-31……六〇九
わるもの(悪者)……305-46……三三八
わるよい(悪酔)……409-20……三九八
われ(我)……320-24……三六八
われがちに(我勝−)……203-37……一七五
われさきに(我先−)……203-37……一七五
われめ(割目)……811-27……九二六
われら(我)……320-27……三六九
われる(割)……904-49……一〇四〇
われわれ(我我)……320-27……三六九
わん(椀)……410-06……四〇〇
わん(湾)……703-02……七七三
わんきょく(湾曲)……908-37……一〇六二
わんさと……808-40……八九二
わんさわんさ……504-25……四六六
わんぱく(腕白)……201-63……一六五
ワンピース(英 one-piece)……401-16……三七三
わんりょく(腕力)……101-45……五〇
わんわん……102-35……六〇

を

を……999-02……一一一〇
〃……999-06……一一一二
〃……999-08……一一一三
をつうじて(−通−)……999-10……一一一三
〃……999-13……一一一四
をとおして(−通−)……999-13……一一一四
をとわず(−問−)……999-31……一一二三
をめぐって……999-03……一一一〇
をもって……999-13……一一一四
〃……999-19……一一一七
〃……999-21……一一一七

ん

んだって……999-74……一一四一
んばかり(に)……999-30……一一二三

類語例解辞典

本文編

類語例解辞典

大分類目次

0 人間の体

0 人間の体

01…全身
02…頭
03…顔
04…目・耳
05…鼻
06…口
07…首・あご
08…手
09…足
10…胴体
11…内臓・器官
12…肌・毛
13…成長
14…呼吸
15…分泌物
16…排泄物
17…病気・怪我
18…血液
19…妊娠・出産
20…健康

0 01…全身

0 01-01 体（からだ）／身体（しんたい）／体（たい）／肉体（にくたい）／身（み）／ボディー

【関連語】◆（肉塊）にくかい◆（ししむら）◆（骨身）ほねみ

共通する意味★頭・胴体・手足のすべてを一まとめにした言い方。**【英】** *the body*

使い方▼〔体（からだ）〕▽体は小さいがファイトは人一倍ある▽体を張る（＝一身を投げうって行動する）〔身体〕▽身体に異常なしと認める▽健全なる精神は健全なる身体に宿る▽身体測定　〔体（たい）〕▽ボールを体をかわしてよけた▽体を引く　〔肉体〕▽肉体の衰えを感じる▽肉体労働▽肉体美　〔身〕▽身を清めて神仏に祈る▽身をかがめて木の枝をくぐる▽身を粉にして働く▽寒風が身に染みる▽身の振り方を考える▽身の程を知る　〔ボディー〕▽迫力あるボディー▽ボディーガード▽ボディーチェック

	□を鍛える	大きな□	□をかわす	□をチェックする
体（からだ）	○	○	○	○
身体（しんたい）	○	△	－	○
体（たい）	－	－	○	－
肉体	○	－	－	△
身	－	○	○	－
ボディー	△	△	－	○

使い分け【1】「体（からだ）」は、最も一般的で幅広く使われる。また、「タバコは体（からだ）に害がある」「運動部出身だけあっていい体（からだ）をしている」のように、健康や体格の意味や、「明日は体（からだ）があいている（＝ひまである）」のように、その人の状況、様子を表わすときに使うこともある。手紙文などでは「お身体（からだ）お大切に」などのように、「身体」と書く場合もある。【2】「身体」は、公的な文章や非常に改まった場合、熟語を作る場合などに使われることが多い。【3】「体（たい）」は、動きを伴う場合に決まった言い方で用いられる。【4】「肉体」は、生身の人間の場合に多く用いられ、また性的な欲望の対象として用いられる。【5】「身」は、慣用表現が多い。また、転じて、「良い習慣を身につける」「生徒の身になって教える」のように、その人自身やその人の立場、地位を表わす。【6】「ボディー」は、多く複合して用いられ、また、「ボディーにパンチを打つ」のように特に胴体の部分をいう場合もある。「車のボディー」のように、人体でいえば胴体に相当する部分をいうこともある。

反対語▼肉体⇔精神

【関連語】◆（肉塊）肉のかたまり。人格や人間性を問題にせず、単に物理的な意味合いで使われる。「人間も死んでしまえば肉塊にすぎない」◆（ししむら）「肉体」の古い言い方。「肉叢」とも書く。「豊かなししむら」◆（骨身）骨と肉から転じて、体をいう。「夜の寒さが骨身にこたえる」「骨身を削って働く」

0 01-02 生体（せいたい）／生身（なまみ）／生き身（いきみ）

共通する意味★生きている体。**【英】** *a living body*

使い方▼〔生体〕▽かえるの生体を使って実験する▽生体解剖▽生体肝移植　〔生身〕▽生身の人間だったら、働きづめでは体がもたない　〔生き身〕▽生き身は死に身（＝生きているものは必ず死ぬということ）

使い分け「生体」は、やや硬い表現で、医学などで用いられ、生物全般にいう。「生身」「生き身」は、血も感情も通っている身の意で、人間に用いられる。

反対語▼生体⇔死体　生き身⇔死に身

0 01-03 人体（じんたい）／人身（じんしん）

共通する意味★人間の体。**【英】** *the human body*

使い方▼〔**人体**〕▽この物質は人体に影響を及ぼさない▽人体実験　〔**人身**〕▽人身売買▽人身事故

使い分け【1】「人体」は、生理的にみた人間の体そのものの意で多く用いられる。【2】「人身」は、「人身保護」「人身攻撃（＝その人の身の上、行いに対し非難すること）」など、個人としての身分や境涯をいうことも多い。

0 01-04 全身（ぜんしん）／渾身（こんしん）／満身（まんしん）／総身（そうしん・そうみ）

【関連語】◆〔**五体**〕ごたい◆〔**肢体**〕したい

共通する意味★体の全部。体じゅう。**【英】** *the whole body*

使い方▼〔**全身**〕▽虫に刺されて全身がはれあがる▽全身運動　〔**渾身**〕▽渾身の力をふりしぼって岩を動かした　〔**満身**〕▽満身に矢を受ける▽満身創痍（そうい）（＝体じゅうが傷だらけになること）　〔**総身**〕そうしん▽総身を飾りたてる　〔**総身**〕そうみ▽大男**総身**に知恵がまわりかね

	□の力をこめて行う	□の力を抜く	□が粟あわ立つ
全身	○	○	○
渾身	○	-	-
満身	○	-	-
総身（そうしん）	○	-	○
総身（そうみ）	-	-	○

使い分け「全身」が、最も幅広く使われる。「渾身」は、体全体の力を発揮する場合に使われる。「満身」は、残る所なく体のすみずみまでの意を強調する場合に使われる。「総身そうしん」「総身そうみ」は、やや古めかしい言い方。

【関連語】◆〔**五体**〕体の五つの部分で、筋・脈・肉・骨・毛皮とも、両手・両足・頭首とも、頭・首・胸・手・足ともいう。転じて、からだ全体。「五体満足」◆〔**肢体**〕手足と体。「のびやかな肢体」

参照▼五体⇒614-48

0 01-05 体つき（からだつき）／体格（たいかく）／体躯（たいく）／恰幅（かっぷく）

【関連語】◆〔**背恰好**〕せかっこう◆〔**筋骨**〕きんこつ◆〔**肉付き**〕にくづき

共通する意味★外から見た、からだ全体の様子。**【英】** *one's figure*

使い方▼〔**体つき**〕▽ほっそりした体つきの少女　〔**体格**〕▽立派な体格の若者▽体格が良い　〔**体躯**〕▽堂々たる体躯　〔**恰幅**〕▽相撲出身の恰幅のいい人

	がっしりした□の人	五十過ぎの□のいい紳士	現役の運動選手だけあって□がいい	父親似の□
体つき	○	-	-	○
体格	○	○	○	-
体躯	○	-	-	△
恰幅	-	○	-	-

使い分け【1】「体つき」「体格」は、がっしり、ほっそり、りっぱなど、体の全体的な印象を表わす場合に使われるが、「体つき」が、外見から見た特徴を主観的にとらえるのに対し、「体格」は、身長・体重・栄養状態などの観点からとらえる場合が多い。「体つきがよい」「いい体つき」とは体の様子が美しいこと、「体格がよい」「いい体格」とは身長・体重なども平均以上で健康的ながっしりした体であることを意味する。【2】「体躯」は、「体つき」「体格」の改まった言い方であるが、「いい体躯」「体躯がいい」とはいわない。【3】「恰幅」は、肉付きがよく、どっしりしている体にいう。

【関連語】◆〔**背恰好**〕身長や体の様子。「せいかっこう」ともいう。「すらりとした背恰好の女性」「友人と私の背恰好はほとんど同じだ」◆〔**筋骨**〕筋肉と骨格。「筋骨たくましい若者」「筋骨隆々（りゅうりゅう）」◆〔**肉付き**〕肉のつき具合。「肉付きのいい中年の男性」

0 01-06 骨組み（ほねぐみ）／骨格（こっかく）

【関連語】◆〔**骨柄**〕こつがら◆〔**形骸**〕けいがい

共通する意味★体の骨の構造。**【英】** *skeletal structure*

使い方▼〔**骨組み**〕▽大柄で頑丈そうな骨組みの男　〔**骨格**〕▽父は骨格がたくましい

使い分け【1】「骨格」の方が改まった場合に使われることが多い。【2】「骨組み」は、「骨組みのしっかりした文章を書く」「家の骨組みが完成する」のように、全体を支える組み立て・構造の意にもなる。【3】「骨格」は、「ストーリーの骨格ができ上がった」のように、全体を形作る中心、基盤の意もある。

【関連語】◆〔**骨柄**〕もとは骨組みの意味だが、転じて、人柄の意味で使われる方が一般的。「人品骨柄いやしからぬ人物」◆〔**形骸**〕骨組み。また、生命や精神のない体。「形骸化した組織（＝形だけで、実質的な機能を失った組織）」のように比喩（ひゆ）的に使われることが多い。

参照▼骨組み⇒802-09　骨格⇒802-09

0 01-07 外見（がいけん）／見かけ（みかけ）／見た目（みため）

【関連語】◆〔**外観**〕がいかん◆〔**外面**〕がいめん◆〔**見場**〕みば◆〔**見栄え**〕みばえ◆〔**観**〕かん◆〔**見てくれ**〕みてくれ◆〔**なりふり**〕

共通する意味★外から見たときの人、物の様子。**【英】** *outward appearance*

使い方▼〔外見〕▽外見を飾る▽外見をよく見せる▽人を外見で判断してはいけない 〔見かけ〕▽人を見かけで判断してはいけない▽見かけは悪いが味はいい▽見かけだおし 〔見た目〕▽見た目が悪い▽見た目を気にする

使い分け【1】「外見」は、外から見たときの人や物の様子の意味で、一般的に用いられる。ただ、山や川など非常に大きな物の様子を表わすことは、あまりない。【2】「見た目」「見かけ」は、ほぼ同じ意味で使われる。また、「見た目に…」という形で、「外から見ると」の意味で副詞的に用いられることも多い。「見た目に美しい花」

【関連語】◆**〈外観〉**外から見た様子の意味だが、「外見」にくらべると全体的な印象という意味合いが強い。「城の外観」◆**〈外面〉**物の外側の面の意から転じて、外から見える様子をいう。「外面は平静を装う」◆**〈見場〉**物に対して用いることが多い。「見場が悪い」「見場をよくする」◆**〈見栄え〉**物に対して用いることが多い。「見栄えのする車」◆**〈観〉**「…の観がある」の形で用いる。「別人の観がある(=別人のように見える)」◆**〈見てくれ〉**物の外側から受ける印象。「見てくれが悪い」「見てくれをつくろう」◆**〈なりふり〉**「なりふり構わず…(する)」の形で用いることが多い。「形振り」とも書く。「なりふり構わず働く」

参照▼外面⇒817-75

0 01-08 容姿(ようし)／姿形(すがたかたち)／見目形(みめかたち)／風貌(ふうぼう)

【関連語】◆〈見目〉(みめ)◆〈ルックス〉

共通する意味★顔立ちと体つき。姿や顔かたちの様子。**【英】** *figure*

使い方▼〔容姿〕▽容姿の整った人▽容姿端麗 〔姿形〕▽姿形の良し悪(あ)しは問題外だ▽姿形は変わっていても彼に相違ない 〔見目形〕▽見目形の美しい役者▽人の価値は見目形で決まるものではない 〔風貌〕▽とらえどころのない風貌の男▽大人(たいじん)の風貌をそなえた人物

	□のいい人	堂々たる□	異様な□	役者向きの□
容姿	○	-	-	○
姿形	○	-	○	△
見目形	○	-	-	-
風貌	-	○	○	○

使い分け【1】「容姿」は、顔と姿をさすが、「風貌」は、身なりも含んでいう。【2】「姿形」は、顔つきよりもむしろ体全体の恰好(かっこう)についていう。【3】「見目形」は、顔と姿についていうが、現代ではあまり一般的な言い方ではない。

【関連語】◆**〈見目〉**見た目。外見。特に、顔立ちをいう。「見目より心」「見目麗しい」◆**〈ルックス〉**くだけた言い方。「ルックスがいい」「アイドル系のルックス」

0 01-09 なり／身(み)なり／姿(すがた)／恰好(かっこう)

共通する意味★外から見た人の様子。特に、服装を身につけたときの様子。**【英】** *one's appearance*

使い方▼〔なり〕▽なりは大きいがまだ子供だ▽女のなりで踊る 〔身なり〕▽身なりで人を判断するのはおかしい▽身なりに似合わずお金を持っているらしい▽身なりに気を配る 〔姿〕▽歩く姿に見とれる▽元気な姿を見て安心する▽声はすれども姿は見えず▽姿をやつす 〔恰好〕▽ほっそりした恰好のよい人▽テニスのラケットを振る恰好をする▽恰好をつけてタバコをふかす

	大きな□をしてみっともない	□を整える	くつろいだ□になる	ピエロの□をする
なり	○	-	-	○
身なり	-	○	-	-
姿	-	-	○	○
恰好	-	△	○	○

使い分け【1】「なり」と「身なり」では、体つきをいう場合は「なり」が多く使われ、服装を含めていう場合は「身なり」が多く使われる。「身なり」は、「なり」よりも丁寧な言い方。【2】「姿」は、どんな服装であるかを表わしたり、人の全体の様子から受ける印象を表わしたりする。【3】「恰好」は、外から見える体全体の形や状態を表わすため、服装や動作などをいうことが多い。「格好」とも書く。【4】「姿」「恰好」は、「富士の姿」「鐘をふせたような恰好の山」などのように、物の様子にもいう。

参照▼身なり⇒404-08

0 01-10 風采(ふうさい)／風体(ふうてい)

【関連語】◆〈押し出し〉(おしだし)◆〈人体〉(にんてい)

共通する意味★顔形(かおかたち)や服装など全体の外見。**【英】** *appearance*

使い方▼〔風采〕▽ぱっとしない風采 〔風体〕▽ばくち打ちの風体をした男

	役人らしい□の男	あやしい□の人	立派な□の紳士	□が上がらない
風采	○	-	○	○
風体	○	○	-	-

使い分け【1】「風采」は、体の肉づきや身なりを見て、こちらが受けた感じをいう。【2】「風体」は、その人の外見から身分、職業などがうかがわれる場合に使う。

【関連語】◆**〈押し出し〉**人中に出たとき、人に向かったときの態度や様子をいう。相手を圧倒するような場合に多く使う。「押し出しは立派だ」「押し出しが利く」◆〈人体〉身なりなどから判断されるその人の品格。「いやしい人体の男」「人体いやしからぬ老人」

0 01-11 偉容／威容／英姿／雄姿 勇姿 【関連語】◆〈威風〉

共通する意味★堂々とした、りっぱな姿。**【英】** *a brave figure*

使い方▼〔偉容〕▽富士の偉容に心打たれる▽偉容を誇る　〔威容〕▽将軍の威容に圧倒される▽威容を保つ　〔英姿〕▽勇者の英姿に接する▽高くそびえる峰々の英姿　〔雄姿〕▽若き日の雄姿を写した写真▽大横綱の雄姿　〔勇姿〕▽英雄の勇姿を見送る▽馬上の勇姿を仰ぐ

使い分け「偉容」にくらべて「威容」は威厳のあるおごそかな感じが強い。「英姿」は堂々とした立派な姿、「雄姿」は雄々しい姿、「勇姿」は勇ましく張り切った姿をいう。いずれも話し言葉ではあまり用いられない。

【関連語】◆〈威風〉威厳のある堂々とした様子。「威風あたりを払う」「威風堂々」

0 01-12 世間体／体面／体裁／外聞

共通する意味★世間の人から見られる姿。**【英】** *appearance*

使い方▼〔世間体〕▽世間体が悪い▽世間体を気にする▽世間体をつくろう　〔体面〕▽体面を失う▽体面を保つ▽体面を気にする　〔体裁〕▽体裁が悪い▽体裁のいいところを見せる　〔外聞〕▽外聞が悪い

使い分け【1】いずれの語も、世間の人々が自分の状態を見てどう思うかということを表わす。【2】「体面」は、単に名誉、面目の意味でも用いられる。【3】「体裁」は、ものの外見、恰好の意で用いられることもある。「本の体裁」「体裁よく並べる」【4】「外聞」は、内部の事情を他人に知られることを表わすこともある。「外聞をはばかる」

参照▼体裁⇒804-01

0 01-13 面目／メンツ

共通する意味★世間に対する名誉。**【英】** *honor*

使い方▼〔面目〕▽ここで負けたら、後輩に面目が立たない▽面目を一新する▽面目丸つぶれ▽面目ない（＝謝罪の言葉）▽面目躍如　〔メンツ〕▽この場は彼のメンツをたてて引き下がろう▽メンツを気にする

	｜がたたない	｜をつぶす	｜にこだわる	｜をほどこす
面目	○	○	－	○
メンツ	○	○	○	－

使い分け【1】「面目」は、「面目を施す」のように、世間からの評価の意を表わすこともある。「めんもく」ともいうが、「めんぼく」の方が一般的な言い方。【2】「メンツ」は、中国語「面子」から。

0 01-14 形／スタイル／体形

共通する意味★骨組み、肉付きなどから見た体全体の恰好。**【英】** *form*

使い方▼〔形〕▽姿形▽見目形　〔スタイル〕▽抜群のスタイルのモデル▽スタイルがいい　〔体形〕▽出産をすると体形が変わる▽魚の体形を調べる

使い分け【1】「形」は、さまざまな物の外見から見た様子をいうが、人の体の場合は他の語と複合して用いられることが多い。【2】「スタイル」は、全体的なバランスの良い悪いをいう。【3】「体形」は、生物全般の体の恰好にいう。また、「体型」と書くと「やせ型」「筋骨型」など「体格の型」の意味になる。

参照▼スタイル⇒804-04

0 01-15 輪郭／シルエット／線

共通する意味★体や顔のおおよその形。**【英】** *contours; a silhouette*

使い方▼〔輪郭〕▽顔の輪郭を描く▽遠くの人の輪郭がぼやける　〔シルエット〕▽夕日を背に彼女の美しいシルエットが浮かび上がった▽ほっそりしたシルエットの服を買う　〔線〕▽うなじの線が美しい▽腰から足への線

使い分け【1】三語とも体や顔、または物の外形を形作るふちどりを表わす。【2】「輪郭」は「輪廓」とも書く。「シルエット」は洋服の形にも使われる。

参照▼シルエット⇒715-16　線⇒608-06

0 01-16 後ろ姿／後ろ影／後ろつき

共通する意味★後ろから見た人の様子。**【英】** *the sight of one's back*

使い方▼〔後ろ姿〕▽後ろ姿にその人の苦労がにじみ出るという　〔後ろ影〕▽去りゆく人の後ろ影をいつまでも見送る　〔後ろつき〕▽母に似た後ろつきの女性

使い分け【1】「後ろ姿」が一般的で、「後ろ影」はやや古めかしい言い方。【2】「後ろつき」は、後ろから見た体つきのことだが、あまり用いられない。

O01-17 不恰好(ぶかっこう)／無様(ぶざま)／不体裁(ふていさい)

【関連語】◆(醜態)しゅうたい

共通する意味★見かけが悪いこと。みっともないこと。【英】*shapelessness*

使い方▼〔不恰好〕(名・形動)▽だぶだぶで不恰好なズボン▽不恰好な歩き方 〔無様〕(名・形動)▽駆け出した途端、無様に転んだ▽無様な恰好で逃げる▽無様なことをして、恥じ入ります 〔不体裁〕(名・形動)▽着付けが崩れて不体裁な恰好になる▽晴れの席でしわくちゃのシャツでは不体裁だ

	□な姿	□な服	□な形の魚	□なありさま
不恰好	○	○	○	-
無様	○	-	-	○
不体裁	○	○	-	△

使い分け【1】「不恰好」は、人の動作・様子や物の形に使うが、「無様」は人の動作・状態に使うことが多い。「無様」の方が「不恰好」よりみっともない度合いが強く、あざけっていうことが多い。また、謙遜(けんそん)の意味でも使う。【2】「不体裁」は、体裁がよくないことで、見た目が悪く、世間体が悪いこと。人の動作・状態に用いる。【3】「不恰好」は、「不格好」とも書く。

【関連語】◆(醜態)行動、態度などの恥ずかしい様子。「醜態をさらす」「醜態を演じる」

O01-18 柄(がら)／図体(ずうたい)

共通する意味★体格を大小の観点でとらえた言い方。【英】*body*

使い方▼〔柄〕▽柄の大きい男▽柄の割に気が小さい 〔図体〕▽図体は大きいが、まだ子供だ

使い分け「図体」は、大きい体の場合にいう。「柄」よりもくだけた言い方で、あざけりの意がこめられることもある。

参照▼柄⇒511-03 614-21

O01-19 身長(しんちょう)／身の丈(みのたけ)／背(せ)／背丈(せたけ)／丈(たけ)

共通する意味★頭頂からかかとまでの、体の長さ。【英】*height*

	息子の□を測る	彼は僕より□が低い	急に□が伸びた	□二メートルの大男
身長	○	○	○	○
身の丈	△	-	△	○
背	△	○	○	-
背丈	○	○	○	-
丈	○	○	○	-

使い分け【1】「身長」は、やや改まった言い方で、書き言葉としても用いられる。「背」「背丈」は日常会話で多く使われる。大きい・小さい、高い・低いという場合は「背」。「背丈」が一般的で、「身長」はあまり使わない。「身の丈」は古めかしい言い方。【2】「背(せ)」は、「せい」ということも多い。【3】「丈」は、ほかに、物の高さ、長さの意でも用いられる。「スカートの丈をつめる」「着物の丈(＝和服の肩山から裾(すそ)までの長さ)」「丈の高い植物」

参照▼背⇒010-08 丈⇒405-06

O01-20 長身(ちょうしん)／長軀(ちょうく)／のっぽ

共通する意味★背の高いこと。背の高い体。【英】*tall*《形》

使い方▼〔長身〕▽長身の友人はよく目立つ▽長身をいかしてバレーボールの選手になる 〔長軀〕▽痩身(そうしん)長軀 〔のっぽ〕(名・形動)▽二メートル近いのっぽ▽せい高のっぽ

使い分け「長身」が一般的な言い方。「長軀」は硬い表現で、文章語。「のっぽ」はくだけた言い方。

反対語▼長身⇔短身 長軀⇔短軀 のっぽ⇔ちび

O01-21 短身(たんしん)／短軀(たんく)／ちび

【関連語】◆(ちんちくりん)

共通する意味★背が低いこと。背の低い体。【英】*small*《形》

使い方▼〔短身〕▽短身ながら足が速い 〔短軀〕▽彼は短軀ながら筋骨隆々としている 〔ちび〕(名・形動)▽クラスで一番ちびだ▽ちびの方が小回りがきく

使い分け「短身」「短軀」は文章語。「ちび」はくだけた言い方で、あざけりの意を含むこともある。また、「うちのちびも五歳になった」のように、年の幼い者の意もある。

反対語▼短身⇔長身 短軀⇔長軀 ちび⇔のっぽ

【関連語】◆(ちんちくりん)(名・形動)あざけっていう語。「あの人はずいぶんちんちくりんだ」

O01-22 巨体(きょたい)／巨軀(きょく)

共通する意味★並はずれて大きい体。【英】*a big body*

使い方▼〔巨体〕▽巨体を揺すって大笑いする▽くじらの巨体 〔巨軀〕▽見上げるばかりの巨軀▽巨軀を運ぶ

使い分け「巨軀」は硬い言い方。文章語。

O01-23 大柄(おおがら)／大兵(だいひょう)

【関連語】◆(大形)おおがた◆(大ぶり)おおぶり

共通する意味★体全体が普通より大きいこと。【英】

large build

使い方▼〔**大柄**〕(名・形動)▽大柄な柔道選手▽やや大柄の女性　〔**大兵**〕▽大兵肥満の体で体当たりする

使い分け【1】「大柄」が一般的。「大兵」は、やや古めかしい言い方で、一般にはあまり使われない。【2】「大柄」は、模様が大きいときにも使う。

反対語▼大柄⇔小柄　大兵⇔小兵(こひょう)

【関連語】◆〔**大形**〕形が大きいこと。⇔小形。「大形の花」◆〔**大ぶり**〕(形動)姿形が普通より大きいさま。⇔小ぶり。「大ぶりの模様」

0 01-24 小柄(こがら)／小作り(こづくり)／小兵(こひょう)／小粒(こつぶ)

【関連語】◆〔**矮小**〕(わいしょう)◆〔**小形**〕(こがた)◆〔**小ぶり**〕(こぶり)

共通する意味★体全体が普通より小さいこと。【**英**】*small*

使い方▼〔**小柄**〕(名・形動)▽小柄でほっそりした女性▽全体に小柄にできている　〔**小作り**〕(名・形動)▽着物を着た小作りの女性　〔**小兵**〕▽小兵とはいえさすがに横綱だ　〔**小粒**〕(形動)▽小粒できびきびした選手

使い分け【1】「小柄」が、最も一般的に使われる。【2】「小作り」は、「小柄」よりきゃしゃな感じの場合に使う。【3】「小兵」は、古い言い方で、スポーツや競技を行う人についていう場合が多い。【4】「小粒」は、粒の小さいもの全般にいう。また、人間の場合は、性格まで含めて人間としての器量が小さい場合にも使う。

反対語▼小柄⇔大柄　小兵⇔大兵(だいひょう)

【関連語】◆〔**矮小**〕(名・形動)丈が低く小さいこと。好ましい意味では使わない。比喩(ひゆ)的に「矮小化した事実」のように使うこともある。文章語。「矮小な体躯」◆〔**小形**〕形が小さいこと。⇔大形。「小形の犬」◆〔**小ぶり**〕(形動)姿形が普通より小さいさま。⇔大ぶり。「小ぶりの器」

0 01-25 肥満(ひまん)／でぶ／小太り(こぶとり)

【関連語】◆〔**太りじし**〕(ふとりじし)◆〔**太っちょ**〕(ふとっちょ)

共通する意味★普通より体に多く肉がついていること。また、そういう体。【**英**】*fatness*

使い方▼〔**肥満**〕スル▽カロリーを減らし肥満を防ぐ▽肥満した体の男性　〔**でぶ**〕(名・形動)▽彼はでぶだが身軽だ　〔**小太り**〕(名・形動)▽兄はやせているが私は小太りだ▽小太りの女性

使い分け【1】「肥満」「でぶ」は、太りすぎた場合、「小太り」は、普通より少し太っている場合にいう。【2】「でぶ」は「肥満」よりくだけた言い方で、あざける気持ちを含んでいうこともある。また、太った人の意味にもなる。

反対語▼でぶ⇔やせ

【関連語】◆〔**太りじし**〕太って肉付きのよいこと。⇔痩(や)せじし。「太りじしの中年女性」◆〔**太っちょ**〕太った人をからかっていう語。⇔やせっぽち

0 01-26 太る(ふとる)／肥える(こえる)

共通する意味★肉が付いて大きくなる。【**英**】*to grow fat*

使い方▼〔**太る**〕(ラ五)▽ちょっと油断をするとすぐ太る▽私は太る体質です▽まるまると太った赤ん坊　〔**肥える**〕(ア下一)▽天高く馬肥える秋▽この牛はよく肥えている

使い分け【1】「太る」の方が、一般によく用いられる。【2】「肥える」は、「よく肥えた土地」のように、土地の生産力が高くなる意や、また「目(舌、耳など)が肥える」のように、経験によって感覚、感性が豊かになる意もある。

反対語▼太る⇔やせる

0 01-27 もりもり／隆隆(りゅうりゅう)

共通する意味★筋肉が盛り上がった、たくましいさま。【**英**】*muscular*《形》

使い方▼〔**もりもり**〕(副)スル▽腕の筋肉がもりもりしている　〔**隆隆**〕(形動たる・と)▽筋骨隆々たる青年

使い分けどちらも勢いよく盛り上がるさまで、「力がもりもりわいてくる」「隆々たる国勢」などの用法もある。「隆隆」は文章語。

0 01-28 ごつごつ／ごつい

共通する意味★柔らかな肉でおおわれた感じがせず、角ばっていて硬いさま。【**英**】*rough*《形》

使い方▼〔**ごつごつ**〕(副)スル▽やせてごつごつした体▽骨ばってごつごつした手　〔**ごつい**〕(形)▽骨太のごつい体▽毛むくじゃらのごつい手

使い分け【1】「ごつごつ」は、肉が薄く表面からも骨の様子がわかるような場合にいう。「ごつい」は、太い骨に筋肉がついているような力強い感じを伴うので、やせている場合や、華奢(きゃしゃ)である場合には使わない。【2】「ごつごつ」は、「ごつごつした椅子(いす)」「ごつごつした文章」などのように、一般に、硬くて滑らかでないもの、柔らかさがなく硬い印象を与えるような洗練されていないさまにも使う。【3】「ごつい」は、「ごつい大男」「ごつい文章」「ごつい茶碗」などのように、一般に、繊細でなく力強い印象や荒々しい印象を与える場合にいう。

0 01-29 やせる／こける

【関連語】◆〔**細る**〕(ほそる)◆〔**やせ細る**〕(やせほそる)◆〔**やせこける**〕

共通する意味★体についている肉が減る。【**英**】*to*

become thin

使い方▼〔**やせる**〕(サ下一)▽食事を抜いてまで**やせる**必要はない▽急激に**やせ**た場合には病気を疑うべきだ▽**やせ**ても枯れても(＝どんなに落ちぶれても)▽足が**やせる**▽**やせる**ような思いをする　〔**こける**〕(カ下一)▽徹夜続きで頬(ほお)が**こけ**た▽げっそりと**こける**

使い分け【1】「やせる」は、以前よりも肉のつき方が減った場合にいうので、普通より肉がついていても「九〇キロの体重が一キロやせた」ということができるが、「やせている」は状態を表わすので、普通の人より肉づきの少ない場合にいう。【2】「こける」は、肉が落ちて骨の形がわかるほどになる意で、体全体より、「頰がこける」のように部分的な場合に使う。【3】「やせる」は、「痩せる」「瘠せる」とも書く。また、「やせた土地」のように、土地が草木を十分に生長させる力に欠ける意もある。【4】「こける」は、「痩ける」とも書く。

反対語▼やせる⇔太る

【関連語】◆(**細る**)(ラ五)細くなる。「身の細る思いで帰りを待ちわびる」◆(**やせ細る**)(ラ五)「やせる」を強めた言い方。「やせ細った腕」◆(**やせこける**)(カ下一)「やせる」を強めた言い方。「やせ細る」より肉が落ち骨張った感じを表わす。「やせこけて貧相な男」

01-30 ひょろひょろ／ひょろり／ほっそり

共通する意味★細く弱々しげなさま。**【英】***to become slim*

使い方▼〔**ひょろひょろ**〕(副・形動)スル▽色白で背ばかり**ひょろひょろ**伸びた子供▽あちこちに**ひょろひょろ**した木が立っている▽やせて**ひょろひょろ**の子　〔**ひょろり**〕(副)▽**ひょろり**と背の高い男▽**ひょろり**とした茎の花　〔**ほっそり**〕(副)スル▽**ほっそり**した首筋▽**ほっそり**とした小柄な女性▽**ほっそり**とした枝

	子供［ ］(と)した	木［ ］(と)した	背ばかり(と)伸びる［ ］	指［ ］(と)した
ひょろひょろ	○	○	○	－
ひょろり	○	○	△	－
ほっそり	○	△	－	○

使い分け【1】「ひょろひょろ」「ひょろり」は、非常に細長く、不安定な様子で上に伸びている場合に使う。【2】「ひょろり」は、多く「と」をともなって用いる。【3】「ほっそり」は、細くすらりとしている場合にいい、体の一部分に対しても使われる。

01-31 なよなよ／なよやか

【関連語】◆(しなしな)

共通する意味★体の恰好(かっこう)や態度、動作が柔らかく弱々しいさま。**【英】***slender*《形》

使い方▼〔**なよなよ**〕(副)スル▽**なよなよ**として頼りない男　〔**なよやか**〕(形動)▽**なよやか**な身のこなし▽**なよやか**な体の線

使い分け多く女性についていう。「なよなよ」はより弱々しい感じを、「なよやか」は優美さを表わす。

【関連語】◆(**しなしな**)(副)弾力があり柔らかいさま。「腰をくねらせしなしなと歩く」

01-32 か細(ぼそ)い／きゃしゃ

【関連語】◆(細作り(ほそづくり))

共通する意味★ほっそりして弱々しいさま。

【英】*delicate*

使い方▼〔**か細い**〕(形)▽**か細い**腕▽栄養失調の**か細い**子供　〔**きゃしゃ**〕(形動)▽**きゃしゃ**な体つきの女性▽彼女の手首は細くて**きゃしゃ**だ

使い分け【1】「きゃしゃ」は、全体的な体の作りや骨格が、細くて弱々しいさまを表わし、腕・足など部分的な場合には「か細い」を使う。「きゃしゃ」は、「華奢」「華車」「花車」とも書く。【2】二語とも、「か細い声」「きゃしゃな作りの小箱」のように、細くて弱々しい感じのもの全般に使う。

【関連語】◆(**細作り**)(名・形動)人の形がほっそりしているさま。「和服の似合う細作りの女性」

01-33 痩身(そうしん)／痩軀(そうく)／細身(ほそみ)

【関連語】◆(やせ)◆(やせっぽち)◆(やせぎす)◆(スマート)◆(スリム)

共通する意味★やせている体。**【英】***thin; lean*

使い方▼〔**痩身**〕▽**痩身**鶴(つる)のような老人▽**痩身**術　〔**痩軀**〕▽年老いた**痩軀**になお力を残している▽長身**痩軀**　〔**細身**〕▽**細身**の体にぴったりしたスーツを着る

使い分け「痩身」「痩軀」は、文章語。「細身」は、「細身のズボン」「細身のネクタイ」など、幅の狭い物、細い物全般に使う。

【関連語】◆(**やせ**)くだけた言い方。やせた人の意もある。「やせの大食い」「着やせ」など、決まった言い方以外はあまり使わない。⇔でぶ。◆(**やせっぽち**)(名・形動)「やせ」を強めた言い方。あざけっていうことが多い。⇔太っちょ。「やせっぽちの少女」◆(**やせぎす**)(名・形動)肉がついていない骨ばった体。「やせぎすで眼鏡をかけた人」◆(**スマート**)(形動)体に余分な肉がなく、すらりとして恰好(かっこう)のよいさま。「あの人はスマートで足も長い」◆(**スリム**)(形動)体つきなどが、ほっそりしているさま。「スリムな体つき」「ダイエットしてスリムになりたい」

参照▼スマート⇒206-04

0 01-34 裸（はだか）／裸体（らたい）／裸身（らしん）

【関連語】◆(真っ裸)まっぱだか◆(素っ裸)すっぱだか◆(丸裸)まるはだか◆(赤裸)あかはだか◆(全裸)ぜんら◆(半裸)はんら◆(ヌード)

共通する意味★衣類を身に着けていないこと。また、衣類を身に着けていない肉体。【英】*a nude*

使い方▼〔裸〕▽裸になって風呂にとびこむ▽暑いので裸になる　〔裸体〕▽豊満な裸体▽裸体画　〔裸身〕▽清らかな裸身▽男女の裸身像がある公園

	□の女	上半身□で働く	□を横たえた美女	女優の□が売り物の映画
裸	○	○	-	○
裸体	○	-	△	○
裸身	○	-	○	△

使い分け【1】「裸」は、最も一般的に用いられる。「裸になって体操をする」のように半身だけ衣類をまとっていない場合もいうことがある。また、「裸馬（＝鞍くらを置いていない馬）」「裸電球」のように、装飾品や覆いがない状態や、「倒産して裸になる」「裸一貫」のように、財産や所持品などが全くないこと、「裸のつきあい」のように、包み隠すところが全くないことの意でも用いられる。【2】「裸体」「裸身」は、文章語として、あるいは絵画、彫刻、写真などで芸術的な題材として人間の肉体をいうときに多く用いられる。

【関連語】◆(真っ裸)「はだか」を強調していう。多く、話し言葉で用いられる。「真っ裸の子供」◆(素っ裸)「はだか」を強調していう。多く、話し言葉で用いられる。また、財産など身の回りの物が一つもなくなった状態もいう。「ばくちに負けてすっ裸にされた」◆(丸裸)「はだか」を強調していう。また、家財などが何もない状態。「身一つで焼け出されまる裸になった」◆(赤裸)「はだか」を強調していう。何もない状態や、動物の毛や皮がはがされて、下地が現れているさまをいう。「皮をむかれて赤裸にされたうさぎ」◆(全裸)「はだか」を強調していう。「全裸絞殺死体」◆(半裸)半身がはだかであること。「半裸になって体操をする」◆(ヌード)はだか。はだかの肉体を扱った作品にもいう。「ヌード写真集」

参照▼裸⇒501-14　素っ裸⇒501-14　丸裸⇒501-14

0 01-35 老躯（ろうく）／老骨（ろうこつ）

共通する意味★年をとって衰えた体。【英】*an old body*

使い方▼〔老躯〕▽老躯をおして駆けつける　〔老骨〕▽老骨にむち打って出馬する

使い分け いずれも文章語。「老骨」は、老人が自分をへりくだっていう場合にも用いる。

0 01-36 病身（びょうしん）／病体（びょうたい）／病軀（びょうく）

共通する意味★病気にかかった体。【英】*ill health*

使い方▼〔病身〕▽病身をいたわりつつ歩く▽病身の母　〔病体〕▽病体をベッドに運ぶ▽病体に無理は禁物である　〔病軀〕▽病軀をおして旅に出る

使い分け「病身」は、最も一般的に用いられるが、丈夫でなく病気がちな体の意もある。「病体」「病軀」は文章語。

0 02 …頭

0 02-01 頭（あたま）／頭（かしら）／頭部（とうぶ）／こうべ

【関連語】◆(つむり)◆(かぶり)◆(おつむ)◆(ヘッド)◆(雁首)がんくび

共通する意味★人や動物の首から上の部分。【英】*the head*

使い方▼〔頭あたま〕▽転んで頭を打った▽彼の根性にはまったく頭が下がる（＝敬服する）　〔頭かしら〕▽頭右！▽尾頭つきの鯛たい▽頭に霜をおく（＝白髪になる）　〔頭部〕▽落石で頭部にけがをした▽仏像の頭部　〔こうべ〕▽こうべをめぐらして残月を望む▽正直のこうべに神宿る

	□に傷を負う	□を垂れる	ノーといって□を振る	兄には□が上がらない
あたま	○	○	○	○
かしら	-	△	○	-
頭部	○	△	-	-
こうべ	-	○	-	-

使い分け【1】「頭あたま」「頭部」は、狭義には、顔の上の方、髪の毛の出ている所をさす。また、「頭」は、体の一部としてだけでなく、「もっと頭を使え」のように物事を考える所、考える能力の意でも使われる。【2】「頭かしら」は、少し古い言い方。「十歳を頭に四人の子供」「お頭の命令」のように、人の序列として一番上や、盗賊などの親分の意もある。【3】「頭部」は、「列車の頭部が破損する」のように、物の一番先の部分を示す場合もある。【4】「こうべ」は、首から上の部分の古い言い方。「首」とも書く。

【関連語】◆(つむり・かぶり)古い言い方。「つむりを丸める」「かぶりを振る」◆(おつむ)幼児語。また、あざける気持ちを込めていう。「おつむてんてん」「あの人は少しおつむが足りないようだ」◆(へッド）物の先端の部分、また組織の責任者の意でも用いる。「ヘッドスライディング」「ヘッドハンティング」「ゴルフクラブのヘッド」「プロジェクトチームのヘッド」◆（雁首）俗語。本来はキセルのタバコを詰める部分をいう。「雁首をそろえて出頭する」

参照▼頭⇒805-43 808-59 814-02　ヘッド⇒805-43

0 02-02 つむじ

意味★頭頂にある、髪の毛が渦のように巻いて生えている部分。「旋毛」と当てる。**【英】** *a hair whirl*

使い方▼〔つむじ〕▽彼のつむじは左巻きだ▽つむじ曲がり

0 02-03 頭髪（とうはつ）／髪（かみ）／髪の毛（かみのけ）／毛髪（もうはつ）

【関連語】◆（地髪）（じがみ）◆（地毛）（じげ）◆（黒髪）（くろかみ）

共通する意味★頭に生えている毛。**【英】** *hair*

使い方▼〔頭髪〕▽頭髪を整える▽校則の頭髪規定〔髪〕▽髪が薄くなる▽髪をのばす〔髪の毛〕▽髪の毛が落ちている▽額にかかる髪の毛を払う▽縮れた髪の毛〔毛髪〕▽毛髪のふさふさした人▽毛髪を染める

使い分け【1】「頭髪」は、改まった言い方。文章の中で使う。【2】「髪」は、「風で髪が乱れる」のように、髪形をいう場合もある。【3】「髪の毛」は、一本一本の毛をさすこともある。【4】「毛髪」は、人体の毛の総称としても用いる。

【関連語】◆（地髪・地毛）かつらなどではなく、頭に生えている自分の毛。「地髪（地毛）で島田を結う」◆（黒髪）黒くつやのある髪。また、髪の美称。「緑の黒髪」

0 02-04 白髪（はくはつ）／白髪（しらが）／銀髪（ぎんぱつ）

共通する意味★白くなった髪の毛。**【英】** *white* [*gray*] *hair*

使い方▼〔白髪〕（はくはつ）▽白髪の老人▽白髪三千丈〔白髪〕（しらが）▽しらがになる▽しらが染め▽しらがを抜く〔銀髪〕▽銀髪の老女優▽見事な銀髪

使い分け【1】白くなった髪の毛が一、二本の場合には、「しらが」という。量が多い場合には「はくはつ」「しらが」の両方が用いられる。【2】「銀髪」は、白髪（はくはつ）の美称。

0 02-05 金髪（きんぱつ）／ブロンド

【関連語】◆（赤毛）（あかげ）

共通する意味★欧米人に多くみられる金色の髪。**【英】** *blond(e)*

使い方▼〔金髪〕▽金髪の少女〔ブロンド〕▽ブロンドの美人

使い分け「ブロンド」は、「あちらからブロンドがやってくる」のように、金色の髪の女性もいう。

【関連語】◆（赤毛）赤みを帯びた髪。また、動物の褐色を帯びた赤い毛。**【英】** *red hair*

0 02-06 乱れ髪（みだれがみ）／ざんばら髪（がみ）／寝乱れ髪（ねみだれがみ）

【関連語】◆（蓬髪）（ほうはつ）◆（蓬頭）（ほうとう）

共通する意味★乱れた髪。**【英】** *disheveled hair*

使い方▼〔乱れ髪〕▽乱れ髪をかきなでる〔ざんばら髪〕▽ざんばら髪をふり乱して戦う武士〔寝乱れ髪〕▽寝乱れ髪を家族に見られる

使い分け【1】「乱れ髪」は、乱れた髪の一般的な言い方。【2】「ざんばら髪」は、結った髪を解いたり切ったりしてそのままになって乱れた髪。【3】「寝乱れ髪」は、寝ている間に乱れた髪。

【関連語】◆（蓬髪・蓬頭）茂ったヨモギ（蓬）のような髪の意で、伸びたままで手入れをしていない髪。文章語。「弊衣蓬髪（へいいほうはつ）」「蓬頭垢面（ほうとうこうめん）」

0 02-07 丸坊主（まるぼうず）／坊主頭（ぼうずあたま）／毬栗頭（いがぐりあたま）

共通する意味★頭髪を短く刈った頭。**【英】** *a shaven head*

使い方▼〔丸坊主〕▽反省して丸坊主になる▽丸坊主の小学生〔坊主頭〕▽坊主頭の野球部員たち〔毬栗頭〕▽いが栗頭の小僧さん

使い分け【1】「丸坊主」は、刈ったりそったりして、髪の毛がないこと。「山が丸坊主になった」のように、山に木が少しもない意味でも使う。【2】「坊主頭」は、坊さんのような頭。「いが栗頭」は、栗のいがのように短く丸刈りにした頭。

0 02-08 禿（はげ）／禿頭（はげあたま）／禿頭（とくとう）

共通する意味★髪の毛が抜け落ちた頭。**【英】** *baldness*

使い方▼〔禿〕▽四十歳前にはげになる▽若はげ▽後頭部に十円玉大のはげがある〔禿頭〕（はげあたま）▽彼の親父ははげ頭だ〔禿頭〕（とくとう）▽禿頭病

使い分け【1】「禿」は、一部分の髪が抜け落ちた場合にもいう。【2】「禿頭（とくとう）」は、書き言葉で、日常語としてはあまり使われない。

0 02-09 禿げる（はげる）／脱毛（だつもう）

共通する意味★髪の毛が抜け落ちる。【英】*to become bald*

使い方▼〔禿げる〕(ガ下一)▽頭がはげる▽額からはげてきた　〔脱毛〕スル▽ストレスが原因で脱毛する▽薬による脱毛▽脱毛症

使い分け【1】「禿げる」には、頭髪が抜け落ちて頭の皮膚が現れる意のほかに、「山がはげる」のように、山などから樹木がなくなる意もある。【2】「脱毛」は、毛が抜け落ちることだが、「永久脱毛法」のように、美容などで人工的に体毛を抜くこともいう。

0 02-10 頭上(ずじょう)／頂門(ちょうもん)

共通する意味★頭の上。【英】*overhead*

使い方▼〔頭上〕▽頭上に荷物をのせて運ぶ▽飛行機が頭上を飛ぶ　〔頂門〕▽頂門の一針(＝頭上に針を一本刺す意から、相手の急所をおさえて適切な忠告を与えること)

使い分け【1】「頭上」は、頭の上の意と、頭の上の方の空間の意とがある。【2】「頂門」は、頭の上の意だけで、例文のような成句としてのみ使われる。

0 03 …顔

0 03-01 顔(かお)／顔面(がんめん)／面(めん)／面(つら)

【関連語】◆(フェース)◆(面)(おもて)

共通する意味★頭部の前面で、目、口、鼻などのある部分。【英】*the face*

使い方▼〔顔〕▽顔を洗う▽顔を直す(＝化粧くずれを直す)▽顔をしかめる▽顔をみせる(＝姿を現す)　〔顔面〕▽転んで顔面をすりむいた▽顔面蒼白(そうはく)　〔面〕(めん)▽面のいい娘▽面と向かって毒づく▽面が割れる(＝写真で名前や身元が分かる)　〔面〕(つら)▽あいつのつらなど見たくない▽どのつら下げてやって来たのだ▽ちょっとつらを貸せ▽まぬけづら

使い分け【1】「顔」が最も一般的に用いられる。また、「顔」には「浮かぬ顔」のように、表情、様子の意や、「顔が売れる」「顔を立てる」「顔をつぶす」のように、評判、面目、名誉の意もある。【2】「顔面」は、顔の表面の意であるが、解剖学では特に目から下の部分をさす。【3】「めん」には、顔につけるかぶり物の意もある。【4】「つら」は、他人の顔をののしっていう場合に用いる。

【関連語】◆(フェース)「顔」の意のほか、物の表面、岩壁などの意もある。「ニューフェース(＝新顔。新人)」◆(面)(おもて)「顔」「顔面」の意の古い言い方。「おもてを上げる」

参照▼顔⇒102-06　面(めん)⇒510-31 817-76

0 03-02 尊顔(そんがん)／尊容(そんよう)

共通する意味★高貴な人の尊い顔。また、他人を敬って、その顔かたちをいう。【英】*your face*

使い方▼〔尊顔〕▽尊顔を拝する▽尊顔に接する　〔尊容〕▽尊容を拝する

使い分け【1】一般には「尊顔」が使われ、「尊容」はほとんど使われない。【2】「尊容」は、仏像、神像などの尊い顔にもいう。

0 03-03 素顔(すがお)／地顔(じがお)

共通する意味★化粧をしていない生地(きじ)のままの顔。【英】*unpainted face*

使い方▼〔素顔〕▽化粧をするより素顔の方が美しい　〔地顔〕▽地顔を生かす化粧▽幼い地顔がのぞく

使い分け【1】「素顔」には、化粧をしない顔の意味のほかに、「スターの素顔」のように、ありのままの姿の意がある。【2】「地顔」は、生まれつきの顔の意。

0 03-04 横顔(よこがお)／プロフィール

共通する意味★横からみた顔。横向きの顔。【英】*profile*

使い方▼〔横顔〕▽横顔が母親にそっくりだ▽横顔を写す　〔プロフィール〕▽陰影のあるプロフィール

使い分け二語とも、「チャンピオンの横顔を紹介する」「候補者のプロフィールが紹介される」のように、ある人の人に知られていない側面の意があり、特に、「プロフィール」はこの意味で使われることが多い。

0 03-05 童顔(どうがん)／幼顔(おさながお)

共通する意味★幼いころの顔つき。【英】*a child-like face*

使い方▼〔童顔〕▽まだ童顔の残る中学生　〔幼顔〕▽あどけない幼顔を曇らせたくない

使い分け「童顔」には、「童顔で親しまれている人」のように、子供っぽい顔つきの意もあり、大人で子供っぽい顔をした人をいうことが多い。

0 03-06 頬(ほお)／ほっぺた／ほっぺ

【関連語】◆(頬げた)(ほおげた)

共通する意味★顔の側面で、目の下、鼻の両脇にある柔らかな部分。【英】*a cheek*

使い方▼〔頬〕▽ほおを赤く染める▽ほおに紅をぬる　〔ほっぺた〕▽りんごのようなほっぺた▽おいしくて

ほっぺたが落ちそうだ　〔ほっぺ〕▽寒風の中、ほっぺを真っ赤にしている

使い分け【1】「頰」は、「ほほ」ということもある。「ほおがゆるむ」「ほおを膨らます（＝不満な顔をする）」など、成句、慣用的表現も多い。【2】「ほっぺた」は、「ほおべた（頰辺）」の変化した語。「ほっぺ」とともに話し言葉。

【関連語】◆（頰げた）ほお骨。また、あごの骨。

003-07 額（ひたい）／おでこ／眉間（みけん）

共通する意味★顔面上部の、頭髪の生え際からまゆ毛の辺りまでの部分。**【英】** *the forehead*

使い方▼〔額〕▽額から汗が流れる▽彼は額が広い▽額にしわを寄せる　〔おでこ〕▽彼女はおでこが広い▽ドアにおでこをぶつけた　〔眉間〕▽眉間にしわを寄せる▽眉間に傷跡がある

使い分け【1】「おでこ」は、「額」のよりくだけた表現。また、「彼はおでこだね」のように、この部分が普通以上に出ていること、またそういう人をさす場合もある。【2】「眉間」は、「額」の中央部分、または眉（まゆ）と眉との間の部分をさす。

004 …目・耳

004-01 目（め）／眼（まなこ）／アイ

共通する意味★人や動物に備わる、物を見る器官。**【英】** *the eye*

使い方▼〔目〕▽目をあける▽寝不足で目が赤い▽驚いて目を丸くする　〔眼〕▽まなこを閉じる▽ねぼけまなこ▽どんぐりまなこ　〔アイ〕▽アイバンク▽アイシャドー▽カメラアイ

使い分け【1】「目」が最も一般的。「眼（め）」と表記する場合もある。【2】「まなこ」は、元来は瞳（ひとみ）の意で、転じて、目をさすようになった。【3】「アイ」は、他の外来語と複合して用いる。

004-02 瞳（ひとみ）／黒目（くろめ）／瞳孔（どうこう）

共通する意味★眼球の中央部にあり、光線をとり入れて物を見る働きをする黒い部分。**【英】** *the pupil (of the eye)*

使い方▼〔瞳〕▽瞳をこらす▽幼な子の汚れのない瞳　〔黒目〕▽黒目を大きく見開く▽黒目がちの少女　〔瞳孔〕▽瞳孔が開く▽瞳孔反射

使い分け【1】医学用語としては「瞳孔」を使うが、普通は「瞳」「黒目」を使う。【2】「瞳」は、「つぶらな瞳」のように、眼球全体の意で使われることもある。

反対語▼黒目⇔白目

004-03 眼球（がんきゅう）／目玉（めだま）／目の玉（めのたま）

共通する意味★脊椎（せきつい）動物の物を見る働きをする器官。**【英】** *an eyeball*

使い方▼〔眼球〕▽眼球を傷つける▽眼球乾燥症　〔目玉〕▽大きな目玉をぎょろりとさせてにらみつける　〔目の玉〕▽目の玉の黒いうち（＝生きている間）▽目の玉が飛び出るほど高い宝石

使い分け【1】「眼球」は、視覚器官の正式の呼び名。【2】「目玉」「目の玉」は、日常的に使う。【3】「目玉」は、「お目玉を食らう」のように、目上の人に叱（しか）られることや、「目玉商品」のように特に強調したい事柄、最も中心になる事柄の意もある。

参照▼目玉⇒802-10

004-04 近視（きんし）／近眼（きんがん）／近目（ちかめ）

共通する意味★物を見るときに、焦点を網膜より手前に結ぶため、遠くの物がはっきり見えない状態。また、そういう状態の目。**【英】** *short sight*

使い方▼〔近視〕▽彼は強い近視だ▽仮性近視　〔近眼〕▽近眼を矯正する▽近眼鏡　〔近目〕▽テレビの見すぎで近目になった

使い分け【1】「近視」は、視力について、「近眼」は、近視の目そのものについていう言葉だが、現在では「近眼」も目だけでなく、「近視」と同じように使う。医学用語としては「近視」を使う。【2】「近目」は、話し言葉。

反対語▼近視⇔遠視　近目⇔遠目

004-05 遠視（えんし）／遠目（とおめ）

共通する意味★物を見るときに、焦点を網膜より後ろに結ぶため、近くの物がはっきり見えない状態。また、そういう状態の目。**【英】** *long sight*

使い方▼〔遠視〕▽遠視を眼鏡で矯正する　〔遠目〕▽遠目だから新聞の字がぼやけて困る

使い分け【1】医学用語としては「遠視」を用いるが、日常の話し言葉としては「遠目」も使う。【2】「遠目」には、「遠目には美人に見える」「夜目遠目笠（かさ）のうち」のように、遠方から見る意や、「遠目がきく」のように、遠方までよく見える目の意もある。

反対語▼遠視⇔近視　遠目⇔近目

004-06 白目（しろめ）／三白眼（さんぱくがん）

共通する意味★白い部分が多い目。**【英】** *the white of the eye*

使い方▼〔白目〕▽白目をむいて怒る▽他人を白目で見る　〔三白眼〕▽三白眼でにらむ

使い分け【1】「白目」には眼球の白い部分の意もある。また「白目で見る」のように、冷淡な態度を示すときの目つきの意味でも使う。【2】「三白眼」は、黒目が上に片寄って、左右と下方の三箇所が白目になっている目。

O04-07 細目(ほそめ)／薄目(うすめ)

共通する意味★少しだけ開けた目。【英】*narrow eyes*

使い方▼〔細目〕▽目が近いので細目で見るくせがある　〔薄目〕▽黙祷(もくとう)中に薄目を開ける

使い分け「細目」は、まぶしさを防いだり、焦点を合わせたりする目的で、すぼめて細くした目。「薄目」は、外の様子をうかがうときなどにそっとわずかに開いた目をいう。

O04-08 藪睨み(やぶにらみ)／斜視(しゃし)

【関連語】◆(寄り目)よりめ

共通する意味★眼筋の異常などのため、両眼の視線が同じ目標に向かわず、一方は正しい方を、他方は別の方を向く状態。【英】*a squint*

使い分け【1】医学用語としては「斜視」を使う。話し言葉では「藪睨み」も使う。【2】「藪睨み」には、「やぶにらみの意見」などのように、言動、思考などが見当違いなことの意もある。

【関連語】◆(寄り目)斜視の一種。物を見つめたとき一方の眼球が内側に寄るもの。

O04-09 目もと(めもと)／目頭(めがしら)／目じり(めじり)／まなじり

共通する意味★目の周囲の部分の名称。【英】*the eyes*

使い方▼〔目もと〕▽目もとの涼しい青年▽むじゃきな目もと　〔目頭〕▽目頭が熱くなる▽目頭をぬぐう　〔目じり〕▽彼は女性を見るといつも目じりを下げる▽年を取って目じりにしわが寄る▽目じりをつり上げて怒る　〔まなじり〕▽まなじりをつり上げて怒る▽まなじりを決する(＝大きく目を見開く。怒りや決意の表情にいう)

使い分け【1】「目もと」は、目のあたりをいうほか、目つき、まなざしもいう。【2】「目頭」は、鼻に近い部分をさす。【3】「目じり」は、目の外側の部分で「まなじり」と同意。「まなじり」は、慣用的表現に用いられることが多い。

反対語▼目頭⇔目じり・まなじり

O04-10 瞼(まぶた)／眼瞼(がんけん)

共通する意味★眼球を覆って保護する皮膚。【英】*the eyelid*

使い方▼〔瞼〕▽まぶたをとじる▽まぶたが重くなる(＝眠くなる)▽まぶたの母(＝幼いときに別れ、思い出の中に生きている母)▽二重(ふたえ)まぶた　〔眼瞼〕▽眼瞼が痙攣(けいれん)する▽眼瞼炎

使い分け「瞼」が一般的に使われる。「眼瞼」は医学用語。

O04-11 眉(まゆ)／眉毛(まゆげ)

共通する意味★まぶたの上に弓形になって生えている毛。【英】*the eyebrow*

使い方▼〔眉〕▽眉が濃い人▽眉をかく▽眉をひそめる(＝心配事、不快な事のために顔をしかめる)▽眉につばをつける(＝だまされないよう用心する)　〔眉毛〕▽眉毛をそりおとす▽眉毛に白いものが目立つ

使い分け「眉毛」は、眉を形づくる毛が意味の中心だが、「眉」は毛と、毛の集まった弓形をした全体を表わす。

O04-12 睫毛(まつげ)

意味★上下のまぶたのふちに生えている毛。【英】*eyelashes*

使い方▼〔睫毛〕▽まつげの長い少女

参考「目(ま)つ(「の」の意)毛」からできた語。

O04-13 耳(みみ)

【関連語】◆(耳介)じかい◆(耳殻)じかく◆(耳朶)じだ

意味★頭の両面にある、音を聞くための器官。【英】*the ear*

使い方▼〔耳〕▽耳に手を当てて聞く

参考①「耳」は、内耳・中耳・外耳の三部よりなる器官であるが、日常的には、多く、「耳をひっぱる」のように、頭部の両側に突き出た器官の意と、「耳に快い響き」「耳が遠くなった」「耳が肥えている」のように、聞くこと、聞こえること、聞く能力の意で用いられる。②「なべの耳」「パンの耳」などのように、「耳」の形に似ている物にもいう。

【関連語】◆(耳介・耳殻)外耳の一部で、頭部の両側に突き出た器官。哺乳類(ほにゅうるい)にだけ見られ、軟骨とそれを覆う皮膚からなる。「耳介」のほうが新しい呼び名。◆(耳朶)みみたぶ・(耳朶)じだ 耳介の下部の垂れ下がった肉の部分。「耳朶(じだ)」には「耳」の意もある。「耳たぶがふくよかだ」「耳朶(じだ)に触れる(＝耳に入る。聞こえる)」「耳朶(じだ)を打つ」

005 鼻

005-01 鼻（はな）

【関連語】◆（小鼻）こばな◆（鼻翼）びよく

意味★顔の中央に盛り上がっていて、呼吸や臭いをかぐ働きをする器官。【英】*the nose*

使い方▼〔鼻〕▽彼は日本人としては鼻が高い▽鼻がつまる▽鼻をつまむ▽鼻があぐらをかく▽鼻の下をのばす▽鼻を鳴らす▽鼻であしらう（＝すげない態度をとる）▽鼻に掛ける（＝自慢する）▽鼻につく（＝いやな臭いが鼻を刺激する。また、飽きたりして、不快感を催す）

【関連語】◆（小鼻・鼻翼）鼻柱の左右のふくらんだところ。一般には「小鼻」を用いる。「小鼻をうごめかす（＝得意そうなさま）」「小鼻をふくらます（＝不満そうなさま）」

参照▼鼻⇒015-13

005-02 鼻筋（はなすじ）／鼻梁（びりょう）

【関連語】◆（鼻柱）はなばしら

共通する意味★眉間（みけん）から鼻の先端までの線。【英】*the line of the nose*

使い方▼〔鼻筋〕▽鼻筋の通った美人　〔鼻梁〕▽彼女は鼻梁の線がきれいだ

使い分け「鼻筋」が一般的に使われる。「鼻梁」は、書き言葉的。

【関連語】◆（鼻柱）鼻筋の骨。また、鼻の二つの穴の間の肉。転じて、「彼女は鼻柱が強い」のように、負けん気、意地の意もある。「はなっぱしら」ともいう。

005-03 鼻先（はなさき）／鼻面（はなづら）

共通する意味★鼻の先端の部分。【英】*the tip of the nose*

使い方▼〔鼻先〕▽鼻先を蚊にくわれる▽鼻先であしらう（＝相手の言葉に返事もしないで、冷たい態度をとる。「鼻であしらう」とも）　〔鼻面〕▽馬の鼻面をとって引き回す

使い分け【1】「鼻先」には、「鼻先ににんじんをぶらさげる」のように、鼻のすぐ前の意味もある。【2】「鼻面」は、「はなっつら」ともいう。

006 口

006-01 口（くち）

【関連語】◆（口腔）こうこう

意味★飲食物を取り入れたり、話をしたりする器官。【英】*the mouth*

使い方▼〔口〕▽口でくわえる▽母は口を開けば小言をいう▽目は口ほどに物を言う

◈「口」には、「表の口から入る」「水筒の口をしめる」のように、人や物の出入りする所、容器などで中の物を出し入れする所などの意味もある。また、「口が肥えている」のように、飲食物を味わう感覚の意、「口を減らすために都会に出す」のように養わなければならない家族の意、「口が重い」「口をすべらせる」「口を割る」のように口に出していうこと、「口が達者だ」のように話す能力の意などもある。

【関連語】◆（口腔）口からのどまでの間の空間。食物の摂取、消化を行うとともに発声器の一部となる。医学用語としては「こうくう」という。「口腔（こうくう）外科」

参照▼口⇒501-02 612-20

006-02 口元（くちもと）／口際（くちぎわ）

共通する意味★口のあたり。【英】*the mouth*

使い方▼〔口元〕▽口もとに笑みを浮かべる　〔口際〕▽口ぎわのえくぼがかわいい幼子

使い分け どちらも同じ部分をさすが、「口もと」の方がよく使われる。「口許（くちもと）」とも書く。

006-03 唇（くちびる）／リップ

【関連語】◆（口唇）こうしん

共通する意味★口の入り口にあって、口のふちとなっている柔らかい部分。【英】*a lip*

使い方▼〔唇〕▽唇に紅をさす▽唇をかむ（＝くやしい思いを我慢する）▽唇をとがらす（＝不平、不満な様子を表わす）　〔リップ〕▽リップクリーム▽リップサービス（＝口先だけのお世辞。その場だけの調子のいい話）

使い分け「リップ」は、主に、他の語と複合して使う。

【関連語】◆（口唇）「くちびる」の硬い表現。

006-04 歯（は）

【関連語】◆（歯牙）しが

意味★口の中に生えて、食べ物をかみくだいたり発声を助けたりする器官。【英】*a tooth; teeth*《複》

使い方▼〔歯〕▽歯が生えてきた▽歯が痛い

【関連語】◆（歯牙）歯と牙（きば）。また、特に歯。「虎（とら）の歯牙にかかる」「歯牙にもかけない（＝まったく問題にしない）」

O06-05

歯並び（はならび）／歯列（しれつ）

【関連語】◆（歯並み）はなみ

共通する意味★歯の並び方。また、その様子。**【英】** *row of teeth*

使い方▼〔歯並び〕▽歯並びが悪い　〔歯列〕▽歯列の矯正のために抜歯する

使い分け 日常一般に使うのは「歯並び」であるが、専門用語としては「歯列」を使う。

【関連語】◆（歯並み）「歯並び」のこと。あまり使わない。

O06-06

舌（した）／べろ

共通する意味★脊椎（せきつい）動物の口中に突き出ている、味覚や発声にかかわりをもつ肉質の器官。**【英】** *a tongue*

使い方▼〔舌〕▽ぺろりと舌を出す▽急いで食べたので舌をかんでしまった　〔べろ〕▽べろを出して人をからかう▽紅しょうがを食べたらべろが赤く染まった

使い分け【1】「舌」は、一般によく用いられる。また、「舌が回る」のように、話すことの意味もある。【2】「べろ」は、「舌」のくだけた語。

O07 …首・あご

O07-01

首（くび）／首っ玉（くびったま）／頸部（けいぶ）

【関連語】◆（小首）こくび

共通する意味★脊椎（せきつい）動物の頭と胴体をつなぐ細くなっている部分。**【英】** *the neck*

使い方▼〔首〕▽キリンは首が長い▽窓から首を出すな▽首をかしげる（＝不審に思う）　〔首っ玉〕▽父の首っ玉にしがみつく▽犯人の首っ玉をひっつかまえる　〔頸部〕▽頸部に打撲傷を負う

使い分け【1】「首」は、頭部全体を含めていうこともある。また、「徳利の首」のように、似た形のものもいう。【2】「頸部」は、首の改まった言い方。また、「半島の頸部」のように地形のくびれた部分も表わす。

【関連語】◆（小首）首に関するちょっとした動作についていう。「小首をかしげて考える」

参照▼首⇒517-45

O07-02

首筋（くびすじ）／首根っこ（くびねっこ）／項（うなじ）／襟首（えりくび）

共通する意味★首の後ろの部分。**【英】** *the nape*

使い方▼〔首筋〕▽首筋を痛める▽首筋の疲れをほぐす　〔首根っこ〕▽首根っこをおさえて謝らせる　〔項〕▽白いうなじ▽悲しみにうなじを垂れる　〔襟首〕▽襟首をつかむ▽襟首におしろいを塗る

使い分け【1】四語とも同じ部分をさす。【2】「首根っこ」はやや乱暴な言い方となる。

O07-03

顎（あご）

【関連語】◆（頤）おとがい

意味★口を構成する上下の部分。「上（うわ）あご」と「下あご」とからなり、物をかんだり、発声したりするのに使う器官。特に、下あごの外面をいうことが多い。「頤」「腭」とも書く。**【英】** *jaws*

使い方▼〔顎〕▽しゃべりすぎてあごがくたびれる▽殴られてあごを骨折する▽あごがしゃくれた男

【関連語】◆（頤）「下あご」の古い言い方。「おとがいを解く（＝あごをはずす意から、大口を開けて笑う）」

O07-04

喉（のど）／咽頭（いんとう）／喉頭（こうとう）

【関連語】◆（咽喉）いんこう◆（喉元）のどもと◆（喉首）のどくび

共通する意味★口の奥の、気管・食道に続く部分。**【英】** *the throat*

使い方▼〔喉〕▽もちがのどにつかえる▽歌い過ぎて、のどがかれた▽のどがからからにかわいた　〔咽頭〕▽咽頭に炎症を起こす　〔喉頭〕▽声帯は喉頭にある▽喉頭がん

使い分け【1】「咽頭」「喉頭」ともに一般に「のど」の一部で、「咽頭」は口腔（こうこう）と食道の間の部分。「喉頭」は「咽頭」に続き、気管の始まる部分。【2】「のど」には「のどをおさえると痛い」のように、首の前面の意と、「自慢ののどを聞かせる」のように、歌う声の意がある。

【関連語】◆（咽喉）咽頭と喉頭のこと。◆（喉元）のどの胸部に近い部分。「のどもと過ぎれば熱さを忘れる（＝苦しいことも、それを過ぎると簡単に忘れてしまうことのたとえ）」◆（喉首）首の、のどのあたり。「敵ののどくびを押さえる」

O07-05

髭（ひげ）／鬚髯（しゅぜん）

【関連語】◆（口髭）くちひげ◆（顎鬚）あごひげ◆（頬髯）ほおひげ◆（ちょび髭）ちょびひげ◆（無精髭）ぶしょうひげ◆（付け髭）つけひげ

共通する意味★あご、口のまわり、ほおなどに生える毛。

使い方▼〔髭〕▽ひげをそる▽ひげをはやす　〔鬚髯〕▽堂々たる鬚髯を蓄えた壮士

使い分け【1】「ひげ」は、その生える場所によって「髭」「鬚」「髯」と書き分けることがある。「髭」は、口と鼻の間のひげ、「鬚」は、あごひげ、「髯」は、ほおのひげの意。【2】「鬚髯（しゅぜん）」は、特に、あごひげとほおのひげをさすこともあるが、現在ではあまり使

われない。

【関連語】◆(口髭)上唇に沿って、鼻の下に生やしたひげ。【英】*a moustache* ◆(顎鬚)下あごに生やしたひげ。【英】*a beard* ◆(頬髯)ほおに生やしたひげ。【英】*whiskers* ◆(ちょび髭)鼻の下に生やした短いひげ。◆(無精髭)何日もそらないで、伸びたままになっているひげ。◆(付け髭)変装などのためにつける人造のひげ。

O08 …手

O08-01 手／お手手

共通する意味★手首から先の部分。【英】*the hand*

使い方▼〔手〕▽手を洗う▽品物を手に取る▽手を合わせる 〔お手手〕▽お手々をつないで歩きましょう

使い分け【1】「手」は、手首から先の部分をいう場合のほかに、肩から先の部分をいう場合もある。「手を上げろ」「さよならと手を振る」【2】「お手々」は、幼児語。

参照▼手⇒208-19

O08-02 腕／かいな

【関連語】◆(細腕)◆(やせ腕)◆(右腕)◆(片腕)◆(利き腕)

共通する意味★人間の肩から手首までの部分。【英】*the arm*

使い方▼〔腕〕▽痛くて腕が上がらない▽腕がだるい 〔かいな〕▽かいなを枕に昼寝ときめ込む

使い分け【1】「腕」は、身体の部位の意から転じて、「腕によりをかける(＝十分に腕前を発揮しようと意気ごむ)」「腕をふるう(＝能力や技量を十分に発揮する)」のように、腕前、技量を表わす。【2】「かいな」は、「腕」の古語。相撲で、「かいなを返す」「かいなひねり」などという。

【関連語】◆(細腕)やせて細く力のない腕。また、かよわい力の意で、多く、女性にいう。【英】*the thin arm* 「夫の死後、女の細腕で事業を守る」◆(やせ腕)やせた細い腕。また、力量の乏しい腕前の意にいう。【英】*the thin arm* 「女のやせ腕で店を守る」◆(右腕)右側の腕。また、ある人のいちばん信頼している有能な部下の意にいう。【英】*the right arm* 「一般に右腕が利き腕だ」「彼は社長の右腕だ」◆(片腕)片一方の腕。また、最も信頼できる補佐役をいう。⇔両腕。「事故で片腕を失う」「社長の片腕といわれた専務」◆(利き腕)左右の腕の中で、その能力、働きが十分に発揮できる方の腕。右腕である場合が多い。「相手の利き腕をつかむ」

参照▼腕⇒207-14 右腕⇒511-50 片腕⇒502-43

O08-03 二の腕／上腕／上膊

共通する意味★腕の、肩からひじまでの部分。【英】*the upper arm*

使い方▼〔二の腕〕▽二の腕まで袖をまくり上げる 〔上腕〕▽上腕部に裂傷を負う 〔上膊〕▽上膊骨

使い分け「二の腕」は、少し古い言い方。「上腕」「上膊」は、医学、生物学などで身体の部位をいうときにも使う。

O08-04 両手／もろ手

【関連語】◆(両腕)

共通する意味★両方の手。【英】*both hands*

使い方▼〔両手〕▽両手でしっかり押さえる▽両手に花(＝よいものを二つとも一人じめにすること) 〔もろ手〕▽もろ手を挙げて賛成した▽もろ手突き

使い分け「両手」が、一般的。

反対語▼片手

【関連語】◆(両腕)両方の腕。⇔片腕。「子供を両腕で抱く」

O08-05 手首／肘

共通する意味★腕の特定の部分の名称。

使い方▼〔手首〕▽手首をつかんでひっぱる▽手首を骨折する 〔肘〕▽食卓にひじをついてはいけない▽ひじを張る

使い分け【1】「手首」は、腕と手の平とがつながる部分。【英】*the wrist* 【2】「ひじ」は、腕の上部と下部とがつながる関節の外側の部分。「肱」「臂」とも書く。【英】*the elbow*

O08-06 手の平／たなごころ

【関連語】◆(手の裏)◆(手の内)◆(平手)◆(手の甲)

共通する意味★手首から先の、物を握るときに内側になる部分。【英】*the palm of the hand*

使い方▼〔手の平〕▽菓子を手の平にのせる▽手の平を返す(＝態度を急に変える) 〔たなごころ〕▽たなごころを指す(＝きわめて明白であることのたとえ)▽たなごころのうち(＝思いのままにできることのたとえ)

使い分け【1】「手の平」は、書き言葉でも話し言葉でもごく一般的に用いられる。【2】「たなごころ」は、古い言い方で、現在では決まった言い回しの中で用いることが多い。「掌」とも書く。

【関連語】◆(手の裏)多く「手の裏を返す」の形で、態度を急に変える意で用いる。◆(手の内)「手の平」の意。転じて、腕前や胸の内の意でも用いる。「手のうちに汗を握る」「手のうちを明かす(＝考えや計画をうちあける)」◆(平手)開いた手の平。多く、物や人を打つときなどに用いる。「頬(ほお)を平手で打つ」◆(手の甲)手の外側。「手のひら」の反対側。「手の甲をぴしゃりとたたかれた」

参照▼手の内⇒207-14　208-23

0 08-07 拳(こぶし)／握りこぶし(にぎりこぶし)／拳骨(げんこつ)／鉄拳(てっけん)／拳固(げんこ)

共通する意味★手の五本の指を折り曲げて、しっかり握ったもの。**【英】** *a fist*

使い方▼〔**拳**〕▽こぶしを突き上げて気勢を上げる▽机をこぶしでたたく　〔**握りこぶし**〕▽興奮した父は握りこぶしを振り上げた　〔**拳骨**〕▽げんこつを食らう▽げんこつを見舞う　〔**鉄拳**〕▽鉄拳がとびかう大乱闘▽鉄拳制裁　〔**拳固**〕▽拳固でごつんとやる▽拳固をもらう

使い分け【1】「こぶし」「握りこぶし」は、人をなぐるためよりも、力を誇示する際などに用いられることが多い。また、激情や痛みをこらえるとき、ドアなどを強くたたくときにも使う。【2】「拳骨」「鉄拳」「拳固」は、人をなぐるためのもので、「…を食う」「…を見舞う」などの形で使う。

0 08-08 指(ゆび)

【関連語】◆(**五指**)ごし◆(**十指**)じっし◆(**三つ指**)みつゆび

意味★手や足の先にある、五本に枝分かれしている部分。**【英】** *a finger*(手の指); *a toe*(足の指)

使い方▼〔**指**〕▽呼び鈴を指で押す▽指一本差させない(＝少しも干渉させない)

【関連語】◆(**五指**)五本の指。五を目安にしてすぐれたものを数えるときに使う。「史上五指に入る傑作」「五指に余る入賞候補作」◆(**十指**)両手の指十本。「十指にあまる(＝十本の指では数えきれない)」「十指のさすところ(＝多くの人が正しいと認めるところ)」◆(**三つ指**)三本の指。特に親指・人差し指・中指の三本を軽く床についてする丁寧な礼。「三つ指をついて迎える」

0 08-09 親指(おやゆび)／人差し指(ひとさしゆび)／中指(なかゆび)／薬指(くすりゆび)／小指(こゆび)

【関連語】◆(**拇指**)ぼし◆(**食指**)しょくし◆(**高高指**)たかたかゆび◆(**紅差し指**)べにさしゆび

共通する意味★手の五本の指の名。

使い方▼〔**親指**〕▽親指に朱肉をつけて拇印(ぼいん)を押す　〔**人差し指**〕▽人差し指一本を立てて、「1」を表わす　〔**中指**〕▽中指は五本の指の中で一番長い　〔**薬指**〕▽左手の薬指に結婚指輪をする　〔**小指**〕▽小指と小指を絡ませて、ゆびきりげんまんをする

使い分け【1】「親指」は、最も太い指で、足の指にもいう。**【英】** *a thumb*【2】「人差し指」は、親指の隣の指。人をゆびさす指の意。**【英】** *an index finger*【3】「中指」は、五本の指の真ん中の指の意。**【英】** *a middle finger*【4】「薬指」は、親指から数えて四番目の指。薬を溶かして付けるのに用いたところから。**【英】** *a ring finger*【5】「小指」は、最も小さい指で、足の指にもいう。**【英】** *a little finger*

【関連語】◆(**拇指**)「親指」のこと。◆(**食指**)「人差し指」のこと。「食指が動く(＝食欲がきざす。また、欲しいという気が起きる)」◆(**高高指**)「中指」のこと。「たけたかゆび」の変化した語。◆(**紅差し指**)「薬指」のこと。紅をつけるのに用いたところから。

0 08-10 爪(つめ)

意味★手や足の指の先に生じる角質物で、表皮が硬く変わったもの。**【英】** *a nail*

使い方▼〔**爪**〕▽爪を切る▽爪に火をともす(＝倹約し、つましい生活を送ることのたとえ)

0 09 …足

0 09-01 足(あし)／あんよ

共通する意味★動物の、体を支えたり、動かしたりすることに用いる器官。**【英】** *a foot*(足首から先); *a leg*(腰から足首まで)

使い方▼〔**足**〕▽足が長い人▽足がすべって転ぶ▽足が棒になる(＝疲れすぎて足がこわばる)　〔**あんよ**〕▽転んであんよが痛い

使い分け【1】「足」は、人間では足首から下を示す「足」と、骨盤と足首との間を示す「脚」とを区別することもあるが、一般には両者を総称する。また、人間以外の動物についてもいうが、「脚」は、「机の脚」「椅子(いす)の脚」のように、物の下部にあり、それを支える用をなす物もいう。【2】「あんよ」は、幼児語。【3】二語とも「足が速い」「あんよは上手」のように、歩くことの意でも用いる。

参照▼足⇒110-02　あんよ⇒110-02

0 09-02 股(また)／股(また)ぐら

共通する意味★胴から足の分かれ出るところ。**【英】** *a thigh*

使い方▼〔**股**〕▽またを広げてすわる▽世界をまたにかける(＝広く各地を歩き回る)▽大またで歩く　〔**股ぐら**〕▽父のまたぐらを通り抜けて遊ぶ

使い分け「股」は、「木の股」のように、物の分かれ目の部分をさす場合もあるが、「股ぐら」は、人間の両

ももの間の部分をさす。

0 09-03 太もも／もも／大腿

太（ふと）もも／もも／大腿（だいたい）

共通する意味★足のつけ根からひざまでの間の部分。**【英】** *a thigh*

使い方▼〔太もも〕▽太ももが半ば見えるミニスカート 〔もも〕▽昨日のうさぎ跳びでももが痛い 〔大腿〕▽大腿部に裂傷を負う

使い分け【1】「太もも」「もも」は、一般的に用いられる。【2】「大腿」は、医学、生物学などで用いられることが多い。

0 09-04 内股／内もも

内股（うちまた）／内（うち）もも

共通する意味★足のつけ根からひざまでの部分の内側。**【英】** *the inside of a thigh*

使い方▼〔内股〕▽馬に乗るときには内股をしめるものだ 〔内もも〕▽内ももまで日に焼けた

使い分け「内股」は、「内またで歩く」のように、足先を内側に向けて歩く歩き方をいうこともある。

0 09-05 脛／はぎ

脛（すね）／はぎ

【関連語】◆（向こうずね）むこうずね ◆（弁慶の泣き所）べんけいのなきどころ ◆（膨らはぎ）ふくらはぎ

共通する意味★ひざからくるぶしまでの間の部分。**【英】** *a shin*

使い方▼〔脛〕▽ズボンからすねをむき出しにする▽すねにきずを持つ（＝隠している悪事や後ろ暗いことがある）▽親のすねをかじる（＝経済的に親にたよって生活する） 〔はぎ〕▽袴（はかま）のすそからはぎがのぞく

使い分け【1】「すね」は、多く、ひざからくるぶしまでの間の部分のうち、前側の肉の薄いところをいう。【2】「はぎ」は、古い言い方。

【関連語】◆（向こうずね）ひざからくるぶしまでの間の部分の前側。「転んでむこうずねをしたたかに打つ」◆（弁慶の泣き所）「むこうずね」に同じ。弁慶ほどの豪傑でも痛がって泣く急所の意。「弁慶の泣き所をけられる」◆（膨らはぎ）ひざからくるぶしまでの間の部分の後ろ側の、肉がついているところ。「ふくらはぎにけいれんを起こす」

0 09-06 膝／膝頭／膝小僧

膝（ひざ）／膝頭（ひざがしら）／膝小僧（ひざこぞう）

共通する意味★ももとすねとを連結する身体部位の前面の側。**【英】** *a knee*

使い方▼〔膝〕▽ひざを突いて謝る▽ひざを折ってすわる 〔膝頭〕▽ひざ頭をぶつける▽スキーでひざ頭を痛める 〔膝小僧〕▽ころんでひざ小僧をすりむく

使い分け【1】「膝」は、最も一般的に用いられる。関節部分の前側のほか、「妻のひざを枕にして寝る」のように、関節部分から股までの間もいう。また、「はっとひざを打つ（＝急に何かを思い出したときの動作）」「ひざを交えて話をする（＝同席して親しく話す）」のように、慣用表現も多い。【2】「膝頭」は、他の二語にくらべて用いられることが少ない。「膝小僧」は、話し言葉。

0 09-07 踝

踝（くるぶし）

意味★足首の両側にある骨の突起部分。**【英】** *the ankle*

使い方▼〔踝〕▽転んでくるぶしをねんざする

0 09-08 踵／くびす／きびす

踵（かかと）／くびす／きびす

共通する意味★足の裏の後部で、地に付く部分。**【英】** *the heel*

使い方▼〔踵〕▽かかとが痛い▽かかとを上げる 〔くびす〕▽くびすを返す（＝もと来た方へ戻る）▽くびすを接す（＝前後の人とかかとが接するほどに、多くの人々が続く） 〔きびす〕▽きびすを返す▽きびすをめぐらす

使い分け【1】「踵」は、一般に肉体の一部をさすが、「靴のかかとを踏まれる」のように、靴の後部もいう。【2】「くびす」「きびす」は、文章語的で、現代では慣用表現の中で用いられる。

0 09-09 爪先

爪先（つまさき）

意味★足や履き物の先端の部分。**【英】** *tiptoe*

使い方▼〔爪先〕▽つま先で歩く▽つま先で立つ▽靴のつま先をそろえて脱ぐ

◈「爪先」は、「かかと」に対する称。

0 09-10 はだし／素足

はだし／素足（すあし）

共通する意味★履き物を履かない状態や、その足。**【英】** *bare feet*

使い方▼〔はだし〕▽砂浜をはだしでかける▽はだしで走るランナー 〔素足〕▽素足にサンダルをはく▽素足の美しい娘

	□で歩く	□に下駄をつっかける	あわてて□で飛び出す	一年中□で通す
はだし	○	－	○	－
素足	○	○	－	○

使い分け【1】「はだし」は、靴をはいていない状態をさす場合が多い。また、「くろうとはだし」のように、その道にすぐれた人でもかなわないほどに見

事であることの意でも用いる。「跣」とも書き、「裸足」とも当てる。【2】「素足」は、靴や靴下をはいていない足の状態に重きをおいた言い方。

O10 …胴体

O10-01 胴(どう)／胴体(どうたい)

共通する意味★頭・首・手足を除いた体の中心部分。**【英】** *the trunk*

使い方▼〔胴〕▽胴が短く足の長い人▽胴にベルトをしめる　〔胴体〕▽ダックスフントは胴体の長い犬だ▽攻撃をうけて船の胴体には大きな穴があいた

使い分け【1】「胴」は、「胴にベルトをしめる」のように、特に、胸と腹の間のくびれた部分をいうこともある。【2】二語とも、生物以外の物の中心となる部分をさすときにも使うが、「胴体」は、特に飛行機、船など体積の大きいものの主体部分に使う。【3】「胴」は、鎧(よろい)や防具の部分名称でもあり、剣道ではその部分に打ち込む技の意味にもなる。

参照▼胴⇒510-31

O10-02 上半身(じょうはんしん)

意味★身体を上下に分けた上の半分。一般には腰から上の部分をさす。**【英】** *the bust* ⇔下半身

使い方▼〔上半身〕▽上半身はだかになる▽彼は上半身ががっしりしている

O10-03 下半身(かはんしん)／下(しも)

共通する意味★体の腰から下の部分。**【英】** *the lower half of one's body*

使い方▼〔下半身〕▽走りこんで下半身を鍛える▽立ち仕事は下半身がつらい　〔下〕▽①下の病気▽②老父の下の世話をする

使い分け【1】「下半身」は、「しもはんしん」とも読む。【2】「下」は、体の腰から下の部分の意から転じて、例文①のように陰部やしりを、例文②のように大小便を婉曲(えんきょく)に表現するのに用いられる。

反対語▼下半身⇔上半身

参照▼下⇒511-20 817-17

O10-04 肩(かた)

【関連語】◆(双肩)そうけん◆(肩肘)かたひじ◆(肩身)かたみ

意味★胸の上部で、腕のつけ根から首の下までの部分。**【英】** *the shoulder*

使い方▼〔肩〕▽肩が凝る▽肩を落とす(＝がっかりする)

◆「肩」は、「肩にパッドを入れる」のように衣服のその部分をさす場合、「路肩(ろかた)」(＝道路の両外側の路面)のように、物を人の体にたとえて端の部分をさす場合がある。また、「肩が強い」のように物を持つ力、投げる力をさすこともある。

【関連語】◆(双肩)左右の肩。比喩(ひゆ)的に、責任、負担などを負う、その人自身をさす使い方が一般的である。**【英】** *the shoulders*「会社の将来は、君の双肩にかかっている」◆(肩肘)肩とひじ。**【英】** *the shoulders and elbows*「肩ひじ張る(＝気負った態度をとる)」「肩ひじをいからせる(＝偉そうな態度をとる)」◆(肩身)肩と身の意から転じて、世間に対する面目の意。「肩身が広い(＝周囲に対し誇らしい)」「肩身が狭い(＝面目が立たず、ひけめを感じる)」

O10-05 肩口(かたぐち)／肩先(かたさき)

共通する意味★肩の、腕のつけ根に近い部分。**【英】** *the shoulder*

使い方▼〔肩口〕▽肩口をつかまれる▽肩口に手を置く　〔肩先〕▽肩先が触れ合う▽肩先がうそ寒い

使い分け「肩口」より「肩先」の方が、肩の表面に近い上端の部分を限定していう。

O10-06 わきの下(した)／わき

【関連語】◆(小脇)こわき

共通する意味★腕のつけ根の下の部分。**【英】** *the armpit*

使い方▼〔わきの下〕▽わきの下に体温計をはさむ　〔わき〕▽赤ちゃんのわきにベビーパウダーをはたく▽バッグをわきに抱える

使い分け【1】「わきの下」は、特に腕のつけ根の下側のくぼんだ所をいう。「わき」は、「わきの下」を含めた体の側面をさし、「わきに抱える」や「わきをしめてラケットを振る」のように使われる。【2】「わき」は、衣服のその部分も表わす。【3】「わきの下」は「腋の下」、「わき」は「腋」「脇」とも書く。「腋下」は「えきか」と読む場合もある。

【関連語】◆(小脇)わきに関するちょっとした動作についていう。「ハンドバッグをこわきにかかえる」「本をこわきにはさむ」

参照▼わき⇒817-35

O10-07 胸(むね)／胸部(きょうぶ)

【関連語】◆(胸倉)むなぐら◆(胸壁)きょうへき◆(胸板)むないた

共通する意味★一般に、頭部と腹部の間の部分。人間では、胴体の前で肩と腹部の間の部分。また、その内部の内臓。【英】*the breast*

使い方▼〔胸〕▽①胸にブローチを飾る▽②胸の鼓動が高鳴る　〔胸部〕▽①胸部に数箇所の刺傷がある▽②胸部に疾患がある

使い分け【1】「胸」は、幅広く使われ、例文②や、「胸を病む（＝肺病になる）」のように、体の内部の肋骨の下にある肺・心臓などもさし、「胸が痛む（＝心が苦しい）」のように感情・心理などの意にもなる。【2】「胸部」は、例文②のように肺などの呼吸器をさすこともある。改まった言い方。

【関連語】◆（胸壁）胸の外側の部分。「厚い胸壁」◆（胸板）胸の外側の板のように平らな部分。「胸板の薄い虚弱な青年」◆（胸倉）着物の左右の襟（えり）が重なり合う辺り。「相手の胸ぐらをつかむ」

参照▼胸⇒209-26

010-08 背（せ）／背中（せなか）／背部（はいぶ）

共通する意味★体の後ろ側の、首から尻（しり）までの部分。胴体の後ろ側一面。【英】*the back*

使い方▼〔背〕▽背をまるめて机に向かう▽馬の背にまたがる　〔背中〕▽背中の大きくあいた水着▽背中合わせ　〔背部〕▽背部に傷痕（しょうこん）を残す

使い分け【1】「背」「背中」は、日常一般的に用いる。「背部」は、文章語。【2】三語とも、物の後ろ側、背のようになっている部分にも使う。また、「背」には、身長の意もある。

反対語▼背⇔腹　背中⇔おなか

参照▼背⇒001-19

010-09 腹（はら）／腹部（ふくぶ）／おなか

共通する意味★胴体の前側で、胸の下から骨盤の辺りまでの部分。また、その内部の内臓。【英】*abdomen*

使い方▼〔腹〕▽運動不足で腹が出てきた▽腹を切る　〔腹部〕▽手術で腹部を切開する▽腹部に銃弾を受ける　〔おなか〕▽おなかを抱えて大笑いする

使い分け【1】「腹部」は、改まった文章語。「おなか」は、日常最も一般的に使う。「腹」は、女性はあまり使わない。【2】「腹」「おなか」は、特に胃腸をさし、「腹がふくれる」「おなかがすく」「おなかをこわす」のように用いる。【3】「腹」は、「腹にすえかねる（＝我慢できない）」「腹を探る（＝本心を知ろうとする）」など、気持ち、本心などの意や、「腹をくくる（＝覚悟を決める）」「腹が太い（＝度量が広い）」など度胸、度量の意、「腹違いの子（＝違う母親から生まれた子）」のように子を宿した母親の体の意もある。【4】「腹」「腹部」は、「指の腹」「ジャンボ機の機体の腹部」などのように、物の真ん中のふくれた部分をさすこともある。

反対語▼腹⇔背　おなか⇔背中

参照▼腹⇒209-26

010-10 横腹（よこばら）／脇腹（わきばら）

【関連語】◆（脾腹（ひばら））

共通する意味★腹の横の部分。【英】*side*

使い方▼〔横腹〕▽笑い過ぎて横腹が痛い　〔脇腹〕▽わき腹にひじ鉄を食う

使い分け【1】「横腹」は、「よこっぱら」ともいう。【2】「横腹」は、「船の横腹に穴があく」のように、物の側面をいう場合にも使うが、「わき腹」は、人間にしか使わない。

【関連語】◆（脾腹）「よこ腹」「わき腹」の古めかしい言い方。「脾腹に槍（やり）を受ける」

010-11 下腹（したはら）／下腹部（かふくぶ）

共通する意味★腹の下部。【英】*the abdomen*

使い方▼〔下腹〕▽下腹に力を入れる▽下腹がしくしく痛む　〔下腹部〕▽下腹部にさらしを巻く

使い分け【1】「下腹」は、「したばら」「したっぱら」ともいう。「下腹部」は、改まった言い方。【2】「下腹部」は、陰部をさす場合もある。

010-12 臍（へそ）／臍（ほぞ）

共通する意味★腹部の中央のくぼみ。【英】*the navel*

使い方▼〔臍（へそ）〕▽へその緒▽へそを曲げる（＝機嫌を悪くする）　〔臍（ほぞ）〕▽取り返しのつかないことをしたとほぞをかむ（＝後悔する）▽ほぞを固める（＝決心する）

使い分け【1】二語とも、胎児に胎盤から血液・ガスや栄養物などを循環していたへその緒の跡である。【2】「ほぞ」は、古い表現で現在では多く慣用的表現で使われる。【3】「へそ」には、「あんパンのへそ」のように、物の中央の突起やくぼみ、中心地の意がある。【4】「ほぞ」には、果物の蔕（へた）の意や、「枘」と書いて、木材の接合のとき一方の穴にはめるため他方の突出部の意がある。

010-13 腰（こし）／腰部（ようぶ）

【関連語】◆（小腰（こごし））

共通する意味★胴体の下部、骨盤のある辺り。体を前後左右に曲げたり回したりできる部分。【英】*the waist*

使い方▼〔腰〕▽年を取って腰が曲がる▽ベンチに腰をおろす　〔腰部〕▽腰部に湿布治療を施す

使い分け【1】「腰」は、衣服のその部分、壁や障子、山などの真ん中より下の部分についてもいう。また、「腰が低い（＝謙虚である）」「けんか腰」などのように、姿勢、態度の意、「腰の強いうどん」「話の腰を折る」のように、一本しんの通った粘り、内側から支える強さの意もある。さらに、「太刀一腰」など腰につける刀、袴などを数える場合にも使う。【2】「腰部」は、あらたまった文章語。

【関連語】◆(小腰)腰に関するちょっとした動作についていう。「小腰をかがめてあいさつする」

010-14 尻／臀部

【関連語】◆(けつ)◆(おいど)

共通する意味★胴体の後ろ、腰の下で肉が左右に盛り上がっている部分。または肛門のある辺り。【英】*the buttocks*

使い方▼〔尻〕▽転んで尻をうつ▽尻ぬぐい（＝後始末）▽尻が長い（＝長居である）▽尻に敷く（＝妻が夫を軽んじて、勝手気ままに振る舞う）　〔臀部〕▽臀部に注射を打つ

使い分け【1】「尻」は、「お尻」の言い方で日常幅広く使われる。「臀部」は、医学用語、または改まった文章語。【2】「尻」は、「行列の尻に並ぶ」「言葉尻」のように、後ろ、後部の意や、「茶碗の尻」「西瓜の尻」のように、器の底や果物の下部の意もある。

【関連語】◆(けつ)俗語で、あまり品のいい言葉ではない。「尻」「穴」とも書く。「けつの穴の小さい奴」（＝狭量な奴）◆(おいど)もとは「居処（＝すわる所）」を丁寧にいった女性語。関西地方で使う。「おいどに灸をすえる」

010-15 局部／局所／陰部／恥部／隠し所／性器

共通する意味★男女の体外生殖器官。【英】*the private parts*

使い分け【1】いずれも、多く書き言葉として用いられる。日常の話し言葉では他の俗語を用いることが多い。【2】「局部」「局所」は、体の中のある限られた部分の意から、「局部麻酔」「局所疲労」のようにも用いる。【3】「恥部」は、人に見られたくない恥ずべき部分の意でも用いられる。「恥部をさらけ出す」

参照▼局部⇒805-31　局所⇒805-31

010-16 胸囲／胸回り／バスト

共通する意味★胸の周囲の長さ。【英】*chest circumference*

使い方▼〔胸囲〕▽身体測定で胸囲を測る　〔胸回り〕▽胸回りの大きいたくましい若者　〔バスト〕▽バストのサイズにあわせて服を買う

使い分け【1】「胸囲」は、男性は乳首のすぐ下、女性は乳房の上端の位置で測る。【2】「バスト」は、「豊かなバスト」のように、特に女性の胸をいう。

010-17 胴囲／胴回り／ウエスト

共通する意味★胴の周囲の長さ。特にへその上の、胴のくびれている部分の周囲の長さ。【英】*girth*

使い方▼〔胴囲〕▽胴囲六〇センチのスカート　〔胴回り〕▽胴回りの細い服　〔ウエスト〕▽①ウエストの細い女性▽②ウエストにスカーフを巻く

使い分け【1】「胴囲」は、多く服飾関係で使う。三語の中では、「ウエスト」が最も一般的である。【2】「ウエスト」は、例文②のように胴のくびれた部分そのものをさすこともある。

010-18 腰回り／ヒップ

共通する意味★腰骨のあたりの周囲の長さ。【英】*waist measurement*

使い方▼〔腰回り〕▽腰回りを計る▽腰回りの豊かな女性　〔ヒップ〕▽ヒップのゆるいスカート

使い分け「ヒップ」には、「大きなヒップ」のように、しりの意もある。

011 …内臓・器官

011-01 内臓／臓器／五臓六腑／臓腑／五臓／腸／臓物

共通する意味★動物の体の内部にある諸器官の総称。【英】*internal organs*

使い分け【1】「内臓」は、「内臓の病気」のように、最も一般的に用いられる。【2】「臓器」は、「臓器移植」など、一つ一つの器官をとりあげた言い方。【3】「五臓六腑」「臓腑」「五臓」は、西洋医学輸入以前の医学用語。「五臓」は、心臓、肺臓、肝臓、腎臓、脾臓、「六腑」は、胃、大腸、小腸、胆嚢、膀胱、三焦（＝消化、排泄をつかさどるとされる器官）をいう。「酒が五臓六腑にしみわたる」【4】「腸」は、「イワシのはらわたを抜く」のように、料理などでよく用いられる。また、「はらわたがちぎれる思い」の形で、悲しみや憤りなどが我慢できないさまや、「はらわたが煮えくり返る」の形で、激しい怒りをこらえることができない意を表わす。【5】「臓物」は、特に鳥、獣、魚などにいう。

参照▼腸⇒209-27

011-02 骨

意味★脊椎動物の体を形作り、支える働きをする固い器官。筋肉などを支持し、脳、心臓などの重要な器官を保護する。【英】*a bone*

使い方▼〔骨〕▽転んで足の骨を折る▽骨と皮になる(＝ひどくやせている様子)▽骨までしゃぶる(＝徹底的に他人を利用し、苦しめる)▽故郷に骨を埋める
◆「骨」には、「骨のある人」のように、気概、気骨の意や、「骨を惜しむ」「骨の折れる仕事」のように、苦労の意もある。
参照▼骨⇒802-09

011-03 関節(かんせつ)／節節(ふしぶし)

共通する意味★骨と骨とが互いに運動できるように連結している部分。**【英】** *a joint*
使い方▼〔関節〕▽あごの関節が外れる▽関節炎
〔節節〕▽体の節々が痛む
使い分け「関節」が一般的に使われる。「節節」は、体の方々の関節の意である。また、「疑問の節々」のように、数々の点の意もある。

011-04 肉(にく)

【関連語】◆(筋肉)きんにく
意味★動物の皮膚におおわれ、内部で骨格を包む柔軟質のもの。
使い方▼〔肉〕▽ほおの肉が落ちる▽腹に肉が付く
◆「肉」には、「肉料理」のように、特に食用とするものとか、「霊と肉との相克(そうこく)」のように、性欲の対象としての肉体の意もある。
【関連語】◆(筋肉)能動的な収縮性を特性とする動物特有の運動器官。**【英】** *muscle*「肩の筋肉が盛り上がっている」「筋肉労働」

011-05 神経(しんけい)

【関連語】◆(中枢神経)ちゅうすうしんけい ◆(末梢神経)まっしょうしんけい
意味★体の各部の機能を統率し、また各部と中枢との間の刺激伝達の経路となる器官。「中枢神経」と「末梢神経」に分かれる。**【英】** *nerve*
使い方▼〔神経〕▽歯の神経を抜く▽神経組織
【関連語】◆(中枢神経)脊椎(せきつい)動物の脳、脊髄(せきずい)などで、体の各部分からの刺激が集められ、反応を筋肉などの実行部へ連絡する部分。**【英】** *a central nerve* ◆(末梢神経)中枢神経と皮膚、感覚器官、筋肉などとを結ぶ神経の総称。機能上、「運動神経」「知覚神経」「自律神経」に分けられる。**【英】** *a peripheral nerve*
参照▼神経⇒209-05

011-06 膜(まく)／粘膜(ねんまく)

共通する意味★体の中にあって、器官を包んだり隔てたりする薄い細胞層。**【英】** *a membrane*
使い方▼〔膜〕▽脳は薄い膜で包まれている▽細胞膜
〔粘膜〕▽喉(のど)の粘膜が炎症を起こす
使い分け【1】「膜」は、体内の諸器官を包む薄い層の総称であるが、「牛乳の表面に膜ができる」のように、物の表面を覆う薄い皮をもいう。【2】「粘膜」は、消化器、呼吸器、生殖器などの内壁を覆う上皮で、粘液を分泌する性質がある。

011-07 脳(のう)／脳髄(のうずい)／脳味噌(のうみそ)／頭脳(ずのう)

共通する意味★中枢神経のうち脊髄(せきずい)を除いた部分。頭蓋骨(ずがいこつ)の中にあり、大脳・間脳・中脳・小脳・後脳・延髄に分けられる。**【英】** *brain*
使い分け【1】「脳」「脳味噌」「頭脳」は、人の意識活動の中心であるところから、「脳が弱い」「脳味噌が少し足りない」「頭脳明晰(めいせき)」のように、記憶力や判断力など、頭の働きをも表わす。【2】「脳味噌」は、俗な言い方。【3】「頭脳」は、「世界の頭脳を集める」のように、すぐれた知力を持つ人をもいう。**【英】** *brains*
参照▼頭脳⇒207-26

012…肌・毛

012-01 皮膚(ひふ)／肌(はだ)／皮(かわ)

【関連語】◆(はだえ)
共通する意味★動物の体の表面をおおっている組織。**【英】** *the skin*

	□が荒れる	やけどで□を移植する	□をすりむく	北風が□を刺す
皮膚	○	○	△	-
肌	○	-	-	○
皮	-	-	○	-

使い分け【1】「皮膚」は、脊椎(せきつい)動物の表面をおおっている組織。【2】「肌」は、人間にいう。「皮膚」とは異なり、感触をもつという点に重点をおいた表現で、「寒風が肌を刺す」「肌にやさしい」「肌合い(＝皮膚や物の表面の感触)」のように、触覚と関連させて用いられることが多い。「肌が合わない」は、気持ちがうまくかみあわない意。また、「木の肌」「山の肌(山肌)」のように、物の表面の意で用いられることもある。【3】「皮」は、「木の皮」「ギョーザの皮」など、物を包む薄いもの一般を表わす。
【関連語】◆(はだえ)「肌」をいう古めかしい言い方。「はだえに粟(あわ)を生ずる」
参照▼肌⇒201-11　皮⇒419-21

012-02 素肌(すはだ)／地肌(じはだ)

共通する意味★化粧などをしていない、そのままの皮膚。【英】*bare skin*

使い方▼〔素肌〕▽素肌の美しい人▽素肌を直射日光にさらす　〔地肌〕▽地肌が荒れている▽髪が薄く地肌が見える

使い分け【1】「素肌」には、「素肌に浴衣をはおる」のように、下着などを何もつけていない肌の意もある。【2】「地肌」は、化粧の土台となる、または髪が生えるところとしての人間の肌で、本来、表面に出ないはずの肌の意味合いがある。また、「山の地肌が露出している」「黒漆の地肌に金蒔絵（きんまきえ）の文箱（ふばこ）」のように、土地の表面や、焼き物、塗り物などの基調をなす表面の意もある。

参照▼地肌⇒702-04

0 12-03 皹（ひび）／皹（あかぎれ）

共通する意味★寒さで、手足の皮膚が乾燥して荒れ、割れ目ができること。また、その割れ目。【英】*chaps*

使い方▼〔皹（ひび）〕▽寒さで手にひびがきれた　〔皹（あかぎれ）〕▽あかぎれの手が痛む

使い分け「ひび」は、細かい割れ目、「あかぎれ」は、中が赤く見えるくらい深くできた割れ目をいう。

0 12-04 皺（しわ）

【関連語】◆（小皺）こじわ◆（烏の足跡）からすのあしあと

意味★皮膚の表面がたるんだ結果できた筋目。【英】*wrinkles*

使い方▼〔皺〕▽額にしわをよせて考え込む▽顔にしわが増える

◆皮膚にかぎらず、「紙がしわになる」「ズボンにしわが寄る」のように、紙、布の表面が縮んでできた細かい筋目もいう。

【関連語】◆（小皺）皮膚や着物にできる細かい筋目。「目じりの小じわ」「シャツに小じわができた」◆（烏の足跡）中年近くになった女性の目じりにできる小じわの俗称。

0 12-05 毛（け）／体毛（たいもう）

【関連語】◆（身の毛）みのけ

共通する意味★人や動物の皮膚をおおう細かい糸状の物。【英】*hair; fur*（獣毛）

使い方▼〔毛〕▽毛が生える▽猫の毛が抜ける　〔体毛〕▽体毛をそる▽体毛の長くきれいな犬

使い分け【1】「体毛」は、少し硬い表現。一般には「毛」を使う。【2】「毛」は動物ばかりでなく、「タンポポの毛」のように植物についてもいう。【3】「毛」は、「毛を染める」のように人間の頭髪もいうが、「体毛」は、頭髪にはいわない。

【関連語】◆（身の毛）体に生えている毛の意だが、「身の毛がよだつ」の形で、恐ろしさのために、体の毛が立つ意で使われることが多い。

参照▼毛⇒719-08

0 12-06 産毛（うぶげ）／にこ毛（げ）

共通する意味★細く柔らかく短い毛。【英】*down*

使い方▼〔産毛〕▽ほおのうぶ毛をそる　〔にこ毛〕▽にこ毛に包まれた子犬

使い分け【1】「産毛」は、ほお、うなじなどのごく柔らかい毛をさすほか、生まれたばかりの赤ん坊にすでに生えている髪の毛、また、植物の若芽などに生えている柔らかな毛もさす。【2】「にこ毛」は、人間にはあまり使わない。

0 12-07 毛深い（けぶかい）／毛むくじゃら（けむくじゃら）／多毛（たもう）

共通する意味★体に毛が多く濃いさま。【英】*hairy*

使い方▼〔毛深い〕（形）▽手足が毛深い人　〔毛むくじゃら〕（名・形動）▽毛むくじゃらの手▽胸が毛むくじゃらだ　〔多毛〕▽多毛質▽多毛症

使い分け【1】「毛深い」が、一般的な言い方で、「毛むくじゃら」は、いかにも毛だらけのさまを表わし、少しくだけた語。【2】「多毛」は、病理上の状態を意味するが、少し硬い言い方。

0 13 …成長

0 13-01 成長（せいちょう）／生長（せいちょう）／発育（はついく）／成育（せいいく）／生育（せいいく）

共通する意味★人間や動物、植物などが育って大きくなること。

使い方▼〔成長〕スル▽すくすく成長した子供▽人間が一回り成長した　〔生長〕スル▽苗の生長が早い　〔発育〕スル▽赤ちゃんの発育は順調だ▽発育盛り▽発育不全　〔成育〕スル▽青少年の健全な成育を図る▽稚魚が成育する　〔生育〕スル▽植物の生育に適した土壌▽稲の生育が悪い

	子□の早い	□不良	植物□がいい	□した体	精神的に□する
成長	○	△	-	○	○
生長	△	△	○	△	△
発育	○	○	△	-	-
成育	○	○	-	-	-
生育	△	○	○	-	-

使い分け【1】「成長」は、人間や動物のほかに、「日本経済の成長はめざましい」のように組織、経済など広い範囲に使う。【英】*growth*【2】「生長」「生育」は、主として植物に、「発育」「成育」は、動物に使われる。【英】*development*(生育)【3】「生育」は、「稚魚を生育する」のように他動詞としても使う。

O13-02 育（そだ）つ

意味★生物が大きくなったり成熟したりしていく。また、能力や技術、人格、情操などが、好ましい方向に伸びていく意でも用いられる。【英】*to grow*

使い方▼〔育つ〕(タ五)▽寝る子は**育つ**▽庭の草木がよく**育っ**ている▽後継者が**育っ**てきた▽若手が**育つ**▽愛情が**育つ**

O13-03 育（そだ）てる／育（はぐく）む／養（やしな）う／培（つちか）う

共通する意味★手をかけて、生物の成長を助ける。

使い方▼〔育てる〕(タ下一)▽子供を六人も**育て**た▽植木を**育てる**　〔育む〕(マ五)▽新しい生命を**はぐくむ**▽親鳥がひなを**はぐくむ**　〔養う〕(ワ五)▽牛馬を**養う**▽妻子を**養う**　〔培う〕(ワ五)▽苗木を大切に**培う**

	子供を□	親を□	草花を□	子亀を□
育てる	○	-	○	○
育む	○	-	△	△
養う	○	○	-	-
培う	-	-	○	-

使い分け【1】「育てる」は、人間、動物、植物から、「日本の文化を育てる」のように、抽象的なものまで広く用いられる。【英】*to bring up; to raise*【2】「育（はぐく）む」は、元来、親鳥がひなを大事に育てる意で、大切に、やさしく育てる意で使われる。「夢を育む」のようにも使われる。【3】「養う」は、食物や衣服を与えて、生活の面倒を見る場合にもいい、植物や文化などには使わない。「病気を養う」は療養する意。【4】「培う」は、植物を大切に育てる意。「創造力を培う」のように、人の意志、体力、精神力などを育成する場合にも使う。文章語的。【英】*to cultivate*

O13-04 育（そだ）て上（あ）げる／養成（ようせい）／育成（いくせい）

【関連語】◆(薫陶)くんとう

共通する意味★りっぱに育てる。【英】*to bring up; to educate*

使い方▼〔育て上げる〕(ガ下一)▽わが子を**育て上げる**▽一流の選手に**育て上げる**　〔養成〕スル▽教師を**養成**する学校▽後継者を**養成**する　〔育成〕スル▽人材を**育成**する▽青少年の健全な**育成**を図る▽事業の**育成**に努める

使い分け【1】「育て上げる」は、一人前に育てる意。人間または動物にしか用いない。【2】「養成」は、技術や知識を与え、訓練して一定の水準以上にすること。「体力を養成する」のようにも用いる。【3】「育成」は、育てた結果を重視した言い方。

【関連語】◆(薫陶)スル香をたいて香りを染み込ませ、また、粘土を焼いて陶器を作る意から、すぐれた人格によって子供や弟子に影響を与え、りっぱに教育すること。改まった言い方。「薫陶よろしきをえる」

O13-05 育児（いくじ）／子育（こそだ）て／保育（ほいく）／養育（よういく）／愛育（あいいく）

【関連語】◆(訓育)くんいく◆(守り)もり

共通する意味★子供などを養い、育てること。【英】*childcare*

使い方▼〔育児〕▽**育児**に専念する▽**育児**休暇　〔子育て〕▽**子育て**が終わった女性▽**子育て**に専念する　〔保育〕スル▽幼児を**保育**する▽**保育**園▽三年**保育**　〔養育〕スル▽離婚後の子供の**養育**について話し合う▽他人の子供を**養育**する　〔愛育〕スル▽母の**愛育**に報いる▽一人娘を**愛育**する

	□に励む	□に追われる	蝶（ちょう）よ花よと□する	□期間が終わる
育児	○	○	-	○
子育て	○	○	-	○
保育	○	△	-	○
養育	○	△	△	○
愛育	△	-	○	-

使い分け【1】「育児」「子育て」は、主として、家庭で行われるものをさし、「保育」は、保育園など施設でのものをさす。【2】「育児」「子育て」は、同じように使われることも多いが、「育児」は、おむつを交換する、乳を与える、しつけをするなど具体的なことをいう場合が多い。一方、「子育て」は、「仕事と子育ての両立に悩む」のように抽象的、概念的にとらえることも多い。【3】「養育」は、実子ではない子を育てるような特殊な場合に用いることが多く、一般の家庭で実子を育てる場合には、あまり使わない。【4】「愛育」は、かわいがって育てることをいう。

【関連語】◆(訓育)スル社会生活に必要な心がけや知識を教えて育てることで、主に学校の教師などが、児童・生徒を教育する場合に使う。「子女を訓育する」◆(守り)子供の面倒をみること。また、その人。「孫の守り」

O13-06 飼（か）う／飼育（しいく）

【関連語】◆(子飼い)こがい

共通する意味★動物を養い育てる。【英】*to raise; to rear*

使い方▼〔飼う〕(ワ五)▽犬を飼う▽亀(かめ)を飼う　〔飼育〕スル▽豚を飼育する▽飼育法

使い分け　二語とも、一般的に広く用いられる。

【関連語】◆(子飼い)動物だけでなく、「子飼いの弟子」のように、人を初歩の段階から教育することにもいう。

0 13-07 授乳(じゅにゅう)／哺乳(ほにゅう)

共通する意味★乳児に乳を飲ませること。【英】*to suckle*

使い方▼〔授乳〕スル▽三時間おきに授乳する▽授乳期　〔哺乳〕スル▽哺乳瓶▽哺乳動物

使い分け【1】「授乳」は、単に乳児に乳を飲ませること。母乳だけでなく、人工栄養のミルクの場合もいう。【2】「哺乳」は、乳を飲ませて育てること。

0 13-08 巣立ち(すだち)／巣離れ(すばなれ)

共通する意味★ひな鳥が成長して、巣から外の世界へ飛び出していくこと。【英】*to start in life*

使い方▼〔巣立ち〕▽ひな鳥の巣立ちの時　〔巣離れ〕スル▽小鳥たちが巣離れする

使い分け「巣立ち」は、親元を離れ、または学業を終えて社会に出ることにもいう。

0 13-09 過保護(かほご)／温室育ち(おんしつそだち)／おんば日傘(ひがさ)

共通する意味★きわめて大事に育てること。

【英】*overprotectiveness*

使い方▼〔過保護〕(形動)▽過保護な親▽過保護に育てられる　〔温室育ち〕▽温室育ちの世間知らず　〔おんば日傘〕▽おんば日傘で育つ

使い分け【1】三語とも、必要以上に大切に育てられることをいう。【2】「おんば日傘」は、乳母(おんば)をつけたり、外出に日傘をさしたりというように、ちやほやしながら育てる意から。「おんばひからかさ」ともいう。

0 14 …呼吸

0 14-01 呼吸(こきゅう)／息(いき)

【関連語】◆(気息)きそく◆(息の根)いきのね◆(寝息)ねいき◆(息吹)いぶき

共通する意味★空気を吸ったり、吐いたりすること。

【英】*breath*

使い方▼〔呼吸〕スル▽呼吸が困難になる▽深呼吸をする　〔息〕▽息が詰まる▽苦しい息の下から言い残す▽息が切れる▽肩で息をする▽息をひそめる▽虫の息

	□が苦しい	□が止まる	□を吸う	□をはく
呼吸	○	○	－	－
息	○	○	○	○

使い分け【1】「息」は、慣用的な言い方が多い。また、口や鼻を通して呼吸する気体のことをいい、特に、「息が臭い」などのように、肺から体外へ吐き出す空気のことをいうことが多い。【2】「呼吸」「息」には、「呼吸(息)がぴったり合う」などのように、相手と動作を共にするときの調子の意もある。

【関連語】◆(気息)いき、呼吸、また、気持ちの意であるが、文章語で、一般的には「気息奄奄(＝息も絶え絶えなさま)」の形で使われることが多い。◆(息の根)呼吸、また命の意であるが、「息の根を止める(＝殺す)」という言い方が一般的。◆(寝息)睡眠中に吸ったり吐いたりする息。また、その音。【英】*the breathing of a sleeping person*「安らかな寝息を立てる」「寝息を窺(うかが)う」◆(息吹)息を吐くこと。呼吸。転じて、いきいきした気力、生気。「春の息吹」

0 14-02 欠伸(あくび)

意味★疲労、眠けなどのため、思わず口が開いて起こる一種の呼吸運動。【英】*a yawn*

使い方▼〔欠伸〕▽あくびが出る▽あくびをかみ殺す

0 14-03 咳(せき)／しわぶき

【関連語】◆(空咳)からせき◆(咳払い)せきばらい

共通する意味★のどや気管支が刺激されて、急に強く起こる呼気運動。【英】*cough*

使い方▼〔咳〕▽せきがひどくて、苦しい▽せきが続く　〔しわぶき〕▽しわぶきひとつ聞こえない

使い分け【1】「咳」が一般的で、日常的に使われる。【2】「しわぶき」は文章語。「咳」とも書く。【3】二語とも、改まってわざとする場合にもいう。

【関連語】◆(空咳)たんのからまない咳。また、気取りや合図のためなどにわざとする咳にもいう。「空咳をしてマイクに向かう」◆(咳払い)スル改まって、わざと咳をすること。【英】*to give a cough*「咳払いをして話し出す」

0 14-04 噎(む)せる／咳(せ)き込(こ)む

共通する意味★気管の異状で、発作的にせきをする。

【英】*to be choked*

使い方▼〔噎せる〕(サ下一)▽お茶を飲んだらむせてしまった▽煙にむせる　〔咳き込む〕(マ五)▽子供が苦しそうにせきこんでいる▽喘息(ぜんそく)でせきこむ

使い分け【1】「噎せる」は、飲食物や煙などが気管に入って、息が詰まる意を表わす。【2】「咳き込む」は、煙や飲食物などが気管に入り、続けてせきをする意。また、病気などで、せきをたてつづけにするような場合にもいう。

0 14-05 くしゃみ

意味★鼻粘膜の刺激により、反射的に口や鼻から激しく息を吐き出す現象。**【英】** *a sneeze*

使い方▼〔くしゃみ〕▽くしゃみが出る

0 14-06 ため息／吐息／嘆息

共通する意味★悩み、苦しみ、心配事があるとき、がっかりしたとき、感動したときなどに思わず出る長い息。**【英】** *a sigh*

使い方▼〔嘆息〕スル

	□をもらす	□が出る	□をつく	天を仰いで□する
ため息	○	○	○	－
吐息	○	△	○	－
嘆息	○	△	－	○

使い分け「ため息」が日常的に広く使われる。「吐息」「嘆息」は文章語的な言い方。

0 14-07 虫の息／青息吐息

共通する意味★弱々しく、苦しそうな息づかい。**【英】** *to be breathing faintly*

使い方▼〔虫の息〕▽車にひかれた犬は虫の息だった〔青息吐息〕▽経営が苦しくて青息吐息だ

使い分け【1】「虫の息」は、弱り果てて、死にそうな息づかいにいう。【2】「青息吐息」は、生理的な状態というよりは、精神的に追いつめられ余裕のない状況を比喩的にいう語。

0 14-08 げっぷ／おくび

共通する意味★食べすぎたときなどに、胃の中から口に出てくるガス。**【英】** *a belch*

使い方▼〔げっぷ〕▽食事中にげっぷをするなんて、行儀が悪い　〔おくび〕▽彼は秘密を知っていながらおくびにも出さない

使い分け【1】「げっぷ」の方が一般的に用いられる。【2】「おくび」は、「おくびにも出さない」の形で、全然それらしい様子を見せないという意で使われることが多い。「噯」とも書く。

0 14-09 しゃっくり

意味★横隔膜がけいれん性の収縮を起こし、声門が突然開いて音を出す現象。**【英】** *a hiccup*

使い方▼〔しゃっくり〕▽しゃっくりが止まらない

0 14-10 吸う／吸入

【関連語】◆(吸飲)

共通する意味★気体、液体などを、鼻や口から体内に引き入れる。**【英】** *to inhale*

使い方▼〔吸う〕(ワ五)▽窓を開けて新鮮な空気を吸う▽ストローをさして果汁を吸う▽タバコを吸う〔吸入〕スル▽薬を吸入する▽酸素吸入

使い分け【1】「吸う」は、「都会の空気を吸う」のように経験する意でも用いられる。また、「湿気を吸う」のように、吸収する意でも用いられる。【2】「吸入」は、特に病気の治療のために、薬物、酸素などを口から吸い込ませることをいう。

【関連語】◆(吸飲)スル吸って飲むこと。「シンナーの吸飲をやめさせる」

参照▼吸う⇒106-19

0 14-11 吸引／吸い込み

【関連語】◆(吸収)

共通する意味★吸い込むこと。**【英】** *to inhale*

使い方▼〔吸引〕スル▽ポンプで水を吸引する▽吸引力　〔吸い込み〕▽シリンダー内への吸い込みが悪い▽吸い込みのよい掃除機

使い分け【1】「吸引」は、人を引きつけることにもいう。「観光客を吸引する」【2】「吸い込み」は、排水などを吸い込ませる穴にもいう。「吸い込みを清掃する」

【関連語】◆(吸収)スル外部のものを内に吸い取ること。また、取り入れて自分のものにすること。「土地が水を吸収する」「外国文化の吸収に努める」

0 14-12 吐く／吹く

共通する意味★口から呼気やその他のものを出す。**【英】** *to spit*

使い方▼〔吐く〕(カ五)▽大きく息を吐く▽道端につばを吐く　〔吹く〕(カ五)▽ろうそくの火を吹いて消す▽ラッパを吹く

使い分け【1】「吐く」は、意識するしないにかかわらず口からものを外に出す意。呼気のほかに、つば、たん、胃の内容物、口の中に入った異物など、出されるものはなんでもよい。また口に出してものをいうことや、物体が何かを出すことを比喩的にいう。「弱音を吐く」「煙を吐いてSLが走る」【2】「吹く」は、口をすぼめて勢いよく呼気やものを出す意。意識的な動作として行われることが多い。また、その勢いのよさから、「大ぼらを吹く」のように、比喩

的に用いられることもある。**参照**▼吹く⇒7̄13-50

O15…分泌物

O15-01 分泌（ぶんぴつ）

意味★生物(の細胞)が生きていくために必要な液を作り出し、器官(細胞)から外へ出すこと。「ぶんぴ」とも。**【英】** *secretion*

使い方▼〔分泌〕スル▽胃液を分泌する

O15-02 つば／唾液（だえき）／よだれ

【関連語】◆(つばき)◆(生つば)なまつば◆(かたず)

共通する意味★唾液腺（だえきせん）から口の中に分泌される、消化酵素を含んだ液。**【英】** *spit; spittle*

	□が出る	□を吐く	□の分泌	□をたらす
つば	○	○	-	-
唾液	○	-	○	-
よだれ	○	-	-	○

使い分け【1】「つば」は、「つばを付ける」の形で、他人に取られないように前もってかかわりを付けておくの意でも使われる。【2】「唾液」は「つば」の改まった言い方。【3】「よだれ」は、口の外に流れ出る「つば」のこと。【4】「つば」は「唾」、「よだれ」は「涎」とも書く。

【関連語】◆(つばき)「つば」と同意であるが、やや文章語的。「唾」とも書く。◆(生つば)すっぱいものや、おいしそうなものを見たり、思い浮かべたりしたときなどに、自然に口の中に出るつば。「思わず、生つばを飲み込む」◆(かたず)事の成り行きを心配して緊張したときなどに出るつば。「固唾」とも書く。「試合の行方にかたずを飲む」

O15-03 反吐（へど）／嘔吐（おうと）

【関連語】◆(吐瀉)としゃ◆(げろ)

共通する意味★食べたものを吐き戻すこと。**【英】** *vomit*

使い方▼〔へど〕▽顔を見ただけでへどが出そうだ▽へどを吐くほど飲んでしまった 〔嘔吐〕スル▽激しく嘔吐する▽悪臭に嘔吐をもよおす

使い分け【1】「反吐」は、多く、吐いた物のことをいう。【2】「へどが出る」「嘔吐をもよおす」は、不愉快であるという意でも用いる。

【関連語】◆(吐瀉)スル吐いたり、下痢したりすること。「吐瀉物」◆(げろ)「へど」をいう俗語。「酒に酔ってげろを吐く」

O15-04 汗（あせ）

【関連語】◆(汗水)あせみず◆(脂汗)あぶらあせ◆(冷汗)ひやあせ◆(寝汗)ねあせ◆(盗汗)とうかん

意味★動物の皮膚上にある汗腺から出る、塩分などを含む分泌液。**【英】** *sweat; perspiration*

使い方▼〔汗〕▽汗をかく▽手に汗を握る

【関連語】◆(汗水)水のように流れ出る汗。「汗水流して働く」◆(脂汗)苦しいときや緊張したときなどに出るべっとりした汗。**【英】** *greasy sweat* 「あまりの痛さに脂汗が流れた」◆(冷汗)恥ずかしいとき、恐ろしいときなどに出る、つめたく感じられる汗。**【英】** *a cold sweat* 「せりふを間違えて冷汗をかいた」◆(寝汗)眠っているときに出る病的な汗。**【英】** *night sweat* 「明け方寝汗をかいた」◆(盗汗)「寝汗」のことをいう文章語。

O15-05 汗する（あせする）／汗ばむ（あせばむ）

【関連語】◆(発汗)はっかん◆(流汗)りゅうかん

共通する意味★汗を流す。**【英】** *to sweat; to perspire*

使い方▼〔汗する〕(サ変)▽額に汗して働く▽汗して得た報酬 〔汗ばむ〕(マ五)▽じっとしていても汗ばむような陽気

使い分け【1】「汗する」は、多く、一生懸命努力するさまにいう。【2】「汗ばむ」は、汗でじっとりする意。**【英】** *to be slightly sweaty*

【関連語】◆(発汗)スル主に医学で、汗をかくこと。「就寝中に発汗が見られる」「発汗剤」◆(流汗)流れ出る汗。多く、「流汗淋漓（りんり）(=汗がしたたり落ちるさま)」の形で使われる。

O15-06 汗（あせ）だく／汗（あせ）まみれ／汗（あせ）みずく／汗（あせ）みどろ

【関連語】◆(汗染みる)あせじみる

共通する意味★汗にひどくぬれたさま。**【英】** *all of a sweat*

使い方▼〔汗だく〕(形動) 〔汗まみれ〕(形動) 〔汗みずく〕(形動) 〔汗みどろ〕(形動)

	炎天下で□になる	□の上半身	□のシャツ	苦情の応対に□だ	□の奮闘
汗だく	○	○	-	○	-
汗まみれ	○	○	○	-	○
汗みずく	○	○	-	-	○
汗みどろ	○	○	△	-	○

使い分け【1】「汗だく」は、人がひどく汗をかいているさまをいうが、「汗まみれ」は、人ばかりでな

く、人が身につけていた物までも汗に汚れたさまをいう。【2】「汗みずく」は、汗で体の表面が水に浸ったようにぬれているさまをいう。【3】「汗みどろ」も、汗にひどく汚れたさまをいうが、「汗まみれ」とは違い、物に対しては使いにくい。【4】いずれも忙しく働いたり、激しい運動をしたりするさまをいう。しかし、「汗まみれの青春」「汗みずくの奮闘」「汗みどろの戦い」という言い方には、なかなか辛く大変なことというニュアンスがあるが、「汗だく」にはこのような深刻なニュアンスはあまりない。

【関連語】◆**(汗染みる)**(マ上一)衣服などが汗で汚れる。「汗染みたシャツ」

0 15-07 垢

意味★汗や体の脂などとほこりやちりが混じって体の表面にたまる汚れ。**【英】***dirt*

使い方▼**〔垢〕**▽風呂につかって体のあかを落とす▽あかだらけのシャツ

◈「浮世のあか」のように、物事の汚れ、俗塵の意味もある。また、水中の不純物が底に沈み、固まりついた物もいう。

0 15-08 垢染みる／油染みる

共通する意味★よごれが染み付いてきたなくなる。

【英】*to be stained with dirt*

使い方▼**〔垢染みる〕**(マ上一)▽あか染みた顔▽ワイシャツのえりが黒くあか染みている　**〔油染みる〕**(マ上一)▽油染みた作業着▽ズボンが油染みて、てかてか光っている

使い分け「油染みる」は、汗や脂のほかに、油類でよごれることにもいう。

0 15-09 手垢／手沢

共通する意味★手でさわったためについた汚れ。

【英】*well-thumbed*(手あかのついた)

使い方▼**〔手垢〕**▽十年も使って手あかのついたかばん　**〔手沢〕**▽手沢がしみ込む

使い分け「手沢」の方が古く改まった表現。汚れがついていなくても、「手沢本(＝故人が愛読した本。また、書き込みなどのある本)」などのように、故人が身の回りにおいて愛用した物の意味でも使う。

0 15-10 耳垢／耳糞

共通する意味★外耳の表皮がはがれた物などが固まって、耳のあなにたまるもの。**【英】***earwax*

使い方▼**〔耳垢〕**▽耳かきで耳あかを取る　**〔耳糞〕**▽大事な話だから耳くそをほじってよく聞け

使い分け「耳糞」のほうが俗語的な言い方。

0 15-11 歯垢／歯糞／歯石

共通する意味★歯の表面に付着した食べ物のかす。

【英】*tartar*

使い方▼**〔歯垢〕**▽歯垢がたまる　**〔歯糞〕**▽歯糞を落とす　**〔歯石〕**▽歯石をとる

使い分け【1】「歯垢」「歯糞」は、歯列のくぼみなどにたまった食物のかすを栄養とする微生物が歯の表面に着生したもので、長期間たつと「歯石」となる。「歯糞」は俗語的な言い方。【2】「歯石」は、歯に付着した歯垢が石灰化したもの。

0 15-12 目脂／目糞

【関連語】◆**(目垢)**

共通する意味★目から出る粘液。また、それが固まったもの。**【英】***gum*

使い方▼**〔目脂〕**▽目やにがたまる　**〔目糞〕**▽目くそ鼻くそを笑う(＝自分の欠点には気がつかないで、他人の同じような欠点をあざわらう)

使い分け「目糞」は俗語的な言い方。

【関連語】◆**(目垢)**「目やに」を目の垢にたとえた表現。

0 15-13 洟／鼻汁／鼻水

【関連語】◆**(青っぱな)**◆**(水っぱな)**◆**(鼻糞)**

共通する意味★鼻の穴の粘膜から出る粘り気のある液。**【英】***snivel*

使い方▼**〔洟〕**▽洟が出ていますよ▽ちり紙で洟をかむ　**〔鼻汁〕**▽鼻汁をたらした子▽鼻汁をふき取る　**〔鼻水〕**▽スギ花粉の季節になると鼻水がとまらなくなる

使い分け【1】「洟」は、「鼻汁」も「鼻水」もまとめていう語。【2】「鼻水」は、「鼻汁」の中でも水気の多いものをいう。

【関連語】◆**(青っぱな)**子供などがたらす緑色がかった鼻汁。「あおばな」ともいう。◆**(水っぱな)**水分が多く、粘り気の少ない鼻汁。◆**(鼻糞)**鼻の穴の中で鼻汁とほこりが混じって固まったもの。

参照▼鼻⇒005-01

0 15-14 乳／おっぱい

【関連語】◆**(母乳)**

共通する意味★哺乳動物が分娩後に子を育てるために乳腺から分泌する白色の液体。

また、乳房のこともいう。【英】*milk; the breasts*

（乳房）

使い方▼〔乳〕▽毎日やぎの乳をしぼって飲む▽赤ん坊が母の乳を欲しがる　〔おっぱい〕▽さあおっぱいをたくさんお飲み▽子どもは泣き疲れ母のおっぱいに触れながら寝た

使い分け【1】「ちち」は、「ち(乳)」を重ねた語。【2】「おっぱい」は、幼児語、または、俗語的な言い方。

【関連語】◆(母乳)母親の乳。「母乳で育てる」

O15-15 膿／膿汁

共通する意味★化膿したところから出る液。黄白色で不透明の液。【英】*pus*

使い方▼〔膿〕▽うみのたまった傷▽うみを出す　〔膿汁〕▽膿汁が出る

使い分け「膿」は、「業界のうみを出す」のように、比喩的に、組織を害するものの意でも使われる。「膿汁」は文章語。

O16…排泄物

O16-01 うんこ／便／大便／糞／ばば／糞／糞便

【関連語】◆(人糞)

共通する意味★食べ物が消化、吸収された残りが、肛門から排泄されたもの。【英】*excrement(s)*

使い分け【1】「うんこ」が最も日常的に使われる。幼児語的、俗語的な言い方。「うんち」ともいう。【2】「便」「大便」は、主として医学用語として使われる。【3】「くそ」「ばば」は、俗語的な言い方。【4】「ふん」は、ふつう動物のものに使われる。【5】「糞便」は、改まった言い方。

【関連語】◆(人糞)人間の大便。

参照▼便⇒519-05

O16-02 排便／脱糞／通じ／便通

【関連語】◆(快便)

共通する意味★大便をすること。【英】*to move the bowels*

使い方▼〔排便〕スル▽この四日間排便がない▽排便時に出血する　〔脱糞〕スル▽猫が路上で脱糞する　〔通じ〕▽今日はまだ通じがない▽通じ薬　〔便通〕▽毎日朝に便通がある

使い分け【1】一般には「排便」が多く使われる。【2】「脱糞」「便通」は文章語的。「通じ」は、やや上品な言い方。

【関連語】◆(快便)便秘などしないで、気持ちよく大便が出ること。「快食快便を心がける」

O16-03 用便／用足し

【関連語】◆(排泄)

共通する意味★大小便をすること。【英】*to excrete*

使い方▼〔用便〕スル▽用便をすます▽出勤前に用便する　〔用足し〕スル▽用足しに行く▽ちょっと用足ししてきます

使い分け【1】「用便」は、改まった場で使うことが多い。【2】「用足し」は婉曲な表現で、本来は、「町へ用足しに行く」のように用事を済ませることにいう。

【関連語】◆(排泄)スル生体が栄養をとったあとの不要な物や有害物質を体外に出すこと。「排泄物(＝大小便)」

O16-04 小便／小水／尿／おしっこ

共通する意味★膀胱から尿道を通って、体の外に出される液体。【英】*urine*

使い方▼〔小便〕スル▽小便をもらす▽小便に立つ　〔小水〕▽小水が近い▽検査のため小水を採る　〔尿〕▽尿結石　〔おしっこ〕▽お母さん、おしっこ

使い分け【1】「小便」「おしっこ」は、尿を体外に排出することにもいう。【2】「小水」は、やや上品な言い方。【3】「尿」は、主として医学用語として使われる。【4】「おしっこ」は幼児語的、俗語的な言い方。

O16-05 放尿／排尿

共通する意味★小便をすること。【英】*to urinate*

使い方▼〔放尿〕スル▽戸外で放尿する▽放尿禁止　〔排尿〕スル▽排尿時、痛みがある▽便器に排尿する

使い分け「排尿」は、医学用語として使われることが多い。

O16-06 粗相／失禁／おもらし／垂れ流し／遺尿／寝小便／おねしょ

共通する意味★大小便をもらすこと。【英】*to wet the bed (at night)*

使い方▼〔粗相〕スル▽子供が粗相して下着をよごす　〔失禁〕スル▽あまりの恐怖で失禁する　〔おもらし〕▽おもらしをしてしかられる　〔垂れ流し〕▽老衰して垂れ流しの状態だ　〔遺尿〕▽遺尿症　〔寝小便〕▽寝小便が直らない　〔おねしょ〕▽おねしょでふとん

を濡らす

使い分け【1】「粗相」は遠回しな言い方。「失禁」は医学用語。「おもらし」「おねしょ」は幼児語。【2】「垂れ流し」は、比喩（ひゆ）的に工場排水などにも使う。【3】「遺尿」「寝小便」「おねしょ」は睡眠中に小便をもらすこと。

参照▼粗相⇒114-20

O16-07 屎尿（しにょう）／糞尿（ふんにょう）／おわい

共通する意味★大便と小便。【英】*excreta*

使い方▼〔屎尿〕▽屎尿を処理する▽屎尿汚水　〔糞尿〕▽糞尿を肥料とする　〔おわい〕▽おわいを桶（おけ）に入れて運ぶ

使い分け【1】「屎尿」は人間に、「糞尿」は動物に使うことが多い。【2】「おわい」は、「汚穢」とも書き、もともとけがれよごれていることの意。

O17…病気・怪我

O17-01 病気（びょうき）／病（やまい）／疾病（しっぺい）／疾患（しっかん）／患（わずら）い／障（さわ）り

【関連語】◆〔病魔〕（びょうま）◆〔持病〕（じびょう）

共通する意味★体に異常が起こり、正常に機能しなくなる状態。【英】*disease; illness*

使い方▼〔病気〕▽病気になる▽病気がなおる▽病気がうつる　〔病〕▽病に倒れる▽病に冒される▽病は気から　〔疾病〕▽近年、新しい疾病が増加した▽疾病保険　〔疾患〕▽成年男子に特有の疾患▽胸部疾患　〔患い〕▽長の患い▽恋患い　〔障り〕▽お障りもなくお過ごしですか

	＿にかかる	＿もなく過（ご）す	＿がちの生活	重い＿
病気	○	○	○	○
病	○	○	○	○
疾病	△	△	－	○
疾患	△	△	－	○
患い	－	△	○	○
障り	－	○	－	－

使い分け【1】「病気」が一般的な語。「病」「患い」「障り」は和語で、やや古めかしい言い方。「疾病」「疾患」は「病気」の改まった言い方。【2】「病気」は植物などの場合にも使う。また、「また彼の病気が始まった」のように、人の悪い癖や行状についていうこともある。

【関連語】◆〔病魔〕病気をひき起こさせるという魔物。転じて、病気。「病魔に冒される」◆〔持病〕完全に治らず、常にまたは周期的に起きる病気。「ぜんそくの持病に悩まされる」

参照▼障り⇒519-07　持病⇒201-17

O17-02 急病（きゅうびょう）／急患（きゅうかん）

共通する意味★突然に起こる病気。【英】*a sudden illness*

使い方▼〔急病〕▽旅先で急病にかかる▽急病人　〔急患〕▽急患を診察する

使い分け「急患」は、医師、病院など治療する側から見た、「急病人」のことをいう。

O17-03 大病（たいびょう）／重病（じゅうびょう）／重症（じゅうしょう）／重患（じゅうかん）／大患（たいかん）

共通する意味★症状の重い病気。【英】*a serious illness*

使い方▼〔大病〕▽若いころ大病をわずらった　〔重病〕▽重病で命も危ない▽重病人　〔重症〕▽重症の患者が運びこまれた　〔重患〕▽重患で緊急に手術が必要だ　〔大患〕▽治癒の見込みがない大患

使い分け【1】「大病」「重病」は病気のみにいうが、「重症」はけがについてもいう。【2】「重患」「大患」は、「重病」「大病」の意の文章語。【3】「重患」は、重い病気にかかった患者の意でも使われる。

反対語▼重症⇔軽症

O17-04 難病（なんびょう）／業病（ごうびょう）／死病（しびょう）／悪疾（あくしつ）

共通する意味★治りにくい病気。【英】*an incurable disease*

使い方▼〔難病〕▽難病を克服する▽難病が治癒した　〔業病〕▽業病にとりつかれる　〔死病〕▽かつて死病といわれた病気　〔悪疾〕▽悪疾に悩む▽悪疾を根治する

使い分け【1】「難病」は、治療の困難な病気。【2】「業病」は、前世の悪業の報いによって起こるとされた、治りにくい病気。【3】「死病」は、死亡率の高い病気。【4】「悪疾」は、たちの悪い治りにくい病気。

O17-05 危篤（きとく）／重体（じゅうたい）

【関連語】◆〔瀕死〕（ひんし）

共通する意味★病気やけがで容体が非常に重いさま。【英】*seriously ill*

使い方▼〔危篤〕▽危篤に陥る▽父危篤の知らせが届く▽危篤状態　〔重体〕▽重体に陥る

使い分け【1】「危篤」は、単に病状が悪いというだけでなく、今にも死にそうな状態である場合をいう。【2】「重体」は、「危篤」ほどではないが、病状が

ひどく悪い場合をいう。「重態」とも書く。

【関連語】◆(瀕死)今にも死にそうなようす。「瀕死の重傷」「瀕死状態にある」

O17-06 多病／病弱／蒲柳の質

共通する意味★体が弱くて、病気によくかかること。**【英】** *sickliness*

使い方▼〔多病〕(名・形動)▽生来多病の身▽才子多病　〔病弱〕(名・形動)▽病弱な子　〔蒲柳の質〕▽蒲柳の質で医者と縁が切れない

使い分け「蒲柳の質」の「蒲柳」は、カワヤナギ(川柳)のこと。カワヤナギは力なく弱々しく、しないなびくところからいう。

O17-07 伝染病／疫病／はやり病

共通する意味★微生物が病気のもとになり次々に他にうつる病気。**【英】** *a contagious disease*

使い分け【1】「伝染病」が一般的に使われる。「疫病」は悪性の伝染病をいう。【2】「はやり病」は、「伝染病」の意のやや古い言い方。

O17-08 病む／患う／罹る

【関連語】◆(寝つく)

共通する意味★病気になる。**【英】** *to fall ill*

使い方▼〔病む〕(マ五)▽胸を病んで入院した▽精神を病む　〔患う〕(ワ五)▽長いこと胸を患っている　〔罹る〕(ラ五)▽重い病に罹る

使い分け【1】「罹る」は、ふつう「病気にかかる」の形で使う。【2】「病む」は、「気に病む」の形で、ひどく気にかけるという意でも使われる。【3】「患う」は、「恋に患う」「思い患う」のように、悩む、心配するという意でも使われる。

【関連語】◆(寝つく)(カ五)病気になって床につくこと。「風邪がもとで寝ついたまま、帰らぬ人となる」

参照▼寝つく⇒I12-05

O17-09 発病／罹病／罹患

共通する意味★病気になること。**【英】** *to fall ill*

使い方▼〔発病〕スル▽過労による発病▽家族が次々と発病する　〔罹病〕スル▽伝染病に罹病した▽罹病率▽罹病者　〔罹患〕スル▽コレラに罹患した人の数▽罹患率▽罹患者

使い分け「発病」が一般的。「罹病」「罹患」はともに硬い言い方で、文章語。

O17-10 冒す／蝕む／害する

共通する意味★傷つけ、損なう。**【英】** *to ruin*

使い方▼〔冒す〕(サ五)▽病に冒される　〔蝕む〕(マ五)▽病にむしばまれた体▽若者の心をむしばむ環境　〔害する〕(サ変)▽健康を害して入院する▽遠慮のないことばに感情を害する

使い分け【1】「冒す」は、多く傷つけ、損なうものを明らかにして、損なわれる側から「…に冒される」という形で用いられる。【2】「蝕む」は、病気や悪習によって、少しずつ体や心が損なわれていく意。【3】「害する」は、損なうものを特に明らかにしなくてもよく、損なわれるものの状態が悪いことに主眼がある。「感情(機嫌)を害する」は、「蝕む」のように精神的な健康状態が悪くなることでなく、単に感情(機嫌)が悪くなることである。

O17-11 病状／症状／容態／病態

共通する意味★病気の様子。**【英】** *the condition of a disease*

使い方▼〔病状〕▽病状を家族に知らせる▽病状は一進一退だ　〔症状〕▽肝臓病特有の症状▽自覚症状　〔容態〕▽容態を注意深く見守る▽容態が悪化した　〔病態〕▽病態の変化を記録する

	□が急変する	□が重い	□が進む	深刻な□	結核の□だ
病状	○	○	○	○	○
症状	○	○	△	○	○
容態	○	○	-	○	-
病態	○	-	-	○	-

使い分け【1】「病状」は、「症状」と「容態」を含めた一般的な病気の様子をいう。【2】「症状」は、病気の種類によって起こる種々の現象(熱が高い、発疹が出る、頭痛がするなど)のことをいう。【3】「容態」は、病気が重いとか、軽いとか、危篤状態であるとかに焦点がある。「ようたい」とも読み、また「容体」とも書く。【4】「病態」は、文章語的な語で、口語ではあまり使われない。

O17-12 病毒／病原／病因／病根

共通する意味★病気の原因になるもの。**【英】** *the course of a disease*

	□をさぐる	□におかされる	□を絶つ	□菌
病毒	△	○	-	-
病原	○	-	○	○
病因	○	-	○	-
病根	○	-	○	-

使い分けいずれの語も、比喩的に、よくないことをもたらすもとという意味でも使われる。

O17-13 感染（かんせん）／伝染（でんせん）

共通する意味★病原体などが体内に侵入し、病気を起こさせること。【英】*to be infected (with)*

使い方▼〔感染〕スル　〔伝染〕スル

	病気の□を予防する	結核に□する	コレラが□する
感染	○	○	－
伝染	○	－	○

使い分け【1】「感染」は、病気になる人の側からいう語であり、「伝染」は病気の側に視点をおいていう語。【2】「感染」は、「悪習に感染する」のように、良くない影響を受けてそれに染まることもいう。【3】「伝染」は、「あくびが伝染する」のように、状態や考え、習慣などが他に移ることもいう。

参照▼伝染⇒916-06

O17-14 保菌者（ほきんしゃ）

【関連語】◆（キャリア）

意味★発病はしていないが、病原菌を体内に持っていて感染源になりうる人。【英】*a germ carrier; a carrier*

使い方▼〔保菌者〕▽コレラの保菌者

【関連語】◆（キャリア）保菌者のこと。もともとは、運び手の意。

O17-15 風邪（かぜ）／感冒（かんぼう）／流行性感冒（りゅうこうせいかんぼう）／インフルエンザ

共通する意味★ウイルスによって、鼻、のど、気管などに炎症が起こり、熱が出たり、下痢、吐き気、全身の痛みなどが起こる病気。【英】*a cold; influenza*

使い方▼〔風邪〕▽風邪をひく▽風邪をこじらす▽風邪は万病のもと　〔感冒〕▽感冒が流行する　〔流行性感冒〕▽流行性感冒を予防する　〔インフルエンザ〕▽インフルエンザの予防注射

使い分け【1】「風邪」は日常生活で使われ、「感冒」は医学用語。【2】「流行性感冒」は略して「流感」ともいう。「インフルエンザ」は「流行性感冒」に同じで、ウイルスによって起こる急性伝染病。

O17-16 食中り（しょくあた）／食中毒（しょくちゅうどく）／食傷（しょくしょう）

【関連語】◆（中毒）ちゅうどく

共通する意味★飲食物中に含まれる有毒物質の摂取により、急性の消化器疾患を起こすこと。【英】*food poisoning*

使い方▼〔食中り〕スル▽古い弁当を食べて**食あたり**する　〔食中毒〕▽梅雨時は**食中毒**が多い▽集団**食中毒**　〔食傷〕スル▽古い折詰を食べて**食傷**する

使い分け「食中り」「食中毒」が一般的に使われる。「食傷」は、「彼の話にはいささか食傷気味だ」のように、同じような物事に接することが多くて飽きることの意に使われることの方が多い。

【関連語】◆（中毒）スル薬物・毒素などが体内に入って機能障害を起こすこと。「中毒症状」「ガス中毒」

参照▼食傷⇒209-61

O17-17 下痢（げり）／腹下り（はらくだり）／腹下し（はらくだし）

共通する意味★胃腸をそこなって、液状または液状に近い糞便（ふんべん）を排泄（はいせつ）すること。【英】*diarrh(o)ea*

使い方▼〔下痢〕スル　〔腹下り〕スル　〔腹下し〕スル

使い分け【1】「下痢」が最も一般的で、話し言葉としても文章語としても用いられる。【2】「腹下り」「腹下し」は、俗語的な言い方。【3】「腹下し」は、下剤の意でも用いられる。

O17-18 傷（きず）／怪我（けが）

【関連語】◆（手傷）てきず◆（生傷）なまきず◆（古傷）ふるきず◆（向こう傷）むこうきず◆（傷病）しょうびょう

共通する意味★皮膚や筋肉などの、裂けたり破れたりしたところ。

使い方▼〔傷〕▽額の傷がうずく　〔怪我〕▽けがの功名（＝失敗や災難と思われたことが、思いがけなく好結果をもたらすこと）

	□は軽くて済んだ	□を負う	□が痛む	すべって□をする
傷	○	○	○	－
怪我	○	－	－	○

使い分け【1】「傷」は、傷ついたところ、「怪我」は、傷つくことに重きをおいていう。【英】*wound*（傷）; *injury; hurt*（怪我）【2】「怪我」の方が「傷」よりも重く大きなものをいう。たとえば、骨折は「怪我」とはいえるが「傷」とはいえない。【3】「傷」は、「柱の傷」のように、動物以外のものにもいえるが、「怪我」は動物についてしか使わない。【4】「きず」は、「創」とも書く。また、「古い傷をあばく」「名誉に傷がつく」「心の傷」のように不名誉なこと、心の痛手などの意にもいう。【5】「怪我」には、「素人が株に手を出すとけがをするぞ」のように、過ち、損失の意もある。

【関連語】◆（手傷）特に戦いで受けた傷をいう。「手傷を負う」◆（生傷）なまなましい傷。新しい傷。「生傷が絶えない」◆（古傷）以前に受けた傷。また、比喩（ひゆ）的に、過去の過失、犯罪などにもいう。「古傷が痛む」「古傷には触れないでくれ」◆（向こう傷）敵と正面から戦って、眉間（みけん）や額（ひたい）などの体の前面に受けた傷。「向こう傷を額に受ける」◆（傷病）傷つくことと、病気になること。「傷病兵」

参照▼傷⇒818-11

0 17-19 外傷(がいしょう)／創傷(そうしょう)／創痍(そうい)

共通する意味★体の外部に受けた傷。【英】*an external wound*

使い方▼〔外傷〕▽外傷を負う▽外傷は認められない〔創傷〕▽背中に創傷を受ける▽二か所に創傷を負う〔創痍〕▽満身創痍

使い分け【1】「外傷」が最も一般に使われる。【2】「創傷」「創痍」は、刃物などで体に受けた傷の意であるが、文章語。特に「創痍」は、「満身創痍」以外、あまり使われない。

0 17-20 擦り傷(すりきず)／擦過傷(さっかしょう)

【関連語】◆(擦りむく)すりむく

共通する意味★こすって、すりむけた皮膚の傷。【英】*abrasion*

使い方▼〔擦り傷〕▽ころんで、擦り傷をこしらえた〔擦過傷〕▽軽い擦過傷で、全治三日と診断される。

使い分け【1】「擦り傷」は日常語として使われる。【2】「擦過傷」は医学用語。

【関連語】◆(擦りむく)(カ五)物に擦りあてて外皮をむく。「ころんで膝(ひざ)を擦りむく」

0 17-21 打ち身(うちみ)／打ち傷(うちきず)／打撲傷(だぼくしょう)／挫創(ざそう)

共通する意味★物にぶつかったり、打たれたりして皮下組織にできた傷。【英】*bruise*(打ち身); *sprain*(挫創)

使い分け【1】「打ち身」が一般的な語。【2】「挫創」は、医学上の用語。皮下組織だけでなく、皮膚の表面に損傷のある場合もいう。

0 17-22 脱臼(だっきゅう)／骨折(こっせつ)／捻挫(ねんざ)／挫く(くじく)

共通する意味★外から無理な力を加えられることなどにより、骨・関節などをいためること。【英】*dislocation*

使い方▼〔脱臼〕スル▽肩を脱臼する▽股関節脱臼〔骨折〕スル▽転んで足を骨折した▽右大腿部(だいたいぶ)骨折〔捻挫〕スル▽転んで足首を捻挫した〔挫く〕(カ五)▽滑って足首を挫いた

使い分け【1】「脱臼」は、関節がはずれること。骨頭が関節腔(こう)からはずれることによって起こる。【2】「骨折」は、骨が折れること。【3】「捻挫」「挫く」は、関節に無理な力が加わることにより、内部や周囲の組織を痛めること。【4】「挫く」は、「出鼻を挫く」「強きを挫き弱きを助ける」のように、勢いや力を打ち砕いて弱める意でも用いる。

参照▼挫く⇒920-08

0 17-23 傷跡(きずあと)／傷痕(しょうこん)

共通する意味★傷のあと。【英】*scar*

使い方▼〔傷跡〕▽頬(ほお)に傷跡のある男〔傷痕〕▽腕に傷痕が残っている

使い分け【1】「傷跡」が日常語として使われる。「傷痕」は文章語。【2】二語とも、「戦火の傷跡(傷痕)が残る街」「心の傷跡(傷痕)」のように、大きな災害などによって受けた影響や、心に受けた痛手のあとなどもいう。

0 17-24 やけど／火傷(かしょう)

共通する意味★火や熱湯などに触れて、皮膚が水ぶくれになったり、ただれたりすること。【英】*a burn*

使い方▼〔やけど〕スル▽ストーブに手を触れてやけどした▽やけどを負う〔火傷〕▽火傷は軽微だった▽火傷の跡

使い分け【1】「やけど」の方が一般的に用いられる。また、「やけどしないうちに株から手を引いた方がよい」のように、失敗したり痛手をこうむることを、比喩(ひゆ)的にいうこともある。【2】「火傷(かしょう)」は、文章語的で、普通にはあまり用いられない。「やけど」は「火傷」とも当てる。

0 17-25 負傷(ふしょう)／手負い(ておい)／傷付く(きずつく)

【関連語】◆(死傷)ししょう

共通する意味★傷を負うこと。【英】*to get* 〔*be*〕 *injured*

使い方▼〔負傷〕スル▽交通事故で負傷した▽負傷者〔手負い〕▽手負いの猪(いのしし)を射止める〔傷付く〕(カ五)▽傷付いた足をかばいながら歩く

使い分け【1】「負傷」が一般的に使われる。比較的大きな怪我(けが)の場合に使うことが多い。【2】「手負い」は古めかしい言い方。【3】「傷付く」は、「心ない言葉に傷付く」のように、人の気持ち、名声、信用などが損なわれるという意味もある。

【関連語】◆(死傷)スル死ぬことと傷つくこと。「多くの乗客が死傷する」「死傷者」

0 17-26 傷付ける(きずつける)／傷害(しょうがい)

【関連語】◆(刃傷)にんじょう

共通する意味★人の体などに傷を負わせる。【英】*to wound; to injure; to hurt*

使い方▼〔傷付ける〕(カ下一)▽刃物で顔を傷付ける〔傷害〕スル▽傷害を加える▽傷害罪

使い分け【1】「傷害」は多く、「傷付ける」よりも大きな怪我(けが)を負わせることをいう。【2】「傷付ける」は、「柱を傷付ける」のように物についてもいうが、「疵付ける」と表記する場合には、「壁を疵付ける」のように、器物などに対して使われることが多い。【3】「傷付ける」は、「自尊心を傷付けられた」のように、人の気持ち、名声、信用などを害するという意味もある。

【関連語】◆(刃傷)刃物で人を傷つけること。「刃傷沙汰に及ぶ」

O17-27 重傷(じゅうしょう)／痛手(いたで)／深手(ふかで)

【関連語】◆(致命傷)ちめいしょう

共通する意味★深い傷。ひどい傷。重い傷。【英】*a serious [severe, heavy] wound*

使い方▼〔重傷〕▽重傷を負う▽全治六か月の重傷 〔痛手〕▽痛手を負う▽痛手を受ける 〔深手〕▽深手を負う▽深手にも屈しない

使い分け【1】「重傷」が一般的に使われる。【2】「痛手」は、「円高による痛手」「失恋の痛手」のように、物質的、もしくは精神的な大きな打撃にもいう。【3】「深手」は和語で、古めかしい言い方。

反対語▼重傷⇔軽傷　深手⇔浅手・薄手

【関連語】◆(致命傷)命にかかわるような重い傷。「頭の傷が致命傷となった」

O17-28 軽傷(けいしょう)／浅手(あさで)／薄手(うすで)

【関連語】◆(無傷)むきず◆(かすり傷)かすりきず◆(軽症)けいしょう

共通する意味★軽い傷。浅い傷。【英】*a slight wound*

使い方▼〔軽傷〕▽全治三日の軽傷 〔浅手〕▽傷は浅手だ、しっかりしろ 〔薄手〕▽薄手を負う▽思ったより薄手だった

使い分け【1】「軽傷」が一般的に使われる。【2】「浅手」「薄手」は和語で、古めかしい言い方。

反対語▼軽傷⇔重傷　浅手・薄手⇔深手

【関連語】◆(無傷)(名・形動)傷のないこと。【英】*to be unwounded* 「幸いに無傷だった」◆(かすり傷)皮膚に受けた軽い傷。「ほんのかすり傷だ」◆(軽症)病気の症状の軽いもの。「軽症の患者」

参照▼薄手⇒809-32

O17-29 発疹(はっしん)／吹き出物(ふきでもの)

【関連語】◆(蕁麻疹)じんましん◆(面皰)にきび

共通する意味★皮膚にできる小さい粒状のできもの。【英】*eruption*

使い方▼〔発疹〕▽顔に発疹がでる▽発疹チフス 〔吹き出物〕▽吹き出物ができる

使い分け「吹き出物」が広い意味で使われる。

【関連語】◆(蕁麻疹)急に皮膚がかゆくなり、赤くふくれた発疹を生じる疾患。◆(面皰)多く、思春期の男女の顔などにできる小さい吹き出物。

O17-30 湿疹(しっしん)

【関連語】◆(汗疹)あせも

意味★皮膚の表面にできる炎症。赤くなったり、ぶつぶつができたりして、かゆみを伴う。【英】*eczema*

使い方▼〔湿疹〕▽湿疹ができやすい体質

【関連語】◆(汗疹)ひどく汗をかいたために皮膚にできるあわ粒ほどの湿疹。「首に汗疹ができる」

O17-31 腫れる(はれる)／浮腫む(むくむ)

【関連語】◆(腫らす)はらす

共通する意味★体またはその一部がふくれる。【英】*to swell*

使い方▼〔腫れる〕(ラ下一)▽突き指をして指がはれた▽へんとう腺がはれる 〔浮腫む〕(マ五)▽腎臓病で顔がむくんでいる▽脚気(かっけ)になると、足がむくんでだるい

使い分け【1】「腫れる」は、炎症、打撲などで、肉体の一部がふくれ上がること。【2】「浮腫む」は、水分などがたまって、体またはその一部がふくれること。

【関連語】◆(腫らす)(サ五)腫れるようにする。「泣いてまぶたをはらす」「なぐられて顔をはらす」

O17-32 かぶれる

意味★皮膚がうるしや薬品などの刺激によって炎症を起こす。【英】*to be poisoned (with)*

使い方▼〔かぶれる〕(ラ下一)▽うるしにかぶれて、顔が真っ赤だ

◆「フランス映画にかぶれる」のように、あるものの影響を受けて、すっかりその風に染まることにもいう。

O17-33 爛れる(ただれる)

意味★皮膚や肉がやぶれくずれる。【英】*to be sore*

使い方▼〔爛れる〕(ラ下一)▽やけどした皮膚がただれてじくじくしてきた

◆「ただれた生活」のように、精神などが健全さを失うという意味もある。

O17-34 膿む(うむ)／化膿(かのう)

共通する意味★傷や腫れ物(はれもの)がうみをもつ。【英】*to fester*

使い方▼〔膿む〕(マ五)▽傷口が膿む 〔化膿〕スル▽やけどの跡が化膿する▽化膿止め

使い分け「膿む」が一般的な語で、「化膿」はやや改まった言い方。

0 17-35 患者(かんじゃ)／病人(びょうにん)

【関連語】◆(クランケ)◆(新患(しんかん))◆(怪我人(けがにん))◆(半病人(はんびょうにん))

共通する意味★病気にかかっている人。**【英】** *a patient*

使い方▼〔患者〕▽患者に付き添う　〔病人〕▽病人のような顔色▽病人を看病する

使い分け「患者」は、病気にかかって治療を受ける人を医師などの側からいうのに対し、「病人」は一般的に病気の人の意味で、広く使う。

【関連語】◆(クランケ)ドイツ語から。主に医師などが使う。「あのクランケは手術が緊急に必要だ」◆(新患)新しく来た患者のこと。病院側で使う。「ここは新患の専用受付だ」◆(怪我人)けがをした人。「怪我人をたんかで運ぶ」◆(半病人)体が弱って病人のようになっている人。「飲まず食わずで半病人のようになる」

0 18 …血液

0 18-01 血(ち)／血液(けつえき)

【関連語】◆(鮮血(せんけつ))◆(生き血(いきち))◆(人血(じんけつ))◆(冷血(れいけつ))

共通する意味★動物の血管内を循環する体液。組織に酸素、栄養物質などを供給し、炭酸ガス、老廃物などを運び去る役目を持つ。**【英】** *blood*

使い方▼〔血〕▽血を流す▽血と汗の結晶▽血の雨を降らす　〔血液〕▽血液の循環▽血液検査

使い分け【1】「血」が一般的な語で、慣用表現が多い。【2】「血液」は、やや改まった言い方。

【関連語】◆(鮮血)体から流れ出たばかりの新しい血。「鮮血がほとばしる」◆(生き血)生きている動物の血。「人の生き血を吸う(＝冷酷な手段で人をひどい目にあわせ、自分の利益を得る)」◆(人血)人間の血液。「人血が飛び散っている」◆(冷血)体温が比較的低いこと。転じて、温情の欠けていることにもいう。**【英】** *cold-bloodedness*「冷血動物」「冷血漢」

参照▼血⇒316-07

0 18-02 血管(けっかん)／血筋(ちすじ)

【関連語】◆(青筋(あおすじ))

共通する意味★体内の血液が流通する管。**【英】** *blood vessel*

使い方▼〔血管〕▽血管が切れる▽毛細血管　〔血筋〕▽体内の血筋を図示する▽血筋が浮いて見える

使い分け【1】「血管」が一般的な語。脊椎(せきつい)動物では、動脈、静脈、毛細血管に分けられる。【2】「血筋」は、「血筋が絶える」「遠い血筋にあたる家」のように、血のつながり、血縁関係の意で使われることが多い。

【関連語】◆(青筋)皮膚をすかして青く見える静脈のこと。**【英】** *(blue) veins*「額に青筋を立てて怒る」

参照▼血筋⇒316-07

0 18-03 動脈(どうみゃく)／静脈(じょうみゃく)／毛細血管(もうさいけっかん)

共通する意味★血管の種類。

使い方▼〔動脈〕▽動脈を流れる新鮮な血▽動脈硬化▽動脈血　〔静脈〕▽静脈が浮いて見える▽静脈注射▽静脈血　〔毛細血管〕▽毛細血管が網目状に広がっている

使い分け【1】「動脈」は、血液を心臓から体の各部に送り出す血管。転じて、「日本の大動脈」のように、重要な交通路にもいう。**【英】** *an artery*【2】「静脈」は、体の末梢(まっしょう)部および肺から心臓へ血液を送りこむ血管。**【英】** *a vein*【3】「毛細血管」は、心臓から出た動脈が次第に細分化し、臓器や組織の中で最も細くなって静脈に移行する部分。**【英】** *a capillary*

0 18-04 鼓動(こどう)／動悸(どうき)／心悸(しんき)

共通する意味★心臓が収縮運動によってどきどきという響きを胸に伝えること。また、その響き。**【英】** *to beat*

使い方▼〔鼓動〕スル▽胸の鼓動が高まる▽心臓が鼓動する　〔動悸〕▽動悸がする▽動悸が激しい　〔心悸〕▽心悸亢進(こうしん)(＝心臓の鼓動が激しくなる症状)

使い分け【1】「動悸」は、心臓の鼓動を不快感をもって自覚する場合に使われることが多い。【2】「心悸」は、「心悸亢進」の形で使われることが多い。

0 18-05 脈搏(みゃくはく)／脈(みゃく)

共通する意味★心臓の鼓動につれて起こる動脈の中の圧力の変動が、末梢(まっしょう)の動脈に伝わったもの。**【英】** *the pulse; pulsation*

使い方▼〔脈搏〕▽脈搏がだんだん弱ってきた▽脈搏数　〔脈〕▽脈を取る▽脈の打ち方が弱い▽脈が早い

使い分け「脈」は、「脈がある(ない)」の形で、前途の望み、先の望みという意味でも使われる。

参照▼脈⇒208-57

O18-06 出血(しゅっけつ)／内出血(ないしゅっけつ)／溢血(いっけつ)

【関連語】◆(鼻血)はなぢ

共通する意味★血液が血管の外に出ること。**【英】***to bleed*

使い方▼〔出血〕スル▽出血が止まらない▽出血多量〔内出血〕スル▽内出血のために皮膚が紫色になった▽打ち身で内出血した〔溢血〕スル▽脳溢血

使い分け【1】「出血」は、傷口や口から血液が出る場合にいう。また、「出血サービス」のように、人員や金銭に犠牲、損害があることも表わす。【2】「内出血」は、体の内部での出血。【3】「溢血」は、点状、または、それより幾分大きい程度の内出血。

【関連語】◆(鼻血)鼻からの出血。**【英】***nose-bleed(ing)*「のぼせて鼻血が出た」

O18-07 血しぶき(ちしぶき)／血糊(ちのり)／血反吐(ちへど)／返り血(かえりち)

【関連語】◆(血煙)ちけむり◆(血潮)ちしお◆(流血)りゅうけつ

共通する意味★体外に出た血のいろいろな状態による名称。

使い方▼〔血しぶき〕▽血しぶきを浴びる▽血しぶきが飛ぶ〔血糊〕▽刀についた血のりをぬぐう〔血反吐〕▽血へどを吐くような猛練習をする〔返り血〕▽返り血を浴びる▽返り血で染まる

使い分け【1】「血しぶき」は、切られたり、突かれたりしたとき、あたりに飛び散る血液。**【英】***blood*【2】「血糊」は、糊のようにねばねばした血。【3】「血反吐」は、胃から吐く血。または血のまじったへど。【4】「返り血」は、刃物で相手を切ったとき、自分の体にはね返ってくる血。

【関連語】◆(血煙)ほとばしる血を煙にたとえた語。「血煙を上げて倒れる」◆(血潮)潮のように流れ出る血。また、体内を潮のように流れる血。「血潮に染まる」「若い血潮が燃える」◆(流血)スル流れる血。また、血を流すこと。**【英】***bloodshed*「流血の惨事」

O18-08 血まみれ(ちまみれ)／血みどろ(ちみどろ)／血だらけ(ちだらけ)

【関連語】◆(血達磨)ちだるま

共通する意味★一面、血に染まる様子。**【英】***blood-stained*

使い方▼〔血まみれ〕(名・形動)〔血みどろ〕(名・形動)〔血だらけ〕(名・形動)

	＿になる	＿の死体	＿の乱闘	＿の凶器
血まみれ	○	○	○	○
血みどろ	○	○	○	-
血だらけ	○	○	-	○

使い分け【1】「血まみれ」は、人体や物などが血に染まった様子から、乱闘などの状態まで広く使えるが、「血みどろ」は、物に対しては使いにくく、また、「血だらけ」は状態、状況の描写などには使いにくい。【2】「血みどろ」は、「血みどろの人生」「血みどろの生活」など比喩(ひゆ)的な意味にも使う。

【関連語】◆(血達磨)全身に血を浴びて、真っ赤なだるまのようになること。「額が割れて血達磨になる」

O18-09 血走る(ちばしる)／充血(じゅうけつ)

【関連語】◆(鬱血)うっけつ

共通する意味★体のある部分の動脈が広がって、血が多量に流れる。**【英】***to become bloodshot*

使い方▼〔血走る〕(ラ五)▽あまりの忙しさに目が血走っている〔充血〕スル▽寝不足で目が充血している

使い分け【1】「血走る」は、主に眼球が充血した状態であるが、生理的な状態というよりは、特に興奮、怒り、熱中したときなどの目の形容として用いる。【2】「充血」は、単なる生理的な状態である。

【関連語】◆(鬱血)スル体の一部に静脈の血が異常に多く流れ、たまること。「首をしめられて、顔が鬱血して紫色になった」

O18-10 血止め(ちどめ)／止血(しけつ)

共通する意味★出血を止めること。**【英】***arrest of bleeding*

使い方▼〔血止め〕▽血止めの薬を塗る▽血止めをつける〔止血〕スル▽止血のために包帯で腕をしばる▽止血剤

使い分け「血止め」は、出血を止める薬もいう。

O19 …妊娠・出産

O19-01 妊娠(にんしん)／懐妊(かいにん)／懐胎(かいたい)／受胎(じゅたい)

【関連語】◆(身重)みおも

共通する意味★胎児を胎内にやどすこと。**【英】***to become pregnant*

使い方▼〔妊娠〕スル▽妻が妊娠した▽妊娠三か月〔懐妊〕スル▽大名の奥方が懐妊した〔懐胎〕スル▽マリア懐胎〔受胎〕スル▽受胎告知

使い分け【1】一般的には「妊娠」を使う。【2】「妊娠」は、出産までの期間をさして使われることも多い。【3】「懐妊」「懐胎」「受胎」は、文章語。

【関連語】◆(身重)妊娠していること。「妻は六か月の身重の体だ」

O19-02 孕(はら)む／宿(やど)す／身籠(みごも)る

共通する意味★受精して、胎児を体内に持つ。妊娠する。**【英】** *to become pregnant*

使い方▼〔**孕む**〕(マ五)▽子をはらんだ大きな腹▽はらんでいる牛 〔**宿す**〕(サ五)▽新しい命を宿す▽胤(たね)を宿す 〔**身籠る**〕(ラ五)▽結婚十年目にしてようやく身籠る

使い分け【1】「宿す」「身籠る」は人に対して使われることが多いが、「孕む」は動物にも使われる。【2】「孕む」は、「矛盾をはらんだ言動」「帆に風をはらむ」のように、内部に含み持つという意味もある。【3】「宿す」は、「大望を宿す」のように内部に含んで持つという意味や、「月影を宿す」のように、とどまらせるという意味もある。

O19-03 産(う)む／産(う)み落(お)とす／出産(しゅっさん)／分娩(ぶんべん)

【関連語】◆(お産)おさん◆(安産)あんざん◆(初産)ういざん

共通する意味★母親が子や卵を母体の外に出し、新しい生命として出現させる。**【英】** *to bear*

使い方▼〔**産む**〕(マ五)▽二十四歳で長男を産んだ▽卵を五個産んだ▽ネズミはほとんど一年中子を産む 〔**産み落とす**〕(サ五)▽母親は子供を産み落とすと力尽きて死んだ▽野良犬が五匹の子犬を産み落とした 〔**出産**〕スル▽出産の準備をする▽妹は今朝女児を出産した 〔**分娩**〕スル▽男児を分娩する▽分娩室

使い分け【1】「産む」は子供や卵だけでなく、「彼のあいまいな態度が誤解をうむもととなった」のように、なんらかの原因がある新しい結果をもたらす場合にも用いられる。子供・卵の場合は「産む」、動物以外の場合は「生む」と書くことが多い。【2】「産む」が、無から有、あるいは目に見えない状態から目に見える状態への変化を問題にするのに対し、「産み落とす」は、子供や卵を胎内から体外へ移動させる具体的な行為を問題にする。また「産み落とす」は、人間の場合、子供に波瀾(はらん)に満ちた人生への新しい一歩を踏み出させるという、運命的な意味合いをもつこともある。【3】「出産する」は、「産む」の改まった言い方。卵やネズミのような小さい動物には普通「出産する」は使わない。【4】「分娩」は、「出産」の医学的な用語。

【関連語】◆(**お産**)子供を産むこと。最もくだけた言い方。「お産が軽くて助かった」「実家に帰ってお産をした」◆(**安産**)スル無事に出産すること。**【英】** *an easy delivery* ⇔難産。「安産のお守り」◆(**初産**)初めて子を産むこと。「しょざん」とも。**【英】** *one's first childbirth*

O19-04 誕生(たんじょう)／生誕(せいたん)／降誕(こうたん)／出生(しゅっしょう)

共通する意味★生まれること。**【英】** *to be born*

使い方▼〔**誕生**〕スル▽初孫が誕生する▽子供たちは子犬の誕生に歓声をあげた 〔**生誕**〕スル▽文豪の生誕の地を訪れた 〔**降誕**〕スル▽神の降誕を予言する▽国を挙げて皇子の降誕を祝った 〔**出生**〕スル▽長男の出生を役所に届けた▽女子より男子が多く出生するようだ

	空海□の地	長女が□する	自分の□の秘密を知る	モーツァルト□二百年祭
誕生	○	○	-	○
生誕	○	-	-	○
降誕	○	-	-	-
出生	○	○	○	-

使い分け【1】「誕生」は、もっとも一般的な語で、人間だけでなく動物にも用いる。また、「この会が誕生してもう十年になる」のように、組織・場所・状態などが新しくできることもいう。【2】「生誕」は、芸術・学問・政治・経済などの各界の著名な人々に用いられることが多い。【3】「降誕」は、神仏・君主・聖人など神聖視される者に用いられる。【4】「出生」は、人間が生まれることを客観的にいい、「出生届」「出生率」「出生地」のように、事務的に用いられることも多い。また、「出生の知れない人」のように、生まれるに至る経緯や生まれた環境、家柄などを表わすこともある。「しゅっせい」ともいう。

反対語▼誕生⇔死去　生誕⇔薨去(こうきょ)・崩御(ほうぎょ)
出生⇔死亡

O19-05 産婦(さんぷ)／妊婦(にんぷ)／妊産婦(にんさんぷ)

共通する意味★出産前後、または、妊娠している婦人。**【英】** *a pregnant woman*

使い方▼〔**産婦**〕▽産婦を見舞う 〔**妊婦**〕▽妊婦のための体操教室 〔**妊産婦**〕▽妊産婦を対象とした洋服を作る

使い分け「産婦」は出産前後の婦人、「妊婦」は妊娠している婦人。「妊産婦」は両方を含む。

O19-06 臨月(りんげつ)／産(う)み月(づき)

共通する意味★出産予定とされる月。**【英】** *the last month of pregnancy*

使い方▼〔**臨月**〕▽臨月が迫っている▽来月が臨月だ 〔**産み月**〕▽産み月が近い▽産み月になる

使い分け「臨月」の方がより一般的に使われる。

0 20 … 健康

0 20-01 元気(げんき)／健康(けんこう)／丈夫(じょうぶ)／達者(たっしゃ)

【関連語】◆(息災)そくさい◆(壮健)そうけん◆(健全)けんぜん◆(強壮)きょうそう◆(強健)きょうけん◆(頑健)がんけん◆(健勝)けんしょう◆(健やか)すこやか◆(矍鑠)かくしゃく

共通する意味★体の調子がよくて、気力、体力が盛んな様子。

使い方▼〔元気〕(名・形動)〔健康〕(名・形動)〔丈夫〕(名・形動)〔達者〕(名・形動)

	□な体	足が□だ	□に暮らす	□を回復する
元気	○	－	○	○
健康	○	－	○	○
丈夫	○	○	○	－
達者	○	○	○	－

使い分け【1】「元気」は他の語にくらべて、精神的な面に重点がおかれている。また、「元気が出てくる」のように、気力という意味もある。【英】*vigor; energy*【2】「健康」は、「健康を害する」のように、体の良い状態に重点をおいて、異状の有無をいうこともある。【英】*health*【3】「丈夫」は、体や体の一部がしっかりしているさまを表わし、転じて「丈夫な机」のように物などが壊れにくいさまも表わす。【4】「達者」は、「達者な足」「英語が達者だ」のように、特に体の一部の働きがすぐれていたり、ある分野に熟達していたりする場合にも使う。

【関連語】◆(息災)(名・形動)健康であるさま。「無病息災」◆(壮健)(名・形動)体が丈夫で、元気な様子。手紙の挨拶あいさつの言葉として使うことが多い。「ご壮健でなによりです」◆(健全)(名・形動)健康であるさま。正常で片寄りのないことにもいう。「健全な肉体」「健全財政」◆(強壮)(名・形動)体が丈夫で、元気なこと。「強壮な体の持ち主」◆(強健)(名・形動)体が強く、丈夫である様子。「強健な体にものをいわせる」◆(頑健)(名・形動)体が強く、丈夫な様子。「風邪一つひかない頑健な体」◆(健勝)(名・形動)体に悪いところがなく、健康な様子。手紙の挨拶の言葉として使うことが多い。「ご健勝のこととお喜び申し上げます」◆(健やか)(形動)体が健康であるさま。また、精神が正常であるさま。「健やかに育つ」◆(矍鑠)(形動たる・と)老年になっても心身ともに元気のよいさま。「老いてなお矍鑠としている」

参照▼元気⇒219-34　強健⇒809-33

0 20-02 強靭(きょうじん)／タフ／逞(たくま)しい

【関連語】◆(不死身)ふじみ

共通する意味★強く丈夫なさま。【英】*tough*

使い方▼〔強靭〕(形動)〔タフ〕(形動)〔逞しい〕(形)

	□体	□人	□筋肉	□意志	□成長する
強靭	-な○	-な－	-な○	-な○	-に－
タフ	-な○	-な○	-な－	-な－	-に－
逞しい	○	○	○	△	-く○

使い分け【1】「強靭」は、しなやかでねばり強いさまをいう。【2】「タフ」は、体力や精神力が旺盛で、少しくらいのことではへこたれない様子をいう。【3】「逞しい」は、力に満ち、勢いが盛んな様子や、体が丈夫でがっしりしていることなどについて、最も広く使われる語。

【関連語】◆(不死身)(名・形動)どんなにひどい目にあったり、失敗したりしてもくじけることのない強い人や、体全体をさしていう。「不死身の体」

0 20-03 医学(いがく)／医療(いりょう)／医術(いじゅつ)

【関連語】◆(医務)いむ

共通する意味★病気やけがを治すための学問、技術。【英】*medical science*

使い方▼〔医学〕▽医学の進歩▽臨床医学〔医療〕▽僻地へきちの医療に一生をささげる▽医療費〔医術〕▽最新の医術を学ぶ▽優れた医術の持ち主

使い分け「医学」は学問的な面に、「医療」は治療の面に、「医術」は技術的な面にそれぞれ重点がある。

【関連語】◆(医務)医療に関する仕事。「医務室」

0 20-04 通院(つういん)／外来(がいらい)／入院(にゅういん)

共通する意味★病院などで患者が治療を受ける形態を表わす言葉。

使い方▼〔通院〕スル▽通院して治療する〔外来〕▽外来の受付に行ってください▽外来患者〔入院〕スル▽病気で一か月入院する▽入院費

使い分け【1】「通院」は、患者が病院に通って、治療を受けること。【英】*going to hospital*【2】「外来」は「通院」と同じだが、病院の側から見た言い方である。【3】「入院」は、一定期間、病院に滞在して、治療や検査を受けること。

反対語▼入院⇔退院

0 20-05 診察(しんさつ)／診断(しんだん)／見立(みた)て／検診(けんしん)

【関連語】◆(受診)じゅしん

共通する意味★医師が患者の病状などを調べて判断すること。【英】*medical examination*

使い方▼〔診察〕スル〔診断〕スル〔検診〕スル

	□を受ける	□をあやまる	□を下す	患者を□する	定期□
診察	○	△	-	○	△
診断	○	○	○	○	△
見立て	-	○	-	-	-
検診	○	-	-	○	○

使い分け【1】「診察」は、医者が患者の病状などを調べるほうに、「診断」は判断するほうに重点がある。【2】「見立て」は、「診断」の和語で、やや古めかしい言い方。また、「娘の見立てのネクタイ」のように、見て選び定めることにもいう。【3】「検診」は、病気かどうか検査して診断することであり、定期的に行う場合が多い。

【関連語】◆(受診)スル診察を受けること。「月に一回受診する」

O20-06 治療(ちりょう)／診療(しんりょう)／加療(かりょう)／療治(りょうじ)／手当て(てあて)

【関連語】◆(手術)しゅじゅつ◆(施療)せりょう

共通する意味★病気やけがをなおすこと。**【英】***(medical) treatment*

使い方▼〔治療〕スル▽虫歯を治療する▽リューマチの治療を受ける▽治療費 〔診療〕スル▽この病院は夜間も診療している▽診療に当たる 〔加療〕スル▽三か月間の入院加療を要す▽加療中 〔療治〕スル▽腰痛で、はり・灸(きゅう)の療治を受ける 〔手当て〕スル▽傷の手当てをする▽応急手当て

使い分け【1】「治療」は、一般的に病気やけがを治すことをいう。【2】「診療」は、診察し治療することをいう。【3】「加療」は、治療を行うことであるが、改まった言い方。【4】「療治」は、はり、灸(きゅう)、マッサージなどで、病気を治すことをいい、やや古めかしい言い方。【5】「手当て」は、病気やけがなどの処置をいう。

【関連語】◆(手術)スル治療のため、患部を切開し、必要な処置を施すこと。「胃を手術する」「手術室」◆(施療)スル貧しい病人などを無料で治療すること。古めかしい言い方。「施療患者」

参照▼手当て⇒513-21

O20-07 調剤(ちょうざい)／処方(しょほう)／調合(ちょうごう)／調薬(ちょうやく)／配剤(はいざい)

共通する意味★薬をきまった分量に従って混ぜ合わせること。**【英】***to prepare; to compound (medicine)*

使い方▼〔調剤〕スル▽患者に出す薬を調剤する▽調剤師 〔処方〕スル▽医者が処方した薬▽処方箋(せん) 〔調合〕スル▽医薬品を調合する▽薬の調合を誤る 〔調薬〕スル▽風邪薬を調薬する 〔配剤〕スル▽配剤をまちがえる

使い分け【1】「処方」には、「処方を書く」のように、薬の配合法という意味もある。【2】「調合」には、香料や調味料などを混ぜ合わせ、ある香りや味を出すことの意もある。【3】「配剤」は、多く「天の配剤(＝天がほどよく配合すること)」の形でほどよく取り合わせることの意で使われる。

O20-08 投薬(とうやく)／投与(とうよ)／施薬(せやく)

共通する意味★患者に薬を与えること。**【英】***to prescribe*

使い方▼〔投薬〕スル▽一週間、投薬を続ける▽鎮痛剤の投薬 〔投与〕スル▽抗生物質を投与する 〔施薬〕スル▽貧しい患者には無料で施薬する▽施薬院

使い分け「投薬」「投与」が一般的に使われる。「施薬」は、貧しい人などに薬を施し与えること、また、その薬をいう。

O20-09 服用(ふくよう)／服薬(ふくやく)／内服(ないふく)／内用(ないよう)

【関連語】◆(一服)いっぷく◆(頓服)とんぷく

共通する意味★薬を飲むこと。**【英】***to take (medicine)*

使い方▼〔服用〕スル▽この薬は食前に服用すること 〔服薬〕スル▽一か月間、服薬を命じられた 〔内服〕スル▽この薬を日に三回内服しなさい 〔内用〕スル▽内用の薬

使い分け「服用」が最も一般的な語。

反対語▼内用⇔外用

【関連語】◆(一服)スルタバコ、茶、薬などを一回飲むこと。「一服の清涼剤」「一服入れる(＝ちょっと休む)」◆「一服盛る」のように、毒薬の一包みをいうこともある。◆(頓服)スル◆薬の飲み方の一つ。症状がでるごとに薬を飲むこと。また、その薬。「頓服薬」

O20-10 栄養(えいよう)／滋養(じよう)／養分(ようぶん)

共通する意味★生物が生命を保ち、また成長するために体外から取り入れる成分。**【英】***nourishment*

使い方▼〔栄養〕▽十分な栄養をとる▽栄養が悪い 〔滋養〕▽滋養分に富む果物▽滋養強壮の薬 〔養分〕▽養分を吸収する▽養分をたくわえる

使い分け【1】「栄養」「滋養」は、必要な成分を取り入れることにもいい、「栄養」が一般的に使われる。【2】「養分」は、栄養となる成分のこと。

O20-11 全治(ぜんち)／全快(ぜんかい)／完治(かんじ)／治癒(ちゆ)／平癒(へいゆ)／根治(こんじ)／快気(かいき)

【関連語】◆(本復)ほんぷく◆(全癒)ぜんゆ◆(快癒)かいゆ

共通する意味★病気やけがが完全に治ること。【英】*a complete recovery*

使い方▼〔全治〕スル 〔全快〕スル 〔完治〕スル 〔治癒〕スル 〔平癒〕スル 〔根治〕スル 〔快気〕スル

	病気が□する	傷が□する	けが□二か月の	□祝い
全治	○	○	○	-
全快	○	○	-	○
完治	○	○	-	-
治癒	○	○	-	-
平癒	○	△	-	-
根治	○	△	-	-
快気	△	-	-	○

使い分け【1】「平癒」「根治」は、主として病気の場合に使うのに対して、他の語は病気にもけがにも使う。【2】「根治」は、「結核を根治する」のように、病気を治すという意味もある。【3】「快気」は、多く「快気祝い」の形で使われる。【4】「全治(ぜんち)」は「ぜんじ」、「完治(かんじ)」は「かんち」ともいう。

【関連語】◆〔全癒・快癒・本復〕スル病気、時にけががすっかり治ることをいう文章語。

020-12 治る(なお)／癒える(い)

共通する意味★病気やけがなどがなくなって、元のようになる。【英】*to be cured (of)*

使い方▼〔治る〕(ラ五) 〔癒える〕(ア下一)

	病気が□	のどの渇きが□	心の傷が□	悪い癖が□
治る	○	-	-	○
癒える	○	○	○	-

使い分け【1】「治る」は、間違った状態や悪い状態が改まったり、好ましい状態に戻ったりすることであり、「癒える」は、病気や傷がよくなったり、心の痛み、悩みなどが消えたりすることである。【2】「悪い癖がなおる」という場合には、「直る」とも書く。

参照▼治る⇒908-15

020-13 治す(なお)／癒やす(い)

共通する意味★病気、けがなどをなくして、元のようにする。【英】*to cure; to heal*

使い方▼〔治す〕(サ五)▽病気を治す▽虫歯を治す 〔癒やす〕(サ五)▽病を癒やす▽失恋の痛手を癒やす

	けがを□	のどの渇きを□	苦しみを□	悪い癖を□
治す	○	-	-	○
癒やす	○	○	○	-

使い分け【1】「治す」は、間違った状態や具合の悪い状態などを本来あるべき姿にしたり、好ましい状態にしたりすることであり、「癒やす」は、病気や傷をよくしたり、苦しみ、悩みなどをなくしたりすることである。【2】「悪い癖をなおす」という場合には、「直す」とも書く。

020-14 静養(せいよう)／保養(ほよう)／養生(ようじょう)／療養(りょうよう)

【関連語】◆(保健)ほけん◆(闘病)とうびょう

共通する意味★健康を維持し、または健康を回復するために体を休めること。【英】*rest; repose*

使い方▼〔静養〕スル▽都会を離れて静養する▽山荘へ静養に行く 〔保養〕スル▽疲労のためしばらく保養につとめる▽保養地 〔養生〕スル▽日ごろから養生に心がける▽静かな温泉場で養生する 〔療養〕スル▽高原に転地して療養する▽療養所

使い分け【1】「静養」「保養」は、健康を維持するために休むという意味が強く、「養生」「療養」は、病気を治したり、健康を回復したりするために体を休めるという意味が強い。【2】「保養」には、「目の保養」などのように、美しいものを見て心を慰め楽しむという意味もある。

【関連語】◆(保健)健康を保つこと。「保健所」◆(闘病)スル病気の治療に積極的につとめること。「闘病生活」

020-15 休憩(きゅうけい)／休息(きゅうそく)／休養(きゅうよう)／休み(やす)

【関連語】◆(安息)あんそく

共通する意味★仕事や運動を一時中止して、体や心を楽な状態にすること。【英】*rest; recess; take a rest*《動》

使い方▼〔休憩〕スル▽疲れたので少し休憩します▽休憩室 〔休息〕スル▽作業の合間に休息する 〔休養〕スル▽働きづめだったので少し休養しよう 〔休み〕▽休みなく登る▽月に休みは二日しかない▽学校が休みになる

	しばらく□をとる	そろそろ□にしないか	一時まで□時間です	昼□
休憩	○	○	○	-
休息	○	-	△	-
休養	○	-	-	-
休み	○	○	○	○

使い分け【1】「休憩」は短時間のものをいうが、「休息」は比較的長い間のものについてもいう。「休養」はさらに長期にわたるものをいう。「休み」は短期の場合にも、長期にわたる場合にもいう。【2】「休み」は、休業、欠勤、欠席などや、寝ることにもいう。「ずる休み」「お休みの時間」

【関連語】◆(安息)静かに休むこと。「魂の安息を得る」

参照▼休み⇒711-29

O20-16 休める／休む

共通する意味★活動を一時中止する。**【英】** *to have a rest*

使い方▼〔休める〕(マ下一)▽手を休めて音楽に聞き入る 〔休む〕(マ五)▽休む暇がない▽すこし休みましょう

使い分け【1】「休める」は、中止して憩うという意を含むことがある。「峠の茶屋で足を休める」【2】「休む」は「風邪で学校を休む」のように欠席の意、「主人はもう休みました」「お休みなさい」のように就寝の意、「木陰でちょっと休んでいこう」のように休憩の意にもなる。

O20-17 息抜き／骨休め

【関連語】◆(気保養)

共通する意味★緊張をほぐし、体を休めること。**【英】** *relaxation; recreation*

使い方▼〔息抜き〕スル▽疲れたので息抜きにコーヒーを飲む 〔骨休め〕スル▽骨休めに温泉に行ってくるつもりです

使い分け「息抜き」は精神的な緊張や疲れをとり、「骨休め」は肉体的な緊張や疲れをとり、体をゆったり休めること。

【関連語】◆(気保養)のんびりくつろいで、心を楽しませたり、気の疲れを休めること。「親しい友人とおしゃべりをしていい気保養になった」

O20-18 ひと休み／小休止／少憩

共通する意味★少しだけ休むこと。**【英】** *a rest; a short rest; to have [take] a short rest*

使い方▼〔ひと休み〕スル▽少し疲れたのでひと休みしましょう 〔小休止〕スル▽しばらく小休止する 〔少憩〕スル▽三十分の少憩をとる

使い分け「小休止」は「ひと休み」の意の文章語。「少憩」は文章語。

O20-19 くつろぐ／リラックス／憩う

共通する意味★服装・姿勢・気分などを楽にする。**【英】** *to ease; to relax*

使い方▼〔くつろぐ〕(ガ五)▽休日は家でのんびりとくつろいで過ごす▽ゆっくりおくつろぎください 〔憩う〕(ワ五)▽昼休みに公園で憩うサラリーマン 〔リラックス〕スル▽リラックスして試合にのぞめ

使い分け【1】「憩う」は、心身を楽にするために休むという意味合いが強い。【2】「リラックス」は、心身の緊張をゆるめること。【3】「くつろぐ」は、「寛ぐ」とも書く。

O20-20 薬／薬品／薬物／薬剤／医薬

【関連語】◆(薬餌)

共通する意味★病気や傷を治したり、健康を保持、増進したりするために使うもの。**【英】** *medicine*

使い方▼〔薬〕▽薬が効く▽薬を処方する 〔薬品〕▽薬品の販売を手がける 〔薬物〕▽薬物の使用で逮捕される▽薬物療法 〔薬剤〕▽ヘリコプターで薬剤を散布する▽薬剤師 〔医薬〕▽医薬に頼らず病にうち勝つ▽医薬品

使い分け【1】「薬」は、他の語の意味をすべて含んでいて、日常語として幅広く使われる。【2】「薬品」は、主に医学、科学、業界用語として使われる。【3】「薬物」は、特に麻薬、覚醒剤などをさす場合がある。【4】「薬剤」は、特に殺虫剤、農薬などをさす場合がある。【5】「医薬」は、病気を治療する薬に限っていう。また、「医薬分業」のように医術と薬剤のこともいう。

【関連語】◆(薬餌)薬の意味でも使うが、薬と食べ物のことをいう場合もある。「薬餌に親しむ(=病気がちである)」「薬餌療法」

O20-21 良薬／特効薬／妙薬／秘薬

共通する意味★よく効く薬。**【英】** *a good medicine*

使い方▼〔良薬〕▽良薬は口に苦し 〔特効薬〕▽癌の特効薬 〔妙薬〕▽胃病の妙薬▽恋の病に効く妙薬はない 〔秘薬〕▽先祖伝来の秘薬

使い分け【1】「特効薬」は、ある病気、傷に特によく効く薬のことをいう。【2】「妙薬」は、なにか不思議なききめを持った薬のことをいう。【3】「秘薬」は、処方などが秘密になっている薬。

O20-22 毒／猛毒

共通する意味★体に害があり、生命を危うくしたり奪ったりするもの。**【英】** *poison*

使い方▼〔毒〕▽酒の飲みすぎは体に毒だ▽毒を仰いで死ぬ 〔猛毒〕▽蛇の中には猛毒を持つものもいる

使い分け【1】「毒」は、毒薬の意でも用いられる。また、「毒を含んだ言葉」のように、人を傷つけ、苦しめるものにもいう。【2】「猛毒」は、「毒」よりさらに激しい毒性を持つ。

O20-23 毒薬／劇薬

共通する意味★ごく少量でも激しい作用を示し、中毒を引き起こしたり、生命を危険にしたりする薬。

【英】*poison*

使い方▼〔毒薬〕▽毒薬を仰いで死ぬ　〔劇薬〕▽劇薬に指定された薬品

使い分け「劇薬」は「毒薬」に次ぐ毒性をもつ医薬品。

0 20-24 解毒（げどく）／毒消し（どくけし）

【関連語】◆〔消毒〕（しょうどく）◆〔殺菌〕（さっきん）

共通する意味★毒のはたらきを消すこと。【英】*to detoxify*

使い方▼〔解毒〕スル▽解毒のための薬を処方する▽解毒作用　〔毒消し〕▽毒消しに用いる薬草

使い分け「解毒」は医学用語としても使う。「毒消し」は日常用語で、毒を消す薬にもいう。「どっけし」とも。

【関連語】◆〔消毒〕スル薬剤や、煮沸（しゃふつ）、焼却、日光などで病原菌を殺すこと。「患部を消毒する」「消毒薬」◆〔殺菌〕スル細菌を殺すこと。「熱湯で殺菌する」「殺菌作用」

0 20-25 害（がい）／有害（ゆうがい）／害悪（がいあく）／害毒（がいどく）

【関連語】◆〔危害〕（きがい）

共通する意味★災いや妨げとなるもの。【英】*injury; harm*

使い方▼〔害〕▽タバコは体に害がある　〔有害〕（名・形動）▽飽食は健康に有害である▽有害図書　〔害悪〕▽社会に害悪を流す　〔害毒〕▽世に害毒となる番組

使い分け【1】「害」「有害」は、ためにならないことにいう。【2】「害悪」「害毒」は、他に悪い影響を与えるものをいう。

反対語▼害⇔益　有害⇔無害

【関連語】◆〔危害〕生命、身体などを損なうような危険なこと。「人畜に危害を及ぼす」「危害を加える」

1 人間の動作

01…全身の動き
02…頭部・表情
03…目の働き
04…耳の働き
05…鼻の働き
06…飲食
07…味覚
08…声
09…手の動作
10…足の動作
11…感覚
12…睡眠・目覚め
13…往来
14…行為
15…授受
16…所有
17…使用
18…選定
19…居住
20…対処・処理

1 01…全身の動き

1 01-01 立つ（たつ）／佇む（たたずむ）／立ち尽くす（たちつくす）／突っ立つ（つったつ）

【関連語】◆〔起立〕（きりつ）◆〔起こす〕（おこす）◆〔立てる〕（たてる）◆〔引き起こす〕（ひきおこす）

共通する意味★足で体を支えるなどしてまっすぐに姿勢を保ち、位置を占める。

使い方▼〔立つ〕（タ五）▽見知らぬ男が立っている▽山頂に立つ▽立って答える　〔佇む〕（マ五）▽窓辺にじっとたたずんでいた　〔立ち尽くす〕（サ五）▽あまりの驚きにしばし立ち尽くした　〔突っ立つ〕（タ五）▽ぼうっと突っ立っていないで手伝ってくれ

	立つ	佇む	立ち尽くす	突っ立つ
ぼんやりと［ ］	○（-っている）	○	○	○（-っている）
川のほとりに［ ］	○	○	○	△
人影が［ ］	△（-っている）	○	△	-（-っている）
いすから［ ］	○	-	-	-

使い分け【1】「立つ」は、四語のうちでは最も用法が広く、座っている状態からの動作を表わすことが多いが、「立っている」の形では、他の三語に近い、継続的な状態の意味を表わすようになる。【英】*to stand*【2】「立つ」は、「立入禁止の立て札が立つ」「高い杉の木が立っている」のように、物が地面などに直立する意も表わす。【3】「佇む」は、ある場所に

しばらくとどまったままでいることにいう。しばしば、主体がその場所の雰囲気と一体となって融和しているような情緒的な語感をもつ。継続的なさまをいうことに重点があり、人間に限っていう。【英】*to stand for a while*【4】「立ち尽くす」は、心をひかれたり、感動したり、呆然（ぼうぜん）としたりして、そのままその場に身動きしないでいることにいう。「佇む」と違い、常に我を忘れた状態になってという含みがある。主体は必ず人間である。【5】「突っ立つ」は、ふつう他よりも目立ってまっすぐに立っているという状態を表わすのに用いる。主体は、「煙突が突っ立っている」のように、必ずしも人間とは限らない。

反対語▼立つ⇔座る・寝る

【関連語】◆**（起立）**スル立ち上がること。「全員起立しなさい」◆**（起こす）**（サ五）横になっていたり傾いていたりするものをまっすぐにする。「体を起こす」◆**（立てる）**（タ下一）横になっているものを縦にする。⇔寝かす。「旗を立てる」「ひざを立てる」◆**（引き起こす）**（サ五）引っ張って起こす。「転んだ人を引き起こす」

参照▼起こす⇒112-36 911-07　引き起こす⇒911-07

1 01-02 直立（ちょくりつ）／棒立ち（ぼうだち）

共通する意味★まっすぐに立った状態。【英】*to stand erect*

使い方▼〔直立〕スル▽号令で全員直立した▽直立不動 〔棒立ち〕▽驚きのあまり一瞬棒立ちになる

使い分け【1】「直立」は、意識的にまっすぐ立っている状態をいう。特に、姿勢について用いられる。また、「直立した岩壁」のように、山などが立ちふさがるように高くそびえることにもいう。【2】「棒立ち」は、驚いたときや、緊張したときなどに、何もできないまま棒のように立っている状態をいう。思わずそうなるのであって、意識的なものではない。多く人間について用いられる。

1 01-03 立（た）ち通（どお）し／立（た）ちっぱなし／立（た）ちづめ／立（た）ちん坊（ぼう）

共通する意味★ずっと立ったままでいること。【英】*to stand all the way*

使い方▼〔立ち通し〕▽大阪まで立ち通しだった▽立ち通しで夜を明かした 〔立ちっぱなし〕▽さっきから立ちっぱなしで疲れた 〔立ちづめ〕▽朝からずっと立ちづめで足が痛い 〔立ちん坊〕▽終着駅まで立ちんぼうだった▽待たされて立ちんぼうをした

	満員電車で□だった	忙しくて□だった	□で応援する	□で一時間も話した
立ち通し	○	○	○	○
立ちっぱなし	○	○	○	○
立ちづめ	○	○	△	△
立ちんぼう	○	-	-	-

使い分け【1】「立ち通し」は、一定の時間を通してずっと立っていることをいう。この場合、「立つ」という行為は意志的に持続される。【2】「立ちっぱなし」は、ずっと立ったままでいることを表わす最も一般的な語。「立ち通し」のように、努めて立ち続けているといった含みはない。【3】「立ちづめ」は、なんらかの理由や周囲の状況のために立つことを余儀なくされてずっと立ったままでいること。【4】「立ちん坊」は、何もすることなしにただ立っているだけの状態をいう。また、ずっと立っている人にもいう。

1 01-04 逆立（さかだ）ち／倒立（とうりつ）

共通する意味★両手を地につけ、足をあげてまっすぐに立つこと。【英】*to stand on one's head*

使い方▼〔逆立ち〕スル▽君が勝ったら、町内を逆立ちで一周してやるよ▽彼には逆立ちしても追いつかない 〔倒立〕スル▽体操で倒立前転をする▽開脚倒立

使い分け【1】「逆立ち」は、「壁の絵が逆立ちしている」のように、上下が逆になること、反対になることの意でも用いられる。【2】「倒立」は、体操競技などの分野で用いられることが多い。

1 01-05 座（すわ）る／着（つ）く／掛（か）ける

【関連語】◆**（腰を下ろす）**こしをおろす◆**（腰掛ける）**こしかける◆**（座する）**ざする◆**（跪く）**ひざまずく

共通する意味★膝（ひざ）を曲げて腰をおろす。【英】*to sit down*

使い方▼〔座る〕（ラ五）〔着く〕（カ五）〔掛ける〕（カ下一）

	席に□	上座に□	椅子（いす）に□	地べたに□
座る	○	○	○	○
着く	○	○	-	-
掛ける	△	△	○	-

使い分け【1】「座る」は、椅子でも床でも、腰を下におろす動作全般をいう。また、「あとがまに座る」（＝だれかがやめた後を引き継ぐ）のように、その地位につく意で比喩（ひゆ）的に用いられることもある。また、「赤ん坊の首がすわる」「腰（度胸、肝っ玉）がすわる」のように、しっかり固定される、何事にも動じないで落ち着く、という意味でも用いられる。【2】「着く」は、実際の動作をいうのではなく、ある場所に位置を占めることをいい、席、座以外で使うことは少ない。【3】「掛ける」は、椅子やソファー、ベンチなどに座る場合にいう。【4】「掛ける」は、一般的には、「壁に額を掛ける」「はしごを掛ける」「かぎをか

ける」「肩に手をかける」などのように、ある所で事物や人を支えてとめる意で使われる。

反対語▼座る⇔立つ

【関連語】◆**(腰掛ける)**(カ下一)椅子、ベンチなどに座る。ふつう、地面に座る場合には使わない。「ソファーに腰掛けて休息する」◆**(腰を下ろす)**椅子でも床でも尻を下につける。「腰を下ろして休む」「地べたに腰を下ろす」◆**(座する)**(サ変)「座る」の意の文章語。「板の間に座する」「座して(=何もしないで)死を待つ」◆**(跪く)**(カ五)ひざがしらを床や地面につけて、両手をついて上半身を前に傾ける。「跪いて神仏に祈る」

参照▼着く⇒905-19　掛ける⇒102-02

101-06 着席／着座

共通する意味★座るべき場所に座ること。**【英】** *to take a seat*

使い方▼〔**着席**〕スル▽全員が着席する▽着席の合図をする　〔**着座**〕スル▽全員着座して待つ

使い分け【1】「着席」は、椅子にかけることをいう場合が多いが、「着座」は椅子だけではなく、畳や床などに座る場合にも用いられる。【2】「着座」は、やや改まった言い方。

101-07 正座／端座

共通する意味★正しい姿勢で座ること。特に、ふくらはぎに尻をのせて座るようにすること。**【英】** *to sit still*

使い方▼〔**正座**〕スル▽正座して説教を聞く　〔**端座**〕スル▽仏壇の前に端座する

使い分け「正座」の方が、一般的に用いられる。

101-08 横座り／あぐら／立て膝／割り膝

共通する意味★姿勢をくずした楽な座り方の種類。**【英】** *to squat (down)*

使い方▼〔**横座り**〕スル▽正座に疲れたので横座りする　〔**あぐら**〕▽あぐらをかく▽あぐらを組む　〔**立て膝**〕▽立てひざで髪を洗う　〔**割り膝**〕▽割りひざで座る

使い分け【1】「横座り」は、足を横に出し、姿勢をくずして座ること。多く女性が行う座り方。【2】「あぐら」は、両足を前に楽に組んで座ること。「あぐらをかく」は、「名声の上にあぐらをかく」のように、おかれた立場でいい気分になる意を表わすこともある。「胡座」と当てる。【3】「立て膝」は、片方のひざを立てた形で座ること。休息のためというより、他の動作を行うために一時的に体を安定させる目的ですることが多い。作法上は好ましくない座り方とされている。【4】「割り膝」は、両方のひざ頭を離して座ること。昔、男子の礼儀正しい座り方とされた。

101-09 対座／円座／車座

【関連語】◆**(膝詰め)**ひざづめ

共通する意味★話し合いなどをするために、複数で席に着くときの着き方の名称。**【英】** *to sit opposite*

使い方▼〔**対座**〕スル▽客と座卓をはさんで、対座する▽対座式のシート　〔**円座**〕▽円座を組んでゲームをする　〔**車座**〕▽車座になって花見をする

使い分け「対座」は、互いに相対して座ること。「円座」「車座」は、多くの人が輪の形になって座ること。

【関連語】◆(膝詰め)自分のひざと相手のひざとをつき合わせるようにして座ること。「二人だけでひざ詰め談判をした」

101-10 かがむ／こごむ／しゃがむ

【関連語】◆**(かがめる)**◆**(こごめる)**

共通する意味★腰や膝を折り曲げ上体を低くする。**【英】** *to stoop (over)*

使い方▼〔**かがむ**〕(マ五)▽かがんでごみを拾い上げる　〔**こごむ**〕(マ五)▽小さくこごんで物陰に身を隠した　〔**しゃがむ**〕(マ五)▽道ばたでしゃがむ

	疲れてその場に□	□で前を通る	地べたに□	寒さで手足が□
かがむ	○	-ん ○	○	-
こごむ	○	-ん ○	△	○
しゃがむ	○	-ん -	○	-

使い分け【1】「かがむ」「こごむ」は、腰ばかりでなく、背・手・足などが折れたように曲がることもいう。【2】「こごむ」には、体全体を小さくするというニュアンスがある。【3】「しゃがむ」は、「かがむ」「こごむ」よりも尻を下げて低い姿勢になることをいう。【4】「かがむ」は「屈む」、「こごむ」は「屈む」「踞む」とも書く。

【関連語】◆**(かがめる)**(マ下一)かがむようにする。「腰を低くかがめて何度もお辞儀した」◆**(こごめる)**(マ下一)こごむようにする。「身をこごめて他の観客の前を通る」

101-11 うずくまる／つくばう

共通する意味★膝を曲げ腰を落とし、上体を前に丸く曲げる。**【英】** *to crouch*

使い方▼〔**うずくまる**〕(ラ五)▽痛む腹を押さえてその場にうずくまった 〔**つくばう**〕(ワ五)▽彼は道端につくばったまま動こうとしなかった

使い分け【1】「うずくまる」「つくばう」は、体全体が小さく丸くなる様子をいう。【2】「つくばう」は、「うずくまる」の古めかしい言い方。また、四つんばい、平伏の意味にもなる。【3】「うずくまる」は「蹲る」「踞る」、「つくばう」は「蹲う」とも書く。

101-12 しゃがみ込む／座(すわ)り込(こ)む／へたり込(こ)む

共通する意味★腰を落とし低い姿勢になる。【**英**】*to sit down*

使い方▼〔**しゃがみ込む**〕(マ五)▽急な腹痛でその場にしゃがみ込む 〔**座り込む**〕(マ五)▽道ばたに座り込んでだだをこねる 〔**へたり込む**〕(マ五)▽疲れ切って玄関にへたり込んだ

使い分け【1】「しゃがみ込む」は、しゃがむ姿勢をいう。「座り込む」は、しゃがむほかに、尻(しり)を地面や椅子(いす)につけて座る姿勢も含む。「へたり込む」は、倒れこむように尻を地面や椅子におろす姿勢をいう。【2】「座り込む」は、「隣家にあがり、座り込んで長話をする」のように、腰を落ち着けて座る場合にもいう。また、ある要求を通すための示威行為として座り込む場合にもいい、その行為を特に「座り込み」と呼ぶ。

101-13 傾(かたむ)ける／傾(かし)げる

共通する意味★立っているものを斜めになるようにする。【**英**】*to lean*

使い方▼〔**傾ける**〕(カ下一)▽頭を傾ける▽杯を傾ける(＝酒を飲む) 〔**傾げる**〕(ガ下一)▽首をかしげる

使い分け【1】「傾ける」は、広く、立っているものを斜め下の方向に向けて動かす意を表わす。また、「耳を傾ける」「情熱を傾ける」のように、力や精神などを集中させる、「身代を傾ける」「国を傾ける」のように、衰えさせるという意味でも用いられる。【2】「かしげる」は、特に「首(頭)をかしげる(＝不思議に思ってちょっと考えるときの動作)」の形で用いられることが多い。

101-14 傾(かたむ)く／傾(かし)ぐ

共通する意味★斜めになる。【**英**】*to lean*

使い方▼〔**傾く**〕(カ五)▽地盤が弱くて家が傾く▽浸水して船が傾く 〔**傾ぐ**〕(ガ五)▽地震で家がかしぐ▽柱時計がかしぐ

使い分け【1】「傾く」は、広く、物体が斜めになる意を表わす。また、「日が傾く」のように、太陽や月が沈みかける、「景気が傾く」のように、盛んな状態から次第に衰える、「右に傾いた思想」のように、ある傾向を帯びるという意味でも用いられる。【2】「傾ぐ」は、家、塔、船など、地面や海面に垂直に立っているものが斜めになる意。

101-15 のめる／つんのめる

【**関連語**】◆(つまずく)

共通する意味★上半身を前の方に曲げるようにして倒れる、また倒れそうになる。【**英**】*to stumble (over)*

使い方▼〔**のめる**〕(ラ五)▽つまずいて前にのめる▽のめって倒れる 〔**つんのめる**〕(ラ五)▽後ろから押されて前へつんのめる▽つんのめって階段から落ちる

使い分け「つんのめる」は「のめる」を強めた言い方だが、日常生活ではごく普通に使われる。

【**関連語**】◆(**つまずく**)(カ五)歩いているとき、または走っているときに、足を何かに当てて体の安定を一時的に失う。「躓く」とも書く。「石につまずく」

参照▼つまずく⇒114-19

101-16 倒(たお)す／寝(ね)かす

共通する意味★立っているものを横にする。

使い方▼〔**倒す**〕(サ五)▽斧(おの)で木を倒す▽相手を地面に倒す▽体を前に倒す▽コップを倒す 〔**寝かす**〕(サ五)▽さおを寝かしておく▽食器棚を寝かして台所に運び入れる

	棒を地面に□	座席を後ろに□	勢いよく□	赤ん坊を□
倒す	○	○	○	-
寝かす	○	-	-	○

使い分け【1】「倒す」は、直立しているものをそうでない状態にする意。「座席を後ろに倒す」のように、単に傾けるだけの場合もあれば、「棒を地面に倒す」のように、地面につける場合もある。また、「敵を倒す」のように負かす意、「軍国主義を倒す」のように、国家・政府などを覆す意、「猪(いのしし)を銃で倒す」のように、殺す意でも用いられる。【**英**】*to bring down*【2】「寝かす」は、物が横になるようにどこかに置く意で、ふつう、静かに置く動作をいう。また、赤ん坊などを眠らせるという意味でも用いる。【**英**】*to put ~ to sleep*(眠らせる)

参照▼寝かす⇒112-02

101-17 倒(たお)れる／寝(ね)る

【**関連語**】◆(**卒倒**)そっとう◆(**昏倒**)こんとう

共通する意味★立っていたものが横になる。

使い方▼〔**倒れる**〕(ラ下一)▽大風で木が倒れる▽撃たれて倒れる 〔**寝る**〕(ナ下一)▽草の上に寝る▽牛が寝ている

	地面に□	座席が□	勢いよく□	□たまま本を読む
倒れる	○	○	○	-れ-
寝る	○	-	-	ね○

使い分け【1】「倒れる」は、通常は直立しているものが直立していない状態になる場合に使われる。少し傾くだけの場合もあれば、地面についてしまう場合もある。また、「病気で倒れる」のように、病気や事故などで通常の生活ができなくなる、「政府が倒れる」のように、覆える、「不況で会社が倒れる」のように、倒産する、の意を表わすこともある。【英】*to come down*【2】「寝る」は、普通、人間や動物が体を横にしてどこかに身を置く意を表わし、「棒が寝る」のようにはいわない。また、「テレビを見ながら寝てしまう」のように、眠る意、「風邪で三日寝た」のように、病気になって、床につく意、「今夜はここに寝る」のように、宿泊する意、「女と寝る」のように、同衾する意、「目下のところ寝ている土地」のように、商品などが活用されていない状態である意でも用いられる。【英】*to sleep*

【関連語】◆**(卒倒)**スル突然意識を失って倒れる。「驚きのあまり卒倒する」◆**(昏倒)**スル目がくらんで倒れる。「なぐられて昏倒する」

参照▼寝る⇒112-01

101-18 転がす／転ばす

共通する意味★安定しているものを倒す。【英】*to roll*

使い方▼**〔転がす〕**(サ五)▽花瓶をころがす▽相手を土俵にころがす **〔転ばす〕**(サ五)▽足をひっかけてころばす

使い分け【1】「転がす」は、人間、物いずれも動作の対象にすることができるが、「転ばす」は人間のみを動作の対象とする。【2】「転がす」は、「樽をころがす」のように、回転させながら移動させる意や、「土地をころがす」のように、値をつり上げるために転売する意にも使う。

101-19 転がる／転ぶ／転げる

【関連語】◆**(こける)**

共通する意味★人などが倒れる。【英】*to fall; to tumble*

使い方▼**〔転がる〕**(ラ五)▽大男がゴロンところがる **〔転ぶ〕**(バ五)▽ぬかるみで滑ってころぶ▽ころばぬ先の杖▽ころんでもただでは起きない **〔転げる〕**(ガ下一)▽階段をころげて落ちた

	つまずいて□	土手に□て(で)昼寝をする	坂道を□	道端に□て(で)いる石ころ
転がる	○	-っ○	○	-っ○
転ぶ	○	-ん-	-	-ん-
転げる	○	-げ-	○	-げ-

使い分け【1】「転がる」「転げる」は、人間、動物や物が地面の上に回転するように倒れる意。ただし、「転がる」は「転げる」と異なり、体を動かしている最中に倒れる場合だけではなく倒れている状態も表わす。また、地面の上にごろっと横たわるという意味でも用いられ、意志的な動作であることが多い点でも「転げる」とは異なる。【2】「転ぶ」は、人間や動物が動いているときに体の安定を失って倒れる意。普通、非意志的な動作である。【3】「転がる」「転げる」には、「ボールが転がる（転げる）」のように、地面などの上を回転しながら移動する意もある。

【関連語】◆**(こける)**(カ下一)体の安定を失って倒れる。「転ける」「倒ける」とも書く。「親亀こけたら皆こけた」

101-20 前かがみ／前屈

【関連語】◆**(屈伸)**

共通する意味★上半身を前に折り曲げること。【英】*a slouch*

使い方▼**〔前かがみ〕**▽靴を履くため前かがみになる **〔前屈〕**スル▽前屈姿勢

使い分け「前かがみ」が一般的に使われる。

反対語▼前屈⇔後屈

【関連語】◆**(屈伸)**スル関節を曲げたり伸ばしたりすること。「ひざを屈伸させる」「屈伸運動」

参照▼屈伸⇒908-25

101-21 反り返る／のけ反る

【関連語】◆**(反っくり返る)**◆**(ふん反り返る)**

共通する意味★上体をあおむけにし後ろへ曲げる。【英】*to lean backward*

使い方▼**〔反り返る〕**(ラ五)▽椅子に偉そうに反り返っている **〔のけ反る〕**(ラ五)▽近めの球をのけ反ってよけた

使い分け【1】「反り返る」は、偉そうに威張るような態度にいい、「のけ反る」は、意外な事に驚いたり危険を避けたりする場合や、大笑いをする場合にいう。【2】「反り返る」は、「板が乾いて反り返る」のように、物が後方に曲がる場合にもいう。

【関連語】◆**(反っくり返る)**(ラ五)「反り返る」を強めた言い方。口語的。「新しい支店長は反っくり返って店内を歩いている」「定規を火に当てたら反っくり返ってしまった」◆**(ふん反り返る)**(ラ五)威張った態度をいう。「反っくり返る」より横柄な感じを表わす。口語的。「ふんぞり返って人をあごでこき使う」

1 01-22 振り返る／振り向く／顧みる

【関連語】◆(背ける)そむける

共通する意味★後ろを向く。後ろを見る。【英】*to look back*

使い方▼〔**振り返る**〕(ラ五)▽振り返ってさよならといった▽わが家のあたりを振り返る　〔**振り向く**〕(カ五)▽大きな物音に驚いて振り向いた▽呼ばれて振り向く　〔**顧みる**〕(マ上一)▽後ろも顧みずひたすら歩いた

使い分け【1】「振り返る」は、後ろを向く動作に重点がおかれ、「振り向く」「顧みる」は、後ろを向いて見る動作に重点がおかれる。また、「振り向く」は、「だれも振り向かない」のように、注意を向ける意にも使う。【2】「振り返る」「顧みる」は、過去を回想する意味がある。【3】「顧みる」は、「危険を顧みない」のように、気にかける意味がある。

【関連語】◆(背ける)(カ下一)顔や目をわきにそらす。「事故現場の惨状に目を背けた」「顔を背けたくなる光景」

1 01-23 寄り掛かる／もたれ掛かる／もたれる

共通する意味★物や人に寄り添い、それを支えとして、体重を預ける。【英】*to lean (against, on)*

使い方▼〔**寄り掛かる**〕(ラ五)▽壁に寄り掛かる▽椅子の背に寄り掛かって眠る　〔**もたれ掛かる**〕(ラ五)▽立ち木にもたれ掛かる▽窓辺にもたれ掛かった女性　〔**もたれる**〕(ラ下一)▽手すりにもたれる▽柱にもたれてうとうとする

使い分け【1】「もたれる」は、「寄り掛かる」よりすっかり身を傾けてしまう感じが強い。「もたれ掛かる」は、「もたれる」を強めた言い方。【2】三語とも相手に依存する意があり、「親に寄り掛かった(もたれ掛かった)生活」「妻にもたれて生活している」などのように使われる。【3】「もたれる」には、「胃がもたれる」のように、食べすぎや消化しにくいものを食べたために、胃に食べ物が滞って不快な感じがする意もある。【4】「もたれる」は、「凭れる」とも書く。

1 01-24 もがく／あがく／悶える／のた打つ

【関連語】◆(のた打ち回る)のたうちまわる ◆(身悶え)みもだえ

共通する意味★苦しんで手足や体全体を激しく動かす。【英】*to struggle*

使い方▼〔**もがく**〕(カ五)　〔**あがく**〕(カ五)　〔**悶える**〕(ア下一)　〔**のた打つ**〕(タ五)

	小鳥が手から逃れようと［　］	試験前日に今さら［　］ても無駄だ	激痛に身を［　］	撃たれた野牛が［　］て苦しむ
もがく	○	-い○	△	-い○
あがく	○	-い○	-	-い-
もだえる	-	-え-	○	-え△
のた打つ	-	-っ-	-	-っ○

使い分け【1】「もがく」「あがく」は、苦しい状態から逃れようとする場合に使う。「あがく」の方が、より絶望的な状況で使われる。【2】「もがく」「あがく」は、精神的に苦しみ焦っていらいらする意味にもなる。特に「あがく」は、「最後のあがき」「悪あがき」など、むだな努力をする意味で使われることが多い。【3】「もだえる」は、苦しみに耐えきれず体を動かす場合をいうが「恋にもだえる」のように、思い悩む意味で使われることも多い。【4】「のた打つ」は、地面に転がり、体を地面に打ちつける状態をいう。【5】「あがく」は「足掻く」とも書き、馬が足で地面を蹴り前進しようとする場合にも使う。

【関連語】◆(のた打ち回る)(ラ五)苦しんで転げ回る意味を強調する言い方。「激痛でのた打ち回る」◆(身悶え)スル実際に体を動かす場合は、「もだえる」よりこの語を一般に使う。「身もだえして泣く」

参照▼身悶え⇒1 14-02

1 01-25 震え／身震い／武者震い／戦慄

【関連語】◆(胴震い)どうぶるい ◆(震駭)しんがい ◆(震える)ふるえる

共通する意味★体が、寒さ、恐怖、緊張、感動などのために無意識的に小刻みに動くこと。【英】*shaking; trembling*

使い方▼〔**震え**〕▽寒くて震えが止まらない▽震えが来る▽声の震え　〔**身震い**〕スル▽朝の寒気にブルブルッと身震いをする▽身震いするほど嫌いだ　〔**武者震い**〕スル▽戦いを前に武者震いがする▽武者震いが出る　〔**戦慄**〕スル▽戦慄が走る▽戦慄を覚える▽戦慄すべき犯罪

使い分け【1】「震え」は、体や体の一部ばかりでなく声についてもいう。【2】「武者震い」は、何か大きなことをするときに、緊張のために体が震えること。【3】「身震い(武者震い)がする」は、ふつう、話し手自身の状態をいうが、「身震い(武者震い)をする」は、話し手以外の人の状態をいう。【4】「戦慄」は、恐怖のために体が震えること。

【関連語】◆(胴震い)スル寒さや恐ろしさで体が震えること。「緊張のあまり胴震いする」◆(震駭)スル「身震い」の意の文章語。驚きと恐怖で体が震えること。「世間を震駭させた事件」◆(震える)(ア下一)体が恐怖、緊張、寒さなどのために小刻みに動く。「怒りに震える」

1 01-26 逃げ腰／浮き腰

共通する意味★今にも逃げ出そうとする様子。**【英】** *preparation for flight*

使い方▼〔**逃げ腰**〕▽一喝されて逃げ腰になる▽責任を厳しく追及され逃げ腰で答弁する　〔**浮き腰**〕▽仕事の事が気になり浮き腰で応対する

使い分け【1】「逃げ腰」は、責任を逃れようとする態度にもいう。【2】「浮き腰」は、落ち着かない様子のほか、不安定な腰つきにもいう。

1 01-27 及び腰／屁っ放り腰

共通する意味★上体を少しかがめた不安定な腰つき。また、自信がなく不安な態度。**【英】** *a bent back*

使い方▼〔**及び腰**〕▽及び腰で恐る恐る塔の階段を上った▽相手がこわくて追及が及び腰だ　〔**屁っ放り腰**〕▽へっぴり腰ではしごを上る▽反撃を恐れてへっぴり腰になる

使い分け 二語とも、不安定な、あるいは未熟な腰つきをけなしていう言葉。「へっぴり腰」のほうが口語的。

1 01-28 丸腰／無腰

共通する意味★武器を身につけていないこと。**【英】** *without a weapon*

使い方▼〔**丸腰**〕▽丸腰で強盗に立ち向かう▽丸腰の刑事　〔**無腰**〕▽侍は無腰のところを刺客に襲われた

使い分け 二語とも、武士が腰に刀を差さないでいることから転じた語。「丸腰」のほうが一般的。

1 01-29 払う／払いのける／はたく

共通する意味★手や器具などで、たたいたり押したりして不要なもの、有毒なものなどを取り除く。**【英】** *to brush off*

使い方▼〔**払う**〕(ワ五)▽すすをはらう▽すそをはらう▽コートの雪をはらう　〔**払いのける**〕(カ下一)▽目にかかる髪を払いのける▽くもの巣を払いのける　〔**はたく**〕(カ五)▽畳をはたく▽ごみをはたく

	ほこりを□	机の上を□	布団を□	差し出された手を□
払う	○	○	-	△
払いのける	○	-	-	○
はたく	○	○	○	△

使い分け【1】「払う」は、手や物などを左右に振り動かし、対象に付着した不要なものを取り除く意。【2】「払いのける」は、手を振り動かすなどして、対象に付着してきたり、かぶさってきたりする不要なもの、好ましくないものを押しやりどける意。「払う」と違って、ちょうど接近し付着しつつあるものを退けるニュアンスがあり、「群がって襲ってくる毒虫を払いのける」といった言い方ができる。転じて、「不安を払いのける」のように、まとわりついてくる好ましくない感情を振り捨てる意でも用いる。【3】「はたく」は、対象をたたいて、ほこり、ごみなど不要なものを取り除く意。転じて、「あり金をはたく」「ない知恵をはたく」など、多少無理して出せるだけすべて出す意でも用いられる。

参照▼払う⇒120-47 512-60

1 01-30 弾く／はね返す／弾き返す

【関連語】◆(はねのける)

共通する意味★ぶつかって飛ばす。**【英】** *to flip*

使い方▼〔**弾く**〕(カ五)▽指先で小石をはじく　〔**はね返す**〕(サ五)▽相手の押しを強くはね返した　〔**弾き返す**〕(サ五)▽弾丸をはじき返す金属板

使い分け【1】「弾く」は、何かの力を加えて、物に強く当てる意であるが、「ギターの弦をはじく」のように、楽器の弦をつまびく意や、「水をはじく」のように、表面で押し返すようにして受けつけないの意もある。【2】「はね返す」は、ぶつかって来るものを元の所に勢いよく返す意であるが、「劣勢をはね返す」のように、押さえられていたのを元にもどす意もある。【3】「弾き返す」は、当たってきた物を表面で寄せつけずに強く返す意を表わす。

【関連語】◆(**はねのける**)(カ下一)勢いよくわきにどける。「押さえ込んでいた相手をはねのけた」◆「プレッシャーをはねのける」「誘惑をはねのける」のように、のしかかってきた重圧と感じられるものを克服する意にも使われる。

1 01-31 掴まる

意味★手でしっかりにぎったり抱きついたりする。**【英】** *to grasp*

使い方▼〔**掴まる**〕(ラ五)▽吊り革につかまる▽前の人の肩につかまって歩く

1 01-32 すがる／すがりつく／取りすがる

【関連語】◆(**寄りすがる**)よりすがる ◆(**取り付く**)とりつく

共通する意味★しっかりとつかまる。**【英】** *to hang on*

使い方▼〔**すがる**〕(ラ五)　〔**すがりつく**〕(カ五)　〔**取りすがる**〕(ラ五)

	親に□て泣く子	杖(つえ)に□て歩く	転びそうになり慌てて手すりに□	人の情けに□
すがる	-っ○	-っ○	△	○
すがりつく	-い○	-い-	○	○
取りすがる	-っ○	-っ-	○	-

使い分け【1】「すがる」は、実際の動作よりも、頼りにし依存するという姿勢に重点がある。「縋る」とも書く。【2】「すがりつく」は、体全体でそのものに激しく頼る意。【3】「取りすがる」は、自分の気持ちを相手に訴える場合に使うことが多い。【4】離れようとする人をひきとめる場合は、「すがりつく」「取りすがる」が多く使われる。

【関連語】◆(寄りすがる)(ラ五)寄り添って頼りにする。すっかり頼りきる。「叔父に寄りすがって生活する」◆(取り付く)(カ五)多く、「取り付く島がない」の形で、頼りにして取りすがる所がなく、どうしようもないという意で使われる。

参照▼すがる⇒218-10

1 01-33 付きまとう／まつわる／まとい付く／まつわり付く

共通する意味★そばにずっと付いていて離れない。

【英】 *to follow (a person) about*

使い方▼〔付きまとう〕(ワ五) 〔まつわる〕(ラ五) 〔まとい付く〕(カ五) 〔まつわり付く〕(カ五)

	怪しげな男が□	ほつれた糸が□	恐怖が□	過去の罪が□
付きまとう	○	-	○	○
まつわる	-	○	-	-
まとい付く	-	○	-	△
まつわり付く	-	○	-	△

使い分け【1】「付きまとう」は、人が意識的に付き従ってくる場合と、払いのけようとしてもある考えや感情などが頭から離れない場合や、肩書きや経歴などの物事が付いてまわる場合がある。うるさくていやなのに付いてくる意味で使う。【2】「まつわる」「まとい付く」「まつわり付く」は、人や動物以外のものにも使い、体に絡みつくような状態をいう。【3】「まつわる」には、「名刀にまつわる言い伝え」のように関連があるという意味もある。

1 01-34 抱き付く／組み付く

共通する意味★腕で相手を抱えこむようにしてつかまる。**【英】** *to embrace*

使い方▼〔抱き付く〕(カ五)▽子供が母親に抱き付いて泣く 〔組み付く〕(カ五)▽刑事が犯人に組み付く

使い分け「組み付く」は、相手と取り組んで戦おうとする場合に使う。

1 01-35 飛び付く／飛び掛かる

【関連語】◆(躍り掛かる)おどりかかる

共通する意味★身をおどらせて、そのものに取り付く。**【英】** *to jump at*

使い方▼〔飛び付く〕(カ五)▽犬が肉に飛び付いた▽おみやげを買ってきた父に飛び付く子供 〔飛び掛かる〕(ラ五)▽警官が犯人に飛び掛かった▽ライオンが獲物に飛び掛かる

使い分け【1】「飛び掛かる」は、「飛び付く」にくらべ、動きが大きく、激しい場合に用いられる。【2】「飛び付く」には、「彼はもうけ話にはすぐに飛び付く」のように、興味のあるもの、ほしいと思ったものに手を出す意がある。

【関連語】◆(躍り掛かる)(ラ五)主に、人が激しい勢いでつっかかる。「警官は犯人に躍り掛かった」

1 01-36 しがみ付く／かじり付く／むしゃぶり付く

共通する意味★しっかりとにぎって離れないようにする。**【英】** *to cling to*

使い方▼〔しがみ付く〕(カ五) 〔かじり付く〕(カ五) 〔むしゃぶり付く〕(カ五)

	泣きながら母に□	手すりに□	社長の地位に□	テレビに□
しがみ付く	○	○	○	-
かじり付く	-	-	△	○
むしゃぶり付く	○	-	-	-

使い分け【1】「しがみ付く」は、離れないように執着する場合、「かじり付く」は、精神を集中して何かを行う場合、「むしゃぶり付く」は、相手に勢いよく向かって行く場合に主として使う。【2】「かじり付く」は「齧り付く」とも書き、歯で食い付く意味がある。

1 01-37 押し寄せる／寄せる／迫る

共通する意味★ある物への距離が近くなる。

【英】 *to rush (on)*

使い方▼〔押し寄せる〕(サ下一)▽津波が押し寄せた▽群衆が広場に押し寄せる▽熱い感情が押し寄せてきた 〔寄せる〕(サ下一)▽寄せては返す波▽船を岸壁に寄せる 〔迫る〕(ラ五)▽野犬の群れが迫ってきた▽危険が身に迫る▽台風が日本列島に迫る▽事件の核心に迫る

	波が□	人々が観光地へ□	敵が□	胸に□	ほおを□
押し寄せる	○	○	○	-	-
寄せる	○	-	○	-	○
迫る	△	-	○	○	-

使い分け【1】「押し寄せる」は、勢いの激しい場合に、幅広く用いられる語。【2】「寄せる」は、他動詞としての使用が多く、「全国から激励の手紙が寄せられる」「親類の家へ身を寄せる（＝任せる）」「同情を寄せる（＝ある物事の方へ気持ちを傾ける）」などの使い方がある。【3】「迫る」は、「締め切りの日が迫る」のように、場所ばかりでなく、ある時期、時刻に近づく意味でも使われる。また、間隔や幅がせばまっているという意味で「山が迫る」のようにも用いる。また他動詞として、「返答を迫る」「復縁を迫る」などの用法がある。

1 01-38 にじり寄る／すり寄る／詰め寄る

共通する意味★近くに寄る。**【英】** *to press on*

使い方▼〔にじり寄る〕(ラ五) 〔すり寄る〕(ラ五) 〔詰め寄る〕(ラ五)

	じりじりと□	そっとそばに□	子犬が□てくる	勢いこんで相手に□
にじり寄る	○	△	-っ-	-
すり寄る	-	○	-っ○	-
詰め寄る	○	-	-っ-	○

使い分け【1】「にじり寄る」は、少しずつゆっくりと迫力を持って近づく場合、「すり寄る」は、体がすれるほど近くに寄る場合、「詰め寄る」は、強く返答を求めたり抗議したり、激しい勢いで近づく場合に使う。【2】「にじり寄る」「詰め寄る」は、人間にしか使わない。

1 01-39 じゃれる／ふざける／戯れる／はしゃぐ

【関連語】◆（たわける）◆（じゃらす）

共通する意味★おもしろがってふるまう。**【英】** *to play (with)*

使い方▼〔じゃれる〕(ラ下一) 〔ふざける〕(カ下一) 〔戯れる〕(ラ下一) 〔はしゃぐ〕(ガ五)

	級友と□	酔って□	毛玉と□ネコ	□た（だ）まねをするな
じゃれる	○	-	○	-れ-
ふざける	○	○	-	-け○
戯れる	○	○	○	-れ-
はしゃぐ	○	○	-	-い△

使い分け【1】「じゃれる」は、一般に人間や動物の子供など、小さくて愛らしいものにいうが、他の三語は大人に対しても使われる。【2】「ふざける」は、冗談を言ったりおどけたりするという意でも使われる。【3】「はしゃぐ」は、浮かれて騒ぐ意。【4】「じゃれる」は「戯れる」とも書く。「ふざける」は「巫山戯る」と当てる。

【関連語】◆（たわける）(カ下一)多く、「たわけたこと」の形で、ばかげたことという意で使われる。「たわけたことをぬかすな」◆（じゃらす）(サ五)じゃれるようにする。「子供が子犬をじゃらしている」

1 01-40 くむ／すくう

【関連語】◆（さらう）

共通する意味★水などを、手や道具などを使って取り上げる。**【英】** *to draw*

使い方▼〔くむ〕(マ五) 〔すくう〕(ワ五)

	バケツで川の水を□	手で水を□	洗面器に水を□	金魚を□
くむ	○	○	○	-
すくう	○	○	-	○

使い分け【1】「くむ」は、主として液体に対して用いるが、「すくう」は、液体の中から他の物を取り出すときにも用いる。【2】「くむ」には、「意向をくむ」のように、他人の心中や事情を推察するという意もある。【3】「すくう」には、「足をすくう」のように、横にはらうという意もある。【4】「くむ」は「汲む」、「すくう」は「掬う」とも書く。

【関連語】◆（さらう）(ワ五)ある場所、容器などの底にたまっているものを、残らず取り除く。特に、川、井戸、池など水まわりについていうことが多い。「浚う」「渫う」とも書く。**【英】** *to clear out*「どぶをさらう」「なべの底をさらって食べる」

参照▼さらう⇒109-07

1 01-41 こす

意味★液体などを、細かなすき間のできている物に通して、ごみ、不要な物を取り除く。濾過（ろか）する。「漉す」「濾す」とも書く。**【英】** *to filter (out)*

使い方▼〔こす〕(サ五)▽みそをこして煮立った汁の中に入れる▽雨水をこして飲料水にする▽コーヒーを漉すフィルター▽漉し餡（あん）

1 01-42 力（ちから）

意味★何かをするとき、また、動かすとき、それを可能にする働きを生み出すもの。**【英】** *force; power*

◆①動物の筋肉などの働き。「腕の力が強い」「力比べ」②物を動かしたり、物に働きかけて何かをさせるもとになるもの。「水の力で発電する」「空気の力で水を上まで上げる」③充実した状態にある気持ちや心。「生きる力がわいてくる」「力なく肩を落とした」④ささえや助け。「友達の力になる」「力を貸す」⑤能力や技能やいい素質。「英語を話す力をつける」「家族を養う力がない」

1 01-43 原動力(げんどうりょく)／エネルギー／活力(かつりょく)／体力(たいりょく)／精力(せいりょく)

【関連語】◆(パワー)◆(精)せい◆(動力)どうりょく◆(馬力)ばりき

共通する意味★活動の基になる力。**【英】** *energy*

使い方▼〔原動力〕▽あのときの経験がのちの成功の原動力となった 〔エネルギー〕▽妻に先立たれ生きていくエネルギーをなくした 〔活力〕▽彼の活力の源は家庭にあった 〔体力〕▽体力が衰える▽体力増強 〔精力〕▽激務に精力を使い果たす▽精力的に仕事を行う▽精力絶倫(ぜつりん)

	□を蓄える	□をつける	□を使う仕事	仕事に□を傾ける	□にあふれる
原動力	○	−	−	−	−
エネルギー	○	△	○	○	△
活力	○	○	−	−	○
体力	○	○	○	−	−
精力	○	○	△	○	○

使い分け【1】「原動力」は、活動や出来事を引き起こすもととなる力。【2】「エネルギー」は、活動、行動の源となる力。「原子力エネルギー」のように、物体が物理的な仕事を行う能力やそれを供給するための資源もいう。【3】「活力」は、人間や組織が活発に活動するための力。【4】「体力」は、人間が実際に活動や運動をするための力。【5】「精力」は、人間が心身を活発に働かせるための力。

【関連語】◆(パワー)「パワーのあるエンジン」のように、物事を動かす力、また、「住民パワー」のように、集団が社会に対して与える影響力をいう。◆(精)元気のもと。「卵を飲んで精をつける」◆(動力)電気、風力、水力、火力など機械を動かすための力。「ゴム動力の模型飛行機」◆(馬力)力の単位。一秒間に七五キログラムの物体を一メートル動かす力。車などの力を表わすために用いられることが多い。また、「馬力がある」は、たくさんの仕事ができる力がある意。

1 01-44 全力(ぜんりょく)／ベスト／総力(そうりょく)

【関連語】◆(死力)しりょく◆(底力)そこぢから◆(余力)よりょく

共通する意味★出せるすべての力。**【英】** *all one's power*

	各自□を尽くす	□をあげて取り組む	□で投球する	□を結集する
全力	○	○	○	−
ベスト	○	−	−	−
総力	−	○	−	○

使い分け【1】「全力」はその人個人がもっているすべての力をいうが、「総力」は複数のものの総体の力についていう。【2】「ベスト」には、「ベストの状態で試験にのぞむ」のように、最上・最善の意もある。

【関連語】◆(死力)それができれば死んでもいいと思うくらいの気持ちで出す力。「死力を尽くす」◆(底力)いざというときに発揮される力。「底力を発揮する」「底力のあるチーム」◆(余力)まだ残っている力。「余力があれば処理しよう」「余力を残す」

参照▼ベスト⇒819-09

1 01-45 腕力(わんりょく)／腕(うで)っ節(ぷし)／実力(じつりょく)

共通する意味★実際の行為、行動で示される力。**【英】** *physical strength*

	□がある	□が強い	□に訴える	□を行使する
腕力	○	○	○	−
腕っ節	−	○	−	−
実力	○	−	○	○

使い分け【1】「腕力に訴える」は、「暴力に訴える」と同義。【2】「腕っ節」は、特に力仕事やけんかをするときの強さをいう。【3】「実力」は、「実力に訴える」「実力を行使する」という形で用いられた場合、力ずくで物事を解決しようとすることを表わす。「実力がある」は、実際にもっている力量、能力を表わす。

1 01-46 圧力(あつりょく)

【関連語】◆(プレッシャー)◆(外圧)がいあつ

意味★物体を押す物理的な力のことから転じて、自分に都合がよいことを人にさせたり、自分に都合が悪いことを人にさせないように押しとどめたりしようとする力の意で用いられる。**【英】** *pressure*

使い方▼〔圧力〕▽おどして圧力をかける▽無言の圧力

【関連語】◆(プレッシャー)何か行動をおこす際に、ことの重大さや責任の重さなどを自覚して生ずる強い緊張感・重圧感をいう。「期待が大きくプレッシャーがかかる」◆(外圧)外からの圧力。特に、外国からの強い要求という意味で用いられることが多い。「外圧に屈する」

1 01-47

独力(どくりょく)／自力(じりき)

共通する意味★自分一人の力。**【英】** *one's own efforts*

使い方▼〔独力〕▽人に頼らず独力で成し遂げた
〔自力〕▽自力で立ち上がる▽自力更生(こうせい)

使い分け【1】「独力」は自分一人だけの力、「自力」は自分がもっている力というニュアンスの違いはあるが、ほぼ同じように使われることが多い。【2】「自力」は、「他力」の対義語として用いられることもある。

1 01-48

人力(じんりょく)／人力(じんりき)

共通する意味★人の力。**【英】** *human strength*

使い方▼〔人力(じんりょく)〕▽人力の遠く及ばない世界
〔人力(じんりき)〕▽人力飛行機▽人力車

使い分け【1】「人力(じんりょく)」は、自然や神仏の力と対比させて、人間の能力をいう。【2】「人力(じんりき)」は、機械力や動力に対して、人間の力をいう。

1 01-49

押(お)さえる／押(お)さえ込(こ)む／押(お)さえ付(つ)ける／押(お)し付(つ)ける／ねじ伏(ふ)せる／組(く)み伏(ふ)せる／組(く)み敷(し)く

共通する意味★力を加えて、対象を動きのとれない状態にする。**【英】** *to hold down*

使い方▼〔押さえる〕(ア下一)▽はしごが倒れないように押さえる　〔押さえ込む〕(マ五)▽相手を押さえ込んで負かす　〔押さえ付ける〕(カ下一)▽荒馬を数人で押さえ付ける　〔押し付ける〕(カ下一)▽満員電車の中で、彼はドアに押し付けられた　〔ねじ伏せる〕(サ下一)▽彼は見事に賊をねじ伏せた　〔組み伏せる〕(サ下一)▽賊を組み伏せる　〔組み敷く〕(カ五)▽いとも簡単に敵を組み敷いた

使い分け【1】「押さえる」「押さえ込む」「押さえ付ける」は、対象を動かさないようにするという意味合いが強く、さまざまな対象について、思いどおりに支配する、無理に屈伏させるという意でも使われる。その場合、普通、「抑える」「抑え込む」「抑え付ける」と書く。また、「押さえる」は、「証拠をおさえる」のように、物事の要点を捜し出してつかむ意もある。【2】「押し付ける」は、力が加えられる対象(…を)とともに、押しつけられる対象(…に)が必ず意識されている。また、「いやな仕事を他人に押し付ける」のように、無理にやらせるという意でも使われる。【3】「ねじ伏せる」は、腕や体をねじって倒し、押さえ込む意。また、「へ理屈を並べて相手をねじ伏せる」のように、無理やり納得させて抵抗を押さえ込んでしまう意にも使われる。【4】「組み伏せる」「組み敷く」は、体を組んでもみあったあと上から押さえ込んでいる状態をいう。

参照▼押さえる⇒120-41

1 01-50

押(お)しのける／押(お)しやる／押(お)しまくる／突(つ)きのける

【関連語】◆(押す)おす

共通する意味★人や物などを無理に押して退ける。**【英】** *to push away*

使い方▼〔押しのける〕(カ下一)▽他人を押しのけて、電車に乗り込む　〔押しやる〕(ラ五)▽目の前の皿を向こうへ押しやる　〔押しまくる〕(ラ五)▽土俵際でこらえる相手を押しまくる　〔突きのける〕(カ下一)▽他人を突きのけて電車から降りる

使い分け【1】「押しのける」は、強く押して無理にどける意。また、「先輩を押しのけて出世する」のように、地位や職などをめぐって他人を排除する意でも使われる。【2】「押しやる」は、「雑念をわきへ押しやる」のように、ある気持ちや考えを退ける意でも使われる。【3】「押しまくる」は、ひたすら押し、圧倒する意。また、「前半押しまくったが、結局負け試合であった」のように、圧倒する意でも使われる。【4】「突きのける」は、突き飛ばすようにして手荒く退ける意。

【関連語】◆(押す)(サ五)物や人を、自分から遠ざかる方向へ力を加えたり、動かしたりする。「前の人を押さないでください」「ボタンを押す」「ぶつけたところが押すと痛む」

1 01-51

痛(いた)めつける／やっつける

【関連語】◆(負かす)まかす

共通する意味★暴力的な手段で、相手に苦痛を与え、押さえこむ。**【英】** *to pain*

使い方▼〔痛めつける〕(カ下一)▽白状するまで痛めつける▽冷酷なしうちに、精神的に痛めつけられた
〔やっつける〕(カ下一)▽親を碁でやっつける▽力を合わせていじめっ子をやっつける

使い分け両語とも、必ずしも具体的暴力をふるう場合に用いられるのではない。「やっつける」は俗語的な言い方。

【関連語】◆(負かす)(サ五)勝つ。相手を負けさせる。「相撲で相手を負かす」「口げんかで相手を負かした」

1 01-52

切(き)る／裁(た)つ／刻(きざ)む

【関連語】◆(ちょん切る)ちょんぎる◆(ぶった切る)ぶったぎる◆(かき切る)かききる◆(切り刻む)きりきざむ◆(ちぎる)◆(切り抜く)きりぬく◆(刎ねる)はねる◆(切り込む)きりこむ◆(切り出す)きりだす

共通する意味★刃物などで物を分け離したり、傷つ

けたりする。【英】*to cut*

使い方▼〔切る〕(ラ五)▽のこぎりで丸太を二つに切る▽包丁で指を切ってしまった　〔裁つ〕(タ五)▽型紙に合わせて布を裁つ▽母は私の着物を裁っている　〔刻む〕(マ五)▽ねぎを小さく刻んで薬味に使う

使い分け【1】「裁つ」は、裁縫をするためなどに型に合わせて紙や布を切る。「刻む」は、小さく、いくつにも切る。「切る」は、「裁つ」「刻む」を含んで、広く用いられる。【2】「切る」は、対象によって、「木を伐る」「人を斬る」「紙(布)を截る」「枝を剪る」などと漢字を変えて用いられる。

【関連語】◆〔ちょん切る〕(ラ五)無造作に切る意の俗語。「枝先をはさみでちょん切る」◆〔ぶった切る〕(ラ五)勢いよく大ざっぱに切る意の俗語。「釣り上げたばかりの魚をぶった切る」◆〔かき切る〕(ラ五)普通なら切ることを躊躇(ちゅうちょ)する人や動物の体を、ひと思いに切るような場合に使う。「首をかき切る」◆〔切り刻む〕(マ五)細かく切り分ける。「紙を切り刻んで紙吹雪を作る」◆〔ちぎる〕(ラ五)指などで小さく切り離す。また、摘み取る。「花びらをちぎって占う」◆〔切り抜く〕(カ五)部分的に切って抜き取る。「重要な新聞記事を切り抜く」◆〔刎ねる〕(ナ下一)刀で首を切り落として殺す。「首を刎ねる」◆〔切り込む〕(マ五)敵方の地へ攻め入る。また、型に合わせて切って、そこにはめ込む。「敵の陣地に一番乗りで切り込んだ」「枠に合わせて、ガラスを切り込んでいく」◆〔切り出す〕(サ五)木材や石材などを切り取って運び出す。「山から大木を切り出す」

101-53 切(き)りつける／切(き)りかける／切りかかる

共通する意味★刃物を持って、相手に襲いかかり、切ろうとする。【英】*to stab at*

使い方▼〔切りつける〕(カ下一)▽暗闇(くらやみ)の中で暴漢に切りつけられた　〔切りかける〕(カ下一)▽このあたりで待ち伏せて、通りかかったところを切りかけることにしよう　〔切りかかる〕(ラ五)▽背後から切りかかられて、防ぎようもなかった

101-54 刈(か)る

意味★密生しているものを刃物を使って根元から切り取る。【英】*to reap*(穀物); *to mow*(草); *to cut*(髪)

使い方▼〔刈る〕(ラ五)▽草を刈る▽芝生を刈る▽頭を刈る▽髪を短く刈る

101-55 削(けず)る／そぐ

【関連語】◆〔剃る〕(そる)◆〔彫る〕(ほる)◆〔剪む〕(はさむ)

共通する意味★刃物などで、物の表面を薄く切り取る。【英】*to chip; to curtail*

使い方▼〔削る〕(ラ五)▽かんなで板を削る▽しのぎを削る(＝激しく争う)　〔そぐ〕(ガ五)▽あやまって指をそぐ

	ナイフで竹を□	身を□れる思い	鉛筆を□	包丁で耳を□
削る	○	-ら○	○	-
そぐ	○	-が○	-	○

使い分け【1】「削る」が、物の表面を薄く切り取る作業を少しずつ繰り返して行う場合に多く用いられるのに対し、「そぐ」は一回の動作にいうことが多い。【2】「削る」は、「文章を削る」「予算を削る」のように、全体の形はくずさないようにして、一部分を取り除いてなくしたり、取り除くことによって全体の分量を減らしたりする意にも使う。【3】「そぐ」は、物の先端をとがるようにして斜めに切り落としたり、出っぱったところを切り落としたりする意にも使う。また、「気勢をそがれる」のように、勢いなどがなくなるようにする意もある。「殺ぐ」「削ぐ」と書くこともある。

【関連語】◆〔剃る〕(ラ五)かみそりなどで、頭髪やひげなどを根元から切り落とす。「ひげを剃る」「出家するために頭を剃る」なまって「する」ともいう。◆〔彫る〕(ラ五)刃物で、木・石・金属などを削って像を作る。また、木・石・金属などをきざんで、文字や絵などを表わす。「有名な仏師の彫った仏像」「石に名前を彫る」◆〔剪む〕(マ五)はさみで切る。つむ。「鋏む」とも書く。「盆栽の枝を剪む」

101-56 えぐる／くりぬく／ほじくる

【関連語】◆〔くる〕

共通する意味★何かに穴をあけて、中身をとり出す。【英】*to gouge out*

使い方▼〔えぐる〕(ラ五)▽傷口をえぐる▽刃物で横腹をえぐる　〔くりぬく〕(カ五)▽木をくりぬいて汁椀(しるわん)を作る　〔ほじくる〕(ラ五)▽指で壁をほじくって穴をあける

	□て穴をあける	果物の芯しんを□	目玉を□	丸太を□た舟	鼻くそを□
えぐる	-っ○	△	○	-っ-	-
くりぬく	-い○	○	○	-い○	-
ほじくる	-っ○	-	-	-っ-	○

使い分け【1】「えぐる」は、刃物など鋭い物を深くさしこんで、回すようにして穴をあける意。また、その動作をすることによって、中身をそっくり取り去る意に使う。そこから比喩(ひゆ)的に、「問題の核心をえぐる」のように、物事の核心を鋭く突いて、さらけ出す意や、「肺腑(はいふ)をえぐる悲しみ」のように、心の奥深くまでかき回して深刻な苦痛や衝撃を与える意にも用いられる。「抉る」「刳る」「剔る」と書くこともある。【2】「くりぬく」は、「えぐる」という動作

をすることによって、すっぽりと穴をあけたり、中身を取り出したりすることに意味の重点がおかれた語。「刳り貫く」「刳り抜く」とも書く。【3】「ほじくる」は、「ほじる」の強調形で、やや俗語的。指の先や細い棒のようなもので、つついて穴をあけたり、その穴をかき回して中の物を出したりする意。また比喩的に、「人のあらをほじくる」のように、人が隠している物事や、些細(ささい)なことをことさらに捜し出す意でも用いられる。「穿る」と書くこともある。

【関連語】◆**(くる)**(ラ五)刃物などの道具を使って、回しながら穴をあける。「刳る」とも書く。「ドリルで板に穴をくる」

101-57 穿孔(せんこう)／鑽孔(さんこう)／ボーリング／パンチ／掘削(くっさく)

共通する意味★物に穴をあけること。**【英】***boring*

使い方▼**〔穿孔〕**スル▽ドリルで穿孔する▽テープに穿孔する▽穿孔カード(＝パンチカード)▽穿孔機 **〔鑽孔〕**スル▽ドリルで鑽孔する▽テープに鑽孔する▽鑽孔カード▽鑽孔機 **〔ボーリング〕**▽地質調査のためにボーリングを行う **〔パンチ〕**▽切符にパンチを入れる **〔掘削〕**スル▽トンネルを掘削する▽掘削機

使い分け【1】「穿孔」「鑽孔」は、ともに錐(きり)、ドリル、パンチなど、鋭利なもので穴をあけること。ともに硬い文章語。「穿孔」には、「胃に穿孔ができる」のように、あいた穴という意味もある。【2】「ボーリング」は、地質調査や石油、地下水、温泉、鉱床などの探査を目的として、地中に細く深い穴をあけること。【3】「パンチ」は、紙や切符の類に穴をあけるための用具もいう。【4】「掘削」は、土や岩を掘り起こしたり、削り取ったりして穴をあけること。

参照▼パンチ⇒109-40

101-58 彫(ほ)り／刻(きざ)み／切(き)り込(こ)み

共通する意味★刃物などを用いて、物に切り目を作ること。また、その切り目。**【英】***engraving*

使い方▼**〔彫り〕**▽美しい彫りの木像▽指輪に彫りを入れる **〔刻み〕**▽味がよく染みるように野菜に刻みを入れる **〔切り込み〕**▽簡単に切れるように切り込みを入れておく

	木目を生かした□が美しい	紙に□を入れる	硬貨の縁に□がある	□に添って割る	□が深い顔
彫り	○	－	△	－	○
刻み	○	○	○	－	－
切り込み	○	○	△	○	－

使い分け【1】「彫り」は、立体的なものに幅と深さのあるくぼみを刃物などによって作ること。また、顔などの彫ったような凹凸の具合いの意にも用いられる。【2】「刻み」は、立体にも平面にも用いられ、何回も刃物を入れ、細かく切れ目を入れること。また、そのようにしてできた形をいうのにも用いられる。【3】「切り込み」も、立体、平面両方に用いられるが、一回から数回、刃物を入れて、そこから切ったり割ったりしやすいような状態にすることで、「刻み」より深い切れ目のときに用いられることが多い。

101-59 刺(さ)す／突(つ)く

【関連語】◆(突つく)つつく

共通する意味★先の鋭くとがった物などを対象に入りこませる。**【英】***to sting*

使い方▼**〔刺す〕**(サ五)▽ナイフで胸を刺す▽蜂(はち)に刺される **〔突く〕**(カ五)▽槍(やり)で突く▽棒の先で突く

	針で指を□	釣った魚をくしに□	ひじで相手の背中を□	指先にとげを□
刺す	○	○	－	○
突く	○	－	○	－

使い分け【1】「刺す」は、鋭くとがった物を表面から中に入り込ませることをいうが、「突く」は、棒状や先の鋭いものを勢いよく何かに押しあてて、強い衝撃を与えることで、必ずしも中に入り込ませなくてもよい。【2】「突く」は、「杖(つえ)をつく」のように、細長いものをおしたてて支えとする意や、比喩(ひゆ)的に、「雨をついて走る」「鼻をつく悪臭」「背後をつく」などのように、障害を物ともせずに行う、刺激する、鋭く攻めるなどの意でも使われる。【3】「突く」は「衝く」とも書く。また、「鐘をつく」などの場合は「撞く」とも書く。

【関連語】◆**(突つく)**(カ五)細い棒状のものや指などで軽く小刻みに突く。また、そのようにして物を食べる。「つっつく」ともいう。「背中をつついて注意する」「なべをつつく」◆比喩的に、欠点や弱点をことさらに取り上げて問題にしたり、あれこれ言ってけしかけたりすることにも使う。「発表の内容をつつかれる」「みんなからつつかれてやっと立候補に踏み切る」

参照▼突つく⇒106-01

101-60 突(つ)き刺(さ)す／突(つ)き通(とお)す／突(つ)き抜(ぬ)く／刺(さ)し通(とお)す

【関連語】◆(貫く)つらぬく◆(貫通)かんつう

共通する意味★先のとがった刃物などを、対象に深く入りこませたり、裏まで通したりする。**【英】***to pierce*

使い方▼**〔突き刺す〕**(サ五)▽箸(はし)を芋に突き刺す **〔突き通す〕**(サ五)▽針を突き通して、細い穴をあける **〔突き抜く〕**(カ五)▽くぎが板を突き抜いた **〔刺し通**

す」(サ五)▽のどもとに強く刃先を刺し通した
使い分け「突き刺す」は、必ずしも刃物などが反対側に抜けなくてもよいが、他の三語は通常、反対側まで突き出た状態をいう。
【関連語】◆**(貫く)**(カ五)突き刺した物の先端が対象の中を突き抜けて、反対側に出る。物理的な場合だけでなく、困難なことなどを最後までやり通す意味にも使う。「矢は的を貫いた」「信念を貫く」◆**(貫通)**(スル)対象に穴をあけて、反対側まで通すこと。「トンネルを貫通する」
参照▼貫く⇒903-38

101-61 ざくり／ざっくり／ばっさり／ちょん／じょきじょき／ざくざく／すっぱり

共通する意味★切ったり割ったりするさまを表わす語。
使い方▼**〔ざくり〕**(副)▽大きなかぶに、ざくりと包丁を入れた　**〔ざっくり〕**(副)▽ざっくりと割れた甘そうなすいか　**〔ばっさり〕**(副)▽長い髪をばっさり切り落とす　**〔ちょん〕**(副)▽大根の先を包丁でちょんと切る　**〔じょきじょき〕**(副)▽はさみでじょきじょきと布を切る　**〔ざくざく〕**(副)▽白菜をざくざくと切って、鍋(なべ)に入れる　**〔すっぱり〕**(副)▽竹を刀ですっぱりと切る
使い分け【1】「ざくり」「ざっくり」は、比較的かさがあって硬くない物を、力をこめて一気に切るさまを表わす。「ざくざく」は、同じような物を無造作に刻むさま。【2】「ばっさり」は、思い切って一気に切るさま。【3】「ちょん」は、無造作に一気に切り落とすさま。【4】「じょきじょき」は、はさみで切り進むさまや音を表わす。【5】「ざくざく」「じょきじょき」は、同じ動作を繰り返し行うさま。「ざくり」「ばっさり」「ちょん」は、切る行為が一回限り。【6】「すっぱり」は、刀や包丁などで勢いよく一気に見事に切るさま。

101-62 ぐさり／ずぶり／ぶすり／ぶすぶす

共通する意味★勢いよく突き刺すさまを表わす語。
使い方▼**〔ぐさり〕**(副)▽矢が胸にぐさりと突き刺さった　**〔ずぶり〕**(副)▽棒くいを、ずぶりと地面に突き刺した　**〔ぶすり〕**(副)▽太い注射針を、ぶすりと腕に刺した　**〔ぶすぶす〕**(副)▽子供が、ぶすぶすと障子に穴をあけていく
使い分け【1】「ずぶり」はやわらかく弾力性のないものに刺し入れるさま、「ぶすり」はやわらかく弾力性のある物に先の鋭くとがったものを突き刺すさまを表わす。比較的硬い物を突き刺す場合には「ぐさり」が使われる。また、「ぐさり」は「彼の一言が私の胸をぐさりと刺した」のように、比喩(ひゆ)的にも用いられる。【2】「ぶすぶす」は、やわらかく厚みのある物に、何度も突き刺すさまを表わす。
参照▼ずぶり⇒903-29

101-63 掘(ほ)る／穿(うが)つ

共通する意味★物に穴をあける。**【英】** *to dig*
使い方▼**〔掘る〕**(ラ五)▽犬が前足で地面を掘る▽池を掘る▽芋を掘る　**〔穿つ〕**(タ五)▽雨だれ、石をうがつ

	トンネルを□	穴を□	庭に井戸を□	石炭を□	壁に穴を□
掘る	○	○	○	○	△
穿つ	○	○	-	-	○

使い分け【1】「掘る」は、土などを取り出すことによって結果的に穴をあける意。「穿つ」は、穴を開けるために除去されるものについては問題にしない。【2】「穿つ」には、「うがった見方をする」のように、見過ごしやすい物事の真相や人情の機微などをとらえる意もある。

102 …頭部・表情

102-01 被(かぶ)る

【関連語】◆**(被る)**かむる◆**(引っ被る)**ひっかぶる◆**(戴く)**いただく
意味★帽子や面などで頭や顔の表面をおおう。**【英】** *to wear*(帽子などを)
使い方▼**〔被る〕**かぶる(ラ五)▽帽子をかぶる▽布団をかぶって寝る
◈「水をかぶる」のように、上から浴びる意でも使われる。
【関連語】◆**(被る)**かむる(ラ五)「かぶる(kaburu)」のbの音がmの音に変化したもの。「頭に手ぬぐいをかむる」◆**(引っ被る)**(ラ五)勢いよくかぶる。「布団をひっかぶって寝た」◆**(戴く)**(カ五)頭の上に載(の)せる。「頂く」とも書く。「頭に雪を戴く(＝白髪になる)」「月桂冠(げっけいかん)を頭に戴いた勝者」
参照▼被る⇒404-01

102-02 被(かぶ)せる／覆(おお)う

【関連語】◆**(掛ける)**かける◆**(おっかぶせる)**
共通する意味★上または、表面に何かをのせる。
【英】 *to put on*
使い方▼**〔被せる〕**(サ下一)▽車にシートをかぶせる▽子供の頭に帽子をかぶせる　**〔覆う〕**(ワ五)▽車をシートで覆う▽手で顔を覆う
使い分け【1】「覆う」は対象の表面を何かで包み

こみ、外界と完全に遮断する動作を表わすのに対して、「被せる」は対象の上から何かをのせる動作であり、遮断するという意味合いは弱い。【2】「被せる」は、「人に罪をかぶせる」のように、罪・責任などを人に負わせる意でも使われる。【3】「被せる」は「AにBをかぶせる」の文型をとる。「覆う」は「AをBで覆う」の文型をとる。

【関連語】◆(掛ける)(カ下一)外部に現れないように、何かをかぶせる。「カバーをかける」「布団をかける」◆(おっかぶせる)(サ下一)「かぶせる」を勢いよくいう俗語。「押っ被せる」とも書く。

参照▼かける⇒101-05

102-03 差し掛ける／差しかざす

共通する意味★傘などで雨や日射しが当たらないようにする。【英】*to hold an umbrella over*(傘を差し掛ける)

使い方▼〔差し掛ける〕(カ下一)▽ずぶぬれの子供に傘を差し掛ける 〔差しかざす〕(サ五)▽扇子を差しかざして直射日光をさける

使い分け【1】「差し掛ける」は、主として他人がぬれたり日射しを受けないようにする動作を表わす。【2】「差しかざす」は、自分の頭上を扇子や枝などで覆おうとする動作を表わす。

102-04 頷く／点頭

共通する意味★首を一度前に倒して上げる動作をする。【英】*to nod*

使い方▼〔頷く〕(カ五)▽話をうなずきながら聞く▽僕の問いに彼は黙ってうなずいた 〔点頭〕スル▽点頭をしながら説明を聞く

使い分け【1】「頷く」「点頭」ともに、了解や肯定などの気持ちを表わす動作であることが多い。【2】「点頭」は、文章語。

102-05 表情／面持ち

共通する意味★顔に現れた感情、気持ち。【英】*expression; a look*

使い方▼〔表情〕▽すぐに表情に出る▽表情のない顔 〔面持ち〕▽不審な面持ちで聞く

	不安そうな□	険しい□	□に富む	喜びにあふれた□
表情	○	○	○	○
面持ち	○	○	-	-

使い分け【1】「表情」には、感情の現れた顔つきの意味のほかに、心情を外部に現すことの意味もあるが、「面持ち」は、外部に現れた心持ちの意味だけである。【2】「面持ち」は、不安、悲しみなどよくない意味のときに使われることが多い。

102-06 顔付き／顔立ち／容貌／面構え／顔

【関連語】◆(面差し)おもざし◆(面立ち)おもだち◆(面影)おもかげ◆(人相)にんそう◆(面相)めんそう◆(容色)ようしょく◆(相好)そうごう◆(血相)けっそう◆(形相)ぎょうそう◆(剣幕)けんまく◆(面魂)つらだましい

共通する意味★頭部の前面の形や様子。

使い方▼〔顔付き〕▽厳しい顔つきの検察官▽痛い所をつかれて顔つきが一瞬変わった 〔顔立ち〕▽端正な顔立ちの歌舞伎(かぶき)役者 〔容貌〕▽容貌自慢のモデル▽容貌魁偉(かいい)(=体や顔の様子が人並みはずれて大きくたくましい) 〔面構え〕▽見るからに強そうな面構え▽不敵な面構え 〔顔〕▽浮かぬ顔をしている▽顔で笑って心で泣く

	上品な□の人	厳しい□をする	醜い□
顔付き	○	○	△
顔立ち	○	-	○
容貌	△	-	○
面構え	-	○	-
顔	○	○	○

使い分け【1】「顔付き」は、感情などによって変わる表情。【英】*a face*【2】「顔立ち」は、顔の形と目・鼻・口などの大きさや形などから生まれる顔のつくり。【英】*looks*【3】「容貌」は顔かたちだけの意味と、「容貌魁偉」のように、体を含む場合とがある。【英】*looks*【4】「面構え」は固い意志、強い心などが現れ出た場合にだけ使う。【英】*a look*【5】「顔」には、表情のほか、頭部の前面や、「顔が売れる」「顔に泥を塗る」などのように、評判、名誉などの意もあり、五語の中では最も用法が広い。

【関連語】◆(面差し・面立ち)顔の様子。顔立ち。「淋(さび)しそうな面差し」「どことなく母親に似た面差し」「端正な面立ち」◆(面影)あるものに似た姿、顔つき、様子。「どこかに父親の面影が残っている」◆(人相・面相)人の顔つき。「人相が変わるほどひどく殴られた」「人相の悪い人」「ひどいご面相だ」「百面相」◆(容色)女性の美しい顔かたち。「容色で人をまどわす」「容色が衰える」◆(相好)多く「相好を崩して喜ぶ」の形で、喜びや笑いが自然に内からこぼれ、表情に現れるさまをいう。◆(血相・形相)激しい感情の現れた顔かたち。「血相を変えて飛び出した」「ただならぬ形相」「鬼のような形相でしかりつける」「怒りの形相」◆(剣幕)怒って興奮した、すさまじい顔つきや態度。「見幕」「権幕」とも書く。「激しい剣幕で詰め寄る」◆(面魂)強い精神や性格が現れている顔つき。「一歩も退(ひ)きそうもない面魂」「天下無敵の面魂」

参照▼顔⇒003-01

102-07 顔色（かおいろ）／顔色（がんしょく）

共通する意味★血行のよしあしからみた顔の色あい。顔に現れた感情。【英】*complexion*

使い方▼〔顔色（かおいろ）〕▽風邪気味でかお色がすぐれない▽父のかお色をうかがいながら小遣いをせびる〔顔色（がんしょく）〕▽満座の中で恥をかき顔色なしだ

使い分け「顔色（がんしょく）」は、主として顔に現れた感情の意で使われる。

102-08 素面（しらふ）／素面（すめん）

共通する意味★酒を飲んでいない平常の状態。【英】*soberness*

使い方▼〔素面（しらふ）〕▽しらふでは言えない〔素面（すめん）〕▽素面ではとてもできない行動だ

使い分け日常語としては「しらふ」を使い、「素面」はあまり使わない。

102-09 美顔（びがん）／紅顔（こうがん）

共通する意味★美しい顔。【英】*rosy face*

使い方▼〔美顔〕▽美顔術を受ける〔紅顔〕▽紅顔の美少年

使い分け「紅顔」は、年若い人の血色のよい美しい顔をいう。

102-10 色白（いろじろ）／白皙（はくせき）／白面（はくめん）

共通する意味★顔、肌の色が白いこと。【英】*fair*

使い方▼〔色白〕（形動）▽色白の肌を自慢にする〔白皙〕▽白皙の美青年〔白面〕▽花道から白面の貴公子が登場した

使い分け【1】「色白」「白皙」は、顔についても肌全体についていう。【2】「白皙」は、主に若い男性についていう。【3】「白面」は、顔についてだけいう。また、年少で未熟なことの意もある。

102-11 笑い顔（わらいがお）／笑顔（えがお）

【関連語】◆（喜色）きしょく

共通する意味★笑っている顔。【英】*a smiling face*

使い方▼〔笑い顔〕▽楽しそうな笑い顔〔笑顔〕▽笑顔のかわいい人▽笑顔で迎える

使い分け【1】「笑い顔」は、実際に笑っている顔。【2】「笑顔」には、笑っている顔と、笑いを含んだ顔の意がある。

【関連語】◆（喜色）うれしそうな顔つき。「喜色満面（まんめん）に溢（あふ）れる」

102-12 泣き顔（なきがお）／泣き面（なきつら）／べそ／泣きべそ（なきべそ）

【関連語】◆（吠え面）ほえづら

共通する意味★泣いている顔。【英】*a crying face*

使い方▼〔泣き顔〕▽泣き顔を見られまいと横を向く▽しかられているうちに泣き顔になってきた〔泣き面〕▽泣き面なんか見たくない▽泣き面に蜂（はち）（=悪いことの上にまた悪いことが重なること）〔べそ〕▽しかられてべそをかく〔泣きべそ〕▽兄になぐられた弟が半分泣きべそをかいている

	□を見せる	□をかく	□になる	あの子は□で困る
泣き顔	○	-	○	-
泣き面	○	○	-	-
べそ	-	○	-	-
泣きべそ	-	○	-	○

使い分け【1】「泣き顔」には、泣いている顔の意と、今にも泣きそうな様子の意とがある。【2】「泣き面」は、泣いている顔を外から見た、ややくだけた言い方。「なきっつら」ともいう。【3】「べそ」「泣きべそ」は、主に子供の、悲しみ、くやしさなどで泣きそうになってゆがんだ表情。「泣きべそ」は、すでに涙を出したり泣き声をあげている場合もいう。【4】「泣きべそ」には、すぐ泣き出す癖のある者の意もある。

【関連語】◆（吠え面）「泣き面」の乱暴な言い方。「後でほえ面をかくな」

102-13 しかめっ面（しかめっつら）／渋面（じゅうめん）

共通する意味★不快、苦痛などの気持ちをあらわした顔。【英】*a grimace*

使い方▼〔しかめっ面〕▽薬があまり苦いのでしかめっ面をして飲んだ〔渋面〕▽営業報告を部長は渋面を作って聞いている

使い分け【1】「しかめっ面」は、表情がはっきり現れたもの。「しかめつら」ともいう。【2】「渋面」は、多く「渋面を作る」の形で使われる。

102-14 無表情（むひょうじょう）／ポーカーフェース

共通する意味★表情に変化のない顔。

使い方▼〔無表情〕（名・形動）▽いつも無表情な人▽社長は会社倒産の知らせを無表情な顔で聞いた〔ポーカーフェース〕▽ポーカーフェースで投球を続ける

使い分け【1】「ポーカーフェース」は、トランプゲームの「ポーカー」では、持ち札のよしあしを表情に出さないことが必要であるところからできた言葉。意識的に表情を隠した顔のこと。【2】「無表情」は、主体の意識は関係しない。【英】*an expressionless face*

1 02-15 不器量／不細工

【関連語】◆〈醜い〉(みにくい)

共通する意味★きれいでない顔。【英】*ugly*

使い方▼〔不器量〕(名・形動)▽不器量な子供 〔不細工〕(名・形動)▽不細工な顔の男

使い分け【1】「不器量」は、顔かたち全体についていうが、「不細工」は、目、鼻、口などの個々の形やバランスが普通より劣る場合にいう。【2】「不細工」は、もともとは工芸品などのできがよくない様子をいう。【3】「不器量」は「無器量」、「不細工」は「無細工」とも書く。

【関連語】◆〈醜い〉(形)顔かたちが悪く、見て不快な感じがする。「二目とみられぬ醜い顔」

1 02-16 そら似／生き写し

共通する意味★よく似ていること。【英】*an accidental resemblance*

使い方▼〔そら似〕▽他人のそら似 〔生き写し〕▽姉は幼時に死別した母親に生き写しだ

使い分け「そら似」は、血縁関係がないのによく似ている場合に、「生き写し」は、血縁関係の中でよく似ている場合にいう。「そら似」は「空似」とも書く。

1 02-17 笑う／微笑む

【関連語】◆〈笑む〉(えむ)◆〈笑い飛ばす〉(わらいとばす)

共通する意味★うれしいこと、おかしいことなどが原因で、目が細くなり、口もとがゆるむ動作をする。【英】*to laugh; to smile*

使い方▼〔笑う〕(ワ五)▽笑う門には福来たる 〔微笑む〕(マ五)▽にこやかにほほえむ

	にっこり□	□おかしくて	□声を出して	子供のしぐさに□母
笑う	○	○	○	△
ほほえむ	○	-	-	○

使い分け【1】「笑う」は、表情をくずすだけのものから、大声を立てるものまで全部含まれる。【2】「微笑む」は、目と口の表情を変えるだけで、静かに、かすかに笑う意。【3】「笑う」には、「一銭を笑う者は一銭に泣く」のように、ばかにする、あざけるの意もある。

【関連語】◆〈笑む〉(マ五)元来は声を出さずにかすかに笑う意味であるが、現代語としては「ほくそ笑む」のような複合語として、また「花は笑み、鳥は歌う」のような比喩(ひゆ)的な使い方しかしない。◆〈笑い飛ばす〉(サ五)真剣に取り上げないで、笑ってすませてしまう。「つまらないうわさを笑い飛ばす」

1 02-18 笑い／笑み

共通する意味★笑うこと。【英】*a laugh*

使い方▼〔笑い〕▽笑いのたえない家庭▽聴衆から笑いが起こる 〔笑み〕▽顔に笑みを作って話しかける

	□を浮かべる	□が止まらない	人の□を受ける	満面に□をたたえる	□をたやさない人
笑い	○	○	○	-	-
笑み	○	-	-	○	○

使い分け「笑い」は、声を立てる大笑いから、口もとだけの小さな微笑までは広く使われるが、「笑み」は、声を立てないでにっこりするだけの意。

1 02-19 微笑み／微笑／スマイル

共通する意味★声を立てずに優しく笑うこと。【英】*a smile*

使い方▼〔微笑み〕▽母はどんなに苦しいときもほほえみを絶やさない 〔微笑〕スル▽子犬の動作に微笑する▽微笑を浮かべる 〔スマイル〕▽候補者と運動員のスマイル作戦が功を奏した

使い分け【1】「微笑み」は「頬笑み」とも書く。【2】「スマイル」は、平易なくだけた文脈で使われることが多い。

1 02-20 大笑い／高笑い／哄笑／爆笑

【関連語】◆〈笑い転げる〉(わらいこける)◆〈吹き出す〉(ふきだす)

共通する意味★大きい口、大きな声で笑うこと。【英】*great laughter; Homeric laughter*

使い方▼〔大笑い〕スル▽彼の外国旅行中の失敗談に大笑いをした 〔高笑い〕スル▽攻め手を全部投げとばし、高笑いする豪傑 〔哄笑〕スル▽大もうけして腹をゆすって哄笑する 〔爆笑〕スル▽ピエロのおどけた演技に観客は爆笑した

使い分け【1】「大笑い」は、大声で笑うこと。【2】「高笑い」は、単独で声を高くして笑うこと。【3】「哄笑」は、単独でも複数でも声を高くして笑うこと。【4】「爆笑」は、大勢の人が一斉に大声で笑うこと。

【関連語】◆〈笑い転げる〉(カ下一)転げるように体を動かしてひどく笑う。「彼の失敗談に笑いこける」◆〈吹き出す〉(サ五)思いがけないおかしいことに出会って、また、こらえることができなくてぷっと笑う。「仮装大会の写真を見て思わず吹き出した」

参照▼吹き出す⇒9 03-24

1 02-21 苦笑い（にがわらい）／苦笑（くしょう）／微苦笑（びくしょう）

共通する意味★苦々しく思いながらもしかたなく笑うこと。**【英】** *a wry smile*

使い方▼〔苦笑い〕スル▽生徒に黒板の字の誤りを指摘されて苦笑いする　〔苦笑〕スル▽苦笑を禁じえない▽苦笑をもらす　〔微苦笑〕▽孫の無邪気な質問に微苦笑を浮かべる祖父

使い分け【1】「苦笑」は、改まった表現としても使う。【2】「微苦笑」は、作家久米正雄の造語。微笑と苦笑の交じった笑いのこと。

1 02-22 薄笑い（うすわらい）／薄ら笑い（うすらわらい）

共通する意味★困惑したり、軽蔑（けいべつ）するときなどの、声に出さず、顔の表情をかすかに動かしただけの笑い。**【英】** *a faint smile*

使い方▼〔薄笑い〕▽指名されたが答えられずに薄笑いを浮かべる　〔薄ら笑い〕▽他人の失敗をみて薄ら笑いを浮かべる

使い分け「薄ら笑い」の「薄ら」は、薄そう、かすかなどの意味を添える接頭語で、「薄笑い」よりも軽蔑などの度合いが強い。

1 02-23 あざ笑う（わらう）／せせら笑う（わらう）

共通する意味★見下した気持ちで笑う。**【英】** *to deride*

使い方▼〔あざ笑う〕(ワ五)▽他人の失敗をあざ笑う▽へたくそとあざ笑うようにいった　〔せせら笑う〕(ワ五)▽お前なんかにできるものかとせせら笑った▽鼻の先でせせら笑う

使い分け【1】「あざ笑う」は、相手を見下してからかうように笑うこと。「嘲笑う」とも書く。【2】「せせら笑う」は、相手をさげすみ、冷ややかに笑うこと。

1 02-24 冷笑（れいしょう）／嘲笑（ちょうしょう）／物笑い（ものわらい）

【関連語】◆(自嘲)じちょう

共通する意味★さげすんであざ笑うこと。**【英】** *to sneer; to deride*

使い方▼〔冷笑〕スル▽父は弁解する息子を冷笑を浮かべて見つめた▽人の努力を冷笑する　〔嘲笑〕スル▽世人の嘲笑をかう▽嘲笑の的　〔物笑い〕▽世間の物笑いになる▽物笑いの種になる

使い分け【1】「冷笑」は、相手をさげすみ、冷ややかに笑うこと。【2】「嘲笑」は、相手をばかにしてからかうように笑うこと。【3】「物笑い」は、人にばかにされ、笑われること。

【関連語】◆(自嘲)スル自分自身をだめな人間だとあざ笑うこと。「自嘲するような言い方はやめろ」

1 02-25 にっこり／にこり／にこにこ／にこやか

【関連語】◆(嫣然)えんぜん

共通する意味★明るい表情で声をたてずに笑う様子。

使い方▼〔にっこり〕(副)スル▽赤ん坊ににっこりほほえみかける▽カメラをみてにっこりしてください　〔にこり〕(副)▽子供は母親をみつけてにこりと笑った▽社長はいつも厳しい顔つきでにこりともしない　〔にこにこ〕(副)スル▽赤ちゃんは動く物をみながらにこにこしている▽孫をみてにこにこ顔の老夫婦　〔にこやか〕(形動)▽にこやかな表情の受付係▽客ににこやかに応対する

使い分け【1】「にっこり」は、大きくゆっくりした一度だけの表情。【2】「にこり」は、速く短く笑う表情。「にこりともしない」の形で使うことが多い。**【英】** *(to smile) sweetly*【3】「にこにこ」は、うれしそうに笑みを浮かべ続けている。**【英】** *smilingly*【4】「にこやか」は、笑顔（えがお）を絶（た）やさないで愛想がよい様子。

【関連語】◆(嫣然)(形動たる・と)なまめかしくにっこりする様子。「彼女は嫣然とほほえんだ」

1 02-26 からから／呵呵（かか）

共通する意味★声を大きくして高く笑う様子。

使い方▼〔からから〕(副)▽敵を次々に討ち倒して、からからと笑う　〔呵呵〕(副)▽選挙に当選して呵々大笑する

使い分け「からから」は主に話し言葉。「呵々」は書き言葉で、「呵々大笑」の形で使うことが多い。

【英】 *to laugh aloud*(からから笑う)

1 02-27 けらけら／げらげら

共通する意味★不遠慮に明るく声を出して笑う様子。

使い方▼〔けらけら〕(副)▽学生たちは冗談を言い合ってはけらけら笑う　〔げらげら〕(副)▽ピエロのおどけた演技にげらげら笑いこける

使い分け【1】「げらげら」は「けらけら」より笑い声や動作が大きい。**【英】** *to guffaw*(げらげら笑う)【2】「けらけら」は、甲高く笑うことをいう。**【英】** *to cackle*(けらけら笑う)

1 02-28 くすくす／くすり／くつくつ

共通する意味★おさえながら笑う様子。

使い方▼〔くすくす〕(副)▽授業中に友だちと冗談を

言い合ってくすくす笑う　［くすり］(副)▽マンガを読みながらくすりと笑う　［くつくつ］(副)▽くつくつと思い出し笑いをする

使い分け【1】「くすくす」は、他人に聞こえないようにこっそり笑う様子。【英】*to chuckle*(くすくす笑う); *to giggle*(女の子がくすくす笑う)【2】「くすり」は、一回だけ短く笑う様子。【3】「くつくつ」は、笑いをおさえようとしておさえきれず、声となって出てしまう笑い声の様子。

1 02-29 にんまり／にやり／にやにや

【関連語】◆(ほくそ笑(え)む)

共通する意味★思いどおりになってひとりで声を出さずに笑う様子。【英】*complacently*

使い方▼［にんまり］(副・スル)▽まんまと大金を手に入れてにんまりする　［にやり］(副)▽試験のヤマが当たって彼はにやりと笑った　［にやにや］(副・スル)▽父はユーモア小説をにやにや笑いながら読んでいる▽母は朝から意味ありげににやにやしている

使い分け【1】「にんまり」は、悪だくみなどがうまくいって、満足げにひとりで笑う様子を表わす。【2】「にやり」は、恥ずかしい、照れくさい、同感などの場合の笑いにもいう。短く一回だけの笑いである。【3】「にやにや」は、何かを思い出したり、自分だけわかっているが黙っていたりするようなときに、意味ありげな笑い顔をみせる様子を表わす。声は出さないが繰り返して行う。【英】*to grin*(にやにや笑う)

【関連語】◆(ほくそ笑む)(マ五)思いどおりに運んで満足してこっそり笑う。「彼は予感が的中してほくそ笑んだ」

1 02-30 にたにた／にたり

【関連語】◆(にっと)

共通する意味★声を出さず薄気味悪く笑う様子。

使い方▼［にたにた］(副・スル)▽「いい所で会ったよ」と彼はにたにたしながら近づいてきた▽にたにたとほくそ笑む　［にたり］(副)▽その男は相手をうまくだませたとにたりとした

使い分け　二語とも顔だけで笑う様子を表わすが、「にたにた」は、笑いが続いたり、繰り返したりするのに対して、「にたり」は、短く一回だけの笑いである。【英】*to grin*(にたにた笑う)

【関連語】◆(にっと)(副・スル)声を立てずに、歯をみせてちょっと笑いを浮かべる様子。「ほめられてにっと笑う」「宝くじに当たり、にっとする」

1 02-31 泣(な)く／涙(なみだ)ぐむ／涙(なみだ)する

【関連語】◆(落涙(らくるい))

共通する意味★喜び、悲しみなどの気持ちがとても強くて涙を流す。【英】*to weep*

使い方▼［泣く］(カ五)▽痛さをこらえきれず大声をあげて泣く▽赤ん坊が腹をすかせて泣いている▽努力が認められてうれし泣きに泣く　［涙ぐむ］(マ五)▽母は悲しいドラマを見ても、すぐ涙ぐむ　［涙する］(サ変)▽あまりの悔しさに涙する▽身の上話を聞きながら涙する

	悲惨な話をきいて□	叱(しか)られて□	不遇に□	乳を欲しがって□
泣く	○	○	○	○
涙ぐむ	○	○	-	-
涙する	○	-	○	-

使い分け【1】「泣く」には、声をあげる場合と、涙を流すだけの場合とがある。【2】「泣く」には、「重税に泣く」のように、嘆き悲しむの意や、「エースの名が泣く」のように、そのものの価値に値しないの意もある。【3】「涙ぐむ」は、目に涙を浮かべるだけで、声を出したりはしない。【4】「涙する」は、子供や赤ん坊の日常の行為には使わない。

【関連語】◆(落涙)(スル)涙を流すこと。泣くこと。「友の死に思わず落涙した」「落涙とどめ難し」

1 02-32 すすり泣(な)く／むせび泣(な)く

【関連語】◆(忍(しの)び泣(な)く)◆(嗚咽(おえつ))

共通する意味★声を殺して静かに泣く。【英】*to sob*

使い方▼［すすり泣く］(カ五)▽弔辞を聞きながらすすり泣く　［むせび泣く］(カ五)▽辛い運命を語り合いながらむせび泣く

使い分け　どちらも悲しみは強いが声は出さない泣き方。「すすり泣く」は鼻をすするように、「むせび泣く」は必死に声を殺そうとしてのどをつまらせて泣く意。

【関連語】◆(忍び泣く)(カ五)人目をはばかって、声をおさえて泣く。【英】*to weep silently*「死んだ子供のことを思いしのび泣く」◆(嗚咽)(スル)「むせび泣く」の意の文章語。「会場から嗚咽が漏れる」

1 02-33 泣(な)きじゃくる／しゃくり上(あ)げる／すすり上(あ)げる／泣(な)き伏(ふ)す／泣(な)き叫(さけ)ぶ／泣(な)きしきる

【関連語】◆(泣き濡(ぬ)れる)

共通する意味★泣きながらする動作。

使い方▼［泣きじゃくる］(ラ五)▽転んだ幼児は泣きじゃくりながら家に帰った　［しゃくり上げる］(ガ下一)▽しかられた子供がしゃくり上げている　［すすり上げる］(ガ下一)▽けんかに負けた男の子はまだすすり上げている　［泣き伏す］(サ五)▽悲報を聞いて床に泣き伏す　［泣き叫ぶ］(バ五)▽迷子になって泣き叫ぶ子

供〔泣きしきる〕(ラ五)▽幼児は半時間ほど泣きしきった

使い分け【1】「泣きじゃくる」「しゃくり上げる」「すすり上げる」は、息を吸いこむようにして泣く動作だが、「泣きじゃくる」には泣き声が伴う。「しゃくり上げる」「すすり上げる」は、激しく泣いたあと、まだ呼吸が平静に戻っていない場合にもいう。【2】「泣き伏す」は、悲しみのあまり体を伏せて泣く動作。**【英】** *to throw oneself down crying* 【3】「泣き叫ぶ」は、大声で叫ぶようにして泣く動作。**【英】** *to scream* 【4】「泣きしきる」は、しばらくの間激しく泣き続ける意。**【英】** *to sob bitterly*

【関連語】◆**〔泣き濡れる〕**(ラ下一)泣いた涙でほおがぬれる。「泣きぬれた顔」「涙に泣きぬれる」

102-34 号泣（ごうきゅう）／慟哭（どうこく）

共通する意味★大声をあげて激しく泣くこと。**【英】** *to wail*

使い方▼**〔号泣〕**スル▽妻の遺体にとりすがって号泣する若い夫 **〔慟哭〕**スル▽父の訃報（ふほう）をきいて慟哭する青年

使い分け「号泣」は、大きな泣き声で泣くことをいい、「慟哭」は、激しい動作で泣くことをいう。

102-35 わんわん／おいおい

共通する意味★声を出して泣く様子。**【英】** *(to cry) bitterly*

使い方▼**〔わんわん〕**(副)▽迷子がわんわん泣きながら親を探している▽彼は人前もはばからずわんわん泣いた **〔おいおい〕**(副)▽事故で妻子を失った男はおいおい泣いた

使い分け「わんわん」は、主に子供に使うが、「おいおい」は、大人が激しく泣く場合に使う。

102-36 さめざめ／しくしく／めそめそ

共通する意味★声をたてずに泣く様子。**【英】** *to weep; to whimper*

使い方▼**〔さめざめ〕**(副)▽老母は思い出話をしながらさめざめと泣いた **〔しくしく〕**(副)▽妹は母に叱（しか）られて部屋のすみでしくしく泣いている▽声を殺してしくしく泣く **〔めそめそ〕**(副)スル▽いつまでもめそめそ泣くな▽転んだぐらいでめそめそするな

使い分け【1】「さめざめ」は、涙を流しながら静かにひとしきり泣く様子。【2】「しくしく」は、声を出さずに静かに泣く様子。【3】「めそめそ」は、気が弱くて声も立てずに泣く様子。また、「めそめそする」の形で、気が弱く泣き言をいったり助けを求めたりする動作にも使う。

参照▼しくしく⇒211-09

102-37 涙（なみだ）

意味★強く感動したり、強い刺激を受けたりしたとき目からあふれ出る透明な液体。**【英】** *tear*

使い方▼**〔涙〕**▽とても悲しくて涙をこらえることができない▽涙をのむ（＝残念な気持ちをこらえる）

102-38 顰める（しかめる）

意味★顔や額、まゆ根などにしわを寄せる。苦痛や不快、心配などによる感情を表情に表わす意味が強い。**【英】** *to frown*

使い方▼**〔しかめる〕**(マ下一)▽あまりの痛さに顔をしかめる▽悪いうわさに人々はまゆをしかめた▽父は顔をしかめて子を叱（しか）った

103…目の働き

103-01 見る（み）

【関連語】◆**〔見える〕**（みえる）◆**〔御覧〕**（ごらん）◆**〔拝見〕**（はいけん）

意味★視覚によって物に関しての情報を得る。また、内容について判断する。**【英】** *to see*

使い方▼**〔見る〕**(マ上一)▽人の顔をまじまじと見る▽映画を見る▽今日見た出来事▽見て来たような嘘（うそ）をつく▽見てはいけない秘密▽様子を見よう▽私はこう見る▽今に見ろ▽憂き目を見る

【関連語】◆**〔見える〕**(ア下一)自然に目に入る。ある状態がわかる。見ることができる。…と思われる。また、人が来る意の尊敬語。「向こうに見えるのが富士山です」「彼は病気のように見える」「彼は病気とみえて欠席した」「先生もじき見えるでしょう」◆**〔御覧〕**「見ること」をいう尊敬語。また、目下に対する「見なさい」の意で用いる。「御覧に入れたい（＝お見せしたい）品」「御覧ください、この有様を」「ごらん、あの大きい象を」◆**〔拝見〕**スル「見ること」をいう謙譲語。「お手紙拝見しました」

103-02 見つめる（みつめる）／見守る（みまもる）／見据える（みすえる）

【関連語】◆**〔見澄ます〕**（みすます）

共通する意味★目をほかに向けないで、その物をじっと見続ける。**【英】** *to gaze (at)*

使い方▼**〔見つめる〕**(マ下一)▽事実をしっかりと見つめる **〔見守る〕**(ラ五)▽子供たちの成長を温かく見守る **〔見据える〕**(ア下一)▽標的をきっと見据えた

	相手の目をじっと□	鋭い目つきでライバルを□	病後の経過を注意深く□	穴のあくほど□
見つめる	○	○	－	○
見守る	△	－	○	－
見据える	○	○	－	－

使い分け【1】三語のうち、「見つめる」が最も一般的で用法も広い。「見詰める」とも書く。【2】「見守る」には、ある物事に関心を寄せその動きや変化をじっと見続ける意と、間違いがないように注意しながら見ている意の二つがある。【3】「見据える」は、対象を威圧するように鋭く見る意。また、「現実を見据える」のように、物事の本質などをとらえようとしてよく見る意もある。

【関連語】◆**〔見澄ます〕**(サ五)どんな様子か気をつけて見る。「だれもいないのを見澄まして忍び込む」

参照▼見据える⇒208-44

1 03-03 見入る(みいる)／見とれる(みとれる)／見ほれる(みほれる)

【関連語】◆**〔眺める〕**ながめる◆**〔眺め入る〕**ながめいる

共通する意味★あるものに心を引き寄せられて、じっと見る。

使い方▼〔見入る〕(ラ五)　**〔見とれる〕**(ラ下一)　**〔見ほれる〕**(ラ下一)

	素晴らしい演技に□	□ほど美しい姿	花に□て垣にぶつかる	時のたつのも忘れて本に□
見入る	○	－	－っ－	○
見とれる	○	○	－れ○	－
見ほれる	○	○	－れ△	－

使い分け【1】「見入る」は、対象に集中して見る意。**【英】** *to gaze (at)*【2】「見とれる」「見ほれる」は、ふつう美しいもの、見事なものなどに心を奪われてうっとりして見る意に使われる。「見とれる」の方が一般的。「見ほれる」はやや古めかしい語。「見とれる」は「見蕩れる」「見惚れる」とも書く。「見ほれる」は「見惚れる」とも書く。**【英】** *to be fascinated (by)*

【関連語】◆**〔眺める〕**(マ下一)一点に集中せずぼんやり全体を見る意。集中して見る場合には、「まじまじと」「つくづくと」のような、その意味を付け加える語を伴って使う。「空を眺める」「画集を眺める」「子供の顔をつくづくと眺める」◆**〔眺め入る〕**(ラ五)長い時間、興味をもって熱心に眺める。「古い写真に眺め入る」「日本庭園に眺め入る」

参照▼眺める⇒103-14

1 03-04 凝視(ぎょうし)／熟視(じゅくし)

【関連語】◆**〔虎視〕**こし

共通する意味★目をこらして、じっと見つめること。**【英】** *to gaze (at)*

使い方▼〔凝視〕スル▽一言も発せず相手の目を凝視し続ける　**〔熟視〕**スル▽画家はモデルの顔を熟視した

使い分け【1】「凝視」は、一点をじっと見つめること。【2】「熟視」は、内容を吟味しながら詳しく見ること。

【関連語】◆**〔虎視〕**スル虎(とら)が鋭い目で獲物をねらうように見つめること。また、比喩(ひゆ)的に、機会をねらうことにもいう。「敵味方が虎視している」「虎視眈々(たんたん)(＝鋭い目で見つめること、また、転じて、油断なく機会をねらっている様子)」

1 03-05 注目(ちゅうもく)／注視(ちゅうし)

【関連語】◆**〔刮目〕**かつもく◆**〔目配り〕**めくばり

共通する意味★注意してよく見ること。**【英】** *to watch carefully*

使い方▼〔注目〕スル▽人々の注目を集める▽成り行きが注目される　**〔注視〕**スル▽人々の注視のうちに発表された

	□を浴びる	手元に□する	手元を□する	□に値する	□の的
注目	○	○	－	○	○
注視	○	－	○	－	○

使い分け【1】「注目」は、最も一般的に幅広く使われる。物事がどうなるのか、その成り行きや動向を関心をもってじっと見守ること。【2】「注視」は、多く文章の中で使われる語。注意深く一点をじっと見ること。

【関連語】◆**〔刮目〕**スル「刮」はこする意で、目をこすってよく見ること。文章語。「刮目に値する成果」◆**〔目配り〕**スルあちこちに目を配って、注意して見ること。「落ち度がないか細かく目配りする」

1 03-06 直視(ちょくし)／正視(せいし)

共通する意味★目をそらさずに、まっすぐ対象を見ること。**【英】** *to look (a person) in the face*

使い方▼〔直視〕スル　**〔正視〕**スル

	前方を□する	□できない惨状	相手の□を避ける	□に耐えない	□するに忍びない
直視	○	○	○	－	－
正視	△	○	○	○	○

使い分け【1】「直視」は、「現実を直視する」のように、事実や事態の本当の姿をありのままに正しく見つめることもいう。【2】「正視」は、真正面から見つめること。あとに打消の語や否定的な意味を含む語がくることが多い。

1 03-07
衆目（しゅうもく）／十目（じゅうもく）
【関連語】◆（人目）ひとめ◆（俗眼）ぞくがん

共通する意味★多くの人の見る目、見方。
【英】*public attention*

使い方▼〔衆目〕▽彼女が所長にふさわしいことは衆目の一致するところだ▽衆目を驚かす〔十目〕▽十目の見る所、あの二人の結婚は間違いない▽十目の見る所、十指じっしの指さす所（＝多くの人の判断や意見が一致すること）

使い分け 「衆目」の方が一般的な語。

【関連語】◆（人目）他人の見る目。衆目のように多数でなく個々の他人の目をさす。「人目がうるさい」「人目に立つ」「人目をはばかる」◆（俗眼）世間一般の人の見る目。俗人の見方、観察をやや軽蔑けいべつして使うことが多い。「俗眼にはこの作品のよさはわからない」

1 03-08
見開く（みひらく）／見張る（みはる）

共通する意味★目を大きく開いて見る。【英】*to open one's eyes wide*

使い方▼〔見開く〕（カ五）▽かっと目を見開く▽目を見開いたまま倒れていた 〔見張る〕（ラ五）▽あまりの雄大さに目を見張る▽驚きの目を見張る

使い分け【1】二語とも「目を見開く」「目を見張る」の形で使われる。【2】「見開く」は、単に目を大きく開いて見ることだが、「見張る」は、驚いたり、感動したりして目を大きく開いて見る場合に用いられる。また、「門を見張る」のように、警戒して見ている意がある。「瞠る」とも書く。

1 03-09
見掛ける（みかける）／見受ける（みうける）
【関連語】◆（目撃）もくげき

共通する意味★見る機会がある。【英】*to see*

使い方▼〔見掛ける〕（カ下一）▽駅で友人を見かける▽めったに見かけない人 〔見受ける〕（カ下一）▽着物姿の女性も見受けられた▽ちょっと見た感じでは、お元気のご様子と見受けられた

使い分け【1】「見かける」は、こちらから目をとめる意。「見受ける」は、その状態や物が目に入ってくる意。【2】「見受ける」には、見た結果何らかの判断をする意味もある。【3】「見受ける」は、受身的意味合いを強めて「見受けられる」と使われることもある。

【関連語】◆（目撃）スル直接に、目で見ること。「交通事故を目撃した」「目撃者」

1 03-10
のぞく／垣間見る（かいまみる）／盗み見る（ぬすみみる）
【関連語】◆（のぞき込む）のぞきこむ

共通する意味★ひそかにそっと見る。また、少しだけ見る。【英】*to peep*

使い方▼〔のぞく〕（カ五）▽軒下のつばめの巣をのぞく▽関係書類をひと通りのぞいてみた 〔垣間見る〕（マ上一）▽塀ごしに犯人の姿を垣間見た▽図書館で垣間見た美しい人 〔盗み見る〕（マ上一）▽隣の子を横目で盗み見る▽先生の顔を盗み見る

	相手の表情を□	帰りがけに本屋を□	彼の性格を□た気がした	私生活を□	かぎ穴を□
のぞく	△	○	-い-	○	○
垣間見る	△	-	-み○	○	-
盗み見る	○	-	-み-	○	-

使い分け【1】「のぞく」は、元来、すきまや小さな穴を通して向こう側を見る意。身を乗り出して低い所を見おろす意や、ざっと見る意でも用いられる。また、他人の秘密をこっそり見る意もある。「覗く」「覘く」「窺く」とも書く。また、自動詞として、「雲間から月がのぞく」のように、少しだけ出る意でも用いられる。【2】「垣間見る」は、垣の間から見るように、すきまからちらっと見る意。たやすく見られないものをちらっと見る意もある。【3】「盗み見る」は、他人に知られないようにこっそり見る意。

【関連語】◆（のぞき込む）（マ五）体を乗り出したり、首をのばしたり、顔を近づけたりして中のものを見る。「井戸の中をのぞき込む」「子供の顔をのぞき込む」

1 03-11
見上げる（みあげる）／見下ろす（みおろす）／見返る（みかえる）／見回す（みまわす）

共通する意味★特定の方を見る。

使い方▼〔見上げる〕（ガ下一）▽夜空を見上げる▽見上げるばかりの大男 〔見下ろす〕（サ五）▽屋上から見下ろすと、人が小さく見える 〔見返る〕（ラ五）▽声がしたので後ろを見返った 〔見回す〕（サ五）▽部屋中をぐるりと見回す▽だれかいないかと辺りを見回す

使い分け【1】「見上げる」は、上の方に目を向けて見る意。また、「見上げた男だ」「見上げた心がけだ」のように、尊敬に値するほど立派であるの意もある。【英】*to look up to*【2】「見下ろす」は、高い所から下の方を見る意。また、「相手を見下ろした態度」のように、あなどる、軽蔑けいべつするの意もある。【英】*to look down*【3】「見返る」は、後ろを振り向いて見る意。やや古めかしい言い方。【英】*to look back*【4】「見回す」は、自分の周りをぐるりと見る意。【英】*to look around*

1 03-12
見合う（みあう）／見合わせる（みあわせる）／見交わす（みかわす）

共通する意味★互いに相手を見る。【英】*to look*

at each other
使い方▼〔見合う〕(ワ五)　〔見合わせる〕(サ下一)　〔見交わす〕(サ五)

	探りあうように□二人	驚いて思わず顔を□	目と目を□てにっこりする	力士が□たまま動かない
見合う	○	○	-っ△	-っ○
見合わせる	-	○	-せ○	-せ-
見交わす	△	△	-し○	-し-

使い分け【1】「見合わせる」は、互いに顔を見て気持ちを通じ合わせる場合に使う。【2】「見交わす」は、互いにある感情をこめて相手を見る場合に使う。【3】「見合う」は、「能力に見合った仕事」のように、つり合う意もある。【4】「見合わせる」はほかに、「公表を見合わせる」のように、やめる意や、「諸説を見合わせる」のように、くらべる意がある。

1 03-13 見直す(みなおす)／見返す(みかえす)

共通する意味★もう一度注意しながら見る。
【英】 *to look over again*
使い方▼〔見直す〕(サ五)　〔見返す〕(サ五)

	答案を□	福祉政策を□ときだ	昔の写真を何度も□	違った角度から□
見直す	○	○	○	○
見返す	○	-	○	-

使い分け【1】「見直す」は、見落としや誤りがないか、再検討しながら見る意。「見返す」は、繰り返し見る意。【2】「見直す」は、「日本の良さを見直す」「君を見直したよ」のように、今まで気がつかなかった良さをみつけ、改めて価値を認める意もある。【3】「見返す」は、また、「にらまれたので見返す」のように、人から見られてこちらも見る意、「いじめた奴ゃっを見返す」のように、自分を軽んじた人に立派になった自分を見せつける意、「後ろを見返す」のように振り返って見る意などがある。

1 03-14 見やる(みやる)／眺める(ながめる)／望む(のぞむ)

【関連語】◆(眺めやる)ながめやる

共通する意味★漠然と遠くを見る。**【英】** *to look at*
使い方▼〔見やる〕(ラ五)▽はるかに故郷の山々を見やる▽沖を見やると、大きな船がゆっくりと走っていた　〔眺める〕(マ下一)▽汽車の窓から移り変わる風景を眺める　〔望む〕(マ五)▽はるかに佐渡島を望む

	はるかかなたを□	ぼんやりと空を□	はるか富士山を□部屋	窓から外を□
見やる	○	○	-	○
眺める	○	○	-	○
望む	○	-	○	-

使い分け【1】「見やる」は、遠くに目を向ける意。「ものうげに友を見やる」のように、その方を見る意もある。やや古めかしい言い方。「見遣る」とも書く。【2】「眺める」は、風景などを遠く見る意。また、一点に視線を集中せず、広く全体を見る意。【3】「望む」は、遠くの対象を見る意。やや古めかしい言い方。見ることができるという可能性を意味することがある。【4】「眺める」は、「じっと手を眺める」のように、一つのものを集中して見る意でも使う。【5】「望む」は、「オリンピックの開催を望む」「待遇の改善を望む」のように、期待する、求める意もある。

【関連語】◆(眺めやる)(ラ五)視線を遠くに向ける。「はるかな峰々を眺めやる」

参照▼眺める⇒103-03　望む⇒218-03

1 03-15 見渡す(みわたす)／見晴らす(みはらす)／見通す(みとおす)

【関連語】◆(見晴かす)みはるかす

共通する意味★広い範囲にわたって遠くまで見る。
【英】 *to look out over*
使い方▼〔見渡す〕(サ五)　〔見晴らす〕(サ五)　〔見通す〕(サ五)

	丘の上から町を□	先生は教室を□た	□かぎり、果てしない荒野	トンネルの向こうまで□
見渡す	○	-し○	○	-
見晴らす	○	-し-	-	-
見通す	△	-し-	-	○

使い分け【1】「見渡す」は、「全体を見渡して、やさしい問題から解く」のように、見る対象が遠くにあるものではなくても、見ることができる範囲をひとおり見る意でも使う。【2】「見晴らす」は、景色、景観などを遠くまで広い範囲にわたって見る意。【3】「見通す」は、遮さえぎられずに遠くまで見る意。

【関連語】◆(見晴かす)(サ五)広く遠くまで見る。やや古めかしい言い方。「行く手を見はるかす」

参照▼見通す⇒208-43

1 03-16 眺望(ちょうぼう)／展望(てんぼう)／見晴らし(みはらし)

【関連語】◆(見通し)みとおし◆(一望)いちぼう◆(概観)がいかん◆(望遠)ぼうえん

共通する意味★遠くまで広く見渡すこと。また、その眺め。**【英】** *a view; an outlook*
使い方▼〔眺望〕スル　〔展望〕スル

	□が利く	岬から湾内を□する	日本アルプスの雄大な□	□がいい	□が開ける
眺望	○	○	○	△	○
展望	○	○	○	-	○
見晴らし	○	-	-	○	-

使い分け【1】「眺望」は、遠くまで広々と見渡した雄大な眺め。「展望」は、ぐるりと見渡せること。「見晴らし」は、さえぎるものもなく広々と見渡せること。【2】「展望」は、「長期的な展望に立つ」「政界を展望する」のように、社会の動きや物事の将来性などをいろいろな角度から見渡す場合にも用いる。

【関連語】◆**(見通し)**こちらからあちらまで見渡せること。「見通しが悪い道路」「見通しの利く交差点」◆**(一望)**スル広いながめを一度で見渡すこと。「山頂から市内を一望のもとに見渡す」「一望のもとにおさめる」◆**(概観)**スル全体の様子をざっと見渡すこと。「国際政治の動向を概観する」◆**(望遠)**スル遠くまで見ること。「望遠鏡」「望遠レンズ」

参照▼見通し⇒208-58

103-17 鳥瞰(ちょうかん)／俯瞰(ふかん)

共通する意味★高い所から広い範囲を見下ろして眺めること。**【英】***a bird's-eye view*

使い方▼〔鳥瞰〕スル▽ヘリコプターから町を鳥瞰する▽鳥瞰図 〔俯瞰〕スル▽塔から市中を俯瞰する▽俯瞰撮影▽俯瞰図

使い分け「鳥瞰」は、「世界情勢を鳥瞰する」のように、高い立場から物事の全体を見渡す場合にも使う。

反対語▼俯瞰⇔仰視

103-18 見過ごす(みすごす)／見逃す(みのがす)／見落とす(みおとす)

【関連語】◆(見損なう)みそこなう◆(見失う)みうしなう◆(油断)ゆだん

共通する意味★見ながらそれに気がつかないでいる。**【英】***to overlook*

使い方▼〔見過ごす〕(サ五)▽道路標識を見過ごして道に迷う▽いわれない差別が行われているのを見過ごすことはできない 〔見逃す〕(サ五)▽盗塁のサインを見逃す▽今回だけは万引きを見逃してやる▽忙しくて以前から見たいと思っていた映画を見逃してしまった 〔見落とす〕(サ五)▽うっかりして誤字を見落とした▽注意書きを見落としたまま出した

	道路標識を□	わかっていながら□	好機を□	コンマを□
見過ごす	○	○	-	-
見逃す	○	○	○	-
見落とす	○	-	-	○

使い分け【1】「見過ごす」は、見て何らかの処置が必要な物事に対して、処置をとらずにそのままにする意でも使われる。【2】「見逃す」は、見ても気がつかないのほかに、見てもとがめない、知っていながら見ずに終わる、などの意味で使われる。【3】「見落とす」は、見るのだが気がつかないことをいう。

【関連語】◆**(見損なう)**(ワ五)見る機会をのがす。「突然の来客があり、見たかった番組を見損なってしまった」◆**(見失う)**(ワ五)今まで見えていたものが、見えなくなる。「犯人の自動車を追いかけたが、見失ってしまった」「人生の目標を見失って、気落ちする」◆**(油断)**スル気を許すこと。うっかり注意を怠ること。「ちょっとの油断で大火事になった」「油断ならない人物」「油断するな」「油断もすきもない」

参照▼見損なう⇒208-66

103-19 見落とし(みおとし)／看過(かんか)／目こぼし(めこぼし)

共通する意味★ある物事を見てはいながら、問題にすることなしにすませてしまうこと。**【英】***to overlook*

使い方▼〔見落とし〕▽見落としがないかもう一度点検する▽致命的な見落としがあって、勝負に負けた 〔看過〕スル▽世情の混乱を決して看過することはできない▽それは看過できない問題だ 〔目こぼし〕スル▽どうかお目こぼし願います▽違反者を目こぼしする

使い分け【1】「見落とし」は、何か問題をよく見れば気づいたはずなのに、つい気がつかないですましてしまうこと。ただし、「大きな見落とし」のように、そうした行為そのものより、その結果気づかれないでいた問題や事柄をさしていうことが多い。【2】「看過」は、何か問題になる事柄を目にしながら、それに対して何もしないで終わってしまうこと。「看過できない」「看過することができない」の形で用いられることが多いが、かなり硬い表現となる。【3】「目こぼし」は、何か問題になる事柄を目にしてちゃんとわかっているのに、罰したりせずにすましてしまうこと。「目こぼし」をする主体は、そうした問題の事柄を取り締まったり罰したりするべき立場にある者である。「看過」が、見てはいながらついつい何もせずに終わるという、いわば消極的放任のニュアンスが強いのに対し、「目こぼし」は、ちゃんとわかっていて意図的に何もしないでおいてやるという積極的かつ意図的許容のニュアンスが強い。なお、「目こぼししてもらう」意で、「お目こぼしにあずかる」という言い方をすることもある。

103-20 一目(ひとめ)／一見(いっけん)／一目(いちもく)／一瞥(いちべつ)

【関連語】◆(瞥見)べっけん◆(一顧)いっこ◆(ちょっと見)ちょっとみ

共通する意味★一度、またはちょっと見ること。**【英】***a look*

使い方▼〔一目〕ひとめ▽一目でその家が気に入った▽実物を一目見てから決める▽一目惚ぼれ 〔一見〕スル▽一見に値する絵▽一見して病人とわかった▽百聞は一見に如しかず 〔一目〕いちもく(スル)▽事故の原因は

一目にして判明した▽一目瞭然(りょうぜん)【一瞥】スル▽相手を一瞥しただけだった▽一瞥もくれずに立ち去る

使い分け【1】「一目(ひとめ)」は、最も一般的に、話し言葉の中で使われる。「一見」は、やや改まった言い方。「一目(いちもく)」は、硬い言い方で、慣用的な使い方以外では会話に使われることはあまりない。「一瞥」は、ちらっと目をやることの硬い言い方で、相手を軽蔑(けいべつ)、無視する場合にいうことが多い。【2】「一見」は、「一見かしこそうに見える」「一見学者風の男」のように、副詞的に、ちょっと見たところではの意味でも使われる。【3】「一目(ひとめ)」「一目(いちもく)」は、「町全体を一目(ひとめ)で見渡せる丘」「一目(いちもく)のうちに町を見渡す」のように、全体を一度で見渡すこともいう。【4】「一目(いちもく)」は、「一目(いちもく)置く」の形で、自分より優れているものに対して一歩譲る意味でも使う。

【関連語】◆**(瞥見)**スル ちょっと見ること。文章語。「書名一覧を瞥見する」「瞥見の限りでは危惧(きぐ)するところはない」◆**(一顧)**スル ちょっと振り返って見ること。また、ちょっと心にとめること。「抗議のデモに一顧だにしない」「一顧の価値もない」◆**(ちょっと見)** ちょっと見た感じや様子。「ちょっと見では異常はない」

103-21 一覧(いちらん)／通覧(つうらん)

共通する意味★ざっと見ること。**【英】** *to look over*

使い方▼〔一覧〕スル 〔通覧〕スル

	書類を□する	名簿を□する	社内を□する	□に供する
一覧	○	○	○	○
通覧	○	○	-	-

使い分け【1】「一覧」は、ひと通りざっと見ること。また、「一覧表」「出典一覧」のように、内容がひと目で分かるように、簡明に記したものの意もある。【2】「通覧」は、書物や書類などの始めから終わりまで全体に目を通すこと。

参照▼一覧⇒619-49

103-22 二目(ふため)／再見(さいけん)

共通する意味★もう一度見ること。**【英】** *a second look*

使い方▼〔二目〕▽二目と見られないおそろしい姿〔再見〕スル▽再見に値する名器▽日本再見

使い分け【1】「二目」は、「二目と見られない」という形で、非常に醜かったり悲惨だったりして二度と見る気になれないことを表わす。【2】「再見」は、文章で使う硬い言い方。もう一度見直すことの意味でも使われる。

103-23 視野(しや)／視界(しかい)

【関連語】◆(死角)しかく

共通する意味★目に見える範囲。**【英】** *a field of vision*

使い方▼〔視野〕▽惑星が望遠鏡の視野に現れる▽眼病で視野が狭窄(きょうさく)した〔視界〕▽雲が切れ視界が開けた▽野鳥が視界に飛び込んできた▽視界良好

	□が開ける	□を遮る	風雨で□が悪くなる	□一〇メートル
視野	○	○	-	-
視界	○	○	○	○

使い分け【1】「視野」は、ある定まった視点から見える範囲。「視界」は、目で見通すことのできる範囲。【2】「視野」は、カメラ、望遠鏡、顕微鏡などのレンズを通して見える範囲にもいう。【3】「視野」には、「国際的視野に立つ」「視野が広い(狭い)」のように、比喩(ひゆ)的に、思慮、観察、知識の及ぶ範囲という意味もある。

【関連語】◆**(死角)**物の陰などになり、ある角度からは見えない範囲。「運転席から死角になる所」「死角に入る」

103-24 視線(しせん)／目線(めせん)

共通する意味★物を見ている目の方向。**【英】** *one's eyes*

使い方▼〔視線〕▽周囲の視線がいっせいに向けられた▽熱い視線を感じる▽視線をそらす▽視線が合う〔目線〕▽もっと目線を落として下さい▽目線が合う

使い分け「目線」は、俗語。映画、演劇、放送などの世界で使われ始めた語が、一般でも使われるようになった。

103-25 にらむ／にらみつける／ねめつける

【関連語】◆(にらみ合う)にらみあう

共通する意味★鋭い目つきでじっと見る。**【英】** *to glare (at)*

使い方▼〔にらむ〕(マ五)▽学生は不満げに先生の顔をにらんだ〔にらみつける〕(カ下一)▽怒りをこめた目でにらみつける▽将棋盤をじっとにらみつける〔ねめつける〕(カ下一)▽鋭い目つきで一人一人ねめつけた

使い分け【1】「にらむ」は、「情勢をにらむ」のように、事件の原因や真相、今後の動きなどを探るためにじっと見る意。また、「犯人は彼だとにらむ」のように、見当をつける意にも使われる。また、「素行の悪さから先生ににらまれている」のように、受身の形になる場合、よくない人物として特に目をつけられる意になる。【2】「にらみつける」「ねめつける」は、強くにらむ意。「ねめつける」は、「にらみつける」の古めかしい言い方で、相手を威圧する場合に多く使い、ふつう、物に対しては使わない。【3】「睨(にら)む」「睨(にら)み付(つ)ける」「睨(ね)め付(つ)ける」とも書く。

【関連語】◆〈にらみ合う〉(ワ五)互いに相手をにらむ。また、互いに相手の動きをじっとうかがい対立する意味でも使われる。「睨み合う」とも書く。「両力士が互いににらみ合う」「国境線を間ににらみ合っている両国」

103-26 睨(にら)み／睥睨(へいげい)

共通する意味★にらむこと。また、相手を威圧したり、監視したりすること。**【英】** *a glare*

使い方▼〔睨み〕▽番長がにらみを利かせている▽ひとにらみで相手を縮み上がらせる 〔睥睨〕スル▽あたりを睥睨する▽天下を睥睨する

使い分け【1】「にらみ」は、特に相手を威圧し、反抗させない力量をいう。【2】「睥睨」は、文章語。周囲をにらみ、威圧すること。また、横目でにらみつけること。

103-27 目(め)つき／眼差(まなざ)し

共通する意味★目の様子。**【英】** *a look*

使い方▼〔目つき〕▽怒ったような目つきで見つめる▽父親と目つきがそっくりな子供 〔眼差し〕▽憂いをふくんだ眼差し▽やさしい眼差しで見守る

	遠くをみるような□	鋭い□	□が悪い	同情の□
目つき	○	○	○	-
眼差し	○	○	-	○

使い分け「目つき」には何かを見るときの様子や表情と、目自身の様子の両方の意味があるが、「眼差し」は対象に向けた目の表情の意味だけである。

103-28 流(なが)し目(め)／横目(よこめ)

共通する意味★顔を動かさず、眼球だけ動かしてその方を見ること。**【英】** *a sidelong glance*

使い方▼〔流し目〕▽流し目をつかう▽彼は流し目で私を見た 〔横目〕▽横目をつかう▽騒ぎを横目に通りすぎた

使い分け【1】「流し目」には、男女間での相手の気を引くような目つきの意味もある。また、相手をさげすんで見る場合にも用いられる。【2】「横目」は「…を横目に」の形で、無視する意を表わす。

103-29 よそ見(み)／わき見(み)／わき目(め)

共通する意味★他の物事に気をとられて、本来見るべきものとは違う方に目をやる。**【英】** *to look aside*

使い方▼〔よそ見〕スル 〔わき見〕スル

	授業中に□をする	□しながら歩く	□運転	□もふらず勉強する	□もせず仕事する
よそ見	○	○	-	-	△
わき見	○	○	○	-	○
わき目	△	-	-	○	○

使い分け【1】「よそ見」は、幼児、子供の動作についてよく使う語。【2】「わき目」は、「わき目もふらず（＝一心に）」の形で使われることが多い。また、「よそ見」「わき目」には、「よそ見にもみっともない」「わき目にはよく見える」のように、はたから見ることの意味もある。

103-30 はた目(め)／よそ目(め)

【関連語】◆〈岡目(おかめ)〉

共通する意味★他人から見ること。**【英】** *another's eyes*

使い方▼〔はた目〕▽はた目にも痛々しい姿 〔よそ目〕▽よそ目には幸福そうな家庭

使い分け【1】「はた目」は、そばから見ること。「よそ目」は、他人事として見ること。【2】「よそ目」は、「よそ目をつかう」のように、よそを見ることもいう。

【関連語】◆〈岡目〉第三者の側から見ること。「岡目八目(はちもく)（＝当事者より局外者の方がかえって状況判断ができること）」

103-31 視聴(しちょう)／聴視(ちょうし)

共通する意味★見ることと聞くこと。多く、テレビを見ること。**【英】** *looking and listening*

使い方▼〔視聴〕スル▽視聴率の高い番組▽視聴覚教育 〔聴視〕スル▽テレビの聴視者

使い分け【1】「視聴」の方が一般的。【2】「視聴」は、「世間の視聴を集める」のように、注目、注意の意味もある。**【英】** *to draw public attention*（視聴を集める）

103-32 瞬(まばた)く／瞬(またた)く／しばたたく／まじろぐ

共通する意味★上下のまぶたをぱちぱち開閉する。**【英】** *to blink*

使い方▼〔瞬く〕(まばたく)(カ五)▽彼は目にごみが入ったので、しきりにまばたいている▽光のまぶしさに思わずまばたく　〔瞬く〕(またたく)(カ五)▽目をまたたく▽またたく間に(=ごく短い間に)仕上げる　〔まじろぐ〕(ガ五)▽少しもまじろがないで見つめる　〔しばたたく〕(カ五)▽感涙に目をしばたたかせていた

使い分け【1】上下のまぶたをぱちぱち開閉する意では、「まばたき(を)する」という言い方が最も一般的で、ここに挙げたような動詞を用いて表現することは多くない。【2】「またたく」は、「夜空に星がまたたく」「蛍光灯がまたたく」のように、光がちらちらする意で用いることが多い。【3】「まじろぐ」は、「少しもまじろがないで見つめる」のように使って、じっと直視するさまを表わす場合以外は、現在ではほとんど用いられない。名詞形「まじろぎ」は「まじろぎもせず見つめる」のような形でよく用いられる。【4】「しばたたく」は、しきりに開閉する意がある。感動の涙に目をぬらすような場合に用いられる。

1 03-33 つぶる／瞑目(めいもく)

【関連語】◆(つむる)

共通する意味★目を閉じる。【英】*to close one's eyes; to shut one's eyes*

使い方▼〔つぶる〕(ラ五)▽目をつぶって三〇かぞえる▽上司の不正に目をつぶる　〔瞑目〕スル▽瞑目して思いをめぐらす

使い分け【1】「つぶる」は、多く「目をつぶる」の形で、口語に用いる。まぶたを閉じる意から、死ぬ、また、見て見ぬふりをする意にも用いる。「瞑る」とも書く。【2】「瞑目」は文章語で、目をつぶるという動作そのものより、深く思う姿勢を表わす。また、転じて、安らかに死ぬ意も表わす。

【関連語】◆(つむる)(ラ五)「つぶる(tsuburu)」のbの音がmの音に変化したもの。「目をつむる」

1 04 …耳の働き

1 04-01 聞く／聞こえる

共通する意味★音、声、言葉などが耳に達する。【英】*to hear*

使い方▼〔聞く〕(カ五)▽音楽を聞く▽先生の話をよく聞く　〔聞こえる〕(ア下一)▽ピアノの音が聞こえる▽声がよく聞こえない

使い分け【1】「聞く」は、音、声、言葉などを耳で感じとる意。「聴く」とも書くが、これは、精神を集中して積極的に聞く場合に用いられる。【2】「聞こえる」は、音、声、言葉などが自然に耳に入る意。「冗談に聞こえる」のように、「…に(と)聞こえる」の形で、そのように理解して受けとられる意でも用いられる。【3】「聞く」は、ほかに、「先生のいうことを聞く」のように、内容を理解し、それに従ったり受け入れたりする意、「行く先を聞く」のように、尋ねる意でも用いられる。

参照▼聞く⇒613-43　聞こえる⇒717-07

1 04-02 聞き入る／聞き惚れる

共通する意味★心をあるものに集中して聞く。【英】*to listen attentively to*

使い方▼〔聞き入る〕(ラ五)　〔聞き惚れる〕(ラ下一)

	巧みな話術に□	牧師の説教に□	彼女の悲惨な体験談に□	甘い歌声に□	一心に□
聞き入る	○	○	○	-	○
聞き惚れる	○	△	-	○	△

使い分け【1】「聞き入る」は、聞くことに集中して、じっと聞く意。【2】「聞き惚れる」は、聞いてうっとりする意で用いられる場合が多い。

1 04-03 聞きつける／聞き慣れる

共通する意味★何度も聞いて慣れる。【英】*to be accustomed to hear(ing)*

使い方▼〔聞きつける〕(カ下一)　〔聞き慣れる〕(ラ下一)

	□ている声なので、すぐわかる	□た母の愚痴	□ないことば	波の音に□
聞きつける	-け○	-け-	-け○	-
聞き慣れる	-れ○	-れ○	-れ○	○

使い分け【1】「聞きつける」は「…を聞きつける」の文型で使われる。【2】「聞きつける」は、「事件を聞きつけてやってくる」のように、どこからか伝え聞く意もある。

1 04-04 盗み聞き／立ち聞き／盗聴

共通する意味★他人の話している内容を許しをえずにひそかに聞くこと。【英】*to eavesdrop*

使い方▼〔盗み聞き〕スル▽父が私に語った秘密を弟は盗み聞きしていた　〔立ち聞き〕スル▽物陰にかくれて立ち聞きする▽満席なので、後ろの方で講演を立ち聞きする　〔盗聴〕スル▽司令部からの無線連絡を盗聴する

	他人の話を□する	電話を□する	警察無線を□する	扉のかげで□する	□防止措置
盗み聞き	○	○	○	○	-

立ち聞き	○	○	-	○	-
盗聴	○	○	○	-	○

使い分け【1】「盗み聞き」は、人が話しているのを許しをえずにこっそり聞くこと。【2】「立ち聞き」も、「盗み聞き」とほぼ同様な意味で用いられるが、人目につかぬ所にたたずんで、という意味が加わる。また、ただ立って聞く意で用いられることもある。【3】「盗聴」は、他人の話や無線などの内容を許しをえずにひそかに聞き取ること。多く特別な装置を用いてする場合にいう。「電話を盗聴する」は、電話に盗聴装置を仕掛けて、それを使ってその電話での会話を聞き取る意。

104-05 聞き損なう／聞き誤る

共通する意味★間違って聞く。**【英】** *to mishear*

使い方▼〔聞き損なう〕(ワ五)▽話の趣旨を聞き損なう▽私が聞き損なったのかもしれない　〔聞き誤る〕(ラ五)▽集合場所を聞き誤る▽番号を聞き誤る

使い分け「聞き誤る」の方が、誤りであることがはっきりしている。

参照▼聞き損なう⇒104-06

104-06 聞き逃す／聞き損なう／聞き忘れる

共通する意味★聞くつもりでいたのにその機会を逸する。**【英】** *to fail to hear*

使い方▼〔聞き逃す〕(サ五)▽好きなラジオ番組は、聞き逃さない▽話のポイントを聞き逃す　〔聞き損なう〕(ワ五)▽七時のニュースを聞き損なった▽遅刻して講義を聞き損なう　〔聞き忘れる〕(ラ下一)▽ラジオ講座を聞き忘れる

使い分け【1】「聞き逃す」「聞き損なう」は、「ぼんやりしていて注意事項を聞き逃す(聞き損なう)」のように、要点などをうっかり聞き落とす意でも使う。【2】「聞き忘れる」は、聞くのを忘れる意。他に「内容は聞き忘れた」のように、聞いた中身を忘れる意もある。

参照▼聞き損なう⇒104-05

104-07 聞き流す／聞き過ごす

【関連語】◆(聞き捨て)ききずて

共通する意味★聞いても心にとめないでおく。**【英】** *to pay no attention to*

使い方▼〔聞き流す〕(サ五)▽悪口をいわれても聞き流しなさい▽父親の説教を聞き流す　〔聞き過ごす〕(サ五)▽大事な話だとは知らずつい聞き過ごしてしまった

使い分け「聞き流す」は、話や音楽が耳に入るだけで、内容を全く気にかけない意。「聞き過ごす」は、身を入れずに聞いて、話の内容がわからない意、また、内容を気にかけない意。

【関連語】◆(聞き捨て)聞いたことを心にとめないで、そのまま放っておくこと。「ききすて」ともいう。「つまらない話を聞き捨てにする」「聞き捨てならない話」

104-08 聞き漏らす／聞き落とす

共通する意味★聞くべきことをうっかり聞かないでしまう。**【英】** *to fail to hear*

使い方▼〔聞き漏らす〕(サ五)▽居眠りをして大事なところを聞き漏らした▽一言も聞き漏らすまいと耳をそばだてる　〔聞き落とす〕(サ五)▽論文の提出期日を聞き落とす▽私語に夢中で肝心なところを聞き落とした

使い分け「聞き漏らす」の方が一般的。「聞き洩らす」とも書く。

104-09 耳打ち／耳こすり

共通する意味★耳もとで小さい声でそっということ。**【英】** *to whisper in one's ear*

使い方▼〔耳打ち〕スル▽「お話は手短に」と耳打ちした　〔耳こすり〕スル▽「約束のもの忘れないでね」と耳こすりをした

使い分け「耳打ち」の方が一般的。

104-10 聴取／聴聞

共通する意味★意見や事情などを聞くこと。**【英】** *to listen to*

使い方▼〔聴取〕スル▽容疑者から事情聴取をする　〔聴聞〕スル▽米価値上げに関する聴聞会

使い分け【1】「聴取」は、何かを調べるために事情や状況などを関係する人から聞き出すこと。また、「ラジオの聴取者」のように、ラジオを聞くこともいう。【2】「聴聞」は、行政機関が行政上のことを決める前に利害関係者などの意見をきくこと。その場合、「聴問」とも書く。また、「神父の話を聴聞する」のように、説教、演説、法話を聞くこともいう。

104-11 傾聴／謹聴／静聴

【関連語】◆(拝聴)はいちょう◆(清聴)せいちょう◆(陪聴)ばいちょう

共通する意味★熱心に聞くこと。**【英】** *to listen attentively to*

使い方▼〔傾聴〕スル▽傾聴に値する話　〔謹聴〕スル▽

聴衆に謹聴をうながす　〔静聴〕スル▽ご静聴を感謝します

	ご高説を□する	□に値する意見	ご□願います	□すべき訓話
傾聴	○	○	–	○
謹聴	○	–	–	○
静聴	○	–	○	△

使い分け【1】「傾聴」は、耳を傾けて熱心に聞くこと。文章で使われる硬い言い方。【2】「謹聴」は、相手の話をつつしんで真剣に聞くこと。目上の人に対する、へりくだった言い方。【3】「静聴」は、講演などを静かによく聞くこと。聴衆に敬意をこめて「御静聴」と使うことが多い。

【関連語】◆**〔拝聴〕**スル「聞くこと」の謙譲語。「御講演、興味深く拝聴いたしました」◆**〔清聴〕**スル他人が自分の話などを聞くことを敬っていう語。「御清聴ありがとうございました」◆**〔陪聴〕**スル身分の高い人と同席して話などを聴くこと。「御進講を陪聴する」

104-12 聴講(ちょうこう)／傍聴(ぼうちょう)

共通する意味★講義や会議、裁判、演説、法話などを聞くこと。**【英】** *to audit*

使い方▼**〔聴講〕**スル▽高名な教授の授業を聴講する▽聴講生　**〔傍聴〕**スル▽公判を傍聴する▽傍聴人▽傍聴席

使い分け【1】「聴講」は、講義を聞くこと。【2】「傍聴」は、裁判、討論、会議などを当事者でない人が許可を得て場内で聞くことで、発言権はない。

104-13 他聞(たぶん)／人聞き(ひとぎき)

共通する意味★よその人が聞くこと。また、そこで受ける印象。**【英】** *publicity*

使い方▼**〔他聞〕**▽この件は他聞をはばかることだ**〔人聞き〕**▽泥棒などと人聞きの悪いことをいうな

使い分け【1】「他聞」は、問題の事柄について関係のない人間に聞かれること。「他聞をはばかる」という言い方でしか使われない。【2】「人聞き」は、世間の人が聞くこと、また、そこで受ける印象。多く、「人聞きが悪い」の形で、知らない他人が聞いてそうなのかと思うような、著しく名誉が傷つけられる言葉をいわれた場合に使われる。

104-14 そら耳(そらみみ)／幻聴(げんちょう)

共通する意味★実際には音がしていないのに聞こえるように感じること。**【英】** *mishearing*

使い方▼**〔そら耳〕**▽人の声がしたと思ったが、そら耳だった　**〔幻聴〕**▽疲労困憊(こんぱい)して幻聴がおこった

使い分け「そら耳」は錯覚や勘違いが原因だが、「幻聴」は病的なもので心身の健康状態に関係がある。「そら耳」は「空耳」とも書く。

105…鼻の働き

105-01 嗅ぐ(かぐ)

意味★鼻でにおいを感じ取る。**【英】** *to smell*

使い方▼**〔嗅ぐ〕**(ガ五)▽磯(いそ)のにおいをかぐ▽花の香りをかぐ

◈「刑事が犯人の行方をかいでまわっている」のように、調べる意味でも用いられる。

105-02 香る(かおる)／匂う(におう)

【関連語】◆(匂わす)におわす◆(鼻につく)はなにつく

共通する意味★においがする。**【英】** *to smell*

使い方▼**〔香る〕**(ラ五)　**〔匂う〕**(ワ五)

	香水が□	菊の花が□	ごみが□	風□五月
かおる	○	○	–	○
におう	○	△	○	–

使い分け【1】「かおる」は、よいにおいがすること。花、香料などの場合は「香る」と書くが、「風かおる(＝風がさわやかである)」は「薫る」と書く。【2】「におう」は、「におうばかりの美しさ」のように、非常に美しい様子を表わしたり、「この事件はどうもにおう」のように、何となく怪しい気配がする意にも用いる。【3】「におう」は、よいにおいがする場合は「匂う」、いやなにおいがする意の場合は「臭う」と書き分けられることがある。

【関連語】◆**〔匂わす〕**(サ五)においを人に感じさせる。「匂わせる」とも。「香水を匂わして歩く」「言外ににおわす(＝暗示する)」◆**〔鼻につく〕**いやなにおいが鼻を強く刺激する。「消毒薬のにおいが鼻につく」

105-03 臭い(くさい)

意味★鼻に不快なにおいを感じる。**【英】** *to smell bad*

使い方▼**〔臭い〕**(形)▽どぶ川が臭い▽臭い物に蓋(ふた)をする

◈①状況から悪いことに関係があると感じられる、怪しい、という意でも使われる。「あの男が臭い」「このあたりが臭い」　②接尾語として、そのようなにおいがする、そのような雰囲気があるという意味

1 人間の動作

で使われる。また、語調を強くして、いかにもそんな感じがするという意を添える。「かび臭い」「乳臭い」「バタ臭い」「素人臭い」「ばかくさい」「じゃまくさい」

105-04 香ばしい／芳しい／かぐわしい

共通する意味★よい香りがする。**【英】** *fragrant*

使い方▼〔香ばしい〕(形)▽コーヒーの香ばしいにおいが流れる 〔芳しい〕(形)▽新築の家の芳しい木の香り 〔かぐわしい〕(形)▽かぐわしい梅の香りに包まれて記念写真を撮る

使い分け【1】「香ばしい」は、食べ物のこんがり焼けたときのよいにおいをいう。【2】「芳しい」は、木の香やバラの花のような、かなり強烈なよい香りが満ちあふれるさまをいう。また、「芳しくない」「芳しい…ではない」など打消の形で、あまりはかばかしくない、思わしくない意となる。「術後の病状が芳しくない」「芳しくない成績」「芳しい成果は得られなかった」【3】「かぐわしい」は、「芳しい」よりは穏やかで、上品な香りにいう。

105-05 匂やか／馥郁

共通する意味★よいにおいのするさま。**【英】** *fragrant*

使い方▼〔匂やか〕(形動)▽におやかな梅の香り 〔馥郁〕(形動たる・と)▽馥郁たる梅の香り

使い分け【1】「におやか」は、よいにおいがするさまを表わす。「におやかにほほえむ」のように、美しく気品のあるさまにもいう。【2】「馥郁」は、よいにおいがあたりに広く漂うさまを表わす。文章語。

105-06 土臭い／泥臭い

共通する意味★土のにおいがする。**【英】** *earth-smelling*

使い方▼〔土臭い〕(形)▽とれたての野菜は土臭い 〔泥臭い〕(形)▽川魚は泥臭いものが多い

使い分け「土くさい」「泥くさい」は、本来、食べ物について用いられる。また、「土臭い恰好(かっこう)」「泥くさい風体の人物」ともに都会風でなく、洗練されていないさまを表わし、実際にはこの意味でも用いられることがある。

105-07 生臭い／血なまぐさい

共通する意味★生の魚肉や血のいやなにおいがする。**【英】** *fishy; bloody*

使い方▼〔生臭い〕(形)▽生臭い魚▽利権がらみの生臭い話 〔血なまぐさい〕(形)▽血なまぐさいなま魚

使い分け【1】「生臭い」は、地位、金銭などをめぐる非常に世俗的なさまを表わすこともある。【2】「血なまぐさい」は、血が流れて残酷なさまを表わすことがある。「血腥い」とも書く。

参照▼血なまぐさい⇒210-53

105-08 ぷんと／ぷんぷん／つんと

【関連語】◆(芬芬)ふんぷん

共通する意味★においがするさまを表わす語。**【英】** *(to smell) strongly*

使い方▼〔ぷんと〕(副)スル▽ぷんといやなにおいがする▽味噌(みそ)の香りがぷんとあたりにたちこめる 〔ぷんぷん〕(副)スル▽ごみがぷんぷんにおう▽にんにくのにおいがぷんぷんする 〔つんと〕(副)スル▽つんと鼻をつく酢のにおい▽鼻につんとくるにおい

使い分け【1】「ぷんと」は、瞬間的に、においが強くするさま。【2】「ぷんぷん」は、好ましくないにおいが強くするさま。【3】「つんと」は、酢や玉ねぎのような鼻にくる刺激的なにおいがするさま。

【関連語】◆(芬芬)(形動たる・と)よいにおい、いやなにおいが強く出るさまを表わす。文章語。「悪臭芬々」

105-09 香り／香

【関連語】◆(芳香)ほうこう◆(香気)こうき

共通する意味★よいにおい。**【英】** *fragrance*

使い方▼〔香り〕▽よい香りがする▽バラの香り▽よい香りのお茶 〔香〕▽梅の香がする

使い分け【1】「香り」は、花、化粧品、飲食物などのよいにおい、うっとりするようなにおいに対して、広く用いられる。【2】「香」は、「磯(いそ)の香」「梅の香」「残り香」「移り香」のような形でしか用いられない。

【関連語】◆(芳香・香気)よいにおい。文章語。「芳香があたりにただよう」「香気を放つ」

105-10 悪臭／異臭／臭気／臭み

【関連語】◆(激臭)げきしゅう◆(腐臭)ふしゅう

共通する意味★いやなにおい。**【英】** *a bad smell*

使い方▼〔悪臭〕▽悪臭がただよう▽悪臭を放つ▽悪臭が気になる 〔異臭〕▽異臭がただよう▽異臭を放つ▽異臭がする 〔臭気〕▽臭気が抜けない▽臭気がたつ▽臭気を消す 〔臭み〕▽臭みが出る▽臭みを消す▽臭みがある

使い分け【1】「悪臭」「異臭」「臭気」は、特に、ごみのにおい、物が腐ったにおいなどに対して用いられる。【2】「臭み」は、食べ物のいやなにおいを表わすことが多い。

【関連語】◆(激臭)刺激の強いいやなにおい。「激臭が鼻をつく」◆(腐臭)腐った物から出るいやなにおい。「腐臭が漂う」

106…飲食

106-01 食べる／食う／食らう

【関連語】◆(頂く)いただく◆(召し上がる)めしあがる◆(食する)しょくする◆(突つく)つつく◆(味わう)あじわう◆(啄む)ついばむ

共通する意味★口に食物を入れ、かみくだいて飲みこみ、空腹を満たす。**【英】** *to eat*

使い方▼〔食べる〕(バ下一)▽ごはんを残さずに食べなさい〔食う〕(ワ五)▽めしを食ってから出かけるぞ〔食らう〕(ワ五)▽大めしを食らって寝てばかりいる

	めしを□	安月給で□ていけない	よくかんで□なさい	ガソリンを□	大酒を□
食べる	○	-べ○	-べ○	-	-
食う	○	-っ○	-い-	○	-
くらう	○	-っ-	-い-	-	○

使い分け【1】三語は敬意による使い分けをする。「食べる」は最も一般的に用いられる。「食う」は、「食べる」よりはややぞんざいな言い方。おもに男性が同輩以下の親しい者に対して使う。「食らう」は、「食う」よりさらにぞんざいな言い方。【2】「食べる」「食う」は、生計を立てるという意でも使われる。【3】「食う」は、「この車はガソリンを食う」のように、物が主語のときも使われる。また、「小言を食う」「あおりを食う」「時間を食う」など、慣用表現も多い。【4】「食らう」は、飲むことも表わす。また、「パンチをくらう」のように、身に受けるという意でも使われる。

【関連語】◆(頂く)(カ五)「食う」「飲む」の謙譲語。「もう十分いただきました」◆(召し上がる)(ラ五)「食う」「飲む」の尊敬語。「遠慮なく召し上がれ」◆(食する)(サ変)漢語的な硬い言い方。日常語として使われることはあまりない。「すでに午餐(ごさん)は食した」◆(突つく)(カ五)はしで食べ物をとる様子からいう。「家庭で鍋(なべ)をつつく」◆(味わう)(ワ五)うまさを感じながら食べる。「郷土料理を味わう」◆(啄む)(マ五)小鳥などが口ばしでえさをつついて食う。「鳥が柿(かき)の実をついばむ」

参照▼頂く⇒115-46　突つく⇒101-59　味わう⇒107-01

106-02 かきこむ／ぱくつく

共通する意味★食物を勢いよく食べる。**【英】** *to bolt (down)*

使い方▼〔かきこむ〕(マ五)▽昼食はお茶づけをかきこむだけですませた〔ぱくつく〕(カ五)▽夢中でおやつをぱくつく

使い分け【1】「かきこむ」は、茶わんの飯を勢いよくどんどん口に入れて食べる動作をいう。「かっこむ」とも。【2】「ぱくつく」は、口を大きくあけて、さかんに食べる動作をいう。握り飯、パン、菓子など、ある程度の大きさのあるかたまり状のものについていうのが普通。

106-03 食いつく／食らいつく／噛みつく／齧りつく

【関連語】◆(かぶりつく)◆(くわえこむ)

共通する意味★歯で何かをかみとろうとする。また、かんだまま離さないでいる。**【英】** *to have a bite (at)*

使い方▼〔食いつく〕(カ五)〔食らいつく〕(カ五)〔噛みつく〕(カ五)〔齧りつく〕(カ五)

	興奮して相手の手に□	魚がえさに□	大きなリンゴに□	犬に□れる
食いつく	○	○	△	-か○
食らいつく	○	△	△	-か△
かみつく	○	-	-	-か○
かじりつく	○	-	○	-か-

使い分け【1】「食いつく」「食らいつく」は、口の中に入れ、歯でくわえて離さないという意が強い。「食らいつく」は「食いつく」よりも勢いが激しい場合が多い。また、二語とも「遅くまで仕事に食いつい(食らいつい)ている」のように、物事に粘り強くしがみついて頑張る様子を比喩(ひゆ)的にいうこともある。【2】「噛みつく」は、相手が痛みを感じるほどに強く歯やきばでかむこと。「食いつく」のように長く離さないという意は薄い。また、「上司にかみつく」のように、うるさく文句をいったり責めたりすることもいう。【3】「齧りつく」は、大きなものの一部をかみとろうとする動作をいう。また、大きなものにしがみつくこともいう。「いつも机にかじりついている」

【関連語】◆(かぶりつく)(カ五)食べ物などに、口を大きくあけて勢いよくかみつく。「すいかにかぶりつく」◆(くわえこむ)(マ五)口に深くくわえて放そうとしない。「犬が骨をくわえこんで放さない」

106-04 噛む／噛み砕く／咀嚼／反芻

共通する意味★物を口に入れて、上下の歯でつぶす。

使い方▼〔噛む〕(マ五)▽ガムをかむ▽よくかんで食べる▽犬にかまれる〔噛み砕く〕(カ五)▽犬の歯は固い

ものもかみ砕く▽バリバリ音を立ててかみ砕く 〔咀嚼〕スル▽ていねいに咀嚼すれば消化にも良い▽咀嚼作用 〔反芻〕スル▽牛が食べ物を反芻する▽反芻動物

使い分け【1】「噛む」は、最も一般的な語。歯で傷をつける意、歯状のものではさむ意にも用いる。また、慣用的に、「かんで吐き出すよう(=不愉快な様子でそっけなくいうさま)」「この件には彼が一枚かんでいる(=関与している)」のようにも用いられる。**【英】** *to bite* 【2】「噛み砕く」は、かんだ結果として砕くことになるので、かむ動作が強く徹底することになる。【3】「咀嚼」「反芻」は、文章語的である。【4】「反芻」は、一度飲み込んだ食物を再び口腔(こうこう)に戻し、さらによくかみつぶしてから飲み込むことで、牛などに見られる。**【英】** *to chew* 【5】「噛む」「噛み砕く」には、難しいことを分かりやすくする意の用法がある。「かんで含めるように話す」「わかるようにかみ砕いて説明する」【6】「咀嚼」「反芻」には、よく考える、理解する意もある。「親の言葉を何度も咀嚼して考えた」「師の言葉を何度も心の中で反芻した」

1 06-05

齧(かじ)る／くわえる

共通する意味★歯や口唇を使ってする動作。**【英】** *to bite*

使い方▼〔**齧る**〕(ラ五)▽歯が悪いのでりんごを丸ごとかじるのは無理だ▽親の脛(すね)をかじる(=経済的に親に頼って生活する) 〔**くわえる**〕(ア下一)▽犬が骨をくわえて歩いている▽たばこをくわえたまま仕事をする▽指をくわえて傍観する

使い分け【1】「齧る」は、固い物の端をかんだり、物の一部をかんで削りとったりする意味。【2】「くわえる」は、口唇や歯で物を挟んで支え持つ意味。「銜える」「啣える」「咥える」とも書く。

1 06-06

舐(な)める／しゃぶる

共通する意味★舌で物の表面に触れてぬらす。
【英】 *to lick*

使い方▼〔**なめる**〕(マ下一) 〔**しゃぶる**〕(ラ五)

	指を□	砂糖を□	あめ玉を□	骨まで□
なめる	○	○	○	-
しゃぶる	○	-	○	○

使い分け【1】「なめる」は、舌先でちょっとさわって物の表面をぬらしたり、味わったりしてみる意味。また、「辛酸をなめる(=つらい思いを味わう)」「相手をなめる(=相手をみくびる)」「猛火が地をなめる(=火が一面にはう)」のような、比喩(ひゆ)的用法も多い。「嘗める」とも書く。【2】「しゃぶる」は、口の中に物を入れてなめたり、吸ったりを繰り返す動作をいう。

1 06-07

舌(した)なめずり／舌打(したう)ち／舌鼓(したつづみ)

共通する意味★舌で行うしぐさや、出す音。

使い方▼〔**舌なめずり**〕スル▽猫が舌なめずりして獲物を待ち構える▽ごちそうを見て思わず舌なめずりをする 〔**舌打ち**〕▽腹立たしくなって舌打ちをした▽ちぇっと舌打ちをする 〔**舌鼓**〕▽おいしい料理に舌鼓を打つ

使い分け【1】「舌なめずり」は、唇を舌でなめまわすことで、好ましい状況や恰好(かっこう)の獲物を目の前にして待ち構えるさまを表わす。**【英】** *to lick one's lips* 【2】「舌打ち」は、舌を上あごに密着させて、急激に離して音を立てること。多く不満を表わす場合に行われるが、物を味わう場合にも行われる。**【英】** *to click one's tongue* 【3】「舌鼓」は、「舌鼓を打つ」の形で、うまい物を食べたとき、思わず舌を鳴らすことをいう。「したづつみ」とも。

1 06-08

大食(おおぐ)い／大食(たいしょく)

【関連語】◆(牛飲馬食)ぎゅういんばしょく ◆(健啖)けんたん

共通する意味★食べ物を多量に食べること。また、そのような人。**【英】** *a big eater; a glutton*

使い方▼〔**大食い**〕(名・形動)▽やせの大食い 〔**大食**〕スル▽パーティーで大食する▽大食漢

使い分け「大食い」の方が一般的な語。

反対語▼大食⇔小食

【関連語】◆(牛飲馬食)スル牛馬のように多量に飲んだり食べたりすること。「打ち上げ会で牛飲馬食する」◆(健啖)(名・形動)盛んに食べること。「健啖ぶりを発揮する」「健啖家」

1 06-09

食(く)い過(す)ぎ／食(た)べ過(す)ぎ／過食(かしょく)

【関連語】◆(暴飲暴食)ぼういんぼうしょく

共通する意味★度を越して物を食べること。
【英】 *overeating*

使い方▼〔**食い過ぎ**〕▽食い過ぎで腹をこわす 〔**食べ過ぎ**〕▽甘いものの食べ過ぎは体によくない 〔**過食**〕スル▽肥満は過食と運動不足が原因です▽過食症

使い分け「食い過ぎ」は、主として男性が使うやや乱暴な語。「過食」は文章語。

【関連語】◆(暴飲暴食)スル酒などを度を越して飲み、むやみに食べること。「暴飲暴食を戒める」

1 06-10

つまみ食(ぐ)い／盗(ぬす)み食(ぐ)い

共通する意味★人に隠れてこっそりと物を食べること。

使い方▼〔つまみ食い〕スル▽夕食のおかずをつまみ食いして怒られた 〔盗み食い〕スル▽盗み食いは行儀が悪い

使い分け【1】「つまみ食い」よりも「盗み食い」の方がこっそりと食べるという感じが強い。また、「盗み食い」は、食べ物を盗んで食べることもいう。【英】*to eat by stealth*（盗み食い）【2】「つまみ食い」は、はしを使わないで指でつまんで食べるという意味もある。【英】*to eat with the fingers*（指でつまんで食べる）

106-11 食わず嫌い／食べず嫌い

【関連語】◆（偏食）へんしょく

共通する意味★ある食べ物を食べてみないうちから、嫌いだと決めてしまうこと。【英】*prejudice against some food*

使い方▼〔食わず嫌い〕▽食わず嫌いをしないでちょっと食べてごらん 〔食べず嫌い〕▽納豆なっとうが食べられないのは食べず嫌いだからだ

使い分け二語とも、比喩ひゆ的に、実情を知ろうともしないで嫌うこともいう。

【関連語】◆（偏食）スル食べ物の好き嫌いが激しく、食べ方がかたよること。「偏食の激しい子」

106-12 試食／味見

【関連語】◆（毒見）どくみ◆（試飲）しいん

共通する意味★料理の味のよしあしを調べるために、ちょっと食べてみること。【英】*to sample; to taste*

使い方▼〔試食〕スル▽新製品のカレーを試食する▽試食会 〔味見〕スル▽シチューを味見する

使い分け「試食」は、新しく作られた食品や自分にとって初めての食品を、試しに食べてみる場合に使われることが多く、「味見」は、料理の途中などで味加減をみる場合に使われることが多い。

【関連語】◆（毒見）スル飲食物に毒が入っていないかどうかを確認するために飲食してみること。また、そこから転じて、料理の味加減をみること。「このスープちょっとお毒見してみてよ」◆（試飲）スル飲み物の味を知るために、試しに飲むこと。「新酒を試飲する」

106-13 立ち食い／立食

共通する意味★立ったままで食べること。【英】*to eat (while) standing*

使い方▼〔立ち食い〕スル▽立ち食いは行儀が悪い▽立ち食いそば 〔立食〕スル▽各自好きなものを皿に盛って立食する▽立食パーティー

使い分け「立食」は、立ったまま、自由に動きまわって食べられるように並べられた食事の形式をいう。

106-14 絶食／断食

共通する意味★食物をたべないこと。【英】*fasting*

使い方▼〔絶食〕スル▽おなかをこわしたのでまる一日絶食した 〔断食〕スル▽精神修養のために道場に入って断食する

使い分け【1】「絶食」は、ある期間食物をとらないことで、体の具合が悪いなどの理由で食べられないこともさす。【2】「断食」は、修行、療法、祈願、抗議などの目的をもって、自発的に食を断つ意が「絶食」より強い。期間についても一、二日では「断食」とは普通いわない。

106-15 消化／こなれ

共通する意味★食べ物を分解すること。【英】*digestion*

使い方▼〔消化〕スル▽食休みしたほうが消化のためにはよい▽固い食べ物は消化するのに時間がかかる 〔こなれ〕▽食べ過ぎたせいかこなれが悪い

使い分け【1】「消化」は、本来生物が体内で食物を吸収しやすいように変化させること。転じて、「外来文化を消化する」のように、物事を十分に理解することや、「日程を消化する」のように、残さずに処理することの意味でも用いられる。【2】「こなれ」は、ややくだけた言い方。動詞「こなれる」の形で使われることも多い。「こなれやすい食物をとる」

106-16 飲む／喫する／服する

共通する意味★液体、気体、粉などをのどに流し込む。【英】*to drink; to take*

使い方▼〔飲む〕（マ五）〔喫する〕（サ変）〔服する〕（サ変）

	茶を□	薬を□	煙草を□	夕食を□
飲む	○	○	○	-
喫する	○	-	○	○
服する	○	○	-	-

使い分け【1】「飲む」は、「帰りに一杯飲んでいこう」のように、特に酒をのどに流し込む意を表わすこともある。「呑む」とも書く。また、「要求をのむ」のように、受け入れる意や、「相手をのんでかかる」のように、圧倒するという意でも使われる。【2】「喫する」には、古風な言い方だが食べるという意味もある。また、「惨敗を喫する」のように味わう、受けるという意味もある。【3】「服する」は、主として茶や薬などに対して使うが、やや古めかしい言い方。

106-17 飲み込む／飲み下す

共通する意味★飲んでのどから胃の方へ通す。【英】*to swallow*

使い方▼〔飲み込む〕(マ五)▽つばを飲み込む▽のどに小骨がささったらごはんを飲み込むとよい　〔飲み下す〕(サ五)▽薬を一気に飲み下す

使い分け「飲み込む」は、「へびがかえるを飲み込む」のように、かまないで丸のみするという意味で使われることもある。また、「出かかった言葉を飲み込む」のように、我慢するという意味や「要領を飲み込む」のように、理解するという意味もある。

106-18 飲み干す／あおる

共通する意味★一滴も残さないで飲む。

使い方▼〔飲み干す〕(サ五)▽コップの水を一気に飲み干した　〔あおる〕(ラ五)▽毎夜、酒をあおっては騒ぐ

使い分け【1】「飲み干す」は、液体を最後まで飲む、飲み切るという意味合いが強いが、「あおる」は、特に酒を一息に飲むという意味合いが強い。【英】*drink up*(飲み干す); *to gulp down*(あおる)
【2】「あおる」は、「呷る」とも書く。

106-19 吸う／啜る

共通する意味★気体や液体などを、口や鼻から体内に引き入れる。

使い方▼〔吸う〕(ワ五)▽ほこりを吸ってせきこむ▽都会の空気を吸う(＝都会での生活を経験する)▽人の生血を吸う(＝冷酷な手段で人をひどい目にあわせて、自分の利益を得る)　〔啜る〕(ラ五)▽熱いお茶をすする

使い分け【1】「啜る」は、息とともに音をたてて口鼻の中に引き入れる場合に使うが、「吸う」には、音をたてるという意味合いはない。【英】*to sip (soup)*((スープを)吸う); *to smoke*(タバコを)吸う)
【2】「啜る」は気体には用いない。

	みそ汁を□	うどんを□	煙草を□	鼻水を□
吸う	○	-	○	-
すする	○	○	-	○

参照▼吸う⇒014-10

106-20 嗽／含嗽

共通する意味★口の中、のどの汚れを落としたり、炎症を抑えたりするために、水や水薬を口に含んですすぎ、吐き出すこと。【英】*to gargle*

使い方▼〔嗽〕スル▽外出から帰ったら必ずうがいをしなさい　〔含嗽〕スル▽含嗽剤(＝うがい薬)

使い分け【1】「含嗽」は、「含嗽剤」以外はあまり使わない。【2】「漱(うがい)」「含漱(がんそう)」とも書く。

107 …味覚

107-01 味わう／嚙み分ける／嚙み締める

共通する意味★飲食物の味をみる。【英】*to taste; to savor*

使い方▼〔味わう〕(ワ五)▽秋田の郷土料理を味わう　〔嚙み分ける〕(カ下一)▽するめの味をかみ分ける　〔嚙み締める〕(マ下一)▽よくかみしめて食べる

使い分け【1】「嚙み分ける」「嚙み締める」は、よくかんで味をみる意味。【2】「嚙み分ける」は、「酸いも甘いもかみ分けた苦労人」のように、物事を分別して考え、よく理解するという意でも使われる。【3】「嚙み締める」は、「喜びをかみしめる」のように、十分に感じ取る意や、「笑いをかみしめる」のように、じっとおさえて表面に出ないようにする意でも用いる。

参照▼味わう⇒106-01

107-02 賞味／賞翫／玩味

共通する意味★味わうこと。【英】*appreciation*

使い方▼〔賞味〕スル▽頂戴したお菓子をありがたく賞味いたしました　〔賞翫〕スル▽珍味を賞翫する　〔玩味〕スル▽お手製のジャムはうれしく玩味いたしました

使い分け【1】「賞味」は、飲食物をおいしく味わうこと。【2】「賞翫」「玩味」は、飲食物に限らず、物のよさを味わうこと。「賞玩」「翫味」とも書く。「焼き物を賞翫する」「熟読玩味する」

参照▼玩味⇒208-72

107-03 味

【関連語】◆(味わい)

意味★物が舌に触れるとき味覚神経に与える感じ。【英】*taste*

使い方▼〔味〕▽素材の味を生かした料理▽お袋の味

◈「味」には、「甘味(あまみ)」「苦味(にがみ)」「辛味(からみ)」「酸味(さんみ)」などがある。また、「書き味」「貧乏の味を知る」「味のある文章」などのように、比喩(ひゆ)的に物事の良し悪しや面白みなどをいうこともある。

【関連語】◆(味わい)食べ物のうまい味。また、物事の趣味、おもむきのこと。「熟成したみその深い味わ

い」「味わいのある文章」
参照▼味⇒810-04

107-04 こく／風味（ふうみ）

共通する意味★飲食物の、好ましい味の良さ。
【英】 *flavor*
使い方▼〔こく〕▽こくのあるウイスキー▽口全体に広がるこくのあるまろやかさ　〔風味〕▽産地直送ならではの新鮮な風味▽素材の持つ風味を生かす▽なまものは日が経（た）つと風味が失われる▽独特の風味
使い分け【1】「こく」は、主に酒やウイスキー、しょうゆなどの飲料や汁物に用いられ、深みのあるうまみをいう。【2】「風味」は、その素材、飲食物に特有の匂いや舌に与える感じ。【3】「こく」は、心に感銘を与えるような物事の情趣をもいう。「こくのある文章」

107-05 うまい／おいしい

共通する意味★味がよい。**【英】** *delicious; tasty*
使い方▼〔うまい〕(形)▽この酒はうまい▽この料理はちっともうまくない　〔おいしい〕(形)▽おいしい料理を十分にいただきました
使い分け【1】「うまい」は、「おいしい」のぞんざいな言い方。女性は「おいしい」を使うことの方が多い。【2】「うまい」には、「歌がうまい」のように、物事が巧みであるという意味もあるが、「おいしい」にはそれがない。【3】「うまい」は、「旨い」「美味い」、「おいしい」は「美味しい」などと当てる。
反対語▼まずい

107-06 美味（びみ）／佳味（かみ）／滋味（じみ）／珍味（ちんみ）

共通する意味★味が良いこと、また、その食べ物。
【英】 *deliciousness; a delicacy*（食べ物）
使い方▼〔美味〕▽この料理は実に美味だ　〔佳味〕▽無上の佳味　〔滋味〕▽滋味に富む海の幸　〔珍味〕▽山海の珍味 **【英】** *dainties of all lands and seas*)
使い分け【1】「滋味」は、うまい味わい、また、栄養に富むうまい食べ物。食べ物以外についても「彼の作品は滋味掬（きく）すべきものがある」のように、豊かな深い味わいのあるものの意でも使う。【2】「珍味」は、珍しい味の意。
参照▼滋味⇒810-01

107-07 甘（あま）い／甘（あま）ったるい

共通する意味★砂糖や蜜（みつ）など糖分の味がある。
【英】 *sweet*
使い方▼〔甘い〕(形)▽この蜜柑（みかん）は甘い　〔甘ったるい〕(形)▽少し甘ったるいケーキ
使い分け【1】「甘い」は、塩気が薄い、辛くないという意味でも使われる。【2】「甘ったるい」は、味が度をすぎて甘いこと。【3】「甘い」には、「甘いことば」のように心がとろけるようにうっとりと快いという意味や、「判断が甘い」のように厳格でないという意味、また、「ねじが甘い」「切れ味が甘いナイフ」のように働きが鈍いという意味もある。【4】「甘ったるい」は、「甘ったるい声」のように声、態度などがひどく甘えかかるような感じであるという意味や、「甘ったるい男」のようにしまりがないという意味でも使われる。

107-08 甘（あま）み／甘味（かんみ）／甘口（あまくち）

共通する意味★あまい味、またその食べ物。
【英】 *sweetness*
使い方▼〔甘み〕▽このみかんは甘みが足りない　〔甘味〕▽人工甘味料添加　〔甘口〕▽甘口の酒▽甘口のみそ
使い分け【1】「甘み」は、「甘味」とも書く。【2】「甘口」は、「辛口」と対をなし、比較的口あたりがやわらかいことをいう。また、「彼はどちらかというと甘口だな」のように、甘いものを好む人をさす使い方もある。

107-09 辛（から）い

意味★トウガラシ、ショウガ、ワサビ、サンショウ、コショウなどのように、舌や口をぴりぴり刺激するような感じのあるさま。塩の味が強い場合や、甘みが少なく味がきりっとしている場合などにもいう。
【英】 *pungent*
使い方▼〔辛い〕(形)▽辛いカレーライス（**【英】** *hot curry*）
◆「評価が辛い」のように、容赦がない、厳しいという意もある。
参照▼⇒107-13

107-10 辛（から）み／辛口（からくち）／辛（から）め

共通する意味★塩気が強い味、または、ワサビ、ショウガ、カラシなどで舌がぴりぴり刺激されるような感じ。**【英】** *pungent taste*
使い方▼〔辛み〕▽辛みを効かす▽辛みがある▽辛みがきつい　〔辛口〕▽辛口のカレー▽辛口の酒　〔辛め〕▽味つけを辛めにする
使い分け【1】「辛み」は、辛い味の意とともに、辛さの度合いも示す。「辛味」とも書く。【2】「辛口」は、口あたりの辛いものをさす。また、そういうものを好む人のこともいう。【3】「辛め」は、辛みが標準より強いこと。【4】「辛口」「辛め」は、「辛口の批評」「辛めの採点」のように、評価の基準が比較的厳しいこともいう。

107-11 酸(す)っぱい／酸(す)い

【関連語】◆(甘酸っぱい)あまずっぱい

共通する意味★酢のような味がする。酸味がある。**【英】** *sour*

使い方▼〔酸っぱい〕(形)▽酸っぱい夏みかん▽口を酸っぱくしていう(＝くどくどと何度も同じことをいう)　〔酸い〕(形)▽酸いも甘いもかみ分ける(＝経験をつんで世間の微妙な事情や人情の機微に通じて分別がある)

使い分け「酸っぱい」は、「酸い」にくらべて、やや俗語的だが、「酸っぱい」の方が一般的に使われる。

【関連語】◆(甘酸っぱい)(形)甘味と酸味とが混じった味、またはにおい。「甘酸っぱいみかん」「甘酸っぱい(＝快い気持ちと、感傷的な気持ちとが入り交じった感じである)青春の思い出」

107-12 酸味(さんみ)

意味★すっぱい味。「すみ」とも。**【英】** *sourness*

使い方▼〔酸味〕▽酸味の強いりんご▽この漬物は少しいたんで酸味を帯びている

107-13 塩辛(しおから)い／からい／しょっぱい

共通する意味★塩の味が強い。**【英】** *salty*

使い方▼〔塩辛い〕(形)▽塩辛い海水▽塩辛いおかずでのどがかわく　〔からい〕(形)▽料理の味が少しからい　〔しょっぱい〕(形)▽しょっぱい涙

使い分け【1】「しょっぱい」は、俗な言い方。【2】「からい」は、「鹹い」「辛い」とも書く。

参照▼からい⇒107-09

107-14 塩気(しおけ)／塩味(しおあじ)／塩味(しおみ)

【関連語】◆(薄塩)うすじお◆(甘塩)あまじお

共通する意味★食物などに含まれている塩辛い味、塩分。**【英】** *salty taste*

使い方▼〔塩気〕▽この漬物は塩気が強すぎる　〔塩味〕しおあじ▽塩あじのクッキー　〔塩味〕しおみ▽塩みのきいた鮭(さけ)

【関連語】◆(薄塩)塩加減が薄いこと。◆(甘塩)塩気の少ないこと、特に、魚肉などの塩漬けで、塩をひかえてあるもの。

107-15 苦(にが)い／渋(しぶ)い

【関連語】◆(ほろ苦い)ほろにがい

共通する意味★舌を刺す味。**【英】** *bitter*

使い方▼〔苦い〕(形)▽僕は苦いくらいのコーヒーが好きだ　〔渋い〕(形)▽この柿(かき)は渋くて食べられない

使い分け【1】「苦い」は、焦げたものを口に入れたときに感じるような味であるのに対して、「渋い」は、濃すぎるお茶を飲んだときに感じる舌がしびれるような不快な味をいう。【2】「苦い」には、「苦い目にあう」「苦い経験」のように、不快である、つらいという意味もある。【3】「渋い」には、「支払いが渋い」のようにけちであるという意味や、「渋い好みの服」のように地味で落ち着いた趣があるという意味、また、「渋い顔をする」のように不快、不満足なようすであるという意味もある。

【関連語】◆(ほろ苦い)(形)かすかに苦みがある。「ほろ苦い味」「ほろ苦い思い出」

107-16 苦(にが)み

意味★焦げたものを口の中に入れたときに感じるような味。「苦味」とも書く。**【英】** *bitterness*

使い方▼〔苦み〕▽ビールの苦みはホップによるものだ

107-17 えぐい／えがらっぽい

共通する意味★あくが強くて、のどをいらいらと刺激するような味や感じがする。**【英】** *harsh; acrid*

使い方▼〔えぐい〕(形)▽この竹の子はえぐい　〔えがらっぽい〕(形)▽ほこりでのどがえがらっぽくなった

使い分け「えがらっぽい」は、「いがらっぽい」ともいう。

107-18 あっさり／淡泊(たんぱく)／さっぱり

共通する意味★味が薄くてしつこくないさま。**【英】** *plain*

使い方▼〔あっさり〕(副)スル▽あっさりした料理が食べたい　〔淡泊〕(形動)▽白身の魚には淡泊な味のものが多い　〔さっぱり〕(副)スル▽夏はさっぱりした味のものが好まれる

使い分け【1】三語とも、味の他に、色や人の性格などについてもいう。【2】「あっさり」には、「あっさり(と)片付ける」のように、簡単に、手軽にという意味もある。【3】「淡泊」には、「父は金や地位に淡泊だ」のように、こだわらないさまの意味もある。「淡白」とも書く。【4】「さっぱり」は、「借金を返してさっぱり(と)する」のように、気分が晴れてさわやかなさまもいう。また、「きれいさっぱり忘れる」のように、すっかり、全くという意味でも使う。

参照▼あっさり⇒810-34 201-41　淡泊⇒201-41　さっぱり⇒201-40 201-41 819-47

107-19 薄味（うすあじ）／薄口（うすくち）

共通する意味★味を軽くつけること、また、軽くつけられた味。**【英】** *light seasoning*

使い方▼〔薄味〕▽なるべく薄味にして塩分をひかえめにする　〔薄口〕▽薄口で竹の子を煮る

使い分け 「薄口」は、「薄口の茶碗（ちゃわん）」のように、器物の薄手に作ってあるものもいう。「薄口しょうゆ」は色が薄いこと。

107-20 水臭い（みずくさい）／水っぽい（みずっぽい）

共通する意味★水分が多くて味が薄い。**【英】** *watery*

使い方▼〔水臭い〕(形)▽水臭い酒　〔水っぽい〕(形)▽これは水っぽいかぼちゃだ

使い分け 「水臭い」は、「そんな水臭いことをいうな」のように、他人行儀であるという意味でも使う。

108 …声

108-01 声（こえ）／音声（おんせい）

【関連語】◆（発声）はっせい◆（美声）びせい◆（悪声）あくせい◆（金切り声）かなきりごえ◆（だみ声）だみごえ◆（どら声）どらごえ◆（胴間声）どうまごえ◆（鼻声）はなごえ◆（裏声）うらごえ◆（小声）こごえ◆（猫撫で声）ねこなでごえ

共通する意味★人や動物がのどなどの発音器官を使って出す音。**【英】** *a voice*

使い方▼〔声〕▽声を張り上げて叫ぶ▽鈴をころがすような声▽虫の声　〔音声〕▽明快で聞き取りやすい音声がアナウンサーには不可欠だ▽音声言語

使い分け【1】「声」は、人間が発するものばかりでなく、虫などの鳴き声まで幅広く使う。また、「ちまたの声を聞く」「声なき声」のように、人々の意見の意もある。【2】「音声」には、「音声のない映像が放映された」のように、テレビなどの音の意味もある。

【関連語】◆**（発声）**声を出すこと。「オペラ歌手にとって発声はとても大切だ」「発声練習」「発声法」◆**（美声）**いい声。美しい声。「澄んだ美声の場内アナウンス」◆**（悪声）**聞き苦しい声。「悪声だが話し方に味わいがあるキャスター」◆**（金切り声）**金属を切るような高く鋭い声。「『助けてー』と金切り声をあげた」◆**（だみ声）**低く、濁った感じのきたない声。「太いだみ声でしかりつける」◆**（どら声）**濁った感じの太い大声。「父はどら声で弟を呼んだ」◆**（胴間声）**濁って調子はずれの太い声。「『ロープを投げろ』と胴間声で船長が叫んだ」◆**（鼻声）**風邪をひいたり、涙にむせんだりして鼻が詰まったときの声。また、甘えてものをいうときの鼻にかかった声。「風邪をひいて鼻声になる」「妹は父に鼻声でピアノをねだっている」◆**（裏声）**自然の発声法では出ない高音を技巧的に出した声。「裏声でヨーデルを歌う」◆**（小声）**小さい声。「小声で耳打ちする」◆**（猫撫で声）**猫が人に甘えるときに出すような、やさしく、こびを含んだわざとらしい声。「猫撫で声で勧誘するセールスマン」

参照▼音声⇒717-01　悪声⇒618-22

108-02 声色（こわいろ）／声音（こわね）／声調（せいちょう）／声つき（こえつき）

共通する意味★声の響きや、声の様子。**【英】** *voice; tone*

使い方▼〔声色〕▽なにか下心のありそうな声色で話す　〔声音〕▽声優の甘い声音に聞き入る　〔声調〕▽最高の声調で録音にのぞむ　〔声つき〕▽兄は父と声つきがそっくりだ

使い分け【1】「声色」には、「声色をつかう」のように、他人、特に有名人などの話し方のまねをする意味もある。【2】「声調」は、健康や気分などによって変わるものだが、「声つき」は、生まれつき体にそなわった声の様子や話し方。

108-03 肉声（にくせい）／地声（じごえ）

共通する意味★人間の口から直接に発せられる生の声。**【英】** *a human voice*

使い方▼〔肉声〕▽オペラ歌手はマイクを通さず肉声で歌う　〔地声〕▽声が大きいのは地声だ▽地声のいい人は少ない

使い分け【1】「肉声」は、マイクや電話などの機械を通さない生の声のこと。【2】「地声」は、その人が生まれつき持っている声のこと。

108-04 大声（おおごえ）／大音声（だいおんじょう）

共通する意味★大きく響く声。**【英】** *a loud voice*

使い方▼〔大声〕▽大声で話をする▽暗やみで襲われ大声を上げる　〔大音声〕▽大音声で名を名乗る▽社長は大音声の持ち主だ

使い分け 「大声」の方が、一般によく用いられるが、「大音声」は芝居がかった言い方として、特に意識して使われる。

108-05 叫び声（さけびごえ）／絶叫（ぜっきょう）／怒号（どごう）

【関連語】◆（咆哮）ほうこう◆（遠吠え）とおぼえ

共通する意味★大きな声を出すこと。また、その大

きな声。【英】*a cry; a shout*

使い方▼〔叫び声〕▽夜中に怪しい人影を見て叫び声を上げた▽強盗に襲われ叫び声を上げる▽女性の叫び声が響いた　〔絶叫〕スル▽助けを求めて絶叫する▽絶叫が耳をつんざく　〔怒号〕▽人々の怒号が試合場に響き渡る▽やじと怒号が乱れ飛んだ

使い分け【1】「叫び声」は、恐怖や危険などが身に迫って上げる声をいい、一般的によく用いられる語。【2】「絶叫」は、「叫び声」より大きい場合が多い。【3】「叫び声」「絶叫」は、一人の人間が発する場合にもいうが、「怒号」は、多くの人々が発する場合に用いられるのが一般的である。

【関連語】◆〔咆哮〕スル獣などがたけりほえたてること。また、その声。「オオカミの咆哮が聞こえる」◆〔遠吠え〕スル犬やオオカミなどが、声を長く引いてほえること。また、その声。「山犬の遠吠えが聞こえる」「負け犬の遠吠え」

1 08-06 叫(さけ)ぶ／怒鳴(どな)る／喚(わめ)く

【関連語】◆〔張り上げる〕はりあげる

共通する意味★大きな声を出す。【英】*to shout*

使い方▼〔叫ぶ〕(バ五)▽山を歩きながら「ヤッホー」と叫ぶ▽救いを求めて大声で叫んだ　〔怒鳴る〕(ラ五)▽「早く行け」と若い教師が怒鳴った▽そんな耳許で怒鳴らなくてもいいだろう　〔喚く〕(カ五)▽泣いてもわめいてもだれも助けてくれない

	「痛い、苦しい」と□患者	「だれか助けて」と□	「そこをどけ」と□警官	□ちらす	泣き□
叫ぶ	○	○	△	-び-	○
怒鳴る	-	-	○	-り○	-
わめく	○	-	-	-き○	○

使い分け【1】「叫ぶ」は、遠くに届くように、また、突然のことに驚いたりして大きな声を出す意であるが、「怒鳴る」は、怒ったりしかったり命令したりするために大きな声を出す意である。【2】「喚く」は、不平不満、非難、訴えなどを表わすための大きな声で、繰り返したり、長く続いたりすることが多い。

【関連語】◆〔張り上げる〕(ガ下一)声を強く高く出す。「応援席で大声を張り上げる」

参照▼叫ぶ⇒612-30

1 08-07 唸(うな)る／呻(うめ)く

共通する意味★長く引いた低い声を出す。【英】*to groan*

使い方▼〔唸る〕(ラ五)▽犬が他の犬に向かってうなる▽彼はおなかが痛くてうんうんうなっている　〔呻く〕(カ五)▽患者が苦痛でうめいている▽肉親を失った悲しみにうめく声がひびく

	荷物が重くて思わず□	すばらしい演技に□	浪曲を□	痛みに耐えかねて□
唸る	○	○	○	△
呻く	○	-	-	○

使い分け【1】「唸る」は、怒りや苦痛などの感情が声または音になって発声される状態をさすことが多い。また、「人々は名画を見て思わずうなった」のように、深い感動によって発声する意もある。【2】「呻く」は、「うなる」にくらべて苦痛や悲しみの感情を表わす程度が強い。

1 08-08 しわがれる／かすれる

【関連語】◆〔しゃがれる〕

共通する意味★声がなめらかに出ない状態。

【英】*to become hoarse*

使い方▼〔しわがれる〕(ラ下一)▽祖父はしわがれた声で話した　〔かすれる〕(ラ下一)▽応援のしすぎで声がかすれてしまった

	□た声を出す	年をとって声が□てきた	大声で叫び続けて声が□
しわがれる	-れ○	-れ○	-
かすれる	-れ○	-れ-	○

使い分け【1】「しわがれる」は、ふだんからの声の質がそうである状態。「嗄れる」とも書く。【2】「かすれる」は、のどの疲労、不調で声の出方に変化が起こった結果の状態。「文字がかすれる」のように、筆につけた墨や絵の具などが少なくなって、その跡が消えた状態になることもいう。

【関連語】◆〔しゃがれる〕(ラ下一)「しわがれる」がつまった表現。「嗄れる」とも書く。「しゃがれた声で講演をする」

1 08-09 歓声(かんせい)／歓呼(かんこ)

【関連語】◆〔喚声〕かんせい

共通する意味★(大勢の人が)よろこんで声をあげること。【英】*a shout of joy*

使い方▼〔歓声〕▽優勝が決まった瞬間どっと歓声があがった　〔歓呼〕スル▽優勝パレードを歓呼の声とともに迎える▽見送りの人々の歓呼に手をふってこたえる

使い分け「歓声」は、いっせいに喜びの声をあげるのであるが、「歓呼」は、人やグループを迎えたり送ったりするときに限られ、興奮して名を呼んだり激励の言葉をかけたりすること。

【関連語】◆〔喚声〕驚いたり興奮したりして大声で叫ぶ声。「議場から『議長横暴！』と喚声があがった」

1 08-10 勝(か)ちどき／凱歌(がいか)

【関連語】◆〔ときの声〕ときのこえ

共通する意味★戦いに勝利したときに上げる喜びの声。**【英】** *a shout of victory*
使い方▼**〔勝ちどき〕**▽大勝利して**勝ちどき**を上げる▽勝利の知らせにどっと**勝ちどき**が上がる　**〔凱歌〕**▽勝利の**凱歌**をあげる▽人々が勝利を告げる**凱歌**に酔う
使い分け【1】「勝ちどき」は歓声だが、「凱歌」は本来祝いの歌のこと。【2】「勝ちどき」は、「鬨」「勝ち鬨」とも書く。
【関連語】◆**(ときの声)**気持ちをふるいたたせるために、多くの人々が一度にどっと上げる声。「鬨の声」とも書く。「戦いを前に『エイエイオー』とときの声を上げる」

108-11 掛け声（かけごえ）

意味★人に呼びかける声。特に、演劇や競技などでひいきしている者に対して掛ける声。また、力を入れたりするときに発する声。**【英】** *a shout*
使い方▼**〔掛け声〕**▽「たま屋!」と打ち上げ花火に**掛け声**がかかる▽彼はいつも「よいしょ」と**掛け声**をかけて立つ▽**かけ声**ばかりで一向に進展しない

108-12 悲鳴（ひめい）

【関連語】◆(弱音)よわね◆(泣き言)なきごと
意味★驚き、苦痛、恐怖などを感じたときにあげる高い声。また、自分ひとりで処理しきれず、他人に助けを求める声やことば。**【英】** *a scream*
使い方▼**〔悲鳴〕**▽隣の家から**悲鳴**がきこえる▽山のような洗濯物に**悲鳴**を上げる
◆元の意味から広がって、「うれしい悲鳴」のように使われることもある。
【関連語】◆**(弱音)**いくじのない言葉。「それぐらいのことで弱音をはくな」◆**(泣き言)**自分の不運や不遇を嘆く言葉。「泣き言ばかりいっていないで前向きに考えろ」

109…手の動作

109-01 とる／持つ（もつ）

共通する意味★ものを保っている。**【英】** *to take*
使い方▼**〔とる〕**(ラ五)　**〔持つ〕**(タ五)

	手に□	筆を□	手を□て教える	土地を□ている
とる	○	○	—っ○	—っ—
持つ	○	○	—っ—	—っ○

使い分け【1】「とる」は、特定の動作のために何かを手にする意。「手にとる」は、単に手に持つのではなく、見る、においをかぐなどのために何かを手にする意を表わすのが普通。「手をとって教える」も、相手を導くための動作を表わす。また、特定の道具を手にして何かをするという意味でも用いられる。「筆(ペン)をとる」「舵(かじ)をとる」は、文章を書く、船を操縦する意。さらに、「指揮をとる」「事務をとる」のように、単に、あることを自分の役目とする意味でも用いられる。【2】「持つ」は、「手に持つ」「かばん(机)を持つ」のように、手につかむ意味で用いられる場合と、「たくさんの金(土地)を持っている」のように、所有する意味で用いられる場合とがある。ともに、「取る」のように何かをするために手にするのではなく、手につかむ(所有する)という動作しか表わさない。したがって、「筆を持つ」「舵を持つ」は、単に筆、舵をつかむ(所有する)という意味しかない。【3】「とる」は「取る」と書くことが多いが、「筆をとる」「事務をとる」などは「執る」とも書く。
参照▼とる⇒115-01 404-03

109-02 つかむ／握る（にぎる）

共通する意味★手でしっかりと持つ。**【英】** *to grasp*
使い方▼**〔つかむ〕**(マ五)▽おぼれる者はわらをもつかむ　**〔握る〕**(ラ五)▽百円玉を握る

	手を□	胸ぐらを□	大金を□	弱みを□
つかむ	○	○	○	△
握る	○	—	○	○

使い分け【1】「つかむ」は、手でしっかりと持つ意。自分のところに引き寄せるという意味が強く、「幸運をつかむ」のように、手に入れる、自分のものとする意味でも用いられる。大きい対象の一部分を手にする場合にも使う。「攫む」とも書く。【2】「握る」は、物を手のひらや指で包み込むようにしてしっかりと持つ意。また、手のひらを、中に物を入れたような形にする。また、「財布をにぎる」「証拠をにぎる」のように、相手を思いのままに動かすための何かをもつ意味でも用いられる。

109-03 手づかみ（てづかみ）／わしづかみ

【関連語】◆(大づかみ)おおづかみ
共通する意味★手でしっかりと持つこと。**【英】** *to grasp*
使い方▼**〔手づかみ〕**▽手づかみで食べないで、箸(はし)を使いなさい▽この辺の海では、魚が手づかみでとれる　**〔わしづかみ〕**▽強盗は札束をわしづかみにして逃げた

使い分け【1】「手づかみ」は、直接手でつかむこと。【2】「わしづかみ」は、ワシが獲物をつかむように乱暴に物をつかみ取ること。「鷲づかみ」とも書く。
【関連語】◆**(大づかみ)**(形動)手を大きく広げて物をつかむこと。物事の全体像を大ざっぱにとらえることの意味で使われることが多い。「事業計画を大づかみに説明する」「事件のなりゆきを大づかみに話す」

109-04 つまむ／つねる

【関連語】◆**(摘む)**つむ

共通する意味★指ではさむ。**【英】** *to pick*
使い方▼**〔つまむ〕**(マ五) **〔つねる〕**(ラ五)

	鼻を□	端を□	菓子を□	腕を□
つまむ	○	○	○	-
つねる	○	-	-	○

使い分け【1】「つまむ」は、指ではさんで小さいものを取ったり持ったりする意。「菓子をつまむ」のように、小さいものを手でとって食べる意味で用いられることもある。「摘む」「撮む」とも書く。【2】「つねる」は、指やつめで、相手の皮膚をつまんでねじり、軽い痛みを与える意。
【関連語】◆**(摘む)**(マ五)物を指先やつめの先でつまんでとる。また、はさみなどで先を切りとって短くする。「若葉をつむ」「枝をつむ」

109-05 もぐ／もぎ取(と)る／もぎる

共通する意味★くっついているものをねじったり、ちぎったりするようにして手で取る。**【英】** *to wrest*
使い方▼**〔もぐ〕**(ガ五)▽トマトをもぐ **〔もぎ取る〕**(ラ五)▽柿(かき)の実をもぎとる▽拳銃をもぎとる **〔もぎる〕**(ラ五)▽入場券の半券をもぎる
使い分け「もぎとる」は、「拳銃をもぎとる」のように、無理やり取り上げるという意味もある。

109-06 携帯(けいたい)／携行(けいこう)／持参(じさん)

【関連語】◆**(必携)**ひっけい

共通する意味★自分で手に持ったり、身につけたりして運ぶこと。**【英】** *to carry*
使い方▼**〔携帯〕**スル▽身分証明書を常時携帯する▽携帯電話 **〔携行〕**スル▽武器を携行する▽携行食糧 **〔持参〕**スル▽各自昼食を持参する▽持参金

	旅行に雨具を□する	戸籍抄本と印鑑を□すること	□に便利な小型カメラ	運転免許証不□でつかまる
携帯	○	-	○	○
携行	○	-	○	-
持参	○	○	-	-

使い分け【1】「携帯」「携行」ともに、身につけて持っていること。また、持って行くことをいう。「携行」の方が文章語的。【2】「持参」は、何かをどこかへ持って行くこと、また、持って来ることをいう。
【関連語】◆**(必携)**必ず持っていなければならないこと。また、それほど重要なもの。「身分証明書を必携のこと」「海外旅行者必携ガイドブック」

109-07 ひったくる／さらう／する

共通する意味★相手の所持品を盗む。**【英】** *to snatch*
使い方▼**〔ひったくる〕**(ラ五)▽かばんをひったくる **〔さらう〕**(ワ五)▽子供をさらう▽波に足をさらわれる(＝波に足をすくわれバランスを失う) **〔する〕**(ラ五)▽財布をする
使い分け【1】「ひったくる」は、かばんなど、相手が携帯したり身につけたりしているものを無理やり奪う意。普通は一瞬のうちに奪うことを表わす。【2】「さらう」は、相手の油断につけこんで奪い去る意。人を誘拐する意味で用いられることが多いが、「人気をさらう」「賞をさらう」のように、注目や栄誉などをすべて持ち去るという意味で用いられることもある。【3】「する」は、相手に知られないようにこっそりと相手が携帯しているものを抜きとる意。抜きとることであるため、かばんのように外に出ているものにはいえない。「掏る」とも書く。
参照▼さらう⇒101-40

109-08 引(ひ)く／手繰(たぐ)る／引(ひ)きずる

共通する意味★何かに自分の方に向けた力を加える。**【英】** *to draw*
使い方▼**〔引く〕**(カ五)▽綱を引く▽弓を引く **〔手繰る〕**(ラ五)▽釣り糸を手繰る **〔引きずる〕**(ラ五)▽着物のすそを引きずる
使い分け【1】「引く」は、何かをつかんで自分の方に向けて力を加える、また、力を加えて何かを自分の方に寄せる意。意味の範囲の広い語で、「くじを引く」「辞書を引く」のように、特定のものを選び出す、選んで調べる意、「2引く1は1」「売価を引く」のように、除く、減らす意、「のこぎりで木を挽(ひ)く」「ひき臼(うす)で豆を挽く」のように、引いて力を加える道具を用いて物を切ったり削ったりする意、「線を引く」「納豆が糸を引く」「あとを引く」のように、移動の軌跡を残す意、「気を惹(ひ)く」「興味をひく」のように、気持ちを近寄せるようにさせる意などでも用いられる。【2】「手繰る」は、両手を交互に使って、綱やひもなどを少しずつ自分の方に引き寄せる意。転じて、「記憶をたぐる」のように、記憶や話の筋などをもう一度少しずつ思い出しながらたどる意もある。【3】「引きずる」は、地面に接触させるようにして引く意。「足を引きずる」は、痛みや疲れなどで足が十分に上がらない状態で歩く意。また、「交番に引きずっていく」のように、無理に連れていく意や、「問題を年末まで引きずる」「過去を引きずる」のように、いつまでも離さないでいる意でも用いられる。

参照▼引く⇒913-13

109-09 引っ張る／手繰り寄せる／引き寄せる／引き付ける／吸い寄せる

共通する意味★自分の方へ動かす。【英】*to pull*

使い方▼〔**引っ張る**〕(ラ五)▽袖(そで)をつかんで引っ張る▽足を引っ張る(＝他人の成功や物事の順調な進行のじゃまをする)　〔**手繰り寄せる**〕(サ下一)▽切れた釣り糸を手繰り寄せる　〔**引き寄せる**〕(サ下一)▽いすをストーブの方へ引き寄せる　〔**引き付ける**〕(カ下一)▽敵を十分に引き付けてから撃つ　〔**吸い寄せる**〕(サ下一)▽虫が誘蛾灯(ゆうがとう)に吸い寄せられる

使い分け【1】「引っ張る」は、力を入れて自分の方へ引く意。また、「ひもを引っ張る」のように、ひもや綱などをたるまないように張る意や、「警察に引っ張られる」「陸上部に引っ張る」のように、無理に連れて行く、勧誘する意、「語尾をひっぱる」「支払いをひっぱる」などのように、長く伸ばしたり、遅らせたりする意でも用いられる。【2】「手繰り寄せる」は、物を手繰って手元に持ってくる意。【3】「引き寄せる」は、物を引いて寄せる意。【4】「引き寄せる」「引き付ける」「吸い寄せる」は、人の心や注意が向くようにするという意味で使われることも多い。「彼の話にはいつも引き寄せられる」「巧みな話術に引き付けられる」「観客の注意が舞台の一点に吸い寄せられる」

参照▼引っ張る⇒520-56

109-10 括る／束ねる

【関連語】◆(束ねる)つかねる◆(絡げる)からげる◆(ひっくくる)

共通する意味★物のまわりをひもなどで縛る。【英】*to bundle*

使い方▼〔**括る**〕(ラ五)　〔**束ねる**〕(ナ下一)

	くくる	束ねる
まきを縄で□	○	○
荷を□	○	-
長い髪を□	△	○
紙幣を□	-	○
古雑誌を□	○	○

使い分け【1】「括る」は、ばらばらのものを一つにまとめてしばる場合と、元来、ばらばらではない一つのものをしばる場合とがある。また、「数式を括弧でくくる」「たかをくくる」のように、物事にある区切りやまとまりをつける意もある。【2】「束ねる」は、細長いもの、毛、紙などを一つにまとめてひもなどで縛る意。また、「劇団を束ねる」のように、ある組織の全体をまとめる意でも用いられるが、やや文章語的である。

【関連語】◆**(束ねる)**(ナ下一)「たばねる」の古い言い方。「小枝をつかねる」「手をつかねる(＝腕組みをする。傍観する)」◆**(絡げる)**(ガ下一)束にしてひもなどでしばる。「古新聞をひもでからげる」◆**(ひっくくる)**(ラ五)「くくる」を強めていう語。「不要な雑誌をひっくくって、廃品回収に出す」「泥棒をひっくくる(＝捕縛する)」

109-11 結ぶ／結わえる／縛る

【関連語】◆(結う)ゆう◆(くくりつける)◆(取り結ぶ)とりむすぶ◆(縛り付ける)しばりつける◆(縛り上げる)しばりあげる

共通する意味★離れているものをからみあわせたり、関係づけたりしてくっつける。【英】*to tie; to fasten*

使い方▼〔**結ぶ**〕(バ五)▽くつひもをしっかり結ぶ▽ネクタイを結ぶ▽友好条約を結ぶ▽縁を結ぶ▽空港と都心を結ぶバス　〔**結わえる**〕(ア下一)▽おみくじを神社の木にゆわえる▽ふろしきをゆわえる　〔**縛る**〕(ラ五)▽袋の口をしっかり縛る▽賊を縛る

	結ぶ	ゆわえる	縛る
切れたひもを□	○	○	-
新聞をひもで□	-	○	○
リボンを□	○	○	-
傷口を□	-	-	○

使い分け【1】「結ぶ」は、細長いものをからみあわせてつなぐ意だが、「条約を結ぶ」「空港と都心を結ぶ鉄道」のように、抽象的な対象同士を関係づける意でも使われる。また、「実を結ぶ」「焦点を結ぶ」「夢を結ぶ」のように、まとめて形にする、完成させる意もある。【2】「結わえる」は、ひもなどをからみあわせてつなぐ意や、ひもなどを使って何かにくっつけて離れないようにする意で使われる。【3】「縛る」は、ひもや縄などを巻き付けてひとつにまとめる意。また、「生徒を校則で縛る」のように、束縛する意もある。

【関連語】◆**(結う)**(ワ五)「日本髪を結う」など、主として髪の毛をまとめて整える意に用いる。◆**(くくりつける)**(カ下一)ひもなどで離れないようにくっつける。「荷物を荷台にくくりつける」◆**(取り結ぶ)**(バ五)契約、約束などにいう。また、双方の仲をとりもつ意や、へつらって人の機嫌をなおすようにする意もある。「条約を取り結ぶ」「縁を取り結ぶ」「ご機嫌を取り結ぶ」◆**(縛り付ける)**(カ下一)ひもなどで離れないようにくっつける。「子供を柱にしばりつけてお仕置きする」◆**(縛り上げる)**(ガ下一)しっかりと縛る。「犯人を後ろ手にしばりあげる」

参照▼縛る⇒520-59

1 09-12 縒(よ)る／綯(な)う

共通する意味★何本かの糸状のものや紙を一つにねじり合わせる。**【英】** *to twist*

使い方▼**〔縒る〕**(ラ五)▽よってひもにする▽綱をよる **〔綯う〕**(ワ五)▽わらを打ち縄をなう

使い分け【1】二語とも何本かのわらや糸を一つにまとめてじょうぶにするのであるが、「よる」にはそれ自身をねじって強くする意もある。【2】「よる」の場合の材料は、紙、糸、わらのほか、針金も可能だが、「なう」材料は糸やわらに限られる。

1 09-13 揉(も)む

意味★両手に挟んでこする。**【英】** *to rub*

使い方▼**〔揉む〕**(マ五)▽紙をもむ▽錐(きり)をもむ

◆「揉む」は、「肩をもむ」のように、人間の筋肉を指でつまんで押す意や、「息子の進学問題で気をもむ」のように、気持ちを激しく動揺させる意、また、「一番もんでやろう」のように、相手になってきたえる意でも用いられる。

1 09-14 つなぐ／結(むす)び付(つ)ける

【関連語】◆〈接(つ)ぐ〉◆〈舫(もや)う〉

共通する意味★離れているものをくっつける。**【英】** *to fasten; to connect*

使い方▼**〔つなぐ〕**(ガ五) **〔結び付ける〕**(カ下一)

	糸と糸を□	馬を木に□	手を□	二つの事実を□て(で)考える
つなぐ	○	○	○	-い-
結び付ける	○	-	-	-け○

使い分け【1】「つなぐ」は、離れているものを結んで離れないようにする意。何かが通ずるような一つながりのものをつくる意味合いを含む場合が多い。「命をつなぐ」のように、単に、持続させる意味で用いられることもある。また、「馬を木につなぐ」「獄につなぐ」のように、生き物が自由に動けないように何かに結びつける意や、監獄に入れる意味で用いられることもある。「繋ぐ」とも書く。【2】「結び付ける」は、二つ以上のものを結んでくっつける、結んで一つの機能をもつようにする意。また、関連づける意味でも用いられる。自動詞形「結び付く」は、通常「日々の努力が合格に結びつく」のように、直接関係するという抽象的な意味で用いられ、「旗がさおに結びつく」のようにはいわない。

【関連語】◆**〈接ぐ〉**(ガ五)あるものに附属的なものをくっつけて切れ目なく一つにする。特に、接ぎ木をする。「木に竹をつぐ(＝二つのものがとってつけたように不調和なことのたとえ)」◆**〈舫う〉**(ワ五)船を互いにつなぎとめたり、岸の杭(くい)につないだりする。

1 09-15 綴(と)じる／綴(つづ)る

共通する意味★ばらばらのものを一つに固め合わせる。**【英】** *to bind*

使い方▼**〔綴じる〕**(ザ上一)▽書類をとじる **〔綴る〕**(ラ五)▽伝票をつづるひも

使い分け【1】「とじる」は、ばらばらのものを一つにする意に重点がおかれる。【2】「つづる」は、紙などを重ねて糸などを通して本のようにまとめる意。複数のものをつなぐ意に重点がおかれる。また、「手紙をつづる」のように文章(特に日記、手紙など)を書く意や、「原語を誤ってつづる」のように、アルファベットなどを組み合わせて単語を書き表わす意でも用いられる。

1 09-16 包(つつ)む／くるむ

共通する意味★ある物を布、紙などでおおって外から見えないようにする。**【英】** *to wrap*

使い方▼**〔包む〕**(マ五)▽プレゼントなので、ていねいに包んでください▽毛皮のコートに身を包んだ女性▽お祝いに一万円包む **〔くるむ〕**(マ五)▽すっぽりと毛布にくるまれた赤ちゃん

	ふろしきで□	足を毛布で□	炎に□れた家	庭木をわらで□
包む	○	-	-ま○	-
くるむ	○	○	-ま-	○

使い分け【1】「包む」は、物の全体を覆い囲むような場合に用いるが、「くるむ」は、必ずしも全体を覆い囲まなくてもよい。【2】「くるむ」は、巻くようにして囲むような場合に用いることが多い。【3】「包む」は、「火炎に包まれた家」のように、周りを取り囲むという意や、「包みきれない喜び」のように、心の中に隠しおさめるという意でも用いる。

1 09-17 めくる／まくる

共通する意味★中の物が見えるように、上からおおっている薄いものを折り返す。**【英】** *to turn over*

使い方▼**〔めくる〕**(ラ五) **〔まくる〕**(ラ五)

	布団を□	ページを□	着物のすそを□	こよみを□	腕を□
めくる	○	○	△	○	-
まくる	○	-	○	-	○

使い分け【1】「めくる」は、いくつも重なっているものをひとつずつ取って、中の物が見えるように、

紙や布などを折り返す意。【2】「まくる」は、おおっているものの端を上の方に折り返して、中(通常は体の一部)を外に出す意。「まくりあげる」ともいう。

1 09-18 解く(と)/ほどく/ほぐす

共通する意味★結んであるものを分けたり、固まっているものをやわらかくする。

使い方▼〔解く〕(カ五) 〔ほどく〕(カ五) 〔ほぐす〕(サ五)

	糸のもつれを□	荷物を□	ふろしきを□	着物を□て洗う	緊張を□
解く	○	○	○	-い-	○
ほどく	○	○	○	-い○	-
ほぐす	○	-	-	-し-	○

使い分け【1】「解く」は、結んだり縫ったりされた状態を元に戻す意。「糸のもつれをとく」のような乱れもつれたものを整える意から転じて、「問題をとく」「誤解をとく」のように、解決する意味でも用いる。また、「帯をとく」「旅装をとく」のような体をしめつけているものをはずす意から転じて、「職(任)をとく」「武装(警戒)をとく」のように、束縛するものを除く意味でも用いる。【2】「ほどく」は、結んであるもの、縫ってあるものなどを元の状態にする意。**【英】** *to untie* 【3】「ほぐす」は、糸やひも、体、精神などについて、固まっているものがやわらかくなるようにする意。**【英】** *to ease*(緊張をほぐす)

1 09-19 放す(はな)/放つ(はな)/解き放す(と・はな) 解放(かいほう)

【関連語】◆(放れる)はなれる

共通する意味★捕まえたり、つないでおいたりした動物などを自由にしてやる。**【英】** *to let ~ loose*

使い方▼〔放す〕(サ五)▽かごの中の小鳥を大空へ放す 〔放つ〕(タ五)▽養殖した稚魚を川に放つ▽芳香を放つ▽矢を放つ 〔解き放す〕(サ五)▽人質がようやく解き放された 〔解放〕スル▽人質を解放する▽受験地獄から解放される▽奴隷の解放▽解放運動▽解放区

使い分け【1】「放す」は、自由にする意味で、行き先については関知しない。「放つ」は、ある方向を意識していて、目的をもって行われる場合もある。「放す」は、人間や動物など、それ自身が意志をもっているものについて用いられる。「放つ」は、行為者の意志や目的にそって行われることであり、対象はものでも動物や人間でもよい。【2】「解き放す」「解放」は、束縛を解いて自由にすることをいい、人間について用いられることが多い。

【関連語】◆(放れる)(ラ下一)束縛が解かれ自由になる。「くさりから放れた犬」

1 09-20 さする/撫でる(な)/こする

【関連語】◆(擦る)する◆(撫で下ろす)なでおろす◆(撫で上げる)なであげる◆(逆撫で)さかなで◆(愛撫)あいぶ

共通する意味★手のひらを、人の体や物の表面に軽く押し当てたまま、何度も動かす。**【英】** *to stroke*

使い方▼〔さする〕(ラ五) 〔撫でる〕(ダ下一) 〔こする〕(ラ五)

	背中を□	孫の頭を□	眠くて目を□	あかを□
さする	○	○	△	-
なでる	○	○	-	-
こする	○	-	○	○

使い分け【1】「撫でる」は、愛情表現や触感を確かめたり楽しんだりする目的で行うことが多いが、「さする」は、苦痛を和らげるために行うことが多い。「こする」は、物と物とを接触させる場合にもいう。【2】「撫でる」は、動作が一方向だけだったり、一回きりだったりするが、「さする」「こする」は、動作が繰り返されるのが普通。【3】「撫でる」には、「髪を撫でる」のように、髪をとかす意や、「そよ風が頬(ほお)を撫でる」のような比喩(ひゆ)的な表現もある。

【関連語】◆(擦る)(ラ五)物と物とを強く接触させて、対象を変化させる。「擂る」とも書く。「マッチを擦る」「ごまを擂る」「やすりで擦る」◆(撫で下ろす)(サ五)上から下へ向かって撫でる。「胸を撫で下ろす(=ほっと一安心する)」◆(撫で上げる)(ガ下一)上の方へ撫でる。「鬢(びん)のほつれを撫で上げる」◆(逆撫で)スル毛なみに逆らって撫でること。転じて、聞く人の神経にさわるような言動をする意で用いられる。「庶民の感情を逆撫でするような政治家の発言」◆(愛撫)スルなでたり、さすったり、やさしくかわいがること。「そっと愛撫する」

1 09-21 いじる/まさぐる/ひねくる/もてあそぶ

【関連語】◆(いじくる)

共通する意味★目的もなしに、指先でなでたりひねったりする。**【英】** *to play with*

使い方▼〔いじる〕(ラ五)▽手持ちぶさたでハンカチをいじる 〔まさぐる〕(ラ五)▽授業中に髪をまさぐっている▽数珠(じゅず)をまさぐりながら一心に祈る 〔ひねくる〕(ラ五)▽羽織のひもをひねくる 〔もてあそぶ〕(バ五)▽次の駅につくまで切符をもてあそぶ

	ハンカチを□	機械を□	火を□	母親の乳房を□
いじる	○	○	○	○
まさぐる	○	-	-	○
ひねくる	○	-	-	-
もてあそぶ	○	△	△	-

使い分け【1】「いじる」は、小さい物、大きくても具体的な物を手先でさわったり、動かしたりするのにいう。また、「骨董をいじる」のように、収集物などを慰み物とする意や、「文章をいじる」のように、物事にあれこれと手を入れて変えたりする意もある。【2】「まさぐる」「ひねくる」は、あまり大きな物には使わない。「まさぐる」は、さわった感じを確かめることに重点がおかれる。また、「ひねくる」は、「俳句をひねくる」のように、いろいろと理屈をつけたり、趣向をこらしたりする意にも用いる。【3】「もてあそぶ」は、遊び半分の気持ちが強い。「人の感情をもてあそぶ」のように、思うままにする意でも用いる。

【関連語】◆**（いじくる）**（ラ五）「いじる」の俗語。「先生の話も聞かずに消しゴムをいじくっている」

参照▼もてあそぶ⇒517-09

109-22 搔く／搔きむしる／引っ搔く

共通する意味★つめを立てて、手前に動かす。**【英】** *to scratch*

使い方▼〔**搔く**〕（カ五）▽蚊にさされた所を**かく**▽照れて頭を**かく**　〔**搔きむしる**〕（ラ五）▽傷口を**かきむしっ**て化膿させる▽原稿が書けず頭を**かきむしる**　〔**引っ搔く**〕（カ五）▽猫に顔を**ひっかか**れた

使い分け【1】「搔く」は、ふつう、その動作が繰り返されるのにいう。また、「雪をかく」のように手や道具でおしのける意、「氷をかく」のように、手前にひいて切ったり削ったりする意などがある。【2】「搔きむしる」は、動作が激しく傷つけるほどに繰り返される場合にいう。【3】「引っ搔く」は、結果的に、または目的として相手を傷つけることになるが、動作はふつう一度だけである。

109-23 あおぐ／あおる

共通する意味★（扇やうちわで）風を起こす。**【英】** *to fan*

使い方▼〔**あおぐ**〕（ガ五）　〔**あおる**〕（ラ五）

	うちわで□	七輪を□	火を□	風に□れる
あおぐ	○	○	-	-が-
あおる	△	-	○	-ら○

使い分け【1】「あおぐ」は、人間が扇やうちわで風を起こす意。「扇ぐ」「煽ぐ」とも書く。【2】「あおる」は、風を勢いよく起こして、物を浮かせたり、勢いを強めたりする意。「火をあおる」のように人間の動作を表わす場合と、「強風にあおられる」のように自然現象を表わす場合（この場合受身形に限られる）とがある。また、勢いを強める意から、「競争心をあおる」のように、そそのかして、通常よくないことの程度を強める意でも用いられる。

参照▼あおる⇒515-48

109-24 畳む／折り畳む

共通する意味★ものを折り曲げて重ね、小さくまとめる。**【英】** *to fold*

使い方▼〔**畳む**〕（マ五）▽布団を**畳む**▽洗濯物を**畳む**　〔**折り畳む**〕（マ五）▽椅子を**折り畳む**

使い分け【1】「畳む」は、ものを折り曲げて重ね、小さくまとめる意。普通、かたづける、しまう意味を含む。また、「店をたたむ」のように、店をしまう、また、商売をやめる意味で用いられることもある。【2】「折り畳む」は、「畳む」と同様、ものを折り曲げて重ね、小さくまとめる意だが、主に手先でできる範囲の具体的な動作を表わし、「畳む」のようにかたづける意味はない。

109-25 混ぜる／かき混ぜる／混ぜ合わせる／取り混ぜる

共通する意味★種類や質の違ったものを一緒にする。**【英】** *to mix; to blend*

使い方▼〔**混ぜる**〕（サ下一）▽セメントに砂利を**混ぜる**▽漢字と平がなを**混ぜ**て書く　〔**かき混ぜる**〕（サ下一）▽コーヒーにさとうを入れて**かき混ぜる**　〔**混ぜ合わせる**〕（サ下一）▽粉と卵を**混ぜ合わせる**▽赤と青の絵の具を**混ぜ合わせる**と紫になる　〔**取り混ぜる**〕（サ下一）▽大小**取り混ぜ**て一山百円で売る▽新しいのと古いのとをうまく**取り混ぜる**

使い分け【1】「混ぜる」は、最も広く用いられ、対象が液体でも固体でも、また、「英語と日本語を混ぜて話す」のように、具体的なものではなく抽象的なものであっても使う。【2】「かき混ぜる」は、かき回して一緒にする意。液体同士や、液体と粉などを一緒にする場合に用いられることが多い。【3】「混ぜ合わせる」は、十分によく「混ぜる」こと。【4】「取り混ぜる」は、異なった種類のものを一緒にする意だが、粉状のものを液体に溶かすような、一緒にしたものの総体が均質化してしまう場合ではなく、一緒にしたあとでも異なった種類のものそれぞれが識別できる場合に用いられる。

109-26 かき回す／捏ね回す／捏ね返す

共通する意味★よく混ざりあうように、手などを中に入れ力を加えて円を描くように動かす。**【英】** *to stir*

使い方▼〔かき回す〕(サ五)▽風呂ふろの湯をかき回す▽コーヒーをスプーンでかき回す　**〔捏ね回す〕**(サ五)▽パンの種は、あまりこね回すと膨らまなくなる　**〔捏ね返す〕**(サ五)▽セメントをこね返す

使い分け【1】「かき回す」は、「冷蔵庫の中をかき回す」「議事の進行をかき回す」のように、乱雑にあちこちいじって、秩序を乱す、の意で用いることもある。【2】「捏ね回す」「捏ね返す」は、液体や固体ではなく、粉に水を加えた物のような粘度の高い物質を何回も反復して練り混ぜる場合に用いられる。【3】「捏ね回す」は、「へ理屈をこね回す」のように、考えや議論をしつこく繰り返す意でも用いられる。【4】「捏ね返す」は、「事件をこね返す」のように、いじり回して事態を紛糾させる意でも用いられる。

109-27 捏こねる／練ねる

共通する意味★混ぜ合わせる、かきまわす、伸ばす、たたくなどの手を加え、その物の状態を柔らかくする。**【英】***to knead*

使い方▼〔捏ねる〕(ナ下一)　**〔練る〕**(ラ五)

	うどん粉を□	うどんを□	粘土を□	辛子を□
こねる	○	○	○	－
練る	○	－	△	○

使い分け【1】「練る」は、手を加えることによって状態をよい方向に変化させることをいうが、「こねる」は、水などを加えて混ぜ合わせひねりまわす動作そのものをさし、状態をよくするかどうかは問題としない。【2】「練る」は、「計画を練る」「文章を練る」のように十分にあれこれ考えて修正したり、修行に励むなどして、ものや人の状態がよくなることもさす。【3】「捏ねる」は、「彼は理屈ばかりこねて何もしない」のように、考えや言葉をひねりまわし、無理なことをいう意で比喩ひゆ的に用いられる。

参照▼練る⇒602-08

109-28 締しめる／締しめ付つける／引ひき締しめる

共通する意味★まわりから圧力を加えて、すきやゆるみをなくす。きつくする。**【英】***to tighten*

使い方▼〔締める〕(マ下一)▽ボルトを締める▽首をしめて殺す▽帯をしめる▽ねじを締める　**〔締め付ける〕**(カ下一)▽格闘技では、首を締めつけるのも一つの技だ▽友の死には、胸が締めつけられる思いだった　**〔引き締める〕**(マ下一)▽ふんどしをきりりと引き締める

使い分け【1】「締める」は、「彼は会議の座をしめる存在だ」のように、だらしなくふしだらにならないようにする意や、「今日の売り上げをしめる」のように、区切りをつける意、「家計をしめる」のように、倹約する意もある。「首を締める」は、「絞める」とも書く。【2】「締め付ける」は、「締める」を強調していう語。また、「部長が代わって交際費がしめつけられる」のように、圧迫する意でも用いられる。【3】「引き締める」は、引っ張って締める、また、強く締める意。「気持ちを引き締める」のように心や体のゆるみをなくす意や、「財政を引き締める」のようにむだをなくす意でも用いられる。

参照▼引き締める⇒501-18

109-29 締しまる／引ひき締しまる

共通する意味★すきやゆるみがなくなる。きつくなる。

使い方▼〔締まる〕(ラ五)▽皮ひもは乾くと締まる▽首がしまって絶命する▽口もとが締まっていて好感が持てる顔　**〔引き締まる〕**(ラ五)▽引き締まった顔だち▽大仕事を任されて、身の引き締まる思いだ

使い分け【1】「締まる」は、まわりから圧力が加わって、空間的なすき間がなくなる意から、心の緊張が外に現れる状態まで広く用いる。また、「よほど締まらないと生活できない」のように倹約する意にも用いる。「首がしまる」は、「絞まる」とも書く。**【英】***to tighten* **【2】**「引き締まる」は、心や体にゆるみがなくなる意。**【英】***to become sober*

109-30 しぼる

【関連語】◆**(しぼり上げる)**しぼりあげる◆**(引きしぼる)**ひきしぼる◆**(しぼり出す)**しぼりだす◆**(しぼり取る)**しぼりとる

意味★締めつけて中の液体を出す。また、そういう動作をする。「絞る」「搾る」とも書く。**【英】***to squeeze*

使い方▼〔しぼる〕(ラ五)▽ぞうきんをしぼる▽みかんをしぼってジュースにする▽大豆から油をしぼる▽袖そでをしぼる(＝泣く)

■「しぼる」は、「知恵をしぼる」「声をしぼって叫ぶ」のように、無理に出すようにする意、「いたずらが見つかって先生にしぼられる」のように、悪事などを指摘して脂汗が出るような思いをさせる意、「信玄袋の口をしぼる」のように、周囲から中心に向け一様に圧力を加える意、「ラジオの音をしぼる」のように、小さくする意、「論点をしぼる」のように、取り上げる範囲を小さく限定する意など、さまざまな意味がある。

【関連語】◆**(しぼり上げる)**(カ下一)すっかりしぼる。また、金品などを取れるだけ取る。「洗濯したシーツを手で絞り上げるのは大変だ」「愛人から金をしぼり上げて遊んで暮らす」◆**(引きしぼる)**(ラ五)幕やカーテンなどをしぼる。また、矢を弓につがえて弦つるを十分に引くのにもいう。「カーテンを引きしぼって外光を入れる」◆**(しぼり出す)**(サ五)液体などをしぼって外に出す。また、比喩ひゆ的に、知恵、考え、声などを苦心して出す。「練り歯みがきをしぼり出す」「解

決策をしぼり出す」「苦しい息の下から声をしぼり出す」◆〔しぼり取る〕(ラ五)しぼって中の液体を取り出す。また、金品などをすっかり取り上げる。「乳を搾り取る」「一円残らずしぼり取る」

1 09-31 拾う(ひろ)う

意味★下に落ちているものを取り上げて手にする。

【英】 *to pick up*

使い方▼〔**拾う**〕(ワ五)▽財布を拾う▽きれいな貝を拾う▽タクシーを拾う(＝走っているタクシーを手を上げてつかまえる)

◙「拾う」は、「注意深く言葉を拾う」のように、選び取る意、「相手のミスで勝ちを拾う」のように、失うはずのものを、失わずに済む意でも用いる。

1 09-32 投(な)げる／投(とう)ずる／放(ほう)る

【関連語】◆〔**ほうり投げる**〕ほうりなげる◆〔**ほっぽる**〕◆〔**ぶん投げる**〕ぶんなげる◆〔**投げつける**〕なげつける

共通する意味★手の力で、物を遠くへ飛ばす。**【英】** *to throw*

使い方▼〔**投げる**〕(ガ下一)▽ボールを投げる▽救助のためロープを投げる　〔**投ずる**〕(サ変)▽池に石を投ずる　〔**放る**〕(ラ五)▽速い球をほうる投手▽車窓から空き缶をほうってはいけない

使い分け【1】「投げる」は、「ほうる」よりも、物を目標に向かって飛ばす意が強い。また、「視線を投げる」のように、その方向に向けて届くようにさせる意や、「試合を投げる」のように、途中であきらめて見捨てる意でも用いる。【2】「投ずる」は、「投げる」にくらべて硬い言い方。また、与える意で「一票を投ずる」「大金を投ずる」のようにも用いる。「投じる」の形もある。【3】「ほうる」は、目標を定めない、無造作な動作の場合が多い。また、「宿題をほうって遊びに行く」のように、中途でやめてそのままにする意もある。「抛る」とも書く。

【関連語】◆〔**ほうり投げる**〕(ガ下一)無造作にあるいは乱暴に投げる。「灰皿をほうり投げる」◆〔**ほっぽる**〕(ラ五)勢いよくほうる。俗な言い方。「新聞を遠くへほっぽる」◆〔**ぶん投げる**〕(ガ下一)乱暴に投げるさまの、俗な言い方。「手当たり次第ぶん投げる」◆〔**投げつける**〕(カ下一)ぶつけるように手荒く投げる。「犬に石を投げつける」

1 09-33 投(な)げ出(だ)す／ほうり出(だ)す

共通する意味★物を投げて外や前に出す。**【英】** *to throw out*

使い方▼〔**投げ出す**〕(サ五)▽交通事故で車外に投げ出される▽足を投げ出してすわる　〔**ほうり出す**〕(サ五)▽かばんをほうり出して遊びに出かける▽ポケットの小銭を机にほうり出す

使い分け【1】「ほうり出す」は、「投げ出す」よりも行為自体に乱暴な度合いが強い。また、投げつけるように乱暴に置く意もある。【2】「投げ出す」「ほうり出す」ともに、「仕事を投げ出す」「学業をほうり出す」のように、あきらめて途中でやめる意でも用いる。【3】「投げ出す」は、「全財産を投げ出して打ち込む」のように、大切なものをある目的のために惜しげもなく差し出す意でも用いる。【4】「ほうり出す」は、「居候をほうり出す」のように、すげなく仲間から排除する意でも用いる。

1 09-34 ばらまく／撒(ま)き散(ち)らす／ふりまく

共通する意味★あちこちにまいて散らす。**【英】** *to scatter*

使い方▼〔**ばらまく**〕(カ五)▽芝生に肥料をばらまく　〔**撒き散らす**〕(サ五)▽悪臭をまき散らす　〔**ふりまく**〕(カ五)▽お清めに塩をふりまく▽愛嬌(あいきょう)をふりまく

	塩を□	水を□	笑顔を□	選挙で金を□	騒音を□暴走族
ばらまく	○	-	-	○	-
まき散らす	○	○	-	△	○
ふりまく	○	○	○	-	-

使い分け【1】「ばらまく」は、ばらばらにまく意。数の多いものを一か所にかたまらず分散するような状態にすること。【2】「まき散らす」は、タバコの灰や、うわさ、金などを、広くまく意。周囲の人が迷惑に感じるものの場合が多い。【3】「ふりまく」は、手で振ってまく意。また、愛嬌や笑顔などを惜しまずに広く分け与える意にも用いる。

1 09-35 担(かつ)ぐ／担(にな)う／負(お)う

共通する意味★物を肩や背中にのせる。**【英】** *to shoulder*

使い方▼〔**担ぐ**〕(ガ五)　〔**担う**〕(ワ五)　〔**負う**〕(ワ五)

	荷を□	みこしを□	次代を□	責任を□
担ぐ	○	○	-	-
担う	○	-	○	○
負う	○	-	-	○

使い分け【1】「担ぐ」は、物を肩にのせる意。上にのせる意味合いが強く、転じて、「会長に担ぐ」のように、人を代表者や候補者におしたてたり、おだてて上の地位にまつりあげる意を表わす。また、「まんま

とかつがれた」のように、だます意味でも用いられる。「縁起をかつぐ」は、縁起を気にする意味を表わす。【2】「担う」は、物を肩にかけて運ぶ意。下から支える意味合いが強く、通常は「次代をになう」「責任をになう」のように、物事を支えるという抽象的な意味で用いられることが多い。【3】「負う」は、背中や肩に物をのせる意。自分の負担とするという意味合いが強く、「責任を負う」「重傷を負う」「借金を負う」など、自分に不利益なことをこうむるという意味で用いられることが多い。ただし、「今回の成功は彼の協力に負うところが大きい」のように、「…に負う」の形で用いられると、…による（頼る）という意味になる。

1 09-36 負(お)ぶう／背負(せお)う

共通する意味★背中にのせる。**【英】** *to carry ~ on one's back*

使い方▼**〔負ぶう〕**(ワ五)▽赤ちゃんをおぶって出かける▽年老いた母をおぶって病院に連れていく **〔背負う〕**(ワ五)▽病気で足の弱った老母を**背負う**▽ランドセルを**背負**った小学生

使い分け【1】「負ぶう」「背負う」は、人間を立てた状態の背にのせる場合に用いる。【2】「背負う」は、人間だけでなく物にも用い、また、「借金を背負う」のように、苦しいことや負担などを身に引き受ける場合にも用いる。「しょう」ともいう。

1 09-37 だっこ／おんぶ

【関連語】◆**(肩車)**かたぐるま

共通する意味★子供を抱く、または、背負うこと。

使い方▼**〔だっこ〕**スル▽だっこしたらすぐに眠ってしまった **〔おんぶ〕**スル▽パパ、おんぶしてちょうだい

使い分け【1】「だっこ」は、子供を抱くことを表わす幼児語。**【英】** *to hold ~ in one's arms* 【2】「おんぶ」は、子供を背負うことを表わす幼児語。また、「両親におんぶする」のように、金銭面で他人に頼ることの意味でも用いられる。**【英】** *to carry pickaback* 【3】「おんぶにだっこ」は、子供をおんぶすれば、次はだっこしてくれとねだるところから、あまえ放題であることをいう。

【関連語】◆**(肩車)**スル人を肩にまたがらせて、かつぐこと。「子供を肩車してやる」

1 09-38 抱(かか)える／抱(だ)く／抱(いだ)く

【関連語】◆**(抱きしめる)**だきしめる◆**(抱きかかえる)**だきかかえる◆**(抱き合う)**だきあう◆**(抱擁)**ほうよう

共通する意味★胸のところに、両腕で囲むようにして支え持つ。**【英】** *to embrace*

使い方▼**〔抱える〕**(ア下一)▽両手いっぱいプレゼントの箱を**抱える**▽頭を**抱える**（＝困って考え込む） **〔抱く〕**だく(カ五)▽子供を抱いた天使の像▽彼女の肩を**抱く** **〔抱く〕**いだく(カ五)▽恩師からの記念品を胸に**抱く**

	赤ちゃんを□	荷物を□て運ぶ	親鳥が卵を□
抱える	○	ーえ○	ー
だく	○	ーい△	○
いだく	○	ーいー	ー

使い分け【1】「赤ちゃん」を目的語とした場合、「抱(だ)く」はごく一般的に用い、「抱(いだ)く」は大事なものとしてしっかりと愛情をこめて支え持つ意が強い。また、「抱える」は、物のように小わきに持つ場合もいう。【2】「抱える」は、「三人の子供を抱えて働く」「たくさんの従業員を抱える」のように、家族を養ったり使用人として人を雇ったりする意や、「仕事を抱える」のように、責任をとるべきもの、また、負担になるものとして持つ意もある。【3】「抱(いだ)く」は、夢、希望、不安、恐れなどの感情を持つ場合にも用いる。

【関連語】◆**(抱きかかえる)**(ア下一)腕をまわして、落ちないように支え持つ。「子供を抱きかかえる」◆**(抱きしめる)**(マ下一)しめつけるようにしっかり抱く。「恋人を抱きしめる」◆**(抱き合う)**(ワ五)互いに相手を抱く。「肩を抱き合う戦友」◆**(抱擁)**スル愛情をもって、人をだきかかえること。「再会したわが子を抱擁する母親」

1 09-39 打(う)つ／叩(たた)く／殴(なぐ)る／ぶつ

【関連語】◆**(小突く)**こづく◆**(ひっぱたく)**◆**(叩きのめす)**たたきのめす◆**(打ち据える)**うちすえる◆**(ぶん殴る)**ぶんなぐる◆**(殴り飛ばす)**なぐりとばす◆**(殴りつける)**なぐりつける◆**(張る)**はる◆**(食らわす)**くらわす

共通する意味★対象に、道具、手などを強く当てる。**【英】** *to hit; to strike*

使い方▼**〔打つ〕**(タ五)▽手を打って喜ぶ▽杭(くい)を打つ **〔叩く〕**(カ五)▽太鼓をたたく▽尻(しり)をたたく（＝行動をおこすようにうながす） **〔殴る〕**(ラ五)▽なぐるけるの乱暴をはたらく **〔ぶつ〕**(タ五)▽父親にぶたれる

	げんこで頭を□	平手でほおを□	激昂(げきこう)して机を□	太鼓を□
打つ	○	○	○	○
たたく	○	○	○	○
なぐる	○	△	ー	ー
ぶつ	○	○	ー	ー

使い分け【1】四語とも人間の意志的な動作をさすことが多いが、「打つ」はこのほか、「転んで腰を打つ」のように無意志的な動作にも用いられる。【2】「叩く」は、素手や道具で対象に攻撃を加える意味と、反復して行うことで、対象に刺激を与える意味も持

つ。また「計画の不備を徹底的にたたく」のように、精神的な打撃を与える意にも用いる。【3】「殴る」「ぶつ」は、人間が人間や動物の体に攻撃を加える意。

【関連語】◆(小突く)(カ五)指先などで突いたり押したりする。「頭をこづく」◆(ひっぱたく)(カ五)強くたたく。「余計なことをいったら、ほおをひっぱたいてやれ」◆(叩きのめす)(サ五)徹底的にたたく。「あまりに生意気だから、たたきのめしてやった」◆(打ち据える)(ア下一)動けなくなるほどなぐる。「数人が寄ってたかって一人の青年を打ち据えた」◆(ぶん殴る)(ラ五)「殴る」を強めていう語。「腹が立ったから五、六発ぶん殴った」◆(殴り飛ばす)(サ五)力いっぱい殴る。「邪魔者は殴りとばせ！」◆(殴りつける)(カ下一)ひどく殴る。「店の外にひきずり出して殴りつけた」◆(張る)(ラ五)平手で横ざまに打つ。「悔しくなって、つい相手の横っつらを張ってしまった」◆(食らわす)(サ五)「殴る」意の俗な言い方。「食らわせる」ともいう。「往復びんたを食らわす」「パンチを食らわせる」

参照▼張る⇒906-11

1 09-40 パンチ／殴打／打擲／袋だたき

【関連語】◆(打撲)だぼく

共通する意味★相手をぶったりたたいたりすること。

使い方▼〔パンチ〕▽強烈なパンチを浴びせる　〔殴打〕スル▽いきなり棒で殴打され、気を失った　〔打擲〕スル▽相手の襟首をつかんで打擲した　〔袋だたき〕▽他校生に囲まれて袋だたきにあった

使い分け【1】「殴打」「打擲」は、文章語。【2】「袋だたき」は、大勢が一人を取り囲んで攻撃すること。

【関連語】◆(打撲)スル人間や動物を打ったりたたいたりすること。今は、特に強く打ちつける意で、「打撲傷」のような使い方をすることが多い。

参照▼パンチ⇒101-57

1 09-41 素手／空手／手ぶら／徒手

【関連語】◆(空拳)くうけん

共通する意味★手に道具、荷物、武器など何も持っていないこと。【英】*an empty hand*

使い方▼〔素手〕▽素手で敵に立ち向かう▽素手で氷をつかむ　〔空手〕▽彼はパチンコに行っても、空手で帰ることはない　〔手ぶら〕▽手ぶらで出かける▽手ぶらで帰ってくる　〔徒手〕▽徒手で南米に渡る

	釣りに行ったが□で帰って来た	□で戦う	熱いなべを□でつかむ	□では訪問しにくい
素手	○	○	○	○
空手	○	○	-	○
手ぶら	○	-	-	○
徒手	-	○	-	-

使い分け【1】「素手」「空手」「徒手」は、手に武器、道具などを何も持っていないという意味に用いる。ただし、手で直接に、という意味を表わすのは「素手」だけである。【2】「手ぶら」は、手に荷物や獲物などを何も持たないこと。最もくだけた言い方。【3】「素手」「空手」「手ぶら」には、人の家などを訪問するときに土産物などを持って行かないことの意もある。【4】「徒手」には、自分の力以外に頼りになるものがないことの意もある。

【関連語】◆(空拳)手に武器など何も持っていないこと。また、独立で物事に当たること。「空拳で敵の陣地へ乗り込む」「空拳よく事を成す」「徒手空拳(＝徒手を強調した語)」

1 10…足の動作

1 10-01 歩く／歩む

共通する意味★足を使って前に進む。【英】*to walk*

使い方▼〔歩く〕(カ五)　〔歩む〕(マ五)

	堂々と□	街中を□	本を持ち□	人生を□
歩く	○	○	○	-
歩む	○	-	-	○

使い分け【1】「歩く」は、足を使って前に進む意。【2】「歩む」は、物事が進行する意。具体的な動作を表わす。具体的な動作を表わすよりは、抽象的な意味で用いられるのが普通。

1 10-02 歩み／歩／歩行／足

【関連語】◆(徒歩)とほ◆(あんよ)

共通する意味★人が歩いて前に進むこと。【英】*to walk*

使い方▼〔歩み〕▽疲れて歩みがのろくなる　〔歩〕▽人影を認めて歩をゆるめた▽制止する声にかまわず歩を進める　〔歩行〕スル▽骨折が治った後も歩行の訓練のために入院している▽震度5を越えると歩行は困難となる　〔足〕▽山田さんは足がはやい▽夕暮れ近くなったので足を速めた▽祖父はもう八十歳なのに足が達者だ

使い分け【1】「歩み」は、動詞「歩む」の連用形の名詞化。【2】「歩」は、「歩を移す」「歩を運ぶ」の

ように、決まった言い回しで用いられる。また「歩み」「歩」は、「本校の歩み」「新事業に歩を進める」のように、事の進行を表わす意もある。【3】「歩行」は、歩く動作そのものを表わす。【4】「足」は、「足が速い」「足が重い」「足が達者だ」など慣用的な表現が多い。

【関連語】◆(徒歩)乗り物に乗らないで、歩くこと。【英】*walking*「駅までは徒歩なら十五分かかる」◆(あんよ)歩くことをいう幼児語。「あんよは上手」

参照▼足⇒009-01　あんよ⇒009-01

1 10-03 走る(はし)／駆ける(か)

【関連語】◆(馳せる)はせる

共通する意味★人や動物が足を速く動かして移動する。【英】*to run*

使い方▼〔走る〕(ラ五)▽馬が走る▽毎朝五キロずつ走る▽走ってタバコ屋へ行く　〔駆ける〕(カ下一)▽バス停まで駆ける▽犬が飼い主のもとへ駆ける

	チーターが□	電車が□	買い物に□	事件現場に□つける
走る	○	○	○	-り-
駆ける	○	-	-	-け○

使い分け【1】「走る」は、人間や動物以外のものにも使う。また、「恋人のもとへはしる」「悪事にはしる」のように、ある側につく意や、「すらすらとペンが走る」のように、すべるように動く意、「海沿いに走る道路」のように、細長いものが長くのびる意、「痛みが走る」のように、瞬間的に現れる意もある。【2】「駆ける」は、人間や動物以外には使わない。また、話し言葉的色合いが濃い。

【関連語】◆(馳せる)(サ下一)「走る」意の古い言い方。「恋人のもとへはせる」◈心の働きなどをある方向に向ける意や物事を広く行き渡らせる意もある。「思いをはせる」「名声をはせる」

1 10-04 飛び回る(とびまわ)／駆けずり回る(かまわ)／駆け回る(かまわ)／飛び歩く(とある)

【関連語】◆(立ち回る)たちまわる

共通する意味★あちらこちら走り回る。【英】*to rush about*

使い方▼〔飛び回る〕(ラ五)▽喜んで部屋中を飛び回る▽スポンサー捜しにあちこち飛び回る　〔駆けずり回る〕(ラ五)▽大雪の中を犬は駆けずり回る▽今日は金策に朝から駆けずり回った　〔駆け回る〕(ラ五)▽部屋から部屋へと駆け回る▽資金集めに駆け回る　〔飛び歩く〕(カ五)▽世界中を飛び歩いているビジネスマン▽得意先を飛び歩いて注文をとる

使い分け 四語とも、ただ走り回る意のほかに、就職、金策など特定の目的のために奔走する意で使われることも多い。

【関連語】◆(立ち回る)(ラ五)あちこち歩き回る。「方々立ち回って金の工面がついた」◈「如才なく立ち回る」のように、人々の間をまわって、自分に有利になるように工作する意、「犯人は親元(おやもと)に立ち回った」のように立ち寄る意もある。

1 10-05 跳ぶ(と)／跳ねる(は)／ジャンプ

共通する意味★地面などを蹴(け)って空中に上がる。【英】*to jump*

使い方▼〔跳ぶ〕(バ五)▽跳んだりはねたりして遊ぶ▽とび箱を跳ぶ　〔跳ねる〕(ナ下一)▽バッタが跳ねる▽池の鯉(こい)が跳ねた　〔ジャンプ〕スル▽ジャンプしてボールを取る▽スキーのジャンプ競技

	高く□	ピョンピョンと□	馬が□	みぞを□
跳ぶ	○	○	-	○
跳ねる	○	○	○	-
ジャンプする	○	△	-	-

使い分け【1】「跳ぶ」は、上方に上がって移動する、飛び越える意。【2】「跳ねる」は、「跳ぶ」と違って、空中を移動する意は乏しい。むしろ、蹴って動く動作に重点があり、空中に上がるというより地面などを蹴って激しく動きまわるといった動作に使われる。【3】「ジャンプ」は、地を蹴って宙に上がりまた地に下りるといった、一回的な動作をいうことが多い。

参照▼跳ねる⇒903-34

1 10-06 躍る(おど)／躍り上がる(おどあ)／飛び上がる(とあ)／跳ね上がる(はあ)

【関連語】◆(小躍り)こおどり◆(飛び跳ねる)とびはねる◆(舞い上がる)まいあがる◆(跳ね上げる)はねあげる

共通する意味★飛んだり跳ねたりして勢いよく動く。【英】*to jump up*

使い方▼〔躍る〕(ラ五)〔躍り上がる〕(ラ五)〔飛び上がる〕(ラ五)〔跳ね上がる〕(ラ五)

	池の鯉(こい)が□	壇上に□	□て喜ぶ	びっくりして□
躍る	○	-	-っ-	-
躍り上がる	-	○	-っ○	-
飛び上がる	○	○	-っ○	○
跳ね上がる	○	-	-っ-	-

使い分け【1】「躍る」は、生き生きと、あるいは激しく動く意が基本で、具体的に飛んだり跳ねたりし

1 人間の動作

て体を躍動させるさまにいう。「包丁を持つ手が躍る」のように、生き生きと動く意や、「字が躍っている」のように、字がひどく乱れている意でも用いる。【2】「躍り上がる」は、勢いよくどこかへ上がる意。飛ぶような激しい勢いで駆け上がる場合にいうことが多い。また、喜びの感情を表わすときにも用いられる。いずれの場合も主体は人間である。【3】「飛び上がる」は、地面その他自分がいる所から、上方へ跳躍して上がる意。「ヘリコプターが空へと飛び上がった」のように離陸する意で用いられることもある。また、非常に驚いたり、喜んだりしたときにも用いられる。主体は、感情表現の場合は人間である。【4】「跳ね上がる」は、「泥がはね上がる」のように、地面などの平面上にあったものが外力を受けて上方に勢いよく動く意で使われることが多い。泥水、しぶき、泥など、液体かそれに近いものに使われることが多く、人間についてはあまり用いない。また、転じて、「株価がはね上がる」のように、代金、株価などの数値が一気に上がる意にも用いる。

【関連語】◆**(小躍り)**スル喜んで躍るようにする。「小躍りして喜ぶ」◆**(飛び跳ねる)**(ナ下一)上方へ跳躍運動する。移動の意味はない。「釣り上げた魚がびくの中で飛び跳ねる」◆**(舞い上がる)**(ラ五)ふんわりと抵抗なしに上方に上がる。「ほこりが舞い上がる」「ヘリコプターが空に舞い上がる」◆**(跳ね上げる)**(カ下一)跳ね上がるようにする。「自動車が泥水を跳ね上げて走り去った」

1 10-07 跳躍／飛躍

【関連語】◆(勇躍)

共通する意味★跳び上がること。**【英】** *to leap*

使い方▼〔跳躍〕スル▽かえるが跳躍する▽跳躍運動 〔飛躍〕スル▽スキージャンプの飛躍に成功する▽論理が飛躍する

使い分け「跳躍」は、跳び上がる動作そのものをいう。「飛躍」は、高く飛び上がることをいい、転じて、めざましく進歩すること。順序、段階などをとび越して進むことをいう。

【関連語】◆**(勇躍)**スル勇んで躍りあがること。心がはやることをいう。「勇躍して旅立つ」

参照▼飛躍⇒914-04　勇躍⇒914-04

1 10-08 快足／駿足

【関連語】◆(健脚)

共通する意味★走るのが速いこと。また、走るのが速い人。**【英】** *to be swift of foot*

使い方▼〔快足〕▽快足の一番打者が塁に出た 〔駿足〕▽学校一の駿足を誇る▽今大会屈指の駿足ランナー

使い分け「駿足」は、元来、馬の足の速いものをいった。

【関連語】◆**(健脚)**足が丈夫で、よく歩けること。また、その足。「健脚に任せて歩き通す」「健脚を誇る」

1 10-09 駆け足／疾走／快走／力走／疾駆／ダッシュ

【関連語】◆(早足)

共通する意味★速く走ること。**【英】** *running fast*

使い方▼〔駆け足〕▽階段を駆け足で昇る▽本を駆け足で読む(＝急いで読む) 〔疾走〕スル▽全力で疾走する▽疾走するオートバイ 〔快走〕スル▽マラソンのランナーが快走する▽終始トップを快走する 〔力走〕スル▽ゴール前の力走は見事だった▽力走して優勝した 〔疾駆〕スル▽草原を疾駆する馬▽車を疾駆して駆けつける 〔ダッシュ〕スル▽バス停までダッシュする▽スタートダッシュ

使い分け【1】「駆け足」は、速く走ること。人間と馬などの動物に用いられる。【2】「疾走」は、非常に速く走ること。「快走」は、はたから見ていて気持ちがよいと思えるほどに速く走ること。「力走」は、力いっぱい走ること。三語とも、人間や動物のほか、自動車、オートバイなどにも用いられる。【3】「疾駆」は、車や馬を速く走らせること。【4】「ダッシュ」は、競走などで、全力疾走すること。普通、最初から全力疾走するのにいい、ある地点から全力疾走する「スパート」と区別している。

【関連語】◆**(早足)**歩き方の速いこと。**【英】** *a quick pace*「早足で駅に向かう」「早足で通りぬける人々」

1 10-10 忍び足／抜き足／差し足／すり足

共通する意味★音を立てないで歩くこと。**【英】** *stealthy steps*

使い方▼〔忍び足〕▽病人の枕元に忍び足で近づく 〔抜き足〕▽泥棒は屋根の上を抜き足で歩いた 〔差し足〕▽抜き足差し足忍び足 〔すり足〕▽気づかれぬようすり足で近寄る

使い分け【1】「忍び足」が、最も一般的で広く用いられる。【2】「抜き足」は、足を物から抜くように上げて、つま先立って静かに歩くこと。【3】「差し足」は、足をつま先の方からそっとおろして歩くこと。【4】「すり足」は、足の裏で地面、床などをするようにして静かに歩くこと。

1 10-11 千鳥足／酔歩

共通する意味★酒に酔った人がふらふらしながら歩く足どり。**【英】** *a tottering step*

使い方▼〔千鳥足〕▽酒に酔ったおじは千鳥足で帰っていった 〔酔歩〕▽酔歩蹣跚(＝蹣跚は、よろめくさま)

使い分け【1】「千鳥足」は、足を左右に交差させて踏み違えるように歩く千鳥の歩き方に似ているところから。【2】「酔歩」は、文章語的表現。「千鳥足」にくらべ、ほとんど用いられない。

1 10-12 ふらつく／よろける／よろめく／ひょろつく

共通する意味★歩くときに、足もとが不安定である。
【英】 *to stagger*
使い方▼〔ふらつく〕(カ五)　〔よろける〕(カ下一)　〔よろめく〕(カ五)　〔ひょろつく〕(カ五)

	後ろから突かれて□	酔っぱらって□	石につまずいて□	病み上がりで□
ふらつく	△	○	－	○
よろける	○	○	○	－
よろめく	○	○	○	－
ひょろつく	○	○	－	△

使い分け【1】「ふらつく」は、足場が不安定であったり、体調がすぐれなかったりして、体がしっかり保てずに揺れ動く意。また、「考えがふらつく」のように、気持ちがゆれ動く意や、「夕暮れの街をふらつく」のように、ふらふら歩き回る意もある。【2】「よろける」「よろめく」は、つまずくことなどをきっかけとして体の安定を失い、転びそうになる意。「よろめく」には、「人妻によろめく」のように、浮気をする意もある。【3】「ひょろつく」は足もとが定まらず、よろめいて倒れそうになる意。

1 10-13 すたすた／てくてく／しゃなりしゃなり／えっちらおっちら／とぼとぼ／のこのこ／よちよち

共通する意味★歩くさまを表わす語。
使い方▼〔すたすた〕(副)▽ふりむきもせず、すたすたと歩き去った　〔てくてく〕(副)▽駅まで、てくてく歩いて行った　〔しゃなりしゃなり〕(副)▽着飾ってしゃなりしゃなり歩く　〔えっちらおっちら〕(副)▽山道をえっちらおっちら登る　〔とぼとぼ〕(副)▽受験に失敗し、とぼとぼと家路をたどる　〔のこのこ〕(副)▽大掃除が終わったころ、のこのこ現れる　〔よちよち〕(副)▽赤ん坊がよちよち歩く

使い分け【1】「すたすた」は、急ぎ足でどんどん歩いて行くさまを表わす。**【英】** *briskly*【2】「てくてく」は、距離のあるところを、ひたすら歩くさまを表わす。**【英】** *ploddingly*【3】「しゃなりしゃなり」は、女性などが身をしなやかに動かして気取って歩くさまを表わす。**【英】** *mincingly*【4】「えっちらおっちら」は、つらそうにゆっくりゆっくり歩くさまを表わす。【5】「とぼとぼ」は、いかにも力なく歩くさまを表わす。**【英】** *trudingly*【6】「のこのこ」は、周囲の状況に頓着(とんちゃく)なく出てきたり、のんびりと歩いたりするさまなどを表わす。**【英】** *unconcernedly*【7】「よちよち」は、幼児などがたどたどしく歩くさまを表わす。**【英】** *totteringly*

1 10-14 踏(ふ)む／踏(ふ)みつける

【関連語】◆(踏まえる)ふまえる

共通する意味★足で下にあるものをおさえる。**【英】** *to tread on*
使い方▼〔踏む〕(マ五)　〔踏みつける〕(カ下一)

	ガムを□	アクセルを□	二の足を□	地面を□て(で)固める
踏む	○	○	○	-ん○
踏みつける	○	－	－	-け○

使い分け【1】「踏む」は、足を上からおろして下にあるものをおさえる意。また、ある場所に足をおろす意から、「舞台を踏む」のように、ある状況に身をおくという意味、おさえるの意から、「手続きを踏む」のように、何かを基礎にする、特に、規範に従う意味、「一日かかるとふんだ」のように、数量を見積もるという意、「場数を踏む」の形で、経験を積む意で用いられることもある。【2】「踏みつける」は、足で踏んで地面との間に何かをはさんでおさえつける意。また、「人をふみつけたやり方」のように、人をないがしろにして、自分勝手なことをする意も表わす。

【関連語】◆(踏まえる)(ア下一)しっかりと踏みしめて立つ。転じて、「事実をふまえて話す」のように、物事を判断の基礎にすることを表わす。

1 10-15 またぐ／またがる

共通する意味★またを開いて越えたり乗ったりする。**【英】** *to stride*
使い方▼〔またぐ〕(ガ五)▽敷居をまたぐ　〔またがる〕(ラ五)▽馬にまたがる▽通りにまたがる歩道橋

使い分け【1】「またぐ」は、「…をまたぐ」の形で用いられ、またを広げて物の上を越える意。人間の動作しか表わさない。「跨ぐ」とも書く。【2】「またがる」は、「…にまたがる」の形で用いられ、またを広げて物の上からかぶさる意。人間以外のものに対しても用いることができる。また、「十年にまたがる大工事」のように、期間を表わすこともある。「跨がる」とも書く。

1 10-16 這(は)う／はいはい／四(よ)つん這(ば)い／匍匐(ほふく)

共通する意味★両手と、両ひざから下を地につけて移動すること。**【英】** *to crawl*
使い方▼〔這う〕(ワ五)▽火事のときは地を這って逃げるとよい　〔はいはい〕(スル)▽赤ちゃんがはいはいで

きるようになった　〔匍匐〕スル▽匍匐前進　〔四つん這い〕▽揺れが激しいので四つんばいで机の下に逃げた

使い分け【1】「這う」は、「古い壁をつたがはっている」のように、植物のつるや根が伸びている意も表わす。【2】「はいはい」は、赤ん坊の動作をいう。【3】「匍匐」は、地に伏し腹ばいになって行くこと。【4】「四つん這い」は、両手と、両ひざから下を地につけた姿勢で這うことをいう。

110-17 蹴る／蹴飛ばす

【関連語】◆(足蹴)あしげ

共通する意味★足で物や人などに打撃をあたえる。【英】*to kick*

使い方▼〔**蹴る**〕(ラ五)▽右足でボールを強く蹴る▽雑踏で足を蹴られた　〔**蹴飛ばす**〕(サ五)▽空き缶を蹴飛ばす▽暴れ馬が何人もの人を蹴飛ばして走り逃げた

使い分け【1】「蹴飛ばす」は、「蹴る」を強調していう語。【2】「蹴る」「蹴飛ばす」ともに、物理的な打撃の基本的な用法のほかに、「申し出を蹴る」「要求を蹴飛ばす」のように、ある行為をはねのける意味で使われることがある。

【関連語】◆(足蹴)足で蹴ること。転じて、人に対してひどい仕打ちをすること。「親を足蹴にするとは何事だ」「足蹴にされてまで黙っていることはない」

111 感覚

111-01 感じる／覚える

共通する意味★感覚器官を通じて、外からの刺激を知る。【英】*to feel*

使い方▼〔**感じる**〕(サ上一)▽寒さを感じる▽疲れを感じる▽光を感じると開花する花　〔**覚える**〕(ア下一)▽足の裏に痛みを覚える▽深い疲労を覚える

使い分け【1】「感じる」「覚える」は、「事故を起こした責任を感じる」「彼女といると安らぎを覚える」のように、外からの刺激を知覚し、生理的な反応をするだけでなく、それにより心を動かされ、なんらかの感情を抱く意でも用いられる。【2】「覚える」は、「名前を覚える」のように、記憶する意や、「こつを覚える」のように、体得する意でも用いられる。【3】「覚える」のほうが、やや硬い言い方。

参照▼覚える⇒602-15

111-02 感触／手触り／肌触り
肌合い

【関連語】◆(手応え)てごたえ

共通する意味★手や肌に触れた感じ。【英】*a feel*

使い方▼〔**感触**〕▽ざらざらした感触の手　〔**手触り**〕▽手触りが粗い▽柔らかな手触り　〔**肌触り**〕▽肌触りがなめらかだ　〔**肌合い**〕▽なめらかな肌合い

使い分け【1】「感触」は、「手触り」や「肌触り」など、触ったときの感じ全体を包括していう語。「手触り」は手で触ったときの感じであり、手を触ったときの感じではない。「肌触り」は肌に触ったときの感じ。【2】「感触」「肌触り」は皮膚の感じだけではなく、「かなり有望という感触を得た」「肌触りのいい人」のように、相手から受ける印象などにもいう。【3】「肌合い」は「肌合いが違うのか彼女とはうまくいかない」のように、気だて、性質などをいうこともある。

【関連語】◆(手応え)打ったり、突いたり、切ったりしたときに手に受ける感じ。さらに、反応、張り合いの意味にも使われる。「押してみると確かな手ごたえがあった」「手ごたえのある仕事」

参照▼感触⇒209-36　肌合い⇒201-11　手応え⇒613-56

111-03 五感

【関連語】◆(味覚)みかく◆(視覚)しかく◆(触覚)しょっかく◆(聴覚)ちょうかく◆(嗅覚)きゅうかく

意味★感覚の総称。外界からの刺激を受け取る五つの感覚。【英】*the five senses*

使い方▼〔**五感**〕▽五感をとぎ澄ます

【関連語】◆(味覚)味を感じる感覚。舌で感じる。「味覚の秋」◆(視覚)目で見る感覚の働き。「視覚に訴える」「視覚的効果をねらった標識」◆(触覚)皮膚で触れる感覚の働き。「柔らかい触覚」◆(聴覚)耳で聞く感覚の働き。「超音波は人間の聴覚ではキャッチできない」◆(嗅覚)鼻でかぎとる感覚の働き。「臭覚」とも。「鋭い犬の嗅覚」

111-04 痛む

【関連語】◆(うずく)◆(差し込む)さしこむ◆(ひりつく)

意味★傷や病気などのために、肉体に苦痛を覚える。【英】*to feel a pain*

使い方▼〔**痛む**〕(マ五)▽虫歯が痛む▽力仕事をし過ぎて腕が痛む

◈「胸がいたむ」のように、心に強い悲しみを感じるという意味でも使われる。「傷む」とも書く。人の死を嘆き悲しむときは「悼む」と書く。

【関連語】◆(うずく)(カ五)ずきずき痛む。「疼く」とも書く。「傷口がうずく」◆(差し込む)(マ五)胃腸が激しく痛む。「急に差し込んで、その場にしゃがみこんだ」◆(ひりつく)(カ五)ひりひりと痛む。「急に日に焼いたので、背中がひりつく」

111-05 痛める

意味★体に痛みや故障を起こす。「傷める」とも書く。
使い方▼〔**痛める**〕(マ下一)▽ひざを痛める
◆「子どもの素行に頭を痛める」のように、心に苦痛を感じさせるという意でも使われる。

1 11-06 痛(いた)い

意味★体の内部からの疾病や外部から与えられた打撃などによって、その部分が苦しくつらい。**【英】** *painful*
使い方▼〔**痛い**〕(形)▽胃が痛い▽ひざが痛い
◆「痛くもない腹を探られる（＝やましいところもないのに人に疑われる）」「あの失敗はいたかった」のように、精神的につらい目にあうことを比喩(ひゆ)的にいうこともある。

1 11-07 痛(いた)み

意味★病気や傷などのために、体の部分に感じる苦しみ。
使い方▼〔**痛み**〕▽腰の痛みを訴える▽背中に痛みが走る
◆「心の痛み」のように精神的な苦しみをいうこともある。

1 11-08 激痛(げきつう)／鈍痛(どんつう)／疼痛(とうつう)

【関連語】◆〈痛痒(つうよう)〉

共通する意味★程度、状態によって分けた痛みの種類。
使い方▼〔**激痛**〕▽突如、腹部が激痛に襲われた〔**鈍痛**〕▽胃に絶えず鈍痛がある〔**疼痛**〕▽傷口に疼痛を感じた
使い分け「激痛」は、急にくる激しい痛みをいう。「鈍痛」は、鈍く重苦しい痛みで、持続する場合が多い。「疼痛」は、ずきずきとうずくような痛みをいう。
【英】 *acute pain*（激痛）; *dull pain*（鈍痛）
【関連語】◆〈痛痒〉痛みとかゆみ。「なんの痛痒も感じない（＝なんの影響も受けない）」

1 11-09 ずきずき／しくしく／きりきり

共通する意味★痛むさまを表わす語。
使い方▼〔**ずきずき**〕(副)スル▽頭がずきずきする▽傷口がはれて、ずきずき痛む〔**しくしく**〕(副)スル▽腹がしくしく痛む▽虫歯になったのか、奥歯がしくしくする〔**きりきり**〕(副)▽腹がきりきり差し込んで、ひどく苦しい▽頭がきりきり痛んで、起きていられない
使い分け【1】「ずきずき」は、化膿(かのう)した患部が、脈に合わせて痛むさま。**【英】** *a smarting pain*（ずきずきする痛み）【2】「しくしく」は、絶え間なく鈍く痛むさま。【3】「きりきり」は、鋭いものが差し込まれるように激しく痛むさま。
参照▼しくしく⇒102-36

1 11-10 ぴりぴり／ひりひり

共通する意味★皮膚やのどの粘膜などが、痛みや辛みなどの刺激を継続的に感じるさまを表わす語。
【英】 *to smart*（ひりひりする）
使い方▼〔**ぴりぴり**〕(副)スル▽唐がらしを入れすぎて、のどがぴりぴりする〔**ひりひり**〕(副)スル▽のどがひりひりするほど渇いた▽すりむいた傷がひりひり痛む
使い分け「ぴりぴり」は、痛さよりも刺激を感じているさまにいうことが多い。「仕事が忙しくてぴりぴりしている」のように、神経が過敏になっているさまも表わす。

1 11-11 ちくちく／ちくり

共通する意味★先のとがったもので刺されるような痛みを感じるさまを表わす語。
使い方▼〔**ちくちく**〕(副)スル▽とげがささってちくちく痛む▽光化学スモッグのせいで目がちくちくする▽ちくちくと皮肉をいう〔**ちくり**〕(副)▽ハチにちくりとさされた▽ちくりと注射する▽鋭い針のような皮肉をちくりと一言
使い分け【1】「ちくちく」は、痛みが継続的に繰り返される感じだが、「ちくり」は一回だけの場合を表わす。**【英】** *to prick*（ちくちくする）【2】二語とも、針など先のとがったもので刺すさまも表わす。

1 11-12 痺(しび)れる／麻痺(まひ)

【関連語】◆〈攣(つ)る〉

共通する意味★体の感覚がなくなったり、自由がきかなくなる。**【英】** *to be paralysed*
使い方▼〔**痺れる**〕(ラ下一)▽長時間正座していたので足がしびれた〔**麻痺**〕スル▽病気の後遺症で半身が麻痺してしまった
使い分け【1】「痺れる」は、どちらかといえば一時的な軽い症状をいう。「激しいリズムの曲にしびれる」のように、激しい感動を受けることを比喩(ひゆ)的にいうこともある。【2】「麻痺」は、病気、けが、薬物などによる神経機能の障害によって知覚を失ったり運動不能になることをいう。「痺れる」よりは重く、長期的な症状である。また、「交通が麻痺する」「事故も連日なので感覚がすっかり麻痺してしまった」のように、本来の働きを失い、活動が鈍くなることもいう。
【関連語】◆〈攣る〉(ラ五)筋肉が収縮して動きが奪われる。通常激しい痛みをともなう。「足がつる」

1 11-13 くすぐったい／こそばゆい

共通する意味★くすぐられたりして、むずむずした感じがする。**【英】** *tickling*

使い方▼**〔くすぐったい〕**(形)▽犬に顔をなめられて、くすぐったい **〔こそばゆい〕**(形)▽背中がこそばゆい

使い分け 二語とも、あまりにほめられて照れくさい意でも用いる。「ほめられすぎて、くすぐったい」「秀才なんて言われるとしりのあたりがこそばゆい」

参照▼こそばゆい⇒217-26

1 11-14 かゆい／むずがゆい

共通する意味★皮膚がむずむずして、かきたいような感じだ。**【英】** *itching*

使い方▼**〔かゆい〕**(形)▽虫に刺された所が**かゆい**▽**かゆい**所に手が届く（＝細かい所まで気がついて配慮が行き届く） **〔むずがゆい〕**(形)▽首筋の湿疹(しっしん)が**むずがゆい**▽火傷(やけど)のかさぶたが**むずがゆい**

使い分け【1】「かゆい」のほうが一般的に用いられる。「痒い」とも書く。**【2】**「むずがゆい」は、むずむずするようにかゆいさまをいい、「かゆい」よりも持続的な感じがある。

1 11-15 だるい／けだるい／かったるい

共通する意味★疲れて活気がない。何をするのも億劫(おっくう)だ。**【英】** *to feel languid*

使い方▼**〔だるい〕**(形)▽風邪気味で体が**だるい**▽一日中子供を抱いていたので右腕が**だるい** **〔けだるい〕**(形)▽ぼんやりと物思いにふける、**けだるい**午後▽春は何をするのも**けだるい** **〔かったるい〕**(形)▽庭仕事のやりすぎで、両腕が**かったるい**

使い分け【1】「だるい」は、体の状態のみにいうが、「けだるい」「かったるい」は気分について用いられることもある。**【2】**「かったるい」は、主として話し言葉で用いられる。**【3】**「だるい」は「怠い」、「けだるい」は「気怠い」とも書く。

1 11-16 眩(まぶ)しい／まばゆい

共通する意味★光が強くて目を開けていられないほどだ。**【英】** *dazzling*

使い方▼**〔眩しい〕**(形)▽雪山に反射する朝日が**まぶしい**▽ホテルの中は夜になっても**まぶしい**くらい明るい **〔まばゆい〕**(形)▽**まばゆい**朝の光が部屋に差し込んでいる▽**まばゆい**ばかりの美しさの女性

使い分け【1】「眩しい」は、多く「まぶしくて見えない」のように感覚を表わす場合に使われるが、「まばゆい」は、「まばゆい光」「まばゆいばかりの美しさ」のように、対象の性質をいう場合に使い、感覚を表わす場合にはあまり使わない。**【2】**「まばゆい」は、「目映い」「眩い」とも書く。

1 11-17 空(す)く／減(へ)る

共通する意味★空腹になる。**【英】** *to become empty*

使い方▼**〔空く〕**(カ五)▽おなかがすく **〔減る〕**(ラ五)▽腹がへっては戦(いくさ)ができぬ

使い分け【1】「腹(はら)がすく」「おなかがへる」とそれぞれいえないことはないが、どちらかといえば、「腹がへる」「おなかがすく」の方が普通である。**【2】**「空く」は、「車内がすく」のように、つまっていたものが欠けてまばらになる意、「手がすく」のように、時間のあきができる意でも用いられる。

参照▼空く⇒811-30 減る⇒913-16

1 11-18 空腹(くうふく)／空(す)き腹(はら)／腹(はら)ぺこ

共通する意味★腹がすいていること。**【英】** *hunger*

使い方▼**〔空腹〕**(名・形動)▽**空腹**を感じる▽**空腹**を満たす **〔空き腹〕**▽**空き腹**を抱える **〔腹ぺこ〕**(名・形動)▽一食抜いたので**腹ぺこ**だ

使い分け【1】「空腹」が一般的な語。**【2】**「空腹」「空き腹」は、すいている状態の腹もいう。**【3】**「空き腹」は、「すきっぱら」「すきばら」ともいう。**【4】**「腹ぺこ」は、俗な言い方。

反対語▼空腹⇔満腹

1 11-19 ひもじい／ぺこぺこ

共通する意味★空腹であるさま。**【英】** *to be hungry*

使い方▼**〔ひもじい〕**(形)▽食糧がなくなり**ひもじい**思いをする **〔ぺこぺこ〕**(形動)▽朝から何も食べてないので腹が**ぺこぺこ**だ

使い分け【1】「ひもじい」は、「ひだるい」の女房詞(にょうぼうことば)「ひ文字」が形容詞化したもの。**【2】**「ぺこぺこ」は、俗な言い方。また、「上司にぺこぺこする」のように、副詞として、頭をしきりに下げるさま、人にへつらうさまにも用いる。

1 11-20 飢(う)える／餓(かつ)える

共通する意味★食べ物が乏しくて苦しむ。**【英】** *to be hungry; to starve*

使い方▼**〔飢える〕**(ア下一)▽飢えた野犬の群 **〔餓える〕**(ア下一)▽かつえたようにかぶりつく

使い分け【1】「餓える」は、「飢える」の文語的な

言い方。【2】二語とも、「愛情に飢える（かつえる）」のように、比喩ひゆ的に、強く望んでいるものが満たされないで苦しむ意でも用いる。

1 11-21 飢え／飢餓

【関連語】◆（干乾し）

共通する意味★食べる物が欠乏して食欲が満たされず苦しむこと。【英】*hunger; starvation*

使い方▼〔飢え〕▽飢えと寒さに耐えて一夜をあかす▽一片のパンで飢えをしのぐ　〔飢餓〕▽地球上にはいまだに飢餓に瀕ひんしている人が大勢いる▽飢餓感

使い分け【1】「飢餓」は、「飢え」よりも長い間食べ物が欠乏している状態をいう。【2】二語とも同じ空腹である状態をいい、食べたくても食べる物がないという点で、「空腹」「空き腹」「腹ぺこ」とは異なる。【3】二語とも比喩ひゆ的に、望んでいるものが満たされない状態をいうこともある。

【関連語】◆（干乾し）食べ物がなくなって飢えることをいう俗語。「会社が倒産したら親子三人干乾しになってしまう」

1 11-22 満腹／くちい／腹一杯／たらふく

共通する意味★腹がふくれるほど食べるさま。【英】*a full stomach*

使い方▼〔満腹〕（名・形動・スル）▽二人前食べて満腹する▽満腹で動けなくなる　〔くちい〕（形）▽腹がくちくなって眠気をもよおす　〔腹一杯〕▽食べたり飲んだり、もう腹一杯だ　〔たらふく〕（副）▽久しぶりにごちそうをたらふく食べて満足だ

使い分け【1】「満腹」が一般的な語。【2】「腹一杯」は、「腹一杯食べる」のように副詞的にも用いる。【3】「くちい」「たらふく」は、俗な言い方。

反対語▼満腹⇔空腹

1 11-23 渇く／渇する

共通する意味★のどに潤いがなくなり、水が飲みたくなる。【英】*to be thirsty*

使い方▼〔渇く〕（カ五）▽塩辛いものを食べたのでのどが渇く　〔渇する〕（サ変）▽渇しても盗泉の水を飲まず（＝いくら困っても不正なことは決してしない）

使い分け【1】「渇く」が一般的で、「渇する」は文章語。【2】二語とも比喩ひゆ的に、欠乏を感じてそれを強く求めるという意味を持つが、その意味の場合は「親の愛情に渇している」のように、「渇する」を使うことの方が多い。

1 11-24 渇き／渇

共通する意味★のどに潤いがなくなること。【英】*thirst*

使い方▼〔渇き〕▽冷たい水で渇きをいやす▽渇きを潤す　〔渇〕▽ひとすくいのわき水が渇をいやす

使い分け【1】「渇き」が一般的で、「渇」は文章語。【2】二語とも、「心の渇き（渇）をいやすために手当たりしだいに本を読む」のように、比喩ひゆ的に、欲しいものが満たされない心の状態をいうこともある。

1 11-25 疲れ／疲労

【関連語】◆（疲弊）◆（困憊）◆（過労）

共通する意味★体力、気力がなくなって弱ること。【英】*tiredness*（最も一般的）; *exhaustion; fatigue; weariness*

使い方▼〔疲れ〕▽連日の仕事の疲れがどっと出る▽よく眠ったら疲れがとれた　〔疲労〕（スル）▽疲労が重なる▽心身ともに疲労する

使い分け「疲労」は、「疲れ」の意の漢語で、意味上の差異はほとんどない。

【関連語】◆（困憊）（スル）くたくたに疲れること。多く「疲労困憊」の形で使われる。◆（過労）疲れすぎること。「過労で倒れる」「過労死」◆（疲弊）（スル）心身が疲れること。「心身が疲弊する」◈「国力が疲弊する」のように、費用がかさみ、窮乏することもいう。

1 11-26 疲れる／くたびれる

共通する意味★体力、気力を使った結果、それらが衰える。【英】*to be* [*become*] *tired; to become fatigued* [*exhausted*]

使い方▼〔疲れる〕（ラ下一）▽久し振りでテニスをしてへとへとに疲れた▽入社試験の面接で緊張して疲れた　〔くたびれる〕（ラ下一）▽一日中歩きまわってくたびれた▽上を見続けていたので首がくたびれた

	働き通して□	人生に□	笑いすぎてあごが□	頭が□
疲れる	○	○	○	○
くたびれる	○	△	○	-

使い分け【1】「疲れる」は、肉体的な疲労にも精神的な疲労にもいうが、「くたびれる」は、主として肉体的なものにいう。【2】「くたびれる」には、「くたびれた服」のように、長く使用したために古びてみすぼらしくなるという意味がある。【3】「くたびれる」は、「草臥れる」とも書く。

1 11-27 ばてる／くたばる／へたばる／へばる

共通する意味★力尽きてひどく疲れる。【英】*to be tired out; to be exhausted*

使い方▼〔ばてる〕（タ下一）　〔くたばる〕（ラ五）　〔へたば

1 人間の動作

る〕(ラ五)　〔へばる〕(ラ五)

	強行軍で□	暑さで□	疲れてその場に□
ばてる	○	○	－
くたばる	○	○	－
へたばる	○	○	○
へばる	○	○	－

使い分け【1】四語ともくだけた会話の中で、ほぼ同じような意味合いで使われるが、「へたばる」には力が抜けたり、疲れ果てたりして座り込むという意味もある。【2】「くたばる」は、「くたばれ、この人でなし」のように、「死ね」の意を乱暴にいったりする場合にも使われる。

参照▼くたばる⇒304-03

1 11-28 へとへと／くたくた／ぐったり

【関連語】◆(奄奄)えんえん

共通する意味★疲れて体に力がなくなっているようす。**【英】** *to be tired out (to death)*(へとへとに疲れる); *to be worn out*

使い方▼〔**へとへと**〕(形動)▽連日の残業でへとへとに疲れた　〔**くたくた**〕(形動)▽さんざん歩かされてくたくたになる　〔**ぐったり**〕(副・スル)▽練習の後はぐったりして何もする気になれない▽あまりの暑さにぐったりする

使い分け【1】「へとへと」「くたくた」は、多く何かをしたために疲れた場合に使われるが、「ぐったり」は、疲れた場合だけとは限らず、病気などで元気がなくなる場合にもいい、人間以外の動植物の状態にも用いる。【2】「くたくた」は、「くたくたの背広」のように、衣服などが古くなって張りがなくなるさまもいう。

【関連語】◆(**奄奄**)(形動たる・と)息がふさがって絶えそうなようす。多く「気息奄奄」の形で息も絶え絶えなさまをいう。「円高で気息奄々の業界」

1 11-29 煙い／煙たい

共通する意味★煙が鼻、のど、目を刺激して苦しい。**【英】** *smoky*

使い方▼〔**煙い**〕(形)▽隣の席の人のタバコが煙い　〔**煙たい**〕(形)▽会議の後は、タバコの煙で部屋が煙たい

使い分け「煙たい」のほうが口語的で、「けむったい」ともいう。また、「父がいると煙たいから、いない時に遊びに来てくれ」のように、気づまりで敬遠したい感じである意も表わす。

1 12 …睡眠・目覚め

1 12-01 寝る／眠る

【関連語】◆(まどろむ)

共通する意味★目を閉じて意識的活動がない状態になる。**【英】** *to sleep; to go to sleep*

使い方▼〔**寝る**〕(ナ下一)▽昨夜は九時に寝た▽寝る間も惜しんで勉強する　〔**眠る**〕(ラ五)▽病人は静かに眠っている

	日だまりで□	よく□たので気分がいい	□ながらテレビを見る	□たように静かな村
寝る	○	ね○	ね○	ね－
眠る	○	っ○	り－	っ○

使い分け【1】「寝る」「眠る」は、ほぼ同じ意味で使われるが、元来「寝る」には、体を横たえるという意味があるのに対し、「眠る」にはそのような意味はない。【2】「寝る」には、「大金が寝ている」などのように、商品や資金などが十分に活用されていない状態をいうことがある。【3】「眠る」には、「地下に眠る資源」「倉庫に眠っている道具」などのように、利用されないでいるという意味がある。また、「父母の眠る墓地」のように、死ぬ、永眠するという意味でも使われる。

【関連語】◆(**まどろむ**)(マ五)眠くなって意識がだんだん働かなくなっていく浅い眠りの状態をいう。「微睡む」とも書く。**【英】** *to doze (off)*「本を読みながらついうとうととまどろんでしまった」

参照▼寝る⇒101-17

1 12-02 寝かす／寝かせる／寝せる

共通する意味★寝るようにする。寝つくようにする。**【英】** *to let (a person) go to sleep*

使い方▼〔**寝かす**〕(サ五)▽赤ん坊を寝かす　〔**寝かせる**〕(サ下一)▽疲れているのだから静かに寝かせてやろう　〔**寝せる**〕(サ下一)▽子供を布団に寝せる

使い分け【1】「寝せる」は「寝る」の使役形「寝させる」の変化したもの、「寝かせる」は「寝かす」の使役形、「寝かす」は「寝る」の意味上の使役の形である。【2】三語とも、ほぼ同じように使われ、「はしごを寝かす(寝かせる・寝せる)」などのように物などを横に倒すという意味、「商品を寝かす(寝かせる・寝せる)」のように商品や資金などを十分活用せずに手もとにおくという意味、「こうじを寝かす(寝かせる・寝せる)」のようにこうじなどを室に入れて菌を繁殖させたり、酒・みそなどを熟成させたりするという意味も共通する。

参照▼寝かす⇒101-16

1 12-03 就寝(しゅうしん)／就眠(しゅうみん)／就床(しゅうしょう)

共通する意味★眠りにつくこと。**【英】** *to go to bed; going to sleep*

使い方▼**〔就寝〕**スル▽就寝の前に、この薬を飲んでください▽昨夜は九時には就寝していた　**〔就眠〕**スル▽就眠の時間を厳守する　**〔就床〕**スル▽合宿第一日目は、午後十時就床

使い分け【1】「就寝」「就眠」には、眠っている状態そのものをいうこともあり、その場合は多く「就寝中」「就寝時間」「就眠中」などと、他の語と複合して使われる。【2】「就寝」が最も一般的な語で、「就眠」「就床」は話し言葉ではほとんど使われない。

反対語▼起床

1 12-04 寝(ね)しな／寝(ね)ぎわ／寝入(ねい)りばな

共通する意味★寝ようとするとき。また寝ようとして横になって間もなくのとき。

使い方▼**〔寝しな〕**▽寝しなにコーヒーは飲まない方がよい　**〔寝ぎわ〕**▽寝ぎわになって宿題があったことを思い出した　**〔寝入りばな〕**▽寝入りばなに地震があったのでとび起きた

使い分け「寝しな」「寝ぎわ」は、寝ようとするときの前後のしばらくの時間帯をいい、まだ寝入っていない場合もあるが、「寝入りばな」は、寝入って間もないときを表わす。**【英】** *at bedtime*(寝ぎわ); (*in*) *one's first sleep*(寝入りばな(に))

1 12-05 寝(ね)つく／寝入(ねい)る／寝込(ねこ)む

【関連語】◆(寝込み)ねこみ

共通する意味★眠りにはいる。

使い方▼**〔寝つく〕**(カ五)▽赤ん坊がやっと寝ついた▽興奮してなかなか寝つかれない　**〔寝入る〕**(ラ五)▽深く寝入っていたので逃げおくれた　**〔寝込む〕**(マ五)▽電車の中でつい寝込んでしまった

	□た(だ)矢先に起こされる	ぐっすりと□	なかなか□ない子	病気になって□
寝つく	-い○	-	-か○	○
寝入る	-っ○	○	-ら△	-
寝込む	-ん△	○	-ま-	○

使い分け【1】「寝つく」は、目がさめている状態から眠りにはいる場合にいう。【2】「寝入る」は、「寝ついて」さらに深い眠りの状態になる場合に使われる。**【英】** *to fall asleep*【3】「寝込む」は、深くぐっすり眠る意。【4】「寝つく」「寝込む」は、病気になって床につくという意味で使われることもある。**【英】** *to be laid up (with illness)*

【関連語】◆**(寝込み)**よく寝入っている最中。「ねごみ」ともいう。「寝込みを襲う」

参照▼寝つく⇒017-08

1 12-06 居眠(いねむ)り／うたた寝(ね)

共通する意味★座ったり、腰かけたりしたまま思わず寝ること。**【英】** *a doze; a drowse; a nap*(特に昼寝)

使い方▼**〔居眠り〕**スル▽講義を聴きながら居眠りをしている学生がいる▽居眠り運転　**〔うたた寝〕**スル▽こたつでうたた寝をして風邪をひいた▽本を開いたままうたた寝する

使い分け【1】「居眠り」は、座ったり、腰かけたりしたまま、または他の動作をしながら思わず眠ること。【2】「うたた寝」は、寝床に入らないで、眠気に負けてその場で思わず眠ってしまうこと。

1 12-07 眠(ねむ)り／寝(ね)／睡眠(すいみん)

【関連語】◆(ねんね)

共通する意味★眠ること。**【英】** *sleep*(「永遠の眠り」の意もある); *slumber(s)*

	□が足りない	□が浅い	□に落ちる	十分に□をとる
眠り	○	○	○	-
寝	○	○	-	-
睡眠	○	○	-	○

使い分け【1】「眠り」「睡眠」には、眠っている状態をいうこともある。【2】「眠り」は、「永遠の眠りにつく」のように、死去することのたとえとしても使われる。

【関連語】◆**(ねんね)**スル「寝ること」の幼児語。「さあ、みんな、ねんねの時間ですよ」

1 12-08 眠(ねむ)り込(こ)む／眠(ねむ)りこける

共通する意味★深く眠る。**【英】** *to fall [drop] asleep*

使い方▼**〔眠り込む〕**(マ五)▽会議の途中でうっかり眠りこんでしまった　**〔眠りこける〕**(カ下一)▽歩き疲れて泥のように眠りこける

使い分け「眠りこける」は、特に、正体もなく眠っている状態をいう。

1 12-09 熟睡(じゅくすい)／熟眠(じゅくみん)

【関連語】◆(昏睡)こんすい◆(白河夜船)しらかわよふね

共通する意味★ぐっすり眠ること。深い眠り。

使い方▼**〔熟睡〕**スル▽短時間でも、熟睡することが大

切だ〔熟眠〕スル▽熟眠できれば、いくらか気分も落ち着くだろう

使い分け 「熟睡」が一般的で、「熟眠」はあまり使われない。**【英】** *a sound sleep*

【関連語】◆〔昏睡〕スル意識がなくなって、ぐっすりと眠り込むこと。「昏睡状態におちいる」◆〔白河夜船〕熟睡して何も気付かないこと。「白河夜船で高いびき、所詮起こしても起きやせず」

1 12-10 安眠／快眠

共通する意味★やすらかな気持ちのよい眠り。

使い方▼〔安眠〕スル▽暴走族が走りまわって安眠できない▽安眠妨害 〔快眠〕スル▽健康の秘訣は快眠です▽毎晩快眠する

使い分け 「快眠」は心地よく眠ることであるのに対し、「安眠」は安らかにぐっすりと眠ることをいう。「安眠」の方が一般的に用いられる。**【英】** *a quiet* [*good, sound*] *sleep; have a quiet* [*good, sound*] *sleep*(安眠する); *a pleasant sleep*(快眠)

1 12-11 ひと眠り／ひと寝入り／一睡

共通する意味★ちょっと眠ること。**【英】** *to have a sleep*

使い方▼〔ひと眠り〕スル▽出発まで少し時間があるからひと眠りしよう 〔ひと寝入り〕スル▽ひと寝入りしたら気分がすっきりした 〔一睡〕▽昨夜は一睡もしないで勉強した

使い分け【1】「ひと眠り」は、少しの間眠ること。【2】「ひと寝入り」は、短時間ぐっすり眠ること。【3】「一睡」は短時間眠ることだが、ふつう「一睡もしない」という否定的な表現で使う。

1 12-12 仮眠／仮睡／仮寝

共通する意味★かりに、ちょっと眠ること。**【英】** *to have* [*take*] *a nap; to have a doze*

使い方▼〔仮眠〕スル 〔仮睡〕スル 〔仮寝〕スル

	交替で□する	□をとる	とろとろと□する	□所
仮眠	○	○	○	○
仮睡	○	○	○	-
仮寝	○	-	-	-

使い分け【1】いずれも、夜具の中に入って眠る普通の睡眠と違い、場所も、時間も、形も、「仮」の眠りである。【2】「仮睡」「仮寝」は古めかしい言い方。【3】「仮寝」には、「仮寝の宿」のように、旅先で宿泊するという意味もある。

参照▼仮寝⇒617-37

1 12-13 狸寝入り／空寝

共通する意味★眠ったふりをすること。**【英】** *sham* [*feign*] *sleep; to pretend to be asleep*(狸寝入りする)

使い方▼〔狸寝入り〕▽旗色が悪くなってきたので狸寝入りをきめこむ 〔空寝〕▽都合が悪いとすぐに空寝をする

使い分け 「狸寝入り」は、狸が驚くと仮死状態になるのを、寝たふりをして人をだますと考えたところから生まれた語。

1 12-14 ふて寝／泣き寝入り

共通する意味★思いのままにならなくて、ふてくされたり、泣いたりしているうちに寝てしまうこと。

使い方▼〔ふて寝〕スル▽ふて寝をきめこむ 〔泣き寝入り〕スル▽さっきまで泣きじゃくっていたのに、いつの間にか泣き寝入りしてしまっている

使い分け【1】「ふて寝」は、自分の思いのままにならず、ふてくされて寝てしまうこと。「泣き寝入り」は、子供などが泣いているうちにそのまま寝入ってしまうこと。**【英】** *to stay in bed sulkily*(ふて寝する); *to cry oneself to sleep*(泣き寝入りする)【2】「泣き寝入り」は、「暴力団のいやがらせにも泣き寝入りせず立ち上がる」のように、不当な仕打ちを受けても、何も抵抗せずあきらめるという意味で使われることが多い。

1 12-15 早寝／宵寝

共通する意味★夜、早い時刻に寝ること。ふつうより早く寝ること。

使い方▼〔早寝〕スル▽明朝は早いので早寝する▽早寝早起き 〔宵寝〕スル▽宵寝の習慣が身につく

使い分け 「早寝」が一般的な語で、「宵寝」はほとんど使われない。「宵寝」には、宵のうちだけ寝るという意味もある。**【英】** *to go to bed early*(早寝する)

1 12-16 昼寝／午睡

共通する意味★昼間、少しの間眠ること。**【英】** *a* (*midday*) *nap; to take a nap*(昼寝する)

使い方▼〔昼寝〕スル▽子供が昼寝をしている間に買い物をすませる 〔午睡〕スル▽健康回復のために、毎日一時間の午睡をとる

使い分け 「昼寝」が一般的な語。「午睡」は文章な

どで使われ、話し言葉ではほとんど使わない。

1 12-17 うとうと／うつらうつら／こっくりこっくり

共通する意味★浅い眠り、または眠りかけているときのようすを表わす語。

使い方▼〔うとうと〕(副)スル▽ついうとうとと居眠りをしてしまった▽日だまりでうとうとする　〔うつらうつら〕(副)スル▽縁先でうつらうつらする▽高熱のためうつらうつらしては目を覚ます　〔こっくりこっくり〕(副)スル▽講義を聴きながらこっくりこっくり居眠りしている学生がいる

使い分け【1】「うとうと」は、時おり目覚めながら浅く眠るさまをいう。【英】*to feel drowsy*(うとうとする)【2】「うつらうつら」は、特に眠気や病気などのために意識のはっきりしない状態をいう。【3】「こっくりこっくり」は、頭を前後に動かしながら眠る状態をいう。【英】*to doze off*(こっくりこっくり居眠りする)

1 12-18 すやすや／すうすう

共通する意味★気持ちよい、安らかな眠りのようすを表わす語。【英】*to sleep calmly* [*peacefully*]

使い方▼〔すやすや〕(副)▽赤ん坊がすやすや眠っている　〔すうすう〕(副)▽隣席の人がすうすう寝息をたてて眠っている

使い分け【1】「すやすや」は、子供や病人の安らかな眠りを表わす語。【2】「すうすう」は、息を吸ったりはいたりする音。特に、寝息・鼻息などを表わす語。

1 12-19 ぐっすり／ぐうぐう／昏昏(こんこん)

共通する意味★深く眠っているようすを表わす語。

使い方▼〔ぐっすり〕(副)▽久しぶりにぐっすり眠れた▽どんなに騒ごうがおかまいなしで、ぐっすり眠っている(【英】*to sleep soundly*)　〔ぐうぐう〕(副)▽ぐうぐう大いびきをかいて眠っている(【英】*to snore loudly*)　〔昏昏〕(形動たる・と)▽こんこんと眠り続ける(【英】*to sleep on*)

使い分け【1】「ぐうぐう」は、深い眠りのときの寝息やいびきの音を表わす語。「ぐっすり」は、眠りの程度の深いようすを表わす。【2】「昏昏」は、「一命はとりとめたものの、ただこんこんと眠っているだけだ」のように、意識のない状態も表わす。「惛惛」とも書く。

参照▼こんこん⇒713-14

1 12-20 眠い(ねむい)／眠たい(ねむたい)

共通する意味★眠りを欲している状態である。【英】*sleepy; drowsy; somnolent*《文語》

使い方▼〔眠い〕(形)▽眠い目をこする▽徹夜したので眠くてたまらない　〔眠たい〕(形)▽眠たそうな顔をする▽授業が退屈で眠たくなる

使い分け「眠たい」の方がくだけた感じが強い。

1 12-21 眠気(ねむけ)／睡魔(すいま)

【関連語】◆(催眠)さいみん

共通する意味★眠いこと。眠りたいという気分。【英】*sleepiness; drowsiness*

使い方▼〔眠気〕▽眠気を催す▽眠気がさしてくる▽顔を洗って眠気を覚ます▽眠気覚まし　〔睡魔〕▽睡魔とたたかう▽睡魔におそわれる

使い分け「睡魔」は、眠りたいという気分になることを悪魔の力にたとえた語。

【関連語】◆(催眠)眠気をおこさせること。また眠った状態にさせること。「催眠状態」「催眠術」

1 12-22 寝ぼける(ねぼける)／寝とぼける(ねとぼける)

共通する意味★目がさめても、まだぼんやりしている。【英】*to be half asleep*

使い方▼〔寝ぼける〕(カ下一)▽寝ぼけた顔で出社する▽寝ぼけて、洋服を裏返しに着ている　〔寝とぼける〕(カ下一)▽何を寝とぼけたことをいっているのだ

使い分け「寝ぼける」には、「寝ぼけた色の服」のように色がぼけてはっきりしないという意味もある。

1 12-23 寝坊(ねぼう)／朝寝坊(あさねぼう)／朝寝(あさね)

共通する意味★朝遅くまで寝ていること。【英】*oversleeping*

使い方▼〔寝坊〕スル▽寝坊して電車に乗り遅れる▽姉は私より寝坊だ　〔朝寝坊〕スル▽朝寝坊して学校に遅れる▽宵っ張りの朝寝坊　〔朝寝〕スル▽日曜日はいつもより朝寝をする▽朝寝をきめこむ

使い分け【1】「朝寝」は、意志的に行う行為だが、「寝坊」「朝寝坊」は、無意志の行為。【2】「寝坊」「朝寝坊」は、朝遅くまで寝ている人のこともいう。

反対語▼寝坊・朝寝坊⇔早起き　朝寝⇔朝起き

1 12-24 寝過ごす(ねすごす)／寝過ぎる(ねすぎる)

【関連語】◆(惰眠)だみん

共通する意味★予定の時間を過ぎるまで寝る。

使い方▼〔寝過ごす〕(サ五)▽目覚まし時計が鳴らなかったので寝過ごした　〔寝過ぎる〕(ガ上一)▽寝過ぎて遅刻した

使い分け【1】「寝過ごす」は、起きようと予定していた時刻(点)を過ごしてしまう意。【2】「寝過ぎる」は、「寝過ぎて頭が重い」のように、量的に適当な

時間以上寝る意を表わすこともある。【英】*to oversleep (oneself)*

【関連語】◆(惰眠)なまけて眠っていること。また、日々を無為に暮らしていること。「日曜日はベッドの中で惰眠をむさぼるのが楽しみだ」

1 12-25 寝相(ねぞう)／寝姿(ねすがた)

共通する意味★眠っているときの姿、ようす。【英】*one's sleeping posture*

使い方▼〔寝相〕▽寝相が悪い　〔寝姿〕▽子供の寝姿がかわいい

使い分け 「寝相」は、眠っている人の姿勢をいい、ふつう「寝相がいい(悪い)」の形で使われる。

1 12-26 寝返り(ねがえり)／輾転(てんてん)

共通する意味★寝たまま、体の向きを変えること。【英】*to turn over in bed*

使い方▼〔寝返り〕▽なかなか寝つけず、何度も寝返りをうつ　〔輾転〕スル▽輾転の思い▽輾転反側(＝思い悩んだり、人を思い慕ったりして眠れないこと)

使い分け【1】「寝返り」は、「寝返りをうつ」の形で使われることが多い。【2】「輾転」は文章語。

1 12-27 起床(きしょう)／離床(りしょう)

共通する意味★寝床から起き出すこと。【英】*to rise; to get up*

使い方▼〔起床〕スル▽毎朝六時に起床する▽起床時間　〔離床〕スル▽日の出とともに離床する▽病気が治り離床する

使い分け 「起床」が一般的な語。「離床」は目覚めて起き出すだけでなく、病気が治って床を離れることもいう。文章語。

反対語▼起床⇔就床・就寝

1 12-28 床上げ(とこあげ)／床払い(とこばらい)／床離れ(とこばなれ)

【関連語】◆(床を上げる)とこをあげる

共通する意味★大病や出産のあと、回復して寝床を取り払うこと。【英】*to recover from one's illness*

使い方▼〔床上げ〕スル▽病気が治って床上げする▽床上げを祝う　〔床払い〕スル▽全快して床払いをする▽床払いの祝い　〔床離れ〕スル▽医者の許しを得て床離れする

使い分け 「床離れ」は、「床離れがいい(悪い)」のように、朝起きて寝床を離れることの意味にも使われる。

【関連語】◆(床を上げる)床上げをする。また、寝具をかたづける。「全快して床を上げる」

1 12-29 共寝(ともね)／同衾(どうきん)／添い寝(そいね)

【関連語】◆(雑魚寝)ざこね◆(ごろ寝)ごろね

共通する意味★一つの夜具に、いっしょに寝ること。

使い方▼〔共寝〕スル　〔同衾〕スル　〔添い寝〕スル

	子供と□する	病人に□する	夫婦が□をする
共寝	○	-	○
同衾	△	-	○
添い寝	-	○	-

使い分け【1】「共寝」「同衾」は「…と」、「添い寝」は「…に」の形で寝る相手を示す。【英】*to sleep (with); to lie (with)*(…と共寝する)【2】「共寝」「同衾」は、男女がいっしょに寝ることの意味でも使われることが多い。「添い寝」は特に赤ん坊や病人により添って寝ること。

【関連語】◆(雑魚寝)スル同じ部屋に多数の人間が男女の別なく入り交じって寝ること。「友人の下宿で雑魚寝する」◆(ごろ寝)スル寝巻きに着替えず、また、夜具も用意せず、所かまわず横になること。「畳の上でごろ寝して新聞を読む」

1 12-30 手枕(てまくら)／肘枕(ひじまくら)／腕枕(うでまくら)

【関連語】◆(膝枕)ひざまくら

共通する意味★自分の手、肘、腕を曲げて枕とすること。【英】*to make a pillow of one's arm*(手枕)

使い方▼〔手枕〕▽手枕でうたた寝をする　〔肘枕〕▽肘枕の姿勢で本を読む　〔腕枕〕▽腕枕のまま朝まで寝てしまった

使い分け いずれも同じ姿勢をさす。「手枕」は「たまくら」ともいう。

【関連語】◆(膝枕)他人の膝を枕にすること。「母親の膝枕で幸せそうに眠る幼児」

1 12-31 枕元(まくらもと)／枕上(まくらがみ)／枕頭(ちんとう)

【関連語】◆(夢枕)ゆめまくら

共通する意味★寝ている人の枕のそば。【英】*one's bedside*

使い方▼〔枕元〕▽万一に備えて、枕元に懐中電灯を置いて寝る　〔枕上〕▽亡くなった祖母が枕がみに立った　〔枕頭〕▽これは父の枕頭の書(＝愛読書)です

使い分け ふつうに使われるのは「枕元」。「枕上」は多く「枕がみに立つ」の形で使われる。

【関連語】◆(夢枕)夢をみているときの枕元。多く「夢枕に立つ」の形で、夢の中で神仏などが枕元に現れて告げ知らせることをいう。

1 12-32

横(よこ)たわる／横(よこ)たえる／寝転(ねころ)ぶ／寝転(ねころ)がる／寝そべる

共通する意味★体を横にする。

使い方▼**〔横たわる〕**(ラ五)▽ソファーに**横たわ**って音楽を聞く **〔横たえる〕**(ア下一)▽身を**横たえ**て痛みの和らぐのを待つ **〔寝転ぶ〕**(バ五)▽草原に**寝転ん**で空の雲を眺める **〔寝転がる〕**(ラ五)▽床の上に**寝転が**って本を読む **〔寝そべる〕**(ラ五)▽縁側に、猫が気持ちよさそうに**寝そべ**っている

使い分け【1】「横たわる」には、人などが体を横にする意味と、「大木が道に横たわっている」「前途に危険が横たわっている」のように、大きなものが先をふさいでいるという意味がある。**【英】** *to lie (down)*【2】「横たえる」は、「身(体)を横たえる」の形で主として人などが体を横にする場合に用いる。**【英】** *to lay down*【3】「寝転ぶ」「寝転がる」は、どこということなく気軽に、ごろっと横になるという感じが強い。**【英】** *lie down*(寝転ぶ)【4】「寝そべる」は、手足をのばして腹ばいになったり横になったりする意。くつろいだ状態で、あまり行儀のよくない姿勢と感じられる。

1 12-33

伏(ふ)せる／伏(ふ)す／うつ伏(ぶ)せる／俯(うつむ)く

共通する意味★体の全体または一部を下の方向に向ける。

使い方▼**〔伏せる〕**(サ下一)▽①顔を**伏せる**▽②目を**伏せる**▽③身を**伏せる**(=腹ばいになる) **〔伏す〕**(サ五)▽①**伏し**てお願いする▽②床に**伏す**(=腹ばいになる) **〔うつ伏せる〕**(サ下一)▽ふとんに**うつ伏せ**て泣く▽顔を**うつ伏せる** **〔うつむく〕**(カ五)▽恥ずかしそうに**うつむく**

使い分け【1】「伏せる」「伏す」は、「伏せる」の例文③、「伏す」の例文②のように体全体を完全に横にするという意味もあるが、「うつ伏せる」「俯く」にはそのような意味はない。**【英】** *to lie (face) down*(身を伏せる); *to lie on one's face*(うつ伏せる)【2】「伏せる」には、「本を伏せる」「杯を伏せる」などのように裏返すという意味や、「兵を伏せておく」「名前を伏せる」のように隠すという意味もある。【3】「うつ伏せる」は、顔を下に向けて体を横にするのに対し、「俯く」は、特に頭部を前へ垂れる場合に使う。【4】「ふす」には、「病の床にふす」のように病床につくという意味があるが、同様の意で、「風邪でふせっている」のようにラ行五段活用の「ふせる」の語がある。ただし、その場合は多く「臥す」「臥せる」と書く。

参照▼伏せる⇒514-28

1 12-34

腹這(はらば)い／俯伏(うつぶ)せ

【関連語】◆(俯き)うつむき

共通する意味★顔や腹など体の前部が下向きになっている状態。**【英】** *to lie on one's face*

使い方▼**〔腹這い〕**▽**腹這い**になって穴をくぐる **〔俯伏せ〕**▽死体は**うつ伏せ**の状態で捨ててあった

	□で寝る	□で本を読む	杯を□に置く
腹這い	○	○	-
うつ伏せ	○	-	○

使い分け【1】「腹這い」は、腹が地につくような状態で、顔は上げていてもよい。「腹這いで背をそらす運動」【2】「俯伏せ」は、顔も下向きの状態をいう。寝姿や死体の形容に多く使われる。【3】お椀(わん)状のものを逆さまに置くことを、「うつ伏せに置く(する)」という。

反対語▼あおむけ

【関連語】◆(俯き)顔を下向きにした状態。⇔あおむき。「うつむきのポーズを崩さない」

1 12-35

目覚(めざ)め／寝覚(ねざ)め／寝起(ねお)き

共通する意味★眠りから目がさめること。また、そのときの気分、ようす。**【英】** *to wake (from sleep); to awaken*(本能の)目覚め

	□のいい子	□のままの姿	何時にお□ですか	人をだまして□が悪い
目覚め	○	-	○	-
寝覚め	○	-	-	○
寝起き	○	○	-	-

使い分け【1】「目覚め」には、「性の目覚め」などのように、今まで潜んでいた知覚などが働き始めるという意味もある。【2】「寝覚めが悪い」には、眠りから覚めたときの気分がよくないという意味から転じて、自分のしたことが気になり気分が休まらないという意味もある。【3】「寝起き」は、目が覚めて起き出ることをいう。また、寝ることと起きることの意から、「寝起きをともにした仲間」のように、生活するという意味もある。

1 12-36

目覚(めざ)める／覚(さ)める／覚(さ)ます／起(お)きる

【関連語】◆(起こす)おこす

共通する意味★眠りや夢などのぼんやりしている状態から意識のある状態に返る。

使い方▼**〔目覚める〕**(マ下一)▽真夜中にふと**目覚め**た **〔覚める〕**(マ下一)▽物音で目が**覚め**た▽目の**覚める**ような色彩 **〔覚ます〕**(サ五)▽目を**覚ます**と、日は高く

なっていた　〔起きる〕(カ上一)▽毎朝六時に起きる
使い分け【1】「目覚める」「覚める」「覚ます」には、「自我に目覚める」「迷いから覚める」「迷いを覚ます」のように、気づかなかったものに気づく、迷いなどがふっきれるなどの意味もある。「起きる」には「一晩中起きている」のように、眠らないでいるという意味もある。【英】*to awake (to)*【2】「覚める」「覚ます」には、酒の酔いがなくなるという意味もあるが、その場合は多く「醒める」「醒ます」と書く。【英】*to wake up; to become sober*(酔いがさめる)
【関連語】◆(起こす)(サ五)眠りから覚めるようにする。「寝た子を起こす」
参照▼起こす⇒101-01・911-07　起きる⇒911-06

1 12-37 目覚まし／覚醒

共通する意味★目をさますこと。【英】*to keep oneself awake; awaking*(覚醒)
使い方▼〔目覚まし〕▽目覚ましに冷水で顔を洗う▽目覚まし時計　〔覚醒〕(スル)▽ようやく昏睡状態から覚醒した▽覚醒剤
使い分け「覚醒」には、「悪の道から覚醒させる」「人々の覚醒を促す」のように、迷いからさめたり、自分の非を自覚したりするという意味もある。
参照▼目覚まし⇒419-10

1 12-38 早起き／朝起き

共通する意味★朝早く起きること。【英】*early rising; to rise [get up] early*(動)
使い方▼〔早起き〕(スル)▽健康のため早起きして朝食の前にジョギングをする▽早起きは三文の徳(＝朝早く起きれば、必ず何らかのよいこと、利益があるということ。【英】*The early bird catches the worm.*)〔朝起き〕(スル)▽冬の朝起きはつらい▽朝起きは三文の徳
使い分け「早起き」の方が、朝早く起きるという意味ではよく使われる。
反対語▼早起き⇔寝坊・朝寝坊　朝起き⇔朝寝

1 12-39 夜更かし／宵っ張り／徹夜／夜明かし

【関連語】◆(夜を徹して)よをてっして　◆(明かす)あかす

共通する意味★夜遅くまで起きていること。【英】*to sit [stay] up (till) late at night*
使い方▼〔夜更かし〕(スル)▽テレビを見ていて、つい夜更かししてしまった▽夜更かしは健康によくない　〔宵っ張り〕▽宵っ張りでいつも十二時ごろまで起きている子▽宵っ張りの朝寝坊　〔徹夜〕(スル)▽あしたの試験のために徹夜して勉強する▽いい席をとるために徹夜で並ぶ　〔夜明かし〕(スル)▽朝まで、夜明かしして酒をくみかわした
使い分け【1】「宵っ張り」は、夜遅くまで起きている人のこともいう。【2】「徹夜」「夜明かし」は、寝ないで夜を明かすこと。
【関連語】◆(夜を徹して)寝ないで、何かに没頭している様子。「夜を徹して議論する」◆(明かす)(サ五)夜が明けるまで寝ないで過ごす。「夜を明かす」「語り明かす」

1 13 …往来

1 13-01 行く／赴く／出向く

【関連語】◆(たどる)

共通する意味★一定の位置へ向かって進む。
使い方▼〔行く〕(カ五)▽京都へ行く▽養子に行く　〔赴く〕(カ五)▽戦地に赴く兵士▽病気が快方に赴く　〔出向く〕(カ五)▽先生にわざわざ出向いていただく▽調査のために事故現場に出向く

	わざわざ役所へ□	子供が学校へ□	赴任先へ□	こちらからそちらへ□ます
行く	○	○	○	-き○
赴く	○	-	○	-き-
出向く	○	-	-	-き○

使い分け【1】「行く」は、今いる場所から離れる、また目的の場所に向かって進む、またそこを通りすぎる意で用いられる。改まった場合には「ゆく」ともいう。【英】*to go*【2】「赴く」は、目的があって、もしくは行かなければならない理由があってある地点に移動する意で用いられ、「行く」より書き言葉的な改まった言い方。また、「感情の赴くままに行動する」のように、ある状態に向かって移動する意でも用いる。【英】*to repair*【3】「出向く」は、自分のいる所から、わざわざ移動する意で用いられる。その到着点に長い間いるのではなく、いずれは元の所に戻るという前提がある点が、「行く」「赴く」とは異なる。【4】「行く」には、他に、「ぽっくりいく(＝死ぬ)」「年がいく(＝高齢になる)」「満足がいく(＝満足する)」「うまくいく(＝事が順調に行われる)」など、慣用句的な言い方も多い。

【関連語】◆(たどる)(ラ五)決まった道筋を通ってある方向に移動する。「順路をたどって展示物を見る」

1 13-02 参る／参じる／参上

【関連語】◆(罷り出る)まかりでる◆(馳せ参じる)はせさんじる◆(いらっしゃる)◆(おいでになる)

共通する意味★自分より目上の人の所へ行く、また

は来る。【英】*to go; to come*

使い方▼〔参る〕(ラ五)▽昨日こちらへ参りました▽明日京都へ参ります　〔参じる〕(サ上一)▽後ほどお願いに参じます▽夕方そちらへ参じます　〔参上〕スル▽近日中にお宅に参上いたします▽御注文の品をお届けに参上します

使い分け【1】「参る」は尊敬語としては用いず、「先生はいつ参りますか(参られますか)」というのは誤り。「参じる」は古めかしい言い方。【2】「参上」は、人の所へ行くことをへりくだっていう語。【3】「参る」には、「神社にお参りする」のように、神社や寺にもうでるという意や、「まいった、許してくれ」「暑さで体がまいってしまった」のように、負ける、弱るという意もある。【4】「参る」「参じる」は、動詞の連用形に助詞「て」のついたものについて、補助動詞「行く」「来る」の謙譲語としても用いられる。「雨が降ってまいりました」「ちょっと見て参じます」

【関連語】◆〈馳せ参じる〉(サ上一)大急ぎで自分より上の人の所へ行く。「馳せ参ずる」とも。「知らせを聞いて馳せ参じた次第でございます」◆〈罷り出る〉(ダ下一)あつかましく人前へ出る。また、貴人の前から退く。口語ではほとんど使われない。「お願いがございまして、まかり出ました」◆〈いらっしゃる・おいでになる〉(ラ五)「行く」の尊敬語。「どちらへいらっしゃるのですか」「いつおいでになりますか」

参照▼参る⇒209-41 604-22　いらっしゃる⇒113-40　おいでになる⇒113-40

1 13-03 進む(すすむ)／前進(ぜんしん)

【関連語】◆〈進める〉すすめる◆〈進行〉しんこう

共通する意味★前方、または目標に向かって動いて行く。【英】*to advance*

使い方▼〔進む〕(マ五)▽行列が進む▽一路南を目指して進む▽宇宙空間を一定の速度で進む▽前へ進め　〔前進〕スル▽五歩前進せよ▽この状況では前進あるのみだ

使い分け【1】「進む」は、意味が広く、空間的に前方へ行く意ばかりでなく「議事が進む」のように、はかどる意、「上級の学校に進む」のように、段階などが上へ上がる意、「食が進む」のように、より盛んな方へと動く意などがある。【2】「前進」は、前方へ動くことから、「交渉が前進する」のように、状況がよい方向へ動くときなどにも用いる。「進む」より硬い言い方。

反対語▼進む⇔退く・遅れる　前進⇔後退・後進

【関連語】◆〈進める〉(マ下一)進むようにする。「進む」の意のうち、自然の推移によるものについてはあまり用いず、「歩を進める」「会を進める」「時計を進める」など、意志や動作によるものについていう。◆〈進行〉スルものごとが先に進んでいくこと。動きとして、目的の場所に向かう場合、時とともに程度などが深くなる場合、物事が予定どおり滑らかに行われる、また、行う場合などにいう。「出発進行」「病勢が進行する」「会が(を)進行する」

参照▼進む⇒914-02

1 13-04 突進(とっしん)／肉薄(にくはく)

【関連語】◆〈猪突猛進〉ちょとつもうしん

共通する意味★激しい勢いで突き進むこと。【英】*to dash; to rush*

使い方▼〔突進〕スル　〔肉薄〕スル

	敵陣へ□する	ゴール目指して□する	首位に□する
突進	○	○	－
肉薄	○	－	○

使い分け【1】「突進」は、ある目標に向かって進んで行くこと。【2】「肉薄」は、元来、触れるほどに迫ることから、相手のすぐ近くまで迫ることをいう。「薄」は迫る意で、「肉迫」とも書く。

【関連語】◆〈猪突猛進〉スル周囲を考えることなく、ひたすら前へ突き進むこと。「猪」は、イノシシの意で、イノシシが突き進むさまからいう。

1 13-05 活路(かつろ)／血路(けつろ)

共通する意味★困難な状況から逃れ出る道、方法。【英】*a way out (of the difficulty)*

使い方▼〔活路〕▽活路を開く　〔血路〕▽血路を見いだす

使い分け【1】「活路」は、苦境や窮地から逃れ出て、生きのびる方法。【2】「血路」は、敵の囲みを破って逃げる道の意から転じて、困難を切り抜ける方法。

1 13-06 行き(ゆき)／往路(おうろ)

【関連語】◆〈片道〉かたみち

共通する意味★目的地に向かって行くときの道。【英】*going*

	□は列車にする	□は歩いた	□にちょっと彼の所に寄る	マラソンで□はトップで走った
行き	○	○	○	－
往路	○	△	－	○

使い分け【1】「行き」は、ある目的地に向かって行くことやそのときの状態をいう。話し言葉では「いき」というのが普通。「往き」とも書く。【2】「往路」は、硬い言い方。

反対語▼行き⇔帰り・もどり　往路⇔復路(ふくろ)・帰路(きろ)

【関連語】◆〈片道〉行き・帰りのどちらか一方。⇔往復。「片道切符」「片道貿易」

1 13-07 行き来(ゆきき)／往来(おうらい)／通い(かよい)

【関連語】◆〈交通〉こうつう

共通する意味★行ったり来たりすること。【英】*comings and goings*

使い方▼〔行き来〕スル 〔往来〕スル

	車の□がはげしい	人の□が少ない	人々□する	□の舟	自宅から□の店員
行き来	○	○	○	－	－
往来	○	○	△	－	－
通い	－	－	－	○	○

使い分け【1】「行き来」が日常的で、「往来」は、やや硬い表現となる。【2】「通い」は、船や人などが往復を繰り返すような場合を表わし、やや古めかしい表現となる。また、自宅から職場に毎日通勤することもいう。【3】「往来」は、人や車が行ったり来たりする道路の意も表わす。

【関連語】◆（交通）人や乗り物が道路や線路などを利用して往来すること。「交通を遮断しゃだんする」「交通が激しい」「交通の便」

参照▼行き来⇒515-01　往来⇒705-18

1 13-08 往復おうふく／行ゆき帰かえり

共通する意味★行くことと帰ること。【英】*coming and going*

使い方▼〔往復〕スル▽学校と家とを往復する▽往復切符▽〔行き帰り〕▽行き帰りの電車で英会話のテープを聞く

	□とも車だ	□三十分かかる	飛行機で□する	□について寄り道をする
往復	○	○	○	－
行き帰り	○	△	－	○

使い分け【1】「往復」は、行くことと帰ることの両方をひっくるめて表わした語だが、「行き帰り」は、行きと帰りの両方をひっくるめて表わす場合と、行きと帰りのそれぞれを表わす場合とがある。【2】「行き帰り」は、話し言葉ではふつう「いきかえり」という。

反対語▼往復⇔片道かたみち

1 13-09 遠回とおまわり／回まわり道みち／迂回うかい

【関連語】◆（寄り道）よりみち◆（遠道）とおみち◆（小回り）こまわり

共通する意味★距離の長い方の道を通って目的地に向かうこと。【英】*a detour*

使い方▼〔遠回り〕スル 〔迂回〕スル

	工事中のため□する	道を間違えて□した	□だが病院に寄ってから会社へ行く	工事区間を□する
遠回り	○	○	○	－
回り道	○	○	△	－
迂回	○	－	－	○

使い分け【1】「遠回り」「回り道」は、ほぼ同じような意味合いで使われる。また、同じように距離の長い方の道もいうが、「迂回」はその意では「迂回路」という。【2】「迂回」は、何かを避けて行くという意味合いで使われることもある。

反対語▼遠回り⇔近回り

【関連語】◆（寄り道）スル通行のついでに立ち寄ること。「寄り道して買い物をすませて帰る」◆（遠道）目的地へ行くのにより遠い道。⇔近道。「そっちは遠道になる」◆（小回り）少し回り道をすること。また、狭い場所をすばやく動き回ることもいう。「小回りして帰る」「小回りがきく（＝狭い場所をすばやく動き回ることができる）」

1 13-10 遠路えんろ／長途ちょうと

共通する意味★長い道のり。遠い道。【英】*a long road*

使い方▼〔遠路〕▽遠路はるばる訪ねる▽遠路の労をねぎらう 〔長途〕▽長途の旅につく

使い分け【1】日常的には「遠路」を多く使い、「長途」は、あまり使われない。【2】「長途」は、長い旅路。「ちょうど」ともいう。

1 13-11 近道ちかみち／早道はやみち

【関連語】◆（近回り）ちかまわり

共通する意味★目的地までの距離がより短い道。【英】*a shortcut*

使い方▼〔近道〕スル

	駅への□をみつけた	こっちの方が□だ	□を通って行く	成功への□
近道	○	○	○	○
早道	－	△	－	○

使い分け【1】日常的には、「近道」の方を使う。【2】両語とも、ある物事を達成するのにてっとり早い手段、方法の意としても使われ、「早道」はその意で使われることの方が多い。

反対語▼近道⇔遠道

【関連語】◆（近回り）スル目的地へ近道を通って行くこと。⇔遠回り。「近回りして急がないと学校に遅れる」

1 13-12 帰かえる／引ひき返かえす／戻もどる

共通する意味★進行方向を逆にして、もとの場所、方向へ向かって行く。【英】*to return*

使い方▼〔帰る〕（ラ五）▽出先から会社に帰る▽早く家へ帰りたい▽旅行から帰ったらゆっくり会おう 〔引き返す〕（サ五）▽飛行機は暴風雨で成田に引き返した▽ここで引き返すのは口惜しい 〔戻る〕（ラ五）▽学

校に戻る▽行き過ぎたので少し戻る▽実家に戻る

	家に□	故郷に□	客が□た	百メートルほど□
帰る	○	○	-っ○	-
引き返す	○	△	-し-	○
戻る	○	○	-っ-	○

使い分け【1】「帰る」は、人が、本来いるべき所に行く意。また、訪れて来た人が去る場合でも、その人がその本来の場所に向かって行く意味から「客が帰る」のように使う。【2】「引き返す」は、人間または乗り物が、予定を変えて途中から逆方向に進む意。そのため出発点を目指して進むことになるが、そこまで行き着かない場合でも使う。【3】「戻る」は、「帰る」「引き返す」の両方の意味をもち、もとの場所、方向へ向かって逆に進むことをいう。また、「なくした財布が戻る」「振り出しに戻る」「いつもの彼に戻った」のように、もとの状態になることもいう。

参照▼戻る⇒908-15

1 13-13 帰り（かえり）／帰り道（かえりみち）／帰路（きろ）／帰途（きと）／復路（ふくろ）

共通する意味★もとの所に戻る道。**【英】** *one's way home*

	出張の□に立ち寄る	□は飛行機にした	□につく	□を急ぐ	駅伝の□
帰り	○	○	-	○	-
帰り道	○	-	-	○	-
帰路	△	○	○	○	-
帰途	△	-	○	-	-
復路	-	○	-	-	○

使い分け【1】日常一般では、「帰り」「帰り道」を多く使い、他の三語は硬い表現となる。【2】「帰路」「帰途」は、「帰路につく」「帰途につく」の形で使われることが多く、帰るときに通る道、または帰る途中の意を表わす。【3】「復路」は、往路、行きに対する語。帰るときに通る道の意を表わす。

反対語▼帰路・復路⇔往路（おうろ）　帰り⇔行き

1 13-14 通る（とおる）／通じる（つうじる）／通う（かよう）

【関連語】◆（通す）とおす

共通する意味★一定の経路を移動する。**【英】** *to pass; to go to and from*

使い方▼〔通る〕（ラ五）　〔通じる〕（サ上一）　〔通う〕（ワ五）

	鉄道が□ている	トンネルが□	裏道を□	この道は車がよく□	学校に□
通る	-っ○	△	○	○	-
通じる	-じ○	○	-	-	-
通う	-っ○	-	-	△	○

使い分け【1】「通る」は、「…が（…に）通る」「…が…を通る」の形で、一定の経路にしたがって一方から他方に到達する意。場所だけでなく、「試験に通る（＝合格する）」のように事柄に対しても用いる。また、「彼は童顔なので高校生で通る」のように、通用する意味でも用いられる。【2】「通じる」は、「…が（…に）通じる」の形で、二つの場所や物事の間が経路などでつながっている意。「通ずる」ともいう。つながる点に重点がおかれ、「意味（言葉）が通じる」は、意味（言葉）が理解されるの意味、「事情に通じる」は、事情に詳しいの意味になる。また、「…を通じて」の形は、「友人を通じて頼む」のように、…を介しての意味で用いられたり、「一年を通じて暖かい」のように、切れ目なく、すべてにわたっての意味で用いられる。【3】「通う」は、「…が（…に）通う」の形で、二つの場所や物事の間に恒常的（習慣的、日常的）な行き来がある意。「心が通う」は、人と人の間に精神的なつながりがある意。

【関連語】◆（通す）（サ五）通るようにする。場所だけでなく、「予算案を通す」のように事柄に対してや、「意地を通す」のように自分の意見や希望を押し進める意、「全巻通して読む」のように、ある動作や状態を一定期間、またはいくつかの事柄にわたって続ける意でも用いる。「鉄道を通す」「人を通して依頼する」

1 13-15 通行（つうこう）／運行（うんこう）

共通する意味★人や車などが道を通ること。**【英】** *passing*

使い方▼〔通行〕スル　〔運行〕スル

	車両の□をさまたげる	帰省バスの□を開始する	□人	車両□どめ
通行	○	-	○	○
運行	○	○	-	-

使い分け【1】「通行」は、通っていくこと。「通行人」のように、人に対しても用いることができる。また、「今日通行の暦」「通行本」のように、広く一般に行われることの意味で用いられることもある。【2】「運行」は、交通機関が一定の道筋を一定の時間に従って、客や荷物を運ぶこと。人に対しては用いられない。また、「惑星の運行を観測する」のように天体の動きの意味でも用いられる。

1 13-16 直行（ちょっこう）／直通（ちょくつう）

共通する意味★目的地までまっすぐ行くこと。**【英】** *to go direct*

使い方▼〔直行〕スル▽会場に直行する▽ワシントンへの直行便 〔直通〕スル▽直通のバス▽直通電話

使い分け【1】「直行」は、寄り道や回り道をしたり、中継地点を通ったりせずに目的地に行くこと。【2】「直通」は、中継地点や乗り換えなしに、直接目的地や相手に達すること。「直通する」というサ変動詞としてはあまり用いられず、「直通（の）…」の形で用いられる。

1 13-17 通りかかる／通り合わせる／さしかかる

【関連語】◆〔素通り〕すどおり

共通する意味★たまたまその場所を通る。【英】*to happen to pass by*

使い方▼〔通りかかる〕(ラ五)▽車で通りかかった人が駅まで送ってくれた 〔通り合わせる〕(サ下一)▽ちょうど通り合わせた警官が、犯人を捕らえた 〔さしかかる〕(ラ五)▽パレードが家の前にさしかかった▽汽車は鉄橋にさしかかった

使い分け【1】「通りかかる」は、ちょうどその場を通るのに対し、「さしかかる」は、少し手前からいう。【2】「通り合わせる」は、事件、事故などの現場にたまたま行き合うこと。

【関連語】◆〔素通り〕スル立ち寄らないで、通り過ぎること。「店の前を素通りする」

1 13-18 通り道／道筋／通い路／経路

共通する意味★通って行く道。【英】*a passage*

使い方▼〔通り道〕▽駅への通り道で毎朝すれ違う人▽学校への通り道に本屋がある 〔道筋〕▽頂上への道筋の所々に案内板が立っている 〔通い路〕▽雲の通い路▽夢の通い路 〔経路〕▽経路を変更する▽逃走経路

使い分け【1】「通り道」は、行き来する道、また、ある所へ行くのに決まって通る道をいう。【2】「道筋」は、ある所へ行くのに通って行く道をいう。【3】「通い路」は、行き来をする道、行き交う道をいう。古めかしく文学的な言い方で、日常ではあまり使わない。【4】「経路」は、「入手の経路」のように、物事がたどってきた道をいうこともある。

参照▼道筋⇒806-05

1 13-19 通り抜ける／くぐり抜ける／擦り抜ける／突き抜ける／乗り越える

共通する意味★向こう側へ出る。【英】*to go through*

使い方▼〔通り抜ける〕(カ下一)▽公園を通り抜けると近道だ▽弾丸は壁を通り抜けた 〔くぐり抜ける〕(カ下一)▽塀の破れをくぐり抜けてボールを拾いに入る▽格子戸をくぐり抜ける 〔擦り抜ける〕(カ下一)▽駅前の雑踏を擦り抜ける▽車と車の間を自転車で擦り抜ける 〔突き抜ける〕(カ下一)▽横町を突き抜けて大通りに出る 〔乗り越える〕(ア下一)▽障害物を乗り越える▽フェンスを乗り越えて遊びに行く

使い分け【1】「通り抜ける」は、ある物の内部を通過して向こう側へ出る意。【2】「くぐり抜ける」は、物の下やすき間などを通って向こう側へ出る意。また、「戦災をくぐり抜ける」のように、困難な事態や危険などをうまく逃れる意もある。【3】「擦り抜ける」は、人間や物をかすめて、または狭いすき間を通って向こう側へ出る意。【4】「乗り越える」は、物の上に乗って越え、向こう側に行く意。また、「師匠をついに乗り越えた」のように、自分の上の人を追い越す意や、「父を亡くした悲しみを乗り越える」のように、困難な状況を苦心して克服する意もある。

1 13-20 渡る

意味★乗り物に乗ったり、泳いだり歩いたりして、海や川の一方の岸から他方の岸へ行く。船や航空機で他国へ行ったり、物が渡来したりするような場合にも使う。【英】*to cross*

使い方▼〔渡る〕(ラ五)▽船で無人島に渡る▽浅瀬を渡る▽アメリカに渡る▽中国から渡った絵画▽歩道橋を渡る

◆「数十年にわたる大事業」「古今東西にわたる知識」のように、ある範囲や年月に広がり及ぶ意や、「家が人手に渡る」のように物がある人から他の人に移る意、「世を渡る」のように世間を生きて行く意でも用いる。

1 13-21 渡河／徒渉

【関連語】◆〔跋渉〕ばっしょう

共通する意味★河川をわたること。【英】*to cross a river*

使い方▼〔渡河〕スル▽上流に遡って渡河する▽渡河地点 〔徒渉〕スル▽浅瀬を選んで徒渉する▽徒渉作戦

使い分け【1】「渡河」は、特に大きな河川をわたることで、「徒渉」とは違い、船などでわたることもいう。【2】「徒渉」は、川の浅いところを歩いてわたること。また、陸を歩いたり川をわたったりすることをいう。「渡渉」とも書く。

【関連語】◆〔跋渉〕スル山を越え、川をわたること。また、いろいろな場所を巡り歩くこと。文章語。「春の郊外を跋渉する」

1 13-22 追う／追いかける

【関連語】◆(追い詰める)◆(追いつく)

共通する意味★目標の後から、目標を目指して同じ方向に進む。【英】*to pursue*

使い方▼〔追う〕(ワ五)〔追いかける〕(カ下一)

	犯人を□	流行を□	目で□	急報のあと□て訂正が来た
追う	○	○	○	-っ-
追いかける	○	○	△	-け○

使い分け【1】「追う」は、目標をつかまえるために、目標の後から進む、また目標を見逃さないために、目標の動きをたどる意。目標の後から進む意味から、「地位を追う(＝追放する)」「牛を追う(＝追い立てる)」のように、目標の後から目標をむりやり移動させる意味や、「順を追う」「日を追って」のように、順序をたどる意味でも用いられる。【2】「追いかける」は、逃げる相手をつかまえようとして後から追う意。また、ひとつのことに引き続き、更に事が起こる意でも使われる。

【関連語】◆(追い詰める)(マ下一)相手(人間)の後から続き、それ以上逃げられない状態にする。「路地の隅に追い詰める」◆(追いつく)(カ五)「…に追いつく」の形をとり、同じ方向に進んでいる目標に到達し、同じ位置に並ぶようになる意。「前の車に追いつく」「先輩に追いつき、追い越せ」

1 13-23 尾行／追尾／追跡

共通する意味★あとを追っていくこと。【英】*to follow*

使い方▼〔尾行〕スル〔追尾〕スル〔追跡〕スル

	犯人らしき人物を□する	素行調査のために□する	脱獄囚□のため山狩りをする	□型のミサイル
尾行	○	○	-	-
追尾	○	-	-	○
追跡	○	-	○	-

使い分け【1】「尾行」は、相手に気付かれないよう、秘密裏にあとをつけること。【2】「追尾」は、ぴったりと後ろについて、どこまでも追っていくこと。【3】「追跡」は相手が見えない場合もあるが、追い方は鋭く容赦ない。跡をたどってたどり着こうとすること。また、「追跡調査」のように、物事があったあとの経過、筋道をたどることにもいう。

1 13-24 失踪／失跡／蒸発／神隠し

共通する意味★行方が知れなくなること。【英】*disappearance*

使い方▼〔失踪〕スル▽彼は売上金を持ったまま失踪した〔失跡〕スル▽あの男が失跡してから五年になる〔蒸発〕スル▽妻子を残して蒸発する〔神隠し〕▽子供が神隠しにあう

使い分け【1】「失踪」「失跡」は、ほぼ同じ意味だが、「失踪」のほうが一般的で、法律用語としても使われる。【2】「蒸発」は、俗な言い方。【3】「神隠し」は、子供などが不意に行方知れずになることを、神や天狗のしわざと考えていう語。古い言い方で、現在ではあまり使わない。

参照▼蒸発⇒707-23

1 13-25 出奔／家出／駆け落ち

【関連語】◆(逐電)◆(どろん)

共通する意味★それまでにいた所から逃げ出して行方をくらますこと。【英】*to run away*

使い方▼〔出奔〕スル▽巨額の負債を残したまま出奔する〔家出〕スル▽親に叱られて家出する少年〔駆け落ち〕スル▽結婚を反対されて駆け落ちする

使い分け【1】「出奔」は、家や土地を離れる動機が社会的不名誉、不義理など、深く複雑であることが多いのに対して、「家出」の動機は家族関係の摩擦など個人的な問題であることが多い。【2】「駆け落ち」は、結婚を許されない男女が一緒になるために逃げ出すこと。

【関連語】◆(逐電)スル行方をくらましてどこかへ行くことの意の古い言い方。「集めた店の金を持って逐電した」◆(どろん)スル急に姿を隠すことの意の俗な言い方。「会社の金を持ったままどろんする」

1 13-26 見え隠れ／出没

共通する意味★現れたり隠れたりすること。【英】*to appear and disappear*

使い方▼〔見え隠れ〕スル▽月が雲の間に見え隠れしている〔出没〕スル▽餌不足でふもとの村まで猪が出没するようになった

使い分け【1】「見え隠れ」は、目に見える物や人が、何かに遮られて見えなくなったり、また見えたりすること。【2】「出没」は、実際に自分の目では見えなくても、近くにやって来て何らかの形で存在を示したり、うわさを耳にしたりしている場合にいう。

1 13-27 逃亡／亡命

共通する意味★逃げてかくれること。【英】*to escape*

使い方▼〔逃亡〕スル▽犯人は逃亡を企てた▽海外へ逃亡する〔亡命〕スル▽大統領は革命軍に追われて亡命した

使い分け【1】「逃亡」は、国内でも国外でもいうが、「亡命」は、自国の外へ逃げる場合だけにしか使わない。【2】「亡命」は、思想や政治上の理由で逃げ出すこと。

1 13-28 逃走（とうそう）／脱走（だっそう）／夜逃（よに）げ／高飛（たかと）び

共通する意味★逃げ去ること。

使い方▼〔**逃走**〕スル▽捕まる前に、国外へ逃走したらしい▽あの男はまだ逃走中である　〔**脱走**〕スル▽軍隊を脱走する▽集団脱走　〔**夜逃げ**〕スル▽借金に追われて夜逃げする　〔**高飛び**〕スル▽犯人は、外国へ高飛びする気だ

使い分け【1】「逃走」は、遠くへ逃げ去ること。【英】*to flee*【2】「脱走」は、所属を義務づけられた組織や施設から抜け出して逃げ去ること。【英】*to escape from prison*【3】「夜逃げ」は、夜の闇やみに紛れて逃げ去ること。【英】*to flee by night*【4】「高飛び」は、犯罪者が遠くに逃げること。

1 13-29 脱出（だっしゅつ）／脱却（だっきゃく）

共通する意味★好ましくない場所や状態から抜け出ること。【英】*to escape (from)*

使い方▼〔**脱出**〕スル▽一刻を争って機外へ脱出した　〔**脱却**〕スル▽不況からの脱却を図る▽旧体制から脱却する▽危機を脱却する

	新たな世界への□	国外へ□する	悪習を□する	喧噪（けんそう）の都会から□する
脱出	○	○	-	○
脱却	○	-	○	-

使い分け【1】「脱出」は、好ましくない、または危険な場所から逃れることをいう。【2】「脱却」は、具体的な場所よりは、それまでとらわれていた好ましくない状態や考えからすっかり抜け出すこと、また、今まで持っていた欠点などを捨て去ることをいう。

1 13-30 逃（に）げる／逃（のが）れる／免（まぬが）れる

共通する意味★何かを嫌って遠ざかる。

使い方▼〔**逃げる**〕（ガ下一）▽釣った魚に逃げられる▽人生の試練から逃げてはいけない　〔**逃れる**〕（ラ下一）▽追跡の手を逃れる　〔**免れる**〕（ラ下一）▽すんでのところで、死を免れた

	職務から□	津波から□	小鳥がかごから□	責任を□	難を□
逃げる	○	△	○	-	-
逃れる	○	○	-	○	○
免れる	-	-	-	○	○

使い分け【1】「逃れる」「免れる」は、「逃げる」にくらべると、やや文章語的。【2】「逃げる」は、具体的にそこから離れる意であるのに対して、「逃れる」「免れる」は、抽象的で、そのことにかかわりを持たない状態になる意。【英】*to escape*（逃げる）; *to evade*（逃れる）【3】「逃れる」は、すでに捕らわれてしまった物事から離れる意味と、捕らわれる前に遠ざかる意味の両方があるが、「逃げる」は主に前者、「免れる」は後者の意味で使う。

1 13-31 逃（に）がす／逃（のが）す／逸（いっ）する／取（と）り逃（に）がす

共通する意味★捕まえそこなう。【英】*to let～escape*

使い方▼〔**逃がす**〕にがす（サ五）▽追いつめた脱獄囚を逃がしてしまう　〔**逃す**〕のがす（サ五）▽大魚をのがす▽この機会をのがしたら、二度といい話はないぞ　〔**逸する**〕（サ変）▽勝機を逸する　〔**取り逃がす**〕（サ五）▽獲物を取り逃がす

	チャンスを□	捕まえようとした犯人を□	かごの鳥を□	勝利を□
逃（に）がす	○	○	○	-
逃（のが）す	○	○	△	○
逸する	○	-	-	○
取り逃がす	○	○	-	-

使い分け【1】「にがす」「のがす」には、捕まえそこなう意味のほか、捕らえてあったものを放す意味もある。【2】「にがす」は、具体的にそこから放す意であるのに対し、「のがす」は、抽象的で、手の届かない所へやるという意味。【3】「逸する」は、人や動物を対象とする場合には使えない。「常軌を逸する」などのように、はずす、そらす意の使い方もある。【4】「取り逃がす」は、捕まえようとして捕まえそこなう意。【5】「のがす」は、「聞きのがす」のように接尾語的にも使われる。

1 13-32 逃（に）げ／とんずら／エスケープ

共通する意味★逃げること。【英】*to escape*

使い方▼〔**逃げ**〕▽都合が悪くなれば、逃げをうつ▽逃げの一手で、その場を切り抜ける　〔**とんずら**〕スル▽午後は会議があるが、とんずらするか　〔**エスケープ**〕スル▽授業の途中、エスケープしてきた

使い分け【1】「とんずら」は、俗語。【2】「エスケープ」は、主として学生が授業などをサボることにいう。

1 13-33 逃げ隠れ（にげかくれ）／潜伏（せんぷく）

共通する意味★何かを避けて、ひそかに隠れていること。**【英】** *to conceal oneself*

使い方▼〔**逃げ隠れ**〕スル▽今さら逃げ隠れはしない 〔**潜伏**〕スル▽犯人は市内に潜伏しているらしい

使い分け【1】「逃げ隠れ」は、何かから逃げて隠れることをいうのに対して、「潜伏」はひそんでいる意が強い。【2】「潜伏」は、「潜伏期間」のように、病気に感染しているが、症状が外部に現れていないこともいう。

1 13-34 退く（しりぞく）／退く（のく）／去る（さる）／下がる（さがる）

【関連語】◆(退く)どく◆(立ち去る)たちさる◆(立ち退く)たちのく◆(引き下がる)ひきさがる◆(引き上げる)ひきあげる◆(引き取る)ひきとる◆(引き払う)ひきはらう◆(引っ込む)ひっこむ◆(辞去)じきょ

共通する意味★それまでいた場所から離れる。**【英】** *to leave; to retire (from)*

使い方▼〔**退く**〕しりぞく(カ五)▽相手に気圧（けお）されて二、三歩退いた▽第一線から退く 〔**退く**〕のく(カ五)▽映画館がのいたあとに、パチンコ店が建った 〔**去る**〕(ラ五)▽彼は何もいわずにその場を去った▽両親のもとを去ってから十数年 〔**下がる**〕(ラ五)▽白線の内側に下がってください▽宮中から下がる

	後ろへ□	一歩□	故郷を□	職を□
しりぞく	○	○	-	○
のく	○	-	-	-
去る	-	-	○	○
下がる	○	○	-	-

使い分け【1】「退（しりぞ）く」「下がる」は、後ろの方に移動する意、「退（の）く」は、いた場所をあけて、他に移る意、「去る」は、どこかへ行ってしまってその場所にいなくなる意である。【2】「退（しりぞ）く」「下がる」には、貴人の前から帰り去るという意もあるが、現代語ではほとんど使われない。【3】「去る」は、「今を去ること二十年前」「都を去ること十数里」のように、時間や距離が隔たるという意、「痛みが去る」「悲しみが去る」のように、それまでの状態が消えてなくなるという意、「雑念を去る」「悪友を去る」のように、いやなものを取り除くという意でも使われる。【4】「去る」は、動詞の連用形につけて、「捨て去る」「消し去る」のように、すっかり…する、…してしまう、という意でも使われる。【5】「下がる」は、「挙げた手の位置がだんだん下がってきた」のように、高い所から低い所へ位置が移るという意、「幕が下がる」のように、上部で支えてある物が上の方から下の方へ垂れるという意、「値段が下がる」「気温が下がる」「成績が下がった」のように、物事の程度がそれまでより低くなるという意でも使われる。

【関連語】◆(**退く**)どく(カ五)体を動かしてその場所をあける。「邪魔だから、ちょっとどいてちょうだい」◆(**立ち去る**)(ラ五)その場からよそへ行っていなくなる。「名も告げずいつの間にか立ち去った」◆(**立ち退く**)たちのく(カ五)住んでいる所から他の場所へ移る。「道路ができるため立ちのかねばならなくなった」◆(**引き下がる**)(ラ五)それまでいた場所を離れ去る。それまでの主張をやめてしまう意もある。「客間から引き下がる」「今日はこれ以上いうのはやめて、おとなしく引き下がっておこう」◆(**引き上げる**)(ガ下一)出かけて行った先から元の所へもどる。「引き揚げる」とも書く。「会場から全員引き上げた」「戦後外地から引き揚げてきた」◆(**引き取る**)(ラ五)何もしないでそのまま、その場から去る。「何も話すことはありません。どうぞ、お引き取りください」◆(**引き払う**)(ワ五)自分の持ち物をすべて始末して、よそへ移る。「店を引き払って故郷へ帰る」◆(**引っ込む**)(マ五)退いて目立たない所へ行く。「現役を退いて、田舎へ引っ込む」「用のない者は引っ込んでろ」◆(**辞去**)スル別れを告げて立ち去ること。「先生のお宅を辞去した」

参照▼下がる⇒903-08　引き上げる⇒517-79　引っ込む⇒811-16

1 13-35 退散（たいさん）／退去（たいきょ）／退避（たいひ）／退却（たいきゃく）／避難（ひなん）

共通する意味★ある所から立ち去ること。**【英】** *leaving*

使い方▼〔**退散**〕スル▽いやなやつが来たから、ここから退散しよう 〔**退去**〕スル▽国外退去を命じられる▽警官隊は座り込みの労働者たちを強制退去させた 〔**退避**〕スル▽噴火が激しくなったため、退避勧告が出された 〔**退却**〕スル▽指揮官は軍の退却を命じた 〔**避難**〕スル▽危険区域から避難する▽避難民

使い分け【1】「退散」は、「邪魔者はここらで退散といきますか」のように、少しおどけた感じをこめ、逃げ去ることの意で使われることもある。【2】「退去」は、本来いるべきでない所にいた人たちが、立ち退くことをいう。【3】「退避」「避難」は、どちらも危険を避けるために立ち退くこと。ただし、「退避民」とはいわない。【4】「退却」は、勝負に敗れて退くこと。

1 13-36 後ずさり（あとずさり）／後退（こうたい）

共通する意味★後ろへ下がること。**【英】** *to move backward*

使い方▼〔**後ずさり**〕スル▽蛇を見て思わず後ずさりした▽相手の気迫に押されてじりじりと後ずさりする 〔**後退**〕スル▽電車が後退する

使い分け【1】「後退」は、単に後ろへ下がること

をいうが、「後ずさり」は、人や動物が自分の正面を前に向けたままで後ろに下がることをいう。【2】「後退」は、「考え方が後退する」のように、力や勢いが衰えることもいう。
反対語▼後退⇔前進
参照▼後退⇒914-14

113-37 退陣(たいじん)／撤退(てったい)／撤収(てっしゅう)／撤兵(てっぺい)

共通する意味★陣地、施設などを取り払って退くこと。
使い方▼〔**退陣**〕スル▽指揮官は戦況を見て、退陣を決めた 〔**撤退**〕スル▽政府は植民地からの**撤退**を決めた 〔**撤収**〕スル▽基地の撤収を始める 〔**撤兵**〕スル▽占領地から撤兵する
使い分け【1】「退陣」は、軍隊の陣地を退かせることだけではなく、「野党は内閣の退陣を求めている」のように、社会的な地位から退くこともいう。【英】*to decamp*【2】「撤退」は、陣地、施設から退くだけにとどまらず、当該の地域から大規模に根こそぎ引き上げることをいう。【3】軍事的には「撤収」は施設に、「撤兵」は兵士に重点をおいた言い方だが、「撤収」は、「テントの撤収」のように軍事以外にも用いられる。
参照▼退陣⇒517-50

113-38 敗走(はいそう)／潰走(かいそう)

共通する意味★戦いに敗れて、逃げること。
【英】*to be put to rout*
使い方▼〔**敗走**〕スル▽算を乱して敗走する 〔**潰走**〕スル▽激しい攻撃に敵は潰走した
使い分け「潰走」は、散り散りになって逃げること。「壊走」とも書く。

113-39 逃げ道(にげみち)／退路(たいろ)／抜け道(ぬけみち)

【関連語】◆(**抜け穴**)ぬけあな
共通する意味★逃げて行くことのできる道。【英】*a means of escape*

	＿を断たれる	＿を探す	味方のために＿を開く	＿を通って逃げる
逃げ道	○	○	-	-
退路	○	-	○	-
抜け道	-	○	-	○

使い分け【1】「逃げ道」「退路」は、逃げ出して行く道、逃げることのできる道。【2】「退路」は、特に戦闘の場で退却する道。【3】「抜け道」は、本道以外に通り抜けられる道。また、逃げ出すための道。【4】「逃げ道」「抜け道」は、「前もって逃げ道（抜け道）を用意する」のように、逃れることのできる方法や手段の意をも表わす。
反対語▼退路⇔進路しんろ
【関連語】◆(**抜け穴**)ひそかに抜け出ることができるように掘った穴。また、うまく逃れることができる手段や方法。「こっそりと抜け穴を造っておいた」「法の抜け穴をくぐってもうける」

113-40 来(く)る

【関連語】◆(**いらっしゃる**)◆(**おいでになる**)◆(**お見えになる**)おみえになる
意味★時間的、空間的に離れた所にあったものが、自分の方に向かって近づく。また近づいた結果、現在そこに見られる。【英】*to come*
使い方▼〔**来る**〕(カ変)▽客が**来る**ことになっている▽友達から手紙が**来る**▽台風が**来る**らしい▽いい知らせが**来た**▽もうすぐ春が**来る**▽やっと順番が**来た**
◆「来る」は補助動詞としても使われる。①その動作、状態を続けながらこちらへ近づく。「子供が走ってくる」「サイレンの音が聞こえてくる」②その動作、状態が現在までずっと続いている。「今まで面倒をみてきた」「研究してきたかいがあった」③そのことを済ませる。「学校へ行ってくる」「忘れ物を取ってくる」④だんだんその状態になる。「暗くなってきた」「なんとなくわかってきた」「目がかすんでくる」
【関連語】◆(**いらっしゃる・おいでになる・お見えになる**)(ラ五)「来る」の尊敬語。「先生は三時にいらっしゃいます」「先生がこちらにおいでになる」「先生がお見えになりました」
参照▼いらっしゃる⇒113-02 おいでになる⇒113-02

113-41 入(い)れる

意味★ある範囲を持つ世界の中に、外から異質のものを送り込む、また、取り込む。その世界は、物質的なもの、抽象的なもの、精神的なもの、場面的なもの、時間的なものなどさまざまである。【英】*to put ~ in(to)*(人、物を入れる); *to join*(加入する)⇔出す
使い方▼〔**入れる**〕(ラ下一)▽箱に**入れる**▽紅茶に砂糖を**入れる**▽グループに**入れる**▽ご覧に**入れる**▽身を**入れる**▽手を**入れる**▽連絡を**入れる**▽意見を**入れる**

113-42 入(はい)る

意味★ある範囲のある世界の中に、外部から異質のものが移って行く、取りこまれる。その世界は「入れる」と同じくさまざまである。【英】*to enter* ⇔出る
使い方▼〔**入る**〕(ラ五)▽トイレに**入る**▽果物の**入った**ケーキ▽手に**入る**▽情報が**入る**▽会期に**入る**▽師走に**入る**▽人の手が**入る**▽職場に新型機器が**入る**▽仲間に**入る**▽お茶が**入る**

1 13-43 入り込む／潜り込む／分け入る 忍び込む／割り込む

【関連語】◆(進入)しんにゅう

共通する意味★いろいろな体勢や動作をうまく使って中に入る。**【英】** *to get (into); to steal (into)*

使い方▼〔**入り込む**〕(マ五)▽塀の内側に入り込む▽この港町には古くから西洋文化が入り込んだ　〔**潜り込む**〕(マ五)▽布団の中に潜り込んで寝る▽学生の中に潜り込んで講義をきく　〔**忍び込む**〕(マ五)▽どろぼうは台所の窓から忍び込んだらしい　〔**分け入る**〕(ラ五)▽事故を見ようと人垣に分け入る▽やぶの中に分け入り薬草をさがす　〔**割り込む**〕(マ五)▽力の強そうな男が行列に割り込んできた▽母と話していると父が割り込んできた

使い分け【1】「入り込む」は、奥深く入る意。【2】「潜り込む」は、水中または物の中や下などに入る意や、こっそり中に入る意を表わす。【3】「忍び込む」は、人目につかないように中に入る意。【4】「分け入る」は、手で左右に押し開くようにして中に入る意。【5】「割り込む」は、押し分けて無理に入る意。

【関連語】◆(進入)スル進んで行って入ること。「車の進入を禁止する」

1 13-44 踏み込む／乗り込む 立ち入る／押し入る

共通する意味★強引に中に入り込む。**【英】** *to break (into)*

使い方▼〔**踏み込む**〕(マ五)▽警官が踏み込んで犯人を逮捕する　〔**乗り込む**〕(マ五)▽敵陣にひとりで乗り込んでいく▽社長室に乗り込んで抗議する　〔**立ち入る**〕(ラ五)▽関係者以外立ち入るべからず　〔**押し入る**〕(ラ五)▽銀行に強盗が押し入った

使い分け【1】「踏み込む」は、足に力を入れて中に入る、「乗り込む」は、乗り物の中に入り込む、「立ち入る」は、ある場所の中に入るのが元の意味。「押し入る」は、強引に中に入るという意だけで使われる。【2】「踏み込む」「乗り込む」の「一歩踏み込んで考える」「バスに乗り込む」のような例には、強引にという意味合いはない。【3】「立ち入る」には、「立ち入った話」のように、深く関与するの意もある。

1 13-45 駆け込む／飛び込む 転がり込む／滑り込む 突っ込む／躍り込む 逃げ込む

共通する意味★駆ける、飛ぶ、転がるなどの動作で、勢いをともなって中に入る。**【英】** *to run (into); to rush (into)*

使い方▼〔**駆け込む**〕(マ五)▽事故を知らせに近くの交番に駆け込んだ▽夕立に出あって軒下に駆け込む　〔**飛び込む**〕(マ五)▽船から海に飛び込んで泳ぐ▽線路に飛び込んで自殺した　〔**転がり込む**〕(マ五)▽ボールが庭に転がり込んできた　〔**滑り込む**〕(マ五)▽二塁から一気に本塁に滑り込んだ▽電車がホームに滑り込んできた　〔**突っ込む**〕(マ五)▽敵陣に突っ込む　〔**躍り込む**〕(マ五)▽水しぶきをあげながら川の中に躍り込んだ▽ひとり敵の陣中に躍り込んだ　〔**逃げ込む**〕(マ五)▽犯人は山の中深く逃げ込んだ▽猫が床下に逃げ込む

使い分け【1】「駆け込む」は、走って中に入る意。【2】「飛び込む」は、勢いよく入る、また、突然入る意。「中学生のときに芸能界に飛び込んだ」のように、自ら進んでかかわりをもつ意も表わす。【3】「転がり込む」は、転がって中に入る意。また、「家出をして、友人の下宿に転がり込む」は、他の家に入り世話になる意や、「宝くじが当たり大金が転がり込んだ」のように、思いがけず手に入る意なども表わす。【4】「滑り込む」は、すべったり、すべるようにしたりして中に入る意。「会議の開始ぎりぎりに滑り込む」のように、やっとのことで時間に間に合うという意も表わす。【5】「突っ込む」は、勢いよく中に入る意。「もっと突っ込んだ話をしよう」のように、物事の内面に深く入り込むという意も表わす。【6】「躍り込む」は、勢いよく中に入る意。【7】「逃げ込む」は、逃げてある所に入る意。

参照▼突っ込む⇒906-05

1 13-46 出入り／出入り／出入 出し入れ

共通する意味★出たり入ったりすること。出したり入れたりすること。**【英】** *going in and out*

使い方▼〔**出入り**〕でいり(スル)▽政治家の家は人の出入りが激しい▽会社に出入りの業者　〔**出入り**〕ではいり(スル)▽ここは出入り自由です▽あれは子供が出入りするような店ではない　〔**出入**〕しゅつにゅう(スル)▽部外者の出入を禁ず▽出入国管理法　〔**出し入れ**〕スル▽この図書館では本の出し入れは係の仕事だ▽貯金の出し入れがひんぱんだ

	□禁止	人が□する	□の業者	お金の□	空気の□する穴
でいり	○	○	○	○	△
ではいり	○	○	-	△	○
出入	○	-	-	○	-
出し入れ	△	-	-	○	-

使い分け【1】「出入でいり」は、「出入ではいり」にく

らべ、人間以外のものには使いにくい。【2】「出入(でいり)」「出入(ではいり)」には、「総数で二、三人の出入(でいり)(出入(ではいり))がある」のように、増減の意や、「今月は決算期で金の出入(でいり)(出入(ではいり))が激しい」のように、支出と収入といった意もある。【3】「出入」は、硬い表現。【4】「出し入れ」は、主に物品やお金に用いられる。

参照▼出入(でいり)⇒515-15

1 13-47 出(だ)す

意味★起点になる人、物、場所などがあって、そこから外へとある物、刺激、現象などを放出したり、突出させたりする。物理的に内から外もいい、また、個人から世間、低レベルの状態から高レベルの状態、応じる側から求める側など、さまざまな側面を持つ。

【英】 *to put out* ⇕入れる

使い方▼〔**出す**〕(サ五)▽舌を**出す**▽芽を**出す**▽手紙を**出す**▽論文を**出す**▽資金を**出す**▽元気を**出す**▽口に**出す**▽美しい色を**出す**▽良い味を**出す**▽詩集を**出す**▽店を**出す**

参照▼⇒514-09

1 13-48 出(で)る

意味★起点になる人、物、場所などがあって、そこから外へとある物、刺激、現象などが移動したり、放出したりする。外とは「出す」と同じくさまざまである。**【英】** *to go out* ⇕入(はい)る

使い方▼〔**出る**〕(ダ下一)▽部屋を**出る**▽会社に**出る**▽涙が**出る**▽音が**出る**▽釘(くぎ)が**出る**▽調子が**出る**▽許しが**出る**▽強気に**出る**▽長年やっているが芽が出ない▽つい手が**出る**

1 13-49 外出(がいしゅつ)／他出(たしゅつ)／出(で)かける

共通する意味★用事で外へ出て行くこと。**【英】** *going out*

使い方▼〔**外出**〕スル▽午後は**外出**して家にはおりません▽外出先から家に電話する 〔**他出**〕スル▽母はただ今**他出**しております 〔**出かける**〕(カ下一)▽これからお宅まで**出かける**ところです▽出かけようとすると客が来た

使い分け【1】「他出」は、古めかしい言い方で、現代語では「外出」を使うことが多い。【2】「出かける」は、なにか目的を持って行く意と、単に家を出て外へ行く意と両方ある。

1 13-50 乗(の)る／飛(と)び乗(の)る

【関連語】◆(**乗せる**)のせる

共通する意味★移動のために、乗り物の中や上に身を置く。**【英】** *to take*

使い方▼〔**乗る**〕(ラ五)▽タクシーに**乗る**▽馬に**乗る** 〔**飛び乗る**〕(ラ五)▽電車に**飛び乗っ**た

使い分け【1】「乗る」は、乗り物以外でも、「机の上に乗る」「ひざの上に乗る」のように、物の上に位置を占める場合に使われる。ただし人間や動物以外の場合には「棚の上に本が載っている」のように、「載る」と書くこともある。【2】「乗る」には、「好調の波に乗る」のように、はずみがついて調子がよくなる意や、「おだてに乗る」のように、思わずつりこまれる意もある。【3】「飛び乗る」は、身をおどらせて乗る。特に、進行中の車や、まさに発車しようとする乗り物に飛びついて乗る意。

反対語▼乗る⇕降りる　飛び乗る⇕飛び降りる

【関連語】◆(**乗せる**)(サ下一)何かに乗るようにさせる。また、人や物を、台や棚などの上に置く。この場合、乗るものが人間以外の場合は「載せる」とも書く。「子供を車に乗せる」「台に植木鉢を載せる」

1 13-51 降(お)りる／飛(と)び降(お)りる

【関連語】◆(**降ろす**)おろす

共通する意味★乗り物から外へ出る。**【英】** *to get off*

使い方▼〔**降りる**〕(ラ上一)▽京都で汽車を**降りる**▽船を**降りる** 〔**飛び降りる**〕(ラ上一)▽知人を見つけて電車を**飛び降り**た

使い分け【1】「降りる」は、乗り物以外でも、「重役を降りる」「霜が降りる」のように、役職から離れたり、空から降ったりする場合に使われる。【2】「飛び降りる」は、まだ止まりきっていない乗り物から、飛んで降りる意。

反対語▼降りる⇕乗る　飛び降りる⇕飛び乗る

【関連語】◆(**降ろす**)(サ五)乗り物から出して、他の場所へ移す。「乗客を駅前で降ろした」

参照▼降ろす⇒517-47

1 13-52 乗車(じょうしゃ)／乗船(じょうせん)／搭乗(とうじょう)

共通する意味★移動のために乗り物に入ること。

【英】 *to get on*

使い方▼〔**乗車**〕スル▽**乗車**券▽無賃**乗車** 〔**乗船**〕スル▽出航の三十分前までに**乗船**のこと 〔**搭乗**〕スル▽搭乗口に向かう▽宇宙船に**搭乗**する

使い分け「乗車」は、汽車、電車、バス、自動車に乗ること。「乗船」は、船に乗ること。「搭乗」は、主に飛行機に乗ること。

反対語▼乗車⇕下車・降車　乗船⇕下船

1 13-53 下車(げしゃ)／降車(こうしゃ)／下船(げせん)

共通する意味★乗り物から外へ出ること。**【英】** *to get off*
使い方▼【下車】スル▽大阪駅で下車した▽途中下車 **【降車】**スル▽降車の際は足もとに注意してください▽降車口　**【下船】**スル▽神戸で下船の予定
使い分け「下車」「降車」は、電車、自動車からおりること。「下船」は、船からおりること。
反対語▼下車・降車⇔乗車　下船⇔乗船

113-54 ただ乗り／キセル／薩摩守(さつまのかみ)

共通する意味★乗り物に金を払わないで不正に乗ること。**【英】** *to steal a ride*
使い方▼【ただ乗り】スル
使い分け【1】「ただ乗り」は、乗り物に料金を払わないで乗ること。乗り物全般に使うことができる。**【2】**「キセル」は、乗る駅の近くと降りる駅の近くの乗車券もしくは定期券だけを買い、途中はただ乗りすることをいう俗語。「煙管(キセル)」が両端だけ「かね」を使っていることからきた言葉。**【3】**「薩摩守」は、平忠度(たいらのただのり)が薩摩守だったところから、「ただ乗り」をもじっていった俗語。

113-55 乗り降り／乗降(じょうこう)

共通する意味★乗り物に入ることと、乗り物から出ること。**【英】** *getting on and off*
使い方▼【乗り降り】スル▽人の乗り降りの多い駅▽バスの乗り降り　**【乗降】**スル▽乗降客のための案内▽乗降口
使い分け日常的には「乗り降り」が多く使われる。「乗降」は、他の語と複合して使われることが多い。

114・・・行為

114-01 行為(こうい)／行い(おこない)／行動(こうどう)

【関連語】◆(沙汰)さた

共通する意味★あることをすること。**【英】** *an action*
使い方▼【行為】▽勇気ある行為をたたえる▽許し難い行為▽越権行為　**【行い】**▽日ごろの行いが悪いから雨に降られた▽口先ばかりで行いが伴わない　**【行動】**スル▽行動を起こす▽勝手に行動する

	世の中の秩序を乱す□	親にあるまじき□だ	すぐに□にうつす	不正□
行為	○	○	-	○
行い	○	○	-	-
行動	○	△	○	-

使い分け【1】「行為」は、ある意志・目的をもってするときに使う。**【2】**「行い」は、ふだんしていることを漠然とごく一般的にさしていう。**【3】**「行動」は、ある意志のもとに実際に体を動かして何かを行うこと。
【関連語】◆**(沙汰)**スル話題となるような事件や行為、しわざ。「正気の沙汰ではない」
参照▼沙汰⇒618-30

114-02 動作(どうさ)／身動き(みうごき)

【関連語】◆(身じろぎ)みじろぎ ◆(身もだえ)みもだえ

共通する意味★体を動かすこと。**【英】** *a movement*
使い方▼【動作】▽動作や表情で意思を伝える▽基本的な動作を習得する　**【身動き】**スル▽身動きひとつできない
使い分け【1】「動作」は、人間や動物が一定の型をもった動きをすること。**【2】**「身動き」は、人間が意志的に体を動かすこと。特に、「身動きできない」「身動きがとれない」の形で用いられることが多い。また、「資金不足で身動きがとれない」のように比喩(ひゆ)的にも用いられる。
【関連語】◆**(身じろぎ)**スル人間が体の一部をちょっと動かすこと。「身じろぎひとつしない」◆**(身もだえ)**スル肉体的、精神的な苦しみのために体をねじらすように動かすこと。「身もだえして苦しむ」
参照▼身もだえ⇒101-24

114-03 言動(げんどう)／言行(げんこう)

共通する意味★言葉と行動。言うことと行うこと。**【英】** *speech and behavior*
使い方▼【言動】▽言動に注意する▽不審な言動▽子供じみた言動　**【言行】**▽言行をつつしむ▽言行不一致▽言行録
使い分け【1】「言動」は、主として他人から見た、人の言葉や行為。それも何か問題があるときにいうことが多い。非常に具体的な言葉や行動をさす。**【2】**「言行」は、他人からだけでなく本人から見たときにもいう。多く、言ったことに対応する、具体的な行為として「行」の部分はとらえられている。一つ一つの言葉や行動をさすというより、ある人の全体的な物言いや行いをさしているといえる。

114-04 所業(しょぎょう)／所為(しょい)／仕業(しわざ)

共通する意味★あることを行うこと。**【英】** *an act*

使い方▼〔所業〕▽けしからぬ所業に及ぶ　〔所為〕▽悪魔の所為としか考えられない　〔仕業〕▽この落書きはだれのしわざだろう

使い分け【1】三語とも、主によくない行いについて用いる。【2】「所業」「所為」は、やや古めかしい言葉。「仕業」は、話し言葉でも用いられる。

1 14-05 振り（ふり）／身振り（みぶり）／所作（しょさ）／しぐさ／アクション

【関連語】◆（素振り）そぶり◆（思わせ振り）おもわせぶり

共通する意味★感情や意志を表わすための体の動き。

使い方▼〔振り〕▽人のふり見てわがふり直せ▽役者にふりをつける　〔身振り〕▽身振りで驚きを表わす▽身振りで人に知らせる▽大げさな身振り▽身振り手振り　〔所作〕▽面白い所作▽芸の所作を教える　〔しぐさ〕▽赤ん坊のしぐさはかわいい▽猿が人のしぐさを上手にまねている　〔アクション〕▽派手なアクション▽アクション映画

使い分け【1】「振り」は、「困ったようなふりをする」「知らないふりを装う」のように、わざと本心とは違った動きや態度をすることも表わす。**【英】** *postures*【2】「振り」「所作」「アクション」は、芝居用語として、俳優の動きの意でも使われる。特に「アクション」は、大きな、激しい動きをする演技を表わす。【3】「しぐさ」は、特に小さい動きに用いられる。**【英】** *action*

【関連語】◆（素振り）表情や態度、動作に現れた様子。「怪しげなそぶり」◆（思わせ振り）（形動）何か意味がありそうに見せかける言葉や態度。「思わせぶりな言葉」

1 14-06 一挙一動（いっきょいちどう）／一挙手一投足（いっきょしゅいっとうそく）／挙動（きょどう）

共通する意味★動作やふるまい。**【英】** *every movement*

使い方▼〔一挙一動〕▽ピアニストの一挙一動に観客の目が注がれる　〔一挙手一投足〕▽時の人の一挙手一投足に国民の関心が集まる　〔挙動〕▽挙動不審の男

使い分け「一挙一動」「一挙手一投足」は、ほぼ同じ意味で、ひとつひとつの動きまで注目した言い方。「挙動」は、動きの全体についていう。

1 14-07 立ち居振る舞い（たちいふるまい）／立ち振る舞い（たちふるまい）／起居（ききょ）

【関連語】◆（行住坐臥）ぎょうじゅうざが◆（挙措）きょそ

共通する意味★日常の動作における身のこなし。

使い方▼〔立ち居振る舞い〕▽立ち居振る舞いに気をつける▽足をけがしたので立ち居振る舞いが不自由だ　〔立ち振る舞い〕▽立ち振る舞いに気をつける　〔起居〕スル▽友人と起居を共にする

使い分け【1】「立ち居振る舞い」は、本来、立った状態、または座った状態(居)での身のこなしをいう。したがって「立ち振る舞い」は、立った状態のみをいうことになるが、現在では「立ち居振る舞い」と同じ意で使われる。**【英】** *behavior*【2】「起居」は、具体的な動作をさすのではなく、日常全般にわたる動作をさし、転じて、例文のように、日常生活の意味で使われることが多い。**【英】** *one's daily life*

【関連語】◆（行住坐臥）歩くこと(行)、止まること(住)、座ること(坐)、ふすこと(臥)の意から、日常の身のこなしを表わす。また、副詞的に、「ふだん」の意味で使う。文章語。「行住坐臥、健康に気を付けている」◆（挙措）手の挙げ措き（あげおき）の意から転じて、身のこなし全体をいう。文章語。「落ち着いた挙措」

1 14-08 こなし／身ごなし（みごなし）

【関連語】◆（物腰）ものごし

共通する意味★体の動かし方。**【英】** *carriage*

使い方▼〔こなし〕▽身のこなしが軽い▽着こなし　〔身ごなし〕▽柔らかい身ごなし▽身ごなしの優雅さ

使い分け【1】二語とも、ふつうは、好印象を与える優雅、しなやか、美しいといった動作を表わす。【2】「こなし」は、多くの場合「身のこなし」の形で用いられる。【3】「こなし」は、体の動かし方という意味のほかに、「着こなし」などの複合語の形で、うまく…すること、という意味を表わす。

【関連語】◆（物腰）人に対するときの物の言いぶりや身のこなし。「物腰の柔らかな人」

1 14-09 する／行う（おこなう）／やる

【関連語】◆（為す）なす◆（営む）いとなむ◆（なさる）◆（いたす）

共通する意味★ある動作や行為を現出させる。**【英】** *to do*

使い方▼〔する〕（サ変）▽仕事をする▽かけっこをする▽そうしたい▽どうすればいい？▽こうしてみたら　〔行う〕（ワ五）▽思いきった改革を行う▽戦闘は行われなかった▽これから防災訓練を行います　〔やる〕（ラ五）▽ギャンブルをやる▽私にやらせて下さい▽今のうちにやっておこう▽やればできる▽さあ、やるぞ！

	仕事を□	野球を□	会議を□	儀式を□	今晩、テレビで古い映画を□
する	○	○	○	-	-

行う	○	-	○	○	-
やる	○	○	△	-	○

使い分け【1】「する」は、ごく一般にいろいろな動作、行為についていう。【2】「行う」は、改まった表現。目的語も公的なものや熟語などが多く、はっきり決まった内容の事柄を受けて使われることが多い。【3】「やる」は、口語的な表現。具体的な内容の目的語をとるより、漠然と動作、行為を表わすことも多い。

【関連語】◆**(為す)**(サ五)「する」の古い言い方。現在は慣用的な言い方で多く使う。「なす所なく日を送る」「なす術(すべ)もない」「なすがままに任せる」◆**(営む)**(マ五)怠ることなく物事を務める。また、生活のために仕事をする意や、神事、仏事を行う意も表わす。「社会生活を営む」「事業を営む」「法事を営む」◆**(なさる)**(ラ五)「する」の尊敬語。「お飲み物は何になさいますか」「講演をなさる」◆**(いたす)**(サ五)「する」の意の、へりくだった、また丁寧な言い方。「私がいたします」「このまま失礼をいたします」

参照▼やる⇒1 15-14 5 17-74

1 14-10 振る舞う(ふるまう)／演じる(えんじる)

共通する意味★ある場面、状況などにおいて、ある印象を見る人に与えるよう行動する。**【英】** *to behave*

使い方▼〔振る舞う〕(ワ五)▽親友のように振る舞う〔演じる〕(ザ上一)▽醜態を演じる

	元気よく□	暴君のように□	人前では良き妻らしく□	優しい女を□
振る舞う	○	○	○	-
演じる	○	-	△	○

使い分け【1】「振る舞う」は、前にくる語と一体になり、それらしく動く、そう見えるように行うなどの意味となる。【2】「演じる」は、劇などの役を務める意から、「振る舞う」より意識的にみせるという意が強い。サ変動詞「演ずる」の形でも使われる。

参照▼振る舞う⇒5 15-60　演じる⇒6 15-21

1 14-11 品行(ひんこう)／素行(そこう)／身持ち(みもち)／行状(ぎょうじょう)／操行(そうこう)

【関連語】◆(行跡)ぎょうせき

共通する意味★よいか悪いかという面からみた常日ごろの行い。**【英】** *behavior; demeanor*

使い方▼〔品行〕▽品行がよい▽品行が修まらない▽品行方正　〔素行〕▽素行を改める▽素行調査　〔身持ち〕▽身持ちのよい人　〔行状〕▽行状を調べる▽行状記　〔操行〕▽操行点

	□が悪い	□を慎む	□調査
品行	○	△	△
素行	○	△	○
身持ち	○	-	-
行状	○	○	△
操行	○	○	△

使い分け【1】「品行」「素行」「身持ち」が、一般的に用いられる。【2】「品行」は、道徳的な面からみた行い。【3】「素行」は、日ごろの行い全般をいうことが多い。【4】「身持ち」は、男女関係についての行い。【5】「行状」「操行」は、文章語。

反対語▼身持ち⇔不身持ち

【関連語】◆**(行跡)**特に、人がふだん行ってきたその行いのあと。「行跡の悪い人」「不行跡」

1 14-12 善行(ぜんこう)／篤行(とっこう)／陰徳(いんとく)／功徳(くどく)／善根(ぜんこん)

共通する意味★よい行い。**【英】** *good conduct*

	□を積む	□を施す	多年の□により表彰される
善行	○	-	○
篤行	○	-	○
陰徳	○	○	-
功徳	○	○	-
善根	○	○	-

使い分け【1】五語とも、主として文章の中で使われるが、「善行」は話し言葉でも使われる。【2】「善行」は、道徳にかなった行い。【3】「篤行」は、真心のこもった誠実な行い。【4】「陰徳」は、人に知られないでするよい行い。【5】「功徳」「善根」は、仏教語から。現在、または未来に幸福をもたらすもとになるよい行い。「功徳」の方が一般的。「善根」は「ぜんごん」とも読む。

1 14-13 快挙(かいきょ)／壮挙(そうきょ)／美挙(びきょ)／義挙(ぎきょ)

【関連語】◆(美徳)びとく◆(フェアプレー)

共通する意味★立派な行い。**【英】** *heroic deed; virtue*

使い方▼〔快挙〕▽近来まれにみる快挙▽新記録達成の快挙　〔壮挙〕▽太平洋単独横断の壮挙をなしとげる　〔美挙〕▽美挙をたたえて表彰する　〔義挙〕▽今世紀の義挙とたたえられる

使い分け【1】「快挙」は、胸のすくような立派で痛快な行い。【2】「壮挙」は、規模が大きく、勇ましい行い。【3】「美挙」は、社会的にほめたたえられるような行い。【4】「義挙」は、自分の利害は抜きにして、正義のために起こす行動。

【関連語】◆(美徳)正しく立派な心のあり方や、そこから自然に出た道徳上ほめられる行い。⇔悪徳。「謙譲の美徳」◆(フェアプレー)公明正大な態度や行い。元来、スポーツで正々堂々とした試合ぶりのこと。「選挙はフェアプレーでいきたい」

1 14-14 冒険(ぼうけん)／アドベンチャー／アバンチュール

共通する意味★危険を冒して物事を行うこと。【英】*an adventure*

使い方▼〔**冒険**〕スル▽冒険だがやってみよう▽冒険旅行▽冒険小説　〔**アドベンチャー**〕▽アドベンチャー映画▽アドベンチャーゲーム　〔**アバンチュール**〕▽恋のアバンチュール

使い分け【1】「冒険」「アドベンチャー」は、命にかかわるような危険や成功の見込みの少ない事柄などを、あえて行うことをいう。【2】「アバンチュール」は、特に恋愛に関しての冒険をいう。

1 14-15 不行き届き(ふゆきとどき)／不徹底(ふてってい)／不十分(ふじゅうぶん)

共通する意味★配慮や注意が十分に行き渡らないこと。【英】*mismanagement; insufficiency*

使い方▼〔**不行き届き**〕(名・形動)▽親としての監督が不行き届きであった▽不行き届きな点があったことを詫(わ)びる　〔**不徹底**〕(名・形動)▽連絡が不徹底だった▽検査が不徹底だ　〔**不十分**〕(名・形動)▽不十分な調査▽証拠不十分

使い分け【1】「不行き届き」は、注意が足りないこと。【2】「不徹底」は、物事の実現のためにすることが十分でないこと。【3】「不十分」は、物事や事柄が完全でないこと。

1 14-16 間違い(まちがい)／過ち(あやまち)／誤り(あやまり)

【関連語】◆(錯誤)さくご◆(誤謬)ごびゅう

共通する意味★正しくない状態や結果。【英】*a mistake; an error*

	重大な□を犯す	漢字の□	□なく成功する	酒の上での□	□を正す
間違い	○	○	○	△	○
過ち	○	-	-	○	-
誤り	○	○	-	-	○

使い分け【1】「間違い」は、具体的なミスや取り違えをいうのに対して、「誤り」は、正しいか正しくないかの基準に沿って判断を下した、抽象的な事柄に対して用いることが多い。【2】「過ち」は、社会規範や道徳などの面からみて否定的な行動の結果をいうことが多く、取り返しのつかない失敗、さらには過失などを意味する。

【関連語】◆(錯誤)ある人の認識が事実と違っていることや、間違った認識による判断をいう。文章語。「時代錯誤もはなはだしい」◆(誤謬)考えや知識などの間違いに対して使う。文章語。「この本の内容には誤謬が多い」

1 14-17 失敗(しっぱい)／失策(しっさく)

【関連語】◆(失態)しったい

共通する意味★物事のやり方や方法を誤り、期待した結果にならないこと。【英】*failure*

使い方▼〔**失敗**〕スル▽催しは失敗に終わった▽急いだことが予期せぬ失敗を招くことになった　〔**失策**〕▽今回のことは彼の失策だ

	□を犯す	公演は□だった	結婚に□する	課長の□で大きな損害が出る
失敗	○	○	○	-
失策	○	-	-	○

使い分け「失敗」は、日常的な表現であるのに対し、「失策」は、具体的な事柄における誤りをいう。また、「失策」は野球などのスポーツにおけるエラーを意味する。

【関連語】◆(失態)ぶざまなことをすること。体面を失うような失敗。「皆の前で失態を演じる」

参照▼失策⇒620-40

1 14-18 エラー／ミス

共通する意味★失敗すること。

使い方▼〔**エラー**〕スル▽外野のエラーで一点失う▽エラーの表示が出る　〔**ミス**〕スル▽ミスを犯す▽ミスプリント

使い分け【1】「エラー」は、失策すること。正しくないことの意で、多く、スポーツ、パソコンなどで使われる。【2】「ミス」は、うまくできないことの意のほか、「ミスキャスト」「ミスマッチ」のように、うまく合わないことの意でもいう。

参照▼エラー⇒620-40

1 14-19 やり損なう(やりそこなう)／しくじる／抜かる(ぬかる)

【関連語】◆(つまずく)

共通する意味★失敗する。【英】*to fail*

使い方▼〔**やり損なう**〕(ワ五)▽この仕事をやり損なったら大変だ　〔**しくじる**〕(ラ五)▽面接試験をしくじった　〔**抜かる**〕(ラ五)▽大事なお客だ、抜かるんじゃな

いぞ

	仕事を□	入学試験を□	準備を□	得意先を□
やり損なう	○	△	-	-
しくじる	○	○	-	○
抜かる	△	-	○	-

使い分け【1】「やり損なう」「しくじる」は、ほぼ同じような意味で使われることが多い。【2】「抜かる」は、ゆだんして失敗する意の俗語。【3】「やり損なう」は、「残業が入ってテニスをやり損なった」のように、機会を逃す意もある。【4】「しくじる」には、「勤め先をしくじる」のように、過失などで解雇されるという意味もある。

【関連語】◆**（つまずく）**（カ五）途中で障害にあい失敗する。「事業につまずく」

参照▼つまずく⇒101-15

1 14-20 過失（かしつ）／落ち度（おちど）

【関連語】◆**（粗相）**そそう◆**（不手際）**ふてぎわ◆**（過誤）**かご◆**（手違い）**てちがい

共通する意味★不注意や怠慢から起こった失敗や過ち。**【英】** *a fault*

	君のほうに□があった	自分の□を認める	□による事故	集計方法に□があった
過失	○	○	○	-
落ち度	○	○	-	○

使い分け【1】「過失」は、不注意や怠慢によって起こるものである。たとえば、「過ち」が故意に引き起こされることもあるのに対し、「過失」は「過失致死罪」のように、故意になされたものではない。【2】「落ち度」は、期待とは違った結果に至る過程で起こる過ちである。故意かどうかは問題にされない。

【関連語】◆**（粗相）**不注意からの失敗。または作法や行儀において他人に迷惑をかけたり、不快にさせるような過ち。「お客様に粗相のないようにする」◆**（不手際）**（名・形動）やり方がまずいこと。「当方の不手際から、多大なご迷惑をおかけしました」◆**（過誤）**「過失」の意の文章語。「重大な過誤を犯す」◆**（手違い）**手段や手順などを取り違えること。「手違いが生じる」

参照▼粗相⇒016-06

1 14-21 手落ち（ておち）／抜かり（ぬかり）／手抜かり（てぬかり）

【関連語】◆**（そつ）**◆**（手抜き）**てぬき◆**（遺漏）**いろう

共通する意味★何かをする過程でその手続きや方法に不手際や不足があること。またその不手際や不足。**【英】** *neglect; omission*

	万事□はない	品質管理に□があった	連絡しなかったのは君の□だ	野郎ども、□はないな
手落ち	○	○	○	-
抜かり	○	-	-	○
手抜かり	○	△	○	-

使い分け【1】「手落ち」は、しなければならない手続きに不注意から起こった具体的な不足や欠点が生じることであるのに対し、「手抜かり」は、その手続きや方法がもともと完全ではなく、配慮が欠けていて処置が不十分なときに用いられる。【2】「抜かり」は常に、「抜かりなく」「抜かりがない」のように、否定語とともに用いられる。俗語的な言い方。

【関連語】◆**（そつ）**「そつがない」の形で、手抜かり、またはむだがないこと。「何をやらせてもそつがない人」「あいかわらず、そつがない仕事ぶりだ」◆**（手抜き）**しなければならないことを故意にしないこと。「業者の手抜き工事が事故の原因だ」「仕事におわれて、手抜き料理が多い」◆**（遺漏）**おろそかで、手落ちがあることをいう文章語。「万事遺漏のないように頼む」「万（ばん）遺漏なきを期す」

参照▼遺漏⇒906-21

1 14-22 ぽか／どじ／へま

共通する意味★失敗すること。**【英】** *a blunder*

使い方▼〔どじ〕（名・形動）〔へま〕（名・形動）

	彼は時々□をやる	君は□な奴（やつ）だな	□を踏む	□をしでかす
ぽか	○	-	-	△
どじ	○	○	○	-
へま	○	△	-	○

使い分け【1】「ぽか」は、思いがけなくやってしまった、とんでもない失敗。【2】「どじ」は、「おまえは本当にどじだなあ」のように、間が抜けた失敗をする者、またはそんな失敗をするようなよくない性質を表わす。これに対して、「ぽか」「へま」は、行為（失敗）そのものをいっているのである。【3】いずれも、非常にくだけた口語的表現。

1 14-23 誤る（あやまる）／間違う（まちがう）／間違える（まちがえる）

【関連語】◆**（違える）**ちがえる

共通する意味★正しくない判断を下す。また、動作をやり損なう。**【英】** *to mistake*

使い方▼**〔誤る〕**（ラ五）▽目測を**誤る**▽**誤っ**て足を踏みはずす▽身を**誤る**（＝生き方を間違える）**〔間違う〕**（ワ五）▽答えは**間違っ**ていない▽彼は**間違っ**ている**〔間違える〕**（ア下一）▽傘を**間違える**▽田村氏と村田氏を**間違え**て案内状を出した

	計算を□た	□あて先を	飛行機をUFOと□	□た考え	字が□ている
誤る	－っ○	－	－	－っ○	－っ△
間違う	－っ○	○	○	－っ○	－っ○
間違える	－え○	○	○	－え－	－え－

使い分け【1】「誤る」は、他動詞では、ある物事について正しくない判断、認定を下す意である。「…を誤る」の形で、「…を」の部分には、判断、認定を意味するような語がくることが普通である。自動詞としては、「誤った考え」のように「誤った」の形で連体修飾語として使うことが多く、当を得ない、道理にはずれたといった、判断、認識が正しくない意で用いられる。なお、「誤って」という言い方は、今日では「うっかり」のような意味で用いられることが多く、副詞に近づいている。【2】「間違う」は、本来は自動詞で、他動詞の「間違える」と対応するものであるが、今日では「順番を間違う」のように他動詞として、「間違える」とほぼ同じように用いられる。【3】「間違う」は、自動詞としては、三通りの意味・用法がある。第一に、人がミス、失敗を犯すという、観察可能な具体的動作をさしていう場合で、「あっ、あいつまた間違った」などと、人を主語にして用いる。この場合は、表面的な動作に焦点があてられ、判断の誤りとはいえないような、単なる動作のやり損ないについてもこうした言い方が用いられる。第二に、「あなたの考えは間違っている」などのように、ある人の判断、認識やそれに基づく行為、態度、姿勢が正しくないという意で用いる。第三に、「答えが間違っている」のように、思考、判断の過程でミスを犯していて、出てきた結果が正しくないという意の用法がある。【4】自動詞の「間違う」と「誤る」は、正しくない判断をする意では意味が接近しているが、どちらかというと「間違う」が具体的になんらかのミスを犯しているのに対して、「誤る」は、どこがどうというのではなく概して正しくないという、やや抽象的な語感がある。それゆえ、「あなたの考えは誤っている」に対して、「あなたの考えは間違っている」の方が、直接的に批判するニュアンスが出てくる。また、一般的に思想、認識など、やや硬い抽象的な語句については、「誤る」の方が自然であり、逆に、判断、思考の結果出てきた具体的なものが正しくない場合には、「間違う」の方が自然である。【5】「間違える」は、本来自動詞である「間違う」に対応する他動詞である。「間違える」は、ヴァイオリンを弾いていて「しまった、うっかり指使いを間違えた」などという言い方のように、表面的に動作をやり損なう意、「計算を間違える」「答えを間違える」などのように、思考、判断の過程でミスを犯して、正しくない結果を出してしまう意、「傘を間違える」「塩と砂糖を間違える」などのように、取り違える意で用いられる。

【関連語】◆〈違える〉(ア下一)理解、判断、行動などを正常でなくする。また、他と比較して、あるいは平常とくらべて差があるようにさせる。「答えを違える」「首の筋を違える」「やり方を違える」

1 14-24　損(そこ)なう／損(そん)じる／とちる

共通する意味★ある物事に失敗する。また、する機会を失う。**【英】** *to fail*

使い方▼〔損なう〕(ワ五)▽遊んでいて宿題をやり損なう▽免許証の更新をし損なう▽多忙で映画を見損なう　〔損じる〕(サ上一)▽せいては事を仕損じる(＝あせって物事を行っては失敗する)▽手紙を書き損じた　〔とちる〕(ラ五)▽せりふをとちる▽試験をとちる

使い分け【1】「損なう」「損じる」は、何かに失敗する意の場合は、もっぱら他の語について複合動詞を作る。【2】「とちる」は、本来、舞台などで、せりふやしぐさを間違えることを意味する。

参照▼損なう⇒909-05

1 15 …授受

1 15-01　得(え)る／取(と)る／収(おさ)める

共通する意味★その人のものにする。**【英】** *to get*

使い方▼〔得る〕(ア下一)▽働いて報酬を得る▽名誉ある賞を得て喜びにたえない　〔取る〕(ラ五)▽入り口で入場料を取られた▽だれかに自転車を取られた　〔収める〕(マ下一)▽どうかお収めください▽所期の成果を収めた

	利益を□	許可を□	勝利を□	志を□
得る	○	○	○	○
取る	○	○	－	－
収める	○	－	○	－

使い分け【1】「得る」は、自分のものにするという関係に重点がある。そこから、「病を得る」のような悪いことや、「知識を得る」のような抽象的なものまでも使うことができる。「うる」ともいう。【2】「取る」は、特に動作の方に重点がある。「弟子をとる」のように、自分のものとはいいにくい場合や、「手をとる」「汚れをとる」のように、自分のものとはしない場合もある。さらに、「メモをとる」「相撲をとる」のように、動作をすることを抽象的に表わすこともある。【3】「とる」は、生物をつかまえる場合には、「捕る」「漁る」、選びとる場合には「採る」、写真については「撮る」、音については「録る」、といった漢字の使い分けをする。【4】「収める」は、本来の存在場所に注目した言い方で、「倉庫に収める」のように、保存、保管の意味もある。

参照▼取る⇒109-01 404-03　収める⇒906-15

1 15-02 受け取る／領収／受領／査収／収受／接受／受理／受納

共通する意味★自分の方へ来たり渡されたりするものを手に入れる。【英】*to receive*

使い方▼〔受け取る〕(ラ五)▽手紙を受け取る▽代金を受け取る　〔領収〕スル▽代金を領収する▽領収書　〔受領〕スル▽金一万円確かに受領しました▽受領印　〔査収〕スル▽納品を査収する▽どうか御査収ください　〔収受〕スル▽金銭を収受する▽収受係　〔接受〕スル▽極秘文書を接受する▽新任の大使を接受する▽接受係　〔受理〕スル▽入学願書を受理する▽退職願の受理　〔受納〕スル▽極上品を受納する▽粗品ですが御受納ください

使い分け【1】「受け取る」は、金銭に限らず、最も広く用いられる。自分の物とする意ではなく、単に手に入れる意でも用いられる。【2】「領収」は、代金など金銭について、広く用いられる。【3】「受領」は、金銭や物品などを手に入れることで、「領収」にくらべると、文章語的。【4】「査収」は、よく調べて手に入れることで、人が手に入れることを敬って「ご査収」の形で用いることも多い。【5】「収受」は、金銭や物品などを手に入れること、また受け納めること。文章語的。【6】「接受」は、公文書類などを手に入れること。また、外交使節団などを受け入れるときなどに用いられる。【7】「受理」は、書類、届け、願い事などを受け付けること。【8】「受納」は、金品、贈り物などを受け付け納めること。

1 15-03 獲得／取得／入手

【関連語】◆(拾得)しゅうとく◆(既得)きとく

共通する意味★自分のものにすること。【英】*to gain; to acquire*

使い方▼〔獲得〕スル▽首位の座を獲得する▽政権獲得　〔取得〕スル▽必要単位を取得する　〔入手〕スル▽珍しい絵を入手する▽ピストルの入手経路を調べる

	選挙資金を□する	大会の出場権を□する	情報を□する	運転免許の□
獲得	○	○	-	-
取得	-	○	-	○
入手	○	-	○	-

使い分け【1】「獲得」は、簡単には得られないものを、努力して手に入れること。【2】「取得」は、品物よりも、特に資格、権利などを自分のものにすることをいうことが多い。【3】「入手」は、一般的に、必要としている物を手に入れること。

【関連語】◆(拾得)スル拾って自分の物にすること。「財布を拾得する」「拾得物」◆(既得)すでに自分の物にしていること。「既得の知識では理解しかねる」「既得権」

1 15-04 奪う／取り上げる

【関連語】◆(吸い取る)すいとる◆(剝奪)はくだつ◆(収奪)しゅうだつ◆(せしめる)

共通する意味★相手の持っているものなどを、無理に取ってしまう。【英】*to rob (a person) of (a thing); to steal (a thing) from (a person)*

使い方▼〔奪う〕(ワ五)▽国民の自由を奪う▽戦争で地位も財産もすべて奪われてしまった　〔取り上げる〕(ガ下一)▽借金のかたに土地や家屋を取り上げる▽母に漫画本を取り上げられた▽地位を取り上げる

	手からかばんを□	追加点を□	洪水が尊い人命を□	医師の資格を□れる(られる)
奪う	○	○	○	-わ△
取り上げる	○	-	-	-げ○

使い分け「奪う」の方が意味の広がりは大きいが、「取り上げる」の方が日常語としてよく使われる。

【関連語】◆(吸い取る)(ラ五)権力や巧妙な手段を用いて、他人の利益や金銭を無理に取り上げる。「もうけを吸い取る」◆(剝奪)スル地位や資格などを無理やり取り上げること。「権利を剝奪された」◆(収奪)スル財産などを無理やり、取り上げること。「土地を収奪する」◆(せしめる)(マ下一)うまく立ち回って、自分のほしいと思っていたものを手に入れたり、また、横から取ってしまったりする。やや俗語的な言い方。「母親から小遣いをせしめる」

1 15-05 取り立てる／徴収／徴発

【関連語】◆(徴税)ちょうぜい◆(収税)しゅうぜい◆(課税)かぜい◆(追徴)ついちょう

共通する意味★他から強制的に取る。【英】*collection*

使い方▼〔取り立てる〕(タ下一)▽借金を取り立てる　〔徴収〕スル▽会費を徴収する　〔徴発〕スル▽トラックを徴発する

使い分け【1】「取り立てる」は、一般に広く用いられ、主に金銭についていう。【2】「徴収」は、法律や規則などに基づき、国民や会員などから租税や会費などを取ること。【3】「徴発」は、人、あるいは人の所有する物を強制的に取ること。特に、軍需用の物資を人民から広く集めること。

【関連語】◆(徴税・収税)スル税金を取ること。文章語的。「徴税令書(＝納税通知書の旧称)」「収税吏」◆(課税)スル税金を割り当てること。「年間所得に課税する」「源泉課税」◆(追徴)スルあとから不足の額を取ること。「追徴金」

1 15-06 分捕る／かっ払う／掠める

共通する意味★正しくない方法で他人のものを自分のものにする。【英】*to pilfer*

使い方▼〔分捕る〕(ラ五)▽敵から食料を分捕る〔かっ払う〕(ワ五)▽夜道でかばんをかっ払われる〔掠める〕(マ下一)▽会費の一部を掠める▽匈奴が漢の北辺を掠める

使い分け【1】「分捕る」は、戦って自分のものにする場合に使う。他の二語と違い動作主が不正を働いたというニュアンスがないこともある。口語的。【2】「かっ払う」は、どちらかといえば、相手の油断に乗じて具体的な物を盗む場合に使う。やや俗な言い方。【3】「掠める」には、こっそり自分のものにする意味と、武力で略奪する意味とがある。

115-07 巻き上げる／ゆする／ふんだくる

共通する意味★だましたり、おどかしたりして、金や物を取り上げる。【英】*to blackmail*

使い方▼〔巻き上げる〕(ガ下一)〔ゆする〕(ラ五)〔ふんだくる〕(ラ五)

	大金を□	人気スターを□	高い治療費を□れる（られる）	バッグを□て逃げる
巻き上げる	○	-	-げ-	-げ-
ゆする	○	○	-ら-	-っ-
ふんだくる	○	-	-ら○	-っ○

使い分け【1】「ゆする」は、言いがかりをつけたり、何かの情報をもとにおどかしたりして、金品を取り上げる意。「巻き上げる」にくらべ、だますというニュアンスは薄い。【2】「ふんだくる」は、乱暴に、またはだまして奪い取る意。俗語的な言い方。

参照▼ゆする⇒902-03

115-08 猫ばば／着服／横領／失敬

【関連語】◆(横取り)◆(くすねる)

共通する意味★金品などを不当に自分の物にすること。【英】*to embezzle*

使い方▼〔猫ばば〕スル〔着服〕スル〔横領〕スル〔失敬〕スル

	落とし物を□する	喫茶店の灰皿を□する	公金を□する	アイディアを□する
猫ばば	○	△	-	-
着服	○	△	○	-
横領	△	-	○	-
失敬	△	○	-	○

使い分け【1】「猫ばば」は、拾った物などを警察に届けたり、落とした人に返したりしないで自分の物にすることの俗な言い方。【2】「着服」は、組織が扱う物、特に金などを手にしたりした際に、そのままこっそりと自分の物にすることの文章語。【3】「横領」も「着服」同様、組織や他人の金品を自分の物にすることだが、その額の大きいものが対象となる。【4】「失敬」は、他人の物を黙って借りたり使ったり盗んできたりすることだが、軽い気持ちで行うもので、罪の意識はあまりない場合に用いることが多い。

【関連語】◆(横取り)スル他人の物をわきから奪う。「兄さんにケーキを横取りされた」「財産を横取りする」◆(くすねる)(ナ下一)小さいもの、少額のものをこっそり持ち出して自分の物にする。やや俗な言い方。「喫茶店の灰皿をくすねる」「おつりをくすねる」

参照▼失敬⇒515-64 516-22

115-09 没収／接収／押収

【関連語】◆(召し上げる)

共通する意味★国家や軍隊、裁判所などが個人の所有物などを強制的に取り上げること。【英】*to forfeit*

使い方▼〔没収〕スル▽授業に不必要なものを所持していて没収された▽所有権の没収〔接収〕スル▽軍隊に土地を接収される〔押収〕スル▽警察にピストルを押収される

	財産を□する	証拠物件を□する	占領軍に□された建物	密輸品の□
没収	○	△	△	○
接収	○	-	○	-
押収	-	○	-	○

使い分け【1】「没収」は、所持品などを無理やり取り上げる意でも用いられるが、法律で、特に国家が個人の所有物や所有権を強制的に取り上げることをいう。【2】「接収」は、国家や軍隊などが権力によって、国民や敗戦国の所有物を強制的に取り上げること。【3】「押収」は、法律で、裁判所やその許可を得た捜査機関などが犯罪の捜査に必要な証拠物件などを容疑者などから取り上げること。

【関連語】◆(召し上げる)(ガ下一)政府などが、個人の所有物を強制的に取り上げる意の、ややくだけた表現。「先祖代々の土地を召し上げられる」

115-10 搾取／詐取／ピンはね

共通する意味★本来他人のものになるはずのものを自分のものにすること。【英】*to exploit*

使い方▼〔搾取〕スル〔詐取〕スル〔ピンはね〕スル

	手配師が労賃の一部を□する	資本家は労働者を□する	手形を□する事件	看守はさし入れを□した
搾取	○	○	-	-

詐取	○	-	○	-
ピンはね	○	-	-	○

使い分け【1】「搾取」は、特に、資本家が労働者をその生活維持に必要な労働時間以上に働かせ、その利益をしぼりとること。【2】「詐取」は、金品をだましとること。【3】「ピンはね」は、仲介する者が一部をかすめとること。「上前(うわまえ)をはねる」とも。「ピン」は、「上前」の意のポルトガル語から。

1 15-11 略奪(りゃくだつ)／強奪(ごうだつ)／奪略(だつりゃく)

【関連語】◆(略取)りゃくしゅ◆(奪取)だっしゅ◆(争奪)そうだつ

共通する意味★暴力を使って無理やり奪い取ること。**【英】** *plunder*

使い方▼〔略奪〕スル▽略奪をほしいままにする▽略奪品 〔強奪〕スル▽現金を強奪する 〔奪略〕スル▽暴徒に奪略された町

使い分け【1】「略奪」「奪略」は、ともに、軍隊や暴徒などが集団で奪い取ることをいう。「略奪」の方が多く使われる。【2】「強奪」は、「略奪」「奪略」とは違い、個人または少人数の行為の場合にいう。【3】「略奪」「奪略」は、それぞれ「掠奪」「奪掠」とも書く。

【関連語】◆(略取)スル奪い取ること。特に、暴力、脅迫などの手段で強引に人を連れ去ること。法律用語として使われることが多い。「幼児を略取誘拐する」◆(奪取)スル無理やり奪い取ること。「クーデターで政権を奪取する」◆(争奪)スル争って奪い合うこと。「優勝杯争奪戦」

1 15-12 取(と)り返(かえ)す／取(と)り戻(もど)す

【関連語】◆(回収)かいしゅう

共通する意味★失ったものなどを再び手に入れる。**【英】** *to recover*

使い方▼〔取り返す〕(サ五)▽失った信用を取り返す 〔取り戻す〕(サ五)▽落ち着きを取り戻す▽意識を取り戻す

	貸した本を□	仕事の遅れを□	ようやく一点□	元気を□
取り返す	○	○	○	-
取り戻す	○	○	-	○

使い分け【1】「取り返す」の方が、反対に取るという意味合いが強い。【2】「取り戻す」は、取って元の状態に戻すという意味であり、「元気」や「意識」のほか、「笑顔」「落ちつき」など、抽象的な事柄に関しても多く使われる。

【関連語】◆(回収)スルばらまかれたものを元に戻すこと。**【英】** *to collect*「空き缶を回収する」

1 15-13 奪回(だっかい)／奪還(だっかん)

共通する意味★相手に取られたものを奪い返すこと。**【英】** *to recover*

使い方▼〔奪回〕スル▽優勝旗を奪回する 〔奪還〕スル▽権利の奪還を目指す

使い分け「奪還」の方がやや硬い表現で、一般には「奪回」を使う。

1 15-14 与(あた)える／授(さず)ける／恵(めぐ)む／施(ほどこ)す／やる／あげる／差(さ)し上(あ)げる／くれる／くださる／賜(たまわ)る

【関連語】◆(供する)きょうする◆(供与)きょうよ◆(提供)ていきょう◆(授与)じゅよ◆(恵与)けいよ

共通する意味★ある者がある者の方へ利益となる物事を移動させる。**【英】** *to give; to award*

使い方▼〔与える〕(ア下一)▽子供にいい本を与える▽人々に感銘を与える 〔授ける〕(カ下一)▽文化勲章を授ける▽弟子に秘術を授ける▽神が子供を授ける 〔恵む〕(マ五)▽恵まれない子供たちを援助する▽温暖な気候と豊かな森が農産物を恵んでくれる 〔施す〕(サ五)▽医療を施す▽あざやかな色彩を施す▽金属に特殊な処理を施す 〔やる〕(ラ五)▽兄の子供たちに小遣いをやる▽赤ん坊にミルクをやる 〔あげる〕(ガ下一)▽友達にあげた本▽妹にセーターをあげる▽線香をあげる 〔差し上げる〕(ガ下一)▽大統領夫人に花束を差し上げた 〔くれる〕(ラ下一)▽弟が私に土産をくれた▽旧友が手紙をくれた 〔くださる〕(ラ五)▽先生が本をくださった 〔賜る〕(ラ五)▽神の賜った恵みに感謝する▽ご愛顧を賜りますようお願い申し上げます

	お金を□	優勝者に賞を□	恩恵を□	小鳥にえさを□	花に肥料を□
与える	○	○	○	○	○
授ける	△	○	△	-	-
恵む	○	-	-	-	-
施す	○	-	○	-	○
やる	○	○	-	○	○
あげる	○	○	-	△	△
差し上げる	○	-	-	-	-
くれる	○	△	-	-	-
くださる	○	○	-	-	-
賜る	○	○	○	-	-

使い分け【1】「与える」は、種々の物事に広く用いられ、また相手が動植物の場合にも用いられる。

上位の者から下位の者への移動の場合に用いられる。「損害を与える」のような、不利益な影響をもたらす表現でも使われる。また、「問題を与えて考えさせる」のように、相手に何かを課す意味でも使われる。硬い表現で用いられることが多い。【2】「授ける」は、上位の者が、貴重なものやすぐれた技術などを、下位の者に移動し、所有させる意。受身形「授けられる」に相当する語に「授かる」がある。「子宝を授かる」【3】「恵む」は、困っている者を哀れんで、いくらかの金品をその者に移動し、所有させる意。「恵んでやる」「恵んでもらう」「恵まれる」などのように、授受の動詞をともなった形や受身の形で用いられることが多い。【4】「施す」は、弱い立場にある人に、無償で利益となる物事をもたらす意。植物に対しての肥料などの移動にも使われる。「改訂を施す」「漢字にふりがなを施す」「策を施す」のように、なんらかの効果が現れるように、何かを付け加えることや行なうことの意味もある。【5】「やる」は、同等以下の者へ金品を移動して所有させる意。動植物へのえさや肥料などにも使われる。「子供を使いにやる」「手紙をやる」のように、人や物を単にある場所に移動させる意でも使われる。【6】「差し上げる」は、下位の者から上位の者へ物品を移動する意で、謙譲語として使われる。「あげる」も、本来謙譲語として用いられたものであるが、現代では、丁寧語として対等または目下の者への移動に用いられることが多くなっている。【7】「くれる」は、同等以下の者から表現者やその近親の者へ物品を移動する意で使われる。【8】「くださる」「賜る」は、上位の者から表現者やその近親の者へ物品を移動する意で使われる。ともに「くれる」の尊敬語として使われるが、敬意は「賜る」のほうが高い。「賜る」は、もらう意の謙譲語としても使われる。【9】「やる」「くれる」「くださる」は、「友達にノートを見せてやった」のように、動詞の後に「て」をはさんで接続し、動詞の表わす行為にともなう利益の移動の意味を添えることも多い。「くれてやる」は、話し手が相手を見下して何かを相手に移動し所有させる意。「そんなもの、いくらでもくれてやる」

【関連語】◆(供する)(サ変)あるものを一般の人の役に立つように差し出す。「食用に供する」「参考に供する」◆(供与)スル相手の欲しがっている品物や利益を与える。「便宜を供与する」◆(提供)スル他人がしようとしていることの助けとなる、資料や素材などを差し出す。「情報を提供する」◆(授与)スル賞、証書などを授ける。「卒業証書を授与する」◆(恵与)スル何かを与えられたとき、それを感謝していう語。「記念品を恵与される」

参照▼授ける⇒602-49　やる⇒114-09　517-74　差し上げる⇒115-41

1 15-15

譲る(ゆずる)／譲り渡す(ゆずりわたす)／譲渡(じょうと)

【関連語】◆(譲与)じょうよ◆(分譲)ぶんじょう◆(委譲)いじょう◆(明け渡す)あけわたす◆(手放す)てばなす◆(引き渡す)ひきわたす

共通する意味★自分のものをほかの人に与える。

【英】 *to transfer*

使い方▼〔譲る〕(ラ五)▽車を安く譲ってもらう▽社長の座を譲る　〔譲り渡す〕(サ五)▽店を息子に譲り渡す▽ゴルフ場の会員権を譲り渡した　〔譲渡〕スル▽会社の所有権を譲渡する▽株を譲渡する

	財産を□	図書を□	電車の席を□	不要な衣類を□てください
譲る	○	○	○	っ ○
譲り渡す	○	○	－	し －
譲渡する	○	－	－	し －

使い分け【1】「譲る」は、自分の所有する財産や物、権利、地位などを他人に与える意。与えるものは、価値のあるものの場合もあれば、あまり価値のないものの場合もある。「道を譲る」「結論は明日に譲る」のように、譲歩することやあることを他の機会にまわす意でも使われる。【2】「譲り渡す」は、自分の所有するもので、価値のあるものや財産、権利、地位などを他人に与える意。「電車の席を譲り渡す」とはいわないが、「議長の席を譲り渡す」のように、席が役職の意であれば使うことができる。【3】「譲渡」は、やはり価値のあるものや財産、権利などを他人に与える意で使われるが、地位については用いにくい。また、「譲る」や「譲り渡す」にくらべ硬い表現で使われることが多い。

【関連語】◆(譲与)スル物や権利を譲り与えること。「田畑を譲与する」「譲与税」◆(分譲)スルまとまった物をいくつかに分けて譲ること。最近ではもっぱら、土地、建物などに用いられる。「土地を格安で分譲する」「分譲住宅」◆(委譲)スル権限などを他の機関や職務の人に譲りゆだねること。「決定権を出先機関に委譲する」◆(明け渡す)(サ五)土地、家屋などを立ちのいて、他人に渡す。「城を明け渡した」◆(手放す)(サ五)所有している物を他人に与えたり売ったりする。「手離す」とも書く。「借金返済のため、山林を手放す」◆(引き渡す)(サ五)手元にある人や物を他人の手に移す。「人質を引き渡す」「武器を引き渡す」

1 15-16

納付(のうふ)／納税(のうぜい)

【関連語】◆(納金)のうきん

共通する意味★国や役所などに金銭を納めること。

【英】 *to pay*

使い方▼〔納付〕スル▽税金を納付する▽納付期限　〔納税〕スル▽国に納税する▽納税者

使い分け【1】「納付」は、国や役所などに税や社会保険料など、法律上国民の義務とされているものを納めること。【2】「納税」は、税金を納めること。

【関連語】◆(納金)スル金銭を納めること。また、その金銭。「納金は月末までにお願いします」「明日、納金します」

1 15-17 納入（のうにゅう）／予納（よのう）／前納（ぜんのう）／全納（ぜんのう）／分納（ぶんのう）／納める（おさめる）

【関連語】◆**（納まる）**おさまる

共通する意味★金銭や物品などを受け取るべき人や、受け取るべき場所などへ渡すこと。**【英】** *to pay (a tax); to supply (goods)*

使い方▼【納入】スル▽会費を納入する▽新製品の納入予定日 **【予納】**スル▽税金を予納する **【前納】**スル▽半年分を前納する **【全納】**スル▽保険料の一年分を全納する **【分納】**スル▽学費を三回に分けて分納する **【納める】**(マ下一)▽学会費を納める▽税金を納める

使い分け【1】「納入」「納める」は、最も広く、金銭や物品などを受け取るべき人や場所に渡す意。**【2】**「予納」「前納」は、前もって金品を納めること。「前納」のほうが一般的に用いられる。**【3】**「全納」は、全額を一度に納めること。**【4】**「分納」は、何回かに分けて納めること。

反対語▼前納⇔後納

【関連語】◆**（納まる）**(ラ五)物や金銭などが、受け取られる。「国庫に税が納まる」

1 15-18 後納（こうのう）／追納（ついのう）

共通する意味★金銭をあとから納めること。**【英】** *to pay in addition*

使い方▼【後納】スル▽代金は後納してください▽料金後納郵便 **【追納】**スル▽代金の不足分を追納する▽追納通知

使い分け【1】「後納」は、物品の代金、運賃などを利用後に納めること。**【2】**「追納」は、あとから不足額を補うこと。

反対語▼後納⇔前納

1 15-19 未納（みのう）／滞納（たいのう）

共通する意味★納入すべき金品をまだ納めていないこと。

使い方▼【未納】▽代金が未納です▽未納金▽授業料未納 **【滞納】**スル▽税金を滞納する▽滞納通知

使い分け【1】「未納」は、まだ納めていないこと。**【英】** *nonpayment* **【2】**「滞納」は、納付すべき金品を、期限が過ぎても納めないこと。**【英】** *arrearage*

1 15-20 金納（きんのう）／物納（ぶつのう）／代納（だいのう）

共通する意味★租税などを金銭や物品で納めること。

使い方▼【金納】スル▽税を金納する▽金納税 **【物納】**スル▽税を物納する **【代納】**スル▽とりあえず物品で代納する

使い分け【1】「金納」は、租税や小作料などを金銭で納めること。**【英】** *payment in money* **【2】**「物納」は、租税や小作料などを物品で納めること。**【英】** *payment in kind* **【3】**「代納」は、主に金銭の代わりに物品など、代用のもので納めること。また、「本人が出張中なので私が代納に行きます」のように、本人の代理で納めることもいう。

1 15-21 配る（くばる）／配布（はいふ）／配付（はいふ）

共通する意味★それぞれに行き渡るように分けて届ける。**【英】** *to distribute*

使い方▼【配る】(ラ五)▽駅前で通行人にビラを配る **【配布】**スル▽町内に広報紙を配布する **【配付】**スル▽関係官庁に討議資料を配付する

	アンケート用紙を□	牛乳を□	ちらしを□	資料を出席者に□
配る	○	○	○	○
配布する	○	-	○	△
配付する	○	-	-	○

使い分け【1】「配る」は、ほとんどの場合に使える。また、「気を配る」「目を配る」のように、配慮、注意を広く行き渡らせる意でも使う。**【2】**「配布」が、広く行き渡るように配る意であるのに対し、「配付」は、確実に相手に届くように配る意。**【3】**法令用語としては、「配布」「配付」は「配布」に統一することになっている。

1 15-22 配給（はいきゅう）／分配（ぶんぱい）／配分（はいぶん）

【関連語】◆**（配当）**はいとう

共通する意味★それぞれに分けて配ること。**【英】** *distribution*

使い方▼【配給】スル▽映画会社が新作映画を配給する **【分配】**スル▽もうけを公平に分配する **【配分】**スル▽時間の配分がうまくいかない

	米を人数分ずつ□する	仕事量に応じた人の□	利益を□する	比例□
配給	○	-	-	-
分配	○	○	○	-
配分	○	○	-	○

使い分け【1】「配給」は、品物を割り当てて配ること。**【2】**「分配」は、全体を分けて配ること。**【3】**「配分」は、割合を考えて分けて配ること。

【関連語】◆**（配当）**スル割り当てて配ること。「会社の利益が上がって株の配当が増えた」のように、株、競馬などに使われる。

1 15-23 貸借(たいしゃく)／貸し借り(かしかり)

共通する意味★金品を貸すことと借りること。**【英】** *a loan*

使い方▼〔**貸借**〕スル▽土地の貸借に関する法律▽金銭を貸借する　〔**貸し借り**〕▽貸し借りなしの対等な立場

使い分け「貸借」は、改まった硬い言い方。「貸し借り」は、日常的な言い方。

1 15-24 貸す(かす)／貸し出す(かしだす)／用立てる(ようだてる)

【関連語】◆(**貸し切る**)かしきる

共通する意味★人に自分の物を一時的に与えて使わせる。**【英】** *to lend; to rent (a house)*

使い方▼〔**貸す**〕(サ五)　〔**貸し出す**〕(サ五)　〔**用立てる**〕(タ下一)

	家を□	図書を□	市民会館を一日□	百万円ほど□
貸す	○	○	○	○
貸し出す	-	○	-	△
用立てる	-	-	-	○

使い分け【1】「貸す」は、一般的に広く用いられる。【2】「貸し出す」は、公共機関や店が、そこの所有物を一時的に、そこから持ち出すことを認める意。また、銀行などの金融機関では金銭についてもいう。【3】「用立てる」は、必要な金銭や品物をそろえてやる意。多く、金銭を立て替える場合にいう。

反対語▼貸す⇔借りる　貸し出す⇔借り入れる

【関連語】◆(**貸し切る**)(ラ五)一定の日時、期間に、乗り物や部屋などを特定の借り手にそっくり渡して使わせる。⇔借り切る。「遊覧船を貸し切る」

1 15-25 貸与(たいよ)／貸付(かしつけ)

【関連語】◆(**貸し**)かし

共通する意味★金品を貸すこと。**【英】** *lending*

使い方▼〔**貸与**〕スル▽制服を貸与する▽奨学金の貸与　〔**貸付**〕▽開発基金の貸付▽貸付係

使い分け「貸与」は、貸し与えること。「貸付」は、金融機関が、利子、期限などを決めて金を貸すこと。

【関連語】◆(**貸し**)金品を貸すことだけでなく恩恵を与えることについてもいう。⇔借り。「百円貸しだ」「彼女に貸しをつくった」

1 15-26 賃貸(ちんたい)／賃貸し(ちんがし)／リース／レンタル

共通する意味★料金を受け取って貸すこと。**【英】** *to lease*

使い方▼〔**賃貸**〕スル▽持ち家を賃貸する▽賃貸マンション　〔**賃貸し**〕スル▽駐車場を賃貸しする　〔**リース**〕スル▽ワープロをリースする▽リース産業　〔**レンタル**〕スル▽レンタルの結婚衣装▽レンタルビデオ

使い分け【1】「賃貸」は、改まった場合にも一般にも広く使われている。「賃貸し」は、やや古めかしい言い方。【2】「リース」は、業者が物品を長期にわたる賃貸借契約をして貸すことにいうのに対し、「レンタル」は、短期間物品を貸すことにいう。【3】「リース」「レンタル」は、「事務機はリースで賄う」「着物はレンタルにした」のように、借りる側が、賃貸を利用する意で使うことも多い。

1 15-27 又貸し(またがし)／転貸(てんたい)

共通する意味★人から借りた物をさらに別の人に貸すこと。**【英】** *to sublease*

使い方▼〔**又貸し**〕スル▽図書館の本を又貸ししてはいけない　〔**転貸**〕スル▽借家を知人に転貸する

使い分け「又貸し」は、一般的な語。「転貸」は、改まった硬い言い方。

反対語▼又貸し⇔又借り　転貸⇔転借

1 15-28 借りる(かりる)／借用(しゃくよう)／拝借(はいしゃく)／チャーター

【関連語】◆(**寸借**)すんしゃく◆(**借り入れる**)かりいれる◆(**借り切る**)かりきる

共通する意味★他人の金品などを一時的に自分のものとさせてもらう。**【英】** *to borrow; to rent*(家などを)

使い方▼〔**借りる**〕(ラ上一)▽電話を借りる▽借りた金はきちんと返せ　〔**借用**〕スル▽機材を借用する▽借用証　〔**拝借**〕スル▽それでは皆様、お手を拝借　〔**チャーター**〕スル▽ヘリコプターをチャーターする

	先生から金を□	高級マンションを□	名義を□て株を買う	社員旅行にバスを一台□	すみません、トイレを□ます
借りる	○	○	-り○	○	-り○
借用する	○	-	-し○	-	-し-
拝借する	○	-	-し△	-	-し○
チャーターする	-	-	-し-	○	-し-

使い分け【1】「借りる」は、最も一般的に用いられる。【2】「借用」は、使用するのが目的で一時的に自分のものとする場合にいう。多少、改まった言い方。文章語。【3】「拝借」は、へりくだった言い方で、主として会話、手紙の中で用いられる。【4】「チャーター」は、契約を結んで乗り物を一時的に使用すること。

反対語▼借りる⇔貸す　借用⇔貸与

【関連語】◆(寸借)スル少しの間、または少量・少額だけ借りること。「寸借詐欺」◆(借り入れる)(ラ下一)金銭などを借りて自分の方へ取り込む。「銀行から住宅資金を借り入れる」◆(借り切る)(ラ五)乗り物や部屋などをそっくり全部借りる。⇔貸し切る。「バスを借り切る」「料亭を借り切る」

1 15-29 賃借り／賃借

共通する意味★料金を払って借りること。【英】*hire*

使い方▼〔賃借り〕スル▽演奏会場を賃借りする　〔賃借〕スル▽店舗を賃借する▽賃借権

使い分け「賃借」は、改まった言い方。

反対語▼賃借り⇔賃貸し　賃借⇔賃貸

1 15-30 借金／負債／借財

【関連語】◆(借款)◆(クレジット)◆(借り)

共通する意味★借りた金銭や物品。【英】*a debt*

使い方▼〔借金〕スル▽借金を作る▽友人に借金する▽借金取り　〔負債〕▽何億という負債を抱え込む　〔借財〕スル▽借財の返済に追われる

使い分け【1】「借金」は、借りた金銭。また、金銭を借りること。ごく一般的に用いられる。【2】「負債」は、借りた金銭の額の規模が「借金」より大きく、物資なども含まれる。【3】「借財」は、「借金」の古めかしい言い方。

【関連語】◆(借款)主に国と国とで金銭の貸し借りをすること。「円借款」◆(クレジット)本来は、外国の政府、銀行などから金銭を借り受ける契約をすることだが、一般には、月賦などの信用販売をいう。「クレジットの返済に追われる」「クレジットカード」◆(借り)金品を借りることだけでなく恩恵を受ける場合にもいう。⇔貸し。「この飲み代は僕の借りだ」「借りは全部返した」「彼に借りができてしまった」

参照▼クレジット⇒512-67

1 15-31 又借り／転借

共通する意味★人が借りた物をさらに別の人が借りること。【英】*to sublease*

使い方▼〔又借り〕スル▽友人の借りてきた講義ノートを又借りする　〔転借〕スル▽賃貸マンションを転借する

使い分け「又借り」は、一般的な語。「転借」は、改まった言い方で、あまり使わない。

反対語▼又借り⇔又貸し　転借⇔転貸

1 15-32 焦げ付く／踏み倒す

共通する意味★金銭の貸借関係が行き詰まる。【英】*to bilk*

使い方▼〔焦げ付く〕(カ五)▽不動産会社への融資が焦げ付く▽無理な投資で多額の金を焦げ付かせてしまう　〔踏み倒す〕(サ五)▽借金を踏み倒す

使い分け【1】「焦げ付く」は、貸した金銭や投資した資金が回収できなくなる意。貸した側からいう語。事業や商取引などで用いることが多い。【2】「踏み倒す」は、代金や借りた金を支払わずにすませる意。借りた側からいう語。個人的な貸借関係に用いることが多い。

参照▼焦げ付く⇒714-10

1 15-33 貸し主／貸し元／貸し手

共通する意味★貸す側の人。【英】*a lender*

使い方▼〔貸し主〕▽土地の貸し主に立ち退きを要求される　〔貸し元〕▽貸し元に大金を都合してもらう　〔貸し手〕▽下宿の貸し手

使い分け【1】「貸し主」は、現在何かを貸している人、貸し借りされている金品の元々の所有者の意。【2】「貸し元」は、賭博(とばく)場で賭(か)ける金を貸すばくち打ちの胴元の意もある。【3】「貸し手」は、貸してくれる人の意。

反対語▼貸し主⇔借り主　貸し手⇔借り手

1 15-34 借り主／借り手／テナント

共通する意味★借りる側の人。【英】*a borrower; a tenant*

使い方▼〔借り主〕▽アパートの借り主が夜逃げした　〔借り手〕▽家の借り手を探す　〔テナント〕▽向かいのビルでテナントを募集している

使い分け【1】「借り主」は、現在何かを借りている人。【2】「借り手」は、借りようとする人、また、借りている人。【3】「テナント」は、商売・事業などのためにビルなどの一画を借りる人。

1 15-35 返還／返却／返品

【関連語】◆(還付)◆(返上)

共通する意味★金品を元の所へ返すこと。【英】*to return*

使い方▼〔返還〕スル　〔返却〕スル　〔返品〕スル

	優勝カップを□する	借りた本の□	欠陥商品を□する	北方領土□	答案の□
返還	○	-	-	○	-
返却	△	○	△	-	○
返品	-	-	○	-	-

使い分け【1】「返還」は、長期にわたり一時的に譲り受けていた物、預かっていた物を元の所へ返すこと。【2】「返却」は、借りた物、提出された物、受け取った物を、再び所有者に返すこと。【3】「返品」は、仕入れた物、購入した物を、何らかの理由によって、仕入れ先や購入先に返すこと。

【関連語】◆**(還付)**スル一度納められた金銭や土地を返すこと。「税金の還付」◆**(返上)**スル要らないもの、すんだものとして返すこと。「休日返上で働く」

1 15-36 返済／返金／弁済

【関連語】◆**(払い戻し)**

共通する意味★借りた金を返すこと。**【英】** *to return; to pay*

使い方▼〔**返済**〕スル▽ローンを返済する▽借金の返済に追われる 〔**返金**〕スル▽月々いくらかずつ返金する 〔**弁済**〕スル▽債務を弁済する

使い分け【1】「返済」は、借りた金銭などを契約どおり返すこと。【2】「返金」は、「万一商品に欠陥がある場合は返金に応じます」のように、払い込まれた代金を返すことにもいう。【3】「弁済」は、法律上、債務をすっかり果たすこと。

【関連語】◆**(払い戻し)**いったん受け取った金を清算して返すこと。「特急料金の払い戻しを受ける」

1 15-37 補償／賠償／弁償／代償

【関連語】◆**(報償)**◆**(償う)**◆**(損料)**◆**(見返り)**

共通する意味★損害に対し金品で埋め合わせをすること。**【英】** *compensation*

使い方▼〔**補償**〕スル▽損害については当方で補償いたします▽災害補償▽刑事補償 〔**賠償**〕スル▽犠牲者の遺族が賠償を請求する▽国家賠償法▽損害賠償 〔**弁償**〕スル▽友人の本を汚してしまったので弁償する 〔**代償**〕▽損害の代償を求める

	損害を□してもらう	事故の後遺症の□問題	国に□責任がある	割った花瓶を□する	損害の□として土地を要求される
補償	○	○	-	-	-
賠償	○	-	○	-	-
弁償	○	-	-	○	-
代償	-	-	-	-	○

使い分け【1】「補償」は、直接損害を与えるような法的な罪は犯していないが、損害分の補いをすること。【2】「賠償」は、重大な過失が法的に罪となるような場合、また、裁判で「賠償責任」を追及するような場合に用いられる。【3】「弁償」は、個人の間で話し合いで解決できるような場合、損害が社会的に重大な問題ではないような場合に多く使う。【4】「代償」には「勝利の代償に多くの人命を失った」のように、何かを手に入れるために払う犠牲の意もある。

【関連語】◆**(報償)**スル損害を被った人に埋め合わせをすること。また、労力に対し報いることの意もある。「報償金」◆**(償う)**(ワ五)労働や反省などで罪や責任の埋め合わせをする場合にもいう。「損害を償う」「出家して犯した罪を償う」◆**(損料)**衣類や器物などを借りたとき、それがいたんだ分の埋め合わせとして支払う金銭。「損料をとられる」◆**(見返り)**人から受ける利益へのお返しとして提供する金品や労力。「援助の見返りを求める」

参照▼代償⇒219-25

1 15-38 償還／償却／完済

共通する意味★借金などを返すこと。**【英】** *repayment*

使い方▼〔**償還**〕スル▽負債の償還の期日を守る 〔**償却**〕スル▽十年で借財を償却した▽減価償却 〔**完済**〕スル▽今回の支払いで住宅ローンを完済した

使い分け【1】「償還」は、借金などの返済の意と、期限がきて債務者が債権者に金を支払うことの意がある。【2】「償却」は、借金、負債などをすっかり返すこと。また、「減価償却」の略としても使われる。【3】「完済」は、全部返し終わること。

1 15-39 贈る／贈与／寄贈／寄付

【関連語】◆**(贈答)**◆**(恵贈)**

共通する意味★相手に改まった形で何かを与える。**【英】** *to present*

使い方▼〔**贈る**〕(ラ五) 〔**贈与**〕スル 〔**寄贈**〕スル 〔**寄付**〕スル

	恋人に花束を□	すばらしい演奏に賛辞を□	娘に財産を□	卒業生が学校へピアノを□	バザーの収益金を福祉団体に□
贈る	○	○	○	○	○
贈与する	-	-	○	-	-
寄贈する	-	-	-	○	-
寄付する	-	-	-	○	○

使い分け【1】「贈る」は、感謝、礼、好意などの気持ちをこめて、改まった形で何かを与える意。与える側、与えられる側ともに、個人でも団体でもよい。また、与えられるものも、物品、言葉、位など幅広い。【2】「贈与」は、個人が個人に金品、財産を与えること。話し言葉ではあまり用いない。【3】「寄贈」は、団体へ品物を贈ること。品物はある程度高価または貴重なもので、本、ピアノ、芸術作品など長期間使えるものの場合にいう。【4】「寄付」は、公共の事業、団体、社寺などに金品を贈ること。「寄附」とも書く。

【関連語】◆**(贈答)**スル贈ることとそのお返しをする

こと。「贈答品」◆〈恵贈〉スル人から物を贈られたとき、それを感謝していう語。改まった言い方。「ご恵贈にあずかり感謝にたえません」

1 15-40 はなむけ／餞別(せんべつ)

共通する意味★旅立つ者に贈る金品。**【英】** *a parting gift*

使い方▼〔はなむけ〕▽はなむけの言葉を贈る 〔餞別〕▽海外へ転勤する友人に餞別を贈る

使い分け 「餞別」の方が一般的。「はなむけ」は、旅立ちや新しい門出を祝って贈られる金品や言葉。「餞別」は、旅立ちのほか、転任・転居などで別れる際に贈る金品。

1 15-41 供(そな)える／捧(ささ)げる／献(けん)ずる／奉(たてまつ)る／差(さ)し上(あ)げる

【関連語】◆〈奉奠〉ほうてん ◆〈貢ぐ〉みつぐ ◆〈奉ずる〉ほうずる

共通する意味★上位の者へ物を贈る。**【英】** *to devote*

使い方▼〔供える〕(ア下一) 〔捧げる〕(ガ下一) 〔献ずる〕(サ変) 〔奉る〕(ラ五) 〔差し上げる〕(ガ下一)

	供える	捧げる	献ずる	奉る	差し上げる
墓前に花を□	○	○	○	○	○
恩師に記念品を□	-	-	○	-	○
恋人に花を□	-	○	-	-	-
部長にお歳暮を□	-	-	-	-	○

使い分け【1】「供える」は、神仏、死者に対して供物、花などをあげる意。【2】「捧げる」は、相手に恭しく物を贈る意。また、「研究に一生を捧げる」のように、相手に示し差し出して尽くす意も表わす。【3】「献ずる」は、先生など、目上の人に物を贈る意。【4】「奉る」は、かなり上位の人に物を贈る意。また、「部長は奉っておく」のように、表向き敬意を表わした形にする意もある。他の動詞につけて用いるとその動作の対象を敬う謙譲表現を作る。【5】「差し上げる」は、やる、与えるの謙譲表現。

【関連語】◆〈貢ぐ〉(ガ五)本来は、献上する意だが、現在では、自分の得た金品を与える意で用いる。「恋人に貢ぐ」◆〈奉ずる〉(サ変)非常に地位の高い人に物を贈る意。また、「キリスト教を奉ずる」のように、恭しくいただいて従う意もある。◆〈奉奠〉スル謹んで供えること。文章語。「玉串(たまぐし)奉奠」

参照▼差し上げる⇒1 15-14

1 15-42 奉納(ほうのう)／献納(けんのう)／寄進(きしん)

【関連語】◆〈奉献〉ほうけん

共通する意味★社寺に何かを納めること。**【英】** *to dedicate*

使い方▼〔奉納〕スル 〔献納〕スル 〔寄進〕スル

	奉納	献納	寄進
灯籠(とうろう)を□する	○	○	○
お神楽を□する	○	-	-
寺に五万円□する	△	△	○
工芸品を国に□する	-	○	-
信者の□で建立した塔	-	-	○

使い分け【1】納めるものが物品の場合は、「奉納」「献納」「寄進」のいずれも用いることができる。【2】納めるものが芸能、競技などの場合は、「奉納」を用いる。【3】納めるものが金の場合は、「寄進」を用いる。【4】「献納」は、納める先が社寺だけではなく国家の場合も用いられる。

【関連語】◆〈奉献〉スル神仏、貴人などに物を差し上げること。「古代の奉献品」

1 15-43 進呈(しんてい)／贈呈(ぞうてい)／献上(けんじょう)／進上(しんじょう)

【関連語】◆〈謹呈〉きんてい ◆〈謹上〉きんじょう

共通する意味★人に物を差し上げること。**【英】** *to present*

使い方▼〔進呈〕スル 〔贈呈〕スル 〔献上〕スル 〔進上〕スル

	進呈	贈呈	献上	進上
君にこの本を□しよう	○	△	-	○
記念品の□を行う	-	○	-	-
陛下に特産品を□する	-	-	○	-
ここまでおいで甘酒□	-	-	-	○

使い分け【1】「献上」は、差し上げる相手が自分よりもはるかに上位の、天皇や貴人の場合に用いる。【2】「進呈」「贈呈」「進上」は、相手が特に自分より上位の者でなくても、相手を敬って用いる。【3】「進上」は、あげるものは特に品物に限らないが、「進呈」「贈呈」は、相手に渡すことができる形のあるものに限られる。【4】「進呈」は、軽い気持ちでのやりとりに用いるが、「贈呈」は、形式ばった晴れがましさを伴う場合に用いる。【5】「ここまでおいで…」の例は、子どもの遊びの中でのはやしことば。「進上」は現在ではかなり古い表現となった。

【関連語】◆〈謹呈〉スル謹んで相手に差し上げる意。◆〈謹上〉手紙の宛名(あてな)に添える語。

1 15-44 献花(けんか)／供花(きょうか)

共通する意味★花を供えること。

使い方▼〔献花〕スル▽慰霊碑に献花する　〔供花〕▽告別式の供花に白菊を持参する

使い分け【1】「献花」は、神前や霊前に花を供えること。キリスト教や無宗教の葬儀では、焼香に代わるものとして行われる。【2】「供花」は、仏前、死者に花を供えること。また、供える花のこと。「くげ」とも読む。

1 15-45 供物／お供え／盛り物／捧げ物

共通する意味★神仏、神社、寺院などにさし上げるための物。【英】*an offering*

使い方▼〔供物〕▽法事の後供物が配られた　〔お供え〕▽仏前にお供えの果物をおく　〔盛り物〕▽盛り物を用意しておく　〔捧げ物〕▽収穫した果物を捧げ物にする

使い分け【1】「盛り物」は、果物や菓子などを形よく盛ったことから供物一般の意味に使われる。【2】「捧げ物」は、神仏だけでなく、目上の人への献上品のこともいう。

1 15-46 貰う

【関連語】◆〔頂く〕いただく◆〔頂戴〕ちょうだい

意味★人が与えるものを受け取って自分のものにする。【英】*to receive*

使い方▼〔貰う〕(ワ五)▽候補者から金品を貰う▽乳を貰いに行く▽風呂を貰う▽げんこを貰う▽病気を貰う▽勝ちを貰う

◈「待ってもらう」「来てもらいたい」「学校へ行かせてもらう」のように、他人に依頼して行為をさせる意を表わす場合もある。

【関連語】◆〔頂く〕(カ五)「貰う」を丁寧にいった語。「良い品を頂きありがとうございます」◆〔頂戴〕スル「頂く」ことをさらに丁寧にいった語。「ありがたく頂戴いたします」

参照▼頂く⇒106-01

1 15-47 授かる

【関連語】◆〔押し頂く〕おしいただく

意味★身分の高い人や神などから何かをもらう。【英】*to be granted*

使い方▼〔授かる〕(ラ五)▽健康な身体を授かる▽師から秘伝を授かる

【関連語】◆〔押し頂く〕(カ五)非常に恭しい態度で物をもらう。「賞品を押し頂く」

1 15-48 割愛／割譲

共通する意味★切り分けること。

使い方▼〔割愛〕スル▽時間の都合により一部割愛させていただきます　〔割譲〕スル▽敗戦で領土は割譲された

使い分け【1】「割愛」は、時間や紙面の制限により、惜しみつつも切り捨て省略すること。【英】*to omit*【2】「割譲」は、土地などの所有物の一部を他に分け与えること。【英】*to cede*

1 15-49 贈り物／プレゼント／進物／付け届け

【関連語】◆〔ギフト〕◆〔お遣い物〕おつかいもの

共通する意味★相手への気持ちを表わすために贈る品物。【英】*a present; a gift*

使い方▼〔プレゼント〕スル　〔付け届け〕スル

	誕生日の□	母に□をする	盆暮れの□	上司に□をする
贈り物	○	○	-	○
プレゼント	○	○	-	-
進物	-	-	○	-
付け届け	-	-	○	○

使い分け【1】「贈り物」「プレゼント」は、相手を喜ばせるために私的に贈る物品。【2】「進物」は、祝事や季節の挨拶あいさつなど、社交上の慣例として贈る物品。【3】「付け届け」は、交際上、義理上から金品を贈ること。また、その金品。

【関連語】◆〔ギフト〕「贈り物」の意だが、「ギフト券」「ギフトセット」「ギフト好適品」のように、他の語と複合して用いるのが普通。◆〔お遣い物〕「進物」の丁寧な言い方。

1 15-50 中元／歳暮／寸志

共通する意味★社交上から相手に上げる贈り物。

使い分け【1】「中元」「歳暮」は、世話になった人へ季節の挨拶あいさつとして贈る。「中元」は七月一五日の中元のころに、「歳暮」は年末に贈るのが普通。品物につけた熨斗のし紙に、この言葉を記して相手に贈る。【2】「寸志」は、心ばかりの品の意の謙譲語。品物につけた熨斗のし紙に、この言葉を記して相手に贈る。

参照▼歳暮⇒710-23

1 15-51 みやげ

【関連語】◆〔手みやげ〕てみやげ◆〔お持たせ〕おもたせ◆〔置きみやげ〕おきみやげ

意味★旅先、外出先で求めて家に持ち帰る品。また、他人の家を訪問するときに持参する贈り物。【英】

a souvenir; a gift

使い方▼〔みやげ〕▽海外旅行のみやげ▽みやげに果物を提げてくる

◆「みやげ」は「見上げ」の変化という。現在では意味の近似する「土産(どさん)」の文字を当てることが多い。

【関連語】◆〔手みやげ〕手に提げて持って行くみやげ。あいさつ代わりの簡単なみやげ。◆〔お持たせ〕客が持って来た手みやげ、贈り物。「おもたせもの」の略で、持ってきた客にそれを勧めるときに用いる。「お持たせで恐縮ですが」◆〔置きみやげ〕立ち去るときに、あとに残しておく物品や事柄。

1 15-52 名物(めいぶつ)／名産(めいさん)／特産(とくさん)

共通する意味★その土地特有の有名なもの。**【英】** *a noted product; a special product*

使い方▼〔名物〕▽この菓子は当地の名物だ　〔名産〕▽沖縄の名産の泡盛　〔特産〕▽愛媛(えひめ)県特産の蜜柑(みかん)

使い分け【1】「名物」は産物ばかりでなく、「わが校の名物先生」のように、その土地や社会で特有なものとして評判になっている事象などについてもいう。【2】「名産」は、その地に有名な産物であることをいう。また「米の名産地」のように産物の規模が大きいものについていう。【3】「特産」は、その地だけの特別の産物であることを強調した語。

1 15-53 産物(さんぶつ)／物産(ぶっさん)／産(さん)／土産(どさん)

共通する意味★その土地から産出する物。**【英】** *a product*

使い方▼〔産物〕▽サクランボは山形県の産物である　〔物産〕▽全国の物産展　〔産〕▽台湾産のバナナ　〔土産〕▽土産の物品を展示する

使い分け【1】「産物」は、「時代の産物としての虚無思想」のように、ある物事の結果として生じた物事のことにもいう。【2】「産」は、その土地でできたことや、「彼は群馬県の産だ」のように、その土地で生まれたこともいう。【3】「土産(どさん)」は、みやげ物の意でも使う。

1 16 …所有

1 16-01 有(ゆう)する／所有(しょゆう)／所持(しょじ)／保有(ほゆう)／所蔵(しょぞう)

【関連語】◆〔現有〕げんゆう◆〔領有〕りょうゆう

共通する意味★自分の物として持っていること。**【英】** *to possess*

使い方▼〔有する〕(サ変)▽すべて国民は、ひとしく教育を受ける権利を有する　〔所有〕スル▽没収した物品は国の所有になる▽所有権争い　〔所持〕スル▽いつも大金を所持している▽所持品　〔保有〕スル▽戦力を保有する▽核の保有国　〔所蔵〕スル▽A氏の所蔵する壺(つぼ)▽所蔵品

	決定の権限を〔 〕	広大な土地を〔 〕	ピストルを〔 〕ことを禁ず	国会図書館が〔 〕古文書
有する	○	△	-	-
所有する	-	○	○	○
所持する	-	-	○	-
保有する	-	○	△	○
所蔵する	-	-	△	○

使い分け【1】「有する」は、権利などを「持っている」のあらたまった言い方。【2】「所有」は、一般的に、いろいろなものを持つことで、最も用法が広い。【3】「所持」は、身につけて持っていること。【4】「保有」は、持ち続けること。用法の広がりは「所有」に近い。【5】「所蔵」は、自分の物として、しまって持っていること。また、その物。美術品や書籍など価値の高いものについていう場合が多い。

【関連語】◆〔現有〕スル現在所有していること。「現有する兵力約十万」「現有勢力」◆〔領有〕スル領土として所有すること。「日本が領有する島々」

1 16-02 占(し)める／占有(せんゆう)／占領(せんりょう)／占拠(せんきょ)

【関連語】◆〔領する〕りょうする

共通する意味★自分の側のものとして持つ。**【英】** *to occupy*

使い方▼〔占める〕(マ下一)▽町の中心部を占める公園▽良い席を占める　〔占有〕スル▽先祖代々の土地を占有する▽占有権　〔占領〕スル▽島を占領する▽二人分の席を占領する　〔占拠〕スル▽空港を占拠する▽不法占拠

使い分け【1】「占める」は、「首席を占める」のように、ある地位を得る意でも使う。【2】「占有」は、民法上では自己のためにする意思をもって物を所有すること。【3】「占領」には、武力である国や地域を支配することの意と、ひとりじめすることの意がある。【4】「占拠」は、一定の場所にたてこもって、そこを自分のものとすること。

【関連語】◆〔領する〕(サ変)自分のものとする意のやや硬い、古い言い方。「一国を領するほどの勢力」

1 16-03 手中(しゅちゅう)／掌中(しょうちゅう)

共通する意味★手の中。ものごとがある人の手の中にあるということ。**【英】** *in one's hands*(手中に)

使い方▼〔手中〕▽勝利を手中にした　〔掌中〕▽世界

選手権の出場権を掌中にした

使い分け 多く「手中(掌中)にする」「手中(掌中)に収める」の形で、成功、権利、勝利などを手に入れる意で使われる。

1 16-04 具有(ぐゆう)／享有(きょうゆう)／持(も)ち合(あ)わせる

共通する意味★身に備え持っていること。**【英】** *to possess*

使い方▼〔**具有**〕スル▽高い学歴を**具有**する▽生来**具有**の欠点 〔**享有**〕スル▽自由を**享有**する▽基本的人権の**享有** 〔**持ち合わせる**〕(サ下一)▽思いやりなどまるで**持ち合わせ**ていない▽現金は**持ち合わせ**ていない

	すぐれた才能を□	すべての人は生きる権利を□	応募者は以上の条件を□ている事	必要な金だけ□
具有する	○	-	-し○	-
享有する	○	○	-し-	-
持ち合わせる	○	-	-し-	○

使い分け【1】「具有」は、性質、能力、条件などを備え持っていること。【2】「享有」は、権利、能力、才能などを生まれながら与えられたものとして持っていること。資格、条件などに関しては用いない。【3】「持ち合わせる」は、感情や金などを、ちょうどそのときに持っている意。【4】「具有」「享有」は、文章で用いられる硬い表現。

1 16-05 保存(ほぞん)／温存(おんぞん)／保管(ほかん)

共通する意味★あとのためにとっておくこと。**【英】** *preservation*

使い方▼〔**保存**〕スル▽この古文書はよく**保存**されている 〔**温存**〕スル▽次の試合に備えてレギュラーを**温存**する 〔**保管**〕スル▽この薬は冷暗所で**保管**してください

	薬を冷蔵庫に□する	財産を金庫で□する	兵力を□する
保存	○	-	-
温存	-	-	○
保管	○	○	-

使い分け【1】「保存」は、いたみやすいもの、なくなりやすいものをそのままの状態に保っておくこと。【2】「温存」は、消耗をさけ、力を残しておくこと。【3】「保管」は、よそに出たり、なくなったりしないようにとっておくこと。

1 16-06 共有(きょうゆう)／分有(ぶんゆう)

共通する意味★一つの物を何人かで共同で所有すること。**【英】** *joint ownership*

使い方▼〔**共有**〕スル▽生産手段を全員で**共有**する▽**共有**財産 〔**分有**〕スル▽土地を**分有**する▽権利を**分有**する

使い分け【1】「共有」は、共同で所有することをいい、「分有」は、何人かで分けて所有することをいう。実質的な意味はほぼ同一であるが、「共有」の方がより使う範囲が広く、「戦争体験の共有」のような使い方もできる。【2】「共有」の方が一般的で、「分有」は主として文章の中で使われる。

反対語▼共有⇔専有

1 16-07 国有(こくゆう)／公有(こうゆう)／民有(みんゆう)／私有(しゆう)

【関連語】◆(官有)かんゆう

共通する意味★国や公共団体、あるいは個人が所有すること。**【英】** *state ownership*(国有)

使い方▼〔**国有**〕▽**国有**の財産▽民間銀行の**国有**化▽**国有**鉄道 〔**公有**〕スル▽**公有**の財産▽**公有**地 〔**民有**〕▽**民有**の土地を市が買い上げる▽**民有**財産 〔**私有**〕スル▽生産手段の**私有**を否定する▽**私有**地

使い分け【1】「国有」は、国が所有すること。【2】「公有」は、国や公共団体が所有すること。「国有」のほか、「県有」「市有」「町有」「村有」などが含まれる。【3】「民有」「私有」は、民間の個人や会社などが所有すること。「民有」は「私有」よりも硬い表現。

反対語▼国有・公有⇔民有・私有

【関連語】◆(官有)政府が所有すること。現在は「国有」「公有」が一般的に使われる。「官有物」「官有地」

1 16-08 独占(どくせん)／専有(せんゆう)／独(ひと)り占(じ)め

共通する意味★自分だけの物にすること。**【英】** *monopolization*

使い方▼〔**独占**〕スル▽人気を**独占**している歌手▽**独占**欲 〔**専有**〕スル▽経営権を**専有**する▽**専有**面積 〔**独り占め**〕スル▽親の愛を**独り占め**にする▽おやつを**独り占め**する

	土地を□する	話題を□する	外国人選手が上位を□した	これは君の□物ではない
独占	○	○	○	△
専有	○	-	-	○
独り占め	○	○	-	-

使い分け【1】三語のうち「独占」が最も用法が広い。【2】「独占」は、経済用語では、特定の資本が市場の大部分を支配し、利益を自分のものにすることをいう。「独占企業」「独占資本」「独占禁止法」【3】「専有」は、自分ひとりだけで所有したり使用したりすること。【4】「独り占め」は、「独占」「専有」

より話し言葉的。
反対語▼専有⇔共有

1 16-09 秘蔵(ひぞう)／愛蔵(あいぞう)／珍蔵(ちんぞう)／私蔵(しぞう)

【関連語】◆**(死蔵)**しぞう◆**(蔵する)**ぞうする◆**(取って置き)**とっておき◆**(箱入り)**はこいり◆**(虎の子)**とらのこ

共通する意味★大切にしまっておくこと。**【英】***treasuring*

使い方▼〔**秘蔵**〕スル▽秘蔵されている古代文明の遺品▽秘蔵の名刀▽秘蔵の弟子　〔**愛蔵**〕スル▽夫の愛蔵した書画骨董(こっとう)　〔**珍蔵**〕スル▽寺に伝わる珍蔵の茶器▽巨匠の作品を珍蔵する美術館　〔**私蔵**〕スル▽社長はゴッホの名画を私蔵している

	浮世絵の逸品を□する	□本	画集の豪華□版	国宝級の仏像を家宝として□する
秘蔵	○	○	-	△
愛蔵	○	○	○	-
珍蔵	○	-	-	-
私蔵	○	-	-	○

使い分け【1】「秘蔵」は、めったに他人に見せないような場合に用いられる。また、「秘蔵の娘(弟子)」のように、非常にかわいがる場合にも使われる。「秘蔵っ子」は、多く「ひぞっこ」という。【2】「愛蔵」は、文章語的。【3】「珍蔵」は、珍しいものとして大切にしまっておくこと。文章語的。【4】「私蔵」は、個人が貴重なものを所蔵すること。

【関連語】◆**(死蔵)**スル持っているだけで活用せず、むだにしまいこんでおくこと。「貴重な資料を死蔵する」◆**(蔵する)**(サ変)本や財産などを所蔵する。「何万冊という本を蔵する者」◆**(取って置き)**いざというときのために大切にしまっておくこと。また、その物や技術など。「とっとき」ともいう。「取って置きのワイン」「宴会で取って置きの芸を披露する」◆**(箱入り)**箱の中に大切にしまっておくように大事にすること。また、そのもの。「箱入り娘」◆**(虎の子)**トラが子を大切に育てるというところから、とても大切にして手元から離さないもの。「虎の子の金をはたいて買う」

参照▼箱入り⇒419-42

1 17 …使用

1 17-01 使う(つかう)／用いる(もちいる)

共通する意味★何かのために働かせたり利用したりする。**【英】***to use*

使い方▼〔**使う**〕(ワ五)▽機械を使う▽バスを使って通っている▽我々は口を使って話し、足を使って歩く　〔**用いる**〕(ア上一)▽試合では彼の作戦を用いて圧勝した

	鉛筆を□	新工法を□	この役には新人を□	人を□のはむずかしい	頭を□
使う	○	○	○	○	○
用いる	○	○	○	△	-

使い分け【1】「使う」は、目的をもって、物、人、考え方、手段、方法を活用する意の一般的な言い方。【2】「部下を使う」「部下を用いる」とどちらにも使える場合があるが、前者は単に働かせる意だが、後者はその人物を評価して活用する意である。【3】「用いる」には、「部下の提案を用いる」のように採用する意もある。

1 17-02 使用(しよう)／利用(りよう)／運用(うんよう)／活用(かつよう)

【関連語】◆**(悪用)**あくよう◆**(所用)**しょよう◆**(盗用)**とうよう◆**(通用)**つうよう◆**(転用)**てんよう◆**(流用)**りゅうよう

共通する意味★使って何かをすること。**【英】***use*

使い方▼〔**使用**〕スル▽特殊な道具を使用する▽使用料　〔**利用**〕スル▽廃物を利用する▽図書館を利用する　〔**運用**〕スル▽資産を運用する▽言語の運用能力　〔**活用**〕スル▽図書館を活用する▽資源を活用する

使い分け【1】「使用」は、特定の目的のために人や物やシステムを使うこと。【2】「利用」は、物、システム、施設等が持つ機能や特性を十分に(あるいは拡張させて)使うこと。「人を利用する」という場合は、人の力を使って自分に都合がよいことを行う意。【3】「運用」は、物やシステムがうまく機能するように使うこと。【4】「活用」は、物、方法、施設がうまく機能し、使う人が何らかの利益が得られるように使うこと。

【関連語】◆**(所用)**用いること。「当人所用の品(≒現在使っている品)」◆**(盗用)**スル所有者の許可を得ずに使うこと。「論文を盗用し訴えられる」「デザインを盗用する」◆**(悪用)**スル悪い目的のために使うこと。「肩書を悪用して詐欺を行う」◆**(転用)**スルある特定の目的のための物や方法を別の目的のために使うこと。「化学肥料工場を転用して毒ガス工場にする」◆**(流用)**スル特定の物や方法を定まった目的以外のために使うこと。「交際費を流用して交通費に使う」◆**(通用)**スル広く用いられること。価値のあるものとして広く認められること。「世界に通用する研究をする」

参照▼所用⇒820-08

1 17-03 応用(おうよう)／適用(てきよう)

共通する意味★あてはめて用いること。【英】application

使い方▼〔応用〕スル▽統計理論を言語学に応用する▽応用科学　〔適用〕スル▽労災保険の適用を受ける▽殺人罪を適用する

使い分け【1】「応用」は、あるところで得られた結果（理論など）を別のところにあてはめること。【2】「適用」は、決まり（法律・規則など）を何かにあてはめて用いること。

1 17-04 行使（こうし）／駆使（くし）／酷使（こくし）

【関連語】◆（使役）しえき◆（人使い）ひとづかい

共通する意味★人や物や能力などを使うこと。【英】*to exercise*

使い方▼〔行使〕スル▽権力を行使する▽拒否権を行使する▽武力行使　〔駆使〕スル▽想像力を駆使する▽人脈を駆使する　〔酷使〕スル▽酷使に耐えられない▽体を酷使しすぎる

	従業員を□する	車を□する	権利を□する	最新の技術を□する	外国語を□する
行使	-	-	○	-	-
駆使	-	○	-	○	○
酷使	○	○	-	-	-

使い分け【1】「行使」は、持っている権利や権力を実際に用いることで、「実力行使」などの形で抵抗や障害を排除して行う場合に用いることが多い。【2】「駆使」は、そのものの持つ機能を十分に活用させて、使いこなすこと。【3】「酷使」は、限度以上に激しく働かせたり、使ったりすること。

【関連語】◆（使役）スル人を使って仕事をさせること。「領主が農民を使役する」「使役に駆り出す」◆（人使い）人の使い方。「人使いがうまい」「人使いが荒い」

1 17-05 両用（りょうよう）／併用（へいよう）／兼用（けんよう）

共通する意味★ある物をある事のために役立てること。【英】*joint use*

使い方▼〔両用〕スル▽水陸両用の車　〔併用〕スル▽A・B両方式を併用する　〔兼用〕スル▽居間と書斎を兼用する▽晴雨兼用の傘

使い分け【1】「両用」は、一つの物が二つの事に使えることにいう。【2】「併用」は、二つ以上の物を一緒に、併せ使う場合にいう。【3】「兼用」は、一つの物を二つ以上の用途・目的のために使う場合にいう。

1 17-06 公用（こうよう）／共用（きょうよう）／専用（せんよう）／常用（じょうよう）／愛用（あいよう）

【関連語】◆（占用）せんよう◆（日用）にちよう

共通する意味★ある者が使うこと。

使い方▼〔公用〕▽この国の公用語は英語だ▽公用車　〔共用〕スル▽共用の電話▽自転車を姉と共用する　〔専用〕スル▽大統領専用の飛行機▽部長の専用電話　〔常用〕スル▽睡眠薬を常用する▽常用漢字　〔愛用〕スル▽ベレー帽を愛用する▽祖父愛用のステッキ

使い分け【1】「公用」は、公共の団体が使用すること。また、「公用で渡米する」のように、公的な用件もいう。【英】*public*【2】「共用」は、二人以上で共同で使用すること。【英】*common*【3】「専用」は、ある特定の人だけが使用すること。また、「廊下専用の雑巾（ぞうきん）」のように、ある特定の目的・対象のためだけに用いることもいう。【4】「常用」は、いつも継続して使用すること。また、日常一般に使用すること。【英】*habitual use; common use*【5】「愛用」は、使用者が、慈しんで使用すること。【英】*favorite*

【関連語】◆（占用）スル公的な物を特定の人や団体が独占して使用すること。【英】*exclusive*「占用バス道路」◆（日用）毎日の生活で使用すること。【英】*everyday*「日用品」

参照▼公用⇒820-09

1 18 …選定

1 18-01 より分ける（わ）／ふるう／よる／選ぶ（えら）／選別（せんべつ）

【関連語】◆（すぐる）

共通する意味★いくつもある中から、目的に合ったものを取り出す。【英】*to select; to choose*

使い方▼〔より分ける〕（カ下一）▽よい豆をより分ける　〔ふるう〕（ワ五）▽試験でふるって、最終的に三名を残す　〔選ぶ〕（バ五）▽帽子を選ぶ▽候補者の中から最適な人を選ぶ　〔よる〕（ラ五）▽使える材料だけよって使う　〔選別〕スル▽果実を等級ごとに選別する

	不良品を□て（で）捨てる	代表選手を□	みかんを大と小に□	好きなおかずだけ□て（で）食べる
より分ける	-け○	-	○	-け○
ふるう	-っ○	-	-	-っ-
選ぶ	-ん○	○	-	-ん○
よる	-っ○	-	-	-っ○
選別する	-し○	-	○	-し-

使い分け【1】「より分ける」は、対象を種類や適否によって区分けし、別々にする意。【2】「ふるう」は、元来、ふるいにかけて不要、不適のものを除く意。

転じて、ある基準に基づいて選び分ける意。「篩う」とも書く。【3】「選ぶ」「よる」は、対象の中から目的に合ったものを取り分ける意。【4】「選別」は、一定の基準に従って、多数のものを選び分ける意。【5】「より分ける」「よる」は、「えり分ける」「える」ともいい、「選り分ける」「選る」とも書く。

【関連語】◆〔すぐる〕(ラ五)多くの物の中から、特別すぐれたものを取り出す。「精鋭をすぐったチーム」

1 18-02 取り出す／抜き出す／抜き取る／抜く

【関連語】◆〔引き抜く〕

共通する意味★あるものを中から外へ出す。**【英】** *to take out*

使い方▼〔取り出す〕(サ五)▽問題となる箇所だけ取り出して論議する〔抜き出す〕(サ五)▽重要部分だけ抜き出して点検する〔抜き取る〕(ラ五)▽サンプルを抜き取る〔抜く〕(カ五)▽いるものだけ抜いて別にしておく

	かばんの中からノートだけ□	名簿から関係者だけ□	財布の中の現金だけ□	重要な点だけ□て並べる
取り出す	○	-	-	-し○
抜き出す	○	○	-	-し○
抜き取る	○	-	○	-っ-
抜く	○	○	○	-い-

使い分け【1】「取り出す」は、見たり（見せたり）使ったりするためにある物の中から物を外へ出す意。【2】「抜き出す」「抜き取る」「抜く」は、多くの中から特定の物を選び、その範囲外へ出して残りと区別する意。「抜き取る」「抜く」は、盗む意で用いられることもある。

【関連語】◆〔引き抜く〕(カ五)ひっぱって抜き出す。また、他の団体に属する人をよりよい条件で自分の団体にひきこむ。「大根を引き抜く」「優秀な人材を引き抜く」

1 18-03 選出／選抜

【関連語】◆〔抽選〕

共通する意味★多くの中から選び出すこと。**【英】** *election*

使い方▼〔選出〕スル▽役員を選出する▽選出母体〔選抜〕スル▽試合で代表を選抜する▽選抜チーム

使い分け【1】「選出」は、目的にそった人やチームなどを手続きを経て選び出すこと。【2】「選抜」は、多くの中から、ある基準や目的によりかなったものを選りすぐること。

【関連語】◆〔抽選〕スルくじを引いて何かを選ぶこと。本来は、「抽籤」と書く。「抽選に当たる」「抽選に外れる」

1 18-04 選択／セレクト／選定

【関連語】◆〔取捨〕

共通する意味★用意されたものの中から選び出すこと。**【英】** *selection; choice*

使い方▼〔選択〕スル▽履修する科目を選択する▽職業選択の自由〔セレクト〕スル▽セレクトして、よい作品を残す〔選定〕スル▽来年度の教材を選定する

	よいものだけを□する	□を誤る	□肢	購入機種の□会議
選択	○	○	○	-
セレクト	○	-	-	-
選定	-	-	-	○

使い分け【1】「選択」は、用意されたいくつかの中から適当なもの、適切なものを選び出すこと。「セレクト」もほぼ同様の意だが、あまり一般的ではない。【2】「選択」は、「選択を迫られる」「選択の余地がある」「選択を誤る」「選択の幅を広げる」「選択に苦しむ」などの形で用いられることが多い。【3】「選定」は、特定の目的のために適切なものがどれであるかを決めること。

【関連語】◆〔取捨〕スル必要なものをとり、必要でないものを捨てること。通常、「取捨選択（する）」の形で用いられる。「材料を取捨選択して記事にする」

1 18-05 選り取り

意味★たくさんある中から選んで取り出すこと。**【英】** *choice*

使い方▼〔選り取り〕▽選り取り見取り

1 18-06 特選／選り抜き

共通する意味★特別に選び出すこと。また、特別に選び出されたもの。**【英】** *special selection*

使い方▼〔特選〕スル▽御贈答に産地特選の海苔をどうぞ〔選り抜き〕▽選り抜きの人材を集めた

使い分け【1】「特選」は、「美術展に特選で入賞する」のように、審査の結果、特に優れていると認められたものもいう。【2】「選り抜き」は「よりぬき」とも読む。

1 18-07 厳選／精選

共通する意味★念入りに選ぶこと。**【英】** *careful selection*

使い方▼〔厳選〕スル▽厳選の結果、代表が決定した▽厳選した材で作った家具〔精選〕スル▽精選された商品

使い分け「厳選」は、人にも物にも使うが、「精選」

は、人には使わない。

1 18-08 当選／入選

共通する意味★選び出されること。**【英】** *election*

使い方▼〔当選〕スル▽国会議員に当選する▽クイズの当選者　〔入選〕スル▽読書感想文コンクールに入選する

使い分け【1】「当選」は、同列のものの中から選挙などの手続きによって選ばれること。【2】「入選」は、展覧会・懸賞募集など、成績がくらべられて、一定の条件・基準などに合致するものを選ぶ場合にいう。

1 19…居住

1 19-01 住む／居住

共通する意味★場所を決めてそこで生活する。**【英】** *to live*

使い方▼〔住む〕(マ五)▽木造の家に住む▽フランスに住む▽私と彼とでは住む世界が違う▽住めば都（＝どんなところでも住み慣れてみるとそれなりの良さがあるものだ）　〔居住〕スル▽この地区に居住する人々▽マンションの居住者▽居住面積▽居住地▽居住権

使い分け【1】一般的には「住む」を使う。「居住」は、文章や改まった場合に使われ、「居住地」「居住権」など、他の語と複合して使われることも多い。【2】「居住」が、ある一定の場所に居ついていることを表わすのに対し、「住む」は、その場所で生活を営んでいるという意味合いが強い。したがって、「両親と一緒に住んでいる」などという場合は、「居住」では言い換えられない。

1 19-02 在住／現住／永住

【関連語】◆(先住)せんじゅう◆(常住)じょうじゅう◆(定住)ていじゅう◆(安住)あんじゅう

共通する意味★ある場所に住み、そこで生活をすること。**【英】** *residence*

使い方▼〔在住〕スル▽京都に在住している▽神戸在住の画家　〔現住〕▽現住所▽現住地　〔永住〕スル▽永住の地▽タイ国に永住したい▽永住権

使い分け【1】「在住」は、ある場所に住むこと。「東京都在住」のように、地名を付けた形で用いられることが多い。【2】「現住」は、現在その地に住んでいること。【3】「永住」は、その土地に死ぬまで住み続けること。

【関連語】◆(先住)その土地に先に住んでいたこと。「先住民族」◆(常住・定住)スル常に同じ所に住むこと。「都下に常住(定住)する」◆(安住)スルおちついて、心安らかに生活すること。「安住の地」

参照▼安住⇒2 13-01

1 19-03 隠遁／閑居／わび住まい

共通する意味★世間から離れて住むこと。**【英】** *seclusion*

使い方▼〔隠遁〕スル▽定年後は山奥に隠遁するつもりだ　〔閑居〕スル▽書物を閑居の友とする　〔わび住まい〕▽一人暮らしのわび住まい

使い分け【1】「隠遁」は、世俗を離れ隠れて住むこと。【2】「閑居」は、世俗を離れて静かに生活すること。また、「小人閑居して不善をなす」のように、何もすることがなくて、いたずらに日を送ることにもいう。【3】「わび住まい」は、人目につかないようにして、質素にさびしく暮らすこと。

1 19-04 土着／地付き

共通する意味★昔からその土地で生活していること。また、昔からその土地にあること。**【英】** *native; aboriginality*

使い方▼〔土着〕スル▽土着して開墾する▽土着の音楽　〔地付き〕▽地つきの人▽地つきの魚

使い分け【1】「土着」は、昔からその土地に住んでいること。また、人がかなり昔からその土地に住んでいること、文化、習慣がかなり昔からその土地にあることも表わす。【2】「地付き」は、地元に以前からあること、また、地元でとれる産物についていう。

1 19-05 滞在／逗留

【関連語】◆(居留)きょりゅう◆(滞留)たいりゅう

共通する意味★他の場所に行き、そこである期間を過ごすこと。**【英】** *a stay*

使い方▼〔滞在〕スル▽駐在員としてバンコクに滞在する▽長期滞在型の旅行▽滞在期間　〔逗留〕スル▽しばらくこの宿に逗留しよう▽長逗留をきめ込む▽逗留先

使い分け【1】「滞在」が、ある地に仕事でとどまる場合にも、私的な用件でとどまる場合にも使われるのに対して、「逗留」は、保養・旅行など私的な場合に使われる。【2】「逗留」は、やや古い感じの語。宿屋に泊まるようなときに用いるので、「外国」のように漠然という場合には「滞在」を使う。

【関連語】◆(居留)スル一時的にその地にとどまり住むことをいうが、特に、「居留地（＝外国人が住むことを認められた場所）」に住むことをいう場合が多い。◆(滞留)スル人や物がしばらくとどまっていること。「ロンドンに三か月ほど滞留する」「郵便物が局に滞留する」

1 19-06 滞日／在日／駐日

共通する意味★外国人が日本にとどまること。**【英】** *a stay in Japan*

使い方▼〔滞日〕スル▽伝統工芸を学ぶために滞日する　〔在日〕スル▽在日英国人に人気のある店　〔駐日〕スル▽大使として駐日する▽駐日特派員

	［ ］十年になる	勉学のために［ ］する	［ ］外国人	［ ］大使
滞日	○	○	-	-
在日	○	-	○	-
駐日	△	-	-	○

使い分け【1】「滞日」は、ある期間、私的な旅行や業務で日本にとどまること。【2】「在日」は、生活の基本が日本におかれている場合にいう。【3】「駐日」は、大使、公使などの外交官や報道関係者などが、派遣されて日本にとどまること。

1 19-07 駐在／在留

【関連語】◆〔駐箚〕◆〔常駐〕

共通する意味★ある地、特に外国にとどまること。**【英】** *stay*

使い方▼〔駐在〕スル▽特派員としてフランスに駐在する▽通信社の駐在員　〔在留〕スル▽日本に在留する外国人▽在留邦人▽在留資格

使い分け【1】「駐在」は、官吏、商社員などが職務のため派遣され、一定の期間ある地、特に外国にとどまることをいう。また、「駐在所」「駐在巡査」の略称としても使われ、後者は「駐在さん」などともいう。【2】「在留」は、ある期間その地にとどまって暮らしているという意味合いが強い。

【関連語】◆〔駐箚〕スル官吏などが外国に派遣され、その地にしばらくとどまることの古い言い方。「英国駐箚大使」◆〔常駐〕スル常に駐在していること。「ロンドン支局に担当者を常駐させる」

1 19-08 不在／留守

【関連語】◆〔居留守〕◆〔無人〕

共通する意味★その場にいないこと。**【英】** *absence*

使い方▼〔不在〕▽先生の部屋には不在の札が掛かっている　〔留守〕スル▽二、三日、留守にする

	兄は今［ ］です	［ ］中にどろぼうが入る	国民［ ］の政治	［ ］宅
不在	○	△	○	-
留守	○	○	-	○

使い分け【1】「留守」は、外出していて家にいないことだが、「不在」は、家に限らず、その場にいないことを広く表わす。【2】「留守」には、「留守を預かる」のように、その家の人がいないとき、そこに留まって家を守ることの意もある。【3】「留守」は、「手もとがお留守になる」のように、あることに心が奪われて、別のことに気がまわらないこともいう。

【関連語】◆〔居留守〕家にいるのにいないふりをすること。「居留守を使う」「居留守をきめ込む」◆〔無人〕人がいないこと。「無人島」

1 19-09 引っ越し／転出／転居／移住

【関連語】◆〔転宅〕◆〔転入〕◆〔移民〕◆〔離村〕

共通する意味★住む所を他の場所に変えること。**【英】** *move*

使い方▼〔引っ越し〕スル▽仕事の都合で引っ越しする▽引っ越しの手伝い　〔転出〕スル▽隣の市に転出する▽転出届　〔転居〕スル▽札幌勤務になって転居する▽転居先　〔移住〕スル▽一家で移住する▽移住者

	親の事情で［ ］する	隣の部屋に［ ］する	隣の県に［ ］する	ブラジルに［ ］する	職場近くに［ ］する
引っ越し	○	○	○	-	○
転出	○	-	○	-	-
転居	○	-	△	-	○
移住	○	-	-	○	-

使い分け【1】「引っ越し」は、今住んでいる場所とは別の場所に移り住むこと。すぐ隣の土地に移る場合から、別の県に移る場合まで、広く用いるが、外国に移り住む場合には、用いない。【2】「転出」は、ある行政区域から別の行政区域に出ていくこと。【3】「転居」は、住居を変えること。一般には「引っ越し」と同じ意で用いられるが、法令では同一市町村内で住所を変更することをいい、それ以外は転出、転入を用いる。【4】「移住」は、外国など離れた土地に移り、そこで生活すること。また、開拓などの目的で、集団で移り住むこと。

【関連語】◆〔転宅〕スル家を変えることの古い言い方。「郊外に転宅する」◆〔転入〕スルある行政区域から別の行政区域に入ってくること。「隣の町から転入する」「転入届」◆〔移民〕スル移住した人。特に労働のために外国に移り住む人をさすことが多い。「日系の移民」「移民として外国に渡る」◆〔離村〕スル村を離れてよそに住むこと。「農民の離村」

参照▼転入⇒602-62

1 19-10 移転／家移り／宿替え

【関連語】◆〔転地〕◆〔入居〕

共通する意味★家をかえること。**【英】** *move*

使い方▼〔移転〕スル▽事務所を移転する　〔家移り〕スル▽郊外へ家移りする　〔宿替え〕スル▽五度も宿替

えをした

使い分け【1】「移転」は、個人の家だけでなく、官庁、企業、学校などにも用いる。【2】「家移り」「宿替え」は、個人の家についていうが、古い言い方。

【関連語】◆**〔転地〕**スル病気を治すために住む所をかえること。「転地療養」◆**〔入居〕**スルある住宅に入って住むこと。「団地が完成して入居が始まった」

1 19-11

帰省（きせい）／帰郷（ききょう）／里帰り（さとがえり）

【関連語】◆**〔帰国〕**きこく◆**〔帰還〕**きかん◆**〔帰京〕**ききょう◆**〔帰参〕**きさん

共通する意味★郷里へ帰ること。**【英】** *to go [come] home*

使い方▼〔帰省〕スル　**〔帰郷〕**スル　**〔里帰り〕**スル

	盆と正月に□する	長い外国の旅から□する	□して家を継ぐ	フランスから□した浮世絵
帰省	○	-	-	-
帰郷	○	○	○	-
里帰り	○	-	-	○

使い分け【1】「帰省」は、都会に出て来た者が、故郷へ短期間帰る場合にいう。「省」は両親の安否を問う意。【2】「帰郷」は、「帰省」と同じ意味にも使われるが、故郷に帰って落ち着く場合にもいう。現在は、「帰省」の意では、「帰郷」はあまり使わない。【3】「里帰り」は、元来、他家に嫁いだ新婦が初めて実家に帰ることをいうが、既婚婦人が実家に一時的に帰ることもいう。また、奉公人が実家にしばらく帰る場合にもいった。現在では、「数か月ブラジルから里帰りする」「里帰りした古美術品」のように、外国へ移住した人や、海外へ流出した美術品などが、母国や元の所へ一時的に帰る場合にもいう。

【関連語】◆**〔帰国〕**スル外国から自分の国に帰ることの意で多く用いられるが、故郷に帰る意でも用いられる。「帰国の途につく」◆**〔帰還〕**スル戦地や危険な場所などから、任務を果たして基地、故郷に帰ること。「全員無事帰還した」「宇宙からの帰還」「無言の帰還（＝遺体で母国や故郷に帰ること）」◆**〔帰京〕**スル都（みやこ）、現在では東京へ帰ること。「夏休みが終わったら帰省先から帰京する」◆**〔帰参〕**スル留守にしていた人が帰ってくること。また、一度暇をとった主人のもとに、再び帰って来て仕えること。「深夜帰参する」「帰参がかなう」

1 20 …対処・処理

1 20-01

対処（たいしょ）／対応（たいおう）／収拾（しゅうしゅう）

【関連語】◆**〔善処〕**ぜんしょ◆**〔後始末〕**あとしまつ◆**〔尻拭い〕**しりぬぐい

共通する意味★ある事態を状況に応じて、適切に判断して処理すること。**【英】** *to cope with*

使い方▼〔対処〕スル▽緊急の事態に対処する▽事件の対処を誤った　**〔対応〕**スル▽政府の提案への対応を練る▽相手の出方を見ながら対応する　**〔収拾〕**スル▽事態の収拾に手間取る▽収拾の道を探る

	□しようのない事態	難問に（を）□する	注意深く□する	政局の□がつかない
対処	○	に○	○	-
対応	○	-	○	-
収拾	○	を○	-	○

使い分け【1】「対処」は、できごと、変化などに応じてふさわしい処理をすること。【2】「対応」は、相手側とのバランスをとった上で行動すること。【3】「収拾」は、かなり混乱してしまった事態を収めまとめること。

【関連語】◆**〔善処〕**スル最良の方法で処理すること。「早急に善処いたします」◆**〔後始末〕**問題が起こったあとの、事後処理。「跡始末」とも書く。「事件の後始末で社内は大変だ」◆**〔尻拭い〕**他人の不始末、失敗などをあとから処理すること。「息子の借金の尻拭いをさせられる」

1 20-02

扱う（あつかう）／取り扱う（とりあつかう）／計らう（はからう）／さばく／こなす／切り回す（きりまわす）

【関連語】◆**〔取りさばく〕**とりさばく◆**〔処する〕**しょする◆**〔律する〕**りっする

共通する意味★物事を適切に処置する。**【英】** *to deal with; to treat*

使い方▼〔扱う〕（ワ五）▽パソコンを上手に扱う　**〔取り扱う〕**（ワ五）▽この書類は、あちらの窓口で取り扱います　**〔計らう〕**（ワ五）▽この件は君の責任で適切に計らってくれ　**〔さばく〕**（カ五）▽殺到する客をうまくさばく　**〔こなす〕**（サ五）▽徹夜して数をこなす▽この練習は回数をこなすことに意味がある　**〔切り回す〕**（サ五）▽一人で部内を切り回す

	困難な事件を□	家事を□	便宜を□	仕事を□
扱う	○	-	-	○
取り扱う	○	-	-	○
計らう	-	-	○	-
さばく	○	○	-	○
こなす	○	○	-	○
切り回す	-	○	-	○

使い分け【1】「扱う」は、処置する、操作する、商品として売る、待遇する、などさまざまの意がある。【2】「取り扱う」は、物事を処置する意と、手で持って動かしたり、使ったりする意。【3】「計らう」は、

物事の処置に手をつけ、成功を意図して努力する意。【4】「さばく」は、物事を要領よく処置する意。「捌く」とも書く。【5】「こなす」は、与えられた物事などを処置して、責任を果たす意。【6】「切り回す」は、多数の案件や煩雑な案件を一手に引き受けて、うまく処置する意。

【関連語】◆〈取りさばく〉（カ五）煩雑な事案をうまく処理する。「もめごとを取りさばく」◆〈処する〉（サ変）適切に処理する。また、刑罰を与える。「罰金刑に処する」◆〈律する〉（サ変）規則などにあてはめて処理する。「自己を厳しく律する」

1 20-03

やりくり／切り盛り（きりもり）／金繰り（かねぐり）／工面（くめん）／都合（つごう）／捻出（ねんしゅつ）／算段（さんだん）／まかなう

【関連語】◆〈繰り合わせ〉くりあわせ◆〈融通〉ゆうずう

共通する意味★金を集めたり使ったりすることについての工夫。経済的に豊かでない状況の中で、収入と支出のバランスを苦労して調えること。【英】*makeshift*

使い方▼〔やりくり〕スル▽苦しい家計をやりくりする▽やりくりが苦しい　〔切り盛り〕スル▽母はひとりで大世帯を切り盛りしてきた　〔金繰り〕▽金繰りがつかず、会社が倒産した　〔工面〕スル▽金の工面に走り回る　〔都合〕スル▽友人のために金を都合してやる　〔捻出〕スル▽貯金をはたいて旅行の費用を捻出した　〔算段〕スル▽無理算段して家を建てた▽借金の算段をする　〔まかなう〕（ワ五）▽月々三千円の会費でまかなう▽福祉を税金でまかなう

使い分け【1】「切り盛り」「都合」「捻出」「まかなう」の四語は、「家事の切り盛りをする」「時間の都合をつける」「再建案を捻出する」「夏場の電力需要をまかなう」のように、金銭以外のことにも用いられる。【2】「やりくり」「切り盛り」「金繰り」の三語は、家計や店の経営など継続的事柄に用いられるのに対し、「工面」「都合」「捻出」「算段」は、一時的出費に関して用いられる。「まかなう」は、いずれにも用いられる。【3】「算段」には、一般にあれこれ手段を考えることの意もあり、「算段して工面する」「算段して都合をつける」「算段して捻出する」などとはいえるが、「工面して算段する」「都合をつけて算段する」「捻出して算段する」などとはいえない。

【関連語】◆〈繰り合わせ〉金銭や時間の都合をつけること。「万障お繰り合わせのうえご出席ください」◆〈融通〉スルその時々に応じて金を貸し借りすること。「足りない分を融通してやる」◆金銭以外のことについても、その場に応じてうまく処理することの意で用いられる。「彼は頭が固くて融通がきかない」

参照▼都合⇒519-01　808-14

1 20-04

処置（しょち）／処理（しょり）／処分（しょぶん）／始末（しまつ）

共通する意味★物事を取りさばき、適切に決まりをつけること。【英】*disposal*

使い方▼〔処置〕スル　〔処理〕スル　〔処分〕スル　〔始末〕スル

	適切に□する	事後の□が良かった	しかるべき□を取る	事務的に□する	不動産を□する
処置	○	○	○	-	-
処理	○	○	-	○	-
処分	○	-	-	-	○
始末	△	-	-	△	○

使い分け【1】「処置」は、適切な取り扱いをすること。対策を立て、適切な方法をもって事にあたること。また、「応急処置」「未処置の虫歯」などのように、傷や病気の手当てにもいう。【2】「処理」は、物事を取りさばき、すっかりかたをつけること。「処置」が取り扱い方そのものをさすのに対し、「処理」は結果を出してけりをつけるまでをいう。また、「化学処理」など物質に対する働きかけにも用いる。【3】「処分」は、不要な物を売ったり捨てたりして整理すること。また、人に対しても、規則などを破った場合にしかるべき罰を与えて決まりを付けることをいう。結果的になくしてしまうことで、「処置」「処理」より使える範囲が狭い。【4】「始末」は、ある物事に決着をつけること。口語的なニュアンスが強く、（好ましくないものに）強引に決着をつける、という感じがある。

参照▼始末⇒501-18　814-61

1 20-05

使（つか）いこなす／使（つか）い分（わ）ける

共通する意味★事物や人の能力、価値、性質、特徴が十分に発揮されるよう、有効に用いる。【英】*to master*

使い方▼〔使いこなす〕（サ五）▽英語を使いこなす▽コンピュータを使いこなす　〔使い分ける〕（カ下一）▽二か国語を使い分ける▽道具をうまく使い分ける

使い分け【1】「使いこなす」は、物を十分に機能が発揮されるよう有効に使用する意。「大勢の人を使いこなす」は、多くの人の特性、個性を十分に発揮させるように、各人に任務を与え、仕事をさせるのにいう。【2】「使い分ける」は、目的やその場に応じた使い方をする意。

1 20-06

向（む）かう／向（む）く／向（む）ける

共通する意味★ある方向と、自分の正面、進む方向などを一致させる。【英】*to face*

使い方▼〔向かう〕（ワ五）▽机に向かう▽聴衆に向かって話す　〔向く〕（カ五）▽後ろを向く▽そっぽを向く▽北を向いて立つ　〔向ける〕（カ下一）▽背を向ける▽カメラを友人に向ける

使い分け【1】「向かう」は、他に対して自分の正

面を向ける意だが、「新幹線で大阪に向かう」のように、主体がある地点をめざして移動する意もある。【2】「向く」は、ある方向と自分の正面を一致させる意。【3】「向ける」は、対象に対して「向く」ような姿勢にさせる意。

120-07 対向(たいこう)／向かい合わせ(むかいあわせ)／対面(たいめん)

共通する意味★二つの物が、互いに正面同士になるような位置を占めること。**【英】** *facing*

使い方▼〔対向〕スル 〔対面〕スル

	彼の□に座る	敵軍と□になる	□車	□交通
対向	-	-	○	-
向かい合わせ	○	○	-	-
対面	○	-	-	○

使い分け【1】「対向」は、現在、正面同士の位置にあり、さらに、双方とも相手に向けて、現在前進中か、前進する構えであることを表わす。【2】「対面」は、二つの事物が互いに正面同士であることを強調する。また、一方の事物の正面前方の場所を表わす。また、「初恋の人と対面する」のように、顔と顔とを合わせることの意もある。【3】「向かい合わせ」は、二つの事物の位置が互いに正面同士であることだけを表わす。【4】「対向」が、動的な状態を表現しているのに対し、「向かい合わせ」「対面」は、位置が正面同士であることだけを表わす。

参照▼対面⇒516-04

120-08 相対(あいたい)／対(たい)／差し向かい(さしむかい)／差し(さし)／真向かい(まむかい)

共通する意味★二つの物が向かい合うこと。**【英】** *face to face*

	□で話し合う	父と□で飲む	□で勝負する	自然□人間の戦い	□の家
相対	○	-	-	-	-
対	○	-	-	○	-
差し向かい	○	○	-	-	-
差し	○	○	○	-	-
真向かい	-	-	-	-	○

使い分け【1】「相対」は、なんらかの利害関係のある者同士が間に他者を入れずに直接向かい合い、あるいは話し合うこと。【2】「対」は、普通、「自然対人間」「男対女」のように、向かい合ったり、張り合ったりする二つの物の間に挟まれる形で用いられる。俗語的に「あいつと対で話し合う」というときは、「差し向かい」の意。【3】「差し向かい」は、向かい合っているのが二人で、向かい合いの方向が互いに正面同士であることを強調する場合に用いる。【4】「差し」は、向かい合っているのが二人(二つ)であることを特に強調するときに用いる。向かい合いの方向は特に限定されず、「差しの勝負」が双方正面を向け合っているとは限らない。【5】「真向かい」は、二つの物の向かい合い方が互いに正面を向け合っていること。

120-09 向き合う(むきあう)／対する(たいする)／相対する(あいたいする)

【関連語】◆(面する)めんする

共通する意味★複数の事物が、互いに正面を向け合う。**【英】** *to confront*

使い方▼〔向き合う〕(ワ五) 〔対する〕(サ変) 〔相対する〕(サ変)

	敵軍と□	山に□て立つホテル	□て話し合う	顔と顔が□
向き合う	○	-っ△	-っ○	○
対する	○	-し○	-し-	-
相対する	○	-し-	-し○	○

使い分け【1】三語の中では「向き合う」の用法が最も広い。【2】「相対する」は、互いに正面を向け合う意を表わすだけでなく、なんらかの利害関係のある二者が間に他者を入れずに、直接向かい合う意をも表わす。【3】「対する」は、互いに正面を向け合う意を表わすが、特に、二者の関係や他者の介在の有無をいうことはない。

【関連語】◆(面する)(サ変)向く。「山に面した窓」

120-10 配慮(はいりょ)／心配り(こころくばり)／気配り(きくばり)／心遣い(こころづかい)／気遣い(きづかい)

【関連語】◆(心掛け)こころがけ◆(顧慮)こりょ◆(細心)さいしん◆(気兼ね)きがね◆(屈託)くったく

共通する意味★手落ちや手抜かりのないよう気をつけること。**【英】** *consideration; care*

使い方▼〔配慮〕スル 〔心配り〕スル 〔気配り〕スル 〔心遣い〕スル 〔気遣い〕(名・形動)スル

	ちょっとした□	□に欠けたふるまい	暖かい□	失敗しないように□する	お(ご)□ありがとう
配慮	○	○	○	-	ご○
心配り	○	○	○	△	お○
気配り	○	○	-	○	-
心遣い	○	○	○	-	お○
気遣い	○	○	-	○	お○

使い分け【1】「配慮」は、深く考えて気を配ること。【2】「心配り」「心遣い」は、相手のために良いようにと、思いやりの心を働かすことをいう。【3】「気遣い」は、「人に怪しまれる気遣いはない」のように、心配の意でも使う。

【関連語】◆(心掛け)自分の心の持ち方でいつも忘れないようにしていること。「日頃の心掛けがいい」◆(顧慮)スル深くよく考えて気を配ること。「周囲への顧慮を怠って反発を招いた」◆(細心)(名・形動)細かいところまで注意がいきとどくこと。「細心の注意」「細心にして大胆」◆(気兼ね)スル他人に対して気を遣うこと。気を遣って、したいことをしない場合に使う。「気兼ねせず言いたいことを言う」◆(屈託)スルつまらないことを気にかけてくよくよすること。「屈託のない笑顔」

参照▼心掛け⇒209-32

1 20-11 注意(ちゅうい)／留意(りゅうい)／用心(ようじん)

共通する意味★気をつけること。**【英】** *attention*

使い方▼〔注意〕スル▽細心の注意を払う▽注意を引く▽注意深い人 〔留意〕スル▽健康に留意する▽留意点 〔用心〕スル▽こわさないように用心する▽用心のいい人▽空き巣にご用心▽火の用心

	この点に□する	絶えず□する	細心の□	□を怠る	家の□が悪い
注意	○	○	○	○	-
留意	○	○	-	-	-
用心	△	○	-	○	○

使い分け【1】「注意」は、あることに神経を集中させること、「留意」は、心にとどめておくことに、それぞれ重点をおいて気をつけること。したがって、「注意一秒怪我(けが)一生」「踏み切り注意」など瞬間的あるいは具体的なことには「注意」が使われ、「健康に留意する」など、抽象的で、ある程度の時間継続する場合には「留意」が用いられることが多い。【2】「用心」は、「風邪をひかないように用心する」「火の用心」など、悪い事態にならないようにあらかじめ気をつけること。

1 20-12 不注意(ふちゅうい)／粗忽(そこつ)／不調法(ぶちょうほう)

共通する意味★注意が足りないこと。**【英】** *carelessness*

使い方▼〔不注意〕(名・形動) 〔粗忽〕(名・形動) 〔不調法〕(名・形動)

	□をわびる	□で困る	一瞬の□	生来の□者	□な言動
不注意	○	○	○	-	○
粗忽	○	○	-	○	○
不調法	○	○	-	○	-

使い分け【1】「不注意」は、注意が足りないことだが、ある人の行動全般や性格そのものについてはいわない。一方、「粗忽」は、そそっかしい性格で、何事につけても注意が足りないことをいう。【2】「不調法」は、手ぎわが悪く、配慮がいきとどかなくてよくない結果になったとき使う。また、「飲む方は不調法だ」のように、酒などをたしなまないことや、芸事や遊び事に疎いことにもいう。「無調法」とも書く。

1 20-13 先見(せんけん)／洞察(どうさつ)／明察(めいさつ)

共通する意味★物事を見抜くこと。**【英】** *insight*

使い方▼〔先見〕▽先見の明がある 〔洞察〕スル▽洞察する力を身につける▽洞察力 〔明察〕スル▽事態を明察した▽ご明察です

使い分け【1】「先見」は、物事が起こる前に、あらかじめそれを見通すこと。【2】「洞察」は、表面的に見ていたのではわからないような物事の真実を見抜くこと。【3】「明察」は、真相を見抜くこと。「ご明察です」は、相手の判断をたたえ敬っていう慣用的な言い方。

1 20-14 先回り(さきまわり)

意味★相手より先に目的地に行っていること。また、相手の意図を察して先に物事を行ってしまうこともいう。**【英】** *to arrive before*

使い方▼〔先回り〕スル▽先回りして待ちぶせする▽相手の話の先回りをして困らせる

1 20-15 先手(せんて)を打(う)つ／機先(きせん)を制(せい)する／先制(せんせい)／先(さき)んじる

共通する意味★他より先に行って優位に立つ。**【英】** *to forestall*

使い方▼〔先手を打つ〕▽先手を打って勝った 〔機先を制する〕▽奇襲攻撃で機先を制する 〔先制〕スル▽先制して一点をあげる▽先制攻撃 〔先んじる〕(サ上一)▽新車を他に先んじて購入する

使い分け【1】「先手」は、元来は碁や将棋などで先に打つこと、またその人をいう。「先手をとる」ともいう。【2】「機先」は、起ころうとする矢先。【3】「先んじる」は、他より先に物事を行う意。サ変動詞「先んずる」の形でも使われる。

1 20-16 先行(せんこう)／先立(さきだ)つ／リード

共通する意味★他の人や物より先にあること。ま

た、先に行くこと。**【英】** *preceding*

使い方▼〔**先行**〕スル▽先行している一団を追う▽先行文献 〔**先立つ**〕(タ五)▽先立って働く▽試合に先立ち開会式を行う 〔**リード**〕スル▽四対一でリードする▽時代をリードする雑誌

	頭ひとつ分□てゴールインする	作品Aは作品Bに□	□て歩き出す
先行する	ーし○	○	ーしー
先立つ	ーっー	○	ーっ○
リードする	ーし○	ー	ーしー

使い分け【1】「先行」「先立つ」は、空間的に前にある場合にも、時間的に前である場合にも用いることができる。【2】「リード」は、スポーツ、競争などで、優勢である場合に用いる。また、ある風潮や流行などの先頭に立って他を導く場合などにもいう。【3】「先立つ」は、「親に先立つ」「先立つ不孝」などのように先に死ぬ意で使われることもある。

1 20-17 先取(せんしゅ)／先取り(さきどり)

共通する意味★先に取って自分のものにすること。**【英】** *taking first*

使い方▼〔**先取**〕スル▽点を先取する▽先取点 〔**先取り**〕スル▽相手のいおうとすることを先取りしていう▽時代の先取り

使い分け【1】「先取」は、スポーツなどで、先に点を取ること。【2】「先取り」は、他人より先に何かを行うこと。【3】「先取り」は、「代金を先取りする」のように、通常は後で受け取るべき代金や利子などを、先に受け取る場合にも使われる。

1 20-18 先駆(せんく)／先駆け(さきがけ)／一番槍(いちばんやり)

【関連語】◆(**抜け駆け**)ぬけがけ

共通する意味★人よりも早く物事を成しとげること。また、その人。**【英】** *a forerunner*

使い方▼〔**先駆**〕▽先駆的な役割を果たす▽先駆者 〔**先駆け**〕スル▽海洋開発の先駆けとなる実験▽この暖かさは春の先駆けだ 〔**一番槍**〕▽新機種受注の一番槍を目指す

使い分け【1】「先駆」は、元来、先導の意だが、現在ではその意で使われることは少ない。【2】「先駆け」は、「先駆けとなって突進する」のように、元来、まっさきに走って敵中に攻め入ること。「魁」とも書く。【3】「一番槍」は、元来、最初に敵陣に槍をもって突き入ること。転じて、最初に功名をたてること、また、その人の意。

【関連語】◆(**抜け駆け**)スル人を出し抜いて先に物事を行うこと。「抜け駆けして名をあげる」

1 20-19 率先(そっせん)／音頭取り(おんどとり)

共通する意味★人の先に立って行うこと。**【英】** *to lead*

使い方▼〔**率先**〕スル▽率先して仕事を引き受ける▽率先垂範 〔**音頭取り**〕▽送別会の音頭取りをする

使い分け【1】「率先」は、他の人の先頭に立って物事を行うこと。【2】「音頭取り」の「音頭」は、大勢で歌うときなどに先に歌い出して全員を導くこと。話し言葉。

1 20-20 待機(たいき)／控え(ひかえ)

共通する意味★準備して待つこと。**【英】** *to watch and wait*

使い方▼〔**待機**〕スル▽いつでも出動できるように待機する▽自宅待機 〔**控え**〕▽控えの間▽控えの力士

使い分け【1】「待機」は、必要となる機会を待つ意が強く、「控え」は、順番、出番を待つ意が強い。【2】「控え」には、「控えの選手」のように、必要となる場合に備えて別に用意しておくものや人、「書類の控えをとる」などのように、後日の用のために残しておくものの意もある。

1 20-21 準備(じゅんび)／用意(ようい)／支度(したく)

【関連語】◆(**備える**)そなえる◆(**整備**)せいび◆(**設ける**)もうける

共通する意味★あることを行うにあたって、前もって整えておくこと。**【英】** *preparation*

使い方▼〔**準備**〕スル▽お金を準備する▽遠足の準備 〔**用意**〕スル▽食卓の用意をする▽昼食を用意する 〔**支度**〕スル▽出かける支度をする▽支度金▽身支度

	旅行の□をする	試験の□をする	食事を□する	資料を□する	会議の□を進める
準備	○	○	○	○	○
用意	○	△	○	○	ー
支度	○	ー	ー	ー	ー

使い分け【1】「準備」「用意」は、「…を準備する」「…を用意する」「…の(…する)準備をする」「…の(…する)用意をする」という二つの形で用いられるが、「支度」は通常「…の(…する)支度をする」という形で用いられ、「支度する」の形は、「そろそろ支度しなさい」のように、話し言葉で特に目的語をとらない場合に用いられる。【2】「準備」は、物事を行うために、あるいは将来起こる事に対応できるように必要な物や条件を整えること。「用意」は、物事を行うために必要な物や条件を整えること。「試験の準備をする」は、「試験を行うための準備をする」「試験を受けるための準備をする」のいずれの意味にもなるが、「試験の用意をする」は、通常前者の意味で用いられる。【3】「支度」は、やや話し言葉的な表現。食事や服装についていうことが多い。「仕度」とも書く。

【関連語】◆(**備える**)(ア下一)「地震に備える」のように、

将来起こる（と考えられる）ことにうまく対応できるように条件を整えておく意。また、「多くの機能を備えたステレオ」のように、必要なものを持っている意で用いられることもある。◆（整備）スル機械や道具・規則などをすぐに使えるような状態に整えておくこと。「車を整備する」「法律の整備」◆（設ける）（カ下一）前もってある事柄を設定しておく。「一席設ける」「口実を設ける」

1 20-22 下準備／下ごしらえ

共通する意味★前もって準備しておくこと。**【英】** *prearrangement*

使い方▼〔**下準備**〕▽発表の下準備をする　〔**下ごしらえ**〕▽てんぷらの下ごしらえをする

使い分け「下ごしらえ」は、何か具体的なものに手を加えて準備することをいう。したがって「会議の下ごしらえをする」などとはいわない。

1 20-23 手回し／手配／手配り

共通する意味★前もって用意すること。**【英】** *arrangements*

使い方▼〔**手回し**〕▽二次会も設定してあるとは、手回しがいい　〔**手配**〕スル▽切符と旅館の手配はすませた　〔**手配り**〕スル▽万全の手配りで臨む

	あらかじめ□をしておく	来客の食事の□をする	注文済みとは□がいい
手回し	△	－	○
手配	○	○	－
手配り	○	○	－

使い分け【1】「手回し」は、必要なものをあらかじめ見越してその場に間に合うように工面し準備すること。「手回しがいい（悪い）」の形で用いることが多い。【2】「手配」は、段取りや割り当てをもれなく行うこと。また、「犯人の手配」「指名手配」のように、犯人逮捕のため必要な指令を出すことをいう場合もある。【3】「手配り」は、それぞれの分担を決めて準備すること。

1 20-24 身構え／スタンバイ

共通する意味★行動を起こすための準備。**【英】** *a posture*

使い方▼〔**身構え**〕▽攻撃を加える身構えをする▽拒絶の身構え　〔**スタンバイ**〕スル▽出番を控えてスタンバイする▽スタンバイ完了

使い分け【1】「身構え」は、自分に向かってくるものに対してなんらかの行動を起こすための姿勢をとること。また、そういう姿勢。「相手の攻撃に備えて身構える」のように、動詞形「身構える」が用いられることも多い。【2】「スタンバイ」は、いつでも行動を起こせるような状態においておくこと。

1 20-25 常備／兼備／完備

【関連語】◆（予備）よび

共通する意味★備えていること。

使い方▼〔**常備**〕スル▽非常食を常備しておく▽常備薬　〔**兼備**〕スル▽力と技を兼備する▽才色兼備　〔**完備**〕スル▽空調を完備した部屋▽冷暖房完備

使い分け【1】「常備」は、ある物をいつでも使えるように常に備えておくこと。**【英】** *to have (something) ready*【2】「兼備」は、二つ以上のよい事柄を兼ね備えていること。【3】「完備」は、必要な設備などをすべて備えていること。**【英】** *to be well-equipped*

【関連語】◆（予備）前もって準備しておくこと。特に、不足したものを補うため前もって準備しておくこと。「予備知識」「予備のタイヤを持っていく」

1 20-26 出たとこ勝負／ぶっつけ本番

共通する意味★あらかじめ準備することなしに、いきなり事を行うこと。**【英】** *leaving a matter to chance*

使い方▼〔**出たとこ勝負**〕▽あとは出たとこ勝負でいこう　〔**ぶっつけ本番**〕▽練習なしのぶっつけ本番

使い分け【1】「出たとこ勝負」は、成り行きで事を行うこと。【2】「ぶっつけ本番」の「本番」は、本来、映画、テレビなどで、テストやリハーサルではなく、実際に行う撮影や放送のこと。

1 20-27 待つ／待ち構える／待ち受ける

共通する意味★予期し、期待して時を過ごす。**【英】** *to be prepared (for)*

使い方▼〔**待つ**〕（タ五）▽明朝九時、駅で待つ▽春を待つ▽待つ人もいない家に帰る　〔**待ち構える**〕（ア下一）▽選手の到着を待ち構える報道陣　〔**待ち受ける**〕（カ下一）▽行く手には困難が待ち受けている

使い分け「待つ」よりも「待ち構える」「待ち受ける」の方が、準備をして備える意が強い。「待ち受ける」は、例文のような比喩ひゆ的用法で用いることが多い。

1 20-28 待ち望む／待ちあぐむ／待ちわびる／待ち焦がれる／待ち遠しい

共通する意味★その時や事態が来ることを非常に期待して時を過ごす。**【英】** *to expect; to look forward to*

使い方▼〔待ち望む〕(マ五)▽昇進を待ち望む▽健康の回復を待ち望む　〔待ちあぐむ〕(マ五)▽返事を待ちあぐむ▽婚約者の上京を待ちあぐむ　〔待ちわびる〕(バ上一)▽父の帰国を待ちわびる▽今日という日を待ちわびた新郎新婦　〔待ち焦がれる〕(ラ下一)▽再会を待ち焦がれる▽夫の帰国を待ち焦がれる　〔待ち遠しい〕(形)▽春が待ち遠しい▽母の帰りが待ち遠しい

使い分け【1】「待ち望む」は、実現することを期待して待つ意で、ごく一般的に用いられる。【2】「待ちあぐむ」は、長く待ち続けて、待つのがいやになる意。【3】「待ちわびる」は、気をもみながら長く待ち続ける意。【4】「待ち焦がれる」は、じりじりと身を焦がすような思いで待つ意。

1 20-29 実行(じっこう)／実践(じっせん)／履行(りこう)

共通する意味★実際に行うこと。**【英】** *practice*

使い方▼〔実行〕スル▽暗殺計画を実行する▽公約の実行を果たす▽不言実行　〔実践〕スル▽教えをみずから実践する▽考えを実践に移す　〔履行〕スル▽契約を履行する▽契約不履行

使い分け【1】「実行」は、考えたり計画したりしたことなどを、現実のものにすること。【2】「実践」は、よいと考えていること、理想とされていることなどを、自分で行うこと。【3】「履行」は、なされた約束や契約などを、それにたがわずに果たすこと。

1 20-30 決行(けっこう)／敢行(かんこう)／断行(だんこう)／強行(きょうこう)

共通する意味★どんなことがあっても行うこと。**【英】** *to carry out*

使い方▼〔決行〕スル▽ストを決行する▽雨天決行　〔敢行〕スル▽臓器移植を敢行する　〔断行〕スル▽党内改革を断行する　〔強行〕スル▽住民の反対をおして工事を強行する▽強行突破

	ストライキを□する	家族を説得して手術を□する	予定どおり□する	□採決
決行	○	-	○	-
敢行	○	○	△	-
断行	○	-	△	-
強行	○	-	-	○

使い分け【1】「決行」は、予定どおりに思い切って行うこと。【2】「敢行」は、悪条件や無理を承知の上で、あえて押し切って行うこと。【3】「断行」は、困難や反対などを押し切って強い姿勢で行うこと。【4】「強行」は、無理を押し切って、強引にとり行うこと。

1 20-31 施行(しこう)／実施(じっし)

共通する意味★実際に行うこと。**【英】** *to put into practice*

使い方▼〔施行〕スル▽四月一日から新しい法律を施行する▽施行規則　〔実施〕スル▽入学試験を実施する▽計画の実施

	試験を□する	法を□する	文化祭を□する
施行	△	○	-
実施	○	-	○

使い分け【1】「施行」は、規則や法律などを実際に行うこと。法律用語としては、「せこう」と読む。【2】「実施」の対象には、規則や法律だけではなく、制度や計画、イベントなどが含まれ、広く用いられる。

1 20-32 助ける(たす)／救う(すく)

共通する意味★人に力を貸して、危険、困難などから逃れられるようにしてやる。**【英】** *to rescue*

使い方▼〔助ける〕(カ下一)▽溺(おぼ)れている子を助ける▽命を助ける　〔救う〕(ワ五)▽命を救ってくれた恩人▽危機を救う▽救われない気持ち

使い分け「助ける」には、「病身の親を助けて働く」のように、従たる立場で主たる者を補佐する意もある。

参照▼助ける⇒517-53

1 20-33 守る(まも)／かばう

共通する意味★他から害を受けないようにする。**【英】** *to defend*

使い方▼〔守る〕(ラ五)▽自然を守る▽国境を守る警備隊　〔かばう〕(ワ五)▽弱者をかばう▽いためたひざをかばって歩く▽病弱な母をかばう

	子供を□	人権を□	仲間を□	傷口を□
守る	○	○	○	-
かばう	○	-	○	○

使い分け【1】「かばう」は、弱い立場にある人や、傷を受けたりした体の弱い部分に他から害が及ばないようにする意で、弱い人や体をいたわるという意味が大きい。これに対し「守る」は、人や体だけでなく、大切にしているものが他からの攻撃などによって侵されないように防ぎ、その安全を保つ意。「かばう」にくらべて使われる範囲が広い。「護る」とも書く。【2】「守る」は、また、「約束を守る」のように、決められた物事や命令されたことなどに背かないようにする意にも使う。

反対語▼守る⇔攻める
参照▼守る⇒516-33

1 20-34 救助（きゅうじょ）／救難（きゅうなん）／救援（きゅうえん）／救急（きゅうきゅう）救命（きゅうめい）／救済（きゅうさい）

【関連語】◆（救世）きゅうせい◆（救国）きゅうこく◆（救民）きゅうみん◆（済民）さいみん◆（済世）さいせい◆（慈善）じぜん

共通する意味★危険や災難から救うこと。**【英】** *rescue*

使い方▼〔救助〕スル▽川に落ちた子供を救助する▽遭難した人の救助に向かう▽救助隊▽人命救助 〔救難〕▽救難訓練 〔救援〕スル▽救援活動▽救援物資 〔救急〕▽救急車▽救急箱▽救急病院 〔救命〕▽救命胴衣▽救命具 〔救済〕スル▽難民を救済するための施設▽失業者を救済する

使い分け【1】「救助」が最も一般的に使われる。【2】「救難」「救急」「救命」は、例のように他の語と複合して用いられ、単独ではふつう使われない。

【関連語】◆（救世）宗教で、乱れた世から人々を救うこと。仏教では、「くぜ」「ぐぜ」と読まれる。「救世主」◆（救国）国の危難、危機を救うこと。「救国の士」◆（救民）困っている人民を救助すること。「戦災孤児に対する救民措置」◆（済民・済世）社会や人を救うこと。どちらも文章語で、今日ではあまり使われない。「経世済民」「済世救民」◆（慈善）不幸な人をあわれみ、物品を与えて助けること。「慈善事業」

1 20-35 救護（きゅうご）／援護（えんご）

共通する意味★困っている人や危険な状態にある人を助けて保護すること。**【英】** *aid*

使い方▼〔救護〕スル▽負傷者を救護する▽救護班 〔援護〕スル▽被災者に援護の手をさしのべる

使い分け「援護」は、「援護射撃」のように、味方の行動を敵の攻撃からかばい守ることの意でも用いられる。「掩護」とも書く。

1 20-36 保護（ほご）／庇護（ひご）／擁護（ようご）

【関連語】◆（守護）しゅご

共通する意味★危険などから助け守ること。**【英】** *to protect*

使い方▼〔保護〕スル▽天然記念物を保護する▽自然保護 〔庇護〕スル▽彼は叔父の庇護のもとに育てられた 〔擁護〕スル▽憲法を擁護する会

	国内産業の□	親の□をうける	神仏の□を頼む	人権を□する	迷子を□する
保護	○	○	-	△	○
庇護	○	○	○	-	-
擁護	○	-	-	○	-

使い分け【1】「保護」は、最も一般的で広く使われる。【2】「庇護」は、かばい守ること。【3】「擁護」は、ある事柄を否定・攻撃する動きに対して、主に言論によってそれを守ること。

【関連語】◆（守護）スルまもること。「国家を守護する」「守護神」

参照▼保護⇒120-38

1 20-37 看護（かんご）／介添え（かいぞえ）／介抱（かいほう）養護（ようご）／看病（かんびょう）

共通する意味★手助けの必要な人の世話をすること。**【英】** *to nurse*

使い方▼〔看護〕スル▽病床の祖父を看護する▽完全看護の病院▽看護婦 〔介添え〕▽車椅子（くるまいす）の介添えをする▽介添え役 〔介抱〕スル▽酔っ払いの介抱は疲れる▽病人を介抱する 〔養護〕スル▽養護学級▽養護施設 〔看病〕スル▽病人の看病をする▽看病疲れ

使い分け【1】「看護」「介抱」「看病」は、病人やけが人などの世話をすること。【2】「介添え」は、付き添って世話をすること。【3】「養護」は、保護が必要な児童、生徒を保護し教育すること。

1 20-38 保護（ほご）／教護（きょうご）／監護（かんご）

共通する意味★警察や施設などで面倒をみること。**【英】** *protection*

使い方▼〔保護〕スル▽泥酔して警察に保護される▽保護留置 〔教護〕スル▽教護院（＝児童の福祉施設の一つ。現在は「児童自立支援施設」という） 〔監護〕スル▽非行少年を監護する

使い分け【1】「保護」は、警察が一時的にとめおく場合に使われる。【2】「教護」は、罪を犯したり、罪を犯すおそれのある少年少女を教育し、保護すること。【3】「監護」は、監督しながら保護すること。

参照▼保護⇒120-36

1 20-39 防ぐ（ふせぐ）／防止（ぼうし）

【関連語】◆（食い止める）くいとめる◆（支える）ささえる◆（受け止める）うけとめる

共通する意味★好ましくないことが起こらないようにする。**【英】** *to prevent; to defend*

使い方▼〔防ぐ〕（ガ五）▽敵の侵入を防ぐ▽事故を防ぐ▽火災を防ぐ▽伝染病の流行を防ぐ 〔防止〕スル▽水の事故を防止する▽非行の防止▽危険防止

使い分け二語とも、ことが起こらないようにする意だが、「防ぐ」が、個人の日常生活にも社会的、一般的な事柄についてもいうのに対して、「防止」は、社会において組織的系統的に行われる事柄についていうことが多い。

【関連語】◆（食い止める）（マ下一）好ましくないことが

それ以上進まないようにする。「水際で食い止める」◆(支える)(ア下一)防ぎとめる。「敵を支える」◆(受け止める)(マ下一)向かって来るものを支えて、進むのを止める。「攻撃を受け止める」
参照▼支える⇒912-08

1 20-40
予防（よぼう）／自衛（じえい）

共通する意味★前もってなんらかの手段を講じ、ある物事を防ぐこと。
使い方▼〔予防〕スル▽火災を予防する▽予防注射
〔自衛〕スル▽木刀を持って自衛する▽自衛手段▽自衛隊
使い分け 「自衛」は、自力で身を守り、暴力や他からの侵入を防ぐこと。**【英】** *prevention*(予防); *self-protection*(自衛)

1 20-41
妨げる（さまた）／遮る（さえぎ）／抑える（おさ）

【関連語】◆(立ち塞がる)たちふさがる◆(せきとめる)◆(制止)せいし

共通する意味★ものごとの進行のじゃまをする。**【英】** *to disturb; to prevent*
使い方▼〔妨げる〕(ガ下一)▽宗教が両国の交流を妨げている 〔遮る〕(ラ五)▽相手の言葉を途中で遮る
〔抑える〕(ア下一)▽出荷を抑える▽はやる心を抑える

	発言を□	他人の出世を□	川の流れを□	物価上昇を□
妨げる	○	○	-	-
遮る	○	△	○	-
抑える	○	-	-	○

使い分け【1】「妨げる」は、やや硬い言い方。また、「再任を妨げない」のように、打消の形で、～でもかまわない意を表わすこともある。【2】「遮る」は、進行しているものを途中でじゃまする意。「発言を妨げる」は、初めから発言させない意だが、「発言を遮る」は、発言しているものを途中でやめさせる意。また、「カーテンで日の光を遮る」のように、間に何かを置いて向こう側にものが伝わらなくする意もある。【3】「抑える」は、なんらかの力をもって、食い止めたり抑圧したりすること。「手足をおさえる」のように、具体的な動作をともなう場合は「押さえる」と書く。

【関連語】◆(立ち塞がる)(ラ五)前に立って、行く手を遮るようにする。「前途には多くの困難が立ち塞がっていた」◆(せきとめる)(マ下一)流れるものを遮り止める。「川の流れをせきとめる」◆(制止)スル他人の行為をおさえとどめること。「観客のおしゃべりを制止する」「警官の制止を振り切る」
参照▼遮る⇒514-25 抑える⇒101-49

1 20-42
阻む（はば）／阻止（そし）

共通する意味★ものごとが進もうとするのをじゃまして止めようとする。**【英】** *to hinder*
使い方▼〔阻む〕(マ五)▽大きな岩が行手を阻んでいる▽彼のかたくなな態度が上達を阻んでいる 〔阻止〕スル▽敵の侵入を阻止する▽法案の成立を阻止する
使い分け【1】「阻む」は、具体的にじゃまをするような場合にも用いられる。【2】「阻止」は、自分たちにとって好ましくないことが行われないようにじゃまをしてやめさせること。特に、力でおさえるような場合にいう。

1 20-43
防衛（ぼうえい）／防護（ぼうご）／防御（ぼうぎょ）

【関連語】◆(防戦)ぼうせん◆(守備)しゅび◆(護身)ごしん

共通する意味★ふせぎまもること。**【英】** *defense*
使い方▼〔防衛〕スル▽国を防衛する▽タイトル防衛に成功する▽正当防衛 〔防護〕スル▽危害を事前に防護する▽防護壁 〔防御〕スル▽手刀で回し蹴りを防御する▽防御策
使い分け【1】「防衛」が、最も一般的。「自主防衛」「過剰防衛」のように、複合しても用いられる。【2】「防護」「防御」は、主として文章で用いられる。
反対語▼防御⇔攻撃

【関連語】◆(防戦)スル戦争やスポーツで敵の攻撃を防ぐために戦うこと。「防戦一方になる」◆(守備)スル戦争やスポーツで敵の攻撃から自分の陣を守ること。「守備の弱いチーム」◆(護身)危険から自分の身を守ること。「護身用のピストル」「護身術」

1 20-44
警護（けいご）／警衛（けいえい）／護衛（ごえい）

共通する意味★犯罪や災害を未然に防ぐよう、警戒して、守ること。**【英】** *to guard*
使い方▼〔警護〕スル▽警護をかためる▽大統領の身辺を警護する 〔警衛〕スル▽首相官邸の警衛に当たる 〔護衛〕スル▽要人をSPが護衛する
使い分け 「護衛」は、ある人や大事なものに付き添って、危険から守ること。

1 20-45
防水（ぼうすい）／防風（ぼうふう）／風防（ふうぼう）／防暑（ぼうしょ）／防寒（ぼうかん）／除霜（じょそう）／防雪（ぼうせつ）／防湿（ぼうしつ）／防砂（ぼうさ）／防潮（ぼうちょう）／防臭（ぼうしゅう）／防腐（ぼうふ）／防毒（ぼうどく）／防食（ぼうしょく）／防疫（ぼうえき）／防縮（ぼうしゅく）／防空（ぼうくう）／防火（ぼうか）

共通する意味★ある物を防ぐこと。
使い方▼〔防水〕スル▽防水のコート▽防水スプレー
〔防風〕▽防風林 〔風防〕▽風防ガラス 〔防暑〕▽防暑服 〔防寒〕▽防寒具 〔除霜〕スル▽ヒーターで除

霜する〔防雪〕▽防雪林〔防湿〕▽防湿のために床下にセメントを打つ〔防砂〕▽防砂堤▽防砂林〔防潮〕▽防潮堤▽防潮林〔防臭〕▽防臭剤〔防腐〕▽防腐剤〔防毒〕▽防毒面▽防毒マスク〔防食〕▽防食剤〔防疫〕スル▽防疫対策〔防縮〕スル▽防縮加工〔防空〕▽防空頭巾▽防空用暗幕〔防火〕▽防火訓練

1 20-46 撤廃／廃止／解消

【関連語】◆〔撤回〕

共通する意味★取りやめること。【英】*removal; abolition*

使い方▼〔撤廃〕スル▽男女差別を撤廃する▽年齢制限を撤廃する〔廃止〕スル▽鉄道を廃止する▽消費税を廃止する〔解消〕スル▽ストレスを解消する▽赤字解消▽婚約解消

使い分け【1】「撤廃」「廃止」は、それまで行われてきた制度や法規などを取りやめること。【2】「解消」は、それまでの関係、状態や約束を取りやめること。

【関連語】◆〔撤回〕スル一度提出したり公示したりした意見や書類などを、取り下げること。「辞表を撤回する」「前言を撤回する」「要求を撤回する」「処分の撤回を求める」

1 20-47 除く／のける／どける／払う

【関連語】◆〔排する〕

共通する意味★邪魔なもの、不要なものなどをそこから取り去る。【英】*to eliminate*

使い方▼〔除く〕(カ五)▽彼女の心から不安を除く▽彼の名前を名簿から除く▽この点を除けばいうことはない▽奸臣を除く(＝殺す)〔のける〕(カ下一)▽やじ馬をのけて道を開ける▽ちらかっている物をすみへのける▽彼のことはのけて考えよう〔どける〕(カ下一)▽路上の石をどける▽車をどけて人を通す▽荷物をすみにどける〔払う〕(ワ五)▽下枝を払う▽垣根を払う▽家具のほこりを払う▽すすを払う

	障害物を□	人を□	仲間から彼を□	机をすみに□
除く	○	-	○	-
のける	○	○	○	○
どける	○	○	-	○
払う	-	○	-	-

使い分け【1】「除く」は、余計なもの、妨げになるものなどをそこから取り去って捨てる意。また、ある範囲の中に加えないようにする意もある。【2】「のける」は、その場にあって邪魔になっている人や物を他の場所へ移す意。この場合は「退ける」とも書く。また、「除ける」と書いて、ある範囲の中に入れないようにする意もある。ただし、「仕事からのける」「問題をのけて考える」など、自らの意志で、あるものを加えずにおく場合には「除く」と同じように使えるが、「北海道を除いて各地とも雨」のような、自らの意志に関わりのない場合には、「のける」は使えない。【3】「どける」は、物理的に場所を移動させる意。「退ける」とも書く。【4】「払う」は、邪魔なもの、不必要なものを取り去ったり、人をその場から追いやったりする意。また、「注意を払う」「犠牲を払う」などのように、自らの気持ち、意識などを何かに向ける意もある。そのほか、「底を払う」「威風あたりを払う」「部屋を払う」「厄を払う」「分母を払う」など、決まった言い方に用いられることが多く、用法が広い。

【関連語】◆〔排する〕(サ変)邪魔なものや好ましくないものをしりぞける。「万難を排して事にあたる」「私情を排する」「惰性を排する」

参照▼払う⇒101-29 512-60 除く⇒913-13

1 20-48 取り去る／取り除く／外す／取り払う

【関連語】◆〔取っ払う〕◆〔引きのける〕

共通する意味★そこにあった物を取ってなくする。【英】*to remove*

使い方▼〔取り去る〕(ラ五)▽不純物を取り去る▽痛みを取り去る▽不安を取り去る〔取り除く〕(カ五)▽混ざり物を取り除く▽障害物を取り除く▽不信感を取り除く〔外す〕(サ五)▽彼をメンバーから外す▽壁から額を外す▽マスクを外してください〔取り払う〕(ワ五)▽垣根を取り払う▽二国間の障害を取り払う

使い分け【1】「取り去る」「取り除く」は、不要になった物、邪魔になる物などを取って別の所へ移す意。「取り払う」も同意であるが、すっかり取ってなくするという意味合いがある。【2】「外す」は、「額」や「マスク」のように、取り付けたり、掛けたりしてあるものを取ってなくす場合にも用いる。

【関連語】◆〔取っ払う〕(ワ五)「取り払う」の転じた、くだけた語。「ふすまを取っ払う」◆〔引きのける〕(カ下一)引いて取り払う。「おおいを引きのける」

参照▼外す⇒904-28

1 20-49 追い出す／追い立てる／追い払う

【関連語】◆〔追っ払う〕◆〔たたき出す〕◆〔はじき出す〕◆〔つまみ出す〕◆〔追い落とす〕◆〔打ち払う〕◆〔追い散らす〕◆〔蹴散らす〕

共通する意味★追って、別の場所に移動させる。【英】*to expel; to send* [*drive*] *away*

使い方▼〔追い出す〕(サ五)▽煙で蜂を追い出した

〔追い立てる〕(タ下一)▽犬を使って羊の群れを追い立てる　〔追い払う〕(ワ五)▽野次馬（やじうま）を追い払う

	のら猫を庭へ□	組織から□	にわとりを小屋に□	つきまとうハエを□
追い出す	○	○	-	-
追い立てる	○	-	○	-
追い払う	○	△	-	○

使い分け【1】「追い出す」は、外の別の場所に追いやる意。ある組織、仲間から除外する意にも使う。【2】「追い立てる」は、他の場所へ行かせようとする意。大家などが賃貸入居者に退去をせまる意味にも使われる。【3】「追い払う」は、そこにいるものを追うことで、遠くにやって、いなくさせる意。

【関連語】◆**(追っ払う)**(ワ五)「追い払う」よりも、俗語的な言い方。「まつわりつく子供を追っ払う」◆**(たたき出す)**(サ五)乱暴に追い出す。「どら息子をたたき出す」◆**(はじき出す)**(サ五)組織などから追い出す。「過激な言動がわざわいしてはじき出された」◆**(つまみ出す)**(サ五)乱暴にその場から追い出す。「酔っ払いを店からつまみ出す」◆**(追い落とす)**(サ五)組織などの上の地位にある人を、下の者が追い払う。「会長の座から追い落とす」◆**(打ち払う)**(ワ五)払い落とす。払いのける。「肩の雪を打ち払う」「妄想を打ち払う」◈銃砲などを撃って敵を追い散らすという意では、「撃ち払う」とも書く。◆**(追い散らす)**(サ五)追いたてて、ばらばらの状態にする。「デモ隊を追い散らす」◆**(蹴散らす)**(サ五)勢いよく散り散りに追い払う。「敵を蹴散らして進む」

参照▼追い立てる⇒814-66

1 20-50 除去（じょきょ）／撤去（てっきょ）／排除（はいじょ）

【関連語】◆(削除)（さくじょ）

共通する意味★いらないものを取り去ること。**【英】** *removal*

使い方▼〔除去〕スル▽患部を除去する▽プールの汚れを除去する　〔撤去〕スル▽不法建造物を撤去した　〔排除〕スル▽反対勢力を排除するのは現在のところ困難だ

	障害物を□する	足場を□する	工場の□を求める	暴力を□する
除去	○	○	-	-
撤去	○	○	○	-
排除	○	-	-	○

使い分け【1】「除去」が、邪魔な物を取り去る意で広く使われる。【2】「撤去」は、建造物などかなり大きな物に対して使われる。【3】「排除」には、押しのけてそこからなくすという意味合いがある。

【関連語】◆**(削除)**スル文字、記号などを削り、除くこと。「契約書から第一項の全文を削除する」

1 20-51 除外（じょがい）／オミット

共通する意味★対象の範囲からはずすこと。**【英】** *exclusion*

使い方▼〔除外〕スル▽一年生は除外する▽例外は除外して考える　〔オミット〕スル▽適当でない問題はオミットする▽この会議には彼はオミットしよう

使い分け「除外」のほうが一般的。

1 20-52 追放（ついほう）／駆逐（くちく）／駆除（くじょ）／撃退（げきたい）／放逐（ほうちく）／掃討（そうとう）／パージ

【関連語】◆(レッドパージ)

共通する意味★不適当と思われるものを追い払うこと。**【英】** *banishment*

使い方▼〔追放〕スル▽風俗営業を町から追放した▽彼は国外に追放された　〔駆逐〕スル▽敵の戦艦を駆逐する▽悪貨は良貨を駆逐する　〔駆除〕スル▽白ありを駆除する　〔撃退〕スル▽しつこいセールスマンを撃退した　〔放逐〕スル▽危険分子を放逐する　〔掃討〕スル▽悪風を掃討する▽掃討作戦　〔パージ〕スル▽当局を批判してパージにあった

使い分け【1】「追放」は、最も一般的で用法が広い。【2】「駆逐」は、害になるおそれのあるものを追い払うこと。【3】「駆除」は、害虫や雑草に使う。【4】「撃退」は、攻めてくるもの、押しよせてくるものに対して、それを攻撃して退けること。文章語。【5】「放逐」は、その場から追い払うこと。文章語。【6】「掃討」は、好ましくないものをすっかり追い払うこと。文章語。【7】「パージ」は、公職、報道機関などから追い払うこと。

【関連語】◆**(レッドパージ)**共産党員やその同調者を職場、とくに公職から追い払うこと。「レッドパージで職を追放された」

1 20-53 排斥（はいせき）／排他（はいた）／除名（じょめい）

【関連語】◆(シャットアウト)

共通する意味★仲間からはずすこと。**【英】** *expulsion*

使い方▼〔排斥〕スル▽日本製品の排斥運動▽外国人を排斥する　〔排他〕▽排他的な雰囲気▽排他主義　〔除名〕スル▽会費の滞納が続いたので除名された

使い分け【1】「排斥」は、人や生産品などをあえて退けること。【2】「排他」は、グループ内で、異質なものを排除しようとすること。人に対していう。「排他的」「排他性」などと用いられることが多く、単独では、あまり用いられない。【3】「除名」は、会などの構成員であった者を資格を失ったものとして排除し、名簿からも抹消すること。

【関連語】◆**(シャットアウト)**スル締め出すこと。「部外者をシャットアウトする」◆野球で、相手チームに得点させずに勝つことにもいう。「シャットアウトで勝った」

1 20-54 一掃／払拭／掃滅

共通する意味★好ましくないものをすっかり払い除くこと。**【英】** *a clean sweep*

使い方▼**〔一掃〕**スル▽敵を一掃する▽町から暴力を一掃しよう▽走者一掃の三塁打▽不安を一掃する **〔払拭〕**スル▽不信感を払拭する▽政党色を払拭する **〔掃滅〕**スル▽ゲリラを掃滅する作戦

使い分け【1】「一掃」も「払拭」も一般的に使われるが、特に「払拭」は、不安など精神的に好ましくないものを拭い去る意味で使われることが多い。【2】「掃滅」は、古くは「剿滅」と書いた。文章語。

1 20-55 淘汰

意味★悪いものを除き、良いものを選び残すこと。特に、生物集団で、適者が生き残り、不適者は死滅する現象。**【英】** *selection*

使い方▼**〔淘汰〕**スル▽淘汰されて残る▽自然淘汰

1 20-56 剥がす／剥ぐ／剥く

【関連語】◆**(引き剥がす)**◆**(剥ぎ取る)**◆**(こそげる)**◆**(へぐ)**◆**(へがす)**

共通する意味★何かの表面に付着しているものを、その場所から離して取り去る。**【英】** *to peel (off)*

使い方▼**〔剥がす〕**(サ五)▽古い写真をはがす▽シールをはがす▽ふとんをはがす **〔剥ぐ〕**(ガ五)▽薄紙をはぐ▽毛布をはぐ **〔剥く〕**(カ五)▽りんごをむく▽きばをむいて(＝あらわにして)襲いかかる▽一皮むけば(＝うわべの虚飾を取り除けば)悪人の首領▽目をむく(＝驚きや怒りで目を大きく見開く)

	皮を□	ポスターを□	爪(つめ)を□	殻を□
剥がす	○	○	○	－
剥ぐ	○	△	○	－
むく	○	－	－	○

使い分け【1】「剥がす」「剥ぐ」は、物の表面にはりついているものや、かぶっているものをめくるようにして取る意。【2】「剥ぐ」には、「官位をはぐ」「身ぐるみをはぐ」のように、取り上げるの意もある。【3】「剥く」は、物の表面を覆っているものを薄く取り去って、中にある物を外に出す意。多く、中にある物を必要とするために、外側にあるものを取り去る場合に使われる。また、「剥がす」「剥ぐ」が、表面のある部分にはりついている物を取る場合に多くいうのに対し、「剥く」は表面全体を覆っている場合に多く使われる。

【関連語】◆**(引き剥がす)**(サ五)強引にはがす。「壁のポスターを引きはがす」◆**(剥ぎ取る)**(ラ五)表面に付着しているものをはいで取る。また、衣類や持ち物などを無理に奪い取る。「樹皮をはぎ取る」「身ぐるみはぎ取る」◆**(こそげる)**(ガ下一)表面にくっついている物を削るようにこすって取り去る。「釜の底をこそげて、お焦げを取る」◆**(へぐ)**(ガ五)薄く削り取る。はがす。「たけのこの皮をへぐ」「床板をへぐ」◆**(へがす)**(サ五)はがす、むしり取る意の俗語。「紙をへがす」

1 20-57 剥げる／剥がれる／剥ける

【関連語】◆**(へげる)**◆**(剥離)**

共通する意味★表面をおおっているものが取れる。**【英】** *to peel off*

使い方▼**〔剥げる〕**(ガ下一)▽ペンキがはげる▽めっきがはげた **〔剥がれる〕**(ラ下一)▽切手がはがれる▽塀の板がはがれた▽化けの皮がはがれる(＝隠していたことがばれる) **〔剥ける〕**(カ下一)▽皮がむける▽転んでひざがむけた

使い分け【1】「剥げる」「剥がれる」は、くっついていたものや、塗ってあったものが取れて離れる意。「剥げる」は、塗料などが部分的に取れるような場合に、「剥がれる」は、表面をおおっているものや付着しているものが、比較的大きな面積のまま一枚につながった状態で取れるような場合に用いられることが多い。【2】「剥ける」は、皮、殻などが破れたりして中身が現れるという意味合いが強い。

【関連語】◆**(へげる)**(ガ下一)表面をおおっているものがめくれて取れる。「剥げる」とも書く。「壁の土がへげて落ちる」◆**(剥離)**スルはがれて離れること。また、はいで離すこと。「網膜が剥離する」「古い塗料を剥離する」

1 20-58 避ける／よける

【関連語】◆**(いなす)**

共通する意味★望ましくない対象との接触をもたずにすむようにする。**【英】** *to avoid*

使い方▼**〔避ける〕**(カ下一)▽死を避けることはできない▽危険を避ける▽人目を避けて会う▽彼は私を避けている **〔よける〕**(カ下一)▽投石をよける▽水たまりをよける

	暗礁を□て進む	走って来た車を□	ラッシュアワーを□	断定を□
避ける	－け○	－	○	○
よける	－け○	○	－	－

使い分け【1】「避ける」は、自分にとって望ましくない事柄（状況・行為・対象物など）の存在をあらかじめ知っていて、それとの接触、かかわりを持たずにすませる意。【2】「よける」は、主に対象物との物理的接触から、自分が動くことによって逃げる意。また、「邪魔だからわきによけておく」のように、物を移動させる意もある。「除ける」とも書く。

【関連語】◆**（いなす）**（サ五）攻撃や追及を軽くあしらう。「記者団の質問を軽くいなす」

1 20-59 忌避（きひ）／敬遠（けいえん）／回避（かいひ）

【関連語】◆**（不可避）**ふかひ

共通する意味★あるものにとって好ましくないものと接触をもたないようにすること。**【英】** *evasion*

使い方▼**〔忌避〕**スル▽徴兵を忌避する▽マスコミを忌避する▽委員会への出席を忌避する　**〔敬遠〕**スル▽自慢ばかりする人は敬遠される▽学生に敬遠されている先生▽あの店は敬遠したい　**〔回避〕**スル▽危険を回避する▽交渉の決裂は回避できない▽スト突入を回避する

	テレビ出演を□する	戦争を□する	責任を□する	うるさい上司を□する
忌避	○	○	△	△
敬遠	○	-	-	○
回避	○	○	○	-

使い分け【1】「忌避」は、自分で責任をもたなければならないことや、義務づけられている仕事などを、いやがって避けること。主として文章中で用いられる。【2】「敬遠」は、自分にとって厄介な物事や人物を表面上は敬いながら避けること。【3】「回避」は、あるものにとって好ましくない物事や事態を避けること。

【関連語】◆**（不可避）**（名・形動）回避することが不可能なこと。「交渉の決裂は不可避となった」

1 20-60 賛否（さんぴ）／可否（かひ）

共通する意味★他人の意見、提案を認めることと認めないこと。**【英】** *yes or no*

	□を問う	□同数	□の決を取る	□両論
賛否	○	○	○	○
可否	○	○	-	-

使い分け【1】「賛否」は、賛成するか反対するかの意。単に賛成するか反対するかであるから、客観的なよしあしは問題にならない。【2】「可否」は、「可否を聞く」「可否同数」などの場合は、「賛否」と同様、賛成か不賛成かの意を表わすが、「賛否」の方が一般的に用いられる。また、「男女共学の可否」のように、客観的なよしあしの意を表わす場合もある。

参照▼可否⇒818-16

1 20-61 取り消す（とりけす）／キャンセル／解約（かいやく）

【関連語】◆**（破談）**はだん◆**（破約）**はやく◆**（反故）**ほご

共通する意味★契約、約束などをなかったものにする。**【英】** *to cancel*

使い方▼**〔取り消す〕**（サ五）▽大臣は発言を取り消した▽入社の内定を取り消された　**〔キャンセル〕**スル▽予約をキャンセルする▽キャンセル待ち　**〔解約〕**スル▽保険を解約する▽契約の解約

使い分け【1】「取り消す」は、前に言ったり決めたりしたことが、後で適当でないとわかって、それをなかったことにする意。【2】「キャンセル」は、いったん決めたり頼んだりしたことを、あとで都合が悪くなったりしてとりやめにすること。交通機関の切符、飲食店の席や劇場などの予約についていう。【3】「解約」は、契約や保険を解除すること。

反対語▼解約⇔成約せいやく

【関連語】◆**（破談）**約束、相談、また、特に縁談などが取り消しになること。「縁談を破談にする」◆**（破約）**スル約束を破ること。「大口の契約が破約になった」◆**（反故）**書き損じて不用になった紙の意から、取り消し、無効の意。「…にする」の形で使われることが多い。「約束を反故にする」

1 20-62 否定（ひてい）／否認（ひにん）／打ち消す（うちけす）

共通する意味★そうではないと言うこと。認めないこと。**【英】** *to deny*

使い方▼**〔否定〕**スル▽前言を否定する▽うわさを否定する　**〔否認〕**スル▽犯罪の容疑を否認する　**〔打ち消す〕**（サ五）▽汚職の疑惑を打ち消す

使い分け【1】「否定」には、「あらゆる差別を否定する」「暴力を否定する」のように、よくないこととして反対するような意味合いも含まれる。【2】「否認」は、事実ではないとして認めないこと。容疑や嫌疑などにいう。【3】「打ち消す」の名詞形「打ち消し」は、動作・状態の不成立を表わす文法用語として使われる。「打消の助動詞」

反対語▼否定⇔肯定　否認⇔是認

1 20-63 だが／ところが／しかし／けれども

【関連語】◆**（が）**◆**（けれど）**◆**（それでも）**◆**（でも）**◆**（しかしながら）**◆**（然るに）**しかるに

共通する意味★前の文の内容から当然考えられる結果とは異なることを述べるときに用いる語。いずれも逆接の接続詞とされるが、必ずしも逆接とは限らない。**【英】** *but*

使い方▼〔だが〕(接続)▽今日は天気がよい。**だが**風は冷たい▽彼女は歌がうまい。**だが**踊りはもっとうまい **〔ところが〕**(接続)▽集合時間はとうに過ぎている。**ところが**、彼はまだ来ない▽きっと優勝するだろうと思っていた。**ところが**十位以内にも入れなかった **〔しかし〕**(接続)▽彼は痩(や)せている。**しかし**、大変な大食漢だ▽確かにこの本は面白い。**しかし**、値段が高い **〔けれども〕**(接続)▽私は彼女を知っている。**けれども**、彼女と話したことはない▽二代目は芝居がうまい。**けれども**先代のほうが味があった

	彼女はよく努力した。□受験に失敗した	彼は口が悪い。□やさしい人だ	車で行くことはできる。□ひどいどろんこ道だ
だが	○	○	○
ところが	○	-	△
しかし	○	○	○
けれども	○	○	△

使い分け【1】「だが」は、前の文と後の文とで内容の流れにずれがあるときに用いる。文章語的で女性はあまり用いない。**【2】**「ところが」は、後の文の内容が、前の文から推測される結果とは大幅に異なるときに用い、意外であるというような気持ちが含まれる。**【3】**「しかし」は、前の文から考えられる結果に反する内容を広く導ける。逆接というより、異なった内容の追加という意味合いもあるので、他の逆接の接続詞について、「だがしかし」「がしかし」などと用いられる場合もある。**【4】**「だが」「しかし」「けれども」は、純粋の逆接だけでなく前の文の内容と後の文の内容が並立する場合や、ある事柄を一応認めたうえで、同類のことを対比的に述べる場合にも用いる。

【関連語】◆(が)(接続)書き言葉的。「だが」と同じように用いられる。「可能な限り努力はした。が、足りなかったようだ」**◆(けれど)**(接続)話し言葉的。「だけれど」「だけど」などの形でも用いられる。**◆(それでも)**(接続)前の文の内容を一応認めたうえで、後の文を述べる。「ほんとうに何度も謝った。それでも彼女は許してくれなかった」**◆(でも)**(接続)話し言葉的。前の文と後の文との間に論理的関係がないときでも用いることができる。しばしば、弁解や言い訳を導く。「でも私が悪いんじゃない」**◆(しかしながら)**(接続)「しかし」の改まった言い方。「全力をつくして戦います。しかしながら勝てるかどうかはわかりません」**◆(然るに)**(接続)書き言葉的。論理の展開に反する結果を述べる場合に用い、数学の論証などによく用いられる。

1 20-64 帳消し(ちょうけし)／棒引き(ぼうびき)／相殺(そうさい)

【関連語】◆(御破算(ごはさん))

共通する意味★金銭の貸借関係が消滅すること。**【英】** *cancellation*

使い方▼〔帳消し〕▽一杯おごらせて借金を**帳消し**にしてやる **〔棒引き〕**▽この仕事をやってくれたら、貸した金を**棒引き**にしよう **〔相殺〕**スル▽貸し借りを**相殺**する

使い分け【1】「帳消し」「棒引き」は、元来、帳面に記された事項が棒線を引かれて消されること。**【2】**「帳消し」は、「せっかくのホームランもエラーで帳消しになった」のように、その行いによって以前の価値が消えてなくなることの意でも使われる。**【3】**「相殺」は、差し引きの結果、差がゼロになること。金銭の貸借関係以外にも用いられる。

【関連語】◆(御破算)今までのことをすっかりやめて白紙の状態に戻すこと。「この話は御破算にしよう」

1 20-65 紛失(ふんしつ)／遺失(いしつ)／亡失(ぼうしつ)

共通する意味★なくすこと。**【英】** *loss*

使い方▼〔紛失〕スル▽重要書類を**紛失**した▽本の**紛失**に気がつく **〔遺失〕**スル▽くれぐれも**遺失**しないように注意されたい▽**遺失**物 **〔亡失〕**スル▽貴重品の**亡失**を防ぐ

使い分け【1】「紛失」は、紛れてなくなること。最もよく用いられる。**【2】**「遺失」は、外部に置き忘れたり、落としたりしてなくすこと。また「遺失主」「遺失届け」のように、複合語として用いられることが多い。**【3】**「亡失」は、文章語で、物を失ってなくすこと。

反対語▼遺失⇔拾得

1 20-66 廃棄(はいき)／破棄(はき)／捨てる(す)

共通する意味★必要でなくなったものを取り消したり、所有するのをやめたりすること。**【英】** *abolition*

使い方▼〔廃棄〕スル▽旧式の機械を**廃棄**する▽産業**廃棄**物 **〔破棄〕**スル▽不平等条約の**破棄**▽前判決を**破棄**する▽**破棄**処分 **〔捨てる〕**(タ下一)▽空き缶を**捨てる**▽**捨てられ**た小猫

	ごみを□	古い規約を□	婚約を□	古い習慣を□
廃棄する	○	○	-	-
破棄する	-	○	○	○
捨てる	○	-	-	○

使い分け【1】「廃棄」は、いらなくなった具体的な物を処分することの意で用いられる場合が多い

が、「破棄」は、書類など具体物を処分することのほかに、法律、判決、約束事などを取り消すことの意もある。いずれも、やや改まった場合や文章中で用いられることが多い。【2】「捨てる」は、ごく一般的に用いられ、所有をやめる意のほか、「家族を捨てる」のように、愛情をかけていたものを見放す意や、「希望を捨てる」のように、努力をあきらめる意もある。また、「世を捨てる」のように、関心を断ち切って離れる意でも用いられ、対象は、具体的な物のほかに、国、故郷、仕事、学問、芸術、希望、試合など広い。

反対語▼捨てる⇔拾う

1 20-67 遺棄（いき）／放棄（ほうき）

【関連語】◆**（放擲）**ほうてき◆**（棄権）**きけん

共通する意味★人や物事を捨て去って顧みないこと。**【英】** *abandonment*

使い方▼〔**遺棄**〕スル▽避難民が遺棄していった道具類▽死体遺棄　〔**放棄**〕スル▽権利を放棄する▽試合放棄

使い分け「遺棄」は、捨ててはいけないものを捨ててそのままほうっておくことだが、「放棄」は、権利、責任などを意志的に捨てることである。

【関連語】◆**（放擲）**スル何もしないで投げ出してほうっておくこと。文章語。「業務を放擲して競馬に熱中する」◆**（棄権）**スル投票、議決、参加などの権利を捨てて使わないこと。「選挙で棄権する」「マラソンを途中で棄権する」

1 20-68 遺留（いりゅう）

意味★置き忘れること。死後に遺（のこ）すこと。

使い方▼〔**遺留**〕スル▽遺留品**【英】** *a lost article* ▽遺留分（＝法律で、相続人に遺す財産）

1 20-69 やめる／打ち切る（うちきる）／切り上げる（きりあげる）

【関連語】◆**（よす）**◆**（断つ）**たつ

共通する意味★続けてきたことを終わりにする。**【英】** *to stop*

使い方▼〔**やめる**〕（マ下一）▽犬を飼うのをやめる▽行くのをやめる　〔**打ち切る**〕（ラ五）▽話を打ち切る▽上映を途中で打ち切る　〔**切り上げる**〕（ガ下一）▽五時で仕事を切り上げる▽途中で切り上げて帰宅する

	仕事を□	援助を□	タバコを□	少し早いがもう□よう(う)
やめる	○	○	○	-め○
打ち切る	○	○	-	-ろ○
切り上げる	○	-	-	-げ○

使い分け【1】「やめる」は、現在まで続けて行ってきた事、また、今後行おうとしている事をやらないことにする意。漢字表記は「止める」を用いる。「辞める」は、「会社を辞める」のように、ついていた職務や地位から離れる場合に使われる。【2】「打ち切る」は、物事の途中で終わりにし、それ以上続けて行わない意。【3】「切り上げる」は、続けていたことに区切りをつけ一応そこで終わりにする意。【4】「切り上げる」には、「円を切り上げる」のように、通貨の対外価値を高くする意、また、「切り上げて一・三を二にする」のように、端数を一とみなして上の桁（けた）に加える意もある。

反対語▼切り上げる⇔切り下げる・切り捨てる

【関連語】◆**（よす）**（サ五）俗語的な言い方。「止す」とも書く。「仕事をよす」「会社をよす」「馬鹿なまねはよせ」◆**（断つ）**（タ五）やや古めかしく書き言葉的な言い方。また、つながりをなくす意の場合は「絶つ」とも書く。**【英】** *to give up* 「酒を断つ」「タバコを断つ」「交際を絶つ」「消息を絶つ」

1 20-70 やむ／とだえる／とぎれる／絶える（たえる）

共通する意味★途中で切れて続かなくなる。**【英】** *to stop*

使い方▼〔**やむ**〕（マ五）▽騒ぎがやむ▽雪はやんだようだ　〔**とだえる**〕（ア下一）▽人通りがとだえる▽息がとだえた　〔**とぎれる**〕（ラ下一）▽通信がとぎれた▽息がとぎれた▽記憶がとぎれる　〔**絶える**〕（ア下一）▽送金が絶える▽子孫が絶えた▽息が絶えた

	笑いが□	音信が□	行列が□	雨が□
やむ	○	-	-	○
とだえる	△	○	○	-
とぎれる	○	-	○	-
絶える	-	○	△	-

使い分け【1】「やむ」は、物事が途中で行われなくなる意。「止む」とも書く。【2】「とだえる」は、連続していて、その後も当然連続すると予測されるような事柄が中途でなくなってしまう意。【3】「とぎれる」は、行為や感覚・記憶の内容が一時的あるいは断続的に消え、その連続性を失う意。【4】「絶える」には、人間の交際、音信、消息など、それまで続いていた動作、状態がそこで終わって先が続かなくなる意と、血統、食糧などそれまで続いていたものがそこで尽きて、なくなってしまう意とがある。

1 20-71 中止（ちゅうし）／休止（きゅうし）／中断（ちゅうだん）

【関連語】◆**（途絶）**とぜつ◆**（中絶）**ちゅうぜつ◆**（全廃）**ぜんぱい◆**（断絶）**だんぜつ◆**（お流れ）**おながれ

共通する意味★物事のある状態がとぎれること。

【英】*suspension*

使い方▼〔**中止**〕スル▽運動会は雨で中止になった▽開発計画を中止した▽旅行を中止する　〔**休止**〕スル▽作業を休止する▽休止符　〔**中断**〕スル▽交渉を中断する▽話が中断する

	会議を□する	運転を□する	試合を□する	予定を□する
中止	○	○	○	○
休止	○	○	－	－
中断	○	○	○	－

使い分け【1】「中止」は、行っている事または行おうとしている事をやめて、それ以上行わないこと。【2】「休止」は、活動を一時的に止めること。再開される可能性を念頭に置いて用いられる。【3】「中断」は、行っていた事を途中で一時的に止めること。再開される可能性を念頭に置いて用いられることが多い。「交渉が中断する」のように自動詞として用いられることもある。

【関連語】◆〔**中絶**〕スル活動を途中で途絶えさせてしまうこと。「全集の刊行を中絶する」「妊娠中絶」◆〔**全廃**〕スルすべて廃止すること。「バス路線を全廃する」◆〔**途絶**〕スル途中がふさがったり、切れたりして絶えること。「交通が途絶する」◆〔**断絶**〕スル完全にとだえて再開の可能性がないこと。「わが家は私の代で断絶しそうだ」「世代の断絶」「国交断絶」◆〔**お流れ**〕計画していた催し物や会合などが行われなくなることを俗にいう。通常「…がお流れになる」という形で用いる。「飲み会がお流れになる」

1 20-72 放置（ほうち）／野放し（のばなし）／放任（ほうにん）

【関連語】◆〔**捨て置く**〕（すておく）◆〔**差し置く**〕（さしおく）◆〔**置き去り**〕（おきざり）

共通する意味★ほうっておくこと。【英】*to leave*

使い方▼〔**放置**〕スル▽車ではねた人を放置して逃げ去る▽放置自転車　〔**野放し**〕▽汚職を野放しにする▽野放しの違法駐車　〔**放任**〕スル▽子供を放任する▽自由放任

使い分け【1】「放置」は、物や事態を整理したり、収拾したりすることをせず、その状態のままでほうっておくこと。【2】「野放し」は、取り締まりや制限をせずほうっておくこと。また、「羊を野放しにする」のように、放し飼いにすることの意もある。【3】「放任」は、人の行動に干渉せずほうっておくこと。

【関連語】◆〔**捨て置く**〕（カ五）聞いたり見たりした大切なことを無視してほうっておく。「進言を捨て置く」◆〔**差し置く**〕（カ五）当面していることをそのままにしておく。また、無視する、ないがしろにする意もある。「余談はさしおいて本題に入りましょう」「先輩をさしおいて出場する」◆〔**置き去り**〕人や物をあとに残したまま行ってしまうこと。「無人島に置き去りにされる」「荷物を置き去りにする」

1 20-73 打ち捨てる（うちすてる）／うっちゃらかす／うっちゃる

【関連語】◆〔**閑却**〕（かんきゃく）

共通する意味★かまわないで、ほうっておく。【英】*to neglect*

使い方▼〔**打ち捨てる**〕（タ下一）▽仕事を打ち捨てて他人の世話をする　〔**うっちゃらかす**〕（サ五）▽宿題をうっちゃらかして遊びに出かける　〔**うっちゃる**〕（ラ五）▽あんなやつのことはうっちゃっておけ

使い分け【1】「打ち捨てる」は、書き言葉的。「うっちゃらかす」「うっちゃる」は、話し言葉。【2】「うっちゃる」には、相撲で、寄ってきた相手を土俵ぎわで自分の体をひねって土俵の外へ投げ出す意もある。

【関連語】◆〔**閑却**〕スル処置が必要なのにいいかげんにしてほうっておくこと。改まった言い方。「住民の訴えは閑却された」「閑却し得ない問題」

1 20-74 ほったらかし／そっちのけ

共通する意味★かまわずにほうっておくこと。【英】*to neglect*

使い方▼〔**ほったらかし**〕▽仕事をほったらかしにしてテレビを見る　〔**そっちのけ**〕▽仕事もそっちのけで競馬に熱中する

使い分け【1】「ほったらかし」は、しなければならないことをそのままにしておくこと。【2】「そっちのけ」は、しなければならないことよりも別のことに心が移っているために、そのままにしておくこと。また「先生そっちのけのうまさ」のように、…に負けないほどすぐれているの意でも使う。

1 20-75 遊休（ゆうきゅう）／休閑（きゅうかん）

共通する意味★使わないで休ませておくこと。【英】*fallow*

使い方▼〔**遊休**〕▽遊休施設をかかえる▽遊休地を宅地として売り出す▽遊休資本　〔**休閑**〕▽休閑地

使い分け【1】「遊休」は、使える状態なのに、今使っても利益がないなどの理由で、活用せずに放置してあること。【2】「休閑」は、農業で、地力（ちりょく）を養うために、作物の栽培を一時中止して耕地を休ませることで、「休耕」ともいう。

2 人間の性質

2 人間の性質

2 01…性格

2 01-01 人柄（ひとがら）／人物（じんぶつ）／人間（にんげん）／人（ひと）／人となり（ひと）

共通する意味★その人に備わっている性質や品位。

【英】 *personality; character*

使い方▼〔人柄〕▽作品に人柄が表われている▽彼の人柄にひかれる▽人柄のいい人　〔人物〕▽悪い人物ではないが、酒好きで困る▽彼の人物は保証します　〔人間〕▽彼は**人間**ができている▽あの男は**人間**は悪くないんだが…　〔人〕▽隠しているなんて人が悪い▽保証人になるなんて、人がいいにもほどがある　〔人となり〕▽彼の人となりはよく知っている▽作者の人となりがしのばれる

	誠実な□	□を保証する	よくできた□だ	恩師の□を語る
人柄	○	○	-	△
人物	○	○	△	-
人間	○	△	○	-
人	○	-	○	-
人となり	○	△	-	○

使い分け【1】「人柄」は、多く、良い性格、性質に関して一般的に使われる。【2】「人物」は、性格にやや品位を加えた意味合いとして使われる。【3】「人間ができている」は、慣用句化した表現。この場合の「人間」は人格の意を表わす。【4】「人」は、多く「人が良い」「人が悪い」の形で使われ、その人の性質、特に、心の底にある気持ちから出た性質をいう。【5】「人となり」は、「人柄」とほぼ同じ意。やや改まった言い方。

参照▼人物⇒305-13　人間⇒305-01　人⇒305-01　305-02

2 01-02 性質（せいしつ）／性格（せいかく）／キャラクター

【関連語】◆〈心柄〉こころがら

共通する意味★生まれたときからもっている気質。

【英】 *character*

使い方▼〔性質〕▽兄は怒りっぽい性質だ▽熱しやすくさめやすい性質の人　〔性格〕▽妹とは性格が合わない▽祖母はきつい性格だ　〔キャラクター〕▽特異なキャラクターの女優▽彼のキャラクターを生かした役

	穏和な□の人	竹を割ったような□	兄弟三人とも□が違う	得がたい□の持ち主
性質	○	-	△	-
性格	○	○	○	-
キャラクター	○	-	△	○

使い分け【1】「性質」は、生まれつきその人に備わったものをいう。【2】「性格」は、感じ方、考え方、行動などに表われるその人に特有な傾向。【3】「キャラクター」は、行動や物事の表現方法などに独特の持ち味があるような場合に使われることが多い。また、小説、映画、芝居などの登場人物、役柄の意もある。「キャラクター商品」

【関連語】◆〈心柄〉気持ち、心の持ち方などからみた性格。一般的にはあまり使われない。「温かい心柄の上司」

参照▼性質⇒809-01

2 01-03 性状（せいじょう）／性行（せいこう）

共通する意味★人の性質と日常の行い。【英】*character and conduct*

使い方▼〔性状〕▽彼の性状を観察する▽変わった性状の男 〔性行〕▽彼の性行を調べる▽性行のよくない生徒

使い分け【1】両語ともほぼ同じような意だが、「性状」より、「性行」のほうがやや一般的。【2】「性状」には、「鉱物の性状を調べる」のように、物の性質と状態の意もある。

2 01-04 個性／パーソナリティー

共通する意味★その人に特有な性質。

使い方▼〔個性〕▽個性豊かな人間▽個性を重んじた教育▽各人の個性を生かす▽個性的な人 〔パーソナリティー〕▽強烈なパーソナリティーが魅力の人

使い分け【1】いずれもその個人だけのもつ特有の性質をいうが、「パーソナリティー」は、その性質がきわだって特徴的で印象的な場合に用いられることが多い。【英】*individuality*(個性)【2】「パーソナリティー」は、また、放送番組、特にラジオ放送の音楽番組などの進行役の人をさすことがある。

参照▼個性⇒918-27

2 01-05 本性／地／生地／下地／地金

共通する意味★その人本来の性質。【英】*one's true character*

使い方▼〔本性〕▽ついに本性を現した▽本性をむき出しにして争う 〔地〕▽特別な演技をせず地でいく▽地がでる 〔生地〕▽言葉づかいに生地がでた 〔下地〕▽とりつくろっても下地がでる 〔地金〕▽気取っていてもそのうちに地金がでる▽酔ってつい地金をだした

使い分け【1】どの語も、あまりよくなかったり立派ではなかったりするものとして表面に出さず、通常は覆い隠されているような性質をいう。【2】「生地」「下地」「地金」は、品位に重きをおいて評価する場合などに使われる。【3】「地」は、みがいたり飾ったりする前のその人のもととなる性質で、評価は含まれない。【4】「下地」には、「下地ができているから上達が早い」のように、基礎の意もある。

参照▼生地⇒402-01 下地⇒207-23

2 01-06 質／素質／資質／資性

【関連語】◆(美質)びしつ

共通する意味★生まれつきその人が備えている能力や性質。【英】*makings; nature*

使い方▼〔質〕▽最近の大学生は質が落ちている▽蒲柳(ほりゅう)の質(＝体質がひ弱いこと) 〔素質〕▽彼は良い素質を持っている▽私は音楽的な素質はゼロだ 〔資質〕▽すぐれた資質の持ち主▽彼は画家としての資質に欠けている 〔資性〕▽彼は学力は優秀、資性は温厚篤実です▽謙虚な資性の人▽資性奔放

使い分け【1】「質」は、人の生まれつき備えているものすべてをさす。また「量より質」「質の悪い紙」のように、物の材料のよしあしなどについてもいう。【2】「素質」「資質」「資性」は、ほぼ同義だが、「素質」は、性質よりもむしろ能力、才能に関して使われることが多い。日常語としては「素質」が最も一般的。「資性」は、文章語。

【関連語】◆(美質)生まれつき備えている立派な、すぐれた性質。「生来の美質を発揮する」

参照▼質⇒809-01

2 01-07 性分／性／たち

共通する意味★行為、行動についての、持って生まれた性質。【英】*one's nature*

使い方▼〔性分〕▽いつも片付いていないと気の済まない性分▽うそがつけない損な性分だ 〔性〕▽彼とは性が合わない▽ギャンブルは性に合わない 〔たち〕▽休日は家でじっとしていられないたちだ▽父は怒りっぽいたちだ

	持ち前の□	飽きっぽい□	□の悪い人	□に合わない仕事
性分	○	○	-	○
性(しょう)	△	-	-	○
たち	△	○	○	-

使い分け【1】「性分」は、具体的な行動に関して、そうせずにはいられない性格を表わす。普通、悪い行動には言わない。【2】「性」は、生まれつきの気性をいうが、「性に合う(合わない)」の形で使うことが多い。【3】「たち」は、「性分」と似たような意味合いで使われるが、「性分」よりも、その人が本来持っている性質、気質を強く表わす。

2 01-08 気性／気質／性

【関連語】◆(性向)せいこう◆(性情)せいじょう

共通する意味★人の心の働きや動き、心の持ち方からみた生まれつきの性質。【英】*disposition; temperament*

使い方▼〔気性〕▽母は気性の勝った人だ▽強い気性だからここまでやってこられた▽気性の荒い男 〔気質〕▽気質は祖父に似た▽やさしい気質の持ち主 〔性〕▽愚かなるわが性を悔やむ▽人の性とあきらめる

	はげしい□	おだやかな□	かなしい□
気性	○	-	-
気質	△	○	-
性(さが)	-	-	○

使い分け【1】「気性」は、多く、はげしい、強い心の動きを持つ性質に関して使う。【2】「気質」は、持って生まれた心のやさしさ、きびしさなどの性質。【3】「性」は、生まれつきその人が持っている、どうにも逃れることのできない性質。具体的な個人だけでなく、男性、女性、人間それぞれの全体についても用いる。詩の言葉などに用いる。

【関連語】◆〈性向〉性質のあり方、傾向。「青年に特有な性向を探る」◆〈性情〉性質と心情。気だて。「やさしい性情の子供」

2 01-09 根性（こんじょう）／性根（しょうね）／心根（こころね）／気心（きごころ）

共通する意味★その人の心の底にある、生まれつきの性格。

使い方▼〔根性〕▽根性の曲がった男▽根性が卑しい▽島国根性（**【英】** *insularity*）〔性根〕▽性根がすわっている▽性根をたたきなおす〔心根〕▽彼の卑屈な心根が情けなかった▽彼女のおおらかな心根には感心した▽心根をたたき直す必要がある〔気心〕▽気心を知り合った間柄▽彼とは気心が通じている

	□がくさっている	□を入れかえる	やさしい□	□が知れない
根性	○	○	-	-
性根	○	○	-	-
心根	-	-	○	-
気心	-	-	-	○

使い分け【1】「根性」は、その人が持っている大もとの性質そのもの、「性根」は、その人が持っている性質の大もととなっているところ、根源を強調した言い方。【2】「心根」は、気持ちの大もとのところにある心。気持ちの持ち方の意。**【英】** *nature; spirit*【3】「気心」は、その人が本来持っている、心の底にある気持ちや性格の意。**【英】** *a disposition; a temper*

参照▼根性⇒219-01

2 01-10 気立て（きだ）／気まえ（き）／心ばえ（こころ）

共通する意味★心の持ち方、気持ちの持ち方。**【英】** *disposition; nature*

使い方▼〔気立て〕▽気だての良い娘さんだ〔気まえ〕▽気まえよくチップをはずむ▽気まえのいい父はよく人に食事をおごる〔心ばえ〕▽やさしい心ばえの人▽心ばえが立派だ

使い分け【1】「気立て」は、生来の心のもちようについて、良い場合に使う。【2】「気まえ」は、特に金銭的、物質的な面で惜しまずに使う心意気をいう。【3】「心ばえ」は、心の持ち方が良い場合だけにいう。

2 01-11 気風（きふう）／肌（はだ）／気質（かたぎ）

【関連語】◆〈肌合い（はだあい）〉

共通する意味★行動や態度などに表われる、その人の気性。**【英】** *character; spirit*

使い方▼〔気風〕▽あの地方の人は気風が荒い▽南国と北国では人々の気風が大きく違う▽自由な気風の学校〔肌〕▽この手の小説は肌に合わない▽彼とは肌が合わない▽学者肌の人▽あねご肌〔気質〕▽職人気質▽昔気質の祖母

使い分け【1】「気風」は、ある集団、社会に属している人間に共通の気性。【2】「肌」は、個人がそれぞれに持っている気性。【3】「気質（かたぎ）」は、職業、年齢、環境などに応じたそのグループ固有の気性。多く、他の語と複合して用いられる。

【関連語】◆〈肌合い〉その人とつき合って受ける独特の感じ。「彼とは肌合いが合う」

参照▼肌⇒012-01　肌合い⇒111-02

2 01-12 相性（あいしょう）／合い口（あいくち）

共通する意味★互いに性格や気持ちなどが合うこと。**【英】** *affinity*

使い方▼〔相性〕▽相性の良い夫婦▽あの人とは相性が悪い〔合い口〕▽彼とは合い口がいい

使い分け【1】二語とも、多く、男女・友人・主従などの間柄についていう。【2】「合い口」は、話が合うことにもいう。

2 01-13 父性（ふせい）／母性（ぼせい）

共通する意味★親として持つ性質。

使い方▼〔父性〕▽最近の父親には父性が乏しい▽父性愛〔母性〕▽母性愛にめざめる▽母性本能をくすぐるような人

使い分け【1】「父性」は、父親としての性質。**【英】** *fatherhood*【2】「母性」は、母親としての性質。**【英】** *motherhood*

2 01-14 習性（しゅうせい）／常習（じょうしゅう）／病みつき（や）

共通する意味★習慣になってくりかえすこと。**【英】** *habit*

使い方▼〔習性〕▽暑いと昼寝をする習性が身につく▽深夜テレビのせいで夜更かしが習性になる〔常習〕▽タバコが常習になった▽麻薬の常習犯〔病みつき〕▽ロックに病みつきになる▽テレビゲームに病みつきの中学生

使い分け【1】「習性」には、「爪をとぐのは猫の習性だ」のように、動物のある種類に共通する特有な性質の意がある。【2】「常習」は、習慣になっている物事が、悪いことの場合に限られる。【3】「病みつき」

は、趣味、ゲーム、悪いことなどに熱中してやめられなくなることについていう。

201-15 癖(くせ)／性癖(せいへき)／癖(へき)

共通する意味★行為などの偏った傾向が習慣化したもの。**【英】** *habit*

使い方▼〔**癖**〕(くせ)▽彼には首をすくめる**癖**がある▽一度**癖**になるとなかなか直らない　〔**性癖**〕▽彼は物事を大げさにいう**性癖**がある▽目立ちたがりの**性癖**　〔**癖**〕(へき)▽彼には辛いものを好む**癖**がある▽放言**癖**▽収集**癖**▽虚言**癖**

	妙な□がある	悪い□をなおす	□になる	放浪□
癖(くせ)	○	○	○	-
性癖(せいへき)	○	○	-	-
癖(へき)	○	-	-	○

使い分け【1】「くせ」は、最も一般的に用いられる。【2】「性癖」は、人の性質にみられるかたよりの意で、特によくない傾向のもの。【3】「へき」は、多く他の語と複合して用いられる。

参照▼癖(くせ)⇒818-11

201-16 手癖(てくせ)／足癖(あしくせ)／寝癖(ねぐせ)

共通する意味★身体的なくせ。

使い方▼〔**手癖**〕▽彼は**手癖**が悪い　〔**足癖**〕▽**足癖**がよくないから靴のへり方が変だ　〔**寝癖**〕▽**寝癖**が悪くて寝冷えをした

使い分け【1】「手癖」は、無意識に行う手の働き、「手癖が悪い」の形で、盗みをするくせをいう。**【英】** *light-fingered*【2】「足癖」は、足を使ったり、座ったり、歩いたりするときのくせの意で、歩き方のくせをいうことが多い。**【英】** *gait*(歩き方)【3】「寝癖」は、寝ているときに体を動かしたり、夜具を乱したりするくせをいう。また、寝ている間に髪の毛が乱れてついたくせもいう。

201-17 悪癖(あくへき)／習癖(しゅうへき)

【関連語】◆(持病)じびょう◆(奇癖)きへき

共通する意味★身にしみついた、良くないくせ。**【英】** *a bad habit*

使い方▼〔**悪癖**〕▽一度身についた**悪癖**はなかなか直らない▽喫煙の**悪癖**をやめたい　〔**習癖**〕▽寝酒が**習癖**になる▽最近の若者に共通の**習癖**

使い分け「習癖」は、もともとは、良い、悪いの区別なく、習慣になったくせ、身についてしまったくせをいうが、現在では悪いくせ、良くないくせをいうことが多い。

【関連語】◆(持病)比喩(ひゆ)的に、身についてしまって、なかなか直らないくせ。「また持病の怠け癖(ぐせ)が出てしまった」◆(奇癖)普通と違って変わっているくせ。奇妙なくせ。**【英】** *an eccentric habit*「彼は酔うと踊り出すという奇癖の持ち主だ」

参照▼持病⇒017-01

201-18 正直(しょうじき)／真(ま)っ正直(しょうじき)／馬鹿正直(ばかしょうじき)／善良(ぜんりょう)

共通する意味★うそや偽り、ごまかしのないこと。**【英】** *honesty*

使い方▼〔**正直**〕(名・形動)▽母は正直な人だ▽この子はとても正直だ▽正直に白状しなさい▽正直者▽三度目の正直　〔**真っ正直**〕(名・形動)▽真っ正直に生きる▽真っ正直すぎて損をする　〔**馬鹿正直**〕(名・形動)▽馬鹿正直に他人のいうことを真に受ける▽妹は馬鹿正直に何もかも話してしまった　〔**善良**〕(形動)▽彼は善良な男だ▽善良な市民

使い分け【1】「正直」は、正しくて曲がったところがなく、うそをつかない性質、態度を表わす。また、「あいつには正直困っている」のように、副詞として、本当のところの意でも使う。【2】「真っ正直」は、「正直」を強調した言い方。【3】「馬鹿正直」は、正直すぎて機転や融通の利かないさま、臨機応変でないさまを表わす。**【英】** *simple honesty*【4】「善良」は、人柄や性質がよく、素直なさまを表わす。

201-19 まじめ／大(おお)まじめ／几帳面(きちょうめん)

【関連語】◆(生まじめ)きまじめ◆(くそまじめ)◆(忠実)まめ◆(愚直)ぐちょく◆(四角四面)しかくしめん

共通する意味★いい加減でなく誠実なさま。**【英】** *seriousness*

使い方▼〔**まじめ**〕(名・形動)▽まじめに勉強する▽彼の話はまじめに取り合わないほうがよい　〔**大まじめ**〕(名・形動)▽あんなことをしていて本人は大まじめだから困る　〔**几帳面**〕(形動)▽弟は時間に几帳面で、約束の時間十分前には必ず着いている▽几帳面な性格▽几帳面な字

	□な人	□な顔	□に答える	□に働く
まじめ	○	○	○	○
大まじめ	-	○	○	-
几帳面	○	-	△	-

使い分け【1】「まじめ」は、誠実であることのほか、「まじめに取り組む」のように、本気であることの意でも用いられる。【2】「大まじめ」は、非常にまじめであるさま、甚だしくまじめであるさまをいう。非常にまじめであることが周囲のものには、ちぐはぐに感じられたり、滑稽(こっけい)にうけとられたりするような場合に多く使われる。【3】「几帳面」は、型に合っていてきちんとしているさま。【4】「まじめ」は、「真面目」と当てる。

反対語▼まじめ⇔不まじめ

【関連語】◆**(生まじめ・くそまじめ)**(名・形動)「まじめ」を強調していう。どちらも極度にまじめで融通の利かないさま。「きまじめな若者」「くそまじめな生き方」◆**(忠実)**(名・形動)勤勉でよく働くさま。また、体が丈夫なさま。「まめに働く」「彼はまめに手紙を書いている」「まめに暮らす」◆**(愚直)**(名・形動)愚かなほど正直一本のさま。「愚直な人」◆**(四角四面)**(名・形動)極めてまじめで堅苦しいさま。まじめすぎておもしろみのないさま。「四角四面なあいさつをする」

2 01-20 潔白(けっぱく)／清純(せいじゅん)／純潔(じゅんけつ)／高潔(こうけつ)

【関連語】◆**(廉直)**れんちょく◆**(清廉)**せいれん◆**(廉潔)**れんけつ◆**(貞潔)**ていけつ

共通する意味★清らかで汚れていないこと。**【英】***purity; immaculacy*

使い方▼**〔潔白〕**(名・形動)▽私は断じて潔白だ▽身の潔白を証明する　**〔清純〕**(名・形動)▽清純で可憐(かれん)な娘▽清純派の女優　**〔純潔〕**(名・形動)▽娘は身も心も純潔なままに死んだ▽純潔を守る　**〔高潔〕**(名・形動)▽高潔の士▽高潔を貫く

	＿な心	＿な人	＿な人格	＿な少女
潔白	△	○	-	-
清純	○	○	-	○
純潔	○	-	-	-
高潔	○	○	○	-

使い分け【1】「潔白」は、心や行いがきれいで正しく、後ろ暗さがないこと。「清純」は、世の中の汚れに染まらなく清らかなことで、若い女性について使われる。【2】「純潔」は、汚れがなく清らかなこと。特に、異性との性的な交わりがないさまをいう。【3】「高潔」は、人格やその人の思想が立派で気高いさまをいう。

【関連語】◆**(廉直)**(名・形動)心が潔白、正直で私欲がなく、曲がったことをしないこと。文章語。「廉直な人」「廉直な人柄」◆**(清廉)**(名・形動)心が清く私欲のないこと。文章語。「清廉な人物を代表に選ぶ」「清廉潔白」◆**(廉潔)**(名・形動)欲がなく心も行動も立派なこと。文章語。「廉潔な心の持ち主」「廉潔の士」◆**(貞潔)**(名・形動)貞操が堅く、行いが潔白なこと。文章語。「貞潔な妻」

2 01-21 無邪気(むじゃき)

意味★素直でなんの悪気もないこと。世俗にそまっていない、汚れやわだかまり、飾り気のない素直な気持ちを表わす。**【英】***innocence*

使い方▼**〔無邪気〕**(名・形動)▽幼児の無邪気な笑顔▽子供が無邪気に遊んでいる

▣「無邪気な解釈」のように、深い考えのないことを皮肉っていうこともある。

2 01-22 率直(そっちょく)／有体(ありてい)／ありのまま

【関連語】◆**(フランク)**

共通する意味★うそや偽り、ごまかしなどがなく、あるがまま、あるとおりのさまであること。**【英】***frankness; straightforwardness*

使い方▼**〔率直〕**(名・形動)▽率直な物言いが青年らしくて良い▽率直にいう▽率直な態度　**〔有体〕**(名・形動)▽隠さずに有体に申し上げましょう　**〔ありのまま〕**(名・形動)▽ありのままの君がいいんだ

	＿に話す	＿に描く	＿な人	＿の姿	＿な意見
率直	○	○	○	-	○
有体	○	-	-	-	-
ありのまま	○	○	-	○	-

使い分け【1】「率直」は、周囲や他のことを気にせずに物をいったり行動したりすること。【2】「有体」は、多く「有体にいう(話す・申し上げる)」などの形で使われる。古風な言い方。【3】「ありのまま」は、多く物事の状態や人の気持ちなどについてそのままであるさまをいう。

【関連語】◆**(フランク)**(形動)気取ったところがなく、ざっくばらんなさま。「フランクに話す」

2 01-23 謹厳(きんげん)／実直(じっちょく)／律儀(りちぎ)

【関連語】◆**(謹直)**きんちょく◆**(実体)**じってい

共通する意味★正直でまじめなこと。**【英】***honesty; sincerity*

使い方▼**〔謹厳〕**(名・形動)▽校長は実に謹厳な方です▽謹厳実直　**〔実直〕**(名・形動)▽実直に働く▽実直な人柄　**〔律儀〕**(名・形動)▽律儀な姉は夏と冬のあいさつを欠かさない▽律儀者

使い分け【1】「謹厳」は、非常にまじめで軽い浮わついたことは好まないこと。【2】「実直」は、誠実でまじめなことだが、「律儀」は、義理を固く守る意でまじめなこと。

【関連語】◆**(謹直)**(名・形動)謙虚で正直なさま。文章語。「謹直に三十年間を勤め上げた」「謹直な人物」◆**(実体)**(名・形動)正直でまじめなことの古風な言い方。「実体な奉公人」

2 01-24 素朴(そぼく)／純朴(じゅんぼく)／木訥(ぼくとつ)

【関連語】◆**(真率)**しんそつ◆**(質朴)**しつぼく◆**(質実)**しつじつ

共通する意味★ありのままで飾り気のないこと。**【英】***simplicity; naïvety*

使い方▼**〔素朴〕**(名・形動)▽地方を旅行すると、素朴な人々に出会う▽田舎で過ごした素朴な中学生時代　**〔純朴〕**(名・形動)▽村人の純朴さに温かいものを感じた　**〔木訥〕**(名・形動)▽善良で木訥な人▽剛毅(ごうき)木訥

	□な人柄	□な青年	□な気風	□な話し方
素朴	○	○	○	-
純朴	○	○	○	-
木訥	○	○	-	○

使い分け【1】「素朴」は、性格や言動などが飾り気がなく、ありのままであること。また、「素朴な造りの家」「素朴な味」のように、人の手をあまり加えないで、自然のままであるさま、「素朴な発想」「素朴な疑問」のように、考え方などが単純で、まだ十分な考察が加えられていないさまも表わす。【2】「純朴」は、心が素直で飾り気のないこと。態度には使われない。【3】「木訥」は、飾り気がなく、口数の少ないこと。「朴訥」とも書く。

【関連語】◆（質朴）(名・形動)純真で飾り気がないさま。「質朴な人柄」◆（質実）(名・形動)生活態度などが質素でまじめなさま。「質実な気風」「質実剛健の校風」◆（真率）(名・形動)人の態度や性格が正直で飾り気のないこと。文章語。「真率な態度」

2 01-25 野暮（やぼ）／野暮（やぼ）ったい／無粋（ぶすい）／無骨（ぶこつ）／無風流（ぶふうりゅう）／むくつけき

【関連語】◆（プリミティブ）

共通する意味★言動や身なり、また、趣味などが洗練されていないさま。【英】*naive*

使い方▼〔野暮〕(名・形動)▽やぼな身なり▽やぼな男〔野暮ったい〕(形)▽野暮ったい服▽野暮ったい暮らし▽野暮ったいことを言う▽動作が野暮ったい〔無粋〕(名・形動)▽ぶすいなまねはするな▽デートの邪魔をするぶすいな上司〔無骨〕(名・形動)▽無骨な手つきで赤ん坊を抱く▽生来の無骨者〔無風流〕(名・形動)▽気が利かない無風流な男▽無風流な部屋〔むくつけき〕(連体)▽むくつけき男

使い分け【1】「野暮」は、主に話し言葉で用いられる。「野暮」は、当て字。また、世態、人情の機微に通じていないこと、またその人の意もある。「野暮なことをいうな」「聞くだけやぼだ」【2】「野暮ったい」は、あかぬけしない、やぼな感じがするさまの意。【3】「無粋」は、特に男女間の情の微妙さがわからないことの意で使われることが多い。「不粋」とも書く。【4】「無骨」は、礼儀、作法を知らないことの意でも使われる。「武骨」とも書く。【5】「無風流」は、風流を解さないこと。「むくつけき」は、成人男性の下品な風体をさして使う。

【関連語】◆（プリミティブ）(形動)原始的、また素朴であるさま。「経済発展がプリミティブな状態にある」「プリミティブな感覚」

2 01-26 誠実（せいじつ）／篤実（とくじつ）／真摯（しんし）／忠実（ちゅうじつ）／至誠（しせい）

【関連語】◆（信実）しんじつ◆（篤厚）とっこう

共通する意味★真心がこもっていること。誠意があること。【英】*sincerity*

使い方▼〔誠実〕(名・形動)▽彼女は誠実な人だ▽誠実に働く〔篤実〕(名・形動)▽篤実な人柄▽温厚篤実な先生〔真摯〕(名・形動)▽真摯な態度で事に臨む▽真摯に研究に取り組む〔忠実〕(形動)▽任務を忠実に実行する▽犬は飼い主に忠実だ〔至誠〕▽至誠あふれる言▽至誠天に通ず

使い分け【1】「誠実」は、真心があって相手の気持ちなどを裏切らないような場合に使う。【2】「篤実」は、人情に厚く、人に親切で誠意のあること。【3】「真摯」は、まじめで一生懸命なさま。【4】「忠実」は、言いつけどおりまじめにつとめるさま。【5】「至誠」は、極めて誠実なこと、ひたすら誠実であること。文章語。

反対語▼誠実⇔不誠実

【関連語】◆（信実）まじめでうそのないさま。文章語。「信実をもって話す」◆（篤厚）人情にあつく誠実なこと。文章語。「篤厚の士として知られる」

2 01-27 堅実（けんじつ）／着実（ちゃくじつ）／地道（じみち）

【関連語】◆（堅気）かたぎ

共通する意味★考え方、やり方などが手堅く、危なげのないさま。【英】*steadiness*

使い方▼〔堅実〕(名・形動)▽堅実な生活設計▽堅実に稼ぐ〔着実〕(名・形動)▽一点ずつ着実に得点を重ねていく▽着実に自分の地盤を広げていく〔地道〕(形動)▽地道な努力が報われる▽地道な活動を続ける▽地道に稼ぐ

	□なやり方	□に働く	□に進む	□な人
堅実	○	○	-	○
着実	○	-	○	-
地道	○	○	-	○

使い分け【1】「堅実」は、考え方や方法が手堅く確実で、しかも内容のあるさま。【2】「着実」は、派手ではないが、一歩一歩確実に進んでいくさま。【3】「地道」は、地味ではあるが、まじめに手堅く物事を行うさま。

【関連語】◆（堅気）(名・形動)仕事や生活が地道でまじめであること。いんちきな商売ややくざに対していう。「足を洗って堅気になる」

2 01-28 慎重（しんちょう）／手堅（てがた）い／用心深（ようじんぶか）い

共通する意味★注意深くて危険をおかさないさま。【英】*cautious*

使い方▼〔慎重〕(名・形動)▽慎重に計画を立てる▽慎重な態度でことにあたる▽慎重を期する〔手堅い〕(形)▽手堅くもうける▽バントで手堅く二塁に送る▽手堅い戦法〔用心深い〕(形)▽用心深い動物▽用心深く行動する

	□方法	□人	□経営	□言葉を選ぶ
慎重	-な○	-な○	-な－	-に○
手堅い	○	－	○	-く－
用心深い	－	○	－	-く○

使い分け【1】「慎重」「用心深い」は、注意深くことを運び軽々しくしないさま。「用心深い」は、特に、警戒をしながらことを運ぶさまにいう。【2】「手堅い」は、行為そのものに危なげのないことを表わす。

2 01-29 素直(すなお)／柔順(じゅうじゅん)／温順(おんじゅん)

共通する意味★穏やかで人に逆らわないさま。**【英】***gentleness; meekness*

使い方▼〔素直〕(形動)▽素直に忠告を受け入れる▽性格の素直な子▽彼の成功を素直に喜んだ　〔柔順〕(形動)▽命令に柔順に従う▽彼は柔順にふるまった　〔温順〕(形動)▽温順な人柄

	□な性質	□な態度	上司に□な人	□な動物
素直	○	○	－	－
柔順	○	○	○	○
温順	○	－	－	○

使い分け【1】「素直」は、物事や人の話などをそのまままっすぐに受け取ったり受け入れたりするさまや、性格などがひねくれたりしていないさま。【2】「柔順」は、性格的におとなしく逆らわないこと。「従順」とも書く。【3】「温順」は、性格の穏やかさ、人に逆らわない性格であるさま。【4】「素直」には、「素直な字を書く」「素直な文章」のように、曲がったりゆがんだりしていないさま、癖のないさまの意もある。【5】「温順」は、「温順な風土」のように、気候や地勢が穏やかなさまの意でも使われる。

2 01-30 不誠実(ふせいじつ)／不実(ふじつ)

【関連語】◆(不まじめ)ふまじめ

共通する意味★誠実でないこと。**【英】***insincerity*

使い方▼〔不誠実〕(名・形動)▽不誠実な男は信用できない▽不誠実な態度　〔不実〕(名・形動)▽相手の不実をなじる▽この会社は不実な対応が多い

使い分け【1】「不誠実」は、誠意のないこと、誠実でないことを表わし、日常一般の広い事柄について使う。【2】「不実」は、特に異性に対して誠実でないこと、また、他に対して真心に欠けるさまを表わす。また、「不実の申し立て」のように、無実の意味でも用いる。

反対語▼不誠実⇔誠実

【関連語】◆(不まじめ)(名・形動)まじめでないこと。⇔まじめ。「不まじめな態度」「不まじめな学生」

2 01-31 温厚(おんこう)／温和(おんわ)／穏健(おんけん)／柔和(にゅうわ)／温良(おんりょう)

共通する意味★性格や性質などが穏やかなさま。**【英】***gentleness*

使い方▼〔温厚〕(名・形動)▽温厚な人柄で信頼を得た▽祖父は温厚な人で、大声を出したことはない　〔温和〕(名・形動)▽温和な人柄で慕われる▽温和な顔付き　〔穏健〕(名・形動)▽穏健な人物▽穏健な立場に立つ▽穏健派　〔柔和〕(名・形動)▽柔和な顔をしている▽柔和な性格の人　〔温良〕(名・形動)▽彼女は極めて温良な性格だ

使い分け【1】「温厚」「温和」「温良」は、性格、態度が穏やかで、荒々しいところがまったくないさま。「温良」は、あまり使われない。「温和」は、「温和な気候」のように、気候が暖かで穏やかなさまも表わす。「穏和」とも書く。【2】「穏健」は、性格のほか、思想、言動などに過激な点がなく、穏やかなさま。【3】「柔和」は、性質、態度などが穏やかでやさしげなさま。

参照▼温和⇒712-08

2 01-32 初初(ういうい)しい／うぶ

【関連語】◆(おぼこ)

共通する意味★世慣れておらず、純な感じがするさま。**【英】***naive; fresh*

使い方▼〔初初しい〕(形)▽彼女の立ち働く姿は実に初々しかった▽初々しい新入社員　〔うぶ〕(形動)▽うぶな心の少年▽うぶな彼には世の中のことがわからない

	□感じ	□青年	□はにかむ	□一年生
初初しい	○	△	-く○	○
うぶ	-な○	-な○	-に－	-な△

使い分け【1】「初初しい」は、年が若く、世間ずれしておらず、清純な感じのするさまを表わす。【2】「うぶ」は、生まれたときのままの性質や状態を保っているさま、世間ずれしておらず、純真、純粋であるさまを表わす。また、特に、「うぶな生娘(きむすめ)」のように、男女の情に通じていないさまをいうこともある。

【関連語】◆(おぼこ)世間のことをまだよく知らず、すれていないこと。「おぼこ娘」

2 01-33 繊細(せんさい)／細(こま)かい／デリケート

【関連語】◆(デリカシー)◆(神経質)しんけいしつ

共通する意味★感情や感覚などが細やかで、すみずみまで行き届くさま。**【英】***delicacy*

使い方▼〔繊細〕(名・形動)▽繊細な神経の持ち主　〔細かい〕(形)▽情が細かい　〔デリケート〕(形動)▽デリケートな心をもつ人

	□神経	□心	□感覚	きめが□
繊細	-な○	-な○	-な○	-だ-
細かい	○	-	-	○
デリケート	-な○	-な○	-な○	-だ-

使い分け【1】「繊細」「デリケート」が、感受性や、心そのものについていうのに対し、「細かい」は、神経や感覚、心の使い方についていうことが多い。【2】「繊細」は、「繊細な指」のように、ほっそりして優美なさまの意でも用いられる。【3】「デリケート」には、「デリケートな問題だから話せない」のように、微妙なさまの意味もある。

反対語▼細かい⇔粗い

【関連語】◆**（デリカシー）**心や感情などの細やかさ。「デリカシーのない人とつき合うのはごめんだ」◆**（神経質）**(名・形動)不必要に小さなことまで気にかかる性質。「彼は神経質だから枕が変わると寝られない」

参照▼細かい⇒809-37

2 01-34 ナイーブ／純真／純情

共通する意味★世間ずれしておらず、素直で汚れのないさま。

使い方▼〔**ナイーブ**〕(形動)▽彼女の考え方は実にナイーブだ▽ナイーブな青年 〔**純真**〕(名・形動)▽純真な子供▽純真無垢 〔**純情**〕(名・形動)▽純情な男▽純情を失わない▽純情可憐

	□な乙女	□な心	□な感覚	□な思い
ナイーブ	○	○	○	-
純真	○	○	-	○
純情	○	-	-	-

使い分け【1】「ナイーブ」は、考え方や感じ方が素直で、純粋さや感受性に富んでいるさまを表わし、また、もろさ、こわれやすさなどを含む。【2】「純真」は、邪念や邪心、汚れなどが一切なく、心が素直で清らかなさま。【英】*pure*【3】「純情」は、素直でまじりけのない心。また、そのような心でいるさま。

2 01-35 まとも／まっとう

共通する意味★いい加減なところがなく、きちんとしているさま。【英】*honest*

使い方▼〔**まとも**〕(名・形動)▽まともに人の話も聞いていない▽まともな仕事につく▽心を改めてまともな人間になる 〔**まっとう**〕(形動)▽まっとうに暮らす▽まっとうな勤め人

使い分け【1】二語とも、書き言葉としてはあまり用いられない。【2】「まとも」には、「まともにぶつかっては勝ち目がない」「西日をまともに受ける」のように、正面の意もある。【3】「まっとう」は、「真っ当」「全う」とも書く。

2 01-36 優しい／おとなしい／穏やか

共通する意味★態度、気持ちなどが静かで素直である。

使い方▼〔**優しい**〕(形)▽他人には優しくしてあげなさい▽いたずらばかりしているが根は優しい子だ 〔**おとなしい**〕(形)▽彼は内気でおとなしい▽騒いでばかりいないでおとなしくしなさい 〔**穏やか**〕(形動)▽穏やかな人柄▽穏やかな死に顔▽穏やかな口調

	□人	□気持ち	□話す	気立てが□
優しい	○	○	-く○	○
おとなしい	○	-	-く-	-
穏やか	-な○	-な○	-に○	-だ-

使い分け【1】「優しい」は、気性や気持ち、気分がはげしくなく静かで落ち着いている場合や、他に対して思いやりがあったり、やわらかな気持ちで接したりする場合などに使う。また、「優しい物腰」のように優美なさまを表わす場合にも使われる。【英】*gentle*【2】「おとなしい」は、言動や性格が物静かであるさま。また、「おとなしい色合い」のように落ち着いていて派手でない意もある。【英】*meek*【3】「穏やか」は、物静かで落ち着いているさま、気持ちなどが荒々しくなく、やわらかで静かなさまなどを表わす。また、「穏やかな海」「穏やかな一日」などのように、静かで安らかなさま、のどかなさまなどを表わす。【英】*mild*

参照▼穏やか⇒810-20

2 01-37 殊勝／健気／神妙

【関連語】◆**（奇特）**

共通する意味★心の持ちようが立派なさま、また、良いさま。【英】*admirable; commendable*

使い方▼〔**殊勝**〕(形動)▽彼は殊勝にも自分で学費を稼いでいる 〔**健気**〕(形動)▽健気にも両親を助けて働く 〔**神妙**〕(形動)▽神妙な面持ち

	□な心掛け	□な人	□に働く	□に聞く
殊勝	○	○	-	-
健気	-	○	○	-
神妙	○	-	○	○

使い分け【1】「殊勝」は、心掛けが立派でほめるべきさまであること。【2】「健気」は、年少者や力の弱い者が、困難や苦難などに立ち向かって、かいがいしく立派に振るまっており、それが立派でほめるべきさまであること。【3】「神妙」は、いつもよりもおとなしい態度なので、感心している気持ちを表わす。

【関連語】◆**（奇特）**(形動)非常に珍しく、ほめるべきであるさま。「奇特な人」「奇特な行い」

参照▼神妙⇒810-62

2 01-38 明朗（めいろう）／陽気（ようき）／朗（ほが）らか

【関連語】◆(明るい)（あかるい）◆(気さく)（きさく）

共通する意味★性格に沈んだところがなく、楽しそうで晴れやかであるさま。【英】*cheerful; merry*

使い方▼〔明朗〕(形動)〔陽気〕(形動)〔朗らか〕(形動)

	＿な人	＿に笑う	＿活発	＿な踊り
明朗	○	－	○	－
陽気	○	○	－	○
朗らか	○	○	－	－

使い分け【1】「明朗」は、ある人物を他に紹介するときなどに使われることが多い。また、「明朗会計」のように、はっきり示して、うそいつわりがないことの意もある。【2】「陽気」は、他の二語よりもさらににぎやかな場合に使う。【3】「朗らか」は、性格そのものと、その性格が行為や状態などに及んでいる場合に使う。

反対語▼陽気⇔陰気

【関連語】◆(明るい)(形)朗らかで楽しそうである。⇔暗い。「明るい性格の人」「表情が明るい」◆(気さく)(形動)性質や人柄がさっぱりしてこだわりのないさま。「親しみやすい気さくな人柄」

参照▼陽気⇒713-01　明るい⇒715-28

2 01-39 晴（は）れやか／晴（は）れ晴（ば）れ

【関連語】◆(うららか)

共通する意味★心のわだかまりがとれて、すっきりと明るいさま。【英】*clear; cheerful*

使い方▼〔晴れやか〕(形動)▽晴れやかな笑顔▽晴れやかな表情を見せる〔晴れ晴れ〕(副)スル▽気持ちが晴れ晴れしない▽試験が終わって晴れ晴れとした

使い分け「晴れやか」は、何かいいことがあって明るい気分になるような場合に多く使われるが、「晴れ晴れ」は、悩みや心配事がなくなり、さわやかな気分になるような場合に使われることが多い。

【関連語】◆(うららか)(形動)気分などが明るく、朗らかなさま。【英】*bright*「うららかな気分で野山を歩く」「うららかな声で歌う」

参照▼うららか⇒713-08

2 01-40 清清（せいせい）／さっぱり／すっきり／すかっと

共通する意味★不要なもの、気にかかるものなどを処理して、さわやかな気分であるさま。【英】*(to feel) refreshed*

使い方▼〔清清〕(副)スル▽邪魔者がいなくなって清々した▽試験が終わって清々した▽大声で歌ったら清々した〔さっぱり〕(副)スル▽風呂に入ってさっぱりしたい▽髪を切ったらさっぱりした〔すっきり〕(副)スル▽病気を治してすっきりしたい▽部屋の中もすっきりと片づいた〔すかっと〕(副)スル▽胸のつかえがとれてすかっとした

	気分が＿する	顔を洗って＿する	借りを返して＿した	＿した身なり
清清	○	－	○	－
さっぱり	○	○	○	○
すっきり	○	○	○	○
すかっと	○	△	△	△

使い分け【1】「清清」は、心のありさまについて使われることが多いが、「さっぱり」「すっきり」「すかっと」は、物の外面的なようすがきちんと処理、整理されている場合にも使われる。【2】「さっぱり」は、肉体的に清潔でさわやかなさまをいうことが多い。【3】「すっきり」は、わずらわしいことがなくて快い気分であるさま、また、むだがなくあかぬけしているさまにいう。【4】「すかっと」は「すっきり」と似ているが、障害物、邪魔物がなくなってさわやかな気分になるさま。話し言葉。

参照▼さっぱり⇒107-18　201-41　819-47

2 01-41 からっと／さっぱり／さばさば／あっさり／淡泊（たんぱく）

共通する意味★物事に深くこだわらないさま。【英】*plain(ly)*

使い方▼〔からっと〕(副)スル▽彼は怒った後でもからっとしているから人気がある▽からっとした性格〔さっぱり〕(副)スル▽竹を割ったようなさっぱりした人柄〔さばさば〕(副)スル▽失敗に悪びれる様子もなく、意外にさばさばしている〔あっさり〕(副)スル▽むずかしい仕事をあっさり引き受ける▽あっさり引き下がる〔淡泊〕(名・形動)▽お金のことには淡泊だ

	＿(した・な)性格	きれい＿忘れる	＿承諾する
からっと	－した○	－	－
さっぱり	－した○	○	－
さばさば	－した○	－	－
あっさり	－した○	－	○
淡泊	－な○	－に－	－に－

使い分け【1】「からっと」は、性格が明るく、物事にこだわらないさまにいう。「さっぱり」「さばさば」「あっさり」は、しつこくない性格にいう。【2】五語とも、人の性格や態度以外にも用いられる。「からっと」は、空が明るくさわやかに晴れ上がったさまに(「空がからっと晴れ上がる」)、「さっぱり」「あっ

「さり」「淡泊」は、味について（「さっぱりした味」「あっさりした味」「淡泊な味」）、また「さっぱり」は、「汗を流してさっぱりする」のように、不快なものがなくなって気分がいいさまに使われる。

反対語▼さばさば⇔ねちねち　淡泊⇔濃厚

参照▼さっぱり⇒107-18　201-40　819-47　あっさり⇒107-18　810-34　淡泊⇒107-18

2 01-42 いきいき／みずみずしい

【関連語】◆（なまなましい）

共通する意味★生命力が感じられるような、新鮮で美しいさま。**【英】** *vivid*

使い方▼〔いきいき〕(副・スル)▽いきいきした表情▽花に水をやったらいきいきとしてきた▽いきいきとした動作　〔みずみずしい〕(形)▽みずみずしい野菜▽みずみずしく陽(ひ)に透ける若葉▽若さあふれるみずみずしい作品

	□印象	□新緑	□働く	目が□輝く
いきいき	-(と)した ○	-(と)した -	-と○	-と○
みずみずしい	○	○	-く-	-く-

使い分け【1】「いきいき」は、生命力があふれて活発なさまをいう。「生き生き」「活き活き」などとも書く。【2】「みずみずしい」は、生命を支える水分が隅々にまで行き渡っているさま、また、つやのあるさまをいう。「瑞瑞しい」とも書く。

【関連語】◆（なまなましい）(形)新鮮なさま。鮮烈なさま。「生生しい」とも書く。「なまなましく残る傷跡」◆文章や映像が、現実そのままと感じられるようなときにもいう。「テレビのニュースが事故現場をなまなましく映し出す」

2 01-43 活発(かっぱつ)／快活(かいかつ)

【関連語】◆（精彩(せいさい)）

共通する意味★生き生きとして元気のあるさま。

使い方▼〔活発〕(形動)▽活発に校庭で遊ぶ▽活発に意見を交換する　〔快活〕(形動)▽快活にふるまっている▽快活な性格

	□な子	□に飛び回る	□に笑う	□な議論
活発	○	○	-	○
快活	○	-	○	-

使い分け【1】「活発」は、動きに重きをおいた語で、活動的なさまを表わす。「快活」は、性格の明るさに重きがあり、きびきびとしたさまも含まれる。**【英】** *liveliness; briskness*（活発）; *cheerfulness*（快活）【2】「活発」は、人の動きだけではなく、「火山の活動が活発になる」「活発に論じ合う」などのようにも使う。

【関連語】◆（精彩）表情にみられる生き生きしたようす。「きびきびした言動で精彩を放つ」「今日の彼は精彩がない」

2 01-44 闊達(かったつ)／開豁(かいかつ)

【関連語】◆（磊落(らいらく)）

共通する意味★心が広く、物事にとらわれないさま。こせこせしていないさま。**【英】** *broad-mindedness*

使い方▼〔闊達〕(形動)▽闊達な気性▽自由闊達　〔開豁〕(形動)▽開豁な人物

使い分け【1】二語ともほとんど同意であるが、「闊達」がよく使われる。【2】「開豁」には、前方が開けて、ながめがよいさまの意もある。

【関連語】◆（磊落）(形動)快活で細かなことにこだわらないさま。「磊落に笑う」「豪放磊落」

2 01-45 陰気(いんき)／陰性(いんせい)／内向(ないこう)／陰気臭(いんきくさ)い

【関連語】◆（しんねりむっつり）

共通する意味★性格が暗く、快活でないさま。**【英】** *gloominess; melancholy*

使い方▼〔陰気〕(形動)▽彼はいつも陰気な顔をしている▽無口で陰気な人　〔陰性〕▽彼はどちらかというと陰性だ▽陰性の人はとかく家にこもりがちだ　〔内向〕▽内向的な人▽内向性　〔陰気臭い〕(形)▽笑顔を見せないから陰気臭い男といわれるんだ

使い分け【1】「陰気」は、暗く、からっとしないさま。また、「薄暗くて陰気な場所」のように、暗く、じめじめした感じがするさまにもいう。【2】「陰性」は、明るく、ほがらかで積極的な性格とは逆の、消極的で暗い性格を意味する。【3】「内向」は、性格が内気で、気持ちが自分の心の内へ内へとこもること。【4】「陰気臭い」は、いかにも陰気であるさま。

反対語▼陰気⇔陽気　陰性⇔陽性　内向⇔外向

【関連語】◆（しんねりむっつり）(スル)はきはきせずに暗いさま。また、そのような人や性質をいう俗語。「しんねりむっつりした人で、いつもいらいらさせられる」

2 01-46 大胆(だいたん)／不敵(ふてき)／豪胆(ごうたん)／豪放(ごうほう)

【関連語】◆（放胆(ほうたん)）

共通する意味★度胸があって物事を恐れず、思い切ったことをするさま。**【英】** *boldness; bravery*

使い方▼〔大胆〕(名・形動)▽大胆にも一人で立ち向かう▽敵地に乗り込むとは大胆だ　〔不敵〕(名・形動)▽不敵な顔つき▽不敵な笑い　〔豪胆〕(名・形動)▽豪胆な武将▽豪胆をもって鳴る　〔豪放〕(名・形動)▽豪放にふるま

う▽豪放磊落(らいらく)

	＿な人	＿な性格	＿な発言	＿な面構え
大胆	○	○	○	－
不敵	○	○	△	○
豪胆	○	○	－	－
豪放	○	○	－	－

使い分け【1】「大胆」は、「大胆なデザイン(構図・発想)」のように、思いきったことをするさまを表わすこともある。【2】「不敵」は、敵を敵とも思わず、恐れを知らないさま。行為ばかりでなく、表情などにも使われる。「大胆不敵」の形でもよく使われる。【3】「豪胆」は、物事を恐れず落ち着いているさまを表わす。「剛胆」とも書く。【4】「豪放」は、心が広く小さなことにこだわらないさま。

反対語▼大胆⇔小胆

【関連語】◆(**放胆**)(名・形動)思いきりがよく大胆なこと。文章語。「放胆な政策」

2 01-47 図太(ずぶと)い／野太(のぶと)い

共通する意味★非常に大胆で横着である。**【英】** *impudent; cheeky*

使い方▼〔**図太い**〕(形)〔**野太い**〕(形)

	＿神経	＿性格	＿立ち回る	＿構える
図太い	○	○	－く○	－く○
野太い	○	○	－く－	－く－

使い分け【1】どちらも神経が太くて少しのことではびくびくしないさまを悪い評価を伴って表わす。「図太い」の方が日常、一般的に使われる。【2】「野太い」は、「野太い声」のように、声が太いという意味もある。「野」は、当て字。

2 01-48 きかん気(き)／負(ま)けん気(き)／勝(か)ち気(き)／強気(つよき)

【関連語】◆(**向こう意気**)むこういき◆(**鼻っ柱**)はなっぱしら◆(**鼻っぱし**)はなっぱし◆(**負けず嫌い**)まけずぎらい◆(**気丈**)きじょう

共通する意味★負けまいとする性質。**【英】** *unyielding*

使い方▼〔**きかん気**〕(名・形動)▽きかん気そうな子〔**負けん気**〕(名・形動)▽持ち前の負けん気で、苦手な科目を克服した▽負けん気が強い〔**勝ち気**〕(名・形動)▽勝ち気な性格▽勝ち気な娘〔**強気**〕(名・形動)▽強気に押しまくる▽強気で試験に臨む▽強気な性格

使い分け【1】「きかん気」「勝ち気」は、子供や女性についていうことが多い。【2】「きかん気」「勝ち気」は、人に対して負けまい、言いなりになるまいとする性質をさすが、「負けん気」は、人だけでなく、さまざまな障害や逆境に対しても使われる。【3】「強気」は、状況を有利と判断し、強い姿勢で物事を進めるさま、強硬で譲らないさまをいう。

反対語▼強気⇔弱気

【関連語】◆(**向こう意気**)相手に対抗する気持ち。「弟は向こう意気が強い」◆(**鼻っ柱**)「鼻柱(はなばしら)」を強めた言い方で、負けまいとする気持ちをいう。「あいつの鼻っ柱をへし折ってやりたい」◆(**鼻っぱし**)相手と張り合う気持ち。「江戸っ子は鼻っぱしが強いといわれている」◆(**負けず嫌い**)(名・形動)「彼は負けず嫌いだから、必死で練習するはずだ」◆(**気丈**)(名・形動)不幸や不運などに対して、心をしっかりと持ち、屈せずに力強く立ち向かうさま。特に、女性、子供について使う。⇔気弱。「彼女は気丈にも涙一つ見せなかった」

2 01-49 積極的(せっきょくてき)／能動的(のうどうてき)／自発的(じはつてき)

共通する意味★進んで物事をしようとするさま。**【英】** *positive; active*

使い方▼〔**積極的**〕(形動)▽会合には積極的に参加している▽難題に積極的に取り組む▽意見を積極的に述べる〔**能動的**〕(形動)▽能動的に行動する▽能動的な態度〔**自発的**〕(形動)▽自発的に勉強をする▽自発的に協力を申し出る

使い分け【1】三語とも、人に強制されることなしに、自分からすすんで他に働きかけ、行動するさまを表わす。【2】「自発的」は、他からの働きかけがなくても自分からすすんで行うという意味合いが強い。「積極的」「能動的」は、他からの働きかけとは関係なく、すすんで物事を行ったり、他に働きかけたりするという意味合いで使われる。

反対語▼積極的⇔消極的　能動的⇔受動的

2 01-50 小心(しょうしん)／臆病(おくびょう)／小胆(しょうたん)

【関連語】◆(**肝(肝っ玉)が小さい**)きも(きもったま)がちいさい

共通する意味★気が小さく、勇気がないこと。**【英】** *timidity; cowardice*

使い方▼〔**小心**〕(名・形動)▽小心でいつもびくびくしている▽小心な性格▽小心者▽小心翼々〔**臆病**〕(名・形動)▽あの子は臆病で、一人で電車にも乗れない▽臆病な男〔**小胆**〕(名・形動)▽あんなに小胆では大したこともできまい

使い分け【1】「小心」は、気が小さいこと。「臆病」は、少しのことにでもこわがること。【2】「小胆」は、胆力が小さく決断力がないこと。

反対語▼小胆⇔大胆

【関連語】◆(肝)(肝っ玉)が小さい)胆力と気力が少ない。「肝が小さくて仕事の拡張もできない」「肝っ玉の小さい男だ」

2 01-51 弱気／引っ込み思案／内気

【関連語】◆(気弱)◆(内弁慶)

共通する意味★消極的で、物事や人間に対して働きかける力が弱いさま。また、そういう性質。【英】*weakness*

使い方▼〔弱気〕(名・形動)▽つい弱気になる▽弱気な態度 〔引っ込み思案〕(名・形動)▽引っ込み思案では友達ができない 〔内気〕(名・形動)▽内気で人前に出るのは苦手だ▽内気な子供

使い分け【1】「弱気」は、いかにも気が弱いさま。気力、気迫に欠け、思っても行動に出られない、また、相手に強く出られると反発できないような性格、態度をいう。【2】「引っ込み思案」は、気が弱く、消極的で、外に向かって出て行けない性格をいう。【3】「内気」は、気が弱く、人前で思うままにふるまえない性格。また、そのさまをいう。

反対語▼弱気⇔強気

【関連語】◆(気弱)(名・形動)気が弱く、自分の意志を貫けないさま。「父はこのごろ気弱になった」「気弱な性格」◆(内弁慶)(名・形動)家の中ではいばりちらすが、外に出ると全く意気地がないこと。また、そういう人。「うちの子は内弁慶で困る」

2 01-52 せっかち／性急／気早

共通する意味★先を急ぎ、ゆとりを持てないさま。【英】*hastiness*

使い方▼〔せっかち〕(名・形動) 〔性急〕(名・形動) 〔気早〕(名・形動)

	＿な人	＿な性分	＿に結論を出す	あの＿め
せっかち	○	○	○	○
性急	○	○	○	－
気早	○	○	－	－

使い分け【1】「せっかち」は、先を急いで落ち着きのないさま。また、そのような性質の人もいう。【2】「性急」は、大急ぎで事の決着をつけようとする場合に多く使われる。【3】「気早」は、落ち着きやゆとりがなく、物事を早くしないと気のすまないようなさま。

2 01-53 気短／短気

【関連語】◆(短慮)

共通する意味★気の短いさま。【英】*short-tempered*

使い方▼〔気短〕(形動)▽父は気短で待つことを知らない 〔短気〕(名・形動)▽短気な性格▽短気は損気（＝短気を起こすと結局は自分の損になること。「損気」は「短気」の語呂合わせ）

	＿な人	＿ですぐ怒る	＿を起こす	＿に動き回る
気短	○	○	－	○
短気	○	○	○	－

使い分け「気短」は、性急に事を処理して結論や結果を早く得ようとするさま。「短気」は、性急に結論、結果を得ようとするためにすぐに腹を立てたり、物事を放り出したりしがちなさま。

反対語▼気短⇔気長

【関連語】◆(短慮)(名・形動)気短なこと。また、浅はかな考え。文章語。「短慮を起こす」

参照▼短慮⇒204-06

2 01-54 偏屈／気むずかしい／へそ曲がり／つむじ曲がり

共通する意味★心が曲がっていて、性質が素直でないこと。

使い方▼〔偏屈〕(名・形動)▽年をとると偏屈になる▽偏屈な人▽偏屈者 〔気むずかしい〕(形)▽父は気むずかしい顔で新聞を読んでいる▽気むずかしそうな校長先生 〔へそ曲がり〕(名・形動)▽すぐ反対をとなえるへそ曲がりな人▽あいつは人の話を素直に聞けないへそ曲がりだ 〔つむじ曲がり〕(名・形動)▽彼は赤を黒というようなつむじ曲がりだ▽弟はつむじ曲がりだから反対ばかりする

使い分け【1】「偏屈」は、性質や考えなどがかたよっていて素直でないこと、他と同調しないこと。【英】*bigot*【2】「気むずかしい」は、自我が強く神経質で人と合わせることができない意。【3】「へそ曲がり」「つむじ曲がり」は、ひねくれていて素直でないこと。多く、他の人とは反対の言動をとりたがるような場合や、そのような人をいう。【英】*perversity*

2 01-55 癇／癇癪／癇癖／癇性

【関連語】◆(ヒステリック)◆(虫気)

共通する意味★ちょっとしたことでも激しやすい性質。【英】*hot-tempered*

使い方▼〔癇〕▽彼のいうことは、いちいち癇にさわる（＝腹立たしく思う）▽あの子は癇が強い 〔癇癪〕▽癇癪を起こす▽癇癪持ち 〔癇癖〕▽癇癖が強い 〔癇性〕▽あいつは癇性だ

使い分け【1】いずれの語も、感情が強すぎて、興奮したり、腹を立てたりしやすい性質をいう。【2】「癇」「癇癪」が一般的に使われる。「癇癖」は激しやすい性質以外に、発作的に激することもいう。

【関連語】◆(ヒステリック)(形動)感情を抑えることができず、病的に泣きわめいたり、怒ったりするさま。「ヒステリックに泣き叫ぶ」◆(虫気)小児が寄生虫によって引き起こす癇癪、ひきつけなどをいう。「子供が虫気を起こす」

201-56 純粋／至純／無垢

【関連語】◆(純)

共通する意味★邪念や私欲がなく、ひたむきであるさま。【英】*purity*

使い方▼〔純粋〕(名・形動)▽純粋な心をもった人▽純粋な気持ち 〔至純〕(名・形動)▽二人は至純の愛に生きた 〔無垢〕(名・形動)▽幼児の無垢な心▽無垢な乙女▽純真無垢

使い分け【1】「純粋」は、まじりけのないさまの意で、「純粋の紀州犬」のようにも使う。【2】「至純」は、極めて純粋なさま。文章語。【3】「無垢」は、清らかでけがれのないことの意であるが、「白無垢」「金無垢」などのように、色や材質などでまじりものがない場合にも使う。

反対語▼純粋⇔不純

【関連語】◆(純)(形動)けがれがないさま。「純な人」「彼は若くて純なところがある」

参照▼純粋⇒810-37　純⇒810-37

201-57 生一本／生っ粋

共通する意味★同質のものだけからできていて、異質なものが混じりあっていないこと。【英】*born and bred*

使い方▼〔生一本〕(名・形動)▽生一本なところが彼のとりえだ 〔生っ粋〕▽生っ粋の江戸っ子【英】*a native Tokyoite*)

使い分け「生一本」は、純真で、物事にまっすぐに打ち込んでいく性質の意だが、「灘の生一本」のように、日本酒などの、純粋で混じりけのないものをいうことも多い。

201-58 男らしい／雄雄しい／男性的

共通する意味★いかにも男性であると感じさせる性質、特徴をもっているさま。【英】*manly; masculine*

使い方▼〔男らしい〕(形)▽彼はいかにも男らしい生き方をしている▽めそめそ泣くのは男らしくない 〔雄雄しい〕(形)▽涙を見せず雄々しく振る舞っている 〔男性的〕(形動)▽彼女の作品は実に男性的だ▽男性的なスポーツ▽男性的な山

	□姿	□顔だち	□戦う	□あきらめる
男らしい	○	○	-く○	-く○
雄雄しい	○	-	-く○	-く-
男性的	-な○	-な○	-に-	-に-

使い分け【1】「男らしい」は、一般に広く用いられる。【2】「雄雄しい」は、強過ぎる相手に立ち向かうような場合には、けなげである意を伴う。【3】「男性的」は、女性にも、また自然などの形容にもよく使われる。

反対語▼男らしい⇔女らしい　雄雄しい⇔女女しい　男性的⇔女性的

201-59 風変わり／型破り

【関連語】◆(奇矯)◆(エキセントリック)

共通する意味★行動、好みなどが普通一般と違っているさま。【英】*eccentricity; extraordinariness*

使い方▼〔風変わり〕(名・形動)▽彼は言うこともすることも風変わりだ▽風変わりな男▽風変わりな趣味 〔型破り〕(名・形動)▽型破りな行動▽型破りな人物▽型破りなあいさつ

使い分け【1】「風変わり」は、状態、様子、雰囲気などが、普通一般とは違っているさま、他とは違っていて少々奇妙に感じるようなさまを表わす。【2】「型破り」は、考え、行為、性格などが、常識や一定の枠などを破って大きく外れているさまを表わす。

【関連語】◆(奇矯)(形動)言動がとっぴなさま。「奇矯なふるまいをする」◆(エキセントリック)(形動)普通とはかなり変わっているさま。「エキセントリックな男」「エキセントリックな行動が目立つ人」

参照▼風変わり⇒810-58

201-60 変わり者／変人／奇人／変わり種

共通する意味★普通一般とは違っている人。【英】*an eccentric*

使い方▼〔変わり者〕▽彼は他人とは話そうとしない変わり者だ 〔変人〕▽周囲から変人のように扱われる 〔奇人〕▽奇人として有名な作家 〔変わり種〕▽彼は職場の中では変わり種だ

使い分け【1】「変わり者」「変人」「奇人」は、言動などが世間一般の人とは大きくかけ離れている人。【2】「変わり種」は、経歴がいちじるしく変わっている人。

参照▼変わり者⇒305-24　変人⇒305-24　奇人⇒305-24　変わり種⇒305-24 804-18

201-61 頓狂／すっ頓狂

共通する意味★突然に調子外れの言動をするさま。

使い方▼〔頓狂〕(名・形動)▽いきなり頓狂な声を出して

何があったんだい▽彼はときたま頓狂なふるまいをする【すっ頓狂】(名・形動)▽すっ頓狂な声をあげる▽すっ頓狂な顔をして一体どうしたんだい

使い分け 「すっ頓狂」は、「頓狂」を強調した語。

201-62 おてんば／はすっぱ／おきゃん／尻軽(しりがる)

共通する意味★女性の行為や態度が活発で軽々しいこと。【英】*a hussy; a tomboy*

使い方▼【おてんば】(名・形動)▽小さいときからおてんばだった▽おてんばな娘 **【はすっぱ】**(名・形動)▽はすっぱな口の利き方をする▽そんな服を着ているとはすっぱに見える **【おきゃん】**(名・形動)▽おきゃんで物おじしない娘 **【尻軽】**(名・形動)▽すぐ男を追いかける尻軽な女

	＿な娘	＿な女	＿な性格	＿なふるまい
おてんば	○	△	△	○
はすっぱ	○	○	-	○
おきゃん	○	-	○	-
尻軽	○	○	-	-

使い分け【1】「おてんば」は、少女や若い女性の行動が並はずれて活発であること。「お転婆」と当てる。【2】「はすっぱ」は、女性の態度や行動が軽々しく品のないさま、軽薄であるさま。「蓮っ葉」と当てる。【3】「おきゃん」は、少女や若い女性の活発で軽はずみな言動のさまや、慎みなく動き回ったり、口を出したりするさまを表わす。【4】「尻軽」は、女性の浮気っぽいさまをいう語。

201-63 腕白(わんぱく)／やんちゃ／だだ

共通する意味★子供がわがままにふるまうこと。【英】*mischievous*

使い方▼【腕白】(名・形動)▽たとえ腕白でも元気なほうがいい▽腕白なガキ大将▽腕白小僧 **【やんちゃ】**(名・形動)▽やんちゃな子供▽やんちゃをいう▽やんちゃ坊主 **【だだ】**▽子供がだだをこねている

使い分け【1】「腕白」「やんちゃ」は、子供がいたずらや乱暴をするさまを表わす。また、そういう子供のこともいう。【2】「だだ」は、幼児などが、甘えて、いうことを聞かないこと。「だだをこねる」という形で用いる。

201-64 けち／しみったれ

【関連語】◆(吝嗇)りんしょく ◆(けちんぼう) ◆(しわんぼう)

共通する意味★金銭や品物などを惜しんで出さないこと。また、そういう人。【英】*stinginess; a miser*(けちな人)

使い方▼【けち】(名・形動)▽身銭を切らないけちな男▽他人におごってもらうだけのけち **【しみったれ】**(名・形動)▽しみったれな奴(やっ)▽寄付をしぶるとはしみったれめ

使い分け【1】二語とも、意味・用法はほとんど変わらない。「しみったれ」のほうが、やや俗語的。【2】「けち」には、「けちな恰好(かっこう)」のように、粗末で劣っていること、みすぼらしいことの意や、「けちをつける」のように、縁起が悪いこと、悪評、難癖の意もある。

【関連語】◆**(吝嗇)**(名・形動)過度にけちなこと。また、そのような人をいう。文章語。「吝嗇家」◆**(けちんぼう)**(名・形動)けちなこと、また、けちな人をののしっていう俗語。「けちんぼ」とも。「あのけちんぼうが寄付金など出すものか」◆**(しわんぼう)**けちな人をののしっていう語。やや古い言い方。「しわんぼ」とも。「あいつはしわんぼうだから、会費の必要なパーティーには絶対出ない」

201-65 けちくさい／しわい／けちけち

【関連語】◆(世知辛い)せちがらい

共通する意味★金銭や品物などを惜しんで出さないさま。【英】*stingy*

使い方▼【けちくさい】(形)▽金の払い方がけちくさい▽一銭も出さないとはけちくさい人だ **【しわい】**(形)▽しわい奴(やっ)だ▽小銭だけ寄付するとはいかにもしわい **【けちけち】**(副)スル▽けちけちしないでもっと金を出せ

使い分け【1】「けちくさい」は、いかにもけちなさま。「けちけち」は、極めてけちであるさまをいう。「けち」と同じく、「けちくさい了見」「けちけちした恰好(かっこう)」のように、人や物の状態についていう場合もある。【2】「しわい」は、やや古めかしい言い方。

【関連語】◆**(世知辛い)**(形)計算高くて温かさや人情が薄く暮らしにくい。「万事が金の世知辛い世の中」

201-66 ずるい／こすい／こすっからい

【関連語】◆(あくどい)

共通する意味★自分の利益になるようにうまく立ち回る性質である。【英】*cunning; crafty*

使い方▼【ずるい】(形)▽手伝いを弟にやらせるずるい兄▽何もせずに分け前を取るのはずるい **【こすい】**(形)▽他人にわからないと思ってこすいことをする▽彼のやり方はこすい **【こすっからい】**(形)▽高い利息で大もうけしたこすっからいやつ▽彼はこすっからいから気をつけろ

使い分け【1】「ずるい」は、自分に有利にするために、汚い手を使ったり、ごまかしたり、だましたりするさま。【2】「こすい」は、「ずるい」よりも、悪がしこく自分の有利になるようにこそこそ立ち回る意味合いが強い。やや俗な言い方。【3】「こすっからい」は、「こすい」を強調した語。【4】「こすい」「こすっからい」は、けちである意もある。
【関連語】◆（あくどい）(形)やり方がどぎつくたちが悪い。「老人から金をだまし取ったあくどい男」「あくどい手口」

201-67 計算ずく（けいさんずく）／勘定ずく（かんじょうずく）／金銭ずく（きんせんずく）／そろばんずく

共通する意味★損得を考えて行動すること。【英】*with calculation*（計算ずくで）

使い方▼〔計算ずく〕▽何事も計算ずくでやる男だ▽批判が出るのも計算ずくだ　〔勘定ずく〕▽商売柄、勘定ずくで物事を考えてしまう　〔金銭ずく〕▽義理ではなく金銭ずくで引き受けた　〔そろばんずく〕▽そろばんずくではこんな仕事はできない

使い分け【1】「金銭ずく」には、「金銭ずくで承知させる」のように、金銭によって問題を解決しようとすることの意もある。【2】いずれの語も、ふつうマイナスの評価を伴って使われるが、「計算ずく」は、基本的には評価に対して中立的である。

201-68 腹黒い（はらぐろい）／悪賢い（わるがしこい）／ずる賢い（ずるがしこい）／こざかしい／狡猾（こうかつ）

共通する意味★悪いところなどによく知恵が回るさま。

使い方▼〔腹黒い〕(形)▽政治家は大体腹黒い▽腹黒い商人　〔悪賢い〕(形)▽彼は悪賢いから気を付けろ▽悪賢い男　〔ずる賢い〕(形)▽ずる賢く立ち回って逮捕を免れる▽ずる賢い人はいつ裏切るかわからない　〔こざかしい〕(形)▽こざかしく立ち回って地位を築く▽こざかしいやり方で金もうけをした　〔狡猾〕(形動)▽狡猾な男▽狡猾な手段で相手をだます

使い分け【1】「腹黒い」は、腹の中で何やらたくらんだり良からぬことを考えていたりするさまを表わす。【英】*blackhearted*【2】「悪賢い」「ずる賢い」「こざかしい」は、知恵があるのだが、その知恵が悪いことに使われるさまを表わす。【英】*cunning*【3】「狡猾」は、悪賢くてずるいさまを表わす。

参照▼こざかしい⇒217-19

202…品性

202-01 品（ひん）／品位（ひんい）／品格（ひんかく）／気品（きひん）

【関連語】◆（風格）ふうかく◆（格調）かくちょう◆（沽券）こけん◆（気位）きぐらい

共通する意味★人や物から感じられる様子。【英】*elegance*

使い方▼〔品〕▽品のよい人▽こちらの柄のほうが品がいい　〔品位〕▽貴族としての品位を保つ▽品位に欠ける人　〔品格〕▽あの人には品格が備わっている▽教師としての品格を高める　〔気品〕▽あの人の話し方には気品がある▽気品の感じられる作品

	□のある顔	あの人は□がない	□に富む	□の悪い話
品	○	○	-	○
品位	○	△	△	-
品格	○	○	△	-
気品	○	○	○	-

使い分け【1】「品」は、四語のうちで最も一般的。四語とも、人や物の外見や態度などから感じ取ることができる上品さをいう。ただし、「品位」「品格」は人について言う場合がほとんどである。【2】「品位」「品格」は、文章語的。

【関連語】◆（風格）その人の人柄や風貌（ふうぼう）、態度、言動などから自然ににじみでた品格。「大人（たいじん）の風格がある」「王者の風格」◆（格調）文章や詩歌、絵画などの芸術作品がもつ品格。「格調高い文章」◆（沽券）人や物の値打ち。体面。品位。「估券」とも書く。「沽券が下がる」「沽券に関わる（＝品位や体面にさしつかえる）」◆（気位）その人自身が意識している心持ちや品位の高さ。「気位の高い人」

202-02 人品（じんぴん）／品性（ひんせい）／人格（じんかく）

共通する意味★品位や道徳面から見た人柄。【英】*character*

使い方▼〔人品〕▽人品卑しからぬ老婦人▽人品を落とすような行為　〔品性〕▽品性を養う▽あんなことをいうとは品性を疑う　〔人格〕▽すぐれた人格の持ち主▽人格者

使い分け【1】「人品」は、三語のうちで最も品位を重視している語。【2】「品性」は、品位を重視しながら、その評価の中に道徳面をも加えている語。【3】「人格」は、人間の性格面を重んじている語。

202-03 上品（じょうひん）／高尚（こうしょう）／気高い（けだかい）

【関連語】◆（典雅）てんが

共通する意味★品のよいさま。【英】*elegant*

使い方▼〔上品〕(形動)▽上品な人▽上品な目鼻立ちをした女性▽上品にふるまう▽上品に笑う　〔高尚〕(形動)▽その話は高尚すぎて、普通の人にはわからない▽高尚な趣味　〔気高い〕(形)▽気高い心▽気高いところのある婦人

使い分け【1】「上品」が、三語の中では最も一般的。【2】「高尚」は、知的程度がかなり高く、品のよいさま。【3】「気高い」は、気品があって高貴な感じであるさま。ふつう人について用いる。

反対語▼上品⇔下品　高尚⇔低俗・通俗

【関連語】◆**（典雅）**（形動）整っていて上品なさま。文章語。「典雅な調べ」「典雅に舞う」

202-04 ゆかしい／奥(おく)ゆかしい

共通する意味★深みや品があって、心をひかれるさま。**【英】***elegant*

使い方▼**〔ゆかしい〕**（形）▽穏やかでゆかしい人柄**〔奥ゆかしい〕**（形）▽控え目で奥ゆかしい女性

使い分け【1】「ゆかしい」は、「行(ゆ)く」の形容詞化で、心がそちらにひかれるさま。慕わしく心ひかれるさまにいう。派手ではないが深み、懐かしさを持っているさまの意で、人にも、自然や感覚的事象などにも用いる。「床しい」「懐しい」など、当て字も使う。【2】「奥ゆかしい」は、人為的なこと、あるいは人柄や振る舞いに関することなどに多く使う。

参照▼ゆかしい⇒216-10

202-05 下品(げひん)／浅(あさ)ましい／さもしい

共通する意味★品性が卑しいさま。**【英】***vulgar*

使い方▼**〔下品〕**（形動）**〔浅ましい〕**（形）**〔さもしい〕**（形）

	□根性の持ち主	人前では□話をするな	彼の食べ方はひどく□	いつも金をたかる□やつめ
下品	-な△	-な○	-だ○	-な-
浅ましい	○	-	-	○
さもしい	○	-	-	○

使い分け【1】「下品」は、品格がないことだが、食べ方や話し方などの動作が礼儀にかなっていない場合や、話の内容に品がない場合などに用いる。【2】「浅ましい」「さもしい」は、ほぼ同義だが、外面的な動作などにはあまり用いず、人間の根本的な性格の卑しさ、およびそこから出た言動についていう。

202-06 低俗(ていぞく)／俗悪(ぞくあく)／卑俗(ひぞく)／野卑(やひ)／下劣(げれつ)／通俗(つうぞく)

【関連語】◆**（俗）**ぞく◆**（俗っぽい）**ぞくっぽい◆**（くだらない）**◆**（げす）**

共通する意味★程度が低く、下品なさま。**【英】***vulgar*

使い方▼**〔低俗〕**（名・形動）▽彼は低俗な人間だ▽低俗な映画**〔俗悪〕**（名・形動）▽俗悪な読み物▽俗悪に堕する**〔卑俗〕**（名・形動）▽卑俗な笑い▽卑俗に流れる**〔野卑〕**（名・形動）▽野卑な音楽▽野卑で聞くに耐えない話**〔下劣〕**（名・形動）▽下劣な行為▽下劣な根性**〔通俗〕**（名・形動）▽通俗な読み物▽通俗小説

	趣味が□だ	□な言葉	□な番組
低俗	○	○	○
俗悪	○	△	○
卑俗	○	○	-
野卑	△	○	-
下劣	○	○	○
通俗	△	△	○

使い分け【1】「低俗」が最も一般的に使われる。「低俗」「俗悪」「卑俗」「野卑」「下劣」は、ただ喜ばれることを目的としたもので、なんの価値もなく、低級であるさま。「通俗」も、また興味本位であるさまだが、専門的でなく、だれにも分かるさまをいう。【2】「卑俗」「野卑」は、文章語。「卑俗」は「鄙俗」、「野卑」は「野鄙」とも書く。

反対語▼低俗・通俗⇔高尚

【関連語】◆**（俗）**（名・形動）卑しくて品がないさま。「俗な言葉」「俗な話題」◆**（俗っぽい）**（形）いかにもありきたりで品がないさま。「俗っぽいせりふ」「俗っぽい趣味」◆**（くだらない）**（形）内容に乏しく、取り上げる価値がない。「くだらない話」「くだらないことで喧嘩(けんか)なんかするな」◆**（げす）**（名・形動）品性が下劣であること。身分の卑しい人をもいう。「下衆」「下種」「下司」とも書く。「げすな考え」「げす野郎」「げすの勘ぐり」

参照▼俗⇒918-15

202-07 卑猥(ひわい)／淫猥(いんわい)／猥褻(わいせつ)／いやらしい

【関連語】◆**（淫靡）**いんび

共通する意味★下品でみだらなさま。**【英】***indecency; lewdness*

使い方▼**〔卑猥〕**（名・形動）▽卑猥な冗談をいう▽卑猥なしぐさ**〔淫猥〕**（名・形動）▽淫猥な行為に及ぶ▽淫猥な書物**〔猥褻〕**（名・形動）▽猥褻な絵▽猥褻文書▽猥褻罪**〔いやらしい〕**（形）▽いやらしい目つき▽いやらしいことをする男

使い分け【1】「卑猥」は、慎みがなく下品なことをいう。【2】「淫猥」「猥褻」とも、性欲を刺激するようなみだらなことをいうが、一般的には「猥褻」を使う。「猥褻行為」「猥褻取締り」など。【3】「いやらしい」は、好色で下品な感じであるさま。また、「上司にごまをするいやらしい男」のように、不愉快で感じの悪いさまの意でも使う。

【関連語】◆**（淫靡）**（名・形動）性的にだらしない感じがするさま。「淫靡に腰を振って踊る」

203…態度

203-01 姿勢（しせい）／態度（たいど）／態勢（たいせい）

共通する意味★物事に対する心の持ち方や行動の仕方。**【英】** *an attitude*

使い方▼〔姿勢〕▽前向きの姿勢▽強い姿勢でのぞむ▽低姿勢　〔態度〕▽態度をあらためる▽思っていることが態度に出る▽勤務態度　〔態勢〕▽態勢を整える▽警戒態勢

	強硬な□をとる	政治□を正す	いいかげんな□	受け入れ□
姿勢	○	○	－	－
態度	○	－	○	－
態勢	－	－	－	○

使い分け【1】「姿勢」は、物事に対する心の持ち方、物事への取り組み方をいう。【2】「態度」は、物事に対したときの印象などが表に表われたもの。【3】「態勢」は、物事に対応するための準備や状態。

参照▼姿勢⇒203-02

203-02 姿勢（しせい）／体勢（たいせい）

【関連語】◆（構え）かまえ◆（ポーズ）◆（体位）たいい◆（居ずまい）いずまい

共通する意味★体の構え方。**【英】** *a posture*

使い方▼〔姿勢〕▽前かがみの姿勢をとる▽姿勢を崩す▽姿勢がいい▽姿勢を正す　〔体勢〕▽体勢をたてなおす▽体勢が崩れる▽不利な体勢

使い分け【1】「姿勢」は、体の構え方を表わすのに広く用いられる。【2】「体勢」は、特に、何かをしようとするときの一時的な体の構え方をいう。

【関連語】◆（構え）具体的に体を動かして特定の形をとること。また、あることにそなえること。**【英】** *a posture*「すきのない構えを見せる」「上段の構え」「和戦両様の構え」◆（ポーズ）絵画、彫刻、写真、舞踊などに表現されている人物やモデルの身の構え方。「ポーズをとる」◈「ポーズだけで真剣に取り組もうとしない」のように、見せかけの態度、きどった態度という意味もある。◆（体位）体の位置、姿勢。**【英】** *posture*「体位を変える」◈「体位の向上をはかる」のように、体格・健康・運動能力を総称していう。◆（居ずまい）座っているときの姿勢。「居ずまいを正す」

参照▼姿勢⇒203-01

203-03 腰抜け（こしぬけ）／腑抜け（ふぬけ）／ふがいない

共通する意味★いくじのないさま。**【英】** *cowardice*

使い方▼〔腰抜け〕▽彼は血を見て気絶するような腰抜けだ▽あんな腰抜けには何をやらせても駄目だ　〔腑抜け〕（名・形動）▽彼があんな腑抜けとは知らなかった▽母が死んでから父は腑抜けのようになってしまった　〔ふがいない〕（形）▽初出場の相手に負けるとはふがいない▽千メートルもない山で落伍（らくご）するとはふがいない

使い分け【1】「腰抜け」は、臆病（おくびょう）で思い切って事を行えないようなこと。また、そういう人。【2】「腑抜け」は、気力、精神力などがなかったり、極度に乏しかったりして、事を行えないこと。はらわたを抜き取られた状態という意から言う語。【3】「ふがいない」は、はたから見ていて歯がゆくなるほど、また、黙っていられないほどいくじがない意。「腑甲斐無い」「不甲斐無い」などと書くこともある。

203-04 丁寧（ていねい）／念入り（ねんいり）／入念（にゅうねん）／丹念（たんねん）／克明（こくめい）／周到（しゅうとう）

共通する意味★注意深く、すみずみまで配慮が行き届き、きめの細かいさま。

使い方▼〔丁寧〕（形動）〔念入り〕（形動）〔入念〕（形動）〔丹念〕（形動）〔克明〕（形動）〔周到〕（形動）

	□に調査する	手作りの□な仕事	□に準備する	□に包装する	事件の□な記録
丁寧	○	○	○	○	○
念入り	○	○	○	○	－
入念	○	○	○	○	－
丹念	○	○	－	△	△
克明	○	－	－	－	○
周到	○	－	○	－	－

使い分け【1】「念入り」と「入念」は、ともに念を入れてという意味で、きわめて近い。【2】「丁寧」は、「丁寧なもてなし」のように、手厚く親切で礼儀正しいことを表わす場合もある。**【英】** *careful politeness*【3】「丹念」「克明」は、きめ細かく物事を行うさま。「丹念」の方が用法が広く、「克明」は、調査、記録などに限って使われる。【4】「周到」は、準備、用意などが注意深くなされて、ぬかりがないさま。**【英】** *scrupulous*

参照▼丁寧⇒515-72

203-05 綿密（めんみつ）／厳密（げんみつ）／精密（せいみつ）／緻密（ちみつ）

【関連語】◆（密）みつ◆（細密）さいみつ◆（詳密）しょうみつ

共通する意味★注意が行き届き、詳しく、細かいさ

ま。また、細部まで正確なさま。【英】*minuteness*
使い方▼〔綿密〕(名・形動)〔厳密〕(名・形動)〔精密〕(名・形動)〔緻密〕(名・形動)

	＿な調査を行う	＿に調べる	＿に言うとそうではない	＿な機械	＿な頭脳
綿密	○	○	-	-	-
厳密	○	○	○	-	-
精密	○	○	-	○	○
緻密	○	△	-	-	○

使い分け【1】「綿密」は、人間の行為やその結果についていう。【2】「厳密」は、注意が行き届いて、すきのないさま。【3】機械類の構造や運用については、「精密機械」「精密検診」のように、もっぱら「精密」が使われる。【4】「緻密」は、「緻密な布目」のように、きめの細かいさまをいうこともある。
【関連語】◆**〔密〕**(名・形動)細かいところまで行き届いていること。「密な連絡」◆**〔細密・詳密〕**(形動)くわしく細かいこと。日常的にはあまり使われない。「細密な描写」「詳密な点検」

203-06 いい加減(かげん)／適当(てきとう)／生半可(なまはんか)／ぞんざい／投げ遣り(なげやり)

【関連語】◆〔でたらめ〕◆〔ちゃらんぽらん〕◆〔行きあたりばったり〕(ゆきあたりばったり)◆〔無責任〕(むせきにん)

共通する意味★大ざっぱで徹底することなく、中途半端なさま。【英】*halfway; random*
使い方▼〔いい加減〕(連語)▽いい加減な返事をする〔適当〕(名・形動)▽忙しいから適当に返事しておけ〔生半可〕(名・形動)▽生半可な決心ではだめだ〔ぞんざい〕(形動)▽ぞんざいな言葉遣い〔投げ遣り〕(名・形動)▽なげやりな考え方

	＿な態度	＿に答えておけ	＿な勉強	時間に＿な人	計画が＿だ
いい加減	○	○	-	○	○
適当	○	○	○	-	-
生半可	○	-	○	-	-
ぞんざい	○	-	-	-	○
なげやり	○	-	△	-	-

使い分け【1】「いい加減」は、最も一般的に用いられる。また、「けんかはいいかげんにしろ」のように、もうほどほどにしたいさま、「いいかげん疲れた」のように、相当の意も表わす。【2】「ぞんざい」「投げ遣り」は、その動作の受け手が動作者の無責任さを感じる度合いが強い。
【関連語】◆**〔でたらめ〕**(名・形動)思いつくままに、いい加減なことをいったり行ったりすること。また、そういう言動。「出鱈目」とも書く。「○×式のテストは、でたらめにやってもいくつかは当たる」「彼は毎日でたらめな生活をしている」「でたらめをいうな」◆**〔ちゃらんぽらん〕**(名・形動)定見がなく、いい加減で無責任なこと。「ちゃらんぽらんなことをいう」◆**〔行きあたりばったり〕**(名・形動)無計画でその場の成り行きにまかせるさま。「行きあたりばったりの政策」◆**〔無責任〕**(名・形動)責任観念がとぼしいこと。「無責任な態度」「無責任な答弁」
参照▼適当⇒818-13　生半可⇒819-22

203-07 粗末(そまつ)／粗雑(そざつ)

【関連語】◆〔疎略〕(そりゃく)

共通する意味★品質が劣っていること。【英】*coarseness*
使い方▼〔粗末〕(名・形動)▽粗末な造りの家〔粗雑〕(名・形動)▽粗雑なやり方

	＿な工事	＿な細工	＿な服	＿な食事	＿な計画
粗末	○	○	○	○	-
粗雑	○	○	-	-	○

使い分け【1】「粗末」は、「金を粗末にする」のように、扱い方が雑であることも表わす。【2】「粗末」は、「お粗末な歌」のように、接頭語「お」をつけて用いることがある。【3】「粗雑」は、実際の物に対していうよりも、考えややり方がおおざっぱでいいかげんなさまを表わすことが多い。
【関連語】◆**〔疎略〕**(名・形動)おろそかに扱うさま。「疎略に扱う」

203-08 おろそか／なおざり／ゆるがせ

【関連語】◆〔仮初〕(かりそめ)

共通する意味★注意深くせず、軽々しいさま。いいかげんに扱うさま。【英】*neglectful*
使い方▼〔おろそか〕(形動)〔なおざり〕(形動)〔ゆるがせ〕(形動)

	毎日の練習を＿にしない	遊びに夢中で勉強が＿だ	一字一句たりとも＿にすべからず	あだや＿に扱えない	＿な返事をする
おろそか	○	○	○	○	-
なおざり	○	○	○	-	○
ゆるがせ	○	-	○	-	-

使い分け【1】「おろそか」が、最も一般的で、「なおざり」は、「等閑」とあてることもある。【2】「なおざり」「ゆるがせ」は、文章語的。
【関連語】◆**〔仮初〕**(名・形動)軽々しく扱うこと。古風な言い方。また、ほんの一時の間に合わせのこと。「師の教えをかりそめにするな」「かりそめの宿」

2 03-09 おざなり／通り一遍

共通する意味★うわべだけで、誠意のないさま。
【英】 *perfunctory*
使い方▼〔**おざなり**〕(名・形動)▽政府答弁はおざなりの域を出ない▽おざなりなあいさつ　〔**通り一遍**〕(名・形動)▽通り一遍のわび状▽通り一遍のつき合い

2 03-10 散漫／放漫／ルーズ

共通する意味★しまりがなく、だらしないさま。
【英】 *loose*
使い方▼〔**散漫**〕(形動)　〔**放漫**〕(名・形動)　〔**ルーズ**〕(形動)

	□な生活	注意力が□だ	□な文章	経営が□だ	金銭に□な人
散漫	○	○	○	-	-
放漫	○	-	-	○	-
ルーズ	○	-	-	○	○

使い分け【1】「散漫」は、気が散ったりしてしまりのないさま、また、まとまりがなく焦点がぼけているようなさまをいう。【2】「放漫」は、事業、経営などのやり方が無計画でしっかりしていないさまをいう。【3】「ルーズ」は、性格ややり方などがきちんとしていず、だらしがないさま。

2 03-11 怠慢／怠惰／横着／無精

【関連語】◆(懈怠)けたい◆(懶惰)らんだ

共通する意味★怠けて仕事や義務をおろそかにすること。また、そのさま。**【英】** *negligence*
使い方▼〔**怠慢**〕(名・形動)　〔**怠惰**〕(名・形動)　〔**横着**〕(名・形動)スル　〔**無精**〕(名・形動)スル

	□な性格	仕事を他人まかせにするとは□だ	自分の職務に□な人	□な日々を送る
怠慢	△	○	○	-
怠惰	○	-	-	○
横着	○	○	-	-
無精	○	-	-	-

使い分け【1】仕事などを怠けることの意では、「怠慢」が一般的。【2】「怠惰」は、文章語的な語。【3】「横着」は、手抜きをし、すべきことを怠けながら、それですまそうとする態度をいう。【4】「無精」は、物事をするのをめんどうくさがることやそのような性質の人をいう。「筆無精」「出無精」などの形でも使われる。「不精」とも書く。

【関連語】◆(懈怠)スル怠けること。「けだい」ともいう。文章語。「懈怠なく仕事に励む」◆(懶惰)(名・形動)なまけ怠ること。文章語。「懶惰な生活」「懶惰に生きる」

2 03-12 ずぼら／ものぐさ／ぐうたら

【関連語】◆(だらしない)

共通する意味★めんどうがってなかなか行動しないさま。また、そういう人。**【英】** *laziness*
使い方▼〔**ずぼら**〕(名・形動)▽こたつに入ってずぼらを決めこむ▽ずぼらな人　〔**ものぐさ**〕(名・形動)▽根がものぐさらしく何もしない　〔**ぐうたら**〕(名・形動)▽働きもせずぐうたらな生活を送る

使い分け【1】「ずぼら」は、やるべきことをおろそかにして、きちんとしていないこと。【2】「ものぐさ」は、めんどうくさがって行わないこと。【3】「ぐうたら」は、やる気がなくてぐずぐずしていること。【4】三語とも、話し言葉。

【関連語】◆(だらしない)(形)いい加減で、きちんとしていない。行動の仕方についてだけではなく、精神的なけじめのなさについてもいう。「着物をだらしなく着る」「金にだらしない人」

2 03-13 怠ける／怠る／サボる／ずるける

共通する意味★すべき行為、望ましい行為をしない。
【英】 *to be idle*
使い方▼〔**怠ける**〕(カ下一)▽宿題を怠ける▽怠けて勉強しない　〔**怠る**〕(ラ五)▽職務を怠る▽左右の確認を怠る　〔**サボる**〕(ラ五)▽家事をサボる▽サボって仕事を休む　〔**ずるける**〕(カ下一)▽授業をずるける▽目をはなすとすぐずるける

	仕事を□	掃除当番を□	学校を□	努力を□
怠ける	○	○	△	-
怠る	○	-	-	○
サボる	○	○	○	-
ずるける	○	○	○	-

使い分け【1】「怠ける」は、すべき仕事や学業をしない意。【2】「怠ける」が、すべきことをする余裕があるにもかかわらずほうっておく意であるのに対し、「怠る」は、配慮、準備、注意などといった自分に課せられた義務をしないでいる意。【3】「サボる」は、「サボタージュ」から。ずる休みをする意。【4】「怠る」は、書き言葉的、「ずるける」「サボる」は、俗語。

2 03-14 杜撰／雑

【関連語】◆(雑駁)ざっぱく

共通する意味★やり方がぞんざいで、いいかげんなさま。**【英】** *carelessness*

使い方▼〔杜撰〕(形動) 〔雑〕(形動)

	□な工事	管理が□だ	□な字	□に扱う	□な経理
ずさん	○	○	-	△	○
雑	○	○	○	○	-

使い分け【1】「杜撰」は、工事や経営などに用い、個人の性格などには用いない。中国、宋の杜黙(ともく)の詩が、多く韻律に合わなかった故事からいう。【2】「雑」は、おおざっぱで荒っぽいさま。

【関連語】◆〔雑駁〕(形動)知識などが雑然としていて体系的でないさま。「薄っぺらで雑駁な知識」「雑駁な印象を述べる」

2 03-15 任意(にんい)／随意(ずいい)／恣意(しい)

【関連語】◆〔ランダム〕◆〔無作為〕むさくい

共通する意味★自分の心にまかせ、勝手なさま。

使い方▼〔任意〕(名・形動)▽任意で取り調べる▽任意団体▽任意保険 〔随意〕(名・形動)▽随意契約(＝入札などの方法をとらず、適当と思われる相手方と契約すること) 〔恣意〕▽恣意的な判断

	□に選ぶ	AB間の□の一点	□で契約する	どうぞご□に	□が入り込む
任意	○	○	○	-	-
随意	○	-	○	○	-
恣意	△	-	-	-	○

使い分け【1】「任意」「随意」は、心のままにまかせ、制限を加えない意で、かなり近い。「任意」の方が一般的に用いられる。【英】*voluntary*【2】「ご随意に」は、「ご自由に」のやや改まった言い方として用いられる。【3】「恣意」は、勝手気まま、自分勝手という意味で、「任意」「随意」とは異なり、否定的な評価を伴うことが多い。【英】*random*

【関連語】◆〔ランダム〕(形動)特定の作為を入れないこと。確率・統計で多く用いられる。「ランダムに抽出する」「ランダム方式」◆〔無作為〕「ランダム」の訳語として用いる。「無作為に選ぶ」

2 03-16 無為(むい)／拱手(きょうしゅ)

共通する意味★何もしないでいること。【英】*idleness*

使い方▼〔無為〕▽無為に日を送る▽無為無策 〔拱手〕スル▽拱手して見送る▽拱手傍観

使い分け【1】「無為」は、これといった事は何もしないで時間を過ごすこと。【2】「拱手」は、何か問題になっている物事に対し、手をつかねて何もしないでいること。文章語。

2 03-17 何(なん)だか／何(なん)となく

共通する意味★明確な理由はないが漠然と。【英】*somehow*

使い方▼〔何だか〕(副)▽今朝から何だか落ち着かない▽彼女に会えたら何だかすっきりした 〔何となく〕(副)▽何となく胸騒ぎがする▽彼の気持ちは何となくわかるような気がする

	あの人は□変だ	体が□だるい	□旅に出る	彼に会ったら□急に元気になった
何だか	○	△	-	○
何となく	○	○	○	-

使い分け 二語の用法には、あまり差異はないが、たとえば「彼に会ったら…急に元気になった」という文では、「何だか」のほうが「何となく」よりも自然である。このことから「何だか」は、なぜそうなるのか理由はわからないがとにかくの意で、したがって、「急に元気になった」のように、はっきりした自覚を伴う言葉と結びつきやすいと考えられる。「何となく」は、ある状態を明確な感覚でとらえるにはまだ至っていない状態なので、「急に」のような、はっきりした感覚を表わす言葉とは結びつきにくいと考えられる。

2 03-18 自(おの)ずと／自(おの)ずから／独(ひと)りでに／自然(しぜん)

共通する意味★他の力が加わることなく、そうなるさま。【英】*naturally*

使い方▼〔自ずと〕(副)▽彼のひたむきさにはおのずと頭が下がる▽自然界ではおのずと世代交代が行われている 〔自ずから〕(副)▽心配事は隠してもおのずから顔に表われる▽読書百遍意おのずから通ず(＝百遍も繰り返して読めば意味が自然にわかる) 〔独りでに〕(副)▽傷はひとりでに治った▽風もないのにひとりでにドアが開いた 〔自然〕(副・形動)▽自然に戸が開く▽自然に回復する

使い分け【1】「自ずと」「自ずから」は、具体的な物事や動作にはいわない。主として書き言葉。【2】「独りでに」「自然」は、話し言葉。

参照▼自然⇒718-01

2 03-19 やけ／自暴自棄(じぼうじき)／破(やぶ)れかぶれ／ふてくされる

【関連語】◆〔自棄〕じき◆〔やけくそ〕◆〔やけっぱち〕◆〔捨て鉢〕すてばち◆〔八方破れ〕はっぽうやぶれ

共通する意味★物事が思いどおりにならないことに腹をたてて、もうどうなってもいいと思うこと。【英】*self-abandonment*

使い方▼〔やけ〕(名・形動)▽失恋してやけになる▽やけ酒 〔自暴自棄〕(名・形動)▽事業に失敗し自暴自棄にな

る〔破れかぶれ〕(名・形動)▽破産して破れかぶれになる〔ふてくされる〕(ラ下一)▽叱られて、ふてくされる

使い分け【1】「やけ」「自暴自棄」「破れかぶれ」は、ほとんど同じ意だが、日常的には、「やけ」が多く使われる。「自暴自棄」は、硬い言い方。「破れかぶれ」は、俗な言い方。【2】「ふてくされる」は、もうどうでもいいとすねる意。「やけ」が、不満を外に発散しようとするのに対して、「ふてくされる」は、不満を抱えこんでしまって素直になれないことにいう。

【関連語】◆**(やけくそ・やけっぱち)**(名・形動)「やけ」を強めた俗な言い方。「競馬で負け、やけくそになる」「やけっぱちになって飲み歩く」◆**(自棄)**「やけ」と同じ意味だが、単独ではあまり使われない。◆**(捨て鉢)**(名・形動)「やけ」と同じ意味だが、投げやりな感じが強い。「恋人にふられて捨て鉢になる」◆**(八方破れ)**どこもかしこもすきだらけということから、「破れかぶれ」の意でも使われることがある。「八方破れの構え」

203-20 無謀/無鉄砲/向こう見ず/命知らず

共通する意味★事情をよく考えずに行動してしまうさま。**【英】** *rashness; recklessness*

使い方▼〔無謀〕(名・形動)▽大男にけんかを売るとは無謀だ▽無謀運転 〔無鉄砲〕(名・形動)▽無鉄砲な行い 〔向こう見ず〕(名・形動)▽向こう見ずな性格 〔命知らず〕(名・形動)▽命知らずの男たち

使い分け【1】「無謀」は、先のことも考えずに乱暴に行動するさまにいう。【2】「無鉄砲」「向こう見ず」は、考えなしに行動する人のこともいう。「無鉄砲」は、「無手法」の変化した語といい、「無鉄砲」は当て字。【3】「命知らず」は、生命の危険も考えずに行動すること。また、そういう人。

203-21 切羽詰まる/行き詰まる

共通する意味★うまくいかなくてどうしようもなくなる。**【英】** *a deadlock*

使い方▼〔切羽詰まる〕(ラ五)▽切羽詰まってうそをつく▽切羽詰まった事態 〔行き詰まる〕(ラ五)▽計画が行き詰まる▽答弁に行き詰まって立ち往生する

使い分け「行き詰まる」は、物事がうまくいかなくなる意であるのに対して、「切羽詰まる」は、物事がさしせまって、にっちもさっちもいかなくなる意。「行き詰まる」よりも「切羽詰まる」のほうが深刻な事態である場合が多い。

203-22 頑固/強硬

【関連語】◆(硬骨) ◆(頑固一徹)

共通する意味★自分の主張や意志、言い分などを曲げないさま。**【英】** *obstinacy; stubbornness*

使い方▼〔頑固〕(名・形動)▽年をとってますます頑固になる▽頑固に昔からの製法を守る 〔強硬〕(名・形動)▽強硬に主張する▽強硬意見

	□に意志を貫く	□に反対する	□な父	□な主張
頑固	○	○	○	-
強硬	○	○	-	○

使い分け【1】「頑固」は、その人なりの主義、主張などを変えずに守り通し、他の意見や方法などを受け入れないさま。また、「頑固な風邪」などのように、病状などがしつこくてなかなか弱まらないさまにもいう。【2】「強硬」は、自分の主張などを強く押し通そうとするさま。

【関連語】◆**(硬骨)**(名・形動)信念や意志が強く、容易に屈しないさま。「硬骨漢」◆**(頑固一徹)**(名・形動)「頑固」を強調した語。「頑固一徹な人」

203-23 頑迷/頑愚

【関連語】◆(固陋)

共通する意味★かたくなで道理に暗いこと。**【英】** *bigotry*

使い方▼〔頑迷〕(名・形動)▽頑迷に自説に固執する 〔頑愚〕(名・形動)▽頑愚な男

使い分け【1】「頑迷」は、頑固で道理に暗いさま。【2】「頑愚」は、頑固で愚かなさま。

【関連語】◆**(固陋)**(名・形動)古い習慣に固執して、新しいことを嫌うさま。「頑迷固陋」

203-24 かたくな/いこじ/強情/意地っ張り

【関連語】◆(片意地) ◆(業突く張り)

共通する意味★素直でなく、自分の考えなどに固執して、それを通そうとすること。**【英】** *obstinate; stubborn; bigoted*

使い方▼〔かたくな〕(形動)▽かたくなに口を閉ざす▽言われれば言われるほどかたくなになる 〔いこじ〕(名・形動)▽いこじだから何をいっても無駄だ 〔強情〕(名・形動)▽自分の非を認めないとは強情な人だ▽強情な性格 〔意地っ張り〕(名・形動)▽意地っ張りな子供に手を焼く

	□な人	□に断る	□になって反対する	□を張る	そんな□は帰れ
かたくな	○	○	-	-	-
いこじ	○	-	○	-	-
強情	○	-	-	○	-
意地っ張り	○	-	-	-	○

使い分け【1】「かたくな」「いこじ」は、心が素直でなくなり、人の言葉などを受け入れられなくなっている状態を表わす。「かたくな」は、心を閉ざしているような場合に、「いこじ」は、意地になっているような場合にいうことが多い。【2】「いこじ」は「えこじ」ともいう。「依怙地」「意固地」と当てる。【3】「強情」「意地っ張り」は、事の是非は問題とせずに我意を通す状態を表わす。「意地っ張り」は、そういう人のこともいう。

【関連語】◆〈片意地〉(名・形動) 頑固に自分の意見を主張すること。「片意地を張る」◆〈業突く張り〉(名・形動) 非常に欲張りで頑固なこと。「業突く張りの金貸し」

203-25 頓着(とんちゃく)／執着(しゅうちゃく)／固執(こしつ)

【関連語】◆〈執心〉しゅうしん◆〈偏執〉へんしゅう◆〈我執〉がしゅう◆〈囚われる〉とらわれる

共通する意味★物事にこだわること。【英】 *concern; care*

使い方▼〔頓着〕スル▽周囲の思惑には頓着しない
〔執着〕スル▽いつまでも過去に執着する▽執着心
〔固執〕スル▽自説を固執してゆずらない▽序列に固執する

	地位には□しない	金銭に□する	つまらぬことに□する	自説に□する
頓着	○	△	−	−
執着	○	○	○	○
固執	○	○	○	○

使い分け【1】「頓着」は、ある物事を心にかけることだが、打消の形で使われることが多い。「とんじゃく」とも。【2】「執着」は、ある物事を手に入れようとすることに、あるいは、手に入れた物に、強く引かれて、そこから心が離れないこと。「しゅうじゃく」とも。【3】「固執」は、自分の意見などにこだわり、他に譲らないこと、かたくなであること。「こしゅう」とも。

反対語▼頓着⇔無頓着

【関連語】◆〈執心〉スル 異常な関心をもち、それにこだわること。「御執心」の形で、揶揄(やゆ)する意を含めて使われることもある。「地位に執心する」「課長は彼女に御執心だ」◆〈偏執〉スル かたよった考えや意見などをかたくなに守って他の意見を受けつけないこと。「へんしつ」とも。「偏執狂」◆〈我執〉あくまでも自分の見解にとらわれて離れられないこと。「我執の強い人」◆〈囚われる〉(ラ下一) 因襲や既成概念などから逃れられない。「先入観にとらわれる」

203-26 固守(こしゅ)／固持(こじ)／堅持(けんじ)

【関連語】◆〈墨守〉ぼくしゅ◆〈堅守〉けんしゅ◆〈死守〉ししゅ

共通する意味★かたく守ること。【英】 *tenacity*

使い方▼〔固守〕スル 〔固持〕スル 〔堅持〕スル

	伝統を□する	城を□する	信念を□する	従来の方針を□する
固守	○	○	△	△
固持	○	−	○	△
堅持	○	−	○	○

使い分け【1】「固守」は、自分の考えや主張、立場をしっかりとかたく守ること。また、城や陣地など具体的なものを保護することもいう。【2】「固持」は、信念や自説をかたく守って変えないこと。守り続けること。【3】「堅持」は、考えや態度、方針などをかたく守って譲らないこと、妥協しないこと。

【関連語】◆〈墨守〉スル 自説や習慣、伝統などをかたく守ること。中国、戦国時代に墨子(ぼくし)がよく城を守り、楚(そ)の軍を退けたという故事による語。古めかしい文章語。「古法を墨守する」◆〈堅守〉スル 陣地などをかたく守ること。「城を堅守する」◆〈死守〉スル 命がけで守ること。「持ち場を死守する」

203-27 しつこい／くどい／しぶとい／執拗(しつよう)

共通する意味★簡単に引き下がらず、ねばり強い。【英】 *persistent*

使い方▼〔しつこい〕(形) 〔くどい〕(形) 〔しぶとい〕(形) 〔執拗〕(名・形動)

	□頼み込む	□つきまとう	□生きる	話が□	□風邪
しつこい	−く○	−く○	−く−	○	○
くどい	−く△	−く−	−く−	○	−
しぶとい	−く△	−く○	−く○	−	△
執拗	−に○	−に○	−に−	−だ−	−な−

使い分け【1】「しつこい」は、簡単に引き下がらず、ねちねちとしているさま。【2】「くどい」は、くどくどと、同じ言葉や行為を繰り返すさま。悪い評価を伴うことが普通である。【3】「しぶとい」は、強情でへこたれないさま。【4】「執拗」は、「質問で執拗に食い下がる」「執拗な攻撃」など、必ずしも悪い評価を伴わない。【5】「しつこい」「くどい」は、ともに料理の味付け、色彩などが、濃厚で、あっさりしていないさまにもいう。

203-28 我慢強い(がまんづよい)／辛抱強い(しんぼうづよい)／忍耐強い(にんたいづよい)

【関連語】◆〈粘り強い〉ねばりづよい

共通する意味★よく耐え忍ぶ力が強い。【英】 *patient*

使い方▼〔我慢強い〕(形) 〔辛抱強い〕(形) 〔忍耐強い〕(形)

	＿性格	注射で泣かない＿子	＿チャンスをうかがう	＿時機を待つ
我慢強い	○	○	－く△	－く△
辛抱強い	○	－	－く○	－く○
忍耐強い	○	－	－く△	－く○

使い分け【1】肉体的な苦痛に耐える力が強いのを表わすのは、「我慢強い」だけである。【2】長く困難に耐える力が強い意で、「辛抱強い」と「忍耐強い」とはかなり近い。

【関連語】◆**(粘り強い)**(形)根気強い。「粘り強く交渉する」

2 03-29 大袈裟(おおげさ)／オーバー／大層(たいそう)／事事しい(ことごとしい)／誇大(こだい)

共通する意味★実際よりも程度を甚だしく表現するさま。**【英】** *exaggeration*

使い方▼**〔大袈裟〕**(名・形動)▽かすり傷で死にそうな声を出すとは、**大げさ**だ▽**大げさ**なリアクションをする　**〔オーバー〕**(名・形動)▽彼は表現が**オーバー**だ　**〔大層〕**(形動)▽君も**大層**なことをいうね　**〔事事しい〕**(形)▽名前ばかり**事々しい**が、内容は大したことはない　**〔誇大〕**(名・形動)▽**誇大**な宣伝は禁じられている▽**誇大**に言いふらす

使い分け【1】いずれも、わざと実際よりも誇張して表現することで、好ましくないとされることが多い。【2】「大袈裟」「オーバー」は、一般的に広く用いられるが、やや話し言葉的である。【3】「大層」は、「御大層なことをおっしゃる」のように、「御大層」の形で皮肉な言い方となる。【4】「事事しい」は、話し言葉ではあまり用いられない。

参照▼オーバー⇒913-10

2 03-30 見苦しい(みぐるしい)／みっともない／はしたない

共通する意味★人の服装、動作などが相手に不快感を与えるさまだ。**【英】** *indecent*

使い方▼**〔見苦しい〕**(形)▽**見苦しい**ところを見せる▽この期に及んで逃げるとは**見苦しい**　**〔みっともない〕**(形)▽ぼろぼろの**みっともない**ズボン▽いい年をして取り乱すとは**みっともない**　**〔はしたない〕**(形)▽**はしたない**言葉づかい▽若い娘があぐらをかくとは**はしたない**

使い分け【1】「見苦しい」は、人の動作や様子が相手に不快感を与えたり、いらいらさせたりするさまにいう。【2】「みっともない」は、人の動作や恰好(かっこう)が、普通人前では恥ずかしくてできないようなさまにいう。【3】「はしたない」は、人の動作が世間一般の作法からはずれ、下品であるさまにいう。女性の動作について用いられることが多い。「見苦しい」「みっともない」が外見上からの評価を主とするのに対し、「はしたない」は言説や動作に対する評価が中心となる。

2 03-31 わざと／故意(こい)／殊更(ことさら)

共通する意味★自分の意図があって、意志的にすること。**【英】** *purposely; intentionally*

使い方▼**〔わざと〕**(副)▽**わざと**ボタンを一つ外して着る▽**わざと**人の足を踏む　**〔故意〕**▽**故意**にぶつかる▽**故意**に邪魔をする　**〔殊更〕**(副)▽好きな女性に**殊更**辛くあたる▽**殊更**大声でいう

使い分け【1】「故意」は、書き言葉的な語。【2】「殊更」には、「殊更取り上げるまでもない」のように、とりわけて、特にの意もある。

2 03-32 せっかく／わざわざ

共通する意味★ついでではなく、そのことのために特にするさま。**【英】** *specially*

使い方▼**〔せっかく〕**(副)▽**せっかく**来たのに留守だった▽**せっかく**の好意を無にする▽**せっかく**ですがお断りします　**〔わざわざ〕**(副)▽**わざわざ**来るには及ばない▽**わざわざ**持って来てくれた

使い分け【1】「せっかく…のに」「せっかくの…」「せっかく…だから」などという言い方で、努力してそのことをしたのだから、それが無駄にならないようにという気持ちを表わす。また「せっかくの…だが」「せっかくではあるが」などの形で、相手の頼み、申し出などを断る場合に使う。他に、「せっかくの休みに雨が降る」など、たまにしかない機会が無駄になる事態を惜しむ気持ちを表わすこともある。「折角」とも当てる。【2】「わざわざ」は、あえてそうしなければならない必然性はないが、何かのついでではなく、その事だけのためにするさまをいう。特に、相手に気を使って、あるいは心を尽くして、相手のために何かをする場合に用いられることが多い。また、しなくてもいいのに、あえてするような場合にも使う。

2 03-33 強いて(しいて)／敢えて(あえて)／押して(おして)／たって

【関連語】◆**(むりやり)**

共通する意味★いろいろな状況をおしきって、強引に行うさま。**【英】** *dare (to do)*

使い方▼**〔強いて〕**(副)▽**強いて**行うことはない▽**強いて**いえば彼の責任だ　**〔敢えて〕**(副)▽**あえて**危険を冒す▽**あえて**申し上げる　**〔押して〕**(副)▽**押して**お願いします　**〔たって〕**(副)▽**たって**のお願いです

使い分け【1】「敢えて」は「強いて」にくらべて、どうかと思われることをわざわざ行うという意識を伴う。【2】「押して」「たって」は、多く人に何かを依頼する場合に使う。【3】「敢えて」は、「あえて反対はしない」のように、下に打消の語を伴って、とり立てての意でも使う。

【関連語】◆(むりやり)(副)無理なことが分かっていながらその無理を通すさま。「むりやり押しかける」

2 03-34 それとなく／暗に(あん)

共通する意味★はっきり表現せず、遠回しに。【英】*implicitly*

使い方▼〔それとなく〕(副) 〔暗に〕(副)

	～たしなめる	～気を配る	～好意を伝えたい	～話してみます	～失敗を認める
それとなく	○	○	○	○	-
暗に	○	-	-	-	○

使い分け【1】「それとなく」は、はっきり「それ」とささないで表現すること。目立たぬように、というぐらいの意で用いることもある。【2】「暗に」は、ある表現の中に真に言いたいことを伏せながら、しかも伝わるように意図している場合に使う。良いことにはあまり使わない。

2 03-35 勝手(かって)／気まま(きまま)／わがまま／好き(すき)

【関連語】◆(自分勝手)じぶんかって◆(手前勝手)てまえがって◆(身勝手)みがって◆(得手勝手)えてかって◆(好き勝手)すきかって◆(気随)きずい◆(気任せ)きまかせ◆(ほしいまま)◆(奔放)ほんぽう

共通する意味★自分の思いどおりに行動すること。【英】*selfishness*

使い方▼〔勝手〕(名・形動)▽何をしようと君の勝手だ▽勝手に使ってはいけない 〔気まま〕(名・形動)▽気ままな生活を楽しむ 〔わがまま〕(名・形動)▽わがままが通ると思ったら大まちがいだ 〔好き〕(名・形動)▽人生を好きなように生きたい

	～なふるまい	～にしろ！	～な境遇	～な子供	～いっぱいに育つ
勝手	○	○	-	-	-
気まま	○	-	○	-	-
わがまま	○	-	-	○	○
好き	-	○	-	-	-

使い分け【1】「勝手」は、自分の都合だけを考えていること。【2】「気まま」は、自分の気持ちを重んじ、その気持ちの向くままに行動すること。「わがまま」は、それが他人の気持ちや都合とぶつかっても、なお自分の思いどおりにしようとすること、または、そのような性格の人。「気まま」は、自分の気持ちだけが問題であるが、「わがまま」は、他人との関係が問題になる。【3】「わがまま」は「我が儘」、「気まま」は「気儘」とも書く。【4】「好き」も、自分の思いどおりに振る舞うさまを表わす。

【関連語】◆(自分勝手)(名・形動)「自分勝手なことばかりいう」◆(手前勝手)(名・形動)「手前勝手なへ理屈」◆(身勝手)(名・形動)「そんな身勝手は許されない」◆(得手勝手)(名・形動)「得手勝手なやり方は通用しない」◆(好き勝手)(名・形動)「好き勝手なことばかりする」◆(気随)(名・形動)自分の気持ち、気分のままに振る舞うさま。文章語。「気随気ままな生活」◆(気任せ)(名・形動)気分のままに振る舞うさま。「気任せな独身生活」◆(ほしいまま)(名・形動)自分の欲するとおりにするさま。文章語。「強大な権力をほしいままにする」◆(奔放)(名・形動)常識や規則、規範、しきたりなどにとらわれず、自分の思うままに振る舞うさま。「奔放に生きる」「自由奔放」

2 03-36 御都合主義(ごつごうしゅぎ)／日和見(ひよりみ)

共通する意味★周囲の状況を見て、自分の都合のいいように行動するしかた。【英】*opportunism*

使い方▼〔御都合主義〕▽彼の考え方は御都合主義で、一貫したものが見られない 〔日和見〕▽日和見的態度をきめこむ▽日和見主義

使い分け【1】「御都合主義」は、自分の定見を持たず、その時その場の状況に応じて、自分に都合のいい判断を下して行動すること。【2】「日和見」は、天候の状態を予測することから転じて、周囲の情勢をうかがって、自分の利益になる方をとること。いずれもそのような態度や行為をさげすんでいう語。

2 03-37 我先に(われさき)／我勝ちに(われがち)

共通する意味★人を押しのけて自分が先になろうと争うさま。【英】*to scramble (for)*《動》

使い方▼〔我先に〕(副)▽我先に逃げる 〔我勝ちに〕(副)▽我勝ちに発言する

使い分け「我先に」は、自分が人より先になろうとするさま、「我勝ちに」は、自分が人より有利な立場になろうとするさまだが、どちらの語も同じように使われる。

2 03-38 野放図(のほうず)／傍若無人(ぼうじゃくぶじん)

共通する意味★周囲のことを考えず、勝手にふるまうさま。【英】*arrogant*

使い方▼〔野放図〕(名・形動)▽野放図な生活を送る 〔傍若無人〕(名・形動)▽傍若無人に振る舞う▽傍若無人な態度が人々の反感を買う

使い分け「傍若無人」は、「傍(かたわ)らに人無きが若(ご)

とし」の意から。

2 03-39 放縦／放埒

【関連語】◆〈放恣〉◆〈放逸〉

共通する意味★勝手気ままに振る舞うこと。【英】*self-indulgence; looseness*

使い方▼〈放縦〉(名・形動)▽放縦な振る舞い▽放縦に暮らす 〈放埒〉(名・形動)▽放埒に生活する

使い分け【1】「放縦」は、勝手気ままに、自分の好きなように振る舞うこと。もと「ほうしょう」といった。【2】「放埒」は、気ままでだらしなく、特に女色や酒色にふけること。もとは、馬が埒(＝柵)から放たれること。

【関連語】◆〈放恣〉(名・形動)自分のやりたいようにやり、しまりがないこと。「放恣な生活態度」◆〈放逸〉(名・形動)わがままで節度がないようす。「放逸に流れる」

2 03-40 縦横／縦横無尽

共通する意味★自由自在であること。【英】*freely*《副》

使い方▼〈縦横〉▽日本について縦横に論じる 〈縦横無尽〉(名・形動)▽縦横無尽の働き

使い分け「縦横」は、さまざまに限りない範囲の自由をいう。

2 03-41 卑怯／卑劣

【関連語】◆〈姑息〉

共通する意味★正々堂々としていないこと。【英】*cowardice*

使い方▼〈卑怯〉(名・形動)▽仲間を見捨てて逃げるのは卑怯だ▽卑怯にもだまし討ちにする▽卑怯者 〈卑劣〉(名・形動)▽待ち伏せするとは卑劣だ▽弱い者いじめをするなんて卑劣な奴だ▽卑劣漢

使い分け【1】「卑怯」は、勇気がなかったり、ずるい気持ちがあったりして、正々堂々としてないこと。【2】「卑劣」は、品性、行為などが劣っていること。

【関連語】◆〈姑息〉(形動)問題を根本から解決せず、一時しのぎに何かをするさま。「卑怯」「卑劣」に近い意味合いで用いられることがある。「姑息な手段で勝つ」「因循姑息」

2 03-42 奸悪／邪悪／奸佞／陰険／性悪／悪辣

共通する意味★心がねじくれていて悪いこと。【英】*wickedness*

使い方▼〈奸悪〉(名・形動)▽奸悪な人物 〈邪悪〉(名・形動)▽邪悪な心の男 〈奸佞〉(名・形動)▽奸佞なわなにはめられる 〈陰険〉(形動)▽陰険な性格 〈性悪〉(名・形動)▽性悪な奴 〈悪辣〉(形動)▽悪辣な手段をとる

使い分け【1】「奸悪」「邪悪」「奸佞」「悪辣」は硬い表現で、文章語としてのみ使われる。【2】「陰険」は、表面はよく見せても、実際にはひどいことをするような心の中に悪意を隠しているさま。【3】「性悪」は、人間などの性質が悪いこと。

2 04 …しぐさ

2 04-01 速い／素早い／すばしこい

【関連語】◆〈速やか〉◆〈迅速〉

共通する意味★動作、作用などに時間がかからない。【英】*quick; agile*

使い方▼〈速い〉(形)▽彼は走るのが速い▽潮の流れが速い▽速く効く薬 〈素早い〉(形)▽素早く物陰に隠れる▽素早い処置▽素早い判断が必要だ 〈すばしこい〉(形)▽猿はすばしこく動き回る▽この子はすばしこい

	動作が□	□逃げる	□片付ける	仕事が□	□立ち回る
速い	○	-く○	-く○	○	-く-
素早い	○	-く○	-く○	○	-く-
すばしこい	○	-く○	-く-	-	-く○

使い分け【1】「速い」は、要する時間が短いさまをいう。【2】「素早い」は、動作や頭の回転がきびきびとしているさま。また、動作などの継続する時間が比較的短い場合にも使われる。「素速い」とも書く。【3】「すばしこい」は、動作や反応がごく短時間で行われるさまを表わす。また、抜け目がないさまも表わす。「すばしっこい」ともいう。

反対語▼速い⇔遅い・のろい

【関連語】◆〈速やか〉(形動)動作などにいう。「速やかに解散する」◆〈迅速〉(名・形動)話し言葉ではあまり用いない。「出前迅速」

2 04-02 敏速／敏捷／敏活

【関連語】◆〈電光石火〉

共通する意味★動きや動作がすばやいこと。

使い方▼〈敏速〉(名・形動)▽敏速な処置▽敏速に行動する 〈敏捷〉(名・形動)▽彼は動作が敏捷だ▽敏捷性 〈敏活〉(名・形動)▽敏活な動作

	□な行動	仕事が□だ	□に動く	小柄だが□な選手
敏速	○	○	△	-
敏捷	○	-	○	○
敏活	○	○	○	-

使い分け「敏速」「敏活」は、事の処理や判断がは

やく、動作も手ぎわよく、てきぱきとしているような場合に使い、「敏捷」は、身のこなしがきびきびとしていてすばやいような場合に使う。「敏速」「敏活」は、頭脳と体の働きのはやさを、「敏捷」は、反射神経、運動神経のよさ、身のこなしのはやさを表わす。【英】*quickness*(敏速); *agility*(敏捷)

【関連語】◆(電光石火)動作や振る舞いが非常にすばやいさま。本来は、極めて短い時間を表わす語。【英】*(like) (a flash of) lightning*「電光石火の早わざ」

204-03 全速力（ぜんそくりょく）／フルスピード

共通する意味★あるものが出せる最大限の速さ。**【英】***full speed*

使い方▼〔全速力〕▽全速力で逃げる▽全速力で走る〔フルスピード〕▽パトカーはフルスピードで逃走車を追跡した

使い分け「全速力」は、人間、動物に限らず、自動車などの機械にも用いられるが、「フルスピード」は、人間や動物にはあまり用いられない。

204-04 慌て者（あわてもの）／おっちょこちょい／そそっかしい

共通する意味★落ち着きがなく、よく考えずに物事を行うさまや人。**【英】***a hasty person*

使い方▼〔慌て者〕▽私は慌て者で失敗ばかりしている〔おっちょこちょい〕(名・形動)▽約束の時間を聞き違えるとはおっちょこちょいだね〔そそっかしい〕(形)▽靴を間違えるようなそそっかしい人▽そそっかしいからよく物を壊す

使い分け【1】「慌て者」は、すぐ慌てる人、よく考えもせずにすぐうろたえる人。【2】「おっちょこちょい」は、深く考えずに軽率に物事をするさま。また、そういう人。【3】「そそっかしい」は、態度や行動に落ち着きがないさま。軽率で不注意なさま。

204-05 軽はずみ（かるはずみ）／軽率（けいそつ）／軽軽しい（かるがるしい）

【関連語】◆(軽軽)けいけい◆(軽挙)けいきょ

共通する意味★言動に慎重さを欠くさま。**【英】***rashness; hastiness*

使い方▼〔軽はずみ〕(名・形動)▽軽はずみな言動▽確かめもせずに非難するとは軽はずみにもほどがある〔軽率〕(形動)▽軽率に相手を責めてはいけない▽この悪天候に一人で山に入るとは軽率な人だ〔軽軽しい〕(形)▽軽々しいふるまいは慎みなさい▽重要なことは軽々しく口にするな

使い分け【1】「軽はずみ」は、うっかりと物事を行ってしまうようなさま。「軽率」は、思慮が十分でなく、よく考えずに行動するさま。【2】「軽軽しい」は、よく考えないで物事をするさま。「かろがろしい」ともいう。

反対語▼軽率⇔慎重

【関連語】◆(軽軽)(形動)よく考えないで物事をするさま。硬い表現で文章語。「軽々に論じられない深刻な問題」◆(軽挙)硬い言い方で、「軽挙妄動」以外はあまり使われない。

204-06 浅慮（せんりょ）／浅薄（せんぱく）／短慮（たんりょ）

【関連語】◆(無知)むち◆(疎い)うとい

共通する意味★思慮などが浅いこと。**【英】***shallow(ness); superficiality*

使い方▼〔浅慮〕▽すべては私の浅慮の致すところです〔浅薄〕(名・形動)▽学識の浅薄なることは隠せない▽浅薄な知識〔短慮〕(名・形動)▽短慮な振る舞い

	□を恥じる	□な考え	□な学識	見識が□だ
浅慮	○	-	-	-
浅薄	△	○	○	○
短慮	○	△	-	-

使い分け「浅慮」は多く、知識や考え方、思慮などが浅はかなこと、また、浅はかな知識や考えそのものをいうのに対し、「浅薄」「短慮」は、知識や見識などが浅いさまにもいう。

反対語▼浅慮⇔深慮

【関連語】◆(無知)(名・形動)何も知らないこと。「自らの無知を恥じる」「無知蒙昧（もうまい）」◆(疎い)(形)そのことに通じていない。「新しい機械の操作にうとい」「女性にはうとい」

参照▼短慮⇒201-53

204-07 そそくさ／あたふた

共通する意味★慌ただしいさま。**【英】***hurriedly*

使い方▼〔そそくさ〕(副)▽旗色が悪くなりそそくさと席を立つ〔あたふた〕(副)スル▽不意をつかれてあたふたする

	□と出て行く	叱（しか）られて□と立ち去る	突然の来客を□と迎える
そそくさ	○	○	-
あたふた	○	-	○

使い分け【1】「そそくさ」は、態度や行動が落ち着かないさまを表わす。何か理由があるために落ち着きをなくしているような場合に用いる。【2】「あたふた」は、非常にあわてふためいているさま、落ち着く余裕など全くなく、大急ぎであるさまを表わす。

204-08 そわそわ／せかせか／わさわさ

【関連語】◆(せかつく)

共通する意味★態度などが気ぜわしく、落ち着かないさま。【英】(*to be*) *restless*

使い方▼〔**そわそわ**〕(副)スル▽彼女は朝から**そわそわ**としていて落ち着かない▽さっきから立ったり座ったり**そわそわ**している 〔**せかせか**〕(副)スル▽**せかせか**と歩きまわる▽そんなに**せかせか**話さないでくれ 〔**わさわさ**〕(副)スル▽気持ちが**わさわさ**して落ち着かない▽今日は朝から社内が**わさわさ**している

使い分け【1】「そわそわ」は、何か心の中に期待しているものがあり、それを落ち着かない気持ちで待っていたりする場合の様子にいう。【2】「せかせか」は、気ぜわしく動き回って落ち着かないさま。【3】「わさわさ」は、騒然として落ち着かないさま。【4】「そわそわ」「せかせか」が、表面に現れた状態、動作にいうのに対し、「わさわさ」は、気分、雰囲気にいう。

【関連語】◆(せかつく)(カ五)せかせかする。「せかついた」の形で用いられることが多い。「せかついた気分で半年を過ごす」

204-09 あくせく／営営(えいえい)／せっせと／こつこつ

【関連語】◆(汲汲)(きゅうきゅう)◆(孜孜)(しし)

共通する意味★休む間もなく事を行うさま。【英】(*to work*) *hard*(あくせく働く)

使い方▼〔**あくせく**〕(副)スル 〔**営営**〕(形動たる・と) 〔**せっせと**〕(副) 〔**こつこつ**〕(副)

	□働く	□励む	□勉強する	□貯金する
あくせく	○	-	-	-
営営	-と○	-と△	-と-	-と△
せっせと	○	○	△	○
こつこつ	○	○	○	○

使い分け【1】「あくせく」「営営」は、心にゆとりがなく、利を求めて励むさま。「営営」は、文章語。【2】「せっせと」は、休まず一所懸命に励むさま。【3】「こつこつ」は、目立たないが、ねばり強く着実に励むさま。長期間のことにいうことが多い。

【関連語】◆(汲汲)(形動たる・と)ただそのことだけを行い、余裕のないさま。「金もうけに汲々としている」◆(孜孜)(形動たる・と)一心につとめて休まないさま。文章語。「孜々として励む」

204-10 こせこせ

【関連語】◆(こせつく)

意味★小さいことにこだわって、ゆとりや落ち着きのないさま。【英】(*to be*) *fussy*

使い方▼〔**こせこせ**〕(副)スル▽そんなに**こせこせ**しないでもっとおおらかに考えたらどうだい

【関連語】◆(こせつく)(カ五)こせこせする。「こせついた」の形で用いられることが多い。「金に汚いこせついたやつ」

204-11 てきぱき／きびきび／しゃきしゃき／はきはき

共通する意味★動作や態度などがはっきりしているさま。【英】*promptly; briskly; quickly*

使い方▼〔**てきぱき**〕(副)スル▽**てきぱき**と指示を出す▽**てきぱき**と仕事をこなす▽対応が**てきぱき**している 〔**きびきび**〕(副)スル▽**きびきび**した態度で応対する▽店の中を**きびきび**動き回る 〔**しゃきしゃき**〕(副)スル▽八十歳になる祖母は**しゃきしゃき**として元気だ▽下町生まれで**しゃきしゃき**している 〔**はきはき**〕(副)スル▽**はきはき**と返事ができた▽大きな声で**はきはき**言う

	□した人	□した態度	□(と)働く	□(と)答える	□(と)指図する
てきぱき	○	△	○	○	○
きびきび	○	○	○	-	○
しゃきしゃき	○	○	△	-	-
はきはき	○	-	-	○	-

使い分け【1】「てきぱき」は、動作が手際よく機敏であるさま、物事を手早く、要領よく処理していくさま。【2】「きびきび」は、動作や態度などの敏速で生き生きとしているさまを表わし、また、動作などが歯切れよく活気のあるさまをいう。【3】「しゃきしゃき」は、手早く、歯切れよく物事を処理していくさま。女性に関して使われることが多い。【4】「はきはき」は、明瞭(めいりょう)に歯切れよくものを言うさまをいう。

204-12 悠然(ゆうぜん)／悠悠(ゆうゆう)／悠長(ゆうちょう)

【関連語】◆(悠揚)(ゆうよう)◆(浩然)(こうぜん)◆(どっしり)◆(気長)(きなが)

共通する意味★ゆったりとして落ち着いているさま。【英】*quiet; calm*《形》

使い方▼〔**悠然**〕(形動たる・と)▽母は何が起きても**悠然**としていた 〔**悠悠**〕(形動たる・と)▽今から行っても**悠々**間に合う▽**悠々**自適 〔**悠長**〕(名・形動)▽この差し迫った時期に**悠長**なことはいっていられない

	□構える	□歩く	□逃げる	□座る	□人生	□ことをする
悠然	-と○	-と○	-と○	-と○	-たる-	-たる-
悠悠	-と○	-と○	-と○	-と○	-たる○	-たる-
悠長	-に○	-に-	-に-	-に-	-な-	-な○

使い分け【1】「悠然」は、物事に動ぜずに落ち着いているさまを表わす。【2】「悠悠」は、十分に余裕があって落ち着いているさまを表わす。【3】「悠

長」は、落ち着いていて、慌てず、のんびりとしているさま、のんびりしていて気の長いさまを表わす。しばしば悪い評価を伴って用いられる。

【関連語】◆**（悠揚）**（名・形動たる・と）ゆったりと落ち着いたさま。「悠揚たる態度」「悠揚迫らぬ物腰」◆**（浩然）**（名・形動たる・と）心が広くゆったりとしているさま。「自然の中で浩然の気を養う」◆**（どっしり）**（副）スル重々しくて落ち着いているさま。「どっしりと構える」「どっしりした人」◆**（気長）**（形動）せかせかしないでゆっくりしているさま。「気長に待つ」

参照▼悠悠⇒809-17

2 04-13 大らか（おおらか）／大様（おおよう）／おっとり／鷹揚（おうよう）

共通する意味★心がゆったりとしてこせこせしていないさま。**【英】***broad-mindedness*

使い方▼〔**大らか**〕（形動）▽大らかにのびのび育った子供 〔**大様**〕（形動）▽孫のいたずらを大様に見過ごす 〔**おっとり**〕（副）スル▽お嬢様育ちでおっとりしている 〔**鷹揚**〕（名・形動）▽彼は鷹揚にうなずいた▽鷹揚な態度

	＿人	＿性格	＿心	＿構える	＿許す
大らか	-な○	-な○	-な○	-に△	-に-
大様	-な○	-な○	-な-	-に○	-に○
おっとり	-した○	-した○	-した-	-と○	-と-
鷹揚	-な○	-な○	-な-	-に○	-に○

使い分け【1】「大らか」は、心が広くのびのびとしているさまを表わす。【2】「大様」は、落ち着いていてこせこせしないさま。「鷹揚」は、心に落ち着きやゆとりがあり上品なさま。「大様」と混同して使われる。【3】「おっとり」は、こせこせしていないで、のんびりとしているさまを表わす。

2 04-14 飄飄（ひょうひょう）／飄逸（ひょういつ）

共通する意味★考え方や行動が世事や形式にとらわれないさま。**【英】***aloofness from the world*

使い方▼〔**飄飄**〕（形動たる・と）▽彼は何をいわれても飄々としている▽飄々と来て、飄々と去る 〔**飄逸**〕（名・形動）▽彼には人の目を気にしない飄逸なところがある▽飄逸な人柄

使い分け「飄飄」は、俗事にとらわれず自由で、とらえどころのないさまを表わすが、「飄逸」は、型にはまらずのびのびしているさまを表わす。どちらも話し言葉としてはあまり用いられない。

2 04-15 しとやか／しおらしい

共通する意味★言葉遣い、行動などが慎み深く、もの静かなさま。**【英】***graceful*《形》

使い方▼〔**しとやか**〕（形動）▽しとやかな話し方▽しとやかな女性 〔**しおらしい**〕（形）▽しおらしい態度で白状する

使い分け【1】「しとやか」は、現在では、女性について用いられる。【2】「しおらしい」は、おとなしく従順であるさま、また、「親の面倒を見るなんて、しおらしいことをいってくれる」のように、けなげなさまにもいう。

2 04-16 世間離れ（せけんばなれ）／浮き世離れ（うきよばなれ）

共通する意味★世間の常識や規準から離れて超然としていること。**【英】***to be unworldly*

使い方▼〔**世間離れ**〕スル▽世間離れした生活 〔**浮き世離れ**〕スル▽浮き世離れした学者▽浮き世離れした話

使い分け「世間離れ」は、俗世間の常識などを軽んじて、別の世界を楽しむようなさまにいい、「浮き世離れ」は、世事にうとく、また、無関心で、結果として世間の常識からかけ離れているさまをいう。

2 04-17 冷静（れいせい）／沈着（ちんちゃく）／平静（へいせい）

共通する意味★落ち着いていて、あわてないさま。

【英】*calmness; coolness*

使い方▼〔**冷静**〕（名・形動）〔**沈着**〕（名・形動）〔**平静**〕（名・形動）

	＿な行動	＿に判断する	＿を失う	かろうじて＿を装う	街はようやく＿になった
冷静	○	○	-	○	-
沈着	○	△	-	-	-
平静	-	-	○	○	○

使い分け【1】「冷静」と「沈着」とは、かなり意味が近いが、「冷静」のほうが、より客観的で、冷ややかなさまをいう。【2】「冷静」「沈着」は、人の態度、判断などについていうが、「平静」は、「騒ぎのあった村が平静になる」のように、人間以外の事態についてもいえる。

2 04-18 平気（へいき）／平然（へいぜん）

【関連語】◆**（平気の平左）**へいきのへいざ◆**（事もなげ）**こともなげ◆**（泰然）**たいぜん

共通する意味★気にかけず、落ち着いているさま。

【英】*calm*《形》

使い方▼〔**平気**〕（名・形動）▽平気でうそをつく▽何をいわれても平気な子▽これくらいの暑さは平気だ▽平気を装う 〔**平然**〕（名・形動たる・と）▽平然とうそをつく▽非難されても平然とした態度でいる

使い分け「平気」の方が、一般に用いられる語。「平然」は、主に他人の様子を客観的に見て言う語。

【関連語】◆(平気の平左)「へい」を重ねて語呂を合わせ、人名のようにしたもの。「しかられても平気の平左だ」◆(事もなげ)あたり前だ、非常にたやすいというさま。「難しい問題を事もなげに解いた」◆(泰然)(形動たる・と)落ち着いていて、物事に動じないさま。文章語。「泰然自若」

204-19 しゃあしゃあ／いけしゃあしゃあ

共通する意味★厚かましくて、恥を恥とも思わないさま。**【英】** *shamelessly*

使い方▼〔しゃあしゃあ〕(副)▽注意されてもしゃあしゃあとしている▽しゃあしゃあと嘘をつく〔いけしゃあしゃあ〕(副)▽いけしゃあしゃあと嘘をつく

使い分け「いけしゃあしゃあ」は、「しゃあしゃあ」に非難の意を表わす接頭語「いけ」をつけて意味を強めたもの。

204-20 さりげない／何気ない

共通する意味★相手にそのようなそぶりを感じさせないさま。**【英】** *unconcernedly*

使い方▼〔さりげない〕(形)▽重大なことをさりげなく言ってのける▽さりげなく服の破れ目を手で隠す〔何気ない〕(形)▽相手が何気なく言った言葉に傷つく▽動揺したが何気ない風を装った

使い分け【1】「さりげない」は、意図的に行っていることを、相手にはそう感じさせないようにふるまうさま。【2】「何気ない」は、これという意図もなく、ちょっとしたことを特に意識せずに行うさま。

204-21 乱暴／むちゃくちゃ／粗暴

【関連語】◆(暴挙)

共通する意味★荒々しい行為をすること。**【英】** *violence; roughness*

使い方▼〔乱暴〕(名・形動)スル▽寄ってたかって乱暴する▽弱い者に乱暴を働く▽乱暴な男〔むちゃくちゃ〕(名・形動)▽バッグに荷物をむちゃくちゃに押し込む▽腕をむちゃくちゃに振り回す〔粗暴〕(名・形動)▽酔っぱらって粗暴なふるまいをする

使い分け【1】「乱暴」は、実際に暴力をふるう場合に用いられる。また、「乱暴な物言い」「引き出しを乱暴に開ける」のように、言動、計画などに丁寧さ、慎重さが足りず粗雑であるさまの意もある。【2】「むちゃくちゃ」は、暴力をふるうわけではなく、物の扱い方や行いが荒々しいこと。また、「むちゃくちゃな言動」のように、まったく筋道がたたないことや、「むちゃくちゃな値段」のように、程度がはなはだしいことにもいう。「無茶苦茶」と書くのは、当て字。【3】「粗暴」は、言動が荒々しいこと。

【関連語】◆(暴挙)荒々しいふるまい。また、無謀なくわだて。「許し難い暴挙」「暴挙に出る」

参照▼乱暴⇒204-28 むちゃくちゃ⇒819-42 915-12

204-22 横暴／専横／独断専行

共通する意味★自分の考えだけで、物事を強引におし進めること。**【英】** *dogmatism*

使い方▼〔横暴〕(名・形動)▽昔は横暴な父親が多かった▽横暴なふるまい▽彼のやり方は横暴だ〔専横〕(名・形動)▽独裁者として専横をきわめる▽専横なふるまい〔独断専行〕スル▽他の意見をきかず独断専行する

使い分け【1】「横暴」「専横」は、力のある者が勝手にふるまうことやそのさま。「専横」は文章語。【2】「横暴」は、暴力をふるってでも自分の考えをおし通すことを含んでいう。

204-23 勇ましい／勇敢／果敢／勇壮／りりしい

【関連語】◆(精悍)

共通する意味★物事に対してひるむことなく積極的に向かって行くさま。**【英】** *brave; courageous*

使い方▼〔勇ましい〕(形)〔勇敢〕(名・形動)〔果敢〕(形動)〔勇壮〕(名・形動)〔りりしい〕(形)

	□若者	□戦う	□マーチ	□軍服姿	犬が熊に□立ち向かう
勇ましい	○	-く○	○	○	-く-
勇敢	-な○	-に○	-な-	-な-	-に○
果敢	-な-	-に○	-な-	-な-	-に○
勇壮	-な○	-に-	-な○	-な-	-に-
りりしい	○	-く-	-	○	-く-

使い分け【1】「勇ましい」は、最も一般的に用いられ、行動や心の持ち方についても外観についてもいう。【2】「勇ましい」「勇敢」は、「そんな恰好で外に出るとは勇ましい(勇敢だ)」のように、度を超えて大胆であるさまにもいう。【3】「果敢」は、決断力に富んでいて積極的に向かうさまを表わす。【4】「勇壮」は、勇ましく元気のよいさまを表わす。「雄壮」とも書く。【5】「りりしい」は、見た目にきりりとひきしまった感じであるさまをいう。「凜凜しい」とも書く。

【関連語】◆(精悍)(形動)動作や顔つきが鋭くたくましいさま。「精悍な目つき」

204-24 勇気／勇

【関連語】◆(大勇)◆(小勇)◆(蛮勇)◆(暴勇)

共通する意味★物事を恐れず、心が強いこと。【英】*bravery; courage*

使い方▼〔勇気〕▽勇気のある人▽勇気を出して戦う▽勇気を奮い起こす　〔勇〕▽勇をふるう▽勇を鼓す（＝物事を恐れない強い心を奮い起こす）▽匹夫の勇（＝ただ血気にはやるばかりの、たいしたことのない強い心）

使い分け　「勇」は、文章語。

【関連語】◆〔大勇〕見かけだけでない、真に強い心。「だいゆう」とも。⇔小勇。「大勇は怯（きょう）なるが如（ごと）し（＝真に強い心の人はむやみに争わないので、一見臆病（おくびょう）に見える）」◆〔小勇〕血気にはやる一時的な強い心。⇔大勇。◆〔蛮勇・暴勇〕考えのないむこうみずな荒々しいだけの強い心。【英】*reckless valor*　「蛮勇（暴勇）をふるう」

204-25 猛勇（もうゆう）／武勇（ぶゆう）／豪勇（ごうゆう）／豪気（ごうき）／勇猛（ゆうもう）／ヒロイック

共通する意味★勇ましいこと。【英】*dauntless courage*

使い方▼〔猛勇〕(名・形動)▽猛勇をふるう▽猛勇の騎士　〔武勇〕▽武勇の誉れ▽武勇伝　〔豪勇〕(名・形動)▽豪勇の士▽豪勇無双　〔豪気〕(形動)▽豪気に構える　〔勇猛〕(名・形動)▽勇猛な兵士▽勇猛果敢　〔ヒロイック〕(形動)▽ヒロイックな行動

使い分け【1】いずれも文章語として用いられる。【2】「豪気」は、豪放で細かいことにこだわらないさまもいう。【3】「ヒロイック」は、向かうべき対象が手に負えないものである場合、勇ましさを通り越し、一種の悲愴（ひそう）感を伴って使われることがある。【4】「豪勇」は「剛勇」、「豪気」は「剛気」とも書く。

204-26 殺伐（さつばつ）

意味★すさんでいて潤いのないさま。【英】*wildness*

使い方▼〔殺伐〕(名・形動たる・と)▽殺伐とした光景▽戦時下では人の心も殺伐としていた

204-27 暴れる（あばれる）

意味★暴力をふるったり、騒ぎたてたり、乱暴なふるまいをしたりする。また、思う存分にふるまい活躍する。【英】*to act violently*

使い方▼〔暴れる〕(ラ下一)▽酒に酔って暴れる▽猿が檻（おり）の中で暴れだした▽政界で大いに暴れる▽若いときはずいぶん暴れたものだ

204-28 荒い（あらい）／荒っぽい／荒荒しい（あらあらしい）／乱暴（らんぼう）／がさつ／野蛮（やばん）

【関連語】◆〔粗野〕そや◆〔手荒〕てあら◆〔手荒い〕てあらい

共通する意味★行動や性格にやさしいところがないさま。【英】*rough; violent*

使い方▼〔荒い〕(形)▽荒い言葉で叱（しか）る▽荒い気性の馬　〔荒っぽい〕(形)▽荒っぽく手を引っ張る▽すぐにけんかをする荒っぽい性格　〔荒荒しい〕(形)▽荒々しくドアを閉めて出て行く▽荒々しく怒鳴（どな）る　〔乱暴〕(名・形動・スル)▽乱暴なやり方▽乱暴な男　〔がさつ〕(形動)▽がさつな食べ方▽がさつ者　〔野蛮〕(名・形動)▽野蛮な振る舞い▽野蛮な風習

	言葉遣いが□	金遣いが□	□性格	□戸を閉める	□行為
荒い	○	○	－	－く－	－
荒っぽい	○	○	○	－く○	○
荒荒しい	○	－	○	－く○	△
乱暴	－だ○	－だ－	－な○	－に○	－な○
がさつ	－だ△	－だ－	－な○	－に－	－な○
野蛮	－だ△	－だ－	－な○	－に－	－な○

使い分け【1】「荒い」「荒っぽい」「荒荒しい」は、主に、感情の動きに起因する具体的な行為についていうことが多く、「がさつ」「野蛮」は、性格や、その性格によって引き起こされる行為についていうことが多い。【2】「乱暴」は、粗野な行為をすることもいう。「乱暴を働く」【3】「がさつ」は、言葉遣いや行為に細かい配慮が欠け、洗練されていないさまをいう。【4】「野蛮」は、無教養で、基本的な作法をわきまえていないさまをいう。【5】「荒い」「荒荒しい」は、「波が荒い」「風が荒々しく吹く」のように、物事の程度が激しいさまも表わす。

反対語▼荒い⇔優しい　がさつ⇔繊細

【関連語】◆〔手荒〕(名・形動)扱い方にやさしいところがないさま。「女性に手荒なまねはするな」◆〔手荒い〕(形)扱い方が乱暴である。「手荒い歓迎を受ける」◆〔粗野〕(名・形動)言葉や振る舞いが洗練されていないさま。⇔優雅。「粗野な言動」

参照▼乱暴⇒204-21

204-29 狂暴（きょうぼう）／凶暴（きょうぼう）／凶猛（きょうもう）／獰悪（どうあく）

【関連語】◆〔激越〕げきえつ◆〔猛悪〕もうあく◆〔鉄火〕てっか

共通する意味★度外れて乱暴であるさま。きわめて荒々しいこと。【英】*ferocity; savagery*

使い方▼〔狂暴〕(名・形動)▽口論のあげく狂暴なふるまいに及ぶ　〔凶暴〕(名・形動)▽凶暴な性格▽凶暴性　〔凶猛〕(名・形動)▽凶猛な男だ　〔獰悪〕(名・形動)▽獰悪な殺人

犯　〔獰猛〕(名・形動)▽獰猛な顔つきの犬

使い分け【1】「狂暴」は、常軌を逸して暴れるさま。暴力をふるうことに用いられる。【2】「凶暴」は、凶悪で荒々しい行為をするさま。【3】「凶猛」は、荒々しく、たけだけしいこと。文章語で、あまり用いられない。【4】「獰悪」は、性質が凶悪で荒々しいこと。文章語で、あまり用いられない。【5】「獰猛」は、性質が残忍で乱暴なこと。

【関連語】◆**〔激越〕**(形動)感情が激しく高ぶって、荒々しいさま。文章語。「激越な文章」◆**〔猛悪〕**(名・形動)たけだけしく凶悪なさま。文章語。「猛悪な武将」◆**〔鉄火〕**(名・形動)多く、女性の気性がさっぱりして激しいさまをいう。「鉄火な姉御」「鉄火肌」

204-30 蛮カラ(ばん)／がらっぱち

共通する意味★言動が常識や社会通念から外れていて荒々しいさま。**【英】** *barbarous*

使い方▼〔蛮カラ〕(名・形動)▽弊衣破帽の蛮カラなスタイル▽蛮カラ学生　**〔がらっぱち〕**(名・形動)▽がらっぱちな性格▽がらっぱちな女性

使い分け【1】「蛮カラ」は、「野蛮」と「ハイカラ」から作られた語で、「ハイカラ」に対する。言動や身なりが粗野なこと。【2】「がらっぱち」は、することが大雑把(おおざっぱ)で、落ち着きのないさまをいう俗語。

反対語▼蛮カラ⇔ハイカラ

204-31 みだら／みだりがわしい

共通する意味★性的に慎みがなく品のないさま。

【英】 *indecent; lewd*

使い方▼〔みだら〕(形動)▽みだらな行為にふける　**〔みだりがわしい〕**(形)▽人前でみだりがわしい話をするな

使い分け【1】「みだりがわしい」は、「みだら」の程度がもっと強いさまにいう。【2】「みだら」は、「淫ら」「猥ら」とも書く。

204-32 いじける／ひねくれる／すねる／ひがむ

【関連語】◆**(ねじける)**◆**(ねじくれる)**

共通する意味★素直な気持ちや態度になれなかったり、相手に対して反抗的な気持ちや態度を取ったりする。**【英】** *crooked; perverse*

使い方▼〔いじける〕(カ下一)▽叱(しか)られてすっかりいじける▽性格のいじけた人　**〔ひねくれる〕**(ラ下一)▽思い通りにならずひねくれる▽白を黒というようなひねくれた奴(やつ)　**〔すねる〕**(ナ下一)▽叱るとすぐすねる子▽すねないで人の話を聞きなさい　**〔ひがむ〕**(マ五)▽弟は自分ばかり叱られるとひがんでいる

使い分け【1】「いじける」は、もと寒さや恐れなどのために、ちぢこまって元気がなくなる意。転じて、自信をなくして動作や態度などが消極的になる意。【2】「ひねくれる」は、性質や考え方がゆがんで素直でなくなる意。【3】「すねる」は、不平や不満を素直に表明しないで、わざと逆らった態度をとる意。甘える気持ちが含まれる場合もある。「拗ねる」とも書く。【4】「ひがむ」は、自分が不利な立場に立たされていると誤解して思いこむ意。

【関連語】◆**〔ねじける〕**(カ下一)心が素直でなくなる。「ねじけた根性をなおしてやる」◆**〔ねじくれる〕**(ラ下一)「ねじける」を強調した語。「性格がねじくれた子ども」

204-33 おずおず／おどおど／びくびく

共通する意味★恐れなどのために、ためらい、落ち着かないさま。**【英】** *timidly*

使い方▼〔おずおず〕(副)スル▽おずおずと手を差し出す▽おずおずと休暇を願い出る　**〔おどおど〕**(副)スル▽おどおどせずにもっと自信を持ちなさい▽父親にどなられておどおどする　**〔びくびく〕**(副)スル▽びくびくしながら試験の発表を待つ▽悪事がいつばれるかと内心びくびくしていた

	＿しながら裁判官の前に出る	＿と質問する	叱(しか)られて＿する	叱られないかと＿する
おずおず	△	○	-	-
おどおど	○	-	○	-
びくびく	○	-	-	○

使い分け【1】「おずおず」は、おっかなびっくりでしりごみしながら行動するさまを表わす。【2】「おどおど」は、恐れたり、自信がなかったりして、心が落ち着かなくなり、それが態度にでるようなさまを表わす。【3】「びくびく」は、これから起こる事への不安や恐怖のためにおびえたり恐れたりしているさまを表わす。

204-34 うじうじ／いじいじ／もじもじ

【関連語】◆**(因循)**(いんじゅん)

共通する意味★態度や行動があいまいで、はっきりしないさま。煮えきらないさま。**【英】** *(to be) hesitant*

使い方▼〔うじうじ〕(副)スル▽うじうじしていないではっきり言ったらどうだ　**〔いじいじ〕**(副)スル▽うちの子はいじいじしていて困る　**〔もじもじ〕**(副)スル▽恥ずかしそうにもじもじする

使い分け【1】「うじうじ」は、優柔不断ではっきりせず、ためらっているさまを表わす。【2】「いじいじ」は、いじけて態度などがぐずぐずしてはっきりしないさまを表わす。【3】「もじもじ」は、恥ずかしさや遠慮などのために、はっきりした行動がとれずに、ぐずぐずしているさまを表わす。

【関連語】◆**〔因循〕**(形動)消極的でぐずぐずしていて決

断のつかないさま。「因循な態度に業を煮やす」

2 04-35 しりごみ／ひるむ　たじろぐ

【関連語】◆（たじたじ）

共通する意味★恐れたり、圧倒されたりしてためらうこと。【英】*to flinch; to shrink (from)*

使い方▼〔しりごみ〕スル▽恐ろしさに思わずしりごみをする▽彼女の積極さにしりごみする〔ひるむ〕(マ五)▽相手の勢いに一瞬ひるんだ▽強敵にもひるまないで立ち向かう〔たじろぐ〕(ガ五)▽相手の剣幕にたじろぐ▽敵の攻撃にもたじろぐことなく突き進んだ

使い分け【1】「しりごみ」は、ためらって逃げ腰になること。【2】「ひるむ」は、相手の勢いにおされたり、困難にぶつかったりして、こちらの勢いが弱まる意。【3】「たじろぐ」は、相手の勢いにおされてよろめいたり後退したりする意。【4】「しりごみ」は、「尻込み」「後込み」とも書く。

【関連語】◆（たじたじ）(副)相手の気力や力量などに威圧されて、勢いが弱まるさま。【英】*flinchingly*「彼女の剣幕にさすがの彼もたじたじだった」

2 04-36 そろそろ／ゆるゆる　ゆっくり

【関連語】◆（遅遅）ちち

共通する意味★少しずつゆるやかに行動するさま。【英】*slowly*

使い方▼〔そろそろ〕(副)〔ゆるゆる〕(副・形動)〔ゆっくり〕(副)スル

	□(と)歩をすすめる	□身を起こす	□語り出す	□発展してきた国
そろそろ	○	－と○	－と－	－
ゆるゆる	○	－と－	－と○	－
ゆっくり	○	○	○	○

使い分け【1】「そろそろ」は、時間的にゆるやかに行動するだけでなく、静かに、いたわるように、目立たぬように行動するさまを表わす。また、「そろそろ時間です」のように、その時刻や時期、または、その状態になりつつあることも表わす。【2】「ゆるゆる」は、細心にではなく、むしろ他にこだわらずにのんびりと行うさまにいう。また、「ズボンがゆるゆるだ」のように、緩んでしまりのないさまの意もある。【3】「ゆっくり」は、時間的にゆとりがあるだけでなく、気持ちの上でも余裕があるさまをいう。

【関連語】◆（遅遅）(形動たる・と)物事の進み方が、とても遅いさま。ゆっくりという程度よりもっと遅い。なかなか進まないさま。「計画は遅々として進まない」「春日遅々（＝春の日がなかなか暮れないさま）」

参照▼ゆっくり⇒213-11

2 04-37 ぐずぐず／のろのろ　もたもた

【関連語】◆（のっそり）

共通する意味★動作がはっきりしなかったり、遅かったりするさま。【英】*slowly*

使い方▼〔ぐずぐず〕(副)スル▽ぐずぐずしないで早くいらっしゃい▽寝床の中でぐずぐずして起きない〔のろのろ〕(副)スル▽のろのろ歩く▽時間がないのだからのろのろするな▽のろのろ運転〔もたもた〕(副)スル▽彼は何をやらせてももたもたしている▽守備がもたもたして点を取られた

	□して好機を逃す	□と返事をのばす	電車が□走る	審議が□する
ぐずぐず	○	○	－	－
のろのろ	○	－	○	－
もたもた	○	－	－	○

使い分け【1】「ぐずぐず」は、動作があいまいで、てきぱきとせず、物事が進められないような場合に使われる。【2】「のろのろ」は、動作や物事の進み方が非常にゆっくりで鈍いさまを表わす。【3】「もたもた」は、はっきりせずに滞っているさまを強く表わす。【4】「ぐずぐず」は、「なんだかんだとぐずぐず言う」のように、ぶつぶつと不平をいうさまも表わす。

【関連語】◆（のっそり）(副)スル動作が鈍いさまを表わす語。「大きな男がのっそり入ってきた」

2 04-38 ぎこちない／たどたどしい

共通する意味★まだ慣れていないために言葉や動作がなめらかでないさま。【英】*awkward*

使い方▼〔ぎこちない〕(形)▽初対面のぎこちない挨拶(あいさつ)▽素人だから手つきがぎこちない〔たどたどしい〕(形)▽たどたどしいが愛情のこもった手紙▽たどたどしく英語を話す

	□話し方	□表情	□字	□足どりの赤ちゃん
ぎこちない	○	○	－	－
たどたどしい	○	－	○	○

使い分け【1】「ぎこちない」は、物事の流れや人の動作、態度などがまだ硬く、滞りがちで洗練されていないさま。「ぎこちない」ともいう。【2】「たどたどしい」は、物事の流れ、動作がしばしばとぎれたり、間違えたりしながら続いていくさま。

2 04-39 遅い(おそ)／のろい

【関連語】◆（スロー）◆（緩慢）かんまん◆（とろい）

共通する意味★動作、作用などに時間がかかるさま。【英】*slow; tardy*

使い方▼〔**遅い**〕(形)▽父は歩くのが遅い▽話し方が遅い▽ボールの遅い投手▽車を遅く走らせる　〔**のろい**〕(形)▽歩き方がのろい人▽計算がのろくて困る

使い分け【1】「遅い」には、時間がかかることに対する良し悪しの評価が含まれていないのに対し、「のろい」には、不満や、非難めいた気持ち、いらだち等が含まれている場合が多い。また、「のろい」は、書き言葉としてはあまり用いられない。【2】「遅い」には、他に、「のみこみが遅い」のように、頭や心の働きがにぶい意、「帰りが遅い」のように、時がたっている意、「遅い夕食をとる」のように、時機に遅れている意などがある。【3】「のろい」には、他に、「頭の回転がのろい」のように、頭や心の働きがにぶい意がある。

反対語▼はやい

【関連語】◆〔**スロー**〕(形動)速度や動作に時間がかかるさま。他の外来語と複合して用いられることが多い。「何をやらせても彼はスローだ」「スローダウン」「スローモーション」◆〔**緩慢**〕(形動)動作や速度がゆるやかなさま。「野手の緩慢な動きが大量点に結びつく」◆〔**とろい**〕(形)頭の回転や考える力、動作などが普通よりも劣っているのをあなどっていう語。「仕事がとろい」「とろい奴(やっ)」

2 04-40 ぐずる／むずかる

共通する意味★乳幼児が機嫌を悪くして泣く。**【英】** *to be peevish*

使い方▼〔**ぐずる**〕(ラ五)▽子供が発熱してぐずる▽行くのをいやがってぐずる　〔**むずかる**〕(ラ五)▽赤ん坊が眠くてむずかる

使い分け【1】「ぐずる」は、子供だけでなく、大人の場合でも、ぐずぐずと不平を言ったり、なかなか納得しなかったりして人を困らせるようなときに使う。「愚図る」と当てる。【2】「むずかる」は、「むつかる」ともいう。「憤る」とも書く。

2 05 …人当たり

2 05-01 人当(ひとあ)たり／人付(ひとつ)き 取(と)っつき

共通する意味★人と何かをするときに、相手に与える印象。**【英】** *affability*

使い方▼〔**人当たり**〕▽人当たりがいい人▽人当たりがやわらかだ　〔**人付き**〕▽人付きが悪いので損をしている　〔**取っつき**〕▽取っつきが悪い人

使い分け　いずれも、「よい」「悪い」と結び付けて使われることが多いが、「取っつき」は、特に、初めて会った人から受ける、親しみやすいかどうかという印象をいう。動詞形「取っつく」は、「取っつきにくい(やすい)」の形でよく使われる。

2 05-02 愛嬌(あいきょう)／愛想(あいそ)

共通する意味★他人によい感じを与えるような態度、物腰、物言いなど。**【英】** *(personal) charms*（愛嬌）; *amiability*（愛想）

使い方▼〔**愛嬌**〕▽愛嬌のある顔▽愛嬌たっぷりの笑顔　〔**愛想**〕▽愛想のない返事▽愛想笑い

	□のない人	□がいい人	□を言う	□をふりまく
愛嬌	○	-	-	○
愛想	○	○	○	△

使い分け【1】「愛想」とくらべ、「愛嬌」には明るい滑稽(こっけい)感が含まれる場合もある。【2】「愛嬌」は、その人の身にそなわっていて、言動ばかりでなく顔つきなどにも自然と現れる親しみやすいかわいらしさをいうが、「愛想」はもっぱら相手を意識した行為の中に現れる感じのよさをいう。【3】「愛嬌」は、「ご(お)愛嬌にもう一曲」「エラーもご(お)愛嬌」などのように「ご(お)」をつけて、へりくだった気持ちを表わす。【4】「愛想」は、「あいそう」ともいう。また、「愛想が尽きる」のように、他人に対する親しみの気持ちや、「おあいそ」の形で、飲食店などで客に請求する勘定をいう。

2 05-03 気軽(きがる)／安直(あんちょく)

共通する意味★深く考えず、簡単に行動するようなさま。**【英】** *lightheartedness*

使い方▼〔**気軽**〕(形動)　〔**安直**〕(名・形動)

	□に引き受ける	□に旅に出る	□な解決策	(お)□においでください
気軽	○	○	-	○
安直	○	-	○	-

使い分け【1】「気軽」は、慎重にならず、簡単に行動するさまをいうが、軽率であるさまにはいわない。また、重大な決断を要するような事には普通使わない。また、「先輩はいつも気軽に会ってくださる」のように、さっぱりしていて、気がおけないさまにもいう。【2】「安直」は、「昼食は安直にパンで済ませる」のように、手軽であるさまにもいう。

2 05-04 気安(きやす)い／心安(こころやす)い

共通する意味★遠慮が要(い)らず、打ち解けているさ

ま。【英】*frank*

使い方▼〔気安い〕(形)▽気安い友達▽気安く話しかける▽深刻なことを気安く言わないでもらいたい〔心安い〕(形)▽心安い友達▽先生にはいつも心安くしていただいている

使い分け【1】「気安い」は、自分が相手に対して打ち解けている場合にいう。これに対して、「心安い」は、相互に親しいさまをいう。【2】「心安い」は、「お心安くあそばせ」のように、何も気づかう必要はないという意でも用いる。

205-05 物柔らか／円満

共通する意味★態度、性格、様子などがおだやかで、厳しくないさま。【英】*mild; quiet*

使い方▼〔物柔らか〕(形動)▽物柔らかな話し方▽物柔らかに人に接する▽物柔らかな人となり〔円満〕(形動)▽もめ事を円満に解決する▽夫婦仲が円満だ▽円満な性格

使い分け「円満」は、物事が支障なく穏やかに進展しているさまや、問題なく終了するさまにいう場合も多い。

205-06 洒落／淡淡

【関連語】◆(洒洒落落)しゃしゃらくらく

共通する意味★あっさりとして物事にこだわらないさま。【英】*unconcerned(ness)*

使い方▼〔洒落〕(名・形動)▽洒落にふるまう▽洒落な人〔淡淡〕(形動たる・と)▽物事に動ぜずいつも淡々としている▽淡々とした語り口

使い分け【1】「洒落」は、気質や振る舞いがさっぱりしていて、あかぬけしているさま。話し言葉としてはあまり用いられない。【2】「淡淡」は、物事にこだわったり動じたりせずに、冷静な態度でいるさま。

【関連語】◆(洒洒落落)(形動たる・と)「洒落」を強調していう語。「洒々落々とした生き方」

205-07 嬌態／媚態／しな

共通する意味★女性のとる、男性にこびるような、なまめかしい態度。【英】*coquetry*

使い方▼〔嬌態〕▽嬌態を見せる〔媚態〕▽媚態をつくる〔しな〕▽しなをつくってよりかかる

使い分け【1】「嬌態」は、書き言葉。【2】「媚態」は、女性ばかりでなく、一般に、弱い立場の人が強い立場の人に対して、お世辞を言うなどして機嫌をとろうとする様子もいう。【3】「しな」は、なまめかしいしぐさをいう。

205-08 そっけない／つれない／すげない／よそよそしい

【関連語】◆(にべない)◆(けんもほろろ)

共通する意味★人に対する態度などが冷淡であるさま。【英】*curt; blunt*

使い方▼〔そっけない〕(形)▽話しかけるとそっけなく横を向いた〔すげない〕(形)▽すげない話しぶり〔つれない〕(形)▽知っていながらつれないそぶり〔よそよそしい〕(形)▽よそよそしい態度を取る

	□返事	□断る	□仕打ち	□他人行儀な夫婦
そっけない	○	-く○	-	-く-
すげない	○	-く○	-	-く-
つれない	○	-く○	○	-く-
よそよそしい	○	-く-	-	-く○

使い分け【1】「そっけない」は、相手に対して関心や、好意、思いやりを示さず、愛想のない言動をするさまを表わす。【2】「すげない」は、言葉や言い方が冷淡で温かみがなく、思いやりがないさまを表わす。【3】「つれない」は、人に対する接し方が思いやりがなく、無愛想で冷淡であるさまを表わす。【4】「よそよそしい」は、親しい気持ちを見せず、他人行儀であるさま。【5】四語とも、意味についてそれほど大きな相違は認められない。

【関連語】◆(にべない)(形)全く愛想のないさま。「にべない返事」◆「にべもない」ともいう。◆(けんもほろろ)(形動)人の頼みや相談にとりつくしまもなく、冷たく拒絶するようす。「何度も頼んだのにけんもほろろに断られた」

205-09 冷ややか／冷淡

【関連語】◆(冷然)れいぜん

共通する意味★心に温かさや思いやりがなく、態度などが冷たく感じられるさま。【英】*cool; half-hearted*

使い方▼〔冷ややか〕(形動)▽冷ややかな扱いを受ける〔冷淡〕(名・形動)▽友だちの不幸を冷淡に見ていた▽冷淡な反応

	□な態度	□な視線を向ける	恋人が□になる	住民運動に□な人
冷ややか	○	○	-	△
冷淡	○	-	○	○

使い分けどちらも人間らしい温かさがない意であるが、「冷淡」は、相手に対して関心を示さなかったり、同情心、親切心などのないさまを表わす。

【関連語】◆(冷然)(形動たる・と)どんな状態に行き合っても心が動かされず、平然と冷たい態度をとるようなさま。「冷然と答える」

2 05-10 無愛想（ぶあいそう）／ぶっきらぼう

【関連語】◆（無愛嬌）ぶあいきょう

共通する意味★そっけないさま。【英】*unsociability; bluntness*

使い方▼〔無愛想〕（名・形動）〔ぶっきらぼう〕（名・形動）

	□な挨拶（あいさつ）	□な店員	□に頼む	□な顔
無愛想	○	○	−	○
ぶっきらぼう	○	○	○	−

使い分け【1】「無愛想」は、愛想のないさま、人に対してむっつりとした感じで、感じのよくないさまを表わす。【2】「ぶっきらぼう」は、言動に愛嬌（あいきょう）や丁重さのないさまを表わす。

【関連語】◆（無愛嬌）（名・形動）愛嬌のないさま。一般的にはあまり用いられない。「無愛嬌な受付係」

2 05-11 空空しい（そらぞらしい）／白白しい（しらじらしい）

共通する意味★知っていて知らないふりをするさま。

使い方▼〔空空しい〕（形）▽空々しくとぼける　〔白白しい〕（形）▽初対面の人のような白々しい挨拶（あいさつ）

使い分け【1】「空空しい」は、「空々しいお世辞」のように、わざとらしいさまにもいう。【英】*hollow compliments*（空々しいお世辞）【2】「白白しい」は、「白々しいうそ」のように、偽りであることが見えすいているさまにもいう。また、「見えすいたうそに白々しい気持ちになる」のように、興ざめの感じであるさまも表わす。【英】*a transparent lie*（白々しいうそ）

2 05-12 無視（むし）／黙殺（もくさつ）

【関連語】◆（度外視）どがいし◆（軽視）けいし

共通する意味★あるものを無いもののように扱うこと。【英】*disregard*

使い方▼〔無視〕スル　〔黙殺〕スル

	人の存在を□する	信号を□する	挨拶（あいさつ）を□する	少数意見を□する
無視	○	○	○	○
黙殺	○	−	−	○

使い分け「黙殺」は、人に関することのみに用いられるが、「無視」は、広く規則などの存在を認めないことにも用いられる。人に関する場合、「無視」より「黙殺」の方が、相手に対して手厳しい態度であることが多い。

【関連語】◆（度外視）スル関係のないものとして、問題にしないこと。「損得を度外視して新事業を始める」◆（軽視）スル物を軽く見て、その価値を認めないこと。「彼の意見を軽視する」

2 05-13 無関心（むかんしん）／無感覚（むかんかく）／無頓着（むとんちゃく）

共通する意味★他人、周囲、社会などに注意を向けないこと。【英】*indifference*

使い方▼〔無関心〕（名・形動）〔無感覚〕（名・形動）〔無頓着〕（名・形動）

	他人の気持ちに□な人	政治に□な人	財テクに□な人	細かいことに□な人
無関心	○	○	○	△
無感覚	○	△	−	−
無頓着	○	−	△	○

使い分け【1】「無関心」は、最も一般的に用いられる。物事に対して関心をもたないことをいう。【2】「無感覚」は、周囲の状況に対する感受性をもたず、全く気にかけないことをいう。【3】「無頓着」は、「無関心」同様、関心を持たないことだが、こだわらないという意が含まれる。

2 05-14 知らんぷり（しらんぷり）／頬被り（ほおかむり）／かまとと／とぼける／しらばくれる

【関連語】◆（しらを切る）しらをきる◆（そらとぼける）

共通する意味★知っていて知らないふりをすること。【英】*to pretend not to know*

使い方▼〔知らんぷり〕▽名前を呼んでも知らんぷりをしている　〔頬被り〕スル▽部下に命じてやらせたことなのに、自分はほおかむりしてすます　〔かまとと〕▽かまととぶる　〔とぼける〕（カ下一）▽都合が悪くなるとすぐとぼける　〔しらばくれる〕（ラ下一）▽しらばくれても証拠は挙がっている

使い分け【1】「ほおかむり」「とぼける」「しらばくれる」は、自分にとって都合の悪い事を隠すことを目的とし、「かまとと」は、世なれていないふりを装うことを目的とする。「知らんぷり」は、そうした限定なしに、文字どおり知らないふりをすること。【2】「かまとと」は、女性がうぶなふりをすること。また、そのような女性。「かまぼこは魚（とと）からできているの」と尋ねたところからという。【3】「知らんぷり」は、「知らんふり」、「ほおかむり」は、「ほっかむり」「ほっかぶり」、「しらばくれる」は、「しらばっくれる」ともいう。

【関連語】◆（そらとぼける）（カ下一）「とぼける」を強調した語。「そらとぼけた顔をして追及をかわす」◆（しらを切る）「しらばくれる」の意の俗な言い方。「あくまでしらを切る気か」

2 05-15 見捨てる／見限る／見放す

【関連語】◆(見切る)

共通する意味★ある人や物を顧みないようにする。

【英】 *to forsake*

使い方▼〔見捨てる〕(タ下一)▽船を見捨てて避難する▽困っている人を見捨ててはおけない 〔見限る〕(ラ五)▽幕府を見限って朝廷方につく▽世間から見限られる 〔見放す〕(サ五)▽友人から見放される

	親に□れる（られる）	仲間を□て逃げる	医者の□た重病人	□会社勤めを
見捨てる	-て○	-て○	-て-	-
見限る	-ら○	-っ△	-っ○	○
見放す	-さ○	-し-	-し○	-

使い分け【1】「見捨てる」は、困難な状態に陥っている人や物を見ながら、それを助けないでそのままにする意。対象は、多くは人であるが、「故郷を見捨てる」のように、単にかかわりを絶って顧みない意で用いることもある。【2】「見限る」は、将来のことを考えて見込みなしと判断し、それ以上の関係をもつことをやめる意。【3】「見放す」は、これ以上はだめだとあきらめて、関係を絶ったり、助力をやめたりする意。いろいろ考えたうえで、といった含みがあるのが普通だが、「つきに見放される(＝幸運なチャンスが回ってこない)」「運命の女神に見放される」といった比喩的な言い方では、そうした含みはあまり感じられない。

【関連語】◆(見切る)(ラ五)見込みなしとして以後かかわることをやめる。「残り物を見切って売る」

2 05-16 意地悪／邪慳／突っ慳貪

共通する意味★冷たくて思いやりがなく、相手につらい仕打ちをするようなさま。**【英】** *cruelty*

使い方▼〔意地悪〕(名・形動) 〔邪慳〕(形動) 〔突っ慳貪〕(形動)

	□な人	□な扱い	□をする	□な返事	手を□に払う
意地悪	○	○	○	-	-
邪慳	○	○	-	-	○
突っ慳貪	○	-	-	○	-

使い分け【1】「意地悪」は、他人、特に弱い立場の人にひどい仕打ちをしたり、冷たくつらく当たったりすること。また、そういうさま。【2】「邪慳」は、冷たくて意地の悪いさま、冷たくてむごく扱うさまを表わす。【3】「突っ慳貪」は、物の言い方やふるまいがとげとげしいさまを表わす。

2 05-17 とげとげしい／つんけん／つんつん

共通する意味★言動などに柔らかさがなく、角立っているさま。

使い方▼〔とげとげしい〕(形)▽とげとげしい雰囲気▽悪意に満ちたとげとげしい口調 〔つんけん〕(副スル)▽つんけんした人 〔つんつん〕(副スル)▽つんつんと取りすます

	□物言い	□視線	□(と)お高くとまる	腹を立てて□している
とげとげしい	○	○	-く-	-く-
つんけん	-した○	-した-	-	○
つんつん	-した○	-した-	○	○

使い分け【1】「とげとげしい」は、悪意や憎悪などをもって相手をちくちくと刺すような言動をするさま。**【英】** *sharp; harsh*【2】「つんけん」は、不機嫌であったり怒っていたりしていて、言動などに柔らかさがなく無愛想であるさまを表わす。【3】「つんつん」は、腹を立てたり、取りすましたりして無愛想であるさまを表わす。**【英】** *prim*

2 05-18 不人情／不親切／情け知らず

共通する意味★人を思いやる気持ちのないさま。

【英】 *unkindness; heartlessness*

使い方▼〔不人情〕(名・形動)▽不人情な仕打ち▽不人情な人 〔不親切〕(名・形動)▽説明がないとは不親切だ▽不親切な店員 〔情け知らず〕▽情け知らずの男

使い分け【1】「不人情」「情け知らず」は、人情に欠け、思いやりのないさま。【2】「不親切」は、親切でないさま、相手の気持ちや立場などを思いやる気持ちのないさま。

反対語▼不親切⇔親切

2 05-19 薄情／無情／非人情

共通する意味★人情味に欠け、思いやりのないさま。

【英】 *inhumanity*

使い方▼〔薄情〕(名・形動)▽薄情な人▽薄情者 〔無情〕(名・形動)▽無情にも二人の仲を裂く 〔非人情〕(名・形動)▽人の不幸を喜ぶ非人情な青年

	□なことをする	□な男	□の雨	さめた□な考え方
薄情	○	○	-	-
無情	○	○	○	-
非人情	○	○	-	○

使い分け【1】「薄情」は、人間の気持ち、心、愛情などが冷たいさまを表わしているのに対して、「無情」は、人間味の全くないさま、人の持っている感情、

愛情などの全くないさまを表わす。【2】「非人情」は、他人に対する思いやりや同情心がないさまを表わす。

2 05-20 冷酷(れいこく)／非情(ひじょう)／無慈悲(むじひ)

【関連語】◆（酷薄）こくはく◆（心ない）こころない

共通する意味★思いやりの気持ちが全くないさま。**【英】** *cruelty; cold-heartedness*

使い方▼〔冷酷〕(名・形動)▽違反者に対する処置は冷酷を極めた▽冷酷な男▽冷酷無残 〔非情〕(名・形動)▽非情な仕打ち▽あえてわが子を非情に突き放す 〔無慈悲〕(名・形動)▽戦争は無慈悲な殺戮(さつりく)だ▽貧しい者からも無慈悲に税を取り立てる

使い分け【1】「冷酷」は、思いやりの気持ちがなくむごいさま。【2】「非情」は、人間として当然あるはずの思いやりの気持ちがないさま。【3】「無慈悲」は、思いやりの心のないこと。

【関連語】◆（酷薄）(名・形動)残酷で薄情なようす。「酷薄非情」◆（心ない）(形)思いやりがない。また、思慮、分別がない。「心ない言葉に傷つく」

参照▼心ない⇒303-16

2 05-21 過酷(かこく)／苛烈(かれつ)／峻烈(しゅんれつ)

共通する意味★とても厳しく、激しいさま。**【英】** *severity; harshness*

使い方▼〔過酷〕(形動)▽子供には過酷とも思われるほどの宿題が出た▽過酷な運命が待っている 〔苛烈〕(名・形動)▽戦闘は苛烈をきわめた 〔峻烈〕(名・形動)▽峻烈な罰則が設けられている

	□をきわめる	□な寒さ	□な条件	□な批評
過酷	○	-	○	-
苛烈	○	-	-	○
峻烈	○	○	-	○

使い分け【1】「過酷」は、とてもひどく厳しすぎるさま。多く条件・待遇などについていう。【2】「苛烈」は、とてもむごく激しいさま。【3】「峻烈」は、とても厳しく妥協を許さないさま。

2 05-22 残酷(ざんこく)／残虐(ざんぎゃく)／残忍(ざんにん)／苛酷(かこく)／酷(こく)

【関連語】◆（暴虐）ぼうぎゃく

共通する意味★扱い方がむごたらしく、ひどいさま。**【英】** *cruelty; brutality*

使い方▼〔残酷〕(名・形動)▽これ以上彼を苦しめるのは残酷だ 〔残虐〕(名・形動)▽犯人は残虐の限りをつくした▽残虐な刑罰 〔残忍〕(名・形動)▽彼は血を見て喜ぶ残忍な男だ▽残忍な犯行 〔苛酷〕(形動)▽苛酷な条件をつきつけられる▽苛酷に扱う▽苛酷な職場 〔酷〕(形動)▽病気あがりの母を働かせるのは酷だ▽酷な言い方だが…

	□な仕打ち	子供に食べ物を与えない□な親	□な労働	彼に責任をとらせるのは□だ
残酷	○	○	-	-
残虐	○	△	-	-
残忍	○	△	-	-
苛酷	○	-	○	-
酷	○	-	-	○

使い分け【1】「残酷」「残虐」は、人や動物に対する扱いがむごたらしくて、思いやりがないさまをいう。【2】「残忍」は、むごい仕打ちを平気でするさまをいう。【3】「苛酷」は、相手が耐えられないほどにひどく扱うさまをいう。【4】「酷」は、同情や思いやりがなく極度にきびしいようすで、特に、相手の立場や能力を考えずに無理にさせるような場合にいう。

【関連語】◆（暴虐）(名・形動)むごい行為で人を苦しめるさま。「暴虐な政治」

2 05-23 手厳しい(てきびしい)／痛烈(つうれつ)／辛辣(しんらつ)／シビアー

【関連語】◆（冷厳）れいげん

共通する意味★手ごころを加えない厳しさ。

使い方▼〔手厳しい〕(形)▽手厳しく誤りを指摘された▽手厳しい批判を受けた 〔痛烈〕(形動)▽講演者に痛烈な質問が出された▽痛烈な当たり 〔辛辣〕(名・形動)▽彼の皮肉は辛辣だ 〔シビアー〕(形動)▽シビアーな目でものを見る

	□批評	□皮肉	□反撃を受ける	□見方
手厳しい	○	-	○	△
痛烈	-な○	-な○	-な○	-な-
辛辣	-な○	-な○	-な-	-な○
シビアー	-な○	-な-	-な-	-な○

使い分け【1】「手厳しい」「シビアー」には、情け容赦なくといった意味合いがある。**【英】** *severe* 【2】「痛烈」は、勢いが非常に激しいさまをいう。【3】「辛辣」は、言い方やいった言葉の内容に皮肉がこめられたりして非常に厳しいさまをいう。**【英】** *bitter*

【関連語】◆（冷厳）(形動)主観の入り込む余地のない厳しさをいう。**【英】** *stern* 「計画の失敗は冷厳な事実である」

2 05-24 威厳(いげん)／貫禄(かんろく)

【関連語】◆（威儀）いぎ◆（威徳）いとく◆（尊厳）そんげん

共通する意味★堂々としているさま。**【英】** *dignity*

使い方▼〔**威厳**〕▽立派な髯(ひげ)をたくわえた威厳のある老人▽年とともに**威厳**が備わってきた　〔**貫禄**〕▽年を重ねて**貫禄**が出てきた▽一族の長老としての貫禄を示した

	□がある	□に満ちた声で開会を宣言する	□十分	堂々の勝利で横綱の□を示す
威厳	○	○	−	−
貫禄	○	−	○	○

使い分け【1】「威厳」は、堂々として厳かなことやいかめしいこと、落ち着きのあることをいう。【2】「貫禄」は、年齢や経験などによって、その人の身に備わった風格をいう。「貫録」とも書く。

【関連語】◆(**威徳**)威厳と人徳があること。「校長は威徳を兼ね備えた立派な人物だ」◆(**尊厳**)尊くおごそかで、威厳のあること。「法の尊厳を保つ」「神の尊厳を保つ」◆(**威儀**)作法、礼式にかなっている、威厳のある立ち居振る舞い。「威儀を正す」

205-25　凜乎(りんこ)／凜然(りんぜん)／凜凜(りんりん)

共通する意味★きりっとして身のひきしまるさま。**【英】** *high-spirited*

使い方▼〔**凜乎**〕(形動たる・と)▽凜乎たる姿勢で臨む〔**凜然**〕(形動たる・と)▽それは許せないと**凜然**と言い放った　〔**凜凜**〕(形動たる・と)▽凜々とした声が響きわたる

使い分け【1】「凜然」「凜凜」は、寒さが厳しいさまもいう。【2】「凜凜」は、勇気が盛んなさまをもいい、「勇気凜凜」の形で用いることが多い。【3】三語とも文章語。

参照▼凜凜⇒712-13

205-26　厳(いか)めしい／物物(ものもの)しい

共通する意味★威圧的で、近寄りがたい。**【英】** *imposing*

使い方▼〔**厳めしい**〕(形)▽いかめしい門構えの家▽いかめしい顔つきのガードマン　〔**物物しい**〕(形)▽ものものしい警備陣▽ものものしいいでたち

使い分け「物物しい」は、大げさである意を含む。

205-27　厚(あつ)かましい／図図(ずうずう)しい／ふてぶてしい

【関連語】◆(**おこがましい**)◆(**えげつない**)

共通する意味★他人の迷惑を顧みず、自分勝手で無遠慮である。**【英】** *impudent; cheeky*

使い方▼〔**厚かましい**〕(形)▽お言葉に甘えて厚かましく伺いました　〔**図図しい**〕(形)▽勝手に人の家に上がり込むとは**ずうずうしい**奴(やっ)だ　〔**ふてぶてしい**〕(形)▽泥棒はどこへでも連れて行けと**ふてぶてしく**居直った

	□態度	□お願い	□列に割り込む	□顔つき
厚かましい	○	○	−く△	−
ずうずうしい	○	○	−く○	−
ふてぶてしい	○	−	−く−	○

使い分け【1】「厚かましい」は、恥知らずで遠慮がないさまを表わし、「図図しい」は、相手の都合や気持ちなどを全く考えずに身勝手に振る舞うさまを表わす。【2】「ふてぶてしい」は、無遠慮かつ大胆で、こわいものは何もないといったさまを表わす。

【関連語】◆(**おこがましい**)(形)思い上がっているさま。「烏滸がましい」「痴がましい」とも書く。「おこがましい言い分とお思いでしょうが…」◆(**えげつない**)(形)下品でずうずうしい。「やり方がえげつない」

205-28　厚顔(こうがん)／鉄面皮(てつめんぴ)

【関連語】◆(**面の皮が厚い**)つらのかわがあつい

共通する意味★ずうずうしく、恥を恥とも思わぬさま。**【英】** *brazenness; shamelessness*

使い方▼〔**厚顔**〕(形動)▽厚顔な男▽厚顔無恥　〔**鉄面皮**〕(名・形動)▽鉄面皮にも金の無心にやってきた

使い分け【1】「厚顔」は、恥を恥とも思わず厚かましいさま。【2】「鉄面皮」は、面(つら)の皮が鉄のように堅い意で、恥を恥とも思わず、ずうずうしいこと。

【関連語】◆(**面の皮が厚い**)恥を恥とも思わない。「あれだけ言われても平然としているなんてよほど面の皮が厚いのだ」

205-29　口出(くちだ)し／お節介(せっかい)／ちょっかい／干渉(かんしょう)／手出(てだ)し

【関連語】◆(**介入**)かいにゅう◆(**容喙**)ようかい

共通する意味★他人のことに対して、よけいな行動をとること。**【英】** *meddling*

使い方▼〔**口出し**〕スル▽よけいな口出しはしないでほしい　〔**お節介**〕(名・形動)▽よけいなお節介はするな▽お節介な人▽いらぬお節介をやく　〔**手出し**〕スル▽手出しは無用だ　〔**ちょっかい**〕▽ちょっかいを出すのはよせ▽女の子に**ちょっかい**を出す　〔**干渉**〕スル▽何かにつけて親が干渉する▽内政干渉

使い分け【1】「口出し」は、他人の話に割り込むこと。「手出し」は、口ではなく、実際の行動をとること。「お節介」「ちょっかい」「干渉」は、口も実際の行動も両方の場合に用いられる。【2】「ちょっかい」は、遊び半分の無責任な行動であるが、「手出し」

「お節介」は、相手のためを思ってとられた行動である。特に「お節介」は、真心からの行為が結果として当事者にはよけいなことになる場合に用いられる。【3】「干渉」は、他者を自分の意志に従わせようとする行為である。

【関連語】◆（介入）スル 間に入り込み、関係をもつこと。「政治家が介入する」「軍事介入」◆（容喙）スル「口出し」の意の文章語。「他人が容喙すべきではない」

2 05-30 出過ぎる（です）／出しゃばる（で）／しゃしゃり出る（で）

共通する意味★自分に関係ないことにまで、よけいな口出しや手出しをする。**【英】** *to intrude*

使い方▼〔出過ぎる〕（ガ上一）〔出しゃばる〕（ラ五）〔しゃしゃり出る〕（ダ下一）

	□た行為	□た真似（まね）はよせ	できもしないのに□	子供の喧嘩（けんか）に親が□
出過ぎる	-ぎ○	-ぎ○	-	-
出しゃばる	-っ○	-っ△	△	△
しゃしゃり出る	-で-	-で-	○	○

使い分け【1】「出過ぎる」は、自分の守るべき限度や範囲を超えていることを問題とし、「出しゃばる」は、他を押しのけて目立つ行為をとることを問題とする。【2】「しゃしゃり出る」は、「出しゃばる」よりもその程度がひどく、厚かましく自分一人だけ目立とうとする場合に用いる。

2 05-31 強引（ごういん）／無理押し（むりお）／ごり押し（お）

共通する意味★物事を無理に、押し通すこと。**【英】** *to do～by force*

【関連語】◆（横紙破り）よこがみやぶり

使い方▼〔強引〕（形動）▽強引な売り込みをする▽メンバーが足りないので強引に野球部に入らせた〔無理押し〕スル▽無理押しして叔父の会社に入れてもらった〔ごり押し〕スル▽数を頼んでごり押ししてきた▽ごり押しで法案を通過させた

使い分け【1】「強引」は、「強引な手段」「強引に納得させる」「強引な解決」のように抽象的な事物に対してもいうが、「無理押し」「ごり押し」は、具体的な行為に対していう。【2】「無理押し」「ごり押し」では、「ごり押し」の方が意味が強く、くだけた感じも強い。

【関連語】◆（横紙破り）我を通して、無理に物事を押し通すこと。また、そのような人。「まとまりかけているところへ横紙破りが現れてこわされた」

2 05-32 世間擦れ（せけんず）／すれからし／老獪（ろうかい）

共通する意味★世俗の経験を積んで悪くなっていること。**【英】** *sophistication*

使い方▼〔世間擦れ〕スル▽若いくせに世間擦れしている人だ〔老獪〕（名・形動）▽老獪な政治家▽老獪に立ち回る〔すれからし〕▽すれからしで手に負えない

使い分け【1】「世間擦れ」は、実社会で苦労を重ねて、世間の裏表に精通し、初々しさを失ってしまうこと。悪賢くなる意も含まれることが多い。「すれからし」は、世俗のさまざまな苦労をなめ、素直さや純真さに乏しくなること。「世間擦れ」同様、変に悪賢くなる意も含まれるが、「すれからし」の方が、初々しさや素直さ、純真さを失っている程度が大きい。【2】「老獪」は、十分な経験を積み、さまざまな方法、手段に熟達していて、しかも悪賢いこと。【3】「世間擦れ」「すれからし」「老獪」ともに、相手をさげすむ場合に使われることが多い。【4】「世間擦れ」は若者について、「老獪」は年配者について、「すれからし」は若い娘についていうことが多い。【5】「すれからし」は「すれっからし」ともいう。

2 05-33 へつらう／こびる／おもねる／取り入る（と い）

【関連語】◆（ごますり）◆（阿諛）あゆ◆（おためごかし）◆（卑屈）ひくつ

共通する意味★気に入られようとして、相手の機嫌を取る。**【英】** *to flatter*

使い方▼〔へつらう〕（ワ五）〔こびる〕（バ上一）〔おもねる〕（ラ五）〔取り入る〕（ラ五）

	上役に□	世間に□	□ようなまなざし	うまく□
へつらう	○	-	-	-
こびる	○	△	○	-
おもねる	○	○	-	-
取り入る	○	-	-	○

使い分け【1】「へつらう」「こびる」「おもねる」は、どれも相手に気に入られるように振る舞う意を表わし、非難する意がこめられている。【2】「こびる」は、女性が男性の気をひこうとしてなまめかしく振る舞う意でも用いる。「こびる」は、「媚びる」とも書く。【3】「取り入る」は、自分が有利になるように、力のある人に働きかけること。「うまく取り入った」は、結果的にそれが成功した意になる。【4】「へつらう」は、「諂う」「諛う」、「おもねる」は、「阿る」とも書く。【5】「こびる」と「へつらう」とは、「こびへつらう」の形で複合して使うことも多い。

【関連語】◆（ごますり）他人にへつらって自分の利益をはかること。また、その人をいう。「わが社で一番のごますり男」◆（阿諛）スル ご機嫌を取ること。文章語。「阿諛追従する」◆（おためごかし）表面は相手のため（利益）をはかるように見せかけて、実は自分の利益をはかること。「おためごかしの親切」◆（卑屈)(名・形動)意気地がなく、相手に屈服したり、へつらったりすること。「卑屈な笑い」「そんなに卑屈になるな」

205-34 世辞(せじ)／べんちゃら／追従(ついしょう)／おべっか

【関連語】◆(社交辞令)しゃこうじれい

共通する意味★自分をよく思ってもらうために、相手を、真意に反して必要以上に褒めたり、たてたりする言葉。**【英】** *flattery; civilities*

使い方▼〔追従〕スル

	客に□を言う	□を使う	□笑い
世辞	○	-	(お)○
べんちゃら	○	-	-
追従	○	-	○
おべっか	○	○	-

使い分け【1】「世辞」「べんちゃら」「追従」は、「お」をつけて使われることが多い。【2】「べんちゃら」「おべっか」は、俗な言い方。【3】「追従」は、「上役に追従する」のように、こびへつらう意でも使われる。

【関連語】◆(社交辞令)付き合いの上の、儀礼的な褒め言葉や決まり文句。「社交辞令を真(ま)に受ける」

205-35 巧言(こうげん)／美辞(びじ)／甘言(かんげん)

【関連語】◆(殺し文句)ころしもんく

共通する意味★言葉遣いが巧みなこと。また、その言葉。**【英】** *flattery*

使い方▼〔巧言〕▽巧言を用いる▽巧言で気を引く〔美辞〕▽美辞を費やして商品を売る▽美辞麗句〔甘言〕▽甘言にのせられる▽甘言を弄(ろう)する

使い分け【1】いずれの語も、多く相手に取り入るために用いられ、内容が伴わないものをいう。【2】「巧言」「甘言」は、マイナスの評価を伴って使われる。【3】「美辞」は、「美辞麗句」の形で用いられることが多い。

【関連語】◆(殺し文句)一言で相手の心を強く引き付ける言葉。「女性の心をとらえる殺し文句」

205-36 同調(どうちょう)／協調(きょうちょう)

【関連語】◆(迎合)げいごう

共通する意味★他と調子を合わせること。**【英】** *alignment*

使い方▼〔同調〕スル 〔協調〕スル

	他党と(に)□する	著者の考えに□する	□を欠く
同調	に○	○	-
協調	と○	-	○

使い分け【1】「同調」は、他人の主義主張と、自分がもともと抱いていたそれとが一致することをいう。【2】「同調」には、主義主張の一致する者と提携する、あるいは味方する、支持するという意味もある。【3】「協調」は、利害の反する二つ以上の団体が、協力して解決しようとすること。

【関連語】◆(迎合)スル自分の意志を曲げて人の気に入るように調子を合わせること。「大衆に迎合する作家」

205-37 言(い)いなり／あなた任(まか)せ

共通する意味★人の言うとおりにすること。**【英】** *to be submissive*

使い方▼〔言いなり〕(名・形動)▽親の言いなりになる〔あなた任せ〕▽あなた任せの態度

使い分け【1】「言いなり」は、自分の考えはもっていても、相手の方が優位にあるので、それに従わざるを得ないこと。【2】「あなた任せ」は、自分のことにもかかわらず、行動や判断などの決定を相手に任せて、自分では考えないこと。

参照▼あなた任せ⇒218-13

205-38 甘(あま)える／甘(あま)ったれる

共通する意味★相手の理解や好意を期待し、節度をこえた行動をとる。**【英】** *to avail oneself of*

使い方▼〔甘える〕(ア下一) 〔甘ったれる〕(ラ下一)

	□た考え	□た言い方	好意に□	お言葉に□
甘える	-え○	-え○	○	○
甘ったれる	-れ○	-れ○	-	-

使い分け【1】「甘ったれる」は、「甘える」を強めた言い方。話し言葉として使う。甘え方が度をこしていて目に余るという非難が含まれ、自分に関して使われることは少ない。【2】「甘える」は、相手の好意を期待して、とるべき行動をとらないことにも用いる。

205-39 甘(あま)やかす／ちやほやする

共通する意味★甘えさせたり、おだてたりする。**【英】** *to indulge; to spoil*

使い方▼〔甘やかす〕(サ五) 〔ちやほやする〕(サ変)

	子供を□	□先生、先生と	□れてわがままになる	□れて天狗(てんぐ)になる
甘やかす	○	-	-さ○	-さ-
ちやほやする	○	○	-さ○	-さ○

使い分け【1】「甘やかす」は、甘えるようにさせる意だが、特に、厳しくしつけないでわがままにしておく意に用いる。「ちやほやする」は、機嫌をとったり、おだてたりして大切に扱う意。【2】「甘やかす」は、親が子に対して、先生が生徒に対してなど、立場の上の者が下の者に対してとる行動であるが、「ちやほやする」は、世間一般の人々の行動などをいい、上下にかかわらない。

205-40 親切（しんせつ）／懇切（こんせつ）

【関連語】◆（情け深い）なさけぶかい◆（手厚い）てあつい◆（心尽くし）こころづくし◆（懇篤）こんとく

共通する意味★他に対して思いやりがあり、配慮が行き届いているさま。【英】*kindness; kind-heartedness*

使い方▼【親切】(名・形動)▽お年寄りには親切にしてあげなさい▽親切にも会場まで一緒に行ってくれた▽親切心が仇（あだ）になる 【懇切】(形動)▽使用方法を懇切丁寧に教えてくれた▽先生は懇切に指導してくれた

	＿に教える	＿な説明	＿な人	＿を無にする
親切	○	○	○	○
懇切	○	○	-	-

使い分け【1】「親切」は、相手がしようとしていることなどを助けるような場合に使い、物事を教えたり、力を貸したり、相手に代わって物事をしてあげたり、幅広い事柄に関して使うが、「懇切」は、多くは、物事を教えたり説明したりする場合に使う。【2】「懇切」は、「親切」よりもさらに手厚く、やさしく、丁寧に他に対応するさまを表わす。多く、「懇切丁寧」の形で使う。

【関連語】◆（情け深い）(形)弱い立場にあるものへの思いやりがとても深いさま。「傷ついた鶴（つる）を助けた情け深い農夫」◆（心尽くし）心がこもっていること。「心尽くしの料理」◆（手厚い）(形)取り扱いやもてなしが丁寧で心がこもっている。「手厚い看護」「手厚く葬る」◆（懇篤）(名・形動)「懇切」の意の文章語。「懇篤な説明」

205-41 寛大（かんだい）／寛容（かんよう）

【関連語】◆（寛仁）かんじん

共通する意味★心が広く大きいさま。【英】*broad-mindedness; generosity*

使い方▼【寛大】(名・形動)▽彼は寛大だからきっと許してくれる▽捕虜を寛大に扱った 【寛容】(名・形動)▽君は少し寛容すぎやしないか▽寛容にも非礼を許してくれた

	＿な人	もっと＿になれ	＿な処置	＿の精神
寛大	○	○	○	-
寛容	○	○	-	○

使い分け【1】「寛大」「寛容」ともに、むやみに責めたり怒ったりしない、心の広いさまを表わす。【2】「寛大」は、どちらかというと心の広いさまに、「寛容」は、他人の過ちなどを許すさまに重点がある。

【関連語】◆（寛仁）(名・形動)心が広く慈悲心のあるさま、情け深いさま。「寛仁大度（＝度量の大きいこと）」

205-42 太っ腹（ふとっぱら）／雅量（がりょう）／大量（たいりょう）／広量（こうりょう）

共通する意味★人の言動をよく受け入れる大きな心。また、度量の大きいこと。心の広いこと。【英】*magnanimity; broad-mindedness*

使い方▼【太っ腹】(名・形動)▽太っ腹な社長 【雅量】▽彼は雅量に富んでいる 【大量】(名・形動)▽社長はさすがに大量だ 【広量】(名・形動)▽彼の広量なのには感服する▽広量大度

使い分け【1】「太っ腹」は、少々のことでは動じないようす。【2】「雅量」は、人をよく受け入れる心、寛大な心をいう。【3】「太っ腹」以外は硬い表現で、日常の話し言葉ではあまり使わない。

反対語▼大量⇔小量 広量⇔狭量

参照▼大量⇒808-41

205-43 狭量（きょうりょう）／狭隘（きょうあい）／偏狭（へんきょう）

共通する意味★心が狭いさま。【英】*narrow-mindedness*

使い方▼【狭量】(名・形動)▽狭量な考え▽狭量な人 【狭隘】(形動)▽狭隘な心 【偏狭】(名・形動)▽偏狭な考え▽偏狭な性格

使い分けいずれも度量が狭い意だが、「偏狭」はさらに、片意地の意が加わって使われることがある。

反対語▼狭量⇔広量

205-44 どうぞ／どうか／くれぐれも／ぜひ／願わくは（ねがわくは）

【関連語】◆（なにとぞ）◆（なんとか）◆（ぜひとも）◆（まげて）◆（ひとつ）

共通する意味★相手に対して自分の希望を述べる語。【英】*please*

使い方▼【どうぞ】(副)▽どうぞよろしく▽どうぞ誤解しないでください 【どうか】(副)▽どうかお願い致します▽どうか悪く思わないでください▽どうか無事に着きますように 【くれぐれも】(副)▽くれぐれもお気をつけて▽くれぐれもお大事に▽くれぐれも失礼がないように気をつけなさい 【ぜひ】(副)▽ぜひ教えてください▽ぜひ買いたい 【願わくは】(副)▽願わくは、貴社に勤めたいと思っておりました

	～お体を大切に	～いらっしゃってください	～武力衝突は避けたい	～合格できますように
どうぞ	○	○	-	△
どうか	○	○	-	○
くれぐれも	○	-	-	-
ぜひ	△	○	○	△
願わくは	-	-	○	△

使い分け【1】「どうぞ」は、聞き手に対して話者の希望を丁寧に依頼したり、聞き手の行為を認めたりするときに用いる。たとえば、二人の会話で「本をお借りしてもいいですか」「ええ、どうぞ」という場合の「どうぞ」は許可を与える言い方である。【2】「どうか」は、困難なことはわかっているが、そこをどうにか、の意である。したがって、困難な状況が全く想定されないとき、たとえば試食販売で「どうぞ召し上がってみてください」というときに、「どうぞ」の代わりに「どうか」を用いるのは不自然である。また、「どうか」は困難な状況を承知の上で懸命に頼む、懇願の意を持つことから、神仏に祈願するときにも、「どうか…ますように(お願いします)」の形で用いられることが多い。この場合に「どうぞ」を使うのは、やや古めかしい言い方。【3】「くれぐれも」の「くれぐれ」には何回も繰り返すの意があるので、「くれぐれも」は念を押す言い方となる。「呉呉も」とも書く。【4】「ぜひ」は、自分の強い希望を示す語で、「ぜひ…たい」「ぜひ…しよう」などの意志表現と結びつく。したがって、「ぜひ…てください」の形で用いるときも、相手の積極的な意志行為を期待するため、「心配しないでください」のように、積極的な意志行為ではない語と共に用いると不自然になる。「是非」とも書く。【5】「願わくは」は、祈りの言葉の中で、「願わくは御名の尊まれんことを」のように用いられ、願うことは、の意である。また、「願わくば」の形も混在することから、願いがかなうならば、の意も内在する。したがって、「願わくは武力衝突は避けたい」は「ぜひ」のように積極的な意味ではなく、むしろ、できることなら、の意味に近い。【6】「どうか」は、「どうかこうかやっていけそうだ」のように、一つの事柄がまがりなりにも成立するという気持ちを表わしたり、「忘れ物ばかりして今日はどうかしている」のように、ふつうでない様子を表わしたりもする。

【関連語】◆(なにとぞ)(副)強い懇願の気持ちを表わす語。「どうぞ」「どうか」の改まった言い方。「なにとぞよろしく」「なにとぞ御理解のほどを」◆(なんとか)(副)困難を承知の上で懇願する場合に用いる語。何とかして、どうにかしての意。「そこをなんとかお願いしたいのです」◆(ぜひとも)(副)「ぜひ」を強めた言い方。「ぜひとも応援してください」「ぜひともお教え願いたい」◆(まげて)(副)困難な障害に突き当たっているのを、相手に無理にでも「曲げて」もらって、話者の希望を受け入れてもらおうとするときに用いる語。「御立腹は重々承知いたしておりますが、まげてお許し頂きたい」◆(ひとつ)(副)軽く人に依頼するときに用いる語。「娘の就職の件、ひとつよろしく頼むよ」◈思い立って何かを始めたり、試みたりする気持ちを表わす場合にも用いる。「君の頼みだ。ひとつやってみよう」

参照▼何とか⇒816-36　ひとつ⇒808-02 918-03

205-45 謙虚(けんきょ)／敬虔(けいけん)

【関連語】◆(恭謙)(きょうけん)

共通する意味★つつしみ深くて、自己を強く主張したりしないこと。【英】*modesty; humility*

使い方▼〔謙虚〕(形動)▽先生の忠告に謙虚に耳を傾ける▽もう少し謙虚になりたまえ　〔敬虔〕(形動)▽彼女は敬虔な信者だ

	～な態度	～に話す	～に反省する	～な祈り
謙虚	○	○	○	-
敬虔	○	-	-	○

使い分け【1】「謙虚」は、へりくだってすなおにうけいれるようす。【2】「敬虔」は、対象を深く敬う心の表われているようす。信仰についていうことが多い。

反対語▼謙虚⇔傲慢(ごうまん)

【関連語】◆(恭謙)(名・形動)うやうやしくへりくだるようす。文章語。「恭謙な態度」

205-46 謙遜(けんそん)／卑下(ひげ)／へりくだる

【関連語】◆(謙譲)(けんじょう)◆(敬譲)(けいじょう)

共通する意味★自分自身や自分の物、行為を低くした態度をとる。【英】*modesty; humility*

使い方▼〔謙遜〕(名・形動)スル▽すばらしい絵を「ほんのいたずら書きです」と謙遜する▽それはご謙遜でしょう　〔卑下〕スル▽自分の実力を卑下しすぎるとかえって嫌味だ　〔へりくだる〕(ラ五)▽「お持ちする」は相手の物を持つことをへりくだっていう言い方だ▽不自然にへりくだった態度をとる

使い分け【1】「謙遜」は、相手との関係で、自分を低くしていうことで、相手を高める意識で用いる場合と、単に自分の側を下げる場合とがある。【2】「卑下」は、実際以上に自分を下げること。【3】「へりくだる」は、自分を下げることで相手を高くする意識から出る行為についていう。

反対語▼謙遜⇔不遜

【関連語】◆(謙譲)(名・形動)へりくだりゆずること。「謙譲の美徳」「謙譲語」◆(敬譲)敬いゆずること。日常的にはあまり用いない。「敬譲語」

205-47 遠慮(えんりょ)／控(ひか)えめ

【関連語】◆(謹慎)(きんしん)◆(内輪)(うちわ)

共通する意味★したいことがあってもしないこと。

2 人間の性質

少ししかしないこと。**【英】** *reservation*
使い方▼〔**遠慮**〕スル▽**遠慮**しないで思ったことをどんどん言ってください▽駐車ご**遠慮**ください　〔**控えめ**〕（名・形動）▽全部言うと角が立つから**控えめ**に言う▽**控えめ**な態度で接する

使い分け【1】「遠慮」は、もっと遠い将来まで見通して深く考える意。転じて、言動を控えめにする、差し控える意に用いられる。【2】「控えめ」は、積極的に行動したり主張したりしない意味と、「塩分を控えめにする」のように量や程度を少なめにする意味とがある。

【関連語】◆（**謹慎**）スル言動を控えめにすること。特に、罰を受けて家にとじこもり身を慎んでいること。「停学処分をうけて自宅で謹慎する」◆（**内輪**）数量を控えめに見積もること。「内輪に見てもこの土地は一万坪は下らない」

参照▼内輪⇒514-19

2 05-48

畏(かしこ)まる／畏(おそ)れる／謹(つつし)む

共通する意味★何かを本当に尊い、力のあるものだと思い、その前で礼儀を失わないように控えめにする。**【英】** *to humble oneself*

使い方▼〔**畏まる**〕（ラ五）▽先生の前では自然に**畏まる**▽お話を**畏まって**聞く▽**畏まった**話し方　〔**畏れる**〕（ラ下一）▽大自然の力を**畏れる**▽天を**畏れ**ぬ不届きな所業　〔**謹む**〕（マ五）▽**謹ん**で新年のお慶(よろこ)びを申し上げます▽お話は**謹ん**でお受けいたします

使い分け【1】「畏まる」は、尊敬の気持ちを言葉や態度に表わす意。そこから、「そんなにかしこまらないで、お楽になさってください」のように、きちんと座って小さくなる意も表わす。また、「かしこまりました」の形で、目上の人の命令を承知したという意味を丁寧にいう。【2】「畏れる」は、自分よりはるかに力のあるものを尊い、怖いと思う気持ちを表わす意。特に神仏や自然などについて使い、「畏まる」「謹む」とは違い、具体的な言動に表われることは少ない。【3】「謹む」は、相手への尊敬を、口数や勝手な行動を少なくすることで表わす意。「謹んで…する」の形で多く使う。

2 05-49

自(じ)制(せい)／節(せっ)制(せい)

共通する意味★自分の感情や欲望をおさえること。**【英】** *self-control*

使い方▼〔**自制**〕スル▽怒りを自制して平静を装う▽自制心　〔**節制**〕スル▽体調がよくないので最近は節制している

使い分け「自制」は、怒りなど、自分の感情を抑制して態度や言葉など表面に表わさないことをいうが、「節制」は、健康によくないものとして度を越さないようにおさえること。

2 05-50

慎(つつ)ましい／恭(うやうや)しい／遠(えん)慮(りょ)深(ぶか)い／消(しょう)極(きょく)的(てき)

【関連語】◆（**慎ましやか**）つつましやか

共通する意味★出しゃばらず控えめである。**【英】** *discreet*

使い方▼〔**慎ましい**〕（形）　〔**恭しい**〕（形）　〔**遠慮深い**〕（形）　〔**消極的**〕（形動）

	＿女性	＿態度	＿性格	＿生活
慎ましい	○	○	○	○
恭しい	△	○	−	−
遠慮深い	○	○	○	−
消極的	-な○	-な○	-な○	-な−

使い分け【1】「恭しい」は、相手を敬って、礼儀正しく振る舞うことをいい、「慎ましい」「遠慮深い」「消極的」は、相手への敬意にかかわらず、性格的に控えめな態度をとるさまをいう。【2】「慎ましい」には、質素である意が含まれ、「遠慮深い」には、謙虚さが含まれている。【3】「消極的」は、ひっこみがちで物事を自分から進んでしないさま。マイナスの評価が伴う。

反対語▼消極的⇔積極的

【関連語】◆（**慎ましやか**）（形動）いかにもつつましいさま。「慎ましやかに振る舞う」

2 05-51

控(ひか)える／差(さ)し控(ひか)える／慎(つつし)む

【関連語】◆（**憚る**）はばかる

共通する意味★度をこさないように気をつける。**【英】** *to refrain (from)*

使い方▼〔**控える**〕（ア下一）▽風邪が治るまで外出は控える▽塩分を控える　〔**差し控える**〕（ア下一）▽コメントは差し控えさせていただきます　〔**慎む**〕（マ五）▽私語を慎みなさい▽軽挙妄動を慎む

	酒を＿	発表を＿	言動を＿	身を＿
控える	○	○	○	−
差し控える	○	○	−	−
慎む	○	−	○	○

使い分け【1】「控える」は、分量や回数を少なめにしたり、その行為をしないですませたりする場合にいう。【2】「差し控える」は、何かをすることを遠慮したり、状況を見合わせてやめておいたりする場合にいう。【3】「慎む」は、過ちを犯さないよう気をつけ、出過ぎないようにする意。「控える」「差し控える」は、対象が、ある状況下での具体的な事柄であるのに対し、「慎む」は、世間一般に対して漠然と自分自身をあやまたないように処するような場合に用い

る。

【関連語】◆(憚る)(ラ五)対象に対して差し障りがあることを感じて遠慮する。周囲の世界に気兼ね、遠慮があり、堂々としていられないような場合に用いる。「人目を憚る仲」「あたり憚らぬ大声」

参照▼控える⇒609-17

205-52 節操(せっそう)／忠節(ちゅうせつ)

【関連語】◆(二心)(ふたごころ)

共通する意味★物事に対する考え方や相手を思う気持ちなどを固く守って、他へ移さないこと。【英】*fidelity*

使い方▼〔節操〕▽八方美人で節操がない▽節操を守る▽無節操　〔忠節〕▽主君に対して忠節を守る▽忠節を尽くす

使い分け【1】「節操」は、簡単に主義主張を変えなかったり、守り慎むべきところでは出しゃばらなかったりすること。【2】「忠節」は、子分や家来などの親分や主君などに対するもの。

【関連語】◆(二心)同時に二種類の心を持つこと。特に裏切ろうとする心を持つこと。表面では主君によく仕えながら、裏で謀反をたくらむ場合などにいう。書き言葉的。「にしん」ともいう。「二心を抱く」「二心がない」

205-53 貞操(ていそう)／操(みさお)／貞節(ていせつ)

【関連語】◆(貞淑)(ていしゅく)

共通する意味★性的な純潔を守ること。【英】*chastity*

使い方▼〔貞操〕▽貞操を守る▽貞操観念　〔操〕▽操を守る▽女の操▽操を捧げる　〔貞節〕▽貞節を守る▽夫に貞節を尽くす▽貞節な妻

使い分け「貞操」は、「貞操義務」のように男女ともに用いる場合があるが、「操」「貞節」は、もっぱら女性の性的な純潔さをいう。

【関連語】◆(貞淑)(名・形動)女性の貞操が固いこと。⇕不貞。「貞淑な妻」

205-54 厳重(げんじゅう)／厳格(げんかく)／厳正(げんせい)

共通する意味★あいまいなことを許さず非常に厳しいさま。【英】*strict; severe*

使い方▼〔厳重〕(形動)　〔厳格〕(名・形動)　〔厳正〕(名・形動)

	＿な警戒	＿な祖父	＿な処分	＿中立
厳重	○	－	△	－
厳格	－	○	○	－
厳正	－	－	○	○

使い分け【1】「厳重」は、いい加減なことが許されない厳しい様子。【2】「厳格」は、しつけの面などでの怠慢を許さない厳しい態度。また、そのさま。【3】「厳正」は、公正を守るうえで厳しいさま。

206…美醜

206-01 かわいい／かわいらしい

共通する意味★幼かったり小さかったりして、やさしく扱ってやりたい気持ちにさせるさま。【英】*pretty; cute*

使い方▼〔かわいい〕(形)▽赤ん坊のかわいい手▽毛がふさふさしたかわいい犬▽皆自分が一番かわいいものだ　〔かわいらしい〕(形)▽けし粒ほどのかわいらしいほくろ▽彼の家の猫はとてもかわいらしい

	＿子	＿小箱	わが子が＿てしかたがない	大きな体に似合わない＿帽子
かわいい	○	○	－く○	－
かわいらしい	○	○	－く－	○

使い分け【1】両語とも、特に小さいものに対して好感のもてるさまを表わす。【2】「かわいらしい」は、「かわいい」をさらに強調したような言い方。【3】「自分がかわいい」「わが子がかわいい」のように、愛情を注ぎたくなる意の場合、「かわいらしい」は使わない。【4】「かわいい」は、「可愛い」とも書く。

206-02 いとおしい／いとしい／愛(あい)らしい／愛(あい)くるしい

共通する意味★非常にかわいらしい。【英】*lovely; sweet*

使い方▼〔いとおしい〕(形)▽抱き締めたくなるほどいとおしく思う▽年がいって生まれた子は格別にいとおしい　〔いとしい〕(形)▽いとしいわが子▽彼女をいとしく思う　〔愛らしい〕(形)▽目もとが愛らしい▽愛らしい少女▽愛らしく清楚なスズランの花　〔愛くるしい〕(形)▽彼女の目もとは愛くるしい▽愛くるしい笑顔

使い分け【1】「いとおしい」「いとしい」は、頼りなげであったり、もろい感じを受けたりして、愛情を注ぎたくなる気持ちを抱かせるさま。【2】「愛らしい」は、特に小さなものに対して実にかわいいと感じるさま。それらに対して好感のもてるさま。【3】「愛くるしい」は、幼い子や愛玩用の小動物などの動作や表情が非常にかわいらしい意。

2 06-03 あどけない／いたいけ／可憐（かれん）

共通する意味★幼いものなどがかわいい。**【英】** *innocent; artless*

使い方▼〔あどけない〕(形)　〔いたいけ〕(形動)　〔可憐〕(形動)

	□幼女	□表情	□話	□花
あどけない	○	○	○	－
いたいけ	-な○	-な－	-な－	-な－
可憐	-な○	-な○	-な－	-な○

使い分け【1】「あどけない」は、純真で愛らしい、無邪気でかわいらしい意。【2】「いたいけ」は、幼くていじらしいさま、いとおしいさまを表わす。【3】「可憐」は、いじらしくかわいらしいさま。多くは少女や小さい花などに関して使う。

2 06-04 シック／エレガント／スマート

共通する意味★上品であかぬけているさま。しゃれているさま。

使い方▼〔シック〕(形動)▽秋はシックに装いたい▽シックなマダム　〔エレガント〕(形動)▽エレガントな令嬢▽エレガントな身のこなし　〔スマート〕(形動)▽スマートにエスコートする▽スマートな会話▽従来の解釈にとらわれないスマートな演出

使い分け【1】どの語もそれぞれ、人、物事の魅力的なさまを表わす。「シック」は、派手ではなく、落ち着いた魅力があるさま。装い、インテリアなど、本人の趣味性が発揮される分野でいうことが多い。【2】「エレガント」は、上品で優美なさま。育ちの良さ、環境などによって身についた女性の魅力に多くいう。「エレガントなスポーツ」などと、様式のあるものに使うこともある。【3】「スマート」は、現代風ですっきりとあかぬけ、気のきいているさま。また、「スマートな青年」のように、姿のすらりとして恰好（かっこう）が良いさまや、動作、行動などの手ぎわの良いさまにもいう。

参照▼スマート⇒001-33

2 06-05 粋（いき）／お洒落（しゃれ）

【関連語】◆（小粋）こいき

共通する意味★洗練された美しさを持っていること。また、そのさま。**【英】** *smart*

使い方▼〔粋〕(名・形動)▽着こなしが粋だ▽粋な人▽庭のつくりが粋だ▽粋な計らい　〔お洒落〕(名・形動)▽お洒落な女性▽妹はとてもお洒落だ

使い分け【1】「粋」は、容姿、身なり、態度などが洗練されていて、魅力的なさま。ある種の色気を感じさせるような場合にいう。【2】「お洒落」は、身なり、化粧などを美しくしようとすること。また、そのさま。

【関連語】◆（小粋）(形動)どことなく洗練されているさま。「小粋な装い」

参照▼お洒落⇒404-07

2 06-06 楚楚（そそ）／清楚（せいそ）

【関連語】◆（瀟洒）しょうしゃ

共通する意味★飾り気がなく、清らかなさま。**【英】** *pure and beautiful*

使い方▼〔楚楚〕(形動たる・と)▽楚々とした令嬢▽楚々たる風情　〔清楚〕(形動)▽清楚な女子学生▽清楚な服装▽清楚な花

使い分け「楚楚」は、多く、若い女性の清らか、可憐（かれん）で奥ゆかしさが感じられるさまにいう。やや古めかしく、「清楚」の方が一般的。

【関連語】◆（瀟洒）(形動)飾り気がなく、すっきりしてあかぬけているさま。人間を表わす語を直接形容することはあまりない。「蕭洒」「瀟灑」とも書く。「瀟洒な家」「瀟洒な礼服姿の紳士」

2 06-07 美しい（うつく）／麗しい（うるわ）／きれい

【関連語】◆（美麗）びれい◆（秀麗）しゅうれい◆（端麗）たんれい◆（流麗）りゅうれい◆（壮麗）そうれい

共通する意味★姿・形・色・音などが、整っていて鮮やかで快く感じられるようなさま。**【英】** *beautiful; graceful*

使い方▼〔美しい〕(形)▽美しい声で鳥がさえずる▽奥様はいつもお美しくていらっしゃいますね　〔麗しい〕(形)▽麗しい乙女▽麗しい花　〔きれい〕(形動)▽花がきれいに咲きそろった▽彼の娘はきれいだ

	□女性	□雪景色	□師弟愛	字を□書く
美しい	○	○	○	-く○
麗しい	○	－	○	-く－
きれい	-な○	-な○	-な－	-に○

使い分け【1】「美しい」が最も一般的だが、日常の話し言葉に限っては、「きれい」のほうがよく使われる。「麗しい」は、やや古めかしく、文章語的。「きれい」は、「綺麗」「奇麗」と当てる。【2】「美しい」は、「美しい行い」「美しい友情」のように、人の行為や態度にもいう。【3】「麗しい」は、「御機嫌麗しい」のように、晴れ晴れとしていい意や、「麗しい友情」のように、心あたたまるさまの意にも用いられる。【4】「きれい」は、「澄んだきれいな水」のように、汚れがなくて清潔なさまや、「きれいに平らげる」「きれいに忘れる」のように、残りの全くないさまにも用いられる。

【関連語】◆（秀麗）(名・形動)他より整っていて、すぐれて美しいさま。文章語。「眉目（びもく）秀麗な若者」「秀麗な富士の姿」◆〔端麗〕(名・形動)容姿や形が整っていて、美しいさま。多く、女性にいう。「容姿端麗な女性」◆〔美麗〕(名・形動)はでで、かつ美しく整っているさま。文章語。「美麗な装飾」「美麗な人」◆〔流麗〕(名・形動)詩や文章、音楽などがよどみなく美しいさま。文章語。「流麗な書体」「流麗な笛の調べ」◆〔壮麗〕(名・形動)規模が大きくて、立派で美しいさま。文章語。「壮麗な建築」「壮麗な富士の山」

参照▼きれい⇒810-29

2 06-08 見目麗しい(みめうるわしい)／見目よい(みめよい)

共通する意味★顔かたちが美しい。【英】*good-looking*

使い方▼〔見目麗しい〕(形)▽見目麗しい乙女▽見目麗しく情けのある女性 〔見目よい〕(形)▽見目よく、気立てもよい娘

使い分け「見目麗しい」「見目よい」ともに、古風な言い方。外から見て「麗しい」、また「よい」の意であるから、内面を形容する表現と対になって用いられることが多い。ふつう女性にいう。

2 06-09 優雅(ゆうが)／優美(ゆうび)／みやびやか

【関連語】◆〔みやび〕

共通する意味★上品で美しいさま。【英】*elegance; grace*

使い方▼〔優雅〕(名・形動)▽優雅な装い▽優雅に暮らす 〔優美〕(名・形動)▽優美な物腰▽優美な姿を誇る富士山 〔みやびやか〕(形動)▽みやびやかな調度▽みやびやかな蹴鞠(けまり)の遊び

使い分け【1】「優雅」が、三語のうち最も一般的。ゆったりとしていて、日常生活のわずらわしさを感じさせないさまにいう。【2】「優美」は、姿、形や動作などが落ち着いていて上品なさまにいう。【3】「みやびやか」は、文章語的。古風で上品なさまをいう。「雅やか」とも書く。

反対語▼優雅⇔粗野

【関連語】◆〔みやび〕(名・形動)上品で優雅なこと。文章語。「雅」とも書く。「みやびな言葉」「みやび心」

2 06-10 あでやか／妖艶(ようえん)

【関連語】◆〔艶麗〕(えんれい)◆〔豊麗〕(ほうれい)◆〔婉然〕(えんぜん)◆〔妖美〕(ようび)

共通する意味★(女性が)上品でなまめかしく、美しいさま。【英】*fascinating; voluptuous*

使い方▼〔あでやか〕(形動)▽あでやかな姿▽あでやかに舞う 〔妖艶〕(名・形動)▽妖艶な女性▽妖艶な美しさ

使い分け【1】「あでやか」は、華やかなさまにいう。【2】「妖艶」は、男性をまどわさんばかりにあやしいほどなまめかしく美しいさま。上品であるか否かは、問題にはならない。「あでやか」よりは、書き言葉的。

【関連語】◆〔艶麗〕(名・形動)「艶麗な婦人」のように、女性のなまめかしさの形容に使われるだけでなく、「艶麗な文章」のように、はなやかで美しいさまにも用いられる。文章語。◆〔豊麗〕(名・形動)肉づきがよくて美しいさま。文章語。「豊麗な仏像」「豊麗な体を横たえる」◆〔婉然〕(形動たる・と)しとやかで美しいさま。文章語。「婉然たる令夫人」「婉然とほほえむ」◆〔妖美〕(名・形動)あやしく不思議な美しさ。文章語。「妖美を漂わせた女性」

2 06-11 セクシー／セクシュアル

【関連語】◆〔性的〕(せいてき)

共通する意味★異性の性欲を刺激するようなさま。

使い方▼〔セクシー〕(形動)▽セクシーな声でささやく▽スポーツ選手のユニフォーム姿はセクシーだ▽セクシーポーズ 〔セクシュアル〕(形動)▽セクシュアルな装い▽セクシュアルハラスメント

使い分け【1】いずれも、男女ともに使われる。【2】「セクシー」は、異性の性欲を刺激するような魅力のあるさま。

【関連語】◆〔性的〕(形動)性に関するさま。「性的衝動」

2 06-12 なまめかしい／色(いろ)っぽい／あだっぽい／あだ

【関連語】◆〔コケットリー〕◆〔コケティッシュ〕

共通する意味★女性の身振り、しぐさや表情に、性的な魅力があるさま。【英】*coquettish*

使い方▼〔なまめかしい〕(形)▽湯上がりのなまめかしい姿▽腰を振ってなまめかしく歩く 〔色っぽい〕(形)▽うなじが色っぽい▽色っぽい流し目 〔あだっぽい〕(形)▽あだっぽい浴衣姿▽あだっぽい目つき 〔あだ〕(形動)▽あだな着流し▽あだな年増

使い分け【1】「なまめかしい」「色っぽい」が、一般的に用いられる。「あだっぽい」「あだ」は、やや古めかしい言い方である。【2】「なまめかしい」が、主に動作全体をとらえていう場合が多いのに対し、「色っぽい」は、口元、目つきなど、表情の部分的なところを取り上げていうことができる。性的魅力の度合いは、「なまめかしい」の方が大きい。【3】「色っぽい」は、「色っぽい声」など、男性についていうこともある。【4】「あだっぽい」は、やや俗な言い方。「婀娜っぽい」「仇っぽい」と当てる。【5】「あだ」には、粋(いき)な感じも含まれる。「婀娜」「仇」と当てる。

【関連語】◆〔コケットリー〕男性をひきつけるような女性のなまめかしい態度や物腰。「彼女はコケットリーのある人だ」◆〔コケティッシュ〕(形動)コケットリーがあるさま。「コケティッシュな女性」

2 06-13 肉感的(にっかんてき)／グラマー

共通する意味★肉体が豊満で、性的な魅力があるさま。【英】*glamor*

使い方▼〔肉感的〕(形動)▽肉感的な女優　〔グラマー〕(名・形動)▽グラマーで声量豊かな歌手▽妹は裸になると案外グラマーだ

使い分け 二語とも、多く、女性にいう。「肉感的」は、「グラマー」よりも書き言葉的。

2 06-14 色(いろ)めく／つやめく／なまめく

共通する意味★性的に華やかな雰囲気が出る。【英】*to become amorous*

使い方▼〔色めく〕(カ五)▽娘も急に色めいてきた　〔つやめく〕(カ五)▽つやめいた話　〔なまめく〕(カ五)▽なまめいたしぐさに心をそそられる

使い分け【1】「色めく」は、「犯人逮捕の報に署内が色めいた」のように、緊張、興奮した様子になる意で使われることの方が多い。【2】「つやめく」は、円熟した色気が感じられる意。【3】「なまめく」は、女性がしぐさや表情などに性的魅力を見せる意。【4】「つやめく」「なまめく」は、「艶めく」とも書く。

2 06-15 華(はな)やか／きらびやか／絢爛(けんらん)／華麗(かれい)／華美(かび)

【関連語】◆(華華しい)はなばなしい◆(はで)◆(はでやか)◆(美美しい)びびしい

共通する意味★際立って、明るく美しいさま。【英】*gorgeous*

使い方▼〔華やか〕(形動)▽華やかなステージ▽華やかな生涯　〔きらびやか〕(形動)▽きらびやかな装い▽舞台をきらびやかに飾り立てる　〔絢爛〕(形動たる・と)▽絢爛と咲きほこるボタンの花▽絢爛たる文章▽豪華絢爛　〔華麗〕(形動)▽華麗な演技▽華麗に踊るダンサー　〔華美〕(形動)▽華美な服装▽華美を競う

	［］舞台衣装	［］着飾る	［］パーティー	生活が［］流れる
華やか	ーな○	ーに○	ーな○	ーにー
きらびやか	ーな○	ーに○	ーな△	ーにー
絢爛	ーたる○	ーと△	ーたる○	ーとー
華麗	ーな○	ーに○	ーな△	ーにー
華美	ーな○	ーに△	ーな△	ーに○

使い分け【1】「華やか」は、花が鮮やかに咲いているさまを表わすところから。好ましい気持ちを伴って、最も一般的に用いられる。【2】「きらびやか」は、輝くほどに美しいさまをいう。「華やか」よりも、より美しいさまにいう。【3】「絢爛」は、まぶしいほど美しいさまをいう。詩や文章などの字句が美しいさまにも用いられる。話し言葉ではあまり用いられない。【4】「華麗」は、明るく美しいさま。演技や踊りなど、動作を修飾する場合にも用いられる。【5】「華美」は、色彩が美しいさまをいう。また、「華美な調度品」「華美を極める」のように、はででぜいたくなさまの意でも用いられる。「花美」とも書く。文章語。

【関連語】◆(はで)(形動)目立ってはなやかなさま。「派手」と当てる。「はでな顔立ち」「はでな色」「はで好き」◆(はでやか)(形動)人目を引くほどはなやかなさま。「派手やか」と当てる。「はでやかな身なり」「はでやかに装う」◆(華華しい)(形)人目をひく活躍にいい、美しさを形容するものではない。「華々しくデビューする」「華々しい活躍」◆(美美しい)(形)はなやかで美しい。「美々しいいでたち」「美々しく飾り立てる」

参照▼華美⇒501-21　はで⇒501-21

2 06-16 洗練(せんれん)／垢抜(あかぬ)ける

【関連語】◆(ソフィスティケート)

共通する意味★不用なものや不純なものを省いて、より優れたものへと磨き上げること。【英】*to sophisticate*

使い方▼〔洗練〕スル▽洗練された紳士▽洗練された表現▽人間国宝の洗練された芸　〔垢抜ける〕(カ下一)▽長い都会生活ですっかり垢抜ける▽垢抜けた服装▽垢抜けた文体

使い分け「洗練」は、「洗練された」の形で名詞を修飾する場合が多い。

【関連語】◆(ソフィスティケート)スル都会的でしゃれていること。「ソフィスティケートされた文体」

2 06-17 貧弱(ひんじゃく)／貧相(ひんそう)／みすぼらしい

【関連語】◆(ちゃち)◆(ぼろい)

共通する意味★貧しそうで見劣りがするさま。【英】*coarse; inferior*

使い方▼〔貧弱〕(名・形動)▽貧弱な体格の男▽この家は玄関が貧弱だ　〔貧相〕(名・形動)▽貧相な顔▽この服では貧相にみえる　〔みすぼらしい〕(形)▽みすぼらしいかっこう▽外見はみすぼらしくても、中身は立派だ

	［］服	［］施設	［］内容	［］体つき
貧弱	ーな△	ーな○	ーな○	ーな○
貧相	ーな△	ーなー	ーなー	ーな○
みすぼらしい	○	○	ー	ー

使い分け【1】「貧弱」は、大きさや内容が非常に劣っていること。「語彙(ごい)が貧弱」「貧弱な資源」のように、乏しいの意でも使われる。【2】「貧相」は、貧乏らしい顔つきやさまにいう。【3】「みすぼらし

い」は、外見が非常に劣って見えるさま。【関連語】◆（ちゃち）(形動)「粗末」「見すぼらしい」の意の俗語。「ちゃちな品物」「造作がちゃちだ」◆（ぼろい）(形)「粗末」の意の俗語。「故障ばかりしているぼろい車」「兄のおさがりのぼろいかばん」

207…能力

207-01 能力（のうりょく）／才能（さいのう）／力量（りきりょう）

【関連語】◆（能）（のう）◆（才）（さい）

共通する意味★物事をなしとげることのできる力。【英】*ability; capacity*

使い方▼〔能力〕▽自分の能力を試す▽この仕事を任せるには能力が足りない▽運動能力　〔才能〕▽絵の才能がある▽隠れていた才能が花開いた▽人を見抜く才能　〔力量〕▽力量が試される▽人を使う力量▽力量の差

	指導者としての□	□に恵まれる	□を発揮する	□を生かせる仕事
能力	○	○	○	○
才能	○	○	○	○
力量	○	-	△	-

使い分け【1】「能力」が最も幅広く使われる。他の二語と違い、人間以外の機械などについても使える。【2】「才能」は、「音楽の才能」「語学の才能」など、ある特定のものについていうことが多い。【3】「力量」は、物事をなしとげる力の程度をいう。

【関連語】◆（能）よく事をなしうる力。「能がない」の形で用いられることが多い。「泣く以外に能はないのか」「能ある鷹（たか）は爪（つめ）を隠す」◆（才）すぐれた能力、資質。「天賦の才がある」「才に溺（おぼ）れてはいけない」

207-02 器量（きりょう）／度量（どりょう）

共通する意味★能力や性質からみた、人間の大きさ。

使い方▼〔器量〕▽指導者としての器量に欠ける▽上に立つ者としての器量を備える　〔度量〕▽彼を許せるほどの度量はない▽度量の大きな人

使い分け【1】「器量」は、ある物事を成し遂げる能力、才能。技術的能力と人徳を合わせた意味合いで使う。【英】*ability; capacity*【2】「度量」は、人の言動を受け入れようとする心、また、そのような性質。【英】*magnanimity*【3】「器量」には、「器量好（よ）し」などのように、（主として女性の）顔立ち、容色の意もある。

207-03 才気（さいき）／才知（さいち）／才覚（さいかく）／知力（ちりょく）

共通する意味★優れた頭の働き。【英】*talent*

使い方▼〔才気〕▽目に才気が輝いている▽才気煥発（かんぱつ）（＝才気が盛んに現れること）▽才気走る　〔才知〕▽才知優れた少年▽才知に乏しい▽才知に長（た）ける　〔才覚〕▽才覚で一家を構えた▽才覚をめぐらす▽才覚がある▽才覚に乏しい　〔知力〕▽知力をふりしぼって難問に取り組む▽受験は知力と体力の勝負だ

使い分け【1】「才気」は、鋭い頭脳の働き、「才知」は、心の働き、「才覚」は、ひらめきのあるすばやい頭の働きをいう。【2】「才覚」は、現実的なことに使われる場合が多く、経済のやりくりの意でも用いられる。【3】「知力」は、体力や意力などに対して知恵の働きをいう。

207-04 万能（ばんのう）／オールマイティー／オールラウンド

共通する意味★あらゆることに優れていること。【英】*omnipotence*

使い方▼〔万能〕(名・形動)▽スポーツは万能だ▽万能選手　〔オールマイティー〕▽オールマイティーの彼に、任せておけば安心だ　〔オールラウンド〕(名・形動)▽オールラウンドに力を発揮する▽オールラウンドプレーヤー（＝攻撃にも守備にも優れ、欠点のない選手）

使い分け「万能」「オールマイティー」は、なんでもよくできること。「オールラウンド」は、多方面にわたってひととおりできること。

207-05 有能（ゆうのう）／敏腕（びんわん）／辣腕（らつわん）

共通する意味★物事を処理する能力が優れていること。【英】*competence*

使い方▼〔有能〕(名・形動)　〔敏腕〕(名・形動)

	□刑事	秘書として□だ	□をふるう	□をもって汚職を暴く
有能	○-な	○	-	-
敏腕	○-な	-	○	△
辣腕	○-の	-	○	○

使い分け【1】「有能」は、事にあたって役に立つ才能のあること。職業人としていう場合が多い。【2】「敏腕」「辣腕」は、「有能」よりもっと具体的で、事にあたっての処理のしかたがてきぱきとしていることをいう。「敏腕」は、腕ききらしく活発でそつなく仕事のできるさま。「辣腕」は、やり方が多少乱暴でも、きびしく、解決能力が強いさまにいう。

反対語▼有能⇔無能　敏腕⇔鈍腕

207-06 小量（しょうりょう）／小器（しょうき）

共通する意味★人間としての度量が小さいこと。**【英】** *small-mindedness*

使い方▼〔小量〕▽小量な人間には大役は任せられない　〔小器〕▽小器の人にはまとめ役はつとまらない

使い分け「小量」は、能力や才能が乏しいこと。「小器」は、人間としての器量、スケールが小さいこと。

反対語▼小量⇔大量　小器⇔大器

207-07 生まれつき（うまれつき）／生まれながら（うまれながら）／生来（せいらい）

【関連語】◆（先天的）せんてんてき◆（生得）せいとく

共通する意味★生まれたときから備わっていること。また生まれたときから、ある性格、能力などを持ち続けていること。**【英】** *by nature*

使い方▼〔**生まれつき**〕（名・副）▽彼は生まれつき体が弱い▽気の強さは**生まれつき**だ　〔**生まれながら**〕（副）▽**生まれながら**にして才能を備えた芸術家▽**生まれながら**の性格は変わらない　〔**生来**〕（名・副）▽**生来**慌て者でよく物を忘れる▽父は**生来**の頑固者だ▽彼女の**生来**のやさしさにひかれた

	［ ］の怠け者	［ ］無器用だ	性格が悪いのは［ ］だ	ごまかしは［ ］嫌いだ
生まれつき	○	○	○	○
生まれながら	○	△	-	-
生来	○	○	-	○

使い分け【1】「生まれつき」は、「無器用なのは生まれつきだ」のように、そのままの形で述語として用いられるが、「生まれながら」「生来」は、「生まれながらのものだ」「生来のものだ」の形で用いられる。【2】「生来」は、生まれてから今までの意で、「私は生来貧乏というものを知らない」のようにも用いる。性格を強調するときは「性来」とも書く。

【関連語】◆（先天的）（形動）生まれたときから備わっているさま。⇔後天的。「彼女の声のよさは先天的なものだ」◆（生得）「生まれつき」の意の文章語。「しょうとく」とも。「彼の頭脳明晰めいせきは生得のものといえる」

207-08 天賦（てんぷ）／天稟（てんぴん）／天性（てんせい）／天分（てんぶん）

【関連語】◆（天資）てんし◆（稟性）ひんせい

共通する意味★ある才能や性質を生まれながらに持っていること。また、その才能や性質。**【英】** *a natural gift*

使い方▼〔天賦〕▽天賦の美声▽天賦の権利　〔天稟〕▽彼は天稟の音楽家だ▽天稟の才に磨きがかかる　〔天性〕▽センスのよさは天性のものだ▽天性おっとりしている▽明るさは彼の天性だ　〔天分〕▽天分を生かせる職業▽すぐれた天分が花開く

	［ ］の才能	彼女の明るさは［ ］のものだ	すぐれた［ ］	［ ］に恵まれる	［ ］を生かす
天賦	○	○	-	-	-
天稟	○	○	○	○	○
天性	○	○	△	-	○
天分	-	-	○	○	○

使い分け【1】「天賦」「天分」は、天の分け与えたものの意で、後から身につけたものではなく、身に備わっている性質や才能。「天稟」は、天からうけるの意。【2】「天性」は、生まれつきの性質のこと。副詞的にも用いる。「天成」とも書く。

【関連語】◆（天資）生まれながらの資質。あまり一般的ではない。「天資英明」◆（稟性）持って生まれた才能や性質。多く、優れたものにいう。「稟性の気品を備えている」「音楽的才能は稟性のものだ」

207-09 天才（てんさい）／偉才（いさい）／奇才（きさい）／鬼才（きさい）

【関連語】◆（異能）いのう

共通する意味★優れた才能。また、その持ち主。**【英】** *a genius*

使い方▼〔天才〕▽天才の夭折ようせつを惜しむ▽天才ピアニスト▽天才的　〔偉才〕▽偉才の少年▽大した偉才だ　〔奇才〕▽天下の奇才▽奇才の名をほしいままにする　〔鬼才〕▽日本画壇の鬼才

使い分け【1】どの語もすぐれた才能、また、才人の意。「天才」は生まれつき備わっている優れた才能、「偉才」は人並みはずれた才能、「奇才」は世にまれな才能、「鬼才」は非凡で人間とは思われないほどの才能であることをいうが、実際には意味・用法の相違はあまりない。【2】「偉才」は「異才」とも書く。

【関連語】◆（異能）他の人にない特別な才能。文章語。「恐るべき異能の持ち主だ」「異能力士りきし」

参照▼天才⇒305-09

207-10 世知（せち）／世才（せさい）／俗才（ぞくさい）

共通する意味★世の中をうまく渡る知恵。**【英】** *worldly wisdom*

使い方▼〔世知〕▽若いくせに世知に長たけている人　〔世才〕▽学者はとかく世才にうとい▽世才がなくては世渡りは難しい▽世才に長ける　〔俗才〕▽苦労したらしく俗才だけは身につけている

使い分け三語の中では、「世知」が最も一般的に使われる。

207-11 無才(むさい)／非才(ひさい)／不才(ふさい)

【関連語】◆(凡才)ぼんさい

共通する意味★才能がないこと、また、とぼしいこと。【英】*incapacity*

使い方▼〔無才〕▽無才の人▽無学無才の輩(やから)〔非才〕▽非才を顧みず大役を引き受ける　〔不才〕▽身の不才を顧みず大任を負う▽身の不才を嘆く

使い分け【1】いずれも古風な言い方で、特に「不才」は現代語としては、ほとんど使わない。【2】「非才」は、自分の才能をへりくだっていう場合にも使う。【3】「非才」は、「浅学非才」など「菲才」と書くこともある。

【関連語】◆(凡才)平凡な才能。また、その持ち主。「凡才しか持ち合わせていない男」

207-12 無能(むのう)／無能力(むのうりょく)／非力(ひりき)

共通する意味★能力がないこと、また、乏しいこと。【英】*incompetence*

使い方▼〔無能〕(名・形動)▽無能な上司▽外交官としては無能だ　〔無能力〕(名・形動)▽自分の無能力を示す結果に終わった▽政府の無能力ぶりを非難する　〔非力〕(名・形動)▽非力ではあるが、全力をつくす▽非力を思い知らされる

使い分け【1】「無能」は、能力、才能のない人のこともいう。【2】「非力」は、体力、腕力、実力、力量などが乏しいことをいう。「ひりょく」ともいう。

反対語▼無能⇔有能

207-13 技術(ぎじゅつ)／技能(ぎのう)／技巧(ぎこう)／技量(ぎりょう)／テクニック

共通する意味★物事を行ったり扱ったりする方法や腕前。【英】*technique*

使い方▼〔技術〕▽時計修理の技術を学ぶ▽運転技術　〔技能〕▽技能を磨く▽技能賞　〔技巧〕▽技巧をこらす▽技巧的　〔技量〕▽技量を発揮する　〔テクニック〕▽テクニックを教える▽高級テクニック

	洗練された□	レイアウトの□を持った人	□を凝らした文	□がある人
技術	○	○	-	○
技能	○	○	-	-
技巧	○	-	○	-
技量	○	-	-	-
テクニック	○	△	△	○

使い分け【1】「技術」は、自動車の運転などのように、物事を取り扱ったり、処理したりする方法や手段、手順をいう。また、「技術の粋を尽くす」「技術革新」のように、科学理論を実際に応用し、人間生活に役立てる手段の意もある。【2】「技能」は、物事を行う腕前、わざ。【3】「技巧」「テクニック」は、物事を取り扱う方法、腕前にすぐれていること。ダム建設のような規模の大きなものについてはあまり使われない。【4】「技量」は、あまり具体的でない漠然とした能力。「技倆」とも書く。

207-14 腕(うで)／腕前(うでまえ)／手並み(てなみ)／技(わざ)／手腕(しゅわん)

【関連語】◆(手の内)てのうち◆(妙手)みょうしゅ◆(手際)てぎわ◆(手練)てれん◆(凄腕)すごうで

共通する意味★物事をうまくやりこなす力、能力。【英】*ability; skill*

使い方▼〔腕〕▽腕のいい職人▽腕を上げる　〔腕前〕▽達者な腕前▽彼の料理の腕前は大したものだ　〔手並み〕▽お手並み拝見　〔技〕▽高度な技を披露(ひろう)する▽技を競う　〔手腕〕▽外交にすぐれた手腕を発揮する▽手腕家

	すぐれた□を見せる	料理の□を自慢する	□を発揮する	□を磨く	政治的□のある人
腕	○	○	○	○	-
腕前	○	○	△	△	-
手並み	○	○	-	-	-
技	○	-	○	○	-
手腕	○	-	○	-	○

使い分け【1】「腕」「腕前」は、ほぼ同じように使われる。【2】「手並み」は、他人が評価する語で、「私の手並み」とはいえない。【3】「腕」「腕前」「手並み」「手腕」は、その分野での能力をさすのに対して、「技」は、具体的な技術をさす。【4】「手腕」は、特に政治的な力、才能を表わす。

【関連語】◆(手の内)その人の技量の程度。「手の内拝見」「敵に手の内を見せる」◆(妙手)すぐれた腕前。また、その持ち主。「舞の妙手」◆(手際)物事を処理する能力。「手際よく処理する」「手際が悪い」◆(手練)人をだます技巧や手段。手管(てくだ)。「手練手管を用いてだます」◆(凄腕)普通ではできないようなことをやってのける才能。「会社経営にすご腕をふるう」

参照▼腕⇒008-02　手の内⇒008-06 208-23　妙手⇒305-03　手練⇒812-02

207-15 腕利き(うでき)／腕達者(うでだっしゃ)／腕っこき(うでっこき)

【関連語】◆(手練)てだれ◆(手利き)てきき

共通する意味★物事をうまくやりこなす力にたけていること。また、その人。【英】*skillful*

使い方▼〔腕利き〕▽腕利きの大工▽あの刑事は腕利

きだ 〔腕達者〕(名・形動)▽腕達者な左官 〔腕っこき〕▽腕っこきの職人

使い分け いずれも職人などの技量がすぐれていることをいう。「腕っこき」は、やや俗語的。

【関連語】◆**(手練・手利き)**腕前がすぐれていること。やや古めかしい語。「てだれの剣士」「名うての手利き」

207-16 器用(きよう)／小器用(こぎよう)／手まめ(てまめ)

【関連語】◆**(不器用)**(ぶきよう)◆**(ぶきっちょ)**

共通する意味★うまい具合に物事を処理するさま。工作、芸事などをうまくこなすさま。

使い方▼**〔器用〕**(形動)▽手先の器用な人▽器用貧乏 **〔小器用〕**(形動)▽小器用にまとめた文章▽小器用な人 **〔手まめ〕**(名・形動)▽手まめな人

使い分け【1】「小器用」は、ちょっと器用なさまの意で、ひととおりはうまくこなすさまをいう。そのことをあまり高く評価していない場合に用いる。【2】「器用」「小器用」には「世の中を器用に泳ぐ」「小器用に立ち回る」のように、要領よく立ち回るさまの意もある。**【英】** *clever (at)*(器用な)【3】「手まめ」は、手先が器用であるさまの意のほかに、「手まめに手入れをする」のように労をいとわないで手先を動かすさまの意もある。

【関連語】◆**(不器用)**(名・形動)器用でないこと。手際の悪いこと。「無器用」とも書く。**【英】** *clumsy*(不器用な)「不器用な手つき」「不器用な性格」◆**(ぶきっちょ)**(名・形動)「不器用」の変化した語。やや俗語的。

207-17 十八番(じゅうはちばん)／おはこ／売り物(うりもの)／お家芸(おいえげい)

【関連語】◆**(お株)**(おかぶ)◆**(お手の物)**(おてのもの)

共通する意味★得意としている、また、とっておきの事柄や芸。**【英】** *one's best performance*

	あの歌が彼の□だ	彼女の□は泣きおとしだ	故障しないのが□です	日本の□ともいえる柔道
十八番	○	○	-	-
おはこ	○	○	-	-
売り物	△	-	○	-
お家芸	-	△	-	○

使い分け【1】「十八番」は、江戸歌舞伎(かぶき)の市川家の得意とした「歌舞伎十八番」から出た語。また、「おはこ」は、その台本を箱入りで保存したことからともいい、「十八番」とも書く。【2】「売り物」は、その人が得意とし看板としている芸。また、他に対して自分の得意なこととしてアピールできる事柄。【3】「お家芸」は、「歌舞伎十八番は市川家のお家芸だ」のように、その家に古くから伝えられ、得意としている独特の芸の意でも用いられる。

【関連語】◆**(お株)**その人の得意とすること。「人のお株を奪う」「お株を取られる」◆**(お手の物)**手慣れていて、たやすくできること。また、得意のわざ。「コンピュータならお手の物だ」

参照▼売り物⇒420-10

207-18 特技(とくぎ)／専売特許(せんばいとっきょ)／得手(えて)

共通する意味★自分が得意とする技。**【英】** *one's special skill*

	あなたの□は何ですか？	カラオケは彼の□だ	走るのは□ではない	変わった□の持ち主
特技	○	○	-	○
専売特許	○	○	-	-
得手	○	-	○	-

使い分け「特技」が一般的に使われる。「専売特許」は、特別の技能や技術のこと。特に「専売特許」は、他の追随を許さないものをいう。「得手」は、ある方面に巧みであることもいう。

反対語▼得手⇔不得手

207-19 上達(じょうたつ)／熟練(じゅくれん)／熟達(じゅくたつ)／円熟(えんじゅく)／習熟(しゅうじゅく)

【関連語】◆**(老練)**(ろうれん)

共通する意味★繰り返し練習して巧みになること。**【英】** *progress; proficiency*

使い方▼**〔上達〕**スル▽ピアノが上達した▽上達が速い **〔熟練〕**スル▽熟練を要する仕事▽熟練工 **〔熟達〕**スル▽仕事に熟達する▽熟達者 **〔円熟〕**スル▽円熟した演技▽円熟の境地▽画家としての円熟期を迎える **〔習熟〕**スル▽機械の取り扱いに習熟する▽英語に習熟する

使い分け【1】「上達」が「…が上達する」の形で使われるのに対して、「習熟」は「…に習熟する」の形で使われる。【2】「熟練」「熟達」は、特に専門的な技能に関して、よくなれて、巧みなことをいう。【3】「円熟」は、技芸や人格などについていうことが多い。

【関連語】◆**(老練)**(名・形動)経験を積んで巧みになること。「老練なかけひき」

207-20 下手(へた)／まずい／つたない

【関連語】◆**(へぼ)**◆**(下手くそ)**(へたくそ)◆**(からっ下手)**(からっぺた)◆**(稚拙)**(ちせつ)

共通する意味★物事に巧みでないこと。**【英】** *unskillful*《形》

使い方▼**〔下手〕**(名・形動)▽下手の横好き **〔まずい〕**(形)▽教え方がまずい **〔つたない〕**(形)▽つたない文章

	□字を書く	やり方が□	あいつは絵が□	嘘(うそ)をつくのが□
下手	-な○	-だ○	-だ○	-だ○
まずい	○	○	-	-
つたない	○	-	-	-

使い分け【1】「下手」が、一番用法が広く、一般的に用いられる。【2】「まずい」は、その人の技術や能力についてではなく、手段・方法についていうことが多い。また、「まずい絵」など、具体的な物の出来映えについても使う。また、具合が悪い、不都合である意もある。「まずい事態になる」「不味い」と当てる。【3】「つたない」は、具体的な技術や能力について、謙遜(けんそん)していうことが多い。「拙い」とも書く。

反対語▼下手⇔上手　まずい⇔うまい　つたない⇔巧み

【関連語】◆(へぼ)(名・形動)技量が下手なことをいう俗語。「あいつの将棋はへぼだ」「この、へぼ！」◆(下手くそ)(名・形動)「下手(へた)」に軽蔑の意を込めて言う俗語。また、その人をののしっていう語。「下手くそな文章」「この下手くそ！」◆(からっ下手)(名・形動)「下手(へた)」を強めていう俗語。「字はからっ下手だ」◆(稚拙)(形動)子供っぽくて、つたないさま。「稚拙な字」「稚拙極まりない」

参照▼つたない⇒207-21

207-21 つたない／ふつつか／不肖(ふしょう)

共通する意味★人や物事などが、あるべき姿より良くないさま。**【英】***inexperienced*

使い方▼〔つたない〕(形)▽先生の足元にも及ばぬつたない弟子です▽技術はつたない　〔ふつつか〕(形動)▽ふつつかな娘ですが、よろしくお願いします▽ふつつかな司会で申し訳ありません▽ふつつか者　〔不肖〕(名・形動)▽不肖私が、会長の栄を担うこととなりました▽不肖ながら誠心誠意努力いたします

使い分け【1】三語とも、自分または身内の人間を謙遜(けんそん)していうときに多く使う。【2】「つたない」は、能力や品格が劣って愚かなさま。また、下手だという意で多く使う。やや文語的に、「武運つたなく戦死する」のように、不運だという意に使うこともある。「拙い」とも書く。【3】「ふつつか」は、配慮が十分でない、物事を十分処理できない意で使う。「不束」と当てる。【4】「不肖」は、父や師に肖(に)ず才能がなくて愚かな(子供・弟子)という意。「不肖の子」のように使う。

参照▼つたない⇒207-20　不肖⇒320-25

207-22 不得意(ふとくい)／不得手(ふえて)／苦手(にがて)

共通する意味★あることに熟達していないこと。また、自信がないこと。**【英】***weak*

使い方▼〔不得意〕(名・形動)▽不得意な科目▽暗算は不得意だ　〔不得手〕(名・形動)▽体操は不得手だ　〔苦手〕(名・形動)▽泳ぎは苦手だ▽苦手な教科

使い分け【1】「不得意」と「不得手」とは、意味はほぼ同じだが、「不得意」の方が日常的によく使われる。【2】「苦手」には、「あいつはどうも苦手だ」のように、自分と気が合わず扱いにくい相手、また、そういう相手であるさまの意もある。

反対語▼不得意⇔得意　不得手⇔得手

207-23 下地(したじ)／素地(そじ)

共通する意味★物事をなす基礎となるもの。**【英】***a grounding*

使い方▼〔下地〕▽若いころ習った下地があるから上達が早い▽事業の下地はできている　〔素地〕▽音楽家としての素地がある▽交渉の素地をつくる

使い分け「下地」の方が日常一般的に用いられることが多い。また、生まれながらの素質という意味合いは「素地」の方が強い。

参照▼下地⇒201-05

207-24 素養(そよう)／嗜み(たしな)／心得(こころえ)

共通する意味★教養や技芸などをひと通り身につけていること。**【英】***accomplishments*

	茶道の□がある	剣術の□がある	英会話の□がある	漢文の□がある
素養	○	○	○	○
嗜み	○	-	-	-
心得	○	○	○	-

使い分け「心得」は、ひと通り身につけていることをいうが、「素養」は、ひごろからの練習や努力によって身につけたものをいう。「嗜み」は、「嗜み程度にはできる」のように、芸事などを好きで親しんで身につけている場合にいう。

207-25 知識(ちしき)／常識(じょうしき)／良識(りょうしき)

共通する意味★知っている事柄や人間として備えているべき事柄。

使い方▼〔知識〕▽海外旅行をして外国についての知識を深める▽印刷に関する知識が豊富だ▽知識人▽知識欲　〔常識〕▽常識がない人▽目上の人には敬語を使うのが常識だ▽常識はずれ▽非常識▽常識的に考えなさい　〔良識〕▽彼の良識を疑う▽良識ある行動▽諸君の良識に訴えたい

使い分け【1】「知識」は、経験や学習により、あることについて知りえた一般的な事柄をいう。【2】「常識」は、一般の人間が当然わきまえているべき事柄や判断。**【英】***common sense*【3】「良識」は、

「常識」に、より知的で高度な判断が加わったもの。【英】*good sense*

207-26 知能／頭脳

共通する意味★頭のはたらき。【英】*intellect*

使い方▼〔知能〕▽イルカは知能が高い▽知能が非常に発達した子供▽知能指数▽知能テスト　〔頭脳〕▽頭脳が明晰な人▽頭脳流出(＝すぐれた学者が海外に出ていくこと)

使い分け【1】「頭脳」は、脳、また、その働きをいう。また、頭の働きのすぐれた人をもいう。【2】「知能」は、頭の働きをいうが、「頭脳」よりも具体的な、働きの質を問題にするような場合に用いられる。

参照▼頭脳⇒011-07

207-27 知性／理性／理知／知恵／インテリジェンス

【関連語】◆(知)

共通する意味★物事を認識したり判断したりする頭の働き。【英】*intelligence*

使い方▼〔知性〕▽知性を備えていてこそ文明人だ▽知性を感じさせる作品　〔理性〕▽感情に負けて理性を失ってはいけない▽理性の勝った人　〔理知〕▽言動が理知に富んでいる　〔知恵〕▽よく知恵がまわる▽みんなで知恵を絞る▽お知恵拝借　〔インテリジェンス〕▽インテリジェンスを感じさせる文章

	□がある	すぐれた□	会話に□が感じられる	□的な顔
知性	○	○	○	○
理性	○	-	○	○
理知	-	-	-	○
知恵	○	○	-	-
インテリジェンス	○	-	○	-

使い分け【1】「知性」「理知」は、物事を論理的に考え、判断する能力をいい、「理性」は、特に感情に左右されず、道理に基づいて考え、判断する能力をいう。【2】「知恵」は、物事の道理を理解し、是非、善悪を判断する能力。ごく一般的な語。「智慧」とも書く。【3】「理知」は、「理知的」の形で用いられることが多い。【4】「インテリジェンス」は、ふつう「知性」と訳される。

【関連語】◆(知)単独ではあまり用いられず、他の語と複合することが多い。「智」とも書く。「知をみがく」「知的水準」

207-28 学識／造詣／蘊蓄

共通する意味★学問、芸術などについて深い知識と理解を持っていること。【英】*scholarship*

使い方▼〔学識〕▽豊かな学識で尊敬される先生▽学識経験者　〔造詣〕▽古典に対する造詣が深い　〔蘊蓄〕▽彼は美術に蘊蓄がある▽蘊蓄を傾ける

使い分け【1】「学識」は、学問から得た高い見識や豊かな知識をいい、「造詣」は、その分野についての広い知識と深い理解をいう。【2】「蘊蓄」は、学問だけでなく、趣味や技術についてもいう。「蘊蓄を傾ける」の形で使うことが多い。

207-29 教養／学問／学

共通する意味★身についている広い知識。【英】*culture*

使い方▼〔教養〕▽教養ある女性▽無教養な男　〔学問〕スル▽学問する喜びは何物にもかえがたい▽耳学問　〔学〕▽学のある人は言うことが違う

	□のある人	□を鼻にかける	□を修める	□を高める
教養	○	○	-	○
学問	○	○	○	-
学	○	△	○	-

使い分け【1】「教養」は、単に知識だけでなく、人間としての品位、人生のうちに培われた感性の豊かさやバランス感覚などを総合的に含んでいう。【2】「学問」「学」は、勉強して得た学識で、揶揄していうこともある。

参照▼学問⇒601-01

207-30 博学／博識／物知り／生き字引

【関連語】◆(該博)◆(博覧)◆(有識)

共通する意味★知識が広い分野にわたって豊富なこと。【英】*erudition*

使い方▼〔博学〕(名・形動)▽博学な先生▽博学ぶりが会話に現れる▽博学多識　〔博識〕(名・形動)▽音楽に関しては実に博識だ▽博識なのは海外生活が長いからだ　〔物知り〕▽村一番の物知り▽物知り顔　〔生き字引〕▽総務部の生き字引

	あの人は□だ	□な人	□をひけらかす	わが社の□
博学	○	○	△	-
博識	○	○	○	-
物知り	○	-	-	○
生き字引	○	-	-	○

2 人間の性質

使い分け【1】「博学」は、学んで身につけた学問的な事柄に関して使うことが多い。【2】「博識」は、学問的な事柄だけでなく、政治や社会、文学、芸術など、多方面にわたる知識に広く用いられる。【3】「物知り」は、「博識」と同様にも用いるが、学問的な事柄よりも、身近な事柄、例えば漢字や草花の名をよく知っているとか、しきたりや生活の知恵に詳しいなどというときに用いる。【4】「生き字引」は、字引（＝辞書）のように、尋ねると何でもわかるほど、物事をよく知っている人。

【関連語】◆**(該博)**(名・形動)広く物事に通じている意の文章語。「該博な知識」◆**(博覧)**多く「博覧強記（きょうき）」の形で、広く書物を読んだり、見聞きしたりして知識が豊富で、しかもそれをよく記憶していることをいう。◆**(有識)**広く物事を知っていること。また、その人。文章語。「有識の人」「有識者」

207-31 機知（きち）／頓知（とんち）／機転（きてん）／ウイット／エスプリ／ユーモア

共通する意味★その場に即応して気の利いたことをいえる才気。

使い方▼〔機知〕▽機知に富んだ答え 〔頓知〕▽頓知を働かせる 〔機転〕▽とっさの機転で難を逃れた▽機転がきく 〔ウイット〕▽ウイットに富んだ会話▽彼女のウイットで雰囲気がなごんだ 〔エスプリ〕▽エスプリに富んだ文章▽エスプリのきいた会話 〔ユーモア〕▽ユーモアのセンス▽ユーモアのある人

使い分け【1】「機知」「頓知」「機転」は、物事に機敏に対応できる心の働きをいう。【2】「ウイット」「エスプリ」は、「機知」「才気」などと訳されている。【3】「ユーモア」は、上品なおかしさやしゃれをいう。【4】「機知」「頓知」「機転」は、「機智」「頓智」「気転」とも書く。

207-32 英知（えいち）／人知（じんち）／衆知（しゅうち）／全知（ぜんち）／奇知（きち）

共通する意味★いろいろな知恵。**【英】** *wisdom*

使い方▼〔英知〕▽人類の英知が平和を実現する▽英知を集める 〔人知〕▽自然の不思議さは人知の及ぶところではない 〔衆知〕▽紛争解決のために衆知を集める 〔全知〕▽全知全能の神 〔奇知〕▽彼の奇知で祭が盛り上がった▽奇知をてらう

使い分け【1】「英知」は、深くすぐれた知恵。「人知」は、人間の知恵。「衆知」は、多くの人の知恵。「全知」は、完全な知恵。「奇知」は、奇抜な知恵。【2】各各「叡智」「人智」「衆智」「全智」「奇智」とも書く。

207-33 目利き（めきき）／鑑識眼（かんしきがん）／眼識（がんしき）

共通する意味★物の価値、真偽などを見分ける能力。**【英】** *discernment*

使い方▼〔目利き〕▽刀剣に関しては相当の目利きだ 〔鑑識眼〕▽古美術品についての彼女の鑑識眼は確かだ 〔眼識〕▽眼識のある者なら、すぐ分かる偽物だ

使い分け【1】三語とも、美術品などを見分ける場合に使う。【2】「目利き」は、見分ける能力があること。また、その人。【3】「眼識」は、文章語的。

207-34 眼力（がんりき）／眼光（がんこう）／心眼（しんがん）／慧眼（けいがん）／達眼（たつがん）

共通する意味★物事の本質や真偽を見分ける洞察力。**【英】** *insight*

使い方▼〔眼力〕▽彼には人物を見る眼力がある 〔眼光〕▽眼光紙背に徹す（＝字句の表面的意味だけでなく、深い意味まで理解する） 〔心眼〕▽心眼を開いて相手を見よ 〔慧眼〕▽この男を選んだ彼の慧眼に感服した▽慧眼の士 〔達眼〕▽達眼の士

使い分け「眼力」が一般的。「心眼」は、物事を見きわめる心の働きをいう。「眼力」は「がんりょく」とも。「眼光」「慧眼」「達眼」は、一般的ではない。文章語。

207-35 見識（けんしき）／識見（しきけん）／一見識（いちけんしき）

共通する意味★物事を正しく判断する能力。**【英】** *discernment*

使い方▼〔見識〕▽見識のある政治家▽見識が高い▽見識を持つ 〔識見〕▽立派な識見を持った人物▽彼の識見の高さには頭が下がる 〔一見識〕▽能については一見識を持っている

使い分け【1】「見識」「識見」は、同じように使えるが、現代では「見識」が一般的。【2】「一見識」は、人並みすぐれた見識、ひとかどの考えのこと。

207-36 卓識（たくしき）／達見（たっけん）／達識（たっしき）

共通する意味★すぐれた意見。**【英】** *an excellent suggestion*

使い方▼〔卓識〕▽彼の卓識には敬服する▽卓識の士 〔達見〕▽彼の達見を拝聴する▽達見を持つ 〔達識〕▽海外事情に通じた達識の士

使い分けいずれも文章などで用いられる硬い言葉。広く事情を見通した、すぐれた意見をいう。

207-37 文才（ぶんさい）／筆才（ひっさい）／文藻（ぶんそう）／詞藻（しそう）

【関連語】◆**(詩才)**（しさい）

共通する意味★文章を作る才能。**【英】** *literary talent*

使い方▼〔文才〕▽彼には文才がある▽文才が豊かだ 〔筆才〕▽筆才が如実に現れる 〔文藻〕▽文藻豊かな

人　〔詞藻〕▽詞藻に富む

使い分け【1】「文才」が最も一般的に使われ、文学作品ばかりでなく日常の文章を作る行為についてもいう。「詞藻」は、詩文などを作る行為についていう。【2】「文藻」「詞藻」は、詩歌や文章そのものもいう。

【関連語】◆〔詩才〕詩を作る才能。「詩才がある」

参照▼詞藻⇒616-23

2 07-38 利口（りこう）／利発（りはつ）

【関連語】◆〔発明〕（はつめい）◆〔怜悧〕（れいり）

共通する意味★頭がよく、賢いこと。【英】*cleverness; wisdom*

使い方▼〔利口〕(名・形動)　〔利発〕(名・形動)

	＿な子供	＿な犬	猿は猫より＿だ	一つ＿になる
利口	○	○	○	○
利発	○	-	-	-

使い分け【1】「利口」は、単に賢いというだけではなく、「利口に立ち回る」のように、要領がよいことの意や、「お利口にしていなさい」のように、多く「お利口」の形で、子供の聞き分けがよく、おとなしいことの意でも用いる。【2】「利発」は、子供に対して、その年齢にしては賢いという意で使うことが多い。

【関連語】◆〔発明〕(名・形動)「賢い」の古風な言い方。「発明なご子息さま」◆「自動車を発明する」のように、今までなかった物や技術を考案し、作り出すこともいう。◆〔怜悧〕(名・形動)賢いこと、利発なことの文章語。「怜悧な若者」

2 07-39 聡明（そうめい）／賢明（けんめい）／知的（ちてき）／明哲（めいてつ）

【関連語】◆〔一を聞いて十を知る〕（いちをきいてじゅうをしる）◆〔目から鼻へ抜ける〕（めからはなへぬける）

共通する意味★賢く、知識のあるさま。【英】*wisdom; sagacity*《古》

使い方▼〔聡明〕(名・形動)▽幼いころから聡明だった　〔賢明〕(名・形動)▽彼に従った方が賢明だ　〔知的〕(形動)▽知的な仕事　〔明哲〕(名・形動)▽彼は明哲な男だ

	＿な人	＿な顔	＿な処置	＿な気質
聡明	○	-	-	○
賢明	○	-	○	-
知的	○	○	-	-
明哲	○	-	-	-

使い分け【1】「聡明」は、物事の理解がはやく、賢いさまを表わす。【2】「賢明」は、賢く、堅実であること。人についてよりは、「賢明なやり方」のように方法や判断のよさについていうことが多い。【3】「知的」は、知識のあるさま、知性の感じられるさまを表わす。【4】「明哲」は、道理に通じて賢いこと、また、その人をいう文章語。

反対語▼賢明⇔愚昧（ぐまい）

【関連語】◆〔一を聞いて十を知る〕理解が早く、聡明であるさま。◆〔目から鼻へ抜ける〕頭の回転が早いさま。「目から鼻へ抜けそうなやり手の女将（おかみ）」

2 07-40 俊秀（しゅんしゅう）／精鋭（せいえい）

【関連語】◆〔英俊〕（えいしゅん）◆〔俊英〕（しゅんえい）

共通する意味★才能が特にすぐれていること。また、その人。【英】*talent; genius; a gifted person*《人》

使い方▼〔俊秀〕▽学界の俊秀ともてはやされる　〔精鋭〕▽百戦錬磨の精鋭を集める▽精鋭ぞろい

使い分け【1】「俊秀」は、人に抜きん出て優れていること。【2】「精鋭」は、才気が鋭いこと、よりぬかれて優れていること。

【関連語】◆〔英俊〕英知が優れていること。また、その人。「天下の英俊よ来たれ」◆〔俊英〕才知が優れていること。また、その人。「俊英の名が高い青年」

2 07-41 英邁（えいまい）／英明（えいめい）

共通する意味★才知が非常に優れていること。【英】*wise and great*

使い方▼〔英邁〕(名・形動)▽英邁な君主▽英邁な人物　〔英明〕(名・形動)▽英明なる皇帝▽英明な指導者▽英明果断

使い分け　どちらも地位の高い人に対して用いられるが、文章語で、話し言葉ではあまり使わない。

2 07-42 上手（うわて）

意味★技芸、才知などが他の人より優れていること。【英】*a better hand (at)*

使い方▼〔上手〕(名・形動)▽彼の方が君より一枚上手だ

参照▼上手⇒817-13

2 07-43 賢い（かしこい）／さとい

【関連語】◆〔賢しい〕（さかしい）

共通する意味★頭脳の働きが良い。【英】*clever; wise*

使い方▼〔賢い〕(形)▽転んでもただでは起きない賢い人　〔さとい〕(形)▽利益にさとい商売人

	＿子	＿やり方	＿立ち回る	利に＿
賢い	○	○	-く○	-
さとい	○	-	-く-	○

使い分け【1】「賢い」は、単に頭の働きがすぐれている意ばかりではなく、要領がよく抜け目がない意で反語的な使い方をされることもある。【2】「さ

とい」は、頭がよく、頭の回転がはやい意。ややずる賢さが感じられるような場合に使われることもある。「聡い」「敏い」と書くこともある。

【関連語】◆〈賢しい〉(形)頭のよいことを批判していう場合に多く使われる語。利口であることが鼻につく、利口ぶっている、生意気であるなどの意がこめられることが多い。「賢しい口をきくものではない」

207-44 有望／有為／末頼もしい

【関連語】◆〈頼もしい〉

共通する意味★将来に期待が持てるさま。【英】*promising; hopeful*

使い方▼〔有望〕(名・形動)▽将来有望な若手の科学者▽有望視されている新人 〔有為〕(名・形動)▽前途有為の人材 〔末頼もしい〕(形)▽けんかするぐらいの子のほうが末頼もしい▽生活力旺盛な末頼もしい青年

	［ ］青年	［ ］会社	［ ］人材	元気なお子さんで［ ］
有望	-な○	-な○	-な○	-だ-
有為	-な○	-な-	-な○	-だ-
末頼もしい	○	-	△	○

使い分け【1】「有望」は、「有望な会社」のように、人以外についても使うが、「有為」は、「前途有為の人材」のように、人についてだけいう。【2】「末頼もしい」も、人についてだけ用い、表のように「元気なお子さんで末頼もしい」など身近な具体的な子供、若者をさしていうことが多い。

【関連語】◆〈頼もしい〉(形)希望をもって期待できるさま。【英】*reliable*「母親思いの頼もしい若者」

207-45 異色／異彩

共通する意味★普通とは違って目立つさま。また、そのような存在。【英】*uniqueness*

使い方▼〔異色〕(名・形動)▽理系出身という画家としては異色の経歴▽異色ある顔ぶれ 〔異彩〕(名・形動)▽展覧会場でひときわ異彩を放つ▽彼は文壇中の異彩だ

	［ ］ある存在	［ ］の存在	［ ］を放つ	［ ］作
異色	○	○	-	○
異彩	○	-	○	-

使い分け【1】「異色」は、普通とは違った特色を持っていること。普通は「異色の…」の形で用いられる。【2】「異彩」は、独特なすぐれた価値を持ち、際立って輝くように見えるさまをいう。【3】二語とも本来は他と違った色彩の意だが、その意味で使われることはあまりない。

207-46 敏感／過敏

共通する意味★物事に鋭く反応するさま。感じやすいさま。

使い方▼〔敏感〕(名・形動)▽動物は人間よりも音に敏感である▽親の気持ちに敏感な子供 〔過敏〕(形動)▽他人のいうことに過敏に反応する▽神経がやや過敏になっている▽過敏症

使い分け【1】「敏感」は、物事に対して普通よりも感じやすいこと、感覚が鋭いことを表わす。【英】*sensitiveness*【2】「過敏」は、敏感すぎることで、刺激などに普通よりも強く反応することをいう。反応が過剰であること、過度であることの意。【英】*oversensitiveness*

反対語▼敏感⇔鈍感

207-47 鋭敏／機敏／俊敏／明敏／敏

共通する意味★判断、行動がすばやいさま。

使い方▼〔鋭敏〕(名・形動)▽鋭敏な頭脳▽世の中の動きに鋭敏に反応する 〔機敏〕(名・形動)▽機敏に行動する▽機敏な対応で難局を切り抜ける 〔俊敏〕(名・形動)▽記者たるもの俊敏でなければならぬ▽俊敏な動き 〔明敏〕(名・形動)▽明敏な頭脳▽明敏な判断 〔敏〕(形動)▽機を見るに敏な人

使い分け【1】「鋭敏」「明敏」は、頭の働きが鋭く、物事の判断や理解がすばやいさまを表わす。また、「鋭敏」は、感覚が鋭いさまにもいう。【英】*keenness*【2】「機敏」「俊敏」は、同じような意味で使われるが、「機敏」は、日常的な事柄や、とっさに判断しなければならないような事柄に対してきぱきと判断して行動する場合に使い、「俊敏」は、頭脳の働きが鋭くすばやく判断して行動するような場合に使われる。【英】*quickness; promptness*(機敏)【3】「敏」は、頭の働きや動作がすばやいこと。もっぱら「機を見るに敏」の形で使われる。

反対語▼鋭敏⇔遅鈍　敏⇔鈍

207-48 鋭い／シャープ／鋭利

共通する意味★頭脳などの働きがすばやくすぐれているさま。

使い方▼〔鋭い〕(形)▽鋭い観察眼を持った人▽彼女は勘が鋭い 〔シャープ〕(形動)▽彼の論理はなかなかシャープだ 〔鋭利〕(形動)▽彼の鋭利な洞察力には驚かされる

	［ ］頭脳	［ ］感受性	［ ］観察力	［ ］反応する
鋭い	○	○	○	-く○
シャープ	-な○	-な○	-な-	-に○
鋭利	-な○	-な-	-な△	-に-

使い分け【1】「鋭い」「シャープ」は、感覚や頭脳がとぎすまされ、すばやく的確に働くさまを表わす。**【英】** *keen*(鋭い)【2】「鋭利」は、才知がとぎすまされすぐれているさまを表わす。【3】「鋭い」「シャープ」「鋭利」は、「鋭い刃を持つ刀」「シャープな切れ味」「鋭利な刃物」のように、刃物などの先がとがっていて、刃物などがよく切れるさまを表わしたりもする。【4】「鋭い」は、「鋭い批判を浴びせる」のように、勢いが激しいさまを表わすこともある。

反対語▼鋭い⇔鈍い

2 07-49 多感／多情

共通する意味★感じやすいこと。また、そのさま。**【英】** *sentimentality*

使い方▼【多感】(名・形動)▽多感な少女時代▽多感な年齢なのでちょっとしたことでも傷つく　【多情】(名・形動)▽多情な少年

使い分け【1】「多感」は、感受性の鋭いこと、「多情」は、情愛を感じやすいことをいう。「多情多感」とも。【2】「多情」は、男女関係で移り気なさまをもいう。

参照▼多情⇒218-34

2 07-50 偉い／偉大／立派

共通する意味★行いなどがすぐれていること。

使い方▼【偉い】(形)▽得た利益を社会に還元する偉い実業家▽親を旅行に連れていくとは偉い　【偉大】(形動)▽彼の功績は偉大だ▽偉大な芸術家▽歴史に残る偉大な業績　【立派】(形動)▽自分を犠牲にして尽くすとは立派だ▽国民のことを第一に考える立派な政治家

使い分け【1】「偉い」は、個人の能力、人格などに関して使われる。また、「会社のえらい人」のように社会的な地位、身分が高い意や、「えらい目にあう」のように並々でない、大変だという意もある。【2】「偉大」は、能力、人格、業績などが非常にすぐれている場合に使い、日常的な事柄に関しては使われない。**【英】** *great*【3】「立派」は、行いや心もちがすぐれているさま。また、「立派なお屋敷」「立派な彫刻」などのように、文句のつけようがないほどすぐれて見事であるさまにもいう。**【英】** *fine*

参照▼立派⇒818-44

2 07-51 崇高／高邁

共通する意味★精神的に、非常にぬきん出ているさま。**【英】** *loftiness*

使い方▼【崇高】(形動)▽崇高なる魂▽雪山の崇高な美しさ　【高邁】(形動)▽高邁な識見を抱く▽高邁で実現し難い理想

	□な精神	□な風景	□な作品	□な指導者
崇高	○	○	○	-
高邁	○	-	-	○

使い分け【1】「崇高」は、気高く尊いさま。人間の理解を越えるような壮大な美しさや、それに伴う高揚感などをいう。【2】「高邁」は、気高くすぐれているさま。

2 07-52 愚か／愚かしい

【関連語】◆(低能)(ていのう)◆(愚)(ぐ)

共通する意味★頭の働きがにぶいさま。知恵が乏しいさま。**【英】** *foolish; stupid*

使い方▼【愚か】(形動)▽人のまねばかりする愚かな奴▽不況対策を考えない経営者は愚かだ　【愚かしい】(形)▽他人をうらやむのは愚かしいことだ▽何と愚かしい人間だ

使い分け「愚かしい」は、ばかげているさまの意でも用いられる。

【関連語】◆(低能)(名・形動)知能が一般より低いこと。◆(愚)(名・形動)ばかばかしいこと。「愚にもつかぬこと」「愚の骨頂」

2 07-53 愚劣／迂愚／凡愚

共通する意味★愚かなさま。**【英】** *foolishness; stupidity*

使い方▼【愚劣】(名・形動)▽愚劣きわまりない内容▽愚劣な番組　【迂愚】(名・形動)▽生来迂愚で世事にうとい▽失敗ばかりしている迂愚な男　【凡愚】(名・形動)▽彼の頭脳は凡愚の及ぶところではない▽凡愚の悲しさで、同じ失敗をくり返す

使い分け【1】「愚劣」は、非常に劣っているさま、愚かで非常にくだらないさま。【2】「迂愚」は、迂闊(うかつ)でぼんやりしているさま。「凡愚」は、平凡で愚かなさま、また、平凡でごくありふれているさまやその人。ともに文章語。

2 07-54 浅はか／軽薄／浮薄

【関連語】◆(単純)(たんじゅん)◆(軽佻)(けいちょう)

共通する意味★物の考え方などが浅く、おろかなさま。

使い方▼【浅はか】(形動)▽浅はかにも自分が一番だと思っている　【軽薄】(名・形動)▽そんな恰好をすると軽薄に見える▽流行を追うのは軽薄だ▽軽薄短小　【浮薄】(名・形動)▽浮薄におちいらぬように気をつける▽浮薄に流れやすい若者

	□な人	□な考え	□な行為	□な生活
浅はか	○	○	○	-

	軽薄	浮薄
	○	○
	○	△
	○	△
	-	○

使い分け【1】多く、「浅はか」は、思慮が足りないさまそのものを表わし、「軽薄」「浮薄」は浅はかな考えの結果、言動が慎重さを欠くさまを表わす。【英】*shallow(ness)*（浅はか）; *frivolity*（軽薄・浮薄）【2】「浮薄」は、「軽佻浮薄」の形で使われることが多い。

反対語▼軽薄⇔重厚

【関連語】◆（**単純**）（名・形動）考え方が一面的で浅いさま。【英】*simplicity*「ちょっとほめれば大喜びするなんて単純な人だ」「単純だからすぐ人にだまされるんだ」◆（**軽佻**）（形動）考え方が浅はかですぐ調子にのるさま。「軽佻浮薄」

参照▼単純⇒810-37

207-55 蒙昧／愚昧／暗愚

共通する意味★愚かで道理に暗いさま。【英】*imbecility*

使い方▼〔**蒙昧**〕（名・形動）▽蒙昧な人々を啓発するのが指導者の役目だ▽無知**蒙昧**の徒　〔**愚昧**〕（名・形動）▽愚昧な連中を相手にしても始まらぬ▽愚昧な私ですが精一杯やらせていただきます　〔**暗愚**〕（名・形動）▽人民の心も知らぬ**暗愚**な君主

使い分け【1】「蒙昧」は、人知がひらけず、物事の道理に暗いこと。多く、「無知蒙昧」の形で使うことが多い。【2】「愚昧」「暗愚」は、物の道理がわからず、愚かであるさま。

反対語▼愚昧⇔賢明

207-56 ぼんくら／とんちき／やぼてん

共通する意味★気が利かないこと。また、その人。【英】*a stupid fellow*

使い方▼〔**ぼんくら**〕（名・形動）▽突っ立っているだけで何もしない**ぼんくら**な男▽この**ぼんくら**、しっかり働け　〔**とんちき**〕▽こんな**とんちき**に仕事を任せるわけにはいかない▽この**とんちき**め、しっかりしろ　〔**やぼてん**〕▽二人の邪魔をするとは相当な**やぼてん**だ

使い分け【1】「ぼんくら」「とんちき」ともに、ぼんやりとしていて気の利かないことをいう。「ぼんくら」は、もと賭博用語で、盆の上での勝負に暗い意という。【2】「やぼてん」は、極めて融通が利かなかったり、気が利かなかったりすること。「野暮天」と当てる。【3】三語とも俗語で、人をののしっていう場合にも使う。

207-57 狡知／奸知／悪知恵

共通する意味★ずるく、悪賢い知恵。【英】*craft; wiles*

使い方▼〔**狡知**〕▽彼は**狡知**にたけている　〔**奸知**〕▽**奸知**にたけた人物だ　〔**悪知恵**〕▽**悪知恵**ばかりよく回る男だ

使い分け【1】「狡知」「悪知恵」は、ずる賢い知恵、悪賢い知恵、ずるい考えをいう。【2】「奸知」は、よこしまな知恵や心がねじけていて悪いことをいう。【3】「狡知」「奸知」は、日常的にはあまり使わない。

207-58 猿知恵／浅知恵

共通する意味★浅はかな知恵。【英】*shallow wit*

使い方▼〔**猿知恵**〕▽利口そうに振る舞っても**猿知恵**でしかない▽いくら**猿知恵**を働かせてみてもどうにもならない　〔**浅知恵**〕▽若者の**浅知恵**ではこの重大問題に対処できない▽猿の**浅知恵**

使い分け【1】「猿知恵」は、一見気が利いていて利口そうに思えるが、その実は浅はかな考え、浅はかな知恵であることをいう。【2】「浅知恵」は、考えの浅い知恵をいう。

207-59 世間知らず／坊ちゃん育ち／お嬢様育ち

共通する意味★世の中の事情にうといこと。【英】*ignorance of the world*

使い方▼〔**世間知らず**〕（名・形動）▽**世間知らず**のお坊ちゃん▽担保もなしで金を借りようとするとは**世間知らず**もいいとこだ　〔**坊ちゃん育ち**〕（名・形動）▽**坊ちゃん育ち**なので苦労を知らない　〔**お嬢様育ち**〕（名・形動）▽**お嬢様育ち**なのでわがままばかりいう

使い分け【1】「世間知らず」は、世の中の事情や世渡りの道などに疎いさまや、そのような人をいう。【2】「坊ちゃん育ち」「お嬢様育ち」は、大事に育てられたため世間をよく知らないことをいう。「お嬢様育ち」は、「お嬢さん育ち」とも言う。

207-60 のろま／ぐず

【関連語】◆（**うすのろ**）

共通する意味★頭の働きや動作がにぶいこと。また、その人。【英】*dullness; stupidity*

使い方▼〔**のろま**〕（名・形動）▽**のろま**な仕事ぶりでいらいらする▽**のろま**な番頭▽こんなこともできないのか、**のろま**！　〔**ぐず**〕（名・形動）▽**ぐず**で遅刻ばかりしている▽何回言ってもわからない**ぐず**な奴▽この**ぐず**、さっさと片付けろ

使い分け【1】いずれも、人をののしったり、侮ったりする場合に使う俗語。【2】「のろま」は、動作がにぶいさま。また、その人。【3】「ぐず」は、言動がのろのろして、はっきりしないさま。また、その人。

【関連語】◆（うすのろ）(名・形動)動作や反応がふつうよりにぶいさま。また、そのような人をののしって言う俗語。

2 07-61 鈍重（どんじゅう）／鈍（どん）／遅鈍（ちどん）／愚鈍（ぐどん）

【関連語】◆（鈍才（どんさい））

共通する意味★動作や反応がにぶいこと。【英】*dullness; stupidity*

使い方▼〔鈍重〕(名・形動)▽肥満体でいかにも鈍重な感じがする▽牛のように鈍重な奴（やつ）▽動作が鈍重な人　〔鈍〕(名・形動)▽やることなすこと鈍な奴▽これほどいってもわからないなんてよほどの鈍だ　〔遅鈍〕(名・形動)▽生来の遅鈍な性質▽遅鈍な男　〔愚鈍〕(名・形動)▽愚鈍な性質▽愚鈍なまでに正直だ

使い分け【1】「鈍重」は、性質や動作がにぶくてのろいさま。【2】「鈍」は、頭の回転や動作がにぶいことや遅いことをいう。【3】「遅鈍」「愚鈍」は、頭の働きがにぶく間の抜けたさま。いずれも文章語。

反対語▼遅鈍⇔鋭敏

【関連語】◆（鈍才）頭の働きがにぶく、才能が乏しいこと。また、その人。⇔秀才。「私のような鈍才にはこの仕事は向かない」

2 07-62 鈍感（どんかん）／鈍い（にぶい）／無神経（むしんけい）

【関連語】◆（うかつ）

共通する意味★感じ方が普通より劣っていて遅いさま。【英】*insensitive*

使い方▼〔鈍感〕(名・形動)▽二人の仲を気付かないなんてよほどの鈍感だ▽世の中の不正に鈍感になってしまった▽万事に鈍感な人　〔鈍い〕(形)▽彼が何を言いたいのかわからないほど私は鈍くない▽年とともに感覚が鈍くなっている▽はっきり言わないとわからない鈍い奴（やつ）▽勘が鈍くなる　〔無神経〕(名・形動)▽病室で大声を出すとは無神経な人だ▽彼は着るものに無神経だ

	□から気付かない	何をやらせても□	舌が□なっている	人を傷つける□発言
鈍感	-だ○	-だ-	-に○	-な-
鈍い	○	○	-く○	-
無神経	-だ○	-だ-	-に-	-な○

使い分け【1】「鈍感」は、感じ方がおそいか、まったく感じない。「鈍い」は、感じ方だけでなく、「動作が鈍い」「頭の回転が鈍い」のように、動作や反応、頭の働きに対しても使われる。【2】「鈍い」は、「鈍い音」「冬の鈍い日の光」のように、音、色、光などがはっきりしない意や、「鈍い刃」のように、刃物の切れ味が悪い意にも使われる。【3】「無神経」は、感じ方がおそくて外聞を気にしないこと、また、他人の感情を気にかけないことをいう。

反対語▼鈍感⇔敏感　鈍い⇔鋭い

【関連語】◆（うかつ）(形動)注意がゆきとどかないさま。「迂闊」とも書く。「秘密をうっかりもらしたのはうかつだった」

2 08 …思考

2 08-01 思い（おもい）／考え（かんがえ）／思考（しこう）／思索（しさく）

【関連語】◆（一存（いちぞん））

共通する意味★あることについて、心を働かせること。【英】*thought*

使い方▼〔思い〕▽思いのままに筆を走らす▽思いがかなう▽思いに沈む▽痛い思いをする▽思いをかける　〔考え〕▽考えを明らかにする▽いい考えが浮かぶ　〔思考〕スル▽結果より思考する過程が大事だ▽思考力　〔思索〕スル▽生きる意味について思索する

	□をめぐらす	□を述べる	主観的な□を排す	哲学的な□にふける
思い	○	○	-	-
考え	○	○	○	△
思考	○	-	○	-
思索	○	-	-	○

使い分け【1】「思い」は、想像、回想、感慨、希望、心配、恋情など、広く主観的、感情的な心の働きをいう。【2】「考え」「思考」には、「考え方」「思考方法」のように、「思い」よりも、一つの筋道を追って判断するという客観性がある。【3】「思索」は、多く抽象的な事柄について、順序だてて深く考えを進めること。

【関連語】◆（一存）自分ひとりだけの考え。「私の一存では決めかねます」

2 08-02 思慮（しりょ）／分別（ふんべつ）

共通する意味★よく考えて判断すること。【英】*discretion*

使い方▼〔思慮〕スル▽若いとはいえ、あまりにも思慮がない▽思慮深い性格▽思慮をめぐらす　〔分別〕スル▽分別をわきまえている▽無分別な行動▽四十歳といえば分別盛りだ

	□が足りない	□ある行動	□が浅い	□がつく
思慮	○	○	○	-
分別	○	○	-	○

使い分け【1】「思慮」は、あれこれ考えて思案を重ね、判断することで、多く、その過程を問題にしていう。【2】「分別」は、常識に従って判断すること。

208-03 思う／考える

共通する意味★物事を理解したり、感受したりするために心を働かす。**【英】** *to think (of, about, over)*

使い方▼〔**思う**〕(ワ五)▽その意見は正しいと思う▽明日は雨だと思う▽子供のころのことを思う▽負けてくやしいと思う▽心に思う恋人がいる　〔**考える**〕(ア下一)▽人生を考える▽数学の問題を考える▽新しい方法を考える▽毎日彼女のことばかり考えている

	日本の将来を□	おいしいと□	税制問題を□	子を□母の心	なぜ失敗したのか□
思う	○	○	-	○	-
考える	○	-	○	-	○

使い分け「思う」は、想像、決意、心配、希望、恋情など、主観的、感情的に心を働かす意であるのに対し、「考える」は、筋道を立て頭を働かせて客観的に判断する意。

208-04 考慮／勘案／考察

共通する意味★よく考えること。**【英】** *consideration*

使い方▼〔**考慮**〕スル▽本人の希望を考慮したうえで決定する　〔**勘案**〕スル▽いろいろ勘案していい方法をさぐる　〔**考察**〕スル▽綿密な考察のもとに論文を書く▽源氏物語の和歌に関する一考察

	諸般の事情を□する	□の余地がない	その件は□に入れてある	□を加える	深く□する
考慮	○	○	○	△	○
勘案	○	-	-	-	-
考察	-	-	-	○	○

使い分け【1】「考慮」は、一つのことを考える場合にも、複数の事柄を考え合わせる場合にも用いるが、「勘案」は、複数の事柄を考え合わせる場合にしか使わない。【2】「考察」は、よく調べて明らかにするよう考える意。

208-05 思い合わせる／考え合わせる

共通する意味★他のことと一緒に考えて結論を出そうとする。**【英】** *take (one thing) into consideration with (another)*

使い方▼〔**思い合わせる**〕(サ下一)▽いろいろ思い合わせると彼女の心情が理解できる　〔**考え合わせる**〕(サ下一)▽あれこれ考え合わせていい案を見つけた

使い分け「思い合わせる」は、主観的、感情的な意味合いが強く、「考え合わせる」は、客観的、知的な意味合いが強い。

208-06 考え事／思案

【関連語】◆(物思い)ものおもい

共通する意味★あれこれ思いをめぐらすこと。

使い方▼〔**考え事**〕▽考え事をしていて信号を見落とす▽考え事があってなかなか眠れなかった　〔**思案**〕スル▽ここが思案のしどころだ▽思案に余る▽思案に暮れる▽思案投げ首(＝いい案がなくて困っているさま)

使い分け【1】「考え事」は、考えている内容のこともいう。**【英】** *something to think about*【2】「思案」は、「思案の種」のように、物思い、心配の意味でも使われる。

【関連語】◆(物思い)物事を思い煩うこと。「夕方の公園でひとり物思いにふける」

208-07 熟考／熟慮／一考

【関連語】◆(黙考)もっこう

共通する意味★十分思いめぐらして、的確な判断をしようとすること。**【英】** *consideration*

使い方▼〔**熟考**〕スル▽熟考するに値する問題だ▽熟考の末の結論▽熟考に熟考を重ねる　〔**熟慮**〕スル▽熟慮のうえ結論を見送る▽熟慮断行　〔**一考**〕スル▽一考を要する問題▽この条件で御一考願えませんか

使い分け「熟考」「熟慮」は、長い時間をかけて十分に考えてみることだが、「一考」は、一度よく考えてみることをいう。

【関連語】◆(黙考)スル黙ってよく考えること。「しばし黙考する」「沈思黙考」

208-08 発想／着想／思いつき

共通する意味★頭に浮かんだ考え。**【英】** *an idea*

使い方▼〔**発想**〕スル▽この作品は発想が古い▽発想が似ている▽自由奔放に発想する　〔**着想**〕スル▽着想を得る▽着想がどんどんわいてくる▽経験から着想する　〔**思いつき**〕▽思いつきはいいが、実行不可能だ▽思いつきでものを言うな

	おもしろい□	□がすぐれている	□にすぎない	□の転換
発想	○	○	-	○
着想	○	○	-	-
思いつき	○	-	○	-

使い分け【1】「発想」は、物事のもとになる考え方のことで、芸術作品、事業の展開、宣伝などの面で幅広く用いられる。【2】「着想」は、ある仕事や計画

を進めるための工夫やアイディアをいう。【3】「思いつき」は、おもしろい考えの意と、じっくり考えたわけではなく、ふと心に浮かんだ考えの意がある。後者の場合は「これは単なる思いつきですが」のように否定的に使われる場合が多い。

2 08-09 感想(かんそう)／所感(しょかん)／所懐(しょかい)／所存(しょぞん)

共通する意味★ある物事について、思ったことや感じたこと。**【英】** *one's impressions*

	□を述べる	年頭の□	それはいかなる□か?	いっそう努力する□です	読後の□
感想	○	-	-	-	○
所感	○	○	-	-	○
所懐	○	-	-	-	-
所存	-	-	○	○	-

使い分け【1】「感想」以外は、いずれも文章語である。【2】「所存」は、なにかをしようと思っていること、ある考えをいう。

2 08-10 意見(いけん)／所見(しょけん)／見解(けんかい)

共通する意味★ある物事に対する考え。**【英】** *opinion*

使い方▼〔意見〕▽両国首脳が意見を交換した▽意見を戦わす 〔所見〕▽私の所見はあとで述べる▽医師の所見に従う 〔見解〕▽政府の見解を発表する▽貿易問題についての見解を示す

	□を述べる	□が一致する	反対□	診察□	統一□
意見	○	○	○	-	-
所見	○	-	-	○	-
見解	○	○	-	-	○

使い分け【1】「意見」「見解」は、ほぼ同意。【2】「意見」は、十分に考え尽くされた結果である場合も、一時的な思いつきである場合もある。【3】「見解」は、十分考慮し判断した結果まとめあげられたものをいい、政府など公式の機関の考えなどに用いられることが多い。【4】「所見」は、見たうえでの判断や考えの意。改まった場面で使われる。

参照▼意見⇒602-44

2 08-11 管見(かんけん)／浅見(せんけん)／寡聞(かぶん)

共通する意味★知識や考え、意見などが狭くてつまらないものであること。**【英】** *one's point of view*

使い方▼〔管見〕▽敢(あ)えて管見を述べる▽管見によれば、この種の論文はこれまでない 〔浅見〕▽いささか浅見を述べたい 〔寡聞〕(形動)▽寡聞にして存じません▽寡聞にして耳にしたことがない

使い分け【1】三語とも硬く、古めかしい言い方。多く、自分の考えなどを謙遜(けんそん)していうときに使う。【2】「管見」は、「管(くだ)」を通して物を見るように、自分の見識や考え方などが狭いことをいい、「浅見」は、謙遜していうときだけでなく、「君の考えは浅見だ」のように、単に見識や考え方があさはかな場合にも使う。【3】「寡聞」の「寡」は少ないこと。見聞が狭いことをいう。

2 08-12 仮定(かてい)／想定(そうてい)／設定(せってい)

【関連語】◆(仮説)かせつ

共通する意味★仮に考えてみること。

使い方▼〔仮定〕スル▽彼が犯人だと仮定すると謎(なぞ)は解けない▽仮定条件 〔想定〕スル▽津波という想定のもとに避難訓練をする 〔設定〕スル▽場面を設定する▽目標を設定する

	火事だと□して訓練を行う	それが事実であると□して話を進める	状況□	これは□の話だがね
仮定	○	○	-	○
想定	○	△	-	-
設定	△	-	○	-

使い分け【1】「仮定」は、仮にある事柄を真であるとみなして、結論を導くための条件とすることをいい、「想定」は、結果がどうなるか考えるために起こりうる状況を考えることをいう。**【英】** *supposition* 【2】「設定」は、特定の事柄を考えてみること。「規則を設定する」のように、物事を作り定めることの意でも用いる。

【関連語】◆(仮説)現象を統一的に説明するための理論的な仮定。「宇宙膨張説という仮説」

2 08-13 思想(しそう)

意味★その人の生き方、社会的行動などに一貫して流れている、基本的な物の見方、考え方。**【英】** *thought*

使い方▼〔思想〕▽思想の弾圧が行われた▽思想のない人▽危険な思想の持ち主

◆哲学では、思考作用の結果生じた意識内容や、統一された判断体系のことをいう。

2 08-14 思潮(しちょう)／主潮(しゅちょう)／通念(つうねん)

共通する意味★ある時代の思想の流れや傾向。**【英】** *the trend of thought*

使い方▼〔思潮〕▽現代の思潮は混迷を極めている▽

文芸思潮▽新思潮　〔主潮〕▽当時は自然主義が文芸の主潮をなしていた　〔通念〕▽社会の通念からすれば問題がある

使い分け【1】「思潮」は、ある時代の人々の間に支配的な思想の傾向をいい、「主潮」は、ある時代の中心となっている思想の傾向をいう。【2】「通念」は、世間一般に共通した考え。

参照▼通念⇒618-13

2 08-15 見方（みかた）／見様（みよう）

共通する意味★見る方法。また、物事に対する考え方。**【英】** *a point of view*

使い方▼〔見方〕▽科学的なものの**見方**▽犯人は複数との**見方**が強まる　〔見様〕▽**見様**見まね

	□によって評価が異なる	□を変えてみる	偏った□をする	表の正しい□	□が甘い
見方	○	○	○	○	○
見様	○	△	-	-	-

使い分け「見方」の方が一般的。

2 08-16 案出（あんしゅつ）／考案（こうあん）／創案（そうあん）／発案（はつあん）／工夫（くふう）

共通する意味★いろいろと考えて新しく考え出すこと。**【英】** *contrivance*

使い方▼〔案出〕スル　〔考案〕スル　〔創案〕スル　〔発案〕スル　〔工夫〕スル

	新しい技法を□する	適当な文章を□する	新方式の洗濯機を□する	彼の□による親睦（しんぼく）会	□が足りない
案出	○	○	-	-	-
考案	○	-	○	-	-
創案	○	-	○	-	-
発案	○	-	-	○	-
工夫	○	-	△	-	○

使い分け【1】「案出」は、いろいろ考えて、新たに、ある内容の物をつくり出すこと。【2】「考案」は、新しいやり方や、品物などを考え出すこと。【3】「創案」は、それまでにない、独自性に富んだ新しい物を考え出すこと。また、そうして考え出された物。【4】「発案」は、ある案を考え出すこと。また、「発案権を得る」のように、議案を提出することの意味でも用いられる。【5】「工夫」は、よい方法を見いだそうとして、いろいろ考えをめぐらすこと。また、その考えついたよい方法。

参照▼発案⇒613-23

2 08-17 思（おも）いつく／考（かんが）えつく／ひらめく

共通する意味★考えが心に浮かぶ。**【英】** *to think of* 〔*up*〕

使い方▼〔思いつく〕（カ五）　〔考えつく〕（カ五）　〔ひらめく〕（カ五）

	よい方法を□	□ままに語る	いい口実を□	いい解決案を□	アイディアが□
思いつく	○	○	○	○	-
考えつく	○	-	○	○	-
ひらめく	-	-	-	-	○

使い分け【1】「考えつく」は、時間をかけて検討した結果、考えが心に浮かんだような場合に用いる。一方、「思いつく」は、十分に検討することなく、考えがぱっと心に浮かんだような場合にも用いる。【2】「ひらめく」は、瞬間的に考えが現れること。「…がひらめく」の形で使われる。

参照▼ひらめく⇒715-22　903-35

2 08-18 試（こころ）み／試行（しこう）

共通する意味★ためしにやってみること。**【英】** *a trial*

使い方▼〔試み〕▽かつてない画期的な**試み**▽危険な**試み**▽**試み**に動かしてみる　〔試行〕スル▽**試行**した結果の結論▽**試行**期間▽**試行**錯誤（＝失敗を重ねながら目的に近づいていくこと）

使い分け【1】「試み」は、「試みに」の形で、物事を実際に行って、どんな結果になるか調べてみようとする様子を表わす。また、計画すること、企ての意もある。【2】「試行」は、ある企てがうまくいくかどうか、実際に行って確かめてみること。

2 08-19 策（さく）／方策（ほうさく）／対策（たいさく）／施策（しさく）／手（て）／企（くわだ）て

【関連語】◆（一計）いっけい◆（奇計）きけい◆（奇策）きさく◆（愚策）ぐさく◆（秘策）ひさく◆（対応策）たいおうさく◆（善後策）ぜんごさく◆（得策）とくさく

共通する意味★事を行うために考える手段。**【英】** *a plan; a countermeasure*

使い方▼〔策〕▽**策**が尽きる▽**策**士**策**に溺（おぼ）れる▽改善**策**　〔方策〕▽万全の**方策**を立てる▽景気回復のための**方策**は今のところない　〔対策〕▽津波がおきた場合の**対策**を立てておく▽地震**対策**は万全だ　〔施策〕▽高齢者に対する**施策**が必要だ▽出生率低下

に歯止めをかけるための施策〔手〕▽もう打つ手は全部打ちました▽彼女を説得するのに何かうまい手はないだろうか〔企て〕▽企業買収の企ては失敗に終わった

	有効な□	□を練る	□を講ずる	□を打つ
策	○	○	○	-
方策	○	○	○	-
対策	○	○	○	-
施策	○	○	○	-
手	○	-	△	○
企て	○	-	-	-

使い分け【1】いずれも、なんらかの計画、手段をいうが、「策」は、いろいろ考え、実行できるように計画すること、あるいはその計画。「方策」より具体的で、計画の一つ一つのステップをさすことが多い。【2】「方策」は、「策」にくらべると、国など公的なところで何かを行うための計画をさすことが多い。【3】「対策」は、ある状況や相手に対応してとる方法、手段。【4】「施策」は、政治家や行政機関などが実際に行う計画。【5】「手」は、目的を達成するための手段そのもの。やや話し言葉的な言い方。「手を打つ」「手を回す」「手を尽くす」など、慣用的な表現も多い。【6】「企て」は、工夫して計画を立てること。また、その計画をいう。一般に、悪いことや結果として失敗してしまったことに用いられる場合が多い。

【関連語】◆〈一計〉一つの策略や計画。「一計を案じる」◆〈奇計〉普通では思いつかないような変わった計画。「奇計を用いて会社をのっとる」「奇計をめぐらす」◆〈奇策〉人を驚かすような奇抜で、意表をつくような計画。「奇策を弄（ろう）する」◆〈愚策〉愚かなはかりごと。つまらない計画。「愚策をめぐらす」◈自分の計画を謙遜（けんそん）していうときにも用いる。「愚策を提案させてください」◆〈秘策〉ひそかに立てられた計画。「秘策を練る」「秘策を授ける」◆〈対応策〉相手の出方や状況に応じてそれにふさわしい行動をとるための計画。「赤字対応策を考える」◆〈善後策〉うまく後始末をするための方策。「善後策を講じる」◆〈得策〉有利な方策。「なにもしないほうが得策だ」

参照▼手⇒008-01

208-20 企画（きかく）／設計（せっけい）／立案（りつあん）

共通する意味★新たに何かを具体的に計画すること。**【英】** *planning*

使い方▼〔企画〕スル▽雑談の中からよい企画が生まれる▽企画会議〔設計〕スル▽機械の設計▽設計技師〔立案〕スル▽これは彼が立案した計画だ▽立案者

	ツアーを□する	新シリーズを□する	使いやすい台所を□する	新番組の□	マンションの□図
企画	○	○	-	○	-
設計	-	-	○	-	○
立案	○	○	-	-	-

使い分け【1】「企画」「立案」は、事業や催し物などの計画を実行に先立って立てることをいう。【2】「設計」は、建物や機械などをつくる際に、工費、材料、構造などの計画を立て、図面その他によって具体的に示すこと。また、「生活設計」のように、人生や生活の計画を立てることの意味で用いられることもある。

208-21 趣向（しゅこう）／新機軸（しんきじく）／創意（そうい）

共通する意味★いろいろ工夫して見いだした考えや方法。**【英】** *innovations*

使い方▼〔趣向〕▽趣向を凝らす▽新趣向のコマーシャル〔新機軸〕▽新機軸の意欲的な内容〔創意〕▽創意を生かす▽創意工夫

	□を盛り込む	変わった□の出し物	□を打ち出す	□に満ちた作品
趣向	○	○	-	-
新機軸	○	-	○	-
創意	○	-	-	○

使い分け【1】「趣向」は、物事を行ったり作ったりするときに、味わいやおもしろみが出るようなやり方をいう。【2】「新機軸」は、今までのものとはまったく変わった新しい工夫や計画をいう。【3】「創意」は、今までだれも考えつかなかったような、独自性の強い新しい思いつきをいう。

208-22 はかる／企てる（くわだてる）／もくろむ

共通する意味★あることを実現しようとして、あれこれ工夫、計画する。**【英】** *to attempt*

使い方▼〔はかる〕(ラ五)▽便宜を図る▽収拾を図る▽要人の殺害を謀る〔企てる〕(タ下一)▽開発事業を企てる▽現金強奪を企てる〔もくろむ〕(マ五)▽一攫（いっかく）千金をもくろむ

	ひそかに悪事を□	金もうけを□	驚かせようと□	黒字を□た(だ)会計	謀叛（むほん）を□
はかる	○	-	△	-っ-	-
企てる	○	○	△	-て-	○
もくろむ	○	○	○	-ん○	-

使い分け【1】「はかる」は、ある目的を実現するために、さまざまな角度から考え、手だてを講じ、実行に移す意。何かを計画する場合には「計る」、めざす場合には「図る」、よくないことをたくらむ場合に

は「謀る」と書くことが多い。【2】「企てる」は、計画して実行しようとする意。比較的大きなこと、重要なことなどに用い、悪いことにいう場合が多い。【3】「もくろむ」は、「はかる」「企てる」にくらべ、きちんとした計画や準備なしに、漠然とあてにするような場合にいう。あまりよいことについては用いない。「目論む」とも書く。

参照▼はかる⇒808-19

2 08-23 計画／プラン／構想／青写真／筋書

【関連語】◆(手の内)◆(プロジェクト)

共通する意味★ある事を行うために立てた、手順や用いる物などについての案。

使い方▼〔計画〕スル▽計画をたてる▽式典を計画する▽計画的な犯行▽住宅整備計画　〔プラン〕▽予算に応じた旅行のプラン▽プランを立てる　〔構想〕スル▽次の作品の構想が浮かんだ　〔青写真〕▽結婚生活の青写真をつくる▽都市整備の青写真を描く　〔筋書〕▽筋書どおりの結果

	綿密な□	□を練る	□どおりに事が運ぶ
計画	○	○	○
プラン	○	○	○
構想	○	○	△
青写真	△	-	-
筋書	○	-	○

使い分け【1】「計画」「プラン」は、ある事を行うために、用いる物や手順について、あらかじめ考えた案や予定一般の意で広く用いられる。「計画」は、悪事のたくらみについても用いられるが、「プラン」は用いられない。**【英】** *a plan* 【2】「構想」は、絵、音楽、小説など芸術作品についても用いられる。【3】「青写真」は、設計図などの複写に用いる写真の一種の意から転じて、未来への抱負や希望に基づいた、試みとしてのおおよその案をいう。**【英】** *a blue-print* 【4】「筋書」は、映画、演劇、小説などの内容のあらましの意から転じて、前もって仕組んだ物事の展開の仕方の意味で用いられる。**【英】** *a plot*

【関連語】◆(手の内)心の中でひそかに抱いている考え、計画。胸の内。「なかなか手の内を見せようとしない」◆(プロジェクト)ある計画に基づいて、複数の人が共同であたる研究や事業などのような、大掛かりな仕事。また、そのような計画。「大型プロジェクト」「プロジェクトチーム」

参照▼手の内⇒008-06　207-14

2 08-24 案／原案

【関連語】◆(たたき台)◆(代案)◆(対案)◆(試案)◆(腹案)◆(懸案)◆(法案)

共通する意味★まだ確定していない段階の計画。**【英】** *the original plan*

使い方▼〔案〕▽いい案が浮かばない▽解決のために、いくつか案が考えられた▽予算案　〔原案〕▽政府の原案に修正を加える▽原案がそのまま通った

使い分け【1】「案」は、一般的に意見や考えをまとめたもの。また、アイディア、思いつきの意もある。【2】「原案」は、それについて討議、決定するための案。そのとおりに決定されることもあれば、修正を加えられたり、否決されたりすることもある。

【関連語】◆(たたき台)さまざまな検討や批判を加えて決定させるために出される、おおまかな内容の案。「メモをたたき台にして話を進める」◆(代案)ある案が賛成されなかったり、うまくいかないとき、それに代わって出される案。「代案を示して、再審議をもとめる」◆(対案)相手の案に対抗して出す別の案。「野党が対案を用意して審議にのぞむ」◆(試案)ここ ろみに立てた案。「まだ試案の段階だ」◆(腹案)あらかじめ心の中で考えおいた案。「首相はなにか腹案を持っているらしい」◆(懸案)問題とされながら、まだ結論が出ていない案件。「懸案のまま来期に持ち越す」「懸案を一挙に片付ける」◆(法案)法律の草案。「法案を国会に提出する」

2 08-25 名案／良案／アイディア

共通する意味★良い考え。**【英】** *a good plan* 〔*idea*〕

	□を出す	それは□だ	□が浮かぶ	奇抜な□
名案	○	○	○	-
良案	○	○	○	-
アイディア	○	-	○	○

使い分け【1】「名案」は、だれもが感心するようなすばらしい思いつきをいい、「良案」は、これならばうまくいくと思われる良い考えをいうが、実際にはほとんど意味の違いはない。「名案」の方が一般的に用いられる。【2】「アイディア」は、「アイディアを生かす」のように、良い思いつき、考えの意味で用いられることが多い。「グッドアイディア」「アイディアマン」のように、他の外来語を複合した形で使われることも多い。

2 08-26 策略／計略／作戦／謀略／陰謀／はかりごと／企み

【関連語】◆(画策)◆(策動)◆(術策)◆(権謀)◆(謀計)◆(奸策)◆(詭計)◆(深謀)◆(遠謀)◆(深慮)◆(悪だくみ)◆(わな)◆(機略)

共通する意味★相手を自分の望んでいる方向にもっ

ていったり、事をうまく成し遂げたりするために弄する策。【英】*a stratagem; a trick*

使い方▼〔**策略**〕▽相手の**策略**にはまる▽**策略**を用いる　〔**計略**〕▽相手方の**計略**を見破る▽**計略**が図に当たる▽相手の**計略**に陥る　〔**作戦**〕▽**作戦**が図に当たる▽**作戦**を練る▽**作戦**会議▽陽動**作戦**　〔**謀略**〕▽敵の**謀略**に乗せられる▽会社乗っ取りの**謀略**▽相手の**謀略**にかかる　〔**陰謀**〕▽国王暗殺の**陰謀**を企てる▽**陰謀**が発覚する　〔**はかりごと**〕▽ちょっとした油断から**はかりごと**がもれてしまった▽**はかりごと**は密なるをよしとする▽敵の**はかりごと**にひっかかる　〔**企み**〕▽子供騙しの**たくらみ**にひっかかる▽相手の**たくらみ**に気づく

	□が失敗に終わる	首相暗殺の□	敵陣に対する□	□を企てる	□をめぐらす
策略	○	-	○	-	○
計略	○	-	○	-	○
作戦	○	-	○	-	-
謀略	○	○	△	-	○
陰謀	○	○	-	○	○
はかりごと	○	○	-	○	○
企み	○	○	-	△	-

使い分け【1】「謀略」「陰謀」は、常に人を陥れ、だます場合に使われるのに対し、「策略」「計略」はそれほどあからさまではない場合にも使うことができる。【2】「作戦」は、試合や戦争、また種々の競争などについて広く用いられる。【3】「はかりごと」は、「計略」とほぼ同意。やや古風な言い方。【4】「企み」は、動詞形「企む」とともに、よくないことを計画する場合に多く用いられる。

【関連語】◆〔**画策**〕スル はかりごとをめぐらすこと。悪い意味に用いることが多い。「会社乗っ取りを画策する」「陰で画策する」◆〔**策動**〕スル ひそかに策をめぐらし行動すること。「彼が陰で策動しているらしい」「策動家」◆〔**術策**〕人を陥れたり、だましたりするためのはかりごと。「相手の術策にはまる」「術策をめぐらし人を陥れる」◆〔**権謀**〕その場に応じた臨機応変の策略。「権謀術数」の形で使われることが多い。「権謀術数に富む」◆〔**謀計**〕ひそかなはかりごと。「謀計をめぐらす」◆〔**奸策**〕人を陥れるためだけのずるい策略。「姦策」とも書く。「奸策を弄する」◆〔**詭計**〕人をだまして目的を達するための計画。「詭計を案じる」◆〔**深謀**〕深く考えて立てた計略。「深謀遠慮（＝遠い将来のことまでよく計画し考えること）」◆〔**遠謀・深慮**〕「遠謀深慮」「深慮遠謀」の形で、先の先まで考慮に入れてよく考えた計略をいう。◆〔**悪だくみ**〕悪いたくらみ。悪質な計略。「悪だくみに引っかかり家屋敷を手放す」◆〔**わな**〕鳥や獣をおびきよせてとらえるための仕掛けの意から転じて、人をだまして陥れるための計略。「罠」とも書く。「敵のわなにかかる」◆〔**機略**〕臨機応変のはかりごと。「機略に富んだ人」「機略縦横の策」

2 08-27 戦略／戦術／戦法

【関連語】◆（軍略）◆（三十六計）

共通する意味★戦いに勝つために実行する具体的な技術や方法。【英】*strategy*

使い方▼〔**戦略**〕▽**戦略**にたけた人▽**戦略**物資　〔**戦術**〕▽**戦術**を変える▽**戦術**家　〔**戦法**〕▽**戦法**を誤る▽夜襲の**戦法**に出る

	□を立てる	□を練る	野球でバントを□とる	ストライキの□	捨て身の□に出る
戦略	○	○	-	-	-
戦術	○	○	○	○	-
戦法	○	-	○	-	○

使い分け【1】いずれも、もとは戦争における策略の意だが、現在では何かをなすための手段、方法をさしていう。【2】「戦略」は、大局的な策略を意味し、「戦術」「戦法」は、より具体的、実践的な手段、方策をいう。

【関連語】◆〔**軍略**〕軍事に関するはかりごと。「軍略をめぐらす」◆〔**三十六計**〕中国古代の兵法にある三十六種類の計略のこと。「三十六計逃げるにしかず（＝たくさんある計略の中で困ったときは逃げることが最上の方法である）」

2 08-28 決断／決定／断／判断／断定

共通する意味★物事を決めること。

使い方▼〔**決断**〕スル▽**決断**をうながす▽**決断**力　〔**決定**〕スル▽**決定**は持ち越された▽彼のプロ入りが**決定**した▽会社の**決定**に従う　〔**断**〕▽最後の**断**が下された▽社長の**断**を仰ぐ　〔**判断**〕スル▽**判断**を誤る▽是非を**判断**する▽**判断**力　〔**断定**〕スル▽警察は彼のしわざだと**断定**した▽**断定**的な口ぶり

	□を下す	□がつく	どちらが優勢なのか□に迷う	最終的な□
決断	○	△	-	△
決定	○	-	-	○
断	○	-	-	-
判断	○	○	○	○
断定	○	-	△	△

使い分け【1】「決断」は、「決定」「判断」にくらべて、強い意志をもってある結論を下すような場合に用いられる。【英】*decision*【2】「判断」は、ある物事の内容や価値を見定め、それについての考えを決めること。【英】*judgement*【3】「断」は、文章

語。【4】「断定」は、こうであるとはっきり決めつけることをいう。

2 08-29 英断（えいだん）／即断（そくだん）／速断（そくだん）

共通する意味★物事を決めること。

使い方▼〔英断〕▽社長の英断を仰ぐ▽英断を下す　〔即断〕スル▽即断を避ける▽方針を即断する　〔速断〕スル▽これは速断を要する問題だ▽わずかな資料だけで速断するのは危険だ

使い分け【1】「英断」は、すぐれた判断の意。また、思い切って判断することもいう。【英】*a decisive judgement*【2】「即断」は、その場で決めること。【英】*an immediate decision*【3】「速断」は、すみやかに判断すること。また、早まった判断、決断をすることもいう。【英】*a hasty conclusion*（早まった判断）

2 08-30 認定（にんてい）／判定（はんてい）／評定（ひょうてい）／査定（さてい）

共通する意味★物事を判断して、決定すること。【英】*acknowledgement*

使い方▼〔認定〕スル▽資格の認定をする▽認定証　〔判定〕スル▽審判の判定に従う▽彼はその試合で判定負けになった　〔評定〕スル▽勤務の評定をする▽評定価格　〔査定〕スル▽給料の査定を行う▽不動産の価格を査定する

使い分け【1】「認定」は、公の機関が、資格や事柄の当否などについて審査判定して決定すること。【2】「判定」は、事物の価値、優劣などについて判別し、決定することをいう。【3】「評定」は、規準に従って評価し決定することをいう。【4】「査定」は、調査をふまえて決定することをいう。

2 08-31 決裁（けっさい）／裁断（さいだん）／裁量（さいりょう）

共通する意味★権限をゆだねられた者が、物事を判断、決定すること。【英】*approval*

使い方▼〔決裁〕スル▽書類を決裁する▽大臣の決裁を仰ぐ　〔裁断〕スル▽議長の裁断を待つ▽最終的な裁断を下す　〔裁量〕スル▽行政機関の裁量の範囲内のことだ▽あなたの裁量にお任せします

使い分け【1】「決裁」は、権限をもつ者が、差し出された案件や書類について、当否を判断して処理すること。【2】「裁断」は、決定を下すべき立場の者が、物事の理由、善悪を判定し、最終的な判断を下すこと。【3】「裁量」は、個人や機関の考えで判断を下して処理することをいう。ふつう、全く勝手にというのではなく、権限を認められる範囲内でという含みがある。【4】「裁断」には、一つの結論的判断をうち出すという結果に重点があるのに対し、「裁量」は、あれこれ考えて処理していく行為を全体としていう。

参照▼裁断⇒904-51

2 08-32 品定め（しなさだ）／品評（ひんぴょう）

【関連語】◆（格付け）かくづけ

共通する意味★物の優劣や品質について論じ、批評し判定することをいう。【英】*estimation*

使い方▼〔品定め〕スル▽生地の品定めをする　〔品評〕スル▽今年のワインを品評する▽品評会

使い分け「品定め」は、物の優劣や価値などについて判定を下すことに重点があるが、「品評」は、論じ合うことに重点がある。

【関連語】◆（格付け）スル人や物の価値や資格、能力や質などを、それぞれの標準に比べて、その段階・等級を定めること。「米を味で格付けする」

2 08-33 保留（ほりゅう）／留保（りゅうほ）／棚上げ（たなあ）

共通する意味★物事の決定をしばらく差しひかえておくこと。【英】*reservation*

使い方▼〔保留〕スル▽処分を保留する▽発表を保留する　〔留保〕スル▽留保条件を付ける　〔棚上げ〕スル▽この問題は一時棚上げにする

	計画を□する	態度を□する	財産権を□する	問題点を□したままの見切り発車
保留	○	○	△	△
留保	○	○	○	△
棚上げ	○	-	-	○

使い分け【1】「保留」「留保」は、既定の事柄の実行、物事の処理・決定などの時期を延ばすことをいう。「保留」は日常語的。【2】「留保」は、法律では、権利・義務を移す場合に、その全部または一部を残留、保持することをいう。【3】「棚上げ」は、「保留」「留保」と同様にも使われるが、また、表中の例「問題点を棚上げにしたままの見切り発車」のように、手をつけないままにすること、ほうっておくことの意味で使われることが多い。

2 08-34 理解（りかい）／分かる（わ）／知る（し）

【関連語】◆（把握）はあく◆（解釈）かいしゃく◆（分かり）わかり◆（のみ込み）のみこみ

共通する意味★物事の意味、内容、事情などを正しく判断すること。【英】*understanding*

使い方▼〔理解〕スル▽論文が難しくて理解できない▽どういう意図なのか理解に苦しむ▽反対運動に理解を示す　〔分かる〕（ラ五）▽お父さんは話がわかる▽わけがわからない▽しゃれのわかる人　〔知る〕（ラ五）▽一を聞いて十を知る▽まだ世の中を知らない▽彼

女の本当の気持ちを知りたい

	もののあわれを(が)□人	彼の気持ちを(が)□	話せば□	恥を(が)□
理解する	を○	を○	−	を−
分かる	が○	が○	○	が−
知る	を○	を○	−	を○

使い分け【1】「理解」「分かる」は、物事の内容を筋道を立てて論理的にのみこむことをいうが、「知る」は、物事の全体を感覚的にとらえる場合に用いることが多い。【2】「理解」「分かる」は、正しく判断するだけでなく、相手の気持ちなどを察して意に添うようにする場合にも使う。「分かる」の方が口語的。【3】「知る」は、経験や知識をもっているという意味で使うことが多く、「理解」と同じ意で使う場合は用法が限られている。

【関連語】◆**(把握)**スルある事柄を十分に理解する。「文章の意味を把握する」「実態が把握されていない」◆**(解釈)**スル表現されたものなどの意味をうけとめ、自分の論理で理解すること。「解釈の分かれるところだ」「善意に解釈する」◈意味、内容などをテキストに即して理解することの意もある。「英文解釈」◆**(分かり)**物事を理解すること。「お母さんは分かりが早い」「彼は分かりがいい」◆**(のみ込み)**物事の内容などをその場ですぐ理解すること。「子供のくせにのみ込みが早い」「のみ込みの悪い男」

2 08-35 納得(なっとく)／得心(とくしん)／合点(がてん)

共通する意味★他人の考えなどを理解して、心から受け入れること。**【英】** *assent*

使い方▼〔納得〕スル▽こんなやり方では納得できない▽納得がいくまで話し合う▽双方納得ずくで別れる　〔得心〕スル▽事情を説明して得心してもらう▽ごまかされているようで得心がいかない　〔合点〕スル▽説明されても合点がいかない▽早合点▽ひとり合点する

	□がいく	双方□の上で手を打つ	相手に□してもらう	おっと□だ
納得	○	○	○	−
得心	○	○	△	−
合点	○	−	−	○

使い分け【1】「納得」が、もっとも一般的に使われる。【2】「得心」は、「納得」よりも、より確かに心の中で理解したときに使う古めかしい言い方。【3】「合点(がてん)」は「がってん」の転。「おっと合点だ」は「がってん」の方を使い、その他は「がてん」「がってん」のどちらも使う。

2 08-36 了解(りょうかい)／了承(りょうしょう)／承知(しょうち)

共通する意味★相手の要求や行為を理解して、認めたり許したりすること。**【英】** *understanding*

使い方▼〔了解〕スル▽上司の了解を得る▽「現場へ急行して下さい」「了解」　〔了承〕スル▽出演者急病のため休演、何とぞご了承下さい▽父母の了承を得てから参加の申し込みをする　〔承知〕スル▽とても承知できない条件だ▽私が承知しているから大丈夫▽あらかじめご承知おき下さい

	はい□しました	□を得る	□を求める	彼の申し出を□する	暗黙の□
了解	○	○	○	−	○
了承	○	○	○	△	−
承知	○	−	−	○	−

使い分け【1】「了解」「了承」は、事情や事柄の内容などを理解して認めること。「了承」は、相手の示した案などを認める手続き上の行為であることもある。「承知」は、申し入れや頼みをききいれること。【2】「了解」「了承」は、「諒解」「諒承」とも書く。

2 08-37 物分かり(ものわかり)／聞き分け(ききわけ)

共通する意味★人の言うことを理解して受け入れること。**【英】** *understanding*

使い方▼〔物分かり〕▽苦労人だけあって物分かりがよい▽物分かりの悪い先生　〔聞き分け〕▽聞き分けのない子供▽お前より妹の方がよっぽど聞き分けがあるよ

使い分け「物分かり」は、大人に対しても子供に対しても使うが、「聞き分け」は、子供に対して使うことが多い。

2 08-38 会得(えとく)／体得(たいとく)

【関連語】◆(同化)(どうか)

共通する意味★十分に理解して自分のものとすること。**【英】** *understanding*

使い方▼〔会得〕スル▽料理のこつを会得する▽カーブの投げ方を会得した▽微妙な節回しを会得する　〔体得〕スル▽修練で筆先の感覚を体得する▽試合のかけひきを体得する

使い分け「体得」は、実際に自分で経験して知識や技術を身につけることをいう場合が多い。

【関連語】◆**(同化)**スル外から取り入れたものを完全に自分のものとすること。文章語。「知識を同化する」

2 08-39 悟る(さとる)／わきまえる

【関連語】◆(自覚)(じかく)

共通する意味★物事を明らかに理解し、自分のものにする。**【英】** *to understand*

使い方▼〔悟る〕(ラ五)　〔わきまえる〕(ア下一)

	正義とは何かを□	運命を□	是非を□	立場を□
悟る	○	○	△	-
わきまえる	○	-	○	○

使い分け【1】「悟る」は、直観的な働きが強く、隠れているものや見えにくいものを察知し、つかみとる意。仏教では、迷いを去って真理を得る意に用いられる。【2】「わきまえる」は、物事を弁別するというのが根本の意。二つのことを区別して理解する意味に用いることが多いが、客観的な物事の位相関係を理解する意や、大人として物事に対応し得る判断や認識を持っている意にもいう。「弁える」とも書く。

【関連語】◆**(自覚)**スル 自分自身のおかれている状態や、能力、価値などを認識すること。「自分の立場を自覚する」「自覚が足りない」「自覚をもつ」

2 08-40 察知(さっち)／感知(かんち)／探知(たんち)

共通する意味★物事の状態や変化を知ること。**【英】** *perception*

使い方▼〔察知〕スル▽敵の動きを察知する▽危険を察知する 〔感知〕スル▽温度の上昇を感知して警報機が作動する▽異変を感知して避難する 〔探知〕スル▽魚群を探知する▽電話を逆探知する▽金属探知機

使い分け【1】「察知」は、情報や経験をもとにして推しはかって知ることをいう。【2】「感知」は、機械の場合は一定以上の刺激などに反応することで、人間や動物の場合は直観的、本能的に気づくことをいう。【3】「探知」は、探って様子を知ること。

2 08-41 認識(にんしき)／認知(にんち)

共通する意味★存在や価値を認めること。**【英】** *recognition*

使い方▼〔認識〕スル▽外国と交流して互いに認識を深める▽大臣は住民と話し合って問題の認識を新たにした 〔認知〕スル▽レーダーが敵艦隊を認知した▽一人前の画家と認知された

	前方の物体を敵と□する	□が甘い	世間に□される	□不足
認識	△	○	-	○
認知	○	-	○	-

使い分け【1】「認識」の方が、「認知」よりも、物事の内容や意義を深く理解するという意味合いが強い。【2】「認識」は、知ることによって得た知識までを含む語なので、「認識が深い」「認識が甘い」などのように用いられる。

2 08-42 見抜く(みぬく)／見破る(みやぶる)／見て取る(みてとる)

【関連語】◆**(看破)**かんぱ

共通する意味★隠されている物事の本質や真相、真意などを推理して知る。**【英】** *to see through*

使い方▼〔見抜く〕(カ五) 〔見破る〕(ラ五) 〔見て取る〕(ラ五)

	相手の気持ちを□	一目で正体を□	天賦の才を□	形勢は有利だと□	子供のうそを□
見抜く	○	○	○	-	○
見破る	○	○	-	-	○
見て取る	○	△	○	○	-

使い分け【1】「見抜く」は、隠されている事の真相や真意、表面に現れていない本当の性質や状態などを、鋭い眼力によって知る場合に使う。【2】「見破る」は、人が隠そうとしている真相や計略、うそなどを察知する場合に使う。「看破る」とも書く。【3】「見て取る」は、外に現れた様子から物事の情勢や真意などを推理して知る場合に使う。

【関連語】◆**(看破)**スル 真相や本質的なことを見きわめること。「相手の本音を看破する」

2 08-43 見透かす(みすかす)／見通す(みとおす)

【関連語】◆**(見え透く)**みえすく◆**(透視)**とうし

共通する意味★隠されている物事の本質や真相、真意などを推理して知る。**【英】** *to see through*

使い方▼〔見透かす〕(サ五)▽手の内を見透かされる▽心の中まで見透かす 〔見通す〕(サ五)▽胸中を見通す▽先行きを見通す

使い分け【1】「見透かす」は、人が隠そうとする事や、表面に現れない真意などまで見て取る意。【2】「見通す」は、表面に現れない真相や真意を察知したり、将来や事の成り行きを予想したりする意。特に、真相、真意を知っていることを、くだけた言い方で「お見通し」ということがある。

【関連語】◆**(見え透く)**(カ五)隠そうとしても、本心やうそなどが見るからに分かる意。「見え透いたお世辞」「作為が見え透いている」◆**(透視)**スル すかして見ること。また、感覚ではつかめないものを超能力によって認知すること。「彼には他人の心を透視する能力がある」

参照▼見通す⇒103-15

2 08-44 見極める(みきわめる)／見定める(みさだめる)／見据える(みすえる)

共通する意味★本質や真相などが分かるまで注意してよく見る。**【英】** *to discern*

使い方▼〔見極める〕(マ下一)▽結果を見極める▽なりゆきを見極める 〔見定める〕(マ下一)▽事のなりゆきを見定める 〔見据える〕(ア下一)▽現実をみすえて行動する

	日本の将来を□	人物を□	事件の真相を□	状況を□て行動する
見極める	○	○	○	-め ○
見定める	○	○	○	-め ○
見据える	○	△	△	-え -

使い分け【1】「見極める」「見定める」は、最後までよく見て確認する意。【2】「見極める」は、よく見て、本質を見抜く、明らかにする意で多く使われる。【3】「見据える」は、「鋭い目つきで見据える」のように、じっと見る意でも使われる。

参照▼見据える⇒103-02

2 08-45 推し量る（おしはかる）／見越す（みこす）／察する（さっする）

【関連語】◆（感じ取る）かんじとる

共通する意味★知っていることをもとにして、推測する。**【英】** *to guess*

使い方▼〔推し量る〕（ラ五） 〔見越す〕（サ五） 〔察する〕（サ変）

	相手の胸中を□	混雑を□て早めに出る	景気の動向を□	一つの事から全体を□
推し量る	○	-っ -	○	○
見越す	△	-し ○	○	-
察する	○	-し -	-	△

使い分け【1】「推し量る」は、単に推測する意で用いられるが、「見越す」は、将来起こることを予測する意で、多くは、その立てた予測に対して、あらかじめなんらかの対策を取る場合に用いられる。また、「察する」は、推しはかってその内容を理解する意で用いられる。【2】「推し量る」は、「推し測る」とも書く。

【関連語】◆（感じ取る）（ラ五）雰囲気や相手の気持ちを様子などから察する。「不穏な空気を感じ取る」

2 08-46 見計らう（みはからう）／見繕う（みつくろう）

共通する意味★適当と思われる物を選ぶ。**【英】** *to choose at one's own discretion*

使い方▼〔見計らう〕（ワ五）▽料理の材料を見計らって買い物をする▽仕事の合間を見計らって、お茶をいれる 〔見繕う〕（ワ五）▽ゴルフの賞品を見繕う▽酒のつまみを見繕ってくれ

使い分け【1】「見計らう」には、物だけではなく、適当と思われる時期を選ぶ意もある。【2】「見繕う」は、相手の好みや注文にあわせて物を選んで調える意。

2 08-47 早のみ込み（はやのみこみ）／早合点（はやがてん）／早とちり（はやとちり）／独り合点（ひとりがてん）

共通する意味★よく確かめないで、勝手に分かったつもりになること。**【英】** *a hasty conclusion*

使い方▼〔早のみ込み〕スル▽説明が終わらないうちに早のみ込みして飛び出して行った 〔早合点〕スル▽騒動のもとはあいつの早合点か▽早合点して失敗する 〔早とちり〕スル▽早とちりしないように、よく読むこと▽とんだ早とちりで大恥をかいた 〔独り合点〕スル▽独り合点で事を運んでは困る

使い分け【1】「早のみ込み」「早合点」は、話もよく聞かないで分かったつもりになること。「早とちり」は、「早合点」して失敗すること。「独り合点」は、自分だけの判断で分かったつもりになること。【2】「早合点」「独り合点」の「合点」は、「がってん」ともいう。

2 08-48 生かじり（なまかじり）／聞きかじり（ききかじり）

【関連語】◆（一知半解）いっちはんかい

共通する意味★うわべだけで、本質を理解してはいないこと。**【英】** *a smattering*

使い方▼〔生かじり〕（形動）▽生かじりの学問を振り回す▽生かじりの経済論をぶつ 〔聞きかじり〕▽聞きかじりの知識を並べて得意になっている▽申し上げたのはほんの聞きかじりです

使い分け「生かじり」は、物事を表面的に知っているだけのことをいい、「聞きかじり」は、物事の一部だけを聞いて知っていること。

【関連語】◆（一知半解）知識が浅く、よく理解していないこと。「一知半解のことを得意気に話す」

2 08-49 推察（すいさつ）／推量（すいりょう）／推測（すいそく）／推定（すいてい）

【関連語】◆（察し）さっし◆（斟酌）しんしゃく◆（推断）すいだん

共通する意味★相手の心中や状況を推しはかって想像すること。**【英】** *a guess*

使い方▼〔推察〕スル▽勝手な推察をするのはやめていただきたい 〔推量〕スル▽彼はいつも推量でものを言う▽推量の助動詞▽当て推量 〔推測〕スル▽事故の原因を推測してみる▽二十年後の物価を推測する▽推測の域を出ない 〔推定〕スル▽事故の被災者は五万人と推定される▽推定年齢

	あなたの□どおりです	□が当たる	□がつく	参加者は一万人と□される
推察	○	○	○	-
推量	△	○	-	-
推測	○	○	○	○
推定	○	○	-	○

使い分け【1】「推察」は、特に相手の気持ちや、相手のおかれた立場を諸状況から推しはかることをいう。【2】「推量」は、広く推しはかることをいい、「推測」は、既知の事実や現在の状況から推しはかること

をいう。【3】「推定」は、客観的事実や資料に基づいて考慮し、推しはかること。

【関連語】◆(察し)裏の事情などを推しはかること。「君は察しがいいね」「お察しのとおりです」◆(斟酌)スル相手の事情や心情などを推しはかって、考慮すること。「その辺のところを御斟酌ください」「斟酌を加える」◆(推断)スル状況から推しはかって判断を下すこと。「勝手な推断をしては困る」「推断を下す」

2 08-50 推理／推論

【関連語】◆(類推)

共通する意味★既知の事実から論理立てて状況を推しはかること。【英】*reasoning*

使い方▼(推理)スル▽彼が犯人だという推理は正しかった▽事件の真相を推理する▽推理小説 (推論)スル▽いろいろ可能性を述べたが、すべて推論にすぎない▽少ない資料から推論を下す

使い分け【1】二語とも、客観的にすでに分かっている事実から、未知の事実関係を推しはかることをいう。【2】「推理」は、事件などの真実を、事実関係から推しはかるときに使われることが多い。

【関連語】◆(類推)スルあることを他の同じような事柄と比較し、類似点をもとに推しはかること。「手口から類推すると、彼のしわざだ」

2 08-51 もし／仮に／たとえ

【関連語】◆(もしか)◆(よしんば)

共通する意味★何かを仮定していうときに用いる語。【英】*if*

使い方▼(もし)(副)▽もし雨が降ったらその次の日にする▽もし百万円あれば私は海外旅行をする (仮に)(副)▽仮にその日が雨であれば、その次の日にすればよい▽仮に彼女に会っていたとしても、何も言えなかっただろう▽仮にここに金塊があるとする (たとえ)(副)▽たとえ百万円もらっても、いやなものはいやだ▽たとえわが身がどうなろうと、悪いことはしたくない

	□その日が雨なら延期しよう	□その日が雨でも出かけよう	□自分がどうなろうとかまわない
もし	○	△	−
仮に	○	○	△
たとえ	−	○	○

使い分け【1】「もし」は、確定していない状況、事実に反する状況などに広く用いられる。仮定された条件が順接で続くことが多く、「もし彼女に会っても何も言うな」のように、逆接で続くことは少ない。この場合には「たとえ」を用いるのがふつうである。【2】「仮に」は、「仮に午後から雨だというなら行かない」のように、「午後から」のような仮定の状況をはっきり指示しているときに用いることが多い。【3】「たとえ」は、仮定された条件で逆接で続く場合に用いられる。

【関連語】◆(もしか)(副)「もし」を強めた語で、俗語的な言い方。また、「もしかして」「もしかすると」のように「する」を伴って用いることが多い。「もしか雨になったらどうしよう」◆(よしんば)(副)「たとえ」と同様、逆接の仮定条件を示す。やや古めかしい感じの文章語。「よしんば君の意見が正しいにせよ、私は絶対に賛成できない」

2 08-52 万一／もしも

【関連語】◆(万が一)◆(万万一)

共通する意味★何かを仮定していう場合、その仮定の実現性を小さいものとしていうときに用いる語。【英】*by any chance*

使い方▼(万一)(副)▽万一雨が降ったら中止しよう▽万一彼が来なくても私たちだけでやろう (もしも)(副)▽もしも私があなたなら、そんな事はしない

	□この場で地震が起こったらどうしよう	□地球が平らだったら世界観が変わっていただろう	□その話が本当ならうれしい
万一	○	−	−
もしも	○	○	○

使い分け【1】「万一」は、悪い事態を仮定するときに使われ、実現性がゼロに近いものを仮定していうときに用いる。ただし、実現性がゼロのものを仮定するときには使えない。【2】「もしも」は、「もし」を強めた語。実現性がゼロのものにも使える。

【関連語】◆(万が一・万万一)(副)「万一」を強めた語。「万が一彼が事故にあったのだとしても連絡があるはずだ」「万万一父が倒れでもしたら」

2 08-53 まさか／よもや

【関連語】◆(万万)

共通する意味★ある事態の生じる可能性を強く否定したり、実現することが意外だと思う気持ちを表わす。【英】*never*

使い方▼(まさか)(副)▽まさか彼がそんなことをするとは思わなかった▽まさか君のせいだともいえまい▽まさか私がそんなところへ行くはずがないでしょう (よもや)(副)▽よもや君が知っていることはあるまいと思っていた▽よもや恩を仇で返すような事はいたしません

	□勝つとは思わなかった	□の逆転負け	□私がそんなことをするはずがないだろう	□そのような悪事はいたしません
まさか	○	○	○	−
よもや	○	○	△	○

使い分け【1】二語とも、打消や反語の表現を伴って使われ、まったく意外である、容易には信じられないという気持ちを表わす。【2】「よもや」は、話し手自身の事に言及する場合、その判断が過去になされ

たことについては用いられるが、現在の判断についてはあまり用いられない。これに対し、「まさか」はいずれの場合にも用いることができる。【3】「よもや」には、「よもやそんな事はいたしません」のように、目上の人に向かって、自分の強い否定の意思を述べるときに用いる用法がある。これは「絶対に」という意味に近いものである。【4】「まさか」には、『これは偽物だ』『まさか』のように、感動詞的な応答の用法がある。

【関連語】◆**〈万万〉**(副)万が一にも。否定表現を伴って、決して…ないの意で用いられる。「万万断られることはあるまい」

2 08-54 予測(よそく)／予想(よそう)／予期(よき)

【関連語】◆**〈予知〉**よち◆**〈予断〉**よだん◆**〈予見〉**よけん

共通する意味★将来のことをあらかじめ見当をつけること。**【英】***prediction*

使い方▼**〈予測〉**スル▽予測を立てる　**〈予想〉**スル▽景気の予想を立てる　**〈予期〉**スル▽予期せぬ事態にとまどう

	□したとおりの結果	□が外れる	□外の出来事	□せぬ事態が起こる	□に反して
予測	○	○	△	-	○
予想	○	○	○	-	○
予期	○	-	-	○	○

使い分け【1】「予測」「予想」は、将来のことを前もって見当をつけて、どうなるかを推測することだが、「予測」のほうが、データなどに基づきより具体的であることが多い。【2】「予期」は、将来を、または将来起こるだろうことをあらかじめ推測し、それが実現するのを待ち受けること。しばしば期待感が含まれている。

【関連語】◆**〈予知〉**スル前もって知ること。「地震を予知する」「予知能力」◆**〈予断〉**スル前もって判断すること。「事態は予断を許さない」◆**〈予見〉**スル事の起こる前にあらかじめ知ること。「未来を予見する」

2 08-55 当て推量(あてずいりょう)／当てずっぽう(あてずっぽう)／心当て(こころあて)／憶測(おくそく)

【関連語】◆**〈邪推〉**じゃすい◆**〈勘ぐる〉**かんぐる

共通する意味★はっきりした根拠もなく、いい加減に推しはかること。**【英】***a random guess*

使い方▼**〈当て推量〉**▽彼はいつも当て推量でものを言う　**〈当てずっぽう〉**▽当てずっぽうで答えを言ったら、正解だった　**〈心当て〉**▽本当のことは知らなかったが、心当てに適当に言っておいた　**〈憶測〉**スル▽憶測でものを言ってはいけない▽憶測にすぎないが、彼女は帰ってこないだろう

使い分け【1】「当てずっぽう」と「当て推量」は、ほぼ同じ意味を表わす。「当てずっぽう」の方が、よりくだけた言い方。【2】「心当て」は、「心当てにしていたお金が入ってこなかった」のように、心の頼みとするところ、またそういう期待という意味もある。【3】「憶測」は、「臆測」とも書く。

【関連語】◆**〈邪推〉**スル相手の言葉や行為をひがんで悪く推しはかること。「僕のことをあまり邪推しないでくれ」「邪推深い人」◆**〈勘ぐる〉**(ラ五)いろいろと気をまわして悪く推測する。「うそをついているのではないかと勘ぐられる」

2 08-56 心当たり(こころあたり)／目星(めぼし)

共通する意味★思い当たるふし。見当。見込み。**【英】***an aim*

使い方▼**〈心当たり〉**▽心当たりを捜してみる▽心当たりがある　**〈目星〉**▽仕事の目星をつける▽犯人の目星をつける

使い分け「心当たり」のほうが一般的である。「目星」は、特に人物に対して用いることが多い。

2 08-57 望み(のぞみ)／脈(みゃく)／当て(あて)

共通する意味★将来に対して希望や期待をもった見込み。**【英】***a desire; a wish*

	まだ□があるのであきらめるな	もう会える□がない	□が断たれる	□が外れる
望み	○	○	○	-
脈	○	-	-	-
当て	○	○	-	○

使い分け【1】「望み」は、本来そうありたい、そうしたいという願望を意味する。転じて、「前途に望みある青年」のように、期待をもてるという見込みもいう。【2】「脈」は、脈拍のことから転じて、「脈がある」「脈がない」などの形で、前途にまだ期待できる見込みがあることを意味する。【3】「当て」は、将来に対する目的や見込みのこと。また、「親のお金を当てにする」のように、将来に期待をもってそれを頼りにすることを意味する。表の「まだ□があるのであきらめるな」の場合、「脈」はまだ同じものに対して期待できる余地があることを意味するが、「当て」の場合、他にまだ期待できるものがあるという意味であることが多い。

参照▼望み⇒218-01　脈⇒018-05

2 08-58 見当(けんとう)／読み(よみ)／見通し(みとおし)／見込み(みこみ)

【関連語】◆**〈見極め〉**みきわめ

共通する意味★将来に対して推測すること。**【英】***prospect(s)*

使い方▼〔**見当**〕▽これから先どうなるか**見当**がつかない▽**見当**違いも甚だしい▽**見当**がはずれる 〔**読み**〕▽監督の**読み**が当たる▽**読み**が甘い▽票**読み** 〔**見通し**〕▽ローン返済の**見通し**が立つ▽このまま売上げが伸びれば**見通し**は明るい▽君の考えていることは全部お**見通し**だ 〔**見込み**〕▽お金が集まる**見込み**が立った▽この成績では合格の**見込み**はない▽とんだ**見込み**違いさ

	□を誤る	□がつかない	□が深い	来年完成の□
見当	○	○	-	-
読み	○	-	○	-
見通し	○	○	-	○
見込み	○	-	-	○

使い分け【1】「見当」は、将来に対する比較的大まかの推測。また、「駅はこの見当だ」のように、だいたいの方向、「一人あたり三千円見当の料理」のように数詞の後について、約、おおよそという意味もある。【2】「読み」は、現在の情勢から将来どうなるかを推測、判断すること。【3】「見通し」は、現状から将来や未来どうなるか、結果だけではなく、その過程もかなり確信をもって察知すること。【4】「見込み」は、将来そうなるという確信をもった推測。「見込みのある青年」のように、将来そうなって欲しいという希望や、期待の気持ちが含まれていることが多い。

【関連語】◆(**見極め**)将来どうなるかを結末まで推測、判断すること。「いつ株を売ったらいいか見極めが難しい」

参照▼見通し⇒103-16

2 08-59 目算（もくさん）／もくろみ

共通する意味★将来に対する計画、見込み。**【英】** *expectation(s)*

使い方▼〔**目算**〕▽売れると思ったが**目算**がはずれた 〔**もくろみ**〕▽**もくろみ**どおりうまくいった▽**もくろみ**がはずれる

使い分け【1】「目算」は、元来は、「目算を立てる」のように、目で見ただけでだいたいの見当をつけることをいう。【2】「もくろみ」は、自分にとっては好都合だが、しばしば他の者に不利益をもたらす計画や見込みをいう。「目論見」とも書く。

参照▼目算⇒808-17

2 08-60 勝算（しょうさん）／勝ち目（かちめ）／成算（せいさん）

共通する意味★勝ったり、成功したりする見込み。**【英】** *a chance of success [winning]*

使い方▼〔**勝算**〕▽**勝算**のない戦いをする 〔**勝ち目**〕▽彼とけんかしても**勝ち目**がない 〔**成算**〕▽新事業には何か**成算**があるのだろうか

使い分け【1】「勝算」「勝ち目」は、勝負がはっきりつく場合に用いる。「勝ち目」は、より口語的である。【2】「成算」は、何か事が成功する見込み。

2 08-61 目的（もくてき）／目当て（めあて）／狙い（ねらい）／狙い所（ねらいどころ）／つけめ

【関連語】◆(あてど)

共通する意味★行き着く対象とする事柄、所。**【英】** *an aim; the point*

使い方▼〔**目的**〕▽**目的**を遂げる▽研究の**目的**で渡米した 〔**目当て**〕▽ちゃんとした**目当て**がある▽**目当て**の品物を買うことができなかった 〔**狙い**〕▽それがこの授業の**狙い**である▽真の**狙い**は別にある 〔**狙い所**〕▽そこが今度の企画の**狙い所**だ▽氏の論議は**狙い所**が定まっていない 〔**つけめ**〕▽財産が**つけめ**の縁組をする

	金が□の結婚	□を定める	出題の□が良い	□がはずれる	□もなく歩き回る
目的	○	○	△	△	○
目当て	○	△	-	△	△
狙い	○	○	○	○	-
狙い所	-	○	○	○	-
つけめ	○	-	-	-	-

使い分け【1】「目的」は、実現しようとして目ざすことという意味合いが強く、使用範囲が広い。【2】「目当て」には、「大きな看板を目当てに行く」のように、「目標」の意味もある。【3】「狙い」は、「銃の狙いをつける」など、物を目標に向けて構える意の用法もある。【4】「つけめ」は、用法が限られている。また、「つけめ」には、「捕手の肩が弱い。そこがつけめだ」のように、相手に付け込むべきところの意味もある。

【関連語】◆(**あてど**)多く「あてど(も)なく」「あてどのない」の形で、目当てや心当たりがないことをいう。「あてど(も)なくさまよう」

2 08-62 目標（もくひょう）／目安（めやす）／目途（めど）

【関連語】◆(**的**)まと◆(**方向**)ほうこう◆(**対象**)たいしょう◆(**矛先**)ほこさき◆(**当たり**)あたり

共通する意味★可能なかぎり近づけようとする基準。**【英】** *the target*

使い方▼〔**目標**〕▽売り上げが**目標**に達する▽塔を**目標**に行けばすぐ見つかる 〔**目安**〕▽これを漢字使用の**目安**とする▽**目安**を考える 〔**目途**〕▽提出は再来週を**目途**とする▽二年後を**目途**に独立を承認する

	完成は来年を□とする	□を立てる	使用期間の□は三年だ	□が高い
目標	○	○	-	○

2 人間の性質

目安	目途
○	○
-	△
○	△
-	-

使い分け【1】「目標」は、近づけようとする基準ではあるが、結果的に達成したり、超過したりすることもある。【2】「仕事に目安がつく」「犯人の目途がつく」「解決の目途が立つ」のように、「目安がつく」「目途がつく」「目途が立つ」という慣用表現がある。この「目安」「目途」は、完成、実現に向かって近づいたところという意味。【3】「目途」は「目処」とも書く。

【関連語】◆**(的)**弓、銃砲などを発射するときの標的の意から転じて、方向性を持った精神活動、言語活動の集中するところ。「非難の的となる」「皆のあこがれの的」◆**(方向)**物事を進める上で目指すところ。「参加の方向で検討する」「今月中に完成という方向で努力する」◆**(対象)**行動が向けられるもの。「小学生を対象とした」「商取引すべて課税の対象である」◆**(矛先)**一定方向に向いた物理的手段によらない攻撃。攻撃の目標。「鉾先」「鋒先」とも書く。「指導部に矛先を向ける」「追及の矛先をかわす」◆**(当たり)**おおよその目当てや手がかり。多く、「当たりがつく」「当たりをつける」の形で用いられる。「犯人の当たりがつく」「物件の当たりをつける」

参照▼方向⇒817-65　当たり⇒905-18

208-63 占い(うらない)／易(えき)

共通する意味★特定のものに現れたしるしを見て、人の運勢、将来の成り行き、ことの良し悪しを判断すること。**【英】***fortune-telling*

使い方▼〔占い〕▽トランプを使って占いをする▽星占い　〔易〕▽迷いに迷って、易を立ててもらう

使い分け「易」は、「易経」の原理に基づき、算木と筮竹(ぜいちく)を使って吉凶を判断する占い。

208-64 識別(しきべつ)／鑑別(かんべつ)／鑑識(かんしき)／鑑定(かんてい)／弁別(べんべつ)／判別(はんべつ)

【関連語】◆**(見分ける)**みわける

共通する意味★物事の性質、種類などを区別すること。**【英】***discernment*

使い方▼〔識別〕スル▽暗くてだれか識別できない▽色や形を識別する能力　〔鑑別〕スル▽ひなの雌雄を鑑別する　〔鑑識〕▽確かな鑑識眼をもっている　〔鑑定〕スル▽絵の鑑定を依頼する▽筆跡鑑定　〔弁別〕スル▽是非の弁別をする　〔判別〕スル▽意味の違いを判別する

使い分け【1】「鑑別」が、物事をよく調べて、その結果見分けをつけるときに用いられるのに対して、「識別」は直感としてそれと分かるときにも用いる。【2】「鑑識」は、物事の良否、真偽などを見分けること、あるいはその能力をいうときに用いる。また、特に警察で行う鑑定をいう。【3】「鑑定」は、物の真偽、良否の判定に用いる。主として、美術品、証拠物件などについて用いる。【4】「弁別」は、物事の違いをわきまえたうえで、その区別をすることであるのに対し、「判別」は単に区別を明らかにすること。

【関連語】◆**(見分ける)**(カ下一)見て区別する。「赤ん坊も親の顔を見分けられるようになった」「本物を見分ける」

208-65 見分け(みわけ)／見境(みさかい)

【関連語】◆**(文目)**あやめ

共通する意味★物事を区別すること。**【英】***distinction*

	見分け	見境
善悪の□をつける	○	○
兄と弟の□がつかない	○	-
前後の□がなくなる	-	○
興奮して□がつかなくなる	△	○

使い分け【1】「見分け」は、見て区別すること。「見分けがつく(つかない)」の形で使われることが多い。【2】「見境」は、物事の区別や判断、分別をいう。「見境がつかない」「見境がない」など打消の語を伴って使われることが多い。

【関連語】◆**(文目)**物事の筋道、けじめをいう古めかしい語。下に打消の語を伴うことが多い。「文目も分かず」

208-66 見誤る(みあやまる)／見違える(みちがえる)／見紛う(みまがう)／見損なう(みそこなう)

共通する意味★見てそれと判定できない。**【英】***to misjudge*

使い方▼〔見誤る〕(ラ五)▽道を見誤って谷底へ車が落ちた▽信号を見誤る　〔見違える〕(ア下一)▽彼女を妹と見違えた▽彼は見違えるほどやつれていた　〔見紛う〕(ワ五)▽海かと見まがうばかりの大きな湖　〔見損なう〕(ワ五)▽道路標式を見損なう▽封切り映画を見損なう

使い分け【1】「見誤る」は、他のものを見て、そのものと間違えることをいう。また、「彼の性格を見誤る」のように、誤った見方をすることもいう。【2】「見違える」は、対象があまりにも似ていたり、思いのほか変わっていたりする場合に使う。【3】「見紛う」は、比喩(ひゆ)的表現に使われることが多い。文章語的。【4】「見損なう」は、間違って見ることをいう。また、「彼を見損なった」のように、評価を誤る意、特に、対象(普通は人物)が思っていたよりも悪かった場合に使う。さらに、「話題の映画を見損なった」のように、見る機会をのがす意でも使う。

参照▼見損なう⇒103-18

2 08-67 誤解／思い違い／勘違い／心得違い

【関連語】◆(本末転倒)ほんまつてんとう◆(曲解)きょっかい◆(混同)こんどう
◆(取り違える)とりちがえる

共通する意味★事実や意味などを取り違えて認識すること。【英】*misunderstanding*

使い方▼〔誤解〕スル　〔思い違い〕スル　〔勘違い〕スル　〔心得違い〕スル

	とんでもない□をする	君は彼のことを□している	約束は三時だと□していた	彼の行動は□を招く
誤解	○	○	-	○
思い違い	○	○	○	-
勘違い	○	△	○	-
心得違い	○	-	△	-

使い分け【1】「誤解」は、事実や相手の言動の意味、真意を間違って認識すること。「誤解を生む」「誤解を解く」「誤解を受ける」のように用いる。【2】「思い違い」「勘違い」「心得違い」は、事実と違った認識をしてしまうことをいう。「心得違い」はこの意味のほかに、道理にはずれた行為や考え方も意味し、「君は心得違いをしている」は、単に勘違いしているという意味よりも、非難を込めた、道理に反しているという意味で使われることが多い。

【関連語】◆(曲解)スル相手の言動などを故意に曲げて解釈すること。素直でなく、ひねくれたものの受け取り方。「僕の言ったことをそんなふうに曲解されては困る」◆(混同)スル本来異なっているものを同一のものだと間違えて認識すること。「公私混同も甚だしい」◆(本末転倒)スル大切なこととそうでない些細(ささい)なこととを取り違えること。「本末転倒した議論」◆(取り違える)(ア下一)間違って理解する。「意味を取り違える」「客の注文を取り違えて失敗する」

2 08-68 疑い／疑問／疑義／疑惑／疑念／疑心／不審

【関連語】◆(懐疑)かいぎ◆(猜疑)さいぎ
◆(狐疑)こぎ◆(半信半疑)はんしんはんぎ

共通する意味★事実とちがうのではないか、まちがっているのではないかと思うこと。【英】*doubt*

使い方▼〔疑い〕▽疑いをかけられる▽目撃者の証言に疑いをもつ　〔疑問〕▽疑問の余地がない▽疑問を投げかける　〔疑義〕▽発言に疑義をはさむ▽疑義をただす　〔疑惑〕▽疑惑に包まれる▽疑惑の人物　〔疑念〕▽結論は出たのだが疑念が残った　〔疑心〕▽疑心暗鬼を生じる　〔不審〕(名・形動)▽不審の念がわく▽言動に不審な点がある▽不審尋問▽挙動不審

	□を抱く	□が晴れる	□の目で見る	□が浮かぶ	□に思う
疑い	○	○	○	-	-
疑問	○	○	-	△	○
疑義	○	-	-	○	-
疑惑	○	○	○	-	-
疑念	○	○	-	○	-
疑心	○	-	-	-	-
不審	○	△	○	-	○

使い分け【1】「疑い」「疑問」「疑義」は、何であるか、正しいかどうか、本当かどうか確信がもてない意味と、相手やできごとの真相への不信の意味がある。【2】「疑惑」は、ただ疑うという意より、さらに信用できないという強い意味が含まれている。【3】「疑念」「疑心」は、疑う心、気持ちの意。【4】「不審」は、はっきりしないことが多くどうにも判断がつかない、いぶかしいの意から、根拠なしに疑わしく思うことをいう。これに対し他の語は、事実ははっきりしているが、それが本当であるかどうかについて問題にするという違いがある。

【関連語】◆(懐疑)スル疑いをいだくこと。「人生の意義に懐疑の念をいだく」「すべてに対して懐疑的になる」◆(猜疑)スル相手を信用せず、何か自分に不利になるようなことをするのではないか、と疑うこと。自分の利害にかかわることについて用いられる。「猜疑心のかたまり」◆(狐疑)スルキツネは非常に疑い深い動物であるというところからできた語。相手が悪意を持っているのではないかと疑うこと。「狐疑逡巡(しゅんじゅん)(＝疑ってためらうさま)」◆(半信半疑)半ば信じ半ば疑うこと。「彼の言うことを半信半疑で聞いた」

2 08-69 疑う／怪しむ／いぶかる

【関連語】◆(疑る)うたぐる◆(怪訝)けげん

共通する意味★本当にそうだろうか、間違っているのではないだろうかと思う。【英】*to doubt*

使い方▼〔疑う〕(ワ五)　〔怪しむ〕(マ五)　〔いぶかる〕(ラ五)

	実現を□	人に□れる	わが目を□	急に愛想がよくなったのを□
疑う	○	-わ○	○	-
怪しむ	○	-ま○	-	○
いぶかる	○	-ら△	-	○

使い分け【1】「疑う」は、事実と違うのではないか、これからどうなるだろうか、これこれではなかろうかなどと思う意味。また、「犯人と疑われる」のように、物事を悪い方に考えて、そうではないかと考えるという意味もある。【2】「怪しむ」は、物の正体、物事の真相がわからなくて変に悪く思う意を表わす。【3】「いぶかる」は、隠されているものがあって

不審に思う、正体を知りたいと思う気持ちをいう。「訝る」とも書く。

【関連語】◆（疑る）（ラ五）「疑う」の意の俗な言い方。「まだぼくのことを疑っているのかい」◆（怪訝）（形動）わけがわからなくて納得がいかない様子。「弟に今すぐ中国へ行けと言ったら怪訝な顔をした」

208-70 疑わしい／怪しい／いぶかしい／いかがわしい

【関連語】◆（胡散臭い）

共通する意味★正体がよくわからず変である。【英】*doubtful; dubious*

使い方▼〔疑わしい〕（形）〔怪しい〕（形）〔いぶかしい〕（形）〔いかがわしい〕（形）

	□点がある	成功するかどうか□	彼の態度は□	□雑誌
疑わしい	○	○	○	−
怪しい	○	○	○	−
いぶかしい	○	−	△	−
いかがわしい	○	−	△	○

使い分け【1】「疑わしい」は、正体・真相がわからない様子だけだが、「怪しい」は正体・真相がわからず、そのためによくないと感じるさまをいう。【2】「いぶかしい」は、真相がわからず、そのために知りたいと感じるさま。「訝しい」とも書く。【3】「いかがわしい」は、どうも信用できない、また、道徳的によくないさまをいう。

【関連語】◆（胡散臭い）（形）どことなく怪しくて気が許せない。「あまりに安すぎてどうも胡散臭い」

参照▼怪しい⇒307-09

208-71 なぜ／なんで／どうして

【関連語】◆（何故）

共通する意味★原因や理由などが疑問であるときに用いる語。【英】*why*

使い方▼〔なぜ〕（副）▽なぜ顔が赤いのですか▽なぜ途中で動かなくなったのかを調べる▽なぜ遅れたかといえば交通渋滞にあったからだ▽なぜか気になる〔なんで〕（副）▽なんで来なかったの▽なんで悪いことをしたのかわからない▽なんで話をしないかといえば彼が嫌いだからだ　〔どうして〕（副）▽どうして何も言わないんだ▽どうしてこうなるのかは今後解明されるべき問題だ▽どうしてか知らないが、彼女は来ないそうだ

使い分け【1】「なぜ」は、原因、理由が話し手の力の及ばないところにあることが多いので、「なぜか気になる」のように、自然に起こる気分にも用いられる。【2】「どうして」は、もともと「どのような方法によって」というニュアンスがあるので、客観的な原因、理由を考えていることが多く、自然に起こる気分のときには使わないことが多い。【3】「なんで」は、話し言葉として用いられることが多い。【4】「どうして」は、「どうやって」と同じく、「どうして帰ろうか」のように方法、手段が疑問であるときにも用いる。【5】理由をいうとき、「なぜなら」「なんでなら」という表現はできるが、「どうしてなら」という表現はできない。

【関連語】◆（何故）（副）なぜ。どういうわけで。やや古い文章語。「かかる事態は何故に起こったのか」

208-72 鑑賞／観賞／玩味

共通する意味★良さを認め味わうこと。【英】*appreciation*

使い方▼〔鑑賞〕スル▽音楽を鑑賞する▽映画鑑賞〔観賞〕スル▽植木の観賞会▽名月を観賞する〔玩味〕スル▽熟読玩味に堪える文章

使い分け【1】「鑑賞」は、良さを見極め味わうこと。芸術作品全般について用いられる。【2】「観賞」は、見て味わい楽しむこと。動植物や景色など自然のものについて用いる。【3】「玩味」は、意味を深く考えその内容を味わうこと。多く文章について「熟読玩味」の形で使われる。

参照▼玩味⇒107-02

208-73 思わず／うっかり／つい／知らず知らず

【関連語】◆（無意識）◆（ひょっと）

共通する意味★はっきりした意識なしにそうしてしまうさま、また、そうなってしまうさま。【英】*unintentionally; involuntarily*

使い方▼〔思わず〕（副）▽うれしさのあまり思わず抱きしめた▽思わず悲鳴をあげた　〔うっかり〕（副）スル▽うっかり書きまちがえる▽うっかりして乗り越した▽彼の話はうっかり信用できない　〔つい〕（副）▽つい口がすべって秘密を漏らした▽彼女に電話をするとつい長くなってしまう　〔知らず知らず〕（副）▽知らず知らず悪の道に入っていった▽知らず知らずのうちに涙ぐんでいた

	□本音を吐く	□痛いと叫んだ	疲れて□うとうとする	あまりのうれしさに□涙があふれた
思わず	○	○	○	△
うっかり	○	−	△	−
つい	○	−	○	△
知らず知らず	△	−	○	○

使い分け【1】「思わず」は、多く、他からきっかけ

や刺激を与えられて、瞬間的にある行動をとってしまうさまをいう。【2】「うっかり」は、不注意でしてしまう動きに使われ、「つい」は、外から働きかけられてしてはいけないことをしてしまったときに使われるため、いずれも後悔の気持ちを伴うことが多い。【3】「つい」は、他の三語と異なり、「ケーキを見るとつい手が出る」のように、条件反射的、習慣的に事を行ってしまうときに使われることが多い。【4】「知らず知らず」は、いつの間にかある動作をとるようになっているという継続の意味が強いため、「叱（しか）る」「叫ぶ」「消す」など瞬間的な動作を表わす語とは一緒に用いない。

【関連語】◆**（無意識）**（名・形動）はっきりした意識なしに行った動作に対して瞬間の動作を表わす動詞と一緒に使う。「無意識に頭を掻（か）く」「無意識のうちに手が出てしまった」◆**（ひょっと）**（副）「うっかり」の意の俗語。「会社の秘密をひょっと口に出してしまった」

208-74 ふと／ふっと

共通する意味★何の脈絡もなく、ちょっとした思いつきやきっかけで行うさま。**【英】** *suddenly; unintentionally*

使い方▼〔ふと〕（副）▽ふとふり返ると後ろに先生が立っていた▽悪い考えがふと頭の中をよぎった

〔ふっと〕（副）▽ふっと外を見ると雪だった▽子供の顔がふっと浮かんだ

使い分け 「ふっと」は、「ふと」を強めた語。

208-75 図（はか）らずも／はしなくも

【関連語】◆**（ゆくりなく）**

共通する意味★予想もしないさま。思いがけないさま。**【英】** *unexpectedly*

使い方▼〔図らずも〕（副）▽事態ははからずも好転した▽はからずも大金が手に入った　〔はしなくも〕（副）▽彼のアイディアがはしなくも社長の耳に入った▽優勝候補がはしなくも第一回戦で敗退した

使い分け【1】「図らずも」は、「二人の意見は図らずも一致した」のように、多く、予想外にもプラスの結果がもたらされる場合に用いる。【2】「はしなくも」の「はし」は端緒、きざしの意で、「はしなくも」は、これというきざしもなく、思いがけなくという意味。「端無くも」とも書く。

【関連語】◆**（ゆくりなく）**（副）思いがけず、偶然にの意。「旅先でゆくりなくも昔の恋人に会った」

208-76 思（おも）いのほか／案外（あんがい）／意外（いがい）／思（おも）いがけない

【関連語】◆**（慮外）**りょがい◆**（存外）**ぞんがい◆**（望外）**ぼうがい◆**（予想外）**よそうがい◆**（意表）**いひょう

共通する意味★予想していたことと実際とが、食い違うさま。**【英】** *unexpectedly*

使い方▼〔思いのほか〕▽沖縄は思いのほかに寒かった▽思いのほか難しい問題　〔案外〕（名・形動）▽今回の選挙は案外な結果であった▽案外できる学生だった　〔意外〕（形動）▽意外に強い相手▽意外な所で先生と会った　〔思いがけない〕（形）▽思いがけないプレゼントをもらってうれしい

	□早く着いた	□成績をとる	□出会い	□事態になる
思いのほか	○	-の△	-の-	-の○
案外	○	-な○	-な-	-な-
意外	-に○	-な○	-な○	-な○
思いがけない	-く○	○	○	○

使い分け【1】四語とも、結果が予想した程度よりも良い場合にも悪い場合にも使う。【2】「案外」は、漠然と想像したり、常識と思われている範囲を出た様子に使う。【3】「意外」は、自分で予想したり考えていた範囲ではなかったことを示す。くだけた話し言葉では「意外と」の形も使われる。【4】「思いがけない」は、全く予想していない様子をいう。

【関連語】◆**（慮外）**（名・形動）思いがけないことの意の文章語。「これは慮外なことを承ります」◆**（存外）**（副・形動）物事の程度などが予想と食い違うさま。文章語。「存外やさしい問題」◆**（望外）**（名・形動）望んでいた以上であること。「望外の幸せ」◆**（予想外）**（名・形動）ある事柄、なりゆきなどを意識的に検討して予期した結果と、実際とが違うこと。「これほどの反響があるとは予想外だった」◆**（意表）**考えに入れていないこと。「敵の意表に出る」「相手の意表をつく」

208-77 不慮（ふりょ）／不測（ふそく）

【関連語】◆**（非業）**ひごう◆**（不覚）**ふかく

共通する意味★前もってはかり知ることができないこと。**【英】** *unexpectedness*

使い方▼〔不慮〕▽不慮の事故に遭う▽不慮の死を遂げる　〔不測〕▽不測の事態が生じる▽不測の災難にあう

使い分け【1】二語とも、よくないことが起こる場合に使われる。【2】「不測」は、「不測の事態」の形で使われることが多い。

【関連語】◆**（非業）**仏教で、前世の業因（ごういん）によらない思いがけないことから、特に「非業の最期」「非業の死」の形で、定められた寿命を全うしないで死ぬことをいう。◆**（不覚）**思わず知らずそうなってしまうこと。「不覚にも涙をこぼした」

208-78 果（は）たせるかな／案（あん）の定（じょう）／果然（かぜん）／果（は）たして／やはり

共通する意味★予想したとおり。**【英】** *as was expected*

使い方▼〔**果たせるかな**〕▽果たせるかな、彼は及第した 〔**案の定**〕(副)▽案の定、曇ってきた 〔**果然**〕(副)▽果然、面目をほどこした 〔**果たして**〕(副)▽果たして、彼女は優勝した 〔**やはり**〕(副)▽やはり、好景気は続かなかった

	□彼は合格した	□彼が裏で糸をひいていた	失敗すると思っていたら□だ	こんな雨の中を□彼女は来るだろうか
果たせるかな	○	△	-	-
案の定	○	○	○	-
果然	○	-	-	-
果たして	○	△	-	○
やはり	○	○	-	△

使い分け【1】五語とも平叙文を伴って、すでに現実になった事柄について、「予想どおり…だ」と述べる用法がある。【2】「果たして」「やはり」は、表の最後の例文のように、疑問文を伴って、話し手にとって不確かな事柄の予想についても用いる。【3】「果たせるかな」は、本来、期待にたがわず、の意であるが、単に予想したとおり、という意で用いることもある。【4】「果たして」は、「果たしてだれが優勝するだろうか」などのように、「だれ」「どう」「何」などを含んだ疑問文を伴って、結局のところという意味ももつ。【5】「果然」「果たせるかな」「果たして」は、文語的な、硬い言い方。「やはり」は、くだけた話し言葉では「やっぱり」「やっぱし」とも。

参照▼やはり⇒819-56

2 08-79 思い出(おもいで)／記念(きねん)

共通する意味★過去の出来事や経験を心に浮かべるよすがとなる物。また、特別な出来事があったというしるし。**【英】** ***a memory***

使い方▼〔**思い出**〕▽子供のころの思い出を語る▽思い出にふける▽思い出話 〔**記念**〕スル▽功績を記念して碑を建てる▽記念品

	□の写真	□に、サインしてください	夏の□	□の行事をとり行う
思い出	○	△	○	-
記念	○	○	-	○

使い分け【1】「思い出」は意味が広く、物よりも記憶の中にある事柄をいう場合が多い。内容も、特別なことに限らず、記憶に残るあらゆる時や事柄を含めていう。【2】「記念」は、ある特記すべき瞬間や出来事について、その記憶を永く伝える目的で残される物事をさしていう。

2 08-80 思い出す(おもいだす)／思い返す(おもいかえす)

共通する意味★以前にあったことを心によみがえらせる。**【英】** *to remember*

使い方▼〔**思い出す**〕(サ五)▽どこで会ったか思い出せない▽その歌を聞くと学生時代を思い出す 〔**思い返す**〕(サ五)▽きのうの出来事を順を追って思い返す▽細かい経緯を思い返すのも腹立たしい

	昔のことを□	彼の名前を□	用事を□	□てみるに
思い出す	○	○	○	-し-
思い返す	○	-	-	-し○

使い分け【1】「思い出す」は、以前にあった出来事や忘れていた物事を、何かがきっかけになって心によみがえらせる意味。自分から心によみがえらせようとしたのではなく、ふと心に浮かぶ場合もある。【2】「思い返す」は、以前に経験したことを順序だてて心に再現し、あれこれと考える意味。自分から意識的に回顧しようとした場合にいう。【3】「思い返す」は、「転職を思い返す」のように、一度心に決めたことを思い直す意でも使う。

2 08-81 追憶(ついおく)／追想(ついそう)／回想(かいそう)／回顧(かいこ)

共通する意味★以前、自分自身が体験したことや、見聞した事柄を思い起こすこと。**【英】** *recollection; reminiscence*

使い方▼〔**追憶**〕スル 〔**追想**〕スル 〔**回想**〕スル 〔**回顧**〕スル

	子供のころを□する	両親を□する	政界の一年を□する	□にふける	□録
追憶	○	○	-	○	-
追想	○	○	-	○	-
回想	○	-	-	○	○
回顧	○	-	○	-	○

使い分け【1】「追憶」「追想」には、自分が体験した過去の事柄をなつかしく思う気持ちがある。【2】「追憶」「追想」「回想」は、自分自身の体験を振り返るときに使う。【3】「回顧」は、客観的に過去の事柄を振り返るときにも使う。

2 08-82 懐古(かいこ)／懐旧(かいきゅう)

【関連語】◆〔**懐かしむ**〕なつかしむ

共通する意味★過去の事柄をなつかしく思うこと。**【英】** *retrospection*

使い方▼〔**懐古**〕スル▽学生時代を懐古する▽懐古趣味 〔**懐旧**〕▽懐旧の情▽懐旧談

使い分け「懐古」は、「若者の懐古趣味」のように、必ずしも自分の経験した過去の事柄とは限らないが、「懐旧」は、自分の経てきた昔の事柄についていう。

【関連語】◆(懐かしむ)(マ五)過去に訪れた地や会った人々を思い、もう一度そこへ戻りたいと思う。「過ぎ去った青春の日々を懐かしむ」

208-83 よみがえる／呼び起こす／呼び覚ます

共通する意味★なくなっていたものが再び戻ってくる、また、そうさせる。【英】*to revive*

使い方▼〔よみがえる〕(ラ五)〔呼び起こす〕(サ五)〔呼び覚ます〕(サ五)

	記憶(が・を)□	感動(が・を)□	注意(が・を)□
よみがえる	が○	が○	が－
呼び起こす	を○	を○	を○
呼び覚ます	を○	を－	を－

使い分け【1】「よみがえる」は、死んだものが息を吹き返すことで、「草木が生き生きとよみがえる」のようにも使う。「蘇る」「甦る」と書く。【2】「呼び起こす」が感動をひき起こしたりすることをいうのに対して、「呼び覚ます」は、忘れていた事柄を思い出させることをいう。

参照▼よみがえる⇒301-09 908-15

208-84 見込む／見積もる／当て込む

共通する意味★大体を予想して勘定に入れる。【英】*to estimate*

使い方▼〔見込む〕(マ五)▽経済成長を見込んだ予算▽返品率は一〇パーセントと見込む　〔見積もる〕(ラ五)▽工事の経費を見積もる▽入場者数を見積もる　〔当て込む〕(マ五)▽合格を当て込む▽観光客を当て込んで店を出す

	臨時収入を□	予算を□	遺産を□	当選を□
見込む	○	－	－	○
見積もる	△	○	○	－
当て込む	○	－	○	○

使い分け【1】「見込む」「当て込む」は、予想して勘定に入れる、また、それを当てにする意。「当て込む」の方が、期待する意が強い。【2】「見積もる」は、大体の量をはかる意。【3】「見込む」は、「君を見込んで頼みたい」のように、よいと見て思い定めるという意でも使われる。

208-85 もしかすると／ひょっとすると／あるいは

【関連語】◆(もしかして)◆(ひょっとして)

共通する意味★後ろに「…かもしれない」などの仮定に基づく推量を伴うときに用いる語。【英】*by chance*

使い方▼〔もしかすると〕(副)▽もしかすると彼はもう来ないかもしれない▽もしかすると午後から雨になるかもしれない　〔ひょっとすると〕(副)▽ひょっとすると犯人は彼かもしれない▽ひょっとすると大変なことになるかもしれない　〔あるいは〕(副)▽あるいは雪になるかもしれない▽帰りが遅いところをみると、あるいは残業しているのだろう

使い分け【1】「もしかすると」と「ひょっとすると」は、実現性の低いものを仮定するときに用いる。【2】「ひょっとすると」は、予想外の事態が偶然起こるときの驚きの気持ちを含む。【3】「あるいは」は、実現性がある程度高い場合に用いる。推量には客観的な証拠や判断があることが多い。

【関連語】◆(もしかして)(副)「もしかすると」の意のくだけた言い方。「もしかして負けるかもしれない」◆(ひょっとして)(副)「ひょっとすると」の意のくだけた言い方。「ひょっとして彼が知ってるかもしれない」

参照▼あるいは⇒913-30

209 …心・精神

209-01 心／精神

【関連語】◆(内面)ないめん◆(ハート)◆(良心)りょうしん

共通する意味★人間の理性、知識、感情、意志などのもとになるもの。【英】*heart*

使い方▼〔心〕▽ある考えが心に浮かんだ▽心から感謝します▽心を込めて作る▽心を決める　〔精神〕▽精神がたるんでいる▽健康な体には健全な精神が宿る▽精神一到何事か成らざらん

	□をきたえる	□を集中する	□に感じる	□の優しい人	□の自立を図る
心	△	○	○	○	－
精神	○	○	－	－	○

使い分け【1】「心」は、あらゆる精神活動のもとになるもの、また、精神活動の総称として最も広い意を表わす。【2】「精神」は、人間の心の働きのなかでも、特に思考、知識など知的な働きに関するものをいう。また、「建学の精神」のように、物事を支えている根本的なものという意味もある。【英】*the spirit*

【関連語】◆(内面)人間の精神、心理に関する面。心の中。「決して内面を見せない人」「内面描写」◆(ハート)「心」をすこし気取って言う場合に使う。「温かいハートの持ち主」「ハートを射とめる」◆(良心)自

分の行為の善悪を判断する理性。「良心に恥じない行動」「良心的な店」
参照▼内面⇒817-82

209-02 意／念

共通する意味★心に思うこと。**【英】** *a sense (of)*
使い方▼**〔意〕**▽意に介さない▽意にかなっている
〔念〕▽同情の念が起きる▽尊敬の念でいっぱいだ

	感謝の□	自分の□のまま	□を通じる	□を晴らす
意	○	○	○	－
念	○	－	－	○

使い分け【1】「意」は、あることをしたいという考え、意志の意味で使われることもある。【2】「意」が表面的、一時的な心の動きも含むのに対して、「念」はもっと深く心に思う気持ち。
参照▼意⇒806-09

209-03 気持ち／心持ち／心地／気分

共通する意味★ある物事に接して抱く心の動き。
【英】 *a feeling; mood*(気分)
使い方▼**〔気持ち〕**▽あなたに対する気持ちは変わらない▽今の気持ちを聞かせてほしい　**〔心持ち〕**▽ほめられて悪い心持ちになる人はいない▽似たような心持ちがする　**〔心地〕**▽すごいスピードで生きた心地がしなかった　**〔気分〕**▽もっと気分のいいときにお話ししましょう▽うきうきした気分で出かけた

	風呂上がりのいい□	□を落ち着ける	天にも昇る□	□を打ち明ける
気持ち	○	○	△	○
心持ち	○	△	△	－
心地	○	－	○	－
気分	○	○	△	－

使い分け【1】「気持ち」は、「心持ち」「気分」よりも感情や考えている内容を具体的に表わすことが多い。「どうしても大学に行きたい気持ち」とはいうが、「大学に行きたい心持ち(気分)」とは普通いわない。【2】「気持ちがいい」「心持ちがいい」「気分がいい」とはいうが、そのいい気持ちにしてくれた対象を主語とした場合、「心持ち」「気分」は使いにくい。「彼のふるまいは気持ちがいい」とはいうが、「彼のふるまいは心持ち(気分)がいい」とは普通いわない。これも、【1】で述べた「心持ち」「気分」が具体的な内容を表わさないということと関連がある。【3】「心地」は、「気分」とほぼ同じように使うが、「気分」より文章語的である。「夢心地」「寝心地」のように、他の名詞に付いて「ごこち」の形で使われることも多い。
参照▼気持ち⇒808-51　心持ち⇒808-51　気分⇒801-13

209-04 感情／情／心情

【関連語】◆(情動)じょうどう◆(情操)じょうそう

共通する意味★物事に感じて起こる、喜怒哀楽などの心の動き。**【英】** *emotion*
使い方▼**〔感情〕**▽感情が激する▽感情がこもる▽感情を抑える▽感情をもてあそぶ▽感情的になる　**〔情〕**▽情におぼれる▽情が厚い▽懐古の情　**〔心情〕**▽心情を述べる▽遺された家族の心情を察する
使い分け【1】「情」「心情」は一般的な語だが、「感情」は心理学などでも専門用語として使われる。【2】「情」には、「情にほだされる」「情が移る」のように、他人を思いやる心の意や、「情を交わす」「情を通じる」のように、男女間の愛情の意もある。
【関連語】◆**(情動)**一時的に引き起こされる急激な心の動き。「情動の発露」◆**(情操)**道徳的・芸術的な高い価値をもった感情。「豊かな情操を養う」「情操教育」
参照▼情⇒216-43

209-05 気／心機／神経／心理

共通する意味★心の働き、状態。**【英】** *mentality; psychology*
使い方▼**〔気〕**▽気を悪くする▽気が変わる　**〔心機〕**▽心機一転、今日から出直しだ　**〔神経〕**▽神経を使う仕事▽神経の行き届いたもてなし　**〔心理〕**▽男女の心理を克明に描いた秀作だ▽あんなことを平気で言う心理がわからない
使い分け【1】「気」は最も日常語的で、「気がいい」「気がつく」「気が変になる」「気が楽になる」など慣用的な表現が多い。【2】「心機」は、多く「心機一転(＝あることを契機に気持ちがすっかり変わること)」の形で用いる。【3】「神経」は、他への配慮、気配りの意で使われることが多い。また、「神経が太い」「神経にこたえる」「神経を逆なでする」などのように慣用的な表現が多い。【4】「心理」は、他者の心の動きや状態を対象的にとらえた表現が多い。
参照▼神経⇒011-05

209-06 機嫌／風向き

【関連語】◆(御機嫌)ごきげん◆(上機嫌)じょうきげん

共通する意味★楽しい、楽しくないという心の状態、気分。**【英】** *humor; temper*
使い方▼**〔機嫌〕**▽社長の機嫌をとる▽機嫌を直す▽機嫌が悪い　**〔風向き〕**▽このところ女房の風向きがよくない
使い分け【1】「機嫌」には、「機嫌をそこねる」のように、気分のよいさまや、「機嫌を伺う」のように、他人の安否の意味もある。【2】「風向き」は比喩的表現で、他人の気分や態度についていう。

【関連語】◆(御機嫌)(名・形動)「機嫌」の尊敬語。また、非常に機嫌のよいさま。「御機嫌いかがですか」「御機嫌ななめだ」◆(上機嫌)(名・形動)機嫌がよいさま。「上機嫌で歌い出す」

参照▼風向き⇒713-41 801-07

209-07 感覚(かんかく)／センス

【関連語】◆(フィーリング)◆(知覚)(ちかく)◆(官能)(かんのう)

共通する意味★物事の本質を感じ取る心の働き。また、そのとらえ方、感じ方。【英】*sense*

	＿が古い	鋭敏な＿	＿に恵まれる	＿をみがく	＿がよい
感覚	○	○	-	○	-
センス	○	-	○	○	○

使い分け【1】「センス」は、「感覚」にくらべて、物事の微妙なよさの感じ方、理解の仕方、表現の仕方ということに意味の重点がある。【2】「感覚」は、「足が痺(しび)れてまったく感覚がない」のように、五感の一つとしても使われる。

【関連語】◆(フィーリング)直感的にとらえられる気分、雰囲気、感じ。芸術作品や演奏などから受ける気分や、人との交際などで感じられる微妙な雰囲気をいうことが多い。「フィーリングが合う」◆(知覚)スル外部の刺激を感じ取ること。「知覚神経」◆(官能)性に関する感覚。「官能的な表現」

209-08 意識(いしき)／正体(しょうたい)／正気(しょうき)

【関連語】◆(人心地)(ひとごこち)◆(人心)(ひとごころ)

共通する意味★生理的に、はっきりと自分の行動、存在がわかること。

使い方▼〔意識〕▽意識はしっかりしているから大丈夫だ▽人工呼吸で意識を回復した〔正体〕▽正体がなくなるまで酔う〔正気〕▽そのような戯言(たわごと)を君は正気で言っているのかい？▽正気の沙汰(さた)とは思えない

	＿を失う	＿を回復する	＿なく眠りこける	＿に帰る
意識	○	○	-	-
正体	○	-	○	-
正気	○	-	-	○

使い分け【1】「意識」は、「他人の目を意識する」「意識しておかしなかっこうをする」のように、特定の事柄に気持ちを向けるという意味で使われることもある。【英】*consciousness*【2】「正体」には、「正体を現す」のように、「そのものの本当の姿」という意味がある。【英】*one's natural shape*【3】「正体」「正気」は、いつもの正常な心の状態をいう。【英】*sanity*

【関連語】◆(人心地・人心)はっきりした平常の意識。生きている感じ。「人心地がつく」「人心がつく」

参照▼正体⇒807-06

209-09 心境(しんきょう)／境地(きょうち)／境(きょう)

共通する意味★心の状態。【英】*a state of mind*

使い方▼〔心境〕▽受賞者に現在の心境を聞く▽あんなことをするとは、どんな心境なのだろうか〔境地〕▽独自の境地を開く▽悟りの境地に達する〔境〕▽無我の境に入(い)る

	あきらめの＿	無我の＿	＿の変化	複雑な＿を語る
心境	○	-	○	○
境地	○	○	-	-
境	△	○	-	-

使い分け【1】「心境」は、特別な状態になったときの心の様子をいう。【2】「境地」「境」は、ある段階に到達した心の状態をいう。「境」は文章語。

参照▼境地⇒316-01 境⇒805-02

209-10 勘(かん)／ひらめき

【関連語】◆(インスピレーション)

共通する意味★直観的に感じる感覚。【英】*intuition*

使い方▼〔勘〕▽彼は勘が鋭い▽きょうは勘がさえている▽彼の考えていることは勘でわかる〔ひらめき〕▽この文章には天才のひらめきがある▽芸術にはひらめきが必要だ▽あるひらめきが脳裏をよぎった

	＿を大切にする仕事	＿がいい	＿を働かせる	＿をみせる	＿のある作品
勘	○	○	○	-	-
ひらめき	○	-	-	○	○

使い分け【1】「勘」は、物事の意味、事情などを一瞬ぴんと感じとったり、とっさに判断したりする心の働きのことをいう。【2】「ひらめき」は、人を感心させるような考えや思いつきが、一瞬頭に思い浮かんだり、感覚が鋭く働いたりすることをいう。

【関連語】◆(インスピレーション)瞬間的に浮かぶ考え。「インスピレーションが働く」

参照▼ひらめき⇒715-02

209-11 感受性(かんじゅせい)／感性(かんせい)

共通する意味★外からの刺激を直観的に感じとり、受けとめる能力。【英】*sensibility*

	すぐれた□を持つ人	□が大切な芸術の世界	□が鋭く傷つきやすい子	明るい□によるデザイン
感受性	○	○	○	－
感性	○	○	－	○

使い分け【1】「感受性」は、刺激を心に深く受けとめ、深い反応をよび起こす力。繊細な能力で、プラスにもマイナスにも働く、受動的な能力。【2】「感性」は、感覚的に印象をつかみ、感じとる能力。そのセンスが外に発揮されることもあり、必ずしも受動的なだけの能力ではない。

反対語▼感性⇔悟性・理性

2 09-12 気(き)づく／感(かん)づく

共通する意味★感じて知る。**【英】** *to notice*

使い方▼〔気づく〕(カ五)　〔感づく〕(カ五)

	人に□れないようにする	誤りに□	彼がいることに□	怪しいと□れる
気づく	－か○	○	○	－か－
感づく	－か○	－	－	－か○

使い分け【1】「気づく」は、「…に気づく」の形で、頭の中にある考えが浮かぶ意。何も考えていなくて突然考えが浮かぶ場合、何かを見て考えが浮かぶ場合、考えた結果考えが浮かぶ場合ともに「気づく」を用いることができる。「気がつく」ということも多い。【2】「感づく」は、何かを直感的に感じとる意。

2 09-13 初心(しょしん)／初志(しょし)

共通する意味★最初に思い立ったときの気持ち。**【英】** *one's original purpose*

	□を貫く	□にかえる	□を翻す
初心	○	○	－
初志	○	－	○

使い分け【1】「初心」は、志の意味を含む場合もあるが、志を立てていたわけでなくても、初めてある物事、ある道などに触れたときの、前向きな気持ちをいう。【2】「初志」は、初めに立てた志。「初心」よりも目標に向かう意志が強い。

2 09-14 幼心(おさなごころ)／子供心(こどもごころ)／童心(どうしん)

共通する意味★子供らしい純真なこころ。**【英】** *a childish mind*

使い方▼〔幼心〕▽その言葉が幼心を傷つけてしまった▽幼心にも事の重大さがわかったようだ　〔子供心〕▽子供心にも事態の重要さを理解した　〔童心〕▽童心をよみがえらせてくれるおもちゃ▽童心にかえって遊ぶ

使い分け【1】「幼心」「子供心」には、「幼心に戦後の貧しかった社会を覚えている」「子供心に両親の離婚は悲しかった」のように、幼かった子供のときの気持ちという意味もある。【2】「童心」は、現在の子供の心をさすよりも、大人がふりかえって美化して使う場合が多い。

2 09-15 郷愁(きょうしゅう)／ノスタルジア

【関連語】◆(ホームシック)

共通する意味★故郷を懐かしく思う気持ち。**【英】** *homesickness; nostalgia*

使い方▼〔郷愁〕▽お国なまりを聞くと郷愁を感じる　〔ノスタルジア〕▽はるかな異郷にあってノスタルジアにかられる

使い分け【1】二語とも、故郷を懐かしむ気持ちの意のほかに、過ぎ去った昔を懐かしむ気持ちの意もある。【2】「ノスタルジア」は「ノスタルジー」ともいう。

【関連語】◆(ホームシック)家族や故郷から離れている人が、それらを恋しく思うこと。「ホームシックにかかる」

2 09-16 里心(さとごころ)／帰心(きしん)

共通する意味★他の家や、他の土地にいる者が、自分の家や郷里を懐かしく思う気持ち。**【英】** *homesickness*

使い方▼〔里心〕▽里心がつく　〔帰心〕▽帰心矢の如し

使い分け「里心」は、懐かしく思う気持ち、「帰心」は、懐かしく思い、帰りたいと思う気持ちをいう。「帰心」は、例文の形で用いられることが多い。

2 09-17 商魂(しょうこん)／商売気(しょうばいぎ)

共通する意味★何かにつけて、自分の商売の利益を考える気持ち。**【英】** *salesmanship*

使い方▼〔商魂〕▽商魂たくましい売り込み　〔商売気〕▽つい商売気が出てしまう▽商売気がない

使い分け【1】「商魂」は、商売に熱心で何かともうけようとする気構え。【2】「商売気」は、常に自分の商売と結びつけて利益のことを考える気質。「しょうばいげ」「しょうばいっけ」ともいう。

2 09-18 出来心(できごころ)／悪心(あくしん)

共通する意味★悪い事をしようとする心。**【英】** *an impulse of the moment*

使い方▼〔出来心〕▽ほんの出来心から盗みを働いて

しまった〔悪心〕▽悪心を起こす▽悪心を抱く

使い分け「出来心」は、その場でふとわいてきた悪い心をいう。

2 09-19 余念（よねん）／他念（たねん）

【関連語】◆**〔他意〕**（たい）

共通する意味★ほかの考え。**【英】***idle thoughts*

使い方▼〔余念〕▽研究に余念がない **〔他念〕**▽他念なく働く

使い分けどちらもほかのことを思う心や考えをいう。「余念」は多く、「余念がない」の形で、一つのことに集中して熱心に取り組んでいる意で使われる。

【関連語】◆**〔他意〕**他人には知らせないでいる別の思惑、隠された考えをいう。「あれはただの冗談で他意はない」

2 09-20 雑念（ざつねん）／邪念（じゃねん）／俗念（ぞくねん）

【関連語】◆**〔雑感〕**（ざっかん）

共通する意味★心に浮かぶさまざまな思い。

	［ ］に悩まされる	［ ］が浮かぶ	［ ］が湧（わ）く	［ ］を振り払う
雑念	○	○	○	○
邪念	○	△	○	○
俗念	○	-	-	△

使い分け【1】「雑念」は、とりとめのないいろいろな思いや、気を散らせるようないろいろな思いをいう。他の何かの妨げとして受け取られる場合に使われる。**【英】***worldly thoughts* **【2】**「邪念」は、よこしまな思い、不純でよくない思い、不正な考えをいう。**【英】***wicked thoughts* **【3】**「俗念」は、世俗的な利益や名誉、名声などを得たいと思う気持ちをいう。**【英】***secular thought*

【関連語】◆**〔雑感〕**種々雑多のとりとめもない感想。特に、何かに触れて得た折々の感想や、意識を働かせて得たまとまりのある考えなどをいうことも多い。「旅行の雑感をメモする」「病中雑感」

2 09-21 心理的（しんりてき）／精神的（せいしんてき）

【関連語】◆**〔心的〕**（しんてき）

共通する意味★心や精神の動き、状態に関するさま。**【英】***psychological; mental*

使い方▼〔心理的〕（形動）▽児童への心理的影響が心配だ▽心理的な不安▽心理的な圧迫を受ける **〔精神的〕**（形動）▽彼は精神的にまいっている▽精神的な負担を取り除く▽精神的に安定する

	［ ］に追い詰められる	［ ］な原因による病気	［ ］効果	［ ］打撃
心理的	○	△	○	-
精神的	○	○	-	○

使い分け【1】「心理的」は、事実や現象の有無にかかわりなく、人がそのような気持ちになっている様子をいう。**【2】**「精神的」には、実際の精神の様子のほかに、気分、思いこみからくる心の動きの意味がある。

反対語▼精神的⇔肉体的・物質的

【関連語】◆**〔心的〕**（形動）心に関するさま。⇔物的。「心的作用」

2 09-22 先入観（せんにゅうかん）／先入主（せんにゅうしゅ）／偏見（へんけん）

共通する意味★以前からもっている固定した考え、見方。**【英】***preconception*

使い方▼〔先入観〕▽先入観で人を判断してはいけない▽先入観が邪魔をして正しい見方ができない **〔先入主〕**▽先入主を抱く▽先入主を捨ててものを見る **〔偏見〕**▽外国人に対して偏見をもつ▽偏見にとらわれない▽彼の考えに偏見はない

使い分け【1】「先入観」「先入主」は、最初に得た知識によって形成された固定的な観念。ふつう、それによって自由な思考が妨げられるような場合にいう。「先入主」は、古風な表現。**【2】**「偏見」は、かたよったものの見方、考え方。

2 09-23 客観的（きゃっかんてき）／主観的（しゅかんてき）

共通する意味★物事に対しての考え方や姿勢。

使い方▼〔客観的〕（形動）▽客観的に分析する▽客観的な立場に立って発言する **〔主観的〕**（形動）▽主観的な見方によって随分と受け取り方が違う

	［ ］な判断	［ ］な考えに陥る	［ ］な事実
客観的	○	-	○
主観的	○	○	-

使い分け【1】「客観的」は、第三者の視点に立って物事を見ること。**【英】***objective* **【2】**「主観的」は、自分だけの視点に立って物事を見ること。**【英】***subjective*

2 09-24 心変わり（こころがわり）／変心（へんしん）

【関連語】◆**〔気が変わる〕**（きがかわる）

共通する意味★心が変わること。**【英】***a change of mind*

使い方▼〔心変わり〕スル▽恋人の心変わりを責める▽すぐ心変わりする人 **〔変心〕**スル▽変心して敵に通じる▽友の変心を怒る

使い分け「心変わり」は、特に男女間の愛情に関して使われることが多く、結果として悪い事態になる場合が多い。「変心」は、考え方などにも使われる。

【関連語】◆**〔気が変わる〕**「心変わり」や「変心」が使われる場合よりももっと日常的なレベルで意志が変わる様子をいうことが多い。「同窓会に行かないつもりだったが気が変わって出席した」

209-25 内心(ないしん)／心底(しんそこ)／肺腑(はいふ)

【関連語】◆(心底)しんてい◆(胸奥)きょうおう◆(心奥)しんおう◆(腹心)ふくしん

共通する意味★心の奥深いところ。【英】*one's mind; the bottom of one's heart*

使い方▼〔内心〕▽内心を打ち明ける▽内心を問いただす　〔心底〕しんそこ▽心底から思う　〔肺腑〕▽肺腑をえぐられる思いがする▽肺腑をつく

使い分け【1】「内心」は、副詞的に用いて、心の中では、の意にも使う。「内心はらはらして見ていた」【2】「心底」は、副詞的に用いて、心から、の意にも使う。「心底憎む」【3】「肺腑」は、急所の意味で使うことが多い。

【関連語】◆(胸奥・心奥・心底しんてい・腹心)いずれも、胸・心の深いところ。硬い文章語。「胸奥に秘めた思い」「心奥を明かす」「心底を見抜く」「腹心の病やまい(＝心の奥底にある心配)」◆「腹心」は、「腹心の部下」のように、信頼できること、また、そのような人の意でも使われる。

参照▼腹心⇒511-50

209-26 腹(はら)／心中(しんちゅう)／胸(むね)

【関連語】◆(内)うち

共通する意味★心のうち。心の底。【英】*one's inmost thoughts*

使い方▼〔腹〕▽痛くもない腹をさぐられる▽腹が決まる▽腹を割って話す　〔心中〕▽心中ひそかに期するところがある▽心中おだやかでない　〔胸〕▽胸に秘める▽感激で胸がいっぱいになる▽決定は彼の胸ひとつにまかされている▽胸の内を打ち明ける

	□におさめる	人の□をよむ	□を察する	□に一物ありそうな顔
腹	○	○	-	○
心中	○	△	○	-
胸	○	-	-	○

使い分け【1】「腹」「胸」は、それぞれ腹や胸の中に心がおさめられていると考えるところからいう語。多く、うわべだけでない本当の心、考えというニュアンスをともなう。【2】「腹」「胸」は話し言葉、「心中」は書き言葉で使う。

【関連語】◆(内)人の気持ち。心の中。「うちに含むところがある」「闘志をうちに秘める」

参照▼腹⇒010-09　胸⇒010-07　内⇒817-82

209-27 肝(きも)／はらわた／腑(ふ)

【関連語】◆(心胆)しんたん

共通する意味★心。また、人の心の奥深いところ。

使い方▼〔肝〕▽肝に銘じる▽肝が太い　〔はらわた〕▽はらわたがちぎれる(＝悲しみやいきどおりなどに堪えられないさま)▽はらわたが腐っている▽はらわたが煮えくりかえる　〔腑〕▽腑が抜ける(＝気力がなくなる)▽腑に落ちない(＝納得できない)

使い分け【1】「肝」「はらわた」は内臓をさす言葉だが、転じて精神、心をいうようになった。【2】「腑」は、はらわたと同意で、心や命の宿ると考えられるところ。【3】「はらわた」は、「腸」とも書く。

【関連語】◆(心胆)心ときもったま。「心胆を寒からしめる(＝心から恐れて震え上がらせる)」

参照▼はらわた⇒011-01

209-28 胸中(きょうちゅう)／胸襟(きょうきん)／胸懐(きょうかい)／胸裏(きょうり)／胸臆(きょうおく)／胸間(きょうかん)／胸三寸(むねさんずん)／意中(いちゅう)／念頭(ねんとう)

【関連語】◆(襟懐)きんかい◆(方寸)ほうすん

共通する意味★心のうち。胸のうち。【英】*one's mind*

	□を明かす	□に秘める	□にある	□を開いて話し合う
胸中	○	○	△	-
胸襟	-	-	-	○
胸懐	○	-	-	-
胸裏	-	○	-	-
胸臆	○	○	-	○
胸間	-	○	○	-
胸三寸	-	○	○	-
意中	○	-	-	-
念頭	-	-	○	-

使い分け【1】「胸中」「胸三寸」「意中」は、心のうちで思っていることの意でも使う。【2】「胸中」「胸三寸」「意中」以外は文章語。【3】「胸裏」は、「胸裡」とも書く。【4】「念頭」は、「念頭に置く(＝いつも考えておく)」の形でもよく使われる。

【関連語】◆(襟懐)胸のうちの意であるが、硬い言葉である。「襟懐を開く」◆(方寸)心は胸中方一寸の間にあるとするところから、心の中の意。「すべては社長の方寸にある」

209-29 心神(しんしん)／心頭(しんとう)／心魂(しんこん)

共通する意味★こころ。精神。【英】*mind*

使い方▼〔心神〕▽心神を喪失する▽心神耗弱　〔心頭〕▽怒り心頭に発する▽心頭を滅却する　〔心魂〕▽心魂を傾ける▽心魂に徹する

使い分けいずれも文章語で、例文にあげた慣用句で用いられることが多い。

2 09-30 真心（まごころ）／誠意（せいい）／実（じつ）／真情（しんじょう）／誠（まこと）

【関連語】◆（誠心）せいしん

共通する意味★うそいつわりのない心。**【英】** *a true heart*

	［］のこもった贈り物	［］のある人	［］を尽くす	［］を吐露する
真心	○	○	○	－
誠意	○	○	○	－
実	△	○	－	－
真情	○	－	－	○
誠	－	○	○	－

使い分け【1】「真心」「誠意」は、うそ、いつわり、飾り、欲などがなく、相手のことを親身に思いやる心という点で似ているが、「真心」が個人的レベルであるのに対し、「誠意」は個人・組織両方についていう。【2】「実」「誠」は、人に対して誠実で、うそいつわりのない心。「実」は、「実を取る」「実を挙げる」など、実体、成果などの意味でも使われる。【3】「真情」は、自分のうそいつわりのない気持ちというだけで、他のために尽くす意味は含まれていない。また、「真情を把握する」のように、実情の意にも使う。

【関連語】◆（誠心）心を込めること。「誠心誠意」の形で使われる。「誠心誠意努力いたします」

参照▼実⇒807-04

2 09-31 真意（しんい）／本意（ほんい）／本心（ほんしん）／本音（ほんね）

【関連語】◆（下心）したごころ◆（魂胆）こんたん

共通する意味★本当の気持ち。本当の意向、意志、希望など。**【英】** *one's real intention*

	［］がつかめない	［］を汲（く）みとる	それは私の［］ではない	［］が出る
真意	○	○	△	－
本意	○	△	○	－
本心	○	－	○	△
本音	○	－	－	○

使い分け【1】「真意」は、表面からとらえにくい本当の心、また、表わしにくい真実の気持ちをいう。物事の真実の意義という意もあり、価値のあるものとしていうことの多い語。誤解されている気持ちなどに対して、本当の、また正確な気持ちという意味が強い。【2】「本意」は、もともとの願い、本来の意志。「本意を得る」は、本来の希望がかなう意。【3】「本心」「本音」は、「真意」「本意」に比べて、隠されているという意識の強い語。表向きに何か示されている場合などに、それに対していう。【4】「本音」は、「本心」が言葉につい表われたもの。

反対語▼本音⇔建て前

【関連語】◆（下心）何かをするとき、表向きの動機の下に隠されている本当の目的、ねらい。多く良くないことの場合にいう。「下心があって親切にしていた」「何の下心もありません」◆（魂胆）腹の底でひそかに考えていること。多く良くないことにいう。「あいつの魂胆は明確だ」「見え透いた魂胆」

2 09-32 心（こころ）がけ／心構（こころがま）え／気構（きがま）え

【関連語】◆（腹積もり）はらづもり◆（心積もり）こころづもり

共通する意味★心にかけて準備をすること。**【英】** *preparedness*

使い方▼〔心がけ〕▽何事も日ごろの心がけしだいだ▽心がけが悪い　〔心構え〕▽万一のときの心構えをしておく▽心構えはできている　〔気構え〕▽必ず征服するという気構えで山頂に向かう

	そんな［］ではだめだ	いざというときの［］	試験に臨む［］	［］がいい
心がけ	○	－	－	○
心構え	○	○	○	－
気構え	○	○	△	－

使い分け【1】「心がけ」は、ある目的に対するものというより、どんな事態にもいつでも対応できるような心の準備をいう。【2】「心構え」は、ある目的に向けての心の準備。【3】「気構え」は、ある目的を必ず達するという意気ごみを含んだ心の準備。

【関連語】◆（腹積もり・心積もり）心の中であらかじめ計画しておくこと。また、その計画。「腹積もり（心積もり）を聞かせてほしい」

参照▼心がけ⇒120-10　心積もり⇒220-02

2 09-33 情熱（じょうねつ）／熱情（ねつじょう）／激情（げきじょう）

【関連語】◆（狂熱）きょうねつ

共通する意味★激しく燃え上がるような感情。**【英】** *passion*

使い方▼〔情熱〕▽音楽に対する情熱▽情熱を込めて話す　〔熱情〕▽彼女の熱情に心を動かされる▽熱情を失わない　〔激情〕▽一時の激情に駆られて大きな誤りを犯す

	［］を傾ける	［］を燃やす	［］を抑える	［］家
情熱	○	○	△	○
熱情	○	－	－	－
激情	－	－	○	○

使い分け「激情」は、その激しさが他人から理解できない、排すべきものとしてとらえられるが、「情熱」「熱情」は、評価されるべきものとしてとらえられる。

【関連語】◆(狂熱)狂おしいほどの情熱。また、狂わんばかりに夢中になること。「町中が狂熱のリズムに酔いしれる」「狂熱にとりつかれた暴徒」

2 09-34 ショック／衝撃

【関連語】◆(センセーション)

共通する意味★予期しない事態に接したときに、心に与えられる、強く急激な刺激。また、それによって起こる動揺。

使い方▼〔ショック〕▽わが子を失ったショックから立ち直る▽受験に失敗してショックを受ける▽ショック療法 〔衝撃〕▽父の死の知らせに衝撃を受けた▽衝撃的告白

	精神的な□を受ける	爆風の激しい□	□のあまり寝こむ	□的なニュース
ショック	○	△	○	-
衝撃	○	○	-	○

使い分け【1】両語とも、心理的にも物理的にも用いるが、「ショック」の方は心理的な場面で、「衝撃」の方は物理的な場面で用いることが多い。【2】「ショック」は、心にかなりのダメージを与える場合にも、小さな驚き程度の場合にもいう。「…とは、ショックだ」というように、刺激を受けた者の感情を直接的に言い表わす用法は「ショック」にしかないものである。【3】「衝撃」は、一瞬の強い打撃のようなもので、「ショック」のように軽い表現には用いない。心の動揺も、「ショック」より瞬時でより強いものをいう場合が多い。

【関連語】◆(センセーション)世界や世間の人々に強い刺激を与え、注目の的となるようなこと。「一大センセーションを巻き起こす」

参照▼ショック⇒916-03　衝撃⇒916-03

2 09-35 実感／痛感

共通する意味★心に感じること。【英】*actual feeling*

使い方▼〔実感〕スル▽聞いただけでは実感に乏しい▽子育ての大変さを実感している 〔痛感〕スル▽技術開発の必要性を痛感する▽体力のなさを痛感した

	責任の重さを□する	□がわかない	話に□がこもる	勉強不足を□する
実感	○	○	○	-
痛感	○	-	-	○

使い分け【1】「実感」は、現実のものとしてそう感じることや、心からそうだと感じることをいう。また、実際に接しているような感じもいう。【2】「痛感」は、身にしみて強くそう感じることをいう。多く、ある事をきっかけにして強く心に感じるようになる場合に使う。

2 09-36 感じ／印象／イメージ

【関連語】◆(感触)かんしょく ◆(第一印象)だいいちいんしょう

共通する意味★人や物事に対して心に感じたこと。

使い方▼〔感じ〕▽つんつんして感じの悪い人▽変な感じ▽発泡スチロールで雪の感じを出す 〔印象〕▽印象の強い人▽印象に残る場面▽印象が薄れる▽印象を与える▽印象にとどめる▽印象づける▽印象深い▽印象が悪い 〔イメージ〕▽以前とはイメージが違う▽イメージが浮かぶ▽あの失言で首相はイメージダウンした

	明るい□の人	人にいい□を与える	まちがった□をもつ	□のいい人
感じ	○	△	-	○
印象	○	○	○	△
イメージ	○	○	-	-

使い分け【1】「感じ」は、一般的に気持ちという意味でも用いられ、「いい感じがする」は、人や物がいい印象を与えるという意味にもなれば、いい気持ちがするという意味にもなる。また、「感じを出す（＝雰囲気を出す）」のように、雰囲気の意味で用いられることもある。【英】*feeling*【2】「印象」は、見たり聞いたりしているときに感じ取られたもの、あるいは、その後に心に残っている感じをいう。「感じ」とは異なり、気持ちという意味にはならない。【英】*an impression*【3】「イメージ」は、見聞きする前に、こうであろうと心に抱く感じをいう。【4】「印象」は他から受けたものであり、「イメージ」は自ら描き出すもの、という違いもある。「印象を受ける」「イメージを作り上げる」

【関連語】◆(感触)それとなく心に感じること。「かなり有望という感触を得た」◆(第一印象)物事に接して最初に受けた印象。「彼は第一印象が悪かった」

参照▼感触⇒111-02

2 09-37 予感／直感／第六感

【関連語】◆(虫の知らせ)むしのしらせ

共通する意味★説明や証明などによらず、あることを感じとること。

使い方▼〔予感〕スル▽今日はいいことが起こりそうな予感がする▽嫌な予感▽地震を予感する 〔直感〕スル▽危険を直感する▽直感力▽問題に直感で答えた 〔第六感〕▽第六感が的中する▽第六感で頭にぴんときた

	不吉な□	嵐(あらし)が来そうな□がする	犯人だと□で分かった	□が働く
予感	○	○	-	-

直感	-	-	○	○
第六感	-	-	△	○

使い分け【1】「予感」は、事が起きる前にあらかじめなんとなく感じとること。【英】*a premonition*【2】「直感」は、説明や証明を待たないで直ちに物事の真相を心で感じとること。現に存在するものについていうことが多い。【英】*an intuition*【3】「第六感」は、身体にそなわった五感以外にあるとされる、ものごとを直感する感覚。【英】*the sixth sense*

【関連語】◆**(虫の知らせ)**なんとなくそのような気がすること。予感がすること。「虫の知らせで父の死を感じた」

2 09-38 気絶(きぜつ)／失神(しっしん)

【関連語】◆**(悶絶)**(もんぜつ)◆**(人事不省)**(じんじふせい)

共通する意味★意識を失うこと。【英】*fainting*

使い方▼〔気絶〕スル▽蛇を見せられて気絶した▽気絶した人に気つけ薬を飲ませた　〔失神〕スル▽深い谷底を見て失神しそうになった▽貧血を起こして失神した

	驚いて□する	悲報を聞いて□しそうになる	興奮のあまりに□する	当て身をくらって□する
気絶	○	○	-	○
失神	○	○	○	△

使い分け【1】「気絶」は、主に外的要因により意識を失うという具体的動作をいうが、「失神」は、多く精神が高揚しすぎて正気を失うことをいう。【2】「失神」は、「失心」とも書く。

【関連語】◆**(悶絶)**スル苦しみもだえながら意識を失うこと。「激しい痛みのため悶絶する」◆**(人事不省)**昏睡(こんすい)状態になり意識がなくなること。「頭を強く殴られ人事不省に陥る」

2 09-39 放心(ほうしん)／自失(じしつ)／虚脱(きょだつ)

【関連語】◆**(うつけ)**

共通する意味★心の状態にはりつめたものがなく、ぼんやりしていること。【英】*absentmindedness*

使い方▼〔放心〕スル▽放心したように外を見ている▽放心状態　〔自失〕スル▽突然のことに茫然(ぼうぜん)自失する　〔虚脱〕スル▽悲しみのあまり虚脱した状態が続く▽虚脱感

使い分け【1】「放心」「自失」は、予想しない出来事にあって、ショックのためにぼんやりしているさまをいう。「放心状態」「茫然自失」の形で使うことが多い。【2】「放心」は、「どうぞ御放心ください」のように、心配をやめること、放念の意でも用いられる。【3】「虚脱」は、がっかりして、また、気力を使いはたしてしまって、ぼんやりしているだけで何も手につかないこと。

【関連語】◆**(うつけ)**ぼんやりしていること。また、そのような者。「人からうつけのように思われる」「うつけ者」

2 09-40 呆然(ぼうぜん)／唖然(あぜん)

共通する意味★思いがけないことにあって言葉も出ないさま。【英】*in dumb surprise*

使い方▼〔呆然〕(形動たる・と)▽突然のできごとに呆然と立ち尽くす　〔唖然〕(形動たる・と)▽あまりの厚かましさに一同唖然とする

	突然のことに□としている	□たる面持ち	母に死なれて□とする	妹の図々しさに□とする
呆然	○	○	○	-
唖然	○	○	-	○

使い分け【1】「呆然」は、あまりのことにぼんやりしているさまをいう。【2】「唖然」は、思いがけないことにあきれて、ものも言えないさまをいう。

2 09-41 挫(くじ)ける／へこたれる／おじける／参(まい)る／屈(くっ)する／砕(くだ)ける

共通する意味★外部からの力に負けて、勢いがなくなる。相手の力に抵抗しきれなくなる。【英】*to be disheartened*

使い方▼〔挫ける〕(カ下一)▽妻の死で気持ちがくじける▽ここでくじけるな　〔へこたれる〕(ラ下一)▽これくらいの失敗でへこたれてはだめだ　〔おじける〕(カ下一)▽敵の数の多さにおじける▽相手のけんまくにおじける　〔参る〕(ラ五)▽どうだ、参ったか▽暑さでだいぶ参っている　〔屈する〕(サ変)▽最後まで脅しに屈しない▽暴力に屈する　〔砕ける〕(カ下一)▽当たって砕けろ▽一喝されて腰が砕けた

使い分け【1】「くじける」は、持続していた勢いや気力ががくっと弱まる意。【2】「へこたれる」は、気力や体力を失って、物事を続けてゆく体力や気力がなくなる意。【3】「おじける」は、びくびくして、しりごみする意。【4】「参る」は、完全にやられてしまった状態になる意。かなりくだけた言い方。【5】「屈する」は、なんらかの力に負けて、抵抗をやめてしまう意。気力や精神面にいう。【6】「砕ける」は、障害にあたって勢いが弱まる意。

参照▼参る⇒113-02 604-22　屈する⇒516-30　砕ける⇒909-03

2 09-42 夢心地(ゆめごこち)／夢見心地(ゆめみごこち)

【関連語】◆**(夢うつつ)**(ゆめうつつ)

共通する意味★夢を見ているようなぼんやりとし

た、またうっとりとした心持ち。【英】*a dreamy state of mind*

使い方▼〔夢心地〕▽恋人からの手紙を夢心地で読む▽妙なる調べを夢心地で聞く

使い分け どちらも意味、用法ともほぼ同じように使われる。

【関連語】◆〔夢うつつ〕夢か現実かはっきりしない状態。意識がはっきりしない状態。「夢うつつで人の話し声を聞いた」

2 09-43 うっとり／恍惚（こうこつ）

共通する意味★美しいもの、好ましいものなどに心が奪われてしまって我を忘れること。【英】*absent-mindedly; absorbedly*

使い方▼〔うっとり〕(副)スル 〔恍惚〕(名・形動たる・と)

	＿とした表情	＿として見とれる	＿とするような音楽	＿の状態
うっとり	○	○	○	－
恍惚	○	○	△	○

使い分け 「恍惚」は文章語。ぼけた老人を「恍惚の人」「恍惚老人」などというのは転義で、新しい用法。

参照▼恍惚⇒303-28

2 09-44 ぼんやり／ぼうっと／ぼそっと／ぼけっと／ぽっと／ぼさっと／ぼさぼさ／ぽうっと／きょとん／ぽかん

共通する意味★記憶や心の働きなどがぼけていてはっきりしない様子。

使い方▼〔ぼんやり〕(副)スル 〔ぼうっと〕(副)スル 〔ぼそっと〕(副)スル 〔ぼけっと〕(副)スル 〔ぽっと〕(副)スル 〔ぼさっと〕(副)スル 〔ぼさぼさ〕(副)スル 〔ぽうっと〕(副)スル 〔きょとん〕(副) 〔ぽかん〕(副)

	＿沖を見ている	＿していると負けるぞ	あっけにとられて＿する	暑くて＿する
ぼんやり	○	○	－	○
ぼうっと	○	○	－	○
ぼそっと	○	△	－	－
ぼけっと	○	○	－	○
ぽっと	－	○	－	－
ぼさっと	○	○	－	－
ぼさぼさ	－と－	○	－	－
ぽうっと	○	○	－	○
きょとん	－と－	－と－	－と○	－と－
ぽかん	－と○	－と－	－と○	－と－

使い分け【1】「ぼんやり」以下「ぽうっと」までは、多く、することがあるにもかかわらず、しないでいるさまを表わす。【英】*absentmindedly; blankly*【2】「きょとん」「ぽかん」は、思いがけないことにあって驚き、少しの間心の中が空白になってしまうことをいう。【英】*dazedly; vacantly*【3】「ぼんやり」「ぼうっと」は、形、色などがぼけていてはっきりしない様子にも使う。

参照▼ぼそっと⇒612-49 ぼさぼさ⇒915-11

2 09-45 心酔（しんすい）／傾倒（けいとう）

共通する意味★人物や物事に心を奪われ、夢中になること。【英】*devotion*

使い方▼〔心酔〕スル 〔傾倒〕スル

	漱石（そうせき）に＿する	彼の＿者は多い	名演奏に＿する	実存主義に＿する
心酔	○	○	○	－
傾倒	○	－	－	○

使い分け【1】「名演奏に心酔する」は、感動し心から酔う意。【2】主義、思想に関しては「傾倒」を用いることが多い。

2 09-46 打ち込む／専念（せんねん）／専心（せんしん）／没頭（ぼっとう）／没入（ぼっにゅう）

【関連語】◆〔傾注〕けいちゅう ◆〔明け暮れる〕あけくれる

共通する意味★一つのことに熱中する。【英】*to be absorbed (in)*

使い方▼〔打ち込む〕(マ五) 〔専念〕スル 〔専心〕スル 〔没頭〕スル 〔没入〕スル

	仕事に＿	療養に＿	子供が遊びに＿
打ち込む	○	－	－
専念する	○	○	△
専心する	○	△	－
没頭する	○	－	○
没入する	○	－	△

使い分け【1】「打ち込む」は、全力を集中して熱中する意。【2】「専念」「専心」は、あることをもっぱらに心掛けることをいう。「専心」は文章語。【3】「没頭」「没入」は、あることに頭を突っ込んで夢中になること、のめり込むことをいう。したがって、療養、治療などには用いられない。

【関連語】◆〔傾注〕スル 一つの事に打ち込むこと。「全力を傾注する」◆〔明け暮れる〕(ラ下一) 一日中そのことにかかりきりになる。「明け暮れする」とも。「老父の看病に明け暮れる毎日」

209-47 夢中／無我夢中／没我／忘我

共通する意味★あることに熱中して我を忘れること。**【英】** *ecstasy*

使い方▼〔夢中〕(形動)〔無我夢中〕(形動)

	遊びに□だ	□で逃げ出す	□の状態	□の境地に到達する
夢中	○	○	△	-
無我夢中	○	○	○	-
没我	-	-	○	○
忘我	-	-	○	○

使い分け【1】「無我夢中」は、「夢中」を強めた言い方。【2】「没我」「忘我」は、我を忘れて物事に没頭することで、ほぼ同様に使われる。

209-48 熱中／熱狂／エキサイト

共通する意味★ある物事に夢中になり、心がたかぶっているさま。**【英】** *excitement*

使い方▼〔熱中〕スル▽切手集めに熱中する▽テレビに熱中している子供〔熱狂〕スル▽観衆が熱狂する▽熱狂のあまり泣き出す〔エキサイト〕スル▽エキサイトしたゲーム▽議論してエキサイトし、けんかになった

	試合に(で)□する	研究に□する	町中が□する	選手が□している
熱中	○	○	-	-
熱狂	○	-	○	-
エキサイト	○	-	△	○

使い分け【1】「熱中」はある事に心を注ぎ込む意だが、「熱狂」はさらに興奮する意が加わったもの。【2】「エキサイト」は、もっと興奮が強く、行動と結びつきやすい。

209-49 魅惑／魅了

共通する意味★人の心をひきつけて、とりこにすること。**【英】** *charm*

使い方▼〔魅惑〕スル〔魅了〕スル

	その音色は我々を□した	□的な瞳	観衆を□する
魅惑	△	○	-
魅了	○	-	○

使い分け【1】「魅惑」は、魅力で相手の心をひきつけ、惑わすこと。特に、惑わすことに重点がおかれる。【2】「魅了」は、人の心をひきつけて夢中にさせてしまうこと。もっぱらサ変動詞として用いる。

209-50 のぼせる／浮かれる

【関連語】◆(ほうける)

共通する意味★夢中になり、落ち着きを失う。**【英】** *to be infatuated (with)*

使い方▼〔のぼせる〕(サ下一)〔浮かれる〕(ラ下一)

	優勝したからといって□な	アイドル歌手に□	陽気に□	□騒ぐ
のぼせる	○	○	-	-せ-
浮かれる	○	-	○	-れ○

使い分け【1】「のぼせる」は、「熱い風呂(ふろ)に入ってのぼせる」「のぼせて鼻血が出た」のように、頭部や顔が熱くぼうっとなる意から、普段の落ち着きを失う、また、うぬぼれたり、夢中になったりする意に転じたもの。「町内一の美人にのぼせる」のように、特定の対象をもつ場合もある。【2】「浮かれる」は、特定の対象がなくても、陽気にはしゃぐ意。

【関連語】◆(ほうける)(カ下一)何かに夢中になり、ぼうっとなる。「毎日遊びほうけている」

参照▼のぼせる⇒210-03

209-51 血道

意味★血の通う道。血管。ちのみち。「血道を上げる」の形で、異性や道楽などに夢中になって分別を失うという意で用いられることが多い。

209-52 ふける／溺れる／凝る／耽溺／惑溺

【関連語】◆(いかれる)

共通する意味★あることに熱中し、心を奪われる。**【英】** *to indulge (in)*

使い方▼〔ふける〕(ラ五)〔溺れる〕(ラ下一)〔凝る〕(ラ五)〔耽溺〕スル〔惑溺〕スル

	酒色に□	釣りに□	物思いに□	彼女の美しさに□
ふける	○	△	○	-
溺れる	○	-	-	○
凝る	-	○	-	-
耽溺する	○	-	-	○
惑溺する	○	-	-	○

使い分け【1】「ふける」は、「考えにふける」「読みふける」のように使われるが、「溺れる」は、否定的な評価を表わす用法に限られる。【2】「凝る」は、読書、釣りなどのように趣味的なものに熱中する意。【3】「耽溺」「惑溺」とも、あることに夢中になって、それ以外のことを顧みなかったり、判断力を失ってしまったりする意味合いが強い。夢中になる対象は、酒や女遊び、賭け事など好ましくないものが多い。話し言葉では用いられない。

【関連語】◆**（いかれる）**（ラ下一）夢中になるの意の俗語。「いかれた奴（やっ）」のように、不良っぽい、まともでないという意味もある。「あいつは彼女にすっかりいかれているようだ」

参照▼いかれる⇒909-03

2 09-53 こだわる／かかずらう／拘泥（こうでい）

【関連語】◆**（かまける）**

共通する意味★一つのことをいつまでも気にかける。また、そのことから離れられなくなる。**【英】** *to be particular (about)*

使い方▼〔こだわる〕（ラ五）〔かかずらう〕（ワ五）〔拘泥〕スル

	枝葉末節に□	つまらない問題に□	勝負に□	いつまでも失敗に□な
こだわる	○	○	○	○
かかずらう	○	○	−	−
拘泥する	○	○	○	○

使い分け【1】「こだわる」は、否定的な評価と積極的な評価との両方に用いられる。【2】「かかずらう」は、「事件にかかずらう」のように、かかわりをもつ意でも使われる。【3】「拘泥」は、文章語。

【関連語】◆**（かまける）**（カ下一）あることに気を取られて、他に気持ちが及ばなくなる。「仕事にかまけて家庭を顧みない」

参照▼かかずらう⇒905-12

2 09-54 幻惑（げんわく）／眩惑（げんわく）

共通する意味★まどわすこと。まどうこと。**【英】** *to dazzle*

使い方▼〔幻惑〕スル〔眩惑〕スル

	夫人の美しさに□される	奇術師の手先に□される	人心を□する言葉の魔術
幻惑	○	○	−
眩惑	○	−	○

使い分け【1】「幻惑」は、目先をありもしないことでまどわしたりまどわされたりすること。【2】「眩惑」は、あるものに気をとられ、本質を見失ってまどうこと。心を奪われ、本来の目的などを失ってしまうこと。また、そのようにさせること。

2 09-55 夢（ゆめ）

意味★睡眠中に、まるで現実のように見たり聞いたり感じたりする現象。**【英】** *a dream*

使い方▼〔夢〕▽昨夜悪い夢を見た▽夢からさめる

◈「夢かうつつか」のようにぼんやりとして不確かな状態、また、「パイロットになるのが夢だ」のように将来の希望、「新婚の夢」のように現実の厳しさから隔絶した甘い環境をいうこともある。

参照▼夢⇒218-01

2 09-56 理想（りそう）

意味★望み考えうる限り最もすばらしい状態。最も望ましい姿。**【英】** *an ideal*

使い方▼〔理想〕▽理想を追求する▽理想の女性▽理想的な家庭

2 09-57 空想（くうそう）／想像（そうぞう）／夢想（むそう）／妄想（もうそう）／幻覚（げんかく）

【関連語】◆（幻想）げんそう◆（架空）かくう◆（ファンタジー）◆（イマジネーション）◆（イリュージョン）◆（連想）れんそう

共通する意味★実際には目の前に存在していない事物、現象などを頭の中に思い描くこと。また、その内容。

使い方▼〔空想〕スル▽鳥になった自分を空想する▽空想を描く▽空想科学小説〔想像〕スル▽自分の老後を想像する▽おおよそ想像がつく▽想像上の動物〔夢想〕スル▽将来を夢想する▽夢想家〔妄想〕スル▽妄想をたくましくする▽妄想を抱く▽被害妄想〔幻覚〕▽幻覚に悩まされる▽幻覚におびえる

	みだらな□にふける	□だにしなかったこと	彼の出世は□もつかなかった	熱にうなされ□を見る
空想	○	−	−	−
想像	○	−	○	−
夢想	△	○	−	−
妄想	○	−	−	−
幻覚	−	−	−	○

使い分け【1】「空想」「夢想」「妄想」「幻覚」は、非現実的なことを思い描く場合にいう。**【英】** *a fancy* 【2】「想像」は、「想像していたとおりだ」のように、思い描く内容が現実的な場合にいうことが多い。**【英】** *imagination*

【関連語】◆**（幻想）**スル実際には起こりえないようなことを思い描くこと。「幻想を抱く」「幻想的な絵」

◆〈架空〉事実でなく想像によること。「架空の地名」◆〈ファンタジー〉幻想。「夢とファンタジーにあふれる世界」◆〈イマジネーション〉想像。想像力。「豊かなイマジネーション」◆〈イリュージョン〉幻想。幻影。錯覚。「近代絵画に込められたイリュージョンがわれわれを誘惑する」◆〈連想〉スルある物事に関連して、他の物事を思い浮かべること。「死を連想させる調べ」

209-58 狂(くる)う／ふれる／発狂(はっきょう)

共通する意味★精神に異常をきたす。【英】*to go mad*

使い方▼〔狂う〕(ワ五)▽気が狂う▽ショックのあまり狂ってしまった　〔ふれる〕(ラ下一)▽気がふれて、さまよい歩く　〔発狂〕スル▽恐怖のあまり発狂する▽発狂を装う

使い分け【1】「狂う」「ふれる」は、「気が狂う」「気がふれる」の形で使うことが多い。「狂う」も「ふれる」も同じ意味だが、「気が狂いそうだ」のように、そのときの状態をオーバーに表現するときには「狂う」を使う。その場合、「発狂」を使うこともある。【2】「発狂」は、気が狂うこと。「狂う」は、物事の働きや状態が正常でなくなることで、人だけでなく、「調子が狂う」「時計が狂う」「順番が狂う」「勘が狂う」「手もとが狂う」など、さまざまな場合に使われる。【3】「ふれる」は、「狂れる」とも書く。

参照▼狂う⇒915-01

209-59 狂乱(きょうらん)／気違(きちが)い／狂気(きょうき)

【関連語】◆〈乱心〉らんしん

共通する意味★精神に異常をきたした状態。【英】*madness*

使い方▼〔狂乱〕スル▽悲報を聞いて狂乱する▽半狂乱になって子供を捜す▽火事現場は狂乱状態に陥った　〔気違い〕▽気違いじみた行動▽気違い沙汰(ざた)　〔狂気〕▽こんな嵐(あらし)に船を出すとは狂気の沙汰(さた)だ

使い分け【1】「狂乱」は、精神に異常をきたした状態から生じる行動を表わす。また、「狂乱物価」のように、精神以外の異常な状態、事態などを表わすこともある。【2】「気違い」は、「野球気違い」のように、ひどく熱中することやそのような人の意味でも使う。「気違い」は、精神障害者を侮蔑して言った言葉で、使用には十分な注意が必要である。【3】「狂気」は、異状をきたした心をいう。

反対語▼狂気⇔正気

【関連語】◆〈乱心〉スル心が狂い乱れること。「殿はご乱心のご様子」

209-60 退屈(たいくつ)／所在(しょざい)ない／手持(ても)ち無沙汰(ぶさた)

【関連語】◆〈持て余す〉もてあます

共通する意味★何もすることがなくて暇なこと。【英】*tediousness; boredom*

使い方▼〔退屈〕(名・形動)スル▽退屈な日々を送る▽彼は話がうまくて人を退屈させない　〔所在ない〕(形)▽所在なさそうに立っている▽所在ない様子でぼんやりしている　〔手持ち無沙汰〕(名・形動)▽手持ち無沙汰でしきりに煙草(タバコ)を吸う

使い分け【1】「退屈」は、何もすることがなく時間を持て余すことをいう。また、「退屈な話」「無趣味で退屈な人」のように、興味をひくものがなくてつまらないさまにもいう。【2】「所在ない」は、「所在なさそうに」の形や、形容動詞「所在なげ」の形で使われることが多い。【3】「手持ち無沙汰」は、間(ま)がもてなくて困っている様子を表わす。

【関連語】◆〈持て余す〉(サ五)どう扱ってよいかわからず、処置に困る。「ひまを持て余す」「時間を持て余す」「大きな図体を持て余す」「泣く子を持て余す」

209-61 飽(あ)きる／倦(う)む／倦怠(けんたい)

【関連語】◆〈食傷〉しょくしょう

共通する意味★同じことが続いて嫌になる。【英】*to get tired (of)*

使い方▼〔飽きる〕(カ上一)▽仕事に飽きる▽彼の話は飽きるほどきいた　〔倦む〕(マ五)▽長旅に倦む▽倦まずたゆまず(＝飽きたり怠けたりしないで)努力する　〔倦怠〕▽単調な毎日に倦怠を覚える▽倦怠期

使い分け【1】「飽きる」は、「見飽きる」「食べ飽きる」のように、他の動詞の連用形につけて、十分に…する、…することにあきあきするという意味を表わすこともある。【2】「倦む」は、文章語。【3】「倦怠」も、十分になって嫌になることをいうが、「倦怠感」のように、心身が疲れてだるいことにも用いられる。

【関連語】◆〈食傷〉スルもともと食あたりの意だが、同じ食事の繰り返しで嫌になること、さらに、同じ物事の繰り返しで変わりばえのしないことに嫌気がさすことを表わすようになった。「フランス料理には食傷している」「この手の映画にはいささか食傷気味だ」

参照▼食傷⇒017-16

209-62 切実(せつじつ)／深刻(しんこく)／痛切(つうせつ)

共通する意味★さしせまって身に感じるさま。【英】*seriousness*

使い方▼〔切実〕(形動)▽援助を切実に待ち望んでいる▽彼の悩みは切実だ　〔深刻〕(形動)▽彼は深刻な顔をしている▽兄は深刻に物事を考えるくせがある▽深刻な悩み▽すぐに深刻ぶるのは悪い癖だ　〔痛切〕(形動)▽才能不足を痛切に実感した▽痛切の極み

	「」な問題	「」な思い	「」な要求	「」に感じる	「」な事態
切実	○	○	○	○	-
深刻	○	-	-	△	○
痛切	-	○	-	○	-

使い分け【1】「切実」は、自分の生活に深くかかわり、直接利害関係が生じることについて、ゆるがせにできないと感じる場合に用いる。【2】「深刻」は、広く事態が切迫し重大である場合や、問題のいかんによらず深く心に刻みつけるようにつきつめて考える場合に用いる。【3】「痛切」は、そのものから受ける思いや感情を身にしみて強く感じるような場合に用いる。

2 09-63 つくづく／しみじみ

共通する意味★心に深く感じるさま。**【英】** *keenly*

使い方▼〔つくづく〕(副)▽生きているのがつくづく嫌になった▽つくづくと将来のことを考える▽子供の顔をつくづくと眺める　〔しみじみ〕(副)▽しみじみと思い出を語る▽しみじみとした琴の音色▽しみじみ親をありがたいと思う

使い分け【1】「しみじみ」には、「しみじみとした…」の形があるが、「つくづく」にはない。この点から考えて、「しみじみ」は、「しみじみとした気持ちで」という状態を表わす語であるといえる。これは心にしみる哀感を伴うもので、「しみじみとした琴の音色」もその感覚でとらえた言い方である。【2】「つくづく」は、通常、「考える」「眺める」などの行為を表わす語とともに用いられる。「つくづく思うに…」という言い方は、よくよく思えばやはりそうなんだという気持ちで述べるときに使う。「つくづく嫌になる」は、何回も嫌になるような事柄があって、最終的に心の底から嫌になった状態と考えられる。

2 09-64 心身／物心／身魂

共通する意味★心と体、物と心。**【英】** *mind and body*

使い方▼〔心身〕▽心身ともに疲れる▽心身を鍛える　〔物心〕▽物心両面から援助する　〔身魂〕▽身魂をなげうつ

使い分け【1】「心身」「身魂」は、精神と肉体、「物心」は、物質と精神の意。【2】「身魂」は、日常語としてはあまり用いない。

2 10 …悲喜

2 10-01 感動／感激／感銘／感心

【関連語】◆(感慨)

共通する意味★ある物事に触れて、深く心を動かされること。**【英】** *impression*

使い方▼〔感動〕スル　〔感激〕スル　〔感銘〕スル　〔感心〕(名・形動)スル

	名曲に「」する	深い「」を与える	「」をよぶ場面	「」の再会	「」しない態度
感動	○	○	○	△	-
感激	○	-	-	○	-
感銘	○	○	-	-	-
感心	△	-	-	-	○

使い分け【1】「感動」は、心が物事を受けとめて深く動かされること。多数の人が一度に感じるときに、「感動の名演技」のようにも使う。「感銘」は、忘れられないほど深く感動し、心に刻み込まれること。【2】「感激」は、物事に触れて激しく心が動かされ、なんらかの形で外に表われ出るような場合に多くいう。かなり感情的で個人的な場面が多い。【3】「感心」は、心を直接揺すぶられるというより、情・知の両面から物事に触れて立派だとかすばらしいとか判断し、心が動かされること。

【関連語】◆(感慨)心に深く感じてしみじみとした気持ちになること。「感動」よりも静かで、対象と距離を置いた感じが強い。「感慨にひたる」「感慨無量」

2 10-02 楽しむ／興じる

【関連語】◆(エンジョイ)

共通する意味★愉快に思う。**【英】** *to enjoy*

使い方▼〔楽しむ〕(マ五)▽四季折々の花を楽しむ▽余生を楽しむ　〔興じる〕(サ上一)▽ゲームに興じる▽笑い興じる

使い分け【1】「楽しむ」は、対象を自分の心を満たしてくれるものとして味わう意。それは、そのもののよさにふれたり(「人生を楽しむ」)、ある行為をしたり(「テニスを楽しむ」)、期待をかけたり(「将来を楽しむ」)することによってなされる。【2】「興じる」は、愉快に思える対象を得たために気分が盛り上がる意。静的、長期的なもの(人生、花、読書など)に対してはいわない。

【関連語】◆(エンジョイ)スル思う存分楽しむこと。「青春をエンジョイする」

2 10-03 興奮／激昂／逆上／激する／のぼせる

【関連語】◆(上気)

共通する意味★頭に血がのぼったようになって、心身が平常の状態でなくなること。**【英】** *excitement*

使い方▼〔興奮〕スル▽興奮して頭に血がのぼる▽興奮して叫ぶ▽興奮がおさまる▽興奮のるつぼ　〔激昂〕スル▽相手の卑怯なやり方に激昂する　〔逆上〕スル▽からかわれて逆上してなぐりかかる　〔激する〕(サ変)▽感情が激する▽激した議論　〔のぼせる〕(サ下一)▽ちょっとした口論ですぐのぼせる

使い分け【1】「興奮」は感情が高ぶることをいうが、「激昂」はひどく興奮して怒ること、「逆上」は激しく興奮して分別を失うことをいう。【2】「激する」「のぼせる」は、感情が高ぶっていきりたつ、普段の落ち着きを失う意。「のぼせる」は、「逆上せる」とも当てる。

【関連語】◆(上気)スル頭に血が上ってぼうっとすること。「上気した顔」

参照▼のぼせる⇒209-50

2 10-04 驚き／驚愕／驚嘆

【関連語】◆(愕然)◆(喫驚)◆(驚倒)◆(驚天動地)◆(驚異)

共通する意味★自分の予想と違う事に出会って心の平静を失うこと。

使い方▼〔驚き〕▽これは驚きだね▽驚きを隠せない　〔驚愕〕スル▽父の訃報に驚愕した　〔驚嘆〕スル▽人々を驚嘆させる演奏

	顔に□の色が見える	絶景に□の声を上げる	□のあまり声が出ない	□に値する
驚き	△	○	○	-
驚愕	○	-	○	-
驚嘆	△	○	-	○

使い分け【1】「驚き」が一般的に使われる。「驚愕」は、特に、予想しなかったことに出会ったときに使う。【英】*surprise; astonishment*【2】「驚嘆」は、自分の予想より美しかったり、すばらしかったりして感心したときに使う。【英】*amazement; wonder*

【関連語】◆(愕然)(形動たる・と)意外な出来事や知らせなどに非常に驚くさま。「彼から知らされた事実に愕然とした」◆(喫驚)スル驚くこと。文章語。「吃驚」とも書く。「被害の大きさに喫驚する」◆(驚倒)スル非常に驚くこと。文章語。「世界を驚倒させた事件」◆(驚天動地)世間をひどく驚かすこと。「驚天動地の大事件」◆(驚異)驚き怪しむべきこと。また、その事柄。「驚異の目をみはる」「自然界の驚異」「驚異的な数字」

2 10-05 驚く／たまげる／仰天／びっくり

共通する意味★予想外の出来事に出あって、心に動揺を起こす。【英】*to be surprised; to be astonished*

使い方▼〔驚く〕(カ五)　〔たまげる〕(ガ下一)　〔仰天〕スル　〔びっくり〕(副)スル

	友の突然の死に□	絶妙な手品に□	□ほど高価な時計	□べき事実
驚く	○	○	○	○
たまげる	○	○	△	-
仰天する	○	-	△	-
びっくりする	○	○	○	-

使い分け【1】「驚く」が、具体的現象やできごとにも抽象的、間接的事実にも使うのに対して、他の三語は、具体的な身近なできごとから起こる心の動揺をいうのに使う。【2】「驚く」は、「犬が驚いて鳴き出す」のように、主体が人間以外の場合でも使われるが、他の三語は、ふつう人間について使われる。【3】「たまげる」は、俗語的表現。強調して、「おったまげる」ともいう。【4】「たまげる」「仰天する」「びっくりする」は、「驚く」よりも心の動揺が大きいという意味合いで使われる。

2 10-06 驚かす／脅かす

共通する意味★相手をびっくりさせる。【英】*to surprise*

使い方▼〔驚かす〕(サ五)▽突然大声を出して友人を驚かす▽人目を驚かす　〔脅かす〕(サ五)▽背後から突然肩をたたいて知人を脅かした▽そんなことをいって脅かすなんて、君も人が悪い

使い分け【1】どちらも、思いもよらない言動などで人をびっくりさせる意で、一般的に使われる。【2】「脅かす」には、「ナイフで脅かして金を奪う」のように、相手を怖がらせるの意もある。

参照▼脅かす⇒520-48

2 10-07 呆れる／呆れ返る

【関連語】◆(呆気にとられる)◆(度肝を抜かれる)

共通する意味★物事の程度のはなはだしさに驚く。【英】*to be shocked (at, by)*

使い方▼〔呆れる〕(ラ下一)▽呆れてものもいえない▽呆れるほどうまい　〔呆れ返る〕(ラ五)▽父の頑固さには呆れ返る

使い分け「呆れ返る」は、「呆れる」を強調していう語。二語ともあまりのことにまったくひどいと思う意で、多く悪いことに使うが、例文の「呆れるほどうまい」のような用法もある。

【関連語】◆(呆気にとられる)驚きあきれて呆然とする。「あまりの早業にあっけにとられる」◆(度肝を抜かれる)ひどく驚かされる。「奇抜な服装に度肝を抜かれた」

2 10-08 高鳴(たかな)る／ときめく

【関連語】◆(胸騒ぎ)むなさわぎ

共通する意味★感情が高ぶって胸がどきどきする。**【英】** *to beat high*

使い方▼〔高鳴る〕(ラ五)　〔ときめく〕(カ五)

	期待に胸が□	春に心が□	不安で胸が□
高鳴る	○	-	○
ときめく	○	○	-

使い分け「ときめく」は、喜びや期待などで胸がどきどきする意を表わすが、「高鳴る」は、喜びや期待ばかりでなく、不安や心配事が迫っている場合にもいう。

【関連語】◆(胸騒ぎ)心配事や悪い予感のために胸がどきどきすること。「朝から胸騒ぎがしてしかたがない」

参照▼高鳴る⇒717-07

2 10-09 浮(う)き浮(う)き／わくわく／いそいそ／ぞくぞく

共通する意味★うれしくて、また心が騒いで落ち着かないさま。**【英】** *cheerfully; lightheartedly*

使い方▼〔浮き浮き〕(副)スル▽夏休みを前に皆うきうきしている　〔わくわく〕(副)スル▽発表をわくわくしながら待つ　〔いそいそ〕(副)スル▽いそいそと旅行のしたくをする　〔ぞくぞく〕(副)スル▽ほめられてぞくぞくするほど嬉(うれ)しかった

	朝から□している	心が□する	宝を見つけて□する	□と出かける
浮き浮き	○	○	△	△
わくわく	○	○	○	-
いそいそ	○	-	-	○
ぞくぞく	-	-	○	-

使い分け【1】「浮き浮き」「わくわく」「ぞくぞく」は気持ちに重点があり、「いそいそ」は動作に重点がある。【2】「浮き浮き」は、よいことを体験、または目前にして、気持ちが楽しくなっている様子。【3】「わくわく」は、実現して欲しいことの実現直前の気持ちの落ち着かないさまをいう。【4】「いそいそ」は、よいことがあって、それを早く実現、あるいは確認したくてたまらなく、思わず知らずのうちに動作に表われているさまをいう。【5】「ぞくぞく」は、嬉しさに心が浮きたつさまをいう。また、「風邪でぞくぞくする」のように、寒さや病気、恐怖などで震えるさまも表わす。

2 10-10 どきどき／どきっと／どきりと

【関連語】◆(はらはら)

共通する意味★外からの刺激によって鼓動が激しくなるさま。**【英】** *pit-a-pat*(心臓などが)

使い方▼〔どきどき〕(副)スル▽胸がどきどき鳴る▽叱(しか)られそうでどきどきしている　〔どきっと〕(副)スル▽突然呼び止められてどきっとした▽どきっとするほどの美しさ　〔どきりと〕(副)スル▽目が合ってどきりとした▽どきりとするようなことを平気でいう

	驚いて□する	うれしくて□する	不安で□する	一瞬□する
どきどき	○	○	○	-
どきっと	○	-	-	○
どきりと	○	-	-	○

使い分け【1】「どきどき」は継続的であり、「どきっと」「どきりと」は一回だけ強く受ける衝撃である。【2】「どきっと」は、「どきりと」より瞬間的で短く強く受ける衝撃である。

【関連語】◆(はらはら)(副)スル気をもみあやぶむさま。「観客をはらはらさせる演技」

参照▼はらはら⇒903-31

2 10-11 落(お)ち着(つ)く／静(しず)まる／おさまる

共通する意味★高ぶっていた気持ちが安定した状態になる。**【英】** *to settle down*

使い方▼〔落ち着く〕(カ五)▽彼も結婚すれば落ち着くだろう▽なかなか落ち着いた心境になれない▽慌てずに落ち着いて話しなさい　〔静まる〕(ラ五)▽彼の怒りもやっと静まった▽心が静まる　〔おさまる〕(ラ五)▽腹の虫がおさまらない

使い分け【1】「落ち着く」は、安定した状態になる意のほか、「郷里に落ち着く」のように、住居や職などが決まる意、「費用は折半ということに落ち着いた」のように、相談などが決着する意などがある。【2】「静まる」「おさまる」は、単に静かになる意でも用いられる。【3】「おさまる」は、「せきがおさまった」のように、気持ちの乱れ以外に、政治、天候、病理現象などが安定した状態になる意で広く使われる。「治まる」「収まる」などと書く。

参照▼静まる⇒810-11　おさまる⇒507-42　906-15

2 10-12 喜(よろこ)び／満悦(まんえつ)／愉悦(ゆえつ)

【関連語】◆(喜悦)きえつ

共通する意味★うれしく思うこと。**【英】** *joy; delight*

使い方▼〔喜び〕▽喜びを隠しきれない▽喜びに満ちた顔▽喜びの色を見せる　〔満悦〕スル▽思惑どおりに事が運び、満悦の表情を見せた▽弟子の活躍に御

満悦だ　〔愉悦〕▽読書は無上の愉悦だ▽愉悦を覚える

使い分け【1】「喜び」は、おめでたいこともいい、また、それを祝う言葉ともなる。その場合「慶び」とも書く。「慶びが重なる」「心からお慶びを申し上げます」【2】「満悦」は、満足して喜ぶこと。「一杯機嫌ですっかり御満悦の様子だ」のように、「御満悦」の形で、皮肉ったりふざけたりしたニュアンスで使うこともある。【3】「愉悦」は、心から喜ぶこと。文章語。

反対語▼喜び⇔悲しみ

【関連語】◆(喜悦)スル喜ぶこと。「満面に喜悦の色を浮かべる」

2 10-13 喜ぶ(よろこぶ)

意味★うれしく思う。快く思う。**【英】** *to be glad; to be delighted* ⇔悲しむ

使い方▼〔喜ぶ〕(バ五)▽合格の知らせを聞いて喜ぶ▽喜んでお引き受けいたします

◙あることをめでたいことと思うという意味もあるが、その場合は「慶ぶ」とも書く。「先生の米寿を慶ぶ会」

2 10-14 歓喜(かんき)／狂喜(きょうき)／驚喜(きょうき)

【関連語】◆(欣喜雀躍)きんきじゃくやく◆(有頂天)うちょうてん◆(随喜)ずいき

共通する意味★よろこびの大きいこと。**【英】** *wild joy; rapture(s)*

使い方▼〔歓喜〕スル▽歓喜に満ちた表情▽歓喜のあまり涙を流す▽歓喜の声を上げる▽選手たちは勝利に歓喜しておどり上がった　〔狂喜〕スル▽優勝してファンは狂喜した▽狂喜乱舞　〔驚喜〕スル▽旧友にばったり出会って驚喜した

使い分け【1】「歓喜」は、興奮するほど大喜びすること。【2】「狂喜」は、さらに、気が狂わんばかりに喜ぶこと。【2】「驚喜」は、思いがけずうれしいことに出あって喜ぶこと。

【関連語】◆(欣喜雀躍)スルこおどりして喜ぶこと。「合格の知らせに欣喜雀躍した」◆(有頂天)(名・形動)大喜びして夢中になり、他をかえりみないさま。「ホームランを打って有頂天になる」◆(随喜)仏教で、他人のなす善を見て喜びの心を生ずること。転じて大喜びをすること。「随喜の涙(＝ありがた涙)を流す」

2 10-15 嬉しい(うれしい)／楽しい(たのしい)／喜ばしい(よろこばしい)

共通する意味★心が満足して、快い様子。**【英】** *pleasant*

使い方▼〔嬉しい〕(形)▽合格できて本当に嬉しい▽君に会えてとても嬉しい▽お手紙嬉しく拝見しました▽嬉しい悲鳴(＝悲鳴をあげるほど嬉しいことが殺到するさま)　〔楽しい〕(形)▽キャンプは想像以上に楽しかった▽お話楽しく拝聴しました▽楽しいことを考える　〔喜ばしい〕(形)▽わが社の繁栄は喜ばしい限りだ▽紛争の解決は我々にとっても喜ばしいことだ

	とても□思う	□なるような出来事	□知らせが届く	□ひとときを過ごす
嬉しい	-く○	-く○	○	-
楽しい	-く○	-く○	△	○
喜ばしい	-く○	-く-	○	-

使い分け【1】「嬉しい」は、物事が自分の望んでいるような状態にあると感じたり、欲求どおりになったりして、明るく快い気持ちになるさまをいう。【2】「楽しい」は、心がうきうきするような気分であるさまをいう。「嬉しい」や「喜ばしい」のように、ある状態に対する快い気分ではなく、多く何かをしているときに伴うその人の心の状態をいう。【3】「喜ばしい」は、相手や他の人にとって喜ぶべき状態であることを、第三者の立場から歓迎していう場合に使う語。

反対語▼嬉しい⇔悲しい

2 10-16 快い(こころよい)／爽快(そうかい)／壮快(そうかい)／快適(かいてき)
心地よい(ここちよい)

共通する意味★気持ちのよいさま。**【英】** *refreshing*

使い方▼〔快い〕(形)　〔爽快〕(形動)　〔壮快〕(形動)　〔快適〕(形動)　〔心地よい〕(形)

	□楽の音	風が□肌をなでる	□文化生活	□室温を保つ
快い	○	-く○	△	○
爽快	-な○	-に○	-な-	-な-
壮快	-な○	-に-	-な-	-な-
快適	-な-	-に-	-な○	-な○
心地よい	○	-く○	△	○

使い分け【1】「快い」「心地よい」は、感覚的に気持ちよく感じるさまにいう。気持ちのよさは、どちらかというと穏やかな感じのものである。【2】「爽快」は、さわやかで気持ちのよいさまをいう。「快い」よりもすがすがしい感じを表わす。【3】「壮快」は、勇ましくて気持ちよいさま。「快い」よりも強烈で、すかっとした感じを表わす。【4】「爽快」「壮快」が、ある場面で感覚的に受け取る気分だとすれば、「快適」はもう少し持続的で、環境全体から与えられる気持ちのよさを表わす語。

2 10-17 すがすがしい／さわやか

【関連語】◆(清新)せいしん◆(清爽)せいそう

共通する意味★けがれがなく気持ちのよいさま。**【英】** *fresh*
使い方▼**〔すがすがしい〕**(形)▽高原のすがすがしい朝▽すがすがしい気分で朝を迎える▽すがすがしい笑顔　**〔さわやか〕**(形動)▽さわやかな汗を流す▽牧場のさわやかな風▽彼の笑顔はいつもさわやかだ
使い分け【1】二語とも同じような意味で使われることが多い。【2】「さわやか」は、「弁舌さわやかに意見を述べる」のように、よどみのない話し方の形容にも用いる。【3】「すがすがしい」は「清清しい」、「さわやか」は「爽やか」とも書く。
反対語▼うっとうしい
【関連語】◆**〔清新〕**(形動)新しく清らかなさま。「清新の気がみなぎる新会社」◆**〔清爽〕**(形動)清くさわやかなさま。文章語。「清爽の気がみなぎる」

2 10-18 面白い／愉快／痛快

共通する意味★心が楽しく、おかしく、気持ちが晴れるようなさま。**【英】** *interesting*
使い方▼**〔面白い〕**(形)▽面白いように魚が釣れた▽その学説は面白い　**〔愉快〕**(名・形動)▽毎日愉快に過ごしている▽愉快な仲間　**〔痛快〕**(名・形動)▽彼の発言は痛快だった▽逆転勝ちした痛快な試合

	□話に笑いころげる	何か□遊びをしよう	□気分になる	勉強が□なった
面白い	○	○	－	-く○
愉快	-な○	-な○	-な○	-に－
痛快	-な○	-な△	-な○	-に－

使い分け【1】「面白い」は、広い意味を持つ語。喜ばしく、心がひかれるさまをいう。おかしいの意味のときは「愉快」に重なり、胸がすくの意味では「痛快」に重なる。また、一風変わっていたり新鮮であったりして、興味をひかれるさまにもいうが、この意味では他の二語とは重ならない。【2】「愉快」は、おかしくて笑いを誘うようなさまをいう。【3】「痛快」は、楽しく、胸の晴れるさま、胸のつかえが取り払われてすっとするようなさまをいう。また、単に豪快で気分のよいさまなどにも用いる。「痛快な飲みっぷり」「痛快な男」
反対語▼愉快⇔不愉快・不快
参照▼面白い⇒8 10-51

2 10-19 快楽／歓楽／享楽／享受／悦楽／逸楽／謳歌

【関連語】◆**〔淫楽〕**いんらく

共通する意味★気持ちよく楽しいこと。また、楽しみを味わうこと。**【英】** *pleasure*
使い方▼**〔快楽〕**▽快楽を追い求める▽快楽をむさぼる▽快楽主義　**〔歓楽〕**スル▽歓楽に酔う▽歓楽におぼれる▽歓楽街　**〔享楽〕**スル▽人生を享楽する▽享楽にふける　**〔享受〕**スル▽自由を享受する　**〔悦楽〕**▽悦楽にふける生活▽悦楽を味わう　**〔逸楽〕**▽逸楽にふける　**〔謳歌〕**スル▽青春を謳歌する
使い分け【1】「快楽」は、こころよく楽しいことで、特に、官能的な楽しみをいう。【2】「歓楽」「享楽」は、楽しみの意とともに、楽しむことの意でも用いられる。「歓楽」は物質的な楽しみについて用いられることが多い。【3】「享受」は、精神的、物質的な利益を受けてそれを味わい楽しむこと。【4】「悦楽」「逸楽」は、喜び楽しむことの意であるが、「逸楽」は多く不健全な遊びを楽しむことにいう。【5】「謳歌」は、良い境遇にあることを十分に楽しむこと。
【関連語】◆**〔淫楽〕**肉欲による快楽。「淫楽にふける」「淫楽に堕する」

2 10-20 不快／不愉快／不機嫌

【関連語】◆**〔迷惑〕**めいわく◆**〔不興〕**ふきょう◆**〔胸糞が悪い〕**むなくそがわるい

共通する意味★おもしろくないこと。**【英】** *displeasure*
使い方▼**〔不快〕**(名・形動)▽不快な表情▽不快な思い▽不快感　**〔不愉快〕**(名・形動)▽不愉快な話▽彼と話をすると不愉快になる　**〔不機嫌〕**(名・形動)▽不機嫌な顔をする▽急に不機嫌になる
使い分け【1】「不愉快」は、心の状態についてのみいうが、「不快」は、「不快な暑さ」のように、体に苦痛を感じさせることについてもいう。【2】「不機嫌」は、機嫌が悪くなっている状態をいう。
反対語▼不快・不愉快⇔愉快
【関連語】◆**〔迷惑〕**(名・形動)向けられた行為によって不快になったり、不利益を受けたりすること。「ご迷惑をおかけして申しわけありません」◆**〔不興〕**おもしろくないこと。機嫌が悪いこと。「不興をかこつ」「不興を買う」◆**〔胸糞が悪い〕**気持ちが悪いこと、不愉快であることをいう。「汚い根性で胸くそが悪くなった」

2 10-21 悲しい

【関連語】◆**〔もの悲しい〕**ものがなしい◆**〔うら悲しい〕**うらがなしい◆**〔もの憂い〕**ものうい

意味★好ましくない事態に接し、心が痛むさま。また「哀しい」と書いて、かわいそうで哀れに思う気持ち。**【英】** *sad* ⇔うれしい
使い方▼**〔悲しい〕**(形)▽親友と別れるのは悲しい▽悲しくて涙が止まらない▽天涯孤独の哀しい身の上
【関連語】◆**〔もの悲しい〕**(形)なんとなく悲しい。「もの悲しい秋の夕暮れ」◆**〔うら悲しい〕**(形)なんとなく悲しい。「もの悲しい」より、やや古風な言い方。「うら悲しい笛の音」◆**〔もの憂い〕**(形)なんとなく悲しく

けだるくておっくうである。「もの憂い表情の詩人」

2 10-22 悲(かな)しむ

意味★心が痛んで泣きたい気持ちになる。**【英】** *to be sad* ⇔喜ぶ

使い方▼〔**悲しむ**〕(マ五)▽別れを悲しむ▽母を悲しませる

2 10-23 寂(さび)しい／侘(わび)しい

【関連語】◆(**さみしい**)◆(**もの寂しい**)ものさびしい◆(**うら寂しい**)うらさびしい

共通する意味★心細く心が満たされない。**【英】** *lonely*

使い方▼〔**寂しい**〕(形)▽さびしい毎日▽さびしく笑う▽さびしい老後を送る　〔**侘しい**〕(形)▽わびしい暮らし▽わびしい住まい

	□一人ずまい	□思いをする	口が□	うらぶれて□身なり
さびしい	○	○	○	－
わびしい	○	○	－	○

使い分け【1】「寂しい」は、満たされない気持ちである、ひっそりとして心細いという意だが、「侘しい」は、心細く頼りない、あるいはみじめでやるせないという意。【2】「寂しい」には、「懐がさびしい」「口がさびしい」などのように、物足りないの意もある。「淋しい」とも書く。【3】「侘しい」には、「わびしい身なり」「わびしい村」のように、さびれている、みすぼらしいの意もある。

【関連語】◆(**さみしい**)(形)「さびしい」の変化した形。「彼女がいなくなってさみしい」◆(**もの寂しい・うら寂しい**)(形)「もの」「うら」は「なんとなく」「どことなく」の意味を添える接頭語。「ものさびしい秋の夕べ」「うらさびしい町」

2 10-24 ぽつねんと／しょんぼり

【関連語】◆(**悄然**)しょうぜん

共通する意味★さびしそうなさま。**【英】** *dispiritedly*

使い方▼〔**ぽつねんと**〕(副)スル▽ひとりぽつねんともの思いにふける　〔**しょんぼり**〕(副)スル▽叱(しか)られてしょんぼり(と)している

使い分け【1】「ぽつねんと」は、ひとりぼんやりとしていて、さびしそうに見えるさま。【2】「しょんぼり」は、さびしさや空しさを感じてしおれたり、がっかりしたりして、さびしそうなさま。

【関連語】◆(**悄然**)(形動たる・と)「しょんぼり」とほぼ同じ意味の硬い文章語。「雨の中、悄然とたたずむ」

2 10-25 しめやか／しんみり

共通する意味★気持ちが沈んでもの悲しげなさま。

使い方▼〔**しめやか**〕(形動)▽しめやかに葬儀が執り行われた　〔**しんみり**〕(副)スル▽しんみりと通夜を執り行った▽故人の話に一同しんみりした

使い分け【1】「しめやか」は、人の死に接して物悲しい気持ちになっているさまを表わし、葬儀を行うさまに用いられることが多い。また、「しめやかに雨が降る」のように、静かでひっそりしているさまにもいう。**【英】** *funereally*【2】「しんみり」は、深い感慨を伴って用いられる。**【英】** *quietly*

2 10-26 悩(なや)む／煩(わずら)う／思(おも)い詰(つ)める／思(おも)い煩(わずら)う

共通する意味★精神的に苦しむ。**【英】** *to be distressed (with)*

使い方▼〔**悩む**〕(マ五)▽売り上げの減少で赤字に悩む▽家庭不和に悩む　〔**煩う**〕(ワ五)▽進路のことで悩み煩っている▽恋に煩う　〔**思い煩う**〕(ワ五)▽将来のことを思い煩う▽日夜思い煩う　〔**思い詰める**〕(マ下一)▽思い詰めて自殺をはかる▽思い詰めた表情

使い分け【1】「悩む」「煩う」は、そのことに心がとらわれて思い苦しむ意。「悩む」は、精神的なことだけでなく、「虫歯に悩む」「騒音に悩む」など、肉体的に苦しむ場合にも用いる。【2】「思い煩う」は、あれこれ考えてみたが、これという良い解決方法がなく、困り苦しむ意。【3】「思い詰める」は、一つのことをいちずに思い込んで悩む意。

2 10-27 嘆(なげ)く／かこつ

【関連語】◆(**嘆ずる**)たんずる

共通する意味★腹立たしく思って恨み悲しむ。**【英】** *to grieve (about)*

使い方▼〔**嘆く**〕(カ五)▽政界の腐敗を嘆く▽わが身の不運を嘆く　〔**かこつ**〕(タ五)▽不遇をかこつ▽無聊(ぶりょう)をかこつ

使い分け【1】「嘆く」には、現実が自分の思いどおりにならなくて悲しく思うという意味合いがある。【2】「かこつ」は、腹立たしくなる原因を他のせいにして嘆く意。また、ぐちを言う、うらんで言うという意と、他にこと寄せる、口実にするという意もある。やや古めかしい語。

【関連語】◆(**嘆ずる**)(サ変)「嘆(なげ)く」と同じ意味の文章語。「末世を嘆ずる」

2 10-28 情(なさ)けない／嘆(なげ)かわしい

共通する意味★ひどくて残念である。**【英】** *deplorable*

使い方▼〔**情けない**〕(形)▽最下位とは情けない▽情けない成績　〔**嘆かわしい**〕(形)▽嘆かわしい世の中

▽人の弱みにつけ込むとは嘆かわしい男だ

使い分け【1】「嘆かわしい」は、腹立たしくなるほど情けない意味で、「情けない」より程度が強く深い。【2】「情けない」には、みじめに思う気持ちも含まれる。

2 10-29 煩わしい／面倒臭い／ややこしい／うるさい／やかましい

【関連語】◆(くだくだしい)◆(うっとうしい)◆(こうるさい)◆(気詰まり)

共通する意味★事柄が簡単でなく、心を悩ませる状態である。

使い方▼〔煩わしい〕(形)▽煩わしいことは御免だ▽人とのつきあいが煩わしい　〔面倒臭い〕(形)▽これから買い物に行くのは面倒くさい　〔ややこしい〕(形)▽三人はややこしい関係にある▽ややこしい事情　〔うるさい〕(形)▽母がうるさく小言をいう▽食べ物にうるさい人　〔やかましい〕(形)▽細かい点までやかましく言う人

	□手続き	□仕事	このことが世間に知れると□	規則にあまりにも□学校
煩わしい	○	○	△	-
面倒臭い	○	○	△	-
ややこしい	○	○	△	-
うるさい	○	-	○	○
やかましい	○	-	-	○

使い分け【1】「煩わしい」は、事柄が込み入っていて、解決するのに手間がかかりそうな状態についていう。**【英】** *troublesome*　【2】「面倒臭い」は、「煩わしい」とほとんど同意で使われ、面倒でいやだと思う気持ち、避けたいと思う気持ちが含まれている。非常に口語的な語。【3】「ややこしい」は、「煩わしい」と同じく、事柄が込み入っている状態にいうが、手間がかかるのでいやだというより、分かりにくいので敬遠する気持ちの方が強いときにいう。**【英】** *complicated*　【4】「うるさい」「やかましい」は、騒音についての意味から転じて、煩わしく、いやだと思う意を表わす。また、厳しくとがめる意、盛んに言い立てる意を表わす。「食べ物にうるさい（やかましい）人」は、好みが難しく、いろいろ注文をつける人の意。

【関連語】◆**(くだくだしい)**(形)事柄が必要以上に長たらしかったり、細かすぎる。「くだくだしい説明」「くだくだしく話す」**【英】** *redundant* ◆**(うっとうしい)**(形)じゃまなものがあるようで重苦しい。「鬱陶しい」とも書く。「眼鏡はうっとうしい」「目に前髪がかかってうっとうしい」◆**(こうるさい)**(形)小さいことにあれこれ言う。「下宿のおやじさんはこうるさいことばかり言う」◆**(気詰まり)**(名・形動)窮屈に感じること。「気詰まりな雰囲気」

参照▼うっとうしい⇒210-37　うるさい⇒810-16　やかましい⇒810-16

2 10-30 面倒／厄介／煩雑／複雑

【関連語】◆(煩瑣)

共通する意味★こまごまとしていたり、入り組んで込みいっているさま。**【英】** *troublesome*

使い方▼〔面倒〕(名・形動)▽事がますます面倒になる▽面倒な仕事　〔厄介〕(名・形動)▽厄介な事件に巻き込まれた▽この役は厄介だ　〔煩雑〕(名・形動)▽事務処理は煩雑をきわめた　〔複雑〕(名・形動)▽人間関係が複雑な会社▽複雑怪奇

	□な手続き	□な問題を持ち込んだ	とても□な心境だ	□な規程を整理する
面倒	○	○	-	-
厄介	○	○	-	-
煩雑	○	-	-	○
複雑	○	△	○	△

使い分け【1】「面倒」「厄介」は、わずらわしいという意味で、ほぼ共通している。また、「親の面倒を見る」「友人の家に厄介になる」のように、世話すること、世話になることも表わす。【2】「煩雑」は、「繁雑」と書く場合もある。「煩雑」は、入り組んでわずらわしい意であるのに対して、「繁雑」は、事柄が多いという意味が強くなるが、ほぼ同意。【3】「複雑」は、いろいろな要素が重なり混じって解決しにくいという意を表わす。

【関連語】◆**(煩瑣)**(名・形動)こまごまとして、わずらわしいさま。文章語。「煩瑣な手続き」

2 10-31 手数／手数／手間

【関連語】◆(造作)

共通する意味★骨折り、めんどう、煩雑な手段、労力、時間などを必要とすること。また、その労力など。**【英】** *trouble*

	□がかかる	□を省く	□をとらせる	□のいらない仕事
てすう	○	○	-	○
てかず	○	○	-	△
手間	○	○	○	○

使い分け【1】「てすう」「てかず」は、ほとんど同じように使い、ある事柄を実現させるのに必要な手段などの数から、それらが多くかかることをいう。「手間」が、時間がかかるという意味も含むのに対し、手続きなどが煩雑であるといった意味が強い。【2】「手間」は、労力、時間などがかかることをいい、働き手、労働力などの意味でも用いる。特に、「手間をとらせる」「手間どる」などは、時間的意味が強い。ま

た、「手間をかける」というと、自分がいろいろな手段や時間を費やす意になるが、「手数をかける」というと、他人に骨折りをしてもらう意となる。

【関連語】◆(造作)めんどう。やっかい。現在は「造作ない(＝たやすい、手間、手数がいらない)」の形で用いることが多い。「造作もないことだ」「造作なくできる」

2 10-32 閉口(へいこう)／辟易(へきえき)／降参(こうさん)

共通する意味★うんざりして、いやになること。

【英】 *fed up*

使い方▼〔閉口〕スル▽今年の暑さには閉口する 〔辟易〕スル▽社長の長い訓示には辟易する 〔降参〕スル▽彼女の冗舌には降参する

使い分け【1】各語の例文の文脈では、「閉口」「辟易」「降参」のどれを使うことも一応可能である。【2】「閉口」は、口を閉じて何も言えなくなる意から、何も言いたくないほどうんざりすること。【3】「辟易」は、相手を避けて道を変える意から転じたもの。【4】「降参」は、相手に負けて降伏する意から転じて、もう、参ったと思う意を表わす。

参照▼降参⇒516-29

2 10-33 うんざり／げんなり／飽き飽き(あきあき)

【関連語】◆(懲り懲り)こりごり

共通する意味★同じことが続いてすっかりいやになり、気力がなくなるさま。**【英】** *to become disgusted (with)*

使い方▼〔うんざり〕(副)スル▽毎日同じ献立でうんざりする 〔げんなり〕(副)スル▽長話でげんなりする▽宿題の量にげんなりする 〔飽き飽き〕スル▽その話は飽き飽きするほど聞いた

使い分け【1】「うんざり」「飽き飽き」は、同じことが続いたり何度も繰り返されたりしていやになるさま。【2】「げんなり」は、十分すぎていやになるさまで、他の二語と違って、必ずしも同じことが繰り返される必要はない。また、「暑さでげんなりしている」のように、疲れなどで弱ってしまったさまにも用いる。

【関連語】◆(懲り懲り)(副・形動)スル ひどい目にあって、二度とやるまいと深く思うさまを表わす語。「もう株は懲り懲りだ」

2 10-34 しょげる／ふさぐ／めいる

【関連語】◆(しょげ返る)しょげかえる ◆(ふさぎこむ)

共通する意味★元気がなくなる。**【英】** *to be disheartened*

使い方▼〔しょげる〕(ガ下一) 〔ふさぐ〕(ガ五) 〔めいる〕(ラ五)

	大失態を演じて□て(で)いる	気分が□空模様	しかられて□て(で)いる犬	□て(で)食事もとらない
しょげる	-げ○	-	-げ○	-げ△
ふさぐ	-い○	○	-い-	-い○
めいる	-っ○	○	-っ-	-っ-

使い分け【1】「しょげる」は、失敗したり期待が外れたりしてがっかりし、元気がなくなる意。その様子が具体的な表情や行動に表われ出ることが多い。「悄気る」とも書く。【2】「ふさぐ」は、空いている所に何かをつめて閉じる意の「塞ぐ」と関連する語で、心の中に何かつまった感じで気分がすぐれない意。【3】「めいる」は、原因がはっきりせず、なんとなく元気がなくなる意。「しょげる」にくらべて、内面的な気持ちにとどまる。「滅入る」とも書く。【4】「しょげる」は、自分自身のことについては使わず、「ふさぐ」もその傾向が強い。「めいる」は自分自身の気持ちをいう場合に使われる。

【関連語】◆(しょげ返る)(ラ五)回復の見込みがたたないほど完全にしょげる。「しかられて、すっかりしょげかえっている」◆(ふさぎこむ)(マ五)回復の見込みがたたないほど完全にふさぐ。「悪いことばかり続いて、ふさぎこんでいる」

参照▼ふさぐ⇒907-09

2 10-35 沈痛(ちんつう)／悲痛(ひつう)／悲愴(ひそう)

共通する意味★悲しく痛ましいさま。

使い方▼〔沈痛〕(名・形動) 〔悲痛〕(名・形動) 〔悲愴〕(名・形動)

	□な面持ち	□な声を上げる	□な思い	□な出来事
沈痛	○	△	-	-
悲痛	○	○	△	○
悲愴	○	-	○	-

使い分け【1】「沈痛」は、悲しみに沈んで胸を痛めるさま。**【英】** *bitterness* 【2】「悲痛」「悲愴」は、このうえもなく悲しく痛ましいさま。【3】「沈痛」「悲痛」は、その様子が表情や声など外に表われ出ることが多く、「悲愴」は、表情に表われることもあるが、内面的な気持ちであることが多い。

2 10-36 憂愁(ゆうしゅう)／憂鬱(ゆううつ)／沈鬱(ちんうつ)

【関連語】◆(メランコリー)◆(鬱)うつ

共通する意味★気が晴れないこと。**【英】** *melancholy*

使い方▼〔憂愁〕▽顔に憂愁の色が浮かぶ▽憂愁にとざされる 〔憂鬱〕(名・形動)▽憂鬱な天気▽憂鬱な気分 〔沈鬱〕(名・形動)▽沈鬱な空気に満ちる▽沈鬱な表情

使い分け【1】「憂愁」「憂鬱」は、気分が晴れず沈んだ状態であるが、それにより病気になったり、泣くなどの動作、行為をともなったりはしない。【2】「沈鬱」は、そのような気分になるための具体的なきっかけがあり、それによって受ける心の衝撃も、結果として現れる表情、動作も深刻である。

【関連語】◆(メランコリー)理由もなく気分が重苦しくなってふさぐこと。「メランコリーな気分」◆(鬱)気がふさぐこと。また、そうした精神の状態。「気分が鬱になる」「鬱状態」⇔躁（そう）。

2 10-37 うっとうしい／鬱鬱（うつうつ）

共通する意味★気分が晴れ晴れしないさま。【英】*gloomy*

使い方▼〔うっとうしい〕(形)▽うっとうしくて楽しめない▽うっとうしい気分▽うっとうしい天気〔鬱鬱〕(形動たる・と)▽鬱々として楽しまない▽鬱々として日を送る

使い分け【1】「うっとうしい」は、どんよりと曇ったり、天気が悪かったりするさまに用いることも多い。【2】「鬱々として楽しまない」は、自分の心が晴れ晴れしないので、ふだんは楽しめることも楽しむ気になれない、の意。「うっとうしくて楽しめない」は、楽しむ気ではいても楽しみの対象そのものが悪い雰囲気で、楽しむことができない、の意。【3】「うっとうしい」は、「鬱陶しい」とも書く。【4】「鬱鬱」は、文章語。

参照▼うっとうしい⇒210-29

2 10-38 重重（おもおも）しい／息苦（いきぐる）しい／重苦（おもくる）しい／息詰（いきづ）まる

【関連語】◆(胸苦しい)むなぐるしい

共通する意味★押さえつけられ胸が詰まるような雰囲気である。【英】*heavy*

使い方▼〔重重しい〕(形)　〔息苦しい〕(形)　〔重苦しい〕(形)　〔息詰まる〕(ラ五)

	＿雰囲気	＿音楽が流れる	＿態度	＿熱戦
重重しい	○	○	○	-
息苦しい	○	-	-	-
重苦しい	○	△	-	-
息詰まる	○	-	-	○

使い分け【1】「重重しい」には、落ち着いてゆったりとしているという意味もある。【2】「息苦しい」「重苦しい」は、「狭くて息苦しい車内」「厚くて重苦しいふとん」のように、実際に肉体的に苦しい意味でも使う。【3】「息詰まる」は、緊張して呼吸が苦しくなるようなときに用いる。

【関連語】◆(胸苦しい)(形)雰囲気や様子をいうのではなく、実際に胸が押さえつけられるようで息苦しいさまをいう。「胸苦しくて目覚める」

2 10-39 憂（う）さ／憂（う）き目（め）

共通する意味★物事が思いのままにならず悲しいこと。【英】*gloom*

使い方▼〔憂さ〕▽うさを晴らす▽うさをこらえる〔憂き目〕▽つらい憂き目にあう▽憂き目を見る

使い分け「憂き目」は、例文のような形で使われることが多く、つらい思いをする局面や体験をいう。

2 10-40 哀悼（あいとう）／追悼（ついとう）／哀惜（あいせき）

【関連語】◆(愁傷)しゅうしょう

共通する意味★人の死をなげき悲しむこと。【英】*sorrow*

使い方▼〔哀悼〕スル▽謹んで哀悼の意を表します〔追悼〕スル▽亡き師の追悼の文集を作る▽追悼の辞〔哀惜〕スル▽哀惜の念にたえない

使い分け【1】「哀悼」「哀惜」は、人の死を悲しみ残念に思うことで、ほぼ同じように使われる。【2】「追悼」は、なくなった人の生前をしのび、いたみ悲しむこと。

【関連語】◆(愁傷)「御愁傷様」の形で、相手の不幸に対するおくやみのあいさつに使う。

2 10-41 ペーソス／哀愁（あいしゅう）／哀感（あいかん）／悲哀（ひあい）

共通する意味★もの悲しい感じ。

	＿が漂う	＿を帯びる	＿を感じる	そこはかとない＿
ペーソス	○	△	○	-
哀愁	○	○	△	○
哀感	○	-	-	○
悲哀	△	△	○	△

使い分け【1】「ペーソス」は、普通「哀愁」と訳す。「哀愁」と「ペーソス」は意味上の違いはほとんどないが、「ペーソス」は「この作品にはペーソスがある」などのように、芸術作品などで哀れを誘う力や調子をいうことが多い。【2】「哀感」は、「ペーソス」「哀愁」にくらべて、より心にしみ入るような、強いもの悲しさをいう。【3】「悲哀」は、悲しく哀れなこと。

2 10-42 一喜一憂（いっきいちゆう）／哀歓（あいかん）／悲喜（ひき）

共通する意味★悲しみと喜び。【英】*alternation of joy and sorrow*

使い方▼〔一喜一憂〕スル▽ゲームの経過に一喜一憂する〔哀歓〕▽人生の哀歓▽哀歓を共にする〔悲

喜」▽悲喜こもごもの合格発表風景

使い分け【1】「一喜一憂」は、ひとつの物事の進行につれて、喜んだり悲しんだりすること。【2】「哀歓」は、表面には見えない沈潜した悲しみと喜びについていう。【3】「悲喜」は、ひとつの出来事に喜びと悲しみが同時に存在するときに用いる。

2 10-43 慰め（なぐさ）／慰み（なぐさ）

【関連語】◆(手慰み)てなぐさみ◆(手すさび)てすさび

共通する意味★気持ちをなごやかに静めるもの。**【英】***comfort*

使い方▼〔慰め〕▽慰めの言葉をかける▽音楽に慰めを求める　〔慰み〕▽何の慰みもない単調な日々▽慰みに絵を習う

使い分け「慰め」は慰めるという行為が中心で、「慰み」はその内容が中心。

【関連語】◆(手慰み・手すさび)手先で物をもてあそぶこと。「手慰みに縫ったエプロン」「手すさびの人形作り」

2 10-44 憂さ（う）晴らし（ば）／気晴らし（きば）

【関連語】◆(気散じ)きさんじ◆(気慰み)きなぐさみ

共通する意味★いやな気分をまぎらすこと。**【英】***diversion*

使い方▼〔憂さ晴らし〕▽しかられた憂さ晴らしに酒を飲んで騒ぐ　〔気晴らし〕▽気晴らしに旅に出る▽気晴らしのショッピング

使い分け「気晴らし」のいやな気分は、長くつもった漠然としたものが多いが、「憂さ晴らし」の方は不快さ、つらさが具体的で時間的に近いものであることが多い。

【関連語】◆(気散じ・気慰み)「気晴らし」の意の文章語。「気散じに散歩する」「気慰みに映画でも見に行こう」

2 10-45 苛立ち（いらだ）／焦燥（しょうそう）／焦慮（しょうりょ）

共通する意味★あせっていらいらすること。**【英】***impatience*

使い方▼〔焦燥〕スル　〔焦慮〕スル

	□をかくせない	□の念に駆られる	□にとらわれる	神経の□をしずめる
苛立ち	○	-	-	○
焦燥	○	○	-	-
焦慮	△	-	○	-

使い分け【1】「苛立ち」は、理由も定かでなくいらいらするような場合にも用いる。【2】「焦燥」は、何か理由や目的があって、そのためになんとかしなければと焦ること。【3】「焦慮」は、心配や焦りから気をもむこと。外に現れにくい点で、他の二語と異なる。

2 10-46 あわてる／うろたえる／まごつく／面食（めんく）らう

【関連語】◆(狼狽)ろうばい◆(周章)しゅうしょう

共通する意味★心が動揺して、どうしてよいか分からなくなる。**【英】***to be confused*

使い方▼〔あわてる〕(タ下一)　〔うろたえる〕(ア下一)　〔まごつく〕(カ五)　〔面食らう〕(ワ五)

	突然質問されて□	秘密がばれて□	不慣れな仕事で□	勝手が分からず□
あわてる	○	○	△	-
うろたえる	○	○	○	-
まごつく	○	-	○	○
面食らう	○	-	△	-

使い分け【1】「あわてる」「面食らう」は、不意を突かれてどうしてよいか分からなくなる意。「あわてる」は「慌てる」とも書く。【2】「うろたえる」は、予想もしなかった事態に直面して、その解決策を求めて、懸命にもがくといった意味合いをもつ。【3】「まごつく」には、「あわてる」「うろたえる」にある、早くどうにかしたいという懸命さは薄く、不慣れのためただ迷っているというニュアンスが強い。【4】「面食らう」は、くだけた話し言葉で使う。

【関連語】◆(狼狽)スルうろたえ騒ぐこと。「狼狽の色を隠せない」◆(周章)スル「狼狽」と同じ意味で、「周章狼狽」の形で用いられることが多い。

2 10-47 焦（あせ）る／せく

共通する意味★早くしようとして落ち着かない。**【英】***to be impatient*

使い方▼〔焦る〕(ラ五)　〔せく〕(カ五)

	□てしくじる	時間が迫って気が□	勝ちを□
あせる	-っ○	○	○
せく	-い○	○	-

使い分け【1】「あせる」は、「せく」とくらべて、時間に追われる感じが少ない。むしろ、思いどおりに事が運ばないので、どうにかしようとしてどうにもならず、落ち着かないというニュアンスが強い。【2】「せく」は、予定していた時間が迫っていたり、定められていた進度より遅れていたりして、後から追いたてられているような気持ちをいう。【3】「せく」は、「急く」とも書く。

参照▼せく⇒814-66

2 10-48 じれる／苛立(いらだ)つ／苛(いら)つく

共通する意味★思いどおりにいかないので気持ちがたかぶる。**【英】** *to be irritated*

使い方▼〔**じれる**〕(ラ下一) 〔**苛立つ**〕(タ五) 〔**苛つく**〕(カ五)

	バスが来ないので□	神経が□	うまく言えなくて□	なんども失敗して□
じれる	○	-	○	-
苛立つ	○	○	△	○
苛つく	○	○	△	○

使い分け【1】「苛立つ」「苛つく」は、思うようにいかなかったり、不快なことがあったりして、神経をいらいらさせる意。「じれる」は、神経がいらいらするというより、落ち着きが失われるという感じが強い。【2】「じれる」は、予想以上に時間がかかってもどかしくなるという場合にも用いられる。「バスが来ないので苛立つ」は、予定どおりにバスが来ないことを怒っているのであり、「バスが来ないのでじれる」は、なかなか来なくて待ちきれないというニュアンスの違いがある。【3】「じれる」は、「焦れる」とも書く。

2 10-49 もどかしい／苛立(いらだ)たしい／じれったい／歯(は)がゆい／まだるっこい

【関連語】◆(回りくどい)まわりくどい

共通する意味★思うようにならずいらいらする状態である。**【英】** *irritating*

使い方▼〔**もどかしい**〕(形) 〔**苛立たしい**〕(形) 〔**じれったい**〕(形) 〔**歯がゆい**〕(形) 〔**まだるっこい**〕(形)

	□気持ち	うまく言えないのが□	やることが□て見ていられない	長い時間待たされて□
もどかしい	○	○	-く○	-
苛立たしい	○	△	-く-	○
じれったい	○	○	-く△	△
歯がゆい	○	○	-く○	-
まだるっこい	○	-	-く○	-

使い分け【1】「もどかしい」は、急いでいるのに時間がかかりそうなために、「苛立たしい」「じれったい」は、自分の思うように進まないために、「歯がゆい」は、他人のすることが時間がかかったりうまくできなかったりしているために、「まだるっこい」は、他人の動作などがのろのろしているために、それぞれにいらいらする状態である。【2】「苛立たしい」と「じれったい」は、どちらも思いどおりにいかないときの心の様子だが、「苛立たしい」は、そのために落ち着いていられないのであり、「じれったい」は、そのために焦っているのである。

【関連語】◆(回りくどい)(形)ものごとが直接的でないようす。「回りくどい説明でわかりにくい」

2 10-50 どぎまぎ／おたおた／まごまご／うろうろ

共通する意味★どうしてよいか分からず、落ち着かないさま。**【英】** *to be upset*

使い方▼〔**どぎまぎ**〕(副)スル 〔**おたおた**〕(副)スル 〔**まごまご**〕(副)スル 〔**うろうろ**〕(副)スル

	急に指名されて□する	孫のけがに□する	入口が分からず□する	途方にくれて□動き回る
どぎまぎ	○	-	-	-
おたおた	○	○	△	-
まごまご	○	-	○	-
うろうろ	-	-	○	○

使い分け【1】「どぎまぎ」「おたおた」は、不意を突かれたり、予測しなかった事態に直面したりして慌てるときに用いる。「どぎまぎ」は、驚いて心臓の動きが高まるような状態、「おたおた」は、驚き慌てて何もできない状態をいう。【2】「まごまご」「うろうろ」は、心の状態が体の動きに現されることがある点で「どぎまぎ」「おたおた」と異なる。「まごまご」は、どうしてよいか判断がつかないような動きであり、「うろうろ」は、あちこち動き回ることである。実際に体の動きに現れなくても、心の中の動揺も同じような感じがある。また、「うろうろ」は、あてもなくさまようさまにもいう。

2 10-51 かりかり／いらいら／じりじり／やきもき／むしゃくしゃ

共通する意味★いらだつさま。**【英】** *to be nervous (about)*

使い方▼〔**かりかり**〕(副)スル 〔**いらいら**〕(副)スル 〔**じりじり**〕(副)スル 〔**やきもき**〕(副)スル 〔**むしゃくしゃ**〕(副)スル

	待ち人が来ないので□する	神経が□する	そんなに□しないで	しかられて気分が□する
かりかり	○	○	○	-
いらいら	○	△	○	-
じりじり	○	-	-	-
やきもき	○	-	○	-
むしゃくしゃ	-	△	-	○

使い分け【1】「かりかり」は、怒りなどで気分が高ぶって平静でないさまをいい、「いらいら」は、思うようにいかず、あせって落ち着いていられないさまをいう。【2】「じりじり」には時間の経過が含まれており、次第にいらだってくるさまをいう。【3】「やきもき」は、状況が分からないで気をもんだり、心配したりするときに用いられる。これに対して、他の語は状況は分かっていても、その状況が自分の神経や感情を高ぶらせるような悪いものである場合に使われる。【4】「むしゃくしゃ」は、しかられたり、憂鬱な天気だったりして、気分が晴れないで、いらいらしたり腹が立ったりするさまをいう。

2 10-52 むずむず／うずうず

共通する意味★何かをしたいのにできないので、もどかしいさま。**【英】** *have an itch (to do)*

使い方▼〔むずむず〕(副)スル▽早く帰りたくておしりがむずむずしてくる　〔うずうず〕(副)スル▽遊びに行きたくてうずうずしている

使い分け【1】「むずむず」は、「虫がいるのか背中がむずむずする」というように、実際の感覚についていったところから、したいことができずもどかしく感じるときの表現に使うようになった。【2】「むずむず」は、何かしたいことの動作と関連のある言い方であるが、「うずうず」は、何かしたいという気分全体をいう。

2 10-53 むごい／むごたらしい／陰惨／無残／血なまぐさい

【関連語】◆(酸鼻)

共通する意味★見るに耐えないほど痛ましいさま。**【英】** *cruel*

使い方▼〔むごい〕(形)▽むごいことを言う人だ　〔むごたらしい〕(形)▽むごたらしい殺され方をする　〔陰惨〕(名・形動)▽陰惨を極めた事故現場　〔無残〕(形動)▽見るも無残な惨状▽無残にも二人の仲をさかれる　〔血なまぐさい〕(形)▽血なまぐさい事件が続く

	□事故現場	□死に方	□雰囲気	夢が□も砕けた
むごい	○	○	－	－く－
むごたらしい	○	○	－	－く－
陰惨	－な○	－な○	－な○	－に－
無残	－な○	－な○	－な－	－に○
血なまぐさい	○	－	○	－く－

使い分け【1】「むごたらしい」は、「むごい」の強調表現。話し言葉で使う。ともに思いやりがないという意味でも用いられる。【2】「陰惨」は、暗く痛ましい感じをいう。【3】「無残」は、残酷な状態で、深く同情すべきさまをいう。「無惨」とも書く。【4】「血なまぐさい」は、実際に血が流されるようなひどいさま。また「手術のあとの血なまぐさい室内」のように、実際に血のにおいがする意でも使う。【5】「むごい」は「惨い」「酷い」、「むごたらしい」は「惨たらしい」「酷たらしい」とも書く。

【関連語】◆(酸鼻)鼻につんときて涙が出るような、非常に痛ましく、むごたらしいこと。「事故現場は酸鼻を極めていた」

参照▼血なまぐさい⇒105-07

2 10-54 惨め／悲惨／惨烈／凄惨

【関連語】◆(惨憺)◆(暗澹)

共通する意味★見ていられないほど悲しく痛ましいさま。**【英】** *misery; tragedy*

使い方▼〔惨め〕(名・形動)▽惨めな死に方をする▽惨めな敗北を喫した　〔悲惨〕(名・形動)▽悲惨な最期を遂げる▽悲惨な話　〔惨烈〕(形動)▽惨烈な戦闘▽惨烈を極める　〔凄惨〕(名・形動)▽戦場の凄惨な光景▽凄惨を極めた現場

使い分け【1】「惨め」「悲惨」は、あわれで見るにしのびない意であるが、「惨めな思いをした」「話し相手もいなくて悲惨な生活」のように、主観的判断に基づいてもいう。【2】「惨烈」「凄惨」は、「悲惨」よりもさらにむごくて痛ましいさま。いずれも文章語。

【関連語】◆(惨憺)(形動たる・と)目もあてられないほどひどいさま。「惨憺たる負け方」「苦心惨憺」◆(暗澹)(形動たる・と)明るい希望がもてず絶望的であるさま。「暗澹とした気持ち」

2 10-55 気の毒／可哀相／不憫／哀れ／痛痛しい／痛ましい

共通する意味★他に同情して心を痛めるさま。**【英】** *pitiable; pitiful*

使い方▼〔気の毒〕(名・形動)　〔かわいそう〕(形動)　〔ふびん〕(名・形動)　〔哀れ〕(名・形動)　〔痛痛しい〕(形)　〔痛ましい〕(形)

	□話	□人	大学者とくらべては□	真新しい包帯が□
気の毒	－な○	－な○	－だ○	－だ－
可哀相	－な○	－な○	－だ○	－だ－
不憫	－な○	－な○	－だ－	－だ－
哀れ	－な○	－な○	－だ－	－だ－
痛痛しい	－	－	－	○
痛ましい	○	－	－	△

使い分け【1】「不憫」は、自分より年下や立場が

2 人間の性質

下の者に対してのみ用いる。「可哀相」も本来同様の使い方をするものであるが、近ごろは年上にも用いる。【2】「痛痛しい」「痛ましい」は、その人自身についてでなく、その姿やおかれた状況などについていうが、他の語よりも心を痛める程度は強い。【3】「哀れ」「痛ましい」は、外見から見た様子にも心情をおしはかってもいうが、「痛痛しい」は、外見についてだけいう。【4】「哀れ」「気の毒」には、相手をやや軽蔑する意が含まれる場合がある。「こんなことも分からないとは哀れ（気の毒）な男だ」【5】「気の毒」は、「雨の中を運んでいただいて気の毒でしたね」のように、他人に迷惑や厄介をかけてすまなく思うこともいう。【6】「不憫」は、やや古風な文章語。「不愍」とも書く。【7】「可哀相」は、「可愛想」とも書く。

2 10-56 悲しみ／悲嘆／傷心

【関連語】◆（愁嘆）◆（痛哭）◆（哀傷）◆（感傷）

共通する意味★つらくて心が痛むこと。【英】*grief*

使い方▼〔悲しみ〕▽別れの悲しみをこらえる▽悲しみをのりこえる　〔悲嘆〕スル▽悲嘆の涙にくれる　〔傷心〕▽傷心の日々を送る▽傷心をいやす

使い分け【1】「悲嘆」は、「悲しみ」になげきが加わったもので、よりつらいと思う気持ちの程度が高く、その分「悲しみ」より使われる範囲が限られる。【2】「傷心」は、ひどい悲しみのために心を痛めることで、「悲嘆」より内面的なものである。

【関連語】◆（愁嘆）ひどくなげくこと。「愁嘆場」◆（痛哭）スルなげき、ひどく泣くこと。「父の死に痛哭する」「痛哭の声を聞く」◆（哀傷）悲しみいたむこと。「哀傷歌」◆（感傷）なんとなくさびしかったり悲しかったりすること。「感傷にひたる」

2 11 …苦労

2 11-01 苦労／労苦

【関連語】◆（ひと苦労）◆（辛酸）◆（艱難）◆（辛苦）

共通する意味★あれこれと骨を折ったり苦しい思いをしたりすること。【英】*trouble(s)*

使い方▼〔苦労〕（名・形動）スル

	難工事完成の□に報いる	問題の解決に□を重ねる	親に□をかける	□を費やす
苦労	○	○	○	－
労苦	○	－	－	○

使い分け「苦労」は、体を使う場合にも、精神的な場合にも用いるが、「労苦」は、多く実際に体を動かす場合に用いる。

【関連語】◆（ひと苦労）スルちょっとした、手ごたえのある骨折り。「切符を手に入れるのがひと苦労だった」◆（辛酸・艱難・辛苦）つらい目にあって苦労すること。いずれも文章語。「辛酸を嘗める」「辛苦を嘗める」「辛酸を経る」「艱難汝を玉にす」「艱難辛苦」「粒々辛苦」

2 11-02 労／骨折り／辛労／労力

【関連語】◆（ひとほね）◆（小骨）

共通する意味★苦労して何かすること。【英】*labor; pains*

使い方▼〔労〕▽労をいとわず働く▽仲介の労をとる▽労に報いる　〔骨折り〕▽先生のお骨折りで就職できました▽骨折り損　〔辛労〕▽若いときの辛労が報いられる▽辛労辛苦　〔労力〕▽労力が足りない▽労力を惜しむ

使い分け【1】「労」は古風な言い方で、現在では例文のような慣用的な表現にほぼ限られている。【2】「骨折り」は、何かを成し遂げるための苦労であり、痛ましいとか悲しいとかの暗い感じがない場合に用いられる。【3】「辛労」は、何かを成し遂げるためにはなはだしく苦労することをいう。【4】「労力」は、何かをするのに必要な体力や時間、人手などをいう。

【関連語】◆（ひとほね・小骨）「ひとほね折る」「小骨を折る」の形で、ちょっとした苦労をいう。

2 11-03 苦しみ／苦難／苦痛／試練

【関連語】◆（四苦八苦）◆（七転八倒）◆（いばら）

共通する意味★つらく困難なこと。【英】*distress(es)*

使い方▼〔苦しみ〕▽苦しみの多い人生▽胸に苦しみを秘める▽塗炭の苦しみを味わう　〔苦難〕▽人生の苦難に打ち勝つ▽苦難の道を歩む　〔苦痛〕▽苦痛に耐えかねてうめき声を上げる▽人前に出るのは苦痛だ　〔試練〕▽神の与えたもうた試練▽数々の試練を乗り越える

使い分け【1】「苦しみ」は日常的で、具体的なものから抽象的なものまで幅広くいうが、「苦難」は主に、人生の上での困難など、抽象的で重大なものにいい、「苦難と闘う」「苦難に耐える」などと使う。【2】「苦痛」は、肉体的痛みにいうことも多いが、精神的な悩みのためにつらく思うこともいう。【英】*pain*【3】「試練」は、あることを成し遂げる過程や、人生を送っていくうえでぶつかる苦難、また、精神力、体力、信仰、決意などを鍛えるための苦難をいう。【英】*a trial*

【関連語】◆（四苦八苦）スルもと仏教語で、人間のあらゆる苦しみの称。転じて、非常に苦しんだり、苦労すること。「金の工面に四苦八苦する」◆(七転八倒)スル 苦痛のあまり転げ回ってもだえ苦しむこと。「しってんばっとう」とも。「胃痙攣(いけいれん)で七転八倒する」◆(いばら)植物のとげ。苦難や苦痛にたとえていう。「いばらの道(＝苦しみの多い道)」

2 11-04 苦心(くしん)／腐心(ふしん)／苦慮(くりょ)

【関連語】◆(鏤骨)るこつ

共通する意味★あることをなし遂げるために心を悩ますこと。**【英】** *trouble*

使い方▼〔苦心〕スル 〔腐心〕スル 〔苦慮〕スル

	会社再建に□する	□して完成させる	□を重ねる	事件の解決に□する
苦心	○	○	○	△
腐心	○	-	-	△
苦慮	○	-	-	○

使い分け【1】「苦心」は、うまく解決したときにも用いられ、「苦心作」「苦心談」という言い方がある。【2】「苦心」と似た言葉に「苦労」があるが、「苦労」は骨を折ること、労力を中心にいい、「苦心」は精神的な面についていう。【3】「腐心」は、「日夜政界浄化のために腐心する」のように、「苦心」よりも時間的にも規模の上でも大きくて解決が難しい問題について悩むこと。「…に腐心する」の形で用いることが多い。【4】「苦慮」は、「領土問題の解決に苦慮する」のように、ひとつの具体的な課題の解決のためにさまざまに考えをめぐらせて悩むこと。

【関連語】◆(鏤骨)詩や文章など、芸術品を苦心して作りあげること。「ろうこつ」とも。文章語。「彫心鏤骨(ちょうしんるこつ)の作(＝心に彫りつけ、骨に刻みこむほど苦心した作)」

2 11-05 気疲れ(きづかれ)／気苦労(きぐろう)／心労(しんろう)／心痛(しんつう)／ストレス

共通する意味★気兼ねや気くばりなどで精神的に苦労すること。

使い方▼〔気疲れ〕スル▽組織をまとめるには気疲れが多い▽彼といると気疲れする 〔気苦労〕(名・形動)▽気苦労が絶えない▽管理職は気苦労が多くて大変だ▽他人の中で暮らすのは気苦労なことだ 〔心労〕スル▽次から次に問題が生じて心労が重なる 〔心痛〕スル▽心痛のあまり寝込んだ 〔ストレス〕▽ストレス解消に一杯やる▽仕事に追われてストレスがたまる

使い分け【1】「気疲れ」「気苦労」は、比較的日常的な問題に用い、「心労」は、困難な問題に長くかかわっている場合に用いる。「心痛」は、問題が重大すぎて悩みが痛みとなるほど強い場合に用いる。**【英】** *mental fatigue*【2】「ストレス」は、「ストレスから胃かいようになった」のように、病気の原因になる深刻なものから、「試験で遊べなくてストレスを感じる」という軽いものまで幅広く使う。【3】悩みの対象の困難さの度合いは「ストレス」以外では、「気疲れ」「気苦労」「心労」「心痛」の順に強くなる。【4】「気疲れ」「気苦労」「ストレス」は話し言葉で、「心労」「心痛」は書き言葉で使う。

2 11-06 悩み(なやみ)／苦悩(くのう)／苦悶(くもん)

【関連語】◆(苦渋)くじゅう◆(煩悶)はんもん◆(難儀)なんぎ

共通する意味★物事がうまくいかず、どうしてよいか迷い、あれこれ苦しむこと。**【英】** *worry*

使い方▼〔悩み〕▽思春期は悩みの多い年ごろだ▽悩みの種 〔苦悩〕スル▽人生の苦悩を味わう▽苦悩の色が浮かぶ 〔苦悶〕スル▽顔に苦悶の色を浮かべる▽難問解決に苦悶する

	□を克服する	恋の□	□を打ち明ける	□の表情
悩み	○	○	○	-
苦悩	○	△	△	△
苦悶	△	-	-	○

使い分け【1】「苦悶」は、精神的な苦しみだけではなく肉体的な苦しみの場合にも用いるが、「悩み」「苦悩」は、もっぱら精神的な苦しみに用いる。【2】「悩み」「苦悩」「苦悶」の順で、苦しみの程度がより深刻になる。したがって、「軽い悩み」とはいうが、「軽い苦悶」とはいわない。

【関連語】◆(苦渋)スル難しい問題に直面し、苦しみ悩むさま。「苦渋に満ちた表情」◆(煩悶)スルいろいろと思いわずらうこと。「問題をかかえて煩悶する」◆(難儀)スル苦しみ悩むこと。また、めんどうなこと。「峠を越えるのに難儀した」「難儀をかけました」

2 11-07 苦しむ(くるしむ)／窮する(きゅうする)／困る(こまる)

【関連語】◆(困り果てる)こまりはてる◆(困りきる)こまりきる◆(困りぬく)こまりぬく◆(てこずる)

共通する意味★つらく苦しいと思う。**【英】** *to be distressed*

使い方▼〔苦しむ〕(マ五)▽生活に苦しむ 〔窮する〕(サ変)▽返答に窮する 〔困る〕(ラ五)▽道がわからなくて困る

	返事に□	持病に□	金に□	理解に□
苦しむ	○	○	△	○
窮する	○	-	○	-
困る	○	-	○	-

使い分け【1】「苦しむ」は、精神的にも肉体的に

もつらいと思う場合に用いる。「窮する」「困る」は、肉体的苦しみには用いない。【2】「窮する」は、行き詰まって、どうにも処置のしようがない場合にいうが、特に金銭や物が底をついて困ることに用いることがある。「困る」「苦しむ」にも、「金に困る」「生活に苦しむ」などの言い方があるが、行き詰まる、底をつくという感じではない。

【関連語】◆（困り果てる）（タ下一）◆（困りきる）（ラ五）◆（困りぬく）（カ五）これ以上困りようがないというほど困る。「長居の客に困り果てる」「借金漬けで困りきる」「困りぬいて両親に打ち明ける」◆（てこずる）（ラ五）扱い、処置をどうしていいかわからず困る。「複雑な事件で解決にてこずっている」

2 11-08 困惑（こんわく）／当惑（とうわく）

【関連語】◆（混迷）（こんめい）◆（目移り）（めうつり）

共通する意味★どうしてよいのかわからず、とまどうこと。【英】*embarrassment*

使い方▼〔困惑〕スル▽見合い話を持ち込まれて困惑している▽困惑の体（てい）　〔当惑〕スル▽突然の話に当惑する▽当惑顔

使い分け【1】「困惑」は、やっかいなこと、いやなことを持ち込まれて、困りとまどうこと。【2】「当惑」は、事情やわけがよく分からないので、どうしたらよいか迷いとまどうこと。

【関連語】◆（混迷）スル道理に暗くて、心が迷うこと。「昏迷」とも書く。「混迷の度を加える」のように、いろいろなことがいりまざって秩序を失い、先の見通しがつかなくなることもいう。◈「混迷の底にさまよう」◆（目移り）スルつい他のものを見て、それにひかれてしまうこと。「目移りしてなかなか選べない」

2 11-09 難渋（なんじゅう）／往生（おうじょう）

【関連語】◆（手詰まり）（てづまり）◆（困却）（こんきゃく）

共通する意味★思うようにならず困ること。【英】*to be in difficulties*

使い方▼〔難渋〕スル▽交渉は難渋している▽ぬかるみに難渋する　〔往生〕スル▽道路が渋滞して往生した▽泣く子に往生する

使い分け【1】「難渋」は、物事が順調に進まないで困ること。【2】「往生」は、もと仏教語。極楽浄土に行って生まれ変わること、または覚悟を定めすっかり落ちついて死ぬことから、あきらめて抵抗をやめることをいう。したがって、困る意味で用いられる場合も、どうにもしかたがないと半ばあきらめているニュアンスがある。【3】「難渋」は書き言葉、「往生」は話し言葉で使う。

【関連語】◆（手詰まり）方法や手段がなくなって困ること。特に、金銭のやりくりができなくなること。「資金集めも手詰まりになる」◆（困却）スル困りはてること。文章語。「質問に答えられず困却した」

【英】*to be in a fix*

参照▼難渋⇒814-73　往生⇒218-24　304-02

2 11-10 苦しい（くるしい）／辛い（つらい）／切ない（せつない）／やるせない／たまらない

【関連語】◆（やり切れない）（やりきれない）

共通する意味★精神的な苦痛を感じ、耐えられない。

【英】*painful*

使い方▼〔苦しい〕（形）▽苦しい胸の内を打ち明ける▽苦しい修行に耐える　〔辛い〕（形）▽子供を手放すのはつらい▽つらい目に遭う▽毎朝起きるのがつらい▽つらい仕事はしたくない　〔切ない〕（形）▽切ないほど彼を思っている▽昔を思い出すと切なくなる▽切ない声ですがりつく　〔やるせない〕（形）▽思いが通じなくてやるせない▽やるせない思い　〔たまらない〕▽おかしくてたまらない▽私のせいにされてはたまらない

	□思いをする	□立場にある	別れが□悲しい	□くやしくて
苦しい	○	○	-く-	-
辛い	○	○	-く○	-
切ない	○	-	-く○	-
やるせない	○	-	-く△	-
たまらない	-	-	-く○	○

使い分け【1】「苦しい」は、精神的苦痛だけでなく、肉体的な苦痛についてもいう。精神的な苦痛は、心が痛み悩むような場合をいい、肉体的な苦痛は、「走ったので息が苦しくなる」のように、息がつまるような負担が体にかかる場合などに多く使う。【2】「辛い」も、精神的・肉体的苦痛の両方をいう。どちらの場合も、その事柄、状況、環境などから苦痛を与えられて、耐えがたく思ったり、いやだと感じたりする場合に使う。【3】「切ない」は、悲しさ、寂しさ、恋しさなどのために、胸がぎゅっとしめつけられるような気持ちになることをいう。【4】「やるせない」は、悲しさなどの思いの紛らわしようがなくて、どうしようもないような気持ちになることをいう。【5】「たまらない」は、精神的、肉体的に我慢ができない様子をいうが、これではしようがない、ひどく…だ、という意味をこめて、少しオーバーに表現しているような場合が多い。単独での用法以外に、「…くてたまらない」の形で形容詞を受けても用いる。しようがないの意では、「たまったものではない」という強調形も使われる。また、「風呂（ふろ）上がりの一杯はたまらない」のように、この上なくいいものだの意にも使う。

【関連語】◆（やり切れない）（形）気持ちのおさまりがつかなくて、耐えられないさま。相手の態度や状態を批判的にいう意味合いもある。「寒くてやり切れない」「身勝手なのでやり切れない」

2 12 …怒り

2 12-01 怒り（いかり）／憤り（いきどおり）／腹立ち（はらだち）／立腹（りっぷく）

【関連語】◆(怒気)（どき）

共通する意味★おこること。おこっていること。【英】*anger*

使い方▼〔怒り〕▽怒りに手がふるえている▽腹の中が怒りでにえたぎっている▽怒り心頭に発する〔憤り〕▽憤りを感じる▽やり場のない憤り　〔腹立ち〕▽不誠実な回答に腹立ちを覚える▽腹立ちまぎれ　〔立腹〕スル▽無責任なやり方に立腹した

	たいそうお（ご）□の様子	□がわく	□を抑える	□をまねく
怒り	お○	○	○	○
憤り	-	○	○	-
腹立ち	お○	-	△	-
立腹	ご○	-	-	-

使い分け「憤り」は、非難の気持ちから恨みおこることで、他の三語が他人にも腹を立てている状態がわかるのに対して、他人にはわからない内にこもった感情であることが多い。

【関連語】◆(怒気)腹が立っている気持ち。「怒気を含んだ顔」

2 12-02 憤慨（ふんがい）／慨嘆（がいたん）／慷慨（こうがい）

共通する意味★いきどおり嘆くこと。【英】*resentment*

使い方▼〔憤慨〕スル▽汚職事件ばかり起こす政治家に憤慨する　〔慨嘆〕スル▽社会の腐敗を慨嘆する▽慨嘆に堪えない　〔慷慨〕スル▽正義の行われなくなった世の中を悲憤慷慨する

使い分け【1】「憤慨」「慨嘆」は、不正・卑劣・不公平などに対して、いきどおり嘆くこと。【2】「慷慨」もまた、正義にはずれたことに対していうが、「憤慨」「慨嘆」と違って、悲しむ意味も含まれている。また、自己の運命に対しても使われる。多く、「悲憤慷慨」の形で使う。

2 12-03 激怒（げきど）／激昂（げきこう）／憤怒（ふんぬ）

【関連語】◆(逆鱗にふれる)（げきりんにふれる）

共通する意味★はげしく怒ること。【英】*fury; rage*

使い方▼〔激怒〕スル▽不誠実な態度に激怒する▽先生の激怒を買う　〔激昂〕スル▽激昂してとびかかる▽背信行為に激昂する　〔憤怒〕▽憤怒の形相▽憤怒の炎を燃やす

使い分け【1】「激昂」は、興奮して激しく怒るさまをいう。【2】「憤怒」は、「ふんど」とも読む。

【関連語】◆(逆鱗にふれる)目上の人をはげしく怒らせる。「口がすべって部長の逆鱗にふれた」

2 12-04 憤激（ふんげき）／悲憤（ひふん）

【関連語】◆(憤懣)（ふんまん）

共通する意味★いきどおること。【英】*indignation; resentment*

使い方▼〔憤激〕スル▽裏切られて憤激する▽憤激してつめ寄る　〔悲憤〕スル▽悲憤の涙を流す▽モラルの低下を悲憤慷慨（こうがい）する

使い分け【1】「憤激」は、はげしくいきどおることだが、「悲憤」は、悲しみいきどおることをいう。【2】「悲憤」は、多く「悲憤慷慨」の形で用いる。

【関連語】◆(憤懣)いきどおりでどうしようもない気持ち。「日記に憤懣をぶつける」「憤懣やる方ない」

2 12-05 小腹（こばら）／むかっ腹（ばら）／やけっ腹（ばら）

共通する意味★腹を立てる場合の言い方。【英】*to become indignant*

使い方▼〔小腹〕▽小腹が立つ　〔むかっ腹〕▽むかっ腹を立てる（＝むしょうに腹立たしくなる）▽だいぶむかっ腹のようだ　〔やけっ腹〕▽やけっ腹を立てる（＝やけになり腹を立てる）▽やけっ腹でどなる

使い分け【1】「小腹」は、多く、「小腹が立つ」の形で、ちょっと腹が立つ意を表す。また、「小腹が痛む」「小腹がすく」のように、腹に関するちょっとした作用にもいう。【2】「むかっ腹」「やけっ腹」は、多く、「むかっ腹を立てる」「やけっ腹を立てる」の形で、腹を立てる意を表わす。

2 12-06 歯（は）ぎしり／歯（は）がみ／切歯（せっし）

共通する意味★歯と歯とを強くかみ合わして残念がったり怒ったりすること。【英】*the grinding of the teeth*

使い方▼〔歯ぎしり〕スル▽サヨナラ負けをして歯ぎしりして残念がる　〔歯がみ〕スル▽犯人を逃がしてしまって歯がみをする　〔切歯〕スル▽切歯扼腕（やくわん）くやし涙を流す

使い分け【1】「歯ぎしり」は、「同宿の友人の歯ぎしりで眠れない」のような睡眠中無意識にする具体的な行為と、怒りなどのためにする場合とがあるが、「歯がみ」は怒りなどのためにするものだけをいい、睡眠中のものはいわない。【2】「切歯」は、「切歯扼腕」の形で使われる。

2.12-07 怒る／怒る／憤る

【関連語】◆(むくれる)◆(八つ当たり)

共通する意味★腹をたてる。【英】*to get［be-come］angry*

使い方▼〔怒る〕おこる(ラ五)▽つまらないことでそうおこるな▽先生はかんかんにおこっていた〔怒る〕いかる(ラ五)▽親友に裏切られていかる▽いかり狂う〔憤る〕(ラ五)▽世の不正に対して憤る▽幹部の腐敗を憤る

	烈火のごとく□	モラルの低下を□	ぷりぷり□	□差別扱いを
おこる	○	△	○	△
いかる	○	○	-	△
憤る	○	○	-	○

使い分け【1】「おこる」「いかる」は、表情や声、動作などで、他人にも腹を立てている状態がわかるが、「憤る」は、内面的で他人にはわからないことが多い。【2】「おこる」は、「足を踏まれておこる」のように直接的、物理的な原因によることが多いが、「いかる」は、「侮辱的な発言にいかる」のように、抽象的、精神的原因によることが多い。【3】「憤る」は、理不尽なものなどへの非難の気持ちがある。【4】「おこる」は、「父におこられた」のように、叱る意でも用いられる。【5】「いかる」は、「いかれる波」のように荒れ狂う意、「肩のいかった人」のように、角立ってごつごつしているの意でも用いられる。

【関連語】◆(むくれる)(ラ下一)腹を立ててむっとした顔をする意味の俗語。「注意されるとすぐにむくれてしまう」◆(八つ当たり)スル関係のない人に当たり散らす。「部長に叱られて部下に八つ当たりする」

参照▼おこる⇒602-45

2.12-08 いきり立つ／息巻く／猛り立つ

【関連語】◆(憤然)

共通する意味★感情がひどくたかぶる。【英】*to be in a rage*

使い方▼〔いきり立つ〕(タ五)▽不当な非難にいきり立った〔息巻く〕(カ五)▽このままでは済まさぬぞと息巻く▽大声で息巻く〔猛り立つ〕(タ五)▽試合の前で心が猛り立ってくる

	怒りに興奮して□	□顔を赤くして	□金切り声で	ライバルを前にして心が□
いきり立つ	○	○	△	-
息巻く	○	○	○	-
猛り立つ	-	△	△	○

使い分け【1】「犯人は突然いきり立ち、わけのわからないことを大声で息巻いていた」のように、「いきり立つ」は「息巻く」の前の段階をいう。【2】「息巻く」は、言葉で腹立ちを表わしている場合が多いが、他の二語は必ずしもそうではない。

【関連語】◆(憤然)(形動たる・と)ひどく怒っている様子。「憤然として席を立った」

2.12-09 腹立たしい／いまいましい／苦苦しい

共通する意味★しゃくにさわって不愉快だ。【英】*provoking; irritating*

使い方▼〔腹立たしい〕(形)▽先日の論争では腹立たしい思いをした▽腹立たしい気持ちをおぼえる〔いまいましい〕(形)▽抜けなくていまいましい釘だ▽だしぬかれるとはいまいましい〔苦苦しい〕(形)▽苦々しい思いで若者を見る▽出しゃばる彼を苦々しく思う

	彼の態度は実に□	だまされた自分が□	その話を聞いていると□なる	□表情をする
腹立たしい	○	○	-く○	-
いまいましい	○	○	-く△	-
苦苦しい	○	-	-く-	○

使い分け【1】「腹立たしい」は、思わずどなりつけてしまいたくなるほど腹が立って、不愉快なさまをいう。【2】「いまいましい」は、相手にひどい仕打ちを受けたり、物事が自分の思いどおりにいかなかったり、自分が大変な失敗をしたりして、非常にしゃくにさわるさまをいう。【3】「苦苦しい」は、物事を不愉快に思うさまをいう。「腹立たしい」「いまいましい」が不愉快な気持ちを外に向けているのに対し、「苦苦しい」は、心の中でおもしろくなく思う場合に多く使われる。

2.12-10 むかむか／むかっと

【関連語】◆(むかつく)

共通する意味★気分が悪い様子。腹が立つとき、吐き気がするようなときに使う。

使い方▼〔むかむか〕(副)スル▽無神経な言葉にむかむかしてくる▽空気が悪いので、むかむかしてくる〔むかっと〕(副)スル▽あんまりな言葉にむかっときた▽入ったとたんむかっとくるにおい

	悪臭で□する	声を聞いただけで□する	昨日から□している	注意されて一瞬□した
むかむか	○	○	○	-
むかっと	○	○	-	○

使い分け「むかむか」は継続的であるのに対して、

「むかっと」は瞬間的である。【英】*to feel sick*（気分が悪くてむかむかする）; *to get angry*（怒ってむかっとする）

【関連語】◆（むかつく）(カ五)しゃくにさわる、吐き気がする意の、俗な言い方。「上司にごまをする同僚を見るとむかついてくる」

2 13…安心・満足

2 13-01 満足(まんぞく)／自己満足(じこまんぞく)／本望(ほんもう)

【関連語】◆（安住(あんじゅう)）

共通する意味★望みを達して満ち足りること。【英】*satisfaction*

使い方▼〔満足〕(名・形動)スル▽今の暮らしにじゅうぶん満足している▽欲望を満足させる▽満足なできぐあい▽満足感　〔自己満足〕スル▽単なる自己満足の行為　〔本望〕▽そうなれば本望だ▽本望を達する

使い分け【1】「満足」は、満ち足りて不平がないこと。また、「計算も満足にできない」のように、完全または無欠の意や、「好奇心を満足させる」のように、ある望みや与えられた条件などにかなっているという意でも使われる。【2】「自己満足」は、自分の言動に対して自分だけが満ち足りた気持ちになっていることで、「満足」よりも意味、用法は狭い。【3】「本望」は、望みがかなって満足に思うことをいう。また、かねがね抱いている志にもいう。「本望を遂げる」

【関連語】◆（安住）スル向上心を持たず、その境遇、立場に満足していること。「薄給生活に安住する」

参照▼安住⇒119-02

2 13-02 会心(かいしん)／得意(とくい)

共通する意味★自分の気持ち、考えと一致して満足に思うこと。【英】*elation*

使い方▼〔得意〕(名・形動)

	＿のポーズ	＿の笑みを浮かべる	＿の絶頂	＿ののどを披露する
会心	○	○	－	－
得意	○	－	○	○

使い分け「会心」「得意」ともに、自分の行為などがうまくいき、満足に思う気持ちを表わす。「得意」には、「英語が得意だ」のように、それに熟達していることの意もある。

反対語▼得意⇔失意

参照▼得意⇒516-62

2 13-03 堪能(たんのう)／満喫(まんきつ)

共通する意味★十分に味わい、満足すること。【英】*satisfaction*

使い方▼〔堪能〕スル▽郷土料理を堪能する▽船旅を心ゆくまで堪能した　〔満喫〕スル▽山海の珍味を満喫する▽古典音楽を満喫する

使い分け【1】「堪能」は、「足(た)んぬ」の変化したもので、飽きるまで満足すること。【2】「満喫」は、飲食に関して十分に味わうことだが、比喩(ひゆ)的にも用い、「堪能」とほぼ同様の意味、用法をもつ。

2 13-04 甘(あま)んずる／安(やす)んずる

共通する意味★与えられた境遇、状態などに満足する。【英】*to content oneself (with)*

使い方▼〔甘んずる〕(サ変)　〔安んずる〕(サ変)

	現状に＿	清貧に＿	決勝で敗れ二位に＿	＿て批判を受けよう
甘んずる	○	○	○	－じ○
安んずる	○	○	－	－じ－

使い分け【1】「甘んずる」は、甘受する、しようがなく受け入れ我慢するという意を含む。【2】「安んずる」は、それでよいと満足する気持ちがやや強い。また、安らかにする、安らかになるの意もある。「心を安んずる」「安んじて暮らす」【3】それぞれ、「甘んじる」「安んじる」ともいう。

2 13-05 満(み)ち足(た)りる／足(た)る

共通する意味★満足する。【英】*to be contented (with)*

使い方▼〔満ち足りる〕(ラ上一)▽満ち足りた生活を送る　〔足る〕(ラ五)▽足るを知るは幸いである▽衣食足りて礼節を知る

使い分け「足る」は、文語的な言い方。十分にあるの意もある。

2 13-06 安心(あんしん)／安堵(あんど)

【関連語】◆（一安心(ひとあんしん)）◆（気休め(きやすめ)）

共通する意味★気がかりなことがなくなり、心が落ち着くこと。【英】*peace of mind*

使い方▼〔安心〕(名・形動)スル▽あの人と一緒なら安心だ　〔安堵〕スル▽安堵の表情が浮かぶ

	ほっと＿する	まだまだ＿ができない	元気ですから御＿ください	＿の胸をなでおろす
安心	○	○	○	－
安堵	○	－	－	○

使い分け【1】「安心」は、心が安らかで心配のないさまもいう。【2】「安堵」の「堵」は、「垣」の意。「安堵」は、垣の内に安心して暮らす意から転じたもの。文章語。

【関連語】◆**（一安心）**スル 一応安心すること。「全員無事と聞いて一安心する」◆**（気休め）**たいした効果はないと知りながら、その場限りでの安らぎを得るために何かをすること。また、そういうときにいう言葉。「気休めに薬を飲む」「そんな気休めはいってほしくない」

2 13-07 心強い／気強い

共通する意味★頼れるものがあって心を強くしていられる。**【英】** *encouraging*

使い方▼**〔心強い〕**(形)▽彼が助けてくれるなら心強い　**〔気強い〕**(形)▽二人で行けば気強い

	一緒に行ってくれれば□	応援が多くて□	□味方	□性格
心強い	○	○	○	-
気強い	○	-	-	○

使い分け【1】一般的に「心強い」が多く使われる。【2】「気強い」は、気が強い、気がしっかりしているなどの意味もある。

反対語▼心強い⇔心細い

2 13-08 有り難い／もったいない／恐れ多い／かたじけない

共通する意味★身に過ぎたことで恐縮である。**【英】** *grateful*

使い方▼**〔有り難い〕**(形)▽有り難い教え▽有り難くも頂戴いたします▽有り難いことに好天に恵まれた　**〔もったいない〕**(形)▽私にはもったいないほどのもてなしだ▽もったいなくもお言葉を賜った　**〔恐れ多い〕**(形)▽恐れ多くも会長からおほめをいただいた▽社長じきじきにお出ましとは恐れ多いことです　**〔かたじけない〕**(形)▽ご好意かたじけなく思います▽お心遣い、かたじけない次第です

	□お言葉	ご好意□	あの方にこんなことをさせては□	国王自らお越しとは□
有り難い	○	○	-	-
もったいない	○	-	○	-
恐れ多い	○	-	△	○
かたじけない	○	○	-	-

使い分け【1】「有り難い」「かたじけない」は、感謝する気持ちを込めて使われることが多い。【2】「もったいない」は、身に過ぎて恐縮してしまうほどである場合に使われる。また、「こんなに残してもったいない」などのように惜しいという意味もある。「勿体ない」と当てる。【3】「恐れ多い」は、高貴な人から受ける行為に対し礼を失うことをおそれる気持ちでいう。

参照▼もったいない⇒2 14-12

2 13-09 気楽／のんき／安楽

【関連語】◆（太平楽）たいへいらく

共通する意味★心配事や苦労などのないさま。**【英】** *easy; easygoing*

使い方▼**〔気楽〕**(形動)▽一人暮らしは気楽でいい▽気楽にやっていきます▽気楽な人　**〔のんき〕**(名・形動)▽こういうときにのんきに構えている場合ではない▽のんき者　**〔安楽〕**(名・形動)▽安楽な生活を夢みる▽安楽椅子▽安楽死

	□に暮らす	□な人	□な性格
気楽	○	○	-
のんき	○	○	○
安楽	○	-	-

使い分け【1】「気楽」は、気にかかることもなく、心が楽であること。【2】「のんき」は、心配事や苦労などがなく、気持ちや性格がのんびりとしていること。【3】「安楽」は、体や心が安らかで楽であることや穏やかであること。【4】「気楽」は、その人が置かれている状態についていうことが多いが、「のんき」は、もともとの性格についていうことが多い。【5】「のんき」は、「呑気」「暢気」「暖気」と当てる。

【関連語】◆**（太平楽）**のんきに好き勝手なことをいったり、したりすること。「太平楽を並べる」「太平楽な男」◈悠長な「太平楽」という雅楽の曲名から出た語ともいわれる。

2 13-10 自適／安逸

共通する意味★心のおもむくままに気軽に楽しむこと。

使い方▼**〔自適〕**スル▽悠悠自適の暮らし▽自適の生き方　**〔安逸〕**(名・形動)▽安逸に日を過ごす▽安逸をむさぼる

使い分け【1】「自適」は、何ものにも煩わされず、思うままに楽しむという積極的な楽しみ方であるのに対し、「安逸」は、何もしないで気楽にしているという消極的な過ごし方をいい、マイナスのイメージが強い。【2】「安逸」には、仕事をもたずにぶらぶら遊んで暮らすという意味もある。「安佚」とも書く。

【英】 *idle*

2 13-11 のんびり／ゆったり／のびのび

【関連語】◆(ゆっくり)◆(のほほん)

共通する意味★心にこせこせした所がなく、くつろぐさま。**【英】** *relieved*《形》

使い方▼〔のんびり〕(副)スル▽のんびりと温泉につかる▽少しはのんびりしたほうがよい　〔ゆったり〕(副)スル▽ホテルでゆったりとくつろぐ▽ゆったり構える　〔のびのび〕(副)スル▽子らがのびのびと成長する▽自然の中にいると身も心ものびのびとしてくる

	□した気分	□と構える	□と旅行する	若竹□と育った
のんびり	○	○	○	-
ゆったり	○	○	-	-
のびのび	○	-	-	○

使い分け【1】「のんびり」は、心身がゆとりをもってくつろいでいるさま、また、何事にもあわてずおっとりとした性格を表わす。【2】「ゆったり」は、心や場所にゆとりがあり、窮屈に感じないでくつろぐさまを表わす。【3】「のびのび」は、おさえつけられるものがなく、気持ちや気分が解放的になったりくつろいだりするさまを表わす。

【関連語】◆(ゆっくり)(副)スル心に余裕やゆとりのあるさま。気分だけでなく体に関しても使う。「休日ぐらいは家でゆっくりしたい」「ゆっくりと体を休める」◆(のほほん)(副)あまり物事を気にかけずに、どちらかというとぼうっとしているようなさま。「のほほんと」の形で用いる。「何の苦労もなくのほほんと育った」「のほほんとした性格」

参照▼ゆったり⇒912-03　のびのび⇒810-23　ゆっくり⇒204-36

2 13-12 のうのう／ぬくぬく

共通する意味★束縛や苦労などがなく、ゆったりとしているさま。**【英】** *comfortably*

使い方▼〔のうのう〕(副)　〔ぬくぬく〕(副)スル

	親の遺産で□と暮らす	休日に□と寝転んでいる	なんの苦労もなく□と育つ
のうのう	○	○	-
ぬくぬく	○	-	○

使い分け【1】「のうのう」は、解放されて気分がゆったりしているさま。【2】「ぬくぬく」は、苦労がなく楽をしているさま。

参照▼ぬくぬく⇒712-09

2 13-13 あっけらかん／けろりと

共通する意味★物事にこだわらず、平然としているさま。

使い方▼〔あっけらかん〕(副・形動)▽どんなに悪口をいわれてもあっけらかんとしている▽あっけらかんとした性格　〔けろりと〕(副)スル▽しかられてもけろりとしている

使い分け【1】「あっけらかん」は、本来なら恥ずかしいと思われる行為を、恥ずかしげもなく行うような平然とした態度をさすことが多い。「あっけらかんと」の形で用いる。【2】「けろりと」は、何事もなかったかのように、平然としているさまをさす。「けろっと」ともいう。【3】二語とも、批判的な意味合いをこめて使われることも多い。

2 14 …心配・後悔

2 14-01 心配(しんぱい)／気(き)がかり／不安(ふあん)

【関連語】◆(憂い)(うれい)

共通する意味★何か悪いことが起こらないかと考え、心が落ち着かないこと。

使い方▼〔心配〕(名・形動)スル▽心配のたね▽心配性　〔気がかり〕(名・形動)▽夫の体調が気がかりだ▽気がかりな言葉　〔不安〕(名・形動)▽不安に襲われる

	子供の将来が□だ	親に□をかける	□をいだく	明日の天気が□
心配	○	○	-	△
気がかり	○	-	-	○
不安	○	-	○	-

使い分け【1】「心配」は、現在どうなっているのか、これからどうなるのかと気にすることで、その気にする事柄の範囲は広い。また、「宿の心配までしてもらう」のように、気づかいの意味でも使われる。**【英】** *worry*【2】「気がかり」は、物事の結果やなりゆきなどが気になること。**【英】** *anxiety*【3】「不安」は、漠然と悪いことが起こるのではないかと気になることに使う。**【英】** *uneasiness*

【関連語】◆(憂い)「心配」の意の文章語。「備えあれば憂い無し」

2 14-02 懸念(けねん)／恐(おそ)れ／憂慮(ゆうりょ)／取(と)り越(こ)し苦労(ぐろう)／危惧(きぐ)／杞憂(きゆう)

【関連語】◆(悲観)(ひかん)

と。

共通する意味★気にかかって、心が落ち着かないこと。

使い方▼〔**懸念**〕スル▽登山者の安否が懸念されている▽懸念を抱く　〔**恐れ**〕▽長雨で山崩れの恐れがある　〔**憂慮**〕スル▽憂慮すべき状態▽現状は憂慮に堪えない　〔**取り越し苦労**〕▽心配したが、取り越し苦労だった　〔**危惧**〕スル▽危惧の念を抱く▽このことを危惧していたのだ　〔**杞憂**〕▽心配は杞憂にすぎなかった▽杞憂に終わる

使い分け【1】「懸念」は、起こるかもしれない悪いことの実態がはっきりしない場合にも用いるが、「憂慮」は、現実に悪い事態が生じてきて、対象が明らかになり、さらに重大な問題や事件が生じる危険性があるときに用いる。【**英**】*concern*【2】「恐れ」は、「大雨の恐れがある」など、…の危険性、可能性があるという意味で使われる。「虞」とも書く。【**英**】*fear*【3】「取り越し苦労」「杞憂」は、無用の心配をいう。「杞憂」は、「杞（＝古代中国の国名）」の国の人が天が崩れ落ちてくるのではないかと憂えて、寝食をとらなかったという故事による語。【**英**】*imaginary fears*【4】「危惧」は、悪い結果になることをおそれる気持ちで使う。

【**関連語**】◆（**悲観**）スル悲しんで失望すること。⇕楽観。「前途を悲観する」

参照▼恐れ⇒215-01

2 14-03 心細い／心もとない／危なっかしい

【**関連語**】◆（おぼつかない）

共通する意味★頼りなく不安であるさま。

【**英**】*helpless*

使い方▼〔**心細い**〕㊏▽味方が一人もなくて心細い▽老後が心細い　〔**心もとない**〕㊏▽彼一人では心もとない▽ふところが心もとない　〔**危なっかしい**〕㊏▽初戦に勝てるかどうかも危なっかしい▽危なっかしい足どりで歩く

使い分け【1】「心細い」は、頼るものが少ない場合に、「心もとない」は、確実性や安定感が少ない場合に、「危なっかしい」は、その両方の場合に使われる。【2】「心細い」は、自分自身のことについていうことが多いが、「心もとない」「危なっかしい」は、他人についていうことが多い。

反対語▼心細い⇕心強い

【**関連語**】◆（**おぼつかない**）㊏心細く頼りない。また、不確かである。「覚束ない」と当てる。「暗闇くらやみで足もとがおぼつかない」「本日中の復旧はおぼつかない」

2 14-04 案じる／憂える

共通する意味★あれこれ気にかけて心配する。【**英**】*to be anxious* (*about*)

使い方▼〔**案じる**〕（ザ上一）　〔**憂える**〕（ア下一）

	事の成り行きを［］	病状を［］	おからだを［］ています	世相を［］
案じる	○	○	－じ○	－
憂える	○	○	－え－	○

使い分け【1】「案じる」は、心にかけて、どうなるだろう、どうだろう、と心配することをいう。小さなことから大きなことにまで広く使う。「案ずる」ともいう。【2】「憂える」は、なんらかの材料から、良くない状態になりはしないかと心配になるときにいう。「案じる」より、悪い状態を意識して嘆きの気持ちを含んだ語。また、良くない、思わしくない状態に心を痛め、嘆く意もある。

2 14-05 心残り／残念／遺憾

【**関連語**】◆（**痛恨**）つうこん

共通する意味★思いどおりにならず、あとに不満や物足りなさ、心配などが残ること。【**英**】*regret*

使い方▼〔**心残り**〕（名・形動）　〔**残念**〕（名・形動）　〔**遺憾**〕（名・形動）

	［］だがあきらめよう	何も［］はない	［］ながら中止する	［］の意を表明する
心残り	○	○	－	－
残念	○	－	○	－
遺憾	△	－	○	○

使い分け【1】「心残り」は、あとに心配、未練、不満などの思いを残すこと。また、それらの思い。気持ちの上で断ち切れないままになっているさまを表わす。【2】「残念」は、自分で満足できなかったり、思いどおりにならなかったりして物足りなさが残ること。また、単にうまくいかなかったときや、もう少しでうまくいったのに、というときなど、くやしく思う気持ちに広く用いる。「残念、逃げられた！」【3】「遺憾」は、「残念」と重なることが多いが、「残念」よりも文章語的。また、相手に対して、気の毒とか申しわけないとかいう気持ちをこめていうこともある。また、「遺憾なく」の形で、申し分なく、十分にの意を表わす。「実力を遺憾なく発揮する」

【**関連語**】◆（**痛恨**）非常に残念であること。悔やんでも悔やみきれないこと。文章語的な語。「一代の痛恨事」「痛恨に耐えない」

2 14-06 悔しい／口惜しい

共通する意味★思うようにいかなかったり、辱められたりして、失望したり、腹立たしく思ったりするさま。【**英**】*regrettable*

使い方▼〔**悔しい**〕㊏▽一問も正解できずくやしい　〔**口惜しい**〕㊏▽弁明の機会が与えられないとは口惜しい限りです

使い分け【1】「くやしい」のほうが一般的に使われる。【2】「口惜しい」の方が、失望する、落胆する

という意味合いが強く、また改まった表現になることが多い。【3】「くやしい」は、「口惜しい」とも書く。

2 14-07 不服（ふふく）／不平（ふへい）／不満（ふまん）／不満足（ふまんぞく）／不足（ふそく）

【関連語】◆(鬱憤)うっぷん

共通する意味★納得できない、満たされないと思うこと。

使い方▼〔不服〕(名・形動)〔不平〕(名・形動)〔不満〕(名・形動)〔不満足〕(名・形動)〔不足〕(名・形動)

	□をいう	□な出来ばえ	その決定には僕は□だ	息子の成績を□に思う	相手にとって□はない
不服	○	-	○	-	-
不平	○	-	-	-	-
不満	○	△	○	○	-
不満足	-	○	○	○	-
不足	○	-	-	-	○

使い分け「不服」は、納得できず服従しがたいこと、「不平」は、気持ちがおさまらないこと、「不満」「不満足」「不足」は、満たされないことがそれぞれ原義で、この原義を含んで、それぞれ納得できない、満たされないの意で用いる。【英】*dissatisfaction*（不満）; *a complaint*（不満、苦情）; *insufficiency*（不足）

【関連語】◆(鬱憤)内にこもり、発散されることなく積もった不満や怒り。「うっぷんを晴らす」

参照▼不足⇒913-12

2 14-08 反省（はんせい）／自省（じせい）／内省（ないせい）

【関連語】◆(猛省)もうせい

共通する意味★自分の過去の言動やあり方を振り返って、その可否、善悪などを考えること。【英】*reflection*

使い方▼〔反省〕スル〔自省〕スル〔内省〕スル

	深く□する	相手に□を促す	□の念がない	□的な態度
反省	○	○	○	-
自省	○	○	△	-
内省	○	-	-	○

使い分け「反省」が、最も一般的。「自省」は、自分自身のことという点を強調した言い方。「内省」は、自分の心の中を観察することで、道徳的な意味合いは含まれない。

【関連語】◆(猛省)スル強く反省すること。文章語。多く、相手に反省を促す場合に使う。「責任者に猛省を促す」「不手際を猛省する」

2 14-09 後悔（こうかい）／悔やむ（くやむ）／悔いる（くいる）

【関連語】◆(悔い)くい◆(悔悟)かいご◆(懲りる)こりる◆(悔恨)かいこん◆(思い残す)おもいのこす

共通する意味★くやしく残念に思う。【英】*regret*

使い方▼〔後悔〕スル▽後悔の念にかられる▽後悔先に立たず〔悔やむ〕(マ五)▽悔やんでも悔やみきれない〔悔いる〕(ア上一)▽罪を悔いる

	今さら□て(で)も遅い	行かなければよかったと□	前非を□
後悔する	-し○	○	-
悔やむ	-ん○	○	-
悔いる	-い○	△	○

使い分け【1】日常的な事柄に対しては、「後悔」「悔やむ」を使うことが多い。【2】「悔やむ」は、すでに終わってしまったことや、思いどおりにできなかったことなどを残念に思う意。「別れを悔やむ」は、別れてしまったことを後悔すること。また、人の死を悲しみ弔う意にも用いる。【3】「悔いる」は、自分のしたことを残念に思う意。取り返しのつかないことに対して、あとからくやしく思う感情の強い語。反省したり悩んだりという道徳的な面も含む。恥じて改めたいと思う気持ちもあわせもつ語。

【関連語】◆(悔悟)スル自分のとった態度やしたことを、間違っていたと悟って残念に思うこと。文章語。「悔悟の情」◆(悔恨)自分のした過ちをあとから残念に思うこと。文章語。「悔恨の念」◆(悔い)自分のしたことやできなかったことを、あとから残念に思うこと。「悔いを残す」「悔いのない学生生活を送る」◆(懲りる)(ラ上一)悔やんだ結果、二度とやるまいと思う。「失敗に懲りる」「懲りずにまた来る」◆(思い残す)(サ五)これまでのことに心残りを感じる。し残して残念に思う。「思い残すことはない」の形で用いることが多い。「いつ死んでも思い残すことはない」

参照▼悔やむ⇒605-15

2 14-10 惜しむ（おしむ）

意味★物をなくしたり、人と別れたりなどして、残念に思う。また、出したり使ったりすることをいやがる。大切にする。

使い方▼〔惜しむ〕(マ五)▽別れを惜しむ▽行く春を惜しむ▽協力を惜しまない▽金を惜しむ▽寸暇を惜しむ

2 14-11 物惜しみ（ものおしみ）／愛惜（あいせき）

【関連語】◆(未練)みれん

共通する意味★物を惜しむこと。【英】*to be stingy*

使い方▼〔物惜しみ〕スル▽何でも物惜しみして人か

ら嫌われる　〔愛惜〕スル▽散る花を愛惜する▽青春を愛惜する

使い分け【1】「物惜しみ」は、大切な物や値打ちのある物に限らず、使ったり貸したりして失うことをいやがることをいう。【2】「愛惜」には、大切な物や値打ちのある物を惜しむ意の他に、過ぎ去ったことなどを惜しむ意もある。

【関連語】◆(未練)名残惜しくて人や物と別れられない気持ち。「まだ彼女には未練がある」

2 14-12 惜(お)しい／もったいない

【関連語】◆(あたら)

共通する意味★物を大切に思い、失ったり無駄にしたりするのが耐えられない。

使い方▼〔惜しい〕㊫▽命が惜しい▽惜しくも一点差で負けた　〔もったいない〕㊫▽まだ使えるのに捨てるのはもったいない▽私などにはもったいないような良いお話

	時間が□	昔の手紙だが捨てるには□	ごはんを捨てるとは□	□ところで失敗した
惜しい	○	○	-	○
もったいない	○	-	○	-

使い分け【1】「惜しい」は、人から見た価値がどうあれ、自分に愛着があるので手放したくない気持ち。さらに、もう少しで実現するはずのことがだめになって残念に思うときにも使う。**【英】** *precious*(大切な)；*regrettable*(残念な)【2】「もったいない」は、もともと、大切に扱われるべき神聖なもの、高貴の人などを粗末にするのは恐れ多い、という気持ち。そこから、一般的に価値の高いものが浪費される残念さをいう。「勿体ない」と当てる。

【関連語】◆(あたら)㊙もったいないことに。おしいことに。「あったら」ともいう。「あたら若い命を落とした」

参照▼もったいない⇒2 13-08

2 15 …恐怖

2 15-01 恐(おそ)れ／恐怖(きょうふ)

【関連語】◆(畏怖)いふ

共通する意味★自分の力を越えたものにおびえ、不安に思う気持ち。

使い方▼〔恐れ〕▽殺されはしないかと恐れを感じた▽強敵に対する恐れ　〔恐怖〕スル▽顔に恐怖の色が現れた▽恐怖におののく

	□を抱く	□を味わう	死の□	若者□を知らぬ
恐れ	○	-	△	○
恐怖	○	○	○	-

使い分け【1】「恐怖」の方が「恐れ」よりも、不安に感じさせる事柄が具体的で、かつ不安の程度が強い。**【英】** *fear*(恐れ、恐怖)【2】「恐れ」には、「津波の恐れがある」のように心配・懸念の意味もある。

【関連語】◆(畏怖)スル尊敬の対象となったり、威圧されそうな相手に対して抱く恐れの気持ち。文章語。**【英】** *awe*「神を畏怖する心」「父親に畏怖の念を抱いている」

参照▼恐れ⇒2 14-02

2 15-02 恐(おそ)れる／怖(こわ)がる／おびえる

【関連語】◆(びくつく)◆(臆する)おくする◆(悪びれる)わるびれる

共通する意味★身に危険を感じるなどしてびくびくする。

使い方▼〔恐れる〕(ラ下一)▽何事をも恐れない人▽敵を恐れる　〔怖がる〕(ラ五)▽暗闇(くらやみ)を怖がる▽皆から怖がられている監督　〔おびえる〕(ア下一)▽犬を見るとおびえる子▽おびえきった目▽大砲の音におびえる

	地震(を・に)□	失敗すること(を・に)□	□て泣く	神を□ぬ行為
恐れる	を○	を○	-れ-	-れ○
怖がる	を○	を○	-っ○	-ら-
おびえる	に○	に-	-え○	-え-

使い分け【1】「恐れる」が最も意味が広く、悪い結果になるのではないかと心配する意、畏敬する意でも使われる。**【英】** *to be afraid (of)*【2】「おびえる」は、非常に強い不安によって恐怖感が引き起こされる場合に使う。「怯える」「脅える」とも書く。**【英】** *to be scared (at)*【3】「恐れる」「怖がる」は、「…を恐れる(怖がる)」の形で、「おびえる」は、「…におびえる」の形で使われる。

【関連語】◆(びくつく)(カ五)こわがってふるえる。瞬間的な状態をいうことが多い。「電話が鳴るたびにびくついている」「叱(しか)られないかとびくつく」◆(臆する)(サ変)不安に思って消極的になるさま。気おくれするさま。「怖(お)めず臆さず話す」◆(悪びれる)(ラ下一)気おくれがしておずおずとした態度をとる。「悪びれもせずに答える」

2 15-03 恐(おそ)ろしい／怖(こわ)い

共通する意味★身に危険を感じ不安である。

【英】 *fearful*

使い方▼〔恐ろしい〕㊫▽恐ろしくなって逃げ出した▽恐ろしい目にあう　〔怖い〕㊫▽もうあんな怖

いことはこりごりだ▽夜道が怖い

	□人	毒をもつクモ	□もの見たさ	私は雷が□
恐ろしい	○	○	−	△
怖い	○	−	○	○

使い分け【1】「怖い」は、「恐ろしい」よりも主観性の強い語である。【2】「恐ろしい」には、「恐ろしく大きい」のように物事の程度が甚だしいという意味や、「習慣とは恐ろしいもので…」のように、驚くほどであるという意味もある。

2 15-04 気味悪い／不気味

共通する意味★物事に不快や不安を感じさせるものがあって、気持ちが悪い。**【英】** *uncanny; gruesome*

使い方▼〔気味悪い〕(形)▽気味悪い人だ▽気味悪い夜道　〔不気味〕(形動)▽不気味な笑い声▽不気味な静けさ

使い分け「不気味」は、「無気味」とも書く。

2 15-05 そら恐ろしい／もの恐ろしい

共通する意味★なんとなく恐ろしい。**【英】** *having a vague fear*

使い方▼〔そら恐ろしい〕(形)▽そら恐ろしいことをいう子だ　〔もの恐ろしい〕(形)▽もの恐ろしい気配のする屋敷

使い分け「そら恐ろしい」は、思いがけないことが起こりそうだという、将来のことを思って不安を感じるさまを表わす。

2 15-06 気後れ／畏縮

共通する意味★おそれて心がひるむこと。**【英】** *to lose one's nerve*

【関連語】◆〔怖じ気〕おじけ

使い方▼〔気後れ〕スル　〔畏縮〕スル

	先生の前だと□して物がいえない	美人の前に出ると□してしまう	親の干渉が子を□させる
気後れ	○	○	−
畏縮	○	△	○

使い分け【1】「気後れ」は、内気さからもくるもので、思うような言動ができないこと。良く見られたいという意識が裏にある。【2】「畏縮」は、のびのび振る舞えないさま。ある場面や行為についていうだけでなく、慢性的な状態をもいう点、「気後れ」とは異なる。

【関連語】◆〔怖じ気〕「怖じ気付く」「怖じ気をふるう」などの形で、怖いという気持ちから言動を引き止めてしまうさまをいう。恐怖感は、「気後れ」「畏縮」より強い。「怖じ気付いて足が一歩も前へ出ない」

2 15-07 物おじ／人おじ

共通する意味★恐れたりしりごみしたりすること。**【英】** *timidity*

使い方▼〔物おじ〕スル▽どんな場でも物おじをしない▽物おじしない性格　〔人おじ〕スル▽子供のときから人おじをしない子だ

使い分け【1】「物おじ」は、人間ばかりでなく、物事全般をこわがること。【2】「人おじ」は、人前で、あるいは人を見てこわがること。【3】「物おじ」「人おじ」ともに、「…(を)しない」のように否定の形で、積極的な態度、性格をいうことが多い。

2 15-08 慄然／恟恟／戦戦恐恐

共通する意味★おそれてふるえあがるさま。**【英】** *in great fear*

使い方▼〔慄然〕(形動たる・と)▽強国を前に恟々としている▽人々を慄然とさせる事件　〔恟恟〕(形動たる・と)▽人心恟々　〔戦戦恐恐〕(形動たる・と)▽犯行がばれないかと戦戦恐々とする

使い分け【1】「恟恟」「戦戦恐恐」は、恐れてびくびくするさまをいう。【2】「戦戦恐恐」は、「戦戦兢兢」の書き換え。【3】いずれも文章語である。

2 15-09 おののく／震え上がる／わななく

共通する意味★恐怖などのために体が震える。**【英】** *to tremble*

使い方▼〔おののく〕(カ五)　〔震え上がる〕(ラ五)　〔わななく〕(カ五)

	□恐ろしさに	寒気に□	□怒りのあまり	興奮して□
おののく	○	−	−	−
震え上がる	○	○	−	−
わななく	○	○	○	○

使い分け【1】「おののく」は、恐ろしさのための場合だけに使われるが、「震え上がる」は、寒さなどのための場合に、「わななく」は、怒りや興奮、寒さなどのための場合にも使う。【2】「震え上がる」は、ひどく震える意。【3】「おののく」を強調して「震えおののく」ともいう。

2 15-10 恐る恐る／こわごわ

共通する意味★こわがりながら物事をするさま。**【英】** *fearfully*

使い方▼**〔恐る恐る〕**(副)　**〔こわごわ〕**(副)

	谷底を□のぞく	診断の結果を□聞く	校長先生の前に□出る
恐る恐る	○	○	○
こわごわ	○	-	△

使い分け「恐る恐る」には、ひどくかしこまりながらという意味もあるため、畏敬する人に対する場合の態度についても使う。

2 15-11 ぎくり／ぎっくり

共通する意味★不意な出来事に驚きおそれるさま。**【英】** *to be startled (at)*

使い方▼**〔ぎくり〕**(副)▽急に声をかけられてぎくりとした▽暗やみの中で光るものが見えてぎくりとした　**〔ぎっくり〕**(副)▽真夜中の電話にぎっくりとした

使い分け「ぎっくり」は、「ぎくり」のより強い口語的表現。

2 15-12 がたがた／がくがく／ぶるぶる／わなわな

共通する意味★恐ろしさや寒さのために、体の全体あるいは一部がこきざみに震えるさま。**【英】** *to tremble like an aspen leaf*(ぶるぶる(わなわな)震える)

使い方▼**〔がたがた〕**(副)スル　**〔がくがく〕**(副)スル　**〔ぶるぶる〕**(副)スル　**〔わなわな〕**(副)スル

	怖くて体が□(と)震える	怖くてひざが□する	怒りで唇が□震える	寒さで身を□と震わせる
がたがた	○	○	-	○
がくがく	○	○	-	-
ぶるぶる	○	-	○	○
わなわな	○	-	○	△

使い分け【1】「がくがく」は、「がたがた」にくらべて、ゆれる幅が大きいようなときに使う。【2】「がたがた」は、「戸ががたがたいっている」のように、擬音語として、「今さらがたがたいうな」のように、うるさく口出しなどするさまにも使う。【3】「ぶるぶる」は、体全体、または体の一部(唇、手、足など)が小刻みに震えるさまにいう。【4】「わなわな」は、怒り、恐怖など心理的なことによる場合に使われることが多い。

2 16 …愛憎

2 16-01 恋(こい)／愛(あい)／恋愛(れんあい)

【関連語】◆(ラブ)◆(ロマンス)◆(色恋)いろこい◆(初恋)はつこい

共通する意味★男女間で、特別に特定の相手のことを思い慕うこと。**【英】** *love*

使い方▼**〔恋〕**▽恋におちる▽初めて恋を知る▽恋に破れる　**〔愛〕**▽愛を育てる▽愛の結晶▽母性愛　**〔恋愛〕**スル▽熱烈な恋愛のすえ結ばれる▽恋愛関係

使い分け【1】「恋」は、ふつう男女の間についてだけ使うが、「愛」は、男女に限らず、より広く人や生物に対するいつくしみの心についてもいう。【2】「恋愛」は、「恋」とほぼ同意。

【関連語】◆(ラブ)「恋」の意で、他の語と複合した形で使われる。「ラブレター」「プラトニックラブ」◆(ロマンス)恋愛ざた。「若き日のロマンス」◆(色恋)「恋愛」のやや古い言い方。「色恋に身を焦がす」◆(初恋)初めての恋。「初恋の人」

2 16-02 愛情(あいじょう)／情愛(じょうあい)／愛着(あいちゃく)

共通する意味★愛する気持ち。**【英】** *love; affection*

使い方▼**〔愛情〕**▽二人の愛情は変わることはない▽親の愛情に包まれて育つ▽愛情をこめて植物を育てる　**〔情愛〕**▽親子の情愛を描いた佳作▽情愛に満ちた手紙　**〔愛着〕**▽十年も乗った車に愛着がある▽町並みに愛着を感じる

	長年使って□が深い品	こまやかな夫婦の□	飼い犬への□	故郷への□を断ち切る
愛情	-	○	○	△
情愛	-	○	-	-
愛着	○	-	-	○

使い分け【1】「愛情」は、人間以外のものに対しても用いる。【2】「情愛」は、親子・夫婦・恋人どうしのような近い関係の人に向けられる気持ち。【3】「愛着」は、長い間親しんだ物などに心が強くひかれて離れられない気持ち。

2 16-03 恋情(れんじょう)／慕情(ぼじょう)

共通する意味★恋い慕う気持ち。**【英】** *love; affection*

使い方▼〔恋情〕▽恋情を切々と述べる▽ほのかな恋情　〔慕情〕▽まだ見ぬ人に慕情を抱く▽ふるさとへの慕情

使い分け「恋情」は、男女間についてのみ使うが、「慕情」は、人や故郷などをやや距離をおいてあこがれ慕う場合に使う。

2 16-04 かわいがる／慈しむ／いとおしむ

【関連語】◆（愛でる）めでる

共通する意味★愛情をもって大切にする。**【英】** *to love*

使い方▼〔かわいがる〕(ラ五)▽末っ子をかわいがる▽猫をかわいがる　〔慈しむ〕(マ五)▽慈しんできた一人娘▽わが子のように慈しむ▽草花を慈しんで育てる　〔いとおしむ〕(マ五)▽病気の子をいとおしむ▽野の花をいとおしむ

	孫を□	病気の妻を□	行く春を□	馬を□て(て)育てる
かわいがる	○	-	-	-っ○
慈しむ	○	○	△	-ん-
いとおしむ	○	○	○	-ん-

使い分け【1】「かわいがる」は、かわいいと思ってやさしく大事に扱う意。また、「いっちょうかわいがってやれ」のように、いじめる、厳しく鍛えるの意でも使われる。「可愛がる」とも書く。【2】「慈しむ」は、愛情をもって大事に扱う意。【3】「いとおしむ」は、かわいいだけでなく、惜しんで大切に思う気持ちや、かわいそうだという気持ちを含む場合もある。【4】「かわいがる」は、人間や動物以外のものにはあまり使わないが、「慈しむ」「いとおしむ」は、人間、動物ばかりでなく、それ以外の植物や自然などに対しても使うことがある。

【関連語】◆（愛でる）(ダ下一)心ひかれ、すばらしいと思う。「花を愛でる」

2 16-05 愛する／恋する／惚れる／好く

【関連語】◆（見初める）みそめる◆（焦がれる）こがれる

共通する意味★男女間で、特定の相手を慕わしく思う。**【英】** *to love; to be fond of*

使い方▼〔愛する〕(サ変)　〔恋する〕(サ変)　〔惚れる〕(ラ下一)　〔好く〕(カ五)

	ひそかに□ている女性	友人の妹を□	令嬢に□	夫を深く□
愛する	-し○	○	-	○
恋する	-し○	○	○	-
惚れる	-れ○	-	○	-
好く	-い○	△	-	-

使い分け【1】「愛する」は、異性だけでなく、広く人や動物、物事などに心がひかれ、いつくしんだり、好んだりすることをいう。「孫を愛する」「音楽を愛する」「祖国を愛する」【2】「恋する」は、異性を思い慕って、いつも一緒にいたいという気持ちをいだく意。【3】「惚れる」は、やや俗な言い方。「気っぷのよさに惚れる」のように、人や物などに感心して心ひかれる意や、「聞き惚れる」のように、うっとりするという意もある。【4】「好く」は、異性ばかりでなく、人や物事に対して好ましい感情をいだく場合にも用いる。「だれにでも好かれる人」【5】「愛する」は、サ変活用とともに、「愛すべき」のように五段活用もかなり用いられる。

【関連語】◆**（見初める）**(マ下一)異性を一目見ただけで好きになる。「電車の中で見初めた女性」◆**（焦がれる）**(ラ下一)激しく恋する。「恋い焦がれる」

参照▼好く⇒216-18

2 16-06 慰める／いたわる

【関連語】◆（慰安）いあん◆（慰謝）いしゃ◆（慰問）いもん◆（見舞い）みまい

共通する意味★心をなごやかに静まらせる。

使い方▼〔慰める〕(マ下一)　〔いたわる〕(ラ五)

	入院中の友を□	老人を□て席を譲る	名曲で心を□	体を□
慰める	○	-め-	○	-
いたわる	○	-っ○	-	○

使い分けともに弱い立場にある人に対して親切にする行為であるが、「慰める」は、精神的なものに対して用いられ、「いたわる」は、手厚くだいじにする意に用いる。**【英】** *to console*(慰める); *to take care of*(いたわる); *to inquire after*(慰問する、見舞う)

【関連語】◆**（慰安）**スル心を慰め労をねぎらうこと。「従業員を慰安する」「慰安旅行」◆**（慰謝）**スル苦しみなどを慰めいたわること。文章語。「慰藉」とも書く。「慰謝料」◆**（慰問）**スル見舞って慰めること。「老人ホームを慰問する」◆**（見舞い）**病気や災難に遭った人などを訪ねたり、手紙を出したりして慰めること。また、そのための訪問や手紙、贈り物など。「見舞いに行く」「暑中見舞い」

参照▼いたわる⇒216-07

2 16-07 ねぎらう／いたわる

【関連語】◆（慰労）いろう

共通する意味★目下の者や同輩の苦労や骨折りに対して、感謝する。**【英】** *to acknowledge (a per-*

son's) services

使い方▼〔ねぎらう〕(ワ五)▽「大変だったね」とねぎらわれる〔いたわる〕(ラ五)▽「体に気をつけてね」といたわってくれた

	使いの人を□	激務にある人を□	労を□	からだを□
ねぎらう	○	○	○	-
いたわる	○	○	-	○

使い分け「ねぎらう」は、言葉をかけたり、品物を贈ったりするなど、具体的な行為が伴うが、「いたわる」にはそれは必ずしも伴われず、それとなく示されることも多い。「ねぎらう」にくらべて、より精神的な形で示される感謝の表わし方であるといえる。

【関連語】◆(慰労)スル 慰めねぎらうこと。「功労者を慰労する」「慰労会」

参照▼いたわる⇒216-06

2 16-08 愛玩(あいがん)／愛護(あいご)

共通する意味★かわいがって大切にすること。**【英】***to fondle*

使い方▼〔愛玩〕スル▽祖父が愛玩した置物▽愛玩動物▽愛玩品〔愛護〕スル▽動物愛護▽伝統文化を愛護する

使い分け「愛玩」は、身近に存在するペットや物を大切にすることだが、「愛護」は、もっと広い立場で、さまざまなものを大切に保護していくこと。

2 16-09 恋う(こう)／慕う(したう)

【関連語】◆(偲ぶ)しのぶ

共通する意味★愛情を感じて心がひかれる。

【英】*to love*

使い方▼〔恋う〕(ワ五)〔慕う〕(ワ五)

	母の面影を□	故郷を□	冬山を□	やさしい先輩を□
恋う	○	○	○	△
慕う	○	○	-	○

使い分け【1】「恋う」は、恋する意と、懐かしくあこがれる意とがあり、後者の場合の対象は人でなくてもよい。現在は離れているので、強いあこがれを感じる場合に用いる。【2】「慕う」は、既知の対象で、それに近づきたくて切ない気持ちになる意。現実にそばにいる場合にも用いる。また、「彼の芸風を慕う」のように、徳やすぐれた行いを範とし、ならおうとする対象にも用いる。

【関連語】◆(偲ぶ)(バ五)遠く離れた時、場所、人などを懐かしむ。「恋う」「慕う」にくらべて、求める気持ちは激しくないが、しみじみと思う気持ちがある。「死んだ友を偲ぶ」「故郷を偲ぶ」

参照▼慕う⇒517-01

2 16-10 懐かしい(なつかしい)／慕わしい(したわしい)／恋しい(こいしい)

【関連語】◆(ゆかしい)

共通する意味★心がひかれる。**【英】***dear; beloved*

使い方▼〔懐かしい〕(形)▽子供のころを懐かしく思う▽亡き母が懐かしい〔慕わしい〕(形)▽あの人が慕わしい▽お慕わしく思っております〔恋しい〕(形)▽恋しくて眠れない▽祖国が恋しい

	□人	昔を□思う	ストーブが□なる季節	学生時代が□
懐かしい	○	-く○	-く-	○
慕わしい	○	-く△	-く-	-
恋しい	○	-く○	-く○	-

使い分け【1】「懐かしい」は、特に過去の事柄や、離れていて今は会えない人、物などについていう。【2】「慕わしい」は、主として、ある特定の人間にあこがれる意を表わす。【3】「恋しい」は、人・物・場所などに心ひかれて、じっとしていられない気持ちである意を表わす。異性に対して用いられることも多い。心がひかれる度合いは、三語の中で最も強い。

【関連語】◆(ゆかしい)(形)情趣や気品などがあって、なんとなく心がひかれる。「古式ゆかしい祭事」

参照▼ゆかしい⇒202-04

2 16-11 溺愛(できあい)／盲愛(もうあい)／猫かわいがり(ねこかわいがり)

【関連語】◆(子煩悩)こぼんのう

共通する意味★むやみにかわいがること。**【英】***dotage*

使い方▼〔溺愛〕スル▽末っ子を溺愛する▽彼は妻を溺愛している〔盲愛〕スル▽盲愛していた一人娘が結婚する〔猫かわいがり〕スル▽祖母に猫かわいがりされて育つ

使い分け【1】「溺愛」「盲愛」は、他のことが目に入らないほど愛すること。「溺愛」のほうが一般的。【2】「猫かわいがり」は、猫をかわいがるように、むやみやたらに甘やかしてかわいがること。

【関連語】◆(子煩悩)(名・形動)人並みはずれてわが子をかわいがること。また、その人。「子煩悩な父親」

2 16-12 博愛(はくあい)／汎愛(はんあい)

共通する意味★へだてなく広く愛すること。**【英】***philanthropy*

使い方▼〔博愛〕▽博愛の精神▽博愛主義〔汎愛〕▽汎愛の心▽汎愛主義

使い分け「博愛」が一般的な語。

2 16-13 相思（そうし）／相愛（そうあい）

共通する意味★男女が互いに愛し合うこと。**【英】** *mutual love*

使い方▼〔**相思**〕▽相思の仲▽相思の二人　〔**相愛**〕▽相愛の男女

使い分け 「相思相愛」の形で使われることも多い。

2 16-14 恋慕（れんぼ）／横恋慕（よこれんぼ）

共通する意味★異性を恋い慕うこと。**【英】** *to love*

使い方▼〔**恋慕**〕スル▽恋慕の情はますます強くなるばかりだ　〔**横恋慕**〕スル▽強引に横恋慕されて困ってしまう

使い分け【1】「恋慕」は、文章語。【2】「横恋慕」は、恋人や配偶者のある者を横合いから恋い慕うこと。

2 16-15 片思（かたおも）い／おかぼれ

共通する意味★一方的に恋すること。**【英】** *one-sided love*

使い方▼〔**片思い**〕スル▽初恋は片思いに終わった▽先輩に片思いする▽磯（いそ）の鮑（あわび）の片思い　〔**おかぼれ**〕スル▽電車の中で見かけた女性におかぼれする

使い分け【1】「片思い」は、相手を恋しく思う気持ちが、相手に伝わっている、いないにかかわらず使う。【2】「おかぼれ」は、他人の恋人や親しい付き合いもない相手を、ひそかに恋い慕うこと。「岡惚れ」「傍惚れ」とも書く。

2 16-16 ひいき／判官（ほうがん）びいき／えこひいき／身（み）びいき

【関連語】◆(**愛顧**)あいこ

共通する意味★自分の気にいった者を引き立て、特に力添えすること。**【英】** *favoritism*

使い方▼〔**ひいき**〕スル▽ひいきの引き倒し(=ひいきし過ぎてかえってその人の不利になること)▽かわいい子ばかりひいきする　〔**判官びいき**〕▽判官びいきで弱いチームを応援する　〔**えこひいき**〕スル▽部下をえこひいきする　〔**身びいき**〕スル▽身びいきのようだが息子が正しいと思う

使い分け【1】「ひいき」は、「贔屓」とも書く。【2】「判官びいき」は、弱い者や不遇な者に同情し肩を持つこと。薄幸の英雄、九郎判官義経（よしつね）に対する同情の意から出た語。【3】「えこひいき」は、一方だけを不公平に引き立てること。「依怙贔屓」とも書く。【4】「身びいき」は、身内など自分に関係ある者を特に引き立てること。

【関連語】◆(**愛顧**)商人や芸人を目をかけて引き立てること。多く、目をかけられる側から使う。「日ごろのご愛顧に感謝いたします」

2 16-17 好（この）み／嗜好（しこう）／趣味（しゅみ）

【関連語】◆(**気に入り**)きにいり◆(**愛好**)あいこう◆(**同好**)どうこう◆(**横好き**)よこずき◆(**悪趣味**)あくしゅみ

共通する意味★同種のものの中で、特にあるものを気に入っていること。また、そのもの。**【英】** *taste*

使い方▼〔**好み**〕▽彼女は服装の好みがうるさい▽夫婦で食べ物の好みが違う　〔**嗜好**〕スル▽嗜好が変わって甘い物が好きになった▽嗜好品　〔**趣味**〕▽あの人とは趣味が合わない▽趣味のいい服

	人によって□が違う	あなたの□の人	彼の□する酒	□のいいネクタイ
好み	○	○	-	-
嗜好	○	-	○	-
趣味	○	△	-	○

使い分け【1】「好み」は、好きだと思う気持ちの傾向をいい、広い対象に用いられる。日常、最も一般的に用いられる。【2】「嗜好」は、特に好きだと思う物事に深く親しむことをいい、多く、食べ物について用いられる。【3】「趣味」は、物事の味わいを感じとる能力や、好きになる対象の傾向を表わす。

【関連語】◆(**気に入り**)多く「お気に入り」の形で、好きになることや、好きな人、物をいう。「お気に入りの白い服」「彼女は先生のお気に入りだ」◆(**愛好**)スル物事を愛し好むこと。「音楽を愛好する仲間」「愛好家」◆(**同好**)好むものが同じこと。「同好の士」「同好会」◆(**横好き**)上手でもないのに、むやみに好むこと。「彼のゴルフは下手の横好きだ」◆(**悪趣味**)品のよくない趣味。また、人のいやがることをして喜ぶこと。「悪趣味な建物」「悪趣味ないたずら」

参照▼趣味⇒617-01

2 16-18 好（この）む／気（き）に入（い）る

【関連語】◆(**好く**)すく◆(**嗜む**)たしなむ

共通する意味★その人の感性や気持ちにぴったりあって、心が引かれる。**【英】** *to like*

使い方▼〔**好む**〕(マ五)▽争い事は好まない▽うさぎが好んで食べる草　〔**気に入る**〕▽彼の性格が気に入った▽やり方が気に入らない

使い分け【1】感性にぴったりあったという感じは「気に入る」の方が強く、ほとんど「好く」「好きだ」に置きかえられる。非常に主観的な句である。【2】「好む」はもう少し客観的で、多くの中から、趣味や性質や主義などで合致するものを選びとるという感じが強い。特に「好んで…する」という言い方は、その意が強い。

【関連語】◆**〈好く〉**(カ五)いいなあと思う。愛情を感じる。「だれにでも好かれる人」「好き合った仲」◆**〈嗜む〉**(マ五)芸事などを、専門家ほどでもないが稽古していて心得がある。また、酒などを度が過ぎない程度に好んで親しむ。「お茶をたしなむ」「酒はたしなむ程度だ」

参照▼好く⇒216-05

216-19 好ましい／望ましい

共通する意味★好みや望みにかなっている。また、かなってほしい。**【英】** *desirable*

使い方▼**〔好ましい〕**(形)▽はにかみ屋の好ましい青年▽好ましくない傾向　**〔望ましい〕**(形)▽望ましい中学生像▽望ましからざる風潮

	□ない人物	病後の経過が□ない	出席者はネクタイ着用が□	□音楽が流れる
好ましい	-く○	-く○	△	○
望ましい	-く○	-く–	○	–

使い分け【1】大方の好みや望みにかなっている場合を「好ましい」という。個人的な好みとは違うが、感情としては、好感がもてる、いい感じであるという気持ちを伴う。「好もしい」ともいう。【2】「望ましい」は、そうあってほしいと理想や希望を抱く気持ちをいう。また、それが希望するところであって、必ずそうしなければならないというものではないという意を表わすことがある。

216-20 もの好き／酔狂

共通する意味★変わったことを好むこと。**【英】** *curiosity*

使い方▼**〔もの好き〕**(名・形動)▽もの好きにもほどがある▽彼は大のもの好きだ　**〔酔狂〕**(名・形動)▽伊達や酔狂でいっているんじゃない▽この暑さになべ料理を食うとは酔狂な男だ

使い分け【1】「もの好き」は、変わったことを好む人もいう。「物好き」とも書く。【2】「酔狂」は、やや古い言い方。

216-21 好き嫌い／好悪

【関連語】◆**〈選り好み〉**えりごのみ

共通する意味★好きと嫌い。**【英】** *likes and dislikes*

使い方▼**〔好き嫌い〕**▽好き嫌いが多い▽好き嫌いで人を判断するな▽**〔好悪〕**▽人に対する好悪が表情に出る▽彼は好悪の感情が強い

	□が激しい	食べ物の□をいう	□の念
好き嫌い	○	○	–
好悪	○	–	○

使い分け【1】「好き嫌い」のほうが一般的。【2】「好悪」の「悪」は、にくむ意で、「好き嫌い」よりも嫌う程度が強い。主に人間に対して使い、食べ物の好みなどの日常的な事柄には使わない。書き言葉的な語。

【関連語】◆**〈選り好み〉**スル好きなものだけ選ぶこと。「あれこれと選り好みする」

216-22 嫌い／毛嫌い

共通する意味★いやがること。**【英】** *hateful*

使い方▼**〔嫌い〕**(名・形動)▽嫌いな食べ物▽学校なんか嫌い▽負けず嫌い　**〔毛嫌い〕**スル▽算数を毛嫌いする▽彼女に毛嫌いされた

使い分け【1】「嫌い」は、「負けず嫌い」「男嫌い」「女嫌い」のように他の語と複合した形のときは、「ぎらい」と読まれることも多い。【2】「毛嫌い」は、特別の理由もなくひどく嫌うことをいう。

反対語▼嫌い⇔好き

216-23 嫌悪／憎悪／厭悪／憎しみ

共通する意味★激しく嫌うこと。**【英】** *dislike; hatred*

使い方▼**〔嫌悪〕**スル▽男性を嫌悪する▽嫌悪感　**〔憎悪〕**スル▽差別を憎悪する▽憎悪の念　**〔厭悪〕**スル▽女性を厭悪する▽厭悪のまなざし　**〔憎しみ〕**▽憎しみを押さえる▽憎しみが増す

	□の情	□の炎をもやす	自己□	□に満ちた目
嫌悪	○	–	○	–
憎悪	○	○	–	○
厭悪	○	–	–	–
憎しみ	○	○	–	○

使い分け【1】「嫌悪」は、ぞっとするほどいやなことをいう。感覚的にいやな場合に使うことが多い。【2】「憎悪」は、激しく憎む気持ち。【3】「厭悪」は、いとわしく思って憎むこと。【4】「憎しみ」は、憎いと思う気持ち。

216-24 鼻つまみ／総すかん

共通する意味★はなはだしく人から嫌われること。**【英】** *a nuisance*

使い方▼**〔鼻つまみ〕**▽仲間から鼻つまみにされた▽鼻つまみ者　**〔総すかん〕**▽友達から総すかんを食った

使い分け【1】「鼻つまみ」は「彼は町内の鼻つまみだ」のように、嫌われている人間をいうこともある。【2】「総すかん」は、その人の属する地域や集団全体から嫌われること。「総すかんを食う」の形で使われることが多い。

2 16-25 嫌う／憎む／嫌がる／厭う

共通する意味★いやだと思って避けようとする。**【英】** *to dislike; to hate*

使い方▼〔嫌う〕(ワ五)▽だれからも嫌われる▽体を動かすことを嫌う　〔憎む〕(マ五)▽世の不正を憎む▽罪を憎んで人を憎まず　〔嫌がる〕(ラ五)▽手伝いを嫌がる子供▽勉強を嫌がる　〔厭う〕(ワ五)▽辛い仕事も厭わず勤勉に働く▽世を厭う

	仕事を□	勉強の邪魔をして兄に□れる	湿気を□	悪を□
嫌う	○	-わ○	○	-
憎む	△	-ま-	-	○
嫌がる	○	-ら○	-	-
厭う	○	-わ-	-	-

使い分け【1】「嫌う」より「嫌がる」の方が、いやだと思う気持ちを実際の動作や態度で表わす場合が多い。【2】「憎む」は、強く嫌う気持ちをその相手に向けることをいう。【3】「厭う」は、やや文章語的な表現。また、「お体おいといください」のように、体や健康に気をつかうという意味もある。【4】「嫌う」は、「嫌わず」の形で、差別しないという意でも使う。「相手きらわず議論をふっかける」

2 16-26 うとむ／忌む／うとんずる

【関連語】◆(嫌気)いやけ

共通する意味★嫌って避ける。**【英】** *to dislike*

使い方▼〔うとむ〕(マ五)▽皆からうとまれる▽上司にうとまれて左遷される　〔忌む〕(マ五)▽葬式は友引の日を忌む▽不正を忌む　〔うとんずる〕(サ変)▽老人をうとんずる▽父にうとんぜられる

使い分け【1】「うとむ」は、気に入らなくて遠ざけようとする行為をいう。「疎む」とも書く。【2】「忌む」は、信仰上・縁起上で悪いとして避ける意。また、嫌悪する意でも用いられる。【3】「うとんずる」は、軽視して相手にしない意もある。「疎んずる」とも書く。「うとんじる」ともいう。

【関連語】◆(嫌気)相手を嫌う気持ち。「厭気」とも書く。「いやき」ともいう。「嫌気がさす」「嫌気を催す」

2 16-27 いとわしい／忌まわしい／おぞましい／うとましい

共通する意味★嫌な感じである。好ましくない。**【英】** *abominable*

使い方▼〔いとわしい〕(形)　〔忌まわしい〕(形)　〔おぞましい〕(形)　〔うとましい〕(形)

	思い出すのも□	仕事が□	人に会うのが□	二度と聞きたくない□言葉
いとわしい	○	○	○	-
忌まわしい	○	-	-	○
おぞましい	○	-	-	○
うとましい	○	△	○	-

使い分け【1】「いとわしい」は、嫌だったり、めんどうだったりしてある行為をする気にならないという意味が強い。「厭わしい」とも書く。【2】「忌まわしい」は、多く不快感をともなって使われる。「正月早々忌まわしい夢を見た」のように、縁起が悪い意でも用いられる。【3】「おぞましい」は、ぞっとするほど嫌だという意味を表わす。「悍ましい」「鈍ましい」とも書く。【4】「うとましい」は、嫌なので遠ざけておきたいという意味を表わす。「疎ましい」とも書く。

2 16-28 憎い／憎らしい

共通する意味★相手がうとましくて、害を与えたいほど不快に思うさま。**【英】** *hateful*

使い方▼〔憎い〕(形)　〔憎らしい〕(形)

	□人	私をだましたやつが□	□顔つきをしている	□ほど落ち着いている
憎い	○	○	-	△
憎らしい	○	-	○	○

使い分け【1】「憎い」は、自分に何らかの痛手を与えた相手について、嫌いだ、不快だ、しゃくにさわる、仕返しをしてやりたい、などという感情をいだくようす。また、「君もなかなか憎いことをいうね」のように、相手のようすや言動がしゃくにさわるほど見事で、感心してしまうほどであるという意でも使う。【2】「憎らしい」は、こちらが「憎い」と思うような言動や態度を相手がするさまをいう。「憎らしい」も、本当にしゃくにさわる場合と、「憎らしいほどのできばえだ」のように、しゃくにさわるけれど相手のすばらしさを認めざるを得ない場合とがある。

2 16-29 憎たらしい／憎憎しい／小憎らしい／面憎い

【関連語】◆(憎体)にくてい◆(毒毒しい)どくどくしい

共通する意味★憎いと思う気持ちを起こさせるさまである。**【英】** *odious; horrible; hateful*

使い方▼〔憎たらしい〕(形)▽人の気持ちを乱す憎た

らしい人▽憎たらしい口を利く子供　〔憎憎しい〕(形)▽卑劣なまねをする憎々しいやつ　〔小憎らしい〕(形)▽生意気なことばかりいって小憎らしい子だ▽他人のあげ足ばかり取る小憎らしい人　〔面憎い〕(形)▽彼は面憎いほど落ち着いている▽新人のくせに面憎いほど度胸がある

使い分け【1】「憎たらしい」の方が、「憎憎しい」よりもくだけた言い方だが、「憎憎しい」の方が、憎いと思う気持ちが強い。【2】「小憎らしい」は、憎らしくてなんとなく癪(しゃく)にさわる感じである。特に、生意気なさまについていう。【3】「面憎い」は、見るからに憎らしいさまをいう。

【関連語】◆**(憎体)**(名・形動)憎らしいさま。憎々しいさま。「憎体な口を利く」「憎体な面構えの男」◆**(毒毒しい)**(形)言葉や態度が悪意を含んでいるさまである。「毒々しい言葉を吐く」

参照▼毒毒しい⇒8 19-39

2 16-30　ねたみ／そねみ／ひがみ

共通する意味★相手の長所や幸福などを素直によしとせず、相手を悪く思ったり憎んだりする気持ち。

【英】 *jealousy*

使い方▼〔ねたみ〕▽ねたみから殺人事件が起きた　〔そねみ〕▽当籤(とうせん)者はねたみそねみの的になる　〔ひがみ〕▽老いのひがみでかたくなになる▽ひがみ根性

使い分け【1】「ねたみ」は、嫉妬(しっと)心、すなわちすぐれている相手を憎らしく思う気持ち。「妬み」「嫉み」とも書く。【2】「そねみ」は、独立して使われることは少なく、「ねたみそねみ」の形で使われることが多い。「嫉み」「妬み」「猜み」とも書く。【3】「ひがみ」は、まず嫉妬心が土台になって、自分が不当に扱われていると思いこみ、その結果、すねたり、ひねくれたり、素直でなくなったりすることをいう。「僻み」とも書く。

2 16-31　恨(うら)み／遺恨(いこん)／怨恨(えんこん)

【関連語】◆**(逆恨み)**(さかうらみ)◆**(私怨)**(しえん)◆**(怨念)**(おんねん)◆**(恨めしい)**(うらめしい)

共通する意味★相手の仕打ちを憎く思ったり、不平・不満を感じたりすること。また、そのような気持ち。

【英】 *a grudge*

	□を晴らす	□を抱く	人の□を買う	□を残す
恨み	○	○	○	○
遺恨	○	△	-	○
怨恨	○	○	△	-

使い分け【1】「遺恨」は、いつまでも残る恨み。【2】「怨恨」は、「怨恨による殺人」のような、きっと報復してやると思う深い恨み。【3】「恨み」には、「相手の力を過小評価したうらみがある」のような不満や残念に思う意味もあり、この場合は「憾み」とも書く。

【関連語】◆**(逆恨み)**スル恨みに思う人から、逆に恨まれること。また、人の好意を悪くとってかえって恨むこと。「忠告したら逆恨みされた」◆**(私怨)**スル個人的な恨み。「私怨を抱く」◆**(怨念)**相手を深く恨む気持ち。「無実の罪をきせられた怨念を晴らす」「死者の怨念」◆**(恨めしい)**(形)不満、嘆きなどが心の中にわだかまって、恨みたいような気持ちである。自分自身に対しても用いる。「怨めしい」とも書く。「裏切った恋人が恨めしい」「自分の才能のなさを恨めしく思う」

2 16-32　恨(うら)む

意味★自分に対してひどい仕打ちをした人、または、自分の思いどおりにならない物事や状態に対して、不平、不満や仕返しをしたいという気持ちを持つ。「怨む」とも書く。**【英】** *to bear a grudge*

使い方▼〔恨む〕(マ五)▽冷たい仕打ちを恨む▽彼に恨まれる覚えはない

◆「たった一日の遅れがうらまれてならない」のように、残念に思う意でも使われる。この意の場合は、「憾む」とも書く。

2 16-33　嫉妬(しっと)／焼(や)き餅(もち)／ジェラシー

【関連語】◆**(悋気)**(りんき)◆**(おか焼き)**(おかやき)◆**(法界悋気)**(ほうかいりんき)◆**(妬心)**(としん)

共通する意味★自分より優れた者をうらやんだり、ねたんだりすること。また、自分の愛する者の心が他に向くのを、うらみ憎むこと。**【英】** *jealousy*

使い方▼〔嫉妬〕スル▽同僚の出世に嫉妬する▽嫉妬深い夫　〔焼き餅〕▽母の膝(ひざ)にいる妹に焼き餅を焼く▽焼き餅焼き　〔ジェラシー〕▽金持ちにジェラシーを感じる▽夫が女友達に親切なのでジェラシーを感じる

使い分け【1】「嫉妬」が一般的だが、話し言葉では「焼き餅」がよく使われる。【2】「嫉妬」と「ジェラシー」は同意だが、「ジェラシー」のほうが「嫉妬」より軽い感じである。

【関連語】◆**(悋気)**スル「嫉妬」の古い言い方。特に、情事に関して嫉妬すること。「悋気を起こす」◆**(おか焼き・法界悋気)**自分に関係もないのに、他の男女の仲の良いのをねたむこと。「おか焼き」は、「岡焼き」「傍焼き」とも書く。「法界悋気」は、「ほっかい悋気」ともいう。ともに古風な言い方。◆**(妬心)**ねたむ気持ち。「嫉妬心」の文章語的表現。「妬心に狂う」

2 16-34　ねたむ／そねむ／やっかむ

【関連語】◆**(やく)**◆**(やける)**

共通する意味★自分より優れている者や、恵まれた環境にいる者をうらやみ憎む。【英】*to be jealous (of)*

使い方▼〔ねたむ〕(マ五)▽才能のある人間をねたむ▽友の出世をねたむ　〔そねむ〕(マ五)▽人の成功をそねんで悪口をいう　〔やっかむ〕(マ五)▽二人の仲の良さをやっかむ▽隣人をやっかむ

使い分け【1】「ねたむ」「そねむ」には、話者の悪感情がより深くこめられている場合が多い。【2】「やっかむ」は、もとは関東地方の方言。【3】「ねたむ」は、「妬む」とも書く。【4】「そねむ」は、「嫉む」とも書く。

【関連語】◆(やく)(カ五)愛する者の心が他に向くのをうらみ憎む。「妬く」とも書く。「焼き餅(もち)をやく」◆(やける)(カ下一)ねたましく思えてくる。「妬ける」とも書く。「仲の良い夫婦を見るとやけてくる」

参照▼やく⇒408-12 714-06　やける⇒714-05

2 16-35 ねたましい／羨(うらや)ましい

共通する意味★他人の境遇や様子が自分よりも優れているようでねたみ憎む気持ちである。【英】*envious*

使い方▼〔ねたましい〕(形)▽彼の成功がねたましい▽友人をねたましく思う　〔羨ましい〕(形)▽恵まれている彼が羨ましい▽羨ましいほど運のいい男

使い分け【1】「ねたましい」には、自分より優れたものに対する悪感情がこめられている場合が多いが、「羨ましい」には、自分もそうなりたいという願望が強い。【2】「ねたましい」は、「妬ましい」とも書く。

2 16-36 羨(うらや)む／羨望(せんぼう)

共通する意味★人が優れていたり、恵まれていたりするのを見て、自分もそうなりたいと思う。【英】*to envy*

使い方▼〔羨む〕(マ五)▽友人の成功を羨む▽人も羨む仲の二人　〔羨望〕スル▽クラスの羨望の的となる▽羨望の眼差(まなざ)し▽他人の生活を羨望する

使い分け　一般には「羨む」を使い、「羨望」は文章語。

2 16-37 悪意(あくい)／悪気(わるぎ)／意趣(いしゅ)

【関連語】◆(悪感情)あくかんじょう

共通する意味★良くないことをしようとする心。【英】*malice*

	□がある	□を抱く	□に満ちる	□を晴らす
悪意	○	○	○	-
悪気	○	-	-	-
意趣	△	○	-	○

使い分け【1】「悪意」「悪気」は、人に害を与えようとしたり、だまそうとしたりする気持ちをいう。【2】「意趣」は、自分をひどい目にあわせた人を恨む心をいう。「意趣返し(＝仕返し)」【3】「悪意」は、「悪意に解釈する」のように、よくない意味、意地悪な見方という意でも用いる。

反対語▼悪意⇔善意・好意

【関連語】◆(悪感情)人や物に対してもつ不快な気持ち。「隣人に悪感情を抱く」

2 16-38 反感(はんかん)／敵愾心(てきがいしん)／戦意(せんい)／敵意(てきい)

【関連語】◆(敵対)てきたい

共通する意味★相手に反発し戦おうとする気持ち。【英】*antipathy*(反感); *hostility*(敵意)

使い方▼〔反感〕▽反感を買う▽彼の発言に反感を抱いた　〔敵愾心〕▽敵愾心をあおる▽敵愾心を燃やしている　〔戦意〕▽戦意を喪失する▽戦意昂揚　〔敵意〕▽敵意を抱く▽敵意をむき出しにする

使い分け「反感」は、不愉快に思って逆らう気持ちであり、相手に対する憤りの程度が比較的低く、「敵愾心」「戦意」「敵意」の順に程度が高くなる。

【関連語】◆(敵対)スル相手を敵としてはむかうこと。【英】*to oppose*「敵対行為」

2 16-39 不信(ふしん)

【関連語】◆(隔意)かくい◆(疎意)そい

意味★信じないこと。また、信義を守らないこと。【英】*distrust; distrustful*《形》, *distrustly*《副》

使い方▼〔不信〕▽不信の念を抱く▽不信行為▽人間不信

【関連語】◆(隔意)うちとけない心。文章語。「隔意のない態度」◆(疎意)嫌って遠ざける心。文章語。「両者間の疎意を取り除く」

2 16-40 敵視(てきし)／目(め)の敵(かたき)

共通する意味★相手を自分に害をなすものとして見ること。【英】*hostility*

使い方▼〔敵視〕スル▽彼は私を敵視している　〔目の敵〕▽何かにつけて目の敵にされる

使い分け【1】「敵視」は、根拠があって論理的に相手をそのように見る場合に使われるが、「目の敵」は、憎む感情が先立っていて理屈抜きに相手をそのように見る場合に使われる。【2】「目の敵」は、相手を見るとすぐ反対行動を起こす場合にいうが、「敵視」は、具体的な行動はとらず、ただ害をなすものとして見ることをいう。

2 16-41 腹(はら)いせ／念晴(ねんば)らし

共通する意味★晴れ晴れしない気持ちを他に紛らわせること。**【英】** *retaliation*

使い方▼〔腹いせ〕▽先生にしかられた腹いせに教室のガラスを割る　〔念晴らし〕▽念晴らしのために一応問いただす

使い分け【1】「腹いせ」は、怒りや恨みを紛らわすこと。暴力的行為をとることが多い。【2】「念晴らし」は、相手に対する疑念やわだかまりを晴らすこと。

2 16-42 友情(ゆうじょう)／友愛(ゆうあい)／友誼(ゆうぎ)

共通する意味★友達として相手を温かく思いやる気持ち。**【英】** *friendship*

使い方▼〔友情〕▽友情のきずなで結ばれる▽友情に厚い男　〔友愛〕▽友愛の精神に基づいた赤十字運動　〔友誼〕▽親密な友誼を結ぶ▽友誼にあつい▽友誼団体

使い分け いずれも個人的な友達関係に使うことができるが、「友情」が最も個人と個人の関係の意味合いが強い。「友愛」は人類愛のような広いものも含み、「友誼」は国と国のような場合にも使う。

2 16-43 人情(にんじょう)／情(なさ)け／情(じょう)

共通する意味★人間が本来持っている優しい心、感情。**【英】** *human feelings; humanity*

使い方▼〔人情〕▽ここは助けの手を伸べるのが人情だ▽人情家　〔情け〕▽人の情けにすがる▽情け容赦なく金をとりたてる▽情けは人のためならず（＝人に親切にしておけば必ず自分にもよい報いがある）　〔情〕▽情にほだされる▽情が移る▽惜別の情にたえない

	＿のある裁き	＿が濃い	＿の機微にふれる	＿をかける
人情	○	△	○	－
情け	○	－	－	○
情(じょう)	○	○	－	－

使い分け【1】「人情」は、人が自然に備えている人間らしい感情、すなわち、優しさ、思いやり、感謝などの気持ちをいう。【2】「情け」「情」は、特に、他を思いやる気持ちをいう。また、ともに「情け（情）を交わす」のように、男女間の愛情をいうこともある。【3】「情」は、「懐古の情」「恩愛の情」などのように、物事に感じて起こる心の動きをいうこともある。

参照▼情⇒209-04

2 16-44 人情味(にんじょうみ)／人間味(にんげんみ)／情味(じょうみ)

共通する意味★人間らしい優しさ、思いやりなどの温かい心。**【英】** *human feelings*

使い方▼〔人情味〕▽人情味あふれる暮らし▽人情味が薄れた社会　〔人間味〕▽人間味があるはからい▽規則を人間味をもたせて運用する　〔情味〕▽情味に欠ける青年

使い分け【1】「人情味」と「情味」は、ほぼ同意。【2】「人情味」と「人間味」とでは、「人情味」の方が「情」の深さ、強さはより強いが、「人間味」は人間としての温かみの意味が強い。【3】「情味」は、「情味豊かな祭り」のように、物事の味わい、おもしろみの意でも使われる。

参照▼情味⇒810-01

2 16-45 好意(こうい)／善意(ぜんい)／厚意(こうい)

【関連語】◆（老婆心）ろうばしん◆（好感）こうかん

共通する意味★他人のためを思う親切な心。**【英】** *goodwill*

使い方▼〔好意〕▽友の好意を受ける▽好意があだとなった▽好意を無にする　〔善意〕▽皆さんの善意で建った施設です▽善意にすがる　〔厚意〕▽厚意に甘える▽彼女の厚意に報いたい

使い分け【1】奉仕の意味が含まれる社会福祉的な行為には、「善意」が用いられる。【2】「厚意」は、「好意」よりもさらに思いやりの深い心をいう。【3】「好意」には、「彼に好意を寄せる」のように、親愛感の意味もある。

反対語▼好意・善意⇔悪意

【関連語】◆（老婆心）必要以上に世話をやこうとする気持ち。主として、忠告などをするとき自分をへりくだっていうのに使う。「老婆心ながらいうのだが…」◆（好感）好ましい感じ。「好感のもてる新人」

2 16-46 温情(おんじょう)／恩情(おんじょう)

共通する意味★思いやり深い心。**【英】** *warm-heartedness*

使い方▼〔温情〕▽温情にすがる▽温情をほどこす　〔恩情〕▽師の恩情に報いる▽恩情をかける

使い分け【1】「温情」は、温かで情け深い心。【2】「恩情」は、いつくしみの心。

2 16-47 厚情(こうじょう)／厚志(こうし)

共通する意味★思いやりの深い気持ち。**【英】** *kindness*

使い方▼〔厚情〕▽御厚情にすがる▽御厚情感謝いた

します〔厚志〕▽御厚志かたじけなく存じます

使い分け 「御厚情」「御厚志」の形で、手紙文などで使う。

2 16-48 芳情／芳心／芳志

共通する意味★相手を敬って、その親切な心づかいをいう語。**【英】** *your kindness*

使い方▼〔**芳情**〕▽御芳情に感謝申し上げます▽御芳情に報いたいと存じます〔**芳心**〕▽御芳心賜りありがとうございます〔**芳志**〕▽御芳志ありがたくいただきます

使い分け 三語とも「芳」ですでに敬意を表わしているが、その上に「御」をつけて用いることが多い。

2 16-49 恩愛／慈愛／慈悲／いつくしみ

共通する意味★下の者、弱い者にめぐみや心をかけ大切にすること。また、その心。**【英】** *benevolence*

使い方▼〔**恩愛**〕▽親と子の恩愛のきずな▽恩愛の情〔**慈愛**〕▽慈愛にみちたまなざし〔**慈悲**〕▽慈悲をかける▽慈悲深い人▽慈悲を乞う〔**いつくしみ**〕▽母親のようないつくしみの心

使い分け【1】「恩愛」は、特に親子の間の情愛をいう。「おんない」とも。【2】「慈愛」は、親が自分の子供に対するような深い愛情をいう。【3】「慈悲」は、元来は仏教語で、衆生をいつくしみ、楽を与える慈と、衆をあわれんで、苦を除く悲の意。【4】「いつくしみ」は、愛情をもってかわいがること。「慈しみ」とも書く。

2 16-50 哀憐／憐憫

【関連語】◆(愛憐)

共通する意味★かわいそうに思うこと。また、そのあわれみの気持ち。**【英】** *pity; pitiable, pitiful*(形)

使い方▼〔**哀憐**〕▽親を亡くした幼子に哀憐の情を抱く〔**憐憫**〕▽彼女への思いは愛ではなく憐憫だ▽憐憫の情

使い分け【1】いずれも、力の弱い者や不幸な境遇にある者などをあわれに思うことをいう。【2】「憐憫」は、情けをかけることもいう。「憐愍」とも書く。

【関連語】◆(愛憐)いとおしくてあわれに思うこと。また、そのいとおしむ気持ち。「心に愛憐の情を起こさせる」

2 16-51 同情／あわれみ／思いやり

共通する意味★他人の気持ちや境遇を察し、かわいそうに思うこと。

使い方▼〔**同情**〕スル▽人の同情を引くような言葉▽敗者に同情する〔**あわれみ**〕▽あわれみを乞う▽人にあわれみをかける〔**思いやり**〕▽思いやりに欠ける▽温かい思いやりを感じる

	‖の念をもつ	‖に値する	‖を施す	‖のある人
同情	○	○	-	-
あわれみ	○	-	○	-
思いやり	○	-	-	○

使い分け【1】「同情」は、特に他人の不幸や悲哀を、その身になって思うことをいう。「思いやり」もほぼ同意だが、相手の身になる程度が、「思いやり」よりも「同情」の方が強い。**【英】** *sympathy*(同情)【2】「同情」は、自分よりも目上の者に対しても抱くことがあるが、「あわれみ」は、ふつう自分より目下の者に対して、また、「思いやり」は、自分と同等または目下の者に対して抱く感情である。**【英】** *pity*(あわれみ); *compassion*(思いやり)【3】「あわれみ」は、「哀れみ」「憐れみ」とも書く。

2 16-52 思いやる／あわれむ

共通する意味★人の身の上、心情などについて思いめぐらし、同情する。

使い方▼〔**思いやる**〕(ラ五)〔**あわれむ**〕(マ五)

	突然の不幸に見舞われた人を‖	病人の気持ちを‖	親に捨てられた子犬を‖
思いやる	○	○	-
あわれむ	○	-	○

使い分け【1】「思いやる」は、自分よりも目上の者に対しても目下の者に対しても使うことができるが、「あわれむ」は、目下の者に対して使われることが多い。**【英】** *to think of*(思いやる); *to pity*(あわれむ)【2】「思いやる」は、「故郷を思いやる」のように、遠くのものをはるかに思うという意味もある。【3】「あわれむ」は、かわいそうに思うという意。「哀れむ」「憐れむ」とも書く。

2 16-53 ほだされる／身につまされる

共通する意味★人の気持ち、立場などにひきつけられて、自分も同じように感じてしまう。**【英】** *to be moved*

使い方▼〔**ほだされる**〕(連語)▽相手にほだされて別れずにいる▽情にほだされる〔**身につまされる**〕▽身につまされる境遇▽明日はわが身と身につまされる

使い分け「ほだされる」は、情愛の濃く通い合う間柄での語で、それゆえに身動きが取れなくなることだが、「身につまされる」は、個人的には縁のない場合でも、自分の身に置き換えて感じてしまうときに使う。ただし、「身につまされる」は、結局は他人事としていて、そのとき感じるだけの気持ちである。

2 16-54

親心

〔関連語〕◆(**母性愛**)◆(**父性愛**)

意味★親として子を思う気持ち。**【英】** *parental affection*

使い方▼〔**親心**〕▽子の幸せを願う**親心**▽這えば立て、立てば歩めの**親心**

◙意味が発展して、他人の間でも、親のようにかけてやる愛情の意に用いる。

〔関連語〕◆(**母性愛**)母親が子供に対して持つ本能的な愛。また、女性が本来持っている、子供のような存在への愛情。「無限の母性愛」「母性愛をくすぐる」◆(**父性愛**)父親の子供への愛。「父性愛を発揮する」

2 17 …体面・誇示・恥

2 17-01

誇る／自慢／うぬぼれる／思い上がる

共通する意味★(本来なら謙遜すべき)自分のすぐれた性質、能力などに得意になる。**【英】** *to be proud (of)*

使い方▼〔**誇る**〕(ラ五)▽日本が世界に**誇る**伝統工芸▽不敗の記録を**誇っ**ている　〔**自慢**〕スル▽料理の腕を**自慢する**▽**自慢**話は聞き飽きた▽お国**自慢**　〔**うぬぼれる**〕(ラ下一)▽自分の美貌に**うぬぼれる**▽**うぬぼれる**のもいい加減にしろ▽自分は天才だと**うぬぼれ**ている　〔**思い上がる**〕(ラ五)▽一人で勝ったかのように**思い上がっ**ている▽自然に対する人間の**思い上がっ**た振る舞い

	頭が良いと［ ］	頭の良さを(に)［ ］	子どもの成績を(に)［ ］	自分一人で［ ］
誇る	△	を○	を○	-
自慢する	○	を○	を○	-
うぬぼれる	○	に○	-	○
思い上がる	○	に△	-	○

使い分け【1】「誇る」「自慢する」は、自分のことや自分に関係のある物事に満足し、ほめてやりたい気持ちを人に示す意。「うぬぼれる」「思い上がる」は、自分一人の性質や能力について、実際以上に良いと一人で勝手に思い込む意。【2】「誇る」は、他人から見ても実際に価値のある点についていうことが多く、必ずしも悪い意味には使わない。【3】「自慢」は、自分のこと、持ち物、身内の人間などを、他の人の前で良くいう意。「ご自慢のコレクションだが大したことはない」のように、他人から見るとほめるだけの根拠がない場合もある。【4】「うぬぼれる」は、他人がどう思おうと、自分で自分をすばらしいと思う意。「自惚れる」とも書く。【5】「思い上がる」は、自分の能力を実際以上だと思い込み、そのつもりで行動する意。客観的に見れば見苦しい、という評価が含まれた言葉。

2 17-02

顕示／誇示

〔関連語〕◆(**示威**)

共通する意味★ことさらに示そうとすること。**【英】** *to display*

使い方▼〔**顕示**〕スル▽すぐ自分を**顕示**したがる人▽自己**顕示**欲　〔**誇示**〕スル▽財力を**誇示する**▽肉体を**誇示する**▽武力の**誇示**

使い分け【1】「顕示」は、目だつようにはっきりと示すことをいう。【2】「誇示」は、誇らしげに示すこと、得意になって見せつけることをいう。

〔関連語〕◆(**示威**)スル威力、勢力を示すこと。「軍事力を示威する」「示威運動」

2 17-03

自負／自任／矜持

共通する意味★自分の能力などをすぐれたものとして誇ること。**【英】** *self-conceit*

使い方▼〔**自負**〕スル▽わが社の製品は日本一であると**自負**している▽**自負**心　〔**自任**〕スル▽この役をこなせるのは自分しかいないと**自任**している▽第一人者を**自任する**　〔**矜持**〕▽学生としての**矜持**を持て

使い分け【1】「自負」は、自分の才能や能力、学問、業績などがすぐれていると信じて誇ること。他から見てどうであろうとも、自分自身がすぐれていると信じ、それを頼みとして誇る場合に使う。【2】「自任」は、自分がそれにふさわしい能力、資格などをもっていると思いこんでいることをいう。【3】「矜持」は、自分の能力をすぐれたものとして信じていだく誇りをいう。文章語。慣用読みで「きんじ」とも。

2 17-04

自信／覚え

共通する意味★自分の能力などを信じていること。

【英】 *confidence*

使い方▼〔**自信**〕▽合格する**自信**はない▽**自信**に満ちた態度▽**自信**を失う▽**自信**をつける▽**自信**満々　〔**覚え**〕▽料理には腕に**覚え**がある

使い分け【1】「自信」は、自分の能力や考え方、価値、言動など、自分に関するいろいろな事柄について、それがすぐれている、あるいは、確かであると信じることをいう。【2】「覚え」は、「腕に覚えがある」の形で、技術的な面で腕前がすぐれている、立派であると信じていることをいう。また、「覚えが悪い」「その顔に覚えがある」などのように、記憶、または、心当たりの意でも使われる。
参照▼覚え⇒515-56 602-15

2 17-05 誇り（ほこり）／プライド

共通する意味★誇ること、また、その心。**【英】** *pride*

使い方▼**〔誇り〕**▽君には人間としての**誇り**がないのか▽今回の君の行為はわが社の**誇り**です **〔プライド〕**▽元チャンピオンとしての**プライド**を捨てる

	□を持つ	□を傷つける	□に思う	太郎は□が高い	□が許さない
誇り	○	○	○	－	－
プライド	○	○	－	○	○

使い分け【1】「誇り」は、名誉に感ずること、誇ること、またその心をいう。【2】「プライド」は、誇る心、また、自分を尊び、品位を保とうとする心をいう。

2 17-06 うぬぼれ／手前味噌（てまえみそ）／自画自賛（じがじさん）

【関連語】◆**〔自賛〕**じさん

共通する意味★自分で自分のことをほめること。**【英】** *self-praise*

使い方▼**〔うぬぼれ〕**（名・形動）▽**うぬぼれ**の強い子▽**うぬぼれ屋** **〔手前味噌〕**▽**手前味噌**になりますが、そのことなら私の論文をご覧ください▽**手前味噌**を並べる **〔自画自賛〕**スル▽自分が描いた絵を**自画自賛**する

使い分け【1】「うぬぼれ」は、実力以上に自分がすぐれていると思って自分をほめ、得意になることをいう。「自惚れ」とも書く。【2】「手前味噌」は、もとは自分の家で作った味噌を自慢すること。その意から転じて、自分で自分に関することをほめることをいう。【3】「自画自賛」は、自分の描いた絵に自分で賛を書くこと。その意が転じて、自分の物やしたことなどを自分でほめることをいう。

【関連語】◆**〔自賛〕**スル「自画自賛」とほぼ同じ意味で使われる。「彼の自賛の作品」

2 17-07 自重（じちょう）／自粛（じしゅく）／自戒（じかい）

共通する意味★自分の行動や態度を慎むこと。**【英】** *prudence*

使い方▼**〔自重〕**スル▽隠忍**自重**▽自戒**自重** **〔自粛〕**スル▽業界内で**自粛**を申し合わせる **〔自戒〕**スル▽もって**自戒**すべし

	□を求める	チャンスが訪れるまで□せよ	深夜営業を□する	□の念が強い
自重	○	○	－	－
自粛	○	－	○	－
自戒	○	－	－	○

使い分け【1】「自重」は、慎重に構えること、「自粛」は、さし控えること、遠慮することをいう。【2】「自戒」は、自分自身をいましめ律することをいう。【3】「自重」は、「ご多忙の折ご自重ください」のように、自分の体を大切にすることもいう。

2 17-08 虚栄心（きょえいしん）／見え（みえ）

【関連語】◆**〔めっき〕**◆**〔洒落っ気〕**しゃれっけ◆**〔飾り気〕**かざりけ◆**〔気取り〕**きどり

共通する意味★自分を実際以上によく見せようとする心。**【英】** *vanity*

使い方▼**〔虚栄心〕**▽あの人は**虚栄心**のかたまりだ▽**虚栄心**を満足させる▽**虚栄心**が強い **〔見え〕**▽つまらない**見え**を張る▽**見え**で高級車を買う

使い分け「見え」は、自分を実際よりよく見せようとする心ばかりでなく、その心がうわべを飾ろうとする態度に現れた場合にも使う。「見栄」とも書く。

【関連語】◆**〔めっき〕**悪い中身を隠すために表面を飾りたて、よく見せること。「めっきがはげる（＝中身が悪いことがばれる）」◆**〔洒落っ気〕**服装などを派手にして、きれいに見せようとする気持ち。「洒落っ気がある人」◆**〔飾り気〕**自分を実際よりよく見せようとする気持ち。「飾り気のない性格」◆**〔気取り〕**気取った様子。「変な気取りのない人」「気取り屋」

2 17-09 伊達（だて）／気障（きざ）

共通する意味★気取ったり、見えを張ったりして、外見を飾るさま。**【英】** *affected*《形》

使い方▼**〔伊達〕**（名・形動）▽**伊達**の薄着▽背中の入れ墨は**伊達**じゃない **〔気障〕**（形動）▽**気障**なことをいう▽**気障**なしぐさ▽彼は**気障**だ

使い分け【1】「伊達」は、外見を飾り見えを張るさまにいうが、「気障」は、気取ったさまを周囲の人間が嫌みであると受け取り、それに反発する意識を反映した語。【2】「伊達」は、「伊達男」のように、人目をひく意気、侠気（きょうき）を示すこともいう。

2 17-10 勿体（もったい）ぶる／気取（きど）る／澄（す）ます

【関連語】◆**〔格式ばる〕**かくしきばる◆**〔しゃれる〕**

共通する意味★体裁を飾り、ものものしくふるまう。**【英】** *to put on airs*

使い方▼**〔勿体ぶる〕**（ラ五） **〔気取る〕**（ラ五） **〔澄ます〕**（サ五）

	□た顔つき	□た歩き方	□てなかなか教えてくれない	いくら話しかけても□ている
勿体ぶる	ーっ○	ーっ○	ーっ○	ーっ－
気取る	ーっ○	ーっ○	ーっ－	ーっ－
澄ます	ーし○	ーし－	ーし－	ーし○

使い分け【1】「勿体ぶる」は、重々しく体裁をつくる意。【2】「気取る」は、他人から見られたときに、よく見えるように体裁をつくる意。また、「芸術家を気取る」のように、その者になったようにそれらしくふるまう意にも使われる。【3】「澄ます」は、まじめそうな顔つきをしたり、自分には関係ないという顔つきをしたりする意。

【関連語】◆**(格式ばる)**(ラ五)格式を重んじて堅苦しく振る舞う。「格式ばったあいさつ」◆**(しゃれる)**(ラ下一)気がきいている。「しゃれた恰好(かっこう)」

2 17-11 威張る(いばる)/おごる/付け上がる(つけあがる)/高ぶる(たかぶる)

共通する意味★自分を、他人または本来の自分より優れていると思い、それを見せつけるような態度を取る。**【英】** *to be haughty*

使い方▼〔**威張る**〕(ラ五)▽当選したとたんに**いばる**代議士▽部下に**いばり**散らす▽一度勝ったぐらいで**いばる**な 〔**おごる**〕(ラ五)▽**おごる**平家は久しからず▽人を人とも思わない**おごっ**た態度 〔**付け上がる**〕(ラ五)▽自然を無視した人間の**つけ上がっ**た考え▽新人のくせに**つけ上がっ**ている 〔**高ぶる**〕(ラ五)▽つんけんして**高ぶっ**た人▽彼は出世しても少しも**高ぶら**ない▽おごり**高ぶる**

	□た態度	□て歩く	勝ちに□	優しくすれば□	一人で□
威張る	ーっ○	ーっ○	－	－	○
おごる	ーっ○	ーっ－	○	－	－
つけ上がる	ーっ○	ーっ－	－	○	－
高ぶる	ーっ○	ーっ△	－	－	△

使い分け【1】「威張る」は、自分の強さや勢力を相手にわからせるように振る舞う意。良い態度とはされない。【2】「おごる」は、自分の優位に安心して気がゆるみ、わがままが出たり、相手をばかにしたりすること。「驕る」「傲る」とも書く。【3】「付け上がる」は、相手の好意、おとなしさなどを見て、相手の力を侮り、自分に許された範囲を越えて勝手な行動、態度を取る意。【4】「高ぶる」は、あくまでも対人関係の中で相手を無視することだが、「高ぶる」は、相手はどうあれ一人で自分は偉いと思い込んでいる場合にいう。「昂る」とも書く。【5】「おごる」には他に、贅沢(ぜいたく)をするという意味もある。また「口がおごっている」のように、贅沢に慣れているという意味にもなる。このような場合は「奢る」と書く。さらに、「友だちに食事をおごる」のように、他人の飲食代を払ってあげる、という意味でも使われる。

参照▼おごる⇒501-20

2 17-12 空威張り(からいばり)/虚勢(きょせい)

【関連語】◆**(夜郎自大)**やろうじだい

共通する意味★上べだけで威張り、よくみせようとすること。**【英】** *a bluff*

使い方▼〔**空威張り**〕スル▽**空威張り**をしているだけだ 〔**虚勢**〕▽良いところを見せようと**虚勢**を張る

使い分け【1】「空威張り」は、実力や内容が伴わないのに、表面だけで偉そうに威張ることをいう。【2】「虚勢」は、上べだけの勢い、見せかけだけの威勢のよさを表わし、多く「虚勢を張る」の形で使われる。

【関連語】◆**(夜郎自大)**自分の力量をよく知らずに威張ること。昔、中国西南の民族の夜郎が、漢の強大さを知らずに自分の勢力を誇ったということから。

2 17-13 知ったかぶり(しったかぶり)/半可通(はんかつう)

共通する意味★実際は知らないのに知っているようなふりをすること。**【英】** *knowingly*《副》

使い方▼〔**知ったかぶり**〕▽**知ったかぶり**をして相づちをうつ 〔**半可通**〕▽**半可通**をふりまわす

使い分け「半可通」は、特に中途半端な知識しかないのに、そのことに通じているようなふりをすることをいう。また、通人らしくふるまう人のこともいう。

2 17-14 誇らしげ(ほこらしげ)/誇らか(ほこらか)/揚揚(ようよう)/得得(とくとく)

共通する意味★得意そうなようす。**【英】** *proud*

使い方▼〔**誇らしげ**〕(形動)▽**誇らしげ**に優勝したわが子を見上げる 〔**誇らか**〕(形動)▽満場の拍手を背に**誇らか**な顔をして退場する 〔**揚揚**〕(形動たる・と)▽試合に勝って意気**揚々**と引き上げる 〔**得得**〕(形動たる・と)▽手柄を**得々**と語ってきかせる

使い分け【1】「誇らしげ」が一般に使われるが、四語の中では、「得得」が最も他に自慢しているようすが強く表わされている語といえる。【2】「揚揚」は、多く、「意気揚々」の形で使われる。

2 17-15 誇らしい(ほこらしい)/自慢たらしい(じまんたらしい)

共通する意味★人に誇りたい、自慢したい気持ちである。**【英】** *proud*

使い方▼〔**誇らしい**〕(形)▽息子のことを**誇らしく**思

う▽試合に勝って誇らしい気持ちになる 〔**自慢たらしい**〕(形)▽自慢たらしく身内のことを話す▽いかにも自慢たらしい口ぶり

使い分け 「誇らしい」は、単に自分一人の心の中で誇らしく思ったり、得意に思ったりしている場合に使われる語で、外部や他者に向けられるものではない。一方、「自慢たらしい」は、いかにも自分に関することを自慢しているような印象を与える状態をいう語で、マイナスの評価を含む表現である。

2 17-16 尊大(そんだい)／横柄(おうへい)

【関連語】◆(傲然(ごうぜん))

共通する意味★他に対して偉そうな態度をとるさま。**【英】** *arrogant*

使い方▼〔**尊大**〕(名・形動)▽目上の人に尊大な態度をとる▽尊大に構える 〔**横柄**〕(形動)▽横柄な口を利く▽横柄な態度をとる▽横柄な店員▽あまり横柄なのでキャンセルした

使い分け【1】「尊大」は、人を見下して偉そうにしているさま、威張っているさまをいう。【2】「横柄」は、他の人を見下げるような態度で無礼であるさまをいう。謙虚さがなく、相手を小馬鹿にしているようなニュアンスがある。

【関連語】◆(**傲然**)(形動たる・と)人を見下してえらそうに威張っているさま。文章語。「傲然と構える」

2 17-17 頭(あたま)ごなし／高飛車(たかびしゃ)／高圧的(こうあってき)／居丈高(いたけだか)

共通する意味★相手を一方的に上から押さえつけるような態度に出ること。**【英】** *high-handed; overbearing*

使い方▼〔**高飛車**〕(名・形動) 〔**高圧的**〕(形動) 〔**居丈高**〕(形動)

	□に言う	□に叱(しか)る	□な態度	□な物言い	□に出る
頭ごなし	○	○	-	-	-
高飛車	○	-	○	○	○
高圧的	○	-	○	○	○
居丈高	○	○	○	○	-

使い分け【1】「頭ごなし」は、相手の気持ちや考えなどはかまわずに、また、相手に弁解や反論の余地などを全く与えずに、初めから一方的に相手を押さえつけるような態度をとるさまをいう。【2】「高飛車」は、もとは将棋で、飛車を自陣の前に出して相手を威圧するように攻める戦法の意。【3】「高圧的」は、自分の方が相手よりも威力、権力を持っていると考えているような態度、様子をするさまをいう。【4】「居丈高」は、怒りを含んで人を威圧するような言動をとるさまをいう。

2 17-18 高慢(こうまん)／傲慢(ごうまん)／不遜(ふそん)

【関連語】◆(居傲(きょごう))◆(傲岸(ごうがん))◆(驕慢(きょうまん))◆(暴慢(ぼうまん))◆(慢心(まんしん))

共通する意味★おごりたかぶるさま。

使い方▼〔**高慢**〕(名・形動) 〔**傲慢**〕(形動) 〔**不遜**〕(名・形動)

	□な態度	□の鼻を折る	金と力で服従を強いる□な男	師の業績をけなす□な弟子
高慢	○	○	△	△
傲慢	○	-	○	△
不遜	○	-	-	○

使い分け【1】「高慢」は、自己の才能、能力、容貌(ようぼう)などがすぐれているとうぬぼれて、人を侮るさま。**【英】** *pride* 【2】「傲慢」は、おごりたかぶって人を侮り、自己本位に行動するさま。**【英】** *arrogance* 【3】「不遜」は、自分が他よりも立派であると思い上がり、へり下ることをしないで礼に欠くさま。**【英】** *haughtiness*

反対語▼傲慢⇔謙虚　不遜⇔謙遜

【関連語】◆(**居傲**)(名・形動)おごりたかぶり威張るようす。文章語。「居傲にふるまう権力者」◆(**傲岸**)(名・形動)おごりたかぶった態度で人と接するさま。文章語。「傲岸な態度」「傲岸不遜」◆(**驕慢**)(名・形動)人を見下して、おごりたかぶっているさま。文章語。「驕慢な態度」◆(**暴慢**)(名・形動)乱暴で自分勝手なさま。文章語。「暴慢な態度」◆(**慢心**)スル自分を偉いと誇って、油断すること。また、そのような心。「慢心が失敗を招いた」「おのれの才能に慢心する」

2 17-19 生意気(なまいき)／こざかしい／利(き)いた風(ふう)

【関連語】◆(ちょこ才(ちょこざい))◆(小生意気(こなまいき))◆(しゃらくさい)

共通する意味★自分の能力以上に偉そうにふるまうさま。**【英】** *saucy*

使い方▼〔**生意気**〕(名・形動)▽新入生のくせに生意気だ▽生意気ざかり 〔**こざかしい**〕(形)▽新米のくせにこざかしいことをいうな！ 〔**利いた風**〕(名・形動)▽利いた風な口をきく

使い分け【1】いずれも、目下の者に対していう語。【2】「生意気」は、それにふさわしい身分や年齢ではないのに、出すぎた言動をすること。【3】「こざかしい」は、利口ぶって、「利いた風」は、わかっているふりをして、出すぎた言動をすること。「こざかしい」は「小賢しい」とも書く。

【関連語】◆(**小生意気**)(名・形動)いかにも生意気なさま。「小生意気な口をきく」◆(**ちょこ才**)(名・形動)小才があって生意気なこと。やや古めかしい言い方。「ちょこ才なやつめ」◆(**しゃらくさい**)(形)分(ぶん)不相応な感じがして生意気なこと。やや古めかしい言い方。「そんなことを言うなんてしゃらくさい」

参照▼こざかしい⇒201-68

2 17-20 見せびらかす／見せつける／ひけらかす

【関連語】◆(当てつける)あてつける

共通する意味★得意そうに人に見せる。**【英】** *to show off*

使い方▼〔見せびらかす〕(サ五) 〔見せつける〕(カ下一) 〔ひけらかす〕(サ五)

	ダイヤの指輪を□	新しい玩具を友人に□	仲のよいところを□	学歴を□
見せびらかす	○	○	△	-
見せつける	○	△	○	-
ひけらかす	○	-	-	○

使い分け【1】「見せびらかす」は、具体的な物や容姿などを自慢そうに人に見せたり、誇示したりする意を表わす。【2】「見せつける」は、ことさら人目につくように振る舞う意。しばしば男女の仲のよさについて使われる。【3】「ひけらかす」は、自分の才能や学歴、地位などが、他よりも優位に立っていることを自慢し、鼻につくほどしきりに人に言ったり示したりする行為をいう。

【関連語】◆(当てつける)(カ下一)男女の仲のよいところを、ことさら人目につくように振る舞う。「仲のよいところをみせてさんざんに当てつけてやった」

2 17-21 劣等感／引け目

劣等感(れっとうかん)／引け目(ひけめ)

【関連語】◆(コンプレックス)

共通する意味★自分が他人より劣っているという感情。**【英】** *inferiority complex*

使い方▼〔劣等感〕▽自分より何事においても優れている級友に劣等感をもつ▽劣等感にさいなまれる〔引け目〕▽流行遅れのコートで引け目を感じる▽彼には引け目がある

使い分け「劣等感」は、他人とくらべて劣ると感じて自分はだめだと暗い気持ちになることだが、「引け目」は、自分の力が足りなかったり劣ったりすることを恥ずかしく思う気持ちである。

反対語▼劣等感⇔優越感

【関連語】◆(コンプレックス)「インフェリオリティ・コンプレックス(**【英】** *inferiority complex*)」の略。「劣等感」と訳す。「自分の容貌(ようぼう)にコンプレックスを抱く」

2 17-22 恥

恥(はじ)

【関連語】◆(赤恥)あかはじ◆(羞恥)しゅうち◆(生き恥)いきはじ◆(死に恥)しにはじ

意味★世間に対して面目を失うこと。不名誉なこと。また、名誉を重んじること。**【英】** *shame; disgrace*

使い方▼〔恥〕▽公衆の面前で恥をかかされる▽恥を恥とも思わぬ図太い男▽恥の上塗り(=重ねて恥をかくこと)▽恥を知れ

【関連語】◆(赤恥)「恥」を強めていった語。「あかっぱじ」ともいう。「赤恥をかく」◆(羞恥)恥ずかしく思うこと。「羞恥心」の形で使うことが多い。◆(生き恥)生きているために受ける恥。「生き恥をさらす」◆(死に恥)死に際に受ける恥。死後に残る恥。「死に恥をさらす」

2 17-23 恥じらい／含羞

恥(は)じらい／含羞(がんしゅう)

共通する意味★はにかみ、恥ずかしがること。**【英】** *shyness*

使い方▼〔恥じらい〕▽少女の顔には恥じらいの色が見えた▽恥じらいも何もうせ、ただ無我夢中であった 〔含羞〕▽彼女の顔に含羞の色が浮かんだ▽含羞のまなざし

使い分け「含羞」は、文章語。

2 17-24 照れる／はにかむ／恥じらう

照(て)れる／はにかむ／恥(は)じらう

共通する意味★自分の存在や行為に、人から注目されるのが恥ずかしい、という様子を見せる。**【英】** *to feel shy*

使い方▼〔照れる〕(ラ下一)▽好きな人の前では照れてしまって話ができない▽冷やかされて照れる新婚夫婦 〔はにかむ〕(マ五)▽はにかんだような笑顔▽はにかんでうつむく内気な子ども▽はにかみながら答える 〔恥じらう〕(ワ五)▽少女が恥じらってうつむく▽話しかけても恥じらってほほえむばかりだ▽花も恥じらう十八歳

	□て(で)顔を赤くする	ほめられて□	まだ世慣れずに□	□て(で)思わず声が高くなる
照れる	-れ○	○	-	-れ○
はにかむ	-ん○	△	○	-ん-
恥じらう	-っ○	△	○	-っ-

使い分け【1】「照れる」は、人前で注目されたり、自分でも自分を意識したりして緊張し、恥ずかしがる意。そのために、いつもと違った身ぶりや行動をする場合が多い。【2】「はにかむ」は、実際の行動に出る「照れる」とは違って、言葉や身ぶりを少なくし、ほほえんだり、下を向いたり、目をそらしたりなどして恥ずかしさを表わす行為。「含羞む」とも書く。【3】「はじらう」は、何かの理由で自分を恥じ、ものを言ったり何かをしたりするのを少なくして、人目を避けようとする行為。若い女性などに多く使う。「羞う」とも書く。

2 17-25 恥じる／恥じ入る

共通する意味★自分の行為の誤りや、欠点、過ち、至らなさなどを自覚して、恥ずかしく思う。**【英】** *(to be) ashamed (of)*

使い方▼〔**恥じる**〕(サ上一)▽自分の無知を恥じる▽名に恥じぬように一層の精進努力をいたします 〔**恥じ入る**〕(ラ五)▽今回の不始末を深く恥じ入る次第です▽自分の愚かさを恥じ入る

使い分け 「恥じ入る」は、「恥じる」を強調した語で、あらたまった場面で用いられる。

2 17-26 恥ずかしい／照れくさい／面映ゆい

【関連語】◆(こそばゆい)

共通する意味★悪いことをしたり、あるいはほめられたりなどしてきまりが悪い。**【英】** *embarrassed*

使い方▼〔**恥ずかしい**〕(形)▽級友の前でしかられて恥ずかしい▽エチケットを知らない人と食事をするのは恥ずかしい 〔**照れくさい**〕(形)▽自分からこんなことをいうのは照れくさい 〔**面映ゆい**〕(形)▽大勢の前で表彰されるのは面映ゆかった

	面と向かってほめられると□	幼友達に会って□	□そうに人前に出る
恥ずかしい	○	－	－し○
照れくさい	○	○	－さ○
面映ゆい	○	○	－ゆ－

使い分け【1】「恥ずかしい」は、良いことでも悪いことでも、他人の前に出ることができないような感情についていう。【2】「照れくさい」は、照れてしまってなんとなく恥ずかしいさまをいう。【3】「面映ゆい」は、あることをしたり、されたりする場合に、面と向かってそうするのがなんとなく恥ずかしいさまをいう。

【関連語】◆(**こそばゆい**)(形)自分の力以上の評価を受けたときの、恥ずかしく思う気持ちを表わす。「ほめられすぎてこそばゆい」

参照▼こそばゆい⇒111-13

2 17-27 気恥ずかしい／小恥ずかしい／うら恥ずかしい／きまり悪い

共通する意味★なんとなく恥ずかしい。**【英】** *ashamed*

使い方▼〔**気恥ずかしい**〕(形)▽こんな姿で人前に出るなんて気恥ずかしい 〔**小恥ずかしい**〕(形)▽こんなことを君に頼むのは小恥ずかしいのですが… 〔**うら恥ずかしい**〕(形)▽うら恥ずかしい年頃(としごろ) 〔**きまり悪い**〕(形)▽けんかをした後なので顔を合わせるのがきまり悪い

使い分け【1】「気恥ずかしい」は、少々照れくさくてなんとなく恥ずかしいさまをいう。【2】「小恥ずかしい」の「小」は、ちょっと、なんとなくの意を表わす接頭語。方言などで「こっぱずかしい」とも。【3】「うら恥ずかしい」は、恥ずかしいことは何もないのだが、本人は人目を気にして恥ずかしく感じるようなさまを表わす。【4】「きまり悪い」は、多く本人がなんともばつが悪い、みっともない、体裁が良くないと感じたときに使われる。

2 17-28 やましい／後ろめたい／後ろ暗い

共通する意味★良心に恥じるところがあって、心にかかる感じである。**【英】** *guilty*

使い方▼〔**やましい**〕(形)▽カンニングをしたあと、やましいことをしたと後悔した 〔**後ろめたい**〕(形)▽両親にうそをついて後ろめたく思う 〔**後ろ暗い**〕(形)▽貧乏はしているが、後ろ暗いことは何もしていない

	□ことは何もない	神に背いて□思う	友人をだまして□	□感じのする男
やましい	○	－く○	－	－
後ろめたい	○	－く－	○	－
後ろ暗い	○	－く－	－	○

使い分け【1】「やましい」は、良心に恥じるところがある、の意。【2】「後ろめたい」は、良心に恥じるところがあって、相手に対してなんとなく気がとがめるという意味を伴う。【3】「後ろ暗い」は、人に知られたくない不都合なところがあるさまを表わす。

2 17-29 恥知らず／破廉恥／恥さらし／無恥

共通する意味★恥を恥とも思わないこと。**【英】** *shamelessness*

使い方▼〔**恥知らず**〕(名・形動)▽友達を平気で裏切るとはなんという恥知らずだ▽君のような恥知らずは見たことがない 〔**破廉恥**〕(名・形動)▽あっちについたりこっちについたり破廉恥な奴(やつ)だ▽破廉恥な行い 〔**恥さらし**〕(名・形動)▽あの子は一家の恥さらしだ 〔**無恥**〕(名・形動)▽厚顔無恥の男

使い分け【1】「恥知らず」「無恥」は、恥ずべきことを平気でやってのけるさま、また、そのような人をいう。「無恥」は、「厚顔無恥」の形で使われることが多い。【2】「破廉恥」は、道徳や人道に反する行為を

恥とも思わず、平然とやるさまを表わす。単に「恥知らず」と同じ意味合いで使われることもあるが、その場合には、「恥知らず」をさらに強調した意味となる。【3】「恥さらし」は、恥を世間にさらけだすさまを表わす。

2 17-30 名折れ／面汚し

共通する意味★ある集団、または個人が持っている良い評判を傷つけること。**【英】** *a disgrace*

使い方▼**〔名折れ〕**▽お前のような奴がいては家の名折れになる▽こんなことも知らないなんて秀才も名折れだね　**〔面汚し〕**▽不正をはたらくなんて公務員の面汚しもいいところだ▽一族の面汚しと罵られた

使い分け【1】「名折れ」は、グループや個人の、名誉や世間に広く知られている特色が否定されるようなこと。また、否定するような行為や様子をいう。【2】「面汚し」は、所属するグループの面目(グループの外の人から良いと評価される様子、体面、見栄)を損なうような行い。個人の名誉が傷つく場合にはあまり使わない。

2 17-31 不名誉／不面目

共通する意味★社会的評価を悪くするような、恥ずかしいこと。**【英】** *a dishonor*

使い方▼**〔不名誉〕**(名・形動)▽五年連続最下位とは、不名誉この上ない▽浮気しているという不名誉なうわさ　**〔不面目〕**(名・形動)▽不面目をしでかして顔むけができない▽一点もとれないという不面目な負け方をした

使い分け【1】「不名誉」は「名誉」を、「不面目」は、「面目」を傷つけることをいう。【2】「不面目」は、「ふめんもく」ともいう。

2 18 …希望・願望・欲望

2 18-01 希望／望み／夢

【関連語】◆(期待)◆(所望)

共通する意味★実現を待ち望むこと。また、将来への明るい見通し。**【英】** *hope*

使い方▼**〔希望〕**スル▽希望どおりに事が運ぶ▽希望を失う　**〔望み〕**▽永年の望みがかなう▽優勝の望みはない　**〔夢〕**▽大きな夢を抱く▽子供のころの夢がかなう

使い分け

	□を持ちつづける	画家になるのが彼の□だ	子供に□を託す	□に燃える	□の品
希望	○	○	△	○	○
望み	○	○	○	-	○
夢	○	○	○	-	-

【1】「希望」「望み」は、「夢」にくらべて、すぐに実現が可能なことにいうことも多い。また、「ご希望」「お望み」の形でも用いられ、ほしいと思う、してもらいたい、という意味になる。「お料理の内容はご希望(お望み)により調製いたします」【2】「夢」は、かなえられるかどうかはわからないが、将来実現させたいと思っている事柄をいう。

【関連語】◆**(期待)**スルあてにして、心の中で待ち受けること。「周囲の期待を裏切る」「援助を期待する」◆**(所望)**スルあることをしてほしい、ある物を手に入れたいなどと望むこと。「タバコを一本所望したい」「所望の品」

参照▼望み⇒208-57　夢⇒209-55

2 18-02 切望／熱望／渇望

【関連語】◆(待望)◆(希求)

共通する意味★強く望むこと。切実に希望すること。**【英】** *longing*

使い方▼**〔切望〕**スル　**〔熱望〕**スル　**〔渇望〕**スル

	世界平和を□してやまない	ファンの□に答える	母親の愛情を□する	□をいやす
切望	○	-	-	-
熱望	○	○	-	-
渇望	○	-	○	○

使い分け【1】「切望」は、切実に望むこと、「熱望」は、熱心に望むことをいう。【2】「渇望」は、あたかものどが乾いて水を欲するように望むこと。望む度合いは、三語のうちで最も強い。

【関連語】◆**(待望)**スルある事柄の起こるのを待ち望むこと。多く、「待望の…」の形で用いられる。「待望の救援物資が到着する」◆**(希求)**スル激しく請い求めること。「世界平和を希求する」

2 18-03 望む／求める／願う

【関連語】◆(こいねがう)◆(欲する)

共通する意味★そうあってほしいと思う。物事の実現や獲得を希望する。**【英】** *to desire; to wish*

使い方▼**〔望む〕**(マ五)▽母校の発展を望む▽待遇の改善を望む▽諸君のいっそうの努力を望む　**〔求める〕**(マ下一)▽必死で助けを求めた▽自由を求めて旅に出る　**〔願う〕**(ワ五)▽どうかお許しを願います▽それは願ったり叶ったりだ▽願ってもない好条件

	平和を□	明確な答弁を□	神に家内安全を□	よろしく□ます	息子の嫁に と□れる(られる)
望む	○	○	－	－み－	－ま○
求める	○	○	－	－め－	－め○
願う	○	△	○	－い○	－わ－

使い分け【1】「望む」は、自分自身の願望を表わす場合と、「諸君のいっそうの努力を望む」のように、相手に要求する場合とがある。【2】「求める」は、他の二語と違い、「謝罪を求める」などのように、相手をうながすなどして、強くはたらきかける意で使われることもある。【3】「願う」は、相手に助けや配慮を請う意が強く、神仏に祈願する場合にも用いられる。

【関連語】◆**(こいねがう)**(ワ五)ひたすらお願いする。「請い願う」「庶幾う」「希う」などとも書く。「慈悲をこいねがう」「御声援をこいねがう次第でございます」◆**(欲する)**(サ変)欲しがる意の文章語。「自由を欲する」「心の欲するままに行動する」

参照▼望む⇒103-14

2 18-04 欲(ほ)しい

意味★自分のものにしたい。また、「…てほしい」の形で、相手にそうしてもらいたいという強い要望も表わす。**【英】** *to want*

使い方▼〔**欲しい**〕(形)▽あの洋服が欲しい▽何も欲しくない▽そのことは言わないでほしい▽電話してほしい

2 18-05 憧憬(しょうけい)／あこがれ

共通する意味★対象を求めて、心が強く引きつけられること。**【英】** *yearning*

使い方▼〔**憧憬**〕(スル)▽憧憬の的▽異国の地を憧憬する〔**あこがれ**〕▽全校生徒のあこがれの的▽文学へのあこがれ

使い分け【1】「憧憬」は、もとは「しょうけい」と読んだが、現在は「どうけい」と読むことも多い。文章語。【2】「あこがれ」は、話し言葉でも用いられる。「憧れ」「憬れ」とも書く。

2 18-06 願(ねが)い／願(ねが)い事(ごと)／願望(がんぼう)

【関連語】◆**(祈願)**きがん

共通する意味★こうあってほしいと望むこと。また、その内容。**【英】** *a desire; a wish*

使い方▼〔**願い**〕▽部下の願いを聞き届ける▽願いがかなう▽平和への願いをこめる〔**願い事**〕▽神様に願い事をする▽願い事がかなえられた〔**願望**〕(スル)▽自主独立を願望する▽永年の願望がかなった▽結婚願望

使い分け【1】「願い」は、「退職願」などのように、望む事柄を書き記した文書をいうこともある。【2】「願い事」は、神仏に願い望むことをさす場合が多い。

【関連語】◆**(祈願)**(スル)神仏に望むこと。「安産を祈願する」

2 18-07 念願(ねんがん)／悲願(ひがん)／宿願(しゅくがん)

【関連語】◆**(本懐)**ほんかい◆**(本願)**ほんがん

共通する意味★長い間一心に願っていること。もとからの願い。**【英】** *one's heart's desire*

使い方▼〔**念願**〕(スル)▽年来の念願をはたす▽念願を達成する〔**悲願**〕▽悲願を達成する〔**宿願**〕▽永年の宿願を果たす

使い分け「悲願」「宿願」は、実現を切望していた願いで、「念願」よりも意味が強い。

【関連語】◆**(本懐)**以前からの願い、望み。文章語。「本懐をとげる」◆**(本願)**本来の願い。文章語。「本願成就」

2 18-08 懇願(こんがん)／嘆願(たんがん)／熱願(ねつがん)／哀願(あいがん)

【関連語】◆**(懇請)**こんせい◆**(懇望)**こんもう◆**(泣き付く)**なきつく

共通する意味★心からお願いすること。**【英】** *entreaty*

使い方▼〔**懇願**〕(スル)▽資金援助を懇願する〔**嘆願**〕(スル)▽助命を嘆願する▽嘆願書に署名する〔**熱願**〕(スル)▽実験の成功を熱願する〔**哀願**〕(スル)▽子供の命だけは助けてくれと哀願する

使い分け【1】「懇願」「嘆願」は、相手にお願いする場合に、「熱願」は、心の中で願う場合に用いられるが、「熱願」は「懇願」「嘆願」にくらべ、あまり用いられない。【2】「哀願」には、相手の同情心に訴えてお願いするといった意味合いが濃い。

【関連語】◆**(懇請)**(スル)心を尽くして頼み願うこと。文章語。「許可を懇請する」「懇請を受ける」◆**(懇望)**(スル)ひたすら願い望むこと。文章語。「嫁にほしいと懇望された」◆**(泣き付く)**(カ五)泣きすがるようにして頼む。「当選させてほしいと泣き付かれる」

2 18-09 頼(たの)む／依頼(いらい)

【関連語】◆**(請う)**こう

共通する意味★自分の希望するとおりにしてくれるよう相手に願ったり、望んだりする。**【英】** *to ask*

使い方▼〔**頼む**〕(マ五)▽頼むから静かにしてくれ▽コーヒーを頼む▽紹介を頼む〔**依頼**〕(スル)▽調査の依頼を受ける▽弁護を依頼する▽依頼状

	調査を□	子供に用事を□	伝言を□	自らを□
頼む	○	○	○	○
依頼する	○	－	○	－

使い分け【1】「頼む」は、自分の要望、用件などを相手に伝えて、それをかなえてくれるように願うこと。日常生活上の事柄について広く用いられる。「強い味方と頼む人」のように、相手に頼るという意味合いが含まれることもある。【2】「依頼」は、業務、事務などを相手にお願いする場合に多く用いられる。「頼む」よりも硬い表現となる。

【関連語】◆〈請う〉(ワ五)ある物やことを他人に願い求める。「乞う」とも書く。文章語。「許しを請う」「教えを請う」

2 18-10 頼る（たよる）／縋る（すがる）

【関連語】◆〈依存〉いぞん

共通する意味★助けになるものと思う。【英】*to depend on*

使い方▼〔頼る〕(ラ五)　〔縋る〕(ラ五)

	親に□	つえに□て歩く	計器に□て飛行する	人の情けに□	友人を□て渡米する
頼る	○	ーっ○	ーっ○	ー	ーっ○
すがる	○	ーっ○	ーっー	○	ーっー

使い分け【1】「すがる」は、苦しい状況、思わしくない状況の中で、物や人の力などを唯一の頼みとして強くつかまったりしがみついたりする意。「頼る」よりも頼みにするという意味合いが強い。【2】「頼る」には、関係のある人に期待してその力や助けを借りるという意味もある。

【関連語】◆〈依存〉スル 他の物によりかかり、その物によって、存在したり生活したりすること。「いそん」とも。「食糧を外国からの輸入に依存する」

参照▼縋る⇒101-32

2 18-11 嘱託（しょくたく）／委嘱（いしょく）／委任（いにん）／付託（ふたく）

共通する意味★仕事や業務、物事の処理などを人に依頼して任せること。【英】*to commission*

使い方▼〔嘱託〕スル▽業務をすべて彼に嘱託する▽嘱託医　〔委嘱〕スル▽会の運営を部外者に委嘱した▽議長を委嘱する▽委嘱状　〔委任〕スル▽全権を大使に委任した▽委任状　〔付託〕スル▽決定を委員会に付託する▽付託事項

使い分け【1】「嘱託」は、一定の業務、仕事を、正規の職員、社員以外の人に頼み任せること。そのようにして業務、仕事を依頼された人のこともいう。【2】「委嘱」は、特定の仕事、役職を人に任せること。【3】「委任」「付託」は、問題の処理・審議・決定などを他の人に任せること。通常、「委任」は、個人が個人あるいは団体に任せることをいうのに対して、「付託」は、団体が団体に任せる場合に用いる。

2 18-12 委託（いたく）／依託（いたく）

【関連語】◆〈信託〉しんたく

共通する意味★物事を人に頼み任せること。【英】*to entrust*

使い方▼〔委託〕スル　〔依託〕スル

	発送を□する	□販売	□学生	□業務
委託	○	○	ー	○
依託	○	ー	○	ー

使い分け【1】「委託」は、業務、事務などを外部の人、機関に頼んで任せること。【2】「依託」は、業務を他に頼んで任せること。任せるというよりは依存し、頼りきって物事を預けてしまうという意味合いが強い。【3】法律用語としても、また一般にも「委託」を使うことが多い。

【関連語】◆〈信託〉スル 相手を信用して任せること。また、特に、財産の管理などを任せること。「国民の信託にゆだねる」「信託銀行」「投資信託」

2 18-13 一任（いちにん）／他人任せ（たにんまかせ）／人任せ（ひとまかせ）／あなた任せ（まかせ）

共通する意味★すべてをほかの人にまかせてやってもらうこと。【英】*to leave…to*〔*with*〕

使い方▼〔一任〕スル▽交渉を一任され緊張する　〔他人任せ〕▽他人任せではすまないごみ処理　〔人任せ〕▽税の申告はいつもひと任せでよくわからない　〔あなた任せ〕▽あなた任せの態度はやめなさい

使い分け【1】「一任」は、積極的に人にまかせることをいうが、「他人任せ」「人任せ」「あなた任せ」は、消極的な態度で、そのような態度を批判する気持ちをこめて使われることが多い。【2】「一任」は、やや改まった言い方。

参照▼あなた任せ⇒205-37

2 18-14 供託（きょうたく）／寄託（きたく）

共通する意味★預けて保管や管理などを頼むこと。【英】*to deposit*

使い方▼〔供託〕スル▽保証金を供託する▽供託金　〔寄託〕スル▽遺言状は弁護士に寄託してある▽父の蔵書は図書館に寄託しました

使い分け【1】「供託」は、保証のために、金銭や有価証券などを供託所または一定の者などに預けておくこと。【2】「寄託」は、物を人に預けて、その保管、管理を頼むこと。また、その物を相手が受け取ることによって成立する契約もいう。

2 18-15 任せる／委ねる

共通する意味★仕事の処置などを、他の人の思いのままにさせる。**【英】** *to entrust*

使い方▼〔任せる〕(サ下一)▽店の管理は彼に任せてある▽病気のことは医者に任せればよい▽私にお任せください 〔委ねる〕(ナ下一)▽進退は部長の判断に委ねることにした▽代表に全権が委ねられた

	すべてを彼に□	運命に身を□	その仕事は彼に□た方がよい	心配しないで□なさい
任せる	○	○	-せ○	-せ○
委ねる	○	○	-ね△	-ね-

使い分け【1】「任せる」は、物事の処理・判断、仕事など、ある人がしなければならないことを、他の人に依頼し、その人の責任において自由にやらせる意味。【2】「委ねる」は、物事の処理・決定・判断などのすべてを相手に全面的によりかかるような形でやってもらう意味。「任せる」よりも、相手にすべてを託してしまうという意味合いが強い。【3】「任せる」は、「成り行きに任せる」のように、そのものの勢いのままにするという意でも使われる。

2 18-16 預ける／託する

【関連語】◆(言付ける)ことづける

共通する意味★ある物事を人にまかせる。**【英】** *to entrust*

使い方▼〔預ける〕(カ下一) 〔託する〕(サ変)

	わが子を人に□	銀行に金を□	勝負を□	後事を部下に□	夢を□た仕事
預ける	○	○	○	-	-け-
託する	○	-	-	○	-し○

使い分け【1】「預ける」は、物、人、情況などを、人に頼んで保管、管理、とりさばきなどしてもらう意。一時的な場合から長期にわたる場合まである。【2】「託する」は、自分にできないことを他にゆだねる意。単に物品を人にまかせるときにもいうが、「預ける」よりも頼む意味合いが強く、まかせる期間も長期もしくは自分の手に戻ることを期待していない場合が多い。「託する」は、「託す」ともいう。【3】「預ける」には、物に体重をかけて寄りかかる意もある。「椅子に体を預ける」

【関連語】◆(言付ける)(カ下一)ある人から他の人へ何かを渡す仲立ちを頼み、その物事を託す意。「託ける」とも書く。「伝言を言付ける」

参照▼言付ける⇒618-03

2 18-17 要求／要望／要請

【関連語】◆(請求)せいきゅう

共通する意味★必要なものとして相手に求めること。**【英】** *a requirement; a demand*

使い方▼〔要求〕スル▽待遇改善を要求する▽賃上げ要求 〔要望〕スル▽計画の実施を要望する 〔要請〕スル▽知事選への出馬を要請する

	相手の□を入れる	□を掲げる	会長就任を□する	借金の返済を□する	御□はよくわかりました
要求	○	○	-	○	-
要望	○	○	○	-	○
要請	○	-	○	-	-

使い分け【1】三語のうち、当然の権利として求める意味は「要求」が最も強い。【2】「要望」は、実現を求めて希望すること。「要請」は、願い出て求めること。【3】「要求」は、「体が水分を要求する」のように、生理的に欲しがること、あるいは、必要とすることの意でも用いられる。

【関連語】◆(請求)スル主として金銭に関して、支払い、返済などを当然の権利として求めること。「慰謝料を請求する」「再審請求」「請求書」

2 18-18 求め／請い

【関連語】◆(リクエスト)

共通する意味★求めること。**【英】** *a request*

	相手の□に応ずる	お□の品	相手の□を入れる
求め	○	○	-
請い	○	-	○

使い分け「求め」は、広く依頼や需要を表わし、「請い」は、許しを求めたり願ったりすることをいう。

【関連語】◆(リクエスト)スル要望や注文。特に、ラジオ、テレビの番組などで視聴者から出される要求。「リクエストに答える」「想い出の曲をリクエストする」

2 18-19 催促／督促

共通する意味★早くするようにせき立てること。早くするよう要求すること。**【英】** *a demand*

使い方▼〔催促〕スル 〔督促〕スル

	借金の返済を□する	手紙の返事を□する	税の□状
催促	○	○	-
督促	○	-	○

使い分け【1】「催促」は、日常生活の多様な場面で使う。特にせき立てるほどでなくても、促し、ねだる程度の意味でもいう。「親にお年玉を催促する」

【2】「督促」は、きびしい催促。特に金銭関係の処理を求める場面で使う。

2 18-20 せびる／ねだる／せがむ

【関連語】◆（無心）むしん

共通する意味★相手との関係を利用して強く要求する。**【英】** *to importune*

使い方▼**〔せびる〕**（ラ五）▽総会屋が寄付をせびる **〔ねだる〕**（ラ五）▽褒美に時計をねだった▽夫に洋服をねだる **〔せがむ〕**（マ五）▽妻にせがまれて芝居見物に行く

	小遣いを□	用心棒が酒手を□	カチカチ山の話をしてくれと□	子供に□れて仕方なく出かける
せびる	○	○	−	−ら−
ねだる	○	△	○	−ら−
せがむ	○	−	○	−ま○

使い分け【1】「せびる」は、相手とのかかわりをいいことに、金銭などを無理に要求して手に入れる意。「ねだる」「せがむ」と違って、「せびる」主体は、親密な関係にある者でなくても、些細（ささい）なかかわりのある者でもよい。【2】「ねだる」は、相手の好意や愛情に甘えて、何かを要求する意。そうした甘えの感情が成り立つような親密な関係（多くは肉親の場合）でないと、「ねだる」ということはできない。【3】「せがむ」は、親しい目上の人に何かをしてもらったり、何かをくれるように要求したりする意。「ねだる」と同様、親密でない相手に対してはできない。また、「ねだる」と違い、必ずしも物をほしがる意に限定されず、好意を要求するような場合にも用いる。たとえば「外に出してくれとせがんだ」とはいえるが、「外に出してくれとねだった」は不自然であるといえる。【4】「せがむ」「ねだる」は、要求するという意にとどまるが、「せびる」は、要求して手に入れるという意である。したがって、「小遣いをせがんだが（ねだったが）くれなかった」とはいえるが、「小遣いをせびったがくれなかった」というような言い方は成り立たない。

【関連語】◆**（無心）**スル遠慮なく金品などをねだること。「金の無心に来る」

参照▼無心⇒220-08

2 18-21 がっかり／失望（しつぼう）／落胆（らくたん）

【関連語】◆（絶望）ぜつぼう◆（失意）しつい◆（幻滅）げんめつ

共通する意味★期待や希望がはずれたときの気持ちが沈むさまを表わす語。**【英】** *disappointment*

使い方▼**〔がっかり〕**（副）スル **〔失望〕**スル **〔落胆〕**スル

	相手の誠意のなさに□する	賞与が昨年より減ると□だ	□の色を隠せない	人生に□する	君の態度には□したよ
がっかり	○	○	−	−	○
失望	○	−	○	○	○
落胆	○	−	○	−	−

使い分け【1】「がっかり」は、日常語として広く使われる。【2】「失望」には「君には失望した」のように、期待していた対象が、それだけの価値がなかったという意があるが、「落胆」は、もっぱら自分自身のことで気落ちする意を表わす。

【関連語】◆**（絶望）**スル期待や希望がまったく失われること。「遭難者は全員絶望とみられている」「人生に絶望するな」「絶望的な気持ち」◆**（失意）**期待や希望が失われ、不満なこと。「妻子に去られ失意のうちに死ぬ」◆**（幻滅）**スル幻想から覚めて現実を意識した結果、期待や希望が失われること。「幻滅を覚える」「女性に幻滅する」

2 18-22 気落（きお）ち／気抜（きぬ）け／力抜（ちからぬ）け

【関連語】◆（拍子抜け）ひょうしぬけ◆（力落とし）ちからおとし

共通する意味★がっかりして、気力、張り合いがなくなること。**【英】** *discouragement*

使い方▼**〔気落ち〕**スル **〔気抜け〕**スル **〔力抜け〕**スル

	敗戦後すっかり□してしまう	父の死で□する	□したようにぼんやり立っている	本人が悪びれないのでこちらが□する
気落ち	○	○	−	−
気抜け	○	△	○	○
力抜け	○	△	−	△

使い分け【1】「気落ち」は、気持ちの支えであったもの、希望であったものなどが失われ、気力を失うこと。どちらかというと深刻な場面で用いられる。【2】「気抜け」は、張っていた気が対象の変化や消失でしぼみ、体から気力が抜けてぼんやりするさま。「気抜けのようになる」など、ぼうっとした感じの強い語。飲料水などの香気が抜ける意で、「気抜けしたビール」などともいう。【3】「力抜け」は、「気抜け」と同じように、体から気力が抜けることだが、あまり多く使われない。

【関連語】◆**（拍子抜け）**スルある物事や相手に対して、それなりの心構えで当たったのに、肩透かしされて張り合いを失うこと。「簡単に勝ってしまって拍子抜けする」◆**（力落とし）**望みや頼みにするものを失って、気力を失うこと。主として、相手に近しい人が亡くなったときの挨拶（あいさつ）として、「さぞお力落としでいらっしゃいましょう」などの形で用いられる。

2 18-23 仕方(しかた)ない/せん方(かた)ない/余儀(よぎ)ない

【関連語】◆(よんどころない)

共通する意味★ほかにどうしようもない。やむを得ない。【英】*cannot help (it)*

使い方▼〔仕方ない〕(形)　〔せん方ない〕(形)　〔余儀ない〕(形)

	悪天候のため□中止した	□。引き返そう。	小さな失敗は□	辞任を□される
仕方ない	-く○	○	○	-く-
せん方ない	-く○	△	○	-く-
余儀ない	-く○	-	-	-く○

使い分け【1】「仕方ない」は、「仕方がない」の形でも使われる。また「かわいくて仕方ない」のように、どうにもしようがない、たまらないの意でも用いる。【2】「せん方ない」「余儀ない」は、多く書き言葉として用いられる。

【関連語】◆(よんどころない)(形)そうするよりほかにしようがない。「拠所ない」とも書く。「よんどころない事情で欠席いたします」

2 18-24 あきらめる/断念(だんねん)/観念(かんねん)/思(おも)い切(き)る

【関連語】◆(往生(おうじょう))

共通する意味★仕方ないと思い、見切りをつける。【英】*to give up*

使い方▼〔あきらめる〕(マ下一)　〔思い切る〕(ラ五)　〔断念〕スル　〔観念〕スル

	進学を□	運が悪かったと□	すんだことは□なさい	もはや逃げられない。□!
あきらめる	○	○	-め○	-めろ△
思い切る	○	△	-り-	-れ-
断念する	○	-	-し-	-しろ-
観念する	-	○	-し-	-しろ○

使い分け【1】「あきらめる」は、悪い状態をしかたのないものと思って、その状態にあまんじるという意味合いももっている。「諦める」とも書く。【2】「思い切る」「断念する」はほぼ同意だが、「思い切る」は、「思い切って打ち明ける」のように、決心する意も表わす。【3】「観念する」は、表例の「観念しろ!」のように、もうだめだと判断する意が強い。本来は仏教語。

【関連語】◆(往生)スル　まいったと思い、観念すること。また、どうしようもなく、閉口すること。「先生の長いお説教には往生した」

参照▼思い切る⇒220-11　観念⇒806-01　往生⇒211-09 304-02

2 18-25 欲(よく)/欲望(よくぼう)/欲求(よっきゅう)

【関連語】◆(欲心(よくしん))◆(欲念(よくねん))◆(欲気(よくけ))◆(娑婆気(しゃばけ))

共通する意味★あるものを欲しいと思うこと。また、その心。

使い方▼〔欲〕▽欲を出して失敗する▽欲をいえばもう少し大きい方がよかった▽知識欲　〔欲望〕▽人間の欲望はきりがない　〔欲求〕▽外国へ行きたいという欲求が強まる

	□を満たす	□に目がくらむ	□が深い	□のとりこになる	□不満
欲	○	○	○	△	-
欲望	○	○	-	○	-
欲求	○	-	-	-	○

使い分け【1】「欲」は、「もう少し勉強に欲が出てくるといいのだが」など、意欲の意味でも使われる。【2】「欲望」「欲求」は、本能的・生理的な要求にいうことが多い。【英】*desire*(欲望); *an urge*(欲求)

【関連語】◆(欲心・欲念)何かを欲しがる心。文章語。「欲心が起こる」「欲念を捨てる」◆(欲気)欲にかられる心。「欲気が抜けない」◆(娑婆気)俗世間の名誉や利得などの欲望にとらわれる心。「しゃばっけ」ともいう。「いい年をしてまだ娑婆気が抜けない」

2 18-26 野心(やしん)/野望(やぼう)

【関連語】◆(大望(たいもう))◆(風雲の志(ふううんのこころざし))

共通する意味★ひそかに抱く大きな望み。大それた望み。【英】*ambition*

使い方▼〔野心〕▽野心をいだく▽野心家　〔野望〕▽野望をいだく▽敵の野望を打ち砕く

使い分け【1】二語とも、分不相応な望みについていう。【2】「野心」には、「野心的な作品」「野心作」のように、新しい大胆な試みに取り組む気持ちを表わす用法がある。

【関連語】◆(大望)大きな望み。文章語。「たいぼう」とも。「大望を抱く」◆(風雲の志)竜が風と雲に乗って天に昇るように、時機に乗じて出世しようとする望み。「風雲の志を抱いて故郷を出る」

2 18-27 欲張(よくば)り/欲深(よくふか)/強欲(ごうよく)/貪欲(どんよく)

【関連語】◆(慳貪(けんどん))◆(がめつい)◆(胴欲(どうよく))◆(あこぎ)

共通する意味★欲が深いこと。また、その人。**【英】** *greediness*
使い方▼〔欲張り〕(名・形動)　〔欲深〕(名・形動)　〔強欲〕(名・形動)　〔貪欲〕(名・形動)

	□な奴(やつ)	この□め！	□に借金を取り立てる	□に知識を吸収する
欲張り	○	○	-	-
欲深	○	○	-	-
強欲	○	○	○	-
貪欲	○	-	-	○

使い分け【1】「欲張り」が、いちばん普通に用いられる。「欲深」は、形容詞「欲深い」の形もある。【2】「欲張り」「欲深」「強欲」は、悪い意味で使われることが多いが、「貪欲」は良い意味で使われることもある。

【関連語】◆(がめつい)(形)利益に対して抜け目がない。また、けちでそつなくかせぐさま。俗語的。「がめつい商法」◆(胴欲)(名・形動)物欲、金銭欲が強いこと。また人情にそむき非道であるさま。「胴欲な人」「胴欲なしうち」◆(慳貪)(形動)けちで欲が深いこと。「陰険で慳貪な性格」◆(あこぎ)(形動)あくどく欲張りで、思いやりのないこと。「阿漕」とも書くが、仮名書きが普通。「弱い者いじめのあこぎなまねをするな」「あこぎな商売」

2 18-28 利欲／私欲／我欲

共通する意味★自分の利益だけをはかろうとする欲望。**【英】** *self-interest*
使い方▼〔利欲〕▽利欲にとらわれた心▽利欲に走る　〔私欲〕▽私利私欲をほしいままにする　〔我欲〕▽一切の我欲を捨て去る▽我欲を張り通す
使い分け「私欲」「我欲」は、自分だけのという意味が強い。

2 18-29 むさぼる／がっつく／欲張る

共通する意味★満足せずにどこまでも欲しがる。**【英】** *to covet*
使い方▼〔むさぼる〕(ラ五)▽①悪徳商人が暴利をむさぼる▽②むさぼるように本を読む　〔がっつく〕(カ五)▽そんなにがっついて勉強するな　〔欲張る〕(ラ五)▽まだたくさんあるのだから欲張るな
使い分け【1】「むさぼる」は、「むさぼる」の例文②のように、飽きることなくしつづける意でも用いる。「貪る」とも書く。【2】「がっつく」には、性急な動作をする意が加わることも多い。また、「がっついて食べる」のように、がつがつと食べる意を表わすこともある。【3】「欲張る」は、話し言葉的。「がっつく」は、俗語的。

2 18-30 食欲／食い気／食い意地

共通する意味★食物を食べたいという気持ち。**【英】** *appetite (for food)*
使い方▼〔食欲〕▽いつでも食欲だけは旺盛だ▽食欲を満たす　〔食い気〕▽色気より食い気　〔食い意地〕▽食い意地が張っている人
使い分け「食欲」が自然本能的な欲望であるのにくらべて、「食い気」「食い意地」は、その人に固有の性向のようなもの。「食い意地」は多く「食い意地が張る」の形であまりよくない意味で使う。

2 18-31 性欲／情欲／愛欲／色欲／肉欲

【関連語】◆(淫欲)いんよく

共通する意味★性的な欲望。**【英】** *sexual desire*
使い方▼〔性欲〕▽性欲が衰える▽性欲が強い▽異常性欲　〔情欲〕▽情欲に身をまかせる　〔愛欲〕▽愛欲のとりことなる　〔色欲〕▽色欲に身を持ち崩す　〔肉欲〕▽肉欲にふける
使い分け「情欲」「愛欲」「色欲」「肉欲」は、主に文章語として使う。

【関連語】◆(淫欲)みだりに異性の肉体を求める欲望。「淫欲をほしいままにする」

2 18-32 好色／色好み

【関連語】◆(すけべえ)◆(好き者)すきもの

共通する意味★異性との情事を好むこと。また、そういうさま。**【英】** *amorousness*
使い方▼〔好色〕(名・形動)▽見るからに好色そうな顔つき▽好色漢　〔色好み〕▽色好みの男▽色好みもほどほどにしたほうがいい
使い分け「色好み」は、「好色」を言い換えたもの。

【関連語】◆(すけべえ)(名・形動)・(好き者)好色な人。「すけべえ」は、俗語。擬人化して「助平」「助兵衛」とも書く。「あいつはすけべえだから始末が悪い」「つぎつぎ女に手を出す好き者」

2 18-33 色情／欲情

【関連語】◆(痴情)ちじょう◆(劣情)れつじょう

共通する意味★異性に対する性的な感情。**【英】** *sexual love*
使い方▼〔色情〕▽色情を抱いて異性を見る▽色情狂　〔欲情〕スル▽欲情をそそられる▽欲情をおさえきれない
使い分け二語とも、あまり良いニュアンスはない。また、主に文章語として使う。

【関連語】◆(痴情)色情に迷い理性を失った心。「痴情のもつれから殺傷事件をおこす」◆(劣情)異性に対する性的な感情をいやしいものとして表現した言葉。「劣情を催す」

2 18-34 多情／浮気／移り気／気まぐれ

【関連語】◆(むら気)むらき◆(むら)◆(飽き性)あきしょう◆(気移り)きうつり◆(お天気)おてんき

共通する意味★興味や愛情の対象が変わりやすいこと。また、そのさま。**【英】** *inconstancy; fickleness*

使い方▼〔多情〕(名・形動)▽つぎつぎに愛人を変える多情な男　〔浮気〕(名・形動)スル▽夫の浮気に悩む▽夫の留守中に浮気する　〔移り気〕(名・形動)▽彼女は移り気で始終趣味がかわる　〔気まぐれ〕(名・形動)▽気まぐれを起こす▽気まぐれに職を変える

使い分け【1】「多情」は、主として男女の情愛について使う。【2】「浮気」は、特に、結婚していながら他に愛人を持つことをいう。【3】「移り気」は、気持ちが次から次へと変わること。【4】「気まぐれ」は、その場の気分や思いつきで行動を変えたり、熱心になったりすることをいう。「気紛れ」とも書く。【5】「浮気」「移り気」とも、「彼は浮気でまた車を買い変えた」「彼女は移り気だからまた引っ越すそうだ」のように、対象が人以外の場合にも使われる。

【関連語】◆(むら気)(名・形動)意欲、集中力などがあったりなかったりすること、また、気が変わりやすいこと。「むらっけ」とも。「彼のむら気にも困ったものだ」◆(むら)気の変わりやすいこと。「彼は性格がむらだ」◆(飽き性)物事に飽きやすい性格。「飽き性なので何事も長続きしない」◆(気移り)スル気持ちが集中せず、移りやすいこと。「気移りする性格」「気移りが多くて困る」◆(お天気)天候と同じように気が変わりやすいこと。また、機嫌のよしあし。「課長は今お天気が悪いらしい」「お天気屋」

参照▼多情⇒207-49

2 18-35 男好き／女好き

共通する意味★異性を特に好くこと。また、異性に好かれること。

使い方▼〔男好き〕▽彼女は男好きで若い男性に目がない▽男好きのする(=男に好まれる)顔立ち　〔女好き〕▽入社早々、女好きだとうわさを立てられた▽女好きのする甘いマスク

使い分け 二語とも、異性に好かれる意のときは、容姿や態度についていうことが多い。

2 19 …気力

2 19-01 気力／根性／精神力／ガッツ

【関連語】◆(意気地)いきじ◆(甲斐性)かいしょう◆(意力)いりょく

共通する意味★困難にくじけることなく物事を成し遂げようとする力。**【英】** *energy; tenacity*

使い方▼〔気力〕▽なんとか気力だけでもっている▽年のせいか気力がなくなって困る▽気力が充実する　〔根性〕▽根性でやり抜く▽根性が足りない　〔精神力〕▽技術は互角だから、あとは精神力の差だ▽彼の精神力の強さには敬服する　〔ガッツ〕▽君のガッツを見せてやれ▽ガッツポーズ

使い分け【1】「根性」には、「根性が悪い」「島国根性」のように、生まれつきの性質・心がけという意味もある。【2】「精神力」は、精神をささえている力をいう。【3】「ガッツ」は、俗語的表現。

【関連語】◆(意気地)自分の意志や面目をどこまでも守り通そうとする気持ち。古めかしい表現。「意気地を立てる」◆(甲斐性)積極的に仕事をするしっかりした気力。頼もしい気性。「子供を育てる甲斐性のない若い夫婦」◆(意力)「知力」「体力」に対する語で、意志や精神の力をいう。「事業に取り組もうとする意力が全く出てこない」

参照▼根性⇒201-09

2 19-02 根気／根／忍耐力

【関連語】◆(気根)きこん◆(精根)せいこん

共通する意味★物事をねばり強く続けていく気力。**【英】** *patience*

	□のいる仕事	□よく続ける	□をつめる	□負けする	□の限界
根気	○	○	－	－	－
根	○	－	○	○	－
忍耐力	○	－	－	－	○

使い分け「根気」「根」は、ずっと続けていくという点に重点があり、「忍耐力」は、耐える、我慢するという点に重点がある。

【関連語】◆(気根)物事に耐えていく力、気力。文章語。「気根が尽き果てる」◆(精根)物事を続ける体力と精神力。「もう精根尽き果てた」

2 19-03 意欲／気概／気骨

【関連語】◆(骨っ節)ほねっぷし◆(反骨)はんこつ

共通する意味★積極的に物事に取り組もうとする強い気持ち。**【英】** *a desire*

使い方▼〔意欲〕▽市長選出馬への意欲を見せる▽生きる意欲を失う▽意欲的な作品▽創作意欲　〔気概〕▽彼はやり遂げる気概に欠けている▽気概のあると

ころを見せろ〔気骨〕▽気骨をもって信念を貫き通す

	□のある人	□に燃える	仕事への□	□の人
意欲	○	○	○	-
気概	○	○	△	-
気骨	○	-	-	○

使い分け【1】「意欲」が、日常語として最も広く使われる。【2】「意欲」は、単に進んで何かをやろうとする意志をいうが、「気概」「気骨」は、どちらも困難にくじけないという気持ちを含み、特に「気概」は、「必勝する気概をもつ」のように、具体的な行動となって表わされるような強い気持ちを表わす。【3】「気骨」は、圧迫をはねのける、正義を貫くなどのような抽象的、精神的活動の際に表わされる強い気持ちをいう。

【関連語】◆〔骨っ節〕困難に屈しないで貫く強い意志。「骨っ節がある弁護士」◆〔反骨〕権力や因習にとらわれず自分の主張を通す強い心。「反骨精神」

2 19-04 克服／克己／超克

共通する意味★困難や邪念などにうちかつこと。

【英】 *conquest*

使い方▼〔克服〕スル▽困難を克服する▽ハンディを克服する　〔克己〕スル▽克己の力をもって誘惑を断ちきる▽克己心　〔超克〕スル▽煩悩を超克する▽苦境を超克した喜び

使い分け【1】「克服」「超克」は、困難や重い病気などに対して、努力をして闘い、それにうちかつこと。「克服」が一般的に使われる。【2】「克己」は、己に克つ、すなわち、邪念や欲望などを自分自身で抑え、それにうちかつこと。

2 19-05 意気／士気

【関連語】◆〔精気〕◆〔潑剌〕◆〔志気〕

共通する意味★あふれるほどの元気。

使い方▼〔意気〕▽意気消沈▽意気投合　〔士気〕▽士気が低下する▽士気の高揚

	□があがる	□を鼓舞する	人生□に感ず	□阻喪(そそう)
意気	○	-	○	○
士気	○	○	-	-

使い分け【1】「意気」が主に個人の場合にいうのに対して、「士気」は、団体として全体の気分についていう。**【英】** *high spirits* 【2】「意気」は、何かをしようとするときの積極的な心のもち方もいう。【3】「士気」は、競争などに勝とうとする気力。**【英】** *morale*

【関連語】◆〔精気〕生命の根源となる力。「精気があふれる」◆〔潑剌〕(形動たる・と)元気のいい様子。「潑剌と働く新入社員」◆〔志気〕ある物事を行おうとする意気ごみ。元来は、個人的なこころざしについていう語だが、「士気」と同様に使われることも多い。「メンバーの志気が大いに揚がる」

2 19-06 闘志／覇気

【関連語】◆〔ファイト〕

共通する意味★積極的に物事にあたっていこうとする心。**【英】** *fight*

使い方▼〔闘志〕▽闘志を燃やす▽闘志がみなぎる　〔覇気〕▽覇気のある新入社員▽覇気を取り戻す

	□をなくす	□満々	□がわく	□のないチーム
闘志	○	○	○	△
覇気	○	-	-	○

使い分け【1】「闘志」は、戦おうとする強い心をいう。【2】「覇気」は、本来、覇者になろうとする心をいい、転じて、物事に積極的に取り組んでいこうという気持ちをいう。

【関連語】◆〔ファイト〕「闘志」「気力」の意。また、スポーツで「がんばれ」の意のかけ声としても用いる。「ファイトがわく」

2 19-07 度胸／肝っ玉／胆力

共通する意味★物事に動じない心。**【英】** *courage*

使い方▼〔度胸〕▽二階の窓から飛びおりるとは度胸のいい男だ▽度胸をすえる▽度胸だめし　〔肝っ玉〕▽肝っ玉がつぶれるぐらい驚いた▽そんな肝っ玉の小さいことでは生きていけないぞ　〔胆力〕▽もっと胆力を養う必要がありそうだ

	□がすわる	□がつく	□が太い	□を練る
度胸	○	○	-	-
肝っ玉	○	-	○	-
胆力	○	-	-	○

使い分け【1】「度胸」が最も一般的。【2】「肝っ玉」は、俗語的表現。「胆力」は、多く文章に使われる硬い表現。

2 19-08 努める／骨折る／いそしむ

共通する意味★ある物事を精を出してする。

【英】 *to try to (do)*

使い方▼〔努める〕(マ下一)▽彼の説得に努める▽計画をなんとか実現できるよう努めます▽泣くまいと努

める〔骨折る〕(ラ五)▽会の発足のために骨折る▽後輩の就職に骨折る▽骨折ったかいあって話がまとまった〔いそしむ〕(マ五)▽退職後は植木の手入れにいそしんでいる

	資金集めに□	研究に□	弁解これ□	他人のために□	勉学に□
努める	○	○	○	-	○
骨折る	○	-	-	○	-
いそしむ	-	○	-	-	○

使い分け【1】「努める」は、困難や苦しさに耐えて、何かをしようと努力する意味。多く、自分のしなければならない仕事として、また自分の義務として何かをする場合に使う。【2】「骨折る」は、ある物事を成就させるために苦労する意味。多く、自分以外のだれか、何かのために力を尽くす場合にいう。【3】「いそしむ」は、一つの物事に励む意のやや古い言い方。多く、日課としてその物事をせっせとやる場合に使う。「勤しむ」とも書く。

2 19-09 努力／精励／奮励

共通する意味★物事に一生懸命力を尽くすこと。【英】*effort; endeavor*

使い方▼〔努力〕スル▽これまでの努力が報いられた▽目標を立てて努力する▽君の努力だけは認めよう▽努力家 〔精励〕スル▽仕事に精励する▽刻苦精励〔奮励〕スル▽奮励努力して局面を打開する

使い分け【1】「努力」が一般的な語で、他の二語は文章語。【2】「精励」は、仕事や学業などに対して使うことが多い。

2 19-10 尽くす／励む

共通する意味★精いっぱい努力する。【英】*to do one's best*

使い方▼〔尽くす〕(サ五)▽手を尽くして探す▽会社の再建のために力を尽くす▽まだ論議を尽くしたとは言えない▽悪事のかぎりを尽くす〔励む〕(マ五)▽学生は学業に励むべきだ▽せっせと人形作りに励む

使い分け【1】「尽くす」は、あるだけのものを全部出しきって何かをする意味。また、「…のかぎりを尽くす」は、あるだけのもの全部をやってみる意。「社会のために尽くす」という場合の「尽くす」は、「力を尽くす」などの略した表現で、ほかのもののために力のかぎり働く意を表わす。【2】「励む」は、心を打ち込んで、一生懸命にがんばる意味。人のために何かをするのではなく、自分の本来のつとめや、自分自身で決めた自分のすべきことを精を出してする場合に多く使われる。

2 19-11 頑張る／張り切る

共通する意味★力をじゅうぶんに出して努力する。【英】*to hold out; to stick it out*

使い方▼〔頑張る〕(ラ五)▽幼いながら遠い道のりを頑張って歩き通した▽困難に屈せず頑張る〔張り切る〕(ラ五)▽レギュラーに選ばれて張り切って試合に出る▽まだ若い者には負けないと張り切る

使い分け【1】「頑張る」は、無理や困難な状況で力をじゅうぶんに出して努力する意を表わし、「張り切る」は、周囲の状況いかんにかかわらず、気力満々で力をじゅうぶんに出す意を表わす。【2】「頑張る」には自説を押し通す、頑固に意地を張るという意もある。「何としても行かないと頑張る」

2 19-12 粘る／踏ん張る／踏み止まる

共通する意味★途中であきらめず最後までやり通そうとする。【英】*to stick to*

使い方▼〔粘る〕(ラ五)▽さんざん粘って安くしてもらう▽ツースリーまで粘る〔踏ん張る〕(ラ五)▽踏ん張って仕事を全部片付けよう〔踏み止まる〕(ラ五)▽誘惑に負けそうになったがなんとか踏み止まった

使い分け【1】「踏み止まる」は、多く悪いことをがまんしてやめる意を表わす。また、「山村に踏み止まって住民の医療にあたる」のように、他の人が去ったあともそこに残るという意味でも使われる。【2】「踏ん張る」は、多く話し言葉で使う。「土俵ぎわで踏ん張る」のように、開いた足に力を入れてこらえる意から。

参照▼粘る⇒908-54

2 19-13 奮闘／活躍／奔走

【関連語】◆(刻苦)こっく◆(精進)しょうじん◆(粉骨砕身)ふんこつさいしん

共通する意味★大いに力を出して活動すること。【英】*to do one's best; to exert oneself to the utmost*

使い方▼〔奮闘〕スル▽彼の奮闘で交渉がまとまった▽彼女は細腕一本で奮闘し店をここまで大きくした〔活躍〕スル▽これからの諸君の活躍に期待する▽映画やテレビとはばひろく活躍する俳優〔奔走〕スル▽幹事の奔走で忘年会の会場が見つかった▽資金集めに奔走する

使い分け【1】「奮闘」は、強い相手や厳しい状況に向かって力いっぱい努力すること。【2】「活躍」は、本人が力いっぱい努力して、目立つ活動をすること。【3】「奔走」は、あちこち走りまわって、目的を達するために努力をすること。【英】*to run (about)*【4】「奮闘」は、「孤軍奮闘」のように、勇気をふるって敵と力いっぱい戦うこともいう。

【関連語】◆(刻苦)スル心身を苦しめるほど努力すること。文章語。「刻苦精励する」◆(精進)スルひたすら努力すること。本来、身を清めて不浄を避け、一心に仏道修行に励むことをいう。「一つの道に精進する」
◆(粉骨砕身)スル力の限り努力すること。「会社の経営に粉骨砕身する」
参照▼奮闘⇒509-10

2 19-14 勤勉／精勤

共通する意味★たゆまずに一生懸命にあることを続けていくさま。【英】*diligence; industry*

使い方▼〔勤勉〕(名・形動)▽勤勉な仕事ぶりを上司に認められた▽何事も勤勉さがなければ成功しない
〔精勤〕スル▽会社に精勤する▽精勤賞

使い分け【1】二語とも、仕事や勉強などに対して用いる。【2】「精勤」は、「御精勤」の形で、熱心なさまをからかいの気持ちを込めていうこともある。

2 19-15 勇む／逸る／奮う／気負う

【関連語】◆(勇み立つ)いさみたつ◆(急き込む)せきこむ◆(奮い立つ)ふるいたつ◆(猛る)たける

共通する意味★心が興奮した状態で、物事に対して立派に立ち向かおうと張り切る。【英】*to be in high spirits*

使い方▼〔勇む〕(マ五)▽勇んで旅に出る▽喜び勇む〔逸る〕(ラ五)▽血気に逸る若者たち▽はやる心を抑える〔奮う〕(ワ五)▽勇気を奮って困難に立ち向かう▽奮って御参加ください〔気負う〕(ワ五)▽気負って失敗する▽気負ったところのない文章

使い分け【1】「勇む」は、心身に勇気、力がわいてはりきる意。【2】「逸る」は、時機が熟するのも待てずに心が先へと行きたがる意。「…にはやる」の形で用いられることが多い。【3】「奮う」は、気力をいっぱいにわきおこさせる意。自分自身に対して向けられるので、意味としては「勇む」に近い。【4】「気負う」は、自分こそはといった考えをもったり態度をしたりする意。

【関連語】◆(急き込む)(マ五)心がせき、焦っていら立つ。「逸る」に近いが、力のあふれる感じは持たない語。「急き込んで質問を浴びせる」◆(勇み立つ・奮い立つ)(タ五)心中に勇気や活気がみなぎりあふれる。「勝利の報に皆勇み立った」「試合を前に奮い立つ」◆(猛る)(ラ五)感情が高ぶる。文章語。「猛る心をおし鎮める」
参照▼奮う⇒902-04 914-07

2 19-16 意気込む／勢い込む／気張る

【関連語】◆(ハッスル)

共通する意味★張り切った気持ちでことに当たろうとする。【英】*to be enthusiastic*

使い方▼〔意気込む〕(マ五)▽意気込んで試合にのぞむ〔勢い込む〕(マ五)▽勢い込んで出かける〔気張る〕(ラ五)▽気張って仕事をする

使い分け いずれも、何かをしようとする際の、積極的な姿勢をいう。

【関連語】◆(ハッスル)スル張り切って行動すること。「恋人にいいところを見せようとハッスルする」

2 19-17 発奮／奮発／奮起

共通する意味★心を奮いたてて大いに努力しようとすること。【英】*to be inspired (by)*

使い方▼〔発奮〕スル▽発奮を期待しよう▽失敗がかえって彼を発奮させることになった〔奮発〕スル▽もうひと奮発でやりあげてしまおう▽明日は奮発して頂上まで登ってみよう〔奮起〕スル▽ぜひと勧められ、奮起して立候補する▽若い諸君の奮起を促す

使い分け【1】「発奮」は、やる気を起こしてことに当たることをいう。【2】「奮発」は、思い切ってことに当たること。また、特に「ひとつ奮発して高い方を贈ってやろう」のように、思い切りよく金銭をはずむという意味でも使われる。【3】「奮起」は、気力や勇気をふるい起こすことをいう。

2 19-18 意気込み／気勢／熱意

【関連語】◆(熱気)ねっき

共通する意味★物事に積極的に取り組んでいこうとする心がまえ。【英】*enthusiasm*

使い方▼〔意気込み〕▽言葉のはしばしに意気込みが感じられる▽今年の学生は意気込みが違う〔気勢〕▽先取点を取って、大いに気勢が上がる▽出鼻をくじかれて気勢をそがれた〔熱意〕▽皆の熱意にほだされて顧問を引き受ける▽仕事に対する熱意がない

使い分け【1】「意気込み」は、勇み立った気持ちそのものをいい、「気勢」は、元気のいい勢いをもいう。【2】「熱意」は、目的を達しようとする強く激しい意気込み。

【関連語】◆(熱気)ある事に熱中して興奮している気配、雰囲気。「場内は異様な熱気に包まれている」

2 19-19 気迫／気合い

共通する意味★物事に立ち向かう、集中した激しい気力、気勢。【英】*spirit*

	相手の□に圧倒される	□のこもったかけ声	□に満ちる	□を入れる	□負け
気迫	○	○	○	-	△
気合い	○	○	-	○	○

使い分け【1】「気迫」は、魂のこもった激しい力をいう。「気魄」とも書く。【2】「気迫」が、ある場面やある状況で、時に持続する力であるのに対し、「気

合い」は、相手にぶつかる瞬時の気勢をいうことが多い。

2 19-20 熱血（ねっけつ）／気炎（きえん）

共通する意味★激しくわき立ち、燃え上がるような意気、精神。**【英】** *hot blood*

使い方▼〔熱血〕▽未開拓の分野の研究に熱血を注ぐ▽熱血漢　〔気炎〕▽彼の気炎におしまくられた▽怪気炎

使い分け【1】「熱血」は、血がわきかえるような激しい情熱をいう。【2】「気炎」は、「気炎を上げる」の形で、勢いのよいこと、特に意気盛んに論じることもいう。

2 19-21 闘魂（とうこん）／負（ま）けじ魂（だましい）

共通する意味★相手と闘い、負けまいとする激しい精神。**【英】** *fighting spirit*

使い方▼〔闘魂〕▽闘魂をみなぎらせた鋭い目▽闘魂もあらわに立ち向かう▽不屈の闘魂　〔負けじ魂〕▽負けじ魂を発揮する▽親譲りの負けじ魂

使い分け【1】「闘魂」は、戦いに向かう気持ち、闘い抜こうという気持ちをいう。積極的で外に現れる強い精神である。【2】「負けじ魂」は、負けるのが嫌いな性質。「闘魂」のようにはっきりとした闘いの場面でなくても、「持ち前の負けじ魂でやり抜く」など、生き方、行動のしかたの基盤になるようなものとして使われる。

2 19-22 こらえる／耐（た）える／忍（しの）ぶ

【関連語】◆（しのぐ）◆（堪え忍ぶ）たえしのぶ　◆（踏みこたえる）ふみこたえる　◆（たまり兼ねる）たまりかねる

共通する意味★苦しみなどを我慢する。**【英】** *to endure; to put up with*

使い方▼〔こらえる〕（ア下一）▽長時間の手術の苦しみをこらえた▽こらえきれずに泣きだした　〔耐える〕（ア下一）▽ひどい仕打ちにじっと耐える　〔忍ぶ〕（バ五）▽泣きたい気持ちを忍んで笑顔をつくる

	空腹を（に）□	痛みを（に）□	涙を□	高温に□	恥を□
こらえる	を○	を○	○	-	-
耐える	に○	に○	-	○	-
忍ぶ	を○	-	-	-	○

使い分け【1】「こらえる」は、内側から生じる感情を抑えるように我慢する場合に用いられ、「耐える」は、外部から与えられた圧力などに負けないように我慢する場合に用いられる。【2】「忍ぶ」は、目立たないように我慢する意。「人目を忍ぶ」のように、隠れる意味にも使う。【3】「こらえる」は、「堪える」「怺える」とも書く。

【関連語】◆**（しのぐ）**（ガ五）苦しい状態を我慢して、それをのりこえる。「凌ぐ」とも書く。「寒さをしのぐ」「飢えをしのぐ」「しのぎやすい気候になる」◆**（堪え忍ぶ）**（バ五）じっと我慢して感情などを表面に出さないようにする。「忍ぶ」にほぼ同じ。「涙を堪え忍ぶ」◆**（踏みこたえる）**（ア下一）足を踏ん張ってこらえるように、その場、その状況でとどまるように我慢する。「どなりたいのをやっと踏みこたえた」◆**（たまり兼ねる）**（ナ下一）とても我慢することができない。「たまり兼ねて泣き出す」

参照▼忍ぶ⇒514-26　しのぐ⇒818-38

2 19-23 忍耐（にんたい）／辛抱（しんぼう）／我慢（がまん）

共通する意味★じっと耐え忍ぶこと。**【英】** *patience*

使い方▼〔忍耐〕スル　〔辛抱〕スル　〔我慢〕スル

	□強い	仕事□のいる	痛いのを□する	□力	きみの言葉は□がならない
忍耐	○	○	-	○	-
辛抱	○	○	○	-	-
我慢	○	○	○	-	○

使い分け【1】「忍耐」は、精神的なつらさや苦しさを耐え忍ぶ、抽象的な耐える力をいうことが多い。【2】「辛抱」「我慢」は、痛さ、ひもじさ、尿意などの感覚や、生理的な苦しさなど、「忍耐」より日常的・具体的な苦しさに耐えることをいうことが多い。

2 19-24 寄与（きよ）／献身（けんしん）／貢献（こうけん）／尽力（じんりょく）

【関連語】◆（挺身）ていしん

共通する意味★ある事や人のために、自分の持っている力をできる限り出して、力になること。**【英】** *contribution*

使い方▼〔寄与〕スル▽医学の発展に大いに寄与する　〔献身〕スル▽難民の救済に献身する▽献身的な看護　〔貢献〕スル▽学園の発展に貢献のあった人を表彰する　〔尽力〕スル▽多くの人に尽力を仰ぐ▽ご尽力に感謝いたします

	社会福祉に□する	町の発展に□する	病人の介護に□する	□的
寄与	○	○	-	-
献身	○	-	○	○
貢献	○	○	-	-
尽力	○	○	-	-

使い分け【1】「献身」は、他の三語と違い、わが身を顧みないで自分の力を精一杯に使うという、自己犠牲の意味を含んでいるので、自分もその益を被るようなものの場合には用いない。**【英】** *to devote*

oneself (*to*)(献身する)【2】「尽力」は、力を尽くすことそれ自体をいうが、「寄与」「貢献」は、力を尽くした結果が人や物の力となって役に立っている意まで含んでいる。

【関連語】◆(挺身)スル自分の身を投げ出し、人に先んじてその者のために尽くすこと。「平和運動に挺身する」「災難救助の挺身隊」

2 19-25 犠牲／いけにえ／償い／代償

【関連語】◆(えじき)◆(好餌)

共通する意味★ある目的のために身命や大切な物、事をささげること。また、そのささげもの。【英】*a sacrifice*

使い方▼〔犠牲〕▽仕事のために家庭を犠牲にする▽飛行機事故の犠牲者 〔いけにえ〕▽政略結婚のいけにえとなった娘 〔償い〕▽交通事故で相手に与えた損害の償いをする 〔代償〕▽壊した花瓶の代償に大金を要求された

	［］になる	［］をする	［］を払う	［］をささげる	罪の［］
犠牲	○	-	○	○	-
いけにえ	○	-	-	○	-
償い	-	○	-	-	○
代償	-	△	○	-	-

使い分け【1】「犠牲」「いけにえ」は、もと神に供える生きた動物のこと。【2】「犠牲」は、天災や不測の事故などで生命をむなしく奪われることをいうこともある。【3】「償い」は、与えた損害、犯した罪を金銭、品物、労働などで埋め合わせること。また、そのもの。【4】「代償」は、損害相当の償いのこと。

【関連語】◆(えじき)鳥獣のえさとなる食物の意から転じて、他の者の利益や欲望の犠牲となること。また、犠牲となったもの。自分側の目的のためではなく、他者の利益や欲望のための被害者。「餌食」とも書く。「マスコミのえじきになる」◆(好餌)よいえさの意から転じて、人を誘うためのもの、また、人の犠牲になりやすいものにいう。「訪問販売の好餌となる」

参照▼代償⇒115-37

2 19-26 力一杯／精一杯／極力

【関連語】◆(鋭意)◆(力任せ)◆(精精)◆(燃焼)◆(体当たり)◆(力ずく)◆(腕ずく)

共通する意味★できる限りの力を注いで物事にあたるさま。【英】*to the utmost of one's power*

使い方▼〔力一杯〕(副)〔精一杯〕(副・形動)〔極力〕(副)

	［］頑張ります！	［］ボールを投げる	頑張ってもこれが［］だ	そんな事態は［］避けたい
力一杯	○	○	-	-
精一杯	○	△	○	-
極力	○	-	-	○

使い分け【1】「力一杯」は、持てる力を出しきるさま。実際に腕力や体力を使う行為や行動に用い、強い積極性を感じさせる語。【2】「精一杯」は、「力一杯」とほぼ同じ意味であるが、もう少し気持ちに負担をかけて頑張る感じがある。「力一杯」が物事に積極的であるのに対し、「精一杯」は限界までという感じから、せいぜいここまでといった消極的表現にもなる。【3】「極力」は、あらん限りの力で、という意であるが、硬い言い回しで、生活の場面より、仕事関係などで使うことが多い。実際の意味は「できるだけ」という程度で、そこから「なるべく」と同じような意味で用いられることも多い。

【関連語】◆(力任せ)(名・形動)加減をしないで、できる限りの力を出してするさま。「力任せになぐりつける」◆(精精)(副)力の及ぶ限り。「精々頑張ってください」◆(鋭意)(副)そのことに集中して励むさま。形式的な応対に用いることが多い。「鋭意品質の向上に努めております」◆(体当たり)スルできる限りの力を出して事に当たるさま。「体当たりの演技」◆(燃焼)スル持てる力のすべてを出しきってしまうこと。「青春を燃焼させる」「これまでの力をすべて燃焼して試合に臨む」◆(力ずく)持てる力のすべてを出すこと。特に、力だけで物事を自分の思うままにすること。「力ずくでうんと言わせたようなものだ」◆(腕ずく)腕力を出しきって、力で解決する。「泣く子を腕ずくで病院へ連れて行く」

2 19-27 必死／命懸け／死に物狂い

【関連語】◆(捨て身)◆(懸命)◆(大わらわ)◆(躍起)

共通する意味★死を覚悟するほどの気持ちで、真剣に懸命に物事に臨むさま。【英】*frantically*

使い方▼〔必死〕(名・形動)〔命懸け〕(名・形動)〔死に物狂い〕(名・形動)

	借金を返済するまで［］働く	［］の抗弁も空しかった	［］の恋	［］で暴れる怪獣	こうなったら［］だ
必死	-に○	○	-	○	△
命懸け	-で△	△	○	-	○
死に物狂い	-で○	△	-	○	△

使い分け【1】「必死」は、事に当たって力を尽くそうという強い気持ちを表わすだけでなく、軽い意味でもよく使われ、三語の中では使用範囲が最も広い。【2】「命懸け」は、他の二語よりも主観的で、表に現れないときにも、心のあり方、覚悟の深さなどを

表わす語。これに対し他の語は、はた目にもそれとわかるような行動となって現れることが多い。【3】「死に物狂い」は、最もじたばたした感じの語で、追い詰められた状況などに使い、軽い場面では使われない。

【関連語】◆(捨て身)身を投げうつ覚悟で、全力を尽くして事に当たること。「捨て身でぶつかる」◆(懸命)(形動)命がけで物事をするさま。「懸命にこらえる」「懸命の作業が続く」◆(大わらわ)(名・形動)なりふり構わず、夢中で事にあたっているさま。「大童」とも書く。「今、決算書の提出に大わらわです」「災害の後始末に村は大わらわだ」◈戦場で髪を振りみだして戦う姿が子供の髪形のようであるところから。◆(躍起)(名・形動)焦る気持ちで、むきになって物事、人などに一心に働きかけるさま。せき立てたり、自分でせいたりする場面で多く使う。「躍起になって弁明する」「娘を早く結婚させようと躍起になる」など、「…になる」の形が多い。

2 19-28 熱心／一生懸命／一心不乱

【関連語】◆(一心)◆(本気)

共通する意味★あることをいちずにしようとするさま。【英】*wholeheartedness*

使い方▼〔熱心〕(名・形動)▽史跡を熱心に見学する▽熱心に耳を傾ける▽熱心さを買う　〔一生懸命〕(名・形動)▽何とか言うことを聞かせようと一生懸命になる▽人の世話に一生懸命で自分の体調に気付かなかった　〔一心不乱〕(名・形動)▽母の手術の成功を願って一心不乱に拝む▽一心不乱に呪文を唱える

	□に勉強する	勉強よりも遊びに□だ	仕事□な人	□に滝に打たれる
熱心	○	○	○	－
一生懸命	○	○	－	－
一心不乱	○	－	－	○

使い分け【1】「熱心」は、そのことに打ち込むさまをいう。【2】「一生懸命」は、「一生懸命勉強する」のように、副詞的に使われることもある。【3】「一心不乱」は、いちずな度合いが強く、集中して、他に心を奪われないでいるさま。【4】「一生懸命」は、元来の語は「一所懸命」で、領土を命を懸けて守る意味であったが、発音の類似と意味の類推から「一生懸命」に変わった。

【関連語】◆(一心)一つのことに集中すること。「勝ちたい一心で猛練習を続ける」「子供を助けたい一心から火の中に飛び込んだ」◆(本気)真剣に対応する意識、気構え。「本気で怒り出す」

2 19-29 不屈／剛毅／剛直

【関連語】◆(剛健)

共通する意味★意志や心が強く、くじけないこと。【英】*indomitability; fortitude*

使い方▼〔不屈〕(名・形動)▽不屈の精神で立ち向かう▽不屈の負けじ魂　〔剛毅〕(名・形動)▽彼は剛毅な性格だ▽剛毅の士▽剛毅木訥　〔剛直〕(形動)▽剛直な老人▽剛直な決断力

使い分け【1】「不屈」は、どんな困難に直面しても、くじけずに意志を貫くこと。【2】「剛毅」は、意志が強固で容易に屈しないこと。【3】「剛直」は、意志が強くて曲がったことをしないようす。

【関連語】◆(剛健)(名・形動)心身が強くしっかりしているさま。「質実剛健の気風」

2 19-30 不退転／不撓

【関連語】◆(不抜)

共通する意味★困難に出会っても、ひるんだり、心がくじけたりしないこと。【英】*a firm resolve*

使い方▼〔不退転〕▽不退転の決意でのぞむ▽不退転の覚悟　〔不撓〕(名・形動)▽不撓の気力を持つ▽不撓不屈の精神

使い分け【1】「不退転」は、もともと仏教語で、仏道修行が途中で屈してしまわないことをいった。【2】ともに文章語的で、演説など改まった場面で使われる。

【関連語】◆(不抜)(名・形動)強くしっかりしていて動かないこと。「不抜の意志」「堅忍不抜」

2 19-31 張り合い／張り

共通する意味★それをしようとする気持ちに対して、手ごたえがあること。【英】*encouraging*《形》(張り合いがある)

	□のある仕事	生活に□をもたせる	いくら説明しても□がない	心の□を失う
張り合い	○	○	○	－
張り	○	○	－	○

使い分け「張り」は、物事を行おうとする意欲の意を含んで使われることもある。

2 19-32 ひたすら／いちず／ひたむき

【関連語】◆(一筋)

共通する意味★一つの事柄に集中、専心するさま。【英】*solely*

使い方▼〔ひたすら〕(副)▽ひたすら勉学に励む▽ひたすら無実を主張し続ける▽ひたすら謝る　〔いちず〕(名・形動)▽彼の生活は研究いちずになっていった▽いちずに思い込むのは危険だ　〔ひたむき〕(形動)▽ひたむきに走る▽一人の人をひたむきに愛する

	□研究を続けている	彼は□後悔した	学問に対する□な態度	彼は仕事□に生きてきた
ひたすら	○	○	-	-
いちず	-に○	-に-	○	○
ひたむき	-に○	-に-	○	-

使い分け【1】「ひたすら」は、ある一つのことに集中して、そればかりをするの意で、ある行為が繰り返される状態を表わす。たとえば「ひたすら謝る」というのは、「謝る」という行為を何度も繰り返し続けることによって許しを請うのである。【2】「いちず」は、ある一つのことに没頭、熱中して、他のことを顧みない状態を表わす。「只管」「一向」と当てる。したがって、いい意味でも悪い意味でも「いちず」になれるといえる。「一途」とも書く。【3】「ひたむき」は、普通は、ある一つの事柄に一生懸命になることを意味する。したがって、「ひたむきに愛する」とはいえるが、「ひたむきに後悔する」のように否定的な意味を表わす言葉とは結びつかない。

【関連語】◆（一筋）（名・形動）一つの事に専心するさま。「いちず」とほぼ同義に用いる。「一筋に思いつめる」「学問一筋の人生」

2 19-33 なまじ／なまじっか

共通する意味★しなくてもいいことを中途半端にしたために、かえって悪い結果を招いたり、中途半端な状態それ自体が悪い結果を招くさま。**【英】** *half-way*

使い方▼〔なまじ〕（副・形動）▽なまじ口出ししたために私まで怒られた▽なまじ英語がわかるといったばかりに、仕事が増えてしまった　〔なまじっか〕（副・形動）▽なまじっかなことはいわない方がいい

使い分け【1】「なまじ」は、「なまじい」の変化した語。「なまじい」の形も同様に用いられる。【2】「なまじっか」は俗語的。

2 19-34 活気（かっき）／元気（げんき）／生気（せいき）

【関連語】◆（血気）（けっき）

共通する意味★活動力が盛んで生き生きとした気分。**【英】** *vigor; liveliness*

使い方▼〔活気〕▽活気に溢（あふ）れたクラスづくりをする▽負け続きでチームに活気がなくなる　〔元気〕（名・形動）▽近ごろ彼は元気がない▽元気が出てくる　〔生気〕▽生気のないぼさぼさの頭髪▽やっと生気を取り戻してきた

	□のあるチーム	□に満ちた街	□のない顔	□の抜けた人
活気	○	○	-	-
元気	○	-	○	-
生気	○	○	○	○

使い分け【1】「活気」は、人間の集団に対しては使われるが、人そのものについては、ふつう使わない。【2】「元気」は、活動の源となるものである。また、体の調子がよく健康なさまにもいう。【3】「生気」は、いきいきした気力をいう。

【関連語】◆（血気）いきいきとした生命力。また、活力がみなぎっていること。「血気盛んな年ごろ」「血気にはやる若者」

参照▼元気⇒020-01

2 20…意志

2 20-01 意志（いし）／意思（いし）／意向（いこう）

共通する意味★あることに対する考え、気持ち。**【英】** *will; intention*

使い方▼〔意志〕▽意志が通じる▽拒絶する意志はない　〔意思〕▽まず意思の有無を確認したい▽意思表示　〔意向〕▽彼の意向に沿う方向で考えよう▽まずは本人の意向を確かめるのが先だ

	□を尊重する	自分の□で投票する	□の疎通を欠く	犯行の□	□がかたい
意志	○	○	-	-	○
意思	○	○	○	○	-
意向	○	-	-	-	-

使い分け【1】「意志」は、「意志が強い」「意志薄弱」のように、ものごとを判断して実行しようとする積極的な心の働きをもいう。【2】法令では「意思」が用いられる。「意思」は、刑法上は「殺人の意思の有無」のように、自分がしようとする行為に対する認識をいう。【3】「意向」は、「意志」を具体化する際の判断。

2 20-02 意図（いと）／積もり（つもり）／心組み（こころぐみ）

【関連語】◆（心積もり）（こころづもり）

共通する意味★あることをしよう、ある状態にしようなどと心の中で考えること。また、その企て。

【英】 *an intention*

使い方▼〔意図〕スル▽意図したとおりの効果が出る▽相手の意図を知る　〔積もり〕▽どうしても成功さ

せるつもりだ▽死んだつもりで働く　〔心組み〕▽やり直そうという心組みになる▽しっかりした心組みで取りくむ　〔思惑〕▽思惑どおりにはいかない▽何か思惑があるらしい

使い分け【1】「意図」は、目標を定めるような気持ちではっきり意識している場合にいう。【2】「積もり」は、「意図」ほど意識的なものではないが、自分はそう信じているような場合にいう。また、「知っているつもりでいた」のように、実際には違うのにそうであるような気持ちになるさまという意で使われることもある。【3】「心組み」は、これから起こる物事に対する、心の持ち方を表わす。当然、「意図」の意味も含むが、「意図」が目標とするところへ向かっての直線的な気持ちの動きとすれば、「心組み」は、気持ちの組み立て、構えを表わす語。【4】「思惑」には、「思惑がはずれる」「思惑で株を買う」のように、こうあるだろうと予想することの意や、「世間の思惑を気にする」「他人の思惑ばかり気にしていられない」のように、自分以外の人が思うことの意がある。動詞「思う」を名詞化したもので、「思惑」は当て字。

【関連語】◆**（心積もり）**心の中であらかじめこうしようと見積もっておくこと。「万一のときの心積もりはできている」「昼までには帰る心積もりで出かける」

参照▼積もり⇒808-17　心積もり⇒209-32

2 20-03 志（こころざし）／抱負（ほうふ）

【関連語】◆（大志）（たいし）

共通する意味★何かをしようと思って心の中に抱いている思い。**【英】** *aspiration*

使い方▼〔志〕▽大きな志をもって社会に羽ばたく▽いったん志を立てたら簡単にあきらめるな▽青雲の志　〔抱負〕▽いつか大事業を成し遂げようという**抱負**をもつ▽社会に出る**抱負**を語り合う

	＿を述べる	＿が固い	今年の＿	＿を同じくする
志	○	○	-	○
抱負	○	-	○	-

使い分け【1】「志」は、定めた目的実現のために努力することも含む。【2】「抱負」は、現在心に抱いている思いで、その実現へのプロセスは含まない。【3】「志」は、「志を無にする」「ほんの志ですが…」のように、相手のためになるような計らいや、お礼の品の意でも用いられる。

【関連語】◆**（大志）**大きな志。大きな希望。「少年よ大志を抱け（**【英】** *Boys, be ambitious!*）」

2 20-04 志す（こころざす）

意味★将来の目標や、行き着くべき所などを定め、それをめざす。**【英】** *to intend*

使い方▼〔志す〕（サ五）▽平和のために尽くそうと志す▽政治家を志す

2 20-05 執念（しゅうねん）／信念（しんねん）

共通する意味★ある一つのことを固く思い込んで他に心を動かさないこと。

使い方▼〔執念〕▽執念で難事件を解決する▽犯人逮捕の執念を今も持ち続けている　〔信念〕▽信念がなければくじけていたことだろう▽彼女は自分の信念を持っている

	＿を持つ	＿を燃やす	＿を晴らす	＿を貫く	固い＿
執念	○	○	○	-	-
信念	○	-	-	○	○

使い分け【1】「執念」は、「執念を晴らす」という用法があるように、ことが成就すると自然に消えていくが、「信念」は、自分の意志で持ち続けていくものである。**【英】** *tenacity of purpose*（執念）; *belief*（信念）【2】「執念」は、「恨み」に近い意味を持つために、「信念」にくらべるとマイナスのイメージを持つ。

2 20-06 意地（いじ）／我（が）

【関連語】◆（我意）（がい）

共通する意味★自分の意志や行動を押し通そうとする強い心。**【英】** *self-will*

	＿を張る	＿を折る	＿が強い	＿をみせる	＿でもやってみせる
意地	○	-	-	○	○
我	○	○	○	-	-

使い分け【1】「我」は他人とのかかわり合いの中で他人を顧みず、自分を無理に押し通そうとする心をいい、「あいつは我が強くて困る」のように、否定的なニュアンスで使われることが多い。【2】「意地」には、「意地が悪い」のように、気だて、気性の意や、「意地が汚い」「食い意地」などのように、物欲、食欲の意もある。

【関連語】◆**（我意）**自分本位の考えや感情。「我意を押し通す」

2 20-07 自我（じが）／個我（こが）／エゴ

共通する意味★自分に対する意識。**【英】** *ego*

使い方▼〔自我〕▽自我が強い▽自我意識　〔個我〕▽個我の意識　〔エゴ〕▽エゴが強い

使い分け【1】「自我」は、哲学では、対象の世界と区別された認識、行為の主体である自分をいう。「自我に目覚める」【2】「個我」は、他と区別された個人としての自我をいう。【3】「エゴ」は、「エゴイズム」「エゴイスト」の略としても使われる。

参照▼エゴ⇒806-16

2 20-08 無我/無私/無心

【関連語】◆(滅私)めっし◆(虚心)きょしん

共通する意味★利己的な気持ちのないこと。

【英】*self-effacement; selflessness*

使い方▼〔無我〕▽無我の境地▽無我の境　〔無私〕(名・形動)▽公平無私　〔無心〕▽子供の無心な笑顔▽何も考えず無心に働く

使い分け【1】「無我」は、元来は仏教語。「無我」は必ずしも他者との関係を必要としないが、「無私」は他者との関係の中で用いられる。【2】「無我」は、日常語としては「無我夢中」の形で使うことが多い。【3】「無心」は、心に何のわだかまりもなく素直な境地であること。

【関連語】◆(滅私)私心を捨て去ること。「滅私奉公」の形で使われることが多い。◆(虚心)先入観などをもたず、素直な心でいること。「虚心に聞く」「虚心坦懐たんかい(＝わだかまりのない穏やかな態度)」

参照▼無心⇒218-20

2 20-09 緊張/張り詰める

【関連語】◆(気が張る)きがはる

共通する意味★心や体に緩みがなく引き締まること。【英】*tension*

使い方▼〔緊張〕スル▽緊張した面持ち▽緊張が高まる▽緊張感　〔張り詰める〕(マ下一)▽彼のひとことでその場の張り詰めた空気が緩んだ

使い分け【1】二語とも、さしせまった状況に身をおかなければならなくなった場合に使われることが多い。【2】「緊張」は、「両国間の緊張が高まる」のように、両者の関係が悪化して今にも争いが起こりそうな様子もいう。

【関連語】◆(気が張る)緊張した気持ちである。「気が張っているせいか寒さも感じない」

2 20-10 決意/決心/覚悟

【関連語】◆(ふんぎり)

共通する意味★強く心に決めること、また決めた心。

【英】*determination*

使い方▼〔決意〕スル▽彼の顔には必ず勝つという決意が見られた▽決意も新たに新しい職場に赴任する　〔決心〕スル▽転勤を断ろうと決心した▽彼のひとことで決心がゆらいでしまった▽決心を迫られている　〔覚悟〕スル▽失敗は覚悟のうえで新しい会社を作る▽負けるのは覚悟している▽もはや覚悟は決めてある

	―を固める	固く―する	―がつく	強い―で対処する
決意	○	○	－	○
決心	○	○	○	△
覚悟	○	－	－	－

使い分け【1】「決意」の方が「決心」よりも、心に決めることの内容が、その人の生き方の根本的なところとかかわっていることを表わすことが多い。【2】「覚悟」は、前もって厳しい困難な事態を予測して心を決めること。そのようになっても仕方がないという気持ちで使われる。

【関連語】◆(ふんぎり)きっぱりと心を決めること。「踏ん切り」とも書く。「ふんぎりが悪い」「ふんぎりがつかない」

2 20-11 思い切る/踏み切る

共通する意味★考えた末、決心する。【英】*to venture (into, on)*

使い方▼〔思い切る〕(ラ五)▽思い切って先生に打ち明ける▽ずいぶん思い切った行動に出たものだ　〔踏み切る〕(ラ五)▽今週中にも中止に踏み切るつもりだ

使い分け【1】「思い切る」は、普通「思い切って」「思い切った」の形で用いられ、決心して大胆な行動に移ることをいう。【2】「踏み切る」は、ある行動に移ることを勇気を持って決断すること。【3】「思い切る」は、「結婚を思い切る」のように、あきらめる、断念する、の意味もある。

参照▼思い切る⇒218-24

2 20-12 独り決め/独断

【関連語】◆(専断)せんだん◆(自決)じけつ

共通する意味★自分一人の判断で決めること。【英】*arbitrary decision*

使い方▼〔独り決め〕スル▽彼の悪い癖はなんでも独り決めするところだ▽彼女が来るものと独り決めをしている　〔独断〕スル▽独断で予定を変更する▽彼の話は独断と偏見に満ちている▽独断専行せんこう(＝自分だけの判断で、勝手に行動すること)

使い分け【1】「独り決め」「独断」とも、人に相談しないで決めたというニュアンスがあり、また自分だけで正しいと思いこんでしまっていることもいうので、よくない意味で用いられることが多い。【2】「独り決め」は、多く、話し言葉で使われる。

【関連語】◆(専断)スル自分一人の考えで勝手に事を決めること。「専断は避けなければならない」◆(自決)スル自分の意志で自分のことを決めること。また、責任をとって自殺することもいう。「民族の自決を尊重する」
参照▼自決⇒304-22

2 20-13 きっと／必ず(かならず)／絶対(ぜったい)(に)

共通する意味★間違いなくそうなると判断する、話し手の気持ちを表わす語。**【英】** *certainly; surely*

使い方▼〔きっと〕(副)〔必ず〕(副)〔絶対(に)〕(副)

	この商品は□売れる	あの人は□行かないよ	彼女は□疲れたのだろう	筆記具を□持参すること	□うまく行くとは限らない
きっと	○	○	○	-	-
必ず	○	-	-	○	○
絶対(に)	○	○	-	△	○

使い分け【1】「きっと」は、推量の意味が強く、主観的な判断の場合にもよく用いる。**【2】**「必ず」「絶対(に)」は、「きっと」よりも心に強く定めて言い切る表現。客観的な判断に多く用い、例外はないとする語。**【3】**「必ず」が肯定の場合にだけ使われるのに対して、「絶対(に)」は肯定・否定いずれの場合にも使われる。

参照▼絶対(に)⇒819-48

2 20-14 きっぱり／断固(だんこ)／断然(だんぜん)

【関連語】◆(毅然)きぜん

共通する意味★態度や行為がはっきりとしているさま。**【英】** *(to refuse) flatly; firmly*(きっぱり断る)

使い方▼〔きっぱり〕(副)▽きっぱりと縁を切る▽きっぱりやめた 〔断固〕(副・形動たる・と)▽断固としてこれを行う▽断固反対する 〔断然〕(副・形動たる・と)▽断然決行する

	□断る	□と考えを述べる	□たる処置をとる	□許さない
きっぱり	○	○	-	-
断固	○	-	○	○
断然	○	-	○	○

使い分け【1】「断固」「断然」は、漢語であることから、「きっぱり」よりも強い表現になる。**【2】**「断固」は、「断乎」とも書く。**【3】**「断然」は、「わがチームが断然リードしている」のように、他のものにくらべてはっきりと差が出ているさまをいう。また、「断然そんな事実はない」のように、下に打消の語を伴って、強く否定する意を表わすこともある。

【関連語】◆(毅然)(形動たる・と)意志が強くしっかりしているさま。「毅然として要求を断る」

2 20-15 あくまで／頑(がん)として

共通する意味★現在の決意を途中で曲げたり変更したりせず固持するさま。**【英】** *persistently*

使い方▼〔あくまで〕(副)▽その計画にはあくまで反対である▽自説をあくまで譲らない 〔頑として〕▽頑として態度を変えない▽妹は頑として両親の説得を聞かない

	主張を□変えない	私は□抵抗するつもりだ	彼は皆の意見に□耳を傾けようとしない
あくまで	○	○	-
頑として	○	-	○

使い分け【1】「あくまで」は、「あくまでも」の形でも使われる。「あくまで(も)」は、自分の主張を貫徹する強い意志を表わす。したがって、初志を曲げずある目的に向かって突き進む行為と結びつく。また、「一日はだれにとっても二十四時間で、あくまでも平等なものだ」というように、どんなに否定しようがやはりの意で用いられることもあり、この用法も話者の主張の強さを表わすものと考えられる。**【2】**「頑として」は、周囲がどんなに反対しようが、当人が全然決意を曲げない、あるいは態度を変えないという状態を強調する語。はたから見て頑固なまでに、という意味合いが含まれ、あまり良い意味で使われないことが多い。また、通常「頑として…ない」の形で使われるため、「彼は頑として初志を貫くつもりだ」のような言い方は不自然である。

2 20-16 賛成(さんせい)／同意(どうい)／賛同(さんどう)／支持(しじ)

【関連語】◆(付和雷同)ふわらいどう

共通する意味★他人の意見、提案などをよしとして認めること。**【英】** *agreement; approval*

使い方▼〔賛成〕スル▽賛成多数で可決された 〔同意〕スル▽彼の意見には同意しがたい 〔賛同〕スル▽皆様のご賛同を得て、この会が発足しました▽賛同者 〔支持〕スル▽国民に支持される政党▽支持者▽支持率

	□を求める	彼の意見に(を)□する	その意見に私は□です	□政党
賛成	○	に○	○	-
同意	○	に○	-	-
賛同	○	に○	-	-
支持	○	を○	-	○

使い分け【1】「賛成」は、他人の意見、提案をよいと認めること。しばしば「…に賛成だ」という形でも用いられる。**【2】**「同意」は、自分も同じ意見であるということを態度に表わすこと。**【3】**「賛同」は、他人の意見をよいと認めて、自分も同じ意見を持つこ

と。【4】「支持」は、他人の意見や行動などをよいと認めて、それを後援すること。【5】「賛成」「同意」「賛同」は、よいと認めることであるから、一時的な行為である。一方、「支持」はよいと認めて支えることであるから、継続的な行為である。

反対語▼賛成⇔反対

【関連語】◆**〔付和雷同〕**スル しっかりとした考えがなく、他人の意見にすぐに同調してしまうこと。「付和雷同にならないように」

2 20-17 合意（ごうい）／コンセンサス

【関連語】◆**〔意気投合〕**いきとうごう

共通する意味★互いの意見が一致すること。**【英】***(mutual) agreement; consensus*

使い方▼〔合意〕スル ▽双方が合意する▽合意が得られる▽合意事項 **〔コンセンサス〕**▽国民のコンセンサスを得る

	□を得る	委員会としての□	□に達する
合意	○	○	○
コンセンサス	○	○	-

使い分け 二語とも、ほぼ同じような意味で使われることが多い。

【関連語】◆**〔意気投合〕**スル 互いの気持ちがぴったりと合うこと。「初対面でたちまち意気投合する」

2 20-18 同感（どうかん）／共感（きょうかん）／共鳴（きょうめい）

共通する意味★感覚的、感情的に他人の考えや行動をよしとすること。**【英】***agreement*

使い方▼〔同感〕スル **〔共感〕**スル **〔共鳴〕**スル

	彼の意見に□する	私も□です	彼の生き方に□する	□を覚える
同感	○	○	-	-
共感	○	-	△	○
共鳴	○	-	○	-

使い分け【1】「同感」は、他人の意見や行動に表われている考えや感情が自分と同じだと感じること。一般的には「…に同感だ」という形で用いられる。**【2】**「共感」は、他人と自分とが同じ感覚を共有している感じをもつこと。**【3】**「共鳴」は、他人の考えや感情をよいものと感じて、同じ考えを持つようになること。

2 20-19 追求（ついきゅう）

意味★目的のものを手に入れようとして追い求めること。**【英】***pursuit*

使い方▼〔追求〕スル ▽利潤の追求に走る▽幸福を追求する

◈「追求」するものは、多く、利潤、幸福、快楽、理想などである。

2 20-20 捜索（そうさく）／捜査（そうさ）／探索（たんさく）

【関連語】◆**〔捜し物〕**さがしもの

共通する意味★さがし求め、さぐること。**【英】***a search (for)*

使い方▼〔捜索〕スル ▽行方不明の兄の捜索願を出した▽家宅捜索 **〔捜査〕**スル ▽警視庁が事件の捜査に乗り出す▽容疑者が捜査線上に浮かぶ **〔探索〕**スル ▽世界の秘境を探索する

	逃走犯人の□	遭難者の□	傷害事件の□を開始する	資料を□する
捜索	○	○	-	-
捜査	○	-	○	-
探索	○	-	-	○

使い分け【1】「捜索」は、法令上では、証拠物件や犯人を発見するために家宅、物件などを強制的に取り調べることをいう。**【2】**「捜査」は、犯人を捜し、犯罪の証拠などを集める一連の手続きをいう。**【3】**「探索」は、物のありかや人の行方などを探り求めることをいう。

【関連語】◆**〔捜し物〕**見当たらないものをさがし求めること。また、そのさがし求めているもの。「よく物を置き忘れて捜し物をする」「捜し物がやっと見つかった」

2 20-21 目指す（めざす）／目掛ける（めがける）

【関連語】◆**〔指向〕**しこう

共通する意味★目標にする。**【英】***to aim (at)*

使い方▼〔目指す〕(サ五) **〔目掛ける〕**(カ下一)

	敵の大将を□て進む	医師の道を□	北極星を□て行く	ミットを□てボールを投げる
目指す	-し○	○	-し○	-し-
目掛ける	-け○	-	-け-	-け○

使い分け【1】「目指す」は、目標が物であったり地点であったり、また、状態や資格などであったりと多様である。目標が抽象的な内容の場合は、上昇的なものであり、意志の感じられる語。**【2】**「目掛ける」は、目標が具体的で、近くにあるもののことが多い。動きもまっしぐらで激しい場合が多い。

【関連語】◆（指向）スルある目的に対して向かうこと。また、定まった方向に向けること。「地図上の一点を指向する」「指向性アンテナ」

2 20-22 さがす／探る

【関連語】◆（尋ねる）たずねる◆（あさる）

共通する意味★人や物を見つけようとして行動する。**【英】** *to look for*

使い方▼〔さがす〕（サ五）〔探る〕（ラ五）

	ポケットの中を□	珍しい植物を□て歩く	迷子を□	ひそかに敵の様子を□	就職口を□
さがす	○	ーし○	○	ー	○
探る	○	ーっ△	ー	○	ー

使い分け【1】「さがす」は、「捜す」または「探す」とも書く。「捜す」は、見えなくなったものを見つけようとする場合に、「探す」は、手に入れたいもの、目にしたいものを見つけようとする場合に用いる。【2】「探る」は、元来は手足の触覚などによって見つけようとする意。転じて、どうなっているかを知ろうとしてあれこれ調べる意で使われる。

【関連語】◆（尋ねる）（ナ下一）所在のはっきりしないものを見つけようとする。また、物事の道理、みなもと、前例などを明らかにしようとして見つけ出そうとする。「行方の知れぬわが子を尋ねる」「由来を尋ねる」◆（あさる）（ラ五）えさを探し求める。また、人や物を得ようとして探し回る。「漁る」とも書く。「のら猫がごみ箱をあさる」「のみの市で掘り出し物をあさる」

参照▼尋ねる⇒613-43

2 20-23 見つける／発見

【関連語】◆（探し当てる）さがしあてる◆（探し出す）さがしだす◆（探り当てる）さぐりあてる◆（つきとめる）◆（見いだす）みいだす

共通する意味★探していたもの、見えなくなっていたものを見つけ出す。**【英】** *to find out; to discover*

使い方▼〔見つける〕（カ下一）▽やっと北極星を見つけた〔発見〕スル▽彗星すいせいを発見する

	隠された宝を□	暗やみでスイッチを□	新大陸を□	秘められた才能を□
見つける	○	○	ー	ー
発見する	○	ー	○	○

使い分け【1】「見つける」は、単に物を見つけ出す意で使われることが多いが、「発見する」は、それまで人に知られていなかった物事を初めて見つけ出す意で、特に重要な物事を見つけ出す場合に使われることもある。【2】「見つける」は、対象が具体的な物である場合が多いが、「発見する」は、抽象的な事柄に対しても使われる。

【関連語】◆（探し出す）（サ五）さがして見つけ出す。「問題点をさがし出す」◆（探し当てる）（タ下一）方々をさがし回って見つけ出す。「財宝を探し当てる」◆（探り当てる）（タ下一）手や足の先などでさぐって物をさがしあてる。また、いろいろさがし回って、目的のものを見つける。「秘密基地を探り当てる」◆（つきとめる）（マ下一）いろいろ調べて不明な点をはっきりさせる。「犯人の隠れ家をつきとめる」「故障の原因をつきとめる」◆（見いだす）（サ五）外からは見えにくい事柄を見つけ出す。「生きがいを見いだす」「弟子の才能を見いだす」

2 20-24 かぎ出す／かぎ当てる／かぎつける

共通する意味★においをかいで、隠れているものを探り当てる。**【英】** *to scent out*

使い方▼〔かぎ出す〕（サ五）〔かぎ当てる〕（タ下一）〔かぎつける〕（カ下一）

	警察犬が犯人を□	猫が魚のにおいを□	名推理で犯人を□	新聞記者が事件を□
かぎ出す	○	ー	△	ー
かぎ当てる	○	ー	○	ー
かぎつける	ー	○	ー	○

使い分け【1】三語とも、実際ににおいをかいで探り当てる意でも使われる。【2】「かぎ出す」「かぎ当てる」が、いろいろなにおいの中から一つを探り当てる意で用いられるのに対し、「かぎつける」は、一つのにおいを感知する意で用いられる。

2 20-25 突き詰める／煎じ詰める／極める

共通する意味★奥底まで考えたり調べたりして、つきとめる。**【英】** *to inquire into*

使い方▼〔突き詰める〕（マ下一）▽突き詰めて考える▽原理を突き詰める〔極める〕（マ下一）▽奥義を極める▽真理を極める▽その道を極めた人〔煎じ詰める〕（マ下一）▽煎じ詰めれば、資金的な問題が残るだけだ

使い分け「突き詰める」「煎じ詰める」は、一般に用いられるが、「極める」は、特に学問、芸道についていうことが多い。

参照▼極める⇒814-54　煎じ詰める⇒408-07

2 20-26 ねらう／うかがう

【関連語】◆（つけねらう）

共通する意味★ある目的を達成するために、時機、機会を待つ。【英】*to aim (at)*

使い方▼〔ねらう〕(ワ五)▽親の遺産をねらう▽チャンスをねらう　〔うかがう〕(ワ五)▽敵の様子をじっとうかがう

使い分け【1】「ねらう」は、あるものを手に入れようと時機、機会を待つ意のほか、「猟銃で獲物をねらう」のように、命中させようと目標に向けて構える意、「ひそかに優勝をねらう」のように、目標として目指す意がある。【2】「うかがう」は、人に気づかれないようにひそかに待つ意が強い。また、「先生の顔色をうかがう」のように、ひそかに探る意、「意気込みのほどがうかがわれる」のように、物事を推察する意もある。【3】「ねらう」は「狙う」、「うかがう」は「窺う」「覗う」とも書く。

【関連語】◆（つけねらう）(ワ五)あとをずっと付け回して、目的を達成する機会を待つ。「付け狙う」とも書く。「スパイがつけねらう」「親の敵とつけねらう」

2 20-27 ためらう／渋る(しぶ)

共通する意味★行動に踏み切れないでぐずぐずする。【英】*to hesitate*

使い方▼〔ためらう〕(ワ五)▽天気が悪いので外出をためらう▽ためらっている場合ではない　〔渋る〕(ラ五)▽代金の支払いを渋る▽大会への参加を渋る

	返事を□	一瞬□	□ずに話す	出し□
ためらう	○	○	わ○	－
渋る	○	－	ら－	○

使い分け【1】「ためらう」は、あることをしようかどうか迷って、すぐには思い切って行動できないでいる意。気持ちは実行の方にあるのだが、何かそれをひきとめるような要因があるために迷い、行動に踏み切れないような場合にいう。【2】「渋る」は、気が進まなくて、気持ちよく物事をしようとしない様子を見せる意。また、「筆が渋る」のように、物事が滑らかに進行しない意もある。

2 20-28 躊躇(ちゅうちょ)／逡巡(しゅんじゅん)／ためらい／猶予(ゆうよ)

【関連語】◆（遅疑）ちぎ ◆（二の足を踏む）にのあしをふむ

共通する意味★決断がつかず、迷うこと。【英】*hesitation*

使い方▼〔躊躇〕スル▽自説の発表を躊躇する▽躊躇なく承諾する　〔逡巡〕スル▽あれこれ逡巡しながらも出かけて行く▽逡巡することなく進む　〔ためらい〕▽なんのためらいもなく賛成する▽ためらいがちに打ち明ける▽一瞬のためらいで勝利を逃す　〔猶予〕スル▽もう一刻も猶予できない▽これ以上の猶予はならない

使い分け【1】「躊躇」「ためらい」は、何かしようとしていたときにそのことに対してふと迷いが生じ、心を定められなくなること。【2】「逡巡」は、「躊躇」「ためらい」よりも時間的に長く、あれこれぐずぐずと考えてしまって先へ進めないこと。【3】「猶予」は、決断できない状態、実行できずにいる状態を強く意識した語。ほかに、延期することの意で用いることが多い。「刑の執行を猶予する」【4】「ためらい」は日常語だが、他の三語は文章語。

【関連語】◆（遅疑）スル疑いためらうこと。文章語。「しばらくも遅疑すべからず」「遅疑逡巡」◆（二の足を踏む）一歩目は踏み出したものの、二歩目で足踏みする。実行するのをやめたい気持ちが強い。「その商談にはさすがの彼も二の足を踏んだ」

参照▼猶予⇒814-70

2 20-29 迷う(まよ)／惑う(まど)／と惑う(まど)

【関連語】◆（迷わす）まよわす ◆（惑わす）まどわす

共通する意味★どうしてよいかわからなくなる。【英】*to be puzzled*

使い方▼〔迷う〕(ワ五)▽道に迷う▽どちらが良いかと迷う▽心が迷う　〔惑う〕(ワ五)▽心が惑う▽四十にして惑わず　〔と惑う〕(ワ五)▽不慣れなことでと惑う

使い分け【1】「迷う」は、目標が不確かであったり、方法や手段が分からなかったりして、良いものか悪いものかの判断がつかなかったりする場合にも用いられる。【2】「惑う」は、どうしてよいか分からず、うろたえる意。やや古い言葉で、現在では「逃げ惑う」「思い惑う」など、複合語の一部として使われることが多い。【3】「と惑う」は、「惑う」に接頭語「と」がついたもの。突然のことで、どの方法や手段を選んでよいか分からない場合に用いる。【4】「惑う」「と惑う」には、おろおろとうろたえて、判断がつかない感じがある。「欲に迷う」「金に迷う」の「迷う」にも、心を惑わして、正常な判断がつかないという意味があるが、おろおろとうろたえる感じは含まれない。

【関連語】◆（迷わす）(サ五)どうしたらよいのかわからないようにする。「甘い言葉に心を迷わされる」◆（惑わす）(サ五)正しい分別ができないようにする。「人心を惑わす」「巧妙な宣伝文句に惑わされる」

2 20-30 興味(きょうみ)／関心(かんしん)／好奇心(こうきしん)

共通する意味★ある物事にひきつけられる気持ち。特に心をひかれること。【英】*interest*

	□を持って対象を見る	その女性に□を示す	今度の選挙は世の□が高い	□の強い子
興味	○	○	－	－

関心	○	○	○	-
好奇心	○	-	-	○

使い分け【1】「興味」は、おもしろいと感じる気持ちや、知りたいと食指を動かされるような気持ちをいう。【2】「関心」は、対象に向けて注意を払う心。「興味」が対象のある一点に感情的に向けられることがあるのに対し、「関心」は対象全体に理性的に向けられることが多い。【3】「好奇心」は、特に対象を限定しなくても、すべて未知のこと、珍しいことなどについてもっと知りたいと動かされる心をいう。俗な感じを含めても用いられ、時に行き過ぎたものとして扱われることもある。「好奇心ばかりであの人を見ては失礼だ」

2 20-31

興醒め（きょうざめ）／興醒まし（きょうざまし）／白ける（しらける）／艶消し（つやけし）／色消し（いろけし）

共通する意味★おもしろみがなくなること。
【英】 *wet blanket*
使い方▼〔興醒め〕（名・形動）スル▽大根役者ばかりの興醒めな芝居▽下手な歌を聴かされて興醒めした　〔興醒まし〕（名・形動）▽雰囲気を壊す興醒ましな演し物（だしもの）　〔白ける〕（カ下一）▽部長の登場で座が白けた▽つまらない駄じゃれでせっかくの雰囲気が白けた　〔艶消し〕（名・形動）▽艶消しなことをいう　〔色消し〕（名・形動）▽せっかくの趣向が色消しになる
使い分け【1】五語とも、せっかく盛り上がった興趣がそがれたような場合に用いられる。【2】「興醒め」「興醒まし」は、ほぼ同義だが、「興醒め」の方がよく使われる。また、それぞれ「興冷め」「興冷まし」とも書く。【3】「艶消し」「色消し」は、ほぼ同義だが、「艶消し」の方がよく使われる。【4】日常の話し言葉では、「白ける」が最も使われる。
参照▼白ける⇒7 16-19

3 一生

3 01…命

3 01-01

命（いのち）／生命（せいめい）

【関連語】◆（人命）じんめい◆（身命）しんめい◆（一命）いちめい◆（露命）ろめい

共通する意味★人間や生物が生存するためのもとの力となるもの。**【英】** *life*
使い方▼〔命〕▽限りある命▽お金より命が惜しい▽友人は重態で、あとわずかの命だ▽虫や草花の命を慈しむ　〔生命〕▽どんな小さな虫にも生命がある▽水は生命の維持に不可欠だ

	□を救う	いくばくもない□	新しい□の誕生	□の縮む思い
命	○	○	-	○
生命	○	-	○	-

使い分け【1】「命」は、日常的な語だが、「生命」は、「生命保険」「生命現象」のように客観的な改まった表現で使われることも多い。【2】二語とも、「ピアニストにとって指は命だ」「情報の新しさがニュースの生命だ」のように、存在そのものを支える根源的なものや、それがなければそのものの価値がなくなるような重要なものを意味することもある。【3】「生命」は、「選手としての生命が長い」のように、そのものがその働きをする期間をいうこともある。
【関連語】◆（人命）人間の命。「人命を第一に尊重する」「尊い人命が奪われる」◆（身命）からだといのち。「身命をなげうつ」「身命を賭（と）して戦う」◆（一命）人ひとりの命。「車にはねられたが、危うく一命をとりとめた」◆（露命）露のようにはかない命。文章語。「露命をつなぐ（＝ほそぼそとはかない命を保

つ)」

301-02 寿命(じゅみょう)／天寿(てんじゅ)／天命(てんめい)

[関連語] ◆(命数)めいすう ◆(命脈)めいみゃく ◆(余命)よめい

共通する意味★命の長さ。**【英】** *the span of life*

使い方▼〔寿命〕▽戦後日本人の寿命は急激に延びた▽亀(かめ)は寿命が長い　〔天寿〕▽天寿を全うする　〔天命〕▽娘の死を天命と思ってあきらめる▽志半ばにして天命が尽きる

使い分け【1】「天寿」「天命」は、その生きる長さがあらかじめ定まっているという意味合いが強いが、「寿命」は、「寿命が延びる」「寿命を縮める」のようにその長さは変化しうるもので、客観的な度合いが強い。【2】「天寿」「天命」は、天から与えられた命の長さで、人間の力では変えることができない。「天寿」は、生きていた期間が満足できるくらいに長い場合にいう。【3】「寿命」は、「この洗濯機はもう寿命が来ている」「電池の寿命」など、比喩(ひゆ)的に道具や機械の耐用年数にもいう。

【関連語】◆(命数)運命として定まった命の長さ。古めかしい言い方。「事業半ばで命数が尽きる」◆(命脈)絶えることなく続く命。「命脈が尽きる」「細々と命脈を保つ」◆(余命)これから先、死ぬまでの命。「余命いくばくもない」「彼は余命数か月だそうだ」

参照▼天命・命数⇒317-01

301-03 長寿(ちょうじゅ)／長命(ちょうめい)／長生(ちょうせい)／長生き(ながいき)

[関連語] ◆(延命)えんめい

共通する意味★長く生きること。**【英】** *a long life*

使い方▼〔長寿〕▽恩師の長寿を祝う▽世界一の長寿国▽長寿番組　〔長命〕(名・形動)▽父方は長命の血統だ▽亀(かめ)は長命な動物だ　〔長生〕スル▽伯母は八十五歳まで長生した▽長生で知られた村　〔長生き〕スル▽腹八分目が長生きの秘訣(ひけつ)だ▽両親には長生きしてほしい

	［］の家系	［］を保つ	［］の祝い	不老［］	［］の犬
長寿	○	○	○	○	△
長命	○	○	-	-	○
長生	○	-	-	○	-
長生き	○	-	-	-	○

使い分け【1】「長命」「長生」「長生き」は、客観的な表現であるが、「長寿」には、めでたいという気持ちが含まれている。【2】「長寿」は、「長寿番組」のように、比喩(ひゆ)的に催し物や品物などでふつうよりも長く続くものにも用いられる。【3】「長命」「長生」「長生き」は、動物にも用いられる。【4】「長命」「長生」は、硬い言い方で、日常語としてはあまり使われない。

反対語▼長命⇔短命　長生⇔早世・夭折(ようせつ)・夭逝(ようせい)　長生き⇔早死に・若死に

【関連語】◆(延命)寿命を延ばすこと。また、比喩的に擬人化したものについてもいう。「延命効果の高い新薬」「倒産の危機に際して延命策を講ずる」

301-04 短命(たんめい)／薄命(はくめい)

共通する意味★寿命が短いこと。**【英】** *a short life*

使い方▼〔短命〕(名・形動)▽兄は短命だった　〔薄命〕(名・形動)▽彼は頑丈そうだったが薄命だった▽佳人薄命

使い分け【1】「短命」は、人間だけでなく、植物や動物についても用いる。また「内閣は二か月という短命に終わった」のように、比喩(ひゆ)的に組織・商品・人気などが長続きしないことも表わす。【2】「薄命」は、人の命がはかなく短いこと。「短命」が客観的な言い方であるのに対し、「薄命」には寿命が短いことをはかなむ気持ちがある。

反対語▼短命⇔長命

参照▼薄命⇒318-09

301-05 早死に(はやじに)／若死に(わかじに)／夭折(ようせつ)／夭逝(ようせい)／早世(そうせい)

共通する意味★年若くして死ぬこと。**【英】** *an early death*

使い方▼〔早死に〕スル▽兄達は皆早死にした▽五十歳前の早死に　〔若死に〕スル▽病気で若死にした姉▽両親ともに若死にだった　〔夭折〕スル▽彼は将来を嘱望されながら夭折した▽天才詩人の夭折を惜しむ　〔夭逝〕スル▽十九歳で夭逝する▽期待されながらの夭逝だった　〔早世〕スル▽天才は早世するものだ▽彼女の早世を悲しむ

使い分け【1】「早死に」「早世」は、比較的早く死んでしまうこと。「若死に」「夭折」「夭逝」は、若いうちに死んでしまうことをいう。【2】「夭折」「夭逝」には、若い死を悼む気持ちが込められており、才能があって将来を嘱望されていた人に用いられることが多い。【3】「早死に」「若死に」が、一般的な言い方。

反対語▼早死に・若死に⇔長生き　夭折・夭逝・早世⇔長生

301-06 生まれる(うまれる)／生まれ落ちる(うまれおちる)

【関連語】 ◆(産声をあげる)うぶごえをあげる ◆(呱呱の声をあげる)ここのこえをあげる ◆(孵る)かえる

共通する意味★母体や卵から子が新しくこの世に出現する。**【英】** *to be born*

使い方▼〔生まれる〕(ラ下一)▽長男が生まれる▽子猫が五匹生まれた　〔生まれ落ちる〕(タ上一)▽家を継ぐ

3 一生

ことは生まれ落ちた時からきまっていた

使い分け【1】「生まれる」は、人間だけでなくあらゆる動物についていう。また、「オリンピックで数々の世界新記録が生まれた」のように、物事やある状態が新たに現れたり、人間の手で作り出されたりする意でも用いる。「産まれる」と書くこともある。【2】「生まれる」が、無から有、あるいは出生以前の状態から出生への変化のみを問題にする言い方であるのに対し、「生まれ落ちる」は、人の一生、あるいは前世・現世・来世という人間の歴史の中で、この世での生の始まりとして位置づける言い方である。

反対語▼生まれる⇔死ぬ

【関連語】◆**(産声をあげる・呱呱の声をあげる)**赤ん坊が生まれてすぐに声をあげて泣く。「呱々の声をあげる」は、文章語的表現。どちらも比喩ひゆ的に、新しく物事ができる意にもいう。「彼は戦後の焼け野原で産声をあげた」「新会社が産声をあげた」「新時代にふさわしい雑誌が次々に呱々の声をあげた」◆**(孵る)**(ラ五)卵の殻が割れて、雛ひな、稚魚、幼虫などが出る。「ニワトリの卵が孵った」

参照▼生まれる⇒911-06

3 01-07 生存(せいぞん)／生息(せいそく)／存命(ぞんめい)／存生(ぞんじょう)／在世(ざいせい)／生きる(い)

【関連語】◆**(生かす)**いかす

共通する意味★命を保っている。

使い方▼**〔生存〕**スル▽遭難者の生存が危ぶまれる▽都市化の波が野鳥の生存を脅かしている▽生存競争▽生存者　**〔生息〕**スル▽コアラはオーストラリアに生息している▽コマクサは高山植物だから都会での生息は無理だ　**〔存命〕**スル▽あの人には父の存命中に一度会ったことがある▽先生が存命している間にうかがいたかった　**〔存生〕**スル▽祖父存生中にはその話を聞いた　**〔在世〕**スル▽父の在世中には帰国できなかった▽先代が在世していたころのできごと　**〔生きる〕**(カ上一)▽祖母は九十歳まで生きると張り切っている▽生きて帰れるかどうかわからない▽金魚は氷の下で生きていた

	百歳まで□	その鳥は砂漠に□ている	重体だが彼はまだ□ている	祖母が□ている間に聞かされた話
生存する	○	－し△	－し○	－し－
生息する	－	－し○	－し－	－し－
存命する	△	－し－	－し－	－し○
存生する	△	－し－	－し△	－し○
在世する	○	－し－	－し－	－し○
生きる	○	－き△	－き○	－き○

使い分け【1】「生存」は、命を保って存在していることで、普通は動物、特に人間の生死を問題にする場合に用いられる。**【英】** *to exist*【2】「生息」は、一定の地域や環境の中に、ある種の動物がすんでいたりある種の植物が生育したりすることをいう。動物の場合は「棲息」あるいは「栖息」と書くこともある。**【英】** *to inhabit*【3】「存命」「存生」は、命があることだが、ある特定の人間について、その人がすでに死んだこと、あるいは死んでもおかしくないような年齢、体であることなど、その死を念頭においた言い方。人間についてのみ用いられる。**【英】** *to survive*【4】「在世」は、この世に命を保って存在していること。普通は故人について、その人がまだ死ぬ以前のことをいうのに用いる。「ざいせ」ともいう。**【英】** *to live*【5】「生きる」は、命を保ち、生物として機能している状態にいう。また、「契約が生きている」「あのひとことで話の内容が生きた」などのように、ものごとが効力を持続したり、なんらかの働きを持ったりする意も表わす。**【英】** *to live*

反対語▼生きる⇔死ぬ

【関連語】◆**(生かす)**(サ五)命を保たせる。また、力を発揮させる。「生かすも殺すもこちら次第」「才能を生かして使う」

3 01-08 生き永らえる(いきながらえる)／生き延びる(いきのびる)／生き残る(いきのこる)／死に後れる(しにおくれる)／死に損なう(しにそこなう)

【関連語】◆**(永らえる)**ながらえる

共通する意味★死の危険があったり、死が身近な問題としてあったりしても、命を落とさずに生き続ける。

使い方▼**〔生き永らえる〕**(ア下一)▽無為に生き永らえたくない▽なんとか生き永らえて、この家の再興を見届けたい　**〔生き延びる〕**(バ上一)▽水だけでかろうじて生き延びた▽火の中を必死に逃げて生き延びた　**〔生き残る〕**(ラ五)▽現代社会で生き残るにはまず体力だ▽船が沈没して船長だけ生き残った　**〔死に後れる〕**(ラ下一)▽最愛の夫に死に後れて死者の菩提ぼだいを弔う　**〔死に損なう〕**(ワ五)▽自殺を図って死に損ない、生き恥をさらす▽若いころ大病で一度死に損なっている

使い分け【1】「生き永らえる」は、死を免れて長く命を保つ意。「生き長らえる」とも書く。**【英】** *to live on*【2】「生き延びる」は、生命を保つのが容易でない環境、たとえば遭難事故、天災、戦災、貧乏などを切り抜けて生き続ける意。**【英】** *to live on*【3】「生き残る」は、他の人たちが死んだり脱落して行く状況の中で死なないで残る意。「不況の中で会社が生き残る方策をさぐる」のように、比喩ひゆ的にも使う。**【英】** *to survive*【4】「死に後れる」は、大切な人に先に死なれ、本人は死なないで残る意。自分自身に使う表現。「死に遅れる」とも書く。**【英】** *to outlive*【5】「死に損なう」は、自殺しようとして失敗する、また、病気、事故などの、死んでも不思議はないような状況で死なずに生き続ける意。**【英】** *to fail to kill oneself*(自殺に失敗する)

【関連語】◆(永らえる)(ア下一)長く生き続ける。「長らえる」とも書く。「この年までよくぞ永らえることができたものだ」

301-09 生き返る／蘇る／蘇生

【関連語】◆(復活)

共通する意味★死んだものや死にかけていたものが命を取り戻す。**【英】** *to revive*

使い方▼〔生き返る〕(ラ五)▽一度死んだ人間が生き返る▽久し振りの雨で、樹木が生き返った　〔蘇る〕(ラ五)▽仮死状態からよみがえる　〔蘇生〕スル▽人工呼吸のおかげで蘇生した▽蘇生術

使い分け【1】「生き返る」「蘇生する」が、命を取り戻して再び生きている状態、すなわち元気になったり生物体として機能し始めたりする状態になる意を表わすのに対し、「蘇る」は、広く死ぬ前の状態に戻る意を表わす。【2】三語とも、「物置に眠っていた柱時計を分解掃除して生き返らせた」「幼い日の記憶がよみがえった」「過疎の村が蘇生を願って観光客の誘致に乗り出した」のように、比喩(ひゆ)的にも用いる。【3】「蘇る」は、「甦る」とも書く。【4】「蘇生する」は、「生き返る」の硬い言い方。

【関連語】◆(復活)スルよみがえること。また、廃止したり停止したりしていたものが元通りになること。「伝統芸能の復活をはかる」「復活祭」「予算の復活折衝」

参照▼蘇る⇒208-83 908-15　蘇生⇒908-17　復活⇒908-17

301-10 生まれ変わる／転生

共通する意味★死んだ者が同種の別の者または異種の姿になって再び生まれる。**【英】** *to be born again*

使い方▼〔生まれ変わる〕(ラ五)▽あいつは執念深いから、蛇が生まれ変わったのかもしれない▽生まれ変わったように勉強し始めた　〔転生〕スル▽極楽に転生をとげる▽輪廻(りんね)転生

使い分け【1】「転生」は、主に仏教で使う語。「てんしょう」ともいう。【2】「生まれ変わる」は、「駅前の洋品店が若者向けの店に生まれ変わった」「オリンピックを機に生まれ変わった町」のように、状況が一変するような場合にも用いられる。

302…人生・一生

302-01 生／人生

【関連語】◆(ライフ)

共通する意味★この世に生まれ、生きてゆくこと。**【英】** *life*

使い方▼〔生〕▽生を営む▽彼の生への執着心はすさまじい　〔人生〕▽人生の意義▽人生の岐路に立つ

	充実した□	この世に□をうける	□と死	□の門出
生	○	○	○	－
人生	○	－	－	○

使い分け【1】「生」は、人間と動物にいうが、「人生」は、人間に限っていう。【2】「生」は、命を保っていること、または命を意味するが、「人生」には命の意味はない。【3】「人生」は、さまざまに生き、生活してゆくという、生きることの内容に重きをおいた語である。

反対語▼生⇔死

【関連語】◆(ライフ)人生。人の生涯。また、生活。他の語と結びついて複合語をつくる。「ライフワーク」「ライフスタイル」「アーバンライフ」

302-02 一生／生涯／一生涯

共通する意味★生まれてから死ぬまでの間。生きている間。**【英】** *a life*

使い方▼〔一生〕▽一生を左右するような出来事▽鈴虫の一生を観察する▽そんなことをすると一生後悔するよ　〔生涯〕▽短い生涯を終える▽もう生涯故郷には帰らないつもりだ　〔一生涯〕▽一生涯独身を貫いた▽一生涯かかって罪の償いをする

使い分け【1】三語とも、一つの生命の生まれてから死ぬまでの間、または生きている間の意で用いる。【2】「一生」は、人間や動植物の生まれてから死ぬまでをいうのに対し、「生涯」は、人間のみに用いる。また、「役人としての生涯を終え隠退する」のように、ある特定の期間をさすこともある。【3】「一生」は、「結婚は一生の問題だ」「一生のお願いだから助けて」のように「一生の」の形で、生涯にかかわるようなことの意を添えるのに用いられることもある。【4】「一生涯」は、「生涯」を強調した言い方。

302-03 一世／一代／一期

【関連語】◆(今生)

共通する意味★一人の人が生まれてから死ぬまでの間。**【英】** *one's lifetime*

使い方▼〔一世〕▽一世の大事業だ▽一世の大傑作　〔一代〕▽今度の不祥事は彼の一代の不覚だ▽人は一代、名は末代　〔一期〕▽三十年を一期として生を終える▽一期一会(いちごいちえ)▽一期の不覚

使い分け【1】「一世」は、「親子は一世(いっせ)、夫婦は二世(＝親子の関係は現世だけのものだが、夫婦の関係は来世まで続くの意)」や「一世(いっせ)一代」では「いっせ」と読まれる。また、「一世(いっせい)を風靡(ふうび)する」のように、その時代、当代の意を表わしたり、「日

系一世（いっせい）」のように、移民などの第一代目をさしたりすることもある。【2】「一代」は、「一代の名誉」「一代の冒険」のように、一生に一度のような大きな出来事に用いるのがふつう。また「王が一代で国を築き上げた」「父が一代でこの事業を築いた」のように、天子や君主が在位する間や、家や事業の主となっている間をいうこともある。さらに「一世」と同じく「一代の名優」のように、ある一つの時代をいうこともある。【3】「一期」も、「一代」と同じく一生に一度しか経験しないような大きな出来事にも用いられる。

【関連語】◆(今生)この世に生きている間。また、この世。「今生の別れ」「今夜の月は今生の見納めになるかもしれない」

参照▼一世⇒314-20

302-04 終生（しゅうせい）／終身（しゅうしん）／畢生（ひっせい）

共通する意味★命が終わるまでの間。【英】*all one's life*

使い方▼〔終生〕▽終生忘れ得ぬ思い出▽終生の友〔終身〕▽終身雇用制▽終身刑▽終身会員〔畢生〕▽畢生の大作▽畢生の大事業

使い分け【1】「終生」は、死ぬまでずっとの意で副詞的に用いられることもある。【2】「終身」は、複合して用いられることが多い。【3】「畢生」は、生涯をかけて行う大きな仕事や、そのための努力などをいう場合に用いられる。

303…経歴

303-01 経歴（けいれき）／履歴（りれき）／前歴（ぜんれき）

【関連語】◆(略歴)りゃくれき◆(過去)かこ◆(学歴)がくれき◆(職歴)しょくれき

共通する意味★その人が生まれてから経験してきた、学業、仕事、身分、地位などの事柄。

【英】*one's (past) career*

使い方▼〔経歴〕▽外国で仕事をした経歴を持つ▽経歴を紹介する▽華やかな経歴の持ち主〔履歴〕▽立派な履歴の持ち主▽履歴書〔前歴〕▽契約不履行の前歴がある▽前歴を隠す

	□を調べる	教員の□が長い	逮捕された□をもつ	□に傷がつく
経歴	○	○	△	○
履歴	○	○	-	○
前歴	○	△	○	-

使い分け【1】「経歴」は、学業、仕事、身分、地位など、公的な事柄をさし、私的な事柄はささないのがふつう。【2】「履歴」は、ふつう、学業や職業に関する事柄。【3】「前歴」は、人にあまり知られたくない過去の事柄をさすことが多い。

【関連語】◆(略歴)おおまかな経歴。特に、学業、職業に関する事柄にいうことが多い。「新郎の略歴を紹介する」◆(過去)その人が今までに行ったり、経験したりしたこと。「前歴」と同じく、ふつう、人に知られたくない事柄について用いる。「暗い過去を持つ」「過去をあばく」「過去を清算する」◆(学歴)学業に関する経歴。「高学歴」「学歴社会」◆(職歴)職業に関する経歴。「職歴を述べる」

参照▼過去⇒816-06

303-02 経験（けいけん）／体験（たいけん）／見聞（けんぶん）

【関連語】◆(洗礼)せんれい◆(苦汁)くじゅう◆(苦杯)くはい◆(見聞き)みきき◆(耳目)じもく

共通する意味★実際に見たり聞いたり、したりしたこと。また、そうすることによって得た知識や技能。

【英】*experience*

使い方▼〔経験〕スル▽日本語を教えた経験がある▽海外留学を経験する▽経験を積む▽人生経験〔体験〕スル▽奇妙な体験をした▽留学の体験談▽体験学習〔見聞〕スル▽見聞を広めるために留学する▽現地で見聞したことをまとめる

	不思議なことを□する	□が広い	長年の□がものをいう	戦争□がある	初□
経験	○	△	○	△	-
体験	○	-	△	○	○
見聞	○	○	-	-	-

使い分け【1】「経験」は、三語のうち最も用法が広い。【2】「体験」は、「経験」にくらべ、実際に見たり、聞いたり、したりした行為自体に重点があり、その行為の内容もより印象的である場合に使われる。【3】「見聞」は、「見聞を広める」「見聞が広い」のような言い方以外あまり用いられない。

【関連語】◆(洗礼)初めての経験。また、ある社会で一度は経験しなければならないこと。キリスト教で信者となるための儀式から。「新入社員はみな社長のこごとの洗礼を受ける」◆(苦汁)苦しくてつらい経験。「苦汁の日々を送る」「苦汁を嘗（な）める」◆(苦杯)苦しくてつらい経験。「現職議員が苦杯を喫する」「完敗の苦杯を嘗める」◆(見聞き)スル見たり聞いたりすること。「災害地の現状を見聞きして歩く」「旅行中に見聞きしたことを本にする」◆(耳目)聞いたり見たりすること。「耳目を広める」◆「耳目を惹く」「耳目を驚かす」のように、世間の注意、注目もいう。

303-03 年（とし）／年齢（ねんれい）／齢（よわい）

【関連語】◆（馬齢ばれい）◆（春秋しゅんじゅう）

共通する意味★生まれてから経過した年数。**【英】** *age*

使い方▼〔年〕▽君の妹の年はいくつだ▽彼は年のわりに若い▽あの年でよく泳げるものだ▽年をとる〔年齢〕▽年齢を偽る▽あの女の年齢は不詳だ▽彼は相当な年齢のはずだ〔齢〕▽齢九十に近い

	［ ］を重ねる	［ ］が若い	いい［ ］をして何をやっているのか	［ ］順
年	○	○	○	－
年齢	○	○	－	○
齢（よわい）	○	－	－	－

使い分け【1】「年」は最も一般的な言い方。「私ももう年だ」のように老齢を表わすこともある。【2】「年齢」は、改まった言い方。「年齢制限」「精神年齢」「年齢給」のように、客観的、事務的に用いられることが多い。【3】「齢よわい」は、古めかしい言い方で、老齢をいう場合に用いることが多い。

【関連語】◆（馬齢）自分の年齢をへりくだっていう語。「馬齢を重ねる（＝たいしたこともせずに年を取る）」◆（春秋）年齢。文章語。「春秋高し（＝高齢である）」◆歳月の意で、「春秋に富む（＝若くてこの先豊かな未来がある）」などともいう。

参照▼年⇒711-03

303-04 世代（せだい）／年代（ねんだい）

【関連語】◆（ジェネレーション）

共通する意味★生年や成長の時期によって区別した年齢の区切り。**【英】** *a generation*

使い方▼〔世代〕▽角界でも世代の交替が進んでいる▽息子とは世代の差を感じる▽同世代▽戦後世代〔年代〕▽さまざまな年代の人々から支持されて当選する▽父の年代の人達の考えは理解できない▽同年代

使い分け【1】二語とも、時代的な経験を共有することにより、そこになんらかの共通した意識や行動が認められる年齢層、またそういう年齢層に属する人々をいう。【2】「世代」には、人の一代の意味もある。「年代」よりも「世代」のほうが広く用いられる。「三世代同居の大家族」「あの店も世代がかわってから味が落ちた」【3】「世代」は、「せたい」ともいう。

【関連語】◆（ジェネレーション）世代。また、同じ世代の人々。「ゼネレーション」ともいう。「ジェネレーションギャップ」

参照▼年代⇒815-31

303-05 幼少（ようしょう）／幼弱（ようじゃく）／幼（よう）

共通する意味★幼いこと。**【英】** *infancy*

使い方▼〔幼少〕▽彼は幼少のころから利発だった▽お嬢様には御幼少の折にお目にかかっております〔幼弱〕（名・形動）▽父は幼弱な私達をかかえてたいそう苦労した▽幼弱な子供達を守る〔幼〕（名・形動）▽幼にしてすでに文才をあらわす

使い分け【1】「幼少」は、幼いことの意の改まった言い方。【2】「幼弱」は、幼くて、まだ身体もできていないためにか弱いさまを表わす硬い言い方。【3】「幼」は、「幼少」の文語的な言い方で、幼いときに早くもすぐれた資質をあらわすときに用いられることが多い。

反対語▼幼⇔老

303-06 幼い（おさない）／幼稚（ようち）／未熟（みじゅく）

共通する意味★成長の程度、技術などが一人前と認められる基準よりかなり低いこと。**【英】** *immature*

使い方▼〔幼い〕（形）▽三歳と五歳の幼い兄弟▽三十歳になっても精神的に幼い〔幼稚〕（名・形動）▽泣けば許されるという幼稚な発想▽すぐ見破られる幼稚なからくり〔未熟〕（名・形動）▽プロとしてはまだ未熟だ▽未熟者▽未熟児

	考えが［ ］	［ ］大人	［ ］おもちゃ	［ ］腕前
幼い	○	－	－	－
幼稚	－だ○	－な○	－な○	－な－
未熟	－だ○	－な○	－な－	－な○

使い分け【1】「幼い」は、親などの保護を必要とする年齢（人間なら八歳ぐらいまで）の子供に対していう。また、「大学生にしては幼いね」のように、年齢などにくらべて実際の成長が遅いときにも使う。【2】「幼稚」は、年齢などから期待されるレベルよりかなり低いこと。「幼い」に、かわいいという良いイメージがあるのに対し、「幼稚」は、必ず悪い評価である。また比喩ひゆ的に、技術、構造などの単純さにも使う。【3】「未熟」は、まだ十分なレベルに達していないこと。これから成長する可能性を含んだ語で、無生物に使うのは不自然。本来は、果物などが食べられる状態まで実っていないことをいうが、硬い表現なので、「未熟なりんご」というより「熟していないりんご」という方が普通。

反対語▼未熟⇔成熟

303-07 子供っぽい／子供らしい

【関連語】◆(いとけない)

共通する意味★子供のようであるさま。【英】*childlike*(良い意味で)；*childish*(悪い意味で)

使い方▼〔子供っぽい〕(形)▽年のわりに子供っぽい顔立ちをしている▽子供っぽい思いつき　〔子供らしい〕(形)▽少女は子供らしい笑顔を見せた

使い分け【1】「子供っぽい」は、実際にはずっと年をとっていて子供とはいえない年齢であるのに、言動や服装がまるで子供のようであるさまをいい、「子供らしい」は、実際の子供がいかにも子供であると感じさせるような言動などをするさまをいう。【2】「子供っぽい」には幼稚さを笑う感じが含まれることが多く、「子供らしい」には純真さを愛する気持ちが含まれていることが多い。

【関連語】◆(いとけない)(形)年が小さくてまだ頼りない様子。「いとけない幼児」

303-08 幼年／幼時

共通する意味★幼い年ごろ。【英】*infancy*

使い方▼〔幼年〕▽①幼年期▽②幼年向きの絵本　〔幼時〕▽友の顔に幼時の面影を認める▽私は幼時に両親を失った

使い分け【1】「幼年」は、幼い年齢、「幼時」は、幼いころをいう。いずれも、生後一年ぐらいから小学校入学ごろまでの、少年、少女より下の年ごろをさす。【2】「幼年」は、例文②のように幼い子供をいうこともある。また、多く他の語と複合して用いる。

303-09 若い／うら若い／若若しい

【関連語】◆(若やか)◆(若やぐ)◆(若気)

共通する意味★まだ、年を重ねることが少なく、心身ともに元気が良いさま。【英】*young*

使い方▼〔若い〕(形)　〔うら若い〕(形)　〔若若しい〕(形)

	｜乙女	気が｜	｜声	｜芽	彼より二歳｜
若い	○	○	○	○	○
うら若い	○	-	△	-	-
若若しい	○	○	○	-	-

使い分け【1】「若い」は、ある物が現れてから年月や時代が短いさまをいうのが原義。そこから、技量や物の考え方が未熟、未完成である意味にも用いられ、また、他と比較して年齢が下である、さらには、数が少ないという意味にも用いられる。三語の中で、もっとも意味の範囲が広い。【2】「若い」は、大人としては日が浅く、元気盛んなころを過ぎても、見た目や考え方などが若者らしい感じであるさまにも用いられる。【3】「うら若い」は、実際にごく若くて初々しい意。【4】「若若しい」には、実際に若いことを強めた意味と、見た目や考え方が若者らしいという意味の両方がある。

【関連語】◆(若やか)(形動)いかにも若々しさにみちあふれている様子。「若やかな声」◆(若やぐ)(ガ五)実際には若くはなくても、若いように振る舞う。「気持ちが若やぐ」「若やいだ雰囲気」◆(若気)若者にありがちな前後をよく考えずに行動する傾向。「わかぎ」とも。「若気のいたり」

303-10 若年／弱齢／若少／弱冠／年少

【関連語】◆(ヤング)

共通する意味★年が若いこと。【英】*young*

使い方▼〔若年〕▽まだ若年だが立派に家業を継いでいる　〔弱齢〕▽彼は弱齢ながら脚本家として一流だ　〔若少〕(名・形動)▽若少の頃から頭角を現す　〔弱冠〕▽新チャンピオンは弱冠十九歳だ　〔年少〕(名・形動)▽最も年少である彼が選ばれた

使い分け【1】いずれも、経験が浅く未熟である意を含んで用いられることが多いが、「若年」「年少」は、「若年労働者」「若年層」「年少労働力」「年少者」などのように客観的、事務的に用いられる。【2】「弱齢」は、「若年」の硬い言い方、「若少」「弱冠」は、若くて経験の乏しいことを強調する言い方である。【3】「年少」は、「彼は私より年少だ」のように、絶対的な基準なしに他と比較して年が若いことを表わすのに用いる。【4】「弱齢」は「若齢」とも書く。

反対語▼若年⇔老年　弱齢⇔老齢　年少⇔年長

【関連語】◆(ヤング)若いこと。また、若者。「ヤングの集まる街」「ヤングエグゼクティブ」

参照▼弱冠⇒303-23

303-11 若輩／若造／青二才

【関連語】◆(未成年)

共通する意味★若くて未熟な人。【英】*a novice*

使い方▼〔若輩〕▽まだ若輩ですが、よろしく御指導ください▽彼は若輩ながらたいした腕前だ　〔若造〕▽若造のくせに生意気なことを言うな▽あんな若造に何ができる　〔青二才〕▽青二才にしてやられた

使い分け【1】いずれも、若い人を未熟でまだ一人前の大人として扱えないという気持ちで卑しめていうのに用いられる。【2】「若輩」は、若い人が自分のことを未熟者だと謙遜していうのに用いられることが多い。「弱輩」とも書く。【3】「若輩」「若造」は、その若さのゆえに未熟者と見なされ軽蔑されるのだが、「青二才」は、経験が乏しいのに言うことだけは一人前といった生意気な若者に対して用いることが多い。【4】「若輩」は、改まった言い方。「若造」は、乱暴な言い方である。

【関連語】◆(未成年)まだ成年に達していないこと。

また、その人。「彼はまだ未成年だ」「未成年者」

303-12 青春

意味★人生の、春にたとえられる、若くて生気にあふれる時代。比喩的にも用いる。**【英】***youth*

使い方▼〔青春〕▽悩み多き青春▽青春を謳歌する▽青春のシンボル（＝にきびのこと）

◆古代中国の五行思想で「青」は「春」を表わす。春たけなわの意。

303-13 青年／若者／若人

【関連語】◆**〔青少年〕**◆**〔若手〕**

共通する意味★年齢の若い人。**【英】***a young man*

使い方▼〔青年〕▽前途有望な青年▽息子も今や立派な青年となった▽青年実業家　**〔若者〕**▽学生達は若者らしくきびきびと働いた▽やり直しができるのは若者の特権だ　**〔若人〕**▽若人の集い▽若人達の瞳は希望に燃えていた

	▯に未来を託す	村の▯	文学▯	ひびけ▯の歌声
青年	○	○	○	-
若者	○	○	-	△
若人	○	-	-	○

使い分け【1】三語とも青春期にある人の意で、一〇代後半から二〇代または三〇代前半のころまでの年齢層の者をいう。「青年の意識調査」のように、その年代の人々一般をいうことも、「感じの良い青年」のように、個人をさすこともあり、個人の場合には、多く男性をさす。**【2】**「若者」は、「青年」よりもくだけた語。個人もしくは身近な人をさすことが多いが、最近では「若者文化」「若者向け」など、その世代をさすこともある。**【3】**「若人」は、他の二語にくらべて文章語的。日常ではあまり使われず、スローガンなどに決まった形で使われることが多い。

【関連語】◆**〔青少年〕**青年と少年とをあわせていう語。行政関係で多く使う。「青少年の健全育成をはかる」「働く青少年」◆**〔若手〕**若くて働き盛りの人。また集団の中で若い方に属する人。「若手の作曲家」「積極的に若手を起用する」「若手社員」

303-14 大人／成人

【関連語】◆**〔アダルト〕**

共通する意味★成長して一人前になった人。

【英】*an adult*

使い方▼〔大人〕▽体だけは大人だが、まだ頼りにならない▽年は若いがなかなか大人だ　**〔成人〕**スル▽子供たちは成人して独立した▽成人式

	▯になる	▯に達する	もっと▯になってほしい	▯病
おとな	○	-	○	-
成人	○	○	-	○

使い分け【1】「大人」は、年齢を経ただけでなく、社会的、身体的、精神的に成熟した一人前の人間をいい、また、世故にたけた、ずるさのようなものを含んだ意味でも使うのに対して、「成人」は、単に成年に達した人全般をさす。**【2】**「成人」は、少年法では満二〇歳以上をいい、「おとな」よりも年齢的な区別がはっきりしている。また、「少年」「未成年」等に対し、すでに成長の過程を終え、肉体的にも社会的にも、周囲から責任ある者として扱われる年代の人をいうこともあり、この場合、「大人」と近い意味になる。

反対語▼大人⇔子供　成人⇔未成年

【関連語】◆**〔アダルト〕**「おとな」「成人」の意。他の語と複合して用いられることも多い。また、形容動詞的にも用い、中年以降の落ち着いた年代をさすこともある。「アダルトショップ」「ヤングにもアダルトにも人気のファッション」「アダルトな魅力」

303-15 大人びる／ひねる／ませる

【関連語】◆**〔分別くさい〕**

共通する意味★大人らしくなる。**【英】***to look like a grown-up*

使い方▼〔大人びる〕（バ上一）▽髪型のせいか大人びて見える　**〔ひねる〕**（ナ下一）▽ひねた顔の子供▽ひねた子供　**〔ませる〕**（サ下一）▽ませた口をきく▽ませた餓鬼だ

使い分け【1】「大人びる」は、体つきや考え方が大人らしくなる意を表わし、「ひねる」「ませる」は、考え方や考え方のあらわれた言動、外見が年の割に大人のようである意を表わす。**【2】**「ひねる」「ませる」は、年齢にふさわしくないという意味合いがあり、特に、「ひねる」の方には悪く大人っぽくなるという意が含まれる。

【関連語】◆**〔分別くさい〕**（形）物事の道理、善悪、損得などがよくわかっている様子。「分別くさい説教は聞きあきた」

参照▼ひねる⇒908-32

303-16 大人気ない／たわいない／無分別／心ない

共通する意味★思慮、分別がない。**【英】***indiscreet*

使い方▼〔大人気ない〕（形）▽あんなことで怒りだすとは大人気ない　**〔たわいない〕**（形）▽子供のようにたわいない人だ　**〔無分別〕**（名・形動）▽無分別な行動を戒める　**〔心ない〕**（形）▽一部の心ない市民のしわざ

使い分け【1】「大人気ない」は、大人であるのに大人らしい思慮分別がないさま、したがって、子供には用いない。【2】「たわいない」は、考えにしっかりしたところがない、幼くて思慮分別がない、言いくるめたりするのが簡単である、また、取るに足りないなどの意で用いられる。「たあいない」ともいう。【3】「無分別」は、物事の道理、善悪、損得などを常識的に判断できないさま。【4】「心ない」は、思慮、分別がないという意のほかに、思いやりがない、情緒を解さないという意もある。

反対語▼無分別⇔分別　心ない⇔心ある

参照▼心ない⇒205-20

3 03-17 壮年（そうねん）／壮齢（そうれい）／盛年（せいねん）　働き盛り（はたらきざかり）

共通する意味★心身ともに成熟して、最も元気盛んに活動できる年ごろ。**【英】** *the prime of life*

使い方▼〔壮年〕▽壮年に達し、ますます仕事に打ち込む▽壮年期　〔壮齢〕▽壮齢の男子▽壮齢を過ぎる　〔盛年〕▽盛年重ねて来たらず（＝若い盛りは一生に二度とは来ない）　〔働き盛り〕▽彼は四十歳、今や働き盛りだ▽交通事故で働き盛りの夫を失う

使い分け【1】「壮年」は、一般に三〇代後半から五〇代ぐらいまでの年齢、またはその年齢の人をいう。「壮齢」は、「壮年」の硬い言い方。【2】「盛年」は、若い盛りの年ごろをいい、年齢的には「壮年」「壮齢」よりも若い。【3】「働き盛り」は、最も仕事ができる年ごろ。一般に四〇代前後をいう。

3 03-18 中年（ちゅうねん）／実年（じつねん）／熟年（じゅくねん）

【関連語】◆（中高年）ちゅうこうねん◆（初老）しょろう

共通する意味★若くもなく、年とりすぎてもいない年ごろ。**【英】** *middle age*

使い方▼〔中年〕▽中年の男性▽中年太り　〔実年〕▽会社を支える実年サラリーマン　〔熟年〕▽熟年になって風格が出た▽熟年夫婦

使い分け【1】「中年」は、四〇代を中心にその前後の年齢、またはその年齢の人をいう。「実年」「熟年」は、「中年」より一〇歳くらい上の年代をさす。【2】「中年」は、その世代を最も幅広く一般的に表現するため、マイナスイメージの表現も多いが、「実年」「熟年」は、充実した仕事や人生の成熟に重点があり、マイナスイメージの表現はほとんどない。【3】「実年」は、昭和六〇年（一九八五）に厚生省が公募して決めた呼称。

【関連語】◆（中高年）中年から上の世代をいうが、老人は含まない。「中高年向けの運動プログラム」◆（初老）中年を過ぎて、老年にさしかかるころあい。もとは四〇歳の異称だったが、近年、六〇歳前後をさしていうことが多い。「初老のごま塩頭」「初老の母親」

3 03-19 老年（ろうねん）／老齢（ろうれい）／高年（こうねん）／高齢（こうれい）

【関連語】◆（年配）ねんぱい

共通する意味★年齢が高いこと。**【英】** *old age*

使い方▼〔老年〕▽老年人口　〔老齢〕▽老齢の母に楽をさせたい▽老齢年金　〔高年〕▽高年層に人気のスポーツ　〔高齢〕▽先生はかなりの御高齢だ▽最高齢参加者

使い分け【1】「老年」は、「少年」「青年」「壮年」と同じく、人を年齢によって分けた客観的な表現である。【2】「老齢」「高齢」は、「老年」「高年」よりも年をとった人に用いる傾向がある。【3】「高年」「高齢」は、「老年」「老齢」の婉曲（えんきょく）な言い方。ただし、「高年初産婦」「高齢出産」といった場合の「高年」「高齢」は、ある基準より高い年齢という意味である。

【関連語】◆（年配）相当な年齢。中年以上の年ごろにいう。「年輩」とも書く。「年配の女性」

3 03-20 年寄り（としより）／老人（ろうじん）／老体（ろうたい）

【関連語】◆（隠居）いんきょ◆（ロートル）

共通する意味★年をとった人。**【英】** *an old [aged] man*

使い方▼〔年寄り〕▽年寄りに昔の話を聞く▽元気なお年寄り▽年寄りの冷や水　〔老人〕▽一人暮らしの老人▽老人ホーム▽老人医療　〔老体〕▽老体ですから無理はできません▽ご老体の意見を伺いたい

	＿をいたわる	お＿	ご＿	＿問題	うちの＿
年寄り	○	○	-	-	○
老人	○	-	○	○	△
老体	○	-	○	-	-

使い分け【1】「年寄り」は、高齢の人の個人についていうときに使う。【2】「老人」は、個人の場合と、高齢の人々の階層としていう場合の両方に使う。「年寄り」よりも硬い言い方。老人福祉法では六五歳以上を「老人」とする。【3】「老体」は、老いた体の意から、老いた人をいうようになったもの。やや古い言い方。

【関連語】◆（隠居）仕事をやめた老人。また、家督を息子などに譲った老人。「御隠居はお達者ですか」◆（ロートル）中国語で老人のこと。やや古い言い方。「老頭児」と書く。「ロートルの出る幕ではない」

3 03-21 晩年（ばんねん）

【関連語】◆（老後）ろうご◆（老い先）おいさき◆（余生）よせい◆（末路）まつろ

意味★人生のおわりのころ。死ぬ前の数年をいい、年齢には関係なしに用いられる。【英】*one's later years*

使い方▼〔晩年〕▽円熟した晩年の作品▽晩年は穏やかに過ごしたい

【関連語】◆〔老い先〕年取っていく行く末。余生。「老い先短い」の形で使われることが多い。「晩年」は若死にの場合にもいうが「老い先」は老人にいう語。◆〔末路〕最後に行きつくところ。人だけではなく、ある栄えてきたものが没落して終末を迎えるときにもいう。良い意味では用いられない。「哀れな末路」「武家社会の末路」「悪人の末路は知れたものだ」◆〔老後〕年とって、さまざまな意味で第一線を退いたあとの時期。「老後に備えて貯蓄する」◆〔余生〕余りの人生。するべきことを終えたのちの残された人生。「ひっそりと余生を送る」

303-22 老弱（ろうじゃく）／老若（ろうにゃく）／老幼（ろうよう）

【関連語】◆〔長幼（ちょうよう）〕

共通する意味★老人と、若者または幼い子供。【英】*young and old*

使い方▼〔老弱〕▽老弱を大切にする▽家に老弱を残す　〔老若〕▽老若不問▽老若男女　〔老幼〕▽老幼を問わない▽老幼をいたわる

使い分け【1】三語とも、年寄りと若い人、あるいは年寄りも若い人も年齢を問わずみんな、の意。「老弱」「老幼」は、年寄りと小さい子供。【2】「老若」は、「ろうじゃく」ともいう。

【関連語】◆〔長幼〕年上と年下。また、おとなと子供。「長幼の序（＝物事を行うにあたって、年上と年下との間にある一定の順序）」

303-23 志学（しがく）／破瓜（はか）／弱冠（じゃっかん）／而立（じりつ）／不惑（ふわく）／知命（ちめい）／耳順（じじゅん）／華甲（かこう）／還暦（かんれき）／古希（こき）／致仕（ちし）／喜寿（きじゅ）／傘寿（さんじゅ）／米寿（べいじゅ）／卒寿（そつじゅ）／白寿（はくじゅ）

【関連語】◆〔厄年（やくどし）〕

共通する意味★ある特定の年齢の別称。

使い分け【1】「志学」は、一五歳。「論語」の「十有五にして学に志す」による。【2】「破瓜」は、女性の一六歳、男性の六四歳。「瓜」の字を二分すると「八」の字が二つになり、八＋八＝一六、八×八＝六四というところから。「破瓜期」【3】「弱冠」は、男性の二〇歳。古代中国で男子二〇歳を「弱」といい、元服して冠をかぶったことによる。【4】「而立」は、三〇歳。「論語」の「三十にして立つ」による。学問が備わって自分の立場ができあがる年、の意。【5】「不惑」は、四〇歳。「論語」の「四十にして惑わず」による。人生の方向が定まって迷わなくなる年、の意。「不惑の年を迎える」【6】「知命」は、五〇歳。「論語」の「五十にして天命を知る」による。天から与えられた使命を知る年、の意。【7】「耳順」は、六〇歳。「論語」の「六十にして耳順（したが）う」による。修養を積んで他人の言葉を素直に受け入れられるようになる年、の意。【8】「華甲」は、数え年六一歳。「華」の字は、六つの「十」と一つの「一」に分解され、「甲」は、甲子（きのえね）の略で、十干と十二支のそれぞれ最初をさすところから。次の「還暦」の方が一般的。【9】「還暦」は、数え年六一歳。陰暦で、六〇年たつと生まれたときの干支（えと）に再び還るところから。「父の還暦の祝いに赤いちゃんちゃんこを贈る」【10】「古希」は、七〇歳。杜甫（とほ）の詩「人生七十古来稀（まれ）なり」による。「古稀」とも書く。【11】「致仕」は、七〇歳。「礼記」の「丈夫七十にして事を致す」による。昔、中国で七〇歳になると退官を許したところから。【12】「喜寿」は、七七歳、または七七歳の祝い。「喜」の字の草書体「㐂」が「七十七」に見えることによる。【13】「傘寿」は、八〇歳、または八〇歳の祝い。「傘」の略字「仐」が「八十」に見えることによる。【14】「米寿」は、八八歳、または八八歳の祝い。「米」の字が「八十八」に分解できることによる。【15】「卒寿」は、九〇歳、または九〇歳の祝い。「卒」の俗字「卆」が「九十」に分解できることによる。【16】「白寿」は、九九歳、または九九歳の祝い。「百」から「一」をとると「白」となることによる。

【関連語】◆〔厄年〕陰陽道（おんみょうどう）で、厄難にあいやすいので、いろいろ慎み深く振る舞わなくてはならないとする年齢。ふつう、男は二五歳と四二歳、女は一九歳と三三歳をいう。

参照▼弱冠⇒303-10

303-24 おばあさん／ばあさん／ばばあ／老女（ろうじょ）／老婦（ろうふ）／老婆（ろうば）

【関連語】◆〔ばば〕◆〔おばば〕◆〔媼（おうな）〕◆〔嫗（おう）〕◆〔老媼（ろうおう）〕

共通する意味★年をとった女性。【英】*an old [aged] woman*

使い方▼〔おばあさん〕▽おばあさんに道を尋ねた▽おばあさん、おいくつですか　〔ばあさん〕▽ばあさんたちが集まって茶飲み話をする▽ばあさん、どこへ行くんだい　〔ばばあ〕▽出しゃばりばばあ　〔老女〕▽かくしゃくとした老女　〔老婦〕▽連れ合いに先立たれた老婦　〔老婆〕▽口やかましい老婆

使い分け【1】「おばあさん」が、最もよく用いられる。また、年取った女性に呼びかける場合にも用いられる。くだけた言い方では「おばあちゃん」ともいう。「お婆さん」とも書く。【2】「ばあさん」は、「おばあさん」よりもぞんざいな言い方。【3】「ばばあ」は、ののしっていう語。また、「こんなばばあでも、何かの役には立ちましょう」のように、本人が自

分をへりくだっていう場合にも使う。【4】「老女」「老婦」「老婆」は、主に文章で使う。

反対語▼おばあさん⇔おじいさん　ばあさん⇔じいさん　ばばあ⇔じじい　老婦⇔老夫　老婆⇔老爺

【関連語】◆**(ばば・おばば)**年とった女性をいう語。親しみをこめていうことが多い。また、自称にも使う。「とりあげばば」「山のおばばの話を聞きに行く」「たまにはこのおばばのいうことも聞くものじゃ」◆**(媼)**おうな・**(媼)**おう・**(老媼)**年とった女性の古い言い方。

参照▼おばあさん⇒314-11

303-25 おじいさん／じいさん／じじい／老夫(ろうふ)／老爺(ろうや)

【関連語】◆(翁)おう◆(翁)おきな◆(老翁)ろうおう

共通する意味★年をとった男性。**【英】** *an old* [*aged*] *man*

使い方▼〔おじいさん〕▽おじいさんに席を譲る▽おじいさん、荷物を持ちましょう　〔じいさん〕▽元気なじいさんだ▽じいさん、足許に気をつけて　〔じじい〕▽口の減らないじじいだ　〔老夫〕▽畑で老夫が働いている　〔老爺〕▽腰の曲がった老爺

使い分け【1】「おじいさん」は、最もよく用いられる。また、年とった男性に呼びかける場合にも用いられる。くだけた言い方では「おじいちゃん」ともいう。「お爺さん」とも書く。【2】「じいさん」は、「おじいさん」よりもぞんざいな言い方。【3】「じじい」は、ののしっていう語。また、「こんなじじいにもう用はありますまい」のように、本人が自分をへりくだっていう場合にも使う。【4】「老夫」「老爺」は、主に文章で使う。

反対語▼おじいさん⇔おばあさん　じいさん⇔ばあさん　じじい⇔ばばあ　老夫⇔老婦　老爺⇔老婆

【関連語】◆**(翁)**おう年をとった男性を敬って呼ぶ語。敬称としても使う。「翁は老いてますます盛んだ」「福沢翁」◆**(翁)**おきな・**(老翁)**年をとった男性の古い言い方。「竹取のおきな」「白髪の老翁」

参照▼おじいさん⇒314-12

303-26 古老(ころう)／長老(ちょうろう)／老大家(ろうたいか)

共通する意味★老人を敬意をこめて呼ぶ語。**【英】** *an elder; an old man*

使い方▼〔古老〕▽古老に話を聞く　〔長老〕▽政界の長老として一目おかれている　〔老大家〕▽文壇の老大家として健筆をふるう

	［］の意見を聞く	村の［］	画壇の［］	一族の［］
古老	○	○	-	-
長老	○	○	○	○
老大家	○	-	○	-

使い分け【1】「古老」は、昔のことをよく知っている老人。【2】「長老」は、経験が豊かで、指導的な立場にある老人。【3】「老大家」は、その道にすぐれ、権威のある老人。

303-27 老(お)いる／老(ふ)ける

【関連語】◆(老け込む)ふけこむ◆(老い込む)おいこむ◆(老いさらばえる)おいさらばえる

共通する意味★年をとる。**【英】** *to grow old*

使い方▼〔老いる〕(ア上一)▽老いた父の姿を見るのは寂しいものだ▽老いてますます盛ん　〔老ける〕(カ下一)▽年より老けて見える▽老けた顔

使い分け「老いる」は、実際に年をとって高齢になることをいうが、「老ける」は、年をとって見えるということに重点があり、年齢と直接の関係はない。

【関連語】◆**(老い込む)**(マ五)「老いる」をさらに強調した語。「老い込んで足腰が弱くなった」◆**(老け込む)**(マ五)「老ける」をさらに強調した語。「白髪がふえたせいか、一段と老け込んだようだ」「今からあんなに老け込んでしまっては困る」◆**(老いさらばえる)**(ア下一)年をとってみすぼらしくなる。「老いさらばえて、往年の面影もない」

303-28 惚(ぼ)け／恍惚(こうこつ)

共通する意味★年をとって頭の働きが衰え、ぼんやりしている状態。**【英】** *to become senile*

使い方▼〔惚け〕▽祖父はぼけがひどくなってきた▽時差ぼけ　〔恍惚〕(名・形動たる・と)▽恍惚の人

使い分け【1】二語とも、病的なものも含め、年を取って記憶力・思考力・判断力などが低下した状態をいう。【2】「恍惚」は、本来は何かに心が奪われて、ぼうっとなった状態をいう。【3】「惚け」は、「呆け」とも書く。

参照▼恍惚⇒209-43

304…死

304-01 死(し)

意味★死ぬこと。命が絶えること。**【英】** *death* ⇔生

使い方▼〔死〕▽人の死を悲しむ▽死を覚悟で臨む▽死をもって諫(いさ)める▽寂しい死を迎える▽死の床に横たわる

◈①比喩(ひゆ)的に、死んだように生気、活気のない状態であるさまをいうこともある。「死の街と化す」

②「急死」「刑死」「殉死」「頓死(とんし)」「脳死」「病死」「老死」など、形容する語について複合語を作ることも多い。

304-02 死ぬ／死亡／死去／死没／永逝／長逝／永眠／往生／逝去／他界／物故

【関連語】◆(大往生)だいおうじょう◆(絶息)ぜっそく◆(絶命)ぜつめい◆(お陀仏)おだぶつ◆(死する)しする◆(辞世)じせい

共通する意味★生命がなくなる。【英】*to die*

使い方▼〔死ぬ〕(ナ五)▽煙に巻かれて死ぬ▽小鳥が猫に襲われて死んだ　〔死亡〕スル▽交通事故による死亡が増えている▽ガス爆発で二人が死亡した　〔死去〕スル▽旧友の死去の報に接し、茫然(ぼうぜん)としている▽祖母は昨日死去いたしました　〔死没〕スル▽内戦で死没した人々の追悼会が開かれた▽疫病による死没者　〔永逝〕スル▽友人は仲間に看取られながら永逝した　〔長逝〕スル▽卒然として長逝する　〔永眠〕スル▽祖母は薬石効なく永眠した　〔往生〕スル▽静かに往生する　〔逝去〕スル▽御尊父様の御逝去を心から悼みます　〔他界〕スル▽父が他界して五年になる　〔物故〕スル▽同級生のうち三人が物故した

使い分け【1】「死ぬ」は、人間だけでなく動物にも、また「せっかくの道具も活用しないと死んでしまう」のように抽象的なことがらにも用いられるが、「死亡」「死去」「死没」は、普通、人間だけに用いられる。【2】「死去」は、死んでこの世から去ること。ふつう、身内や関係者の死をいう場合には「死去」を用い、「死亡」「死没」は用いない。【3】「死没」は、災害、戦争などによる不特定多数の死を哀悼の意をこめていう場合に多く用いられる。【4】「永逝」「長逝」は、永遠にあの世へ行って帰らないという意。「永眠」は、永遠の眠りにつくという意。【5】「往生」は、元来、仏教で、この世を去って極楽浄土に生まれ変わることをいい、転じて、死ぬことの意に用いる。「車の渋滞で往生した」のように、困りはてる意にも用いられる。【6】「逝去」は、他人の死を敬っていう語。改まった悔やみの挨拶(あいさつ)や弔電の中で使われる。【7】「他界」は、仏教で死者の世界をいい、転じて、死ぬことをいう。身内にも他人にも用いられる。【8】「物故」は、「物故者」「物故した者五人」のように、ごく客観的に用いられる。

反対語▼死ぬ⇔生まれる　死亡・死去⇔出生・誕生

【関連語】◆(絶息)スル息が絶えること。「血を吐いて絶息する」◆(絶命)スル息が絶えて死ぬこと。「苦悶(くもん)の果てに絶命した」◆(大往生)スル安らかな死、また、りっぱな死をいう。「祖母は百歳で大往生を遂げた」◆(お陀仏)死ぬことの俗な言い方。「高波にさらわれ危うくお陀仏になるところだった」◆(死する)(サ変)「死ぬ」の文章語的表現。「死してなお絶大な影響力を有する」◆(辞世)この世を去ること。「辞世の歌」

参照▼往生⇒211-09 218-24

304-03 亡くなる／没する／逝く／果てる

【関連語】◆(瞑する)めいする◆(くたばる)◆(みまかる)

共通する意味★人が死ぬことの婉曲(えんきょく)的表現。【英】*to die*

使い方▼〔亡くなる〕(ラ五)▽母は私が三歳のときに亡くなった　〔没する〕(サ変)▽先代が没して三十年経(た)った　〔逝く〕(カ五)▽彼の死でまた一人の英雄が逝(ゆ)くわけだ▽母は大勢の人に惜しまれつつ逝(い)った　〔果てる〕(タ下一)▽戦場で果てた▽異郷に果てる

使い分け【1】「亡くなる」は、死ぬことを露骨にいうのを避けた丁寧な言い方。【2】「没する」は、社会的に重要な人物や存在感のある人物の死に用いられることが多い。【3】「逝く」は、あの世へ行く、再び戻ることのない旅立ちをする、という意で、あとに残された者の気持ちを含んで用いられることが多い。【4】「果てる」は、終わりになる意。その死が無念であったか、潔かったか、どんな手段をとったか、など、生の終わり方としての評価を含むことも多い。

【関連語】◆(くたばる)(ラ五)「死ぬ」をののしったり、乱暴にいったりする語。「おまえのようなやつはさっさとくたばれ」◆(みまかる)(ラ五)身内の者が死ぬことをやや改まっていう語。「母は昨年みまかりました」◆(瞑する)(サ変)安らかに死ぬ。「以(もっ)て瞑すべし」

参照▼没する⇒903-26　くたばる⇒111-27

304-04 事切れる／絶え果てる

【関連語】◆(絶え入る)たえいる

共通する意味★息が絶える。【英】*to die*

使い方▼〔事切れる〕(ラ下一)▽彼は一言も残さずに事切れた▽抱き起こしたときには友はすでに事切れていた　〔絶え果てる〕(タ下一)▽息が絶え果てた

使い分け「事切れる」「絶え果てる」ともに文章語。「絶え果てる」は、「生きる望みも絶え果てた」のように、すっかりなくなるというのがもとの意味。

【関連語】◆(絶え入る)(ラ五)息が絶えて死ぬ。「絶え入るばかりにさめざめと泣いた」「絶え入るような声で答えた」

304-05 崩ずる／薨ずる／卒する／寂する

共通する意味★身分の高い人が死去する。【英】*to pass away*

使い方▼〔崩ずる〕(サ変)▽天皇が崩ずる　〔薨ずる〕(サ変)▽皇女が薨ずる　〔卒する〕(サ変)▽将軍は異国の地で卒した　〔寂する〕(サ変)▽空海は、寂してのち弘法大師と号せられた

使い分け【1】いずれも、特定の高い身分の人の死

去することに用いられる尊敬語。【2】「崩ずる」は、天皇・皇后・太皇太后・皇太后に、「薨ずる」は、もと皇族や三位以上の人に、「卒する」は、もと四位・五位の人、あるいは一般に身分の高い人に用いられた。【3】「寂する」は、高僧に用いられる。【4】「卒する」は、「死去する」の改まった言い方として用いられることもあり、「そっする」ともいう。

304-06 崩御／薨去／卒去

【関連語】◆（お隠れ）

共通する意味★身分のある人が死ぬこと。**【英】** *demise*

使い方▼〔崩御〕スル▽天皇陛下が崩御された 〔薨去〕スル▽親王は今朝ほど薨去された 〔卒去〕スル▽宮中で卒去された

使い分け【1】「崩御」は、天皇・皇后・皇太后・太皇太后の死去をいう。【2】「薨去」は、もと皇族、三位以上の人の死去をいうのに用いられた。【3】「卒去」は、もと四位・五位の人、あるいは一般に身分の高い人の死去をいった。本来「しゅっきょ」という。

【関連語】◆**（お隠れ）**身分の高い人が死ぬこと。「皇后陛下がお隠れになった」

304-07 寂滅／遷化／涅槃

【関連語】◆（示寂）◆（入寂）◆（入定）◆（入滅）

共通する意味★悟りの境地に入る、すなわち死ぬこと。**【英】** *death*

使い方▼〔寂滅〕スル▽老師は九十歳で寂滅した 〔遷化〕スル▽上人はこの地で遷化された 〔涅槃〕▽釈尊涅槃の図

使い分け【1】「寂滅」「涅槃」は、仏教ですべての迷いや悩みを離れた悟りの境地に入ることをいい、転じて、死ぬこと、特に僧の死を意味する。また、「涅槃」は、釈迦が悟りの境地に達して死んだことをいう。【2】「遷化」は、高僧が死ぬことをいう。

【関連語】◆**（示寂）**スル高僧などの死をいう。「上人が示寂した」◆**（入寂）**スル高僧などの死をいう。「従容として入寂なさった聖」◆**（入定）**スル高僧などの死をいう。「高僧は数々の教えを残して入定した」◆**（入滅）**スル釈迦の死。また、高僧などの死をいう。「老僧は眠るがごとくに入滅した」

304-08 没／卒／寂

共通する意味★死亡した年を示すのに用いる語。**【英】** *death*

使い方▼〔没〕▽明治三十年没 〔卒〕▽大正十年五月卒 〔寂〕▽平成元年寂

使い分け【1】「卒」は、「卒去」の「卒」で、身分の高い人が死去することをいう。【2】「寂」は、「入寂」「示寂」「寂滅」などの「寂」で、主に僧の死をいう。【3】いずれも、主として死亡した年月日の下につけて用いる。

参照▼没⇒909-11　卒⇒602-66

304-09 急死／急逝／頓死／即死

共通する意味★急に死ぬこと。**【英】** *a sudden death*

使い方▼〔急死〕スル▽心臓麻痺で急死した▽急死の知らせがとどく 〔急逝〕スル▽急逝の報に驚いた▽恩師が今朝急逝した 〔頓死〕スル▽雷に打たれて頓死する▽ふぐ中毒による頓死 〔即死〕スル▽トラックにひかれて即死する▽即死の状態

使い分け【1】「急死」「急逝」は、元気だった人が突然死んだり、病人やけが人が容体が急変して死んだりするなど、死ぬことを予想できなかった人が急に死ぬことをいう。「急逝」は、「急死」より改まった言い方。【2】「頓死」は、「急死」のうち、いかにもあっけなくぽっくり死んでしまった死に方。【3】「即死」は、事故や災難に遭ってその場で死んでしまうこと。

304-10 病死／病没

共通する意味★病気で死ぬこと。**【英】** *death of illness*

使い方▼〔病死〕スル▽姉は五年前に病死した▽災害後に流行した疫病による病死 〔病没〕スル▽父が病没して三年になる

使い分け「病没」は、「病死」の改まった言い方。また、「病死」は動物にもいうが、「病没」は人間にしか用いられない。

304-11 安楽死／尊厳死

共通する意味★助かる見込みのない病人やけが人を、余計な苦しみから解放するために安らかに死なせること。**【英】** *euthanasia; mercy killing*

使い方▼〔安楽死〕スル

使い分け【1】「安楽死」は、本人や周囲の人の希望に従い、苦痛の少ない薬物を用いるなどして楽に死なせること。「愛犬を安楽死させる」のように、動物に対しても用いる。【2】「尊厳死」は、本人あるいは家族が承認したとき、生命維持装置を取りはずすなどの処置によって死なせること。人間としての尊厳を重んじるために選択される死という考え方によるもの。英語の *death of dignity* の訳語。

304-12 犬死に／無駄死に

共通する意味★なんの役にも立たず無駄に命を落とすこと。**【英】** *to die in vain*

使い方▼〔犬死に〕スル▽失敗すれば彼の死は犬死にも同然だ▽無益な戦争で犬死にする　〔無駄死に〕スル▽犠牲者たちの死を無駄死ににさせるな

使い分け「無駄死に」は、単に無駄に命を落とすことをいうが、「犬死に」は、ある目的のために命をなくしたが、結果的にはその死が無駄になることをいう。

3 04-13 変死(へんし)／怪死(かいし)

【関連語】◆(惨死)(ざんし)◆(横死)(おうし)

共通する意味★普通でない状態での死。【英】*an unnatural death*

使い方▼〔変死〕スル▽公園で幼児が変死している▽変死者　〔怪死〕スル▽宝石商が怪死した事件

使い分け【1】「変死」は、事故死、災害死、自殺、他殺などの普通でない死に方をいう。【2】「怪死」は、「変死」のうち死因に疑問のあるものをいう。

【関連語】◆(惨死)スルむごたらしい死に方をすること。「飛行機事故で惨死する」◆(横死)スル殺害されたり、不慮の災難にあったりして死ぬこと。「海外で横死を遂げる」

3 04-14 行き倒れ(ゆきだおれ)／のたれ死に(じ)

共通する意味★道ばたなどに倒れて死ぬこと。【英】*to fall dead on the street*

使い方▼〔行き倒れ〕▽旅先で行き倒れになる▽行き倒れを助ける　〔のたれ死に〕スル▽たとえのたれ死にしようとも、故郷には帰りたくない

使い分け【1】「行き倒れ」は、病気、飢え、寒さ、疲れなどのため、それ以上歩けなくなって道ばたに倒れていること。また、倒れている人。まだ生きている場合にもいう。「いきだおれ」ともいう。【2】「のたれ死に」は、道ばたで倒れて死ぬこと。「行き倒れ」とは異なり、その人自身をさすことはない。「野垂れ死」とも書く。

3 04-15 討ち死に(うちじに)／切り死に(きりじに)

共通する意味★敵と戦って死ぬこと。【英】*death in battle*

使い方▼〔討ち死に〕スル▽大将は壮烈な討ち死にを遂げた　〔切り死に〕スル▽切り死にを覚悟で突っ込む

使い分けいずれも武士や兵士の壮絶な死をいう。「討ち死に」は、広く、戦場で敵と戦って死ぬことをいい、「切り死に」は、敵と切り合い、切られて死ぬことをいう。

3 04-16 戦死(せんし)／戦没(せんぼつ)／陣没(じんぼつ)

共通する意味★戦場で死ぬこと。【英】*to be killed in a war*

使い方▼〔戦死〕スル▽第二次世界大戦で戦死した▽戦死者　〔戦没〕スル▽戦没した兵士たちの霊を慰める▽戦没者　〔陣没〕スル▽武将は戦い半ばに陣没した

使い分け【1】「戦死」は、戦場で敵と戦って死ぬこと。【2】「戦没」は、「戦死」の改まった言い方。【3】「陣没」は、陣中で死ぬこと。また、戦って死ぬのではなく、病死したような場合にもいう。

3 04-17 獄死(ごくし)／牢死(ろうし)

【関連語】◆(刑死)(けいし)

共通する意味★牢獄(ろうごく)の中で死ぬこと。【英】*death in prison*

使い方▼〔獄死〕スル▽老人は冤罪(えんざい)を叫びながら獄死した　〔牢死〕スル▽胸を病んで牢死する

使い分け一般には、「獄死」を使うことが多い。

【関連語】◆(刑死)スル刑に処せられて死ぬこと。「男は殺人犯として死刑判決を受け刑死した」

3 04-18 凍死(とうし)／凍え死に(こごえじに)

共通する意味★凍えて死ぬこと。【英】*death from cold*

使い方▼〔凍死〕スル▽吹雪に巻かれて凍死する▽凍死者　〔凍え死に〕スル▽凍え死にしそうな寒さ

使い分け「凍死」は、「凍え死に」の改まった言い方。

3 04-19 水死(すいし)／溺死(できし)／おぼれ死に(じ)

共通する意味★水におぼれて死ぬこと。【英】*drowning*

使い方▼〔水死〕スル▽高波にのまれ水死する▽水死者　〔溺死〕スル▽泳げず溺死した▽溺死者　〔おぼれ死に〕スル▽急流にのまれておぼれ死にする

使い分け「水死」「溺死」は、「おぼれ死に」の改まった言い方。

3 04-20 餓死(がし)／飢え死に(うえじに)

共通する意味★飢えて死ぬこと。【英】*death from hunger*

使い方▼〔餓死〕スル▽飢饉(ききん)で多数の農民が餓死した▽餓死寸前の状態　〔飢え死に〕スル▽放置された幼児が飢え死にする

使い分け「餓死」は、「飢え死に」の改まった言い方。

3 04-21 殉職(じゅんしょく)／殉難(じゅんなん)／殉教(じゅんきょう)

【関連語】◆(玉砕)(ぎょくさい)

共通する意味★個人を超えたことのために命を落とすこと。

使い方▼〔殉職〕スル▽消防士が三名煙に巻かれて殉職した　〔殉難〕スル▽国難を救うために戦った若者たちの殉難の碑　〔殉教〕スル▽迫害され殉教した聖人たち

使い分け【1】「殉職」は、職務のために死ぬこと。【英】*death at one's post (of duty)*【2】「殉難」は、国、社会、宗教などの危難のために犠牲となって死ぬこと。【3】「殉教」は、「殉難」より意味が狭く、自分の信仰する宗教のために命を落とすこと。迫害されたときに信仰を貫いて死を選んだり、身を賭として宗教を広めようとして死に至ったりする場合にいう。

【関連語】◆〔玉砕〕スル大義、名誉などのために潔く死ぬこと。「投降せずに全員玉砕した」

304-22 自殺(じさつ)／自害(じがい)／自決(じけつ)

【関連語】◆〔自尽〕(じじん)◆〔自裁〕(じさい)◆〔自刃〕(じじん)◆〔自刎〕(じふん)◆〔殉死〕(じゅんし)

共通する意味★自ら生命を断つこと。【英】*suicide*

使い方▼〔自殺〕スル▽自殺を図る▽前途を悲観して自殺する▽服毒自殺　〔自害〕スル▽敵に囲まれ自害した　〔自決〕スル▽敵将は降伏を潔しとせず自決して果てた▽集団自決

使い分け【1】「自殺」は、客観的な表現で、「A氏の自殺」「父の自殺」のように特定の行為にも、「大学生の自殺」「中年の自殺」のように不特定の行為にもいえるのに対し、「自害」「自決」は、行為者の決意が含まれる表現なので、ふつうの場合「大学生の自害」「中年の自決」という言い方はできない。【2】「自殺」は、「客の気分を害するとはサービス業として自殺行為だ」のように、比喩(ひゆ)的にも用いられる。【3】「自害」は、古めかしい言い方で現代ではあまり用いられない。【4】「自決」は、軍隊などの組織で指導者が責任を取ったり、個人が主義主張を貫いたりするために自殺する場合に用いられ、潔い感じを伴う。

反対語▼自殺⇔他殺

【関連語】◆〔自尽〕スル自分で自分の命を断つこと。文章語。「ライフル銃で自尽する」◆〔自裁〕スル自分の命を絶つこと。文章語。「自裁した作家について論じる」◆〔自刃〕スル刀剣を用いて自分の命を断つこと。文章語。「日本刀で自刃を遂げる」◆〔自刎〕スル自分で自分の首をはねて死ぬこと。文章語。「武運つたなく自刎する」◆〔殉死〕スル主君、主人の死後、臣下が後を追って自殺すること。「主君の後を追って殉死する」

参照▼自決⇒220-12

304-23 身投げ(みなげ)／投身(とうしん)

【関連語】◆〔入水〕(じゅすい)

共通する意味★飛び降りたり飛び込んだりして自ら生命を断つこと。【英】*death by drowning*

使い方▼〔身投げ〕スル▽火山の火口に身投げする▽身投げ死体　〔投身〕スル▽岬の突端から投身した▽投身自殺

使い分け【1】「身投げ」「投身」ともに、高いがけなどから身を投げることをいうことが多い。【2】「身投げ」が普通で、「投身」は「投身自殺」以外にはあまり使われない。

【関連語】◆〔入水〕スル水中に身を投げて自殺すること。「にゅうすい」ともいう。「入水した男女の遺体」「入水自殺」

304-24 切腹(せっぷく)／割腹(かっぷく)／腹切り(はらきり)

【関連語】◆〔追い腹〕(おいばら)◆〔詰め腹〕(つめばら)

共通する意味★腹を切って自殺すること。【英】*hara-kiri*

使い方▼〔切腹〕スル▽不忠のかどで切腹を命じられた▽切腹して果てる　〔割腹〕スル▽敗軍の将は父祖の墓前で割腹した　〔腹切り〕▽抗議の腹切りをする

使い分け「切腹」は、江戸時代には武士に対する、武士としての体面を重んじた刑罰であった。

【関連語】◆〔追い腹〕主君の死後、臣下があとに続いて腹を切って死ぬこと。◆〔詰め腹〕「詰め腹を切らせる」の形で、他から強いられて切腹することをいう。また、現在では、比喩(ひゆ)的に「部下の不始末で詰め腹を切らされた」のように、強制的に辞職させられることにいう。

304-25 首くくり(くびくくり)／首吊り(くびつり)／縊死(いし)

共通する意味★つるしたひもなどで首をくくって自殺すること。【英】*hanging oneself*

使い方▼〔首くくり〕▽負債に耐えきれず首くくりをする　〔首吊り〕▽かもいに綱をかけて首吊りを図る▽首つり自殺　〔縊死〕スル▽彼は世をはかなんで縊死した

使い分け「首吊り」が一般的な語。「縊死」は文章語で、日常語としては使われない。

304-26 情死(じょうし)／心中(しんじゅう)

共通する意味★愛する者同士が一緒に死ぬこと。

【英】*a lovers' suicide*

使い方▼〔情死〕スル▽前途を悲観して情死した　〔心中〕スル▽妻子ある男性と夫のいる女性とが心中した▽一家心中▽無理心中

使い分け【1】「情死」は、恋愛関係にある男女が合意の上で一緒に自殺すること。【2】「心中」は、恋愛関係にある者同士のほか、家族など複数の者が一緒に自殺すること。また、「このプロジェクトとは心中する覚悟で取り組みます」のように、打ち込んでいる仕事などと運命を共にすることもいう。

304-27

故人(こじん)／死者(ししゃ)／死人(しにん)／死人(しびと)

共通する意味★死んだ人。**【英】** *the deceased*

使い方▼〔故人〕▽仲間が集まって故人を偲(しの)ぶ▽彼も今や故人となった　〔死者〕▽飛行機事故の死者の霊を慰める▽火災による死者の数が増えている　〔死人(しにん)〕▽デモは死人まで出る大混乱となった　〔死人(しびと)〕▽振り返った女の顔が死びとのようでぞっとした

	□の冥福を祈る	□の思い出を語る	□多数にのぼる	事故で□が出る	□の山を築く
故人	○	○	-	-	-
死者	○	△	○	○	-
しにん	-	-	-	○	○
しびと	-	-	-	△	○

使い分け【1】「故人」は、生前縁故のあった特定の人について用いられるのに対し、「死者」「死人(しにん)」「死人(しびと)」は、不特定多数の人や自分の知らない人について客観的に用いられる。【2】「故人」は、亡くなった人を回想する言い方。「死人(しにん)」「死人(しびと)」は、死んでいる状態を客観的に見た言い方。たとえば、「故人の写真」は、その人が生きているときの写真、「死人(しにん・しびと)の写真」は、遺体の写真、という違いがある。

反対語▼死者⇔生者

参照▼故人⇒516-54

304-28

いまわ／死に際(しにぎわ)／往生際(おうじょうぎわ)／死に目(しにめ)／断末魔(だんまつま)／末期(まつご)／臨終(りんじゅう)／終焉(しゅうえん)

共通する意味★死ぬ間際。**【英】** *the hour of death*

使い方▼〔いまわ〕▽母がいまわのときに言い残した言葉▽いまわの際(きわ)にひとこと言い残す　〔死に際〕▽死に際が鮮やかだ▽死に際に言い残す　〔往生際〕▽往生際はきれいにしたい　〔死に目〕▽出張中で父の死に目に会えなかった　〔断末魔〕▽わなにかかったいのししは断末魔の叫びをあげた　〔末期〕▽彼の生きざまからすればあっけない末期だった▽末期の水(＝人が死ぬ間際に含ませる水)　〔臨終〕▽父の臨終をみとる▽安らかに臨終の時を迎える　〔終焉〕▽文豪の終焉の地

使い分け【1】「いまわ」は、もう今となっては助かる見込みがないという、死に直面し切迫した時をいう。「今際」と当てる。【2】「死に際」は、死ぬ間際、または死ぬ間際のその人の様子。【3】「往生際」は、この世からあの世へ行く間際、またそのときの様子。また、転じて「彼は往生際が悪く、なかなか負けを認めようとしない」のように、「往生際が悪い」の形で、あきらめの悪い意味に用いられる。【4】「死に目」は、ふつう「死に目に会える(会えない)」の形で用いられる。【5】「断末魔」は、死ぬときの苦痛もいう。他の語と違い動物にも用いられる。【6】「末期」は、「末期の日々」のように、死の間際だけでなくやや長い期間を表わすこともある。【7】「臨終」は、まさに息を引き取ろうとする瞬間を表わす。【8】「終焉」は、生命活動の終わりの意。また、「革命による独裁政治の終焉」のように、比喩(ひゆ)的に用いられることも多い。

参照▼終焉⇒814-29

304-29

最期(さいご)／死期(しき)

共通する意味★人の生命が終わる時。**【英】** *the end of one's life*

使い方▼〔最期〕▽壮絶な最期を遂げた▽友の最期に立ち会う▽人類の最期　〔死期〕▽彼は自分の死期の近いことを悟った▽激務が彼の死期を早めた

使い分け「最期」は、生命が終わる時のほか、生命が終わる時のその人の状態をも表わすため、「安らかな最期」のような言い方ができるのに対し、「死期」は、生命が終わる時を表わすだけである。また、「最期」は、人間以外の動物や、抽象的なものごとにも用いられる。「幕藩体制の最期」

304-30

死体(したい)／死骸(しがい)／遺体(いたい)／遺骸(いがい)／死屍(しし)／亡骸(なきがら)／屍(しかばね)／屍(かばね)／むくろ

共通する意味★人や動物の死んだ体。**【英】** *a dead body*

使い方▼〔死体〕▽行方不明の男性は山中で死体となって発見された▽死体遺棄　〔死骸〕▽猫の死骸▽虫の死骸　〔遺体〕▽遭難者の遺体の収容は困難を極めた▽遺体の損傷が激しい　〔遺骸〕▽家族は終夜、遺骸から離れようとはしなかった▽遺骸は荼毘(だび)に付された　〔死屍〕▽死屍に鞭(むち)打つ(＝死者の生前の言行を非難攻撃する)▽死屍累々(るいるい)　〔亡骸〕▽若者はなきがらとなって無言の帰宅をした▽なきがらはお棺に納められた　〔屍(しかばね)〕▽しかばねに鞭(むち)打つ(＝死者の生前の言行を責める)▽生けるしかばね(＝何もできず、何もせずに、ただ生きているだけの人)　〔屍(かばね)〕▽山野にかばねをさらす▽かばねの恥　〔むくろ〕▽洞穴の中にはいくつかのむくろがあった

使い分け【1】日常的には、「死体」「遺体」「亡骸」「死骸」が多く使われ、前者三語は人間に関して、また「死骸」は、多く獣、昆虫、鳥類に関して使われる。【2】「遺体」は、死んだ体を敬い丁寧にいう。「死体」が、死に対しての事実のみで客観的な表現となるのにくらべ、「遺体」は死に対する死者、近親者などへの

哀悼の意をこめた主観的な表現となる。【3】「遺骸」は、文章語。あるいは、非常に改まった場合に使う。【4】「死屍」「屍（しかばね）」「屍（かばね）」「むくろ」は、文章中で、あるいは慣用句的に使われることが多く、日常一般ではあまり使われない。

反対語▼死体（したい）⇔生体（せいたい）

304-31 白骨（はっこつ）／人骨（じんこつ）／万骨（ばんこつ）

【関連語】◆（骸骨（がいこつ））

共通する意味★死んだ人の骨。**【英】***a white bone*

使い方▼〔白骨〕▽半ば白骨化した死体▽白骨死体　〔人骨〕▽二千年ほど前の人骨が発見された　〔万骨〕▽一将功成って万骨枯る（＝一人の成功者の陰には多くの人々が犠牲となっている）

使い分け【1】「白骨」は、風雨にさらされて白くなった骨。【2】「人骨」は、人間の骨。【3】「万骨」は、多くの人々の骨。文章語的で、例文の形以外ではほとんど使われない。

【関連語】◆（骸骨）死後、肉などが腐って落ち、骨だけになった死体。「まるで骸骨のようにやせてしまった」「骸骨を乞う（＝主君にささげた身の死骸を乞い受ける意から、退官、辞職を願い出る）」

304-32 されこうべ／どくろ

共通する意味★風雨にさらされて肉がすっかりなくなった頭蓋骨（ずがいこつ）。**【英】***a skull*

使い方▼〔されこうべ〕▽千年ほど昔のされこうべが発見された　〔どくろ〕▽海賊船からどくろが発見された

使い分け【1】「されこうべ」「どくろ」ともに日常で使うことはあまりなく、文学作品などの中で使われることが多い。【2】「されこうべ」は、「しゃれこうべ」ともいう。

304-33 遺髪（いはつ）／遺骨（いこつ）／遺品（いひん）／形見（かたみ）

【関連語】◆（遺物（いぶつ））

共通する意味★死後残ったもの、また、残したもの。**【英】***a relic*

使い方▼〔遺髪〕▽亡き母の遺髪　〔遺骨〕▽弟の遺骨を胸に抱く▽遺骨収集　〔遺品〕▽故人の愛用した遺品▽この万年筆は父の遺品です　〔形見〕▽母の形見の時計▽形見分け

使い分け【1】「遺髪」は、故人の思い出の品として残された髪の毛をいう。【2】「遺骨」は、故人の骨、火葬などにした骨をいう。【3】「遺品」は、故人が残していった品物、特に、故人が愛用していたものをいう。【4】「形見」は、故人の残した品物で、残された者にとって思い出となる品物。

【関連語】◆（遺物）死者が残していった物。また、昔の物で現在にまで残っているものの意で使われることが多い。「前世紀の遺物」

304-34 死所（ししょ）／死に所（しにどころ）／死に場所（しにばしょ）／死地（しち）

共通する意味★死ぬのにふさわしい所。**【英】***(a place) where one should die*

使い方▼〔死所〕▽①裏山を死所と決めた▽②彼の父は戦地で私の父と死所を同じくしている　〔死に所〕▽生きる望みを失い死に所を求めてさまよう　〔死に場所〕▽ここを死に場所と定める▽よい死に場所を得る　〔死地〕▽別れの杯を交わし死地に赴く

使い分け【1】「死所」「死地」は、「死に所」「死に場所」の硬い言い方。【2】「死所」は、例文②のように死んだ所をいうこともある。【3】「死地」は、「死地を脱する」のように助かる見込みのないような危険な状況をいうこともある。

304-35 享年（きょうねん）／行年（ぎょうねん）／没年（ぼつねん）

共通する意味★死んだときの年齢。**【英】***one's age at death*

使い方▼〔享年〕▽叔父は先月死去、享年七十八歳であった　〔行年〕▽父本年四月没、行年七十歳　〔没年〕▽曾祖父の没年は定かではない

使い分け【1】三語とも、年齢を下に付けて用いられる。【2】「享年」は、天から与えられたこの世での年数の意。【3】「行年」は、この世で過ごしてきた年数の意で、死んだときの年齢のほかに、「祖父は行年八十五歳、いまだ矍鑠（かくしゃく）としている」のように、生存している人のそのときの年齢を表わすこともある。この場合には「こうねん」というのがふつう。【4】「没年」は、この世から姿を消した年の意で、死んだときの年齢のほか、「祖母の没年は一九六四年だ」のように死んだときの暦の年を表わすこともある。

反対語▼没年⇔生年（せいねん）

305…人物

305-01 人間（にんげん）／人（ひと）／人類（じんるい）

【関連語】◆（ホモサピエンス）

共通する意味★哺乳（ほにゅう）類の霊長目ヒト科に属する動物。**【英】***a human being*

使い方▼〔人間〕▽人間の歴史▽企業が求める人間▽人間関係　〔人〕▽犬は人によくなつく▽人は猿から進化したという　〔人類〕▽人類が地上に現れてから数万年が過ぎた▽人類の築いた文明▽人類愛

	人間	人	人類
□は皆兄弟である	○	○	○
□として生をうける	○	○	-
□の滅亡を予言する	△	-	○
□の尊厳	○	△	-

使い分け【1】「人間」は、最も使用範囲が広く、「人間ができている」のように、人格を持った個人、また、人格そのものをいうこともある。【2】「人」は、普通は肉体的存在よりも「いやな人だ」のように、人格としての存在を表わすことが多い。また、「ヒト」と表記し、「ホモサピエンス」と同義に用いることもある。【3】「人類」は、生物の一類としてのヒトを全体としてとらえた語。【4】「人」はさらに、以下のような意味で広く使われる。「人のうわさも七十五日」「人様(ひとさま)に笑われるよ」のように、世間一般の人々の意、「人のことより自分のことを心配しろ」のように、他人の意、「人がよくてだまされやすい」のように、人柄の意、「政界に人なし」「部下に人を得る」のように、人材の意、「人の言うことを聞け」のように、自分の意など。

【関連語】◆**(ホモサピエンス)**「知恵あるヒト」の意で、現生人類の属する種の学名。

参照▼人間⇒201-01　人⇒201-01　305-02

305-02 人(ひと)／方(かた)／者(もの)／奴(やつ)

共通する意味★人間一般ではなく、ある特定の人間。**【英】** *a man*

使い方▼〔人〕▽その人、どういう人？▽あなたっていい人ね▽あんなひどい人だと思わなかった　〔方〕▽その方は、先程帰られました▽奥様はきれいな方だそうですね▽どんな方がいいでしょう　〔者〕▽だれか家(うち)の者に取りにやらせます▽やくざの若い者▽田舎者　〔奴〕▽あんな奴、大嫌いだ▽いちいちうるさい奴だな▽ひどい奴にひっかかった

	人	方	者	奴
うちの会社の□	○	-	○	△
あなたの会社の□	○	○	-	-
男の□	○	○	-	-
部下の山田という□	△	-	○	△
山田っていうばかな□	△	-	-	○

使い分け【1】四語とも、前に「あの」「その」や、様子を説明する言葉がついて、他の一般の人から区別した人間をさす。ただし、「奴」の前には「あんな」「そんな」がつく。また、「奴」は単独でも使える。主として男性語。「奴も年貢の納め時だね」【2】「人」は、目上・目下、内・外にかかわりなく使えるが、家族をさして使うときは、意識的に距離を取ったよそよそしい印象を与える。【3】「方」は、目上、あるいは目下でも距離のある相手を敬っていう。相手を直接にさすのは失礼なので、「北の方」のように相手のいる方向をいったところから。【4】「者」は、卑下や軽視を含む。外に対して、内の人間をへり下ってさすことが多い。また、「以下の者は申し出ること」のように、公式的な文書などにも用いられる。【5】「奴」は、見下したり、悪くいったりするときに使う。また、悪態をつけるほど親しい関係の家族や友人にも使う。また、俗語(多く男性語)で、「そっちのやつも見せて下さい」「秘すれば花、というやつさ」のように、もの、ことの意味でも使う。

参照▼人⇒201-01　305-01

305-03 名人(めいじん)／達人(たつじん)／名手(めいしゅ)／妙手(みょうしゅ)

【関連語】◆(エキスパート)

共通する意味★すぐれた腕前の人。**【英】** *a master; an expert*

使い方▼〔名人〕▽名人の域に達する▽名人芸▽名人肌(はだ)　〔達人〕▽弓馬の達人▽達人の境地に入る　〔名手〕▽射撃の名手として鳴らす▽ヴァイオリンの名手　〔妙手〕▽配色の妙手の鮮やかなデザイン▽琴の妙手

	名人	達人	名手	妙手
笛の□	○	-	○	○
居合い抜きの□	○	○	-	-
釣りの□	○	△	-	-
□を見せる	-	-	△	○

使い分け【1】「名人」は、諸般にわたって、各分野で特にすぐれた人をいう。一般に第一人者として評価の高い人。四語の中では最も一般的に用いられる。【2】「達人」は、主として武芸などに熟達した、すばらしい腕前の人をいう。【3】「名手」は、「名人」よりも、ある専門的分野についての高い評価にいう。特に、高度の技巧を必要とすることを鮮やかにやってのける手並みを感嘆していう。【4】「妙手」は、芸術関係で人を驚かせるようなすばらしい腕を持つ人をいうことが多い。また、すぐれた腕前のことをもいう。

【関連語】◆**(エキスパート)**ある分野で、熟練した、しっかりした腕、知識を持つ人。「彼はこの道二十年のエキスパートだ」

参照▼妙手⇒207-14

305-04 君子(くんし)／大人(たいじん)

共通する意味★徳の高い立派な人。**【英】** *a man of virtue*

使い方▼〔君子〕▽君子危うきに近寄らず▽君子豹変(ひょうへん)す▽聖人君子　〔大人〕▽彼には大人の風格がある▽大人は小事をも軽んじない

使い分け【1】「君子」は、高潔有徳の人物をいう

中国古典の語で、中国文献から引用されることが多い。一方、「聖人君子」の例のように、気取り、俗離れなどを軽く揶揄(やゆ)しても使う。【2】「大人」は、さらに度量、器量の大きさをそなえた人。現在ではあまり使われない。

反対語▼君子・大人⇔小人(しょうじん)

参照▼大人⇒305-39

305-05 賢人(けんじん)／賢者(けんじゃ)

【関連語】◆(識者)しきしゃ

共通する意味★知徳がすぐれ、識見が高く、道理に通じている人。**【英】***a sage*

使い方▼〔賢人〕▽竹林の七賢人▽賢人として世に聞こえる　〔賢者〕▽賢者の教えを伝える

使い分け 「賢人」「賢者」は、「聖人」に次ぐすぐれた人。世俗を離れた人にいう場合が多い。

【関連語】◆(識者)見識のある人。「識者の意見をきく」

305-06 権威(けんい)／第一人者(だいいちにんしゃ)

【関連語】◆(大御所)おおごしょ

共通する意味★専門の技芸、学芸などの特定の道で、ぬきんでてすぐれた人。**【英】***an authority*

使い方▼〔権威〕▽学界の権威と目される▽最高権威　〔第一人者〕▽日本画壇の第一人者

使い分け【1】「権威」は、人をいうだけではなく、その道、その方面でぬきんでてすぐれている、信頼できると認められていることやものをも表わす。また、「権威を笠(かさ)に着る」「権威を失う」のように、下位の者を強制し服従させる威力をいう場合もある。【2】「第一人者」は、特にその道で最もすぐれた人の意。「最高権威」とほぼ共通する。

【関連語】◆(大御所)その道の大家として、隠退しても隠然たる勢力を持っている人。「文壇の大御所」

305-07 巨匠(きょしょう)／大家(たいか)／名匠(めいしょう)

共通する意味★技芸、学術、芸術などの分野で、特にすぐれ、認められている人。**【英】***great master*

	書道の□	映画界の□	爬虫(はちゅう)類研究の□	今に残る□のわざ
巨匠	○	○	−	△
大家	○	−	○	−
名匠	−	−	−	○

使い分け【1】「巨匠」は、主として芸術的分野で、ある時代を代表するとされるような、有名な人物。【2】「大家」は、「巨匠」よりもやや細分化された分野でいい、あるジャンル、ある専門的世界の中で特にすぐれていると目される人。その分野において技術、知識がともにすぐれ、指導的立場の人。【3】「名匠」は、「巨匠」「大家」が高名であるのに対し、主として技芸自体を問題にしていう。したがって、無名であってもすぐれていると評価された場合もいう。美術、工芸などの分野でよく使われ、すぐれたわざへの感嘆を含んで用いられる。

305-08 才子(さいし)／才人(さいじん)／才物(さいぶつ)／知恵者(ちえしゃ)

共通する意味★頭の働きや才能のすぐれた人。知恵のある人。**【英】***a wit*

使い方▼〔才子〕▽才子才に倒れる(＝才のある人は才にまかせてかえって失敗することがある)▽十で神童、十五で才子、二十過ぎればただの人▽才子佳人(＝才知の優れた男子と、美人のほまれ高い女子)　〔才人〕▽①天下に才人を求める▽②彼はなかなかの才人で、抜け目がない　〔才物〕▽才物を参謀に持つ▽万事心得た才物ぶり　〔知恵者〕▽①恐ろしい知恵者▽②こんな作戦を立てるとは、どんな知恵者か

使い分け【1】「才子」は、ことわざ、慣用句などに多く用いられ、「才人」「才物」は、現在ではあまり使われない。三語とも一般に男性をさし、女性は「才女(さいじょ)」「才媛(さいえん)」などという。【2】「知恵者」は、よく働く知恵のある者の意であるが、前の三語に比してやや小才の感を持つ。【3】どの語も良い意味ばかりでなく、「才人」の例文②のように利に走ったり、「知恵者」の例文①のように悪知恵であったり、人を恐れさせたりする意でも用いる。

305-09 秀才(しゅうさい)／英才(えいさい)／俊才(しゅんさい)

【関連語】◆(天才)てんさい

共通する意味★学識、才芸などのすぐれた人。**【英】***a bright man*

使い方▼〔秀才〕▽彼は秀才の誉れが高い▽よっ、秀才！　〔英才〕▽英才を育てる▽英才教育　〔俊才〕▽画壇の俊才▽芭蕉門下の俊才とうたわれる

使い分け【1】「秀才」「英才」は、頭が良く、学業成績が優秀な人。【2】「俊才」は、学問の領域だけでなく、手腕のすぐれた人物、抜きん出た才知のある人物にもいう。

反対語▼英才⇔鈍才

【関連語】◆(天才)生まれながらにすばらしい能力をそなえた人。学術に限らず、芸術、芸能、スポーツなどでも幅広くいう。**【英】***a genius*「アインシュタインは物理学の天才だ」「天才的なタッチの絵」

参照▼天才⇒207-09

305-10 偉人(いじん)／巨星(きょせい)／巨人(きょじん)

共通する意味★立派な業績をあげた、偉大な人物。**【英】***a great man*

使い方▼〔偉人〕▽現代の偉人▽偉人伝　〔巨星〕▽日本画壇の巨星　〔巨人〕▽近代絵画の巨人と仰がれる

使い分け【1】「偉人」は、特に世のため人のための業績を残した人とされる。【2】「巨星」「巨人」は、ある分野での大きな業績のある抜きん出た人物。また、ある世界で特に重要な、名を知られた人物。「巨星墜（お）つ」は、そのような人が死んだときの常套（じょうとう）句。

参照▼巨人⇒305-39

305-11 大人物（だいじんぶつ）／大物（おおもの）

［関連語］◆（大器）（たいき）◆（偉物）（えらぶつ）

共通する意味★すぐれた器量を持つ偉大な人物。［英］*a man of great promise*

使い方▼〔大人物〕▽なかなかの大人物だ　〔大物〕▽①大物の片鱗（へんりん）をのぞかせる▽②財界の大物

使い分け【1】「大人物」は、器量、スケールの大きな人。【2】「大物」は、例文②のように、ある方面で大きな勢力、能力を持つ重要人物という意もある。

反対語▼大物⇔小物

［関連語］◆（大器）大きな器量、すぐれた才能、能力を持っている人。将来の予測に「大器晩成」とか「未完の大器」などと使うことが多い。⇔小器。◆（偉物）「大物」の意に近いが、手腕家、実力者、やり手といったところで、ややスケールが落ちる。軽い皮肉を伴って用いる。「彼はなにしろ偉物だから立てておこう」

305-12 主任（しゅにん）／デスク／プロデューサー／コミッショナー／コーディネーター

共通する意味★ある業務の管理、統括、調整をする人。

使い方▼〔主任〕▽建設現場の主任になる▽捜査主任　〔デスク〕▽社会部のデスク　〔プロデューサー〕▽テレビ番組のプロデューサー　〔コミッショナー〕▽プロ野球のコミッショナー　〔コーディネーター〕▽服飾のコーディネーター▽イベントのコーディネーター

使い分け【1】「主任」は、同じ任務の担当者のうち、中心となって責任をとる人。「教務主任」「会計主任」「主任研究官」など、さまざまな職業で使われる。［英］*a head*【2】「デスク」は、新聞社、出版社、放送局などで、取材・編集の指図をする責任者。【3】「プロデューサー」は、映画、テレビ・ラジオ番組の制作責任者。また、レコードの製作で、そのすべてにかかわる責任者をいう。【4】「コミッショナー」は、プロの野球、ボクシング、レスリングなどを統制する最高責任者、最高機関。【5】「コーディネーター」は、調整係の意。特にテレビ番組の制作責任者をいう。

参照▼デスク⇒417-02

305-13 人材（じんざい）／人物（じんぶつ）

［関連語］◆（偉材）（いざい）◆（逸材）（いつざい）

共通する意味★能力のすぐれた人。［英］*a capable man*

	今の政界には□が少ない	□の確保に悩む	□のそろった組織	なかなかの□
人材	○	○	○	－
人物	○	－	△	○

使い分け【1】「人材」は、仕事など特定の分野での処理能力にすぐれた役に立つ人という意がこめられることもあり、「人材銀行」「人材派遣会社」のようにも使われる。【2】「人物」は、「人材」よりも全人格的に評価される人をいう。単に「人柄」の意もあり、「人物を確かめたい」などのようにも使われる。

［関連語］◆（偉材・逸材）特別にすぐれた才能をもっている人。「五十年に一人の偉材」「テニス界の隠れた逸材」

参照▼人物⇒201-01

305-14 傑物（けつぶつ）／傑士（けっし）／傑人（けつじん）／人傑（じんけつ）／英傑（えいけつ）／俊傑（しゅんけつ）

［関連語］◆（怪傑）（かいけつ）

共通する意味★なみはずれてすぐれた人物。［英］*a great man*

使い方▼〔傑物〕▽なかなかの傑物▽傑物として著名　〔傑士〕▽傑士が輩出した時代▽傑士がつどう　〔傑人〕▽傑人と仰がれた指導者▽傑人を招く　〔人傑〕▽知謀胆力ともにすぐれた人傑を集める　〔英傑〕▽一代の英傑　〔俊傑〕▽維新の俊傑▽門下に俊傑がそろう

使い分け【1】「傑物」以外は文章語で、意味に大差はない。【2】「傑物」は、一般の人の基準では推し量れない型破りの人物に対する驚嘆の念を伴っていうこともある。

［関連語］◆（怪傑）不思議な力を持つ、すぐれた人。「維新の怪傑」

305-15 士人（しじん）／人士（じんし）

共通する意味★学問、教養、地位などのある立派な人。

使い方▼〔士人〕▽広く士人に訴える▽士人の交わり　〔人士〕▽心ある人士にお願いする▽風流人士の集まり

使い分け二語とも、文語的で古い感じの語。

3 05-16 勇士（ゆうし）／勇者（ゆうしゃ）／強者（きょうしゃ）

【関連語】◆（豪傑）ごうけつ

共通する意味★勇気のある、強い人。【英】*a brave man*

使い方▼〔勇士〕▽歴戦の勇士　〔勇者〕▽勇者をたたえる　〔強者〕▽強者の論理をふりかざす

使い分け【1】「勇士」「勇者」は、ほぼ同じ意味で使われるが、「勇士」にはほかに、強い兵士、戦士の意味もある。【2】「強者」は、力、権力、技能などを持つ強い人の意。

【関連語】◆（豪傑）武勇の非常にすぐれている人。また、大胆に行動する人にもいう。「天下の豪傑」「あいつはなかなかの豪傑だ」

3 05-17 英雄（えいゆう）／ヒーロー

【関連語】◆（老雄）ろうゆう◆（群雄）ぐんゆう◆（奸雄）かんゆう◆（両雄）りょうゆう◆（風雲児）ふううんじ

共通する意味★すぐれた才知と武勇とで名を知られた人。また、偉大な事業を成しとげる人。【英】*a hero*

使い方▼〔英雄〕▽英雄としてもてはやされる▽国民的英雄　〔ヒーロー〕▽悪を退治して一躍ヒーローになる

使い分け「ヒーロー」には、「今日の試合のヒーロー」のように、大活躍をして注目を集めた人の意や、小説、演劇などの男の主人公の意もある。

反対語▼ヒーロー⇔ヒロイン

【関連語】◆（老雄）年老いた英雄。「昔の手柄話をする老雄」◆（群雄）たくさんの英雄。「群雄割拠（＝同じ世界に多数の英雄が出て、互いに勢力を争っていること）」◆（奸雄）悪知恵にたけ、術策のたくみな大人物。「乱世の奸雄」◆（両雄）ふたりの英雄。「両雄並び立たず」◆（風雲児）世の混乱期に出現して活躍したり、世に変革を巻き起こしたりする英雄。「戦国の風雲児織田信長」

参照▼ヒーロー⇒616-46

3 05-18 紳士（しんし）／ジェントルマン

共通する意味★教養があり、礼儀正しく上品な男性。【英】*a gentleman*

使い方▼〔紳士〕▽紳士にあるまじき暴言▽一見紳士風の人物▽紳士協定　〔ジェントルマン〕▽彼はこの会社一のジェントルマンだ▽ジェントルマンらしいふるまい

使い分け「紳士用の服」のように、一般に婦人に対して男性のことを「紳士」ということもある。

反対語▼紳士⇔淑女・婦人　ジェントルマン⇔レディー

3 05-19 伊達者（だてしゃ）／ダンディー

共通する意味★服装や態度がいきで洗練されている人。【英】*a dandy*

使い方▼〔伊達者〕▽だて者らしく冬も薄着ですごす　〔ダンディー〕（名・形動）▽いつもながらのダンディーぶり▽ダンディーな男

使い分け【1】「伊達者」は、派手好みのおしゃれをいうやや古めかしい語。主に男性についていう。「だてもの」ともいう。【2】「ダンディー」は、単に派手なのではなく、男性としていかにもしゃれてあかぬけている人をいう。

3 05-20 粋人（すいじん）／風流人（ふうりゅうじん）

【関連語】◆（茶人）ちゃじん

共通する意味★風流、風雅を好む人。【英】*a man of taste*

使い方▼〔粋人〕▽いかにも粋人らしい酒席の趣向▽粋人ぶる　〔風流人〕▽超俗の風流人▽詩歌を好む風流人

使い分け【1】「粋人」は、俗世間にあって、風流を解し、人情の機微がわかる人。趣味的にも洗練されていて、することもしゃれている人にいう。【2】「風流人」は、風流を好み、重んずる人。

【関連語】◆（茶人）茶の湯にたずさわる人。また、茶道に通じた人は風流を好む人と考えられ、風流人をも意味した。「さじん」ともいう。

3 05-21 遊び人（あそびにん）／遊民（ゆうみん）

共通する意味★定職を持たず、遊んで暮らしている人。【英】*a gambler*

使い方▼〔遊び人〕▽遊び人風の男が訪ねて来た▽遊び人仲間のたむろする店　〔遊民〕▽のんきな遊民の身

使い分け【1】「遊び人」は、特に、ばくち打ちをさしていうことが多い。また、「彼はなかなかの遊び人だ」のように、遊興や遊蕩（ゆうとう）の好きな人の意でも使われる。【2】「遊民」は、定職を持たず、仕事もしないでのらくらと暮らしている人のことをいうが、世俗を離れて人生の楽しみを追う人の意味でも使われる。文章語。

3 05-22 プレーボーイ／女たらし（おんな）／女殺し（おんなごろし）

共通する意味★女性を次々に誘惑してもてあそぶ、好色な男性。【英】*a lady-killer*

使い方▼〔プレーボーイ〕▽彼はプレーボーイだから気を付けろ　〔女たらし〕▽女たらしにひっかかる　〔女殺し〕▽女殺しと呼ばれる二枚目

使い分け【1】「プレーボーイ」は、女性を次々に誘惑する悪者の意だが、一方、女性とスマートに遊ぶ、遊び上手をも表わす。【2】「女たらし」は、女性を手中にして利用するという意味合いを含む語。【3】「女殺し」は、女性がひきつけられる魅力のある男性を、からかったりやっかんだりしていう語。
反対語▼プレーボーイ⇔プレーガール　女殺し⇔男殺し

3 05-23 超人（ちょうじん）／スーパーマン

共通する意味★人間とは思えないほどのすぐれた能力を持つ人。**【英】** *a superman*
使い方▼〔超人〕▽彼の超人的な活躍で勝利を得た〔スーパーマン〕▽兄は何でもこなせるスーパーマンだ

3 05-24 奇人（きじん）／変人（へんじん）／変物（へんぶつ）／変わり者（かわりもの）／変わり種（かわりだね）

共通する意味★性格、言動などが普通の人とは異なっている人。**【英】** *an eccentric*
使い方▼〔奇人〕▽奇人としてきこえた作家▽奇人変人　〔変人〕▽変人で通っている男▽変人扱いする　〔変物〕▽変物の主人に気に入られる　〔変わり者〕▽あの変わり者にも困ったものだ▽変わり者どうしの夫婦　〔変わり種〕▽もと銀行員という変わり種のプロゴルファー
使い分け【1】「奇人」は、世の話題になるような変わった人。行為や才能が並の物差しでは測れないような奇才のある人もいう。「変人」にくらべて変わり方がかなり大きい。「畸人」とも書く。【2】「変人」は、「奇人」や「変物」よりも一般に使われる。「偏人」とも書くが、その場合はその人なりの個性が、他から見ると偏っていて変わっている人をさす。【3】「変物」は、世間一般の尺度からすると偏っていると考えられるが、その変わっているところもある程度評価されているという感がある。「偏物」とも書く。【4】「変わり者」は、五語のうち最も口語的で、他の語にくらべ、軽い意味で使うことも多い。【5】「変わり種」は、同種の集まりの中で一人だけ他と異なっている人をさす。
参照▼奇人⇒201-60　変人⇒201-60　変わり者⇒201-60　変わり種⇒201-60 804-18

3 05-25 隠者（いんじゃ）／世捨て人（よすてびと）

共通する意味★俗世間から離れ、ひとり静かに暮らす人。**【英】** *a hermit*
使い方▼〔隠者〕▽心の自由を求めて隠者となる〔世捨て人〕▽剃髪（ていはつ）して世捨て人となる
使い分け「隠者」は、修行、思索などにふけるために、俗世間を離れた人。一方、「世捨て人」は、すべてを捨ててしまって、世間に対する拒絶の意志が濃い。

3 05-26 凡人（ぼんじん）／凡夫（ぼんぷ）

共通する意味★ごくふつうの、平凡な人。ありふれた人。**【英】** *an ordinary person*
使い方▼〔凡人〕▽凡人には理解しがたい芸術▽あの身のこなしは、とても凡人には見えない　〔凡夫〕▽凡夫の身ではいかんともしがたい
使い分け【1】二語とも、何かある規準をもとにいう語ではなく漠然と平凡であることを示す。【2】「凡人」は、中でも、ごくふつうの人の意。二語とも「ふつう」を表わしながら、マイナスの評価を含む。自分をいうときには、自嘲（じちょう）を含む。【3】「凡夫」は、仏教で未だ悟りに遠い人間の意があり、いっそう低い感じで使う。主として文章で用いる。

3 05-27 俗人（ぞくじん）／俗物（ぞくぶつ）

共通する意味★世俗の名利を追い求めて、芸術、学問、ものの情趣などに無関心な人。**【英】** *a man of the world*

	風流を解さない［ ］	私のような［ ］にはわからない	彼はとんだ［ ］だった	［ ］根性
俗人	○	○	-	-
俗物	○	△	○	○

使い分け【1】「俗人」は、「出家」に対して世俗にある人をさす場合もあり、一般にごく普通の、欲も見栄もある人間をさしており「凡人」に近い。【2】「俗物」は、「俗人」よりも軽侮の気持ちを込めて使う。

3 05-28 堅物（かたぶつ）／堅人（かたじん）／堅蔵（かたぞう）／石部金吉（いしべきんきち）

共通する意味★きまじめで頭がかたく、融通のきかない人。**【英】** *a man of strict morals*
使い方▼〔堅物〕▽冗談も通じない堅物だ▽あんな堅物と一緒にいると息がつまる　〔堅人〕▽彼は見かけによらない堅人だ▽仕事一筋の堅人　〔堅蔵〕▽堅蔵もいいが少しは楽しむことも知らなくては…　〔石部金吉〕▽彼のような石部金吉でも心が迷わされることがあるらしい
使い分け【1】「堅物」は、融通の利かないさまを、「堅人」は、物堅いさまをより強く表わした語。【2】「堅蔵」「石部金吉」は、きまじめで物堅い人を人名化した語。「堅蔵」はきまじめさを、「石部金吉」は融通の利かないさまを、より強く表わしている。

3 05-29 新進（しんしん）／新進気鋭（しんしんきえい）／新鋭（しんえい）／新星（しんせい）

共通する意味★ある分野に新しく出て来て、期待されている人。**【英】** *rising*《形》

使い方▼〔新進〕▽新進の音楽家▽新進作家 〔新進気鋭〕▽新進気鋭の評論家 〔新鋭〕▽文壇の新鋭 〔新星〕▽歌謡界の新星▽美術界久々の新星

使い分け【1】「新進」「新進気鋭」は、新しく登場したときに力が認められ、将来を期待されている人。ジャーナリズムや、スポーツの世界などでもいうことがある。【2】「新鋭」は、新しく登場した、勢いのある人。「新鋭機」のように物に関してもいう。【3】「新星」は、芸能界などで特に売り出しに力を入れたり、たまたま人気が出たりしてスターのようになっている新人。「新進」とは異なり、実力の有無はさほど問題とはされないが、華やかさを伴う。

305-30 新人(しんじん)／新顔(しんがお)／新入り(しんいり)

【関連語】◆(フレッシュマン)◆(ニューフェース)◆(新参)しんざん

共通する意味★新しく仲間に加わった人。**【英】** *a newcomer; a new face*(芸能界)

	彼女は□だね	有望な□をスカウトする	彼はこの店では□だ	□のAです、よろしく
新人	○	○	△	△
新顔	○	-	○	-
新入り	○	-	△	○

使い分け【1】「新人」は、その分野や仕事などへのデビューが初めてで、年齢も若い人。【2】「新顔」「新入り」は、既存の職場・グループ・業界など、比較的狭い場に、これまでの人のほかに新しく仲間入りしたり、新しく登場したりした人。【3】「新入り」は、先輩との関係を念頭においた語で、「新人」にくらべると、やや軽く見る感じで使われる。また、新しく仲間入りすることの意もあり、「新入りのころ」なども使う。

反対語▼新人⇔旧人 新顔⇔古顔(ふるがお)

【関連語】◆(フレッシュマン)特に、大学や会社に新しく入った人をいう。「フレッシュマンの歓迎会」◆(ニューフェース)特に、映画界などで新しくデビューした人。「今年のニューフェースの中で一番の人気者」◆(新参)新しく仲間入りすること。また、その人。「新参者」

305-31 新米(しんまい)／駆け出し(かけだし)

共通する意味★その事に就いたばかりで、まだ未熟な人。**【英】** *a novice*

使い方▼〔新米〕▽新米の店員 〔駆け出し〕▽駆け出しの編集者

使い分け【1】「新米」は、「新前(しんまえ)」の変化した語。ある職場、職業集団の中へ新しく迎え入れられた者。【2】「駆け出し」は、もと修行を終えて山を下りて来た山伏をいったもの。

参照▼新米⇒407-04

305-32 初心者(しょしんしゃ)／ビギナー

共通する意味★物事を始めたばかりの人。**【英】** *a beginner*

使い方▼〔初心者〕▽初心者のための手引き▽初心者マーク 〔ビギナー〕▽ゴルフのビギナー▽ビギナーズラック(＝初心者が往々にして得る幸運)

使い分け「初心者」は、学芸、技芸など使われる範囲が広く、「ビギナー」は、スポーツなどに限られる。

305-33 古顔(ふるがお)／古株(ふるかぶ)／古手(ふるて)／古参(こさん)

【関連語】◆(ベテラン)

共通する意味★その集団や立場などに古くからいる人。**【英】** *a veteran*

使い方▼〔古顔〕▽私はこの会社ではもう古顔だ▽古顔の店員 〔古株〕▽彼女はこの店の古株だ▽古株の社員 〔古手〕▽開校以来の古手の先生▽この職場ではもう古手だ 〔古参〕▽古参の兵隊▽最古参の力士

使い分け いずれも古くからその職、地位などにいる人の意で、日常用いられる。

反対語▼古顔⇔新顔(しんがお) 古手⇔新手(あらて) 古参⇔新参(しんざん)

【関連語】◆(ベテラン)ある事柄について長年の経験を積み、熟達している人。古顔で、すぐれた技術、判断力を持っている人の意。「チームのベテラン選手」「彼は経理のベテランだ」「いざというときはベテランが頼りだ」

305-34 素人(しろうと)／アマチュア

【関連語】◆(アマ)◆(ノンプロ)◆(とうしろう)

共通する意味★あることを職業、専門としない人。**【英】** *an amateur*

使い方▼〔素人〕▽この作業は素人には危険だ▽素人目にはよく見える▽ずぶの素人▽素人離れした腕前▽素人筋(すじ)(＝取引市場で、一般投資家をいう)▽素人芝居 〔アマチュア〕▽アマチュアの棋士▽アマチュア無線

使い分け【1】「素人」は、単に職業にしていないというだけでなく、未熟で経験が浅いなどの意味を含んでいる。【2】「アマチュア」は、職業としてでなく、趣味、楽しみとして物事を行う人。学問、芸術、スポーツなど、高度な対象によく使われる。

反対語▼素人⇔玄人(くろうと) アマチュア⇔プロ・プロフェッショナル

【関連語】◆(アマ)「アマチュア」の略。「プロに対して「アマレス」「アマスポーツ」「プロもアマも…」などと使う。◆(ノンプロ)あることを職業としていな

いこと。また、その人。主に野球で、プロでなく、実業団に所属していることをいう。「ノンプロで鳴らした投手」◆（とうしろう）「しろうと」を逆にして人名のようにいった俗語。「とうしろ」とも。「とうしろうは黙っていろ」

3 05-35 専門家（せんもんか）／プロ／スペシャリスト／玄人（くろうと）

共通する意味★ある分野の学問、仕事などに精通し、そのための能力、技術などを身に付けている人。

使い方▼〔専門家〕▽専門家について習う▽専門家も顔負けの知識▽害虫駆除の専門家　〔プロ〕▽やっぱりプロだ、素人では歯が立たない▽その犯行を、プロの仕事と睨（にら）む　〔スペシャリスト〕▽スペシャリストとしてプロジェクトに迎える　〔玄人〕▽玄人のような節回しで歌う▽玄人好み

使い分け【1】「専門家」は、知識が広く、その人に聞いたり依頼したり任せたりすることができる人。それで生計を立てている場合にも、そうでない場合にもいう。【英】*an expert*【2】「プロ」は、職業として報酬をもらう意味が強い。また、自分の職業であるという自覚をもってうちこむ人もいう。「プロフェッショナル（【英】*professional*）」の略。【3】「スペシャリスト」は、「専門家」「プロ」よりも、ある特定の分野での技術、知識、能力をより高度に身に付けている人。多く、先端的分野について使う。【4】「玄人」は、やや俗語的。多く、趣味や芸能の世界、水商売などの分野で使われる。

反対語▼プロ⇔アマ　玄人⇔素人（しろうと）

3 05-36 マニア／虫（むし）

共通する意味★ある一つのことにひどく熱中している人。【英】*a maniac*

使い方▼〔マニア〕▽マニアといってもよい没頭ぶり▽鉄道マニア▽コレクトマニア（＝収集狂）　〔虫〕▽本の虫▽仕事の虫

使い分け【1】「マニア」は、主として趣味などで、情報にも詳しい人。熱中の対象となる語の後に付けて用いられることが多い。【2】「虫」は、「マニア」にくらべて、そればかりしていて、他のことが受け入れにくくなっている状態の人をいう。「…の虫」の形で用いられることが多く、趣味の分野だけでなく、「勉強」「仕事」などにも使う。熱中している度合いは「マニア」よりも甚だしい。

3 05-37 偏執狂（へんしゅうきょう）／モノマニア

共通する意味★ある一つのことに異常に執着する病的症状の人。【英】*a monomaniac*

使い分け「偏執狂的」「モノマニアック」の形でも使う。「偏執狂」は「へんしつきょう」とも。

3 05-38 金持（かねも）ち／富豪（ふごう）／金満家（きんまんか）／大尽（だいじん）

【関連語】◆（素封家）そほうか◆（成金）なりきん◆（財閥）ざいばつ◆（長者）ちょうじゃ◆（物持ち）ものもち

共通する意味★大きな財産を持った、富裕な人。【英】*a man of wealth*

	アラブの□	□の令嬢	□の客がつく	町一番の□	一代で□になる
金持ち	○	○	○	○	○
富豪	○	○	－	－	○
金満家	△	△	○	○	－
大尽	－	－	○	○	－

使い分け【1】「金持ち」は、最も一般的な語。【2】「富豪」は、莫大（ばくだい）な財産を持つ大金持ちに使う。【3】「金満家」は、「富豪」にくらべるとずっとスケールの小さい、身近にいる人にも使う。やや古い語。【4】「大尽」は、やや古い語。「お大尽」の形でいうことも多い。「村一番の…」「町一番の…」といった程度でも使う。また、金回りの良い人をからかって「お大尽ね」といったりする。

【関連語】◆（素封家）代々続いた大金持ちの家。「彼はこの町きっての素封家の出だ」◆（成金）急に金持ちになった人。「成金趣味」「土地成金」◆（財閥）個人的な金持ちではなく、大資本家、大企業の支配者などの一族、一団をいう。「財閥解体」◆（長者）昔、村や町の規模で、大きな屋敷を構えた周辺随一の金持ちをいった。現在では「億万長者」「長者番付」など、限られた使い方で大金持ちを表わす。◆（物持ち）財産を多く持っている人。「長者」よりずっと規模の小さいものにもいう。「仲間一番の物持ち」

3 05-39 巨人（きょじん）／大男（おおおとこ）／巨漢（きょかん）

【関連語】◆（大人）たいじん◆（ジャイアント）

共通する意味★体が非常に大きい人。【英】*a giant*

使い方▼〔巨人〕▽身の丈二メートル以上もある巨人　〔大男〕▽雲を衝（つ）くような大男　〔巨漢〕▽あの力士は角界一の巨漢だ

使い分け【1】「巨人」は、なみはずれて体の大きい人のことで、一般に現実の人間より想像上の巨大な人間をいう場合が多い。「大男」「巨漢」は、普通よりも体の大きい男のこと。「大男」は、一般に大柄な人をさす場合も、想像上の巨大な人間をさす場合もある。「巨漢」は、現実の男についていうことが多い。【2】「巨人」は、「現代彫刻界の巨人」のように、比喩（ひゆ）的に、その方面でなみはずれた能力や業績のある人や、人力の及ばない巨大な力を持つものの意でも使われる。

反対語▼大男⇔小男（こおとこ）

【関連語】◆(大人)体の大きな人。また、徳の高い立派な人の意もある。「大人国」◆(ジャイアント)「巨人」と同じ意。
参照▼巨人⇒305-10　大人⇒305-04

305-40 古人／先人／前人

共通する意味★昔の人。今より以前の人。【英】*ancient people*
使い方▼〔古人〕▽古典には、古人の知恵があふれている▽古人の言に待つまでもなく…　〔先人〕▽先人の遺志を引き継ぐ▽先人の英知に学ぶ　〔前人〕▽前人の努力に負う所大である▽前人未踏(＝これまでだれも足を踏み入れていない)の大記録
使い分け【1】「古人」は、今よりだいぶ昔の人。今と切り離して、漠然と「昔の人」をいう。【2】「先人」も昔の人だが、現在に何らかのかかわりがある場合に使われる。【3】「先人」には、亡父、先祖などの意もある。【4】「前人」は、よく「前人未踏」の形で使う。この場合は、「今より以前の人」という、はっきりした意味になる。時間的には「古人」「先人」よりも現在に近い。
反対語▼古人⇔今人(こんじん)　先人・前人⇔後人(こうじん)

305-41 外国人／外人／異人／異邦人

共通する意味★他の国の人。他の国家や民族に属する人。
使い方▼〔外国人〕▽外国人との交流をはかる▽外国人の観光客▽外国人の入国が許される　〔外人〕▽外人相手の土産物店▽外人タレント▽外人部隊　〔異人〕▽背の高い異人の女▽異人館　〔異邦人〕▽異邦人としての旅▽異邦人が見た日本
使い分け【1】「外国人」は、客観的かつ一般的な語。他国の人全体をいう場合も、個別の人をさしていう場合もある。【英】*a foreigner*【2】「外人」は、「外国人」が他国の人全体をいう場合もあるのに対して、それぞれの人を個別にいうことが多い。主に口頭語として用いられ、欧米の白人をさすことが多い。【3】「異人」は、明治ごろの、古い言い方。現代ではほとんど用いない。【4】「異邦人」は、主に文章で使う。また、単に他国の人というだけでなく、心理的にかけ離れた存在の人を表わしていう場合もある。【英】*an alien*

305-42 混血児／ハーフ

【関連語】◆(間の子)あいのこ
共通する意味★人種の異なる者どうしの結婚によって生まれた子。【英】*a half-breed*
使い方▼〔混血児〕▽日本人とアメリカ人の混血児　〔ハーフ〕▽日英のハーフ▽ハーフの歌手
使い分け【1】「混血児」は、最も一般的に用いられる。人間に対してしかいわず、動植物の場合はふつう「雑種」という。【2】「ハーフ」は、「ハーフブラッド」の略。俗っぽく、口語的。
【関連語】◆(間の子)混血児をいう俗称。「合いの子」とも書く。「日本人とオランダ人の間の子」
参照▼ハーフ⇒805-33

305-43 難民／流民

【関連語】◆(避難民)ひなんみん
共通する意味★故郷や故国を離れ、よその土地へ逃げてきた人々。【英】*refugees*
使い方▼〔難民〕▽難民の救済にのりだす▽難民キャンプ　〔流民〕▽多くの流民が国境を越える▽流民の群れが村に現れる
使い分け【1】「難民」は、戦禍、天災、政治的迫害などで家や職を失って困窮し、生活していた土地を離れて安全な国などに逃げてきた人々。他国に住みつく場合も、他国を流浪している場合もいう。【2】「流民」は、飢饉(ききん)や戦禍などのために故郷や故国にいられなくなった人々で、各地をさすらい歩く人々をいう。
【関連語】◆(避難民)災害や戦争などから避難してきた人々。一時的という意味合いがある。

305-44 善人／善玉

【関連語】◆(お人好し)おひとよし◆(好人物)こうじんぶつ
共通する意味★よい人。心の善良な人。【英】*a good man*
使い方▼〔善人〕▽底抜けの善人▽善人面(づら)　〔善玉〕▽善玉悪玉入り乱れての大活劇
使い分け【1】「善人」は、文字どおりの「性格のよい人」の意味だが、人が良く、正直過ぎるためにだまされやすい人を、軽くばかにしていうこともある。【2】「善玉」の「玉」は、「人」の意。江戸時代、草双紙などの挿絵で人の顔を丸く描き、その中に「善」の字を書き入れたことから。やや古い語。
反対語▼善人⇔悪人　善玉⇔悪玉
【関連語】◆(お人好し)(名・形動)人の言葉、行為などをすべて素直に善意に受けとり、自分も人のために尽くす気のよい人。通常は、だまされやすく、利用されやすいという意で用いられる。「おまえのお人よしにも呆(あき)れたものだ」◆(好人物)気立てのよい人。「無類の好人物」

305-45 孝行者／孝行息子／孝行娘

【関連語】◆(孝子)こうし◆(孝女)こうじょ
共通する意味★親を大事にする息子や娘。【英】*an obedient son* [*daughter*]
使い方▼〔孝行者〕▽あの家の長男は孝行者だ▽評判の孝行者　〔孝行息子〕▽兄弟そろって孝行息子だ▽あと継ぎの孝行息子　〔孝行娘〕▽孝行娘で気立てが

よい

使い分け「孝行者」は、男女ともに用いる。

【関連語】◆**（孝子）**親孝行な者。「家貧しくて孝子顕（あら）わる」◆**（孝女）**親孝行な娘。「孝女白菊の墓」

305-46 悪人（あくにん）／悪者（わるもの）／悪漢（あっかん）／悪党（あくとう）／悪玉（あくだま）／悪（あく）

【関連語】◆**（悪）**わる

共通する意味★たちの悪い人。悪事を働く人。悪い奴（やつ）。**【英】** *a bad man; an evildoer*

使い方▼〔**悪人**〕▽国家を売った悪人▽悪人呼ばわりされる　〔**悪者**〕▽悪者を懲らしめる▽悪者扱いされる　〔**悪漢**〕▽悪漢を退治する▽悪漢小説　〔**悪党**〕▽悪党どもがのし歩く▽彼は根っからの悪党だ▽小（こ）悪党　〔**悪玉**〕▽善玉と悪玉が入り乱れる▽悪玉にされる　〔**悪**（あく）〕▽悪を討つ▽悪の申し子▽悪の巣窟（そうくつ）

	［ ］と戦う正義の味方	［ ］ぶりを発揮する	［ ］に仕立てられる	［ ］の道に引き込む
悪人	○	○	○	△
悪者	○	△	○	△
悪漢	○	-	-	-
悪党	○	○	-	△
悪玉	○	△	○	-
悪（あく）	○	-	-	○

使い分け【1】「悪人」は、存在そのものが悪である人間をいう。【2】「悪者」は、ある場面、事件、筋書きなどの中で悪いとされる者。【3】「悪漢」は、やや古い語。冒険小説、探偵小説などでよく使われた。「悪人」や「悪者」が、悪い人一般をさすことがあるのに対し、個人をさす。【4】「悪党」は、「党」の意味から、古くは集団をいったが、現在は個人に対してもいう。「悪人」「悪者」のように、犯罪のような悪をなす者をいうだけでなく、道義的にひどいことを平気でする者を責めるときなどにも使う。【5】「悪玉」は、芝居や小説などで、悪い役をふり当てられた者や悪い側の役をもいう。江戸時代の草双紙などの挿絵で、人の顔を丸く描き、その中に「悪」の字を書き入れたことから。【6】「悪」は、人ではなくて「善」に対する概念をさす語だが、漠然と、その一味の人をさすこともある。口語ではあまり使わない。

反対語▼悪人⇔善人　悪玉⇔善玉　悪（あく）⇔善

【関連語】◆**（悪）**わる 悪いことをする人。また、悪い心根の者。不良程度の若者から、かなり悪質なことを考えたりしたりする者までいう。「相当の悪だ」「悪ぶる」

参照▼悪玉⇒615-36

305-47 暴漢（ぼうかん）／暴（あば）れ者（もの）／暴（あば）れん坊（ぼう）

【関連語】◆**（暴徒）**ぼうと

共通する意味★乱暴をする者。**【英】** *a ruffian*

使い方▼〔**暴漢**〕▽暴漢を捕らえる▽暴漢に切りつけられる　〔**暴れ者**〕▽暴れ者だが子供にはやさしい▽学年で一番の暴れ者　〔**暴れん坊**〕▽男の子は暴れん坊の方が末頼もしい

	あの［ ］をとりおさえろ	村で鼻つまみの［ ］	［ ］に襲われる	財界の［ ］
暴漢	○	-	○	-
暴れ者	○	○	-	-
暴れん坊	○	○	-	○

使い分け【1】「暴漢」は、ある場面、ある事件にかかわって乱暴を働いた者。【2】「暴れ者」は、犯罪には至らないが、日ごろから乱暴な者。単に荒っぽい場合などにもいう。【3】「暴れん坊」は、子供の元気の良すぎる場合などにもいう。また、比喩（ひゆ）的に、周囲をはばからず先鋭的に活躍する者もいう。

【関連語】◆**（暴徒）**暴動やひどく乱暴な行動をまきおこした者たち。「暴徒と化す」「暴徒が押し寄せる」

305-48 ならず者（もの）／ごろつき／やくざ／地回（じまわ）り／暴力団（ぼうりょくだん）

【関連語】◆**（無頼漢）**ぶらいかん◆**（無法者）**むほうもの◆**（与太者）**よたもの◆**（ごろ）**◆**（ちんぴら）**

共通する意味★正当な定職を持たず、たちの悪いことをして一般の人を脅かすような者。**【英】** *a rogue; an outlaw*

使い方▼〔**ならず者**〕▽街のならず者▽ならず者の集まり　〔**ごろつき**〕▽ごろつきに因縁をつけられる▽ごろつき連中　〔**地回り**〕▽地回りにおどされる▽地回りに顔がきく　〔**やくざ**〕（名・形動）▽やくざから足を洗って堅気になる　〔**暴力団**〕▽暴力団の抗争が激しい▽暴力団を取り締まる

使い分け【1】「ならず者」は、「不成者」と書き、まともではない者の意。無法で、おどし、たかりなどを行う者。【2】「ごろつき」も、「ならず者」とほぼ同じ意味。「破落戸」と書くこともある。【3】「地回り」は、近世、遊里などで地付きの顔のきく者をいった。現在では、盛り場などを縄張りとして仕切る者をいう。【4】「やくざ」は、いわゆるばくち打ちのことで、特殊な世界をつくり、親分、子分の関係などそれなりの仁義、しきたりなどがあった。また、「やくざな男」のように、単に性行がおさまらない人をいうこともある。【5】「暴力団」は、組長と組員から成る、無法なふるまいをする者の集団。

反対語▼やくざ⇔堅気

【関連語】◆**（無頼漢）**一定の職業をもたず、素行の悪い男。ならず者。「あの男はこの町でも有名な無頼漢だ」◆(無法者)道理にはずれた、乱暴なふるまいをする者。「好き勝手をする無法者」◆(与太者)素行不良の若者。役に立たない者の意もある。「一見与太者風」◆(ごろ)「ごろつき」の略。「会社ごろ」「政界ごろ」などの形で使うことが多い。常習的にその世界に出入りし、甘い汁を吸っている者をいう。◆(ちんぴら)一人前でもないのに、おとなぶったり大物をきどったりする者。転じて、不良少年少女。「ちんぴらにからまれる」

3 05-49 凶漢(きょうかん)／凶賊(きょうぞく)／奸賊(かんぞく)／逆賊(ぎゃくぞく)

共通する意味★他人や社会に害をなす悪人。【英】*a villain*

	｜に襲われる	主家を害する｜	主君にそむく｜
凶漢	○	-	-
凶賊	○	-	-
奸賊	△	○	-
逆賊	△	○	○

使い分け【1】「凶漢」「凶賊」は、他の人に危害を加える、暴力的、犯罪的な人間をいう。「凶漢」はひとりだが、「凶賊」は徒党を組んでいる場合にもいう。「兇漢」「兇賊」とも書く。【2】「奸賊」は、表立った暴力というより、内容的に悪質なことを画策する、非常にたちの悪い人間をいう。「姦賊」とも書く。【3】「逆賊」は、君主や国家にそむき、これを裏切る悪人、謀反人をいう。【4】四語とも文章語として使われる。

3 05-50 野蛮人(やばんじん)／野人(やじん)

共通する意味★粗野で、無作法、無教養な人。【英】*a savage*

使い方▼〔野蛮人〕▽あなたって野蛮人ね▽私は野蛮人なので手づかみで失礼します 〔野人〕▽野人で礼をわきまえない▽傍若無人な野人ぶり

使い分け【1】二語とも、標準的な社会での礼儀、作法をわきまえない、粗野で無教養な人の意で用いる。【2】「野蛮人」は、より主観的な語。自分の文化とは違う未開社会の人のような人という意と、単に粗野で礼儀などを気にしない人の意で使う場合とがある。【3】「野人」は、田舎の人の意から。また、「退官後は野人として暮らす」のように、在野の人の意もあって、文化的に拘束されない自由な人というイメージもあり、好意的に使われることもある。

3 05-51 馬鹿(ばか)／あほう／まぬけ／たわけ／とんま

【関連語】◆(馬鹿者)ばかもの◆(馬鹿野郎)ばかやろう◆(馬鹿たれ)ばかたれ◆(与太郎)よたろう◆(抜け作)ぬけさく◆(おたんこなす)◆(おたんちん)◆(あんぽんたん)◆(べらぼう)

共通する意味★愚かな人。道理・常識からはずれている人。【英】*a fool*(馬鹿者)

使い方▼〔馬鹿〕(名・形動)▽馬鹿に付ける薬はない▽馬鹿の一つ覚え▽馬鹿とはさみは使いよう▽人を馬鹿にしたような態度▽馬鹿、何をする！ 〔あほう〕(名・形動)▽あんなあほうは相手にするな▽あほうが酔ったよう(＝しまりなく、だらしなく、とりとめないさま)▽あほうなまねはやめろ 〔まぬけ〕(名・形動)▽あのまぬけが株で大損をした▽このまぬけめ▽まぬけだからだまされたのだ▽まぬけな質問をするな 〔たわけ〕▽馬鹿だたわけだとののしられる▽どこのたわけがいったのか 〔とんま〕(名・形動)▽とんまの相棒を持つと苦労する▽どこのとんまがこんなミスをしたのだ▽全くとんまなことをする奴(やつ)だ

使い分け【1】「馬鹿」は、頭の働きが悪く、血のめぐりの悪いこと。また、おろかな行いをする人。「ばかな話」「ばかを見る(＝つまらない目にあう)」「そんなばかなことがあってたまるか」のように、無益なこと、くだらないことをいったり、「ばかに暑い」「ばか力」「ばか高い」などのように、程度の甚だしいことをいったりもする。また、「役者ばか」「学者ばか」のように、そのことに熱中して他のことにうといことにもいう。【2】「あほう」は、「馬鹿」と同じ意味で、使い方も似通っている。特に関西では「あほ」の形とともに多く用いられている。「阿呆」「阿房」と当てる。【3】「まぬけ」は、物事を行うのに、手ぬかりや、うっかりしたミスなどをよくおかす人。言動がその場にぴったり合わず、どこかずれているさまにもいう。「間抜け」とも書く。【4】「たわけ」は、考え違い、心得違い、思慮の不足などから、おかしな言動をしている相手などを侮蔑(ぶべつ)していう語。「馬鹿」や「あほう」にくらべて知能そのものが低いというより、人格的に足りないための愚かさをいう気持ちが強い。【5】「とんま」は、その言動がとんちんかんだったり的外れだったりする人。また、そのさま。どことなく喜劇的なので、あまり辛辣(しんらつ)な感じを持たない。「頓馬」と当てる。

【関連語】◆(馬鹿者・馬鹿野郎)ののしる言葉。「この馬鹿者め」「馬鹿野郎、おととい来い」◆(馬鹿たれ)「馬鹿野郎」より見下した感じの語。「この馬鹿たれ、また0点だ」◆(与太郎)馬鹿な人。まぬけな人。落語の「与太郎噺(ばなし)」で、馬鹿な人の名になっているところから。◆(抜け作)「間抜け」の擬人化。「とんだ抜け作だな」◆(おたんこなす・おたんちん)相手を馬鹿にしたののしりの語。子供のはやし言葉などでいう。◆(あんぽんたん)間が抜けていて愚かな人をののしっていう。俗語。「安本丹」と当てる。◆(べらぼう)「馬鹿」と同意。ののしりの語としては「べらぼうめ！」の形で用いられる。また、甚だしいことにもいう。「そんなべらぼうな話があるか」

参照▼べらぼう⇒8 19-42

3 05-52 愚者（ぐしゃ）／愚人（ぐじん）／愚物（ぐぶつ）／痴人（ちじん）

【関連語】◆(愚か者)おろかもの◆(痴れ者)しれもの

共通する意味★愚かな人。【英】*a fool*

使い方▼〔愚者〕▽愚者も千慮に一得あり(＝愚かな者でも、まれには役に立つ名案を出すこともある)〔愚人〕▽愚人との論争は無益である〔愚物〕▽私ごとき愚物でもお役に立ちたい▽愚物と断ずる〔痴人〕▽痴人の前に夢を説く(＝ばかばかしいことのたとえ)

使い分け【1】「愚者」「愚人」「愚物」は、みな同じ意味だが、特に「愚物」は、人物評価の気持ちを含む。「愚人」は、「ぐにん」とも。【2】「痴人」は、他の三語よりもっと甚だしく判断力のない者をいう。【3】どの語も漢語で、現在、話し言葉ではほとんど用いられない。

反対語▼愚者⇔賢者・知者　愚人⇔賢人

【関連語】◆(愚か者)愚かな人。ののしっていうことが多い。「この愚か者め！」◆(痴れ者)愚かな者をいう古い語。特に常軌を逸した者をののしっていう。「礼を知らぬしれ者よ」

3 05-53 分からず屋（わからずや）／唐変木（とうへんぼく）

【関連語】◆(朴念仁)ぼくねんじん◆(でくの坊)でくのぼう

共通する意味★物事の道理のわからない人。【英】*a man impervious to reason*

使い方▼〔分からず屋〕▽父があんなに分からず屋だとは知らなかった▽いくら言っても分からないわからず屋〔唐変木〕▽何を馬鹿ばかなことをいっているんだ、この唐変木め

使い分け【1】「分からず屋」は、物事の事情や道理をいくら説明してもわからない人、また理解しようともしない人をいう。【2】「唐変木」は、物事の道理のわからない人や、また、気の利かない人などをののしっていう語。

【関連語】◆(朴念仁)人情や道理の分からない人。また、無口で愛想のない人。「人の気持ちの分からない朴念仁」◆(でくの坊)自分では何もできず、役に立たない人。「木偶の坊」と当てる。「こんなこともできないのか、このでくの坊め」

3 05-54 小物（こもの）／雑魚（ざこ）／雑輩（ざっぱい）／有象無象（うぞうむぞう）

共通する意味★無力で、取るに足りない人。【英】*an unimportant fellow*

使い方▼〔小物〕▽検察の網にかかるのは、小物ばかりだ〔雑魚〕▽雑魚は相手にするな▽雑魚の魚交ととまじり(＝弱小な者が自分に不相応な強大な者の中に交じっていること)〔雑輩〕▽雑輩は蹴け散らして大将に迫る〔有象無象〕▽そこらの有象無象にはわかるまい▽有象無象が何をいおうと放っておけ

使い分け【1】「小物」は、「大物」に対する語で、地位、勢力などとともに人物の卑小さを表わすこともある。【2】「小物」「雑魚」は、下っぱの者の意味でも使う。【3】「雑輩」は、その他大勢と同じで、数は多いがあまり問題にならない者たちをいう。【4】「有象無象」は、多数集まってはいるがつまらない人々の意味。人だけでなく、物にもいう。

反対語▼小物⇔大物

3 05-55 小人（しょうじん）／匹夫（ひっぷ）

共通する意味★取るに足らぬつまらない人。【英】*an insignificant person*

使い方▼〔小人〕▽小人閑居して不善をなす(＝小人物は、ひまがあるとかくよくないことをしがちだ)▽小人の過あやまつや必ずかざる(＝小人物は過ちをおかすと必ず言い訳をする)〔匹夫〕▽匹夫の勇(＝深い思慮もなく、ただ血気にはやるだけのつまらない勇気)▽匹夫も志を奪うべからず(＝どんなつまらない人間も、志をしっかり持っていればだれもそれを動かすことはできない)▽匹夫匹婦ひっぷ(＝つまらぬ男女。ごくありふれた凡人)

使い分け【1】「小人」は、自己本位で心が狭く、すぐ誘惑に負けたり、目先の利益しか考えなかったりする小人物をいう。また、「しょうにん」と読んで、料金などのうえでの子供をいうこともある。【2】「匹夫」は、教養がなく、物事の道理を解さないような平凡な男をいう。また、身分の低い男の意でも使う。【3】「小人」も「匹夫」も、硬い文章語。使い方の例のように、ほとんど慣用句で用いられる。

反対語▼小人⇔君子・大人

3 05-56 弱者（じゃくしゃ）／弱虫（よわむし）

【関連語】◆(敗者)はいしゃ◆(懦夫)だふ

共通する意味★弱い者。【英】*the weak*

使い方▼〔弱者〕▽弱者の立場に立つ▽弱者救済にのりだす〔弱虫〕▽君がそんな弱虫だとは思わなかった

使い分け【1】「弱者」は、権力、財力などの力関係において弱い方の立場にある者をいう。【2】「弱虫」は、気の弱い人、意気地のない人のことをいう。あざけりの気持ちが多分に含まれた語。

反対語▼弱者⇔強者きょうしゃ

【関連語】◆(敗者)競争や勝負に負けた者。「敗者復活戦」◆(懦夫)気の弱い男。意気地なし。硬い文章語。「懦夫とさげすまれる」「懦夫をも立たしむる勢い」

305-57 泥棒(どろぼう)／盗人(ぬすびと)／盗賊(とうぞく)／強盗(ごうとう)／追い剥ぎ(おいはぎ)

【関連語】◆(賊)ぞく◆(こそ泥)こそどろ◆(ギャング)

共通する意味★他人の物を盗み取ったり、奪い取ったりする者。**【英】** *a thief; a robber*

使い方▼〔泥棒〕スル▽名画を泥棒する▽泥棒を見て縄をなう(＝事が起きてからあわてて準備する)▽泥棒猫　〔盗人〕▽盗人猛々(たけだけ)しい(＝悪い事をしていながらずうずうしくしたり、とがめられて逆に居直ったりするのをののしっていう)▽盗人に追い銭(＝損の上に損を重ねる)▽盗人にも三分の理(＝悪事を働いた者にもそれなりの理屈はある)　〔盗賊〕▽盗賊の首領が捕まる▽盗賊の一味　〔強盗〕▽強盗が立てこもる▽銀行強盗　〔追い剥ぎ〕▽山道で追い剥ぎに遭う▽追い剥ぎに身ぐるみ剥がれる

	＿を捕まえる	＿を働く	＿にはいる	＿に襲われる
泥棒	○	○	○	-
盗人	○	-	-	-
盗賊	○	-	-	○
強盗	○	○	○	○
追い剥ぎ	○	△	-	○

使い分け【1】「泥棒」は、他人の金品を盗み取る者。「泥坊」とも書く。【2】「盗人」は、「ぬすびと」と発音されるより、「ぬすっと」と発音されるほうが多い。他人の物を盗み取る人の意で、「泥棒」のことだが、「泥棒」より古い語。一般的に現在は話し言葉では「泥棒」を使い、「盗人」はことわざなど慣用句の中で使われる。ただし用例の「盗人に追い銭」「盗人にも三分の理」は、「泥棒」に言い換えても使われる。【3】「盗賊」は、多く集団で盗みを働く者たちのことをいうが、「盗人」の意でも使われる。【4】「強盗」は、乱暴したり刃物などで脅迫したりして力ずくで他人の物を奪い取ることや、その人をいう。【5】「追い剥ぎ」は、通行人を脅して金品や衣類を剥ぎ取る者をいう。

【関連語】◆(賊)人に危害を加えたり金品を奪ったりする者。盗賊と同意で用いられることが多い。「賊が侵入する」◆(こそ泥)こそこそとわずかな物を盗むけちな泥棒。「こそ泥に入られる」◆(ギャング)強盗や殺人などを組織的に行う凶悪な犯罪集団。特にアメリカのそれをいう。「銀行ギャング」「ギャング映画」

306…男女

306-01 男女(だんじょ)／両性(りょうせい)

【関連語】◆(性)せい◆(雌雄)しゆう

共通する意味★男性と女性。男と女。**【英】** *man and woman*

使い方▼〔男女〕▽男女別に行動する▽遠くて近きは男女の仲　〔両性〕▽婚姻は両性の合意に基づく▽両性生殖

使い分け【1】「男女」は、「なんにょ」ともいう。【2】「両性」は、文章語、学術用語として、生物全般の雄性と雌性に広くいう。

【関連語】◆(性)身体的特質による男女の別。「性による差別をやめる」◆(雌雄)動物のめすとおす。「雌雄を見分ける」

参照▼雌雄⇒620-02

306-02 女(おんな)／女性(じょせい)／女子(じょし)／婦人(ふじん)／婦女(ふじょ)／婦女子(ふじょし)

【関連語】◆(女史)じょし◆(雌)めす◆(ウーマン)◆(あま)◆(おなご)

共通する意味★人間の性別で、卵子をつくる器官をそなえている方。**【英】** *a woman*

使い方▼〔女〕▽人間には男と女しかいない▽新しい時代の女の生き方を考える▽女心▽女手　〔女性〕▽女性の職場進出▽中年女性▽女性ドライバー　〔女子〕▽この会社は女子の従業員が多い▽女子更衣室▽女子寮▽女子社員　〔婦人〕▽婦人の地位向上をはかる▽婦人団体▽家庭婦人　〔婦女〕▽婦女のたしなみ▽婦女暴行事件　〔婦女子〕▽婦女子の与(あず)かり知るところではない

	働く＿の権利	＿を先に避難させる	＿職員	＿服
女	△	○	-	-
女性	○	○	○	-
女子	-	○	○	-
婦人	○	○	△	○
婦女	-	-	-	-
婦女子	-	○	-	-

使い分け【1】「女」は、広く使われる。「男」が、一人前であること、立派なことなどの意を含んで用いられることがあるのに対して、一段軽んじられることもある。また、男性の側から「女」というときには、あまり上品な感じを与えない。【2】「女性」は、現在、一般的に使われる語で、「女」よりも改まった言い方。ふつうは、おとなの人を表わす。【3】「女子」は、「男子」の場合と同じく、子供からおとなまでをさす。ただし、おとなの意味に使うときは、全体として

女性の方とか、女性用の、という意味になり、ふつう、個人をさすことはない。【4】「婦人」は、「女性」よりもやや古めかしく、より改まった語。成人した女の人をいう。商品などの場合、「婦人服」「婦人靴」など、「紳士」に対する語として使われる。【5】「婦女」「婦女子」は、古い文体の文章や法律などに使われる語で、日常語としてはほとんど使われない。「婦女」は、女の意だが、「婦女子」は、女と子供を表わすこともある。

反対語▼女⇔男　女性⇔男性　女子⇔男子　婦人⇔紳士

【関連語】◆〈ウーマン〉おとなの女性を表わす語で、「ウーマンパワー」「キャリアウーマン」など、複合語の形で使われる。⇔マン◆〈あま〉「阿魔」とも書くが、平仮名、片仮名の表記が多い。女の人や女の子をののしっていう語。◆〈おなご〉女の子、また、女性の意。やや古めかしい語。現在は、西日本でいう。⇔男・おのこ。「おなご衆（しゅう）」◆〈女史〉学芸、政治などの方面で、社会的な地位を持つ女性の敬称。現在では、外国の女性に対する言い方が残る程度で、日本人の女性にはほとんど言わない。ただし、皮肉、からかいの意をこめて「女史は御機嫌ななめだ」のように言うことがある。◆〈雌〉動物で、卵巣をもち、妊娠や産卵をする方。獣類などでは「牝」とも書く。ふつう人間にはいわないが、比喩（ひゆ）的に使うこともある。

【英】 *a female* ⇔雄（おす）

参照▼女⇒307-12　女子⇒306-03

306-03 女の子（おんなのこ）／女児（じょじ）／女子（じょし）／娘（むすめ）／少女（しょうじょ）／乙女（おとめ）

【関連語】◆〈子女〉（しじょ）◆〈ガール〉◆〈ギャル〉

共通する意味★女の子供。また、若い未婚の女性。

【英】 *a girl*

使い方▼〔女の子〕▽人形を抱いた女の子▽課の女の子を連れて飲みに行く　〔女児〕▽あどけない女児▽女児用の服　〔女子〕▽女子を出産した▽女子の更衣室　〔娘〕▽娘のころに着た服▽気立てのいい娘さん▽おてんば娘▽看板娘　〔少女〕▽かわいい少女▽文学少女▽少女趣味▽少女雑誌　〔乙女〕▽感じやすい年ごろの乙女▽乙女心

	女の子	女児	女子	娘	少女	乙女
□を授かる	○	○	○	○	-	-
□を保育する	○	○	-	-	-	-
六年生の□	○	-	○	△	○	-
結婚式を控えた□	△	-	-	○	-	△
美うるわしの□	-	-	-	-	△	○

使い分け【1】「女の子」「女児」「女子」「娘」は、女の子供の意。「女の子」は、小さな子供から、若い女性まで幅広く使う。若い女性について年長者が使うときは、気安く、また、軽く扱う意識を伴っている。既婚女性には若くても使わない。【2】「女児」は、ふつう、学齢に達するころまでの女の子をいう。文章語的。【3】「女子」は、小学生から高校生までくらいの年齢の女の子を、全体的にとらえていうことが多い。【4】「娘」は、若い女性、また未婚の女性をさしていう語。「少女」よりもやや年上の層に使う。【5】「少女」は、子供と大人との中間の年齢層の女性をさしていう。思春期のころが含まれる。少々ロマンチックなイメージを持つことがある。【6】「乙女」は、文語的な語。詩などで使われることが多い。「処女」の意味で使われることもある。

反対語▼女の子⇔男の子　女児⇔男児　女子⇔男子　少女⇔少年

【関連語】◆〈子女〉女の子。娘。「良家の子女」「下町の子女の間にはやった遊び」◆〈ガール〉日本語としては単独ではほとんど使われず、「エレベーターガール」「ガールフレンド」などの形で使われる。⇔ボーイ。◆〈ギャル〉若い女性をさす語として使われる語。知的な感じは伴わない。「ギャルに人気のある店」「ピチピチギャル」

参照▼女子⇒306-02　娘⇒306-04　子女⇒311-01

306-04 娘（むすめ）／息女（そくじょ）／お嬢様（おじょうさま）／令嬢（れいじょう）

【関連語】◆〈箱入り娘〉（はこいりむすめ）◆〈いとはん〉

共通する意味★ある人、または自分の女の子ども。

【英】 *a daughter*

	娘	(御)息女	お嬢様	(御)令嬢
私の愛する□	○	-	-	-
うちの□はおてんばで困る	○	-	△	-
旧家の□	○	御○	○	御○
□はお元気でいらっしゃいますか	-	御○	○	御○

使い分け【1】「娘」は、自分あるいは自分よりも目下の者の子について言う。また、第三者の女の子について話題にしているときにもいう。自分の子以外の場合には、「娘さん」の形も多く使われる。【2】「息女」は、古めかしい言い方で、身分のある人にしかいわない。その人に敬意を表わすときなどには「御」をつける。口語だともったいぶった言い方になる。【3】「お嬢様」は、他人の娘をさし、また、結婚前の若い女性、女の子にも広く使われる。くだけた言い方で「お嬢さん」、さらにくだけた言い方で「お嬢ちゃん」ともいう。なお、揶揄（やゆ）と愛情をこめて自分の子をいうこともある。【4】「お嬢様」は、「お嬢様気分でいられては仕事にならない」のように、世間知らずの女性を皮肉をこめていう場合にも使う。【5】「令嬢」は、やや古めかしい語で、身分の高い人の娘を敬っていう。「御」を付ければいっそうていねいになる。

反対語▼娘⇔息子　息女⇔子息　お嬢さん⇔坊ちゃ

ん・お坊ちゃん　令嬢⇔令息

【関連語】◆（箱入り娘）大事に育てられた娘。「世間知らずの箱入り娘」◆（いとはん）関西地方で良家の娘をいう語。「嬢はん」とも書く。

参照▼娘⇒306-03

306-05 処女（しょじょ）／バージン／生娘（きむすめ）

共通する意味★まだ性的経験のない女性。【英】*a virgin*

使い方▼〔処女〕▽処女のようなはじらい▽処女の純潔を守る▽処女航海　〔バージン〕▽バージンを捧げる▽バージンスノー　〔生娘〕▽生娘らしいはじらい▽うぶな生娘

使い分け【1】「処女」は、比喩（ひゆ）的に、人が踏み込んでいないとか、初めての、の意味を表わし、他の語に付けても用いる。清らかで汚れのないという価値を含む語。【2】「バージン」は、意味的には「処女」と同じ。【3】「生娘」は、やや古めかしい言い方。すれていない、純真な娘というニュアンスを伴う。

306-06 娘盛り（むすめざかり）／女盛り（おんなざかり）／妙齢（みょうれい）／芳紀（ほうき）

【関連語】◆（年ごろ（としごろ））

共通する意味★女性の美しい年ごろをいう語。【英】*the prime of womanhood*

使い方▼〔娘盛り〕▽まぶしいほどの娘盛り▽娘盛りなのにお洒落（しゃれ）一つしない　〔女盛り〕▽子育てで女盛りを棒にふった▽三十代の女盛り　〔妙齢〕▽妙齢の御婦人連れ▽会場は妙齢の女性達でいっぱいだ　〔芳紀〕▽芳紀まさに十八歳

使い分け【1】「娘盛り」は、娘として最も容色の美しい年ごろをいう。結婚前の女性に用いる。【2】「女盛り」は、女性が精神的、肉体的に成熟して、女性として最も美しい年ごろをいう。「娘盛り」よりは年齢的に上である。【3】「妙齢」は、女性の若くて美しい年代をいうやや古めかしい表現。特に結婚適齢期をさすこともある。【4】「芳紀」は、女性の若くて美しい年ごろをいう文章語。年齢を表わす語の前に付けて用いる。「娘盛り」を迎えようとするころの年齢をいうことが多い。

反対語▼女盛り⇔男盛り

【関連語】◆（年ごろ）一般に、ちょうどそのことにふさわしい年齢であることをいうが、特に、女性の、結婚するのにふさわしい年齢をいうことが多い。「年ごろの娘を持つ母親は苦労が絶えない」

306-07 ミス／マドモワゼル／嬢（じょう）

【関連語】◆（ミズ）◆（オールドミス）◆（ハイミス）◆（老嬢（ろうじょう））

共通する意味★未婚の女性。また、未婚女性の姓や名に冠する敬称。

使い分け【1】「ミス」は、英語からで、「ミス総務部」「ミス東京都」のように、ある団体、地域などを代表する未婚女性の意味で使われることも多い。【2】「マドモワゼル」は、フランス語からで、「お嬢さん」の意味。呼びかけなどに用いられたり、敬称として「ミス」と同様、名前に付けるが、それほど一般的ではない。【3】「嬢」は、名前のあとにつけて「…嬢」などという。やや古めかしく、上品な言い方。

【関連語】◆（ミズ）一般に女性の名の前に付ける敬称。女性だけを未婚、既婚で区別するのは不当として男女の差別語撤廃運動から作られた英語の造語。◆（オールドミス）未婚のまま年を取った女性をいう和製英語。あまり好意のこもった言葉ではない。◆（ハイミス）未婚のまま年を取った女性をいう和製英語。オールドミスよりもやや若い女性にいう。◆（老嬢）「オールドミス」と同意であるが、あまり使われない、古めかしい言い方。

306-08 レディー／淑女（しゅくじょ）

【関連語】◆（貴婦人（きふじん））

共通する意味★しとやかで礼儀正しく、品位のある女性。

	□を育成する女学校	□らしくない話し方	オフィス□	紳士□の皆さん
レディー	○	○	○	-
淑女	○	○	-	○

使い分け【1】「レディー」は、元来貴族やそれに準ずる家柄の女性の称号。一般に、しとやかで洗練された女性の意味に使われ、さらに進んで女性を表わす語にもなっている。【2】「淑女」は、「レディー」の訳語として使われるようになったもの。「紳士淑女」の形で使われることも多い。

反対語▼レディー⇔ジェントルマン　淑女⇔紳士

【関連語】◆（貴婦人）高貴な女性。「レディー」の訳語として使われることもある。豪華客船をいう、「海の貴婦人」のような、比喩（ひゆ）的な用法も多い。「貴婦人のようなふるまい」

306-09 ミセス／マダム

【関連語】◆（夫人（ふじん））

共通する意味★既婚の女性。また、既婚女性の姓や名に冠する敬称。

使い方▼〔ミセス〕▽ミセスのためのファッション▽ミセス田中　〔マダム〕▽有閑マダム

使い分け【1】「ミセス」は、名詞としての用法のほか、既婚女性の姓や名に冠して用いることもあるが、後者の用法は日本では一般的ではない。英語から。【2】「マダム」は、特別未婚、既婚を意識せず、おとなの女性への呼びかけにも使う。姓などに冠しても用いるが、日本語ではほとんど用いられない。むしろ、店の女主人の意味で「バーのマダム」「美容院のマダム」などという方が多い。フランス語から。
【関連語】◆(夫人)日本で姓のあとにつけて、「…夫人(＝…氏の奥さん)」という風に使う。
参照▼マダム⇒511-41　夫人⇒309-05

306-10 美人(びじん)／美女(びじょ)／佳人(かじん)／麗人(れいじん)／別嬪(べっぴん)

【関連語】◆(シャン)◆(名花)めいか◆(小町)こまち◆(マドンナ)◆(色女)いろおんな◆(大和撫子)やまとなでしこ◆(美少女)びしょうじょ

共通する意味★顔かたちの美しい女性。【英】*a beauty*

使い方▼〔美人〕▽美人の先生▽この会社の受付嬢は美人だ▽美人姉妹　〔美女〕▽美女と野獣▽異国の美女▽夢に現れた美女　〔佳人〕▽佳人薄命(＝美しい人は不幸なことが多い、また、美しい人は短命である)▽才子佳人　〔麗人〕▽男装の麗人▽イブニングドレスの麗人を会場へ案内する　〔別嬪〕▽別嬪ばかりをそろえる▽君の奥さんは別嬪だね

使い分け【1】「美人」が、最も一般的で、広く使われる。【2】「美女」は、「美人」よりも色っぽく、あでやかな語感を伴う。【3】「佳人」は、口語ではほとんど使わない。美しく、上品で感じの良さもそなえている女性。【4】「麗人」は、古めかしくやや大げさな語。口語ではあまり用いない。しかしそれだけに、近寄り難いような美しさ、雰囲気を含む語。【5】「別嬪」の「別」は、特別の意で、とりわけ美しい女性をいう。しかし、身近なきれいな人のことをいう、やや俗っぽい言い方。

反対語▼美人⇔不美人　美女⇔醜女・悪女　美女⇔美男

【関連語】◆(シャン)ドイツ語から。美人の意で、学生間で用いられたのが始めという。現在ではほとんど使わない。「バックシャン(＝後ろ姿の美しい女)」◆(名花)美しい女性を花にたとえた語。もてはやされ、注目されるような華やかな背景の中にいる人をたたえた文学的表現。「社交界の名花」◆(小町)美人で有名な小野小町の名から、美しいと評判の若い女性をいう語。「難波なにわ小町」「町内の小町娘」◆(マドンナ)聖母マリアの意から、ある集団内などで男性の憧れの的になるような美しい女性。「ドラマのマドンナ役」「わが青春時代のマドンナ」◆(色女)色気があって男好きのするような、美しい女。「色男」に対するものだが、「色男」ほどには用いられず、愛人とか情婦の意でいうことが多い。◆(大和撫子)日本女性を、可憐かれんで繊細だが心は強いナデシコの花になぞらえていう美称。◆(美少女)顔かたちの美しい少女。【英】*a beautiful young girl* ⇔美少年。「はっとするほどの美少女」

306-11 天女(てんにょ)／天人(てんにん)／弁天(べんてん)

共通する意味★この世のものとは思えないほど美しく優雅な女性のたとえ。【英】*a heavenly maiden*

使い方▼〔天女〕▽天女のような美しさ　〔天人〕▽天人のようなほほえみ　〔弁天〕▽あの娘はまるで生き弁天だ▽弁天娘

使い分け「天女」「天人」は、ともに天上界に住む美しい女性の意から。「弁天」は、七福神の一つで美しい女神の「弁才天」から。

306-12 不美人(ふびじん)／ぶおんな／しこめ／醜女(しゅうじょ)／醜婦(しゅうふ)／悪女(あくじょ)

【関連語】◆(ぶす)◆(おかちめんこ)

共通する意味★顔かたちが美しくない女性。みにくい女。【英】*an ugly woman*

使い方▼〔不美人〕▽不美人だが愛敬のある顔をした子　〔ぶおんな〕▽山出しのぶおんな　〔しこめ〕▽ふた目と見られぬようなしこめ　〔醜女〕▽醜女ではかなわぬ恋ののぞみ　〔醜婦〕▽あんな醜婦に惚ほれるとは不思議だ　〔悪女〕▽悪女の深情け(＝醜い女ほど情が深い。ありがた迷惑、もてあましものなどにたとえられる)

使い分け【1】「不美人」は、美人ではないことで、醜いわけではない点が他の語と異なる。【2】「ぶおんな」は、「醜女」と書くことがある。「醜男ぶおとこ」に対する語だが、あまり使われない。【3】「しこめ」も「醜女」と書く。古い感じで、現在ではあまりいわない。【4】「醜女」「醜婦」は、ほとんど同義。どちらも漢語で語感が硬く、また、直截的なマイナス評価語で強く響くため、日常生活で用いることは少ない。【5】「悪女」は、この意ではほとんど「悪女の深情け」の言い方に限られる。

反対語▼不美人⇔美人　醜女・悪女⇔美女

【関連語】◆(ぶす)醜い顔の女性をいう俗語。現在、片仮名表記にすることも多い。「きみのようなブスは見たこともない」◆(おかちめんこ)不器量な女性をいう俗語。「女房がとんだおかちめんこで…」

参照▼悪女⇒306-16

306-13 女傑(じょけつ)／女丈夫(じょじょうふ)

共通する意味★度量が広く、知恵、勇気、行動などがしっかりしている女性。【英】*a brave woman*

使い方▼〔女傑〕▽彼女はなかなかの女傑だ　〔女丈夫〕▽思想弾圧に耐え抜いた女丈夫

使い分け【1】「女傑」も「女丈夫」も、女性としては特別という意識を含む語。大げさな語なので、からかいのニュアンスの混じることもある。「女傑」の方がやや一般的。【2】「女丈夫」は、「じょじょうぶ」ともいう。

306-14 才女(さいじょ)／才媛(さいえん)

共通する意味★頭がよく、すぐれた女性。【英】*a talented girl*

使い方▼〔才女〕▽才女といわれる作家▽才女の輩出する学校 〔才媛〕▽新婦は、女子大出の才媛でして…

使い分け【1】「才女」は、主として文才にいうが、また、仕事の能力のある、きびきびした女性などにいうこともある。【2】「才媛」は、文才のみでなく、全般に教養豊かな女性。結婚式での新婦の紹介などによく使う語。

306-15 女流(じょりゅう)／閨秀(けいしゅう)

共通する意味★芸術、学問などの分野で、女性であることを表わす。【英】*woman*〔*lady*〕

使い方▼〔女流〕▽女流の書道展▽女流作家 〔閨秀〕▽閨秀画家▽閨秀作家

使い分け 両語とも、肩書きと複合して使うことが多い。「閨秀」は、女性で、才能が優れていることを表わす。ただし、現在、日常語としては「閨秀」はほとんど使わない。

306-16 悪女(あくじょ)／毒婦(どくふ)

【関連語】◆(あばずれ)

共通する意味★性質や行いのよくない女。【英】*a wicked woman*

使い方▼〔悪女〕▽悪女にだまされる▽悪女を懲らしめる 〔毒婦〕▽希代の毒婦▽毒婦高橋お伝

使い分け「悪女」よりも「毒婦」の方が邪悪さが激しく、実際に悪事や無慈悲な行為などを平気でするような場合にいう。悪質な女性の犯罪者などの名に冠して使ったが現在は使わない。

【関連語】◆(あばずれ)人ずれがし、ずうずうしくて身持ちの悪い女。「阿婆擦れ」と当てる。「あばずれに手を焼く」

参照▼悪女⇒306-12

306-17 男(おとこ)／男性(だんせい)／男子(だんし)／男児(だんじ)

【関連語】◆(野郎)やろう◆(雄)おす

共通する意味★人間の性別で、精子を作る器官をそなえている方。【英】*a man*

使い方▼〔男〕▽生まれた子は男だ▽男と女の世の中▽男が立つ(＝男としての面目が立つ)▽男を上げる(＝男としての面目を施す)▽男心 〔男性〕▽理想の男性を探す▽男性用トイレ▽男性美 〔男子〕▽一人前の男子▽男子としての面目 〔男児〕▽日本男児の心意気▽泣くのは男児の恥だ

使い分け【1】「男」は、一般的に広く用いられる。【2】「男性」は、「男」よりも改まった言い方で、ふつうはおとなの男を表わす。【3】「男子」「男児」は、一般には、男の子の意味。おとなをいう場合は、男性的価値を強調し、立派な男の意味で用いられることが多い。やや古く、大げさな表現が多い。

反対語▼男⇔女 男性⇔女性 男子⇔女子

【関連語】◆(野郎)男、特に若い男をさす。ののしっていう語で、ぞんざいな感じを伴う。代名詞的にも使う。「野郎ばかりじゃ、飲みに行ってもつまらないな」「野郎、どこへ行きやがった」◆(雄)動物で、精巣を持ち、精子を作るもの。ふつう人間にはいわないが、比喩(ひゆ)的に使うこともある。【英】*male* ⇔雌(めす)

参照▼男⇒307-13 男子⇒306-20 男児⇒306-20

306-18 殿方(とのがた)／殿御(とのご)

共通する意味★主に女性から、男性を敬っていう語。

使い方▼〔殿方〕▽殿方の席はこちらです▽銀髪のすてきな殿方ね 〔殿御〕▽いとしい殿御を夢にみる▽凛々(りり)しい殿御ぶり

使い分け【1】「殿方」は、上品な、また気取った言い方だが、やや古めかしく社交的に使うことが多い。「紳士」と同様の意味で「殿方用」などという用法もある。【2】「殿御」は、「殿方」よりもいっそう古めかしく、日常語としては使わない。敬意をこめてというより、特定の相手(夫、恋人など)をさす例が多い。

306-19 坊(ぼう)や／坊(ぼっ)ちゃん／坊主(ぼうず)

共通する意味★男の子を親しんでいう語。【英】*a boy*

使い方▼〔坊や〕▽坊や、いくつ?▽お宅の坊やは元気かしら▽新入りの坊やをからかってやった 〔坊ちゃん〕▽赤ちゃんは坊ちゃんですか、お嬢ちゃんですか▽この苦労も、坊ちゃんにはいい経験だ▽〔坊主〕▽うちの坊主も大きくなった▽やんちゃ坊主

	そこの□	うちの□	こら！□	□育ち
坊や	○	-	-	-
坊ちゃん	○	-	-	○
坊主	○	○	○	-

使い分け【1】どの語も、子供に呼びかけるときにも使う。「坊や」は、ごく一般的に、特に改まる必要のない男の子に対して用いる。また、比喩(ひゆ)的に、若い男を軽んじていう場合にも使う。【2】「坊ちゃん」は、「坊や」よりも敬う気持ちを含んだ語で、丁寧に応対すべき相手に用いる。また、世間知らずの若者を揶揄(やゆ)してもいう。なお、接頭語「お」を付けた「お坊ちゃん」は、やや敬意が高まり、さらに敬意の高い言い方は「お坊ちゃま」となる。【3】「坊主」は、しかるときや、遠慮のない間柄で主に男性が用いる語。また、「やんちゃ坊主」「いたずら坊主」のように、他の語と複合して使われることも多い。

参照▼坊ちゃん⇒311-07　坊主⇒604-65

306-20 男の子／男子／男児／少年

【関連語】◆（ボーイ）

共通する意味★男の子供。また、年が若く、成年に達しない男性。【英】*a boy*

使い方▼〔男の子〕▽男の子を抱く母親▽人形のようにかわいい男の子　〔男子〕▽世継ぎの男子をもうける▽男子も必修の家庭科　〔男児〕▽男児の父となる▽男児誕生　〔少年〕▽少年の日の初恋▽幼児の顔から少年の顔になる

	半ズボン姿の□	□を産む	□らしい元気な姿	□生徒
男の子	○	○	○	-
男子	○	○	-	○
男児	○	○	△	-
少年	○	-	○	-

使い分け【1】このグループは、「少年」を除いて、男性一般を表わす場合もある。【2】「男の子」は、生まれたときから、幼児期、児童期を経て若者の時期まで、それぞれ異なった意味を伴って、最も広く使われる。【3】「男子」は、小さい子にもいうが、一般には、学齢以上の子に用いる。学校生活では女子と区別し、また女子の側から呼ぶ語。【4】「男児」は、学齢前、また、小学校低学年のころまでの子供に用いる。【5】「少年」は、法律的には成年に達する前をいうが、一般には「青年」の前、即ち小学校高学年ごろから高校生になるころまでの、子供と若者の間の時期を漠然とさす。男性のほうをさし、「少女」と区別される。

反対語▼男の子⇔女の子　男子⇔女子　男児⇔女児　少年⇔少女

【関連語】◆（ボーイ）男の子、少年を表わすが、単独ではあまり使わず、他の語と複合した形で使われることが多い。⇔ガール。「ラッキーボーイ」「ハンサムボーイ」「ボーイフレンド」

参照▼男子⇒306-17　男児⇒306-17　ボーイ⇒503-23

306-21 美男／美男子／二枚目／色男／ハンサム

【関連語】◆（美丈夫）びじょうふ◆（美少年）びしょうねん◆（美童）びどう

共通する意味★顔かたちの美しい男。【英】*a handsome man*

使い方▼〔美男〕▽美男でもてる奴(やっ)▽美男美女のカップル　〔美男子〕▽眉目(びもく)秀麗な美男子▽父親似の美男子だ　〔二枚目〕▽おまえは二枚目で俺(おれ)はいつも三枚目さ　〔色男〕▽色男金と力はなかりけり▽よっ、色男　〔ハンサム〕(名・形動)▽新任教師はなかなかのハンサムだ▽ハンサムボーイ

使い分け【1】「美男」「美男子」は、正統派の美しい男をいうが、ややものものしい。「美男」は「びだん」とも、「美男子」は「びだんし」とも読む。【2】「二枚目」は、歌舞伎(かぶき)の色男の役の意から、美しい男性をさすようになった語。また、そういう役回りそのものをもいう。【3】「色男」は、女性に好かれ、女性を引き付ける魅力のある男。【4】「ハンサム」は、形容動詞としても多く使われる。

反対語▼美男⇔美女　二枚目⇔三枚目

【関連語】◆（美丈夫）美しく、立派な男。美しいだけでなく、堂々とした男らしい男。古めかしい語である。「押し出しの良い美丈夫」◆（美少年）美男、美青年より若い、整った美しさを持つ少年。【英】*a good-looking boy* ⇔美少女。「紅顔の美少年」「きりっとした美少年ぶり」◆（美童）容姿の美しい少年。文章語。おとなの男性が同性愛の対象としていった場合も多い。「美童の舞手」「美童を寵愛(ちょうあい)する」

参照▼二枚目⇒615-40

306-22 快男子／快男児／好漢／好男子

共通する意味★さわやかで、気持ちの良い男。【英】*a good fellow*

使い方▼〔快男子〕▽いざ行けわれらの快男子　〔快男児〕▽野心も覇気もある快男児　〔好漢〕▽好漢惜しむらくは酒に弱い▽好漢自重あれ　〔好男子〕▽上司にも部下にも人気のある好男子

使い分け【1】「快男子」「快男児」は、同様に使う。生き生きした行動や活躍ぶりをほめていう語。【2】「好漢」も同じような意味だが、漢文調の常套(じょうとう)的な用法に限られる。「快男子(児)」よりも、やや愛すべき面が強調されている。【3】「好男子」は、美男の意味でいうこともある。

307…恋愛

307-01 デート／ランデブー

共通する意味★男女が日時や場所を決めて会うこと。

使い方▼〔デート〕スル▽電話でデートを申し込む▽デートの時間に遅れてしまった　〔ランデブー〕スル▽海辺でのランデブー

使い分け【1】「デート」は、会う約束のこともいう。【2】「ランデブー」は、古めかしい言い方で、余り用いない語だが、「宇宙船『ソユーズⅡ』が『ソユーズⅠ』とランデブーした」のように、宇宙船が宇宙空間で出会うことに使われている。

参照▼デート⇒8 15-05

3 07-02 あいびき／密会（みっかい）／忍び逢い（しのびあい）／逢瀬（おうせ）

共通する意味★愛し合う男女がひそかに会うこと。**【英】** *a secret meeting*

使い方▼〔あいびき〕スル▽人目を避けてあいびきを続ける　〔密会〕スル▽密会の現場を友人に見られた　〔忍び逢い〕▽あの二人は今も忍び逢いをしているらしい　〔逢瀬〕▽逢瀬を重ねる

使い分け【1】四語とも現代ではあまり使わないが、この中では「あいびき」が最も一般的な言い方。「逢引」「媾曳」とも書く。【2】「密会」は、愛しあう男女に限らず、ひそかに会合を持つ意味でも使う。【3】「忍び逢い」「逢瀬」は、近代の文学作品などではよく使われた古めかしい言い方。

3 07-03 情事（じょうじ）／色事（いろごと）

【関連語】◆〔火遊び〕ひあそび

共通する意味★男女間の恋愛に関する事柄。**【英】** *a love affair*

使い方▼〔情事〕▽男との情事に夢中になる　〔色事〕▽彼は色事にかけてはすご腕だ▽色事師（＝女たらし。もと、色事の役を得意とする役者の意）

使い分け【1】「情事」は、夫や妻以外の異性との、性的な交わりを伴う関係をいう。【2】「色事」は、芝居での男女の情事の場でのしぐさをいうときにも使われる。

【関連語】◆〔火遊び〕一時的な、また遊び半分の情事。「ちょっとした火遊びが本気になって別れられなくなった」

3 一生

3 07-04 不倫（ふりん）／密通（みっつう）／私通（しつう）／姦通（かんつう）／姦淫（かんいん）

共通する意味★男女がひそかに配偶者や恋人以外の異性と肉体関係を持つこと。**【英】** *adultery*

使い方▼〔不倫〕（名・形動）スル▽夫の友人と不倫の関係をもった　〔密通〕スル▽若い女と密通する　〔私通〕スル▽あの二人は私通している　〔姦通〕スル▽夫の友人と姦通する▽姦通罪　〔姦淫〕スル▽汝（なんじ）姦淫するなかれ

使い分け【1】日常会話としては、最近では「不倫」が一般的。「不倫」は、人の道にそむくこと、不道徳であることの意であるが、最近は、道徳に反する男女関係に使われることが多い。【2】「密通」は、ひそかに通じるの意で、「敵方に密通する」のような使い方もある。【3】「私通」「姦通」「姦淫」は、道義に反して、男女が肉体関係を持つことの意でいうが、古めかしい言い方で、今日ではあまり使われない。

3 07-05 キス／接吻（せっぷん）／くちづけ／ベーゼ

共通する意味★他人の唇、ほお、手などに唇を当てて吸い、愛情や尊敬を表わすこと。

使い方▼〔キス〕スル▽愛犬にキスする▽初めてのキス▽投げキス▽キスシーン　〔接吻〕スル▽彼女の手にうやうやしく接吻する　〔くちづけ〕スル▽別れのくちづけを交わす▽くちづけを受ける▽額にそっとくちづけする　〔ベーゼ〕スル▽ほおにやさしくベーゼする

使い分け【1】「キス」が、一般的な言い方。「キッス」ともいう。【2】「接吻」は、現在では話し言葉ではあまり使わない。【3】「くちづけ」は、やや古風な言い方。【4】「ベーゼ」は、やや気取った言い方。現代ではあまり用いられない。フランス語から。

3 07-06 性交（せいこう）／交合（こうごう）／情交（じょうこう）／セックス

【関連語】◆〔交接〕こうせつ◆〔交尾〕こうび

共通する意味★男女が性的に交わること。**【英】** *sexual intercourse*

使い方▼〔性交〕スル▽性交を迫る　〔交合〕スル▽会うたびに交合を重ねる　〔情交〕▽初めて会ったときに情交を結んだ　〔セックス〕スル▽セックスの場面を細かく描写した小説

使い分け【1】「性交」「交合」「情交」は、いずれも書き言葉で使うのが一般的。【2】「情交」は、男女が心理的にも結ばれている場合に用いられることが多い。【3】「セックス」は、男性、女性という性別上の性の意味もあるが、性交の意味で使われることが多い。また、「あの男はセックスが強い」のように、性的能力のこともいう。

【関連語】◆〔交接〕スル人間だけでなく動物の交尾についてもいう。書き言葉で使う。◆〔交尾〕スル動物の雌雄が生殖のために性の交わりをすること。人間については使わない。「種牛と交尾させる」

3 07-07 いちゃつく／べたべた／あつあつ

共通する意味★男女が仲むつまじいさまをいう俗な表現。**【英】** *to flirt (with)*

使い方▼〔いちゃつく〕（カ五）▽目の前でいちゃつかれた　〔べたべた〕（副）スル▽いくら新婚でもべたべたしすぎだ　〔あつあつ〕（形動）▽あの二人は目下あつあつだ

使い分け【1】「いちゃつく」「べたべた」は、第三者が見て不快感を覚えるほど度が過ぎているさまに対して、いくらかの非難を込めていう。【2】「いちゃつく」は、男女が仲むつまじくふざけあう意。【3】「べたべた」は、男女の片方が一方的に相手にまとわりつく場合にも用いる。【4】「あつあつ」は、男女の仲が非常によいさまで、それを非難する意味合いはない。「熱熱」とも書く。

307-08 やに下がる／にやける

共通する意味★男性がしまりなくにやにやする。**【英】** *to be foppish*

使い方▼**〔やに下がる〕**(ラ五)▽美人を前に**やに下がる** **〔にやける〕**(カ下一)▽にやけた男

使い分け【1】「やに下がる」は、男性が、美人を見たり、女性に囲まれたりしていい気分になり、にやにやしている様子。「脂下がる」とも書く。【2】「にやける」は、男性が過度に身を飾ったり、なよなよしていること。男色の意の「若気(にやけ)」から。

307-09 怪しい／お安くない

共通する意味★第三者から見て、男女の間柄が親密なのをからかったり、うらやんだりしていう言葉。

【英】 *on intimate terms (with)*

使い方▼〔怪しい〕(形)▽あの二人はどうも怪しい〔お安くない〕(形)▽誕生日に花が届くなんて**お安くないね**

使い分け【1】「怪しい」は、普通の付き合い以上の親しい関係にいう。【2】「お安くない」は、直接からかう場合にいう。

参照▼怪しい⇒208-70

307-10 婚約者／いいなずけ／フィアンセ

共通する意味★結婚の約束をした相手の人。**【英】** *a fiancé*(男)*; a fiancée*(女)

使い方▼**〔婚約者〕**▽婚約者を紹介する▽彼女が兄の婚約者だ　**〔いいなずけ〕**▽いいなずけがありながら、他の人を好きになる　**〔フィアンセ〕**▽妹はフィアンセと映画に行った

使い分け いずれも結婚の約束をしている相手のことで、ほとんど同意で使われるが、「いいなずけ」は、もと、「言い名付け」の意で、小さいときから親同士が決めた結婚の相手をいった。「許婚」「許嫁」と書くこともある。

307-11 恋人／愛人／情人／いろ

共通する意味★愛情を注いでいる異性の人。**【英】** *a lover*(男)*; a love*(女)

使い方▼**〔恋人〕**▽新しい恋人ができる▽恋人とデートする　**〔愛人〕**▽若い愛人を連れた社長▽愛人をこしらえる　**〔情人〕**▽かくれて情人に逢う▽情人に貢ぐ　**〔いろ〕**▽いろのできるような年ではない▽彼女は親分のいろだ

使い分け【1】それぞれ、男にも女にも用いる。【2】「恋人」は、その人が恋をしている異性の相手。多くは、両方が互いに愛しあっている場合をいうが、「永遠の恋人」のように、一方だけが理想像としてあがめている異性をいうこともある。また、「仕事が恋人だ」のように、比喩的に、好きで夢中になっている物事の意でも使う。【3】「愛人」は、愛している異性の意であるが、婚姻外で肉体関係のある相手をさすことが多く、あまり良い意味では使われない。また、内縁関係にある相手にもいう。【4】「情人」「いろ」は、もっぱら婚姻外で性的関係にある、後ろめたい関係の相手の意で使われる。「情人」はやや古い語。「じょうにん」とも。【5】「いろ」は、「情人」と書くこともある。現在ではほとんど使わない、ややくだけた語。

307-12 情婦／女

【関連語】◆(妾)めかけ◆(手掛け)てかけ◆(二号)にごう

共通する意味★婚姻外で性的関係にある女性。**【英】** *a mistress*

使い方▼**〔情婦〕**▽やくざの情婦　**〔女〕**▽俺の女に手を出すな▽外に女をつくる

使い分け【1】「情婦」は、古くなりつつある語。犯罪者、遊び人などの相手をいうことが多い。【2】「女」は、口語的で「愛人」と同じような意味で使うが、「愛人」よりも即物的。

反対語▼情婦⇔情夫　女⇔男

【関連語】◆(妾・手掛け)妻のほかに生活の面倒をみつつ、性愛の対象とする女性。「目をかける」意から「めかけ」、「手をかける」意から「手かけ」という。現在は「愛人」ということが多く、やや古い感じの語になった。「めかけを囲う」「手かけ腹」◆(二号)めかけ。本妻を「一号」と考えての言い方。「社長の二号」

参照▼女⇒306-02

307-13 情夫／男／間夫／間男

【関連語】◆(紐)ひも

共通する意味★婚姻外で性的関係にある男性。**【英】** *a lover*

使い方▼**〔情夫〕**▽情夫と密会する▽情夫ができる　**〔男〕**▽男をつくる▽あの娘には男がいる　**〔間夫〕**▽若い男を間夫に持つ▽間夫を引き入れる　**〔間男〕**(スル)▽間男をこしらえる▽妻の間男が原因で離婚した

使い分け【1】「情夫」は、古風な言い方。秘密に関係を結んでいるような場合などにいう。今は「愛人」の方を多く使う。【2】「男」も、「愛人」に置き換えることができるが、夫のあるなしにかかわらず、女性からみた肉体関係にある恋人をいう。【3】「間夫」は、特に、近世、遊女の恋人をいった。一般に「情

夫」と同様にも使われたが、現在はあまりいわない。【4】「間男」は、密通そのものをいうこともある。

反対語▼情夫⇔情婦　男⇔女

【関連語】◆（紐）自分は働かず、女性に金銭を貢がせて暮らしている男。「女のひもになって養ってもらっている」

参照▼男⇒306-17　紐⇒419-03

308…結婚

308-01 結婚／婚姻

【関連語】◆（婚約）◆（ゴールイン）◆（内縁）

共通する意味★男性と女性が正式に夫婦となること。**【英】** *marriage*

使い方▼〔結婚〕スル▽幼なじみと結婚する▽結婚式〔婚姻〕▽役所に婚姻の届けを出す▽婚姻は両性の合意に基づいて成立する

使い分け「結婚」「婚姻」とも同じ意味だが、「婚姻」は、法律用語として使われることが多い。

【関連語】◆（婚約）スル婚姻の約束を交わすこと。また、その約束。「友人の妹と婚約した」「婚約を解消する」「婚約指輪」◆（ゴールイン）スル競技などで、決勝点に到達することから転じて、結婚すること。「長い交際期間を経て、ようやくゴールインした」◆（内縁）事実上は婚姻関係にあるが、婚姻届を出していない男女の関係。「内縁の妻」「内縁関係」

308-02 娶る／めあわせる／縁付く／連れ添う

【関連語】◆（妻帯）

共通する意味★結婚する。**【英】** *to marry*

使い方▼〔娶る〕（ラ五）▽四十歳にして妻をめとる〔めあわせる〕（サ下一）▽姫を隣国の王子にめあわせる〔縁付く〕（カ五）▽姉が九州に縁付いている〔連れ添う〕（ワ五）▽長年連れ添った妻

使い分け【1】「娶る」は、男性が女性を妻として迎える意。【2】「めあわせる」は、親や仲人などが、娘や女性をある男性と結婚するよう決めてそうさせる意。【3】「縁付く」は、縁あって嫁や婿となる意。「九州に縁付いている」のように地名や、「商家に縁付く」のように家を単位にいい、「太郎さんに縁付く」のような言い方はしない。身内の者や友人について使う。【4】「連れ添う」は、夫婦として一緒に暮らす意。「連れ添う」相手は、夫でも妻でもよく、どちらからも使える語である。

【関連語】◆（妻帯）スル男性が妻を持つこと。文章語。また、持っていること。「肉食妻帯（＝僧職者の場合にいう）」「妻帯者」

308-03 嫁ぐ／嫁する／嫁入り／輿入れ

共通する意味★女性が結婚して相手の男性の家に入る。**【英】** *to marry*

使い方▼〔嫁ぐ〕（ガ五）▽祖母は十六歳で祖父のもとに嫁いだ▽嫁ぎ先　〔嫁する〕（サ変）▽嫁する日も近づいた▽大阪に嫁することになった　〔嫁入り〕スル▽彼女が嫁入りした先は大富豪だ▽嫁入り道具　〔輿入れ〕スル▽お輿入れの日も近づいた▽吉日を選んで輿入れする

使い分け【1】「嫁ぐ」「嫁入り」は、女性が男性の家に入るという意味合いが強い語。【2】「嫁する」は、文章語として、特に改まった場面でだけ使われる。【3】「嫁入り」は、その儀式の意でも使われる。また、「嫁入り道具」「嫁入り支度」などの場合には、単に結婚の意でも用いられる。【4】「輿入れ」は、嫁の乗る輿を婚家にかつぎ込むことから出た言葉で、古めかしい言い方。

反対語▼嫁入り⇔婿入り

308-04 婿入り

意味★男性が結婚して相手の女性の家に入ること。**【英】** *to marry into the family of one's bride* ⇔嫁入り

使い方▼〔婿入り〕スル▽弟は商家に婿入りすることになった

308-05 求婚／プロポーズ

共通する意味★結婚を申し込むこと。**【英】** *to propose (marriage)*

使い方▼〔求婚〕スル▽彼女に求婚している男は数多い▽求婚を承諾する　〔プロポーズ〕スル▽プロポーズしたが断られた▽プロポーズの言葉を口にする

使い分け二語とも、一般的に使われる。「プロポーズ」の本来の意味は申し込むことだが、一般には、結婚の申し込みの意で使われる。

308-06 縁結び／縁談／縁組

【関連語】◆（良縁）

共通する意味★人と人が結びつくこと。**【英】** *marriage*

使い方▼〔縁結び〕▽われわれの縁結びの神は妻の友人だ　〔縁談〕▽親のもってくる縁談に見向きもしない▽縁談をまとめる　〔縁組〕スル▽縁組がととのって結婚する▽養子縁組

使い分け【1】「縁結び」「縁談」は、男女の仲についていう。「縁結び」は、男女の縁を結ぶこと、「縁談」は結婚をすすめるための相談の意。【2】「縁組」は、

夫婦、養子、養女などの関係を結ぶことをいう。法律上では、特に養子縁組をいう。
【関連語】◆（良縁）よい縁談。ふさわしい縁組。「良縁を得る」

3 08-07 再婚（さいこん）／再縁（さいえん）

共通する意味★二度目の結婚。【英】*a second marriage*

使い方▼〔再婚〕スル▽彼は妻に先立たれたあと再婚しなかった　〔再縁〕▽親の勧める再縁の話を断った

使い分け「再婚」のほうが日常的。「再婚」は、男女ともにいうが、「再縁」は、女性についていうことが多い。

3 08-08 離婚（りこん）／離別（りべつ）／破婚（はこん）

共通する意味★夫婦が別れること。【英】*a divorce*

使い方▼〔離婚〕スル▽結婚して半年で離婚した▽性格の不一致が原因で離婚する▽離婚届　〔離別〕スル▽妻と離別する▽離別を申し出る　〔破婚〕▽破婚の悲しみから立ち直る

使い分け【1】「離婚」が、もっとも一般的に使われる。わが国の法律では、協議離婚のほか、裁判上の離婚、調停による離婚が認められている。【2】「離別」は、夫婦間だけでなく、一般に人と人との別れについてもいう。「恋人との離別」【3】「破婚」は、婚約を解消する場合にも使う。

参照▼離別⇒516-20

3 08-09 離縁（りえん）／絶縁（ぜつえん）／義絶（ぎぜつ）／勘当（かんどう）

共通する意味★縁を切ること。【英】*a divorce*

使い方▼〔離縁〕スル▽養子を離縁する▽子どもができないからと離縁された　〔絶縁〕スル▽絶縁された▽絶縁状　〔義絶〕スル▽考え方の相違から兄とは義絶している　〔勘当〕スル▽道楽息子を勘当する▽師を批判したため、勘当された

使い分け【1】「離縁」は、夫婦、養子の縁を解消すること。【2】「絶縁」は、縁を断ち切ること、関係を切ることの意。広く人間関係に使う。【3】「義絶」は、縁を切ること、絶つことの意。主として、親族の縁を切るときに使う。【4】「勘当」は、親や師匠などが、子や弟子に対して縁を切ること。

3 08-10 離縁状（りえんじょう）／去り状（さりじょう）／三下り半（みくだりはん）

共通する意味★昔、夫が妻を離縁するとき、妻に渡した書状。現在では比喩（ひゆ）的に使う。【英】*a letter of divorce*

使い方▼〔離縁状〕▽あんな男には、こちらから離縁状をたたきつけてやりたい　〔去り状〕▽一方的に去り状をつきつけられる　〔三下り半〕▽あまり素行が悪いと、奥さんから三下り半をつきつけられるよ

使い分け「三下り半」は、「三行半」とも書く。昔、離縁状を三行半に書いたことから出た言葉。

3 08-11 花嫁（はなよめ）／新婦（しんぷ）／新妻（にいづま）

【関連語】◆（お嫁さん）およめさん

共通する意味★結婚したばかりの女性。【英】*a bride*

	ウエディングドレスの□	娘の□姿	新郎□の入場です	□の待つわが家
花嫁	○	○	-	-
新婦	○	-	○	-
新妻	-	-	-	○

使い分け【1】「花嫁」は、「嫁」の美称。また、これから結婚する人をいうこともある。【2】「新婦」は、結婚式や披露宴の場で、主役の女性をさしていう語。「新郎」と対になる。【3】「新妻」は、結婚して妻となったばかりの女性。

反対語▼花嫁⇔花婿　新婦⇔新郎

【関連語】◆（お嫁さん）結婚式、披露宴などで、主役の花嫁を親しみをこめていう言い方。⇔お婿さん。「今日のお嫁さんはきれいだったね」

3 08-12 嫁（よめ）／嫁女（よめじょ）／嫁御（よめご）

【関連語】◆（兄嫁）あによめ

共通する意味★息子の妻。【英】*a daughter-in-law*

使い方▼〔嫁〕▽母は跡取り息子の嫁として厳しくしつけられた　〔嫁女〕▽あの家の嫁女はよく働く　〔嫁御〕▽いい嫁御でさぞご両親もお喜びでしょう

使い分け【1】「嫁」は、主に「嫁さん」「お嫁さん」の形で、「君の嫁さんは気がきくね」のように、他人の妻、他家の嫁の意で使うこともある。【2】「嫁女」は、「嫁」の親しみをこめた言い方。また、「嫁御」は、「嫁」の尊敬語。二語とも現代語としてはあまり使わない。

反対語▼嫁⇔婿

【関連語】◆（兄嫁）兄の妻。「嫂」とも書く。「兄嫁は銀行に勤めている」

3 08-13 新郎（しんろう）／花婿（はなむこ）

【関連語】◆（お婿さん）おむこさん

共通する意味★結婚式を挙げたばかりの男性。【英】*a bridegroom*

使い方▼〔新郎〕▽新郎は将来有望な青年であります〔花婿〕▽花婿はかなりあがっていたようだ

使い分け 「新郎」の「郎」は、夫の意。「花婿」は、「婿」の美称。

反対語▼新郎⇔新婦　花婿⇔花嫁

【関連語】◆(お婿さん)結婚式などで、花婿を親しみをこめていう言い方。⇔お嫁さん

3 08-14 婿(むこ)／女婿(じょせい)／入り婿(いりむこ)／婿養子(むこようし)

共通する意味★娘の夫として迎える男性。**【英】** *a son-in-law*

使い方▼〔婿〕▽婿を取る▽婿に入る　〔女婿〕▽会長の女婿となる　〔入り婿〕▽親方に見込まれて入り婿となった　〔婿養子〕▽資産家の次男を婿養子にした

使い分け【1】「婿」は、結婚して相手の女性の籍に入った男性をいう場合と、単に娘の夫をいう場合とがある。【2】「女婿」は、娘の夫の意の文章語。【3】「入り婿」「婿養子」は、結婚して相手の女性の籍に入った男性をいう。

反対語▼婿⇔嫁

3 08-15 結婚式(けっこんしき)／婚礼(こんれい)／ウエディング

【関連語】◆(婚儀)こんぎ◆(祝言)しゅうげん◆(華燭の典)かしょくのてん

共通する意味★結婚の儀式。**【英】** *a wedding*

使い方▼〔結婚式〕▽教会で結婚式を挙げる▽妹の結婚式に出席する　〔婚礼〕▽婚礼の日取りが決まる▽盛大な婚礼だった　〔ウエディング〕▽ウエディングドレス▽ウエディングケーキ

使い分け【1】「結婚式」が、もっとも一般的。【2】「婚礼」は、やや改まった表現。【3】「ウエディング」は、他の外来語と複合した形で使われることが多い。

【関連語】◆(婚儀)やや格式ばった古風な言い方。「めでたく婚儀も調った」◆(祝言)祝いの儀式の意味だが、ふつう結婚式の意味で使う。古風な言い方。「祝言をとり行う」◆(華燭の典)結婚式の美称。「華燭」は結婚式などの席上のはなやかなともしびの意。「めでたく華燭の典を挙げられました」

3 09…夫婦

3 09-01 夫婦(ふうふ)／夫妻(ふさい)

【関連語】◆(めおと)◆(みょうと)

共通する意味★結婚している一組みの男女。**【英】** *husband and wife*

使い方▼〔夫婦〕▽夫婦そろって長生きする▽似た者夫婦　〔夫妻〕▽社長ご夫妻に仲人を頼む

	仲のよい□	晴れて□になる	ご□でお越しください	A氏□を招待する
夫婦	○	○	△	△
夫妻	△	－	○	○

使い分け「夫妻」は、「夫婦」よりも改まった丁寧な言い方で、自分や身近な人については使わない。

【関連語】◆(めおと・みょうと)「夫婦」の古風な言い方。「女夫」とも書く。「みょうと」は、「めおと」から転じた言葉。「晴れてめおとになった」「めおと茶碗(ちゃわん)」

3 09-02 配偶者(はいぐうしゃ)／連れ合い(つれあい)

【関連語】◆(伴侶)はんりょ

共通する意味★夫婦の一方から見た他方。**【英】** *a spouse*

使い方▼〔配偶者〕▽姉は配偶者を探している▽よき配偶者を得る　〔連れ合い〕▽連れ合いに先立たれた▽お連れ合いさまはお元気ですか

使い分け【1】「配偶者」は、夫婦の一方をさす一般的な言葉だが、「これが私の配偶者です」のように、その人物のことをさしては使わない。【2】「連れ合い」は、個々の人物をさして、夫婦のどちらかが第三者に対して自分の夫または妻をいうときにも、相手や第三者の配偶者をいうときにも使える。

【関連語】◆(伴侶)行動や考えを共にする人。連れ。多く、配偶者のことをさす。「人生の伴侶を得る」

3 09-03 妻(つま)／家内(かない)／女房(にょうぼう)／細君(さいくん)／かみさん／ワイフ

【関連語】◆(妻)さい◆(かかあ)◆(山の神)やまのかみ◆(ベターハーフ)

共通する意味★夫婦のうちの、女性の方。女性の配偶者。**【英】** *a wife*

使い方▼〔妻〕つま▽妻の座を守る▽妻をめとる▽政治家の妻▽妻と一緒に旅行した　〔家内〕▽家内がいつもお世話になっています▽家内を連れてうかがいます　〔女房〕▽あいつの女房は十五も年下だそうだ▽女房に入院されて参ったよ▽あいつも女房もちになったか　〔細君〕▽美人の細君を持って羨(うらや)ましいことだ▽明日は細君のお伴で買い物だよ　〔かみさん〕▽彼のかみさんは太っ腹だ▽うちのかみさんは買い物上手だ　〔ワイフ〕▽僕のワイフは料理が上手でね▽彼に良いワイフを見つけてやりたい

使い分け【1】「妻つま」は、夫に対して、女性の配偶者をさす語として最も広く使われる。法律関係や報道などでも広く使われる。夫自身が「つま」というのはわりあい新しく、明治のころには「さい」という方が多かった。【2】「家内」は、夫が自分と同等または目上の相手に対して自分の配偶者をいう。やや丁寧な

語。【3】「女房」は、一般的な語。「かみさん」は、ややくだけた言い方。両語とも、夫が同僚、友人など、対等で気のおけない相手に対して自分の配偶者をいう語。また、親しい人の配偶者を話題にしていうこともある。【4】「細君」は、男性が他人(自分の同輩以下が多い)の配偶者をいうやや古めかしい語。自分の配偶者をもいったが、現在では他の人の配偶者をいう場合が多い。【5】「ワイフ」は、英語から。やや気取った言い方で、あまり一般的ではない。主として自分の配偶者をいうが、他の人の配偶者についていうこともある。

反対語▼妻⇔夫　女房・細君⇔亭主　ワイフ⇔ハズ

【関連語】◆**(かかあ)**親しみや、ののしりなどの気持ちで自分の、また、他人の妻をいう俗な言い方。「うちのかかあは口うるさくて困る」「かかあ天下」◆**(山の神)**特に夫から見て恐ろしい妻のことをいう。「うちの山の神には頭が上がらない」◆**(妻)**さい「妻(つま)」のやや古い言い方。相手に対してへりくだって用いる。「妻(さい)がいつもお世話になっております」◆**(ベターハーフ)**より良い半分、の意から。褒め言葉として使う。「ベターハーフに恵まれて幸せな奴(やっ)だ」

309-04 恋女房(こいにょうぼう)／愛妻(あいさい)

共通する意味★夫が深く愛している妻。**【英】***one's beloved wife*

使い方▼〔恋女房〕▽親の反対を押し切って一緒になった恋女房　〔愛妻〕▽愛妻の作った弁当▽正月休みは愛妻と温泉へ出かける予定

使い分け「愛妻」は、「愛妻家」のように妻を愛することの意もある。

309-05 奥様(おくさま)／奥さん(おく)／夫人(ふじん)／奥方(おくがた)

共通する意味★他人の妻をいう尊敬語。

【関連語】◆(御寮人)ごりょうにん◆(人妻)ひとづま

使い方▼〔奥様〕▽奥様はご在宅でしょうか▽奥様、お久しぶりですね　〔奥さん〕▽奥さんにもよろしく▽奥さん、今日はみかんが安いよ　〔夫人〕▽夫人を同伴して出席する▽社長夫人　〔奥方〕▽大名の奥方▽彼は奥方に頭が上がらない

使い分け【1】「奥様」「奥さん」は、第三者をさす場合にも、話し相手として直接呼びかける場合にも使う。「奥様」のくだけた表現が「奥さん」で、軽い敬意をこめた言葉として広く一般的に使う。【2】「夫人」は、貴人の妻の意から転じて、一般的に他人の妻の尊敬語として使われるようになった。【3】「奥方」は、身分の高い人の妻に対する尊敬語から、一般的にも使われるようになったもの。現在では、親しい間柄で、他人や自分の妻をからかいをこめて表現するときに使う。

【関連語】◆**(御寮人)**関西などで中流家庭の若い妻に対する尊敬語。もとは娘に対しても使った。「ごりょんさん」ともいう。古風な表現。◆**(人妻)**夫のいる女性。独身ではないことを意識した語。「幼なじみのB子もすでに人妻だ」「人妻風の中年女性」

参照▼夫人⇒306-09

309-06 主婦(しゅふ)／おかみ／おかみさん

共通する意味★一家の家事などを中心となってきりもりする女性。**【英】***a housewife*

使い方▼〔主婦〕▽主婦としていちばん気になるのは家族の健康だ▽専業主婦　〔おかみ〕▽あの店のおかみは働き者だ　〔おかみさん〕▽この料亭のおかみさんは客あしらいがうまい

使い分け「おかみ」「おかみさん」は、おもに商家の主婦をいう。「御内儀(さん)」「御上(さん)」と書く。「女将(さん)」とも書くが、その場合は料理屋、旅館などの女主人をいう。「おかみさん」のほうが丁寧な、または親しみをこめた言い方。

参照▼おかみ⇒511-41

309-07 愚妻(ぐさい)／荊妻(けいさい)／山妻(さんさい)

共通する意味★自分の妻を他人にへりくだっていう語。**【英】***my wife*

使い方▼〔愚妻〕▽愚妻が手料理でおもてなししたいそうです　〔荊妻〕▽荊妻は病気で倒れた私をつきっきりで看病してくれた　〔山妻〕▽山妻は器用ではないが実直だ

使い分け「愚妻」が、もっとも一般的な語。「荊妻」「山妻」は、高齢の男性が手紙などでまれに使う言葉。

309-08 先妻(せんさい)／前妻(ぜんさい)

共通する意味★現在の妻と結婚する前に、死別あるいは離別した妻。**【英】***one's former wife*

使い方▼〔先妻〕▽死別した先妻の墓に詣(もう)でる　〔前妻〕▽前妻との間にできた子

使い分け二語とも同意の語であるが、「先妻」のほうがよく使われる。

反対語▼後妻

309-09 後妻(ごさい)／後添い(のちぞい)／継妻(けいさい)

共通する意味★妻と死別あるいは離別した男が、その後に結婚した妻。**【英】***a second wife*

使い方▼〔後妻〕▽後妻に入る▽あの方は先生の後妻だ　〔後添い〕▽後添いを貰う　〔継妻〕▽恩師の継妻となる

使い分け「後妻」「後添い」が一般的に使われる。「継妻」は、文章語。

反対語▼後妻⇔先妻・前妻

3 09-10 未亡人／寡婦／後家

【関連語】◆(やもめ)

共通する意味★夫に先立たれ、配偶者のない暮らしをしている女性。【英】*a widow*

使い方▼〔未亡人〕▽若くして未亡人になった▽戦争未亡人　〔寡婦〕▽夫が戦死し、寡婦になる　〔後家〕▽後家を通して、女手一つで子供を育てた▽若後家

使い分け 「未亡人」は、元来はへりくだった自称であったが、現在では、三語の中では最も一般的に使われる。「寡婦」は、文章語。「後家」は、やや古風な言い方。

【関連語】◆(やもめ)配偶者のいない男、または女。夫をなくした女を「女やもめ」、妻をなくした男を「男やもめ」と区別することもあり、前者は「寡婦」、後者は「鰥夫」と当てる。

3 09-11 夫／主人／亭主／旦那／ハズ

【関連語】◆(夫君)◆(宅)◆(内の人)◆(宿六)

共通する意味★夫婦のうちの男性の方。男の配偶者。【英】*a husband*

使い方▼〔夫〕▽あの人は若くして夫を亡くした▽夫が単身赴任することになった　〔主人〕▽ご主人はお元気ですか▽主人と相談してお答えします▽主人は外出しております　〔亭主〕▽うちの亭主は毎晩帰りがおそい▽亭主を尻に敷く▽亭主関白　〔旦那〕▽旦那様はご在宅ですか▽うちの旦那は今出張中です　〔ハズ〕▽彼女のハズは優しい▽ハズにも一度会ってください

使い分け【1】「夫」「ハズ」は、自分の配偶者についていても、第三者の配偶者についてもいえる。ただし話し相手の配偶者には使わない。「夫」は、「良人」とも書く。【2】「夫」「主人」が一般的によく使われるが、「主人」は、元来、上下、主従の関係を表わす語なので避ける人もいる。【英】*the master of a house*（一家の主人）【3】「亭主」「旦那」は、本来は敬意をこめた言い方だが、現在では、自分の夫をいう場合は、ややくだけた意味合いがある。【英】*one's husband*【4】話し相手の配偶者をいうときは、「主人」「亭主」には「御」、「旦那」には「様」をつけるのが一般的。【5】「主人」「亭主」「旦那」には、男の配偶者の意以外に、一家の中心人物、世帯主の意もある。【6】「ハズ」は、「ハズバンド」の略。やや軽い言い方だが、それほど一般的ではない。

反対語▼夫⇔妻　ハズ⇔ワイフ

【関連語】◆(夫君)他人の夫を敬っていう語。自分の配偶者についてはいえない。「ご夫君もご一緒にお出かけください」◆(宅・内の人・宿六)自分の夫をいう言葉。相手の夫には使えない。「宿六」は、親愛を込めた、あるいは卑しめた言い方。「宅に相談してみます」「内の人は細かいところまで気がつきます」「うちの宿六は大酒飲みだ」

参照▼主人⇒511-38 511-40

3 09-12 本妻／正妻

【関連語】◆(正室)

共通する意味★法律で認められた婚姻による妻。【英】*a legal wife*

使い分け 二語ともほとんど同意で、一般的に使われる。

反対語▼内妻

【関連語】◆(正室)身分のある人などの本妻。現在では使われない。⇔側室

3 10 …親

3 10-01 親／両親／二親／父母

共通する意味★その人をこの世に生んだ、一人の男性と一人の女性。また、その人を保護し養育している人。【英】*parents*

使い方▼〔親〕▽この子の親▽近ごろの親▽生みの親より育ての親▽男親▽親馬鹿　〔両親〕▽両親とも健在です▽彼女の両親に会って結婚を申し込む▽両親の影響を受けて育つ　〔二親〕▽二親が揃って挨拶にみえた▽事故で二親をなくした　〔父母(ふぼ)〕▽父母の恩は山よりも高し▽父母会　〔父母(ちちはは)〕▽今は亡き父母をしのぶ

使い分け【1】「親」は、父、または母、あるいは父と母の両方をいう。特定の個人の場合にも、普遍的な意味合いを持つ場合にも使える。また、「親が血統書付きなので子犬の値段が高い」のように、人間以外の動物にも用いられる。【2】「親」は、親自身が自分をさしていうこともある。「親の言うことをちっとも聞かない」「親をなんだと思っているのか」【3】日常会話で自分の「親」については、「親」「両親」、相手の「親」については、「親御さん」「御両親(様)」を使い、「父母が…」とはいわない。「親が申しますには…」「御両親様によろしく」【4】「両親」「二親」は、父母のこと。「二親」は、「両親」に比較すると一般的ではない。片親ではなくて、父親と母親の両方というニュアンスが濃く、単純に「両親」と置きかえられない。また、保護者としての親についていうことも多い。【5】「父母(ふぼ)」は、学校などで保護者をさし

ている以外は、文章語として使われる。「父母（ちちはは）」も文章語的。

反対語▼親⇔子　二親⇔片親

参照▼親⇒802-04

3 10-02 母（はは）／母親（ははおや）／女親（おんなおや）

共通する意味★両親のうち女の親。**【英】** *a mother*

使い方▼〔母〕▽ほほえましい母と子の姿▽母がセーターを編んでくれた　〔母親〕▽母親のしつけが厳しい▽あの子は母親似だ　〔女親〕▽女親がしっかり者なので子供もしっかりしている

使い分け【1】「母」は、「必要は発明の母」のように、比喩的に、あるものを生み出すもとになるものや人の意味でも使う。【2】「母親」は、「母」の親としての立場を強調して一般化した語。【3】「女親」は、「母」の女としての立場を強調した語。

反対語▼母⇔父　母親⇔父親　女親⇔男親

参照▼母⇒802-04

3 10-03 お母（かあ）さん／ママ／母上（ははうえ）／おふくろ

共通する意味★母親を敬い、あるいは親しんでいう語。**【英】** *a mother; a mamma*（ママ）

使い方▼〔お母さん〕▽お母さんがお弁当を作ってくれた▽お母さん、早く起きてよ　〔ママ〕▽ママ、学校からのお知らせだよ▽ママがいいといったから遊園地へ連れて行ってあげよう　〔母上〕▽母上からのお便りを懐かしく拝見しました　〔おふくろ〕▽郷里のおふくろから小包が届いた

使い分け【1】四語とも、子供が母に向かって呼びかけるときにも用いられる。「お母さん（または「母さん」）」が最も一般的で、「母上」は、現代ではほとんど用いられない。「ママ」は、子供の年齢が低い場合に、「おふくろ」は、子供の年齢が比較的高い場合に用いられる。【2】「お母さん」と「ママ」は、子供からそう呼びならわされている母親が自分のことをさす場合にも使う。また、夫や姑など、家族内の他のメンバーが子供の母親を呼ぶ場合にも使われる。【3】「お母さん」は、母を敬い親しんでいう語。より丁寧にいう場合には「お母様」、よりくだけた言い方の場合や、幼児、小児などは「お母ちゃん」ともいう。「お」をつけずに「母さん」と使うこともあり、よりくだけた、親しみをこめた表現になる。【4】「ママ」は、「あの店のママに相談にのってもらった」のように、バーや喫茶店の女主人のこともいう。【5】「母上」は、母を敬っていう語。現在では主に文章語として使う。【6】「おふくろ」は、「お袋」と書く。母親を親しみをこめていう語。ふつう男性が使う。【7】自分の母を他人に対していう場合は、「母」が一般的。

反対語▼お母さん⇔お父さん　ママ⇔パパ　母上⇔父上　おふくろ⇔おやじ

参照▼ママ⇒511-41

3 10-04 母君（ははぎみ）／母御（ははご）／母堂（ぼどう）

共通する意味★他人の母を敬っていう語。**【英】** *your* [*his, her*] *mother*

使い方▼〔母君〕▽母君には古くからお付き合いいただいています　〔母御〕▽母御が心配なさるから早くお帰りなさい　〔母堂〕▽先生の御母堂が亡くなられた▽御母堂様にはすっかりごぶさたしております

使い分け三語とも、第三者の母をいう場合にも、話し相手の母をいう場合にも使えるが、現在ではそれほど用いられない。

反対語▼母君⇔父君　母御⇔父御

3 10-05 実母（じつぼ）／生母（せいぼ）

共通する意味★実の母。血のつながっている母。**【英】** *one's true mother*

使い方▼〔実母〕▽父の死後、実母は再婚して、家を離れた　〔生母〕▽早く亡くなったので生母の顔は覚えていない

使い分け「実母」は実の母、「生母」は生みの母であることを強調した語。

反対語▼義母・養母・まま母・継母

3 10-06 義母（ぎぼ）／養母（ようぼ）／まま母（はは）／継母（けいぼ）

【関連語】◆（姑）

共通する意味★血のつながりのない母。**【英】** *a mother-in-law*

使い分け【1】「義母」は、義理の母の意。実の母ではない父親の妻、養子先の母、夫または妻の母などすべてに使う。【2】「養母」は、養子に行った先の母。また、養い育てた母。【3】「まま母」は、「継母」とも書き、「継母」と同意。実の母と死別または生別後、父が迎えた妻。「継母」は文章語。

反対語▼実母・生母

【関連語】◆（姑）夫または妻の母。「しゅうと」ともいう。⇔舅

3 10-07 賢母（けんぼ）／慈母（じぼ）／聖母（せいぼ）

共通する意味★母親を評価していう語。**【英】** *a wise mother*

使い方▼〔賢母〕▽賢母になるつもりが結局子に甘い愚母になってしまった▽良妻賢母　〔慈母〕▽慈母の愛情に包まれる▽慈母のようにやさしい笑顔　〔聖母〕▽聖母の像

使い分け【1】「賢母」は、かしこい母の意。「慈母」は、いつくしみ深い母の意。【2】「聖母」は、聖なる母の意で、キリストの生母マリアの尊称。

反対語▼賢母⇔愚母　慈母⇔慈父

3 10-08 父／父親／男親

共通する意味★両親のうち男の親。**【英】** *a father*

使い方▼〔父〕▽若くして父となる▽父は元気です〔父親〕▽父親の顔を知らない子▽父親参観日〔男親〕▽男親の手ひとつで育てられる

使い分け【1】「父」は、「近代医学の父」のように、比喩(ひゆ)的に、あるものの創始者、先駆者の意味でも使う。【2】「父親」は、「父」の親としての立場を強調し、一般化した語。【3】「男親」は、「父」の男としての立場を強調した語。

反対語▼父⇕母　父親⇕母親　男親⇕女親

参照▼父⇒604-31

3 10-09 お父さん／パパ／父上／おやじ

共通する意味★父親を敬い、あるいは親しんでいう語。**【英】** *a father; a papa*(パパ)

使い方▼〔お父さん〕▽お父さんと僕の考えは違う▽この間、お父さんにお会いしました▽お父さん、お帰りなさい　〔パパ〕▽悪いことするとパパに言いつけますよ▽あなたのパパ、すてきね▽パパ、おみやげ忘れないでね　〔父上〕▽父上にご相談したいことがあります▽お父上はお元気ですか　〔おやじ〕▽おやじには長生きしてもらいたい▽君のおやじ元気かい？▽なあ、おやじ、車買ってくれよ

使い分け【1】四語とも、子供が父に向かって呼びかけるときにも用いられる。「お父さん(または「父(とう)さん」)」が最も一般的で、「父上」は、現代では用いられない。「パパ」は、子供の年齢が低い場合に、「おやじ」は、子供の年齢が比較的高い場合に用いられる。【2】「お父さん」「パパ」は、子供からそう呼びならわされている父親が自分のことをさす場合にも使う。また、妻や姑(しゅうとめ)など家族内の他のメンバーが子供の父親を呼ぶ場合にも使われる。【3】「お父さん」は、父を敬い親しんでいう語。より丁寧にいう場合には「お父様」、よりくだけた言い方の場合や、幼児、小児などは「お父ちゃん」ともいう。「お」をつけずに「父さん」と使うこともあり、よりくだけた、親しみをこめた表現になる。【4】「父上」は、父を敬っていう語。現在では主に文章語として使う。【5】「おやじ」は、「親父」「親仁」「親爺」とも書く。父親を親しみをこめていう語。ふつう男性が使う。【6】自分の父を他人に対していう場合は、「父」というのが一般的。

反対語▼父上⇕母上　お父さん⇕お母さん　パパ⇕ママ　おやじ⇕おふくろ

参照▼おやじ⇒511-40

3 10-10 父君／父君／父御／尊父／御親父

共通する意味★他人の父を敬っていう語。**【英】** *your [his,her] father*

使い方▼〔父君(ふくん)〕▽彼の父君は優れた教育者だ▽御父君はお元気ですか　〔父君(ちちぎみ)〕▽彼女の父君は商社に勤めておられる▽父君のお世話で就職が決まりました　〔父御〕▽先生の父御が古希を迎えられた▽父御に面会したいのですが　〔尊父〕▽御尊父にはいろいろご指導いただきました　〔御親父〕▽御親父の近況をお聞かせください

使い分け【1】「父君(ふくん)」「父君(ちちぎみ)」「父御」は、第三者の父をいう場合にも、話し相手の父をいう場合にも使う。【2】「父御」は、「ててご」ともいう。やや古風な表現。【3】「尊父」「御親父」は、主に相手の父をいうときに使う。【4】五語とも、現在では手紙などで用いられることが多い。

反対語▼父君(ちちぎみ)⇕母君　父御⇕母御

3 10-11 義父／養父／まま父／継父

共通する意味★血のつながりのない父。**【英】** *a father-in-law*

使い分け【1】「義父」は、義理の父の意。実の父ではない母親の夫、養子先の父、夫または妻の父などすべてに使う。【2】「養父」は、養子に行った先の父。また、養い育てた父。【3】「まま父」は、「継父」とも書き、「継父(けいふ)」と同意。実の父と死別または生別後、母が迎えた夫。「継父(けいふ)」は、文章語。

反対語▼実父

【関連語】◆(舅)夫または妻の父。⇕姑(しゅうとめ)◆(岳父)妻の父の尊敬語。文章語。

【関連語】◆(舅)(しゅうと)◆(岳父)(がくふ)

3 11 …子

3 11-01 子／子供

【関連語】◆(子種)(こだね)◆(子宝)(こだから)◆(子女)(しじょ)◆(二世)(にせい)

共通する意味★両親の間に生まれた者。息子や娘。**【英】** *a child* (《複》*children*)

使い方▼〔子〕▽母親によく似た子▽二人目の子が生まれる▽老いては子に従え▽親の心子知らず▽上の子はもう高校生だ　〔子供〕▽子供にせがまれて動物園に行く▽姉の子供は二人とも成人している

使い分け「子供」は、元来は「子」の複数形だが、現在ではふつう単数として使われる。

反対語▼子⇕親

【関連語】◆(子種)血筋を継ぐものとしての子。子孫。やや古い表現。「ようやく子種を授かった」◆(子宝)子を大切な宝にたとえた語。「子宝に恵まれ

る」「子宝を授かる」◆〔子女〕その家の子の総称。「子」は男の子、「女」は女の子。「子女の教育に熱心な家」◆〔二世〕その人の子。特に長男をいうことが多い。「二世誕生」

参照▼子⇒311-04　子供⇒311-04　子女⇒306-03

3 11-02

赤ん坊(あかんぼう)／赤ちゃん(あかちゃん)／赤子(あかご)／ベビー／みどりご／嬰児(えいじ)

【関連語】◆〔乳児〕にゅうじ◆〔乳飲み子〕ちのみご

共通する意味★生まれてまもない子供。**【英】** *a baby*

使い方▼〔赤ん坊〕▽まるまると太った赤ん坊〔赤ちゃん〕▽赤ちゃんはよく眠っている▽パンダの赤ちゃん〔赤子〕▽赤子の世話に追われる▽赤子の手をねじる（＝物事がたやすくできることのたとえ）〔ベビー〕▽ベビーベッド▽ベビーカー▽ベビー服〔みどりご〕▽みどりごを抱く母▽いとけないみどりご〔嬰児〕▽歯の生えかけた嬰児

使い分け【1】「赤ん坊」より、「赤ちゃん」のほうが、愛らしさを強調した語で、より話し言葉的。「赤ちゃん」は、動物の場合にも使う。【2】「赤ん坊」「赤ちゃん」「赤子」は、年齢のわりに幼稚だったり、未熟だったりする人間をさしてもいう。「息子は十歳になってもまだ赤ちゃんで困ります」【3】「ベビー」は、他の語と複合した形で使う。【4】「みどりご」「嬰児」は、生まれたばかりの子供。また、三歳ぐらいまでの子供をいう。主に文章語として使う。【5】「みどりご」は、「緑児」とも書く。

【関連語】◆〔乳児・乳飲み子〕乳を飲んでいる生後一年ぐらいまでの子供。

3 11-03

幼児(ようじ)／幼子(おさなご)

【関連語】◆〔幼女〕ようじょ◆〔童女〕どうじょ◆〔乳幼児〕にゅうようじ

共通する意味★幼い子供。ふつう、満一歳から小学校入学ぐらいまでの子供をいう。**【英】** *an infant*

使い方▼〔幼児〕▽幼児のしつけはとても重要だ▽幼児教育▽幼児期〔幼子〕▽あどけない幼子の笑顔

使い分け 日常的には「幼児」が一般的に使われる。

【関連語】◆〔幼女・童女〕幼い女の子。「童女」は、「どうにょ」ともいう。「母に手を引かれた幼女」「彼女は童女のように無邪気だ」◆〔乳幼児〕乳児と幼児。「乳幼児はいい環境で育てたい」

3 11-04

子供(こども)／児童(じどう)／小児(しょうに)／子(こ)

【関連語】◆〔小人〕しょうにん◆〔童〕わらわ◆〔童〕わらべ

共通する意味★幼い者。まだ一人前でない者。**【英】** *a child*

使い方▼〔子供〕▽小学校へ入学したばかりの子供▽子供っぽい顔つき▽子供じみた遊び〔児童〕▽児童のための小説を書く▽児童心理〔小児〕▽小児のころは病気にかかりやすい▽小児科〔子〕▽よちよちあるきの男の子▽年ごろの女の子

使い分け【1】「子供」は、ふつう三歳ぐらいから小学生ぐらいまでをさす。また、「いつまでも子供で困る」のように、年齢のわりに言動などが幼いことをいうこともある。【2】「児童」は、特に小学校に学んでいる子供をいう。ただし児童福祉法では、十八歳未満の者をいう。【3】「小児」は、小さな子供の意。ふつう小学校低学年ぐらいまでの子供をいう。【4】「子」は、年齢的に幅広く、幼い子供から若者まで使う。

反対語▼子供⇔大人(おとな)

【関連語】◆〔小人〕子供。ふつう、乗り物の料金や入場料などで、年齢別に料金を決めるときに使う。⇔大人(だいにん)・中人(ちゅうにん) 注「小人(しょうじん)」は別の言葉。◆〔童(わらわ)・童(わらべ)〕子供の古い言い方。「童(わらべ)」は、本来は「童(わらわ)」の複数形で子供たちの意。「童(わらべ)歌」

参照▼子供⇒311-01　児童⇒602-79　子⇒311-01

3 11-05

餓鬼(がき)／じゃり

共通する意味★子供を卑しめていう語。**【英】** *a kid*

使い方▼〔餓鬼〕▽うるさいガキだ▽隣家のガキが夜泣きして眠れない▽餓鬼大将〔じゃり〕▽ジャリが集まって騒いでいる▽ジャリタレ（＝子供のタレントをいう俗語）

使い分け【1】「餓鬼」「じゃり」とも、片仮名書きにされることが多い。【2】「じゃり」は、本来は劇場などで見物に来た子供をいった語。

3 11-06

長子(ちょうし)／総領(そうりょう)／初子(はつご)／初子(ういご)／次子(じし)／末っ子(すえっこ)

【関連語】◆〔長男〕ちょうなん◆〔長女〕ちょうじょ◆〔次男〕じなん◆〔次女〕じじょ◆〔長兄〕ちょうけい◆〔次兄〕じけい◆〔長姉〕ちょうし◆〔次姉〕じし

共通する意味★生まれた順によって子供をいう語。

使い方▼〔長子〕▽長子がようやく成人した〔総領〕▽総領がしっかりしているのであの家は安心だ▽総領の甚六（＝いちばん上の子はおっとりしていて世間知らずであるということ）▽総領息子▽総領娘〔初子〕はつご▽初子が生まれる〔初子〕ういご▽初子のお宮参りをする〔次子〕▽次子は上の子と三つ違いだ〔末っ子〕▽末っ子の甘えん坊

使い分け【1】「長子」は、最初に生まれた子供の意。ふつう男の子をいう。**【英】** *the eldest* 〔*oldest*〕 *son*【2】「総領」は、兄弟のうちいちばん上の子。また、家を継ぐ子の意。**【英】** *the eldest* 〔*oldest*〕 *son*【3】「初子(はつご)」「初子(ういご)」は、親にとって初めての子の意。**【英】** *one's first child*【4】「次子」は、二番目の子の意。**【英】** *one's second child*【5】「末っ子」は、いちばん下の子の意。**【英】**

3 一生

the youngest child

【関連語】◆(長男・長女)ある夫婦に最初に生まれた男の子を「長男」、女の子を「長女」といい、結局他に男子、女子が生まれなかった場合も「長男」「長女」と言い続ける。◆(次男・次女)「次男」は、男子として、「次女」は、女子として二番目に生まれた子。「次男」「次女」は、戸籍に記載するときは「二男」「二女」と書く。以下、「三男」「三女」「四男」「四女」となる。◆(長兄・次兄・長姉・次姉)弟や妹からみて兄、姉をいう言葉。兄・姉を順にいうと「長兄」「次兄」、「長姉」「次姉」となる。

3 11-07 御曹司／若旦那／坊ちゃん／令息

【関連語】◆(ぼんぼん)

共通する意味★他人の息子を敬っていう語。**【英】** *your [his, her] son*

使い方▼〔御曹司〕▽社長の御曹司▽歌舞伎界の御曹司　〔若旦那〕▽そろそろ、若旦那に店をまかせてはいかがですか▽若旦那がしっかりしないと、店の将来が心配だ　〔坊ちゃん〕▽お宅の坊ちゃんはいくつになられましたか　〔令息〕▽きょうは社長の令息の結婚式だ▽御令息がしっかりしていらっしゃるので羨ましい

使い分け【1】「御曹司」は、特に名門の息子をいう。**【英】** *a son of a noble family*【2】「若旦那」は、主として商家のあとを継ぐ息子をいう。【3】「坊ちゃん」は、主に成人していない他人の息子についていう。また、呼びかけとしても使われる。「お坊ちゃん」ともいい、さらに、「彼はいくつになってもお坊ちゃんだ」のように、世間知らずの男を皮肉っていうときにも使う。【4】「令息」は、改まった言い方。

【関連語】◆(ぼんぼん)関西地方で良家の息子をいう語。「彼はぼんぼんだから他人の痛みが理解できない」

参照▼坊ちゃん⇒306-19

3 11-08 跡取り／跡継ぎ／嗣子

共通する意味★家を継ぐ子供。**【英】** *an heir*(男); *an heiress*(女)

使い方▼〔跡取り〕▽跡取りが成人してほっとしている▽跡取り娘　〔跡継ぎ〕▽あの家には跡継ぎがいない　〔嗣子〕▽嗣子の誕生を喜ぶ

使い分け「跡取り」「跡継ぎ」が一般的。「嗣子」は、文章語。

3 11-09 嫡出子／嫡子

共通する意味★正式な結婚をした夫婦の間に生まれた子。**【英】** *a legitimate child*

使い分け「嫡子」は、特に家を継ぐ長男をさすことが多い。**【英】** *an heir*

反対語▼庶子

3 11-10 一人っ子／一粒種

共通する意味★親にとってただ一人の子。**【英】** *the only child*

使い方▼〔一人っ子〕▽一人っ子で甘やかされて育った　〔一粒種〕▽大事に育てられた一粒種

使い分け【1】「一人っ子」は、「独りっ子」とも書く。【2】「一粒種」は、「一人っ子」とくらべて、親にとってかけがえのない子という意が強い。

3 11-11 ふたご／双生児

共通する意味★一人の母親から同時に生まれた二人の子。**【英】** *twins*

使い方▼〔ふたご〕▽見分けがつかないほどよく似たふたご　〔双生児〕▽双生児を出産する▽二卵性双生児

使い分け【1】「ふたご」は、「双子」「二子」とも書く。【2】「双生児」は、主に文章語として使う。

3 11-12 息子／せがれ／子息／ジュニア

【関連語】◆(こせがれ)

共通する意味★親にとっての男の子。**【英】** *a son*

使い方▼〔息子〕▽息子の成長だけが楽しみだ▽父親似の息子　〔せがれ〕▽せがれもやっと一人前になった▽あの家のせがれはできが悪い　〔子息〕▽御子息はお元気ですか▽彼女は夫の死後子息の家族と住んでいる　〔ジュニア〕▽彼はジュニアが生まれて大喜びしている▽ジュニアを社長にすえる

使い分け【1】「息子」は、自分の子について、「子息」は、他人の子についていう。【2】「せがれ」は、自分の子についていう場合には、ややへりくだった意があり、他人の子についていうと、やや軽んじた意がある。「倅」「悴」「伜」とも書く。【3】「ジュニア」には、二代目であるという意味合いがある。また、ボクシングの「ジュニアフライ級」のように、年少、下級の意もある。

反対語▼息子⇔娘

【関連語】◆(こせがれ)「せがれ」よりも、さらにへりくだった、あるいは軽んじた言い方。また、若い者を侮った言い方。「小倅」「小悴」「小伜」とも書く。「こせがれのくせに生意気だ」

3 11-13 愚息／豚児

共通する意味★自分の息子をへりくだっていう語。

【英】my son
使い方▼〔愚息〕▽愚息の就職についてはお世話になりました〔豚児〕▽いずれ豚児を参上させます
使い分け【1】「愚息」は、おろかな息子の意。「豚児」は、できの悪い息子の意。【2】「豚児」より「愚息」のほうが一般的に用いられる。

3 11-14 どら息子(むすこ)／道楽息子(どうらくむすこ)／放蕩息子(ほうとうむすこ)

共通する意味★品行の悪い息子。【英】a prodigal son
使い方▼〔どら息子〕▽このどら息子め、とっとと出て行け！▽どら息子に手を焼く〔道楽息子〕▽道楽息子がまた朝帰りした〔放蕩息子〕▽放蕩息子のために財産をなくす
使い分け いずれも怠け者で、酒色、ばくちなどにふける息子をいう。

3 11-15 愛児(あいじ)／愛し子(いとしご)／愛息(あいそく)／愛娘(まなむすめ)

【関連語】◆〔秘蔵っ子〕ひぞっこ ◆〔寵児〕ちょうじ
共通する意味★かわいがっている子。【英】one's beloved child
使い方▼〔愛児〕▽愛児を亡くして両親は悲しみにくれている〔愛し子〕▽愛し子と別れて暮らす〔愛息〕▽愛息が一人前になって社長は安心している〔愛娘〕▽愛娘を外国へ留学させる
使い分け【1】「愛し子」は、古風な表現。【2】「愛息」は、男の子をいい、他人の子に使う。【3】「愛娘」は、女の子をいい、自分の子にも他人の子にも使う。
【関連語】◆〔秘蔵っ子〕親が大切にしてかわいがっている子。また、目上の人が大切にして目をかける弟子や部下。「ひぞうっこ」とも。「教授の秘蔵っ子」◆〔寵児〕特別に愛される子。また、時流に乗ってもてはやされる人。「わが家の寵児」「楽壇の寵児」

3 11-16 義子(ぎし)／養子(ようし)／継子(けいし)／まま子(こ)

【関連語】◆〔連れ子〕つれご
共通する意味★親と血のつながりのない子。【英】a son-in-law
使い分け【1】「義子」は、義理の子の意で、養子、継子、娘の夫など、血のつながらない子すべてに使う。【2】「養子」は、養子縁組を結んだ子。【3】「継子(けいし)」「まま子」は、配偶者が自分と結婚する以前にもうけた子をいう。「継子(けいし)」は、文章語として使う。「まま子」は、「継子」とも書く。
反対語▼実子
【関連語】◆〔連れ子〕再婚する者が連れてきた、再婚する以前にもうけた子。

3 11-17 遺児(いじ)／忘れ形見(わすれがたみ)

共通する意味★親が死んだあとに残された子。【英】an orphaned child
使い方▼〔遺児〕▽姉の死後、その遺児を育てる▽交通遺児〔忘れ形見〕▽親友の忘れ形見
使い分け「忘れ形見」は、父親が死んだとき、母親の胎内にあった子の意味もある。

3 11-18 孤児(こじ)／みなしご

共通する意味★両親のない子。【英】an orphan
使い方▼〔孤児〕▽両親を交通事故で失って孤児になる▽孤児院〔みなしご〕▽三歳でみなしごになる▽みなしごを引き取って育てる
使い分け【1】「孤児」は、「政界の孤児」のように、仲間のない人のたとえとして使うこともある。【2】「みなしご」は、「孤児」とも書く。

3 11-19 私生児(しせいじ)／庶子(しょし)／私生子(しせいし)

共通する意味★結婚していない男女の間に生まれた子。【英】a bastard
使い分け【1】「私生児」が一般的。【2】旧民法では、父親が認知した子を「庶子」、認知しない子を「私生子」としたが、現民法では、「庶子」「私生子」とも「嫡出(ちゃくしゅつ)でない子」と呼ばれる。

3 11-20 落胤(らくいん)／落とし胤(おとしだね)／落とし子(おとしご)

【関連語】◆〔申し子〕もうしご
共通する意味★身分の高い人が正妻でない女性に産ませた子。【英】bastard of a noble
使い方▼〔落胤〕▽将軍の御落胤〔落とし胤〕▽大名の落とし胤〔落とし子〕▽彼は社長の落とし子といううわさだ
使い分け【1】「落胤」は、「御落胤」の形で使うことが多い。【2】「落胤」「落とし胤」は、現在ではあまり用いられない。【3】「落とし子」は、「塾は受験戦争の落とし子だ」のように、意図されたのではなく、ある事に付随して、自然に生じた結果、事柄の意でも使われる。
【関連語】◆〔申し子〕神仏に祈願して授かった子。【英】a godsent child「観音様の申し子」◈「落とし子」とおなじく、特殊な状況のもとで生まれた子をいうが、「落とし子」にくらべ、肯定的な意味合いが強い。「パソコン世代は情報化時代の申し子だ」

3 11-21 神童(しんどう)／怪童(かいどう)

共通する意味★特殊な能力を持った子供。【英】an

3 一生

infant prodigy

使い方▼〔神童〕▽彼は子供のころ神童と呼ばれた▽十で神童、十五で才子、二十過ぎればただの人　〔怪童〕▽怪童のうわさにたがわず米俵を軽く持ち上げる

使い分け【1】「神童」は、非凡な才知を持つ子供。【2】「怪童」は、並外れて力があり、体の大きい子供。

3 11-22 駄駄っ子／驕児

【関連語】◆（きかん坊）

共通する意味★わがままな子供。【英】*a spoiled child*

使い方▼〔駄駄っ子〕▽駄駄っ子に手を焼く　〔驕児〕▽球界の驕児

使い分け【1】「駄駄っ子」は、主に幼い子供に対して使う。【2】「驕児」は、主におごりたかぶった若者の意で使うことが多い。男の子についていう。

【関連語】◆（きかん坊）人に負けたり、妥協したりするのが嫌いな勝ち気な子。小学校低学年ぐらいまでの男の子に使う。【英】*a naughty boy*

3 11-23 悪太郎／悪童

共通する意味★いたずらな男の子。【英】*a mischievous boy*

使い方▼〔悪太郎〕▽この悪太郎め▽手のつけられない悪太郎だ　〔悪童〕▽かつての悪童もすっかりいい父親になった

使い分け【1】「悪太郎」は、いたずらな子や乱暴者を、人名めかしていう語。【2】「悪童」は、悪い子、いたずらっ子の意。

3 12 …孫

3 12-01 孫／内孫／外孫

【関連語】◆（初孫）◆（初孫）

共通する意味★子の子。【英】*a grandchild*

使い方▼〔孫〕▽孫は子よりかわいい▽あの人も孫をもつ年になった　〔内孫〕▽やっと内孫が生まれた　〔外孫〕▽正月に外孫と会えるのが楽しみだ

使い分け【1】「内孫」は、自分の跡取りから生まれた子。【2】「外孫」は、他家へ嫁いだ自分の娘の子。

【関連語】◆（初孫）はつまご・（初孫）ういまご　はじめての孫。「ういまご」の方が伝統的な言い方。【英】*one's first grandchild*

3 12-02 ひ孫／ひい孫／ひこ／曾孫

共通する意味★孫の子。【英】*a great-grandchild*

使い分け【1】「ひ孫」「ひい孫」「ひこ」ともに「曾孫」とも書く。「ひい孫」は、「ひ孫」の「ひ」が長音化した言い方。【2】「曾孫」は、主に文章で使う。

3 12-03 やしゃご／玄孫

共通する意味★ひ孫の子。孫の孫。【英】*a great-great-grandchild*

使い分け【1】「やしゃご」は、「玄孫」とも書く。【2】「玄孫」は、主に文章で使う。

3 12-04 子孫／末裔／後裔／孫子

共通する意味★かなり昔のある人やある一族から、代々血でつながってきた血筋の人。【英】*a descendant*

使い方▼〔子孫〕▽平家の子孫が住むという村　〔末裔〕▽ジンギス汗の末裔と自称する　〔後裔〕▽武田氏の後裔　〔孫子〕▽孫子の代まで伝えたい

使い分け【1】「子孫」は、「美しい地球を子孫に残すために」のように、これから代々血でつながっていく将来の人々の意もある。その強調語を「子々孫々」という。【2】「末裔」「後裔」は、今も栄えている家柄などには使わない。特に、「末裔」には、すでに滅びてしまった家柄の末の末というようなニュアンスがある。【3】「孫子」は、「孫子の代」の形で、将来の人々の意で用いられる。

反対語▼子孫⇔先祖・祖先

3 13 …兄弟姉妹

3 13-01 兄弟／姉妹

共通する意味★同じ親から生まれた者。また、その者同士の関係。配偶者双方の親の子同士など、義理の関係にある者についてもいう。

使い方▼〔兄弟〕▽仲の良い兄弟▽結婚して新しく兄弟ができた▽兄弟げんか▽兄弟愛　〔姉妹〕▽姉妹そろってピアノを習っている▽三人姉妹

使い分け【1】「兄弟」は、元来は同じ親から生まれた兄と弟の意だが、一般には男女の別に関係なく使われることが多い。ただし、男女の違いを明らか

にするために、「姉妹」「兄妹」「姉弟」と書いて「きょうだい」と読むこともある。【2】「兄弟」は、男同士の親しい間柄で呼びかけ語としても使う。「兄弟、元気かい」のように。【英】*a brother*【3】「姉妹」は、姉と妹、すなわち、女のきょうだいの意。また、「姉妹校」「姉妹都市」のように、同じ系統に属し、類似点を多くもつものをいう。【英】*a sister*

3 13-02 兄(あに)

意味★同じ親から生まれた子のうち、年上の男の子。また、配偶者の兄弟のうち年上の男性や、姉の夫など、義理の関係にあるものについてもいう。後者については「義兄」とも書き、「あに」と読む。【英】*an elder*〔*older*《米》〕*brother* ⇔弟・姉

使い方▼〔兄〕▽両親が早く亡くなり兄に育てられた▽妻の実家で**義兄**と話がはずむ

3 13-03 兄(にい)さん／あんちゃん／兄貴(あにき)

共通する意味★兄を呼ぶ語。【英】*an elder*〔*older*《米》〕*brother*

使い方▼〔兄さん〕▽兄さんはいじわるだ▽あなたの兄さんに会ってみたい▽兄さん、お金貸してくれませんか〔あんちゃん〕▽僕のあんちゃんは消防士だ▽あんちゃん、遊ぼうよ〔兄貴〕▽兄貴はサラリーマンだ▽兄貴、相談があるんだけど

使い分け【1】「兄さん」は、多く「お」をつけて「お兄さん」の形で使われる。より丁寧な言い方として「(お)兄様」、よりくだけた言い方として「(お)兄ちゃん」とも。【2】「あんちゃん」は、幼児語、もしくは俗な表現。また、「威勢のいいあんちゃんだ」のように、若い男や不良じみた若者を呼ぶときにも使う。【3】「兄貴」は、兄を親愛をこめて呼ぶ語。また、若者の間で年長者や先輩を呼ぶ場合にも使う。「兄貴風を吹かす」

反対語▼兄さん⇔姉さん　兄貴⇔姉貴

3 13-04 愚兄(ぐけい)／舎兄(しゃけい)

共通する意味★自分の兄を他人に対していう語。【英】*my elder*〔*older*《米》〕*brother*

使い方▼〔愚兄〕▽愚兄は現在、海外にいます〔舎兄〕▽舎兄にもよく伝えておきます

使い分け【1】「愚兄」は、自分の兄をへりくだっていう語。【2】「舎兄」は、「ご舎兄」という形で相手の兄についても使う。「しゃきょう」ともいう。やや古い言い方。

3 13-05 令兄(れいけい)

【関連語】◆(賢兄)けんけい◆(尊兄)そんけい

意味★他人の兄を敬っていう語。【英】*your*〔*his, her*〕*elder*〔*older*《米》〕*brother*

使い方▼〔令兄〕▽御令兄にはひとかたならずお世話になりました

【関連語】◆(賢兄・尊兄)両語とも他人の兄を敬っていう語だが、現在では、その意味ではほとんど使われず、対称として同輩以上の相手を敬って手紙などで使われることが多い。「賢兄のご活躍をお祈りします」「尊兄にもすっかりごぶさたしました」

3 13-06 弟(おとうと)

意味★同じ親から生まれた子のうち、年下の男の子。また、配偶者の兄弟のうち年下の男性や、妹の夫もいう。後者については「義弟」とも書き、「おとうと」と読む。【英】*a* (*younger*) *brother* ⇔兄・妹

使い方▼〔弟〕▽小さい頃は弟をよく泣かせた

3 13-07 愚弟(ぐてい)／小弟(しょうてい)／舎弟(しゃてい)

共通する意味★自分の弟を他人に対していう語。【英】*my* (*younger*) *brother*

使い方▼〔愚弟〕▽愚弟が来月、結婚します〔小弟〕▽小弟の件、よろしくお願いします〔舎弟〕▽舎弟をよろしくお願いします▽御舎弟はどこにお住まいですか

使い分け【1】「愚弟」「小弟」は、自分の弟をへりくだっていう語。【2】「舎弟」は、「御舎弟」という形で、相手の弟についても使う。

参照▼小弟⇒320-25

3 13-08 姉(あね)

意味★同じ親から生まれた子のうち、年上の女の子。また、配偶者の姉妹のうち年上の女性や、兄の妻もいう。後者については「義姉」とも書き、「あね」と読む。【英】*an elder*〔*older*《米》〕*sister* ⇔妹・兄

使い方▼〔姉〕▽姉は地域活動のリーダーです

3 13-09 姉(ねえ)さん／姉貴(あねき)

【関連語】◆(姉御)あねご

共通する意味★姉を呼ぶ語。【英】*an elder*〔*older*《米》〕*sister*

使い方▼〔姉さん〕▽姉さんにセーターを編んでもらった▽あなたのお姉さんとはクラスメートでした▽姉さん、御飯だよ〔姉貴〕▽うちの姉貴は話がわかる▽姉貴には頭が上がらない▽姉貴、パンが焼けたよ

使い分け【1】「姉さん」は、多く「お」をつけて「お姉さん」の形で使われる。より丁寧な言い方として「(お)姉様」、よりくだけた言い方として「(お)姉ちゃ

ん」とも。【2】「姉貴」は、姉を親愛をこめて呼ぶ語。
反対語▼姉さん⇔兄さん　姉貴⇔兄貴
【関連語】◆(姉御)姉を敬っていう語。または、女親分をいう語。「姐御」とも。

3 13-10 妹(いもうと)

意味★同じ親から生まれた子のうち、年下の女の子。また、配偶者の姉妹のうち、年下の女性や、弟の妻もいう。後者については「義妹」とも書き、「いもうと」と読む。**【英】***a (younger) sister* ⇔姉・弟
使い方▼〔妹〕▽妹の勉強をみてやる

3 14 …親戚

3 14-01 親類(しんるい)／親戚(しんせき)／親族(しんぞく)

【関連語】◆(姻戚)いんせき◆(姻族)いんぞく◆(親等)しんとう

共通する意味★血縁や婚姻などによってつながっている人々。**【英】***a relative*
使い方▼〔親類〕▽親類のおばさんがたずねて来る▽親類も同然の付き合い▽遠くの親類より近くの他人▽親類縁者　〔親戚〕▽彼女は私の遠い親戚に当たる▽親戚の家に遊びに行く▽親戚を頼って渡米した　〔親族〕▽曾祖父(そうそふ)というのは三代前の直系の親族をいう▽親族権▽親族法

	親類	親戚	親族
□一同が集まる	○	○	○
遠い□にあたる	○	○	-
□づきあい	○	○	-
御□の方から御焼香願います	-	-	○
□会議	-	-	○

使い分け【1】「親類」「親戚」は、おじ・おば・甥(おい)・姪(めい)・いとこ・はとこなど、血縁関係や婚姻関係でつながっている自分の家族以外の人々をいう。この二語は、日常生活では、ほとんど区別なく用いられる。孫・祖父母・曾祖父母のような直系の人については、ふつう「親類」「親戚」とはいわない。【2】「親族」は、自分の家族や直系の者を含めて血縁関係や婚姻関係でつながっている人々をいい、比較的近いつながりの人々をひとつのグループとしてとらえた言い方。日常生活では、「親類」「親戚」のあらたまった言い方として用いられる。民法では、「六親等内の血族および配偶者と、三親等内の姻族」と定められている。【3】「親類」は、「トラはネコの親類だ」のように、人間以外のものの同類のものや、よく似ているものをいうのにも用いられる。
【関連語】◆(姻戚)婚姻によって生じた親戚。「姉の結婚で、あの家とは姻戚になった」「彼女とは姻戚関係にある」◆(姻族)結婚によって生じた親族。◆(親等)親族関係の親疎を示す単位。「親子の関係は一親等、おじ、おばは三親等」

3 14-02 肉親(にくしん)／近親(きんしん)／身内(みうち)

【関連語】◆(係累)けいるい

共通する意味★一族の中で、ごく近い関係にある人々。
使い方▼〔肉親〕▽肉親の愛情に飢えている▽父母を失い、弟がたった一人の肉親だ　〔近親〕▽近親の者に相談する▽近親者　〔身内〕▽身内の者だけでささやかに結婚のお祝いをした▽身内に不幸があって会社を休んだ
使い分け【1】「肉親」は、親子・兄弟姉妹・おじ・おば・甥(おい)・姪(めい)のように、ごく近い関係で血のつながっている人をいう。近い親族の中でも、配偶者やその親兄弟のように、血のつながりのない人は「肉親」とはいわない。**【英】***a blood relative*【2】「近親」は、血のつながりのあるなしにかかわらず、近い親族をいう。**【英】***a near relation*【3】「身内」は、家族や家族の延長と感じられるような、内輪の親族や家族をいう。血のつながりのあるなしにはかかわらない。**【英】***relatives*
反対語▼身内⇔他人
【関連語】◆(係累)面倒を見なくてはならなかったり、行動を束縛されたりする、両親・兄弟・妻子など。「係累が多い」「繋累」とも書く。

3 14-03 縁者(えんじゃ)／縁続き(えんつづき)／縁故(えんこ)／身寄り(みより)

【関連語】◆(遠縁)とおえん

共通する意味★親戚、あるいは親戚に近いつながりがあること。また、その人。**【英】***a relative*
使い方▼〔縁者〕▽母方の縁者▽親類縁者　〔縁続き〕▽二人は縁続きの間柄だ　〔縁故〕▽縁故を頼らないで自分で就職口を見つける▽縁故採用　〔身寄り〕▽身寄りのない子供を引き取る▽関東大震災で一度に身寄りを失ってしまった
使い分け【1】「縁者」は、血縁関係・婚姻関係でつながっている人をさす。【2】「縁続き」は、親戚関係にあること。【3】「縁故」は、主に親戚関係をさすが、広くなんらかの縁でつながっている知友関係をもさす。【4】「身寄り」は、頼ったり相談したりすることのできる家族や親類をさす。
【関連語】◆(遠縁)血縁関係の遠い親類。「彼女は僕の遠縁に当たる」
参照▼縁故⇒515-05

3 一生

3 14-04 血縁（けつえん）／血族（けつぞく）／血続き（ちつづき）

共通する意味★血がつながっていること。また、そういう間柄。**【英】** *blood-relation*

使い方▼〔血縁〕▽二人は同姓だが、別に血縁ではない▽血縁をたよって上京する　〔血族〕▽血族結婚▽血族親（＝六親等内の血族）　〔血続き〕▽母方の血続きの人

使い分け【1】「血族」は、血がつながっているひとまとまりの人々を表わし、「血縁」のように血がつながっているという関係そのものや系統は表わさない。また、「血族」は、同一人を祖先とする場合だけでなく、同一種族や同一民族を祖先とする場合にもいい、法律では養子縁組による親族も含める。【2】「血続き」は、血がつながっている関係であることを表わす。

3 14-05 一族（いちぞく）／一門（いちもん）

共通する意味★親族関係にある人々をひとまとめにいう言い方。**【英】** *kin*

使い方▼〔一族〕▽彼の家は一族の団結が強い▽一族が力を合わせて事業を興した　〔一門〕▽わが家では毎年正月に一門が集まる▽祖父は兄の不行跡を一門の恥と怒った

使い分け【1】「一族」は、もっぱら親戚関係の人々をさす。【2】「一門」は、「一族」よりも広く、「一族」に従属する形でつながっている人々、たとえば使用人までもさすことがある。また、「漱石一門」「裏千家一門」のように、学問・技芸・スポーツ・宗教などで、同じ流派の人々、あるいは師を同じくする人々をさすこともある。

3 14-06 本家（ほんけ）／宗家（そうけ）／家元（いえもと）

【関連語】◆（総本家）

共通する意味★おおもとになる家筋。一門、一族の中心になる家。**【英】** *a head family*

使い方▼〔本家〕▽本家の跡取り息子　〔宗家〕▽踊りの家の宗家を継ぐ　〔家元〕▽茶道の家元▽家元制度

使い分け【1】「本家」は、一族の家系の中心となる家のことだが、「本家本元」のように、正統的なものの意で用いられることもある。また、「本店」の意で用いられることもある。【2】「宗家」には、「華道宗家」のように、特に芸道で、その流派の正統を伝えてきた家の意が強い。【3】「家元」は、特に、華道、茶道、日本舞踊など芸能の伝統を、本家としてきた家筋およびその当主をいう。

反対語▼本家⇔分家

【関連語】◆（総本家）多くの分家が分かれ出たもとの家。一門のおおもとの家のこと。

3 14-07 分家（ぶんけ）／別家（べっけ）

共通する意味★家族の一員が、家から分かれて別に一家をつくること。また、その家。**【英】** *a branch family*

使い方▼〔分家〕スル▽彼は分家の長男だ▽次男が独立して分家した　〔別家〕スル▽別家を立てる▽祖父の代に本家から別家した

使い分け「分家」の方が、より一般的に使われる。

反対語▼分家⇔本家

3 14-08 嫡流（ちゃくりゅう）／直系（ちょっけい）／正統（せいとう）

共通する意味★まっすぐに伝えられる血筋や系統。**【英】** *the direct line of descent*

使い方▼〔嫡流〕▽彼には当家の嫡流にふさわしい威厳が備わっている▽源氏の嫡流　〔直系〕▽①彼は徳川家の直系だ▽②世界的なピアニストの直系の弟子　〔正統〕▽①王家の正統の血筋▽②彼は日本古来の柔術家の正統をもって自認している▽③正統派の芸

使い分け【1】「嫡流」は、嫡子から嫡子へと引き継がれる、家系の中心となる系統。【2】「直系」は、親から子、子から孫へと血筋が直線的につながっていることをいう。また、例文②のように広義に、学問、武芸などが、間に他の人を介さず、師から直接伝えられる師弟関係をもいう。【3】「正統」は、同じ家系の中のいくつかの系統のうち、最も正しく中心的と思われるものをいう。例文②③のように「直系」と同様、学問、武芸その他を受け継ぐ系統についても用いられる。「直系」が、直接的に受け継ぐという伝えられ方の形式をいうのに対し、「正統」は、最も忠実に受け継ぐという、伝えられ方の内容を問題にする言い方である。

反対語▼嫡流⇔庶流　直系⇔傍系　正統⇔異端

3 14-09 父系（ふけい）／父方（ちちかた）

【関連語】◆（内戚）

共通する意味★父親の血統であること。また、父親の血統の親類。**【英】** *the paternal line*

使い方▼〔父系〕▽父系の祖先▽次男の冒険好きはどうやら父系の血筋だ▽父系社会　〔父方〕▽父方の伯父は作曲家です▽父方の親類には変わった人が多い

使い分け【1】「父系」が、代々続く系統としての父親の血筋をいうのに対し、「父方」は、親戚が、二親のうち父親の側であることをさす。【2】「父系」は、祖父から父へ、父から息子へと家督が父親の血筋によって引き継がれるという、家系のあり方をも意味する。

反対語▼父系⇔母系　父方⇔母方

【関連語】◆（内戚）父方の親戚をさす語。⇔外戚

3 14-10 母系（ぼけい）／母方（ははかた）

【関連語】◆（外戚）がいせき

共通する意味★母親の血統であること。また、その親族。**【英】** *the maternal line*

使い方▼〔母系〕▽うちの母系には背の高い者が多い▽母系社会　〔母方〕▽母方の親戚とは長い間疎遠になっている▽兄のまじめな性格は母方の血だ

使い分け【1】「母系」は、代々続く系統としての母親の血筋をいう。また、祖母から母へ、母から娘へと家督が母親の血筋によって引き継がれる家系にもいう。【2】「母方」は、単に、親戚が二親のうちの母親の側であることをさす。

反対語▼母系⇔父系　母方⇔父方

【関連語】◆（外戚）母方の親戚をさす語。⇔内戚。「外戚に当たる人の世話で就職した」

3 14-11 祖母（そぼ）／おばあさん

共通する意味★父の母、または母の母。**【英】** *a grandmother*

使い方▼〔祖母〕▽私は祖母の三人目の孫です　〔おばあさん〕▽おばあさんの古稀（こき）を祝う▽おばあさんっ子

使い分け【1】「祖母」は、自分の身内について使う。【2】「おばあさん」は、「祖母」を敬い親しんでいう語。さらに丁寧に「おばあさま」、小児などのいう「おばあちゃん」、敬意を弱めた「ばあさん」などの言い方がある。「お祖母さん」とも書く。

反対語▼祖母⇔祖父　おばあさん⇔おじいさん

参照▼おばあさん⇒303-24

3 14-12 祖父（そふ）／おじいさん

共通する意味★父の父、または母の父。**【英】** *a grandfather*

使い方▼〔祖父〕▽祖父は八十歳になります　〔おじいさん〕▽孫に囲まれて幸せそうなおじいさん▽おじいさんに入学祝いをもらった

使い分け【1】「祖父」は、自分の身内について使う。【2】「おじいさん」は、「祖父」を敬い親しんでいう語。さらに丁寧に「おじいさま」、小児などのいう「おじいちゃん」、敬意を弱めた「じいさん」などの言い方がある。「お祖父さん」とも書く。

反対語▼祖父⇔祖母　おじいさん⇔おばあさん

参照▼おじいさん⇒303-25

3 14-13 おば／おばさん

共通する意味★父母の姉妹と父母の兄弟の妻。**【英】** *an aunt*

使い方▼〔おば〕▽おばは大学の先生をしている　〔おばさん〕▽おばさんがお年玉をくれた

使い分け【1】「おばさん」は、子供が多く用いる。また、その人に直接呼びかけるときの言葉。【2】「おばさん」は、「隣家のおばさん」のように、血縁関係がない場合にも使う。【3】父母の姉と父母の兄の妻は「伯母（さん）」、父母の妹と父母の弟の妻は「叔母（さん）」、血縁関係のない場合は「小母さん」と書き分ける。

反対語▼おば⇔おじ　おばさん⇔おじさん

3 14-14 おじ／おじさん

共通する意味★父母の兄弟と父母の姉妹の夫。**【英】** *an uncle*

使い方▼〔おじ〕▽アメリカに一人おじがいる　〔おじさん〕▽おじさんから手紙が来た

使い分け【1】「おじさん」は、子供が多く用いる。また、その人に直接呼びかけるときの言葉。【2】「おじさん」は、「顔見知りのおじさんに菓子をもらう」のように、血縁関係がない場合にも使う。【3】父母の兄と父母の姉の夫は「伯父（さん）」、父母の弟と父母の妹の夫は「叔父（さん）」、血縁関係のない場合は「小父さん」と書き分ける。

反対語▼おじ⇔おば　おじさん⇔おばさん

3 14-15 いとこ

【関連語】◆（はとこ）◆（またいとこ）

意味★父または母の兄弟姉妹の子。性別、本人との年齢の上下によって、「従兄弟」「従兄」「従弟」「従姉妹」「従姉」「従妹」と書き分けることがある。**【英】** *a cousin*

【関連語】◆（はとこ・またいとこ）親どうしがいとこである子どうしの関係。

3 14-16 甥（おい）／姪（めい）

共通する意味★ある人からみて、その人の兄弟や姉妹に生まれた子供。

使い方▼〔甥〕▽甥におじさんと呼ばれて恥ずかしい　〔姪〕▽姪がかわいくて妹のように思う

使い分け【1】ある人にとって当該の子供が男子の場合を「甥」、女子の場合を「姪」という。その子供にとって「ある人」は、「おじさん」や「おばさん」である。**【英】** *a nephew*（甥）; *a niece*（姪）【2】相手の「甥」や「姪」については、「甥御さん」「姪御さん」という。

3 14-17 先祖（せんぞ）／祖先（そせん）

共通する意味★今生きている人々に連なる先代までの人々。**【英】** *an ancestor*

使い方▼〔先祖〕▽先祖代々伝わる家宝▽御先祖様に申しわけない　〔祖先〕▽祖先の名を辱しめる行い▽家の祖先をさぐる

使い分け【1】「先祖」「祖先」ともに、ある血統、家系において、その初代に当たる人、また、それを受け継いだ先代までの人々の意を表わすが、「祖先」の方が古い系統をさしていう意識が強い。【2】「先祖」が日常語的であるのに対して、「祖先」は文章語的である。

3 14-18　元祖（がんそ）／開祖（かいそ）

【関連語】◆（始祖）しそ◆（教祖）きょうそ◆（ルーツ）

共通する意味★ある物事の創始者。【英】*the originator*

使い方▼〔元祖〕▽当店がこの土産品の元祖です▽大和絵の元祖　〔開祖〕▽真言宗の開祖は空海である

使い分け【1】「元祖」は、現在では、ある商品の創始者をさしていうことが多い。【2】「開祖」は、ある宗教、宗派を最初に開いた人、または、学問、技芸などの一派を興した人についていう。

【関連語】◆（始祖）家系の初代の人。また学問、技芸の流派の創始者。禅宗では特に達磨（だるま）大師をさす。「漢の始祖劉邦（りゅうほう）」「千家流茶道の始祖」◆（教祖）ある宗教、宗派を開いた人。◆（ルーツ）家系における先祖、または物事の始まり、由来の意。「わが家のルーツを探る」「その伝説のルーツはこの町にあった」

3 14-19　代代（だいだい）／歴代（れきだい）

【関連語】◆（歴世）れきせい◆（累代）るいだい

共通する意味★何代も続くこと。【英】*generation after generation*

使い方▼〔代代〕▽わが家に代々伝わる家宝▽技術を代々伝える▽先祖代々　〔歴代〕▽歴代の首相の中で最も若い

	［］の大統領	先祖［］伝わる	［］医者の家柄	［］一位の記録
代代	○	○	○	-
歴代	○	-	-	○

使い分け【1】「代代」は、何代も続いている流れのこと。しばしば、何代もとぎれずに続けて、という意味で副詞的に用いられる。【2】「歴代」は、その歴史が始まってから今に至るまでの間。

【関連語】◆（歴世）幾代もたつ間。「歴世の大統領」◆（累代）代を重ねること。墓石などに刻まれることも多い。「累代の秘法」「先祖累代の墓」

3 14-20　一世（いっせい）／初代（しょだい）

共通する意味★同じ血統や同じ流派などの祖。【英】*the First*

使い方▼〔一世〕▽ナポレオン一世　〔初代〕▽初代の大統領▽初代団十郎

使い分け【1】「初代」は、幅広く使われる。「一世」は、特に、同名の国王や皇帝の中の最初の人をさすことがある。【2】「一世」は、移民となった人々の最初の世代を呼ぶときにも用いられる。「日系一世」。ほかに、「一世を風靡（ふうび）する」のように、当世、その時代の世の中の意もある。

参照▼一世⇒302-03

3 14-21　家伝（かでん）／伝家（でんか）／重代（じゅうだい）

共通する意味★その家に代々伝わっている事物。【英】*hereditary*《形》

	［］の家宝	［］の妙薬	［］の秘法
家伝	-	○	○
伝家	○	-	-
重代	○	-	-

使い分け【1】「家伝」は、その家に代々伝わっている独特の秘密の技法や方法などをいう。【2】「伝家」「重代」は、その家に代々伝わっている大切なもの、重要なものをいう。また、「伝家」は「伝家の宝刀」の形で、大事なとき以外めったに使わない方法、手段の意でも用いる。

3 14-22　生家（せいか）／実家（じっか）／里（さと）

共通する意味★その人の生まれた家。【英】*one's parents' home*

使い方▼〔生家〕▽生家の家業は兄が継いでいる▽作家の生家を記念館として保存する　〔実家〕▽実家は青森県にある▽妻が実家に帰る　〔里〕▽お里のご両親はお元気ですか▽里帰り

使い分け「実家」は妻や養子の生家を、「里」は妻、養子、住み込みの従業員等の生家をさすことが多い。

反対語▼実家⇔養家・婚家

参照▼里⇒705-11

3 15 …家庭・家族

3 15-01　家族（かぞく）／ファミリー

共通する意味★同じ家に住んで生活を共にする夫婦、親子、兄弟、姉妹など、血縁や婚姻で結ばれた人々。【英】*a family*

使い方▼〔家族〕▽この犬はもはや家族の一員だ▽五人家族▽家族連れ　〔ファミリー〕▽彼の家に招かれたが、なかなかいいファミリーだ▽ファミリー意識

の強い日本の企業
使い分け「ファミリー」は、単独使用は少なく、「ファミリーレストラン」「ファミリー向け商品」のように、他の語と結びついて用いられることが多い。また、一門、一族の意もある。

3 15-02 家庭(かてい)／家(いえ)／うち／ホーム

【関連語】◆(マイホーム)

共通する意味★夫婦、親子など、一緒に生活する集団。また、その集団が生活する場所。【英】*a home; a family*

使い方▼〔家庭〕▽あたたかい家庭に育つ▽家庭の事情で学校をやめる▽劣悪な家庭環境　〔家〕▽結婚して家を持つ▽家の者はみんな留守です　〔うち〕▽うちの者に相談してからお答えしましょう▽母が死んで、うちは火の消えたようにさびしくなった　〔ホーム〕▽ホームウエア▽ホームドクター

使い分け【1】「うち」は、「家」または「内」とも書く。「うちがなんというか、帰宅したら聞いておきます」のように、配偶者をいうこともある。【2】「ホーム」は、「ホームバー」のように複合語として用いられることが多い。【3】「家」「うち」には、人が住むために造った建物の意もある。また、「家」には、「家を継ぐ」のように、先祖から代々伝えてきた家名、家督などの意もある。

【関連語】◆(マイホーム)自分の家庭、または自分の家。「マイホーム主義」「早くマイホームを持ちたい」

参照▼家⇒411-01　うち⇒411-01

3 15-03 所帯(しょたい)／世帯(せたい)

共通する意味★一つの家族として、独立して生活を営んでいる人々の集まり。【英】*a household*

使い方▼〔所帯〕▽二百所帯は入るマンションが建った▽所帯を持つ(＝結婚する)▽男所帯　〔世帯〕▽洪水で五十世帯が家を失った▽世帯数▽世帯主

使い分け【1】「世帯(せたい)」は、国勢調査や各種統計をとる際など、公的な場面で家族の数を数える際に使われ、日常的には「所帯」が使われることが多い。「世帯」と書いて「しょたい」と読むこともある。
【2】「所帯」は、生計の意をもつこともある。「所帯が苦しい」「所帯のやりくり」

3 15-04 同腹(どうふく)／同母(どうぼ)

共通する意味★兄弟姉妹が同じ母親の腹から生まれたこと。【英】*uterine*《形》(同母異父の)

使い方▼〔同腹〕▽長男と次男、長女と次女とがそれぞれ同腹だ▽彼は有名な政治家と同腹の兄弟だ　〔同母〕▽私には同母の兄が二人いる

反対語▼同腹⇔異腹　同母⇔異母

参照▼同腹⇒516-47

3 15-05 親子(おやこ)／父子(ふし)／母子(ぼし)

共通する意味★親とその子供。【英】*parent and child*

使い方▼〔親子〕▽親子で走る幼稚園の運動会▽親子は一世(いっせい)(＝親子の縁はこの世だけのもので、夫婦の二世、主従の三世にくらべ結び付きが弱い)▽親子げんか▽親子連れ　〔父子〕▽父子家庭▽楠公(なんこう)父子像　〔母子〕▽母子家庭▽母子健康手帳

使い分け【1】「父子」は、父親とその子供。「母子」は、母親とその子供。「親子」は、父母どちらか、あるいは両方とその子供。【2】「父子」「母子」は、他の語と複合した形で用いられることが多い。「母子」は「ははこ」、「父子」は「ちちこ」と読ませることもあり、また、両語とも「おやこ」と読ませることもある。
【3】「親子」は、親と子の関係にたとえられるものにも使う。「親子電話」

3 15-06 腹違い(はらちがい)／異腹(いふく)／異母(いぼ)

共通する意味★兄弟姉妹で、父親が同じで母親が異なること。【英】*a half brother* [*sister*](異母兄弟〔姉妹〕)

使い方▼〔腹違い〕▽私と弟は腹違いだ▽私には腹違いの兄がいる　〔異腹〕▽あの兄弟は異腹だ▽異腹の妹　〔異母〕▽異母兄とは年が離れている▽私には異母の間柄の姉がいる

使い分け「腹違い」は、「異腹」「異母」のくだけた言い方。

反対語▼腹違い⇔種違い　異腹⇔同腹　異母⇔同母・異父

3 15-07 種違い(たねちがい)／異父(いふ)

共通する意味★兄弟姉妹で、母親が同じで父親が異なること。【英】*a different father*

使い方▼〔種違い〕▽彼には種違いの妹がいる　〔異父〕▽弟とは異父兄弟だ

使い分け「種違い」は、「異父」のくだけた俗な言い方。「異父」は、「異父兄弟」「異父妹」のように複合語の形で用いられるのが普通である。

反対語▼種違い⇔腹違い　異父⇔異母

3 15-08 継ぐ(つぐ)／受け継ぐ(うけつぐ)／引き継ぐ(ひきつぐ)／受ける(うける)／襲う(おそう)

共通する意味★前のものを受け取り、後に続ける。【英】*to succeed (to)*

使い方▼〔継ぐ〕(ガ五)▽家を継ぐ▽家業を継ぐ　〔受け継ぐ〕(ガ五)▽前任者の仕事を受け継いで完成させ

る▽父の気質を受け継ぐ　〔引き継ぐ〕(カ五)▽前任者から仕事を引き継ぐ▽父の家業を引き継ぐ　〔受ける〕(カ下一)▽両親の血を受ける▽父のあとを受けて家業に励む　〔襲う〕(ワ五)▽父の芸名を息子が襲う

	父のあとを□	恩師の志を□	財産を□	母の血を□	名を□
継ぐ	○	○	○	-	○
受け継ぐ	○	○	○	○	△
引き継ぐ	○	△	○	-	△
受ける	○	△	-	○	-
襲う	○	-	-	-	○

使い分け【1】「継ぐ」は、特に、家・跡目・血・志などが絶えないように後に続ける意。【2】「受け継ぐ」は、前の人が残した仕事、志などを受けとめて続けていく意。また、前の人が持っていたものを引き続き保有する意でも使われる。【3】「引き継ぐ」は、前の人にかわって、仕事、伝統、志などを引き受けて続けていく意。【4】「受ける」は、前から伝えられてきたものを続ける意。特に、家業・血筋など自分の意志とは無関係に自分に備わり、続けていかねばならない場合に用いられることが多い。【5】「襲う」は、地位や名前、家督などを前のものから受け取って続けていく意。古めかしい言い方。

3 15-09 世襲(せしゅう)／親譲り(おやゆずり)

【関連語】◆(襲名)しゅうめい

共通する意味★親から財産や名跡、性質などを受け継ぐこと。**【英】** *heredity*

使い方▼〔世襲〕スル▽社長のポストは世襲になっている　〔親譲り〕▽手先が器用なのは**親譲り**だ▽事業に失敗し、親譲りの土地を手放した

使い分け【1】「世襲」は、伝統または制度として、財産・名跡・地位・職業などを、親から子、子から孫へ、代々受け継ぐこと。【2】「親譲り」は、体質・性格・頭脳・才能など無形のものに用いられる場合が多い。

【関連語】◆(襲名)スル子や弟子が、親または師匠などの名跡を継ぐこと。「晴れて二代目を襲名する」「襲名披露」

3 15-10 相続(そうぞく)／継承(けいしょう)

【関連語】◆(相承)そうしょう

共通する意味★先代、先任者などから受け継ぐこと。**【英】** *inheritance*

使い方▼〔相続〕スル▽莫大(ばくだい)な遺産を相続する▽跡目の相続をめぐって争う▽相続権▽相続問題　〔継承〕スル▽皇太子が皇位を継承した▽江戸文化は東京の下町で継承されている

使い分け【1】「相続」は、跡目や財産、債権、債務などを受け継ぐことで、特に所有者の死亡によって受け継ぐ場合に用いられる。【2】「継承」は、跡目・財産などを含め、広く、地位・身分・権利・技術・文化・伝統・学問など有形無形のものを受け継ぐことをいう。

【関連語】◆(相承)スル学問、技芸などを受け継ぐこと。「父子相承の秘伝」「師資相承」

3 15-11 跡(あと)／跡目(あとめ)／跡式(あとしき)／家督(かとく)

共通する意味★受け継ぐべき家や家業、財産、地位など。**【英】** *family property*

	□を継ぐ	長男を□にする	□を譲る	□相続
跡	○	-	-	-
跡目	○	○	-	○
跡式	-	○	-	○
家督	○	-	○	○

使い分け【1】「跡」は、家・家名・財産・家業・地位など、戸主として相続するもの一般をいう。【2】「跡目」は、家を相続すること。また、相続する家名・家業・地位。さらに、家を相続する人もいう。【3】「跡式」は、特に相続する財産、また、それを相続する人をいう。【4】「家督」は、旧民法で定めた家長、戸主の身分に付随する権利・義務のこと。また、家を継ぐべき子をいうこともある。

参照▼跡⇒9 12-07

3 16 …境遇

3 16-01 境遇(きょうぐう)／身の上(みのうえ)／境涯(きょうがい)／環境(かんきょう)

【関連語】◆(境界)きょうがい◆(境地)きょうち◆(身空)みそら

共通する意味★人が置かれている家庭、経済状態、人間関係、社会的な身分や地位などの状況。**【英】** *circumstances*

使い方▼〔境遇〕▽父親の倒産で境遇が一変した▽貧しい境遇に泣く　〔身の上〕▽天涯孤独の身の上▽親元を離れて、自由な身の上になった▽友人の身の上を案ずる　〔境涯〕▽家族に囲まれた幸せな境涯▽つらい境涯に耐える　〔環境〕▽居住環境をととのえる▽家庭環境

	哀れな□だ	□が人を造る	□が目まぐるしく変わる	ほんの一時の幸せな□
境遇	○	○	○	○
身の上	○	-	-	△
境涯	○	△	-	-
環境	△	○	○	-

使い分け【1】「身の上」は、その人自身の状況をさすのに対し、「境遇」「境涯」は、人間をとりまく外的状況をさす。したがって「幸せな身の上」といえば、幸せな「人の状態」を表わし、「幸せな境遇」「幸せな境涯」といえば、人を幸せにする外的な状況を表わす。【2】「境遇」にくらべ、「境涯」には運命的、主観的な意味合いが強く、一時的な状況を表わすには「境遇」を用いることが多い。【3】「境遇」「境涯」は、その人の意志とは無関係に定められた状況をさし、その人が選択したり、働きかけて変えることのできない状況を表わす。一方、「環境」の表わす状況は、さまざまである。「居住環境をととのえる」のように、その人が選択したり働きかけたりすることによって変えることの可能な状況もある。【4】「環境」は、「自然環境」「環境破壊」のように、人為的でない自然、物理的な状況などについても広く用いられる。また、人間に限らず生物一般の場合も使うことができる。

【関連語】◆(境界)各自が置かれた状況の意味で、「境遇」「境涯」と同じように使われる。「あわれな境界」◆(境地)その人が何らかの働きかけをすることによって得られる状況や立場。「新しい境地をもとめて旅立つ」◆(身空)ある人をとりまく状況。やや古い言い方。「若い身空でずいぶん苦労したらしい」

参照▼境地⇒209-09

3 16-02 立場(たちば)／立つ瀬(たつせ)／地歩(ちほ)

共通する意味★その人が置かれている位置や状況。

【英】 *a position*

使い方▼〔立場〕▽僕の立場も考えてほしい▽彼の立場に立って考えてみる▽立場を変える▽立場をなくす 〔立つ瀬〕▽あなたに何もかもやっていただいては私の立つ瀬がありません 〔地歩〕▽確固とした地歩を築いていく▽彼は財界で着実に地歩を固めていった

	私の□がない	□を築く	賛成の□をとる	□上意見を控える
立場	○	△	○	○
立つ瀬	○	-	-	-
地歩	-	○	-	-

使い分け【1】「立場」は、その人が置かれている地位や境遇、状況、また、よって立つ観点、面目など、幅広い意味を表わす。【2】「立つ瀬」は、ふつう「立つ瀬がない」のように、打消の形でのみ使われる。【3】「地歩」は、その人が占める位置、地位を表わす。文章語的。

3 16-03 身元(みもと)／素性(すじょう)

【関連語】◆(氏素性)うじすじょう

共通する意味★姓名、住所、職業、経歴などを含め、その人の生まれ、また、育ち。**【英】** *one's identity*

使い方▼〔身元〕▽被害者の身元が判明した▽身元不明 〔素性〕▽自おのずと素性が知れる▽素性の正しい人

使い分け【1】「身元」は、はっきりしているかどうかが問題になるが、「素性」は、それに加えて、よいか悪いかという評価の対象にもなる。【2】「素性」は、「素性のはっきりしない品」のように、由緒、伝来の意でも使われる。【3】「素性」は、「素姓」とも書く。

【関連語】◆(氏素性)生まれや家柄。「氏素性も分からない男」

3 16-04 生まれ(うまれ)／出身(しゅっしん)／出(で)／出自(しゅつじ)

【関連語】◆(出所)しゅっしょ◆(お里)おさと

共通する意味★その人の、人間としての、あるいは人生のある段階での出発点となっているもとの所。

【英】 *one's native place*(出身地)

使い方▼〔生まれ〕▽高貴な生まれ▽私は山国の生まれです 〔出身〕▽私は法学部の出身です▽タレント出身の候補者 〔出〕▽先祖は四国の出です▽出がはっきりしない骨董こっとう品 〔出自〕▽もと華族という出自▽作家の出自が明らかにされる

使い分け【1】「生まれ」「出自」は、どういう環境で生まれたかを問題にするのに対し、「出身」「出」は、生まれたときのことだけでなく、学歴・職歴・活動歴など、出生以後どのような経歴を通ってきたかを述べるのにも用いられる。【2】「出」は、人だけでなく物についても用いられる。「生まれ」も、「大阪生まれの流行語」「フランス生まれのファッション」のように、人間以外のものにも用いられる。【3】「生まれ」は、「明治生まれ」「三月生まれ」のように、生まれた土地や時を表わす語について、また、「出身」「出」は、「地方出身」「労働組合出身」「大阪出」「大学出」のように、生まれた土地や経歴を表わす語について用いられる。

【関連語】◆(出所)生まれた場所。また、物事の出て来た所。「彼の出所はどこだろう」「うわさの出所を探す」◆(お里)生まれ育った所。また、以前の身分、経歴。「ちょっとした言葉の端でお里が知れる」

参照▼出所⇒502-25

3 16-05 生い立ち(おいたち)／育ち(そだち)

共通する意味★どのような環境で、どのように育ち、育てられたか、という成長の過程。

使い方▼〔生い立ち〕▽犯人の生い立ちを調べる▽不幸な生い立ちにもめげず、たくましく成長した 〔育ち〕▽育ちのいい人▽育ちが育ちだからいくら気取ってみてもだめだ

使い分け【1】「生い立ち」は、誕生から大きくなるまでの個人の歴史をいう。**【英】** *one's personal history*【2】「育ち」は、人間関係、教育、雰囲気、経済状態などの成長環境の作用の結果として、成長の

仕方を表わす言い方。成長した人間を見て、「育ちがいい」「育ちがわかる」などというのはそのためで、成長の過程そのものを表わす「生い立ち」には、このような言い方はない。【英】*upbringing*【3】「生い立ち」は、「村の生い立ち」「言葉の生い立ち」のように、人間以外のものの歴史、成長などについてもいう。

3 16-06 家柄（いえがら）／家格（かかく）／門地（もんち）

共通する意味★代々の家系、歴史、社会的勢力などから判断される、その家に備わった立派さ。【英】*the status of a family*

使い方▼〔家柄〕▽あの家は宮家と姻戚関係にある家柄だ 〔家格〕▽家格を重んずる▽由緒ある家格に傷をつけた 〔門地〕▽両家は門地の高さを競い合っている▽人の値うちは門地できまるものではない

使い分け【1】「家柄」は、その家がどんな家か、ということを表わし、家の格式以外に階層（「高貴な家柄」）、家系（「代々医師の家柄」）、勢力（「有力な家柄」）、古さ（「古い家柄」）などや、雰囲気（「親しみやすい家柄」）といった、家のさまざまな側面を表わす。【2】「家格」は、「家柄」の表わすさまざまな側面を総合的にみて、その家が上か下か、という尺度でとらえる言い方。したがって、「家柄」と違い、勢力、古さ、雰囲気などを表わす語とは結びつかない。【3】「門地」は、勢力の強さも含んだ言い方。

3 16-07 家系（かけい）／家筋（いえすじ）／血筋（ちすじ）／血脈（けつみゃく）／血統（けっとう）

【関連語】◆（血）ち◆（筋目）すじめ◆（毛並み）けなみ

共通する意味★代々の血のつながり。【英】*lineage; pedigree*

使い方▼〔家系〕▽山田家は、学者の家系だ▽進取の気性に富んだ家系 〔家筋〕▽彼は由緒ある家筋の出だ▽武芸の家筋 〔血筋〕▽父親の血筋を引いて絵がうまい▽いくら血筋がよくても努力なしでは成功しない 〔血脈〕▽政治家の血脈が色濃く流れている▽彼の死で名家の血脈も絶えた 〔血統〕▽この馬はサラブレッドの血統を受けている▽公家（くげ）の血統らしいおっとりしたところがある▽血統書付きの犬

使い分け【1】「家系」は、婚姻関係や血縁による代々の家族のつながりで、公的私的、外面内面のさまざまな点から家族の系統を考えるもの。「大名の家系」（先祖の地位）、「堅実な家系」（性質）、「教師の家系」（職業）、「秀才の家系」（才能）など。【2】「家系」には、社会的に認められる「家」としての過去の一本のつながりをさす場合と、現在の家のメンバーである家族一人一人がつくり出すつながりをさす場合とがある。これに対し「家筋」は、主に「家」を問題にした言い方で、「分家した家筋」「将軍家の家筋」「長唄（ながうた）の家筋」のように、先祖や代々の身分、職業、地位などの公的な面から家の系統をいう。【3】「血筋」は、「家筋」と逆に、容姿、才能、性質などの具体的な個人の資質や存在が先祖から受け継いだものであることを表わす。【4】「血脈」は、「血脈がある」という表現に見られるように、血のつながりを表わす。【5】「血統」は、「血筋」の硬い言い方。馬、犬などに用いられることが多い。

【関連語】◆（血）血族の関係。「血は水よりも濃い（＝血縁関係は他人同士よりも絆（きずな）が強い）」「彼はさる文豪の血をひいている」◆（筋目）「血筋」の古い言い方。「筋目の正しい家柄」◆（毛並み）血統、家柄、学歴などの質。「彼の学者としての毛並みは保証付きだ」

参照▼血筋⇒018-02　血⇒018-01　毛並み⇒719-09

3 16-08 格式（かくしき）／名分（めいぶん）

共通する意味★身分に応じて守るべき一定のきまり。【英】*a formality*

使い方▼〔格式〕▽格式の高い家柄▽格式を重んじて他家と交際する 〔名分〕▽これで武士の名分が立つ▽大義名分

使い分け【1】「格式」は、身分、家柄についてのきまった礼儀作法のこと。また、それらが表わす身分や家柄をいう。「格式ばる」「格式を整える」は、礼儀作法をやかましくいって堅苦しくふるまい、身分の高い地位であることを誇示するような行動にいう。【2】「名分」は、身分に応じて守るべき道徳上の本分のことをいう。転じて、事をするについての表向きの理由、つまり名目の意味でも使われる。

3 17 …運・運命

3 17-01 運（うん）／運命（うんめい）／運勢（うんせい）／命運（めいうん）／天運（てんうん）／天命（てんめい）

【関連語】◆（巡り合わせ）めぐりあわせ◆（星回り）ほしまわり◆（命数）めいすう◆（暦数）れきすう

共通する意味★人間に幸福、不幸などをもたらす、人為を超越した作用。【英】*destiny; fate*

使い方▼〔運〕▽試験前に風邪をひくとは運が悪い▽運よく座ることができた▽運を天に任せる 〔運命〕▽彼は政治家となる運命だった▽沈みゆく船と運命を共にする▽運命の糸に操られる 〔運勢〕▽三十歳を過ぎてから運勢が開けた▽易者に運勢をみてもらう 〔命運〕▽国家の命運にかかわる一大事▽社の命運を賭（と）した大事業 〔天運〕▽これで失敗したら天運と思ってあきらめるしかない▽天運が尽きる 〔天命〕▽人事を尽くして天命を待つ（＝行うべきことを成し終えて、天の意志に任せる）▽天命を知る

(＝五十歳になる)

	□には逆らえない	□が尽きる	今年の□を占う	□がいい
運	-	○	○	○
運命	○	△	△	-
運勢	-	-	○	-
命運	-	○	-	-
天運	○	○	-	-
天命	○	○	-	-

使い分け【1】「運」は、具体的な成り行きについていうことが多い。「金運」「くじ運」「男運」「女運」「恋愛運」「家運」など他の語と複合した形で使われることも多い。また、「運がある(ない)」「運のつき」「運をつかむ」「運が向く」のように「幸運」を意味することも多い。【2】「運命」は、宿命的なという意味合いが強い。【3】「運勢」は、人間に対してのみ用いられ、占いなどの「今月の運勢」などのように、ある期間のことについていうことが多い。【4】「命運」は、特に存亡にかかわるような重大な意味を持つ。【5】「天運」「天命」は、天の意志によるという意味合いが強い。

【関連語】◆**(巡り合わせ・回り合わせ)**特に、他との関連を前提としたうえでのなりゆき。「別れた場所で再会するとは不思議な巡り合わせだ」「回り合わせが悪いのか、連れ合いとうまくいかない」◆**(星回り)**各人の幸、不幸をつかさどるとされる星の巡り。「星回りがいい」◆**(命数・暦数)**「運命」とほぼ同じ意味だが、文章の中で使われる。「命数には逆らえぬ」「暦数に従う」

参照▼天命⇒301-02　命数⇒301-02

3 17-02 験(げん)／縁起(えんぎ)

共通する意味★これから起こることがめでたいかどうかを知らせるしるし。**【英】** *an omen*

使い方▼〔験〕▽験をかついでひげを剃(そ)らない▽受験当日に茶碗が割れるとは、験が悪い　〔縁起〕▽茶柱が立つと縁起がよいといわれている▽縁起でもない(＝不吉な)ことをいうな▽縁起物のだるまを買った

使い分け 二語とも良し悪(あ)しを示す前兆をいうが、「縁起」は、「縁起物」のように、よい意味でも、また「縁起でもない」のように、不吉な悪い意味でも使われる。

参照▼験⇒818-24　縁起⇒813-06

3 18 …幸運

3 18-01 幸運(こううん)／ラッキー

【関連語】◆(僥倖)(ぎょうこう)◆(付き)(つき)

共通する意味★運がいいこと。**【英】** *good luck*

使い方▼〔幸運〕(名・形動)▽天気にめぐまれて、幸運だった▽主役という幸運が舞い込んだ▽転落したが、幸運にも助かった　〔ラッキー〕(名・形動)▽今日会えてラッキーだ▽ラッキーなヒット▽宝くじに当たったラッキーな人▽ラッキーボーイ

使い分け【1】「幸運」は、広く運がいいことに使うが、一時的な状態についての場合が多い。「好運」とも書く。【2】「ラッキー」は、主に偶然生じたできごとを評価するのに使うくだけた言い方。「よかった」「やった」と同じような意で、感嘆詞のように使われることもある。

反対語▼幸運⇔不運・非運　ラッキー⇔アンラッキー

【関連語】◆**(僥倖)**あてにしても得られないような思いがけない幸運。文章語。「こんな素晴らしい指導者に出会えたのは全くの僥倖だ」◆**(付き)**何かをするときの(幸)運。「ツキ」と片仮名で書くことも多い。「私にも付きが回ってきた」「付きに見放される」「付きも実力のうち」

3 18-02 吉凶(きっきょう)／慶弔(けいちょう)／禍福(かふく)

共通する意味★めでたいことと不幸なこと。**【英】** *fortune and* [*or*] *misfortune*

使い方▼〔吉凶〕▽おみくじで吉凶を占った　〔慶弔〕▽黒い礼服は慶弔の両方に使える　〔禍福〕▽禍福は糾(あざな)える縄のごとし(＝幸不幸は縄をより合わせたように表裏をなすものだ)

使い分け【1】「吉凶」は、運勢がよい(吉)か悪い(凶)かということ、またそうした運勢の現れとしてのできごとを表わす。生命、健康、金銭、仕事、学業、結婚など、人間生活の幸不幸に影響するあらゆる出来事を運勢的に評価する言い方。【2】「慶弔」は、出産、結婚、長寿などのめでたいことと、死去という不幸なこと、またはそれらに伴う祝いや葬儀などの営みをさす。人生の節目となるような出来事を、人間の営為の面からとらえた言い方。【3】「禍福」は、災難と幸福、またそのような出来事をいう。

3 18-03 幸先(さいさき)／吉兆(きっちょう)

【関連語】◆(吉相)(きっそう)◆(瑞相)(ずいそう)◆(瑞兆)(ずいちょう)◆(瑞祥)(ずいしょう)◆(祥瑞)(しょうずい)◆(瑞光)(ずいこう)

共通する意味★めでたいことの起こるしるし。**【英】** *a good omen*

使い方▼〔幸先〕▽計画は幸先のよいスタートを切った　〔吉兆〕▽あのときの虹(にじ)は、後の成功を知らせる吉兆だったのだ

使い分け【1】「幸先」は、いい事が起こる前兆を

いうが、特にこれから何かを行おうとするときの滑り出しをさすことが多い。【2】「吉兆」は、「吉徴」とも書く。文章語。

反対語▼吉兆⇔凶兆

【関連語】◆(**吉相・瑞相・瑞兆・瑞祥・祥瑞・瑞光**)漢字の「吉」「瑞」「祥」は、めでたいこと、またはめでたいしるし、の意。「相」「兆」は、様子、しるし、の意。「瑞光」は、めでたいことを示す光。いずれも文章語。

3 18-04 幸福(こうふく)／福(ふく)／幸せ(しあわせ)／幸い(さいわい)

【関連語】◆(**幸**)(さち)

共通する意味★恵まれていて満足できる状態にあること。**【英】***happiness; fortune*

使い方▼〔**幸福**〕(名・形動)▽幸福な人生を送る▽子供の幸福を願う▽幸福に暮らす　〔**福**〕▽笑う門(かど)には福来る▽福の神　〔**幸せ**〕▽元気で働けるのは幸せなことだ▽いつまでもお幸せに▽忍耐と努力の末に幸せをつかんだ　〔**幸い**〕(名・形動)スル▽御意見をお聞かせいただければ幸いです▽不幸中の幸い

	＿が舞い込む	＿にも(＿なことに)	私は＿だ	電車に乗り遅れたのが＿する
幸福	○	○	○	-
福	○	-	-	-
幸せ	○	○	○	-
幸い	-	○	-	○

使い分け【1】「幸福」は、精神的または物質的に心の満たされる境遇にあることで、やや長期的な状態をいう。【2】「福」は、「福は内、鬼は外」「残り物には福がある」「禍(わざわい)転じて福となす」など、成句の中で使われることが多い。【3】「幸せ」は、物事が望ましい方向に運んで、満足できる状態にあり、それをやや主観的にいうのに用いられることが多い。【4】「幸い」は、何かが自身にとって歓迎すべきことだとむしろ客観的に判断する場合に用いられる。また、多く好都合の意味で使われる。

反対語▼幸福⇔不幸　福⇔禍(わざわい)　幸せ⇔不幸せ

【関連語】◆(**幸**)(さち)「幸福」「幸い」の意の文章語。「お二人の未来に幸多かれと祈る」

3 18-05 多幸(たこう)／多祥(たしょう)

共通する意味★幸せが多いこと。**【英】***great happiness*

使い方▼〔**多幸**〕(名・形動)▽御多幸をお祈りいたします　〔**多祥**〕▽御多祥をお祈りします

使い分け いずれも、手紙の挨拶(あいさつ)文で用いることが多い。「多幸」の方が一般的。

反対語▼多幸⇔薄幸

3 18-06 吉事(きちじ)／慶事(けいじ)／好事(こうじ)／おめでた

【関連語】◆(**寿**)(ことぶき)◆(**吉**)(きち)

共通する意味★めでたいこと。祝うべき事柄。**【英】***an auspicious event*

使い方▼〔**吉事**〕▽長女の結婚、次女の大学合格と、この春は吉事が続いた　〔**慶事**〕▽慶事に祝いの品を贈る　〔**好事**〕▽好事魔多し▽好事到来　〔**おめでた**〕▽食欲がないというので心配していたら、**おめでた**だったらしい▽**おめでた**ラッシュ

使い分け【1】「吉事」は、病気回復、仕事の成功、昇進、合格、問題解決、婚約、結婚、妊娠、出産、長寿など、広く人間生活のいろいろな面でのよろこばしいできごとをさす。「きつじ」とも。【2】「慶事」は、吉事の中でも、人生の節目となり、とりたてて祝い事をするめでたいできごと、またはその祝いの行事をいう。【3】「好事」は、できごとだけでなく、条件や環境などにおいて都合がよく、有利な状態であるような場合も含め、広く結構な事柄をいう。【4】「おめでた」は、「慶事」の、特に結婚、妊娠、出産をさすことが多い。話し言葉。

反対語▼吉事⇔凶事　慶事⇔弔事

【関連語】◆(**寿**)めでたいできごとをよろこび祝うこと、その祝いの言葉、また、そのできごとやそのための儀式をさす。祝儀袋、のし紙、年賀状、祝いの記念品などに「寿」の文字を書くことが多い。◆(**吉**)よいこと。めでたいこと。「きつ」ともいう。⇔凶(きょう)。「吉と出るか凶と出るか」

3 18-07 大慶(たいけい)／同慶(どうけい)／御慶(ぎょけい)

共通する意味★めでたく、よろこばしいこと。**【英】***a great pleasure*

使い方▼〔**大慶**〕▽貴社ますます御清栄の由、大慶至極に存じ上げます　〔**同慶**〕▽お元気で御活躍とのこと、御同慶に存じます▽お仕事も順調とか、御同慶の至りです　〔**御慶**〕▽謹んで新年の御慶を申し納めます

使い分け【1】いずれもかしこまった挨拶(あいさつ)の言葉で、多く手紙文で用いられる。【2】「大慶」は、大いによろこばしいこと。「同慶」は、あなたの身の上のよろこばしいことが、私にとってもあなたと同じようによろこばしく感じられる、の意。【3】「同慶」は、ふつう「御同慶」の形をとる。「御同慶の至り」という言い方が多い。また、結婚、就職のような個人の一身上のできごとに関しては「御同慶」とはいわない。【4】「御慶」は、特に新年のよろこび、または新年を祝う挨拶の言葉として使われることが多い。

3 18-08 不運(ふうん)／非運(ひうん)／悲運(ひうん)

【関連語】◆(**アンラッキー**)

共通する意味★運が悪いこと。**【英】***misfortune; ill luck*

3 一生

使い方▼〔不運〕(名・形動)▽これからというときに死んでしまうとは、不運な奴ゃっだ▽不運にもけがで試合に出られなかった　〔非運〕▽わが身の非運を嘆く▽何をやってもうまく行かず、非運に泣いた　〔悲運〕▽大会を前に、骨折という悲運に見舞われた▽悲運の天才画家

使い分け【1】「不運」は、運が悪いことを広くいうのに使う。人の力ではどうしようもないという気持ちをこめて使われることが多い。【2】「非運」は、努力しても運が開けないこと。「否運」とも書く。【3】「悲運」は、悲しい運命。悲しいと判断する状況を示す言葉と一緒に使われることが多い。「生き別れの悲運」「悲運の死」

反対語▼不運・非運⇔幸運

【関連語】◆(アンラッキー)(形動)不運なさま。⇔ラッキー。「ほぼ勝っていた試合がアンラッキーなことに雨でノーゲームになってしまった」

3 18-09 不幸(ふこう)／不幸せ(ふしあわせ)／薄幸(はっこう)

【関連語】◆(薄命)(はくめい)◆(因果)(いんが)◆(数奇)(すうき)

共通する意味★精神的または物質的に恵まれず、不本意でつらい状態にあること。【英】*misfortune; unhappiness*

使い方▼〔不幸〕(名・形動)▽不幸な事件が次々に起こる▽不幸にも火事で蔵書の一切を失った▽身の不幸を嘆く▽不幸中の幸い　〔不幸せ〕(名・形動)▽他人を信じられない人は不幸せだ▽不幸せな人々に愛の手をさしのべよう　〔薄幸〕(名・形動)▽世間に認められることなく、薄幸の一生を閉じた▽薄幸な境涯

	＿な身の上	彼は＿だ	＿な出来事	＿にして
不幸	○	○	○	○
不幸せ	○	○	○	－
薄幸	○	－	－	－

使い分け【1】「不幸」「不幸せ」は、幸せでないこと。「薄幸」は、幸せが少ないこと。【2】「不幸」は、恵まれず満足できない境遇にあるという長期的な状態をいう場合にも、また、事件、出来事など、一時的な物事のなりゆきが望ましくなく不運であることをいう場合にも使われる。また、「身内に不幸があって会社を休んだ」のように、家族など身近な人が死ぬことにも使われる。【3】「不幸せ」は、「不幸」にくらべるとより長期的な状態をいうときに使われることが多い。「不仕合わせ」とも書く。【4】「薄幸」は、一時的な出来事には使わず、人の一生や境遇などを客観的にマイナスに判断したときに用いられる。

反対語▼不幸⇔幸福　不幸せ⇔幸せ　薄幸⇔多幸

【関連語】◆(薄命)(名・形動)薄幸な運命。「薄命の詩人」◆(因果)(名・形動)宿命的な不幸。「父親もその父親も飛行機事故で命を落としているとは、なんとも因果な話だ」◆(数奇)(名・形動)運命のめぐり合わせが悪いこと。不運という意味のほかに、運命や一生が大きく変化する、波乱に満ちているという意もある。「さっき」ともいう。「数奇な運命にもてあそばれる」

参照▼薄命⇒301-04

3 18-10 凶(きょう)／不吉(ふきつ)

【関連語】◆(不祥)(ふしょう)

共通する意味★運勢や縁起が悪いこと。【英】*an ill omen*

使い方▼〔凶〕▽性急な出店は凶と出た▽大病はするし、事故には遭うし、今年の運勢は凶らしい　〔不吉〕(名・形動)▽ゆうべ不吉な夢を見た▽不吉な予感がする

使い分け【1】「凶」は、めぐり合わせによって定まっている運勢が悪いこと。まだ実現していないことを予言的にいう場合と、すでに実現したことを評価的にいう場合とがある。【2】「不吉」は、これからの悪い運勢を暗示する状態で、事物がもっている不運のきざしとしての性質をいったり、不運を予想させる不安な感じをいったりする。

反対語▼凶⇔吉

【関連語】◆(不祥)(名・形動)縁起の悪いこと。不運なさま。「不祥事」の形で使われることが多い。

3 18-11 凶事(きょうじ)／弔事(ちょうじ)／不祥事(ふしょうじ)

共通する意味★不幸な出来事。【英】*an unfortunate incident*

使い方▼〔凶事〕▽地震、大火、洪水と凶事が続いた▽身内の凶事が重なる　〔弔事〕▽親戚の弔事に出かける▽弔事を知らせる電報　〔不祥事〕▽前代未聞の不祥事が発覚した

使い分け【1】「凶事」は、死去、病気、けが、事故、事件、天災など、人を不幸に陥れる出来事。特に死、または死を招く悲惨な出来事をさすことが多い。【2】「弔事」は、死去、または死去に伴う葬儀などの営み。【3】「不祥事」は、人為的に引き起こされた事件で、社会的に非難されるような出来事をいう。

反対語▼凶事⇔吉事　弔事⇔慶事

3 18-12 福祉(ふくし)／福利(ふくり)

共通する意味★人々に満足のいく生活をもたらすような社会環境や条件。【英】*welfare*

使い方▼〔福祉〕▽老人の自殺は福祉の貧困を物語るものである▽福祉を増進させる▽社会福祉　〔福利〕▽国民の福利をおろそかにするようでは、文化国家とはいえない▽福利厚生施設

使い分け【1】「福祉」は、社会の人々が幸福に暮らせる生活環境、特にそのための社会的な制度や設備をいう。【2】「福利」は、人々の生活環境における幸福と利益をさす。

3 18-13 冥福／菩提

共通する意味★死後の安らかさ。【英】*happiness in the other world*

使い方▼〔冥福〕▽故人の冥福を祈って合掌する〔菩提〕▽亡き母の菩提を弔う

使い分け「冥福」は、死後の幸福のこと、「菩提」は、極楽に往生すること。

3 18-14 吉報／朗報／快報

【関連語】◆(吉左右)◆(福音)

共通する意味★よろこばしいしらせ。【英】*good news*

使い方▼〔吉報〕▽作品が入賞したという吉報を受けた〔朗報〕▽新薬はこの病気に悩んでいた人々に朗報をもたらした▽優勝の朗報〔快報〕▽野球部優勝という快報に校内は沸き返った

使い分け【1】「吉報」は、結婚、出産、成功などのめでたい出来事を伝えるしらせ。【2】「朗報」は、将来に希望をもたせ、晴れ晴れとした気分にさせるような、うれしいしらせ。【3】「快報」は、心からよかったと思えるような、気持ちのよいしらせ。

反対語▼吉報⇔凶報　朗報・快報⇔悲報

【関連語】◆(吉左右)「左右」は、しらせ、音信の意。「吉報」の古い言い方。◆(福音)心配や悩みを解決し、人を幸福に導くようなありがたいしらせ。特に、キリストによってもたらされた、神からのよろこびの訪れ。「すばらしい辞書が完成したことは、翻訳家にとって大きな福音だ」

3 18-15 悲報／凶報

共通する意味★悪いしらせ。【英】*sad news*

使い方▼〔悲報〕▽友の急死という悲報に茫然となる▽全員絶望の悲報が届いた〔凶報〕▽旅先で留守宅全焼の凶報を受け取る

使い分け【1】「悲報」は、人を悲しみの底に突き落とすような、不幸なできごとを伝えるしらせ。特に、人の死去のしらせをさす。【2】「凶報」は、人の死去、不運な事件や事故、ことの絶望的ななりゆきなど、不吉で不幸なできごとを伝えるしらせ。

反対語▼悲報⇔朗報・快報　凶報⇔吉報

3 18-16 訃報／訃音／訃

共通する意味★死去のしらせ。【英】*news of one's death*

使い方▼〔訃報〕▽彼の訃報に涙した▽旅先で恩師の訃報に接する〔訃音〕▽友人の突然の訃音に言葉もなかった〔訃〕▽同僚の訃を聞いて、とるものもとりあえず駆けつけた▽氏の訃はテレビでも報じられた

使い分け「訃報」が、より一般的に使われており、それを受けとる側が使うことが多い。「訃」には、急なというニュアンスがある。「訃音」は、やや古い言い方。

3 19 …禍・災難

3 19-01 災害／災難／難／災い

共通する意味★突然身にふりかかる不幸なできごと。【英】*calamity; disaster*

使い方▼〔災害〕▽労働者の災害が激減する▽二次災害〔災難〕▽車に追突されて、とんだ災難だった▽思わぬ災難がふりかかる〔難〕▽危うく列車事故の難を免れた〔災い〕スル▽ぼやが広がって、隣近所に災いを及ぼした▽口は禍のもと(＝うっかり言ったことがわざわいの原因になるので、言葉には気をつけなければならないということ)▽わざわい転じて福となす(＝わざわいにうまく対処して、かえっていい結果になるようにする)▽遊び過ぎが災いして入学試験に失敗した

	□に見舞われる	地震による□	犬にかまれるとはとんだ□だ	台風の□をのがれる
災害	○	○	-	-
災難	○	△	○	-
難	△	-	-	○
災い	○	-	△	-

使い分け【1】「災害」は、業務上のものもあるが、洪水、地震、がけくずれなど、自然現象によるものについて使われることが多い。【2】「災害」は、被害に重点をおいた客観的な言い方で、「災害対策」「災害防止」「災害補償」「災害保険」「災害復旧」「災害手当て」「人的災害」などにみられるように、なんらかの措置の対象となるものである。【3】「災難」は、ふりかかった不幸なできごとを個人的、運命的にとらえた言い方。【4】「難」は、「飛行機事故の難」「津波の難」のように、「…の難」の形で用いられることが多い。また、「難をいえば…」のように、欠点、難点の意もある。【5】「災い」は、人が不幸になる原因となる事柄をさし、「禍」とも書く。「災いする」は、それが原因となって悪い結果をもたらすこと。

参照▼難⇒818-11

3 19-02 災禍(さいか)／災厄(さいやく)／厄(やく)／奇禍(きか)

共通する意味★ふりかかってきた災い。**【英】** *disaster; misfortune*

使い方▼〔災禍〕▽交通事故の災禍に見舞われる▽台風の災禍を防ぐために堤防の修復を行った 〔災厄〕▽日ごろから災厄にそなえる必要がある▽今年は災厄の一年であった 〔厄〕▽神社で厄を払ってもらった▽厄落とし▽厄除(やくよ)けのお守り 〔奇禍〕▽旅先で旅館が火事になるという奇禍に遭った▽ニュースで友人の奇禍を知った

使い分け【1】「災禍」は、災害や事故による災い。【2】「厄」は、個人にとりついて不幸をもたらすと考えられるもの。【3】「災厄」は、災いを「厄」としてとらえた言い方。【4】「奇禍」は、思いがけない災難。

3 19-03 惨害(さんがい)／惨禍(さんか)

共通する意味★いたましい災い。**【英】** *heavy damage*

使い方▼〔惨害〕▽北国は豪雪による惨害に見舞われた▽今度の大水害で大きな惨害をこうむった 〔惨禍〕▽戦争は計り知れない惨禍を残した▽飛行機事故の惨禍に目を覆った▽台風による惨禍

使い分け「惨害」は、いたましい災害、「惨禍」は、いたましい不幸をいう。

3 19-04 大厄(たいやく)／大難(だいなん)

共通する意味★非常に悪いできごと。**【英】** *a great calamity*

使い方▼〔大厄〕▽今年は不幸続きで、大厄の年だった▽会社は経営者の急死という大厄に見舞われた 〔大難〕▽力を合わせてこの大難を乗り切ろう▽列車事故の大難に遇った

使い分け【1】「大厄」は、身にふりかかった大きな不幸。「だいやく」ともいう。一生で最も大きな厄年(男は数え四二歳、女は三三歳)のことをいうこともある。【2】「大難」は、大きな災難、またはたいへん困難なこと。「たいなん」ともいう。

3 19-05 天災(てんさい)／人災(じんさい)／震災(しんさい)／戦災(せんさい)／変災(へんさい)

共通する意味★さまざまな災害。

使い方▼〔天災〕▽天災に見舞われる▽天災は忘れたころにやってくる 〔人災〕▽河川の修理を怠っていたのが原因ならば、今度の水害は人災だ 〔震災〕▽震災にも倒れなかったホテル 〔戦災〕▽戦災にあい、財産を失う▽戦災孤児 〔変災〕▽変災にあい建物はことごとく烏有(うゆう)に帰する

使い分け【1】「天災」は、自然による災害。**【英】** *a natural calamity*【2】「人災」は、人間の不注意や怠慢が原因で起こる災害。**【英】** *a man-made calamity*【3】「震災」は、地震による災い。特に、大正一二年九月一日の関東大震災をさすことがある。**【英】** *an earthquake disaster*【4】「戦災」は、戦争による災害。【5】「変災」は、事故や厄災。文章語。

3 19-06 地震(じしん)

【関連語】◆(揺り返し)ゆりかえし◆(余震)よしん

意味★火山活動、地殻変動などによって、大地が揺れ動く現象。**【英】** *an earthquake*

使い方▼〔地震〕▽日本は地震が多い▽地震のため電車がストップした▽地震計

【関連語】◆(揺り返し・余震)大きな地震のあとに続いて起こる比較的小さな地震のこと。**【英】** *an aftershock*

3 19-07 火難(かなん)／剣難(けんなん)／女難(じょなん)／盗難(とうなん)

共通する意味★さまざまな災難。

使い方▼〔火難〕▽火難の相▽火難除(よ)け 〔剣難〕▽剣難の相 〔女難〕▽女難の相 〔盗難〕▽ぼんやりしていて盗難にあう▽盗難車▽盗難届け▽盗難事件

使い分け【1】「火難」は、火事、やけどなど、火による災い全般をいう。【2】「剣難」は、刃物で殺傷される災難。【3】「女難」は、男性が、女性に関することで受ける災難。【4】「盗難」は、金品や品物を取られる災難。

3 19-08 水害(すいがい)／水難(すいなん)／海難(かいなん)

共通する意味★水に関する災い。**【英】** *damage by a flood*

使い方▼〔水害〕▽水害で家が流された▽水害に見舞われた地域に毛布を送る 〔水難〕▽水難の相▽水難除(よ)けのお守り 〔海難〕▽この海峡は潮の流れが激しいので、海難事故が多い▽海難救助

使い分け【1】「水害」は、洪水による災害。【2】「水難」が最も意味が広く、洪水、難破、溺死(できし)など、水によるあらゆる災いを含む。【3】「海難」は、航海中に起こる衝突、火災、沈没などの船の事故。

3 19-09 氾濫(はんらん)／洪水(こうずい)／大水(おおみず)／出水(しゅっすい)

【関連語】◆(鉄砲水)てっぽうみず

共通する意味★河川などの水が外へあふれ出ること。**【英】** *flooding*

使い方▼〔氾濫〕スル▽河川の氾濫によって家屋が流された 〔洪水〕▽洪水で家屋が水につかってしまった▽洪水警報 〔大水〕▽雨が降り続いたため大水が

出た　〔出水〕スル▽集中豪雨による出水

	＿のおそれがある	＿が起こる	＿が出る	河川が＿する	＿になる
氾濫	○	△	-	○	-
洪水	○	○	-	-	○
大水	○	-	○	-	○
出水	○	△	-	△	-

使い分け【1】「氾濫」は、水のあふれ出る状態がかなり勢いをもっている場合に用いられることが多い。また、あふれているという意味を中心に、「都会には車が氾濫している」「外来語の氾濫が目立つ」のようにも用いられる。【2】「洪水」は、広い範囲にわたって水があふれ出る状態をいうことが多い。また、「ファッション雑誌はカタカナの洪水だ」のように、多くの物があふれているの意味でも用いられる。【3】「大水」は、口語的な言い方。【4】「出水」は、「でみず」とも読む。

【関連語】◆(鉄砲水)山地で、集中豪雨などのために増した流れが、せきを切ったように激しく押し寄せること。「鉄砲水が出る」「鉄砲水に押し流された家」

参照▼氾濫⇒915-09

3 19-10 水浸し(みずびたし)／冠水(かんすい)／浸水(しんすい)／水没(すいぼつ)

共通する意味★大水などで、家屋や田畑などが水につかること。**【英】***flood*

使い方▼〔水浸し〕▽大雨で村中水浸しになった▽風呂(ふろ)の水を止め忘れたため部屋中が水浸しだ　〔冠水〕スル▽集中豪雨で道路の半分以上が冠水した▽今度の台風では田畑の冠水が心配だ　〔浸水〕スル▽家屋への浸水を防ぐ▽床下浸水　〔水没〕スル▽ダムの建設で水没した村

使い分け【1】「水浸し」は、大規模のものから小規模のものまで、広い範囲で用いられる。【2】「冠水」は、文章語。【3】「浸水」は、「船底から浸水する」のように水が入り込む意味でも用いられる。【4】「水没」は、建造物などが水中に隠れてしまうことをいう。

3 19-11 公害(こうがい)

意味★産業の発達、交通量の増加などによる、騒音、煤煙(ばいえん)、排気ガス、排水などの発生が、近隣の住民に精神的、肉体的、物質的に与えるいろいろな被害と自然環境の破壊。**【英】***environmental pollution*

使い方▼〔公害〕▽騒音公害▽公害問題

3 20 …氏名・代名詞

3 20-01 氏名(しめい)／姓名(せいめい)

共通する意味★姓と名。名字と名前。**【英】***a name*

使い方▼〔氏名〕▽住所氏名を忘れずに書くこと▽氏名不詳　〔姓名〕▽姓名を名のる▽姓名判断

使い分け通常は「氏名」が使われるが、名前のつけ方そのものを問題にする場合は、「姓名」を使う。

3 20-02 名字(みょうじ)／姓(せい)

共通する意味★その家を表わす名。**【英】***a family name*

使い方▼〔名字〕▽相手の名字を尋ねる▽名字帯刀　〔姓〕▽姓が変わる▽山田の姓を名乗る▽姓を冒す(＝他人の姓を名乗る)▽同姓同名

使い分け【1】「名字」は、「姓」よりもやや口語的な言い方。「苗字」とも書く。【2】「姓」は、人の名前のうち、その人の家の名を表わす部分をいい、その人の名を表わす「名な・めい」に対する語。

3 20-03 名(な)／名前(なまえ)／名称(めいしょう)

【関連語】◆(名)めい◆(名義)めいぎ

共通する意味★事物や人につけた呼び名。**【英】***a name*

使い方▼〔名〕な▽名を名乗れ▽姓は藤原、名は太郎　〔名前〕▽名前を呼ばれたら返事をしなさい▽この木の名前を知っていますか▽名前負け　〔名称〕▽会社の正式名称はどういうのでしょう

	会社の＿	弟の＿	坊やの＿は？	＿変更
名	○	○	○	-
名前	○	○	○	-
名称	○	-	-	○

使い分け【1】「名」「名前」は、事物の呼び名にも人の呼び名にも使われるが、「名称」は、事物や組織について使う。【2】「名」「名前」は、ともに姓名の意味にも、姓に対するその人個人の呼び名の意味にも使うが、「名前」の方がより口語的である。

【関連語】◆(名)めい 事物や人の名前。他の語と複合して使われる。「会社名」「同名の人」◆(名義)表立った名前。法的な書類で、表面上、形式上、当事者とされている者の名をさすなど、主に所属関係に使われる。「妻名義の資産」「名義変更」

参照▼名な⇒618-11　名めい⇒808-60

3 20-04 命名(めいめい)／名付(なづ)ける

【関連語】◆(ネーミング)

共通する意味★名前をつけること。**【英】** *naming*
使い方▼〔命名〕スル▽長女の命名に頭をひねる▽命名式　〔名付ける〕（カ下一）▽わが子を花子と名付けた
使い分け「命名」は、主に文章で用いられる語。広く、名前をつけることにいう。
【関連語】◆〈ネーミング〉主に商品名や会社名など、消費者に印象づけることを目的としたものに名前をつけること。「新製品のネーミングを検討する」

3 20-05 本名／実名

共通する意味★本当の名前。**【英】** *one's real name*
使い方▼〔本名〕▽森鷗外の本名は森林太郎という　〔実名〕▽実名で手記を発表する

	□を名のれ	□入りで記事を書く	□を偽る
本名	○	-	○
実名	○	○	-

使い分け【1】「本名」は、芸名、偽名など、別の名前で呼ばれることもある場合に、それらに対して使う。【2】「実名」は、あえて名前は隠さない、という意味合いをこめて使われることがある。

3 20-06 筆名／ペンネーム／雅号／芸名／四股名

共通する意味★文筆、芸能などで名のる、本名以外の名前。**【英】** *a pen name*
使い方▼〔筆名〕▽筆名で評論を発表する　〔ペンネーム〕▽二通りのペンネームを使い分ける　〔雅号〕▽風雅な雅号をつける　〔芸名〕▽師匠に芸名をつけてもらう　〔四股名〕▽郷里の山をしこ名にする
使い分け【1】「筆名」「ペンネーム」は、文章を発表するときの名前。【2】「雅号」は、日本画、書など、日本で発達した芸術作品を発表するときの名前。【3】「芸名」は、芸能人などが芸をする場で使う名前。【4】「四股名」は、相撲取りが相撲をとるときの名前。

3 20-07 古名／古称

共通する意味★古い呼び方。**【英】** *an old name*
使い方▼〔古名〕▽琵琶湖の古名は近江の海だ　〔古称〕▽いろくずはうろこの古称である

3 20-08 敬称／尊称

共通する意味★尊敬の意を表わすために使う呼び名。**【英】** *an honorific*
使い方▼〔敬称〕▽目上の人に敬称を用いる▽敬称を略す　〔尊称〕▽尊称を奉る
使い分け【1】「敬称」「尊称」とも、通常の呼び名の代わりに敬意を表わすために用いる語をいう。あなたを「貴殿」、天皇を「陛下」、師を「先生」、父親を「父上」「おとうさま」などといったもの。【2】「尊称」は、特定個人の徳などをたたえるために、その人をいう特別の呼び方もいう。徳川家康を「権現様」というなど。【3】「敬称」は、人名や役職名などのあとに添えて、その人に対する敬意を表わす語もいう。「様」「さん」「殿」「先生」など。
反対語▼敬称⇔謙称　尊称⇔卑称

3 20-09 尊名／芳名

共通する意味★相手を敬ってその姓名をいう語。**【英】** *your name*
使い方▼〔尊名〕▽御尊名はかねがね伺っております▽よろしければ御尊名を承りたい　〔芳名〕▽御芳名は承っております▽芳名世に広がる▽芳名録
使い分け【1】「尊名」は、相手に対して、その相手の姓名をさしていうときに使われることが多く、「芳名」は、相手に署名をしてもらう場合に使うことが多い。【2】「御尊名」「御芳名」のように、「御」をつけるのは、敬語の重複であるが、実際には「御」をつけて使われることのほうが多い。【3】「尊名」「芳名」とも、よい評判の意でも使われる。

3 20-10 通称／通り名／俗称

【関連語】◆（あだ名）◆（ニックネーム）

共通する意味★本名や正式な名称とは別に、ふつうに使われる名前や呼び方。**【英】** *(an) alias*
使い方▼〔通称〕▽利根川は通称坂東太郎という　〔通り名〕▽彼は、通り名を「タツ」という　〔俗称〕▽ガマガエルはヒキガエルの俗称だ
使い分け【1】「通り名」は、「通称」よりもくだけた言い方。【2】「俗称」は、人間にはあまり使わない。【3】「俗称」には、僧が出家する前の名の意味もある。
【関連語】◆（あだ名・ニックネーム）本名とは別に他人を親しんで、また、あざける気持ちから付けた名。「あだ名」は、「渾名」「綽名」とも書く。

3 20-11 名乗る／称する／称える

共通する意味★自分の名を相手に告げる。また、自分の名として用いて、そう呼ぶ。**【英】** *to give one's name*
使い方▼〔名乗る〕（ラ五）▽名乗るほどの者ではない▽結婚して鈴木の姓を名乗る▽落とし主が名乗って出る▽義経の末裔を名乗る　〔称する〕（サ変）▽八幡太郎義家と称する▽彼は名門の出と称している▽がんによく効く薬と称して売りつける　〔称える〕（ア下一）

二▽自ら神の子と称える

	山田と□	自ら天才と□	新聞記者と□男	病気と□て休む	五代目団十郎を□
名乗る	○	－	○	－っ－	○
称する	○	○	○	－し○	△
称える	－	○	－	－え－	○

使い分け【1】「名乗る」「称する」は、自分の姓名や身分、出自などを相手に告げ知らせる意。「称える」は、その場合には使わない。【2】「称する」「称える」は、そのような者であるとして世間に通用するように自分で自分を名づけて、人前で公然とそう呼ぶ意にも使われる。「名乗る」は、その場合には使わない。【3】「名乗る」は、自分がその当人であることを申し出る意や、自分の名として用いる意にも使う。【4】「称する」は、本当はそうではないのに、偽ってそのようにいう意にも使われる。

3 20-12 さん／君(くん)／氏(し)／様(さま)／殿(どの)

共通する意味★人名や人を表わす語に添えて、敬意を表わす語。**【英】** *Mr.; Mrs.; Miss; Ms.*

使い方▼〔さん〕(接尾)▽交番のおまわりさん▽八百屋さんで大根を買って来て▽かわいい娘さんだ▽動物園のおさるさん　〔君〕(接尾)▽道で鈴木君に会った　〔氏〕(接尾)▽田中氏の意見に賛成だ▽氏はこの分野の権威だ　〔様〕(接尾)▽山田様がおみえになりました▽御令息様　〔殿〕(接尾)▽警察署長殿

	山田□	花子□	部長□	どなた□ですか	某□
さん	○	○	○	○	－
君	○	○	－	－	△
氏	○	－	－	－	○
様	○	○	○	○	－
殿	○	○	○	－	－

使い分け【1】「さん」は、「様」の転。「様」よりくだけた言い方で、親しみの気持ちをこめて使う。【2】「さん」「様」「殿」は、人名だけでなく、官職名につけて用いることができる。【3】子供が言ったり、子供に言ったりするとき、「おいもさん」「象さん」のように、動植物や食べ物にもつけることがある。【4】「さん」「様」は、相手のしてくれたことに関する言葉や、挨拶(あいさつ)の言葉につけて、親しみや丁寧の気持ちを表わす場合にも使われる。その場合、「お疲れさん」「お待ち遠さん」「ご苦労さま」など「お」や「ご」のついた語につくことが多い。【5】「君」は、主として男性間で用いる語で、同輩または目下の名前を呼ぶときの語。男性が女性を呼ぶときや女性が男性を呼ぶときにも使われることがある。【6】「氏」は、他人の姓名につけて用いる。【7】「様」「殿」は、公式の場や、事務的な手紙、文書の中で用いられる。ただし「殿」は一般の会話では用いない。

参照▼氏⇒320-33

3 20-13 方(がた)／達(たち)／共(ども)／等(ら)／連(れん)

【関連語】◆(等)とう◆(等等)とうとう

共通する意味★複数の人を表わす語。

使い方▼〔方〕(接尾)▽皆様方の御多幸をお祈りします▽先生方にはこの三年間たいへんお世話になりました▽ご婦人方　〔達〕(接尾)▽君たちに話がある▽男たちが騒いでいる▽鳥たちがいっせいにさえずる　〔共〕(接尾)▽野郎ども、用意はいいか▽口うるさいガキどもだ　〔等〕ら(接尾)▽君らの出る幕じゃあない▽私らにはわかりません▽これらの手がかりをつなぎあわせてみる　〔連〕(接尾)▽おばさん連が押しかける

	私□	あなた□	彼□	子供□	若者□
方	－	○	－	－	－
たち	○	○	－	○	○
ども	○	－	－	－	○
ら	○	△	○	○	△
連	－	－	－	－	○

使い分け【1】五語とも、人を表わす名詞や代名詞について、複数であることを表わす。【2】「方」は、敬意をこめて使う。「たち」は話者が同等と考える人物を表わす語につき、「ども」「ら」は、見下したり軽蔑したりする人物を表わす語につく。「連」は、親しみや軽侮の気持ちを含んで用いる。【3】「たち」は、人だけでなく、生き物についても使う。【4】「手前どもの店では扱っておりません」のように、「ども」「ら」が自称の代名詞につく場合は、謙遜(けんそん)の意を表わす。【5】「たち」「ら」は、一人の代表者をあげて、同じ仲間がほかにもいることを表わす場合にも使う。「芭蕉(ばしょう)たちの一行」「山田君らのしわざ」【6】「ら」は、「これら」「それら」のように指示代名詞について複数を表わしたり、「ここら」「そこら」のように、そのあたり、の意でも使われる。【7】「連」は、人を表わす名詞について、仲間、つれ、連中の意を表わす。

【関連語】◆(等)とう(接尾)同類の中から代表例をあげ、他のものを省略するときに使う語。「電気、ガス等の光熱費」◆(等等)とうとう(接尾)並列した名詞について、「等」を強めていう語。「東京・大阪・名古屋等々の大都市」

3 20-14 さん付(づ)け／君付(くんづ)け 呼(よ)び捨(す)て

共通する意味★人のよび方のかたち。

使い方▼〔さん付け〕▽年下でも先輩だからさん付けで呼ぼう　〔君付け〕▽国会では男女とも君付けで呼ばれる　〔呼び捨て〕▽君から呼び捨てにされる覚えはない

使い分け【1】「さん付け」は、人の名前の下に「さん」を付けて呼ぶことで、敬意や親しみを表わす呼び方。【英】*to mister*【2】「君付け」は、名前の下に「君」を付けて呼ぶことで、目下か同等の相手に対して親しみを込めて使う呼び方。多く男性間で用いる。【3】「呼び捨て」は、人を呼ぶときに敬称をそえないで、その人の姓もしくは名前だけを呼ぶこと。相手を卑しめる場合か、親しい間柄で用いる。

3 20-15 諸君（しょくん）／諸子（しょし）／諸賢（しょけん）／諸兄（しょけい）／諸姉（しょし）

【関連語】◆（諸氏）しょし◆（諸家）しょか

共通する意味★多くの人を尊敬の気持ちをこめてさす語。また、多くの人への呼びかけの語。【英】*my friends*

	□の健闘を祈る	□の御批判を請う	先輩□	読者□
諸君	○	-	-	△
諸子	○	-	-	△
諸賢	-	○	-	○
諸兄	-	○	○	△
諸姉	-	○	○	△

使い分け【1】どの語も改まった言い方で、主として男性が使う。さす相手は、「諸兄」は男性、「諸姉」は女性で、他の三語はどちらかを特定しない。【2】「諸君」「諸子」は、同輩以下の人々への呼びかけに使われる。【3】「諸賢」が、五語の中では最も丁寧な語で、読者や聴衆に対して呼びかけるときに使う。

【関連語】◆（諸氏）「諸君」より改まった言い方で、多くの人をさす。「諸氏の御好意を無には致しません」◆前述の数名の人をまとめていうときにも用いる。「ここで諸氏の意見を整理してみよう」◆（諸家）多くの人々、特に、自ら中心となって一派を立てたり、権威者として知られている専門家の人々。「諸家の提言を参考にする」

3 20-16 お歴歴（れきれき）／お偉方（えらがた）／お偉（えら）いさん

共通する意味★地位、身分などの高い人々。【英】*notables*

使い方▼〔お歴歴〕▽土地のお歴々が集まる　〔お偉方〕▽現場を知らないお偉方　〔お偉いさん〕▽お偉いさんには逆らえませんよ

使い分け【1】「お歴歴」は、身分が高いというだけでなく、実力、影響力、家柄などで、ある団体や地域などの指導的立場にある人々をいう。【2】「お偉方」「お偉いさん」には、自分たちとは異なった世界の人々という意識があり、皮肉、冷笑、ねたみ、からかいなどを含んでいる。

3 20-17 両人（りょうにん）／両者（りょうしゃ）／両方（りょうほう）／双方（そうほう）

共通する意味★二人の人。また、二つの側。【英】*both*

	□を引き合わせる	□とも悪い！	□をしかる	労使の□
両人	○	○	△	-
両者	○	○	△	-
両方	○	○	○	-
双方	○	○	○	○

使い分け【1】「両人」は、二人の人。二人で一対の場合や、他から見てまとまっている間柄、または相対する間柄の二人にいう。「よっ、御両人！」などと「御」を付けてもいう。【2】「両者」は、相対する者のそれぞれをいう。また、「両者の長短をよく考えて選ぶ」など、人間以外の場合にも使われる。【3】「両方」は、相対する場合と、二つの物事を並べていう場合のどちらにも使う。「両者」よりも人以外の場合に使うことが多い。人にいうときは、話し言葉として用いる。【4】「双方」は、「両方」よりも改まった言い方。両サイドの意味で、集団的なものにも用いる。

3 20-18 本人（ほんにん）／当人（とうにん）

共通する意味★そのことに直接関係する人。【英】*the person himself［herself］*

使い方▼〔本人〕▽行くか行かないかは本人次第だ　〔当人〕▽うわさの当人はけろっとしている

	□の話を聞く	□が先方へ出向く	□に間違いない	□同士で話し合う
本人	○	○	○	-
当人	○	△	-	○

使い分け【1】「本人」は、他の人ではなく、その人自身という意味で使われる。【2】「当人」は、そこで問題になったり、話題になったりしている当事者であるその人という意味で使われる。

3 20-19 他人（たにん）／第三者（だいさんしゃ）

共通する意味★その事になんの関係もない人。【英】*others*

使い方▼〔他人〕▽他人の出る幕じゃない▽他人行儀

3 一生

〔第三者〕▽第三者に間にはいってもらう▽第三者の立場で物を言う

	□をまきこむ	□は口出しするな	□の目から判断する	□扱い
他人	○	○	-	○
第三者	○	-	○	-

使い分け【1】「他人」は、自分以外の人間をいう。また、自分の仲間ではなく、その事柄に関係していないので、利害を共にする必要のない人の意で使う。【2】「第三者」は、自分を含めた当事者以外の人間をいう。その事柄に関係していないので、公平な立場で物事の判断ができる人という意味合いを含めて使うことが多い。【3】「他人」には、「赤の他人」「他人の空似」のように、血縁のない人という意もある。

反対語▼第三者⇔当事者

320-20 一人称(いちにんしょう)／二人称(ににんしょう)／三人称(さんにんしょう)

【関連語】◆(自称)じしょう◆(対称)たいしょう◆(他称)たしょう

共通する意味★話し手、聞き手の関係による人のとらえ方。

使い分け【1】「一人称」は、話し手(書き手)自身をさし示す言葉のこと。「わたし」「ぼく」など。**【英】***the first person*【2】「二人称」は、話し手(書き手)に対して聞き手(読み手)をさし示す言葉のこと。「きみ」「おまえ」「あなた」など。**【英】***the second person*【3】「三人称」は、話し手(書き手)、聞き手(読み手)以外の人または物をさし示す言葉のこと。「彼」「彼女」「あれ」「これ」など。**【英】***the third person*

【関連語】◆(自称・対称・他称)それぞれ一、二、三人称の別の呼び方。

参照▼対称⇒805-52

320-21 わたし／わたくし

共通する意味★自分のことをさす語。**【英】***I*

使い方▼〔わたし〕(代名)▽今、おっしゃったのはわたしのことですか▽わたしは弁護士です　〔わたくし〕(代名)▽わたくしは新郎の友人で○○と申します

使い分け【1】「わたし」「わたくし」は、どちらも「私」と書く。「わたし」は、話し言葉としては、話し手が女性の場合はごくふつうの言い方だが、男性の場合はやや改まった感じになる。「わたくし」は、話し言葉としては、やや形式ばった改まった言い方となる。【2】書き言葉では、「私(わたし・わたくし)」が、一般的に使われる。【3】「わたくし」には、「私事(わたくしごと)」「私(わたくし)の事情」のような言い方で、個人的な、の意味がある。

320-22 あたし／あたくし／あたい

共通する意味★女性が自分をさしていうときに使う口語。**【英】***I*

使い方▼〔あたし〕(代名)▽あたしに最初に教えてね　〔あたくし〕(代名)▽その指輪、あたくしのでございます　〔あたい〕(代名)▽その服はあたいんだよ

使い分け【1】「あたし」は、「わたし」のややくだけた言い方。【2】「あたくし」は、気どった言い方。【3】「あたい」は、俗語。一般にはほとんど使われない。

320-23 おれ／僕(ぼく)／わし／おいら／おら／あっし／こちとら

共通する意味★男性が自分をさしていうときに使う口語。**【英】***I*

使い方▼〔おれ〕(代名)▽彼とはおれお前の間柄だ　〔僕〕(代名)▽僕と遊ぼう▽僕の車で行こう　〔わし〕(代名)▽わしの言うとおりにしなさい　〔おいら〕(代名)▽おいらが一番だい　〔おら〕(代名)▽おらが村　〔あっし〕(代名)▽あっしにおまかせください　〔こちとら〕(代名)▽こちとら江戸っ子だい

使い分け【1】「おれ」は、同等もしくは目下に対して用いる。「俺」とも書く。【2】「僕」は、話し手や話す相手の年齢、立場に関わらず、一般に使われる。小さな子供に対しては、呼びかける語としても使われる。「僕のお名前は何ていうの」【3】「わし」は、年輩者に多く使われる。少し古く、時には威厳を感じさせる言い方。【4】「おいら」「おら」「あっし」「こちとら」は、俗語。一般にはほとんど使われない。

320-24 吾人(ごじん)／余(よ)／我が輩(わがはい)／我(われ)／それがし

共通する意味★男性が自分のことをさしていう古風な言い方。**【英】***I*

使い方▼〔吾人〕(代名)▽吾人の知るところではない　〔余〕(代名)▽余は満足である　〔我が輩〕(代名)▽我が輩にも見せてくれたまえ　〔我〕(代名)▽我とともに来たれ　〔それがし〕(代名)▽それがしにおまかせくだされ

使い分け【1】いずれも、固苦しく、古風な言い方。【2】「それがし」は、「某」とも書いた。

参照▼余⇒912-06　それがし⇒320-36

320-25 小生(しょうせい)／不肖(ふしょう)／愚生(ぐせい)／小弟(しょうてい)／手前(てまえ)／拙者(せっしゃ)

共通する意味★男性が自分のことをへりくだっていう言い方。**【英】***I*

使い方▼〔小生〕(代名)▽小生もその会には出席いたします　〔不肖〕(代名)▽不肖儀、この度…▽不肖○○、命

にかえてやり通します　〔愚生〕(代名)▽後ほど、愚生よりご連絡申し上げます　〔小弟〕(代名)▽小弟の心中、お察し下さい　〔手前〕(代名)▽手前どもの店では扱っておりません　〔拙者〕(代名)▽拙者は怪しい者ではござらぬ

使い分け【1】「小生」「不肖」「愚生」「小弟」は、文章語。手紙などで用いることが多い。【2】「手前」は、ぞんざいな言い方では「てめえ」となり、二人称としても使われる。【3】「拙者」は、現在では、目下の人や同輩に対して、気どったり、ふざけたりして使う。

反対語▼小弟⇔大兄

参照▼不肖⇒207-21　小弟⇒313-07

3 20-26 自分(じぶん)／自分自身(じぶんじしん)／自己(じこ)／己(おのれ)

【関連語】◆〈自身〉(じしん)

共通する意味★何かをする当の本人。**【英】** *self; oneself*

使い方▼〔自分〕▽自分のことは、自分で決めろ　〔自分自身〕▽自分自身を大切にしなければならない　〔自己〕▽自己の生き方を考える▽自己満足▽自己流　〔己〕▽己の考えに固執する

使い分け【1】「自分自身」は、「自分」本人であることを強調していう語。【2】「自分」は、「自分の体」「自分の考え」のように、具体的な物、抽象的なものいずれの場合にもいうが、「自己」は、「自己の信念を貫く」のように、抽象的なものにいう。【3】「己」は、やや古めかしい言い方。【4】「自分」は、男性が改まったときに一人称の代名詞として用いることもある。「その企画は自分が考えました」

【関連語】◆〈自身〉単独でも用いるが、通常は他の語と複合して「…自身」の形で用い、「…」の部分を強調したり、「みずから」の意を添えたりする。「自身の力で成し遂げる」「彼自身の問題だ」「彼女自身で出かけて行った」

3 20-27 私達(わたくしたち)／我我(われわれ)

【関連語】◆〈私共〉(わたくしども)◆〈手前共〉(てまえども)◆〈我ら〉(われら)

共通する意味★話し手を含んだ複数の人を、第一人称として、ひとまとめにさす語。**【英】** *we*

使い方▼〔私達〕(代名)▽私達は同級生です　〔我我〕(代名)▽我々は今すぐ改革をおこなうべきだ

使い分け【1】「私達」は、話し言葉でも書き言葉でも用いる。【2】「私達」は、「わたしたち」ともいうが、「わたくしたち」の方が、より改まった言い方。【3】「我々」は、文語的で硬い言い方。

【関連語】◆〈私共〉(代名)へりくだった言い方。「わたしども」ともいう。「私共の家へもお越し下さい」◆〈手前共〉(代名)へりくだった言い方。商店や会社などで用いる。◆〈我ら〉(代名)文語的。「我らの子孫に緑の地球を」

3 20-28 あなた／お宅(たく)／汝(なんじ)

共通する意味★聞き手をさして呼びかける語。**【英】** *you; thou*(古)

使い方▼〔あなた〕(代名)▽あなたはどちらにお住まいですか　〔お宅〕(代名)▽お宅、生まれはどこ　〔汝〕(代名)▽なんじらごときに言うべきことではない

使い分け【1】「あなた」は、自分と同輩程度の人に用い、目上の人には用いない。【2】「お宅」は、相手の家や家族をさすことがある。【3】「あなた」「お宅」は、「さま」をつけるとより丁寧な言い方となる。【4】「汝」は、文章語で古い言い方。

3 20-29 君(きみ)／お前(まえ)

【関連語】◆〈貴様〉(きさま)

共通する意味★同輩以下の聞き手に呼びかける語。**【英】** *you*

使い方▼〔君〕(代名)▽君の判断はまちがっている　〔お前〕(代名)▽お前に意見される筋合はない▽お前は先に帰れ

使い分け【1】「君」は、やや気どった相手に対して距離をおいた言い方。【2】「お前」は、やや乱暴な言い方。親しい相手に用いられる。

【関連語】◆〈貴様〉(代名)男性が、相手をののしって、または非常に親しい同輩以下の相手に呼びかける語。

3 20-30 貴君(きくん)／貴兄(きけい)／貴下(きか)

共通する意味★主に男性が書簡文などで、同輩(以下)の男性をさしていう語。**【英】** *you*

使い方▼〔貴君〕(代名)▽貴君の健康を祈る　〔貴兄〕(代名)▽貴兄の成功を祈る　〔貴下〕(代名)▽貴下のますますの発展を祈る

3 20-31 貴殿(きでん)／尊台(そんだい)／貴台(きだい)／尊堂(そんどう)／貴公(きこう)／尊公(そんこう)

共通する意味★主に書簡文などで、男性の相手を敬っていう語。**【英】** *you*

使い方▼〔貴殿〕(代名)▽貴殿におかれましては…　〔尊台〕(代名)▽尊台の御来駕(らいが)を乞う　〔貴台〕(代名)▽貴台の御書面拝読いたしました　〔尊堂〕(代名)▽尊堂の御出席を賜りたく…　〔貴公〕(代名)▽貴公の御芳情いたみ入ります　〔尊公〕(代名)▽尊公の御同席を賜りたく…

3 20-32 彼(かれ)／彼氏(かれし)／彼女(かのじょ)

共通する意味★話し手、相手以外の第三者をさしていう語。また、恋人、愛人などをいう語。**【英】** *he;*

she
使い方▼〔彼〕(代名・名)▽彼は正直な人間だ▽彼が適任だ▽どうやら彼ができたみたい　〔彼氏〕(代名・名)▽あそこの彼氏にも聞いてみよう▽彼氏によろしく　〔彼女〕(代名・名)▽彼女の姿がみえない▽彼女は学生だ▽僕の彼女を紹介します
使い分け【1】「彼」「彼氏」は、男性、「彼女」は、女性をさして使い、ふつう自分と同輩か、目下の人をさす場合に用いる。【2】恋人、愛人の意味では、代名詞ではなく名詞として使われる。【3】「彼氏」「彼女」は、自分と同年輩か年下の、名前を知らない人への呼びかけに用いる場合もある。「ちょっと、彼氏、しゃきっとしなさいよ」「彼女、お茶飲まない」

3 20-33 氏(し)／同氏(どうし)／同君(どうくん)

【関連語】◆(両氏)りょうし

共通する意味★今、言及している人をさしていう語。
使い方▼〔氏〕▽氏の専攻は地球物理学です　〔同氏〕▽同氏は詩人でもあります　〔同君〕▽同君とは学生時代同じ下宿に住んでいただけです
使い分け【1】一度話題にのぼった「○○氏」「○○君」を受けて、その名前を省略していう。三語とも、代名詞のように使う語。【2】「同君」は、同輩か目下の人をさす場合にいう。
【関連語】◆(両氏)言及している二人をいう。「両氏の承認も得ております」
参照▼氏⇒320-12

3 20-34 あいつ／そいつ

共通する意味★軽蔑(けいべつ)、または親しみをこめて、第三者をさす語。また、事物をぞんざいにいう語。
【英】 *that fellow*
使い方▼〔あいつ〕(代名)▽あいつにだけは負けたくない▽こんなとき、あいつがあるといいんだが　〔そいつ〕(代名)▽そいつの話をするな▽そいつに会ってみたい▽そいつを机の上に置け▽そいつはいいや
使い分け【1】「あいつ」「そいつ」とも、話題になっている人物や物事をぞんざいにさす場合に使う。「そいつ」は、自分や相手がすぐ前に述べた人物や物事についていうが、「あいつ」は互いにわかっている人物や物事の場合に使う。【2】実際にそこに見えている人や物をさす場合、「あいつ」は、自分からも相手からも遠い場所にある場合に使い、「そいつ」は、相手に近い所にある場合に使う。【3】「そいつ」は、「そいつは困ったな」などのように、相手の話を受けて、その内容全体をさすこともあるが、「あいつ」にはその用法はない。

3 20-35 こいつ／こやつ／この方(かた)

共通する意味★目の前にいる人をとりたてていう語。**【英】** *this man*
使い方▼〔こいつ〕(代名)▽①こいつはだれだい？▽②こいつは便利だ　〔こやつ〕(代名)▽こやつは何という名前じゃ　〔この方〕(代名)▽この方はどなたですか？
使い分け【1】「こいつ」「こやつ」は、おとしめて乱暴にいう語。「この方」は、丁寧な言い方。【2】「こやつ」は、古めかしい言い方。【3】「こいつ」は、例文②のように物事をさしても使えるが、「こやつ」「この方」は、人についてのみ使う。

3 20-36 誰(だれ)それ／誰誰(だれだれ)／なにがし／誰(だれ)がし／それがし／某(ぼう)／某氏(ぼうし)／何某(なにぼう)

共通する意味★人の名前を知らないときや、ぼかしていうときにその名の代わりとして用いる語。**【英】** *so-and-so*
使い方▼〔誰それ〕(代名)▽どこのだれそれかはっきり言え　〔誰誰〕(代名)▽だれだれの仕業だろう　〔なにがし〕(代名)▽小林なにがしの作品　〔誰がし〕(代名)▽書類は部内のだれがしかに預けたようだ　〔それがし〕(代名)▽彼は何のそれがしと名乗った　〔某氏〕▽某氏の情報によれば…　〔某〕▽大野某の発言　〔何某〕(代名)▽どこの何某かは知らないけれど
使い分け【1】「だれだれ」は、「だれとだれ」のように複数の不特定の人をさし、「今年の年賀状はだれだれに出そう」のようにも使われる。【2】「なにがし」は、「なにがしかの金」のように、不特定の数量をもいう。【3】「だれそれ」は「誰某」、「なにがし」は「某」「何某」、「だれがし」は「誰某」、「それがし」は「某」とも書く。
参照▼それがし⇒320-24

3 20-37 誰(だれ)／どなた／どの方(かた)／どの人(ひと)／何者(なにもの)

【関連語】◆(どいつ)◆(何奴)なにやつ

共通する意味★言及する人物が分からない場合、その人をさすのに用いる語。**【英】** *who*
使い方▼〔誰〕(代名)▽次期委員長はだれですか▽きみはだれだ　〔どなた〕(代名)▽社長はどなたですか▽この方はどなたですか　〔何者〕▽こんな失礼なことを言うのは何者だ　〔どの方〕▽次期社長はどの方に決まるのでしょう　〔どの人〕▽どの人が一位になるのでしょう

	ガラスを割ったのは□ですか	□に手伝わせようかな	あなたは□ですか	この写真の中の□がお父さんですか
だれ	○	○	○	△
どなた	○	-	○	○
何者	○	-	○	-

3 一生

	どの方	どの人
	○	○
	-	○
	-	-
	○	○

使い分け【1】「だれ」「どなた」「何者」は、聞き手をさして用いることができるが、「どの方」「どの人」は、聞き手をさしてはいえない。【2】「だれ」「どなた」「何者」は、名前と出身、素性などを尋ねる場合に用いられる。ただし、「だれ」「何者」は、「次の会長に決まった○○ってだれ(何者)だ」のように、すでに名前が明らかであっても、どういう意志や背景をもった人物か明らかではない場合に、それを尋ねるのにも用いられる。【3】「だれ」より「どなた」のほうが丁寧な言い方。【4】「どの方」のほうが「どの人」より丁寧な言い方。

【関連語】◆**(どいつ)**(代名)おとしめて乱暴にいう言い方。「石を投げたのはどいつだ」◆**(何奴)**「何者」をおとしめて、また、語気を荒げていう言い方。「彼はいったい何奴だ」「何奴。名をなのれ」

4 衣食住

01…衣服
02…衣料
03…装身具
04…着る・飾る
05…裁縫・仕立て
06…食事
07…食品
08…料理
09…酒・飲酒
10…台所用品
11…家
12…建物
13…庭・塀
14…風呂・入浴
15…掃除
16…建築
17…家具
18…機械・器具
19…日用品
20…物品・廃棄物

4-01…衣服

4 01-01

衣服(いふく)／**衣類**(いるい)／**着物**(きもの)／**着衣**(ちゃくい)
被服(ひふく)／**衣装**(いしょう)／**装束**(しょうぞく)／**衣**(ころも)

【関連語】◆**(お召物)**おめしもの◆**(衣料)**いりょう◆**(ドレス)**◆**(洋品)**ようひん

共通する意味★人が身にまとうもの。**【英】** *clothing*

使い方▼〔衣服〕▽衣服を改める▽衣服を着ける〔衣類〕▽衣類の整理をする 〔着物〕▽着物を着替える 〔着衣〕▽着衣を取って診断を受ける 〔被服〕▽被服費がかさむ 〔衣装〕▽あの人は実に衣装持ちだ▽舞台衣装 〔装束〕▽派手な装束を身につける〔衣〕▽旅の衣を身にまとう▽衣替え

使い分け【1】「衣服」は、主に外側に着る上着、ズボン、羽織の類についていう。【2】「衣類」は、帯、靴下、肌着などまで含めて体に着けるものすべてに対する総称。【3】「着物」は、広くは洋服をも含めて「衣服」の意であり、狭い意味では「和服」をさす。【4】「着衣」は、身につけている衣服の意。また「着衣のモデル」のように、衣服を身につけることもいう。【5】「被服」は、衣服一般をいうやや硬い言い方。【6】「衣装」「装束」は、特に外出、儀式などのときにつける礼服、式服などの服装をいう。【7】「衣」は、身にまとうもの一般をさす。また、僧の着ける「僧衣」を意味することもある。

【関連語】◆**(お召物)**着る人を敬ってその着物をいう。「お召物をお預かりいたします」◆**(衣料)**衣類、またその材料をいう。「衣料品」◆**(ドレス)**衣服、服装などの総称であるが、一般には婦人服をいう。また、特に礼服や優美なものをさすこともある。◆(洋品)洋風の衣類と、その付属品をいう。「洋品店」
参照▼着物⇒401-03　衣⇒604-78

401-02 洋服(ようふく)／服(ふく)

共通する意味★和服に対して、西洋風の衣服。【英】*a dress*
使い方▼〔洋服〕▽洋服だんす▽洋服掛け　〔服〕▽暑かったら服を脱いでください▽作業服
使い分け【1】特に「和服」に対立させたい場合は、「洋服」を使う。【2】「服」は、和服、洋服に限らず着衣をいうが、「洋服」の上着をさすことも多い。
反対語▼洋服⇔和服・着物

401-03 和服(わふく)／着物(きもの)

共通する意味★日本に古くからある形の衣服。【英】*a kimono*
使い方▼〔和服〕▽彼女は和服がよく似合う　〔着物〕▽正月には着物を着る
使い分け「着物」は、狭い意味では「和服」をいう。ただし、広い意味では洋服までも含む「衣服」を表わす。
反対語▼洋服
参照▼着物⇒401-01

401-04 晴れ着(はれぎ)／よそゆき／一張羅(いっちょうら)／街着(まちぎ)

共通する意味★外出用に着る、改まった衣服。【英】*one's best clothes*
使い方▼〔晴れ着〕▽正月の晴れ着を作る　〔よそゆき〕▽よそゆきに着替える　〔一張羅〕▽とっておきの一張羅を着る　〔街着〕▽街着で出掛ける
使い分け【1】「晴れ着」は、一定の様式があるわけではなく、質の良し悪しにかかわらず、その衣服が晴れがましい場所にふさわしいかどうかによって決まる。【2】「よそゆき」は、「晴れ着」に近いが、「晴れ着」ほど飾りたてたものでなくてもよい。「ふだん着」に対して、他人を訪問するときなどに着る改まった服装の類。【3】「一張羅」は、持っている衣服のうちで、たった一着きりの上等のもの。【4】「街着」は、「ふだん着」から、外出用に着替える服。「タウンウエア」ともいい、街で着るのにふさわしい機能と雰囲気を持ち、買い物、散歩、ちょっとした会合などに着る。
反対語▼晴れ着・よそゆき⇔ふだん着

401-05 古着(ふるぎ)／着古し(きふるし)／お古(ふる)

共通する意味★長い間着て、古くなった衣類。【英】*old clothes*
使い方▼〔古着〕▽古着屋で古着を買う　〔着古し〕▽他人の着古しをもらう　〔お古〕▽このセーターは兄のお古だ
使い分け「お古」は、衣類以外にも使うことができる。

401-06 ぼろ／粗衣(そい)

【関連語】◆(弊衣)へいい◆(つづれ)◆(襤褸)らんる
共通する意味★破れたり、つぎはぎだらけの粗末な衣服。【英】*rags*
使い方▼〔ぼろ〕▽ぼろをまとう　〔粗衣〕▽粗衣粗食
使い分け【1】「粗衣」は、文章語。【2】「ぼろ」は、「襤褸」とも書く。
【関連語】◆(弊衣・つづれ・襤褸)いずれも破れてぼろぼろの衣服の意で、文章語。
参照▼ぼろ⇒818-08

401-07 夏物(なつもの)／夏着(なつぎ)／夏服(なつふく)

共通する意味★夏の季節に着る衣服。【英】*summer wear*
使い方▼〔夏物〕▽夏物の衣類を出す　〔夏着〕▽夏着をしまって、冬支度を始める　〔夏服〕▽夏服に着替える
使い分け「夏物」は、夏に用いられる衣服以外の物にもいう。
反対語▼夏物⇔冬物　夏着⇔冬着　夏服⇔冬服

401-08 冬物(ふゆもの)／冬着(ふゆぎ)／冬服(ふゆふく)

共通する意味★冬の季節に着る暖かい服。【英】*winter wear*
使い方▼〔冬物〕▽冬物のバーゲンが始まる▽冬物をクリーニングに出す　〔冬着〕▽十月に入り、冬着に着替えた　〔冬服〕▽十月に入り、学生の制服も冬服にかわった
使い分け「冬物」は、冬に用いられる衣服以外の物にもいう。
反対語▼冬物⇔夏物　冬着⇔夏着　冬服⇔夏服

401-09 合い着(あいぎ)／合い服(あいふく)

共通する意味★冬と夏、夏と冬の間の、春秋に着る服。【英】*between-season wear*
使い方▼〔合い着〕▽秋冬兼用の合い着があると便利だ　〔合い服〕▽もう冬服をぬいで合い服にしよう
使い分け【1】「合い着」は、和服、洋服どちらにも使うが、「合い服」は、洋服だけに使われる。【2】「春物」「春着」「秋物」などという言い方もある。ただし「秋着」とはいわない。

4 01-10 礼服／式服／フォーマルウエア

共通する意味★改まった席に出る場合に着用する服装。**【英】** *formal dress*

使い方▼〔礼服〕▽創立記念日には礼服を着用のこと〔式服〕▽全員が黒い式服を着て集まった〔フォーマルウエア〕▽晩餐会用のフォーマルウエア

使い分け「礼服」「式服」は、「平服」に対して、儀式のときに使われる正装。たとえば、紋付き、モーニングなどのように一定の様式があり、祝儀・不祝儀いずれにも使われる。

反対語▼略服・平服・ふだん着

4 01-11 略服／平服／ふだん着

共通する意味★正式でない服装。または、日常に着る衣服。**【英】** *everyday dress*

使い方▼〔略服〕▽祝賀会に略服で出席する〔平服〕▽お暑い折、平服でご出席ください〔ふだん着〕▽ふだん着のまま病院へかけつけた

使い分け【1】「略服」は、「略礼服」の略。【2】「平服」は、「礼服」や「制服」に対する語。どちらかといえば、服の型や種類に関していう言い方。【3】「ふだん着」は、「平服」の中でもとりわけよそゆきでないもの、主として自宅でくつろぐ場合に着るもの。

反対語▼礼服・式服・フォーマルウエア

4 01-12 制服／ユニホーム

共通する意味★ある集団に属する人が着る、色や形が決められた服。**【英】** *a uniform*

使い方▼〔制服〕▽制服制帽を着用すること〔ユニホーム〕▽縦縞のユニホーム

使い分け「ユニホーム」は、従来は「制服」の中でも特に運動選手が着ている服、また、運動をするときに着る服に対して使われてきたが、最近では広く、それ以外の場合にも使われる。

反対語▼私服

4 01-13 背広／スーツ

【関連語】◆(三つ揃い)

共通する意味★男性用の通常の外出着。折り襟で腰までの丈の上着と、共布で作ったズボンを組み合わせたもの。**【英】** *a business suit*〔*lounge*《英》〕

使い方▼〔背広〕▽紺の背広で出社する〔スーツ〕▽ビジネススーツ

使い分け「背広」は、当て字。英語の *civil clothes* からとも、ロンドンの高級洋服店街の名 *Savile Row* からともいわれる。

【関連語】◆(三つ揃い)背広に共布のチョッキを組み合わせたもの。「スリーピース」とも。

参照▼スーツ⇒4 01-15

4 01-14 上着

【関連語】◆(ブレザー)◆(ジャケット)◆(ブラウス)

意味★一番上に着る衣服。また、ズボンに対し上半身の衣類。「上衣」「表着」とも書く。**【英】** *a blouse; a jacket*

使い方▼〔上着〕▽上着を脱ぐ▽替え上着

【関連語】◆(ブレザー)スポーツ用のユニフォームやふだん着などに用いる、背広型の上着。「ブレザーコート」とも。◆(ジャケット)洋服の上着の総称であるが、ふつうはズボンやスカートと対をなさないものをいう。◆(ブラウス)薄手の布や編み地でシャツ風にゆったりと仕立てた、婦人、子供用の上着。

4 01-15 セパレーツ／ツーピース／スーツ

【関連語】◆(アンサンブル)

共通する意味★上下に分かれた婦人服。

使い分け【1】「セパレーツ」は、通常、洋服で上下に分けられた衣服の素材や色が違う場合も含めて、それらが全体で一着のように調和よく組み合わされたもの。【2】「スーツ」「ツーピース」は、上下を共布で仕立てたもの。

【関連語】◆(アンサンブル)ドレスとコート、スカートとジャケットなどを、共通の生地、材質、柄、デザインなどで調和よく組み合わせた婦人服。

参照▼スーツ⇒4 01-13

4 01-16 ワンピース

意味★婦人、女児の洋服で上下がひと続きになっているもの。

使い方▼〔ワンピース〕▽水玉模様のワンピースを着る

4 01-17 外套／コート／オーバー／マント

【関連語】◆(ケープ)◆(ガウン)◆(被布)◆(合羽)

共通する意味★衣服の上に着る防寒用の衣類。**【英】** *a coat*

使い方▼〔外套〕▽外套の襟を立てて歩く〔コート〕▽コートを脱いでクロークに預ける〔オーバー〕▽カシミアのオーバー〔マント〕▽上からマントをひっかける

使い分け【1】「コート」は、オーバーコート、レインコートなどのような、洋服の上に着る衣類をさす

ほか、モーニングコートやフロックコートなど男性用の礼服や、あずまコートなど和服の上に着る女性用の衣類をもさす。【2】「オーバー」は、オーバーコートの略。【3】「マント」は、ゆったりとしたそでのない、衣服の上に着る衣類。
【関連語】◆**(ケープ)**肩におおい掛けるようにして着る、そでのない短いマント。◆**(ガウン)**裁判官の法服、大学教授の正装などに用いる、長くゆったりと仕立てた上着。また、一般に室内用の長い上着をいう。◆**(被布)**着物の上に羽織る防寒具。おくみが深く、胸で両前を合わせるように作った外套。◆**(合羽)**雨よけの上着。「雨ガッパ」ともいう。

4 01-18 ジャンパー／ブルゾン

共通する意味★遊び着、スポーツ着、作業服などに利用する、ゆったりとした活動的な上着。
使い方▼〔ジャンパー〕▽革のジャンパー　〔ブルゾン〕▽春物のブルゾン
使い分け　「ジャンパー」は英語から、「ブルゾン」はフランス語からである。

4 01-19 セーター／カーディガン

共通する意味★毛糸などで編んだ上着。
使い方▼〔セーター〕▽とっくり襟のセーター　〔カーディガン〕▽カーディガンを羽織る
使い分け　「カーディガン」は、襟がなく前あきボタン掛けのものをいう。

4 01-20 胴着(どうぎ)／チョッキ／ベスト

共通する意味★防寒用の下着。上着と肌着のあいだに着るそでのないもの。**【英】** *a vest*
使い方▼〔胴着〕▽毛皮の胴着　〔チョッキ〕▽毛糸のチョッキ　〔ベスト〕▽小粋なチェックのベストを着る
使い分け【1】「胴着」は、和服用の下着。【2】「チョッキ」は、語源未詳の語。

4 01-21 ズボン／スラックス／パンツ／パンタロン

共通する意味★洋服で腰から下を包む脚の部分が二またに分かれた外衣の総称。
使い方▼〔ズボン〕▽ズボンをはく▽替えズボン　〔スラックス〕▽自転車に乗るときはスラックスの方が楽だ　〔パンツ〕▽綿のシャツとパンツで散歩に行く　〔パンタロン〕▽パンタロンスーツ
使い分け【1】「ズボン」が、最も一般的。男物にいうことが多い。**【英】** *trousers* 【2】「スラックス」は、細身のぴったりしたズボン。【3】「パンツ」は、木綿地の長ズボンをいうことが多い。【4】「パンタロン」は、すその広いゆったりしたズボン。主に女性用のものをいう。
参照▼パンツ⇒401-36

4 01-22 スカート

【関連語】◆(キュロット)

意味★女性の下半身をおおう筒形の外衣。
使い方▼〔スカート〕▽スカートをはく▽ロングスカート▽ミニスカート▽タイトスカート▽フレアスカート▽プリーツスカート
【関連語】◆**(キュロット)**「キュロットスカート」の略。半ズボン風にすそが分かれたスカート。

4 01-23 羽織(はおり)

【関連語】◆(ちゃんちゃんこ)◆(半纏)(はんてん)

意味★和服の上にまとう防寒用または装飾用の丈の短い衣服。**【英】** *a haori*
使い方▼〔羽織〕▽紋付きの羽織袴(はかま)に威儀を正す▽夏羽織
【関連語】◆**(ちゃんちゃんこ)**そでなしの羽織。綿入れの物が多い。「還暦のお祝いの赤いちゃんちゃんこ」◆**(半纏)**羽織に似ているが、えりの折り返しや胸ひもがない。背やえりに屋号や紋などを染め抜いたものを印半纏(しるしばんてん)、法被(はっぴ)という。

4 01-24 綿入れ(わたいれ)／丹前(たんぜん)／どてら

共通する意味★表地と裏地の間に綿を入れて縫い合わせた冬用の着物。**【英】** *a padded dressing gown*
使い方▼〔綿入れ〕▽寝巻の上に綿入れを引っかける　〔丹前〕▽宿の部屋には丹前が用意してあった　〔どてら〕▽どてらに着替える
使い分け【1】木綿の「綿入れ」を「布子(ぬのこ)」、絹の「綿入れ」を「小袖(こそで)」ともいう。【2】「丹前」「どてら」は同一のもので、普通の着物よりも大きめに仕立て、綿を入れて広そでにした着物。防寒着の一種で、冬の部屋着。「どてら」は、「縕袍」「褞袍」とも書く。

4 01-25 袖(そで)

【関連語】◆(振袖)(ふりそで)◆(留袖)(とめそで)◆(袂)(たもと)

意味★衣服で身ごろの左右にあって腕を覆う部分。**【英】** *a sleeve*
使い方▼〔袖〕▽そでをつける
【関連語】◆**(振袖)**そで丈を長くし、脇の下を縫い合わせないそで。若い女性の晴れ着。また、その種のそでのついた着物。◆**(留袖)**振袖に対し、女性の和服の普通の長さのそで。また、その着物。紋付きで、すそに模様のあるものは既婚女性用の式服。◆**(袂)**

着物のそで口の下の袋状の部分。

4 01-26 袷（あわせ）

意味★裏地のついている衣服。普通、秋から春先まで用いる。**【英】** *a lined kimono* ⇔単（ひとえ）

使い方▼〔袷〕▽朝夕が冷えて来たのであわせを着る▽あわせ羽織

4 01-27 単（ひとえ）

意味★裏地のついていない和服の総称。「単衣」とも書く。**【英】** *unlined clothes* ⇔袷（あわせ）

使い方▼〔単〕▽ひとえの羽織

4 01-28 浴衣（ゆかた）

意味★主に白地に藍色（あいいろ）で柄を染めた夏に着る木綿のひとえ。**【英】** *a light summer kimono*

使い方▼〔浴衣〕▽浴衣がけで涼みに出る

4 01-29 襟（えり）／カラー

共通する意味★衣服の首まわりに当たる部分。また、その部分につけるきれ。**【英】** *a collar*

使い方▼〔襟〕▽襟がきつい▽襟を立てて風を防ぐ〔カラー〕▽ワイシャツのカラーにアイロンをかける▽スタンドカラー▽セーラーカラー

使い分け 「カラー」は、洋服の襟についていい、多く複合語をつくって用いられる。

4 衣食住

4 01-30 帯（おび）

【関連語】◆（角帯）かくおび◆（兵児帯）へこおび◆（丸帯）まるおび◆（袋帯）ふくろおび◆（名古屋帯）なごやおび◆（博多帯）はかたおび

意味★和服を着るとき、腰のあたりに巻いて結ぶもの。**【英】** *a belt*

使い方▼〔帯〕▽帯を締める▽帯を結ぶ

【関連語】◆（角帯）博多織、小倉（こくら）織などの帯地を二つ折りにして芯（しん）を入れ、堅く仕立てたもの。男性用。◆（兵児帯）男性や子供の用いるしごき帯。一幅の布を適当な長さに切って、とじないでそのまま巻きつけて用いる。◆（丸帯）一枚の帯地の幅を二つに折って芯（しん）を入れ縫い合わせた、幅の広い女性用の帯。◆（袋帯）表裏二枚を端は一重、他は二重にした筒状に織った帯。女性用。◆（名古屋帯）後ろのお太鼓に結ぶ所を並幅に、胴まわりの部分を半幅に仕立てた簡略な帯。◆（博多帯）博多地方で多く作られる絹織物、博多織の帯。

4 01-31 襷（たすき）

意味★和服のそでをたくし上げるために、両肩から両わきへ斜め十字形になるように掛けて結ぶひも。また、細い布やひもなどを輪にして一方の肩から他方の腰へ斜めにかけるもの。

使い方▼〔襷〕▽たすきがけで忙しく働く▽たすきをはずして、次の走者に手渡す

4 01-32 エプロン／前垂れ（まえだれ）／前掛け（まえかけ）／割烹着（かっぽうぎ）／上っ張り（うわっぱり）

共通する意味★料理や作業をするときに、衣服が汚れないように体の前面部分を覆う布。

使い方▼〔エプロン〕▽エプロンをして炊事をする〔前垂れ〕▽前垂れをしめて店頭に立つ〔前掛け〕▽タオルを前掛けがわりにする▽子供用の前掛け〔割烹着〕▽割烹着を着て台所に立つ〔上っ張り〕▽上っ張りを着て絵を描く

使い分け【1】「エプロン」は、洋装に用い、装飾的なものもある。【2】「前垂れ」は、おもに商人が和服の上にしめるもので、特に腰から下の前面部分に垂れ下げる布をいう。【3】「前掛け」は、衣服の前にかけるものを広くいい、特に決まった形はない。【4】「割烹着」は、料理をするときに着る袖（そで）のあるものをいう。【5】「上っ張り」は、衣服が汚れないように、上に羽織って着るものを広くいう。

4 01-33 下着（したぎ）／肌着（はだぎ）／汗取り（あせとり）／下ばき（したばき）

共通する意味★直接肌に付けて着る衣類。**【英】** *underwear*

使い方▼〔下着〕▽下着をとりかえる〔肌着〕▽赤ちゃんの肌着は清潔にする必要がある〔汗取り〕▽汗取りを下に着て汗を吸わせる〔下ばき〕▽メリヤスの下ばき

使い分け【1】「下着」は、他の衣服の下に着る衣類の意。【2】「肌着」は、肌に直接付ける衣類の意。「汗取り」は、主に和服の場合に用いる、汗を吸い取らせるために着る肌着。【3】「下ばき」は、腰から下にはく肌着を広くいう。

4 01-34 シャツ

【関連語】◆（ティーシャツ）◆（ポロシャツ）◆（ワイシャツ）

意味★上半身に着る西洋風の衣類。

使い方▼〔シャツ〕▽丸首シャツ

【関連語】◆(ティーシャツ)丸首、半そで、または長そでのシャツ。そでを広げた形がT字形に見えることから。◆(ポロシャツ)半そで、共襟の軽快なシャツ。ポロを行うのに着たことから。◆(ワイシャツ)男子が背広の下に着る長そでのシャツ。「Yシャツ」とも書く。【英】*a shirt*

4 01-35 ブルーマー／ズロース／パンティー／ショーツ

共通する意味★女性用の西洋風の下ばき。

使い分け【1】「ブルーマー」は、ひざ上までのゆったりとしたもので、すそにゴムがはいっている。また、同型の女学生用のスポーツパンツ。【2】「ズロース」は、「ショーツ」よりも股下(またした)が長く、腰のあたりがゆったりとゆるみのあるもの。女児用が多い。【3】「パンティー」「ショーツ」は、いずれも腰のあたりが体にぴったりするように作られたもの。

4 01-36 トランクス／ブリーフ／パンツ

共通する意味★男性用の短い下ばき。

使い分け【1】「トランクス」は、腰の部分にゆるみをもたせた、ゆったりした下ばき。水泳、ボクシングなどでも用いる。【2】「ブリーフ」は、伸縮性のある編み地で作られ、腰の部分が体形にぴったりするように作られた下ばき。【3】「パンツ」は、男性用、子供用の短い下ばきの総称。同型の女性用のものをいうこともある。

参照▼パンツ⇒401-21

4 01-37 股引き(ももひき)／猿股(さるまた)／すててこ／パッチ

共通する意味★腰部から脚部をおおう男性用の下着。【英】*underpants*

使い方▼〔股引き〕▽らくだのももひき　〔猿股〕▽猿またをはく　〔すててこ〕▽すててこ一枚の姿　〔パッチ〕▽メリヤスのパッチ

使い分け【1】「股引き」には、下着用のほかに作業用もある。【2】「猿股」は、腰からももの上部をおおう短いももひき。【3】「すててこ」は、ひざ下までの長さの日本式ズボン下。すててこ踊りにこれをはいたことからこの名がある。【4】「パッチ」は、足首までである長いももひき。

4 01-38 褌(ふんどし)／下帯(したおび)

【関連語】◆(回し)まわし◆(締め込み)しめこみ

共通する意味★男子の陰部を覆い隠す布。【英】*a loincloth*

使い方▼〔褌〕▽ふんどしを締める(=気持ちを引き締める)▽人のふんどしで相撲を取る(=他人のものをうまく利用して自分の利益をはかる)　〔下帯〕▽下帯がゆるむ

使い分け「褌」が一般に使われる。

【関連語】◆(回し・締め込み)力士のふんどし。「回しを締める」「前回しを取って決める」「締め込みをして土俵にあがる」

4 01-39 おしめ／おむつ／むつき

共通する意味★幼児などのしりに当てて、大便や小便を受ける布や紙。【英】*a diaper; a nappy*《英》

使い方▼〔おしめ〕▽おしめを当てる　〔おむつ〕▽おむつをとりかえる▽紙おむつ　〔むつき〕▽まだむつきも取れない小さい子

使い分け「おむつ」の「むつ」は、「むつき」の略。それに丁寧語「お」が加わったもの。「むつき」は文章語。「襁褓」と当てる。

4 01-40 靴下(くつした)

【関連語】◆(ソックス)◆(ストッキング)◆(タイツ)

意味★靴をはくときなどに、素足に直接つけるもの。足を保護したり、防寒用に用いる。【英】*socks*

使い方▼〔靴下〕▽靴下をはく▽毛糸の靴下を編む

【関連語】◆(ソックス)くるぶしの上くらいの長さの短い靴下。ひざ下までの長いソックスは、「ハイソックス」という。◆(ストッキング)長靴下。特に、薄い婦人用長靴下。また、スポーツ用の、厚めの生地でひざまでの靴下もいう。◆(タイツ)伸縮性のある編み地を用いて、体にぴったりと密着するように作られた、ストッキングとパンツをつなぎ合わせた形の衣服。バレエやエアロビクスのような運動に用いる。また、防寒用にも用いる。

4 01-41 足袋(たび)

【関連語】◆(地下足袋)じかたび

意味★防寒や礼装用に、主に和服のときに足にはくもの。足の形に合わせ、足先は親指と他の四指との二またに分け、くるぶしの後ろで、こはぜで留める。

【英】*(Japanese) socks*

使い方▼〔足袋〕▽白足袋をはく

【関連語】◆(地下足袋)厚いゴム底の労働用の足袋。

4 01-42 ブラジャー／コルセット／ガードル

共通する意味★体の形を整えるために用いる婦人用下着。

使い分け【1】「ブラジャー」は、胸の形を整えるために用いる、乳房を包むような形のもの。【2】「コルセット」は、胸下から腹部にかけて体形を整えるためのもの。腰部などの治療のためのものもある。【3】「ガードル」は、胸下から腰にかけての形を整えるためのもの。伸縮性のある素材で作られる。

4 01-43 寝巻（ねまき）

【関連語】◆（パジャマ）◆（ネグリジェ）

意味★夜ねるときに着る衣服。「寝巻」が本来だが、パジャマやガウンまで含めていうためか「寝間着」とも書く。【英】*a nightgown*

使い方▼〔寝巻〕▽火事で寝巻のまま飛び出す

【関連語】◆（パジャマ）ゆったりと仕立てた上着とズボンを組み合わせた寝巻。「パジャマパーティー」◆（ネグリジェ）ワンピース風に仕立てた、ゆったりした婦人用の寝巻。

4 02 …衣料

4 02-01 布（ぬの）／布地（ぬのじ）／生地（きじ）／服地（ふくじ）／反物（たんもの）／呉服（ごふく）／太物（ふともの）

共通する意味★糸を織って作った織物の総称。衣服に仕立てる材料。【英】*cloth*

使い方▼〔布〕▽この店にはさまざまな種類の布が置いてある▽布製品　〔布地〕▽布地を買ってきて自分で仕立てる　〔生地〕▽この背広は生地が良い▽スカート用の生地　〔服地〕▽服地でカーテンを作る　〔反物〕▽広幅の反物　〔呉服〕▽デパートの呉服売場　〔太物〕▽太物を扱う

使い分け【1】「布」は、織物の総称。古くは麻や木綿のような織物の意で、絹に対していった。【2】「布地」「生地」は、衣服を作る材料としての織物。「生地」は、その地質を中心にいう語。【3】「服地」は、洋服を仕立てるための布。【4】「反物」は、和服用に一反（大人の着物一着分で、ふつう幅約三四センチ、長さ一〇・六メートル）に仕立てた布地。【5】「呉服」は、「反物」と同意。また、和服用の織物の総称、また、絹織物の意もある。【6】「太物」は、綿織物、麻織物など太い糸の織物の総称で、「呉服」に対して用いる。また、衣服用の布地の総称としても用いられる。

参照▼生地⇒201-05

4 02-02 織物（おりもの）／織り（おり）

共通する意味★糸を機（はた）にかけて織った布の総称。【英】*textile*

使い方▼〔織物〕▽織物工業▽綿織物▽絹織物　〔織り〕▽①粗い織りの布▽②毛織り

使い分け「織り」は、例文①のように織った状態をいうこともある。

4 02-03 木綿（もめん）／麻（あさ）／絹（きぬ）／羊毛（ようもう）

共通する意味★衣服の材料となる天然の繊維。

使い方▼〔木綿〕▽木綿の下着を着る　〔麻〕▽白い麻の背広　〔絹〕▽絹のネクタイ　〔羊毛〕▽羊毛を刈る

使い分け【1】「木綿」は、ワタの種子のまわりに着生する白い柔らかな綿毛をつむいで作った糸や、その糸で織った布をいう。【英】*cotton*【2】「麻」は、アサの茎の皮からとった糸や、その糸で織った布をいう。【英】*hemp*【3】「絹」は、蚕のまゆからとった糸や、その糸で織った布をいう。【英】*silk*【4】「羊毛」は、羊からとった毛をいう。毛糸や、織物の原料となる。【英】*wool*

4 02-04 糸（いと）

【関連語】◆（綿糸）めんし◆（絹糸）けんし◆（毛糸）けいと

意味★繊維を合わせ細く長く伸ばし、よりをかけて作ったもの。【英】*thread*

使い方▼〔糸〕▽糸をつむぐ▽針に糸を通す

【関連語】◆（綿糸）木綿の糸。綿織物に用いる。◆（絹糸）絹の糸。絹織物に用いる。◆（毛糸）羊など獣毛で作った糸。毛織物、編み物に用いる。

4 02-05 化学繊維（かがくせんい）／化繊（かせん）

共通する意味★化学的操作によって作られた繊維の総称。【英】*a synthetic fiber*

使い分け「化繊」は、「化学繊維」の略。レーヨン、アセテート、ナイロン、ビニロンなどがある。

4 02-06 ふろしき

【関連語】◆（袱紗）ふくさ

意味★物を包むための四角い布。【英】*a (cloth) wrapper*

使い方▼〔ふろしき〕▽ふろしき包み

◆元来は入浴の際に脱いだ衣類を包んだ布をいった。「風呂敷」とも書く。

【関連語】◆（袱紗）贈り物を覆い、または、その上に掛けて用いる小型のふろしき。また、茶道で、器のふちを拭うのに用いる正方形の絹の布もいう。

4 02-07 手拭（てふき）／手拭い（てぬぐい）／タオル／ハンカチ

【関連語】◆（お絞り）おしぼり◆（手巾）しゅきん

布。

共通する意味★手や顔、体などをふき、ぬぐうための布。
使い方▼〔手拭〕▽客にお手ふきを出す　〔手拭い〕▽手ぬぐいをねじって鉢巻きにする　〔タオル〕▽タオルで汗をふく▽タオルケット　〔ハンカチ〕▽ハンカチを振って列車を見送る
使い分け【1】「手拭き」は、手をふくためのものを広くいう。【2】「手拭い」は、荒い木綿織の布で作られたものをいう。【3】「タオル」は、布面に輪奈があって、水分を吸いとりやすくした厚手の綿織物からつくられた西洋風の手ぬぐいをいう。【4】「ハンカチ」は、「ハンカチーフ」の略で、手をふくための四角い小形の布。装飾にも用いる。「ハンケチ」ともいう。
【関連語】◆〔お絞り〕顔や手をふくための小さめのタオル。湯や冷水で湿してかたく絞って供する。◆〔手巾〕「手拭い」「ハンカチ」をいう古めかしい言い方。

4 02-08 布巾／雑巾

【関連語】◆〔艶布巾〕

共通する意味★物をぬぐって、その表面についた汚れや水分を取り去る布。【英】*a dustcloth*
使い方▼〔布巾〕▽洗った食器を布巾で拭く▽台布巾　〔雑巾〕▽床を雑巾で拭く▽雑巾がけ▽ぬれ雑巾
使い分け【1】「布巾」は、食器をふいたり磨いたりする布切れ。【2】「雑巾」は、家の掃除や汚れた足などを拭くのに使う布。
【関連語】◆〔艶布巾〕木製器具などをふいて、つやをだすための布。

4 03 …装身具

4 03-01 装身具／アクセサリー

共通する意味★体や衣服につけて、飾りにするものの総称。【英】*accessories*
使い方▼〔装身具〕▽この玉は古代の装身具らしい　〔アクセサリー〕▽指輪は最も手軽なアクセサリーだ
使い分け【1】髪飾り、かんざし、首飾り、指輪、耳飾り、腕輪など、さまざまなものがあるが、ふつう衣服や靴のことはいわない。【2】「アクセサリー」は、自動車のオーディオ、カメラのレンズフードのような、機械類の付属品のこともいう。

4 03-02 帽子／被り物

【関連語】◆〔シルクハット〕◆〔山高帽子〕◆〔中折れ〕◆〔鳥打ち帽〕◆〔ハンチング〕◆〔かんかん帽〕◆〔ベレー〕◆〔ボンネット〕

共通する意味★寒暑やほこりなどを防いだり、身なりを整えたりするために頭にかぶる物。【英】*a hat*（つばのあるもの）; *a cap*（つばのないもの、または前部にひさしの付いたもの）
使い方▼〔帽子〕▽帽子をかぶる▽室内では帽子を脱ぎなさい　〔被り物〕▽かぶり物を取っておじぎをする
使い分け「被り物」は、帽子のほか、笠、冠、頭巾なども含む。
【関連語】◆〔山高帽子〕男子の礼装用の帽子。フェルト製の上部が丸く高い、つばのある帽子。◆〔シルクハット〕男子の礼装用の帽子。高い円筒形でつばがやや反り上がったもの。◆〔中折れ〕「中折れ帽子」の略。柔らかな布地で作られ、頂の中央が縦に折れくぼんだつばのある帽子。「ソフト帽」とも。◆〔鳥打ち帽・ハンチング〕ひさしをつけた平たく丸い軽便な帽子。「鳥打ち」とも。◆〔かんかん帽〕麦わらを堅く編んだ男子用の夏の帽子。頂が平らで周囲につばがある。◆〔ベレー〕布や革などで作った丸く平たいつばのない帽子。ベレー帽。◆〔ボンネット〕額を出して後頭部を覆い、ひもをあごの下で結ぶ婦人、子供用の帽子。つばのあるものとないものがある。

4 03-03 冠

【関連語】◆〔王冠〕◆〔宝冠〕◆〔栄冠〕◆〔月桂冠〕

意味★地位、階級などを表わすために、衣冠束帯の礼装のときなどに頭にかぶる物。【英】*a crown*
使い方▼〔冠〕▽国王の冠をかぶる▽李下に冠を正さず（＝疑いを招くようなことは慎む）
【関連語】◆〔王冠〕王のかぶる冠。また、栄誉のしるしとして与えられた冠。◆〔宝冠〕宝石で飾った冠。◆〔栄冠〕名誉や勝利などのしるしとしての冠。転じて、栄誉。◆〔月桂冠〕古代ギリシアで競技の優勝者に与えられた月桂樹の枝葉で作った冠。転じて、名誉、または、名誉ある地位をいう。
参照▼栄冠⇒618-16

4 03-04 角隠し／綿帽子

共通する意味★和装の花嫁が用いるかぶり物。【英】*a bride's hood*
使い方▼〔角隠し〕▽花嫁が白無垢の角隠しで登場する　〔綿帽子〕▽綿帽子をかぶった花嫁姿
使い分け【1】「角隠し」は、和装で婚礼を挙げる場合に、花嫁が頭部にかぶる白い布。夫に角を立てることを戒めたもの。【2】「綿帽子」は、真綿を平たくして作った女性のかぶりもの。かつては外出時の防寒用、のちに婚礼のときに「角隠し」のように用いられるようになった。

4 衣食住

4 03-05 鉢巻き

【関連語】◆(ねじり鉢巻き)

意味★細くした布切れで頭を巻くこと。また、その布切れ。【英】*a headband*

使い方▼〔鉢巻き〕▽手ぬぐいで鉢巻きをする

【関連語】◆(ねじり鉢巻き)手ぬぐいをねじって頭に巻き、額で結んだ鉢巻き。気負い立って物事を行うときなどの威勢のよいさまを表わす。「ねじり鉢巻きでみこしをかつぐ」

4 03-06 襟巻き／マフラー

【関連語】◆(首巻き)

共通する意味★防寒あるいは装飾のために首のまわりに巻くもの。【英】*a muffler*

使い方▼〔襟巻き〕▽和服に狐の襟巻きをする〔マフラー〕▽ウールのマフラーを巻く

使い分け 「襟巻き」「マフラー」は、ほとんど同義に使われるが、首に巻くだけであまり長くない毛皮製品などは、ふつう「マフラー」とはいわない。

【関連語】◆(首巻き)「襟巻き」に同じ。現在あまり使われない言い方。「ウールの首巻きで耳まで包む」

4 03-07 肩掛け／ショール／ストール

共通する意味★女性が外出時に防寒あるいは装飾のために肩にかけ覆うもの。【英】*a shawl; a stole*

使い方▼〔肩掛け〕▽派手な肩掛けをする〔ショール〕▽レースのショールをはおる〔ストール〕▽ミンクのストール

使い分け【1】「肩掛け」「ショール」は、幅の広く長い布や毛皮で、肩に掛けるもの。「肩掛け」は、主に防寒用のものを、「ショール」は、装飾性が強いものをいう。【2】「ストール」は、特に長いものをいう。

4 03-08 スカーフ／ネッカチーフ

共通する意味★防寒または装飾のために、頭を包んだり首に巻いたりする薄い布。

使い方▼〔スカーフ〕▽白いセーターにスカーフでアクセントをつける〔ネッカチーフ〕▽ネッカチーフを首の横で結ぶ

使い分け 「ネッカチーフ」は、小形のものをいい、「スカーフ」は、さまざまな大きさのものをいう。

4 03-09 ネクタイ

【関連語】◆(タイ)◆(蝶ネクタイ)

意味★洋装で、首またはカラーの下に巻き、前で結んで飾りにする、細長い布。

使い方▼〔ネクタイ〕▽ネクタイを締める

【関連語】◆(タイ)「ネクタイ」の略。「タイを結ぶ」「レジメンタルタイ」◆(蝶ネクタイ)結んだ形が蝶に似たネクタイ。「ボウタイ」とも。

4 03-10 手袋／手套

【関連語】◆(軍手)◆(ミトン)

共通する意味★防寒や作業、装飾のために手にはめる袋状のもの。【英】*gloves*(手袋)

使い方▼〔手袋〕▽革の手袋をはめる▽ゴム手袋〔手套〕▽手套を脱ぐ

使い分け 「手套」は、文章語。

【関連語】◆(軍手)白の太い木綿糸で編んだ作業用の手袋。もとは軍隊用に作られた。◆(ミトン)親指だけを独立させ、他の四指をひとまとめにした形の手袋。

4 03-11 履き物

意味★草履、下駄、靴など足にはく物の総称。【英】*footwear*

使い方▼〔履き物〕▽履き物をそろえて脱ぐ▽履き物をはく

4 03-12 靴／シューズ

【関連語】◆(短靴)◆(長靴)◆(雨靴)◆(編み上げ靴)◆(ブーツ)◆(軍靴)◆(スパイク)◆(パンプス)◆(ハイヒール)◆(ローヒール)

共通する意味★皮革、布、ゴム、合成皮革製などの履き物で、足全体を覆うように作ったもの。【英】*shoes; boots*

使い方▼〔靴〕▽靴を履く▽靴を脱ぐ▽靴音▽革靴〔シューズ〕▽バレエシューズ▽バスケットシューズ▽シューズケース

使い分け 「靴」は、ごく一般的に広く用いられる。「シューズ」は、多く複合して用いられ、単独で用いられることはあまりない。

【関連語】◆(短靴)くるぶしまでの浅い靴。◆(長靴)革、ゴムなどで作った、膝の辺、あるいはその半分ぐらいまで足の入る深い靴。革製の長靴は、「ちょうか」ともいう。ゴム製のものは「ゴム長」ともいう。軍隊用語から。◆(雨靴)雨などを防ぐためにビニールやゴムなどで作った靴。レーンシューズ。◆(編み上げ靴)足の甲の部分の穴をひもで編み上げて履く深い靴。◆(ブーツ)くるぶしより上まである深い靴。◆(軍靴)軍人の履く、頑丈に作った靴。◆(スパイク)「スパイクシューズ」の略。滑り止めのために底に金具を打ちつけた運動靴。◆(パンプス)ひもや留め具がなく、履き口の浅い婦人靴。◆(ハイヒール)主として女性の履くかかとの高い靴。◆(ローヒール)かかとの低い婦人靴の総称。

4 03-13 下駄（げた）

【関連語】◆(足駄)（あしだ）◆(駒下駄)（こまげた）◆(ぽっくり)

意味★長方形の木片の底に歯をつけ、上面に足を支える鼻緒をすげた履き物。【英】*(wooden) clogs*

使い方▼〔下駄〕▽下駄を履く▽素足に下駄をつっかける▽下駄を預ける（＝相手に処理の方法や責任などを一任する）▽下駄を履かせる（＝物事を実際よりも良く、または大きく見せる）

【関連語】◆(足駄)雨の日など道の悪いときに用いる歯の高い下駄。現代では見られない。「高下駄」「高歯」とも。◆(駒下駄)台、歯とも一本の木材をくり抜いて作った低い下駄。◆(ぽっくり)台の底をくり抜き、後ろを丸く前部を前のめりにした下駄。黒や朱の漆塗りが多い。「木履（ぼくり）」から。

4 03-14 草履（ぞうり）

【関連語】◆(雪駄)（せった）◆(草鞋)（わらじ）

意味★わら、イグサ、竹皮などで足に当たる部分を編み、鼻緒をすげた履き物。【英】*(Japanese) sandals*

使い方▼〔草履〕▽草履をはく▽ゴム草履

【関連語】◆(雪駄)竹皮草履の裏に革をはったもの。丈夫で湿気が通らない。◆(草鞋)わらを足形に編み、ひもで足に結わいつける草履に似た履き物。現代では用いない履き物だが、慣用句などに残る。「わらじをはく（＝旅に出る）」「わらじを脱ぐ（＝宿に泊まる。また、旅を終えて、そこに落ち着く）」

4 03-15 傘（かさ）

【関連語】◆(洋傘)（ようがさ）◆(唐傘)（からかさ）◆(番傘)（ばんがさ）◆(蝙蝠傘)（こうもりがさ）◆(蛇の目傘)（じゃのめがさ）◆(雨傘)（あまがさ）◆(日傘)（ひがさ）◆(パラソル)

意味★雨や雪をふせいだり、日光を遮るために用いる、柄をつけて手に持つようになっている、折り畳み式の覆い。比喩（ひゆ）的に、覆うようにかばうものにもいう。

使い方▼〔傘〕▽傘をさす▽傘をとじる▽同僚を傘に入れてやる▽核のかさの下にある

【関連語】◆(洋傘)西洋から伝わった傘。金属製の骨に布を張ったもの。【英】*an umbrella* ◆(唐傘)竹の骨に紙を張って油をひき、竹の柄をつけた傘。唐風の笠（かさ）の意から。◆(番傘)多数備えて番号をつけておく意から、常用の粗末な唐傘をいう。◆(蝙蝠傘)洋傘のこと。コウモリが羽を広げたような形をしていることから。◆(蛇の目傘)唐傘に張った紙の中心と周辺を黒、赤、紺などで輪状に塗り、中を白くして、蛇（へび）の目のような形を表わしたもの。◆(雨傘)雨や雪をふせぐ傘。◆(日傘)強い日差しを遮るための傘。◆(パラソル)おもに女性が用いる洋風の日傘。

4 03-16 杖（つえ）／ステッキ

【関連語】◆(松葉杖)（まつばづえ）

共通する意味★歩くときに手に持ち、地面を突いて体を支えるのに使う棒。【英】*a stick*

使い方▼〔杖〕▽杖にすがって歩く▽杖をつく▽杖を曳（ひ）く（＝散歩する。また旅をする）▽樫（かし）の杖〔ステッキ〕▽山高帽にステッキの伊達男（だておとこ）

使い分け【1】「杖」は、「転ばぬ先の杖」「杖とも柱とも頼む」のように、頼りにするもの、支えの意味で用いられることも多い。【2】「ステッキ」は、洋風の杖。アクセサリーとして用いられることもある。

【関連語】◆(松葉杖)けがをした人などがわきの下にはさんで用いる杖。松葉のように二またに分かれた形からついた名。

4 03-17 レンズ

【関連語】◆(凸レンズ)（とつレンズ）◆(凹レンズ)（おうレンズ）◆(広角レンズ)（こうかくレンズ）◆(魚眼レンズ)（ぎょがんレンズ）

意味★ガラス、プラスチックなどの透明な物体の両面、または片面を球面とし、光線を収束、または発散させるように作ったもの。

使い方▼〔レンズ〕▽望遠レンズをカメラにつける▽レンズがくもる

【関連語】◆(凸レンズ)中央部の厚さが縁よりも厚いレンズ。入射光線を収束させる性質がある。虫めがねや、遠視用眼鏡などに用いられる。【英】*a convex lens* ◆(凹レンズ)周囲の部分より中央が薄いレンズ。入射光線を発散させる性質がある。近視用眼鏡などに用いられる。【英】*a concave lens* ◆(広角レンズ)広い角度の視野が写せるレンズ。◆(魚眼レンズ)一八〇度の広がりをもつ半球全体の被写体を、一つの円形内に写せるように設計されたレンズ。

4 03-18 眼鏡（めがね）

【関連語】◆(色めがね)（いろめがね）◆(サングラス)◆(近眼鏡)（きんがんきょう）◆(老眼鏡)（ろうがんきょう）

意味★視力を補ったり、目に入る光線の量を調節したりするために目にかけるもの。【英】*glasses; spectacles*

使い方▼〔眼鏡〕▽めがねをかける▽度の強いめがね

◙①「眼鏡」と書いて、「めがね」とも「がんきょう」とも読む。②「めがね」には、「めがねにかなう」「めが

4 衣食住

ねが狂う」のように、ものを見分ける力の意もある。

【関連語】◆(色めがね・サングラス)直射日光をさけるため、また、アクセサリーとしてかける着色したレンズやガラスをはめためがね。「色めがね」は、「色めがねで見る」のように、先入観、偏見のたとえにも使う。「黒いサングラスの男」◆(近眼鏡)近視の人のための凹レンズのめがね。◆(老眼鏡)老眼を矯正するためのめがね。凸レンズを用いる。

403-19 虫眼鏡(むしめがね)／拡大鏡(かくだいきょう)／ルーペ

【関連語】◆(天眼鏡)(てんがんきょう)

共通する意味★小さな物体を拡大して見るための、焦点距離の短い凸レンズ。【英】*a magnifying glass*

使い分け「虫眼鏡」は、柄の付いた、それほど高級ではないものをいう。「拡大鏡」は、やや書き言葉的。「ルーペ」は、金属性の折り畳み式のものなど、高精度のものをいうことが多い。

【関連語】◆(天眼鏡)人相見の用いる大型の凸レンズ。また、「望遠鏡」の古称。

403-20 鏡(かがみ)／ミラー

【関連語】◆(手鏡)(てかがみ)◆(姿見)(すがたみ)◆(鏡台)(きょうだい)◆(三面鏡)(さんめんきょう)

共通する意味★顔や姿形を映して見るもの。古くは銅、鉄などを磨いて作ったが、現在はガラス板の裏面に水銀を塗って作る。【英】*a mirror*

使い方▼〔鏡〕▽鏡の前で化粧を直す 〔ミラー〕▽バックミラー(＝自動車の運転席の前部などに取りつけてある背後を見るための鏡)▽サイドミラー(＝車やオートバイの車体から横に張り出して取りつけてある背後を見るための鏡)

使い分け【1】「かがみ」は、「鑑」の字を用いて、「彼は社員の鑑だ」のように、手本、模範の意も示す。また、円形の古鏡に似ているところから、「鏡を抜く(＝酒だるをあける)」のように、酒だるのふたをさすこともある。【2】「ミラー」は、多く、他の語と結び付いて使われる。「ミラーをのぞく」といった場合は、「バックミラー」や「サイドミラー」の略である。

【関連語】◆(手鏡)手に持って使う柄のついた小さな鏡。◆(姿見)全身を映して見る大型の鏡。◆(鏡台)鏡を取りつけた化粧用の家具。「鏡台の前に座って化粧をする」◆(三面鏡)正面と左右に鏡を三面取りつけた鏡台。

403-21 ベルト／バンド

共通する意味★ズボンやスカートを腰の所でとめるために腰に巻く細いひも。革製が多い。

使い方▼〔ベルト〕▽わに革のベルト▽つりベルト 〔バンド〕▽バンドをゆるめて楽にする

使い分け【1】「ベルト」は、細い帯状のものの意で、「ベルトコンベヤ」「グリーンベルト」「シートベルト」など広く用いられる。【2】「バンド」は、「ブックバンド」や「ゴムバンド」「ヘアバンド」などの語もある。【3】「ベルト」は、男女とも一般的に用いるが、「バンド」は、年輩の男性が多く用いる。

参照▼バンド⇒614-34

403-22 鞄(かばん)／バッグ

【関連語】◆(手提げ)(てさげ)◆(トランク)◆(アタッシェケース)◆(スーツケース)

共通する意味★荷物を入れて持ち歩くための入れ物。【英】*a bag*

使い方▼〔鞄〕▽書類を鞄に詰める▽旅行鞄 〔バッグ〕▽肩にバッグ一つをさげた軽装▽ハンドバッグ▽ショルダーバッグ

使い分け【1】「鞄」は、革、ズック、合成皮革などで作った、物を入れる携帯用具。肩にかける形のものもある。【2】「バッグ」は、多く、他の外来語と複合した形で用いられる。「バック」ともいう。

【関連語】◆(手提げ)手にさげて持つように作った袋、かご、かばんなどをいう。「買い物用の手提げ」◆(トランク)荷物の運搬、保管のために、皮革、金属などで堅く、丈夫に作った直方体の旅行かばん。◆(アタッシェケース)トランクを薄く小型にしたような形の手提げかばん。書類などの保護に適している。「アタッシュケース」とも。◆(スーツケース)洋服などを入れて持ち運ぶための旅行かばん。トランクよりやや小型だが、同様に直方体で堅く作ってある。

403-23 ランドセル／リュックサック

【関連語】◆(背嚢)(はいのう)

共通する意味★荷物を入れて背負う、革、布などで作った入れ物。

使い方▼〔ランドセル〕▽ぴかぴかのランドセルを背負った一年生 〔リュックサック〕▽リュックサックをしょって遠足へ行く

使い分け【1】「ランドセル」は、ほとんど革製で、現在、小学生の通学用にのみ用いられる。【2】「リュックサック」は、多種多様で用途もさまざま。丈夫な布製のものが多い。ザック、ナップザックなど、用途や大きさにより呼び方も異なる。省略して「リュック」とも。

【関連語】◆(背嚢)リュック状のものを含め、背負う形式の袋をいう。多く、軍隊などで用いられたものをいった。

403-24 財布(さいふ)／蟇口(がまぐち)／札入れ(さついれ)

共通する意味★金銭を入れて持ち歩く布や革などで作った小形の袋。【英】*a purse; a wallet*

使い方▼〔財布〕▽ワニ革の財布▽雑踏で財布をすら

れる　〔蟇口〕▽がま口から小銭を取り出す　〔札入れ〕▽懐に札入れをしまう

使い分け【1】金銭を入れる袋の意では、紙幣、硬貨を問わず、「財布」が最も一般的に用いられる。また、「財布の口を締める（＝節約する）」「財布の底をはたく（＝有り金を全部使う）」「財布のひもがゆるむ（＝つい出費をしてしまう）」のように、金銭に関したさまざまな言い回しにも用いられる。【2】「蟇口」は、ヒキガエルの俗称ガマの口に似ているところからいう。主として小銭を入れるものをさす。【3】「札入れ」は、紙幣を入れて持ち歩くもの。

404 …着る・飾る

404-01 着きる／はく／かぶる／羽織はおる／まとう

【関連語】◆（着込む）きこむ◆（着こなす）きこなす◆（突っかける）つっかける◆（お召しになる）おめしになる

共通する意味★衣服を体につける。【英】*to put on*

使い方▼〔着る〕（カ上一）▽着物を着る▽セーターを着る　〔はく〕（カ五）▽スカート（袴はかま）をはく▽靴下（足袋）をはく▽長靴をはく　〔かぶる〕（ラ五）▽帽子をかぶる▽仮面をかぶる▽毛布をかぶる　〔羽織る〕（ラ五）▽綿入れをはおる▽カーディガンをはおる　〔まとう〕（ワ五）▽マントを身にまとう▽ぼろをまとう▽一糸もまとわない

使い分け【1】「着る」は、上半身、または体全体に衣服をつける意。普通、衣服のそでに腕を通した状態にいう。【2】「はく」は、ズボン、スカート、靴、靴下など下半身につける衣服に足を通して、身につける意。「履く」「穿く」とも書く。【3】「かぶる」は、笠かさ、布、帽子、仮面などで、頭や顔をおおう意。また、「水をかぶる」「車がほこりをかぶる」のように、上から浴びる意も表わす。「被る」「冠る」とも書く。【4】「羽織る」は、衣服のそでを通さなかったり、ボタンを掛けなかったりして軽く肩にかけるようにして身に付ける意。【5】「まとう」は、体全体または一部に、からませるようにする意。

反対語▼着る・かぶる⇔脱ぐ・取る　はく⇔脱ぐ

【関連語】◆（着込む）（マ五）厚着をする。「セーターを何枚も着こむ」◆（着こなす）（サ五）自分によく似合うように衣服を着る。「上手に着こなす」◆（突っかける）（カ下一）履き物を、つま先にちょっとかけてはく。「サンダルを突っかける」◆（お召しになる）「着る」の尊敬表現。「晴れ着をお召しになる」◈乗る、呼び寄せるなどの意もある。「お車をお召しになる」「大臣をお召しになる」

参照▼かぶる⇒102-01

404-02 着きせる

意味★衣類や物を人や物にかぶせるようにする。

【英】*to put on*

使い方▼〔着せる〕（サ下一）▽着物を着せる▽金を着せた指輪

◈「ぬれぎぬを着せる」「恩を着せる」のように、好ましくない物事を負わせる意もある。

404-03 脱ぬぐ／取とる

共通する意味★身につけているものをはずす。【英】*to take off*

使い方▼〔脱ぐ〕（ガ五）▽上着を脱ぐ▽靴を脱いでスリッパにはきかえる▽一肌脱ぐ（＝他人のために骨を折る）　〔取る〕（ラ五）▽帽子を取って挨拶あいさつする▽仮面を取って素顔を見せる

使い分け「脱ぐ」「取る」ともに、着たり、かぶったりしたものを身から離し去る意だが、はいたものは「脱ぐ」というのが普通。

反対語▼脱ぐ⇔着る・はく・かぶる　取る⇔着る・かぶる

参照▼取る⇒109-01　115-01

404-04 着替きがえ／更衣こうい

【関連語】◆（着替える）きかえる◆（衣替え）ころもがえ

共通する意味★着ていた衣服をぬいで、別の衣服に替えること。【英】*a change of clothes*

使い方▼〔着替え〕▽着替えに手間どる▽着替えの時間がない　〔更衣〕▽更衣室

使い分け「着替え」には、「着替えを用意する」のように、替えるための衣類の意もある。「更衣」は、単独ではあまり一般的に使われない。

【関連語】◆（着替える）（ア下一）着替えをする。「寝巻に着替える」「きがえる」ともいう。◆（衣替え）季節に応じて衣服を替えること。また、比喩ひゆ的に外観、外装を新しくすることにもいう。「夏服から冬服に衣替えをする」「ビルの衣替え」

404-05 飾かざる／飾かざり付つける／飾かざり立たてる

共通する意味★他の物を付けて美しく見えるようにする。【英】*to decorate*

使い方▼〔飾る〕（ラ五）▽部屋を花で飾る▽部屋に花を飾る　〔飾り付ける〕（カ下一）▽棚に商品を飾り付ける　〔飾り立てる〕（タ下一）▽部屋を飾り立てる▽派手に飾り立てた女性

使い分け【1】「飾る」は、「〈場所・物〉を〈物〉で飾る」「〈場所・物〉に〈物〉を飾る」という二つの文型で用いられる。また、「うわべを飾る」のように、外見をよく見せようとする意もある。【2】「飾り付ける」は、物を美しく並べる意。「〈場所〉に〈物〉を飾り付ける」という文型でしか用いられない。【3】「飾りたてる」は、人目につくように、派手に飾る意。「〈場所・物〉を（〈物〉で）飾り立てる」という文型でしか用いられない。

4 04-06 着飾る／装う／めかす

【関連語】 ◆（扮する）ふんする

共通する意味★服装、用具などで身を整える。**【英】** *to dress up*

使い方▼〔**着飾る**〕（ラ五）▽派手に着飾る▽着飾ってパーティーに出かける　〔**装う**〕よそおう（ワ五）▽派手に装う〔**めかす**〕（サ五）▽デートの日は特別にめかす

使い分け【1】「着飾る」は、美しい衣装で身を飾る意。【2】「装う」は、服装などを整える意。また、「無関心を装う」のように、実際はそうでないのに、そのようなふりをする意を表わす。【3】「めかす」は、化粧や衣服を必要以上に飾りたてる意。非難やからかいの意を含む場合もある。

【関連語】 ◆（**装う**）よそう（ワ五）「よそおう」に同じ。◆（**めかし込む**）（マ五）派手に身なりを飾りたてる。「めかしこんで出かける」◆（**扮する**）（サ変）演劇などで、登場人物の姿になってその役をする。「ハムレットに扮する」

4 04-07 おしゃれ／おめかし

【関連語】 ◆（コーディネイト）◆（身繕い）みづくろい◆（身じまい）みじまい◆（身拵え）みごしらえ◆（盛装）せいそう◆（ドレスアップ）◆（着こなし）きこなし

共通する意味★身なりをととのえること。**【英】** *to dress up*

使い方▼〔**おしゃれ**〕（名・形動）▽おしゃれに気を遣う▽花子はおしゃれだ▽おしゃれな人　〔**おめかし**〕スル▽おめかしして出かける

使い分け【1】「おしゃれ」は、人に好感を持たれるように、身なりをよくしたり、化粧に気をつけ、心を配ること。また、そのさまやそういう人をいう。最近では、「おしゃれな時計」のように、物がしゃれた様子であることにもいうことがある。【2】「おめかし」は、外出したり、人に会ったりするときに、着飾ること。

【関連語】 ◆（**コーディネイト**）スル色、デザインなどの調和を考えて服装を整えること。「帽子とマフラーとをパステルカラーでコーディネイトする」◆（**身繕い・身じまい・身拵え**）スル「念入りに身繕いする」「身じまいに時間がかかる」「身拵えして外出する」◆（**盛装・ドレスアップ**）スル華やかに着飾ること。「盛装して外出する」「ドレスアップして出掛ける」◆（**着こなし**）衣服を着た様子。「着こなしがいい」「上品な着こなし」

参照▼おしゃれ⇒206-05

4 04-08 服装／身なり／装い

【関連語】 ◆（コスチューム）◆（服飾）ふくしょく

共通する意味★衣服およびその装飾品などを身につけた姿。**【英】** *dress; costume*

使い方▼〔**服装**〕▽服装を整える▽あらたまった服装▽服装を正す▽服装検査　〔**身なり**〕▽ちゃんとした身なり▽質素な身なり　〔**装い**〕▽装いを整える▽春らしい装い

使い分け「装い」は、多少飾り立てるような場合に用いられることが多い。また、人の服装だけでなく、「装いも新たに開店する」のように、造作の意で用いられることも多い。

【関連語】 ◆（**コスチューム**）舞台で用いる衣装をさすことが多い。「騎士のコスチューム」◆（**服飾**）衣服とそれにつける装飾品。「服飾デザイナー」

参照▼身なり⇒001-09

4 04-09 美容

【関連語】 ◆（シェイプアップ）◆（理容）りよう

意味★容姿を美しく整えること。**【英】** *beauty culture*

使い方▼〔**美容**〕▽美容と健康のために毎日運動する▽美容院▽美容整形▽美容体操

【関連語】 ◆（**シェイプアップ**）スル美容や健康のために体型を整えること。「肥(ふと)り過ぎを気にしてシェイプアップに精を出す」◆（**理容**）整髪や顔そりなど、主に男子の頭部、顔面の手入れをすること。「理容店」「理容師」

4 04-10 化粧／メーキャップ

【関連語】 ◆（厚化粧）あつげしょう◆（薄化粧）うすげしょう◆（寝化粧）ねげしょう◆（若作り）わかづくり◆（拵え）こしらえ

共通する意味★顔におしろいや紅などをつけて、美しくすること。**【英】** *makeup*

使い方▼〔**化粧**〕スル▽手早く化粧する▽化粧を施す▽化粧がうまい▽化粧台▽化粧室　〔**メーキャップ**〕▽メーキャップに凝る▽老婆役のメーキャップをする

使い分け【1】「化粧」は、顔などに化粧品をつけることを一般的にいうが、「メーキャップ」は、俳優が扮装(ふんそう)のために化粧することをさすことが多い。【2】「メーキャップ」は、「メークアップ」「メイクアップ」ともいう。また、略して「メイク」ということもあり、この場合は、「化粧」の意で用いられることも多い。「メイクをおとして寝る」「ノーメイク」

【関連語】 ◆（**薄化粧**）スル目立たないように、あっさりとした化粧。雪がうっすらと積もったさまにもたとえていう。⇔厚化粧。「薄化粧の女」「新雪で薄化粧した山並み」◆(厚化粧)スル濃くけばけばしい化粧。⇔薄化粧◆(寝化粧)スル寝る前にする化粧。◆(若作り)(名・形動)年齢よりも若く見えるような服装や化粧をするさま。「若作りにした中年男」◆(拵え)化粧、服装などを整えること。また、扮装。「弁慶のこしらえ」

参照▼拵え⇒803-04

4 04-11 散髪／理髪／調髪／整髪

共通する意味★男性や子供の髪を整えること。【英】*a haircut*

使い方▼〔**散髪**〕スル▽父に**散髪**してもらった▽**散髪**に行く　〔**理髪**〕スル▽**理髪**の技術を習得する▽**理髪**店▽**理髪**師　〔**調髪**〕スル▽**調髪**してもらう▽**調髪**料　〔**整髪**〕スル▽ヘアドライヤーで**整髪**する▽**整髪**剤

使い分け【1】「散髪」は、髪を切ることだけをいうことが多い。【2】「理髪」は、職業として髪を切ったり整えたりすること。【3】「調髪」は、髪を切ったり形を整えたりすることを総合的にいう。【4】「整髪」は、主に髪形を整えることをいう。

4 04-12 梳く／梳る

共通する意味★乱れた髪をくしで整える。【英】*to comb*

使い方▼〔**梳く**〕(カ五)▽乱れた髪を**すく**　〔**梳る**〕(ラ五)▽洗い髪を**梳る**

使い分け「梳る」は、古風な言い方。

4 04-13 入れ墨／彫り物／刺青

共通する意味★皮膚に針や小刀で文字、絵などを彫り付け、墨や絵の具を入れること。【英】*a tattoo*

使い方▼〔**入れ墨**〕▽若気の至りで**入れ墨**を入れる▽背中の**入れ墨**　〔**彫り物**〕▽竜の**彫り物**▽**彫り物**師　〔**刺青**〕▽身の丈六尺、背中に**刺青**あり

使い分け【1】「入れ墨」は、近世、犯罪者への罰に伴うものとして施されたものもある。【2】「彫り物」は、あまり一般的な言い方ではない。【3】「刺青」は、文章語だが、現在ではほとんど使われない。「いれずみ」と読むこともある。

参照▼彫り物⇒614-12

4 05 …裁縫・仕立て

4 05-01 裁縫／縫い物／仕立て／針仕事

【関連語】◆(繕い物)つくろいもの◆(手芸)しゅげい◆(編み物)あみもの◆(刺繍)ししゅう

共通する意味★布地を裁ったり縫ったりして衣服を作ること。【英】*sewing*

使い方▼〔**裁縫**〕スル▽**裁縫**の実習で浴衣を縫う　〔**縫い物**〕▽窓辺で**縫い物**をする　〔**仕立て**〕▽**仕立て**の良い着物▽**仕立て**に出す▽**仕立て物**　〔**針仕事**〕▽**針仕事**の内職

使い分け【1】「縫い物」は、縫った物、縫うべき物もさす。【2】「仕立て」は、特に工夫をこらして作りあげることにいう。【英】*dressing*【3】「針仕事」は、繕い物をすることもいう。

【関連語】◆(**繕い物**)ほころびた衣類などを直すこと。また、直す必要のある物。「繕い物をする」◆(**手芸**)手先を特に使ってする技芸。刺繍ししゅう、編み物など。【英】*handcraft*「趣味は手芸です」「手芸品」◆(**編み物**)毛糸などを編んで、衣類や装飾品を作ること。また、その編んだもの。【英】*knitting; knitted goods*(編んだもの)「姉は編み物が得意だ」◆(**刺繍**)スル布地などに種々の色糸で模様を縫い表わすこと。また、その作品。【英】*to embroider*「ハンカチに刺繍する」

4 05-02 縫う

【関連語】◆(**縫い込む**)ぬいこむ◆(**纏る**)まつる◆(**絎ける**)くける◆(**縢る**)かがる

意味★糸を通した針を使って布などをつなぎ合わせたり、模様などを作ったりする。【英】*to sew; to stitch*

使い方▼〔**縫う**〕(ワ五)▽ミシンで洋服を**縫う**▽傷口を三針**縫う**

◈物の間を折れ曲がりながら進んで行く意もある。「人ごみの中を縫って進む」

【関連語】◆(**縫い込む**)(マ五)中に他の物を包み込んで縫う。また、縫い合わせた布の端が縫い目の中に隠れるように縫う。「シャツの裾すそに千円札を縫い込んでおく」◆(**縢る**)(ラ五)布の端や破れ目などを、ほつれないように、糸でからげて縫う。「靴下の穴をかがる」「ボタン穴をかがる」◆(**絎ける**)(カ下一)布の端を折り曲げて、縫い目を表に出さないようにしたり、目だたせないようにしたりして縫う。「裾すそをくける」◆(**纏る**)(ラ五)裏に折った布端から、ふつう縫い進む方向に対して斜めに針を出して、表布をごくわずかにすくい、縫い付ける。「裾すそをまつる」

4 05-03 織る

【関連語】◆(**機織り**)はたおり◆(**手織り**)ており

意味★糸を組み合わせて、布を作る。【英】*to weave*

使い方▼〔**織る**〕(ラ五)▽絣かすりを**織る**▽機はたを**織る**▽敷物を**織る**

【関連語】◆(**機織り**)糸を機にかけ、縦横に組み合わ

せて布を作ること。また、その人。「内職に機織りをする」「機織り娘」◆(手織り)簡単な機を使い、手で細かく一つずつ織り上げること。また、その織り物。「手織りの帯」

405-04 編む(あむ)

意味★糸、竹、針金など細長いものを互い違いに組み合わせる。**【英】** *to knit*

使い方▼〔編む〕(マ五)▽マフラーを編む▽籐(とう)で編んだかご

◈材料を集めてつくる意もある。「文集を編む」

405-05 裄(ゆき)／裄丈(ゆきたけ)

共通する意味★和服で、背中の中心となる縫い目からそで口までの長さ。**【英】** *the length of the sleeve*

使い方▼〔裄〕▽ゆきを詰めて着る 〔裄丈〕▽少しゆき丈が長いようですね

使い分け 肩幅にそで幅を加えた寸法で、肩ゆきともいう。洋服でもいうことがある。

405-06 丈(たけ)／身丈(みたけ)

【関連語】 ◆(着丈)(きたけ)

共通する意味★和服で、着物の肩山からすそまでの長さ。**【英】** *length*

使い方▼〔丈〕▽丈を二寸ほど詰める 〔身丈〕▽身丈を測る

使い分け 仕立てられた衣服の丈のことをいう。「丈」は、身長の意もある。「身の丈六尺を超える大男」

【関連語】 ◆(着丈)着用者が着るのに適した、襟(えり)からすそまでの着物の長さ。

4 衣食住

参照▼丈⇒001-19

405-07 ひだ／プリーツ／ギャザー

【関連語】 ◆(ダーツ)

共通する意味★洋服などに段状に細く付けた折り目。

使い方▼〔ひだ〕▽スカートのひだをアイロンでつけ直す 〔プリーツ〕▽プリーツスカート 〔ギャザー〕▽細かいギャザーを入れたスカート

使い分け 【1】「ギャザー」は、はっきり折り目をつけるのではなく、細かく縫いちぢめたもの。【2】「ひだ」は、細かく折りたたんだように見えるしわ状のものや比喩(ひゆ)的に、複雑で繊細な部分のことをいうこともある。「襞」「褶」とも書く。「胃の内部のひだ」「心のひだに触れる」**【英】** *a pleat*

【関連語】 ◆(ダーツ)洋服を体形に合わせるため、布地を部分的に縫いつまむこと。

405-08 裾(すそ)

意味★衣服の一番下の縁(ふち)。**【英】** *the bottom*

使い方▼〔裾〕▽着物の裾をからげる▽スカートの裾を引きずる

◈衣服以外にも、「カーテンの裾」のように、物の下の部分、「山のすそ」のように、山のふもと、「髪のすそを切りそろえる」のように、髪の毛の末端などもいう。

405-09 針(はり)

意味★布地や畳などを縫うための細長い鋼製の道具。一端は鋭くとがり、他の一端は糸を通すための穴があるものと、ないものとがある。**【英】** *a needle*

使い方▼〔針〕▽針で縫う▽針に糸を通す

◈①「針のある言葉を浴びせる」「針の筵(むしろ)」などのように、人の心を傷つける悪意、あるいは、非常につらい状態、場所のたとえにも用いる。②「蜂(はち)の針」「時計の針」「レコード針」「釣り針」「注射針」など、同様に先が鋭くとがった細くてやや短いものもいう。

405-10 ファスナー／チャック／ジッパー

共通する意味★二本の布のテープに付けた細かい歯をかみあわせてとめる用具。衣服の合わせ目、かばんの口などに広く用いられている。

使い方▼〔ファスナー〕▽肥ったのでファスナーがしまらない 〔チャック〕▽チャックを下ろす 〔ジッパー〕▽ジッパーを上げる

使い分け 「チャック」「ジッパー」は、ともに商標名。

405-11 ボタン／ホック／フック／スナップ／こはぜ

共通する意味★衣服などの合わせ目やそで口などをとめるための金具。

使い方▼〔ボタン〕▽ボタンをかける▽ボタンが外れる 〔ホック〕▽ホックをかける▽ホックが外れる 〔フック〕▽フックをかける▽フックが外れる 〔スナップ〕▽スナップをとめる 〔こはぜ〕▽足袋(たび)のこはぜをかける

使い分け 【1】「ボタン」は、洋服や下着の合わせ目につけ、一方の穴にかけてとめるもの。【2】「ホック」「フック」は、鉤(かぎ)をひっかけてとめる金具。「フック」は、あまり一般的ではない。【3】「スナップ」は、凹凸二つの金具をかみあわせてとめる金具。【4】「こはぜ」は、足袋、脚絆(きゃはん)や書物の帙(ちつ)などの合わせ目をとめる、つめ形のもの。「小鉤」「鞐」とも書く。

参照▼スナップ⇒614-14

4 05-12

洗濯（せんたく）／洗浄（せんじょう）／クリーニング

［関連語］◆（ドライクリーニング）

共通する意味★洗いきよめること。**【英】** *cleaning*

使い方▼〔洗濯〕スル▽衣類を洗濯する▽洗濯機 〔洗浄〕スル▽心身を洗浄すべし▽実験器具の洗浄を行う▽傷口を洗浄する 〔クリーニング〕スル▽衣類をクリーニングに出す

使い分け【1】「洗濯」は、衣類を洗いすすぎ、汚れを落とすこと。また転じて、「命の洗濯」のように、日ごろの苦労から解放されて、さっぱりすることもいう。【2】「洗浄」は、心身などを洗いすすぐことをいう。また器具、傷口、内臓などを洗いきよめること。【3】「クリーニング」は、業者の行う「ドライクリーニング」をさすことが多い。

［関連語］◆（ドライクリーニング）水を用いず、蒸気、ベンジンなどの有機溶剤を用いてする洗濯。

4 05-13

洗う（あらう）／流す（ながす）／濯ぐ（ゆすぐ）／濯ぐ（すすぐ）

［関連語］◆（晒す）さらす◆（洗い上げる）あらいあげる◆（洗い立てる）あらいたてる◆（洗い直す）あらいなおす

共通する意味★水を使って汚れを落としたり、白くしたりする。**【英】** *to wash*

使い方▼〔洗う〕（ワ五） 〔流す〕（サ五） 〔濯ぐ〕ゆすぐ（ガ五） 〔濯ぐ〕すすぐ（ガ五）

	食器を□	顔を□	背中を□	口を□
洗う	○	○	○	-
流す	-	-	○	-
ゆすぐ	○	-	-	○
すすぐ	○	-	-	○

使い分け【1】「洗う」は、たたいたり、こすったり、もんだりして汚れを落とす意。「流す」「ゆすぐ」「すすぐ」と違い、洗剤を使う場合もある。また、「被害者の身元を洗う」のように、比喩（ひゆ）的に隠れた事柄を調べ出す意でも用いる。【2】「流す」は、水や湯をかけて汚れを落とす意。人間の体について用いられることが多い。【3】「ゆすぐ」「すすぐ」は、水をかけたり、そのものを水に浸したりして汚れや石けんなどを落とす意。「ゆすぐ」「すすぐ」は、ほぼ同意だが、名誉を挽回する意で「恥（汚名）をすすぐ」という場合、「ゆすぐ」は用いない。

［関連語］◆（晒す）（サ五）水や薬品などにつけて白くする。また、「雨にさらされる」「銃口に身をさらす」「恥をさらす」など、水のほかに、日、雨、外気、危険などさまざまな状態に置く意もある。◆（洗い上げる）（ガ下一）洗い終わる。また、念を入れて十分に洗う。他人の過去などを詳しく調べ真相をあばく意もある。「身辺を洗い上げる」◆（洗い立てる）（タ下一）十分に洗う。他人の過去などを探り出して、ことさらにあばき出す意もある。「過去を洗い立てる」◆（洗い直す）（サ五）一度洗ったものをもう一度洗う。再調査する意もある。「事件を洗い直す」

参照▼流す⇒903-37

4 05-14

退色（たいしょく）／洗い晒し（あらいざらし）

共通する意味★色がさめてしまうこと。**【英】** *fading*

使い方▼〔退色〕スル▽古びて退色した写真 〔洗い晒し〕▽洗いざらしのシャツ

使い分け【1】「退色」は、水によるもの以外に日にやけたり、薬品などによって色を失う場合をも広くいい、色がさめるものも衣類、布地とは限らない。「褪色」とも書く。【2】「洗い晒し」は、衣服や布地などが何度も水をくぐって色を失ったり、鮮やかさをなくしていることをいう。

4 05-15

洗剤（せんざい）／石鹸（せっけん）／シャンプー

共通する意味★表面活性によってものの汚れを洗い流す物質。

使い方▼〔洗剤〕▽食器を洗剤で洗う▽合成洗剤 〔石鹸〕▽石鹸で顔を洗う▽洗濯石鹸 〔シャンプー〕スル▽シャンプーで髪を洗う▽毎朝シャンプーする

使い分け【1】「洗剤」は、石鹸、シャンプー、合成洗剤など、汚れを洗い流し、洗浄するものの総称だが、一般的には衣類、食器、住居、器具などに使う中性の薬剤をさすことが多い。**【英】** *a cleaner* 【2】「石鹸」は、油脂に水酸化ナトリウム（苛性ソーダ）などを加えて作った洗剤。アルカリ性で、入浴・洗顔用などのほか、洗濯用、薬用、工業用などさまざまな種類がある。**【英】** *soap* 【3】「シャンプー」は、洗髪用の洗剤。また、それを用いて洗髪することもいう。

4 05-16

染色（せんしょく）／染め物（そめもの）／染め付け（そめつけ）／着色（ちゃくしょく）

［関連語］◆（捺染）なっせん◆（型染め）かたぞめ

共通する意味★糸や布に、染料を用いて色や模様をつけること。**【英】** *dyeing*

使い方▼〔染色〕スル▽染色に工夫をこらした美しい着物▽藍色（あいいろ）に染色する 〔染め物〕▽染め物の暖簾（のれん）をさげる▽染め物屋 〔染め付け〕▽この布地の染め付けは独特だ 〔着色〕スル▽食品に着色して売る▽人工着色▽合成着色料

使い分け【1】「染色」は、染め出した色、「染め物」は、染めた物、「染め付け」は、色や模様を表わす。【2】「染め付け」は、特に藍染めをさす。また「染め付けの食器」のように、藍模様の陶磁器についていうこともある。【3】「着色」は、単に色をつけることをいう。

【関連語】◆(捺染・型染め)布地に模様を切り抜いた型紙をおいて、染料をすりこみ模様を染め出すこと。

405-17 染(そ)める

意味★染料をとかした液に浸したり、絵の具、紅(べに)などを塗ったりして、色や模様をつける。【英】*to dye*

使い方▼〔染める〕(マ下一)▽毛糸を染める▽髪を染める

◆「頬(ほお)を染める」のように、顔を赤くする意、「夕日が空を染める」のように、光線などがあたりの色を変える意、「研究に手を染める」のように、ある物事を始める意などもある。

405-18 染(そ)まる

意味★ある色がついたりしみこんだりする。【英】*to dye*

使い方▼〔染まる〕(ラ五)▽布地が藍色(あいいろ)に染まる▽西の空が赤く染まる▽朱(あけ)に染まる

◆「悪に染まる」のように、物事に影響されて、それが身につくようになる意でも使われる。

406…食事

406-01 食事(しょくじ)／御飯(ごはん)／飯(めし)

【関連語】◆(食)しょく◆(腹拵え)はらごしらえ

共通する意味★生命を維持するために毎日習慣的に食べる食べ物。【英】*a meal*

使い方▼〔食事〕スル▽友人と食事する▽三度の食事　〔御飯〕▽御飯のしたくをする▽御飯物　〔飯〕▽三度のめしも満足に食えない

	おなかがすいたので□にしよう	□を抜く	□をとる	□をよそう
食事	○	○	○	-
御飯	○	○	-	○
めし	○	○	-	○

使い分け【1】「食事」は、生命を維持するために毎日習慣的に物を食べることもいう。【2】「御飯」「めし」は、米、麦などを炊いて主食とするものをいうところから転じて、「食事」の意味となった。「御飯」は、丁寧語。「めし」は、俗語。【3】「めし」は、「音楽でめしを食う」「写真をめしの種にする」のように、生計の意となる。

【関連語】◆(食)食べること。また、食べる物。「食が細い」「食が進む」「食を断つ」「食にありつく」◆(腹拵え)スルある仕事の前に、物を食べて腹を満たしておくこと。「じゅうぶんに腹拵えしてからでかけよう」

406-02 飲食(いんしょく)／飲(の)み食(く)い

【関連語】◆(酒食)しゅしょく

共通する意味★飲むことと食べること。【英】*eating and drinking*

使い方▼〔飲食〕スル▽公費で飲食する▽飲食費▽飲食店▽無銭飲食　〔飲み食い〕スル▽飲み食いに金がかかりすぎる

使い分け「飲み食い」は、俗な言い方。

【関連語】◆(酒食)酒を飲み食物を食べること。また、酒と食事。「酒食の饗応(きょうおう)はお断りします」

406-03 朝食(ちょうしょく)／朝御飯(あさごはん)／朝飯(あさめし)／朝飯(あさはん)／朝餉(あさげ)

共通する意味★朝の食事。【英】*breakfast*

使い方▼〔朝食〕▽朝食は八時からです　〔朝御飯〕▽旅館の豪華な朝御飯　〔朝飯〕あさめし▽朝めし抜き▽朝めし前(＝容易である)　〔朝飯〕あさはん▽簡単に朝はんをすませる　〔朝餉〕▽朝餉の煙

使い分け【1】「朝御飯」は、丁寧な言い方。【2】「朝めし」は、主として男性が使う語。【3】「朝餉」は、古めかしい言い方。

406-04 昼食(ちゅうしょく)／昼御飯(ひるごはん)／昼飯(ひるめし)／昼飯(ひるはん)／昼餉(ひるげ)／午餐(ごさん)／ランチ／(お)昼(ひる)

共通する意味★昼の食事。【英】*lunch*

使い方▼〔昼食〕▽昼食をとる　〔昼御飯〕▽昼御飯はたっぷり食べましょう　〔昼飯〕ひるめし▽朝食を抜いたので昼めしまでもたない　〔昼飯〕ひるはん▽昼はんはパンですませよう　〔昼餉〕▽昼餉の後はもう一仕事　〔午餐〕▽午餐に招かれる▽午餐会　〔ランチ〕▽ランチの約束▽ランチタイム　〔(お)昼〕▽そろそろお昼の時間だ▽みんなで昼にしよう

使い分け【1】「昼御飯」は、丁寧な言い方。【2】「昼めし」は、主として男性が使う語。【3】「昼餉」は、古めかしい言い方。【4】「午餐」は、多く、改まった食事をいう。【5】「ランチ」は、食堂などで「Aランチ」のように、定食の意味で使われる。

406-05 小昼(こひる)／ブランチ

共通する意味★朝食と昼食の間にする簡単な食事。
使い方▼〔小昼〕▽小昼に握り飯を食う 〔ブランチ〕▽日曜日には遅めのブランチをとる
使い分け 「小昼」は、朝食と昼食の間にとる軽い食事だが、ブランチは、遅い朝食、または早い昼食をさす。

406-06
夕食（ゆうしょく）／夕御飯（ゆうごはん）／夕飯（ゆうめし）／夕飯（ゆうはん）／夕餉（ゆうげ）／晩御飯（ばんごはん）／晩飯（ばんめし）／晩餐（ばんさん）／ディナー

共通する意味★晩の食事。**【英】** *supper*
使い方▼〔夕食〕▽夕食の支度をする 〔夕御飯〕▽今夜は家族揃（そろ）っての夕御飯だ 〔夕飯〕ゆうめし▽夕めしをごちそうになる 〔夕飯〕ゆうはん▽そろそろ夕はんにしよう 〔夕餉〕▽夕餉の席 〔晩御飯〕▽晩御飯を食べてから出かける 〔晩飯〕▽晩めし時におしかける 〔晩餐〕▽晩餐会 〔ディナー〕▽ディナーに呼ばれる▽ディナーショー
使い分け【1】「夕御飯」「晩御飯」は、丁寧な言い方。【2】「夕めし」「晩めし」は、主として男性が使う語。【3】「夕餉」は、古めかしい言い方。【4】「晩餐」「ディナー」は、特に豪華な改まった食事をいう。**【英】** *dinner*

406-07
弁当（べんとう）

【関連語】◆（駅弁）えきべん◆（腰弁）こしべん◆（どか弁）どかべん
意味★外出先で食べるために、容器などに入れて持っていく食事。また、仕出し屋や専門店が作った同じような形式の食事。**【英】** *lunch; luncheon*
使い方▼〔弁当〕▽弁当を使う（＝弁当を食べる）▽弁当箱
【関連語】◆（駅弁）鉄道の駅で売る弁当。**【英】** *station lunch* ◆（腰弁）腰に弁当を下げること。また、腰に下げた弁当。弁当を持って会社勤めをするような安月給取りのこともいう。◆（どか弁）厚みがあって飯がたくさん入る大きな弁当箱。また、大きな弁当。

406-08
間食（かんしょく）／間食い（あいだぐい）

【関連語】◆（おやつ）◆（（お）三時）（お）さんじ
共通する意味★三度の食事以外に物を食べること。**【英】** *eating between meals*
使い方▼〔間食〕スル▽間食はしないようにしている 〔間食い〕▽彼はしょっちゅう間食いしている
使い分け 「間食かんしょく」にくらべ、「間食い」は、無作法で意地汚く感じられるような場合に使われることが多い。
【関連語】◆（おやつ）午後三時ごろに食べる間食。昔の時刻の八つ時やつどきに食べたことから。「お八つ」とも書く。「おやつにホットケーキを焼こう」◆（（お）三時）午後三時ごろに食べる間食。「そろそろ（お）三時にしようか」

406-09
美食（びしょく）

意味★ぜいたくな物、うまい物を食べること。また、その食事。**【英】** *delicious food* ⇔粗食
使い方▼〔美食〕スル▽美食して体をこわす▽美食に慣れた舌▽美食家（**【英】** *gourmet*）

406-10
粗食（そしょく）／粗飯（そはん）／粗餐（そさん）

共通する意味★粗末な食事。**【英】** *plain food*
使い方▼〔粗食〕スル▽粗食ではあるが栄養のバランスはとれている▽粗衣粗食 〔粗飯〕▽粗飯ですが御一緒にいかがですか 〔粗餐〕▽結婚の披露かたがた、粗餐をさしあげたく…
使い分け 「粗食」は、粗末な食事、食物、また、それを食べることをいうのに対し、「粗飯」「粗餐」は、人にすすめる食事をへりくだっていう。
反対語▼粗食⇔美食

406-11
食通（しょくつう）／グルメ

共通する意味★料理の味や知識に通じていること。また、その人。特に、うまい料理を出す店を知っている人をいうこともある。**【英】** *gourmet*
使い方▼〔食通〕（名・形動）▽彼はなかなかの食通だ▽食通がすすめる店 〔グルメ〕▽グルメとして知られる作家

406-12
食い道楽（くいどうらく）／食道楽（しょくどうらく）

共通する意味★うまい物、珍しい物を食べることを楽しみとすること。また、その人。**【英】** *gourmandism; gourmet*（人）
使い方▼〔食い道楽〕▽彼は食い道楽だ 〔食道楽〕▽食道楽をもって自任する
使い分け 「食い道楽」のほうが、一般に用いられる。

406-13
いかもの食い（ぐい）／げてもの食い（ぐい）／悪食（あくじき）

共通する意味★普通の人があまり食べないようなものの、風変わりなものを好んで食べること。また、その人。**【英】** *an eater of unusual food*
使い方▼〔いかもの食い〕▽蛇を食べるとは相当ないかもの食いだ 〔げてもの食い〕▽あんなげてもの食いと一緒では食欲がなくなる 〔悪食〕▽悪食家

使い分け「いかもの食い」の「いかもの」は、いかがわしいもの、まがいもの、「げてもの食い」の「げてもの」は、普通には異様と見られているもののこと。

4 06-14 雑食／混食

共通する意味★動物性と植物性の食物をとり混ぜて食べること。**【英】** *to eat mixed food*

使い方▼〔雑食〕スル▽チンパンジーは雑食する動物だ▽雑食のトカゲ　〔混食〕スル▽混食動物

使い分け【1】「雑食」は、主として動物に使う。【2】「混食」は、米に雑穀などを混ぜて食べることもいう。

4 06-15 草食／菜食

共通する意味★植物性の食べ物を食べること。

使い方▼〔草食〕スル▽羊は草食する▽草食動物　〔菜食〕スル▽健康のために菜食する▽菜食主義**【英】** *a vegetarian*

使い分け「草食」は、動物が草などを主な食物にすること。「菜食」は、人間が肉や魚を避け、主に野菜を食べることをいう。**【英】** *plant-eating*（草食）；*a vegetable diet*（菜食）

4 06-16 肉食

意味★動物が他の動物を食物とすること。**【英】** *flesh-eating* ⇔草食

使い方▼〔肉食〕スル▽肉食する哺乳類▽肉食動物▽肉食獣

◈①人間が動物、特に鳥獣の肉を食べることもいい、この意味に対応する語は「菜食」。②仏教では「にくじき」と読む。

4 07 …食品

4 07-01 食品／食料／食べ物

【関連語】◆（食糧）しょくりょう◆（食物）しょくもつ◆（食い物）くいもの◆（糧食）りょうしょく◆（糧）かて

共通する意味★人が食べるために用いるもの。**【英】** *food(s)*

使い方▼〔食品〕▽世界中の珍しい食品をとりそろえる▽健康食品**【英】** *health food*▽冷凍食品**【英】** *frozen food*　〔食料〕▽食料を買い出しに行く▽食料品　〔食べ物〕▽好きな食べ物はなんですか▽食べ物を粗末にする

	加熱処理した□	ペットに□をやる	□に供する	□の好き嫌いが多い
食品	○	-	-	-
食料	○	△	○	-
食べ物	○	○	-	○

使い分け【1】「食品」「食料」は、多く、主食となるもの以外の食用にするものをいう。【2】「食べ物」は、人間ばかりでなく動物が食べる物についてもいう。

【関連語】◆（食糧）主として、米、麦などの主食についていう。「食糧が尽きる」「食糧難」◆（食物）「食べ物」の意の文章語的表現。広くは飲み物をも含めていう。「食物は胃で消化される」「食物連鎖」◆（食い物）「食べ物」の意の俗な言い方。「食い物の恨みは恐ろしい」◈「国民を食い物にする」のように、利益のために悪く利用するものという意味もある。◆（糧食）貯蔵したり携行したりする食料。一般的な言い方ではない。「糧食が尽きる」◆（糧）日々必要とする食べ物。「日々の糧を得る」◈「心の糧」のように、生きてゆく上で、滋養、支えとなるものもいう。

4 07-02 主食

意味★日常の食事の中心になる食物。米、麦、パンなど。**【英】** *the staple food* ⇔副食

使い方▼〔主食〕▽主食と副食をバランスよく食べる▽日本人の主食たるコメ

4 07-03 副食／おかず／（お）菜／総菜

共通する意味★主食にそえて食べるもの。**【英】** *a subsidiary food*

使い方▼〔副食〕▽主食よりも副食の方を重視する▽副食物　〔おかず〕▽今晩のおかずは何にしようか　〔（お）菜〕▽弁当のお菜　〔総菜〕▽お総菜を並べる▽総菜店

使い分け【1】「副食」は、「主食」に対する語。【2】「おかず」は、話し言葉として最もよく用いられる。「お数」とも書く。

4 07-04 米

【関連語】◆（玄米）げんまい◆（白米）はくまい◆（新米）しんまい◆（古米）こまい◆（古古米）ここまい

意味★もみがらを取り去った稲の果実。**【英】** *rice*

使い方▼〔米〕▽米を研ぐ▽米の飯

【関連語】◆（玄米）精白前の米。**【英】** *unpolished rice*「玄米を搗つく」◆（白米）精白した米。**【英】** *polished rice*「白米を食べる」◆（新米）その年に収穫した米。「新米をさっそく炊こう」◆（古米）収穫して

4 衣食住

から、一年以上たった米。新米に対して、それ以前にとれた米。◆〔古古米〕古米のうち、二年前に収穫し、保存してある米。

参照▼新米⇒305-31

4 07-05 精米(せいまい)／精白(せいはく)

共通する意味★穀物を搗(つ)いてその外皮の部分をとり、白くすること。
使い方▼〔精米〕スル▽自宅で精米した米▽精米所 〔精白〕スル▽玄米を精白する▽精白米
使い分け【1】「精米」は、玄米を搗いて白くした米のこともいう。【英】*rice polishing*【2】「精米」は、米だけにいうが、「精白」は、麦などの穀物にもいう。【英】*polishing*

4 07-06 銀飯(ぎんめし)／しゃり／銀(ぎん)しゃり

【関連語】◆〔麦飯〕むぎめし
共通する意味★白米の飯を俗にいう語。
使い方▼〔銀飯〕▽正月以来の銀飯だ 〔しゃり〕▽しゃりがぽろぽろしてとても食えない 〔銀しゃり〕▽久し振りの銀しゃりに胃が驚いている
使い分け「しゃり」は、「舎利」とも書き、色、形が仏陀(ぶっだ)の遺骨(＝舎利)に似ているところからいう。特にすし屋などで使われる語。
【関連語】◆〔麦飯〕白米に何割かの麦を入れて一緒に炊いた飯。また、麦だけを炊いた飯。「麦飯は健康によい」

4 07-07 粥(かゆ)／白粥(しらかゆ)

【関連語】◆〔重湯〕おもゆ
共通する意味★米などに、普通の飯を炊くよりも多めに水を加えて煮たもの。【英】(*rice*) *gruel*
使い方▼〔粥〕▽七草粥(ななくさがゆ)(＝正月七日に春の七草を入れて作る粥)▽五分粥(＝水分と米を半分ずつぐらいにした粥) 〔白粥〕▽熱が下がったので、白粥を食べた
使い分け「白粥」は、白米だけで炊いた粥のこと。「しらがゆ」ともいう。
【関連語】◆〔重湯〕水分を多くした粥の上澄み液。乳幼児や病人に与える。「手術後の食事は重湯からだ」

4 07-08 餅(もち)

【関連語】◆〔伸し餅〕のしもち◆〔鏡餅〕かがみもち
意味★もち米を蒸し、搗いて作った食品。【英】*rice cake*
使い方▼〔餅〕▽餅をつく▽餅がのどにつまる▽鏡餅(かがみもち)
【関連語】◆〔伸し餅〕長方形に大きくのばした餅。これを四角に切り分けたものを「切り餅」という。◆〔鏡餅〕正月または祝い、祭りのときなどに、大小二個重ねて神仏に供える円く平たい餅。丁寧に「お鏡」ともいう。

4 07-09 麺類(めんるい)

【関連語】◆〔蕎麦〕そば◆〔饂飩〕うどん◆〔冷や麦〕ひやむぎ◆〔素麺〕そうめん◆〔パスタ〕
意味★小麦粉、そば粉などを水でこねてのばし細長く切った食品。【英】*noodles*
使い方▼〔麺類〕▽麺類は何でも好きだ
【関連語】◆〔蕎麦〕そば粉を水でこねて薄くのばし、細長く切った食品。「茶(ちゃ)蕎麦」「盛り蕎麦」◆〔饂飩〕小麦粉を水でこねて薄くのばし、細長く切った食品。「きつね饂飩」◆〔冷や麦〕特に細打ちにしたうどん。ゆでて水で冷やし、汁をつけて食べる。素麺ほど細くはない。◆〔素麺〕小麦粉に水と塩とを加えてこね、細く引きのばして日に干したごく細い麺。◆〔パスタ〕イタリア料理に使う麺類の総称。スパゲティ、マカロニなど。

4 07-10 卵(たまご)／玉子(たまご)

【関連語】◆〔鶏卵〕けいらん◆〔白身〕しろみ◆〔卵白〕らんぱく◆〔黄身〕きみ◆〔卵黄〕らんおう
共通する意味★鳥、魚、虫、爬虫(はちゅう)類などの雌が産む、殻や膜に包まれた球形のもの。発育して子になる。【英】*an egg*
使い方▼〔卵〕▽卵がかえる▽蛙(かえる)の卵 〔玉子〕▽ゆで玉子▽玉子の黄身
使い分け【1】「卵」は、特にニワトリのものをいうことが多く、食品の場合は、「玉子」と書くことが多い。【2】「卵」は、「先生の卵」のように、何かになるために修行中の人をさしていうこともある。
【関連語】◆〔鶏卵〕ニワトリの卵。◆〔白身・卵白〕卵の中の白い部分。◆〔黄身・卵黄〕卵の中にある白身に包まれた球形の黄色い濃い液状の部分。

4 07-11 干物(ひもの)／乾物(かんぶつ)

共通する意味★乾燥させた保存食品。
使い方▼〔干物〕▽釣った魚を干物にする▽アジの干物 〔乾物〕▽乾物を売る店▽乾物屋
使い分け【1】「干物」は、魚介類の干したもの、またはその総称。ただし、「かつお節」「煮干し」などは含まない。【英】*dried fish*【2】「乾物」は、かんぴょう、しいたけ、海苔(のり)、煮干しなど、乾燥させて保存できるようにした食品の総称。【英】*dry provisions*

4 07-12 小麦粉(こむぎこ)／麦粉(むぎこ)／メリケン粉(こ)／うどん粉(こ)

共通する意味★小麦の種子を粉にしたもの。【英】

(wheat) flour

使い分け「メリケン粉」は、古く、アメリカから輸入したものを在来の「うどん粉」と区別していった呼称。「うどん粉」は、うどんを作るところから。

4 07-13 米粉（べいふん）／米粉（こめこ）／糝粉（しんこ）

【関連語】◆(白玉粉)しらたまこ

共通する意味★米を粉にしたもの。【英】*rice flour*

使い分け「糝粉」は、精白したうるち米を乾燥してひいた粉のこと。

【関連語】◆(白玉粉)もち米の粉を水でさらして精白し、乾燥させた食品。

4 07-14 脂肪（しぼう）／脂肪油（しぼうゆ）／脂（あぶら）／油（あぶら）／油脂（ゆし）

共通する意味★動植物に含まれている不揮発性の化合物で、脂肪酸とグリセリンの結合したもの。【英】*fat*

使い方▼〔脂肪〕▽脂肪はエネルギー量が大きい▽腹に脂肪がつく▽脂肪ぶとり▽皮下脂肪 〔脂肪油〕▽オリーブ油は脂肪油の一種である 〔脂〕▽豚の脂▽顔に脂が浮く▽脂がのった鮪(まぐろ) 〔油〕▽菜種の油▽まるで水と油だ▽油を売る(=仕事を怠けてむだ話をする)▽油を絞る(=厳しくしかってこらしめる) 〔油脂〕▽植物性油脂

使い分け【1】ふつう、常温で固体のものを「脂肪」「脂」、液体のものを「脂肪油」「油」といい、総称して「油脂」という。【2】「油脂」は、蛋白(たんぱく)質・炭水化物とともに、生物体を構成する三大要素の一つである。【3】肉の「あぶら」を「膏」と書くこともある。【4】「油」には、石油および石油製品の意もある。また、活動の原動力になるものを比喩(ひゆ)的にいい、特に酒をさすことが多い。「機械に油をさす」「油が切れて元気がない」

4 07-15 香辛料（こうしんりょう）／スパイス

共通する意味★飲食物に、香りや辛みをつけるために用いるもの。【英】*spice*

使い方▼〔香辛料〕▽香辛料たっぷりのスープ 〔スパイス〕▽スパイスを利(き)かせたステーキ

使い分け【1】最近は、外来語の「スパイス」を使う人が多い。【2】芳香性のものには、薄荷(はっか)、紫蘇(しそ)、丁字、月桂樹(げっけいじゅ)の葉、バニラなどがあり、辛みをつけるものには、胡椒(こしょう)、わさび、芥子(からし)、唐辛子などがある。

4 07-16 煮物（にもの）／煮付け（につけ）／煮染め（にしめ）／煮転がし（にころがし）／煮浸し（にびたし）

【関連語】◆(佃煮)つくだに

共通する意味★煮て調理した料理。【英】*cooked food*

使い方▼〔煮物〕▽野菜の煮物 〔煮付け〕▽大根とイカの煮付け 〔煮染め〕▽みそ汁と煮染めの夕食 〔煮転がし〕▽里芋の煮転がし 〔煮浸し〕▽宿自慢の鮎(あゆ)の煮浸し

使い分け【1】「煮物」は、煮た料理の総称。野菜、肉、魚などの材料を問わず広く用いられる。【2】「煮付け」は、煮汁の味をしみこませるように煮た料理。【3】「煮染め」は、しょうゆなどの煮汁がよくしみこみ味や色がつくように煮た料理。【4】「煮転がし」は、芋類などを煮汁がほとんどなくなるまで煮つめた料理。「にっころがし」「にころばし」ともいう。【5】「煮浸し」は、軽く焼いたフナ、アユ、アジなどを煮て、煮汁をたっぷりしみこませる料理。

【関連語】◆(佃煮)小魚、貝、海藻などをしょうゆや調味料で濃い味に煮つめたもの。もと江戸佃島(つくだじま)で作られたところからの名。

4 07-17 漬物（つけもの）／お新香（しんこ）／お香香（こうこう）／香の物（こうのもの）

共通する意味★野菜を塩、ぬか、みそ、こうじなどに漬けた食品。【英】*pickles*

使い分け【1】いずれも意味・用法はほとんど変わらないが、「香の物」は、やや硬い言い方。【2】「お香香」は、「おこうこ」ともいう。

4 07-18 スープ／コンソメ／ポタージュ

共通する意味★西洋料理で、肉、野菜などを煮込んで味をつけた汁。

使い方▼〔スープ〕▽具だくさんのスープ 〔コンソメ〕▽オニオンのコンソメ 〔ポタージュ〕▽かぼちゃのポタージュ

使い分け【1】「スープ」は、西洋料理で、コースの初めにとる肉や野菜を煮込んだ汁の総称。また、「豚骨スープのラーメン」のように、料理のだしにする汁の意でも使う。【2】「コンソメ」は、透明なスープ。【3】「ポタージュ」は、濃厚で不透明なスープ。

4 07-19 汁（しる）／つゆ

共通する意味★料理で、液体状のもの。【英】*soup; broth*

使い方▼〔汁〕▽汁を残さず飲みほす▽汁茶碗 〔つゆ〕▽だしがよくきいたつゆ

使い分け【1】塩、しょうゆで味つけするすまし汁と、みそで味つけするみそ汁がある。【2】「汁」は、「オレンジの汁」「弁当のおかずの汁がしみ出た」のように、ある物体からしみ出したり、しぼりとったりした液の意もある。【3】「つゆ」は、「天つゆ」「そばつゆ」などのように、食品をつけて食べる液もさす。

4 07-20 味噌汁

【関連語】◆(おつけ)◆(おみおつけ)

意味★だし汁にみそを溶かして調味した汁。【英】*miso soup*

使い方▼〔味噌汁〕▽豆腐の味噌汁

【関連語】◆(おつけ)もと、味噌汁をいう女房詞で、本膳で飯のそばに並んで付ける意からという。◆(おみおつけ)「おつけ」「味噌汁」の丁寧語。「おみ(御味)」は、みその丁寧語。

4 07-21 すまし汁／(お)すまし 吸い物

共通する意味★塩、しょうゆなどで調味した透明の汁。

使い方▼〔すまし汁〕▽味噌がなくてすまし汁になった 〔(お)すまし〕▽わかめのおすまし 〔吸い物〕▽マツタケの吸い物

使い分け「すまし汁」「すまし」は、日常一般的に家庭で用いられるが、「吸い物」は、もてなし料理の半ばで饗されるものをさす場合が多い。【英】*clear soup*(すまし汁)

4 07-22 菓子

【関連語】◆(和菓子)わがし◆(洋菓子)ようがし

意味★食事以外に食べる嗜好本位の食品。甘いものが多い。【英】*confectionary*《総称》

使い方▼〔菓子〕▽お茶とお菓子を出す

◆菓子は、もと果物のことをいったが、現在は果物の場合は「水菓子」という。

【関連語】◆(和菓子)日本風の菓子。饅頭、羊羹、もち菓子など。◆(洋菓子)西洋から渡来した菓子。西洋風の菓子。ケーキ、チョコレートなど。

4 07-23 果物／フルーツ／水菓子

【関連語】◆(果菜)かさい◆(デザート)

共通する意味★草木の実のうち、人間が食用にする、比較的皮の柔らかく甘味のあるもの。【英】*fruit*

使い方▼〔果物〕▽果物を買う▽庭になった果物をとる▽外国から果物を輸入する 〔フルーツ〕▽お見舞いにフルーツの詰合せを持って行く▽フルーツパーラー 〔水菓子〕▽料理の最後に水菓子が出る▽お客を水菓子でもてなす

	食後に□を食べる	□の皮をむく	熱帯産の□	野生の□
果物	○	○	○	○
フルーツ	○	○	○	-
水菓子	○	-	-	-

使い分け【1】「フルーツ」「水菓子」は、食品の種類として見た場合の言い方。「果物」は、広く、自然の生産物としての存在も意味する。【2】「水菓子」は、やや古い言い方。

【関連語】◆(果菜)果物と野菜をまとめていう語。「果菜を商う店」◆(デザート)食事の最後にしめくくりとして出る食べ物。普通は菓子や果物など。「デザートにメロンが出た」

参照▼果菜⇒720-25

4 07-24 飲み物／飲料

共通する意味★水、茶、酒、ジュースなど飲むための液体。【英】*a drink*

使い方▼〔飲み物〕▽食事の時は何か飲み物が欲しい？ 〔飲料〕▽非常時に備えて食料、飲料はたっぷり用意した▽飲料用の水▽飲料水

使い分け【1】すでに調合、調味されている場合、「飲み物」を使うのが普通。【2】「飲料」は、単独ではあまり用いられず、書き言葉的な言い方。特に種別を明示する場合は、「アルコール飲料」「清涼飲料」のように用いる。

4 07-25 茶

【関連語】◆(新茶)しんちゃ◆(麦茶)むぎちゃ◆(煎茶)せんちゃ◆(抹茶)まっちゃ◆(挽茶)ひきちゃ◆(玉露)ぎょくろ◆(番茶)ばんちゃ

意味★ツバキ科の常緑低木の若葉、若芽を摘んで飲料としたもの。緑茶と紅茶に大別される。また、それから作った飲み物。【英】*tea*

使い方▼〔茶〕▽お茶を入れる▽茶にする

◆茶をたててのむ作法や、茶を煮出した色もいう。「茶の湯」「茶のコート」

【関連語】◆(新茶)今年とれた新芽で作る茶。「新茶の季節」◆(麦茶)煎った殻付きのオオムギを煎じた茶。「冷たい麦茶」◆(煎茶)煎じて飲む茶。玉露や番茶に対して中級の茶。◆(抹茶・挽茶)上等の製茶を臼でひいて粉末にしたもの。◆(玉露)甘みのある最も優良の煎茶。◆(番茶)摘み残りの荒葉、茎、枝などで作る品質の劣る茶。

4 07-26 さ湯／湯冷まし／温湯

【関連語】◆(湯水)ゆみず◆(湯茶)ゆちゃ

共通する意味★水を温めたり沸かしたりしたもの。

【英】*hot water*

使い方▼〔さ湯〕▽お茶の代わりにさ湯を飲む▽さ湯で薬を飲む 〔湯冷まし〕▽子供に湯冷ましを飲ませる 〔温湯〕▽手足を温湯につけて温める

使い分け【1】「さ湯」「湯冷まし」は、飲むためのものだが、「温湯」は、それ以外にも使う。【2】「さ湯」は、ただ沸かしただけで、何も混じっていない湯。「湯冷まし」は、「さ湯」をさましてぬるくしたもの。

【3】「温湯」は、適当な温かさの湯。
【関連語】◆(湯水)湯と水。また、湯や水。「湯水ものどを通らなくなる(=病気がかなり重態になる)」「湯水のように使う(=湯か水のように惜しげなく使う)」◆(湯茶)湯と茶。湯または茶。多くのどの渇きをいやすための飲み物の意で使う。「湯茶の接待役に出る」

4 08 …料理

4 08-01 料理(りょうり)/調理(ちょうり)/炊事(すいじ)/煮炊き(にたき)

【関連語】◆(調味)ちょうみ◆(クッキング)◆(割烹)かっぽう

共通する意味★食物として口に合うように材料を調え加工すること。【英】*cooking*

使い方▼〔料理〕スル▽料理人▽料理学校 〔調理〕スル▽調理師▽調理実習 〔炊事〕スル▽炊事、洗濯一切を自分でやる▽炊事当番 〔煮炊き〕スル▽病気で朝夕の煮炊きにも不自由した

	自分で□す	魚を□する	社員の食事を□する	□は苦手だ
料理	○	○	○	○
調理	○	○	○	-
炊事	○	-	-	○
煮炊き	○	-	-	-

使い分け【1】「料理」が、最も広く用いられ、いろいろな材料をさまざまな方法で食べられるようにすることをいう。【2】「調理」は、特に仕事として大勢の人の食事を作る場合に使うことが多い。【3】「炊事」は、家庭や下宿などで家族や自分のために食事を作ることをいう。【4】「煮炊き」は、おかずを煮たり飯を炊いたりすること。【5】「料理」には、「中華料理」「家庭料理」「一品料理」のように、食べられるように作った食べ物の意もある。また、「こんな相手は軽く料理できる」のように、事柄を手際よく処理することを俗にいう。

【関連語】◆(調味)スル食べ物に味をつけて口に合うようにすること。「味醂(みりん)を入れて調味する」「調味料」◆(クッキング)料理すること。また、料理法。「クッキングスクール」◆(割烹)食べ物を作ること。「割烹着」▣和風の料理で酒を飲ませる店のこともいう。「大衆割烹」

参照▼割烹⇒503-45

4 08-02 炊く(たく)/煮る(にる)/炊ぐ(かしぐ)

【関連語】◆(煮える)にえる

共通する意味★食品を水などの中に入れ、火にかけて熱を通し、食べられるようにする。【英】*to cook*

使い方▼〔炊く〕たく(カ五)▽飯を炊く▽炊いたばかりの飯 〔煮る〕(ナ上一)▽豆を煮る▽魚を煮る▽煮ても焼いても食えない(=ほどこす手段がなくて持て余す) 〔炊ぐ〕かしぐ(ガ五)▽米を炊ぐ

使い分け【1】「たく」「かしぐ」は、主として米についていう。「かしぐ」は、古めかしい言い方。また、西日本では、「たく」は「豆をたく」のように、米以外についても使われる。【2】「煮る」は、米以外についていい、ふつう調味料を加えて火を通す場合にいう。

【関連語】◆(煮える)(ア下一)汁が沸き立ち、中に入れた食べ物に熱が通ったり味がしみたりして、食べられるようになる。「肉が煮える」

4 08-03 飯炊き(めしたき)/炊爨(すいさん)

共通する意味★飯を炊くこと。【英】*the cooking of rice*

使い方▼〔飯炊き〕▽単身赴任中は自分で飯炊きをした 〔炊爨〕スル▽キャンプでは各自が炊爨する▽飯盒(はんごう)炊爨

使い分け「炊爨」は、文章語。

4 08-04 茹でる(ゆでる)/うでる/湯搔く(ゆがく)/湯引く(ゆびく)

共通する意味★食品を湯に入れて煮る。【英】*to boil*

使い方▼〔茹でる〕(ダ下一)▽うどんを茹でる▽卵を茹でる▽白菜を茹でる 〔うでる〕(ダ下一)▽卵をうでる 〔湯搔く〕(カ五)▽ほうれん草を湯がく 〔湯引く〕(カ五)▽白身の魚をさっと湯引く

使い分け【1】「茹でる」は、広く用いられる。「うでる」は、「ゆでる」の変化した語。【2】「湯搔く」は、野菜などのあくを抜くために熱湯にしばらく浸す意。【3】「湯引く」は、湯でさっと煮る。

4 08-05 茹だる(ゆだる)/うだる

共通する意味★湯で煮られて火が通る。【英】*to boil*

使い方▼〔茹だる〕(ラ五)▽卵がゆだる 〔うだる〕(ラ五)▽ジャガイモがうだる

使い分け「うだる」は、「ゆだる」の変化した語。「ゆだる」の方が標準的な言い方。また、「うだる」は、「うだるような暑さ」のように、暑さのために体がだるくなる意でも用いる。

4 08-06 蒸す(むす)/蒸かす(ふかす)

【関連語】◆(蒸らす)むらす◆(蒸れる)むれる

共通する意味★食物を高温の蒸気で加熱する。【英】*to steam*

4 衣食住

使い方▼〔蒸す〕むす(サ五)▽冷御飯をむして食べる▽シューマイをむす　〔蒸す〕ふかす(サ五)▽芋をふかす

使い分け【1】「ふかす」は、食べ物だけに用いるのに対して、「むす」は、「タオルをむす」のように、食べ物以外のものを蒸気で加熱する場合にも用いる。【2】「むす」には、「今夜はだいぶむして寝苦しい」のように、風がなく温度が高く、しかも湿気があって暑さがこもるように感じられる意もある。

【関連語】◆〔蒸らす〕(サ五)たき上がった飯などに十分に熱や湯気を通して、柔らかく食べごろになるようにする。「御飯をむらす」◆〔蒸れる〕(ラ下一)十分に熱や湯気が通る。特に、飯などがむされて柔らかく食べごろになる。【英】*to be steamed*「御飯がほどよくむれる」◆「足がむれて臭(にお)う」「室内がむれる」のように、温度が高く、湿気が多くて不快に感じる意もある。

408-07 煎(せん)じる／煎(せん)じ詰(つ)める

共通する意味★薬や茶などを煮つめて、成分、滋養などを取り出す。

使い方▼〔煎じる〕(サ上一)▽薬を煎じて飲む　〔煎じ詰める〕(マ下一)▽薬草を煎じ詰める【英】*to make a medical decoction*

使い分け「煎じ詰める」は、成分、滋養などが出切るまで煮つめる意。また、転じて、「煎じ詰めて言えば…」のように、行きつくところまで押し進める意もある。

参照▼煎じ詰める⇒220-25

408-08 煮込(にこ)む／煮付(につ)ける／煮染(にし)める

【関連語】◆〔煮詰まる〕につまる

共通する意味★味が十分につくようによく煮る。【英】*to boil well*

使い方▼〔煮込む〕(マ五)▽かたい肉も十分に煮込めば柔らかくなる　〔煮付ける〕(カ下一)▽魚をおいしく煮付ける　〔煮染める〕(マ下一)▽里芋を煮染める▽煮染めたような帽子

使い分け【1】「煮込む」「煮染める」は、味が十分につくように時間をかけて煮る場合に使い、「煮付ける」は、ほどよく味がつくように煮る場合に使う。【2】「煮込む」には、いろいろな材料をまぜて一緒に煮る意もある。

【関連語】◆〔煮詰まる〕(ラ五)煮えて水分がなくなる。「汁が煮詰まって辛くなる」。また、「話が煮詰まる」のように、議論や考えなどが出尽くして、結論を出すべき最終的な段階になる意もある。【英】*to be boiled down*(両方の意味あり)

408-09 煮立(にた)つ／煮(に)え立(た)つ／煮(に)え繰(く)り返(かえ)る／煮(に)えたぎる

【関連語】◆〔煮沸〕しゃふつ

共通する意味★煮えてぐらぐらと沸き上がる。【英】*to boil up*

使い方▼〔煮立つ〕(タ五)▽煮立った鍋(なべ)にスパゲッティを入れる　〔煮え立つ〕(タ五)▽煮え立ったらもう食べられます　〔煮え返る〕(ラ五)▽湯がぐらぐらと煮え返る　〔煮え繰り返る〕(ラ五)▽煮え繰り返った鍋の中　〔煮えたぎる〕(ラ五)▽ぐつぐつと音を立てて煮えたぎる

使い分け【1】「煮え返る」「煮え繰り返る」「煮えたぎる」は、さかんに沸騰(ふっとう)している状態をいう。「煮え繰り返る」は、「煮え返る」を強めた語。【2】「煮え返る」「煮え繰り返る」には、「腹の中が煮え返る(煮え繰り返る)」のように、ひどく腹を立てる意もある。

【関連語】◆〔煮沸〕スル水などを煮たたせること。「哺乳瓶(ほにゅうびん)を煮沸する」「煮沸消毒」

408-10 沸(わ)く／沸騰(ふっとう)／たぎる

【関連語】◆〔沸かす〕わかす

共通する意味★液体が熱せられて煮え立つ。【英】*to boil*

使い方▼〔沸く〕(カ五)▽やかんのお湯が沸く　〔沸騰〕スル▽沸騰した湯を注ぐ　〔たぎる〕(ラ五)▽ストーブの上のやかんの湯がたぎる

使い分け【1】「沸く」は、「お風呂(ふろ)が沸く」のように、ある適当な温度になる意でも用いる。【2】「沸く」には、「観客が沸く」のように熱狂して騒ぎ立てたり、熱中したりする意がある。【3】「沸騰」は、液体が熱せられた結果、内部から気泡となって蒸発するほど煮立つこと。また、「世論が沸騰する」のように、激しく騒がしくなることにもいう。【4】「たぎる」には、「若い血がたぎる」のように、感情が激しく沸き上がる意もある。

【関連語】◆〔沸かす〕(サ五)熱や興奮させるような刺激を与えて液体や人の心などを熱くする。「お湯を沸かす」「風呂を沸かす」「観衆を沸かす」

408-11 沸(わ)き立(た)つ／沸(わ)き上(あ)がる／沸(わ)き返(かえ)る

共通する意味★液体が勢いよく沸騰する。【英】*to bubble up*

使い方▼〔沸き立つ〕(タ五)▽沸き立った熱いお湯で紅茶をいれる　〔沸き上がる〕(ラ五)▽火を消し忘れて風呂(ふろ)が沸き上がってしまった　〔沸き返る〕(ラ五)▽湯がぐらぐら沸き返る

使い分け三語とも、「場内が沸き立つ」「大喚声が沸き上がる」「沸き返る応援団」のように、大勢が興奮して騒ぎ立てる、激しく起こる意もある。

408-12 焼(や)く／あぶる

共通する意味★食品を火に近づけたり、火の中に入れたりして食べられるようにする。**【英】** *to grill; to roast*

使い方▼**〔焼く〕**(カ五)▽魚を焼く▽焚(た)き火に芋を入れて焼く　**〔あぶる〕**(ラ五)▽するめをあぶる

使い分け【1】「焼く」は、食品ばかりでなく、「陶器を焼く」のように、火にあてて物を作り上げる意でも用いる。また、処置に困る「手を焼く」、細々と面倒をみる意で「世話を焼く」のように、慣用表現も多い。【2】「あぶる」には、「火鉢で手をあぶる」「海苔(のり)をあぶる」のように、火などで温めたり、乾かしたりする意もある。【3】「あぶる」は、「炙る」「焙る」とも書く。元来、「炙る」は、火できつね色に焦がす意、「焙る」は、火の上にかざして湿気を取り去る意。

参照▼焼く⇒216-34 714-06

408-13 いる／いり付(つ)ける／焙(ほう)じる／炒(いた)める

共通する意味★なべなどに食品を入れて、水分がなくなるまで熱する。また、あぶり焦がす。**【英】** *to roast*

使い方▼**〔いる〕**(ラ五)▽ごまをいる▽卵をいる　**〔いり付ける〕**(カ下一)▽おかずの汁気をいり付けてとる　**〔焙じる〕**(ザ上一)▽古くなったお茶は焙じるとよい　**〔炒める〕**(マ下一)▽野菜を炒める

使い分け【1】「いる」は、「煎る」「炒る」などとも書く。元来、「煎る」は、火で熱して焦がす意、「炒る」は、なべなどで熱して焦がす意、または、油で焦げつかないように火を通す意。【2】「いりつける」は、十分にいる意。【3】「焙じる」は、火であぶってからからになるまで熱する意。「焙ずる」とも。【4】「炒める」は、少量の油を使って焦げつかないように熱する意。

408-14 千切(せんぎ)り／千六本(せんろっぽん)／薄切(うすぎ)り／輪切(わぎ)り／乱切(らんぎ)り／ぶつ切(ぎ)り／みじん切(ぎ)り

共通する意味★料理で、材料のいろいろな切り方。また、切ったもの。

使い方▼**〔千切り〕**▽キャベツの千切り　**〔千六本〕**▽大根を千六本に切る　**〔薄切り〕**▽オレンジを薄切りにする　**〔輪切り〕**▽大根の輪切り　**〔乱切り〕**▽乱切りにした野菜　**〔ぶつ切り〕**▽まぐろのぶつ切り　**〔みじん切り〕**▽玉ねぎのみじん切り

使い分け【1】「千切り」「千六本」は、極めて細く切ること。**【英】** *long thin strips*【2】「薄切り」は、薄く切ること。**【英】** *slice*【3】「輪切り」は、切り口の断面が円形になるように切ること。**【英】** *cutting in round slices*【4】「乱切り」は、形をそろえずに切ること。また、「ぶつ切り」は、形を気にしないで大きめに切ること。**【英】** *cutting～into irregular lumps*【5】「みじん切り」は、材料をこまかく切り刻むこと。**【英】** *cutting～into tiny pieces*

408-15 盛(も)る／よそう／注(つ)ぐ／注(そそ)ぐ／淹(い)れる

共通する意味★器に飲み物や食べ物を入れる。**【英】** *to serve*

【関連語】◆(盛り付ける)もりつける◆(盛り込む)もりこむ◆(盛り合わせる)もりあわせる

使い方▼**〔盛る〕**(ラ五)▽御飯を盛る▽皿に料理を盛る　**〔よそう〕**(ワ五)▽御飯のおかわりをよそう▽みそ汁をよそう　**〔注ぐ〕**つぐ(ガ五)▽酒をついで回る　**〔注ぐ〕**そそぐ(ガ五)▽湯をそそいで飯をかきこむ　**〔淹れる〕**(ラ下一)▽客のためにお茶を淹れる

使い分け【1】「盛る」は、形のある食べ物を器物に入れ満たす場合に使うが、たっぷりと積み重ねるようにする意が強い。液体に関しては、酒についてのみ使う。また、「一服盛る」のように、毒薬を飲食物に混入させる意もある。【2】「よそう」は、形のある食べ物だけでなく、汁物を器に入れる場合にも使う。【3】「注ぐ」は、多く、液状のものを容器にそそぐ場合に使う。**【英】** *to pour (tea)*((茶を)つぐ); *to serve (wine)*((酒を)つぐ)【4】「注(そそ)ぐ」は、液体を流し込む意で一般にいう。【5】「淹れる」は、茶などを飲めるように調える場合に使う。

【関連語】◆**(盛り付ける)**(カ下一)食べ物を器に盛る。特に、料理を器に見栄えがいいように盛る。「彩りよく盛りつけられた料理」◆**(盛り込む)**(マ五)盛って中に入れる。「重箱におせち料理を盛り込む」◆**(盛り合わせる)**(サ下一)一つの器に、いくつかの料理を取り合わせて盛る。「旬(しゅん)のものを盛り合わせる」

参照▼盛る⇒904-05

409 …酒・飲酒

409-01 酒(さけ)／酒類(しゅるい)

共通する意味★アルコール分を含む飲料。**【英】** *liquor*

使い方▼**〔酒〕**▽酒を断つ▽酒に飲まれる▽酒が強い　**〔酒類〕**▽未成年には酒類の販売ができない

使い分け【1】「酒」は、アルコール分を含む飲み物を総称する場合と、日本酒だけをさす場合とがある。「お神酒」「般若湯」など異名が多い。【2】「酒類」は、酒税法でアルコール分が一度以上の飲み物を総称していう。また、酒の種類をいう場合もある。

409-02 醸造／醸成／吟醸

【関連語】◆（醸す）

共通する意味★米、麦、果実などを発酵させて、酒、みそ、醤油などをつくること。【英】*brewing*

使い方▼〔醸造〕スル▽日本酒を醸造する▽醸造酒▽醸造家　〔醸成〕スル▽新酒を醸成する　〔吟醸〕スル▽口あたりがよい辛口の吟醸酒

使い分け「醸造」が一般的。「吟醸」は、原料をよく吟味して酒、醤油等をつくること。

【関連語】◆（醸す）（サ五）酒を醸造する。「酒を醸す」

409-03 醸造酒／蒸留酒／混成酒／合成酒

共通する意味★製法による酒の分類。

使い分け【1】「醸造酒」は、米、麦、果物などを発酵させてつくった酒。日本酒、ビール、ワインなどをいう。【英】*brewage*【2】「蒸留酒」は、醸造酒などアルコール分を含む材料を、さらに蒸留してつくった強い酒。ウイスキー、ブランデー、ウオッカ、焼酎など。【3】「混成酒」は、醸造酒や蒸留酒などに香料、調味料などを混ぜ合わせてつくった酒。味醂、梅酒、リキュールなど。【4】「合成酒」は、アルコールにブドウ糖、琥珀酸、香料などを加えて、清酒に似た風味を持たせた酒。

409-04 日本酒／清酒

【関連語】◆（濁酒）だくしゅ（どぶろく）

共通する意味★日本古来の製法で作った酒。米を原料とする。【英】*sake*

使い方▼〔日本酒〕▽鍋料理には日本酒がよく合う　〔清酒〕▽お祝いに清酒を一本贈る

使い分け「清酒」は、「日本酒」の別称。また、「濁酒」に対して、漉して澄んだ酒をいう。

反対語▼日本酒⇔洋酒

【関連語】◆（濁酒）かすを漉していない、白く濁っている酒。⇔清酒

409-05 冷や酒／冷酒／燗酒／熱燗／燗冷まし

共通する意味★飲むときの状態による日本酒の分類。

使い方▼〔冷や酒〕▽冷や酒は悪酔いしやすい▽親の意見と冷や酒は後にきく　〔冷酒〕▽冷酒は口あたりがいい　〔燗酒〕▽燗酒にして体を温める　〔熱燗〕▽熱燗で一杯▽熱燗にして飲む　〔燗冷まし〕▽燗冷ましは味が悪い

使い分け【1】「冷や酒」は、燗をしていない酒。【英】*cold sake*【2】「冷酒」は、「冷や酒」のこと。また、燗をしないで飲めるように作った酒。【3】「燗酒」は、温めた酒。【4】「熱燗」は、酒の燗の熱いこと。また、その酒。【5】「燗冷まし」は、燗酒の冷えたもの。

409-06 飲酒

意味★酒を飲むこと。【英】*drinking*

使い方▼〔飲酒〕▽長年にわたる飲酒の害が現れた▽飲酒運転▽飲酒家

409-07 一杯／一献

共通する意味★ちょっと酒を飲むこと。【英】*a drink of (liquor)*

使い方▼〔一杯〕▽帰りに一杯やっていこう▽一杯機嫌　〔一献〕▽一献さし上げよう▽一献かたむける

使い分け「一献」は、「一杯」より丁寧な言い方。

409-08 酌

【関連語】◆（手酌）てじゃく◆（独酌）どくしゃく

意味★酒を杯につぐこと。

使い方▼〔酌〕▽酌をする▽酌に立つ

【関連語】◆（手酌）自分で酒をついで飲むこと。「男同士、手酌でやる」◆（独酌）スル自分で酒をついで飲むこと。また、相手なしに一人で酒を飲むこと。「独酌で飲む」「月下独酌」

409-09 がぶ飲み／鯨飲／牛飲／痛飲／暴飲

共通する意味★一時に酒を大量に飲むこと。【英】*to quaff*

使い方▼〔がぶ飲み〕スル▽酒をがぶ飲みする　〔鯨飲〕スル▽鯨飲馬食　〔牛飲〕スル▽牛飲馬食　〔痛飲〕スル▽痛飲がたたって体をこわした　〔暴飲〕スル▽暴飲暴食

使い分け【1】「がぶ飲み」は、水や酒などをがぶがぶ飲むこと。【2】「鯨飲」「牛飲」は、鯨、牛がたくさんの水を飲むように、大量に酒を飲むこと。二語に意味・用法の差はない。【3】「痛飲」は、いやというほど酒を飲むこと。【4】「暴飲」は、度を越して酒を飲むこと。

409-10 ぐい飲み／一飲み／らっぱ飲み

共通する意味★水や酒などを勢いよく飲むこと。**【英】** *drinking at a gulp*

使い方▼〔**ぐい飲み**〕スル▽冷や酒を三杯続けてぐい飲みした　〔**一飲み**〕▽杯を一飲みに干す▽一飲みに呑みこむ　〔**らっぱ飲み**〕スル▽ビールをらっぱ飲みする

使い分け【1】「ぐい飲み」は、酒などを一気に飲むこと。また、厚手の大きな杯のこともいう。【2】「一飲み」は、一口に飲みこむこと。【3】「らっぱ飲み」は、直接、瓶に口をつけて、らっぱを吹くような恰好で、中の液体を飲むこと。

参照▼ぐい飲み⇒409-27

409-11 やけ飲み／やけ酒

共通する意味★思いどおりに行かないで、どうなってもいいという酒の飲み方。また、その酒。**【英】** *drinking out of desperation*

使い方▼〔**やけ飲み**〕スル▽ふられてやけ飲みをして二日酔いになる　〔**やけ酒**〕▽ふられてやけ酒をあおる

使い分け「やけ酒」は、やけになって飲む酒をいう。

409-12 乾杯／祝杯

共通する意味★祝福のために、酒を飲むこと。**【英】** *a toast*

使い方▼〔**乾杯**〕スル▽会長の音頭で乾杯する▽長寿を祝して乾杯！　〔**祝杯**〕▽優勝の祝杯を挙げた

使い分け【1】「乾杯」は、祝福するために、酒を満たした杯を差し上げてから飲み干すこと。また、その時の合図の掛け声。【2】「祝杯」は、祝い事に際して酒を飲むための杯をいう。

409-13 酒飲み／のんべえ／飲み助／酒豪／飲んだくれ／酒好き／大酒家／飲み手／大酒飲み

【関連語】◆(酒客)◆(酒家)◆(酒仙)

共通する意味★酒をよく飲む人や、酒に強い人。**【英】** *a heavy drinker*

使い方▼〔**酒飲み**〕▽酒飲み本性違わず（＝酒飲みは酔っても本性を失わないものだ）　〔**のんべえ**〕▽うちのだんなはのんべえだ　〔**飲み助**〕▽彼は飲み助で、まっすぐ家に帰ることがない　〔**酒豪**〕▽軽く一升はいく酒豪だ　〔**飲んだくれ**〕▽飲んだくれの相手はできない　〔**酒好き**〕▽彼は無類の酒好きだ　〔**大酒家**〕▽大酒家として知られる小説家　〔**飲み手**〕▽今日の宴会には飲み手がいない　〔**大酒飲み**〕▽彼は会社一番の大酒飲みだ

【関連語】◆(**酒客・酒家**)酒の好きな人。いずれも、文章語的。「彼は酒客の名が高い」「酒家が集まる店」◆(**酒仙**)俗事を離れて酒を楽しむ人。「李白は酒仙と呼ばれている」

409-14 酔っぱらい／酔客／酔漢／酔いどれ／虎

共通する意味★酒に酔った人。**【英】** *a drunkard*

使い方▼〔**酔っぱらい**〕▽終電車には酔っぱらいが多い　〔**酔客**〕▽酔客にからまれる　〔**酔漢**〕▽酔漢が乱暴を働く　〔**酔いどれ**〕▽しようがない酔いどれだ▽酔いどれの客を送る　〔**虎**〕▽酒を飲んで虎になる

使い分け【1】「酔客」「酔漢」は、書き言葉。「酔客」は、「すいかく」ともいう。【2】「酔漢」は、酒に酔った男性をさす。【3】「酔いどれ」は、酒にひどく酔った人。【4】「虎」は、俗称。

409-15 辛党／左利き／左党／上戸

【関連語】◆(両刀遣い)

共通する意味★酒が好きな人。**【英】** *a drinker*

使い方▼〔**辛党**〕▽私はどちらかというと辛党だ　〔**左利き**〕▽左利きだが甘い物も食べる　〔**左党**〕▽あの人は大の左党だ　〔**上戸**〕▽彼は上戸の方だ

使い分け【1】「左利き」「左党」は、左手が大工道具の「のみ」を握る手であることから、「飲み手」にかけていう。【2】「左党」は、「ひだりとう」ともいう。【3】「上戸」は、酒が好きでたくさん飲める人をいう。また、「笑い上戸」「泣き上戸」のように、接尾語的に用いて、酒を飲んだときの癖の状態をいう。【4】「左利き」は、右手より左手の方がよく利くこと、また、その人の意でも使う。

反対語▼辛党⇔甘党　左党⇔右党　上戸⇔下戸

【関連語】◆(**両刀遣い**)酒と甘いものの両方を好むこと。また、そういう人。略して「両刀」とも。

409-16 酔い

【関連語】◆(酔い心地)◆(酔いざまし)◆(酔いざめ)

意味★飲酒によるアルコール分の摂取のため正常な状態でなくなること。**【英】** *drunkenness*

使い方▼〔**酔い**〕▽疲れていると酔いが早くまわる▽酔いがさめた

【関連語】◆(**酔い心地**)酒を飲んで普通の状態ではなくなったときの快い気分。「酔い心地のよい酒」◆(**酔いざまし**)酒を飲んで正常でなくなった状態を正常にもどすこと。また、そのためにすること。「酔いざましに水を飲む」◆(**酔いざめ**)酒を飲んで正常でなくなった状態が正常にもどること。また、そのとき。「酔いざめのはっきりしない頭」「酔いざめの水」

409-17 酔う／酔っ払う／酔いしれる／酔い潰れる

共通する意味★酒を飲んで心身が正常な状態でなくなる。

使い方▼〔**酔う**〕(ワ五)▽酒に酔う▽酔っ払ってくだを巻く〔**酔っ払う**〕(ワ五)▽酔っ払って大声を出す▽正気を失うほど酔っ払う　〔**酔いしれる**〕(ラ下一)▽勝利の美酒に酔いしれる　〔**酔い潰れる**〕(ラ下一)▽父は昼間から酔い潰れている

使い分け【1】「酔う」「酔いしれる」には、「恋に酔う」「名演奏に酔いしれる」のように、あることに心を奪われる、うっとりする意もある。【英】*to get drunk*(酔う)【2】「酔い潰れる」は、酒に酔って正体がなくなる意。【英】*to drink oneself down*

409-18 微酔／生酔い／ほろ酔い

【関連語】◆(陶酔)とうすい

共通する意味★酒に少し酔うこと。【英】*to be slight intoxication*

使い方▼〔**微酔**〕スル▽微酔を帯びる　〔**生酔い**〕▽酒が足りなくてまだ生酔いだ　〔**ほろ酔い**〕▽ほろ酔い気分

使い分け【1】「微酔」「ほろ酔い」は、気分よく少し酔うこと。「微酔」は、書き言葉。【2】「生酔い」は、飲み足りず中途半端に酔っていること。また、相当酔っていることの意もある。「なまえい」とも。「生酔い本性違わず(＝酒に酔っても、本性までは失わない)」

【関連語】◆(陶酔)スル気持ちよく酔うことをいうが、むしろ、うっとりするほどいい気分になることの意で使われることが多い。「美酒に陶酔する」「自己の世界に陶酔している」

409-19 酩酊／泥酔／大酔

【関連語】◆(大酒)おおざけ

共通する意味★酒を飲み過ぎてひどく酔うこと。【英】*intoxication*

使い方▼〔**酩酊**〕スル▽飲み過ぎて酩酊してしまった　〔**泥酔**〕スル▽深酒して泥酔する▽泥酔状態　〔**大酔**〕スル▽大酔して醜態をさらす

使い分け「泥酔」は、正体をなくすほど酔うことをいう。

【関連語】◆(大酒)多量の酒を飲むこと。「大酒を食らう」

409-20 悪酔い／二日酔い／宿酔

共通する意味★飲んだあと気分や体の具合が悪くなるような酔い方。

使い方▼〔**悪酔い**〕スル▽ちゃんぽんに飲んで悪酔いした　〔**二日酔い**〕▽二日酔いで頭が痛い　〔**宿酔**〕▽宿酔状態が続く

使い分け【1】「悪酔い」は、酒を飲んで、頭痛、嘔吐、目まいなどを起こし体の具合が悪くなることをいう。また、酔って人にからんだり、暴れたりすることもいう。【英】*drunken sickness*「悪酔いして人をののしる」【2】「二日酔い」「宿酔」は、飲み過ぎて翌日まで頭痛や目まい、吐き気などが続く状態。「宿酔」を「ふつかよい」と読むこともある。【英】*hangover*

409-21 酒癖

【関連語】◆(酒乱)しゅらん◆(笑い上戸)わらいじょうご◆(泣き上戸)なきじょうご

意味★酒に酔ったときに出るくせ。【英】*a bad drunk*

使い方▼〔**酒癖**〕▽彼は酒癖が悪くて困る

◈「酒癖」を「しゅへき」と読むと、硬い言い方になる。

【関連語】◆(酒乱)酒に酔うと暴れるくせ、乱暴になるくせをいう。【英】*drunken frenzy*「彼は酒乱だから一緒に飲むのはいやだ」◆(笑い上戸)酒を飲むと、よく笑うくせのあること。また、一般に、むやみによく笑うくせのあることもいう。【英】*a merry drinker*「彼女は少し酒が入っただけで笑い上戸になる」◆(泣き上戸)酒を飲むと、むやみによく泣くくせのあること。また、一般に、むやみによく泣くくせのあることもいう。【英】*a sentimental drinker*「彼は泣き上戸で困る」

409-22 宴会／宴／うたげ／パーティー

共通する意味★懇親、祝い、記念などのために人々が集まって、飲食を楽しむ会合。

使い方▼〔**宴会**〕▽スピーチや隠し芸で宴会は盛り上がった▽宴会場　〔**宴**〕▽雪見の宴▽宴たけなわ▽観桜の宴を張る　〔**うたげ**〕▽婚礼のうたげ　〔**パーティー**〕▽誕生日のパーティーに招かれる▽出版記念パーティー

使い分け【1】「宴会」は、懇親や接待のために一般的に催される会合で、酒食を楽しむことが中心となる。【英】*a feast*【2】「宴」は、「宴会」の上品な言い方。どんちゃん騒ぎの会合をいうにはあまりふさわしくない。【3】「うたげ」は、「宴」の古風で雅びやかな言い方。「宴」とも書く。【4】「パーティー」は、飲食よりも、広く社交上の集まりに重きをおくもの。立食形式のものにもいう。

参照▼パーティー⇒504-30

409-23 酒宴／酒盛り

共通する意味★人々が集まって、酒を飲んで楽しむこと。【英】*a drinking bout*

使い方▼〔酒宴〕▽歌や踊りで酒宴は最高に盛り上がった▽酒宴を張る　〔酒盛り〕▽夜になると酒盛りが始まる▽酒盛りをする

使い分け 「酒盛り」は、「酒宴」のくだけた言い方。「酒宴」は、進行、飲食物、催し物などを事前に計画して行う場合に用いる。

409-24 宴席(えんせき)／酒席(しゅせき)／お座敷(ざしき)

共通する意味★社交のために、人々が集まって酒や料理を楽しむ場。【英】*a banquet*

使い方▼〔宴席〕▽会議の後は宴席を用意しております▽宴席を盛り上げる　〔酒席〕▽酒席での発言とはいえ、聞き捨てならない▽酒席を設ける　〔お座敷〕▽お座敷がかかる（＝芸者、芸人などが客に呼ばれる）▽ひいき筋のお座敷を勤める

使い分け【1】「酒席」は、「宴席」にくらべ、酒を飲むという具体的な行為に重点をおいた言い方として用いられる場合が多い。【2】「お座敷」は、「座敷」の尊敬語、丁寧語。そこに呼ばれて行く芸者や芸人の立場からいう語。

参照▼お座敷⇒412-11

409-25 盛宴(せいえん)／饗宴(きょうえん)／祝宴(しゅくえん)

共通する意味★人々が集まって楽しく行う宴。【英】*a banquet*

使い方▼〔盛宴〕▽ゆうべのパーティーは盛宴だった▽盛宴を張る　〔饗宴〕▽饗宴の夜▽饗宴を設ける　〔祝宴〕▽婚礼の祝宴

使い分け【1】「盛宴」「饗宴」は、盛大な宴をさすが、「饗宴」が、豪勢な酒や料理で盛大にもてなす宴をいうのに対し、「盛宴」は、出席者数、顔ぶれ、雰囲気などが盛大である宴をいう。【2】「饗宴」は、「スポーツの饗宴」「色彩の饗宴」など、大規模で華やかな諸種の催しをさすことも多い。「供宴」と書くこともある。【3】「祝宴」は、婚礼、長寿の祝い、祝勝会など、めでたいことを祝うための宴。

409-26 徳利(とくり)／銚子(ちょうし)

共通する意味★酒を入れる、口が小さく、くびの細長い容器。【英】*a sake bottle*

使い方▼〔徳利〕▽一升徳利　〔銚子〕▽お銚子をつける

使い分け【1】「徳利」は、「銚子」よりも大きな物をいうことが多い。「とっくり」ともいう。【2】「銚子」は、燗(かん)をするときに用いるもの。「お銚子」ということが多い。

409-27 杯(さかずき)／酒杯(しゅはい)／杯(はい)

【関連語】◆(玉杯)ぎょくはい◆(金杯)きんぱい◆(銀杯)ぎんぱい◆(猪口)ちょく◆(ぐい飲み)ぐいのみ

共通する意味★酒を飲むためのうつわ。【英】*a winecup*

使い方▼〔杯(さかずき)〕▽さかずきを干す▽杯を傾ける　〔酒杯〕▽酒杯をあげる　〔杯(はい)〕▽杯を重ねる

使い分け【1】「杯(さかずき)」は、最も一般的に用いられる。「酒杯」「杯(はい)」は、文章などで、慣用的な用い方をすることが多い。【2】「さかずき」「はい」は、「盃」とも書く。

【関連語】◆(玉杯)玉(ぎょく)で作ったさかずき。さかずきの美称としても用いられる。◆(金杯・銀杯)それぞれ金あるいは銀で作ったさかずき。賞品や記念品などとして用いられる。◆(猪口)陶磁器製の小さなさかずき。「ちょこ」ともいう。◆(ぐい飲み)大きくて深い厚手のさかずき。

参照▼ぐい飲み⇒409-10

4‐10…台所用品

410-01 鍋(なべ)

意味★食物を煮たり、いったり、いためたりするための器。【英】*a pan*

使い方▼〔鍋〕▽鍋の中でシチューが煮えている▽割れ鍋に綴(と)じ蓋(ぶた)（＝人にはそれぞれ似つかわしい相手がいるものであることのたとえ）

◆金属製、土製、耐熱ガラス製などがある。また、鍋で煮ながら食べる料理をさすこともある。「今夜は来客があるから鍋にしよう」「寄せ鍋」

410-02 釜(かま)

意味★飯を炊いたり湯をわかしたりする金属製の器。ふつうは腰につばがある。

使い方▼〔釜〕▽同じ釜の飯を食った仲▽電気釜

410-03 食器(しょっき)／茶器(ちゃき)／酒器(しゅき)

共通する意味★飲食をするために用いる器。【英】*tableware*

使い方▼〔食器〕▽食器を洗う▽和食器　〔茶器〕▽名物の茶器　〔酒器〕▽手造りの酒器で飲む

使い分け【1】「食器」は、皿、茶碗(ちゃわん)、椀(わん)、はし、フォーク、スプーンなど、和食、洋食にかかわらず食事をするために用いる器具の総称。さらに酒を飲むための杯や、湯のみなども含めていうこともある。

【2】「茶器」は、茶をいれたり飲んだりするための器具。茶道具。また、茶道で、抹茶を入れるための容器（「なつめ」など）を特にいう。【3】「酒器」は、酒を飲むための銚子ちょうし、杯など。

4 10-04 瀬戸物／磁器／陶器／陶磁器／焼き物

【関連語】◆（かわらけ）◆（土器）どき

共通する意味★土をこね、形作ってから窯かまに入れて堅く焼き上げた器。**【英】** *porcelain; china*

使い方▼〔瀬戸物〕▽瀬戸物の食器 〔磁器〕▽薄手の磁器のカップ 〔陶器〕▽素朴な味わいのある陶器の人形 〔陶磁器〕▽中国の陶磁器を展示する 〔焼き物〕▽各地の焼き物を集める

使い分け【1】「瀬戸物」は、もと愛知県瀬戸市およびその周辺に産するものの称だが、転じて、総称としても用いる。多く東日本でいう。【2】「磁器」は、堅く焼き締まって、素地のガラス質が磁化して半透明になり、吸水性のほとんどない物。たたくと金属的な音を発する。【3】「陶器」は、うわぐすりを施したものをいい、「磁器」にくらべ焼き締まりがなく、不透明で強度も小さい。ただし、「磁器」との明確な区別はない。全般をさして「陶器」ということもある。【4】「陶磁器」は、「陶器」「磁器」全般をさす。【5】「焼き物」には、「陶器」「磁器」などのほか素焼きの土器なども含まれ、土や石の粉末を焼いて作ったものの総称として広く使われる。

【関連語】◆（かわらけ）素焼きの焼き物のこと。特に杯をいう。◆（土器）「かわらけ」に同じ。特に「縄文式土器」「弥生やよい式土器」など、原始時代の土製の容器の遺物をいう。

4 10-05 漆器／塗り物

共通する意味★うるし塗りの器。**【英】** *lacquer(ed) ware*

使い方▼〔漆器〕▽会津塗りの漆器 〔塗り物〕▽塗り物の夫婦ばし

使い分け 木製の器にウルシの樹脂を原料とする塗料を塗ったもの。椀わん、はし、重箱、湯桶ゆとう、硯すずり箱、文ふ箱、その他さまざまなものが作られ、「漆器」「塗り物」は、その総称。

4 10-06 茶碗／椀／皿／鉢／丼

共通する意味★食事のとき、飯、料理などを入れる器。**【英】** *a bowl*

使い方▼〔茶碗〕▽欠けた茶碗▽コーヒー茶碗 〔椀〕▽漆塗りの椀 〔皿〕▽皿に刺身を盛りつける 〔鉢〕▽煮物を鉢に盛る 〔丼〕▽丼に山盛りにもった御飯

使い分け【1】「茶碗」は、御飯や茶を、「椀」は、汁を入れる半球形の器。【2】「碗」は陶磁器製の、「椀」は木製のものをいうが、現代では合成樹脂などでも作られる。【3】「皿」は、浅く平らなもの。【4】「鉢」は、「皿」より深い器をいう。【5】「丼」は、おもに御飯物やうどん、そばなどを盛る、厚手で深い大きめの器。「親子どんぶり」「うな丼どん」のように、料理の名としても用いる。

4 10-07 湯飲み／茶飲み茶碗

共通する意味★湯茶を飲むための茶碗。**【英】** *a teacup*

使い方▼〔湯飲み〕▽湯飲みにお茶をつぐ 〔茶飲み茶碗〕▽上等の茶飲み茶碗

使い分け「茶飲み茶碗」は、「湯飲み」よりはやや上品で、改まった言い方。

4 10-08 コップ／タンブラー／グラス／ジョッキ

共通する意味★主として温めていない液体を飲むための器。

使い方▼〔コップ〕▽コップ一杯の牛乳▽ガラスのコップ▽コップ酒 〔タンブラー〕▽タンブラーに注がれたビール 〔グラス〕▽グラスに注ぐ▽ワイングラス 〔ジョッキ〕▽ジョッキを傾ける

使い分け【1】「コップ」は、ガラス、プラスチック、金属などでできており、ふつう取っ手がないものをいう。水、酒、その他の飲み物などに広く使われる。【2】「タンブラー」は、透明ガラス製で取っ手がなく底の平たい大型のコップ。【3】「グラス」は、おもに洋酒などを飲むときに用いるガラス製のコップ。【4】「ジョッキ」は、大型のビール用のコップ。ガラスや金属製で、取っ手のあるものが多い。**【英】** *a mug*

参照▼グラス⇒416-28

4 10-09 瓶

意味★液体などを入れるための容器。特に、細長く口の狭いガラスや陶器のうつわをいう。「壜」とも書く。**【英】** *a bottle*

使い方▼〔瓶〕▽ビール瓶▽空あき瓶▽瓶詰づめ

4 10-10 樽

【関連語】◆（酒樽）さかだる◆（ビヤ樽）ビヤだる◆（角樽）つのだる◆（柳樽）やなぎだる◆（薦被り）こもかぶり

意味★酒、醤油しょうゆなどの液体をいれる、木製円筒形で、密封できるふたのある容器。胴の部分がふくらんだものもある。**【英】** *a cask; a barrel*

使い方▼〔樽〕▽酒を樽につめる▽樽を開ける

【関連語】◆（ビヤ樽）ビールを入れるたる。◆（酒樽）酒を入れておくたる。中太で上下がすぼまった形をしているところから、太って腹の出た人をたとえていうこともある。◆（角樽・柳樽）上に角（つの）のように突き出た二本の長い柄をつけた酒だる。朱塗りや黒塗りで、祝儀、贈答品に用いる。二樽で一荷とする。◆（薦被り）こもで包んだ酒だる。

4 10-11 飯櫃（めしびつ）／お櫃（ひつ）／お鉢（はち）

共通する意味★御飯を入れる木製の容器。【英】*a rice tub*

使い方▼〔飯櫃〕▽飯櫃から飯をよそう 〔お櫃〕▽お櫃を抱え込んで食べる 〔お鉢〕▽お鉢を一人で空にする

使い分け【1】日常の話し言葉では、「お櫃」「お鉢」がよく使われる。【2】「お鉢がまわる」は、順番が回ってくる意。飯びつが回され、飯を盛る順番がくるところからいう。

4 10-12 御飯蒸し（ごはんむし）／蒸籠（せいろう）

共通する意味★物を蒸すための容器。

使い分け【1】「御飯蒸し」は、冷や飯を温める器具。中落としの下に湯を入れ、上に飯をのせて火にかけ、湯気で蒸すもの。【2】「蒸籠」は、釜（かま）の上などにはめて、もち米、まんじゅうなどを蒸す容器。木製の框（かまち）の底を簀子（すのこ）にしてある。「せいろ」ともいう。

4 10-13 土瓶（どびん）／急須（きゅうす）

【関連語】◆（ティーポット）◆（鉄瓶）（てつびん）◆（薬罐）（やかん）◆（湯桶）（ゆとう）

共通する意味★茶をいれるために用いる容器。いれた茶を注ぐ口がついている。【英】*a tea-pot*

使い方▼〔土瓶〕▽土瓶で茶を注いで回る 〔急須〕▽急須でお茶を入れる

使い分け【1】「土瓶」は、「急須」より大ぶりで、つると注ぎ口がついているもの。もとはこれで湯をわかしたり、茶などを煎（せん）じたりしたが、現代では、一度にたくさんの茶を入れるとき、「急須」と同じように使われている。【2】「急須」は、茶の葉を入れて湯を注ぎ、茶碗につぐために用いるもの。あまり大きくなく、取っ手と注ぎ口がついている。

【関連語】◆（ティーポット）紅茶を煎じ出す容器。◆（鉄瓶）湯をわかすときに用いる、つると注ぎ口のついた鉄製の容器。◆（薬罐）湯をわかすときに用いる、取っ手と注ぎ口のついた銅製やアルマイト製などの容器。もと薬を煎じるのに使ったところからの名。また、つるつるにはげた頭にたとえてもいう。「薬罐を空焚（からだ）きしてしまう」「薬罐頭」◆（湯桶）食後に飲む湯茶やそば湯を入れるための木製の器。注ぎ口と柄のついた漆器。

4 10-14 壺（つぼ）／甕（かめ）

共通する意味★陶磁器、金属などの、中を広くつくった容器。【英】*a pot*

使い方▼〔壺〕▽小さな壺を一輪ざしに使う▽骨（こつ）壺▽砂糖壺 〔甕〕▽甕で水を運ぶ▽水甕▽みそ甕

使い分け【1】「壺」は、小さいものから大きいものまでいい、口の下で一旦狭くなり、底の方で広がっているものが多い。【2】「甕」は、多く大きなものをいい、口も広い。物の貯蔵などに使う。

参照▼つぼ⇒802-13

4 10-15 膳（ぜん）／食膳（しょくぜん）

【関連語】◆（陰膳）（かげぜん）

共通する意味★食事をするときに料理や器物を並べて載せる台。また、その料理。【英】*a table; a tray*

使い方▼〔膳〕▽座るとすぐに膳が運ばれた▽お膳にひじをついて食事をするな 〔食膳〕▽食膳に山海の珍味を供する▽食膳を賑（にぎ）わす▽食膳に着く

使い分け「食膳」は、「膳」より硬い言い方。

【関連語】◆（陰膳）旅行などで家を離れている人が飢えることがないように祈って、留守宅で家族が供える食膳。「陰膳を据える」

4 10-16 箸（はし）／おてもと

【関連語】◆（割り箸）（わりばし）◆（菜箸）（さいばし）◆（太箸）（ふとばし）

共通する意味★食物を挟み取るのに用いる二本の細い棒。【英】*chopsticks*

使い方▼〔箸〕▽箸で野菜をつまむ▽箸をつける▽箸にも棒にもかからない（＝どうにも扱いようがない）▽箸の上げおろしにも文句をいう（＝いちいち細かいところまで文句をいう） 〔おてもと〕▽お膳におてもとをつける

使い分け「おてもと」は、料理屋などでいう語。

【関連語】◆（割り箸）割りやすいように下端から途中まで割れ目がつけてあり、使うときに残りの部分を割って使う白木の箸。「駅弁を割り箸で食べる」◆（菜箸）おかずを皿などに盛りわけたり、料理を作るのに用いる長い箸。◆（太箸）両端を細くした丸く太い箸。祝いの膳や、正月に雑煮を食べるときなどに用いる。「祝い箸」「雑煮箸」とも。

4 10-17 匙（さじ）／スプーン

【関連語】◆（散り蓮華）（ちりれんげ）

共通する意味★小形の皿状のものに柄がついた形の、液体や粉末などをすくいとる道具。【英】*a spoon*

使い方▼〔匙〕▽粥(かゆ)をさじですくう▽砂糖をさじ一杯入れる〔スプーン〕▽スプーンでスープを飲む

使い分け【1】「匙」は、もと医師が薬剤を調合する道具をいい、「さじを投げる(＝見放す)」「さじ加減(＝手加減)」のように、比喩(ひゆ)的にも用いられる。【2】「スプーン」は、洋食用のさじ。用途に応じて、大きさもさまざまで、「ティースプーン」「デザートスプーン」などの種類がある。

【関連語】◆(散り蓮華)柄の短い陶製のさじ。形がハスの花の花弁に似るところから。「れんげ」とも。

4 10-18 フォーク

意味★洋食で、食べ物を刺して、あるいは乗せて口に運ぶ道具。先が二〜四本のまたになっている。

使い方▼〔フォーク〕▽ナイフとフォークを使って食べる

4 10-19 柄杓(ひしゃく)／杓子(しゃくし)

【関連語】◆(茶杓)(ちゃしゃく)◆(しゃもじ)◆(お玉杓子)(おたまじゃくし)

共通する意味★水、汁、飯などをすくうための道具。

【英】*a ladle*

使い方▼〔柄杓〕▽ひしゃくを取って手に水をかける〔杓子〕▽杓子で汁をすくって椀(わん)に入れる▽杓子定規(＝いつも決まったやり方しかできず、応用がきかないこと)

使い分け【1】「柄杓」は、水をくみ取るためのもの。椀状の容器に長い柄が付いている。「杓」とも。【2】「杓子」は、汁や飯などをすくうのに用いるもの。

【関連語】◆(茶杓)茶の湯で抹茶をすくう小さなさじ。湯をすくうものは「茶柄杓」という。◆(しゃもじ・お玉杓子)汁や飯などをすくう道具。飯用が「しゃもじ」、汁用が「お玉杓子」(「お玉」とも)。

4 10-20 包丁(ほうちょう)

【関連語】◆(薄刃)(うすば)◆(菜切り)(なきり)◆(出刃)(でば)

意味★料理をするときに使用する刃物。【英】*a kitchen knife*

使い方▼〔包丁〕▽包丁を入れる▽包丁さばきのいい板前

◆用途により形状が異なる。「庖丁」とも書く。

【関連語】◆(薄刃・菜切り)刃が薄くて、幅の広い長方形の包丁。野菜などを刻むのに用いる。◆(出刃)刃の幅が広く、みねが厚く、先のとがった包丁。魚、鳥などを調理するときに用いる。

4 10-21 俎(まないた)

意味★料理で、食物などを包丁で切るときに、下に敷く板。

使い方▼〔俎〕▽まないたにのせる(＝話題として取り上げる)▽まないたの鯉(こい)(＝相手のなすがままになることのたとえ)

4 11 …家

4 11-01 家(いえ)／家(うち)／家屋(かおく)

【関連語】◆(ハウス)◆(家)(や)

共通する意味★人が住むための造った建物。【英】*a house*

	二階建ての□	会社の近くに□を買う	□まで走って帰る	□の倒壊を免れる
家(いえ)	○	○	○	△
家(うち)	○	○	○	-
家屋	○	-	-	○

使い分け【1】「家(いえ)」「家(うち)」は、ともに生活の場としての建物をいい、「家屋」は、構造も含め、建築物としてとらえる意識が強い。【2】「家(いえ)」の方が「家(うち)」より改まった言い方。

【関連語】◆(ハウス)家屋の意。他の語と複合して用いられる。「モデルハウス」「リゾートハウス」◆(家)(や)「いえ」と同意だが、現在では、単独ではあまり使われない。「屋」とも書く。「この家(や)のあるじ」「田舎家(いなかや)」「あばら家(や)」

参照▼家(いえ)⇒315-02　家(うち)⇒315-02

4 11-02 住宅(じゅうたく)／住居(じゅうきょ)／住(す)まい

【関連語】◆(住み処)(すみか)◆(巣)(す)

共通する意味★人が住むための家。【英】*a house*

使い方▼〔住宅〕▽住宅の密集地域▽建て売り住宅▽住宅地〔住居〕▽住居を移す▽住居変更届▽弥生(やよい)時代の住居址(し)▽住居侵入罪〔住まい〕▽あの家が彼の住まいだ▽住まいが変わる▽借家住(ず)まい▽わび住(ず)まい

	台風で□を失う	□を定める	□を建てる	お□はどちら?
住宅	○	-	○	-
住居	○	○	△	-
住まい	○	○	-	○

使い分け【1】「住宅」は、「住宅展示場」のように、建物自体をいうことが多い。【2】「住居」は、住む建物のほか、場所、地点を表わすことも多い。【3】「住

まい」は、現在住んでいる家の意であるが、特に、「…住まい」の形で、生活や暮らしを表わす。

【関連語】◆(住み処)動物、人間にかかわらず、住む所。「悪の住みか」のように、好ましくない者がいつもいるところの意で使うこともある。「栖」とも書く。「ついの住みか(＝生涯住むべきところ)」◆(巣)鳥や獣、虫、魚などの住んでいる所。転じて、人が身を寄せ合い暮らす所。また、好ましくない者が集まる所の意にも使う。「二人の愛の巣」「暴走族の巣」

4 11-03 邸宅／豪邸／屋敷

【関連語】◆(館)

共通する意味★大きくて立派な家。【英】*a mansion*

使い方▼〔邸宅〕▽りっぱな邸宅が並んでいる▽彼は大邸宅に住んでいる 〔豪邸〕▽一度でいいから豪邸に住んでみたい 〔屋敷〕▽立派な屋敷を構える▽大名屋敷

使い分け【1】「邸宅」「屋敷」は、大きな住宅の意で、一般的に使われる。【2】「豪邸」は、大きいだけでなく、贅沢ではなやかな家。【3】「屋敷」は、家そのものでなく、家が立っている一区切りの土地、敷地をさすこともある。

【関連語】◆(館)身分が高い人の家。古めかしい言葉。「貴族の館」

4 11-04 小屋／バラック

【関連語】◆(あばら屋)◆(廃屋)◆(廃家)

共通する意味★小さくて簡単な造りの粗末な家。【英】*a hut*

使い方▼〔小屋〕▽丸太で小屋を建てる▽山小屋▽物置小屋▽犬小屋▽芝居小屋 〔バラック〕▽被災者のためにバラックを建てる

使い分け【1】「小屋」は、不用品や農具、家畜などを入れておく建物のほか、芝居や見世物などの興行に使う建物にも使う。【2】「バラック」は、ありあわせの材料で造った家。また、老朽化した木造の建物。

【関連語】◆(あばら屋)荒れはてた粗末な家。自分の家をへりくだってもいう。「今にも倒れそうなあばら屋」「ひどいあばら屋ですがぜひお出かけ下さい」◆(廃屋・廃家)住む人がなくて荒れはてた家。「廃屋の取り壊しが始まった」

参照▼小屋⇒615-26

4 11-05 庵／庵／庵室／草庵／草堂

【関連語】◆(東屋)

共通する意味★わら、カヤなどでふいた小さく粗末な家。【英】*a thatched cottage*

使い方▼〔庵(あん)〕▽奥深い山に庵を結ぶ 〔庵(いおり)〕▽世を捨てていおりにこもる 〔庵室〕▽一部屋だけの庵室で暮らす 〔草庵〕▽山中に草庵を結ぶ 〔草堂〕▽旅の途中草堂で夜を明かす

使い分け【1】「庵(あん)」「庵(いおり)」「庵室」は、特に僧、世捨て人、風流人などが住む小屋をいう。【2】「草庵」「草堂」は、草ぶきの粗末な家を一般的にいうが、自分の家をへりくだっていうときにも使われる。【3】「草庵を結ぶ」のように、いずれも後に「結ぶ」を続けて、「作る」の意を表わす。【4】「庵(あん)」は、僧、風流人などのすまいや店の名として接尾語的に用いることがある。「芭蕉庵」

【関連語】◆(東屋)柱と屋根だけの小さな建物。庭園などの休憩所として作られる。「四阿」「阿舎」とも書く。「庭の東屋で休む」

4 11-06 別宅／別邸／別荘

【関連語】◆(山荘)

共通する意味★日常住んでいる家以外に、別に設けた家。【英】*a villa*

使い方▼〔別宅〕▽仕事場に近い都心に別宅を設ける▽昨夜は別宅に泊まった 〔別邸〕▽別邸を海外に建てる 〔別荘〕▽夏の間別荘で過ごす▽別荘地

使い分け【1】「別宅」が一般的。【2】「別邸」は、大きくて立派な家に用いる。【3】「別荘」は、特に景色がよい場所などに、暑さや寒さを避けたり保養したりするために造るもの。

反対語▼別宅⇔本宅 別邸⇔本邸

【関連語】◆(山荘)山の中にある別荘。また、山の中に建てた宿泊、休憩のための施設をいうこともある。「山荘に泊まってスキーを楽しむ」

4 11-07 自宅／私宅／私邸／自家

【関連語】◆(拙宅)◆(ねぐら)

共通する意味★自分の家。【英】*one's house*

使い方▼〔自宅〕▽明日は御自宅にいらっしゃいますか▽自宅療養▽自宅通勤 〔私宅〕▽部長の私宅を訪問する▽私宅に戻って連絡を待つ 〔私邸〕▽総理の私邸 〔自家〕▽自家の相続を争う▽自家用車▽自家発電

使い分け【1】「自宅」が、もっとも一般的。【2】「私宅」「私邸」は、公の住居(官舎、社宅、官邸など)に対して、個人が所有している家という意味合いがある。「私邸」は、屋敷や邸宅のように、大きくて立派な家の場合に用いる。【3】「自家」は、自分の家に限らず、自分の店や会社なども表わす。また、「自家の独断と偏見」「自家薬籠中の物」などのように、自分自身をさすこともある。

反対語▼私邸⇔官邸・公邸

【関連語】◆(拙宅)自分の家をへりくだっていう語。文章語。「拙宅でささやかなパーティーを開きたいと思います」◆(ねぐら)自分の家、寝所を俗にいう語。本来は鳥の巣、寝る所を表わす。「疲れきってねぐらに帰る」

4 11-08 貸家（かしや）／貸間（かしま）／貸室（かししつ）

共通する意味★賃貸料を取って人に貸す家や部屋。**【英】** *a house [room] for rent*

使い方▼〔貸家〕▽貸家あり▽転勤のため家を貸家にした　〔貸間〕▽貸間をさがす　〔貸室〕▽このアパートには貸室がある

使い分け 人に貸す物件が家全体の場合、「貸家」といい、部屋の場合、「貸間」「貸室」という。

反対語▼貸家⇔借家しゃくや

4 11-09 借家（しゃくや）

意味★住むために、家賃を払って借りる家。**【英】** *a rented house* ⇔貸家

使い方▼〔借家〕▽借家住まい▽借家人

◈法令では「しゃっか」と読みならわしている。

4 11-10 仮住まい（かりずまい）／仮寓（かぐう）／寓居（ぐうきょ）

共通する意味★仮に住む所。**【英】** *a temporary residence*

使い方▼〔仮住まい〕スル▽家を建て直す間仮住まいの生活をする▽親類の家に仮住まいする　〔仮寓〕スル▽仮寓の身なので何かと不自由だ▽下宿が見つかるまで友人宅に仮寓する　〔寓居〕スル▽アパートが見つかるまでおじの家を寓居とする▽当時は田舎に寓居していた

使い分け【1】「仮住まい」が、一般的に使われる。【2】「寓居」は、「新しく寓居を構えましたのでぜひお立ち寄り下さい」のように、自分の家をへりくだっていうときにも使う。【3】「仮寓」「寓居」は、文章語。

4 11-11 人家（じんか）／民家（みんか）

共通する意味★人の住む家。**【英】** *a house*

使い方▼〔人家〕▽彼方に人家の明かりが見える　〔民家〕▽民家が密集した地域

使い分け「人家」「民家」とも、人の住んでいる家をさすが、「民家」は、公共の建物やビル、商業用の建物などに対して、一般の人が住んでいる家の意で使われる。

4 11-12 新居（しんきょ）／新宅（しんたく）

共通する意味★新しい家。**【英】** *one's new house*

使い方▼〔新居〕▽結婚して新居を構える▽新居に移る　〔新宅〕▽新宅に引っ越す

使い分け【1】「新居」は、新築した家または移転して新たに入った家をいう。移転して入った家をいう場合には、新築であるか、すでに年月を経た家であるかは問題とはならない。【2】「新宅」は、新しく建てた家をいう。「新居」ほど一般的には用いない。また、本家から分かれた分家の意もある。

反対語▼新居⇔旧居　新宅⇔旧宅

4 11-13 長屋（ながや）／アパート　マンション

【関連語】◆（コーポラス）◆（ハイツ）◆（レジデンス）

共通する意味★一棟の建物の内部を、何世帯もで住めるように造った共同住宅。**【英】** *an apartment house*

使い方▼〔長屋〕▽長屋住まい　〔アパート〕▽アパートを借りる▽小さいアパートの建ち並ぶ地域▽高層アパート群　〔マンション〕▽マンションを購入する▽高級マンション▽賃貸マンション

使い分け【1】「長屋」は、長い一棟の平屋を数戸に区切ったもの。「棟割長屋」ともいう。現在では、あまり見られない。【2】「アパート」は、建物の規模や木造、コンクリート造りを問わず、広く用いられる語。【3】「マンション」は、中高層で、「アパート」よりも高級感のある建物に用いられることが多い。賃貸のみでなく、分譲の場合もある。

【関連語】◆（コーポラス・ハイツ・レジデンス）元来、「コーポラス」はコンクリート造りのもの、「ハイツ」は高台にあるもの、「レジデンス」は高級分譲アパートをいったが、現在ではいずれもアパートやマンションの名前の一部として使われる場合が多い。

4 11-14 官邸（かんてい）／公邸（こうてい）／官舎（かんしゃ）／公舎（こうしゃ）

共通する意味★国や地方公共団体などが公務員のために設けた住宅。**【英】** *an official residence*

使い方▼〔官邸〕▽新聞記者が官邸に詰める▽首相官邸　〔公邸〕▽知事の公邸　〔官舎〕▽官舎に入る　〔公舎〕▽公務員になって公舎に住む

使い分け【1】高級官吏の住宅として国が貸し与える邸宅を「官邸」、特定の高級公務員の公務用の邸宅を「公邸」という。【2】「官邸」は、特に首相のものをさすこともある。【3】「官舎」「公舎」は、同義で使われるが、現在では「公務員宿舎」と呼ばれることの方が多い。

反対語▼官邸・公邸⇔私邸

4 11-15 寮（りょう）／宿舎（しゅくしゃ）／寄宿舎（きしゅくしゃ）

【関連語】◆（社宅）しゃたく◆（飯場）はんば◆（学寮）がくりょう

共通する意味★学校や会社などが学生や社員のために設けた共同の住宅。**【英】** *a dormitory*

使い方▼〔寮〕▽地方出身なので大学の寮に入った▽会社の寮▽独身寮▽女子寮　〔宿舎〕▽来年から宿舎に入る▽従業員に宿舎を用意する▽公務員宿舎　〔寄宿舎〕▽あの学校の寄宿舎は規律が厳しい

使い分け【1】三語の中では、「寮」が最も一般的に使われる。「寮」は、単身者向けの共同住宅に対して用いられることが多い。【2】「宿舎」は、「避難民の宿舎」「国民宿舎」のように、旅先などで宿泊する所を広くさすこともある。【3】「寄宿舎」は、古めかしい言葉。現在ではあまり用いられない。

【関連語】◆〈社宅〉会社が社員のために建てるか、借りるかして社員に貸す住宅。「結婚して独身寮から社宅に移った」◆〈飯場〉鉱山や土木、建築工事の現場付近に設けられる一時的な労働者の合宿所。「工事が終わるまで飯場で生活する」◆〈学寮〉学校が学生のために設けた共同の住宅。「学寮に入る」

参照▼宿舎⇒503-38

4 11-16 家並み（いえなみ）／家並み（やなみ）／軒並み（のきなみ）

共通する意味★家々が並んでいることやそのさま。また、その家々ごと。【英】*a row of houses*

使い方▼〔家並み〕いえなみ▽家並みがまばらになる▽裏通りに静かな家並みが続いている　〔家並み〕やなみ▽家並みが切れて麦畑になる▽旧道沿いの家並みはみな低い　〔軒並み〕▽軒並みに城下町のおもかげが残る▽美しい軒並み

使い分け【1】「家いえ並み」と「家や並み」は、ほぼ同じように用いられるが、「家いえ並み」の方が一般的。【2】「やなみ」は、「屋並み」とも書く。【3】「軒並み」は、家々が接して並んでいるさまをいう。また、「事故の影響で列車が軒並み遅れた」のように、副詞的に、どれもこれもみなの意でも使われる。

4 衣食住

4 12…建物

4 12-01 建物（たてもの）／建造物（けんぞうぶつ）／建築物（けんちくぶつ）

【関連語】◆〈ビルディング〉

共通する意味★人がその内部に住んだり、さまざまに利用したりするためにつくったもの。【英】*a building*

使い方▼〔建物〕▽建物を建てる▽古い建物▽宅地建物取引主任者　〔建造物〕▽この寺院は中世の建造物だ▽世界で最も高い建造物　〔建築物〕▽世界最古の建築物

使い分け【1】「建物」は、人が住んだり仕事をしたり物を納めておいたり、さまざまな用途のために建てられたものをいう。規模の大小、材質などは問わず、最も一般的に用いられる。【2】「建造物」は、木、石、土砂、金属などで造られた大きな構造のものをいい、個人の住宅などについてはいわない。遺跡や古墳、また、船舶や橋などにもいう。【3】「建築物」は、主として法例などで用いる。「建築基準法」では、門や塀などを含むとしている。

【関連語】◆〈ビルディング〉鉄筋コンクリートなどで造った高層建築物。多く、内部を事務所などに使用しているものをいう。略して「ビル」という形で使われることの方が多い。「ビルディングの建ち並ぶビジネス街」「ビルの三階に事務所を借りる」「駅ビル」

4 12-02 御殿（ごてん）／宮殿（きゅうでん）／宮廷（きゅうてい）／王宮（おうきゅう）

共通する意味★身分の高い人が住む建物。【英】*a palace*

使い方▼〔御殿〕▽御殿で花見の会が催される▽御殿女中　〔宮殿〕▽宮殿で晩餐ばんさん会が開かれる▽バッキンガム宮殿　〔宮廷〕▽宮廷の楽士▽宮廷画家　〔王宮〕▽王宮の前の広場

使い分け【1】「御殿」は、貴人の邸宅を敬っていう語。また、「株でもうけて御殿を建てる」のように、大きくて造りが立派な邸宅のこともいう。【2】「宮殿」「宮廷」は、特に国王、君主、天皇などが住むものをいう。「宮殿」は、また、神をまつる社殿のこともいう。【3】「王宮」は、王が住むものをいう。【4】「宮殿」「宮廷」「王宮」は、外国の場合に使うことが多い。

4 12-03 皇居（こうきょ）／御所（ごしょ）／宮城（きゅうじょう）／宮中（きゅうちゅう）／内裏（だいり）

共通する意味★天子が住む所。【英】*the Imperial Palace*

使い方▼〔皇居〕▽皇居の修築▽皇居前広場　〔御所〕▽京都御所▽東宮御所　〔宮城〕▽宮城遥拝ようはい　〔宮中〕▽宮中のしきたり▽宮中歌会始め　〔内裏〕▽内裏上臈じょうろう（＝宮中に仕えた高位の女官）▽内裏雛びな

使い分け【1】「皇居」「御所」「宮城」は、天子が住んでいる所そのものの意を表わす。一般には、「皇居」が最も多く使われる。【2】「宮城」は、天子の住まい、「皇居」の旧称。【3】「宮中」は、宮殿の中、特に天子の住まいの内部を表わす。現在では、皇居内の意で、「宮中晩餐ばんさん会」のように用いられる。【4】「内裏」は、大内裏の中の、天子が住む御殿をいい、現在では使われない。

4 12-04 会館／公会堂／講堂／ホール

【関連語】◆（議事堂）

共通する意味★集会や会議などをするための建物。【英】*a public hall*

使い方▼〔会館〕▽市民会館▽福祉会館　〔公会堂〕▽公会堂でコンサートを開く　〔講堂〕▽生徒集会を講堂で開く　〔ホール〕▽市民ホール▽コンサートホール

使い分け【1】「会館」「公会堂」「ホール」は、集会や会議などをするために建てた建物。また、「公会堂」は、公共の建物をいう。「会館」「ホール」は、単独ではあまり用いられない。【2】「講堂」は、学校や会社などで大人数を集めて儀式や講演などをする建物や部屋をいう。元来は、寺院の建物のうちで、経典を講義したり説法をしたりする堂のこと。【3】「ホール」は、大広間や、洋風建築の玄関の広間をいうこともある。

【関連語】◆（議事堂）議員が集まって会議をするための建物。特に「国会議事堂」のこと。

4 12-05 塔／尖塔／タワー

共通する意味★高くそびえる細長い建物。【英】*a tower*

使い方▼〔塔〕▽塔がそびえる▽時計塔▽テレビ塔　〔尖塔〕▽教会の尖塔　〔タワー〕▽コントロールタワー▽東京タワー

使い分け【1】「塔」は、もとは「五重の塔」などのように、仏骨などを安置したり、供養、報恩をしたりするために高く築いた建造物をいった。【2】「尖塔」は、特に屋根の先端がとがって突き出た塔をいう。【3】「タワー」は、他の語と複合して用いられる。

4 12-06 別館／新館

【関連語】◆（旧館）

共通する意味★本館とは別に建てた建物。【英】*an annex(e)*

使い方▼〔別館〕▽このデパートは別館に紳士服売場がある　〔新館〕▽新館との連絡通路▽洋風の新館がある旅館

使い分け「新館」は、新しく建てた建物。一般的には、「別館」が「新館」であることが多い。

反対語▼別館⇔本館　新館⇔旧館・本館

【関連語】◆（旧館）古い建物。特に、同じ用途の建物が新しく建てられたときに元からある建物をさす。⇔新館

4 12-07 内装／インテリア

共通する意味★建物の内部のつくりや装飾。【英】*interior decoration*

使い方▼〔内装〕▽店の内装を一新する▽内装の工事　〔インテリア〕▽部屋のインテリアを変える▽インテリアデザイン

使い分け【1】「内装」は、建築工事に関係して使われることが多い。【2】「インテリア」は、家具などの室内調度品やその装飾も含めていう。

反対語▼内装⇔外装

4 12-08 屋内／室内／インドア

【関連語】◆（家内）

共通する意味★建物の中。【英】*the interior of a room*

使い方▼〔屋内〕▽屋内と屋外の気温の差が大きい▽屋内の体育館で練習する▽屋内プール　〔室内〕▽一日中、室内にいた▽犬を室内で飼う▽室内の空気は汚れている　〔インドア〕▽インドアのテニスコート▽インドアスポーツ

使い分け【1】「屋内」「室内」は、共通に使える場合が多いが、「室内」は、ある特定の部屋の中という意でも用いる。【2】「インドア」は、おもにスポーツ・レジャー用語とともに使われる。

反対語▼屋内⇔屋外　室内⇔室外　インドア⇔アウトドア

【関連語】◆（家内）家の中。自分の家の建物の中。また、自分の家庭内。「昼間、家内は静かだ」「家内工業」「家内の安全を祈願する」◆自分の妻をいうときに使われることもある。

4 12-09 階／フロア

【関連語】◆（床）

共通する意味★建築物内での、ある一つの層。【英】*a floor*

使い方▼〔階〕▽一番上の階に住む▽下の階は店舗だ▽ビルの最上階　〔フロア〕▽彼の部屋も同じフロアにある▽四階は婦人服のフロアです

使い分けどちらも同じように使われるが、「階」は、「地階」「一階」「二階」のように、建築物の下から何番目の層であるかを表わすのにも用いられる。

【関連語】◆（床）建物で、地面から高く板などを水平に張りわたして、人が歩いたり生活できるようにしたところ。「床が抜ける」「床を張る」

参照▼階⇒4 12-32

4 12-10 廊下／回廊／渡り廊下

【関連語】◆（アーケード）◆（コンコース）◆（アプローチ）

共通する意味★部屋と部屋、または建物と建物をつなぐ通路。【英】*a corridor*

使い方▼〔廊下〕▽廊下を通ってトイレに行く▽部屋

の話し声が廊下まで聞こえる　〔回廊〕▽回廊をまわって本殿のうしろへ行く　〔渡り廊下〕▽校舎と体育館を渡り廊下で結ぶ

使い分け【1】「回廊」は、建物などの周りを取り巻いている通路。【2】「渡り廊下」は、二つの建物をつなぐ役目をしている通路。

【関連語】◆(**コンコース**)駅や空港などの、広場を兼ねた広い通路。◆(**アプローチ**)屋外で、門から玄関、建物から庭園へと通じる通路。「門から玄関へ通じるアプローチ」◆(**アーケード**)商店街の道路、通路の上を覆う屋根。また、その下の通路。「駅前のアーケード街」

4 12-11 座敷（ざしき）

【関連語】◆(**お座敷**)おざしき◆(**離れ**)はなれ◆(**母屋**)おもや

意味★人が住めるよう畳を敷きつめた部屋。客の接待などに使う。**【英】** *a parlor*

使い方▼〔座敷〕▽客を座敷に通す▽犬を座敷に上げてやる

【関連語】◆(**お座敷**)「座敷」を丁寧にいうときにも使うが、宴会の席をさすのが普通。「お座敷がかかる(＝芸者や芸人などが客に呼ばれる)」◆(**離れ**)屋敷の中で中心となる家屋(母屋)から離れている座敷。別棟になっていることもある。**【英】** *an outbuilding*「客を離れに泊める」◆(**母屋**)同じ屋敷の敷地内で主要な部分となる家屋。「離れ」や「納屋」などに対していう。「母家」とも書く。「母屋を二階建てに改築する」

参照▼お座敷⇒409-24

4 12-12 部屋（へや）／室（しつ）

共通する意味★一定の目的のために、建物の中を仕切りで区切ったもの。**【英】** *a room*

使い方▼〔部屋〕▽ノックして部屋に入る▽部屋の中がちらかっている▽部屋代▽部屋割り▽子供部屋　〔室〕▽アパートの一室▽職員室▽待合室▽寝室▽室内

使い分け【1】「部屋」は、主に家の中の生活するための空間を仕切ったものをいう。また、ホテルや旅館などの個々に割りあてられた空間や、アパートなどの隣と区別されたそれぞれの空間をいうこともある。【2】「室」は、単独にはほとんど使われず、役割を表わす語の後につけて使われることが多い。家の中の空間だけでなく、会社や病院などさまざまな建物の中の区切られた空間についていう。【3】「部屋」は、大相撲の年寄（としより）が経営し、力士が所属する家のこともいう。「相撲部屋」

4 12-13 居間（いま）／茶の間（ちゃのま）／リビングルーム

共通する意味★家の中で、家族が集まって過ごすための部屋。**【英】** *a living room*

使い方▼〔居間〕▽居間でくつろぐ▽友だちを居間に通す　〔茶の間〕▽茶の間でテレビを見る▽お茶の間向きの番組　〔リビングルーム〕▽十四畳大のリビングルーム▽リビングルームにステレオをおく

使い分け【1】「居間」は、洋風、和風を問わず使う。【2】「茶の間」は、「お茶の間向き」「お茶の間で話題のタレント」など慣用的に用いる場合以外はふつう和風の居間にいう。【3】「リビングルーム」は、洋風の居間にいう。

4 12-14 客間（きゃくま）／応接間（おうせつま）／応接室（おうせつしつ）

【関連語】◆(**客室**)きゃくしつ

共通する意味★客を通す部屋。**【英】** *a drawing room*

使い方▼〔客間〕▽来客を客間に通す　〔応接間〕▽応接間で客と会う　〔応接室〕▽お客様を応接室に案内する

使い分けいずれも、その家で来客を応接するために用意された部屋をさす。「応接室」は、会社などでも一般的に用いられる。

【関連語】◆(**客室**)客を通す部屋。特に、旅館などで、客を泊める部屋をいう。「ホテルの客室係」

4 12-15 台所（だいどころ）／キッチン／勝手（かって）

【関連語】◆(**厨房**)ちゅうぼう◆(**ダイニングキッチン**)

共通する意味★食べ物の調理をする部屋。**【英】** *a kitchen*

使い方▼〔台所〕▽料理を台所から運ぶ▽台所に立つ▽台所仕事　〔キッチン〕▽ダイニングキッチン(＝食堂を兼ねた台所)　〔勝手〕▽勝手の方に回る▽お勝手に立つ▽勝手口　〔厨房〕▽厨房に入る

使い分け【1】「台所」が、最も一般的に使われる。また、「台所」「勝手」には、「一家の台所をあずかる」「勝手が苦しい」のように、家計の切り盛りの意もある。【2】「キッチン」は、単独ではあまり使われない。【3】「厨房」は、文章の中で、あるいは、専門用語として用いられる。

【関連語】◆(**ダイニングキッチン**)食事のできる台所。DK。**【英】** *a kitchen-dining room*

4 12-16 食堂（しょくどう）／ダイニングルーム

共通する意味★食事をするための部屋。**【英】** *a dining room*

使い方▼〔食堂〕▽わが家は居間と食堂を兼用している　〔ダイニングルーム〕▽ダイニングルームに家族が集まる

使い分け【1】最近では、これらの代わりに、「食事室」が使われることもある。【2】「食堂」には、「大衆食堂」のように、飲食物を提供する店の意もある。
参照▼食堂⇒503-44

4 12-17

寝室(しんしつ)／寝所(しんじょ)／寝間(ねま)／寝屋(ねや)

【関連語】◆(閨房)けいぼう

共通する意味★睡眠をとるための部屋。【英】*a bedroom*

使い方▼〔寝室〕▽もう遅いので寝室に行きます▽夫婦の寝室　〔寝所〕▽御隠居の寝所は離れです　〔寝間〕▽寝間に下がって休む　〔寝屋〕▽民宿の中二階の寝屋

使い分け【1】現在では、「寝室」以外の語はほとんど使われない。【2】「寝屋」は、「閨」とも書き、「閨の睦言(むつごと)」のように、特に夫婦の寝室をいうこともある。

【関連語】◆(閨房)女性の寝室。また、夫婦の寝室。

4 12-18

書斎(しょさい)／書屋(しょおく)

共通する意味★個人の家で、読書や書きものなどをするための部屋。【英】*a study*

使い方▼〔書斎〕▽一日中書斎にこもる　〔書屋〕▽離れを書屋にする

使い分け「書斎」が、一般的に用いられる。

4 12-19

便所(べんじょ)／手洗い(てあらい)／洗面所(せんめんじょ)／化粧室(けしょうしつ)／トイレット／WC(ダブリューシー)

【関連語】◆(不浄)ふじょう◆(憚り)はばかり◆(雪隠)せっちん◆(手水)ちょうず◆(厠)かわや

共通する意味★大便、小便をする所。【英】*a toilet*

使い分け【1】「便所」が、最も一般的な言い方。「手洗い」は、「お手洗い」ともいう。【2】「手洗い」「洗面所」「化粧室」は、それぞれ、手を洗う場所、洗面の設備をした場所、化粧をするための部屋の意から、あからさまにいうのを避けた言い方。【3】「トイレット」は、「トイレ」という形で使うのが一般的。【4】「WC」は、英語の *water closet* の略。

【関連語】◆(不浄・憚り・雪隠・手水・厠)いずれも「便所」の古めかしい言い方。「不浄」は、「御不浄」ともいう。「ちょうず」は、「手水(てみず)」の変化したもので、後で手を洗うところから。

参照▼不浄⇒810-31

4 12-20

画室(がしつ)／アトリエ／工房(こうぼう)

共通する意味★芸術家の仕事部屋。【英】*a studio*

使い方▼〔画室〕▽画室にモデルを呼ぶ　〔アトリエ〕▽アトリエを庭に建てる　〔工房〕▽毎日工房で彫刻を続ける

使い分け「画室」は、絵を描く部屋。「アトリエ」「工房」は、画家、彫刻家、工芸家などの仕事場。

4 12-21

個室(こしつ)／私室(ししつ)

共通する意味★一人用の部屋。【英】*a private room*

使い方▼〔個室〕▽病人を個室から大部屋に移す　〔私室〕▽私室に入らないでほしい▽事務所の一部屋を私室として使う

使い分け「個室」は、一人用に作られている部屋。「私室」は、公の建物などで、ある個人が私的に使用する部屋。

4 12-22

縁側(えんがわ)／濡れ縁(ぬれえん)

【関連語】◆(縁台)えんだい

共通する意味★住宅などの部屋の外側に作った板敷き。【英】*a veranda(h)*

使い方▼〔縁側〕▽縁側でひなたぼっこをする　〔濡れ縁〕▽濡れ縁で夕涼みをする

使い分け「縁側」は、部屋の外側で雨戸の内側に作られた板敷きをいうが、「濡れ縁」は、雨戸の外側に作られた、雨にぬれるにまかせてある板敷きをいう。

【関連語】◆(縁台)戸外などで使う、簡単に動かせる細長い腰掛け台。「縁台将棋」

4 12-23

バルコニー／ベランダ／テラス

共通する意味★建物の外側に張り出した、室内から出入りできる平らな所。

使い方▼〔バルコニー〕▽バルコニーに出る▽ルーフバルコニー　〔ベランダ〕▽ベランダで夕涼みする▽ベランダから富士を望む　〔テラス〕▽テラスに出る▽テラスに鉢を並べる

使い分け【1】「バルコニー」は、建物の二階以上の壁から外へ張り出した、屋根のない手すり付きの台。また、劇場の二階以上の客席もいう。【2】「ベランダ」は、建物の外側に張り出した、屋根のある台。屋根付きバルコニーのこと。日本では、二階以上のものについていうことが多い。【3】「テラス」は、一階の床と同じ高さで屋外に張り出した、屋根のない台。また、登山では、岩壁の途中にある狭い棚状の部分をいう。

4 12-24

入り口(いりぐち)／出口(でぐち)／出入り口(でいりぐち)

【関連語】◆(非常口)ひじょうぐち

共通する意味★入ったり、出たりするための場所。【英】*a doorway*

使い方▼〔入り口〕▽入り口をふさぐ▽劇場の入り口で待つ　〔出口〕▽遠くにトンネルの出口が見える▽客が出口に殺到する　〔出入り口〕▽出入り口がたく

さんある建物

使い分け【1】「入り口」「出口」は、それぞれ入るため、出るためという機能をさす言い方であるため、同じ「口」でもそのときの使われ方によって、「入り口」といったり「出口」といったりする。また、「水の出口」のように、人間以外にもいう。【2】「出入り口」は、「入り口」にも「出口」にもなる場所。

【関連語】◆**(非常口)**建物や乗り物などで、突発事故が発生した際だけ使用できる出口。

4 12-25 玄関(げんかん)／門口(かどぐち)／戸口(とぐち)

【関連語】◆**(勝手口)**(かってぐち)

共通する意味★家の出入り口。**【英】***the porch*

使い方▼〔玄関〕▽玄関で客を迎える▽正面玄関〔門口〕▽門口に立って友人を見送る▽客を門口まで迎えに出る〔戸口〕▽戸口で長い間待たされた

使い分け【1】「玄関」は、建物の正面などにある、その建物の正式な出入り口。もと、玄妙な道に進み入る関門、奥深い所へ入る門の意で、禅寺の門や寺の書院の入り口などをいった。【2】「門口」は、家や門の出入り口。また、門前など出入り口の付近をもいう。【3】「戸口」は、大きな屋敷にはいわない。

【関連語】◆**(勝手口)**台所にある、正式ではない出入り口。「勝手口に回ってください」

4 12-26 土台(どだい)／基礎(きそ)

【関連語】◆**(礎)**(いしずえ)◆**(礎石)**(そせき)

共通する意味★建物の最下部にあり、上部を支える部分。**【英】***a foundation*

使い方▼〔土台〕▽この家は土台がしっかりしている▽土台石〔基礎〕▽基礎にコンクリートを使った家▽基礎工事

使い分け【1】「土台」は、建物の最下部の横木をいうこともある。【2】「土台」「基礎」ともに、「会社の土台を固める」「数学を基礎からやり直す」「基礎知識」のように、転じて、物事が成り立っている大もとの意もある。

【関連語】◆**(礎・礎石)**建物の柱や壁などを支えるために、下に据えておく石。「寺の跡には礎のみ残っている」「寺院の発掘調査で礎石が見つかった」◈「礎」「礎石」には、「先代社長が会社の礎を築いた」「近代医学の礎となる」「平和の礎石を築く」のように、転じて、大もととなる大事なものの意もある。

参照▼基礎⇒802-01

4 12-27 間口(まぐち)／奥行(おくゆき)

共通する意味★建物や土地の寸法を表わす語。**【英】***width*

使い方▼〔間口〕▽間口の狭い店▽間口五間〔奥行〕▽京都の古い家は奥行が深い▽奥行のある庭

使い分け【1】「間口」は、建物や土地の正面の幅。【2】「奥行」は、建物や土地の表から裏までの長さ。

4 12-28 屋根(やね)

【関連語】◆**(ルーフ)**◆**(ドーム)**◆**(庇)**(ひさし)◆**(屋上)**(おくじょう)

意味★雨露、寒暑などを防ぐために建物の最上部につける覆い。**【英】***a roof*

使い方▼〔屋根〕▽台風で屋根が吹き飛ぶ▽かわらで屋根をふく▽同じ屋根の下で暮らす

◈その形式によって、切妻(きりづま)造り、寄棟(よせむね)造り、入母屋(いりもや)造り、方形(ほうぎょう)造りなど、多くの種類がある。

【関連語】◆**(ルーフ)**「屋根」の意で、他の外来語と複合した形で用いられる。「サンルーフ」「ルーフガーデン」◆**(ドーム)**見た形が半球形の屋根や天井。「教会のドーム」◆**(庇)**軒に突き出した、日や雨を防ぐ小さな屋根。「廂」とも書く。「庇を貸して母屋(おもや)を取られる(＝一部を貸したために結局その全部が奪い取られる意のたとえ)」◆**(屋上)**ビルなどの屋根に当たる所に造った平らな部分。また、「屋上屋を架す(＝重ねてむだなことをする意のたとえ)」のように、屋根の上の意でも使われる。**【英】***the roof top*「屋上に出る」「屋上ビアガーデン」

4 12-29 壁(かべ)

意味★建物の周囲を囲んだり、部屋を区切ったりするための仕切り。また、比喩(ひゆ)的にそれを突き破らないと先へ進めない障害のことや、人と人との間を隔てるものの意でも使う。**【英】***a wall*

使い方▼〔壁〕▽壁を塗る▽壁に穴をあける▽壁に絵をかける▽壁に耳あり障子に目あり(＝秘密がもれやすいことのたとえ)▽研究が壁に突き当たる▽記録の壁を破る

4 12-30 柱(はしら)／支柱(しちゅう)

【関連語】◆**(大黒柱)**(だいこくばしら)◆**(床柱)**(とこばしら)

共通する意味★家や橋などの建造物で、上部を支えるために立てて使う細長い材。**【英】***a pillar*

使い方▼〔柱〕▽柱の太い家▽柱にきずをつける〔支柱〕▽二本の支柱でテントを支える

使い分け【1】「支柱」は、物が倒れたりしないように支える、つっかい棒の意で使われることも多い。【2】「柱」「支柱」とも、「兄が一家の柱となって働いた」「会社の支柱を失う」のように、転じて、物事の支えとなる大事な人や物の意もある。

【関連語】◆**(大黒柱)**伝統的な日本の木造建築で、家の中央部に立っている最も太い柱。また、転じて、一家の中心となっている人物。「大黒柱を背にする」「母がわが家の大黒柱だ」◆**(床柱)**床の間の片方の違い棚との間の、装飾の施してある柱。「床柱を背にして座る」

4 12-31 天井(てんじょう)

意味★屋根裏を隠し、室内を保温するために板を室内の上部に張ったもの。【英】*the ceiling*
使い方▼〔天井〕▽天井を張る▽天井の低い部屋
◙「天井知らずの相場」のように、物価や相場などの最高値の意もある。

4 12-32 階段(かいだん)／階梯(かいてい)／段段(だんだん)／階(かい)／きざはし

【関連語】◆(石段)いしだん◆(石階)せっかい
共通する意味★高さの異なる所を連絡する段になった通路。【英】*stairs*
使い方▼〔階段〕▽階段をかけあがる▽階段をふみはずす 〔階梯〕▽石の階梯 〔段段〕▽神社の段段をのぼる 〔階〕▽階をおりる 〔きざはし〕▽本堂にあがるきざはし
使い分け【1】「階段」が一般的で、「階梯」は、あまり使われないが、学問、芸術などを学ぶ、段階の意で使われることがある。【2】「きざはし」は、やや古めかしい語で、文学的な表現などに使われる。「階」とも書く。【3】「段段」は、俗な言い方で、子供などに対して使う。
【関連語】◆(石段・石階)石で造った階段。「石階」はあまり使われない。「石段に腰をおろす」「こけむした石階」
参照▼階⇒412-09 段段⇒815-30

4 12-33 梯子(はしご)／縄梯子(なわばしご)／段梯子(だんばしご)／梯子段(はしごだん)

共通する意味★高い所などにのぼるための道具。【英】*a ladder*
使い分け【1】「はしご」は、二本の長い材木などに何本もの横木をつけて足がかりにしたもの。高い所に寄せかけたり、つるしたりして使う。【2】「縄梯子」は、二本の縄の間に横木や縄を渡して作ったはしご。高い所から垂らして使う。【3】「段梯子」は、幅の広い板を取りつけて、階段状に作ったはしご。【4】「梯子段」は、段梯子の階段、またはその一段一段。

4 12-34 床下(ゆかした)／縁の下(えんのした)

共通する意味★床(ゆか)の下。【英】*under the floor*
使い方▼〔床下〕▽床下に金を隠す▽床下浸水 〔縁の下〕▽縁の下に潜る▽縁の下の力持ち(＝人に知られずに、陰で苦労、努力することのたとえ)
使い分け「縁の下」は、縁、つまり縁側の下を意味することもある。

4 12-35 門(もん)／門(かど)／ゲート

【関連語】◆(正門)せいもん◆(表門)おもてもん◆(裏門)うらもん◆(アーチ)
共通する意味★建築物の外構えや、ある区域の出入り口。また、そこに設けた構築物。【英】*a gate*
使い方▼〔門(もん)〕▽家を建て立派な門を構える▽門をくぐる▽固く門を閉ざす 〔門(かど)〕▽門に立って人を見送る▽笑う門には福来たる 〔ゲート〕▽空港のゲートでボディーチェックを受ける
使い分け【1】「門(もん)」が、最も一般的に使われる。また、「門(もん)」は、「狭き門をくぐり抜ける」のように、ある状態に到達するのに必ず通り抜けなければならないところや、「師匠の門をたたく」のように、学問、芸道を教える施設、家や、師を中心とする一つの流れをいう場合もある。【2】「門(かど)」は、話し言葉としてはあまり用いられない。また、「笑う門には福来る」のように、家や一族をいうこともある。【3】「ゲート」は、出入りの際、なんらかのチェックを受ける門のこと。「基地のゲート」「有料道路のゲート」
【関連語】◆(正門・表門)建物の正面にある正式な門。◆(裏門)建物の裏手にある、正式ではない方の門。◆(アーチ)祝賀や歓迎などのために設けられる上部が半円形になった門。緑門(りょくもん)。また、トンネル、盾、門などに見られる、上部が半円形を描く構造そのもののこともいう。

4 12-36 茶室(ちゃしつ)／数寄屋(すきや)

共通する意味★茶の湯のための建物。【英】*a tea arbor*
使い方▼〔茶室〕▽自宅に茶室を作る 〔数寄屋〕▽数寄屋を建てる
使い分け「茶室」は、茶の湯のための部屋、または建物。「数寄屋」は、茶の湯のための、小さな離れの建物をいう。ふつう、茶席、勝手、水屋(みずや)などが備わっている。

4 12-37 物置(ものおき)／納屋(なや)／倉(くら)

共通する意味★いろいろな物をしまっておくための建物。【英】*a barn*
使い方▼〔物置〕▽ストーブを物置にしまう▽物置の整理をする▽物置小屋 〔納屋〕▽納屋からくわを出す▽納屋で寝泊りする 〔倉〕▽母屋の奥に大きな倉が建っている▽蔵が建つ(＝大金持ちになる)▽おくらにする(＝発表、発売などを取り止める)
使い分け【1】「物置」は、家庭でふだん使わない雑多な物などを入れておくための小屋をいう。また、小屋ばかりでなく、使わない道具などを入れておく場所のこともいう。【2】「納屋」は、農家などで、農具などを入れておくための小屋をいう。【3】

「倉」は、穀物、家財、商品などを保管しておくための建物で、しっかりした造りであることが多い。「蔵」「庫」とも書く。

4 13 …庭・塀

4 13-01 柵（さく）／塀（へい）／垣（かき）／垣根（かきね）／フェンス

【関連語】◆（生け垣）いけがき◆（築地）ついじ

共通する意味★一定の区域を仕切ったり、囲ったりするもの。【英】*a fence*

使い方▼〔柵〕▽空地に柵をめぐらす▽柵で囲う 〔塀〕▽隣家との間に塀をたてる▽ブロック塀 〔垣〕▽バラで垣をめぐらす▽垣を取っ払う 〔垣根〕▽竹の垣根をめぐらす▽垣根越しに立ち話する 〔フェンス〕▽フェンスをめぐらす▽球場のフェンス

使い分け【1】「柵」は、立ち入りを制限するなどのために木や竹などを立て、横木を通して一定区域を囲うものをいう。【2】「塀」は、立ち入りの制限や目隠しなどのため、また、家屋や敷地などを他から隔てるために周囲にめぐらしたものをいう。通常、外部からは内部を見ることができないような状態につくられる。【3】「垣」は、一定区域を他と分けるために設けた石、土、竹、木などの仕切りをいう。【4】「垣根」は、「垣」のうちで、特に竹や植木などでできたものをいうことが多い。【5】「フェンス」は、多くの場合、野球場や競技場の囲いの意として使われる。

【関連語】◆（生け垣）低木類を植えてつくった垣根。◆（築地）両側に板を立てて、内に土を詰め、つき固めてつくった塀。

4 13-02 公園（こうえん）／遊園地（ゆうえんち）／パーク

共通する意味★人々の憩いの場として作られた施設。【英】*a park*

使い方▼〔公園〕▽公園の中を散歩する▽児童公園▽自然公園 〔遊園地〕▽遊園地へ行って観覧車に乗る 〔パーク〕▽テーマパーク

使い分け【1】「公園」は、公衆の保健、慰安などのために、国、または公共団体によって造られた庭園、または一定区域をいう。ぶらんこやすべり台、鉄棒、砂場などが設置され、児童の遊戯のために造られたものや、山、水、樹木、草花や動物などを組み合わせて造られた空間、また、「国立公園」のように、自然の状態を保存、管理する広大な一定の地域。「公苑」と書くこともある。【2】「遊園地」は、子供などが楽しく遊べるような設備を整えた場所をいう。ぶらんこ、すべり台などよりも、機械仕掛けで動く設備が多く、それらを利用するのは通常は有料となっている。【3】「パーク」は、「テーマパーク」のように、他の語と複合して使われ、単独で使われることはあまりない。

4 13-03 庭（にわ）／庭園（ていえん）／園（その）

【関連語】◆（ガーデン）

共通する意味★草木などを植えたり、石や池などを配置したりしている所。【英】*a garden*

使い方▼〔庭〕▽庭に出て遊ぶ▽猫の額ほどの庭▽中庭 〔庭園〕▽著名な景勝地を模した庭園▽日本庭園▽屋上庭園 〔園〕▽桜の園として名高い場所▽女の園▽学びの園

使い分け【1】「庭」は、敷地内の、家屋で囲まれた部分の空き地や、家屋の周りの空地。多く、草木を植えたり、泉水を配置したりする。主として、個人の家に設けられる。【2】「庭園」は、草木を植えたり、石や泉水などを配置した土地をいい、「庭」より規模が大きく、品格のあるものをいう。【3】「園」は、草花、果樹、野菜などを栽培するための一区画の土地。転じて、ある物がはぐくまれ、豊かに満ちあふれている場所、また、ある物事が行われる場所にもいう。

【関連語】◆（ガーデン）「ガーデンパーティー」「ビヤガーデン」「フラワーガーデン」のように、多く、他の語と複合した形で使われる。

4 13-04 花壇（かだん）／花園（はなぞの）

共通する意味★草花がたくさん植えてある所。【英】*a flower garden*

使い方▼〔花壇〕▽公園の花壇▽学校の花壇 〔花園〕▽公園の花園▽花園を散歩する

使い分け【1】「花壇」は、土を盛り上げたり、仕切ったりして草花を植えた一画をいう。【2】「花園」は、草花がたくさん植えてある比較的広い一区画をいう。

4 13-05 空き地（あきち）／空地（くうち）

【関連語】◆（広場）ひろば

共通する意味★建物などの建っていない、あいている土地。【英】*vacant land*

使い方▼〔空き地〕▽空き地で野球をする 〔空地〕▽空地を有効に利用する

使い分け日常的には、「空き地」を使う。「空地」は、硬い表現。

【関連語】◆（広場）広く開けた場所。また公共的な性格をもった一定の広い場所。【英】*an open space*「駅前の広場に集合する」

4 14 …風呂・入浴

4 14-01 風呂／風呂場／浴室／バス／バスルーム／湯殿

【関連語】◆(シャワー)◆(蒸し風呂)◆(サウナ)

共通する意味★入浴するための設備、場所。**【英】** *a bath*

使い方▼〔風呂〕▽風呂は廊下の突き当たりにある▽わが家には風呂がない▽風呂をわかす▽風呂に入る▽風呂を使う　〔風呂場〕▽湯気が立ち込めた風呂場　〔浴室〕▽浴室に洗濯物を干す　〔バス〕▽バスを使う▽バス・トイレ付きの部屋　〔バスルーム〕▽ホテルのバスルーム▽バスルームでシャワーを浴びる　〔湯殿〕▽湯殿で体を洗う

使い分け【1】「風呂」は、最も広く用いられる。入浴のための設備、場所ばかりでなく、「風呂に入る」「風呂をわかす」のように、浴槽や、その中の湯の意でも用いられる。【2】「風呂場」「浴室」は、入浴するための場所。「浴室」の方が書き言葉的な語。【3】「バス」は、おもに洋風のものをさす。浴槽の意でも用いられる。ただし、ホテルや貸室などで「バス・トイレ付き」という場合は、必ずしも洋風の設備を意味しない。【4】「バスルーム」は、入浴するための場所。洋風のものにいい、トイレを含んでいう場合もある。【5】「湯殿」は、現在ではあまり用いられない。

【関連語】◆(蒸し風呂・サウナ)浴場を密封し、湯気で体を蒸し温める風呂。「サウナ」は、フィンランドで始まったもので、熱された浴室に入り、汗を流すもの。◆(シャワー)水や湯をじょうろ状の噴出口から注ぐ装置。また、それを使って湯や水を浴びることや、そこから出る湯や水をいう。「シャワーを浴びる」

4 14-02 湯船／浴槽／風呂桶／バスタブ

共通する意味★湯を入れて、人がその中で入浴する桶や箱。**【英】** *a bathtub*

使い方▼〔湯船〕▽湯船に体を沈める▽湯船につかる▽湯船から出る　〔浴槽〕▽浴槽を満たす湯▽浴槽を洗う　〔風呂桶〕▽ひのきの風呂桶　〔バスタブ〕▽バスタブに湯を満たす

使い分け「浴槽」は、書き言葉として用いられることが多い。「風呂桶」は、やや俗語的。また、「バスタブ」は、洋風のものをいう。

4 14-03 銭湯／風呂屋／浴場

共通する意味★料金をとって、入浴させる場所。**【英】** *a bathhouse*

使い方▼〔銭湯〕▽銭湯に行く▽銭湯を利用する　〔風呂屋〕▽近くの風呂屋に行く　〔浴場〕▽駅前の浴場に入る▽公衆浴場

使い分け【1】「銭湯」「風呂屋」は、同じ意味だが、「風呂屋」のほうが俗な言い方。【2】「浴場」は、「大浴場のあるホテル」のように、旅館や温泉地の大きい風呂場をさすことも多い。

4 14-04 温泉／出で湯

【関連語】◆(鉱泉)◆(冷泉)◆(間欠泉)◆(秘湯)

共通する意味★自然の地熱で熱せられた摂氏二五度以上の湯。また、その湯に入浴する施設のある所。**【英】** *a spa*

使い方▼〔温泉〕▽温泉がわく▽温泉を掘り当てる▽温泉に入る▽正月を温泉で過ごす▽温泉郷　〔出で湯〕▽出で湯の里▽出で湯めぐり

使い分け「温泉」が一般的な言い方。「出で湯」は、古風な言い方。また、文学的な表現。

【関連語】◆(鉱泉・冷泉)「鉱泉」は、鉱物質やガスを多く含むわき水の総称。このうち摂氏二五度以上のものを「温泉」、未満のものを「冷泉」というが、一般的には「鉱泉」と「冷泉」は、ほぼ同義で用いられている。◆(間欠泉)一定の時間をおいて、周期的に熱湯や水蒸気を吹き上げる温泉。「間歇泉」とも書く。◆(秘湯)人に知られていないひなびた温泉。「みちのくの秘湯めぐり」

4 14-05 入浴／入湯／湯あみ

【関連語】◆(湯治)◆(洗顔)◆(洗髪)

共通する意味★体のよごれを落としたり疲れをとったりするために湯に入ること。**【英】** *to take [have] a bath*

使い方▼〔入浴〕スル▽私は毎日入浴する▽入浴後に食事する　〔入湯〕スル▽入湯に行く▽入湯料　〔湯あみ〕スル▽温泉で湯あみする▽湯あみをして汗を流す

使い分け【1】「入浴」は、風呂に入ることの一般的な言い方。「湯あみ」は、古風な言い方。【2】「入湯」は、おもに温泉で保養することをいう。

【関連語】◆(湯治)スル温泉に入って病気を治療すること。「湯治に出かける」「湯治場」◆(洗顔)スル顔を洗うこと。「洗顔用クリーム」◆(洗髪)スル髪を洗うこと。「洗髪剤」

4 15 …掃除

4 15-01 掃除（そうじ）／清掃（せいそう）

【関連語】◆〈煤掃き〉すすはき◆〈煤払い〉すすはらい

共通する意味★掃いたり、拭（ふ）いたり、たたいたりして汚れをとり、きれいにすること。**【英】** *cleaning; sweeping*

使い方▼〔掃除〕スル▽部屋の掃除をする▽押し入れの中を掃除する▽大掃除　〔清掃〕スル▽町内の清掃をする▽家の前の道路を清掃する▽清掃車

使い分け「掃除（清掃）当番」のように、「掃除」「清掃」は、同じ意味で用いられるが、「清掃」は、文章語的である。

【関連語】◆〈煤掃き・煤払い〉家の中のすすや、ほこりを払ってきれいにすること。また、特に正月の準備として年末に行う大掃除のことをいう。

4 15-02 掃く（はく）

意味★ほうきなどで、床や畳などの表面を払いなでるようにして、ごみ、ほこりなどを除く。**【英】** *to sweep*

使い方▼〔掃く〕（カ五）▽庭先を掃く▽あの程度の男なら掃いて捨てるほどいる

4 15-03 拭く（ふく）／拭う（ぬぐう）

共通する意味★布、紙、手などで、物の表面をこすってきれいにする。**【英】** *to wipe*

使い方▼〔拭く〕（カ五）　〔拭う〕（ワ五）

	涙を［　］	額を［　］	額の汗を［　］	鏡を［　］	鏡のよごれを［　］
拭く	○	○	○	○	△
拭う	○	△	○	-	○

使い分け【1】「拭く」は、汚れの付着しているものをこすってきれいにすることにいい、「拭う」は、汚れそのものを取り去ることにいう。【2】「汗を拭く（拭う）」のように、汗、涙、よだれ、はなみずなど、人間の体から出るものには両方用いられる。【3】「拭う」は、「汚名を拭う」「劣等感を拭い去る」のように、比喩（ひゆ）的に、消し去る意でも用いられる。

4 15-04 水撒き（みずまき）／散水（さんすい）／打ち水（うちみず）

共通する意味★地面、路面などに水を散らして掛けること。**【英】** *watering*

使い方▼〔水撒き〕スル▽校庭に水撒きをする　〔散水〕スル▽道路に散水する　〔打ち水〕スル▽玄関先に打ち水をする

	乾いた土に［　］（を）する	ホースで［　］（を）する	［　］車	［　］にぬれた庭石
水撒き	を○	を○	△	-
散水	○	○	○	-
打ち水	を○	-	-	○

使い分け【1】一般に、小規模に行うときは「水撒き」といい、運動場、畑、長い道路などに、機械などを使って大規模に行うときには「散水」という。また、「散水」は書き言葉として用いることが多い。【2】「打ち水」は、ほこりをしずめるためよりも、涼を演出するために行うもの。【3】「散水」は、「撒水さんすい・さっすい」とも書く。

4 15-05 箒（ほうき）

意味★柄の先に竹、草などを束ねたものを取り付け、ごみ、ほこりなどを掃き寄せ掃除する道具。「帚」とも書く。**【英】** *a broom*

使い方▼〔箒〕▽座敷をほうきで掃く

4 16 …建築

4 16-01 建てる（たてる）／建設（けんせつ）／建築（けんちく）／建造（けんぞう）／築造（ちくぞう）

【関連語】◆〈造営〉ぞうえい◆〈建立〉こんりゅう◆〈新築〉しんちく◆〈普請〉ふしん

共通する意味★建物などを造る。**【英】** *to construct; to build*

使い方▼〔建てる〕（タ下一）▽家を建てる▽銅像を建てる▽墓を建てる　〔建設〕スル▽住宅を建設する▽建設業▽建設工事　〔建築〕スル▽新館の建築が始まる▽建築家　〔建造〕スル▽鉄橋の建造▽建造物　〔築造〕スル▽堤防を築造する

	ビルを［　］	船を［　］	ダムを［　］	寺院を［　］	道路を［　］
建てる	○	-	-	○	-
建設する	○	-	○	△	○
建築する	○	-	-	○	-
建造する	△	○	△	-	-
築造する	○	-	○	-	-

使い分け【1】「建てる」は、建物のほか、銅像や墓などを地上に起き上がらせた状態に造る意。したがって、「地下室を建てる」とはいうことができない。また、大規模なものから小屋のように小さなものに至るまで、ごく普通に用いることができる。【2】「建設」は、大きな建物や道路、堤防、橋などを造る場合にいう。また、「国家を建設する」のように、組織、機構などを新たに作ることの意もある。【3】「建築」は、建物一般についてそれを造ることにいうが、小屋のように、あまり小さくて簡単すぎるものについては用いられない。また、「木造建築」のように、造られた物についてもいう。【4】「建造」は、船や公共の建物など、特に大きなものを造る場合にいう。【5】「築造」は、建物や堤防など堅固なものを造る場合に用いられるが、あまり一般的な言い方ではない。

【関連語】◆(造営)スル神社、寺院、宮殿などをつくること。「寺院を造営する」「本殿を造営する」◆(建立)スル寺院、堂塔などをつくること。「寺院を建立する」◆(新築)スル新しく建築すること。また、その建物。「新築の家に住む」「自宅を新築する」「新築祝い」◆(普請)スル家屋を建てたり修理したりすること。また、その工事。「家を普請する」「安普請(やすぶしん)」

4 16-02 改装(かいそう)／模様替え(もようがえ)

【関連語】◆(新装)(しんそう)

共通する意味★建物の内外の造作やつくりを変えること。【英】*remodeling*

使い方▼〔改装〕スル▽店を改装する▽改装オープン〔模様替え〕スル▽店内の模様替えをする▽部屋を模様替えする

使い分け「改装」は、おもに店舗の場合に使われ、「模様替え」は、店舗だけでなく、事務所、住宅の中など、広く使われる。

【関連語】◆(新装)スル外観などを新しく飾りつけたり、装ったりすること。「新装なった庁舎」「駅ビルが新装オープンする」

4 16-03 増築(ぞうちく)／建て増し(たてまし)

【関連語】◆(改築)(かいちく)◆(移築)(いちく)◆(再建)(さいけん)

共通する意味★今までの建物に付け加えて建築すること。【英】*extension of a building*

使い方▼〔増築〕スル▽子供部屋を増築する▽増築工事〔建て増し〕スル▽建て増しして台所を広げる

使い分け「増築」は、やや文章語的。

【関連語】◆(改築)スル建物の全部または一部を取り壊し、新しく造り直すこと。「駅ビルを改築する」◆(移築)スルある建物を一旦解体し、他の場所に建て直すこと。「金堂を移築する」◆(再建)スル焼けたり壊れたりした建物を、元のように建て直すこと。また、一度衰えたりすたれたりしたものを、もう一度作り上げることにもいう。「焼失した体育館を再建する」「倒産しそうな会社を再建する」

4 16-04 特設(とくせつ)／増設(ぞうせつ)／仮設(かせつ)

共通する意味★設置すること。もうけること。【英】*special establishment*

使い方▼〔特設〕スル▽野球場にステージを特設する▽特設のスタジオ▽特設会場〔増設〕スル▽電話を増設する▽託児所の増設をする▽講座が増設された〔仮設〕スル▽工事現場近くに宿泊所を仮設する▽仮設住宅

使い分け【1】「特設」は、通常の用途とは関係のない特別の目的のために、器具や設備などを臨時に設けること。【2】「増設」は、現在あるものにさらに増して施設や設備などを設けること。【3】「仮設」は、一時的に必要な期間だけ設備や建物などを設けること。必要な期間が経過した後は、撤去することを前提としているような場合にいう。比較的簡便な施設にいうことが多い。

4 16-05 埋設(まいせつ)／敷設(ふせつ)

共通する意味★設備を備えること。【英】*to lay*

使い方▼〔埋設〕スル〔敷設〕スル

	水道管を□する	海底ケーブルを□する	鉄道を□する	貯蔵施設を□する
埋設	○	○	-	○
敷設	○	○	○	-

使い分け【1】「埋設」は、地下などに埋めて設備すること。設備の形状、設備する範囲は問題としない。【2】「敷設」は、地上、地下を問わず、設備などを備え設けること。水道管、ガス管、電線、鉄道など、広い範囲に渡る場合にいう。

反対語▼埋設⇔架設

4 16-06 架設(かせつ)／高架(こうか)／架線(かせん)

共通する意味★電線や橋などを空中に架け渡すこと。【英】*to construct; to lay*

使い方▼〔架設〕スル▽電線を架設する▽橋の架設工事〔高架〕▽鉄道の線路を高架にする▽鉄道の高架工事▽高架線〔架線〕▽強風で架線が切れた▽送電線の架線工事

使い分け【1】「架設」は、橋や電線などについていう。「高架」は、電線、橋、鉄道、道路など、大規模なものについても使えるが、「架線」は、送電線、電話線などについていう。【2】「架線」は、架け渡された電線のこともいい、工事関係者は「がせん」という。

反対語▼架設⇔埋設

4 16-07 設備(せつび)／施設(しせつ)

共通する意味★ある目的のために建物や装置などを備えること。また、その備えたもの。【英】*equipment*

使い方▼〔設備〕スル▽あの病院は設備が整っている▽設備の悪い体育館▽設備投資　〔施設〕スル▽公共の施設として体育館をつくる▽文化施設

	［ ］を整える	［ ］の充実した遊園地	公共の［ ］を大切にする	防音の［ ］がよい	サウナを［ ］したホテル
設備	○	○	△	○	○
施設	○	-	○	-	-

使い分け【1】「設備」は、機械や器具、装置などを整えることをいうのに対して、「施設」は、建物など大きなものをつくり設けることをいう。【2】「施設」は、養護施設、老人福祉施設などの略としても使われる。

4 16-08 完工（かんこう）／落成（らくせい）／竣工（しゅんこう）

共通する意味★建築や土木の工事を完了すること。【英】*completion*

使い方▼〔完工〕スル▽完工までに三年かかった▽工事は無事完工した　〔落成〕スル▽新社屋の落成が近い▽新館は四月に落成する▽落成式　〔竣工〕スル▽新庁舎が竣工した▽竣工記念パーティー

使い分け三語とも、工事が終わり建造物ができ上がることを意味する。いずれも書き言葉だが、「落成」は、話し言葉としても使われる。

反対語▼着工・起工

4 16-09 工事（こうじ）／工務（こうむ）

共通する意味★建築・土木などの作業、仕事。【英】*construction*

使い方▼〔工事〕スル▽道路を工事する▽水道工事　〔工務〕▽工務店

使い分け「工事」は、建築・土木作業全般について、大規模なものから小規模なものまで広く一般的に用いられる。「工務」は、「工務店」以外にはあまり用いられない。

4 16-10 工作（こうさく）／細工（さいく）

共通する意味★器物などをつくること。【英】*handicraft; construction*（土木・建築など）

使い方▼〔工作〕スル▽ブックエンドを工作する▽模型工作　〔細工〕スル▽木を細工して物入れを作る▽竹細工

使い分け【1】「工作」は、紙やねんど、木などを使って器物や模型などを作ること。また、「工作物」のように、土木・建築などの仕事をいうこともある。他に、「裏面工作」「下工作」のように、ある目的のために、あらかじめ計画的な働きかけをすることの意もある。【2】「細工」は、手先をきかせて細かいものを作ること。また、その仕事や作られたもの。また、「細工は流々仕上げを御覧（ごろうじろ）」のように、細かいところに工夫をほどこしたり、ごまかしをたくらんだりすることの意でも用いられる。

4 16-11 塗装（とそう）／塗布（とふ）／塗抹（とまつ）／塗り（ぬり）

共通する意味★物の表面に液体などをなすりつけて付着させること。【英】*painting*

使い方▼〔塗装〕スル▽外国車の塗装はていねいだ▽ドアの塗装がはげる▽ペンキで壁を塗装する▽塗装工事　〔塗布〕スル▽傷に薬を塗布した▽塗布剤　〔塗抹〕スル▽画布に胡粉（ごふん）を塗抹する▽古い図柄を塗抹して新たに文字を書く　〔塗り〕▽この器は塗りがいい▽お椀の塗りがはげた

使い分け【1】「塗装」は、さまざまな器物や建造物などの表面を、美しく見えるようにしたり、汚れやさびなどから保護したりするために、塗料をなすりつけたり吹き付けたりして付着させること。また、その付着したもの。【2】「塗布」は、薬剤など、そのものになんらかの作用を及ぼすことを目的とする場合に用いる。【3】「塗抹」は、すでにある絵柄などを消して見えなくする場合に用いられる。【4】「塗り」は、「塗装」と同意。特に器物にうるしを塗ることをいう。また「ペンキ塗り」「丹塗り」のように、「…塗り」という形で、方法や材料を示すことも多い。

4 16-12 塗る（ぬる）／刷く（はく）

共通する意味★物の表面に液体などをなすりつけて付着させる。

使い方▼〔塗る〕（ラ五）▽板塀をペンキで白く塗る▽傷に薬を塗る▽白粉（おしろい）を塗る▽顔に泥を塗る　〔刷く〕（カ五）▽ほお紅をうすく刷く

使い分け【1】「塗る」は、塗料、薬品、化粧品類などさまざまなものを、刷毛（はけ）や筆を使ったり、吹きつけたり、また指でなすりつけたりするなど、いろいろな方法で付着させる意。最も一般的で広く用いられ、液体から粉末、固形物にまでいう。【英】*to paint*（絵の具、ペンキなど）; *to apply*（薬、ペンキなど）【2】「刷く」は、刷毛を使って薄く伸ばすように付着させる意。白粉や紅などについていうことが多い。【英】*to brush*

4 16-13 塗りたくる（ぬりたくる）／塗たくる（ぬたくる）／塗り立てる（ぬりたてる）／塗り付ける（ぬりつける）／塗り潰す（ぬりつぶす）

共通する意味★十分に塗る。

使い方▼〔塗りたくる〕(ラ五)▽オイルを体中に塗りたくる▽白粉(おしろい)をごてごて塗りたくる▽むやみに絵の具をぬたくる　〔塗たくる〕(ラ五)▽真っ赤に塗りたてたスポーツカー　〔塗り立てる〕(タ下一)▽軟膏(なんこう)を傷口に塗りつける　〔塗り付ける〕(カ下一)▽書かれた文字を墨で塗りつぶす▽肖像画のバックを青で塗りつぶした　〔塗り潰す〕(サ五)

使い分け【1】「塗りたくる」「塗たくる」は、必要以上にむやみに塗る意。あまり良い印象を与えないような場合に用いることが多い。また、「塗たくる」は、俗な言い方。**【英】** *to besmear*【2】「塗り立てる」は、十分に塗って仕上げる意。また、「真っ白に塗りたてる」のように、厚化粧する意でも用いられる。【3】「塗り付ける」は、十分に付けることを目的として塗る意。**【英】** *to smear*【4】「塗り潰す」は、下に書かれたものが見えないように、上から何かを塗ったり、また下地全体が見えないように、すき間なく塗ったりする意。また、「村中が祭り一色に塗りつぶされる」のように、一面にその状態にする意もある。**【英】** *to paint out*

4 16-14 塗料(とりょう)

【関連語】◆(ペンキ)◆(ペイント)◆(ラッカー)◆(エナメル)◆(ワニス)◆(漆(うるし))

意味★物体の表面の保護、美装、絶縁などのために塗る流動性の物質の総称。**【英】** *paint*

使い方▼〔塗料〕▽車に塗料を塗る▽蛍光塗料

【関連語】◆(ペンキ・ペイント)顔料と溶剤とを混ぜ合わせて作った塗料。木、金属、コンクリートなどさまざまな材質の塗料として使われる。「塀にペンキを塗る」「水性ペイント」◆(ラッカー)ニトロセルロースなどを溶剤に溶かし、樹脂や可塑剤、顔料などを加えた塗料。乾燥が早く丈夫。◆(エナメル)油性ワニスに顔料を練り混ぜた塗料。また、それを塗った光沢のある革もいう。◆(ワニス)樹脂を溶剤に溶かして作った塗料。ニス。◆(漆)ウルシの樹脂を原料にした塗料。乾くと光沢のある黒色となる。「漆塗りのお盆」

4 16-15 直す(なお)／繕う(つくろ)／修繕(しゅうぜん)／修理(しゅうり)／修復(しゅうふく)／改修(かいしゅう)／修正(しゅうせい)／手直し(てなお)

【関連語】◆(直し(なおし))◆(手入れ(ていれ))

共通する意味★正常でない状態を正常な状態に戻す。**【英】** *to mend; to repair*

使い方▼〔直す〕(サ五)▽悪い癖を直す▽髪を直す▽病気を治す　〔繕う〕(ワ五)▽ズボンのかぎ裂きを繕う　〔修繕〕スル▽ズボンを修繕に出す▽壊れた椅子(いす)を修繕する　〔修理〕スル▽古い時計を修理に出す▽テレビを修理する　〔修復〕スル▽寺の本堂の修復工事　〔改修〕スル▽古いビルを改修してマンションにする　〔修正〕スル▽前に述べた意見を修正する▽ロケットの軌道を修正する　〔手直し〕スル▽原稿を読み返して手直しする

	屋根を□	車を□	上着の綻びを□	間違いを□	文章を□
直す	○	○	○	○	○
繕う	○	-	○	-	-
修繕する	○	○	○	-	-
修理する	○	○	-	-	-
修復する	○	-	-	-	-
改修する	○	-	-	-	-
修正する	-	-	-	○	○
手直しする	△	-	-	-	○

使い分け【1】「直す」「繕う」「修繕」「修理」「修復」は、正常な状態であったものが、壊れたり傷んだりして正常な状態ではなくなってしまった場合に、元の正常な状態へと戻す意。【2】「直す」は、最も一般的に用いられ、ほとんどの事柄についていうことができる。病気についていう場合には「治す」と書くこともある。また、他に、「横書きを縦書きに直す」のように、内容を変更せずに形式を変える意もある。他の動詞の連用形につくと、「やり直す」「書き直す」のように、改めてその動作を行う、同じ動作を繰り返す意を添える。【3】「繕う」は、損傷した箇所に手を加えて元の状態に戻す意。主として機械的なものには用いず、繊維製品などに用いることが多い。また、「外見をつくろう」のように、手を加えて見た目を良くする意、「その場をつくろう」のように、ぼろの出ないように言葉を飾ったり、うまくふるまったりする意もある。【4】「修繕」は、衣類、器物、建物、車などに手を加えて正常にする意で、比較的簡単で部分的な場合にいうことが多い。【5】「修理」は、機械、器具類などで、部品を交換したり、部品の働きを調整するなど比較的複雑な処置を要する場合に多くいう。【6】「修復」は、破損したところを作り直して元の形に戻すこと。「修理」は、単に壊れた箇所を手当てして具合良くすることで、できあがりは必ずしも元どおりになる意は含まない。【7】「修復」は、「関係の修復に努める」のように、抽象的な事柄にもいう。【8】「改修」「修正」「手直し」は、本来的に内在していた悪い要因を改め、正常な状態へと導くことをいう。【9】「改修」は、悪いところに手を加えて、現在の目的にあった新しい形にすること。【10】「修正」は、まちがいや不十分な点を正しくすること。機械、器具、建物などではなく、意見、考え、方向などの抽象的な事柄や書かれた文字、絵などについていう。【11】「手直し」は、もともとあった不完全な部分に手を加えて、完全なものに近づけること。

【関連語】◆(直し)さまざまな対象に広く用いることができるが、「直しに出す」「直しがきく(きかない)」の形で用いられることが多い。「車が故障したので直しに出した」「この時計は直しがきかない」◆

〈手入れ〉スルよりよい状態を保つために手を加えること。「花壇の手入れ」「愛用のパイプを手入れする」

4 16-16 研ぐ(と)／磨く(みが)

共通する意味★物の表面をこすって余分なものを除去する。

使い方▼〔研ぐ〕(ガ五)▽砥石(といし)で包丁を研ぐ▽やすりで研ぐ 〔磨く〕(カ五)▽靴を磨く▽ワックスをつけて自動車を磨く▽歯を磨く

使い分け【1】「研ぐ」は、砥石ややすりで刃物の刃をこすって鋭くする意。また、「鏡をとぐ」のように、こすってつやを出す意や、「米をとぐ」のように、米などを水の中で互いにこすり合わせて、汚れなどを除く意でも用いられる。【英】*to whet; to sharpen* 【2】「磨く」は、みかけをきれいにしたり、つやを出したりするために表面をこする意。転じて、「芸を磨く」「人格を磨く」のように、努力して上達をはかったり、立派なものとしたりする意もある。【英】*to polish*

参照▼磨く⇒602-08

4 16-17 鋸(のこぎり)／鋸(のこ)

共通する意味★木材などを引いたり押したりして切るのに用いる工具。鋼板の縁に歯をつけて柄をつけたもの。【英】*a saw*

使い方▼〔鋸(のこぎり)〕▽鋸で松の枝を切る 〔鋸(のこ)〕▽材木をのこでひく▽糸のこ

使い分け【1】「のこ」は、「のこぎり」の略。【2】手で押したり引いたりするものだけでなく、原動機のついたものにもいう。

4 16-18 槌(つち)

【関連語】◆〈金槌〉かなづち◆〈鉄槌〉てっつい◆〈ハンマー〉◆〈とんかち〉◆〈玄翁〉げんのう◆〈木槌〉きづち◆〈掛け矢〉かけや◆〈才槌〉さいづち

意味★物を打ちたたくのに用いる工具。円柱形で横から柄を差し込んだ形のもの。円柱形の部分が、鉄製、木製、合成樹脂製のものなどがある。【英】*a hammer*

使い方▼〔槌〕▽杭(くい)を槌で打ち込む

【関連語】◆〈金槌〉円柱形の部分が鉄製のつち。柄は、多く木製だが、小型のものではすべて鉄製で一体として作ったものもある。◆〈鉄槌・ハンマー〉大型の金槌。「鉄槌を下す(＝厳しく処罰する)」「ハンマーを振り下ろす」◆〈とんかち〉「金槌」をいう俗語。◈たたくときの音から。◆〈玄翁〉石などを砕くのに用いる大型の金槌。◈玄翁という僧が「殺生石」を砕くのに用いたという伝説から。◆〈木槌〉木製のつち。◆〈掛け矢〉カシの木などで作った大きな木づち。くいを打ち込むときなどに用いる。◆〈才槌〉小型の木のつち。「才槌頭(あたま)(＝額と後頭部が突き出た頭の形をいう)」

4 16-19 鑿(のみ)

意味★木工、石工で、材料に穴をあけたり溝を掘ったりするのに用いる工具。鉄製の刃に柄をつけたもの。【英】*a chisel*

使い方▼〔鑿〕▽のみ一本で彫り上げる

4 16-20 ねじ回し(まわ)／ドライバー

共通する意味★ビス、ねじくぎを回して、締めたり抜いたりする際に用いる工具。先端を、ねじの頭部の溝にはまるように加工した鉄棒に柄をつけたもの。【英】*a screwdriver*

4 16-21 鉋(かんな)／鑢(やすり)

共通する意味★工作物の表面を削って平らにしたり、所要の形に仕上げたりするのに用いる工具。

使い方▼〔鉋〕▽木口にかんなをかける 〔鑢〕▽仕上げにやすりをかける▽やすりでさびを落とす

使い分け【1】「鉋」は、カシの木の台に刃を埋めたもの。【英】*a plane* 【2】「鑢」は、鋼の表面に細かな溝を刻み、焼き入れしたもの。厚紙や布に研磨剤を付着させた「紙やすり」をいうこともある。【英】*a file*

4 16-22 錐(きり)

【関連語】◆〈千枚通し〉せんまいどおし◆〈ドリル〉

意味★板などに小さい穴をあけるのに用いる工具。先端を尖らせた鉄棒に柄をつけたもの。【英】*a drill*

使い方▼〔錐〕▽錐をもんで板に穴をあける

【関連語】◆〈千枚通し〉重ねた紙、書類を突き通して穴をあけるのに用いる錐。◆〈ドリル〉螺旋(らせん)状の刃を回転させて穴をあける工具。穿孔機(せんこうき)。

参照▼ドリル⇒602-70

4 16-23 鉈(なた)／斧(おの)

【関連語】◆〈手斧〉ておの◆〈手斧〉ちょうな◆〈鉞〉まさかり

共通する意味★木を切ったり割ったりするのに用いる厚い鉄製の刃物。【英】*an ax; a hatchet*

使い方▼〔鉈〕▽鉈で薪(まき)を割る 〔斧〕▽大木に斧を入れる

使い分け【1】「鉈」は、短く厚く、幅の広い刃物。

立ち木を払ったり、薪割りをしたりするのに用いる。「鉈をふるう」の形で、思い切った処置をする意に用いられることもある。【2】「斧」は、頑丈な、厚い刃物に短い柄をつけたもので、木を切り倒したり、割ったり、削ったりするのに用いる。

【関連語】◆（手斧）ておの・（手斧）ちょうな　斧でざっと削った材木を、さらに平らにするために用いる鍬くわ形の刃物。「ちょうな」は、「ておの」の変化した「ちょうの」から。◆（鉞）木を切るための大型の斧。

416-24 釘くぎ

【関連語】◆（鎹）かすがい◆（鋲）びょう◆（リベット）◆（楔）くさび

意味★金属、竹、木などの一端をとがらせて作ったもの。接合したい部分に打ち込んで固定したり、それに物を掛けたりするのに用いる。【英】*a nail*
使い方▼〔釘〕▽板に釘を打つ▽柱の釘に絵をかける▽釘を抜く▽釘を刺す（＝相手の行動に間違いや行き過ぎがないように念を押す）
【関連語】◆（鎹）材木をつなぎとめるために作られたコの字形の大釘。「子は鎹（＝子供は夫婦の縁をつなぎとめる大切なもの）」◆（鋲）頭に笠かさ形のものが付いた釘。また、靴の底に打つ金具。◆（リベット）金属板をつなぎ合わせるのに使用するまんじゅう形の頭の大きな鋲。一端をたたきつぶしてとめる。◆（楔）堅い木や石、鉄をV字形に加工したもので、物を割ったり、広げたり、差し込んだ部分が抜けないように端に打ち込んだりするもの。責め木。「楔を打ち込む（＝敵陣に攻め込み、これを二分する。また、自分の勢力を拡大するための足掛かりを相手の組織内に作る）」

416-25 螺子ねじ

【関連語】◆（雄螺子）おねじ◆（雌螺子）めねじ

意味★物を締めつけるのに用いる、螺旋らせん状の溝のあるもの。【英】*a screw*
使い方▼〔螺子〕▽ねじをゆるめる▽ねじを締める
【関連語】◆（雄螺子）外側に溝のある丸棒状のもの。◆（雌螺子）穴の内側に雄ねじの入る溝を持つもの。

416-26 板いた

意味★木材、または金属、石材などを薄く平らにしたもの。【英】*a board*
使い方▼〔板〕▽檜ひのきの板▽ベニヤ板▽トタン板

416-27 針金はりがね／ワイヤ／鉄条てつじょう

【関連語】◆（鉄線）てっせん◆（銅線）どうせん◆（鉄条網）てつじょうもう

共通する意味★金属を細長く伸ばして線状にしたもの。【英】*wire*
使い方▼〔針金〕▽針金で縛る▽針金を巻く　〔ワイヤ〕▽小屋の入り口にワイヤを張りめぐらす　〔鉄条〕▽空き地を鉄条で囲う
使い分け【1】「針金」は、あまり太くないものをいい、ものをつないだり、縛ったりするのに用いられることが多い。主として鉄製。【2】「ワイヤ」は、それを束ねて作った「ワイヤロープ」の意に用いられることも多い。また、「電線」をさすこともある。「ワイヤレス」は、線（電線）がないという意。【3】「鉄条」は、鉄製の太い針金のこと。結んだり、縛ったりするよりは、張ったり、囲ったりする場合に用いられることが多い。また「有刺鉄線」のことをいう場合もある。
【関連語】◆（鉄線）「針金」「鉄条」と同じ。「有刺鉄線」は、ところどころに鋭い針金のとげをつけてよりあわせたもの。◆（銅線）銅製の針金。電流を流すのに用いられる。◆（鉄条網）侵入や脱出を防ぐために、鉄条（有刺鉄線）を網のように張りめぐらしたもの。

416-28 ガラス／グラス

共通する意味★珪砂けいしゃ、炭酸ソーダ、石灰などを混ぜて高温で溶かし、急冷して作った堅く、もろい、透明な物質。建築材料、食器、瓶などに広く用いられる。
使い方▼〔ガラス〕▽窓のガラスに人影が映る　〔グラス〕▽ステンドグラス▽サングラス
使い分け【1】日常一般的には、「ガラス」の方が多く用いられる。「硝子」ともあてる。また、「ガラス」は割れやすいところから、「ガラスのように繊細な心」のように、もろく、繊細なものの比喩ひゆとしても用いられる。【2】「グラス」は、ふつう「…グラス」という形で、ガラスを加工した製品や、めがねなどをさす。また、単独でガラス製のコップのこともいう。
参照▼グラス⇒410-08

417 …家具

417-01 家具かぐ／家財かざい

【関連語】◆（指し物）さしもの◆（什器）じゅうき◆（什物）じゅうもつ

共通する意味★家に備えて生活に用いる、やや大型の道具の総称。机、椅子いす、たんすなど。【英】*furniture*
使い方▼〔家具〕▽新居に家具をそろえる▽家具を新調する　〔家財〕▽トラックで家財を運び出す▽家財道具
使い分け「家具」が、一般によく用いられる。「家財」には、「家財を使いはたす」のように、家の財産の意味もある。

【関連語】◆(指し物)机、たんすなど、板を組み合わせて作った家具や器具。「指し物師」「指し物屋」◆(什器・什物)日常使う器具。家具より小さく、容易に持ち運べる程度の大きさの道具類やうつわものをいう。文章語。「什器調度をととのえる」「什物を焼失する」

参照▼家財⇒512-23　指し物⇒608-18

4 17-02 机(つくえ)／テーブル／卓(たく)

【関連語】◆(食卓(しょくたく))◆(飯台(はんだい))◆(卓袱台(ちゃぶだい))◆(デスク)

共通する意味★勉強をしたり、仕事をしたり、食事をしたりするときに使う台。

使い方▼〔机〕▽机の上をかたづける▽彼とは大学で机を並べた仲だ　〔テーブル〕▽テーブルに肘(ひじ)をつくな▽先輩たちと同じテーブルにつく▽会議用のテーブル　〔卓〕▽卓の上を拭く▽卓を囲む

使い分け【1】「机」は、主として勉強や仕事に使うものをいう。【英】*a desk*【2】「テーブル」は、大型の食事、接客、会議などに使う複数の人間が囲めるものをいう。丈の高い洋風のものをいうが、和室に置くものにもいう。【3】「卓」は、「机」と「テーブル」の両方をいうが、日常一般的に使われる語ではない。

【関連語】◆(食卓)食事をするために使用される机。「食卓を囲む」◆(飯台・卓袱台)折り畳みのできる脚のついた低い食卓をいうことが多い。◆(デスク)事務用に使われる机。「デスクワーク」

参照▼デスク⇒305-12

4 17-03 椅子(いす)／腰掛け(こしかけ)／ベンチ／ソファー

共通する意味★腰を下ろして、座るための台。

使い方▼〔椅子〕▽椅子にかける▽椅子にすわる　〔腰掛け〕▽待合室の腰掛けにすわる　〔ベンチ〕▽公園のベンチに腰を下ろす　〔ソファー〕▽三人掛けのソファー

使い分け【1】「椅子」と「腰掛け」は、広く用いられ、共通して使える場合が多いが、「腰掛け」のほうが話し言葉的。【英】*a chair*【2】「腰掛け」は、「ベンチ」など数人用のものも含む。「腰掛けの気持ちで就職するな」のように、一時的に身をおく職の意でも用いられる。【3】「ベンチ」は、公園などにあり、数人が同時に座ることのできる、木製、コンクリート製などのもの。これに対し、「ソファー」は、クッションのきいた、ゆったりした背もたれのあるものをいう。

参照▼椅子⇒511-02　腰掛け⇒502-24

4 17-04 箪笥(たんす)／茶箪笥(ちゃだんす)

共通する意味★引き出しや開き戸があり、衣類などを入れておく木製の箱形をした家具。【英】*a cabinet*

使い方▼〔箪笥〕▽たんすに洋服をしまう▽桐(きり)のたんす一棹(ひとさお)▽整理だんす　〔茶箪笥〕▽年代物の茶だんす

使い分け「たんす」は、普通、衣類をしまっておくための、木製の箱。「茶だんす」は、茶器や食器類をしまっておくための、内部に棚の付いた木製の箱。

4 17-05 本棚(ほんだな)／書架(しょか)／書棚(しょだな)／本箱(ほんばこ)／本立(ほんたて)

共通する意味★本をしまっておく家具。【英】*a bookshelf*

使い方▼〔本棚〕▽本棚に本を並べる　〔書架〕▽書架を組み立てる▽書架に本を戻す　〔書棚〕▽書棚の整理をする　〔本箱〕▽本箱を居間に移す　〔本立〕▽日曜大工で本立を作った

使い分け【1】「本棚」「書架」「書棚」は、本を並べておくための棚、「本箱」は、本をしまうための箱形の家具、「本立」は、机の上などに置いて、本を立てておく小型のものをいうが、必ずしも厳密に区別して使っているわけではない。本を収納する家具を総称していう場合が多い。【2】「本箱」「本棚」は、話し言葉として比較的よく使われる。「書架」「書棚」は、硬い言い方。

4 17-06 棚(たな)

【関連語】◆(釣り棚(つりだな))◆(飾り棚(かざりだな))◆(神棚(かみだな))◆(網棚(あみだな))

意味★物を載せるために板を水平に取り付けたもの。【英】*a shelf*

使い方▼〔棚〕▽居間に棚をつる▽へちまの棚▽棚からぼたもち(＝思いもかけない幸運を得ることのたとえ)▽棚に上げる(＝手をつけないでそっとしておく)

【関連語】◆(釣り棚)天井などからつり下げた棚。◆(飾り棚)商品、美術品などを飾っておく棚。◆(神棚)家の中で神をまつっておく棚。◆(網棚)電車、バスの車内などで、手荷物を載せるための棚。

4 17-07 戸(と)／扉(とびら)／ドア

【関連語】◆(シャッター)◆(雨戸(あまど))◆(格子戸(こうしど))◆(網戸(あみど))

共通する意味★建物の出入り口や窓、戸棚などの開口部に取り付け、開閉できるようにしたもの。【英】*a door*

使い方▼〔戸〕▽戸を閉める▽戸がきしむ　〔扉〕▽だれかが扉をたたいている　〔ドア〕▽ドアをノックする▽回転ドア

	＿をあける	部屋の＿	門の＿	電車の＿	障子の＿
戸	○	○	○	−	○
扉	○	○	○	○	−
ドア	○	○	−	○	−

使い分け【1】「戸」は、「扉」「ドア」などを含む総称だが、一般的には左右に滑らせて開閉する機構のものについていうことが多い。【2】「扉」は、蝶番（ちょうつがい）などを軸に回転するようにして開閉する機構のものも左右に開閉するものもいう。また、その形状から、書物の見返しの次にある標題などを記したページや、雑誌の本文の前にある第一ページをいうこともある。【3】「ドア」は、おもに蝶つがいで開閉する機構で洋風のものをいうが、「自動ドア」の場合は、左右に開閉する機構であるのが普通。また、「ドア」は、出入り口以外には使わない。

【関連語】◆**（シャッター）**金属製の巻き上げ式の戸。ガレージの入り口や、商店の前面入り口などに使われることが多い。また、写真機で、入射光線を必要な時間だけ感光材料に照射するための機構のこともいう。「シャッターを下ろす」◆**（雨戸）**風雨を防いだり、保温や防犯のために、障子、ガラス戸などの外側に設置する戸。「雨戸を閉める」◆**（格子戸）**細長い木や竹を格子に組んだ戸。「格子戸をくぐり抜ける」◆**（網戸）**戸や窓を開け放しにするとき、虫が家に入るのを防ぐために設ける、目の細かい網を張った戸。

4 17-08 障子（しょうじ）／襖（ふすま）

【関連語】◆**（建具）**（たてぐ）

共通する意味★和風の部屋を仕切るもの。

使い方▼〔障子〕▽障子を張りかえる▽壁に耳あり障子に目あり　〔襖〕▽ふすまをたてる▽ふすま越しに話し声がきこえてくる

使い分け【1】「障子」は、格子に組んだ木製の桟に白い紙を貼（は）ったもの。【英】*a shoji*【2】「襖」は、細い木の骨を組み、両面から紙または布を張ったもの。部屋の出入り口、押し入れの戸に使う。【英】*a sliding door*

【関連語】◆**（建具）**障子、ふすま、戸など、開閉して部屋を仕切るものの総称。「建具店」

4 17-09 衝立（ついたて）／屏風（びょうぶ）

共通する意味★部屋に立てて、仕切りや目隠しにする家具。【英】*a folding screen*

使い方▼〔衝立〕▽入り口についたてを置く　〔屏風〕▽びょうぶを立てる

使い分け「衝立」は、下に台がついたもの。「屏風」は、折りたたみ式で簡単に移動できるもの。

4 17-10 窓（まど）

【関連語】◆**（出窓）**（でまど）◆**（明かり取り）**（あかりとり）◆**（天窓）**（てんまど）

意味★採光、通風ほか、いろいろな目的で建物の壁や屋根に設けた開口部。【英】*a window*

使い方▼〔窓〕▽窓から通りを眺める▽窓をあけて換気する▽窓ガラス

【関連語】◆**（出窓）**部屋の外側に張り出している窓。【英】*a bay window* ◆**（明かり取り）**採光のために壁の上方や屋根に設けた窓。◆**（天窓）**採光や換気のために屋根に設けた窓。

4 17-11 ショーウインドー／飾り窓（かざりまど）

共通する意味★店の商品を陳列するガラス窓。

使い方▼〔ショーウインドー〕▽ショーウインドーに並んでいる豪華な宝石　〔飾り窓〕▽飾り窓の商品を見て歩く

使い分け二語とも、通りに面した店舗の外側などに設け、ガラス越しに内部に陳列してある商品などを眺められるようにした窓状のものをいう。「ショーウインドー」が一般的に使われ、「飾り窓」は、あまり使われない

4 17-12 カーテン／暖簾（のれん）

共通する意味★光を遮ったり、仕切りや目隠しとするために上からたらす布。

使い方▼〔カーテン〕▽窓にカーテンをつるす▽カーテンを開ける　〔暖簾〕▽そば屋ののれんをくぐる▽のれんに腕押し（＝力を入れても手ごたえのないこと、張り合いのないことのたとえ）

使い分け【1】「カーテン」は、主として窓の室内側にたらし、左右に開閉できるようにした布。装飾、保温などのためにも用いられる。また、窓などの開口部ばかりではなく、「アコーディオンカーテン」のように部屋の間仕切りとしても使用される場合もある。他に、「鉄のカーテン」のように、比喩（ひゆ）的に、あるものを遮り隠すものの意でも用いられる。【2】「暖簾」は、商家が、屋号、商号などを染めて、店頭に掲げた布。現在では、「居間と台所との仕切りにのれんをつるす」のように、部屋の入り口などに目隠しとしてつるす、開口部をすべておおわないような丈の短い布をいう。窓には用いない。縄で作った「縄のれん」は、居酒屋などで使われる。「暖簾」は、「のれんを分ける」「のれんを守る」のように、店の屋号そのものの権利や、その店の伝統、信用もいう。

4 17-13 日除け（ひよけ）／ブラインド／日覆い（ひおおい）／簾（すだれ）

共通する意味★日の光を遮るためのもの。【英】*a blind*

使い方▼〔日除け〕▽窓に日除けをつける▽家庭菜園に日除けを作った　〔ブラインド〕▽まぶしいので、ブラインドを下ろした　〔日覆い〕▽夏は家具に日覆いをかける▽テラスに日覆いをつける　〔簾〕▽すだれを掛ける▽すだれ越し

使い分け【1】「日除け」と「日覆い」は、同じように使われるが、「日除け」の方が一般的、「日覆い」は、あまり使われない。【2】「ブラインド」は、窓につける洋風の日除け。【3】「簾」は、細く削った竹や葦などを糸で編み連ねたもの。

4 17-14 畳／茣蓙

【関連語】◆〔筵〕◆〔薦〕

共通する意味★イグサの茎で作った敷物。**【英】***a tatami mat*

使い方▼〔畳〕▽畳の表替えをする▽畳の上で死にたい(＝自分の家で穏やかに死にたい)　〔茣蓙〕▽庭に茣蓙を敷いて遊ぶ▽花見に茣蓙を持って行く

使い分け【1】「畳」は、稲わらを重ねた床の上にイグサで編んだ表をつけた厚みがある敷物。和室内にすきまがないように敷く。【2】「茣蓙」は、イグサで編んだ表だけの薄い敷物。「薄べり」ともいう。

【関連語】◆〔筵〕イグサ、竹、わらなどを編んで作る敷物の総称だが、わら製のものをいう場合が多い。「席」とも書く。「むしろを広げる」「むしろ旗」「針のむしろ(＝非常につらい場所、状態)に座る」◆〔薦〕わらを粗く織って作ったむしろ。「菰」とも書く。

4 17-15 卓上／机上

共通する意味★机やテーブルの上。**【英】***on a table* [*desk*]

使い方▼〔卓上〕▽地図を卓上に広げる▽卓上の食器を片付ける▽卓上ライター　〔机上〕▽机上に広げた辞書▽愛読書を机上におく▽机上の空論(＝実際には役に立たない考えや意見)▽机上版

使い分け【1】「卓上」は、テーブルや机の上の意で、「卓上カレンダー」「卓上日記」のように、他の語と複合して用いられることも多い。【2】「机上」は、机の上の意で、勉強や仕事に関連した事柄に使われる。「机上の空論(プラン)」は、机の上で考えただけの具体性のない論(プラン)の意。

4 17-16 寝床／床

共通する意味★寝るために敷いたふとん。**【英】***a bedding*

使い方▼〔寝床〕▽寝床に入って本を読む▽寝床を整える　〔床〕▽床をとって休む▽床に就く(＝就寝する。また、病んで寝つく)▽床をのべる

使い分け「寝床」が一般的。また、「寝床」は、「今夜の寝所は決まっていない」のように、「寝所」と書いて、寝るための場所をいうこともある。

4 17-17 寝台／ベッド

【関連語】◆〔ダブルベッド〕◆〔シングルベッド〕

共通する意味★その上に寝るために用いる台。**【英】***a bed*

使い方▼〔寝台〕▽寝台で寝る▽寝台車　〔ベッド〕▽ベッドをともにする▽ベッドルーム▽ベッドメーキング

使い分け外来語の「ベッド」の方が、一般に使われる。

【関連語】◆〔ダブルベッド〕二人用の、幅広の寝台。◆〔シングルベッド〕一人用の寝台。

4 17-18 いろり／炉

共通する意味★床を方形に切って中で火を焚き、煮炊きや暖房をするための設備。**【英】***a fireplace*

使い方▼〔いろり〕▽いろりを囲んで食事をとる▽いろりばた　〔炉〕▽炉を切る(＝作る)▽炉で暖をとる

使い分け【1】どちらも同じように使われるが、「炉」には、「溶鉱炉」のように、物質を加熱、溶解するために燃料を燃やす耐火性の装置という意もある。【2】「いろり」は、「囲炉裏」「居炉裏」とも書く。

4 18 …機械・器具

4 18-01 機械／器械

【関連語】◆〔機器〕

共通する意味★人力以外の原動力を利用して一定の仕事を行うもの。

使い方▼〔機械〕▽機械を使って穴を掘る▽工作機械▽機械文明　〔器械〕▽光学器械▽医療器械▽器械体操

使い分け原動・伝導・作業の三機構を備えたものを「機械」といい、そのうち一機構を欠くと「器械」という。しかし、一般的には、規模の大きいものを「機械」、小さいものを「器械」として使われることが多い。**【英】***machine*(機械); *instrument*(器械)

【関連語】◆〔機器〕機械、器械、器具の総称。「器機」とも書く。「教育機器」「オーディオ機器」

4 18-02 装置／装備

共通する意味★特定の目的のためにあるものをそなえつけること。また、そなえつけたもの。**【英】**

equipment

使い方▼〔**装置**〕スル▽この部屋には冷暖房の**装置**がない▽防火シャッターを装置する▽安全装置　〔**装備**〕スル▽核兵器を装備した潜水艦▽重装備で登山する▽完全装備

	□を点検する	ミサイルを□している	警報□が作動する	登山の□
装置	○	−	○	−
装備	○	○	−	○

使い分け【1】「装置」は、ある目的のために作動したり効果を発揮したりするように、機械、しかけ、道具、設備などをそなえつけること。また、そなえつけられたそのような設備のことをいう。【2】「装備」は、何かをするために必要な備品、付属品、武器などをそなえつけること。また、そのそなえつけられたものをいう。主に、登山や戦闘のためのもののように、身に帯びるような場合に多く用いられる。

4 18-03 性能（せいのう）／機能（きのう）

共通する意味★物事をなし遂げる力の働きや能力。

【**英**】*efficiency, performance*（性能）; *function*（機能）

使い方▼〔**性能**〕▽性能は悪いが安い車▽高性能　〔**機能**〕スル▽軽いが機能が劣るラジオ▽各部署を十分に機能させる▽機能回復の訓練▽機能性▽機能的

	□を発揮する	□を高める	心臓の□	□のいいカメラ
性能	○	○	−	○
機能	○	○	○	−

使い分け【1】「機能」は、人間や動物に限らず機械や集団など広く使うが、「性能」は、機械や道具に限られる。【2】「性能」は、そのもの自体の性質や働きをいうが、「機能」は、ある機構全体の中での働きや役割をいう。たとえば「エンジンの性能」という場合は、エンジン自体が持っている能力をさし、「エンジンの機能」という場合には、ある条件下でエンジンが果たす役割をさす。

4 18-04 道具（どうぐ）／器具（きぐ）／用具（ようぐ）／調度（ちょうど）

【**関連語**】◆（**器材**）きざい◆（**器物**）きぶつ◆（**工具**）こうぐ◆（**古道具**）ふるどうぐ◆（**骨董**）こっとう◆（**装具**）そうぐ◆（**用品**）ようひん

共通する意味★あることを行うために使用するもの。

使い方▼〔**道具**〕▽掃除の道具▽大工道具▽道具箱　〔**器具**〕▽製図用の器具を使って円を描く▽医療用の器具▽ガス器具　〔**用具**〕▽用具をしまう▽筆記用具▽学習用具　〔**調度**〕▽結婚するので調度をそろえる▽調度類

	□をそろえる	□を使う	婚礼用の□	電気□	運動□
道具	○	○	○	−	−
器具	○	○	−	○	△
用具	○	○	−	−	○
調度	○	−	○	−	−

使い分け【1】「道具」が、最も広く使われる。「道具」は、一般に手で扱う簡単な構造のものをさす。複雑な仕組みのものは、普通「機械（器械）」という。また、「選挙を宣伝の道具とする」「出世の道具」のように、他の目的のために利用されるものという意味もある。【**英**】*an instrument*【2】「器具」は、主として、簡単な構造で小規模な器械類をいう。ガス、電気、医療など限られたものに使われる。また、うつわもののこともいう。【**英**】*an appliance*【3】「用具」は、「道具」と同意で使われることが多い。主として、スポーツや学習で使うものをさす。【**英**】*an instrument*【4】「調度」は、日常生活で手近に置いて使用する品をさすが、話し言葉としてはあまり用いられない。【**英**】*furniture*

【**関連語**】◆（**器材**）器具と材料のこと。あることを行うのに必要な特定の物にいう。「撮影用の器材」「気象観測用の器材」◆（**器物**）うつわものや道具などの総称。特定のものをさすわけではなく、「器物を使う（用いる）」というような言い方はしない。「施設内の器物を破損する」◆（**工具**）工作に用いる道具。◆（**古道具**）使い古した道具。また、それを売り出したもの。「古道具屋」◆（**骨董**）希少価値や美術的な価値などのある年代を経た美術品や道具類。古いだけで価値がなく、役に立たなくなったもののたとえにもいう。「書画骨董」「骨董品」◆（**装具**）戦闘や登山など、あることを行うために身につける道具。「装具の点検」◆（**用品**）あることのために使う品物。必要な品物。「事務用品」「スポーツ用品」

4 18-05 歯止め（はど）／ブレーキ

共通する意味★車輪が回転しないようにするもの。

【**英**】*a brake*

使い方▼〔**歯止め**〕▽歯止めをかける　〔**ブレーキ**〕▽ブレーキをかける▽急ブレーキ

使い分け【1】「歯止め」は、車輪が回転しないように、車輪と車輪が接触する面の間にかませるもの。現在では、「経済状態の悪化に歯止めをかける」のように、物事の進行を止める手段、方法の意で比喩（ひゆ）的に用いられることが多い。【2】「ブレーキ」は、回転している車輪に働いて、減速、停止させる装置をいう。また、「歯止め」同様、「行き過ぎの言動にブレーキをかける」のように、進行や活動を妨げるものの意で用いるが、「歯止め」よりも口語的な表現となる。

4 18-06 ばね／スプリング／ぜんまい

共通する意味★鋼などを加工して、強い弾力性を持たせ、さまざまな用途に利用できるようにしたもの。【英】*a spring*

使い方▼〔ばね〕▽ばね仕掛けのおもちゃ▽悔しさをばねに努力する▽ばねを感じさせる動き　〔スプリング〕▽ベッドのスプリングを取り替える　〔ぜんまい〕▽ぜんまいを巻く▽ぜんまい仕掛け

使い分け【1】「ばね」は、鋼の線や板を巻いたり曲げたりして、強い弾力性を持たせたもの。ふつう、圧迫したり伸ばしたりして、元に戻ろうとする力を利用する。衝撃の緩和、力の蓄積などに用いる。また、「悔しさをばねに努力する」のように比喩的に使ったり、人間の跳躍力や腰、手首などの強さをいうこともある。【2】「スプリング」は、「ばね」と同じ意味だが、比喩的な言い方はしない。【3】「ぜんまい」は、鋼の線や板を渦巻き形に巻いたもの。巻き締めてエネルギーを蓄え、ほどける力を利用する。【4】「ばね」「ぜんまい」は、ともに「発条」と当てる。

4 18-07 輪／リング

【関連語】◆(鐶)◆(輪っぱ)◆(輪っか)

共通する意味★円形のもの。

使い方▼〔輪〕▽針金の輪▽花で輪を作る　〔リング〕▽イヤリング

使い分け【1】「輪」は、円形のものの外周部分が形づくっているものをいう。また、「輪」には、軸の周囲を回転して車を進める円形の具、すなわち車輪の意もあるが、この場合に意識される形状は、「円」とほぼ同一になる。【英】*a wheel*【2】「リング」は、輪状のものをいう。「エンゲージリング」のように、特に指輪をさすこともある。

【関連語】◆(鐶)金属などでできた輪。「たんすの鐶(＝引き出しのとってにつけた金具)」「蚊帳の鐶(＝釣り手につけた金具)」◆(輪っぱ)車輪、手錠など輪の形をしたものをいう俗語。◆(輪っか)輪。主に東日本でいう。「ひもで輪っかをつくる」

4 18-08 管／管／筒／パイプ／チューブ／ホース

共通する意味★円筒形で中が空になったもの。

使い方▼〔管〕(くだ)▽ガスの管を引く　〔管〕(かん)▽ガス管▽水道管　〔筒〕▽竹の筒に水を入れる　〔パイプ〕▽排水用にパイプを引く▽パイプライン　〔チューブ〕▽チューブで胃に栄養を送る　〔ホース〕▽ホースで庭に水をまく

使い分け【1】「管(くだ)」「管(かん)」「パイプ」「チューブ」「ホース」は、ふつう、太さに対してある程度の長さをもつものをいい、内部の空洞部分を利用して、液体や気体を一方から他方へと移動させることに使われるものをいう。形状は真っすぐでも曲がっていてもよい。【2】「管(かん)」は、材質を表わす語や、内部を通して移動させる物を表わす語と複合して用いられることが多い。【英】*a pipe*(管くだ・かん)【3】「筒」は、ふつう、まっすぐな形状のものをいう。また、液体や気体の移動には使わず、内部に何かを入れて保管する目的などに使われるものをいう。また、銃身、砲身、転じて小銃や大砲をいうこともある。【英】*a pipe*【4】「パイプ」は、「二国間のパイプとなる」「労使間のパイプ役となる」のように、二者相互の意思疎通を助ける人や機構の意でも使う。また、刻みタバコを吸う喫煙具のこともいう。【5】「チューブ」は、比較的細く、軟らかい素材で作られたものをいう。また、練り歯磨きなどを入れる鉛、ビニール製などの円筒形の容器や、タイヤの中の空気を入れるゴム製でドーナツ状の袋もいう。【6】「ホース」は、細いものから太いものまでいう。普通、ゴム、合成樹脂など、曲げることが可能で、気密性のある材質で作られている。

4 18-09 撮影／撮る／写す

【関連語】◆(写る)

共通する意味★フィルム、磁気テープなどの媒体に記録する。【英】*to photograph*

使い方▼〔撮影〕スル▽映画の撮影▽沈む夕日を撮影する　〔撮る〕(ラ五)▽写真を撮ってもらう▽オリンピックを映画に撮る　〔写す〕(サ五)▽記念写真を写す▽子供の遊ぶさまを写す

使い分け【1】三語とも、カメラなどを用い、対象を媒体に記録する意。「撮影」は、日常的にはあまり使われない。「撮る」「写す」は、話し言葉で日常的に使われる。【2】「写す」は、「わが身を鏡に写す」「映画を白い壁に写す」のように、鏡、水、障子、または、スクリーンなどに像が現れるようにする意でも用いられる。その場合には、「映す」と書かれることが多い。

【関連語】◆(写る)(ラ五)「写す」の自動詞。写真、映画、テレビ、鏡などの像が現れる。「ありし日の母が写っている写真」

参照▼写す⇒609-28

4 18-10 現像

意味★撮影したフィルム、乾板、印画紙を薬品を用いて映像が目に見えるようにすること。【英】*developing*

使い方▼〔現像〕スル▽現像した写真▽暗室でフィルムを現像する

4 18-11 焼き付け／印画

【関連語】◆(焼き増し)

共通する意味★写真で、現像したフィルムから陽画を作ること。【英】*printing*

使い方▼〔焼き付け〕▽暗室で現像と焼き付けをする

〔印画〕▽印画紙

使い分け【1】「焼き付け」は、ネガと印画紙とを重ねて光を当て、現像・定着をして陽画を作ること。【2】「印画」は、ネガまたはポジから感光材料面に各種の印画法で画像を作ること。また、そのでき上がった画。

【関連語】◆**〔焼き増し〕**スル 必要に応じて追加した印画紙に、焼き付けをすること。また、その焼き付けた写真。

4 18-12 電気（でんき）

意味★エネルギーの一つの形態で、電荷同士の力の及ぼし合いによっておこる現象。また、その力で作用すること。**【英】** *electricity*

使い方▼〔電気〕▽電気を起こす▽電気製品▽静電気▽電気（＝電灯）をつける

4 18-13 充電（じゅうでん）／蓄電（ちくでん）

共通する意味★蓄電池、蓄電器などにエネルギーを蓄えること。**【英】** *charge*

使い方▼〔充電〕スル▽バッテリーを充電する▽充電式の電気かみそり　**〔蓄電〕**スル▽蓄電装置▽蓄電池

使い分け【1】「充電」は、バッテリーに外部電源から電流を流し、エネルギーを蓄えること。「蓄電」は、電気をためることであるが、単独ではあまり使われない。【2】「充電」は、「三か月間休んで充電につとめる」のように、比喩（ひゆ）的に、人が活力などを蓄えることにも用いられる。

4 18-14 運転（うんてん）／操（あやつ）る／操作（そうさ）／操縦（そうじゅう）

共通する意味★自分の思いのままに何かを動かすこと。**【英】** *operation*

使い方▼〔運転〕スル▽溶鉱炉の運転を再開する▽車の運転を習う▽安全運転　**〔操る〕**（ラ五）▽ハンドルを巧みにあやつる▽コンピュータを思いのままにあやつる　**〔操作〕**スル▽レバーを操作する▽操作盤　**〔操縦〕**スル▽模型を無線で操縦する▽タンカーを操縦する

	機械を□	楽器を□	自動車を□	飛行機を□
運転する	○	-	○	-
操る	○	○	△	△
操作する	○	△	-	-
操縦する	○	-	△	○

使い分け【1】「運転」は、機械や乗り物などが動力で動くこと、また、人がそれを動かすことの意で用いられる。また、「事業の運転資金」のように、金銭などをうまくやりくりして使うことの意味でも用いられる。【2】「操る」は、対象を巧みに使い動かすこと。ただし、比較的小さく身近なものを対象としていうことが普通で、大仕掛けな機械類についてはいいにくい。また、糸や仕掛けで人形を動かすことや、「黒幕にあやつられている連中」「世論をあやつる」のように、陰にあって、他人を思いどおりに動かすこと、「三か国語をあやつる」のように、言葉を巧みに使うことにもいう。【3】「操作」は、機械、器具を動かし働かせることで、そのためにスイッチなどをあれこれすることに重点がある。対象は、こみ入った機械仕掛けのものであることが多い。また、「帳簿を操作する」「遺伝子を操作する」などのように、手を加えてもとの状態、配置、配列を都合の良いように動かすことの意でも用いられる。【4】「操縦」は、乗り物、特に飛行機や船舶などを思いどおりに動かすこと。また、「部下を操縦する」のように、他人を思いどおりに動かすことにもいう。

4 18-15 漕（こ）ぐ

意味★櫓（ろ）や櫂（かい）、オールなどを用いて、舟を人力で動かす。また、自転車、ぶらんこなどを脚力で動かす。舟を進めるときの様子から、「舟をこぐ」の形で体を前後に揺らし居眠りするのにもいう。**【英】** *to row*

使い方▼〔こぐ〕（ガ五）▽公園でボートを漕ぐ▽櫓を漕ぐ（＝櫓を操って舟を動かす）▽ぶらんこを漕ぐ

4 19 …日用品

4 19-01 桶（おけ）／たらい／バケツ／缶（かん）

共通する意味★水などを入れる容器。

使い方▼〔桶〕▽桶に水を汲（く）んでおく▽風呂（ふろ）桶　**〔たらい〕**▽たらいで行水する　**〔バケツ〕**▽バケツの水で雑巾（ぞうきん）を洗う▽バケツリレー　**〔缶〕**▽缶から菓子を出す▽缶詰▽石油缶

使い分け【1】「桶」は、細長い板をたてて円筒形にならべ、たがでしめて底をつけた容器。用途、大きさによってさまざまな種類がある。**【英】** *a pail*　【2】「たらい」は、水や湯を入れて物を洗うのに使う、浅い円筒形の容器。「盥」とも書く。**【英】** *a tub*　【3】「バケツ」は、ブリキ、合成樹脂などで作られた、持ち手つきのやや深い円筒形の容器。【4】「缶」は、金属製の、密封性の強い容器。大きさ、形は用途によりさまざまである。英語からの当て字。**【英】** *a can*

4 19-02 籠(かご)／笊(ざる)

共通する意味★線状のもので編んだ器物。**【英】** *a basket*

使い方▼〔籠〕▽籠に野菜を入れる▽背負い籠▽籠の鳥　〔笊〕▽ざるに上げて水をきる▽目ざる

使い分け【1】「籠」は、竹、植物の蔓(つる)、針金など、線状のもので編んだ通気性のある容器。大きさも用途も、さまざまである。【2】「笊」は、竹、針金などで目を粗く編んだ容器。多く、台所仕事で水切りなどに使う。現在は、編んだように小さな穴をあけた合成樹脂製も多い。また、比喩(ひゆ)的に「お前の頭はざるだね」のように、雑なこと、すぐ漏れるさまなどにも使われる。

4 19-03 綱(つな)／縄(なわ)／紐(ひも)

【関連語】◆(荒縄)あらなわ◆(細引き)ほそびき◆(テープ)◆(鎖)くさり◆(しめ縄)しめなわ

共通する意味★物を縛ったり、つないだりするのに用いる細長いもの。**【英】** *a rope*(綱、縄)

	十文字に□をかける	□の上を渡る曲芸	雑誌を□でしばる	□をなう	靴の□
綱	○	○	－	－	－
縄	○	－	○	○	－
紐	○	－	○	－	○

使い分け【1】「綱」「縄」は、植物繊維や針金などをより合わせたもので、「綱」は「縄」よりも太いものをいうが、太さの厳密な規定はない。【2】「紐」は、紙、布、ビニール、革など材質はさまざまで、形状も、より合わせたもの、縫(ぬ)い合わせたもの、幅広い材料を切っただけのものなどがある。【3】「綱」は、「頼みの綱」のように、助けとなるものの意でも用いる。【4】「紐」は、「ひもの付いた援助」のように、陰で支配するもの、条件となるものの意もある。

【関連語】◆(荒縄)わらをなって作った手ざわりのざらざらした縄。◆(細引き)麻をよって作った細引き縄。◆(テープ)幅が狭くて長く、帯状になったもの。材質はいろいろで、また、用途も広い。「テープを投げる」「テープを巻く」「ゴールのテープを切る」「カセットテープ」◆(鎖)金属製の輪をつなぎ合わせて作った、ひも状のもの。「犬を鎖でつなぐ」◆(しめ縄)神前や神事の場に張り、神聖な場所として区別するのに用いる縄。「標縄」「注連縄」「七五三縄」と書く。

参照▼紐⇒307-13

4 19-04 網(あみ)

意味★糸、縄、針金などで目をあらく編んだもの。魚や虫をとらえたり、物を焼いたりするのに使う。また、系統的・組織的に縦横に張り巡らしたものをいう。**【英】** *a net*

使い方▼〔網〕▽網を張る▽魚が網にかかる▽網焼き▽法の網をくぐり抜ける

4 19-05 手綱(たづな)

意味★馬の轡(くつわ)につけ、手に持って馬を操るための綱。**【英】** *a bridle*

使い方▼〔手綱〕▽手綱を取る

◆転じて、「夫の手綱をとる」のように、勝手な行動をしないように気をつけて見張ることにもたとえられる。

4 19-06 ナイフ／小刀(こがたな)／剃刀(かみそり)

共通する意味★物を切ったり削ったりするのに用いる小型の刃物。

使い方▼〔ナイフ〕▽ケーキにナイフを入れる▽果物ナイフ　〔小刀〕▽小刀で竹を削る　〔剃刀〕▽かみそりでひげをそる

使い分け【1】「ナイフ」は、小型の刃物の総称。【2】「小刀」は、おもに工作などに用いるごく小さな刃物。ナイフの一種。【3】「剃刀」は、髪、ひげなどをそるのに用いる薄い刃のついた小型の刃物。鋭くよく切れるところから、才気があったり行動がすばやいことの比喩(ひゆ)として用いられる。**【英】** *a razor*

4 19-07 刃(は)

【関連語】◆(片刃)かたは◆(諸刃)もろは

意味★物を切る道具の、切るために薄く鋭く加工した部分。**【英】** *a blade*

使い方▼〔刃〕▽かんなの刃を研ぐ▽はさみの刃がこぼれた

【関連語】◆(片刃)刃物の片側にだけ刃をつけたもの。「かたば」ともいう。◆(諸刃)刃物の両側に刃をつけたもの。「両刃」とも書く。「もろ刃の剣(つるぎ)」

4 19-08 鋏(はさみ)

【関連語】◆(裁鋏)たちばさみ

意味★交差した二枚の刃で挟むようにして、紙、布など薄い物を切る道具。**【英】** *scissors*

使い方▼〔鋏〕▽はさみで手紙の封を切る

【関連語】◆(裁鋏)布地を切るためのやや大型のはさみ。

4 19-09 電話機(でんわき)

【関連語】◆(受話器)じゅわき◆(レシーバー)◆(送話器)そうわき◆(インターホン)

意味★音声を電気信号に変えて離れた場所に送り、再び音声に戻して相互に話をする装置。「電話」と略される場合が多い。【英】*a telephone*
使い方▼〔電話機〕▽ダイヤル式電話機
【関連語】◆（受話器・レシーバー）電話機で、相手の話を聞きとる器具。⇔送話器。◆（送話器）電話機で、相手に話を送る器具。⇔受話器。◆（インターホン）玄関と室内などを結ぶ私設の通話装置。有線のものと無線のものとがある。

4 19-10 時計（とけい）

【関連語】◆（腕時計）うでどけい ◆（柱時計）はしらどけい ◆（目覚まし）めざまし ◆（置き時計）おきどけい ◆（目覚まし時計）めざましどけい ◆（砂時計）すなどけい ◆（ストップウォッチ）

意味★時間をはかったり、時刻を示したりする機能をもつ機械。【英】*a clock*（柱時計）; *a watch*（腕時計）; *an alarm clock*（目覚まし時計）
使い方▼〔時計〕▽時計の針が十時をさす▽時計台
◈「時計」には、時針、分針、秒針で時刻を示すアナログ時計と、直接数字で時刻を示すデジタル時計とがある。
【関連語】◆（腕時計）手首に巻きつけて持ち歩く小型の時計。◆（置き時計）机や棚の上において使う時計。◆（柱時計）柱や壁などに掛けて用いる、多くは大型の時計。「掛け時計」とも。◆（目覚まし時計・目覚まし）予定の時刻にベルやブザーが鳴る仕掛けのついている時計。◆（砂時計）小さい孔（あな）から細かい砂が少しずつ落ちるようにして、落ちた砂の量で時間を計るもの。砂漏（さろう）。時刻を示すのには使えない。◆（ストップウォッチ）自由に針を動かしたり止めたりして、秒以下の時間まで正確に計ることができる計測用の時計。通常、時刻を示す機能はない。「ストップウォッチ付きの腕時計」
参照▼目覚まし⇒112-37

4 19-11 行火（あんか）／湯たんぽ（ゆたんぽ）／懐炉（かいろ）

共通する意味★小型の暖房具。
使い方▼〔行火〕▽行火に炭火を入れる▽電気行火 〔湯たんぽ〕▽布団に湯たんぽを入れる 〔懐炉〕▽ふところに懐炉を入れて釣りをする
使い分け【1】「行火」は、炭火などを入れて手足を温める道具。電気式のものもある。【英】*a foot warmer*【2】「湯たんぽ」は、中に湯を入れて寝床で暖をとる金属製または陶製の容器。「湯湯婆」と当てる。【英】*a hot-water bottle*【3】「懐炉」は、ふところなどに入れて体を温める道具。【英】*a baby warmer*

4 19-12 コンセント／プラグ／ソケット

【関連語】◆（差し込み）さしこみ

共通する意味★電源と電気器具とを接続するための器具。
使い方▼〔コンセント〕▽この部屋のコンセントは電灯のスイッチの下にある 〔プラグ〕▽外出時には電気製品のプラグを抜いておく 〔ソケット〕▽ソケットに電球をねじ込む
使い分け【1】「コンセント」は、電気配線の末端にあって、電気器具のプラグを差し込むための口。【英】*an outlet*【2】「プラグ」は、電気器具にとりつけてあるコードの末端にあって、その器具を電気配線と接続するために、コンセントに差し込む器具。【3】「ソケット」は、電球や蛍光灯を差し込み、電線と接続するための器具。
【関連語】◆（差し込み）「プラグ」と同じ。また、「差し込み口」の略称として、コンセントをさす場合もある。

4 19-13 スイッチ

意味★電気回路を開閉するための器具、装置。
使い方▼〔スイッチ〕▽スイッチを入れる

4 19-14 アイロン／鏝（こて）

【関連語】◆（火熨斗）ひのし

共通する意味★衣類などの、しわを伸ばしたり、形を直したりするのに用いる鉄製の器具、道具。
使い方▼〔アイロン〕▽スカートにアイロンをかける 〔鏝〕▽布にこてを当てる
使い分け【1】「アイロン」は、ふつう電気器具のそれをさす。また、調髪用のものもいう。【2】「鏝」は、火で熱しておき、布などのしわを伸ばす道具。また、セメントなどを塗る道具、はんだ付けに用いる焼きごて、調髪用具の一種にもいう。
【関連語】◆（火熨斗）焼き物、金属で製した底の平らな器具で、中に炭火を入れて布に当て、しわを伸ばしたもの。「のし」とも。「火のしを当てる」

4 19-15 燃料（ねんりょう）／薪炭（しんたん）

共通する意味★燃やして、熱や光などのエネルギーを利用するための材料。【英】*fuel*
使い方▼〔燃料〕▽燃料を補給する▽燃料が切れる▽液体燃料 〔薪炭〕▽薪炭を売る▽薪炭商
使い分け【1】「燃料」は、まき、石油、ガス、ウランなど、燃やしてエネルギーを利用するものの総称。【2】「薪炭」は、薪（まき）と炭の意から。文章語。

4 19-16 薪（たきぎ）／薪（まき）

共通する意味★燃料として燃やすための木材。**【英】** *firewood*

	＿を燃やす	＿をくべる	山で＿を拾う	＿を割る
たきぎ	○	○	○	－
まき	○	○	－	○

使い分け【1】「たきぎ」は、「焚き木」のこと。細い木や枝を適当な長さに切ったものや、折れたり落ちたりした枝などを集めたもので、かまど、炉などで燃やすもの。【2】「まき」は、太い木などをきちんと割ったり切ったりして、ある程度の太さ、長さにそろえ、燃料用としたもの。ふつう「たきぎ」よりも太いものをいう。

4 19-17 炭（すみ）／木炭（もくたん）

【関連語】◆（消し炭）けしずみ◆（炭団）たどん◆（練炭）れんたん◆（豆炭）まめたん

共通する意味★木を蒸し焼きにして作った燃料。**【英】** *charcoal*

使い方▼〔炭〕▽炭を焼く▽炭をおこす▽炭をくべる〔木炭〕▽木炭の生産量

使い分け「炭」も「木炭」も同じものだが、日常的な話し言葉としては「炭」を使うことが多い。また、「木炭」は、特に絵画で下絵を描くのに用いる軟らかい「炭」をいうこともある。

【関連語】◆（消し炭）炭、たきぎなどの火を途中で消して作る炭。火つきがよい。◆（炭団）木炭の粉を球状に固めた燃料。火鉢、こたつ、あんかなどに用いる。◆（練炭）木炭と石炭の粉をねり固めて作った燃料。円筒状で縦にいくつかの管状の穴をあけて燃焼をよくしてある。「煉炭」とも書く。◆（豆炭）無煙炭（炭素の含有量の最も多い石炭）と木炭の粉を混ぜて卵形に固めた燃料。

4 19-18 用紙（ようし）／用箋（ようせん）／料紙（りょうし）

【関連語】◆（便箋）びんせん

共通する意味★特定の用途のために使う紙。**【英】** *paper*

使い方▼〔用紙〕▽所定の用紙がある▽答案用紙▽申込用紙　〔用箋〕▽用箋に走り書きする▽書簡用箋〔料紙〕▽扇を作る料紙を求める▽料紙に薄墨で記す

使い分け【1】「用紙」は、それ用と決まっている紙の意で、受理する側が特に定めたり、ある特定の用途のために作られたりしたもの。比較的幅広く使える。【2】「用箋」は、手紙や原稿などを書くのに使う紙以外にはあまり使わない。便箋がその代表。【3】「料紙」は、「用紙」と同意の文章語。和紙にいうことが多く、書画や工芸などに用いられる紙をさすことが多い。

【関連語】◆（便箋）手紙を書くために特に定められた紙。ごく一般的な言い方。

4 19-19 塵紙（ちりがみ）／鼻紙（はながみ）／ティッシュペーパー

【関連語】◆（懐紙）かいし◆（トイレットペーパー）

共通する意味★鼻をかむときや便所などで使う薄く柔らかい紙。

使い方▼〔塵紙〕▽古新聞を塵紙と交換する　〔鼻紙〕▽ポケットから鼻紙を取り出す　〔ティッシュペーパー〕▽テーブルにこぼれた水をティッシュペーパーで拭う

使い分け「ティッシュペーパー」は、化粧用の薄く柔らかい上質の紙。「ティシュペーパー」ともいう。また、略して「ティッシュ」とも。

【関連語】◆（懐紙）着物を着たとき、懐に入れておく和紙。「ふところがみ」とも。特に、茶道では、それに菓子をとったり、楊枝ようじをぬぐったりするのに用い、和歌の会では、それに歌を書いて差し出したりする。◆（トイレットペーパー）水洗トイレ用の巻紙形のもの。

4 19-20 紙縒（こより）／観世縒り（かんぜより）

共通する意味★細く切った和紙をよって、糸やひものようにしたもの。**【英】** *a twisted-paper string*

使い方▼〔紙縒〕▽原稿を束ねて、こよりでとじた〔観世縒り〕▽反故ほご紙を細く切ってかんぜよりにする

使い分け【1】「紙縒こより」は、「かみより」ともいう。【2】「観世縒り」は、「紙縒」を二筋より合わせたもの。語源は明らかでないが、能楽師、観世太夫と関係があるとする俗説がある。

4 19-21 革（かわ）／皮革（ひかく）

【関連語】◆（皮）かわ◆（毛皮）けがわ◆（レザー）

共通する意味★動物の毛皮から毛と脂肪を取り去って、柔らかく、表面を滑らかにしたもの。**【英】** *leather*

使い方▼〔革〕▽革のかばん▽革のコート　〔皮革〕▽皮革製品▽皮革のベルト

使い分け【1】「革」は、なめしたものをいう。「革靴」「革ベルト」「革表紙」のように、製品に冠して材質を示す。「皮」と書く場合もある。【2】「皮革」は、製品全体をさしたり、また動物のかわ類の総称として用いられることが多い。日常の話し言葉としては用いられない。

【関連語】◆（皮・毛皮）動物の身を包んでいる、外側の毛のついたままのものをいう。特に、「皮」はなめしていないものをいい、「革」とは書き分けるが、両語を区別しない場合も多い。「へびの皮でつくったベルト」「毛皮のコート」◆（レザー）革製品一般や、ま

た合成皮革まで含んで用いられることが多い。「レザーのジャンパー」

参照▼皮⇒012-01

4 19-22 楊枝(ようじ)／爪楊枝(つまようじ)

【関連語】◆(高楊枝)たかようじ

共通する意味★歯の間にはさまったものをとったり、食べ物を刺したりするのに使う小さな細い棒。【英】*a toothpick*

使い方▼【楊枝】▽食後に楊枝を使う▽漬物に楊枝を刺す　【爪楊枝】▽爪楊枝で歯をせせる

使い分け【1】「楊枝」は元来、歯磨き用の総楊枝(ふさようじ)や爪楊枝などを総称したもの。現在では、「爪楊枝」と同じ意味で用いられる。「小楊枝」ともいう。【2】「楊」は、もと楊柳の材で作られたところから。「楊子」とも書く。また「爪楊枝」は、「妻楊子」とも書く。

【関連語】◆(高楊枝)食後にゆったりと楊枝を使うこと。満腹のさまをいう。「武士は食わねど高楊枝」

4 19-23 鈴(すず)／鐘(かね)／鉦(かね)

【関連語】◆(半鐘)はんしょう

共通する意味★金属製で、振ったり、打ったりして音を出す器具。【英】*a bell*

使い方▼【鈴】▽猫の首につけた鈴がかわいい音をたてる　【鐘】▽山寺の鐘　【鉦】▽鉦を叩(たた)いて念仏を唱える

使い分け【1】「鈴」は、裂け目のある球形の空洞の中に小さい玉を入れたもの。振って鳴らす。陶器製もある。【2】「鐘」は、つり下げて内側や外側を撞(つ)いて鳴らす大型のもの。釣鐘。【3】「鉦」は、平たい椀(わん)形のもの。たたいて鳴らす。たたきがね。ふせがね。

【関連語】◆(半鐘)火の見やぐらの上などにとりつけられて、火災時にたたいて知らせる小型の鐘。

4 19-24 鈴(りん)／呼び鈴(よびりん)／ベル／チャイム／ブザー

共通する意味★合図のために鳴らす器具。

使い方▼【鈴】▽始業の合図にりんを鳴らす　【呼び鈴】▽玄関の呼び鈴が鳴った　【ベル】▽電話のベルが鳴る　【チャイム】▽クイズに正解するとチャイムが鳴ります　【ブザー】▽防犯用のブザーを携帯する

使い分け【1】「鈴(りん)」は、小さい釣鐘の形をした振って鳴らす鈴。「振鈴(しんれい)」ともいう。【2】「呼び鈴」は、玄関などについているものをさすのが普通。【3】「ベル」は、半球状の金属を、電磁石を用いたり、手で打ったりして音を出すもの。【4】「チャイム」は、簡単な旋律を奏でるようにセットされた鐘。【5】「ブザー」は、電磁石で振動板を振動させたり、電子的に発振させたりして音を出す装置。警報などに用いる。

4 19-25 錠(じょう)／錠前(じょうまえ)／鍵(かぎ)／キー

【関連語】◆(南京錠)なんきんじょう◆(合い鍵)あいかぎ

共通する意味★戸、ふた、引き出しなどの開閉する所を開かないようにする金具。【英】*a lock; a key*

使い方▼【錠】▽錠をおろす▽錠をかける　【錠前】▽錠前をこじあける　【鍵】▽鍵がかかっている▽鍵をしめる▽鍵をあける▽鍵を落とす　【キー】▽自動車のキー▽マスターキー

使い分け【1】「錠」「錠前」は、開かないようにするための装置をいう。「錠前」のほうが、やや大げさな言い方。【2】「鍵」「キー」は、本来は錠の穴に差し入れ、開閉する金具のことをいうが、「錠」と同じ意味で使われることが多い。【3】開かないようにする装置の意では、「錠」「錠前」よりも「鍵」のほうが一般的に使われる。【4】「キー」は、自動車のそれをいう以外、単独ではあまり用いられない。

【関連語】◆(南京錠)かんぬきの部分が釣り針のように曲がって、錠本体とつながっているもの。◆(合い鍵)ある錠に合わせて作った鍵。

参照▼鍵⇒602-34　キー⇒602-34

4 19-26 棒(ぼう)

【関連語】◆(棍棒)こんぼう◆(杭)くい◆(ポール)◆(バー)

意味★細長い木、竹、金属などで、手に持てるくらいの物。また、まっすぐで細長いもの。【英】*a stick*

使い方▼【棒】▽棒を振り回す▽棒を立てる▽足が棒になる▽棒(＝まっすぐな線)を引く▽しんばり棒

【関連語】◆(棍棒)太くて重い棒。また、新体操に用いる二本一組みの短い棒。◆(杭)物をつないだり、目印にしたりするため、地中に打ち込んだ棒状のもの。「杙」とも書く。「馬をくいにつなぐ」「境界線にくいを打つ」◆(ポール)細長い棒。また、そのような形状のもの。「国旗をポールにあげる」◆(バー)棒。特に、陸上競技の高跳びや体操の平行棒の横木などをいう。

参照▼バー⇒503-45

4 19-27 取っ手(とって)／握り(にぎり)／グリップ／ノブ

【関連語】◆(つまみ)◆(ハンドル)

共通する意味★器具などの手で持つ部分。

使い方▼【取っ手】▽ドアの取っ手▽取っ手を引く　【握り】▽クラブの握り▽このステッキは握りの形が気に入った　【グリップ】▽バットのグリップ▽グリップの細いラケット　【ノブ】▽ノブを静かに回す

使い分け【1】「取っ手」は、器具や家具などの、手で持つために突き出ている部分をいう。「把手」とも書く。【英】*a handle*　【2】「握り」は、器物などの手で握る部分をいう。【英】*a grip*　【3】「グリップ」は、特に、スポーツでラケットやバット、ゴルフクラブの手で握る部分をさし、さらにその握り方もいう。【4】「ノブ」は、ドアなどの握るようになった丸い部分をいう。

【関連語】◆（つまみ）器具などで、つまんで持つのに適するように作られている部分。「鍋蓋（なべぶた）のつまみが取れてしまった」◆（ハンドル）器械や器具を動かしたり、操縦したりするために、人が握って力を加える輪状、または棒状の部分。「ハンドルを左に切る」「ハンドル操作」

4 19-28 柄（え）／柄（つか）

共通する意味★道具、武器などの、手で持つための部分。**【英】** *the hilt*

	きねの□	ほうきの□	フライパンの□	刀の□
柄（え）	○	○	○	-
柄（つか）	○	-	-	○

使い分け【1】「柄（え）」は、作用する物を動かしたり持ったりするために、その物に取り付けた棒状の部分。【2】「柄（つか）」は、棒状の道具、特に刀剣や弓などの一部で、手で握る部分をいう。

4 19-29 束（たば）／房（ふさ）

共通する意味★たくさんの物が集まってできているもの。**【英】** *a bundle*

使い方▼〔束〕▽鉛筆の束▽書類の束を整理する 〔房〕▽ぶどうの房▽房になって咲いている花▽房飾り

使い分け【1】「束」は、たくさんの物を集めて一つにまとめた状態のもの。特に、鉛筆などの細いもの、紙などの薄いもののまとまりをさすのが普通。また、「束になってかかってこい」のように、大勢が一度にまとまって、という意味で用いられることもある。【2】「房」は、一点からたくさんの物がぶらさがっている状態のもの。特に、糸や毛などで組んだひもの先をばらばらに散らしたもの（房飾り）や、ブドウの実のような形状をしたものをさす。

4 19-30 花輪（はなわ）／花束（はなたば）／ブーケ／レイ

共通する意味★たくさんの花をまとめて作った飾り。**【英】** *a bouquet*

使い方▼〔花輪〕▽店先に、開店記念の花輪が並んでいる▽戦没者慰霊碑に花輪を供えた 〔花束〕▽花束を抱えて訪問する▽アンコールに花束を投げる▽棺に花束を入れる▽大統領に花束を贈る 〔ブーケ〕▽ウエディングドレスに似合うブーケ▽帽子に造花のブーケを飾る 〔レイ〕▽レイを首にかける

	歓迎の□	葬式の□	誕生日に□を贈る	花嫁の□	祭壇に□を飾る
花輪	○	○	-	-	○
花束	○	○	○	○	-
ブーケ	○	-	△	○	-
レイ	○	-	-	-	-

使い分け【1】「花輪」は、花を丸く輪の形に作ったもので、行事の飾り物として用いる。造花で作られることも多い。【2】「花束」は、花を茎の部分でまとめて束ねたもので、公的にも私的にも、慶事にも弔事にも用いる。「ブーケ」は、「花束」の小型のもの。【3】「レイ」は、人を歓迎してその首にかけるためのもので、花を輪の形に作ったもの。「花輪」より小さい。

4 19-31 蛇口（じゃぐち）／カラン

共通する意味★水道管などの先に取り付けてある金属製の口金。**【英】** *a tap*

使い方▼〔蛇口〕▽蛇口をひねって水を止める 〔カラン〕▽銭湯のカランをいっぱいに開けて水を出す

使い分け「カラン」は、特に浴場などの大型のものをさしていう場合が多い。オランダ語から。

4 19-32 栓（せん）／コック

共通する意味★水道、ガスなどの管に取り付ける開閉装置。**【英】** *a cock*

使い方▼〔栓〕▽お湯の栓をひねる▽ガスの栓▽消火栓 〔コック〕▽コックを開く▽非常コック

使い分け「栓」は、「風呂の栓をしめる」「ビールの栓を抜く」「耳に栓をする」のように、容器などの口に差し込んで、流れを遮断するものをもいう。

4 19-33 鍵盤（けんばん）／キーボード

共通する意味★ピアノなどの、指先でたたいたり押したりする鍵の並んだ部分。**【英】** *a keyboard*

使い方▼〔鍵盤〕▽鍵盤を強くたたく▽鍵盤楽器 〔キーボード〕▽キーボード奏者

使い分け【1】「キーボード」は、ピアノ、シンセサイザー、オルガンなど、鍵盤楽器の総称としても用いる。【2】タイプライターやパソコンなどのキーが並んでいる部分は「キーボード」とはいうが、「鍵盤」とはふつう言わない。

4 19-34 寝具／夜具／夜着／布団

【関連語】◆（枕）

共通する意味★夜寝るときに体を横たえたり、くるんだりして使う用具。【英】*bedding*

使い方▼〔寝具〕▽寝具を一式そろえる▽デパートの寝具売場　〔夜具〕▽夜具を畳む▽組み夜具　〔夜着〕▽夜着にくるまる　〔布団〕▽布団を敷く▽布団を上げる▽夏布団

使い分け【1】「寝具」「夜具」「夜着」は、夜寝るときに使う布団、枕、寝巻きなどの総称。【2】「寝具」は、洋風のものも含み、最も意味が広い。【3】「夜具」「夜着」は、やや古風な語。「夜着」は、特にかい巻きをさすこともある。【4】「布団」は「寝具」の代表であり、「布団を敷く」は、枕も毛布も皆用意して寝床を作る意となる。「蒲団」とも書く。

【関連語】◆（枕）寝るときに、頭をのせて頭を支える道具。【英】*a pillow* 「枕が変わると寝つかれない」「枕を高くして寝る（＝安心して寝る）」「枕を並べる（＝並んで寝る。また、多くの人がそろって同じことを行う）」

参照▼枕⇒610-07

4 19-35 教材／教具／校具

共通する意味★教育の目的で使用されるもの。【英】*teaching materials*

使い方▼〔教材〕▽新聞記事を教材に使う　〔教具〕▽授業の前に教具をそろえる▽視聴覚教具　〔校具〕▽校具をきちんと管理する

使い分け【1】「教材」は、授業や学習に使う材料。教科書、工作材料、模型など。【2】「教具」は、教育効果を高めるために用いる器具。掛け図、標本、スライドなど。【3】「校具」は、学校に備え付けておく用具。黒板、机、運動用具など。

4 19-36 文房具／文具／学用品

共通する意味★学習したり物を書いたりするのに必要な道具。【英】*stationery*

使い方▼〔文房具〕▽デパートの文房具売り場▽文房具店　〔文具〕▽文具店▽文具商▽文具券　〔学用品〕▽入学前に学用品を揃える

使い分け【1】「文房具」は、「文房（書斎）で用いる道具」の意で、鉛筆、ペン、インク、筆やノート、ものさし、はさみなどをいう。「文具」も、同様の品物をさす。【2】「学用品」は、文房具のほかに、かばんやランドセルなども含めていう。

4 19-37 蓋

意味★物の口を覆ったりふさいだりするもの。【英】*a lid*

使い方▼〔蓋〕▽ふたを取る▽ふたをする▽ふたを開ける（＝事を始める意でも使う）

4 19-38 袋

【関連語】◆（合切袋）◆（信玄袋）◆（頭陀袋）

意味★布、紙、革、ビニールなどで、中に物を入れて口を閉じられるように作ったもの。【英】*a bag; a sack*

使い方▼〔袋〕▽袋の中から贈り物をとり出す▽袋に詰める▽袋の鼠だ（＝逃げ出すことのできないたとえ）

【関連語】◆（合切袋）こまごました携帯品をなんでも入れるための口ひものついた布製の袋。信玄袋の類。「合財袋」とも書く。◆（信玄袋）隅を丸くした厚紙を底に入れ、口をひもで締めるようにした大型の手提げ袋。◆（頭陀袋）頭陀（＝仏道修行）をする僧が経巻、僧具、布施物を入れ肩にかける袋。また、なんでも入るような、だぶだぶした携帯用の袋。「ずたぶくろ」とも。

4 19-39 箱

【関連語】◆（ボックス）

意味★物を入れるための器。木、紙、皮革、金属、プラスチックなどで作り、身とふたとに分かれる。【英】*a box; a case*

使い方▼〔箱〕▽リンゴを箱に詰めて送る

【関連語】◆（ボックス）箱。また、箱状のもの、箱状に仕切った所。「アイスボックス」「電話ボックス」「バッターボックス」

4 19-40 受け箱／郵便受け／郵便箱

共通する意味★配達される郵便その他を受ける箱。【英】*a mailbox*《米》; *a letter box*《英》

使い方▼〔受け箱〕▽受け箱から牛乳を持ってくる　〔郵便受け〕▽マンションのドアにはそれぞれ郵便受けの穴が開いている　〔郵便箱〕▽玄関には子供が作った郵便箱が取り付けてあった

使い分け【1】「受け箱」は、郵便だけでなく、牛乳、新聞などを受けるために、入り口にとりつけられているものをいう。【2】「郵便受け」「郵便箱」は、届けられた郵便を受ける箱。ポストのことをさすこともある。

4 19-41 荷物／荷／貨物

【関連語】◆（小包）◆（手荷物）◆（小荷物）◆（積み荷）

共通する意味★包んだり、箱に入れたり、縛ったりして運べるようにした品物。

使い方▼〔荷物〕▽引っ越しをするので荷物をまとめた▽宅配便で荷物を送る▽荷物がうず高く積まれている　〔荷〕▽荷を積む▽荷をかつぐ▽荷をおろして休む　〔貨物〕▽貨物を満載したトラック▽貨物船

使い分け【1】「荷物」は、形、大きさなどにかかわりなく、広く用いられる。また、「みんなのお荷物になりたくない」のように、足手まといになるもの、やっかいなものの意で、比喩(ひゆ)的に用いられることもある。【英】*baggage*《米》; *luggage*《英》【2】「荷」は、「荷物」とほとんど同意で使われる。【3】「荷」には、任務、責任、また、負担の意もあり、「私には荷が重い(＝責任が大きすぎる)」「病人の世話が荷になる(＝負担が大きい)」などのように使われる。【4】「貨物」は、専用の貨車、トラック、船などで運搬、輸送される品物のことをいう。荷物のうち、比較的大きなものであることが多い。【英】*goods*

【関連語】◆(手荷物)手で持ち運べるくらいの荷物。また、旅行のとき到着駅まで鉄道で送る荷物をいうこともある。チッキ。◆(小荷物)鉄道の、主に旅客列車や、宅配便のトラックなどで輸送される容量、重量の比較的小さい荷物のこと。◆(小包)小さな荷物を包装して送る郵便物をいう。◆(積み荷)船、車などに積む荷物。また、積み込まれた荷物。「積み荷をおろす」

4 19-42　詰(つ)め合(あ)わせ／箱入(はこい)り

共通する意味★進物などにするために箱などに詰めてある品物。【英】*an assortment*

使い方▼〔詰め合わせ〕▽病気見舞いに果物の詰め合わせを贈った　〔箱入り〕▽お中元に箱入りの石けんをいただいた

使い分け【1】「詰め合わせ」は、二種類以上の品を一緒に一つの入れ物に詰めること。また、その物。入れ物は箱のほかにかごや袋などをも用いる。【2】「箱入り」は、進物にしたり、輸送などをするために箱に詰めるときに使う。また、「箱入りの茶器」「箱入り娘」のように、貴重である、大切にする意ももつ。

参照▼箱入り⇒116-09

4 19-43　荷造(にづく)り／荷拵(にごしら)え／梱包(こんぽう)／包装(ほうそう)／パッキング

【関連語】◆(包み)

共通する意味★品物を袋や箱に詰めたり、紙や布などで覆い囲んだり、縄をかけたりしてひとまとめにし、荷物にすること。【英】*packing*

使い方▼〔荷造り〕スル▽引っ越しの荷造り▽出張のためこれから帰って荷造りする▽荷造り用のひも　〔荷拵え〕スル▽荷ごしらえに手間どった▽出張の荷拵えをすます▽明日引っ越しなので、今日中に荷ごしらえするつもりだ　〔梱包〕スル▽配達された机がまだ梱包されたままだ▽梱包をとく▽荷物を梱包する▽梱包を厳重にする　〔包装〕スル▽贈り物用に包装してもらう▽入念な包装をする▽包装が崩れる▽包装紙　〔パッキング〕▽リュックサックのパッキングには、こつがある

使い分け【1】「荷造り」「荷拵え」は、物を運んだり送ったりするための荷物を作ることで、作業としては「梱包」「包装」「パッキング」などを含む。【2】「梱包」は、大きな物を運送するために、縄、むしろ、ダンボールなどを使って荷造りすることや、その品物をいう。【3】「包装」は、物を紙などで包むことで、運んだり送ったりするための便宜というより、品物の見かけをよくすることに主眼をおいて行われることもある。【4】「パッキング」は、袋や箱のようなものに、物を詰めて、一つの荷物に作り上げること。

【関連語】◆(包み)物全体を紙や布などで包むこと。また、その物。「包みを開く」「大きな包みを持ち帰る」「一包みの荷物」

4 19-44　覆(おお)い／カバー／上包(うわづつ)み

【関連語】◆(被覆(ひふく))

共通する意味★物の表面にかぶせて、中を見えなくしたり、中の物を保護したりするもの。【英】*a cover*

使い方▼〔覆い〕▽窓に目かくしの覆いをつける▽電灯の覆いを取る　〔カバー〕▽本に布製のカバーをかける▽ワープロにカバーをする▽布団カバー　〔上包み〕▽上包みを解く▽上包みがきれいだ

使い分け【1】「覆い」は、中の物が見えないようにするために表面にかぶせるもの。布、ビニールなどを表面に広げてのせるほか、その物に密着せず、中を隠すものをさしてもいう。【2】「カバー」は、ふつう、物の表面を密着しておおうものをいう。「本のカバー」「おむつカバー」「枕(まくら)カバー」のように、いつもその物に密着して、その物とともに使われるようなものは、「覆い」はあまり使われない。「自動車に覆い(カバー)をかける」のような場合は、「覆い」「カバー」は、同じように用いられる。【3】「上包み」は、物の上をおおい包むもの。包装。

【関連語】◆(被覆)「覆い」「カバー」「上包み」は、簡単に取り外したり中をのぞいたりすることができるが、「被覆」は、物の表面に付着して、簡単には取り外せないようにおおうこと、またおおっているものをいう。「コードのビニールの被覆をはがす」

参照▼カバー⇒620-41 913-03

4 20 …物品・廃棄物

4 20-01 資源（しげん）／物資（ぶっし）／資材（しざい）

共通する意味★産業、経済、生活を支える、物の原料や品物。**【英】** *resources*

使い方▼〔資源〕▽資源を守る▽資源の利用▽地下資源　〔物資〕▽物資の補給▽援助物資　〔資材〕▽資材を確保する▽資材の調達

	豊かな□	□の開発	□を積んだトラック	建築□
資源	○	○	-	-
物資	○	-	○	-
資材	△	△	○	○

使い分け【1】「資源」は、地球的な規模でみた、産業、エネルギーのもととなる物。地下の鉱物、石油、樹木、水など、広い範囲にわたる。また、「人的資源」のように、労働力などをもいう。【2】「物資」は、「資源」が、まだ使用可能な形になっていないものをもいうのに対し、使用する目的で供給される品物。人の経済活動や生活上なくてはならない食料、衣料などをいう。【3】「資材」は、ある物を作るための材料となるもの。「資源」「物資」よりも、その時々で限定されるものを表わす。材料として、ある程度加工されたものもいう。

4 20-02 原料（げんりょう）／材料（ざいりょう）／素材（そざい）

共通する意味★物を作るとき、もととして用いる物。**【英】** *raw material*（原料）; *material*（材料・素材）

	良い□を使った良い品物	石油を□とする合成樹脂	工作の□をそろえる	旬（しゅん）の□で料理をする
原料	○	○	-	-
材料	○	-	○	△
素材	○	-	-	○

使い分け【1】「原料」は、多く、工業製品に用い、品物から見ただけでは、もとのものが何であったかわからないような場合にいう。【2】「材料」は、あまり加工を加えず、単純な作業で作るもののときにいう。また、「判断の材料」「評価の材料」などのように、結論を出すもととなる資料の意もある。ふつう、何種類かのものを並立して考える。【3】「素材」は、力や働き、加工を加える前のもので、一つ一つのものを考えていう語。多く、自然に存在するものをいう。また、「小説の素材」などのように、芸術作品の題材となるものの意もある。

4 20-03 木質（もくしつ）／材質（ざいしつ）

共通する意味★樹木の、素材としてみた場合の性質。**【英】** *the wood*

使い方▼〔木質〕▽木質が柔らかい▽虫がつきにくい木質　〔材質〕▽建築用には不向きな材質の木▽用途と材質がよく合っている

使い分け【1】「材質」は、伐採し、建築や家具などに用いる木材（用材）について使い、「木質」は、生えている木にも用材についても使う。【2】「木質」は、植物の幹の内部の堅い部分もいう。

4 20-04 物質（ぶっしつ）／物体（ぶったい）

共通する意味★空間に実体として存在するもの。**【英】** *substance*

	未知の□	合成□	□文明	飛行□
物質	○	○	○	-
物体	○	-	-	○

使い分け【1】「物質」は、空間の一部を占め、質量をもち、感覚でその存在を認識できるもの。特に、精神に対して広く「もの」一般をいう。物体を組成している実質で、たとえば元素記号などで表わされるものもいう。【2】「物体」は、存在する個々の実体。一から数種類の物質によってできている。「物質」が抽象的、普遍的な概念であるのに対して、「物体」は、具体的、個別的な「もの」であるといえる。

4 20-05 物（もの）／品物（しなもの）／品（しな）／物品（ぶっぴん）

【関連語】◆（金品）きんぴん◆（代物）しろもの◆（製品）せいひん

共通する意味★形があり、見たり触ったりできる物体。また、特に、人間が使うための物体。**【英】** *a thing*

使い方▼〔物〕▽物のあふれる世の中▽私は美しいものが好きです▽形あるものはいつか壊れる　〔品物〕▽品物を納める▽当店は品物には自信があります　〔品〕▽記念の品を贈る▽所変われば品変わる　〔物品〕▽物品をまとめて売り立てる▽物品の流通を速やかにする

	必要な□をそろえる	□が不足する	プレゼントの□を選ぶ	□の値打ち
物	○	○	-	○
品物	○	○	○	○
品	○	○	○	-
物品	○	△	-	-

使い分け【1】「物」は、広い範囲で用いられるが、儀礼的な場面、丁寧にいう場面では、「品物」や「品」ということが多い。【2】「品物」は、主として商品や取引の対象になるものをいう。【3】「品」は、「品物」と同じように商品をいうこともあるが、ふつうは何かに使うためのものをいうことが多い。また、「品」と「品物」は、「安いだけに品(品物)が落ちる」のように、そのものの品質を含めて表わすこともあるが、その意の場合は、「品」の方が多く使われる。【4】「物品」は、財産となるようなもの。また、市場で取り扱われる対象としてのものをいう。

【関連語】◆(金品)金(かね)と品物。硬い感じの語。「金品の授受は固くこれを禁じる」◆(代物)欠陥、問題のある物などに、あきれた気持ち、あざけりの気持ちを伴っていう語。人間に対していうこともある。口語的。「なんて代物だ、使いものになりやしない」「これがまた海千山千という代物で…」◆(製品)ある原料で作った品物。「製品の検査」「新製品」「乳製品」

参照▼品⇒818-35

4 20-06 現品(げんぴん)／現物(げんぶつ)

共通する意味★現に存在する品物。【英】*the actual thing*

	□を先渡しする	□を見てから取引したい	□限りの大安売り	□で支給する
現品	○	△	○	-
現物	○	○	-	○

使い分け【1】「現品」は、現に手元にある品物。商品である場合がほとんどである。【2】「現物」は、見たり触ったりできる品物。金銭に対して用いたり、先物(さきもの)に対して用いたりもする。「現品」よりも使われる範囲は広い。

4 20-07 持ち物(もちもの)／所持品(しょじひん)

【関連語】◆(懐中物)かいちゅうもの◆(私物)しぶつ

共通する意味★持っている物。【英】*one's belongings*

	□を検査する	□にお金をかける	被害者の□	無断で人の□を使うな
持ち物	○	○	○	○
所持品	○	-	○	-

使い分け【1】「持ち物」は、ある場面で手に持っている物やその人の持つ身の回り品、また、その人の所有物など意味の範囲が広い。【2】「所持品」は、やや硬い表現で、そのとき手に持ったり身に付けたりしている物をいう。

【関連語】◆(懐中物)ふところやポケットに入れて持っている物。財布や時計などをいう。古風な語。「紳士の懐中物をねらうスリ」◆(私物)個人が所有している物品や財産。「私物はきちんと整理しなさい」「私物化」

4 20-08 付き物(つきもの)／添え物(そえもの)／おまけ

共通する意味★主要な物に付随しているもの。【英】*a supplement*

使い方▼〔付き物〕▽刺身にはつまが付き物だ▽スポーツにけがは付き物だ 〔添え物〕▽理事長は添え物にすぎない 〔おまけ〕スル▽ポスターがおまけに付いてきた

使い分け【1】「付き物」は、Aという物があれば必ずといってよいほどBもそこにある、という場合にいうので、他の二語のように、必ずしもわき役のようなものとは限らない。ある状況やテーマに含まれるものである。【2】「添え物」は、「ほんの添え物」「添え物程度の存在」のように、付随しているものを軽くみて使う語。【3】「おまけ」は、好意で加えるような語感があり、子供などが楽しむものであることが多い。また、「百円おまけします」のように、値引きすることにもいう。

4 20-09 落とし物(おとしもの)／忘れ物(わすれもの)／遺失物(いしつぶつ)

【関連語】◆(遺留品)いりゅうひん

共通する意味★不注意から、落としたり忘れたりして失った物。

	□を取りに行く	□をする	校舎内での□が多い	鉄道の□係
落とし物	○	○	○	-
忘れ物	○	○	△	-
遺失物	○	-	-	○

使い分け【1】「落とし物」は、うっかり落とした物、落ちていた物をいう。【英】*a lost property* 【2】「忘れ物」は、置き忘れた物。また、持って行くべきなのに忘れた物。物だけでなく、するべきなのにうっかり忘れた事柄にもいう。【英】*a thing left behind*【3】「遺失物」は、落とし物、忘れ物を含めて、それらが届けられ、保管されている状態をいうことが多い。硬い感じの語。

【関連語】◆(遺留品)改まった場面で使い、日常ではあまり使わない。「犯人の遺留品がみつかった」「部隊移動後の遺留品を処理する」

4 20-10 商品(しょうひん)／売り物(うりもの)／売品(ばいひん)

【関連語】◆(非売品)ひばいひん

共通する意味★売るための品物。

使い方▼〔商品〕▽商品を安く購入する▽店先に商品を並べる▽商品価値が高い品▽全商品五割引 〔売り物〕▽売り物にきずをつけてはならぬ▽これでは売り物にならない 〔売品〕▽売品には触れるな

使い分け【1】「商品」は、具体的にある物をさすこともあり、また、抽象的に市場に流通している物全体、または、商売で取り扱う物全体をさすこともある。広い意味を持つ語。【英】*merchandise*【2】「売り物」は、特に売ろうとしているある物や、現に売っているある物を念頭においていうことが多い。また、人に買わせることのできる物という意味が強いところから、「使いやすさを売り物にしたワープロ」「話芸を売り物にしたタレント」のように、セールスポイントの意にもなる。【英】*an article for sale*【3】「売品」は、「売り物」とほとんど同意であるが、あまり使われない。

【関連語】◆**(非売品)**売り物ではない品。「店頭に飾ってある見本は、非売品です」

参照▼売り物⇒207-17

4 20-11 盗品（とうひん）／贓物（ぞうぶつ）／贓品（ぞうひん）

共通する意味★犯罪など不正な手段で手に入れた品物。【英】*stolen goods*

使い方▼〔盗品〕▽窃盗容疑でつかまったAの部屋は、盗品の山だった▽盗品と知らずに質受けする〔贓物〕▽贓物をめぐる盗人間の交渉▽贓物罪(=不正手段による品と知りながら、買ったり、売ったり、それを助けたりした罪)〔贓品〕▽贓品を買って捕らえられた▽贓品を横流しする

使い分け【1】「盗品」は、盗んだ品物。「贓物」は、盗みのみならず、詐欺、横領、賄賂（わいろ）などで手に入れたものすべてをいう。「盗品」よりも大量で、やみ取引の対象にもなりやすく、そうした場での一種の商品としての意識も混在している。【2】「贓品」は、「贓物」より、一つ一つの品をさす意識が強い。

4 20-12 逸品（いっぴん）／絶品（ぜっぴん）／珍品（ちんぴん）

【関連語】◆**(上物)**じょうもの

共通する意味★価値の高い、良い品物、作品。【英】*a rarity*

	この青磁は□ですよ	□ぞろいの作品展	彼のテノールは□だ	道具屋でみつけた□
逸品	○	○	－	△
絶品	○	－	○	△
珍品	○	△	－	○

使い分け【1】「逸品」は、質の高い、優れた物。【2】「絶品」は、これ以上ないほど優れていて、感心させられる物。また、物でなくても、人間の作り出す、きわめて優れた作品、芸などにもいう。【3】「珍品」は、めったに手に入らない、あるいは見られない物をいう。希少価値が強調されるので、質が良いか悪いかということは二の次である。

【関連語】◆**(上物)**他の物とくらべて、上等で高価な物。「上物の毛皮を求める」「この絹は上物だ」

4 20-13 部品（ぶひん）／パーツ

共通する意味★機械、器具などの一部となる品。【英】*parts*

使い方▼〔部品〕▽自動車の部品を交換する▽部品を組み立てる　〔パーツ〕▽模型飛行機のパーツを並べる▽パーツを取り替える

使い分け「部品」は、「部分品」の略。ねじ一本など付属物などにも使うが、機械的、構造的なものには「パーツ」を使うことが多い。

4 20-14 小間物（こまもの）／荒物（あらもの）／雑貨（ざっか）／日用品（にちようひん）

【関連語】◆**(備品)**びひん◆**(消耗品)**しょうもうひん

共通する意味★おもに家庭での日常生活に用いられる品。【英】*daily necessaries*

使い方▼〔小間物〕▽小間物類は箱に入れて整理する〔荒物〕▽荒物をひとまとめにして物置にしまう〔雑貨〕▽このスーパーマーケットには雑貨がよくとりそろえられている▽雑貨店　〔日用品〕▽日用品にこそよい品を使いたいものだ

使い分け【1】「小間物」は、化粧品、裁縫用具、装身具など、こまごましたもの。【2】「荒物」は、ほうき、ちりとり、バケツ、ざるなど。【3】「雑貨」は、「小間物」「荒物」などを含むいろいろな品物をいう。【4】「日用品」は、雑貨類を日常使うという意味からまとめていう語。

【関連語】◆**(備品)**おもに会社、学校、官庁、その他の場所に備えつけてあり、使用される品。机、いすなどのように、長期間くりかえし使用しても、減ったりなくなったりしないものをいう。◆**(消耗品)**「備品」に対して、鉛筆、紙などのように使えば減る品をいう。

4 20-15 宝（たから）／宝物（たからもの）／財宝（ざいほう）／財物（ざいぶつ）／財貨（ざいか）

共通する意味★貴重で高価な品。大切な財産。【英】*a treasure*

	□を手に入れる	海賊の□をさがす	多大の□を蓄える	□の海外流出
宝	○	○	－	－
宝物	○	○	－	－
財宝	○	○	－	－
財物	△	－	○	－
財貨	△	－	○	○

使い分け【1】「宝」は、金銭や品物に限らず、かけがえのないもの、重要な存在、人を支えるものなどに

もいう。「子宝」「君は国の宝だ」「正直は一生の宝」など。また、「おたから」というと、金銭をさす。【2】「宝物」は、「財宝」の意もあるが、「このビー玉は私の宝物です」のように、それが他から見てつまらないものであっても、主観的にとても大事に思っているものにもいう。「宝物」は、「ほうもつ」ともよむが、この場合は特に珍重される貴重なものをさす。「宝物殿」など。【3】「財宝」は、特に、高価な宝石、美術品なども含む、量、価値ともにスケールの大きな財産をいう。【4】「財物」は、私的な金銭、品物などで、個人の財産をさすことが多い。いわゆる「宝物」の類も、財産としてみた場合にいう。「ざいもつ」とも。【5】「財貨」は、一般的に、金銭と品物をいう。

4 20-16 金属(きんぞく)

【関連語】◆**(軽金属)**けいきんぞく◆**(重金属)**じゅうきんぞく◆**(貴金属)**ききんぞく◆**(卑金属)**ひきんぞく

意味★金、銀、銅、鉄、水銀などの金属元素と、その合金の総称。特有の光沢があり、展性・延性に富み、電気・熱をよく伝え、硬度・強度が大きいなどの特徴がある。**【英】** *metal*

使い方▼〔金属〕▽金属性の音▽金属光沢▽金属鉱物

【関連語】◆**(軽金属)**比重が比較的軽い金属。マグネシウム、アルミニウムなど。⇔重金属。◆**(重金属)**比重が比較的大きい金属。鉄、マンガン、銅、鉛など。⇔軽金属。◆**(貴金属)**金、銀、白金など、空気中で酸化するなどの変化がほとんどなく、産出量も少ない貴重な金属。⇔卑金属。◆**(卑金属)**空気中で加熱すると容易に酸化される金属。鉄、亜鉛など。⇔貴金属

4 20-17 金物(かなもの)

意味★比較的小さな金属製の器具、雑貨。**【英】** *ironware*

使い方▼〔金物〕▽駅前の金物屋の主人▽ステンレスの金物

4 20-18 金具(かなぐ)

【関連語】◆**(掛け金)**かけがね◆**(口金)**くちがね◆**(止め金)**とめがね◆**(蝶番)**ちょうつがい◆**(引き金)**ひきがね

意味★器具に取り付ける金属製の鐶(かん)、錠、引き手、取っ手など、または、細工物などの総称。**【英】** *a clasp*

使い方▼〔金具〕▽つづらの金具が錆(さ)び付いている▽額縁に金具を取り付ける

【関連語】◆**(掛け金)**穴に鉤(かぎ)を掛けてとめる戸締まり用の金具。◆**(口金)**瓶やバッグなどの器物の口につける金具。◆**(止め金)**物の合わせ目などをつないでとめておくための金具。◆**(蝶番)**開き戸や開きぶたなどが、一方の端を軸として開閉できるように取りつける金具。◆**(引き金)**小銃、ピストルの弾丸を発射するときに指で引く金具。

参照▼引き金⇒813-03

4 20-19 器(うつわ)／容器(ようき)／入れ物(いれもの)

共通する意味★物を入れるもの。**【英】** *a container*

	適当な□に入れる	料理を□に盛る	紙の□に入った牛乳	おもちゃの□を捜す
器	○	○	-	-
容器	○	△	○	-
入れ物	○	-	-	○

使い分け【1】「器」は、食器類、特に上等なものをいうことが多い。また、比喩(ひゆ)的に、能力、人柄などにもいう。「器の大きい人」【2】「容器」は、物を入れるためにのみ存在するもの。中身となる物に合わせて作られているものも多い。【3】「入れ物」は、まず中身があって、それを入れるためのもの。中身を入れてはじめて「入れ物」となる。袋、箱など、何か物が入るものはすべて「入れ物」として使われる。

4 20-20 液(えき)／液体(えきたい)

【関連語】◆**(固体)**こたい◆**(気体)**きたい

共通する意味★流動し、容器によって変形する状態にあるもの。**【英】** *liquid*

	穴から□が洩(も)れる	ぶどうを絞った□	□に浸す	□燃料
液	○	○	○	-
液体	○	-	○	○

使い分け【1】「液」は、具体的なものをさしていうことが多い。また、「水溶液」「粘液」「唾液(だえき)」など、他の語と複合して、ある性質を持った液体を表わす場合に使うことも多い。【2】「液体」は、物質のある状態を概念的にとらえていう語。「液体」は、温度が沸騰点に達すると気化して「気体」となり、凝固点にまで下がると「固体」となる。

【関連語】◆**(固体)**一定の形と体積とを持ち、容易に変化しないもの。石、金、木材など。◆**(気体)**流動性があって一定の形を持たず、体積がほとんど自由に変化する状態にあるもの。

4 20-21 粉(こな)／粉(こ)／粉末(ふんまつ)

共通する意味★非常に小さな粒状の物質。また、その集まり。**【英】** *flour*

使い方▼〔粉(こな)〕▽麦を粉にひく▽粉を練る▽チョークの粉が上着につく　〔粉(こ)〕▽柿(かき)が白い粉をふ

いている▽身を粉にして働く▽小麦粉　〔粉末〕▽肥料を砕いて粉末にする▽粉末状の薬

使い分け【1】「粉(こな)」「粉(こ)」とも、ほぼ同意であり、極めて微細な粒をいう。特に穀物をひいたものに使われることが多い。穀物名のあとでは「小麦粉(こむぎこ)」のように、「こ」が使われる。【2】「粉末」は、さまざまな粒状になった物質についていうが、「粉」よりも微細なものを表わすことも多い。

4 20-22 廃品(はいひん)／廃物(はいぶつ)／廃棄物(はいきぶつ)／屑物(くずもの)

【関連語】◆(屑鉄)くずてつ◆(ぽんこつ)

共通する意味★役に立たなくなった物。**【英】***junk*

使い方▼〔廃品〕▽廃品を回収する▽廃品の山ができる　〔廃物〕▽廃物を利用しておもちゃを作る　〔廃棄物〕▽廃棄物を不法に投棄する▽産業廃棄物　〔屑物〕▽家の中のくず物を処分する▽くず物入れ

使い分け【1】「廃品」は、古くなったり不用になった物が、なんらかの形で人に利用されたり売り買いされるような場合にいう。【2】「廃物」「廃棄物」は、そのものとしては全く役に立たなくなってしまった物。【3】「屑物」は、「廃物」と同意であるが、よい物を取り去ったあとの余りの物とか、品物としては役に立たなくなったが素材には価値がある物なども含む。

【関連語】◆(屑鉄)使い古された鉄製品の廃物。また、鉄製品を作るときに出る鉄のくず。◆(ぽんこつ)古くなり壊れかかっているもの。もともと自動車の解体のこと。転じて、老朽化して壊れかかった自動車や、機械、器具類をもいう。

4 20-23 ごみ／屑(くず)／塵(ちり)／埃(ほこり)

【関連語】◆(塵芥)ちりあくた◆(塵芥)じんかい◆(滓)かす

共通する意味★その場を汚しているきたない物。また、不要となって捨てた物。**【英】***dust*

使い方▼〔ごみ〕▽道のごみを拾う▽ごみはくず物入れに捨てろ▽人をごみ扱いするな▽粗大ごみ　〔屑〕▽木のくずを燃やす▽野菜のくず▽紙くず　〔塵〕▽ちりも積もれば山となる(＝ごくわずかなものでも数多く積み重なれば大きなものとなる)　〔埃〕▽ほこりをかぶる▽ほこりが立つ

	＿の山	＿が目に入る	室内＿一つない	肩の＿を払う
ごみ	○	○	○	△
くず	○	-	-	-
ちり	○	-	○	○
ほこり	○	○	-	○

使い分け【1】「ごみ」には、他の三語も含まれ、比較的大きなものから細かいものまで、広い範囲のきたない物に用いられる。「塵」「芥」「塵芥」とも書く。【2】「くず」は、ちぎれたり、砕けたりして、その物の本来的な用途には使えなくなったものをいう。【3】「ちり」は、空気中に粉末状、粒子状になって飛び散るものをいう。また、こまかい土や砂などが物の上などにたまった場合にもいう。【4】「埃」は、物の上にたまったり、空気中に飛び散ったりするきわめて小さいものをいう。

【関連語】◆(塵芥)ちりあくた　ちりとあくた。取るに足りないつまらない物のたとえとしても用いられる。「ちりあくたのように扱われた」◆(塵芥)じんかい　ちりとあくた。やや硬い文章語。「塵芥焼却場」◆(滓)良い所を取り去って、あとに残ったもの。「歯に食物のかすが付く」

4 20-24 燃(も)え殻(がら)／燃(も)えさし

共通する意味★物が燃えたあとに残る物。**【英】***embers*

使い方▼〔燃え殻〕▽ストーブの中の石炭の燃え殻を始末する　〔燃えさし〕▽燃えさしのまきがまだくすぶっている

使い分け【1】「燃え殻」は、すっかり燃えつくしたあとに残っている炭、灰など。【2】「燃えさし」は、すっかり燃えきらないで、あとに残った物。

4 20-25 ごみ溜(た)め／掃(は)き溜(だめ)／肥溜(こえだめ)／溜(ため)

共通する意味★ごみ、汚物などをためておく所。**【英】***garbage pit*

使い方▼〔ごみ溜め〕▽野良犬がごみ溜めをあさる　〔掃き溜〕▽掃き溜めに小銭をなくしてしまう　〔肥溜〕▽足を滑らして肥溜に落ちる　〔溜〕▽溜にふたをし忘れる

使い分け【1】「ごみ溜め」「掃き溜」は、ごみを捨てておく所。【2】「掃き溜」は、「はきだめに鶴(つる)(＝つまらない所にきわだって優れたものがあることのたとえ)」という形でもよく使われる。【3】「肥溜」は、肥料にするために糞尿(ふんにょう)をためて熟成させる所。【4】「溜」は、「ごみ溜め」「掃き溜」「肥溜」など、ためる所の総称だが、特に糞尿をためておく所をさすことが多い。

4 20-26 紙(かみ)

【関連語】◆(和紙)わし◆(洋紙)ようし

意味★植物繊維を薄くすいて乾燥させたもの。物を書いたり、印刷したり、包んだり、ぬぐったりするのに用いる。和紙、洋紙などがある。**【英】***paper*

使い方▼〔紙〕▽真っ白い紙に筆で書く▽紙を再生して資源を生かそう▽紙のように薄い人情

【関連語】◆(和紙)日本で昔からすいている手漉(す)き紙。主にガンピ、コウゾ、ミツマタなどを原料とし、紙質が強く、奉書、鳥の子、障子紙などに用いられる。◆(洋紙)西洋式の製法で作る機械漉きの西洋紙。

5 社会生活

01…生計
02…勤務・仕事
03…職業
04…会議・集団
05…産業・流通・交通
06…社会・世間
07…国家・政治
08…法・裁判・警察
09…戦争・平和・治安
10…軍事
11…階級・階層
12…経済・取引
13…金銭・費用
14…公私・秘密・露顕
15…交際
16…出会い・送迎・仲間
17…処世
18…出来事
19…都合・不都合
20…賞罰・犯罪

5 01…生計

5 01-01

生活(せいかつ)／**暮らし**(くらし)／**世渡り**(よわたり)／**渡世**(とせい)／**処世**(しょせい)／**世過ぎ**(よすぎ)／**身過ぎ**(みすぎ)

【関連語】◆(行路)こうろ

共通する意味★世の中で収入を得て暮らしていくこと。**【英】** *life*

使い方▼〔**生活**〕スル▽生活を営む▽平凡な生活▽生活が苦しい　〔**暮らし**〕▽ぜいたくな暮らし▽暮らしをきりつめる▽つらい暮らしをしいられた　〔**世渡り**〕▽世渡りがうまい▽上手に世渡りをしろ　〔**渡世**〕▽いやな渡世だ▽行商を渡世にする　〔**処世**〕▽処世のための教え▽処世にたけた男　〔**世過ぎ**〕▽世過ぎもままならぬ世の中　〔**身過ぎ**〕▽つまらない商売でやっと身過ぎをしている

	□の手段	自分で□ができない	田舎の□	□の術
生活	○	○	○	-
暮らし	○	△	○	-
世渡り	○	○	-	○
渡世	○	-	-	-
処世	○	-	-	○
世過ぎ	○	○	-	-
身過ぎ	○	○	-	-

使い分け【1】「生活」「暮らし」は、人が世の中に順応しつつ生きていくことをいうが、特に、収入によって家族を養って生計をたてていくことをいう場合が多い。「暮らし」には、生活費の意もある。【2】「世渡り」「渡世」「処世」は、世間の人とうまくつきあいながら、人並みに生きていくこと。「うまい」「へた」「術を心得ている」などという評価を伴って使われることが多い。「渡世」には、生業の意もある。【3】「世過ぎ」「身過ぎ」は、その手段もいう。多く、「身過ぎ世過ぎ」と続けて用いられる。

【関連語】◆(行路)人として生きていく道。世渡り。**【英】** *the path of life*「人生行路」

5 01-02

生計(せいけい)／**糊口**(ここう)

【関連語】◆(口)くち◆(口過ぎ)くちすぎ◆(口過ごし)くちすごし◆(口しのぎ)くちしのぎ

共通する意味★生きていくための生活の方法。**【英】** *living*

使い方▼〔**生計**〕▽不況で生計を切りつめる▽農業だけで生計を立てる▽姉が生計を支えた　〔**糊口**〕▽母の内職で糊口をしのぐ▽家も職も失い糊口の道を絶たれた▽糊口の資を得る

使い分け【1】「生計」は、どうやって生活するか、その生活の仕方を意味し、生活そのものではない。【2】「生計」は、経済的な面でいうことが多く、「苦しい生計」「生計が立たない」のようにはいうが、快適な生活については用いられない。【3】「糊口」は、もと、かゆをすする意で、極度に苦しい生計のこと。現代では、例文のように慣用的表現でしか用いられない。

【関連語】◆(口)飲食の器官であることから、飲み食いすること、暮らしを立てることの意で使われる。「口を過ごす」「ひとり口は食えないが、ふたり口は食える」◆(口過ぎ・口過ごし)その日その日の暮らしを立てること。「口過ぎのための仕事」「どうにか口過ごしだけはできそうだ」◆(口しのぎ)一時的にどうにか暮らしを立てること。「これだけあれば口しのぎになる」

参照▼口⇒006-01 612-20

501-03 家事／家政／水仕事

共通する意味★家庭内の暮らしに関する仕事。**【英】** *housework*

使い方▼〔家事〕▽家事に追われる▽家事を手伝う▽家事を切りもりする 〔家政〕▽家政をとりしきる▽家政婦▽家政学 〔水仕事〕▽冬の水仕事は辛い▽水仕事で手が荒れる

使い分け【1】「水仕事」は、料理や洗濯のように水を使う仕事。「家事」は、「水仕事」を含めた家庭内でする日常的な仕事。【2】「家政」は、家事をとりまとめ、日常の家庭生活を処理していくこと。

501-04 暮らす／過ごす

共通する意味★時間の推移と共に生きてゆく。**【英】** *to live*

使い方▼〔暮らす〕(サ五)▽夫婦水入らずで暮らす▽一人で暮らしてゆくのはたいへんだ▽毎日遊び暮らしている 〔過ごす〕(サ五)▽毎日を無為に過ごす▽どうにか無事に過ごしています▽夏休みは別荘で過ごす

	三年間東京で□	気ままに□	楽しい一時を□	いかがお□ですか
暮らす	○	○	-	-し-
過ごす	○	○	○	-し○

使い分け【1】「毎日、幸せに暮らす」と「毎日、幸せに過ごす」では、意味は同じであるが、「過ごす」の方が、そのようにしてその時間を送っている、というほどの意味であるのに対し、「暮らす」の方は、日々の生活をしながらその時間を生きている、という意味が含まれている。【2】「暮らす」は、「恩給で暮らす」のように、生計をたてる、という意味でも使われる。【3】「過ごす」は、度を超して何かをする意にも使われる。「いささか酒を過ごしてしまった」

501-05 儲ける／稼ぐ

共通する意味★利益、収入などを得る。**【英】** *to profit*

使い方▼〔儲ける〕(カ下一)▽競馬で大穴を当てて儲けた▽薄利多売の商法で儲けた 〔稼ぐ〕(ガ五)▽旅行の費用をアルバイトで稼ぐ▽稼ぐに追いつく貧乏なし

	金を□	株で□	土地で□	学費を□	時間を□
儲ける	○	○	○	-	-
稼ぐ	○	○	-	○	○

使い分け【1】「儲ける」は、地道に働いて収入を得るような場合よりも、何かをした結果、うまく利益を得たり、得をしたりしたような場合に用いる。ほかに、思いがけなく得をする意で、「ヤマをかけた所が試験に出て儲けた」のように、また、子供を得る意で「子供を四人もうけた」のように使う。【2】「稼ぐ」は、精を出して働く、また、そのことにより収入を得る意味で使われる。株やかけごとも、継続的に行い利益を得る場合には使われる。他に時間、点数などを得る意味があり、「わざとゆっくり話して時間を稼ぐ」「英語で点数を稼ぐ」のようにいう。

501-06 共稼ぎ／共働き

共通する意味★夫婦で働いて生計をたてること。**【英】** *working together*

使い方▼〔共稼ぎ〕▽共稼ぎで働く▽あの家は共稼ぎだ 〔共働き〕▽共働きの夫婦▽共働きで昼間はだれもいない

使い分け 二語ともほとんど同意だが、「共働き」は、「共稼ぎ」より新しい言い方。

501-07 同居／同棲

【関連語】◆(雑居)

共通する意味★一緒に住むこと。**【英】** *living together*

使い方▼〔同居〕スル▽姉と同居する▽同居人▽同居世帯▽三世代同居 〔同棲〕スル▽結婚する前から同棲していた

使い分け【1】「同居」は、家族が一緒に同じ家に住むことをいうが、家族でない人が、その家族の家に一緒に住む場合にもいう。また、部屋を借りて友達や兄弟などと一緒に住む場合にもいう。【2】「同棲」は、「同居」のうちで、特に、正式の婚姻関係がない男女が、一緒に住み生活している場合にいう。

反対語▼同居⇔別居

【関連語】◆(雑居)一つの建物に、いろいろな人が入り混じって住むこと。特に、一つの家に数家族がいっしょに住むこと。「雑居ビル」

参照▼同居⇒504-12

501-08 寄宿／下宿

【関連語】◆(寄留)

共通する意味★他人の家で暮らすこと。**【英】** *lodging*

使い方▼〔寄宿〕スル▽叔父の家に寄宿する▽寄宿舎 〔下宿〕スル▽東京で下宿する▽下宿を探す▽下宿人

使い分け【1】「寄宿」は、他人の家に身を寄せて暮らすことだが、普通、学生や会社員などが、学校、会社などが用意した宿舎に住むことの意で使われることが多い。【2】「下宿」は、部屋代、食費などを払って他人の家で暮らすこと。また、その家をいう。

【関連語】◆(寄留)スル 他の土地や他人の家に一時的に身を寄せて暮らすこと。「被災のため、親戚宅に寄留する」「寄留地」

5 01-09 居候／寄食／寄寓

【関連語】◆(食客)

共通する意味★他人の家に住み、衣食のめんどうをみてもらうこと。

使い方▼〔居候〕スル▽親類の家に居候する▽居候三杯目にはそっと出し(＝居候は負い目からすべてに遠慮がちだという意) 〔寄食〕スル▽友人の家に寄食する 〔寄寓〕スル▽叔母の所に寄寓する

使い分け 「居候」が、最も一般的。「居候」は、その人もさす。他の二語は、文章語。【英】*a dependent*

【関連語】◆(食客)他人の家に寄宿し、養われて生活している人。文章語。「食客を多数おく」

5 01-10 独立／自活／自立／一本立ち／独り立ち／独り歩き

共通する意味★他からの支配や援助を受けず、自分だけの力で生活、行動すること。【英】*self-support*

使い方▼〔独立〕スル 〔自活〕スル 〔自立〕スル 〔一本立ち〕スル 〔独り立ち〕スル 〔独り歩き〕スル

	親元から離れて□する	店をやめて□する	建設部門もやっと□できる	外国の支配から□する
独立	○	○	○	○
自活	○	－	－	－
自立	○	○	△	○
一本立ち	○	○	○	－
独り立ち	○	△	○	－
独り歩き	○	－	○	－

使い分け【1】「独立」は、人や国家などが他からの支配や束縛を受けずに生活運営をすること。また、「独立した部屋」のように、他のものとはっきり別になっていることの意もある。【2】「自活」は、他からの援助や保護なしで生活すること。【3】「自立」は、他の力を借りずに、また、他に従属することなしに自分の力だけでやっていくこと。【4】「独り立ち」には、自分の力だけで立つことの意もある。「赤ん坊が独り立ちできるようになった」【5】「独り歩き」には、自力で歩くこと、一人きりで歩くこと、また、物事が本来の事柄や意図から離れて勝手に動く意もある。「杖(つえ)なしに独り歩きする」「夜道の独り歩き」「計画だけが独り歩きする」

反対語▼独立⇔従属

5 01-11 一人暮らし／独り住まい／独居

共通する意味★一人で住むこと。【英】*a single life*

使い方▼〔一人暮らし〕▽上京して一人暮らしを始める▽一人暮らしの老人 〔独り住まい〕▽別荘での独り住まい▽独り住まいの気楽さ 〔独居〕スル▽山中に独居する▽独居老人▽独居房

使い分け【1】「独り住まい」よりは、「一人暮らし」の方が一般的。【2】「独居」は、書き言葉的。複合語で多く使う。

5 01-12 自助／独歩／専行／自主

共通する意味★他に依存することなく、自分の力で事を行うこと。【英】*self-help*

使い方▼〔自助〕▽自助の精神を培う▽自助努力 〔独歩〕▽独立独歩の生活をする 〔専行〕スル▽独断専行をつつしむ▽勝手な判断で専行する 〔自主〕▽自主的な活動▽自主性を尊重する▽自主独立

使い分け【1】「独歩」「専行」「自主」は、現在は複合語として使われることが多い。【2】「専行」は、上司の命令を受けず、自分だけの判断で行うこと。【3】「自主」は、他の援助や保護だけでなく、干渉も受けないで行動をすること。

5 01-13 一人前／一丁前／ひとかど

共通する意味★成人としての資格や能力があること。【英】*full-fledged*《形》

使い方▼〔一人前〕(名・形動)▽からだだけは一人前だ▽一人前に仕事をする 〔一丁前〕(名・形動)▽一丁前の口をきく▽一丁前の職人 〔ひとかど〕▽ひとかどの働きをする▽子供のくせにひとかどのことを言う

使い分け【1】「一人前」「一丁前」には、技術などがその道で人並みの域に達する意味もある。「一丁前」は、「一人前」の俗な言い方。【2】「一人前」には、「すしを一人前」のように、ひとりに振り当てられた分量の意もある。【3】「ひとかど」には、きわだって優れているという意味もある。「一廉」「一角」と当てることもある。

参照▼ひとかど⇒818-40

5 01-14 裸／身一つ／文無し

【関連語】◆(裸一貫)はだかいっかん◆(素っ裸)すっぱだか◆(丸裸)まるはだか◆(身すがら)みすがら◆(無一文)むいちもん◆(無一物)むいちもつ◆(おけら)◆(素寒貧)すかんぴん◆(すってんてん)

共通する意味★金や財産が全くない状態。【英】*penniless*

使い方▼〔裸〕▽会社が倒産して裸になる▽火事で裸になった〔身一つ〕▽身ひとつで何も持たない▽身ひとつから財を成す〔文無し〕▽家も職もなく文無しだ▽この島では文無しでも暮らしていける

	裁判に負けて□になる	ばくちで□にされる	□で出直す
裸	○	○	○
身ひとつ	○	△	○
文無し	○	△	－

使い分け【1】「裸」「身一つ」は、金だけでなく、財産、持ち物のすべてがない状態をいうのに対して、「文無し」は、金の全くない状態のみをいう。【2】「身一つ」は、ただその人だけという意味でも用いられる。

【関連語】◆〔裸一貫〕もっぱら男性に対して用いる。体以外は何の資本もないことを表わす。「裸一貫からたたきあげた」◆〔素っ裸・丸裸〕「裸一貫」と同じく、体以外には財産など全くないことを表わす。「すっ裸で出直しだ」「火事で丸裸になった」◆〔身すがら〕身ひとつ。「すがら」は、「それだけ」の意の接尾語。財産も持ち物もなく、頼りになる親、兄弟などもいないこと。「身すがら旅に出る」◆〔無一文〕金を全然持たないこと。「株で失敗して無一文になった」◆〔無一物〕金も持ち物も全くないこと。「むいちぶつ」とも。「天涯孤独無一物の境涯」◆〔おけら〕もとは博徒の隠語。所持金が全くなくなった状態。「競馬ですって、おけらになった」◆〔素寒貧〕ひどく貧乏で体以外に何も持たないことを表わす俗語。「店がつぶれて素寒貧になった」◆〔すってんてん〕金をすっかり使い果たして、なくなってしまったことを表わす俗語。「ばくちで、すってんてんになってしまった」

参照▼裸⇒001-34　素っ裸⇒001-34　丸裸⇒001-34

5 社会生活

501-15 その日稼ぎ／その日暮らし

共通する意味★その日の収入で、その日をやっと暮らすこと。【英】*hand-to-mouth*《形》

使い方▼〔その日稼ぎ〕▽その日稼ぎで定職がない▽その日稼ぎの生活では病気にもなれない〔その日暮らし〕▽その日暮らしの生活に疲れる▽食べるだけがやっとのその日暮らし

使い分け【1】二語とも、一日一日がやっと過ごせるといった生活状態そのものを表わす。【2】「その日稼ぎ」は、一定した職業がなく、その日その日の日当をかせいで暮らすこと。【3】「その日暮らし」には、将来に対する見通しもなく、何となくその日を送ることの意もある。

501-16 貧しい／貧乏／乏しい

【関連語】◆〔清貧〕せいひん◆〔極貧〕ごくひん◆〔じり貧〕じりひん◆〔赤貧〕せきひん◆〔貧寒〕ひんかん◆〔貧〕ひん◆〔貧する〕ひんする

共通する意味★生活に必要な収入や物資が少なくて経済的に苦しいさま。【英】*poor; needy*

使い方▼〔貧しい〕《形》▽家が貧しく学校へ行けない▽貧しい暮らし〔貧乏〕《名・形動》スル▽三度の食事に困るほど貧乏していた〔乏しい〕《形》▽乏しい資金で商売を始める▽収入が乏しい

	□人	□生活	□家庭	□財政	□資源
貧しい	○	○	○	△	－
貧乏	－な○	－な○	－な○	－な－	－な－
乏しい	－	○	－	○	○

使い分け【1】「貧しい」には、少ない、内面の豊かさがない意もある。「語彙が貧しい」「心の貧しい者は幸いである」【2】「貧乏」は、個人や家族の生活状態について用いられる。「貧乏」に関する複合語は多い。「貧乏神」「貧乏人」「貧乏くじ」「貧乏揺すり」「器用貧乏」「豊作貧乏」など。【3】「乏しい」は、物品や金銭が少ない、不足している意。また、物事一般が不足している場合にもいう。「才能も経験も乏しい」「知識に乏しい」

【関連語】◆〔極貧〕《名・形動》ひどく貧乏で、生きるのがやっとのさま。「極貧の生活にあえぐ」◆〔赤貧〕何ひとつないひどい貧乏。「赤貧洗うがごとし（＝洗い流したように、所有物がまったくない貧乏な状態の形容）」◆〔清貧〕貧乏だが、心も行いも清らかなこと。「清貧に甘んじる」◆〔じり貧〕じりじりと少しずつ貧乏になること。また、次第に状況が悪くなること。「売り上げはこのままではじり貧だ」◆〔貧寒〕《名・形動たる・と》貧しくて寒々としているさま。「貧寒とした部屋」◆〔貧〕《名・形動》貧しいこと。「貧に泣く」◆〔貧する〕《サ変》貧しくなる。「貧すれば鈍する（＝貧乏になると、品性や考え方まで劣悪になる）」

参照▼じり貧⇒512-38

501-17 貧困／貧苦／困苦／困窮／貧窮／窮乏

共通する意味★貧しくて生活に苦しむこと。【英】*poverty*

使い方▼〔貧困〕《名・形動》〔困苦〕スル〔困窮〕スル〔貧窮〕スル〔窮乏〕スル

	□に耐える	□にあえぐ	□の中に育つ	□を訴える	□生活
貧困	○	○	○	△	△
貧苦	○	○	△	△	－
困苦	○	○	－	△	－
困窮	○	○	△	○	－

貧窮	○	○	○	△	△
窮乏	○	△	-	○	○

使い分け【1】「貧困」が、最も一般的に使われる。「貧困な知識」「政治の貧困」のように、知識や思想が乏しい場合にも用いられる。【2】「貧苦」は、もっぱら貧乏の苦しみについて使われるが、「困窮」「困苦」は、「物事に行き詰まり困窮(困苦)する」のように、一般的に物事の処理に困る場合にも用いられる。【3】「窮」は、きわまるの意。したがって、この字のある「困窮」「貧窮」「窮乏」は、苦しみの程度がこれ以上ないというほど強い。だから、「貧困」より「貧窮」の方が、貧しさの程度が強い場合に用いられる。【4】「貧苦」「困苦」は、苦しみそのものにもいう。

501-18 倹約（けんやく）／節約（せつやく）

【関連語】◆(セーブ)◆(エコノミー)◆(切り詰める)（きりつめる）◆(引き締める)（ひきしめる）◆(始末)（しまつ）

共通する意味★金や物をむだに使わないこと。**【英】** *economy; thrift*

使い方▼〔倹約〕スル▽小遣いを倹約して使う▽彼は倹約家だ　〔節約〕スル▽エネルギーを節約する▽みんなで努力すれば、百万円の節約になる

	食費を□する	時間を□する	水を□する	□につとめる
倹約	○	-	-	○
節約	○	○	○	○

使い分け【1】「倹約」は、金銭に関して用いられるが、「節約」は、金銭、物いずれにも用いられる。【2】「倹約」には、やや「けちくさい」というマイナス評価が伴うこともあるが、「節約」には、それなりの合理性があるというプラス評価が伴う。

反対語▼浪費

【関連語】◆(セーブ)スル一時に使わず、節約して蓄えること。「力をセーブする」◆(エコノミー)経済的で割安なこと。「エコノミークラス(＝船や飛行機などの割安の席)」◆(切り詰める)(マ下一)できるだけ出費を少なくする。「食費を切り詰めて本を買う」◆(引き締める)(マ下一)倹約してむだな出費をなくす。「財政を引き締める」◆(始末)スル倹約に心がけること。「物を始末して使う」「彼は始末屋だ」

参照▼引き締める⇒109-28　始末⇒120-04 814-61

501-19 質素（しっそ）／簡素（かんそ）／つましい／地味（じみ）／つづまやか

共通する意味★生活ぶりが控えめなこと。また、むだを省き、飾らないさま。**【英】** *simplicity*

使い方▼〔質素〕(名・形動)▽田舎で質素に暮らす▽健康には質素な食事の方がいい　〔簡素〕(名・形動)▽結婚式を簡素に行う▽手続きを簡素にする▽儀礼を簡素化する　〔つましい〕(形)▽派手なことはせず、つましく生きる▽年金だけのつましい暮らしぶり　〔地味〕(名・形動)▽地味で目立たない人▽地味だが堅実な商売▽地味な柄の服▽何事につけ地味を好む　〔つづまやか〕(形動)▽つづまやかに余生を送る▽つづまやかな話しぶり

	□生活	□暮らす	□身なり	□態度
質素	-な○	-に○	-な○	-な-
簡素	-な○	-に△	-な△	-な-
つましい	○	-く○	-	○
地味	-な○	-に○	-な○	-な-
つづまやか	-な○	-に○	-な△	-な○

使い分け【1】「質素」「地味」は、個人の生活ぶりや服装などが控え目で、人目をひこうとしないさまの意味で使われる。【2】「簡素」は、むだなところを省いてあるさまの意味で使われる。【3】「つましい」は、倹約した生活ぶりに使われる。【4】「つづまやか」は、個人の生活ぶりが控え目であるさまのほかに、「つづまやかな文章を書く」のように、簡潔で要を得ているさまの意味で使われる。【5】「つましい」「つづまやか」と紛らわしい語に「つつましい」「つつましやか」があるが、これらは、遠慮深く、控え目で、目だたないさまの意味で使われる。

反対語▼地味⇔派手

501-20 贅沢（ぜいたく）／おごり／贅（ぜい）／奢侈（しゃし）

【関連語】◆(驕奢)（きょうしゃ）◆(おごる)

共通する意味★はでに金を使い、度を過ぎた消費をすること。**【英】** *luxury*

使い方▼〔贅沢〕(名・形動)▽小さなときから贅沢をしている▽ぜいたくなごちそう▽贅沢をいえばきりがない▽贅沢に育つ　〔おごり〕▽彼の生活はおごりをきわめた▽今夜は僕のおごりだ(＝ごちそうするの意)　〔贅〕▽室内装飾に贅を尽くす▽贅をきわめた料理▽贅を競った貴族の暮らし▽持ち物に贅を凝らす　〔奢侈〕(名・形動)▽生活が奢侈に流れる▽奢侈にふけり店をつぶす

使い分け【1】「贅沢」は、必要以上に金をかけて欲しいものやサービスを求めること。また、必要以上に金をかけられたもの。わがまま勝手の意もある。「贅沢いうな」【2】「おごり」は、必要以上に金をかけて盛大にすること。「奢り」とも書く。「おごりを捨てて素直になれ」のように、思いあがりの意もある。後者の意味では、「驕り」「傲り」などと書く。【3】「贅」は、「贅沢」の意の文章語的表現。【4】「奢侈」は、金の使い方が社会の一般のありかたからみて度を越えていること。分不相応に贅沢な暮らしをすること。

【関連語】◆(驕奢)(名・形動)おごりたかぶり、ぜいたくなさま。「驕奢をきわめる生活をする」◆(おごる)(ラ五)贅沢な状態になる、また、人にごちそうするの意。

「奢る」と書くことも多い。「口がおごっているから、そんなものは食べない」「友達におごってもらう」◆「おごる平家は久しからず」のように、思いあがる意もあり、この場合、漢字では「驕る」「傲る」などと書く。

参照▼おごる⇒217-11

501-21 豪勢／豪華／豪奢／はで

【関連語】◆(華美)かび◆(デラックス)◆(ゴージャス)

共通する意味★びっくりするほど贅沢ではなやかなさま。【英】*gorgeous*《形》

使い方▼【豪勢】(名・形動)▽世界一周旅行とは豪勢だ▽今晩は豪勢にステーキでも食べよう【豪華】(形動)▽豪華に結婚式をあげる▽豪華な顔ぶれがそろう▽豪華な衣装▽絢爛豪華【豪奢】(名・形動)▽豪奢をきわめた生活▽室内を豪奢に飾り立てる【はで】(名・形動)▽はでな結婚式

	＿な暮らし	＿な邸宅	＿な料理	＿な写真集
豪勢	○	○	○	－
豪華	△	○	○	○
豪奢	○	○	－	－
はで	○	△	－	△

使い分け【1】「豪勢」「豪華」「はで」は、日常口語でも用いられるが、「豪奢」は、文章語。【2】「豪勢」は、盛大さを感じさせるものごとについて、「豪華」は、きらびやかさ、はなやかさを感じさせるものごとについて用いられることが多い。【3】「豪奢」は、暮らしぶりなどが贅沢であるさまの意で用いられる。【4】「はで」は、人目を引くほどに目立つさまについていうが、「はでにけんかする」のように、態度や行動にも使う。「派手」と当てる。

反対語▼はで⇔地味

【関連語】◆(華美)(名・形動)はなやかで贅沢なさま。「華美な服装」「生活が華美に流れる」◆(デラックス)(形動)高級で贅沢なさま。「インテリアによってデラックスなムードを出す」「ゴールデンウイークはデラックスに海外旅行に出かける」◆(ゴージャス)(形動)きらびやかで贅沢なさま。「高級家具を取り付け、ゴージャスな雰囲気にする」「ゴージャスに着飾る」

参照▼はで⇒206-15　華美⇒206-15

502 …勤務・仕事

502-01 職業／職／仕事／生業／なりわい

【関連語】◆(商売)しょうばい◆(家業)かぎょう◆(ビジネス)

共通する意味★生計をたてていくためにする活動。【英】*an occupation*

使い方▼【職業】▽職業は農業である▽職業に貴賤はない▽職業を選ぶ▽職業病【職】▽会社が倒産して職を失う▽職を求める▽手に職をもつ▽父の職を継ぐ【仕事】▽故郷で仕事を見つける▽やりがいのある仕事▽仕事が厳しい▽仕事に追われる▽仕事の鬼【生業】▽文筆を生業とする▽生業に身を入れる【なりわい】▽漁業をなりわいとしている

	＿を変える	酒の販売を＿とする	＿に就く	＿を探す
職業	○	△	○	－
職	○	－	○	○
仕事	○	○	○	○
生業	○	○	－	－
なりわい	○	○	－	－

使い分け【1】「仕事」は、「職業」と同じ意味で使われることもあるが、「職業」が警察官とか会社員とかいうその種類をいうのに対し、「仕事」は、交通整理とか営業とかいう、その内容をさすことが多い。【2】「職」「仕事」は、勤め口、働き口の意味でも使う。また、「職」は、「手に職をつける」のように、生計をたてるためのてだてとなる技能、技術もいう。【3】「生業」「なりわい」は、サラリーマンのように雇用されて給料をもらう仕事にはあまり使わない。

【関連語】◆(商売)職業。仕事。「絵をかくのを商売にしている」◆(家業)家の職業や商売。「家業を継ぐ」◆(ビジネス)仕事、職業、または事業。営業や商売、商取引もいう。「ビジネスとして割り切る」「ビジネスホテル」

参照▼商売⇒512-02

502-02 働く／勤める／労働／勤務

【関連語】◆(勤労)きんろう◆(勤続)きんぞく◆(仕える)つかえる◆(立ち働く)たちはたらく◆(勤まる)つとまる

共通する意味★仕事に従事する。【英】*to work*

使い方▼【働く】(カ五)▽都会で働く▽汗水たらして働く【勤める】(マ下一)▽デパートに勤める▽技師として勤める【労働】スル▽家事は大変な労働だ▽一日の労働が終わる▽肉体労働▽労働時間【勤務】スル▽出版社に勤務している▽勤務につく▽勤務時間▽勤務先

	公僕として＿	会社で（に）＿	建設現場で（に）＿	遅くまで＿
働く	○	で○	で○	○
勤める	○	に○	に－	－

労働する	-	で-	で○	○
勤務する	-	に○	に-	○

使い分け【1】「働く」は、からだや頭を使って仕事をする意。「盗みを働く」のように、悪事をする場合にも使う。【2】「勤める」は、金銭を得るためにある組織の一員となり、定まった仕事をする意。【3】「労働」は、収入を得るために体力や知力を使って仕事をすることであるが、特に体力を使う場合に用いられることが多い。【4】「勤務」は、会社や官庁などの勤め先に行って仕事をすることをいう。

【関連語】◆**（勤労）**スル 自分の体を動かして働くこと。勤めにはげむこと。「勤労をたたえる」「勤労所得」「勤労奉仕」◆**（勤続）**スル 同じ勤務先に長く続けて勤めること。「会社に三十年間勤続した」「永年勤続者」◆**（仕える）**（ア下一）公的な機関や会社などの一員として仕事をする意。また、目上の人に従い、その人のために仕事をする意もある。「役所に仕える」「父母に仕える」「先代の主人に仕えた番頭」◆**（立ち働く）**（カ五）動き回って働く。「かいがいしく立ち働く」◆**（勤まる）**（ラ五）職務に耐えて仕事を遂行することができる。「私に委員長は勤まらない」

502-03 職務（しょくむ）／職分（しょくぶん）／職掌（しょくしょう）

共通する意味★各人が受け持っている任務。**【英】** *duties*

使い方▼〔職務〕▽職務を遂行する▽職務に忠実な人▽職務を分担する▽校長の職務▽職務質問 〔職分〕▽職分を全うする▽職分をわきまえる 〔職掌〕▽職掌に忠実である▽職掌柄（＝任務の関係上）その問題には詳しい

使い分け【1】「職務」は、各人が受け持っている仕事。【2】「職分」は、任務にある者として当然しなければならない仕事。【3】「職掌」は、担当の役目。

502-04 実務（じつむ）／事務（じむ）／業務（ぎょうむ）／雑務（ざつむ）／雑役（ざつえき）

【関連語】◆**（要務）**ようむ◆**（特務）**とくむ◆**（激務）**げきむ◆**（急務）**きゅうむ

共通する意味★仕事の種別。

使い方▼〔実務〕▽実務に携わる▽実務家 〔事務〕▽事務を執る▽事務所▽事務次官 〔業務〕▽業務に励む▽業務上の過失▽業務日誌 〔雑務〕▽雑務が多い▽雑務に追われる 〔雑役〕▽会社の雑役をする▽雑役夫

使い分け【1】「実務」は、実地に行う具体的な仕事。**【英】** *practical business*【2】「事務」は、役所、会社、商店などで、主として書類の作成など、机上で行う仕事。**【英】** *office work*【3】「業務」は、継続して行う職業や事業などの仕事。**【英】** *business*【4】「雑務」は、本来の仕事以外のこまごまとした仕事。**【英】** *miscellaneous business*【5】「雑役」は、会社や工場などで、主な業務以外の種々雑多な仕事。

【関連語】◆**（要務）**大切な仕事。「緊急の要務」◆**（特務）**特別の仕事。「軍の特務」◆**（激務）**はげしく多忙な仕事。「激務に耐える」「激務から解放される」◆**（急務）**緊急の仕事。「人命にかかわる急務」「保安態勢の確立が急務となっている」

502-05 公務（こうむ）／国務（こくむ）／政務（せいむ）／法務（ほうむ）／税務（ぜいむ）／軍務（ぐんむ）／商務（しょうむ）／庶務（しょむ）／財務（ざいむ）／外務（がいむ）／労務（ろうむ）／教務（きょうむ）／学務（がくむ）／社務（しゃむ）／会務（かいむ）／宗務（しゅうむ）

共通する意味★事務の種別。

使い方▼〔公務〕▽公務を優先する▽公務の出張▽公務執行妨害 〔国務〕▽国務に携わる▽国務大臣 〔政務〕▽政務を執る▽政務次官 〔法務〕▽法務関係の仕事▽法務省 〔税務〕▽税務に詳しい▽税務署 〔軍務〕▽軍務につく▽軍務に服する 〔商務〕▽商務に携わる▽商務長官 〔庶務〕▽庶務の仕事をする▽庶務課 〔財務〕▽財務の管理▽財務官 〔外務〕▽外務を担当する▽外務大臣 〔労務〕▽労務の管理をする▽労務に服する▽労務者 〔教務〕▽教務の担当者▽教務主任 〔学務〕▽学務の係▽学務課 〔社務〕▽神社の社務▽社務で出張する▽社務所 〔会務〕▽会務を任される▽学会の会務 〔宗務〕▽宗務にあたる▽教団の宗務

使い分け【1】「公務」は、公の務め。または、官庁の事務、職務。**【英】** *public service*【2】「国務」は、国政に関する事務の意。【3】「政務」は、政治上の事務。【4】「法務」は、法律に関する事務。また、仏教で宗教上の事務の意もある。【5】「税務」は、税に関する行政事務。【6】「軍務」は、軍事に関する事務、勤務。【7】「商務」は、商業上の事務。【8】「庶務」は、いろいろ雑多な事務。【9】「財務」は、財務上の事務。【10】「外務」は、外国との交際、通商、折衝などに関する事務。【11】「労務」は、労働に関する事務。また、報酬を得るために行う労働勤務にもいう。【12】「教務」は、学校での教育に関する事務。また、宗教で宗門上の事務。【13】「学務」は、学校、教育に関する事務。【14】「社務」は、神社の事務。また、会社の事務。【15】「会務」は、会の事務。【16】「宗務」は、宗教上の実際の事務。

502-06 就職（しゅうしょく）／就任（しゅうにん）／就役（しゅうえき）／就労（しゅうろう）／就業（しゅうぎょう）

共通する意味★仕事や任務に就くこと。**【英】** *to find employment*

使い方▼〔就職〕スル▽あの会社への就職は難しい▽広告会社に就職する▽就職口を探す 〔就任〕スル▽

会長に就任する▽就任の挨拶（あいさつ）〔就役〕スル▽まだ就役まもない人▽三年間就役した〔就労〕スル▽就労する際の諸注意▽就労時間〔就業〕スル▽午後五時まで就業する▽就業規則

使い分け【1】「就職」は、職業に就くこと。【2】「就任」は、任務、職務に就くこと。【3】「就役」は、役務に就くこと。または、服役すること。新造の艦船が任務に就くこともいう。【4】「就労」「就業」は、仕事にとりかかること。「就業」には、職に就く意もある。

反対語▼就職⇔離職・失職・辞職・退職　就任⇔離任・辞任・退任

502-07 従事（じゅうじ）／従業（じゅうぎょう）／服務（ふくむ）／執務（しつむ）

【関連語】◆（就く）つく

共通する意味★その仕事に携わること。**【英】** *to engage (oneself) in*

使い方▼〔従事〕スル▽方言の研究に従事する▽漁業従事者〔従業〕▽従業員の避難訓練〔服務〕スル▽終夜服務する▽社員の服務規程に従う〔執務〕スル▽五時まで執務する▽執務中

使い分け【1】「従事」は、その仕事に関係し、それを自分の仕事として務めること。【2】「従業」は、社員、工員、店員として仕事をすることで、「従業員」という形以外ではほとんど使われない。【3】「服務」は、職場で、職務・任務につくこと。【4】「執務」は、事務を取り扱うこと。

【関連語】◆（就く）（カ五）ある役目や任務などに身をおき、その仕事に従事する。「社長のポストに就く」

502-08 専従（せんじゅう）／専任（せんにん）／専業（せんぎょう）

【関連語】◆（掛かり切り）かかりきり

共通する意味★もっぱらあることに従事すること。**【英】** *full-time*《形》

使い方▼〔専従〕スル▽組合専従の職員▽農業専従者〔専任〕スル▽専任の教員▽専任講師〔専業〕▽専業の農家▽専業主婦

使い分け【1】「専従」は、もっぱらある一つの仕事に従事すること。また、その人。【2】「専任」は、掛け持ちではなく、その任務だけを受け持つこと。また、その人。【3】「専業」は、その職業、仕事を専門にすること。

反対語▼専任⇔兼任　専業⇔兼業

【関連語】◆（掛かり切り）ある一つのことばかりに従事し、他のことに手が回らないこと。「かかりっきり」とも。「子供にかかりきりだ」

502-09 適職（てきしょく）／天職（てんしょく）／適業（てきぎょう）

共通する意味★その人に合った仕事。

使い方▼〔適職〕▽適職を探す▽適職に就く〔天職〕▽天職を得る▽教師を天職とする〔適業〕▽適業がなかなか見つからない

使い分け【1】「適職」「適業」は、その人に適した職業。「適職」が、一般的に使われる。**【英】** *a fit occupation*【2】「天職」は、その人の天性に合った職業。天から授かった神聖な職業にもいう。**【英】** *a mission*

502-10 無職（むしょく）／定職（ていしょく）／現職（げんしょく）

共通する意味★現在における職業の有無。

使い方▼〔無職〕▽無職の男▽住所不定無職〔定職〕▽定職に就く▽定職もなくぶらぶらしている〔現職〕▽現職にとどまる▽現職の警官

使い分け【1】「無職」は、職に就いていないこと。**【英】** *without occupation*《形》【2】「定職」は、定まった職業。**【英】** *a regular occupation*【3】「現職」は、今就いている職業。または、現在その職業に就いていること。**【英】** *the present post*

502-11 要職（ようしょく）／重職（じゅうしょく）／名誉職（めいよしょく）／閑職（かんしょく）

共通する意味★職務についての評価の上から見た種別。

使い方▼〔要職〕▽要職を歴任する▽彼は党の要職にある〔重職〕▽総理大臣の重職をこなす▽重職から降りる〔名誉職〕▽退職後、名誉職に就く〔閑職〕▽閑職に追いやられた▽閑職に移される

使い分け【1】「要職」は、重要な職務。「重職」は、責任の重い職務。**【英】** *an important post*【2】「名誉職」は、本業以外で、俸給をともなわない社会的に高い職務。ふつう公職についていう。**【英】** *an honorary post*【3】「閑職」は、重要でない職務。暇な職務。

502-12 担当（たんとう）／受け持ち（うけもち）／係（かかり）／担任（たんにん）

【関連語】◆（当番）とうばん

共通する意味★組織に属する人が、ある特定の仕事を引き受けること。また、その人。**【英】** *to take charge of*

使い方▼〔担当〕スル▽担当の医師の説明▽営業を担当する▽担当の範囲▽担当者〔受け持ち〕▽受け持ちの先生▽受け持ちの役目〔係〕▽掃除の係を決める▽係の者にきく▽受付係▽防犯係〔担任〕スル▽三年一組の担任▽数学を担任する▽担任の先生

	人事の□	クラスの□	炊事の□	□を割り振る
担当	○	-	△	○
受け持ち	△	○	△	△
係	○	-	○	○
担任	-	○	-	△

5 社会生活

使い分け【1】「担当」は、公的に分担された仕事や役目に用いることが多く、「係」は、比較的軽い仕事や役目に用いることが多い。【2】「係」は、乗り物関係で「車内係」「改札係」のごとく、多く慣習的に使われるが、会社などのはっきりした組織では、普通「担当」の方が多く使われる。「係」は、「掛」とも書く。【3】「受け持ち」は、「担当」「担任」とほとんど同意で用いられるが、口語的。【4】「担任」は、教師がクラスや教科を受け持つ意に使われることが多い。

【関連語】◆(当番)順番にすることになっている仕事の、順番に当たること。また、その人。「当番にあたる」「当番をかわってもらう」「掃除当番」

502-13 役（やく）／役目（やくめ）／役割（やくわり）／役所（やくどころ）

【関連語】◆(お役)おやく◆(役回り)やくまわり◆(ひと役)ひとやく

共通する意味★それぞれに割り当てられたつとめ、仕事のこと。【英】*an office*

使い方▼〔役〕▽私には会長の役は大任すぎる▽役を退く　〔役目〕▽役目を果たす▽たいせつな役目　〔役割〕▽委員会は二つの役割を持つ▽むずかしい役割▽役割分担　〔役所〕▽彼にふさわしい役所だ▽自分の役所を理解する▽役所にはまる

	重要な□	□を演じる	□を受け持つ	部長の説得は君の□だ
役	○	○	○	△
役目	○	-	△	○
役割	○	○	○	○
役所	○	○	-	-

使い分け【1】「役」は、ある立場の人がもつ任務や仕事の全体をいう。【2】「役目」「役割」は、ある立場の人がもつ個々の任務や仕事もさす。「課長としての役目（役割）を果たす」【3】「役所」は、その人の力量や人望にふさわしい任務や仕事。

【関連語】◆(お役)「役目」を敬っていう語だが、ほとんど「お役御免（＝役目をやめさせられること）」の形でしか使われない。◆(役回り)その人が受け持つことになった役目。「損な役回りを押しつけられる」◆(ひと役)一つの役割。「彼も説得にひと役かっている」

502-14 務め（つとめ）／義務（ぎむ）／責務（せきむ）／任務（にんむ）

【関連語】◆(本分)ほんぶん◆(課業)かぎょう◆(日課)にっか

共通する意味★当然やらなければならないこと。【英】*a duty*

使い方▼〔務め〕▽公務員の務めを怠る▽学生としての務め　〔義務〕▽操業の安全をはかるのは雇用者の義務だ　〔責務〕▽責務を全うする▽重い責務を果たす　〔任務〕▽警察官の任務を遂行する▽秘密の任務をおびる

	国民の□	警察の□	□を負う	□を命じる
務め	○	○	-	-
義務	○	△	○	-
責務	○	△	○	-
任務	-	○	-	○

使い分け【1】「務め」は、ある立場の人や集団が社会的、道徳的に当然行うべきだとされていること。【2】「義務」は、それぞれの立場に応じて法律上、道徳上行わなければならないこと。【3】「責務」は、責任と義務。また、責任として果たさなければならないこと。【4】「任務」は、個人が公的立場の個人や集団から与えられた行うべきこと。

反対語▼義務⇔権利

【関連語】◆(本分)その立場にある人の本来的な義務。「学生の本分を果たす」◆(課業)なすべきものとして割り当てられた仕事や勉強。「午後の課業」◆(日課)毎日する決まった仕事。「朝の散歩が日課になっている」

502-15 大役（たいやく）／難役（なんやく）

共通する意味★普通以上の役割、役目。【英】*an important mission*

使い方▼〔大役〕▽大役を命じられる▽身に余る大役　〔難役〕▽今度の役は難役だ▽難役をこなす

使い分け「大役」は、重大なという意を、「難役」は、むずかしいという意を含む。

502-16 憎まれ役（にくまれやく）／敵役（かたきやく）

共通する意味★他人から憎まれるようなことをあえて行う役目、またはその人。【英】*an ungracious part*

使い方▼〔憎まれ役〕▽憎まれ役を買って出る▽憎まれ役に徹する　〔敵役〕▽敵役にまわる▽いつも敵役になり、損をする

使い分け【1】「憎まれ役」は、言いにくいことを言うなど、他人から憎まれはするが、なんらかの目的のためには必要な役目である場合が多い。【2】「敵役」は、何かの問題に際し、正統派に対して、あえて反対の立場をとる側をいう場合が多い。また、劇の悪人の役の意もある。

参照▼敵役⇒615-36

502-17 脇役（わきやく）／女房役（にょうぼうやく）／引き立て役（ひきたてやく）

共通する意味★主となる人に対し、補助的な役割をする人。【英】*a supporting actor*

使い方▼〔脇役〕▽彼は生涯わき役に徹した▽彼は渋いわき役だ　〔女房役〕▽社長の女房役をつとめる▽

5 社会生活

捕手は投手の女房役だ　〔引き立て役〕▽花嫁の引き立て役▽彼の引き立て役を演ずるのはごめんだ
使い分け「脇役」「女房役」は、主となる人を表立たないで補佐する人の意であり、「引き立て役」は、ある人を目立つようにする人の意。
参照▼脇役⇒615-32

502-18 兼職（けんしょく）／兼業（けんぎょう）／兼任（けんにん）／兼務（けんむ）／掛け持ち（かけもち）

【関連語】◆〈二足の草鞋〉にそくのわらじ

共通する意味★職業や任務、仕事を二つ以上同時にもっていること。**【英】***to hold an additional post*

使い方▼〔兼職〕スル▽会長と社長を兼職する▽兼職を認めず　〔兼業〕スル▽医師と作家を兼業する▽兼業農家　〔兼任〕スル▽教養部と教育学部の講師を兼任する　〔兼務〕スル▽専務と工場長を兼務する　〔掛け持ち〕スル▽二つの高校を掛け持ちで教える

使い分け【1】「兼職」は、本職以外に他の職を兼ねること。【2】「兼業」は、本業以外に他の事業を行うこと。【3】「兼任」「兼務」は、二つ以上の職務を兼ねること。【4】「掛け持ち」は、二つ以上の職や役目を同時に受け持つこと。口語的。

反対語▼兼職⇔本職　兼業⇔本業・専業　兼任⇔専任　兼務⇔本務

【関連語】◆〈二足の草鞋〉一人で二つの職業や任務を兼ねること。昔、ばくち打ちが捕吏を兼ねることをいったことから。「教師と作家の二足のわらじをはく」

502-19 分業（ぶんぎょう）／分担（ぶんたん）／分掌（ぶんしょう）

【関連語】◆〈手分け〉てわけ

共通する意味★仕事、業務を分けて受け持つこと。**【英】***division of labor*

使い方▼〔分業〕スル▽分業がすすむ▽医薬分業　〔分担〕スル▽作業を分担する▽役割分担▽分担金　〔分掌〕スル▽業務を分掌する▽校務分掌

使い分け【1】「分担」の使われる範囲が最も広く、仕事、業務だけでなく、費用、役割、責任などのようなものも分けて受け持つ場合にいう。【2】「分業」には、生産の工程を何段階かに分け、各工程を分担して品物を作る意もある。【3】「分掌」は、書き言葉的。

【関連語】◆〈手分け〉スル一つのことを何人かで行うために分担すること。「手分けして捜す」「資料整理を手分けして行う」

502-20 受け持つ（うけもつ）／引き受ける（ひきうける）／請け負う（うけおう）／つかさどる

【関連語】◆〈請け合う〉うけあう

共通する意味★役目や仕事として担当する。**【英】***to be in charge of*

使い方▼〔受け持つ〕（タ五）▽合奏で、打楽器を受け持つ▽三年生を受け持つ▽会場係を受け持つ　〔引き受ける〕（カ下一）▽仲人を引き受ける▽翻訳を引き受けた▽困難な仕事を一手に引き受ける　〔請け負う〕（ワ五）▽ビルの工事を請け負う▽別の会社に請け負ってもらう　〔つかさどる〕（ラ五）▽備品の管理をつかさどる▽議長は議事進行をつかさどる▽総務課は会社の運営に関する事務をつかさどる

使い分け【1】「受け持つ」は、仕事や職務を自分の責任範囲として受けて扱うことをいう。大きな仕事の全体をいくつかのまとまりに分けて、その中の一つを自分の役目として責任をもって行う場合に使う。【2】「引き受ける」は、各種のことに対して用いることができる。また、「他人の負債を引き受ける」のように、自分のものとして受け持って処理する意や、「身元を引き受ける」のように、人物の行状を保証する意もある。【3】「請け負う」は、日限、報酬などを取り決めた上で、仕事を行う意。【4】「つかさどる」は、役目としてその事にあたり、責任をもって仕事をすることをいう。「受け持つ」と違って、全体の中のある部分を分担して引き受けているという意味合いはない。「司る」「掌る」とも書く。

【関連語】◆〈請け合う〉（ワ五）主として仕事をやり遂げることや、その経費、期限などを約束するときに用いられる。「今月中に工事を終えることを請け合う」「大丈夫だ、私が請け合うよ」のように、確かであると保証する意もある。

参照▼つかさどる⇒507-43

502-21 先任（せんにん）／前任（ぜんにん）

共通する意味★以前にその地位、任務に就いたこと。また、その人。**【英】***former*《形》

使い方▼〔先任〕▽先任の校長▽先任者　〔前任〕▽前任の課長から引き継ぐ▽前任者

使い分け「先任」は、先にその地位、任務に就いたこと、「前任」は、ある人の直前にその地位、任務に就いていたこと。また、その人。

反対語▼先任⇔新任・後任・現任　前任⇔後任

502-22 後任（こうにん）／後釜（あとがま）

共通する意味★前の人に代わってその任務、地位に就くこと。また、その人。**【英】***a successor*

使い方▼〔後任〕▽社長の後任が決まる▽後任の先生　〔後釜〕▽後がまに据える▽後がまに納まる

	＿を探す	＿にする	＿の人事	＿をねらう
後任	○	-	○	△
後がま	○	○	-	○

5 社会生活

使い分け「後釜」は、俗語。後妻をいう場合もある。

反対語▼後任⇔前任

5 02-23 本業／本職／本務

共通する意味★その人の本来の職業や職務。【英】*one's regular occupation*

使い方▼〔本業〕▽本業のかたわら絵を描く▽本業をほったらかして、ゴルフに夢中だ　〔本職〕▽本職は弁護士だ▽本職の大工　〔本務〕▽本務を遂行する▽本務に専念する

使い分け【1】「本業」「本職」は、いくつかもっている職業の中で、その人が主としている職業。「本職」には、「本職はだしの腕前」のように、専門家の意味もある。【2】「本務」は、その人が主として従事している職務や、本来のつとめ、任務をいう。

反対語▼本業⇔副業・兼業　本職⇔兼職　本務⇔兼務

5 02-24 副業／サイドビジネス／サイドワーク

【関連語】◆（腰掛け）こしかけ

共通する意味★本業のかたわらにする仕事。【英】*a side job*

使い方▼〔副業〕▽副業の内職に精を出す▽塾の講師を副業にしている　〔サイドビジネス〕▽学生のサイドビジネスがはやる　〔サイドワーク〕▽サイドワークとして通訳をしている

使い分け「サイドビジネス」「サイドワーク」は、和製英語。賃仕事のように雇われるのではなく、自由業のような仕事をさすことが多い。

反対語▼副業⇔本業

【関連語】◆（腰掛け）一時的に身をおく仕事。「結婚までの腰掛けで勤める」

参照▼腰掛け⇒417-03

5 02-25 出勤／出社／登庁／出所

共通する意味★勤務先へ勤務に出ること。【英】*to attend one's office*

使い方▼〔出勤〕スル▽朝は出勤するサラリーマンで電車が混み合う▽時差出勤▽出勤簿　〔出社〕スル▽部長はまだ出社していませんが▽出社時間　〔登庁〕スル▽県庁へ登庁する▽新知事の初登庁　〔出所〕スル▽研究所へ出所する▽事務所へ出所した

使い分け【1】「出勤」は、勤め先の種類にかかわらず、一般に勤めに出ることをいう。【2】「出社」は、会社へ勤めに行くこと。【3】「登庁」は、官庁へ勤めに行くこと。【4】「出所」は、研究所などへ勤めに行くこと。また、刑務所から出ることの意、物の出てきた所の意でも使う。「刑期より早く出所する」「デマの出所をただす」「出所が不明だ」

反対語▼出勤⇔欠勤・退勤　出社⇔退社　登庁⇔退庁

参照▼出所⇒316-04

5 02-26 常勤／非常勤／パートタイム／内職／アルバイト

【関連語】◆（手間仕事）てましごと ◆（賃仕事）ちんしごと

共通する意味★勤務の形態の種類。

使い方▼〔常勤〕スル▽常勤の社員になる▽常勤する役員　〔非常勤〕▽非常勤で勤める▽非常勤講師　〔パートタイム〕▽パートタイムで働く▽パートタイムに出る　〔内職〕スル▽内職の封筒貼はり▽内職して家計の足しにする　〔アルバイト〕スル▽アルバイトして金をためる▽アルバイト募集

使い分け【1】「常勤」は、毎日一定の時間勤務すること。臨時でなく、その職務に専任する場合にいう。【英】*full-time*《形》【2】「非常勤」は、毎日ではなく、日時を限って勤務すること。また、その人。【英】*part-time*《形》【3】「パートタイム」は、正規の就業時間にくらべ短い時間の勤務。ふつう就労時間数で賃金を支払う。略して「パート」ともいう。【4】「内職」は、主婦などが家事の合間に家でする仕事で、ふつう、仕事の出来高で賃金を支払う。また、本業以外の副業の意もある。【5】「アルバイト」は、本業のかたわら行う内職。常勤でない仕事の意もある。また、その仕事をする人もさす。略して「バイト」ともいう。

【関連語】◆（手間仕事）手間賃をもらってする仕事。または、手間のかかる仕事。「手間仕事に雇われる」「一日五千円の手間仕事」◆（賃仕事）家庭などで賃金を取ってする仕事。「賃仕事でなんとか糊口ここうをしのぐ」

5 02-27 日勤／夜勤／明け番

【関連語】◆（半ドン）はんドン ◆（夜業）やぎょう ◆（夜なべ）よなべ ◆（昼夜兼行）ちゅうやけんこう

共通する意味★勤務時間帯による勤務形態の種別。

使い方▼〔日勤〕スル▽日勤にかえてもらう▽六日間日勤する　〔夜勤〕▽夜勤が多い仕事▽昨夜は夜勤だった▽夜勤明け　〔明け番〕▽明け番のときは朝八時ごろ帰る▽六時が明け番です

使い分け【1】「日勤」は、交替制勤務のうち昼間の勤務。また、毎日出勤することもいう。【英】*day service; daily service*【2】「夜勤」は、交替制勤務のうち夜間の勤務。【英】*night work*【3】「明け番」は、半夜交替勤務のうち明け方の勤務。また、夜勤が終わって退出することにもいう。

【関連語】◆（半ドン）勤務が午前中であること。または、その日。「土曜日は半ドンだ」◆（夜業）スル夜間仕事をすること。また、その仕事。「今日は夜業が多い」◆（夜なべ）夜間も仕事をすること。「夜なべで仕事をする」◆（昼夜兼行）昼も夜も区別なく仕事をすること。「昼夜兼行の突貫工事」

5 02-28 内勤（ないきん）／外勤（がいきん）／出向（しゅっこう）

共通する意味★働く場所による勤務の形態。

使い方▼〔内勤〕スル▽内勤の看護婦▽内勤を希望する　〔外勤〕スル▽外勤のセールスマン▽内勤から外勤に転ずる　〔出向〕スル▽子会社に出向になる▽取引先に出向する

使い分け【1】「内勤」は、官庁、会社などで、勤務先の内部で仕事をすること。**【英】** *indoor service*【2】「外勤」は、外交や販売、配達など、勤務先の外で仕事をすること。**【英】** *outdoor service*【3】「出向」は、籍を元の勤務先においたままで、他の官庁、会社に勤めること。

5 02-29 残業（ざんぎょう）／超勤（ちょうきん）

共通する意味★正規の勤務時間を超えて働くこと。**【英】** *overtime work*

使い方▼〔残業〕スル▽今月は残業が多い▽毎日残業する　〔超勤〕▽四時間の超勤▽超勤手当

使い分け【1】「残業」は、規定の勤務時間後も残って仕事をすること。【2】「超勤」は、「超過勤務」の略。一定の勤務時間以上の仕事をすること。中に「残業」も含まれる。

5 02-30 当直（とうちょく）／日直（にっちょく）／夜直（やちょく）／宿直（しゅくちょく）／泊まり（とまり）／泊まり番（とまりばん）

【関連語】◆（週番）しゅうばん

共通する意味★正規の就業時間とは別に、そこに勤務する人が交替で番をすること。**【英】** *on duty*

使い方▼〔当直〕スル▽交替で当直する▽当直の医師▽当直日誌　〔日直〕▽夏休みの日直に出る▽日直が当たる　〔夜直〕▽病院の夜直▽夜直で見回る　〔宿直〕スル▽日曜日の宿直をする▽宿直室　〔泊まり〕▽今日は泊まりで帰れない▽今夜は私が泊まりだ　〔泊まり番〕▽泊まり番をする▽泊まり番を代わってもらう

使い分け【1】「当直」は、休日、夜間の番をすること。または、その人。【2】「日直」は、昼間の当番をいい、「夜直」「宿直」「泊まり」「泊まり番」は、夜間に泊まり込みで番をすることをいう。また、いずれもその番の人をいう。夜間の場合は「宿直」がもっとも一般的。【3】「日直」は、特に学校で、その日の当番として雑務をすること、また、その人をもいう。

【関連語】◆（週番）一週間ごとに交替する当番。特に、学校で掃除当番などをいう。「週番の委員は、掃除状況を点検する」

5 02-31 非番（ひばん）／出番（でばん）

共通する意味★出勤の当番でないこと、あるいは当番であること。または、その人。

使い方▼〔非番〕▽明日仕事は非番だ▽今日、彼は非番です　〔出番〕▽今日は午後から出番だ▽ショーの出番が来る

使い分け【1】「非番」は、出勤や宿直の当番に当たっていないこと。または、その人。**【英】** *off duty*【2】「出番」は、出勤や宿直の当番。または、その人。**【英】** *one's turn*　芝居などで、俳優が舞台へ出る順番の意もある。

5 02-32 欠席（けっせき）／欠勤（けっきん）

【関連語】◆（病欠）びょうけつ◆（欠場）けつじょう◆（出欠）しゅっけつ

共通する意味★行くべき日に、学校や職場、会合などに行かないこと。**【英】** *absence from office [school]*

使い方▼〔欠席〕スル▽学校を欠席する▽会議に欠席する▽欠席届　〔欠勤〕スル▽会社を欠勤する▽今月は欠勤が多い▽彼は今日無断欠勤した▽欠勤日数

使い分け【1】「欠席」は、出席を予定していた会合などに行かないことや、学生、生徒が学校を休むこと。【2】「欠勤」は、勤めを休むこと。

反対語▼欠席⇔出席　欠勤⇔出勤

【関連語】◆（病欠）スル病気のために学校や勤めに行かないこと。「彼は今日は病欠だ」◆（欠場）スル出場するはずの場所に出ないことであるが、主として、スポーツの試合に参加しない場合に使われる。⇔出場。「けがのため欠場する」◆（出欠）出席と欠席。「出欠をとる」「葉書で出欠の返事をする」

5 02-33 早退（そうたい）／早引け（はやびけ）

【関連語】◆（忌引）きびき

共通する意味★定刻よりも早く学校や勤め先から帰ること。**【英】** *leaving early*

使い方▼〔早退〕スル▽午後から早退します▽早退届　〔早引け〕スル▽頭痛がひどくて、早引けした

	病気で□する	台風により生徒を□させる	二十分だけ□する	□時刻を記入する
早退	○	○	△	○
早引け	○	△	○	-

使い分け【1】「早引け」は、話し言葉で使い、公の文書などでは「早退」を使う。【2】「早引け」は、「早引き」ともいう。

【関連語】◆〈忌引〉近親者が死んだために学校や勤めを休むこと。「忌引で会社を五日間休む」

5 02-34 ストライキ／同盟罷業（どうめいひぎょう）

【関連語】◆〈ゼネスト〉◆〈ハンスト〉

共通する意味★労働争議の闘争の手段として、一定期間業務を停止すること。

	□に入る	□を構える	□を打つ
ストライキ	○	○	○
同盟罷業	○	△	-

使い分け【1】「ストライキ」は、略して「スト」ともいう。【2】一般には、「ストライキ」または「スト」を多く使い、「同盟罷業」は、あまり使わない。
【関連語】◆〈ゼネスト〉「ゼネラルストライキ」の略で、全国の全産業の労働者が一斉に行うストライキ。また、一産業部門全体、一都市全体などで行う大規模なストライキをいう。【英】*a general strike*「交通ゼネスト」◆〈ハンスト〉「ハンガーストライキ」の略で、抗議や主張、また、要求貫徹のために絶食をするストライキをいう。【英】*a hunger strike*「ハンストに突入する」

5 02-35 争議（そうぎ）／労働争議（ろうどうそうぎ）

【関連語】◆〈闘争（とうそう）〉◆〈春闘（しゅんとう）〉

共通する意味★労働条件などの問題で、労働者と使用者間に起こる争い。【英】*a labor dispute*
使い方▼〔争議〕▽争議が長びく▽争議行為▽争議権〔労働争議〕▽労働争議を調停する
使い分け「争議」は、「労働争議」の略。一般には「争議」を使うことが多い。
【関連語】◆〈闘争〉スル社会運動や労働運動などで、要求を通すために争うこと。「賃上げ闘争が長びく」「闘争方針を打ち出す」「年末闘争」◆〈春闘〉「春季闘争」の略。春季に、主に新年度への賃上げなどを要求して、労働組合が行う闘争。
参照▼闘争⇒515-14

5 02-36 サボタージュ／怠業（たいぎょう）

共通する意味★労働者の争議戦術の一つとして、仕事の能率を低下させること。
使い方▼〔サボタージュ〕スル▽サボタージュの指令が出る▽全員でサボタージュする〔怠業〕▽職場ごとに怠業に入る
使い分け【1】「サボタージュ」は、略して「サボ」ともいう。【2】「サボタージュ」「サボ」は、一般的に仕事や学業などを怠ける意にも使われる。この場合、「サボ」は、「授業をサボる」のように、「サボる」と動詞化して多く使われる。

5 02-37 閉店（へいてん）／店（みせ）じまい／看板（かんばん）／閉業（へいぎょう）

共通する意味★その日の営業を終わって店を閉じること。【英】*closing (a) shop*
使い方▼〔閉店〕スル〔店じまい〕スル〔閉業〕スル

	□は八時です	□にする	本日限りで□します	□時間
閉店	○	○	○	○
店じまい	○	○	○	-
看板	○	○	-	-
閉業	○	△	○	○

使い分け【1】「看板」は、閉店時に看板をしまうことから、飲食店などでその日の営業を終えること。【2】「閉店」「店じまい」「閉業」には、その日の営業を終える意と、営業自体をやめる意とがある。
反対語▼閉店⇔開店　店じまい⇔店開き　閉業⇔開業
参照▼看板⇒619-13

5 02-38 開店（かいてん）／店開（みせびら）き／オープン

共通する意味★新たに商売を始めること。また、その日の商売を始めること。【英】*the opening of a shop*
使い方▼〔開店〕スル▽デパートの開店時間▽スーパーマーケットの開店大売り出し〔店開き〕スル▽道で店開きしていた露天商が警察官に注意された〔オープン〕スル▽ホテルの新館オープンに伴い、駐車場が移動した

	午前十時に□する	魚屋が□する	レストランが□する	ゴルフ場が□する	□十周年記念
開店	○	○	○	-	○
店開き	○	○	△	-	-
オープン	○	△	○	○	△

使い分け【1】「開店」は、「…が開店する」「…を開店する」の形でも使う。「店開き」と違い、「開店時間」「開店大売り出し」「祝開店」「新装開店」のように他の語と複合した形でも使われる。【2】「店開き」は、「開店」と違い、必ずしも建物の店構えを持たなくても、露天商のように道路などでも「店開き」できる。店主が実際に物を並べて売るイメージが強い。【3】「オープン」は、開店の意以外に、業務を始めることで、ゴルフ場、プール、ホテルなどの語とも

結びつく。また、「オープンな性格」のように、開けっぴろげなさまもいう。

5 02-39 奉仕／ボランティア／サービス

【関連語】◆(アフターサービス)

共通する意味★利益を目的とせずに人のために尽くすこと。【英】*service*

使い方▼〔奉仕〕スル▽社会に奉仕する▽奉仕の精神▽勤労奉仕　〔ボランティア〕▽ボランティア活動▽ボランティアを募る　〔サービス〕スル▽安売りで客にサービスする▽サービスがいい旅館▽家庭サービス

使い分け【1】「奉仕」は、社会、集団、他人のために尽くすこと。「奉仕品」のように、商店が客のために商品を安く提供する意でも使う。【2】「ボランティア」は、自発的に社会、集団、他人のために尽くす活動をする人。【3】「サービス」は、相手の意に沿うように尽くすこと。また、商店などで、値引きしたり便宜をはかったりして、客の満足するような応対をすること。

【関連語】◆(アフターサービス)商品を販売したのち、修理その他を買い手にサービスすること。「アフターサービスの行き届いた店」

5 02-40 無駄骨／無駄足／徒労

共通する意味★苦労してやったことが報われないこと。【英】*a fruitless effort*

使い方▼〔無駄骨〕▽何度も説得したが無駄骨だった　〔無駄足〕▽無駄足かもしれないが、行くだけ行ってみる▽無駄足を踏む　〔徒労〕▽今までの苦労が徒労に帰した

	［ ］に終わる	［ ］になる	［ ］を折る	［ ］を運ぶ	［ ］に帰す
無駄骨	○	○	○	-	-
無駄足	○	○	-	○	-
徒労	○	○	-	-	○

使い分け【1】「無駄骨」は、一生懸命力を尽くしたが、結果として、なんの役にも立たないことで、「徒労」とほぼ同じ意味。「無駄骨折り」の略。【2】「無駄足」は、せっかくその場に足を運んだが、目的を果たせないで終わった場合にいう。【3】「徒労」は、無駄なことに力を費やすことで、文章語。

5 02-41 業種／職種

共通する意味★事業あるいは職業の種類のこと。【英】*a type of occupation*

使い方▼〔業種〕▽業種ごとに会社のリストを作る▽業種別電話帳　〔職種〕▽この職種は求人が少ない▽仕事のきつい職種

使い分け【1】「業種」は、特に企業や事業の種類のこと。【2】「職種」は、特に職業の種類のこと。また、職務の種類の意でも使われる。

5 02-42 職場／仕事場／勤め先

【関連語】◆(勤め口)◆(勤務先)

共通する意味★働いている所。【英】*one's place of work*

使い方▼〔職場〕▽職場まで一時間かかる▽職場の同僚▽職場結婚▽職場集会　〔仕事場〕▽仕事場の二階が住宅になっている▽マンションの一室を仕事場として使う　〔勤め先〕▽勤め先の電話番号を教える▽勤め先が変わる

使い分け【1】「職場」は、会社や工場など、その人が勤めて執務、作業をする場所をいい、「勤め先」は、現在勤めている会社などをいう。【2】「仕事場」は、その人が作業している場所のことで、会社や工場に限らない。芸術家や職人が仕事をしている部屋などは「仕事場」であり、「職場」とはいわない。

【関連語】◆(勤め口)これから勤めようとして探している所。「新しい勤め口がみつかった」「勤め口がない」◆(勤務先)「勤め先」と同意。「彼の勤務先を訪ねた」

5 02-43 助役／副使／助手／アシスタント

【関連語】◆(片腕)◆(助っ人)

共通する意味★中心となる人の補佐をする人。【英】*an assistant official*

使い方▼〔助役〕▽駅の助役になる▽村の助役　〔副使〕▽使節団の副使として派遣される　〔助手〕▽運転手の助手として働く▽大学の研究室の助手　〔アシスタント〕▽司会のアシスタントをつとめる▽営業アシスタント

使い分け【1】「助役」は、主任者の補佐をする人。特に市町村区の長の補佐、駅長の補佐をする職、また、その人をさす。【2】「副使」は、正使の補佐をする人。【3】「助手」「アシスタント」は、中心となって仕事をする人を手伝う立場の人。「助手」は、その仕事と組み合わせて「…助手」「だれそれの助手」という使い方が多い。また、職業としてだけでなく、ちょっとした作業をその場で手助けする人についてもいう。

【関連語】◆(片腕)最も信頼できる補佐役。「社長の片腕となって働く」◆(助っ人)ある事情で人手が必要なときに、臨時に加勢したり、手助けしたりする人。短期で急ぎの場合が多い。くだけた言い方。「稲刈りの助っ人を隣村から頼む」「喧嘩の助っ人」

参照▼片腕⇒008-02

502-44 使者（ししゃ）／使い（つかい）／使節（しせつ）

【関連語】◆（特使）とくし◆（正使）せいし◆（密使）みっし◆（急使）きゅうし◆（全権大使）ぜんけんたいし

共通する意味★命令や依頼を受けて、それを果たしたり、伝えたりするために先方へ行く人。【英】*a messenger*

使い方▼〔使者〕▽使者が早馬で到着した▽急ぎの使者　〔使い〕▽父の使いで参りました▽使いを頼まれる▽使いに出す　〔使節〕▽外国の使節を迎える▽文化使節▽使節団

	外国へ□を送る	神の□	□を立てる	□を派遣する
使者	○	○	○	○
使い	○	○	△	－
使節	○	－	－	○

使い分け【1】「使者」は、改まった場合や重要な用件などに使われる。国家間の場合には、現在では「使節」を使う。命令や言葉を伝えたり、相手方と交渉したりするために差し向けられる。【2】「使い」は、「使者」と全く同じようにも用いられるが、物を届けたり、用を足したりする日常的な用件を果たすための者をいうことが多い。また、「お使い」の形で近所への買い物の意味に使われる。【3】「使節」は、国家や政府の代表として諸外国に派遣される人。現在では民間の文化使節などもある。

【関連語】◆（特使）特別の任務を帯びた使節。「極秘に特使を送る」◆（正使）使者たちのうち、形式的にも実質的にも中心となる人。現在では、使節団などについていう。「正使に副使ふたりを付ける」◆（密使）秘密の任務を帯びて、ひそかに差し向けられる使者。やや古い語。「国もとからの密使が、謀反の動きを伝える」◆（急使）至急の用件のための使者。「急使を立てて出陣を促す」◆（全権大使）「特命全権大使」の略。国家、政府を代表し、外交の全権をゆだねられて外国に派遣される、第一級の外交使節。ふつう、略して「大使」と呼ぶ。

502-45 肉体労働（にくたいろうどう）／重労働（じゅうろうどう）／力仕事（ちからしごと）／手仕事（てしごと）／荒仕事（あらしごと）

【関連語】◆（作業）さぎょう

共通する意味★肉体を使う仕事の種別。【英】*physical labor*

使い方▼〔肉体労働〕▽事務より肉体労働を好む▽肉体労働者　〔重労働〕▽重労働を続ける▽重労働に耐える　〔力仕事〕▽力仕事はもうできない▽力仕事には向かない　〔手仕事〕▽器用で手仕事に向いている▽内職の手仕事　〔荒仕事〕▽荒仕事で疲れた▽荒仕事をやってのける

使い分け【1】「肉体労働」は、肉体を使ってする仕事。【2】「重労働」は、激しく体力を使う仕事。【3】「力仕事」は、強い力を必要とする仕事。【4】「手仕事」は、機械を使わないで手でする仕事。手先の器用さを生かした仕事。【5】「荒仕事」は、肉体的に激しい仕事。強盗、殺人などの悪事の意もある。

反対語▼肉体労働⇔精神労働

【関連語】◆（作業）スル頭の中だけではなく、実際に体を使ってする仕事。事務なども含む。「草とりの作業」「辞書編集の作業」

502-46 働き手（はたらきて）／人手（ひとで）／労働力（ろうどうりょく）

【関連語】◆（戦力）せんりょく

共通する意味★働く人。労働などの担い手。【英】*a hand*

使い方▼〔働き手〕▽この忙しいときに、働き手がなかなか見つからない▽働き手をさがす　〔人手〕▽年末で人手が足りない▽なんとか人手を集める　〔労働力〕▽労働力の不足が問題になる▽労働力を提供する

使い分け【1】「働き手」は、「事故で一家の働き手を失う」のように、一家の生計を支える人の意や、「彼は良い働き手だ」のように、働き者の意でも用いられる場合がある。しかし「人手」と全く同様に、単に仕事の担い手の意でも使う。【2】「人手」は、「働き手」にくらべて、労働、仕事にあたる者というだけの意で使う。【3】「労働力」は、働く力としての人間、労働における人的資源としての人間をいう。

【関連語】◆（戦力）何か事を行う上での、重要な役に立つ人間。元来、戦争を遂行できる力をいう。「あいつは戦力にならない」

参照▼戦力⇒510-18

503 …職業

503-01 サラリーマン／勤労者（きんろうしゃ）／労働者（ろうどうしゃ）／勤め人（つとめにん）／会社員（かいしゃいん）

【関連語】◆（ビジネスマン）◆（ホワイトカラー）◆（グレーカラー）◆（ブルーカラー）

共通する意味★働いて得た収入で生活する人。

使い方▼〔サラリーマン〕▽会社勤めのサラリーマン▽サラリーマン金融　〔勤め人〕▽役所の勤め人▽勤め人風の人　〔勤労者〕▽勤労者を表彰する▽選挙で勤労者の支持を得る　〔労働者〕▽日雇いの労働者▽労働者階級　〔会社員〕▽犯人は会社員風の男だ

使い分け【1】「サラリーマン」「勤め人」は、給与生活者。【英】*a salaried man*【2】「勤労者」は、給与生活者、商工業者、農民、労務者などの総称。【英】*a worker*【3】「労働者」は、労務を提供して賃金、給料を受けて生活する人の総称。【英】*a laborer*【4】「会社員」は、会社に雇われて業務についている者。「サラリーマン」「勤め人」と同様に、給与生活者の意で使われることも多い。

【関連語】◆(ビジネスマン)会社員、事務員。一般的には商社などの社員をさすことが多い。◆(ホワイトカラー)事務労働者。◆(グレーカラー)電子計算機やオートメーション機器などの技術的な仕事に従事する労働者。◆(ブルーカラー)直接生産に携わる工場労働者などをいう。

参照▼ビジネスマン⇒503-11

503-02 OL／オフィスガール

共通する意味★事務系の女性社員。【英】*an office girl*

使い分け【1】「OL」は、和製英語「オフィスレディー」の略で、一般的な語。「丸の内に勤務するOL」【2】「オフィスガール」も同じ意味だが、「OL」ほどには用いられない。

503-03 職員／局員／所員／署員／社員／行員／店員

共通する意味★役所や企業に勤務する人。【英】*a member of the staff*

使い方▼〔職員〕▽学校の教員や職員▽事務職員 〔局員〕▽郵便局の局員▽局員用控え室 〔所員〕▽研究所の所員▽出張所の所員 〔署員〕▽警察署の署員がたずねてきた 〔社員〕▽社員の研修を実施する▽社員旅行 〔行員〕▽この銀行の行員の接客態度は良い 〔店員〕▽デパートの店員は忙しい

使い分け「職員」は、官公庁、会社、学校などに、「局員」は、郵便局、放送局などに、「所員」は、研究所、事務所などに、「署員」は、警察署、消防署などに、「社員」は、会社、公社などに、「行員」は、銀行などに、「店員」は、物品の販売を行う店舗に、各々勤務する人のことをいう。

503-04 医者／医師／医家

【関連語】◆(ドクター)◆(ドクトル)

共通する意味★傷病の診断、治療を職業とする人。【英】*a doctor; a physician*

使い方▼〔医者〕▽近所の医者にみてもらう▽医者の不養生(＝医者が案外、自分の体を大事にしないこと。【英】*physician, heal thyself*)〔医師〕▽医師の免許を取り消された▽医師国家試験 〔医家〕▽医家の注意を守る

使い分け【1】日常生活では、「医者」を使うことが多い。【2】法律など公式には、「医師」を使う。【3】「医家」は、古めかしい語で、日常ではあまり使わない。医療を行う家の意もある。

【関連語】◆(ドクター・ドクトル)「医者」「医師」の意。また、「博士」の意にも使う。

参照▼ドクター⇒601-21

503-05 藪医者／藪／藪井竹庵／たけのこ医者

共通する意味★治療のへたな医者をののしっていう言葉。【英】*a quack (doctor)*

使い分け【1】四語とも俗語。「やぶ」は、呪術(じゅじゅつ)で治療を行った「野巫(やぶ)」からという。【2】「藪井竹庵」は、人名のように言い表わした語。「たけのこ医者」は、竹にもなっていないという意で、「藪医者」より、さらに未熟な医者のこと。

参照▼藪⇒720-46

503-06 看護婦／ナース

【関連語】◆(白衣の天使)◆(ナイチンゲール)

共通する意味★医師の診療を助け、病人やけが人の看護を仕事とする女性。【英】*a nurse*

使い方▼〔看護婦〕▽看護婦の不足している病院 〔ナース〕▽ナースセンター

使い分け【1】「看護婦」は、平成十一年から「看護師」が正称。【2】「ナース」は、他の語と複合した形で使われることが多い。

【関連語】◆(ナイチンゲール)クリミア戦争で献身的に活躍した、イギリスの看護婦の名前からきた美称。◆(白衣の天使)看護婦という職を気高いものとしていう美称。

503-07 助産婦／産婆／取り上げ婆

共通する意味★出産を助け、産婦や新生児の保健指導を仕事とする女性。【英】*a midwife*

使い分け【1】「助産婦」は、平成十一年から「助産師」が正称。【2】「産婆」「取り上げ婆」は、古い言い方。

503-08 技師／技術者／エンジニア

共通する意味★機械、土木、建築、電気などの技術者。【英】*an engineer*

使い方▼〔技師〕▽建築技師▽電気技師▽技師長 〔技術者〕▽コンピュータ関係の技術者 〔エンジニア〕▽土木工学関係のエンジニア▽自動車メーカーのエンジニア▽システムエンジニア

使い分け【1】「技師」は、工業や土木建築などの分野で、高度な専門知識を持つ者をいう。【2】「技術者」は、職業として、専門の技術をもっている者をいう。【3】「技術者」「エンジニア」は、「技師」よりも使用範囲が広く、現在では「エンジニア」の方が多く使われ、「技師」は、少し古めかしく感じられる。

503-09 弁護士（べんごし）
【関連語】◆（三百代言）さんびゃくだいげん

意味★当事者その他の関係人の依頼によって、訴訟事件などに関する行為その他一般の法律事務を行うことを職務とする者。【英】*a lawyer*

使い方▼〔弁護士〕▽顧問弁護士

【関連語】◆（三百代言）いいかげんな「弁護士」をののしっていう言葉。明治初期、無資格の代言人（弁護士）をいったことから。

503-10 記者（きしゃ）／特派員（とくはいん）／レポーター／キャスター
【関連語】◆（事件記者）じけんきしゃ

共通する意味★報道関係の仕事で取材をする人。【英】*a newspaperman*

使い方▼〔記者〕▽新聞の記者▽雑誌記者▽記者会見〔特派員〕▽特派員の現地からの報告▽海外特派員〔レポーター〕▽テレビ番組のレポーター　〔キャスター〕▽女性キャスター

使い分け【1】「記者」は、新聞、雑誌などの記事の取材や執筆、編集をする人。【2】「特派員」は、新聞、放送などの機関から外国に派遣されて、報道に当たる人。【3】「レポーター」は、新聞、放送などで現地報告をする人。【4】「キャスター」は、「ニュースキャスター」の略。ニュース番組で、解説、評論を加えながら、その番組を進行させる人。

【関連語】◆（事件記者）警察関係の記事の取材に当たる新聞記者。「社会部の事件記者」

503-11 実業家（じつぎょうか）／事業家（じぎょうか）／事業者（じぎょうしゃ）／ビジネスマン

共通する意味★商業・工業などのような、生産、製作、販売などをする活動を行い、経営する人。【英】*a businessman*

使い分け【1】四語とも、個人商店などではなく、かなり大規模な場合に用いられる。【2】「実業家」が、最も一般的に用いられる。【3】「事業家」は、やや古めかしい言い方。「事業者」は、法律などで用いられる場合が多い。【4】「ビジネスマン」は、一般的には商社などの社員をさすことが多い。

参照▼ビジネスマン⇒503-01

503-12 商売人（しょうばいにん）／商人（しょうにん）
【関連語】◆（あきんど）

共通する意味★物の売買を職業とする人。【英】*a merchant*

使い方▼〔商売人〕▽いっぱしの商売人になる　〔商人〕▽したたかな商人▽商人気質

使い分け【1】「商人」の方が、一般的に用いられる。【2】「商売人」は、「なかなかの商売人だ」のように、商売上手な人や、「商売人顔負け」のように、専門家をいうこともある。

【関連語】◆（あきんど）古い言い方。現代ではあまり用いられない。「商人」とも書く。

503-13 豪商（ごうしょう）／政商（せいしょう）／御用達（ごようたし）

共通する意味★富裕な商人。

使い方▼〔豪商〕▽当代きっての豪商　〔政商〕▽明治時代の政商　〔御用達〕▽宮内庁御用達

使い分け【1】「豪商」は、資本力があり、大規模な取引をする商人。【英】*a wealthy merchant*
【2】「政商」は、政府や政治家と結びついて特権的利益を得ている商人。【3】「御用達」は、幕府、諸藩などと取引を許された商人。明治以降は官公省庁などに出入りするものをいった。また、納入を許されることもいう。今日では「ごようたつ」と読む場合も多い。【英】*a purveyor*

503-14 アナウンサー
【関連語】◆（鶯嬢）うぐいすじょう

意味★ラジオ、テレビなどでニュースを読んだり、番組の司会をしたり、実況を伝えたりする人。また、その職業。男女ともにいう。略して「アナ」とも。

使い方▼〔アナウンサー〕▽番組司会のアナウンサー

【関連語】◆（鶯嬢）球場、劇場、選挙の宣伝カーなどで案内やお願いなどを放送する女性。

503-15 秘書（ひしょ）／セクレタリー

共通する意味★要職にある人の身の回りにいて、機密の文書や事務を扱う役の人。【英】*a secretary*

使い方▼〔秘書〕▽代議士の秘書▽社長秘書　〔セクレタリー〕▽私設のセクレタリー

使い分け「秘書」が、普通用いられる。「セクレタリー」は、書記のこともいう。

503-16 受付（うけつけ）／帳場（ちょうば）／フロント／窓口（まどぐち）
【関連語】◆（インフォメーション）

共通する意味★外来者の用件の取り次ぎや支払いなど、いろいろの業務をする所。【英】*a reception desk; a receptionist*（受付係）

5 社会生活

使い方▼〔**受付**〕▽受付で入館許可証をもらう▽病院の初診受付　〔**帳場**〕▽料亭の帳場　〔**フロント**〕▽ホテルのフロントで待ち合わせる　〔**窓口**〕▽銀行の窓口が混んでいる

	ホテルの□	旅館の□	バーゲン会場の□	区役所の□
受付	-	-	○	△
帳場	-	○	-	-
フロント	○	△	-	-
窓口	-	-	-	○

使い分け【1】「受付」は、会社、病院、役所、催し物の会場などで来訪者の取り次ぎをする所。また、「披露宴の受付は私がいたします」のように、それをする人や係のこともいう。他に、「募集の受付期間」のように、申し込みなどに応じることもいう。【2】「帳場」は、商店や料理屋、旅館などで勘定をしたり、帳付けをしたりする所。日本風のものについて用いられることが多い。【3】「フロント」は、ホテルの「帳場」。【4】「窓口」は、外来者の取り次ぎをするだけではなく、たとえば銀行であれば金の出し入れなどの事務もする所。また、「救援物資輸送の窓口」のように、外部と折衝する役をいうこともある。

【関連語】◆（**インフォメーション**）デパート、駅などで客などに必要な情報を提供する所。案内所。「ツーリストインフォメーション」

参照▼インフォメーション⇒618-01

5 03-17 探偵／密偵／スパイ

共通する意味★ひそかに相手の秘密や内情を探ること。また、それをする人。**【英】** *espionage*

使い方▼〔**探偵**〕スル▽夫の素行を調べるため探偵を雇った▽犯罪組織を探偵する▽私立探偵▽探偵小説　〔**密偵**〕▽敵国に密偵を放つ　〔**スパイ**〕スル▽敵方のスパイを捕らえる▽敵軍をスパイする▽産業スパイ

使い分け【1】「探偵」は、依頼人の頼み（人物の素行、取引先の信用など）を調査する職業。また、その職業の人。【2】「密偵」「スパイ」は、ひそかにある人物や国の内情などを探ること、また、その人をさすが、「スパイ」が一般的で、「密偵」は、古い言い方。

5 03-18 公務員／役人／官吏／官員／吏員／公僕

【関連語】◆（**国家公務員**）◆（**地方公務員**）◆（**武官**）◆（**文官**）◆（**事務官**）

共通する意味★国や地方公共団体の公務に従事している人。**【英】** *a public servant*

使い方▼〔**公務員**〕▽公務員試験　〔**役人**〕▽大蔵省の役人▽役人風を吹かす　〔**官吏**〕▽官吏として働く▽高級官吏　〔**官員**〕▽官員になって出世する　〔**吏員**〕▽吏員として職務につく▽役場の吏員　〔**公僕**〕▽国民の公僕

使い分け【1】「公務員」は、国家（地方）公務員法の適用される一般職の職員と、国会議員、裁判官、地方議会議員などの特別職とからなり、憲法では「すべて全体の奉仕者であって」と位置付けられている。【2】「役人」は、やや俗な言い方。また、「小役人」「役人根性」など、あまり良い意味では使われない場合も多い。【3】「官吏」「官員」「吏員」は、古い言い方。「官吏」は、現在の「国家公務員」を、「官員」は、明治時代に「公務員」をさした語。【4】「公僕」は、公衆に奉仕するしもべの意から。

【関連語】◆（**国家公務員**）国に雇用されて、国の公務に従事する人。◆（**地方公務員**）地方公共団体に雇用されて、地方公共団体の公務に従事する人。◆（**武官**）軍事にかかわる公務員。◆（**文官**）「武官」以外の公務員の総称。◆（**事務官**）行政官庁で一般事務を取り扱う公務員。「技官」「教官」に対するもの。

5 03-19 属吏／下僚／属僚／属官／小吏／小官／下役／俗吏／小役人

共通する意味★地位の低い役人。**【英】** *an official*（役人）

使い方▼〔**属吏**〕▽文部省勤めの属吏　〔**下僚**〕▽官庁の下僚▽下僚に命ずる　〔**属僚**〕▽父は一介の属僚にすぎない　〔**属官**〕▽役人とはいえつまらない属官である　〔**小吏**〕▽田舎の小吏のまま終わる　〔**小官**〕▽地方の役所の小官▽小官に甘んじる　〔**下役**〕▽代官所の下役▽下役にいばり散らす　〔**俗吏**〕▽袖の下を受け取るような俗吏　〔**小役人**〕▽一介の小役人

使い分け【1】「属吏」「下僚」「属僚」「属官」「小吏」「小官」「下役」「小役人」は、地位の低い役人の意。【2】「小官」は、官吏がへりくだっていう場合にも用いる。【3】「下役」には、「上役」に対する部下の意もある。【4】「小役人」は、地位の低い役人を卑しめていう語。【5】「俗吏」は、凡俗の役人の意。

反対語▼小官⇔大官

5 03-20 能吏／良吏

共通する意味★有能な役人。**【英】** *an able official*

使い方▼〔**能吏**〕▽役所には能吏がそろっている　〔**良吏**〕▽良吏をそろえる

使い分け「能吏」は、能力のすぐれている役人。「良吏」は、良い役人の意だが、あまり使われない。

5 03-21 工員／職工／男工／女工

共通する意味★工場で生産に携わる労働者。【英】*a workman*
使い分け【1】「工員」は、工場労働者をいう。【2】「職工」は、職人や、工場などの労働者、工員などの古い言い方。現在では、ほとんど用いられない。【3】「男工」は、男性の、「女工」は、女性の工員をいう。ともに、あまり用いられない。

503-22 大工／左官／鳶職

【関連語】◆(宮大工)みやだいく ◆(船大工)ふなだいく ◆(叩き大工)たたきだいく

共通する意味★主として建築工事に携わる職人。
使い分け【1】「大工」は、建築工事のうち主として木造の部分を作る職人。【英】*a carpenter*【2】「左官」は、建築工事のうち壁を塗る職人。【3】「鳶職」は、土木や建築工事で、足場や骨組みの組み立てなどをする職人。
【関連語】◆(宮大工)社寺・宮殿の建築を専門にする大工。◆(船大工)木造船の製作に携わる大工。◆(叩き大工)あまり技量を必要としない仕事をする、未熟な大工を嘲(あざけ)っていう語。

503-23 給仕／ウエーター／ウエートレス／ボーイ／ギャルソン／女給

共通する意味★飲食を提供する場で客の食事などの世話をする役の人。
使い方▼〔給仕〕スル
使い分け【1】「給仕」は、男女を問わず用いられる。また、「お客の給仕をする」のように、食事などの世話をすることの意でも使う。【2】「ウエーター」は、男性。「ウエートレス」は、女性。「ウェイター」「ウェイトレス」ともいう。【3】「ボーイ」は、男性。ホテルで客の案内などをする役の人もさす。【4】「ギャルソン」は、男性。フランス語から。ホテルで客の案内などをする役の人もさす。あまり一般的な語ではない。【5】「女給」は、カフェー、バーなどで働く女性をいった古い言い方。
参照▼ボーイ⇒306-20

503-24 芸者／芸妓／芸子／綺麗どころ

【関連語】◆(左褄)ひだりづま

共通する意味★料亭や旅館などの酒席で、舞踊・音曲などの芸をしたり酌をして客を楽しませるのを職業とする女性。【英】*a geisha*
使い分け【1】「芸者」が、最も一般的。「芸者を揚げる」は、芸者を呼んで遊ぶ意。【2】「芸妓」は、文章の中で使われることが多い。【3】「芸子」は、関西での言い方。【4】「綺麗どころ」は、着飾った美しい女性の意であるが、一般的に花柳界の女性をさす。
【関連語】◆(左褄)左手で着物の左の方のつまを取って歩くところから、芸者をいう。古めかしい言い方。「左褄をとる(＝芸者になる)」

503-25 赤帽／強力／ポーター

共通する意味★荷物運びや案内を仕事とする人。【英】*a redcap*《米》; *a porter*
使い分け【1】「赤帽」は、駅の構内で乗降客の荷物を運ぶ人のこと。赤い帽子をかぶっているところから。【2】「強力」は、登山者の荷物を背負って道案内をする地元の人。【3】「ポーター」は、駅や空港、ホテルなどで客の荷物運びをする人。また、外国の高峰などの登山の際に、ベースキャンプまで登山隊の荷物を運ぶ現地の人もいう。

503-26 猟師／狩人／ハンター

共通する意味★鳥獣を捕らえることを職業とする人。【英】*a hunter*
使い方▼〔猟師〕▽鹿(しか)を逐(お)う猟師は山を見ず(＝ある事に熱中し他を顧みない)　〔狩人〕▽狩人が熊(くま)を仕留めた　〔ハンター〕▽獲物を追うハンター
使い分け【1】「猟師」が、最も一般的に用いられる。【2】「狩人」は、「かりびと」の変化した語で古めかしい言い方。【3】「ハンター」は、特に銃を使って狩りをする人をいう。

503-27 易者／占い師

共通する意味★人間の将来や運命、物事の成り行きなどをそれぞれの理論に基づいた方法で予想するのを職業とする人。【英】*a fortune-teller*
使い方▼〔易者〕▽易者に手相を見てもらう▽大道易者　〔占い師〕▽西洋占星術による占い師
使い分け【1】「易者」は、中国の「易経」の原理に基づく考えから、算木(さんぎ)と筮竹(ぜいちく)を用いたり、人相や手相を見たりして、人や物事の将来を予想・判断するのを職業としている人。【2】「占い師」は、さまざまな方法を用いる人の総称だが、「易者」も含めていうことが多い。

503-28 板前／コック／シェフ

【関連語】◆(調理師)ちょうりし

共通する意味★調理を職業とする人。普通は男性。【英】*a cook*
使い方▼〔板前〕▽腕のいい板前が調理したお料理　〔コック〕▽コックを雇い入れる▽コック長　〔シェフ〕▽シェフのおすすめ料理

	板前	コック	シェフ
□が腕をふるった料理	○	○	○
料亭の□	○	-	-
レストランの□	-	○	○
□がコックに指示する	-	-	○

使い分け【1】「板前」は、料理場などでまな板をおく場所の意から、日本料理を出す店の料理人をいう。「板」「板さん」とも。関西では「板場」という。【2】「コック」は、中華料理や西洋料理の店の料理人。オランダ語から。【3】「シェフ」は、西洋料理を提供する店の料理長、コック長。フランス語から。

【関連語】◆**(調理師)**調理師法によって都道府県の知事が免許を与える、料理人としての資格。

503-29

下働き(したばたら)／下男(げなん)／下女(げじょ)／召し使い(めつかい)／僕(しもべ)

【関連語】◆**(奴隷)**どれい

共通する意味★雑用をするために雇われている者。**【英】** *an underservant*

使い分け【1】「下働き」は、主として家事などの雑用をすること。また、そういう人をいう。他に、「先輩の下働きをする」のように、他人の下で働くことの意もあり、むしろこの意で用いられる方が普通。【2】「下男」「下女」は、雑用をするために大きな商家、農家などに雇われている男と女。両語とも、今はほとんど使われない。【3】「召し使い」「僕(しもべ)」は、主人の身近にいて雑用をする奉公人。両語とも現在ではほとんど使われないが、「僕(しもべ)」は個人的に忠誠を誓っているような場合に用いることもある。

【関連語】◆**(奴隷)**基本的な権利や自由が認められず、他人の所有物として扱われ、労働を強制され、売買、譲渡された人間。現在では、「恋の奴隷」のように、ある物事に心を奪われ、そのことのためにしか行動できなくなる者の意にも用いる。

503-30

女中(じょちゅう)／お手伝(てつだ)いさん／メード／家政婦(かせいふ)／派出婦(はしゅつふ)

【関連語】◆**(ねえや)**◆**(ハウスキーパー)**

共通する意味★家事の手助けなど、家庭内の下働きをするために雇われた女性。**【英】** *a maid*

使い方▼〔女中〕▽女中を雇う▽女中奉公▽女中頭〔お手伝いさん〕▽住み込みのお手伝いさん〔メード〕▽メードがコーヒーを運ぶ〔家政婦〕▽妻の急病で家政婦を頼む〔派出婦〕▽派出婦に留守を頼む

使い分け【1】「女中」は、昭和の中ごろまで用いられた語だが、今では用いられない。もとは武家の奥向きに奉公する女性をいった。【2】「お手伝いさん」は、「女中」に代わって使われるようになった語。【3】「メード」は、主に外国人家庭で、家事を受け持ち、または補助する女性。【4】「家政婦」「派出婦」は、家事手伝いのために雇われる女性。

【関連語】◆**(ねえや)**古い言い方。雇い主の家の子供が年若い女中を親しんでいった。◆**(ハウスキーパー)**家政婦。最近使われるようになった語。

503-31

徒弟(とてい)／小僧(こぞう)／丁稚(でっち)

共通する意味★商家や職人の親方の家などに住み込んで、修業しながら年季奉公する少年。**【英】** *apprentice*

使い方▼〔徒弟〕▽家具職人の徒弟▽徒弟制度〔小僧〕▽酒屋の小僧〔丁稚〕▽丁稚奉公

使い分け【1】「徒弟」は、職人の親方と起居を共にし、下働きをしながら仕事をおぼえようという少年。また、弟子、門人をさすこともある。【2】「小僧」は、商店の下働きの少年。また、年少者を侮っていうときにも用いる。【3】「丁稚」は、「小僧」と同義だが、主として関西で使われる。

参照▼小僧⇒604-72

503-32

店(みせ)／店屋(みせや)／商店(しょうてん)／店舗(てんぽ)

【関連語】◆**(ストア)**◆**(ショップ)**

共通する意味★商品を陳列して客に販売する所。**【英】** *a store*《米》; *a shop*《英》

使い方▼〔店〕▽独立して店を持つ▽店をたたむ〔店屋〕▽店屋がたくさん立ち並ぶ〔商店〕▽商店の主人〔店舗〕▽古い店舗を改装する▽貸し店舗

	店	店屋	商店	店舗
大きな□	○	△	○	○
□で買い物をする	○	○	○	-
□をかまえる	○	-	△	○
□を出す	○	△	△	-
高級品を商う□	○	○	○	-

使い分け【1】「店」が最も一般的に用いられ、売買をする所のことも、また、そのための建物のこともいう。【2】「店屋」「商店」は、恒常的に売買を行う所。「店舗」は、そのための建物をいう。

【関連語】◆**(ストア)**多く、多種の商品を商う店の意で、他の外来語と複合して用いられる。「フードストア」「チェーンストア」◆**(ショップ)**小売店の意で、多く、他の外来語と複合して用いられる。「コーヒーショップ」「ペットショップ」

503-33

市場(いちば)／市(いち)／河岸(かし)／バザール／マーケット／取引所(とりひきじょ)

【関連語】◆**(朝市)**あさいち◆**(競り市)**せりいち◆**(年の市)**としのいち◆**(草市)**くさいち◆**(蚤の市)**のみのいち◆**(バザー)**

共通する意味★商品の売買、取引をする所。【英】a market

使い方▼〔市場〕▽市場へ買い出しに行く▽魚市場〔市〕▽市が立つ▽酉の市〔河岸〕▽河岸で鮪を仕入れる〔バザール〕▽バザールで土産を買う〔マーケット〕▽マーケットで衣類を買う〔取引所〕▽証券取引所▽商品取引所

使い分け【1】「市場」「市」は、毎日、あるいは定期的に商人が集まって売り買いする特定の所。一般の人には小売りしない場合が多い。また、食料品、日用品などの小売り店を一か所に集めた常設の販売所。「マーケット」もこれと同意。【2】「河岸」は、川岸に立つ市場。特に、魚を商う市場をいう。【3】「バザール」は、統制を受けない自由販売の市。西アジア地方などの市場や、百貨店などの特売をいう場合もある。【4】「取引所」は、商品または有価証券を一定の資格をもつ会員が取引する所。

【関連語】◆〈朝市〉朝開く、野菜、魚類などの市。【英】a morning fair ◆〈競り市〉競り売りをする市。【英】an auction ◆〈年の市〉年末に、新年に使用する品などを売る市。【英】a year-end fair ◆〈草市〉盂蘭盆会に必要な草花などの市。◆〈蚤の市〉古物の露天市。◆〈バザー〉慈善事業などの資金集めのために持ち寄った品を売る市。

5 03-34 露店／屋台／夜店／売店／スタンド

共通する意味★簡単な構造の店。【英】a roadside stand

使い方▼〔露店〕▽金魚すくいの露店〔屋台〕▽ラーメンの屋台▽屋台で一杯飲む〔夜店〕▽縁日の夜店▽夜店をひやかす〔売店〕▽駅の売店▽映画館の売店〔スタンド〕▽新聞のスタンド▽スタンドの立ち食いそば

使い分け【1】「露店」は、道端に品物を並べて売る店。【2】「屋台」は、「屋台店」の略。屋根付きの移動できる台を用いて飲食物などを売る店。また、そういう構造の台。【3】「夜店」は、夜、道端に品物を並べて売る店。多く、縁日などに出る。【4】「売店」は、駅、劇場、病院、公園などにあって品物を売る小さな店。【5】「スタンド」は、駅や街路際にあって品物を売る小さな店。または、立ったまま飲食させる店。

5 03-35 街商／露天商／行商／セールス

共通する意味★商品を販売するための店舗を構えずに行う商売。また、そういう商売をする人。【英】peddling

使い方▼〔街商〕▽街商から身代を築き上げた〔露天商〕▽縁日には露天商が多く店を開く〔行商〕スル▽遠くから魚の行商に来る▽あちこち行商して回る〔セールス〕スル▽車のセールスに歩く▽セールスマン▽セールスポイント(＝商品の販売の折、その商品の特に強調される長所。比喩的にも用いる)

使い分け【1】「街商」「露天商」は、道端での商売や、そういう商売人をいう。【2】「行商」「セールス」は、買い手の家を訪ねて商品を売って歩くこと。「行商」は、食品や日用品が主だが、「セールス」は、種々の商品に使われ、直接商品を持ち運ばないこともある。

5 03-36 店先／店頭

共通する意味★店の内部のうちで最も外側に近い部分。【英】a counter

	商品が□に並ぶ	新製品が□に出回る	□に駐車する
店先	○	△	○
店頭	○	○	-

使い分け【1】「店先」「店頭」は、小規模な店舗では、商品の陳列台などでよく目立つような辺りをさすが、「百貨店の店先(店頭)からブランド品が消えた」のように、目に触れる範囲を漠然と表わす場合もある。また、「店先」は、店の前の辺りの道路や歩道をいうこともある。【2】「店頭」は、文章中で使われることも多い。

5 03-37 百貨店／デパート

【関連語】◆〈スーパーマーケット〉

共通する意味★さまざまな種類の商品を陳列、販売する大規模な小売店。【英】a department store

使い方▼〔百貨店〕▽老舗の百貨店〔デパート〕▽デパートからお歳暮が届けられた

【関連語】◆〈スーパーマーケット〉食料品を中心にセルフサービス方式を採用する大規模な小売店。「駅前にスーパーマーケットが進出する」

5 03-38 宿舎／宿所

共通する意味★寝泊まりする施設。【英】lodging house

使い方▼〔宿舎〕▽宿舎にとまる▽国民宿舎〔宿所〕▽宿所に着く

使い分け【1】「宿舎」は、旅先で泊まる施設。ただし、旅館のように営利を目的としたところではなく、地方自治体などの公的機関や会社などが持つ施設をいうことが多い。また、「公務員宿舎」のように、「寄宿舎」の意で用いられることもある。【2】「宿所」は、宿泊するところのことだが、「宿所を定める」のように、住む家を表わすこともある。日常的にはあまり用いられない。
参照▼宿舎⇒411-15

503-39

宿／旅館／宿屋／ホテル／民宿／ペンション

【関連語】◆(木賃宿)◆(旅籠)◆(モーテル)◆(ラブホテル)◆(連れ込み)

共通する意味★人を宿泊させることを業とする施設。

使い方▼〔宿〕▽宿をとる▽宿をさがす▽宿に泊まる〔旅館〕▽旅館に泊まる▽温泉旅館 〔宿屋〕▽宿屋をさがす 〔ホテル〕▽連休中はホテルがとれない▽ビジネスホテル 〔民宿〕▽夏の間は民宿を営む 〔ペンション〕▽脱サラしてペンションを経営する

使い分け【1】「宿」は、広く、宿泊する施設、部屋の意で一般的に使う。【英】*an inn*【2】「旅館」「宿屋」は、ふつう、夕食と朝食付きの日本風の宿泊施設をいう。「宿屋」は、古い言い方。【英】*an inn*【3】「ホテル」は、洋風の建物でベッドがある宿泊施設。多く、食事は別料金となっている。観光旅館などでも「ホテル」の名を付けることが多い。【4】「民宿」は、普通の民家が副業として、また、ある季節に限って客を宿泊させるもの。【英】*a private lodging house*【5】「ペンション」は、民宿のうちで、洋風のものや、家族で切り盛りしているような小さなホテル形式のものをいう。

【関連語】◆(木賃宿)ごく安い料金で泊まれる粗末な宿泊施設。◆(旅籠)昔、宿駅におかれた宿屋。◆(モーテル・ラブホテル・連れ込み)主に男女が関係を持つことを目的として利用する宿泊施設。「モーテル」は、本来は自動車による旅行者のための宿泊施設のこと。「連れ込み」は、現在では、あまり用いられない。

503-40

病院／医院／診療所／療養所／サナトリウム／クリニック／ホスピス

【関連語】◆(産院)

共通する意味★医師が患者の診察、治療をするための施設。

使い分け【1】「病院」は、患者二〇人以上を収容する病室を持つものをいう。【英】*a hospital*【2】「診療所」は、それ以下の規模のものをいい、「クリニック」ともいう。【英】*a clinic*【3】「医院」は、医者が個人で経営しているもので、ふつう、規模が小さい。【4】「療養所」「サナトリウム」は、高原、海辺などの自然環境に恵まれた所におかれ、結核などの長期治療にあたるもの。【英】*a sanatorium*【5】「ホスピス」は、末期の癌患者など、死期の近い患者にやすらぎを与え、看護する施設。

【関連語】◆(産院)出産を取り扱う医院。

503-41

薬局／薬屋／薬舗

共通する意味★薬を調合したり売ったりする店。【英】*a drugstore*《米》; *a pharmacy*《英》

使い分け【1】「薬局」は、薬剤師が調剤をする店。また、病院で薬を調合する所のこともいう。【2】普通は「薬屋」を用いる。「薬舗」は、「薬屋」の古い言い方。

503-42

質屋／七つ屋

共通する意味★客の持ち込んだ品物を担保として預かり、金銭を貸し付けることを職業とする者。また、その店。【英】*a pawnshop*

使い分け「七つ屋」は、「七」と「質」の音が通じるところから「質屋」をいう俗語。

503-43

水商売／風俗営業

共通する意味★客に遊興させる商売。【英】*a gay trade*

使い分け【1】「水商売」は、主として飲食店などをいい、収入が客の人気によって成り立っていく盛衰の激しい商売のこと。【2】「風俗営業」は、キャバレー、パチンコ屋、マージャン屋など、客に飲食や遊興をさせたり、射幸的な遊技をさせたりする営業。

503-44

料亭／料理屋／食堂／レストラン

共通する意味★客の注文に応じて食事を出す店。【英】*a restaurant*

使い方▼〔料亭〕▽料亭の女将 〔料理屋〕▽料理屋でクラス会を開く 〔食堂〕▽食堂から出前を取る 〔レストラン〕▽フランス料理のレストラン▽高級レストラン

使い分け【1】「料亭」は、座敷があるような高級な日本料理店をいう。法律では「芸妓その他遊芸人を招致して客に遊興または飲食をさせるもの」としている。【2】「料理屋」も日本料理店をさすが、料亭ほど高級ではなく、庶民的な店を含めて広くいう。【3】「食堂」は、広く、食事を出す店一般をいうが、ふつうは、和洋とりまぜた大衆的な店をいう。【4】「レストラン」は、主として西洋料理店をいうが、西洋料理以外のさまざまな食事や軽食、飲み物などを出す店まで含めていうこともある。

参照▼食堂⇒412-16

503-45 酒場／飲み屋／居酒屋

【関連語】◆(割烹)◆(縄暖簾)◆(ビヤホール)◆(ビヤガーデン)◆(パブ)◆(スナック)◆(クラブ)◆(キャバレー)◆(バー)

共通する意味★酒を供する店。**【英】***a bar*

使い方▼**〔酒場〕**▽酒場で酒を飲む▽大衆酒場　**〔飲み屋〕**▽駅前の一杯飲み屋　**〔居酒屋〕**▽洋風の居酒屋▽居酒屋に寄る

使い分け【1】「酒場」は、酒を飲ませる店の総称。【2】「飲み屋」「居酒屋」は、比較的安価で客が気軽に飲める店。

【関連語】◆**(割烹)**和風料理と酒を出す店。「大衆割烹」◆**(縄暖簾)**安価な和風の酒場。多く、縄で作ったのれんが店先にかかっているところからいう。◆**(ビヤホール)**ビールを主に飲ませる店。◆**(ビヤガーデン)**屋外、ビルの屋上などでビールを飲ませる店。◆**(パブ)**西洋風の酒場。イギリスの大衆酒場の意から。◆**(スナック)**西洋風の酒場。比較的小規模のものをいう。◆**(クラブ)**高級な西洋風の酒場。女性が接客する。「会員制のクラブ」◆**(キャバレー)**多くはダンスをするスペースや舞台があり、ショーを見ながら女性の接客を受ける西洋風の酒場。「キャバレーの踊り子」◆**(バー)**カクテルなども飲ませるカウンター形式の酒場。「バーのホステス」

参照▼割烹⇒408-01　クラブ⇒504-29　バー⇒419-26

503-46 喫茶店／カフェテラス／茶房／茶店

共通する意味★主としてコーヒーや紅茶などを供する店。**【英】***a coffee shop*

使い分け【1】「喫茶店」「カフェテラス」「茶房」は、コーヒー、紅茶、軽食などを出す洋風の店。三語については、意味・用法の相違はあまりない。【2】「茶店」は、街道や観光地などにある簡単な店構えの和風の店。「峠の茶店」

503-47 問屋／ブローカー

共通する意味★生産者や輸入業者と小売商との仲立ちをする商店や人。

使い方▼**〔問屋〕**▽問屋を通さないで安く仕入れる▽そうは問屋がおろさない（＝そうは思いどおりにうまくいかない）▽呉服問屋▽卸売問屋　**〔ブローカー〕**▽海産物関係のブローカー

使い分け【1】「問屋」は、卸売りをする商家をいう。「といや」の変化した語。**【英】***a wholesale dealer*　【2】「ブローカー」は、仲買人のこと。

503-48 卸／卸売り／仲買／小売り

共通する意味★商品が生産者から消費者へ渡る過程における売買の形態。**【英】***wholesale business*

使い方▼**〔卸〕**▽繊維関係の卸をしている▽卸の値段　**〔卸売り〕**▽百個単位でないと卸売りはできない▽中央卸売市場▽卸売物価指数　**〔仲買〕**▽仲買の業者が入ってマージンを取る▽仲買人　**〔小売り〕**▽小売りのマージンはごくわずかだ▽小売業者▽小売商

使い分け【1】「卸」「卸売り」は、問屋が生産者、または輸入業者から商品を買い入れて、それを小売商に売り渡すこと。【2】「仲買」は、問屋と小売商、または生産者と問屋、荷主との間で売買の仲立ちをすること。また、それを行う人。【3】「小売り」は、問屋などから仕入れた品物を直接消費者に売ること。

504 …会議・集団

504-01 集まる／集う／群がる／群れる

【関連語】◆(屯)◆(駆け付ける)◆(すだく)◆(たかる)◆(固まる)◆(参集)

共通する意味★多くの人または動物が一か所に寄り合う。**【英】***to gather*

使い方▼**〔集まる〕**(ラ五)▽猫がマタタビに集まってきた▽会議室に集まってください　**〔集う〕**(ワ五)▽平和集会に集う人々▽若人が広場に集い、語り合った　**〔群がる〕**(ラ五)▽アイドルに群がるファン▽野次馬が大勢群がっている事故現場　**〔群れる〕**(ラ下一)▽街角で少年たちが群れている

	クラス会に□	六時に□	客が特価品に□	砂糖に□アリ	□て騒ぐ
集まる	○	○	△	○	○（－っ）
集う	○	△	－	－	－（－っ）
群がる	－	－	○	○	○（－っ）
群れる	－	－	○	○	○（－れ）

使い分け【1】「集まる」「集う」は、ものを対象とする場合にも、空間(場所)を対象とする場合にも用いることができる。これに対して、「群がる」「群れる」は、ものを対象とし、その周りにびっしりと寄り合っているような場合には用いることができるが、「会議室に群がる」「広場に群れる」のように、特定の空間的な範囲の中に寄り合う意では用いにくい。

【2】「集まる」は、人や動物だけでなく、「お金が集まる」「同情が集まる」のように、物事にも用いられる。また、「集う」は、人が何かをする目的で一か所に寄ってくる意で、物事には使えない。【3】「集う」「群がる」「群れる」は、命令・依頼表現には使えない。【4】「群がる」「群れる」は「ハイエナが死体に群がっている」「水辺に鳥が群れている」のように、動物に使われることが多い。【5】「集まる」「集う」「群がる」には、あちこちから集まってくるという動作性が含まれるが、「群れる」にはそれがなく、集団をなした状態を表わすのに用いられる。

【関連語】◆**(屯)**スルある仲間などが群れ集まること。元来、兵の群れ、また、兵の駐屯(ちゅうとん)する所をいった。「公園にたむろする少年たち」◆**(駆け付ける)**(カ下一)急いで行ってそこに到着する。「いざという時はいつでも駆け付けます」◆**(殺到)**スル多くの人、物事が一度に押し寄せること。「ファンがサイン会に殺到した」「仕事が殺到して大忙しだ」◆**(すだく)**(カ五)本来は、虫や鳥などが群がる意だが、後世誤って虫が群がり鳴く意で用いられるようになった。「草むらにすだく虫」◆**(たかる)**(ラ五)利益や興味のある所に群がり集まる。「野次馬がたかる」「寄ってたかっていじめる」「アリが砂糖にたかる」◈欲しい物を他人にねだったり、おどかしたりして手に入れようとする意もある。「先輩にたかっておごらせる」「不良にたかられる」◆**(固まる)**(ラ五)人や動物が一か所に集まったまま動かないでいる。「うしろの方に固まらず前の方へ出てきなさい」◆**(参集)**スル人が集まってくること。「御参集の皆様に申しあげます」

参照▼固まる⇒908-60

504-02 集める/寄せ集める/駆り集める/掻き集める/呼び集める

共通する意味★多くの人または動物を一か所にまとめる。**【英】** *to gather*

使い方▼〔集める〕(マ下一)▽社員を全員集めて会議を開く▽有能な人材を集める　〔寄せ集める〕(マ下一)▽はみ出し者を寄せ集めて作った課　〔駆り集める〕(マ下一)▽アルバイトを駆り集める　〔掻き集める〕(マ下一)▽野球のメンバーをかき集める　〔呼び集める〕(マ下一)▽祭りの準備のために町内の若者を呼び集める

	頭数だけはそろうように□	参加者を□	生徒を校庭に□	馬を牧舎に□
集める	○	○	○	○
寄せ集める	○	△	-	-
駆り集める	○	○	-	○
かき集める	○	○	-	-
呼び集める	○	○	○	-

使い分け【1】「集める」が、最も一般的に使われる。人や動物ばかりでなく、「寄付を集める」「情報を集める」のように、物事にも用いることができる。【2】「寄せ集める」「駆り集める」「掻き集める」は、間に合わせに急いでまとめるような場合に用いられる。「駆り集める」は、人や動物以外には用いられない。【3】「呼び集める」は、方々に散っている人を呼んで一か所にまとめる意。

504-03 収集/採集/採取

共通する意味★いろいろな物や情報などを取り集めること。**【英】** *collection*

使い方▼〔収集〕スル　〔採集〕スル　〔採取〕スル

	珍しい蝶(ちょう)を□	切手を□	浜辺の生物を□	砂利を□	シダ類を□
収集する	○	○	-	-	-
採集する	○	-	○	-	○
採取する	○	-	○	○	-

使い分け【1】「収集」は、研究や趣味のために、ある価値的な基準、体系のもとに、ある種の品を集め、まとめること。一般的には、研究よりも趣味にいう場合が多い。また、「収集癖」「ごみ収集車」のように、単にいろいろ取り集めることにもいう。「蒐集」とも書く。【2】「採集」は、自然の生物や鉱物などを研究、調査のため広く集めること。「蝶の採集」は、自然の蝶を捕らえ集めることだが、「蝶の収集」は、その人にとって価値のある蝶を、標本で買う場合も含め、とにかく集めることにいう。**【英】** *to collect*(採集する)【3】「採取」は、「指紋を採取する」「血液を採取する」のように、研究、調査、検査などのために必要なものを、見本として採ること。**【英】** *to pick*(採取する)

504-04 募集/公募/急募/募る

【関連語】◆(求人)◆(リクルート)

共通する意味★一般に広く呼び掛けて、人や物などを集めること。**【英】** *recruitment*

使い方▼〔募集〕スル▽募集に応ずる▽経験者を若干名募集する▽懸賞論文募集▽花嫁募集　〔公募〕スル▽読書感想文を公募する▽助教授を公募によって採用する　〔急募〕スル▽欠員を急募する▽パート急募　〔募る〕(ラ五)▽会員を募る▽寄付を募る

使い分け【1】「募集」は、特に条件などを付けず、広く一般から集めること。【2】「公募」は、条件に該当する人はだれでも希望できる事柄を、特に公にして集めること。【3】「急募」は、急いで集めること。【4】「募る」は、広く呼び掛けて集める意。文章語。また、「恋しさが募る」「不満が募る」のように、おさえていたものが勢いを増す意もある。

【関連語】◆(求人)必要とする働き手を一般から探

し求めること。「求人に応ずる」「求人難」◆〈リクルート〉人を募集すること。人材を求めること。「リクルートファッション」

504-05 集合（しゅうごう）／集結（しゅうけつ）

【関連語】◆〈結集〉けっしゅう◆〈糾合〉きゅうごう

共通する意味★人や物が一か所に集まること。**【英】** *gathering*

使い方▼〔集合〕スル▽生徒を講堂に集合させる　〔集結〕スル▽駅前にパトカーが集結している

	駅前に□する	七時が□の時刻だ	警官隊が□している	各地の軍隊を□させる
集合	○	○	-	-
集結	△	-	○	○

使い分け「集合」は、日常的なさまざまな集まりに関して用いられるのに対し、「集結」は、軍隊や警察など命令系統のはっきりした組織的な集まりに関して用いられる。

反対語▼集合⇔解散　集結⇔分散

【関連語】◆〈結集〉スルばらばらになっている人や物をひとつに集めてまとめること。「精鋭部隊を結集する」「総力を結集して解決にあたる」◆〈糾合〉スルある目的のために多くの人を呼び集めること。文章語。「同志を糾合する」

504-06 参加（さんか）／参画（さんかく）／加入（かにゅう）／加盟（かめい）／仲間入り（なかまいり）

【関連語】◆〈入会〉にゅうかい◆〈飛び入り〉とびいり◆〈飛び込み〉とびこみ

共通する意味★ある集団にその一員として入ること。**【英】** *participation*

使い方▼〔参加〕スル▽オリンピックは参加することに意義がある▽参加者　〔参画〕スル▽新プロジェクトに参画する　〔加入〕スル▽生命保険に加入する　〔加盟〕スル▽ECに加盟している国々▽加盟店　〔仲間入り〕スル▽晴れて国会議員の仲間入りをする

	事業への□	労働組合への□	国連への□	社会人への□
参加	○	○	△	-
参画	○	-	-	-
加入	-	○	○	-
加盟	-	-	○	-
仲間入り	-	-	△	○

使い分け【1】「参加」「加入」「仲間入り」は、個人、団体いずれについても用いられるが、「加盟」は、団体や国などに用い、一個人が加わることには用いない。【2】「加入」は、ある会や団体、組織などに入り、その一員であることを強く意識し、何らかの恩恵を受けたり、義務を負ったりするような場合に用いる。一方、「参加」は、団体や催しなどに仲間として加わるが、それほど緊密な結び付きを持たないような場合にも用いられる。【3】「参画」は、政策、事業などの計画に加わること。【4】「仲間入り」は、くだけた言い方に用いる。

反対語▼加入・加盟⇔脱退

【関連語】◆〈入会〉スル組織に入って、その会員になること。⇔脱退。「スポーツクラブに入会する」「入会手続き」「入会金」◆〈飛び入り〉スル仲間でない者や予定していた参加者以外の者が不意に参加すること。「カラオケ大会で飛び入りで歌った」「飛び入り歓迎」◆〈飛び込み〉予約や紹介などなしで、いきなりそこへ顔を出すこと。「飛び込みでセールスをして回る」

504-07 団結（だんけつ）／大同（だいどう）／大同団結（だいどうだんけつ）

共通する意味★多くの人や団体が特定の目的のために一つにまとまること。

使い方▼〔団結〕スル▽団結が固い▽団結して敵にあたる▽団結は力なり　〔大同〕▽諸団体の大同で闘争を進めよう　〔大同団結〕スル▽各派が大同団結する

使い分け【1】「団結」は、ある特定の目的のため、あるいはある特定の考え方などのもとに強くまとまる場合に用い、まとまりの度合いは非常に強い。**【英】** *unity*【2】「大同」は、あまり一般的には用いられない。また、「小異を捨てて大同に就く」のように、大体同じであることの意もある。【3】「大同団結」は、対立する小さい意見の違いなどを超えてまとまること。団体や党派などがまとまることにいう。**【英】** *a union*

504-08 結成（けっせい）／結団（けつだん）／結党（けっとう）／立党（りっとう）／結社（けっしゃ）

共通する意味★ある目的にそった団体を作りあげること。**【英】** *organization*

使い方▼〔結成〕スル▽新チームを結成する　〔結団〕スル▽選手団の結団式　〔結党〕スル▽わが党も結党してから十年になる　〔立党〕▽立党の精神を忘れない　〔結社〕▽結社の自由を保障する▽秘密結社

使い分け【1】「結団」は、団体を作ること、特に「…団」の名称の団体を作ること。「結党」「立党」は、政党や党派を作ることだが、「結成」は、さらに広くいろいろな場合に使われる。【2】「結社」は、ある目的を遂行するために作られた継続的な団体の意で使われることが多い。

反対語▼結団⇔解団　結党⇔解党

504-09 合同（ごうどう）／合併（がっぺい）／合体（がったい）／連合（れんごう）

【関連語】◆〈合一〉ごういつ◆〈同盟〉どうめい◆〈連盟〉れんめい◆〈併合〉へいごう◆〈合流〉ごうりゅう

共通する意味★二つ以上の、独立したものが一つに合わさること。**【英】** *combination*

使い方▼**〔合同〕**スル▽企業が合同でイベントを開く　**〔合併〕**スル▽あの会社は吸収合併された　**〔合体〕**スル▽二部族が合体して強力な部族となった▽公武合体　**〔連合〕**スル▽保革が連合して事態に対応する▽国際連合

	三部門の□	三つの会社の□	□で行事を行う	町村が□して市となる
合同	○	△	○	-
合併	○	○	-	○
合体	○	○	-	-
連合	○	-	△	-

使い分け【1】「合同」は、「合同で開催する」「合同の会議をする」などのように、二つ以上のものが特定の目的のために一時的に一つにまとまる場合に用いられる。また、「この三角形とその三角形とは合同である」のように、数学で、二つの図形がぴったりと重ね合わせられることにもいう。【2】「合併」は、多くの場合、継続して組織的に一つになることに用いられるが、「二組合併で授業をする」「合併症」などのように、ただ単に一つに合わさる場合にも用いられる。【3】「合体」は、文字どおり体が合わさることで、組織的に一つになること。「合同」「合併」にくらべると使われることは少ない。【4】「連合」は、組織的に別々のものが、特定の目的のために協力し合うこと。ある事柄に対処するために一時的に協力し合う場合にも、継続的に協力し合う場合にも用いられる。

【関連語】◆**〔同盟〕**スル個人・団体または国家が、お互いに共同の目的を達するため同一の行動をとることを約束すること。また、それによってできた仲間。「隣国と同盟を結ぶ」「不買同盟」◆**〔連盟〕**団体や国家などが、共同の目的のために協力し、行動をともにすることを誓うこと。また、そのような組織体。「連盟に加入する」◆**〔合一〕**スル一つに合わさること。「合同」に近いが、あまり用いられない。「知行合一」◆**〔併合〕**スル規模、勢力などの大きいものが、小さいものを取り込んで一つにすること。「A社はB社に併合された」◆**〔合流〕**スル個人もしくは集団が、別の人や集団と一緒になること。元来、二つ以上の流れが合わさって一つになること。「別々に行って旅館で合流しよう」「賀茂川と高野川が合流して鴨(かも)川となる」

504-10 総合(そうごう)／総括(そうかつ)／統括(とうかつ)／包括(ほうかつ)／一括(いっかつ)

【関連語】◆**〔統合〕**とうごう◆**〔集約〕**しゅうやく◆**〔集成〕**しゅうせい◆**〔締め括り〕**しめくくり◆**〔統一〕**とういつ

共通する意味★多くのことを一つに合わせ、まとめること。

使い方▼**〔総合〕**スル▽調査の結果を総合して判断する　**〔総括〕**スル▽全体を総括して判断する▽総括的な知識　**〔統括〕**スル▽販売部門と営業部門を統括する　**〔包括〕**スル▽全員の意見を包括する　**〔一括〕**スル▽一括して審議する

	質問を□する	意見を□して結論を出す	種々の考えを□した案	□的な扱い
総合	○	○	○	○
総括	○	○	○	○
統括	○	-	○	-
包括	○	-	○	○
一括	○	-	-	-

使い分け【1】「総合」は、まとめる対象の範囲を広げて、それを合わせるようにすることに意味の重点があるが、「総括」は、「問題点を総括する」のように、対象を一つにしぼってとりまとめることに意味の重点がある。**【英】** *synthesis*（総合）【2】「総合」には、多くの物事をまとめたものの意もあり、「種目別では敗れたが、総合で優勝する」「総合商社」のように用いる。【3】「総括」は、「春闘の総括」「今学期の総括」のように、一定の行動、一定の期間などを対象として、そのしめくくりをつけることもいう。**【英】** *generalization*【4】「統括」は、ばらばらに分かれて存在しているものを一つにまとめること。「包括」は、もれなくまとめて包み込むこと。「一括」は、全体を羅列的にまとめること。**【英】** *control*

反対語▼総合⇔分析

【関連語】◆**〔統合〕**スル独立したもの二つ以上をまとめて一つにすること。「文化部と厚生部を統合する」◆**〔集約〕**スル多数のものを集めて、ある分量に整理してまとめること。「今までに出た意見を集約する」◆**〔集成〕**スル文学作品、資料など、同じ範疇(はんちゅう)に属するものを、ある規準のもとに集めて一つにまとめること。「古今の名歌を集成する」◆**〔締め括り〕**決着をつけること。「話の締め括りをつける」◆**〔統一〕**スルばらばらのものを一つの組織、系統のもとに整えること。「組織内部の統一をはかる」「全員の意思を統一する」

504-11 結合(けつごう)／複合(ふくごう)／融合(ゆうごう)

【関連語】◆**〔合成〕**ごうせい

共通する意味★二種以上のものが、結び合ったり重なったり混じったりして一つになること。

使い方▼**〔結合〕**スル▽東洋医学と西洋医学との結合▽原子が結合して分子となる　**〔複合〕**スル▽異種の文化が複合して新しいものに発展した▽複合競技　**〔融合〕**スル▽東西の文化が融合した跡が見られる▽都市と農村の融合▽核融合

使い分け【1】「結合」は、二つ以上のものが組織的につながること。特に、構造上互いに絡み合い、結び合っていることが強く意識されるような場合に用いられる。【英】*combination*【2】「複合」は、つながり合ったり重なったりして一つになること。その結果でき上がった新しいものが念頭におかれる場合が多い。「融合」は、二つ以上のものが複雑に混じり合い、一つになった場合に用いられる。抽象的概念ではなく、具体的なものに用いる場合には、混じり合うもの同士の原形が変わるようなときにいう。【英】*compositeness*
【関連語】◆〔合成〕スル 二つ以上のものを合わせて、別のものを作ること。⇔分解。「合成の写真を作る」「新しい方法で合成した新繊維」

504-12 共存(きょうぞん)／併存(へいぞん)

【関連語】◆〔同居〕どうきょ ◆〔両立〕りょうりつ

共通する意味★二つ以上のものが同時に存在すること。【英】*coexistence*
使い方▼〔共存〕スル▽肉食獣と草食獣とが共存する▽自然とうまく共存する▽平和共存 〔併存〕スル▽一つの職場に二つの労働組合が併存している▽新暦と旧暦が併存している
使い分け【1】「共存」は、二つ以上のものが互いに損なうことなく、うまく折り合いをつけて同時に存在すること。「併存」は、本来同時に存在すべきでないものが、一定の関係を保ちながら存在しているような場合に用いられる。【2】「共存」「併存」は、「きょうそん」「へいそん」ともいう。
【関連語】◆〔同居〕スル 一緒に住むことから転じて、異質のものが同じ所に存在すること。「進歩的な考えと保守的な考えとが同居している」◆〔両立〕スル 二つのものが同時に支障なく存在すること。「仕事と家庭を両立させる」
参照▼同居⇒501-07

504-13 一員(いちいん)／成員(せいいん)／メンバー

【関連語】◆〔会員〕かいいん ◆〔団員〕だんいん ◆〔顔ぶれ〕かおぶれ ◆〔委員〕いいん

共通する意味★ある集団を構成する人。【英】*a member*
使い方▼〔一員〕▽クラブの一員から会長になった▽愛犬もわが家の一員だ▽調査団の一員になる 〔成員〕▽このグループの成員は女性ばかりだ▽自由社会の成員としての権利と義務 〔メンバー〕▽麻雀のメンバーが足りない▽調査団のメンバーの一部を交代させる

	会の□	家族の□	チームの□	□がそろう
一員	○	○	○	-
成員	○	△	△	-
メンバー	○	-	○	○

使い分け【1】「一員」は、ある組織に属し、それぞれの仕事や役割を持った人の意。【2】「成員」は、「構成員」ともいう。【3】「メンバー」は、日常の話し言葉として用いられることが多い。また、特にスポーツのチームを構成している人の意で用いられる。「ベストメンバー」「スターティングメンバー」
【関連語】◆〔会員〕その会を構成する人。「ゴルフクラブの会員になる」「会員制のクラブ」「会員証」◆〔団員〕「団」の名称を持つ団体を構成する人。「オーケストラの団員」「視察旅行団の団員」◆〔顔ぶれ〕競技、会合、事業などに参加する人々。多く、修飾する語とともに用いられる。「出席者はそうそうたる顔ぶれだった」「いつもの顔ぶれが集まった」◆〔委員〕ある団体の中から選ばれ、団体員を代表して、その団体の特定の仕事にあたる人。「審議会の委員を務める」「学級委員」「教育委員」「委員会」

504-14 満場(まんじょう)／満座(まんざ)／全会(ぜんかい)／一座(いちざ)

共通する意味★その場に集まっているすべての人。【英】*the whole audience*
使い方▼〔満場〕▽満場の観衆はいっせいに立ちあがった▽その一言で満場笑いのうずとなった 〔満座〕▽満座の中で恥をかかされた▽満座の視線を浴びる 〔全会〕▽全会こぞって彼を支持した 〔一座〕▽一座の中からひとりの男が立ちあがった

	□のみなさん	□の注目を浴びる	□一致で決める	□を見わたす
満場	○	△	○	△
満座	-	○	-	-
全会	-	-	○	-
一座	○	△	-	○

使い分け【1】「満場」「満座」は、人間がその場所にたくさんいる場合に用いられる。また、「満座」は、「満場」よりも小規模な場合に用いられることが多い。【2】「全会」は、その会全体。または、会議などで全員の意。【3】「一座」は、「満座」よりさらに小規模な場合に使う。また、「一座の花形」「旅回りの一座」のように、共に興行をしている役者、芸人の一団体の意もある。

504-15 出席(しゅっせき)／列席(れっせき)／臨席(りんせき)／顔出し(かおだし)

【関連語】◆〔参列〕さんれつ ◆〔参会〕さんかい ◆〔出場〕しゅつじょう ◆〔出頭〕しゅっとう ◆〔臨場〕りんじょう ◆〔親臨〕しんりん ◆〔出御〕しゅつぎょ

共通する意味★会合、式、授業などに出ること。【英】*presence*
使い方▼〔出席〕スル▽懇親会に出席する▽出席をとる▽出席日数 〔列席〕スル▽祝賀会には各界の有名

人が列席した▽御列席の皆様　〔臨席〕スル▽本日の式典には大臣にも御臨席賜りました▽御臨席の皆様　〔顔出し〕スル▽忘年会に顔出しする

	式典に□する	町内会の寄り合いに□する	授業に□する	ちょっとだけ□してくる
出席	○	○	○	△
列席	○	-	-	-
臨席	○	-	-	-
顔出し	○	○	-	○

使い分け【1】「出席」は、授業や会合、集会などに出ること。最も一般的に使われるが、勤めや試合に出る場合には使われない。【2】「列席」「臨席」は、関係者の一人として出席すること。「列席」は、かしこまった席に出る場合に使う。日常の話し言葉としてはあまり用いられない。【3】「顔出し」は、くだけた言い方。また、「叔父のところにちょっと顔出ししてくる」のように人の家を訪ねることの意もある。

反対語▼出席⇔欠席

【関連語】◆**(参列)**スルほかの人と一緒に式などの改まった場に出ること。「葬儀に参列する」「参列者」◆**(参会)**スル会合に参加すること。「参会者」◆**(出場)**スル競技や催しなどに参加すること。多く、自ら何かを行ったり演じたりするような場合に用いられる。「体育大会に出場する」◆**(出頭)**スル役所などへ本人が出向くこと。「税務署に出頭する」「出頭命令」◆**(臨場)**スルあることが行われている現場に臨むこと。現在では、「臨場感」の形で、まるでその場に臨んだような感じであることを表わすのに用いることが多い。◆**(親臨)**スル皇族、特に天皇が儀式や行事などに出ること。古めかしい言い方。「陛下の親臨を仰ぐ」◆**(出御)**スル天皇、皇后が儀式や行事に出るために皇居の外へ出ること。古めかしい言い方。「天皇陛下が植樹祭に出御される」

504-16 来場／来会

共通する意味★ある会場にやってくること。**【英】** *attendance*

使い方▼〔来場〕スル　〔来会〕スル

	ご□の皆様	車でのご□はできません	□してご意見をお聞かせ下さい	□予定者に通知を出す
来場	○	○	△	-
来会	○	△	○	○

使い分け【1】「来場」は、主に映画、演劇、その他催し物が行われる会場に来ることをいう。主催者側が「ご来場」の形で使うことが多い。【2】「来会」は、参加の意識を持ち、会議、会合などの席に出ることをいう。

504-17 同席／同座

◆(末席を汚す)

共通する意味★同じ会や集まりなどに居合わせること。**【英】** *to sit with (a person)*

使い方▼〔同席〕スル　〔同座〕スル

	その会で彼と□した	医師□のうえで取り調べる	関係者が□する	□の人々
同席	○	○	○	○
同座	○	-	○	○

使い分け「同座」は、「同席」よりも、その場に一緒にいる意が強く、二人、三人といった小人数のときはあまり用いない。また、「事件に同座する」のように、「連座」の意で使うこともある。

【関連語】◆**(陪席)**スル身分の高い人や、目上の人と同席すること。「陪席の栄を賜る」「陪席裁判官」◆**(末席を汚す)**会に出席したり、仲間に加わったりするのを謙遜していう語。「末席」は「ばっせき」ともいう。「学会の末席を汚しております」「私などが末席を汚しまして…」

参照▼同席⇒819-02

504-18 脱退／離脱

【関連語】◆(退会)◆(退団)◆(退部)◆(脱会)◆(脱党)◆(離党)

共通する意味★関係していた団体から抜け出て、その一員ではなくなること。**【英】** *secession*

使い方▼〔脱退〕スル▽協会からの脱退を表明する　〔離脱〕スル▽政党を離脱する

	連盟からの□	職場を□する	組合を□する	戦線から□する	□者
脱退	○	-	○	-	○
離脱	○	○	△	○	○

使い分け【1】「脱退」は、組織的な団体から抜け出す場合に用いられるのに対し、「離脱」は、特定の場所や状況から身を引く場合にも用いられる。【2】「離脱」には、自由になる意を伴うことが多い。

反対語▼脱退⇔入会・加入・加盟

【関連語】◆**(退会)**スル会から退くこと。「会費が高すぎるので退会したい」◆**(退団)**スル「…団」と名の付く団体から退くこと。「監督は今シーズン限りで退団する」◆**(退部)**スル部活動をやめて退くこと。「演劇部を退部する」◆**(脱会)**スル会を退くこと。「内部紛争後、脱会者が続出した」◆**(脱党)**スル所属している党派から脱退すること。「除名される前に自ら脱党する」◆**(離党)**スル所属している党派から離れること。「脱党」より「離党」の方が穏やかな言い方。「議長はその就任期間中は離党しなければならない」

504-19 退場（たいじょう）／退出（たいしゅつ）／退席（たいせき）

【関連語】◆〈中座〉（ちゅうざ）

共通する意味★それまでとどまっていた場所から立ち去ること。【英】*leaving*

使い方▼〔退場〕スル▽列を組んで入場したが、ばらばらに退場した▽暴力をふるったために退場させられた〔退出〕スル▽あいさつだけして社長室を退出した▽用のない者は退出すること〔退席〕スル▽話し合いの途中で退席した▽終了まで退席しないでください

	会場から□する	勤め先の役所を□する	選手がグラウンドから□する	会議中に所用で□する
退場	○	-	○	-
退出	△	○	-	-
退席	○	-	-	○

使い分け【1】「退場」は、会場や試合場、グラウンドなど比較的大規模で広い場所から立ち去ること。【2】「退出」は、改まった場所や目上の人の所から立ち去ること。【3】「退席」は、会議など比較的狭い場所で行われていたことから立ち去ること。

【関連語】◆〈中座〉スル集会などの途中で席から離れること。「会議の途中ですが中座させていただきます」

504-20 解散（かいさん）／散会（さんかい）

共通する意味★集会などが終わって出席者または参加者が立ち去ること。【英】*breakup*

使い方▼〔解散〕スル▽現地で解散する▽流れ解散〔散会〕スル▽読書会は七時に散会した

使い分け【1】「解散」は、行動をともにしていた人々が別れ散ること。また、「研究会を解散する」のように、組織的な団体が組織を解いて活動をやめること。【2】「散会」は、会合など一時的な集まりがその目的を終え、出席者が帰り去ること。

504-21 人出（ひとで）／人だかり（ひとだかり）／群集（ぐんしゅう）

【関連語】◆〈群衆〉（ぐんしゅう）◆〈人垣〉（ひとがき）◆〈黒山〉（くろやま）◆〈人波〉（ひとなみ）◆〈行列〉（ぎょうれつ）◆〈人通り〉（ひとどおり）◆〈野次馬〉（やじうま）◆〈勢ぞろい〉（せいぞろい）◆〈烏合〉（うごう）◆〈雲霞〉（うんか）◆〈群れ〉（むれ）

共通する意味★人々が群がり集まること。【英】*a crowd*

使い方▼〔人出〕▽祭りには二十万人の人出があった▽連休で海も山もたいへんな人出だ〔人だかり〕▽何かあったのだろうか、向こうで人だかりがしている▽黒山のような人だかり〔群集〕スル▽群集にまぎれて逃げる▽広場を埋め尽くした群集▽群集心理

	すごい□	数万人の□を見込む	□がする	□が押し寄せる
人出	○	○	-	-
人だかり	○	-	○	-
群集	○	-	-	○

使い分け【1】「人出」は、行楽地、催し物など、ある場所に人が多く出て集まること。特定の物の周囲に人が群がっているような状況にはいわない。【2】「人だかり」は、何かをしようとして人が集まること。「人出」よりは、ずっと規模が小さく数十人程度をいう。特定の物の周囲に人が群がっているような状況にいう。【3】「群集」は、一か所に群がり集まることだが、集まった人の固まりをいうことも多い。また、一定の地域に集まって生活または生育する生物の集団をいう。

【関連語】◆〈群衆〉一か所に群がり集まった多くの人々。「群集」と異なり、人にしか使われない。「群衆の前で演説する」◆〈人垣〉人が立ち並んで垣根のようになった状態。「マラソンコースの沿道に人垣ができた」◆〈黒山〉人が大勢群がり集まっているさまをたとえていう。髪の黒い頭が一か所に多く固まって見えるところから。「店の前は黒山の人だかり」◆〈人波〉大勢の人が押し合って揺れ動くさまを波にたとえていう。「人波にもまれて、彼の姿が見えなくなった」◆〈行列〉スル人が順序よく一列に並ぶこと。物にもいう。「パン屋の前に行列ができる」「行列して待つ」◆〈人通り〉人が通行すること。「人通りが絶える」「人通りが激しい道」◆〈野次馬〉物見高く、自分とは関係ないのに、おもしろ半分でむやみと口出ししたり、他人の尻馬（しりうま）に乗って無責任に騒ぎ立てたりすること。また、そういう人。火事や事故の現場などに集まっている人をいうことが多い。「火災現場には大勢の野次馬が出た」「野次馬根性」◆〈勢ぞろい〉スルある目的のもとに全員が集まること。「家族が勢ぞろいして正月を迎える」◆〈烏合〉カラスの群れのような規律のない寄り集まり。「烏合の衆」◆〈雲霞〉雲か霞（かすみ）のように見えるほど、人が群がり集まっているさま。「雲霞のごとき大軍」◆〈群れ〉多く、自然発生的に集まったものにいう。動物にも用いる。「難民の群れ」「ハイエナの群れ」

504-22 過密（かみつ）／すし詰め（すしづめ）／稠密（ちゅうみつ）／目白押し（めじろおし）

共通する意味★人または物が一か所にすき間もないほどたくさん集まっていること。

使い方▼〔過密〕（名・形動）▽人口が過密な地域▽都市の過密化〔すし詰め〕▽すし詰めの電車〔稠密〕（名・形動）▽人口稠密の地〔目白押し〕▽十二月は忘年会の

予定が目白押しだ▽夜店が目白押しに並ぶ

使い分け【1】「過密」は、人口などのほかに、列車のダイヤやスケジュールなどについてもいう。【英】*overcrowding*【2】「すし詰め」は、人や物がすき間なくぎっしり詰まっていること。話し言葉として用いられる。【3】「稠密」は、人や家屋が一か所に多く集まっていること。「稠」は稲が密生する意。文章語。【4】「目白押し」は、人が先を争うように大勢集まってきて、込み合うこと。メジロが枝にとまるとき、仲間を押し合うようにして並ぶところからいう。

反対語▼過密⇔過疎

504-23 込む／込み合う／たて込む／ごった返す

【関連語】◆(ひしめく)◆(ごたつく)

共通する意味★人や物が身動きできないほどいっぱいに入り合う。【英】*to be congested*

使い方▼〔込む〕(マ五)▽込んだバスの中で財布をすられた▽スケジュールが込んでいて休めない　〔込み合う〕(ワ五)▽入り口付近は込み合います　〔たて込む〕(マ五)▽場内がたて込んでいた　〔ごった返す〕(サ五)▽帰省ラッシュで空港はごった返していた▽事故現場は野次馬でごった返した

	バーゲンで店内が□	電車が□	仕事が□	日程が□で(て)いる	行楽地は人波で□で(て)いる
込む	○	○	○	-ん○	-ん-
込み合う	○	○	○	-っ-	-っ-
たて込む	○	-	○	-ん○	-ん-
ごった返す	○	-	-	-し-	-し○

使い分け【1】「込む」が一般的に使われる。「混む」とも書く。また、「手の込んだやり口」のように、複雑に入り組む意でも用いられる。「込み合う」は、この意では用いられない。【2】「たて込む」は、「込む」「込み合う」とは異なり、あまり動作性がない。したがって、人や車がたえず動いているような場所、たとえば道路、駅などには使えない。「狭い地域に家がたて込んでいる」のように、特に、すきまなく建築物が密集している意でも用いられ、「建て込む」とも書く。【3】「ごった返す」は、ある範囲に限定して表現する意が強い。「電車がごった返す」とはいえないが、「車内がごった返す」とはいえる。

【関連語】◆(ひしめく)(カ五)人が大勢集まり、押し合うようにして騒ぐ。「場内は定員オーバーで、観客がひしめいている」◆(ごたつく)(カ五)混乱する。また、問題が起きてもめる。「会場は人が殺到してごたついている」

504-24 人込み／混雑／雑踏

【関連語】◆(ラッシュ)

共通する意味★人が大勢集まって込み合っていること。【英】*a throng*

使い方▼〔人込み〕▽人込みをかき分けて通る▽人込みにまぎれ姿を見失う　〔混雑〕スル▽入り口付近は混雑する▽道路が狭いため交通の混雑は避けられない　〔雑踏〕▽商店街は雑踏を極めている▽街の雑踏を逃れ、田舎で暮らす

	繁華街の□	車内の□	都会の□から抜け出す	□にもまれる	境内は□をきわめている
人込み	○	-	△	○	-
混雑	○	○	△	-	○
雑踏	○	-	○	△	○

使い分け【1】「人込み」は、「雑踏」にくらべ、人の集まっている範囲が狭く、一か所に固まっているような場合に用いられるのに対し、「雑踏」は、人の密度、密集度は「人込み」より低い。「人混み」とも書く。【2】「混雑」は、「車が混雑している」のように、人だけでなく物に対しても使う。

【関連語】◆(ラッシュ)多くの人や物が一時にまたは一か所に押し寄せること。多く、「ラッシュアワー」の略として用いられる。「ラッシュにもまれて通勤する」「通勤ラッシュ」「雑誌の発刊ラッシュ」

504-25 どっと／どやどや

【関連語】◆(わんさわんさ)◆(ぞろぞろ)

共通する意味★人が大勢集まるさまを表わす語。

使い方▼〔どっと〕(副)▽求人広告を出したら、応募者がどっと集まった▽ファンがどっと押し寄せた　〔どやどや〕(副)▽カメラマンが会場にどやどやと入ってきた

使い分け【1】「どっと」は、大勢の人が一度に集まるさまを表わすのに対して、「どやどや」は、一時にある場所に騒がしく出入りするさまを表わし大人数の場合には使わない。「どやどや」は、量の多さよりも、騒がしい様子に意味の重点がある。【英】*noisily*(どやどや)【2】「どっと」は、「生徒たちがどっと笑い声をあげた」のように、大勢の人が一度に声を上げるさまや、「涙がどっとあふれ出た」「仕事が終わったとたん、どっと疲れが出た」のように、量や勢いが急に増すさまを表わすこともある。

【関連語】◆(わんさわんさ)(副)大勢の人が次々に押し寄せるさま。話し言葉として用いられる。「ステージの前には若者がわんさわんさと詰めかけた」◆(ぞろぞろ)(副)人や物があとからあとから続いているさま。「地下室から人がぞろぞろと出てきた」「調べてみたら余罪がぞろぞろ出てきた」

504-26 うようよ／うじゃうじゃ

共通する意味★人などが大勢集まっているさま。**【英】** *in swarms*

使い方▼〔うようよ〕(副)スル▽都会にはダニみたいなやつらがうようよいる▽空気中にはほこりや黴菌がうようよしている　〔うじゃうじゃ〕(副)▽浜辺には人がうじゃうじゃいる▽箱の中にはゴキブリがうじゃうじゃいる

使い分け【1】二語とも、黴菌や虫などの小さな動物が多数集まって、うごめいているさまに使うのが本来の用法。人についても比喩的に使われるが、あまり好ましい状態を表わすのではなく、何がしかの不快感を伴うのが普通。【2】「うようよ」は、主としてその動きに、「うじゃうじゃ」は、主としてその量に注目した言い方。

504-27 ちらほら／ぱらぱら／ぽつぽつ

共通する意味★人や物がまばらに集まっているさま。**【英】** *scatteringly*

使い方▼〔ちらほら〕(副)▽会場には晴れ着姿も**ちらほら**見える▽秋の海辺には人の姿も**ちらほら**しか見られない　〔ぱらぱら〕(副)▽悪天候で来場者は**ぱらぱら**だ▽観客も**ぱらぱら**帰りはじめた　〔ぽつぽつ〕(副)▽ほとんどが男性で、女性は**ぽつぽつ**だ▽駐車場に車が**ぽつぽつ**と止まっている

使い分け【1】三語とも、あちこちまばらに存在し、存在するもの同士がある程度の距離を保っているさまを表わす。人・物の両方に使われる。【2】「ぱらぱら」は、「大粒の雨がぱらぱらと降る」「本をぱらぱらとめくる」のように、擬音語としても用いられる。【3】「ぽつぽつ」は、「ぽつぽつと雨が降ってきた」「ぽつぽつと穴があいている」のようにも用いられる。

参照▼ぱらぱら⇒713-38　ぽつぽつ⇒713-38

504-28 会場／式場

共通する意味★会や式が行われる場所。

使い方▼〔会場〕▽クラス会の会場に料亭を選ぶ▽バーゲン会場は大盛況　〔式場〕▽式場は講堂です▽結婚式場

使い分け【1】「会場」は、会や催し物を行う場所。**【英】** *a meeting place*【2】「式場」は、儀式を行う場所。**【英】** *a ceremonial hall*

504-29 団体／クラブ

【関連語】◆(サークル)◆(サロン)

共通する意味★同じ目的をもった人々の集団。**【英】** *a party; a company*

使い方▼〔団体〕▽団体で旅行をする▽団体交渉▽政治団体　〔クラブ〕▽囲碁のクラブを作った▽クラブ活動

使い分け【1】「団体」は、共通の目的を持った人々が集まった集団をいう。また、「団体で押しかける」などのように、組織されたものでない場合にも使う。【2】「クラブ」は、多く、特定の共通の目的を持った人々が集まって作った娯楽性や趣味性の高い集団をいう。特に、学校の課外活動の集団をいう。

【関連語】◆(サークル)共にスポーツや文化活動をする人々の集まり。「演劇のサークルに入る」「サークル活動」◆(サロン)芸術家、学者、文化人などの社交的な集まり。元来、フランスの上流社会などで、婦人が主催した社交的な集まりをいった。「このバーは文学者のサロンになっている」

参照▼クラブ⇒503-45

504-30 集団／グループ／組／チーム

【関連語】◆(班)◆(パーティー)

共通する意味★人の集まり。**【英】** *a group*

使い方▼〔集団〕▽集団をつくって行動する▽頭脳集団　〔グループ〕▽グループに分かれて話し合う▽グループ学習　〔組〕▽全員を四つの組に分ける▽紅組と白組　〔チーム〕▽新製品開発のチームを結成する▽チームワーク

	□で研究発表する	作業の□を決める	不良少年の□	□で生活する
集団	△	-	○	○
グループ	○	○	○	△
組	△	○	-	-
チーム	○	○	△	-

使い分け【1】「集団」は、共通の目的のために集まったり、そのために編成されたりしたものではなく、不特定多数の人の集まりだが、何らかの共通性を持っている場合もある。他の三語は、目的、性格が明確な人の集まりを表わしている。【2】「集団」には、「猿の集団」「ミツバチは集団で移動する」のように、動物の集まりの意もある。【3】「組」は、「1組」「A組」「進学組」のように、学級を分けるときにも用いる。他の語と複合する場合には、「…ぐみ」と濁ることが多い。【4】「チーム」は、特に団体競技に参加して勝敗を争うそれぞれの組をいうこともある。

【関連語】◆(班)大きな集団を小人数のまとまりに組み分けたもの。「五人ずつで班を作りなさい」◆(パーティー)登山、探検などで、ともに行動する仲間。また、お祝い、社交などのために行う会合もいう。「冬山で五人のパーティーが行方不明になった」

参照▼組⇒602-67 805-48　パーティー⇒409-22

504-31 会／会合／会議／集会／寄り合い／集まり／ミーティング

【関連語】◆(座談会)ざだんかい◆(集い)つどい◆(まどい)◆(団欒)だんらん

共通する意味★何かを相談したり、話し合ったりするために、人々が一か所に位置を占めること。【英】*a meeting*

使い方▼〔会〕▽明日の会には出られない▽先生の八十歳の誕生日を祝う会▽旅の会▽読書会 〔会合〕スル▽意見の調整がつかず、何度も会合を重ねる▽極秘で会合する 〔会議〕スル▽この問題を次回の会議にはかろう▽職員会議 〔集会〕▽今夜憲法を考える集会がある▽集会、結社の自由 〔寄り合い〕▽町内で寄り合いがある▽自治会の会長を今夜の寄り合いで決める 〔集まり〕▽今度の日曜日にPTAの集まりがある▽女性だけの集まり 〔ミーティング〕▽試合の前にミーティングがある

	□を持つ	□を開く	□をする	□を催す
会	○	○	-	○
会合	○	○	△	△
会議	○	○	○	○
集会	○	○	○	○
寄り合い	○	○	△	-
集まり	○	△	-	-
ミーティング	○	○	○	-

使い分け【1】「会」は、広く用いられ、通常、あまり形式張らず堅苦しくないものに用いることが多い。また、「釣りの会」のように、目的や好みを同じくする者の集団の意もある。【2】「会合」「会議」「ミーティング」は、話し合いのために集まること。「会議」は、職場などで持たれるような仕事上の打ち合わせなどにいう。「ミーティング」は、少し柔らかい言い方。【3】「集会」は、同じ目的をもった多くの人が集まるもの。「寄り合い」は、規模が小さく、地縁関係者などが集まるものをいうことが多い。【4】「集まり」は、話し言葉として用いられる。また、集合、集団の意もある。

【関連語】◆(座談会)数人が、あまり形式ばらずに話し合う会。その様子をマスメディアを通じて公にするものもいう。【英】*a discussion meeting*「地球環境についての座談会」◆(集い)目的や趣味を同じくする者同士の集まりの名称として用いられることが多い。「洋画ファンの集い」◆(まどい)スル親しい者同士の集まり。「夜のまどい」◆(団欒)スル親しい者同士が集まり、楽しく語り合って時を過ごすこと。「食後の団欒のひととき」

504-32 茶話会／懇親会

【関連語】◆(会食)かいしょく◆(懇談会)こんだんかい

共通する意味★つながりのある人たちが交際を厚くするために開く集まり。

使い方▼〔茶話会〕▽園児の母親たちで茶話会を開いた 〔懇親会〕▽PTA総会の後、懇親会が開かれた

使い分け【1】「茶話会」は、茶を飲んだり菓子を食べたりしながら談話を楽しむ、肩のこらない集まり。「ちゃわかい」ともいう。【英】*a tea party* 【2】「懇親会」は、業界、学界、学校などで、いろいろなつながりがある人たちが互いに親しくなるように催される集まり。【英】*a social gathering*

【関連語】◆(会食)スル何人かが寄り集まって一緒に飲食すること。【英】*dining together*「打ち合わせを兼ねて会食する」◆(懇談会)飲食物や余興なしで、互いの親睦しんぼくのために話し合う会。

504-33 総会／大会／部会／例会

共通する意味★ある団体の全員または一部が何かを話し合ったり、決定したりするために開く会合。【英】*a general meeting*

使い方▼〔総会〕▽PTAの総会を開く▽株主総会 〔大会〕▽原水爆禁止を訴える全国大会が開催される▽書記長を党大会で選ぶ 〔部会〕▽全体会議の前に部会で検討する▽この委員会は四つの専門部会から成る 〔例会〕▽毎月第三土曜日に例会を開く▽例会で検討した結果を定期大会で発表する

使い分け【1】「総会」は、団体の構成員全員が参加して開かれる会。これに対し、「部会」は、部門別に開かれる会。【2】「大会」は、「マラソン大会」「かくし芸大会」のように、スポーツや演芸などの大規模な会合に用いることもある。【3】「例会」は、日を決めて定期的に開く会。

504-34 協会／組合／法人

【関連語】◆(協同組合)きょうどうくみあい

共通する意味★特定の目的のために組織される団体。【英】*a society; an association*

使い方▼〔協会〕▽相撲協会▽体育協会 〔組合〕▽労働組合▽共済組合 〔法人〕▽財団法人▽学校法人▽社団法人▽法人税

使い分け【1】「協会」は、ある目的のもとに、単一体としての存在と機能を持つ団体。会員が協力して組織し、維持されるもの。【2】「組合」は、特別法によって、特定の共同目的の遂行のために一定の資格のある人々が組織することを認められている団体。【3】「法人」は、個人ではなく、会社や団体などで権利や義務などの主体となる資格を持っているもの、法律的人格を認められた組織体をいう。

【関連語】◆(協同組合)農民、漁民、中小商工業者、消

費者など資本力の弱い者が協力して生産や消費上の便益を得るために組織する組合。**【英】** *a cooperative association*「生活協同組合」「漁業協同組合」「農業協同組合」

504-35 博覧会／展覧会／展示会

共通する意味★品物、作品などを陳列して一般の人々に見せる会。**【英】** *an exhibition*

	「　」で見た美術品	万国「　」	画家○○氏の「　」	着物と帯の「　」
博覧会	○	○	－	－
展覧会	○	－	○	－
展示会	○	－	－	○

使い分け【1】「博覧会」は、産業、芸術、技術などの振興や、友好のために、いろいろな国や団体、企業などが、生産品、天然物、文化財などを集めて一般に見せる会。大規模で、宣伝の目的もあるものをいう。【2】「展覧会」は、主として美術品、写真など、視覚的芸術を集めて見せる会。【3】「展示会」は、主として企業が商品をアピールするために一般に公開する会。展示のみでなく、即売することもある。

504-36 講／頼もし／無尽

共通する意味★互いに金銭を融通し合う民間の団体。**【英】** *a mutual financing association*

使い分け 一定の期日ごとに一定の掛け金を出し、互いに金銭を融通し合う目的で作られた組織をいう。「頼もし」は、「頼母子」とも書き、「頼母子講」の略。

参照▼無尽⇒808-45

504-37 アカデミー

意味★学問、芸術の発展を目的とし、それに関して指導的な役割を果たす権威者の団体。古代ギリシアで、哲学者プラトンが作った学園の名から。大学、研究所など、研究教育団体、施設の総称としても用いる。

使い方▼〔アカデミー〕▽科学アカデミー

504-38 本流／主流

【関連語】◆(直流)

共通する意味★中心をなす系統、流派など。**【英】** *the main stream*

使い方▼〔本流〕▽保守の本流　〔主流〕▽この学説が学界の主流となった▽党内で主流を占める

使い分け【1】「本流」には、本来的、正統的という意があるが、「主流」は、中心となっているものの意で、正統的という意はない。【2】「本流」「主流」は、元来、川などの根幹をなす流れをいう。

反対語▼本流・主流⇔支流・傍流

【関連語】◆(直流)まっすぐな流れの意から転じて、ある系統を直接に受け継いでいる流派など。「当家は甲斐源氏の直流である」

504-39 派／党／党派

【関連語】◆(閥)◆(派閥)◆(旧派)◆(新派)◆(分派)◆(別派)

共通する意味★利害や主義主張などの共通性によって結びついた集団。**【英】** *a branch; a faction*

使い方▼〔派〕▽新しい派を立てる▽どの派にも属さない▽主流派▽穏健派　〔党〕▽党を組む▽党の方針に従う　〔党派〕▽四つの党派に分かれる▽党派を異にする▽超党派

使い分け【1】いずれも、主義、思想、態度などを同じくすることによってできた集団を表わすが、一般的には「派」が使われる。【2】「党」は、特に、政治上の主義、主張を同じくする人々の団体に使われることが多く、「党派」は、「党」の中の分派を表わすことが多い。

【関連語】◆(閥・派閥)出身や利害を同じくする者で結成する排他的な集まり。「閥を作る」「派閥争い」◆(旧派)古い流派、昔風の流儀の意。また、新派劇に対して歌舞伎のこと。「旧派の歌詠み」「旧派に対抗する」◆(新派)新しい流派、新しい風潮。また、明治中期、歌舞伎に対抗してできた劇の一派。「俳壇の新派」「新派の団員」◆(分派)スル流派、政党、学派、団体などが、もとのものから分かれ出ること。また、その分かれ出たもの。「分派を作る」「分派活動」◆(別派)別の流派、流儀の意。「別派を立てる」

504-40 役所／官庁／官公庁

【関連語】◆(官憲)◆(お上)

共通する意味★役人が公務を取り扱う所。**【英】** *a public office*

使い方▼〔役所〕▽役所に勤める▽市役所　〔官庁〕▽官庁に勤めている▽官庁に出入りの業者▽官庁街　〔官公庁〕▽官公庁の労働組合

使い分け【1】「役所」は、一般的に広く用いられるが、話し言葉で、俗な言い方に近い。【2】「官庁」は、法律で定められた国家の事務を取り扱う国家の機関をさし、事務の性格により、「司法官庁」と「行政官庁」とに分けられ、また、管轄区域により、「中央官庁」と「地方官庁」とに分けられる。【3】「官公庁」は、国・地方公共団体およびその他の公の役所をいう。

【関連語】◆(官憲)「官庁」と同意であるが、特に警察関係をさすこともある。「官憲の力を借りる」「官憲の手が回る」◆〈お上〉庶民の側からいう俗な言い方。政府や役人などのことをもいう。「お上のお達し」「お上に逆らう」

504-41 本省／本庁／本局／本署

共通する意味★公的機関の中心となる所。【英】*the home office*

使い方▼〔本省〕▽外局から本省に戻る▽本省の課長〔本庁〕▽本庁へ出張する〔本局〕▽郵便物は一度本局へ集められる〔本署〕▽本署で事情聴取をする

使い分け【1】「本省」は、各省において管下の役所を統括する中央の最高官庁。【2】「本庁」は、各庁の中心となる官庁。【3】「本局」は、郵便局、放送局などの本拠となる所。【4】「本署」は、警察署、消防署、税務署などの本拠となる所。

反対語▼本庁⇔支庁　本局⇔支局

504-42 省／庁／局／署／課

【関連語】◆〈セクション〉

共通する意味★国家の行政機関の組織上の区分。【英】*a section*

使い方▼〔省〕▽公教育を管轄する省▽文部科学省〔庁〕▽県庁▽防衛庁▽警視庁▽庁舎〔局〕▽出先より局に帰る▽局長▽総務省統計局〔署〕▽署へ報告する▽警察署▽署員〔課〕▽新人の歓迎会を課で行う▽人事課▽課長

使い分け【1】「省」は、内閣の中央官庁。【2】「庁」は、内閣府または各省の外局として設置される行政機関。また、一般に行政事務を行う役所。【3】「局」は、「部」「課」の上位に位置するもの。通常、「局」「部」「課」「係」の順。「局」のほかは、官庁以外の一般企業などでも多く使う。【4】「署」は、警察署、消防署、税務署などの略。

【関連語】◆〈セクション〉区分。区画。部門。「財務管理のセクション」

504-43 支署／分署

共通する意味★警察署、消防署、税務署など、「署」のつく役所で、本署から離れた場所に設けられ、本署の管轄下で業務を行う役所。【英】*a branch office*

504-44 公社／公団

共通する意味★公共的事業を経営、遂行するための企業団体。【英】*a public corporation*

使い方▼〔公社〕▽住宅供給公社▽公社債〔公団〕▽日本道路公団▽公団住宅

使い分け【1】「公社」は、資本の全額を国または地方公共団体が出資し、事業の経営に当たる公共企業体をいう。【2】「公団」は、特定の国家事業を遂行するための特殊法人をいう。

504-45 公共事業／社会事業／慈善事業

共通する意味★営利を目的としない事業。

使い方▼〔公共事業〕▽公共事業に力を入れる〔社会事業〕▽社会事業関連の予算〔慈善事業〕▽慈善事業に寄付をする

使い分け【1】「公共事業」は、国や地方公共団体が社会公共の利益を目的として行う事業。病院・学校・道路・交通機関の事業など。【英】*public undertaking*【2】「社会事業」は、社会福祉に関する事業。孤児院、養老院など。【英】*social work*【3】「慈善事業」は、孤児、病人、貧民などの救済を目的に民間が行う事業。【英】*charitable work*

504-46 国立／官立／公立

共通する意味★公の機関が設立し、維持すること。【英】*national; public*

使い方▼〔国立〕▽国立博物館▽国立大学▽国立公園▽国立劇場▽国立療養所〔官立〕▽官立の大学▽官立の学校〔公立〕▽公立の学校へ通う▽公立の図書館▽公立の保養所▽公立の小・中学校

使い分け【1】「国立」は、国が設立し、維持すること。【2】「官立」は、「国立」の古めかしい言い方。【3】「公立」は、地方自治体が設立し、維持すること。

504-47 市立／市立

共通する意味★市が設立し、維持すること。【英】*municipal*

使い分け「いちりつ」は、「私立しりつ」と「市立しりつ」の混同を避けるために呼ぶ言い方。

504-48 私立／私立

共通する意味★個人や民間団体などの私的機関が、私費で設立し、維持すること。【英】*private*

使い分け【1】「わたくしりつ」は、「市立しりつ」と「私立しりつ」の混同を避けるために呼ぶ言い方。【2】多く、幼稚園、小・中・高等学校、大学などの教育機関に関して使う。

反対語▼国立・官立・公立

5 05 …産業・流通・交通

505-01 産業（さんぎょう）／事業（じぎょう）

共通する意味★生産、提供などを行う経済活動。**【英】** *industry*

使い方▼〔産業〕▽産業の発展をはかる▽第三次産業
〔事業〕▽大きな事業を成し遂げる▽事業に失敗する

使い分け【1】「産業」は、農業、工業など生産に直接携わるものだけでなく、商業、サービス業、運送業など、生産に関係あるさまざまなものをも含めていう。【2】「事業」は、営利を目的とする経済活動で、「産業」が、ある地域全体の生産活動を総括的にいうのに対し、「事業」は、個々のレベルの活動をいう。

505-02 実業（じつぎょう）／虚業（きょぎょう）

共通する意味★事業の種別。**【英】** *business*

使い方▼〔実業〕▽実業に就く▽実業界▽実業家
〔虚業〕▽虚業であぶく銭を得る▽虚業家

使い分け「実業」は、農業、商業のような生産、製作、販売などをする事業。対して、「虚業」は、投機のような堅実でない事業の意で、「実業」をもじった語。

505-03 大業（たいぎょう）／偉業（いぎょう）／覇業（はぎょう）

【関連語】◆（難業）なんぎょう

共通する意味★見事な事業。**【英】** *a great achievement*

使い方▼〔大業〕▽国家統一の大業▽大業をなしとげる
〔偉業〕▽今世紀最大の偉業▽偉業を達成する
〔覇業〕▽古今未曾有（みぞう）の覇業

使い分け【1】「大業」は、規模の大きな事業。【2】「偉業」は、偉大な事業。【3】「覇業」は、覇者としての事業。スポーツ、勝負事などの優勝などにもいう。また、偉大な業績。【4】いずれも文章語。

【関連語】◆（難業）むずかしい事業。「海底トンネルという難業に取り組む」

505-04 企業（きぎょう）／公企業（こうきぎょう）／私企業（しきぎょう）／大企業（だいきぎょう）／中小企業（ちゅうしょうきぎょう）

共通する意味★生産、販売、サービスなどの経済活動を継続して行う組織体。**【英】** *an enterprise*

使い分け【1】「公企業」は、国や地方公共団体が、「私企業」は、民間の組織が経営するもの。「企業」はそれらの総称だが、ふつうは民間のものをいう。【2】「大企業」は、資本金や従業員数が大規模のものを、「中小企業」は、中・小規模のものをいう。

505-05 カルテル／トラスト／コンツェルン／シンジケート

共通する意味★企業の独占形態。

使い分け【1】「カルテル」は、同一産業部門の企業間で、価格、生産量などを協定し、市場における競争を制限、排除し、利潤を確保しようとするもの。「企業連合」とも。【2】「トラスト」は、同一産業部門の諸企業が、資本的支配関係を通じて強固な独占体に統合されること。参加企業は、その商業上、生産上、法律上の独立性を失う。「企業合同」とも。【3】「コンツェルン」は、出資、株式参加などの金融的方法によって形成する独占的企業集団のこと。独占の最高形態で、各企業は実質的には中心となる巨大企業や銀行の支配、統制を受けている。わが国の旧財閥など。【4】「シンジケート」は、カルテルの発達したもので、市場の統制を一つの共同販売機関によって行うもの。また、大規模な犯罪組織をいうこともある。

505-06 工業（こうぎょう）／手工業（しゅこうぎょう）／軽工業（けいこうぎょう）／重工業（じゅうこうぎょう）

共通する意味★原料を加工し、種々の製品を作り出す産業。

使い方▼〔工業〕▽工業の盛んな国▽工業用水▽工業都市　〔手工業〕▽かつては手工業が産業の中心だった　〔軽工業〕▽この地域は軽工業に向いている
〔重工業〕▽沿岸には重工業のプラントがある

使い分け【1】「手工業」は、簡単な設備を用いて行う、規模の比較的小さい工業。**【英】** *manual industry*【2】「軽工業」は、食料品や繊維など、比較的軽量の消費財を生産する工業。**【英】** *light industries*【3】「重工業」は、鉄鋼や造船など、重量、容積の大きい生産財を生産する工業。**【英】** *heavy industries*

505-07 会社（かいしゃ）／カンパニー

共通する意味★商行為または営利行為を目的として設立された団体。**【英】** *a company*

使い方▼〔会社〕▽会社を設立する▽会社に勤める▽会社員　〔カンパニー〕▽カンパニーエコノミスト

使い分け「カンパニー」は、他の語と複合して使われる。また、多く、会社名の一部として用いられる。略号 Co.

505-08 社(しゃ)／小社(しょうしゃ)／弊社(へいしゃ)／本社(ほんしゃ)／貴社(きしゃ)

共通する意味★自分や相手の会社を呼ぶ語。

使い方▼〔社〕▽社の方に連絡をください▽社に帰る▽わが社　〔小社〕▽小社に御用命ください　〔弊社〕▽弊社の製品をお買い上げくださいましてありがとうございます　〔本社〕▽本社は明治の創立である　〔貴社〕▽貴社に採用いただければ幸いです

使い分け【1】「社」は、「会社」「新聞社」などの略。自分の勤務している会社をいう語。【2】「小社」「弊社」は、自分の勤務している会社を謙遜(けんそん)していう語。主に手紙などの文章の中で使われる。【英】*my company*【3】「本社」は、この会社の意。「来月から本社勤務になる」のように、会社の中心となっている事業所の意もある。【英】*our company*【4】「貴社」は、相手の勤務している会社を敬っていう語。【英】*your company*

参照▼本社⇒505-17 604-64

505-09 株式会社(かぶしきがいしゃ)／有限会社(ゆうげんがいしゃ)

【関連語】◆(ＫＫ)ケーケー

共通する意味★商法上の会社の種別。

使い分け【1】「株式会社」は、株式を発行し、株主で組織されるもの。【英】*a joint-stock company*【2】「有限会社」は、有限責任の社員だけで組織されるもの。株式会社の特色を中小企業向けに簡素化したもの。【英】*a limited responsibility company*

【関連語】◆(ＫＫ)「株式会社」の略。会社名の前または後につけて書く。

505-10 商社(しょうしゃ)

意味★主として、貿易業務を行う会社。【英】*a trading company*

使い方▼〔商社〕▽商社マン

505-11 工場(こうじょう)／工場(こうば)

共通する意味★機械などの設備を備え、それを使用して継続的に物の製造や加工を行う所。【英】*a factory*

使い方▼〔工場〕こうじょう▽盆と正月は工場が休みだ▽昼夜三交替制の工場▽自動車工場　〔工場〕こうば▽人を使って工場をやっている▽町工場

使い分け「工場(こうじょう)」が、大規模なものをいうのに対して、「工場(こうば)」は、働く者が家族だけか、従業員も四、五人程度の小規模なものをいうことが多い。

505-12 運営(うんえい)／経営(けいえい)

【関連語】◆(営業)えいぎょう

共通する意味★組織を活動させること。【英】*management*

使い方▼〔運営〕スル▽大会の運営にあたる▽会の運営を誤る　〔経営〕スル▽会社の経営が行きづまる▽食料品店を経営する▽新国家の経営に当たる

	一族で会社を□する	国会の□	□が苦しい	□不振で倒産する
運営	○	○	-	-
経営	○	-	○	○

使い分け【1】「運営」は、その機能を十分発揮することができるように、組織、機構などをうまく働かせていくこと。【2】「経営」は、組織や方針などの大もとをととのえて、経済的にうまくいくように事業などを行うこと。特に、会社、商店など、主として営利目的のために設置された組織を、利益があがるように動かしていくことをいう場合が多い。

【関連語】◆(営業)スル利益を得ることを目的として事業や商売を行うこと。また、会社で、商品の販売関係の業務、またそれを行う部門のことをいう。「露店の営業を認める」「営業の仕事をしている」「営業中」「営業停止」「営業マン」

505-13 国営(こくえい)／官営(かんえい)

共通する意味★国家が経営すること。【英】*government management*

使い方▼〔国営〕▽国営の事業▽国営放送　〔官営〕▽官営の工場▽官営農場

使い分け「官営」は、「国営」の古めかしい言い方。

反対語▼民営

505-14 民営(みんえい)／私営(しえい)

【関連語】◆(民間)みんかん

共通する意味★民間で経営すること。【英】*private management*

使い方▼〔民営〕▽民営のプール▽民営鉄道▽民営化　〔私営〕▽私営のバス▽私営鉄道▽私営アパート

使い分け「私営」は、個人や民間の会社が経営すること。

反対語▼民営⇔国営・官営・公営　私営⇔公営

【関連語】◆(民間)公の機関に属さないこと。「民間企業」「民間人」

505-15 半官半民(はんかんはんみん)

意味★政府と民間が共同出資して事業を経営するこ

と。【英】*semi-governmental management*
使い方▼〔半官半民〕▽産業ロボットの開発を半官半民で行う

505-16 自営（じえい）／直営（ちょくえい）

共通する意味★自分で商売をすること。【英】*self-management*
使い方▼〔自営〕スル▽実家は米屋を自営している▽自営業　〔直営〕スル▽工場直営の販売店▽直営農場
使い分け【1】「自営」は、個人で商売を営むこと、個人で独立して商売をすることをいう。【2】「直営」は、ある商売を他を介せずに直接経営すること。

505-17 本社（ほんしゃ）／本店（ほんてん）／本部（ほんぶ）

【関連語】◆〔本舗〕ほんぽ
共通する意味★組織の中心となる所。【英】*the head office*
使い方▼〔本社〕▽本社は東京にある　〔本店〕▽大阪の本店▽デパートの本店　〔本部〕▽体育大会の本部が設置された▽国連本部
使い分け【1】「本社」は、会社の中心となる事業所。また、いくつかの神社のうちで中心となる神社もいう。【2】「本店」は、支店、分店などがある場合の、営業の本拠となる店。【3】「本部」は、事業・行事・団体・組織などの中心となる機関。【4】「本社」「本店」は、それぞれ、当社、当店の意でも使われる。
反対語▼本社⇔支社・出張所　本店⇔支店　本部⇔支部
【関連語】◆〔本舗〕特定の商品を製造、販売するおおもとの店。
参照▼本社⇒505-08 604-64

505-18 支社（ししゃ）／支店（してん）／支局（しきょく）／支所（ししょ）／支部（しぶ）

【関連語】◆〔出張所〕しゅっちょうじょ◆〔出店〕でみせ
共通する意味★組織の中心となる所から分かれて設けられた組織の一部。【英】*a branch*
使い方▼〔支社〕▽本社から支社に転勤になる▽支社長　〔支店〕▽海外に支店を出す　〔支局〕▽新聞社は全国に支局をはりめぐらしている　〔支所〕▽支所を新設する　〔支部〕▽この団体は四つの支部をもつ▽西部支部
使い分け【1】「支社」は、会社や団体などの地方におかれた出先の事務所をいう。【2】「支店」は、本店と同系列の店をいうだけでなく、会社や銀行などの地方におかれた営業所のこともいう。【3】「支局」は、新聞社や放送局の、「支所」は、会社や官庁の、「支部」は、団体などの地方における事務の取扱所をいう。
反対語▼支社⇔本社　支店⇔本店　支局⇔本局　支部⇔本部
【関連語】◆〔出張所〕官庁や会社などの出先機関で、一般に支所よりも小規模のもの。「区役所の出張所」◆〔出店〕「支店」と同じ意で使われる。また、小さな店を便宜的に出すような場合や、露店の意でも使われる。「夏の間は海に出店を出す予定だ」「駅ビルに出店がある」

505-19 農業（のうぎょう）／農林（のうりん）／酪農（らくのう）／畜産（ちくさん）

共通する意味★作物を栽培したり、家畜を飼育したりして、それをそのまま、あるいは加工して利用する活動。また、その関連産業。【英】*agriculture*
使い方▼〔農業〕▽農業を奨励する▽実家は農業をしている▽農業経済　〔農林〕▽農林高校　〔酪農〕▽酪農の盛んな地方　〔畜産〕▽畜産農家▽畜産物
使い分け【1】「農業」は、農作物や家畜の生産、加工などの全般をさしていう。また、「農林」は、特に農業と林業をさしていう。【2】「酪農」は、ウシなどを飼って乳製品をつくる農業、「畜産」は、家畜を飼い、乳、肉、卵などを得る農業全般をいう。いずれも、農作物を栽培することにはいわない。

505-20 農地（のうち）／耕地（こうち）／田畑（たはた）／農場（のうじょう）／農園（のうえん）

【関連語】◆〔田畑〕でんぱた
共通する意味★田や畑など農作物を作るために耕した土地。【英】*farmland*
使い方▼〔農地〕▽宅地に変更される農地が多い▽農地改革　〔耕地〕▽耕地に適した土地▽耕地整理　〔田畑〕▽田畑を耕す　〔農場〕▽農場を持つのが夢だ▽集団農場　〔農園〕▽この農園ではブドウを栽培している
使い分け【1】「農地」は、「農地法」などの法律に決められた呼び方。【2】「耕地」は、山林・原野に対して、農作物を作るために手を加えた土地。【3】「田畑」は、米や野菜をつくるための土地、すなわち田と畑をいう。【4】「農場」は、土地だけでなく、屋舎、農機具などの設備があり、耕作や牧畜をして、人々が生活している一定の場所。【5】「農園」は、野菜、草花、果樹などの園芸作物を作っている所。
【関連語】◆〔田畑〕田や畑を土地としてみたときの総称。「先祖伝来の田畑」

505-21 田（た）／水田（すいでん）／たんぼ

【関連語】◆〔田地〕でんち
共通する意味★耕して稲などを植える土地。【英】*a paddy field*
使い方▼〔田〕▽田の草をとる▽田に水を引く　〔水

田」▽日照りで水田が干上がる 〔たんぼ〕▽一面にたんぼが広がっている▽たんぼ道

使い分け【1】「田」には、水を引いて稲を植える「水田」と、台地上などで畑を転用した「陸田」があるが、普通は「水田」をいう。【2】「たんぼ」は、「田」よりも口語的な語。田になっている土地についてもいう。「田圃」とも書く。

反対語▼田⇔畑　水田⇔陸田

【関連語】◆(田地)田になっている土地。「でんじ」とも読む。⇔畑地。「田地を広げるために干拓する」

505-22 畑(はたけ)／畑(はた)

【関連語】◆(畑地(はたち))

共通する意味★耕して野菜や穀類をつくる土地。

【英】 *a cultivated field*

使い方▼〔畑(はたけ)〕▽畑に種をまく▽畑仕事 〔畑(はた)〕▽畑を打つ▽畑作▽焼き畑

使い分け【1】「畑(はたけ)」が一般的な語。【2】「畑(はたけ)」は、「畑違いの仕事」のように、専門の領域のこともいう。【3】「畑」は、「畠」とも書く。

反対語▼田

【関連語】◆(畑地)畑になっている土地。⇔田地。「開墾して畑地にする」

505-23 農耕(のうこう)／農作(のうさく)／耕作(こうさく)

【関連語】◆(農芸(のうげい))

共通する意味★田畑を耕すこと。**【英】** *agriculture*

使い方▼〔農耕〕▽農耕に適した土地▽農耕民族 〔農作〕▽農作に励む▽農作物 〔耕作〕スル▽畑を耕作する▽耕作地

使い分けいずれも、田畑を耕して作物をつくる意だが、「農作」は、作業そのものをいうことが多いのに対して、「農耕」は、農業全体をさすこともある。

【関連語】◆(農芸)農業に関する技術。「農芸化学」

◆農業と園芸をいうこともある。

505-24 耕(たがや)す／鋤(す)く

【関連語】◆(鋤き返す(すきかえす))

共通する意味★田畑の土を掘り返し、種まきや植え付けができる状態にする。**【英】** *to till*

使い方▼〔耕す〕(サ五)▽田畑を耕す▽土を耕す 〔鋤く〕(カ五)▽田を鋤く

使い分け【1】「耕す」が、一般的に用いられる。農作業の一つとして土を掘り返す意。【2】「鋤く」は、具体的に鋤(すき)や鍬(くわ)のような道具を使って土を掘り返すのにいう。

【関連語】◆(鋤き返す)(サ五)鋤や鍬で土を掘り起こす。「田を鋤き返して田植えの準備をする」

505-25 刈(か)り入(い)れ／取(と)り入(い)れ／収穫(しゅうかく)

共通する意味★熟した作物を、刈ったり抜いたりして、食糧や商品になるようにまとめること。**【英】** *a harvest*

使い方▼〔刈り入れ〕▽稲の刈り入れが始まる 〔取り入れ〕▽果物の取り入れ 〔収穫〕スル▽米を収穫する▽収穫期

使い分け【1】「刈り入れ」は、穀物、牧草など、実際に刈り取るものに対して使う。【2】「取り入れ」は、刈り取ったり、つみとったりするものに対して使う。農作物の場合には、「穫り入れ」と書くこともある。【3】「収穫」は、「今年は収穫が多かった」のように、刈ったり抜いたりした農作物をいうこともある。また、「海外旅行の収穫」のように、あることから得た成果をいうこともある。

参照▼収穫⇒818-26

505-26 開墾(かいこん)／開拓(かいたく)／開発(かいはつ)

【関連語】◆(切り開く(きりひらく))

共通する意味★山林、原野などに鍬(くわ)を入れて、耕作のできる土地にする。**【英】** *reclamation*

使い方▼〔開墾〕スル 〔開拓〕スル 〔開発〕スル

	原野を□する	空地を□して農地にする	北海道の□	宅地を□する
開墾	○	○	−	−
開拓	○	−	○	−
開発	○	−	○	○

使い分け【1】「開墾」は、農地をもたらす場合にいう。【2】「開拓」は、農地ばかりでなく、その周辺にも手を加えることを含んでいう。特に、「北海道の開拓」のように、地域の土地に手を加えて活用する場合に用いられる。また、「新分野の開拓」のように、新しい領域を開くことにもいう。【3】「開発」も「開拓」同様、農地をもたらすだけでなく、今まで手を加えられなかったものを使えるようにすることをいう。また、「新製品の開発」のように、新しいことを考え出し実用化することや、「知能を開発する」のように、知識などを開き導くこともいう。

【関連語】◆(切り開く)(カ五)山や丘、荒れ地などを切り崩したり、鍬(くわ)を入れたりして畑、道路、宅地などにする。「密林を切り開く」

505-27 豊作(ほうさく)／満作(まんさく)／豊熟(ほうじゅく)／豊穣(ほうじょう)

共通する意味★農作物がよく実り収穫が多いこと。

【英】 *a good harvest*

使い方▼〔豊作〕▽米が豊作だ▽豊作貧乏 〔満作〕▽豊年満作 〔豊熟〕スル▽豊熟の季節 〔豊穣〕(名・形動)▽五穀豊穣▽豊穣の秋

使い分け「豊作」は、農作物全般について一般に使われるが、「満作」「豊熟」「豊穣」は、特に穀物に対して使われることが多い。

反対語▼豊作⇔不作(ふさく)・凶作(きょうさく)

505-28 不作(ふさく)／凶作(きょうさく)／凶荒(きょうこう)／飢饉(ききん)

共通する意味★作物のできが悪いこと。【英】*a poor harvest*
使い方▼〔不作〕▽今年は麦が不作だ 〔凶作〕▽冷夏のため凶作になる 〔凶荒〕▽凶荒の対策に炊き出しをする 〔飢饉〕▽飢饉の年で、人が多く死んだ
使い分け「不作」「凶作」「凶荒」の順に、程度が激しくなり、「飢饉」は、その結果の窮乏、飢えなどをいう。また、「凶荒」も、「飢饉」の意味で使うことがある。

505-29 農機具(のうきぐ)／農具(のうぐ)／耕具(こうぐ)

共通する意味★農作業に用いる器具。【英】*a farm implement*
使い方▼〔農機具〕▽農機具の展示会 〔農具〕▽昔ながらの農具を使う 〔耕具〕▽近世のいろいろな耕具を展示する
使い分け【1】「農機具」は、農耕機械など大がかりなものも含む。【2】「耕具」は、農耕に使う道具で、「農具」に含まれる。

505-30 鍬(くわ)／鋤(すき)

【関連語】◆(鶴嘴)つるはし
共通する意味★田畑を掘り起こしたり、ならしたりするのに用いる農具。
使い方▼〔鍬〕▽鍬で芋を掘る▽畑に鍬を入れる 〔鋤〕▽鋤で土を掘り起こす
使い分け【1】「鍬」は、平たく細長い鉄の板の頭に柄を付けた農具。【英】*a hoe* 【2】「鋤」は、幅の広い刃に柄を付けた櫂(かい)状の農具。牛馬に引かせて土を掘り起こすものは、「犂(すき)」と書く。【英】*a spade*
【関連語】◆(鶴嘴)堅い地面などを掘り起こす道具。鉄製で両先端がツルのくちばしのように細くとがり、中央部に柄のついたもの。

505-31 鎌(かま)

意味★稲、草、柴(しば)などを刈るのに用いる道具。内に向いた三日月形の刃に柄をつけたもの。【英】*a sickle*
使い方▼〔鎌〕▽土手の草を鎌で刈る▽鎌をかける(＝相手が不用意にしゃべるように、巧みに誘いをかける)

505-32 シャベル／スコップ

共通する意味★土、砂などをすくったり、穴を掘ったりするためのさじ形の道具。
使い方▼〔シャベル〕▽シャベルで庭に穴を掘る 〔スコップ〕▽スコップで木の根本に土をかける
使い分け「スコップ」は、本来は柄が短く、手で土や砂を掘るのに使う小型のものをいうが、一般には、二語ともほとんど同じ意味で使われることが多い。

505-33 篩(ふるい)

意味★浅い枠の底に金網などを張った道具で、網の目を通る細かいものを下に振り落として選り分けるもの。【英】*a sieve*
使い方▼〔篩〕▽ふるいにかける(＝優れたものだけを選び分ける)

505-34 如雨露(じょうろ)

意味★植木などに水を注ぐための、円筒形容器に長い注ぎ口のついた道具。注ぎ口には多数の小孔(こあな)があけてある。「じょろ」とも。【英】*a watering pot*
使い方▼〔如雨露〕▽じょうろで植木鉢に水をやる

505-35 肥(こ)やし／肥料(ひりょう)

【関連語】◆(肥)こえ
共通する意味★作物の生長を促すために土壌にまいたり、すき込んだりするもの。【英】*fertilizer*
使い方▼〔肥やし〕▽庭木に肥やしをやる 〔肥料〕▽畑に肥料をまいて耕す▽液体肥料
使い分け「肥料」のほうが一般的。「肥やし」は、むしろ「芸の肥やしにする」のように、広く人や物がそれを取り込んで成長し、豊かになる場合にいうことが多い。
【関連語】◆(肥)人間の糞尿(ふんにょう)を肥料としたものをいうことが多い。「肥桶(こえたご)」

505-36 農作物(のうさくぶつ)／作物(さくもつ)／農産物(のうさんぶつ)

共通する意味★田畑に作る穀物や野菜の総称。【英】*agricultural produce*
使い方▼〔農作物〕▽台風で農作物に被害が出る 〔作物〕▽今年は作物のできがいい 〔農産物〕▽農産物の多くを輸入に頼る
使い分け【1】「農作物」は、農業で栽培する野菜や穀物など全体をまとめた表現として使われる。「作物」はその省略形。【2】「農産物」は、産業としての農業から得られた生産物をいう。

505-37

穀物（こくもつ）／穀類（こくるい）

【関連語】◆（五穀）ごこく◆（雑穀）ざっこく◆（米穀）べいこく

共通する意味★人間が主食とする農作物。【英】*cereals*

使い方▼〔穀物〕▽イネは日本の主要な穀物である〔穀類〕▽主食の穀類を保存する

使い分け 二語とも、ほぼ同じように用いられる。

【関連語】◆（五穀）主要な五種の穀物（コメ・ムギ・アワ・キビ・マメ）。転じて、あらゆる種類の穀物をいう。「五穀豊穣（ほうじょう）」◆（雑穀）コメとムギを除いたアワ・ヒエ・キビなどの穀類。◆（米穀）コメ。また、穀類の総称。

505-38

農民（のうみん）／百姓（ひゃくしょう）／農夫（のうふ）／農婦（のうふ）

【関連語】◆（豪農）ごうのう◆（富農）ふのう◆（貧農）ひんのう◆（精農）せいのう◆（篤農）とくのう

共通する意味★農業を仕事とする人。【英】*a farmer*

使い方▼〔農民〕▽米価問題で農民が立ち上がる▽農民作家〔百姓〕▽百姓一揆（いっき）▽お百姓さん〔農夫〕▽農夫が草を刈る〔農婦〕▽農婦が種をまく

使い分け【1】「農民」が、最も一般的に用いられる。【2】「農夫」は、男性に、「農婦」は、女性に用いられる。【3】「百姓」は、「田舎に帰って百姓をする」のように、農業のこともいう。

【関連語】◆（豪農）豊かで勢力をもった農家。「この土地の豪農」◆（富農）豊かな農家。「富農の家に生まれる」◆（貧農）貧しい農家。「貧農の出」◆（精農）よく働く熱心な農民。◆（篤農）農業の研究、奨励に熱心な農民。「篤農家」

505-39

農家（のうか）

意味★農業で生計を立てている家。また、その家屋をいう。【英】*a farmhouse*

使い方▼〔農家〕▽農家の出▽わらぶき屋根の農家

505-40

庭師（にわし）／園丁（えんてい）／植木屋（うえきや）

共通する意味★庭を作ったり、手入れをしたりするのを仕事とする人。【英】*a gardener*

使い方▼〔庭師〕▽庭師が入って庭石を動かす〔園丁〕▽園丁がバラの剪定（せんてい）をしている〔植木屋〕▽植木屋が植木の手入れをする

使い分け【1】「植木屋」が、最も一般的な語。【2】「庭師」は、庭全体をつくったり手入れをしたりする人をいう。【3】「園丁」は、公園の手入れをする人のこともいう。

505-41

牧畜（ぼくちく）

意味★牧場で、牛、馬、羊などの家畜を飼育して繁殖させること。【英】*cattle-breeding*

使い方▼〔牧畜〕▽牧畜を営む

505-42

放牧（ほうぼく）／放し飼い（はなしがい）／野飼い（のがい）／遊牧（ゆうぼく）

共通する意味★家畜や家禽（かきん）を、檻（おり）や小屋に入れたりせず、ある範囲内に放して飼うこと。【英】*grazing*

使い方▼〔放牧〕スル▽夏の間だけ牛を放牧する〔放し飼い〕▽鶏を放し飼いにする▽犬を放し飼いにする〔野飼い〕▽アヒルを野飼いにする〔遊牧〕スル▽羊を追って草原を遊牧する▽遊牧民

使い分け【1】「放牧」は、牧場の中に放すことで、牛、馬、羊などの家畜の群れについていう。【2】「放し飼い」は、通常は家畜よりもつないで飼育される犬などのペットに使うことが多い。【3】「野飼い」は、夜なども収容せず、専用の寝場所も設けず、えさを与えるだけで飼うこと。【4】「遊牧」は、えさや水を求めて移住しながら家畜を飼うこと。

505-43

牧場（ぼくじょう）／牧場（まきば）

共通する意味★家畜を放して飼っておく所。【英】*a pasture*

使い方▼〔牧場〕ぼくじょう▽牧場を経営する〔牧場〕まきば▽牧場は白い霧に包まれていた

使い分け「牧場（ぼくじょう）」は、一般的に用いられるが、「まきば」は、文学作品などの特殊な場で用いられることが多い。

505-44

飼料（しりょう）／餌（えさ）／餌（え）

共通する意味★家畜、ペットなどの生き物に与える食べ物。【英】*feed*

使い方▼〔飼料〕▽輸入した飼料で牛を育てる▽配合飼料〔餌〕えさ▽犬に餌（えさ）を与える〔餌〕え▽メジロに餌（え）をやる

使い分け【1】「飼料」は、牧畜や飼育を目的としている場合に用いられる。ペットとして愛玩（あいがん）を目的に飼っている動物には用いられない。【2】「えさ」は、広く、家畜やペットなどに用いられる。また、「海外旅行をえさに客を誘う」のように、人をおびき寄せるためのものをいうこともある。【3】「え」は、「すりえ」「生きえ」「え付け」などのように、他の語と複合して用いられる場合が多い。

505-45

林業（りんぎょう）

意味★天然または植栽した樹木を育て、それを伐採して木材をとる生産業。【英】*forestry*

505-46 造林(ぞうりん)／植樹(しょくじゅ)／植林(しょくりん)

共通する意味★木を植えること。【英】*afforestation*

使い方▼〔造林〕スル▽人工的に造林されたヒノキ林〔植樹〕スル▽卒業記念に桜を植樹する▽植樹祭〔植林〕スル▽はげ山に植林する

使い分け【1】「造林」は、数多くの木を計画的に植えて、広い面積を林にすること。【2】「植樹」は、植える木が一本でもいう。【3】「植林」は、山野に苗木を植えて、山林に育て上げること。

505-47 伐採(ばっさい)／間伐(かんばつ)／濫伐(らんばつ)／盗伐(とうばつ)

共通する意味★木を切ること。【英】*deforestation*

使い方▼〔伐採〕スル▽雑木林を伐採して宅地に造成する▽伐採面積〔間伐〕スル▽間伐を怠ると森林は荒廃する▽間伐材〔濫伐〕スル▽山林の濫伐による山崩れが起こった〔盗伐〕スル▽盗伐を防ぐために山の見回りをする

使い分け【1】「伐採」は、樹木を切り倒すことで、四語の中で最も普通に用いられる。【2】「間伐」は、森林で木の生育を助けるため、適当な間隔を保って不要な木を切ること。【3】「濫伐」は、限度を考えずに、むやみに木を切り倒すこと。【4】「盗伐」は、他人の所有している木を無断で切って盗むこと。

505-48 鉱業(こうぎょう)

意味★鉱物資源の採掘および精錬、精製などを行う産業。【英】*mining*

使い方▼〔鉱業〕▽鉱業所

505-49 鉱山(こうざん)

【関連語】◆(炭鉱)たんこう◆(金山)きんざん◆(銀山)ぎんざん◆(銅山)どうざん

意味★有用な鉱物を採掘する場所や関連の諸施設。金属鉱山をいうことが多い。【英】*a mine*

【関連語】◆(炭鉱)石炭を採掘する鉱山。◆(金山)金を産出する鉱山。◆(銀山)銀を産出する鉱山。◆(銅山)銅を産出する鉱山。

505-50 採掘(さいくつ)／採鉱(さいこう)／採炭(さいたん)／採油(さいゆ)

【関連語】◆(露天掘り)ろてんぼり

共通する意味★鉱物や石油などを地中から掘り出すこと。【英】*mining*

使い方▼〔採掘〕スル▽石油を採掘する▽採掘権〔採鉱〕スル▽採鉱に従事する労働者▽採鉱技術〔採炭〕スル▽年間五万トンを採炭する▽採炭量の減少〔採油〕スル▽北海の海底から採油する▽採油設備

使い分け【1】「採掘」は、四語のうち最も使用範囲が広い。【2】「採鉱」は、鉱石を掘り出すこと。【3】「採炭」は、石炭を掘り出すこと。【4】「採油」は、石油を掘りとること。

【関連語】◆(露天掘り)石炭や鉱石を坑道を掘らずに地表から直接掘り出すこと。「露天掘りの鉱山」

505-51 精錬(せいれん)／冶金(やきん)／製鉄(せいてつ)／製鋼(せいこう)

共通する意味★金属をつくり出すこと。【英】*refining*

使い方▼〔精錬〕スル▽粗銅を精錬する〔冶金〕▽冶金学〔製鉄〕▽製鉄所〔製鋼〕スル▽銑鉄から製鋼する

使い分け【1】「精錬」は、鉱石から取り出した粗金属を精製して、必要とする金属にすること。【2】「冶金」は、鉱石から金属を取り出すこと、また、取り出した金属を精製したり、合金をつくったりすること。【3】「製鉄」は、鉄鉱石から銑鉄をつくること。【4】「製鋼」は、鋼鉄をつくること。

505-52 出帆(しゅっぱん)／出船(しゅっせん)／出港(しゅっこう)／出航(しゅっこう)／船出(ふなで)／出船(でふね)

【関連語】◆(抜錨)ばつびょう◆(解纜)かいらん

共通する意味★船が目的地に向かって港から出発すること。【英】*sailing*

使い方▼〔出帆〕スル▽錨(いかり)を上げて出帆する〔出船〕しゅっせん(スル)▽本国へ向けて出船する〔出港〕スル▽横浜を出港する〔出航〕スル▽イギリスに向けて出航した〔船出〕スル▽船出を告げる汽笛の音〔出船〕でふね▽出船の時が別れの時▽出船入り船

使い分け【1】「出港」が、最も一般的に用いられる。【2】「出航」は、航空機に対しても用いられる。【3】「船出」は、「社会人としての船出を祝う」のように、比喩(ひゆ)的にも用いる。【4】「出船(でふね)」は、出て行く船の意もある。

反対語▼出港⇔入港

【関連語】◆(抜錨)スル船が錨(いかり)を上げて港を出ること。⇔投錨。「タンカーが抜錨する」◆(解纜)スルともづなを解く意から、出帆することをいう。「横浜を解纜する」

505-53 停泊(ていはく)／寄港(きこう)／投錨(とうびょう)／船繋り(ふながかり)

【関連語】◆(泊まる)とまる

共通する意味★船が錨(いかり)を下ろして動きをやめる

こと。**【英】** *anchoring*

使い方▼〔停泊〕スル▽沖合いに停泊する　〔寄港〕スル▽横浜に寄港する　〔投錨〕スル▽湾内に投錨する　〔船繫り〕スル▽浅瀬に船繫りする

使い分け【1】「停泊」「投錨」は、比較的大型の船に対して用いられるが、「船繫り」は、小型の船に対して用いられることも多い。【2】「寄港」は、航海中の船が途中の港に立ち寄ること。

反対語▼投錨⇔抜錨

【関連語】◆(泊まる)(ラ五)船が錨を下ろして動きをやめる。「客船が港に泊まる」

参照▼泊まる⇒617-37

505-54 航路（こうろ）／水路（すいろ）／海路（かいろ）

【関連語】◆(海路)（うみじ）◆(船路)（ふなじ）

共通する意味★船の通る道。**【英】** *a sea route*

	□を進む	おだやかな□	ハワイ□	国際□
航路	○	-	○	○
水路	○	-	-	○
海路（かいろ）	○	○	-	-

使い分け【1】「航路」は、特定のコースとして定められている水上の道。また、航空機の通行する道もいう。【2】「水路」は、「航路」と同じ意味だが、水が流れる道の意味もあり、川などにもいう。【3】「海路（かいろ）」には、「海路目的地をめざす」のように、海上を船で、の意の副詞的用法もある。また、「待てば海路の日和あり」のことわざでよく用いられる。

【関連語】◆(海路)（うみじ）「海路（かいろ）」の古い言い方。「海路はるか」◆(船路)船でいく旅。また、「航路」の古い言い方。「船路の安全を祈る」

参照▼水路⇒707-03

505-55 通航（つうこう）／運航（うんこう）／航行（こうこう）／航海（こうかい）

【関連語】◆(舟航)（しゅうこう）

共通する意味★船が水上を行くこと。また、船で水上を行くこと。**【英】** *navigation*

使い方▼〔通航〕スル▽海峡を通航する大型船　〔運航〕スル▽時刻表に沿って運航する　〔航行〕スル▽湾内を航行するタンカー　〔航海〕スル▽航海の無事を祈る

使い分け【1】「通航」は、船の通行で、ある場所、ある航路を通ること。【2】「運航」「航行」は、航路に従って船を進めること。ともに航空機にもいう。「運航」の方が、習慣的、継続的な意味をもつ。【3】「航海」は、海を渡って行くことで、時間的にも地理的にも範囲が広い場合に用いる。

【関連語】◆(舟航)スル舟で水上を行くこと。「観光客を乗せて上流から下流へ舟航する」

505-56 渡航（とこう）／渡洋（とよう）

【関連語】◆(密航)（みっこう）

共通する意味★海を渡って外国へ行くこと。**【英】** *going abroad*

使い方▼〔渡航〕スル▽研究のため渡航する　〔渡洋〕スル▽渡洋して彼（か）の地で生活する

使い分け「渡航」「渡洋」ともに、船、航空機の両方に使うが、「渡航」は、一般的に用いられるのに対して、「渡洋」は、文章語。

【関連語】◆(密航)スル正式の手続きをとらないで、渡航または航行すること。「密航者」

505-57 船（ふね）／船舶（せんぱく）

【関連語】◆(舟艇)（しゅうてい）◆(艦船)（かんせん）

共通する意味★水上に浮かべ、人や物を載せて運ぶもの。**【英】** *a ship*

使い方▼〔船〕▽船の旅を楽しむ▽舟に乗って漕（こ）ぎ出す　〔船舶〕▽海上は荒れ模様、船舶は注意してください▽海峡を通過する船舶に呼びかける

使い分け【1】「船」は、一般的に用いられる。小さいものには「舟」と書くこともある。【2】「船舶」は、改まった場合や商行為などに用いられ、一般に、大きな船にいう。

【関連語】◆(舟艇)小型の船。多く、港湾内で用いるもの。ランチ、ヨット、ボート、はしけなど。「上陸用舟艇」◆(艦船)軍事用の船舶。「軍の艦船を総動員する」

505-58 本船（ほんせん）／親船（おやぶね）／母船（ぼせん）

共通する意味★船団などの中心である大きな船。**【英】** *a mother ship*

使い方▼〔本船〕▽はしけで本船と桟橋とを結ぶ　〔親船〕▽小舟を従えた親船　〔母船〕▽捕鯨船団の母船

使い分け【1】「本船」は、船団などで主となる船。また、使い走りの小舟に対する大きな本体としての船。【2】「親船」は、主に漁場などで、漁の中心となる大きな船。【3】「母船」は、漁獲物を保存・加工する設備のある船。

505-59 甲板（かんぱん）／デッキ

【関連語】◆(甲板)（こうはん）

共通する意味★船の上部の、木や鉄板などを一面に張って造った、広く平らな床。**【英】** *a deck*

使い方▼〔甲板〕（かんぱん）▽甲板に出て沖合を眺める　〔デッキ〕▽ブラシでデッキを磨く▽デッキシューズ

使い分け【1】「甲板（かんぱん）」が、最も一般的な語。【2】「デッキ」は、「デッキチェア」「デッキゴルフ」など他の語と複合した形で用いられることも多い。

【関連語】◆(甲板)（こうはん）「甲板（かんぱん）」のことだが、他

の語と結びつけて使われる。「甲板員」「甲板室」

505-60 船ばた／船べり／舷

共通する意味★船のへり。**【英】** *board*

使い方▼〔船ばた〕▽船ばたから海をのぞく　〔船べり〕▽船べりを洗う波　〔舷〕▽舷をたたいて歌う▽右舷▽左舷

使い分け【1】「船ばた」は、船のへりだけでなく、その付近のこともいうが、「船べり」「舷」は、船体の一部としてのへりの意味が強い。【2】「舷」は、単独では書き言葉として用いられる。

505-61 船長／キャプテン／艦長／船頭

共通する意味★船の乗組員の長。**【英】** *a captain*

使い方▼〔船長〕▽客船の船長　〔キャプテン〕▽キャプテン、氷山が見えます　〔艦長〕▽潜水艦の艦長　〔船頭〕▽渡しの船頭さん

使い分け【1】「船長」が一般的に用いられるが、軍艦の長には「艦長」が用いられる。【2】「キャプテン」は、呼称として用いられることが多い。【3】「船頭」は、和船を操る人。または、和船の長。

参照▼キャプテン⇒620-30

505-62 船員／船乗り／水夫／海員

【関連語】◆(乗組員)のりくみいん◆(クルー)◆(セーラー)◆(マドロス)

共通する意味★船に乗って、船の業務に携わる人。**【英】** *the crew; a sailor*

使い方▼〔船員〕▽外国航路の船員▽船員保険　〔船乗り〕▽船乗りは嵐あらしを恐れない　〔水夫〕▽見習いの水夫▽水夫長　〔海員〕▽海員組合

使い分け【1】「船員」は、複数の場合や、乗っている船が比較的大きな場合に用いられる。【2】「船乗り」は、話し言葉的。【3】「水夫」は、雑役などに従事する下級の者をいうことが多い。【4】「船員」「船乗り」は、船長のことも含めていうことがあるが、「海員」は、船長以外の者をいう。

【関連語】◆(クルー)「乗組員」と同義で用いられることが多い。「クルーが甲板を洗う」◆(セーラー)水兵の意で用いられることが多い。◆(乗組員)船ばかりでなく、航空機に乗務する者もいう。「乗客、乗組員全員が死亡」◆(マドロス)日常的に用いられることは少ない。「マドロスパイプ」

505-63 難破／難船

【関連語】◆(座礁)ざしょう

共通する意味★暴風雨などのために船が破損、転覆などして航行できなくなること。**【英】** *a shipwreck*

使い方▼〔難破〕スル▽台風に巻き込まれて難破する　〔難船〕スル▽暴風のため難船する▽荒天をついて難船の救助に向かう

使い分け「難破」の方が、一般的な語。「難船」は、難破した船のこともいう。

【関連語】◆(座礁)スル船が暗礁や浅瀬に乗り上げて動けなくなること。「貨物船が座礁する」

505-64 港／港湾

【関連語】◆(商港)しょうこう◆(漁港)ぎょこう◆(軍港)ぐんこう

共通する意味★船が停泊し、旅客の乗降や、貨物の積み下ろしができるようにした所。**【英】** *a harbor*

使い方▼〔港〕▽客船が港に入る▽港町　〔港湾〕▽港湾労働者

使い分け「港」が、一般的な語。「港湾」は、船の出入り、停泊、客の乗降、貨物の積み下ろしなどの設備をもった水域をさす。

【関連語】◆(商港)商船や貿易船の出入りが盛んな港。◆(漁港)漁船が漁業基地とする港。◆(軍港)海軍の根拠地の港。

505-65 波止場／埠頭／船着き場

共通する意味★船をつけて泊める所。**【英】** *a wharf*

使い方▼〔波止場〕▽船が波止場に着く　〔埠頭〕▽埠頭で船を見送る　〔船着き場〕▽船着き場から渡し船が出る

使い分け「波止場」「埠頭」は、主として大きな港で、旅客の乗降や貨物の積み下ろしをする所をいうが、「船着き場」は、単に船を陸に着ける場所をいうことが多い。

505-66 飛行機／航空機／旅客機

共通する意味★人を乗せて空中を飛行する乗り物。**【英】** *an airplane*

使い方▼〔飛行機〕▽飛行機に乗る▽飛行機雲　〔航空機〕▽航空機を利用して写真を撮る　〔旅客機〕▽旅客機が離陸する

使い分け【1】「飛行機」は、固定された翼に働く揚力で自分の重さを支えながら、プロペラの回転や燃焼ガスの噴射の力などで空を飛ぶ乗り物をいう。【2】「航空機」は、空中を飛ぶ乗り物の総称。【3】「旅客機」は、主として旅客を輸送するための飛行機をいう。

505-67 飛行場／空港

共通する意味★飛行機の発着をするための施設。

【英】*an airport*
使い方▼〔飛行場〕▽新型機が飛行場に戻ってきた〔空港〕▽空港までタクシーで行く▽新東京国際空港
使い分け「空港」は、民間の航空輸送のための施設をいう。

505-68 水産業／漁業

共通する意味★魚介、海藻などの水産物をとったり、養殖したりする事業。【英】*fisheries*
使い方▼〔水産業〕▽水産業の会社を営む　〔漁業〕▽漁業に従事する
使い分け【1】「水産業」は、採捕・加工・養殖など、水産物に関するあらゆる営業を含む。【2】「漁業」は、「水産業」のうち、採捕・養殖をいう。漁場によって、「沿岸漁業」「近海漁業」「遠洋漁業」などという。

505-69 漁場／漁区

共通する意味★漁業が行われる水域。【英】*a fishing ground*
使い方▼〔漁場〕▽カツオの漁場に着く　〔漁区〕▽漁区の割り当て▽漁区内で操業する
使い分け【1】「漁場」は、漁業を行う水域だが、魚が多く集まっていて、操業に適した場所をいい、規則などで決められたものではない。一方「漁区」は、農林水産省または漁業の当事者間で決めた区域、区画で、その中で漁船が操業を許されているもの。【2】「漁場」は、「ぎょば」「りょうば」ともいう。「漁区」は、「りょうく」ともいう。

505-70 漁獲／漁／漁労

【関連語】◆（出漁）しゅつりょう◆（密漁）みつりょう◆（入漁）にゅうぎょ

共通する意味★魚介類をとること。【英】*fishing*
使い方▼〔漁獲〕スル▽漁獲を制限する▽漁獲高〔漁〕▽沖へ漁に出る▽昆布漁　〔漁労〕▽漁労長
使い分け【1】三語とも、「漁業」のうち、魚介、海藻などをとることにいう語。「漁獲」は、とれた物、とれた量などの意でも用いられる。【2】「漁」は、とる行為、作業などに重点のある語。
【関連語】◆（密漁）スル禁を破って密かに漁をすること。「解禁日前の密漁」◆（入漁）スル他に占有権のある漁場で漁をすること。なんらかの手続きが必要。「入漁料」◆（出漁）スル漁船が漁に出かけること。「夜明け前に出漁する」「漁場を目ざして出漁する」

505-71 釣る

意味★魚などを針にひっかけて捕らえ、引き上げる。また、気を引く物で誘い出す意でも用いられる。
【英】*to angle*
使い方▼〔釣る〕（ラ五）▽魚を釣る▽甘言で釣って仲間に引きずり込む

505-72 大漁／豊漁

共通する意味★魚などがたくさんとれること。【英】*a good catch*
使い方▼〔大漁〕▽今日は大漁だ　〔豊漁〕▽今年は豊漁だ
使い分け「大漁」は、出漁一回ごとの漁獲高が多い場合にいい、「豊漁」は、シーズンや、ある特定の期間中のとれ高が多い場合にいう。
反対語▼大漁⇔不漁

505-73 漁師／漁民

【関連語】◆（漁夫）ぎょふ◆（海人）あま◆（海女）あま

共通する意味★魚や貝などをとって生活している人。【英】*fishermen*
使い方▼〔漁師〕▽三崎はマグロとりの漁師の町である　〔漁民〕▽漁民たちは、海岸の埋め立てに反対した
使い分け「漁民」は、「漁師」にくらべ、報道などの改まった場合に用いられる。
【関連語】◆（漁夫）「漁師」をいう古い言い方で、現在では「漁夫の利（＝当事者どうしが争っている間に、第三者が利益を横取りすること）」の形以外ではあまり使われない。◆（海人）「漁師」をいう古い言い方で、現代では用いない。◆（海女）海にもぐって貝類や海藻をとるのを仕事とする女性。

505-74 車／乗り物

【関連語】◆（車両）しゃりょう◆（車体）しゃたい◆（自動車）じどうしゃ

共通する意味★車輪を回して動かし、人を乗せたり荷物を運んだりするもの。【英】*a car*
使い方▼〔車〕▽車の往来の激しい通り▽車を拾う▽車の運転を習う　〔乗り物〕▽乗り物に酔う
使い分け【1】「車」は、現在では自動車、特に乗用車をさすことが多い。【2】「乗り物」は、汽車、電車、バス、飛行機など人を乗せて運ぶ物の総称。
【関連語】◆（車両）汽車、電車、自動車など輸送に用いる車の全体。「車両の点検を行う」◆（車体）車両のうち、人や荷物を乗せる部分。「事故で車体がつぶれる」◆（自動車）原動機およびこれに用いるエネルギー源を搭載して、道路上を走るもの。通常は四輪車をいうことが多い。「自動車を運転する」

505-75 駐車／停車

【関連語】◆（パーキング）

共通する意味★車などを、一時または、しばらくとめ

ておくこと。【英】*parking*

使い方▼〔駐車〕スル▽店先に駐車する▽路上駐車〔停車〕スル▽停車中に駅弁を買う

	＿禁止	違法＿	急＿	電車が＿する
駐車	○	○	－	－
停車	○	△	○	○

使い分け【1】「駐車」は、車が継続的に停止することや、運転者が車から離れていてすぐ発車できない状態で停止すること。道路交通法では、人の乗り降りや、五分以内の荷物の積み下ろしのための停止の場合には、「駐車」とはいわない。「停車」は、走っている状態の車が一時的にストップすること。【2】「駐車」は、主として自動車の場合に使うのに対して、「停車」は、自動車、電車、バスにも使う。

反対語▼停車⇔発車

【関連語】◆(パーキング)車を駐車すること。また、そのための場所。「パーキングメーター」

505-76 鉄道(てつどう)／鉄路(てつろ)

共通する意味★レールを敷いた上に車両を走らせ、旅客や貨物を輸送する機関。また、その施設の総称。【英】*a railroad*

使い方▼〔鉄道〕▽町まで鉄道が通じる▽登山鉄道〔鉄路〕▽ヨーロッパ大陸の鉄路を行く

使い分け【1】「鉄道」の方が、一般的な語。【2】「鉄路」は、「鉄道線路」の意で使われることもある。

505-77 電車(でんしゃ)／機関車(きかんしゃ)／汽車(きしゃ)

【関連語】◆(列車)れっしゃ

共通する意味★線路を走る車両。

使い分け【1】「電車」は、電力によって線路を走る車両をいう。【英】*a train run by electricity*【2】「機関車」は、客車や貨車を引く原動力となる車両をいう。「電気機関車」「ディーゼル機関車」「蒸気機関車」などがある。【3】「汽車」は、蒸気機関車で客車や貨車を引き線路を走る車両。また俗に、機関車に引かれて走る車両のうち、特に長距離のものをいうこともある。【英】*a train*

【関連語】◆(列車)旅客や貨物を輸送するために線路を走る、編成された車両。「六両編成の列車」「急行列車」

505-78 線路(せんろ)／軌道(きどう)／軌条(きじょう)／レール

共通する意味★車輪を支え、進む方向を定めるための鋼鉄製の細長い条鉄。【英】*a track*

使い方▼〔線路〕▽線路沿いの道▽線路工事〔軌道〕▽トンネルの中に軌道が敷かれた〔軌条〕▽軌条の交換を行う〔レール〕▽車輪がレールからはずれる

使い分け【1】「線路」は、鉄道の道筋のこともいう。【2】「軌道」は、物体が一定の法則で運動する道筋の意や、物事がある方向に進んで行くように計画された道筋の意でよく使われる。「ロケットの軌道を修正する」「経営が軌道に乗った」

505-79 駅(えき)／停車場(ていしゃじょう)／ステーション

【関連語】◆(ターミナル)◆(停留所)ていりゅうじょ

共通する意味★汽車や電車が止まり、乗客が乗り降りする所。また、荷物をのせたり、おろしたりする所。【英】*a station*

使い方▼〔駅〕▽最寄りの駅はどこですか▽東京駅〔停車場〕▽停車場に汽車が入って来た〔ステーション〕▽ステーションデパート

使い分け【1】「駅」が、最も一般的に使われる。「停車場」は、古い言い方で、「ていしゃば」とも言った。【2】「ステーション」は、駅の意で他の語と複合した形で使われることが多い。また、「サービスステーション」のように、定められた仕事をする場所の意で使われることもある。

【関連語】◆(ターミナル)鉄道やバスの路線が多く集まっている終着駅、また始発駅。「ターミナルビル」◆(停留所)バスや路面電車が止まって乗客が乗り降りする所。「市電の停留所」

505-80 運ぶ(はこぶ)／運送(うんそう)／輸送(ゆそう)／運搬(うんぱん)

【関連語】◆(通運)つううん◆(搬送)はんそう◆(配送)はいそう◆(運輸)うんゆ◆(郵送)ゆうそう

共通する意味★人や荷物を目的地へ届ける。【英】*to transport*

使い方▼〔運ぶ〕(バ五)▽荷物を手で運ぶ▽引っ越し荷物を車で運ぶ▽電車が満員の乗客を運んでいる〔運送〕スル▽トラックで運送する▽運送料〔輸送〕スル▽移民を船で輸送する▽輸送量▽輸送機〔運搬〕スル▽材木をトラックで運搬する▽隣の建物へ機具を運搬する

	東京から大阪へ＿	食料を船で＿	兵士をトラックで＿	門から研究室まで＿
運ぶ	○	○	○	○
運送する	○	－	－	－
輸送する	○	○	○	－
運搬する	○	○	－	○

使い分け【1】「運ぶ」は、広い範囲に用いられ、手段としても車、船、飛行機などの乗り物、コンベヤー装置などの機械、また、人の手も使われる。【2】「運送」「輸送」は、乗り物を使うが、「運搬」は、乗り物を使うほか、人が手で移す場合にもいう。そのため「運送」「輸送」が遠くへ移すのに対し、「運搬」は、歩いて

届けるような近い所の場合にもいう。【3】「運送」「運搬」は、物を移す場合にいうのに対し、「輸送」は、人を移す場合にもいう。

【関連語】◆〈搬送〉スル荷物などを運び送ること。「ピアノ搬送業」◆〈配送〉スル荷物などを配り送ること。「小荷物の配送」◆〈通運〉「運送」の硬い言い方。「通運事業」◆〈運輸〉人や貨物を運ぶこと全般をまとめていう言い方。「運輸省」◆〈郵送〉スル郵便で送ること。「入学願書は必ず郵送すること」

参照▼運ぶ⇒914-02

505-81 陸運（りくうん）／陸送（りくそう）

共通する意味★陸上で人や荷物を運ぶこと。【英】*land transportation*

使い方▼〔陸運〕▽陸運局▽陸運業　〔陸送〕スル▽自動車を工場から港まで陸送する

使い分け「陸運」は、陸上の運搬全体をさすが、「陸送」は、個々の荷物について陸路で送ることをいう。

505-82 水運（すいうん）／海運（かいうん）

共通する意味★水上で人や荷物を運ぶこと。【英】*water transportation*

使い方▼〔水運〕▽水運の便のよい所に工場を建てる　〔海運〕▽海運業▽海運同盟

使い分け「水運」は、川、湖、海など水路であればすべてについていうが、「海運」は、海上だけである。

505-83 空輸（くうゆ）

意味★航空機で旅客や貨物を輸送すること。【英】*air transportation*

使い方▼〔空輸〕スル▽救援物資を空輸する

506…社会・世間

506-01 世間（せけん）／世の中（よのなか）／世（よ）／社会（しゃかい）／世界（せかい）

【関連語】◆〈巷間〉こうかん◆〈世上〉せじょう◆〈人中〉ひとなか◆〈天下〉てんか◆〈浮き世〉うきよ

共通する意味★人が他と関係しあいながら生活する場。【英】*the world; society*

使い方▼〔世間〕▽世間に顔向けできない▽世間の目を気にする▽渡る世間に鬼はない　〔世の中〕▽最近はぶっそうな世の中になった▽世の中に取り残されないようにする　〔世〕▽人びとに惜しまれながらこの世を去った▽世が世ならあの人は殿様だ　〔社会〕▽社会の秩序を乱す▽カメラマンとして社会に認められる　〔世界〕▽趣味をもつことによって新しい世界が開けた▽プロの世界

	□に出る	□を狭くする	□を渡る	現代はスピードの□	学者の□
世間	○	○	○	-	-
世の中	○	△	○	○	-
世	○	-	○	△	-
社会	○	-	-	○	○
世界	△	○	-	-	○

使い分け【1】「世間」は、生活の場の範囲を漠然と示すが、「世間の目」「世間の口」のように、そこにいる人々のこともさす。【2】「世」は、仏教では三世があるとされ、「さきの世」「この世」「あの世」とよぶ。ある支配者が治めている時代も「世」とよぶ。「徳川の世」【3】「社会」「世界」は、人の集合体をその仕組みなども含めた総体としてとらえていうが、「学問の世界」「勝負の世界」のように、その範囲を限定する意味合いの強いときは、「社会」では置き換えられない場合もある。【4】単に「世界」というと、地球上の国々のことをさす場合が多いため、「世界」を「世間」の意味で使う場合は、「広い世界にはばたく」「住む世界がちがう」など、なんらかの修飾語がつくことが多い。

【関連語】◆〈巷間〉町の中。世間一般。「その事件はひとしきり巷間のうわさにのぼった」◆〈世上〉言葉、情報のとびかう世界。「世上にとりざたされる」◆〈人中〉大勢の人の集まりである社会。「人中でもまれてひと回り大きくなる」◆〈天下〉万人の見守る社会。「醜態を演じて天下に恥をさらす」「金は天下の回りもの」◆〈浮き世〉単に、世の中の意でも使われるが、つらいことの多い世の中の意で使われることが多い。「浮き」には「憂き」の意がある。「栄枯盛衰は浮き世のならい」「浮き世離れした生活」

参照▼世界⇒507-02

506-02 政界（せいかい）／官界（かんかい）／財界（ざいかい）／学界（がっかい）／法曹界（ほうそうかい）／角界（かくかい）／球界（きゅうかい）／芸能界（げいのうかい）／花柳界（かりゅうかい）／楽界（がっかい）／劇界（げきかい）／業界（ぎょうかい）

共通する意味★ある職業やそれに関係する人々が形成する特定の社会。

使い方▼〔政界〕▽病気を理由に政界を去る▽政界工作　〔官界〕▽官界から立候補し、政界に入る　〔財界〕▽財界の巨頭▽財界人　〔学界〕▽学界を代表して意見を述べる　〔法曹界〕▽法曹界に女性が増えた　〔角界〕▽角界を背負って立つ横綱　〔球界〕▽今年球界入りした若手選手　〔芸能界〕▽芸能界をにぎわす

離婚騒動 〔花柳界〕▽花柳界出身だけあって身のこなしが違う 〔楽界〕▽楽界を率いてきた名指揮者 〔劇界〕▽劇界の第一人者 〔業界〕▽この業界では名の通った人物▽業界紙

使い分け 「政界」は政治家または政治に関与する者の、「官界」は官僚の、「財界」は経済人の、「学界」は学者の、「法曹界」は弁護士や司法官などの、「角界」は相撲取りの、「球界」はプロ野球選手の、「芸能界」は芸能人(タレント・歌手・俳優など)の、「花柳界」は芸者などの、「楽界」は音楽家の、「劇界」は俳優など演劇関係者の、「業界」は同じ産業に従事する人々の、それぞれ社会である。【英】*the political world*(政界); *the financial world*(財界); *the academic world*(学界); *legal circles*(法曹界); *the artiste world*(芸能界); *business world*(業界)

506-03 上流社会(じょうりゅうしゃかい)／ハイソサエティー

【関連語】◆(社交界)しゃこうかい

共通する意味★社会的、経済的地位の高い階層の社会。【英】*high* [*polite*] *society*

使い方▼〔上流社会〕▽上流社会出身の政治家 〔ハイソサエティー〕▽ハイソサエティーの人たちが集まるクラブ

【関連語】◆(社交界)上流階級の人々、または著名人や有力者などが集まって交際を深めあう社会。【英】*fashionable society*「社交界にデビューする」

506-04 文壇(ぶんだん)／論壇(ろんだん)／詩壇(しだん)／歌壇(かだん)／俳壇(はいだん)／画壇(がだん)／楽壇(がくだん)／劇壇(げきだん)

共通する意味★芸術にかかわる人々が形成している社会。

使い方▼〔文壇〕▽華々しく文壇にデビューする▽文壇の大御所 〔論壇〕▽論壇をあげて言論の自由を守る 〔詩壇〕▽詩壇の登竜門▽詩壇に新風を送る 〔歌壇〕▽ユニークな歌風が歌壇に認められる 〔俳壇〕▽新しい季語について俳壇で検討する 〔画壇〕▽贋作がんさく問題が画壇をにぎわす 〔楽壇〕▽楽壇の最高齢者として活躍する指揮者 〔劇壇〕▽劇壇のニューフェース

使い分け 「文壇」は作家・随筆家など、「論壇」は批評家・評論家など広く言論人が、「詩壇」は詩人が、「歌壇」は歌人が、「俳壇」は俳人が、「画壇」は画家が、「楽壇」は音楽家が、「劇壇」は俳優・演出家など演劇関係者が、それぞれ形成する社会である。【英】*the world of letters*(文壇)

506-05 この世(よ)／現世(げんせ)／うつし世(よ)

【関連語】◆(地上)ちじょう◆(人界)じんかい◆(下界)げかい◆(娑婆)しゃば◆(此岸)しがん◆(苦界)くがい◆(肉界)にくかい

共通する意味★現に生きている今の世界。【英】*this world; this life*

使い方▼〔この世〕▽この世のものとは思われないほど美しい花園▽この世を去る 〔現世〕▽来世を信じて現世の苦しみに耐える▽現世利益りやく 〔うつし世〕▽移り変わるうつし世のはかなさ

使い分け【1】「この世」が、いちばん一般的な言い方。【2】「現世」は、元来は仏教語で、「げんぜ」とも読む。誕生前の「前世」、死後の「来世」「後世ごせ」と対比して使われる語。【3】「うつし世」は、文章語。たよりないもの、はかないものの意で使われることが多い。

反対語▼この世⇔あの世 現世⇔前世・来世・後世

【関連語】◆(地上)多く、「地上の楽園」の形で、今の世のことをいう。◆(人界)人間の住む現実の世界。「しばし人界から離れて暮らしたい」◆(下界)天上から見た地上、すなわち人間の住むこの世界。◈高い所から見た地上もいう。「機上から下界を見下ろす」◆(娑婆)仏教で、さまざまの煩悩から脱することのできない衆生が苦しみながら生きるところ、すなわち、人間世界をいう。「娑婆の苦労を味わう」◈俗に、刑務所や軍隊などの内にいる人々から見た、外の一般人の自由な世界もいう。「娑婆に出る」◆(此岸)仏教で、悩み多い世界、すなわち現実世界をいう。⇔彼岸。◆(苦界)仏教で、苦しみの多い世の中。◈遊女のつらい境遇をいうこともある。「苦界に身を沈める」◆(肉界)肉体及びその作用の及ぶ世界。⇔霊界

参照▼地上⇒702-04

506-06 俗世間(ぞくせけん)／世俗(せぞく)／俗界(ぞっかい)

【関連語】◆(塵界)じんかい◆(濁世)だくせい◆(風塵)ふうじん

共通する意味★一般の人の生活している世の中。【英】*this world*

使い方▼〔俗世間〕▽俗世間のわずらわしさにいや気がさす 〔世俗〕▽世俗のちりにまみれる▽世俗的なものの考え方 〔俗界〕▽俗界に生きる者の苦しみ

	□を離れる	□を渡る	□に生きる	□にこびる
俗世間	○	○	△	-
世俗	○	-	-	○
俗界	○	△	○	-

使い分け 三語とも、ほぼ同じ意味だが、「世俗」は、世間一般の人や習わし、考え方までさすことがある。

【関連語】◆(塵界)けがれた世の中。「塵界を離れる」◆(濁世)けがれたこの世。「濁世をのがれる」◆(風塵)風に舞うちりの意だが、比喩ひゆ的に、わずらわしい世の中をいう。「風塵をさけて暮らす」

506-07 末世(まっせ)／末の世(すえのよ)／濁世(じょくせ)

共通する意味★道徳がおとろえ、けがれた世の中。**【英】** *a corrupt time*

使い分け 三語とも、仏教語。「末世」は、末法の世のことで、一般に人の道のすたれた時代のこともさす。「末の世」は、その訓読み。「濁世」は、にごりよごれた世の意で、今の世の中、現世をさす。

507・・・国家・政治

507-01 国（くに）／国家（こっか）

【関連語】◆（邦家）ほうか◆（社稷）しゃしょく

共通する意味★一定の領土とそこに住む人民からなり、主権による統治組織をもつ集団。**【英】** *a country; a nation*

使い方▼〔国〕▽国連には多くの国が加盟している▽その事業には国が援助している　〔国家〕▽国家試験に合格する▽国家権力

	＿を治める	＿公務員	海外勤務を終えて＿へ帰る
国	○	-	○
国家	○	○	-

使い分け【1】「国」は、領土とそこに住む人の集団を具体的に示すときに使い、「大きい国」「北の国」などともいうが、「国家」は、このような場合には使えない。【2】「国家」は、「国家の危機を救う」「国家が瓦解する」のように、組織を中心にして抽象化された意味で使う。また、「近代国家」「福祉国家」「国家公務員」など、熟語の要素として使われることも多く、単独で使われる場合には、硬い言い方になる。

【関連語】◆（邦家）特に自分の国のことをいう場合に使われる。文章語。「邦家存亡の危機に直面する」
◆（社稷）「国家」の意で用いる。文章語。「社稷の臣（＝国家の存亡を一身に負う重要な臣）」

参照▼国⇒705-14

507-02 万国（ばんこく）／万邦（ばんぽう）／世界（せかい）

共通する意味★地球上のすべての国。**【英】** *world nations*

使い方▼〔万国〕▽言葉は違っても笑顔は万国共通だ▽万国旗　〔万邦〕▽万邦と手を結んで世界の平和を実現する　〔世界〕▽世界の平和▽世界一周旅行

使い分け【1】「万国」は、「万国博覧会」「万国標準時」「万国著作権条約」など、熟語の要素としても使われる。「万邦」は、文章語。【2】「世界」は、地球上の国家の集まりを一つのものとしてとらえた場合に使われることが多い。

参照▼世界⇒506-01

507-03 連邦（れんぽう）／合衆国（がっしゅうこく）／共和国（きょうわこく）／君主国（くんしゅこく）／帝国（ていこく）／王国（おうこく）

共通する意味★国家の成立形態の種別。

使い方▼〔連邦〕▽連邦共和国▽連邦政府　〔合衆国〕▽アメリカ合衆国　〔共和国〕▽フランス共和国　〔君主国〕▽君主国は減少の一途をたどっている　〔帝国〕▽大英帝国▽帝国主義　〔王国〕▽アラブの王国

使い分け【1】「連邦」は、自治権をもついくつかの州や共和国が結合して構成する国家。アメリカ合衆国など。**【英】** *a federation; a union*【2】「合衆国」は、アメリカ合衆国のことをさし、形態は「連邦」と同じである。**【英】** *the United States of America*【3】「共和国」は、国民に主権があり、国民の選んだ代表が政治をするしくみの共和制をとる国家。**【英】** *a republic*【4】「君主国」は、君主によって治められる国で、皇帝・帝王が治める「帝国」、王が治める「王国」などに分けられる。**【英】** *a monarchy*

507-04 法治国（ほうちこく）／法治国家（ほうちこっか）／警察国家（けいさつこっか）

共通する意味★政治形態からみた国家。

使い分け【1】「法治国」「法治国家」は、法律に基づいて政治が行われる国家。【2】「警察国家」は、政府が警察権を行使して、国民生活を支配し、国民の自治を認めない国家。**【英】** *a law-governed country*（法治国）; *a police state*（警察国家）

507-05 諸国（しょこく）／列国（れっこく）

共通する意味★多くの国々。**【英】** *many countries*

使い方▼〔諸国〕▽アフリカの諸国　〔列国〕▽核兵器の廃絶を列国によびかける

使い分け【1】「諸国」は、「欧米諸国」「西側諸国」のように、地域を限定する語を前につけて使うことが多い。【2】「列国」は、国として同等の位置にある多くの国々。

507-06 大国（たいこく）／強国（きょうこく）

【関連語】◆（列強）れっきょう

共通する意味★国力が強大な国。

使い方▼〔大国〕▽大国の仲間入りをする▽大国主義▽経済大国　〔強国〕▽強国に支配される▽軍事強国

使い分け 二語とも、軍事力、経済力の強大な国をいうが、「大国」は、さらに国土が広大な国という意味を含んでいる場合もある。**【英】** *a large country*（大国）; *a big power*（強国）

反対語▼大国⇔小国　強国⇔弱国

【関連語】◆(列強)強国とみなされる国々。「世界の列強が環境問題を討議する」

507-07 小国／弱国

共通する意味★国力の乏しい国。【英】*a small country*

使い方▼〔小国〕▽周囲の小国を従えている　〔弱国〕▽常に強国の脅威におののく弱国の悲哀

使い分け「小国」は、もともと領土の狭い国の意。「この国は小国ながら経済力に富んでいる」のように、領土は狭くても国力が乏しいとは限らない。

反対語▼小国⇔大国　弱国⇔強国

507-08 発展途上国／開発途上国

共通する意味★経済や国家体制などが発達しつつある国。【英】*a developing country*

反対語▼先進国

507-09 同盟国／連合国／盟邦／与国

【関連語】◆(友邦)ゆうほう

共通する意味★共通の目的のために手を結んだ国。【英】*an ally*

使い方▼〔同盟国〕▽同盟国とのつながりを強化する　〔連合国〕▽連合国側が大勝利をおさめた　〔盟邦〕▽わが国と盟邦関係にある国　〔与国〕▽与国から救援物資が届く

使い分け【1】「同盟国」「連合国」は、主に軍事的に手を結んだ国のことをいう。「同盟国」は、同盟条約によって同一の行動をとる国、「連合国」は、二つ以上の国が一つの組織となったもの。【2】「盟邦」「与国」は、「同盟国」の意味の文章語。

【関連語】◆(友邦)親しく交際している国。特に、軍事同盟などによって結ばれている国をさす場合がある。「友邦に援助の手をさしのべる」

507-10 属国／従属国／衛星国／保護国

共通する意味★他国の影響下にある国。

使い分け「属国」「従属国」は、他国の支配下にある独立していない国。「衛星国」は、強大な大国の周辺にあって、その支配下、または強い影響下にある小国。「保護国」は、条約により、他国から保護をうける国。【英】*a dependency*(属国)；*a satellite state*(衛星国)；*a protected state*(保護国)

反対語▼属国⇔独立国　従属国⇔宗主国

507-11 外国／海外／異国／他国

【関連語】◆(異邦)いほう◆(異境)いきょう◆(異郷)いきょう◆(他郷)たきょう◆(外つ国)とつくに

共通する意味★自分の国以外のよその国。【英】*a foreign country*

使い方▼〔外国〕▽原料を外国から輸入する▽外国語　〔海外〕▽企業が海外に進出する▽海外勤務　〔異国〕▽異国の地を踏む▽異国に骨を埋める▽異国情緒　〔他国〕▽他国からの侵略を防ぐ

	□に行く	□暮らしが長い	□へ雄飛する	□の土となる
外国	○	○	△	－
海外	○	－	○	－
異国	○	△	－	○
他国	○	－	－	○

使い分け【1】「海外」は、海を隔てた向こうの国の意で、不特定の国をいう場合が多い。「外国」よりも「海外」の方が、日本という枠から外へ出るという意識が強い。また、「この国の自動車産業は近年海外への進出がめざましい」のように、厳密には海を隔てているかどうかということは問わない。【2】「異国」は、古めかしい語。ただよその国というだけでなく、言葉や風俗・習慣が違っている国という意識で使われる。【3】「他国」は、生まれた国でない特定の国をさす。

反対語▼他国⇔自国

【関連語】◆(異邦)自分の生まれた国とは文化や風習が違うよその国。文章語。「異邦人」◆(異境・異郷・他郷)自分の育った国や土地を遠く離れたよその土地。文章語。「異境の空をながめて、母国を思う」「異郷をさすらう」「他郷にさすらう」◆(外つ国)「外国」の意の文章語。「外つ国の風物を一度見たい」

507-12 隣国／隣邦

【関連語】◆(四隣)しりん◆(近国)きんごく

共通する意味★隣の国。境界を一つにする相接した国。【英】*a neighboring country*

使い方▼〔隣国〕▽隣国との親善を深める　〔隣邦〕▽隣邦と敵対し合う

使い分け「隣邦」は、「隣国」よりも文章語的な語。

【関連語】◆(四隣)となりあうすべての国々。「四隣との平和を保つ」◆(近国)近くの国。⇔遠国えんごく・おんごく。「コンテストには近国からも多数の参加者があった」

507-13 母国／祖国／故国

【関連語】◆(自国)じこく

共通する意味★自分の生まれ育った国。【英】*one's mother country*

	□に帰る	□語を話す	□を捨てて亡命する	□を守る
母国	○	○	-	-
祖国	○	-	○	○
故国	○	-	○	-

使い分け【1】三語とも、外国にあって自分の国をさしていうことが多い。【2】「母国」が、自分の生まれたという点に意味の中心がおかれているのに対して、「祖国」は、先祖代々住んできたという点に中心がある。【3】「故国」は、「故国を捨てて上京する」のように、生まれ育った土地、つまり古里のこともさす。

【関連語】◆〈自国〉自分の国。⇔他国。「領事は自国の利益保護にあたる外交官だ」

5 07-14 本国（ほんごく）／本土（ほんど）／内地（ないち）

共通する意味★その国の本来の国土。**【英】** *one's home country*

使い方▼〔本国〕▽本国からの独立を求める動きが強くなる　〔本土〕▽一九七二年に沖縄は本土に復帰した　〔内地〕▽内地から救援物資が送られてくる

使い分け【1】「本国」には、「本国に送還する」のように、その人の国籍のある国の意もある。【2】「本土」「内地」は、離島に対して使われることもあり、また、北海道や沖縄からみて本州の意にも使われる。

5 07-15 本邦（ほんぽう）／本朝（ほんちょう）

共通する意味★わが国。**【英】** *our country*

使い方▼〔本邦〕▽この歌劇は本邦初演だ　〔本朝〕▽中国小説の構想を本朝の奈良時代に移して書きかえる

使い分けどちらも、文章語。「本邦」は、「本邦初演」の形で使われることが多い。「本朝」は、わが国の朝廷の意から。

反対語▼本朝⇔異朝

5 07-16 島国（しまぐに）／海国（かいこく）

共通する意味★周囲を海に囲まれた国。**【英】** *an island country*

使い方▼〔島国〕▽日本は島国だ▽島国根性　〔海国〕▽海国という特徴を生かして発展した国

使い分け【1】「島国」は、閉鎖的で、こせこせしているという意味を含んで使われることがある。【2】「海国」は、海とのかかわりが深い国という意で、海に関した産業が盛んな国もさす。

5 07-17 南国（なんごく）／暖国（だんごく）

共通する意味★気候の暖かい国や地方。**【英】** *the southern country*

使い方▼〔南国〕▽南国の生まれ　〔暖国〕▽この木は暖国にしか育たない

使い分け「南国」は、南方の国や地方の意で、南方にあることから暖かい所ということになり、「暖国」と同じような意味に使われる。ただし、南半球にある国や地域に対して「南国」は使わない。

反対語▼南国⇔北国　暖国⇔寒国

5 07-18 国土（こくど）／邦土（ほうど）

共通する意味★一国の統治権が及ぶ範囲の土地。**【英】** *a country*

使い方▼〔国土〕▽緑豊かな国土を作る▽国土計画　〔邦土〕▽邦土の防衛に関する意識を調査する

使い分け「邦土」は、文章語で、特にわが国の国土のことをさす。

5 07-19 全土（ぜんど）／全国（ぜんこく）

共通する意味★その国全体。**【英】** *the whole country*

使い方▼〔全土〕▽台風は日本の全土にわたって影響を及ぼした▽わが軍はすでに全土を支配下に収めている　〔全国〕▽全国で一斉に国勢調査を行う▽今日は全国的に晴れだ

使い分け【1】「全土」は、その国の土地全体ということ。【2】「全国」は、国の全体であるが、日本全体という意味で用いられることが多い。

5 07-20 国力（こくりょく）／国威（こくい）

共通する意味★外国に対することのできる国家の力。**【英】** *national power*

使い方▼〔国力〕▽国力を高める▽国力が疲弊（ひへい）する　〔国威〕▽諸外国に対し、国威を発揚する

使い分け「国力」は、主として経済力と軍事力を総合した力をいうが、「国威」は、そうした具体的な力よりも、むしろ国の権威をさす。

5 07-21 政治（せいじ）／政（まつりごと）

【関連語】◆〈国事（こくじ）〉

共通する意味★国家の主権者が国を治めること。**【英】** *government; politics*

使い方▼〔政治〕▽政治が乱れる▽政治の貧困▽明るい政治　〔政〕▽政を執り行う

使い分け【1】「政治」が、一般的に広く用いられる。【2】「政」は、古代において神をまつり、神の意を行うことがそのまま国を治めることであったとこ

5 社会生活

ろからいう。古めかしい語で、あまり用いられない。
【関連語】◆（国事）一国の政治にかかわる事柄。「国事に携わる」

507-22 国政（こくせい）／内政（ないせい）

共通する意味★その国の政治。【英】*(national) administration*

使い方▼〔国政〕▽総理大臣は国政をあずかる最高の職務だ▽国政に参加する　〔内政〕▽外交よりも内政を重視する▽内政干渉

使い分け【1】「国政」は、その国の政治で、立法・司法・行政のすべてを含む。【2】「内政」は、外交に対して、国内の政治をいう。

507-23 王政（おうせい）／帝政（ていせい）／親政（しんせい）

【関連語】◆（院政）（いんせい）

共通する意味★王や天皇が自ら行う政治。【英】*Royal Government*

使い方▼〔王政〕▽王政復古　〔帝政〕▽帝政ロシア▽帝政時代　〔親政〕▽天皇親政

使い分け「帝政」は、帝王・皇帝が、「親政」は、天皇が行う政治。「王政」は、そのどちらもいう。また、「親政」は、天皇自ら政治を行うこともいう。

【関連語】◆（院政）院の庁で上皇・法皇が天皇に代わって行った政治。転じて、引退した人が、なお実権を握っていることもいう。

507-24 善政（ぜんせい）／仁政（じんせい）／徳政（とくせい）

【関連語】◆（民政）（みんせい）

共通する意味★人民を思いやるよい政治。【英】*good government*

使い方▼〔善政〕▽善政をしく　〔仁政〕▽国王となって仁政を施す　〔徳政〕▽人民のために徳政を行う

使い分け「善政」は、人民にとって正しくよい政治、「仁政」は、思いやりのある政治、「徳政」は、恩恵を施す政治をいう。

反対語▼善政・仁政⇔悪政

【関連語】◆（民政）人民の幸福の増進をはかることを目的とした政治。また、軍人以外の人によって行われる政治。⇔軍政。「軍政から民政に移管する」

507-25 悪政（あくせい）／虐政（ぎゃくせい）／苛政（かせい）／暴政（ぼうせい）／圧政（あっせい）

【関連語】◆（軍政）（ぐんせい）

共通する意味★人民を苦しめる政治。【英】*misgovernment; tyranny*

使い方▼〔悪政〕▽悪政をしいたことで有名な皇帝　〔虐政〕▽領主の虐政にあえぐ　〔苛政〕▽苛政は虎よりも猛し　〔暴政〕▽国王の暴政にあえぐ　〔圧政〕▽大国の占領下にあって、その圧政に苦しむ

使い分け【1】「悪政」は、国民の幸福をさまたげる悪い政治で、「虐政」「苛政」「暴政」「圧政」は、みな「悪政」に含まれる。【2】「虐政」「苛政」は、人民を苦しめる苛酷な政治。特に、重税をかけて、人民に過分の負担を負わせる場合などにいう。【3】「暴政」は、むごく、乱暴な政治。【4】「圧政」は、権力で人民の言動を抑えつける政治。

反対語▼悪政⇔善政・仁政

【関連語】◆（軍政）軍隊が政治を行うこと。⇔民政。「軍政を敷く」

507-26 主権在民（しゅけんざいみん）／民主（みんしゅ）

共通する意味★国家の主権が人民にあること。【英】*The sovereignty rests with the people*

使い方▼〔主権在民〕▽日本国憲法は主権在民を宣言している　〔民主〕▽自由と民主を掲げて王制を打倒する▽会を民主的に運営する

使い分け「民主」は、「民主主義」「民主政治」「民主化」など、他の語と複合して使われることが多い。

507-27 政策（せいさく）／ポリシー

共通する意味★政治を行っていくうえでの方針や手段。【英】*policy*

使い方▼〔政策〕▽政策を練る▽福祉政策　〔ポリシー〕▽外交を進める上でのポリシーを探る▽社長には会社経営に関するポリシーがない

使い分け「ポリシー」は、政治に限らず、事を行ううえでの原則、方針の意味で使われることが多い。

507-28 立法（りっぽう）／行政（ぎょうせい）／司法（しほう）

共通する意味★国を統治する三権。【英】*legislation*

使い方▼〔立法〕▽立法権を行使する　〔行政〕▽国の行政をあずかる▽地方行政▽行政改革　〔司法〕▽司法の独立を守る▽司法官

使い分け【1】「立法」は、法律をつくり、「行政」は、政治を行い、「司法」は、法律にもとづいて処理する。【2】この三権は、立法の府が行政府の長を決め、行政府が司法の長を任命し、司法が立法を審査するというように、互いに牽制（けんせい）しあい分立している。

507-29 政府（せいふ）／内閣（ないかく）

共通する意味★国の政治を行うこと。また、それをする機関。【英】*the government*

使い方▼〔政府〕▽政府は国会の解散を決めた▽日本の政府▽臨時政府　〔内閣〕▽外相として内閣に入る

▽内閣改造

使い分け「政府」が、組織全体をまとめていうのに対して、「内閣」は、それを構成する大臣の総合体としていう。

5 07-30 国会／議会／議院／両院／二院

【関連語】◆(衆議院)◆(参議院)

共通する意味★民選の議員で組織される国権の最高機関で、国の唯一の立法機関。**【英】** *the (National) Diet*

使い方▼〔国会〕▽国会で予算を審議する▽特別国会〔議会〕▽この問題を議会にかける▽議会政治〔議院〕▽議院運営委員会が開かれる〔両院〕▽両院議員総会が開かれる〔二院〕▽二院制度

使い分け【1】「議会」は、民選の議員で構成され、選挙民の意志を代表して立法などを受けもつ合議制の機関のこと。したがって、県議会、市議会などの地方公共団体の議会もその一つであるが、特に「国会」をさしていうことが多い。【2】日本の「国会」は、衆議院と参議院からなるため、「議院」「両院」「二院」は、衆議院と参議院をさす。

【関連語】◆(衆議院・参議院)国会を構成する二つの議院。衆議院の権限は、参議院のそれに優越する。参議院は、衆議院の審議を補正し、行きすぎの抑制にあたる。

5 07-31 大臣／閣僚

共通する意味★内閣を構成する各省庁の長。**【英】** *a minister*

使い方▼〔大臣〕▽わが町から大臣が出る▽外務大臣〔閣僚〕▽新内閣の閣僚が発表になる▽閣僚会議

使い分け「大臣」は、それぞれの役職をもった個人をいうが、「閣僚」は、内閣を構成する人々をひとまとめにしていう場合が多い。

5 07-32 内閣総理大臣／総理大臣／総理／首相／宰相

共通する意味★内閣の長である国務大臣の称。行政の最高責任をもつ。**【英】** *the Prime Minister*

使い方▼〔総理大臣〕〔内閣総理大臣〕▽記念式典に総理大臣が出席する▽内閣総理大臣の演説が始まる〔総理〕▽国会で総理の考えをただす〔首相〕▽英国の首相が来日する▽首相官邸〔宰相〕▽一国の宰相として国務にあたる

使い分け【1】「総理大臣」「総理」は、「内閣総理大臣」の略称。「首相」は、その通称。【2】「内閣総理大臣」やその略称は、わが国の内閣の長をさすが、「首相」「宰相」は、外国の場合にもいう。【3】「宰相」は、昔、中国で天子を助けて政治を行った官の名。

5 07-33 政治家／議員／代議士

共通する意味★政治や政治活動にたずさわる人。

使い方▼〔政治家〕▽政治家を志す▽彼は憲政史に残る政治家だ〔議員〕▽与党の議員が定数の半分以上をしめる▽参議院議員〔代議士〕▽北海道選出の代議士▽代議士秘書

使い分け【1】「議員」は、国会や地方議会を組織し、議決権をもつという特定の地位にある人をいう。「政治家」は、多く「議員」である人のことをさすが、それ以外にも広く使う。**【英】** *a congressman*《米》; *a parliament man*【2】「代議士」は、国民から公選され、国民を代表して国政を議する人。ふつう、衆議院議員をさす。【3】「政治家」は、「彼はなかなかの政治家だ」のように、比喩ひゆ的に、かけひきのうまい人、やり手の意味でも使われる。(しばしば悪い意味で)**【英】** *a statesman; a politician*

5 07-34 政党

【関連語】◆(与党)◆(野党)

意味★政治についての主義・主張を同じくする人々が政策を実行するために組織した団体。

使い方▼〔政党〕▽福祉政策を重点に掲げる政党を支持する▽政党政治

【関連語】◆(与党)政党政治で政権を担当している政党。**【英】** *the Government party*「政府与党の方針を明らかにする」◆(野党)政党政治で政権を担当していない政党。**【英】** *the Opposition party*「国会で野党が鋭く追及する」

5 07-35 はと派／穏健派

共通する意味★物事をおだやかに解決しようという考え方の人たち。**【英】** *the doves*

使い方▼〔はと派〕▽党内のはと派は話し合いによる解決を提唱している〔穏健派〕▽穏健派の意見が主流をしめた

使い分け【1】「はと派」は、主として政治的立場の場合に使い、今日では平和論者をいうことも多い。【2】「はと派」は、「鳩派」「ハト派」とも書く。

反対語▼はと派⇔たか派　穏健派⇔強硬派

5 07-36 たか派／強硬派

共通する意味★力で主張をおし通そうとする考え方の人たち。**【英】** *the hawks*

使い方▼〔たか派〕▽たか派は武力行使を主張している〔強硬派〕▽強硬派におしきられる形で議決された

使い分け【1】「たか派」は、主として政治的立場の場合に使う。【2】「たか派」は、「鷹派」「タカ派」とも書く。
反対語▼たか派⇔はと派　強硬派⇔穏健派

507-37 選挙(せんきょ)

【関連語】◆〔直接選挙〕ちょくせつせんきょ◆〔間接選挙〕かんせつせんきょ◆〔地方選挙〕ちほうせんきょ◆〔総選挙〕そうせんきょ◆〔公選〕こうせん◆〔民選〕みんせん◆〔官選〕かんせん

意味★代表や役員などを投票などによって選ぶこと。**【英】***election*
使い方▼〔選挙〕スル▽今度の選挙に出馬する▽執行委員長を選挙で決める▽衆議院議員の選挙
【関連語】◆〔直接選挙〕選挙人が直接、候補者に投票する選挙の方法。**【英】***a direct election* ◆〔間接選挙〕有権者が選出した選挙人が候補者に投票する選挙の方法。**【英】***an indirect election* ◆〔地方選挙〕地方公共団体の長や地方議会の議員を選出する選挙。**【英】***a local election* ◆〔総選挙〕議員などの定数全員について行う選挙。特に衆議院議員の選挙。**【英】***a general election*「来年の総選挙にむけて動き出す」◆〔公選〕スル公開の選挙。**【英】***public election* ⇔官選。「知事を公選する」◆〔民選〕一般の有権者の投票による選挙。**【英】***popular election* ⇔官選。「民選議員」◆〔官選〕政府が選ぶこと。⇔公選・民選

507-38 立候補(りっこうほ)／出馬(しゅつば)

共通する意味★候補者として出ること。**【英】***candidacy*
使い方▼〔立候補〕スル　〔出馬〕スル

	参院選に□する	クラス委員に□する	□要請を受け入れる	□の届出を締め切る	婿さんに□する
立候補	○	○	△	○	○
出馬	○	-	○	-	-

使い分け【1】「立候補」は、正式の手続きを伴って選挙に出ることをいい、また、「会長のかばん持ちに立候補する」のように、ある地位や立場の候補者になることにもいう。【2】「出馬」は、ふつう選挙に出る場合の私的な表現として使うが、「会長の出馬を要請する」のように、高い地位の人がその場に出向くことにも用いる。

507-39 投票(とうひょう)

【関連語】◆〔不在者投票〕ふざいしゃとうひょう◆〔指名投票〕しめいとうひょう◆〔決選投票〕けっせんとうひょう◆〔無投票〕むとうひょう

意味★選挙や採決のとき、候補者名や賛否を紙に書いて出すこと。**【英】***vote*
使い方▼〔投票〕スル▽新人候補に投票する▽反対の投票をする▽投票用紙▽無記名投票
【関連語】◆〔不在者投票〕投票当日に投票所に行けない有権者が、前もって行う投票。**【英】***absentee voting* ◆〔指名投票〕総理大臣などを選出するとき、まずその候補者を決定するために行う投票。**【英】***a roll call vote*「指名投票で過半数を得た」◆〔決選投票〕ふつう、最初の投票で過半数を得た候補者がない場合、上位二名以上について再び行う投票をいう。**【英】***a runoff* ◆〔無投票〕投票をしないこと。**【英】***without voting*「対立候補がいないため無投票で当選した」

507-40 票(ひょう)

【関連語】◆〔得票〕とくひょう

意味★選挙や採決のときに、候補者名や賛否を書いて箱などに入れる紙。また、投票された紙。**【英】***a vote*
使い方▼〔票〕▽思うように票が伸びない▽票を読む（＝票の集まり具合を予測する）▽浮動票
【関連語】◆〔得票〕スル選挙で候補者が票を得ること。また、得た票の数。「農村部で多く得票する」「得票率」

507-41 支配(しはい)／統治(とうち)

【関連語】◆〔独裁〕どくさい◆〔専制〕せんせい◆〔征服〕せいふく◆〔君臨〕くんりん◆〔治世〕ちせい◆〔牛耳る〕ぎゅうじる

共通する意味★国などを治めること。**【英】***rule; government*
使い方▼〔支配〕スル　〔統治〕スル

	外国の□下にある	世論を□する	国連の委任を受けて□する	感情に□される
支配	○	○	-	○
統治	○	-	○	-

使い分け【1】「統治」は、国土やそこに住む人民を治める場合にのみ使われ、「支配」は、人や組織、社会、また、人の考えや行動などを規定し、束縛する場合など幅広く使われる。【2】国家を治める場合、「支配」を使うと、特定の人の思うように動かされ、人民は束縛を受けているような意が強いが、「統治」を使うと、主権者がある秩序のもとに国政を行っているという意が強い。
【関連語】◆〔独裁〕権力をもった特定の個人や集団が、強い力で物事を採決し、国や組織を治めること。「支配」の一つのあり方。**【英】***dictatorship*「独裁的なやり方」「一党独裁」「独裁者」「独裁政治」◆〔専制〕支配的立場にある者が独断で政治を行うこ

と。「専制君主」「専制政治」◆(征服)スル他国を武力で倒して従わせること。「まわりの国々を征服する」◈転じて、困難なことをなしとげることもいう。「冬のヒマラヤを征服する」◆(君臨)スル君主として国を治めること。「長く帝王として君臨する」◈転じて、ある分野で絶対的勢力をもつこともいう。「財界に君臨する」◆(治世)君主として世を治めること、またその期間。「二百六十余年続いた徳川の治世」◆(牛耳る)(ラ五)団体、党派などの中心人物となって、その組織を自分の思いどおりに動かす。「牛耳を執る」ともいう。「経済界を牛耳るボス」

507-42 治める／統べる

【関連語】◆(治まる)

共通する意味★世の中を支配する。【英】*to govern*

使い方▼(治める)(マ下一)▽徳をもって国を治める▽世の中を治める (統べる)(バ下一)▽天下を統べる

使い分け【1】「治める」は、乱れた状態をしずめて、平和で安定した状態にする意。【2】「統べる」は、多くのものをひとつに集めまとめるのが原義。文章語。

【関連語】◆(治まる)(ラ五)乱れた状態がやみ、平和な落ち着いた状態になる。「国が治まる」

参照▼治まる⇒210-11

507-43 管理／管轄

【関連語】◆(管掌)◆(統轄)◆(分轄)◆(総轄)◆(直轄)◆(所轄)◆(所管)◆(つかさどる)

共通する意味★権限をもって人や物などを支配すること。【英】*administration*

使い方▼(管理)スル▽別荘を管理する▽業務の管理を任す▽管理職 (管轄)スル▽東海地区を管轄する▽管轄外の仕事

使い分け【1】「管理」は、人や物などの保全や処理をとりしきること。【2】「管轄」は、問題や事件あるいは業務の予防、処理のために、国家機関などがその権限によってとりしきることやその範囲をいう。

【関連語】◆(管掌)スル自分の管轄の仕事として、取り扱うこと。「事務を管掌する」◆(統轄)スル統一して治めること。また、中心となってまとめること。「販売部門を統轄する」◆(分轄)スル分けて管轄すること。「職務の分轄」◆(総轄)スル全体をまとめて取り締まること。「事務を総轄する」◆(直轄)スル直接管轄すること。「幕府の直轄」◆(所轄)スルそこの管轄であること。「所轄の税務署」◆(所管)スルある事務を管理すること。また、その範囲。「文部省所管の事項」◆(つかさどる)(ラ五)管理、支配下におく。「司る」「掌る」とも書く。「国政をつかさどる」

参照▼つかさどる⇒502-20

507-44 抑圧／圧迫／弾圧／威圧

【関連語】◆(強圧)◆(暴圧)◆(圧制)

共通する意味★力でおさえつけること。【英】*oppression; suppression*

使い方▼(抑圧)スル▽自由を奪われ、抑圧された人々▽抑圧された少年時代を送る (圧迫)スル▽大国が軍事力で小国を圧迫する▽彼の態度に精神的な圧迫を受ける (弾圧)スル▽政府は反戦論者を弾圧した▽キリスト教徒弾圧の歴史をもつ町 (威圧)スル▽鋭いまなざしであたりを威圧する▽威圧的な態度

	言論の自由を□する	反対派を□する	敵を□する	□感を与える
抑圧	○	△	-	-
圧迫	○	△	△	○
弾圧	○	○	-	-
威圧	-	△	○	○

使い分け【1】「弾圧」は、なんらかの行動、特に特定の思想のもとになされる行動を、権力のあるものが上からおさえつけることをいうのに対して、「抑圧」「圧迫」は、行動だけではなく精神的な場合もいう。「抑圧」は、欲望、意識などについていうことが多い。【2】「威圧」は、相手をおそれさせ、とてもかなわないという気持ちにさせること。【3】「圧迫」は、「胸を圧迫されて苦しい」のように、物理的な力でからだのある部分をおさえる場合や、「インフレは生活を圧迫する」のように、経済的に苦しくする場合などにも使う。

【関連語】◆(強圧)スル一方的に強くおさえつけること。「政府は大衆の運動を強圧する」◆(暴圧)スル人の行動などを暴力でおさえつけること。文章語的。「人民の起こした抗議行動を暴圧する」◆(圧制)人の言動を権力などでおさえつけること。「政府の圧制に激しく抵抗する」

507-45 改革／変革／改変

【関連語】◆(革命)◆(改造)◆(改新)◆(維新)◆(クーデター)◆(世直し)

共通する意味★変え改めること。【英】*a revolution*

使い方▼(改革)スル▽組織を改革する▽行政改革 (変革)スル▽社会制度の変革を歴史を追って調べる▽男性の意識を変革する必要がある (改変)スル▽規則の改変にともない若干の混乱が予想される▽表現を一部改変する

	制度を□する	世の中の□	規則の□	農地□
改革	○	-	-	○
変革	○	○	-	-
改変	○	-	○	-

使い分け【1】「改革」は、制度や方法、機構などの悪い点を改め変えること。「変革」は、「改革」よりも根本的で広範な、具体的にはつかめないようなものを変える場合に多く使われる。【2】「改変」は、「改革」よりも、より具体的なレベルの事柄を変え改めることに用いられる。

【関連語】◆**(革命)**国家、社会体制を根本から変えるような大きな改革。また、ある領域での考え方や方法の根本的、抜本的な改革もいう。「フランス革命」「革命家」「流通革命」◆**(改造)**スル造り直すこと。「車を改造する」「内閣の改造」◆**(改新)**スル改めて新しくすることであるが、「大化の改新」以外はめったに使われない。◆**(維新)**すべてが改まり、新しくなること。「明治維新」をさすことが多い。◆**(クーデター)**「革命」が支配階級の交替による国家、社会の大変革をさすのに対し、支配階級内での政権の移動をいう。「無血クーデター」◆**(世直し)**世の中の悪い制度や乱れた風紀などを改めること。

5 07-46 国民(こくみん)／人民(じんみん)／民(たみ)

【関連語】◆**(同胞)**(どうほう)◆**(民草)**(たみくさ)◆**(臣民)**(しんみん)◆**(蒼生)**(そうせい)◆**(蒼氓)**(そうぼう)◆**(赤子)**(せきし)◆**(万民)**(ばんみん)

共通する意味★国家、社会を構成し、組織している人々。**【英】***the people; the citizens*

使い方▼〔国民〕▽国民の知る権利を守っていく▽国民の声を政治に反映させる▽国民的英雄 〔人民〕▽人民の人民による人民のための政治 〔民〕▽民の声に耳を傾ける

	わが国の一億の□	□裁判	遊牧の□	相手の国の□性を理解する
国民	○	-	-	○
人民	○	○	-	-
民	○	-	○	-

使い分け【1】「人民」は、ふつう、支配者に対して一般の人々をいう。【2】「民」は、君主や帝王に対して、その支配下にある人々、つまり臣民の意に使われることもある。また、国家とは関係なく、「流浪の民」「遊牧の民」などと、群れをなした人々の意にも使われる。【3】「国民」「人民」は、「国民大会」「国民年金」「国民総生産」「人民戦線」など、複合語としても使われる。

【関連語】◆**(同胞)**同じ国に生まれた、祖国を同じくする人々。「海外の同胞に援助の手をさしのべる」◆**(民草・蒼生・蒼氓)**人民を生い茂る草にたとえていう語。文章語。「たみくさ」は、「たみぐさ」ともいう。「民草のうれいをきく」「一億の蒼生のために」「蒼氓を慈しむ」◆**(臣民)**君主に対して、臣としての国民。「臣民として忠誠を誓う」◆**(赤子)**天子などを父母にたとえて、その子としての人民。文章語。◆**(万民)**すべての人民。文章語。「この政策は万民によって支持される」

5 07-47 市民(しみん)／公民(こうみん)

共通する意味★参政権を持つ国民。**【英】***a citizen*

使い方▼〔市民〕▽善良な市民として暮らす▽暴動は一般市民をまきこんで広がる▽市民ホール 〔公民〕▽公民としての権利を守る▽公民権運動

使い分け【1】一般的には「市民」を使う。「市民」は、政治家や軍人などではない普通の人々という意味で、公職にある「公人」に対して使われる。「一般市民」は、その点を強調した言い方。【2】「公民」は、「公民館」「公民権」など、多く、複合語として用いられる。

5 07-48 文民(ぶんみん)／シビリアン

共通する意味★職業軍人以外の一般の人民。**【英】***a civilian*

使い方▼〔文民〕▽国務大臣は文民でなければならない 〔シビリアン〕▽シビリアンコントロール(＝文民統制。軍事的決定権を職業軍人でない文民がもつこと)

使い分け「文民」は、「シビリアン」の訳語で、日本国憲法に使われている語。

5 07-49 住民(じゅうみん)／住人(じゅうにん)

共通する意味★そこに住んでいる人。**【英】***inhabitants; residents*

	この町の□	付近の□が避難した	アパートの□	古くからこの土地の□だ
住民	○	○	-	-
住人	○	-	○	○

使い分け【1】「住民」が、比較的広い範囲の土地や地域に住んでいる人をさすのに対し、「住人」は、それより狭い範囲の土地や、建物に住んでいる人をさす。【2】「住民」は、「住民登録」「住民投票」「住民税」など、公務の用語としても使われる。

5 07-50 大衆(たいしゅう)／民衆(みんしゅう)／庶民(しょみん)

【関連語】◆**(公衆)**(こうしゅう)◆**(マス)**◆**(平民)**(へいみん)

共通する意味★社会の大多数をしめる、ごくふつうの人々。**【英】***the masses*

使い方▼〔大衆〕▽大衆向きの文芸雑誌▽ゴルフも最近では大衆化しつつある 〔民衆〕▽民衆を味方につけた方が勝ちだ▽民衆芸術 〔庶民〕▽マツタケは庶民の食卓にはなかなかのぼらない▽庶民生活

	＿の声を聞く	＿向きの食堂	＿には縁遠い話
大衆	○	○	-
民衆	○	-	-
庶民	○	○	○

使い分け【1】「大衆」は、多く、一般勤労者階級としての世間の人々をさす。【2】「民衆」は、多く、被支配者階級としての世間一般の人々をさす。【3】「庶民」は、名もなく金もないが、健全な生活をいとなむ一般の人々という意味を含んで多く使われる。【4】「われわれ庶民には」という言い方では、「大衆」「民衆」は使えない。「大衆」「民衆」は、多くの人々をひとまとまりとしてとらえたときの言い方であるのに対し、「庶民」は、一人一人がその中の一人であるという意識で使われるからである。

【関連語】◆**（公衆）**世間一般の人々。共に生きている社会を形成している人々。「公衆の面前で恥をかく」「公衆電話」「公衆道徳」◆**（マス）**大衆。民衆。「マスコミュニケーション」◆**（平民）**官位のない、ふつうの人民。「彼は平民的な宰相と呼ばれた」

507-51 人種（じんしゅ）／民族（みんぞく）／種族（しゅぞく）

共通する意味★人類をある特定の基準で分類したもの。**【英】** *a race*

使い方▼〔人種〕▽人種によって人を差別してはならない▽黄色人種▽白色人種　〔民族〕▽民族の独立を唱える▽民族意識▽遊牧民族▽日本民族　〔種族〕▽戦いを好む種族▽遊牧生活を営む種族

使い分け【1】「人種」は、人類を、皮膚や髪の毛の色、容貌（ようぼう）、骨格などの身体の形態的特徴の共通性によって分類した場合の人々の集団をいう。ふつう、「民族」や「種族」よりも単位が大きい。また俗に、「女子大生という人種」「役人という人種」のように、生活環境、職業、気質などの共通点によって人を分類したときのひとまとまりをさしていうこともある。【2】「民族」は、同じ祖先から出て、文化、言語、生活様式、歴史などを共有するひとまとまりの人々の集団をいう。【3】「種族」は、「人種」や「民族」などをさらに分類する単位。共通の祖先、言語、文化、宗教、風俗、習慣などをもつ人々の集団をいう。

508 …法・裁判・警察

508-01 法律（ほうりつ）／法（ほう）／法典（ほうてん）

【関連語】◆**（のり）**◆**（法度）**（はっと）◆**（法網）**（ほうもう）

共通する意味★国会で制定され、公布される国のきまり。**【英】** *a law*

使い方▼〔法律〕▽国民の祝日は法律で決められている▽法律の解釈が問題となる▽新しく法律を定める　〔法〕▽法を犯して罰せられる▽その行為は法にふれる▽人を見て法を説け▽悪法もまた法なり　〔法典〕▽現行の法典では特に規定されていない

使い分け【1】「法」は、「法律」のことをさすことが多く、「法律」を「法」で言い換えることは多くの場合可能である。ただ「法」の方が用途が広く、もっと一般的に、きまりや規則などの意味に使われることもある。【2】「法典」も「法律」のことをさす。また、「ハンムラビ法典」のように、特定の法律を体系的にまとめた書物のこともいう。**【英】** *a code of laws*

【関連語】◆**（のり）**人の守るべき道。「法」「則」とも書く。「のりをこえる」◆**（法度）**武家時代の法令。禁制の意味もある。「武家諸法度」「それはご法度だ」◆**（法網）**法律を網にたとえたもの。罪を犯せば必ず法律の制裁を免れないということ。「法網をかいくぐって悪事を働く」

508-02 憲法（けんぽう）／憲章（けんしょう）／綱紀（こうき）

共通する意味★国を治めるためにたいせつな、根本的規則。**【英】** *the constitution*

使い方▼〔憲法〕▽憲法を順守する▽憲法違反　〔憲章〕▽児童憲章▽ユネスコ憲章　〔綱紀〕▽綱紀を粛清し、新しい政治をめざす

使い分け【1】「憲法」は、国家の統治体制の基礎を定める根本法。【2】「憲章」は、国家、国際機関などが理想として定めたもので、強制力を伴うことが少ない。【3】「綱紀」は、国を治める大法と細則をさし、あわせて、国家の組織を保ってゆくための根本の規則、また規律をいう。

508-03 法規（ほうき）／法制（ほうせい）／法令（ほうれい）／法例（ほうれい）

共通する意味★法律とそれに類するもの。

使い方▼〔法規〕▽法規を改正する▽交通法規　〔法制〕▽わが国の法制にはそのような規定はない　〔法令〕▽新しい法令を施行する　〔法例〕▽法例に照らして処置をする

使い分け【1】「法規」は、法律と規則。特に、法律上の規定。**【英】** *laws and regulations*【2】「法制」は、法律と制度。また、法律で定めた各種の制度。**【英】** *legislation*【3】「法令」は、法律と、国の行政機関によって制定される命令。**【英】** *a law*【4】「法例」は、法規の適用に関する原則を定めたきまり。**【英】** *the law governing; the application of laws*

508-04 約款（やっかん）／定款（ていかん）

共通する意味★契約に際し取り決めた条項。また、それを記した文書。**【英】** *an agreement*

使い方▼〔約款〕▽契約の時は約款をよく読むべきだ▽保険の約款　〔定款〕▽定款に従って役員を定める

使い分け【1】「約款」は、条約や契約などを結ぶとき、互いに確認しあう一つ一つの取り決めをいう。【2】「定款」は、公益法人や会社の協同組合などを設立するとき、その目的や組織や活動などについて取り決めたもの。

508-05 政令（せいれい）／省令（しょうれい）／条例（じょうれい）

共通する意味★各機関が制定する命令や法規。**【英】** *regulations*

使い方▼〔政令〕▽政令を発する▽政令指定都市　〔省令〕▽省令を発する　〔条例〕▽条例を制定する▽公安条例

使い分け【1】「政令」は、憲法や法律の規定を実施するために、内閣が制定する命令。主任の国務大臣が署名し、内閣総理大臣が連署して、天皇が公布する。【2】「省令」は、各省大臣が、主管の行政事務について発する命令。【3】「条例」は、地方公共団体が、議会の議決によって制定する法。

508-06 規則（きそく）／きまり／規約（きやく）／規程（きてい）／規定（きてい）／規律（きりつ）／ルール

【関連語】◆（本則）ほんそく◆（総則）そうそく◆（通則）つうそく◆（細則）さいそく◆（付則）ふそく◆（定則）ていそく◆（概則）がいそく◆（おきて）◆（定め）さだめ

共通する意味★それに基づいて物事が行われるように定められた約束ごと。**【英】** *a rule; regulations*

使い方▼〔規定〕スル

	□を守る	□違反	会の□により総会を開く	第三条に□する
規則	○	○	-	-
きまり	○	-	△	-
規約	○	△	○	-
規程	○	△	-	-
規定	○	○	○	○
規律	○	○	-	-
ルール	○	○	-	-

使い分け【1】「規則」は、なんらかの目的のための行動や手続きなどに関して定められたこと。「学校の規則」「就業規則」など。また、「規則正しい生活」「規則的な音」のように、一定の秩序の意味にも使われる。【2】「きまり」は、「規則」と同意だが、「規則」ほど堅苦しいイメージはなく、仲間うちでの約束ごとなど、広い範囲で使われる。また、「夕方に散歩をするのがきまりだ」のように、きちっとした定めがあるわけではないが、そういう風習や習慣である場合にも使われる。【3】「規約」は、特に、団体や組織の維持・運営をするために、人が協議して決めたものをいう。【4】「規定」は、物事のやり方、内容などを決まった条文として定めることや、その定められた一つ一つの約束ごとをいう。「規程」は、「規定」と同じ意味であるが、「服務規程」のように、特に、官公庁などの内部執務に関するものをいう。【5】「規律」は、個人の生活や集団における秩序を維持するためのきまりやけじめをいう。**【英】** *discipline*【6】「ルール」は、特にスポーツで、「規則」「規定」の意味で使われる。また、「民主主義のルール」「裏工作するなんてルール違反だ」のように、正当なやり方の意で使うこともある。

【関連語】◆（本則）法令や規則の本体となる部分。「本則の定めるところに従う」◆（総則）全体の事柄に共通する規則。「民法総則」◆（通則）一般に通用する規則。また、その法規の中で、全体に共通する規則。「右側通行を通則とする」◆（細則）総則・通則に基づいて、細かい事柄について決めた規則。「具体的な運用については細則に従う」◆（付則）ある規則につけられた、それを補充するための規則。施行期日や経過規定などが定められている。「細目は付則にある」◆（定則）定められている一定の規則。「クラブの定則を決める」◆（概則）細かいところは切り捨てた、大筋の規則。「本会の概則は次に示すとおり」◆（おきて）守らなければならない取り決め。「掟」とも書く。「おきてを破る」「村のおきて」◆（定め）定められたこと。きまり。「国のさだめによる」

参照▼定め⇒604-14

508-07 原則（げんそく）／鉄則（てっそく）

【関連語】◆（不文律）ふぶんりつ

共通する意味★ある物事をするうえで、必ず守らなければならない根本的なきまり。**【英】** *a principle*

	□を守る	□として一人でやること	作戦は外部に漏らさないのが□だ
原則	○	○	-
鉄則	○	-	○

使い分け「原則」は、特別な場合には例外を認めるが、「鉄則」は、例外の認められない、絶対守らなければならないきまり。

【関連語】◆（不文律）文書で示されていない法律。転じて、互いに、暗黙のうちに了解しているきまり。「この会では最年長者が会長になるのが不文律だ」

5 08-08 法則(ほうそく)／定律(ていりつ)

共通する意味★ある条件のもとでは必ずある現象が成立するという事物相互の関係。**【英】** *a law; a principle*

使い方▼〔法則〕▽万有引力の法則▽法則性を見いだす　〔定律〕▽自然界の定律

使い分け「法則」が、一般的な語。

5 08-09 内規(ないき)／社規(しゃき)

共通する意味★ある組織の内部だけで申し合わせた取り決め。**【英】** *private rules*

使い方▼〔内規〕▽会の内規を作る▽クラブの内規に違反する　〔社規〕▽私用電話は社規で禁じられている

使い分け「社規」は、特に会社内での取り決めのことをいう。「社則」とも。

5 08-10 家法(かほう)／家憲(かけん)／家訓(かくん)

共通する意味★その家に伝えられているきまり。**【英】** *family rules*

	□を守る	□にそむく	…するのがこの家の□だ	□に記されている
家法	○	○	○	-
家憲	○	○	-	△
家訓	○	○	-	○

使い分け【1】「家法」は、その家に伝わる特有のしきたりや、おきて。【2】「家訓」「家憲」は、日常の作法や心がまえなどについて、その家に代々伝わる教え。「家訓」は、特にそれを書きとめたものもいう。

5 08-11 制度(せいど)

意味★国や団体を運営したり、社会の秩序を維持したりするために定められたしくみやきまり。また、社会的に継続的に認められているしくみやきまり。**【英】** *a system*

使い方▼〔制度〕▽入試制度を改める▽封建制度

5 08-12 違法(いほう)／不法(ふほう)／非合法(ひごうほう)／違憲(いけん)／違反(いはん)

共通する意味★憲法、法律、命令などのきまりに背くこと。

使い方▼〔違法〕▽違法駐車を取り締まる▽違法建築　〔不法〕(名・形動)▽銃の不法所持を取り締まる▽不法入国　〔非合法〕(名・形動)▽非合法な組織　〔違憲〕▽裁判所は、違憲立法審査権を持っている　〔違反〕スル▽校則に違反する▽交通違反

使い分け【1】一般的な使われ方としては、「違法」と「不法」は、置き換えられる場合が多い。ただし、「違法」は、具体的かつ形式的に、ある法令に背いている場合に使われるのに対して、「不法」は、「上司の不法なしうちに泣かされる」のように、抽象的、主観的に「ひどいこと」という意味で使われることもある。**【英】** *illegality*【2】「非合法」は、政治的な体制に反する場合に使われることが多い。**【英】** *illegality*【3】「違憲」は、憲法の規定および理念に合わないという場合にだけ使われる。**【英】** *unconstitutionality*【4】「違反」は、条約、憲法から個人間の約束事まで、あらゆるきまりについて使うことができる。**【英】** *a breach*

反対語▼違法⇔適法　非合法⇔合法　違憲⇔合憲

5 08-13 適法(てきほう)／合法(ごうほう)／合憲(ごうけん)

共通する意味★ある事柄が憲法・法律・命令などにかなっていること。**【英】** *lawfulness*

使い方▼〔適法〕(名・形動)▽適法行為　〔合法〕(名・形動)▽合法的なやり方▽合法性を考慮する　〔合憲〕▽合憲の判決が出る

使い分け「適法」「合法」は法律、規則に適合していること、「合憲」は憲法に違反していないこと。

反対語▼適法⇔違法　合法⇔非合法　合憲⇔違憲

5 08-14 警察(けいさつ)／ポリス／さつ

共通する意味★公共の安全、秩序を守るために犯罪を防ぎ取り締まる公の組織。**【英】** *the police*

使い方▼〔警察〕▽所轄の警察へ連絡する▽警察がやって来る　〔ポリス〕▽ポリスに知らせる▽ポリスボックス　〔さつ〕▽さつに見つかるとやばい▽さつ回りの記者

使い分け【1】「警察」が最も一般的に使われる。「さつ」は、「警察」の略語で、俗語。【2】「警察」「ポリス」「さつ」ともに、警察官の意もある。

5 08-15 警察署(けいさつしょ)／派出所(はしゅつじょ)／駐在所(ちゅうざいしょ)／交番(こうばん)

共通する意味★警察事務を取り扱う役所。**【英】** *a police station*

使い方▼〔警察署〕▽警察署に逮捕した犯人を連行する　〔派出所〕▽派出所の警察官▽駅前の派出所　〔駐在所〕▽村の駐在所▽駐在所のお巡りさん　〔交番〕▽拾得物を交番に届ける

使い分け【1】「派出所」「駐在所」「交番」は、警

察署の出先機関。【2】「駐在所」は、一人の巡査が寝泊まりしながら受け持ちの地区の警備や事務処理にあたる所。【3】「派出所」は、二人以上の巡査が勤務する所。【4】「交番」は、「派出所」「駐在所」のどちらの意でも使う。

508-16 警察官／警官／お巡りさん／お巡り

共通する意味★警察上の職務に服する公務員。【英】*a policeman*

使い方▼〔警察官〕▽本署勤務の警察官▽警察官職務執行法 〔警官〕▽警官が交通整理をする▽警官隊 〔お巡りさん〕▽お巡りさんがパトロールに来る 〔お巡り〕▽お巡りに捕まった

使い分け【1】「警官」は、「警察官」の略。【2】「お巡りさん」は、親しんでいう語。【3】「お巡り」は「お巡りさん」の略で、敬意のない侮蔑的な語。

508-17 刑事／巡査／機動隊／SP／婦警

【関連語】◆（私服）◆（でか）

共通する意味★警察官の種別。

使い方▼〔刑事〕▽捜査課の刑事▽私服の刑事 〔巡査〕▽派出所の巡査▽交通巡査 〔機動隊〕▽警視庁の機動隊▽機動隊が出動する 〔SP〕▽要人警護のSP▽SPをつける 〔婦警〕▽交通整理をする婦警

使い分け【1】「刑事」は、犯罪の捜査や犯人の逮捕を行う警察官。【英】*a detective*【2】「巡査」は、警察官の階級の一つ。一般に警察官をさしていうことが多い。【英】*a policeman*【3】「機動隊」は、一般の警察業務とは別に、随時事態に応じて出動する警察官の部隊の名称。【英】*the police riot squad*【4】「SP」は、和製英語「*Security Police*」の略。要人警護のための私服の警察官。【5】「婦警」は、「婦人警察官」の略。女性の警察官。【英】*a policewoman*

【関連語】◆（私服）「私服刑事」の略。私服で勤務に当たる刑事をいう俗語。「私服に尾行されているようだ」◆（でか）「刑事」をいう俗語。「でかに見つかるとやばい」

508-18 裁判／審判

【関連語】◆（断罪）

共通する意味★物事の正邪善悪を裁いて判定すること。【英】*judgment*

使い方▼〔裁判〕スル▽公正に裁判する▽犯人を裁判にかける▽裁判を開く▽裁判に訴える▽裁判に付する▽裁判で争う▽裁判に持ち込む▽裁判官▽公開裁判▽宗教裁判 〔審判〕スル▽争いに対して審判を下す▽野球の審判をする▽神の審判が下る

使い分け【1】「裁判」は、物事を裁いて善悪を判定することだが、特に、裁判所のような司法機関が、法律上の争いについて判断を下すことをいう。また、裁判所で行われるその審問のための会合を、「裁判」と呼ぶ。【2】「審判」は、物事について正邪善悪などの判断を下す意だが、法律がかかわる問題に限らず、権威のある者が判断を下すこと、また、その判断の意で用いられる。

【関連語】◆（断罪）スル罪を公にして追及し、裁くこと。判定というよりも、むしろ罪を明らかにして責めるといった意味合いが強い。「彼の背信行為を強く断罪する」「企業公害を断罪する」

参照▼審判⇒620-35

508-19 訴訟／起訴／上訴／控訴／抗告／上告／提訴／反訴

【関連語】◆（訴える）

共通する意味★事実の認定、ならびに法律的判断を裁判所に申し出るときの種々の場合における用語。【英】*a lawsuit*

使い方▼〔訴訟〕スル▽訴訟を起こす▽公害訴訟 〔起訴〕スル▽殺人罪で起訴する▽起訴事実を否定する 〔上訴〕スル▽最高裁判所に上訴する 〔控訴〕スル▽高等裁判所に控訴する▽控訴を棄却する 〔抗告〕スル▽抗告を申し立てる 〔上告〕スル▽最高裁判所に上告する 〔提訴〕スル▽人権侵害で提訴する 〔反訴〕スル▽原告に対し反訴を起こす

使い分け【1】「訴訟」は、事実の認定ならびに法律的判断を裁判所に対し申し出ること。【2】「起訴」は、裁判所に訴えを起こすこと。特に、刑事事件で検察官が裁判所に訴訟を提起すること。【3】「上訴」は、民事、刑事の下された判決に対して、不服を上級裁判所に申し出ること。「控訴」「抗告」「上告」の三種類がある。【4】「控訴」は、第一審の判決に対して上級裁判所に不服の申し立てをすること。「抗告」は、下級裁判所の決定または命令に対して、上級裁判所に不服の申し立てをすること。「上告」は、控訴審裁判所の判決に不服のある者が、その判決の当否の審査をさらに上級の裁判所に対して求める申し立て。【5】「提訴」は、訴訟を起こすこと。【6】「反訴」は、民事訴訟で、訴訟の進行中に、被告が原告を提訴すること。

【関連語】◆（訴える）（ア下一）裁判所に申し出て裁決を請う。「裁判所に訴える」

参照▼訴える⇒613-36

508-20 告訴／告発

共通する意味★捜査機関に対して犯罪事実を申告して、捜査および犯人の起訴を求めること。【英】*an accusation*

使い方▼〔告訴〕スル▽加害者を告訴する 〔告発〕スル▽殺人罪で告発する

使い分け【1】「告訴」は、犯罪の被害者またはその法定代理人が行う。「告発」は、被害者以外の者が行う。【2】「告発」は、悪事や不正を広く知らせることにもいう。

508-21 資格／権利

共通する意味★あることができると認められる立場や地位、身分。

使い方▼〔資格〕▽弁護士の**資格**を持つ▽彼を責める**資格**はだれにもない▽**資格**審査　〔権利〕▽すべて国民は健康で文化的な最低限度の生活を営む**権利**を有する（憲法第二五条）▽君に彼女を非難する**権利**などない

	～を得る	～を取得する	参加～に制限がある	教育を受ける～を保障する
資格	○	○	○	-
権利	○	-	-	○

使い分け【1】「資格」は、ある一定の基準に達して必要な条件を満たした場合に得られる立場や地位をいう。【英】*qualification(s)*【2】「権利」は、他に対して主張したり要求したりすることができる立場、地位などを持っていることをいう。【英】*a right*

反対語▼権利⇔義務

508-22 権限／職権

共通する意味★その立場や機関などが持つ権力、権利。【英】*authorization*

使い方▼〔権限〕▽会長の**権限**により会員の罷免を命じる▽業務上の**権限**は部長が握っている▽職務**権限**　〔職権〕▽**職権**に基づき集会を解散させた▽**職権**により仲裁に乗り出した▽**職権**濫用

使い分け【1】「権限」は、その立場の者が与えられている権力や権利。また、その及ぶ範囲をいう。【2】「職権」は、ある役職、機関などが持っている職務上の権利や権力をいう。

508-23 人権／民権

共通する意味★人間の持つ権利。【英】*human rights*

使い方▼〔人権〕▽**人権**が踏みにじられる▽**人権**擁護▽**人権**蹂躙▽基本的**人権**　〔民権〕▽**民権**の確立に功績があった人▽**民権**主義（＝民権の拡張を目的とする主義）▽自由**民権**

使い分け【1】「人権」は、人間が人間として生まれながらに持っている基本的な権利。生命、自由などを保障され、名誉を享受する権利などをいう。【2】「民権」は、国民としての権利。自分の生命、身体、財産などを保持したり、政治に参与したりする権利をいう。

508-24 主権／国権／政権／覇権

【関連語】◆（主導権）

共通する意味★国を治めたり支配したりする権力。【英】*sovereignty*

使い方▼〔主権〕▽**主権**を侵害される▽**主権**国（＝独立国）▽国家**主権**▽**主権**在民▽**主権**者　〔国権〕▽**国権**を発動する　〔政権〕▽**政権**の座につく▽**政権**争い▽軍事**政権**　〔覇権〕▽**覇権**を争う▽**覇権**を握る

使い分け【1】「主権」は、国家が国民や国土を治める権利のことで、他国の干渉によって侵されることのない国家の統治権をいう。また、国家の最高意思および国の政治を最終的に決定する権力のことをもさす。【2】「国権」は、国家の権力。また、国家の支配や統治を行う権力をいう。【3】「政権」は、政府を構成して政治を行う権利や権力をいう。【4】「覇権」は、武力などによって得た覇者としての支配権をいう。また転じて、競技などで優勝して得る勝者としての栄誉のこともいう。

【関連語】◆（主導権）物事や組織の中で、自分が中心となって全体を導くことのできる力。「試合の主導権を握る」「主導権を発揮する」

508-25 勢力／威力／権勢／権力／実権／威勢

【関連語】◆（勢い）

共通する意味★他を抑え、従わせる力や勢い。

使い方▼〔勢力〕▽台風の**勢力**はしだいに衰えていく▽激しい**勢力**争いをくりひろげる▽大国の**勢力**下にはいる　〔威力〕▽**威力**を発揮する▽**威力**のあるパンチ　〔権勢〕▽**権勢**を誇る▽**権勢**にこびる　〔権力〕▽**権力**の座にすわる▽会長の**権力**は絶大だ　〔実権〕▽会長には社長のような**実権**がない▽政治の**実権**を掌握する　〔威勢〕▽相手の**威勢**におされる▽**威勢**のいい職人

	～をふるう	～を持つ	～を張る	～を握る	～に屈する
勢力	○	○	○	-	-
威力	-	○	-	-	-
権勢	○	-	○	-	△
権力	○	○	-	○	○
実権	-	○	-	○	-
威勢	○	-	○	-	-

使い分け【1】「勢力」「威力」は、そのもの自体がもっている力。「勢力」は、ある範囲に継続的に及ぼしたり、支配したりする力。「威力」は、そのものが機能してすばらしい効果をあげる力。【英】*power;*

influence【2】「権力」は、ある地位や立場に備わっている力で、その地位や立場になって初めて手にするもの。「権勢」は、その権力をふるって勢力を張ること。【英】*authority; power*【3】「実権」は、見せかけではない、実質的な権力。【英】*real power*【4】「威勢」は、そのものから外にあふれ出ることによって、相手をおそれさせるような強い勢い。

【英】*power; spirits*（元気）

【関連語】◆（勢い）物事をおしすすめる強い力。物理的には、運動や動作が強まるにつれて、速さ・強さなどの形で現れる力をいい、もっと広い意味では、他を圧する盛んな力やはずみでついた力をいう。「勢いよくかけこむ」「筆に勢いがある」「破竹の勢い」「勢いに乗ずる」「酒に酔った勢い」◈副詞として、自然の成り行きで、の意でも使う。「いきおい、私が行かざるをえなくなった」

508-26 特権（とっけん）／特典（とくてん）

【関連語】◆（利権）りけん

共通する意味★特定の人に与えられる特別の権利や待遇。【英】*a privilege*

使い方▼〔特権〕▽遊び暮らすのは独身者の特権だ▽特権階級　〔特典〕▽会員には割引の特典がある▽特典に浴する

使い分け【1】「特権」は、特定の人・身分・階級に限って与えられる特別の権利。【2】「特典」は、関係者だけに特別に与えられる待遇や恩典。

【関連語】◆（利権）業者が、政治家や公務員などと結びついて得る利益の大きい権利。「公有地の利権をめぐって対立する」「利権がからんだ工事」

508-27 越権（えっけん）／僭越（せんえつ）

共通する意味★ある限度を超えて事を行うこと。

【英】*arrogation*

使い方▼〔越権〕▽反対意見を抑えこむのは議長の越権行為だ　〔僭越〕（名・形動）▽僭越ながら一言意見を述べさせていただきます

使い分け【1】「越権」は、許されている自分の権限を超えて物事を行うことをいう。一般には「越権行為」の形で用いることが多い。【2】「僭越」は、分をわきまえずに出すぎたことをすることをいう。自分の行為を謙遜（けんそん）していうことも多い。

508-28 責任（せきにん）／責め（せめ）

【関連語】◆（文責）ぶんせき◆（言責）げんせき◆（職責）しょくせき◆（重責）じゅうせき

共通する意味★自分でしたことから起こる損失や制裁を、自分で引き受けること。【英】*responsibility*

使い方▼〔責任〕▽事故の責任は私にある▽責任を転嫁する　〔責め〕▽教師の責めを果たす▽責めをふさぐ（＝果たす）

使い分け【1】「責任」の方が一般的。【2】「責任」も「責め」も、その立場にある者の引き受けなければならない任務の意でも使う。【3】「責め」は、「世人の責めを食う」のように、責めることの意もある。

【関連語】◆（文責）書いた文章に対する責任。「文責は編集部にある」◆（言責）自分の言葉に対する責任。「言責を負う」◆（職責）職務上の責任。「職責を果たす」◆（重責）重大な責任。「重責を担う」

509 …戦争・平和・治安

509-01 戦争（せんそう）／戦い（たたかい）／戦（いくさ）／合戦（かっせん）

【関連語】◆（会戦）かいせん◆（戦役）せんえき◆（役）えき◆（戦闘）せんとう◆（戦う）たたかう

共通する意味★軍隊と軍隊とが兵器を用いて戦うこと。

使い方▼〔戦争〕スル▽隣国をまきこんで戦争が始まった▽核戦争　〔戦い〕▽敵に戦いを挑む▽関ケ原の戦い　〔戦〕▽いくさの庭（＝戦争）▽負けいくさ　〔合戦〕スル▽川中島の合戦▽雪合戦▽応援合戦

使い分け【1】「戦争」は、特に国家と国家、あるいは交戦団体との間の兵力での争いをいうことが多く、開戦から終戦までを一つとみなす。「戦い」は、「硫黄島での戦い」のように、一時的な、または一地域の武力衝突をさす場合に多く使われる。「戦（いくさ）」「合戦」は、古風な語で、主にわが国の昔の武士などからなる軍団同士の武力衝突をいう。「戦」が「戦争」の意味で使われる場合は、文学的な表現となる。【英】*war*【2】「戦争」は、比喩（ひゆ）的に、社会上の激しい争いにも使われる。「交通戦争」「受験戦争」などのように。【英】*war*【3】「戦い」は、「明日の決勝は厳しい戦いになるだろう」「病気との戦い」などのように、競技などで争うことや、障害や困難に立ち向かうことなど、広い意味で使われる。【英】*struggle*【4】「合戦」は、「歌合戦」「応援合戦」「雪合戦」など、他の語と複合して相手と優劣を競う場合などにも使われる。【英】*a battle*

【関連語】◆（会戦）スル敵、味方の軍隊が出会って戦うこと。特に、双方の大兵団の激突による陸戦をさす。「今の兵力で敵と会戦するのは危険だ」◆（戦役）「戦争」の意の古めかしい言い方。「日露戦役」◆（役）「戦争」の古い言い方。人民を徴発して使役するところから。「西南の役」「弘安の役」◆（戦闘）スル武器をもって敵と戦うこと。特に敵を倒そうと攻撃を繰り返す行動をいう。「激しい戦闘が続く」「戦闘態勢」◆（戦う）（ワ五）相手をうち負かそうとして力を尽くす。武力などの手段を用いて争う場合、力や技で優劣を争う場合、また努力によって克服しようとする場合などがある。「闘う」とも書く。「敵と戦う」「きょう戦う相手は強敵だ」「困難と戦う」

5 社会生活

5 09-02 交戦（こうせん）／対戦（たいせん）／決戦（けっせん）／応戦（おうせん）／抗戦（こうせん）／大戦（たいせん）／一戦（いっせん）／夜戦（やせん）／白兵戦（はくへいせん）／前哨戦（ぜんしょうせん）／実戦（じっせん）

共通する意味★戦闘を交えること。**【英】** *war; a battle*

使い方▼〔**交戦**〕スル▽敵との交戦は避けられない事態となる▽交戦国（＝戦争状態にある相手国）　〔**対戦**〕スル▽敵と真っ向から対戦する▽対戦相手　〔**決戦**〕スル▽天下分け目の決戦▽本土決戦　〔**応戦**〕スル▽いつでも応戦できる態勢を整える▽相手の非難に、こちらも負けじと応戦する　〔**抗戦**〕スル▽弾圧に対し、徹底抗戦をよびかける　〔**大戦**〕▽武力衝突が大戦に発展した▽生涯に二度の大戦を経験する▽大戦前夜　〔**一戦**〕▽敵と一戦に及ぶ▽一戦まじえる　〔**夜戦**〕▽夜戦をしかけて不意を打つ　〔**白兵戦**〕▽壮絶な白兵戦で多数の兵が死んだ　〔**前哨戦**〕▽最前線で前哨戦が始まる▽選挙の前哨戦　〔**実戦**〕▽入隊したばかりでまだ実戦の経験はない▽実戦形式の練習を積んで試合に臨む

使い分け【1】「交戦」は、兵力をもって戦いを交えること。【2】「対戦」は、敵、味方となって相戦うこと。【3】「決戦」は、最終的に勝負を決めるために戦うこと。また、その戦い。【4】「応戦」は、相手の攻撃に応じて戦うこと。【5】「抗戦」は、敵からの攻撃に抵抗して戦うこと。【6】「大戦」は、大規模な戦争。特に、第二次世界大戦のことをさしていうことも多い。【7】「一戦」は、一度の戦い。ひといくさ。【8】「夜戦」は、夜間戦うこと。夜間の戦闘。【9】「白兵戦」は、敵味方が近接して、刀剣などを交えて戦うこと。【10】「前哨戦」は、前哨の小部隊同士の小ぜりあい。転じて、本格的な活動にはいる前の小手しらべの意に使われる。【11】「実戦」は、訓練ではない、実際の戦い。【12】「対戦」「決戦」「応戦」「一戦」「実戦」は、実際の戦闘以外に、試合や競技で戦う場合にも用いられる。

5 09-03 戦火（せんか）／銃火（じゅうか）／砲火（ほうか）

共通する意味★銃や大砲などの火器を使って戦うときに生じる火。また、戦争。**【英】** *war fire*

	□を交える	□を逃れる	□が広がる	□を浴びる
戦火	○	○	○	-
銃火	○	△	-	○
砲火	○	△	-	○

使い分け【1】「銃火」は小銃などを、「砲火」は大砲などを撃つときに出る火のことで、銃や大砲の射撃自体も意味する。「戦火」は、これらを含め、戦いのすべてにわたって生じる火。特に、戦争による火災のこと。【2】「戦火（銃火・砲火）を交える」で、戦争をする、始める意味の成句になる。

5 09-04 乱戦（らんせん）／乱闘（らんとう）／混戦（こんせん）

共通する意味★敵味方入り乱れて戦うこと。**【英】** *a confused fight*

使い方▼〔**乱戦**〕▽退場者続出の乱戦▽乱戦に決着をつける　〔**乱闘**〕スル▽暴力団の乱闘騒ぎがあった▽乱闘試合　〔**混戦**〕▽混戦が予想されるレース▽優勝候補が失格して混戦状態となる

	両軍入り乱れての□	ホームランの乱れ飛ぶ□	場外で□をくりひろげる	選挙は□状態になる
乱戦	○	○	-	-
乱闘	○	-	○	-
混戦	○	-	-	○

使い分け【1】「乱戦」は、スポーツの試合などに使う場合は、双方が大量得点をあげるなどの、荒れ模様の試合のことをいう。【2】「乱闘」は、何人かで取っ組み合いや、なぐり合いをする場合にいう。【3】「混戦」は、試合や選挙などについていう場合は、同じくらいの力の者同士が競い合う、勝敗の見えない激しい戦いをいう。

5 09-05 内戦（ないせん）／内乱（ないらん）

共通する意味★国内で起こる武力闘争。**【英】** *a civil war*

	□の絶えない国	□を鎮圧する	この国は□状態にある	□罪
内戦	○	-	○	-
内乱	○	○	-	○

使い分け「内戦」は、同じ国民同士が敵味方に分かれて、国内で起こす戦争。「内乱」は、政府を倒す目的で国内で起こす武力闘争。

5 09-06 連戦（れんせん）／百戦（ひゃくせん）／転戦（てんせん）

共通する意味★たびたび戦うこと。**【英】** *a series of battles*

使い方▼〔**連戦**〕▽連戦に次ぐ連戦▽連戦連勝　〔**百戦**〕▽百戦錬磨（＝何回も戦って鍛えられたのつわもの）　〔**転戦**〕スル▽敵を求めて各地に転戦する

使い分け「連戦」は、何度も続けて戦うこと。「百戦」は、百度に及ぶほどの多くの戦いのこと。「転戦」は、あちこちと場所を変えて各地で戦うこと。

5 09-07 戦場(せんじょう)／戦地(せんち)

【関連語】◆〈戦野〉せんや

共通する意味★戦闘が行われている場所。【英】*a battlefield*

使い方▼〔戦場〕▽若者が戦場に駆りたてられる▽戦場に散る尊い命 〔戦地〕▽戦地におもむく▽戦地からの手紙

使い分け「戦場」は、戦闘がまさに行われている場所をいい、「戦地」は「戦場」となっている場所を含むその地域全体をさす。

【関連語】◆〈戦野〉戦場となっている野原。古めかしい言い方。「死屍(しし)累々たる戦野を行く」

5 09-08 第一線(だいいっせん)／最前線(さいぜんせん)／戦線(せんせん)

共通する意味★敵と直接に接触する戦いの場。【英】*the (war) front*

使い方▼〔第一線〕▽第一線で指揮をとる 〔最前線〕▽最前線はかなり南方にある 〔戦線〕▽ビルマの戦線に送られた▽戦線を拡大する

使い分け三語とも、比喩(ひゆ)的な用法の方がよく使われる。「第一線」は、「ソリストとして第一線で活躍する」のように、その方面で現在最も重要で、活発に活動できる立場の意。「最前線」は、「販売の最前線で活躍する」のように、その分野でその現場と実際に接触している立場の意。「戦線」は、「共同戦線」「統一戦線」のように、政治運動や社会運動などにおける闘争の場や形態の意。

5 09-09 熱戦(ねっせん)／激戦(げきせん)／死闘(しとう)

【関連語】◆〈激闘〉げきとう◆〈血戦〉けっせん

共通する意味★激しく力を尽くして戦うこと。【英】*a hard* [*fierce*] *fight*

使い方▼〔激戦〕スル 〔死闘〕スル

	＿を繰り広げる	競争率二十倍の＿を勝ち抜く	高校野球の＿を見る	リング上で＿を演じる
熱戦	○	－	○	△
激戦	○	○	－	－
死闘	○	－	－	○

使い分け【1】「熱戦」は、主としてスポーツで、熱のこもった激しい試合や勝負のことをいう。【2】「激戦」は、戦争にも、スポーツの試合や競争にも使う。【3】「死闘」は、死力をつくして戦うこと。スポーツの試合や、けんかなどで相手と激しく格闘する場合などに使われる。

【関連語】◆〈激闘〉スル激しく戦うこと。主にスポーツの試合に使われる。「激闘七番勝負」◆〈血戦〉スル血みどろになって激しく戦うこと。「血戦に倒れる」

5 09-10 奮闘(ふんとう)／奮戦(ふんせん)／力闘(りきとう)／力戦(りきせん)

共通する意味★力のかぎり戦うこと。【英】*hard fighting*

使い方▼〔奮闘〕スル 〔奮戦〕スル 〔力闘〕スル 〔力戦〕スル

	強豪を相手に＿する	経営安定のため日夜＿する	＿相ゆずらず	リングの上の＿
奮闘	○	○	－	－
奮戦	○	○	－	－
力闘	○	－	○	○
力戦	○	－	○	－

使い分け【1】「奮闘」は、「奮闘努力する」のように、力いっぱい努力することの意にも使われる。「孤軍奮闘」は、援軍のない孤立した少数の軍隊がよく戦うこと。比喩(ひゆ)的に、だれからも支援がないのに、ひとりで懸命に努力することにもいう。【2】「奮戦」は、実際の戦争のほか、商売などでも使う。【3】「力戦奮闘する」「奮戦力闘する」のように、組み合わせて使われることもある。

参照▼奮闘⇒219-13

5 09-11 健闘(けんとう)／敢闘(かんとう)／善戦(ぜんせん)

共通する意味★力を尽くしてよく戦うこと。【英】*a good fight*

使い方▼〔健闘〕スル▽互いに健闘をたたえあう▽健闘むなしく敗れ去った 〔敢闘〕スル▽最後まで敢闘したのはりっぱだ▽敢闘賞 〔善戦〕スル▽強敵を相手に善戦した▽初出場チームの善戦が目立つ

	強豪を相手に＿する	君の＿を祈る	＿精神をたたえる	十位に入れば＿だ
健闘	○	○	－	－
敢闘	○	－	○	－
善戦	○	－	－	○

使い分け「健闘」は、力いっぱいに、元気よく戦うこと。「敢闘」は、勇敢に戦うこと。「善戦」は、自分よりも実力が上の相手に対して、かなりよく戦ったことをたたえていう。

5 09-12 苦戦(くせん)／苦闘(くとう)

共通する意味★不利な状況の中で苦しい戦いをすること。【英】*a hard fight*

使い方▼〔苦戦〕スル▽思わぬ相手に苦戦する▽苦戦をしいられる▽苦戦の末の勝利 〔苦闘〕スル▽人生に苦闘する▽理解を得ようと苦闘する▽悪戦苦闘

使い分け「苦戦」は、苦しい戦いを強いられることだが、「苦闘」は、困難に打ち勝とうと必死に努力すること。

509-13 攻撃（こうげき）／攻（せ）める

【関連語】◆〔突撃〕とつげき◆〔総攻撃〕そうこうげき◆〔攻略〕こうりゃく◆〔直撃〕ちょくげき◆〔襲撃〕しゅうげき◆〔迫撃〕はくげき◆〔挟み撃ち〕はさみうち◆〔挟撃〕きょうげき◆〔出撃〕しゅつげき◆〔追い撃ち〕おいうち◆〔追撃〕ついげき◆〔アタック〕

共通する意味★こちらから押し寄せて敵と戦う。【英】*to attack*

使い方▼〔攻撃〕スル▽攻撃を加える▽攻撃をかける▽激しく攻撃する▽攻撃陣が盛んに攻める 〔攻める〕（マ下一）▽背後から敵を攻める▽攻められて敗走する

使い分け【1】「攻撃」は、戦いで、敵を撃つこと。【2】「攻める」は、敵に対して積極的に戦いをしかける意。【3】二語とも、試合や競技についてもいう。また、相手を非難する場合にも用いられる。

【関連語】◆〔突撃〕スル激しい勢いで敵に向かって突進し、攻撃をかけること。「敵陣に突撃する」◆〔総攻撃〕スル全軍あげて一斉に攻撃すること。「城を囲んで総攻撃をかける」◆〔攻略〕スル敵陣か敵地を攻めて奪い取ること。「敵陣を攻略する」◆〔直撃〕スル直接に攻撃すること。「敵の基地を直撃する」◆〔襲撃〕スル不意に敵を攻撃すること。「敵の襲撃に備える」「ゲリラ隊の襲撃にあう」◆〔迫撃〕スル敵の間近に接近して攻撃すること。「空爆のあとに迫撃を加える」◆〔挟み撃ち〕・〔挟撃〕スル両側から挟んで攻め撃つこと。「前後から挟み撃ちにされ全滅した」「谷に追いこんで挟撃する」◆〔出撃〕スル陣地、基地から出て敵を攻撃すること。⇔迎撃げいげき・邀撃ようげき。「出撃準備が整う」◆〔追い撃ち〕・〔追撃〕スル逃げる敵を追いかけて撃つこと。「攻撃の手をゆるめないで追い撃ちをかける」「敵機が執拗に追撃してくる」◆〔アタック〕スル攻撃をしかけること。スポーツで多く使われる。「カウンターアタック」

参照▼アタック⇒509-15

509-14 強攻（きょうこう）／先攻（せんこう）／後攻（こうこう）／速攻（そっこう）

共通する意味★攻めること。【英】*a forced attack*

使い方▼〔強攻〕スル▽強攻策に出る 〔先攻〕スル▽じゃんけんで先攻を選ぶ 〔後攻〕スル▽後攻だから、まだ挽回ばんかいのチャンスはある 〔速攻〕スル▽速攻をしかける

使い分け【1】「強攻」は、無理を承知で強引に攻めること。【2】「先攻」は、野球などで、先に攻撃をすること。また、そのチーム。【3】「後攻」は、野球などで、後から攻撃をすること。また、そのチーム。【4】「速攻」は、相手をすばやく攻めたてること。

509-15 挑戦（ちょうせん）／チャレンジ

【関連語】◆〔アタック〕

共通する意味★いどむこと。なし遂げるのが難しいと思われる事柄などにあえて立ち向かっていくこと。【英】*to challenge*

使い方▼〔挑戦〕スル▽限界に挑戦する▽挑戦者▽挑戦状 〔チャレンジ〕スル▽難問にチャレンジする▽チャレンジ精神

使い分け「挑戦」「チャレンジ」は、ほぼ同義で、「挑戦者」「チャレンジ精神」など慣用的な用い方以外は互いに言いかえが可能である。

【関連語】◆〔アタック〕スル難しいと思われる物事に対して勇気を出していどんでみたり、積極的にはたらきかけたりすること。「難関といわれている資格試験にアタックしてみる」「三度目のアタックで北壁征服に成功する」

参照▼アタック⇒509-13

509-16 猛攻（もうこう）／猛撃（もうげき）

共通する意味★激しく攻撃すること。【英】*a fierce attack*

使い方▼〔猛攻〕スル▽相手の猛攻を受ける▽死に物狂いで猛攻する 〔猛撃〕スル▽敵の猛撃をうまくかわす

使い分け「猛撃」は、文章語的。

509-17 爆撃（ばくげき）／空爆（くうばく）／空襲（くうしゅう）

【関連語】◆〔猛爆〕もうばく◆〔盲爆〕もうばく

共通する意味★飛行機から爆弾や焼夷しょうい弾などを落として攻撃すること。【英】*bombing*

使い方▼〔爆撃〕スル▽敵の基地を爆撃する▽爆撃を受ける▽爆撃音 〔空爆〕スル▽空爆で壊滅的被害を受ける▽主都を空爆する 〔空襲〕スル▽空襲で町の中心部が破壊された▽空襲警報

使い分け【1】「空爆」は、「空中爆撃」の略で、航空機による爆撃のこと。「爆撃」と同じことであるが、特に空からのものであるということを表わす語。【2】「空襲」は、空から地上の都市などを襲撃すること。

【関連語】◆〔猛爆〕スル激しく爆撃すること。「敵の要塞ようさいを猛爆する」◆〔盲爆〕スル目標をきちんと定めずに爆撃すること。

509-18 迎撃（げいげき）／邀撃（ようげき）

共通する意味★攻めてくる敵を迎え撃つこと。【英】*interception*

使い方▼〔迎撃〕スル▽敵の艦船を迎撃する▽迎撃ミサイル 〔邀撃〕スル▽敵を引きよせてから邀撃する▽邀撃作戦

使い分け「邀撃」の「邀」は、待ち受ける意。
反対語▼出撃

5 09-19 遊撃（ゆうげき）

意味★あらかじめ攻撃すべき敵を定めないで、待機して時に応じて味方を援護したり、敵を攻撃したりすること。**【英】** *an attack by a mobile unit*
使い方▼〔遊撃〕▽遊撃戦になればこちらが有利だ▽遊撃隊

5 09-20 奇襲（きしゅう）／急襲（きゅうしゅう）

【関連語】◆（不意討ち）ふいうち◆（だまし討ち）だましうち

共通する意味★相手のすきをついて突然襲いかかること。**【英】** *a surprise (attack)*
使い方▼〔奇襲〕スル 〔急襲〕スル

	敵を□する	□攻撃	アジトを□する	□をかける
奇襲	○	○	-	○
急襲	○	-	○	△

使い分け「奇襲」は、戦いの場合に使うが、「急襲」は、それ以外の場合に使うことも多い。戦い以外の場合の「急襲」は、突然ある場所に踏み込むような場合をいうことが多い。
【関連語】◆**（不意討ち）**予告なしにいきなり相手を攻撃すること。「不意討ちを食らう」◆**（だまし討ち）**油断させておいて相手を殺すこと。また、だましてひどい仕打ちをすること。「だまし討ちにあう」「だまし討ちにする」

5 09-21 逆襲（ぎゃくしゅう）／反撃（はんげき）

【関連語】◆（反攻）はんこう

共通する意味★敵の攻撃に対して、逆にこちらから攻撃をしかけること。**【英】** *a counterattack*
使い方▼〔逆襲〕スル▽妹に逆襲されて立ち往生する▽〔反撃〕スル▽反撃の機会を待つ▽やられっぱなしではなく少しは反撃したらどうだ

	□を受ける	□に転じる	□に出る	□を加える
逆襲	○	△	△	-
反撃	○	○	○	○

使い分け「反撃」は、攻めかけてくる敵に対して、反対に攻撃を加えることをいうが、「逆襲」は、それまで敵に攻撃されていて、劣勢か防戦一方の立場にあった側が、反対に攻撃を加えることをいう。
【関連語】◆**（反攻）**スル「反撃」と同じ。「一挙に反攻に転じる」「反攻作戦」

5 09-22 夜襲（やしゅう）／夜討ち（ようち）

【関連語】◆（闇討ち）やみうち

共通する意味★夜、闇（やみ）に紛れて敵を攻撃すること。**【英】** *a night attack*
使い方▼〔夜襲〕スル▽敵は夜襲をかけてきた▽敵の砦（とりで）を夜襲する 〔夜討ち〕▽敵の陣地に夜討ちをかける▽夜討ち朝駆け（＝新聞記者などが、取材のために要人の家を深夜や早朝に訪問すること）
【関連語】◆**（闇討ち）**闇に紛れて人や敵を襲い、討ちとること。転じて、相手の油断をついて不利に陥れること。「闇討ちにするとはひきょうだ」

5 09-23 襲来（しゅうらい）／来襲（らいしゅう）

共通する意味★危害を加えるものが襲いかかってくること。**【英】** *an invasion*
使い方▼〔襲来〕スル▽寒波の襲来に見舞われた 〔来襲〕スル▽敵機の来襲に備える
使い分け「敵機」の場合は、「襲来」も「来襲」も使うが、「寒波」「台風」などには、「来襲」より「襲来」をよく使う。

5 09-24 乱入（らんにゅう）／侵入（しんにゅう）

【関連語】◆（侵す）おかす

共通する意味★建物の中に、不当に入ること。**【英】** *intrusion*
使い方▼〔乱入〕スル▽デモ隊は国会に乱入した▽明智光秀の軍勢は本能寺に乱入して火を放った 〔侵入〕スル▽どろぼうは窓から侵入したらしい▽住居侵入の罪に問われる
使い分け「乱入」は、大勢がなだれこむこと。「侵入」は、忍びこむ感じを伴う。
【関連語】◆**（侵す）**（サ五）他国の領土に不法に入り込む。「領空を侵す」

5 09-25 侵害（しんがい）／侵略（しんりゃく）

【関連語】◆（侵寇）しんこう◆（侵犯）しんぱん

共通する意味★他人の領域を侵すこと。**【英】** *intrusion*
使い方▼〔侵害〕スル▽他人の聖域を侵害する▽人権侵害 〔侵略〕スル▽隣国の領土を侵略する▽敵の侵略から国を守る▽侵略戦争▽侵略軍
使い分け【1】「侵害」は、敵の領土のほか、権利、人権などについても用いられる。【2】「侵略」は、他国に侵入して領土、財産などを奪い取ること。
【関連語】◆**（侵寇）**スル 敵地に侵入して害を与えること。「外敵の侵寇をはねかえす」◆**（侵犯）**スル 他国の領土や権利を侵すこと。「領海侵犯」

5 09-26 攻守（こうしゅ）／攻防（こうぼう）

共通する意味★攻めることと、守ったり防いだりす

5 社会生活

ること。【英】*offense and defense*

使い方▼〔攻守〕▽攻守ところを変える（＝形勢が逆転する）▽攻守にすぐれた選手　〔攻防〕▽激しい攻防を展開する▽攻防戦

使い分け【1】「攻守」は、攻めることと守ることをいうが、主として、ある一方の側が攻めたり守ったりする意で使われる。【2】「攻防」は、攻めることと防ぐことをいうが、一方の側からの攻撃と、それに対するもう一方の側の防御の意で使われる。

509-27 防備（ぼうび）／警備（けいび）／軍備（ぐんび）

共通する意味★外部からの働きかけがあったときに備えて、防ぎ守る準備をすること。

使い方▼〔防備〕スル▽沿岸の防備を固める▽津波に対する防備はまだ不十分だ　〔警備〕スル▽建物の周囲をきびしく警備する▽賓客の通る道路の警備にあたる▽警備員　〔軍備〕▽軍備を縮小する▽軍備を整える

使い分け【1】「防備」は、外敵の侵入や災害などを防ぎ守ることや、防ぎ守るための備えをいう。【英】*defense*【2】「警備」は、非常の事態に備えて警戒することをいう。【英】*guard*【3】「軍備」は、兵力や武器を整えるなど、国家を守り、また戦争をするための軍事上の備えをいう。【英】*military preparations*

509-28 出兵（しゅっぺい）／派兵（はへい）

共通する意味★軍隊を差し向けること。【英】*the dispatch of troops*

使い方▼〔出兵〕スル▽互いに出兵しない同盟を結ぶ▽隣国に出兵する　〔派兵〕スル▽海外へ派兵する

使い分け【1】「出兵」も「派兵」も本拠地から遠く離れた地に軍隊を出動させることをいう。【2】「出兵」は、特に外国のある地域の戦争や事変などに軍隊を差し向けることに多く用いられる。したがって、「出兵」によって、戦争に参加する、あるいは戦争を始めるという意味合いになる場合が多い。

反対語▼出兵⇔撤兵（てっぺい）

509-29 挙兵（きょへい）／旗揚げ（はたあげ）

共通する意味★兵を集めて、いくさや反乱などの軍事行動をおこすこと。【英】*to raise an army (against)*

使い方▼〔挙兵〕スル▽不平士族が挙兵する▽独立を訴えて挙兵する　〔旗揚げ〕スル▽大将の旗揚げに家来が馳（は）せ参じる

使い分け【1】「旗揚げ」は、昔の武士たちが兵をあげる場合などにいう語。現在では「挙兵」を使うのが普通。【2】「旗揚げ」は、転じて、新しく事を始めることの意でも使われる。

参照▼旗揚げ⇒814-22

509-30 出征（しゅっせい）／出陣（しゅつじん）

【関連語】◆（遠征）（えんせい）◆（従軍）（じゅうぐん）

共通する意味★軍隊とともに戦地へ行くこと。【英】*to go to war*

使い方▼〔出征〕スル▽戦地へ出征する兄を見送る▽出征軍人　〔出陣〕スル▽出陣の前に別れの杯を交わす▽学徒出陣

	戦地に□する	いざ□	□兵士	□式
出征	○	-	○	-
出陣	○	○	-	○

使い分け【1】「出征」は、軍隊の一員になって戦地に行くこと。「出陣」は、兵士が戦場に行くこと、あるいは自分たちの陣営から戦いに出ること。【2】「出陣式」は、元の意から転じて、大勢で何か事を始めようとする際に気勢をあげること（そのための儀式）の意もある。「選挙の出陣式」

反対語▼出陣⇔帰陣

【関連語】◆（遠征）スル遠くへ征伐に行くこと。探検、調査、試合などにも使う。「遠征軍」「遠征試合」「ヒマラヤ遠征」◆（従軍）スル軍隊について行くこと。「従軍看護婦」「従軍記者」

509-31 戦乱（せんらん）／兵乱（へいらん）／動乱（どうらん）

【関連語】◆（戦禍）（せんか）◆（乱）（らん）

共通する意味★戦争によって世の中が乱れること。【英】*the disturbances of war*

使い方▼〔戦乱〕▽戦乱のちまたと化す▽戦乱で田畑が荒れ果てる　〔兵乱〕▽兵乱に巻きこまれる　〔動乱〕▽戦後の動乱の時代を生き抜いた人

使い分け【1】「戦乱」は、戦争そのものの意にも使われる。また、「動乱」も、世の中を乱すような暴動や戦争の意にも使われる。【2】「兵乱」は、「戦乱」の意の文語的な語。

【関連語】◆（戦禍）戦争から起こる混乱。「戦禍に巻きこまれる」◆（乱）戦いや暴動による社会秩序の乱れ。特に日本史上、現代史以前の戦いや暴動に対してよく使われる。「乱を起こす」「応仁の乱」

509-32 暴動（ぼうどう）／騒擾（そうじょう）／擾乱（じょうらん）

共通する意味★騒ぎをひきおこして社会の秩序を乱すこと。【英】*a riot*

使い方▼〔暴動〕▽農民が暴動を起こす▽暴動を鎮める　〔騒擾〕スル▽騒擾事件が起きる▽騒擾罪　〔擾乱〕スル▽国内の擾乱を鎮める▽場内が擾乱して大会は中断した

使い分け【1】「暴動」は、大勢の者が徒党を組んで騒動をひき起こすこと。【2】「騒擾」「擾乱」は、文章語。「擾」は、乱れるの意。「騒擾」は、騒ぎを起こすことによって秩序を乱すことに重きがあるが、「擾乱」は、秩序を乱すような騒ぎのことをいう。

509-33 紊乱／壊乱

共通する意味★秩序や道徳などが乱れること。また、乱すこと。**【英】** *disorder*

使い方▼〔紊乱〕スル▽風紀の紊乱が著しい▽人心が紊乱する　〔壊乱〕スル▽風俗を壊乱するような印刷物▽社会の秩序が壊乱する

使い分け【1】「紊乱」の「紊」は、みだれるの意。「びんらん」は「ぶんらん」の慣用読み。【2】「壊乱」は、「潰乱」とも書く。

509-34 恐慌／パニック

共通する意味★恐れたり、あわてたりすること。危機に直面した人や群衆が示す混乱状態もいう。**【英】** *panic*

使い方▼〔恐慌〕▽恐慌をきたす▽金融恐慌　〔パニック〕▽突然の地震でパニック状態におちいる

使い分け「恐慌」は、経済界の混乱状態にもいう。

参照▼恐慌⇒512-71

509-35 戦局／旗色

共通する意味★戦争、試合、勝負事などの勝ち負けの成り行き。**【英】** *the war situation*

使い方▼〔戦局〕▽戦局は有利に展開している▽戦局が好転する　〔旗色〕▽両軍の旗色をうかがう▽三対一ではこちらの旗色が悪い

使い分け【1】「戦局」は、勝ち負けのある場合の形勢のことをいう。【2】「旗色」は、もともとは戦いの形勢のよしあしをいう語であるが、今ではもっと広く、口論や、意見を言い合う場合など、物事のなりゆきについて使われることが多い。

509-36 負け色／敗色／敗勢

共通する意味★戦い、試合などに負けそうな様子。**【英】** *signs of defeat*

	＿になる	＿が濃い	＿が見える	＿を盛り返す
負け色	○	○	○	-
敗色	△	○	○	-
敗勢	○	-	-	○

使い分け「敗色」は、「負け色」の意の漢語。「敗勢」は文章語。

反対語▼敗勢⇔勝勢

509-37 退治／征討／征伐／討伐

共通する意味★相手を攻め討つこと。**【英】** *conquest*

使い方▼〔退治〕スル▽社会に巣くう悪者を退治する　〔征討〕スル▽異民族の征討に出かける　〔征伐〕スル▽朝敵の征伐に功をたてる　〔討伐〕スル▽平家討伐の命令が下る

	賊を＿する	反乱軍を＿する	＿の軍をおこす	ごきぶりを＿する	鬼＿に行く
退治	○	-	-	○	○
征討	○	○	○	-	-
征伐	○	○	○	-	○
討伐	○	○	○	-	-

使い分け【1】「征討」「征伐」「討伐」は、ふつう、兵を出して攻め討つことをいうが、「退治」は、必ずしも武力によるものでなく、武力以外の方法でやっつける場合にも使われる。【2】「退治」は、害を与えるものを殺して、すっかりなくすこと。それが人の場合は悪者、人でない場合は、害虫、化け物、鬼といったものになる。「征討」以下三語は、悪者や反逆者、あるいは敵対する者を攻め討つことで、相手は人であるのがふつう。

509-38 誅する／誅殺／誅伐／誅戮

共通する意味★罪のある者や悪者を殺す。**【英】** *to put to death*

使い方▼〔誅する〕(サ変)▽奸賊を誅する▽佞臣が誅せられる　〔誅殺〕スル▽謀反のかどで誅殺される　〔誅伐〕スル▽謀反人を誅伐する　〔誅戮〕スル▽逆賊を誅戮する▽誅戮の命を受ける

使い分け四語とも、文章語。現在では、ほとんど用いられない。

509-39 討つ／討ち取る／討ち果たす

共通する意味★武器などを使って、敵を倒す。

使い方▼〔討つ〕(タ五)▽かたきを討つ▽不意を討たれる　〔討ち取る〕(ラ五)▽敵の大将を討ち取る　〔討ち果たす〕(サ五)▽討ち果たして首をはねる

使い分け【1】三語の中では、「討つ」が一番意味が広く、相手を傷つける武器もさまざまであるが、「討ち取る」「討ち果たす」は、刀、槍などの場合が多い。

509-40 陥落／落城

共通する意味★城などが攻め落とされること。【英】*fall*
使い方▼〔陥落〕スル▽要塞が陥落する▽首都が陥落して敵の手に渡る▽彼女もついに陥落したらしい　〔落城〕スル▽大軍に囲まれて落城する▽落城の前にそっと落ちのびる
使い分け【1】「落城」は、城の場合にしか使わないが、「陥落」は、とりでや町などの場合にも使う。【2】「陥落」も「落城」も、俗に口説かれてついに承諾する意味にも使われる。

5 09-41 平和／太平／ピース

共通する意味★戦争がなく、世の中が穏やかにおさまっている状態。【英】*peace*
使い方▼〔平和〕(名・形動)▽世界の平和を願う▽戦争が終わって平和が戻った　〔太平〕▽世が太平になる▽天下太平▽太平の世　〔ピース〕▽ピースサインをおくる
使い分け【1】「平和」は、「平和な家庭」のように、穏やかでなごやかな状態もいう。【2】「太平」は、「泰平」とも書く。

5 09-42 和平／講和

【関連語】◆(和戦)

共通する意味★戦争状態をなくし、平和な状態にすること。【英】*peace*
使い方▼〔和平〕▽相手国は和平を求めてきた▽和平交渉　〔講和〕スル▽両国は講和を結んで国交を回復する▽講和条約の調印をする
使い分け【1】「和平」は、戦争をやめて平和になること。「講和」は、交戦国が話し合いをして、合意のもとに国際関係を平和な状態にもどすこと。【2】「講和」は、「媾和」とも書く。
【関連語】◆(和戦)戦いをやめて和解すること。「和戦交渉」◆「和戦」は、「和戦両様の構え」のように、和睦と戦争という意味にも用いる。

5 09-43 反戦／反軍

共通する意味★戦争に反対すること。【英】*anti-war*《形》
使い方▼〔反戦〕▽反戦運動に参加する▽反戦画家　〔反軍〕▽彼は反軍思想の持ち主だ
使い分け「反軍」は、戦争だけでなく、軍部の活動や軍国主義に反対することもいう。

5 09-44 治安

意味★国家や社会の秩序が保たれていて、平和に治まっていること。【英】*public peace*
使い方▼〔治安〕▽治安を維持するための方策をとる▽国内の治安を守る

5 09-45 公安／保安

共通する意味★社会の秩序を保つこと。【英】*public peace*
使い方▼〔公安〕▽公安条例が出る▽国家公安委員会　〔保安〕▽万全の保安態勢をとる▽保安官▽保安要員
使い分け【1】「公安」は、社会の秩序が保たれて、人々が安心して生活できること。【2】「保安」は、社会の平安、秩序を保つこと。特に、職場や施設などの安全や秩序を守ることをいう場合が多い。

5 09-46 警戒／厳戒

【関連語】◆(戒厳)

共通する意味★犯罪や災害に対して、被害をこうむらないように用心すること。【英】*precaution*
使い方▼〔警戒〕スル▽厳重な警戒のもとで大会を開く▽警戒して遠巻きに見守る▽川の水が警戒水位を越えた　〔厳戒〕スル▽テロに備えて幹線道路を厳戒する▽厳戒体制
使い分け「厳戒」は、特にきびしく警戒すること、また、きびしい警戒をいう。
【関連語】◆(戒厳)きびしく警戒する意から、戦争、事変などの非常事態に際し、立法・司法・行政の一部または全部を軍の支配下に移すこと。「戒厳令」

5 09-47 夜回り／夜番／夜警

共通する意味★夜、事件が起こらないように、見回って警戒にあたること。また、その役の人。【英】*night watch; a night watcher*
使い方▼〔夜回り〕▽「火の用心!」といいながら夜回りをする▽今週は夜回りの当番だ　〔夜番〕▽二人で夜番にたつ▽夜番小屋　〔夜警〕▽夜警の見回りの時刻になった▽資材置場に夜警をおいて盗難を防ぐ
使い分け【1】「夜回り」は、主に町内などを夜間に巡回する場合に使い、「夜警」は、会社や工場などの場合にいうことが多い。【2】「夜番」は、夜、何かの番をすることや、その役の人のこともさす。

5 09-48 偵察／斥候

【関連語】◆(探り)

共通する意味★敵の様子を探ること。また、その人。【英】*reconnaissance*
使い方▼〔偵察〕スル▽敵情を偵察する▽偵察飛行　〔斥候〕▽敵の様子をさぐりに斥候を出す▽斥候兵
使い分け【1】二語とも、敵の様子、動向、地形その他を前もって必要な情報を得るために調べに行くこと。【2】「斥候」は、戦争状態にある敵の様子を調べる場合に使うが、「偵察」は、もっと広く、また敵だけでなく、ライバルの様子など、相手の様子を探る場合に使う。
【関連語】◆(探り)様子をうかがうこと。【英】*to reconnoiter*「探りに行く(来る)」「探りを入れる」

509-49 監視／見張り／番／立ち番

【関連語】◆(ピケ)

共通する意味★注意して目を配り、警戒すること。また、その役の人。【英】*watch; a watchman*(監視人)

使い方▼〔監視〕スル

	交替で□をする	荷物の□	寝ずの□	□の目をごまかす
監視	○	-	-	○
見張り	○	○	-	○
番	○	○	○	-
立ち番	○	-	-	△

使い分け【1】「監視」は、「物価の動静を監視する」のように、具体物以外を注意深く見ることにもいう。【2】「見張り」は、人や物を直接見守ることをいう。【3】「番」は、「荷物の番がいない」「見張り番」などのように、他の語といっしょになって初めてそれをする人の意味で使われることが多い。【4】「立ち番」は、「見張り」の一種で、特に、ある場所に立ってする「見張り」をいう。

【関連語】◆(ピケ)「ピケット」の略。ストライキの際、会社などの出入り口に立って、妨害や、スト破り、離脱する者がないように見張ること。また、その役の人。「ピケを張る」

参照▼番⇒817-71

509-50 見回り／パトロール／巡回

【関連語】◆(巡邏)じゅんら◆(巡見)じゅんけん

共通する意味★事故や犯罪などの異状がないか見て回ること。【英】*a patrol*

使い方▼〔見回り〕▽警備員が見回りをする▽毎晩七時に見回りが来る▽見回り区域　〔パトロール〕スル▽内戦地帯をパトロールする▽パトロールカー(＝パトカー)　〔巡回〕スル▽管内を巡回する

使い分け【1】「見回り」は、見回る人の意味でも用いられる。【2】「パトロール」は、ふつう、警官が犯罪や事故などの防止、発見のために担当の区域を見回ることをいう。【3】「巡回」は、「パトロール」と同様に用いられるが、「巡回図書館」「巡回指導」のように、ある目的のために各地を回ることもいう。

【関連語】◆(巡邏)スル「パトロール」に同じ。古めかしい言い方。「巡邏の警官」◆(巡見)スル警戒、監督などのために見回ること。「管内を巡見する」

参照▼巡回⇒617-33

509-51 検問／非常線

共通する意味★非常時に際して、通行する人や車を取り調べること。【英】*inspection*

使い方▼〔検問〕スル▽検問にひっかかる▽高速道路で検問する　〔非常線〕▽非常線を突破する▽非常線を張る

使い分け【1】「検問」は、疑わしい点があるかないかを問いただすことをいい、それを行う場所を「検問所」という。【2】「非常線」は、犯罪事件の発生したときに、犯人などの逃亡を阻止するために、緊急に人員を配して行う検問をいう。

509-52 視察／査察

【関連語】◆(巡察)じゅんさつ

共通する意味★その場所に行って、状況を見きわめること。【英】*observation*

使い方▼〔視察〕スル▽外国の教育事情を視察する▽災害の視察団　〔査察〕スル▽査察官が派遣される▽空中から査察する

使い分け「視察」は、直接に見て実情を知ること。「査察」は、実情を見たり調査したりして知ること。

【関連語】◆(巡察)スル巡回して視察すること。「管内を巡察する」

509-53 鎮定／鎮圧／平定／制圧

【関連語】◆(鎮める)しずめる◆(平らげる)たいらげる◆(鎮撫)ちんぶ

共通する意味★従わない者を力によっておさえつけ、平静な状態にする。【英】*suppression*

使い方▼〔鎮定〕スル▽反乱軍を鎮定する　〔鎮圧〕スル▽一揆を鎮圧する▽クーデターの鎮圧を図る　〔平定〕スル▽三河の国を平定する　〔制圧〕スル▽デモ隊を制圧する▽北部一帯を制圧する

	乱を□する	暴動を□する	首都を□する	隣国を□する	反対派を□する
鎮定	○	○	-	-	-
鎮圧	○	○	△	-	△
平定	○	-	△	○	-
制圧	○	○	○	○	○

使い分け【1】「鎮定」は、力によって反乱、暴動などを起こす者をおさえつけて平静な状態に戻すこと。「鎮圧」とくらべて、平静な状態に戻す、秩序を回復するという点に重点がある。「鎮圧」も、力によって反乱者や暴徒などをおさえつけて平静な状態に戻すことだが、「鎮定」にくらべて一般に使われることが多い。「鎮圧」「鎮定」とも、その主体は、正当な公的権力の主体とみなされてきた側の者である。すなわち、「政府軍は反乱軍を鎮圧した」とはいえるが、「反乱軍は政府軍を鎮圧した」とはいえない。【2】「平定」は、力によって従わないものを圧倒して平和をもたらすことだが、一定の領域を支配下に収める

5 社会生活

ことを含む。【3】「制圧」は、力によって従わないものをおさえつけることだが、暴動、反乱などのほかに、対立する集団、侵攻した先の一定地域など、広く用いられる。また、「鎮圧」「鎮定」と異なり、主体が必ずしも正当とみなされる権力主体の側の者でなくともよく、「反乱軍は首都を制圧した」ともいえる。

【関連語】◆**(鎮める)**(マ下一)騒ぎなどを治める。必ずしも力によるものではない。「静める」とも書く。「紛争を鎮める」◼感情、感覚を平静な状態に戻す、激しい勢いを衰えさせる意でも用いる。「怒りを鎮める」「痛みを鎮める」◆**(平らげる)**(ガ下一)敵を討伐して、すっかり駆逐する。「平定する」の意の和語的な語。「敵を平らげる」「関八州を平らげる」◆**(鎮撫)**スル乱を静めて人々を安心させること。文章語。「暴徒を鎮撫する」

5 09-54 番人／守衛／門衛／門番／看守

共通する意味★見張りをする役の人。**【英】***a keeper*

使い方▼**(番人)**▽扉の前に番人が立っている▽法の番人　**(守衛)**▽守衛が建物内を見回る▽守衛室　**(門衛)**▽入り口で門衛に呼びとめられる　**(門番)**▽門番に用件をいう▽門番が門を開ける　**(看守)**▽看守が見回りに来る▽看守の目を盗んで脱走する

使い分け【1】「番人」は、何かの見張り番をする人一般をいう。「守衛」以下四語が、特定のものや人の見張りをする人をいうのに対し、「番人」は、広くいろいろな物の番をする場合に使われる。【2】「守衛」は、官庁、学校、会社、工場など大勢の人の出入りする施設で、その建物の警備や出入り口の監視にあたる職務、あるいはその役の人をいう。【3】「門衛」「門番」は、門のかたわらにいて、門の開閉や出入りする人の監視をする人をいう。【4】「看守」は、刑務所で、囚人の監視や事務・警備などに携わる役人のことをいう。

5 09-55 騒乱／争乱

共通する意味★争い事によって世の中が乱れること。**【英】***a riot*

使い方▼**(騒乱)**▽各地で騒乱が起こる▽騒乱罪で逮捕する　**(争乱)**▽戦国争乱の世の中

使い分け【1】「騒乱」は、警察力では鎮めることのできない事変のような大きな騒ぎによって起こる世の中の乱れをいう。【2】「争乱」は、戦争、特に内乱や戦国時代のような国内の争い事によって起こる世の中の乱れをいう。

5 10…軍事

5 10-01 基地／ベース

【関連語】◆(兵営)◆(キャンプ)

共通する意味★軍事、探検、登山などの行動の基点となる場所。**【英】***a base*

使い方▼**(基地)**▽観測船が南極基地へ向けて出発した▽食糧輸送の中継基地▽空軍基地　**(ベース)**▽あの島に空軍のベースがある▽ベースキャンプ(＝駐屯する外国軍隊の基地、または登山や探検で根拠地とする固定テント)

【関連語】◆**(兵営・キャンプ)**兵士が集団で居住する兵舎のある区域。「キャンプ」は、兵士以外に運動選手などが共同生活をする所もいう。また、山、海岸などでテントを張って野営することもいう。**【英】***a camp*

5 10-02 陣地／陣／陣営／陣所／陣屋／軍陣

【関連語】◆(敵陣)◆(戦陣)◆(トーチカ)◆(橋頭堡)

共通する意味★軍隊が敵に対する攻撃、守備の態勢をとって、しばらく駐屯する所。**【英】***a position*

使い方▼**(陣地)**▽敵の陣地を攻撃する▽陣地をしく　**(陣)**▽陣を張る▽敵の陣を突く▽背水の陣(＝これ以上退くことのできない、決死の覚悟の構え)　**(陣営)**▽敵の陣営に潜入する▽陣営を張って戦闘態勢を整える　**(陣所)**▽和議の使節が陣所を訪れる　**(陣屋)**▽敵の陣屋に夜襲をかける　**(軍陣)**▽敵を迎え撃つ態勢で軍陣を張る

使い分け【1】軍隊を配置してある地の意では、「陣地」「陣」が一般的に使われる。【2】「陣」は、陣立ての意味や、「大坂夏の陣」などのように、合戦そのものの意味にも使われる。【3】「陣営」は、「ライバル陣営の選挙対策をさぐる」のように、対立する階級、党派などのそれぞれの勢力の集まりの意にも使う。【4】「陣所」「陣屋」は、古風な感じの語。

【関連語】◆**(敵陣)**敵の陣営。「三万の大軍が敵陣になだれこむ」◆**(戦陣)**戦いのための陣営や陣立て。また、戦場のこともさす。「戦陣をたてなおして決戦にのぞむ」◆**(トーチカ)**戦場のあちこちに構築する、コンクリート造りの堅固な防備陣地。**【英】***a pillbox* ◆**(橋頭堡)**橋を守るために橋のたもとに築いた陣地。また、川、海、湖などを隔てた敵地につくる上陸の拠点で、攻撃の足場ともなる陣地。「きょうとうほう」ともいう。**【英】***a bridgehead*

5 10-03 本営／本陣

共通する意味★総大将、総指揮官の居所のおかれて

いる陣営。【英】*the headquarters*
使い方▼〔本営〕▽町を占領して本営をおく▽大本営
〔本陣〕▽敵の本陣をつく▽大将を本陣に集めて軍議を開く
使い分け「本陣」は、古めかしい語で、昔の合戦などの場合に使い、近代的な戦争の場合には、「本営」を使う。

5 10-04 方陣（ほうじん）／円陣（えんじん）

共通する意味★戦闘における陣形。

使い分け【1】「方陣」は、兵士を方形に並べた陣立て。【英】*a square*【2】「円陣」は、円形に並べた陣立て。また、「円陣を組む」は、大勢がまるく輪になって並ぶこと。【英】*a circle*

5 10-05 先陣（せんじん）／後陣（こうじん）

【関連語】◆（先備え）さきぞなえ◆（後備え）あとぞなえ
共通する意味★軍陣の中に占めるそれぞれの位置。
使い方▼〔先陣〕▽主君から先陣の大将を仰せつかる
〔後陣〕▽後陣に控えていくさのなりゆきを見守る
使い分け【1】「先陣」は、本陣の前方に設けた第一の陣。【英】*a vanguard*【2】「後陣」は、本陣の後方に設けた陣。「ごじん」とも。【英】*a rear guard*
【関連語】◆（先備え）本陣の前方に位置する部隊。「先備えとして出陣する」「敵の先備えを蹴（け）散らす」◆（後備え）軍隊・行軍などの後方にいて、後方からの敵に備える軍勢。

5 10-06 左翼（さよく）／右翼（うよく）

共通する意味★隊列の中での位置。
使い方▼〔左翼〕▽敵の左翼を攻めたてる　〔右翼〕▽右翼は敵に押されて敗走を始めた
使い分け【1】「左翼」「右翼」は、それぞれ左方、右方の陣、また、左方、右方に位置する部隊のこと。【英】*the left wing*(左翼)；*the right wing*(右翼)【2】「左翼」「右翼」は、また、野球場で本塁から見て、それぞれ左側、右側の外野部分、および、そこを守る人。英語から「左翼」はレフト、「右翼」はライトと呼ぶ。【3】フランス革命当時、国民議会で穏健派が議長席から見て右方の席を占めたことから、保守的・国粋的思想傾向を持つ立場、人物、集団を「右翼」といい、急進的・革新的傾向を持つ一方を「左翼」という。

5 10-07 大将（たいしょう）／将軍（しょうぐん）／主将（しゅしょう）

共通する意味★全軍を統率し、指揮する者。
使い方▼〔大将〕▽敵の大将の首をとる　〔将軍〕▽武勇にすぐれた将軍　〔主将〕▽いくさの勝ち負けは主将次第だ
使い分け【1】「大将」は、軍隊の階級の一つとしては、将官の最上位の階級のことをさす。「陸軍大将」などのように使う。【英】*General*(陸軍大将)；*Admiral*(海軍大将)【2】「将軍」は、陸海軍の将官、特に大将の敬称として使われ、人の名につけて「乃木（のぎ）将軍」などのようにいう。また、征夷（せいい）大将軍のことをさし、「三代将軍家光公」のように使う。【3】「主将」は、全軍の指揮者の意味では「首将」とも書く。現代では、スポーツチームなどのキャプテンの意で使われることが多い。【英】*a captain*
参照▼大将⇒620-30　主将⇒620-30

5 10-08 名将（めいしょう）／知将（ちしょう）／武将（ぶしょう）

共通する意味★優れた軍の統率者。【英】*a great commander*
使い分け【1】「名将」は、戦略、兵術などに優れた名高い将。【2】「知将」は、知恵があって、はかりごとに優れた将。「智将」とも書く。【3】「武将」は、武道、軍事にすぐれた将。

5 10-09 勇将（ゆうしょう）／猛将（もうしょう）

【関連語】◆（闘将）とうしょう
共通する意味★強い大将。【英】*a brave general*
使い方▼〔勇将〕▽勇将のもとに弱卒なし（＝上に立つ者がすぐれていると、従う者もまたすぐれている）
〔猛将〕▽天下の猛将
使い分け【1】「勇将」は、勇ましくて強い大将。【2】「猛将」は、強く勇猛な大将。文章語。
【関連語】◆（闘将）闘志の盛んな大将や選手。また、転じて、闘争や運動などで精力的に活動する指導者のことをいう。「敵方の闘将には気迫負けしそうだ」「彼は労働運動の闘将として名が通っている」

5 10-10 軍隊（ぐんたい）／軍（ぐん）／軍勢（ぐんぜい）

【関連語】◆（隊）たい◆（部隊）ぶたい
共通する意味★軍人の集団。【英】*an army*

	敵の□と戦う	□に入る	数万の□	□経験
軍隊	○	○	△	○
軍	○	△	○	-
軍勢	○	-	○	-

使い分け「軍隊」「軍」は、その集団を組織の面からとらえ、また、「軍勢」は、人数や勢力の面からとらえたもの。「軍勢」は、昔のいくさなど、近代的に組織されていない場合に使われる。

【関連語】◆（隊・部隊）兵士の集団。「軍」の下位の小規模な集団をいう。「隊を組む」「部隊の指揮をとる」

5 10-11 軍人／兵／兵士／兵隊

【関連語】◆(兵卒)へいそつ◆(つわもの)◆(戦士)せんし

共通する意味★軍隊に所属して戦争をする人。【英】*a soldier*

使い方▼〔軍人〕▽軍人になるための厳しい訓練▽職業軍人　〔兵〕▽何万もの兵を隣国に送りこむ▽前線の兵を指揮する　〔兵士〕▽多くの兵士を捕虜にとられる▽出征する兵士を見送る　〔兵隊〕▽長男を兵隊にとられる▽鉛の兵隊のおもちゃ

使い分け【1】「軍人」は、軍隊に属している人たちの総称。【2】「兵」は、広く将校や下士官を含む軍人の総称の場合と、最下級の軍人をいう場合とがある。【3】「兵士」は、軍隊で士官の指揮を受ける最下級の軍人のことをさす。【4】「兵隊」は、元来は「兵士」を集めて隊として組織したものの意で、そこから、それを構成する一人一人の「兵士」の意にも使われるようになった。

【関連語】◆(兵卒)「兵士」に同じ。「一兵卒」◆(つわもの)すぐれて強い武士。その方面で非常に手腕のある人、という比喩ひゆ的な意味の方が、現在ではよく使われる。「兵」「強者」とも書く。「業界のつわものとして知られる人」◆(戦士)兵士の中でも、特に戦場に出て戦う兵士をいう。「無名戦士の墓に花をたむける」

5 10-12 手勢／手兵

共通する意味★その人が直接指揮する部下の軍勢。【英】*one's men*

使い方▼〔手勢〕▽手勢を率いて城のからめ手へ回る▽手勢が少ない　〔手兵〕▽わずかな手兵で要塞ようさいを守る

使い分け 両語とも、指揮官にとって自由に動かせる兵のこと。多く、実際の戦闘場面に使われる。

5 10-13 援軍／援兵

共通する意味★応援や救助のための軍勢。【英】*reinforcements*

使い方▼〔援軍〕▽援軍をさし向ける▽援軍の到着を待つ　〔援兵〕▽援兵を送って南の戦線を強化する

使い分け「援軍」は、転じて「人手不足で友達に援軍を頼む」のように、加勢の仲間のこともさす。

5 10-14 新手／後詰め

共通する意味★控えている軍勢。【英】*reinforcements*

使い方▼〔新手〕▽敵は次々に新手を繰り出してくる▽士気の高い新手の兵に苦戦する　〔後詰め〕▽後詰めの隊に伝令をとばす

使い分け【1】「新手」は、控えていて、まだ戦っていない元気な兵のこと。【2】「後詰め」は、本陣の後方にかまえた陣やその軍勢のことで、先陣の交替、補充などのために待機しているもの。

5 10-15 伏兵／伏せ勢

共通する意味★敵の来るのを待ち伏せして、不意を襲う兵。【英】*an ambush*

使い方▼〔伏兵〕▽伏兵が丘の上から敵をねらい撃ちにする　〔伏せ勢〕▽藪陰やぶかげにいる伏せ勢に気づかなかった

使い分け「伏兵」は、「思わぬ伏兵が現れて、計画がめちゃめちゃになる」のように、予期していなかった障害の意にも使われる。

5 10-16 哨兵／歩哨／衛兵／番兵

共通する意味★見張りの任にあたる兵。【英】*a sentry*

	□をおく	□に立つ	宮殿の門の□	弾薬庫の□
哨兵	○	-	-	-
歩哨	○	○	-	-
衛兵	○	-	○	-
番兵	○	-	-	○

使い分け【1】「歩哨」は、警戒や監視をする任務のことで、その任にあたる兵士のこともさす。【2】「衛兵」は「衛卒」、「番兵」は「番卒」という言い方もある。

5 10-17 分隊／支隊／別働隊

共通する意味★本隊から分かれた部隊。【英】*a detachment*

使い方▼〔分隊〕▽分隊を敵の左右に配置する▽分隊長　〔支隊〕▽支隊は迂回して目的地に行く　〔別働隊〕▽別働隊の活躍で敵の足並みが乱れる

使い分け【1】「分隊」は、軍隊で、戦闘、作業などをする最小の編制単位のこともいう。【2】「支隊」は、本隊から分かれて行動する部隊。【3】「別働隊」は、特別の任務のため、本隊から独立して別の行動をする部隊。「別動隊」とも書く。

5 10-18 兵力／戦力／武力

共通する意味★軍隊の戦闘力。【英】*military*

force

使い方▼〔兵力〕▽兵力に訴える▽先の戦闘であらかたの兵力を失った　〔戦力〕▽戦力は互角だ▽戦力増強　〔武力〕▽武力を行使する▽武力衝突

使い分け【1】「兵力」は、兵隊の人数や兵器などを総合した軍隊の戦闘能力。【2】「戦力」は、「兵力」にさらに兵器の生産力や物資の輸送力などを加えた、軍隊の戦争を遂行できる能力。【3】「武力」は、相手を屈服させるために用いる強大な軍事力。【4】「戦力」は、転じて、「あの新人は戦力になる」のように、事を行ううえでの重要な働き手の意味にも使われる。

参照▼戦力⇒502-46

5 10-19 兵器(へいき)／武器(ぶき)

【関連語】◆(核兵器)かくへいき

共通する意味★戦争に使われる道具。【英】*arms; a weapon*

	＿を開発する	＿を手に戦う	化学＿	涙は女の＿だ
兵器	○	－	○	－
武器	○	○	－	○

使い分け【1】どちらも敵を攻撃したり、味方を守ったりする殺傷、破壊のための道具をいうが、「兵器」は、比較的大型のものをいうことが多い。【2】「武器」は、「流暢(りゅうちょう)な弁舌を武器にして選挙にのぞむ」のように、その人が持ちあわせている能力や有力な手段のことをさす場合もある。

【関連語】◆(核兵器)核分裂や核融合の反応を利用した兵器。原子爆弾や水素爆弾などがある。

5 10-20 なぎなた／矛(ほこ)／槍(やり)

【関連語】◆(盾)たて

共通する意味★長い柄の先に刀剣をつけた武器。

使い方▼〔なぎなた〕▽なぎなたを振りまわす　〔矛〕▽矛を交える(＝戦う)▽矛を収める(＝戦いをやめる)　〔槍〕▽槍を構える▽雨が降っても槍が降っても(＝どんな障害や困難があっても)

使い分け【1】「なぎなた」は、長い柄の先にそりかえった刃物をつけた武器。江戸時代以降は、婦人の武器として使われた。「長刀」「薙刀」とも書く。【2】「矛」は、長い柄の先にもろ刃の剣をつけた武器。【英】*a halberd*【3】「槍」は、長い柄の先に細長い刃をつけた武器。【英】*a spear*

【関連語】◆(盾)敵の矢や刀、槍を防ぎ、身を隠すための武具。板状で、手に持ったり立てたりして使う。

5 10-21 鉄砲(てっぽう)／銃(じゅう)／銃器(じゅうき)

【関連語】◆(飛び道具)とびどうぐ◆(ピストル)◆(短銃)たんじゅう◆(拳銃)けんじゅう◆(はじき)◆(機関銃)きかんじゅう◆(機関砲)きかんほう◆(小銃)しょうじゅう◆(ライフル)◆(猟銃)りょうじゅう

共通する意味★遠くからたまを飛ばして敵を撃つ武器。

使い方▼〔鉄砲〕▽猟師が鉄砲で獲物をねらう　〔銃〕▽銃を構えて引き金を引く　〔銃器〕▽銃器の取り扱いには十分注意すること

使い分け【1】「鉄砲」は、火薬の力で弾丸を発射させるしくみの武器。大砲と小銃の総称だが、特に小銃をさすことが多い。【英】*a gun*【2】「銃」「銃器」は、「鉄砲」の中でも、一人で持ち運びできる程度の小型のものをいう。具体的には小銃・ピストル・機関銃などの総称。「銃を持って戦う」のように、一つ一つのものをさすときには「銃」を使い、「銃器の製造を禁止する」のように、総合的にいう場合は「銃器」の方を使うことが多い。【英】*small arms*

【関連語】◆(飛び道具)鉄砲や弓矢などの総称。「飛び道具を使うとは卑怯(ひきょう)な奴(やつ)め」◆(ピストル・短銃・拳銃)片手に持って撃てる筒先の短い小型の銃。◆(はじき)「ピストル」の俗語。◆(機関銃)引き金を引いている間、弾丸が自動的に連射される銃。「機銃」「マシンガン」ともいう。◆(機関砲)口径が一一ミリより大きい機関銃。「機砲」ともいう。◆(小銃)一人で携帯し、使用することのできる小型の銃で、ピストルよりも大きいものをいう。◆(ライフル)「小銃」の一つで、銃身の内部にらせん状の溝がきってあり、弾丸に回転を与えて発射するもの。「ライフル射撃」◆(猟銃)狩猟に用いる銃。

5 10-22 火器(かき)／火砲(かほう)／大砲(たいほう)

共通する意味★火薬の力で弾丸を撃ち出す兵器。【英】*firearms*

使い分け「火器」は、大砲・鉄砲など、火薬兵器を総称した言い方。「火砲」は、「火器」の中でも口径一三ミリ以上のものをいう。「大砲」は、その「火砲」の中でも大きな弾丸を発射する、口径五〇～六〇ミリ以上のものをいう。

5 10-23 爆弾(ばくだん)／爆裂弾(ばくれつだん)

共通する意味★爆薬を中に詰め、投下、または投げて爆発させ、敵を攻撃する兵器。【英】*a bomb*

使い方▼〔爆弾〕▽飛行機から爆弾を投下する▽近くに爆弾が落ちて大けがをする　〔爆裂弾〕▽爆裂弾が炸裂(さくれつ)する

使い分け【1】「爆弾」には、「爆弾発言(＝突然で人を驚かすような発言)」「体に爆弾(＝いつ発症するのかわからない病気)をかかえている」のような比喩(ひゆ)的な用法もある。【2】「爆裂弾」は、「爆弾」の古い言い方。

5 10-24 弾丸(だんがん)／銃弾(じゅうだん)／鉄砲玉(てっぽうだま)／砲弾(ほうだん)／砲丸(ほうがん)

【関連語】◆**(散弾)**(さんだん)◆**(実弾)**(じつだん)◆**(凶弾)**(きょうだん)◆**(流れ弾)**(ながれだま)

共通する意味★銃や大砲にこめて発射するたま。**【英】** *a shot*

使い方▼〔弾丸〕▽ピストルに弾丸をこめる　〔銃弾〕▽足に銃弾を受ける　〔鉄砲玉〕▽車に鉄砲玉が撃ち込まれた　〔砲弾〕▽敵の正面に砲弾をあびせる　〔砲丸〕▽城内に砲丸を撃ちこむ

使い分け【1】「銃弾」「鉄砲玉」は、小銃やピストルなどの銃のたま。「砲弾」「砲丸」は、大砲のたま。「弾丸」は、その両方をまとめていう語。【2】「弾丸」は、「弾丸列車」「弾丸ライナー」「弾丸道路」のように、比喩(ひゆ)的に、スピードの速いものの意味でも使われる。【3】「鉄砲玉」は、一度撃ったら戻ってこないことから、行ったまま帰らないことや、その人の意味でも使われる。「うちの使いはいつも鉄砲玉だ」【4】「砲丸」は、片手で投げてその到達距離を競う砲丸投げに使う金属球にもいう。

【関連語】◆**(散弾)**発射すると破裂して、多数の弾丸が霰(あられ)のようにとびだすしくみのたま。「霰弾」とも書く。「散弾銃」◆**(実弾)**爆薬がはいっている本物の弾丸。「実弾射撃の練習をする」◆**(凶弾)**暗殺者の撃ったたま。「大統領が凶弾に倒れる」◆**(流れ弾)**目標をそれてとんでくる弾丸。「流れ弾にあたって大けがをする」

5 10-25 水雷(すいらい)／機雷(きらい)／魚雷(ぎょらい)

共通する意味★水中で爆発させて、敵の艦船を破壊、沈没させる兵器。**【英】** *a torpedo*

使い分け【1】「水雷」は、「機雷」や「魚雷」をまとめていう語。【2】「機雷」は、「機械水雷」の略。水中に敷設しておいて、接触したり接近したりすると爆発するようにしたもの。【3】「魚雷」は、「魚形水雷」の略。水中を進み、目標にぶつかると爆発する。

5 10-26 砲門(ほうもん)／砲口(ほうこう)／銃口(じゅうこう)

共通する意味★砲や銃の先端の弾丸の出る口。**【英】** *the muzzle of a gun*

使い方▼〔砲門〕▽砲門を開く(＝戦闘を開始する)▽砲門を閉じる(＝攻撃をやめる)　〔砲口〕▽敵の陣に砲口を向ける　〔銃口〕▽銃口を向ける▽銃口にさらされる

使い分け「砲門」「砲口」は、火砲や大砲の筒口。「砲門」は、文章語として用いる。「銃口」は、銃の筒口。

5 10-27 空砲(くうほう)

【関連語】◆**(祝砲)**(しゅくほう)◆**(礼砲)**(れいほう)◆**(弔砲)**(ちょうほう)

意味★火薬だけで、実弾をこめないで鉄砲を撃つこと。また、その音。**【英】** *a blank cartridge*

使い方▼〔空砲〕▽合図に空砲を撃つ▽この企画は空砲に終わった(＝何ら成果をあげずに終わる)

【関連語】◆**(祝砲)**祝意を表わすために撃つ空砲。「勝利を祝って祝砲を撃つ」◆**(礼砲)**軍隊の礼式の一つで、敬意を表わすために撃つ空砲。「夏の空に礼砲がとどろく」◆**(弔砲)**弔意を表わすために撃つ空砲。「国王の死を悼む弔砲がとどろく」

5 10-28 火薬(かやく)／硝薬(しょうやく)／弾薬(だんやく)／爆薬(ばくやく)

共通する意味★爆発を起こす薬品。**【英】** *powder*

使い方▼〔火薬〕▽火薬を筒にこめる▽火薬庫▽無煙火薬　〔硝薬〕▽硝薬を製造する　〔弾薬〕▽弾薬と食糧を補充する　〔爆薬〕▽爆薬をしかける▽爆薬庫

使い分け【1】「硝薬」は、「火薬」の別称。【2】「弾薬」は、弾丸とそれを発射するための火薬のこと。【3】「爆薬」は、物を破壊するためのダイナマイトなどのこと。

5 10-29 鉄兜(てつかぶと)／ヘルメット

共通する意味★頭部を保護するためにかぶるもの。**【英】** *a helmet*

使い方▼〔鉄兜〕▽旧日本軍のさびた鉄兜が発見される　〔ヘルメット〕▽ヘルメットの着用が義務付けられた

使い分け【1】「鉄兜」は、近代戦の戦場などでかぶる鉄製のもの。【2】「ヘルメット」は、「鉄兜」をさすこともあるが、暑気よけのものや、野球で使うものなど、広い範囲でいう。素材も鉄製だけでなく、プラスチック製、グラスファイバー製、コルク製などがある。

5 10-30 武具(ぶぐ)／甲冑(かっちゅう)／具足(ぐそく)／鎧(よろい)／兜(かぶと)

共通する意味★昔、戦場で身を守るために身につけたもの。**【英】** *arms*

使い分け【1】「武具」は、戦いに使う道具の総称であるが、特に「鎧」と「兜」をさしていうことが多い。【2】「甲冑」も「具足」も、「鎧」と「兜」をまとめていう語。【3】「鎧」は、首から下につけ、「兜」は、頭にかぶって身体を保護したもの。「兜」は、「甲」「冑」とも書く。

5 10-31 面(めん)／面ぼお(めんぼお)／胴(どう)／小手(こて)

共通する意味★剣道で使う防具。
使い分け【1】「面」「面ぽお」は、顔や頭を覆うもの。「面」は、野球などで顔を覆う防具などもいう。「胴」は、胸と腹部を覆うもの。「小手」は、指先から肘(ひじ)のあたりまでを覆うもの。「面」「胴」「小手」は、その部分に打ち込んだときの決まり手の技のこともいう。【2】「面ぽお」は、「面頬」とも書く。
参照▼面⇒003-01 817-76　胴⇒010-01

5 10-32 刀(かたな)／剣(けん)／剣(つるぎ)／刀剣(とうけん)

【関連語】◆(太刀)たち◆(大刀)たち◆(大刀)だいとう◆(名刀)めいとう◆(宝刀)ほうとう◆(軍刀)ぐんとう◆(牛刀)ぎゅうとう◆(日本刀)にほんとう◆(青竜刀)せいりゅうとう◆(サーベル)◆(銃剣)じゅうけん◆(手裏剣)しゅりけん◆(真剣)しんけん

共通する意味★するどい刃をもった、物を切るための武器。【英】*a sword*
使い方▼〔刀〕▽刀を抜いて切りかかる▽腰に二本の刀をさす▽刀の錆(さび)にする(＝刀で斬(き)って殺す)　〔剣(けん)〕▽剣をとって戦う▽腰に剣を帯びる　〔剣(つるぎ)〕▽相手のつるぎを盾で受けて防ぐ　〔刀剣〕▽古い刀剣を収集する▽刀剣の不法所持
使い分け【1】「刀」は、片刃にこしらえたものを、「剣(けん)」「つるぎ」は、もろ刃のものをいう。「刀剣」は、その「刀」と「つるぎ」の総称。しかし、「刀」も「剣(けん)」も「つるぎ」も、「刀剣」の総称としても使われる。【2】「刀」は、近世、武士が脇差とともに腰に差した大刀のことを特にさしていう。【3】「剣(けん)」は、「剣の道」のように使われるときは、「剣(けん)」を使う術をさす。また、小銃の先につける槍(やり)の穂のような武器も「剣」という。
【関連語】◆(太刀)たち・(大刀)たち・(大刀)だいとう奈良時代には刀剣の総称。平安時代以降は儀式や戦陣に使った大きな刀。また、「大刀(たち)」は奈良時代までの直刀を、「太刀」は平安時代以降のそりのある六〇センチ以上の片刃の刀をさして、使い分けることもある。「大刀(だいとう)」は大きい刀を一般的にいうことば。大刀(だいとう)⇔小刀。◆(名刀)すぐれた名高い刀。また、名高い刀工の手になる刀。「正宗(まさむね)の名刀」◆(宝刀)宝物として大切にしている刀。「伝家の宝刀を抜く(＝いざというときにしか使わない奥の手を出す)」◆(軍刀)軍人が身につける戦闘用の刀。◆(牛刀)牛を切り裂くための大きな刀。「牛刀をもって鶏を割(さ)く(＝大げさな手段を用いる)」◆(日本刀)日本独特の方法で鍛えて作った刀。「日本刀を床の間に飾る」◆(青竜刀)中国で古くから使われるなぎなた状の刀。刀の幅が広く湾曲し、柄(つか)に青い竜の飾りがある。◆(サーベル)西洋風の長い刀。片刃で先がとがり、細身の刀身にややそりがある。「洋剣」ともいう。◆(銃剣)銃と剣。また、小銃の先につける剣や、その剣をつけた小銃。◆(手裏剣)手の中に持ち、相手に投げつける小さな剣。◆(真剣)本物の刀剣。木刀や竹刀(しない)などに対していう。「真剣勝負(＝本物の刀剣を使ってする勝負。転じて、本気で争ったり事に対したりすること)」

5 10-33 脇差(わきざし)／小刀(しょうとう)

【関連語】◆(小太刀)こだち

共通する意味★武士が腰に差す大小の両刀のうち小さい方の刀。【英】*a short sword*
使い分け【1】「脇差」は、守り刀として腰に差す小さな刀の意でも使われる。【2】「小刀」は、小さな刀の意で、特に「脇差」のことをさす場合が多い。
反対語▼小刀⇔大刀(だいとう)
【関連語】◆(小太刀)小さい刀。また、それを使ってする武術。

5 10-34 短刀(たんとう)／短剣(たんけん)

【関連語】◆(あいくち)◆(どす)◆(懐剣)かいけん◆(懐刀)ふところがたな◆(守り刀)まもりがたな

共通する意味★刺すのに使う、刀身の短い刀や剣。【英】*a dagger*
使い分け あいくちや懐剣など、日本風の片刃のものを「短刀」、西洋風のもろ刃のものを「短剣」というが、あまり厳密に区別して使われない。
反対語▼短刀⇔長刀　短剣⇔長剣
【関連語】◆(あいくち)鍔(つば)のない短刀。鯉口(こいくち)がぴったり合うことからいう。「匕首」とも書く。「懐にあいくちを呑(の)んで談判に行く」◆(どす)やくざなどが懐に隠し持つ、あいくちや短刀。「どすをちらつかせておどす」◆(懐剣)昔、女性が懐に入れて持ち歩いた護身用の短刀。◆(懐刀)懐に入れて持ち歩く護身用の短刀。また転じて、秘密の計画にあずかる知恵のある部下の意にも使われる。◆(守り刀)護身用として身につける短刀。「守り刀を帯の間にしのばせる」
参照▼懐刀⇒511-50

5 10-35 竹光(たけみつ)／竹刀(しない)／木刀(ぼくとう)

共通する意味★竹や木で作った刀。【英】*a bamboo sword*
使い分け【1】「竹光」は、竹を削って刀身の代わりにした見せかけだけの刀。また、切れ味の悪い鈍刀をあざけっていう語。【2】「竹刀」は、剣道で使う、割り竹を四本たばねて作った刀。【3】「木刀」は、木で作った刀。

5 10-36 鍔(つば)

意味★刀剣の柄(つか)と刀身の間にはさむ平たい鉄板。柄を握るこぶしを保護する役目をする。【英】*a sword guard*
使い方▼〔鍔〕▽刀の鍔▽鍔もと(＝刀身と鍔の接する所)

5 10-37 刃先(はさき)／切(き)っ先(さき)

共通する意味★刀などの刃の先端。【英】*the edge (of a blade)*

使い方▼〔刃先〕▽包丁の刃先が欠ける　〔切っ先〕▽刀の切っ先をこちらに向ける

使い分け「切っ先」は、刃物だけでなく、刃物のように尖ったものの先端のこともいう。また、「質問の切っ先が鈍る」のように、相手を責める鋭い言葉の意味に使われることもある。

5 10-38 抜(ぬ)き身(み)／白刃(はくじん)／刃(やいば)

【関連語】◆〔抜刀〕ばっとう

共通する意味★鞘(さや)から抜いた刀。【英】*a drawn sword*

使い方▼〔抜き身〕▽抜き身をひっさげて迫る▽刀の抜き身をつきつけておどす　〔白刃〕▽白刃の下をくぐる(＝危険なめにあう)▽白刃をふりかざしておそいかかる　〔刃〕▽名剣の刃▽刃に掛かる(＝殺される)▽刃に伏す(＝自害する)▽刃を向ける(＝はむかう)▽敵と刃を交える

使い分け【1】「抜き身」は、刀だけでなく、鞘から抜き放った槍(やり)の場合にもいうが、「白刃」は、もっぱら刀の場合をさす。【2】「白刃」は、「しらは」とも読む。【3】「刃(やいば)」は、刀剣類の総称として用いることも多い。

【関連語】◆〔抜刀〕スル 刀や剣を鞘から抜き放つこと。また、抜いた刀や剣。【英】*to draw one's sword*

5 10-39 矢(や)じり／矢先(やさき)／矢(や)の根(ね)

【関連語】◆〔雁股〕かりまた◆〔石鏃〕せきぞく

共通する意味★矢の先端のとがった部分。【英】*an arrowhead*

使い方▼〔矢じり〕▽矢じりが的につきささる　〔矢先〕▽矢先を的に向ける　〔矢の根〕▽矢の根を弓につがえてかまえる

使い分け【1】「矢じり」が、最も一般的。「矢尻」「鏃」とも書く。【2】「矢先」は、矢の飛んでくる前面、矢の当たる所の意もある。

【関連語】◆〔雁股〕先端をふたまたにし、その内側に刃をつけた矢じり。◆〔石鏃〕石器時代に用いた、石で作った矢じり。また、その矢じりのついた矢。

参照▼矢先⇒815-59

5 10-40 弓(ゆみ)／矢(や)／弓矢(ゆみや)

【関連語】◆〔筈〕はず

共通する意味★棒の端に鳥の羽とやじりをつけた、ものを射る武器。

使い方▼〔弓〕▽弓を射る▽弓を引く(＝反逆する)　〔矢〕▽矢をつがえる▽光陰矢のごとし　〔弓矢〕▽弓矢をとって戦場へ赴く▽弓矢の道

使い分け【1】「弓」は、竹や木などを曲げて弦(つる)を張ったものであり、「矢」は、それにつがえて射るもの。【英】*a bow*(弓); *an arrow*(矢)【2】「弓矢」は、弓と矢の意であるが、転じて、武器や武芸を表わす。【英】*bow and arrow*

【関連語】◆〔筈〕弓の両端の弦をかける所。また、矢の上端の弦につがえる所。

5 10-41 射撃(しゃげき)／銃撃(じゅうげき)／発射(はっしゃ)／発砲(はっぽう)

【関連語】◆〔実射〕じっしゃ◆〔乱射〕らんしゃ◆〔速射〕そくしゃ◆〔掃射〕そうしゃ

共通する意味★目標に向かって鉄砲などのたまを撃ち出すこと。【英】*shooting*

使い方▼〔射撃〕スル▽一斉に射撃する▽射撃の名手▽射撃訓練▽艦砲射撃▽クレー射撃　〔銃撃〕スル▽銃撃を浴びる▽銃撃戦　〔発射〕スル▽ピストルを発射する▽ロケット発射十秒前　〔発砲〕スル▽ギャングが町中でピストルを発砲する

使い分け【1】「射撃」は、鉄砲や大砲を、目標をねらって撃つこと。【2】「銃撃」は、小銃や機関銃などで撃つことの意であるが、「射撃」と異なり、撃つことよりも、それによって相手を攻撃することに重点がある。【3】「発射」は、鉄砲だけでなく、ロケットやミサイルについてもいい、目標に向かって飛んでゆくかどうかよりも、手元から撃ち出すことに重点がある。【4】「発砲」は、銃や大砲を撃つことであるが、「発射」と同様、手元から撃ち出すことに重点がある。

【関連語】◆〔実射〕スル ミサイルや実弾を実際に撃つこと。「ライフルの実射をする」「実射訓練」◆〔乱射〕スル ねらいも定めずに、銃などをたて続けにむちゃくちゃに撃つこと。「銀行に押し入った男がピストルを乱射する」◆〔速射〕スル 弾丸をすばやく続けざまに撃つこと。「速射砲」◆〔掃射〕スル 機関銃などで、なぎはらうように続けて射撃すること。「機銃掃射」

5 10-42 狙撃(そげき)／ねらい撃(う)ち

共通する意味★銃などで、ある特定のものをよくねらって撃つこと。【英】*sniping*

使い方▼〔狙撃〕スル　〔ねらい撃ち〕スル

	敵を□する	熊(くま)を□して倒す	□手(しゅ)	特定企業を□する
狙撃	○	△	○	-
ねらい撃ち	○	○	-	○

使い分け【1】「狙撃」は、人を銃などで撃つ場合に使われることが多い。【2】「ねらい撃ち」は、比喩(ひゆ)的に、特定の人や物に目標を定めて重点的に物事を行ったり、非難や攻撃を集中したりする場合にも使われる。

5 10-43 撃(う)つ／射(い)る

共通する意味★目標に向けて弾丸や矢を飛ばす。また、飛ばして目的物に当てる。**【英】** *to shoot*

使い方▼〔撃つ〕(タ五)▽ピストルを撃つ▽へたな鉄砲も数撃てば当たる(＝数多くやっていればうまくいくこともある)〔射る〕(ア上一)▽弓を射る▽金的を射る(＝あこがれているものを手に入れる)▽的(まと)を射た(＝本質をとらえた)質問

使い分け【1】「撃つ」は、鉄砲などから弾丸を発射する意。発射して当てる意。【2】「射る」は、弓に矢をつがえて放つ意。放ってねらったところに当てる意。「矢を射った」のように、五段活用にも用いることがある。【3】「射る」は、「眼光人を射る」のように、光などが矢のように強い勢いでさす意でも用いる。

5 10-44 陣太鼓(じんだいこ)／陣鐘(じんがね)／攻(せ)め太鼓(だいこ)

共通する意味★昔、戦場で合図のために打ち鳴らしたもの。**【英】** *a war drum*

使い分け「陣太鼓」は、軍勢の進退などを知らせるための太鼓。「陣鐘」は、銅鑼(どら)や半鐘。「攻め太鼓」は、攻撃の合図に鳴らした太鼓。

5 10-45 城(しろ)／とりで

【関連語】◆(城郭)じょうかく◆(出城)でじろ◆(シャトー)

共通する意味★外敵を防ぐために四方を堅固にした建物。**【英】** *a castle*

使い方▼〔城〕▽城を守る▽城を築く▽城を明け渡す〔とりで〕▽堅固なとりでを築く▽とりでを守る

使い分け【1】「城」は、敵の来襲を防ぐために、四方を石垣や塀などで堅固に構えた軍事的な建造物をいう。また、「自分の城を守る」などのように、比喩(ひゆ)的に、他人を寄せつけない自分だけの領域の意にも使う。【2】「とりで」は、本城以外の要所に設けた小規模な城をいう。「砦」「塞」「塁」とも書く。

【関連語】◆(城郭)城、また、城の周囲のかこい。「城郭を構える」◆(出城)本城以外の要所に築かれた、小規模な城。◆(シャトー)城、または大邸宅。やかた。

5 10-46 要塞(ようさい)／防塞(ぼうさい)／堡塁(ほうるい)／塁(るい)

【関連語】◆(土塁)どるい

共通する意味★敵を防ぐためのとりで。**【英】** *a fortress*

使い方▼〔要塞〕▽要塞を築く▽要塞を設ける▽要塞地帯〔防塞〕▽敵の防塞に行く手をはばまれる〔堡塁〕▽敵の堡塁を攻める▽堅固な堡塁を築く〔塁〕▽塁を設ける

使い分け【1】「要塞」は、軍事上重要な場所に設けた攻防設備のある施設をいう。【2】「防塞」「堡塁」は、敵を防ぐためのとりでの意。「堡塁」は、「ほるい」ともいう。【3】「塁」は、本拠地以外に造った、拠点としてのとりでをいう。

【関連語】◆(土塁)土で築いたとりで。

5 10-47 堅城(けんじょう)／金城(きんじょう)

共通する意味★守りの堅い城。**【英】** *an impregnable castle*

使い方▼〔堅城〕▽容易に落ちない堅城だ▽難攻不落の堅城〔金城〕▽金城鉄壁(＝非常に堅固な物事のたとえ)▽金城湯池(＝他から侵害されにくいところ)

使い分け「金城」は、金(かね)で造った城、すなわち守りの堅い城の意を表わす。

5 10-48 天守閣(てんしゅかく)

【関連語】◆(天守台)てんしゅだい◆(天守)てんしゅ

意味★城の本丸に築かれた、遠方を見渡すための最も高いやぐら。**【英】** *a keep*

使い方▼〔天守閣〕▽五層の天守閣

【関連語】◆(天守台)「天守閣」のこと。また、天守閣の土台の部分。◆(天守)「天守閣」の略。「天守に火を放って逃げる」

5 10-49 櫓(やぐら)／望楼(ぼうろう)／物見(ものみ)やぐら／火(ひ)の見(み)やぐら

【関連語】◆(灯台)とうだい

共通する意味★高く築いた建物。**【英】** *a tower*

使い方▼〔櫓〕▽櫓を組む〔望楼〕▽望楼に登る〔物見やぐら〕▽物見やぐらから町を見渡す〔火の見やぐら〕▽火の見やぐらに登って警戒する

使い分け【1】「櫓」は、木材や鉄材などを組み合わせて造った展望用の構築物や、城壁などの上に造った展望および攻防用の建物、相撲場で太鼓を打ち鳴らすための建築物など、高く築いた建物を広くいう。【2】「望楼」「物見やぐら」は、遠くを見渡すために設けた高い建物をいう。【3】「火の見やぐら」は、火災の見張りをするための高い建物をいう。

【関連語】◆(灯台)岬、島などに築かれ、夜間、主として灯火の標識を出して、その位置を知らせたり、航路を指示したりする施設。

5 10-50 武士(ぶし)／武士(もののふ)／侍(さむらい)／武者(むしゃ)

共通する意味★武芸を習い、主として軍事に携わった者。**【英】** *a samurai; a warrior*

使い方▼〔武士〕(ぶし)▽武士の面目を保つ▽武士は食わねど高楊枝(たかようじ)　〔武士〕(もののふ)▽もののふは相身互い▽もののふの誇りを持つ　〔侍〕▽侍大将▽若侍▽青侍▽田舎侍▽お侍さん　〔武者〕▽若武者▽落ち武者▽武者修行▽武者ぶるい

使い分け【1】「武士(ぶし)」「武士(もののふ)」「侍」は、特に、中世以後、武家に仕えた者をいう。【2】「武者」は、「武者行列」のように、特に鎧(よろい)、兜(かぶと)を着けた者もいう。

5 10-51 剣士／剣客／剣豪

共通する意味★剣の達人。【英】*a great swordsman*

使い方▼〔剣士〕▽腕に覚えのある剣士が居並ぶ▽少年剣士▽名剣士　〔剣客〕▽いずれも腕自慢の剣客ぞろいだ　〔剣豪〕▽世にも名だたる剣豪▽剣豪同士の一騎打ち

使い分け【1】「剣豪」は、三語の中で、剣術が非常に巧みで強いことを最も強調した語。【2】「剣客」は、「けんきゃく」ともいう。

5 10-52 忍術／忍法／忍び

【関連語】◆(忍者)

共通する意味★武家時代に行われた巧みに人目を欺いたり、人に知られないように行動したりする術。【英】*the art of invisibility*

使い方▼〔忍術〕▽怪しげな忍術使い　〔忍法〕▽忍法、火遁(かとん)の術　〔忍び〕▽忍びの術(＝忍術)▽忍びの者(＝忍者)▽忍びの里

使い分け【1】「忍法」は、特に「忍術」の技のことをさす場合がある。【2】「忍び」は、例文のように、熟した形で使われることが多い。また、「市中の動静をさぐるため忍びを放つ」のように、「忍び」単独で忍者をさすこともある。

【関連語】◆(忍者)忍術を使って敵陣や他家の様子をひそかに探る者。古くは「忍びの者」といった。

参照▼忍び⇒514-24

5 10-53 古城／荒城／名城

共通する意味★城の状態。

使い方▼〔古城〕▽古城めぐりの旅　〔荒城〕▽草のしげった荒城　〔名城〕▽天下の名城、姫路城

使い分け【1】「古城」は、昔からある古い城。【英】*an old castle*【2】「荒城」は、荒れ果てた城。【英】*a ruined castle*【3】「名城」は、形の美しさなどで有名な城。【英】*a famous castle*

5 10-54 孤塁／孤城

共通する意味★孤立したとりで、または、城。【英】*an isolated castle*

使い方▼〔孤塁〕▽孤塁を守る(＝孤立無援の状態に耐える)　〔孤城〕▽孤城落日(＝勢いが衰え、頼りなく心細いことのたとえ。中国唐の詩人、王維(おうい)の詩から)

5 10-55 本城／根城

共通する意味★中心となる城。根拠とする城。【英】*a stronghold*

使い方▼〔本城〕▽後退を重ね本城を残すのみとなった　〔根城〕▽敵の根城を急襲する

使い分け【1】「本城」は、出城やとりでに対して、そのもととなる城、中心となる城をいう。【2】「根城」は、根拠、本拠としている城、主将などの居城となっている城。

反対語▼本城⇔支城

5 10-56 提督／参謀

共通する意味★軍隊で、指揮や指導にあたる人。

使い方▼〔提督〕▽提督の率いる連合艦隊　〔参謀〕▽参謀を集めて討議する▽陸軍参謀▽参謀長

使い分け【1】「提督」は、艦隊を率いて指図する、海軍の将官のこと。【英】*a commodore*【2】「参謀」は、指揮官の下で、作戦や用兵などの計画を練って、その指導にあたる将校のこと。また転じて、「選挙参謀として活躍する」のように、上役や表立って活躍する人の陰にいて、計画を練ってその指導にあたる人をいう。【英】*the staff*

5 11 …階級・階層

5 11-01 階層／階級

共通する意味★ある段階にある人々の集まり。【英】*a social stratum*

使い方▼〔階層〕▽あらゆる階層の人々が集まる　〔階級〕▽中流階級▽知識階級

使い分け【1】「階層」は、社会を形成するいろいろな人々の層のことで、主に、年齢、職業、学歴、生活水準などによって分けられるものをいう。【2】「階級」は、身分や財産などを基準にして分けた人々の集まりをいう。

511-02 地位（ちい）／位置（いち）／ポスト／ポジション

【関連語】◆（椅子）いす◆（位）くらい◆（格）かく◆（肩書き）かたがき◆（役職）やくしょく◆（役付き）やくづき

共通する意味★人や物事がおかれている社会的な身分、場所など。【英】*a position*

使い方▼〔地位〕▽地位も名誉も欲しくはない▽努力を重ね、現在の地位を獲得した▽社会的地位　〔位置〕▽彼は会社で重要な位置にいる▽上をねらえる位置にいる　〔ポスト〕▽課長のポストを狙（ねら）う▽社内で重要なポストについている　〔ポジション〕▽人事部はこの会社で重要なポジションにある

	重要な□につく	社長の□	文学史上に占める□	女性の□向上につとめる
地位	○	○	○	○
位置	○	-	○	-
ポスト	○	○	-	-
ポジション	○	-	-	-

使い分け【1】「地位」「ポスト」は、その人がおかれている社会的、職業的な役職などをいう。【2】「位置」は、その人、あるいはその物がおかれている場所をいう。【3】「ポジション」は、その人物などがおかれている職務上の場所、部署をいう。また、「サードのポジションをうばう」のように、球技などで自分の受け持つ位置をいう。

【関連語】◆（椅子）役職または地位を比喩（ひゆ）的に表わす。「社長の椅子を狙う」◆（位）身分、官職などの序列による位置、階級。「位を譲る」「大臣の位」「位負け」◆（格）身分や家柄、礼式などによる地位、位。【英】*a rank*「両家は格が違う」「格上のホテル」◆（肩書き）名刺、書類などの、氏名の上に書く役職・地位・身分などの意から転じて、社会的に高いとされている役目を表わす。【英】*a title*「肩書きが物をいう社会」「肩書きにこだわる」◆（役職）管理または監督の地位にある職務。「人事異動で役職に付く」「役職手当」◆（役付き）集団を管理・統轄する役目に就いていること。「彼もやっと役付きになった」

参照▼椅子⇒417-03

511-03 身分（みぶん）／身の程（みのほど）／柄（がら）

【関連語】◆（分限）ぶんげん◆（ステータス）◆（分際）ぶんざい◆（分）ぶん

共通する意味★人が社会の中でしめる位置。また、自分の地位や能力にあった範囲。【英】*one's status*

使い方▼〔身分〕▽高貴な身分の出▽身分を保証する▽身分相応の暮らし　〔身の程〕▽身のほどを知れ　〔柄〕▽このような方々と同席する柄ではないのですが▽家柄

	□をわきまえる	□が高い	□知らず	そんなことをいう□ではない
身分	○	○	-	○
身の程	○	-	○	-
柄	△	-	-	○

使い分け【1】「身分」は、社会、集団の中で決められた地位。「結構な御身分だ」のように、身の上、境遇の意味で用いられることもある。【2】「身の程」は、社会的にわきまえておくべき、自分の範囲のこと。【3】「柄」は、その人に備わっている性格、品格や、身分、地位の意。現在では、ある物事がその性格、品格、身分、地位などにふさわしいかどうかの観点から使われることが多い。

【関連語】◆（ステータス）社会的地位や身分。「ステータスの高い職業」「ステータスシンボル」◆（分際・分限・分）社会的にわきまえておくべき、自分の範囲という意味で用いられることが多い。特に、自分の力の及びうる範囲のこと。「学生の分際でぜいたくだ」「分限を守る（＝出過ぎたことをしない）」「分に過ぎたふるまい」

参照▼柄⇒001-18 614-21　分⇒513-27

511-04 空席（くうせき）／空位（くうい）

共通する意味★定められた地位にだれも就いていないこと。また、そのあいている地位。

使い方▼〔空席〕▽教授に空席が一つできる▽副会長のポジションが空席のままになっている　〔空位〕▽国王が死んでその後が空位になっている

使い分け【1】「空席」は、本来、「今日の講演会は空席が多い」「連日空席がないくらいの大入りだ」のように、埋まるべきでありながら埋まっていない席のことをいう。【英】*a vacant seat*【2】「空位」は、国王など封建君主について用いられる。【英】*a vacant position*

511-05 公職（こうしょく）／官職（かんしょく）／官途（かんと）

共通する意味★公務員の職務または地位。【英】*a public office*

使い方▼〔公職〕▽公職に携わる▽公職選挙法　〔官職〕▽官職を退く▽官職を辞する　〔官途〕▽官途に就く（＝官吏になる）▽官途を望む

使い分け【1】「官職」「官途」は、「公職」より古い言い方。【2】「公職」は、政府や公共団体などの公的な性格をもつ職。【3】「官職」は、官制によって定められた職務上の地位の意。

511-06 無官／野

【関連語】◆(在野)◆(無位)◆(無冠)

共通する意味★公職についていないこと。【英】*without office*

使い方▼〔無官〕▽無位無官▽無官の大夫（＝位階が五位で官職のない人）〔野〕▽野に下る▽人材を野に探す

使い分け「野」は、民間の意。政権の側につかないこともいう。

反対語▼野⇔朝

【関連語】◆(在野)公職につかないで民間にいること。また、政党が野党の立場にあること。「在野の人材」「在野の諸党」◆(無位・無冠)位階を授けられていないこと。「無位無官」「無冠の帝王」◈「無冠」には、特別な賞をもらっていないことの意もある。「今年は無冠に終わった競走馬」

511-07 首脳／幹部／要人／重鎮

【関連語】◆(元老)

共通する意味★集団や組織の中で、中心となってその団体を動かしてゆく人。【英】*the leader*

使い方▼〔首脳〕▽党の首脳▽首脳陣▽首脳部▽日米首脳会談〔幹部〕▽会社の幹部に登用される▽組合の幹部会を開く▽幹部候補生〔要人〕▽政府の要人を招く▽要人の警護にあたる〔重鎮〕▽経済界の重鎮として活躍する

使い分け【1】四語とも、会社、団体などの組織の指導者的地位にあって活躍する人のことをさすが、政府のトップにある人をさす場合は、「首脳」「要人」の方を使う。【2】「幹部」は、特に、軍隊の将校、下士官のことをさすことがある。【3】「重鎮」は、ある方面や団体の中で、地位、経歴、実力などを兼ね備え、重きをなしている中心人物のことをいう。

【関連語】◆(元老)ある分野で功労の大きい長老。また、国家に対して功労のあった政治家。「経済界の元老的存在」

511-08 首席／首班／首座

共通する意味★第一位の席次。【英】*the top seat*

使い方▼〔首席〕▽代表団の首席となる▽首席で卒業する〔首班〕▽内閣の首班を指名する〔首座〕▽会議の首座を占める

使い分け【1】「首席」は、最上位、第一位の席次、地位をいう。学業成績などにも用いる。【2】「首班」は、特に、内閣の首長、すなわち内閣総理大臣をいう。【3】「首座」は、座の中で一番上位の席、また、その席につく資格のある人。

511-09 上司／上役／上官

共通する意味★役職が、当人よりも上位にある人。【英】*one's superior*

使い方▼〔上司〕▽上司の許可を得る▽上司に取り入る〔上役〕▽上役のご機嫌をとる▽上役ににらまれる〔上官〕▽上官の命令に背く▽上官の将校

使い分け【1】「上司」「上役」は、ともに、職場で自分よりも地位が高い人、上位にある人をいう。【2】「上司」は、やや改まった硬い言い方。「上役」は、ややくだけた言い方。【3】「上官」は、当人からみて上級の官吏、官職をいい、軍人などについて使われることが多い。

511-10 ブルジョア／ブルジョアジー／有産階級

共通する意味★豊かな生活をしている資本家、地主などの階級。

使い分け【1】「ブルジョア」は、近代資本主義社会で、資本家階級に属する人、生産手段を有する人をいう。また、俗に、金持ちの意でも使われる。「ブルジョワ」ともいう。【2】「ブルジョアジー」は、市民階級の意だが、現在では特に資本家階級をさす。「ブルジョワジー」ともいう。【3】「有産階級」は、地主や資本家など、多くの財産、資産を所有している階級。

反対語▼ブルジョア⇔プロレタリア　ブルジョアジー⇔プロレタリアート　有産階級⇔無産階級

511-11 プチブル／中産階級

【関連語】◆(小市民)

共通する意味★資本家階級と労働者階級の中間の階級。

使い分け【1】「プチブル」は、フランス語の「プチブルジョア」の略。それほど裕福でないのにブルジョアの意識をもつ階級の人。【2】「中産階級」は、近代資本主義社会で、資本家階級と労働者階級との中間に位置する階層をいう。中小工業者、自作農、医師、弁護士、ホワイトカラーなどが含まれる。

【関連語】◆(小市民)「プチブル」に同じ。「小市民的生活」

511-12 インテリ／知識階級

【関連語】◆(知識人)

共通する意味★知識、教養、学問のある人。

使い方▼〔インテリ〕▽あの人は話してみるとかなりのインテリだ▽青白きインテリ▽インテリ風の男〔知識階級〕▽知識階級に属する人々

使い分け【1】「インテリ」は、ロシア語の「インテリゲンチャ」の略で、知識人、知的労働に従事する人々や、その人々の属する階層をいう。【英】*an intellectual*【2】「知識階級」は、知識や教養を持っ

た人々の層、知的労働に従事する人々の層をいう。【英】*the intellectual class*
【関連語】◆（知識人）知識や教養があると認められている人。「知識人の意見を求める」

5 11-13 プロレタリア／プロレタリアート／無産階級（むさんかいきゅう）

共通する意味★労働者の階級。
使い分け【1】「プロレタリア」は、資本主義社会で、他に生産手段を持たず、自分の労働力だけを資本家に売り渡して生活する賃金労働者。また俗に、貧乏人の意でも使われる。「プロレタリヤ」ともいう。【2】「プロレタリアート」は、賃金労働者の層。【3】「無産階級」は、資産を持たず、労働に対する賃金で生活する層。
反対語▼プロレタリア⇔ブルジョア　プロレタリアート⇔ブルジョアジー　無産階級⇔有産階級

5 11-14 上流（じょうりゅう）／上層（じょうそう）

共通する意味★社会的地位や経済力などが高い階層。【英】*the upper classes*
使い方▼〔上流〕▽上流の生活にあこがれる▽上流階級▽上流家庭　〔上層〕▽会社の上層にいる人▽上層部の意見を聞く
使い分け「上流」は、社会的、経済的に、高い層を占めていることをいい、「上層」は、ある組織の中で高い位置を占める階層であることをいう。
反対語▼上流⇔下流　上層⇔下層
参照▼上流⇒704-06　上層⇒817-16

5 11-15 年上（としうえ）／年かさ（とし）／年長（ねんちょう）

共通する意味★年齢が上であること。【英】*seniority*
使い方▼〔年上〕▽彼女は私より年上だ▽年上の女房　〔年かさ〕（名・形動）▽三人のうちで彼女が一番年かさだ▽ほかの子より年かさなだけにしっかりしている　〔年長〕▽年長の人に従う▽年長者
使い分け【1】「年上」は、常に他の人とくらべる意識が強いが、「年かさ」「年長」は、特に、他の人とくらべる意識は薄く、単に年齢が上である人をいうことがある。【2】「年かさ」は、「彼はかなり年かさだ」のように、高齢を表わす場合もある。【3】「年長」は、幼稚園などで、「年長組」のように年齢が一番上の園児をいうこともある。
反対語▼年上⇔年下　年長⇔年少

5 11-16 目上（めうえ）／上長（じょうちょう）／長上（ちょうじょう）

共通する意味★地位、役職、年齢などが、当人よりも上の人。【英】*a senior*
使い方▼〔目上〕▽目上の人に敬意をもって接する▽目上にきちんとあいさつする　〔上長〕▽上長に礼を尽くす▽上長の指示に従う　〔長上〕▽長上にお伺いを立てる
使い分け【1】三語とも、年齢や地位が上で、敬意をもって接するべき人をいう。【2】「目上」が最も一般的。【3】職場や軍隊などで命令系統の上位にある者は「上長」、肉親で年長の者や社会的に尊敬される立場にある年長者は「長上」と呼ばれることが多い。
反対語▼目上⇔目下

5 11-17 尊い（とうと）／貴い（とうと）／高貴（こうき）

共通する意味★すぐれて価値があり、敬うべきさま。【英】*noble*
使い方▼〔尊い〕（形）▽尊い方▽尊い神様▽尊い御身分　〔貴い〕（形）▽貴い体験をした▽貴い命を失う▽貴い資料　〔高貴〕（名・形動）▽高貴な人柄▽高貴な方
使い分け【1】「尊い」は、尊敬する気持ちを起こさせるようなようすにいう。【2】「貴い」は、価値や身分が高く、貴重なようすにいう。【3】「高貴」は、身分、位などのほか、人柄や行為の内容が特に俗でなく気高い場合にも用い、崇高なの意を含んでいう。

5 11-18 卑しい（いや）／下賤（げせん）／卑賤（ひせん）

【関連語】◆（ぺいぺい）
共通する意味★社会的な身分や地位が低いさま。【英】*low; humble*
使い方▼〔卑しい〕（形）▽卑しい生まれなどというものはない　〔下賤〕（名・形動）▽下賤の者　〔卑賤〕（名・形動）▽卑賤の身▽卑賤な言動
使い分け【1】「卑しい」が、最も一般的に使われ、貧しい、下品である、意地汚いなどの意もある。「食べ方が卑しい」「卑しい行い」「金に卑しい」【2】「下賤」「卑賤」は、あまり使われない。
【関連語】◆（ぺいぺい）職場などで、地位の低い者を軽蔑（けいべつ）したり、卑下したりしていう俗語。「ぺいぺいのくせに生意気だ」「駆け出しのぺいぺいで何もわかりません」

5 11-19 上座（かみざ）／上座（じょうざ）／上席（じょうせき）

【関連語】◆（上）かみ◆（上手）かみて
共通する意味★ある一定の場所で、上位の人が着くことになっている席。【英】*the top seat*

使い方▼〔上座（かみざ）〕▽上座にすえる▽上座に着く
〔上座（じょうざ）〕▽上座に案内する▽上座を遠慮する
〔上席〕▽上席から下がる▽上席へのぼる

使い分け【1】三語とも、目上の人や客などが座るべき席をいう。日本間では、床の間を背にした座、また、入り口から一番遠い座をいう。【2】日常一般には、多く「かみざ」を使い、他の二語はあまり使わない。【3】「上席」には、「上席の検事」のように、階級、等級などが上であることの意もある。

反対語▼上座（かみざ）⇔下座（しもざ）　上座（じょうざ）⇔下座（げざ）
上席⇔末席

【関連語】◆(上)上（うえ）の方、上位の方、上位の席。⇔下（しも）。「父は上（かみ）にすわった」◆(上手)上座に近い所。また、舞台の、客席から見て右の方。⇔下手（しもて）。「上手は遠慮して、入り口に近い所に座る」「上手から主役が登場した」

参照▼上⇒817-12　上手⇒817-12

5 11-20 下座（しもざ）／下座（げざ）／末席（まっせき）／末座（まつざ）

【関連語】◆(下)（しも）◆(下手)（しもて）

共通する意味★ある一定の場所で、下位の人が着くことになっている席。【英】*a lower seat*

使い方▼〔下座（しもざ）〕▽下座にすわる▽下座に着く
〔下座（げざ）〕▽下座にさがる▽下座にいる　〔末席〕▽末席に連なる▽末席を汚す　〔末座〕▽末座に控える▽末座に席をとる

使い分け【1】四語とも、下位の者が着く席を表わす。日本間では、入り口に近い席をいう。【2】「しもざ」「げざ」では、ふつう「しもざ」を使う。【3】「末席」は、多く「末席を汚す」「末席に連なる」の形で使われる。「ばっせき」とも。

反対語▼下座（しもざ）⇔上座（かみざ）　下座（げざ）⇔上座（じょうざ）
末席⇔上席　末座⇔上座（じょうざ）・首座

【関連語】◆(下)下（した）の方、末の方の席。⇔上（かみ）。「下（しも）の席に座る」◆(下手)地位の低い人の座る方。また、舞台の、客席から見て左手の方。⇔上手（かみて）。「係員は下手に控えている」「下手に退場する」

参照▼下⇒010-03 817-17　下手⇒817-17

5 11-21 元首（げんしゅ）

【関連語】◆(君主)（くんしゅ）◆(大統領)（だいとうりょう）

意味★国際法上、外部に対して一国を代表する資格を持つ者。【英】*a sovereign*

使い方▼〔元首〕▽式典には各国の元首が参列した

【関連語】◆(君主)世襲により一国を統治する最高位の人。「君主政治」「専制君主」「君主制」◆(大統領)共和制をとる国家の元首をいう。【英】*a president*「アメリカの大統領」「大統領選挙」

5 11-22 王（おう）／国王（こくおう）／帝王（ていおう）／皇帝（こうてい）

【関連語】◆(キング)◆(大王)（だいおう）◆(王様)（おうさま）

共通する意味★国家や領地を統治する最高位の者。

使い方▼〔王〕▽王の座につく▽一国の王となる
〔国王〕▽国王に忠誠を尽くす▽イギリス国王　〔帝王〕▽帝王の位に即（つ）く▽帝王学　〔皇帝〕▽ナポレオン皇帝▽秦（しん）の始皇帝

使い分け【1】「王」は、国家の最高の権力者。「国王」は、「王」の称号を持つ一国の元首。王国の統治者をいう。【英】*a king*【2】「王」は、「百獣の王ライオン」のように、比喩（ひゆ）的に、同類のものの中で最もすぐれているもの、最も高い地位にある者をいうこともある。【3】「帝王」は、君主国の元首をいう。【英】*a sovereign*【4】「皇帝」は、諸王に超越する王の称号。また、帝国の君主をいう。秦の始皇帝が称したのが最初。【英】*an emperor*

【関連語】◆(キング)「王」「国王」と同意。◆(大王)「王」の敬称。「アレキサンダー大王」のように、すぐれた、偉大な王の意味で使われる。◆(王様)「王」の敬称。「わが家では子どもが王様ですよ」のように、比喩的に、ある集団の中で最も大切にされているもの、中心となるもの、同類の者の中で最高位にある者を表わすこともある。

5 11-23 天皇（てんのう）／天子（てんし）／帝（みかど）

共通する意味★一国を統治する王。【英】*an emperor*

使い方▼〔天皇〕▽天皇の位に即（つ）く▽天皇陛下▽天皇制　〔天子〕▽日出（い）ずる国の天子▽天子様　〔帝〕▽帝に拝謁する▽先の帝

使い分け いずれも、天に代わって国を統治する者の意。現在、日本では、ふつう「天皇」を使い、日本国および日本国民統合の象徴を表わす。「天子」「帝」は、古い言い方。

5 11-24 女帝（じょてい）／女王（じょおう）／クイーン

共通する意味★女性の君主。【英】*a queen*

使い分け【1】「女帝」は、「にょてい」ともいい、女性の天皇、または、皇帝をいう。【2】「女王」「クイーン」は、女性の王をいう。「女王」は、「じょうおう」とも。【3】「女王」は、「銀盤の女王」のように、ある分野で中心となる女性のこともいう。

5 11-25 皇位（こうい）／王位（おうい）／帝位（ていい）

共通する意味★君主の位。【英】*the Imperial Throne*

使い方▼〔皇位〕▽皇位の継承　〔王位〕▽王位につく▽王位を奪う　〔帝位〕▽帝位につく▽帝位を譲る

使い分け【1】「皇位」は、天皇の位。【2】「王位」は、国王の位。また、比喩（ひゆ）的に、同類のうちで最も高い地位をも表わす。「王位決定戦」【3】「帝位」は、帝王の位。

5 11-26 皇室(こうしつ)／皇族(こうぞく)／王室(おうしつ)

【関連語】◆(帝室)ていしつ ◆(王族)おうぞく

共通する意味★君主の一家、一族。**【英】***a royal family*

使い分け【1】「皇室」は、天皇とその一家、一族をいう。【2】「皇族」は、天皇の一族をいう。この場合、天皇は含まない。【3】「王室」は、国王の一族をいう。

【関連語】◆(帝室)「皇室」の古い言い方。◆(王族)国王の一族。

5 11-27 皇太子(こうたいし)／東宮(とうぐう)／太子(たいし)

共通する意味★皇位を継承すべき皇子。**【英】***the Crown Prince*

使い分け【1】「皇太子」が最も一般的に用いられる。【2】「東宮」は、皇太子の住む宮殿の意から、転じて「皇太子」のこと。東方が四季の春に配されることから、「春宮」とも書く。【3】「太子」は、特に聖徳太子のことをいうことがある。

5 11-28 王子(おうじ)／親王(しんのう)

【関連語】◆(プリンス)

共通する意味★王の男の子供。

使い分け【1】「王子」は、親王宣下のない皇族の男子のこともいった。**【英】***a prince*【2】「親王」は、現行の法では、嫡出の皇子および嫡男系嫡出の男子の皇孫の称。

反対語▼王子⇔王女　親王⇔内親王

【関連語】◆(プリンス)王子。また、「財界のプリンス」「歌舞伎(かぶき)界のプリンス」などのように、比喩(ひゆ)的に、ある特定の集団の中で若くて将来を期待される男子にもいう。⇔プリンセス

5 11-29 王女(おうじょ)／内親王(ないしんのう)

【関連語】◆(プリンセス)

共通する意味★王の女の子供。**【英】***a princess*

使い分け【1】「王女」は、内親王宣下のない皇族の女子のこともいった。【2】「内親王」は、現行の法では、天皇の娘、および孫にあたる女子。

反対語▼王女⇔王子　内親王⇔親王

【関連語】◆(プリンセス)王女。また、皇太子妃、王子妃。⇔プリンス

5 11-30 陛下(へいか)／殿下(でんか)／妃殿下(ひでんか)

共通する意味★皇室、王室の人々に対する敬称。**【英】***His [Her] Majesty*

使い分け【1】「陛下」は、天皇、皇后、皇太后、太皇太后に対する敬称。【2】「殿下」は、天皇、皇后、皇太后、太皇太后以外の皇族に対する敬称。外国の王国、公国などの皇族についても用いる。【3】「妃殿下」は、皇族の妃を敬っていう語。

5 11-31 社長(しゃちょう)／専務(せんむ)／常務(じょうむ)／部長(ぶちょう)／課長(かちょう)／係長(かかりちょう)／平社員(ひらしゃいん)

共通する意味★会社の中での地位。

使い分け【1】「社長」「専務」「常務」は、それぞれ「取締役」の一つ。「社長」は、会社の最高責任者。「専務」は、社長を補佐し、会社の業務を総括的につかさどる者をいう。「常務」は、社長、専務を補佐し、日常の事務、業務を取り締まる者をいう。**【英】***a president*(社長)【2】「部長」「課長」「係長」は、上から部・課・係の順に区分された業務の、それぞれの長。**【英】***the head of a section*【3】「平社員」は、役職についていない一般の社員。略して「ひら」ともいう。**【英】***a mere clerk*

5 11-32 取締役(とりしまりやく)／役員(やくいん)／重役(じゅうやく)／理事(りじ)

【関連語】◆(顧問)こもん ◆(監査役)かんさやく ◆(相談役)そうだんやく

共通する意味★会社や団体などの運営にかかわっている職員。

使い方▼〔取締役〕▽取締役に抜擢(ばってき)される〔役員〕▽父はある会社の役員をしている▽役員会議▽PTAの役員　〔重役〕▽重役におさまる▽重役会〔理事〕▽大学の理事に選出される▽理事会▽理事長

使い分け【1】「取締役」は、会社を代表して業務執行を担当する役。**【英】***a director*【2】「役員」は、会社や団体などの運営に責任を持って当たる人。**【英】***an executive*【3】「重役」は、会社の取締役、監査役などの総称。【4】「理事」は、法人や団体などを代表し、その事務を行う機関や役。

【関連語】◆(顧問)通常、会社や団体の構成メンバーではなく、その組織から相談などを受けて、意見を述べたり、指導したりする人。**【英】***a consultant* ◆(監査役)会社の経理を監査する機関。また、その人。◆(相談役)会社などで、重要事項に関する助言や調停などをするために、役員に準じて任意におく役職。

5 11-33 幹事(かんじ)／世話役(せわやく)／世話人(せわにん)

共通する意味★団体、会合、行事などで、事務を担当して運営する人。**【英】***a managing treasurer*

使い方▼〔幹事〕▽旅行の幹事をする▽同窓会の幹事〔世話役〕▽町内会の世話役▽世話役に推される〔世話人〕▽会の世話人▽世話人が総会の準備をする

使い分け【1】「幹事」は、宴会、同窓会、会合などの催し物の世話をする人をいう。また、政治団体などで事務を担当する人の意もある。【2】「世話役」「世話人」は、団体や会合などの事務、運営にたずさわる人をいう。

5 11-34 名士(めいし)／著名人(ちょめいじん)

共通する意味★ある分野や社会で名前をよく知られ、重んじられている人。

使い方▼〔名士〕▽各界の名士を集めた園遊会▽土地の名士 〔著名人〕▽この店にはよく著名人が来る▽彼も今ではすっかり著名人だ

使い分け【1】「名士」は、それぞれの分野で、学識、経験などに富み、世の中に名を知られている人をいう。【英】*a celebrity*【2】「著名人」は、世間に名前がよく知られている人をいう。【英】*a well-known person*

5 11-35 議長(ぎちょう)／チェアマン／チェアパーソン

共通する意味★会議や議会の議事主宰者、代表者。【英】*a chairman*

使い方▼〔議長〕▽議長を選出する▽衆参両院の議長 〔チェアマン〕▽会議のチェアマンをつとめる 〔チェアパーソン〕▽次回は彼女がチェアパーソンになる

使い分け【1】「議長」が、一般的。【2】「チェアマン」は、英語から。本来、「チェアマン」が男性だけをさすことから、最近は「チェアパーソン」を使うことが多くなっている。

5 11-36 パトロン／スポンサー

共通する意味★ある人や団体などを経済的に後援する人や機関。

使い方▼〔パトロン〕▽無名の画家のパトロンとなる 〔スポンサー〕▽コンサートのスポンサーを探す

使い分け【1】「パトロン」は、特定の芸術家、団体などに物質的、精神的な保護や援助を与える人。また、特に水商売の女性が金銭的に援助を受けている男性をいうことも多い。【2】「スポンサー」は、ある計画に資金などを提供して援助してくれる人や機関をいう。また、商業放送の番組を提供するものもいう。

5 11-37 支配人(しはいにん)／マネージャー

【関連語】◆(番頭(ばんとう))

共通する意味★経営者に代わって営業に関する一切を受け持つ人。【英】*a manager*

使い方▼〔支配人〕▽ホテルの支配人▽映画館の支配人 〔マネージャー〕▽高級クラブのマネージャー▽タレントのマネージャー▽野球チームのマネージャー

使い分け「マネージャー」は、芸能人やスポーツチーム、クラブ活動などのスケジュール、対外交渉その他の世話をする人もさす。

【関連語】◆(番頭)商家の使用人のかしらで、店のこと全般をあずかる者。「大番頭」

5 11-38 主人(しゅじん)／あるじ／主(ぬし)

共通する意味★一家の中心人物。【英】*the master*

使い方▼〔主人〕▽父が一家の主人だ▽あの家の主人は役人だ 〔あるじ〕▽一家のあるじ▽あるじが留守では話にならない 〔主〕▽この家(や)のぬしはどこへ行った

使い分け【1】「主人」は、一家で生活の中心となる人。また、妻が他人に対して、自分の夫をさしていう語。【2】「あるじ」は、「主人」よりも話し言葉的。【3】「主(ぬし)」は、家やペットなどの所有者をいうこともある。「主」は、家や場所の中心的存在の意。「池の主」のように、山、池などに古くから住みついた、大きな動物の意で使われることも多い。

参照▼主人⇒309-11 511-40 あるじ⇒511-40

5 11-39 親方(おやかた)／親分(おやぶん)／親玉(おやだま)／棟梁(とうりょう)／首領(しゅりょう)／頭目(とうもく)／ボス

【関連語】◆(ドン)

共通する意味★仲間などを統率し、上に立つ人。【英】*a chief*

	大工の□	すりの□	暗黒街の□	政界の□
親方	○	-	-	-
親分	△	○	○	△
親玉	-	○	△	△
棟梁	○	-	-	-
首領	-	△	○	○
頭目	-	○	○	-
ボス	-	-	○	○

使い分け【1】「親方」は、職人や人夫、力士などの上に立ち、技能を教えたり、世話、監督をしたりする人をいう。【2】「親分」は、仲間などの上に立ち、親のようにめんどうを見たりする人をいう。俗な言い方。【3】「親玉」は、仲間などを統率している中心人物をいう。俗な言い方。【4】「棟梁」は、特に、大工仲間の上に立つ者、大工のかしらをいう。【5】「首領」「頭目」「ボス」は、集団の中で特に実権を握っているかしらをいう。【6】「親分」「親玉」「首領」「頭目」「ボス」は、犯罪者など、あまりよくない集団の中の中心的人物をさすことが多い。

反対語▼親方⇔子方 親分⇔子分

【関連語】◆(ドン)組織や集団を牛耳って、意のままに動かすことができる権力を持つ者。国王、王族の意のスペイン語から。「政界のドン」

5 11-40 店主(てんしゅ)／主人(しゅじん)／あるじ／おやじ／マスター

共通する意味★商店などの経営者。**【英】** *the master*

	八百屋の□	喫茶店の□	酒場の□	旅館の□
店主	○	○	-	-
主人	○	○	○	○
あるじ	○	△	○	○
おやじ	○	△	○	-
マスター	-	○	○	-

使い分け【1】いずれも、商店などの経営者のうち、実際に客と接する立場にある人をいう。したがって、デパートのように規模が大きく、会社組織になっているような場合には用いない。【2】「店主」は、店、商店の場合に広くいう。やや硬い言い方。【3】「主人」「あるじ」は、店や旅館などの長である人物。「主人」の方が一般的。【4】「おやじ」は、「店主」のかなりくだけた、親しみをこめた言い方。【5】「マスター」は、喫茶店やバーなど、西洋風の客商売の店の場合にいう。【6】「店主」「主人」「あるじ」は、男女ともに使えるが、「おやじ」「マスター」は、男にしか使えない。

参照▼主人⇒309-11　511-38　あるじ⇒511-38　おやじ⇒310-09

5 11-41 おかみ／女将(じょしょう)／ママ／マダム

共通する意味★料理屋、旅館、酒場などの女主人。**【英】** *a mistress*

	飲み屋の□	旅館の□	バーの□	喫茶店の□
おかみ	○	○	-	-
女将	-	○	-	-
ママ	○	-	○	○
マダム	△	-	○	-

使い分け【1】「おかみ」は、日本料理店、旅館、料亭、飲み屋など、日本風の客商売の店の女主人のこと。口語的な表現。「女将」と書いて「おかみ」と読むこともある。【2】「女将」は、料亭、旅館などの女主人。書き言葉。【3】「ママ」は、バーやスナック、喫茶店など、西洋風の客商売の店の女主人のこと。親しみをこめた言い方。【4】「マダム」は、酒場などの女主人のこと。やや古く、きどった言い方。

参照▼おかみ⇒309-06　ママ⇒310-03　マダム⇒306-09

5 11-42 ホスト／ホステス

共通する意味★客をもてなす主人。主人役。

使い分け【1】二語とも、主人として客をもてなしたり、行事の開催や進行の世話をする中心人物。本来「ホスト」は男性、「ホステス」は女性をいうが、実際には、男女の区別なく「ホスト」が用いられることも多い。司会進行役を「ホスト役」、開催校を「ホスト校」ということもある。【2】「ホステス」は、ふつう、バー、クラブなどで客の接待を専門に行う女性従業員をいう。また、「ホスト」も、同様の男性従業員をいうことがある。

5 11-43 大家(おおや)／家主(やぬし)

共通する意味★貸家やアパートなどの持ち主。**【英】** *a landlord*

使い方▼〔大家〕▽大家に家賃を払う　〔家主〕▽家主の許可を得て壁紙をはり替える

使い分け【1】「大家」は、家や部屋を借りている人が貸している人をさしていう語。【2】「家主」は、一般的に貸家、貸し室などの所有者をいう。

反対語▼店子(たなこ)

5 11-44 主客(しゅかく)／主従(しゅじゅう)

共通する意味★主たるものと従であるもの。

使い方▼〔主客〕▽主客が入れかわる▽主客転倒(＝人や物の立場、順序、軽重などが逆転すること)　〔主従〕▽秀吉と利休は主従の関係にあった

使い分け【1】「主客」は、主人と客人の意。また、中心的なものと付随的なものの意。「しゅきゃく」ともいう。**【英】** *host and guest* 【2】「主従」は、主人と使用人、主人と従者の意。「しゅうじゅう」ともいう。**【英】** *master and servant*

5 11-45 管内(かんない)／管下(かんか)／管区(かんく)

【関連語】◆(傘下)さんか

共通する意味★管轄している範囲のうち。**【英】** *within the province*

使い方▼〔管内〕▽当警察の管内にある建物　〔管下〕▽警視庁の管下におかれている　〔管区〕▽管区気象台

使い分け【1】「管内」は、ある役所などが管轄している区域内。【2】「管下」は、ある役所などの管轄のもとにあること、管轄の範囲のうちにあることをいう。【3】「管区」は、ある役所が管轄する区域。管轄区。

【関連語】◆(傘下)ある特定の勢力、組織や中心人物の支配下に、部下や同志として集まること。傘(かさ)の

5 社会生活

下に入る意から。「巨大企業の傘下に入る」

5 11-46 部内（ぶない）／内部（ないぶ）

共通する意味★組織などの内側。【英】*the inside*

使い方▼〔部内〕▽部内の意見を調整する▽部内の足並みをそろえる▽政府部内にも賛否両論がある　〔内部〕▽内部の人間の犯行▽内部から機密が漏れた▽会社内部に不満の声があがる

使い分け【1】「部内」は、ある組織や機関などの内（うち）の意で、多く、会社、官公庁などの部の内をいう。【2】「内部」は、ある組織や集団の内（うち）、ある組織や集団の属する範囲内をいう。

反対語▼部内⇔部外　内部⇔外部

参照▼内部⇒817-82

5 11-47 家来（けらい）／臣（しん）／臣下（しんか）／家臣（かしん）

共通する意味★主人に仕える者。【英】*a retainer*

使い方▼〔家来〕▽大名が大勢の家来を引き連れて参上する　〔臣〕▽臣たる者のつとめ▽不忠の臣　〔臣下〕▽臣下の身で差し出た口をきく　〔家臣〕▽徳川の家臣▽家臣をまとめる

使い分け　四語とも、封建社会において主君に服従し、その命令を実行する者をいう。

5 11-48 側近（そっきん）／側仕え（そばづかえ）／侍従（じじゅう）

共通する意味★高官や貴人などのそば近くに仕えること。【英】*an aide*

使い方▼〔側近〕▽社長の側近として仕える▽総理の側近　〔側仕え〕▽将軍の側仕えとして奉公する　〔侍従〕▽侍従が取りつぐ▽侍従長

使い分け【1】「側近」は、権力を持つ人のそば近くに仕えること。また、その人。【2】「側仕え」は、主君や貴人のそば近くに仕えること。また、その人。現在ではあまり使われない。【3】「侍従」は、天皇や皇太子のそばに仕える役の人。

5 11-49 部下（ぶか）／手下（てした）／子分（こぶん）／配下（はいか）／手先（てさき）

【関連語】◆（目下）めした

共通する意味★ある人の下に属する者。【英】*a subordinate*

	大勢の□を抱える	□に慕われる課長	盗賊の□	A社の□にある会社
部下	○	○	－	－
手下	○	－	○	－
子分	○	－	○	－
配下	○	△	△	○
手先	○	－	○	－

使い分け【1】「部下」は、多く、会社や役所などで働く人に関していう。【2】「手下」「手先」は、多く、犯罪者のようなよくない人の下で忠実によく働く者をいう。【3】「子分」は、親分となる人のもとで、まさに、親に対する子のように従う者をいう。【4】「配下」は、支配下にある者のことで、人間以外にも用いる。

反対語▼子分⇔親分

【関連語】◆（目下）自分より地位、階級、年齢などが低いこと。また、その人。⇔目上。「目下に対してもていねいな言葉を使う」

5 11-50 右腕（みぎうで）／懐刀（ふところがたな）／腹心（ふくしん）

【関連語】◆（手足）てあし

共通する意味★最も頼みとする部下。【英】*one's right hand*

使い方▼〔右腕〕▽部長の右腕となって働く　〔懐刀〕▽彼は社長の懐刀だ▽大臣の懐刀として活躍する　〔腹心〕▽腹心の部下▽彼は社長の腹心だ

使い分け【1】「右腕」は、ある人が最も信頼している有能な部下をいう。右腕がふつう、利き腕であるところから。【2】「懐刀」は、知謀にたけ、秘密の相談や計画などにあずかる信頼のおける部下や側近をいう。懐の中に持っている守り刀の意から。【3】「腹心」は、深く信頼して、どんな秘密でも打ち明けることができる人をいう。

【関連語】◆（手足）その人の思いどおりによく働く人。「手足となって働く」

参照▼右腕⇒008-02　懐刀⇒510-34　腹心⇒209-25

5 11-51 等級（とうきゅう）／グレード

【関連語】◆（クラス）◆（ランキング）◆（ランク）

共通する意味★優劣や上下などを示す段階。【英】*a grade*

使い方▼〔等級〕▽商品に等級をつけて売る▽等級が下がる　〔グレード〕▽グレードが上がる▽グレードの高いホテル

使い分け【1】「等級」は、ある基準によって区分された上下、優劣などの段階をいう。日常では、物、商品などの優劣を表わす場合に多く使われる。【2】「グレード」は、主に上下の差を表わす。

【関連語】◆（クラス）優劣や上下などで区分したそれぞれの集まり。「上のクラスの車に買い替えた」◆（ランキング）順位、等級をつけること、また、その順位、等級。「月間売り上げのランキング」◆（ランク）スル「ランキング」に同じ。「ランクが高い」「第一位にランクされた」

参照▼クラス⇒602-67

512…経済・取引

512-01 経済（けいざい）／理財（りざい）

共通する意味★財貨の生産・分配・交換・消費などの活動と、それらを通じて形成される社会関係。**【英】** *economy*

	□に明るい人	国の□を預かる	□大国	有利な□にとびつく
経済	○	○	○	-
理財	○	-	-	○

使い分け【1】「経済」「理財」は、古くは同じ意味で用い、「経済学」のことを「理財学」といったりした。【2】「経済」は、現在では、「政治」と並ぶ社会的な活動を幅広くさす。また「わが家の経済は苦しい」のように、金銭のやりくりをすることの意でも用いられる。【3】「理財」は、現在では、財貨を有利に運用することの意で用いられる。企業、個人などに関して用いられることが多い。

512-02 商業（しょうぎょう）／商売（しょうばい）／商い（あきない）

【関連語】◆（小商い）こあきない◆（商う）あきなう

共通する意味★物を売買する仕事。**【英】** *business*

使い方▼〔商業〕▽商業が盛んな町▽商業経営▽商業都市　〔商売〕スル▽食べ物を扱う商売▽手広く商売する　〔商い〕スル▽細々と商いして暮らす▽親の代から薬の商いをしている

使い分け【1】「商業」は、生産者と消費者の間に立って、商品を売買することにより利益を得ようとする業務の総称。「工業」「農業」などと並称されるもの。【2】「商売」「商い」は、売買に関する仕事の総称。「商い」の方が、やや古めかしい言い方。【3】「商売」は、「商売は建築屋だ」「書くのが商売です」のように、職業の意でも用いる。

【関連語】◆**（小商い）**小規模の商売。卑下して言う場合が多い。「下町で小商いをやっている」◆**（商う）**（ワ五）商売する。「小間物を商う」

参照▼商売⇒502-01

512-03 売る（う）／販売（はんばい）／発売（はつばい）

【関連語】◆（ひさぐ）◆（売り払う）うりはらう◆（売り捌く）うりさばく◆（売り付ける）うりつける◆（売り込む）うりこむ◆（売り急ぐ）うりいそぐ◆（売り切れる）うりきれる◆（売れる）うれる◆（払い下げる）はらいさげる◆（卸す）おろす

共通する意味★代価と引きかえに、物品や権利を渡す。**【英】** *to sell*

使い方▼〔売る〕（ラ五）▽雑誌を売る▽株を売る▽宝くじを売る　〔販売〕スル▽建て売り住宅を販売する▽医療品の販売　〔発売〕スル▽発売が一か月遅れる▽全国いっせいに発売する

	新製品を□	食料品を□	市（いち）で古着を□	情報を□
売る	○	○	○	○
販売する	○	○	-	-
発売する	○	△	-	-

使い分け【1】「売る」が最も一般的に用いられる。また、「国を売る」のように、自分の属する国家、団体、仲間などを裏切る意や、「顔を売る」「名を売る」のように、自分のことを広く知らせるようにする意、「恩を売る」のように、無理に押し付ける意もある。【2】「販売」は、商売として、代価と引きかえに物品や権利を渡すこと。恒常的に売買しない場合には用いない。【3】「発売」は、品物を売り出すこと。

反対語▼売る⇔買う

【関連語】◆**（ひさぐ）**（ガ五）「売る」の古い言い方。「鬻ぐ」とも書く。「春をひさぐ（＝売春する）」◆**（売り払う）**（ワ五）すっかり売ってしまう。「家屋敷を売り払う」◆**（売り捌く）**（カ五）多くの品物をたくみに売る。また、手広く売る。「チケットを売りさばく」◆**（売り付ける）**（カ下一）強引に売る。「粗悪品を売りつける」◆**（売り込む）**（マ五）うまく宣伝して、品物や情報を売ったり広めたりする。「新製品を売り込む」「名前を売り込む」◆**（売り急ぐ）**（ガ五）売る機会を失するのを恐れて、急いで売る。「売り急いで損をする」◆**（売り切れる）**（ラ下一）全部売れてなくなる。「その商品は売り切れた」◆**（売れる）**（ラ下一）品物、権利、名前などが相手や多くの人々に渡るようになる。「よく売れる本」「顔が売れている」◆**（払い下げる）**（ガ下一）官公庁が不要の物品、土地などを民間に売る。「遊休施設を払い下げる」◆**（卸す）**（サ五）問屋が小売商に売る。「衣料品を卸す」

512-04 売れ口（うれくち）／捌け口（はけぐち）

共通する意味★商品の売れて行く先。**【英】** *a market*

使い方▼〔売れ口〕▽高すぎて売れ口がない▽売れ口が決まる　〔捌け口〕▽この商品ならはけ口は見つかる▽はけ口を探す

使い分け【1】「売れ口」は、俗に嫁入り先のこともいう。【2】「捌け口」は、出水口の意や、「不満のはけ口」のように、感情などを発散させる相手や方法の意もある。「はけくち」ともいう。

512-05 売り買い（うりかい）／売買（ばいばい）

共通する意味★品物を売ったり買ったりすること。**【英】** *buying and selling*
使い方▼〔**売り買い**〕スル▽株の**売り買い**でもうける▽土地を**売り買い**する　〔**売買**〕スル▽不動産を**売買**する▽**売買**契約
使い分け 書類や法律などの文章中では、「売買」を使う。

5 12-06 売り出し／安売り／特売／廉売

【関連語】◆(**投げ売り**)◆(**叩き売り**)◆(**捨て売り**)◆(**乱売**)◆(**ダンピング**)◆(**蔵浚え**)

共通する意味★物品を普通より安く売ること。**【英】** *a special sale*
使い方▼〔**売り出し**〕▽スーパーの**売り出し**▽歳末大**売り出し**　〔**安売り**〕スル▽衣料品の**安売り**▽閉店のため**安売り**する　〔**特売**〕スル▽肉を**特売**する▽**特売**の品　〔**廉売**〕スル▽毎週日曜日に**廉売**する▽**廉売**品
使い分け いずれも、日時を限って、特別に安く売ることをいうことが多い。また、「売り出し」は、「新型車の売り出し」「新人の売り出し」のように、新しいものを宣伝して、売ったり有名にしたりすることの意もある。
【関連語】◆(**投げ売り・捨て売り**)原価を割るほど安く売ること。「赤字覚悟で投げ売りをする」「在庫整理のため捨て売りをする」◆(**叩き売り**)大道商人が商品をのせた台などをたたきながら、だんだん値を下げていって安く売ること。転じて、非常に安く売ること。「バナナのたたき売り」「店じまいのためたたき売りをする」◆(**乱売**)スル利益を度外視して安く売ること。「商品がだぶついて乱売を始めた」「乱売合戦」◆(**ダンピング**)スル市場での競争のために不当に安く売ること。「過当競争でダンピングする」◆(**蔵浚え**)売れずに倉庫にある商品を整理するため安く売ること。「年に一度の蔵ざらえ」

5 12-07 量り売り／切り売り／分売

共通する意味★買い手の求めに応じ、物品の一部分を分けて売ること。**【英】** *sale by measure* {*weight*}
使い方▼〔**量り売り**〕スル▽酒を**量り売り**する▽豆の**量り売り**　〔**切り売り**〕スル▽西瓜を**切り売り**する▽布地の**切り売り**▽土地の**切り売り**▽良心の**切り売り**(＝良心をだんだんなくしていくこと)　〔**分売**〕スル▽この土地は**分売**できる▽全集の**分売**
使い分け【1】「量り売り」は、穀類や液体などを、重さや量を量って売ること。【2】「切り売り」は、ひとまとまりになっている物を、切って少しずつ売ること。比喩的に、知識や能力を小出しにして金銭を得ることにもいう。【3】「分売」は、全集などそろっているものの一部分を分けて売ること。

5 12-08 競り売り／競り／競売／オークション

共通する意味★複数の買い手に価格を競争させ、最高値を付けた人に売ること。**【英】** *auction*
使い方▼〔**競り売り**〕▽競走馬の**競り売り**▽**競り売り**にする　〔**競り**〕▽魚市場の**競り**▽商品を**競り**にかける　〔**競売**〕スル▽差し押さえ品を**競売**にかける▽**競売**に付す　〔**オークション**〕▽名画の**オークション**を開く▽**オークション**で落札した宝石
使い分け【1】「競り売り」「競り」は、「競売」「オークション」よりも話し言葉的な言い方。【2】「競売」は、法律で、差し押さえた物件を規定の方法で売ることの意もある。この場合、「けいばい」という。【3】「オークション」は、美術品など価値の高いものを売る場合にのみ使う。

5 12-09 専売／公売／密売／量販／多売／直販／直売／即売

共通する意味★商品の販売形態の種類。
使い方▼〔**専売**〕スル▽**専売**の契約▽タバコの**専売**▽**専売**特許　〔**公売**〕スル▽差し押さえ品の**公売**▽**公売**処分　〔**密売**〕スル▽麻薬の**密売**▽盗品を**密売**する　〔**量販**〕スル▽電化製品を**量販**する▽**量販**店　〔**多売**〕スル▽採算を無視して**多売**する▽薄利**多売**　〔**直販**〕▽製造**直販**▽**直販**店　〔**直売**〕スル▽産地**直売**▽リンゴの**直売**　〔**即売**〕スル▽古本を展示して**即売**する▽**即売**会
使い分け【1】「専売」は、商品を独占して売ること。また、国家が財政上の利益を得る目的で、特定商品の生産・販売を独占すること。**【英】** *monopoly* 【2】「公売」は、差し押さえた物件などを公告して競売などで売ること。**【英】** *public auction* 【3】「密売」は、法を犯してこっそり売ること。**【英】** *smuggling* 【4】「量販」は、一種類の商品を一度にたくさん売ること。「多売」は、商品を大量に売りさばくこと。【5】「直販」「直売」は、生産者が直接消費者に売ること。【6】「即売」は、展示会などで、品物をその場で売ること。

5 12-10 用談／商談

共通する意味★必要な事柄についての話し合い。**【英】** *a business talk*
使い方▼〔**用談**〕スル▽**用談**を早めにすます▽ただ今**用談**中　〔**商談**〕スル▽**商談**が成立する▽**商談**がまとまる

使い分け「用談」は、仕事などの用事についての話し合いを、「商談」は、商売、取引についての話し合いをいう。

5 12-11 買う(かう)／購入(こうにゅう)／購買(こうばい)

【関連語】◆**(購う)**あがなう◆**(買い取る)**かいとる◆**(買い上げる)**かいあげる◆**(買い入れる)**かいいれる◆**(買い込む)**かいこむ◆**(買い受ける)**かいうける◆**(買い切る)**かいきる◆**(買い戻す)**かいもどす◆**(買い漁る)**かいあさる◆**(買い叩く)**かいたたく◆**(仕入れる)**しいれる◆**(買収)**ばいしゅう

共通する意味★代価と引きかえに、物品や権利などを得る。**【英】***to buy*

使い方▼**〔買う〕**(ワ五)▽団子(だんご)を買う▽情報を買う
〔購入〕スル▽土地を購入する▽家具の購入▽共同購入
〔購買〕スル▽購買力▽購買組合

	日用品を□	大型機械を□	大根を□	情報を□
買う	○	○	○	○
購入する	○	○	-	-
購買する	○	△	-	-

使い分け【1】「買う」が最も一般的に用いられる。また、「熱意を買う」「人柄を買う」のように、評価する意や、「恨みを買う」「歓心を買う」のように、相手のある感情を誘い出す意、「世話を買って出る」「喧嘩(けんか)を買う」のように、進んで引き受ける意もある。【2】「購入」は、「買う」のやや改まった言い方。【3】「購買」は、グループで組織的に買い入れることなどにいう。

反対語▼買う⇔売る

【関連語】◆**(購う)**(ワ五)「買い求める」意の改まった言い方。また、何かを代償にしてあるものを得る意もある。「反物をあがなう」「血と汗であがなった地位」◆**(買い取る)**(ラ五)買って自分のものとする。「バイクを友人から買い取る」◆**(買い上げる)**(ガ下一)官公庁が民間から物品を買う。「政府が土地を買い上げる」◆**(買い入れる)**(ラ下一)代金を支払い、品物を手に入れる。「日曜大工の道具を買い入れる」◆**(買い込む)**(マ五)物を大量に買う。「トイレットペーパーを買い込む」◆**(買い受ける)**(カ下一)品物を買って引き取る。「古本を買い受ける」◆**(買い切る)**(ラ五)品物や劇場の席などをすべて買う。「内野指定席を買い切る」◆**(買い戻す)**(サ五)いったん売った物をまた買って自分のものとする。「手放した土地を買い戻す」◆**(買い漁る)**(ラ五)方々探し歩いて買う。また、大量に買い集める。「デパートのバーゲンで買いあさる」◆**(買い叩く)**(カ五)不当に安い値段をつけて買う。「弱みに付け込んで買いたたく」◆**(仕入れる)**(ラ下一)生産・販売のため商品や原料を買い入れる。「東南アジアから木材を仕入れる」◆**(買収)**スル買い取ること。また、相手に利益を与えて自分の有利になるようにすること。「工場用地を買収する」「弟を買収して味方にする」

5 12-12 買い物(かいもの)／買い出し(かいだし)／買い付け(かいつけ)

【関連語】◆**(買い)**かい

共通する意味★買うこと。**【英】***purchase*

使い方▼**〔買い物〕**▽デパートで買い物をする▽買い物に行く▽すぐに壊れるとは、結局高い買い物だった
〔買い出し〕▽産地に買い出しに行く▽芋の買い出し
〔買い付け〕▽インドへ綿の買い付けに行く

使い分け【1】「買い物」は、「買い物を持たされる」「買い物袋」のように、買った品物をさす場合もある。【2】「買い出し」は、市場、問屋、産地などに直接行って品物を仕入れること。商売人だけでなく、個人が産地や店などに行って、普段よりもまとめて買う場合にもいう。【3】「買い付け」は、業者が生産地へ直接行って大量に買い入れること。また、「買いつけの店」のように、買い慣れていることの意もある。

【関連語】◆**(買い)**買うこと。特に、相場で、値上がりを予想して買うことをいう。「この値段なら買いだ」「安物買い」

5 12-13 売り手(うりて)／売り主(うりぬし)／売り方(うりかた)

【関連語】◆**(売り子)**うりこ

共通する意味★売る側の人。**【英】***a seller*

使い方▼**〔売り手〕**▽売り手の言い値で買う▽売り手市場
〔売り主〕▽家の売り主▽売り主が買い戻す
〔売り方〕▽競りの売り方▽売り方の出方を見る

使い分け【1】「売り手」「売り方」は、品物を売る方の立場にある人。【2】「売り主」は、その品物を売る人、または売った人。

反対語▼売り手⇔買い手　売り主⇔買い主　売り方⇔買い方

【関連語】◆**(売り子)**商店、デパートなどで品物を売ったり、列車内や劇場などで品物を売り歩いたりする仕事をする人。**【英】***a shopboy; a shopgirl*「デパートの売り子」「駅弁の売り子」

5 12-14 買い手(かいて)／買い主(かいぬし)／買い方(かいかた)／バイヤー

共通する意味★買う側の人。**【英】***a buyer*

使い方▼**〔買い手〕**▽品物の買い手はいくらでもいる▽買い手がつく
〔買い主〕▽名画の買い主▽買い主から買い戻す
〔買い方〕▽買い方の言い値で取引する
〔バイヤー〕▽不動産のバイヤー▽外国人バイヤー

使い分け【1】「買い手」「買い方」は、品物を買う方の立場にある人。【2】「買い主」は、その品物を買った人。【3】「バイヤー」は、買い付けをする人。

反対語▼買い手⇔売り手　買い主⇔売り主　買い方⇔売り方

5 12-15 使用者／ユーザー

共通する意味★物や場所などを使用する人。【英】*a user*

使い方▼〔使用者〕▽使用者の便宜を考えて設計する
〔ユーザー〕▽ユーザーの意識調査をする

使い分け【1】「使用者」は、人を使う場合にも用いる。【2】「ユーザー」は、特に機械、自動車、商品などを使用する人。

反対語▼ユーザー⇔メーカー

5 12-16 金融

意味★金銭などが滞ることなく通ずること。【英】*finance*

使い方▼〔金融〕▽経済は金融なしには存続できない

◆「金融が逼迫(ひっぱく)する」のように、資金の需給関係にもいう。

5 12-17 金融機関／信用機関

共通する意味★金銭を融通する機関。【英】*banking facilities*

使い方▼〔金融機関〕▽金融機関から融資を受ける
〔信用機関〕▽信用機関のカードで支払いをする

使い分け【1】二語とも、金融を業務とする銀行、保険会社、信用金庫、証券会社などをさす。【2】「信用機関」は、信用を利用して金銭を融通する機関の意。

5 12-18 銀行／金庫／公庫

【関連語】◆(バンク)

共通する意味★金融機関の一種の名。【英】*a bank*

使い方▼〔銀行〕▽銀行に預金をする▽信託銀行▽銀行員　〔金庫〕▽信用金庫▽労働金庫▽農林中央金庫
〔公庫〕▽国民生活金融公庫▽住宅金融公庫

使い分け【1】「銀行」は、預金や債権などで一般から金銭を受け入れ、それを貸し出して、融資、為替取引などの業務を行う機関をいう。【2】「金庫」は、特別な種類や範囲の金融を業務とする、特別法によって設立された機関。【3】「公庫」は、全額を政府の出資による、公的目的の融資を行う機関をいう。

【関連語】◆(バンク)「銀行」の意で、他の語と複合して用いられる。「アイバンク」「データバンク」

5 12-19 貯蓄／備蓄／蓄え／貯金／貯蔵

【関連語】◆(蓄える)たくわえる ◆(積み立てる)つみたてる

共通する意味★金品をためておくこと。【英】*saving*

使い方▼〔貯蓄〕スル 〔備蓄〕スル 〔貯金〕スル 〔貯蔵〕スル

	浪費を戒め□を勧める	石油の□量	地下の□庫	□が尽きる
貯蓄	○	-	-	○
備蓄	△	○	△	○
蓄え	△	-	-	○
貯金	○	-	-	△
貯蔵	-	○	○	-

使い分け【1】「貯蓄」「貯金」は、金銭をためておく場合に用いるのに対して、「備蓄」「貯蔵」は、物品をためておく場合に用いる。【2】「蓄え」は、貯金、あるいは貯蔵してある物の意。特に、貯金をいうことが多い。話し言葉として広く用いられる。「貯え」とも書く。【3】「備蓄」は、「備蓄米」「備蓄食糧」「石油の備蓄量」などと用いるように、万一供給が不可能になった場合にそなえて、ためておくことを意味する。【4】「貯蔵」は、ためて保存しておくこと。

【関連語】◆(蓄える)(ア下一)のちの用のために、物品や金銭などをしまっておく。また、体力や知識、教養などを身につける。「食糧を蓄える」「学力を蓄える」
◆(積み立てる)(タ下一)いくらかずつをある期間に何度かにわけて貯金する。「給与の一部を積み立てる」

参照▼貯金⇒5 12-20

5 12-20 預金／預託

【関連語】◆(貯金)ちょきん

共通する意味★金銭を金融機関に預けること。【英】*deposit*

使い方▼〔預金〕スル▽銀行に預金する▽預金を引き出す▽定期預金　〔預託〕スル▽株券を預託する▽貴金属の預託を依頼する

使い分け【1】「預金」は、金銭を銀行に預ける場合に用いる。【2】「預託」は、金銭だけでなく、物品を一時預ける場合にも用いる。

【関連語】◆(貯金)スル 郵便局や協同組合に金銭を預けること。「郵便貯金」「お年玉を貯金する」

参照▼貯金⇒5 12-19

5 12-21 経理／会計

共通する意味★金銭の出納やそれに関することを取り扱い、管理すること。また、その仕事。【英】*accounting*

	□に明るい人	□で給与計算をする	会の□を担当する	□で支払いをすませる
経理	○	○	△	-
会計	○	-	○	○

使い分け【1】「経理」は、会社、団体などの財産管理や金銭の出入り、給与などに関する事務、およびそれらの処理を含めていう。また、「経理課」のように、それらを扱う部署をもいう。【2】「会計」は、「経理」の一部である金銭の出入りに関する事務や計算、その管理やそれに当たる人をいう。営利目的の団体に限らず、サークルなどでもいう。

5 12-22 資本／資本金／資金／元手／元金／財源／キャピタル

【関連語】◆(基金)ききん◆(ファンド)

共通する意味★事業や経済活動などのもとになる金。【英】*a capital*

使い方▼〔資本〕▽資本を投下する▽巨大資本▽資本主義 〔資本金〕▽事業の資本金を集める▽資本金十億円の企業 〔資金〕▽資金は十分にある▽資金の調達をする 〔元手〕▽元手がかかる仕事▽元手のいらない商売 〔元金〕▽開店用の元金を蓄える▽元金を出しあって商売を始める 〔財源〕▽事業のための財源を求める▽財源の豊かな市 〔キャピタル〕▽キャピタルゲイン(＝保有する固定資産や有価証券の時価が上昇した場合の、取得原価と時価との差額)

使い分け【1】「資本」「資金」「元手」「元金」は、一般的には同じ意で使われるが、「元手」は、ごく少額の場合にも用いられる。また、「資本」「元手」は、「体が資本(元手)の仕事」のように、比喩ひゆ的に活動などのもとになる大切なものの意でも用いられる。【2】「資本金」は、営利事業に投下された貨幣額。株式会社における株主の払い込み金額など。【3】「財源」は、国家の財政など、規模が大きい場合に用いられる。また、資金の出所をさすこともある。【4】「キャピタル」は、「資本」と訳されるが、単独ではあまり用いられない。

【関連語】◆(基金・ファンド)将来の目的のために、積み立てるなどして準備しておく資金。「活動の基金にあてる」「ファンドの調達をする」

5 12-23 資産／財産／恒産／私財／財／家財／身代／富

共通する意味★個人や法人の所有する、経済的な価値をもつものの総体。

使い方▼〔資産〕▽会社の資産を凍結する▽資産を公開する 〔財産〕▽働いて財産をつくる▽火事で財産を失う 〔恒産〕▽恒産のない者は恒心もない 〔私財〕▽私財をなげうって野生動物保護に尽くす 〔財〕▽財を築く▽莫大ばくだいな財を成す 〔家財〕▽父の残した家財を使い果たす 〔身代〕▽身代をつぶす▽一代で身代を築き上げた 〔富〕▽巨万の富を築く▽あり余る富

使い分け【1】「資産」は、金銭、不動産などを一つのまとまりとしてとらえたもので、一般に広く用いられる。【英】*property*【2】「財産」は、個人、家、団体などの持つ土地、家屋、家具、金銭、貴金属など、具体的な物の総体として一般に広く用いられる。また、比喩ひゆ的に、「健康が私の唯一の財産だ」のように、極めて価値のある宝とすべきものの意でも用いられる。【英】*an estate*【3】「恒産」は、一定の安定した資産、職業のこと。格言などに用いられる。【4】「私財」は、個人の財だが、ふつうは、かなり高額の場合に用いられる。【5】「財」は、話し言葉ではあまり用いられない。【6】「家財」は、一家の財産。【7】「身代」は、個人や家が所有する土地や家屋、金銭などすべての財。古めかしい語。かつては「身袋」とも書いた。【8】「富」は、豊かな財産のこと。やや文章語的。

参照▼家財⇒417-01

5 12-24 出資／投資／融資

【関連語】◆(投下)とうか

共通する意味★事業などのために資金を出すこと。【英】*investment*

使い方▼〔出資〕スル▽共同で出資する▽事業の出資者 〔投資〕スル▽開発資金を投資する▽株に投資する 〔融資〕スル▽住宅資金を融資する▽銀行から融資を受ける

使い分け【1】「出資」は、一般に広く用いられる語。【2】「投資」は、「出資」よりも、やや規模が大きい。株券・債券などの購入に資金をまわすことにもいう。【3】「融資」は、特に、金融機関が資金を貸し出すこと。

【関連語】◆(投下)スル「投資」に同じだが、かなり大規模な場合に用いられる。「膨大な資本を投下する」◆元来は、物体を投げ落とすことをいう。

5 12-25 拠金／拠出

共通する意味★何かを行うために主に金銭を出し合うこと。【英】*a contribution*

使い方▼〔拠金〕スル▽被災者救護のために拠金する▽難民救済のために拠金を求める 〔拠出〕スル▽社会事業を進めるために金品を拠出する▽被災者への支援のため拠出を求める

使い分け【1】「拠金」は、金銭を出すことだが、利潤を得ることが目的ではない。「醵金」とも書く。【2】「拠出」は、金銭だけでなく物品も含む。やはり、利潤を得ることにはいわない。「醵出」とも書く。

5 12-26 総額／全額

共通する意味★全部を合計した金額。**【英】** *the sum total*

使い方▼**〔総額〕**▽改修費用の総額五百万円▽募金総額百万円　**〔全額〕**▽授業料を全額払い込む▽修理代金を全額出す

使い分け【1】「総額」は、あることにかかわる金額の一つ一つをまとめ合わせた金額をいう。【2】「全額」は、あることにかかわる金額のまるごと全部をいう。

5 12-27 値段／値／価格

【関連語】◆(物価)◆(価)◆(金額)◆(単価)

共通する意味★物品が金銭でいくらに当たるかを表わしたもの。**【英】** *a price*

	古道具に高い□をつける	商品の□を調査する	お手ごろな□で御奉仕中	□が張る品
値段	○	△	○	○
値	○	-	△	○
価格	△	○	○	-

使い分け【1】「値段」が、最も一般的に用いられる。【2】「値」は、「値が張る」「値をつり上げる」「値をつける」「値を飛ばす(＝相場が大幅に上昇する)」「いい値」などのようにさまざまに使われる。「値」はまた、「この作で彼の値もあがった」のように、ねうちの意でも用いられる。【3】「価格」は、改まった言い方。

【関連語】◆**(物価)**具体的に一つの商品の値段をさすのではなく、いろいろな商品の値段を総合的に見ている語。「物価が上昇する」「物価が安い」「卸売物価」◆**(価)**「値段」の古い言い方。「値」とも書く。◆**(金額)**数字で示される金銭の量。「金額が少ない」◆**(単価)**品物がいくつかあるときの、一つ一つの値段。「十個で百円なら単価は十円だ」

5 12-28 代金／料金／代価

【関連語】◆(手数料)◆(代)◆(月謝)◆(有料)

共通する意味★物を買ったり、利用したり、手数をかけたりしたときに支払う金。

使い方▼**〔代金〕**▽代金引き換え　**〔料金〕**▽電気料金▽特急料金　**〔代価〕**▽かなりの代価で名画を購入した

	□を支払う	□が値上がりする	商品の□	高速道路の□
代金	○	○	○	-
料金	○	○	-	○
代価	○	-	○	-

使い分け【1】「代金」「代価」は、品物、物件を得る代わりに支払う金、「料金」は、品物、設備などを使用、利用する代わりに支払う金。**【英】** *the money*(代金)；*a charge*(料金)【2】「代価」には、ある事柄を行うために生じる犠牲や損害の意もある。「勝利の代価は高くついた」

【関連語】◆**(手数料)**紹介、手続きなどの行為に対して支払う金。**【英】** *a charge*「更新の手数料はいりません」◆**(代)**個人に請求される金。品物、物件を得る場合、利用する場合ともに使われる。「お代はこちらへ」「洋服代」「食事代」「電話代」◆**(月謝)**継続的に教えや指導を受ける謝礼として毎月支払う金。「月謝二万円の書道教室」◆**(有料)**料金を払わなければならないこと。⇔無料。「この絵画展は有料だ」「有料道路」

5 12-29 定価／正価

【関連語】◆(予価)

共通する意味★ある品物について決められた価格。**【英】** *a fixed price*

使い方▼**〔定価〕**▽定価で販売する▽定価を高めに設定する　**〔正価〕**▽正価で取引する▽現金正価

使い分け【1】「定価」は、生産者などが決めた価格。【2】「正価」は、ねぎられるのを予想してあらかじめ高くつけたりしていない価格。

【関連語】◆**(予価)**販売する予定の値段。「予価三千円で予約受付中」

5 12-30 時価／市価／闇値

共通する意味★実際に売買される値段。**【英】** *the current price*

使い方▼**〔時価〕**▽時価五億円の宝石▽この絵は時価三千万円だ　**〔市価〕**▽さんまは豊漁で市価が安い▽市価の半額で販売　**〔闇値〕**▽米を闇値で売りさばく▽入場券を闇値で売る

使い分け【1】「時価」は、ある品物のその時々の値段。【2】「市価」は、市場で取引される一般的な値段。【3】「闇値」は、闇で取引される公でない値段。

5 12-31 元値／原価

共通する意味★仕入れるときの値段。**【英】** *the cost*

使い方▼**〔元値〕**▽元値でお分けします▽元値が切れる(＝売り値が仕入れ値より安くなってしまう)　**〔原価〕**▽原価で売っては商売にならない▽原価を割って売る

使い分け【1】「元値」は、日常会話で用いられる言い方。「原価」は、やや硬い言い方。【2】「原価」は、「製造原価」のように、一つの製品にかかった費用の意味でも使われる。

5 12-32 売り値／売価／言い値

共通する意味★売るときの値段。【英】*a selling price*

使い方▼〔**売り値**〕▽ハムに百円の売り値をつける▽売り値を決める〔**売価**〕▽各店舗で売価を調整する▽売価を下げる〔**言い値**〕▽言い値で買い取る▽言い値で買って損をした

使い分け【1】「売価」は、「売り値」の改まった言い方。日常会話では「売り値」を使う。【2】「言い値」は、売り手が要求するとおりの値段。

反対語▼売り値⇔買い値　売価⇔買価　言い値⇔付け値

5 12-33 買い値／買価／付け値

共通する意味★買うときの値段。【英】*a purchase price*

使い方▼〔**買い値**〕▽この壺の買い値は五百万円だった〔**買価**〕▽買価が予算を大幅に超える〔**付け値**〕▽常連客には付け値どおりで売る

使い分け【1】「買い値」は、仕入れ側が買い入れるとき、また、商売で買い取るときの値段。「買価」は、改まった言い方。【2】「付け値」は、買い手側が買い取るときに付ける値段。

反対語▼買い値⇔売り値　買価⇔売価　付け値⇔言い値

5 12-34 騰貴／高騰／値上がり

【関連語】◆（値上げ）◆（急騰）◆（暴騰）

共通する意味★価格が高くなること。【英】*a (sudden) rise*

使い方▼〔**騰貴**〕スル〔**高騰**〕スル〔**値上がり**〕スル

	物価が□する	地価の□を招く	野菜が□する	アパート代が□する
騰貴	○	○	-	-
高騰	○	○	○	-
値上がり	○	△	○	○

使い分け【1】「騰貴」「高騰」は、物価、地価、株価、相場などが大きく上がる場合に使う。文章語的。【2】「値上がり」は、話し言葉的。

反対語▼値上がり⇔値下がり

【関連語】◆（**値上げ**）スル料金などを高くすること。⇔値下げ。「値上げは絶対反対だ」「手数料を値上げする」◆（**急騰**）スル物価、相場、株価などが急激に高くなること。⇔急落。「株価が急騰する」◆（**暴騰**）スル物価、相場、株価などが急激に大幅な上がり方をすること。⇔暴落。「長雨で野菜の市場価格が暴騰した」

5 12-35 高価／高値

【関連語】◆（高い）◆（高め）◆（割高）

共通する意味★値段が高いこと。【英】*a high price*

使い方▼〔**高価**〕(名・形動)▽高価な宝石▽この置物は高価だ〔**高値**〕▽野菜の高値が続く▽市場は高値を更新した▽最高値

使い分け【1】「高価」は、価格が高く、価値のあるものにいう。【2】「高値」は、物価、株価、相場が高いことをいう。価格だけを問題とし、価値のあるなしは問わない。また、取引市場で、その日の最も高い値をいう。

反対語▼高価⇔安価・廉価　高値⇔安値

【関連語】◆（**高い**）(形)高価である意を表わす最も日常的な語。⇔安い。「このかばんの方が高い」「これで一万円とは高い」「外国製の高い時計」◆（**高め**）(名・形動)他にくらべて少し高価だと感じられること。⇔安め。「この服はちょっと高めだ」「予算を高めに設定して見積もりを頼む」■「彼の身長は日本人としては高めだ」「この問題は息子には少し高めだ」のように、位置、程度などにもいう。◆（**割高**）(名・形動)内容にくらべて、または他とくらべて高価で損になると感じられること。⇔割安。「一人で購入しては割高になる」

参照▼高い⇒809-12

5 12-36 値下げ／切り下げる

【関連語】◆（値下がり）

共通する意味★価格を安くすること。【英】*a cut in price*

使い方▼〔**値下げ**〕スル▽料金が値下げになる▽商品を一割値下げする〔**切り下げる**〕(ガ下一)▽商品価格を切り下げる▽円を切り下げる

使い分け【1】「値下げ」は、日常のいろいろな価格にいう。【2】「切り下げる」は、日常の個々の品物についてではなく、通貨や物価についていう。

反対語▼値下げ⇔値上げ　切り下げる⇔切り上げる

【関連語】◆（**値下がり**）スル値段が安くなること。⇔値上がり。「暖冬で衣料が値下がりした」

5 12-37 下落／低落／値崩れ

【関連語】◆（急落）◆（暴落）

5 社会生活

共通する意味★物価、相場、株価などが下がること。【英】 *a fall*

使い方▼〔下落〕スル▽金相場が下落する▽株価の下落で損をした　〔低落〕スル▽原料の価格が低落しコストが安くついた　〔値崩れ〕スル▽さんまが取れすぎて値崩れを起こしている

使い分け【1】「下落」「低落」は、価格のほかに、「価値が下落する」「人気の低落」など等級や格を表わすことにもいう。【2】「値崩れ」は、供給が需要を上回って売り値が急に下がる場合にいう。

【関連語】◆〔急落〕スル物価、相場、株価などが急激に下がること。「人気が急落した」のように、価格以外にもいう。⇔急騰。「紙価が急落する」◆〔暴落〕スル物価、相場、株価などが急激に大幅な下がり方をすること。⇔暴騰。「米相場が暴落する」

5 12-38 じり貧（ひん）／じり安（やす）

共通する意味★相場が少しずつ安くなること。【英】 *a gradual decline*

使い方▼〔じり貧〕▽生糸の相場がじり貧状態にある　〔じり安〕▽株式がじり安の動きを見せている

使い分け「じり貧」は、「暮らし向きはじり貧だ」「成績がじり貧になる」のように、だんだん貧しくなること、だんだん悪い状態になることの意でも用いられる。「じり安」は、相場にしか使わない。

反対語▼じり高

参照▼じり貧⇒501-16

5 12-39 値引（ねび）き／割（わ）り引（び）き

【関連語】◆〔ディスカウント〕

共通する意味★一定の金額から、差し引くこと。【英】 *discount*

使い方▼〔値引き〕スル　〔割り引き〕スル

	□された商品	□して売る	□料金	まとめて買えば□になる
値引き	○	○	-	-
割り引き	○	○	○	○

使い分け【1】「値引き」は、価格を安くすること。定価、または、従来の価格より下げて売る場合に用いる。【2】「割り引き」は、商品のみでなく、種々の料金を安くすることについてもいう。また、「彼の実力は割り引きして考えた方がよい」のように、金額に限らず、物事を低めに見積もることにもいう。

【関連語】◆〔ディスカウント〕割り引き。値引き。「ディスカウントショップ」

5 12-40 半額（はんがく）／半値（はんね）

共通する意味★定められた金額の半分。【英】 *half the price*

	市価の□で手に入れる	□で叩（たた）き売る	貯金の□を引き出す	子供は大人の□だ
半額	○	△	○	○
半値	○	○	-	-

使い分け【1】「半額」は、ある決まった金額や定価、料金の半分をいう。【2】「半値」は、品物の値段に限って用いる。はっきり定価が決まっていなくても、相場の半分くらいの見当というときにも使う。

5 12-41 安価（あんか）／安値（やすね）／廉価（れんか）

【関連語】◆〔安い〕やすい◆〔安め〕やすめ◆〔割安〕わりやす◆〔格安〕かくやす◆〔低廉〕ていれん

共通する意味★値段が安いこと。【英】 *a low price*

使い方▼〔安価〕(名・形動)▽安価な中古車▽安価な謝礼で我慢する▽輸入品より国産品の方が安価だ　〔安値〕▽安値でたたき売る▽安値をつける▽最安値　〔廉価〕(名・形動)▽廉価で販売する▽廉価な家具▽廉価品

使い分け【1】「安価」は、物の値段だけでなく、料金についてもいう。また、「安価な同情」のように、値打ち、価値がないこと、浅薄なことにもいう。【2】「安値」は、文章中ではあまり用いない。また、取引市場で、その日の最も安い値をいう。【3】「廉価」は、改まった言い方で、書き言葉的。

反対語▼安価・廉価⇔高価　安値⇔高値

【関連語】◆〔安い〕(形)安価である意を表わす最も日常的な語。⇔高い。「安い花」「自動車より自転車のほうが安い」「これで三百円なら安い買い物だ」◆〔安め〕(名・形動)他にくらべて少し安価だと感じられること。⇔高め。「見積もりはふつう安めに出すものだ」◆〔割安〕(名・形動)内容にくらべて、または他とくらべて安価で得をしたと感じられること。⇔割高。◆〔格安〕(名・形動)内容の割に非常に値段が低く感じられること。「新品が千円なら格安だ」「格安航空券」◆〔低廉〕(名・形動)「安価」の硬い言い方。「低廉な粗悪品」

5 12-42 安（やす）っぽい／安手（やすで）

共通する意味★値が安く質が悪い。【英】 *cheap*

使い方▼〔安っぽい〕(形)▽安っぽい靴▽見るからに安っぽいシャツ　〔安手〕(名・形動)▽安手の生地のカーテン▽安手のスーツ

使い分けいずれも、「安っぽい同情はしてほしくない」「安手のヒューマニズム」のように、重みがなく、取るに足りない意でも用いられる。

5 12-43 需給（じゅきゅう）

意味★需要と供給。【英】*demand and supply*

使い方▼〔需給〕▽需給の均衡を図る▽農産物の需給▽需給見通し

5 12-44 需要（じゅよう）／特需（とくじゅ）

【関連語】◆（民需）みんじゅ◆（官需）かんじゅ◆（外需）がいじゅ◆（内需）ないじゅ◆（軍需）ぐんじゅ

共通する意味★物資や人材を必要とすること。【英】*demand*

使い方▼〔需要〕▽需要と供給の関係▽需要の高い製品▽夏は電力の需要がふえる　〔特需〕▽特需によって経済が発展した▽戦争特需

使い分け【1】「需要」は、市場に現れる商品に対価を払って得ようとする欲望、およびその総量の意もある。「特需」にくらべ一般的に用いられる。【2】「特需」は、戦争や災害など特定の原因や現象によって生ずる特別な需要。

【関連語】◆（民需）民間の機関あるいは個人の需要。⇔官需。「民需を刺激する」◆（官需）公共機関の需要。⇔民需。「官需の仕事が入る」◆（外需）外国からの需要。⇔内需。「外需が減少する」◆（内需）国内の需要。⇔外需。「内需を拡大する」「内需を満たす」◆（軍需）軍事上物資を必要とすること。「軍需産業」「軍需景気」

5 12-45 供給（きょうきゅう）／自給（じきゅう）

共通する意味★必要なものを与えること。【英】*supply*

使い方▼〔供給〕スル▽人手不足で労働力が供給できない▽被災者に食糧を供給する▽供給過剰で値崩れする　〔自給〕スル▽野菜を自給する▽自給自足

使い分け【1】「供給」には、市場の需要に応じて商品を出すこと、およびその分量の意もある。【2】「自給」は、必要なものを自分で作り出して、用立てること。

5 12-46 利害（りがい）／得失（とくしつ）／損得（そんとく）／損益（そんえき）

共通する意味★利益と損失。【英】*profit and loss*

使い方▼〔利害〕▽利害が絡み合う▽双方の利害が一致する▽利害を共にする▽利害関係（＝互いに利益と損失が影響しあう間柄）　〔得失〕▽組織改革の得失を考える▽得失相半ばする▽利害得失　〔損得〕▽損得を離れて入念に仕上げる▽損得ぬきの仕事▽損得ずく（＝物事の損得を考えたうえで自分に有利な言動をすること）　〔損益〕▽商売の損益を計算する▽損益勘定

使い分け【1】「利害」「得失」「損得」は、金銭に限らず、利益と損失の意で使われるが、「損益」は、支出と収入の意で、金銭のみについていう。【2】社会全体での利益と損失の場合には「得失」が、個人の場合には「損得」が、個人間、集団間の場合には「利害」が使われることが多い。

5 12-47 利益（りえき）／儲け（もうけ）／利（り）／益（えき）／収益（しゅうえき）／利潤（りじゅん）

共通する意味★商売などをして自分のものになった金品。【英】*profit*

使い方▼〔利益〕▽利益の少ない仕事▽株取引で利益を得た▽経営利益　〔儲け〕▽儲けの多い商売▽思わぬ儲けをした▽大儲け▽ぼろ儲け　〔利〕▽利をもとめる▽利にさとい　〔益〕▽益の薄い商売▽一銭の益もない　〔収益〕▽好況でどの企業も収益が増えている▽コンサートの収益を寄付する　〔利潤〕▽利潤をあげる▽利潤追求に走る

使い分け【1】「利益」は、経済活動を通して得られる場合に広く用いられる。【2】「儲け」は、商行為のほか、種々のできごとの結果として得られるものの意味で広く用いられる。くだけた言い方。【3】「利」は、もっぱら商行為によって得られるものをいう。「地の利を得る」「我に利あらず」のように、ある個人にとって都合のいい状態であることの意もある。【4】「益」も、もっぱら商行為によって、得られるものをいう。国民社会の役に立つことの意味もある。【5】「収益」「利潤」は、集団の事業活動によって得られるものをいう。「利潤」は、その売り上げの総額から、労賃や材料費などの必要経費を除いた残りをさす。

反対語▼利益・益⇔損

参照▼利益⇒5 12-48　利⇒5 13-37　益⇒5 12-50

5 12-48 ため／利益（りえき）／便益（べんえき）

【関連語】◆（益体）やくたい◆（一利）いちり

共通する意味★人、組織などの役に立つこと。【英】*profit*

使い方▼〔ため〕▽先生の話はためになる▽情けは人のためならず　〔利益〕▽国民の利益をはかる▽社会の利益　〔便益〕▽会員になると種々の便益がある▽正社員としての便益を与える

	公共の□になる事業	社会に□をもたらす事業	君の□になる話	相手の□をはかる
ため	○	-	○	-
利益	○	○	○	△
便益	-	○	-	○

使い分け【1】「ため」は、単独で使うこともあるが、「…のため」のように、形式名詞として使うことが

5 社会生活

多い。【2】「利益」「便益」は、便利で役に立つこと。

【関連語】◆(益体)役に立つことの意の古い言い方。「益体もない(＝役にも立たない。たわいない)」◆(一利)一つの利益。「百害あって一利なし」

参照▼利益⇒512-47

5 12-49 得(とく)／利得(りとく)

【関連語】◆(両得)りょうとく

共通する意味★事業、売買などをして利益を得ること。【英】*profit*

使い方▼〔得〕▽値上がり前に買って得をした▽一文の得にもならない　〔利得〕▽不当な利得を得る▽利得を求める

使い分け【1】「得」は話し言葉で、「利得」は文章中で使われることが多い。【2】「得」には、「回り道の方が結局得だった」「得な性分(＝幸運がついて回る性質)」のように、有利、また楽な、の意味もある。

反対語▼得⇔損

【関連語】◆(両得)一度に二つの利を得ること。「りょうどく」とも。「一挙両得」

5 12-50 有益(ゆうえき)／有効(ゆうこう)／有用(ゆうよう)

【関連語】◆(有利)ゆうり◆(益)えき◆(実用)じつよう◆(ユーティリティー)

共通する意味★あるものや、あることが利益に結びつく性質であること。【英】*useful*《形》

使い方▼〔有益〕(名・形動)▽若者たちに有益な書物▽休暇を有益に過ごす　〔有効〕(名・形動)▽休みを有効に過ごす▽有効期間▽有効成分　〔有用〕(名・形動)▽社会に有用な人材

	能率を上げるのに□な機械	時間を□に使う	会社に□な人物	□な講演
有益	○	○	○	○
有効	○	○	－	－
有用	○	－	○	－

使い分け【1】「有益」「有用」は、役に立つことの意。「事務処理向上に有益(有用)な機械」のように、同じように使える場合もあるが、「害虫を食べる有益な昆虫」「答えを導き出すのに有益なヒント」のような場合は、「有用」で置き換えることはできない。「有益」は、直接役に立つ効果を生む場合にいうが、「有用」は、活用した結果として役に立つ場合にいう。【2】「有効」は、ききめがあって、役に立つこと。また、法律上の効果を生じることの意もある。

反対語▼有益⇔無益　有効⇔無効　有用⇔無用

【関連語】◆(有利)(名・形動)利益のあること。特に、あるものにとって都合がいいこと。⇔不利。「有利な条件」「討論を有利に展開させる」◆(益)ためになること。⇔害。「世の益にならない」◆(実用)実際に使って役に立つこと。「実用に供する」「実用向きの品」「実用的」◆(ユーティリティー)役に立つこと。実用性。あまり一般的ではない。「ユーティリティー重視の間取り」

参照▼益⇒512-47

5 12-51 純益(じゅんえき)／純利(じゅんり)

【関連語】◆(黒字)くろじ

共通する意味★総収入から総費用を差し引いた純粋の利益。【英】*a net profit*

使い方▼〔純益〕▽売上げは増えたが、出費も多くて純益は減った　〔純利〕▽店の純利を姉と二人で分けた

使い分け「純益」の方が、一般的に使われる。

【関連語】◆(黒字)収入が支出を上回り、余剰が生じること。また、その余剰。⇔赤字。「今月は黒字になった」「貿易黒字」

5 12-52 差益(さえき)／利鞘(りざや)／マージン

共通する意味★取引で得た差額の利益金。【英】*a margin*

使い方▼〔差益〕▽円高による差益を還元する　〔利鞘〕▽土地を転売して利鞘をかせぐ　〔マージン〕▽三パーセントのマージンを取る

使い分け【1】「差益」は、価格の改定や、外貨交換レートの変更などから生じる差し引きの利益。【2】「利鞘」「マージン」は、取引市場で、売買取引によって得た差額の利益金。

反対語▼差益⇔差損

5 12-53 実利(じつり)／実益(じつえき)

共通する意味★実際の利益。【英】*an actual profit*

使い方▼〔実利〕▽理想を捨てて実利をとる▽実利を追求する　〔実益〕▽教養にはなるが実益のない講演▽趣味と実益をかねて野菜作りに励む

使い分け「実利」には、「実利主義(＝現実の利益や実際の効用を重んずる立場)」のように、現実のものとなっている効用の意もある。

5 12-54 私益(しえき)／私利(しり)／我利(がり)／私腹(しふく)

【関連語】◆(営利)えいり◆(名利)めいり

共通する意味★自分だけの利益。【英】*self-interest*

使い方▼〔私益〕▽私益のみを考えてはならない▽私益をはかる　〔私利〕▽私利に目がくらむ▽私利私欲　〔我利〕▽我利をむさぼる▽我利我利亡者(＝欲にかられて浅ましいほど自分の利益だけを求める人)

〔私腹〕▽私腹を肥やす(＝役人などが地位を利用して自分の財産をふやす)

使い分け【1】「私益」「私利」「我利」は、いずれも欲にかられて求める自分の利益をいう。「我利」は、尋常でない欲の強さの場合に用いられる。【2】「私腹」は、公の地位を利用して得た自分の利益、財産の意。

反対語▼私益⇔公益

【関連語】◆(営利)利益のみを考えて事をなすこと。「営利主義」「営利事業」◆(名利)名誉と利益。「みょうり」とも。「名利をむさぼる」

5 12-55 国益(こくえき)/国利(こくり)

【関連語】◆(公益)(こうえき)

共通する意味★国家の利益。【英】*national interest*

使い方▼〔国益〕▽国益を守る▽戦争は国益に反する〔国利〕▽国利民福

使い分け「国利」は、例文のような成語の中で使われることが多い。

【関連語】◆(公益)公共の利益。社会一般の利益。⇔私益。「公益を守る」「公益法人」

5 12-56 不利(ふり)/不利益(ふりえき)

共通する意味★損になること。【英】*disadvantage*

使い方▼〔不利〕(名・形動)▽不利を承知で対決する▽満塁ホームランで不利な態勢を逆転した〔不利益〕(名・形動)▽取引先の不利益にならないように配慮する▽組織にとって不利益な発言は慎むこと

	会社の□になる	□をこうむる	□な条件をのまされる	情勢は□だ
不利	○	-	○	○
不利益	○	○	-	-

使い分け【1】「不利」は、あることを行ううえでの状況、条件などがよくないこと。【2】「不利益」は、ある者や組織のためにならないこと、また、もうけにならないこと。

反対語▼不利⇔有利

5 12-57 無益(むえき)/無用(むよう)

【関連語】◆(無効)(むこう)

共通する意味★役に立たないこと。【英】*useless*《形》

使い方▼〔無益〕(名・形動)▽戦争は無益な行為だ▽無益な議論 〔無用〕▽無用の机を片付ける▽無用の長物(ちょうぶつ)(＝あっても役に立たないどころか、かえってじゃまになる物)▽無用の用(＝役に立たないとされているものが、かえって非常に大切な役をすること)

使い分け【1】「無益」は、役に立たずむだなこと。もっぱら人の行為について用いる。【2】「無用」は、用がないことの意で、「無用の者立ち入るべからず」、また、してはいけないの意で、「天地無用(＝上下を逆にしてはいけない)」「問答無用」、必要ではないの意で、「心配無用」のようにも使う。

反対語▼無益⇔有益　無用⇔有用

【関連語】◆(無効)効力がないこと。また、効果がないこと。【英】*invalidity* ⇔有効。「当選は無効」「この切符は無効です」

5 12-58 損(そん)/損失(そんしつ)/損害(そんがい)

【関連語】◆(実害)(じつがい)◆(赤字)(あかじ)

共通する意味★利益を失うこと。【英】*loss*

使い方▼〔損〕(名・形動)▽買いたたかれて損をした▽骨折り損▽損な性分 〔損失〕スル▽見通しの甘さが重大な損失をもたらした▽莫大(ばくだい)な損失をこうむる▽損失額 〔損害〕▽台風による損害▽損害をこうむる▽損害が大きい

	会社に与えた□をつぐなう	株で□をした	兵の□はわずかだ	事故の□賠償
損	△	○	-	-
損失	○	-	○	-
損害	○	-	-	○

使い分け【1】「損」は、「損失」「損害」にくらべ、くだけた言い方。【2】「損失」は、金銭的な不利益だけでなく、「その女優の死は日本の芸能界にとって重大な損失であった」のように、惜しむべき対象を失うことにも使う。【3】「損害」は、事故や災害、事業の失敗などによる金銭上の不利益をさすことが多い。

反対語▼損⇔得・益

【関連語】◆(実害)実際に受けた損害。「大きな地震だったが実害は少なかった」◆(赤字)支出が収入を超えること。また、その不足。⇔黒字。「家計は今月も赤字だ」

5 12-59 破産(はさん)/倒産(とうさん)

共通する意味★財産を全部失うこと。【英】*bankruptcy*

使い方▼〔破産〕スル▽父が事業に失敗して家は破産した▽破産管財人▽破産宣告 〔倒産〕スル▽資金繰り悪化で倒産に追い込まれる▽不況で倒産した会社

使い分け【1】「破産」は、企業についても個人についてもいうが、「倒産」は、企業がつぶれることについてのみいう。【2】「破産」は、法律では、債務者が債務の返済不能に陥ったとき、その総財産を債権者に公平に分配できるようにする裁判上の手続きをいう。

5 12-60 払う／支払う

【関連語】◆(勘定)かんじょう

共通する意味★何かの代償、代価として、金銭などを渡す。【英】*to pay*

使い方▼〔払う〕(ワ五)〔支払う〕(ワ五)

	代金を□	賃金を□	税金を□	カードで□
払う	○	○	○	△
支払う	○	○	-	○

使い分け【1】「払う」は、広く「尊敬を払う」「注意を払う」「愛のために大きな代償を払う」のように、心や力、労働など、無形のものまで多様に用いられる。【2】「支払う」は、代金を相手方に渡す意。事務的な言い方。

【関連語】◆(勘定)スル代金を渡すこと。また、その代金。「勘定をすます」「勘定してください」

参照▼払う⇒101-29 120-47 勘定⇒808-10

5 12-61 支払い／払い／払い込み

【関連語】◆(支弁)しべん

共通する意味★何かの代価として、金銭などを渡すこと。【英】*payment*

使い方▼〔支払い〕▽レジで支払いをすませる▽家賃の支払いは前月末までに 〔払い〕▽食事の払いをすます▽前払い▽分割払い 〔払い込み〕▽税金の払い込み▽払い込み期日

	代金の□	給与の□が滞る	□が悪い客	口座への□
支払い	○	○	-	-
払い	○	-	○	-
払い込み	○	-	-	○

使い分け【1】「支払い」は、代金や料金などに広く使われる。【2】「払い」は、代金や料金について使われ、「払いがたまる」のように、渡すべき代金、料金の意味でも使われる。【3】「払い込み」は、代金、料金を窓口や相手の口座などに納めること。

【関連語】◆(支弁)スル上位者が下位者に費用などを渡すこと。文章語。「必要経費は公費から支弁する」

5 12-62 立て替える

意味★払うべき人にかわって一時的に代金を払う。

【英】*to pay for another*

使い方▼〔立て替える〕(ア下一)▽あなたの会費は私が立て替えておきました

5 12-63 前金／先払い／前払い

【関連語】◆(即金)そっきん

共通する意味★品物を受け取る前に代金を支払うこと。

使い方▼〔前金〕▽前金で取引する▽お代は前金でお願いします▽前金を受け取る 〔先払い〕スル▽代金を先払いする 〔前払い〕スル▽給料を前払いしてもらう

使い分け【1】「前金」は、売買の際に前もって金の授受を行うこと。また、その金をいう。売り手と買い手双方でいう。【英】*payment in advance*
【2】「先払い」「前払い」では、「前払い」のほうが使われる。また、「先払い」は、送料などを到着先で支払うこともいう。【英】*payment in advance*(前払い)

反対語▼先払い・前払い⇔後払い

【関連語】◆(即金)買い物をするその場で代金を支払うこと。「即金なら割引します」

5 12-64 支出／出費

【関連語】◆(失費)しっぴ◆(歳出)さいしゅつ

共通する意味★物を買ったり、使ったりして費やす金。【英】*expenditure*

使い方▼〔支出〕スル▽支出をおさえたい▽収入と支出のバランス▽家計支出の再点検 〔出費〕スル▽正月は余計な出費がある▽出費をぎりぎりにおさえた▽出費がかさむ

使い分け「出費」は、個々の物に費やす金にもいうが、「支出」は、「一か月の支出」「家計の支出」のように、総体としていうことが多い。

反対語▼支出⇔収入

【関連語】◆(失費)出費をいう。「むだな失費をしないよう心がける」◆(歳出)国家や地方公共団体が一年間に支出する金。⇔歳入。「新事業に着手して歳出が増えた」

5 12-65 収支／出納

共通する意味★収入と支出。【英】*earnings and expenses*

使い方▼〔収支〕▽収支のバランスのとれた予算▽収支決算 〔出納〕スル▽金銭を出納する窓口▽出納係▽出納簿

使い分け「収支」は、金銭についていうが、「出納」は、物と金銭の両方の出し入れにいう。

5 12-66 頭割り／割り当て／割り振り／割り勘

共通する意味★金銭や事物、労力などを該当する人数で分けて持つこと。【英】*sharing*

使い方▼〔頭割り〕▽費用は参加者全員で頭割りにす

る▽もうけを頭割りにする▽勘定を頭割りにする　**〔割り当て〕**▽総会の係の割り当て▽寄付の割り当てを決める　**〔割り振り〕**▽旅館の部屋の割り振りをする▽仕事の割り振りを決める▽予算の割り振り　**〔割り勘〕**▽払いは割り勘にしよう▽割り勘で飲む

使い分け【1】「頭割り」は、金品を人数で等しく分けることだが、「割り当て」「割り振り」は、金品のほか、仕事や空間などについても用いられ、等分に分ける場合と、別々の量や質のものをひとりひとりにあてがう場合とがある。【2】「割り当て」は、「自分の割り当ての分だけすませる」のように、全体のうちの個人が持つ部分の意味でも用いられる。【3】「割り勘」は、勘定の総額を等分に割って各人が支払うこと。

5 12-67 信販(しんぱん)／クレジット／付け(つけ)／掛け売り(かけうり)

共通する意味★商品を先に渡し、代金を後で払う販売方法。

使い方▼**〔信販〕**▽信販の申し込みをする▽信販で業績を伸ばす　**〔クレジット〕**▽クレジットで買う▽クレジットカード　**〔付け〕**▽なじみの店だから、つけがきく▽つけで飲む▽つけにする　**〔掛け売り〕**▽当店は掛け売りはいたしません

使い分け【1】「信販」は、「信用販売」の略。月賦販売などがある。【2】「クレジット」は、クレジット会社から代金を立て替えてもらう代金後払いの販売方法の一種。【3】「付け」は、勘定書き、請求書の意から転じて、代金を後でまとめて支払うことにして、帳簿につけさせておくことをいう。また、その支払い方法。【英】*to buy～on credit*(付けで買う)【4】「掛け売り」は、「掛け」と略されることもある。

反対語▼掛け売り⇔掛け買い

参照▼クレジット⇒1 15-30

5 12-68 分割払い(ぶんかつばらい)／割賦(かっぷ)

【関連語】◆(月賦)(げっぷ)◆(月販)(げっぱん)◆(年賦)(ねんぷ)

共通する意味★代金などの支払いを、何回かに分けて行うこと。【英】*payment in installments*

使い方▼**〔分割払い〕**▽自動車を二十四回の分割払いで購入した　**〔割賦〕**▽割賦で売る▽割賦販売

使い分け【1】「分割払い」が、日常一般的に使われる。【2】「割賦」は、他の語と複合して使われることが多い。「わっぷ」とも読む。

【関連語】◆(月賦)代金を何か月かに分けて支払うこと。また、その方法。「月払い」ともいう。【英】*the monthly installment*「ステレオを月賦で買った」「月賦払い」◆(月販)「月賦販売」の略。月割りで代金を支払ってもらい、商品を販売する方法。「月販で売り出す」「月販商品」◆(年賦)多額の金を返済する場合など、何年かに分けて支払う方法。「十年の年賦で支払う」

5 12-69 市況(しきょう)／景気(けいき)／商況(しょうきょう)

共通する意味★市場などでの売買、取引のありさま。

使い方▼**〔市況〕**▽市況が好転し、先行きは明るくなった▽株式市況　**〔景気〕**▽景気が上向き始めた▽景気がいい　**〔商況〕**▽商況に応じて出荷量を調整する

使い分け【1】「市況」は、市場での商品や株の取引状況をいう。【英】*market conditions*【2】「景気」は、商業取引の状況をいうが、一般に社会全体の経済活動の状態を表わす言葉として広く使われる。【英】*business*【3】「商況」は、商売の状況の意で、流通関係でよく使われる。

5 12-70 好況(こうきょう)／活況(かっきょう)／好景気(こうけいき)

【関連語】◆(盛況)(せいきょう)

共通する意味★景気のよいさま。【英】*prosperity*

使い方▼**〔好況〕**(名・形動)▽不況から好況に向かう▽好況に転ずる　**〔活況〕**▽証券取引所は活況を呈している▽魚市場の活況　**〔好景気〕**(名・形動)▽来年は好景気に向かうと予想される▽好景気がやってくる

使い分け【1】「好況」「好景気」は、社会的な規模で、景気のよいこと。【2】「活況」は、証券市場やせり市などで、次々に商取引が成立するような景気のよい状態、活気のある状態をいう。

反対語▼好況⇔不況

【関連語】◆(盛況)(名・形動)催し物や会などが、にぎやかで人出が多い状態。「コンサートは盛況だ」「予想以上の盛況」

5 12-71 不景気(ふけいき)／不況(ふきょう)

【関連語】◆(恐慌)(きょうこう)

共通する意味★景気の悪いさま。【英】*business depression*

使い方▼**〔不景気〕**(名・形動)▽不景気な世の中▽こう不景気では会社も危ない　**〔不況〕**▽世界的な不況▽不況の嵐(あらし)

使い分け【1】「不景気」は、経済活動に限らず、「不景気な顔をするな」「不景気な話」のように、ぱっとしないこと、活力のないことにも広くいう。【2】「不況」は、「不景気」よりやや書き言葉的。経済活動に限って用いる。

反対語▼不景気⇔好景気　不況⇔好況

【関連語】◆(恐慌)経済で、生産過剰による物価の下落、失業の増大、破産、銀行の取り付けなどが起こった混乱状態。【英】*panic*「経済政策の失敗で恐慌が起こった」「世界大恐慌」

参照▼恐慌⇒509-34

5 12-72 集金／募金／カンパ

【関連語】◆(勧進)

共通する意味★金を求め集めること。**【英】** *collection of money*

使い方▼〔集金〕スル▽会費を集金する▽ガス代の集金に回る▽集金人　〔募金〕スル▽街頭で募金をする▽共同募金　〔カンパ〕スル▽カンパで七万円集まった▽友人の留学のためカンパをつのった▽旅費をカンパする▽資金カンパ

使い分け【1】「集金」は、払ってもらうべき会費や代金を集める場合に、「募金」「カンパ」は、好意による寄付金をつのる場合に用いる。【2】「募金」は、もっぱら社会的なことに用いるのに対し、「カンパ」は、個人や友人に対する私的な援助について用いる。【3】「カンパ」は、ロシア語から。

【関連語】◆(勧進)スル社寺の建立などのために寄付を募ること。「各地を勧進して回る」「勧進帳」

5 12-73 交付／給付／支給

【関連語】◆(追給)

共通する意味★国、地方公共団体、会社などが金や品物を渡すこと。

使い方▼〔交付〕スル　〔給付〕スル　〔支給〕スル

	助成金を□する	被災者に食糧を□する	保険金の□	申請書の□を行う
交付	○	-	-	○
給付	○	○	○	-
支給	○	○	○	-

使い分け【1】「交付」は、国や地方公共団体などが、手続きを経て、公の立場で金銭や書類などを渡すことをいう。**【英】** *transfer*【2】「給付」は、支払う規定、義務のある金品を渡す場合に使う。**【英】** *delivery*【3】「支給」は、役所、会社などが、金品を渡すことをいう。法令では、受ける権利が発生する場合に用い、具体的に払い渡す場合は「支払」という。**【英】** *provision*

【関連語】◆(追給)スル給料などの不足分を、追って後から渡すこと。また、その金。「給与の引き上げ分は来月追給する」

5 12-74 収入／所得／稼ぎ／実入り

【関連語】◆(定収)

共通する意味★手に入れて自己の所有となる金銭。また、金銭を得ること。**【英】** *an income*

	今年は□が多かった	□を証明する書類	今日の□を山分けしよう	□のいい仕事を探す
収入	○	○	-	-
所得	○	○	-	-
稼ぎ	○	-	○	○
実入り	○	-	○	○

使い分け【1】「収入」は、種類、手段を問わず、自分の所有となる金銭をいう。広く用いられる。【2】「所得」は、一定期間の収入から必要経費を除いた残りをいう。個人だけでなく、法人についても使われる。【3】「稼ぎ」は、商売などで働いて得た金銭。また、生計を立てるために働くこともいう。あまり上品ではなく、くだけた言い方。【4】「実入り」は、手もとに入ってくる利益をいう。会話でのくだけた言い方。

反対語▼収入⇔支出

【関連語】◆(定収)「定収入」の略。一定して入ってくる金。「定収以外に印税が多少入る」

5 12-75 売り上げ／売れ高／水揚げ

共通する意味★商品などを売って得た金。また、その金額。**【英】** *takings*

使い方▼〔売り上げ〕▽今月の売り上げは芳しくない▽売り上げから経費を引く▽売り上げ目標　〔売れ高〕▽今年は売れ高がふえた▽一日の売れ高　〔水揚げ〕▽これだけの店なら水揚げも良かろう▽水揚げのほとんどを絞り取られる

使い分け【1】「売り上げ」は、商売全般について使う。【2】「売れ高」は、売れた商品の数量、または金額をいう。【3】「水揚げ」は、漁獲高の意から転じて、主として水商売などで用いる。あまり一般的ではない。

5 12-76 実収／手取り

共通する意味★収入から、税金や経費などを引き、実際に残った金額。**【英】** *a net income*

使い方▼〔実収〕▽売り上げが多いわりに実収は少ない　〔手取り〕▽初任給は手取りいくらでしょうか

使い分け「実収」は、「実収入」の略。給料など個人の収入の場合は、「手取り」を使うのが一般的。

5 12-77 予算

意味★あることのために、前もって用意する金額。金額の多寡にかかわらず用いられる。**【英】** *a budget*

使い方▼〔予算〕▽予算を立てる▽予算を超過する▽ステーキを食うには予算が足りない▽懇親会の予算▽国家予算▽予算案

5 12-78 保険（ほけん）

意味★病気や死亡、火災など偶然の事故による損害を保証するために、一定の掛け金を出させ、事故にあった場合、その損害を補償する制度。【英】*insurance*

使い方▼〔保険〕▽保険に入る▽保険をかける▽保険がきく▽生命保険（【英】*life insurance*）▽火災保険（【英】*fire insurance*）

5 12-79 輸出（ゆしゅつ）／移出（いしゅつ）

共通する意味★物品などを送り出すこと。【英】*export*

使い方▼〔輸出〕スル▽自動車の輸出が増えている▽小麦を輸出する▽日本の科学技術を輸出する　〔移出〕スル▽余剰品を県外へ移出する

使い分け【1】「輸出」は、国内から国外へ売ること。また、「禅の思想を輸出する」のように、比喩（ひゆ）的に、思想や技術、文化などを外国へ送り出すことにもいう。【2】「移出」は、一国の中で他の地域へ物資を送り出すこと。

反対語▼輸出⇔輸入　移出⇔移入

5 12-80 輸入（ゆにゅう）／移入（いにゅう）

共通する意味★送り出された物品などを受け入れること。【英】*import*

使い方▼〔輸入〕スル▽輸入が減少する▽資材を隣国から輸入する　〔移入〕スル▽北陸の特産品を移入する

使い分け【1】「輸入」は、外国から買い入れること。また、「西洋思想の輸入に努める」のように、比喩（ひゆ）的に、思想や技術、文化などを外国から受け入れることにもいう。【2】「移入」は、一国の中で他の地域から物資を移し入れること。また、「感情移入」のように、何かを移し入れることにもいう。

反対語▼輸入⇔輸出　移入⇔移出

5 12-81 取引（とりひき）／交易（こうえき）／貿易（ぼうえき）／輸出入（ゆしゅつにゅう）／通商（つうしょう）

共通する意味★物品売買に伴い、金銭の授受を行うこと。【英】*trade*

使い方▼〔取引〕スル▽取引が成立する▽友人と取引する▽裏取引　〔交易〕スル▽農産物と海産物とで交易する▽外国と交易する　〔貿易〕スル▽宝石の貿易をする▽加工貿易▽保護貿易　〔輸出入〕▽工業製品の輸出入を調べる　〔通商〕スル▽東南アジア諸国と通商する▽通商条約

使い分け【1】「取引」は、利益をはかり金品のやり取りをする経済行為すべてをいう。また、経済行為ではなくても、「司法取引」のように、互いの利益をはかり、物事を交換する場合にもいう。【2】「交易」は、互いに物品のやり取り、売買をすることをいう。【3】「貿易」は、他国と物品の輸出、輸入をする商業行為をいう。【4】「輸出入」は、そこに成立する経済行為をいうのではなく、ただ外国との間で輸出、輸入を行うことをいう。【5】「通商」は、外国との商業行為をいう。

5 12-82 闇取引（やみとりひき）／密輸（みつゆ）／密貿易（みつぼうえき）

【関連語】◆（密輸出）みつゆしゅつ◆（密輸入）みつゆにゅう◆（潜り）もぐり

共通する意味★法を犯してこっそり行う取引。【英】*smuggling*

使い方▼〔闇取引〕▽米の闇取引の現場をおさえる　〔密輸〕スル▽麻薬を密輸する▽拳銃を密輸する　〔密貿易〕▽密貿易で不当な利益を上げる

使い分け【1】「闇取引」は、「会社間の闇取引」のように、法律に触れていなくても、ひそかに陰で行う取引のこともいう。【2】「密輸」は、「密輸出」「密輸入」を合わせていう。【3】「密貿易」は、法を犯してひそかに外国と商取引を行うこと。

【関連語】◆（密輸出）スル法を犯し、ひそかに輸出すること。「電子機器を密輸出する」◆（密輸入）スル法を犯し、ひそかに輸入すること。「銃器の密輸入」◆（潜り）正式の認可を得ないで行うこと。また、そういう人。俗な言い方。「潜りの業者」「潜りの医者」「返品がきかないとは、もぐりかも知れない」

5 13 …金銭・費用

5 13-01 金（かね）／銭（ぜに）／金銭（きんせん）／貨幣（かへい）／通貨（つうか）

【関連語】◆（おあし）◆（外貨）がいか

共通する意味★商品の交換、流通の手段として社会に流通しているもの。【英】*money*

使い方▼〔金〕▽友人に金を貸す▽金をもうける▽金をためる▽金の使いみちに困る▽金では買えないものもある　〔銭〕▽銭になる仕事▽日銭を稼ぐ▽安物買いの銭失い　〔金銭〕▽業者との金銭の授受はなかった▽金銭にだらしない人▽金銭上のトラブル▽金銭出納簿　〔貨幣〕▽貨幣を発行する▽貨幣の価値が下がる▽貨幣経済▽貨幣資本　〔通貨〕▽通貨を偽造する▽国際通貨

使い分け【1】日常生活では、「金」が最もよく使われる。「おかね」の形で使われることも多い。【2】「銭」は、やや古く、俗語的。【3】「金銭」は、法律や硬い文章で使われることが多い。【4】「貨幣」は、物に対する交換価値をもつもの全般を表わし、また、紙幣に対する金属製通貨の意もある。【5】「通貨」は、ある社会で流通手段、支払い手段として機能する一切のもの。広義には「貨幣」と同義。

【関連語】◆(おあし)「おかね」の俗語で、少し古い言い方。◆(外貨)外国の貨幣。「外貨を獲得する」

513-02 紙幣／札／札びら

共通する意味★紙でつくられたかね。【英】*paper money*

使い方▼〔紙幣〕▽新しい紙幣が発行される〔札〕▽手の切れるようなお札▽札入れ▽一万円札〔札びら〕▽札びらを切る(＝大金を惜し気もなく使う)

使い分け【1】「紙幣」は、紙製の貨幣で、兌換紙幣と不換紙幣があり、また、発行者により政府紙幣と銀行紙幣(銀行券)とに分けられる。【2】「札」は、紙幣と同意。「紙幣」は、硬い文章語的な表現として用いられることが多いが、「札」は、日常広く用いられる。丁寧にいう場合は「お札」という。【3】「札びら」は、「札」の俗語。

513-03 巨額／多額／高額

共通する意味★非常に大きい金額。【英】*a large amount*

	□の負債	事業に□を投じる	□の所得	□納税者
巨額	○	○	-	-
多額	○	-	○	○
高額	-	-	○	○

使い分け【1】「巨額」は、大変に大きい金額。【2】「多額」は、並と思われる程度よりも、目立って金額が多い場合にいう。【3】「高額」は、商品の値段が高い場合などにいう。他の基準から考えて、並よりだいぶ高い程度でも使う。

反対語▼多額⇔少額　高額⇔低額

513-04 少額／低額

【関連語】◆(小口)

共通する意味★少ない金額。【英】*a small amount*

使い方▼〔少額〕▽援助は少額しかできない▽少額の寄付〔低額〕▽低額の融資しか受けられない▽低額所得者▽低額回答

使い分け「少額」は、金額の量が少ないことを表わすのに対して、「低額」は、金額の量が少ないことと、金額の程度の低いことを表わす。

【関連語】◆(小口)金額や物品の量が少ないこと。「小口の預金」「小口の注文にも応じる」

参照▼小口⇒811-27

513-05 小金／小銭

【関連語】◆(ばら銭)

共通する意味★あまり多くはない、少しばかりのまとまった金。【英】*small money*

使い方▼〔小金〕▽小金をためてスナックを開いた〔小銭〕▽彼は小銭をためこんでいる

使い分け【1】「小金」「小銭」とも、それほど高額ではないが、何か商売を始められるぐらいの少しまとまった金の意。「小金」の方が一般的。【2】「小銭」には、こまかい金、硬貨の意味もあり、「小銭の持ち合わせがない」「小銭入れ」のように用いられる。

【関連語】◆(ばら銭)細かい銭。小銭。「ばら銭を少し持っているだけだ」

513-06 はした金／目腐れ金

共通する意味★わずかな金。【英】*a small sum*

使い方▼〔はした金〕▽こんなはした金で黙らせようったって、そうはいかないよ▽こんなはした金では役に立たない〔目腐れ金〕▽これっぽっちの目腐れ金、ほしけりゃやるよ

使い分けいずれも、金額の少なさを非難したりののしったりする時に用いるが、「目腐れ金」のほうが、ののしっていう気持ちは強い。

513-07 無料／ただ／無銭

共通する意味★料金、代金が必要ないこと。【英】*no charge*

使い方▼〔無料〕▽資料を無料で配布する▽入場無料〔ただ〕▽自転車をただで譲ってもらう▽ただほど高いものはない(＝物をもらうと、その代わりにものを頼まれたり、お返しに金がかかったりして、かえって高いものにつく)〔無銭〕▽無銭で日本を縦断した

	□で引き受ける	□奉仕	□働き	□旅行	□飲食
無料	○	○	-	-	-
ただ	○	-	○	-	-
無銭	-	-	-	○	○

使い分け【1】「無料」「ただ」は、ほぼ同じ意で、しばしば使われる語。「ただ」の方がくだけた言い方で口語的。【2】「無銭」は、金を持っていないこと。

反対語▼無料⇔有料

513-08 釣り／釣り銭

共通する意味★代金より多い額の貨幣を払ったときに戻ってくる差額の金銭。【英】*change*

使い方▼〔釣り〕▽釣りはいらないよ▽お釣りをもらう▽釣りをごまかされる　〔釣り銭〕▽釣り銭を間違える▽釣り銭をわたす

使い分け　「釣り」は、「釣り銭」の略。一般的には、「お釣り」の形で使われる。

5 13-09　現金／キャッシュ／現生

【関連語】◆(有り金)ありがね

共通する意味★小切手や手形ではなく、実際に通用している貨幣。【英】*cash*

使い方▼〔現金〕▽現金で支払う▽現金をかき集める▽現金書留　〔キャッシュ〕▽ホテル代はキャッシュにする▽全額をキャッシュで払う▽キャッシュカード　〔現生〕▽現生の山▽現生の魅力には勝てないね

使い分け【1】「現金」が、最も一般的に用いられる。また、「現金な奴ゃっ」のように、目先の利害によって、その態度や主張などをがらっと変えるさまの意もある。【2】「キャッシュ」は、比較的新しい言い方。やや気取っていう場合が多い。【3】「現生」は、「現金」の俗な言い方。普通はあまり使われない。

【関連語】◆(有り金)持っている金全部。「有り金はたいて酒を飲む」

5 13-10　小遣い／ポケットマネー

【関連語】◆(へそくり)

共通する意味★生活費とは別の、ある範囲内で、自分の自由に使える金。【英】*pocket money*

使い方▼〔小遣い〕▽親から小遣いをもらう▽月の小遣いは二万円と決めている　〔ポケットマネー〕▽車のローンはポケットマネーで支払う▽ポケットマネーの範囲で遊ぶ

使い分け【1】「小遣い」は、身の回りのことや趣味、遊びなどに使うため、人からもらったり、自分の収入から仕分けたりした金をいう。子供に与えるごく少額のものから、社会人などが自らの収入からそれ用に使う金額など、かなり多額になる場合までいうが、一般的には少額である。【2】「ポケットマネー」は、ポケットに入っているようなわずかな金の意。「小遣い」のように、人からもらっている場合にはいわない。

【関連語】◆(へそくり)大人が、自分の収入や生活費の中から、倹約してこっそりためておく金銭。普通は少額。個人的に必要になった場合などに使う目的で、公にしていないものをいう。

5 13-11　酒代／酒手／飲み代

共通する意味★買ったり飲んだりする酒の代金。【英】*drink money*

使い方▼〔酒代〕▽つき合いが広いので月々の酒代もかさむ　〔酒手〕▽酒手がかさんで生活が楽じゃない　〔飲み代〕▽飲み代は課長がもってくれるそうだ

使い分け【1】「酒代」「飲み代」が、比較的よく使われる。【2】「酒手」には、心づけ、チップの意もあり、「酒手をはずむ」のように使う。【3】「飲み代」は、酒を飲むその都度支払う代金をいうことが多いのに対し、「酒代」「酒手」は、つけにしておいて後でまとめて酒屋に支払う代金をいうことも多い。

5 13-12　頭金／手付け／内金

共通する意味★売買、貸借などの契約や分割払いなどで、当初に支払う金。【英】*a key money*

使い方▼〔頭金〕▽マンション購入の頭金を支払う　〔手付け〕▽手付けとして一万円置く▽手付けを打つ　〔内金〕▽内金を払う▽内金を入れる

使い分け【1】「頭金」は、多額の物件の契約が成立したときに代金の一部として払う金。残りの代金を月賦などの分割払いで支払う場合にいう。比較的高額であることが多い。【2】「手付け」は、売買などの契約を結ぶときに、その履行を保証するものとして払う金。少額の場合もある。「手付け金」「前渡し」「手金てきん」ともいう。【3】「内金」は、代金や報酬などのうちで前もって支払う部分の金。「手付け」の意で使うこともある。

5 13-13　消費／費やす

共通する意味★金品、時間、力などをあることのために使ってなくす。【英】*consumption*

使い方▼〔消費〕スル▽電力の消費をおさえる▽時間をむだに消費するな▽消費者　〔費やす〕(サ五)▽時間と金を費やした開発計画▽説得するのに三日を費やした

使い分け【1】「消費」は、種々の物を使ってなくすことで、よく使われる語。熟語も多い。【2】「費やす」は、「消費」と異なり、「着くまでに思わぬ時間を費やした」のように、むだにしてしまう意もある。【3】「消費(する)」は、数量で表わされるものに用いることが多いのに対して、精神的な力などにいう場合は「費やす」が多い。

5 13-14　無駄遣い／浪費／濫費

【関連語】◆(徒費)とひ◆(散財)さんざい◆(空費)くうひ◆(冗費)じょうひ◆(使い込む)つかいこむ◆(不経済)ふけいざい

共通する意味★効果がないことに金や物、時間を使うこと。【英】*to waste one's money*

使い方▼〔無駄遣い〕スル▽無駄遣いしないよう計画的な買い物をする▽小遣い帳をつけて無駄遣いを防ぐ　〔浪費〕スル▽蓄えを遊びに浪費してしまった▽浪費家　〔濫費〕スル▽交際費の濫費が目に余る

	財産の□をいましめる	水を□してはいけない	時間と労力の□を防ぐ	予算の□を監視する
無駄遣い	○	○	○	○
浪費	○	-	○	○
濫費	○	-	-	○

使い分け【1】「無駄遣い」は、金銭や、水、ガスや他の物について、日常のくだけた場面で使われる。【2】「浪費」は、金銭や時間、労働力について使われる。【3】「濫費」は、多くの金銭をむやみに使うこと。文章語。

【関連語】◆**（散財）**スル金銭をたくさん使うこと。遊び、供応などで金を費やすことにいう。「今晩はご馳走になり、散財をかけてすみません」◆**（空費）**スル金、時間、労力などをむだに使うこと。「貴重な青春時代を空費しないように」◆**（徒費）**スル金や時間、労力などをむだに使うこと。文章語。また、そのようにして費やしたもの。「税金の徒費は許せない」「長年の労力は徒費に終わった」◆**（冗費）**むだな費用。「冗費を節約する」◆**（使い込む）**（マ五）自分のものでない金銭を私用で使う。また、予算以上に使う。「今月は予定より三万円も使い込んだ」「公金を使い込む」◆**（不経済）**（名・形動）経済の上からみて、費用の節約にならないさま。「過剰包装は不経済だ」

5 13-15 費用／経費／コスト

【関連語】◆（実費）◆（雑費）

共通する意味★何かをするのに必要な金。**【英】** *expense(s)*

使い方▼〔費用〕▽社内旅行の費用を準備する▽費用は全員で負担した　〔経費〕▽接待にかかった経費を請求する▽経費を節減する▽必要経費　〔コスト〕▽輸入するとどうしてもコストがかかってしまう▽コストアップ

使い分け【1】「費用」は、何かをするとき必要な金銭全部の意で使われるが、「経費」は、「会社の経費」「一年間の経費」のように、一定の枠の中で必要とされる金銭の意で使われることが多い。【2】「コスト」には、「コストを割ってでも売りたい」のように、「原価」の意もある。

【関連語】◆**（実費）**サービス料、手数料などを含まない、実際に必要なだけの費用。「実費で頒布する」◆**（雑費）**費目別に分けたとき、どこにも入らないこまごまとした費用。「雑費扱いにする」

5 13-16 旅費／路用／路銀

共通する意味★旅行に必要な費用。**【英】** *traveling expenses*

使い方▼〔旅費〕▽旅費を捻出する▽出張旅費　〔路用〕▽わずかですが路用のたしにしてください　〔路銀〕▽家具を売り払って路銀をこしらえた

使い分け「旅費」が、一般的に使われる。「路用」「路銀」は、古風な言い方で、現在ではあまり使わない。

5 13-17 交通費／足代／車代

【関連語】◆（運賃）

共通する意味★乗り物で移動するときにかかる費用。**【英】** *traffic expenses*

使い方▼〔交通費〕▽郊外に住んでいるので交通費がかさむ▽交通費全額支給　〔足代〕▽こんな安い時給では足代も出ない▽こちらから出向くと足代が高くつく　〔車代〕▽講師の車代を経費に計上する▽お車代

使い分け【1】「交通費」は、距離の遠近や交通機関の種類にかかわらず、一般に広く用いられる。【2】「足代」は、くだけた言い方として使われる。日常身近な乗り物による比較的近距離の移動について使われることが多い。【3】「車代」は、ふつう、タクシー代をいうが、その名目で支払う比較的少額の謝礼をいうことも多い。「お車代」という場合は、ふつう後者をいう。

【関連語】◆**（運賃）**乗り物で、貨物や旅客を運ぶ料金。「航空運賃」「運賃表」

5 13-18 公費／官費／国費

共通する意味★国や公共団体が負担する費用。**【英】** *public expenditure*

使い方▼〔公費〕▽公費のむだ使いをなくす　〔官費〕▽官費で海外出張をする▽官費旅行　〔国費〕▽交流会館は国費で運営されている▽国費留学生

使い分け【1】「公費」は、国から支出されるものと、公共団体から支出されるものとの両方がある。【2】「官費」「国費」は、政府の国家予算から支出されるものをいう。【3】「公費」「官費」は、「官費の慰安旅行」「公費で飲み食いする」のように、会社などの組織体から支出される費用を、俗にいうこともある。

反対語▼公費・官費⇔私費

5 13-19 私費／自費

共通する意味★自分で負担する費用。**【英】** *private expense*

使い方▼〔私費〕▽私費で留学する▽私費で出張する　〔自費〕▽自費で海外旅行をする▽自費出版

使い分け【1】「私費」は、「公費」に対するもので、国や団体からでなく個人が支出する費用の意。【2】

「自費」は、他人ではなく自分が支出する費用の意。
反対語▼私費⇔公費・官費

5 13-20 自弁／手弁当／持ち

【関連語】◆（持ち出し）

共通する意味★自分で費用などを負担すること。**【英】***paying one's own expense*

使い方▼〔自弁〕スル▽交通費は各自自弁のこと▽食事は自弁で願います　〔手弁当〕▽候補者の応援に手弁当でかけつける▽手弁当で手伝う　〔持ち〕▽懇親会の費用は主催者持ちだ▽衣装は自分持ちだ

使い分け【1】「自弁」は、自分に必要な経費は自分で負担すること。【2】「手弁当」は、自分で弁当を持って行くことから、転じて、本来なら報酬を受け取るべきところを無報酬で働くこと。多く、他を応援するような場合に用いられる。【3】「持ち」は、金銭に限らず自分で負担することをいうが、「…持ち」の形で、負担する者の名などと複合して使われる。

【関連語】◆（持ち出し）不足の費用を自分で負担すること。「出張するといつも持ち出しになる」

5 13-21 手当て／報酬／ギャラ

共通する意味★仕事に対して支払われる金銭。**【英】***an allowance*

使い方▼〔手当て〕▽毎月の手当てを受け取る　〔報酬〕▽報酬をはずむ▽無報酬で働く　〔ギャラ〕▽今度の職場はギャラがいい▽タレントにギャラを支払う

使い分け【1】「手当て」は、給料として一定の仕事に支払われる一定の金をいうが、むしろ「通勤手当て」「住宅手当て」のように、本給以外にさまざまな名目で支給される金をいうことのほうが多い。【2】「報酬」は、ある仕事に対し、礼として支払われる金をいう。【3】「ギャラ」は、「ギャランティー（**【英】***guarantee*）」の略。本来、出演料をいうが、話し言葉では給料の意でも用いられる。

参照▼手当て⇒020-06

5 13-22 給料／賃金／給与

【関連語】◆（サラリー）◆（ペイ）◆（手間賃）◆（駄賃）

共通する意味★労働の報酬として支払われる金銭。

使い方▼〔給料〕▽働いて給料をもらう▽今の会社は給料がいい▽給料が上がる　〔賃金〕▽業種により賃金には格差がある▽安い賃金で働かされる▽賃金カット▽最低賃金　〔給与〕▽給与から天引きの預金▽給与の面は御心配なく▽基準内給与

使い分け【1】三語とも、毎月決まった日に支払われるような定期的な報酬をいい、一回ごとの労働に対する報酬についてはいわない。【2】「給料」が、最も一般的で、日常の会話でも文章中でも用いられる。**【英】***a salary*【3】「賃金」は、報酬の一般的な金額の水準などを問題にする場合や、労働組合運動などで多く用いられる。**【英】***wages*【4】「給与」は、多く、公的な書類などで用いられる改まった言い方。

【関連語】◆（サラリー・ペイ）「給料」「賃金」と同意に使われるが、やや俗語的。「ペイ」は、一回一回の仕事ごとに受け取る報酬についてもいう。「こんなサラリーでは家計が苦しい」「今度の仕事はペイがいい」◆（手間賃）仕事にかかった手間に対する報酬としての金銭。定期的なものではない。「手間賃だけでもいただきましょう」◆（駄賃）子供の手伝いなどに対するほうびとして与える金銭や菓子。「駄賃をあげるからタバコを買ってきておくれ」

5 13-23 年俸／月給／週給／日給／時給

共通する意味★金銭で支払われる報酬の種類。

使い方▼〔年俸〕▽年俸一億円で契約する　〔月給〕▽月給二十万円の会社▽月給が上がる　〔週給〕▽週給四万円で働く　〔日給〕▽日給五千円▽日給月給（＝働いた日数分の日給を月給の形でまとめて支給する方法）　〔時給〕▽時給八百円は安すぎる▽時給がいいアルバイト

使い分け【1】「年俸」は、一年を単位として定めたもの。【2】「月給」は、一か月を単位として定めたもの。【3】「週給」は、一週間を単位として定めたもの。【4】「日給」は、一日を単位として定めたもの。【5】「時給」は、一時間を単位として定めたもの。

5 13-24 本給／本俸／基本給

共通する意味★手当てなどを含まない、給料の基本的な部分。**【英】***a basic salary*

使い方▼〔本給〕▽本給は毎年引き上げられる　〔本俸〕▽経験年数により本俸も異なる　〔基本給〕▽基本給に歩合がプラスされる

使い分け「本俸」は、古めかしく硬い言い方。

5 13-25 ボーナス／賞与／一時金

共通する意味★定期的な給料以外に臨時に支払われる金銭。

使い方▼〔ボーナス〕▽夏のボーナスでクーラーを買う　〔賞与〕▽わが社では年二回の賞与がある　〔一時金〕▽年度末に一時金が支給される

使い分け【1】「ボーナス」「賞与」は、ふつう、夏

（六月）、冬（一二月）などに支給される金銭。改まった場合や公的には「賞与」が用いられ、「ボーナス」は、日常会話などで用いられる。【2】「一時金」は、労働組合の側からの言い方。また、退職金などのように、分割ではなく一時にまとめて支払われる金銭をいうこともある。

5 13-26 賃上げ／ベースアップ

共通する意味★賃金を引き上げること。**【英】** *a wage raise*

使い方▼〔**賃上げ**〕スル▽賃上げ闘争 〔**ベースアップ**〕スル▽五パーセントのベースアップを要求する

使い分け 「ベースアップ」は、略して「ベア」ということが多い。

5 13-27 取り分／分け前／割り前

【関連語】 ◆（**取り高**）とりだか ◆（**得分**）とくぶん ◆（**分**）ぶん

共通する意味★分けたもののうちで、自分が手に入れることのできる部分。**【英】** *a share*

使い方▼〔**取り分**〕▽取り分が少ないと文句を言う〔**分け前**〕▽分け前がもとで仲間割れをする〔**割り前**〕▽会費の割り前を決める

使い分け【1】「取り分」「分け前」は、金品を分けあい、それぞれが一部ずつを取得する場合にいう。「分け前」は、ややくだけた言い方。【2】「割り前」は、物の代金などを人数で割って、各自が負担する場合などにいう。

【関連語】 ◆（**取り高**）自分が取得する部分。あまり一般的ではない。「一人当たりの取り高」◆（**得分**）自分が取得する分。古めかしい言い方。「得分を明らかにする」◆（**分**）分け与えられたもの。「他人の分まで食べてはいけない」「兄の分に取っておく」

参照▼分⇒511-03

5 13-28 割り当てる／振り当てる／割り振る／あてがう

【関連語】 ◆（**振り分ける**）ふりわける ◆（**賦する**）ふする

共通する意味★自分の分としてそれぞれに与える。**【英】** *to assign*

使い方▼〔**割り当てる**〕（タ下一）〔**振り当てる**〕（タ下一）〔**割り振る**〕（ラ五）〔**あてがう**〕（ワ五）

	割り当てる	振り当てる	割り振る	あてがう
各人に仕事を□	○	○	○	○
翌日を代休に□	-	○	-	-
チケット百枚をノルマとして□	○	-	-	-
赤ん坊におもちゃを□	-	-	-	○

使い分け【1】「割り当てる」「割り振る」は、何かを分担させる場合に用いられる。「割り当てる」は、全体を分けて、その分けたものを与える相手それぞれに負担させていく意。「割り振る」は、全体を与える相手に応じた分に分けていく意。「割り当てる」の場合、分担させられない相手もあり得るが、「割り振る」は、全体を相手の数に応じて分けていくので、何かしら分担させられることになる。【2】「振り当てる」は、仕事を分担させるだけでなく、特定の時間をある行為をするために割く場合にも用いる。【3】「あてがう」は、何かを相手に与えてやる場合、適当に見計らって与えるような場合に用いる。したがって、目上の相手には使えない。

【関連語】 ◆（**振り分ける**）（カ下一）あるまとまりを持った多数のものごとを、それぞれに分けて与える。また、二つに分ける。「予算を振り分ける」「髪を左右に振り分ける」◆（**賦する**）（サ変）各相手に与える。義務として課する。文章語。「税を賦する」

5 13-29 賭ける

意味★勝負事や成否の分かれる事柄などで、負けた者が勝った者に金品などを与えることを約束する。

【英】 *to bet*

使い方▼〔**賭ける**〕（カ下一）▽ルーレットに大金を賭ける▽命を賭けた恋

5 13-30 年金／恩給

共通する意味★退職後などに、一定期間、規定の額で支給される金。**【英】** *a pension*

使い方▼〔**年金**〕▽年金の支給額が上がる▽国民年金〔**恩給**〕▽恩給で暮らす▽軍人恩給

使い分け【1】「年金」は、一年を基準として支給されるもの。政府の社会保障制度としての公的年金と、民間の私的年金とに大別される。【2】「恩給」は、退職した公務員や旧軍人、その遺族など、一定の資格のある者に対し、国が支給するものをいう。軍人恩給を除いては、共済年金などに切り替えられた。

5 13-31 賄賂／まいない／袖の下／裏金

【関連語】 ◆（**鼻薬**）はなぐすり ◆（**リベート**）◆（**コミッション**）◆（**贈賄**）ぞうわい ◆（**収賄**）しゅうわい

共通する意味★人に贈る金品。**【英】** *a bribe*

	□を使う	□をする	□を作る
賄賂	○	-	-

まいない	○	○	-
袖の下	○	-	-
裏金	○	-	○

使い分け【1】「賄賂」「まいない」「袖の下」は、自分に都合のいいように取りはからってもらう目的で相手に贈る金品のこと。特に、政治家や役人などが、その職権を利用して便宜を与える見返りに受け取る違法な報酬をいうことが多い。「賄賂」が、一般的に用いられる。「まいない」は、やや古い言い方。「袖の下」は、俗な言い方。金品を袖の下に隠すようにこっそりと渡すというところから。【2】「裏金」は、取引を有利にするために表に出さないでやりとりする金銭。

【関連語】◆**(鼻薬)**少額の賄賂を表わす俗語。「鼻薬をきかせる」「鼻薬がきいたらしい」◆**(リベート)**賄賂のこと。「リベートを受け取って便宜をはかる」◆**(コミッション)**商取引などの仲介の手数料。実際には「賄賂」である場合もある。◆**(贈賄)**スル賄賂を贈ること。「贈賄の容疑で送検する」「贈賄罪」◆**(収賄)**スル賄賂を受け取ること。「収賄事件」「収賄罪」

5 13-32 心付け／チップ／祝儀

【関連語】◆(おひねり)

共通する意味★サービスに対する謝礼として与える金。**【英】** *a tip*

使い方▼〔心付け〕▽仲居さんに心付けを渡す　〔チップ〕▽ボーイにチップをはずむ　〔祝儀〕▽運転手に祝儀を包む▽ひいきの役者に祝儀をはずむ

使い分け【1】三語とも、使用人やサービス業に従事している人、芸人、使いの子供などに、その場の働きに対するねぎらいの気持ちを表わすために与える少額の金銭をいう。【2】「心付け」は、感謝の気持ちや、より良いサービスを求める気持ちを表わすために与えるもの。【3】「チップ」は、元来は外国の習慣で、ボーイなどのサービス業に携わる人に与える礼金をいう。【4】「祝儀」は、特に婚礼などの祝いの儀式の意から、祝意を表わして贈る金品のこともいう。

【関連語】◆**(おひねり)**少額の金を紙に包みひねったもの。神仏に供えたり、芸人、役者などに祝儀として与えたりする。

参照▼祝儀⇒605-08

5 13-33 債権／債務

共通する意味★財産に関する権利と義務。

使い方▼〔債権〕▽この家に対する債権を放棄する▽債権を差し押さえる▽債権者　〔債務〕▽多額の債務を残して姿を消す▽債務を引き受ける▽債務者

使い分け【1】「債権」は、貸した金の返済や売った品物の代金などの支払いを債務者に対して要求する権利。**【英】** *credit* 【2】「債務」は、逆に、債権者に対し、借金の返済や品物の引き渡しなどをしなければならない法律上の義務。**【英】** *debt*

5 13-34 担保／抵当／質

共通する意味★金銭などを借りるとき、あらかじめ自分の財産や権利を相手への保証に当てること。**【英】** *a mortgage*

使い方▼〔担保〕▽土地を担保に建築資金を借りる▽無担保融資　〔抵当〕▽家屋敷まで抵当に入っている▽抵当流れで手に入れた土地　〔質〕▽家財道具を質に取られる▽時計を質に入れる

使い分け【1】「担保」は、債務不履行に備えてあらかじめ債権者に提出され、債務の弁済を確保するためのもの。不動産、手形、預金、また保証人などを広く含めていう。【2】「抵当」は、「担保」にされた不動産などに対し、債務者の使用を認めつつ、債権者が物の価値を把握するだけの抵当権を持つもの。【3】「質」は、約束の保証として債務者が債権者に預け、期限の日時まで債権者が保持保管するもの。特に、質屋に借金の保証として預ける品物をいう。

5 13-35 手形

意味★一定の金額を将来の一定の時期に一定の場所で支払うことを記載した有価証券。**【英】** *a bill*

使い方▼〔手形〕▽手形を振り出す▽手形が不渡りになる

5 13-36 為替

意味★現金でなく、手形、小切手などにより、債権、債務を決済する方法。**【英】** *exchange*

使い方▼〔為替〕▽郵便為替▽為替手形

5 13-37 金利／利／利子／利息

【関連語】◆(単利)◆(複利)◆(年利)◆(月利)◆(日歩)

共通する意味★金銭を預けたり貸したりした相手から、一定の割合で定期に受け取る報酬。**【英】** *interest*

使い方▼〔金利〕▽金利が上がる▽金利がかさむ　〔利〕▽利がいい金融商品に乗りかえる　〔利子〕▽利子が高くなる▽貯金の利子で生活する　〔利息〕▽高い利息で借りる▽利息を返す

使い分け【1】「金利」は、特に金融機関の利率をさす。元金に対する比率の意で、その資金の使用料として支払うべき金額をいう。【2】「利子」「利息」は、金融機関に預け入れた元金に対する一定利率の利益分をいうことが多い。「利息」は、特に借りる側が使うことが多い。【3】「利」は、「利息」の意ではあまり一般的ではないが、「利にさとい」「利をあげる」のように、利益、もうけの意では広く用いられ、「地の利がいい」のように、有利であることにも用いられる。

反対語▼利子・利息⇔元金

【関連語】◆(単利)元金だけに対する利子。◆(複利)複利法(＝前期の利子を元金に加え、その合計額を次期の元金として利子を計算する方法)に基づいて計算される利子。◆(年利)一年を単位として定められた利率。◆(月利)一か月を単位として定められた利率。◆(日歩)元金百円を単位として定められた一日の利率。「日歩五厘」

参照▼利⇒512-47

513-38 元金（がんきん）

【関連語】◆(元本)がんぽん◆(元利)がんり

意味★貸し借りし、利益、主に利子を生み出すもとの金。【英】*the principal* ⇔利子・利息

使い方▼〔元金〕▽元金は保証する▽元金を返す

【関連語】◆(元本)利益を生み出す財産。預貯金だけでなく、土地、債券、株券なども含まれる。◆(元利)元金と利子。「元利合計」

513-39 税（ぜい）／税金（ぜいきん）／租税（そぜい）

共通する意味★国家や地方公共団体がその経費に当てるため、住民などから法律に基づいて強制的に徴収する金銭。【英】*a tax*

使い方▼〔税〕▽税を課す▽税を軽くする▽自動車税〔税金〕▽税金を徴収する▽税金逃れ　〔租税〕▽租税に関する法律

使い分け【1】「税」は、制度、徴収の種類、金額のいずれにも用いる。「税率」「課税」「国税」「地方税」「消費税」のように、他の語と複合して用いることも多い。【2】「税金」は、「税金を一割引かれる」「税金対策」などのように、具体的に個々の場合にいうことも多い。日常語として一般的に用いられる。【3】「租税」は、「税」同様、制度的、公的に使われることが多く、日常的にはほとんどいわない。

513-40 重税（じゅうぜい）／血税（けつぜい）／酷税（こくぜい）／苛税（かぜい）

共通する意味★厳しい税金。【英】*a heavy tax*

使い方▼〔重税〕▽重税に苦しむ▽重税をかける▽重税感　〔血税〕▽国民の血税をむだにする　〔酷税〕▽酷税に苦しむ　〔苛税〕▽苛税にあえぐ

使い分け【1】「重税」は、負担の大きい租税をいい、一般に使われる語。【2】「血税」は、血の出るような苦労をして納める税。もとは身血を税とすることの意で、徴兵や兵役義務のたとえとして用いられた。【3】「酷税」「苛税」は、きわめて厳しい租税。一般には「酷税」の方が使われる。

513-41 食費（しょくひ）／食事代（しょくじだい）

【関連語】◆(食い扶持)くいぶち

共通する意味★食事にかかる費用。【英】*food expenses*

使い方▼〔食費〕▽今月は食費がかさんだ　〔食事代〕▽外食すると食事代が高くつく

使い分け【1】「食費」は、「一家の食費」「今月の食費」のように、生活費の中で、食事にかかる経費全般をいう。中には「食事代」も含まれる。【2】「食事代」は、「食事代も旅行費用に含まれる」など、一回ごとの食事にかかる費用をいう。

【関連語】◆(食い扶持)ある期間食べていくための費用。「母に自分の食い扶持をわたす」「家族の食い扶持を稼ぐ」

514 …公私・秘密・露顕

514-01 公（おおやけ）／公的（こうてき）

【関連語】◆(公共)こうきょう◆(公式)こうしき

共通する意味★政府、国家、役所に関すること。【英】*official*

使い方▼〔公〕▽公の機関▽公の立場での発言　〔公的〕(形動)▽公的な手続きを経る▽公的機関に訴える

使い分け「公」には、官庁に関すること以外に、社会全体に明らかなことの意もある。

反対語▼公⇔私（わたくし）　公的⇔私的

【関連語】◆(公共)社会一般に関すること。「公共の施設」「公共放送」◆(公式)公に決められた形式にのっとって物事を行うさま。「公式に申し込む」「公式的」

参照▼公⇒514-02

514-02 公（おおやけ）／表向き（おもてむき）／公然（こうぜん）／おおっぴら／オープン

【関連語】◆(筒抜け)つつぬけ

共通する意味★一般に知れ渡ること。【英】*public; open*

使い方▼〔公〕▽ことを公にする▽事実が公になる▽公に発表する　〔表向き〕▽表向きには病気ということになっている　〔公然〕(名・形動たる・と)▽名前を公然と明かすことができない▽公然と武器の取引が行われている▽公然の秘密　〔おおっぴら〕(形動)▽このことをおおっぴらにしてもいいんだね▽おおっぴらにつき合う　〔オープン〕(形動)▽何でもオープンに話し合う

5 社会生活

う▽オープンな交際

使い分け【1】「公」は、広く世間一般に知られること。表沙汰(おもてざた)にすることをいう。【2】「表向き」は、「表向きは質店だが、内実は故買屋だ」のように、世間一般に対しての表面的なこともいう。【3】「公然」は、一般に知れ渡るさまや、隠し立てすることなく、堂々と世間にあきらかにするさまをいう。【4】「おおっぴら」は、隠し立てすることなく、世間に対してあからさまにするさまや、人目をはばからずに、堂々と物事をおこなうさまなどをいう。【5】「オープン」は、隠し立てせず開放的なさま。

【関連語】◆**(筒抜け)**秘密などがそっくり漏れ伝わること。「極秘事項がライバル会社に筒抜けになる」

参照▼公⇒514-01

514-03 発表(はっぴょう)／公表(こうひょう)／公開(こうかい)

【関連語】◆**(披露)**ひろう◆**(暴露)**ばくろ

共通する意味★多くの人に明らかにすること。**【英】***announcement; to announce*《動》

使い方▼**〔発表〕**スル▽公式見解を発表する▽ピアノの発表会　**〔公表〕**スル▽閣僚の資産を公表する▽公表をはばかる　**〔公開〕**スル▽私信を公開する▽公開の席で述べる▽公開講座

	記録を□	結果を□	婚約を□	庭園を□
発表する	○	○	○	-
公表する	○	○	△	-
公開する	○	-	-	○

使い分け【1】「発表」は、人々が知らない物事を初めて知らせることをいう。【2】「公表」は、非公式には知られている事柄も含めて正式に世間に知らせることにいう。【3】「公開」は、広く公衆に開放することもいう。「スタジオを公開する」「一般公開」

【関連語】◆**(披露)**スル広く知らせたり見せたりすること。また、縁組、開業、就任などおめでたいことを人々に知らせる場合にも用いる。「手品を披露する」「披露宴」◆**(暴露)**スル当事者が隠したい物事を他者が暴き、人々に知らせること。「曝露」とも書く。「政界の不正を暴露する」

参照▼暴露⇒514-15

514-04 表沙汰(おもてざた)／表面化(ひょうめんか)

共通する意味★隠されていた物事が表面に現れること。**【英】***to come to front*

使い方▼**〔表沙汰〕**▽この不祥事は表沙汰にしたくない▽不始末が表沙汰になる　**〔表面化〕**スル▽学内抗争が表面化する▽問題が表面化する

使い分け【1】「表沙汰」は、公にしたくないこと、世間に知られたくないことなどが、公になったり世間に知れ渡ったりすること。【2】「表面化」は、今まで表に現れなかった問題などが表に現れてくること。【3】二語とも、多く人に知られたくない物事、よくない物事に関していう。

514-05 目立(めだ)つ／際立(きわだ)つ／引(ひ)き立(た)つ

【関連語】◆**(顕著)**けんちょ◆**(水際立つ)**みずぎわだつ◆**(著しい)**いちじるしい◆**(めぼしい)**

共通する意味★特に人目につく。**【英】***conspicuous*

使い方▼**〔目立つ〕**(タ五)　**〔際立つ〕**(タ五)　**〔引き立つ〕**(タ五)

	汚れが□	塩を加えると味が□	□た特徴がない作品	花を描き加えると絵全体が□
目立つ	○	-	-っ○	-
際立つ	-	-	-っ○	△
引き立つ	-	○	-っ-	○

使い分け【1】「目立つ」は、対象の善悪に関係なく、他と視覚的にはっきりと区別できるような場合に用いられる。【2】「際立つ」は、他との区別がはっきりとしている意。多く、良い意味に用いる。【3】「引き立つ」は、何かが加わることによって、いちだんと良く見えたり、また良くなったりする意。

【関連語】◆**(顕著)**(形動)疑いようもなく明らかに目につくさま。文章語。「地球温暖化の傾向が顕著になってきた」「顕著な現象」◆**(水際立つ)**(タ五)動作や物事の処理の仕方があざやかで立派である。「外交に水際立った手腕を発揮する」「水際立った演技」◆**(著しい)**(形)とてもはっきりして、明白である。「工業の発展が著しい地域」「体力が著しく衰える」◆**(めぼしい)**(形)はっきりとして値うちがあるさま。「徹夜で勉強したのにめぼしい成果がなかった」

514-06 台頭(たいとう)／登場(とうじょう)／デビュー

共通する意味★人や世間にその存在を知られるようになること。**【英】***a debut*

使い方▼**〔台頭〕**スル▽若手の台頭が目ざましい▽ファシズムが台頭する　**〔登場〕**スル▽在来線に新しい車両が登場した▽今度は代わって道化役の登場だ　**〔デビュー〕**スル▽デビューしたばかりの新人▽華々しく文壇にデビューする

	新人の□	革新勢力が□する	舞台に□する	歌手として□する
台頭	○	○	-	-
登場	○	△	○	△
デビュー	○	-	-	○

使い分け【1】「台頭」は、新たに勢力を増すこと、有力になってくること。本来「擡頭」と書き、頭をも

たげることの意。次第次第に力をつけてぬきん出てくることをいう。多く、集団や思潮に用い、個人については用いない。したがって、「登場」「デビュー」は、「今日登場する」「今日デビューする」のように使うが「台頭」は、「今日台頭する」のような言い方はしない。【2】「登場」は、広くある場面、場所に現れること。実際に劇、ショーなどの舞台に姿を現す場合にも用いられる。また、作品とか、「この事件にはカギを握る三人の人物が登場する」のように、ある内容をもった事柄の中で姿を現す場合にも用いられる。この用法は、「デビュー」にはない。【3】「デビュー」は、「登場」にくらべると意味は限られ、ふつう、新人がある限られた世界で、初めて姿を現すことをいう。

5 14-07 発揮（はっき）／発露（はつろ）

共通する意味★内に秘めていた性質、感情、能力などを表に出すこと。**【英】** *display*

使い方▼〔**発揮**〕スル▽実力を**発揮**するいい機会だ▽すぐれた指導力を**発揮**する▽思いがけない力を**発揮**する▽魚群探知機が威力を**発揮**する▽母性本能を**発揮**する　〔**発露**〕スル▽友情の**発露**▽自衛本能が**発露**したふるまい

使い分け【1】「発揮」は、内に秘めている能力、性質、性能などを十分に表に出し、役立たせること。主体は、人間に限らず、機械装置などであることも多い。表に出す能力、性質は、ふつう、よいものにいい、積極的な成果をあげる場合に用いられる。また、「親馬鹿ぶりを発揮する」のように、ある性質を人が表に出してふりまく場合にもいい、その性質は、好ましいものであることが多い。【2】「発露」は、心の内に秘めた感情や本能などが、表面に具体的な行動、態度などの形をとって表われること。意図的にではなく、自然にわき起こった感情が表面に出てくるような場合に用いられる。

5 14-08 現れる（あらわ）／出る（で）

共通する意味★外部からはっきりと認識できるようになる。**【英】** *to appear*

使い方▼〔**現れる**〕(ラ下一)▽徳が**現れる**▽効果が**現れる**　〔**出る**〕(ダ下一)▽思わず涙が**出る**▽結論が**出る**▽地（じ）が**出る**

	困惑が表情に□	化け物が□という寺	正体が□	美しい音が□
現れる	○	○	○	-
出る	○	○	-	○

使い分け【1】「現れる」は、今まで見えなかったもの、隠されていたもの、存在すると思われていなかったものが、認められたり、見えたりするようになる意。何かが表現される場合には「表われる」、明らかになる場合には「顕れる」とも書く。【2】「出る」は、「現れる」ほど目に見えるものでなくても、ある存在が、隠していた意図、覆われていた枠などから、表に出現する意。また、「部屋を出る」「バスが出る」のように、ある限られた範囲の外へ進み動いて行く意や、「後頭部が出た人」のように、でっぱる意、「調子が出る」のように、数量、力などが加わる意、「足が出る」のように、ある限界、標準などを越える意、「許しが出る」のように、与えられる意などがある。

5 14-09 現す（あらわ）／出す（だ）

共通する意味★外部からはっきりと認識できるようにする。**【英】** *to show*

使い方▼〔**現す**〕(サ五)▽姿を**現す**▽頭角を**現す**（＝人にぬきん出てくる）▽お礼の気持ちを**表わす**　〔**出す**〕(サ五)▽奥から顔を**出す**▽扇風機を**出す**▽肩を**出**したドレス

	不快感を顔に□	文章に□	言葉を口に□	美しい音を□楽器
現す	○	○	-	-
出す	○	-	○	○

使い分け【1】「現す」は、「出す」とは異なり、表現したり、見える形で示したりするときに多く用いられる。隠れていたものを、（形が）見えるようにする場合は「現す」、表現する場合は「表わす」、書物などを書いて世に出す場合には「著す」、隠れていた物事が他に知られるようになる場合は「顕す」とも書く。【2】「出す」は、ある範囲、枠組み、存在などの中から外へ移す意。見えないものにも用いる。

参照▼あらわす⇒611-01　出す⇒113-47

5 14-10 露出（ろしゅつ）／裸出（らしゅつ）／丸出し（まるだ）

共通する意味★物におおわれていないで、むき出しになっていること。**【英】** *exposure*

使い方▼〔**露出**〕スル▽鉱床が**露出**している▽肌を**露出**する　〔**裸出**〕スル▽岩肌の**裸出**している山　〔**丸出し**〕▽太ももを**丸出し**にしたスカート▽不快さを**丸出し**にする

使い分け【1】「露出」が、一般的に用いられる。【2】「裸出」は、堅苦しく文章語的な言い方。「丸出し」は、口語的な言い方。

5 14-11 出現（しゅつげん）／現れ（あらわ）／発現（はつげん）

【関連語】 ◆〈発祥〉はっしょう◆〈現出〉げんしゅつ◆〈実現〉じつげん◆〈再現〉さいげん◆〈輩出〉はいしゅつ

共通する意味★今までなかったものや、隠れたり知られていなかったりしたものが、実際に表に出てくること。**【英】** *appearance*

使い方▼〔**出現**〕スル　〔**発現**〕スル

	新兵器の□	真心の□	人類愛の□	□遺伝的資質の
出現	○	-	-	△
現れ	-	○	○	○
発現	-	△	○	○

使い分け【1】「出現」は、具体的な存在や事象が表に出てくること。「発現」は、精神などの抽象的なものや効果などにいう。いずれも、主として文章で使われる。【2】「現れ」は、具体的な存在や事象にはいわず、抽象的なあるものの一部や、何かの結果、現象が表に出ることにいう。

【関連語】◆**（現出）**スル 実際に現れること。また、現すこと。文章語。「新たなイメージが現出する」◆**（実現）**スル 計画、希望などを現実のものとすること。「子供のころからの夢が実現する」◆**（発祥）**スル 物事が初めて生まれたり起こったりすること。文章語。「古代文明の発祥の地」◆**（再現）**スル ふたたび現すこと。ふたたび、実際に現れること。「その時の状況を再現する」◆**（輩出）**スル 優れた人材などが次々に世の中へ出ること。また、出すこと。文章語。「この高校は昔から名士を輩出している」

5 14-12 ばれる／露見（ろけん）／発覚（はっかく）／露呈（ろてい）

【関連語】◆**（表立つ）**おもてだつ

共通する意味★隠していたことが現れる。**【英】***to be discovered*

使い方▼〔**ばれる**〕（ラ下一）〔**露見**〕スル〔**発覚**〕スル〔**露呈**〕スル

	悪事が□	□内部の対立が	うそが□	しまった。□たか。
ばれる	○	-	○	-れ○
露見する	○	-	△	-し-
発覚する	○	-	△	-し-
露呈する	○	○	-	-し-

使い分け【1】四語とも、本来は隠しておきたいことが、表面に出てしまったような場合に用いる。「露見」「発覚」は、悪事について用いる場合が多い。日常的には「ばれる」を使う。【2】「露見」は、「露顕」とも書く。

【関連語】◆**（表立つ）**（タ五）表面に現れる。「表立った変化はまだ見えない」

5 14-13 あらわ／あからさま／露骨（ろこつ）／むきだし

共通する意味★ものごとがすっかり出ているさま。**【英】***open; frank*

使い方▼〔**あらわ**〕（形動）▽悪意をあらわにする▽事の真相があらわになった 〔**あからさま**〕（形動）▽あからさまに不快な顔をする▽そうあからさまに言うものではない 〔**露骨**〕（名・形動）▽露骨にさげすみの表情を浮かべる▽その小説の性描写はあまりにも露骨だ 〔**むきだし**〕（名・形動）▽歯をむきだしにして笑う▽むきだしの闘争心

	□に批評する	肌も□に	□な描写	怒りを□にする
あらわ	○	○	-	○
あからさま	○	-	○	-
露骨	○	-	○	△
むきだし	-	△	△	○

使い分け【1】「あらわ」は、隠されていたようなものがすっかり現れるさま。「露わ」「顕わ」とも書く。【2】「あからさま」「露骨」は、本来、隠しておくべきことをあえてありのままはっきり出すさま。【3】「あらわ」「あからさま」「露骨」が、隠れたもの、または隠すことを前提としているのに対し、「むきだし」は、はじめからすっかり現れてしまっている場合に用いる。

5 14-14 開（あ）けっ広（ぴろ）げ／開（あ）けっ放（ぱな）し／ざっくばらん／明（あ）け透（す）け

【関連語】◆**（単刀直入）**たんとうちょくにゅう

共通する意味★包み隠しのないさま。**【英】***open*

使い方▼〔**開けっ広げ**〕（名・形動）〔**開けっ放し**〕（名・形動）〔**ざっくばらん**〕（形動）〔**明け透け**〕（名・形動）

	□な性格	□に批評する	□に家庭の事情を話す	□な敵意
開けっ広げ	○	-	○	-
開けっ放し	○	-	-	-
ざっくばらん	○	○	○	-
明け透け	○	○	○	○

使い分け【1】「開けっ広げ」「開けっ放し」は、窓などをすっかり開け広げたときのように、他に対して開放的で隠さずありのままをみせるさま。「開けっ広げ」のほうが、一般的に用いられる。【2】「ざっくばらん」は、打ちとけて率直な態度をとり、隠しごとをしないさま。【3】「明け透け」は、やや度を越しているという否定的な意で用いられることが多い。

【関連語】◆**（単刀直入）**（名・形動）前置きぬきで、いきなり要点に入ること。「単刀直入に伺いますが…」

5 14-15 暴露（ばくろ）／暴（あば）く／ばらす

【関連語】◆**（さらけ出す）**さらけだす ◆**（すっぱ抜く）**すっぱぬく

共通する意味★他人の悪事や秘密などを公にする。

ばらす

【英】*to expose*

使い方▼〔暴露〕スル▽不正を暴露する▽暴露記事 〔暴く〕(カ五)▽秘密をあばく▽理論の矛盾をあばく 〔ばらす〕(サ五)▽同僚の不正を上司にばらす▽秘密をばらす

	悪事を□	不倫を□	犯人を□	墳墓を□
暴露する	○	○	-	-
暴く	○	△	○	○
ばらす	○	△	○	-

使い分け【1】「暴露」は、スキャンダラスな行為や問題を取り上げて、センセーショナルに公表すること。【2】「暴く」は、掘り起こして中の物を取り出す意もあり、一見してわからないようなことを手間をかけたり推理したりして表に出す意。【3】「ばらす」は、俗語的表現。「警察に密告したらばらすぞ」のように、人を殺す意や、「小屋をばらす」のように、物を分解する意もある。

【関連語】◆(すっぱ抜く)(カ五)隠しごとや秘密を不意に公表する。「政治家のスキャンダルをすっぱ抜く」◆(さらけ出す)(サ五)隠していたことを自ら公にする。「心中をさらけ出す」

参照▼暴露⇒514-03　ばらす⇒909-01

5 14-16 私事(わたくしごと)／私事(しじ)／プライバシー

共通する意味★他人にかかわりのない、一個人の一身上の事柄。【英】*privacy*

使い方▼〔私事(わたくしごと)〕▽私事で恐縮ですが…▽他人を私事に巻き込むのはよくない 〔私事(しじ)〕▽話が私事にわたる 〔プライバシー〕▽プライバシーを守る▽プライバシーを侵害される▽他人のプライバシーに立ち入る

使い分け【1】「私事(わたくしごと)」「私事(しじ)」には、「私事をあばく」のように、秘密にしておきたいこと、隠しごとの意がある。【2】「私事(わたくしごと)」は話し言葉の中で、「私事(しじ)」は文章語として使うことが多い。【3】「プライバシー」には、個人的なことを他人に知られず、干渉を受けない権利の意もある。

反対語▼私事(わたくしごと)⇔人事(ひとごと)　私事(しじ)⇔他事(たじ)

5 14-17 人事(ひとごと)／他人事(たにんごと)／余所事(よそごと)／他事(たじ)

【関連語】◆(つかぬこと)

共通する意味★自分に直接かかわりのない事柄。【英】*other people's business*

使い方▼〔人事〕▽彼女の進路が人事ながら心配だ▽自分の過ちなのに人事のような言い方だ 〔他人事〕▽他人事には口を出さないほうがいい▽彼の入院は他人事とは思えない 〔余所事〕▽相談をしたが、余所事のようにあしらわれた▽余所事ではないのだから、真剣に考えなさい 〔他事〕▽元気でおりますゆえ、他事ながら御安心ください

使い分け【1】「人事」の「人」は、他人の意。そのため、「他人事」と当てることもある。【2】「他人事(たにんごと)」は、「ひとごと」に当てた「他人事」の字を音読みにしてできた語。【3】「余所事」の「余所」は、ほかの所の意。【4】「他事」は、手紙文で用いられる。

反対語▼人事⇔私事(わたくしごと)　他事⇔私事(しじ)

【関連語】◆(つかぬこと)それまでの話と関係のないこと。話し言葉だが、わりあい丁寧な言い方。「つかぬことを伺いますが、給料はいくらぐらいですか」

5 14-18 秘密(ひみつ)／機密(きみつ)

【関連語】◆(極秘)ごくひ◆(丸秘)まるひ

共通する意味★隠して他に教えないこと。【英】*a secret*

使い方▼〔秘密〕▽彼には秘密にしておこう▽秘密の多い人間 〔機密〕▽軍の機密▽機密文書

	□を洩(も)らす	公然の□	二人だけの□	国家の□
秘密	○	○	○	△
機密	○	-	-	○

使い分け「秘密」は、私的な事柄にも、公的な事柄にも用いられるが、「機密」は、枢機(すうき)に関する秘密の意で、政治的・軍事的に国家にとって重要な場合に用いられる。したがって「機密」は、日常一般には用いられない。

【関連語】◆(極秘)(名・形動)きわめて秘密なこと。「極秘のうちに調査する」「極秘情報」◆(丸秘)秘密書類につける㊙の印から出た語。やや俗語的な言い方。「この書類は丸秘扱いだ」

5 14-19 内輪(うちわ)／内内(うちうち)

共通する意味★外部の者をまじえないこと。【英】*private; inside*(内輪の)

使い方▼〔内輪〕▽内輪の者だけで相談する▽内輪のもめごとは避けたい 〔内内〕▽結婚式をうちうちで挙げる▽これはうちうちの話ですが…

使い分け「内輪」「内内」とも、家族、あるいは、それに準じた味方、仲間などについて用いる。

参照▼内輪⇒205-47

5 14-20 内緒(ないしょ)／内密(ないみつ)／内分(ないぶん)／内聞(ないぶん)／内内(ないない)

共通する意味★表沙汰(おもてざた)にしないこと。【英】*secrecy*

使い方▼〔内緒〕▽子供に内緒でレストランに行く 〔内密〕(名・形動)▽内密に事を運ぶ 〔内分〕▽内分の事として処理する 〔内聞〕▽内聞に済ませる 〔内内〕

(副・形動)▽内内でお話したいことがある▽内内に知らせる

	＿にしてください	＿の話	親に＿で遊びに行く	＿に調査する
内緒	○	○	○	−
内密	○	○	△	○
内分	○	−	−	−
内聞	○	−	−	−
内内	○	○	−	○

使い分け【1】「内緒」は、表沙汰おもてざたにせずにすますこと。話し言葉として用いられ、公的な場合には用いられない。【2】「内密」は、人に隠してひそかにしておくこと。文章語的。【3】「内分」「内聞」は、いずれも表沙汰にしないこと。相手に表沙汰にしないように頼むときに「御内分(内聞)に願います」という。また、「内聞」は、「内聞に達する」のように、非公式にきくこともいう。【4】「内内」も、表沙汰にせず非公式なさま。

5 14-21 内情(ないじょう)／内実(ないじつ)／内幕(うちまく)

共通する意味★内部の事情。**【英】** *the inside affairs*

使い方▼〔**内情**〕▽内情に詳しい者の犯行▽あの家の内情に通じている▽ライバル会社の内情を探る▽内情を暴露する　〔**内実**〕▽見かけと内実は大違い▽内実は他人に知られたくない　〔**内幕**〕▽財界の内幕を探る▽会社の内幕を暴露する▽内幕は火の車だ

使い分け【1】「内情」と「内実」では、「内実」のほうがより中心部の事実に近いという意味合いが強い。【2】「内幕」は、軍陣に二重に張った内側の幕の意から、外からは見えない内部の事情のことをいう。私的な事柄には用いない。【3】「内実」は、「ああは言ったが内実困っている」のように、「実際は…」「その実」の意で、副詞的に使うこともある。

5 14-22 秘め事(ひめごと)／隠し事(かくしごと)／密事(みつじ)

共通する意味★人にもらさない事柄。**【英】** *a secret*

使い方▼〔**秘め事**〕▽あの人への思いは秘め事にしておこう　〔**隠し事**〕▽隠し事をしてはいけない　〔**密事**〕▽密事に一役かった

使い分け【1】「秘め事」は、異性に対する思慕の情などの、悪事ではないが、他人に知られたくない個人的なことを意識的に隠しておきたい場合にいう。【2】「隠し事」は、人に知られると都合の悪い事柄など、後ろめたい場合にいうことが多い。【3】「密事」は、ひそかに隠しておく事柄。書き言葉として使われる。

5 14-23 無断(むだん)／無届け(むとどけ)

共通する意味★あらかじめ断るべきことを、断らないこと。**【英】** *without notice*

使い方▼〔**無断**〕▽兄の車を無断で使う▽無断借用▽無断欠席▽無断外出禁止　〔**無届け**〕▽無届けのデモ▽酒屋を無届けで営業する▽無届けで会社を休む

使い分け「無断」は、しかるべき人に断るべき場合に、「無届け」は、役所などに文書で届け出の形で断るべき場合に、それぞれ断らないことをいう。

5 14-24 忍び(しのび)／微行(びこう)

共通する意味★身分の高い人などが、人に知られぬように、ひそかに出かけること。**【英】** *private visit*

使い方▼〔**忍び**〕▽外国の大臣がお忍びで日本に来ているらしい　〔**微行**〕▽社長の今回の旅行は微行ということだ

使い分け【1】「忍び」は、「忍び歩き」の略。ふつう「お忍び」の形で使われる。【2】「微行」は、文章語。

参照▼忍び⇒510-52

5 14-25 隠す(かくす)／遮る(さえぎる)

【関連語】◆(包み隠す)つつみかくす ◆(押し隠す)おしかくす

共通する意味★人目につかないようにする。**【英】** *to hide; to conceal*

使い方▼〔**隠す**〕(サ五)▽事件のあと、彼は姿を隠してしまった▽へそくりを本の間に**隠す**▽悲しみを隠す▽隠された事実　〔**遮る**〕(ラ五)▽カーテンで遮られて室内の様子がわからない▽塀が視界を遮っている

使い分け【1】「隠す」は、人や物を実際に目に見えなくすることから、抽象的な事柄にまで広く使われる。【2】「遮る」は、物を対象との間において見えなくする意。

【関連語】◆(包み隠す)(サ五)紙や布でおおって見えなくする意から転じて、物事を秘密にする意。「包み隠さず話しなさい」◆(押し隠す)(サ五)現れそうになるのを強いて隠す。「涙を押し隠して笑顔を見せる」

参照▼遮る⇒120-41

5 14-26 隠れる(かくれる)／潜る(もぐる)／潜む(ひそむ)

【関連語】◆(忍ぶ)しのぶ

共通する意味★人目を避けて見えないようになる。**【英】** *to hide (oneself)*

使い方▼〔**隠れる**〕(ラ下一)▽電柱の陰に**隠れる**▽隠れて人に会う　〔**潜る**〕(ラ五)▽地下に**潜る**　〔**潜む**〕(マ五)▽庭に潜んで帰りを待つ▽だれの心にも悪魔が潜んでいる

	水中に□	物陰に□	暗がりに□	追及を逃れ地下に□
隠れる	○	○	○	-
潜(もぐ)る	○	-	-	○
潜(ひそ)む	○	○	○	○

使い分け【1】「隠れる」は、他人の目につかないようにする意。【2】「潜る」は、物の中や下に入り込む意で、「水に潜る」は、実際の水の中に身を入れる意を表わすが、「地下に潜る」は地下に身を入れるのではなく、人目につかない所に姿を隠して何かをする意。【3】「潜(ひそ)む」は、ひそかに、こっそり人の目を避ける意。

【関連語】◆〈忍ぶ〉(バ五)人に知られないよう、こっそり行動する。「人目を忍ぶ恋」

参照▼潜る⇒903-27　忍ぶ⇒219-22

5 14-27 隠匿(いんとく)／秘匿(ひとく)／隠蔽(いんぺい)／隠(かく)し立(だ)て

共通する意味★人に知られないように隠すこと。**【英】** *to conceal*

使い方▼〔隠匿〕スル▽他人の信書を隠匿した▽隠匿物資　〔秘匿〕スル▽秘匿していた名画を公開する　〔隠蔽〕スル▽事実を隠蔽した報告▽隠蔽工作　〔隠し立て〕スル▽隠し立てをするとためにならんぞ

使い分け【1】「隠匿」は、隠す行為が法律上よくないことであるときに使う。【2】「秘匿」は、秘密にすること、明らかにしないこと。一般的にはあまり使われない。【3】「隠蔽」は、おおい隠すことで、何かですっかりおおって他から見えないようにすること。【4】「隠し立て」は、ある事実を秘密にして、尋ねられているのに知らないと言い通すこと。「隠匿」「秘匿」「隠蔽」は、物理的に何かを見えない所に隠すことにも使うが、「隠し立て」は、そのような場合には使えない。

5 14-28 伏(ふ)せる／秘(ひ)める

共通する意味★外面からはわからないようにする。**【英】** *to keep secret*

使い方▼〔伏せる〕(サ下一)▽結婚したことは伏せておこう▽氏名は伏せる▽実情を伏せる　〔秘める〕(マ下一)▽熱い思いを胸に秘める▽深く秘めた恋

使い分け【1】二語とも、具体的な物についてではなく、抽象的な事柄についてのみ用いられる。【2】「伏せる」は、明らかにすると不都合だと思われる場合にいう。【3】「秘める」は、明らかにすることは不都合ではないが、話者に明らかにしたくない意志がある場合にいう。また「すばらしい才能を秘めた若者」のように、表には現れないが内部に持っている意でも用いられる。

参照▼伏せる⇒112-33

5 14-29 囲(かこ)う／匿(かくま)う

共通する意味★人や物を見つからないようにこっそり隠しておく。

使い方▼〔囲う〕(ワ五)▽食料を囲う▽容疑者を囲っておいた　〔匿う〕(ワ五)▽犯人を匿う▽盗んだ名画を匿う

使い分け【1】「囲う」は、まわりから見えなくする意。**【英】** *to enclose*【2】「匿う」は、主に、法や権威に反して、人をひそかに保護するときに使う。**【英】** *to shelter*

参照▼囲う⇒906-17

5 14-30 遠回(とおまわ)し／婉曲(えんきょく)

共通する意味★直接でなく、それとなく表現するさま。

使い方▼〔遠回し〕(名・形動)▽遠回しに探りを入れる▽遠回しに言う　〔婉曲〕(形動)▽申し出を婉曲に断る▽婉曲表現

使い分け【1】「遠回し」は、直接的ではなく、間接的に言ったり行ったりするさま、あからさまではなくそれとなくするさま。**【英】** *indirectly*【2】「婉曲」は、それとなく、穏やかに表現するさま。**【英】** *euphemistically*

5 15 …交際

5 15-01 付(つ)き合(あ)い／交際(こうさい)／交(まじ)わり

【関連語】◆〈人付き合い〉ひとづきあい◆〈社交〉しゃこう◆〈交友〉こうゆう◆〈行き来〉ゆきき◆〈旧交〉きゅうこう◆〈国交〉こっこう◆〈国際〉こくさい

共通する意味★人と接すること。**【英】** *association; company*

使い方▼〔付き合い〕▽彼とは古いつきあいだ▽女性とのつきあいはあまりない　〔交際〕スル▽交際を続ける▽家族ぐるみで交際する▽男女交際▽交際費　〔交わり〕▽刎頸(ふんけい)の交わり▽男女の交わり

	友人との□	□がうまい	挨拶(あいさつ)する程度の□	深い□を結ぶ
付き合い	○	○	○	-
交際	○	○	-	-
交わり	○	-	-	○

使い分け【1】「付き合い」は、広く、人と接することをいうほかに、「つきあいがいい(悪い)」「つきあいでゴルフをする」のように、義理や社交上の必要か

5 社会生活

ら人と行動をともにすることの意でも用いられる。【2】「交際」は、通常、多少改まった関係について用いられることが多い。【3】「交わり」は、文章語。日常会話では用いない、やや古い言い方。

【関連語】◆(人付き合い)人とのつきあい。「人づきあいがよい」「人づきあいがうまい」◆(社交)人と人とのつきあい。多く、他の語と複合して用いられ、単独ではあまり用いられない。「社交的な人」「社交界」「社交場」「社交辞令(＝単なるつきあいのためのほめ言葉)」◆(交友)友人とつきあうこと。「交友関係」の形で用いられることが多い。「被害者の交友関係を洗う」◆(行き来)スル「親しく行き来する」「行き来がある」の形で、つきあう、つきあいがある、の意で用いられる。◆(旧交)古くからのつきあい。「旧交をあたためる(＝古くからの友人に久しぶりに会って話をする)」◆(国交)国家と国家との間の外交関係のこと。「国交を結ぶ」「国交回復」◆(国際)一国家内の事柄にとどまらず、諸国家、諸国民間に関係していること。単独ではあまり用いられず、他の語と複合することがほとんどである。「国際的スター」「国際結婚」「国際連合」

参照▼行き来⇒113-07

5 15-02 友好(ゆうこう)／親交(しんこう)／親睦(しんぼく)

【関連語】◆(交遊)こうゆう◆(交歓)こうかん◆(深交)しんこう◆(交誼)こうぎ◆(厚誼)こうぎ◆(昵懇)じっこん◆(懇意)こんい◆(懇親)こんしん

共通する意味★仲のよいつきあい。【英】*friendship*

使い方▼(友好)▽友好関係を保つ▽日中友好 (親交)▽彼の兄とは親交がある (親睦)▽教師と父母の親睦会

	＿を深める	＿を結ぶ	＿を図る	＿的な態度
友好	○	-	-	○
親交	○	○	-	-
親睦	○	-	○	-

使い分け【1】「友好」は、人間どうしのつきあいだけでなく、国際的な関係について用いられることも多い。【2】「親交」は、人間どうしのつきあいのみに用いられる。【3】「親睦」は、特にあまり親しくはない人どうしがつきあいを深めることを表わす場合が多い。

【関連語】◆(交遊)スル親しいつきあい。「名士との交遊」◆(交歓)スル人々が互いに打ち解け親しむこと。「親しく交歓する」「交歓会」◆(深交)深い交際。文章語。「深交のある友」「深交を結ぶ」◆(交誼)心からの親しみ。文章語。「交誼を結ぶ」◆(厚誼)心からの親しい交わり。また、深い親しみの気持ち。「ご厚誼を感謝します」◆(昵懇)(名・形動)親しくつきあうこと。「どうぞ御昵懇に」「昵懇の間柄」◆(懇意)(形動)親しくしているさま。「懇意にしている」「懇意な人」◆(懇親)親しくすること。「懇親のための会」

5 15-03 接触(せっしょく)／コンタクト／交渉(こうしょう)

【関連語】◆(握手)あくしゅ

共通する意味★他の人や他の世界などに触れること。【英】*contact*

使い方▼(接触)スル▽他の研究者と接触をもつ▽外国文化と接触する (コンタクト)▽就職した先輩にコンタクトをとる (交渉)スル▽専門家と交渉をもつ▽諸外国と交渉がある

使い分け【1】「接触」は、「スイッチの接触が悪い」のように、具体的に物に触れることの意から、自分以外の人間の思想、考え方などに触れたり、他の世界にかかわったりすることをいう。【2】「コンタクト」は、主として連絡をとって会うことで、人と人とのかかわりについていう。【3】「交渉」は、人や組織がかかわりをもつことで、「交渉がある」「交渉を絶つ」のように使う。

【関連語】◆(握手)スルあいさつや親愛を表わすために、互いに右手を握り合うこと。また、比喩ひゆ的に、仲直りすることや、仲直りし、協力することにもいう。「がっちりと握手する」

参照▼交渉⇒613-21　握手⇒515-67

5 15-04 関係(かんけい)／間柄(あいだがら)／仲(なか)

【関連語】◆(恋仲)こいなか

共通する意味★人相互のつながり。【英】*relation*

使い方▼(関係)▽親子の関係を断つ▽二人の関係が元に戻る (間柄)▽兄弟の間柄で遠慮はおかしい▽彼とは高校の先輩後輩の間柄だ (仲)▽夫婦の仲がこじれる▽犬猿の仲▽なさぬ仲

	彼とは親しい＿にある	同僚との＿に配慮する	＿がよい兄弟
関係	○	○	-
間柄	○	-	-
仲	○	△	○

使い分け【1】「関係」は、人どうしのつながりのほかに、「彼は多くの捜査に関係している」のように、人と事柄、さらには「筆と硯すずりの関係」のように、物と物など、種々のつながりを表わす。それに対して、「間柄」は、もっぱら人どうしのつながりを表わす。「関係」の方がやや硬い言い方。【2】「間柄」は、もっぱら相互の定着した、固定的なつながりを表わすが、「関係」は、そのときどきの状況での心理的な変化に応じたつながりも表わす。したがって、「関係」は、「関係を断つ」「関係がなくなる」のように、人為的につながりを切る、あるいは自然につながりがなくなる意にも用いられるが、「間柄」は、このような表現では用いられない。【3】「仲」は、「仲がよい」「仲が悪

い」のように使われたり、「仲直り」「仲たがい」「仲良し」「夫婦仲」など複合語を作ることが多い。「関係」「関連」よりも、話し言葉的。

【関連語】◆(恋仲)互いに恋し合っている間柄。**【英】** *to be in love with*(恋仲である)「恋仲になる」

5 15-05 つて/縁故(えんこ)/手蔓(てづる)/コネ

【関連語】◆(人脈)じんみゃく

共通する意味★自分の目的を達しようとする際に、頼りにできるような人とのつながり。**【英】** *a connection*

使い方▼〔つて〕▽つてを求める▽つてを頼って上京する 〔縁故〕▽親の縁故で就職する▽縁故採用 〔手蔓〕▽手づるを求める▽知人の手づるで仕事をみつけた 〔コネ〕▽あの会社にはコネがある▽コネをつける

	□を頼って就職	□がある	□をたどる	よい□を紹介してもらう
つて	○	○	○	-
縁故	○	○	○	-
手づる	○	○	-	○
コネ	○	○	-	-

使い分け【1】「つて」「縁故」は、「つて(縁故)をたどる」のように、人とのつながりを自分を中心にして広げて行くものと考えた表現でも用いられるが、「手蔓」「コネ」は、そのような表現では用いにくい。【2】「手蔓」は、自分の目的を果たす上で役立つ人と直接つながりのない場合にも用いられるが、「つて」「縁故」「コネ」は、このような場合には用いにくい。【3】「縁故」は、特に、血縁、姻戚(いんせき)の関係によるつながりをいう。目的のために新たにつながりをつくる場合には、もっぱら「つて」や「コネ」が用いられる。【4】「コネ」は、コネクションの略。

【関連語】◆(人脈)社会において、同系統、同系列と目される個人的なつながり。政界、財界、学界などでのつながりについていうことが多い。**【英】** *personal connections*「人脈をたどる」「政界に強力な人脈をもつ」

参照▼縁故⇒314-03

5 15-06 繋(つな)がり/関連(かんれん)/連関(れんかん)/連係(れんけい)

【関連語】◆(連鎖)れんさ◆(連帯)れんたい◆(コンビネーション)

共通する意味★ある事と他の事とが、重なり合ったり、呼応したりして接続していること。**【英】** *connection; relation*

使い方▼〔繋がり〕▽二国間には深いつながりがある▽心のつながりを求める 〔関連〕スル▽地域開発に関連する事業▽関連産業の育成▽関連質問 〔連関〕スル▽連関するさまざまな事件 〔連係〕スル▽学校と家庭との連係が必要だ▽連係プレー

	二つの事件の□	他の課との□をよくする	親子の血の□
つながり	○	△	○
関連	○	-	-
連関	○	-	-
連係	-	○	-

使い分け【1】「繋がり」は、「貨車のつながり」のように、具体的な物の接続についても用いるが、ふつうは抽象的な事柄の接続について用いる。【2】「関連」「連関」は、事柄どうしが内容的に結びついていること。「連関」は、多くの事物が、一定の統一性を保って結合し、一つの全体をつくりあげていることの意でも用いられるが、「関連」よりは一般的でない。【3】「連係」は、何かをするために、人どうしが協力し、それぞれに応じた力を出すこと。「連繋」とも書く。

【関連語】◆(連鎖)多くの物が鎖(くさり)のようにつながっていること。「連鎖反応」「食物連鎖」◆(連帯)スル人間相互の強い心理的な結びつきについて多く用いられる。また、法律で、二人以上が共同して、ある行為またはその結果に対して責任を持つこと。「全員が連帯して目標達成までがんばる」「連帯責任」◆(コンビネーション)事物の組み合わせのこと。「あの二人のコンビネーションは絶妙だ」

参照▼繋がり⇒904-16

5 15-07 かかわり/かかりあい/ゆかり/縁(えん)/縁(えにし)

【関連語】◆(よしみ)◆(絆)きずな

共通する意味★何かと関係やつながりをもつこと。

使い方▼〔かかわり〕▽当社とかかわりのある人間 〔かかりあい〕▽暴力団とはかかりあいになりたくない 〔ゆかり〕▽縁もゆかりもない人▽父のゆかりの地 〔縁(えん)〕▽学問には縁がない▽縁もゆかりもない人 〔縁(えにし)〕▽昔のえにしを頼る▽不思議なえにしに結ばれる▽えにしの糸

	以前□のあった人	彼とは□を持ちたくない	文豪の□の地	音楽には□がない
かかわり	○	○	-	○
かかりあい	○	○	-	-
ゆかり	-	-	○	-
縁(えん)	○	-	-	○
えにし	○	-	-	-

使い分け【1】「かかわり」は、何らかの関係があること。「関わり」「係わり」とも書く。【2】「かかりあい」は、つながりをもつと厄介(やっかい)なことに巻

き込まれる恐れがあるような場合に用いられることが多い。「掛かり合い」とも書く。また、「かかわりあい」ともいう。【英】*involvement*【3】「ゆかり」は、たどっていくと以前にある人や物と深い関係にあった事や物について用いられる。「縁」「所縁」とも書く。【英】*relation*【4】「縁」は、自然の成り行きでのつながりについて用いられることが多い。「親子の縁」のように、間柄、仲の意でも用いられる。【英】*relation*【5】「えにし」は、「縁(えん)」の転じた「縁(えに)」に強めの助詞「し」の付いたもの。古めかしい語で、あまり使われない。

【関連語】◆（よしみ）人と人、事柄と事柄とのつながり。親しい場合にいう。また、それによって、すげなくは扱えないという情の働くような関係を表わす。「誼」とも書く。【英】*friendship*「よしみを通じる」「昔のよしみ」「同郷のよしみで世話をする」◆（絆）人と人との断つことのできない強い結びつき。「母と子のきずな」「友情の固いきずな」

参照▼縁(えん)⇒604-15

5 15-08 系統(けいとう)／系列(けいれつ)／脈絡(みゃくらく)

【関連語】◆（係属）(けいぞく)◆（シリーズ）

共通する意味★内容的な統一性を持ったつながり。

【英】*logical connection*

使い方▼〔系統〕▽系統を異にする▽路線バスの系統▽茶系統の色 〔系列〕▽自然主義の系列に属する作家 〔脈絡〕▽二つの事柄の間には脈絡が認められない▽脈絡をつける▽脈絡を欠いた発言

使い分け【1】「系統」は、順序だって続いている、統一のあるつながり。また、そういうつながりを持つ、分野、種類をいう。「母方の系統の人」のように、血筋の意でも用いられる。【2】「系列」は、あるまとまりの中で整理されているつながりをいう。「系列会社」のように、生産、販売、資本、人材などによる企業の結合形態をもいう。【3】「脈絡」は、論理的な関係に基づく、意味的なまとまりのあるつながり。

【関連語】◆（係属）スルある物についてつながることや、つながりをつけること。また、訴訟事件が、現在裁判所で取り扱い中であること。◆（シリーズ）一般に、一続きのもの。特に、ある形式や傾向の下に続いて刊行される出版物、新聞や雑誌の連載読み物、テレビ、ラジオの続き物の番組、スポーツで連続して行われる選手権試合など。「古典文学シリーズ」「名曲シリーズ」「日本シリーズ」

参照▼シリーズ⇒619-39

5 15-09 相関(そうかん)

意味★二つのものが、一方が変化すると、他方もそれに応じて変化するように、互いに深く関与しあっていること。【英】*correlation*

使い方▼〔相関〕スル▽河川の水質汚濁と工業排水の相関を調べる▽相関関係

5 15-10 無関係(むかんけい)／局外(きょくがい)

共通する意味★ある事柄や物と関係のないこと。

【英】*no relation; unrelatedness*

使い方▼〔無関係〕(名・形動)▽無関係な相手に危害を加える▽仕事とは無関係の本を読む 〔局外〕▽事件の局外にたつ▽局外者の立場

使い分け【1】「無関係」は、種々の事物について、それと関係のないことの意で広く用いられる。【2】「局外」は、事件や仕事など、もっぱら複数の人間がかかわる出来事について、それと関係のないことの意で用いられる。

5 15-11 不仲(ふなか)／不和(ふわ)／仲違い(なかたがい)

【関連語】◆（反目）(はんもく)◆（葛藤）(かっとう)◆（軋轢）(あつれき)

共通する意味★仲がよくないこと。【英】*discord*

使い方▼〔不仲〕(名・形動)▽最近彼とは不仲だ 〔不和〕▽家庭の不和▽両国間の不和を招く 〔仲違い〕スル▽酒が原因で仲違いする

	頼朝と義経の□	友人と□になる	□が生ずる	友人と□をする
不仲	○	○	-	-
不和	○	-	○	-
仲違い	○	-	-	○

使い分け【1】「不仲」は、「不仲だ」「不仲になる」の形で、仲が悪い意、仲が悪くなる意を表わす。ふつう、個人と個人との関係に用いられる。【2】「不和」は、個人と個人、団体と団体、国家と国家などの間の関係がよくないことを表わす。【3】「仲違い」は、「仲違いする」の形で、けんかする意で用いられることが多い。

【関連語】◆（反目）スル対立して仲の悪いこと。「互いに反目しあう」◆（葛藤）スル争い憎み合うこと。葛(かずら)と藤(ふじ)とがからみあう意から。「嫁と姑(しゅうとめ)の葛藤は永遠の問題だ」◆（軋轢）いざこざが生じること。車輪がきしる意から。「上司との軋轢」「軋轢を生じる」

5 15-12 争う(あらそう)／揉める(もめる)

共通する意味★相手より優位に立とうとして、互いに不安定な状態となる。【英】*to dispute*

使い方▼〔争う〕(ワ五)▽先を争う▽政権を争う▽理非を争う 〔揉める〕(マ下一)▽役員会が揉める▽金のことで同僚と揉める

使い分け【1】「争う」は、あることのために他と張り合う意。また、「一刻を争う」のように、わずかの時間を先行しようとする意もある。【2】「揉める」は、あることが原因で争いが起こる意。また、「気が揉める」などの形で、気持ちが落ち着かなくなる意でも用いられる。

5 15-13 もめ事(ごと)／トラブル／いざこざ／ごたごた／騒(さわ)ぎ

【関連語】◆(どさくさ)◆(悶着)もんちゃく◆(波乱)はらん◆(摩擦)まさつ◆(小競り合い)こぜりあい

共通する意味★物事がうまくいかなかったり、ちょっとした争いや混乱が起こったりしていること。

【英】 *trouble*

使い方▼〔もめ事〕▽隣家との間にもめ事が絶えない▽もめ事にまきこまれる〔トラブル〕▽行く先々でトラブルを起こす▽金銭が原因でトラブルにまきこまれる〔いざこざ〕▽彼の家庭はいざこざが絶えない▽出店の権利をめぐるいざこざにまきこまれる〔ごたごた〕(名・副)スル▽夫婦間のごたごたを解決する▽相続問題で家の中がごたごたしている〔騒ぎ〕▽騒ぎを鎮める▽酔って騒ぎを起こす

使い分け【1】「もめ事」「いざこざ」「ごたごた」は、ちょっとした争いごとの意で、家庭内や個人のそれに用いられ、大きい団体間とか勢力間の争いにはあまり用いられない。「もめ事」は「揉め事」とも書く。【2】「トラブル」は、一般に物事がうまくいかないことを表わす。個人の間のちょっとした争い、仕事上の混乱などに用い、規模が大きいものには用いられない。また、「エンジントラブル」のように、機械の故障の意でも用いられる。【3】「騒ぎ」は、争いや混乱で秩序が乱れること。

【関連語】◆(悶着)ちょっとした争いごと。「ひと悶着起こす」「悶着が絶えない」◆(摩擦)意見や感情の食い違いが起こって、物事がうまく運ばないこと。争い事までには至らない事態にいう。「両国間に摩擦を生じる」「貿易摩擦」◆(どさくさ)混雑していて騒々しい状態。「どさくさに紛れて逃げる」◆(波乱)事件。また、物事に変化や曲折のあること。「波瀾」とも書く。「波乱を起こす」「波乱万丈(＝激しい変化に富んでいること)の人生」◆(小競り合い)団体(集団)どうしの衝突のうち小規模のものをいう。「国境付近で小ぜりあいが続く」

参照▼騒ぎ⇒810-12

5 15-14 争(あらそ)い／喧嘩(けんか)／紛争(ふんそう)／闘争(とうそう)

【関連語】◆(諍い)いさかい◆(いがみ合い)いがみあい◆(立ち回り)たちまわり◆(大立ち回り)おおたちまわり◆(抗争)こうそう◆(暗闘)あんとう◆(争闘)そうとう◆(共闘)きょうとう◆(ゲバルト)

共通する意味★相手を屈服させようとして闘うこと。

使い方▼〔争い〕▽国家間の争いが絶えない▽優勝争い〔喧嘩〕スル▽兄弟で喧嘩ばかりする▽口喧嘩(＝言い争い)〔紛争〕スル▽紛争を巻き起こす▽大学紛争〔闘争〕スル▽労働者階級と支配者階級との闘争▽賃上げ闘争

	争い	喧嘩	紛争	闘争
敵との□	○	-	○	○
兄との□	△	○	-	△
国境をめぐる□	○	-	○	-
独立のための□	△	-	△	○

使い分け【1】「争い」は、互いに相手より優位に立とうとすること。あくまで人間を相手にして競(きそ)う行為であり、「病気との争い」のようにはいわない。また、「トップ争い」「縄張り争い」などの複合名詞をつくることも多い。**【英】** *a competition* 【2】「喧嘩」は、互いに相手を負かそうとして、暴力をふるったり、悪口を言ったりすること。日常語的。「喧嘩を売る(買う)」「喧嘩腰」「喧嘩両成敗」といった慣用表現も多い。**【英】** *quarrel* 【3】「紛争」は、問題点をめぐって国や団体などの大きな集団が大規模に争うこと。ただし、「戦争」よりは規模が小さい。**【英】** *strife* 【4】「闘争」は、社会運動、政治運動、組合運動などで、階級や主義、立場などを異にする者と戦うこと。**【英】** *a fight; a struggle*

【関連語】◆(諍い)言い争うこと。「兄弟のいさかいが絶えない」◆(いがみ合い)互いに敵対して争い合うこと。「親子のいがみ合い」◆(立ち回り)けんかをして暴れること。元来、芝居や映画の演技で、斬(き)り合ったり、格闘をしたりすること。「警察官と立ち回りを演ずる」◆(大立ち回り)「立ち回り」を強めた語。「おおだちまわり」とも。「酔って大立ち回りを演じる」◆(抗争)スル相手の武力や腕力に対してこちら側が逆らい、抵抗して争うこと。主に文章語。「暴力団同士の抗争」◆(暗闘)スル表立たず、密かにかげで争うこと。「幹事長のポストをめぐって暗闘する」◆(争闘)スル激しく争いたたかうこと。文章語。「血みどろの争闘」◆(共闘)スル「共同闘争」の略。二つ以上の組織や団体が共同して、他と争うこと。「共闘会議」「組織を越えて共闘する」◆(ゲバルト)主として学生運動で、暴力による争いをいう。

参照▼闘争⇒502-35

5 15-15 決闘(けっとう)／果(は)たし合(あ)い／格闘(かくとう)／取(と)っ組(く)み合(あ)い／摑(つか)み合(あ)い／組(く)み討(う)ち

【関連語】◆(出入り)でいり

共通する意味★相手と種々の理由でいさかい、いがみあって、激しく闘うこと。**【英】** *to duel*

使い方▼〔決闘〕スル▽決闘を挑む〔果たし合い〕▽

果たし合いに立ち会う〔格闘〕スル▽格闘の末、犯人を逮捕する〔取っ組み合い〕▽取っ組み合いの喧嘩〔組み討ち〕▽強豪同士の組み討ち

使い分け【1】「果たし合い」は、遺恨などの決着をつけるために、日時、場所、方法などを取り決め、約束した方法によって闘うことをいう。【2】「格闘」は、互いに組み合って闘うことをいう。「取っ組み合い」「掴み合い」「組み討ち」も、ほとんど同義。

【関連語】◆(出入り)やくざなどの喧嘩をいう。「やくざの出入り」

参照▼出入り⇒113-46

5 15-16 内輪もめ／内紛

共通する意味★本来仲間である者どうしが互いに争うこと。【英】*a domestic trouble*

使い方▼〔内輪もめ〕▽内輪もめが絶えない▽内輪もめを起こす〔内紛〕▽派閥による内紛が絶えない

	党内の□	家族内の□	国内の□	□状態
内輪もめ	○	○	-	-
内紛	○	-	○	○

使い分け【1】「内輪もめ」は、家族、仲間どうしなど、本来同じ考えを持ったり、いっしょに行動したりしている人が互いに争うこと。【2】「内紛」は、組織の中で、異なる立場を持ついくつかの集団に分かれて争うこと。会社、政党、国の中でいくつかの集団が争うことに用いられることが多い。

5 15-17 紛糾／紛擾

共通する意味★乱れもつれて、まとまらないこと。【英】*complication*

使い方▼〔紛糾〕スル▽議論が紛糾する〔紛擾〕スル▽両国間が利権をめぐって紛擾する

使い分け【1】「紛糾」は、多く、意見や主張が対立して混乱し、ごたごたすることをいう。文章語。【2】「紛擾」は、さまざまな理由によってまとまらない状態になり、うまくいかずもめること。文章語。

5 15-18 角逐／対抗／対決

共通する意味★互いに相手に勝とうとして争うこと。【英】*competition*

使い方▼〔角逐〕スル▽両者の激しい角逐が続く〔対抗〕スル▽空爆に対空砲火で対抗する▽対抗意識〔対決〕スル▽両雄が対決する▽宿命の対決

使い分け【1】「角逐」は、勢力や権勢を得るために、互いに争うこと。文章語。【2】「対抗」は、向かい合う(相対する)二つのものが、互いに勝ちを争うこと。【3】「対決」は、両者が相対して、どちらの側が正しいか、優れているかなどをはっきり決めること。

5 15-19 逆らう／盾突く／反抗／抵抗／歯向かう／手向かう

【関連語】◆(抗する)◆(立ち向かう)◆(蟷螂の斧)◆(窮鼠猫を噛む)

共通する意味★人の意見や指示などに従わない。【英】*to oppose*

使い方▼〔逆らう〕(ワ五)▽母の希望に逆らう〔盾突く〕(カ五)▽上司に盾突く〔反抗〕スル▽権力に反抗する▽親に反抗する〔抵抗〕スル▽むだな抵抗はよせ〔歯向かう〕(ワ五)▽親に歯向かうとは何事だ〔手向かう〕(ワ五)▽手向かうな、おとなしくしろ

使い分け【1】「逆らう」は、「風に逆らって走る」のように、ある方向に対して、逆の方向に進む意から、従わない程度は大きい。「盾突く」は、「逆らう」よりはっきりとした反対の意志を相手に示すもので、対象は抽象的なものではなく、具体的な特定の人に限られるのがふつうである。【2】「反抗」は、「逆らう」意でも、自らの主張を貫くという意でも用いられる。「抵抗」は、外部からの力に張り合って、跳ね返そうとすることをいう。したがって、「反抗」は、言葉によることが多いが、「抵抗」は、言葉ばかりでなく、武力、腕力に訴えることも多い。【3】「歯向かう」「手向かう」は、具体的に行動に訴える場合にいう。特に、「手向かう」は、武力、腕力などを用いる場合にいう。

【関連語】◆(抗する)(サ変)「抵抗する」の意の古めかしい言い方。文章語。「権力に抗する」◆(立ち向かう)(ワ五)働きかける相手に対し、正面きって相対する。「恐れることなく立ち向かう」◆(蟷螂の斧)非力を顧みないではむかうことのたとえ。「蟷螂」は、カマキリのこと。◆(窮鼠猫を噛む)追いつめられた弱者が、最後の力をふりしぼって抵抗する。必死の覚悟があれば、弱者でも強者を苦しめることがあるたとえ。

5 15-20 対立／鼎立／確執

【関連語】◆(孤立)

共通する意味★互いに自らの立場を譲らないこと。【英】*opposition*

使い方▼〔対立〕スル▽二人の意見が対立する〔鼎立〕スル▽三派が鼎立する〔確執〕スル▽委員の間に確執が生じる

使い分け【1】「対立」は、ある目標、あるいは共通の目標に対する、利害関係の相異なる者同士が、自分の立場を保持するために競争し合うこと。【2】「鼎

立」は、三つの勢力が互いに競い合うことをいう。文章語。【3】「確執」は、互いに自らの意見（自説）を主張して譲り合わないことから、結果として不和の状況になることをいう。

【関連語】◆（孤立）スル対立するもののないことをいう法律用語。日常的には、仲間のない一人ぼっちの状態をいう。「党内で孤立する」「孤立無援」「孤立義務（＝旧憲法下の、権利と対立しない、納税義務・兵役義務の類）」

5 15-21 相手取る／渡り合う

共通する意味★相手にして争う。**【英】** *to dispute*

使い方▼〔**相手取る**〕（ラ五）▽国を相手取って訴訟をおこす 〔**渡り合う**〕（ワ五）▽上司と渡り合う▽五分に渡り合う

使い分け「相手取る」が、相手を自分の争う対象とするのに対し、「渡り合う」は、自分が対象の相手となって争う意。また、「渡り合う」は、激しく議論をする意でも用いる。

5 15-22 競り合う／張り合う／揉み合う

共通する意味★互いに相手に勝とうとして争い、競う。**【英】** *to compete*

使い方▼〔**競り合う**〕（ワ五）▽ゴール寸前で競り合う▽議席を競り合う 〔**張り合う**〕（ワ五）▽成績で二人は張り合っている 〔**揉み合う**〕（ワ五）▽デモ隊が警官隊ともみ合う

使い分け【1】「競り合う」は、互いの力量が伯仲している場合に、互いに負けまいとして激しく争う意。【2】「張り合う」は、ライバル同士が相手に対抗して競う意。【3】「揉み合う」は、互いが体をぶつけ合い、押し合い、入り乱れて争う意。

5 15-23 並ぶ／敵う／敵する

共通する意味★同程度である。**【英】** *to equal*

使い方▼〔**並ぶ**〕（バ五）▽成績では彼に並ぶものはいない 〔**敵う**〕（ワ五）▽運動で彼に敵うものはいない▽私の腕ではあなたにかないません 〔**敵する**〕（サ変）▽何事においても彼に敵するものはない

使い分け【1】「並ぶ」は、力量や価値が同程度である意。ふつう「並ぶ…はない」の形で、匹敵するものがない意で用いられる。【2】「敵う」は、匹敵する、あるいはそれを上回る意。「かなわない」の形で用いられることも多い。【3】「敵する」は、古風な言い方。敵対する意でも使う。

参照▼並ぶ⇒904-14

5 15-24 物別れ／決裂

共通する意味★話し合いで互いの意見が合わずに終わること。**【英】** *a breakdown*

使い方▼〔**物別れ**〕▽話し合いが物別れに終わる 〔**決裂**〕スル▽交渉が決裂した

使い分け「物別れ」は、「…が物別れとなる」「…が物別れに終わる」の形で用いられることが多い。

5 15-25 絶交／断交

共通する意味★つきあい、交際をやめること。**【英】** *breach*

使い方▼〔**絶交**〕スル▽不実な友と絶交する 〔**断交**〕スル▽東西の両大国が断交する

使い分け【1】「絶交」は、交際を絶つこと。多く、友人との交際を断つことにいう。【2】「断交」は、主に、国家間の交流をやめる「国交断絶」の意で使う。

5 15-26 仲間外れ／のけ者

【関連語】◆（爪弾き）◆（村八分）

共通する意味★仲間から遠ざけられた人。**【英】** *an odd man out*

使い方▼〔**仲間外れ**〕▽仲間外れにする▽群れから仲間外れにされた猿 〔**のけ者**〕▽彼をのけ者にする▽家族からのけ者にされる

使い分け「仲間外れ」は、意図的になされたものでなく、結果的に仲間に入れてもらえなくなってしまったような場合にもいうが、「のけ者」は、意図的になされる場合が多い。

【関連語】◆（爪弾き）スル特定の人を嫌って排斥すること。「隣り近所からつまはじきされる」◆（村八分）村の掟に違反した者に対し、村民全部が絶交する慣習。転じて、一般に仲間はずれにすることにもいう。

5 15-27 仲直り／和解／和睦

共通する意味★争いをやめて、相手とのよい関係をとりもどすこと。**【英】** *reconciliation*

使い方▼〔**仲直り**〕スル▽兄と仲直りをする 〔**和解**〕スル▽和解の交渉▽和解が成立する 〔**和睦**〕スル▽和睦のための両国の話し合い

	隣国と□する	両親と□する	相続争いが□をみる	子供の喧嘩（けんか）は□が早い
仲直り	△	△	-	○
和解	○	○	○	-
和睦	○	-	-	-

使い分け【1】「仲直り」は、個人的な比較的短期間の争いやちょっとした喧嘩の後で、再び仲を取り

戻すような場合に日常よく使われる。【2】「和解」は、裁判での争いや親子の勘当のように、比較的深刻な争いをしている者、断絶状態にある者どうしが互いに譲り合って争いをやめることを表わす場合によく用いられる。【3】「和睦」は、戦争をやめること。

5 15-28 紹介（しょうかい）／引き合わせる（ひきあわせる）

共通する意味★間に立って取り持つ。**【英】** *introduction; to introduce*

使い方▼〔紹介〕スル▽両親に恋人を紹介する▽自己紹介　〔引き合わせる〕(サ下一)▽二人を引き合わせたのは私だ

使い分け【1】「紹介」は、未知のもの同士の仲立ちをすること。単に対面させて名を知らせ合うだけでなく、「仕事を紹介する」「良い医者を紹介する」などのように、必要な人、物事を相手に取り持つことにもいう。また、「日本文学を外国に紹介する」のように、人間同士ではなく、ある社会にとって未知の物事を、広く知らせる仲立ちをすることにもいう。【2】「引き合わせる」は、人間同士を対面させる形で仲を取り持つ意。個人的な関係に多く用いる。

参照▼引き合わせる⇒919-11

5 15-29 取り持つ（とりもつ）／橋渡し（はしわたし）／仲立ち（なかだち）／仲介（ちゅうかい）／媒介（ばいかい）

【関連語】◆(取り次ぐ)とりつぐ◆(介する)かいする

共通する意味★二者の間に入って、良好な関係を結ばせる。**【英】** *to mediate*

使い方▼〔取り持つ〕(タ五)▽二人の仲を取り持つ　〔橋渡し〕スル▽両国の交流の橋渡しをする　〔仲立ち〕スル▽結婚の仲立ちをする　〔仲介〕スル▽住民側と工場側との仲介にあたる▽土地売買の仲介をする　〔媒介〕スル▽言語を媒介としたコミュニケーション▽両者の媒介をする

	二人の間を□	雨の□縁	不動産売買を□	ゴキブリは伝染病を□
取り持つ	○	○	-	-
橋渡しする	○	-	○	-
仲立ちする	○	-	○	-
仲介する	○	-	○	-
媒介する	△	-	-	○

使い分け【1】「取り持つ」は、二者の間に立って、その関係が良好なものとして成立するように働く意。【2】「橋渡し」は、面識がなかったり、交流が活発でない二者の間に立ち、新たに親しい関係を成り立たせること。【3】「仲立ち」は、二者の間に立って、話の取り次ぎをしたり、いろいろな面倒を見たりして、話をうまくまとめること。【4】「仲介」は、面識がなかったり、激しく対立していたりして、直接話し合いをすすめることの難しい二者の間に立って、話をまとめたり、良好な関係にしたりすること。売買の契約をまとめたりすることの意では、「周旋」と類似した用法も持つ。【5】「媒介」は、「昆虫が媒介して受粉する植物」のように、動植物の関係について用いられることが多い。

【関連語】◆(取り次ぐ)(ガ五)間に立って、一方から他方へ物事を伝達する。「伝言を取り次ぐ」「客を取り次ぐ」◆(介する)(サ変)仲介とする。「人を介して面会を求める」

5 15-30 仲裁（ちゅうさい）／調停（ちょうてい）／取り成す（とりなす）

共通する意味★対立している両者の間に入り、仲直りさせる。**【英】** *arbitration*

使い方▼〔仲裁〕スル▽兄弟喧嘩げんかを仲裁する▽仲裁役　〔調停〕スル▽調停に応ずる▽調停案▽調停工作　〔取り成す〕(サ五)▽部長と課長の仲をとりなす▽上司がとりなしてくれて事なきを得た

	争いを□	うまくその場を□	夫婦の間を□	喧嘩を□
仲裁する	○	-	-	○
調停する	○	-	○	-
とりなす	△	○	△	-

使い分け【1】「仲裁」は、日常よく用いられる。【2】労働争議などの場合、「調停」は、当事者双方の合意の上で円満に和解させることをいい、「仲裁」は、当事者を最終的に拘束する裁定を下すことをいう。【3】「取り成す」は、間に入って、その場をうまくまとめたり、その関係を良好なものにしたりする意。やや古めかしい言い方。

5 15-31 世話（せわ）／斡旋（あっせん）／周旋（しゅうせん）／口添え（くちぞえ）

【関連語】◆(口入れ)くちいれ

共通する意味★ある人と、他の人や集団との社会的な関係の成立を促したり、契約がまとまるように働いたりすること。**【英】** *help; recommendation*

使い方▼〔世話〕スル▽職を世話する▽よい旅行業者を世話する▽病人の世話をする▽世話を焼く　〔斡旋〕スル▽アルバイトを斡旋する　〔周旋〕スル▽勤め口の周旋をする▽田畑の売買の周旋をする　〔口添え〕▽知人の口添えで家具を譲ってもらう

	下宿を□してもらう	叔父の□で就職する	嫁を□する	広告の□
世話	○	○	○	-
斡旋	○	△	-	○

周旋	○	-	-	-	-
口添え	-	○	-	-	-

使い分け【1】「世話」は、広く、面倒を見ること、他人のために尽力することをいう。また、「世話が焼ける」のように、手数がかかって厄介なことにもいう。【2】「斡旋」は、ある物や人を、それを求めている人に紹介すること。【3】「周旋」は、物の売買や就職、雇用などで、双方の間にたって、話がうまくまとまるように働くこと。【4】「口添え」は、交渉、就職などがうまくいくように、傍らから言葉を添えて助力すること。

【関連語】◆**(口入れ)**奉公人などを周旋すること。現在ではあまり使われない。「口入れ屋」

5 15-32 仲人（なこうど）／媒酌（ばいしゃく）

共通する意味★結婚の仲立ちをすること。**【英】** *a go-between*

使い方▼〔仲人〕▽後輩の仲人を引き受ける▽仲人を頼む　〔媒酌〕スル▽媒酌の労をとる▽御媒酌人

使い分け「仲人」は、仲立ちをする人のこともいう。「媒酌」は、文章語、または、少し改まった言い方。

5 15-33 親善（しんぜん）／善隣（ぜんりん）／和親（わしん）／修好（しゅうこう）

【関連語】◆(和)わ◆(親和)しんわ◆(宥和)ゆうわ◆(協和)きょうわ

共通する意味★人々が互いに仲よくやっていくこと。**【英】** *friendship*

使い方▼〔親善〕▽親善を深める▽親善試合▽親善訪問　〔善隣〕▽善隣外交を展開する▽善隣諸国　〔和親〕▽和親条約　〔修好〕スル▽修好条約

使い分け【1】「親善」は、国家や団体が良好な関係を保つこと。四語の中では、最も一般的な語。【2】「善隣」は、近隣の国との関係を良好に保つこと。【3】「和親」「修好」は、互いに仲よくすることだが、主に国と国との良好な関係をいうのに用いる。

【関連語】◆**(和)**互いに仲よくすること。「人の和」「和を結ぶ」「和を講ずる」◆**(親和)**互いに仲よくすること。「親和をはかる」◆**(宥和)**スル相手に対する不満などを大目に見て、仲よくすること。文章語。「宥和政策」◆**(協和)**スル心を合わせて仲よくすること。「国民との協和」「民族間の協和」

5 15-34 親しい（したしい）／近しい（ちかしい）／睦まじい（むつまじい）

【関連語】◆(和気藹藹)わきあいあい◆(親密)しんみつ◆(親愛)しんあい◆(仲良し)なかよし◆(懇ろ)ねんごろ

共通する意味★仲がよい。**【英】** *intimate; close*

使い方▼〔親しい〕(形)　〔近しい〕(形)　〔睦まじい〕(形)

	□仲	□友人	□関係	□交際する	仲□
親しい	○	○	○	-く○	-
近しい	○	○	△	-く○	-
睦まじい	○	-	○	-く-	○

使い分け【1】「親しい」「近しい」は、友人として仲がよい意。家族、夫婦には用いられない。「近しい」は、文章語的。【2】「睦まじい」は、特に、夫婦、恋人同士や家族などが仲がよい意。

【関連語】◆**(親密)**(名・形動)互いに仲がよいこと。「親密な仲」「親密な関係」◆**(親愛)**(名・形動)親しみ愛するさま。「親愛の情」「親愛なる友へ」◆**(和気藹藹)**(形動たる・と)うちとけてなごやかな気分に満ちているさま。「和気藹々とした雰囲気」「和気藹々のうちに会が進行する」◆**(懇ろ)**(形動)男女の仲について用いられることが多い。「ねんごろになる(=恋仲になる)」◆**(仲良し)**特に気の合う親しい間柄。また、その友人。「彼とは大の仲良しだ」

5 15-35 打ち解ける（うちとける）／解け合う（とけあう）

【関連語】◆(馴染む)なじむ◆(親しむ)したしむ

共通する意味★相手と隔たりのない気持ちになる。**【英】** *to open one's heart*

使い方▼〔打ち解ける〕(カ下一)▽うちとけた雰囲気▽初対面の人とはなかなかうちとけられない　〔解け合う〕(ワ五)▽心が解け合う

使い分け「打ち解ける」の方が一般的な語。

【関連語】◆**(馴染む)**(マ五)なれて親しくなる。人間以外のものについていう場合が多い。「会社の雰囲気にもようやくなじんできた」◆**(親しむ)**(マ五)人や物事によく接して、仲よくしたり、身近に感じたりする。「友と親しむ」「自然と親しむ」

5 15-36 約束（やくそく）／誓約（せいやく）／契約（けいやく）／協約（きょうやく）

【関連語】◆(宣誓)せんせい◆(誓う)ちかう◆(確約)かくやく◆(公約)こうやく◆(盟約)めいやく◆(血盟)けつめい◆(特約)とくやく◆(起請)きしょう

共通する意味★ある物事についてあらかじめ取り決め、将来それを変えないとすること。また、その決めた事柄。

使い方▼〔約束〕スル▽タバコをすわないと約束する▽約束事　〔誓約〕スル▽違反はしないと誓約する▽誓約書　〔契約〕スル▽契約を破棄する　〔協約〕スル▽労使が協約を結ぶ▽労働協約

	□を破る	□を結ぶ	子供と□する	□に違反する
約束	○	-	○	△
誓約	○	○	-	○

契約	○	○	-	○
協約	○	○	-	○

使い分け【1】「約束」は、日常語として最も一般的に使われるが、商取引や文章などの中で使われることは少ない。【英】*a promise*【2】「誓約」は、必ず守ると決めることをいう。【英】*an oath*【3】「契約」は、文書をかわして商取引などの取り決めをすること。また、その取り決めた内容。法律上の効力をもつものをいうことも多い。【英】*a contract*【4】「協約」は、団体と団体の間で互いに守るように決めることの意で用いられることが多い。【英】*an agreement*

【関連語】◆(**誓う**)(ワ五)あることを必ず実行すると、固く約束する。「神に誓って間違いはない」「固く将来を誓った」「心に誓う」◆(**確約**)スル必ず実現すると約束すること。「確約を得る」「確約はできない」◆(**宣誓**)スル多くの人の前で自分の誠意を示し、誓うこと。「選手宣誓」◆(**公約**)スル政治家などが世間に対して広く実現を約束すること。「選挙公約」◆(**盟約**)スル固く誓って約束すること。「盟約を結ぶ」◆(**血盟**)血判をおして、絶対に約束を守ることを誓うこと。「血盟して同志に加わる」◆(**特約**)スル特別の利益や条件をともなう約束、契約。「特約店」「疾病特約付生命保険」◆(**起請**)スル神仏に誓うこと。約束状をさすこともある。

5 15-37 条約(じょうやく)／協定(きょうてい)

共通する意味★国と国との間に結ばれた約束ごと。**【英】***a treaty*

使い方▼〔**条約**〕▽条約を結ぶ▽条約を締結する▽条約を破る▽条約を破棄する▽日中平和友好条約
〔**協定**〕スル▽協定を結ぶ▽協定に違反する▽協定を破棄する▽日韓漁業協定

使い分け【1】「条約」は、国家間で結ばれる、国際上の権利・義務に関する取り決めをいう。【2】「協定」は、「条約」ほど重要ではない事柄、特定の事項について、「条約」ほど厳密な形式をとらない国家間の取り決めをさす。【3】「協定」は、当事者がある一定の事項について協議して取り決めをすることもいう。「労使間の協定」「協定価格」「紳士協定」

5 15-38 密約(みつやく)／内約(ないやく)／黙約(もくやく)

【関連語】◆(**黙契**)(もっけい)

共通する意味★当事者だけで決めて、内容をかくす約束ごと。**【英】***a secret promise*

使い方▼〔**密約**〕スル▽密約を交わす▽密約を結ぶ▽先方と密約する 〔**内約**〕スル▽結婚の内約を結ぶ▽昇進を内約する 〔**黙約**〕▽両国間には黙約がある

使い分け【1】「密約」は、ひそかに結んで、内容を公表しない約束ごと。【2】「内約」は、特に公表しない約束ごと。【3】「黙約」は、正式に文書をつくったり、公表したりはしないが、相手との間に了解があること。

【関連語】◆(**黙契**)暗黙のうちに互いの意志が一致すること。また、そうしてできた約束。「業者間で黙契ができている」「黙契を交わす」

5 15-39 先約(せんやく)／前約(ぜんやく)

【関連語】◆(**先口**)(せんくち)

共通する意味★その人と以前に結んだ約束。また、他の人と先に結んだ約束。**【英】***a previous engagement*

使い方▼〔**先約**〕▽先約を実行する▽先約があるので誘いをことわる 〔**前約**〕▽前約を果たす▽前約を反故(ほご)にする

使い分け他の人とすでに結んだ約束があるという意味では、ふつう「先約」が用いられ、「前約」は用いられない。

【関連語】◆(**先口**)先に約束したり申し込んだりしたもの。「先口から処理する」

5 15-40 予約(よやく)／リザーブ

【関連語】◆(**売約**)(ばいやく)

共通する意味★何かを所有したり、使ったりすることをあらかじめ約束しておくこと。**【英】***reservation*

使い方▼〔**予約**〕スル▽予約をとる▽部屋を予約する▽予約済み▽予約席 〔**リザーブ**〕スル▽ホテルをリザーブする▽リザーブ席

使い分け「予約」は、品物の購入のほか、席や部屋をあらかじめ約束し確保しておく意味で、広く使われるのに対して、「リザーブ」は、ふつう、物品の購入には用いない。

【関連語】◆(**売約**)スル品物を売ることを約束すること。「売約済み」

5 15-41 妥結(だけつ)／締結(ていけつ)

【関連語】◆(**成約**)(せいやく)◆(**締約**)(ていやく)

共通する意味★話し合いがまとまって、条約や契約などを結ぶこと。**【英】***an agreement*

使い方▼〔**妥結**〕スル▽労使の交渉が妥結した▽双方歩み寄って妥結をみる▽妥結額 〔**締結**〕スル▽日米安保条約を締結する

使い分け「妥結」は、利害関係の相反する者が、互いに主張し合い、折れ合って、やっと達するものであるのに対して、「締結」は、取り結ぶという結果の意が強く、折衝の様子はどんな形でもよい。

【関連語】◆(**成約**)スル契約が成立すること。「ようやく成約をみた」◆(**締約**)スル条約、契約などを結ぶこと。「無事締約の運びとなる」

5 15-42 申（もう）し合（あ）わせ／取（と）り決（き）め

共通する意味★集団の中の話し合いで決められる約束。**【英】** *an understanding*

使い方▼〔申し合わせ〕▽申し合わせに従う▽申し合わせで年賀状のやりとりをやめる▽申し合わせ事項〔取り決め〕▽団地の自治会で取り決めを作る▽取り決めに従う▽両国間の取り決め▽支払条件の取り決め

使い分け 「取り決め」の方が、拘束力が強く、「申し合わせ」は、皆で相談しての合意事項という性格が強い。

5 15-43 指切（ゆびき）り／げんまん

共通する意味★互いに小指をからみ合わせて、偽りのないことを約束すること。**【英】** *a pledge by hooking and crossing one's little fingers*

使い方▼〔指切り〕スル▽子供と指切りして約束する〔げんまん〕スル▽指切りげんまん▽妹とげんまんする

使い分け 子供などがお互いの約束を確認するとき、小指をからみ合わせながら、「指切りげんまん嘘（うそ）ついたら針千本のます」のように唱える。

5 15-44 乗（じょう）じる／付（つ）け込（こ）む／付（つ）け入（い）る

共通する意味★自分の側にプラスになるように、状況や相手の弱みとなるようなことを利用する。**【英】** *to take advantage of*

使い方▼〔乗じる〕（サ上一）▽興に乗じてうたう　〔付け込む〕（マ五）▽急いだので付け込まれて買いたたかれた　〔付け入る〕（ラ五）▽うっかり気を許すと付け入ってくる

	相手の弱点に□	機に□	夜陰に□て（で）忍びこむ	相手に□すきを与えない
乗じる	○	○	-じ○	△
付け込む	○	-	-ん-	○
付け入る	○	-	-っ-	○

使い分け【1】「乗じる」は、何か事を行う際に、好都合な状況や相手方の弱みとなるようなことを利用する意。「付け込む」「付け入る」とは違い、相手の弱みとなる点だけでなく、その場の状況を巧みに利用するような場合についても用いる。「乗ずる」ともいう。【2】「付け込む」「付け入る」は、相手の弱みになるようなことに目をつけて、それを利用しにかかる意を表わす。その結果として、なんらかの利益を得るといった含みがある。

5 15-45 誘（さそ）い／勧（すす）め／勧誘（かんゆう）／誘惑（ゆうわく）

共通する意味★ある行動をするように人に働きかけること。**【英】** *to tempt*

使い方▼〔勧誘〕スル　〔誘惑〕スル

	保険の□	悪魔の□	学問の□	□に耐える
誘い	○	○	-	-
勧め	○	-	○	-
勧誘	○	-	-	-
誘惑	-	○	-	○

使い分け【1】「誘い」は、良いことでも悪いことでも、いろいろなことに関して用いる語。働きかける手段も、しぐさ、目付き、言葉など、幅広い。【2】「勧め」は、良いと思われることをするように人にいうこと。言葉を使うことが多い。【3】「勧誘」は、勧め誘うことで、人への働きかけが強く、集団に誘い入れるときなどによく用いられる。説き伏せるような形になるので、言葉を使うことが多い。【4】「誘惑」は、人の心をまどわし、悪いことに誘い込むこと。働きかける手段も、表情、しぐさ、策略、言葉など幅広い。

5 15-46 奨励（しょうれい）／勧奨（かんしょう）

共通する意味★良いこととして、それをするように人々にすすめること。**【英】** *encouragement*

使い方▼〔奨励〕スル▽貯蓄を奨励する▽学問を奨励する▽奨励金　〔勧奨〕スル▽酪農を勧奨する▽退職を勧奨する

使い分け 「勧奨」は、「奨励」より対象を限定して、より積極的にすすめる意味。

5 15-47 誘（さそ）う／いざなう

共通する意味★行動を一緒にするようにすすめる。**【英】** *to ask; to tempt*

使い方▼〔誘う〕（ワ五）▽旅行に誘う▽悪の道に誘う〔いざなう〕（ワ五）▽童話の世界にいざなう

使い分け【1】「いざなう」は、「誘う」の意の古風な言い方。文学的な表現をするときに用いられることが多い。【2】「誘う」は、「春風に誘われて野辺を行く」「涙を誘う」のように、自然とそうなるように仕向けるという意味もある。【3】「いざなう」は、「誘う」とも書く。

5 15-48 けしかける／たきつける／あおる

共通する意味★おだてたりそそのかしたりして、ある結果になるように仕向ける。**【英】** *to agitate*

使い方▼**〔けしかける〕**(カ下一)▽人をけしかけて自分は見ている　**〔たきつける〕**(カ下一)▽若者をたきつけて暴動を起こさせる　**〔あおる〕**(ラ五)▽はでな宣伝で購買欲をあおる

	民衆を□	両方を□てけんかをさせる	□れ(られ)てその気になる	競争心を□
けしかける	○	-け○	-け-	-
たきつける	○	-け○	-け○	-
あおる	○	-っ△	-ら-	○

使い分け【1】「けしかける」は、相手をそそのかしたり、おだてたりすることによって、自分の思うとおりの行動を起こさせる意。【2】「たきつける」は、うまい言葉をかけて相手の感情を刺激し、ある行動にかりたてる意。【3】「あおる」は、おだてそそのかしたり、あるいはなんらかの手段を使って、ある状態が起こるように仕向けたり、何かの勢いを強めたりする意。「煽る」とも書く。【4】「けしかける」「たきつける」はふつう目的語には人がくるが、「あおる」は、世論・人気・景気など、何かの状態が目的語になることが多い。

参照▼たきつける⇒714-06　あおる⇒109-23

5 15-49 唆す(そそのかす)／仕向ける(しむける)／おだてる

【関連語】◆**(教唆)**きょうさ◆**(指嗾)**しそう

共通する意味★相手がある行為をするように、働きかける。**【英】** *to tempt; to induce*

使い方▼**〔唆す〕**(サ五)▽友達にそそのかされて万引きする　**〔仕向ける〕**(カ下一)▽わざと無視して怒りだすように仕向ける▽部屋に本を備えて進んで勉強するように仕向ける　**〔おだてる〕**(タ下一)▽子供をおだてて手伝わさせる

使い分け【1】「唆す」と「仕向ける」では、「唆す」が、相手がふだんは考えていないようなことをするように働きかけるのに対して、「仕向ける」は、相手がもともと心の内に持っていたものを誘発させるという違いがある。【2】「おだてる」は、盛んにほめて、その気にさせる意。「煽てる」とも書く。【3】「唆す」「おだてる」は、相手をほめる言葉を手段として用いるが、「仕向ける」は、言葉を使わず、状況を整えることを手段とすることもある。【4】「仕向ける」「おだてる」は、良いことにも悪いことにも用いるが、「唆す」は、悪いことをするように働きかける場合にのみ用いる。

【関連語】◆**(教唆)**スル悪事をするように教えそそのかすこと。文章語。「犯罪を教唆する」◆**(指嗾)**スル指図してそそのかすこと。文章語。「生徒を指嗾して騒ぎを起こす」

5 15-50 挑発(ちょうはつ)／扇動(せんどう)

【関連語】◆**(鼓吹)**こすい◆**(鼓舞)**こぶ◆**(入れ知恵)**いれぢえ◆**(鼓する)**こする

共通する意味★相手を刺激してある行為をするように、仕向けること。**【英】** *instigation*

使い方▼**〔挑発〕**スル　**〔扇動〕**スル

	□に乗る	相手を□してけんかをする	民衆を□して紛争を起こす	□的な恰好(かっこう)
挑発	○	○	△	○
扇動	○	-	○	-

使い分け【1】「挑発」は、相手を刺激して、内部にあるものを誘いだす行為であるのに対して、「扇動」は、盛んにあおってその気にさせ、それを大きくする行為という違いがある。また、「挑発」は、個人に対しても集団に対しても用いるが、「扇動」は、集団に対して用いることが多い。【2】二語とも、紛争、暴動、事件などを起こすように仕向けるときに用いるが、「挑発」は、欲情を起こすようにするときにも用いる。

【関連語】◆**(鼓吹)**スルある意見や思想を盛んに主張し宣伝して、相手に吹き込むこと。文章語。「人道主義を鼓吹する」◆**(鼓舞)**スル勇気づけて何かをさせようとすること。文章語。「士気を鼓舞する」◆**(入れ知恵)**スルある目的のために、他人に自分の考えを吹き込むこと。「弟に入れ知恵してテレビゲームをねだらせる」◆**(鼓する)**(サ変)勇気をふるいたたせる。文章語。「勇を鼓して強敵にぶつかる」

5 15-51 勧める(すすめる)／薦める(すすめる)

共通する意味★自分がよいと思うものごとを、相手もしたり採り入れたりするように言う。**【英】** *to recommend*

使い方▼**〔勧める〕**(マ下一)▽朝夕の散歩を勧める▽研究会への入会を勧める　**〔薦める〕**(マ下一)▽先生に薦められた本を読む▽次回の講師としてA氏を薦める

使い分け【1】「勧める」は、よいと思う行為を相手に言う場合に使う。【2】「薦める」は、採用するとよいと思う人やものを相手に言う場合に使う。

5 15-52 推賞(すいしょう)／推奨(すいしょう)／選奨(せんしょう)

【関連語】◆**(慫慂)**しょうよう

共通する意味★よいと思われる品、人、事柄を人にすすめること。**【英】** *recommendation*

使い方▼**〔推賞〕**スル▽審査員が口をそろえて推賞した作品　**〔推奨〕**スル▽この人が先生御推奨の方ですね　**〔選奨〕**スル▽芸術祭選奨に輝いた作品

使い分け【1】「推賞」は、褒めることに重点があるのに対して、「推奨」は、人にすすめることに重点がある。【2】「選奨」は、優秀なものを選んで人にすすめること。

【関連語】◆(慫慂)スルそばから誘いかけてすすめること。文章語。「立候補を慫慂する」

515-53 推薦(すいせん)／推挙(すいきょ)

【関連語】◆(推輓)すいばん◆(自薦)じせん◆(他薦)たせん◆(ノミネート)

共通する意味★ある人、物、事を採用されるように、他人にすすめること。【英】*recommendation*

使い方▼〔推薦〕スル　〔推挙〕スル

	A氏を役員に□する	全員で会長に□する	良書として□する	□入学	□状
推薦	○	△	○	○	○
推挙	○	○	-	-	-

使い分け【1】「推薦」は、よいと思われる人やものを他人にすすめることであるが、「推挙」は、ある人をいいと思われる地位、役職、職業につくように他人にすすめること。【2】「推挙」は、「吹挙」とも書く。

【関連語】◆(推輓)スル「推挙」の意の文章語。「会長に推輓される」「恩師の推輓により助手になる」◆(自薦)スル自分で、自分やあるいは自分の物を推薦すること。⇔他薦。「自薦による応募」◆(他薦)スル自分以外の人が推薦すること。⇔自薦。「応募は他薦に限る」◆(ノミネート)スル候補者、候補作品として推薦したり、指名したりすること。多くの場合、受身形で用いられる。「最終審査にノミネートされた」

515-54 釣り出す(つりだす)／おびき出す(おびきだす)

【関連語】◆(おびき寄せる)おびきよせる

共通する意味★だまして誘い出す。【英】*to lure away*

使い方▼〔釣り出す〕(サ五)　〔おびき出す〕(サ五)

	甘い言葉で□	儲(もう)け話で□	おとりを使って□	だれも居ない場所へ□
釣り出す	○	○	-	-
おびき出す	○	-	○	○

使い分け「釣り出す」は、「儲け話」「甘い言葉」などのように、誘い出す手段を示すことが多いのに対して、「おびき出す」は、「だれもいない場所」などのように、誘い出す場所を示すことが多い。

【関連語】◆(おびき寄せる)(サ下一)だまして招き寄せる。「敵をおびき寄せる」

515-55 力付ける(ちからづける)／励ます(はげます)／引き立てる(ひきたてる)／激励(げきれい)

【関連語】◆(声援)せいえん

共通する意味★元気づけて力が出てきたり増進したりするようにさせる。【英】*to encourage*

使い方▼〔力付ける〕(カ下一)▽そのニュースを聞いてわたしも力付けられた　〔励ます〕(サ五)▽がっかりしている友達を励ます▽選手を励ます　〔引き立てる〕(タ下一)▽沈みがちな気持ちを引き立てる　〔激励〕スル▽激励の手紙が送られて来た

	チームを□	病人を□	気を□	おのれを□
力付ける	○	○	-	-
励ます	○	○	-	○
引き立てる	○	-	○	-
激励する	○	○	-	-

使い分け【1】「力付ける」「励ます」は、現在沈んでいる力を奮いたたせる場合に多く用いられる。「励ます」は、自分自身に対しても用いることができる。【2】「引き立てる」は、特に気持ちに対して用いることが多い。【3】「激励」は、現在出ている力を持続したり、さらに増進したりするようにさせること。【4】「励ます」には、「声を励ます」のように、強くする、激しくするという意味もある。【5】「引き立てる」は、「後輩を引き立てる」のように、目をかけてやる意で、また、「照明が美しさを引き立てる」のように、特に目立つようにするという意で使われることもある。

【関連語】◆(声援)スル一定の行動をしている者に対して、声を掛けて励ますこと。「その努力に大きな声援を送ろう」「ご声援ありがとうございます」

参照▼引き立てる⇒517-79

515-56 信用(しんよう)／信頼(しんらい)

【関連語】◆(信任)しんにん◆(信憑)しんぴょう◆(覚え)おぼえ◆(不信任)ふしんにん

共通する意味★相手を信じること。【英】*trust*

使い方▼〔信用〕スル▽信用あたわざる人物▽信用金庫▽信用取引　〔信頼〕スル▽厚い信頼を寄せる▽信頼するに足る人物▽信頼にこたえる▽信頼関係

	彼は□できない	彼の言葉を□する	□を裏切る	□できる指導者
信用	○	○	-	△
信頼	○	-	○	○

使い分け【1】「信用」は、相手や相手の言うことが確かであると信じて疑わないことをいうが、「信頼」は、相手の能力を信じて頼りにすることをいう。【2】二語ともよく使われるが、「信用」はごく軽く使うこともある。また、「信用」は、「信用にかかわる」「信用を落とす(失う)」のように、よい評判という意味で用いられることもある。

【関連語】◆(信任)スル信じて物事を任せること。特に、ある地位や役職などにつくことを認め、その職務を任せること。【英】*confidence* ⇔不信任。「信任が厚い」「内閣が議会の信任を得る」「信任投票」「信任状」◆(信憑)信じてよりどころとすること。「信憑性の高い情報」◆(覚え)信じて任せること。ふつう「覚えがめでたい」という形で、「寵愛されている」という意味で用いられる。「師匠の覚えめでたく…」◆(不信任)信任しないこと。特に、ある地位や役職などにつくことを認めず、その職務を任せないことをいう。【英】*non-confidence* ⇔信任。「議長不信任を決議する」「不信任案を提出する」

参照▼信用⇒618-15　覚え⇒217-04 602-15

5 15-57 保証（ほしょう）／保障（ほしょう）

共通する意味★責任をもって絶対間違いないとすること。【英】*to guarantee*

使い方▼【保証】スル▽身元を保証する▽借金の保証人▽保証書　【保障】スル▽憲法によって保障されている自由▽安全保障条約▽社会保障制度

使い分け【1】「保証」は、…である、と請け合うこと。そこには必ず責任が伴い、「保証がない」状態というものは、きわめて信用のおけない、不安定な危険な状態を意味する。【2】「保障」は、立場や権利、地位などを認め、害を受けないように守ること。責任問題より、保護するという意が強い。したがって、国家社会など公の機関によるものが多い。

5 15-58 待遇（たいぐう）／処遇（しょぐう）

【関連語】◆(知遇)ちぐう◆(礼遇)れいぐう◆(優遇)ゆうぐう◆(厚遇)こうぐう◆(優待)ゆうたい◆(歓待)かんたい

共通する意味★人をもてなすこと。【英】*treatment*

使い方▼【待遇】スル▽下にもおかない待遇を受ける▽役員待遇　【処遇】スル▽元会長を相談役として処遇する

	失礼のない□を考える	□のいい旅館	重役として□する	退任後の□を決める
待遇	○	○	△	-
処遇	○	-	○	○

使い分け「待遇」は、客をもてなすときのように、ある場における一時的な扱いについていう場合と、職場の地位、給与などにかかわる永続的な扱いについていう場合とがあるが、「処遇」は、永続的なものについてだけいう。

【関連語】◆(知遇)人柄や能力を認められて、よい扱いをされること。「知遇を得る」◆(礼遇)スル礼儀をつくし、できるだけ丁寧に扱うこと。「賓客として礼遇する」◆(優遇)スル他の者よりよい扱いをすること。⇔冷遇。「経験者を優遇する」◆(厚遇)スル手厚くもてなすこと。⇔冷遇。「厚遇を受ける」◆(優待)スル有利な扱いをすること。「関係者を優待する」「優待券」◆(歓待)スル喜んで迎えて、手厚くもてなすこと。「一家をあげて歓待する」

5 15-59 応対（おうたい）／応接（おうせつ）／接待（せったい）

【関連語】◆(人あしらい)ひとあしらい◆(接客)せっきゃく◆(客あしらい)きゃくあしらい◆(客扱い)きゃくあつかい

共通する意味★人の相手をして受け答えなどをすること。【英】*reception*

使い方▼【応対】スル▽生来、口下手で、人との応対がまずい▽そっけない応対をされる▽玄関へ応対に出る▽応対に追われる　【応接】スル▽次々と事件が起こって、応接に暇がない（＝物事が次々と起こって非常に忙しい）▽面会人に次々と応接する　【接待】スル▽湯茶の接待をする▽接待にあずかる▽接待費

	客の□	電話で□する	高級料亭で□する	茶菓の□	□セット
応対	○	○	-	-	-
応接	○	-	-	-	○
接待	○	-	○	○	-

使い分け【1】「応対」が、最も一般的な語。【2】「応対」「応接」は、言葉によって相手をすることをいい、「接待」は、客を飲食物などによってもてなすことをいう。

【関連語】◆(接客)スル客をもてなすこと。客の接待。客の相手をする仕事でいい、家庭で来客の相手をするような場合には用いられない。「接客業」◆(人あしらい)人をもてなすこと。人との応対のしかた。「店の主人にしては人あしらいが下手だ」◆(客あしらい)客のもてなし方。客との応対のしかた。「客あしらいの悪い店」◆(客扱い)「客あしらい」に同じ。「客扱いに慣れた人」「客扱いがうまい」

参照▼応対⇒613-55

5 15-60 もてなす／供応（きょうおう）／馳走（ちそう）／ふるまう

【関連語】◆(饗する)きょうする◆(相伴)しょうばん

共通する意味★酒や料理を出して、相手を丁重に取り扱う。【英】*to entertain*

使い方▼【もてなす】(サ五)▽友人を手製のケーキでもてなす▽遠来の客を心をこめてもてなした　【供応】スル▽盛大な供応を受けた▽茶菓の供応にあずかる　【馳走】スル▽後輩に御馳走する▽奥さんの手料理を御馳走になった▽先日は御馳走にあずかり、ありがとうございました　【ふるまう】(ワ五)▽そばをふるま

5 社会生活

ってもらった▽酒をふるまわれる

	料亭で□	□客に酒食を	客をフランス料理で□	□友人に夕食を
もてなす	○	△	○	○
供応する	○	－	○	－
(御)馳走する	○	○	－	○
ふるまう	○	○	－	○

使い分け【1】「もてなす」は、心から歓迎する気持ちを込めて相手を丁重に扱う意。御馳走を出すとは限らず、客を歓迎する態度自体をいう場合もある。【2】「供応」「ふるまう」は、食事や飲み物を出すこと。ささやかな場合もあるが、多くは客のためにいろいろな飲食物を取りそろえる。「供応」は、「饗応」とも書く。【3】「馳走」は、ふつう「御馳走」の形で用いる。食事などを出して丁寧に扱うこと。また、そのための料理もいう。「御馳走がたくさん出る」

【関連語】◆**(饗する)**(サ変)飲食物を出して人を丁重に扱う。文章語。「来賓を饗する」◆**(相伴)**スル客、上司などをもてなすと同時に、自分ももてなしを受けること。「お相伴」の形で使われることも多い。「お相伴にあずかる」

参照▼ふるまう⇒114-10

515-61 礼(れい)／礼節(れいせつ)

【関連語】◆**(虚礼)**(きょれい)

共通する意味★人として、他の人と接するときには当然守るべきだとされているきまり。**【英】** *courtesy*

使い方▼〔礼〕▽礼を尽くして迎える▽礼を失する▽礼をわきまえる　〔礼節〕▽礼節を重んじる

使い分け 二語とも、人に敬意をもって接し、その敬意を態度として表わすことだが、守るべききまりを漠然とさし、具体的な形を示すわけではない。

【関連語】◆**(虚礼)**礼儀から誠意が欠けて、単なる形式になってしまったもの。「虚礼廃止」

参照▼礼⇒515-66　515-71

515-62 礼儀(れいぎ)／エチケット／マナー／作法(さほう)／行儀(ぎょうぎ)

共通する意味★社会で守るべきとされている言語、動作、態度のきまり。**【英】** *etiquette; manners*

	□にかなう	□がいい	□正しい人	人と話すときの□	食事の□
礼儀	○	－	○	－	－
エチケット	△	－	－	○	－
マナー	○	○	－	○	○
作法	○	－	－	○	○
行儀	－	○	－	－	－

使い分け【1】「礼儀」「エチケット」は、社会習慣として決まっている、人と接するときの正しい態度。「エチケット」は、より具体的な動作や心づかいについていわれることが多い。【2】「マナー」「作法」は、社会習慣上決まっている、動作に関する約束事。人に接するときの態度に限らず、食事などの行動一般について用いられる。また、「作法」は、儀式などのときの定形化したふるまいの方法をいうことも多い。【3】「行儀」は、立ち居ふるまいのこと。通常、「よい」「悪い」とともに用いられる。

515-63 礼法(れいほう)／礼式(れいしき)／儀礼(ぎれい)

共通する意味★礼儀を行う法式。礼儀作法。**【英】** *manners*

使い方▼〔礼法〕▽礼法にのっとって行う　〔礼式〕▽礼式にかなった動作　〔儀礼〕▽儀礼どおりに事を運ぶ

使い分け【1】「礼式」は、礼意を表わすために贈る金品のこともいう。【2】「儀礼」は、「儀礼的」の形で、形式だけで、あまり誠実さのない態度をいうこともある。「儀礼的な挨拶(あいさつ)」

515-64 失礼(しつれい)／失敬(しっけい)／無礼(ぶれい)／ぶしつけ／無作法(ぶさほう)

【関連語】◆**(非礼)**(ひれい)◆**(欠礼)**(けつれい)◆**(不敬)**(ふけい)

共通する意味★礼を欠くこと。**【英】** *rudeness; impoliteness*

使い方▼〔失礼〕(名・形動)スル▽挨拶(あいさつ)もしないとは失礼だ▽突然お手紙を差し上げる失礼をお許しください　〔失敬〕(名・形動)スル▽人の物を黙って使うとは失敬なやつだ▽先日はゆっくり話す時間がなくて失敬した　〔無礼〕(名・形動)▽無礼な手紙を送ってよこす、けしからん男だ▽どうもご無礼いたしました▽この無礼者めが　〔ぶしつけ〕(名・形動)▽ぶしつけなお願いで恐縮ですが　〔無作法〕(名・形動)▽挨拶も満足にできない無作法な人▽茶道の心得もない無作法者ですがご勘弁ください

使い分け【1】「失礼」が、最も広く使われる。「失敬」が最も軽く、「失礼」「無礼」の順に重くなる。「ぶしつけ」は、本質的なところで礼を欠いているのではなく、しつけができていなくて人に接するときの礼儀作法を知らないというほどの意。「無作法」は、礼儀作法をわきまえていないこと。【2】「失礼」は、男女ともに使うが、「失敬」は、男性が使う語。

【関連語】◆**(非礼)**(名・形動)礼儀にはずれること。「非

5 社会生活

礼なふるまいをお許しください」◆〔欠礼〕スル年賀状を出さないとか、会に欠席するとかいった、具体的な事柄をしない場合に、主に手紙で使う語。「喪中につき、年賀欠礼いたします」◆〔不敬〕(名・形動)皇室や社寺に、失礼な言動をすること。現在ではほとんど使われない。「不敬罪」

参照▼失礼⇒5 16-22　失敬⇒1 15-08 5 16-22

5 15-65 挨拶

意味★会などで他の人を前に社交的な対応として述べる言葉。また、人と会ったときや別れるときなどに交わす言葉や動作など、自分と相手との間に関係があることを示そうとする言語行動をいう。**【英】** *a greeting*

使い方▼〔挨拶〕スル▽披露宴で挨拶する▽挨拶を交わす▽手を振って挨拶する

5 15-66 お辞儀／礼／会釈／目礼／黙礼／最敬礼／叩頭

共通する意味★敬意を表わすため、相手に向かって頭を下げること。**【英】** *a bow*

使い方▼〔お辞儀〕▽丁寧にお辞儀をする▽ぺこぺこお辞儀をする　〔礼〕▽先生に会ったら礼をする▽一同、礼!　〔会釈〕スル▽笑顔で会釈する▽遠慮会釈のない物言い　〔目礼〕スル▽互いに目礼して通り過ぎた▽目礼を交わす　〔黙礼〕スル▽遺影に黙礼する　〔最敬礼〕スル▽最敬礼されて困ってしまった　〔叩頭〕スル▽叩頭して謝る

使い分け【1】「お辞儀」「礼」は、頭を下げる程度に関係なく用いる言い方。「礼」は、号令として「起立！　礼！」のように用いることができる。【2】「会釈」は、軽く頭を下げて挨拶(あいさつ)すること。【3】「目礼」は、頭はあまり下げずに目つきで敬意を表わすこと。【4】「黙礼」は、無言で頭を下げること。【5】「最敬礼」は、腰を折って深々と頭を下げること。最も丁寧な敬意の表わし方。【6】「叩頭」は、頭を地面にすりつけてお辞儀をすること。

参照▼礼⇒5 15-61 5 15-71

5 15-67 敬礼／一礼／答礼／握手

共通する意味★敬意を表わす態度をとること。また、その動作。**【英】** *a salute*

使い方▼〔敬礼〕スル▽国旗に敬礼する　〔一礼〕スル▽一礼して部屋を出る　〔答礼〕スル▽大佐は少佐に答礼した　〔握手〕スル▽両首脳がかたい握手をかわす

使い分け【1】「敬礼」は、敬意を表わして礼をすることで、特に軍人のする、挙手の礼や捧(ささ)げ銃(つつ)などをさす。【2】「一礼」は、一回軽くお辞儀をすること。【3】「答礼」は、礼をされて礼で答えること。多くは、敬礼をした相手に敬礼の動作で答えることをいう。【4】「握手」は、挨拶(あいさつ)または親近のしるしとして、互いに手と手を握り合うこと。また、「両大国の握手を望む」のように、比喩(ひゆ)的に仲直りをしたり仲良くしたりすることもいう。

参照▼握手⇒5 15-03

5 15-68 土下座／平伏

【関連語】◆〔平身低頭〕(へいしんていとう)

共通する意味★頭を深く下げて礼をすること。**【英】** *to prostrate oneself on the ground*

使い方▼〔土下座〕スル▽土下座してわびる　〔平伏〕スル▽人々は平伏して君主を迎えた▽足下に平伏する

使い分け【1】「土下座」は、地面や床などにひざまずき、両手をついて深く礼をすること。ふつう相手に対して謝罪するときの動作を表わす。【2】「平伏」は、両手をついて、頭を地につけて礼をすること。強者や権威のある者に対する動作。

【関連語】◆〔平身低頭〕スル身をかがめ頭を低く下げてわびること。また、そのようにして恐縮したり懇願したりすること。多く、ぺこぺこと頭を下げる様子をいう。「平身低頭ひたすら謝る」

5 15-69 表敬／脱帽／三拝九拝

共通する意味★敬意を表わすこと。**【英】** *thanks*

使い方▼〔表敬〕▽表敬訪問　〔脱帽〕スル▽彼の熱意には脱帽する　〔三拝九拝〕スル▽三拝九拝して頼む

使い分け【1】「表敬」は、敬意を持っているということを相手に伝えるための行動。【2】「脱帽」は、帽子を脱ぐことの意。自分より上であると認めた相手に対して、敬意を表わすこと。【3】「三拝九拝」は、何度も何度も頭を下げる意。人に何かを頼むときにぺこぺこ頭を下げること。

5 15-70 感謝／拝謝／深謝／万謝

【関連語】◆〔謝意〕(しゃい)◆〔謝恩〕(しゃおん)

共通する意味★ありがたいと感じて礼を述べること。**【英】** *gratitude*

使い方▼〔感謝〕スル▽ご厚意に感謝いたします▽感謝の言葉を述べる▽感謝の意を表する▽感謝の念にたえない　〔拝謝〕スル▽平素何かとご高配いただき、拝謝いたします　〔深謝〕スル▽ご厚情を深謝いたします　〔万謝〕スル▽お心遣いを万謝いたします

使い分け【1】「感謝」が、最も広く用いられる。【2】「拝謝」は、謹んで礼を述べることで、「感謝」の謙譲語。話し言葉では用いられない。【3】「深謝」「万謝」は、非常に多く、あるいは非常に深く感謝する意。また、心からわびる意にも用いる。二語とも、話し言葉では用いられない。「失礼の段深謝申し上げます」「妄言万謝」

【関連語】◆〔謝意〕感謝する気持ち。また、わびる気

持ち。「謝意を表する」◆(謝恩)受けた恩に対して感謝すること。「謝恩会」「歳末謝恩セール」

515-71

礼(れい)／謝礼(しゃれい)

共通する意味★感謝の気持ちを表わすために贈る金銭や品物、言葉など。**【英】** *thanks*

使い方▼〔**礼**〕▽礼を言う▽ささやかなお礼をする▽礼の手紙　〔**謝礼**〕▽謝礼を述べる▽謝礼を包む▽謝礼をする

使い分け「礼」は、「お礼」の形で用いられることも多い。

参照▼礼⇒515-61　515-66

515-72

丁寧(ていねい)／丁重(ていちょう)

【関連語】◆(慇懃)いんぎん◆(ばか丁寧)ばかていねい

共通する意味★相手の立場や気持ちをじゅうぶん考えて、礼儀正しく細かく心遣いをするさま。**【英】** *polite*

使い方▼〔**丁寧**〕(名・形動)　〔**丁重**〕(形動)

	□な挨拶(あいさつ)	□な扱い	字を□に書く	□なもてなし	□に葬る
丁寧	○	○	○	-	-
丁重	○	○	-	○	○

使い分け【1】「丁寧」は、動作の一つ一つが念入りで、いいかげんでないさま。また、手を抜いていないさま。【2】「丁重」は、相手を大切な人として、礼儀正しく接するさま。「鄭重」とも書く。

【関連語】◆(**慇懃**)(名・形動)非常に丁寧なこと。「慇懃無礼」は、表面は丁寧であるが、実は尊大であること。◆(**ばか丁寧**)(名・形動)度がすぎて丁寧なこと。「ばか丁寧な挨拶(あいさつ)をする」

参照▼丁寧⇒203-04

515-73

謝(あやま)る／わびる

【関連語】◆(謝する)しゃする◆(わび)◆(わび言)わびごと◆(平謝り)ひらあやまり◆(陳謝)ちんしゃ◆(謝罪)しゃざい◆(多謝)たしゃ◆(恐縮)きょうしゅく

共通する意味★過失の許しを求める。**【英】** *to apologize*

使い方▼〔**謝る**〕(ラ五)▽まちがいに気付いたらすぐ謝りなさい▽謝って済む問題ではない　〔**わびる**〕(バ上二)▽非礼をわびる▽御無沙汰(ごぶさた)をわびる

使い分け【1】「謝る」は、「誤(あやま)る」からの転義で、過失を自ら認めることから転じたもの。【2】「わびる」には、つらく思う、困惑しているという要素が含まれており、「見るからにわびているようだから、もう許してあげよう」などの表現があるが、「謝る」には、この要素がないので、「口先だけで謝ってもだめだ」などの表現がある。【3】「わびる」は、「詫びる」とも書く。

【関連語】◆(**謝する**)(サ変)あやまる、わびるの両方の意で使う。文章語。「非礼を謝する」◆(**わび**)わびること。また、その言葉。「詫び」とも書く。「わびを入れる」「わびを言う」◆(**わび言**)わびる言葉。また、わびること。「詫言」とも書く。「わび言は聞きたくない」◆(**平謝り**)ひたすらあやまること。「平謝りにあやまる」◆(**陳謝**)スル事情を述べてあやまること。「失言を陳謝する」「陳謝を要求する」◆(**謝罪**)スル罪や過ちをわびること。「不手際を謝罪する」「謝罪を要求する」◆(**多謝**)丁寧に自分の罪をわびること。手紙文などで、無礼をわびるのに用いる「多罪」の誤用からできた語。文章語。「妄言多謝」◆(**恐縮**)スル恐れ入って身を小さくすること。申し訳なく思うこと。「恐縮ですが、席を詰めていただけますか？」「お気を使っていただき恐縮です」「恐縮の至り」

516 …出会い・送迎・仲間

516-01

あう／出(で)あう／巡(めぐ)り合(あ)う／出(で)くわす／行(ゆ)き合(あ)う

【関連語】◆(お目に掛かる)おめにかかる◆(拝眉)はいび◆(拝顔)はいがん◆(まみえる)◆(来合わせる)きあわせる◆(再会)さいかい◆(一期一会)いちごいちえ

共通する意味★人が人や物事などと一緒になる。

【英】 *to meet*

使い方▼〔**あう**〕(ワ五)▽二時に会う予定▽彼女と逢(あ)う約束▽火事に遭う▽途中で雨に遭う　〔**出あう**〕(ワ五)▽こんな所で出会うなんて…▽旅先で祭りに出あった▽すばらしい作品に出あう　〔**巡り合う**〕(ワ五)▽音信不通だった友人に巡り合う▽結婚相手に巡り合う▽よい師に巡り合ったのは幸いだった　〔**出くわす**〕(サ五)▽ローマで同僚と出くわした▽大爆発に出くわす　〔**行き合う**〕(ワ五)▽来る途中で救急車と行き合う▽公園で友人と行き合った

	旧友に□	クマと□	事故に□	約束の場所で□	生涯の師と□
あう	○	△	○	○	-
出あう	○	○	△	-	○
巡り合う	○	-	-	-	○
出くわす	○	○	○	-	-
行き合う	○	-	-	-	-

使い分け【1】「あう」は、広くさまざまな場面で

用いる。【2】「出あう」は、「あう」とほぼ同様に使われるが、「あう」よりも偶然性が強い。また、事故など好ましくない事態の場合は、「あう」は、被害を受ける意味になるが、「出あう」は、現場に居合わせる意味ともなり、「出くわす」に通じる。「出会う」「出合う」とも書く。【3】「巡り合う」は、長い期間を経て、思いがけずに人や求めていた物と対面する意で、「出あう」よりも使用範囲が狭い。【4】「出くわす」は、偶然性の強いものに限定され、そのときの驚きの気持ちが「出あう」よりも強い。「出っくわす」ともいう。【5】「行き合う」は、どこかに向かう途中で人や物に偶然対面する場合にいい、「出くわす」にくらべると驚きの程度が少なく、通り過ぎるという感じがある。「いきあう」ともいう。【6】「あう」は、一般に「会う」と書くが、対象が人以外のときや、偶然性の強いときは「遇う」「遭う」、男女が約束して「あう」ときは「逢う」とも書く。

反対語▼会う⇔別れる

【関連語】◆**(お目に掛かる)**相手に会うことの謙譲語。自分と同等の相手に対して用いることもある。「お目にかかれてうれしく存じます」◆**(拝眉)**スル相手に会うことの謙譲語。手紙文などで用いられることが多い。「詳細は、拝眉のうえお話し申し上げます」◆**(拝顔)**スル相手に会うことの謙譲語。現在は、慣用的に、「拝顔の栄に浴する」「拝顔の栄を賜る」ぐらいにしか使わない。◆**(まみえる)**(ア下一)「主君にまみえる」のように使うが、また、単に顔を合わせる、の意でも使われる。「見える」とも書く。「両雄相まみえる」◆**(来合わせる)**(サ下一)たまたま人が何かしていたり、何かが催されている場所に来て、人や物事に出あう。「運よく医者が来合わせていて、助かった」◆**(再会)**スルしばらく会わなかった人とまた会うこと。「大学時代の友人と再会する」「再会を期して別れる」「再会を約す」◆**(一期一会)**一生に一度会うこと。また、一生に一度限りであること。茶道の心得から。「一期一会と思って、常に真剣にやるべきだ」

5 16-02 出会い(であ)／巡り合い(めぐりあ)／邂逅(かいこう)

【関連語】◆(奇遇)きぐう◆(鉢合わせ)はちあわせ

共通する意味★偶然に会うこと。**【英】** *an encounter*

使い方▼〔邂逅〕スル

	劇的な□	□二十年ぶりの	結婚相手との□を夢みる	彼女との□は音楽会だった
出会い	○	△	○	○
巡り合い	○	○	○	－
邂逅	○	○	－	－

使い分け【1】「出会い」は、初めて会う場合に多くいう。また、「芸術との出会い」のように、相手が人でなくても、強い印象や影響を受けた場合などには用いる。「出合い」とも書く。【2】「巡り合い」は、多く、長い間会わなかった者同士が思いがけず会うこと。また、会う定めになっていた者同士が初めて会う場合にも用いられる。【3】「邂逅」は、意味としては「巡り合い」に近いが、文章語で、あまり使わない。

【関連語】◆**(奇遇)**意外な出会い。知っている人に思いがけない場所で出会ったときなどに驚きをこめていう。「君とこんなところで会うとは奇遇だね」◆**(鉢合わせ)**スル思いがけず、人とばったり出会うこと。「とんだ所で旧友と鉢合わせする」

5 16-03 遭遇(そうぐう)／際会(さいかい)／逢着(ほうちゃく)

共通する意味★思いがけずに出あうこと。**【英】** *an encounter*

使い方▼〔**遭遇**〕スル▽敵の部隊に**遭遇**する▽大惨事に**遭遇**する▽危機に**遭遇**する▽宇宙船はUFOと**遭遇**したそうだ　〔**際会**〕スル▽最大の危機に**際会**する▽政府崩壊の難局に**際会**し…　〔**逢着**〕スル▽困難に**逢着**する▽解決不可能な問題に**逢着**した

使い分け【1】三語とも、文章語。【2】「遭遇」は、思いがけずに人や物事に不意に出あうことをいい、ふつう好ましくない場合に用いる。【3】「際会」は、めったにない事件や機会にたまたま出あうことをいい、人に対しては使わない。「千載一遇のチャンスに際会する」のように、良い場合にもいう。【4】「逢着」は、出あう対象が、困難、難問、矛盾など、さしあたって解決をする必要のあるものに限られる。

5 16-04 対面(たいめん)／面会(めんかい)／面接(めんせつ)／会見(かいけん)

【関連語】◆(顔合わせ)かおあわせ◆(インタビュー)◆(見合い)みあい

共通する意味★人と人とが会って、じかに向かい合うこと。**【英】** *meeting*

使い方▼〔**対面**〕スル▽生き別れの親子が感激の**対面**をした▽犯人かどうか確認のため**対面**してもらう▽新入生との**対面**式　〔**面会**〕スル▽知事に**面会**を求める▽**面会**謝絶▽**面会**時間　〔**面接**〕スル▽**面接**のうえ採用する▽生徒と**面接**して将来の志望を聞く▽**面接**試験　〔**会見**〕スル▽米中首脳が**会見**する▽記者**会見**

	□して人柄を見る	二十年ぶりに□する	首相に□を申し入れる	病床の友と(に)□する
対面	○	○	－	と○
面会	○	－	○	に○
面接	○	－	－	と－
会見	○	△	○	と－

使い分け【1】「対面」は、互いに顔と顔とを見合わせること。長い間会っていない場合か、初めて会う場合(特に「初対面」ということが多い)に用いる。【2】「面会」は、ある用事があってわざわざ人の

5 社会生活

所を訪ね、その人に会う場合、また逆に、訪ねて来た人に会う場合に用いられる。また、病院や刑務所などへ人を見舞うために会う場合にも多く使われる。【3】「面接」は、直接会って話をきくこと。特に、入学試験や入社試験などで受験者の能力や人柄や希望を知るために、本人と直接会って話を引き出す場合にいう。【4】「会見」は、公式の改まった場で代表者が会って、話し合ったり、質疑応答をしたりする場合に用いる。

【関連語】 ◆**(インタビュー)** スル ジャーナリストが取材のため、人と会って、質問したりすること。また、その記事。「インタビューに答える」「独占インタビュー」◆**(顔合わせ)** 仲間や組織などの人が互いに知り合うために集まって会うこと。「新役員の顔合わせがある」「新入社員の顔合わせ」◆**(見合い)** 結婚相手を探している男女が紹介者のなかだちで、相手を知るために会うこと。「友人の紹介で見合いをする」「見合い写真」

参照▼ 対面⇒120-07

516-05 お目見え／目通り／拝謁／謁見

【関連語】 ◆**(見参)** けんざん ◆**(内謁)** ないえつ ◆**(朝見)** ちょうけん

共通する意味★ 貴人や目上の人にお目にかかること。**【英】** *an audience*

使い方▼ 〔**お目見え**〕スル▽将軍にお目見えする▽社長にお目見えする 〔**目通り**〕スル▽目通りを許される 〔**拝謁**〕スル▽国王に拝謁を許される▽天皇陛下に拝謁する 〔**謁見**〕スル▽旗本は将軍に謁見することができた▽謁見式

使い分け 【1】「お目見え」は、目上の人に面会することで、一般に使われる。また、特に初めて会う場合にいうことが多い。そこから、「デビュー」と同じような意味で、「東京にも二階建てバスがお目見えする」のように使われる。【2】「目通り」は、「目通りがかなう」とも使うが、「お目通り」の形で使われることが多い。古めかしい語。【3】「拝謁」は、天皇、君主などに面会することをいう。文章語。【4】「謁見」は、会うための手続きを踏んだうえで、公的に会う場合にいうことが多い。文章語。

【関連語】 ◆**(見参)** スル 目下の者が目上の者に会うこと。また、目上の者が目下の者に会う場合にも使われる。古めかしい語。「げんざん」ともいう。「見参に入る(＝お目にかかる)」◆**(内謁)** スル 内々に謁見すること。また、内々に謁見して頼みごとをすること。文章語。「貴賓に内謁する」「内謁を一切排する」◆**(朝見)** スル 天皇に臣下や皇族が拝謁すること。文章語。「朝見の儀」

516-06 接見／引見／引接

共通する意味★ 身分、地位の高い者が人を呼んで直接会うこと。**【英】** *an audience*

使い方▼ 〔**接見**〕スル▽首相がカナダ大使に接見した▽接見の儀 〔**引見**〕スル▽皇居で大使を引見する 〔**引接**〕スル▽大臣は各局長を引接して事情を確かめた

使い分け 【1】「接見」は、身分の高い人が公式の立場で公式に人に会う場合にいう。また、法律で、被告が弁護士などに面会する場合などに使われる。【2】「引見」は、身分の高い人が、目下の者を呼び寄せて会うことをいう。天皇の場合は、非公式なときにいう。【3】「引接」は、他の二語にくらべると、改まった場合でないことが多い。また、目上の者が目下の者と対面する場合にいうことが多いが、「引接の労をとる」のように、人を他の人に引き合わせる場合にもいう。

516-07 行き違い／一足違い／入れ違い

共通する意味★ 場所や時間などのちょっとしたずれのため、互いに会えないこと。**【英】** *crossing*

	約束したのに□になる	ほんの□で会えなかった	兄の卒業と□に弟が入学する
行き違い	○	-	-
ひと足違い	△	○	-
入れ違い	○	△	○

使い分け 【1】「行き違い」は、場所の違いの意味が強く、思い違いなどの意も含む。双方動いていて、その途上で会えるはずなのに会えないという場合が多い。「いきちがい」ともいう。【2】「一足違い」は、ほんのわずかの時間差で互いに会えないこと。【3】「入れ違い」は、一方が出たあとで他方がほとんど同時に入って来て会えないこと。また、間違って入れること、互い違いの意でも用いられる。

参照▼ 行き違い⇒519-09

516-08 招待／招く／呼ぶ

【関連語】 ◆**(招来)** しょうらい ◆**(招聘)** しょうへい ◆**(招請)** しょうせい ◆**(招集)** しょうしゅう ◆**(召集)** しょうしゅう

共通する意味★ 人に頼んで、会、催し物、その他の場所などへ来てもらう。**【英】** *invitation; to invite* (動)

使い方▼ 〔**招待**〕スル▽観劇の招待をうける▽御招待にあずかり光栄です▽招待客 〔**招く**〕(カ五)▽先生を招いて同窓会をする▽招かれざる客 〔**呼ぶ**〕(バ五)▽友人を夕食に呼ぶ▽親戚の者を呼んでパーティーをひらく

	客を□	結婚式に□	ハワイへ二名様を□ます	大学教授を講師として□
招待する	○	○	-し○	-
招く	○	○	-き△	○
呼ぶ	○	△	-び-	○

使い分け【1】「招待」は、主催者側が客側の人をもてなすために来てもらうこと。改まった場面で使われる語。【2】「招く」は、「招待する」とほとんど同じ意味で用いられるが、「取締役としてわが社に招く」のように、ある地位や仕事についてもらうために、礼を尽くして来てもらう、の意でも用いられる。【3】「呼ぶ」は、三語のうちで最も日常的な言い方の語。「招く」同様、来てもらう目的は広く、「悪いことをした生徒を職員室に呼ぶ」のように、強圧的に使うこともある。また、「医者を呼ぶ」のように、用件のために頼んで来てもらう場合にも用いる。【4】「招く」は、手などを動かして来るように促す意や、「誤解を招く」「危険を招く」のように、好ましくない事態を引き起こす、の意でも用いられる。

【関連語】◆**(招聘)**スル礼を尽くして丁重に人を招くこと。ある地位、待遇などを用意して、必要な人に来てもらうこと。「客員教授として招聘する」◆**(招請)**スル一時的に、地位や実績のある人に来てもらうこと。「実業界からも委員として招請する」「招請講演」◆**(招来)**スル人や事物を招き寄せること。また、ある状態を生じさせることの意でも用いられる。「有名なピアニストを招来する」「幸福を招来する」「インフレを招来する」◆**(招集)**スル会議などのために多くの人を招き集めること。地方議会で、開会のために議員を集めること。「委員会を招集する」「役員に招集をかける」「株主招集」◆**(召集)**スル多くの人を召し集めること。特に、国会議員に対し、国会開会のために集合を命じる天皇の国事行為。「国会召集」

参照▼呼ぶ⇒6 12-08

5 社会生活

5 16-09 招致（しょうち）／誘致（ゆうち）

共通する意味★誘って来てもらうこと。**【英】** *attraction*

使い方▼**〔招致〕**スル▽次期大会を東京に招致したい▽オリンピック招致委員会▽団体を招致する **〔誘致〕**スル▽工場の誘致に奔走する▽観光客を誘致する▽新幹線の誘致運動

使い分け【1】「招致」は、自分の所でイベントなどを催してもらうために招く場合に多くいう。【2】「誘致」は、自分の地域に来て、地域の一員として居続けてもらうために招く場合にいうことが多い。【3】「誘致」は、「人類の破滅を誘致する」のように、ある状態を招きよせるの意でも用いられる。

5 16-10 召す（めす）／呼び寄せる（よびよせる）／呼びつける

【関連語】◆**(召し寄せる)**めしよせる

共通する意味★人を呼んで自分の所に来させる。**【英】** *to summon*

使い方▼**〔召す〕**(サ五)▽殿様が家来をおそばに召す **〔呼び寄せる〕**(サ下一)▽子供たちを枕元に呼び寄せる▽故郷の両親を呼び寄せる **〔呼びつける〕**(カ下一)▽自分の用事なのに人を呼びつけるとは何事だ

使い分け【1】「召す」は、身分や地位の高い人が、下の者を呼んで来させる場合の尊敬表現。現在では、ほとんど使われない。【2】「呼び寄せる」は、単に人を呼んで自分のそばに来させる意だが、「呼びつける」は、強制的に相手に来させる意。【3】「召す」は、「食べる」「飲む」「着る」「乗る」や「(年を)とる」「(風邪)をひく」などの尊敬語としても使われる。【4】「呼びつける」には、「いつもあだ名で呼びつけている」のように、呼び慣れるの意味もある。

【関連語】◆**(召し寄せる)**(サ下一)身分や地位の高い人が、下の人を近くに来させること。また、下位の人に命じて持って来させること。「部下を召し寄せる」「国王が書物を召し寄せる」

5 16-11 呼び出す（よびだす）／呼び立てる（よびたてる）／召し出す（めしだす）

共通する意味★人を呼んで、ある場所に来させる。**【英】** *to call out*

使い方▼**〔呼び出す〕**(サ五)▽公園に呼び出す▽学校に呼び出される **〔呼び立てる〕**(タ下一)▽せっかくの休日なのに呼び立ててすみません **〔召し出す〕**(サ五)▽殿様が家来を召し出す

使い分け【1】「呼び出す」は、誘い出して指定の場所まで来させる意。【2】「呼び立てる」は、わざわざ呼び出して来させる意。【3】「召し出す」は、身分や地位の高い人が、下の人を呼び出す場合の尊敬表現で、現在はほとんど使わない。

参照▼呼び立てる⇒6 12-08

5 16-12 呼び出し（よびだし）／召喚（しょうかん）

共通する意味★人を呼んで、ある場所まで来させること。

使い方▼**〔呼び出し〕**▽役所から呼び出しを受ける▽放送の呼び出しを聞く▽お客様のお呼び出しを申し上げます **〔召喚〕**スル▽参考人を召喚する▽裁判所の召喚に応じる

使い分け【1】「呼び出し」は、呼びかけや命令、誘いによって人をある場所に来させること。**【英】** *a call* 【2】「召喚」は、官庁、特に裁判所が、証人や被告人などを、指定の日時、場所に出向くように命じること。**【英】** *a summons* 【3】「呼び出し」は、相撲で、力士の名を呼んだり、土俵の整備や進行をつとめたりする役をもいう。

5 16-13 客引き／宿引き

【関連語】◆（ぽん引き）

共通する意味★客を誘い入れること。また、その人。【英】*touting*

使い方▼〔客引き〕▽通りで客引きをする▽客引き商売　〔宿引き〕▽駅に着いた途端宿引きにつかまった

使い分け【1】「客引き」は、店、旅館などに客を誘い込むこと。また、その人。【2】「宿引き」は、宿屋の客引きのこと。

【関連語】◆（ぽん引き）いかがわしい店に客を誘いこんだり、土地不案内な人につけこみ、だまして金品を奪ったりすること。また、その人。「ぽんひき」とも。「夜の繁華街でぽん引きに引っかかる」

5 16-14 迎え／出迎え

共通する意味★来る人をある場所で待ち受けること。【英】*meeting*

使い方▼〔迎え〕▽空港まで迎えに行く▽医者を迎えにやる▽家から迎えが来る　〔出迎え〕▽叔父さんを出迎えに行く▽出迎えの車を寄こす

使い分け【1】「迎え」は、来る人を、あるいは来てくれるよう頼んだ人を出掛けて行って待ち受けること。また、その待ち受ける人や乗り物。【2】「出迎え」は、わざわざ出向いて迎えること。

反対語▼迎え⇔送り　出迎え⇔見送り

5 16-15 迎える／出迎える

共通する意味★自分の所に来る人を、ある所まで行って待ち受ける。【英】*to meet*

使い方▼〔迎える〕（ア下一）▽空港で両親を迎える▽会場に着くと拍手で迎えられた▽新しい指揮者を迎える　〔出迎える〕（ア下一）▽客を駅まで出迎える▽玄関で出迎える

使い分け【1】「迎える」は、途中まで出て、あるいは準備をして、来る人を待ち受ける意。【2】「出迎える」は、こちらに向かって来る人に対して、こちらから出かけていって迎える意。【3】「迎える」は、「養女に迎える」のように、家族に加えたり、「彼を頭取に迎える」のように、役職や地位を準備し、そこに来てもらう意味もある。人間以外では、「春を迎える」のように、時や季節がやってくるのを待つ意にも使われる。

反対語▼迎える⇔送る　出迎える⇔見送る

5 16-16 歓迎

【関連語】◆（奉迎）◆（迎賓）

意味★喜んで迎え入れること。【英】*welcome*

使い方▼〔歓迎〕スル▽友人夫妻を歓迎する▽歓迎の意を表する▽歓迎パーティー▽大歓迎▽歓迎会

【関連語】◆（奉迎）スル特に身分や地位の高い客を迎えることをいう。文章語。「国王を奉迎する」◆（迎賓）客を迎えること。特に国賓などをもてなすこと。「迎賓館」

5 16-17 送り迎え／送迎

共通する意味★人を送ることと迎えること。【英】*to welcome and send off*

使い方▼〔送り迎え〕▽駅まで車で送り迎えをしてもらう▽園児の送り迎えをする　〔送迎〕スル▽来賓を送迎する▽ホテルの送迎バス

使い分け「送り迎え」の方が、日常語的。「送迎」は、やや硬い表現。

5 16-18 送る／見送る

【関連語】◆（送り出す）

共通する意味★去って行く人とともにある場所まで行き、そこで別れる。【英】*to send off*

使い方▼〔送る〕（ラ五）　〔見送る〕（ラ五）

	送る	見送る
客を駅まで□	○	○
門辺にたたずみ人を□	△	○
途中まで車で□	○	-
南極観測船の出発を□	-	○

使い分け【1】「送る」の方が、意味の範囲が広い。「卒業生を送る」のように、なごり惜しい気持ちで去って行く人と別れる意でも用いられる。【2】「見送る」は、去って行く人や乗り物を、とどまって見守る意で用いることが多い。

反対語▼送る⇔迎える　見送る⇔出迎える

【関連語】◆（送り出す）（サ五）家や組織などにいる人を外や別の組織や社会などへ無事に出してやる。物の場合にも用いる。「子供を学校へ送り出す」「卒業生を送り出す」「よい製品を社会へ送り出す」

参照▼送る⇒903-39

5 16-19 見送り／送別

【関連語】◆（壮行）◆（歓送）◆（目送）

共通する意味★出発する人や帰って行く人を送ること。【英】*a send-off*

使い方▼〔見送り〕▽駅まで客を見送りに行く▽見送りの人々　〔送別〕スル▽卒業生を送別する▽送別の辞▽送別会

使い分け「見送り」は、その人の姿を見ながら送るという行為の意味が強く、「送別」は、別れる気持ちの意味が強い。

【関連語】◆(壮行・歓送)スル遠くへ行く人の出発などに当たり、前途を祝い、励まして送ること。「歓送」は、「歓迎」に対して作られた比較的新しい語。「壮行」の方が、激励の意を強く感じさせる。「壮行の辞」「壮行会」「歓送会」◆(目送)スル去って行く人を、じっと見詰めたまま見送ること。文章語。「恩師を目送する」

5 16-20 別れ(わかれ)／別離(べつり)／離別(りべつ)／決別(けつべつ)

【関連語】◆(一別)いちべつ◆(生き別れ)いきわかれ◆(泣き別れ)なきわかれ◆(生別)せいべつ

共通する意味★一緒にいた者が、何かの事情で離れ離れになること。【英】*separation*

使い方▼〔別れ〕▽夫婦別れをする▽会うは別れの始め▽喧嘩けんか別れ 〔別離〕▽親子別離の悲哀を味わう▽永遠の別離となった 〔離別〕スル▽親子離別の悲しみ 〔決別〕スル▽これまでの自分と決別したい▽決別の辞

	＿の涙	＿を惜しむ	＿を告げる	退廃した生活との＿
別れ	○	○	○	-
別離	○	○	-	-
離別	○	○	-	-
決別	○	△	○	○

使い分け【1】「別れ」は、相手がさほど親しくなくてもよく、日常的にも広い範囲に用いるのに対して、「離別」「別離」は、相手が親しい人々で、深刻なやむをえない事情のときに限られる。【2】「離別」は、「離婚」の意味でも使われる。「妻と離別する」【3】「決別」は、いとまごいをして別れる意味であったが、現在では、今までの仲間(世界)と意志的に、きっぱりと永久に別れる場合に多くいう。「訣別」とも書く。

【関連語】◆(一別)ひとたび別れることの意で、「一別以来三年になる」のように使われる。◆(生き別れ)本来、一緒に住むはずの者どうしが生きたまま離れ離れになってしまい、互いに消息不明のまま暮らすこと。⇔死に別れ。「戦争のどさくさで、親子が生き別れになる」◆(泣き別れ)互いの意志に反して、泣きながら別れること。「親子の泣き別れ」◆(生別)スル「生き別れ」の意の漢語。文章語。⇔死別。「小さいとき母親と生別した」「親子の生別」

参照▼離別⇒308-08

5 16-21 別れる(わかれる)

意味★人がそれまで一緒にいた人と別々の方向へ行ったり、別々の所で暮らしたりする。特に男女や夫婦の場合は、それまでの関係を解消する意となる。

【英】*to separate*

使い方▼〔別れる〕(ラ下一)▽本屋の前で友達と別れた▽引っ越して行く友人と別れるのがつらい▽妻と別れる

5 16-22 さようなら／バイバイ

【関連語】◆(失敬)しっけい◆(失礼)しつれい◆(ごきげんよう)

共通する意味★別れるときの挨拶あいさつに用いる言葉。【英】*good-by(e)*

使い方▼〔さようなら〕(感動)▽さようなら、またお会いしましょう 〔バイバイ〕(感動)▽バイバイ、またね

使い分け【1】「さようなら」は、別れの挨拶として相手の身分や地位、年齢にかかわりなく一般的に広く使われる。「さよなら」ともいうが、この場合は目上には使わない。また、「ここでさようならしましょう」「いよいよ今日で独身生活ともさようならだ」のように、別れることの意でも用いる。【2】「バイバイ」は、幼児や子供、また、ごく親しい者どうしの間で用いられる語。目上の人に対しては使わない。「もうバイバイしよう」など、別れることの意でも用いる。

【関連語】◆(失敬)スル本来、人に対して敬意を欠く意。多く、男性が目下か同輩に対して用いる。「じゃ、失敬するよ」「お先に、失敬」◆(失礼)スル本来、礼儀を欠く意。男が目下か同輩に対して用いる。「では(お先に)失礼」◆(ごきげんよう)相手の健康を祝い、それを祈る気持ちから、別れるときなどに用いられる挨拶の言葉。「それでは皆様、ごきげんよう」

参照▼失敬⇒115-08 515-64 失礼⇒515-64

5 16-23 死別(しべつ)／死に別れる(しにわかれる)

【関連語】◆(永訣)えいけつ◆(永別)えいべつ◆(永の別れ)ながのわかれ

共通する意味★身近な人が死んで、会うことができなくなること。【英】*bereavement*

使い方▼〔死別〕スル▽幼いころ、父親と死別した▽死別の悲しみ 〔死に別れる〕(ラ下一)▽夫に死に別れる

使い分け 二語とも意味は同じだが、「死に別れる」の方が、話し言葉に多く使われる。

反対語▼死別⇔生別 死に別れる⇔生き別れる

【関連語】◆(永訣・永別)スル永久に別れることから、「死別」と同じ意味で用いられる。両語とも文章語。「心から永訣をお悔やみ申し上げます」「母と永別して、はや五年たちます」◆(永の別れ)永遠の別れの意。やや古い、情緒的な言い方。また、単に長い間会うことができない別れの意でも用いられる。「長の別れ」とも書く。「手を握り、永の別れを告げる」

5 16-24 同行（どうこう）／同道（どうどう）／同伴（どうはん）

【関連語】◆（一緒）いっしょ◆（帯同）たいどう

共通する意味★連れ立って行くこと。【英】*going together*

使い方▼〔同行〕スル▽首相の訪米に同行して取材する▽署まで同行願います　〔同道〕スル▽私がご同道いたしましょう▽母に同道する　〔同伴〕スル▽夫人を同伴して出席する▽父兄同伴

	部下を□する	旅行に□する	□者	□の記者団
同行	○	○	○	○
同道	○	△	○	-
同伴	△	○	○	-

使い分け【1】「同行」が一般的で、広い範囲で使われる。【2】「同道」は、会社などで、部下など目下の者を一緒に連れて行くこと。対等の関係にあるときは使わないのが通例である。また、改まった感じが必要な場合にも用いられ、「妻を同道する」は、「妻を同行する」にくらべると改まった硬い印象を与える。【3】「同伴」は、連れ立つ者どうしの関係が、家族、恋人などのように親密な場合に多く使われる。また、人数も少ないときが多い。

【関連語】◆（一緒）スル多く「ごいっしょする」の形で、へりくだって用いられる。「駅までご一緒させてください」◆（帯同）スル部下などを連れて行くこと。文章語。「出張には秘書を帯同する」

参照▼一緒⇒918-03

5 16-25 同乗（どうじょう）／相乗り（あいのり）

【関連語】◆（乗り合い）のりあい◆（便乗）びんじょう

共通する意味★同じ乗り物に一緒に乗ること。【英】*riding together*

使い方▼〔同乗〕スル　〔相乗り〕スル

	□の客	社長の車に□する	バスに□する	タクシーの□で駅まで行く
同乗	○	○	○	-
相乗り	○	△	-	○

使い分け【1】「同乗」は、広くいろいろな乗り物の場合にいうが、「相乗り」は、本来別々の乗り物に乗るはずの者が数人で一緒の乗り物に乗ることをいう。【2】「相乗り」は、他人の行っていることや計画していることに加わって共同して行う意でも用いられる。「相乗り番組」

【関連語】◆（乗り合い）一つの乗り物に大勢を乗せるような方式をいう。客どうしは、たまたま一緒になる場合が多い。「乗り合いバス」◆（便乗）スルついでを利用して、自分のためではない他人の乗り物に同乗させてもらうこと。「トラックに便乗させてもらう」▣転じて、案、計画にあとから加わったり、「便乗値上げ」のように、機会、機運に横から乗ずるような場合にもいう。

5 16-26 従う（したがう）／随行（ずいこう）／付く（つく）

【関連語】◆（お供）おとも◆（随伴）ずいはん

共通する意味★人などのそばを離れないようにして行く。【英】*to attend*

使い方▼〔従う〕（ワ五）　〔随行〕スル　〔付く〕（カ五）

	首相に□て欧州へ行く	社長に□	行列に□	師に□て学ぶ
従う	-っ○	○	○	-っ-
随行する	-し○	○	-	-し-
付く	-い○	-	○	-い○

使い分け【1】「従う」は、目上の人のそばを離れないようにして行く場合に用いられることが多いが、目上の人でない場合もある。【2】「随行」は、地位の高い人、特に、首相、大臣や社長などの外遊や視察などに同行すること。「随行員」「随行記者団」【3】「付く」は、何かをするために、ある人や物事のそばを離れないようにする意で、必ずしもどこかへ出かけるとは限らない。【4】「従う」には、「忠告に従う」「規則に従う」のように、相手の意向や習慣、きまりなどのとおりに行動するという意もある。

【関連語】◆（お供）スル目上の人のそばを離れないようにして行くこと。また、その人。「そこまでお供します」「お供をつれる」◆（随伴）スル地位の高い人に同行すること。文章語。「外相に随伴して渡米する」

参照▼付く⇒905-02

5 16-27 追従（ついじゅう）／追随（ついずい）

共通する意味★人の言動の後につき従うこと。【英】*following*

使い方▼〔追従〕スル▽他人の意見に追従する　〔追随〕スル▽現状に追随する▽他の追随を許さない

使い分け【1】「追従」は、多く、主体性を持たずに、他の人の意見に従う場合にいう。【2】「追随」は、多く、他人の行為や意見のまねをすることをいう。「追随を許さない」は、技能、技術などが他人にはまねができないくらい優れている意。

5 16-28 服従（ふくじゅう）／忍従（にんじゅう）／屈従（くつじゅう）／屈伏（くっぷく）

【関連語】◆（帰順）きじゅん◆（帰服）きふく

共通する意味★他に従うこと。【英】*obedience*

使い方▼〔服従〕スル▽上官の命令に服従する▽絶対服従　〔忍従〕スル▽忍従の生活を強いられる　〔屈従〕スル▽大国に屈従する　〔屈伏〕スル▽強大な権力に

屈伏する

使い分け【1】「服従」は、自分の意志に関係なく、他の人の意見や命令のままに行動すること。従うという面に重点がおかれる。【2】「忍従」は、反抗する気持ちを抑えて、おかれている境遇などに耐えて、従うこと。耐え忍ぶという面に重点がおかれる。【3】「屈従」「屈伏」は、強者や権力に対して、自分の意志を曲げて従うこと。自分の意志を曲げるという面に重点がおかれる。【4】「屈伏」は、「屈服」とも書く。

【関連語】◆**(帰順)**スル今までさからっていた者が、反抗心を捨てて従うこと。「武器を捨てて帰順する」◆**(帰服)**スル相手につき従って、その支配下にはいること。「王への帰服を誓う」

5 16-29 降参（こうさん）／降伏（こうふく）／投降（とうこう）

共通する意味★相手に負けて従うこと。**【英】** *surrender*

使い方▼**〔降参〕**スル▽どんなに苦しくても降参しない **〔降伏〕**スル▽敵国が降伏した▽無条件降伏▽降伏文書 **〔投降〕**スル▽投降を促す

	白旗を掲げて□する	どうだ、もう□か	相手国が□した	□兵
降参	○	○	△	-
降伏	○	-	○	-
投降	○	-	-	○

使い分け【1】「降参」は、争いや戦いなどに負けて、相手に従うこと。通常、個人単位の闘争場面で用いられる。現在では、日常の口争いや遊びの折に「負けた」の意で軽く用いることもある。【2】「降伏」は、戦争に負けたことを認めて、敵に従うこと。「降服」とも書く。【3】「投降」は、兵士などが自ら負けを認めて、敵軍の前に出て捕虜となること。【4】「降参」は、厄介な事柄にまいってしまうことをいうこともある。「この暑さには降参だ」

参照▼降参⇒210-32

5 16-30 屈する（くっする）／下る（くだる）

【関連語】◆**(伏する)**ふくする

共通する意味★相手の力に負けて従う。**【英】** *to yield*

使い方▼**〔屈する〕**(サ変)▽権力に屈する▽不法な要求に屈する **〔下る〕**(ラ五)▽敵の軍門に下る

使い分け【1】「屈する」は、負けることに重きがおかれ、「下る」は、従うことに重きがおかれている。【2】「下る」は、「降る」とも書く。

【関連語】◆**(伏する)**(サ変)降伏する。屈伏する。「武力に伏する」

参照▼屈する⇒209-41

5 16-31 所属（しょぞく）／直属（ちょくぞく）／配属（はいぞく）／専属（せんぞく）／帰属（きぞく）

共通する意味★団体の一員として加わっていること。**【英】** *one's position*

使い方▼**〔所属〕**スル▽運動部に所属する▽備品の所属を明確にする **〔直属〕**スル▽直属の部下 **〔配属〕**スル▽今度総務部に配属となった山田です **〔専属〕**スル▽レコード会社専属の歌手 **〔帰属〕**スル▽組合に帰属する▽会社への帰属意識▽領土の帰属を決める

使い分け【1】「所属」は、人間以外にも用いることがある。【2】「直属」は、直接上下関係があり、指揮・監督を受けること。【3】「配属」は、それぞれの部署にふり当てること。【4】「専属」は、一つの会社、団体にだけ所属し、他とは関係しないこと。【5】「帰属」は、物や人が、きまった人や団体などに属していること。

5 16-32 従属（じゅうぞく）／隷属（れいぞく）

【関連語】◆**(事大)**じだい

共通する意味★他の者の言いなりになること。**【英】** *subordination*

使い方▼**〔従属〕**スル▽強国に従属していた暗い時代▽従属的な地位に甘んずる▽従属国 **〔隷属〕**スル▽大国から隷属を強いられる▽隷属的立場の国

使い分け【1】「従属」は、強い者の下について、それに頼ったり、その言いなりになったりすること。【2】「隷属」は、ある者の支配を受け、奴隷のように言いなりになること。

【関連語】◆**(事大)**弱小の者が強大な者に従って、言いなりになること。「事大主義」「事大思想」

5 16-33 守る（まもる）

【関連語】◆**(遵守)**じゅんしゅ◆**(遵法)**じゅんぽう◆**(厳守)**げんしゅ

意味★決められたことや命令されたことなどに、背かないようにする。**【英】** *to obey*

使い方▼**〔守る〕**(ラ五)▽約束を守る▽教えを守る▽法律を守る

【関連語】◆**(遵守)**スル法律や道徳、目上の人の教えなどをよく守り、それに従うこと。通常は、法律を守ることをいうことが多い。「順守」とも書く。「法律を遵守する」◆**(遵法)**法律に背かずに従うこと。「順法」とも書く。「遵法精神」「遵法闘争」◆**(厳守)**スル命令、約束などを厳しく守ること。「命令を厳守する」「時間厳守」

参照▼守る⇒120-33

5 16-34 妥協（だきょう）／譲歩（じょうほ）

【関連語】◆**(折り合い)**おりあい

共通する意味★相反する二者の間の対立を収めるために、一定の線まで自分の考えを曲げてそれを受け

入れること。【英】*compromise*

使い方▼〔妥協〕スル 〔譲歩〕スル

	□の余地はない	お互いに□を図る	相手は一歩も□しない	人と□できない性格
妥協	○	○	-	○
譲歩	○	-	○	-

使い分け【1】「妥協」は、対立する二者の双方または一方が働きかけて、互いに納得できる一致点を求めて、穏やかに事をまとめること。時に不本意ながら、妥当な線を見いだすという意を含むこともある。【2】「譲歩」は、自分の考えの一部または全部を曲げて、他人の考えに従うこと。

【関連語】◆**(折り合い)**意見の違う者などが、互いに譲り合って、おだやかに事をまとめること。「金銭面で折り合いがつかない」

5 16-35 共同／協同／協力／提携

【関連語】◆**(連携)**◆**(協賛)**◆**(参与)**◆**(チームワーク)**◆**(共催)**◆**(関与)**

共通する意味★一緒に事を行うために、二人以上の人や二つ以上の団体がつながりを持つこと。【英】*cooperation*

使い方▼〔共同〕スル▽一冊の辞書を共同で使う▽A社と共同で新製品を開発した▽共同戦線▽共同墓地〔協同〕スル▽皆で協同して販売網を開拓した▽協同歩調をとる▽協同組合〔協力〕スル▽協力を惜しまない▽協力を呼びかける▽協力者〔提携〕スル▽海外の企業と提携する▽技術部門で提携する▽提携銀行

	A社とB社が□して…	A氏とB氏が□して…	□で経営する	募金に□する
共同	○	△	○	-
協同	○	○	-	-
協力	○	○	-	○
提携	○	-	-	-

使い分け【1】「共同」は、互いに同等の資格で事に関与するためにまとまること。【2】「協同」は、心、力を合わせて事を行うためにまとまること。【3】「協力」は、力を合わせて、努力して事に当たること。【4】「提携」は、特に業務を効果的に行うためにつながりを持つことをいう。

【関連語】◆**(連携)**スル一緒に事を行うために、互いに連絡をとって同時に行動すること。「野党が連携して廃案に追い込む」「連携プレー」◆**(協賛)**スルある計画などに賛成し、力を合わせて助けること。「この競技会は市の主催であり、新聞社が協賛している」◆**(参与)**スルあることに関係してそれに協力すること。また、学識経験者を行政事務にあずからせるときの職名。「国政に参与する」「新計画に参与する」「A氏に参与になっていただく」◆**(チームワーク)**チーム内の団結、連係。「チームワークがとれている」「なかなかいいチームワークだ」◆**(共催)**スル二つ以上の団体が共同して一つの催しを行うこと。共同主催。「この試乗会は本社と当販売店の共催である」「今度の展覧会は学校との共催という形で行う」◆**(関与)**スルある物事に関係すること。「人事に関与する」

参照▼共催⇒6 15-18　関与⇒9 05-12

5 16-36 結託／馴れ合い／ぐる

【関連語】◆**(八百長)**◆**(共犯)**

共通する意味★互いにしめし合わせて事を行うこと。【英】*a put-up job*

使い方▼〔結託〕スル▽出入りの業者と結託して会社の金をごまかす〔馴れ合い〕▽あの勝負は馴れ合いだ▽与野党の馴れ合い政治〔ぐる〕▽ぐるになって人をだます▽あいつらはぐるだ

使い分け【1】いずれも、互いに心を通じ合わせて、良くないことを行うことを表わす。【2】「結託」は、「馴れ合い」よりも硬い表現である。【3】「ぐる」は、悪だくみの仲間、共謀者を意味する。

【関連語】◆**(八百長)**競技、試合などで前もって勝敗を打ち合わせておき、表面だけ真剣に勝負を争うように見せかけること。「あの試合は明らかに八百長だ」「八百長相撲」◆**(共犯)**一つの犯罪を二人以上が共同して行うこと。また、その仲間。⇔主犯。「共犯の容疑でつかまった」「共犯が他にもいる」

5 16-37 引き連れる／伴う／率いる／従える／連れる

【関連語】◆**(連れ立つ)**

共通する意味★一緒について来させる。【英】*to be accompanied by*

使い方▼〔引き連れる〕(ラ下一)〔伴う〕(ワ五)〔率いる〕(ア上一)〔従える〕(ア下一)〔連れる〕(ラ下一)

	子分を□	チームを□	家族を□	妻を□	犬を□て散歩する
引き連れる	○	○	○	-	-れ-
伴う	△	-	○	○	-っ-
率いる	○	○	△	-	-い-
従える	○	○	△	-	-え-
連れる	△	△	○	○	-れ○

使い分け【1】「引き連れる」は、「一族を引き連れる」「信奉者たちを引き連れて歩く」など、複数の人間について来させるときに多く使われる。【2】「伴う」は、親しい間柄の人と連れ立つときに多く使われ

る。ついて来させるというより、一緒に出かけるという感じの語。【3】「率いる」は、個人ではなく集団が相手のときにいう。【4】「従える」は、主たる者が従の関係にある者について来させるときにいう。また、「敵を従える」のように、服従させる、の意でも用いられる。【5】「連れる」は、「連れて行く」「連れて来る」のように、他の語と複合して使われることが多い。【6】動作の主がリーダーの自覚を持つ度合いが大きくなるに従って、「引き連れる」「率いる」「従える」といった表現が使われる。

【関連語】◆〈連れ立つ〉(タ五)一緒に行く。「いつも友人と連れ立って旅行する」

5 16-38 引率(いんそつ)／統率(とうそつ)

【関連語】◆〈統帥〉とうすい

共通する意味★集団をまとめ引き連れること。【英】*to lead*

使い方▼〔引率〕スル▽生徒を引率する▽引率者はだれですか 〔統率〕スル▽強いチームに育てるために厳しく統率する▽統率のとれたチーム▽統率者▽統率力

使い分け「引率」は、ただ引き連れていく意味だが、「統率」は、その集団のよくまとまった状態を形容する意味を含んだ語である。

【関連語】◆〈統帥〉スル軍隊をまとめ率いることを意味する場合に使うのがほとんどである。日常的には使わない。「統帥権」

5 16-39 付き添い(つきそい)／エスコート

【関連語】◆〈添乗〉てんじょう

共通する意味★人のそばについて、世話をすること。

使い方▼〔エスコート〕スル

	女王陛下の□をする	彼女を□する	入院中の□	パーティーでの□を申し出る
付き添い	○	-	○	-
エスコート	○	○	-	○

使い分け【1】貴人や弱い者や小さな者のために、実際の世話、介助が必要な場合には、「付き添い」を使う。【英】*attendance* 【2】「エスコート」は、男性が女性の介添えをすること。社交的・儀礼的サービスの感じも含む。

【関連語】◆〈添乗〉スル団体旅行などで、種々の世話をするために業務で同行すること。「添乗員」

5 16-40 添う(そう)／付き添う(つきそう)

【関連語】◆〈寄り添う〉よりそう

共通する意味★そばにいる。【英】*to accompany*

使い方▼〔添う〕(ワ五)▽夫に添うように立つ▽影の形に添うように… 〔付き添う〕(ワ五)▽通院に付き添う▽息子の受験に付き添う

使い分け【1】「添う」は、ぴったりとそばにいる意。【2】「付き添う」は、貴人や弱い者や小さな者のように、世話や保護を必要とする者のそばにいる意。【3】「添う」は、意味が広く、「期待に添う」のように、希望、期待、目的などに合うの意や、「人には添うてみよ」などのように、夫婦になる意もある。

【関連語】◆〈寄り添う〉(ワ五)もたれかかるように近づく。「仲良く寄り添って歩く」

5 16-41 訪ねる(たずねる)／訪れる(おとずれる)／訪問(ほうもん)／訪う(とう)

【関連語】◆〈見舞う〉みまう◆〈伺う〉うかがう◆〈上がる〉あがる◆〈お邪魔〉おじゃま◆〈訪う〉おとなう◆〈歴訪〉れきほう

共通する意味★ある目的をもって、人の家やある場所へ出かける。【英】*to visit*

使い方▼〔訪ねる〕(ナ下一)▽母校を訪ねる▽仏教発祥の地を訪ねる旅▽友人を会社に訪ねる 〔訪れる〕(ラ下一)▽万里の長城を訪れた▽故郷を訪れる 〔訪問〕スル▽一軒一軒訪問する▽就職のため会社(を)訪問する▽使節が首相官邸を訪問する▽友好都市を訪問する▽A氏の訪問を受ける▽家庭訪問▽公式訪問▽訪問販売 〔訪う〕とう(ワ五)▽名所旧跡を訪う旅▽芭蕉終焉(しゅうえん)の地を訪う▽古老を訪うて教えを受ける

	知人の家を□	史跡を□	各地を□	行楽に絶好の季節が□	恩師を□	実家を□
訪ねる	○	○	○	-	○	○
訪れる	○	○	○	○	-	○
訪問する	○	-	○	-	△	-
訪(と)う	○	○	-	-	○	-

使い分け【1】「訪ねる」は、様子を知ろうとして、その場所に出かける意、または、ある目的から人に会いに行く意。【2】「訪れる」は、「訪ねる」とほぼ同じ意味だが、「彼を訪れる」という言い方はせず、「彼の家を訪れる」の形になる。他に、「春が訪れる」「平和が訪れる」のように、ある時期・季節・状態が「やってくる」の意味にも用いる。【3】「訪問」は、多少改まった言い方。【4】「訪(と)う」は、「訪ねる」とほぼ同じ意味だが、古めかしい言い方。

【関連語】◆〈見舞う〉(ワ五)病気や災害にあった人や場所に出かけたり、手紙や金品をおくって慰めたりすること。「入院中の友人を見舞う」「市長が被災地を見舞う」◆〈伺う〉(ワ五)「訪ねる」「訪れる」「訪問する」の謙譲語。「明晩伺います」「今から伺います」◆〈お邪魔〉スル訪問することを相手の邪魔をすると考えて表現する謙譲語。現在、軽くへりくだって日常的に用いる。「明日、お邪魔に上がります」「お邪魔します」◆〔訪う〕おとなう(ワ五)「訪ねる」「訪問する」の古めかしい言い方。「松風のほか、おとなうものとてない山寺」◆〔上がる〕(ラ五)目上の人のところへ行く。「明日ご相談に上がってもよろしいですか」◆〔歴訪〕スルさまざまな場所や人を次々と訪問すること。「アラブ諸国を歴訪する」

参照▼伺う⇒613-43

5 16-42 来訪（らいほう）／来宅（らいたく）

共通する意味★人が訪ねて来ること。【英】*a visit*

使い方▼〔来訪〕スル▽知人の来訪を受ける▽大統領がわが国に来訪する▽来訪者　〔来宅〕スル▽来宅された折にお話しします▽ご来宅をお待ちします

使い分け「来訪」は、訪ねて来る場所が自宅とは限らないが、「来宅」は、その場所が自宅に限定される。ともに文章語的で、丁寧な言い方。

反対語▼来訪⇔往訪

5 16-43 光臨（こうりん）／光来（こうらい）／来駕（らいが）／枉駕（おうが）／来車（らいしゃ）／来臨（らいりん）

共通する意味★相手が訪ねて来ることを敬っていう語。【英】*your visit*

使い方▼〔光臨〕▽御光臨の栄を賜る　〔光来〕▽御光来を仰ぐ　〔来駕〕スル▽御来駕を乞う　〔枉駕〕スル▽枉駕の栄に浴する　〔来車〕スル▽はるばるの御来車恐縮に存じます　〔来臨〕スル▽御来臨を賜る

使い分け【1】「枉駕」以外は、「御光臨」「御光来」のように、「御」をつけた形で用いられることが多い。また、六語とも、改まった依頼文や挨拶(あいさつ)などで使われる。【2】「来駕」「来車」ともに、もと車(「駕」は馬に引かせた車)に乗って、わざわざ訪れることの意。ただし、「来車」は、現在では普通、車で来ること、および車が来ることの意味で使われる。【3】「枉駕」は、乗り物(駕)の方向を曲(枉)げてまで、わざわざ訪れること。【4】「来臨」は、その人がある場所へ来たり、式、催しなどに出席したりすることを敬っていう語。

5 16-44 おいで／お運び（はこび）／お越し（こし）

【関連語】◆〔お出まし〕おでまし

共通する意味★「来ること」「行くこと」を敬っていう語。【英】*to come*

使い方▼〔おいで〕▽よくおいででしたね▽明日おいでの予定▽おいでを願う▽どちらへおいでになったのですか　〔お運び〕▽お忙しい中、お運びをいただきまして恐縮に存じます▽当方までお運びをお願いします　〔お越し〕▽どちらへお越しですか▽パリへお越しの際は、当社の支店をぜひご利用ください

使い分け【1】「おいで」は、「来ること」「行くこと」のどちらの意味にも使われるが、「お運び」「お越し」は、「来ること」の意味に使われることが圧倒的に多い。【2】「おいで」は、「お運び」「お越し」にくらべると、それほど改まった場合でなくても日常的に使われる。また、「戦争中に日本においでとは存じませんでした」のように、「居ること」を敬っていう場合にも、命令、要求を表わす「こっちへおいで」「静かにしておいで」のように、「来い」「行け」「居ろ」を、身内の者や目下の者に向かって親しみをこめていう場合にも用いる。【3】「お越し」と「お運び」は、ほぼ同様に使われるが、「お運び」の方が少し改まった感じを与える。【4】どの語も、「くださる」「いただく」「になる」などをともなって使われることが多い。

【関連語】◆〔お出まし〕わざわざ出かけて行くこと、出て来ることなどを敬っていう語。「会長にお出ましいただく」「教祖様がお出ましになる」

5 16-45 寄る（よる）／立ち寄る（たちよる）

共通する意味★目的地へ行く途中で、ついでに他の所を訪ねる。【英】*to drop in*

使い方▼〔寄る〕(ラ五)▽ちょっと寄る所がある▽帰りにスーパーに寄って買い物をする▽またお寄りください　〔立ち寄る〕(ラ五)▽学校の帰りに本屋へ立ち寄る▽近くまで来たので立ち寄りました

使い分け【1】「寄る」よりも「立ち寄る」の方が、やや改まった感じの語。【2】「寄る」は、「そばに寄る」「もう少し右に寄ってください」のように、何か他のものに向かって近づく、という意味で使われることも多い。

5 16-46 来日（らいにち）／訪日（ほうにち）

【関連語】◆〔来朝〕らいちょう

共通する意味★外国人が日本へやって来ること。【英】*a visit to Japan*

使い方▼〔来日〕スル▽各国首脳が来日する▽来日を促す▽来日演説　〔訪日〕スル▽訪日する文化使節団の日程が決まる▽訪日中の視察団

使い分け「来日」は、外国人が日本に来ること、「訪日」は、外国人が日本を訪問することをいう。

反対語▼来日⇔離日

【関連語】◆〔来朝〕スル外国人が日本にやって来ること。文章語。「来朝使節団」

5 16-47 仲間（なかま）／同志（どうし）

【関連語】◆〔同士〕どうし◆〔常連〕じょうれん◆〔一味〕いちみ◆〔一派〕いっぱ◆〔徒党〕ととう◆〔味方〕みかた◆〔やから〕◆〔翰林〕かんりん◆〔同人〕どうじん◆〔盟友〕めいゆう◆〔同腹〕どうふく

共通する意味★一緒になにかの物事をする人。**【英】** *a fellow; a comrade*

使い方▼**〔仲間〕**▽仲間に加わる▽仲間入り▽仲間はずれ▽作家仲間　**〔同志〕**▽同志として扱う▽反体制の同志

	□になる	□に入る	□諸君	遊びの□	ゴルフ□
仲間	○	○	-	○	○
同志	○	-	○	-	-

使い分け【1】「仲間」は、仕事、勉強、遊びなど物事を一緒にする友人。また、物事を一緒にする集団。また、「作家仲間」のように、「…仲間」という形で同じ事をする人という意味を表わす。【2】「同志」は、同じ主義主張を持ち、かたく約束を結んだ友。個人個人についていうのが普通。

【関連語】◆**〔同士〕**互いに…である者、の意味で接尾語的に用いられる。仮名書きにすることも多い。「かたき同士」「恋人どうし」◆**〔常連〕**いつも連れだって行動をともにする仲間。「常連とでかける」「飲み屋の常連客」◆**〔一味〕**一緒に悪いことをする人。「一味の巣窟(そうくつ)」「強盗の一味」◆**〔一派〕**学問や芸術、武芸などの一つの流派。また、目的などを同じくする仲間。「書道の世界で一派を立てる」「これは彼ら一派の仕業だ」◆**〔徒党〕**悪いことをするために寄り集まった仲間。「徒党を組む」◆**〔味方〕**スルある事柄について同じ立場をとり、ともに敵と対立すること。また、その人。「正義の味方」「味方につく」「妹に味方する」◆**〔やから〕**仲間。連中。特に、悪い仲間の意味で用いられることが多い。「不逞(ふてい)のやから」◆**〔翰林〕**学者、文人の仲間。◆**〔同人〕**同じ志や好みを持っている人たち。とくに、共同で雑誌を編集発行する仲間をいう。「どうにん」ともいう。「同人雑誌」◆**〔盟友〕**同じ主義主張をもち、かたく約束を結んだ友。「無二の盟友」◆**〔同腹〕**心を同じくすること。また、心を同じくする友。「同腹一心」

参照▼常連⇒5 16-62　同腹⇒3 15-04

5 16-48 同輩(どうはい)／同僚(どうりょう)／朋輩(ほうばい)

共通する意味★同じような地位にあって一緒に仕事などをする仲間。**【英】** *a colleague; a fellow worker*

使い方▼**〔同輩〕**▽彼は大学の同輩です▽同輩の受けがよい　**〔同僚〕**▽会社の同僚といっしょに昼食をとる　**〔朋輩〕**▽鷹(たか)も朋輩、犬も朋輩▽親しい朋輩に打ち明ける

使い分け【1】「同輩」は、学校や職場などに同期に入ってともに学び、仕事する仲間。【2】「同僚」は、サラリーマンなどの職場仲間。【3】「朋輩」は、もと、同じ主君や師についた仲間の意で、かつては「傍輩」と書いた。「朋輩」は、当て字が慣用化したもの。現在は、親しい友達の意が強い。

反対語▼同輩⇔先輩・後輩

5 16-49 友(とも)だち／友人(ゆうじん)／友(とも)

【関連語】◆**〔朋友〕**ほうゆう◆**〔ペンフレンド〕**◆**〔ペンパル〕**◆**〔友垣〕**ともがき◆**〔酒徒〕**しゅと◆**〔茶飲み友だち〕**ちゃのみともだち◆**〔ルームメイト〕**

共通する意味★同じ考え方を持ったり、行動をともにしたり、いつも親しくつきあっている人。**【英】** *a friend*

	よい□に恵まれる	□どうして出かける	会ってすぐに□になった	竹馬の□
友だち	○	○	○	-
友人	○	○	△	-
友	○	-	-	○

使い分け【1】「友だち」が、最も一般的。また、「遊び友だち」など「…友だち」の形で複合語をつくることも多い。「だち」は、本来複数を表わすが、現在では単数でも「友だち」という。「友達」とも書く。【2】「友人」は、「友だち」の改まった言い方。【3】「友」は、文章語。また、「風月を友とする」のように、自分が特に親しみを感じるものを意味することもある。

【関連語】◆**〔ペンフレンド・ペンパル〕**手紙を通してつきあう友人。文通仲間。◆**〔朋友〕**「友だち」「友人」の意の文章語。◆**〔友垣〕**「友だち」「友人」の意で、主に詩歌などで使われる語。交わりを結ぶのを、垣を結ぶのにたとえたもの。◆**〔酒徒〕**一緒に酒を飲む友人。◆**〔茶飲み友だち〕**茶を飲みながら世間話などをする親しい友人。◆**〔ルームメイト〕**寮、寄宿舎などの同じ部屋で生活する友人。普通、同性の友人をいう。

5 16-50 親友(しんゆう)／知友(ちゆう)／心友(しんゆう)

【関連語】◆**〔畏友〕**いゆう

共通する意味★特に親しくつきあう友。**【英】** *one's best friend*

使い方▼**〔親友〕**▽親友を得る▽親友となる▽無二(むに)の親友　**〔知友〕**▽ようやく知友を得た　**〔心友〕**▽彼は私の心友である

使い分け【1】「親友」は、特に親しい友のこと。最も一般的に用いる。【2】「知友」は、互いの気持ちがわかる友。【3】「心友」は、互いに心から信じている友。

【関連語】◆**〔畏友〕**尊敬している友人。「畏友…君」のように、敬称としても用いる。

5 16-51 級友(きゅうゆう)／クラスメート

共通する意味★同じクラスで一緒に勉強する友人。
【英】 *a classmate*

使い方▼〔級友〕▽級友たちに推され学級委員となる 〔クラスメート〕▽かつてのクラスメートと結婚する

使い分け 二語とも、一般的に使われる。

516-52 学友（がくゆう）／校友（こうゆう）

共通する意味★同じ学校で一緒に勉強する友人。【英】 *a schoolmate*

使い方▼〔学友〕▽学友を代表して先生を見舞う 〔校友〕▽校友と別れ、転校する

使い分け【1】「学友」「校友」ともに、改まった言い方。【2】「学友」には、学問上の友人という意味もある。【3】「校友」は、卒業生を学校側から呼ぶ場合にも用いられる。「校友の寄付を募る」「大学の校友会」

参照▼校友⇒602-83

516-53 良友（りょうゆう）／益友（えきゆう）

【関連語】◆（悪友）あくゆう

共通する意味★自分に好ましい影響、利益をもたらす友。

使い方▼〔良友〕▽彼は私の良友の一人だ 〔益友〕▽彼女には益友がいない

使い分け【1】二語とも話し言葉ではあまり用いられない。【2】「益友」は、交際して益になる友人。「論語」の「益者三友（＝交際して益になる正直・誠実・博識の三種の友）」による語。【英】 *a good friend*（良友）

【関連語】◆（悪友）悪い友だち。また、親しみを込めて、隔てなくつき合える自分の親友をさしていうことも多い。【英】 *a bad friend* 「悪友に誘われて飲みに行く」

516-54 旧友（きゅうゆう）／昔馴染み（むかしなじみ）／幼馴染み（おさななじみ）

【関連語】◆（旧知）きゅうち◆（故人）こじん◆（故旧）こきゅう◆（旧識）きゅうしき

共通する意味★古くからの友だち。【英】 *an old friend*

使い方▼〔旧友〕▽大学時代の旧友に再会する▽旧友を披露宴に招く 〔昔馴染み〕▽同窓会に昔なじみが集まった▽昔なじみの店 〔幼馴染み〕▽幼なじみと結婚する

使い分け【1】三語ともに、昔の友だち、または昔からの友だちをいい、交際が続いている場合も、とぎれている場合も含まれる。【2】「幼馴染み」は、幼いときになじみ親しんだ友だちをいう。【3】「昔馴染み」は、昔から親しんだ場所、店など、事物に対しても用いられる。

【関連語】◆（旧知）古くからの知り合い。「旧知の間柄（＝昔からつきあっている関係）」◆（故人）古くからの友人。ただし、現在では、死んだ人のことを表すのが普通。◆（故旧・旧識）古くからの知り合い。文章語。

参照▼故人⇒304-27

516-55 連れ（つれ）／道連れ（みちづれ）

【関連語】◆（一行）いっこう

共通する意味★一緒に行動する人。特に、外出や旅行などを一緒にする人。【英】 *a fellow traveler*

使い方▼〔連れ〕▽よい連れが見つかった▽連れにはぐれて困った 〔道連れ〕▽一人旅は道連れが欲しい▽途中で道連れになる

使い分け【1】どちらも主従の関係ではなく、仲間や同行者の関係である。あまり大勢ではなく、せいぜい一人か二人の場合が多い。【2】「連れ」は、単なる外出にも旅行にも用い、「道連れ」は、多く、遠距離の場合に用いる。

【関連語】◆（一行）旅などで一緒に行動をする人々。「大使一行が羽田に着いた」

516-56 顔馴染み（かおなじみ）／顔見知り（かおみしり）

【関連語】◆（馴染み）なじみ◆（面識）めんしき

共通する意味★顔を知っている間柄。また、そのような間柄の人。

使い方▼〔顔馴染み〕▽彼とは古い顔なじみだ▽前からの顔なじみ 〔顔見知り〕▽顔見知りに会う▽犯人は顔見知りの男だ

	＿になる	＿の客	単なる＿	＿の犯行
顔馴染み	○	○	-	-
顔見知り	○	△	○	○

使い分け【1】「顔馴染み」は、何度も顔を見て、互いの顔を覚えている間柄にあること。また、そのような間柄の人。店などに何度も顔を出す客に対して用いることが多い。【英】 *an old customer* 【2】「顔見知り」は、ふつう、単に顔を知っていて、時々話をするくらいの間柄の人に対して用いる。【英】 *to know each other by sight*（顔見知りの間柄である）

【関連語】◆（馴染み）「顔馴染み」とほぼ同意。「なじみの客」「なじみになる」「なじみが薄い」◆（面識）互いに顔を知っていること。「まだ面識がない」

参照▼馴染み⇒516-62

516-57 知り合い（しりあい）／知人（ちじん）／知己（ちき）

共通する意味★顔、名前、人柄などを知っている人。【英】 *an acquaintance*

	□を頼って上京する	この間□になった人	挨拶（あいさつ）する程度の□	二十年来の□	百年の□を得た思い
知り合い	○	○	○	△	-
知人	○	-	△	△	-
知己	○	-	-	○	○

使い分け【1】「知り合い」「知人」は、顔と名前を知っているだけでなく、ある程度つきあいのある人をいう。【2】「知己」は、自分の気持ちや考えをよく理解してくれる人。話し言葉では、あまり用いない。

5 16-58 先輩(せんぱい)／学兄(がっけい)／先学(せんがく)／先覚(せんかく)

共通する意味★学問の上で、自分より先にその道に入り、学識を積んだ人。**【英】** *a senior*

使い方▼**〔先輩〕**▽先輩のテーマを引き継いで研究する▽先輩に相談にのってもらう▽先輩のAさんです▽会社で二年先輩の人　**〔学兄〕**▽学兄にはご健勝にてご活躍のことと拝察申し上げます　**〔先学〕**▽先学諸兄の偉業▽先学が築いてくれた研究の基礎　**〔先覚〕**▽先覚の苦労を偲(しの)ぶ

使い分け【1】「先輩」が、最も一般的に使われる。学問だけでなく、職場や学校などで自分より先に入った人もいう。【2】「学兄」は、学問上の「先輩」の意で、同輩、後輩などに対する敬称。手紙で代名詞的に使うほか、「山田学兄」などとあて名の下に付ける。【3】「先学」「先覚」は、文章語。【4】「先覚」は、時代の隔たりを感じさせる語。他人より先に道理を悟り、何かを実践した人の意もある。「西洋哲学の先覚」

反対語▼先輩⇔後輩　先学⇔後学

5 16-59 後輩(こうはい)／後学(こうがく)／後進(こうしん)

共通する意味★学問の上で、自分よりも後にその道に入った者。**【英】** *a junior*

使い方▼**〔後輩〕**▽後輩の世話をする▽大学の一年後輩　**〔後学〕**▽後学の批判を期待する　**〔後進〕**▽後進に道を譲る

使い分け【1】「後輩」が、最も一般的に使われる。学問だけではなく、職場、学校などで自分より後に入った人もいう。【2】「後学」は、同じ学問の道に後から入った者の意。文章語。「後学」には、「後学のために伺いますが…」のように、将来自分のために役立つ知識や学問の意もあり、その意で使われることの方が多い。【3】「後進」も、「後学」に同じだが、特に自分と同じ道を歩んでいるということを強調して用いる。

反対語▼後輩⇔先輩　後学⇔先学

5 16-60 客(きゃく)／来客(らいきゃく)

【関連語】◆**(先客)**(せんきゃく)◆**(珍客)**(ちんきゃく)◆**(弔客)**(ちょうきゃく)◆**(お客様)**(おきゃくさま)◆**(一見)**(いちげん)

共通する意味★人のもとに訪ねて来る人。また、招かれて来る人。**【英】** *a guest; a visitor*

使い方▼**〔客〕**▽駅に客を迎えに行く▽招かれざる客　**〔来客〕**▽今日は朝から来客が多い▽来客中

	□がある	□が来る	□をもてなす	□に呼ばれる
客	○	○	○	○
来客	○	-	○	-

使い分け【1】「客」の方が、意味が広い。また、物を買ったり見たり、乗り物に乗ったりして、営業する者に金銭を支払う人の意でも用いられる。「この店の客には若い女性が多い」【2】「来客」は、やや改まった感じの語で、事務的な場面でも用いる。予定されている客、すでに来ている客などに多くいう。

【関連語】◆**(先客)**特に、複数の客が別々に来るとき、先に来ている客を後からの客に対していう語。「先客との応対をすます」◆**(珍客)**珍しい客で、主としてめったに来ない客をいう。喜んで迎える気持ちを含んでいう。「久しぶりに珍客を迎えた」◆**(弔客)**弔問の客。「弔問客」とも。また、「ちょうかく」ともいう。「告別式が済んでも弔客が絶えなかった」◆**(お客様)**客を迎える側の人が、客を丁寧にいう語。訪問客にも、商売上の客にもいう。日常的にはこの語を使うことが多い。「お客様にお茶を出す」「大事なお客様に粗相のないように」◆**(一見)**酒場や高級な料理店などで、紹介者もなくその店に初めて来た客をいう。「一見の客」「一見さんお断り」

5 16-61 観客(かんきゃく)／観衆(かんしゅう)

【関連語】◆**(見物人)**(けんぶつにん)◆**(ギャラリー)**◆**(大向こう)**(おおむこう)◆**(聴衆)**(ちょうしゅう)◆**(ファン)**

共通する意味★劇やスポーツなどを見る人々。**【英】** *a spectator; a fan*

	□がわく	映画の□	□が広場を埋める	□動員数
観客	○	○	-	○
観衆	○	-	○	-

使い分け「観客」は、代金を払って見に来ている客をいうが、「観衆」は、無料の場合にもいう。また、「観衆」は、人間の数が相当多くないと使えない。したがって、広い場所にいる多くの人数にいう。

【関連語】◆**(見物人)**ただ、見ている人をいう。料金を払って見る客をいうこともあるが、普通は、催し物、名所などを気楽に見て楽しむような場合にいう。◆**(大向こう)**劇場で、観客席後方の料金の安い立ち見席、また、その席の観客をいう。転じて、一般の観客もいう。「大向こうをうならせる」◆(ギャラリー)ゴルフなどの見物客。「ギャラリーのマナーが悪い」◆(聴衆)音楽や演説などを聴く人々。「聴衆をうならせる話」◆(ファン)特定の人物、チーム、スポーツ、芸能などの熱心な愛好者。また、特定の人物、チームなどを熱狂的に支持する人。「ファンが会場につめかけた」「映画ファン」

5 16-62 得意(とくい)/顧客(こきゃく)/常客(じょうきゃく)/常連(じょうれん)/馴染み(なじみ)

【関連語】◆(上得意)じょうとくい◆(常得意)じょうとくい◆(上客)じょうきゃく

共通する意味★よく買ってくれたり、利用してくれたりする、事業主にとってありがたい客。**【英】** *a customer*

	彼はこの店の□だ	□名簿	多くの□客を持つ	投稿欄の□
得意	お○	-	-	-
顧客	-	○	-	-
常客	○	-	-	-
常連	○	-	○	○
馴染み	お○	-	○	-

使い分け【1】「得意」は、「お得意」また「お得意さん(様)」の形でよく使われる。客に対する感謝の意を含む言い方で、書き言葉としてはあまり使わない。【2】「顧客」は、他の四語と異なり、一人一人の客をさしていう場合には用いられず、「顧客リスト」のように、ふだん取引のある、事業主にとってありがたい客を総称する場合にいう語。硬い言い方。「こかく」ともいう。【3】「常客」「常連」は、いつもその店に来る客。「常客」の方が、いろいろな店の客にいえる。「常連」は、飲食店、興行場、酒場などの客をいう場合が多く、「常客」より親しみがこもる。また、「常連」は、いつもそこに顔を出す人の意でも使われる。【4】「馴染み」は、「馴染み客」「お馴染み」などともいう。「得意」が、よく利用し、利益をもたらす客をいうのに対し、「馴染み」は、利益はそれほどでなくても、なれ親しんだ客にいい、親近感は深い。

【関連語】◆(上得意)いつも多く購入してくれるような大事な客。「当店の上得意のAさん」◆(常得意)いつも変わらず利用してくれる客。「毎日買いに来る常得意の奥さん」◆(上客)大きな利益をもたらす大切な客。「医者や弁護士がここの上客だ」

参照▼得意⇒213-02　常連⇒516-47　馴染み⇒516-56

5 16-63 賓客(ひんきゃく)/貴賓(きひん)/来賓(らいひん)/主賓(しゅひん)

【関連語】◆(社賓)しゃひん◆(国賓)こくひん◆(公賓)こうひん◆(ゲスト)

共通する意味★招待された、大事な客。**【英】** *an honored guest*

使い方▼〔賓客〕▽国の賓客▽賓客を接待する　〔貴賓〕▽外国の貴賓▽貴賓席▽貴賓室　〔来賓〕▽来賓の祝辞を賜りたく存じます▽来賓席　〔主賓〕▽主賓を上座に導く▽主賓として迎える

使い分け【1】「賓客」は、一般的に大事な客の意味。「ひんかく」とも。「貴賓」は、特に身分の高い客にいう。【2】「来賓」は、式や会に主催者から招待された客を広くいう。【3】「主賓」は、来客の中で最もおもだった客をいい、上席に座る。「正客(しょうきゃく)」「正賓(せいひん)」とも。なお、正客は、特に茶会での主賓をさす場合が多い。

反対語▼主賓⇔陪賓

【関連語】◆(国賓)国家の正式の客として、国費で接待される外国からの客。元首、王、皇族、特使など。「国賓として来日する」◆(公賓)政府が閣議で認めた外国からの賓客。首相、主要閣僚など。◆(社賓)会社の大事な客として招かれた人。「社賓待遇」◆(ゲスト)連続番組などで、レギュラーとは別に、一回ごとに特別出演する人。また、家庭やパーティーなどに招かれた客の意にもいう。「ゲストとして出演する」「ゲストスター」

5 16-64 旅客(りょかく)/乗客(じょうきゃく)/船客(せんきゃく)

共通する意味★乗り物を利用する客。**【英】** *a passenger*

使い方▼〔旅客〕▽旅客を運ぶ▽旅客機▽旅客列車　〔乗客〕▽乗客へのサービスの向上▽バスの乗客　〔船客〕▽豪華客船の船客▽船客名簿

使い分け【1】「旅客」は、列車、船、飛行機などを利用して旅行する人。【2】「乗客」は、乗り物に乗っている客。【3】「船客」は、船に乗っている客。

5 16-65 客種(きゃくだね)/客筋(きゃくすじ)/客層(きゃくそう)

共通する意味★社会的地位、年齢、職業などで区別した客の種類。**【英】** *customers*

使い方▼〔客種〕▽この店は客種がよい▽最近、客種が落ちた　〔客筋〕▽医者や学者を客筋として持つ▽いい客筋をつかむ　〔客層〕▽客層がさまざまで、商品の仕入れがむずかしい▽もっと客層をしぼる必要がある

	いい□を持つ	□が若い店	□に医者が多い	□が厚い
客種	○	-	-	-
客筋	○	△	○	-
客層	△	○	-	○

使い分け【1】「客種」は、興行物や店、特に飲食店などに来る客の種類をいう。【2】「客筋」は、身分や職業などにより区別する客の種類の意では、「客種」

と似ているが、「客筋からの情報」のように、単に商売の得意先や取引先の意にも使われる。【3】「客層」は、「客種」「客筋」よりもさらにその範囲が広く、大ざっぱな客の傾向、特徴をいう。

516-66 相手（あいて）／相棒（あいぼう）／相方（あいかた）

共通する意味★物事を一緒にする一方の人。**【英】** *a partner*

使い方▼〔相手〕▽結婚の相手を探す▽愚痴の相手になる▽だれも相手になってくれない▽相談相手を失う 〔相棒〕▽仕事での良き相棒▽事故で相棒を失う 〔相方〕▽仕事の相方をつとめる▽漫才の相方

使い分け【1】「相手」は、自分との間で物事を成立させるのに必要なもう一人の人をいい、「相棒」「相方」は、自分との間ですでに物事を成立させているその人をいう。したがって、「相棒」「相方」は、仲間の一人であるともいえる。【2】「相棒」は、駕籠（か）ごやもっこなどで棒の前後を担ぐときの相手の意から。

参照▼相手⇒516-67

516-67 相手（あいて）／敵（てき）／敵（かたき）／ライバル

【関連語】◆(好敵手)こうてきしゅ◆(仇敵)きゅうてき◆(難敵)なんてき◆(宿敵)しゅくてき

共通する意味★対抗して勝負を争う人。**【英】** *a rival*

使い方▼〔相手〕▽弱くて相手にならない▽相手にとって不足はない▽剣道の相手をする 〔敵（てき）〕▽敵にまわすとこわい男▽敵を倒す 〔敵（かたき）〕▽商売上のかたき▽碁がたき 〔ライバル〕▽彼はよきライバルだ▽ライバル意識をもつ

使い分け【1】「相手」は、ただ競い合う人の意だが、「敵（てき）」には「人類の敵」「社会の敵」「女の敵」などのように、害となり憎むべきものという意もある。また、「敵のことだ、たぶん遅刻してくるよ」のように、話や交渉の相手をいう。俗語。【2】「かたき」は、他の語と複合して使われるときは、ふつう、「がたき」と濁音化する。【3】「ライバル」は、力量が釣り合い、互いに競い合って向上していくような良い関係に使われることが多い。また、恋の競争相手の意もある。

【関連語】◆(好敵手)「ライバル」に同じ。「君は好敵手に恵まれて幸せだ」◆(仇敵)憎しみを抱いている敵。「仇敵に巡り合う」「仇敵視する」◆(難敵)強くて戦いにくい相手。「難敵を倒す」◆(宿敵)久しい以前からの敵。「宿敵同士の決勝戦となった」「宿敵を破る」

参照▼相手⇒516-66

516-68 人寄せ（ひとよせ）／人集め（ひとあつめ）／客寄せ（きゃくよせ）

共通する意味★人を呼び寄せること。**【英】** *an attraction*

使い方▼〔人寄せ〕▽大売り出しの人寄せにタレントを使う 〔人集め〕▽講演会の人集めに苦心する▽人集めの目玉商品 〔客寄せ〕▽客寄せのために歌手を呼ぶ

使い分け【1】「人寄せ」は、人を集めること。特に、商店などが客を集めるために、簡単な芸能などを演じたりすること。【2】「人集め」は、単に人を大勢集めること。【3】「客寄せ」は、商店などが客を集めること。また、その手段。

517…処世

517-01 尊敬（そんけい）／敬う（うやまう）／尊ぶ（とうとぶ）／崇める（あがめる）

【関連語】◆(仰ぐ)あおぐ◆(崇拝)すうはい◆(敬する)けいする◆(敬愛)けいあい◆(畏敬)いけい◆(慕う)したう

共通する意味★すぐれたものとして大切にし、高い敬意を払う。**【英】** *to respect; to revere*

使い方▼〔尊敬〕スル▽私の尊敬する人▽不屈の精神に尊敬の念を抱く 〔敬う〕(ワ五)▽祖先を敬う▽釈尊を敬う 〔尊ぶ〕(バ五)▽年長者を尊ぶ▽先生の教えを尊ぶ 〔崇める〕(マ下一)▽神として崇める▽あがめたてまつる

	恩師を□	神仏を□	太陽を□	伝統を□
尊敬する	○	-	-	-
敬う	○	○	-	-
尊ぶ	○	○	-	○
あがめる	△	○	○	-

使い分け【1】「尊敬」は、人間とその行為や精神などに関して使う。【2】「敬う」「崇める」は、神仏や崇拝すべきものに、尊い存在として敬意を払う意。また、「崇める」は、人に対して使うことは少ない。【3】「尊ぶ」は、神仏、人間のほか行為や精神などに関してもいう。「貴ぶ」とも書き、対象それ自身の価値を重視する意を含む。「たっとぶ」とも。

【関連語】◆(仰ぐ)(ガ五)上の方を見る意から、とうとびうやまうこと。「人生の師と仰ぐ人」◆(敬する)(サ変)うやまうこと。文章語。「近寄りがたいので、敬して遠ざける」◆〔畏敬〕スル偉大な力のある人をおそれ敬うこと。文章語。「偉大な先人に畏敬の念を抱く」◆〔崇拝〕スルとうといものとしてうやまうこと。信仰に近い気持ちを含んでいう。「偶像を崇拝する」「彼の崇拝者は多い」◆〔敬愛〕スル尊敬し、親しみの気持ちを持つこと。「敬愛の念を抱く」「敬愛する友」◆〔慕う〕(ワ五)他人のすぐれた行いなどを範として、それにならおうとする。「師の芸風を慕う」

参照▼慕う⇒216-09

5 17-02 感服／敬服／心服

【関連語】◆〔私淑〕◆〔賛仰〕◆〔推服〕◆〔恭順〕

共通する意味★強く心に感じ、尊敬の念を持つこと。

【英】 *admiration*

使い方▼〔感服〕スル　〔敬服〕スル　〔心服〕スル

	先生の人柄にはだれもが□する	彼の腕前には□のほかない	かねがね□している大先輩	快挙のニュースに接し□する
感服	△	○	-	○
敬服	○	○	○	△
心服	○	-	○	-

使い分け【1】「感服」は、出来事や業績、仕事などに対して深く感心する場合にいうことが多い。【2】「感服」が、目下の者の技などにもいうのに対し、「敬服」は、うやまう気持ちを伴い、同等以上の人に使う。【3】「心服」は、相手に心酔し、心から従う意。

【関連語】◆〔私淑〕スル直接には接しないが、ひそかに師と仰いで尊敬し、教えを学ぶこと。「かねて私淑していた先生にお目にかかれた」◆〔賛仰〕スル聖人、偉人などをほめたたえ、尊ぶこと。一般的にはあまり用いない。◆〔推服〕スルある人を尊んで、従うこと。あまり用いない。◆〔恭順〕スルある人を尊んで、命令に従うこと。「恭順の意を表わす」

5 17-03 重んずる／尊重／重視

共通する意味★価値のあるものとして、大切に扱う。

【英】 *to have a regard for*

使い方▼〔重んずる〕(サ変)▽憲法の精神を重んずる▽体面を重んずる　〔尊重〕スル▽少数意見を尊重する▽故人の遺言を尊重する　〔重視〕スル▽本人の希望を重視する▽事態を重視する

使い分け【1】「重んずる」は、重要性を認めて、それなりの扱いをする意。「重んじる」とも。【2】「尊重」は、損なったり反したりしないように大切にすること。【3】「重視」は、重要性を認めて、大切に扱うこと。「重んずる」と意味、用法は近い。

反対語▼重んずる⇔軽んずる　重視⇔軽視

5 17-04 公平／平等／公正

【関連語】◆〔公平無私〕

共通する意味★偏りのないこと。**【英】** *impartiality*

使い方▼〔公平〕(名・形動)▽それぞれの言い分を公平に聞く▽公平な態度　〔平等〕(名・形動)▽だれにでも平等に接する▽男女平等　〔公正〕(名・形動)▽公正な裁判▽公正な処置を願う

	□を期する	意見を□に聞く	□さを欠いている	□な取引
公平	○	○	○	-
平等	○	○	-	-
公正	○	-	○	○

使い分け【1】「公平」は、判断や行動が偏っていないこと。一方「公正」は、「公平」で、かつ正しいことをいい、正当性をはっきりさせたいような場合に用いられる。【2】「平等」は、差別がないこと、一様に等しいことを表わす場合に使われるが、法律や理念などのレベルでよく用いられる。

【関連語】◆〔公平無私〕(名・形動)公平で私心のないこと。「公平」を強調した言い方。「公平無私な態度」

5 17-05 不公平／不平等

【関連語】◆〔偏る〕◆〔偏する〕◆〔偏向〕

共通する意味★状態や扱いが一方に寄っていて等しくないこと。

使い方▼〔不公平〕(名・形動)　〔不平等〕(名・形動)

	□な扱い	□な人事	□税制	□条約
不公平	○	○	○	-
不平等	○	-	-	○

使い分け【1】「不公平」は、判断や処理が公平でないことをいう。**【英】** *unfairness* 【2】「不平等」は、差別があって一様でない状態をいう。法律や条約などでの扱いに関する事柄を表わす場合に多く用いられる。**【英】** *inequality*

【関連語】◆〔偏る〕(ラ五)良い方にも悪い方にも、ある一方にだけ集中し、不均衡または不公平になる。元来、目標から外れて一方に寄る意。「偏った見方」◆〔偏する〕(サ変)「偏る」に同じ。文章語。「裁定が一方に偏している」◆〔偏向〕スル一方に寄っていて中正を失うこと。「政治的に偏向した意見」

5 17-06 からかう／冷やかす／茶化す

【関連語】◆〔おひゃらかす〕◆〔おちゃらかす〕

共通する意味★相手を怒らせたり、困らせたり、恥ずかしがらせたりするようなことを、言ったりしたりして面白がる。**【英】** *to tease; to make fun of*

使い方▼〔からかう〕(ワ五)　〔冷やかす〕(サ五)　〔茶化す〕(サ五)

	友達を□	話を□	子犬を□	アベックを□
からかう	○	-	○	△
冷やかす	○	-	-	○
茶化す	-	○	-	-

使い分け【1】「からかう」は、人間だけでなく動物などに対してもいう。また、「冷やかす」「茶化す」が、言葉による行為であるのに対して、「からかう」は、言葉だけでなく態度や行為でも示される。【2】「冷やかす」は、多く、相手の高まった雰囲気や気持ちに水を差して冷さますようなことを言って、面白がる場合にいう。また、「夜店を冷やかす」のように、品物を手に持ってみたり、値段を聞いたりするだけで、買わないような場合にもいう。【3】「茶化す」は、はぐらかしたり、ごまかしたりして、冗談のようにしてしまう意。

【関連語】◆**（おひゃらかす）**(サ五)「からかう」「冷やかす」の意の俗な言い方。「先生の注意をおひゃらかす」◆**（おちゃらかす）**(サ五)「茶化す」に同じ。「真面目な話を、おちゃらかす」

5 17-07 やじる／はやす

共通する意味★相手の言動に対して言葉を浴びせる。**【英】** *to hoot*

使い方▼〔やじる〕(ラ五)▽議員の演説をやじる▽やじり倒す　〔はやす〕(サ五)▽生徒が新米教師をはやす▽はやしたてる

使い分け【1】「やじる」は、大声で相手の言葉を否定するような言葉を発したり、からかったり、妨害したりする意。「野次る」「弥次る」と当てる。【2】「はやす」は、ほめたりからかったりするために、大声で言いたてる意。「囃す」とも書く。

参照▼はやす⇒614-33

5 17-08 嘲り（あざけり）／揶揄（やゆ）／愚弄（ぐろう）／嘲弄（ちょうろう）

共通する意味★相手をばかにしてからかうこと。

【英】 *ridicule; scorn*

使い方▼〔嘲り〕▽級友たちのあざけりを無視する〔揶揄〕スル▽相手を揶揄するようなことばかり言う▽まじめな主張を揶揄した評論　〔愚弄〕スル▽人を愚弄する言葉▽弱者を愚弄するのは卑劣だ　〔嘲弄〕スル▽相手を嘲弄する▽嘲弄に耐える

使い分け【1】「嘲り」は、ばかにして笑うこと。【2】「揶揄」は、冗談や皮肉を言って、軽く相手をからかうこと。【3】「愚弄」は、相手をばかにしてからかうこと。相手の人格を無視するような言動をいう。【4】「嘲弄」は、「愚弄」よりさらに相手をさげすむ程度が強く、ばかにしてなぶること。

5 17-09 もてあそぶ／翻弄（ほんろう）

共通する意味★人を思うままに扱う。**【英】** *to play with*

使い方▼〔もてあそぶ〕(バ五)▽人の誠意をもてあそぶ▽運命にもてあそばれる　〔翻弄〕スル▽素早い動きで相手を翻弄する▽上司の一挙一動に翻弄される部下

使い分け【1】「もてあそぶ」は、手にもって遊ぶ意から、相手を思うままに扱う意。「弄ぶ」「玩ぶ」「翫ぶ」とも書くが、ふつうは仮名書き。【2】「翻弄」は、大きな力のものが弱い小さい者を思うままに動かすこと。「荒波に翻弄されるボート」のように、人間以外にも用いられる。

参照▼もてあそぶ⇒109-21

5 17-10 嘲る（あざける）／見下す（みくだす）／見くびる（みくびる）／侮る（あなどる）／見下げる（みさげる）／卑しめる（いやしめる）／蔑む（さげすむ）／貶める（おとしめる）

共通する意味★相手を低く見てばかにする。

使い方▼〔嘲る〕(ラ五)▽人の失敗をあざける▽貧乏だとあざける　〔見下す〕(サ五)▽人を見下したような態度▽見下した言い方　〔見くびる〕(ラ五)▽相手チームを見くびってかかる　〔侮る〕(ラ五)▽弱い奴やっと侮られた▽決して侮れない相手だ　〔見下げる〕(ガ下一)▽カンニングをするとは見さげた奴だ　〔卑しめる〕(マ下一)▽人を卑しめるような言葉遣いはやめなさい▽そんなに自分を卑しめることはない　〔蔑む〕(マ五)▽さげすむような目で見る▽卑劣な男とさげすまれる〔貶める〕(マ下一)▽人をおとしめた物言いをする

	相手の才能、技能を□	相手の職業、地位、品格を□	なかなか強敵だ。□な！
嘲る	○	-	-
見下す	○	○	-
見くびる	○	-	○
侮る	○	-	○
見下げる	-	○	-
卑しめる	-	-	-
蔑む	-	○	-
貶める	-	○	-

使い分け【1】「嘲る」は、人をばかにして笑う意。また、「自分の無知をあざける」のように、自分のことにも使う。**【英】** *to deride; to ridicule*【2】「見下す」は、自分の方が上だと思って相手を軽く見る意。【3】「見くびる」は、相手の力を実際より低く

見て、自分の力を尽くさないことの意で、「侮る」は、相手の力を自分より低いと見て、ばかにする言動をとる意。【4】「見下げる」は、道徳的意識のないことを非難するときに多く用いられる。【英】 *to look down on*【5】「卑しめる」は、卑しいものとしてばかにする、「蔑む」「貶める」は、自分よりひどく劣ったものと見てばかにする、「蔑む」、「貶める」は、他人を劣ったものとしてばかにするの意で、それぞれに嫌悪する気持ちが含まれている。【英】 *to despise*

反対語▼見下す・見下げる⇔見上げる

5 17-11

軽蔑（けいべつ）／侮蔑（ぶべつ）／軽侮（けいぶ）／蔑視（べっし）

共通する意味★ばかにすること。さげすむこと。

【英】 *contempt*

使い方▼〔軽蔑〕スル 〔侮蔑〕スル 〔軽侮〕スル 〔蔑視〕スル

	ばかな奴（やつ）だと□する	□の目で見る	□に値する行為	女性□の発言
軽蔑	○	○	○	-
侮蔑	○	○	△	-
軽侮	△	○	-	-
蔑視	○	-	-	○

使い分け【1】「軽蔑」は、価値がないものとしてばかにすることで、広く用い、口語でもよく使われる語。【2】「侮蔑」は、「軽蔑」よりもさげすむ度合いが強く、文章語的。【3】「軽侮」は、「軽蔑」よりやや軽い調子の語で、文章語的。【4】「蔑視」は、対象の価値そのものを判断している場合だけではなく、なんとなく低く見るような場合にも用いる語。

5 17-12

冷遇（れいぐう）／薄遇（はくぐう）／白眼視（はくがんし）

【関連語】◆（仕打ち）しうち

共通する意味★冷たい扱い。**【英】** *a cold treatment*

使い方▼〔冷遇〕スル▽主流派からの冷遇に耐える▽支社の社員が冷遇されている▽転職先で冷遇を受ける 〔薄遇〕スル▽薄遇に甘んじて研究を続ける 〔白眼視〕スル▽仲間から白眼視される▽外様（とざま）を白眼視する

使い分け【1】「冷遇」「薄遇」は、冷淡な待遇。「冷遇」が、一般的に用いられる。【2】「白眼視」は、冷たい目で見たり、冷たい態度をとること。

反対語▼冷遇・薄遇⇔厚遇

【関連語】◆（仕打ち）人に接するときの態度、扱い方をいうが、修飾語を伴って、悪い意味で用いられる。「ひどい仕打ちを受ける」

5 17-13

その場逃（ばのが）れ／その場（ば）しのぎ／当座逃（とうざのが）れ／一時逃（いちじのが）れ／一時（いちじ）しのぎ

【関連語】◆（糊塗）こと◆（間に合わせ）まにあわせ◆（仮）かり◆（有り合わせ）ありあわせ

共通する意味★なんとかその場だけとりつくろってすますこと。**【英】** *makeshift*

使い方▼〔その場逃れ〕▽その場逃れの嘘（うそ）をつく 〔その場しのぎ〕▽その場しのぎの対策では困る 〔当座逃れ〕▽当座逃れにむりな借金をする 〔当座しのぎ〕▽当座しのぎの修理で我慢する 〔一時逃れ〕▽一時逃れの言い訳は通用しないぞ 〔一時しのぎ〕▽一時しのぎの仮（かり）の宿

使い分け六語とも、将来的なことを考えずに、その時だけをうまく切り抜けるために何かを行うことにいう。「逃れ」と「しのぎ（＝耐えること）」の相違があるが、実際には、かなり近い意味で用いられる。

【関連語】◆（糊塗）スルあいまいにその場をとりつくろうこと。文章語。「自分の失敗を糊塗する」◆（間に合わせ）本来用いるべきでないものを用いて、当座の役に立てること。「ほんの一時の間に合わせ」◆（仮）恒久的でなく臨時であること。「仮に釘（くぎ）で留めておく」◆（有り合わせ）その場にたまたまあること。また、あるもの。「夕食は有り合わせで済ませる」

5 17-14

たわ言（ごと）／痴（し）れ言（ごと）

【関連語】◆（無駄口）むだぐち◆（愚知）ぐち

共通する意味★ばかげた言葉。まっとうな意味のない言葉。**【英】** *nonsense*

使い方▼〔たわ言〕▽そんなたわ言は通用しない▽たわ言をほざくな 〔痴れ言〕▽痴れ言を言う▽痴れ言を並べる

使い分け【1】二語とも、相手の言葉に対して、非難をこめて使われることが多い。【2】「痴れ言」は、古めかしい言い方。

【関連語】◆（無駄口）その状況においては、役に立たず、無意味な言葉。「徒口」とも書く。「無駄口をたたく」◆（愚痴）言ってもどうにもならないこと、仕方のないことをくどくどと嘆くこと。「息子のことで愚痴をこぼす」

5 17-15

寝言（ねごと）／うわごと

共通する意味★無意識に発する言葉。

使い方▼〔寝言〕▽一晩中寝言を言う▽寝言で子の名を呼ぶ 〔うわごと〕▽うわごとに母の名を繰り返す

使い分け【1】「寝言」は、睡眠中に無意識に発する言葉。「うわごと」は、熱にうかされなどして無意識に発する言葉。**【英】** *talking in sleep*（寝言）; *talking in delirium*（うわごと）【2】二語とも、筋道の通らない、わけのわからない言葉の意でも使われる。「いつまで寝言を言っているんだ」「たわけたうわごとをぬかすな」

5 17-16 世迷い言（よまいごと）／繰り言（くりごと）

共通する意味★言っても仕方のない不平や愚痴。**【英】** *grumbling*

使い方▼〔**世迷い言**〕▽くどくどと、世迷い言を並べる　〔**繰り言**〕▽繰り言は聞き飽きた▽老いの繰り言

使い分け【1】「世迷い言」は、言っても無意味な、また、その状況では言っても甲斐（かい）のないような不平や不満を言うこと。また、その言葉。【2】「繰り言」は、同じ愚痴を繰り返し言うこと。

5 17-17 減らず口（へらずぐち）／憎まれ口（にくまれぐち）

共通する意味★負け惜しみであったり生意気であったりして、人の気分を害するような言葉。**【英】** *abuse*

使い方▼〔**減らず口**〕▽減らず口をたたく▽減らず口をきく　〔**憎まれ口**〕▽憎まれ口をたたく▽憎まれ口をきく

使い分け「減らず口」は、目下の者、特に年少者が目上の者に対して使った言葉を、目上の者の側からいう。

5 17-18 こじつけ／牽強付会（けんきょうふかい）

共通する意味★あまり関係のない事柄どうしを、無理に結び付けること。**【英】** *distortion*

使い方▼〔**こじつけ**〕▽こじつけの推論▽語源説にはこじつけも多い　〔**牽強付会**〕▽彼の論証は牽強付会も甚しい▽牽強付会の説

使い分け【1】「牽強付会」の「牽強」「付会」は、ともに理屈をつけてこじつけること。【2】「こじつけ」は、日常語、「牽強付会」は、文章語であるが、意味はほとんど同じ。

5 17-19 こじつける／かこつける

共通する意味★あまり関係ないことに、無理に結びつける。**【英】** *to strain*

使い方▼〔**こじつける**〕（カ下一）　〔**かこつける**〕（カ下一）

	弘法大師の故事に□た名所旧跡	うまく□て結論らしくする	見舞いに□て仲直りに行く	多忙に□て御無沙汰（ごぶさた）する
こじつける	-け○	-け○	-け－	-け－
かこつける	-け△	-け－	-け○	-け○

使い分け【1】「こじつける」は、無理やりくっつける意で、筋が通らないのに筋が通ったようにするやり方。【2】「かこつける」は、一見それほど無理に見えない理由付けを示しておいて、実は別の理由、目的などがあるのをはっきりさせまいとするときに使う。

5 17-20 暴言（ぼうげん）／放言（ほうげん）／失言（しつげん）

【関連語】◆（妄言）もうげん◆（出任せ）でまかせ

共通する意味★言ってはならないことを発言してしまうこと。また、その発言。**【英】** *violent language*

使い方▼〔**放言**〕スル　〔**失言**〕スル

	大臣の□を非難する	□を吐く	□してはばからない	うっかり□してしまう
暴言	○	○	△	－
放言	○	－	○	－
失言	○	－	－	○

使い分け【1】「暴言」は、その場ではけっして口にしてはならないような、論理や物の道理に外れた発言のこと。【2】「放言」は、周囲の人のことや将来のことを考慮しない無責任なことをいうこと。また、そういう発言。【3】「失言」は、言うべきではないことをついうっかり言ってしまうこと。

【関連語】◆（妄言）みだりに言う、出まかせの言葉。文章語。「妄言を吐く」「妄言多謝」◆（出任せ）口から出るにまかせて、いいかげんなことを言うこと。また、その言葉。「口から出まかせを言う」

5 17-21 罵倒（ばとう）／痛罵（つうば）／面罵（めんば）／嘲罵（ちょうば）／冷罵（れいば）／漫罵（まんば）／悪罵（あくば）

【関連語】◆（面詰）めんきつ◆（毒突く）どくづく◆（ののしる）

共通する意味★相手を大声で非難すること。**【英】** *condemnation*

使い方▼〔**罵倒**〕スル▽部下を罵倒する▽裏切り者と罵倒される　〔**痛罵**〕スル▽痛罵を浴びせる　〔**面罵**〕スル▽衆人環視の中で面罵される　〔**嘲罵**〕スル▽彼はよく嘲罵の的とされる　〔**冷罵**〕スル▽冷罵を浴びる▽冷罵に耐える　〔**漫罵**〕スル▽漫罵を浴びせられる　〔**悪罵**〕スル▽人を悪罵するのはよくない

使い分け【1】いずれも、他人を大声で激しく非難すること。非難の程度については、それほど差がない。文章語。【2】「罵倒」は、激しい言葉で、相手をあざけり非難すること。【3】「痛罵」は、痛烈に極めて激しく非難すること。【4】「面罵」は、面と向かって相手を非難すること。【5】「嘲罵」「冷罵」「悪罵」は、相手をばかにし、口汚く悪口を言うこと。「漫罵」は、みだりに相手を侮り非難すること。いずれもあまり一般的ではない。

【関連語】◆（面詰）スル面と向かって相手の悪い点、過ちなどを責めとがめること。「契約違反を面詰する」

◆(ののしる)(ラ五)大声で口汚く非難する。「罵る」とも書く。「声高にののしる」◆(毒突く)(カ五)面と向かって悪口を言い、ひどく非難すること。「相手かまわず毒突く」

5 17-22 悪口(わるくち)／悪態(あくたい)／陰口(かげぐち)／誹謗(ひぼう)／謗り(そしり)

【関連語】◆(中傷)ちゅうしょう◆(悪口)あっこう◆(雑言)ぞうごん◆(罵詈)ばり◆(罵詈雑言)ばりぞうごん

共通する意味★他人を悪く言うこと。また、その言葉。【英】*abuse; slander*

使い方▼〔悪口〕わるくち▽友人の悪口を言う▽悪口に怒る〔悪態〕▽悪態をつく▽悪態を浴びせる〔陰口〕▽陰口をきく▽陰口をたたく〔誹謗〕スル▽同僚をねたんで誹謗する〔謗り〕▽独善のそしりを免れない▽世のそしりを招く

使い分け【1】「悪口」「陰口」は、日常よく用いられる。「悪口」は、他人のことを悪く言うこと。「陰口」は、その人のいない所で悪く言うこと。「悪口」は、「わるぐち」とも。【2】「悪態」は、必ずしも他人のことを悪く言うことではなく、人に不快感を与えるようなことを言ったり、不快感を与えるような口のきき方をしたりすることもいう。【3】「誹謗」「謗り」は、主として文章語。

【関連語】◆(中傷)スルありもしないことを言って人の名誉を傷つけること。「他人を中傷する」「中傷的な内容の記事」◆(悪口)あっこう「わるくち」の意の漢語。「悪口を浴びせる」「悪口雑言」◆(雑言)さまざまに悪くいう言葉。文章語。「雑言を浴びせる」◆(罵詈)スルひどい悪口をいったり非難したりすること。ののしる言葉。文章語。「罵詈讒謗ざんぼう」◆(罵詈雑言)同種の語を重ねて意味を強めた語。「罵詈雑言を浴びせる」

5 17-23 仕返し(しかえし)／報復(ほうふく)／返報(へんぽう)／復讐(ふくしゅう)／しっぺ返し(しっぺがえし)／お礼参り(おれいまいり)／敵討ち(かたきうち)／仇討ち(あだうち)／雪辱(せつじょく)

共通する意味★自分に害を与えた相手に対して、それに見合う害を返すこと。【英】*revenge; retaliation*

使い方▼〔仕返し〕スル▽上級生の仕返しがこわい〔報復〕スル▽隣国のテロに報復する▽報復措置〔返報〕スル▽返報を恐れる▽手ひどく返報する〔復讐〕スル▽仲間を殺した相手に復讐する▽復讐の鬼となる〔しっぺ返し〕▽しっぺ返しを食う▽かつがれたしっぺ返しをする〔お礼参り〕▽お礼参りが怖くて警察に届けられない〔敵討ち〕▽春の大会の敵討ちをする〔仇討ち〕▽主君の仇討ちをする〔雪辱〕スル▽雪辱を果たす▽昨年敗れた相手に雪辱する

使い分け【1】「仕返し」は、日常的に最も広く用いられ、ふつう、けんかなどの個人的な関係に用いられる。与えられる害もそれほど大きくないのが普通。【2】「報復」「返報」は、「仕返し」の意の漢語。かなりの害を与えられた場合で、個人の関係だけでなく、集団相互の関係にも用いられる。「返報」は、日常会話ではあまり用いられない。【3】「復讐」は、相手にかなりの恨みを持つものが計画的に行うこと。【4】「しっぺ返し」は、すぐにやり返すこと。また、ある仕打ちをうけたのと同じ程度、方法でやり返すこと。【5】「お礼参り」は、本来は、願いがかなったときに神仏にお礼に参詣さんけいすることだが、この場合は刑期を終えて釈放されたやくざなどが、密告したり自分に不利な証言をしたりした者に仕返しをすることをいう。【6】「敵討ち」「仇討ち」は、元来、武家社会において、主君や肉親を殺された者がその恨みをはらすため、その相手を殺すことをいった。現在は、スポーツの試合などで比喩ひゆ的に使う。【7】「雪辱」は、受けた恥をそそぐこと。以前敗れた相手に勝った場合に用いられる。

5 17-24 誣告(ぶこく)／讒訴(ざんそ)

共通する意味★他人を陥れることを目的として訴えること。【英】*slander*

使い方▼〔誣告〕スル▽人を誣告する▽誣告罪〔讒訴〕スル▽仲間を讒訴する

使い分け両語とも、訴えの内容は、故意に事実とは違えたものとなる。いずれも文章語。

5 17-25 貶す(けなす)／腐す(くさす)／扱き下ろす(こきおろす)／謗る(そしる)

【関連語】◆(けちを付ける)けちをつける

共通する意味★欠点などを取り上げて悪く言う。【英】*to disparage*

使い方▼〔貶す〕(サ五)▽くそみそにけなす▽口ではけなして心でほめる〔腐す〕(サ五)▽他人の仕事をくさす▽人をくさしてばかりいる〔扱き下ろす〕(サ五)▽受賞作をこきおろす▽手厳しくこきおろす〔謗る〕(ラ五)▽恩知らずとそしる▽口汚くそしる

	他人の作品を□	みっともないと□	卑怯者(ひきょうもの)と□
貶す	○	○	-
腐す	○	△	-
扱き下ろす	○	○	△
謗る	-	-	○

使い分け【1】「貶す」は、人や事物の悪いところ、欠点や不都合なところをあげつらって悪く言う意。また、不都合がなくともことさらおとしめて悪く言

5 社会生活

うような場合にも用いられる。【2】「腐す」は、何かについて悪く言う意。【3】「扱き下ろす」は、欠点などを指摘してひどく悪く言う意。人にも物にも使うが、「貶す」「腐す」にくらべて悪く言う程度が高い。【4】「謗る」は、他人のことを非難して言う意で、事物についてはあまり使わない。また、「恩知らずとそしられる」のように、受身の形で非難される側の視点に立って用いられることが多い。「謗る」は、「裏切り者(卑怯者・恩知らず)とそしる」のように、もっぱら倫理的な問題点を非難する場合に多く使われる。

反対語▼謗る⇔褒める

【関連語】◆**(けちを付ける)**欠点を上げて悪く言う。非難する程度は軽い。「手料理にけちをつける」

5 17-26 言い掛かり(いいがかり)/因縁(いんねん)/難題(なんだい)/いちゃもん/難癖(なんくせ)

【関連語】◆(無理難題)(むりなんだい)

共通する意味★人を困らせるために言い立てる口実。**【英】***a false charge*

	□をつける	単なる□だ	□をふっかける	□を持ち込む
言い掛かり	○	○	-	-
因縁	○	-	-	-
難題	-	-	○	○
いちゃもん	○	△	-	-
難癖	○	○	-	-

使い分け【1】「因縁」は、金品を出させる目的で、ゆすり、おどしをする場合に多く用い、他の語は、単に相手を困らせる場合に用いられる。【2】「いちゃもん」は、無理やり理由をつけて文句を言うことの俗語。【3】「難癖」は、多く「難癖をつける」の形で、取るに足りない欠点を見つけて悪く言う意を表わす。

【関連語】◆**(無理難題)**道理に外れた言いがかり。「無理難題をふっかける」

参照▼因縁⇒604-13

5 17-27 恥辱(ちじょく)/屈辱(くつじょく)

共通する意味★体面や名誉を損なうこと。**【英】***dishonor*

使い方▼〔恥辱〕▽恥辱を受ける▽恥辱に耐える〔屈辱〕▽屈辱に耐える▽屈辱的な敗北

使い分け【1】「恥辱」は、辱め。体面や名誉を傷つけることをいう。【2】「屈辱」は、抑えつけられて恥を受けることをいい、「恥辱」よりもいくらか意味が強くなる。

5 17-28 侮辱(ぶじょく)/汚辱(おじょく)/凌辱(りょうじょく)

共通する意味★人を辱めること。

使い方▼〔侮辱〕スル▽公衆の面前で侮辱された〔汚辱〕▽いかなる汚辱も耐え忍ぶ〔凌辱〕スル▽凌辱を受ける

使い分け【1】「侮辱」「凌辱」は、人を侮り、辱めること。「侮辱」の方が一般的で、「凌辱」は、辱めの程度がひどい場合に使われる。また、「凌辱」は暴力で女性を犯すこともいう。**【英】***insult*(侮辱); *rape*(凌辱)【2】「汚辱」は、名誉を汚し、恥をかかせること。**【英】***insult*

参照▼凌辱⇒520-44

5 17-29 踏みにじる(ふみにじる)/辱める(はずかしめる)

共通する意味★大切なものを傷つける。**【英】***to disgrace*

使い方▼〔踏みにじる〕(ラ五)▽友情を踏みにじる▽我々の善意が踏みにじられた〔辱める〕(マ下一)▽家名を辱める

使い分け【1】「踏みにじる」は、「花を踏みにじる」のように、ものを踏みつけて荒らす意から、相手の立場や考えを、無視し傷つける意になる。【2】「辱める」は、名誉、地位などを傷つける意。また、「公衆の面前で辱められる」のように、恥をかかせる意や、女性を犯す意でも使われる。

参照▼踏みにじる⇒909-06

5 17-30 小言(こごと)/苦言(くげん)

共通する意味★欠点を指摘し、戒める言葉。**【英】***scolding*

	□を頂戴(ちょうだい)する	□を言う	□を呈する	うるさい□
小言	○	○	-	○
苦言	○	-	○	-

使い分け「小言」は、苦情とか非難を含んでいうことも多いが、「苦言」は、最終的には、言われる側の利益になるであろうと思って、あえて批判して言うもの。したがって「…を頂戴する」という表現は、「小言」ならば、本当は迷惑に思うという皮肉を含んだ意となり、「苦言」ならば、本当にありがたく、その指摘を聞き入れるという意になる。

5 17-31 苦情(くじょう)/文句(もんく)/クレーム

共通する意味★受けた害、迷惑などに対して表わす、不満や不平、怒りなど。**【英】***a complaint*

	□が出る	□を付ける	□を持ち込む	これで□があるか
苦情	○	-	○	-

文句	○	○	-	○
クレーム	○	○	-	-

使い分け【1】「苦情」は、周囲から受けた迷惑や購入した商品の不具合などに対する不満などをいい、比較的硬い表現で用いられる。【2】「文句」は、常に正当な理由があって主張されるものではなく、むしろ言いがかりに近い場合もある。【3】「クレーム」は、商品取引で、取引相手の契約違反に対する賠償請求の意から、一般的な場合にも用いられる。

5 17-32 皮肉／当て擦り／当て付け

【関連語】◆**（毒舌）**◆**（嫌味）**◆**（揚げ足取り）**◆**（風刺）**

共通する意味★遠まわしに言ったり、わざと反対のことを言ったりして非難すること。**【英】** *irony; sarcasm*

使い方▼〔皮肉〕（名・形動）

	＿を言う	＿を交えて話す	＿な笑い	上司への＿に無断欠勤をする
皮肉	○	○	○	-
当て擦り	○	-	-	△
当て付け	○	-	-	○

使い分け【1】「皮肉」は、わざと反対のことを言ったり、遠まわしに言ったりして非難することをいう。たとえば、字の下手な人に、「字がうま過ぎて読めない」と言うなど。【2】「当て擦り」「当て付け」は、他の事にかこつけて、相手を非難することだが、「当て擦り」は、悪口を言うこと。また、その悪口のこと。「当て付け」は、言葉ではなく、態度や行為で表わすこともいう。【3】「当て擦り」「当て付け」は、相手（対象）に対する行為をいうが、「皮肉」は、必ずしも相手を必要としない。

【関連語】◆**（毒舌）**ひどく意地の悪い皮肉。辛辣な皮肉。「毒舌をふるう」◆**（嫌味）**（名・形動）わざと相手を不快にさせるようなことを言ったりしたりするさま。また、いやらしく気取ったさま。「いやみを言う」「いやみな男だ」◆**（揚げ足取り）**相手の言葉じりをとらえて、なじったり皮肉ったりすること。「人の揚げ足取りをして喜ぶ」◆**（風刺）**スル あからさまには言わないで、遠まわしに欠点をつくこと。社会、人物などの欠陥、罪悪などを嘲笑的に表現すること。「諷刺」とも書く。「風刺のきいた文章」「風刺画」

5 17-33 謀反／反乱／反逆

【関連語】◆**（造反）**◆**（背反）**

共通する意味★国家や君主など、体制や支配者に背くこと。**【英】** *rebellion*

使い方▼〔謀反〕▽謀反を企てる▽謀反を起こす▽謀反人　〔反乱〕スル▽反乱を鎮める▽反乱軍　〔反逆〕スル▽国家に対する反逆▽反逆児

使い分け【1】「反乱」は、多くの者が集まって騒ぎを起こす場合に用いるのがふつうだが、「謀反」「反逆」は、個人または少数の者について用いることが多い。【2】「謀反」「反乱」「反逆」は、「謀叛」「叛乱」「叛逆」とも書く。

【関連語】◆**（造反）**スル 体制に逆らうこと。「造叛」とも書く。「造反した不平分子」「造反有理」◆**（背反）**スル 道理、約束、信義に背くこと。「悖反」とも書く。文章語。「信義に背反する」

5 17-34 背く／反する／裏切る

共通する意味★規則、約束、命令、秩序などに従わない。**【英】** *to betray*

使い方▼〔背く〕（カ五）▽法に背く行為▽親の意向に背く▽教えに背く▽上司に背く　〔反する〕（サ変）▽師の教えに反する▽規則に反する行為　〔裏切る〕（ラ五）▽信用を裏切る▽友を裏切る

使い分け【1】「背く」「反する」は、人の意向、命令、秩序、決まりなどに逆らったりはむかったりすることをいう。【2】「裏切る」は、他人との約束、他人の期待などに従わず、結果的に信頼関係を傷つけるような場合にいう。

5 17-35 違背／違約／破約

共通する意味★約束、規則などを守らないこと。**【英】** *disobedience*

使い方▼〔違背〕スル▽神の教えに違背する▽条約の違背に抗議する　〔違約〕スル▽約定に違約する▽違約金　〔破約〕スル▽婚約が破約になる▽契約を破約する

使い分け【1】いずれも文章語。【2】規則、法律、命令などの場合は、「違背」を用いる。【3】「破約」は、契約を取り消すことをもいう。

5 17-36 内応／内通／裏切り

【関連語】◆**（気脈を通じる）**

共通する意味★ひそかに敵方について味方に背くこと。**【英】** *betrayal*

使い方▼〔内応〕スル▽反対派に内応する者がいる　〔内通〕スル▽敵に内通する　〔裏切り〕▽配下の裏切りにあう▽裏切り者

使い分け【1】「内応」「内通」は、ともに内部の者がひそかに相手方（敵）に通じることをいう。【2】「裏切り」は、約束や信義を破って味方に背き、相手方（敵方）につくことをいう。【3】「内通」には、男女の密通の意もある。

【関連語】◆**（気脈を通じる）**共通の利益などのために、ひそかに相手側と連絡を取り合う。必ずしも、味方に背いて敵方につく場合にいうのではなく、単に、相手と通じているような場合にもいう。

5 17-37 騙す（だます）／欺く（あざむく）／ごまかす／偽る（いつわる）

【関連語】◆(たばかる)◆(騙る)かたる◆(誑かす)たぶらかす◆(はぐらかす)◆(化かす)ばかす◆(一杯食わす)いっぱいくわす

共通する意味★真実でないことを、うそをついて真実だと思わせる。【英】*to deceive; to cheat*

使い方▼〔騙す〕(サ五)▽うまいことを言ってだます〔欺く〕(カ五)▽敵を欺いて先手を打つ〔ごまかす〕(サ五)▽笑ってごまかす〔偽る〕(ラ五)▽病気と偽って練習を休む▽名前を偽る

	親を□て金をせしめる	年齢を□	子供を□て連れ出す
騙す	-し○	-	-し○
欺く	-い○	-	-い△
ごまかす	-し△	○	-し-
偽る	-っ○	○	-っ-

使い分け【1】「騙す」「欺く」は、人(相手)を目的語とするが、「ごまかす」「偽る」は、ふつう、事柄、内容を目的語とする。【2】「欺く」は、やや文章語的。【3】「ごまかす」は、「会社の金をごまかす」のように、人の目につかぬように不正を行う意もある。「胡魔化す」「誤魔化す」と当てることもある。【4】「偽る」は、特にうそをつく意。

【関連語】◆(たばかる)(ラ五)計略を用いて人をだます。「謀る」とも書く。文章語。「金をたばかり取る」◆(騙る)(ラ五)人をだまして金品などを巻き上げる。また、他人の名前や職業などを名乗って人をだます。「友人の名をかたって悪事を働く」◆(誑かす)(サ五)うまいことを言ったり、ごまかしたりして人をだます。「人をたぶらかして金を巻き上げる」◆(はぐらかす)(サ五)相手の追及を逃れようとして、話をそらしてごまかす。「質問をはぐらかす」◆(化かす)(サ五)人の心を迷わせてだます。「狐(きつね)に化かされる」◆(一杯食わす)うまく人をだます。だまされる意では「一杯食う」という。「一杯食わされたと思うとくやしい」

5 17-38 懐柔（かいじゅう）／籠絡（ろうらく）

共通する意味★人をうまくまるめこんで思うままにすること。【英】*to cajole*

使い方▼〔懐柔〕スル▽反対派を懐柔する▽懐柔策〔籠絡〕スル▽相手を籠絡する▽うまい話で籠絡する

使い分け【1】「懐柔」は、うまいことを言って手なずけ、自分の陣営に引き込んで、自分に従うようにすること。【2】「籠絡」は、人を巧みに言いくるめて、自分の思うとおりに操ること。

5 17-39 出世（しゅっせ）／利達（りたつ）／立身（りっしん）

【関連語】◆(功名)こうみょう◆(立身出世)りっしんしゅっせ◆(成り上がり)なりあがり

共通する意味★高い地位について世に認められること。【英】*success in life*

使い方▼〔出世〕スル▽出世して故郷に錦(にしき)を飾る〔利達〕▽ひたすら利達を願う〔立身〕スル▽立身は青年たちの夢であった

使い分け【1】「出世」は、一般的には、会社などで昇進する場合に使うことが多く、「出世が早い」などという。【2】「利達」は、身分がよくなることや高い地位につくこと。文章語。【3】「立身」は、「立身出世」の形で使われることが多い。

【関連語】◆(功名)手柄をたてて有名になること。また、その手柄。「功名を争う」「功名心」◆(立身出世)スルいい地位、高い官職について社会的に認められ、名を上げること。「立身出世して大企業の社長になる」◆(成り上がり)低い身分、地位から高い身分、地位に出世すること。あざけりや悪意をこめていう。「成り上がり者」

5 17-40 昇進（しょうしん）／昇格（しょうかく）／昇任（しょうにん）／栄達（えいたつ）／栄進（えいしん）

【関連語】◆(昇級)しょうきゅう◆(昇段)しょうだん

共通する意味★地位、身分などが上がること。【英】*promotion*

使い方▼〔昇進〕スル〔昇格〕スル〔昇任〕スル〔栄達〕スル〔栄進〕スル

	部長に□する	課から部に□した	□を追い求める	□人事
昇進	○	-	-	○
昇格	○	○	-	○
昇任	○	-	-	○
栄達	-	-	○	-
栄進	○	-	○	-

使い分け【1】「昇進」「昇格」「昇任」「栄進」は、いずれも地位や官職がより高くなることをいうが、「昇進」が一般的に用いられる。「昇格」は、人間のほか、機関などの格式、階級が上がることにもいう。【2】「栄達」は、一般に高い身分や地位に昇ること、すなわち、出世することをいう。

反対語▼昇格⇔降格　昇任⇔降任

【関連語】◆(昇級)スル技術などの向上が認められて、等級が上がること。⇔降級。「一級に昇級する」「昇級試験」◆(昇段)スル武道、碁、将棋などで段位が上がること。⇔降段。「二段から三段に昇段する」

5 17-41 転勤（てんきん）／転任（てんにん）／転職（てんしょく）

【関連語】◆(栄転)えいてん◆(都落ち)みやこおち◆(赴任)ふにん

共通する意味★任地や職務、職業が変わること。【英】*transference*

使い方▼〔**転勤**〕スル▽四月から支社へ**転勤**になる　〔**転任**〕スル▽総務課長となって**転任**する　〔**転職**〕スル▽サラリーマンから**転職**した▽**転職**者

使い分け【1】「転勤」は、同じ組織の中で、任地が変わること。【2】「転任」は、同じ組織の中で、職務もしくは任地が変わること。【3】「転職」は、職業そのものを変えること。

【関連語】◆〔**栄転**〕スル今までよりもよい地位になって、職務、任地などが変わること。⇔左遷。「本社に栄転になった」◆〔**都落ち**〕スル都にいられなくなって田舎へ逃げる意から、俗に、都会、特に首都圏を離れて地方に就職、転勤したり、地方の学校に入学したりすること。卑下して言うことが多い。◆〔**赴任**〕スル職務として任命された所へ行くこと。「単身赴任」

5 17-42 配置換え(はいちがえ)／配置転換(はいちてんかん)／転属(てんぞく)

共通する意味★職場や勤務地を変えること。【**英**】*a reshuffle*

使い方▼〔**配置換え**〕▽大幅な**配置換え**が行われる▽**配置換え**で課長に昇進した　〔**配置転換**〕▽本人の意志に反する**配置転換**は断固拒否する　〔**転属**〕スル▽工場から研究所に**転属**する

使い分け【1】「配置換え」と「配置転換」とはほぼ同義。「配置転換」の方がやや日常語的。【2】「転属」は、所属する場所を変えること。

5 17-43 失墜(しっつい)／失脚(しっきゃく)

共通する意味★権威、信用、地位などを失うこと。【**英**】*downfall*

使い方▼〔**失墜**〕スル▽汚職事件で名誉を**失墜**した▽威信が**失墜**する　〔**失脚**〕スル▽贈賄で**失脚**する

使い分け【1】「失墜」は、権威、信用を失うこと。【2】「失脚」は、地位や立場を失うこと。ある程度高い地位、立場の人にいう。

5 17-44 失格(しっかく)

意味★資格を失うこと。【**英**】*disqualification*

使い方▼〔**失格**〕スル▽教師としては**失格**だ▽規準を満たせず**失格**した

5 17-45 解雇(かいこ)／馘首(かくしゅ)／首切り(くびき)り／くび／お払い箱(はらいばこ)

共通する意味★雇用者が雇っていた人をやめさせること。【**英**】*dismissal*

使い方▼〔**解雇**〕スル▽従業員を**解雇**する　〔**馘首**〕スル▽不況で**馘首**される　〔**首切り**〕▽大量の**首切り**をする　〔**くび**〕▽不良社員を**くび**にする▽お前は**くび**だ　〔**お払い箱**〕▽社員を**お払い箱**にする

	不況による□	□にふみきる	□にする	遅刻が多いので□になる
解雇	○	○	－	○
馘首	○	○	－	－
首切り	○	△	－	－
くび	○	－	○	○
お払い箱	－	－	○	○

使い分け【1】「解雇」が一般的な語。「馘首」は文章語、「首切り」「くび」は俗な言い方。【2】「お払い箱」も俗な言い方だが、人以外に不要な物を捨てるような場合にも用いる。「古い机はお払い箱だ」

参照▼くび⇒007-01

5 17-46 解任(かいにん)／解職(かいしょく)／免職(めんしょく)／罷免(ひめん)

共通する意味★職務をやめさせること。【**英**】*dismissal*

使い方▼〔**解任**〕スル▽大使を**解任**して帰国させる　〔**解職**〕スル▽委員の**解職**を要求する　〔**免職**〕スル▽汚職が発覚し**免職**になる　〔**罷免**〕スル▽議員を**罷免**する▽横領で**罷免**される

	責任者を□する	□処分	懲戒□	□権
解任	○	△	－	－
解職	○	○	－	－
免職	○	○	○	－
罷免	○	－	－	○

使い分け【1】「解任」「解職」「免職」は、意味の上で差はあまりない。【2】「免職」は、公務員の身分を失わせることをいう。【3】「罷免」は、裁判官や大臣など、公的な地位の人について使う。

5 17-47 退(しりぞ)ける／免(めん)ずる／降(お)ろす

共通する意味★地位や職などをやめさせる。【**英**】*to expel*

使い方▼〔**退ける**〕(カ下一)▽不適格者として**退け**られる　〔**免ずる**〕(サ変)▽学長の職を**免ずる**　〔**降ろす**〕(サ五)▽役員から**降ろ**される

	委員から□	悪臣を□	官を□	主役を□
退ける	○	○	－	－
免ずる	－	－	○	－
降ろす	○	－	－	○

使い分け【1】「退ける」は、現在の職をやめさせる意。【2】「免ずる」は、官職をやめさせる意。【3】「降ろす」は、地位や職をやめさせる、あるいは低くす

る意。また、役目からはずす意。

参照▼退ける⇒5 17-68　免ずる⇒5 17-49　降ろす⇒1 13-51

5 17-48 失業（しつぎょう）／失職（しっしょく）

共通する意味★それまで就いていた職を失うこと。**【英】** *unemployment*

使い方▼〔失業〕スル▽人員整理で失業した▽失業保険　〔失職〕スル▽会社の倒産で失職する

使い分け「失業」が、一般的に用いられる。また、「失業」は、「失業人口」のように、働く意志や能力を持ちながら職に就けないでいることにもいう。

5 17-49 免除（めんじょ）／免ずる（めんずる）

共通する意味★本来、果たすべき義務、責務などを、果たさなくてもよいと許す。また、許すこと。**【英】** *exemption; to exempt*《動》

使い方▼〔免除〕スル▽授業料を免除する▽技能試験免除　〔免ずる〕(サ変)▽税を免ずる▽罪を免ずる

使い分け「免ずる」は、「日ごろの精進に免じて許す」「親に免じて許す」など、「…に免じて」の形で、その人の人柄や功労、関係する第三者の体面などにかけての意でも用いる。

参照▼免ずる⇒5 17-47

5 17-50 引退（いんたい）／退陣（たいじん）／退職（たいしょく）／退任（たいにん）／退役（たいえき）／退官（たいかん）／辞職（じしょく）／辞任（じにん）

【関連語】◆（勇退）ゆうたい◆（下野）げや◆（リタイア）

共通する意味★地位や職業、職務などから身を引くこと。**【英】** *retirement*

使い方▼〔引退〕スル▽現役を引退する▽引退興行　〔退陣〕スル▽委員長が退陣する▽退陣を要求する　〔退職〕スル▽会社を退職する▽定年で退職する▽退職金　〔退任〕スル▽会長を退任する▽理事の退任を迫る　〔退役〕スル▽将校が退役する▽退役軍人　〔退官〕スル▽国立大学の教授が退官する▽退官を勧奨する　〔辞職〕スル▽責任をとって辞職する▽内閣総辞職　〔辞任〕スル▽議長が辞任する▽辞任に追いこむ

使い分け【1】「引退」は、それまでの地位、職業から退くこと。退いた後は、職業に就かないのがふつう。【2】「退陣」は、組織の長や、会社の経営者などの社会的に高い地位から退くこと。【3】「退職」は、勤めていた職場をやめること。【4】「退任」は、しかるべき任務、職務から退くこと。【5】「退役」は、軍の将校、准士官などが兵役を退くこと。【6】「退官」は、官吏がその地位から退くこと。【7】「辞職」は、勤めている職を、「辞任」は、就いていた任務を、自分からやめること。

反対語▼退職⇔就職　退任・辞任⇔就任　退官⇔任官

【関連語】◆（勇退）スル後進に道を開くため、自分から進んで要職をやめること。「会長を勇退する」◆（下野）スル官職を辞して民間に下ること。また、与党から野党になることもいう。「政争に敗れて下野する」◆（リタイア）スル退職すること。また、自動車レースなどで、故障などによってレースを続行することができなくなること。「リタイアしたあとは、釣り三昧（ざんまい）だ」「エンジントラブルでリタイアする」

参照▼退陣⇒1 13-37

5 17-51 蒔き直し（まきなおし）／再出発（さいしゅっぱつ）

共通する意味★改めてもう一度やり直すこと。**【英】** *to start afresh*

使い方▼〔蒔き直し〕▽まき直しを図る▽新規まき直し　〔再出発〕スル▽再出発を誓う▽心を入れかえて再出発する

使い分け「蒔き直し」は、再び種をまくことから転じた語。

5 17-52 復帰（ふっき）／カムバック／再起（さいき）／返り咲き（かえりざき）

【関連語】◆（復職）ふくしょく◆（帰任）きにん

共通する意味★もとの地位、任務、状態などに戻ること。**【英】** *a return*

使い方▼〔復帰〕スル　〔カムバック〕スル　〔再起〕スル

	復帰	カムバック	再起	返り咲き
今の状態では［］は無理だ	○	○	○	○
怪我を克服して［］を果たす	△	○	○	○
もとの職場への［］	○	△	-	-
三役［］をねらう力士	○	-	-	○

使い分け【1】「復帰」は、何かの事情があって一度中断していた地位などに再び就く場合にいう。【2】「カムバック」は、多く芸能人、スポーツ選手などが低迷の後に立ち直るような場合に使われる。【3】「再起」は、一度やめざるを得なかった活動を再び始めることで、広く使われる。【4】「返り咲き」は、多少くだけた言い方。動詞「返り咲く」は、「政界に返り咲く」のように用いる。

【関連語】◆（復職）スル休職者や退職者が、元の職に戻ること。「産休を終えて復職する」◆（帰任）スル元の任地、任務に戻ること。「本社に帰任する」

5 17-53 助ける（たすける）／手伝う（てつだう）

【関連語】◆（補助）ほじょ◆（幇助）ほうじょ◆（扶助）ふじょ◆（補佐）ほさ

共通する意味★主たる者が事を行えるように手を貸す。【英】*to help*

使い方▼〔助ける〕(カ下一)▽アルバイトをして家計を助ける▽消化を助ける酵素 〔手伝う〕(ワ五)▽家事を手伝う▽大掃除を手伝う

	A氏の活動を□	同僚の仕事を□	友人の引っ越しを□	会の発展を□	老人が歩くのを□
助ける	○	△	-	○	○
手伝う	○	○	○	-	-

使い分け【1】「助ける」は、直接手を貸す場合にも、間接的に手を貸す場合にも用いられる。【2】「手伝う」は、自分が相手と共同で事を行うような状況を作って、その相手の行為を遂行させるために手を貸すような場合に用いられる。これに対して、「助ける」はあくまでも従たる立場に立って、主たる者の行為に手を貸す場合に用いられる。

【関連語】◆(幇助)スル力を添えて助けること。法律などで用いられる。「文書偽造を幇助する」「自殺幇助」◆(扶助)スル手を貸し、支えること。「生活を扶助する」「相互扶助」◆(補助)スル不足しているものを補ってやること。金銭をいうことが多い。「学費を補助する」「政府の補助を受ける」◆(補佐)スル仕事を進めるのに手を貸すこと。また、そういう役や人。「上司を補佐する」「課長補佐」

参照▼助ける⇒120-32

5 17-54 援助(えんじょ)／支援(しえん)／後援(こうえん)／応援(おうえん)

【関連語】◆(助成)じょせい◆(バックアップ)◆(フォロー)◆(賛助)さんじょ

共通する意味★困難な状況にある人を助けること。【英】*support*

使い方▼〔援助〕スル▽発展途上国を援助する▽援助の手を差し伸べる▽国の援助で復興した 〔支援〕スル▽平和運動を支援する▽資金面で支援する 〔後援〕スル▽この公演は区が後援している▽後援会 〔応援〕スル▽選挙の応援に駆けつける▽応援団

	A氏の活動を□	ゲリラを□	学費を□	ヒマラヤ遠征を□	テレビで母校を□
援助する	○	○	○	-	-
支援する	○	○	-	-	-
後援する	○	-	-	○	-
応援する	○	-	-	-	○

使い分け【1】「援助」は、助けるために物や金を与えることをいう。【2】「支援」は、間接的なやり方あるいは実際行動で助けること。【3】「後援」は、一定の目的を持った団体または個人の活動を、間接的なやり方で助けること。【4】「応援」は、間接的なやり方と実際行動と両方ある。前者は、励ます意を含む。後者の場合は、「選挙のポスター貼(は)りを応援する」などのように、相手の行為の一部分を担うものとなる。また、拍手や掛け声などを味方やひいきの選手に送ることもいう。

【関連語】◆(助成)スル比較的大きい、皆から認められるような活動などに対し、公的機関が実際行動以外の形で援助すること。「文化団体に資金を助成する」◆(バックアップ)スル背後から援助を与えること。「党のバックアップで当選した」◆(フォロー)スル仕事などで失敗のないように援助すること。「同僚のフォローがない」◆(賛助)スル事業などの趣旨に賛成し、金銭面などで助けること。「全面的に賛助する」

参照▼バックアップ⇒620-41

5 17-55 助力(じょりょく)／助勢(じょせい)

共通する意味★手助けすること。【英】*help*

使い方▼〔助力〕スル▽助力を乞う▽彼の計画に助力する 〔助勢〕スル▽後輩に助勢する▽助勢を頼む

使い分け「助勢」は、主として実際の行動を伴った形で手助けすること。「助力」は、必ずしも実際の行動を伴わない。

5 17-56 荷担(かたん)／助長(じょちょう)

共通する意味★力を貸し援助すること。【英】*help*

使い方▼〔荷担〕スル▽悪事に荷担する▽陰謀に荷担する 〔助長〕スル▽欲求不満を助長する

使い分け【1】「荷担」は、力を貸し助けることだが、現在は悪いことに使うことが多い。「加担」と書くこともある。【2】「助長」は、ある傾向がより顕著になるように働きかけること。また、「植物の生育を助長する」のように、物事の成長発展に外部から力を添えることもいう。

5 17-57 手助け(てだすけ)／力添え(ちからぞえ)／後押し(あとおし)／肩入れ(かたいれ)／加勢(かせい)

【関連語】◆(助太刀)すけだち◆(後ろ盾)うしろだて◆(人助け)ひとだすけ

共通する意味★仕事などを手伝って助けること。【英】*help*

使い方▼〔手助け〕スル▽逃亡を手助けする▽母の手助けをする 〔力添え〕スル▽先輩の力添えがあってようやく完成できた▽周りの人たちに力添えをお願いした 〔後押し〕スル▽財界の後押しで立候補に踏み切る▽皆の後押しで研究を続けることができた 〔肩入れ〕スル▽この事業には市が肩入れしている▽A候補への肩入れを頼む 〔加勢〕スル▽弱い方に加勢する▽加勢を求める

使い分け【1】「手助け」「後押し」「加勢」は、支援する人のこともいう。【2】「…する」の形では、「手助け」「後押し」は他動詞的に、「力添え」「肩入れ」「加勢」は自動詞的に使われる。

【関連語】◆(助太刀)スル果たし合いや敵(かたき)討ちな

どで加勢すること。転じて、人に助力、加勢すること。また、その人。「助太刀に入る」「助太刀を頼む」◆〈後ろ盾〉陰にあって、助けたり、守ったりすること。また、その人。「強力な後ろ盾があるので心強い」「有力者を後ろ盾にする」◆〈人助け〉他人に助力すること。また、他人を救うこと。「人助けだと思って頼まれてくれ」「それは大いに人助けになる」

5 17-58 助かる

意味★死や病気などからのがれる。また、苦痛や負担などが少なくなる。**【英】** *to be saved*

使い方▼〈助かる〉(ラ五)▽命が助かる▽危ないところで助かる▽彼に手伝ってもらえると助かる

5 17-59 互助／相身互い

【関連語】◆〈内助〉ないじょ

共通する意味★たがいに助け合うこと。**【英】** *mutual aid*

使い方▼〈互助〉▽互助の精神▽互助会 〈相身互い〉▽人間困ったときは相身互いだ

使い分け 互助は、話し言葉としてはあまり用いられない。相身互いは、同じ境遇や身分の者同士ががいに境遇に同情し合って助け合うこと。

【関連語】◆〈内助〉夫が外で十分に活動できるように、家にあって妻がする手助けをいう。多く「内助の功」の形で使う。

5 17-60 許可／認可／許す

【関連語】◆〈勘弁〉かんべん◆〈容赦〉ようしゃ◆〈裁可〉さいか◆〈特許〉とっきょ◆〈宥恕〉ゆうじょ◆〈聴許〉ちょうきょ◆〈黙許〉もっきょ◆〈批准〉ひじゅん◆〈免許〉めんきょ

共通する意味★ある行為についての願いを聞き入れて、認めること。**【英】** *permission*

使い方▼〈許可〉スル▽許可を得て営業する 〈認可〉スル▽書類が不備で認可できない▽学園設立の認可を受ける 〈許す〉(サ五)▽大型車の通行を許す▽無断外泊は許さないぞ

	開業を□	入学を□	所轄大臣が□た定価
許可する	○	○	－
認可する	○	－	○
許す	○	○	－

使い分け【1】「許可」は、広く一般的に用いられるが、法令では、一般的には禁止されている行為について、特定の場合にこれを解除する行政行為をいう。【2】「認可」は、公の機関が同意を与えることをいう。【3】「許す」は、ある行為をさしつかえないとして認める意。また、罪、過ちなどをとがめないですませる意もある。

【関連語】◆〈勘弁〉スル他人の誤りをとがめないこと。話し言葉。「今回だけは勘弁してやる」◆〈容赦〉スル許すこと。また、手加減すること。「今度やったら容赦しない」「失礼のほど御容赦ください」「情け容赦なくどなりつける」◆〈裁可〉スル法律・命令などの案文を君主が自ら裁決し認めること。「天皇の裁可を仰ぐ」◆〈特許〉特許法上、出願されている発明が必要な条件を満たしているかどうかを確認すること。また、特許権のこともいう。「特許が下りる」「特許をとる」◆〈宥恕〉スル寛大な心で許すこと。文章語。「宥恕を請う」◆〈聴許〉スル聞き届けて許すこと。文章語。「帝によって聴許される」◆〈黙許〉スル知らないふりをして許すこと。「黙許するわけにはいかない」◆〈批准〉スル条約の締結に対する当事国の最終的確認・同意の手続き。「講和条約が批准された」◆〈免許〉公の機関が、ある特定のことを行うのを許すこと。「教員の免許を取る」「運転免許」

5 17-61 許容／容認

共通する意味★許せる範囲と認めて許すこと。**【英】** *permission*

使い方▼〈許容〉スル▽送り仮名の付け方は許容を認めている▽無理な申し出を許容する▽許容範囲 〈容認〉スル▽その点に関しては容認できない▽容認しがたい問題

使い分け「許容」は、ある基準を設定し、そこまでは許すという場合に用いることが多いが、「容認」は、基準を設けて用いられることはなく、「許容」にくらべてかなり主観的である。

5 17-62 受け入れる／聞き入れる／聞き届ける／認める／承認／承諾／受諾／受け付ける

【関連語】◆〈心得る〉こころえる◆〈応じる〉おうじる◆〈承る〉うけたまわる◆〈承服〉しょうふく◆〈黙認〉もくにん◆〈公認〉こうにん◆〈自認〉じにん◆〈約諾〉やくだく◆〈快諾〉かいだく◆〈内諾〉ないだく◆〈甘受〉かんじゅ◆〈オーケー〉◆〈受容〉じゅよう

共通する意味★相手の願いや要求などを聞いて、そのとおりにする。**【英】** *to accept; to assent (to)*

使い方▼〈受け入れる〉(ラ下一)▽その意見は受け入れ難い 〈聞き入れる〉(ラ下一)▽部下の意見を聞き入れた 〈聞き届ける〉(カ下一)▽労働者の訴えが聞き届けられた 〈認める〉(マ下一)▽入学を認める▽結婚が認められる 〈承認〉スル▽植民地の独立を承認する▽親の承認を得る 〈承諾〉スル▽そんな条件は承諾で

きない▽二つ返事で承諾してくれた▽あなたの承諾を待ってから行います　**【受諾】**スル▽無条件降伏を受諾する　**【受け付ける】**(カ下一)▽人の意見を受け付けない

	要求を□	頼みを□	申請を□	就任を（本人が）□
受け入れる	○	○	○	-
聞き入れる	○	○	○	-
聞き届ける	○	○	△	-
認める	○	-	○	-
承認する	○	-	○	-
承諾する	○	△	-	○
受諾する	○	-	-	○
受け付ける	○	△	○	-

使い分け【1】「受け入れる」は、広く用いられ、非言語的行動を含めた広い範囲の要求などに対して、そのようにする意。もと、「難民を受け入れる」のように、入れてそこの一員とする意。【2】「聞き入れる」は、当事者に向かってなされた発言などに対して、それを聞き、そのようにする意。【3】「聞き届ける」は、相手の発言などを当事者が能動的、積極的に聞く場合に用いられる。受身の形で使われることも多い。【4】「認める」は、許可したり、価値あるものとして尊重したりする意。また、「犯行を認める」「失敗を認める」のように、自己の行動について確かにそうだと同意する意もある。【5】「承認」は、主として公的な内容を公の機関や個人が公的な立場で認める場合に用いられる。また、「国会の承認を得る」のように、正当であると認めることもいう。【6】「承諾」は、相手の申し入れなどを認め、引き受けること。【7】「受諾」は、要求、勧告など、ある種の圧力を伴って求められたことについて用いられる。【8】「受け付ける」は、「他人の忠告を受け付けない」のように、否定の形で用いることも多い。

【関連語】◆**(心得る)**(ア下一)引き受ける。承知する。「万事心得た」◆**(応じる)**(ザ上一)外からの働きかけに対して、それに沿うように行動する。「応ずる」とも。「注文に応じる」「取材に応じる」◆**(承る)**(ラ五)「承諾する」の謙譲語。相手の申し出などに対し、直接答える場合に多く用いられる。「たしかに承りました」◆**(承服)**スル同意して従うこと。「彼の意見には承服しかねる」「承服し難い条件」◆**(黙認)**スル黙って認めること。また、知らないふりをして見逃すこと。「不正行為を黙認する」◆**(公認)**スル国家・社会・政党などが正式に認めること。「世界記録として公認された」「党の公認候補」◆**(自認)**スル自分で、自分自身についてある状態が事実だと認めること。「力不足を自認している」◆**(約諾)**スル約束して承諾すること。文章語。「援助を約諾する」◆**(快諾)**スル気持ちよく承諾すること。「わたしの申し出を快諾してくれた」「転載について原著者の快諾を得た」◆**(内諾)**スル非公式の形で承諾すること。「申し出に内諾を与える」「内諾を得る」◆**(甘受)**スル与えられたものを、不本意ではあるが仕方ないとして受け入れること。「今の境遇を甘受する」「苦言を甘受する」◆**(オーケー)**スル承諾すること。比較的重要でない事柄について話し言葉で用いられる。「オーケーを取る」「頼まれると何でもオーケーする」◆**(受容)**スル取り入れて自分のものにすること。「外来文化を受容する」

5 17-63 肯定／是認

共通する意味★よい、またはそうであると認めること。**【英】** *affirmation*

使い方▼【肯定】スル▽私はそれに関しては肯定も否定もしない▽肯定的な意見　**【是認】**スル▽被害者からの申し立てを是認する

使い分け【1】「肯定」は、そうであると認めること。「心臓移植を肯定する」のように、それに対して、よい、正しいと同意する考えをもって認めることの意もある。【2】「是認」は、あることをそれでよい、または事実であると認めること。

反対語▼肯定⇔否定　是認⇔否認

5 17-64 諾諾／唯唯諾諾

共通する意味★他人の言葉に少しも逆らわずに従うさま。**【英】** *obediently*

使い方▼【諾諾】(形動たる・と)▽言われたとおりに諾々として働く　**【唯唯諾諾】**(形動たる・と)▽親の言に唯々諾々として従う

使い分け「唯唯諾諾」が、一般的に用いられる。

5 17-65 抱え込む／しょい込む

共通する意味★不本意ながら自分の担当、処理すべきものとして受け持つ。**【英】** *to encumber one-self (with)*

使い方▼【抱え込む】(マ五)▽多くの仕事を抱え込む▽大勢の家族を抱え込んでいる　**【しょい込む】**(マ五)▽他人の借金をしょい込む▽厄介な仕事をしょい込む

使い分け【1】「抱え込む」は、腕でしっかり抱える意から転じて、自分が責任をとるべきものとして引き受ける意となる。【2】「しょい込む」は、借金、負債など迷惑なことを引き受けざるをえないような状況に追い込まれた場合に用いる。「背負込む」と当てる。

5 17-66 辞退／固辞／謝絶／断り／願い下げ／御免

共通する意味★すすめや依頼などに応じないこと。【英】*declining*

使い方▼〔辞退〕スル▽叙勲を辞退する▽出場を辞退する　〔固辞〕スル▽出馬要請を固辞する▽勧誘を固辞する　〔謝絶〕スル▽申し出を謝絶する▽面会謝絶　〔断り〕▽断りの手紙▽断りを言う▽断りもなしに欠席する　〔願い下げ〕▽その件は願い下げだ▽あんな奴(やつ)とのつきあいは願い下げにしたい　〔御免〕▽戦争は二度と御免だ▽あんな仕事はもう御免こうむりたい▽まっぴら御免

使い分け【1】「辞退」「固辞」は、自分にとって光栄なことや、利益になるすすめや依頼などに、なんらかの理由で応じないこと。また、遠慮して権利や地位の授与を受けないこと。「固辞」は、その意志が非常に強い場合にいう。また、「辞退」は、すすめや依頼、あるいはいったん受けた権利や地位の授与を、自分にはふさわしくないとして取り消す場合に多く用いられる。【2】「謝絶」は、失礼にならないように配慮して、申し出に応じられないと伝えること。【3】「断り」は、なんらかの理由で、せっかくのすすめや依頼に応じられないということを、話したり、手紙を書いたりして伝えること。また、その言葉。また、「あんな客はもうお断りだ」のように、「願い下げ」「御免」と同じ意でも用いられる。【4】「願い下げ」「御免」は、自分にとって不利益になったり、迷惑に感じたりする依頼に応じない気持ち、態度を表わす。「御免」は、「願い下げ」にくらべ、その気持ちが非常に強い場合に用いられることが多い。

517-67 拒否(きょひ)／拒絶(きょぜつ)／一蹴(いっしゅう)

【関連語】◆(不承知)(ふしょうち)◆(難色)(なんしょく)

共通する意味★希望、要求、命令などを受け入れないこと。【英】*denial; refusal*

使い方▼〔拒否〕スル▽契約を拒否する▽退陣を拒否する▽拒否権　〔拒絶〕スル▽交渉を拒絶する▽面会を拒絶する▽拒絶にあう　〔一蹴〕スル▽要求を一蹴する

	申し入れを□する	少数派の抗議を□する	□反応	□権
拒否	○	－	○	○
拒絶	○	－	○	－
一蹴	○	○	－	－

使い分け【1】「拒否」は、願いや要求を強い態度で断ること。また、決議、決定に同意しないこともいう。【2】「拒絶」は、要求や希望について、話し合いや交渉などにまったく応じようとしないこと。【3】「一蹴」は、要求や抗議などを、問題にしないで簡単にはねつけること。強い立場のものが主体であることが多い。また、「敵を一蹴する」のように、相手を簡単に負かしてしまうこともいう。

【関連語】◆(不承知)(名・形動)聞き入れないこと。承知しないこと。【英】*disapproval*「父はこの縁談に不承知だ」◆(難色)受け入れられないというような顔色。多く、「難色を示す」の形で用いられる。「提示された条件に難色を示す」

517-68 断る(ことわる)／拒む(こばむ)／退ける(しりぞける)／はねつける／突っぱねる

【関連語】◆(否む)(いなむ)

共通する意味★依頼や要求などの働きかけに従わない意志を示す。【英】*to deny; to refuse*

使い方▼〔断る〕(ラ五)▽寄付を断る▽縁談を断る　〔拒む〕(マ五)▽辞任を拒む▽入国を拒む　〔退ける〕(カ下一)▽原告の訴えを退ける　〔はねつける〕(カ下一)▽賃上げの要求をはねつける　〔突っぱねる〕(ナ下一)▽喚問要求を突っぱねる

	入院の勧めを□	入場を□	修正要求を□	反対意見を□
断る	○	○	－	－
拒む	○	○	○	－
退ける	－	－	○	○
はねつける	△	－	○	○
突っぱねる	△	－	○	△

使い分け【1】「断る」は、すすめや依頼に従えないことを、直接話したり、手紙などで伝えたりする意で、広く用いられる。また、「個人の意見であることを断っておく」のように、前もって事情、理由などを説明する意でも用いられる。【2】「拒む」は、依頼や要求、命令などに従って行動しようとしない意で用いられる。【3】「退ける」は、要求や提案、願いなどを受け入れない意で用いられる。その是非についての検討を経た場合に用いられることが多い。【4】「はねつける」「突っぱねる」は、要望や要求などに、強い態度で、全く応じようとしない意で用いられる。もっぱら、直接自分の行動を促す要望や要求に対して用いられ、一般的な事柄についての案や意見などにはあまり用いられない。

【関連語】◆(否む)(マ五)承知しない。拒否する。また、否定する。文章などで用いられる硬い言い方。「彼が黒幕であることは否めない」「否み難い事実」

参照▼退ける⇒517-47

517-69 命令(めいれい)／指令(しれい)

【関連語】◆(命ずる)(めいずる)◆(命)(めい)◆(号令)(ごうれい)

共通する意味★上位の者から下位の者へ、あることを行うように言いつけること。また、その内容。【英】*an order*

使い方▼〔命令〕スル 〔指令〕スル

	□を発する	君に□される覚えはない	父の□に服する	□をとばす
命令	○	○	○	-
指令	○	-	-	○

使い分け「命令」が、個人的な事柄から組織や団体に及ぶ幅広い指図をいうのに対し、「指令」は、組織の中で、上級の機関から下級の機関へ、また、上位の者から下位の者へ下される指図、指示をいう。

【関連語】◆**〔命〕**「命令」の意の文章語。「命に従う」◆**〔号令〕**スル命令して人々を従わせること。また、多くの人に大声で命令や指図を発すること。また、その命令、指図。「天下に号令する」「生徒に号令をかける」◆**〔命ずる〕**(サ変)上位の者が下位の者にあることを行うように言いつける。「命じる」ともいう。「残業を命ずる」

5 17-70 至上命令／厳命

共通する意味★絶対に従わなくてはならない命令。**【英】** *a supreme order*

使い方▼〔至上命令〕▽社の至上命令でアメリカへ乗り込む 〔厳命〕スル▽減量せよと医師から厳命される

使い分け【1】「至上命令」は、主に、仕事上などの公的な命令にいうが、公的な文書などで用いられる語ではない。【2】「厳命」は、きびしく言いつけられている命令をいう。

5 17-71 注文／用命

共通する意味★必要な条件を示して、製作、購入などを依頼すること。**【英】** *an order*

使い方▼〔注文〕スル▽背広を注文する▽注文を取る 〔用命〕▽なにとぞ私どもにご用命ください

使い分け【1】「注文」は、製作、購入などの依頼そのものもいう。また、「見合いの相手には厳しい注文をつける」のように、希望や条件を出すこともいう。【2】「用命」は、用事を言いつけること。多く「ご用命」の形で、依頼を受ける側からいう。

5 17-72 指図／指示

共通する意味★仕事などの段取りを言いつけること。**【英】** *direction*

使い方▼〔指図〕スル▽人の指図は受けない 〔指示〕スル▽細かな指示を与える

	あれこれ□される	人を□する	□を出す	上司の□を待つ
指図	○	○	-	-
指示	○	-	○	○

使い分け【1】「指図」は、日常的な事柄に関して多く使われ、その場であれこれやらせるような意味合いが強い。【2】「指示」は、事務的、職務的な事柄に関して多く使われる。

参照▼指示⇒602-38

5 17-73 指揮／采配

共通する意味★集団を指図して統一ある動きをさせること。**【英】** *command*

使い方▼〔指揮〕スル▽部隊の指揮をとる▽陣頭に立って指揮する▽指揮者 〔采配〕▽社長として采配を振るう▽見事な采配ぶり

使い分け【1】「指揮」は、集団、団体を統率して指図や命令をすることをいう。【2】「采配」は、昔、軍陣で大将が兵たちを指図するために用いた用具の意が転じて、多くの人々にいろいろと指示を出すことをいう。

5 17-74 差し向ける／差し遣わす／遣わす／遣る／派遣

共通する意味★人をある場所へ行かせる。**【英】** *to dispatch*

使い方▼〔差し向ける〕(カ下一)▽追っ手を差し向ける▽迎えの車を差し向けます 〔差し遣わす〕(サ五)▽救援に軍を差し遣わす 〔遣わす〕(サ五)▽使者を遣わして上意を伝える 〔遣る〕(ラ五)▽使いの者をやる▽子供を大学へやる 〔派遣〕スル▽海外へ記者を派遣する

使い分け【1】「差し向ける」は、上位の者が命じて行かせる意。人だけでなく乗り物にもいう。【2】「差し遣わす」「遣わす」は、「差し向ける」と同義だが、やや尊大な感じが強く、現在ではあまり使われない。【3】「遣る」と「派遣」では、「遣る」が比較的近い所へ人を行かせる場合に多く使われるのに対し、「派遣」は、比較的遠い所へ行かせる場合に使われる。また、「遣る」は、口語的で、私的な事柄に使われることが多いのに対し、「派遣」は、改まった場合や公的な事柄に使われることが多い。

参照▼遣る⇒114-09 115-14

5 17-75 任命／任ずる

共通する意味★人をある地位、または職務につかせる。**【英】** *appointment*

使い方▼〔任命〕スル▽国務大臣に任命する 〔任ずる〕(サ変)▽会長に任ぜられる

使い分け【1】「任命」は、官職につかせる場合に使うことが多い。【2】「任ずる」は、やや古めかしい言い方。「任じる」とも。

5 17-76 起用（きよう）／登用（とうよう）／挙用（きょよう）／抜擢（ばってき）

共通する意味★人を選び出して用いること。**【英】** *appointment*

使い方▼〔**起用**〕スル 〔**登用**〕スル 〔**挙用**〕スル 〔**抜擢**〕スル

	新人を□する	重役に□する	主役に□する	人材を□する
起用	○	○	○	-
登用	○	△	-	○
挙用	○	○	-	-
抜擢	○	○	○	-

使い分け【1】「起用」は、それまで重く用いられていなかった人を重要な仕事や役につかせること。【2】「登用」「挙用」は、それまで低い位置にあったすぐれた人材を高い位置に引き上げて、重要な役割を担わせること。「挙用」はあまり用いられない。【3】「抜擢」は、その能力に注目し、多くの人の中から特に選び出して、重要な仕事をさせること。

5 17-77 雇う（やとう）／雇用（こよう）

【関連語】◆（**採用**）さいよう

共通する意味★賃金を支払って人を自由に使う。**【英】** *to employ*

使い方▼〔**雇う**〕(ワ五)▽従業員を雇う▽舟を雇う 〔**雇用**〕スル▽女子を雇用する▽完全雇用

使い分け「雇う」は、期間の長短、賃金の多少などにかかわらず、広く用いられる。人間以外の乗り物にも用いることができる。「雇用」は、賃金を払って人を使うこと。

【関連語】◆（**採用**）スル人を選んで雇い入れること。「新卒者を採用する」「採用試験」

5 17-78 スカウト／発掘（はっくつ）

共通する意味★有望な人を見つけ出してくること。**【英】** *to scout*

使い方▼〔**スカウト**〕スル▽新会社にスカウトされる 〔**発掘**〕スル▽有能な人材を発掘する

使い分け【1】「スカウト」は、有望な選手、芸能人などをさがし出したり、引き抜いたりすること。また、それを仕事とする人もいう。【2】「発掘」は、「遺跡を発掘する」のように、土中に埋もれているものを掘り出すことから、まだ世間に知られていないすぐれた人や物を見つけ出すことにいう。

5 17-79 引き上げる（ひきあげる）／引き立てる（ひきたてる）

共通する意味★特別に人を取り立てて用いる。

使い方▼〔**引き上げる**〕(ガ下一)▽班長に引き上げられる 〔**引き立てる**〕(タ下一)▽後輩を引き立てる

使い分け【1】「引き上げる」は、ある人を選んで、より高い地位に上げる意。**【英】** *to promote* 【2】「引き立てる」は、ある人に目をかけ、特に取り立てて用いる意。**【英】** *to favor*

参照▼引き上げる⇒1 13-34　引き立てる⇒5 15-55

5 17-80 仕掛ける（しかける）／働きかける（はたらきかける）／持ちかける（もちかける）／仕向ける（しむける）

【関連語】◆（**畳みかける**）たたみかける ◆（**仕組む**）しくむ

共通する意味★自分から相手になんらかの動作、作用を与える。**【英】** *to start* [*begin*] (*to do; doing*)

使い方▼〔**仕掛ける**〕(カ下一)▽けんかを仕掛ける▽技を仕掛ける 〔**働きかける**〕(カ下一)▽集会に参加するよう働きかける 〔**持ちかける**〕(カ下一)▽うまい話を持ちかける▽相談を持ちかけられる 〔**仕向ける**〕(カ下一)▽自分で考えるように仕向ける

使い分け【1】「仕掛ける」は、自分から相手にある動作、行為をする意。具体的な動きを伴う場合が多い。【2】「働きかける」「仕向ける」は、自分から相手に、ある行為をするようにさせる意。【3】「持ちかける」は、まず話をする場合に用いられる。

【関連語】◆（**畳みかける**）(カ下一)相手に余裕を与えず、次から次へと働きかける。「畳みかけて攻める」◆（**仕組む**）(マ五)企てる。「悪だくみを仕組む」

5 17-81 突っかかる（つっかかる）／挑む（いどむ）

共通する意味★立ち向かって、争いを仕掛ける。**【英】** *to defy*

使い方▼〔**突っかかる**〕(ラ五)▽些細（ささい）なことで突っかかってくる▽つっかかるような物言いをする 〔**挑む**〕(マ五)▽チャンピオンに挑む▽難問に挑む

使い分け「突っかかる」は、敵対心や反逆心などの感情を向けることのできる相手を対象とする。一方、「挑む」は、自分が努力して制覇するに値するだけの価値を持っているものを対象とし、人間に限らない。

5 17-82 進退（しんたい）／去就（きょしゅう）

共通する意味★進むことと、退くこと。**【英】** *one's attitude*

使い方▼〔**進退**〕▽進退谷（きわ）まる▽この仕事の成否に進退をかける▽進退を共にする▽進退問題 〔**去就**〕▽去就が注目される▽去就に迷う▽去就を誤る

使い分け二語とも、特に、身の処し方の意で用いられることが多い。

5 18 …出来事

518-01 出来事（できごと）／事件（じけん）

【関連語】◆（時事）じじ

共通する意味★世間で起こるさまざまな事柄。【英】*a happening*

使い方▼〔出来事〕▽身のまわりのささいな出来事▽親がちょっと目を離したすきの出来事　〔事件〕▽事件のかぎを握る人物▽重大事件

	今年の大きな□	日々の□を日記につける	へたをすると大変な□になる	□の謎を解く
出来事	○	○	-	-
事件	○	-	○	○

使い分け「出来事」は、用法が広く、事の大小、善悪などを問わず用いられる。「事件」は、「出来事」の中でも、特に話題性、問題性のあるようなものをいう。

【関連語】◆（時事）今日の社会的な出来事。「時事問題」

518-02 事故（じこ）／アクシデント

共通する意味★思いがけず起こる悪い事柄。【英】*an accident*

使い方▼〔事故〕▽よく事故を起こす運転手▽事故に遭う▽交通事故▽事故死　〔アクシデント〕▽アクシデントが起こる▽アクシデントが重なる

使い分け「アクシデント」より「事故」の方が一般的。

518-03 変（へん）／事変（じへん）

【関連語】◆（有事）ゆうじ

共通する意味★異常な出来事や事件。【英】*an accident*

使い方▼〔変〕▽祖国の変を聞いてかけつける▽本能寺の変　〔事変〕▽一大事変が勃発（ぼっぱつ）する▽日中事変

使い分け【1】「変」は、もっぱら「…の変」の形で使われる。【2】「事変」は、天災や騒乱、外国との紛争など、その地域や国全体が大騒ぎになるような出来事をいう。

【関連語】◆（有事）戦争や大事件など、ふだんと変わった事件。「有事に備える」

参照▼変⇒810-59

518-04 大事（だいじ）／大事（おおごと）／一大事（いちだいじ）

共通する意味★重大な出来事。【英】*a matter of grave concern*

使い方▼〔大事（だいじ）〕▽大事を取る▽大事の前の小事▽国家の大事　〔大事（おおごと）〕▽これは大ごとになるぞ▽大ごとにならねばよいが…　〔一大事〕▽一大事が出来（しゅったい）する

	このまま放っておくと□になる	□には至らない	それは□だ	お家の□
大事（だいじ）	△	○	-	○
大事（おおごと）	○	-	○	-
一大事	○	-	○	○

使い分け【1】「大事（だいじ）」は、やや改まった言い方であるのに対して、「大事（おおごと）」は、くだけた言い方。【2】「一大事」は、「大事（だいじ）」をさらに強調した、やや大げさな言い方。

反対語▼大事（だいじ）⇔小事（しょうじ）

参照▼大事（だいじ）⇒818-21

518-05 珍事（ちんじ）／異変（いへん）／変事（へんじ）／ハプニング

【関連語】◆（奇跡）きせき

共通する意味★めったにない出来事や事件。【英】*an unexpected occurrence*

使い方▼〔珍事〕▽近来にない珍事だ▽椿事（ちんじ）出来（しゅったい）にあわてる　〔異変〕▽彼女の身に何か異変があったにちがいない▽政界の異変に機敏に対処する　〔変事〕▽変事が起きてからでは遅すぎる　〔ハプニング〕▽ハプニングが生じた場合の対応策

	□が起こる	前代未聞の□	□に備える	天候の□
珍事	○	○	-	-
異変	○	△	○	○
変事	○	○	○	-
ハプニング	○	○	-	-

使い分け【1】「珍事」は、珍しいの意味が加わる。また、思いがけない重大な出来事の意味にも使われ、この場合は、多く「椿事」と書く。【2】「異変」は、ふつうと異なっているという意が加わっている。【3】「変事」は、天災、戦争など、よくない出来事に使われることが多い。【4】「ハプニング」は、予想外の突然の出来事をいうのに用いる。「アクシデント」と異なり、悪い出来事とは限らない。

【関連語】◆（奇跡）常識では考えられないような、不思議な出来事。「奇蹟」とも書く。「聖書に書かれている数々の奇跡」「奇跡が起こらないかぎり、どうしようもない」

5 18-06 惨事（さんじ）／惨劇（さんげき）

【関連語】◆（悲劇）ひげき

共通する意味★むごたらしい出来事や事件。【英】*a disaster*

	流血の□	□を引き起こす	パイロットの不注意による大□	□の演じられた部屋
惨事	○	○	○	−
惨劇	○	△	−	○

使い分け【1】「惨事」は、事故や災害についていう場合が多い。【2】「惨劇」は、本来、悲惨な筋の演劇の意で、多く人間関係のもつれからの事件をいう。

【関連語】◆（悲劇）悲惨な出来事や事件。本来は演劇用語。「戦争の生んだ多くの悲劇」

参照▼悲劇⇒615-05

5 19 …都合・不都合

5 19-01 都合（つごう）／具合（ぐあい）

共通する意味★物事の状態、調子や、人が置かれている状況。【英】*conditions*

使い方▼〔都合〕▽先生の都合を聞いてみよう　〔具合〕▽うまい具合によい席がとれた

	□が良い日を選ぶ	すべて□よく運ぶ	自分の□ばかり考える	機械の□が悪い
都合	○	○	○	−
具合	○	○	−	○

使い分け【1】二語とも、良いか悪いかを示す語とともに使われることが多い。【2】「具合」は、「具合が悪いので会社を休む」のように、健康の調子の意、「今さら彼女に会うのは具合が悪い」のように、体裁、体面の意で使われる場合もある。

参照▼都合⇒120-03　808-14

5 19-02 調子（ちょうし）／加減（かげん）／あんばい

【関連語】◆（本調子）ほんちょうし ◆（コンディション）

共通する意味★物事の状況や機能。【英】*a condition*

使い方▼〔調子〕▽胃の調子がよくない▽落としたら腕時計の調子がおかしくなった　〔加減〕▽妻が加減を悪くしているのでお先に失礼します　〔あんばい〕▽雨が降ると腰のあんばいが悪い▽こんなあんばいにやってみろ▽汁のあんばいをみる

	風邪気味で体の□が悪い	車のエンジンの□が変だ	塩の□を見る	ちょうどよい□に雨がやんだ
調子	○	○	−	−
加減	○	−	○	−
あんばい	○	△	△	○

使い分け【1】「調子」は、健康や機械について使われることが多い。【2】「加減」は、健康についていう場合は、「体の加減」とはいわずに、「加減」だけで使われる。【3】「あんばい」は、用いることのできる対象は広い。「塩梅」「按配」と当てる。【4】「加減」は、健康状態のほか、料理の味付けにもいう。

【関連語】◆（コンディション）何かする際の条件や体などの状態。「大会に備えてコンディションを整える」◆（本調子）本当、本来の調子が出ること。健康や、物事の進みぐあいについていう。「病気は治ったがまだ本調子ではない」

参照▼調子⇒614-27　加減⇒920-05

5 19-03 順調（じゅんちょう）／快調（かいちょう）／好調（こうちょう）

【関連語】◆（スムーズ）

共通する意味★物事があるべきさままで、滞りなく進行している状態。【英】*smooth*

使い方▼〔順調〕（名・形動）〔快調〕（名・形動）〔好調〕（名・形動）

	□なすべり出し	□な経過をたどる	胃腸は□だ	今□な選手
順調	○	○	−	−
快調	○	−	○	−
好調	○	−	−	○

使い分け【1】「順調」は、物事が順序よく、問題なく進むさま。事務的な事柄の進行、方向性のある動きの進行などに多くいう。【2】「快調」は、気持ちよく、調子よく運行、進行するさまで、「順調」よりも肉体的、機能的な動きに多くいう。【3】「好調」は、調子、具合、景気などが、普通より良い状態であるさまをいう。「順調」が普通の状態、程度でもいうのにくらべ、もっと波に乗っている場合にいう。

反対語▼順調⇔逆調　好調⇔不調

【関連語】◆（スムーズ）（形動）抵抗なく、円滑に進むさま。単純な動きにもいう。「スムーズにドアが動く」

5 19-04 好都合（こうつごう）／便宜（べんぎ）

共通する意味★物事を行うにあたって具合がよいこと。【英】*convenience*

使い方▼〔好都合〕（名・形動）▽君が参加してくれると好都合だ　〔便宜〕▽便宜上、彼をリーダーとしておく

使い分け「便宜」には、「便宜的な方法」「便宜を図る」のように、臨機応変な処置、また、特別のはからいという意味もある。

反対語▼好都合⇔不都合

5 19-05 便利（べんり）／簡便（かんべん）／重宝（ちょうほう）

【関連語】◆(軽便)けいべん◆(至便)しべん◆(便)べん◆(利便)りべん

共通する意味★都合よく、うまく役に立つさま。

【英】 *convenience*

使い方▼〔便利〕(名・形動)▽コンピュータを使った方が便利だ　〔簡便〕(形動)▽簡便なテント　〔重宝〕(名・形動)スル▽新しく入れた機械は重宝している

	これは□でよろしい	ここは交通の□な所だ	□なしかけ	大変□している
便利	○	○	○	△
簡便	○	-	○	-
重宝	○	-	-	○

使い分け【1】「便利」の用法が最も広い。【2】「簡便」は、物事が複雑でなく手間が少ないわりには都合よく、役に立つさま。【3】「重宝」は、物事が都合よく、役に立つさま。また、役に立つものとして大切にすること。

【関連語】◆(軽便)(形動)物事が大がかりではないものの、それなりの役には立つさま。「この機械は軽便なところが取り柄だ」◆(至便)(名・形動)非常に都合がよく、役に立つさま。「交通至便の場所」◆(便)都合のよいこと。また、都合のよい手段であること。「交通の便のよい所」「バスの便がある」◆(利便)都合のよいこと。また、便利なこと。「関係者の利便を図る」

参照▼便⇒016-01

5 19-06 支障（ししょう）／万障（ばんしょう）／万難（ばんなん）

【関連語】◆(故障)こしょう

共通する意味★物事の円滑な運行を妨げようとする事柄。**【英】** *an obstacle*

使い方▼〔支障〕▽何の支障もない▽資金難で会の運営に支障をきたす　〔万障〕▽万障お繰り合わせのうえ御出席ください　〔万難〕▽万難を排して進む覚悟である

使い分け【1】「支障」は、最も一般的に用いられる。【2】「万障」「万難」は、あらゆる障害、あらゆる難儀、という意味で使われる。書き言葉的であるが、挨拶（あいさつ）などでも「万難を排する」の形で、慣用的に用いられる。

【関連語】◆(故障)スル差し支え、障害の意であるが、この意よりも、機械などが部分的に壊れる意で使われる方が一般的。「故障が入って計画が頓挫（とんざ）した」「テレビの故障を直してもらう」

5 19-07 差し障り（さしさわり）／差し支え（さしつかえ）／障り（さわり）／不都合（ふつごう）

共通する意味★物事の進行を妨げるような事情。**【英】** *a hindrance*

使い方▼〔差し障り〕▽差し障りのない話をする　〔差し支え〕▽差し支えがなければ聞かせてほしい　〔障り〕▽胎児に障りがないか心配だ▽出世の障りになる　〔不都合〕▽彼が来なくても不都合はない

使い分けいずれも、身体的および社会的な事情について使われるが、具体的、直接的なことをさすのではなく、対象をぼかした言い方。

反対語▼不都合⇔好都合

参照▼障り⇒017-01

5 19-08 障る（さわる）／差し障る（さしさわる）／差し支える（さしつかえる）

共通する意味★何かの妨げになるようなことが生じる。**【英】** *to obstruct; to offend*

使い方▼〔障る〕(ラ五)　〔差し障る〕(ラ五)　〔差し支える〕(ア下一)

	出世に□ような行い	夜ふかしは健康に□	計画の進行に□	気に□発言だ
障る	○	○	-	○
差し障る	○	△	○	-
差し支える	○	-	○	-

使い分け【1】「障る」は、何かをしたり、何かにかかわったりすることによって、他に悪い影響を及ぼす意。【2】「差し障る」「差し支える」は、何かをすることによって、他の物事の進行の妨げになるようなことが起こる場合に多く使う。

5 19-09 ずれ／食い違い（くいちがい）／齟齬（そご）／行き違い（ゆきちがい）

【関連語】◆(ジレンマ)

共通する意味★物事がうまく一致しないこと。**【英】** *divergence*

使い方▼〔ずれ〕▽戦中派と戦後生まれの意識のずれ▽二つの語は意味にずれがある▽画面にずれが生じる　〔食い違い〕▽二人の証言には食い違いがある　〔齟齬〕スル▽彼は言行に齟齬がある▽事実と齟齬する　〔行き違い〕▽双方の間に行き違いがあった

	意見の□	時間的に□がある	感情の□	□をきたす
ずれ	○	○	-	-
食い違い	○	-	○	-
齟齬	○	-	-	○
行き違い	-	-	○	-

使い分け【1】「ずれ」は、基準、標準となるものや、比較するものとうまく一致しないこと。比較するものの場合は、どちらが正しいというのではなく、考え方や時間などが、比較する相手と少し違うこと。

【2】「食い違い」「齟齬」は、歯がかみあわないことの意から、一致することが望ましい物事がうまく一致せず、ちぐはぐになっていることをいう。「齟齬」は文章語。【3】「行き違い」は、すれ違うこと、入れ違いになることの意から、物事がちぐはぐになることをいう。「いきちがい」とも。

【関連語】◆（ジレンマ）二つの事柄の間で、どちらとも選択をしかねて板挟みになっている状態。「ジレンマに陥る」

参照▼行き違い⇒516-07

5 19-10 矛盾（むじゅん）／撞着（どうちゃく）

共通する意味★つじつまの合わないこと。【英】*contradiction*

使い方▼〔矛盾〕スル▽矛盾した意見　〔撞着〕スル▽自家撞着

使い分け 二語ともほとんど同じ意味で、「矛盾撞着」の形でも使われる。「撞着」は文章語。

5 19-11 邪魔（じゃま）／妨害（ぼうがい）／阻害（そがい）

【関連語】◆（邪魔だて）じゃま ◆（障害）しょうがい ◆（障壁）しょうへき

共通する意味★物事の進行、成就を妨げること。【英】*a hindrance; an obstacle*

使い方▼〔邪魔〕（名・形動）スル▽思わぬ邪魔が入った　〔妨害〕スル▽交通の妨害になる▽営業妨害　〔阻害〕スル▽青少年の健全な発達を阻害する要因　〔邪魔だて〕スル▽邪魔だてすると許さないぞ

	事業の発展を□する	仕事の□をする	通行の□をする	友好関係を□する
邪魔	○	○	○	△
妨害	○	○	○	○
阻害	○	-	-	○
邪魔だて	○	○	-	-

使い分け【1】「邪魔」は、意図的でなくても結果的に妨げになる場合にも使うが、「邪魔だて」は、意図的に行われると見なされる場合に使われる。【2】「邪魔」「妨害」「阻害」の順に、妨げる対象が抽象的になる傾向がある。

【関連語】◆（障害）物事の妨げとなるもの。「多くの障害を乗り越える」◆（障壁）主として国家間の交流の妨げとなる物事。「国家間の障壁を除く」

5 19-12 場違い（ばちがい）／筋違い（すじちがい）／お門違い（かどちがい）

共通する意味★その場所や対象などを取り違えていること。【英】*out of place*

使い方▼〔場違い〕（名・形動）▽場違いの人が出てくる　〔筋違い〕（名・形動）▽彼に頼むのは筋違いだ　〔お門違い〕▽僕を恨むなんてお門違いも甚だしい

	□の意見を言う	□な服装	私に文句を言うのは□だ	□の要求をする
場違い	○	○	-	-
筋違い	○	-	○	○
お門違い	○	-	○	-

使い分け【1】「場違い」は、その場所、場面にふさわしくないこと。【2】「筋違い」は、道理から外れていること。また、相手や手続きを取り違えていること。【3】「お門違い」は、目ざすところを取り違えていること。「筋違い」に置き換えられることも多い。

5 19-13 危険（きけん）／危機（きき）／ピンチ

共通する意味★危ない状態。

使い方▼〔危険〕（名・形動）▽危険な場所▽危険を知らせるサイレン　〔危機〕▽絶滅の危機に瀕（ひん）している動物▽熱も下がりようやく危機を脱した▽食糧危機　〔ピンチ〕▽友のピンチに応援を買って出た▽ピンチに陥る

	□を脱する	□な目にあう	絶体絶命の□	□を察知する
危険	○	○	-	○
危機	○	-	○	-
ピンチ	○	-	○	-

使い分け【1】三語の中では、「危険」が最も広く用いられる。「ピンチ」はややくだけた言い方。【2】「危険」は、広く危ないことを意味するが、「危機」は、危ない場面、境遇に焦点が当てられている。【英】*danger*【3】「危険」と「危機」では、「危機」の方がやや硬い表現であると同時に、一般に危なさの度合いも大きく感じられる。

反対語▼危険⇔安全

5 19-14 物騒（ぶっそう）／不穏（ふおん）／際どい（きわどい）

【関連語】◆（険悪）けんあく

共通する意味★何か起こりそうで危険なさま。【英】*unrest*

使い方▼〔物騒〕（名・形動）▽この辺りは夜になると物騒だ▽物騒な世の中　〔不穏〕（名・形動）▽戦争が起こりそうな不穏な気配▽社内に何やら不穏な動きがある　〔際どい〕（形）▽あわや転落という際どいところで助かった▽報酬は大きいが際どい仕事

使い分け【1】「物騒」は、争い、刃傷沙汰（にんじょうざた）など、危険なことが起こりそうなときに使う。【2】「不穏」は、政情、人間関係などで穏やかでない雰囲気についていう。【3】「際どい」は、実際に危険が起こる直前や、法を破るすれすれの状態についていう。

【関連語】◆（険悪）（形動）状態や雰囲気などが危なく、油断できないさま。「両国の関係が険悪になる」

5 19-15 危ない／危うい

共通する意味★危険が迫っているさま。【英】*dangerous*

使い方▼〔危ない〕（形）▽危ないから木登りはやめなさい▽危ない橋を渡る　〔危うい〕（形）▽君子危うきに近寄らず

	＿目にあう	不況で会社が＿	＿夜道	＿死を免れる
危ない	○	○	○	-く-
危うい	○	○	-	-く○

使い分け【1】「危ない」が、口語的な言い方なのに対して、「危うい」は、文語的な言い方。【2】「危ない」は、「このままでは合格は危ない」のように、望むことが達成できるかどうかわからないという意味や、「危ない足どりで歩く」のように、不安定なという意味もある。【3】「危うい」は、「寝坊をして危うく遅刻しそうになった」のように、今にも悪い結果を招くところだったが、辛うじてそうはならなかったさまにもいう。

5 19-16 難局／危局／非常時

共通する意味★たいへん重大で難しい局面。【英】*a crisis*

使い方▼〔難局〕▽全力をあげて難局を乗り切る　〔危局〕▽人生最大の危局に直面する　〔非常時〕▽大地震などの非常時に備える

使い分け【1】「難局」は、解決や処理するのが困難な局面。【2】「危局」は、近く迫っていたり当面したりしている危機的な局面。【3】「非常時」は、平時に対する言葉で、大きな危機をいう。

5 19-17 絶体絶命／剣が峰／九死／危機一髪

共通する意味★ぎりぎりまで追いつめられた最大の危機。【英】*to the last extremity*

使い方▼〔絶体絶命〕▽絶体絶命の窮地に陥る　〔剣が峰〕▽剣が峰に立たされる　〔九死〕▽九死に一生を得る　〔危機一髪〕▽危機一髪のところをうまく切りぬけた

使い分け【1】「絶体絶命」の、「絶体」「絶命」は、ともに九星占いの凶星の名。この星が現れると、運はきわまり、破滅を招くという。【2】「剣が峰」は、少しの余裕もない追いつめられた危機的状況。「剣が峰」には、他に火山の噴火口の周辺の意、土俵の円周を形作る俵の表面の意などがある。【3】「九死」は、十のうち九まで死ぬという危ない状態。「九死に一生」の形で使う。【4】「危機一髪」は、髪の毛一本ほどの違いで助かるかどうかという危ない状態。

5 19-18 苦境／逆境／危地

【関連語】◆（窮地）きゅうち

共通する意味★苦しく困難な境遇。【英】*difficulties*

使い方▼〔苦境〕▽会社はかつてない苦境にたたされている　〔逆境〕▽幼いころの逆境にたえて今の自分がある　〔危地〕▽多くの危地を切りぬける

	＿を乗り越える	＿に陥る	＿を脱する	＿にめげず生き抜く
苦境	○	○	△	-
逆境	○	-	-	○
危地	○	○	○	-

使い分け【1】「苦境」が、一時的な苦しく困難な境遇の立場をいうのに対し、「逆境」は、不運のためにそのような境遇、立場に長い間おかれている場合に用いる。【2】「危地」は、苦しく困難な境遇や立場が、同時に危険をともなうものであることを意味する。

反対語▼逆境⇔順境

【関連語】◆（窮地）追いつめられて困り果てた苦しい状態。「窮地に立たされる」「窮地を脱する」

5 19-19 難関／暗礁／デッドロック

共通する意味★切り抜けるのが難しい事態。【英】*a barrier*

使い方▼〔難関〕▽最後の難関にさしかかる▽難関を突破する　〔暗礁〕▽捜査は暗礁に乗り上げた　〔デッドロック〕▽会議がデッドロックに陥る

使い分け【1】「難関」は、通過するのに難しい関所や門の意から、やりとげるのが難しい事態や事柄をいう。【2】「暗礁」は、「暗礁に乗り上げる」の形で、思いがけない困難によって、事の進行が妨げられることをいう。【3】「デッドロック」は、会議、会談などが行き詰まり、解決がつかない状態。「交渉がデッドロックに乗り上げる」という言い方もあるが、これは、英語 *deadlock* の *lock*（かぎ）が *rock*（岩）と混同され、「暗礁」の意と誤ってできたもの。

参照▼暗礁⇒702-10

5 19-20 切迫／急迫／緊迫

共通する意味★さしせまっていること。【英】*urgency*

使い方▼〔切迫〕スル　〔急迫〕スル　〔緊迫〕スル

	事態が□する	経営状態が□する	国境紛争で両国の関係が□する	□した空気が流れる
切迫	○	○	-	-
急迫	○	△	○	-
緊迫	○	-	○	○

使い分け【1】「切迫」は、追いつめられた状態になることをいう。【2】「急迫」は、事態がさしせまって何らかの対処が必要な場合に用いる。【3】「緊迫」は、情勢が緊張した状態になること。【4】「切迫」は、「期日が切迫する」のように、時間や期限などがさしせまるという意味もある。

5 19-21 急(きゅう)／火急(かきゅう)／危急(ききゅう)

共通する意味★事態がさしせまり、たいへん急ぐさま。**【英】***emergency*

使い方▼【急】(名・形動)▽急を聞いて駆け戻った▽急のときに間に合わない▽急な話で、とまどっている　**【火急】**(名・形動)▽火急の事態に必死で対策を練った▽火急の用件　**【危急】**(名・形動)▽危急を告げる▽危急存亡の秋(とき)(＝現在のまま残り続けられるか、滅びてしまうかの瀬戸際)

使い分け 三語とも、たいへん急ぐことだが、「火急」は、火のついたようにさしせまること。「危急」は、危機が目の前にせまっていること。

参照▼急⇒706-06 815-39

5 19-22 受難(じゅなん)／遭難(そうなん)

共通する意味★苦難にあうこと。災難を身に受けること。

使い方▼【受難】▽受難の歴史▽事故が相次いだ受難の年　**【遭難】**スル▽山(海)で遭難する▽遭難救助▽遭難者

使い分け【1】「受難」は、個人以外にも、ある共通の目的、考え方を持つ団体などに対してもいう。受ける苦難は偶然の場合だけでなく、立場、生き方、価値観などに対する他からの攻撃であることも多い。また、物質的、肉体的苦痛に限らず、精神的苦痛が大きい場合もある。**【英】***sufferings*【2】「遭難」は、登山、航海、航空中に事故に遭い、続行不可能な状態に陥ることをいう。「受難」にくらべ、物質的、一時的、偶発的である。**【英】***an accident*

5 19-23 被災(ひさい)／罹災(りさい)

【関連語】◆(被害)ひがい

共通する意味★地震、火事、洪水などの災害にあうこと。**【英】***damage*

使い方▼【被災】スル▽火事で被災する▽被災地▽被災者　**【罹災】**スル▽地震で罹災する▽罹災地▽罹災者

使い分け 一般には「被災」が多く使われる。「罹災」は文章語。

【関連語】◆(被害)天災や犯罪などにより、危害や損害を受けること。また、その受けた損害。⇔加害。「地震で大きな被害が出た」「被害総額」「被害者」

5 19-24 忙(いそが)しい／せわしい／慌(あわ)ただしい

【関連語】◆(忙しない)せわしない　◆(気ぜわしい)きぜわしい　◆(目まぐるしい)めまぐるしい

共通する意味★次から次へと用事や変化があって落ち着かない。**【英】***busy*

使い方▼【忙しい】(形)▽仕事が忙しい▽忙しい性分　**【せわしい】**(形)▽毎日せわしく過ごす▽せわしく動きまわる　**【慌ただしい】**(形)▽あわただしく部屋を出て行く▽あわただしい情勢

	□働く	□年の暮	勉強が□	□息をする	政局が□なる
忙しい	-く○	○	○	-く-	-く-
せわしい	-く○	○	-	-く○	-く-
慌ただしい	-く△	○	-	-く-	-く○

使い分け【1】「忙しい」「せわしい」は、すべきことが多く暇がない様子、一時もじっとせずに落ち着きなく動く様子などの意で用いるが、「忙しい」は前者の意で、「せわしい」は後者の意で使われることが多い。【2】「慌ただしい」は、物事が差し迫って落ち着かなく、急いだり、あわてたりする様子。

【関連語】◆**(忙しない)**(形)「せわしい」を強めた言い方。「客の切れめがなくせわしない一日だった」◆**(気ぜわしい)**(形)心にせかれることがあり落ち着かない。また、性格に落ち着きがない意を表わす。「年末は何かと気ぜわしい」「気ぜわしい人」◆**(目まぐるしい)**(形)目の前にあるものの動きや変化が激しい。「目まぐるしく流行が変わる」

5 19-25 多忙(たぼう)／多用(たよう)／多事(たじ)／繁忙(はんぼう)／繁多(はんた)／繁用(はんよう)／忙殺(ぼうさつ)

共通する意味★仕事、用事などが多くて忙しいこと。**【英】***busyness*

使い方▼【多忙】(名・形動)▽多忙を極める▽多忙な日々を送る▽公私多忙　**【多用】**▽ご多用中恐れ入ります　**【多事】**▽多事多端▽身辺多事▽多事多難▽内外多事の折　**【繁忙】**(名・形動)▽繁忙を極めた毎日▽繁忙期　**【繁多】**(名・形動)▽御用繁多▽繁多な政務　**【繁用】**▽ご繁用とは存じますが…　**【忙殺】**スル▽雑務に忙殺される▽式典の準備に忙殺される

使い分け【1】七語の中では、「多忙」と「忙殺」が日常的に、他の語も、改まったときや手紙などの文章の中ではよく使われる。【2】「多事」は、例文のような熟語の形で使われることが多い。【3】「忙殺」は、ふつう「忙殺される」の形で使う。【4】「繁忙」は、「煩忙」とも書く。

5 19-26 東奔西走／てんてこ舞い／きりきり舞い

共通する意味★忙しく活動すること。**【英】** *to run about busily*

使い方▼〔**東奔西走**〕スル▽選挙で東奔西走の毎日だ▽金策に東奔西走する　〔**てんてこ舞い**〕スル▽来客が多くて、てんてこ舞いだ　〔**きりきり舞い**〕スル▽子どもひとりにきりきり舞いさせられる

使い分け【1】「東奔西走」は、用事などで方々を実際に駆け回ること。【2】「てんてこ舞い」は来客、応対など用事が多く、忙しくたち回ること。「てんてこ」は太鼓の音。【3】「きりきり舞い」は、十分に対応できないほど忙しく動き回ること。また、異常な事態によって翻弄されることにもいう。「豪速球にきりきりまいする」

5 19-27 打ち破る／打ち倒す／薙ぎ倒す

共通する意味★相手の力に対抗し、それをねじ伏せる。**【英】** *to defeat*

使い方▼〔**打ち破る**〕(ラ五)　〔**打ち倒す**〕(サ五)　〔**薙ぎ倒す**〕(サ五)

	論敵を□	因襲を□	台風が苗木を□	上位力士を□
打ち破る	○	○	-	-
打ち倒す	○	-	-	-
薙ぎ倒す	△	-	○	○

使い分け【1】「打ち破る」は漢語「打破」、「打ち倒す」は「打倒」と共通の意味がある。好ましくない習慣などを破る意味には「打ち破る」だけが使われる。【2】「薙ぎ倒す」は、大勢の相手を横に払い倒すように、勢いよく片端から打ち負かす場合にいう。

5 19-28 打開／突破／打破

共通する意味★物事が進展するように、差し障りになるものを打ち破り、取り除くこと。**【英】** *a break*

使い方▼〔**打開**〕スル▽難局を打開する　〔**突破**〕スル▽警戒網を突破する　〔**打破**〕スル▽因習を打破する

	障害を□する	行き詰まった事態を□する	難関を□する	弊害を□する
打開	△	○	-	-
突破	○	-	○	-
打破	○	-	-	○

使い分け【1】「打開」は、行き詰まった状態をなんとか切り開いて、物事がうまく進展するような方向を見いだせるようにすること。多く、いろいろな要因がからんで動きのとれなくなった膠着状態をなんとかする、という意味合いで用いられる。【2】「突破」は、進んでいく道筋をさえぎる障害を強力に打ち破り、突き抜けることをいう。「…を突破する」という形で用いた場合、「…」の部分には、進路をさえぎる障害に当たるものが示される。【3】「打破」は、好ましくない習慣などを打ち破り、取り除くこと。社会的に存在していて、放置しておくと迷惑であるような弊害を除くといった場合に用いるのが普通である。また、「敵を打破する」のように、対抗勢力を打ち破る意でも用いる。【4】「突破」は、「売上高が一億円を突破した」のように、ある目安、数量に達して、それを超える意も表わす。

5 20 …賞罰・犯罪

5 20-01 功績／功労／功／手柄

【関連語】◆(殊勲)しゅくん

共通する意味★人から賞賛されるような働き。**【英】** *merits*

使い方▼〔**功績**〕▽彼の功績は生前には認められることがなかった　〔**功労**〕▽永年の功労に報いる▽功労者　〔**功**〕▽功なり名を遂げた人▽功をあせって失敗する▽内助の功　〔**手柄**〕▽犯人を捕らえたとはお手柄だ▽手柄話

	□をたたえる	医学に□のあった人	試合で□を立てる	教育界に□を残す
功績	○	○	-	○
功労	○	○	-	△
功	○	○	△	△
手柄	○	-	○	-

使い分け【1】「功績」は、仕事や研究などで、国、社会、集団に尽くした立派な働き。「功労」は、そのような働きや努力をいう。【2】「功」は、努力して成功を収めた立派な仕事をいう。慣用的な用法が多い。【3】「手柄」は、人からほめられるような立派な働きをいう。日常的な小さな事柄についても広く使う。

【関連語】◆(殊勲)他よりきわだってすぐれた手柄。「殊勲を立てる」「殊勲者」

5 20-02 業績／足跡

【関連語】◆(事績)じせき

5 社会生活

共通する意味★事業、研究などで成し遂げた成果。【英】*achievements*

	偉大な□	□を上げる	□が不振だ	□をたどる
業績	○	○	○	-
足跡	○	-	-	○

使い分け【1】「業績」は、個人から団体まで、幅広く用いられる。【2】「足跡」は、過去のある人が研究や仕事などを成し遂げた行為の跡の意で、ほとんどの場合、優れたもの、偉大なものに関して使われる。

【関連語】◆(事績)ある人の成し遂げた仕事とその功績。文章語。「先人の事績」

参照▼業績⇒818-26

5 20-03 成績／実績

共通する意味★仕事などで成し遂げた結果。

使い方▼〔成績〕▽優秀な成績を収める▽かんばしくない成績を残す▽所期の成績をあげる▽成績が悪くて落第した 〔実績〕▽これまでの実績がものをいう▽過去の実績が問われる▽実績をふまえて決定する▽実績を残す

	□をあげる	□が下がる	□を記入する	□を積み重ねる
成績	○	○	○	-
実績	○	-	-	○

使い分け【1】「成績」は、仕事、学業、試験などの出来ぐあいのことをいう。他人、あるいはこれまでとくらべて良いか悪いかという評価で、その出来ぐあいの価値が判断される。【英】*a record*【2】「実績」は、主に仕事に関して使い、仕事の上でこれまでに実際に示した成果や功績のことをいう。したがって、「実績」は「良い成績」が積み重ねられたもので、その価値判断は、良いか悪いかではなくて、あるかないか、また、どのくらいあるかで評価される。【英】*achievements*

5 20-04 遺産／金字塔

共通する意味★後世に遺るすぐれた業績。【英】*a monumental work*

使い方▼〔遺産〕▽貴重な遺産を受け継ぐ▽文化遺産〔金字塔〕▽金字塔をうちたてる▽輝かしい金字塔

使い分け【1】「遺産」は、前代の人々が遺した業績や文化財など。死者の遺した財産の意からの転用。【2】「金字塔」は、もともとは金の字の形をした塔、すなわち、ピラミッドなどを意味しており、比喩的に、後世に遺るようなすぐれた業績や記録。

5 20-05 称賛／賛美／礼賛

【関連語】◆(称揚)

共通する意味★褒めたたえること。【英】*to praise*

使い方▼〔称賛〕スル〔賛美〕スル〔礼賛〕スル

	偉大な業績を□する	仕事ぶりを□する	□に値する仕事	祖国を□する
称賛	○	○	○	-
賛美	○	-	-	○
礼賛	○	-	-	△

使い分け【1】「称賛」は、行為や行為の成果がすばらしいものであるとたたえること。「称讃」「賞賛」「賞讃」とも書く。【2】「賛美」は、偉大なもの、もしくは神聖なものとしてたたえること。「讃美」とも書く。【3】「礼賛」は、本来仏教語。三宝を礼拝してその功徳を賛嘆することの意から、たたえる場合に用いられる。「礼讃」とも書く。

【関連語】◆(称揚)スル褒めたたえること。「賞揚」とも書く。文章語。「業績を称揚する」

5 20-06 絶賛／激賞／べた褒め

共通する意味★非常に高く評価して褒めること。【英】*great admiration*

使い方▼〔絶賛〕スル〔激賞〕スル〔べた褒め〕スル

	批評家に□される	□を受ける	□を博する	娘を□する
絶賛	○	○	○	-
激賞	○	○	-	-
べたぼめ	○	-	-	○

使い分け【1】「絶賛」「激賞」は、行為の成果をこの上なく高く評価して褒めること。【2】「べたぼめ」は、無条件で褒めること。行為だけでなく、人についても用いることができる。くだけた言い方で、ふつう、話し言葉で用いられる。

5 20-07 喝采／感嘆／賞嘆／詠嘆

共通する意味★すばらしさに感心すること。【英】*applause*

使い方▼〔喝采〕スル▽熱演に喝采を送る▽喝采を博する▽拍手喝采〔感嘆〕スル▽すばらしい演奏に感嘆の声をあげる▽彼の力量に感嘆する〔賞嘆〕スル▽賞嘆の声があがる▽評論家がこぞって賞嘆する〔詠嘆〕スル▽詠嘆の声をもらす

使い分け【1】「喝采」は、出来映えのよさに感心し、手をたたいたり、声を出したりしてたたえること。【2】「感嘆」は、感心して褒めたたえること。【3】「賞嘆」は、性質や出来映えのよさを褒めること。「称嘆」とも書く。【4】「詠嘆」は、感動して声を出したり、ため息をついたりすることを表わすことが多い。

5 20-08 褒める／たたえる

共通する意味★相手の行為や行為の成果、業績などを優れていると述べる。**【英】** *to praise*

使い方▼〔褒める〕(マ下一)　〔たたえる〕(ア下一)　〔褒めたたえる〕(ア下一)

	努力を□	先生が生徒を□	作文を□	偉業を□
褒める	○	○	○	-
たたえる	○	-	-	○
褒めたたえる	○	-	-	△

使い分け【1】「褒める」は、行為や行動を良いものであると述べる意。目下に対して用いる。【2】「たたえる」は、相手の努力、業績、貢献がすばらしいものであると述べる意。「称える」「讃える」とも書く。【3】「褒めたたえる」は「たたえる」の意に近い。

5 20-09 褒めたてる／褒めちぎる／褒めそやす／もてはやす

共通する意味★しきりに褒める。**【英】** *to admire*

使い方▼〔褒めたてる〕(タ下一)▽日本一だと褒めたてる　〔褒めちぎる〕(ラ五)▽口をきわめて褒めちぎる　〔褒めそやす〕(サ五)▽口々に褒めそやす　〔もてはやす〕(サ五)▽名人だともてはやす▽ちやほやともてはやされていい気になる

使い分け【1】「褒めたてる」は、盛んに褒める意。【2】「褒めちぎる」は、最大級の褒め方をする意。【3】「褒めそやす」は、みんなで盛んに褒める意。【4】「もてはやす」は、他にくらべるものがないほど優れていると大勢で褒める意。相手をおだてるだけのような褒め方をさすことも多い。【5】「もてはやす」は、本来「持て栄やす」意だが、「持て囃す」と書くことも多い。

5 20-10 賞する／賛する／頌する

共通する意味★褒めたたえる。**【英】** *to praise*

使い方▼〔賞する〕(サ変)▽成績優秀につきこれを賞する　〔賛する〕(サ変)▽故人の徳を賛する　〔頌する〕(サ変)▽先人の徳を頌する▽新春を頌する

使い分け【1】三語とも文章語。【2】「賞する」には、愛し楽しむ意もある。「月を賞する」

5 20-11 褒め言葉／賛辞

【関連語】◆(賞詞)◆(賞辞)◆(頌詞)◆(頌辞)

共通する意味★たたえていう言葉。**【英】** *praise*

使い方▼〔褒め言葉〕▽取り柄がなく褒め言葉を探すのに苦しむ　〔賛辞〕▽賛辞を惜しまない▽賛辞を呈する

使い分け【1】「褒め言葉」の方が一般的で、日常よく用いられるが、愛想のよいお世辞であることが多い。【2】「賛辞」は、文章語。「讃辞」とも書く。

【関連語】◆(賞詞・賞辞)賞賛の言葉。文章語。◆(頌詞・頌辞)人徳、功績などを褒めたたえる言葉。文章語。

5 20-12 賞／大賞／グランプリ

共通する意味★功績に対して与えられる褒美。**【英】** *a prize*

使い方▼〔賞〕▽展覧会で賞をとった作品▽三等賞▽努力賞　〔大賞〕▽映画祭で大賞を獲得した作品▽音楽大賞　〔グランプリ〕▽コンテストでグランプリを獲得する▽グランプリレース

使い分け「賞」は、幅広く用いられるが、「大賞」「グランプリ」は、コンテストや展覧会などで、最優秀者に与えられる賞をいう。

5 20-13 表彰／顕彰

共通する意味★功績や功労など褒めたたえ、世間に知らせること。**【英】** *commendation*

使い方▼〔表彰〕スル　〔顕彰〕スル

	功績を□する	□状	消防署から□される	偉業を□する
表彰	○	○	○	-
顕彰	○	△	-	○

使い分け【1】「表彰」が、広く善行や功労、優秀な成績などを褒めたたえることをいうのに対して、「顕彰」は、特にかくれた功績などを世間に明らかにし、褒めたたえることをいう。【2】「顕彰」は、故人に対していう場合も多い。

5 20-14 勲章／褒章

共通する意味★国家や社会、文化などに対する勲功、功労を表彰して授けられる記章。**【英】** *a decoration*

使い分け【1】「勲章」は、国家に対して勲功、功労のあった者を表彰し授ける記章をいう。日本では大勲位以下、勲一等から八等までに分かれ、菊花・旭日・瑞宝・宝冠などの種類がある。「文化勲章」は、勲位とは別。【2】「褒章」は、国家や社会に対して立派な行いや業績のあった人に授けられる記章をいう。現在、綬(＝下げひも)の色の別による、紅綬・緑綬・藍綬・紺綬・黄綬・紫綬の六種がある。

5 20-15 賞品（しょうひん）／景品（けいひん）／褒美（ほうび）／賞金（しょうきん）／報奨（ほうしょう）

共通する意味★褒めたたえて与える金品。**【英】** *a prize*

使い方▼〔賞品〕▽徒競走の一等の賞品はノートだった 〔景品〕▽福引の景品▽景品付きで売る 〔褒美〕▽上手にできたら褒美をやるよ 〔賞金〕▽賞金目当てに参加する 〔報奨〕スル▽報奨金

使い分け【1】「賞品」は、成績の著しい者に与えられる賞として贈られる品物。【2】「景品」は、参加者全員などに贈り物として出したり、客におまけとして出したりする品。「賞品」にくらべて「景品」は軽い感じである。【3】「褒美」は、目上の者が目下の者に、特に大人が子供に与える場合にいい、「ご褒美」の形で使われることも多い。【4】「賞金」は、賞として贈られる金銭。【5】「報奨」は、善い行いなどに報い、奨励すること。

5 20-16 恩賜（おんし）／下賜（かし）

【関連語】◆（拝領（はいりょう））

共通する意味★身分の高い人が物を下さること。**【英】** *an Imperial gift*

使い方▼〔恩賜〕▽恩賜の品▽恩賜賞 〔下賜〕スル▽金の時計が下賜される▽下賜金

使い分け【1】「恩賜」は、天皇や主君から褒美などを賜ることをいう。【2】「下賜」は、高貴な人、特に天皇が下位の者に物を下し与えることをいう。

【関連語】◆（拝領）スル目上の人や身分の高い人から物をいただくこと。「もらう」の謙譲語。「殿より刀を拝領する」

5 20-17 罪（つみ）／科（とが）／罪科（ざいか）

【関連語】◆（罪悪（ざいあく））

共通する意味★法律、道徳、宗教などに反した行為。**【英】** *a crime*（法律上の）; *a sin*（宗教上の）

使い方▼〔罪〕▽これ以上罪を重ねるな▽犯した罪の報い 〔科〕▽押し込みの科で獄門になる▽彼には何のとがもない 〔罪科〕▽罪科を糺（ただ）す

	盗みの□	彼の犯した□は重い	だれの□でもない	□に問われる
罪	○	○	○	○
科	○	△	△	-
罪科	-	-	-	○

使い分け【1】「罪」は、三語の中では最も意味が広く、「罪に服する」「罪を受ける」などのように、法律、道徳、宗教にそむいた行為に対する処罰の意や、「罪を着せる」「罪をかぶせる」「罪をつぐなう」のように、悪い行いや過ちを犯した責任の意などに使われる。【2】「科」は、法的に、また道徳的に人からとがめられるべき行為のことで、「罪」より古めかしい語。また、責任を負わなければいけないような過失の意にも使う。「咎」とも書く。【3】「罪科」も、「罪」と同じように法律、道徳、宗教に反した行い、あるいはその行いに対する法律による処罰の意で使うが、「罪」よりも文章語的で使われる範囲が狭い。【4】「罪」は、形容動詞として「罪なことをする」「罪な人」などのように使って、他人を悲しませたり苦しませたりする無慈悲なさまの意にも用いる。

【関連語】◆（罪悪）道徳、法律、宗教や社会習慣に背く悪い行為。「罪悪感にさいなまれる」

5 20-18 重罪（じゅうざい）／大罪（たいざい）

共通する意味★重い罪。**【英】** *a great crime*

使い方▼〔重罪〕▽重罪を犯す 〔大罪〕▽大罪を犯す

使い分け【1】いずれも、法律や宗教の教えなどに背く、重い罪をいう。【2】「大罪」は、「だいざい」とも。

5 20-19 犯罪（はんざい）／犯行（はんこう）／事犯（じはん）

【関連語】◆（有罪（ゆうざい））◆（余罪（よざい））◆（微罪（びざい））

共通する意味★刑法などの法律に違反した行為。**【英】** *a crime*

	□を重ねる	□をとりしまる	□行為	暴力□
犯罪	○	○	○	△
犯行	○	-	-	-
事犯	-	-	-	○

使い分け【1】「犯罪」は、広く用いられる。【2】「犯行」は、違法行動そのものをいう。【3】「犯罪」は日常語、「犯行」は文章語的、「事犯」は法律用語。

【関連語】◆（有罪）裁判所の判決で、被告人の犯罪事実および刑事責任の存在を認めること。⇔無罪。「有罪の判決が下る」◆（余罪）その罪以外に犯している罪。「警察では余罪を追及している」◆（微罪）極めてわずかな罪。「微罪のため不起訴となる」

5 20-20 再犯（さいはん）／累犯（るいはん）／重犯（じゅうはん）

共通する意味★重ねて罪を犯すこと。**【英】** *a second offense*

使い方▼〔再犯〕▽彼は再犯だから執行猶予は無理だろう 〔累犯〕▽四犯に及ぶ累犯を認める▽累犯加重（かちょう） 〔重犯〕▽重犯とは懲りない奴（やつ）だ

使い分け【1】「再犯」は、刑法では、懲役の執行を

5 社会生活

終わった日から五年以内にさらに罪を犯し、有期懲役に処せられることをいう。【2】「累犯」は、一定期間内に犯罪を繰り返すことで、刑を加重されるものをいう。【3】「重犯」は、単に罪を重ねること。また、重い犯罪の意味にも使う。

反対語▼再犯⇔初犯

5 20-21 無罪(むざい)／無辜(むこ)

【関連語】◆(無実)むじつ

共通する意味★罪がないこと。**【英】** *innocence*

使い方▼〔無罪〕▽第二審で無罪を勝ち取る▽無罪放免 〔無辜〕▽無辜の民を犠牲にする

使い分け【1】「無罪」は、裁判の判決によって被告人の行為が罪とならないこと。また、犯罪の事実が認められないこと。法律用語だが、日常語として用いられることもある。【2】「無辜」の「辜」は罪の意で、「無罪」に同じ。文章語。

反対語▼無罪⇔有罪

【関連語】◆(無実)罪を犯したとされているが、そのような事実はないこと。「無実の罪をきせられる」

5 20-22 冤罪(えんざい)／濡れ衣(ぬれぎぬ)

共通する意味★実際には犯していないのに罪を犯したとされること。**【英】** *a false charge*

	強盗殺人の□を晴らす	裁判で□を主張する	壊したのは僕じゃない。□だ	□を着せる
冤罪	○	○	-	-
濡れ衣	○	-	○	○

使い分け【1】「冤罪」は、法律用語。【2】「濡れ衣」は、日常語で、犯罪ばかりでなく、生活の中の小さな失敗(物品の紛失、破損など)の責めを理由なく負わされたときなどにも使う。

5 20-23 容疑(ようぎ)／嫌疑(けんぎ)

共通する意味★悪いことをした疑いのあること。**【英】** *suspicion*

使い方▼〔容疑〕▽窃盗の容疑を受ける▽容疑を晴らす▽容疑者 〔嫌疑〕▽嫌疑をかけられる

使い分け「容疑」は、特に犯罪の疑いのあることをいう。

5 20-24 悪事(あくじ)／凶行(きょうこう)／悪行(あくぎょう)

【関連語】◆(旧悪)きゅうあく

共通する意味★人の道や法にはずれた行い。

使い方▼〔悪事〕▽悪事に荷担する▽悪事を働く▽悪事千里を行く 〔凶行〕▽かっとなって凶行に走った▽凶行に及ぶ 〔悪行〕▽悪行の限りを尽くす▽悪行を重ねる

使い分け【1】「悪事」「悪行」は、広く悪い行いを意味するが、「悪事」のほうが一般的。**【英】** *an evil deed* 【2】「凶行」は、殺人や傷害などの残忍な行い。**【英】** *an atrocity*

【関連語】◆(旧悪)前に行った悪事。「旧悪を暴く」

5 20-25 不始末(ふしまつ)／不届き(ふとどき)／不埒(ふらち)

【関連語】◆(罪作り)つみつくり

共通する意味★道徳や法などに背いた行いをすること。**【英】** *misconduct*

使い方▼〔不始末〕(名・形動)▽不始末をしでかす▽息子の不始末をわびる 〔不届き〕(名・形動)▽不届き千万な話▽不届き者 〔不埒〕(名・形動)▽不埒な行為▽不埒千万

使い分け【1】「不始末」は、あとで他人に迷惑をかけるような不都合な行い。「不仕末」とも書く。【2】「不届き」は、注意や配慮が足りないことをいう。【3】「不埒」は、道徳や法などにはずれていてよくないこと。

【関連語】◆(罪作り)(名・形動)純真な者や弱い者に対する思いやりのない行為。「子供をだしに使うなんて罪作りだ」

参照▼不届き⇒819-27

5 20-26 不良(ふりょう)／不品行(ふひんこう)／不心得(ふこころえ)

【関連語】◆(不身持ち)ふみもち◆(ふしだら)◆(不行儀)ふぎょうぎ◆(不行状)ふぎょうじょう◆(不行跡)ふぎょうせき

共通する意味★人の行いが、道徳、社会常識からはずれていて悪いこと。また、悪いさま。**【英】** *misconduct*

使い方▼〔不良〕▽不良少年▽不良ドライバー 〔不品行〕(名・形動)▽政治家の不品行を糾弾する▽父親の不品行に泣かされる 〔不心得〕(名・形動)▽教師にあるまじき不心得な態度▽若者の不心得をたしなめる

使い分け【1】「不良」は、「不良と付き合う」のように、品行のよくない人にもいう。また、「不良品」のように、物についてもいう。【2】「不品行」は、文章語。【3】「不心得」は、日常的なちょっとした無作法についても用いられる。

【関連語】◆(不身持ち)(名・形動)品行、素行の悪いさま。「酒におぼれた不身持ちな父親」◆(ふしだら)(名・形動)素行の上でだらしのないさま。「ふしだらな生活を送る」◆(不行儀)(名・形動)作法を守らない振る舞い。「厳粛な場での不行儀な振る舞い」◆(不行状)(名・形動)日常の行いの悪いこと。「酒の席での不行状とはいえ許せない」◆(不行跡)生活態度や行いが悪いこと。「不行跡を働く」「不行跡を戒める」

参照▼不良⇒819-36

5 20-27 堕落(だらく)／腐敗(ふはい)

【関連語】◆(自堕落)じだらく

共通する意味★品行が悪くなり、身をもちくずすこと。【英】*degradation*

使い方▼〔堕落〕スル▽金がものをいう堕落した政治▽酒と麻薬に溺おぼれ堕落した日々を送る〔腐敗〕スル▽すべてが金の力で動く腐敗した政治

使い分け【1】「堕落」は、正常な状態から俗悪な状態へ落ち込むこと。【2】「腐敗」は、そのもの自体が劣化して修復できないほど悪い状態であること。

【関連語】◆（自堕落）（名・形動）身持ちに締まりがなく、だらしがないさま。「自堕落な生活」

参照▼腐敗⇒908-52

5 20-28 暴行／愚行／愚挙／非行／乱行／醜行／暴力／狼藉

【関連語】◆（蛮行）◆（極道）

共通する意味★よくない行為。【英】*violence; a misconduct*

使い方▼〔暴行〕スル▽なぐる、けるの暴行を受けた▽暴行を働く〔愚行〕▽こんなことで争うなんて、まさに愚行だ▽懲こりずに愚行を繰り返す〔愚挙〕▽冷静さを欠いて愚挙に出る▽愚挙をあざ笑う〔非行〕▽子供が非行に走る▽非行少年〔乱行〕▽あの男は酔うと乱行に及ぶ▽殿、御乱行〔醜行〕▽破廉恥極まる醜行をはたらく▽醜行を暴露する〔暴力〕▽彼はすぐに暴力をふるう▽暴力事件〔狼藉〕▽狼藉をはたらく▽狼藉者もの

使い分け【1】「暴行」は、乱暴な行為。【2】「愚行」「愚挙」は、おろかな行為をさす。「愚挙」のほうが文章語的。【3】「非行」は、道理や道徳にはずれた不正な行為。【4】「乱行」は、道に背いた乱暴な行為の意の文章語。「濫行」とも書く。【5】「醜行」は、みにくい行為の意の文章語。【6】「暴力」は、不当なしかたで使う腕力。力ずく。【7】「狼藉」は、無法な態度や行為を意味する文章語。

【関連語】◆（蛮行）野蛮で、非人道的な行為。文章語。「憎むべき蛮行」◆（極道）（名・形動）悪事を行うこと。また、放蕩ほうとうや道楽にふけることもいう。「極道の限りを尽くす」

参照▼暴行⇒520-44

5 20-29 放蕩／道楽／遊蕩／淫蕩

共通する意味★酒や女遊び、博打ばくちなどにふけること。【英】*debauchery*

使い方▼〔放蕩〕スル▽放蕩を重ねる▽放蕩息子〔道楽〕スル▽結婚しても道楽がおさまらない▽女道楽〔遊蕩〕スル▽遊蕩にふける▽遊蕩児〔淫蕩〕（名・形動）▽淫蕩な生活

使い分け【1】「道楽」は、「道楽で店を始める」のように、趣味の意でも使われる。【2】「淫蕩」は、特に、酒色におぼれて、生活が乱れることをいう。

参照▼道楽⇒617-01

5 20-30 非道／無道／横道／無法／不義／非常識

共通する意味★人としてあるべき道からはずれていること。

使い方▼〔非道〕（名・形動）▽非道な行い▽極悪非道〔無道〕（名・形動）▽無道な仕打ちに泣く▽悪逆無道〔横道〕（名・形動）▽人もなげな横道ぶり▽横道者〔無法〕（名・形動）▽無法な要求は受け入れられない▽無法者〔不義〕▽不義をはたらく▽不義密通〔非常識〕（名・形動）▽場をわきまえない服装で非常識もはなはだしい▽非常識な言動が目立つ

使い分け【1】「非道」「無道」「横道」は、日常語としてはほとんど使われない。【英】*injustice; atrocity*【2】「無法」は、厳密に法令を問題にしているのではなく、一般的にひどいこと、道理にはずれていることの意で使われる。【英】*unlawfulness*【3】「不義」は、特に男女の仲についていわれてきたが、現在では、あまり使われなくなっている。【英】*immorality*【4】「非常識」は、当然こうあるべきだとされていることに反していると、強く非難する言い方。具体的で日常的な事柄について使われる。【英】*senselessness*

5 20-31 いたずら／悪さ／悪ふざけ

共通する意味★子供などがふざけてする軽い悪事。【英】*mischief*

使い方▼〔いたずら〕（名・形動）スル〔悪ふざけ〕スル

	＿が過ぎる	自動車に(を)＿される	ただの子供の＿です	カラスが＿ばかりして困る
いたずら	○	○	○	△
悪さ	○	○	－	○
悪ふざけ	○	－	○	－

使い分け【1】「いたずら」が、もっとも広く用いられる。「悪戯」とも書く。【2】「悪さ」は、「いつのころからか悪さを働くようになった」のように、軽い犯罪のこともいう。【3】「悪ふざけ」は、常識的な限度を逸脱してふざけること。

5 20-32 気違いざた／狂態

【関連語】◆（痴態）

共通する意味★普通では考えられない、とんでもない行為。【英】*an insanity*

使い方▼〔気違いざた〕▽真相を聞いてみると、まるで気違いざただ〔狂態〕▽自制心を失って狂態を演じる

使い分け「気違い」は、精神障害者を侮蔑して言った言葉で、「気違いざた」の使用には十分な注意が必要である。「狂態」は、文章語的。

【関連語】◆（痴態）ばかげたふるまい。文章語。「痴態を演じる」

5 20-33 殺す

【関連語】◆（消す）

意味★人や動物などの生命を断ったり、死に至らしめたりする。【英】*to kill*

使い方▼〔殺す〕(サ五)▽人を殺して逃げる▽虫も殺さない顔をしている

◆「じっと息を殺す」「感情を殺す」「せっかくの才能を殺す」のように、そのもののはたらきを抑えたり、本来の特性、持ち味、能力などを発揮させないようにする意や、「ながし目で男を殺す」のように、相手を悩殺する意にも使う。

【関連語】◆（消す）(サ五)「殺す」意の俗な言い方。「邪魔者は消せ」

参照▼消す⇒714-16 913-14

5 20-34 殺人／他殺／殺害／人殺し

共通する意味★人の生命を奪うこと。【英】*murder*

使い方▼〔殺人〕▽男は殺人の疑いで逮捕された▽殺人鬼 〔他殺〕▽警察は、彼の死を他殺と断定した 〔殺害〕スル▽一審で被告は殺害の意志はなかったと主張した 〔人殺し〕▽人殺しの嫌疑がかかる▽人殺しがつかまる

	＿事件	＿の計画	＿の罪を犯す	＿死体
殺人	○	○	○	－
他殺	○	－	－	○
殺害	○	○	－	△
人殺し	△	○	○	－

使い分け【1】「殺人」「殺害」は、人を殺すことだが、ふつうは「殺人」が使われる。【2】「他殺」は、人手にかかって殺されること。【3】「人殺し」には、殺人の意のほかに、その犯人の意もある。

反対語▼他殺⇔自殺

5 20-35 殺生／殺虫

共通する意味★動物などを殺すこと。

使い方▼〔殺生〕スル▽無益な殺生はやめよう▽殺生禁断 〔殺虫〕▽殺虫剤

使い分け【1】「殺生」は、もともと仏教語で、生き物の命を奪うこと。「そんな殺生な話があるものか」のように、ひどいこと、むごいことを意味することもある。【英】*destruction of life*【2】「殺虫」は、害虫を殺すこと。【英】*killing of insects*

5 20-36 暗殺／謀殺／密殺

【関連語】◆（必殺）

共通する意味★ひそかに人を殺すこと。【英】*assassination*

使い方▼〔暗殺〕スル▽要人暗殺の計画▽暗殺者 〔謀殺〕スル▽首相は謀殺されたらしい▽謀殺の疑いをもつ 〔密殺〕スル▽仲間は密殺して儲けを一人占めする

使い分け【1】「暗殺」は、対立する立場の要人をひそかに殺すこと。【2】「謀殺」は、計画的に人を殺すこと。【3】「密殺」は、ひそかに殺すこと。特に、法を犯して家畜を殺すこと。

反対語▼謀殺⇔故殺

【関連語】◆（必殺）相手を必ず殺すこと。また、必ず相手を殺すという意気ごみ。「敵に必殺の一撃を食らわした」「必殺のパンチ」

5 20-37 絞め殺す／縊る／刺し殺す／嚙み殺す／轢き殺す／殴り殺す／打ち殺す／叩き殺す／ぶち殺す／撃ち殺す

共通する意味★なんらかの手段で殺す。

使い方▼〔絞め殺す〕(サ五)▽腰ひもで絞め殺す 〔縊る〕(ラ五)▽鶏を縊る▽村人たちは、彼を縊ろうとした 〔刺し殺す〕(サ五)▽暴漢が首相を刃物で刺し殺す 〔嚙み殺す〕(サ五)▽犬が幼児をかみ殺す 〔轢き殺す〕(サ五)▽トラックにひき殺される 〔殴り殺す〕(サ五)▽金属バットで殴り殺す 〔打ち殺す〕(サ五)▽石でへびを打ち殺す 〔叩き殺す〕(サ五)▽ぐずぐずしていると叩き殺すぞ▽棒で叩き殺す 〔ぶち殺す〕(サ五)▽文句を言うやつはぶち殺してやる 〔撃ち殺す〕(サ五)▽ピストルで撃ち殺す

使い分け【1】「絞め殺す」「縊る」は、のどをしめて窒息死させる意。「縊る」は、古めかしい言い方。【英】*to strangle to death*【2】「刺し殺す」は、刃物などを突き刺して殺す意。【英】*to stab to death*【3】「嚙み殺す」は、かみついて殺す意。【英】*to bite to death*【4】「轢き殺す」は、車などでひいて殺す意。【英】*to run over to death*【5】「殴り殺す」は、殴って殺す意。【英】*to knock to death*【6】「打ち殺す」は、殴って、たたいて殺す意。「殺す」を強めていうこともある。【7】「叩き殺す」は、たたいて殺す意。「殺す」を強めていうこともある。【8】「ぶち殺す」は、「殺す」を強めていう語だが、殴って殺すという意味で使われることもある。「ぶっころす」とも。【9】「撃ち殺す」は、弾を命中させて殺す意。【10】「嚙み殺す」は、あくび、笑いなどが出ないよう、歯をくいしばってがまんする意でも使う。「笑いをかみ殺す」

5 20-38 絞殺（こうさつ）／刺殺（しさつ）／射殺（しゃさつ）／銃殺（じゅうさつ）／薬殺（やくさつ）／毒殺（どくさつ）／圧殺（あっさつ）／扼殺（やくさつ）／殴殺（おうさつ）／撲殺（ぼくさつ）／斬殺（ざんさつ）／轢殺（れきさつ）

共通する意味★なんらかの手段で殺すことを表わす漢語。

使い方▼〔**絞殺**〕スル▽電気コードを首に巻いて絞殺する　〔**刺殺**〕スル▽短刀で刺殺する　〔**射殺**〕スル▽ピストルで射殺された　〔**銃殺**〕スル▽軍紀を乱した罪で銃殺された▽銃殺刑　〔**薬殺**〕スル▽足を折った競走馬が薬殺処分となった　〔**毒殺**〕スル▽お家騒動で毒殺される　〔**圧殺**〕スル▽倒れた木に圧殺された　〔**扼殺**〕スル▽扼殺されたらしく、首に手で絞めた跡がある　〔**殴殺**〕スル▽リンチで殴殺される　〔**撲殺**〕スル▽丸太で撲殺する　〔**斬殺**〕スル▽辻(つじ)切りに斬殺される　〔**轢殺**〕スル▽車で轢殺する▽轢殺死体

使い分け【1】これらの語は、殺す手段によって使い分けられる。【2】「絞殺」は、首を絞(し)めて殺すこと。【3】「刺殺」は、刃物で刺して殺すこと。【4】「射殺」は、弓矢、銃などで殺すこと。【5】「銃殺」は、銃で撃ち殺すこと。【6】「薬殺」は、毒薬で殺すこと。多く、動物にいう。【7】「毒殺」は、物、毒薬を使って殺すこと。多く、人間にいう。【8】「圧殺」は、押しつけて殺すこと。【9】「扼殺」は、手などで首を絞めて殺すこと。【10】「殴殺」「撲殺」は、殴り殺すこと。【11】「斬殺」は、刀などで切り殺すこと。【12】「轢殺」は、車輪でひき殺すこと。

5 20-39 虐殺（ぎゃくさつ）／惨殺（ざんさつ）／殺戮（さつりく）／なぶり殺し（なぶりごろし）

【**関連語**】◆（**皆殺し**）みなごろし

共通する意味★むごたらしく殺すこと。【**英**】*massacre*

使い方▼〔**虐殺**〕スル▽軍事政権下で多くの人が虐殺された▽捕虜虐殺　〔**惨殺**〕スル▽革命のさなか、多くの活動家が惨殺された　〔**殺戮**〕スル▽侵略者は、先住民の殺戮を繰り返した　〔**なぶり殺し**〕▽子供たちはへびをなぶり殺しにした

使い分け【1】「惨殺」「殺戮」は文章語。【2】「殺戮」は、多くの人を殺すこと。【3】「なぶり殺し」は、もてあそびながらじわじわ殺すこと。

【**関連語**】◆（**皆殺し**）残さず殺すこと。「一家は、強盗に皆殺しにされたそうだ」

5 20-40 半殺し（はんごろし）／生殺し（なまごろし）

共通する意味★ほとんど死にそうな状態にすること。【**英**】*to half-kill*

	相手を□にする	□の目にあわせる	へびの□	□の状態におかれる
半殺し	○	○	－	－
生殺し	△	－	○	○

使い分け【1】「半殺し」は、なぐったりけったりしてひどく痛めつけ、もう少しで死ぬというほどの目にあわせること。【2】「生殺し」は、殺すのを途中でやめて、死にそうな状態のままほうっておき、苦しませること。比喩(ひゆ)的に、物事を中途半端のままほうっておき、相手がどう身を処していいかわからなくて困った状態にしておくことの意で使われることも多い。

5 20-41 窃盗（せっとう）／盗み（ぬすみ）／万引き（まんびき）

共通する意味★他人の物をすきをうかがって持ち出して自分のものにすること。【**英**】*theft*

使い方▼〔**窃盗**〕スル▽窃盗を働く▽窃盗の常習犯　〔**盗み**〕▽盗みを働く▽盗みを重ねる▽盗みの常習でつかまる　〔**万引き**〕スル▽本を万引きする

使い分け【1】一般的には「盗み」が用いられる。【2】「窃盗」は、法律用語。また、文章中で用いられる。【3】「万引き」は、買い物客のふりをして店先で商品をこっそり持ち出すこと。

5 20-42 盗む（ぬすむ）

意味★他人の物をこっそりとって、自分のものにする。【**英**】*to steal*

使い方▼〔**盗む**〕(マ五)▽金を盗む▽アイディアを盗む

◈「人の目を盗む」の形で、人に知られずにこっそり物事をする意でも使われる。「人目を盗んで会う」

5 20-43 誘拐（ゆうかい）／人さらい（ひとさらい）

共通する意味★人をだまして連れ去ること。【**英**】*kidnapping*

使い方▼〔**誘拐**〕スル▽子供が誘拐される▽営利誘拐▽誘拐犯人　〔**人さらい**〕▽人さらいが出るとおどされる▽人さらいに連れ去られる

使い分け【1】「誘拐」は、人をだまして連れ去ることをいう。【2】「人さらい」は、人をだまして、あるいは無理に連れ去るような人をさす場合が多い。「誘拐」よりは古い感じのする言葉。

5 20-44 暴行（ぼうこう）／強姦（ごうかん）／レイプ／輪姦（りんかん）／凌辱（りょうじょく）

共通する意味★力ずくで女性を犯すこと。【**英**】*violation; rape*

使い方▼〔**暴行**〕スル▽女性を誘拐し暴行する▽婦女暴行　〔**強姦**〕スル▽女を強姦するなんて最低のやつだ▽強姦罪　〔**レイプ**〕スル▽レイプされたと訴え出

る▽レイプ犯 〔輪姦〕スル▽非行少年グループに輪姦される 〔凌辱〕スル▽凌辱の限りを尽くす

使い分け【1】「輪姦」は、一人の女性を何人かでかわるがわる犯すこと。【2】「凌辱」は、人を侮りはずかしめる意から。

参照▼暴行⇒520-28 凌辱⇒517-28

5 20-45 汚職／背任

共通する意味★職権や地位を利用して不正な行いをすること。【英】*corruption*

使い方▼〔汚職〕▽汚職がばれる▽汚職事件 〔背任〕スル▽背任行為▽背任罪

使い分け【1】「汚職」は、公務員に対して用いるが、「背任」は、会社員などに対しても用いる。【2】「背任」は、職務上の不正により、属している組織に損害を与えることをいう。

5 20-46 ゆすり／恐喝／強請／脅迫

【関連語】◆（強迫）

共通する意味★相手の弱み、秘密などにつけこんで、おどしつけること。【英】*blackmail*

使い方▼〔ゆすり〕▽ゆすり、たかりが横行する 〔恐喝〕スル▽恐喝の疑いで逮捕する▽秘密をねたに恐喝する 〔強請〕スル▽わいろを強請する▽賛助金の強請 〔脅迫〕スル▽脅迫されて言いなりになる

	□を働く	相手に□される	□罪	寄付を□する
ゆすり	○	-	-	-
恐喝	○	○	○	-
強請	-	○	-	○
脅迫	△	○	-	-

使い分け【1】「ゆすり」は、人をおどしたり言いがかりをつけたりして、金品をまき上げること。「強請」と当てる。【2】「恐喝」は、相手の弱みや秘密などにつけこんでおどし、金品を出させること。「脅喝」とも書く。【3】「強請」は、無理にたのんで、または人をおどして金品を出させようとすること。文章語。「ごうせい」とも。【4】「脅迫」は、相手をおどして相手に恐れの気持ちを抱かせ、自分の言うとおりにさせようとすること。刑法では、危害を加えるような言動をしておどすことをいう。

【関連語】◆（強迫）スル無理強いして、あることを要求すること。民法では、相手に危害を加えることを告げて恐れさせ、自由な意思決定を妨げることをいう。

5 20-47 脅し／威嚇／威喝／恫喝

【関連語】◆（こけおどし）

共通する意味★相手をこわがらせること。【英】*a threat*

使い方▼〔脅し〕▽刃物をちらつかせて脅しをかける▽脅しがきく 〔威嚇〕スル▽相手を威嚇して承諾を得た▽威嚇射撃 〔威喝〕スル▽隊長に威喝されてひきさがる 〔恫喝〕スル▽恫喝して金をとる

使い分け【1】「脅し」が、最も一般的な語。【2】「威嚇」は、相手に自分の威力を見せて、恐怖心を起こさせること。【3】「威喝」は、大声で相手をおびえさせること。【4】「恫喝」は、危害を加えるような様子を見せて相手をおびえさせること。

【関連語】◆（こけおどし）見せかけだけで、実質を伴わないおどし。「虚仮威し」とも書く。「そんなこけおどしは通用しない」

5 20-48 脅かす／脅す／脅しつける／脅かす

【関連語】◆（凄む）

共通する意味★相手を怖がらせる。【英】*to threat*

使い方▼〔脅かす〕（おどかす）（サ五）〔脅す〕（サ五）〔脅しつける〕（カ下一）〔脅かす〕（おびやかす）（サ五）

	ピストルで人質を□	大声で子供を□	社長を□て金を取る	核兵器で隣国を□
脅かす	○	○	-し○	-
脅す	○	○	-し○	-
脅しつける	○	○	-け△	-
おびやかす	△	-	-し-	○

使い分け【1】四語とも、何らかの手段を用いて相手を怖がらせる意。【2】「脅（おど）かす」は、「突然わっと言って脅かす」のように、びっくりさせる意にも使う。【3】「脅（おびや）かす」には、「首位の座をおびやかす」「平和をおびやかす」などのように、不安定な状態に陥らせる意もある。

【関連語】◆（凄む）（マ五）相手に恐怖を感じさせるような言動をしてみせる。「腕まくりをして凄む」

参照▼脅（おど）かす⇒210-06

5 20-49 いじめる／さいなむ／なぶる／いびる／虐げる

共通する意味★苦しみや悩みを与える。【英】*to torment*

使い方▼〔いじめる〕（マ下一）▽弱い者をいじめて喜ぶ 〔さいなむ〕（マ五）▽飢えにさいなまれる▽良心の呵責（かしゃく）にさいなまれる 〔なぶる〕（ラ五）▽弱い立場の者をなぶる▽先輩になぶられる 〔いびる〕（ラ五）▽部下をいびる▽姑（しゅうとめ）が嫁をいびる 〔虐げる〕（ガ下一）▽圧政で虐げられた人々を解放する

使い分け【1】「いじめる」は、暴力をふるう場合にも、言葉や態度で困らせる場合にも使われる一般的な語。【2】「さいなむ」は、「飢え」「良心」など抽象的なものに、受身形で使われることが多く、文章語的。「苛む」とも書く。【3】「なぶる」は、相手が困る

のを楽しみながら苦痛を与える意。「嬲る」とも書く。【4】「いびる」は、暴力によるのではなく、言葉や態度などでじわじわと相手に精神的苦痛を与える意。【5】「虐げる」は、力のある側が弱い側や無力な側を残酷な扱いで苦しめる意。

5 20-50 虐待(ぎゃくたい)／迫害(はくがい)

共通する意味★ひどい扱いをすること。**【英】** *ill-treatment*

使い方▼〔**虐待**〕スル▽まま子の**虐待**▽動物**虐待** 〔**迫害**〕スル▽異教徒を**迫害**する▽領主の**迫害**に耐える

使い分け【1】「虐待」は、肉体的苦痛を与えることをいい、多く個別的な事柄に用いる。【2】「迫害」は、広く精神的なものも含め、相手の集団などを苦しめる場合にいう。

5 20-51 苦しめる(くるしめる)／責める(せめる)／責めさいなむ(せめさいなむ)

共通する意味★肉体的あるいは精神的な苦痛を与える。**【英】** *to torture; to blame*

使い方▼〔**苦しめる**〕(マ下一)▽凶作が農民を**苦しめた**▽難題に**苦しめられる** 〔**責める**〕(マ下一)▽借金取りに**責められる**▽蚊(か)に**責められる** 〔**責めさいなむ**〕(マ五)▽悪夢に**責めさいなまれる**

使い分け【1】「責める」は、「失敗を責める」のように、過失や罪などをとがめる意でも使われる。【2】「責めさいなむ」は、精神的な苦痛を与える場合に使われるのが普通。

参照▼責める⇒613-48

5 20-52 詐欺(さぎ)／ペテン／かたり

共通する意味★人をだまして、損害を与えること。**【英】** *fraud*

使い分け【1】「詐欺」「かたり」は、金品をせしめるのが目的だが、「ペテン」は、単に相手をだますだけのこともある。【2】「かたり」「ペテン」は、俗語。

5 20-53 犯人(はんにん)

【関連語】◆(**罪人**)ざいにん◆(**咎人**)とがにん◆(**罪人**)つみびと

意味★罪を犯した人。**【英】** *a criminal*

使い方▼〔**犯人**〕▽強盗殺人の**犯人**▽真**犯人**

■「犯人」は、特定の罪を犯した本人。現在話題としている事件について、刑事上の罪であるか否かは問わずに用いられる。

【関連語】◆(**罪人**)ざいにん・(**咎人**)・(**罪人**)つみびと「犯人」の古い言い方。

5 20-54 容疑者(ようぎしゃ)／被疑者(ひぎしゃ)

【関連語】◆(**お尋ね者**)おたずねもの

共通する意味★刑事上の罪を犯した疑いのある人。**【英】** *a suspect*

使い方▼〔**容疑者**〕▽殺人事件の**容疑者**として指名手配する 〔**被疑者**〕▽**被疑者**として取り調べをうける

使い分け「容疑者」は、捜査機関によって犯罪の嫌疑を受けているが、まだ起訴されていない者。法律では「被疑者」という。

【関連語】◆(**お尋ね者**)やや古い俗語的な言い方。「お尋ね者の身の上」

5 20-55 逮捕(たいほ)／検挙(けんきょ)／挙げる(あげる)／召し捕る(めしとる)

【関連語】◆(**手が後ろに回る**)てがうしろにまわる

共通する意味★犯人や容疑者を捕らえる。**【英】** *to arrest*

使い方▼〔**逮捕**〕スル▽こそ泥を現行犯で**逮捕する**▽殺人容疑で**逮捕状** 〔**検挙**〕スル▽容疑者を**検挙する**▽**検挙される** 〔**挙げる**〕(ガ下一)▽ホシ(＝犯人をいう俗語)を**挙げる** 〔**召し捕る**〕(ラ五)▽牢(ろう)破りを**召し捕る**

使い分け【1】「逮捕」は、刑事事件で、警察が逮捕状によって犯人を拘束し、抑留すること。【2】「検挙」は、犯罪が成立すると定めて警察署へ引き渡すこと。【3】「挙げる」は、犯人をつかまえる意の俗語。【4】「召し捕る」は、古い言い方。

【関連語】◆(**手が後ろに回る**)警察に捕らえられる。俗語。「手が後ろに回るはめになる」

5 20-56 拘引(こういん)／連行(れんこう)

【関連語】◆(**しょっぴく**)◆(**引っ張る**)ひっぱる◆(**拉致**)らち

共通する意味★容疑者などを捕らえて連れて行くこと。**【英】** *arrest*

使い方▼〔**拘引**〕スル▽容疑者を**拘引する**▽**拘引状** 〔**連行**〕スル▽犯人を**連行する**▽警察へ**連行された**

使い分け【1】「拘引」は、被告人や証人を裁判所などに連れて行くこともいう。この場合、法律用語では「勾引」と書く。【2】「連行」は、特に、警察官が犯人、容疑者などを警察署に連れて行くことをいう。

【関連語】◆(**しょっぴく**)(カ五)・(**引っ張る**)(ラ五)警察署などに連れて行く意の俗語。「これ以上暴れるとしょっぴくぞ」「別件で警察へ引っ張られた」◆(**拉致**)スル無理に連れて行くこと。「何者かに拉致された」

参照▼引っ張る⇒109-09

5 20-57 捕まる(つかまる)／捕らわれる(とらわれる)

共通する意味★逃げようとしていたものが取り押さ

えられる。【英】*to be caught*

使い方▼〔捕まる〕(ラ五)　〔捕らわれる〕(ラ下一)

	犯人が警察に□	オオカミが□	タクシーが□	□の身
捕まる	○	○	○	－り－
捕らわれる	○	△	－	－れ○

使い分け【1】「捕らわれる」は、やや硬い言い方。【2】「捕まる」は、「彼につかまるとなかなか話が終わらない」のように、その場にとどめさせられる意でも使われる。

5 20-58 捕(と)らえる／捕(つか)まえる／取(と)り押(お)さえる

共通する意味★逃げようとするもの、見えなくなりそうなものなどをしっかりと押さえる。【英】*to catch*

使い方▼〔捕らえる〕(ア下一)　〔捕まえる〕(ア下一)　〔取り押さえる〕(ア下一)

	犯人を□	あばれる鹿を□	酔っ払いを□	タクシーを□
捕らえる	○	△	－	－
つかまえる	○	○	－	○
取り押さえる	○	○	○	－

使い分け【1】「捕らえる」「捕まえる」は、逃げないようにしっかりと押さえる意。「捕らえる」は、話し言葉ではあまり用いられない。【2】「捕らえる」には、「相手の心を捕らえる」「真相を捕らえる」「機会を捕らえる」のように、抽象的な事柄を掌握する意もある。【3】「取り押さえる」は、「こそ泥を取り押さえる」のように、力で強引に押さえつけるような場合にいう。

5 20-59 束縛(そくばく)／拘束(こうそく)

【関連語】◆〈縛る〉しばる

共通する意味★行動の自由を制限すること。【英】*restraint*

使い方▼〔束縛〕スル▽束縛から解放される　〔拘束〕スル▽自由な行動を拘束される▽法的拘束力

	時間に□される	言論の自由を□する	この職場は□時間が長い	身柄を□する
束縛	○	○	－	－
拘束	○	－	○	○

使い分け【1】「束縛」は、かたくしばる意から、行動に制限を加えて自由をうばうことをいう。【2】「拘束」は、特に、犯人や被告をとらえ、勝手に出歩けないような状態にしておくことにいう。

【関連語】◆〈縛る〉(ラ五)自由にできないように制限する。「時間にしばられた生活」「金でしばる」

参照▼縛る⇒109-11

5 20-60 縛(ばく)／繋縛(けいばく)／緊縛(きんばく)

共通する意味★しばること。【英】*arrest*

使い方▼〔縛〕▽縛に就く(＝罪人としてしばられる)　〔繋縛〕スル▽繋縛を解かれる　〔緊縛〕スル▽緊縛された全裸死体

使い分け【1】いずれも、文章語。【2】「縛」は、しばられることの意にも用いる。【3】「繋縛」は、つなぎしばること。「緊縛」は、固くしばること。

5 20-61 留置(りゅうち)／拘置(こうち)／勾留(こうりゅう)

【関連語】◆〈拘禁〉こうきん◆〈検束〉けんそく◆〈抑留〉よくりゅう

共通する意味★犯罪の疑いのある人物を、一定の支配のもとにある場所にとどめておくこと。【英】*detention*

使い方▼〔留置〕スル▽警察に一晩留置された▽留置場　〔拘置〕スル▽被告人を拘置する▽拘置所　〔勾留〕スル▽容疑者を勾留する▽未決勾留

使い分け【1】「留置」は、人を拘束する裁判やその執行、あるいは、その結果として拘束されている状態をいう。【2】「拘置」は、犯罪人や被疑者を監獄または拘置所に収容することをいう。【3】「勾留」は、被告人または被疑者を取り調べのため、一定の場所に拘束すること。

【関連語】◆〈検束〉スル旧行政執行法では、警察官が身体を拘束して警察に留置することをいったが、一般的には、犯罪に関係なく束縛することをいう。◆〈抑留〉スル強制的にその場にとどまらせること。「戦後数年間シベリアに抑留された」◆〈拘禁〉スルつかまえて一定の場所に閉じ込めておくこと。「政治犯を拘禁する」

5 20-62 刑(けい)／刑罰(けいばつ)

【関連語】◆〈罰〉ばつ◆〈実刑〉じっけい◆〈私刑〉しけい◆〈リンチ〉◆〈執行猶予〉しっこうゆうよ

共通する意味★罪を犯したものに与えられる法律上の制裁。【英】*a punishment*

使い方▼〔刑〕▽懲役三年の刑に処する▽刑の執行▽終身刑　〔刑罰〕▽刑罰を加える▽重い刑罰

【関連語】◆〈罰〉法律、団体などの規律、倫理的・宗教的基準に違反したものに与えられる制裁。広く用いられる。「罰として食事を与えない」「罰を受ける」◆〈実刑〉執行猶予でなく、刑務所に入らなければならない刑。「実刑判決が下りる」◆〈執行猶予〉有罪判決を受けた者について、一定期間刑の執行を延ばすこと。その期間内に新たな犯罪を犯さなければ、刑の言い渡しの効力が失われる。「懲役二年、執行猶予三年の判決」◆〈私刑・リンチ〉法律によらず個人や集団が勝手に加える制裁。「私刑(リンチ)を加える」

5 20-63 懲役／禁固／拘留

共通する意味★犯罪者の身体の自由を制限する刑罰。**【英】** *imprisonment*

使い方▼〔懲役〕▽懲役七年の刑▽無期懲役　〔禁固〕▽禁固の刑に処せられる　〔拘留〕▽十日の拘留に処す

使い分け【1】「懲役」は、刑務所に拘置して一定の労役に服させる刑。【2】「禁固」は、受刑者を刑務所に拘置するだけで、労働をさせない刑。法令では「禁錮」と書く。また、人を一室内に閉じこめて外出を禁ずることもいう。【3】「拘留」は、一日以上三〇日未満の期間、拘留場に身柄をおいて、自由を束縛する刑。

5 20-64 罰則／ペナルティー

共通する意味★規則に違反した行為に対して、どのような罰を与えるかを定めた規定。**【英】** *penalty*

使い方▼〔罰則〕▽罰則を適用する▽出場停止の罰則　〔ペナルティー〕▽ペナルティーをとられる▽ペナルティーを科す

使い分け【1】「罰則」は、刑罰または行政罰を定めた規定をいうが、スポーツやゲームのルールなどにも用いる。【2】「ペナルティー」は、サッカーやラグビーなどスポーツで、定められた罰則をいうことが多い。また、「契約不履行のペナルティーを払った」のように、罰金の意味にも使う。

5 20-65 罰／天罰／天誅／神罰／仏罰

共通する意味★人間を超えた存在が、人間をこらしめ、償いとして与える苦しみ。**【英】** *Heaven's punishment*

使い方▼〔罰〕▽罰が当たる▽これも親不孝をした罰だ　〔天罰〕▽天罰が下る▽天罰覿面(＝悪事を働いて即座に天罰を受けること)　〔天誅〕▽反動分子に天誅を加える　〔神罰〕▽神罰が下る▽神罰をこうむる　〔仏罰〕▽仏罰をこうむる

使い分け【1】「罰」は、動作の主体を特に限定せずに、ごく一般的に用いられる語。【2】「天罰」「天誅」は、天の下す罰。「天誅」は、天に代わって処罰することの意にも使う。【3】「神罰」は、神が下す罰。「仏罰」は、仏が下す罰。「ぶつばち」ともいう。

5 20-66 処罰／成敗／制裁

【関連語】◆〔両成敗〕りょうせいばい◆〔厳罰〕げんばつ

共通する意味★刑罰を与えること。**【英】** *punishment*

使い方▼〔処罰〕スル▽校則に違反して処罰された▽処罰を受ける　〔成敗〕スル▽悪人を成敗する▽領主に成敗される　〔制裁〕スル▽生意気な下級生に制裁を加える▽鉄拳制裁

使い分け【1】「処罰」は、所属の組織や学校などの規則違反者に対して罰を与えること。【2】「成敗」は、古い言い方で、罪人を打ち首にすることもいう。【3】「制裁」は、規則にそむいた者に加えられる、こらしめるための罰。

【関連語】◆〔両成敗〕事を起こした両方を処罰すること。「喧嘩両成敗」◆〔厳罰〕きびしい罰。また、厳しく処罰すること。「違反者は厳罰に処する」

5 20-67 罪滅ぼし／贖罪

共通する意味★善行をして、過去に犯した罪を償うこと。**【英】** *expiation*

使い方▼〔罪滅ぼし〕▽せめてもの罪滅ぼしに家庭サービスをする　〔贖罪〕スル▽荒稼ぎの贖罪のつもりで募金に協力する

使い分け【1】二語とも、刑法上の罪を償うのではなく、他人を苦しめたり悲しませたりした償いをすること。【2】「贖罪」は、文章語。

5 20-68 服役／受刑

【関連語】◆〔服罪〕ふくざい◆〔下獄〕げごく◆〔処刑〕しょけい

共通する意味★刑罰の執行を受けていること。**【英】** *penal servitude*

使い方▼〔服役〕スル▽殺人罪で服役する▽服役中の身　〔受刑〕▽受刑者

使い分け【1】「服役」は、刑務所で懲役に服すること。また、兵役に服することもいう。【2】「受刑」は、刑の執行を受けること。「受刑者」の形以外はあまり用いられない。

【関連語】◆〔服罪・下獄〕スルやや古い文章語。「下獄」は、獄中で刑に服すること。◆〔処刑〕スル刑罰を加えること。特に、死刑に処することをいう。

5 20-69 収監／投獄

共通する意味★人を刑務所に収容すること。**【英】** *imprisonment*

使い方▼〔収監〕スル▽刑務所に収監された▽死刑囚を収監する　〔投獄〕スル▽政治犯として投獄された▽無実の罪で投獄される

使い分け「投獄」は、捕らえて監獄に収容すること。

5 20-70 監禁／軟禁／幽閉

【関連語】◆〔缶詰〕かんづめ

共通する意味★一定の場所にとどめ、自由を制限すること。**【英】***confinement*

使い方▼〔**監禁**〕スル▽人質を地下室に監禁する▽監禁罪　〔**軟禁**〕スル▽誘拐して自宅に軟禁する▽軟禁状態におく　〔**幽閉**〕スル▽牢(ろう)に幽閉する▽国王は塔に幽閉の身だ

使い分け【1】「監禁」は、閉じ込めて外に出られない状態にすること。【2】「軟禁」は、外部と接触できない状態にすることだが、外出を禁じる程度をいうことも多い。【3】「幽閉」は、人を一室に閉じこめて、外に出られないようにすること。

【関連語】◆〔缶詰〕人を一定の場所に閉じこめることをいう俗語。「ホテルに缶詰にされて原稿を書いた」「事故で五時間も車中に缶詰になる」

5 20-71 籠城(ろうじょう)／蟄居(ちっきょ)

共通する意味★家の中に閉じこもって外出しないこと。**【英】***confinement*

使い方▼〔**籠城**〕スル▽籠城して原稿を書き上げる▽犯人は人質とともに籠城を続けている　〔**蟄居**〕スル▽故郷に蟄居している▽蟄居謹慎を命じる

使い分け【1】「籠城」は、元来は敵に囲まれて城などにたてこもること。【2】「蟄居」は、文章語。昆虫などが冬眠のために地中にこもる意から。

5 20-72 禁足(きんそく)／足止め(あしどめ)

共通する意味★ある場所から出ることを禁ずること。**【英】***confinement*

使い方▼〔**禁足**〕スル▽空港で禁足を食い、出国できない▽禁足令　〔**足止め**〕スル▽事故で足止めを食って遅れた

使い分け「禁足」は、一定の場所に居させて、外出や旅行を禁止すること。「足止め」は、所定の場所を離れないようにすること。

5 20-73 前科(ぜんか)／刑余(けいよ)

共通する意味★以前に刑罰を受けていること。**【英】***a criminal record*

使い方▼〔**前科**〕▽前科がある▽前科三犯　〔**刑余**〕▽刑余の身▽刑余者(しゃ)

使い分け【1】「前科」は、「浮気の前科がある」のように、比喩(ひゆ)的にも用いられる。【2】「刑余」は、あまり一般には用いられない。

5 20-74 留置場(りゅうちじょう)／豚箱(ぶたばこ)

【関連語】◆〔拘置所〕こうちしょ

共通する意味★警察署の中で容疑者を一時とどめておく場所。**【英】***a detention house*

使い方▼〔**留置場**〕▽留置場で一夜を過ごした▽留置場から出す　〔**豚箱**〕▽泥酔して豚箱にたたきこまれる

使い分け「豚箱」は、「留置場」をいう俗語。

【関連語】◆〔拘置所〕勾留(こうりゅう)した被疑者、被告人や死刑囚などを収容する所。

5 20-75 刑務所(けいむしょ)／監獄(かんごく)／牢獄(ろうごく)／牢(ろう)／牢屋(ろうや)

共通する意味★刑罰の決まった犯罪人を入れておく施設。**【英】***a prison*

使い方▼〔**刑務所**〕▽刑務所を出たばかりの男▽刑務所暮らし　〔**監獄**〕▽十年間も監獄に入れられていた　〔**牢獄**〕▽牢獄に入れられた▽牢獄につながれる　〔**牢**〕▽牢を破る▽牢名主▽地下牢　〔**牢屋**〕▽牢屋に入る

使い分け【1】「刑務所」が、現在一般的に使用される。「監獄」は「刑務所」の旧称。【2】「牢獄」「牢」「牢屋」は古い言い方。

5 20-76 受刑者(じゅけいしゃ)／囚人(しゅうじん)

【関連語】◆〔男囚〕だんしゅう◆〔女囚〕じょしゅう

共通する意味★刑務所に収容されている人。**【英】***a prisoner*

使い方▼〔**受刑者**〕▽受刑者に面会を求める　〔**囚人**〕▽囚人が逃亡をはかる▽囚人服

使い分け「受刑者」が正式の名称で、「囚人」は、俗称。

【関連語】◆〔男囚〕男子の受刑者。◆〔女囚〕女子の受刑者。

5 20-77 捕虜(ほりょ)／俘虜(ふりょ)／虜囚(りょしゅう)／とりこ

【関連語】◆〔人質〕ひとじち

共通する意味★戦いなどで敵方に捕らえられた人。**【英】***a captive*

使い方▼〔**捕虜**〕▽捕らえられて捕虜となる▽捕虜収容所　〔**俘虜**〕▽敵軍の俘虜となる　〔**虜囚**〕▽虜囚の身▽生きて虜囚の辱めを受けず　〔**とりこ**〕▽敵のとりことなった味方を救出する

使い分け【1】「捕虜」が最も一般的に用いられる。「俘虜」「虜囚」は、文章語。【2】「とりこ」は、「恋のとりこ」のように、あることに心を奪われている状態の意でも用いられる。

【関連語】◆〔人質〕交渉を有利にするために自分側に監禁しておく相手側の人。「人質を解放する」

5 20-78 脱獄(だつごく)／破獄(はごく)／脱牢(だつろう)／破牢(はろう)／牢破り(ろうやぶり)／牢抜け(ろうぬけ)

共通する意味★囚人が刑務所から逃げ出すこと。【英】*prison breach*

使い方▼〔脱獄〕スル 〔破獄〕スル 〔脱牢〕スル 〔破牢〕スル

使い分け【1】「脱獄」が、最も一般に使われる。【2】「破獄」「脱牢」「破牢」「牢破り」「牢抜け」は、古い言い方で、あまり用いられない。

5 20-79 釈放（しゃくほう）／放免（ほうめん）

【関連語】◆〔保釈〕（ほしゃく）

共通する意味★身体の拘束を解いて自由にすること。【英】*release*

使い方▼〔釈放〕スル▽被疑者を釈放する▽仮釈放〔放免〕スル▽容疑が晴れて放免される▽無罪放免

使い分け【1】「釈放」は、刑法にのっとって身体の拘束を解くこと。【2】「放免」は、義務の免除など比喩（ひゆ）的にも使う。「嫌いな勉強から放免される」

【関連語】◆〔保釈〕スル 一定の保証金（保釈金）を納めさせて、刑事被告人を釈放すること。

5 20-80 赦免（しゃめん）／免罪（めんざい）

共通する意味★罪や過失を許すこと。【英】*pardon*

使い方▼〔赦免〕スル▽赦免を願う▽御赦免になる〔免罪〕▽恩赦による免罪▽免罪符

使い分け 二語とも、文章語。

5 20-81 恩赦（おんしゃ）／特赦（とくしゃ）／大赦（たいしゃ）／減刑（げんけい）

共通する意味★裁判で確定した刑罰の内容を、なくしたり軽くしたりすること。【英】*general pardon*

使い方▼〔特赦〕スル 〔減刑〕スル

使い分け【1】「特赦」「大赦」「減刑」は、それぞれ「恩赦」の一種。【2】「特赦」は、有罪の言い渡しを受けた特定の者に対し、刑を免除すること。「大赦」は、国家の慶事などがあったときに、刑罰の種類を限定して免除すること。【3】「減刑」は、刑を軽くすること。【4】「恩赦」には、このほか「刑の執行の免除」と「復権」がある。

5 20-82 解除（かいじょ）／解禁（かいきん）

共通する意味★制限、禁止などの処置を解いて自由な状態にすること。【英】*release*

使い方▼〔解除〕スル▽ストライキは解除された▽武装解除〔解禁〕スル▽狩猟を解禁する▽鮎（あゆ）釣りの解禁日

使い分け【1】「解除」は、特別に定めた制約、制限、禁止などの処置を取り止めて、平常の状態に戻すことをいう。【2】「解禁」は、禁止していた状態を解き、自由にさせることをいう。

5 20-83 自由（じゆう）／フリー

共通する意味★束縛や制約がなく、思うままの状態。【英】*free*

使い方▼〔自由〕▽自由に行動してよい▽自由を謳歌（おうか）する▽するしないは君の自由だ▽晴れて自由の身になる〔フリー〕（名・形動）▽フリーな立場で参加する▽フリーな時間がない

使い分け【1】「自由」は、法律の範囲内でできる随意の行為もいい、「言論の自由」「信教の自由」のように使う。【2】「フリー」は、「フリーのカメラマン」「独立してフリーとなる」のように、特に所属する所を持たない記者、芸能人などにもいう。また、「タックスフリー」のように、無料、無税の意もある。

6 文化

6 01 学問・研究

6 01-01 学問/学術

共通する意味★一定の原理に従って、知識を体系化したもの。【英】*learning*

使い方▼〔学問〕▽学問で身を立てる▽文科系の学問を専攻する▽学問の自由▽学問の進歩　〔学術〕▽大学は学術の中心として、広く知識を授ける▽学術書▽学術用語

	［ ］的に価値がある	［ ］上の論争	哲学という［ ］	［ ］論文
学問	○	○	○	-
学術	○	○	-	○

使い分け【1】「学問」は、学ぶ対象である知識、およびその体系をいう。また、学ぶことにもいう。【2】「学術」は、他の語と複合して使われることが多い。また、学問と芸術の意もある。

参照▼学問⇒207-29

6 01-02 専門

【関連語】◆(専攻)

意味★限られた一つのことを研究・担当したり、得意としたりすること。また、その学問や仕事。【英】*specialty*

使い方▼〔専門〕▽専門は外科です▽英語を専門に教える▽食い気専門だ▽専門店▽専門分野

【関連語】◆(専攻)ある学問、学科を専門に研究すること。「フランス文学が専攻です」

6 01-03 科学

【関連語】◆(サイエンス)

意味★普遍的真理や法則を発見することを目的とした体系的知識。特に自然科学をいうことが多い。【英】*science*

使い方▼〔科学〕▽科学者▽科学の進歩▽科学的

【関連語】◆(サイエンス)科学、特に自然科学をいう。「サイエンスフィクション」

6 01-04 文科

【関連語】◆(国語)◆(社会科)

意味★哲学、史学、文学など、数学、自然科学系以外の文化に関する学科。法律、経済、商科などの学科を含める場合もある。【英】*the department of liberal arts* ⇔理科

使い方▼〔文科〕▽文科系の大学に進む

【関連語】◆(国語)日本の言語および言語文化を取り扱う学校教育の教科名。「国語の先生」◆(社会科)地理、歴史、倫理、社会、政治、経済などの領域にわたる学校教育の教科名。

参照▼国語⇒607-05

6 01-05 数学

【関連語】◆(算数)◆(代数)◆(幾何)◆(解析)◆(算術)

意味★主として、数量および空間の性質について研究する学問。代数学、幾何学、解析学、また、それらを応用する学問の総称。【英】*mathematics*

【関連語】◆(算数)小学校の教科の一つで、初歩の数学。◆(代数)「代数学」の略。数の代わりに文字を使って研究する数学の一分野。◆(幾何)「幾何学」の略。図形や空間の性質を研究する数学の一分野。◆(解析)微積分学、また、それから発展した諸分野の総称。◆(算術)初歩の数学。また、小学校の旧教科名で、現在の「算数」にあたる。

6 01-06 理科

【関連語】◆(物理)◆(化学)◆(地学)◆(生物学)

意味★物理、化学、地学、生物など、自然科学を内容とする学科。【英】*science* ⇔文科

使い方▼〔理科〕▽理科は苦手だ▽理科系に進む

【関連語】◆(物理)「物理学」の略。自然現象を観察、測定し、その結果から運動、熱、光などを支配する法則を導き、また、それをより基礎的な法則から理論的に説明しようとする学問。◆(化学)物質の組成と構造、性質とその作用および変化、応用などを研究する学問。◆(地学)地球および地球を形づくる物質に関する学問。地球に関する自然科学の総称。◆(生物学)生物または生命現象を研究する学問。

6 01-07 研究/究める

【関連語】◆(リサーチ)

共通する意味★真理や理論を明らかにするために、よく調べたり深く考えたりする。【英】*to research*

使い方▼〔研究〕スル▽考古学を研究する▽環境問題の研究▽研究所　〔究める〕(マ下一)▽学理を究める▽神学を究めた人

使い分け「研究」は、程度のいかんにかかわらず、調べ考えることを広くいうのに対し、「究める」は、学問、芸道などの奥深いところまで探る意。

【関連語】◆(リサーチ)スル調査、研究すること。「マーケティングリサーチ」

6 01-08 探究／追究／研鑽

【関連語】◆(講究)◆(考究)◆(攻究)

共通する意味★学問などを深く研究すること。【英】*study; investigation*

使い方▼〔探究〕スル▽真理の探究▽自然界の法則を探究する　〔追究〕スル▽学問の目的は真理の追究だ▽原因を追究する　〔研鑽〕スル▽長年研鑽を積む▽研鑽に励む

使い分け【1】「探究」は、物事の真のあり方を見きわめるために詳しく調べること。「追究」は、わからないことを明らかにするために調べ続けること。【2】「研鑽」は、学問などを着実に研究すること。

【関連語】◆(講究)スル物事を深く調べ、きわめること。「日本の古典を講究する」◆(考究)スル物事について深く考えきわめること。「宇宙の生成を考究する」◆(攻究)スル学問、技術などを修めきわめること。「中世の建築様式を攻究する」

6 01-09 調査／調べる

【関連語】◆(検分)

共通する意味★はっきりとしない事柄を明らかにする。【英】*to examine*

使い方▼〔調査〕スル▽事件の調査にのりだす▽県民の生活を調査する　〔調べる〕(バ下一)▽言葉の意味を辞書で調べる▽室内を調べる

	事故の原因を□	古代の遺跡を□	世論を□	被疑者を□
調査する	○	○	○	-
調べる	○	○	-	○

使い分け【1】「調査」は、明らかにしたい不明な事柄を、多くの対象に当たって総合的に明らかにすること。主として規模が大きな場合に使う。【2】「調べる」は、その行為が小規模である場合にも大規模である場合にも広く用いられる。

【関連語】◆(検分)スル実際に立ち会って調べ見届けること。「立地条件を検分しておく」

6 01-10 検査／点検／検閲

【関連語】◆(検定)

共通する意味★物事の可否、適不適、異状の有無などを調べること。【英】*inspection*

使い方▼〔検査〕スル　〔点検〕スル　〔検閲〕スル

	所持品を□する	器具を□	人員の□をする	手紙の□をする
検査	○	○	-	-
点検	○	○	○	-
検閲	○	-	-	○

使い分け【1】「検査」は、広く一般に用い、「検閲」は、「検査」の特別な場合をさす。【2】「点検」は、対象となるものの一つ一つについて調べる場合にいう。【3】「検閲」は、出版物や放送、郵便信書などの表現内容を強制的に調べることをいう。

【関連語】◆(検定)スル基準に基づいて検査し、価値、資格などを決めること。「教科書の検定」「検定試験」

6 01-11 検討

【関連語】◆(吟味)

意味★ある事柄についてよく調べ、いいかどうかを考えること。【英】*examination*

使い方▼〔検討〕スル▽内容を十分検討する▽検討を重ねる

【関連語】◆(吟味)スル物事がその対象として十分に適切であるかどうかをよく調べること。

6 01-12 下見／下調べ／下検分

共通する意味★物事を行う準備として、物事の状態をあらかじめ調べておくこと。【英】*a preliminary inspection*

使い方▼〔下見〕スル▽社員旅行の下見をする▽会場を下見する　〔下調べ〕▽発表の下調べをする▽資料の下調べに当たる　〔下検分〕▽現地へ下検分に行く▽下検分をすませる

使い分け特に、「下見」「下検分」は、実地に眼で見ておくことをいう。

参照▼下調べ⇒602-11

6 01-13 監査／監察

【関連語】◆(鑑査)

共通する意味★監督し、検査すること。【英】*inspection*

使い方▼〔監査〕スル▽会計を監査する▽監査役　〔監察〕スル▽業務の状況を監察する▽監察官庁

使い分け【1】「監査」は、業務の執行や会計などについて用いられることが多い。【2】「監察」は、規定に反するようなことが行われているかどうか調べること。

【関連語】◆(鑑査)スル検査して、その優劣、適否などを見定めること。「応募作品を鑑査する」

6 01-14 精査／探査／踏査

共通する意味★ある事柄の内容を明らかにするために調べること。【英】*scrutiny*

使い方▼〔精査〕スル▽資料を精査する▽精査の必要な機械　〔探査〕スル▽資源を探査する▽月面探査機　〔踏査〕スル▽遺跡の実地踏査

使い分け【1】「精査」は、詳細に細部に及ぶまで調べること。【2】「探査」は、さぐりを入れながら調べること。【3】「踏査」は、調査対象の所在地へ実際に出かけていって調べること。

601-15 観察／精察

共通する意味★現象を注意深く見極めること。【英】*observation*

使い方▼〔観察〕スル▽昆虫の生態を観察する▽社会の動向をよく観察する▽観察力　〔精察〕スル▽物事の成り立ちを精察する

使い分け「観察」は、ありのままの現象を、注意深く見ること。「精察」は、精密に観察すること。「観察」が、一般的に使われる。

601-16 対照／照合／対比

【関連語】◆(照らし合わせる)てらしあわせる

共通する意味★複数の事物をつき合わせて、その異同などを確かめること。【英】*to contrast*

使い方▼〔対照〕スル▽訳文を原文と対照する▽図表と元の資料とを対照する　〔照合〕スル▽原本と照合する　〔対比〕スル▽理想と現実とを対比させる

使い分け【1】「対照」「対比」は、二つの事物をつき合わせて、その相違を見るときに用いるが、そのつき合わせるものは、はっきりと対になっていることが多い。【2】「照合」は、本来等しいはずのものについてつき合わせ、その誤りのないことを確認すること。【3】「対照」は、対立する事物を並べたとき、それぞれの特徴があざやかに発揮されて、違いが目立つことの意でも使われる。「好対照をなす」「対照的」

【関連語】◆(照らし合わせる)(サ下一)二つ以上のものをくらべ、異同などを明らかにする。「下書きと完成稿を照らし合わせる」

601-17 模索／詮索／検索／物色

【関連語】◆(手探り)てさぐり

共通する意味★はっきりとしない物事を調べ求めること。【英】*groping*

使い方▼〔模索〕スル▽解決の方法を模索する▽暗中模索　〔詮索〕スル▽事件について詮索する▽隣人の職業や収入などを詮索する　〔検索〕スル▽検索の便をはかる▽人名を検索する　〔物色〕スル▽土産物を物色する▽室内を物色した形跡がある

使い分け【1】「模索」は、いろいろと試みながら明らかにしたい事柄を探っていくことをいう。【2】「詮索」は、細かい点にまで及んで詳しく調べ求めることをいう。【3】「検索」は、特に、書物の中にある記述を探し求める場合に用いる。【4】「物色」は、多くの中から、目的にかなった人物や物を選び探すことをいう。

【関連語】◆(手探り)確かな方法や周囲の状況が分からないままに事を進めること。「新しい企画は手探りの状態にある」

601-18 試みる／試す／実験

【関連語】◆(試験)しけん

共通する意味★良否、真偽などについて、実際にあたって確かめてみる。【英】*to try*

使い方▼〔試みる〕(マ上一)▽無給油世界一周を試みる▽不時着を試みる　〔試す〕(サ五)▽用心棒の腕を試してみた▽刀の切れ味を試す　〔実験〕スル▽実験は成功した▽動物実験▽実験段階

	うまくいくかどうか□	脱出を□	模型を使って□	生徒の学力を□
試みる	○	○	△	-
試す	○	-	○	○
実験する	○	-	○	-

使い分け【1】「試みる」は、実際にあたってできるかどうかやってみる意だが、「試す」は、うまくいくか、よいか悪いか、本当かどうかの確認をする意が強い。【2】「実験」は、理論あるいは仮説などについて、人為的にある条件のもとで実際にやってみる意。

【関連語】◆(試験)スル物の性質、性能や人の能力などを調べること。「機械の性能を試験する」「入学試験」

参照▼試験⇒602-59

601-19 秘訣／こつ／便法／奥の手

共通する意味★物事を処置するうえでの効果的な方法や手段。【英】*a secret*

	□を教える	商売の□	料理の□	生活の□	□を出す
秘訣	○	○	○	-	-
こつ	○	○	○	-	-
便法	○	-	-	○	-
奥の手	○	○	-	-	○

使い分け【1】「秘訣」は、ある行為を行ううえでの最も効果的な方法で、他人や世間に広く知られていないものをいう。普通は、その行為の枝葉的部分ではなく、本質的な部分についていう。【2】「こつ」は、物事をうまく行うためのちょっとした要領。説明を読んだり聞いたりしただけでは会得できず、実際にやってみておぼえるしかないもの。「こつをのみこむ(＝要領を完全に会得する)」【3】「便法」は、ある行為を行ううえでの便宜的な方法。最も効果的ではないが、その場をうまくきりぬけ、それなりの効果がある方法。【4】「奥の手」は、いざというときに使用して、大きな効果を発揮する方法。

601-20 学者／学究 【関連語】◆〔碩学〕

共通する意味★豊富な知識を持ち、学問に打ち込む人。**【英】***a scholar*

使い方▼〔学者〕▽著名な学者の講演を聴く▽学者ぶった態度 〔学究〕▽学究としての生涯を貫く▽学究的姿勢

	□肌の人	□の徒	歴史□
学者	○	-	○
学究	○	○	-

使い分け「学者」は、学問を業とする人のこと。「学究」は、学問、研究に没頭すること。また、そういう人。生業として学問を行っているかどうかはあまり関係がない。

【関連語】◆〔碩学〕学問が広く、深いこと。また、そういう大学者。文章語。「当代の碩学」

601-21 博士／博士 【関連語】◆〔ドクター〕

共通する意味★学位の一つ。また、その学位を与えられた人。**【英】***a doctor*

使い分け【1】現在は「はくし」が正式名称で、「はかせ」は昔風の言い方。【2】「はかせ」は、「博士のお考えはいかがですか」のように、呼びかけや、その人のことをさしていう場合にも使うが、「はくし」は、あまり使わない。【3】他の語と複合させて使うとき、「医学博士」「文学博士」など正式の学位名としては「はくし」「はかせ」の両方使うが、「物知り博士」「お天気博士」など、よく知っている人の意では「はかせ」が使われる。

【関連語】◆〔ドクター〕「博士」の意。「ドクターコース（＝博士課程）」

参照▼ドクター⇒503-04

601-22 解明／糾明／究明

共通する意味★物事を明らかにすること。**【英】***elucidation*

使い方▼〔解明〕スル▽疑惑の解明を急ぐ 〔糾明〕スル▽悪事を糾明する 〔究明〕スル▽事実関係の究明に乗り出す

	事件を□する	原因を□する	真相を□する	責任を□する
解明	○	○	○	-
糾明	○	-	-	○
究明	△	○	○	-

使い分け【1】「解明」は、不明な点を明らかにすること。【2】「糾明」は、不正や責任を問いただし、はっきりさせること。【3】「究明」は、物事の道理や真理を解きあかすこと。

601-23 分析／解剖 【関連語】◆〔検出〕

共通する意味★複雑な事柄を一つ一つの要素や性質に分けること。**【英】***analysis*

使い方▼〔分析〕スル▽成分を分析する▽原因の分析 〔解剖〕スル▽相手の心理を解剖する

使い分け【1】「分析」は、事柄を分解し、全体の構成や性質などを明らかにすること。【2】「解剖」は、物事の条理を細かく分解し、研究することだが、生物の体を切り開いてその構造を調べることの意で用いるのが普通。

【関連語】◆〔検出〕スル検査して見つけ出すこと。「毒物を検出する」「成分を検出する」

602 教育

602-01 学習／勉強／勉学／学業 【関連語】◆〔復習〕

共通する意味★知識、技能などを学び、身につけること。**【英】***learning; study*

使い方▼〔学習〕スル▽日本の歴史を学習する▽高等学校三年間の学習を終えた▽学習指導要領▽課外学習 〔勉強〕スル▽勉強についていけない▽もっと勉強しなさい 〔勉学〕スル▽勉学につとめる▽勉学一途の生活 〔学業〕▽彼の学業の進歩は著しい▽学業を怠る

	□に励む	□につとめる	英語の□	□を修める
学習	△	-	○	-
勉強	○	-	○	-
勉学	○	○	-	-
学業	○	-	-	○

使い分け【1】「学習」は、おもに学校などで、知識や技能を身につけるため繰り返し学ぶことをいう。【2】「勉強」は、学校だけでなく、実用的な知識や技能を学ぶ場合にも広く使われる。【3】「勉学」は、学問につとめはげむこと。【4】「学業」は、おもに学校で修める課業をいう。

【関連語】◆〔復習〕スル学んだことを繰り返して勉強すること。⇔予習。「数学の復習をする」

602-02 練習（れんしゅう）／稽古（けいこ）／訓練（くんれん）／トレーニング

【関連語】◆（習練）しゅうれん◆（特訓）とっくん

共通する意味★能力、技術などを向上させるために、一定の作業を繰り返し行うこと。【英】*practice; training*

使い方▼〔練習〕スル▽テニスの練習に励む▽おじぎの仕方を練習する▽英会話の練習をする▽発声練習▽練習航海　〔稽古〕スル▽お茶の稽古▽先生に会う前に自分で稽古しておく▽弟子に稽古をつける▽寒稽古（げいこ）　〔訓練〕スル▽新兵を訓練する▽訓練を受ける▽避難訓練　〔トレーニング〕スル▽トレーニングで汗を流す▽筋力を増強するトレーニング▽ウエイトトレーニング

	□を積む	フットワークの□	ピアノの□をする	犬を□する
練習	○	○	○	-
稽古	○	-	○	-
訓練	○	○	-	○
トレーニング	○	○	-	-

使い分け【1】「練習」「稽古」は、ほとんど同じ意で、互いに置き換えられる場合も多い。ただし「稽古」は、やや古い言い方で、方法が体系的、科学的でない印象があり、外来語などとは結びつきにくく、芸事や習い事、日本古来の武術などに用いられる。また、演劇や舞台関係でも「稽古」を用いる。「お稽古」の形で使われることも多い。【2】「訓練」は、主に体を動かすことについて、実際の場を想定して教えこむことをいうことが多い。【3】「トレーニング」は、スポーツの場でよく用いられ、より高度な技術や記録を目ざすために方法などを工夫して行うもの。

【関連語】◆（習練）スル練習を重ね、精神、技芸などを磨き鍛えること。古い言い方。「剣術の習練」◆（特訓）スル「特別訓練」の略。「守備を特訓する」「受験直前の特訓を受ける」

602-03 習う（ならう）／学ぶ（まなぶ）／教わる（おそわる）／修める（おさめる）

【関連語】◆（修する）しゅうする

共通する意味★学問、技芸などを身につける。【英】*to learn*

使い方▼〔習う〕（ワ五）▽柔道は父に習った▽お茶とお花を習う　〔学ぶ〕（バ五）▽先生について学ぶ▽よく学び、よく遊べ　〔教わる〕（ラ五）▽英会話を教わる▽駅へ行く道を教わる　〔修める〕（マ下一）▽武芸十八般を修める▽学問を修める

	大学で哲学を□	車の運転を□	本で□	三十年かかって道を□
習う	○	○	-	-
学ぶ	○	-	○	-
教わる	○	○	△	-
修める	○	-	-	○

使い分け【1】「習う」「教わる」は、教えてもらう、指導を受ける意。広くいろいろな場合に使われるが、「教わる」は、口語的な言い方。【2】「学ぶ」は、教えを受けたり見習ったりすることによって、知識や技術を身につける意。やや固い言い方。【3】「修める」は、おもに学問、武術などを勉強することによって身につける意。他の三語と違って、勉強中の場合には、「修めている」とはいえない。

【関連語】◆（修する）（サ変）身につけること。古い言い方。「学を修する」

602-04 修得（しゅうとく）／習得（しゅうとく）

共通する意味★学問や技術などを習って身につけること。【英】*learning*

使い方▼〔修得〕スル▽大学院で経営工学を修得したい▽修得単位数　〔習得〕スル▽染色の技術を習得する▽技（わざ）を習得する

使い分け「修得」は、おもに学問的なことに使い、「習得」は、技術的なことに使う。

602-05 修学（しゅうがく）／学修（がくしゅう）／履修（りしゅう）

共通する意味★学問を習うこと。【英】*studying*

使い方▼〔修学〕スル▽兄は東京で修学している▽修学年限▽修学旅行　〔学修〕スル▽第一学年の学修を終える▽学修すべき課程　〔履修〕スル▽卒業に必要な科目はすべて履修した▽履修届

使い分け「修学」が、一般的。「学修」は、一定の課程に従って学ぶ場合に、「履修」は、学業一般というより、科目、単位を修得する場合に用いる。

602-06 修行（しゅぎょう）／修業（しゅぎょう）／修養（しゅうよう）

【関連語】◆（修まる）おさまる

共通する意味★学問、芸術、武術などを身につけるように努力し、学ぶこと。また、身につけること。【英】*study*

使い方▼〔修行〕スル▽作家になるために文章の修行を積む▽修行が足りない▽修行僧▽武者修行　〔修業〕スル▽高級料亭で修業し一人前の板前になる▽花嫁修業▽修業証書　〔修養〕スル▽まだまだ修養が足りない▽精神修養

使い分け【1】「修行」は、もと仏教語で、武芸などに用いられたが、現在は幅広く使われる。【2】「修

業」は、「しゅうぎょう」とも読み、その場合は学問、技芸などを習い身につけることをいう。【3】「修養」は、学問などを修めることによって人格を磨き高めることをいう。

【関連語】◆(修まる)(ラ五)行いや態度が整ってよい状態になる。「素行が修まる」「身持ちが修まらない」

602-07 修練(しゅうれん)／鍛練(たんれん)

共通する意味★ある目的のために鍛えること。**【英】** *training*

使い方▼**〔修練〕**スル▽寺で**修練**を積む▽奥義をきわめるまで**修練**する　**〔鍛練〕**スル▽鉄を**鍛錬**して刀を作る▽心身の**鍛練**を怠らない

使い分け【1】「修練」は、武術、スポーツ、場合によっては学問などにも使われる。【2】「鍛練」は、元来は金属を鍛えること。転じて、心身を鍛えること。「鍛錬」とも書く。

602-08 鍛(きた)える／練(ね)る／磨(みが)く

【関連語】◆(切磋琢磨)せっさたくま

共通する意味★練習を重ねて技芸などがさらに上達するようにする。**【英】** *to train*

使い方▼**〔鍛える〕**(ア下一)▽ジョギングをして足腰を**鍛える**▽**鍛え**ぬかれた精神力　**〔練る〕**(ラ五)▽構想を**練る**▽文章を**練る**　**〔磨く〕**(カ五)▽板前の腕を**磨く**▽話芸を**磨く**▽男を**磨く**

	技を□	芸を□	心身を□	人格を□
鍛える	○	-	○	-
練る	○	○	-	○
磨く	○	○	-	△

使い分け【1】「鍛える」は、きびしい訓練や修業を重ねて心身を強くしたり、技術を習得したりする意。【2】「練る」「磨く」は、学問、技芸などがいっそうりっぱなよいものになるように励む。

【関連語】◆(切磋琢磨)スル励ましあい、競いあって学問や人格、技芸などの向上に努力すること。「切磋琢磨しあったよきライバル」

参照▼練る⇒109-27　磨く⇒416-16

602-09 慣(な)れる

【関連語】◆(慣らす)ならす

意味★ある物事をたびたび経験したため、珍しくなくなる。また、たびたび行って、そのことに熟達する。**【英】** *to get used to; to become accustomed to*

使い方▼**〔慣れる〕**(ラ下一)▽新しい生活に**慣れる**▽仕事に**慣れる**▽**慣れ**た手つき

◙①服や道具が、何度も使ったので使いやすくなっているときにもいう。「はき慣れた靴」「使い慣れたペン」　②ある状態を当たり前と思いすぎて、感謝や礼儀を忘れる意にもいう。「狎れる」と書くこともある。「好意に狎れて図々しくなる」　③動物などが人間に従うようになる場合は、「馴れる」と書くことが多い。「人に馴れない野良犬」

【関連語】◆(慣らす)(サ五)慣れるようにする。手なずける意の場合は「馴らす」と書く。「文鳥を馴らして手乗りにする」「投球練習をして肩を慣らす」

602-10 慣(な)れっこ／免疫(めんえき)／場慣(ばな)れ

共通する意味★物事が度重なって慣れていること。**【英】** *to get used to*

使い方▼**〔慣れっこ〕**▽貧乏には**慣れっこ**だ▽早起きが**慣れっこ**になる　**〔免疫〕**▽悪評には**免疫**になっている　**〔場慣れ〕**スル▽**場慣れ**しているのであがらなかった

使い分け【1】「慣れっこ」は、ある状態をたびたび経験して、なんとも感じなくなっていることをいう。必ずしも悪いことに限って用いられるものではない。【2】「免疫」は、もと体内に侵入した病原菌やその毒素に対して、生体が抵抗力を持つこと、また、抵抗力を増した状態をいう。転じて、時折起こる悪いことに対する精神的抵抗力を持つこと。【3】「場慣れ」は、多くの経験を積んで、精神的余裕があること。

602-11 予習(よしゅう)／下調(したしら)べ／下読(したよ)み

共通する意味★まだ習っていないところを前もって学習すること。**【英】** *preparation*

使い方▼**〔予習〕**スル▽明日習うところを**予習**しておく　**〔下調べ〕**▽明日の授業の**下調べ**をすませる　**〔下読み〕**スル▽録画にそなえて台本の**下読み**をしておく

使い分け【1】「予習」「下調べ」は、授業や研究発表などに備え、あらかじめ学習しておくこと。【2】「下読み」は、講演や講義などに備え、あらかじめ原稿や資料を読んでおくこと。

反対語▼予習⇔復習

参照▼下調べ⇒601-12

602-12 独習(どくしゅう)／独学(どくがく)

【関連語】◆(自習)じしゅう◆(宿題)しゅくだい

共通する意味★先生につかず、ひとりで学ぶこと。**【英】** *self-education*

使い方▼**〔独習〕**スル▽パソコンの操作を**独習する**▽ギターを**独習する**　**〔独学〕**スル▽**独学**でスペイン語をマスターする▽**独学**で博士号をとった

使い分け「独習」は、技能的なもの、「独学」は、学問的なものに用い、語学などには、いずれも使う。

【関連語】◆(自習)スル学校、塾、寄宿舎などで自分で勉強すること。「自習時間」◆(宿題)自宅で学習するように先生から課される問題。【英】homework「夏休みの宿題」

602-13 留学（りゅうがく）／遊学（ゆうがく）

共通する意味★他の土地、国へ行って学問すること。【英】*studying abroad*

使い方▼〔留学〕スル▽フランスに留学する▽二年間ハーバード大学に留学した▽留学生 〔遊学〕スル▽京都に遊学する▽遊学のためイギリスに渡る

使い分け【1】「留学」は、外国へ行って学問や芸術、技術などを学ぶことで、一般的に使われる。【2】「遊学」は、故郷を出て、他の土地で勉強することで、国内、国外のいずれにもいう。

602-14 付け焼き刃（つけやきば）／一夜漬け（いちやづけ）

共通する意味★一時の間に合わせに、急いで覚えたり身につけたりすること。【英】*overnight knowledge*

使い方▼〔付け焼き刃〕▽付け焼き刃のテーブルマナー▽付け焼き刃だから応用がきかない 〔一夜漬け〕▽一夜漬けの勉強▽一夜漬けで知識をつめ込む

使い分け「付け焼き刃」は、知識、態度などについて使われ、「一夜漬け」は、勉強、知識について使われる。いずれも、にわか仕込みのために、ちゃんと身についていないことをいう。

602-15 記憶（きおく）／覚え（おぼえ）／物覚え（ものおぼえ）

【関連語】◆〈覚える〉おぼえる◆〈聞き覚え〉ききおぼえ◆〈見覚え〉みおぼえ

共通する意味★体験した物事を心にとどめておくこと。【英】*memory*

使い方▼〔記憶〕スル▽友人の電話番号はすべて記憶している▽遠い記憶をよびもどす▽記憶が薄れる▽彼女のことは記憶にない 〔覚え〕▽覚えの悪い子▽身に覚えがない話だ 〔物覚え〕▽年をとって物覚えが悪くなった

	□がある	□がいい	□が速い	確かな□
記憶	○	－	－	○
覚え	○	○	○	－
物覚え	－	○	○	－

使い分け【1】「記憶」より「覚え」のほうが口語的。【2】「覚えがいい（速い、悪い）」の「覚え」は、勉強や習い事などに用いられる。【3】「物覚えがいい（悪い）」は、新しい物事を会得する能力が優れている（劣っている）意を表わす。

【関連語】◆〈覚える〉（ア下一）忘れずに、心にとどめる。「漢字を覚える」「幼時のことをよく覚えている」◆〈聞き覚え〉前に聞いたことがあること。また、聞いて覚えること。「この声に聞き覚えはありませんか」「聞き覚えの英語を使う」◆〈見覚え〉前に見たことがあること。「見覚えのある顔だ」「この景色には見覚えがある」

参照▼覚え⇒217-04 515-56 覚える⇒111-01

602-16 暗記（あんき）／棒暗記（ぼうあんき）／丸暗記（まるあんき）

共通する意味★書いたものを見ずに言ったり書いたりできるように、覚えること。【英】*memorizing*

使い方▼〔暗記〕スル▽英単語を暗記する▽スピーチの原稿を暗記する 〔棒暗記〕スル▽法例を棒暗記する▽あんちょこを棒暗記する 〔丸暗記〕スル▽教科書を丸暗記して試験に臨む▽ただ丸暗記したって理解したことにはならない

使い分け「棒暗記」「丸暗記」は、内容を理解しないで字句のみを覚えること。

602-17 うろ覚え（うろおぼえ）／そら覚え（そらおぼえ）

共通する意味★確かでない記憶。【英】*an uncertain memory*

使い方▼〔うろ覚え〕▽うろ覚えの住所を頼りに尋ねてみた▽同級生の顔はうろ覚えにしか覚えていない▽うろ覚えの電話番号 〔そら覚え〕▽答案にそら覚えの年号を書いた▽そら覚えの歌

使い分け一般には、「うろ覚え」がよく使われる。「そら覚え」は、暗記の意でも使う。

602-18 銘記（めいき）／銘ずる（めいずる）

【関連語】◆〈拳拳服膺〉けんけんふくよう

共通する意味★深く心にしるして忘れないようにすること。【英】*to bear in mind*

使い方▼〔銘記〕スル▽教訓を心に銘記する▽このことを深く銘記せよ 〔銘ずる〕（サ変）▽肝に銘ずる

使い分け【1】「銘記する」が、一般的に使われる。【2】「銘ずる」は、「肝に銘ずる」の形で使われることが多い。「銘じる」とも。

【関連語】◆〈拳拳服膺〉スル受けた訓戒などを常に忘れず、それに従うこと。文章語。「父の教えを拳々服膺して事業に力を尽くす」

602-19 忘れる（わすれる）／失念（しつねん）／物忘れ（ものわすれ）

【関連語】◆〈ど忘れ〉どわすれ◆〈忘却〉ぼうきゃく◆〈忘失〉ぼうしつ

共通する意味★物事の記憶をなくしてしまう。【英】*to forget*

使い方▼〔忘れる〕（ラ下一）▽言おうとしたことを忘れた▽いやなことは忘れよう▽ご恩は一生忘れません 〔失念〕スル▽失敬、お名前を失念しました▽約束を失念してしまった 〔物忘れ〕スル▽このごろよく物忘

れする▽物忘れが激しい
使い分け【1】「忘れる」は、「宿題を忘れる」のように、すべきことをうっかりしないでおく意や、「傘を忘れる」のように、うっかりしてある所に物をおいたままにする意、「時のたつのを忘れる」のように、そのことを気にかけない状態になる意でもいう。【2】「失念」は、うっかり忘れることの硬い表現。【3】「物忘れ」は、物事を忘れやすいことで、「…を物忘れする」とはいわない。
【関連語】◆(忘却)スルすっかり忘れてしまうこと。文章語。「栄光の日々は忘却のかなたに去った」◆(忘失)スルすっかり忘れてしまうこと。また、忘れてなくすこと。文章語。「記憶を忘失する」◆(ど忘れ)スルよく知っているはずのことをふと忘れてしまうこと。「友人の名前をど忘れした」

602-20 教える／教育／指導／教授／手ほどき／指南

【関連語】◆(教習)◆(コーチ)

共通する意味★知識、技能などを身につけるようにさせる。

使い方▼〔教える〕(ア下一)▽生き方を教える▽柔道を教える▽道を教える　〔教育〕スル▽生徒を教育する▽教育水準▽日本語教育　〔指導〕スル▽学生を指導する▽指導をうける▽指導教官　〔教授〕スル▽一手教授する▽ご教授賜りたい▽個人教授　〔手ほどき〕スル▽弟に手ほどきする▽俳句の手ほどきを受ける　〔指南〕スル▽剣術を指南する▽指南役▽柔術指南

使い分け【1】「教える」は、相手の知らない情報を与える意で広く用いられる。【英】*to teach*【2】「教育」は、ふつう、生徒や学生に知識を与えたり、技術を習得させたりして、個人の能力を高めること。学校などでなされるものをさす。【英】*education*【3】「指導」は、特定の目的が達成されるように導くこと。学問研究について用いられることが多い。【英】*guidance*【4】「教授」は、学問、技芸などを身につけさせること。継続的、組織的に行う場合にいう。【5】「手ほどき」は、初心者に学問や技術の基礎をわかりやすく知らせること。「(…から)手ほどきをうける」の形で用いられることが多い。【英】*introduction*【6】「指南」は、多く、日本の伝統芸能、武術について用いられる。【英】*teaching*

【関連語】◆(教習)スル技能を習得させること。「新入社員の教習」「自動車教習所」◆(コーチ)スル運動競技を教えること。また、その指導者。「新人をコーチする」「プロ野球のコーチ」

参照▼教授⇒602-76

602-21 教え／示し／諭し

共通する意味★上位の者が下位の者に与え導いた事柄。【英】*teaching*

使い方▼〔教え〕▽神の教え▽父の教えにそむく▽教えを守る　〔示し〕▽親が規則を破っては子供に示しがつかない　〔諭し〕▽祖父の諭しを守る

使い分け【1】「教え」は、神、父母、先生などが与えるものについて広く用いられる。【2】「示し」は、「示しがつかない(＝手本を示すべき人がそうはしないため、手本とならない)」の形で用いられる。【3】「諭し」は、道理を説いて導き、納得させること。

602-22 仕込む／躾る／導く

共通する意味★教えて身につけさせる。【英】*to teach*

使い方▼〔仕込む〕(マ五)▽商いの道を仕込む▽犬に芸を仕込んだ　〔しつける〕(カ下一)▽食事のマナーをしつける▽厳しくしつける　〔導く〕(カ五)▽少年を導く仕事に就く▽正しい道に導く

使い分け【1】いずれも、目下の者に教えて身につけさせる意だが、「仕込む」は、人間に用いる場合にはやや俗な言い方となる。【2】「躾る」は、子供やペットに習慣や礼儀作法を身につけさせる意。【3】「導く」は、主に学校などの公的機関で、児童・生徒が好ましくない方向へとそれないようにする意。他に「茶室へと導かれた」ように、案内する意、「解答に導く」「混乱に導く」のように、そうなるようにする意もある。

602-23 矯正／仕込み／躾／調教

【関連語】◆(矯める)

共通する意味★よい方向へと導くこと。【英】*correction*

使い方▼〔矯正〕スル▽性格を矯正する▽歯列矯正　〔仕込み〕▽この子は母の仕込みがよくなかったらしい　〔しつけ〕▽しつけの悪い子だ▽しつけに厳しい親　〔調教〕スル▽馬を調教する▽調教師

使い分け【1】「矯正」は、欠点を直すことで、性格や身体についていうことが多い。【2】「仕込み」は、やや俗な言い方。「アメリカ仕込みの英語」は、本場で身につけた英語の意。【3】「躾」は、子供や動物に習慣や礼儀を身につけさせること。【4】「調教」は、動物を、用途にあうように訓練すること。

【関連語】◆(矯める)(マ下一)改め正しくする。元来、曲がっているものを伸ばす意。「角を矯めて牛を殺す」

602-24 教化／感化／徳化

【関連語】◆(醇化)◆(文教)

共通する意味★相手に影響を与えて変化させること。【英】*enlightenment*

使い方▼〔教化〕スル▽非行少年を教化する▽民衆の教化に努める　〔感化〕スル▽悪友に感化される▽恩師の感化を受ける　〔徳化〕スル▽民衆を徳化する

使い分け【1】「教化」は、正しいことを相手に教えて、そうさせること。道徳的な意味で用いられる。【英】*to enlighten*【2】「感化」は、考え方や生き方に共感させることによって相手を変化させること。悪いことや誤ったことについても用いられる。受身形で使う場合が多い。【英】*to influence*【3】「徳化」は、徳によって人を変化させること。

【関連語】◆(醇化)スル教えて感化すること。「大衆を醇化する」◆(文教)学問、教育によって教化すること。「文教に力点をおいた政策」「文教地区」

6 02-25 啓発／啓蒙

共通する意味★知識を与え、教え導くこと。【英】*enlightenment*

使い方▼〔啓発〕スル▽彼には啓発されるところが大だ▽啓発を受ける 〔啓蒙〕スル▽大衆を啓蒙する▽啓蒙書▽啓蒙思想

使い分け【1】「啓発」は、一般に自分一人の力では気づかないような点について教え、より高い知性や理解を身につけるように導くこと。ふつう、受身形、あるいは「啓発を受ける」の形で用いられる。【2】「啓蒙」は、無知なものに新しい知識を与えて、向上させること。

6 02-26 説教／説法／講話／談義

【関連語】◆(講演)

共通する意味★物事の道理、特に宗教の教えを説き聞かせること。また、その話。【英】*preaching*

使い方▼〔説教〕スル▽門徒に説教する▽説教がはじまる 〔説法〕スル▽釈迦に説法(＝知りつくしている人に、わざわざそのことを説いて聞かせること)▽辻説法 〔講話〕スル▽講話の聞く▽聴衆に講話する 〔談義〕スル▽住職の談義を聴く

使い分け【1】「説教」は、宗教の教えを人々に説いて聞かせること。また、「たるんでいる部下を集めて説教する」のように、目下の者に意見や小言をいってしかることや、その意見や小言もいう。【2】「説法」も、宗教の教えを人々に説いて聞かせること。「説教」と同様、目下の者に対して意見をしたり、小言をいったりすることも表わす。【3】「講話」は、大勢の人に対して、ある事柄について、わかりやすく説明して聞かせること。【4】「談義」は、物事の道理や仏教の教えを、わかりやすく説明すること。現在では、「教育問題について談義する」「相撲談義」「へたの長談義」のように、ある事柄について自由に語り合うことをいう。

【関連語】◆(講演)スルある題目で話をすること。また、その話。「有名作家の講演」「講演会」

6 02-27 勧告／忠告／警告

【関連語】◆(諭告)

共通する意味★説き勧めること。また、その言葉。【英】*recommendation*

使い方▼〔勧告〕スル 〔忠告〕スル 〔警告〕スル

	＿に従う	あまり飲むなと＿する	先輩の＿を守る	降服を＿する
勧告	○	－	－	○
忠告	○	○	○	－
警告	○	○	－	－

使い分け【1】「忠告」は、ちょっとした過ちや欠点などを指摘し、それを直したり、やめたりするように勧めることだが、「勧告」は、個人的な事柄ではなく、重大な事柄について用いる。【2】「忠告」には、その勧めに従うかどうかの判断は当人にまかせるという、選択の余地があるが、「勧告」は、多く、従わざるを得ないような場合にいう。【3】「勧告」は、行政機関が、国民や他の行政機関に対して参考として提出する意見もいう。【4】「警告」は、悪い事態にならないように、まえもって注意を与えること。

【関連語】◆(諭告)スル上の者が下の者にさとしてきかせること。文章語。「校長が生徒を集めて諭告する」

6 02-28 教訓／教誨

共通する意味★教えさとすこと。また、その内容。【英】*preaching*

使い方▼〔教訓〕スル▽教訓をえる▽今後の教訓とする▽教訓的な話 〔教誨〕スル▽教誨を施す▽教誨師

使い分け【1】「教訓」は、行動の参考となるような有益な教えをいう。【2】「教誨」は、多く、受刑者に対して行う場合に用いられる。

6 02-29 教示／訓示／助言

共通する意味★上の者が下の者に教え示すこと。また、その内容。【英】*instructions*

使い方▼〔教示〕スル▽ご教示をいただく▽教示を仰ぐ 〔訓示〕スル▽全校生徒に訓示する▽訓示を垂れる▽長い訓示 〔助言〕スル▽先輩の助言に従う▽助言を求める▽助言者

使い分け【1】「教示」は、具体的にどうしたらよいのかを教え示すこと。【2】「訓示」は、どうすべきであるか心得を説くこと。また、その言葉。【3】「助言」は、かたわらから有益な言葉をかけて相手を助けること。また、その言葉。

6 02-30 誘導／先導／嚮導

共通する意味★目標にたどりつくように、先に立っ

て導くこと。【英】*induction*

使い方▼〔誘導〕スル▽生徒を安全な場所に誘導する▽誘導ミサイル▽誘導尋問　〔先導〕スル▽パトカーに先導されて進む▽先導車　〔嚮導〕スル▽時代の嚮導者▽艦船を嚮導する

使い分け【1】「誘導」は、先頭に立って具体的に方向を示し、そちらに導くこと。【英】*to lead*
【2】「先導」は、先頭に立って、方向を示すこと。
【3】「嚮導」は、文章語。

6 02-31 補導(ほどう)／教導(きょうどう)／善導(ぜんどう)

【関連語】◆〔唱導〕(しょうどう)

共通する意味★正しい方向に教え導くこと。【英】*guidance*

使い方▼〔補導〕スル▽家出少年を補導する▽補導員　〔教導〕スル▽信者を教導する▽青少年を教導する　〔善導〕スル▽悩む人を善導する▽世の人の善導に努める

使い分け【1】「補導」は、青少年が非行に走るのを未然に防ぐことをいうのが普通。成人に対しては、用いられない。【2】「教導」は、宗教的な道理に基づく教えを説いて、よい方向に導くこと。【3】「善導」は、よい方向に教え導くこと。

【関連語】◆〔唱導〕スル仏教の教えを説いて、人を仏道へ導くこと。また、目標をかかげてそれをとなえ導くことにもいう。「教育改革を唱導する」

6 02-32 示唆(しさ)／暗示(あんじ)

共通する意味★はっきりとではなく、それとなく示すこと。また、その内容。【英】*suggestion*

使い方▼〔示唆〕スル▽部下に示唆を与える▽示唆に富んだ発言　〔暗示〕スル▽暗示を与える▽出発の朝の雨は不吉な未来を暗示していた

使い分け【1】「示唆」は、「暗示」よりも、示される内容が具体的である場合に用いる。【2】「暗示」は、「暗示にかける」のように、他人の心に無意識のうちに特定の気分や観念を起こさせる場合にも用いる。

6 02-33 仄(ほの)めかす／匂(にお)わせる

共通する意味★それとなく示す。【英】*to suggest*

使い方▼〔仄めかす〕(サ五)　〔匂わせる〕(サ下一)

	反対の意向を□	覚悟のほどを□目つき	金が必要だと□	真の目的を言外に□
仄めかす	○	○	△	-
匂わせる	○	-	○	○

使い分け【1】二語とも婉曲(えんきょく)な表現で、言葉による表現については、ほとんど同じように用いられる。【2】「仄めかす」は、相手に感知させる行為をそれとなくする意。言葉以外の、しぐさ、表情などにもいう。【3】「匂わせる」は、主として言葉によって、それとなく感じさせる意。

6 02-34 鍵(かぎ)／キー／ヒント

共通する意味★問題解決のための手掛かりとなる事柄。【英】*a key; a hint*

使い方▼〔鍵〕▽謎(なぞ)を解くかぎ▽成否のかぎを握る　〔キー〕▽彼の出方がキーだ▽キーワード▽キーポイント　〔ヒント〕▽何かヒントがほしい▽ヒントを与える

	問題解決の□となる	彼が事件の□を握る	それはいい□だ
かぎ	○	○	-
キー	△	△	-
ヒント	○	-	○

使い分け【1】「鍵」は、問題解決のための重要で中心となる手掛かりをいうのに対し、「ヒント」は、ちょっとした手掛かりにもいう。【2】「キー」は、単独で使うよりも、他の外来語と複合して、「キーステーション」「キーパーソン」などのように、基本、中心となるものの意で用いられることの方が多い。

参照▼鍵⇒419-25　キー⇒419-25

6 02-35 指定(してい)／特定(とくてい)／限定(げんてい)

【関連語】◆〔指名〕(しめい)◆〔名指し〕(なざし)

共通する意味★それと定めること。【英】*appointment*

使い方▼〔指定〕スル▽会見の日時を指定してきた▽指定席　〔特定〕スル▽病気の原因を特定する▽犯人を特定する　〔限定〕スル▽試験範囲を限定する▽限定版

	開催地を□する	座りたい席を□する	メーカーを□して注文する	この問題にテーマを□する
指定	○	○	○	-
特定	○	-	○	-
限定	○	-	-	○

使い分け【1】「指定」は、ある目的のために多くのものの中から特に選ぶこと。【2】「特定」は、同じような性質、性格をもったあるものの中から、それと限って定めること。【3】「限定」は、物事の範囲や数量、権限などを一定の条件内に限ること。

【関連語】◆〔指名〕スル何かをする人の名を指定すること。「内閣総理大臣を指名する」◆〔名指し〕名を挙げて指定すること。「名指しを受ける」「名指しをして発言をもとめる」◈単に名前をさすことの意もある。「名指しで批難する」

6 文化

6 02-36 見せる／示す／呈する

共通する意味★物を実際に出したり、姿や状態を現したりして人の目にふれさせる。【英】*to show*

使い方▼〔見せる〕(サ下一)▽免許証を見せる▽彼は最近、姿を見せない 〔示す〕(サ五)▽生徒に手本を示す▽難色を示す▽範を示す 〔呈する〕(サ変)▽活況を呈する▽凄惨な光景を呈する

	末期的な様相を□	家族の写真を□	誠意を□	行き先を□
見せる	○	○	○	-
示す	○	△	○	○
呈する	○	-	-	-

使い分け【1】「見せる」は、人の目にふれさせて分からせるようにする意から、「目にものを見せてやる」のように、経験させる意、「医者にみせる」のように、診察してもらう意、「にっこりと笑ってみせた」のように、補助動詞のように用いて、人に動作や行為を実際に示したり、強い決意を述べたりする意もある。【2】「示す」は、感情、意志などを外に表わして相手にわかるようにする。【3】「呈する」は、「示す」の硬い言い方。他に、「蔵書をお礼に呈する」のように、差し上げる意もある。

6 02-37 指す／指差す／指し示す

共通する意味★指で方角や物などを示す。【英】*to point to*

使い方▼〔指す〕(サ五)▽地図を指して説明する▽授業中先生に指される▽後ろ指を指される 〔指差す〕(サ五)▽教会の塔を指差す▽私の指差す方を見なさい 〔指し示す〕(サ五)▽目標とする山を指し示す▽磁石の針が北の方向を指し示している

	遠くの家を□	矢印の□方角	食べたい物を□	時計が正午を□
指す	○	○	△	○
指差す	○	-	○	-
指し示す	○	○	○	△

使い分け【1】「指す」は、指や物でその方向を示す意。目指す、指摘する、指名する、密告するなどの意でも広く使われる。【2】「指差す」は、実際に人差し指を使って示す意。【3】「指し示す」は、方角や物などをはっきりこれだと示す場合に使う。

6 02-38 表示／標示／指示／提示／呈示

【関連語】◆(例示)◆(内示)◆(明示)

共通する意味★何かを示すこと。【英】*expression; indication*

使い方▼〔表示〕スル▽風邪薬の成分を表示する▽価格の表示▽意思表示 〔標示〕スル▽危険箇所を標示する▽禁煙の標示 〔指示〕スル▽棒で指示する▽次の語の指示する意味 〔提示〕スル▽証拠を提示する▽問題点の提示 〔呈示〕スル▽学生証を呈示する▽入館証を呈示する

使い分け【1】「表示」は、成分や内容、意志など、内部にあるものを明確に示すこと。【2】「標示」は、目印となる文字や絵などで示すこと。【3】「指示」は、特定のものを指し示すこと。また、「上司の指示」のように、他人に指図すること。また、その内容。【4】「提示」「呈示」は、ともに差し出して相手に示すこと。法令用語では「提示」を用いる。

【関連語】◆(例示)スル具体例をあげて示すこと。「申請書の書き方を例示する」◆(内示)スル公表する前に内々に示すこと。「上司から転勤の内示がある」◆(明示)スルはっきりと示すこと。「集合場所を明示する」

参照▼指示⇒517-72

6 02-39 掲示／掲出

【関連語】◆(張り出す)◆(掲げる)◆(顔見せ)

共通する意味★広く人々に何かを見せること。【英】*a notice*

使い方▼〔掲示〕スル▽ポスターを掲示する▽掲示を読む▽掲示物 〔掲出〕スル▽通達事項が掲出される▽人事異動の掲出

使い分け【1】「掲示」は、不特定多数の人に、書いたり描いたりした物を掲げ示すこと。また、その示したもの。【2】「掲出」は、不特定多数の人に見えるように、何かを書いて示すこと。また、その示したもの。

【関連語】◆(張り出す)(サ五)人に知らせるために印刷物などを張る。「合格者を貼り出す」◆(掲げる)(ガ下一)人に見せるために何かを高く上げる。また、広く人に知られるようにする。「看板を掲げる」「理想を掲げる」◆(顔見せ)多くの人々に顔を見せたり、引き合わせたりすること。特に、歌舞伎などで一座の役者が総出で観客に顔を見せること。この場合、「顔見世」と当てる。「顔見せに新人を連れて各部署を回る」「顔見世興行」

6 02-40 列挙／枚挙

【関連語】◆(数え上げる)

共通する意味★一つ一つ取り上げて数えること。【英】*enumeration*

使い方▼〔列挙〕スル▽証拠を一つ一つ列挙する▽罪

状を列挙する〔枚挙〕スル▽例をあげれば、枚挙にいとまがない

使い分け「列挙」は、一つ一つ数えて、並べあげること。「枚挙」は、ほとんど「枚挙にいとまがない」の形で用いる。

【関連語】◆〔**数え上げる**〕(ガ下一)該当するものを一つ一つ取り上げて示す。「問題点を数え上げる」

参照▼数え上げる⇒808-09

6 02-41 説明(せつめい)／解説(かいせつ)／論説(ろんせつ)

【関連語】◆〔**説く**〕とく◆〔**達意**〕たつい

共通する意味★ある物事について、その内容などがよくわかるように、言ったり書いたりして示すこと。

【英】 *explanation*

使い方▼〔**説明**〕スル▽科学では**説明**のつかない事象▽詳しく**説明**する▽**説明**書　〔**解説**〕スル▽事件の背景について**解説**する▽野球**解説**者　〔**論説**〕▽開発の是非に関する**論説**▽新聞の**論説**委員

	わかりやすい□	当局の□を求める	公害問題についての□	□文
説明	○	○	－	○
解説	○	－	○	○
論説	○	－	○	○

使い分け【1】「説明」は、中立的で主観をはさむことは少ないのに対し、「解説」は、ある程度、自分の立場や視点を明確にしたり、自分の解釈を含めたりすることが許される。【2】「論説」は、時事問題などについて自分の意見、見解を述べること。また、その文章。特に、新聞の社説をいう。

【関連語】◆〔**説く**〕(カ五)物の道理を相手によくわかるように言ってきかせる。「仏の教えを説く」「法案の必要性を説く」◆〔**達意**〕言おうとすることがよくわかるように述べること。文章についていうことが多い。「達意の文章」

6 02-42 明解(めいかい)／詳解(しょうかい)

【関連語】◆〔**例解**〕れいかい◆〔**訳解**〕やっかい

共通する意味★わかりやすく解釈、解説すること。

【英】 *a lucid explanation*

使い方▼〔**明解**〕(名・形動)▽**明解**に答弁する▽**明解**な解説　〔**詳解**〕スル▽文法を**詳解**した通釈書▽機構を**詳解**する

使い分け「明解」は、はっきりとわかりやすく、「詳解」は、細かい点までくわしく解釈すること。また、その解釈。

反対語▼詳解⇔略解

【関連語】◆〔**例解**〕スル例を挙げて説明、解釈すること。「類語の使い分けを例解してある辞書」◆〔**訳解**〕スル訳して解釈すること。また、その訳と解釈。「フランス語の小説を訳解する」

6 02-43 戒(いまし)める／戒告(かいこく)／訓戒(くんかい)

【関連語】◆〔**戒**〕かい◆〔**諭旨**〕ゆし◆〔**教戒**〕きょうかい◆〔**勧戒**〕かんかい

共通する意味★まちがいを起こさぬよう注意する。

【英】 *to admonish*

使い方▼〔**戒める**〕(マ下一)▽将来について**戒める**▽自らを**戒める**▽幕府は奢侈(しゃし)を**戒めた**　〔**戒告**〕スル▽厳重に**戒告**する▽**戒告**を受ける　〔**訓戒**〕スル▽喫煙した生徒を**訓戒**する▽部下に**訓戒**を垂れる

使い分け【1】「戒める」が、一般的。過ちを犯さないために注意する意。禁止や抑制の意味も含む。名詞形「戒め」も一般に使われる。【2】「戒告」は、過失、失態などを注意すること。【3】「訓戒」は、筋を通して事の是非、善悪などを言い聞かせることにより注意すること。

【関連語】◆〔**戒**〕いましめること。特に仏教で、心身の過ちを防ぐためのいましめ。「殺生の戒を破る」◆〔**諭旨**〕趣旨をさとし告げること。言いきかせること。「諭旨免職」◆〔**教戒**〕スル教えて戒めること。◆〔**勧戒**〕スル善いことを勧め、悪いことを戒めること。

6 02-44 諫(いさ)める／意見(いけん)／諫言(かんげん)／諭(さと)す

【関連語】◆〔**諫死**〕かんし

共通する意味★相手の非を説いて正させようとする。

【英】 *to remonstrate*

使い方▼〔**諫める**〕(マ下一)▽酒をやめるよう父を**諫める**▽進退をかけて部長を**諫める**▽短慮を**諫められる**　〔**意見**〕スル▽叔父に**意見**される▽お前は親に**意見**する気か　〔**諫言**〕スル▽君主に**諫言**する▽切腹覚悟の**諫言**　〔**諭す**〕(サ五)▽懇々と**諭す**▽勤労の尊さを**諭す**

使い分け【1】「諫める」は、おもに目上の人に対して忠告して改めさせる意。【2】「意見」は、「…に意見する」の形で、目上・目下に関係なく、非を非として指摘する意。【3】「諫言」は、「諫める」の意の漢語。目上の人に用いる。一般にはあまり用いられない。【4】「諭す」は、目下に向かって言い聞かせる意。

【関連語】◆〔**諫死**〕スル死を覚悟して諫言すること。あるいは、死ぬことによってそれをやめさせようとすること。

参照▼意見⇒208-10

6 02-45 叱(しか)る／怒(おこ)る／叱咤(しった)／叱責(しっせき)／譴責(けんせき)

【関連語】◆〔**叱りつける**〕しかりつける◆〔**一喝**〕いっかつ◆〔**大喝**〕だいかつ◆〔**お目玉**〕おめだま◆〔**大目玉**〕おおめだま

共通する意味★相手の非をとがめ、きびしく注意す

る。【英】*to scold*

使い方▼〔叱る〕(ラ五)▽生徒を叱る▽母に叱られる　〔怒る〕(ラ五)▽子供を怒る▽ひどく怒られた　〔叱咤〕スル▽部下をとらえて叱咤する▽叱咤激励　〔叱責〕スル▽上司から叱責を受ける▽息子をひどく叱責する　〔譴責〕スル▽職務怠慢で譴責される▽譴責処分

使い分け【1】「叱る」は、相手の非を指摘、説明し、きびしく注意を与える意。腹をたてているわけではないので、「優しく叱る」という表現も可能。【2】「怒る」は、腹をたてて相手に注意する意なので、「優しく怒る」とはいえない。【3】「叱咤」は、大声をあげて叱る、あるいは叱って励ますこと。【4】「叱責」は、責任者が下の者の失敗や過ちをきつく非難すること。【5】「譴責」は、職務上の過失などで責めとがめること。日常生活ではほとんど用いない。

【関連語】◆(叱りつける)(カ下一)「叱る」を強めた語。強い調子で叱る。「頭ごなしに叱りつける」◆(一喝・大喝)スル大声を出して叱ること。「一喝して賊を追い返す」「大喝一声」「大喝」は「たいかつ」ともいう。◆(お目玉・大目玉)多く、「お目玉(大目玉)を食う」の形で、叱られる意を表わす。口語的な表現。

参照▼怒る⇒212-07

602-46 とっちめる／懲らしめる

【関連語】◆(罰する)ばっする◆(懲らす)こらす

共通する意味★過ちや欠点などを取り立てて、ひどく非難する。【英】*to punish*

使い方▼〔とっちめる〕(マ下一)　〔懲らしめる〕(マ下一)

使い分け「とっちめる」「懲らしめる」は、二度と同じことをしないように、痛い目にあわせて思い知らせる意。「とっちめる」は、話し言葉。

【関連語】◆(罰する)(サ変)具体的に罰を与える場合にいう。「生徒を罰する」「法律で罰する」◆(懲らす)(サ五)あやまちや良くない行為を責めて、二度としないようにさせる。「生意気なので懲らしてやろう」

602-47 お仕置き／折檻

【関連語】◆(見せしめ)みせしめ

共通する意味★体罰を与えること。また、その体罰。【英】*to chastise*

使い方▼〔お仕置き〕スル▽子供にお仕置きする▽お仕置きとして押し入れに閉じこめる　〔折檻〕スル▽幼女の体には折檻された跡があった▽厳しい折檻を加える

使い分け「お仕置き」は、話し言葉。「折檻」は、必要以上に体罰を加えて、せめさいなむことで、「お仕置き」より陰惨なさまを表わす語。

【関連語】◆(見せしめ)それを見た他の人が、以後再び同じようなことをしないように、厳しく罰すること。「見せしめに厳罰を加える」

602-48 懲戒／懲罰

共通する意味★不正、または不当な行為に対して罰を与えること。また、その罰。【英】*punishment*

使い方▼〔懲戒〕スル▽懲戒を受ける▽懲戒免職▽懲戒処分　〔懲罰〕スル▽懲罰を与える▽懲罰委員会

使い分け【1】「懲戒」は、主として公務員の職務上の義務違反に対する制裁をいう。【2】「懲罰」は、広く一般に使う。

602-49 伝授／授ける

【関連語】◆(師伝)しでん◆(奥伝)おくでん◆(奥許し)おくゆるし◆(口授)くじゅ◆(口伝)くでん

共通する意味★師が弟子に、学問、技芸、武芸の秘伝などを教えること。【英】*instruction*

使い方▼〔伝授〕スル▽必勝法を伝授される▽師より伝授を受ける　〔授ける〕(カ下一)▽極意を授ける▽秘策を授けられる

使い分け「授ける」は、目上の者が目下の者に与える意で、「伝授」より広く用いられる。

【関連語】◆(師伝)師匠から伝授されること。「この釉薬(うわぐすり)の色は師伝の技法です」◆(奥伝・奥許し)奥義を伝授されること。「新陰流の奥伝」「琴と三味線は奥許しまで受けた腕だ」◆(口授・口伝)スル師から弟子に直接口で言って教えること。「秘伝を口授される」「口伝を受ける」

参照▼授ける⇒115-14

602-50 学校／学び舎／スクール

【関連語】◆(学院)がくいん◆(学園)がくえん◆(学府)がくふ◆(学窓)がくそう

共通する意味★教育をほどこすところ。【英】*a school*

使い方▼〔学校〕▽学校に行く▽学校を卒業する▽専門学校　〔学び舎〕▽学び舎を巣立つ▽学び舎に通う　〔スクール〕▽サマースクール▽ビジネススクール

使い分け【1】学校教育法では、「学校」は、幼稚園・小学校・中学校・高等学校・大学などをさすが、各種学校などの通称としても用いられる。【2】「学び舎」は、雅語的な言い方。【3】「スクール」は、多く、他の語と複合して用いられる。

【関連語】◆(学院・学園)「学校」の別称。現在では多く、私立の教育組織の名称として用いる。◆(学府)学問を志す人々が集まる所。「最高学府(=大学)」◆(学窓)「学校の窓」の意から、学校をいう。「学窓を巣立つ」

602-51 大学／大学校

共通する意味★高度の教育を授ける教育機関。【英】

a university

使い方▼〔**大学**〕▽大学に進学する▽彼は大学の教授だ▽短期大学　〔**大学校**〕▽気象大学校▽警察大学校

使い分け【1】「大学」は、学術の研究および教育のための機関。また、生涯学習の場などで、「市民大学」「老人大学」のようにも用いられる。【2】「大学校」は、学校教育法にもとづく大学ではないが、これに準じた、行政官庁の直轄の教育機関。「海上保安大学校」「航空大学校」「水産大学校」「防衛大学校」など。

602-52 分校／分教場

共通する意味★本校から離れた地域の生徒のために設けられた学校。【英】*a branch school*

使い方▼〔**分校**〕▽山の分校　〔**分教場**〕▽卒業生がたった一人の分教場の卒業式

使い分け「分校」「分教場」は、ほぼ同意。また、「分校」は、予備校、専門学校などが、学生が増えたために作るものもいう。

反対語▼本校

602-53 専修学校／専門学校／各種学校

共通する意味★職業や実生活に必要な技能を育成したり、資格取得や教養の向上を図ったりすることを目的とする学校。【英】*a special school*

使い方▼〔**専修学校**〕▽服飾関係の専修学校▽専修学校で情報処理を学ぶ　〔**専門学校**〕▽専門学校へ進学する▽専門学校を卒業する　〔**各種学校**〕▽洋裁を習うため各種学校に通う

使い分け【1】「専修学校」は、学校教育法第一条で定める幼稚園から小・中・高校、短大、大学までの学校以外の学校で、修業年限や規模など一定の要件を満たし、認可を得たものをいう。【2】「専門学校」は、「専修学校」のうち、専門課程を持つもの。【3】「各種学校」は、「専修学校」の要件は満たさないが、学校教育に類する教育を行う施設の総称。理容学校、美容学校、洋裁学校、予備校、自動車教習所など。

602-54 塾／学習塾／予備校

共通する意味★入学試験のための学習指導や、学校の教科の補習を行う教育施設。【英】*a preparatory school*

使い方▼〔**塾**〕▽塾の講師▽塾に通う　〔**学習塾**〕▽学習塾に入る▽学習塾通いで遊ぶ時間がない　〔**予備校**〕▽大学受験に失敗して予備校に入学した▽予備校の夏季講習

使い分け【1】「塾」「学習塾」は、小・中学生、高校生を対象にし、入学試験指導や学校の補習などを行う。【2】「予備校」は、大学進学希望の高校生も対象とするが、主に大学入試に失敗した、いわゆる浪人を対象とする。【3】「塾」「学習塾」は、規模はさまざまだが、「予備校」は、一定の規模をそなえている場合が多い。

602-55 学内／キャンパス／校内

共通する意味★学校の内部。【英】*within the campus*

使い方▼〔**学内**〕▽バイクの学内への乗り入れを禁止する▽学内の運営組織を改革する　〔**キャンパス**〕▽キャンパスにあふれる学生▽緑豊かなキャンパス　〔**校内**〕▽転校生に校内を案内する▽クラブ活動で遅くまで校内に残る▽校内放送

	□の建物の配置	高校の□	教養部の□に電車で通う	□の批判をあびて辞任する
学内	○	-	-	○
キャンパス	○	-	○	-
校内	○	○	-	○

使い分け【1】「学内」「キャンパス」は、もっぱら大学に、「校内」は、広く学校一般について用いられる。【2】「キャンパス」は、教育・研究施設が集まって機能している場所、あるいはその敷地自体の意。【3】「学内」「校内」は、学校組織の内部の意でも用いられる。

反対語▼学内⇔学外　校内⇔校外

602-56 校舎／学舎

【関連語】◆(教室)

共通する意味★学校の建物。【英】*a school building*

使い方▼〔**校舎**〕▽木造の校舎▽校舎を新築する　〔**学舎**〕▽学舎の建設▽学舎の窓からながめた桜

使い分け「校舎」が、一般的に使われる。「学舎」は、文章語。

【関連語】◆(教室)学問や技芸を教える部屋。「一年生の教室」「洋裁教室」◆「言語学教室」のように、大学で専攻科目ごとの研究室にもいう。「スキー教室」のように、一般に学問や技芸を教えるところもいう。

602-57 入学／就学

【関連語】◆(通学)

共通する意味★教育を受けるために学校に入ること。【英】*admission into a school*

使い方▼〔**入学**〕スル▽晴れて小学校に入学する▽入学祝い　〔**就学**〕スル▽親には、子供を就学させる義務がある▽就学率

	□する児童	大学に□する	□式	□年齢に達する
入学	○	○	○	-
就学	○	-	-	○

使い分け 「入学」が、ある学校の児童・生徒・学生の一員になる(なった)ことをいうのに対し、「就学」は、教育を受けるために小学校に入学することをいう。

反対語▼入学⇔卒業

【関連語】◆**(通学)**スル児童、生徒や学生として学校へ通うこと。「近くの高校へ通学している」「自転車通学」「通学路」

602-58 師事(しじ)／入門(にゅうもん)

共通する意味★弟子となって、師の教えを受けること。**【英】***to become a disciple of (a person)*

使い方▼〔**師事**〕スル▽剣術は千葉周作に師事した〔**入門**〕スル▽上京して今の師匠に入門した▽入門が許される

	□して十年になる	A先生に□する	道場に□する	十年間□している
師事	○	○	-	○
入門	○	△	○	-

使い分け 「師事」は、その人を先生とあおいで教えを受けること。「入門」は、教えを受けるために弟子入りすること。

602-59 試験(しけん)／テスト／試問(しもん)／考査(こうさ)

【関連語】◆(受験)じゅけん

共通する意味★問題を与えて解答させ、学力や理解の程度を調べること。**【英】***an examination; a test*

使い方▼〔**試験**〕スル 〔**テスト**〕スル 〔**試問**〕スル 〔**考査**〕スル

	□を受ける	応用力を□する	期末□	口頭□
試験	○	○	○	-
テスト	○	○	○	-
試問	○	-	-	○
考査	○	-	○	-

使い分け【1】「試験」が、最も広く、一般的に用いられる。【2】「試験」「テスト」は、解答させるだけでなく、実技をさせる場合にもいう。【3】「試問」は、「口頭試問」の形で使われることが多い。

【関連語】◆**(受験)**スル入学するためや、資格を得るためなどの試験を受けること。「大学を受験する」「受験生」

参照▼試験⇒601-18

602-60 合格(ごうかく)／パス／及第(きゅうだい)／受かる(うかる)

共通する意味★試験などである程度以上の成績を得て、一定の条件・資格などに適合すること。**【英】***passing an examination*

使い方▼〔**合格**〕スル▽四人のうち僕だけが合格だった▽検定試験に合格した▽合格ライン 〔**パス**〕スル▽筆記試験はパスした▽難関をパスできた 〔**及第**〕スル▽学年末試験に及第した▽この成績では及第はおぼつかない▽及第点 〔**受かる**〕(ラ五)▽志望校に受かる▽司法試験には受からなかった

	進級試験に□	入学試験に□	身体検査に□	大学に□
合格する	○	○	○	○
パスする	○	○	○	△
及第する	○	-	-	-
受かる	○	○	△	○

使い分け【1】「合格」は、入学試験、就職試験のほか、資格試験、オーディションなど広く用いられる。【2】「パス」は、「パスする」の形で用いる。「…をパスする」という言い方もできる。【3】「及第」は、ふつう学校での進級など、次の段階へ進む資格を得るような場合に用いられる。【4】「受かる」は、「合格する」の口語的な言い方。

反対語▼及第⇔落第　受かる⇔落ちる

602-61 在校(ざいこう)／在学(ざいがく)

共通する意味★学校に、学生、生徒、児童として籍をおいていること。**【英】***in* 〔*at*〕 *school*

使い方▼〔**在校**〕スル▽彼はかつてわが校に在校していた▽在校生 〔**在学**〕スル▽弟は中学二年に在学している▽高校在学中の息子▽在学証明書

使い分け【1】「在校」「在学」は、同じように使えるが、大学・大学院では、「在学」を用いる。【2】「在校」は、校内にいることの意でも使う。「一九時以降の在校は認めない」

602-62 転校(てんこう)／転学(てんがく)

【関連語】◆(転入)てんにゅう◆(編入)へんにゅう

共通する意味★学生、生徒、児童が他の学校へ移ること。**【英】***change of schools*

使い方▼〔**転校**〕スル▽親友が転校してしまった▽転校生 〔**転学**〕スル▽工業高校から普通科高校に転学した▽学期なかばで転学する▽経済学部への転学を許可する

使い分け 「転校」が、一般的。「転学」は、他の学部に移る場合にもいう。

【関連語】◆**(転入)**スルその学校に移ること。「女子が二人転入して来た」「転入生」◆〈編入〉スル途中から、ある学年、組などに入ること。「短大を卒業後大学三年に編入された」

参照▼転入⇒119-09

602-63 停学／休学／休校

共通する意味★一定の期間、学校に行かないこと。【英】*temporary absence from school*

使い方▼〔停学〕▽校則違反で停学になる▽停学三日の処分 〔休学〕スル▽一年間休学して療養に専念した▽休学届 〔休校〕スル▽インフルエンザの流行で休校になった▽台風接近のため休校する

使い分け【1】「停学」は、学校が処罰として学生・生徒の登校を一定期間停止すること。【2】「休学」は、学生・生徒が病気、留学などのために長期間学校を休むこと。【3】「休校」は、学校の授業がすべて休みになること。

反対語▼休学⇔復学

602-64 退学／退校／放校／中退

共通する意味★修学年限の途中で学校をやめること。【英】*leaving school*

使い方▼〔退学〕スル▽進級できず退学になった▽病気のため退学した 〔退校〕スル▽非行が原因で退校になる▽留学のため退校した 〔放校〕スル▽たびたび問題を起こした学生が放校になった▽あの生徒は放校にすべきです 〔中退〕スル▽学資が続かず中退した▽A大学文学部中退の作家

	自分の意志で□する	病気のため□した	□になる	□処分
退学	○	○	○	○
退校	○	○	○	○
放校	-	-	○	○
中退	○	○	-	-

使い分け【1】学生・生徒に対する学校からの処分として、前の三語が使われるが、「退学」が、最も一般的。「退校」は、やや古い言い方。「放校」は、退学処分で学校から追い払うこと。【2】「中退」は、「中途退学」の略。学生・生徒が自らの意志または事情で学校をやめるとき最も普通に用いられる。

602-65 不合格／落第

共通する意味★試験などで成績が一定の基準に達せず、通過できないこと。【英】*failure*

使い方▼〔不合格〕▽三校受験して全部不合格だった▽面接で不合格になる▽不合格品 〔落第〕スル▽こんな成績では落第だ▽落第しないようにしっかり勉強しなさい▽落第生

使い分け「不合格」は、入学試験、面接などで合格できないこと、「落第」は、進級できないことをいう。

反対語▼落第⇔及第

602-66 卒業／修了

【関連語】◆〈卒〉◆〈卒園〉

共通する意味★所定の学業課程を学び終えること。【英】*graduation*

使い方▼〔卒業〕スル▽無事高校を卒業する▽卒業アルバム 〔修了〕スル▽教養課程を修了する▽初級コースを修了する

	学校を□する	二学年を□する	修士課程を□する	□証書
卒業	○	-	-	○
修了	-	○	○	○

使い分け【1】「卒業」は、学業を終え、学校を離れること。「修了」は、一定の学業、課程を終えること。【2】比喩(ひゆ)的に、ある段階を終わる意で、「息子もやっとおむつを卒業できた」のように用いる。

反対語▼卒業⇔入学

【関連語】◆〈卒〉「卒業」の略。「中卒」「高卒」「大卒」「平成十五年卒」のように用いられる。◆〈卒園〉スル幼稚園、保育園など園とつく施設を卒業すること。⇔入園。「卒園式」

参照▼卒⇒304-08

602-67 組／クラス／学級

共通する意味★学校教育での児童、生徒の単位集団。【英】*a class*

使い方▼〔組〕▽となりの組が騒がしい▽同じ組になる 〔クラス〕▽一学年十クラスのマンモス校▽三年生のクラスを受け持つ▽クラス会 〔学級〕▽この学級の定員は四十人だ▽学級日誌▽学級会

	□を編制する	□替えをする	一年三□	□担任
組	△	○	○	-
クラス	○	○	-	○
学級	○	-	-	○

使い分け【1】他と識別するためには、「○年△組」のように、「組」を用いるのが一般的。△には数字、アルファベット、または梅・菊などの名詞を用いるが、数字以外では「A組(ぐみ)」「梅組(ぐみ)」のように濁って読む。【2】「クラス」「学級」は、単位集団がいくつあるかを示す場合に使い、「クラス」は、「ひとクラス」「ふたクラス」「さんクラス」、「学級」は、「いち学級」「に学級」「さん学級」と読む。【3】「学級」は、学校

教育に限らず、社会教育の場においても「母親学級」「青年学級」のように、用いられる。

参照▼組⇒504-30 805-48 クラス⇒511-51

6 02-68 一年生（いちねんせい）／一年（いちねん）

【関連語】◆〈一回生〉（いっかいせい）◆〈第一学年〉（だいいちがくねん）

共通する意味★入学して一年未満の児童、生徒、学生。【英】*a first grader*

使い方▼〔一年生〕▽四月から小学校の一年生です〔一年〕▽うちの娘は中学の一年です▽大学一年に在学中

使い分け「一年」は、「一年生」「第一学年」の略として使う。

【関連語】◆〈一回生〉大学の一年生の意で、主として関西でいう。「彼はD大学の一回生だ」◆〈第一学年〉入学して最初の一年間の学習段階。「第一学年の課程を修了する」「第一学年では地理の授業がある」

6 02-69 科目（かもく）／教科（きょうか）／学科（がっか）

共通する意味★学問分野で、さまざまに分類された一つ一つの種目。【英】*a subject*

使い方▼〔科目〕▽入試科目▽理科系の科目が得意だ〔教科〕▽苦手な教科は数学だ▽芸術の教科では、音楽を履修している〔学科〕▽文学部の何学科を卒業したのですか▽学科試験

	全□を受験する	選択□	建築□
科目	○	○	-
教科	○	△	-
学科	○	-	○

使い分け【1】「科目」は、「教科」に含まれ、「試験教科のうち、理科は、物理・化学・生物の中から二科目を選択すること」のように用いる。【2】「学科」は、学問の各専門分野をさす。また、「好きな学科は国語です」のように、教科、科目の意でも使われる。

6 02-70 授業（じゅぎょう）／講義（こうぎ）／レクチャー／レッスン

【関連語】◆〈ドリル〉

共通する意味★先生が生徒に、学問や技芸などを教え授けること。【英】*teaching; a lecture*

使い方▼〔授業〕スル▽学校の授業についていけない▽地学の授業▽授業時間▽授業中〔講義〕スル▽あの教授の講義は人気がある▽講義を受ける▽講義を聴く▽講義中〔レクチャー〕スル▽レクチャーを受ける▽仏文学のレクチャー〔レッスン〕スル▽英会話のレッスンを受ける▽ピアノのレッスンがある▽バレエのレッスン▽個人レッスン

使い分け【1】「授業」は、小・中・高等学校、大学などすべての学校と、予備校や塾などでもいうが、「講義」は、大学でいうことが多い。【2】「レッスン」は、バレエ、ピアノ、外国語の会話などの技芸について用いられる。【3】「講義」「レクチャー」は同じ意味だが、「レクチャー」は、「弟にレクチャーした」のように、正式の講義ではない場合も使う。

【関連語】◆〈ドリル〉反復して身につけさせる指導。また、そのための問題集。「毎朝、算数のドリルを一枚ずつやる」

参照▼ドリル⇒416-22

6 02-71 課程（かてい）／学課（がっか）／コース

共通する意味★ある一定期間内に学習すべき事項のひとまとまり、または、ひとつづき。【英】*a course*

使い方▼〔課程〕▽一学期の課程を修了する▽教職課程▽修士課程〔学課〕▽所定の学課を修了する▽定められた学課を履修する〔コース〕▽予備校で理数系のコースを選ぶ▽工学部に新しいコースが設置された

使い分け【1】「課程」は、ある一定期間に割り当てられた学習の範囲と順序のこと。【2】「学課」は、学習段階に応じて割り当てた学習内容。【3】「コース」は、専攻や志望に従って設けられた学科や「課程」のこと。進路の意でも使う。

参照▼コース⇒705-19

6 02-72 講習（こうしゅう）／伝習（でんしゅう）

共通する意味★学問や技術などを教えてもらったり学習したりすること。【英】*a short course*

使い方▼〔講習〕スル▽手話の講習を受ける▽夏期講習▽講習会〔伝習〕スル▽航海術を伝習する▽水産伝習所

使い分け【1】「講習」は、人が集まって練習したり学習したりする場合にいう。【2】「伝習」は、師から教えられて習うことをいう古い言い方。

6 02-73 実習（じっしゅう）／演習（えんしゅう）／ゼミナール

【関連語】◆〈フィールドワーク〉

共通する意味★授業で、学生、生徒に実際に体験させること。

使い方▼〔実習〕スル▽人体解剖の実習をする▽専門学校では実習の時間が多い▽教育実習▽調理実習〔演習〕▽国文学の演習で、「更級日記」について発表する▽大学の演習林〔ゼミナール〕▽A教授のゼミナールで英文学を研究している

使い分け【1】「実習」は、実地にやってみたり、実物で勉強したりすること。【英】*practice*【2】「演習」「ゼミナール」は同じ意味で、大学では、学生

の発表や討論を中心とする授業のこと。「ゼミナール」は、「ゼミ」と略称される。「セミナー」ともいう。

【関連語】◆**(フィールドワーク)**研究室から出て、現地または現場で行う採集、調査、研究など。「遺跡発掘のフィールドワークに参加する」「フィールドワークのレポートを書く」

6 02-74 シンポジウム／ティーチイン／フォーラム

共通する意味★ある特定のテーマについて、意見を述べ合う公開の討論会。

使い方▼**〔シンポジウム〕**▽環境保護に関するシンポジウム▽国際シンポジウム　**〔ティーチイン〕**▽国際協力のあり方についてティーチインを行う　**〔フォーラム〕**▽野生動物保護をテーマにフォーラムを開く

使い分け【1】「シンポジウム」は、一つの問題について二人以上の講演者が違った立場から意見を述べ、さらに聴衆や司会者の質問に答えるもの。【2】「ティーチイン」は、もともとは学生の時事問題に関する学内討論会のことで、広く討論集会一般にいう。【3】「フォーラム」は、「フォーラムディスカッション」の略で、公開討論会のこと。原義は古代ローマの公の集会用の広場。

6 02-75 学長（がくちょう）／総長（そうちょう）

共通する意味★大学の校務を統括する長。**【英】** *a president*

使い方▼**〔学長〕**▽次期学長に現文学部長が選ばれた　**〔総長〕**▽東京大学総長▽総長選挙

使い分け【1】現行の「学校教育法」では、第五十八条に「大学には学長、教授（以下略）をおかなければならない」とされ、「学長」が公式の名称である。【2】東京大学などの旧帝大や、一部の私立大学では、「総長」を用いている。

6 02-76 先生（せんせい）／教師（きょうし）／教員（きょういん）

【関連語】◆**(教官)**（きょうかん）◆**(教諭)**（きょうゆ）◆**(教授)**（きょうじゅ）◆**(講師)**（こうし）

共通する意味★学校などで、学術や技芸などを指導する人。**【英】** *a teacher*

使い方▼**〔先生〕**▽中学校の先生の資格を持っている▽先生から年賀状を頂いた▽先生、お願いします　**〔教師〕**▽数学の教師▽教師にあるまじき言動▽ピアノの教師　**〔教員〕**▽教員試験を受ける▽教員免許▽教員生活▽教員室

	大学の□	担任の□	□を志望する	家庭□
先生	○	○	-	-
教師	○	○	△	○
教員	○	-	○	-

使い分け【1】「先生」は、人を指導する立場にある人のことで、「教師」だけでなく、広く医者、弁護士、代議士などをさす。敬意を含む語。三語の中で、唯一呼びかけに使われる。【2】「教師」は、学校関係に限らず、技芸の師などに幅広く用いられる。【3】「教員」は、学校で教育に携わる人をいう。

【関連語】◆**(教官)**主に国家公務員である教育職員をいう。「国立大学の教官」「教官室」◆**(教諭)**幼稚園・小・中・高等学校などの正教員の正式名称。「小学校教諭」◆**(教授)**大学や高等専門学校などで教育や研究をする職の最高位。教授に次ぐ職階は「助教授」である。「大学教授」「教授会」◆**(講師)**大学で、助教授の下の位の教員。または、小・中・高等学校などで、正教員以外の教員。また、塾、予備校などの教師、講演会、講習会などで講演や指導をする人もいう。「高校の非常勤講師」「予備校の講師」

参照▼教授⇒602-20

6 02-77 師（し）／師匠（ししょう）／師範（しはん）

【関連語】◆**(インストラクター)**

共通する意味★学問や技術、芸術、芸能などを教える人。**【英】** *a teacher; an instructor*

使い方▼**〔師〕**▽学問上の師▽師の教えを守る▽師とあおぐ　**〔師匠〕**▽長唄（ながうた）の師匠▽踊りの師匠　**〔師範〕**▽書道の師範▽お花は師範の腕前だ▽剣術の師範

使い分け【1】「師」が、最も広く使われる。「先生」のやや古風な改まった言い方。尊敬の気持ちをこめていう。【2】「師匠」「師範」は、日本の伝統芸術・芸能によく使われる。【3】「師範」は、資格としての呼び名でもある。

反対語▼師・師匠⇔弟子（でし）

【関連語】◆**(インストラクター)**水泳、ワープロ、コンピュータ、スキー、ダイビング、エアロビクスなどの指導を職業としている人。

6 02-78 恩師（おんし）／先師（せんし）／旧師（きゅうし）

共通する意味★以前教えを受けた師。**【英】** *one's teacher*

使い方▼**〔恩師〕**▽結婚式に恩師を招く　**〔先師〕**▽先師の墓に詣（もう）でる▽先師の教えを守る　**〔旧師〕**▽帰郷の折、旧師を訪ねた▽旧師の出版記念会に出席する

使い分け【1】「恩師」は、世話になり恩義を受けた先生の意。【2】「先師」は、すでに亡くなった師や先生に対して用いる。また、間接的に教えを受けたという意味で、昔の賢人などをもいう。【3】「旧師」

6 文化

は、かつて教わった先生の意で、文章語。

6 02-79 学生／生徒

【関連語】◆(児童)◆(学童)◆(園児)◆(学徒)

共通する意味★学校で教育を受ける人。【英】*a student*

使い方▼〔学生〕▽○○大学の学生▽学生の身分でぜいたくな▽女子学生▽学生服 〔生徒〕▽○○中学校の生徒▽うちの生徒はみなまじめだ▽生徒手帳

使い分け【1】「学生」は、大学に学ぶ人を、「生徒」は、中学校・高等学校・専門学校・予備校などに学ぶ人をいうが、普通の会話では厳密に区別されてはいない。【2】「生徒」は、学校教育を受けている人に限らず、「Aさんは私の茶道の生徒です」のように、広く、学ぶ人、教えを受ける人の意味で用いられる。

【関連語】◆(児童・学童)子供。特に小学校で学ぶ子供をいう。「全校児童を集める」「児童劇」「児童文学」「学童保育」◆(園児)保育園、幼稚園に通う子供。「園児が輪になって遊ぶ」◆(学徒)学生と生徒。「学徒出陣」「学徒兵」などの言葉で、第二次世界大戦中によく用いられた。また、「憲法論の一学徒として…」のように、学問の研究をする人の意もある。

参照▼児童⇒311-04

6 02-80 研修生／留学生

共通する意味★学問や専門知識を学ぶ人。

使い方▼〔研修生〕▽研修生が工場で実習する▽研修生を前にして講演する▽司法研修生▽技術研修生 〔留学生〕▽留学生を招いて故国の話を聞く▽留学生との交流▽交換留学生

使い分け【1】「研修生」は、専門的な知識や技能を学ぶ人。【英】*a trainee* 【2】「留学生」は、外国へ行き、学問や芸術などを学ぶ人。【英】*a student studying abroad*

6 02-81 弟子／門弟／教え子

【関連語】◆(門人)◆(門下)◆(門下生)◆(高弟)◆(愛弟子)

共通する意味★師に仕えながら、学問や技芸などの教えを受ける人。【英】*a pupil; a disciple*

使い方▼〔弟子〕▽多くの弟子を育てた学者▽六代目菊五郎に弟子入りした▽弟子を取る▽直弟子 〔門弟〕▽道場で門弟たちが乱取りをしている▽門弟から師範代を選ぶ 〔教え子〕▽教え子の結婚式に招かれる▽教え子の数は千人を越える

使い分け【1】「弟子」が、多くは師との一対一の関係を基本としているのに対し、「門弟」は、教育機関、養成機関として開かれた師の門に入った人々の意味で用いる。また、「教え子」は、多く、学校などの教育機関で教えた生徒、学生のことをいう。【2】「弟子」「門弟」は、師についてその教えを受けている人のことをいうが、「教え子」は、その先生が以前教えた人のこともいう。

反対語▼弟子⇔師・師匠・先生

【関連語】◆(門人・門下・門下生)師の門に入り教えを受けている人。「門弟」と同じ意で用いる。「芭蕉の門人たち」「夏目漱石の門下となる」「野上弥生子は夏目漱石の門下生の一人だ」◆(高弟)上位の弟子をいう。「芭蕉の高弟」◆(愛弟子)特にかわいがっている弟子。「愛弟子の成長を喜ぶ」

6 02-82 同門／同学／同窓

共通する意味★学校または師を同じくすること。【英】*a fellow pupil*

使い方▼〔同門〕▽同門の有志で論文集を出す▽同門の後輩の就職の世話をする 〔同学〕▽同学の友人に久しぶりに会った▽同学の先輩 〔同窓〕▽同窓の友▽同窓会▽同窓生

使い分け「同門」は、同じ先生や流派に属すること。「同窓」は、同じ学校に学んだこと。「同学」は、同じ先生、同じ学校のどちらの場合にもいう。

6 02-83 OB／OG／校友

共通する意味★その学校の卒業生。【英】*a school-mate*

使い方▼〔OB〕▽サッカー部のOBと試合をする▽部長はうちの大学のOBだ▽OB会 〔OG〕▽企業にもこの大学のOGが増えた▽OG会 〔校友〕▽校友の寄付を募る▽校友会

使い分け【1】「OB」は、男子の卒業生、「OG」は、女子の卒業生をいう。男子、女子混在の場合など、一般には「OB」で代表させる。【英】*an old boy*(OB); *an old girl*(OG)【2】「校友」は、学校側から卒業生を呼ぶ称。

参照▼校友⇒516-52

6 02-84 優等生／模範生

共通する意味★成績などが特にすぐれている学生、生徒。【英】*an honor student*

使い方▼〔優等生〕▽中学、高校を通して優等生だった▽優等生すぎて話していておもしろみがない▽優等生的な解答 〔模範生〕▽全校の模範生▽学校では模範生で教師たちからも信頼されている

使い分けどちらも、成績、品行ともにすぐれている意を表わすが、「優等生」は成績に、「模範生」は品行に、より重点がおかれた表現。

反対語▼優等生⇔劣等生

602-85 劣等生（れっとうせい）／落ちこぼれ（おちこぼれ）

共通する意味★学校の成績の極端に悪い者。【英】*a dropout*

使い方▼〔劣等生〕▽学生時代は劣等生だった▽勉強では劣等生だが、運動会では人気者だ　〔落ちこぼれ〕▽落ちこぼれがでないような教育をする▽落ちこぼれの生徒に手をさしのべる

使い分け「劣等生」は、単に成績の不振な生徒、児童をいうが、「落ちこぼれ」は、授業についていけず、学習意欲を喪失してしまった子供たちのことをいう。

反対語▼劣等生⇔優等生

603…道徳

603-01 道徳（どうとく）／倫理（りんり）／モラル

【関連語】◆（徳）とく◆（道）みち

共通する意味★人として行うべき社会的に正しい行為の基準。【英】*morals*

使い方▼〔道徳〕▽交通道徳▽道徳的に許されない行為▽道徳教育▽社会道徳　〔倫理〕▽医者の倫理が問われている▽倫理に背く行為▽倫理感▽社会倫理　〔モラル〕▽政治家のモラルが問題となる▽モラルを高める

	＿を守る	＿に反する	政治＿	＿の低下
道徳	○	○	-	△
倫理	△	○	○	-
モラル	○	○	△	○

使い分け【1】「道徳」は、人間が社会の一員として守るべき行為の基準となるものをいい、「倫理」は、社会的な行動の規範となるものをいう。【2】「モラル」は、「道徳」と「倫理」両方の意味で使われる。

【関連語】◆（徳）道徳的、倫理的にすぐれた、人から慕われ好かれる人格。また、そうした理想に向けて自分を高め、他を感化する力。「高僧の徳を慕う」「徳の高い人」◆（道）人として守らなければならない筋道。道理。「人の道に外れる」「道ならぬ恋」

参照▼徳⇒603-04　道⇒705-18 814-62

603-02 哲学（てつがく）／形而上学（けいじじょうがく）

共通する意味★人生や世界の根本を明らかにしようとする学問。【英】*philosophy*

使い方▼〔哲学〕▽哲学者▽中国哲学▽作者の哲学が感じられる小説　〔形而上学〕▽形而上学的思考

使い分け【1】「哲学」が、一般的に使われる。また、「彼は哲学を持っている」のように、自分自身の経験や思考に培われた人生観や世界観の意味もある。【2】「形而上学」は、事物の本質、存在の根本原理を思惟（しい）や直観によって研究する学問。

603-03 恩（おん）／恩義（おんぎ）

【関連語】◆（芳恩）ほうおん

共通する意味★人から受ける情け、恵み。【英】*kindness; an obligation*

使い方▼〔恩〕▽あの方からは多大な恩を受けました▽恩を仇（あだ）で返す▽恩にきる　〔恩義〕▽ひとかたならぬ恩義を感じる▽恩義を忘れる

	＿がある	＿を感じる	＿をきせる	親の＿
恩	○	○	○	○
恩義	○	○	-	-

使い分け「恩」は、人から受ける感謝すべき行為をいい、「恩義」は、報いなくてはならない義理のある情け、恵みをいう。

【関連語】◆（芳恩）人から受けた恩を敬っていう語。文章語。「芳恩をかたじけなくする」

603-04 恩恵（おんけい）／恵み（めぐみ）

【関連語】◆（徳）とく◆（恩顧）おんこ◆（御蔭）おかげ

共通する意味★他人や自然などから受けて、幸福や利益をもたらすもの。【英】*a favor; grace*

使い方▼〔恩恵〕▽平和の恩恵に浴する▽多大の恩恵をこうむる　〔恵み〕▽天の恵み▽どうかお恵みを

	自然の＿	＿を受ける	＿を施す	＿の雨
恩恵	○	○	○	-
恵み	○	○	△	○

使い分け「恩恵」は、精神的なものや行為に対して使うことが多いが、「恵み」は、品物や金銭などに対して使うことも多い。

【関連語】◆（徳）人に与える恩恵や慈悲。「徳を施す」「天の徳」◆（恩顧）目上の者が目下の者に情けをかけること。「恩顧にむくいる」◆（御蔭）神仏や人から受けた力添えや恵み。「おかげを被る」「おかげさまで助かりました」

参照▼徳⇒603-01

603-05 大恩（だいおん）／高恩（こうおん）／厚恩（こうおん）

共通する意味★人から受ける非常に深い恩。【英】*a great obligation*

使い方▼〔大恩〕▽大恩ある人▽師から受けた大恩に報いる　〔高恩〕▽父母の高恩を決して忘れてはならない　〔厚恩〕▽ご厚恩を感謝いたします

	□を受ける	□ある人	ご□	□に報いる
大恩	○	○	-	○
高恩	○	△	○	○
厚恩	△	-	○	△

使い分け「高恩」と「厚恩」は、人から受ける恩の敬語としても使う。

603-06 報いる／恩返し／返礼

共通する意味★自分にとってよいことをしてくれた相手に感謝し、それにふさわしい行為をして返す。**【英】** *to reward*

使い方▼**〔報いる〕**(ア上一)▽努力に報いる▽先生のご恩に報いる　**〔恩返し〕**▽恩返しをする▽せめてもの恩返し　**〔返礼〕**スル▽返礼に出かける▽返礼の品

使い分け【1】「報いる」は、他人からされたことや、もらったものに対し、それに見合うだけの物を返す意。「一矢(を)報いる」のように、仕返しをする場合にもいう。なお、受身形は、五段活用の「報う」から作られた「報われる」を使う。【2】「返礼」は、受けた礼に対して礼でお返しすること。また、そのお礼。

603-07 道義／正義／人道／人倫 大道／義

【関連語】◆(仁義)じんぎ

共通する意味★人として行うべき道。**【英】** *humanity*

使い方▼**〔道義〕**▽道義を重んじる▽道義にもとる行為▽道義心▽道義的責任　**〔正義〕**▽正義を守る▽正義の人　**〔人道〕**▽そんなことは人道的に許されない▽人道上の問題▽人道にはずれた行為▽人道主義　**〔人倫〕**▽人倫に背く行為▽彼のしたことは人倫にもとる　**〔大道〕**▽大道に従って正しく生きる▽大道を踏み外す　**〔義〕**▽義を重んずる▽義を見てせざるは勇なきなり(＝人として当然行うべき正義と知りながら実行しないのは勇気がないからである)

使い分け【1】「道義」「正義」「義」は、道徳的に正しい道筋、条理をいった語。【2】「人道」「大道」は、人として進むべき正しい道筋の意。【3】「人倫」は、倫理的意味合いを強調した語。【4】「道義」「人道」は、「道義的」「人道的」の形でも使われることが多い。

【関連語】◆**(仁義)**仁と義。仁は、広く人や物を愛すること。義は、人の踏み行うべき正しい道の意。**【英】** *humanity and justice*「仁義にもとる」

参照▼人道⇒705-29　大道⇒705-27

603-08 忠／忠義／忠誠

【関連語】◆(忠孝)ちゅうこう

共通する意味★主君、または大切な相手に対し、真心をもって尽くし、仕えること。**【英】** *loyalty*

	臣下として□をつくす	君に対する□、親に対する孝	やたらに□だてする	祖国への□を誓う
忠	○	○	-	-
忠義	○	-	○	-
忠誠	○	-	-	○

使い分け【1】「忠」は、もともと真心を尽くす意であるが、臣下としての「忠義」の意でも使われる。【2】「忠義」は、主君や国に誠実に仕えること。外からの強制や形の上での義務感が強くなったため、「忠義立て」「忠義面づら」のような語も生まれたが、死語になりつつある。【3】「忠誠」は、「忠義」よりも当たりの柔らかな語。真心を尽くし、裏切らない意。

【関連語】◆**(忠孝)**忠義と孝行。主君と親に対する、人としての道。「忠孝を尽くす」「忠孝の士」

603-09 不徳義／不道徳／背徳 不徳

共通する意味★人の良心に基づく社会的道義に背いた行いや心。**【英】** *immorality*

使い方▼**〔不徳義〕**(名・形動)▽不徳義を働く▽不徳義漢　**〔不道徳〕**(名・形動)▽不道徳な行い　**〔背徳〕**▽背徳行為　**〔不徳〕**(名・形動)▽不徳漢

使い分け【1】「不道徳」「不徳」は、日常語として用いるが、「不徳義」「背徳」は、文章語。【2】「不徳」は、「私の不徳の致すところで…」のようにも用いられるが、この場合は、自ら人間的徳が備わっていないという意。

603-10 孝行／親孝行

共通する意味★親の心に従い、よく仕えること。**【英】** *to be dutiful to one's parents*

使い方▼**〔孝行〕**(名・形動)スル▽孝行な息子を持って幸せだ▽親に孝行する　**〔親孝行〕**(名・形動)スル▽親孝行したいときには親はなし▽親孝行な子

使い分け「孝行」の「孝」の字には、父母に仕えることの意味がある。「親孝行」は、その意味をわかりやすくするため「親」の字を添えた語。

反対語▼孝行⇔不孝　親孝行⇔親不孝

603-11 親不孝／不孝

共通する意味★親を大切にせず、親の意にも添わず、親に心配をかけたり悲しませたりすること。**【英】** *disobedience*

使い方▼**〔親不孝〕**(名・形動)スル▽非行を繰り返す親不孝な子　**〔不孝〕**(名・形動)▽先立つ不孝をお許しください

6 文化

反対語▼親不孝⇕親孝行　不孝⇕孝行

603-12 男気(おとこぎ)／俠気(きょうき)／義俠(ぎきょう)

【関連語】◆(任俠)にんきょう◆(一本気)いっぽんぎ◆(きっぷ)

共通する意味★困っている人を見捨てることができず、その人のために何かをしてやろうとする気持ち。【英】*a chivalrous spirit*

使い方▼〔男気〕▽男気のあるところを見せる▽男気を出して助ける　〔俠気〕▽俠気に富んでいる人　〔義俠〕▽義俠の徒▽義俠心

【関連語】◆(任俠)男の面目を重んじ信義を尊重すること。「任俠の道」◆(一本気)(名・形動)純粋な気性をいう語。「一本気で融通がきかなくて困る」◆(きっぷ)さっぱりとした気性。多く、「きっぷがいい」の形で使う。「気風(きふう)」の変化した語。

604…宗教

604-01 宗教(しゅうきょう)

意味★神や仏など、人間を越えた聖なるものの存在と意志を信じ、それによって人間生活の悩みを解決し、安心、幸福を得ようとする教えの総称。【英】*religion*

使い方▼〔宗教〕▽宗教には関心がない▽宗教上の論争▽宗教改革

604-02 信仰(しんこう)／信ずる(しん)／信心(しんじん)／帰依(きえ)／狂信(きょうしん)

共通する意味★神仏を信頼して尊び、その教えに心から従うこと。【英】*belief*

使い方▼〔信仰〕スル▽キリスト教を信仰する▽信仰を持つ▽信仰が厚い▽学歴信仰▽信仰心　〔信ずる〕(サ変)▽神を信ずる▽仏を信ずる　〔信心〕スル▽私が信心する宗教▽信心が足りない　〔帰依〕スル▽仏教に帰依する　〔狂信〕スル▽新興宗教を狂信する▽狂信的な信者

使い分け【1】「信仰」は、宗教に関しても、宗教以外のことについても用いられる。【2】「信ずる」は、「宇宙人の存在を信ずる」のように、宗教以外のことについて本当だと思う意で用いられることも多い。【3】「信心」は、神仏の力を心から尊び、その加護を願って祈ること。また、その心。【4】「帰依」は、神仏などの教えに従い、その力にすがること。【5】「狂信」は、理性を失って、激しく信じ込むこと。宗教以外のことにも用いられる。

604-03 誤信(ごしん)／盲信(もうしん)／妄信(もうしん)

【関連語】◆(過信)かしん◆(迷信)めいしん

共通する意味★間違って信ずること。【英】*misbelief*

使い方▼〔誤信〕スル▽科学が万能であると誤信する　〔盲信〕スル▽独裁者の言うことを盲信する▽占いを盲信する　〔妄信〕スル▽新聞の記事を妄信する▽広告を妄信する

使い分け【1】「誤信」は、間違って信ずること。信じたことの内容や結果が、間違っていること。【2】「盲信」は、わけも分からずに、軽々しく信ずること。【3】「妄信」は、深い考えもなくみだりに信ずること。「盲信」とほぼ同じ意であるが、「盲信」よりも、さらに慎重さに欠け、軽率であることをいう。

【関連語】◆(過信)スルある物事や人物などを信用・信頼し過ぎること。「自分の力を過信したあげくの失敗」◆(迷信)科学的な根拠もなく信ずること。「ばちが当たるだなんて迷信さ」

604-04 背教(はいきょう)／背信(はいしん)

共通する意味★ものに背くこと。【英】*infidelity*

使い方▼〔背教〕▽背教者　〔背信〕▽彼のとった行動は、背信行為である

使い分け【1】「背教」は、主としてキリスト教において、その教義に背くことをいう。【2】一般に、広く信義に背く場合を「背信」という。

604-05 悟り(さと)／諦観(ていかん)

共通する意味★正しく、完全に知ること。【英】*realization*

使い方▼〔悟り〕▽悟りを開く▽悟りの境地　〔諦観〕スル▽人生を諦観する

使い分け【1】二語とも、物事をその本質まで、正しく、完全に知ることをいう。宗教的、哲学的に用いられることが多いが、特に「悟り」については、一般に、物事の本質を知ることの意で用いられる。【2】「諦観」は、本質をはっきり見きわめること。また、あきらめ悟るの意でも用いられる。

604-06 冒瀆(ぼうとく)／瀆職(とくしょく)／瀆神(とくしん)

共通する意味★神聖なものを汚すこと。【英】*to blasphemy*

使い方▼〔冒瀆〕スル▽神を冒瀆する　〔瀆職〕スル▽瀆職事件　〔瀆神〕▽瀆神的な行為

使い分け【1】三語とも、本来、神聖で汚してはいけない神、職といったものを汚したときにいう。【2】「冒瀆」は、神聖なもの、尊厳なもの、清らかなものを、冒し汚すこと。【3】「瀆職」は、私利私欲のために職を汚すこと。【4】「瀆神」は、神の神聖を汚す

こと。

604-07 異教（いきょう）／邪教（じゃきょう）／邪宗（じゃしゅう）／邪法（じゃほう）／外道（げどう）

共通する意味★正しくない宗教。誤った教え。**【英】** *heathenism*

使い方▼〔異教〕▽異教の民▽異教徒　〔邪教〕▽邪教は信じるな▽淫祠（いんし）邪教　〔邪宗〕▽私はそんな邪宗は信じない　〔邪法〕▽邪法を打ち破る　〔外道〕▽寺では、そういう外道の話は慎んでいただきたい

使い分け【1】五語とも、中立的立場からではなく、ある宗教の側から他の宗教をさして悪くいうときの語。【2】「異教」は、自分たちの信じるものと異なる教えや宗教。特に、キリスト教でキリスト教以外の宗教をさすことが多い。【3】「邪教」は、誤った教義を持ち、世に害毒を流すとされる宗教。【4】「邪宗」は、不正、有害な宗旨または宗教。【5】「邪法」は、正しくない教え。また、正しくないやり方もいう。【6】「外道」は、真理に背く説。または、それを唱える人。仏教者が仏教以外の教え、また、それを信奉する人をいう。

604-08 伝道（でんどう）／布教（ふきょう）／宣教（せんきょう）

共通する意味★宗教を伝え広めること。**【英】** *evangelism*

使い方▼〔伝道〕スル▽キリスト教の伝道に従事する▽伝道の書　〔布教〕スル▽布教の旅を続ける▽世界的な布教を行う　〔宣教〕スル▽全国を宣教して回る▽宣教師

使い分け【1】「伝道」は、宗教を伝え広めること。現在は、多くキリスト教について用いられる。【2】「布教」は、宗教を一般に伝え広めることで、特定の宗教、宗派に限らず、広く用いられる。【3】「宣教」は、現在ではあまり用いられない。

604-09 託宣（たくせん）／神託（しんたく）／お告げ（つ）

【関連語】◆（示現）じげん

共通する意味★神仏の意思。神仏の教え、導き。**【英】** *an oracle*

使い方▼〔託宣〕▽神の御託宣　〔神託〕▽神託を信じる　〔お告げ〕▽観音様のお告げを受けた

使い分け【1】「託宣」は、神が人に乗り移ったり、夢の中に出現するなどして、人に伝える意思。【2】「神託」は、神が人やものを通して伝える意思。「託宣」とほぼ同義であるが、「託宣」よりも語感はやや硬い。【3】「お告げ」は、神や仏の言葉をいう。「託宣」や「神託」より一般的な語。

【関連語】◆（示現）スル仏・菩薩（ぼさつ）が衆生を教化するために、種々の姿を示して現れること。「示現をこうむる」

604-10 神佑（しんゆう）／天助（てんじょ）／天佑（てんゆう）／神助（しんじょ）

共通する意味★神の助け。天の助け。人間の力ではどうにもならない自然の状態などが、自分にとって非常に都合の良い状態になった場合、神や天の仕業によると考えたもの。**【英】** *Heaven's help*

使い方▼〔神佑〕▽霊威神佑　〔天助〕▽昨日のことは全く天助であった▽神佑天助　〔天佑〕▽私が無事でいられるのも天佑と言うほかない　〔神助〕▽神助を願う▽天佑神助

604-11 加護（かご）／冥加（みょうが）／冥護（みょうご）／守り（まも）／天恵（てんけい）

共通する意味★神仏の力による守護。**【英】** *providence*

使い方▼〔加護〕スル▽神仏の加護を頼む　〔冥加〕▽冥加を願う▽生きて帰って来るとは全く冥加に尽きる　〔冥護〕▽冥護を頼む　〔守り〕▽神の守り　〔天恵〕▽天恵に浴する▽天恵豊かな地方

使い分け【1】「加護」は、神仏が慈悲の力を加えて、衆生を助け守ること。【2】「冥加」は、知らないうちに受ける神仏の加護、恵み。偶然の幸いや利益を神仏のたまものとしてもいう。【3】「冥護」は、人知れず神仏が加護すること。【4】「守り」は、神仏などの不思議な力による守護のこと。【5】「天恵」は、天の恵み。

604-12 仏説（ぶっせつ）／仏法（ぶっぽう）／教義（きょうぎ）

共通する意味★宗教上の教え。

使い方▼〔仏説〕▽仏説の意を悟る　〔仏法〕▽仏法に帰依する　〔教義〕▽キリスト教の教義について勉強する

使い分け【1】「仏説」「仏法」は、仏教で、仏陀（ぶっだ）の教えをさし示していう語。僧侶（そうりょ）や信仰者が、尊び敬っていうときに用いられる。**【英】** *Buddhism*【2】「教義」は、宗教上の教えをいう。宗教上の信仰内容が真理として説かれ、認められる、その教えの内容。宗教、宗派をとわず用いる。**【英】** *a doctrine*

604-13 因縁（いんねん）／宿縁（しゅくえん）／契り（ちぎ）

【関連語】◆（奇縁）きえん◆（機縁）きえん◆（腐れ縁）くされえん◆（悪縁）あくえん

共通する意味★前世からの定まった運命、関係。**【英】** *fate*

使い方▼〔因縁〕▽こうなったのも何かの因縁だ　〔宿縁〕▽前世の宿縁　〔契り〕▽親子の契り

使い分け【1】「因縁」は、もと仏教で、結果を引き起こす内的な直接の原因である「因」と、外からこれ

を助ける外的原因である「縁」。転じて、なんらかのつながりを有すること、縁、の意味に用いられる。【2】「宿縁」は、「因縁」と同意の文章語。【3】「契り」は、約束をすることの意もあり、「夫婦の契りを結ぶ」などと用いる。

【関連語】◆（奇縁）不思議な因縁。「ここで会うとは奇縁だ」◆（機縁）仏教で、正しい教えを求める資質が、教えを説くための縁になること。また、因縁、きっかけの意にも用いられる。「思わぬ機縁で就職する」◆（腐れ縁）離れようとしても離れられない好ましくない関係。現在では、軽い意味で用いられることが多い。【英】*an inseparable relation*「大学のときからの腐れ縁」◆（悪縁）離れたくても離れられない男女の縁。また、好ましくない結び付き。

参照▼因縁⇒517-26

604-14 宿命（しゅくめい）／宿運（しゅくうん）／定め（さだめ）

共通する意味★前世から定まっている、人間の意志を越えた運命。【英】*fate; destiny*

使い方▼〔宿命〕▽全国大会で三回も対決した宿命の相手 〔宿運〕▽反逆者の子としての宿運を背負って生きる 〔定め〕▽いつかは滅びるのが、生きているものの定めだ

	＿のライバル	両雄の＿的出会い	こうなるのも彼の＿だ	国王となる＿を持っている
宿命	○	○	○	○
宿運	△	－	○	○
定め	－	－	○	○

使い分け【1】「宿命」は、「宿命の恋」「宿命の対決」のように、現実に生じたできごとが、運命的な強い結びつきを感じさせるときに使うことが多い。「宿運」は、「宿命」とほぼ同義で、文学、手紙など文章の中で使う。【2】「定め」は、「この世の定め」「人としての定め」のように、普遍的なことに使われることが多い。

参照▼定め⇒508-06

604-15 縁（えん）

意味★仏教で、結果を引き起こす因。狭義には直接の内的な原因である因に対し、それを外から助ける間接の原因をいう。【英】*fate*

使い方▼〔縁〕▽前世からの縁

参照▼縁⇒515-07

604-16 報い（むくい）／応報（おうほう）／祟り（たたり）

【関連語】◆（業報）ごうほう◆（悪報）あくほう◆（果報）かほう

共通する意味★行為の結果として身にはね返ってくる事柄。【英】*retribution*

使い方▼〔報い〕▽人をだました報いで家を失う 〔応報〕▽因果応報の世の中 〔祟り〕▽御先祖様を粗末にしたたたりを受ける

使い分け【1】「報い」は、善悪いずれについてもいうが、現在では本来の仏教的な意味をはなれ、悪い行為の結果が身にはね返ってくることにいうことが多い。【2】「応報」は、善行にはよい報い、悪行には悪い報いをうけること。【3】「祟り」は、神仏が与える罰や、霊などが与える害をいう。

【関連語】◆（業報・悪報）悪業に対して受ける報い。◆（果報）報いが良いこと。幸運なこと。「果報は寝て待て」「果報者」

604-17 自業自得（じごうじとく）／身から出た錆（みからでたさび）／自縄自縛（じじょうじばく）

【関連語】◆（藪蛇）やぶへび

共通する意味★自分の行為が、自分に不都合をもたらすこと。【英】*the natural consequence of one's acts*

使い方▼〔自業自得〕▽彼の落第は自業自得だ▽自業自得と思ってあきらめろ 〔身から出た錆〕▽全部君の身から出た錆ではないか 〔自縄自縛〕▽彼は自縄自縛に陥っている

使い分け【1】「自業自得」は、もと仏教語。仏教では、必ずしも悪い行いに対する報いだけをさすのではないが、一般的には悪い意味で使われる。【2】「自縄自縛」は、自分の縄（言動）で自分を縛って、身動きが取れなくなることから。

【関連語】◆（藪蛇）よけいな事をして、かえって自分にとって悪い結果を招くこと。「藪をついて蛇を出す」から出た語。「よけいな一言が藪蛇になって、叱られなくてもいいのに叱られた」

604-18 輪廻（りんね）／流転（るてん）

共通する意味★仏教で、衆生が生まれかわり死にかわりを繰り返すこと。【英】*transmigration of souls*

使い方▼〔輪廻〕スル▽輪廻転生 〔流転〕スル▽生々流転

使い分け「流転」は、物事がとどまることなく移り変わってゆくことの意にも使う。「万物は流転する」

参照▼流転⇒908-14

604-19 権化（ごんげ）／化身（けしん）

共通する意味★神、仏菩薩ぶつぼさつなどが、人々を救うために仮に人間などに姿を変えること。また、その変えた姿。【英】*incarnation*

使い方▼〔権化〕▽菩薩の権化とあがめられる 〔化身〕▽仏の化身といわれた高僧

使い分け 二語とも、「悪の権化」「美の化身」のように、比喩(ひゆ)的に、あるものが人などの姿を借りて現れたようなもの、の意にも用いる。

604-20 祈り(いのり)／祈念(きねん)／祈祷(きとう)／加持(かじ)／黙祷(もくとう)

共通する意味★神仏に請い願うこと。【英】*a prayer*

使い方▼〔祈り〕▽祈りをささげる▽雨乞(ご)いの祈り 〔祈念〕スル▽合格を祈念する 〔祈祷〕スル▽病気治癒を祈祷する 〔加持〕▽加持祈祷 〔黙祷〕スル▽慰霊祭で黙祷する▽一分間の黙祷

使い分け【1】「加持」は、災いを除くために神仏に祈る意のほか、仏菩薩(ぶつぼさつ)が人々を守ることもいう。【2】「黙祷」は、頭を下げ、無言で祈ること。

604-21 拝む(おがむ)／祈る(いのる)

共通する意味★神仏に請い願う。

使い方▼〔拝む〕(マ五)▽仏像を拝む▽昇り来る朝日を拝む 〔祈る〕(ラ五)▽家族の無事を祈る

使い分け【1】「拝む」は、両手を合わせたり、頭をさげたりして神仏に頼む意。【英】*to worship* また、「拝み倒す」のように、切実に願う意、「貴重な切手を拝ませてもらった」のように、拝見する意でも用いる。【2】「祈る」は、神仏に頼む意だけでなく、心から願う場合にも広く用いられる。【英】*to pray*

604-22 参る(まいる)／詣でる(もうでる)

共通する意味★神仏や墓などを拝みに行く。【英】*to visit*

使い方▼〔参る〕(ラ五)▽祖先の墓に参る 〔詣でる〕(ダ下一)▽元旦には近くの神社に詣でる

使い分け 二語とも、名詞形の「参り」「詣で」が、「墓参り」「初詣で」のように用いられることも多い。

参照▼参る⇒113-02 209-41

604-23 お参り(おまいり)／参詣(さんけい)／礼参り(れいまいり)／代参(だいさん)／参拝(さんぱい)

共通する意味★神仏、墓などを拝みに行くこと。【英】*to visit*

使い方▼〔お参り〕スル▽天神様にお参りする 〔参詣〕スル▽神社に参詣する▽参詣客 〔礼参り〕スル▽天神様に合格のお礼参りに行った 〔代参〕スル▽病気の父の代参をつとめた 〔参拝〕スル▽神社に参拝する

使い分け【1】「お参り」「参詣」は、ほぼ同意だが、「お参り」は、話し言葉で、「参詣」は、主として文章中で用いられる。【2】「礼参り」は、神仏にかけた願が成就したお礼に参詣すること。また、やくざなどが仕返しをすることの意味にも使われる。ふつう、「お礼参り」という。【3】「代参」は、ある人の代わりにお参りすること。【4】「参拝」は、お参りして拝むこと。

604-24 礼拝(らいはい)／奉拝(ほうはい)／跪拝(きはい)／遥拝(ようはい)／再拝(さいはい)／拝礼(はいれい)

共通する意味★神仏、墓などを敬って礼をすること。【英】*to worship*

使い方▼〔礼拝〕スル▽本尊を礼拝する 〔奉拝〕スル▽神殿を奉拝する 〔跪拝〕スル▽玉砂利の上に跪拝する 〔遥拝〕スル▽神宮を遥拝する 〔再拝〕スル▽後ろ姿を再拝三拝した 〔拝礼〕スル▽恭しく拝礼する

使い分け【1】「礼拝」は、仏教で、合掌したりひざまずいたりして仏を拝むこと。キリスト教では、「れいはい」。【2】「奉拝」は、つつしんで拝むこと。【3】「跪拝」は、ひざまずいて拝むこと。【4】「遥拝」は、はるか遠くから拝むこと。【5】「再拝」は、二度続けて拝むこと。手紙の追伸の終わりにも使う。【6】「拝礼」は、頭を低くさげて礼をすること。

604-25 願掛け(がんかけ)／立願(りつがん)／誓願(せいがん)／代願(だいがん)

共通する意味★神仏に願いごとをすること。【英】*to offer a prayer*

使い方▼〔願掛け〕スル▽酒を断って願掛けをする 〔立願〕スル▽神に立願する 〔誓願〕スル▽神に誓願する 〔代願〕スル▽代願のために参詣(さんけい)する

使い分け【1】「立願」は、「りゅうがん」とも読む。【2】「誓願」は、誓いを立てて神仏に祈願すること。【3】「代願」は、本人に代わって神仏に祈願すること。また、その人。

604-26 お籠り(おこもり)／参籠(さんろう)

共通する意味★社寺にある期間こもって、神仏に祈ること。【英】*confinement in a shrine for prayer*

使い方▼〔お籠り〕スル▽寺にお籠りする 〔参籠〕スル▽百日参籠の大願▽禅寺に一月参籠した

604-27 垢離(こり)／水垢離(みずごり)／寒垢離(かんごり)

共通する意味★神仏に祈願するとき、冷水を浴びて心身を清浄にすること。【英】*bathing*

【関連語】◆(禊)みそぎ◆(沐浴)もくよく

使い方▼〔垢離〕▽垢離を取る▽垢離を掻(か)く(＝垢離の行を行う) 〔水垢離〕▽水垢離を取る 〔寒垢離〕▽寒垢離を取る

使い分け【1】「垢離」「水垢離」は同じ意味。【2】「寒垢離」は、寒中に垢離を行うこと。

【関連語】◆(禊)罪やけがれをはらうために、海や川の水で体を洗い清めること。◆(沐浴)スル湯や水を浴びて、体を洗い清めること。「斎戒沐浴」

6 04-28 潔斎／斎戒

【関連語】◆(清め)

共通する意味★神仏に祈ったり、神事、仏事の際に身を清めること。【英】*ablution*

使い方▼〔潔斎〕スル▽精進潔斎　〔斎戒〕スル▽斎戒沐浴

使い分け「潔斎」「斎戒」は、飲食その他の行為を慎んで身を清めること。

【関連語】◆(清め)清めること。清めるためのもの。相撲で土俵にまく「きよめの塩」、「お清め」の形で、葬儀の参列者に配る塩などについていうことが多い。

6 04-29 厄払い／厄落とし／厄除け

共通する意味★不幸や災難を、神仏に祈って払い落とすこと。【英】*exorcism*

使い方▼〔厄払い〕スル▽身内に不幸が続くので厄払いに行く　〔厄落とし〕▽厄落としのためにお参りに行った　〔厄除け〕▽厄除けの札を買う▽厄除け大師

使い分け「厄払い」は、「体よく子会社に厄払いされた」のように、比喩的に、厄介ものを追い払う意にも使う。

6 04-30 呪い／呪詛

共通する意味★相手に災いがふりかかるように神仏に祈ること。【英】*cursing*

使い方▼〔呪い〕▽呪いをかけられた人形　〔呪詛〕スル▽怨敵を呪詛する

使い分け「呪い」の方が日常的で、「呪詛」は硬い言い方。

6 04-31 神／ゴッド／父

【関連語】◆(天使)

共通する意味★信仰の対象となる霊的な存在。

使い方▼〔神〕▽あなたは神を信じますか▽神掛けて誓う▽神も仏もあるものか▽八百万の神▽山の神　〔ゴッド〕▽マイゴッド　〔父〕▽天にましますわれらが父よ▽父と子と聖霊の御名において

使い分け【1】「神」は、信仰の対象として天地万物に宿り、それを支配するもの。神道では、死後に神社などにまつられた霊などにもいう。キリスト教やイスラム教では、宇宙と人間の創造主である絶対者をいう。「神様」の形で言うことも多い。【英】*a god*【2】「ゴッド」「父」は、キリスト教の神。【英】*God*

【関連語】◆(天使)キリスト教で、神の使者として人間との仲介をするもの。【英】*an angel*

参照▼父⇒310-08

6 04-32 仙人／仙女／神仙

共通する意味★深い山奥に住み神通力をもっているという人。【英】*a hermit*

使い方▼〔仙人〕▽仙人のような暮らし　〔仙女〕▽仙女のすみか　〔神仙〕▽人里離れた神仙境

使い分け【1】「仙人」は、不老不死の術や人間にはできない技ができるとされる人。霞を食べて生きるという。【2】「仙女」は、女の仙人。「せんじょ」ともいう。【3】「神仙」は、神または仙人。

6 04-33 死に神／貧乏神／疫病神

共通する意味★人間に災厄をもたらす神。

使い方▼〔死に神〕▽死に神にとりつかれたように不幸が続く　〔貧乏神〕▽すっかり貧乏神にとりつかれた　〔疫病神〕▽疫病神のように忌み嫌われている人

使い分け【1】「死に神」は、人を死に導くという神。【英】*the god of death*【2】「貧乏神」は、人を貧乏にさせる神。【英】*the deity of poverty*【3】「疫病神」は、疫病を流行させるという神。人から忌み嫌われる人をたとえていう。【英】*a hoodoo*

6 04-34 仏／新仏

共通する意味★死者の霊。【英】*the departed soul*

使い方▼〔仏〕▽決意を仏の前で誓う　〔新仏〕▽新仏を迎える用意をする

使い分け【1】「仏」は、「浜に仏があがった」のように、死者、死人をも表わす。また、「仏の道(＝仏教)」の「仏」は、仏陀のこと。仏陀は、正しい悟りを得た者、特に、仏教の開祖、釈迦牟尼仏をさす。【2】「新仏」は、その年の盂蘭盆会で初めて迎えられる仏のこと。「しんぼとけ」とも。

6 04-35 魂／霊魂／霊

共通する意味★肉体から独立して存在し、精神作用をつかさどると考えられているもの。【英】*a soul*

	死者の□を慰める	□の不滅を信じる	□が抜けたように呆然となる	先祖の□を祭る
魂	○	△	○	-
霊魂	○	○	-	△
霊	○	-	-	○

6 文化

使い分け【1】「魂」は、広く用いられ、「大和魂」のように、精神、気力の意でも用いられる。【2】「霊魂」は、書き言葉。【3】「霊」は、語そのものの意味としては、「魂」と同じではあるが、多く死者について使われる。また、「霊が宿る」などのように、人知でははかり知ることのできない不思議なもの、力の意も表わす。

604-36 み霊／英霊／英魂

共通する意味★死者の魂を尊んでいう語。【英】*the spirit of the dead*

	神の□をまつる	戦没者の□をまつる	先祖の□をまつる	□よ、安らかに眠りたまえ
み霊	○	○	○	○
英霊	-	○	-	○
英魂	-	○	-	△

使い分け【1】「み霊」は、神や死んだ人の魂を尊んでいう語。【2】「英霊」「英魂」は、特に、戦死者の霊を尊んでいう場合に使われるが、多くは「英霊」を使い、「英魂」は、あまり一般には使われない。

604-37 精霊／霊／魂魄

共通する意味★死者の魂。【英】*a soul*

使い方▼〔精霊〕▽精霊送り▽精霊流し 〔霊〕▽霊祭り▽御霊神社 〔魂魄〕▽魂魄がこの世をさまよう

使い分け【1】「精霊」「霊」は、特定の語を伴って、複合語として使われることが多い。特に、「精霊」は、「精霊会」「精霊棚」「精霊舟」「精霊迎え」のように、広く使われる。【2】「魂魄」は、「こんぱく」ともいう。

604-38 精霊／魑魅／魍魎／山霊／木霊

共通する意味★山川、草木などに宿るという精、魂。【英】*the spirit*

使い分け【1】「精霊」は、最も一般的な語。【2】「魑魅」は、「ちみ」とも読み、「魍魎」を続けて、「魑魅魍魎」ともいう。「魑魅」「魍魎」は、自然物に宿っている精から生じる化け物の意で、不気味なもの、害を及ぼしたりするものとしてとらえられることが多い。【3】「山霊」は、山の精、山の主をいう。【4】「木霊」は、樹木に宿っている精、霊をいう。

参照▼木霊⇒717-06

604-39 幽霊／亡霊／幽鬼

【関連語】◆（鬼）おに◆（人魂）ひとだま

共通する意味★生きている者を苦しめたり悩ませたりなどする死者の魂。【英】*a ghost*

使い方▼〔幽霊〕▽幽霊が出るという家 〔亡霊〕▽亡霊にとりつかれる 〔幽鬼〕▽幽鬼のごとき表情

使い分け【1】「幽霊」は、死者の魂が生前の姿となって現れた、形のあるものをいうが、「亡霊」は、姿形よりは魂としての存在をより強調したもの。【2】「亡霊」には、「過去の亡霊におびえる」のように、現在は存在しないにもかかわらず、影響を与えるものをいう比喩的な用法もある。【3】「幽鬼」は、古めかしい言い方で、主に「幽鬼の如き」などの形で比喩として用いる。

【関連語】◆（鬼）死者の魂。やや古めかしい言い方。「死して護国の鬼となる」◆（人魂）青白く尾を引いた火の玉となって空中を飛ぶ燐火をいう。死んだ人の魂であると考えられていた。「あの墓場には夜な夜な人魂が出るそうだ」

参照▼鬼⇒604-41

604-40 悪霊／怨霊／物の怪／死霊／生き霊

共通する意味★人にたたりをする霊。【英】*an evil spirit*

使い方▼〔悪霊〕▽悪霊のたたり 〔怨霊〕▽落ち武者の怨霊 〔物の怪〕▽物の怪にとりつかれる 〔死霊〕▽死霊にとり殺される 〔生き霊〕▽生き霊にとりつかれる

使い分け【1】「悪霊」は、死者の霊魂で、人にたたりをするもの。【2】「怨霊」は、恨みを抱いている死者の霊。【3】「物の怪」は、死者や生きている人の霊。【4】「死霊」は、死者の霊、特に、恨みを持って死んだ人の霊。【5】「生き霊」は、生きている人の霊、特に、恨みを抱いている人の霊で、他の人にとりついてたたるもの。

604-41 化け物／お化け／妖怪／怪物／鬼

【関連語】◆（通り魔）とおりま◆（魔）ま◆（悪魔）あくま

共通する意味★得体の知れない怪しげなもの。【英】*a monster; an apparition*

使い方▼〔化け物〕▽人を捕って食う化け物▽化け物を退治する 〔お化け〕▽お化けが出るという屋形▽お化け屋敷 〔妖怪〕▽座敷わらしは妖怪の一種だ▽妖怪変化 〔怪物〕▽山のような怪物▽怪物退治 〔鬼〕▽鬼が出るか蛇が出るか▽鬼の目にも涙

使い分け【1】五語とも、必ずしも何かが化けて怪しげに姿を変えたものをさすわけではなく、人知を超えた不思議な存在を恐れていうのに用いる。【2】「化け物」は、「あんなにたくさんの仕事を一人でこなしてしまうなんて化け物だ」のように、人間離れした大きな力、能力などを持った人のたとえにも使われる。【3】「お化け」は、「カボチャのお化け」「お化けスイカ」のように、並外れて大きなものを形容するのにも使われる。【4】「鬼」は、人に似た想像上の怪物。頭に角を持ち、裸にトラの皮のふんどしを締め、怪力で性質が荒々しい、とされる。比喩(ひゆ)的に、残酷で非情な人をたとえ、「仕事の鬼」のように、妥協せずに厳しく物事を行う人の意にも使う。また、鬼ごっこ遊びで、人をつかまえたり見つけたりする役のことも言う。

【関連語】◆**(魔)**人に災いをもたらす悪霊。具体的に怪しげなものをいうわけではなく、「魔が差す(＝心の中に悪いものが入ったように、ふと悪心を起こす)」「大事故が多発した魔の年」のように用いられる。◆**(悪魔)**神仏の教えを邪魔し、人にわざわいをなしたり、悪の道へと誘い込んだりする魔物。「悪魔のささやき」◆**(通り魔)**一瞬に通り過ぎ、その通り道に当たった人に害をなす魔物。転じて、通りすがりの関係のない人に危害を加える者。「通り魔殺人」

参照▼鬼⇒604-39

604-42 夜叉(やしゃ)／阿修羅(あしゅら)／羅刹(らせつ)

共通する意味★恐ろしい鬼。たたりなどをする鬼。

【英】 *a demon*

使い方▼〔夜叉〕▽夜叉のごとき表情　〔阿修羅〕▽阿修羅のごとく戦う　〔羅刹〕▽悪鬼羅刹

使い分け【1】三語とも仏教語で、梵(ぼん)語の音訳。【2】「夜叉」は、インド古代の鬼神の一。醜怪、猛悪で威力があり、人から精気を奪う。【3】「阿修羅」も、インド古代の鬼神の一。戦闘を好み、神々と闘争しているという。すさまじい形相や、激しく戦うさまのたとえにも使われる。【4】「羅刹」は、足が速く、また、人をたぶらかし人を食うという悪鬼。【5】「夜叉」「阿修羅」「羅刹」ともに、のちに仏教の守護神となった。

604-43 霊感(れいかん)／霊力(れいりょく)／魔力(まりょく)／神通力(じんつうりき)

共通する意味★不思議な力。

使い方▼〔霊感〕▽霊感がわく　〔霊力〕▽霊力が宿る　〔魔力〕▽山には人をひきつける魔力がある　〔神通力〕▽神通力が通用しない

使い分け【1】「霊感」は、人間の霊が感じ取る不思議な感応をいう。インスピレーション。**【英】** *inspiration* 【2】「霊力」は、魂の働き、または、人力を越えた不思議な力を表わす。【3】「魔力」は、人を迷わしたり、引きつけたりする不思議な力。また、人にはできないことをする怪しい、不思議な力。**【英】** *supernatural powers* 【4】「神通力」は、人知ではかり知れない、何事も自由自在になし得る力をいう。「じんずうりき」とも。**【英】** *supernatural powers*

604-44 三世(さんぜ)

【関連語】◆(二世)(にせ)◆(他生)(たしょう)◆(三界)(さんがい)

意味★仏教で、前世・現世・来世(後世)をいう。

使い方▼〔三世〕▽三世の縁▽主従は三世

【関連語】◆**(二世)**現世と来世。この世とあの世。「親子は一世、夫婦は二世」「二世の契り(＝夫婦の約束)」◆**(他生)**現世から見て、前世と来世。「袖(そで)ふり合うも他生の縁」の「他生」は、「多生(多く生まれかわること)」の誤用という。◆**(三界)**三世に同じ。また、衆生の生死輪廻(りんね)する三種の世界、欲界・色界・無色界のこと。「三界に家なし(＝どこにも安住の場所がない)」「子は三界の首枷(くびかせ)(＝断ちがたいこの世の愛情や苦悩)」

604-45 前世(ぜんせ)／前生(ぜんしょう)／宿世(しゅくせ)

共通する意味★仏教で、この世に生まれる前にいた世。**【英】** *a previous life*

使い方▼〔前世〕▽前世の罪をつぐなう▽前世の因縁　〔前生〕▽前生からの因縁　〔宿世〕▽宿世の業(ごう)

使い分け「宿世」は、「すくせ」とも。

反対語▼前世⇔来世(らいせ)・後世(ごせ)　前生⇔後生(ごしょう)

604-46 楽園(らくえん)／パラダイス／天国(てんごく)／極楽(ごくらく)

【関連語】◆(楽天地)(らくてんち)◆(楽土)(らくど)◆(浄土)(じょうど)

共通する意味★苦しみのない楽しい場所。**【英】** *paradise*

	この世の□	夢の□	ここは子供の□だ	鳥の□
楽園	○	○	○	○
パラダイス	○	○	○	△
天国	○	-	○	-
極楽	△	-	-	-

使い分け【1】「楽園」「パラダイス」は、いやなことが一切なく、非常に楽しい場所をいう。【2】「天国」は、キリスト教で、信者の死後の霊を迎えると信じられる世界の意から、比喩(ひゆ)的に、思うままに安心して楽しく過ごせるような場所をいう。「歩行者天国」「役人天国」のように、他の熟語と一緒に用いられることも多い。【3】「極楽」は、「極楽浄土」の略。すべてが円満で満ち足りているという阿弥陀(あみだ)仏の浄土。また、このうえなく楽しい場所をいう。「聞いて極楽、見て地獄」

反対語▼天国⇔地獄

【関連語】◆**(楽天地)**安楽な場所、楽しい場所。文章語。「楽天地を求める」◆**(浄土)**仏の住む清浄な国土。狭義には阿弥陀仏(あみだぶつ)の極楽浄土をいう。

6 04-47 別世界／別天地／桃源

共通する意味★俗界から離れた世界。**【英】** *another world*

使い方▼〔別世界〕▽まるで別世界のような雪景色▽彼女は私とは別世界の人です　〔別天地〕▽部屋の中は暖かく、まるで別天地のようだ　〔桃源〕▽桃源に遊ぶ▽桃源の夢▽桃源郷

使い分け【1】「別世界」「別天地」は、この世とは別の世界、この俗界とはかけ離れた別の世界の意。また、「別世界」は、自分が属しているところとは異なった世界、世間の意でも用いられる。【2】「別天地」は、非常にすばらしい、楽しい、安らかで平和な、などの意味合いが強い。【3】「桃源」は、桃の林の中に夢のような所があったという、晋の陶潜の「桃花源記」に基づく語。俗界を離れた、すばらしい世界をいう。

6 04-48 彼の世／後の世／後世／後生／来世／冥土／冥府／冥界／幽冥／幽界／黄泉

【関連語】◆〔霊界〕れいかい

共通する意味★死後に行くという世界。**【英】** *the other world*

使い方▼〔彼の世〕▽彼の世へ行っても君と添い遂げたい▽父は彼の世へと旅立った　〔後の世〕▽後の世までもともに暮らしたい　〔後世〕▽後世を願う▽後世の旅　〔後生〕▽人を恨んでばかりでは後生が悪い　〔来世〕▽来世ではきっと一緒になろう▽来世を信じる　〔冥土〕▽冥土へと旅立つ▽冥土の道連れ　〔冥府〕▽冥府へ赴く▽冥府へと旅立つ　〔冥界〕▽冥界の人となる▽冥界へ旅立つ　〔幽冥〕▽幽冥の府▽幽冥界　〔幽界〕▽幽界の人となる▽幽界へと旅立つ　〔黄泉〕よみ▽黄泉の国▽黄泉路じ　〔黄泉〕こうせん▽黄泉へと赴く

使い分け【1】「後世」「後生」「来世」「冥土」「冥府」「冥界」は、元来、仏教語。【2】「黄泉よみ」「黄泉こうせん」は、死後、人間の魂が行くと考えられていた場所をいう。

反対語▼彼の世⇔此この世　後世・来世⇔前世　後生⇔前生

【関連語】◆〔霊界〕霊魂の住む世界。死後の世界。「霊界から死者の魂を呼び出す」

6 04-49 地獄／奈落

【関連語】◆〔煉獄〕れんごく

共通する意味★悪業をなした者が死後に苦しみを受けるという所。**【英】** *hell*

使い方▼〔地獄〕▽地獄に落ちる▽地獄の一丁目▽炎熱地獄　〔奈落〕▽奈落に落ちる▽奈落の底（＝底の知れない深い所。また、とても立ち上がれない境遇）

使い分け【1】「奈落」は仏教語だが、「地獄」は仏教でもキリスト教でも用いられ、「受験地獄」「地獄の特訓」などのように、苦しみを受ける所、非常にひどい状態などの比喩ひゆとしても使われる。【2】「奈落」は、サンスクリット語の音訳から。

反対語▼地獄⇔天国・極楽

【関連語】◆〔煉獄〕天国と地獄との間にある所。ローマ－カトリック教で、死者の霊魂が罪の償いを果たすまで苦しみを受け、浄化される所。

6 04-50 寺／伽藍／仏閣／寺院

【関連語】◆〔仏家〕ぶっけ◆〔梵刹〕ぼんせつ◆〔仏寺〕ぶつじ◆〔仏刹〕ぶっさつ◆〔山門〕さんもん◆〔古寺〕こじ◆〔古刹〕こさつ◆〔巨刹〕きょさつ◆〔名刹〕めいさつ

共通する意味★僧が住み、修行をし、仏像などが祭ってある所。特に、その建物。**【英】** *a Buddhist temple*

使い方▼〔寺〕▽寺にまいる▽寺の坊主▽山寺　〔伽藍〕▽七堂伽藍　〔仏閣〕▽神社仏閣　〔寺院〕▽寺院建築▽仏教寺院

使い分け【1】「寺」は、建物のほか、僧などの組織や、宗教施設の意味に使うことも多い。【2】「伽藍」は、寺の建物の総称。【3】「寺院」は、寺の建物。仏教のほか、イスラム教、キリスト教などにも使う。

【関連語】◆〔梵刹・仏寺・仏刹〕寺をいう文章語。◆〔仏家〕寺のこと。また、仏に仕える人。僧。◆〔山門〕寺院が多く山に建てられたところから、元来、寺院正面の楼門をいい、さらに寺のこともいうようになった。◆〔古寺・古刹〕歴史の古い寺。「古寺巡礼」「東北地方きっての古刹」◆〔巨刹〕大きい寺。◆〔名刹〕古くから名のある寺。「古寺名刹を訪ねる」

6 04-51 本山／総本山／大本山／本寺

共通する意味★一宗一派を統轄する寺院。**【英】** *a head temple*

使い方▼〔本山〕▽身延みのぶ山を本山とする宗派　〔総本山〕▽浄土宗総本山　〔大本山〕▽大本山と末寺　〔本寺〕▽日蓮にちれん宗の本寺

使い分け【1】「本山」は、格式によって「総本山」「大本山」「別格本山」に分けられている。また、「本山」「総本山」は、物事を統轄するもとじめの意味で、「悪の本山」「財界の総本山」のように用いられる。【2】「本寺」は、「本山」と同意。

反対語▼本山・本寺⇔末寺

6 04-52 末寺

意味★本寺・本山の支配下にある寺。⇕本寺・本山
使い方▼〔末寺〕▽末寺数百を抱えた古刹（こさつ）

604-53 檀那寺（だんなでら）／菩提寺（ぼだいじ）

共通する意味★その家が帰依して檀家（だんか）となっている寺。【英】*a family temple*
使い方▼〔檀那寺〕▽彼岸に檀那寺に参る　〔菩提寺〕▽徳川家の菩提寺

604-54 僧坊（そうぼう）／坊（ぼう）／禅室（ぜんしつ）

共通する意味★寺院内で、僧の住む所。【英】*a priest's lodge*
使い方▼〔僧坊〕▽僧坊に起居する　〔坊〕▽寺の坊に泊めてもらう　〔禅室〕▽禅室で座禅をくむ
使い分け【1】「僧坊」「坊」は、僧の住む所。「坊」は、転じて僧侶の意味にも使う。【2】「禅室」は、禅僧の部屋。座禅や仏道修行をする部屋の意もある。

604-55 釣鐘（つりがね）／梵鐘（ぼんしょう）

【関連語】◆（晩鐘）ばんしょう
共通する意味★寺院の鐘楼につるしてある鐘。撞木（しゅもく）といわれる太い棒でついて鳴らす。【英】*a temple bell*
使い方▼〔釣鐘〕▽お寺の釣鐘をつく　〔梵鐘〕▽はるかかなたの梵鐘を聞く
【関連語】◆（晩鐘）寺院や教会などが夕方に鳴らす鐘の音。「三井（みい）の晩鐘」

604-56 寺内（じない）／山内（さんない）／寺中（じちゅう）／境内（けいだい）／神域（しんいき）／神苑（しんえん）

共通する意味★神社や寺院の敷地内。【英】*the precincts*
使い分け【1】「寺内」「山内」「寺中」は寺院に、「境内」は神社にも寺院にも使い、「神域」「神苑」は神社に使う。【2】「寺中」は、本寺に付属して境内にある小寺のこともいう。【3】「神苑」は、神社の境内にある庭園のこともいう。
参照▼山内⇒702-34

604-57 戒壇（かいだん）／祭壇（さいだん）／仏壇（ぶつだん）／仏間（ぶつま）

共通する意味★仏教の儀式や礼拝のための場所。【英】*an altar*
使い方▼〔戒壇〕▽東大寺戒壇院　〔祭壇〕▽祭壇には遺影が飾られた　〔仏壇〕▽仏壇に手を合わせる　〔仏間〕▽仏間にそっと入った
使い分け【1】「戒壇」は、僧侶になるための戒律を授けるための儀式を行う壇。【2】「祭壇」は、神仏、死者の霊をまつり、供え物をささげるための壇。一般の祭典の儀式を行う壇の意味にも使う。【3】「仏壇」は、仏像や位牌（いはい）を安置する厨子（ずし）。【4】「仏間」は、仏像や位牌を安置してある部屋。「仏壇」のある部屋。

604-58 仏像（ぶつぞう）／持仏（じぶつ）／本尊（ほんぞん）

【関連語】◆（石仏）せきぶつ◆（金仏）かなぶつ◆（木仏）きぶつ
共通する意味★仏の像を彫刻したり絵画にしたりしたもの。【英】*an image of Buddha*
使い方▼〔仏像〕▽仏像を拝む　〔持仏〕▽持仏堂　〔本尊〕▽浄土教の本尊は阿弥陀仏（あみだぶつ）▽御本尊様
使い分け【1】「持仏」は、身近において信仰する仏像。【2】「本尊」は、寺院や仏壇の中心となる最も重要な仏像。また、「ご本尊だけが気付かない」のように、物事の中心となっている人をからかっていう場合も使う。
【関連語】◆（石仏）石で作った仏像。また、いつも黙っていたり、めったに感情を動かさない人のたとえにも使う。◆（金仏）金属製の仏像のこと。また、心の冷たい人、感情に動かされない人のたとえ。◆（木仏）木彫りの仏像。また、人情やユーモアのわからない人のたとえにも使う。

604-59 堂（どう）／殿堂（でんどう）／霊堂（れいどう）

共通する意味★神仏をまつってある建物。【英】*a shrine*
使い分け【1】「堂」が、「お堂に参る」「地蔵堂」など、もっとも一般的に使われる。【2】「殿堂」は、「白亜の殿堂」のように、大きくて立派な建物の意味や、「学問の殿堂」「音楽の殿堂」のように、ある分野の中心となる建物、場所の意味でも用いられる。【3】「霊堂」は、貴人の霊をまつった建物の意味もある。

604-60 斎場（さいじょう）／霊域（れいいき）

共通する意味★神社、寺院などのある清浄な場所。【英】*holy precincts*
使い分け「斎場」は、「青山斎場」のように、葬儀を行う場所の意味もある。

604-61 霊地（れいち）／霊場（れいじょう）／聖地（せいち）

共通する意味★神聖な土地。【英】*a sacred place*
使い方▼〔霊地〕▽霊地にもうでる人々　〔霊場〕▽八十八か所の霊場をめぐる　〔聖地〕▽聖地巡礼
使い分け【1】「霊地」「霊場」は、霊験あらたかな社寺のある土地。【2】「聖地」は、宗教的伝承と結びついた神聖な土地。

604-62 廟／霊廟／霊屋／廟堂／宗廟／聖廟

共通する意味★人の霊をまつってある建物。【英】*a shrine*

使い分け【1】「霊廟」は、先祖の霊をまつってある所。【2】「霊屋」は、「れいおく」とも読み、死者の霊をまつってある所だが、葬送の前にしばらく遺骸をおさめておく場所の意味もある。【3】「廟堂」は、貴人や神の霊をまつる所の意味のほか、天下の政治を行う所、朝廷の意味にも使う。【4】「宗廟」は、祖先の霊をまつった所の意味のほか、伊勢神宮と石清水八幡宮いわしみずはちまんぐうを特にいう。【5】「聖廟」は、聖人の霊をまつった所の意味で、特に孔子や菅原道真の霊をまつった堂をいう。

604-63 修道院／僧院

共通する意味★共同生活を営んで修行を積む、カトリックの修道士または修道女の住む所。【英】*a monastery*

使い分け「僧院」は、寺の中で僧の住む建物のこともいう。

604-64 神社／社／神宮／大社

【関連語】◆(稲荷)いなり◆(八幡)はちまん◆(鎮守)ちんじゅ◆(本社)ほんしゃ◆(摂社)せっしゃ◆(末社)まっしゃ◆(祠)ほこら◆(宮)みや◆(祠堂)しどう

共通する意味★日本古来の神をまつる礼拝施設。【英】*a Shinto shrine*

使い方▼〔神社〕▽近くの神社に初もうでに行く▽神社の氏子　〔社〕▽森にかこまれた社　〔神宮〕▽明治神宮▽平安神宮▽大神宮(＝伊勢神宮)　〔大社〕▽出雲いずも大社▽住吉すみよし大社

使い分け【1】「神社」は、建物だけでなく、その役割も含めて使われることが多い。【2】「社」は、建物そのものをいう。【3】「神宮」は、神社のうち、特に格式が高いものをいう。単に「神宮」といった場合は「伊勢皇大神宮(＝内宮)」をさす。【4】「大社」は、規模の大きい神社。また、社格が最上位の神社。

【関連語】◆(稲荷)「稲荷神社」の略。五穀をつかさどる神として信仰された宇賀御魂命うかのみたまのみことをまつる神社。◆(八幡)「八幡宮」の略。応神天皇を主座としてまつった神社。弓矢の守護神とされた。◆(鎮守)その地を守護する神をまつる神社。「鎮守の森」◆(本社)いくつかに分かれ出ている神社の中心となる神社。また、話題になっている、この神社の意もある。◆(摂社)本社の祭神と縁故の深い神をまつった神社。◆(末社)本社に付属して、その支配を受ける小社。◆(祠)神をまつった鳥居もない小さな社。◆(宮)神をまつった御殿。◆(祠堂)祠、社の意のほか、家の中や庭先などにしつらえた祖先の位牌いはいをまつる堂の意もある。

参照▼本社⇒505-08　505-17

604-65 僧／僧侶／坊主／坊さん／御坊／お寺さん／僧家／沙門／法師／出家／比丘

共通する意味★仏門に入った人。仏に帰依した人。【英】*a priest; a monk*

使い方▼〔出家〕スル

使い分け【1】「僧」「僧侶」は、文章語として最も一般的に使われる。「彼は発心して僧(僧侶)になった」【2】「坊主」は、日常語として、ぞんざいで卑しめた言い方。【3】「坊さん」「御坊」「お寺さん」は、親しみをもって尊敬していう語。「御坊」は、現在ではあまり用いられない。【4】「僧家」は、「そうか」ともよみ、僧の住む家の意から、僧そのものをもいう。【5】「沙門」「法師」「比丘」は、日常語ではほとんど使用されない。【6】「出家」は、家を出て仏門に入る意から転じたもの。

反対語▼比丘⇔比丘尼びくに

参照▼坊主⇒306-19

604-66 和尚／上人／大師／阿闍梨／三蔵／猊下

共通する意味★僧を敬って呼ぶ語。【英】*a Buddhist priest*

使い分け【1】「和尚」は、「和上」とも書き、「わじょう」とも読む。ふつう、「様」「さん」を付けて用いられる。【2】「大師」は、偉大なる師の意で、諡号しごうの一つとしても使われる。【3】「阿闍梨」は、僧侶の位でもある。【4】「三蔵」は、仏教の聖典を三種に分類した経蔵・律蔵・論蔵の総称で、それに深く通じた高僧に使う。

604-67 住職／住持／方丈

共通する意味★一つの寺の長である僧。【英】*the chief priest*

使い分け【1】「住職」「住持」ともに住持職を略した語。「住職」の方が、日常的に使われている。【2】「方丈」は、一丈(三メートル)四方の僧の部屋の意から転じたもの。古めかしい文章語。

604-68 雲水／旅僧／行脚僧

【関連語】◆(虚無僧)こむそう◆(山伏)やまぶし

共通する意味★居所を定めず、あちこち遍歴して修行する僧。【英】*an itinerant priest*

使い分け「雲水」は、行雲流水(漂う雲と流れる水)

のようにゆくえが定まらないところから。多く、禅僧にいう。

【関連語】◆（虚無僧）禅宗の一派の普化宗の僧。深編み笠をかぶり、尺八を吹き、諸国を行脚・修行した有髪の僧。◆（山伏）山野に起き伏しして修行する僧。

604-69 尼／尼僧／修道女／シスター／巫女

共通する意味★神に奉仕する女性。【英】*a nun; a sister*《特にカトリック》

使い分け【1】「尼」「尼僧」は、仏教に帰依して出家した女性をいう語で、「尼」の方が日常一般的に用いられる。「尼僧」は、文章語。キリスト教の修道女もいう。【2】「修道女」「シスター」は、カトリック修道院で修道生活をする女性。「シスター」は、相手に呼びかけるときにも使われる。【3】「巫女」は、神に仕え神事を行う未婚の女性。祈祷を行い、神のお告げを知らせたり、口寄せをしたりする。

604-70 老師／老僧

共通する意味★年老いた僧。【英】*an old priest*

使い分け「老僧」は、年老いた僧が自分のことをさしていうときにも使う。

604-71 名僧／高僧／聖／聖人／生き仏

共通する意味★徳の高い僧。【英】*a noted priest*

使い分け「生き仏」は、優れた心をもっている僧を仏にたとえたもの。「生き仏のような人」のようにいう。

604-72 小僧／小坊主

共通する意味★年少の僧。【英】*a young priest*

参照▼小僧⇒503-31

604-73 神主／神職／神官

【関連語】◆（宮司）

共通する意味★神社で神を祭ることをつかさどる人。【英】*a Shinto priest*

使い分け日常的には「神主」が用いられる。「神職」「神官」は、改まった場面や文章中で用いられる。

【関連語】◆（宮司）神職の位の一つ。

604-74 霊媒／口寄せ／市子

共通する意味★神や死者の霊がのりうつり、それらに代わって話などをする人。【英】*a medium*

使い方▼〔霊媒〕▽霊媒の話を聞く▽霊媒術　〔口寄せ〕▽口寄せに亡くなった母がのりうつる　〔市子〕▽市子のお告げを聞く

使い分け【1】「霊媒」は、男女ともにいうが、「口寄せ」「市子」は、女性をいう。【2】「口寄せ」は、霊に代わって話をすることもいう。「市子に口寄せをしてもらう」

604-75 牧師／神父／司祭／司教

共通する意味★キリスト教で、聖職についている者。【英】*a clergyman*

使い分け【1】「牧師」は、プロテスタント教会、「神父」は、カトリック教会に属する者をいう。【2】「司祭」「司教」は、カトリック教会の職制。

604-76 信者／教徒／信徒

【関連語】◆（宗徒）◆（門徒）

共通する意味★ある宗教を信仰する人。【英】*believer*

使い方▼〔信者〕▽イスラムの信者　〔教徒〕▽仏教徒　〔信徒〕▽熱心な信徒に支えられ、危機を乗り切る

使い分け【1】いずれも、仏教、キリスト教、イスラム教などの宗教を信仰する人をいう。【2】「信者」は、俗に「彼の説には信者が多い」のように、特定の主義、思想、人物などを信奉する人をいうこともある。

【関連語】◆（宗徒）ある宗派に属する信者。「一向宗徒」◆（門徒）ある宗派・宗門の信者。特に、浄土真宗の信者をさすことも多い。「日蓮宗の門徒」「門徒宗（＝浄土真宗）」

604-77 お札／お守り／守り札／護符

【関連語】◆（お祓い）

共通する意味★人の身を守り助けるという札。【英】*an amulet*

使い分け【1】いずれの語も、寺社が発行する神仏の加護があるという札をいう。【2】日常一般には、「お札」「お守り」がよく使われ、「守り札」は、やや改まった言い方、「護符」は、硬い言い方となる。

【関連語】◆（お祓い）神社で神に祈って災厄をはらうこと。また、神社で出す、そのお札もいう。「厄年なのでお祓いをしてもらう」

604-78 法衣／袈裟／衣

共通する意味★僧が身につける衣服。

使い方▼〔法衣〕▽法衣をまとう　〔袈裟〕▽袈裟をか

けて経をよむ　〔衣〕▽墨染めの衣
使い分け【1】「法衣」は、「ほうい」ともいう。【2】「袈裟」は、衣の上に左肩から右わきの下へかける長方形の布。
参照▼衣⇒401-01

604-79 墓穴（はかあな）／墓穴（ぼけつ）

共通する意味★棺や骨壺を埋めるための穴。【英】*a grave*
使い方▼〔墓穴（ぼけつ）〕▽墓穴を掘る　〔墓穴（はかあな）〕▽墓穴に遺骨を納めた
使い分け【1】二語とも意味の違いはないが、「はかあな」は話し言葉で、「ぼけつ」は文章中で用いられる。【2】「墓穴（ぼけつ）を掘る」は、自分の行為が原因で破滅する意も表わす。

604-80 墓石（ぼせき）／墓碑（ぼひ）／石碑（せきひ）

【関連語】◆〔墓標〕ぼひょう
共通する意味★死者の戒名、俗名、死亡年月日などを刻んで墓に立てた石。【英】*a tombstone*
使い方▼〔墓石〕▽墓石を立てる　〔墓碑〕▽墓碑銘　〔石碑〕▽石碑に刻まれた文字を読む
使い分け【1】「墓石」は、日常の話し言葉では「はかいし」ということが多い。【2】「石碑」は、石で造った碑、石塔の意味にも使う。
【関連語】◆〔墓標〕埋葬した場所の目印として建てる石や木で作った柱。
参照▼墓碑⇒708-13　石碑⇒708-13

604-81 墓（はか）／墳墓（ふんぼ）／塚（つか）／土饅頭（どまんじゅう）

共通する意味★遺体や遺骨を葬ってある所。【英】*a mound*
使い方▼〔墓〕▽父の墓におまいりする　〔墳墓〕▽墳墓の地（＝先祖の墓のある土地）　〔塚〕▽塚を築く　〔土饅頭〕▽戦場に残る土饅頭
使い分け【1】「墓」は、日常、一般的に用いられる。「墳墓」は、主に文章で用いられる。【2】「塚」は、土などを小高く盛り上げた所で、そのようにして造った墓のことをいう。【3】「土饅頭」は、土を丸く盛り上げた粗末な墓。

604-82 墓場（はかば）／墓所（はかしょ）／墓地（ぼち）／霊園（れいえん）

共通する意味★墓のある場所。【英】*a graveyard*
使い方▼〔墓場〕▽墓場を通りぬける　〔墓所〕▽ここは墓所として知られている　〔墓地〕▽共同墓地　〔霊園〕▽多磨霊園
使い分け【1】「墓場」は、日常語。【2】「墓所」は、古風な言い方。【3】「墓地」は、多くの墓をまとめてある区域。【4】「霊園」は、公園風の広い墓地。

604-83 御陵（ごりょう）／陵（みささぎ）／山陵（さんりょう）／陵墓（りょうぼ）

共通する意味★天皇、皇后、皇太后、太皇太后の墓。【英】*an Imperial tomb*
使い方▼〔御陵〕▽昭和天皇の御陵　〔陵〕▽仁徳天皇の陵にもうでる　〔山陵〕▽山陵奉行　〔陵墓〕▽陵墓の多くある地方
使い分け【1】「陵（みささぎ）」は、古めかしい言葉。「りょう」ともいう。【2】「山陵」は、天皇・皇后の墓。「山陵奉行」は、江戸時代の職名。【3】「陵墓」は、「陵」と一般皇族の「墓」との総称。

605…儀式・祭事

605-01 祭り（まつり）／祭礼（さいれい）／祭典（さいてん）／祭儀（さいぎ）／祭祀（さいし）

共通する意味★神仏、祖霊に奉仕して慰め、鎮魂したり感謝、祈願したりするための儀式。【英】*a festival*
使い方▼〔祭り〕▽祭りのみこし▽鎮守様の祭り　〔祭礼〕▽厳かな祝詞（のりと）で、祭礼が始まる　〔祭典〕▽オリンピックは四年に一度のスポーツの祭典だ　〔祭儀〕▽五穀豊穣（ごこくほうじょう）を祈る祭儀　〔祭祀〕▽先祖の霊を慰める祭祀▽出雲大社（いずもたいしゃ）の祭祀
使い分け【1】「祭り」は、神仏や先祖の霊を祭る儀式であるが、宗教とは無関係な、にぎやかで楽しい集団的な催しも、広く「祭り」という。たとえば、季節や自然の風物をめでる「雪まつり」、歴史上のできごとを記念する「市制三十周年まつり」、風俗や文化に関する「雛（ひな）祭り」「七夕（たなばた）祭り」、商業上の宣伝のために行われる「古書まつり」など。【2】「祭礼」は、神仏や先祖の霊を祭る本来の「祭り」、あるいは、祈禱（きとう）、御祓い（おはらい）、行列など、「祭り」の儀式をいう。【3】「祭典」は、「祭り」と同じく、宗教に無関係な催しにも使われる。【4】「祭儀」は、祭礼の儀式。文章語。【5】「祭祀」は、本来の「祭り」の書き言葉。

605-02 祭事（さいじ）／神事（しんじ）

共通する意味★神を祭る行事。【英】*rituals*
使い方▼〔祭事〕▽豊作を感謝する祭事　〔神事〕▽元旦の神事でおはらいをし、一年の無事を祈る
使い分け【1】「祭事」は、神道の儀式をさすことが多いが、「花祭り」「霊（たま）祭り」「雛（ひな）祭り」などの、神道以外の宗教の行事や、伝統的な文化的行事なども含めていうこともある。【2】「神事」は、神を祭る神道の儀式。

6 05-03 行事（ぎょうじ）／催し（もよお）／催し物（もよおしもの）

【関連語】◆（イベント）

共通する意味★学校や会社などの組織で、恒例として行われたり、娯楽などのために特別に計画されることがら。

使い方▼〔行事〕▽市の行事に参加する　〔催し〕▽町の公民館で催しがある▽送別の催しを開く　〔催し物〕▽学園祭の催し物▽市民ホールの今月の催し物

使い分け【1】「行事」は、社会や団体などで、決まって行われる特別の営みで、その日時、内容も大体一定で、儀式化していることが多い。年間で恒例として決まったときに行う行事を「年中行事」という。【英】 *an event* 【2】「行事」が、恒例になっているものをさすのに対し、「催し」は、特別に計画し、人を集めて行うものをさす。【3】「催し」は、広く一般的な会合や何かの記念、祝いなどの会をすることによく使われるが、「催し物」は、学園祭や祭礼などでの展示会や演芸ショウなどをさすことも多い。【英】 *amusements*

【関連語】◆（イベント）前もって企画され準備された催し物。また、事件や出来事、試合などもいう。「今年の一大イベント」「メインイベント」

6 05-04 式（しき）／儀式（ぎしき）／式典（しきてん）／セレモニー／典礼（てんれい）

共通する意味★冠婚葬祭やその他の祝い、記念などのために、一定の礼式、順序で行われる改まった行事。【英】 *ceremony*

使い方▼〔式〕▽新校舎が完成した祝いの式▽教会で式を挙げる　〔儀式〕▽皇位の継承に際しては、多くの儀式が行われる　〔式典〕▽大学創立百周年の式典が挙行された▽本社屋新築を祝う式典　〔セレモニー〕▽憲法制定記念のセレモニー　〔典礼〕▽皇太子御成婚の典礼

使い分け【1】「式」は、一定の形式で行われる改まった行事を、規模の大小にかかわらずいう。また、特に結婚式をさすこともある。【2】「儀式」は、式のときに行われる具体的な作法をさす。【3】「式典」は、「式」のうち、大がかりで華やかなものをいう。【4】「典礼」は、定まった儀式・儀礼をいう。

6 05-05 大祭（たいさい）／例祭（れいさい）／本祭り（ほんまつり）

【関連語】◆（陰祭り）かげまつり◆（臨時祭）りんじさい

共通する意味★本式に行われる神社の祭り。【英】 *a grand festival*

使い方▼〔大祭〕▽十五年ぶりの大祭▽八幡（はちまん）様の大祭　〔例祭〕▽秋の例祭でみこしを担ぐ▽氏神様の例祭に家族でお参りする　〔本祭り〕▽神社の本祭りで町内がにぎわっている

使い分け【1】「大祭」は、大がかりに行われる重要な祭り。「おおまつり」ともいう。また、天皇が自ら執り行う皇室の祭りをさすこともある。【2】「例祭」は、神社で毎年きまって行われる祭り。これに対し、数年に一度の大規模な祭りを「大祭」ということもある。【3】「本祭り」は、一年おき、あるいは数年おきに正式に行われる祭り。また、祭りの前夜に行われる「宵祭り」に対して、当日の祭りをさすこともある。

【関連語】◆（陰祭り）本祭りのない年に簡単に行われる祭り。◆（臨時祭）臨時に行われる祭り。

6 05-06 祝日（しゅくじつ）／祭日（さいじつ）／祝祭日（しゅくさいじつ）／旗日（はたび）

【関連語】◆（佳節）かせつ◆（物日）ものび◆（縁日）えんにち

共通する意味★祝うべき日。特に国が定めた祝いの日。【英】 *a national holiday*

使い方▼〔祝日〕▽国民の祝日　〔祭日〕▽今日は神社の祭日で通りも賑（にぎ）やかだ　〔祝祭日〕▽土、日、祝祭日は休業します　〔旗日〕▽今日は旗日で店も休みだ

使い分け【1】「祝日」は、一般には「国民の祝日」をさすことが多い。ただし、お祝いをする日という意から、市制記念日、開校記念日、結婚記念日は、それぞれ市、学校、夫婦にとっての「祝日」といえる。【2】「祭日」は、神社や宮中の祭りを行う日。また俗に、「国民の祝日」をいうことも多い。【3】「祝祭日」は、祝日と祭日。【4】「旗日」は、家ごとに国旗を掲げて祝う日。祝祭日の古い言い方。

【関連語】◆（佳節）めでたい日。「嘉節」とも書く。◆（物日）祭りのある日や祝日などの特別な日。「もんび」ともいう。◆（縁日）月のうち、その神仏に縁があるとされる日。この日に参詣（さんけい）すると特に御利益（ごりやく）があるといわれ、祭りや供養が行われる。「縁日の露店で買った金魚」

6 05-07 前夜祭（ぜんやさい）／宵祭り（よいまつり）

【関連語】◆（イブ）

共通する意味★祭りや行事を祝って、その前の晩に行う祭り。【英】 *the eve of a festival*

使い方▼〔前夜祭〕▽前夜祭でコンサートが催される　〔宵祭り〕▽秋祭りは宵祭りから大にぎわいだ

使い分け【1】「前夜祭」は、文化祭、記念式典、博覧会など、祭りや行事の始まる日の前夜に行われる催し。【2】「宵祭り」は、神社の祭りの前夜に行われる祭り。「宵宮（よいみや）」「夜宮（よみや）」とも。

【関連語】◆（イブ）十二月二十四日のクリスマスイブをいう。

6 05-08 祝典（しゅくてん）／栄典（えいてん）／祝儀（しゅうぎ）

共通する意味★めでたい儀式。【英】 *a celebration*

使い方▼〔祝典〕▽開校記念の祝典が開かれた▽祝典を挙げる　〔栄典〕▽正装して国家の栄典に参列する　〔祝儀〕▽祝儀に招かれる

使い分け【1】「祝典」は、組織、団体などが行う大規模な祝いの儀式や行事。【2】「栄典」は、個人や組織にとって栄誉のある、晴れやかな儀式。【3】「祝儀」は、特に結婚式をいうことが多い。また、「棟上式のご祝儀」のように、祝う気持ちを表わして当事者が贈る金品をさすこともある。

参照▼祝儀⇒513-32

605-09 祝い（いわい）／祝賀（しゅくが）

【関連語】◆（賀）が◆（よろこび）

共通する意味★めでたいできごとに対して、言葉や物を贈ってよろこびの気持ちを表わすこと。【英】*celebration*

使い方▼〔祝い〕▽初孫誕生のお祝い▽結婚の祝いに食器を贈った▽祝いの席 〔祝賀〕スル▽設立三十周年を祝賀する行事▽祝賀会▽祝賀パレード

使い分け【1】「祝い」は、祝うことのほか、言葉、贈り物、催しなど、祝いのための具体的な事物もさす。「完成祝い」「誕生祝い」「新築祝い」のように複合形でも用いるが、単独で使うときは、「お祝い」と、「お」をつけることが多い。【2】「祝賀」は、「祝い」の改まった言い方。「祝い」が、国民的な行事から、規模の大小にかかわらず幅広く使われるのに対し、「祝賀」は、大がかりで、計画的、公的な場合に使う。

【関連語】◆（賀）よろこび祝うこと。また、祝い、よろこび。「祖父の喜寿の賀を祝った」◆（よろこび）よろこぶべきこと。また、その祝辞。「喜び」「慶び」「歓び」などと書く。「初春のおよろこびを申し上げます」

605-10 祝う（いわう）

意味★よい事に対して喜びの気持ちを表わす、また幸せを祈る。【英】*to congratulate*

使い方▼〔祝う〕(ワ五)▽金婚式を祝い、贈り物をする

605-11 内祝い（うちいわい）／心祝い（こころいわい）

共通する意味★ひかえめな祝い。【英】*a family celebration*

使い方▼〔内祝い〕▽就職が決まり、家族で内祝いをした 〔心祝い〕▽息子の卒業式の朝、心祝いの赤飯を炊いた

使い分け【1】「内祝い」は、親族や親しい仲間など、内輪の者だけで行う祝いごと。また、「床上げの内祝い」のように、自分の家の祝いごとを記念して贈り物をすることや、その品物もいう。【2】「心祝い」は、気持ちのうえで大いに祝うの意で使われる。謙遜（けんそん）の気持ちを伝えるために家族などの内輪の祝いについて用いられることが多い。

605-12 恭賀（きょうが）／謹賀（きんが）／奉賀（ほうが）／奉祝（ほうしゅく）／慶賀（けいが）／慶祝（けいしゅく）

共通する意味★よろこび祝うこと。【英】*congratulation*

使い方▼〔恭賀〕▽恭賀新春 〔謹賀〕▽謹賀新年 〔奉賀〕スル▽主家の繁栄を奉賀する 〔奉祝〕スル▽皇太子の御成婚を奉祝する行事が行われた 〔慶賀〕スル▽貴家のますますの御発展、まことに慶賀に堪えません▽御健勝のことと慶賀申し上げます 〔慶祝〕スル▽恩師の長寿を慶祝する宴▽新工場の御設立、御慶祝申し上げます

使い分け【1】「恭賀」「謹賀」は、「おめでとうございます」の意味で年賀状に書く言葉。「恭賀」は、心からうやうやしくよろこび祝うこと。「謹賀」は、つつしんでよろこび祝うこと。【2】「奉賀」「奉祝」は、国民が国家や君主のめでたいできごとに対して、つつしんでよろこび祝うこと。「奉賀」は、「奉賀新年」のように、年賀状に使われることもある。【3】「慶賀」「慶祝」は、よろこび祝うこと。「慶賀」は「慶賀の至り」のように、めでたい、の意にも使われる。

605-13 仏事（ぶつじ）／法事（ほうじ）／法要（ほうよう）／法会（ほうえ）

【関連語】◆（会式）えしき

共通する意味★仏教で行う儀式。【英】*a Buddhist service*

使い方▼〔仏事〕▽盂蘭盆会（うらぼんえ）も仏事の一つである 〔法事〕▽法事で田舎に帰る 〔法要〕▽寺で法要があった 〔法会〕▽一周忌の法会を営む

使い分け【1】「仏事」は、仏教で行う儀式、仏教に関する行事を表わす。【2】「仏事」以外の三語は、死者の追善供養のための儀式を表わす。【3】一般に、追善供養の意では「法事」「法要」が多く使われる。「法事」の方が、より私的、個人的な場合に多く使われる。「法要」は、規模もやや大きく、改まった場合に用いることが多い。【4】「法要」は、追善供養そのものを、「法事」は、追善供養を行う儀式、行事を表わすことが多い。【5】「法会」は、親族や近しい者たちだけではなく、広く、多くの人々が集まる場合に使われることがあるが、人々を集めて仏を供養し、仏法を説く行事の意で使われることの方が多い。

【関連語】◆（会式）語義的には「法会」と同じであるが、通常一般には、「お会式」の形で、日蓮（にちれん）宗で日蓮の忌日に行う法会をいう。

605-14 供養（くよう）／回向（えこう）

【関連語】◆（花供養）はなくよう◆（施餓鬼）せがき

共通する意味★死者の霊に読経などをあげて、冥福（めいふく）を祈ること。【英】*a memorial service*

使い方▼〔供養〕スル▽母の供養のために写経する▽追善供養 〔回向〕スル▽先祖の霊を回向する▽回向料

使い分け【1】一般には、「供養」が多く、また幅広く使われる。【2】「回向」は、やや改まった、より宗

教的色合いの濃い言い方。**【関連語】**◆**(花供養)**四月八日の灌仏会(かんぶつえ)(釈迦(しゃか)の誕生日を祝う祭り)に種々の花を飾って仏に供養すること。◆**(施餓鬼)**「施餓鬼会(え)」の略。餓鬼道におちて飢餓に苦しむ亡者に、食物を供えて弔う法会。

6 05-15 悼む(いたむ)／悔やむ(くやむ)

共通する意味★人の死を嘆き悲しむこと。**【英】** *to mourn*

使い方▼〔**悼む**〕(マ五)▽先生の死を悼む　〔**悔やむ**〕(マ五)▽友人の死を悔やむ

使い分け「悼む」は、人の死を嘆き悲しむ行為であるが、「悔やむ」は、人の死を悲しみ惜しんで慰めの言葉をいう行為も含まれる。

参照▼悔やむ⇒214-09

6 05-16 葬式(そうしき)／葬儀(そうぎ)／葬礼(そうれい)／弔い(とむらい)

【関連語】◆**(本葬)**ほんそう◆**(密葬)**みっそう◆**(仮葬)**かそう◆**(葬送)**そうそう

共通する意味★死者を葬るための儀式。**【英】** *a funeral*

	友人の□に参列する	□は厳かに執り行われた	□は十時から行われる	□を出す
葬式	○	○	○	○
葬儀	○	○	○	-
葬礼	△	○	△	-
弔い	△	△	-	○

使い分け【1】「葬式」「葬儀」「葬礼」は、意味は同じであるが、「葬式」「葬儀」が通常一般に使われるのに対し、「葬礼」はあまり使われない。【2】「葬式」「葬儀」「葬礼」の順に、言い方が重々しくなり、書き言葉として用いられる度合いも増す。【3】「弔い」は、もともとは、人の死を悲しみいたむこと、とむらうこと。葬儀の意味では「お弔い」の形で使うことが多い。

【関連語】◆**(本葬)**本式、あるいは正式に行われる葬儀。密葬、あるいは仮葬に対して使われる語。◆**(密葬)**スル秘かに、あるいは内々に身内だけで行う葬儀。本葬に対して使われる語。「親族だけの密葬が行われた」◆**(仮葬)**正式の葬儀をしないで、とりあえず仮に葬ること。◆**(葬送)**スル遺体を葬るため墓所まで送ること。「葬送の列が続く」

6 05-17 埋葬(まいそう)／埋骨(まいこつ)／納骨(のうこつ)／葬る(ほうむる)

共通する意味★遺体や遺骨を墓などに納めること。**【英】** *burial*

使い方▼〔**埋葬**〕スル▽遺体を埋葬する　〔**埋骨**〕スル▽遺骨は墓地に埋骨された　〔**納骨**〕スル▽祖母の納骨をすます▽納骨堂　〔**葬る**〕(ラ五)▽行き倒れを丁重に葬る

使い分け【1】「埋葬」「葬る」は、遺体や遺骨を土中や墓の中に埋め葬ることを表わし、他の二語は、遺骨を土中や墓に葬ることを表わす。【2】「葬る」には、「業界から葬る」のように、表舞台から消す意や、「真相を闇に葬る」のように、表に出さないままにしておく意もある。

6 05-18 忌中(きちゅう)／喪中(もちゅう)

共通する意味★死者の出た家族が、家にこもったり祝い事を避けたりする期間。**【英】** *the period of mourning*

使い分け【1】「忌中」は、特に、死者が宙をさまよっているとされる死後四十九日間をいい、その期間中、玄関に「忌中」と記した紙を張る。【2】「喪中」は、ふつう死後丸一年間をいい、年賀、祝い事などを差し控える。「喪中につき年末年始のご挨拶(あいさつ)をご遠慮申し上げます」

6 05-19 命日(めいにち)／忌日(きにち)

【関連語】◆**(祥月命日)**しょうつきめいにち

共通する意味★その人が死んだ日と同じ日付の日。**【英】** *the deathday*

使い分け【1】その人が死んだ月にも、異なる月にもいう。【2】普通一般には「命日」を使い、「忌日」は、あまり使わない。「忌日」は、「きじつ」ともいう。

【関連語】◆**(祥月命日)**ある人が死んだ月日と同じ月日。「祥月」は、ある人が死んだ月に当たる月を表わす。「五月十八日は父の祥月命日だ」

6 05-20 回忌(かいき)／周忌(しゅうき)／年忌(ねんき)

共通する意味★人の死後、毎年めぐってくる祥月命日。**【英】** *the anniversary of (a person's) death*

使い方▼〔**回忌**〕▽七回忌の法要が行われた　〔**周忌**〕▽祖母の三周忌にあたる　〔**年忌**〕▽父の年忌には兄弟で墓に参る

使い分け「年忌」は、単独で使われることが多く、「回忌」「周忌」は、数字を伴って使われる。

6 05-21 戒名(かいみょう)／法名(ほうみょう)／諡号(しごう)／諱(いみな)／贈り名(おくりな)／追号(ついごう)／霊位(れいい)

共通する意味★死後に付けられる名。**【英】** *a posthumous Buddhist name*

使い分け【1】「戒名」「法名」は、死者に付ける名。また、出家した人に授けられる名のこともいう。【2】「諡号」「諱」「贈り名」「追号」は、貴人や高僧、

6 文化

また、生前の功績などをたたえて贈る名をいう。【3】「霊位」は、僧が、法事などで故人を呼ぶ名、死者の霊に付ける名をいう。また、それを記した位牌(いはい)のこともいう。

605-22 忌み(いみ)／喪(も)／忌服(きぶく)／服喪(ふくも)

【関連語】◆〈忌み明け〉いみあけ

共通する意味★人が死んだあと周囲の人がしばらく祝い事や交際などを慎み避けること。【英】*mourning*

使い方▼〔忌服〕スル　〔服喪〕スル

	□が明ける	□に服す	□言葉	□中
忌み	△	-	○	-
喪	○	○	-	○
忌服	○	-	-	○
服喪	△	-	-	○

使い分け【1】「忌み」は、主に信仰上のことをきらい避けることで、死をけがれたものとする考えによるもの。忌みに服する間を「忌中(きちゅう)」という。【2】「喪」は、人の死後、その親族や関係者がある一定の間謹慎すること。【3】「忌服」「服喪」は、喪に服すること。

【関連語】◆〈忌み明け〉服喪の期間が終わること。

605-23 棺(かん)／柩(ひつぎ)／棺桶(かんおけ)

【関連語】◆〈霊柩〉れいきゅう

共通する意味★死体を納める箱。【英】*a coffin*

使い方▼〔棺〕▽棺を蓋(おお)いて事定まる(＝その人の真価は棺に蓋(ふた)をした死後に決定するものだ)〔柩〕▽柩に取りすがって泣く▽柩の供をする　〔棺桶〕▽棺桶を担ぐ▽棺桶に片足を突っ込む(＝死期が近い)

使い分け「棺桶」は、遺体を納める木の桶(おけ)、または箱を表わす。「棺」よりは、やや俗な言い方。

【関連語】◆〈霊柩〉遺体を納めたひつぎ。「霊柩車」

605-24 盆(ぼん)／盂蘭盆(うらぼん)／精霊会(しょうりょうえ)

【関連語】◆〈新盆〉にいぼん◆〈旧盆〉きゅうぼん

共通する意味★陰暦七月十五日を中心に行われる仏事。祖先の霊を自宅に迎え、供物をそなえ経をあげる。

使い方▼〔盆〕▽盆に迎え火を焚(た)く▽盆と正月が一緒に来たような忙しさ▽お盆の帰省ラッシュ　〔盂蘭盆〕▽盂蘭盆会(え)　〔精霊会〕▽祖先をしのぶ精霊会の行事

使い分け「盆」または「お盆」が、一般的に用いられる。「盂蘭盆」「精霊会」は、仏教語として改まった言い方。

【関連語】◆〈新盆〉その人が死んで初めて迎える盆。「しんぼん」「あらぼん」ともいう。◆〈旧盆〉旧暦によって八月に行われる盂蘭盆。

605-25 墓参り(はかまいり)／墓参(ぼさん)

共通する意味★墓にもうでること。【英】*a visit to a grave*

使い方▼〔墓参り〕▽彼岸に墓参りをかかさない　〔墓参〕スル▽墓参団

使い分け【1】二語とも、墓に花や供物をささげて礼をすることをいう。【2】「墓参り」は日常語だが、「墓参」は、やや硬い表現となる。

605-26 山車(だし)／檀尻(だんじり)／山鉾(やまぼこ)

共通する意味★神社の祭礼のとき、人形や花など種々の飾り物をつけて大勢で引き歩く車。神が降臨すると考えられた。【英】*a festival car*

使い方▼〔山車〕▽何台もの山車が出る　〔檀尻〕▽檀尻を引き歩く　〔山鉾〕▽山鉾巡行

使い分け「山鉾」は、「山車」の一種。台の上に山形の造り物をおき、鉾や長刀(なぎなた)などを立てたもの。京都の祇園(ぎおん)祭のものが特に有名。

605-27 熨斗(のし)／水引(みずひき)

共通する意味★進物につける飾り。

使い方▼〔熨斗〕▽熨斗をつけて返す(＝こんな物はいらない、と喜んで返す)▽熨斗紙▽熨斗袋　〔水引〕▽包み紙に紅白の水引をかける

使い分け【1】「熨斗」は、方形の色紙を上部が広い六角形に折りたたみ、中に干したアワビの細片をはりつけたもの。現在では、アワビの代わりに紙を用いる。進物を包む紙や袋の右上につける。【2】「水引」は、こよりをのりで干し固めたもの。ふつう数本を合わせ、中央から色を染め分ける。吉事の場合は紅白または金銀、凶事の場合は黒白、藍(あい)と白にする。進物用の包み紙などを結ぶのに用いる。

605-28 松飾り(まつかざり)／門松(かどまつ)／注連飾り(しめかざり)

共通する意味★正月に門前や軒先などに飾るもの。【英】*the New Year's pine decorations*

使い方▼〔松飾り〕▽松飾りをする▽七日に松飾りを外す　〔門松〕▽立派な門松を立てる　〔注連飾り〕▽玄関に注連飾りをつける

使い分け【1】「松飾り」「門松」は、同意で、新年を祝って家の門前に立てる松。多くは竹や梅を一緒に飾る。【2】「注連飾り」は、正月に玄関の軒先や神棚などに飾るしめ縄。

606…文化・風俗・習慣

606-01 文化(ぶんか)／文明(ぶんめい)

共通する意味★世の中や人知が進み生活水準や生活内容が高まること。

使い方▼〔文化〕▽外国の文化を取り入れる▽精神文化▽大陸文化▽文化遺産 〔文明〕▽文明にとり残された奥地▽文明国▽機械文明▽古代文明▽文明開化

	＿の発達	＿が開ける	＿生活	＿の利器
文化	○	○	○	－
文明	○	○	－	○

使い分け【1】狭義には、「文化」は、主として学問、芸術、道徳、宗教など、人間の精神の働きによって作り出されたものをいうのに対して、「文明」は、主として人間の外面的な生活条件や秩序など物質的なものをいうことが多い。【英】*culture*(文化); *civilization*(文明)【2】広義には、「文化」は、人間がつくり出した精神的、物質的な成果のすべてを表わし、「文明」を含んだ広い意味となる。

606-02 風俗(ふうぞく)／習俗(しゅうぞく)／風習(ふうしゅう)

【関連語】◆(風紀)

共通する意味★ある地域などにおける生活上のしきたりやならわし。

使い方▼〔風俗〕▽明治維新のころの風俗を描く▽時代とともに風俗も変わった▽風俗画 〔習俗〕▽古い習俗が残っている村▽江戸時代の町人の習俗を研究する 〔風習〕▽珍しい風習がこの漁村には残っている

使い分け【1】「風俗」「習俗」は、多く、ある時代やある社会集団での衣食住や行事などに関する事柄についていう。【英】*manners*【2】「風習」は、その地域の人々が社会生活上の事柄で守ってきた事柄、しきたりをいう。【英】*customs*

【関連語】◆(風紀)社会生活を送るうえで必要な風俗上の規律。特に、男女間の交際に関する節度をさす。「このごろ社内の風紀が乱れている」

606-03 習慣(しゅうかん)／慣習(かんしゅう)

【関連語】◆(俗習)

共通する意味★一定の社会などでのならわし、しきたり。【英】*a custom*

	＿を守る	これがこの土地の＿だ	長年の＿に従う	早寝の＿をつける
習慣	○	○	△	○
慣習	○	○	○	－

使い分け【1】「習慣」は、国やある地域などでの社会生活や日常生活に関しての様式をいう。また、「毎朝散歩をするのが習慣になっている」などのように、個人的な事柄に関していう場合もある。【2】「慣習」は、一定の社会で定着した、伝統的な行動様式、ならわしをいう。

【関連語】◆(俗習)世間一般の習慣。世俗のならわし。「悪しき俗習」

606-04 風(ふう)／風(かぜ)

共通する意味★特色となる傾向や流儀、ならわし。【英】*ways*

使い方▼〔風(ふう)〕▽あの高校には向学の風がある 〔風(かぜ)〕▽西欧の自由な風に吹かれる▽浮世の風は冷たい

使い分け【1】「風(ふう)」は、ある地域、団体などでの特色となる、生活様式、流儀、傾向、習慣などをいう。【2】「風(かぜ)」は、個人に対する社会の態度をいう。

606-05 ならわし／習い(なら)／しきたり

共通する意味★昔からそのようにやってきていること。【英】*a custom; a practice*

使い方▼〔ならわし〕▽揃って初詣でに出かけるのがわが家のならわしだ▽この地方独特のならわし 〔習い〕▽これはこの村の習いとなっている 〔しきたり〕▽若い二人は古くからのしきたりを破った

使い分け【1】「しきたり」の方が、「ならわし」「習い」よりも、昔から儀式化、規則化したやり方といった意味合いが強い。【2】「習い」には、「因果応報は世の習い」に見られるように、「世の常」「自然の道理」の意もある。

606-06 民俗(みんぞく)／土俗(どぞく)

共通する意味★ある地域の風俗や習慣。【英】*folk customs*

使い方▼〔民俗〕▽民俗学(【英】*folklore*)▽民俗芸能(【英】*folklore*) 〔土俗〕▽未開の地の土俗に興味を持つ▽土俗的な音楽

使い分け【1】「民俗」は、人々の生活の中に伝承されている風俗、習慣をいう。単独で使われることは少ない。【2】「土俗」は、その土地の風俗、習慣、ならわしをいう。

606-07 伝統(でんとう)／因習(いんしゅう)

共通する意味★昔から伝えられてきているならわしやしきたり。【英】*tradition*
使い方▼〔伝統〕▽伝統ある母校▽伝統を守る▽伝統的手法▽伝統工芸▽伝統芸能　〔因習〕▽因習にとらわれる▽因習を打ち破る
使い分け【1】「伝統」は、長い間に形成され、受け継がれてきた技芸・風習・思想などのしきたりや様式をいう。【2】「因習」は、昔から続いている風習で、現在では弊害が生じているものをいう。

606-08 旧習（きゅうしゅう）／旧慣（きゅうかん）

共通する意味★古くからのならわし、習慣。【英】*an old custom*
使い方▼〔旧習〕▽旧習にとらわれる▽旧習に従う　〔旧慣〕▽旧慣を守る▽旧慣に固執する
使い分け「旧慣」は、文章語で、一般にはあまり用いられない。

606-09 旧制（きゅうせい）／古制（こせい）／遺制（いせい）

共通する意味★古い制度。昔の制度。【英】*the old system*
使い方▼〔旧制〕▽旧制高校▽旧制の大学　〔古制〕▽古制のなごりをとどめている　〔遺制〕▽封建時代の遺制
使い分け【1】「旧制」は、新しい制度に対しての古い制度という意で使われる。【2】「遺制」は、今も残っている古い制度、昔の制度の意を表わす。
反対語▼旧制⇔新制

606-10 通例（つうれい）／定例（ていれい）／慣例（かんれい）／恒例（こうれい）

【関連語】◆（慣行）かんこう

共通する意味★いつもきまりのように行われていること。【英】*the custom*
使い方▼〔通例〕▽校長が出向くのが通例です　〔定例〕▽定例の会議は中止になった　〔慣例〕▽慣例に従って式を執り行う　〔恒例〕▽新春恒例の舞台

	祝辞を賜るのが□だ	一般社会の□に従う	□の行事	□の催し物
通例	○	○	-	-
定例	○	-	○	△
慣例	○	○	-	-
恒例	○	-	○	○

使い分け【1】「通例」は、きまりのようになって行われている、世間一般のならわしやしきたりをいう。【2】「定例」は、前々から決まって行われていること、また、定期的に行われていることをいう。【3】「慣例」は、以前から行われてきて習慣のようになっていることをいう。【4】「恒例」は、いつもある時期に決まって行事や儀式が行われることをいう。

【関連語】◆（慣行）物事が古くからのならわしとして行われること。「慣行に従い、社長が会議の議長をつとめる」「慣行を破る」

606-11 古風（こふう）／昔風（むかしふう）

共通する意味★昔のままの考え方、様式などに従っていること。今風でないこと。また、そのさま。【英】*archaic*
使い方▼〔古風〕（名・形動）　〔昔風〕（名・形動）

	□しつけ	□たたずまい	□で流行遅れだ	□味つけ
古風	-な○	-な○	△	-な-
昔風	-の○	-の△	○	-の○

使い分け【1】「古風」は、「…な」の形で使うことが多い。様式的なこと、価値観的なことなどに多くいう。俗なこと、生活的なことにはあまり用いない。非常に古いために、ひとつの様式として存在を認められているものなどに多くいう。【2】「昔風」は、どちらかというと現在とくらべてもう古くなった事柄、やり方などをいい、生活のいろいろな分野に幅広く用いる。「古風」のように現在の価値観のひとつとして取り上げられることは少ない。

反対語▼今風（いまふう）・現代風

606-12 国風（こくふう）／国ぶり（くに）

共通する意味★その国、その地方独特の風俗、習慣、風習。【英】*national customs and manners*
使い方▼〔国風〕▽アジアと西欧とでは国風が大きく違う▽国風文化　〔国ぶり〕▽国ぶりはそれぞれ違っている▽お国ぶり豊かな祭り
使い分け【1】「国風」の方が、改まった言い方。【2】「国ぶり」は、「お」を伴って「お国ぶり」の形で使われることが多い。

606-13 洋風（ようふう）／欧風（おうふう）／欧化（おうか）

共通する意味★ヨーロッパ風であること。【英】*westernization*
使い方▼〔洋風〕（名・形動）▽洋風な暮らし▽洋風の建築　〔欧風〕▽彼女の考え方はかなり欧風だ▽欧風建築　〔欧化〕スル▽欧化された生活様式▽欧化思想
使い分け【1】「洋風」は、ヨーロッパに限らず、広くアメリカまで含めていう。【2】「欧化」は、ヨーロッパの思想や風俗などの影響を受け、ヨーロッパ風になることをいう。

606-14 家風（かふう）／気風（きふう）

6 文化

共通する意味★特色となる伝統的な気質。
使い方▼〔家風〕▽大店(おおだな)の家風▽わが家の家風に合わない　〔気風〕▽自由な気風の土地▽悪い気風に染まる▽バンカラな気風
使い分け【1】「家風」は、その家特有の伝統的な生活様式や習慣、流儀、おきてなどをいう。【英】*a family tradition*【2】「気風」は、ある地域、また、ある集団の人たちに共通している気質。

606-15 校風(こうふう)／学風(がくふう)／スクールカラー

共通する意味★その学校に特有の気風や雰囲気。【英】*school tradition*
使い方▼〔校風〕▽自由な校風▽校風を乱すような服装は慎んでほしい　〔学風〕▽質実な学風がわが校の伝統だ　〔スクールカラー〕▽わが校はのびのびしたスクールカラーが特徴だ
使い分け「校風」が、最もよく使われる。「学風」は、やや硬い言い方。「スクールカラー」は、ある学校を象徴するものとして定められた色のこともいう。

606-16 良俗(りょうぞく)／美俗(びぞく)／美風(びふう)／良風(りょうふう)

共通する意味★良いならわし。【英】*a laudable custom*
使い方▼〔良俗〕▽公序良俗に反する▽彼の行為は良俗に背くものだ　〔美俗〕▽切腹は武家社会では美俗とされていた▽良風美俗　〔美風〕▽質実なる美風を守る▽勤倹なる美風を養う　〔良風〕▽昔からの良風を守る
使い分け【1】「良俗」は、善良な風俗、良い風俗の意。【2】「美俗」「美風」は、美しい風俗、うるわしく、良い風俗の意。【3】「良風」は、善良な風俗、健全で良い風俗の意。
反対語▼良俗⇔悪俗　美風⇔悪風　良風⇔悪風・弊風

606-17 悪風(あくふう)／悪習(あくしゅう)／悪弊(あくへい)／弊風(へいふう)／弊習(へいしゅう)／陋習(ろうしゅう)

共通する意味★悪いならわし。【英】*a bad custom*
使い方▼〔悪風〕▽野卑な悪風を改める▽悪風に染まる　〔悪習〕▽悪習に染まる▽喫煙の悪習　〔悪弊〕▽社会の悪弊を一掃しなければならない▽永年の悪弊を改めたい　〔弊風〕▽弊風に染まる　〔弊習〕▽旧来の弊習を打破する　〔陋習〕▽旧来の陋習にとらわれる
使い分け【1】「悪風」「弊風」は、悪い風習、風俗の意。【2】「悪習」「悪弊」「弊習」「陋習」は、悪い習慣、ならわしの意。【3】「悪習」は、個人的なものにもいうが、他の五語は、社会的なものに関してのみいう。

606-18 旧弊(きゅうへい)／宿弊(しゅくへい)／積弊(せきへい)／流弊(りゅうへい)

共通する意味★古くから続いている弊害。【英】*an old evil*
使い方▼〔旧弊〕▽旧弊改めるべし　〔宿弊〕▽宿弊を打破する　〔積弊〕▽積弊を改める　〔流弊〕▽流弊に逆らい、新風を吹き込む
使い分け【1】「旧弊」「宿弊」は、古くからのしきたりや、習慣、制度などによる弊害をいう。「旧弊」は、古いということに重きをおいた語であり、「宿弊」は、以前、あるいは古くから続いているということに重きをおいた語である。【2】「積弊」は、長い間に積み重なった弊害をいう。文章語。【3】「流弊」は、現在も広まっている弊害をいう。文章語。

606-19 流行(りゅうこう)／はやり

【関連語】◆(はやる)◆(ファッション)

共通する意味★一時的に、世間に広く受け入れられ、行われること。【英】*fashion*
使い方▼〔流行〕スル▽ロングヘアーが流行する▽インフルエンザが流行する▽流行にとらわれない服▽流行色　〔はやり〕▽今年はミニスカートがはやりだ▽はやりの店へ行く▽はやりすたりのない服装▽はやり言葉
使い分け【1】二語とも、風俗、服装などに関していうことが多いが、病気その他さまざまなものに使う。【2】「はやり」は、「流行」よりもくだけた表現となる。
【関連語】◆(はやる)(ラ五)ある時期に、人々の間に人気があって、世の中に盛んに行われる。病気などがつぎつぎと広まることにもいう。「流行る」と当てる。⇔すたる・すたれる。「今年の秋はグリーンがはやる」「今はやっている歌」「風邪がはやっている」
◆(ファッション)服装や髪型などが、一時的に受け入れられ行われること。また、そのような服装や髪型など。「新しいファッションを取り入れる」「ファッションショー」

606-20 ブーム／盛行(せいこう)

共通する意味★あることが、一時的に、急に盛んにもてはやされて行われること。
使い方▼〔ブーム〕▽海外旅行がブームになる▽ブームに乗って世の中に出る▽サッカーブーム▽建築ブーム　〔盛行〕スル▽自然主義盛行の時代に活躍した作家▽外食産業が盛行している
使い分け【1】「ブーム」は、ある物事が急激に人気を呼び、熱狂的にもてはやされることをいう。また、「ベビーブーム」「結婚ブーム」などのように、一

時的に、急激に、ある物事が行われることも表わす。【2】「盛行」は、文章語。

607‥‥言語・文字

607-01 言葉(ことば)／言語(げんご)／言辞(げんじ)

【関連語】◆(辞)じ◆(言)げん◆(言の葉)ことのは◆(語)ご

共通する意味★人間がある事柄や感情、考えなどを伝えるために用いる音声や、それを文字に表わしたもの。【英】*language*

使い方▼〔言葉〕▽言葉を交わす▽言葉を濁す▽言葉の意味を調べる〔言語〕▽言語に絶する悲惨な状況▽言語学〔言辞〕▽言辞を弄(ろう)する▽彼の言辞には信用がおけない

	世界の□	政治家の□	開会の□
言葉	○	○	○
言語	○	△	-
言辞	-	○	-

使い分け【1】「言葉」は、音声や文字の総体、また、その要素をいう。特に語、さらにそれによって表現される内容など最も広く用いられる。【2】「言語」は、音声や表記、また文法、語彙(ごい)・意味などの総体をいい、「言葉」に比べ抽象的、体系的なものを表わす。「政治家の言語」という言い方をしたときには、政治家以外の人が使う言語と体系の異なるものという意味になる。また「言語明晰(めいせき)」や「言語に絶する」などの用法では、表現行為を意味する。なお、「言語」をともに呉音で読むと、「言語道断」のように「ごんご」となる。「言語に絶する」も「ごんご」と読むことがある。【3】「言辞」は、「言葉」によって表現されたこと、そのまとまりをもった内容を表わす。文章語的。

【関連語】◆(辞)まとまりを持った言葉。また、言葉遣い。「開会の辞」「辞を低くして頼む」◆(言)ものを言うこと。言った言葉。「人の言を用いる」「言を左右にする(＝あれこれかこつけてはっきりしたことを言わない)」「言をまたない(＝言うまでもない)」◆(言の葉)「言葉」の古い言い方。◆(語)単語と同じ意味で用いられる。ただし、「語を次ぐ」「語を交える」のような慣用句では、「言葉」の意味で用いられる。

607-02 語彙(ごい)／ボキャブラリー

共通する意味★一言語、また、ある範囲で用いられる語の集まり。【英】*vocabulary*

使い方▼〔語彙〕▽語彙の乏しい人▽平安時代の語彙〔ボキャブラリー〕▽ボキャブラリーが豊富だ

使い分け「語彙」は、単に「語」の意味で使うこともある。また、音韻などの単語の形式面に対し、単語の意味内容的な面をさして使うこともある。

607-03 話し言葉(はなしことば)／口語(こうご)／俗語(ぞくご)

共通する意味★話すときに使う言葉。

使い分け【1】「話し言葉」「口語」は、書いた言葉に対し、音声を伴う、話すときの言葉。ただし、「文語文法」に対する「口語文法」のように、「口語」が「文語」に対する現代語の意味で用いられることもある。【英】*spoken language*【2】「俗語」は、話し言葉の中でも、くだけた感じや乱暴な感じの語や言い回し。【英】*slang*

反対語▼話し言葉⇔書き言葉　口語⇔文語　俗語⇔雅語

607-04 書き言葉(かきことば)／文章語(ぶんしょうご)／文語(ぶんご)

共通する意味★文章を書くときに使う言葉。【英】*written language*

使い方▼〔書き言葉〕▽書き言葉に改める〔文章語〕▽この語は文章語で、硬い感じがする〔文語〕▽文語調の説明文▽文語文法

使い分け【1】「書き言葉」「文章語」は、日常会話に使う言葉(話し言葉)に対していう。話すときよりも改まった調子になる。【2】「文語」は、「書き言葉」を意味するが、また、平安時代の文法を基礎とする言語体系をもいう。明治以後に標準化された口語に対するもの。

反対語▼書き言葉⇔話し言葉　文語⇔口語

607-05 母語(ぼご)／母国語(ぼこくご)／邦語(ほうご)／国語(こくご)

共通する意味★自分の国の言語、言葉。【英】*one's mother tongue*

使い分け【1】「母語」を自分が最初に修得した言語、「母国語」を自分の属する国の言語と定義することがある。このように定義した場合、外国で成長した人などで「母語」と「母国語」が一致しない場合でも区別することができる。【2】「母語」というときは、しばしば国境や民族の違いを問題にしないで、その言語の背景にある文化だけを問題にする場合がある。「彼は中国人だが、インドネシアでマレー語を母語として育った」など。【3】「邦語」も、自分の国の言語の意味であるが、日本語の意味で用いられることが多い。【4】「国語」は、国家を代表する言語の意味。複数の言語が用いられている国では、公用語をさすことが多い。日本国内では、学校教育における日本語教育も「国語」と呼ぶ。

参照▼国語⇒601-04

6 07-06 共通語／標準語

【関連語】◆(国際語)

共通する意味★全国どこでも通用する言語。

使い分け【1】「標準語」が、規範的であると認められたものであるのに対し、「共通語」は、通用する、あるいはしているものであって、必ずしも規範的なものとは限らない。【英】*the standard language* 【2】「標準語」は、規範ないし理想としての言語であるから、現実にだれかが話しているというよりは、使用者の意識の中にあるものである。「東京では標準語が話されている」という場合の「標準語」とは、東京では規範としての日本語が話されているはずだという、話者の判断を投影した意味になっている。【3】「共通語」は、「十八世紀にはフランス語がヨーロッパの共通語であった」というように、一国内に限らず、異言語を使う人々の間で伝達のために使われる言語の意味でも用いられる。【英】*a common language*

【関連語】◆(国際語)異なる国家・民族間で共通語として用いられる言語。現代では、商業関係などで英語が国際語として使われている。また、人工言語のエスペラントも国際語ということがある。

6 07-07 方言／里言

【関連語】◆(国言葉)

共通する意味★標準語、共通語ではないそれぞれの地方で用いられる言葉。【英】*dialect*

使い分け【1】術語として用いる場合、「方言」は、地域的な言語体系、「里言」は、その土地独特の語を表わす。【2】「里言」は、「俚言」とも書く。

【関連語】◆(国言葉)ある人の出身地の言葉。また、その地方特有の言葉。多く「お国言葉」の形で使われる。

6 07-08 慣用句／成句／イディオム

共通する意味★一続きで、あるまとまった意味を表わす言葉。【英】*an idiom*

使い分け【1】たとえば、「襟を正す(＝気持ちを引き締めて、ことに当たる態度をいう)」や「足を洗う(＝好ましくない行為をやめる)」のような言葉をいう。【2】「成句」は、「猿も木から落ちる」「無くて七癖」のように、古くから慣習的に用いられている文句もいう。

6 07-09 ことわざ／諺語／俚諺／俗諺／古諺

共通する意味★昔から人々の生活の中で言い慣わされてきた、知恵や教訓や風刺の意を込めた短い言葉。【英】*a proverb*

使い方▼〔ことわざ〕▽ことわざにもあるとおり…▽ことわざ集 〔諺語〕▽諺語辞典 〔俚諺〕▽俚諺を集めてかるたを作る 〔俗諺〕▽俗諺を科学的に説明する 〔古諺〕▽古諺の由来を説く説話▽古諺にいわく

使い分け【1】「諺」とも書く。「ことわざ」が、最も一般的で日常的な言葉。「諺語」は、硬い文章語。【2】民間に言い伝えられたものであることを強調した語が「俚諺」「俗諺」。また、「A山の雪どけの形が人形に見えたら豊作だ」のような、限られた地方にのみ通用する「ことわざ」は、「俚諺」という。【3】古くからあることを強調した語が「古諺」。

6 07-10 寸言／寸鉄／警句／箴言／金言／格言／名言／至言／名句

【関連語】◆(座右の銘)

共通する意味★人生に関わる真理や、指針、戒めを短く言い表わした言葉。【英】*an epigram*(警句); *a maxim*(金言); *a witticism*(寸鉄)

使い分け【1】いずれの語も、ほぼ同じような意味で使われることが多い。【2】「名言」「至言」「名句」には、その場にうまく適合する気のきいた言葉という意味もある。【3】「名句」は、俳句、漢詩の一節などのすぐれた句もいう。

【関連語】◆(座右の銘)常に自分の身近において、日常の戒めとしている言葉や文。

参照▼名句⇒611-12

6 07-11 標語／スローガン／キャッチフレーズ／うたい文句

共通する意味★人々に呼びかけるための簡潔な文句。【英】*a slogan*

使い方▼〔標語〕▽交通安全の標語 〔スローガン〕▽メーデーのスローガンを決める 〔キャッチフレーズ〕▽新製品発売のキャッチフレーズに苦心する 〔うたい文句〕▽安全性の高さをうたい文句にする

使い分け【1】「標語」「スローガン」は、主義、主張などを端的に言い表わした言葉。【2】「キャッチフレーズ」「うたい文句」は、感覚に訴え、強い印象を与える短い宣伝文句。

6 07-12 禁句／タブー／忌み言葉

共通する意味★ある集団、ある人物に対して言ってはならない言葉、また、その内容。【英】*a taboo word*

使い方▼〔禁句〕▽彼女の前で子供の話は禁句だ 〔タブー〕▽友人の間で成績の話はタブーになっている 〔忌み言葉〕▽結婚式では、「去る」「別れる」など

は忌み言葉として避けられる

使い分け【1】「禁句」は、個別の状況によって生まれるもので、「タブー」「忌み言葉」は、ある社会において共通の認識として成立するもの。【2】「禁句」は、言葉、内容どちらについてもいうが、「タブー」は、主に内容について、「忌み言葉」は、言葉そのものについていう。

6 07-13 反意語／反対語／対義語 アントニム

共通する意味★ある語に対して、反対の意味をもつ語。【英】*an antonym*

使い分け【1】四語とも、「善」と「悪」、「大きい」と「小さい」、「兄」と「弟」などのように、同一言語において反対の意味をもつ語をさす。【2】「善」と「悪」、「大きい」と「小さい」のように、全く反対の概念を表わす語どうしを「反意語」「反対語」といい、「兄」と「弟」、「右」と「左」のように、組になる概念を表わす語どうしを「対義語」といって区別することもある。

6 07-14 同義語／類義語／類語 シノニム

共通する意味★ある語に対して、意味が同じである語。【英】*a synonym*

使い分け【1】「同義語」は、「あす」と「あした」などのように、全く同じ意味で表記や発音が異なる語。【2】「類義語」「類語」「シノニム」は、「あがる」と「のぼる」、「遊戯」と「ゲーム」などのように、意味の似た語をさす。【3】「同義語」と「類義語」とを区別せずに用いることもある。

6 07-15 尊敬語／謙譲語／丁寧語

共通する意味★敬語の種類。

【関連語】◆(尊大語)

使い分け【1】「尊敬語」は、聞き手や話題の主、また、その動作、状態、所有物などを高めることによって、話し手の敬意を表わす。「いらっしゃる」「召し上がる」「御覧になる」など。【英】*an honorific word*【2】「謙譲語」は、話し手自身が自分を卑下して表現することによって、相対的に聞き手や話題の主を高め、それによって話し手の敬意を表わす。「いただく」「いたす」「まいる」「拝見する」など。【英】*a modest word*【3】「丁寧語」は、聞き手や読み手を考慮し、事物を美化したり、丁寧に叙述するために用いる。「お花」「ご飯」「です」「ます」など。【英】*a polite word*【4】「尊敬語」が目下の動作について用いられる場合は、話し手が自分の品位を保つために使用するものであって、敬意を表わしているわけではない。子供に「早く手を洗っていらっしゃい」など。

【関連語】◆(尊大語)話し手自身が自分の動作・状態を偉ぶって高めて言う語。「おれさま」「くれてやる」「教えてつかわす」など。

6 07-16 擬声語／擬音語／擬態語 オノマトペ

共通する意味★声や音、また状態や様子を言語音で表わした語。【英】*onomatopoeia*

使い分け「ワンワン」「ガラガラ」のように、声や音を表わすのが「擬声語」「擬音語」。「そわそわ」「ぐずぐず」のように、状態や様子を表わすのが「擬態語」。「オノマトペ」は、それらの総称。なお、「擬声語」も総称として使われることがある。

6 07-17 清音／濁音／半濁音／清濁／鼻濁音／撥音／促音／長音

共通する意味★日本語の音の種類。

使い分け【1】「清音」は、濁音符や半濁音符がつかない仮名で表わされる音。「濁音」は、濁音符のつく仮名、「半濁音」は、半濁音符のつく仮名で表わされる音。「清濁」は、清音と濁音の意。「鼻濁音」は、鼻音で発音される濁音。語中のガ行音が鼻濁音になる。【2】「撥音」は、「ん」「ン」で表わされる音。「促音」は、「っ」「ッ」で表わされる音。【3】「長音」は、「アー」「イー」のように長く延ばす音。【英】*a voiceless sound*(清音); *a voiced sound*(濁音)

6 07-18 音便

【関連語】◆(イ音便)◆(ウ音便)◆(促音便)◆(撥音便)

意味★発音上の便宜のために、単語の一部の発音が変わる現象。動詞や形容詞が助詞の「て」「たり」、助動詞の「た」につくときに起こることが多い。【英】*euphony*

【関連語】◆(イ音便)イ段音の子音の脱落によって、ある音がイになる現象。「書きて」が「書いて」、「漕ぎて」が「漕いで」になるなど。◆(ウ音便)ウ段音の子音の脱落によって、ある音がウ(長音)になる現象。「よくなりました」が「ようなりました」、関西方言などで「酔いて」が「酔うて」となるなど。◆(促音便)ある音が促音になる現象。「立ちて」が「立って」、「食いて」が「食って」、「取りて」が「取って」になるなど。◆(撥音便)ある音が撥音になる現象。「読みて」が「読んで」、「飛びて」が「飛んで」、「死にて」が「死んで」になるなど。

6 07-19 難訓／難読

共通する意味★漢字の読み方が難しいこと。【英】*a kanji difficult to read*

使い方▼〔難訓〕▽難訓にはすべて振りがなを付けてください 〔難読〕▽難読姓氏の一覧表

使い分け【1】「難訓」は、漢字の訓よみが難しいこと。【2】「難読」は、読みにくい漢字のすべてをさす。

607-20 発音(はつおん)

意味★言語の音声を出すこと。また、その音。【英】*pronunciation*

使い方▼〔発音〕スル▽発音がきれいだ▽はっきり発音する▽発音記号

607-21 アクセント／プロミネンス／イントネーション

共通する意味★語や文に加えられる高さや強さ。

使い分け【1】「アクセント」は、「東京のアクセントでは『橋』はハが低くシが高い」のように、個々の語の持つ高さや強さの配置をいう。また、「『箸(はし)』はハにアクセントがある」のように、その配置のうち最も高いところ、強いところをいうこともある。さらに、「最も強調したいところにアクセントをおいて読む」のように、文中での強調や抑揚の意味にも使われる。【2】「プロミネンス」は、文中の特定の語を強調のため強く発音すること。【3】「イントネーション」は、話し手の感情、意図によって生ずる声の調子。断定表現では文末(句末)は降調だが、質問では昇調になる類をいう。

607-22 訛(なまり)／訛音(かおん)／国訛(くになまり)

共通する意味★共通語、標準語とは異なる発音やアクセント。【英】*an accent*

使い方▼〔訛〕▽京都なまりで話す 〔訛音〕▽訛音がまじる 〔国訛〕▽お国なまりが出る

使い分け【1】「訛り」が、最も一般的に使われる。「訛音」は、文章語。【2】「国訛り」は、その土地のなまりの意味や、自分の故郷のなまりの意味で用いる。「お国なまり」の形で使われることが多い。

607-23 漢和(かんわ)／中日(ちゅうにち)

共通する意味★中国語と日本語。【英】*Chinese and Japanese*

使い分け 元来は中国と日本の意であるが、主として辞典について用いる。「漢和辞典」は、漢字が見出しに立つのに対し、「中日辞典」は、(現代)中国語の語が見出しに立つ。

607-24 和文(わぶん)／邦文(ほうぶん)／国文(こくぶん)

共通する意味★日本語で書かれた文章。【英】*Japanese*

使い分け【1】「和文英訳」のように、漢文、欧文などに対する日本語の文・文章の意で最も広く用いられるのは「和文」。「国文」は、現在では国文学、あるいは国文(学)科の略として用いられることが多い。【2】「和文タイプ」「邦文タイプ」のように、「和文」「邦文」は、日本語の文字の意でも用いられる。

607-25 字(じ)／文字(もじ)

【関連語】◆(邦字)ほうじ◆(ローマ字)ローマじ

共通する意味★言語を書き記すのに用いる記号。【英】*a letter*

使い方▼〔字〕▽山という字▽細い字▽字がきれいだ 〔文字〕▽人(ひと)文字▽象形文字▽横文字

使い分け「文字」が、その記号体系全体をいうことが多いのに対し、「字」は、個々の記号、また書かれたものをさしていうことが多い。

【関連語】◆(邦字)日本語を書き記すのに用いられる文字。漢字と仮名。「邦字新聞」◆(ローマ字)ラテン語の文字。現在、欧米諸言語をはじめ、多くの言語表記に用いられている。

607-26 字源(じげん)／語源(ごげん)

共通する意味★言葉の要素の起源。【英】*etymology*

使い分け「字源」は、個々の文字、特に漢字の起源。「語源」は、個々の語のもともとの意味や形。

607-27 仮名(かな)／平仮名(ひらがな)／片仮名(かたかな)

共通する意味★日本で漢字から作られた音節文字。【英】*kana; the Japanese syllabary*

使い分け【1】「仮名」が、総称。【2】「平仮名」は、「あ、い、う、え、お…」などで、漢字の草書体から、「片仮名」は、「ア、イ、ウ、エ、オ…」などで、漢字の一部分からできた。【3】「片仮名」は、外来語を表記するときに用いられるほか、ある語を強調するために使うことがある。

607-28 漢字(かんじ)／真名(まな)／本字(ほんじ)

【関連語】◆(国字)こくじ◆(親字)おやじ◆(簡体字)かんたいじ◆(俗字)ぞくじ

共通する意味★中国でできた表音表意文字、およびそれにならって作られた文字。【英】*a kanji; a Chinese character*

使い分け【1】「漢字」は、ローマ字やアラビア文字などに対する文字の一つとしての言い方。【2】「真名」「本字」は、いずれも仮名に対して漢字をいうときの言い方。

【関連語】◆(国字)漢字のうち、日本で作られたも

6 文化

の。「畑」「峠」など。◆(親字)漢和辞典で、見出しとして立てられる一字の漢字。◆(簡体字)中華人民共和国の文字改革で簡略化された字体の漢字。「车(車)、长(長)、飞(飛)」など。◆(俗字)正字体ではないが一般的に用いられている漢字。「恥」に対する「耻」など。

607-29 仮名遣い／歴史的仮名遣い／旧仮名遣い／現代仮名遣い／新仮名遣い

共通する意味★言葉を仮名で書くときの表記の仕方、また、その規範。

使い分け【1】「歴史的仮名遣い」「旧仮名遣い」は、平安時代中期以前の文献をもとにした表記で、昭和二一年まで公用文に用いられていた。【2】「現代仮名遣い」「新仮名遣い」は、現代語を書き表わすための表記として、昭和二一年一一月内閣が告示したもの。【3】「今日」「仰ぐ」を「けふ」「あふぐ」と表記するのが「歴史的仮名遣い」「旧仮名遣い」、「きょう」「あおぐ」と表記するのが「現代仮名遣い」「新仮名遣い」。

607-30 送り仮名

意味★漢字の読み方を明らかにするために、漢字のあとにつける仮名。「送り仮名」の「り」の類。

607-31 頭文字／イニシャル

共通する意味★ローマ字表記での、固有名詞や文の初めの語の最初の大文字。【英】*an initial*

使い方▼〔頭文字〕▽文頭の語の頭文字は大文字にするのがきまりだ 〔イニシャル〕▽田中一郎(Itirô Tanaka)のイニシャルはIとTだ▽イニシャルワード(＝頭文字で作った言葉)

使い分け「イニシャル」は、特に、姓名などの固有名詞の頭文字。

607-32 大文字／キャピタル／小文字

共通する意味★欧文の字体。【英】*a capital (letter)*

使い分けローマ字の「A、B、C…」が「大文字」、「a、b、c…」が「小文字」。「キャピタル」は、大文字のこと。

607-33 アルファベット／ABC

共通する意味★ローマ字の全体を順に並べたもの。

使い分け「ABC」は、「ABCから教える」のように、物事の基本も意味する。

607-34 数字

意味★数を記すのに用いる記号、文字。また、その記号、文字で表わされる数量的な事柄や知識。【英】*numeral*

使い方▼〔数字〕▽数字を使って説明する▽数字に明るい

607-35 アラビア数字／ローマ数字／漢数字／算用数字

共通する意味★数字の書き方の種類。

使い分け【1】「アラビア数字」は、インドで考え出され、アラビアを通じて広まった数字。【英】*Arabic numerals*【2】「ローマ数字」は、古代ローマで発達した数字。【英】*Roman numerals*【3】「漢数字」は、漢字のうち数を表わすもの。【4】「算用数字」は、アラビア数字のこと。筆算に用いる数字であったところからこの名がある。【5】たとえば、「アラビア数字」で「1、5、10」と表記する数を、「ローマ数字」では「Ⅰ、Ⅴ、Ⅹ」、「漢数字」では「一、五、十」と表記する。

607-36 句／フレーズ

【関連語】◆(語句)ごく◆(章句)しょうく◆(字句)じく◆(一字一句)いちじいっく◆(熟語)じゅくご

共通する意味★まとまった意味を表わす一続きの言葉。文より小さい単位。【英】*a phrase*

使い方▼〔句〕▽第三句▽最後の句 〔フレーズ〕▽美しいフレーズ

使い分け【1】「句」は、詩歌の構成単位、連歌・俳句の意味でも用いられる。【2】「フレーズ」は、音楽で旋律の一区切りの意味でも用いられる。

【関連語】◆(語句)語と句。「語句の訂正」◆(章句)文章の章と句。◆(字句)文字や語句。「字句の解釈」◆(一字一句)一つの文字と一つの句。わずかな言葉。「一字一句間違えないように写す」◆(熟語)二つ以上の単語が連続してできた語。「四字の熟語」

参照▼句⇒616-27

607-37 単語

意味★文法上で、まとまった意味、機能をもつ言語の最小単位。【英】*a word*

使い方▼〔単語〕▽英語の単語を覚える▽単語カード

6 07-38

語末（ごまつ）／語尾（ごび）

共通する意味★言葉の最後の部分。【英】*the ending of a word*

使い方▼〔語末〕▽語末の音　〔語尾〕▽箸（はし）は語頭を、橋は語尾を上げて発音する▽語尾がよく聞き取れない▽語尾変化

使い分け「語末」は、単語の最後の部分をいう。これに対し「語尾」は、単語の最後の部分、談話中の言葉の終わりの部分、また、活用語で変化する部分をいう。

反対語▼語末・語尾（単語の最後部分の場合）⇔語頭　語尾（活用語の変化部分の場合）⇔語幹

6 07-39

品詞（ひんし）

【関連語】◆（体言）たいげん◆（用言）ようげん◆（名詞）めいし◆（代名詞）だいめいし◆（動詞）どうし◆（形容詞）けいようし◆（形容動詞）けいようどうし◆（副詞）ふくし◆（連体詞）れんたいし◆（接続詞）せつぞくし◆（感動詞）かんどうし◆（助詞）じょし◆（助動詞）じょどうし

意味★文法上の意義、職能、形態などから分類した単語の区分け。【英】*a part of speech*

使い方▼〔品詞〕▽品詞の分類

【関連語】◆（体言）自立語（＝単独でも文節を構成することのできる単語）の中で、活用がなく主語となり得るもの。名詞、代名詞など。⇔用言。◆（用言）自立語の中で、活用があり、その動作、存在、性質、状態を叙述する働きをもつもの。動詞、形容詞など。⇔体言。◆（名詞）事物の名を表わす語。また、事物の状態などを名付けていう語。普通名詞、固有名詞、抽象名詞などがある。◆（代名詞）人、事物、方向などを、固有の、また、一般の名称を用いずに、直接個別にさし示すのに用いる語。「彼」「彼女」などの人称代名詞、「ここ」「それ」などの指示代名詞などがある。◆（動詞）用言に属し、ウ段で終止する語。事物の動作、作用、存在、状態などを表わす。◆（形容詞）事物の性状、または事物に対する感情を表わす語。現代語では、終止形が、「美しい」「小さい」のように「い」で終わる。◆（形容動詞）事物の性質、状態を表わす語。「形容詞」とは活用を異にする。現代語では、終止形が、「きれいだ」のように「だ」で終わる。◆（副詞）自立語で、活用がなく、主語にならない語のうちで、主として用言を修飾する語。◆（連体詞）自立語で、活用がなく、もっぱら体言を修飾する語。◆（接続詞）二つ以上の語、文節、文などを接続する働きをもち、後に述べられる事柄が、前に述べられた事柄に対してどのような関係にあるかを示す語。「だから」「しかし」「また」など。◆（感動詞）感動、呼びかけ、応答などを表わす語。「おや」「まあ」「はい」など。◆（助詞）付属語（＝単独では文節を構成せず、常に自立語に付属して用いられる語）の中で活用のないもの。自立語どうしの関係を示したり、一定の意味を加えたりする。◆（助動詞）付属語の中で、活用のあるもの。他の自立語につき、叙述の意義を補ったり、話し手の判断の性質を表現したりする。

6 08 …記号・目印

6 08-01

印（しるし）／記号（きごう）／符号（ふごう）／目印（めじるし）／マーク／標識（ひょうしき）

【関連語】◆（指標）しひょう◆（丸）まる◆（ばつ）◆（ペケ）◆（略号）りゃくごう◆（目盛り）めもり

共通する意味★特定の意味や対象を表わすもの。また、そのために用いるもの。【英】*a mark; a sign*

使い方▼〔印〕▽重要な単語に印をつける▽丸印　〔記号〕▽ト音記号▽元素記号　〔符号〕▽モールス符号　〔目印〕▽あの山が目印になる　〔マーク〕▽トレードマーク▽クエスチョンマーク　〔標識〕▽標識を掲げる▽道路標識

使い分け【1】「印」は、象徴としての物・形の意味で、「ハトは平和のしるし」のように、他と区別するためにつけるもの。「お礼のしるし」のように、抽象的なことの証拠の意味にも用いられる。【2】「記号」は、広義では文字や符号、また視覚以外の感覚にうったえるもの（たとえば聴覚にうったえる音声など）をさすが、狭義では文字以外の視覚にうったえる手段をさす。この狭義の「記号」は、「符号」とほぼ同じ意味になるが、術語としては「記号」が多く用いられる。【3】「目印」「標識」は、見つけやすいようにするために便宜的につけるもの。あるいは、見つけるときの助けになるもの。「記号」「符号」は、平面的なものがほとんどであるが、「目印」「標識」は、立体的なものであってもよい。【4】「記号」「符号」は、体系的あるいは固定したものとして存在する。したがって、新しいものをつくる場合でも、それはある体系の中に組み込まれるものであり、形自体が意味をもつ。これに対し、「目印」は、臨時的なものであり、形自体が意味をもつわけではない。【5】「標識」は、形自体が意味をもつことも多い。「マーク」は、「印」と同じように使われる。

【関連語】◆（指標）ある物事の基準となるめじるし。「景気の指標とする」「紙の消費量はその国の文化の指標だ」◆（丸）記号として使われる○の形。正しいあるいは良いことを表わしたり、単なる目印として使ったりする。◆（ばつ・ペケ）記号として使われる×の形。間違い、あるいは悪いことを表わす場合などに使われる。「ペケ」は、関西方言などで用いられる。◆（略号）簡単に記すためにつくった記号。◆（目盛り）数量をきざんであるもの。

参照▼丸⇒608-04

608-02 点／ポイント

共通する意味★小さな印。数学的には位置だけがあり、面積のないもの。**【英】** *a point*

使い方▼〔点〕▽点と線▽熊という漢字の下の点は四つだ 〔ポイント〕▽第六ポイント通過

使い分け【1】「点」は、読点や傍点に使われる「、」、また、漢字の字画の「、」のような一画にも使われる。また、「試験で悪い点をとった」のように、評価としての点数の意でも使われる。【2】「ポイント」は、活字の大きさの単位や地点の意味や「相手チームのポイントになる」のように、スポーツ競技などで、得点の意味にも用いられる。【3】二語とも、小数点の意味でも使われる。また、「この点はさらに検討すべきだ」「問題のポイントはそこだ」のように、箇所の意味で用いられることがあるが、「点」が、事柄一般をさすのに対し、「ポイント」は、特に重要な箇所の意味で用いられる。

参照▼点⇒608-04 620-28 ポイント⇒620-28 802-13

608-03 符丁／暗号

共通する意味★当事者だけに本当の意味がわかるようにしてある記号や言葉。**【英】** *a code*

使い方▼〔符丁〕▽符丁をつける▽符丁で話す 〔暗号〕▽暗号を解読する▽暗号表▽暗号文

使い分け【1】「符丁」は、本来商人が商品に付けた、値段を示す印、符号をいう。転じて、仲間うちだけに通じる言葉のこと。「符牒」とも書く。【2】「暗号」は、「符丁」よりも伝達したい内容が重大で極秘のものという感じがある。「符丁」も一種の「暗号」ではあるが、「符丁」は、単純な言葉の置きかえ程度のものをいい、複雑なつくりになっているものは「符丁」とはいわない。

608-04 句点／丸／読点／点／句読点

共通する意味★日本語の文につける記号。**【英】** *punctuation*

使い分け【1】「句点」「丸」は、文の終わりにつける「。」。【2】「読点」「点」は、文中の切れ目につける「、」。【3】「句読点」は、「句点」と「読点」の総称。

参照▼丸⇒608-01 点⇒608-02 620-28

608-05 ピリオド／コンマ／コロン／セミコロン

【関連語】◆（終止符）

共通する意味★欧文を書くときに文の切れ目に用いられる記号。

使い分け【1】「ピリオド」は、文の終わりにつける「．」。【2】「コンマ」は、文中の切れ目につける「，」。大きな数字の位取りをするときにも用いる。「カンマ」ともいう。【3】「コロン」は、文中の切れ目に用いる「：」。特に、対照・説明・引用などの前につける。【4】「セミコロン」は、「コロン」より少し軽い切れ目、あるいは、文を一応切って次に説明を続ける場合に用いる「；」。【5】「ピリオド」は、「ピリオドを打つ」の形で、続けていたことを終わりにする意でも用いる。【6】「コンマ」は、小数点「．」のことも言い、「一コンマ五（＝1.5のこと）」「コンマ以下は切り捨て」のようにも用いる。

【関連語】◆（終止符）欧文などで文の終わりに打つ符号。ピリオド。「終止符を打つ」の形で、それまで続けてきたことを終わりにする、物事に決まりをつける意でも用いる。

608-06 線／ライン

共通する意味★「点」や「面」に対して、糸のように細長いもの。**【英】** *a line*

使い方▼〔線〕▽線を引く 〔ライン〕▽ファウルライン▽ボーダーライン

使い分け 二語とも、「体の線（ライン）がくずれる」のように、ある物の輪郭の意がある。また鉄道、航路など、交通機関の経路の意もある。

参照▼線⇒001-15

608-07 直線／一直線

共通する意味★まっすぐな線。**【英】** *a straight line*

使い方▼〔直線〕▽直線を描いて飛ぶ鳥▽直線距離 〔一直線〕▽一直線をひく

使い分け【1】「直線」は、湾曲したり曲がったりしていないまっすぐな線のこと。また、図形として、二点を結ぶ最も短い線をいう。【2】「一直線」は、一本の直線の意で用いることもあるが、多くの場合、図形としての線を意味するのではなく、「合格一直線」「一直線に突き進む」のように、それがまっすぐであることを示す。

反対語▼直線⇔曲線

608-08 傍線／アンダーライン

共通する意味★文章の中で、書き手が強調したい部分につける、また読み手が重要な部分であると思い、心覚えにつける線。**【英】** *an underline*

使い分け「傍線」は、縦書きの文章で、文字の横につける線、「アンダーライン」は、横書きの文章で、文字の下につける線。

608-09 実印／認め印／私印／公印／官印

【関連語】◆(国璽)◆(印璽)

共通する意味★個人や団体の印。

使い方▼〔実印〕▽実印を作って印鑑登録をする 〔認め印〕▽書留速達です、認め印をお願いします 〔私印〕▽他人の私印を偽造して人をだます 〔公印〕▽この官職名の公印のところに不備がある 〔官印〕▽官印のないものは無効とする

使い分け【1】「実印」は、市区町村長に届け出しておき、必要に応じて印鑑証明の交付を求めることのできる印。【英】*one's registered seal*【2】「認め印」は、実印以外の普通に使う印。書類などの内容を認証するためのもの。「認め」は、その略。【英】*a private seal*【3】「私印」は、個人が私人として用いる印。【4】「公印」は、公務上使用する印。

【関連語】◆(国璽)国家のしるしとしての印。◆(印璽)天皇の印章(御璽)と国璽の総称。

608-10 捨て印／契印／割り印／合印／検印／消印

【関連語】◆(烙印)◆(合い判)◆(朱印)◆(証印)◆(連判)◆(調印)

共通する意味★印、および印の役割。

使い方▼〔捨て印〕▽念のためにここに捨て印を押してください 〔契印〕▽原簿には契印が必要です 〔割り印〕▽入学願書に割り印をうつ 〔合印〕▽表と原簿の数字が合っていたらここに合印を押してください 〔検印〕▽著者検印を廃止する 〔消印〕▽当日の消印のものまで有効だ▽消印を押す

使い分け【1】「捨て印」は、証書などで小さい訂正加除に備えて、あらかじめ欄外に押しておく印。【2】「契印」は、二枚以上続いた書類のとじ目ごとに両紙面にわたって印を押すことで、その書類が連続していることを証するための印。【3】「割り印」は、二枚の書類が関連していることや一つのものであることを証するために、両方の書類にかけて押す印のこと。「割り判」ともいう。【4】「合印」は、帳簿や書類を他の帳簿や書類と照らし合わせ、チェックをしたということのしるしで押す印。【5】「検印」は、検査を済ませたしるしに押す印。また、著者が発行することを認めたことを証明するために著書に押す印。ただし、近年これが廃止される著書も多い。【6】「消印」は、郵便局で、郵便切手やはがきの証票の上に使用済みのしるしとして押す日付印。【英】*a postmark*

【関連語】◆(烙印)火で熱して物に押し付け、しるしをつけるための金属性の印。多く、「烙印を押される」の形で、消しようのない汚名を受ける、また、周囲からそのように定められてしまう意で用いられる。「反逆者として烙印を押される」◆(合い判)連帯で押す判。あるいは「合印」のこと。◆(朱印)朱色で押された印。◆(証印)事柄を証明するために書類に印を押すこと。◆(連判)スル 一通の文書に二人以上の人が連名で記名して印を押すこと。「れんぱん」ともいう。「連判状」◆(調印)スル 双方の代表者が、条約や契約などの文書に署名し、印を押すこと。「条約の調印」

608-11 印／印章／印判／印鑑／判／判子

【関連語】◆(ゴム印)◆(スタンプ)

共通する意味★個人や団体のしるしとするために、竹や象牙、金属などに文字を彫刻した型。【英】*one's seal*

	印	印章	印判	印鑑	判	判子
＿を押す	○	○	○	○	○	○
＿をつく	△	-	△	-	○	○
＿を持つ	-	△	-	○	○	○
＿証明	-	-	-	○	-	-

使い分け【1】「印」「印鑑」は、押されたしるしの意味でも使われる。特に「印鑑」は、しるしの真偽を対照鑑定するためにあらかじめ役所や銀行などに届けたしるし(印影)の意味で使われる。【2】「印章」は、書き言葉として、これを売る店の看板などに使われる。【3】「印判」は、「印」の古風な言い方。【4】「判」は、口語的な表現で、六語の中では最も一般的。文書などに押した印、または印そのもの。【5】「判子」は、「判」のくだけた言い方。「はんこ」とも。

【関連語】◆(ゴム印)ゴム製の印。◆(スタンプ)ゴム印のこと。郵便局では「消印」、観光地などでは、記念に押す判子をさすこともある。

608-12 拇印／爪印／血判

共通する意味★指を印章のかわりとして押すこと。

使い分け【1】「拇印」「爪印」は、おや指の先に朱肉や墨をつけ、その指紋を押すこと。また、その押されたしるしをいう。【2】「血判」は、誓いや決意などを表わすために、指先を切って、その血で署名の下に指紋を押すこと。また、その押されたしるしをいう。

608-13 押印／捺印／押捺

共通する意味★自分のしるしを押すこと。【英】*to seal*

使い方▼〔押印〕スル▽声明文に記名押印した〔捺印〕スル▽署名捺印のない契約書は無効だ〔押捺〕スル▽名前の後ろに押捺する▽指紋押捺

使い分け【1】「押印」「捺印」は、印を押すこと。また、「捺印」は、その押されたしるしもいう。【2】「押捺」は、印を押す以外に、指紋を押すこともいう。

608-14 封印（ふういん）／シール

【関連語】◆〔封緘〕（ふうかん）◆〔封緘紙〕（ふうかんし）

共通する意味★封をしたことをしるす印、または紙。【英】*a seal*

使い方▼〔封印〕スル▽手紙を封印する〔シール〕▽手紙にシールをはる

使い分け【1】「封印」は、手紙などの封じ目に印を押すこと、またはその印。実際には、封じ目に「〆」「封」「緘」などと書いたり印を押したりする。【2】「シール」は、封印のかわりに封じ目にはる紙。また、裏面にのりが塗られ、表面に絵などが印刷してある紙片のこともいう。

【関連語】◆〔封緘〕スル手紙や文書の封を閉じること。「封緘して金庫にしまっておく」「ろうで封緘する」◆〔封緘紙〕はって封をするための紙。シールのこと。

608-15 署名（しょめい）／記名（きめい）／サイン

【関連語】◆〔落款〕（らっかん）

共通する意味★自分の氏名を書くこと。または、書かれた氏名そのもの。【英】*a signature*

使い方▼〔署名〕スル▽結婚の誓紙に署名する▽署名運動〔記名〕スル▽署名は記名捺印（なついん）にかえることもできる▽無記名投票〔サイン〕スル▽ここに印鑑かサインをお願いします▽野球選手のサイン

使い分け【1】「署名」「サイン」は、自分の氏名を自分で手書きすること。法令では、「自署」ということもある。【2】「記名」は、代筆でもよいし、ゴム印やタイプ、また印刷されたものでもかまわない。【3】「サイン」は、特に有名人がファンのために書いたものをさす場合も多い。

【関連語】◆〔落款〕書画を書き終えたときに、作者自身が題、名前、雅号、年月日を書いたり、雅号の判を押したりすること。また、その署名や印のこと。「落款を押す」

参照▼サイン⇒608-22

608-16 旗（はた）

【関連語】◆〔白旗〕（しらはた）◆〔赤旗〕（あかはた）◆〔手旗〕（てばた）◆〔社旗〕（しゃき）◆〔錦旗〕（きんき）◆〔錦の御旗〕（にしきのみはた）◆〔弔旗〕（ちょうき）◆〔半旗〕（はんき）◆〔反旗〕（はんき）◆〔ペナント〕◆〔Z旗〕（ゼットき）

意味★布や紙で作り、さおなどにつけて掲揚し、祝い、目印、装飾とするもの。【英】*a flag*

使い方▼〔旗〕▽旗を振って応援する▽旗を揚げる（＝兵を集めていくさを起こす。また、新しく事業などを起こす）▽旗を巻く（＝降参する。また、手を引く）

【関連語】◆〔白旗〕白色の旗。源氏の旗として用いられた。また、戦場では降伏の標示や軍使の標識に用いられる。「しろはた」とも。◆〔赤旗〕赤色の旗。平氏の旗として用いられた。今日では、革命派・共産党・労働者の旗としても用いられる。◆〔手旗〕手に持つ小さな旗。「沿道の市民が手旗を振って歓迎する」「手旗信号」◆〔社旗〕会社のしるしを表わした旗。「新聞社の社旗を立てた車」◆〔錦旗〕赤地の錦に、金銀で日月を刺繍（ししゅう）したり描いたりした天皇の旗。◆〔錦の御旗〕「錦旗」のこと。特に、明治維新の際に官軍のしるしとされたものをいう。また俗に、だれにも反対されないような立派な口実の意にも使われる。「会社の立て直しという錦の御旗をかかげて人員削減を行う」◆〔弔旗〕弔意を表わすために掲げる旗。黒い布をつけたり半旗にしたりする。「弔旗を掲げる」◆〔半旗〕弔意を表わすためにさおの先から三分の一ほど下げて掲げる旗。「大統領の死に対して、国旗を半旗にして弔意を表わす」◆〔反旗〕謀反人が立てる旗。「反旗をひるがえす（＝謀反を起こす）」◆〔ペナント〕細長い三角形の小旗。学校や運動部でシンボルや飾りにする。また、野球などの優勝旗のこともいう。「ペナントレース（＝特に、プロ野球で各リーグの首位を争う公式戦）」◆〔Z旗〕万国船舶信号のZに相当する旗。二本の対角線で仕切られた各部が、黄・黒・赤・青に染め分けられている。旧日本海軍では、「皇国の興廃この一戦にあり、各員一層奮励努力せよ」との趣旨の信号文にあてられた。「Z旗を掲げる（＝危急存亡のときに、全員に最大限の努力を要求する）」

608-17 国旗（こっき）／万国旗（ばんこくき）

【関連語】◆〔日の丸〕（ひのまる）◆〔日章旗〕（にっしょうき）

共通する意味★国のしるしとして定め、その国を代表する旗。【英】*a national flag*

使い方▼〔国旗〕▽オリンピックの表彰式で国旗を掲揚する〔万国旗〕▽秋晴れの空に万国旗がはためく

使い分け「万国旗」は、世界各国の国旗。運動会などの飾りに使われる。

【関連語】◆〔日の丸・日章旗〕日本の国旗とされている。白地に太陽をかたどった赤い丸を染めぬいた旗。

608-18 軍旗（ぐんき）／旗指し物（はたさしもの）／指し物（さしもの）

共通する意味★戦場で用いる旗。【英】*a banner*

使い分け【1】「軍旗」は、旧日本陸軍で、連隊のしるしとして天皇から下賜された旗のこと。【2】「旗指し物」「指し物」は、昔、戦場で武士が鎧（よろい）の背に差し、目印とした小旗。

参照▼指し物⇒417-01

608-19
紋章／紋／家紋／紋所
旗印
【関連語】◆(五つ紋)（いつつもん）

共通する意味★家、団体などを表わし、衣服や旗などにつけるしるし。**【英】***a family crest*

使い方▼〔紋章〕▽菊の御紋章（＝皇室の紋章）　〔紋〕▽五三の桐の紋　〔家紋〕▽羽織の背に家紋を染め抜く▽徳川家の家紋は三つ葉葵だ　〔紋所〕▽葵の紋所　〔旗印〕▽風林火山の旗印

使い分け【1】「紋章」「紋」は、ある家、団体などが、自己を表わすしるしとして使ってきた図形。【2】「家紋」「紋所」は、その家々で決まっているしるし。【3】「旗印」は、昔、戦場で目印として旗に書いたもので、「紋章」だけでなく、文字や絵も使われた。また、「自由平等の旗印を掲げる」のように、大勢で社会的行動をする際に目標として掲げる主張もいう。

【関連語】◆(五つ紋)羽織や着物などの背中、左右の袖、左右の肩の五か所についている紋所。また、その紋所のついている公式の礼服。

608-20
道路標識／道標／道しるべ

共通する意味★道の方向や距離などを記して立てたもの。**【英】***a road sign*

使い方▼〔道路標識〕▽道路標識を見れば見当がつく　〔道標〕▽道標をたよりに歩き続けた▽四つ辻に道標を立てる　〔道しるべ〕▽道しるべをよく見て山に登る

使い分け【1】「道路標識」は、交通の安全・利便のために設けられたしるし。図案化、記号化された標識もあって、ひと目でわかるように表示されている。【2】「道標」「道しるべ」は、道を通る人の便宜を考えて、方向、距離などを示し道ばたに立てられた石や柱。「道路標識」にくらべて、簡単なものが多い。【3】「道しるべ」は、「研究の道しるべ」のように、案内書の意でも使われる。「道標」とも書く。

608-21
案内／道案内／ガイド
手引き
【関連語】◆(先達)（せんだつ）◆(露払い)（つゆはらい）

共通する意味★道や場所を知らない人を連れて行くこと。**【英】***guidance*

使い方▼〔案内〕スル▽繁華街を案内する▽ホテルへ案内する　〔道案内〕スル▽頂上まで道案内を頼む　〔ガイド〕スル▽アルプスの名峰をガイドしてくれた人　〔手引き〕スル▽内部の者の手引きでしのびこむ

使い分け【1】「案内」「道案内」「ガイド」は、よく知った人がその土地や分野のことを説明し、導く場合もある。【2】「手引き」は、よく知った人が先に立って、知らない人を誘い導く意。【3】「案内」には、「展示会場を案内する」のように、そこを知らない人に見せて歩くことの意や、「書展の案内」のように、通知・知らせの意、「受付に案内を請う」のように、取り次ぎの意もある。【4】「ガイド」「手引き」は、その分野のあらましを書いた初心者むけの書物のこともいう。「仲人の手引き」「入学ガイド」

【関連語】◆(先達)先に立って案内する人。また、学問、技芸などで、先にその道に達し、他を導くこと、またその人。「せんだち」ともいう。「山登りの先達を頼む」「先達に教えを請う」「学界の先達」◆(露払い)貴人の先導をして道を開くことから、行列の先導をすること、またその人をさす。「横綱の露払い」

参照▼案内⇒618-04

608-22
合図／信号／シグナル
サイン
【関連語】◆(手招き)（てまねき）◆(目配せ)（めくばせ）◆(ウインク)

共通する意味★意志を伝えるために約束された、言葉以外の手段。また、その手段で知らせること。**【英】***a signal; a sign*

使い方▼〔合図〕スル▽号砲一発、スタートを合図する▽チャイムを合図に試験を開始する▽片手を挙げて合図を送る　〔信号〕▽信号を確認して横断する▽危険信号▽信号待ち▽青信号　〔シグナル〕▽相互にシグナルを交換する▽シグナルを送る▽シグナルを変える　〔サイン〕▽監督がサインを出す▽敵のサインを見破る

使い分け【1】四語の中で、「合図」が最も一般的に使われる。【2】「信号」は、特に道路や鉄道などで、通行の可否などを知らせる標識をいう。【3】「シグナル」は、特に交通信号機や信号灯をいう場合があり、「サイン」は、スポーツ用語としても使われる。

【関連語】◆(手招き)スル相手がこちらへ来るように、手で合図すること。「手招きして呼び寄せる」◆(目配せ)スル相手に気持ちや態度を知らせるために目で合図すること。「目配せをして先生が来たことを知らせ合う」◆(ウインク)スル相手に気持ちや態度を知らせるために片目をつぶって合図すること。多く、異性の気を引くためにする。「色っぽいウインクをする」

参照▼サイン⇒608-15

608-23
商標／ブランド
登録商標
トレードマーク／銘柄／銘

共通する意味★商品についているしるし。**【英】***a trademark*

使い方▼〔商標〕▽商標を新しくしてイメージチェンジを図る　〔ブランド〕▽品質よりもブランドで買う人が多い▽有名ブランド▽ブランド品　〔登録商標〕▽商品の登録商標を確認する　〔トレードマーク〕▽

新製品のトレードマークを決める　〔銘柄〕▽ビールの銘柄を指定する▽銘柄米　〔銘〕▽銘をつける▽銘の入った皿

使い分け【1】「商標」「ブランド」は、特定の生産者や商業者が自分の商品であることを示し、競争者の商品と区別するために商品につける文字、図形、記号などの標識。「ブランド」は、ある標識のついた商品の意味でも用いられる。【2】「登録商標」は、登録して他人が勝手に使用できないようにした商標。【3】「トレードマーク」は、「商標」または「登録商標」の意。「大きな目が彼女のトレードマークだ」のように、ある人や物を特徴づけているものという意味でも使われる。【4】「銘柄」は、「商標」と同じ意味で用いられる場合もあるが、一般には商品の通称という意味で用いられることが多い。【5】「銘」は、特製品・上製品の意味で、個々の器物、食品につける特定の名。

608-24 ラベル／レッテル

共通する意味★商品名、製造元、取り扱い方などを書いて、商品に貼(は)り付ける紙片。

使い方▼〔ラベル〕▽ラベルの表示どおりに洗う　〔レッテル〕▽缶詰のレッテルをはがす

使い分け【1】現在では、「ラベル」を一般的に用い、商品以外のものにも使われる。【2】「ラベル」は、貼ったものに限らず、糸でとめてあるもの、ぶら下げてあるものにもいう。【3】「レッテル」は、「レッテルを貼る(=ある人物について、一方的にこれこれの人間であると決めつける)」の形でもよく用いる。

608-25 表札(ひょうさつ)／門札(もんさつ)／門標(もんぴょう)

共通する意味★家の門に、居住者の名・住所などを書いて掲げる札。【英】*a nameplate*

使い方▼〔表札〕▽立派な表札を掲げる▽表札を出す　〔門札〕▽門札を確認しながら尋ねる家をさがす　〔門標〕▽社名を記した大きな門標を掲げる

使い分け【1】「表札」は、個人の家の門や玄関の戸口に掲げられた札をさす、もっとも一般的な語である。【2】会社、団体などの名を記した大きな形のものは、「表札」よりは「門札」「門標」ということが多い。

608-26 名札(なふだ)／ネームプレート

共通する意味★名前を記した札。【英】*a name-plate*

使い方▼〔名札〕▽名札で名前を確認する▽出席者は名札を立てる　〔ネームプレート〕▽ネームプレートで製造者を調べる

使い分け【1】「名札」は、胸につけるためのもの、立てたり、釘(くぎ)にかけたり、はめこんだりするものなど、さまざまな使い方のものがある。【2】「ネームプレート」は、「名札」と同じような使い方のものもさすが、特に、機械や器具の、製造会社、機種などを記入した金属の札をさすことが多い。

608-27 記章(きしょう)／バッジ

【関連語】◆(略章)りゃくしょう

共通する意味★身分や職業、所属などを表わすために、衣服や帽子などにつけるしるし。【英】*a badge*

使い方▼〔記章〕▽学校の記章　〔バッジ〕▽学校のバッジ▽議員バッジ

使い分け【1】「記章」は、「徽章」とも書く。【2】「バッジ」は、「バッチ」ともいう。

【関連語】◆(略章)略式の記章や勲章など。「夏の制服には略章を付ける」

609…読み書き

609-01 読(よ)む

意味★文字で書かれたものを、声に出してとなえる。また、文字、文章などを見て、そこに書かれている意味、内容を理解する。

【英】*to read*

使い方▼〔読む〕(マ五)▽朗々と和歌を読む▽雑誌を読む▽グラフを読む

◈「相手の作戦を読む」「顔色を読む」のように、表面に現れている事柄を見て、その将来を推察したり、隠された意味などを察知したりする意でも使われる。

609-02 読書(どくしょ)／書見(しょけん)

共通する意味★本を読むこと。【英】*reading*

使い方▼〔読書〕スル▽読書にふける▽読書の秋　〔書見〕スル▽書斎にこもって書見する▽書見台

使い分け「書見」は、古風な言い方。

609-03 読破(どくは)／読過(どっか)／読了(どくりょう)

【関連語】◆(卒読)そつどく

共通する意味★読み終えること。【英】*to read through*

使い方▼〔読破〕スル▽原書で「戦争と平和」を読破した▽万巻の書を読破する　〔読過〕スル▽「三国志」を一週間で読過した　〔読了〕スル▽二〇〇三年十月三日読了

使い分け【1】「読破」は、難しい本や長編の書物を、骨を折って読み通すこと。【2】「読過」は、中断しないで読み終えることで、やや古風な言い方。【3】「読了」は、書物など、ある程度の長さのあるものを、読み終えること。

【関連語】◆（卒読）スル 読み終えることをいう文章語。また、急いで、おおまかに読むことの意もある。⇔熟読

6 09-04 一読／通読

共通する意味★ひと通り読むこと。【英】*a (single) reading*

使い方▼〔一読〕スル▽一読に値する作品▽一読して君の作品だとわかった▽一読三嘆する 〔通読〕スル▽通読した感想を述べる▽「源氏物語」は口語訳でないと通読しにくい

使い分け【1】「一読」には、一度読むことに意味の重点がある。【2】「通読」は、始めから終わりまで読み通すことに重点がある。

6 09-05 精読／熟読／味読

共通する意味★内容を考えてていねいに読むこと。【英】*perusal*

使い方▼〔精読〕スル▽試験問題となれば精読せざるを得ない 〔熟読〕スル▽「資本論」を熟読する▽熟読玩味（がんみ） 〔味読〕スル▽「枕草子」を原文でじっくり味読した

使い分け「精読」は、内容をよく理解できるまで、一字一句に注意して読むこと。その結果、よく読みこなした場合が「熟読」である。さらに、文学作品など鑑賞する気持ちが加わったとき「味読」という。

反対語▼精読⇔乱読 熟読⇔卒読

6 09-06 音読／黙読

【関連語】◆（朗読）ろうどく◆（棒読み）ぼうよみ

共通する意味★本などの読み方。

使い方▼〔音読〕スル▽外国語を学ぶときには音読が大切だ 〔黙読〕スル▽渡されたメモを黙読する

使い分け【1】「音読」は、声を出して読むこと。【英】*to read aloud*【2】「黙読」は、声を出さないで読むこと。意味を考えながら読んだり、速く読んだりするのに適している。【英】*to read silently*

【関連語】◆（朗読）スル 声を出して詩や文章を読むこと。「大会決議を朗読する」◆（棒読み）スル 内容を考えず、一本調子で読みあげること。「せりふを棒読みする」

6 09-07 走り読み／拾い読み／抜き読み

【関連語】◆（盗み読み）ぬすみよみ

共通する意味★本などの読み方で、全体を詳しくは読まないこと。【英】*to run through(a book)*

使い方▼〔走り読み〕スル▽毎朝、新聞を走り読みしてから出かける 〔拾い読み〕スル▽美容院で雑誌を拾い読みする▽判決文の拾い読みで大体のことはわかった 〔抜き読み〕スル▽参考書を抜き読みしてレポートを書く

使い分け【1】「走り読み」は、急いでいるときの読み方。【2】「拾い読み」は、興味のある部分だけ読むこと。また、全部は読まずに文中の重要な語を拾い出して、要点だけつかむように読むことにもいう。【英】*to browse*【3】「抜き読み」は、必要な部分だけ抜き出して読むこと。

【関連語】◆（盗み読み）スル 他人の日記や暗号などを、人に知られないように隠れて読むこと。「妹の日記を盗み読みする」

6 09-08 多読／乱読

共通する意味★本の読み方で、多く読むこと。【英】*reading extensive*

使い方▼〔多読〕スル▽哲学関連の書物を多読する▽多読家 〔乱読〕スル▽推理小説を乱読する

使い分け【1】「多読」は、読む本の多さをいう語だが、「乱読」は、手当たりしだいに読むことをいう語。【2】「乱読」は、「濫読」とも書く。

反対語▼乱読⇔精読

6 09-09 解読／判読

共通する意味★分かりにくい文章や暗号などを読み解くこと。【英】*decipherment*

使い方▼〔解読〕スル▽暗号を解読する 〔判読〕スル▽虫くいのある古文書を判読する▽字が汚なくて判読できない

使い分け【1】「解読」は、読み手にとって読むのが難しい表現様式で書かれている文章や暗号を、苦心して読み解いていくこと。【2】「判読」は、消えている文字などを補いながら、書かれている文章を正しく再現し、読み解くこと。

6 09-10 書く／記す／したためる

【関連語】◆（書き表わす）かきあらわす◆（書き立てる）かきたてる◆（記する）きする

共通する意味★文字や文章にして残す。【英】*to write*

使い方▼〔書く〕（カ五）▽楷書（かいしょ）で書く▽論文を書く 〔記す〕しるす（サ五）▽名簿に住所氏名を記す▽印象を本に記す 〔したためる〕（マ下一）▽毛筆でしたためる▽一筆したためる

	出来事を手帳に□	手紙を□	字を□	小説を□
書く	○	○	○	○
記す	○	△	○	-
したためる	△	○	-	△

使い分け【1】「書く」が、一般的な語で、「したためる」は、文章語的、「記す」は、やや文章語的な語である。【2】「したためる」は、文字や記号だけを書く場合には用いにくく、少なくとも語以上の単位を書く場合に多く用いられる。「認める」とも書く。【3】「記す」には、「心にしるす」のように、記憶として残るというような意味を表わす用法、また「足跡をしるす」のように、跡形としてしるしを付けることを表わす用法もある。

【関連語】◆**(書き表わす)**(サ五)書いて状態や事情を明らかにする。「人物像を鮮やかに書き表わす」◆**(書き立てる)**(タ下一)書き並べる。目だつように取り上げて盛んに書く。「罪状を書き立てる」「週刊誌が事件を書き立てる」◆**(記する)**きする(サ変)書きとめる。心にとどめておく意にも使われる。「日程を手帳に記する」

609-11 執筆／書き物

【関連語】◆**(文筆)**ぶんぴつ

共通する意味★文章を書くこと。**【英】** *writing*

使い方▼〔執筆〕スル▽書評の執筆を依頼される▽執筆者　〔書き物〕▽父は書斎で書き物をしている

使い分け【1】「執筆」は、小説、評論、論文など、公に発表するような文章を書くことをいうが、「書き物」は、それらに限らず、文字や文章を書くことをいう。【2】「書き物」には、書いたものの意もある。

【関連語】◆**(文筆)**筆を執って、文章や詩歌を作り書くこと。小説、評論の類の創作活動に使うが、論文を書くことには使わない。「文筆の才」「文筆活動」「文筆家」

609-12 描く／描く

共通する意味★目に見える形にする。絵や図に表わす。**【英】** *to depict*

使い方▼〔描く〕かく(カ五)　〔描く〕えがく(カ五)

	花を□	バラ色の人生を□	三角形を□	心に□
描(か)く	○	-	○	-
描(えが)く	○	○	-	○

使い分け【1】「描(か)く」は、形を絵として写しとるだけだが、「描(えが)く」は、それだけでなく「人間というものの本質がよく描(えが)かれている」のように、物事のありさまを文章などで表現する意にも用いる。【2】「描(えが)く」は、想像して心の中に思い浮かべる意にも用いる。「将来の姿を思い描(えが)く」

609-13 筆記／書記／記

共通する意味★文字を書き記すこと。耳で聞いたことを書きとること。また、文章を書き記すこと。**【英】** *taking notes*

使い方▼〔筆記〕スル▽要点を筆記する▽筆記試験▽筆記用具▽口述筆記　〔書記〕▽書記能力　〔記〕▽思い出の記▽探検記▽編集長記

使い分け【1】いずれも、書道のような芸術活動は含まない。【2】「書記」には、記録係の意や、裁判所や行政官庁などの庶務や会計をうけもつ役職などの意もある。【3】文章の題として使われる「記」は、ありのままを書いた、または、それについて書いたという意。【4】「左記」や「下記」などの用語の後に、改行して「記」と書き、その内容を記すこともある。

609-14 登録／登記

共通する意味★一定の事項を公簿に載せること。**【英】** *registration*

使い方▼〔登録〕スル▽正式に会員として登録される▽印鑑登録　〔登記〕スル▽買った土地の登記手続が完了した

使い分け【1】「登録」は、ある地位(住民登録など)、資格(医師・弁護士登録など)、権利(登録商標、意匠登録など)などがあることを役所に届けて公簿に記載すること。【2】「登記」は、私法(民法、商法)上の権利について、一定の事項を公簿に記載して、その権利を公的に認めるようにすること。商業登記、財団登記、不動産登記など。【3】「登録」は、一般に帳簿にのせることもいう。

609-15 書き出す／書き起こす

共通する意味★書きはじめる。**【英】** *to begin to write*

使い方▼〔書き出す〕(サ五)▽論文を書き出す▽再びペンをとって書き出した　〔書き起こす〕(サ五)▽小説を書き起こす

使い分け「書き起こす」は、文章を作ることに着手する意を表わすが、「書き出す」は、そのほかに、書くという動作そのものをはじめる意も表わす。したがって「再び書き起こす」というのは、小説なり論文を新しく初めから書くことを表わすが、「再び書き出す」というのは、少し手を止めていたが、再びその仕事をはじめることを表わす。

609-16 起稿／起草／起筆

共通する意味★文章を書きはじめること。【英】*drafting*

使い方▼〔起稿〕スル▽起稿以来十年にしてようやく脱稿する　〔起草〕スル▽創立記念日の祝辞を起草する　〔起筆〕スル▽五年前に起筆された論文

使い分け【1】「起稿」は、原稿を書きはじめることをいう。【2】「起草」は、原稿の下書きを書きはじめることや文案を作ることもいう。

反対語▼起稿⇔脱稿　起筆⇔擱筆かくひつ

6 09-17 書き留める／控える／書き付ける／書き留める／記録／録する

共通する意味★書いて残す。【英】*to make a note of*

使い方▼〔書き留める〕かきとめる(マ下一)▽電話番号を書きとめる　〔控える〕(ア下一)▽名前を控えておく　〔書き付ける〕(カ下一)▽約束の日時を手帳に書き付ける　〔書き留める〕かきとどめる(マ下一)▽後日のために書きとどめておく▽戦争中の体験を書きとどめておきたい　〔記録〕スル▽実験の結果を記録する▽会議の内容を議事録に記録する▽噴火を記録した貴重なフィルム　〔録する〕(サ変)▽師の言行を録する

使い分け【1】「書きとめる」「控える」「書き付ける」は、書いた人自身が忘れないようにメモとして書くことを表わすのに対し、「書きとどめる」「記録する」「録する」は、後に長く残すために書くような場合に用いられることが多い。また、書かれる内容も「書きとめる」「控える」「書き付ける」は、ちょっとした事柄が多いのに対し、「書きとどめる」「記録する」「録する」は、短い事柄にもある程度まとまった事柄にも用いられる。【2】「記録する」は、文字で残す場合だけではなく、映像や録音で残す場合にも用いられる。【3】「録する」は、文章語的。

参照▼控える⇒205-51　記録⇒616-14

6 09-18 書き入れる／書き込む／記入／記載

【関連語】◆(記帳)きちょう◆(簿記)ぼき

共通する意味★所定の場所などに書く。【英】*to write in*

使い方▼〔書き入れる〕(ラ下一)▽手帳に予定を書き入れる▽本の余白に感想を書き入れる　〔書き込む〕(マ五)▽帳簿に売り上げを書き込む▽必要事項を書き込む▽行間に訂正した語句を書き込む　〔記入〕スル▽氏名を記入する　〔記載〕スル▽記載事項に誤りがないか確認する▽記載漏れ

使い分け【1】「記入する」は、所定の欄に文字や数字を書くことをいうが、「書き入れる」「書き込む」は、所定の場所のほか、行間や余白などに書く場合にも用いられる。【2】「書き入れる」は、すでにある文章に加筆する場合にも用いられる。【3】「記載」は、書類や書物などに書いてのせることをいう。

【関連語】◆(記帳)スル帳簿に書き記すこと。「売り上げを記帳する」◆(簿記)資産、資本、負債の増減などを、一定の形式によって帳簿に記録し整理して、その結果を明瞭に計算する技術。

6 09-19 抜き書き／抜粋／抄録／抄出

共通する意味★必要な部分だけを本文から書き抜くこと。また、その書いたもの。【英】*an extract*

使い方▼〔抜き書き〕スル▽必要事項を抜き書きして渡す　〔抜粋〕スル▽書評に本文からの抜粋を載せる　〔抄録〕スル▽新聞に大統領演説の抄録が載った　〔抄出〕スル▽要点を抄出する

使い分け【1】「抜き書き」は、本文から適宜何か所かを書き抜くこと。【2】「抜粋」「抄出」は、本文をそのまま何行か書き抜くこと。「抜粋」は、「抜萃」とも書く。【3】「抄録」は、全体像がわかる形で書き抜く場合をいい、時に、要点をまとめる形をとることもある。

6 09-20 追記／付記／追録／付載

【関連語】◆(書き添える)かきそえる

共通する意味★本文を書いた後に、付け足して書くこと。また、その文章。【英】*a postscript*

使い方▼〔追記〕スル▽手紙の裏に追記を書く　〔付記〕スル▽寸評を付記する　〔追録〕スル▽その後調べてわかったことを追録する　〔付載〕スル▽付載記事として用語の解説をのせる

使い分け【1】「追記」「付記」が、一般的な語。【2】「付記」は、本文に書き添えるという意味合いが強い。【3】「付載」は、雑誌や新聞などの印刷物で、本文や主文に付け加えて掲載すること。

【関連語】◆(書き添える)(ア下一)本文に書いて加える。「手紙に和歌を書き添える」

6 09-21 併記／列記

共通する意味★いくつかの事柄を並べて書き記すこと。【英】*enumeration*

使い方▼〔併記〕スル▽年号と西暦を併記した手帳　〔列記〕スル▽四十七士の名前を列記する

使い分け【1】「併記」の場合、主たるものに従の関係で他をあわせて書き記す場合と、完全に優劣なく並べ書きする場合とがある。並べ書きするときには、「並記」とも書く。【2】「列記」は、優劣なく比較的たくさんの事柄を書き並べる場合に使う。

609-22 書き残す／書き捨てる

共通する意味★終わりまで書かずにおいてある。
使い方▼〔**書き残す**〕(サ五)▽まだ結末を**書き残し**ている▽**書き残し**たことがある 〔**書き捨てる**〕(タ下一)▽**書き捨て**たままの草稿
使い分け【1】「書き残す」は、文章を書き続けるつもりでいる場合にいう。また、一通り完結しているが、書き漏らした部分があるという場合にも用いる。【英】*to leave a message*【2】「書き捨てる」は、書き続ける気持ちがない場合に用いる。【英】*to write and throw away*

609-23 書き流す／書き散らす／書き下す／書きなぐる

共通する意味★筆に任せて書く。【英】*to scribble*
使い方▼〔**書き流す**〕(サ五)▽考えすぎず、どんどん**書き流せ**ばよい 〔**書き散らす**〕(サ五)▽雑文を**書き散らす** 〔**書き下す**〕(サ五)▽一気に**書き下す** 〔**書きなぐる**〕(ラ五)▽大きな字で**書きなぐる**
使い分け【1】「書き流す」は、文章に注意や工夫をせず書くこと。【2】「書き散らす」は、思い付くままに、無造作に書くこと。また、そのような文章を多く書く場合や、あちこちに書くという場合にも用いられる。【3】「書き下す」は、筆に任せ早く書き上げる場合に用いられる。【4】「書きなぐる」は、乱暴に書くこと。文章だけではなく、文字を乱暴に書く場合にも用いられる。

609-24 走り書き／崩し書き／なぐり書き

共通する意味★くずした文字の書き方。また、その書かれたもの。【英】*a scrawl*
使い方▼〔**走り書き**〕スル▽**走り書き**のメモを残す 〔**崩し書き**〕スル▽**崩し書き**なので読みにくい 〔**なぐり書き**〕スル▽要旨を黒板に**なぐり書き**する
使い分け「走り書き」は、続けて早く書くこと、「崩し書き」は、行書体や草書体で書くこと、「なぐり書き」は、急いで乱暴に書くこと。

609-25 擱筆／脱稿

【**関連語**】◆(絶筆)

共通する意味★書き終えること。【英】*to finish writing*
使い方▼〔**擱筆**〕スル▽御自愛を祈りつつ、**擱筆**いたします 〔**脱稿**〕スル▽論文を**脱稿**する
使い分け【1】「擱筆」は、筆を置くの意。【2】「脱稿」は、原稿を書き終えること。
【**関連語**】◆(**絶筆**)スル原稿などを書くのを止めること。また、生前最後に書いた筆跡や文章などをいう。「その作家は病気になり、以後絶筆した」「この作品が絶筆となった」

609-26 書き方／筆法

【**関連語**】◆(運筆)

共通する意味★文字や文章を書く方法、順序。【英】*a manner of writing*
使い方▼〔**書き方**〕▽その字の**書き方**は変だ▽小説の**書き方**▽この記事の**書き方**がおかしい 〔**筆法**〕▽**筆法**を伝授する▽いつもと同じ**筆法**で社会を非難する
使い分け「筆法」は、文字についていう場合は、おもに筆使い、筆の動かし方をいい、文章についていう場合は、その言い回しをいう。また、「例の筆法で交渉する」のように、やり方の意味でも用いられる。
【**関連語**】◆(**運筆**)字を書いたり、絵を描いたりするときの筆の使い方。「大胆な運筆法」

6 文化

609-27 表記／綴り／綴字／スペル

共通する意味★文字や記号で言葉などを書き表わすこと。また、その書き表わし方。
使い方▼〔**表記**〕スル
使い分け【1】「表記」は、「ローマ字表記」のように、どの文字体系、記号を用いるかということを示す場合から、「正しい漢字で表記する」のように、個々の文字についていう場合まで広く用いられる。【英】*transcription*【2】「綴り」「綴字」「スペリング」「スペル」は、特に単語などを書き表わすときの表音文字の並べ方をいう。【英】*spelling*【3】「綴字」は、「てつじ」と読むこともある。

609-28 写す／筆写／書き取る／書写／謄写

【**関連語**】◆(透写)◆(転写)◆(拓本)

共通する意味★そのとおりに別の紙などに書く。【英】*to transcribe*
使い方▼〔**写す**〕(サ五)▽お手本どおりに**写す** 〔**筆写**〕スル▽経文を**筆写**する 〔**書き取る**〕(ラ五)▽詩の一節をノートに**書き取る** 〔**書写**〕スル▽古文書を**書写**する 〔**謄写**〕スル▽原本を**謄写**する
使い分け【1】「写す」は、文字、絵、図などを見て、そのとおりに書く意。【英】*to copy*【2】「書き取る」は、多く名詞形「書き取り」の形で、仮名で書いてある語句や音声を漢字で書くことをもいう。【3】「書写」は、小・中学校の国語科の科目で、毛筆、硬筆による習字のこともいう。【4】「謄写」は、謄写版で印刷することもいう。
【**関連語**】◆(**透写**)スル薄紙の上に下の文字などを透

かして書き写すこと。「透き写し」ともいう。「図面を透写する」◆〈転写〉スル文章、絵、図などをそのまま他に写し取ること。「原本から一部転写する」◆〈拓本〉石碑や器物などに刻まれた文字、文様などを、直接当てた紙の上から墨をたたいて写し取ったもの。

参照▼写す⇒418-09

6 09-29 複写(ふくしゃ)／模写(もしゃ)／コピー／複製(ふくせい)

【関連語】◆〈写し〉うつし◆〈リプリント〉

共通する意味★もとの物そっくりに作ること。また、そのように作られたそっくりな物。【英】 *reproduction*

使い方▼〔複写〕スル▽カーボン紙を使って複写する▽複写機　〔模写〕スル▽十年かかって壁画の模写を完成させた　〔コピー〕スル▽論文をコピーする▽新聞記事のコピーをとる　〔複製〕スル▽応接間にはピカソの複製がかけてあった

	本を□する	演奏テープを□する	□商品が出回る	絵を□する
複写	○	-	-	△
模写	○	-	-	○
コピー	○	○	○	○
複製	○	○	-	○

使い分け【1】「複写」は、カーボン紙などを使って手で写すことから、機械によって写すことまで、手段は問わないが、複写される物は紙が中心である。【2】「模写」は、絵画などをなるべく似せて人の手によって写し書くこと、または、その書いた物をいう。【3】「コピー」は、立体的な物や抽象的な事柄など種々の対象に広く使われている。また「コピーする」「コピーをとる」というときは、機械で写す場合が多い。【4】「複製」は、本物にそっくりな物を作ること、または、その作られた物。特に絵画、美術品などに多く用いる。また、小説、詩集の初版本などを、装丁・造本にいたるまで忠実に再製することをいう。「覆製」とも書く。

【関連語】◆〈写し〉書類などの控えとしてとる文書。「写しをとる」◆〈リプリント〉スル本、テープ、フィルムなどの再版のこと。「リプリントすると音質が少し落ちる」「リプリント版」

参照▼コピー⇒619-12

6 09-30 特筆(とくひつ)／特記(とっき)／大書(たいしょ)

【関連語】◆〈明記〉めいき

共通する意味★特別に、また、取り立てて書き記すこと。【英】 *special mention*

使い方▼〔特筆〕スル▽特筆に値する▽特筆すべき出来事▽この点は特筆大書しておくべきだ　〔特記〕スル▽重要事項を特記する▽特記事項　〔大書〕スル▽「火気厳禁」と大書してある

使い分け「大書」は、目立たせるために文字などを大きく書くこと。

【関連語】◆〈明記〉スルはっきり書き記すこと。「住所氏名を明記してください」

6 09-31 自筆(じひつ)／直筆(じきひつ)／直書(じきしょ)／自書(じしょ)／自記(じき)

共通する意味★本人が自分で書くこと。また、その文書や筆跡。【英】 *one's own handwriting*

使い方▼〔自筆〕▽夏目漱石(そうせき)自筆の原稿　〔直筆〕▽プロ野球選手から直筆の返事をもらう　〔直書〕▽主君の直書を持参する　〔自書〕スル▽履歴書は自書のこと　〔自記〕スル▽名前は自記してください

使い分け【1】「自筆」は、筆跡が本人であることを確認、強調したいときに使う。【2】「直筆」は、本人が直接書いたという意味。「直書」は、身分の高い人などが、直接自分で書いた場合に使う。【3】「自書」「自記」は、書くという行為に重点があり、投票や書類への書き込みなど、本人の筆跡が要求される場面や、他人に頼まれないで自ら書いたことを強調したいときに使う。

反対語▼自筆⇔他筆　直筆⇔代筆　自書⇔代書

6 09-32 代筆(だいひつ)／代書(だいしょ)／他筆(たひつ)

【関連語】◆〈代署〉だいしょ

共通する意味★本人以外の人が書くこと。【英】 *to write for*

使い方▼〔代筆〕スル▽ラブレターの代筆を頼む　〔代書〕スル▽病中の夫に代わって妻が代書する　〔他筆〕▽北斎画とされてきたが他筆と判明した

使い分け【1】「代筆」「代書」は、他人が本人の言葉を本人に代わって、書いたり文章の作成をしたりすること。【2】「他筆」は、他人が書くことをいい、文章に限らず絵画などにも使う。

反対語▼代筆⇔直筆　代書⇔自書　他筆⇔自筆

【関連語】◆〈代署〉スル本人に代わって、その人の氏名を書くこと。また、その署名。

6 09-33 偽筆(ぎひつ)／偽書(ぎしょ)

共通する意味★本物に似せて書かれたもの。【英】 *forged handwriting*

使い方▼〔偽筆〕▽北斎の偽筆　〔偽書〕▽藤原定家の偽書

使い分け手紙や文章のほか、「偽筆」は、絵画についても用い、「偽書」は、書物などにも用いる。また「偽筆」は、筆跡についてもいう。

6 09-34 文盲(もんもう)／無筆(むひつ)

共通する意味★読み書きのできないこと。【英】 *illiteracy*

使い方▼〔文盲〕▽無学文盲　〔無筆〕(名・形動)▽無筆を恥じている

使い分け「無筆」は、古い言い方。

6 09-35 能書(のうしょ)／能筆(のうひつ)

共通する意味★文字を上手に書くこと。また、上手に書く人。**【英】** *skillful penmanship*

使い方▼〔能書〕▽能書家　〔能筆〕▽能筆家▽能筆の人

使い分け 二語とも、毛筆で書く文字のことをいうことが多い。

6 09-36 悪筆(あくひつ)／乱筆(らんぴつ)

共通する意味★好ましくない文字の書き方。**【英】** *bad handwriting*

使い方▼〔悪筆〕▽生来の悪筆　〔乱筆〕▽乱筆お許しください

使い分け【1】「悪筆」は、字のへたなこと。【2】「乱筆」は、文字の乱れていること。手紙の末尾に、へりくだって使うことが多い。

6 09-37 前略(ぜんりゃく)／中略(ちゅうりゃく)／後略(こうりゃく)

共通する意味★文章の一部を省略すること。また、そうしたということを表わす語。**【英】** *dispensing with the preliminaries*

使い方▼〔中略〕スル　〔後略〕スル

使い分け【1】「前略」は、それより前の部分を、「中略」は、その中間の部分を、「後略」は、その後の部分を省略することを表わす。【2】「前略」は、手紙で時候の挨拶(あいさつ)などの前文を省略するという意味を表わす語としても用いられる。

参照▼前略⇒618-36

6 09-38 同前(どうぜん)／同右(どうみぎ)／同上(どうじょう)

共通する意味★文章で、前に述べたことと同じであるということを表わす語。**【英】** *ditto*

使い分け 縦書きの文章では、「同上」より「同右」が用いられることが多い。

6 09-39 別項(べっこう)／前項(ぜんこう)／後項(こうこう)

共通する意味★この項目(箇条、条項)ではない、他の項目。

使い分け「別項」は、他の項目、「前項」は、それより前に挙げた項目、「後項」は、それより後に挙げる項目の意味。**【英】** *another section*(別項)

6 10 …文章・文書

6 10-01 文(ぶん)／センテンス／文章(ぶんしょう)

共通する意味★一つ以上の単語からなる句より大きい言語上の単位。**【英】** *a sentence*

使い分け【1】日本語の書き言葉の場合でいうと、「。」(句点)で終わるものと、それがいくつか連続し、まとまりを持つものという二つの単位が考えられるが、通常、前者を「文」「センテンス」といい、後者を「文章」という。しかし、後者の意味で「文」、前者の意味で「文章」という場合もある。【2】「文章」は、おもに書き言葉について用いられ、話し言葉では「談話」という。

6 10-02 文法(ぶんぽう)／語法(ごほう)

【関連語】◆(文典)ぶんてん

共通する意味★言葉に関するいろいろな法則。**【英】** *grammar*

使い方▼〔文法〕▽文法にかなった言い方▽口語文法▽英文法　〔語法〕▽語法上の誤り▽アメリカ英語の語法

使い分け「文法」は、語と語が連なって文を構成する際の法則。「語法」は、文法と同意で用いられることもあるが、特に、正確で効果的な表現をするための慣用的な用法の選択法則をいうこともある。

【関連語】◆(文典)文法書のこと。「国語の文典」

6 10-03 文体(ぶんたい)

意味★文章が持っている様式、スタイル。文章の様式によって和文体、漢文体、文語体、口語体などがある。また、その作者特有の文章のスタイルをいう。

【英】 *style*

使い方▼〔文体〕▽簡潔な文体▽谷崎潤一郎の文体

6 10-04 文面(ぶんめん)／書面(しょめん)

共通する意味★手紙などに書かれた文章。**【英】** *the contents of a letter*

使い方▼〔文面〕▽文面から判断する▽たどたどしい文面　〔書面〕▽書面で申し入れる▽書面審査

使い分け【1】「文面」は、「文面から辞退したい意向が察せられる」のように、その表現から伺われる趣旨もいう。【2】「書面」は、「書面にてご通知申し上げます」のように、文書、手紙などをいう改まった言葉として使われることがある。

610-05 序／序文／はしがき／自序／前書き／序言／緒言／序章

【関連語】◆(前付け)まえづけ◆(前置き)まえおき◆(前文)ぜんぶん◆(プロローグ)

共通する意味★本文の前におかれる文章。本文の趣旨や由来を述べる。【英】*a preface*

使い分け【1】「自序」は、自分で書いた文章をいう。【2】「序章」は、論文、小説などの最初の章。【3】「序」には、芝居などの「序の段」「序幕」、あるいは「序破急(＝雅楽や能楽など日本の古典芸能の構成上の三区分)」などの意味もある。【4】「はしがき」は「端書き」とも書く。

反対語▼序⇔跋　序文⇔跋文　はしがき・前書き⇔後書き　序章⇔終章

【関連語】◆(前付け)書籍や雑誌の本文の前に入る口絵、序文、目次など。⇔後付け。◆(前置き)本題に入る前に述べる文章。◆(前文)始めの部分に書き表わした文章。手紙や法令などでも用いる。◆(プロローグ)芸術作品で序に当たる部分。⇔エピローグ

参照▼序⇒615-12

610-06 序説／序論／イントロダクション

共通する意味★学問的な論文や書物などで、本論に入る前の導入部。【英】*an introduction*

使い分け「序説」「序論」は、「文学序説」「経済学序論」など、「概論」の意味でも用いられる。

610-07 冒頭／枕／文頭／書き出し

共通する意味★文章や談話の初めの部分。【英】*the beginning*

使い方▼〔冒頭〕▽この小説は、冒頭からその世界に引き込む面白さがある▽冒頭に申しましたように…▽会議は冒頭から荒れ模様だった　〔枕〕▽あの落語家は枕の部分が面白い▽枕を振る▽漫画の話を枕に現代人の精神構造を語る　〔文頭〕▽論文の文頭に先哲の言葉をおく　〔書き出し〕▽小説は書き出しの言葉が大切だ▽手紙の書き出しの語

使い分け【1】「冒頭」は、文章や談話に限らず、映画、会議など一続きのものであるととらえられるものの、最初の部分にも用いられる。【2】「枕」は、主に落語の初めの本題に入らない部分をいうが、演説や講演、さらに文章についても、本題ではないがそれと結び付くような内容を述べる部分をいう場合に用いられる。【3】「文頭」「書き出し」は、文章について用いられる。「文頭」は、文章だけではなく、「主語を文頭におく」のように、文の最初の部分の意でも用いられることがある。

反対語▼冒頭⇔末尾　文頭⇔文末

参照▼枕⇒419-34

610-08 巻頭／首巻

共通する意味★書物などの最初の部分。【英】*the beginning of a book*

使い分け「巻頭」は雑誌、「首巻」は巻物の最初の部分も表わす。さらに「首巻」は、全集などの最初の巻の意でも用いられる。

反対語▼巻頭⇔巻末

610-09 末文／文末／結び

【関連語】◆(巻末)かんまつ

共通する意味★文章の最後の部分。【英】*the end of a sentence*

使い分け【1】「末文」は、「まずは右御礼まで」のような、手紙の最後につける形式的な文章についてもいう。【2】「文末」は、「終助詞は文末に来る」「文末にマルを打つ」というように、一つの文の最後の部分をいう場合もある。【3】「結び」は、章や節の題としても使われ、文章の最後の意味に用いられるが、「これをもって結びの言葉といたします」のように、話し言葉の最後の部分についても用いられる。

反対語▼文末⇔文頭

【関連語】◆(巻末)書物や巻物の最後の部分。⇔巻頭。「巻末の付録」

610-10 結末／エンディング／終章

【関連語】◆(エピローグ)

共通する意味★物語や映画、劇などの最後の締めくくり。

使い方▼〔結末〕▽この小説の結末は教えられない　〔エンディング〕▽華やかなエンディング　〔終章〕▽終章にどんでん返しが仕掛けられている

使い分け【1】「結末」は、「悲しい結末を迎える」のように、一般に、一連の出来事の結果をいう場合もある。【英】*an end*【2】「エンディング」は、ショーなどの最後の部分をいうことも多い。【3】「終章」は、長い文章をいくつかの章に分けたときの最後の章。

反対語▼終章⇔序章

【関連語】◆(エピローグ)芝居の最後に、俳優の一人が述べる閉幕の辞。また、詩、小説、戯曲などの終わりの章。⇔プロローグ

参照▼結末⇒814-29

610-11 後書き／後記／跋／跋文／末筆／奥書

【関連語】◆(後付け)あとづけ◆(奥付)おくづけ

共通する意味★書物の本文の後ろに添える文章。【英】*a postscript*

使い分け【1】「後書き」は、書物のほか、手紙や文書の最後に添える文章をもいう。【2】「後記」は、雑誌の、「跋」「跋文」は、書画の終わりに書き記す文章にも使う。【3】「末筆」は、手紙などの、「奥書」は、書写本などの末尾に書く文言。

反対語▼後書き⇔前書き・はしがき　跋⇔序　跋文⇔序文

【関連語】◆(後付け)書籍の本文の後に付ける後記、索引、奥付などをいう。⇔前付け。◆(奥付)書物の最後に、書名・著者・発行者・出版年月日などを記した部分。

6 10-12 段落／章段／段／パラグラフ

【関連語】◆(章)しょう◆(節)せつ

共通する意味★長い文章を分けたときの一まとまり。【英】*a paragraph; a passage*

使い分けいずれも長い文章を、意味のまとまりや文の形によって分けた、その一区切りをいう。

【関連語】◆(章)文章、楽曲などを構成する部分のうち、小さな段落をいくつか合わせた大きな段落。◆(節)詩歌、楽曲、文章などの一区切り。

参照▼段⇒815-03

6 10-13 備考／但し書き

共通する意味★本文に付け加えた文。【英】*a note*

使い方▼〔備考〕▽備考として付け加える▽備考欄〔但し書き〕▽条文に但し書きを付ける

使い分け【1】「備考」は、本文に書くほどでないが、本文理解のために参考になることを書いたもの。【2】「但し書き」は、本文で述べた事柄に一定の枠を与えるために、付け加えた文。法規、条約、規約などに多く用いる。「但し」という言葉で始めるところからいう。

6 10-14 書き込み／書き入れ／注記

共通する意味★本や書類で、本文以外の所や欄外などの余白の部分に書くこと。また、その書いたもの。

【英】*to write in*

使い方▼〔書き込み〕▽行間に書き込みをする　〔書き入れ〕▽辞書のところどころに書き入れがある　〔注記〕スル▽注記が必要な箇所▽下欄に注記する

使い分け【1】「書き込み」「書き入れ」は、一応形が整っているものに対して、それを読んで気付いた事や今のままでは不足している事などを書き加えること。また、そのようにして書いたものもいう。元の文を書いた人とは別の人が書くことも多い。【2】「注記」は、読者の理解の助けになるように、分かりにくい言葉などについて、言葉のすぐ下や別に設けた欄で説明すること。また、その書いたものもいう。

6 10-15 注／小書き／割り書き／割り注／脚注

共通する意味★補足や説明のために付ける言葉。

【英】*an annotation*

使い分け【1】「注」は、その付ける言葉全体をいう。したがって、「この点に注を加えれば…」のように、本文の中で説明、補足を加える場合にも用いられる。「注を入れる」「注をつける」【2】「注」は、「註」とも書く。【3】「注」以外の語は、その注の書き方や書かれる場所を示した語。「小書き」は、本文の間に小さく記す場合、「割り書き」「割り注」は、本文の間に小さく二行に分けて記す場合、「脚注」は、本文の下欄に記す場合にいう。

6 10-16 原稿／下書き／草案／草稿／文案／稿／歌稿／下図／画稿

共通する意味★清書や印刷、また正式な形になる前に書くもの。

使い方▼〔原稿〕▽小説の原稿▽原稿の催促をする　〔下書き〕▽卒論の下書きを書く　〔草案〕▽新しい法律の草案を練る　〔草稿〕▽まだ草稿の段階だから見せられない　〔文案〕▽挨拶(あいさつ)状の文案を練る　〔稿〕▽新たに稿を起こす　〔歌稿〕▽歌稿を短冊にしたためる　〔下図〕▽簡単な下図を書いて渡す　〔画稿〕▽スケッチブックに画稿がたまった

使い分け【1】「原稿」は、印刷のもとになる文章や書画、写真などをいう。また、講演や演説のもとになる文章にも用いる。【英】*a manuscript*【2】「下書き」は、文章に限らず、広く用いられるが、未完成で粗い感じがある。【3】「草案」「草稿」「文案」「稿」は、文章について用いられ、「草案」は、特に規約などに用いられる。【英】*a draft*(草案)【4】「稿」は、「稿を新たにする」「稿を起こす」などの慣用的な表現で用いられる。【5】「歌稿」は、短歌について用いられる。【英】*a tanka manuscript*【6】「下図」「画稿」は、絵についていい、「下図」は、図面についてもいう。【英】*a rough sketch*

反対語▼草案⇔成案

6 10-17 拙稿／小稿

共通する意味★自分の原稿を謙遜(けんそん)していう語。

【英】*my manuscript*

使い方▼〔拙稿〕▽詳細は拙稿をお読みください〔小稿〕▽小稿をお送りいたします

使い分け「拙稿」は、つたない原稿の意から。

6 10-18 玉稿

意味★相手を敬って、その原稿をいう語。古風な言い方。

使い方▼〔玉稿〕▽次号に先生の玉稿をいただきたく…

6 10-19 寄稿／投稿

【関連語】◆〈投書〉とうしょ

共通する意味★新聞や雑誌に載せるために原稿を寄せること。【英】*contribution*

使い方▼〔寄稿〕スル▽寄稿者▽寄稿依頼　〔投稿〕スル▽投稿欄▽投稿規定

使い分け「投稿」は、自分からすすんで原稿を寄せることだが、「寄稿」は、依頼されて出す場合にも用いる。

【関連語】◆〈投書〉スル必ずしも載せてもらうことが目的ではなく、意見や苦情を公の機関、新聞、雑誌などに寄せること。「画面の字幕が見にくいという投書があった」

6 10-20 改稿／推敲／添削　リライト

共通する意味★文章を書き直すこと。【英】*polishing*

使い方▼〔改稿〕スル▽単行本にまとめる段階で大幅に改稿する　〔推敲〕スル▽推敲を重ねる　〔添削〕スル▽作文を添削する　〔リライト〕スル▽原稿をリライトする

使い分け【1】「改稿」は、原稿を書き直すこと。【2】「推敲」は、詩歌や文章の字句、表現を、より適切にするために練り直したり書き直したりすること。【3】「添削」は、他人の書いた詩歌や文章、答案などに、手を加えて直すこと。【4】「リライト」は、原稿や記事を書き直すこと。

6 10-21 訂正／修訂／改訂／勘校　校閲／校正

【関連語】◆〈校合〉きょうごう

共通する意味★文章や書物などの誤りを直し正すこと。【英】*correction*

使い方▼〔訂正〕スル▽先ほどの発言を訂正します▽訂正箇所　〔修訂〕スル▽修訂版　〔改訂〕スル▽教科書を改訂する▽全面改訂▽改訂版　〔勘校〕スル▽原本と勘校する　〔校閲〕スル▽先生に原稿の校閲を乞う　〔校正〕スル▽初校ゲラを校正する

使い分け【1】「修訂」「改訂」「勘校」「校閲」「校正」が、書物や文章に関して用いられるのに対し、「訂正」は、書物や文章に関してだけではなく、発言内容の誤りなどを正すことにも用いられる。【2】「修訂」「改訂」「勘校」「校閲」が、書物あるいは文章全体についてする作業をいうのに対し、「訂正」「校正」は、個々の箇所において正すことの意味で用いられる。【3】「修訂」は、正しく直すことだが、例文のほかには、書物の表題に「修訂国文法」とするような使い方がある。【4】「改訂」は、内容を書き直したり、不備な点を書き加えたりすることをいう。【5】「勘校」は、もととする文章と照らし合わせて誤りを正すことをいう。【6】「校閲」は、原稿、書類、印刷物の内容について、誤りや不備な点を調べて、正すことをいう。【7】「校正」は、印刷でゲラ刷りを原稿と照合して、誤りを正すことをいう。

【関連語】◆〈校合〉スル基準とする本と照らし合わせて、異同を検討すること。「こうごう」ともいう。「諸本を校合する」

6 10-22 題／表題／題目／題名　タイトル

【関連語】◆〈仮題〉かだい◆〈原題〉げんだい

共通する意味★芸術作品や論文につける、内容を短く表わした言葉。【英】*a subject; a title*

使い方▼〔題〕▽小説の題▽作文の題　〔表題〕▽本の表題をつける　〔題目〕▽卒業論文の題目を提出する▽講演の題目　〔題名〕▽よく見るテレビ番組の題名　〔タイトル〕▽新作映画のタイトル▽曲のタイトル

使い分け【1】「題」「表題」「題名」は、書物、論文、講演、音楽、演劇、映画など多くのものに用いられる。これに対して「題目」は、主に書物、論文や講演などに用いられ、逆に「タイトル」は、講演などにはあまり用いられない。【2】「表題」は、「標題」とも表記する。この二種類の表記を、「表題」は、書物に、「標題」は、演説や個々の作品などにと使い分けることもある。

【関連語】◆〈仮題〉正式な題名が決まる前につける仮の題。「論文の仮題」◆〈原題〉改められたり翻訳されたりする前の、もとの題名。

参照▼題目⇒6 12-56

6 10-23 副題／傍題／サブタイトル

共通する意味★内容を説明したり、紹介するために表題に添える題目。【英】*a subtitle*

使い方▼〔副題〕▽論文に副題をつける　〔傍題〕▽傍題で書名が引き立つ　〔サブタイトル〕▽サブタイトルのついた映画

使い分け【1】文章や書物に関しては、三語とも用いられる。【2】「傍題」は、和歌、連歌、俳諧で、病いとして嫌われる、主として詠むべきものをさしおいて、題にそえた事物を詠むことにもいう。

610-24

見出し／ヘッディング／小見出し

【関連語】◆(大見出し)

共通する意味★新聞の記事や雑誌の記事などの、文章の内容を簡略にして効果的に掲げた言葉。

使い方▼〔見出し〕▽雑誌の見出し▽見出し語が六万語の国語辞典　〔ヘッディング〕▽新聞のヘッディング　〔小見出し〕▽この文章を三つに分け、小見出しを付けよ▽新聞の小見出しを読む

使い分け【1】「見出し」「ヘッディング」は、文章の内容を簡単に示した、その文章の前に置かれる言葉。「見出し」は、このほかに、書籍や帳簿の目次に掲げられる項目や索引、辞書の項目名をもいう。【英】*a head(ing)*　【2】「小見出し」は、文章を区切った一つ一つのまとまりに付ける言葉。また、新聞などで大きい見出しに添えられた小さい見出しにも使う。【英】*a subtitle*

【関連語】◆(大見出し)新聞などで、大きな活字の見出し。

610-25

論文／レポート

共通する意味★ある問題についての調査や研究の結果を述べた文章。

使い方▼〔論文〕▽これまでの研究の成果を論文にまとめる　〔レポート〕▽今までの経過を報告するレポートを出す▽実験結果をレポートにまとめる

使い分け【1】「論文」が、その問題についての意見を述べるものであるのに対し、「レポート」は、調査や実験の結果のみを報告するもの、あるいは「論文」ほどの量やまとまりをもたないものをいう。【英】*a thesis*　【2】「レポート」は、また、映像や口頭の報告をさすことがある。「現地の生活をレポートする」のように、「レポートする」という形になると、報告するの意味になる。

参照▼レポート⇒616-16

610-26

書類／文書

【関連語】◆(公文書)◆(私文書)

共通する意味★文字で紙類に書き記したもの。【英】*papers; documents*

	会議に関する□	必要な□をそろえる	□で通達する	□審査
書類	○	○	-	○
文書	○	△	○	-

使い分け【1】「書類」は、ある内容、事項に関する書き物全体をさすことが多い。事務上、手続き上、また、記録のうえで、必要なものをいう。【2】「文書」は、文字で書くという形式を用いた記録、伝達の手段。

【関連語】◆(公文書)国や公的機関、または公務員が作成した職務上の文書。⇔私文書。「公文書偽造の罪」◆(私文書)個人的な文書。私人の作成した文書。⇔公文書

610-27

証書／証明書／証文／念書

【関連語】◆(一札)

共通する意味★証拠となる書き付け。【英】*a certificate*

使い方▼〔証書〕▽保険の証書▽卒業証書　〔証明書〕▽証明書の交付を受ける▽身分証明書　〔証文〕▽証文を取る▽証文を入れる　〔念書〕▽念書を取る▽念書を入れる

使い分け【1】「証書」は、事実を証明する文書そのものをさし、その事実については一つしか存在しない。【2】「証明書」は、事実が間違いないことを証明する書類で、必要なら何枚でも作成することができる。【3】「証文」は、特に、金品の貸借を証明する場合に使われる。ただし最近は「借用書」ということが多い。【4】「念書」は、決定した事項について後日の証拠として念のために作成しておく覚え書きの文書。

【関連語】◆(一札)一通の「証文」「念書」のこと。「一札入れる」の形で使われることが多いが、これは約束やおわびなどを書いた一通の証文、念書を相手にさし出す意。「後々のために事故の責任はそちらにあるという一札を入れてほしい」

610-28

ノート／手帳／帳面

【関連語】◆(台帳)◆(帳簿)◆(原簿)◆(通い帳)◆(大福帳)◆(通帳)

共通する意味★物を書くため、紙を綴じ合わせて一冊にしたもの。【英】*a notebook*

使い方▼〔ノート〕スル▽講義内容をノートする▽ノートをとる▽講義ノート　〔手帳〕▽手帳にメモする▽生徒手帳　〔帳面〕▽父の小学生時代の帳面が出てきた▽帳面をつける

使い分け【1】「ノート」「帳面」は、同じ物をさしていたが、現在では「ノート」というのが普通である。【2】「ノート」は、主として学習用に使われるもの。【3】「手帳」は、一般に「ノート」より小型で携帯用のもの。【4】「帳面」は、「帳面づらを合わせる」「宿屋の帳面に名を書く」などのように、現在では、商売上の取引を記録したり、会計を記したりするものをいうことが多い。【5】「ノート」は、「ノートする」の形で、要点などを書きとめる意でも用いる。

【関連語】◆(帳簿)金銭の収支や事務上必要な事項を記入するもの。一般には、会社や役所などで使うものをいう。◆(原簿)事務上のいちばん元となる帳簿。「原簿と照らし合わせる」◆(台帳)いろいろな記録の土台となる帳簿。「土地台帳」「住民台帳」◆(通い帳)掛け売りをする商店などで、売買の月日、数量

などをそのつど書き込んでいく帳面。単に「帳面」ともいう。◆(**大福帳**)商家で、売買のすべてを記録する元帳。和とじで横長である。今日ではめったに使われなくなった。◆(**通帳**)預貯金の金額の移動などを示すための帳面。

6 10-29 書き付け／メモ／雑記／ひと筆／一筆

【関連語】◆(**覚え書き**)おぼえがき◆(**手控え**)てびかえ◆(**備忘録**)びぼうろく

共通する意味★簡単な文を書くこと。また、その書いたもの。**【英】** *a memo*

使い方▼〔**書き付け**〕▽書き付け程度ですが、要点をまとめてみました　〔**メモ**〕スル▽要点をメモしておく▽メモをとりながら聞く▽メモ用紙　〔**雑記**〕▽雑記帳▽身辺雑記　〔**ひと筆**〕▽結婚のお祝いにひと筆お願いします　〔**一筆**〕▽一筆したためる▽一筆お礼申し上げます

使い分け【1】「書き付け」は、心覚え程度に書いたもの。【2】「メモ」は、必要なことを忘れないための用心に書くこと、また、その書いたもの。【3】「雑記」は、その時その時で思いつくままに書くもの。また、その書いたものもさす。書き言葉的で、複合語として使われることが多い。【4】「ひと筆」は、ちょっと書くこと。「ひと筆書き」のように、筆を休めないで書き続けることもいう。【5】「一筆」は、短い文章、また、手紙。

【関連語】◆(**覚え書き**)のちのちの記憶のために書いておくこと。また、その文書。また、条約に付帯する簡単な外交文書もいう。◆(**手控え**)心覚えに手もとに書きとめておくこと。また、その文書。やや古めかしい表現。◆(**備忘録**)忘れた場合に備えて、書きとめておくためのノート。

参照▼覚え書き⇒618-06

6 10-30 受け取り／レシート／領収書／受領書

共通する意味★金や物を受け取ったことを証明する書類。**【英】** *a receipt*

使い方▼〔**受け取り**〕▽荷物を届けたら受け取りを忘れずにもらうこと▽受け取りに判を押す　〔**レシート**〕▽レシートを見せて駐車券をもらう　〔**領収書**〕▽領収書に判のないものは無効だ　〔**受領書**〕▽不動産屋に登記簿の受領書を渡す

	印刷代の□	歯みがきを買ったときの□	配達された品物の□
受け取り	○	○	○
レシート	-	○	-
領収書	○	○	-
受領書	○	-	○

使い分け【1】四語のなかでは、「受け取り」の用法がいちばん広く、金銭以外の授受にも使われる。【2】「レシート」は、レジスターで日付、金額などを印字した紙片。「領収書」にくらべて小さい。【3】「領収書」は、金を受け取った証拠として支払った人に渡す書類。書式は、便箋びんせんなどに必要事項を書いて判を押すものから、市販の、日付、金額などを書くだけのものまでいろいろある。【4】「受領書」は、「受け取り」の書き言葉で、金銭以外の授受にも使われる。

6 10-31 遺言状／遺書／書き置き

【関連語】◆(**遺言書**)ゆいごんしょ◆(**遺言**)ゆいごん

共通する意味★死後のために書き残す文書。**【英】** *one's will*

使い方▼〔**遺言状**〕▽遺言状を作成する　〔**遺書**〕▽遺書をしたためる　〔**書き置き**〕▽死後に書き置きが見つかった

使い分け【1】「遺言状」は、死後、法律上の効力を発することを目的として一定の方式、事項に従って作成される文書。【2】「遺書」は、死後に心情的な事柄を伝えるために書かれるものにいうことが多い。書いただけでは法律的効力は発しない。【3】「書き置き」は、死後のためとは限らず、「書き置きを残して出かける」のように、どこかへ出かけるときなどに書かれるものにも使われる。

【関連語】◆(**遺言書**)「遺言状」と同じ。◆(**遺言**)法律では「いごん」という。死後の、主に財産関係について、生前に一定の方式、事項に従って言い残す行為。「親の遺言でこの土地は売ることができない」

6 10-32 免状／免許状／免許証

共通する意味★ある事柄に関する免許を獲得した人に、その旨を書き、証として授与する書状。**【英】** *a diploma*

使い方▼〔**免状**〕▽華道師範の免状▽教員免状　〔**免許状**〕▽師範の免許状をもらう　〔**免許証**〕▽運転免許証

使い分け【1】「免状」「免許状」は同じだが、「免状」の方が一般的。また、「総代で免状をもらう」のように、俗に卒業証書をもいう。【2】「免許証」は、行政機関が免許の証として交付する文書のこと。

6 10-33 賞状／褒状

共通する意味★行為や業績などを褒める旨を書いて授与する書状。**【英】** *a certificate of commendation*

使い方▼〔**賞状**〕▽入選して賞状をもらう▽〔**褒状**〕▽

褒状を授与する

使い分け 「賞状」の方が、一般的な語。「賞状」は、多く、賞を獲得した人に与えられるものである。

6 10-34 辞表（じひょう）

意味★勤めている職をやめるとき、その旨を書いて勤務先に差し出す文書。**【英】** *a resignation*

使い方▼〔辞表〕▽一身上の理由により辞表を出す▽部下の辞表を受理する

6 10-35 辞令（じれい）

意味★官職、役職などを任免するとき、その旨を書いて本人に知らせる文書。任ずる場合に用いることが多い。**【英】** *a written appointment*

使い方▼〔辞令〕▽副知事任命の辞令が出る

6 10-36 戸籍（こせき）／籍（せき）

【関連語】◆（本籍）ほんせき◆（原籍）げんせき◆（国籍）こくせき

共通する意味★各人の氏名、生年月日、家族関係などを記載した公文書。**【英】** *census registration*

使い方▼〔戸籍〕▽戸籍を移す▽戸籍謄本（＝戸籍の記載をすべて転写した証明文書）▽戸籍抄本（＝戸籍の記載から、請求者の指定した部分を転写した証明文書）〔籍〕▽結婚式と同時に籍を入れた▽大学に籍をおく

使い分け【1】「戸籍」は、夫婦を中心にその未婚の子の氏名、生年月日、相互の関係を記した公式の文書で、市区町村が保管する。【2】「籍」は、「戸籍」の意味で使われるほか、学校、会社などの構成員として記録され、その資格をもっていることの意味でも使われる。

【関連語】◆（本籍）その人の戸籍のある場所。都道府県市町村地番をもって表示される。「本籍を東京に移す」「本籍地（＝本籍の所在地）」◆（原籍）戸籍の変動があった場合の、もとの本籍。「本籍」の意味でも使われる。「原籍地」◆（国籍）その国に所属するものとして公的に登録された、国民としての資格。また、飛行機、船舶などがある一定の国に所属する資格。「日本国籍を取得する」「国籍不明の飛行機」

6 10-37 謄本（とうほん）／抄本（しょうほん）

共通する意味★原本の内容を写しとった文書。**【英】** *an attested copy*

使い方▼〔謄本〕▽本籍地から謄本を取り寄せる▽登記簿謄本　〔抄本〕▽入学願書に戸籍の抄本を添える

使い分け【1】「謄本」は、原本の内容をそのまま全部写しとったものをいうのに対し、「抄本」は、原本の内容の一部を写しとったものをいう。【2】一般に「謄本」といえば戸籍謄本のことであるが、「抄本」の場合は、登記簿や戸籍などの文書の一部を写しとったものというだけではなく、本の一部を抜き書きしたものをいう場合もある。

6 10-38 券（けん）／札（ふだ）／カード

共通する意味★紙、木、その他でできている、薄い四角形の小片。**【英】** *a ticket*

使い方▼〔券〕▽券を買って乗り物に乗る▽商品券▽回数券　〔札〕▽番号を書いた札を取って待つ▽神様のお札▽名札▽立て札▽赤札市　〔カード〕▽書名をカードに取って索引を作る▽カードで買い物をする▽単語カード▽キャッシュカード

使い分け【1】「券」は、紙製の、物やサービスと引き換えにできるもの。【2】「札」は、ある目的のために必要な事項を書き込んだもの。何かの役割、伝達したいこと、身分や状態、順番などが記される。「立て札」など、かなり大きなものをいうこともある。【3】「カード」は、同サイズの小さい紙片で、書き込んで整理するときなどに使うものをいう。また、登録ずみ、支払いずみなどの証拠とする同形、同サイズのもの、トランプなどゲームに使うものもいう。

参照▼カード⇒617-17

6 11 …表現

6 11-01 表現（ひょうげん）／表わす（あらわ）／表出（ひょうしゅつ）／体現（たいげん）／具現（ぐげん）／表明（ひょうめい）／表白（ひょうはく）

【関連語】◆（名状）めいじょう◆（筆舌）ひぜつ

共通する意味★心情や感情、意見など、知覚できないことを知覚できる形にして表に出すこと。**【英】** *to express*

使い方▼〔表現〕スル▽喜びを全身で表現する▽言葉で表現できない▽巧みな表現▽表現の自由　〔表わす〕（サ五）▽結果を図表で表わす▽名は体を表わす▽悲しみを顔に表わす　〔表出〕スル▽感情の表出　〔体現〕スル▽道徳を体現する▽芸術観を身をもって体現する　〔具現〕スル▽理想を具現する　〔表明〕スル▽反対を表明する▽所信を表明する　〔表白〕スル▽自身の決意を表白する

使い分け【1】「表現」「表わす」「表出」は、自己の内面的なもの、主観的なものを外に出すこと。その方法は身振り、言語、文章、音楽、絵画など多岐にわたる。【2】「体現」「具現」は、思想や観念など抽象的なものを具体的な形にすること。【3】「表明」「表白」は、考えや意見、決意を言語によって表に出すこと。「表明」は、公的に、また広範囲に表に出す場合

に用いられる。【4】「表わす」は、送り仮名の付け方では「表す」が本則で、「表わす」も許容されているが、「表す」は「ひょうす」とも読めるので、本辞典では「表わす」を用いる。

【関連語】◆**(名状)**スル状況を言い表わすこと。「名状し難い屈辱に見舞われる」◆**(筆舌)**文章と言語。「筆舌に尽くし難い(＝言葉では言い表わせない)」の形で、慣用的に用いられることが多い。

参照▼表わす⇒514-09

6 11-02 修辞／レトリック

共通する意味★巧みな言い回しを用いたり、修飾を加えたりすることによって、より効果的に、また、より美しく表現するための技法。また、その体系。

【英】 *rhetoric*

使い方▼〔**修辞**〕▽修辞に凝った文章▽修辞法　〔**レトリック**〕▽彼の巧みなレトリックにごまかされた

6 11-03 記述／叙述

共通する意味★物事のありさまや自分の考えなどを、秩序だてて書き述べること。また、そうして書かれたもの。**【英】** *to describe*

使い方▼〔**記述**〕スル▽報告書の記述に誤りはないか調べる▽ありのままを記述する▽記述式の問題　〔**叙述**〕スル▽春の場面の叙述がまことに美しい

使い分け「記述」は客観的に書き記す文章について、「叙述」は主観的に書き記す文章についても使う。

6 11-04 叙情／叙景／叙事

共通する意味★心中、風景、事実などを、詩や文章に書き表わすこと。**【英】** *description of scenery*

使い分け【1】「叙情」は、心情、思いについて述べ表わすこと。「抒情」とも書く。【2】「叙景」は、風景について、「叙事」は、事実、事跡、事項、歴史などについて述べ表わしたもの。

6 11-05 飾り／装飾／修飾／文飾／虚飾／粉飾

共通する意味★表面を美しく飾ること。

使い方▼〔**飾り**〕▽クリスマスツリーに飾りをつける▽飾りの多い文章▽首飾り　〔**装飾**〕スル▽装飾を施す▽装飾品▽室内装飾　〔**修飾**〕スル▽修飾の多い文章　〔**文飾**〕▽文飾を施す　〔**虚飾**〕▽虚飾に満ちた生活▽虚飾を捨て去る　〔**粉飾**〕スル▽粉飾して言う▽粉飾決算

使い分け【1】「装飾」は、具体的な物についていうのに対し、「修飾」「文飾」は、多く言葉についていう。「飾り」は、いずれにも用いられる。**【英】** *to decorate*《動》【2】「飾り」「装飾」は、飾る物の意でも用いられる。**【英】** *decoration*【3】「修飾」は、実質以上に飾りたてる、とりつくろって飾りたてるという意味合いで用いられる場合があるのに対し、「文飾」は、主に文章を飾ることをいい、レトリックを施すことによって飾るという意味合いがある。**【英】** *modification*【4】「虚飾」は、内容が伴わないのに外見ばかり飾り、一見華やかに見えることをいう。**【英】** *ostentation*【5】「粉飾」は、美しく飾るのではなく、悪い内容を隠したり、実態を見せないようにしたりするために、うわべを立派に見せようとすることをいう。

6 11-06 たとえ／比喩／形容／擬人／象徴

【関連語】◆**(比況)**ひきょう◆**(縮図)**しゅくず◆**(たとえば)**

共通する意味★他の物事を借りて表現すること。

使い方▼〔**たとえ**〕▽たとえに引く▽たとえを使って説明する▽世のたとえ　〔**比喩**〕▽巧みな比喩で活写する▽比喩表現　〔**形容**〕スル▽うまい形容▽形容しがたい顔▽形容詞　〔**擬人**〕▽山容を擬人法で描く▽擬人化　〔**象徴**〕スル▽鳩は平和の象徴だ▽日本国の象徴▽金権政治を象徴するような事件

使い分け【1】「たとえ」「比喩」「形容」は、物事の説明に他の物事を借りて表現すること。【2】「比喩」には、直喩(明喩)、隠喩(暗喩)、諷喩などがある。【3】「擬人」は、人間でないもの、たとえば動植物や物事を人間になぞらえて表現することで、「山は招く」の類をいう。**【英】** *personification*【4】「象徴」は、言葉や物では表わせないような事象や心象を、それを連想させるような言葉や具体的な事物で置き換えて表わすこと。また、その表わしたもの。

【英】 *a symbol*

【関連語】◆**(比況)**他になぞらえること。「ごとし」「ようだ」を比況の助動詞という。◆**(縮図)**ある物事の感じを、その規模を小さくして表わしたもの。「スポーツは人生の縮図だ」◆**(たとえば)**(副)例をあげて言えば。「たとえばの話だが」「たとえば鳥を例にとると」

参照▼象徴⇒804-10

6 11-07 たとえる／なぞらえる／見なす／見たてる／擬する

共通する意味★あるものを、他のものを借りて表現する。**【英】** *to compare (to)*

使い方▼〔**たとえる**〕(ア下一)▽人生を旅にたとえる▽あの人を花にたとえるならばバラだ▽たとえようもない美しさ　〔**なぞらえる**〕(ア下一)▽人生を登山になぞらえて語る▽名勝になぞらえて造った庭　〔**見なす**〕(サ五)▽挙手がなければ賛成と見なす▽彼らは遭難したものと見なす　〔**見たてる**〕(タ下一)▽風に舞う

花びらを雪に見たてる▽立ち木を人間に見たてる

〔擬する〕(サ変)▽自分を大作家に擬する▽次期会長に擬せられる

使い分け【1】「たとえる」は、Aをわかりやすく説明するために、相手も知っているBを引き合いに出す意。【2】「なぞらえる」は、Aを、共通点があると思われるBと同列においてくらべる意。また、手本とするものを決めてそれに似せる意にもいう。【3】「見なす」は、見て判定する意。事実がそうであってもなくても、AをBだと判断する意。【4】「見たてる」は、Aを、本来はまったく異なるBだと仮想する意。また、「洋服を見たてる」「名医に見たててもらう」のように、見て選び定める意、見て鑑定したり診断したりする意にもいう。【5】「擬する」は、AはBではないのに、あたかもBであるかのように扱ったり、Bにあらかじめ当てはめたりする意。また、「空海の書体に擬する」「短刀を胸に擬する」のように、まねる意、物を他のものにあてがう意にも用いる。【6】「見なす」のみ「AをBと…」の形で用い、他は「AをBに…」の形で用いる。

611-08 直喩(ちょくゆ)／明喩(めいゆ)／隠喩(いんゆ)／暗喩(あんゆ)／諷喩(ふうゆ)

【関連語】◆(寓意)(ぐうい)◆(寓話)(ぐうわ)

共通する意味★比喩(ひゆ)の種類。

使い方▼〔諷喩〕スル

使い分け【1】「直喩」「明喩」は、「たとえば」「…のような」などの語を用いて、二つの物を直接比較する方法。「りんごのような頬(ほお)」の類。【英】*a simile*【2】「隠喩」「暗喩」は、「直喩」「明喩」で用いる「たとえば」「…のような」などの語を用いず、二つの物を直接結び付ける方法。「海山の恩」「人生は旅だ」の類。【英】*a metaphor*【3】「諷喩」は、たとえなどを使って遠回しに推察させたり、さとしたりすること。【英】*an allegory*

【関連語】◆(寓意)他の物事に託して、ある意味を表わすこと。「寓意をこめる」「寓意小説」◆(寓話)動物などの話にかこつけて、教訓的な内容を表わしたもの。「イソップ物語」などの類。

611-09 反語(はんご)／アイロニー

共通する意味★本当に言いたいこととは反対の表現をすることによって皮肉を込める言い方。【英】*irony*

使い分け怠けている人に向かって言う、「君は本当によく働いてくれるね」の類の表現をいう。また、「反語」は、断定を強めるために疑問形で問い掛けることもいう。「このまま見過ごしていいのだろうか」など。

611-10 名文(めいぶん)／麗筆(れいひつ)／才筆(さいひつ)

【関連語】◆(美文)(びぶん)◆(雅文)(がぶん)◆(達文)(たつぶん)

共通する意味★すぐれた文章。【英】*a fine piece of prose*

使い分け【1】「名文」が、一般的に使われる。【2】「麗筆」は、すぐれて美しい文章、また、美しい筆跡をいう。文章語。【3】「才筆」は、「才筆をふるう」のように、才能を感じさせる筆力の意でも用いられる。

反対語▼名文⇔悪文

【関連語】◆(美文)美しい語句や修辞を用いた文章。特に、内容がなく、技巧的な面だけがすぐれた文をいうこともある。「美文調」◆(雅文)優雅な文章。特に、平安時代の仮名文、また、それをまねて書いた文章をいう。◆(達文)上手な文章。また、わかりやすい文章。

参照▼麗筆⇒614-52

611-11 悪文(あくぶん)／拙文(せつぶん)／乱文(らんぶん)

【関連語】◆(駄文)(だぶん)

共通する意味★下手な文章。【英】*poor writing*

使い方▼〔悪文〕▽何度読んでも意味のとれない悪文だ〔拙文〕▽詳細は拙文を参照していただきたい〔乱文〕▽乱筆乱文のほどお許しください

使い分け「悪文」が、一般的に用いられる。「拙文」は、自分の書いた文章をへりくだっていうときに、「乱文」は、自分の書いた手紙の文章をへりくだっていうときに用いられる。

反対語▼悪文⇔名文

【関連語】◆(駄文)下手でくだらない文章。自分の文章をへりくだっていう場合にも用いられる。「駄文をものする」

611-12 名句(めいく)／秀句(しゅうく)

共通する意味★連歌や俳諧(はいかい)、漢詩をはじめとする詩歌の中のすぐれた句や一節。【英】*a wise saying*

使い分け二語とも、意味、用法にそれほどの違いはない。「名句」には、気のきいた文句や有名な文句の意もある。また、「秀句」は、和歌や文章で、縁語や懸詞(かけことば)などを巧みに用いたしゃれの意でも用いられる。

参照▼名句⇒607-10

611-13 名文句(めいもんく)／決まり文句(きまりもんく)

共通する意味★その場に相応の文句。

使い方▼〔名文句〕▽名文句を吐く▽後世に残る名文句〔決まり文句〕▽例の決まり文句でお説教だ

使い分け【1】「名文句」は、有名な文句。また、うまく言い表わしていて人を感心させるような文句。【英】*a fine expression*【2】「決まり文句」は、いつも決まって使われる文句。また、型にはまって新鮮味のない表現の意でも用いられる。【英】*a set phrase*

6 11-14 引用(いんよう)/クォーテーション

【関連語】◆〈孫引き〉まごびき◆〈引き合い〉ひきあい

共通する意味★他人の書いた文章を引くこと。【英】*quotation; citation*

使い方▼〔引用〕スル▽「論語」から引用する▽引用文▽引用符〔クォーテーション〕▽クォーテーションマーク

使い分け「引用」は、自論を説明するためなどに、他人の文章を引いてくること。「クォーテーション」は、引用した文のこともいう。

【関連語】◆〈孫引き〉スル あるところで引用してあるものを、原典に戻らず、そのまま引用すること。「他人のエッセイから孫引きする」◆〈引き合い〉例に引くこと。「自分の事を引き合いに出して話す」

6 11-15 訳(やく)/翻訳(ほんやく)/訳出(やくしゅつ)

【関連語】◆〈訳する〉やくする◆〈適訳〉てきやく◆〈名訳〉めいやく◆〈抄訳〉しょうやく◆〈直訳〉ちょくやく◆〈和訳〉わやく◆〈邦訳〉ほうやく◆〈完訳〉かんやく◆〈全訳〉ぜんやく◆〈誤訳〉ごやく◆〈意訳〉いやく

共通する意味★ある言語で書かれた文章を、他の言語の同じ意味の文章に移しかえること。【英】*translation*

使い方▼〔訳〕▽原文に訳をつける▽日本語訳▽現代語訳〔翻訳〕スル▽神曲を日本語に翻訳する▽この本はすでに翻訳が出ている▽翻訳者▽翻訳家〔訳出〕スル▽シェークスピアの戯曲を訳出する

使い分け「訳」「翻訳」は、他の言語に移しかえることだけではなく、移しかえたものの意でも用いられる。

【関連語】◆〈訳する〉(サ変)翻訳する。また、古語、漢語による文章を現代語による文章に直す。「日本語に訳した歌詞」「現代語に訳した『源氏物語』」◆〈適訳〉その言葉に適した翻訳、訳語。「適訳が見つからない」◆〈名訳〉すぐれた翻訳。◆〈抄訳〉スル原文の一部を抜粋して翻訳すること。また、その翻訳したもの。「『源氏物語』を抄訳する」◆〈直訳〉スル原文の字句、語法にしたがって一語一語をたどるように翻訳すること。「原文を直訳した生硬な日本語」◆〈和訳〉スル日本語に訳すこと。また、その訳したもの。その他、英語に訳すことを「英訳」、フランス語に訳すことを「仏訳」、ドイツ語に訳すことを「独訳」などという。「英文和訳」◆〈邦訳〉スル日本語に訳すこと。その訳したもの。「『資本論』の邦訳」◆〈完訳・全訳〉スル原文の全文を翻訳すること。また、その翻訳したもの。◆〈誤訳〉スル間違って訳すこと。また、誤った翻訳、訳語。◆〈意訳〉スル原文の個々の語句にこだわらず、意味をくみ取って訳すこと。

6 11-16 通訳(つうやく)

【関連語】◆〈通事〉つうじ◆〈通弁〉つうべん

意味★双方の言語が異なり意志の疎通ができない場合、間にたって一方の言うことをもう一方の理解できる言語に訳し、意志の疎通ができるようにすること。また、その人。【英】*an interpreter*

使い方▼〔通訳〕スル▽通訳として働く▽外国人の言うことを通訳する

【関連語】◆〈通事〉「通訳」の古い言い方。「通辞」「通詞」とも書く。「オランダ通事」「長崎通事」◆〈通弁〉スル「通訳」の古い言い方。

6 12 …発言

6 12-01 言(い)う/しゃべる/語(かた)る/話(はな)す/述(の)べる

【関連語】◆〈言い出す〉いいだす

共通する意味★思うことを言葉にして表現する。【英】*to say; to speak*

使い方▼〔言う〕(ワ五)▽言うは易く行うは難し▽言うに言われない事情がある▽用件を言いなさい〔しゃべる〕(ラ五)▽よくしゃべる人▽何もしゃべらない〔語る〕(ラ五)▽身振りをまじえて語る▽心の内を語り尽くせない〔話す〕(サ五)▽人前で話すのは苦手だ▽今日あったことを母に話す〔述べる〕(バ下一)▽自分の考えを述べる▽詳細は第二章で述べる

	大声で□	鋭い意見を□	英語を□	自分の過去を□	思わず「あっ」と□
言う	○	○	-	-	○
しゃべる	○	△	○	△	-
語る	○	△	-	○	-
話す	○	△	○	○	-
述べる	○	○	-	-	-

使い分け【1】「言う」は、思ったことを言葉で表現する意だが、まとまった内容を表現する場合だけではなく、反射的に小さな叫び声を上げるような場合や文章表現などにも用いられ、広い用法をもつ語。【2】「しゃべる」は、「話す」のくだけた言い方。雑談のように内容が軽いものに対して用いることが多

い。【3】「語る」は、聞こうとする聞き手に、まとまった内容のことを聞かせる意。【4】「話す」「しゃべる」「語る」には、相手と会話をするという意もある。【5】「述べる」「語る」は、文章語的な、やや硬い言い方。「述べる」には、文章に書いて表現する意もある。【英】*to say a few words*(一言二言言う); *to speak English*(英語を話す); *to talk nonsense*(馬鹿なことを言う); *to tell a story*(話をする)

【関連語】◆(言い出す)(サ五)言い始める。「今日の外出はやめようと言い出す」

6$_{12}$-02 おっしゃる／のたまう／仰せられる

共通する意味★「言う」の尊敬語。その動作の主を敬っていう。

使い方▼〔おっしゃる〕(ラ五)▽先生はこうおっしゃる▽なんとおっしゃったのですか 〔のたまう〕(ワ五)▽社長さんはこうのたまいましたよ 〔仰せられる〕(ラ下一)▽閣下は次のように仰せられました

使い分け【1】ふつう「おっしゃる」を使う。「仰せられる」は、「おっしゃる」よりさらに改まった言い方。【2】「のたまう」は、現在では特に皮肉めかしたふざけた言い方として用いることが多い。

6$_{12}$-03 申し上げる／申す／啓する／奏する

共通する意味★「言う」の謙譲語。目下の人が目上の人に言う。

使い方▼〔申し上げる〕(ガ下一)▽御忠告申し上げる▽暑中お見舞い申し上げます 〔申す〕(サ五)▽お礼を申したい▽山田と申します 〔啓する〕(サ変)▽清少納言が中宮に啓する 〔奏する〕(サ変)▽天皇に奏する

使い分け「奏する」「啓する」は、天皇や天皇に準ずる人々に言う場合に使われ、現在ではあまり使われない。

参照▼奏する⇒6$_{14}$-33

6$_{12}$-04 申し述べる／陳ずる

共通する意味★公の場で自分の事情や考えなどを話す。【英】*to state*

使い方▼〔申し述べる〕(バ下一)▽ただいまよりいきさつを申し述べます 〔陳ずる〕(サ変)▽以下、私の考えを陳じて参ります

使い分け「申し述べる」は、「言い述べる」の謙譲語。「陳ずる」は、改まった古めかしい言い方。また、弁解する意もある。

6$_{12}$-05 発言／陳述

共通する意味★意見や考えを、口頭で述べること。【英】*speech*

使い方▼〔発言〕スル▽自由に発言する▽発言の機会が与えられる 〔陳述〕スル▽警察で陳述する▽冒頭陳述▽陳述書

使い分け「発言」は、会議などで意見を述べる際などに、ごく一般的に用いられる。また、述べる言葉のこともいう。「陳述」は、裁判所など、公の場で述べる場合にいうことが多い。

6$_{12}$-06 ほざく／ぬかす

共通する意味★「言う」「しゃべる」の意で、相手をいやしめていう語。

使い方▼〔ほざく〕(カ五)▽この野郎、ほざきやがって▽何をほざくか 〔ぬかす〕(サ五)▽つまらんことをぬかすな▽よくもぬかしたな

使い分けいずれも、俗で下品な言い方。

6$_{12}$-07 呟く／囁く

共通する意味★小さな声で話す。【英】*to mutter*

使い方▼〔呟く〕(カ五)▽不満顔で呟く▽ぶつぶつと何やら呟いている 〔囁く〕(カ五)▽耳元でそっと囁く▽恋を囁く

使い分け「呟く」は、小さな声でひとりごとを言う意。聞き手は必要としない。一方、「囁く」は、周囲に聞こえぬよう、相手だけに小さな声で話す意。

6$_{12}$-08 呼ぶ／呼ばわる／呼びかける

【関連語】◆(呼び立てる)◆(差し招く)

共通する意味★ある人の注意を自分に引き寄せるために、その人に向かって言葉をかける。【英】*to call*

使い方▼〔呼ぶ〕(バ五)▽呼ばれた者は起立しなさい▽娘の名を呼ぶ 〔呼びかける〕(カ下一)▽彼に呼びかけたが振り向かない▽気やすく呼びかける 〔呼ばわる〕(ラ五)▽大音声に呼ばわる

	「太郎!」と□	小声で□	警官を□	声高に□
呼ぶ	○	○	○	-
呼びかける	○	○	-	-
呼ばわる	○	-	-	○

使い分け【1】「呼ぶ」には、自分の近くに来させる意もある。また、「これはスズメと呼ばれる鳥です」のように、名付ける、称する意でも使われる。

【2】「呼びかける」には、「交通安全を呼びかける」のように、人に、自分の主張などを聞いてもらうよう働きかける意もある。【3】「呼ばわる」は、大声で名前などを呼ぶ意。古風な語。

【関連語】◆〔呼び立てる〕(タ下一)声高に呼ぶ。「わが子の名を呼び立てる」◆〔差し招く〕(カ五)手を使って、自分の近くに来るよう合図する。「向こう岸から差し招く」

参照▼呼ぶ⇒516-08　呼び立てる⇒516-11

6 12-09 物語(ものがた)る／言(い)い表(あら)わす

【関連語】◆〔表する〕ひょうする

共通する意味★言葉で表現する。【英】*to express*

使い方▼〔物語る〕(ラ五)▽古い言い伝えを物語る▽昔話を物語る　〔言い表わす〕(サ五)▽大意を三十字以内で言い表わせ▽言い表わすことのできない悲しみ

使い分け「物語る」は、「彼の表情はやり場のない怒りを物語っている」のように、言葉以外のもので表わすときにもいう。

【関連語】◆〔表する〕(サ変)「表わす」の意の文章語。「敬意を表する」「哀悼の意を表する」

6 12-10 話(はな)し合(あ)う／語(かた)らう／対話(たいわ)

共通する意味★互いに思っていることを話す。【英】*to talk together*

使い方▼〔話し合う〕(ワ五)▽学生時代の思い出を話し合う▽今後の方策を話し合う　〔語らう〕(ワ五)▽日本の将来をみんなで語らう▽友と語らう　〔対話〕スル▽親子の対話▽師と対話する

使い分け【1】「話し合う」は、相談する意を含む。【2】「語らう」は、複数の人間で親しく話す意。また、「友人と語らって同好会を結成する」のように、他人を説得して仲間に入れる意もある。【3】「対話」は、向かい合って二人で直接話すことだが、「行政と地域住民との対話」のように、多数間であってもよい。ただし、立場や意見などにより二派に分けられるのが普通である。

6 12-11 談笑(だんしょう)／歓談(かんだん)／懇談(こんだん)

【関連語】◆〔懇話〕こんわ◆〔睦言〕むつごと

共通する意味★うちとけて、親しく話をすること。【英】*a pleasant talk*

使い方▼〔談笑〕スル▽知り合いと談笑する▽談笑の座に加わる　〔歓談〕スル▽歓談が尽きない▽歓談に時のたつのを忘れる　〔懇談〕スル▽保護者と懇談する▽懇談会

使い分け【1】「談笑」は、うちとけ、親しい雰囲気で楽しく話し合うこと。【2】「歓談」は、パーティーなどで会話を楽しむこと。【3】「懇談」は、うちとけて親しく話し合うこと。

【関連語】◆〔懇話〕スル「懇談」の意の文章語。「懇話会」◆〔睦言〕特に、男女間での愛情をこめた話。「睦言をかわす」

6 12-12 口述(こうじゅつ)／口頭(こうとう)

【関連語】◆〔口演〕こうえん◆〔口上〕こうじょう

共通する意味★あるまとまった内容を書かずに口で言うこと。【英】*dictation*

使い方▼〔口述〕スル▽口述する内容を記録する▽口述筆記▽口述試験　〔口頭〕▽口頭で説明する▽口頭試問▽口頭語

使い分け「口述」は、実際に述べる言葉が書き言葉的で、それがそのまま文章となる場合、あるいは内容がまとまったものである場合が多い。「口頭」は、書かれた文章ではないことを表わすにすぎない。

【関連語】◆〔口演〕スル口で述べる演芸を行うこと。「小さんの口演する落語」◆〔口上〕書かずに口で述べる言葉や挨拶(あいさつ)。特に、歌舞伎(かぶき)その他の興行物で、出演者や劇場の代表者が、舞台の上から観客に述べる挨拶。「口上を述べる」「逃げ口上(=言い逃れをしようとしていう言葉)」「襲名披露の口上」「前口上」

6 12-13 詳述(しょうじゅつ)／具陳(ぐちん)／縷述(るじゅつ)

共通する意味★詳しく述べること。【英】*to explain in detail*

使い方▼〔詳述〕スル▽経過を詳述する　〔具陳〕スル▽状況を具陳する　〔縷述〕スル▽事情を縷述する

使い分けいずれも文章語だが、「詳述」が最も一般的。

6 12-14 口調(くちょう)／語調(ごちょう)／語気(ごき)／語(かた)り口(くち)／論調(ろんちょう)

【関連語】◆〔歯切れ〕はぎれ◆〔呂律〕ろれつ

共通する意味★話し方の調子。【英】*a manner of speaking; a mode of expression*

使い方▼〔口調〕▽彼の口調をまねる▽演説口調　〔語調〕▽語調はやわらかいが、内容はきびしい▽語調を整える　〔語気〕▽語気するどく非難する▽語気をやわらげる　〔語り口〕▽まるで他人事のような語り口だ▽巧みな語り口　〔論調〕▽各紙はきびしい論調でその事件を非難した

	きびしい□	穏やかな□	彼独特の□	鋭い□の文章
口調	○	○	-	-
語調	○	○	-	○
語気	○	-	-	-
語り口	○	○	○	△
論調	○	○	△	○

6 文化

使い分け【1】「口調」「語調」「語気」「語り口」は、言葉を話すときの調子や勢いをいう。【2】「口調」「語り口」には、表現の言いまわしの意がある。【3】「論調」は、論説や評論の傾向や立て方をいい、文章についていうことが多い。【4】「語調」は、文章についてもいう。【5】「語り口」は、落語、浄瑠璃などの話芸における話し方の意で使われるほか、「小説の語り口」などのようにも使う。

【関連語】◆(歯切れ)「歯切れがいい(悪い)」の形で、話し方の発音や内容が明瞭で気持ちがいい(悪い)さまをいう。◆(呂律)「呂律が回らない」の形で、舌がよく動かず、言葉がはっきりしない意。

6 12-15 口振り／言いざま／口つき／口吻

共通する意味★話し方の様子。【英】*one's way of talking*

使い方▼〔口振り〕▽まるで自分は悪くないと言わんばかりの口振りだ▽不満そうな口振り 〔言いざま〕▽何という言いざまだ▽憎々しい言いざま 〔口つき〕▽口つきは激しいが、怒ってはいない▽穏やかな口つきで語る 〔口吻〕▽賛成しかねる口吻だった▽あきらめきれない口吻

使い分け【1】「口振り」「口つき」「口吻」は、話す人の考えや思いがうかがえるような話し方の調子をいう。「口吻」は、文章語。【2】「言いざま」は、否定的な意味合いで使う。

6 12-16 口実／名目

【関連語】◆(隠れみの)

共通する意味★あることをするための表面上の理由。【英】*pretext*

使い方▼〔口実〕▽口実を設けて金を出させる▽多忙を口実に欠席する 〔名目〕▽平和維持を名目に介入する▽名目上の代表

使い分け 二語とも、真の理由や目的を隠し、見かけをとりつくろうというような場合に用いる。

【関連語】◆(隠れみの)実体を隠すための表向きの手段、理由。悪いことにいう場合が多い。「政治献金を隠れみのに賄賂をおくる」

6 12-17 ひとこと／いちげん／いちごん

共通する意味★一つの言葉。また、わずかな言葉。【英】*a word*

使い方▼〔ひとこと〕▽そのことにはひとことも触れていない▽ひとことで言うと… 〔いちげん〕▽いちげん居士(＝なんにでも自分の意見をひとつ言わないと気のすまない人) 〔いちごん〕▽いちごんの下に拒絶する▽いちごん一句かみしめて読む

	―あってしかるべき	―言いたい	―行(いっこう)を慎む	―もない
ひとこと	○	○	-	-
いちげん	-	-	○	-
いちごん	○	△	-	○

使い分け【1】三語とも、漢字表記は「一言」。【2】「ひとこと」が、口語としても文章語としても一般的に使われる。【3】「いちげん」「いちごん」は、「ひとこと」の改まった言い方で、用法が限られる。

6 12-18 言い分／言いぐさ

共通する意味★主張する事柄。【英】*one's claim*

使い方▼〔言い分〕▽その言い分はおもしろい▽君の言い分を聞こう 〔言いぐさ〕▽手前かってな言いぐさ▽その言いぐさは何だ

使い分け【1】「言い分」は、言いたい事柄。また、不満で、言いたい事柄をいう。【2】「言いぐさ」は、ものの言い方にもいう。「言い分」にくらべて、特に否定的な意味合いがある。

参照▼言いぐさ⇒6 12-57

6 12-19 口外／他言／公言

共通する意味★ほかの人に言うこと。

使い方▼〔口外〕スル▽決して他人に口外するな▽うっかり口外する 〔他言〕スル▽他言してはいけない▽他言無用 〔公言〕スル▽倒産寸前だと公言してはばからない

使い分け【1】「口外」「他言」は、他人に秘密などをもらすこと。【英】*to disclose*【2】「公言」は、人前で大っぴらに言うこと。【英】*to declare (openly)*

6 12-20 弁舌／物言い／言い回し

【関連語】◆(弁)◆(口)

共通する意味★ものの言い方。

使い方▼〔弁舌〕▽彼の巧みな弁舌にだまされた▽弁舌さわやか▽弁舌を振るう 〔物言い〕▽彼の物言いはおだやかだ▽ぞんざいな物言い 〔言い回し〕▽言い回しに工夫がない▽言い回しが巧みだ

使い分け【1】「弁舌」「物言い」は、自分の考えなどを言うことの意でも使う。【2】「弁舌」は、人前で自分の考えを主張するような場合にいう。【英】*speech*【3】「物言い」は、特に言葉づかいについていう。また、「物言いがつく」「物言いをつける」などのように、異議、抗議、言いがかりの意でも用いる。【4】「言い回し」は、特に個々の表現の仕方についていう。【英】*expression*

【関連語】◆(弁)話すこと。また、ものの言い方。「弁が立つ」「落選の弁」◆(口)口に出して言うこと。さまざまに用いられる。「口が重い」「口が堅い」

6 文化

参照▼口⇒006-01 501-02

6 12-21 舌端(ぜったん)／舌頭(ぜっとう)

【関連語】◆(舌鋒)ぜっぽう

共通する意味★ものの言い方。【英】*bitter tongue*

使い方▼〔舌端〕▽舌端火をはく激しい論調 〔舌頭〕▽舌頭するどく非難する

使い分け 元来は、口のさき、舌のさきの意。いずれも、文章語。

【関連語】◆(舌鋒)議論、弁舌などの鋭さを、鋒先(ほこさき)にたとえていう語。文章語。「舌鋒するどく批判する」

6 12-22 口先(くちさき)／舌先(したさき)

共通する意味★うわべだけの言いぐさ。【英】*the tip of the tongue*

使い方▼〔口先〕▽口先ばかりで実(じつ)がない▽口先で言いくるめる 〔舌先〕▽舌先だけのほめ言葉▽舌先でごまかす

使い分け 二語とも、否定的な意で用いられることが多い。

6 12-23 快弁(かいべん)／達弁(たつべん)／雄弁(ゆうべん)／能弁(のうべん)

【関連語】◆(流暢)りゅうちょう

共通する意味★上手な話しぶり。【英】*eloquence*

使い方▼〔快弁〕▽快弁をふるう▽滔々(とうとう)たる快弁 〔達弁〕(名・形動)▽彼はなかなか達弁だ▽達弁だが内容に乏しい 〔雄弁〕(名・形動)▽彼は雄弁に事実を語った▽雄弁家 〔能弁〕(名・形動)▽能弁な人▽能弁家

使い分け 「快弁」は、聞いて快く感じるようなさわやかな弁舌、「達弁」は、なめらかで筋道の通った弁舌、「雄弁」は、よくしゃべり説得力のある弁舌、「能弁」は、よどみない巧みな弁舌。

反対語▼達弁・能弁⇔訥弁(とつべん)

【関連語】◆(流暢)(名・形動)なめらかに話すこと。「英語を流暢に話す」

6 12-24 言(い)いまくる／まくし立(た)てる／言(い)い募(つの)る／言(い)い尽(つ)くす

共通する意味★言いたいことを勢いにのって存分に言う。

使い方▼〔言いまくる〕(ラ五)▽一気に不平不満を言いまくる 〔まくし立てる〕(タ下一)▽べらべらとまくし立てる 〔言い募る〕(ラ五)▽調子にのって言い募った 〔言い尽くす〕(サ五)▽これですべて言い尽くした

使い分け【1】「言いまくる」「まくし立てる」は、相手にしゃべる暇を与えず、一方的にしゃべる意。【英】*to rattle on*【2】「言い募る」は、勢いづいて、ますますしゃべる意。【3】「言い尽くす」は、言いたいことを全部言ってしまう意。【英】*to exhaust*

6 12-25 饒舌(じょうぜつ)／口(くち)まめ／多弁(たべん)／おしゃべり

共通する意味★口数の多いこと。【英】*talkativeness*

使い方▼〔饒舌〕(名・形動)▽酔うと饒舌になる▽なかなか饒舌な人だ▽饒舌家 〔口まめ〕(名・形動)▽彼は口まめだが、あまり働かない▽口まめな奴(やつ)だから気をつけろ 〔多弁〕(名・形動)▽飲むほどに多弁になる▽多弁を要しない 〔おしゃべり〕(名・形動)▽おしゃべりな女の子▽彼女はおしゃべりだ

使い分け【1】「口まめ」「おしゃべり」は、口が軽いという意味合いを持つことがある。また、口数の多い人のこともいう。【2】「おしゃべり」は、「久し振りにあったのでしばらくおしゃべりをした」のように、漫然と話をすることにもいう。「お喋り」とも書く。

参照▼おしゃべり⇒612-65

6 12-26 多言(たげん)／千言万語(せんげんばんご)／万言(まんげん)／百万言(ひゃくまんげん)

共通する意味★多くの言葉。【英】*many words*

使い方▼〔多言〕スル▽説明に多言を要しない 〔千言万語〕▽千言万語を費やしても語れない美しさ 〔万言〕▽万言を費やして語る 〔百万言〕▽百万言を費やす

使い分け【1】「多言」は、自明なことを述べるときに、詳しく説明する必要がないという意で使われることが多い。「たごん」ともいう。【2】「千言万語」「万言」「百万言」は、たいへん優れているものなどについて形容するときに使う。

6 12-27 ぺらぺら／べらべら／滔滔(とうとう)

共通する意味★よくしゃべるさまを表わす語。【英】*eloquently*

使い方▼〔ぺらぺら〕(副・形動)▽あることないことぺらぺら話す▽滞米半年で英語がぺらぺらになった 〔べらべら〕(副)▽よくべらべらしゃべるやつだ 〔滔滔〕(形動たる・と)▽政治改革の必要性を滔々と述べる

使い分け【1】「ぺらぺら」は、本来なら秘しておくべきことを軽々しく話してしまうような場合にいう。また、外国語を流暢(りゅうちょう)に話すさまにも使う。【2】「べらべら」は、話し出したら止まらないような感じでよくしゃべるさまにいう。あまり好ましい意では用いられない。【3】「滔滔」は、大勢の前などで弁舌さわやかに述べ立てるさまにいう。

6 12-28 誇張／誇称／大言壮語／豪語／壮語／広言／大ぶろしき

共通する意味★物事を大げさに言うこと。【英】*exaggeration*

使い方▼〔誇張〕スル▽事実を誇張して書く▽誇張が過ぎる表現 〔誇称〕スル▽性能を誇称して売りつける▽世界一だと誇称する 〔大言壮語〕スル▽できもしないのに、大言壮語する 〔豪語〕スル▽世界最強と豪語する 〔壮語〕スル▽何かと壮語する癖がある 〔広言〕スル▽広言を吐く▽大勢の前で広言する 〔大ぶろしき〕▽大ぶろしきを広げる▽また、いつもの大ぶろしきだ

使い分け【1】「誇張」は、実際より大げさに表現することで、言うことばかりでなく、書いたり、描いたりすることにも用いる。【2】「誇称」は、自慢して実際以上に大げさに言うこと。【3】「大言壮語」は、その人に不相応な大きなことを言うこと。【4】「豪語」「壮語」は、自信たっぷりに大きなことを言うこと。「豪語」のほうが一般的。【5】「広言」は、相手かまわず、大きなことを言うこと。【6】「大ぶろしき」は、ほらとしか思えないような話をすること。「大風呂敷」とも書く。

6 12-29 提唱／主唱／首唱

共通する意味★意見や主張などを唱えること。【英】*advocation*

使い方▼〔提唱〕スル▽会議の開催を提唱する▽首相の提唱による基金▽平和運動の提唱者 〔主唱〕スル▽法律の改正を主唱する▽主唱者 〔首唱〕スル▽彼がこの改革を首唱した▽首唱者

使い分け【1】「提唱」は、意見や主張などを公表して、その良さや必要性を広く人々に説き、呼びかけること。【2】「主唱」は、人々の中心となって意見、主張などを唱えること。【3】「首唱」は、まっ先にその意見や主張を唱えること。

6 12-30 主張／力説／強調

【関連語】◆〔叫ぶ〕◆〔強弁〕

共通する意味★自分の意見や考えを相手に強く訴えること。

使い方▼〔主張〕スル▽主張を貫く▽主張を通す▽自己主張 〔力説〕スル▽氏は基礎の重要性を力説した 〔強調〕スル▽基本の修得を強調します

	環境保護の必要性を□する	自分に都合のよいことばかり□する	ボディーラインを□した服
主張	○	○	－
力説	○	－	－
強調	○	－	○

使い分け【1】「主張」は、自分の意見や考え、または何かの必要性、権利などを強く相手に訴えること。たとえば、「義務を果たさないで権利ばかり主張する」「学生たちの主張ももっともだ」のように、その内容が何かに対する権利の要求や、必要性の訴えであることが多い。【英】*assertion*【2】「力説」「強調」は、訴える内容ではなく、訴え方に重きがある。「力説」は、相手を説得しようと懸命に話すこと。「強調」は、全体のうちのある部分を特に強く訴えようとすること。また、「下線を引いて強調する」のように、口に出して訴えること以外にも用いられる。【英】*emphasis*

【関連語】◆〔叫ぶ〕(カ五)本来は大きな声を出す意だが、「獄中から無実を叫ぶ」のように、強く主張し、大勢の人に訴える意もある。◆〔強弁〕スル無理があることを正当化しようとして言い張ること。「自己の正当性を強弁する」

参照▼叫ぶ⇒108-06

6 12-31 言い張る／言い通す

【関連語】◆〔啖呵を切る〕

共通する意味★自分の意見を強くどこまでも主張する。【英】*to persist (in)*

使い方▼〔言い張る〕(ラ五)▽嘘ではないと言い張る 〔言い通す〕(サ五)▽自分は正しいと最後まで言い通す

使い分け【1】「言い張る」は、まわりの人に対抗して、自分一人であくまで強く主張する意。【2】「言い通す」は、最初から最後まで一貫して主張する意。

【関連語】◆〔啖呵を切る〕相手を負かすような、鋭く威勢のよい言葉をはく。「胸のすくような啖呵を切る」

6 12-32 言い立てる／言い放つ

【関連語】◆〔言挙げ〕

共通する意味★心に思うことを盛んに言う。【英】*to assert*

使い方▼〔言い立てる〕(タ下一)▽相手の欠点を言い立てる▽ことさらに言い立てるほどのことではない 〔言い放つ〕(タ五)▽彼が悪いとはっきり言い放つ▽暴言を言い放つ

使い分け【1】「言い立てる」は、心に思うとおりのことを、数えあげるように盛んに主張する意。また、特に取り立てて言う意もある。【2】「言い放つ」は、心に思うことを遠慮なく口に出して言う意。

【関連語】◆〔言挙げ〕スル強調して言うこと。古風な言い方。「その件については敢えて言挙げしない」

6 12-33 言い切る／断言／確言／明言

【関連語】◆(言明)げんめい◆(喝破)かっぱ◆(道破)どうは

共通する意味★自信、決意をもって、はっきりと言うこと。【英】*to affirm*

使い方▼〔言い切る〕(ラ五)▽きっぱりと言い切る▽不可能と言い切った　〔断言〕スル▽チームの敗因については断言を避けた　〔確言〕スル▽その件については確言をはばかる▽確言を得る　〔明言〕スル▽彼は力強い口調で明言した

使い分け【1】「言い切る」「断言」「確言」は、しっかりした根拠や信念に基づいて、確信をもって相手に言う意だが、「言い切る」「断言」「確言」の順で確信の度合いが高く感じられる。【2】「明言」は、相手に対して、隠すところなく、曖昧(あいまい)な言い方をしないで、はっきり言うこと。

【関連語】◆(言明)スル言葉に出してはっきり言うこと。「大臣が言明する」「言明を避ける」◆(喝破)スル物事を見抜いてはっきり言うこと。文章語。「一言で喝破した」◆(道破)スルはっきりと言い切ること。文章語。「真理を道破する」

6 12-34 説き伏せる／説きつける／説得／口説く

共通する意味★よく話をして相手を自分の考えに従わせる。【英】*to persuade*

使い方▼〔説き伏せる〕(サ下一)▽親を説き伏せて独立する▽彼女を説き伏せて両親と同居させる▽群衆を説き伏せて静かにさせる　〔説きつける〕(カ下一)▽先輩を説きつけて金を借りる▽買い物に行くよう子供を説きつける　〔説得〕スル▽自首するよう説得する▽上司の説得を受け入れる▽組合を説得する▽会社の説得に応じる▽説得力　〔口説く〕(カ五)▽母を口説いて小遣いをもらう▽女を口説く▽口説かれて立候補する

使い分け【1】「説き伏せる」「説きつける」は、自分とは意見を異にする相手と話し合い、自分の意見を納得させて、それに従わせる意。【2】「説得」は、「組合を説得する」「会社の説得に応じる」のように、公的な場合にも用いられる。【3】「口説く」は、話し言葉。

6 12-35 演説／弁論

【関連語】◆(言論)げんろん

共通する意味★多くの人の前で自分の意見を述べること。【英】*a speech*

使い方▼〔演説〕スル▽演説を一席ぶつ▽立候補者の応援演説　〔弁論〕スル▽弁論大会▽最終弁論

	堂々と□する	街頭で□する	□を戦わす	立会□会
演説	○	○	-	○
弁論	○	-	○	-

使い分け【1】「演説」は、自分の主義、主張や意見を述べること。【2】「弁論」は、あることに関する自分の意見を筋道をたてて述べること。また、法律用語では、訴訟当事者が法廷で行う申し立て、陳述をさす。

【関連語】◆(言論)スル話したり文章に書いたりすることによって、自分の思想、特に政治思想を発表すること。「言論の自由」「言論統制」

6 12-36 極論／極言

共通する意味★極端な言い方をすること。また、そういう極端な論。【英】*to go so far as to say*

使い方▼〔極論〕スル▽科学の時代に宗教がいらないというのは極論だ　〔極言〕スル▽人間とは極言すれば雑食性動物の一種にすぎない

使い分け　いずれも、論点や自分の主張をはっきりさせるために、一方に偏った言い方をすること。「極論」は、極端な意見を述べることにもいう。

6 12-37 言い含める／言いなす

共通する意味★相手が納得するように言う。【英】*to instruct carefully*

使い方▼〔言い含める〕(マ下一)▽諦(あきら)めて帰るよう言い含めた▽わけを言い含める　〔言いなす〕(サ五)▽先生にうまく言いなしてください▽たくみに言いなす

使い分け「言いなす」は、相手との関係がうまくいくようにとりなして言ったり、言い繕ったりする意。

6 12-38 申し付ける／申し渡す／言い渡す

【関連語】◆(申し聞かせる)もうしきかせる◆(言い付ける)いいつける◆(仰せ付ける)おおせつける

共通する意味★目上の者が目下の者に一定の内容のことを言う。【英】*to announce*

使い方▼〔申し付ける〕(カ下一)▽車の用意を申し付ける▽何なりとお申し付けください　〔申し渡す〕(サ五)▽規則を守るよう厳しく申し渡す　〔言い渡す〕(サ五)▽判決を言い渡す

使い分け【1】「申し付ける」は、依頼、命令を言う意。【2】「申し渡す」「言い渡す」は、決める権限のある人が、相手の意向などを考慮せずに一方的に言う意。

【関連語】◆(申し聞かせる)(サ下一)「言い聞かせる」の謙譲語。「この子によく申し聞かせますのでお許しください」◆(言い付ける)(カ下一)物事を人に命令する。「仕事をいいつける」◆(仰せ付ける)(カ下一)「言い付ける」の尊敬語。「何なりと仰せつけください」

6 12-39 言い触らす／言い散らす

共通する意味★あちらこちらで言う。【英】*to spread a rumor*

使い方▼〔言い触らす〕(サ五)▽あることないこと言い触らす 〔言い散らす〕(サ五)▽悪口をあちこちに言い散らす▽勝手なことを言い散らしている

使い分け【1】「言い触らす」は、世間に広く知れるように言う意。「言い触らす」よりも一般的。【2】「言い散らす」には、思慮、分別なくやたらに言う意もある。

6 12-40 言い送る／申し送る

共通する意味★当番などで、次の人に必要事項を伝達する。【英】*to write (to)*

使い方▼〔言い送る〕(ラ五)▽前任者から後任者に状況を言い送る 〔申し送る〕(ラ五)▽次の見張りに、「異状なし」と申し送った

使い分け ともに、手紙などで意志を相手に伝える意もある。

6 12-41 言い残す／言い置く／言い伝える

【関連語】◆(言い捨てる)いいすてる ◆(捨て台詞)すてぜりふ

共通する意味★あとの人に伝える。【英】*to leave a message (with "a person")*

使い方▼〔言い残す〕(サ五)▽父の言いのこした通りに処置する 〔言い置く〕(カ五)▽帰ってから食べると言い置いて出掛けた 〔言い伝える〕(ア下一)▽運慶作と言い伝えられていた仏像

	「お元気で」と□て立ち去る	□ことは何もないと言って死んだ	竜神が住むと□れる(られる)沼
言い残す	-し○	○	-さ-
言い置く	-い○	○	-か-
言い伝える	-え-	-	-え○

使い分け【1】「言い残す」「言い置く」は、去る人や死んでいく人が、あとに残る人に伝える意。【2】「言い残す」には、全部言えずに、一部残す意もある。「急いでいたので言い残した」【3】「言い伝える」は、ふつう、伝説、昔話などが何世代も語りつがれるような場合にいう。

【関連語】◆(言い捨てる)(タ下一)憎まれ口などを、立ち去る際に言う。「おぼえていろと言い捨てて帰って行った」◆(捨て台詞)言い捨てた言葉。「捨て台詞を吐く」

6 12-42 言い直す／言い換える

【関連語】◆(換言)かんげん

共通する意味★前に言ったことを別の言い方で言う。【英】*to rephrase*

使い方▼〔言い直す〕(サ五) 〔言い換える〕(ア下一)

	わかりやすく□	まちがったので□	聞こえなかったようなので□	漢語を和語で□
言い直す	○	○	○	-
言い換える	○	△	-	○

使い分け【1】「言い直す」には、言い方が不適当であったために訂正して言うという意味合いがあるが、「言い換える」にはない。【2】「言い直す」には、前に言ったことをもう一度同じように言う意もある。

【関連語】◆(換言)スル別の言葉に言い換えること。「換言すれば…」の形で使われることが多い。

6 12-43 過言／言い過ぎ

共通する意味★実際以上に大げさに言うこと。【英】*an exaggeration*

使い方▼〔過言〕▽この問題に人類の存続がかかっていると言っても過言ではない 〔言い過ぎ〕▽日本一と言っても言い過ぎではない▽それはちょっと言い過ぎだよ

使い分け【1】「過言」は、「…と言っても過言ではない」の形以外ではほとんど使われず、その場合は、「言い過ぎ」に言い換えることができる。【2】「言い過ぎ」は、言わなくていいことまで言ったり、度を過ぎた言い方をしたりすることの意にも使う。

6 12-44 唱える／誦する／吟ずる

共通する意味★詩歌や祈りの文句などを口にする。【英】*to chant*

使い方▼〔唱える〕(ア下一) 〔誦する〕(サ変) 〔吟ずる〕(サ変)

	お題目を□	人麻呂の歌を□	漢詩に節をつけて□	一句□
唱える	○	△	-	-
誦する	-	○	-	-
吟ずる	-	△	○	○

使い分け【1】「唱える」は、声を立てて読んだり言ったりする意。「万歳を唱える」のように、声高く叫ぶ場合にも使う。また、「自然主義を唱える」のように、人に先立って言う意でも使う。【2】「誦する」は、文章、詩歌、経文などをそらんじて、声を出して読む意。主に書き言葉。「しょうする」とも。【3】「吟

ずる」は、詩歌や俳句などを作ったり、節をつけてうたったりする意。「吟じる」とも。

6 12-45 歌う／口ずさむ／詠む

共通する意味★節をつけて歌詞を唱える。**【英】** *to sing*

使い方▼〔歌う〕(ワ五) 〔口ずさむ〕(マ五) 〔詠む〕(マ五)

	流行歌を□	□て(で)きかせる	漢詩を□
歌う	○	ーっ○	ー
口ずさむ	○	ーんー	○
詠む	ー	ーん○	○

使い分け【1】「歌う」が、最も一般的に使われる。また、詩歌を作る意もある。また、謡曲や謡い物をうたう場合には「謡う」、三味線に合わせたうたい物をうたう場合には「唄う」、詩歌を作る場合には「詠う」と書き分けることもある。【2】「口ずさむ」は、だれかにきかせるためでなく、自分で楽しむために、軽く声に出したり、節をつけて唱えたりする意。【3】「詠む」には、詩歌を作る意もある。「うたを詠む」

6 12-46 冗長／長たらしい／冗漫／長長しい

【関連語】◆(便便)べんべん

共通する意味★ものの言い方や文章が、不必要に長いさま。**【英】** *lengthy; tedious*

使い方▼〔冗長〕(形動)▽冗長な文章▽話が冗長だ 〔長たらしい〕(形)▽スピーチが長たらしい▽長たらしい題名 〔冗漫〕(名・形動)▽彼の文章はいつも冗漫だ▽冗漫な挨拶で閉口する▽長々しい弁解 〔長長しい〕(形)▽長々しい文章

使い分け【1】「冗長」「冗漫」は、長くてだらだらし、しまりがないこと。【2】「長たらしい」は、「長ったらしい」ともいう。

【関連語】◆(便便)(形動たる・と)だらだらと長々しいさま。文章語。「便々と書き連ねてあるが、要点がつかめない」

6 12-47 言いそびれる／言い損なう

共通する意味★言おうと思いながら言い出す機会を失う。**【英】** *to miss a chance to tell*

使い方▼〔言いそびれる〕(ラ下一)▽遠慮して大事なことを言いそびれた 〔言い損なう〕(ワ五)▽機会がなくて、つい言い損なってしまった

使い分け「言いそびれる」のほうが一般的。「言い損なう」には、言い間違える意もある。「オーストリアをオーストラリアと言い損なう」

6 12-48 口下手／訥弁／とつとつ

【関連語】◆(舌足らず)したたらず ◆(口籠る)くちごもる

共通する意味★言いたいことを十分に表現できないこと。**【英】** *ineloquent*

使い方▼〔口下手〕(名・形動)▽口下手な人 〔訥弁〕(名・形動)▽訥弁だが実行力のある人 〔とつとつ〕(形動たる・と)▽とつとつとして経験を語る 〔口重〕(形動)▽口重な人▽彼女はなかなか口重だ

使い分け【1】「口下手」は、話し方が下手で、思ったことを人にうまく言えないこと。【2】「訥弁」は、言葉がつかえたり、どもったりして、滑らかにしゃべれないこと。【3】「とつとつ」は、口ごもりながら、つかえつかえ話すさま。「訥訥」とも書く。【4】「口重」は、口数自体が少ないこと。話し方が下手であるとか、滑らかにしゃべれないとかいうことではない。

反対語▼口下手⇔口上手 訥弁⇔達弁・能弁

【関連語】◆(舌足らず)(名・形動)舌が十分に動かず、言語が不明確なこと。また、説明や言い回しなどが行き届かず、表現が不十分なこと。「したったらず」とも。「舌足らずな話し方」「舌足らずな文章」◆(口籠る)(ラ五)ためらってはっきり言わない。また、言葉に詰まる。「彼は結婚の話になるといつも口ごもる」

6 12-49 ぼそぼそ／ぼそっと／ぽつりぽつり

共通する意味★はっきりと話さないさま。**【英】** *in a whispering; (to tell) tone*(ぼそぼそ話す)

使い方▼〔ぼそぼそ〕(副)▽ぼそぼそ言い訳をする▽言いにくそうにぼそぼそと答える 〔ぼそっと〕(副)▽ぼそっと真相を漏らす▽ひとことぼそっと言う 〔ぽつりぽつり〕(副)▽戦争体験をぽつりぽつりと語り始める

使い分け【1】「ぼそぼそ」は、低く小さな声で、聞きとりにくく話すさまや、沈んだ調子で話すさまを表わす語。【2】「ぼそっと」は、小声で言葉少なに話すさまを表わす語。【3】「ぽつりぽつり」は、今まで話さないでいたことを、少しずつ話し出すさまを表わす語。

参照▼ぼそっと⇒209-44

6 12-50 ひそひそ

意味★他人に聞かれないように、ごく小さな声で話をするさま。**【英】** *secretly*

使い方▼〔ひそひそ〕(副)▽窓の外でひそひそと話す声がする▽耳もとでひそひそささやくのだが聞こえない▽ひそひそ話(＝内緒話)

6 12-51 独り言（ひとりごと）／独話（どくわ）／独語（どくご）

共通する意味★一人だけで話をすること。また、その言葉。【英】*a monologue*

使い方▼〔独り言〕▽ぶつぶつ独り言を言う 〔独話〕スル▽鏡に向かいしばし独話する 〔独語〕スル▽独語しながら室内を歩きまわる

使い分け「独り言」が、日常一般的。「独話」「独語」は、文章語。

6 12-52 自白（じはく）／自供（じきょう）／告白（こくはく）／白状（はくじょう）

【関連語】◆（打ち明ける）うちあける◆（懺悔）ざんげ

共通する意味★秘密、罪などを自分から述べること。【英】*confession*

使い方▼〔自白〕スル▽自白だけでは有罪にならない▽すべてを自白する 〔自供〕スル▽殺人を自供する▽自供に追い込む 〔告白〕スル▽過去の罪を告白する▽愛の告白▽告白文学 〔白状〕スル▽彼女が好きなんだろ、白状しろ

	犯行を□する	□を裏付ける証拠	無知を□するようなものだ	いたずらを正直に□する
自白	○	○	-	-
自供	○	○	-	-
告白	△	-	○	-
白状	○	-	△	○

使い分け【1】「自白」「自供」は、犯人が取り調べを受けるときに使われる語。【2】「告白」は、心に思っていたことや、人に告げずにいたことを述べること。【3】「白状」は、罪や隠しごとを述べることで、最も日常的に使う。

【関連語】◆（打ち明ける）（カ下一）心のうちを包み隠さずに述べる。「本心を打ち明ける」◆（懺悔）スル犯した罪を告白して許しを乞うこと。「罪を懺悔する」

6 12-53 私語（しご）／耳語（じご）／密語（みつご）

共通する意味★ひそひそ話すこと。【英】*private talk*

使い方▼〔私語〕スル▽教室で私語をかわしてはいけない▽私語を慎む 〔耳語〕スル▽そっと耳語した▽片隅に呼んで耳語する 〔密語〕スル▽密語をささやかれる▽密語を交わす

使い分け【1】「私語」は、黙っているべき公の場で、関係のないことをひそひそ話すこと。また、その話。【2】「耳語」は、耳うちすること。「密語」は、ひそひそ話すこと。また、ひそひそ話。「耳語」「密語」は、文章語。

6 12-54 ぼやく／愚痴る（ぐちる）／こぼす

共通する意味★くどくどと嘆く。【英】*to complain*

使い方▼〔ぼやく〕（カ五） 〔愚痴る〕（ラ五） 〔こぼす〕（サ五）

	仕事がつらいと□	夫の酒癖を□	嫁のしうちを□	不平不満を□
ぼやく	○	△	-	-
愚痴る	○	○	○	-
こぼす	○	○	○	○

使い分け【1】「ぼやく」は、ぶつぶつと独り言のように言う意。【2】「愚痴る」は、くどくど言う意。【3】「こぼす」は、ついもらしてしまうというような場合に使う。

6 12-55 喃語（なんご）／片言（かたこと）

共通する意味★赤ちゃんや幼児の話す言葉。【英】*baby talk*

使い方▼〔喃語〕▽わが子もいつしか喃語を話すようになった 〔片言〕▽隣の子は片言を話し始めた

使い分け【1】「喃語」は、文章語。【2】「片言」は、幼児などがたどたどしく話す言葉。また、たどたどしい外国語をいう。「片言の英語で答える」

6 12-56 話題（わだい）／トピック／題目（だいもく）／論題（ろんだい）／主題（しゅだい）／本題（ほんだい）／テーマ

【関連語】◆（題材）だいざい

共通する意味★話の中心となる事柄。【英】*a topic; a theme*

使い方▼〔話題〕▽話題にのぼる▽話題の豊富な人▽話題の主 〔トピック〕▽いくつかのトピックを拾って話をする▽トピックニュース 〔題目〕▽政治問題を討論会の題目に入れる▽研究の題目 〔論題〕▽外交問題をシンポジウムの論題にする 〔主題〕▽会議の主題は今後の運動方針だ▽その話は討論の主題からはずれる 〔本題〕▽本題に入る▽話が本題からそれる 〔テーマ〕▽小説のテーマを読み取る▽今日の活動のテーマ

使い分け【1】「話題」は、討論や会議など公的なもの以外に、「いま話題の人」のように、日常的にも用いられる。【2】「題目」は、研究や討議、「論題」は、議論や討論の中心となる事柄をいう。【3】「トピック」は、世間で話の種となっているような、身近で軽い事柄について用いられることが多い。【4】「主題」「本題」「テーマ」は、周辺的な事柄に対して、中心的な事柄という意で用いられる。

【関連語】◆（題材）話の中心にすえる材料になるも

の。「懇談会に最適な題材」「小説の題材」
参照▼題目⇒6 10-22

6 12-57 語りぐさ／言いぐさ

【関連語】◆(笑いぐさ)

共通する意味★話のたね。話の材料。【英】*a topic*

使い方▼〔語りぐさ〕▽世の語りぐさになる▽のちのちまでの語りぐさ　〔言いぐさ〕▽世間の言いぐさになる▽昔からの言いぐさだが…

使い分け ともに、日常的な語。「語り種」「語り草」、「言い種」「言い草」とも書く。

【関連語】◆(笑いぐさ)笑いのたね、笑いを誘う要因の意。「笑い種」「笑い草」とも書く。「とんだお笑いぐさだ」

参照▼言いぐさ⇒6 12-18

6 12-58 冗談／ジョーク／軽口

【関連語】◆(洒落)◆(駄洒落)◆(諧謔)

共通する意味★周囲を楽しくさせたり、他人をからかったりするためにふざけて言う話。【英】*a joke*

使い方▼〔冗談〕▽互いに冗談を言い合う▽ほんの冗談だ　〔ジョーク〕▽ジョークを連発する▽気の利いたジョーク　〔軽口〕▽軽妙な軽口で笑わせる▽軽口を慎む

	＿を言う	＿をとばす	＿で言う	＿をたたく
冗談	○	○	○	－
ジョーク	○	○	－	－
軽口	○	－	－	○

使い分け【1】「冗談」は、ふざけて言う話ばかりでなく、ふざけてすることもいう。【2】「ジョーク」も、ほぼ同じ意味で使われるが、特に、笑わせるために意図的に話される「小話」や「笑い話」をも含めていう場合が多い。【3】「軽口」は、軽快な語調で滑稽みのある言葉。軽率に何でもしゃべってしまうことにもいう。

【関連語】◆(洒落・駄洒落)場に興を添えるために言う滑稽な文句。特に、似た音や、同じ音を利用して言う冗談。「君の家は運送屋さんかい」「うん、そうや」の類。特にばかばかしいものを「駄洒落」という。◆(諧謔)気の利いた面白い冗談。日常的にはあまり用いない。「諧謔を交えて語る」

6 12-59 笑い話／小話／一口話

共通する意味★聞く人を笑わせるような滑稽な内容の短い話。【英】*a funny story*

使い方▼〔笑い話〕▽笑い話をして人を笑わせる　〔小話〕▽おもしろい小話を聞かせる▽艶笑小話　〔一口話〕▽一口話を聞いて笑う

使い分け【1】「笑い話」は、「とんだ笑い話だ」のように、たわいない、ばかばかしい話の意もある。【2】「小話」は、特に、落語のまくらに使う短い笑い話をいうことが多い。「小咄」とも書く。【3】「一口話」は、ごく短い滑稽みのある話。

参照▼小話⇒6 15-49

6 12-60 逸話／エピソード／裏話

共通する意味★ある事柄や人物について、その一面がうかがえるような、表に出ない話。

使い方▼〔逸話〕▽彼の若いころの逸話を話そう▽逸話の多い人　〔エピソード〕▽結婚式のほほえましいエピソード▽エピソードを語る　〔裏話〕▽都知事選の裏話▽政界の裏話を聞く

使い分け【1】いずれも、本来の事象に付随した事柄についての話である。「逸話」よりも「エピソード」の方が、内容的にやや軽いもの。【英】*an anecdote*(逸話)【2】「裏話」は、公的なものに関して、公式には語られることがない内輪の話をいう。

6 12-61 零れ話／余話／余聞

共通する意味★ある事件にまつわるちょっとした話。【英】*gleanings*

使い方▼〔零れ話〕▽この件をめぐるおもしろい零れ話がある▽零れ話を集める　〔余話〕▽捜査官は事件解決の余話を語った▽維新余話　〔余聞〕▽この事件にはさまざまな余聞がある

使い分け「零れ話」が、日常一般的。「余話」「余聞」は、文章語。

6 12-62 楽屋話／内輪話／秘話／打ち明け話

共通する意味★外部にあまり漏らさない、仲間内の話。【英】*an inside story*

使い方▼〔楽屋話〕▽とんだ楽屋話があるものだ▽高座で楽屋話をする　〔内輪話〕▽内輪話を漏らす▽内輪話をぺらぺら話す　〔秘話〕▽文壇の秘話を集めた本▽大戦秘話　〔打ち明け話〕▽彼の打ち明け話を聞いた

使い分け【1】「楽屋話」は、特に、芸能関係での舞台裏の事情などをいう。【2】「内輪話」は、自分たちしか事情がわからない話。【3】「秘話」は、かくれた、興味深い話。【4】「打ち明け話」は、自分の心情などを正直に述べる話。

6 12-63 夢物語／浮説／作り話

共通する意味★現実性のない話。【英】*a fantastic story*

使い方▼〔夢物語〕▽彼が語るのは夢物語だ▽夢物語に過ぎない　〔浮説〕▽そんな浮説にまどわされるな▽浮説を流す　〔作り話〕▽作り話にだまされる▽勝手な作り話をするな

使い分け【1】「夢物語」は、願望を語った話、はかない話の意でも使う。【2】「浮説」は、世間で無責任にいう根拠のない話。【3】「作り話」は、だます目的で話す、ありもしない話。

6 12-64 猥談(わいだん)／痴話(ちわ)／情話(じょうわ)

共通する意味★男女の仲や性にかかわる話。【英】*an obscene* [*indecent*] *talk*

使い方▼〔猥談〕▽友人と猥談をする▽話が落ちて猥談になる　〔痴話〕▽たわいもない痴話が漏れる▽痴話げんか　〔情話〕▽悲恋情話▽佐渡情話

使い分け【1】「猥談」は、性についての、みだらな内容の話。【2】「痴話」は、特に親しい男女間でかわされる話。転じて、情事にもいう。【3】「情話」は、男女の情愛に関する話。また、人情のこもった話の意にもいう。

6 12-65 無駄話(むだばなし)／おしゃべり／雑談(ざつだん)／よもやま話(ばなし)／世間話(せけんばなし)

【関連語】◆〔駄弁〕だべん◆〔放談〕ほうだん◆〔余談〕よだん

共通する意味★これといって決まった話題のない、とりとめない話。

使い方▼〔無駄話〕▽無駄話をして過ごす▽無駄話をしている暇はない　〔おしゃべり〕▽おしゃべりをやめなさい▽おしゃべりを楽しむ　〔雑談〕スル▽雑談しながら歩いた▽雑談の仲間に入る　〔よもやま話〕▽よもやま話に興ずる　〔世間話〕▽ほんの世間話ぐらいしかしなかった

使い分け【1】「無駄話」は、時間の浪費となるようなつまらない話という悪い意で使われることが多い。【英】*an idle talk*【2】「おしゃべり」「雑談」「よもやま話」「世間話」は、楽しみや、社交のための話をいうことが多い。【英】*a gossip*【3】「おしゃべり」は、よくしゃべることの意でも使う。「お喋り」とも書く。【4】「よもやま話」は、「四方山話」と当てる。

【関連語】◆〔駄弁〕なんの役にも立たない無駄話。「駄弁を弄(ろう)する」◆〔放談〕スル地位や立場にとらわれずに、思ったままを自由勝手に話すこと。「テレビ放談」◆〔余談〕本筋からはずれた、ほかの話。また、その話。「余談ですが…」

参照▼おしゃべり⇒6 12-25

6 12-66 奇談(きだん)／異聞(いぶん)／奇話(きわ)／奇聞(きぶん)／逸聞(いつぶん)

共通する意味★珍しい、興味をそそられるような話。【英】*a strange story*

使い方▼〔奇談〕▽奇談を収録する▽珍談奇談　〔異聞〕▽異聞を集める▽赤穂義士異聞　〔奇話〕▽奇話を披露する　〔奇聞〕▽珍聞奇聞▽動物奇聞　〔逸聞〕▽横浜黎明(れいめい)期逸聞

使い分け　いずれも書き言葉。「逸聞」は、特に世間に伝わらない話をいう。

6 12-67 話者(わしゃ)／話し手(はなして)

共通する意味★話をする人。【英】*a speaker*

使い方▼〔話者〕▽話者の唇の動きを読む　〔話し手〕▽話し手と聞き手

使い分け　ふつう「話し手」を使う。また、「話し手」には、話の上手な人の意もある。「話者」は、文章語。

反対語▼話し手⇔聞き手

6 12-68 論客(ろんかく)／うるさ型(がた)／一言居士(いちげんこじ)

共通する意味★何事についても意見を述べたてる人。【英】*a controversialist*

使い方▼〔論客〕▽論客で知られる学者▽論客として鳴らす　〔うるさ型〕▽彼はうるさ型で敬遠されている▽この内容ではうるさ型の連中が黙っていないだろう　〔一言居士〕▽彼は一言居士でけむたがられている

使い分け【1】「論客」は、議論の巧みな人。また、何事に関してもひとかどの意見を言う人。「ろんきゃく」ともいう。【2】「うるさ型」は、何事にも口を出し、文句を言いたがる性質。また、そういう人。【3】「一言居士」は、何事につけても、自分の意見をひとこと言わないと気のすまない性質の人。「一言抉じる」を人名になぞらえたもの。多少、揶揄(やゆ)して言う。

6 12-69 口達者(くちだっしゃ)／口上手(くちじょうず)／口巧者(くちごうしゃ)／口八丁(くちはっちょう)

共通する意味★しゃべることが巧みなさま。【英】*glib-tongued*

使い方▼〔口達者〕(名・形動)▽彼は口達者だが誠意が感じられない　〔口上手〕(名・形動)▽口上手な人には気をつけろ　〔口巧者〕(名・形動)▽口巧者で軽薄な男　〔口八丁〕▽口八丁手八丁のやり手

使い分け【1】いずれも、しゃべることは巧みだが、話の内容が伴わないという否定的な意が含まれる。【2】「口達者」「口上手」「口巧者」は、そういう人のこともいう。【3】「口八丁」は、多く「口八丁手八丁」の形で用いる。

6 12-70 黙(だま)る／沈黙(ちんもく)／黙(だま)りこくる／押(お)し黙(だま)る／黙(もく)する

共通する意味★ものを言うことをやめる。**【英】** *to become silent*

使い方▼〔黙る〕(ラ五)▽黙って立ち上がる▽親に黙って出掛ける▽黙って引っ込むわけにはいかない▽黙っていても(＝何もしないでも)金が入る▽黙れ、無礼者 〔沈黙〕スル▽彼は沈黙した▽沈黙を破る 〔黙りこくる〕(ラ五)▽何を聞いても黙りこくっている 〔押し黙る〕(ラ五)▽押し黙ったまま動かない 〔黙する〕(サ変)▽黙して語らず

使い分け【1】「黙る」は、さまざまな状況に用いるが、自分の考えを述べなくなる、意見、主張を口にするのをやめる意で用いることも多い。【2】「黙りこくる」「沈黙する」は、「黙る」にくらべて、ものを言わない時間が、より長い場合に用いられることが多い。【3】「押し黙る」は、ものを言うのを意識的にやめて、口をとざす意。【4】「黙する」は、文章語。

6 12-71 無口(むくち)／寡黙(かもく)／無言(むごん)／不言(ふげん)

【関連語】◆(黙黙)もくもく

共通する意味★物を言わないこと。**【英】** *taciturn; dumb*

使い方▼〔無口〕(名・形動)▽父は無口だ▽無口な男 〔寡黙〕(名・形動)▽彼は寡黙だ▽寡黙でおとなしい人柄 〔無言〕▽無言でうなずく▽無言の圧力▽無言劇 〔不言〕▽不言実行▽不言不語

使い分け【1】「無口」「寡黙」は、人の口数が少ないこと。「寡黙」は、やや文章語的な言い方。【2】「無言」は、話をしないこと。【3】「不言」は、例文のような四字熟語で使うことが多い。

【関連語】◆(黙黙)(形動たる・と)黙っているさま。また、黙って励むさま。「黙々と仕事をする」

6 12-72 だんまり／黙秘(もくひ)

共通する意味★自分に都合の悪いことを隠して言わないこと。**【英】** *to keep silent*

使い方▼〔だんまり〕▽終始だんまりを通す▽だんまりを決め込む 〔黙秘〕スル▽犯人は目下のところ黙秘している▽黙秘権

使い分け「だんまり」は、「黙秘」よりもくだけた、口語的な言い方。

6 12-73 但(ただ)し／なお

共通する意味★前に述べた事柄について補足的な説明をつけ加えるときに用いる語。**【英】** *but*

使い方▼〔但し〕(接続)▽大人千円、小人五百円。但し、六歳未満は無料▽私も投資しよう。但し、条件がある 〔なお〕(接続)▽希望者は葉書で申し込んでください。なお、定員になり次第締め切ります▽本日は御来店誠にありがとうございました。なお、お帰りの際にはお忘れ物のないよう、お気をつけください

使い分け【1】いずれも、一方的な通告の形で用いられることが多い。【2】「但し」は、前に述べた事柄について、条件や制限、例外をつけ加える場合に用いる。【3】「なお」は、前に述べた事柄に、さらにつけ加える場合に用いる。したがって、「但し」とは異なり、前文と直接関係がないことでもつけ加えて述べることができる。「猶」「尚」と書くこともある。

参照▼なお⇒819-57

6 12-74 そのくせ／それなのに／さりとて

共通する意味★前文で述べた事柄から当然期待される事とは違った事を述べるときに用いる語。**【英】** *nevertheless*

使い方▼〔そのくせ〕(接続)▽彼はまだ若い。そのくせ老後の心配ばかりしている▽彼女はその事を知っていた。そのくせ私には教えてくれなかった 〔それなのに〕(接続)▽彼は仕事がよくできる。それなのに謙虚だ▽彼は努力している。それなのに結果が出ない 〔さりとて〕(接続)▽店を出したい。さりとて資金があるわけでもない▽働きたくない。さりとて一生家庭にいるのもつまらない

	そのくせ	それなのに	さりとて
彼は他人には厳しい。□自分には甘い。	○	○	-
時間はある。□行く所もない。	-	○	○
彼は病気だ。□休まない。	-	○	-
彼女の立場はわかる。□代わるわけにはいくまい。	-	-	○

使い分け【1】「そのくせ」は、反感を持っている場合、あるいは好意を持てない場合に用い、後に続く文は否定的な内容の文に限られる。俗語的な言い方で、書き言葉としては用いられない。【2】「それなのに」は、「そのくせ」と異なり、後に肯定的な内容の文でも否定的な内容の文でも接続できる。【3】「さりとて」は、文語的。そうかといって、だからといっての意。後に続く文は、ふつう、否定的な内容を含む。前の文で述べた事に対して、事情が変わっても結局は話者にとって満足のできる状態にはならないということを説明するときに用いられる。

6 12-75 ところで

意味★話題を転換するときに用いる。それはそれとして。**【英】** *by the way*

使い方▼〔ところで〕(接続)▽お久しぶりです。ところで本日お伺いしたのは…▽暑いですね。ところで御家族は皆さんお元気ですか

613 …議論

613-01 議論（ぎろん）／論議（ろんぎ）

【関連語】◆（論）ろん◆（論ずる）ろんずる◆（あげつらう）

共通する意味★互いに意見を述べ、話し合うこと。また、その内容。【英】*a discussion*

使い方▼〔議論〕スル　〔論議〕スル

	市場開放に関して□する	□を戦わせる	□百出	教育問題を□する
議論	○	○	○	-
論議	○	-	-	○

使い分け【1】「議論」は、日常的な問題から高度な問題まで、さまざまな事柄に関して意見を述べ合ったり、意見を戦わせ合ったりすること。【2】「論議」は、硬い表現で、日常的な事柄に関してはあまり用いられない。

【関連語】◆（論）意見を述べること。また、意見を述べ合い、戦わすこと。「論より証拠」「論が二つに分かれる」◆（論ずる）（サ変）何かに関して意見を述べ合う。また、何かの問題を理論だてて述べる。「事の是非を論ずる」◆（あげつらう）（ワ五）物事の是非や善悪について議論する。些細（ささい）な失敗や欠点などを大げさに言い立てる。「人のことばかりあげつらう」

613-02 討論（とうろん）／討議（とうぎ）／ディスカッション

【関連語】◆（対談）たいだん◆（鼎談）ていだん◆（面談）めんだん

共通する意味★特に設けた機会に、ある問題を検討するために意見を述べ合うこと。【英】*a discussion*

使い方▼〔討論〕スル　〔討議〕スル　〔ディスカッション〕スル

	環境問題について□する	□を重ねる	善後策を□する	□会
討論	○	○	-	○
討議	○	○	○	-
ディスカッション	○	○	-	-

使い分け「討論」が、特定の場で互いの意見、論を戦わすことであるのに対し、「討議」は、意見を交わし、いろいろと検討を重ねることにより、最終的になんらかの結論、決議へと導こうとすることである。「ディスカッション」は、「討論」とほぼ同じ意で使われる。

【関連語】◆（対談）スルある事柄について、通常二人が向かい合って語り合うこと。「討論」「討議」にくらべ、なごやかに行われ、必ずしもなんらかの結論を引き出そうとするものではない。また、一方が聞き手に回って行われることも多い。「作家とスポーツ選手の対談」◆（鼎談）スル「鼎」は「かなえ」の意で、「かなえ」は三本足の器であるところから、三人が向かい合って話し合うこと。「三巨頭が鼎談する」◆（面談）スル面会して直接話すこと。「合否は面談のうえ決定する」

613-03 口論（こうろん）／口喧嘩（くちげんか）／口争い（くちあらそい）／言い争い（いいあらそい）／言い合い（いいあい）

共通する意味★互いに自分の意見を主張したり、相手を非難したりして、言葉で争うこと。【英】*a quarrel*

使い方▼〔口論〕スル▽つまらぬことから口論になる▽父親と口論する　〔口喧嘩〕スル▽あの二人はいつも口喧嘩ばかりしている　〔口争い〕▽ささいなことで口争いをする　〔言い争い〕▽だれが一番かで言い争いになった　〔言い合い〕▽おやつのことで弟と言い合いになった

使い分けいずれも、冷静に論を戦わせるよりも、感情に走って、自分の正当性や相手の欠点などを強く主張することをいう。「口論」「口喧嘩」が、よく使われる。

613-04 論戦（ろんせん）／論争（ろんそう）／争論（そうろん）

【関連語】◆（論判）ろんぱん

共通する意味★ある問題について互いに自分の意見を主張し、相手を言い負かそうとすること。【英】*a dispute*

使い方▼〔論戦〕スル　〔論争〕スル　〔争論〕スル

	□を展開する	□を戦わす	倫理上の□	□の種
論戦	○	○	-	-
論争	○	△	○	○
争論	○	-	-	○

使い分けいずれも、感情的に対立した争いではなく、主義や説の正当性を主張し合うものである。「争論」は、あまり一般的ではない。

【関連語】◆（論判）スルある事柄について論じ争うこと。文章語。「誌上で論判する」

613-05 論及（ろんきゅう）／言及（げんきゅう）

【関連語】◆（触れる）ふれる

共通する意味★ある事柄にまで言い及ぶこと。【英】*reference*

使い方▼〔論及〕スル▽細部にまでわたって論及する　〔言及〕スル▽個人的な問題にまで言及する▽個々の

問題への言及を避ける

使い分け【1】「言及」が、より一般的である。【2】「論及」は、ある議論や説などにおいて、そのテーマと関連することや詳細にまで論じ及ぶこと。

【関連語】◆**(触れる)**(ラ下一)あることに関して、少し述べる。「首相は演説のなかで法の改正には触れなかった」

参照▼触れる⇒618-07 905-01

6 13-06

反論（はんろん）／抗論（こうろん）／反駁（はんばく）

【関連語】◆**(抗議)**こうぎ◆**(甲論乙駁)**こうろんおつばく

共通する意味★相手の意見に対して反対の意見を述べること。**【英】** *a counterargument*

使い方▼〔**反論**〕スル 〔**抗論**〕スル 〔**反駁**〕スル

	□する余地はない	両親の意見に□する	彼の説には簡単に□できる	□を加える
反論	○	○	○	○
抗論	○	△	-	-
反駁	○	○	○	○

使い分け【1】「反論」「反駁」は、相手の意見とは反対の意見を述べて言い返すこと。また、その意見。「反駁」は、文章語。【2】「抗論」は、相手と張り合い、相手の意見に屈することがないようにと自分の意見を主張すること。

【関連語】◆**(抗議)**スル相手の言動などを不当として、それに反対の意見や苦情を唱えること。また、その反対意見や苦情。「抗議を申し込む」「アンパイアに抗議する」◆**(甲論乙駁)**スル一方が意見を述べると、他方が反対の意見を述べて反論し、議論がまとまらないこと。「甲論乙駁して議論がまとまらない」

6 13-07

異論（いろん）／異議（いぎ）／異存（いぞん）

共通する意味★他と違った意見、考え。**【英】** *an objection*

	なにか□がありますか	いろいろな□がある学説	□を申し立てる	ご□はございませんか
異論	○	○	-	△
異議	○	-	○	○
異存	○	-	-	○

使い分け【1】「異論」は、他とは異なった意見や議論。【2】「異議」「異存」も、他と違った意見や議論の意だが、反対もしくは不服や不満の意を表明するものであることが多い。

6 13-08

論破（ろんぱ）／弁駁（べんばく）／遣り込める（やりこめる）／言い負かす（いいまかす）

【関連語】◆**(逆ねじ)**さかねじ

共通する意味★相手の説を議論によって打ち破ること。**【英】** *refutation*

使い方▼〔**論破**〕スル▽綿密なデータを示し、彼の説を論破した 〔**弁駁**〕スル▽論敵の意見を鋭く**弁駁する** 〔**遣り込める**〕(マ下一)▽屁へ理屈で**遣り込める** 〔**言い負かす**〕(サ五)▽妹と口喧嘩くちげんかして**言い負かす**

使い分け【1】「遣り込める」「言い負かす」は、相手を反論できないまでに論じ詰めて黙らせてしまう意。相手の説の誤りを指摘するより、むしろ相手を屈服させる意のほうが強い。【2】「遣り込める」「言い負かす」は、話し言葉的。「論破」「弁駁」は、硬い文章語である。

【関連語】◆**(逆ねじ)**他からの非難、抗議に対して、反対に攻撃し返すこと。「逆ねじを食わせる」

6 13-09

水掛け論（みずかけろん）／押し問答（おしもんどう）

共通する意味★互いに自己主張して議論が進まないこと。**【英】** *an endless dispute*

使い方▼〔**水掛け論**〕▽いくら議論しても**水掛け論**にすぎない 〔**押し問答**〕スル▽受け取る、受け取らないで**押し問答**になった

使い分け【1】「水掛け論」は、それぞれの主張や相手に対する非難などが相いれることなく、平行線をたどっている議論。【2】「押し問答」は、ある事柄に関して、互いにあとにひかないで、議論を繰り返していること。

6 13-10

愚論（ぐろん）／暴論（ぼうろん）／曲論（きょくろん）

共通する意味★筋道の立っていない論。**【英】** *an absurd view*

使い方▼〔**愚論**〕▽**愚論**ばかりで会議が進まない▽愚論を述べさせていただきます 〔**暴論**〕▽**暴論**を吐いて反感を買う▽暴論は慎みたまえ 〔**曲論**〕▽彼の意見は事実をまげた**曲論**だ▽曲論を押し通す

使い分け【1】「愚論」は、くだらない論の意だが、自論を謙遜けんそんしていう場合にも用いる。【2】「暴論」は、論理性を欠く、乱暴な論。【3】「曲論」は、正しいかのように見せかけた論。

6 13-11

名論（めいろん）／高論（こうろん）／卓論（たくろん）／正論（せいろん）

共通する意味★すぐれた論、議論。**【英】** *an excellent opinion*

使い方▼〔**名論**〕▽今彼が言ったことは**名論**だ 〔**高論**〕▽先生の御**高論**を拝聴させていただく 〔**卓論**〕▽君の**卓論**には感服した 〔**正論**〕▽**正論**を吐く

使い分け【1】「高論」は、相手の論説を敬っていう意もある。【2】「正論」は、道理にかなった議論、主張。

6 13-12 卓見（たっけん）／卓説（たくせつ）／高説（こうせつ）

共通する意味★すぐれた説、意見。【英】*an excellent view*

使い方▼〔卓見〕▽彼の論文は卓見に富んでいる　〔卓説〕▽卓説を吐く▽高論卓説　〔高説〕▽御高説を承りたい▽卓論高説

使い分け【1】いずれも、見識が深いことをいう語。文章語として、あるいは硬い表現の中で用いられることが多い。【2】「高説」は、相手の論説を敬っていう意もある。

6 13-13 汎論（はんろん）／総論（そうろん）／概論（がいろん）／通論（つうろん）／総説（そうせつ）／概説（がいせつ）

【関連語】◆（略説）りゃくせつ◆（各論）かくろん

共通する意味★ある事柄や分野について、広く全体を通して論じること。また、論じたもの。【英】*general remarks*

使い方▼〔総説〕スル　〔概説〕スル

使い分け【1】いずれも、全体を通して論じることで、個別の内容には深く言及せず、大要、概要をまとめて述べるものをいう。「言語学概論」「生物学概説」などのように、講義や学術書の題名にも多く用いられる。【2】「総論」は、「総論賛成、各論反対（＝全体としての主旨には賛成であるが、各項目には反対であること）」のように、日常語の中で用いられることもある。【3】「通論」は、世間一般に通用している意見という意もある。「これについては世の通論になっている」

【関連語】◆（略説）スル要点だけを簡単に論ずること。「東洋史の略説」◆（各論）おのおのの事柄についての論、論述。

6 13-14 詳論（しょうろん）／細論（さいろん）／詳説（しょうせつ）

共通する意味★ある事柄を詳しく述べること。また、その述べたもの。【英】*a detailed explanation*

使い方▼〔詳論〕スル▽今は詳論を避けておこう▽その件については後段で詳論する　〔細論〕スル▽ここでは細論を述べる必要はない▽国際情勢について細論する　〔詳説〕スル▽市の沿革を詳説する▽詳説日本史

使い分け　いずれも、文章語。

6 13-15 説（せつ）／所説（しょせつ）／定説（ていせつ）

【関連語】◆（学説）がくせつ

共通する意味★ある事に対して筋道を立てて述べられた意見や見解。【英】*a view; a theory*

使い方▼〔説〕▽新しい説をたてる▽お説を拝聴しよう　〔所説〕▽先人の所説▽自ら所説を翻す　〔定説〕▽定説を覆す大胆な意見▽定説を破る

使い分け【1】「説」が、最も広く使われる。【2】「所説」は、説くところや説く内容の意の文章語。【3】「定説」は、長期間あるいは広範囲にわたって検証されて、正しいと認められている説。

【関連語】◆（学説）学問上の説。「新しい学説を発表する」

6 13-16 逆説（ぎゃくせつ）／パラドックス

共通する意味★一見真理に反するようでいて、よく考えると一種の真理を表わしている説。【英】*a paradox*

使い方▼〔逆説〕▽彼の文章は逆説に富んでいる▽逆説的表現　〔パラドックス〕▽パラドックスを駆使する評論家

使い分け　いずれも表現法の一種で、「負けるが勝ち」「急がばまわれ」の類。

6 13-17 世論（せろん）／輿論（よろん）

【関連語】◆（公論）こうろん◆（物議）ぶつぎ

共通する意味★世間一般の意見や議論。【英】*public opinion*

使い方▼〔世論〕▽世論の動向を見すえる▽世論が大きく割れる▽世論調査　〔輿論〕▽輿論に訴える▽輿論調査

使い分け【1】現在では、「世論」が一般的に用いられる。特に、ある問題に対する、その社会で標準的とみなされている意見、論調をいう。【2】当用漢字表の公布後、「輿論」の言い換えとして「世ょ論」が用いられたところから、「世論」は「よろん」とも読まれるようになった。

【関連語】◆（公論）世間一般の議論。世間一般が正当であるとしている議論、意見。「天下の公論を顧みない」◆（物議）世間での論議、批評。「彼の発言が学会で物議を醸した（＝論議を引き起こした）」

6 13-18 合議（ごうぎ）／協議（きょうぎ）／会談（かいだん）／謀議（ぼうぎ）／評議（ひょうぎ）／審議（しんぎ）

共通する意味★一定の題目について、関係者が集まって話し合いをすること。【英】*conference; consultation*

使い方▼〔合議〕スル▽合議によって決定する▽合議制　〔協議〕スル▽協議を重ねる▽協議項目　〔会談〕スル▽党首が会談する▽トップ会談　〔謀議〕スル▽謀議に加わる▽共同謀議　〔評議〕スル▽問題点を評議する▽評議員　〔審議〕スル▽法案を審議する▽審議会

使い分け【1】「協議」「会談」は、二人で話し合う

6 文化

場合にも用いる。【2】「合議」は、当事者が二人以上集まって話し合うこと。【3】「会談」は、事にあたって、しかるべき地位にある人同士が、公式に面会して話し合うこと。【4】「謀議」は、犯罪などの計画を話し合うこと。【5】「評議」は、集まって意見の交換をし、話し合うこと。【6】「審議」は、提案された件について、詳細に検討を加えて討議、判定すること。

6 13-19 話し合い／会話／談話／語らい

【関連語】◆**(話)**はなし

共通する意味★互いに思っていることを述べること。**【英】***a talk*

使い方▼**〔話し合い〕**▽何事も話し合いで解決する▽話し合いに応じる　**〔会話〕**スル▽よそよそしい会話を交わす▽英語で会話する　**〔談話〕**▽談話に打ち興じる▽談話が途切れる　**〔語らい〕**▽家族の語らいの場をもつ▽妻との語らい

	家族との□	外国人との□	□で決める	□がはずむ
話し合い	○	△	○	-
会話	○	○	-	○
談話	○	△	-	○
語らい	○	△	-	-

使い分け【1】「話し合い」は、なんらかの問題、懸案について、解決したり、一定の合意に達することができるように意見を述べ合うこと。他の三語とは異なり、単に話すこと自体を楽しむような場合にはいわない。【2】「会話」は、二人以上の人が集まって言葉を交わすこと。また、その内容をいう。また、「英文読解は強いが会話は苦手だ」のように、特に外国語で話すことをいうこともある。【3】「談話」は、「会話」のように、特定の相手を意識して語り合うのではなく、大勢の人が自由にうちとけて語り合うことにいう。したがって、「友人との会話」とはいえるが、「友人との談話」は不自然。また、「首相の談話」のように、ある事柄について述べられた意見の意もある。【4】「語らい」は、家族や友人などごく親密な間柄でうちとけて親しく言葉を交わすことをいう。

【関連語】◆**(話)**口に出して述べること。また、相談や物語の筋、話題など。「話をする」「話をやめる」「話に乗る」「合併の話で持ち切りだ」

6 13-20 相談／打ち合わせ

【関連語】◆**(談合)**だんごう◆**(示談)**じだん◆**(鳩首)**きゅうしゅ

共通する意味★どのようにするか決めるために話し合うこと。**【英】***consultation*

使い方▼**〔相談〕**スル▽進路について相談する▽子どものことで相談を持ちかける　**〔打ち合わせ〕**▽会の進行について打ち合わせをする▽新企画立案の打ち合わせ

	同僚と□をする	先生に□をする	□に乗る	□が悪くてうまくいかない
相談	○	○	○	-
打ち合わせ	○	-	-	○

使い分け【1】「相談」は、問題の当事者同士が話し合う場合も、当事者以外の人と話し合う場合でも用いられる。【2】「打ち合わせ」は、何かをする当事者同士が具体的に検討するようなときに用いる。

【関連語】◆**(談合)**スル何人かが集まって相談すること。「町内会で談合する」◆「談合入札」の略で、多数の請負人があらかじめ入札価格や利益配分などを話し合っておいて請負入札することもいう。◆**(示談)**事を表沙汰にしないで、当事者双方の話し合いによって解決すること。「交通事故を示談ですませる」「示談書」◆**(鳩首)**スル人が集まって額を寄せ合うようにして相談すること。「鳩」は、集めるの意。「鳩首協議する」

6 13-21 交渉／談判／折衝

【関連語】◆**(掛け合う)**かけあう◆**(渉外)**しょうがい◆**(外交)**がいこう◆**(駆け引き)**かけひき

共通する意味★ある事柄を取り決めようとして、相手と話し合いをすること。**【英】***negotiation*

使い方▼**〔交渉〕**スル　**〔談判〕**スル　**〔折衝〕**スル

	□を重ねる	□が決裂する	解決には地道な□が必要だ	ひざ詰め□
交渉	○	○	-	-
談判	○	○	-	○
折衝	○	-	○	-

使い分け【1】「交渉」は、個人対個人、個人対団体、団体対団体、国家対国家など、一般に広く用いられる。【2】「談判」は、もめごとなどの決着をつけるための話し合いをいう。したがって、両者の利害が相反することが多く、喧嘩腰の感が伴うのが普通。【3】「折衝」は、組合対会社、国家対国家など、公の場合に用いられることが多く、個人対個人、個人対団体などの場合にはふつう用いられない。また、多く、利害の食い違う当事者同士が要求などを出し合い、妥協点を求めるために話し合うような場合にいう。

【関連語】◆**(渉外)**外部との交渉をいう語。「渉外の仕事に携わる」◆**(外交)**外国との交渉。また、外部に出て営業上の交渉や販売などをすること。「外交を絶つ」「保険の外交」◆**(掛け合う)**(ワ五)要求、要望などを持って交渉や談判をする。「処分撤回を求めて掛け合う」◆**(駆け引き)**商売や交渉などで、相手の出方に応じて臨機応変な態度をとり、自らの立場を有利にすること。「駆け引きがうまい」
参照▼交渉⇒515-03

6 13-22 議題（ぎだい）／議案（ぎあん）

【関連語】◆（議事）ぎじ

共通する意味★審議、議決するために、会議にかける事柄。【英】*an agenda*

使い方▼〔議題〕▽議題を提出する▽議題にのぼる▽中心議題　〔議案〕▽執行部から提出された議案▽議案は原案どおり可決された

使い分け 会議にかけて討議する題目を「議題」といい、会議で討論、議決するために提出する原案を「議案」という。

【関連語】◆（議事）ある事を会議にかけて討議すること。「議事進行」「議事録」

6 13-23 提案（ていあん）／動議（どうぎ）／提言（ていげん）／提起（ていき）／発案（はつあん）／発議（ほつぎ）／提議（ていぎ）

【関連語】◆（提出）ていしゅつ

共通する意味★会議などに案を出すこと。

使い方▼〔提案〕スル▽私の提案だが、延期してはどうだろうか▽提案を取り上げる　〔動議〕▽動議を支持する▽緊急動議　〔提言〕スル▽会議でこの案を提言する▽提言について検討する　〔提起〕スル▽問題を提起する▽重要課題の提起を行う　〔発案〕スル▽発案理由を説明する▽私の発案で研究会が開かれた　〔発議〕スル▽採決を発議する▽両党の協同発議　〔提議〕スル▽改革案を提議する▽提議内容について質問する

	講和を□する	学級会に□する	□を受け入れる	修正□
提案	○	○	○	-
動議	-	-	○	○
提言	○	-	○	-
提起	-	○	-	-
発案	△	○	-	-
発議	○	-	-	-
提議	○	-	△	-

使い分け【1】「提案」は、案や考えを出すこと。公的には「議案の提出」といい、「提案」は、私的な場において用いられることが多い。【2】「動議」は、会議中に予定以外の事項について臨時に議題を提出すること。【英】*a motion*　【3】「提言」は、意見や考えを会議などに出すこと。【英】*a proposal*　【4】「提起」は、問題となる事柄を提出すること。【5】「発案」は、議案を提出すること。また、新しい案を考え出すことにもいう。【6】「発議」は、会議で意見や議案を提出すること。「はつぎ」とも。【7】「提議」は、論議や議案を提出すること。その承諾を求めたいという意味合いが強い。【8】「提起」以外の語は、提出された案そのものにもいう。

【関連語】◆（提出）スルある場に、書類、意見、議案などを出すこと。「答案を提出する」「辞表を提出する」「予算を提出する」

参照▼発案⇒208-16

6 13-24 建議（けんぎ）／献策（けんさく）／上申（じょうしん）／具申（ぐしん）／献言（けんげん）／進言（しんげん）

【関連語】◆（答申）とうしん

共通する意味★上位の人や機関に対して意見を申し述べること。【英】*to advance suggestions*

使い方▼〔建議〕スル▽役所に建議する▽建議書　〔献策〕スル▽教育制度について政府に献策する　〔上申〕スル▽市長に被害状況を上申する▽上申書　〔具申〕スル▽校長に意見を具申する▽具申書　〔献言〕スル▽社長に献言する▽献言が却下される　〔進言〕スル▽公害対策について進言する▽進言を容（い）れる

使い分け「建議」「献策」は、個人、あるいは団体が政府などに対して意見を述べることをいうが、「上申」「具申」「献言」「進言」は、意見を述べる相手が個人である場合が多い。

【関連語】◆（答申）スル上司や行政官庁の問い（諮問）に対して、意見をまとめて申し述べること。「人名用漢字についての答申」

6 13-25 判決（はんけつ）／裁決（さいけつ）

共通する意味★物事の理非を判断すること。【英】*judgment*

使い方▼〔判決〕スル▽判決を下す▽判決を言い渡す　〔裁決〕スル▽裁決を仰ぐ▽裁決を下す

使い分け【1】「判決」は、裁判所が、原則として口頭弁論に基づいて行う判断をいう。刑事訴訟では、有罪、無罪あるいは免訴を言い渡す。【2】「裁決」は、物事の理非を上級の人が決定すること。特に、行政庁が行政処分の不服を訴える審査請求に対し、訴訟手続きによって判断を与えることをいう。

6 13-26 決議（けつぎ）／議決（ぎけつ）／採決（さいけつ）／票決（ひょうけつ）／議定（ぎてい）／表決（ひょうけつ）

【関連語】◆（可決）かけつ

共通する意味★合議したうえで、決定すること。

使い方▼〔決議〕スル▽予算案を決議する▽決議に従う　〔議決〕スル▽議決機関▽議決権　〔採決〕スル▽議長が採決をとる▽挙手で採決する　〔票決〕スル▽票決の結果は次のとおりです▽票決をとる　〔議定〕スル▽予算の配分について議定する▽議定書　〔表決〕スル▽投票によって表決する▽表決権

使い分け【1】「決議」「議決」は、合議制の機関に

おいて、多数の合議によって事を決定すること。また、その決定。「議決」は、やや古めかしい言い方。【英】*a decision*【2】「採決」は、会議での議事の可否を、その会議構成員の賛否の数の多少により決定すること。その場合、投票による決定を「票決」という。【英】*a vote*【3】「議定」は、合議して事を決定することをいう。古めかしい言い方。「ぎじょう」ともいう。【4】「表決」は、合議制の機関において、議案の可否についてその構成員が意思表示して決定すること。

【関連語】◆(可決)スル 会議などで提出議案をよいとして認めること。⇔否決。「賛成多数で可決する」

6 13-27 決める／定める／決する

共通する意味★ある一定の結果に落ち着かせる。**【英】***to decide*

使い方▼〔決める〕(マ下一)〔定める〕(マ下一)〔決する〕(サ変)

	今後の方針を□	校則に□られていること	自分の態度を□	法律を□
決める	○	-め○	○	-
定める	○	-め○	-	○
決する	○	-せ-	△	-

使い分け【1】「定める」は、組織、団体などの意志として行われる場合に用いられるが、「決める」は、個人の場合も含め、一般的に広く用いられる。【2】「決する」は、やや文章語的な言い方。「勝敗が決する」「運命を決する」のように、自動詞としても他動詞としても使われる。

6 13-28 決まる／定まる

共通する意味★ある一定の結果に落ち着く。**【英】***to be decided*

使い方▼〔決まる〕(ラ五)〔定まる〕(ラ五)

	教育の方向が□	彼が会長に□	天候が□	天下が□
決まる	○	○	-	-
定まる	○	-	○	○

使い分け【1】「決まる」は、ある状況に落ち着く意のほか、「子供は早く寝るものと決まっている」のように、当然そうである意、「焼けた肌にTシャツがぴったりときまる」のように、きちんとかっこう良くなる意、「バックドロップが決まる」のように、仕掛けた技がうまくかかる意がある。【2】「定まる」は、変化、変動していたものが、自然とある状態に落ち着く意で、無意識的現象にいうことが多い。

6 13-29 必然／必至

共通する意味★必ずそのようになること。**【英】***inevitable*

使い方▼〔必然〕▽こうなったのは必然の結果だ▽必然の帰結▽必然的にそうなる▽必然性〔必至〕(名・形動)▽このままでは破産は必至だ▽落選は必至の情勢

使い分け「必然」は、論理的に考えて必ずそうなることをいうのに対して、「必至」は、避けることができず、必ずそうなると予測されることをいう。

反対語▼必然⇔偶然

6 13-30 弁護／庇い立て

共通する意味★その人の立場を守り助けること。**【英】***defense*

使い方▼〔弁護〕スル▽友人を弁護する▽自己弁護〔庇い立て〕スル▽かばいだてては無用だ▽必要以上にかばいだてする

使い分け【1】「弁護」は、自分や他人の立場(主としてその利益)が守られるように助けること。【2】「庇い立て」は、何かと他人を守ること。

6 13-31 弁解／言い訳／弁明／釈明

【関連語】◆(申し訳)もうしわけ◆(言い開き)いいひらき◆(申し開き)もうしひらき◆(言い逃れ)いいのがれ◆(言い抜け)いいぬけ◆(逃げ口上)にげこうじょう

共通する意味★都合の悪いことや過失などをとりつくろうための説明をすること。**【英】***an excuse; an apology*

使い方▼〔弁解〕スル▽弁解の余地がない▽弁解につとめる▽弁解無用〔言い訳〕スル▽不参の言い訳をする▽私も男だ、言い訳はしない〔弁明〕スル▽当事者に弁明を要求する▽弁明のしようもない〔釈明〕スル▽事情について釈明する▽釈明の機会を与える

	予定の変更について□する	約束の時間に遅れた□をする	□が立たない	批判に対する政府の□
弁解	○	-	-	-
言い訳	○	○	○	-
弁明	○	-	-	○
釈明	○	-	-	○

使い分け【1】「弁解」は、失敗に対して、それにはやむをえぬ理由があるというような意で、自己を正当化するために説明すること。「言い訳」もほぼ同義だが、「弁解」より、話し言葉的。【2】「弁明」は、自らの立場を明らかにするための説明をすることで、相手の、自分への誤解を解くことに重きがある。【3】「釈明」は、相手の誤解や非難に対して、自らの立場の正当性を明らかにするための客観的説明をすること

で、相手に了解を求めるために行うもの。

【関連語】◆(申し訳)「言い訳」の謙譲語。また、実質がなく形ばかりであることもいう。「申し訳が立たない」「申し訳ないことをした」「ほんの申し訳程度の物ですが、お納めください」◆(言い開き・申し開き)弁明すること。「申し開き」は、謙譲語。「皆に言い開きをする」「事情について申し開きをする」◆(言い逃れ)口実をつくって、責任や罪から逃れること。巧みにその場をつくろって窮地を脱すること。「あいつは言い逃れがうまい」◆(言い抜け)「言い逃れ」に同じ。「必死に言い抜けを図る」◆(逃げ口上)言い逃れようとしていう言葉のこと。「あれこれ逃げ口上を並べる」

6 13-32 批評(ひひょう)／評論(ひょうろん)／論評(ろんぴょう)

【関連語】◆(批判)ひはん◆(評価)ひょうか◆(評)ひょう◆(講評)こうひょう

共通する意味★事物の価値、優劣、善悪などを論じること。【英】*criticism; comment*

使い方▼〔批評〕スル 〔評論〕スル 〔論評〕スル

	生徒の絵を□する	世界経済を□する	□を加える	新作映画を□する
批評	○	-	○	○
評論	△	△	-	△
論評	○	○	○	△

使い分け【1】「批評」は、おもにある事物に対して、その善悪、価値の有無などを判断し、述べること。文芸、美術、音楽などの芸術作品、人物などについて使われる。【2】「批評」が、特定の事物に関し、それに対する判断を述べるだけなのに対して、「評論」は、さらに論理的、総合的にある事物について論じること、また、その文章をいう。【3】「論評」も、事物を論じ、判断を述べることであるが、一般的に「評論」より軽いものをいう。また、その文章もいう。

【関連語】◆(批判)スル批評して判断することだが、欠点や過ちなどについての否定的見解を示すことの意で用いられることが多い。「指導部を批判する」「批判的な見方をする」「批判を下す」「批判を受ける」「批判力」◆(評価)スル価値を判断することだが、その価値を肯定的に判断することの意で用いられることが多い。「高い評価を受ける」「業績が評価されて賞を受ける」◆(評)判断し論じること。「自作の評を乞う」「映画評」◆(講評)スル指導的な立場で、そのもののできばえを理由を挙げながら批評すること。「審査員長の講評」「試合について講評する」

6 13-33 コメント／レビュー／寸評(すんぴょう)

共通する意味★短い論評、批評。【英】*a brief comment*

使い方▼〔コメント〕スル▽税制改革に関してコメントを求める▽受賞作についてコメントする▽コメントを加える 〔レビュー〕▽ブックレビュー(＝書評) 〔寸評〕スル▽展覧会の出品作品の寸評を書く▽寸評を加える

使い分け【1】「コメント」は、事物に関する短い簡単な批評や意見のことで、口頭によることも多い。【2】「レビュー」は、批評、評論のこと。単独で用いられることはあまりない。【3】「寸評」は、ごく短い批評。

6 13-34 悪評(あくひょう)／不評(ふひょう)

【関連語】◆(不人気)ふにんき

共通する意味★よくない評判。【英】*a bad reputation*

	□を買う	□が立つ	あの小説は女性には□だ	観客の□を招いた映画
悪評	○	○	-	-
不評	○	-	○	○

使い分け「悪評」は、悪い評判の意で使われ、「不評」は、思ったような評判が得られないことの意で使われる。

反対語▼好評

【関連語】◆(不人気)人を引きつけるものがなく、評判がよくないこと。人気がないこと。「あの芝居の不人気の原因は主役のミスキャストにある」

6 13-35 冷評(れいひょう)／酷評(こくひょう)／痛論(つうろん)

共通する意味★手厳しく批評し論じること。また、その批評や論。【英】*severe criticism*

使い方▼〔冷評〕スル▽話題作を冷評する▽先日の公演は各紙の冷評を浴びた 〔酷評〕スル▽作品を評論家から酷評された▽酷評を受ける 〔痛論〕スル▽今回の贈収賄事件については、各紙とも痛論している

使い分け【1】「冷評」は、好意的でない評論。冷淡に否定的な判断を示すこと。【2】「酷評」は、容赦なく非常に手厳しい批評をすること。【3】「痛論」は、手厳しく評論すること。他の二語ほど一般的には用いられない。

6 13-36 申し出る(もうしでる)／届け出る(とどけでる)／願い出る(ねがいでる)／申し込む(もうしこむ)／訴える(うったえる)

共通する意味★相手に自らの意図を伝える。【英】*to offer*

使い方▼〔**申し出る**〕(ダ下一)▽辞任を申し出る▽希望者は申し出てください　〔**届け出る**〕(ダ下一)▽休暇を届け出る▽住居変更を届け出る　〔**願い出る**〕(ダ下一)▽辞職を願い出る▽休学を願い出る　〔**申し込む**〕(マ五)▽和解を申し込む▽参加を申し込む　〔**訴える**〕(ア下一)▽苦痛を訴える▽上司に仕事上の不満を訴える

使い分け【1】「申し出る」は、自らの意見、希望などを自分よりも上の人、あるいは役所などに、言って出る意。【2】「届け出る」は、役所、会社、学校、または上司などに、書類または口頭で申し出る意。【3】「願い出る」には、してもらうように頼む意味合いがある。【4】「申し込む」は、意志や希望、要求などを先方に告げ知らせたり、購入、参加などの旨を自分から進んで言って出て契約したりする意。【5】「訴える」は、要求や不平、恨みなどを人に告げる意。また、「腕力に訴える」のように、物事の解決を図るために、それを頼りにする意、「読者の良心に訴える」のように、心に働きかける意もある。

参照▼訴える⇒508-19

6 13-37 申し立てる／建言／建白

【**関連語**】◆(物申す)ものもうす

共通する意味★上位者に対して意見を申し述べる。【**英**】*to declare*

使い方▼〔**申し立てる**〕(タ下一)▽仮処分執行を申し立てる▽苦情を申し立てる　〔**建言**〕スル▽上司に新企画について建言する▽建言を容いれる　〔**建白**〕スル▽政府に税制について建白する▽建白書

使い分け【1】「申し立てる」は、官公庁などに対して、意見、願いなどを強くいう意。意見や主張を強く言い張ることもいう。【2】「建言」「建白」は、ほとんど同義だが、「建言」の方が、やや主張の度合いが強い。二語とも文章語。

【**関連語**】◆(物申す)(サ五)謙譲語。言葉に出して申し上げる。また、文句を言う。「学生諸君に物申す」

6 13-38 申し込み／応募／エントリー

共通する意味★相手に意志、要求などを伝えること。【**英**】*to propose; to apply*

使い方▼〔**申し込み**〕▽結婚の申し込みをする▽入会申し込み　〔**応募**〕スル▽二名募集に対し百名の応募があった▽懸賞に応募する▽応募原稿　〔**エントリー**〕スル▽二種目にエントリーする▽エントリーナンバー

使い分け【1】「申し込み」は、こちらの意思・要求を相手に伝えることで、広く用いられる。【2】「応募」は、募集に応じること。【3】「エントリー」は、競技会などへの出場申し込み。

6 13-39 出願／申請／依願

共通する意味★役所、学校などに願い出ること。【**英**】*application*

使い方▼〔**出願**〕スル▽実用新案を出願する▽特許出願中　〔**申請**〕スル▽建築許可を申請する▽申請書　〔**依願**〕スル▽依願退職

使い分け【1】「出願」は、「願書」を出すこと。【2】「申請」は、許可、認可を願い出ること。【3】「依願」は、他からの強制によるのではなく、本人からの願い出によること。

6 13-40 申告／届け／届け出／申し出／申し入れ

【**関連語**】◆(願書)がんしょ

共通する意味★役所や上の者に申し出ること。【**英**】*a declaration*

使い方▼〔**申告**〕スル▽海外の購入品を税関で申告する▽確定申告　〔**届け**〕▽出張の届けを出す▽転入転出届　〔**届け出**〕▽出店の届け出をする▽欠席の届け出　〔**申し出**〕▽参加の申し出をする▽援助の申し出を断る　〔**申し入れ**〕▽待遇改善の申し入れを行う▽和解の申し入れ

	国税庁への□	□を怠る	行政への□
申告	○	○	-
届け	○	○	-
届け出	○	○	-
申し出	△	-	○
申し入れ	△	-	○

使い分け【1】「申告」は、法律の規定による義務として、役所に一定の事項を明らかにして知らせること。【2】「届け」は、役所や所属団体の係、上司などに知らせること。また、「婚姻届」「死亡届」「欠席届」などの書類そのものをさす。【3】「届け出」は、役所や所属団体の係、上司などに書類または口頭で申し出ること。【4】「申し出」は、口頭で自分の意向を団体の責任者や個人に知らせること。また、その内容。【5】「申し入れ」は、自分の要求や希望を団体の責任者や個人に伝えること。また、その内容。

【**関連語**】◆(願書)許可を得るために学校や役所に差し出す書類。「入学願書」

6 13-41 陳情／請願

共通する意味★中央や地方の機関に対して実情を訴え、一定の施策を要請すること。【**英**】*a petition*

使い方▼〔**陳情**〕スル▽地域振興のための援助を陳情する▽陳情団　〔**請願**〕スル▽請願する権利▽請願書

使い分け「陳情」が、法律によらない単なる要求行為であるのに対して、「請願」は、国民の権利として憲

6 文化

法に保障されている請願権の行使をいう。

6 13-42 問い（と）／質問（しつもん）／質疑（しつぎ）

【関連語】◆(発問)はつもん◆(設問)せつもん◆(諮問)しもん◆(問答)もんどう◆(問題)もんだい

共通する意味★分からないことや知りたいことを問いただすこと。【英】*a question*

使い方▼〔問い〕▽問いを発する▽問いに答えられない　〔質問〕スル▽先生に質問する▽質問を受ける▽質問攻め　〔質疑〕スル▽質疑のある方は挙手願います▽質疑応答

使い分け【1】「問い」は、単に尋ね聞くこと。【2】「質問」は、広く一般的に疑問点を問う場合に用いる。教室や会議など公の場での問いに用いることが多いが、私的、個人的な場でも用いる。【3】「質疑」は、会議、研究会、学会などの場での説明や発表に対する質問に限って用いる。国会においては、「質疑」は、趣意書の提出を経た事前の手続きを必要とするものをいい、「質問」は、その必要のないものをいい、区別して用いる。

【関連語】◆(発問)スル前もって考えた質問を相手に問いかけること。教育の場ではよく用いられる。「導入部での発問例」◆(設問)スル質問を前もって作って出すこと。また、その質問や問題。「あとの設問に答えよ」◆(諮問)スル個人または特定の機関などに意見を求めること。「審議会に諮問する」「諮問機関」◆(問答)スル問うことと答えること。また、言い合うこと。「禅問答」「押し問答」◆(問題)解決すべき事柄。実力を知るために答えを要求される問いや、研究・討議・批判・注目などの対象となる事柄や事件をいう。「算数の問題」「問題として取り上げる」「問題にならない」「特に問題(＝難点)はない」「問題(＝厄介な事柄)を起こす」「問題(＝今、話題になっている)の小説」

6 13-43 尋ねる（たず）／問う（と）／聞く（き）／伺う（うかが）

【関連語】◆(質す)ただす◆(問い質す)といただす

共通する意味★分からないことや知らないことを、人に答えてもらうようにする。【英】*to ask*

使い方▼〔尋ねる〕(ナ下一)　〔問う〕(ワ五)　〔聞く〕(カ五)　〔伺う〕(ワ五)

	先生の意見を□	友人に来なかったわけを□	真意を□	責任を□
尋ねる	○	○	○	-
問う	○	○	○	○
聞く	○	○	-	-
伺う	○	-	○	-

使い分け【1】「尋ねる」は、広く一般的に、不明なことを人に答えてもらうようにする意。【2】「問う」は、聞き出す意があり、抽象度の高い内容には、多く、この語が用いられる。また、問題として追及する意でも用いられる。【3】「聞く」は、「尋ねる」とほとんど同義。「聞く」の方が普通の言い方で、「尋ねる」の方がやや改まった言い方。「訊く」とも書く。【4】「伺う」は、目上の人の意向を教えてもらうときに用いる。

【関連語】◆(質す)(サ五)事柄をはっきりとさせるために、分からない点について納得のいくまで質問する。「糺す」とも書く。「疑問を質す」「真意を質す」「罪を糺す」◆(問い質す)(サ五)不明や不審な点を明らかにするために、徹底的にきびしく質問する。「事の真偽を問い質す」

参照▼尋ねる⇒220-22　聞く⇒104-01　伺う⇒516-41

6 13-44 参照（さんしょう）／参考（さんこう）／照会（しょうかい）

共通する意味★手掛かりにするため、何かにあたって調べること。【英】*reference*

使い方▼〔参照〕スル▽添付の資料を参照せよ▽脚注参照　〔参考〕▽彼の意見を参考にする▽参考書　〔照会〕スル▽在庫の有無を本社に照会する

使い分け【1】「参照」は、資料や見るべき記述を参考のために見てみること。ここでいう資料とは、あくまで文字で書かれた文献類である。【2】「参考」は、何かをするときに、いろいろなものをくらべあわせて自分の考えや方法を決める手がかりとすること。また、その材料。【3】「照会」は、何かについてどこかに問い合わせること。問い合わせる相手は、個人ではなく基本的な情報を持っている組織や機関であることが普通である。また、「照会」は、公の性格が強く、私的な些細（ささい）なことは「照会」の対象にならない。

6 13-45 問い合わせる（とあ）／聞き合わせる（きあ）／聞きただす（き）

【関連語】◆(打診)だしん

共通する意味★聞いて確かめる。【英】*to inquire*

使い方▼〔問い合わせる〕(サ下一)　〔聞き合わせる〕(サ下一)　〔聞きただす〕(サ五)

	事故のもようを現地に□	荷物が届いたかどうか□	犯人に事件の真相を□	娘の真意を□
問い合わせる	○	○	-	-
聞き合わせる	○	○	-	-
聞きただす	-	-	○	○

使い分け【1】「問い合わせる」「聞き合わせる」は、不明な点を関係者に尋ねる意。【2】「聞き合わせる」は、あまり用いられない。また、いろいろな所から情報を聞き集める意もある。【3】「聞きただす」は、事の真偽、真相などを直接当事者に聞いて確かめる意。「聞き質す」「訊き糺す」とも書く。

【関連語】◆(打診)スル交渉などで、事前に相手に働きかけ、意向を探る。「取引先の意向を打診する」

6 13-46 聞き返す／聞き直す

共通する意味★前に聞いたものを再度聞く。また、相手に再度問う。【英】*to listen again*

使い方▼〔聞き返す〕(サ五)▽録音テープを聞き返す▽質問が聞こえず先生に聞き返す 〔聞き直す〕(サ五)▽発音に気をつけて、テープを聞き直す▽本当かどうか彼に聞き直す

使い分け【1】「聞き返す」は、再び同じ事を聞く、同じ内容を尋ねる意。【2】「聞き直す」は、内容に気をつけて改めて聞く、内容を確かめるために再び尋ねる意。【3】「聞き返す」は、「君こそどうなんだ、と聞き返す」のように、逆にこちらから相手に問い返す意もある。

6 13-47 確かめる／確認

【関連語】◆(裏付ける)

共通する意味★調べたり、くらべたり、尋ねたりしてはっきりさせる。【英】*to ascertain*

使い方▼〔確かめる〕(マ下一)▽値段を確かめてから買う▽先方の意向を確かめる 〔確認〕スル▽安全を確認して発車する▽確認済みの印▽未確認飛行物体

使い分け【1】「確かめる」は、調べたり尋ねたりして、曖昧な事柄をはっきりさせる意。【2】「確認」は、「確かめる」行為の上で、はっきりそれと認めること。

【関連語】◆(裏付ける)(カ下一)物事をいろいろな側面から確実にする。「彼の犯行を裏付ける証拠がない」

6 13-48 責める／咎める／詰る／追及

【関連語】◆(詰問)◆(難詰)◆(吊し上げる)◆(締め上げる)◆(責め付ける)◆(責め立てる)◆(難じる)

共通する意味★過失や悪い点などを責め非難する。【英】*to blame*

使い方▼〔責める〕(マ下一)▽不心得な行いを責める▽容疑者を責める 〔咎める〕(マ下一)▽不注意を咎められる▽良心が咎める 〔詰る〕(ラ五)▽違約をなじる▽なじるような眼差し 〔追及〕スル▽噂の出所を追及する▽厳しい追及

	怠慢を□	不実を□	警官に□(れる)られる	責任を□
責める	○	○	-め-	-
咎める	○	○	-め○	-
詰る	○	○	-ら-	-
追及する	-	-	-さ○	○

使い分け【1】「責める」は、相手の過失や罪などを指摘して、強く反省を促す意を表わす。【2】「咎める」は、相手の過失や悪事などを非難する意を表わす。【3】「詰る」は、相手の過失や悪い点を責めたて、問い詰めて非難する意を表わす。【4】「追及」は、相手の過失や悪い点の原因、責任などについて追い詰め責めたてることをいう。

【関連語】◆(詰問)スル相手の非を責めながら厳しく問い詰めること。「不参の理由を詰問された」◆(難詰)スル欠点を挙げて非難し、問い詰めること。「相手の落ち度を難詰する」◆(吊し上げる)(ガ下一)特定の人を大勢で厳しく責める。「団体交渉で社長を吊し上げる」◆(締め上げる)(ガ下一)力の優位者が厳しく責めたてる。「犯人を締め上げる」◆(責め付ける)(カ下一)極めて厳しく責める。「仕事のミスを責め付ける」◆(責め立てる)(タ下一)しきりに責める。休む間もなく責める。「借金を責め立てられる」◆(難じる)(サ上一)欠点を取り上げて、相手を悪く言う。文章語。「難ずる」ともいう。「失敗を難じる」

参照▼責める⇒520-51

6 13-49 非難／指弾／論難／弾劾／糾弾

【関連語】◆(風当たり)

共通する意味★欠点、悪い点、過ちなどを責め、とがめること。【英】*criticism*

使い方▼〔非難〕スル▽相手の煮え切らない態度を非難する 〔指弾〕スル▽世間の指弾を受ける 〔論難〕スル▽会社側の不誠実な答弁を論難する 〔弾劾〕スル▽政府を弾劾する▽弾劾裁判 〔糾弾〕スル▽当局の責任を糾弾する▽糾弾集会

使い分け【1】「非難」は、人の欠点や過ちをとりあげ責める場合に、広く一般的に用いる日常語。【2】「指弾」は、人を責め、非難すること。転じて、つまはじきの意に用いることが多い。【3】「論難」は、特に相手の論の欠点、誤りなどを論じたてて非難することをいう。【4】「弾劾」は、罪状を調べ、明るみに出し、責任を追及すること。【5】「糾弾」は、罪状や失敗などを問いただして批判すること。

【関連語】◆(風当たり)外からの圧迫や非難。「世間の風当たりが強い」

6 13-50 問責（もんせき）／面責（めんせき）／呵責（かしゃく）

共通する意味★過失や悪い点についてしかり、責めとがめること。**【英】** *reprehension*

使い方▼〔問責〕スル▽大臣の失態を問責する　〔面責〕スル▽無断欠勤の社員を面責する　〔呵責〕▽良心の呵責を感じる

使い分け【1】「問責」は、責任を問い詰めることをいう。【2】「面責」は、面と向かって、責任、原因などについて責めたてることをいう。【3】「呵責」は、特に、心の中で自分の行為についてしかり、責めさいなむことをいう。【4】いずれも、文章語。

6 13-51 糾問（きゅうもん）／審問（しんもん）／喚問（かんもん）／査問（さもん）／尋問（じんもん）

共通する意味★問いただすこと。**【英】** *inquisition*

使い方▼〔糾問〕スル▽罪状について糾問する　〔審問〕スル▽容疑者を審問する▽審問に答える　〔喚問〕スル▽喚問に応じる▽証人喚問　〔査問〕スル▽事件の関係者を査問する▽査問にかける　〔尋問〕スル▽証人を尋問する▽不審尋問

使い分け【1】「糾問」は、悪事や罪について厳しく問いただすこと。【2】「審問」は、詳しく問いただす意であるが、特に裁判所が、当事者その他訴訟関係人に、書面または口頭によって陳述する機会を与えること。または、その手続きをいう。法律用語。【3】「喚問」は、公の機関が証人や参考人を呼び出して問いただすことをいう。つまり、証人、参考人を呼び出し尋問することをいう。法律用語。【4】「査問」は、事件の関係者について、調査し取り調べたうえで問いただすことをいう。【5】「尋問」は、裁判官、検事、警察官などが職務権限をもって、証人、被告人などに対して口頭で質問する場合に用いるが、詳しく問い詰めたり、問いただすという意味合いが強い。**【英】** *an interrogation*

6 13-52 答える（こたえる）／返答（へんとう）／回答（かいとう）／応答（おうとう）

【関連語】◆〈答え〉こたえ◆〈解答〉かいとう◆〈自答〉じとう◆〈反応〉はんのう

共通する意味★問いかけに対して、答えや考えなどを述べる。**【英】** *to answer; to reply*

使い方▼〔答える〕（ア下一）▽大声で答える▽呼びかけに答える　〔返答〕スル▽返答に窮する▽返答が要領を得ない　〔回答〕スル▽誠意ある回答を要求する▽春闘の回答　〔応答〕スル▽いくら呼んでも応答がない▽質疑応答

	無線で＿	質問に＿	「はい」と＿	照会状に＿
答える	○	-	○	-
返答する	△	△	-	○
回答する	△	○	-	○
応答する	○	-	○	-

使い分け【1】「答える」は、最も一般的に用いられる。【2】「返答」「回答」は、具体的な内容のある質問や要求に対して、具体的な内容のある言葉を返すこと。また、その内容。公的な改まった発言について用いられる場合が多い。【3】「応答」は、口頭での呼びかけに口頭で返すこと。

【関連語】◆〈解答〉スルテストやクイズなどの問題を解いて答えること。「解答用紙」◆〈自答〉スル自分で自分に答えること。「自問自答」◆〈答え〉問いかけや呼びかけに応じること。また、その内容。**【英】** *an answer; a reply*「答えが返ってくる」「答えを出す」◆〈反応〉スル外界からの刺激に対して外に出るもの。**【英】** *reaction*「相手の反応をみる」

6 13-53 返事（へんじ）

【関連語】◆〈生返事〉なまへんじ◆〈二つ返事〉ふたつへんじ◆〈代返〉だいへん◆〈相槌〉あいづち

意味★相手の言葉による働きかけに対して、言葉で答えること。また、その答え。「手紙の返事」のように、必ずしも口頭に限るわけではない。**【英】** *an answer; a reply*

使い方▼〔返事〕スル▽呼ばれたら返事をしなさい▽返事が悪い

【関連語】◆〈生返事〉いい加減な返事。**【英】** *a vague answer*「生返事だけで動こうとしない」◆〈二つ返事〉すぐに快諾の返事をすること。「二つ返事で…する」という形で用いられることが多い。**【英】** *a ready answer*「二つ返事で引き受ける」◆〈代返〉スル授業で出席をとるときに、本人に代わって他の者が返事をすること。「友達に代返を頼む」◆〈相槌〉「相槌を打つ」の形で、相手の話に合わせて返事をする意で用いることが多い。

6 13-54 言い返す（いいかえす）／口答え（くちごたえ）／抗弁（こうべん）

共通する意味★他人の意見に逆らって言葉を返すこと。**【英】** *to retort*

使い方▼〔言い返す〕（サ五）　〔口答え〕スル　〔抗弁〕スル

	親に＿	上司に＿	＿言葉もない	負けずに悪口を＿
言い返す	△	△	○	○
口答えする	○	○	-	-
抗弁する	△	○	△	-

使い分け【1】「口答え」「抗弁」は、主として目上の者に対する場合に使われるが、「言い返す」は、対等

の立場にある者に対する場合にも使われる。【2】「言い返す」には、繰り返して言う意もある。「小声で何度も言い返してみる」【3】「抗弁」は、やや硬い表現となる。

6 13-55 受け答え／応対／やりとり

【関連語】◆〈応酬〉

共通する意味★言葉や態度で相手に応じること。

使い方▼〔受け答え〕スル　〔応対〕スル　〔やりとり〕スル

	電話で□する	きちんとした□	来客の□に追われる	激しい言葉の□
受け答え	○	○	-	-
応対	○	○	○	-
やりとり	○	-	-	○

使い分け【1】「受け答え」は、相手の言葉に対して、適切な言葉で答えること。【英】*an answer*【2】「応対」は、相手の行為に対して、適切な方法で対応すること。言葉での対応についていうことが多い。【英】*reception*【3】「やりとり」は、互いに何かを与え、受け取ること。「言葉のやりとり」、すなわち「会話」の意で用いられることが多い。「遣り取り」とも書く。

【関連語】◆〈応酬〉スル相手のやったことに対して、やり返すこと。「野次の応酬」

参照▼応対⇒515-59

6 13-56 手応え／歯応え

共通する意味★働きかけに対する反応。【英】*a response*

使い方▼〔手応え〕▽確かな手応えを感じる▽手応えのある相手　〔歯応え〕▽歯応えのある論文

使い分け「手応え」「歯応え」は、本来、物を打ったり切ったりしたとき、または物をかんだときに感じる心地よい抵抗感。転じて、やる気をおこさせるような適度の困難、あるいは、行為に対するよい反応をいう。

参照▼手応え⇒111-02

6 13-57 以心伝心／呼応

共通する意味★気ごころが通じあうこと。【英】*tacit understanding*

使い方▼〔以心伝心〕▽以心伝心で気持ちが通じる〔呼応〕スル▽両者の気持ちが相呼応して敵を攻撃する

使い分け【1】「以心伝心」は、無言のうちに心情が相手に伝わること。【2】「呼応」は、互いが相応じて物事を行うことにもいう。

6 13-58 正解／正答

共通する意味★正しい答え。【英】*a correct answer*

使い方▼〔正解〕スル　〔正答〕スル

使い分け「正解」「正答」は、テストやクイズなどの問題に対する正しい答え。「正解」が一般的で、「正答」は、あまり用いられない。

反対語▼正答⇔誤答

6 13-59 明答／確答／即答／速答

【関連語】◆〈ノーコメント〉

共通する意味★問いかけに対する返答。

使い方▼〔明答〕スル▽首相から明答は得られなかった　〔確答〕スル▽農業問題については確答を避ける　〔即答〕スル▽結婚問題について即答を求める　〔速答〕スル▽その件については速答できない

使い分け【1】「明答」「確答」は、はっきりした返答。【英】*a definite answer*【2】「即答」は、問いかけに対して、すぐその場でなされる返答。【英】*a ready answer*【3】「速答」は、問いかけから返答までにかかる時間が短いもの。【英】*an immediate answer*

【関連語】◆〈ノーコメント〉返答をしないこと。「その件に関してはノーコメントだ」

6 14 …芸術

6 14-01 芸術

意味★鑑賞の対象となるものを人為的に創造する技術、および、その作品。空間芸術(建築、工芸、絵画)、時間芸術(音楽、文芸)、総合芸術(オペラ、舞踊、演劇、映画)など。【英】*art*

使い方▼〔芸術〕▽芸術は長く人生は短い(【英】*Art is long, life is short*)▽前衛芸術

6 14-02 美術

意味★美を表現する芸術。特に、空間的、視覚的美を表わす絵画、彫刻、建築、写真などをいう。【英】*the fine arts*

使い方▼〔美術〕▽美術館▽日本美術

6 14-03 民芸／工芸

共通する意味★芸術的で手工芸的な作品。【英】*folkcraft*

使い方▼〔民芸〕▽おみやげに民芸品を買う▽民芸調〔工芸〕▽伝統工芸▽工芸家

使い分け「民芸」は、その土地や生活に根ざした、庶民による制作物。「工芸」は、伝統的な技術・方法によって作られたもので、「民芸」が生活の中から生まれ出たのに対して、「工芸」は、鑑賞を目的としている場合が多い。

614-04 画法／描法／技法／手法

共通する意味★絵画のかき方。絵画技術。【英】*the art of drawing*

使い方▼〔画法〕▽南宗画の画法 〔描法〕▽大胆な描法 〔技法〕▽油絵の技法 〔手法〕▽写真的な手法

使い分け【1】「描法」は、文章の表現法としても用いる。【2】「技法」は、芸術、スポーツなどで、表現や技術上の方法。【3】「手法」は、やり方、特に芸術作品をつくるときの、技巧、表現方法。

614-05 絵／絵図／絵画／図画

共通する意味★線や色彩などを用いて、平面上に描き出したもの。【英】*a picture*

使い方▼〔絵〕▽絵をかく▽絵のような美しさ 〔絵図〕▽昔の風俗を描いた絵図▽城郭の絵図 〔絵画〕▽音楽よりは絵画に興味がある▽近世絵画 〔図画〕▽幼児のかいた図画▽図画工作

使い分け【1】「絵」「絵画」は、同じ意で一般的に使われるが、「絵」には、「音声だけで絵がでない」のように、映画やテレビの映像の意もある。【2】「絵図」は、「絵」と同意であるが、このほか、土地や家屋の形状を真上から描いた図もいう。【3】「図画」は、特に、子供のかく絵をいうことが多い。また、図面の意もある。

614-06 挿絵／挿画／カット／挿図

【関連語】◆（口絵）◆（イラストレーション）

共通する意味★新聞、雑誌、書物などの文中の記事に添える、小型の絵や図案。【英】*an illustration*

使い方▼〔挿絵〕▽挿絵を入れる▽挿絵画家 〔挿画〕▽雑誌の挿画 〔カット〕▽写真をカットに使う▽余白にカットを入れる 〔挿図〕▽挿図のためにスペースを残す

使い分け「カット」は、絵もしくは図案をいうが、「挿画」「挿絵」「挿図」は、いずれも絵だけをいうことが多い。

【関連語】◆（口絵）本や雑誌などの巻頭や、本文の前に掲載される絵や写真。【英】*a frontispiece* ◆（イラストレーション）文章の内容を補うための挿絵や解説図。イラスト。

参照▼カット⇒615-11

614-07 写生／スケッチ

共通する意味★景色、事物などを見たままに写しとること。【英】*sketching*

使い方▼〔写生〕スル▽静物を写生する▽写生文 〔スケッチ〕スル▽風景をスケッチする▽スケッチブック

使い分け 二語とも、文章表現についても用いる。

参照▼スケッチ⇒614-08

614-08 スケッチ／クロッキー／デッサン／素描／下絵

共通する意味★木炭、鉛筆などを使って対象を単色であらく描く画法。また、その画法で描かれた絵画。

使い方▼〔スケッチ〕スル 〔デッサン〕スル 〔素描〕スル

使い分け【1】「スケッチ」「クロッキー」「素描」は、短時間に大まかに描く画法。また、その画法で描かれた絵。「スケッチ」は英語、「クロッキー」はフランス語。【2】「デッサン」は、絵画、彫刻などの線だけの下絵。【3】「素描」は、絵画、彫刻に限らず、事柄についてざっと要点を書く意もある。【4】「下絵」は、下書きの絵。

参照▼スケッチ⇒614-07

614-09 描写／描出

【関連語】◆（写実）◆（実写）◆（点描）◆（パノラマ）◆（象る）

共通する意味★言語、絵画、音楽などによって、目で見たり心で感じたりしたことを客観的に表現すること。【英】*depiction*

使い方▼〔描写〕スル▽心理を描写する▽風景描写 〔描出〕スル▽社会の裏面をうまく描出する

使い分け「描出」は、文章語的。形のないものを文や絵などの形にして表現するという意味合いが強い。

【関連語】◆（写実）スル外界の事物を忠実に写し描くこと。「写実的な作品」「写実主義」◆（実写）スル実際のものを、文章や絵などで描写すること。また、撮影すること。「実写フィルム」◆（点描）スル点で形を描く絵画の表現方法。また、絵や文章などで人物や事物の特徴的な点を部分的に描くこと。「点描画」「人物点描」◆（パノラマ）広い視野全体を描くこと。また、半円形の画面などを用いて、室内で広い視野をもつ光景を再現して見せたもの。「パノラマ写真」◆（象る）（ラ五）物の形を写しとる。また、似せる。「船を象った建物」

614-10 線描／寸描

共通する意味★物の形をごく簡単に描くこと。**【英】***line drawing*

使い方▼〔線描〕▽線描のスケッチ▽線描画　〔寸描〕スル▽動物の一瞬の姿を寸描する▽人物寸描

使い分け【1】「線描」は、線で物の姿を描くこと。【2】「寸描」は、短い時間に、簡単に物の姿を描くこと。文章による描写にもいう。

6 14-11 意匠／デザイン

共通する意味★美術、工芸などの造形作品で、美しく見せるために、外観の形、色、模様、配置などについて工夫すること。**【英】***a design*

使い方▼〔意匠〕▽この意匠は登録済みである▽意匠を凝らす　〔デザイン〕スル▽斬新なデザイン▽インテリアデザイン

使い分け「意匠」には、趣向、工夫の意もある。

6 14-12 彫刻／彫塑／彫り物

【関連語】◆（篆刻）

共通する意味★木、石、金属などを彫り刻んで作った物の像。**【英】***sculpture*

使い方▼〔彫刻〕スル▽熊の彫刻▽仏像を彫刻する▽彫刻家▽彫刻刀　〔彫塑〕スル▽彫塑展▽彫刻の前に、まず彫塑にとりかかる　〔彫り物〕▽彫り物のある手文庫▽竜の彫り物

使い分け【1】「彫刻」は、作るという動作も示す。【2】「彫塑」は、彫刻と塑像。また、彫刻の原型になる塑像を作ること。【3】「彫り物」は、「彫刻」と同意。ほかに、入れ墨の意もある。

【関連語】◆（篆刻）スル印章にするために、木や石などに文字を彫りつけること。

参照▼彫り物⇒404-13

6 14-13 像

【関連語】◆（肖像）◆（ポートレート）◆（画像）◆（影像）◆（彫像）◆（塑像）◆（自画像）

意味★神仏、人、動物などの形をまねて作ったり、描いたりしたもの。**【英】***a portrait*

使い方▼〔像〕▽聖母マリアの像を彫る

【関連語】◆（肖像・ポートレート）人の顔や姿などを写しとった絵や写真、彫刻など。「肖像画」「俳優のポートレート」◆（画像）絵に描いた人の顔や姿。「高僧の画像」◆（影像）絵画に表わした神仏や人の姿。「影像を拝する」◆（彫像）彫刻して像を作ること。また彫刻した像。「大理石の彫像」◆（塑像）粘土で作った像。また、現代の石膏像もいう。◆（自画像）自分で描いた自分の肖像画。

参照▼画像⇒615-06

6 14-14 近影／スナップ

共通する意味★写真に撮ったもの。**【英】***a snap*

使い方▼〔近影〕▽著者近影　〔スナップ〕▽スナップを撮る▽旅行のスナップ

使い分け【1】「近影」は、最近写した写真のことで、主に人物の写真にいう。文章語。【2】「スナップ」は、「スナップショット」の略。並んで撮影する記念写真のようなものではなく、ある瞬間をすばやく撮ったような写真をいう。

参照▼スナップ⇒405-11

6 14-15 画家／画工／絵師／画伯

【関連語】◆（デザイナー）

共通する意味★絵を描くことを専門の仕事とする人。**【英】***a painter*

使い方▼〔画家〕▽日曜画家▽風景画家　〔画工〕▽画工が寺の壁画を描く　〔絵師〕▽桃山時代の絵師による襖絵　〔絵かき〕▽絵かきがスケッチをする　〔画伯〕▽横山画伯の絵▽大画伯

使い分け【1】「画工」「絵師」は、古めかしい言い方。【2】「画伯」は、絵画に長じた人。また、「絵かき」の敬称。

【関連語】◆（デザイナー）商業・工業・服飾などの分野における、デザインの専門家。

6 14-16 表／一覧表／図表

共通する意味★要点を順を追って配列して、簡明にまとめたもの。**【英】***a table*

使い方▼〔表〕▽表で示す▽今週の予定表　〔一覧表〕▽一覧表にまとめる　〔図表〕▽生産比較を図表で示す

使い分け【1】三語とも、縦横の直線で仕切られたところに、要点を分かりやすくまとめたり、直線や曲線を用いて表わしたもの。中では「表」が、最も一般的な語。【2】「一覧表」は、一目でわかる簡潔さが強調された語。【3】「図表」は、数値を読み取りやすいように、直線や曲線、数字などによって表わしたもの。

6 14-17 作図／製図

共通する意味★図をかくこと。**【英】***to draw*

使い方▼〔作図〕スル▽航路を作図して示す▽作図問題　〔製図〕スル▽設計事務所で製図する▽製図を引く

使い分け【1】「作図」は、図をつくること。幾何学では、定規・コンパスを使って条件にあった図をか

くこと。【2】「製図」は、特別の器具を使って、専門的な図面をかくこと。

6 14-18 図説／図解／絵解き

共通する意味★図を掲げて説明すること。**【英】** *an illustration*

使い方▼〔図説〕スル▽作業の流れを図説する▽図説日本史 〔図解〕スル▽内部構造を図解する▽図解辞典 〔絵解き〕スル▽仏画の絵解きをする▽事件を絵解きする

使い分け【1】「図説」「図解」は、図によって説明した書物もいう。【2】「絵解き」は、絵の意味を説明すること、「絵解き近世の風俗」のように、推理の過程や事情を解き明かすことにもいう。

6 14-19 フローチャート／フローシート／流れ線図／流れ図

共通する意味★作業の手順を図式化したもの。作業の各段階を書き込んだ四角形や円などを線でつないで作る。

6 14-20 地図

意味★一定の地域の地形や事物の状態を、記号・文字などを用いて一定の縮尺で平面上に描いた図。**【英】** *a map*

使い方▼〔地図〕▽地図を書いて道を教える▽日本地図

6 14-21 模様／文様／柄

【関連語】◆〔図柄〕◆〔絵柄〕◆〔図案〕◆〔パターン〕◆〔地紋〕◆〔プリント〕

共通する意味★織物、染め物、工芸品などの表面に、装飾として施された絵。色、線などで描かれたり、布地として織り出されたりする。**【英】** *a pattern*

	伝統的な□	もみじが川に織りなす□	すその□の着物	浴衣の□を選ぶ
模様	○	○	○	-
文様	○	△	-	-
柄	○	-	-	○

使い分け【1】「模様」は、「唐草模様」「水玉模様」のように、「…模様」の形でもよく使い、一般的にある形象を図に表わしたものをいう。【2】「文様」は、現在では古めかしい言い方になり、口語では「模様」を用いる。「紋様」とも書く。【3】「柄」は、意匠として布などの表面に用いられた模様をいう。抽象的なパターンとしての「水玉」「唐草」などは、「柄」とはいわない。ただし、さまざまの場合によって個々に描かれるものは、「花柄」などといえる。【4】「柄」には、「無地」に対して、そうでないものをさす意味もある。

【関連語】◆〔図柄〕全体の模様、図案の構図をいう。「うちわの図柄が斬新だ」◆〔絵柄〕「図柄」と同じものをさすことがあるが、柄として描かれた絵、柄としてのパターンとなる絵で、デザインの意識はあまり強くない。「変わった絵柄の羽子板」「友禅の絵柄が美しい」◆〔図案・パターン〕形・色などを美的に配合し、図に表わしたもの。「梅の花を図案化する」「テレビのテストパターン」◆〔地紋〕布地、紙、印刷物などの地に織り出したりすき込んだりした模様。「地紋の透ける便箋」◆〔プリント〕図案の型押しで染める捺染法のこと。そこから、刷るようにして染めた模様をもいうようになった。「小花プリントのエプロン」「かわいいプリント柄」

参照▼模様⇒801-01 柄⇒001-18 511-03 パターン⇒804-03 プリント⇒619-24

6 14-22 縞／ストライプ

共通する意味★二種以上の色糸を使って、縦もしくは横、または縦横に筋を織り出した織物。また、それに似た模様。**【英】** *stripes*

使い方▼〔縞〕▽縞のワイシャツ▽格子縞▽縞模様 〔ストライプ〕▽ストライプのTシャツ

使い分け 縦縞の柄を「ストライプ」、横縞の柄を「ボーダー」と使い分けることがある。

6 14-23 斑（まだら）／斑（はん）／斑点／ぶち

共通する意味★地色と違った色がまじっていること。**【英】** *a spot*

使い方▼〔斑（まだら）〕▽雪がまだらに残っている▽まだら模様 〔斑（はん）〕▽皮膚に黒ずんだ斑ができる▽蒙古斑 〔斑点〕▽豹の体の美しい斑点▽白と黒の斑点 〔ぶち〕▽ぶちの子犬▽白地に黒いぶちのある牛

使い分け【1】「斑（まだら）」は、種々の色、また、濃い色と淡い色とがまじっていること。【2】「斑（はん）」は、生物の表皮にできるものをいう。口語ではふつう「斑点」という。一時的、病的現象の場合が多い。【3】「斑点」は、まだら模様程度の意味で、生物以外にも使うことがある。【4】「ぶち」は、おもに動物の皮膚、毛並みに現れるものをいい、植物や人間などには使わない。

6 14-24 無地／無文

共通する意味★全体が同じ色で模様や飾りのないこと。また、そのもの。【英】*plain*《形》

使い方▼〔無地〕▽無地のスーツ▽無地の便箋〔無文〕▽無文の小袖▽無文の白旗

使い分け【1】「無地」は、「柄」に対して、模様のない、一色の地のものをいう。【2】「無文」は古い語であり、布、紙などに限らず、短詩型の文学や能などでも、ことさらに飾りを見せない、平淡な中に趣を求めるものなどにもいった。「無紋」とも。

6 14-25 音楽／楽／ミュージック

【関連語】◆〈声楽〉◆〈器楽〉◆〈洋楽〉◆〈邦楽〉◆〈雅楽〉◆〈音曲〉

共通する意味★音による芸術。一定の方法によって音を結合、配列することで、美的な感情を起こさせるもの。声楽と器楽とに分けられる。【英】*music*

使い方▼〔音楽〕▽音楽を流す▽音楽の授業▽音楽鑑賞〔楽〕▽妙なる楽の音に聞き入る〔ミュージック〕▽ダンスミュージック▽ポピュラーミュージック

使い分け「音楽」が最も一般的に使われる。「楽」は、文章語的な語。「ミュージック」は、例文のような複合語をつくって用いられることが多い。

【関連語】◆〈声楽〉人間の声による音楽。「声楽家」◆〈器楽〉楽器で演奏する音楽。「器楽曲」◆〈洋楽〉ヨーロッパの中世教会音楽から発達した音楽。また、一般に西洋の音楽。⇔邦楽。◆〈邦楽〉日本古来の音楽。神楽、雅楽、能楽、箏曲、民謡など。また、一般に日本人による音楽。⇔洋楽◆〈雅楽〉奈良時代に雅楽寮で取り扱われた音楽の様式をくむ音楽。宮中や寺社で奏されて伝わる。日本古来のものと、古く中国・朝鮮から渡来したものがある。◆〈音曲〉楽器で演奏するものや人が歌うものの総称。多く、三味線に合わせて歌う俗曲をいう。「歌舞音曲」

6 14-26 節／節回し／音調／旋律／メロディー

共通する意味★リズムを伴って展開する、まとまりを持った高低の音のつながり。【英】*a melody; a tune*

使い方▼〔節〕▽難しい節を覚えて歌う▽節をつけて歌う〔節回し〕▽節回しを習う▽巧みな節回し〔音調〕▽音調の変化がはげしい曲▽軽快な音調〔旋律〕▽静かな旋律が流れる▽行進曲風の旋律〔メロディー〕▽懐かしのメロディー▽明るいメロディー

使い分け【1】「節回し」は、特に、謡い物や語り物、または、歌曲などに用いる。【2】「音調」は、音・言葉・声などの高低・アクセント・イントネーションなどや、詩歌のリズム・調子も示すことがある。【3】「旋律」と「メロディー」は同意で、リズム、ハーモニーとともに、西洋音楽の三要素の一つ。

6 14-27 調子／調べ

共通する意味★音楽で、音の高低の組み合わせ。【英】*a tune; a tone*

使い方▼〔調子〕▽調子が高すぎて歌えない▽調子はずれ〔調べ〕▽琴の調べ▽妙なる調べに酔いしれる

使い分け【1】「調子」は、音律の高低。音楽に使われる音の高さの相対的な関係を音響学的に位置づけた平均律、純正調などの体系。音楽ばかりでなく言葉の言い回し、音声、文章による表現の具合などもいう。「激しい調子で詰問する」【2】「調べ」は、特に楽器に関して用いられる。また、音楽や詩歌の表現を通して感じられる情緒や具合の意もある。「悲痛な調べの詩」

参照▼調子⇒519-02

6 14-28 拍子／ビート

【関連語】◆〈音頭〉

共通する意味★強弱の音を規則的に繰り返したもの。リズムの基礎になる。【英】*time; rhythm*

使い方▼〔拍子〕▽ワルツは三拍子で、マーチは二拍子だ〔ビート〕▽ビートのきいた曲▽エイトビート

使い分け【1】「拍子」は、音楽や踊りの調子に合わせて手をたたいたり、声をかけたりすることもいう。「拍子をとる」【2】「ビート」は、特にポピュラー音楽で、強いアクセントがついたリズムをいう。

【関連語】◆〈音頭〉大勢で歌うときなどに、調子をそろえるために先に歌い出して調子をとり、導くこと。「音頭を取って歌う」

参照▼拍子⇒815-35

6 14-29 リズム／律動

共通する意味★一定の拍子や規則をもって、音の長短、アクセントの高低・強弱などが繰り返されるときの、その規則的な音の流れをいう。

使い方▼〔リズム〕▽リズム感がいい▽リズムにのって踊る〔律動〕スル▽快い律動▽律動的

使い分け二語とも、音楽以外でも一般に、規則的に繰り返される連続した動きについても使われる。「生活のリズムが狂う」「律動する若さ」

6 14-30 手拍子／合いの手

【関連語】◆〈拍手〉

共通する意味★歌や踊りの調子に合わせて取る拍

子。【英】 *beating time with the hand*
使い方▼〔手拍子〕▽手拍子を取りながら歌う▽手拍子を打つ　〔合いの手〕▽歌の間に合いの手を入れる
使い分け【1】「手拍子」は、手を打ち鳴らして拍子をとること。【2】「合いの手」は、歌や踊りの間に入れる手拍子や掛け声。会話や物事の進行の間にはさむ、ちょっとした言葉や物事もいう。「合いの手に野次がはいる」
【関連語】◆〔拍手〕スル賛成や賞賛の気持ちを表わすために、手のひらを打ち合わせて音を出すこと。「すばらしい演奏に拍手する」「拍手喝采」

6 14-31 ハーモニー／和声

【関連語】◆〔諧調〕

共通する意味★二つ以上の音が同時に響き、協和の感をあたえるもの。
使い方▼〔ハーモニー〕▽ハーモニーの美しい合唱団　〔和声〕▽和声法
使い分け【1】二語は同意で、旋律・リズムとともに、西洋音楽の三要素といわれる。【2】「ハーモニー」には、音楽用語として以外に、いくつかの事柄、存在などの調和の意もある。「山と湖のハーモニー」
【関連語】◆〔諧調〕調和のよくとれた調子。音楽のほかに、文学、絵画などにもいう。「諧調の美」

6 14-32 演奏／奏楽

共通する意味★楽器を用いて音楽を奏でること。
【英】 *a performance*
使い方▼〔演奏〕スル▽オルガンを演奏する▽演奏会　〔奏楽〕スル▽式典は奏楽で始まる▽荘重な奏楽
使い分け【1】「奏楽」は、多く式典などで行われるものをいい、「演奏」ほど一般的ではない。【2】「奏楽」は、雅楽の音色を模した歌舞伎のはやしの一つのこともいう。

6 14-33 奏でる／奏する／弾く

【関連語】◆〔爪弾く〕◆〔囃す〕◆〔かき鳴らす〕◆〔弾ずる〕

共通する意味★楽器で音楽を表現する。【英】 *to perform*
使い方▼〔奏でる〕(ダ下一)▽ギターを奏でる　〔奏する〕(サ変)▽雅楽を奏する　〔弾く〕(カ五)▽ピアノを弾く
使い分け【1】「奏でる」は、主に管楽器、弦楽器に用いられる。【2】「奏する」は、文章語。【3】「弾く」は、主に弦楽器、鍵盤楽器に用いられる。
【関連語】◆〔爪弾く〕(カ五)三味線、ギターなどの弦を指先ではじいて鳴らす。「三味線を爪弾く」◆〔囃す〕(サ五)囃子を奏する。「お神楽を囃す」◆〔かき鳴らす〕(サ五)弦楽器を弾いて鳴らす。「マンドリンをかき鳴らす」◆〔弾ずる〕(サ変)楽器の弦をかき鳴らす。文章語的。「琵琶を弾ずる」
参照▼奏する⇒612-03　囃す⇒517-07

6 14-34 楽団／バンド

共通する意味★音楽を演奏する団体。【英】 *a band*
使い方▼〔楽団〕▽楽団を結成する▽交響楽団▽楽団員　〔バンド〕▽バンドのボーカル▽ジャズバンド
使い分け「バンド」は、ジャズやロックなど、比較的新しいジャンルの音楽を扱うグループをいう場合が多く、「楽団」よりも人数が少なく、歌い手が含まれる場合も多い。
参照▼バンド⇒403-21

6 14-35 楽曲／曲

共通する意味★ある調子や節で作られた音楽の一つのまとまり。声楽曲や器楽曲や管弦楽曲などの総称。【英】 *a piece of music*
使い方▼〔楽曲〕▽ベートーベンの数ある楽曲の中での名曲　〔曲〕▽心を打つ曲▽美しい曲▽ピアノ曲
使い分け【1】「曲」には、音楽の調子や節の意もある。【2】「楽曲」は、文章語。
参照▼曲⇒810-04

6 14-36 歌謡／歌／唄／ソング

共通する意味★拍子と節をつけて言葉を出すもの。また、その言葉。【英】 *a song*
使い方▼〔歌謡〕▽歌謡曲▽国民歌謡▽ラジオ歌謡　〔歌〕▽彼女は歌がうまい▽歌をうたう　〔唄〕▽三味線に合わせて唄を口ずさむ▽長唄　〔ソング〕▽ヒットソング▽コマーシャルソング
使い分け【1】「歌謡」は、広義では韻文形式の文学の総称。狭義では拍子と節をもった「歌」に同じ。【2】「歌」「唄」は、比喩的に鳥や虫などの鳴き声にもいう。また、リズムを主として作られた一種の文章の総称でもあり、和歌や近代詩をも含めていう。【3】一般に、邦楽では「唄」の字を用いる。【4】「ソング」は、気軽に歌える洋風の歌、曲。
参照▼歌⇒616-25

6 14-37 童歌／童謡

共通する意味★子供向けの歌曲。【英】 *a children's song*
使い方▼〔童歌〕▽東北地方の童歌を採録する　〔童謡〕▽童謡を口ずさむ▽童謡歌手
使い分け【1】「童歌」は、古くから子供に歌いつがれてきた曲をいう。【2】「童謡」は、比較的最近に作られたものが多い。

6 14-38 エレジー／哀歌／悲歌

共通する意味★悲しみの詩、死者を悼む詩。転じて、悲しみを歌う音楽。

使い分け「エレジー」は、「哀歌」「悲歌」と訳されるが、一般に、「悲歌」は「哀歌」より悲壮感が盛られたものをいう。

6 14-39 俗謡／俗曲／流行歌／歌謡曲

共通する意味★民衆の間で歌われている通俗的な歌。**【英】** *a popular song*

使い方▼〔俗謡〕▽この歌は東北地方に伝わる俗謡だ　〔俗曲〕▽三味線に合わせて俗曲を歌う　〔流行歌〕▽戦後はやった流行歌　〔歌謡曲〕▽ジャズ、歌謡曲何でもこなす

使い分け【1】「俗謡」は、民間の通俗的な歌一般を表わし、俗曲、流行歌以外に小唄、民謡なども含まれる。【2】「俗曲」は、三味線などの伴奏で、酒宴の席などで歌われる短い曲。【3】「流行歌」「歌謡曲」は、その時代の大衆の生活感情を反映した、大衆に好まれる歌曲。主として日本で作詩、作曲された日本独特の大衆的歌曲をさすことが多い。

6 14-40 楽譜／譜／譜面／音譜

【関連語】◆(総譜)◆(スコア)

共通する意味★歌曲や楽曲を一定の約束に従い、記号で視覚的に書き表わしたもの。**【英】** *music*

使い方▼〔楽譜〕▽自作のオペラの楽譜を出版する　〔譜〕▽譜を読む▽校歌の譜　〔譜面〕▽譜面なしで弾く▽譜面台　〔音譜〕▽音譜を暗記する

【関連語】◆(総譜・スコア)オーケストラ、コーラス、吹奏楽などの各パートの楽譜を、一目で見られるように同一紙面に並記したもの。

参照▼スコア⇒6 20-28

6 14-41 放歌／高歌／放吟／高吟

共通する意味★大声で詩や歌をうたうこと。**【英】** *singing loudly*

使い方▼〔放歌〕スル　〔高歌〕スル　〔放吟〕スル　〔高吟〕スル

使い分け【1】「放歌」「放吟」は、あたりかまわずうたう意を含む。【2】多く、「放歌高吟」「高歌放吟」などの形で使う。いずれも、文章語。

6 14-42 吟詠／朗詠／朗吟

共通する意味★節をつけて詩歌を歌うこと。**【英】** *chanting*

使い方▼〔吟詠〕スル▽漢詩を吟詠する　〔朗詠〕スル▽和歌の朗詠　〔朗吟〕スル▽杜甫の律詩を朗吟する

使い分けいずれも、文章語。特に、漢詩、和歌などを歌う場合にいう。

6 14-43 指揮者／コンダクター／楽長

共通する意味★オーケストラの演奏が一つにまとまるように、指揮をする人。演奏時に指揮棒を振る人。**【英】** *a conductor*

使い分け【1】「指揮者」あるいは「コンダクター」が、一般的。特に、「指揮者」は合奏、合唱などを指揮する人を広くいう。【2】「楽長」は、古めかしい言い方。また、特に、宮内庁式部職の奏楽に従事する職員の長。

6 14-44 踊り／舞踏／舞踊／舞

【関連語】◆(ダンス)

共通する意味★音楽に合わせて手足や体を動かし、身振り、手振りしながら、リズムに合った動作をすること。**【英】** *a dance*

使い方▼〔踊り〕▽踊りをおどる▽盆踊り　〔舞踏〕スル▽舞踏会　〔舞踊〕▽日本舞踊▽民族舞踊　〔舞〕▽舞をまう▽京舞の家元

使い分け【1】元来、「舞」が、旋回運動であるのに対し、「踊り」は、跳躍運動であった。【2】「舞踏」は、主として西洋風の踊りをさすことが多いが、「舞踊」は、踊り一般について使われる。

【関連語】◆(ダンス)西洋式の踊り。特に、社交ダンスをいうことも多かったが、現在では広く使われる。「ダンスパーティー」「ジャズダンス」

6 14-45 歌手／シンガー

【関連語】◆(歌い手)◆(歌歌い)◆(歌姫)

共通する意味★歌を歌う職業の人。**【英】** *a singer*

使い方▼〔歌手〕▽歌手を志す▽流行歌手▽オペラ歌手　〔シンガー〕▽ジャズシンガー▽シンガーソングライター

使い分け【1】「歌手」が、一般的。【2】「シンガー」は、日本伝統の歌(演歌・民謡など)の歌い手には用いない。

【関連語】◆(歌い手)歌手をいうが、歌をうまく歌う人の意でも用いられる。「なかなかの歌い手」◆(歌歌い)俗に歌手をいう語。やや古めかしい呼び方。「何とかいう歌うたいの写真」◆(歌姫)女性歌手を優雅に呼んだ語。

6 14-46 踊る(おど)／舞う(ま)

共通する意味★音楽に合わせて手足や体を動かし、リズムに合った動作をする。**【英】** *to dance*

使い方▼**〔踊る〕**(ラ五)▽ワルツを踊る▽輪になって踊る　**〔舞う〕**(ワ五)▽氷の上を舞うようにすべる▽舞を舞う

使い分け【1】「踊る」には、「上に踊らされているだけだ」のように、他人に操られて行動する意もある。【2】「舞う」は、美しくゆっくり踊る意を表わす。

6 14-47 習字(しゅうじ)／書道(しょどう)

共通する意味★毛筆を使って文字を書くこと。**【英】** *calligraphy*

使い方▼**〔習字〕**▽お習字を習う▽ペン習字　**〔書道〕**▽書道の大家▽書道教室

使い分け「習字」は、ペンなどで書く場合にもいうが、単に書くことではなく、正しく美しく書く学習のこと。それに対して「書道」は、書かれたものが芸術としての価値をもつことが期待されるものをいう。

6 14-48 楷書(かいしょ)／行書(ぎょうしょ)／草書(そうしょ)／隷書(れいしょ)／篆書(てんしょ)

【関連語】◆**(行草)**ぎょうそう◆**(三体)**さんたい◆**(五体)**ごたい◆**(勘亭流)**かんていりゅう

共通する意味★漢字の書体。**【英】** *the printed style of writing*(楷書)

使い分け「楷書」は、点画を崩さない書体、「行書」は、それよりやや崩した書体、「草書」は、さらに崩した書体。「隷書」は、「楷書」のもととなった書体で、「篆書」を簡略化した書体。「篆書」は、印章や碑銘に使われる書体。

【関連語】◆**(行草)**「行書」と「草書」の総称。また、「行書」と「草書」の中間の書体の意味でも用いられる。◆**(三体・五体)**「三体」は、「楷書」「行書」「草書」の三つ、「五体」は、「楷書」「行書」「草書」「隷書」「篆書」の五つの書体の総称。◆**(勘亭流)**歌舞伎(かぶき)の看板や番付などに使われる、やや丸みのある筆太の書体。

参照▼五体⇒001-04

6 14-49 筆致(ひっち)／書体(しょたい)／書風(しょふう)

共通する意味★文字の書きぶりを表わす語。**【英】** *a style of handwriting*

使い方▼**〔筆致〕**▽藤原行成の筆致を好む▽軽妙な筆致　**〔書体〕**▽軽快な書体の手紙▽書体が似る　**〔書風〕**▽師匠に似た書風▽豪快な書風

使い分け【1】「筆致」は、文字の書きぶりだけではなく、絵における筆使い、さらに「軽妙な筆致」のように、文章の書きぶりにも用いられる。【2】「書体」は、字の書きぶりだけではなく、楷書(かいしょ)や草書といった漢字の様式や、明朝体、ゴシック体など活字の字形の様式の意味でも用いられる。【3】「書風」は、主に毛筆で書かれたものの書きぶりに用いられる。

6 14-50 筆使い(ふでづか)／タッチ

共通する意味★絵や文字をかくときの筆の使い方。**【英】** *a touch*

使い方▼**〔筆使い〕**▽巧みな筆使いで鯉(こい)を描く▽力強い筆使い　**〔タッチ〕**▽柔らかいタッチの絵▽軽妙なタッチで人生の哀歓を描く

使い分け【1】「筆使い」は、絵や字を書く場合の筆の使い方の意味に用いるが、内容についてはあまり使わない。【2】「タッチ」は、洋画の筆の使い方のほか、文章などの書きっぷりについても用いる。

参照▼タッチ⇒905-13

6 14-51 筆先(ふでさき)／筆鋒(ひっぽう)

共通する意味★筆の先を表わす語。**【英】** *the point of a brush*

使い分け【1】「筆先」には、「筆先でごまかす」のように、筆の運び、あるいは書き方の意味がある。【2】「筆鋒」は、現代では筆の先の意味で用いられることは少なく、「筆鋒鋭く論評する」のように、ほとんど文章の勢いの意味で用いられる。

6 14-52 筆跡(ひっせき)／水茎(みずぐき)／麗筆(れいひつ)

共通する意味★書かれた文字の様子を表わす語。**【英】** *a holograph*

使い方▼**〔筆跡〕**▽筆跡を似せて書く　**〔水茎〕**▽水茎の跡もうるわしい手紙　**〔麗筆〕**▽ほれぼれするような麗筆▽麗筆をふるう

使い分け【1】「筆跡」は、書かれた文字、また、その書きぶりの意味で最も広く用いられる。【2】「水茎」は、「みずくき」ともいい、多く、「水茎の跡もうるわしい」の形で使われる。【3】「麗筆」は、整った、また美しい筆跡。美しい文章の意味でも用いられる。

参照▼麗筆⇒611-10

6 14-53 筆勢(ひっせい)／筆力(ひつりょく)

共通する意味★書画にみられる筆の使い方の勢い。また、文章の勢い。**【英】** *a stroke of the pen*

使い方▼**〔筆勢〕**▽筆勢衰えず▽雄渾(ゆうこん)な筆勢▽鋭い筆勢　**〔筆力〕**▽筆力が衰える▽筆力がある

使い分け「筆力」は、文章の勢い、書く能力という意味で用いることが多い。

6 14-54 墨痕（ぼっこん）／墨跡（ぼくせき）

共通する意味★墨で書かれた筆のあと。**【英】** *ink marks*

使い方▼〔墨痕〕▽墨痕鮮やかに書きあげる▽墨痕淋漓（りんり）（＝生き生きした書の形容）　〔墨跡〕▽みごとな墨跡▽高僧の墨跡

使い分け「墨跡」は、多く、墨で書かれた文字や書かれたものをいう。

6 14-55 水滴（すいてき）／硯滴（けんてき）

共通する意味★すずりにさす水を入れておく小さな水さし。

使い分け「硯滴」は、すずりの水のこともいう。

参照▼水滴⇒707-17

6 15 …芸能

6 15-01 芸（げい）／演芸（えんげい）／芸能（げいのう）／演技（えんぎ）

【関連語】◆（芸道）げいどう◆（一芸）いちげい◆（遊芸）ゆうげい

共通する意味★修練によって修得した技術。特に、他の人に見せたり聞かせたりすることを目的としたものをいうことが多い。

使い方▼〔芸〕▽芸がない▽芸は身を助ける▽芸の虫▽芸達者　〔演芸〕▽寄席で演芸を見る　〔芸能〕▽郷土芸能▽芸能番組▽芸能人　〔演技〕スル▽オーバーに演技する役者▽演技力

使い分け【1】「芸」は、芸人、俳優などの技術のほか、動物などに仕込んだ曲芸、見せ物などにもいう。**【英】** *an art; a trick*（曲芸）【2】「演芸」は、踊り、劇、落語、曲芸など大衆的な娯楽、また、それらを演じること。「演技」は、大衆的かどうかとは関係なく、人の前で演じられた技、また、それを演じることをいう。**【英】** *a performance*【3】「芸能」は、一つ一つの技をさすのではなく、映画・演劇・舞踊・音楽などの演芸全体をいう。**【英】** *performing arts*

【関連語】◆（芸道）技芸や芸能の道。また、芸の道の意。「芸道に励む」◆（一芸）一つの技術、芸能。「一芸に秀でる」「一芸を究めた人」◆（遊芸）謡・茶の湯・生け花・琴・三味線など、趣味に類する技のこと。「遊芸三昧（ざんまい）」

6 15-02 演劇（えんげき）／劇（げき）／芝居（しばい）／ドラマ

【関連語】◆（猿芝居）さるしばい

共通する意味★脚本に従って俳優が演技をして人に見せるもの。**【英】** *a play*

使い方▼〔演劇〕▽演劇を上演する▽演劇部▽商業演劇　〔劇〕▽学芸会の劇に端役（はやく）で出る▽劇中劇▽野外劇▽劇的な再会　〔芝居〕▽芝居がはねる▽芝居じみた言動▽素人芝居▽芝居小屋　〔ドラマ〕▽ドラマに出演する▽ホームドラマ

	□を鑑賞する	□活動	事件を□にする	テレビ□
演劇	○	○	－	－
劇	○	－	○	－
芝居	○	－	○	－
ドラマ	△	－	○	○

使い分け【1】「演劇」は、観客に見せるために俳優が舞台で演技をするものを総称していう。【2】「劇」は、単独ではあまり用いられない。【3】「芝居」は、歌舞伎（かぶき）、文楽（ぶんらく）、新派など、日本的色彩の強いものにいうことが多い。【4】「芝居」は、「あれは彼女の芝居だ」のように、人をだますための作為的な行動にもいう。【5】「ドラマ」は、主に、テレビ、ラジオで演じて見せるものをいう。

【関連語】◆（猿芝居）陳腐で下手な芝居や劇。また、すぐうそだと見抜かれるような浅はかなたくらみや言動にもいう。「派閥抗争の猿芝居にあきれはてる」

6 15-03 歌劇（かげき）／オペラ／オペレッタ

【関連語】◆（楽劇）がくげき

共通する意味★歌手の歌を中心に、管弦楽の演奏を伴って上演される劇。**【英】** *an opera*

使い分け【1】「歌劇」「オペラ」は、同じ意味で用いる。【2】「オペレッタ」は、小さいオペラの意で、喜劇的要素を含む小規模のものをいう。

【関連語】◆（楽劇）歌劇の一形式。歌に重きをおかず、音楽による劇的表現を重視した音楽劇。

6 15-04 喜劇（きげき）／コメディ／笑劇（しょうげき）

共通する意味★観客の笑いをねらった演劇。**【英】** *a comedy*

使い方▼〔喜劇〕▽モリエールの喜劇▽喜劇俳優　〔コメディ〕▽アドリブの多いコメディ▽ナンセンスコメディ　〔笑劇〕▽駄洒落（だじゃれ）連発の笑劇

使い分け【1】「喜劇」が、最も一般的な言い方。【2】「喜劇」は、滑稽（こっけい）・風刺などをまじえて観客を笑わせながら、人生の真実面を表わそうとする演劇。また、「とんだ喜劇を演じてしまった」のように、滑稽な出来事にもいう。【3】「コメディ」は、特に、軽いタッチの喜劇をいう。【4】「笑劇」は、大衆向けの笑いをねらった滑稽な劇。
反対語▼喜劇⇔悲劇

6 15-05 悲劇(ひげき)

意味★不幸で悲惨な筋の劇。転じて、悲惨な出来事。
【英】 *a tragedy* ⇔喜劇
使い方▼〔悲劇〕▽ギリシア悲劇▽悲劇的な結末
参照▼悲劇⇒518-06

6 15-06 映像(えいぞう)／画像(がぞう)／画面(がめん)

共通する意味★映画のスクリーンやテレビのブラウン管に映し出される物の形や姿。**【英】** *a picture*

	テレビの□	□文化	□を明るくする	□に映し出される
映像	○	○	△	-
画像	○	-	△	-
画面	○	-	○	○

使い分け【1】「映像」は、光線の屈折や反射などにより、何かの上に形を結んだ像の意。あるいは、「記憶の中の映像」のように、頭の中で描き出されたイメージの意でも用いられる。【2】「画像」は、テレビの受像機に映し出される像のこと。【3】「画面」は、映画のスクリーンやテレビのブラウン管などに映し出された全体のこと。
参照▼画像⇒614-13

6 15-07 番組(ばんぐみ)／プログラム

【関連語】◆(裏番組)うらばんぐみ

共通する意味★テレビ、ラジオ放送の編成や順番などを決めたもの。**【英】** *a program*
使い方▼〔番組〕▽番組を構成する▽人気番組 〔プログラム〕▽プログラムを変更して放送する
使い分け【1】「番組」は、「スポーツ番組」のように、テレビ、ラジオの編成を構成する一つ一つをさすこともある。【2】「プログラム」は、テレビ、ラジオの内容、出演者などを記した番組表や小冊子をさすこともある。
【関連語】◆(裏番組)同時刻に他局がやっている放送のこと。「裏番組に視聴者をうばわれる」
参照▼プログラム⇒814-65

6 15-08 台本(だいほん)／脚本(きゃくほん)／戯曲(ぎきょく)／シナリオ

【関連語】◆(オリジナル)

共通する意味★舞台や映画などにすぐ使えるような形式で書かれた本。**【英】** *a scenario*
使い方▼〔台本〕▽台本どおりにしゃべる 〔脚本〕▽あのドラマは脚本がいい▽脚本家 〔戯曲〕▽一幕三場の戯曲▽戯曲の大作をものする 〔シナリオ〕▽テレビドラマのシナリオ▽シナリオライター

	□を書く	映画の□	□を読み合わせる	小説を□化する
台本	○	○	○	-
脚本	○	○	-	○
戯曲	○	-	-	○
シナリオ	○	○	-	△

使い分け【1】「台本」「脚本」は、舞台・映画・放送の現場で実際に使うことを前提として書かれている。「脚本」よりも「台本」の方が一般的である。【2】「戯曲」は、演劇の脚本であるが、「シェークスピアの戯曲」のように、劇の形式を使って書かれた文学作品の意でも用いられる。【3】「シナリオ」は、映画やテレビの「脚本」のこと。また、「シナリオどおりにことが運んだ」のように、筋書の意にも用いる。
【関連語】◆(オリジナル)小説などを脚色したものではなく、新しく書き下ろした「脚本」のこと。
参照▼オリジナル⇒616-41

6 15-09 脚色(きゃくしょく)／劇化(げきか)

共通する意味★小説や事件などを、劇の形に変えること。**【英】** *dramatization*
使い方▼〔脚色〕スル▽事件を脚色して映画にする 〔劇化〕スル▽文豪の一生を劇化する
使い分け「脚色」は、劇のほかに、映画、放送の脚本に書き改めることにもいう。また、「はでに脚色された話」のように、事実を故意に粉飾して伝えることにもいう。

6 15-10 せりふ／科白(かはく)

【関連語】◆(台詞)だいし◆(独白)どくはく◆(モノローグ)◆(ダイアローグ)

共通する意味★俳優が劇中でいう言葉。**【英】** *one's lines*
使い方▼〔せりふ〕▽せりふの多い役▽せりふ回し 〔科白〕▽科白劇
使い分け【1】二語の中では、「せりふ」が一般的な言い方。「科白」は、文章の中で用いられる。【2】「せりふ」は、「台詞」「科白」とも書く。【3】「科白」は、「科」がしぐさ、「白」がせりふの意で、俳優のしぐさとせりふをいう語であるが、特にせりふをさす。
【関連語】◆(台詞)「せりふ」のこと。「台詞を覚える」「長い台詞が続く」◆(独白・モノローグ)演劇で、相手なしに、一人でせりふを言うこと。**【英】** *a monologue* ◆(ダイアローグ)演劇で、対話をいう。

615-11 幕（まく）／場（ば）／場面（ばめん）／シーン／カット

【関連語】◆（一齣）ひとこま◆（ショット）

共通する意味★劇や映画などの一つの情景。

【英】*an act*

使い方▼〔幕〕▽最後の幕▽二幕物 〔場〕▽子別れの場▽二幕三場 〔場面〕▽場面が変わる▽名場面 〔シーン〕▽決闘のシーン▽ラブシーン▽ラストシーン 〔カット〕▽最初のカットが素晴らしい▽カットバック

	次の□に出る	三□からなる劇	感動的な別れの□	この映画の有名な□
幕	○	○	-	-
場	○	○	△	-
場面	○	-	○	○
シーン	○	-	○	○
カット	△	-	-	○

使い分け【1】「幕」「場」は、一つの劇の中での場面による区切り。幕が開いてから閉じるまでを一つの「幕」とする。その「幕」の中で、同一の場面で演じられる部分を一つの「場」と呼ぶ。【2】「場面」は、「場」以下の四語のうち、最も一般的。【3】「シーン」は、「ほほえましいシーン」のように、情景、光景の意でも用いられる。【4】「カット」は、映画などの撮影で、いったん写し始めてから写し終わるまでの一場面。

【関連語】◆（一齣）劇、映画などの一場面。転じて、ある出来事や光景などの短い一場面の意でも用いられる。「映画の一こま」「心に残る一こま」◆（ショット）映画で、切れ目なしに撮影された一場面。「ロングショット」

参照▼幕⇒615-28 場⇒815-03 シーン⇒708-02 カット⇒614-06

615-12 序幕（じょまく）

【関連語】◆（序）じょ

意味★一つの劇の、最初の幕をいう。第一幕のこと。また、物事のはじまり。【英】*a prelude* ⇔終幕

使い方▼〔序幕〕▽序幕から暗い芝居▽騒動の序幕

【関連語】◆（序）「序幕」のこと。「序から大詰めまで一息に見せる」「序の段」

参照▼序⇒610-05

615-13 さわり／見せ場（みせば）／ハイライト

【関連語】◆（正念場）しょうねんば◆（見せ所）みせどころ

共通する意味★最も重要な、あるいは最も感動的な部分や場面。【英】*a highlight scene*

使い方▼〔さわり〕▽さわりを聞かせる▽小説のさわり 〔見せ場〕▽見せ場がたくさんある役▽見せ場をつくる 〔ハイライト〕▽祭りのハイライト▽ハイライトシーン

使い分け【1】「さわり」は、もと義太夫（ぎだゆう）一曲中で、一番の聞かせどころ。【2】「見せ場」は、芝居などで、その役者の得意の芸を観客に存分に見せようとする場面。また、一般に、見せる価値のある場面。【3】「ハイライト」は、演劇、放送番組、スポーツなどで、最も興味をそそる部分。本来、絵画や写真で光線が最も強く当たり白く見える部分をいう。

【関連語】◆（正念場）歌舞伎（かぶき）、浄瑠璃（じょうるり）などで、主役が演じる最も重要な場面。転じて、「正念場を迎える」のように、物事の重要な局面。◆（見せ所）特に人に見せたい得意な場面。「私の腕の見せどころ」

615-14 濡れ場（ぬれば）／ラブシーン

共通する意味★劇や映画で、情事の場面。【英】*a love scene*

使い方▼〔濡れ場〕▽濃厚な濡れ場を演じる 〔ラブシーン〕▽ラブシーンが多いドラマ

使い分け「濡れ場」は、主として歌舞伎（かぶき）など日本の伝統演劇で用い、「ラブシーン」は、映画などで用いる。

615-15 大詰め（おおづめ）／終幕（しゅうまく）

【関連語】◆（大団円）だいだんえん◆（大切り）おおぎり

共通する意味★一つの劇の、最後の幕や場面。また、物事の最終段階にもいう。【英】*the catastrophe*

使い方▼〔大詰め〕▽舞台は大詰めを迎えた▽捜査が大詰めの段階に入る 〔終幕〕▽終幕の別れの場面▽シーズンも終幕を迎える

【関連語】◆（大団円）劇、小説、事件などで、すべてがめでたくおさまる最後の場面。「大団円を迎える」◆（大切り）演劇で、その日の興行の最後の一幕。「切り」の字を嫌い「大喜利」とも書く。「今日の大切りをつとめる」

参照▼大詰め⇒814-29

615-16 興行（こうぎょう）／ショー／見せ物（みせもの）

共通する意味★観客を集め、入場料をとって見せること。または、その催し物。【英】*a show*

使い方▼〔興行〕スル▽各地で興行する▽十五日間の興行を打つ▽顔見世興行▽興行主 〔ショー〕▽ショーに出演する▽ロードショー▽ワンマンショー 〔見せ物〕▽見せ物にされる▽見せ物小屋

使い分け【1】「興行」の催し物は、映画・演劇・ス

ポーツなどいろいろある。【2】「ショー」は、観客を喜ばせることを第一に考えて作られた、歌・踊り・演劇などを主とした催し物。【3】「見せ物」は、珍しさや芸などを売り物とする興行。「見世物」とも書く。

6 15-17 巡業／どさ回り／旅回り

共通する意味★各地を興行してまわること。**【英】** *to tour the provinces*

使い方▼〔巡業〕スル▽力士が全国を巡業する▽地方巡業 〔どさ回り〕▽どさ回りの役者 〔旅回り〕▽旅回りの一座

使い分け【1】「巡業」は、相撲や芝居、見せ物などの興行をしながら各地をまわること。【2】「どさ回り」「旅回り」は、劇団や芸人などが地方を興行してまわること。【3】「どさ回り」の「どさ」は、田舎、地方の意。もっぱら地方興行ばかりをしている劇団のこともいう。

6 15-18 開催／挙行

【関連語】◆〈主催〉◆〈共催〉◆〈執行〉

共通する意味★会、行事、儀式などをとり行うこと。**【英】** *to hold*

使い方▼〔開催〕スル▽オリンピックを開催する▽開催が危ぶまれる▽開催地 〔挙行〕スル▽記念式典を挙行する▽来年四月挙行の予定

使い分け【1】「開催」は、会や催し物などを開き行うこと。【2】「挙行」は、儀式や行事を公のこととして行うこと。日常語としては、用いられない。

【関連語】◆〈主催〉スル中心となって会合や行事などを催すこと。「社長主催のパーティー」「自治体が主催するイベント」◆〈共催〉スル二つ以上の団体が共同して、一つの催しを行うこと。「三社共催のチャリティーショー」◆〈執行〉スルすでに決定されている事柄を実際に行うことだが、多くは、法令、裁判、行政処分などの内容を実際に実現させることに用いる。「職務を執行する」「刑を執行する」「執行猶予」「強制執行」

参照▼共催⇒516-35

6 文化

6 15-19 コンサート／リサイタル

【関連語】◆〈コンクール〉◆〈コンテスト〉

共通する意味★観衆の前で音楽の催し物を見せる会。

使い方▼〔コンサート〕▽コンサートに行く▽野外コンサート▽コンサートホール▽チャリティーコンサート 〔リサイタル〕▽記念リサイタルを開く▽ピアノのリサイタル

使い分け【1】「コンサート」は、演奏会、音楽会のこと。【2】「リサイタル」は、独演会、独唱会のこと。

【関連語】◆〈コンクール・コンテスト〉出来映えを競うために催す会。音楽、絵画、写真、作文など、広い分野での競技会について使われる。「コンクール」はフランス語から、「コンテスト」は英語から。「合唱コンクール」「フォトコンテスト」

6 15-20 展示／展覧／展観／ディスプレー

【関連語】◆〈出品〉◆〈陳列〉

共通する意味★特定の場所を設けて、物品や作品などを並べて人々に見せること。**【英】** *exhibition*

使い方▼〔展示〕スル▽展示即売会▽展示品 〔展覧〕スル▽秘蔵の絵画を展覧に供する▽展覧会 〔展観〕スル▽古文書の展観 〔ディスプレー〕スル▽商品のディスプレー

	国宝の□がある	新製品を□する	□会場	ショーウインドーの□
展示	○	○	○	-
展覧	○	△	○	-
展観	○	△	-	-
ディスプレー	-	○	△	○

使い分け【1】四語のうち、「展示」が最も一般的。【2】「展示」「展覧」「展観」は、一般の人々に公開するというニュアンスが強い。【3】「ディスプレー」は、人目を引くことを目的にしているので、品物の並べ方や飾り方に工夫を凝らす。

【関連語】◆〈出品〉スル展覧会などに物品、作品を出すこと。「展覧会に出品する」「出品点数」◆〈陳列〉スル人に見せるために品物を並べること。「美術品を陳列する」「陳列棚」

6 15-21 出演／演じる

【関連語】◆〈主演〉◆〈共演〉◆〈助演〉◆〈独演〉◆〈競演〉◆〈好演〉◆〈熱演〉

共通する意味★芝居、映画、演奏会などに出て、演技、演奏などを行うこと。**【英】** *to make one's appearance; to perform*

使い方▼〔出演〕スル▽テレビに出演する▽特別出演▽出演料 〔演じる〕(サ上一)▽主役を演じる▽ハムレットを演じる

使い分け【1】「出演」は、テレビ、映画や演劇などに出ること、また、ある役を務めることを表わすが、「演じる」は、芸を行うことのみを表わす。【2】「演じる」は、「演ずる」とも。

【関連語】◆〈主演〉スル演劇、映画などで、中心人物の役を演じること。「彼の主演した映画」「主演女優」

◆〔共演〕スル 俳優が二人以上一緒に出演すること。「二大スターの共演した映画」◆〔助演〕スル 演劇、映画などでわき役として演ずること。「新作に助演する」「助演女優賞」◆〔独演〕スル 一人だけで出演すること。また、「会議は彼の独演会だった」のように、会合などで一人で話し続けることにもいう。◆〔競演〕スル 演技や演奏を競うこと。「二つの劇団がマクベスを競演する」「二大女優の競演」◆〔好演〕スル 立派に演じたり、演奏したりすること。また、その演技や演奏。「ヒロイン役を好演する」「老優の好演が光る」◆〔熱演〕スル 持てる力を出しきって演じること。また、その演技や演奏。「引退興行で熱演する」「子役の熱演に拍手を送る」

参照▼演じる⇒114-10

6 15-22 上演（じょうえん）／公演（こうえん）／実演（じつえん）

共通する意味★観客に演じて見せること。**【英】***performance*

使い方▼〔上演〕スル 〔公演〕スル 〔実演〕スル

	ハムレットを□する	□中の写真撮影禁止	人気奇術師の□	化粧法を□してみせる
上演	○	○	-	-
公演	○	△	○	-
実演	-	-	○	○

使い分け【1】「上演」「公演」は、舞台上で演ずるのが普通だが、「実演」は、場所が限定されない。【2】芝居を観客に見せるために、役者が舞台で演ずるのが「上演」であり、それを一つの興行として観客に提供するのが「公演」。【3】「上演」は、主に芝居に用いられるが、「公演」は、芝居、舞踊、音楽など広く用いる。【4】「実演」は、映像や言葉ではなく、実際に目の前でやって見せること。

6 15-23 休場（きゅうじょう）／休演（きゅうえん）

共通する意味★興行や出演を休むこと。あるいは興行などで出場予定者が休むこと。

使い方▼〔休場〕スル▽横綱が病気で休場する▽劇場改装のため休場　〔休演〕スル▽主役が急病のため休演となった▽三か月休演する

使い分け「休場」は、力士についていうことが多い。「休演」は、芝居や演芸などでいう。**【英】***absence from the ring*(休場); *absence from the stage*(休演)

6 15-24 終演（しゅうえん）／閉幕（へいまく）／打ち出し（うちだし）

共通する意味★芝居、映画、相撲などで、その日の催しが終わること。**【英】***the end of a show*

使い方▼〔終演〕スル 〔閉幕〕スル

	この芝居は十時の□だ	□の太鼓	この大会も□を迎える
終演	○	-	-
閉幕	○	-	○
打ち出し	○	○	-

使い分け【1】「終演」が、一般的。【2】「閉幕」は、転じて、「万国博覧会が閉幕する」のように、行事、催しなどの期間が終わることの意でも用いられる。【3】「打ち出し」は、一日の興行の終わり。劇場や相撲などで、興行が終わると同時に大太鼓を打つところからいう。

反対語▼終演⇔開演　閉幕⇔開幕

6 15-25 観劇（かんげき）／観戦（かんせん）

【関連語】◆〔立ち見〕たちみ ◆〔総見〕そうけん

共通する意味★観客として、特定のものを見ること。**【英】***to watch*

使い方▼〔観劇〕スル▽趣味は観劇です▽着物で歌舞伎（かぶき）を観劇する　〔観戦〕スル▽試合をテレビで観戦する▽観戦記

使い分け「観劇」は、演劇・芝居を見ることに、「観戦」は、スポーツや囲碁、将棋などの試合を見ることにいう。

【関連語】◆〔立ち見〕劇場、映画館などで立ったままで見ること。「立ち見が出るほどの人気」◆〔総見〕スル 芝居や相撲などを後援・支援する団体または関係者がそろって見ること。「横綱審議会の総見」

6 15-26 劇場（げきじょう）／シアター／小屋（こや）

【関連語】◆〔定小屋〕じょうごや ◆〔芝居小屋〕しばいごや

共通する意味★演劇や映画を客に見せるための建物。**【英】***a theater*

使い方▼〔劇場〕▽劇場中継▽野外劇場▽円形劇場　〔シアター〕▽アートシアター▽レストランシアター　〔小屋〕▽小屋をかける▽見せ物小屋

使い分け【1】「劇場」は、劇を上演するための建物。舞台と、観客席とを持つ。【2】「シアター」は、博物館やレストランなどに付属した小劇場などをしゃれていうことが多い。【3】「小屋」は、芝居、見せ物などの興行に使用する建物。「劇場」にくらべ、規模も設備もかなり劣る。

【関連語】◆〔芝居小屋〕芝居を興行する建物。◆〔定小屋〕常設の芝居小屋。または、ある俳優が毎月決まって出演する劇場。

参照▼小屋⇒411-04

6 15-27 舞台（ぶたい）／ステージ

【関連語】◆(ひのき舞台)ひのきぶたい◆(回り舞台)まわりぶたい◆(壇)だん

共通する意味★演劇や舞踊などを観客に見せるために設けられた場。ふつう、観客席よりも高くなっている。【英】*the stage*

使い方▼〔舞台〕▽五歳で舞台に立つ▽初舞台▽舞台効果 〔ステージ〕▽華やかなステージ▽ステージ衣装▽ステージマネージャー

使い分け【1】建物の一部としていう場合は、二語とも一般的に使われる。また、「熱狂的な舞台(ステージ)」のように、そこで行われている演技、演奏などをさしても使う。【2】映画やテレビに対して、観客に直接見せるものをさして、それが演劇の場合は「舞台」、歌やショーの場合は「ステージ」ということが多い。【3】「舞台」は、「世界を舞台に活躍する」のように、活動の場の意にも用いる。

【関連語】◆(ひのき舞台)ヒノキで床を張った立派な舞台。転じて、自分の腕前を披露する晴れの場所のことをいう。「檜舞台」とも書く。「全国大会のひのき舞台を踏む」◆(回り舞台)舞台の中央を円形に切って、回るようにし、場面が転換するようにした装置。また、その舞台。「回り舞台が暗転する」◆(壇)他よりも高くなっている場所。「壇に上って歌う」「壇上から見下ろす」

6 15-28 幕（まく）

【関連語】◆(暗幕)あんまく◆(天幕)てんまく◆(幔幕)まんまく◆(垂れ幕)たれまく

意味★何かを遮るために、隔てとして用いる大きな布。【英】*a curtain*

使い方▼〔幕〕▽紅白の幕を張る

◆「幕」は、特に舞台の前面に垂らす大きな布をいい、「幕をあげる(＝劇を始める。また、物事を開始する)」「幕が切って落とされる(＝物事が華々しく始まる)」などの言い方がある。

【関連語】◆(暗幕)外からの光を遮って室内を暗くするための黒い大きな布。◆(天幕)雨露をしのぐために野天に張る布。◆(幔幕)式場、会場に張り巡らす紅白、黒白などの布。◆(垂れ幕)垂れ下げた幕。

参照▼幕⇒615-11

6 15-29 緞帳（どんちょう）／黒幕（くろまく）／揚げ幕（あげまく）／引き幕（ひきまく）／定式幕（じょうしきまく）

共通する意味★舞台で使う幕。【英】*a drop curtain*

使い分け【1】「緞帳」は、厚地の模様入りの幕で、観客席に一番近い所に下げてある幕。巻いて上げ下ろしをする。【2】「黒幕」は、場の変わり目に舞台を隠したり、闇(やみ)を表わしたりするために使う黒い幕。比喩(ひゆ)的に、「事件の黒幕」のように、陰で計画したり指図したりする者をいう。【3】「揚げ幕」は、能舞台の鏡の間と橋懸りとの境や、舞台の花道の出入り口に掛ける幕。【4】「引き幕」は、舞台で横に引いて開閉する幕。【5】「定式幕」は、歌舞伎(かぶき)特有の幕で、縦に萌黄(もえぎ)・柿(かき)・黒の三色の縞(しま)になっている幕。横に引いて開閉する。

6 15-30 役者（やくしゃ）／俳優（はいゆう）／タレント／芸人（げいにん）

共通する意味★舞台、映画、テレビなどで演じることを職業としている人。【英】*a player; an actor* [*actress*]

使い方▼〔役者〕▽歌舞伎(かぶき)の役者▽旅役者▽大根役者 〔俳優〕▽俳優になる▽映画俳優▽性格俳優 〔タレント〕▽テレビタレント▽タレント教授 〔芸人〕▽芸人の家庭に生まれる▽旅芸人▽芸人根性

使い分け【1】「役者」「俳優」は、舞台、映画など演劇で役を演じる人。ただし、歌舞伎や能など古くからある演劇で仕事をしている人には、「役者」を用いることが多い。【2】「役者」は、「役者がそろう」のように、働き・能力のすぐれた人の意や、また、「役者が一枚上」のように、知略、かけひきなどにすぐれた人の意にも用いる。【3】「タレント」は、元来は才能の意で、「あふれんばかりのタレントの持ち主」のようにも使うが、一般には、ラジオ、テレビなどマスコミでもてはやされている俳優、歌手、司会者などを総称していう。【4】「芸人」は、芸を見せることを職業としている人。ほかに、「芸人ぞろいの会社」のように、得意な芸を身につけている人、の意もある。

6 15-31 主役（しゅやく）／シテ

共通する意味★演劇で中心となる人物の役。また、それを演ずる人。【英】*the leading part*

使い方▼〔主役〕▽舞台で主役を演じる▽主役に抜擢(ばってき)される 〔シテ〕▽シテをつとめる▽シテの名演技

使い分け【1】「主役」が一般的で、演劇、映画などで広く使う。「事件の主役」のように、ある物事で重要な役割を果たす人の意でも用いられる。【2】「シテ」は、能楽・狂言で主人公の役をいう。

反対語▼主役⇔わき役　シテ⇔ワキ

6 15-32 わき役（やく）／バイプレーヤー

【関連語】◆(ワキ)

共通する意味★主役を助けて演技する役。また、その役者。【英】*a supporting actor*

使い方▼〔わき役〕▽わき役の演技が光る▽わき役に徹する 〔バイプレーヤー〕▽バイプレーヤーに甘んじる

使い分け「わき役」「バイプレーヤー」は、演劇以外でも、表立たないで補佐する役目の人をいう。「わき役」の方が、一般的な語。「脇役」「傍役」とも書く。
反対語▼わき役⇔主役
【関連語】◆**(ワキ)**能楽で、主役(シテ)の相手を演ずる役。また、その人。⇔シテ
参照▼わき役⇒502-17

6 15-33 後見／黒子

共通する意味★日本古来の演劇で、演技者の出演中、後ろにいて装束を直したり、作り物や小道具を扱う役。
使い方▼**〔後見〕**▽後見を務める▽能舞台の後見柱 **〔黒子〕**▽黒子が衣装を直す▽歌舞伎の黒子
使い分け【1】「後見」は、人の後ろだてになって世話をすること、また、その人のこともいう。【2】「黒子」は、黒い装束をつけてその役をしている人。観客には見えない約束になっている。転じて、表に出ずに事を処理する人物をいう。「くろご」とも。「今度の企画では黒子に徹する」

6 15-34 代役／スタントマン／吹き替え

共通する意味★映画、テレビドラマ、歌舞伎などで、代わって出演する人。**【英】** *a stand-in*
使い方▼**〔代役〕**▽主役急病のため代役を立てる▽代役をつとめる　**〔スタントマン〕**▽危険な場面はスタントマンを使う　**〔吹き替え〕**▽歌舞伎の早替わりで、吹き替えを使う
使い分け【1】「代役」は、本来その役をするはずであった俳優に代わって出演する俳優のこと。一般に、ある人の代わりをつとめる人にもいう。【2】「スタントマン」は、危険な場面で俳優の代わりをする人。【3】「吹き替え」は、観客にわからないようにある場面だけ、スターの身代わりになる人。また、外国の映画、テレビドラマなどで、せりふを自国語に訳して吹き込むこと。

6 15-35 端役／ちょい役／エキストラ

共通する意味★芝居の中で重要でない、ちょっとした役。**【英】** *a minor part*
使い方▼**〔端役〕**▽端役にありつく　**〔ちょい役〕**▽ちょい役でドラマに出る　**〔エキストラ〕**▽通行人のエキストラ
使い分け【1】「端役」「ちょい役」が、一般的。「端役」は、転じて、一般に重要でない役目の意でも用いられる。【2】「エキストラ」は、本職の役者ではなくて臨時雇いの出演者をいう。

6 15-36 悪役／敵役
【関連語】◆**(悪玉)**

共通する意味★芝居、映画などで、悪人の役。**【英】** *the villain*
使い方▼**〔悪役〕**▽悪役で名を売った老優　**〔敵役〕**▽敵役専門の俳優
使い分け【1】「悪役」が、一般的。転じて、「体制の改革のために悪役にまわる」のように、人から憎まれる役まわりの意でも用いられる。【2】「敵役」は、現代劇ではあまり用いられず、「会議で敵役に徹する」のように、憎まれる立場や役目の意でも用いられることが多い。
【関連語】◆**(悪玉)**悪人の役。また、悪人。
参照▼敵役⇒502-16　悪玉⇒305-46

6 15-37 男役／立ち役
【関連語】◆**(女形)**

共通する意味★演劇で、男の役のこと。
使い分け【1】「男役」は、女が演じる男の役のこと。また、その女優をいう。【2】「立ち役」は、歌舞伎で、女形・子役以外の男の役のこと。特に、老け役・敵役を除いた男の善人の役をいう。
【関連語】◆**(女形)**歌舞伎で、女の役をする男の役者。「おんながた」とも読む。

6 15-38 コメディアン／ボードビリアン

共通する意味★観客を笑わせる劇を演じる役者、俳優。
使い方▼**〔コメディアン〕**▽一流のコメディアンになるのが夢だ　**〔ボードビリアン〕**▽一世を風靡したボードビリアン
使い分け　一般に、「コメディアン」は喜劇役者のことをいい、「ボードビリアン」は、軽演劇の喜劇俳優や、寄席などで寸劇を演じる役者をいう。

6 15-39 道化師／ピエロ

共通する意味★顔に特別の化粧をしたり、仮面をつけたりして、滑稽な身振りで人を笑わせる役柄の人。**【英】** *a clown*
使い分け「ピエロ」は、サーカスなどで道化を演じる者。また、「道化師」「ピエロ」ともに、「道化師を演じた」「これでは、僕はまるでピエロだ」のように、滑稽な役回りを受けもつ人の意でも使われる。

6 15-40 二枚目／三枚目

共通する意味★その役者に定められた役柄。また、その役柄を演じる役者。
使い方▼**〔二枚目〕**▽二枚目の役▽二枚目スター

6 文化

〔三枚目〕▽みんなを笑わせる三枚目の女優▽三枚目を演じる

使い分け【1】「二枚目」は、若い色男風の美男の役、または、それを演じる役者。「あの人の御主人は二枚目だ」のように、一般に美男子の意でも用いられる。劇場に掲げられた番付の二番目に名が記されたところからいう。【英】*the role of a beau*【2】「三枚目」は、滑稽（こっけい）な役、または、それを演じる役者。劇場に掲げられた番付の三番目は滑稽な役の名であったところから。転じて、滑稽な言動で人を笑わせる人にもいう。【英】*a comic role*

参照▼二枚目⇒306-21

615-41 名優（めいゆう）／千両役者（せんりょうやくしゃ）／スター／花形（はながた）／立て役者（たてやくしゃ）／大立者（おおだてもの）

【関連語】◆（座頭）ざがしら

共通する意味★名前の通った、目立っている役者。【英】*a famous actor; a star*

使い方▼〔名優〕▽名優の演技▽歌舞伎（かぶき）の名優〔千両役者〕▽いよいよ千両役者の出番だ〔スター〕▽スターの座▽映画スター▽スタープレーヤー〔花形〕▽一座の花形▽花形選手〔立て役者〕▽一座の立て役者になる〔大立者〕▽役者の中でも大立者

使い分け【1】「名優」は、演技が優れている俳優、役者。【2】「千両役者」は、千両の給金を取るに値する役者の意。演技も優れ人気もある役者。【3】「スター」「花形」は、俳優、歌手、スポーツ選手などで、ひときわ人気のある人の意。「スター」の方が、一般的に使われる。【4】「花形」は、「花形役者」の略。今日では「花形産業」のように、時流にもてはやされるものの意で多く用いられる。【5】「立て役者」「大立者」は、芝居の一座の中心となる役者。転じて、「このたびの合併の立て役者」のように、ある件が成功するのに中心となって動いた重要人物や、その社会を代表する実力者の意にも用いる。

【関連語】◆（座頭）芝居の一座を率いる代表となる役者。「一座の座頭」「座頭として活躍する」

参照▼スター⇒701-15

615-42 配役（はいやく）／キャスト

共通する意味★映画、演劇などで、俳優に役を割り当てること。また、その役。【英】*the cast*

使い方▼〔配役〕▽配役に不満が出る▽配役を決める〔キャスト〕▽ミスキャスト（＝俳優と、その演ずる役柄とがうまく合っていないこと）▽豪華キャスト

使い分け「キャスト」は、他の語と組み合わせて使われることが多い。

615-43 監督（かんとく）／ディレクター／演出家（えんしゅつか）

共通する意味★演劇、映画、テレビ番組などで製作スタッフの指揮をする人。【英】*a director; a producer*

使い方▼〔監督〕▽テレビドラマの監督をする▽助監督▽現場監督〔ディレクター〕▽チーフディレクター▽アシスタントディレクター〔演出家〕▽新進の演出家▽ホームドラマの演出家

使い分け【1】「監督」は、特に、映画の製作にあたり指揮をとる人。三語のうちでは最も用法が広く、いろいろな場において、総括、指揮する人をいう。【2】「ディレクター」「演出家」は、特に、放送番組を制作するスタッフの指揮をとる人に用いる。

615-44 映画（えいが）／シネマ／キネマ

【関連語】◆（活動）かつどう◆（幻灯）げんとう◆（スライド）

共通する意味★フィルムを映写機を使って、スクリーンに映して見せるもの。【英】*a movie; the cinema*《英》

使い分け【1】「映画」が、一般的な言い方。【2】「シネマ」「キネマ」は外来語で、「映画」の意。「シネマ」よりも「キネマ」の方が、より古い言い方。

【関連語】◆（活動）「活動写真」の略。明治三〇年代ごろから昭和一〇年ごろまで使われた。大正時代中期ごろからは「映画」も使われ始めた。◆（幻灯・スライド）撮影した像をレンズで拡大しスクリーンに映して見せるもの。「映画」と異なり、像は動かない。「幻灯（スライド）を映す」

615-45 映写（えいしゃ）／上映（じょうえい）

【関連語】◆（試写）ししゃ◆（大写し）おおうつし◆（クローズアップ）

共通する意味★スクリーンに映し出すこと。【英】*screening*

使い方▼〔映写〕スル▽自作の映画を映写する▽映写技師▽映写機〔上映〕スル▽新作を上映する▽上映時間▽近日上映

使い分け【1】「映写」は、映画を映し出すこと。【2】「上映」は、映画を映して観客に見せること。

【関連語】◆（試写）スル映画を公開する前に、特定の人に見せるために映写すること。「関係者を集めて、教育映画を試写する」「試写会」◆（クローズアップ・大写し）スル映画やテレビなどで、ある部分を大きく映し出すこと。「クローズアップ」は、比喩（ひゆ）的に、ある事柄を問題として、大きく取り上げることの意でも用いられる。「顔をクローズアップ（大写し）する」

615-46 寄席（よせ）／席亭（せきてい）／席（せき）

共通する意味★落語、講談などを見せる常設の娯楽場。【英】*a variety hall*

使い方▼〔寄席〕▽寄席に通う▽寄席芸人〔席亭〕▽

6 文化

席亭に出演する▽席亭に挨拶する 〔席〕▽席で演じる▽昼席

使い分け【1】「寄席」が、一般的。【2】「席亭」「席」は、「寄席」のやや古めかしい言い方。「席亭」は、「寄席」の経営者の意にもいう。

参照▼席⇒817-73

6 15-47 真打ち／取り

共通する意味★寄席で、最後に出演する芸人のこと。

使い方▼〔真打ち〕▽真打ち登場▽真打ちに昇格する 〔取り〕▽歌合戦の取りをとる▽取りをつとめる

使い分け【1】「真打ち」は、一番格が高い出演者のことにもいう。特に落語家では、最高の資格をいう。【2】「取り」は、「真打ち」の意でも用いられるが、一般的には、ショー、演芸などで最後を飾る出演者の意で用いられる。

6 15-48 漫才／漫談／講談

【関連語】◆(講釈)◆(バラエティー)

共通する意味★大衆演芸の一つで、主として語ることによって客を楽しませる芸。【英】*a comic dialogue*

使い方▼〔漫才〕▽寄席で漫才を見る▽漫才師 〔漫談〕▽歌謡漫談▽漫談家 〔講談〕▽講談を聞く▽講談師

使い分け【1】「漫才」は、通常、二人の芸人が掛け合いで滑稽なしぐさや会話をするもの。【2】「漫談」は、一人の芸人が滑稽を主として社会風刺などを入れておもしろおかしく話すもの。また、「漫談をして時間をつぶす」のように、とりとめのない話の意でも用いられる。【3】「講談」は、有名な軍記や武勇伝などを、卓を扇でたたきながら調子を付けておもしろく語るもの。

【関連語】◆(講釈)スル「講談」の江戸時代の呼び名。今日では「講釈を並べる」のように、言葉や物事の意味や由来を説明する意で使う方が多い。◆(バラエティー)歌、踊り、寸劇など種々の演目で構成された演芸。「バラエティーショー」

参照▼バラエティー⇒804-18

6 15-49 落語／落とし話／お笑い

【関連語】◆(小話)

共通する意味★最後に「落ち」のある滑稽な話を、主に座ったまま身ぶり手ぶりをまじえ、豊かな表情と声色をもって語り聞かせる芸。【英】*a comic story*

使い方▼〔落語〕▽落語を一席披露する▽落語家 〔落とし話〕▽落とし話のネタを考える 〔お笑い〕▽えー、お笑いを一席▽お笑いタレント

使い分け【1】芸の名としては「落語」。そのへりくだった言い方として「お笑い」を使うこともある。【2】「落とし話」は、「落語」の古風な言い方。

【関連語】◆(小話)笑わせることを目的にした短い話。「落語」よりは、ずっと短い話をさすのが普通。「小咄」とも書く。「小話をひとつ」「江戸の小話」

参照▼小話⇒612-59

6 15-50 曲芸／芸当／アクロバット／軽業／離れ業

【関連語】◆(曲技)◆(サーカス)

共通する意味★人を驚かせるような大胆で奇抜な芸。【英】*acrobatics*

使い方▼〔曲芸〕▽サーカスの曲芸▽曲芸師 〔芸当〕▽玉乗りの芸当をする▽犬に芸当を仕込む 〔アクロバット〕▽アクロバット飛行 〔軽業〕▽軽業を演じる▽軽業師 〔離れ業〕▽大胆な離れ業を演じる

使い分け【1】「曲芸」は、最も広く用いられる。綱渡り、玉乗り、皿回しなどは、みな曲芸の一つ。「アシカの曲芸」のように、動物がするものもある。【2】「芸当」は、普通の人にはまねのできない特異な芸。また、「私にはとてもできない芸当だ」のように、常識では考えられないような困難な行為についてもいう。【3】「アクロバット」「軽業」は、危険を伴うわざを身軽にやりこなすのを見せるもの。また、それをする人。【4】「離れ業」は、人前でやる大胆な芸だけでなく、日常生活での大胆、奇抜な行動にもいう。「離れ技」「放れ業」とも書く。

【関連語】◆(曲技)軽業のような技術。「体操選手の曲技」「曲技飛行」◆(サーカス)動物と人間の曲芸を主にした見せ物。また、その一座。

6 15-51 奇術／手品／マジック

共通する意味★人の目をごまかして、不思議なことをして見せる技術。【英】*jugglery*

使い方▼〔奇術〕▽奇術を披露する▽奇術師 〔手品〕▽手品を使う▽トランプの手品▽手品の種を明かす▽手品師 〔マジック〕▽マジックショー

使い分け【1】「奇術」が、多く道具や仕掛けが大掛かりなものをいうのに対して、「手品」は、手先を使うことを主とした小ぢんまりしたものをいうことが多い。【2】「マジック」は、「マジックミラー」のように、名詞の上につけて、不思議な力のある、魔力のある、の意でも用いられる。

参照▼手品⇒812-02

6 15-52 魔法／魔術／妖術／幻術／呪術／まじない

共通する意味★人の目をくらまして、実際には起こりえないような不思議なことをやって見せる術。

【英】*magic*
使い方▼〔魔法〕▽魔法をかける▽魔法の国▽魔法使い　〔魔術〕▽魔術にかかる▽大魔術団▽魔術師　〔妖術〕▽妖術で人をたぶらかす▽妖術を使う　〔幻術〕▽幻術に目がくらむ▽幻術者　〔呪術〕▽古代の人の呪術　〔まじない〕▽まじないをかける▽船に酔わないおまじない

使い分け【1】「魔法」が、最も一般的に使われる。他の語は、信用できない奇怪な術という語感があるが、「魔法」は、空想を膨らますような意味合いで使われることも多い。【2】「魔術」「幻術」は、からくりを使った手品の意でも用いられる。「魔術」は、大がかりな手品にいう。「幻術」は、やや古い言い方。【3】「妖術」は、人をたぶらかすような術、「幻術」は、人の目をくらますような術の意で用いる。【4】「呪術」「まじない」は、超自然的なものの力を借りて、望んでいる現象を起こさせようとする術。「まじない」は、「おまじない」の形で、日常語として使われることが多い。「呪い」とも書く。

6 15-53 からくり／トリック

共通する意味★人の目や考えをあざむくための巧妙な仕掛け。【英】*a trick*
使い方▼〔からくり〕▽密室のからくりを見破る▽からくりにひっかかる　〔トリック〕▽手品のトリック▽アリバイのトリックを見破る

使い分け「からくり」は、「からくり人形」のように、糸などで操って動かすことの意や、「政財界のからくりに気づく」のように、ずるい計略、たくらみ、の意でも用いられる。「絡繰り」とも書く。

6 15-54 隠し芸（かくしげい）／裏芸（うらげい）

【関連語】◆（余技）よぎ

共通する意味★ふだんは人に見せないで、宴会などでやって見せる芸。【英】*parlor tricks*
使い方▼〔隠し芸〕▽宴会で隠し芸を披露する▽隠し芸大会　〔裏芸〕▽裏芸を披露する▽裏芸に落語をやる

使い分け「裏芸」は、「芸能人が裏芸を競うテレビ番組」のように、芸人が自分が専門とする芸（表芸）のほかに身につけている芸のこともいう。

【関連語】◆（余技）専門以外の趣味としての技芸。「余技として絵をかく」「謡は余技にすぎない」

6 15-55 座興（ざきょう）／余興（よきょう）／アトラクション

【関連語】◆（即興）そっきょう◆（お慰み）おなぐさみ

共通する意味★宴会や集会を盛り上げるためにする遊びや演芸。【英】*an entertainment*

	座興	余興	アトラクション
□に手品をやる	○	○	△
□を添える	○	-	-
会食の後□があります	-	△	○
プログラムに□を入れる	-	○	○

使い分け【1】「座興」「余興」は、素人の隠し芸などをいう。「アトラクション」は、会の主となる催しに興を添えるためにする演芸をいい、プロあるいはプロに近い人たちがする体裁の整ったものをいうことが多い。【2】「座興」は、「ほんの座興」「座興ではすまされない」のように、その場限りの戯れの意にも用いられる。

【関連語】◆（即興）その場で起こった興味。「即興で隠し芸をする」◆（お慰み）その場限りの楽しみ。座興。「お慰みまでに一曲ご披露いたします」

6 15-56 お披露目（おひろめ）

意味★芸人や商人が、自分の芸名や店名を広く世間に知らせること。結婚の披露をする場合にも用いられる。【英】*announcement*
使い方▼〔お披露目〕▽二代目襲名のお披露目をする

6 16 …文芸

6 16-01 文芸（ぶんげい）／文学（ぶんがく）

【関連語】◆（学芸）がくげい

共通する意味★詩、和歌、小説などの、言葉を表現手段とした芸術。【英】*literature*
使い方▼〔文芸〕▽近世の文芸を研究している▽文芸雑誌▽大衆文芸▽口承文芸　〔文学〕▽九十年代の文学を論じる▽文学作品▽文学青年▽児童文学

使い分け【1】「文芸」には、学問、芸術の意味もある。【2】「文学」は、「比較文学」のように、それらを研究する学問の意もある。

【関連語】◆（学芸）学問と芸術。「新聞の学芸欄」

6 16-02 作品（さくひん）／作（さく）／作物（さくぶつ）

共通する意味★小説、絵、音楽や工芸品など、芸術活動によって作られたもの。【英】*a (piece of) work*
使い方▼〔作品〕▽作品の構想を練る▽一級の作品だ▽バッハの作品を弾く▽文学作品▽作品評会　〔作〕▽会心の作ができた▽苦心の作▽ルノワールの

作〔作物〕▽これはだれの作物か

使い分け【1】「作」には、「作品」と同じ意味があるほか、「今年は稲の作がよい」のように、農作物のできの意もある。【2】「作物」は、ある人が作ったという意を伴う。

6 16-03 散文（さんぶん）

意味★定型にはまらず、韻をふまない文章。小説、随筆、論文、手紙などに用いられる。**【英】** *prose* ⇔韻文

使い方▼〔散文〕▽散文詩

6 16-04 小説（しょうせつ）

【関連語】◆（物語）（ものがたり）◆（フィクション）◆（ノベル）

意味★作家の構想力で人間や社会のありさまなどを、登場人物の心理、性格、筋の発展などを通して描いた散文体の文学作品。**【英】** *a novel*

使い方▼〔小説〕▽事実は小説よりも奇なり▽小説を書く▽小説家

【関連語】◆（物語）昔から語り伝えられてきた話や、作られた話、特定の話題についての話など、筋のあるまとまった話。特に、平安時代から鎌倉時代にかけての散文の文学作品をさす場合もある。「羽衣の物語」「物語の展開」「歌物語」◆（フィクション）事実によらず、想像で書かれた小説。⇔ノンフィクション。◆（ノベル）写実的な小説や長編小説を特にさす場合もあるが、ふつうは単に「小説」の言い換え語として宣伝などに使われる。

参照▼フィクション⇒6 16-38

6 16-05 長編小説（ちょうへんしょうせつ）／ロマン

共通する意味★雄大な構想をもって書かれた長い物語。**【英】** *a long novel*

使い方▼〔長編小説〕▽夏休みを利用して長編小説を読む〔ロマン〕▽大ロマンの映画化

使い分け「長編小説」は、長い作品の意であるが、「ロマン」には、「男のロマン」「ロマンをかきたてる」のように、大冒険や夢の意もある。

反対語▼長編小説⇔短編小説

6 16-06 短編小説（たんぺんしょうせつ）／コント

共通する意味★人生や社会の一断面を描いたような短い小説。**【英】** *a short novel*

使い方▼〔短編小説〕▽オー・ヘンリーの短編小説が好きだ〔コント〕▽コントのうまい作家

使い分け「短編小説」は、単に短いという意であるが、「コント」は、風刺や機知に富んだ軽妙な作品をいう。

反対語▼短編小説⇔長編小説

6 16-07 私小説（ししょうせつ）／私小説（わたくししょうせつ）

共通する意味★作者自身の生活体験を題材とし、作者自身が主人公になってその心境を述べる小説。**【英】** *an "I" story*

使い分け日本独特の文学形式で、二語とも同じものをさす。代表作家は志賀直哉、滝井孝作、尾崎一雄など。

6 16-08 推理小説（すいりしょうせつ）／ミステリー

共通する意味★犯人捜しや、犯罪の手口や動機などを推理するおもしろさをねらった筋立ての小説。**【英】** *a detective story; a mystery*

使い方▼〔推理小説〕▽推理小説をまねた犯行〔ミステリー〕▽彼女はミステリーが好きだ▽ミステリー作家

使い分け「推理小説」は、第二次大戦後に、戦前の「探偵小説」の名に代わって生まれた言葉。「ミステリー」の方が、一部の怪奇小説、SF、冒険小説を含んで若干意味領域が広い。

参照▼ミステリー⇒8 10-62

6 16-09 SF（エスエフ）／空想科学小説（くうそうかがくしょうせつ）

共通する意味★宇宙や未来社会などを題材にし、進んだ科学技術の描写を織りまぜながら、冒険やロマンや恐怖などを描いた小説。**【英】** *science fiction; SF*

使い分け「SF」は、「サイエンス-フィクション」の略。「空想科学小説」は、その訳語であったが、いまは「SF」の方が一般的である。

6 16-10 伝記（でんき）／評伝（ひょうでん）

共通する意味★ある人物の生涯を、その事績にそって書き記したもの。**【英】** *a biography*

使い方▼〔伝記〕▽偉人の伝記を読む〔評伝〕▽作家の評伝を著す

使い分け【1】「伝記」は、ある人の生涯にそって、事実を記したもの。【2】「評伝」は、その人についての研究、批評などをまじえながら書かれた伝記。

6 16-11 自伝（じでん）／自叙伝（じじょでん）

共通する意味★自分で書いた、自分がこれまでどのように生きてきたかの物語。**【英】** *an autobiography*

使い方▼〔自伝〕▽大統領の自伝がベストセラーになる▽自伝風小説　〔自叙伝〕▽自叙伝を残す▽大冒険家の自叙伝を読む

使い分け　「自叙伝」の方が、「自伝」より若干改まった言い方である。

6 16-12　随筆(ずいひつ)／エッセー／随想(ずいそう)

【関連語】◆(小品)しょうひん

共通する意味★体験、見聞や日ごろ思う事柄などを、筆のおもむくまま、自由な形式で書き記した文章。**【英】** *an essay*

	～集	科学～	～家	～録
随筆	○	○	○	-
エッセー	○	○	-	-
随想	○	○	-	○

使い分け【1】「エッセー」は、「随筆」より知性的、思索的文章をさすこともある。【2】「随想」には、単に思いをめぐらす意もあるので、「随想家」の語はない。「随筆家」は、「エッセイスト」ともいう。

【関連語】◆(小品)短くまとめられた写生風の文章をいう。また、文章以外の美術、楽曲などの作品についてもいう。「小品集」

6 16-13　日記(にっき)／ダイアリー／日誌(にっし)

共通する意味★その日の出来事や感想などを毎日記録したもの。また、それを書くための帳面。**【英】** *a diary; to keep a diary*(日記をつける)

使い方▼〔日記〕▽毎日日記をつけている▽絵日記▽日記帳　〔ダイアリー〕▽年末になると各種ダイアリーが店頭に並ぶ　〔日誌〕▽学級日誌は当番が書く▽航海日誌

使い分け　「日記」は、個人的なものに広く使われるが、「日誌」は、ふつう、組織、団体などの公的な記録。「ダイアリー」は、「日記」「日記帳」の意。

6 16-14　記録(きろく)／筆録(ひつろく)／実録(じつろく)／実記(じっき)

【関連語】◆(手記)しゅき

共通する意味★事実はこうであったと後々まで伝えたい事柄を、そのまま書き記すこと。また、その書き記したもの。**【英】** *a record*

使い方▼〔記録〕スル▽会議の記録をとる▽出席者名を記録に残す▽生まれた子の一部始終を記録する▽記録映画　〔筆録〕スル▽先生の話を筆録する　〔実録〕▽実録物▽第二次世界大戦の実録　〔実記〕▽南極探検の実記

使い分け【1】「筆録」は、書いて残す意だけだが、「記録」は、テープに残すなど他の手段による場合も用いる。【2】「実録」「実記」は、書き記したものについていう。

【関連語】◆(手記)自分の体験や気持ちなどを体験者自らありのまま書き記すこと。**【英】** *a note* 「獄中で手記を書く」「戦没学生の手記」

参照▼記録⇒609-17

6 16-15　ドキュメント／ドキュメンタリー／ルポルタージュ

【関連語】◆(紀行)きこう◆(ノンフィクション)

共通する意味★ありのままを記録したもの。また、その報告。

使い方▼〔ドキュメント〕▽海外ドキュメント▽ドキュメントタッチ　〔ドキュメンタリー〕▽ドキュメンタリードラマ　〔ルポルタージュ〕▽ベトナム戦争のルポルタージュ

使い分け【1】大きな事件や世の中の動向などを文章や映像の形で記録したものを「ドキュメント」といい、それを構成して映画や放送向けに作ったものを「ドキュメンタリー」という。【2】「ルポルタージュ」は、放送や雑誌などで、現地からの報告として行われる記録もの。略して「ルポ」ともいう。

【関連語】◆(紀行)旅行中の出来事、見聞、印象などを書きつづった文章。◆(ノンフィクション)事実をもとにして書かれた作品。記録文学、紀行文、ルポルタージュなど。⇔フィクション

6 16-16　報告(ほうこく)／レポート

共通する意味★現場の様子や仕事の結果などを、文書、記事、映像などの形で、告げ知らせること。また、その文章や映像など。**【英】** *a report*

使い方▼〔報告〕スル　〔レポート〕スル

	事件の経過を～する	現地からの～	国文学の～	出張の～
報告	○	○	-	○
レポート	○	○	○	-

使い分け【1】「レポート」には、取材し、報告するという意味もある。また、調査、研究の「報告書」の意や、学生が教師に提出する小論文の意もある。【2】「レポート」は、「リポート」「レポ」ともいう。

参照▼レポート⇒610-25

6 16-17　歴史(れきし)／青史(せいし)

【関連語】◆(史)し

共通する意味★人間社会の時間的変遷のあと。**【英】** *history*

使い方▼〔歴史〕▽日本の歴史を研究する▽歴史のある大学▽歴史に残る大偉業▽歌舞伎(かぶき)の歴史　〔青史〕▽青史に名が残る偉大な人物

	〇〇をひもとく	〇〇に名をとどめる	個人の〇〇	会社の〇〇
歴史	○	○	○	○
青史	○	○	-	-

使い分け【1】二語とも、人間社会、およびそれに関連した事柄の時間的変遷のあと、また、それを記録したものをいう。【2】「歴史」は、社会的なもの以外に、個人や、ある事物の時間的変遷のあともいう。【3】「青史」は、紙のなかった時代に、青竹の札に文字を記録したことから生じた語で、文章語。

【関連語】◆**（史）**歴史。また、歴史書。文章語。「文化史」「文学史」「鉄道史」「○○商店街史」など、他の語と結び付いて使われることが多い。「史をひもとく」

6 16-18 社史（しゃし）／社歴（しゃれき）

共通する意味★会社の歴史。**【英】** *the history of a company*

使い方▼〔社史〕▽社史を編纂（へんさん）する 〔社歴〕▽わが社の社歴はまだ浅い

使い分け【1】「社史」は、特に書き記された歴史をいう。【2】「社歴」は、特に会社創設以降の時間の流れ、またその間における業績の経過などをいう。

6 16-19 資料（しりょう）／史料（しりょう）

共通する意味★研究、調査、判断などのための材料。**【英】** *(historical) materials*

使い方▼〔資料〕▽会議のための資料を調べる▽自然主義関係の資料を集める▽環境調査用資料 〔史料〕▽壬申（じんしん）の乱に関する史料▽神話・伝説の史料的価値

	徳川家康関係の〇〇	〇〇不足で企画は通らなかった	中世史の〇〇
資料	○	○	△
史料	○	-	○

使い分け【1】「史料」は、「資料」のうち、特に歴史研究のための文献、工芸品、建築、美術、遺跡などをいう。【2】「資料」は、ある特定の目的に使うものをいう。「奈良の史料」といえば、奈良に関する歴史関係の材料全般をさすが、「奈良の資料」というと、奈良に存在する何か特定の材料ということになる。

6 16-20 白書（はくしょ）

意味★政府が、行政に関係するある方面の実情を分析し、今後の施策や展望をあわせて載せ、国民に知らせる目的で発行する報告書。**【英】** *a white paper*

使い方▼〔白書〕▽防衛白書▽経済白書

◈英国政府の報告書が白い表紙だったことから。

6 16-21 韻文（いんぶん）

意味★詩、和歌、俳句など、韻をふんだ文、また、韻律をもった文。**【英】** *verse* ⇔散文

使い方▼〔韻文〕▽韻文を作る

6 16-22 詩（し）／ポエム／詩編（しへん）

【関連語】◆**（定型詩）**ていけいし◆**（自由詩）**じゆうし◆**（叙情詩）**じょじょうし◆**（叙事詩）**じょじし◆**（バラード）**◆**（ソネット）**◆**（新体詩）**しんたいし

共通する意味★文学の一形式。自然や人事などから発する感動や感興を一種のリズムをもつ言語形式で表現したもの。**【英】** *poetry*《総称》; *a poem*

使い方▼〔詩〕▽一編の詩が浮かんだ▽高村光太郎の詩をそらんじる▽詩の朗読 〔ポエム〕▽童画とポエムとの美しいハーモニー 〔詩編〕▽中世ヨーロッパの詩編を研究する

使い分け【1】「詩」には、関連語欄にあげるようなさまざまな種類があるが、「ポエム」は、そのうちロマンチックでリリカルなものをさすことが多い。【2】「詩と歌」というと、昔は漢詩と和歌の意。現在ではまれに歌詞と曲の意になることがある。【3】「詩編」は、詩集をさすこともある。また、「旧約聖書」の中の神への賛歌を集めた部分を特にさすこともある。

【関連語】◆**（叙情詩・叙事詩）**「詩」は、内容から大きく、作者の感情や感動を表現した「叙情詩」と、神や英雄の業績や歴史的事件などを物語風に表現した「叙事詩」に分かれる。「叙情詩」は「抒情詩」とも書く。◆**（定型詩・自由詩）**「詩」は形式から、句の数や韻律が決まっている「定型詩」と、全く型のない「自由詩」とに分かれる。俳句、短歌、漢詩も「定型詩」の一種。◆**（バラード）**中世ヨーロッパの吟遊詩人が歌った、自由な形式の小叙事詩。また、それに似た歌曲や小器楽曲の意もある。◆**（ソネット）**ヨーロッパの叙情詩で、二つずつの三行詩節と四行詩節からなる一四行詩。◆**（新体詩）**明治初期、西欧の影響によって日本に生まれた文語調の近代詩。七五調のものが多かった。島崎藤村などが代表。

6 16-23 詩文（しぶん）／詞藻（しそう）

共通する意味★詩と散文。**【英】** *prose and poetry*

使い方▼〔詩文〕▽詩文に親しむ 〔詞藻〕▽詞藻に長ずる

使い分け【1】「詩文」は、文学作品全体をいうこともある。元来は漢詩と漢文の意。【2】「詞藻」は文章語で、特に美しい優れた詩や文章をいう。また、「詞藻豊かな人」のように、その才能もいう。

参照▼詞藻⇒207-37

6 16-24 詩歌(しいか)

【関連語】◆(詩賦)しふ

意味★漢詩と和歌。また、詩・和歌・俳句など韻文の総称。「しか」の慣用読みだが、古来「しいか」の方が一般的。

使い方▼(詩歌)▽詩歌管弦の道▽現代詩歌集

【関連語】◆(詩賦)漢詩と賦。すなわち、中国の韻文の総称。

6 16-25 和歌(わか)／大和歌(やまとうた)／歌(うた)

共通する意味★漢詩に対して、日本固有の定型詩。長歌、短歌など七音五音を基調としたもの。特に、その中でも短歌(五七五七七の五句からなるもの)をさすことが多い。

使い方▼(和歌)▽勅撰(ちょくせん)の和歌集▽古今和歌集 (大和歌)▽大和歌の心 (歌)▽歌の道▽歌を詠む▽いろは歌▽歌がるた

使い分け【1】現在では、「和歌」は、多く「短歌」を表わす。また、「短歌」の意で「うた」を用いることも多い。【2】「大和歌」は、漢詩の意である「唐詩(からうた)」に対する語で、現在はあまり用いられない。【3】「歌」は、「作曲した節(ふし)にのせた言葉」の意味があり、「上手に歌を歌う」のように、日常的にはこちらの意味で使われることが多い。

反対語▼和歌⇔漢詩　大和歌⇔唐詩(からうた)

参照▼歌⇒614-36

6 16-26 短歌(たんか)／三十一文字(みそひともじ)／長歌(ちょうか)／旋頭歌(せどうか)

【関連語】◆(連歌)れんが◆(狂歌)きょうか

共通する意味★歌体からみた和歌の種類。

使い分け【1】「和歌」の代表として、「短歌」がある。五七五七七と音を連ねるので「三十一文字」ともいう。【2】五七を幾度もくり返し、最後に五七七で終わる「長歌」や、五七七を二度くり返す「旋頭歌」の形式は、多く「万葉集」にみられる。

【関連語】◆(連歌)何首もの短歌を、上の句と下の句に分けて、二人以上の人で詠み続ける形式の詩歌。中世から近世初期にかけて流行した。◆(狂歌)通俗的な表現で、滑稽(こっけい)、諧謔(かいぎゃく)を盛りこんだ短歌。

6 16-27 俳句(はいく)／俳諧(はいかい)／句(く)／十七文字(じゅうしちもじ)

共通する意味★五七五の一七音からなる日本固有の短詩。原則として季節を示す季語を入れる。【英】*a haiku (a seventeen-syllabled poem)*

使い方▼(俳句)▽俳句を詠む▽俳句を作る (俳諧)▽俳諧の道▽俳諧連歌▽俳諧師 (句)▽彼の冬の句が好きだ▽一句浮かんだ (十七文字)▽十七文字をひねくる

使い分け【1】「俳句」は、中世の連歌の最初の五七五の句が独立して、江戸時代に文芸として確立した。その過渡期に「俳諧」の語が使われた。「俳諧」は、もと「滑稽(こっけい)」の意で、当初は滑稽味を重んじたものであったが、松尾芭蕉(ばしょう)らによって優れた詩として完成された。【2】「句」は、俳句、短歌、漢詩などで、一定の音数、字数でくぎった構成単位をいうが、「句を作る」という場合は、俳句についていう。【3】「俳句」の語は、明治に入って正岡子規が使ってから一般化した。

参照▼句⇒607-36

6 16-28 川柳(せんりゅう)／狂句(きょうく)／雑俳(ざっぱい)

6 文化

共通する意味★俳句と同じ五七五の一七音で、世相や風俗などを風刺したり、滑稽(こっけい)味をねらった短詩。【英】*a short humorous verse*

使い方▼(川柳)▽今年の十大ニュースを川柳に詠む (狂句)▽江戸狂句集 (雑俳)▽江戸初期の雑俳を研究する

使い分け【1】形式は俳句と同じでも、季語はなく、あくまで風刺や滑稽味を主眼とする。「俳諧」が芭蕉(ばしょう)らによって芸術の域にまで高められると、それに対する「雑俳」という形で、遊びの分野で定着した。【2】「川柳」の名は、江戸時代の雑俳の点者、柄井(からい)川柳の名から生まれた。文化・文政(一八〇四～三〇)のころ、一時、「狂句」と呼ばれた。【3】「狂句」「雑俳」という言い方は、現在はあまり使われない。

6 16-29 漢詩(かんし)

【関連語】◆(絶句)ぜっく◆(律詩)りっし

意味★中国古来の詩。四言、五言、七言の句を並べ、平仄(ひょうそく)や脚韻、対句などの技法を使う。また、それをまねて日本で作られた漢文式の詩。【英】*Chinese poetry*

【関連語】◆(絶句)一首が四句からなる詩。五言と七言とがある。「五言絶句」◆(律詩)一首が八句からなる詩。五言と七言とがある。「七言律詩」

6 16-30 伝説(でんせつ)／言い伝え(いいつたえ)／俗伝(ぞくでん)

【関連語】◆(伝承)でんしょう

共通する意味★昔から人々の間に語りつがれてきた話。【英】*a legend*

使い方▼(伝説)▽ローレライの伝説の地を訪れる▽伝説的英雄 (言い伝え)▽大雪の翌年は豊作だという言い伝えがある (俗伝)▽俗伝では、義経(よしつね)は樺太(からふと)から大陸へ渡ったという

使い分け 話としての規模が大きいのは「伝説」。

「言い伝え」は、諺(ことわざ)程度の言いならわしなども含む。「俗伝」は、史料が伝えるもの、すなわち史実ではないがという意味合いがある。

【関連語】◆〈伝承〉スル古くからの制度、風習、信仰、言い伝えなどを、受けつぎ伝えていくこと。また、その事柄。

6 16-31 昔話(むかしばなし)／民話(みんわ)／説話(せつわ)／神話(しんわ)

共通する意味★古くから人々の間に語り伝えられ、ある特定の範囲では非常にポピュラーになっている話。**【英】** *folklore*

使い方▼〔**昔話**〕▽毎晩母に昔話を聞かせてもらった▽日本の昔話 〔**民話**〕▽民話のふるさとを訪ねる▽民話劇 〔**説話**〕▽中世の説話集▽仏教説話 〔**神話**〕▽ギリシア神話▽神話時代

使い分け【1】「昔話」は、「桃太郎」「一寸法師」「さるかに合戦」など、冒頭が「昔々」で始まり、子供に語り聞かせる物語。【2】「民話」は、話に特に形式はなく、ある限られた地域に伝わる話をさす。【3】「説話」は、神話・伝説・民話など、民間に伝えられたものの総称で、文学や民俗学などの研究対象としてみるときの語。【4】「神話」は、古くから伝えられた、その民族の神についての話。また、比喩(ひゆ)的に、「不敗の神話はもろくも崩れた」のように、特に根拠がないのに絶対的なものと考えられている考え方や事柄についていうこともある。

参照▼昔話⇒6 16-32

6 16-32 昔話(むかしばなし)／昔語(むかしがた)り

共通する意味★自分が昔経験したことの話。

【英】 *an old story*

使い方▼〔**昔話**〕▽昔話に花が咲く▽戦争のことももはや昔話になってしまった 〔**昔語り**〕▽昔語りに時を忘れる

使い分け両語とも、多く、過去の経験などを思い出して語る場合に使う。

参照▼昔話⇒6 16-31

6 16-33 童話(どうわ)／おとぎ話(ばなし)／メルヘン

共通する意味★子供向けの物語。**【英】** *a nursery story*

使い方▼〔**童話**〕▽グリム童話▽童話作家 〔**おとぎ話**〕▽おとぎ話を聞かせる 〔**メルヘン**〕▽メルヘンの世界▽メルヘン調の壁画▽大人のメルヘンを描いた物語

使い分け【1】「童話」には、「昔話」や「民話」を題材にした昔からある話と、新作のものがある。どちらかというと子供向けで空想的なものをさす。【2】「おとぎ話」は、室町時代から江戸初期に作られた「お伽草紙」にある「一寸法師」や「鉢かつぎ」などの話を主体にした子供向けの話をいう。また、「おとぎ話」は、「宇宙旅行は今やおとぎ話ではなくなった」のように、比喩(ひゆ)的に、空想的で現実離れした話の意味でも使われる。「御伽話」「御伽噺」とも書く。【3】「メルヘン」は、「おとぎ話」と訳されるが、幻想的かつ童心にあふれた、子供にかえりたい大人のあこがれの世界のイメージが加わる。したがって、「おとぎ話」は、非現実的な意で、若干ばかにした物言いの中で使われることもあるが、「メルヘン」は、常にプラス評価の語となる。

6 16-34 著書(ちょしょ)／著(ちょ)／著作(ちょさく)／著述(ちょじゅつ)／述作(じゅっさく)

【関連語】◆〈著す〉あらわす

共通する意味★その人が書きあらわした書物。**【英】** *a work*

使い方▼〔**著述**〕スル 〔**述作**〕スル

	夏目漱石(そうせき)の□	□に専念する	□集	□業
著書	○	－	－	－
著	○	－	－	－
著作	○	○	○	－
著述	○	○	△	○
述作	○	○	－	－

使い分け【1】「著書」「著作」「著述」「述作」は、書きあらわした書物の意。「著作」「著述」「述作」には、書物などを書きあらわすことの意もある。【2】「著」は、「夏目漱石の著」「夏目漱石著」などの形で使われ、単独で使われることは少ない。【3】「著作権」「著作物」などの「著作」は、書物に限らず、美術や音楽、演劇などの作品を含む。

【関連語】◆〈著す〉(サ五)書物などを世に出す。「小説を著す」

6 16-35 作文(さくぶん)／詩作(しさく)／作詞(さくし)／作歌(さっか)／句作(くさく)／劇作(げきさく)

共通する意味★文章や詩歌などの文芸作品を作ること。**【英】** *composition*

使い方▼〔**作文**〕▽お父さんのことを作文に書く▽作文コンクール▽英作文 〔**詩作**〕スル▽休日は詩作にいそしむ 〔**作詞**〕スル▽高名な詩人が作詞した校歌▽作詞家 〔**作歌**〕▽定年後は作歌に専念したい 〔**句作**〕スル▽散歩中に句作する 〔**劇作**〕▽初めて劇作を手がける

使い分け【1】「作文」は、主に学校教育で使われ

6 文化

る。国語教育の一環として、題や字数を指定して文章を作らせたり、語学教育の一環として、その言語の文法にのっとった文章を作らせるもの。【2】詩を作ることが「詩作」、歌詞を作ることが「作詞」、和歌、特に短歌を作ることが「作歌」、俳句を作ることが「句作」、劇の脚本を作ることが「劇作」である。【3】「作文」は、「この記事は現場を見ていない記者の作文だ」のように、裏付けのない故意に作られた文章の意で使われることもある。

6 16-36 合作（がっさく）／連作（れんさく）

【関連語】◆（競作）きょうさく◆（オムニバス）

共通する意味★一つの作品を共同で作り上げること。また、その作品。**【英】** *a joint work*

使い方▼〔合作〕スル▽学年全員の合作による壁画〔連作〕スル▽五人の作家による連作

使い分け【1】「合作」は、全体を共同で作るのに対し、「連作」は、一部分ずつを受け持ち、それをまとめて一つの作品にすること。【2】「合作」は、「日米合作映画」のように、「映画」などについても用いられるが、「連作」は、多く小説や詩歌について用いられる。【3】「連作」は、文芸や美術などで、ある一人の作家によるシリーズ物についても用いられる。

【関連語】◆（競作）スル何人かが競って作品を作ること。「新人作家の競作」◆（オムニバス）いくつかの独立した作品を組み合わせて、一つの作品にしたもの。「オムニバス映画」

6 16-37 改作（かいさく）／翻案（ほんあん）／焼き直し（やきなおし）／潤色（じゅんしょく）

共通する意味★すでにある作品に手を加え、新しい作品として発表すること。**【英】** *adaptation*

使い方▼〔改作〕スル▽前に書いた小説を改作する〔翻案〕スル▽近松物を現代の話に翻案する▽翻案小説〔焼き直し〕▽あの作品はロミオとジュリエットの焼き直しにすぎない▽フロイトの焼き直し〔潤色〕スル▽潤色のあとが見える作品▽話を潤色して語る

使い分け【1】「改作」は、自分の文章を補筆、訂正するときに用いられることが多い。【2】「翻案」は、他者の原作があって、その大筋などは変えずに、別の状況や場面での話にするなどして新しい作品にすることをいう。【3】「焼き直し」は、作品だけでなく考え方などにも用いられる。また、「改作」や「翻案」が、もとの作品とは異なる新しい作品と見なされるのに対して、「焼き直し」は、新鮮味がないと見なされることが多い。【4】「潤色」は、すでにある原作に手を入れる場合だけでなく、事実を誇張したり変えたりする場合にも用いられる。

6 16-38 虚構（きょこう）／フィクション／作り事（つくりごと）／創作（そうさく）

共通する意味★事実でないことを事実のように作り上げること。**【英】** *fiction*

使い方▼〔虚構〕▽彼の学説には虚構が多い〔フィクション〕▽このドラマはすべてフィクションである〔作り事〕▽彼の話には作り事が多い〔創作〕スル▽その話は彼の創作だ

使い分け【1】四語とも同じように使われるが、「虚構」は、文章語的。【2】「創作」は、芸術作品を生み出すこともいう。

反対語▼フィクション⇔ノンフィクション

参照▼フィクション⇒6 16-04　創作⇒9 10-03

6 16-39 筋（すじ）／プロット／仕組み（しくみ）

共通する意味★小説や劇の、話の順序やおおまかな展開の仕方。**【英】** *a plot*

使い方▼〔筋〕▽映画の筋を話す▽筋のおもしろい小説〔プロット〕▽小説のプロットを組み立てる〔仕組み〕▽劇の仕組みを考える

使い分け「筋」が最も一般的に使われる。

参照▼仕組み⇒8 03-03

6 16-40 盗作（とうさく）／剽窃（ひょうせつ）

共通する意味★他人の作品を自分の作品として発表すること。一部分である場合も全体である場合もある。**【英】** *plagiarism*

使い方▼〔盗作〕スル▽他人の詩を盗作する〔剽窃〕スル▽この小説には一部に剽窃の疑いがある

使い分け「剽窃」には、「他人の学説を剽窃する」のように、考え方を盗むという場合にも用いられる。

6 16-41 原作（げんさく）／原著（げんちょ）／オリジナル

【関連語】◆（書き下ろし）かきおろし

共通する意味★翻訳や改作のもととなった著作。**【英】** *the original*

使い方▼〔原作〕▽ドラマの原作▽原作を一部変更して上演する〔原著〕▽原著と照合してみる〔オリジナル〕▽オリジナル版で上映する

使い分け【1】映画、演劇のように、脚色のもとになった著作をいう場合には、「原作」が用いられる。【2】「オリジナル」には、「オリジナルな発想」のように、独創的という意もある。

【関連語】◆（書き下ろし）すでに発表した作品でなく、単行本にしたり、上演するために新たに作ったもの。

参照▼オリジナル⇒6 15-08

6 16-42 パロディー

意味★既存の作品の文体、語句などを模して、滑稽(こっけい)や風刺、諧謔(かいぎゃく)などを目的として作りかえた作品。

使い方▼〔パロディー〕▽忠臣蔵のパロディーがうける

6 16-43 多作(たさく)／濫作(らんさく)

【関連語】◆(寡作)かさく

共通する意味★芸術家が作品を次々と多く作ること。

使い方▼〔多作〕スル▽多作で知られる作家　〔濫作〕スル▽濫作がたたってアイディアが枯渇する

使い分け「多作」は、多く作ることを表わすが、「濫作」は、質を考えずみだりに多く作るという意。【英】*prolific*(多作の)《形》; *to overproduce*(濫作する)

【関連語】◆(寡作)(名・形動)少ししか作品を作らないこと。【英】*unprolific*(寡作の)《形》

6 16-44 名作(めいさく)／傑作(けっさく)／佳作(かさく)／佳編(かへん)／秀作(しゅうさく)／労作(ろうさく)／力作(りきさく)／大作(たいさく)

共通する意味★作品に対する評価。また、そういう評価を得た作品。

使い分け「名作」「傑作」「佳作」「佳編」「秀作」は、すぐれた作品、「労作」は、苦心の作品、「力作」は、力をこめて作った作品、「大作」は、大規模な作品。

【英】*a fine work*(佳作); *a laborious work*(労作); *a monumental work*(大作)

6 16-45 拙作(せっさく)／愚作(ぐさく)／凡作(ぼんさく)／駄作(ださく)

共通する意味★つまらない作品。【英】*a poor work*

使い分け【1】「拙作」「愚作」は、自分の作品をへりくだっていう場合に用いられる。【2】「凡作」は、平凡でつまらない作品、「駄作」は、出来が悪くてつまらない作品。

6 16-46 主人公(しゅじんこう)

【関連語】◆(ヒーロー)◆(ヒロイン)

意味★小説、劇、映画などの中心人物。【英】*a hero; a heroine*

使い方▼〔主人公〕▽『源氏物語』の主人公は光源氏▽主人公を演ずる

◇比喩(ひゆ)的な事件や物事の中心人物についてもいう。「今夜は君が主人公だ」

【関連語】◆(ヒーロー・ヒロイン)男性の主人公を「ヒーロー」、女性の主人公を「ヒロイン」という。また比喩的に、立て役者の意でも使う。「悲劇のヒーロー」「映画のヒロインみたいだ」

参照▼ヒーロー⇒305-17

6 16-47 作者(さくしゃ)／著者(ちょしゃ)／筆者(ひっしゃ)

【関連語】◆(書き手)かきて◆(編者)へんじゃ◆(訳者)やくしゃ

共通する意味★ある書物、文章などを書いた人。【英】*a writer; an author*

	［］が訴えかったこと	物語の［］	論文の［］	コラムの［］
作者	○	○	-	-
著者	○	△	○	-
筆者	○	△	○	○

使い分け【1】「作者」は、創作的内容の書物や、脚本などを書いた人をいう。また、彫刻や絵画などの芸術作品についてもいう。【2】「著者」は、ノンフィクション、学術書、案内書などを書いた人。【3】「筆者」は、ある内容の文章を書いた人。新聞、雑誌などの、事実の報告でなく、ある主張をもつ部分などを書いている人などにいう。

【関連語】◆(書き手)書いた人の意で、特に「筆者」と同じ意味でいうことが多い。「書き手の意図を尊重して原稿に手を入れない」◆(編者)ある書物を編纂(へんさん)した人。他の人々の書いたものを、ある趣旨により集めるときや、ある個人の書いたものを本人でない人が編纂した場合などにいう。「民話集の編者」◆(訳者)ある書物、文章などを翻訳した人。「訳者によって表現が違う」「ゲーテの訳者として著名な人」

6 16-48 文筆家(ぶんぴつか)／著作家(ちょさくか)／ライター

【関連語】◆(コラムニスト)◆(ジャーナリスト)◆(評論家)ひょうろんか

共通する意味★文章を書くことを仕事にしている人。【英】*a writer*

使い方▼〔文筆家〕▽文筆家として食べていく　〔著作家〕▽コピーは著作家の権利を侵害する　〔ライター〕▽ルポライター▽シナリオライター

使い分け【1】「文筆家」は、書物や記事、あるいは小説、評論、ルポルタージュなど、文章を書くことを職業としている人。【2】「著作家」は、著作物すなわち本を書く人。ただし、文学作品などの創作に限られ、研究書などの著作は含まない。【3】「ライター」は、通常、他の語と複合して使われ、独立用法はあまりない。

【関連語】◆(コラムニスト)コラムの記事を書く人。「エスプリにあふれた文章を書くコラムニスト」◆(評論家)ある分野の事象や作品について評論することを専門としている人。「文学評論家」「軍事評論家」◆(ジャーナリスト)新聞・雑誌・放送などの、記者・編集者。

6 16-49

作家（さっか）／小説家（しょうせつか）／文学者（ぶんがくしゃ）／文士（ぶんし）

【関連語】◆（文豪）ぶんごう◆（文人）ぶんじん

共通する意味★文芸作品を作る人。特に、小説を書く人。**【英】** *an author; a writer*

使い方▼〔作家〕▽作家を講師に招く▽芥川（あくたがわ）賞作家▽女流作家　〔小説家〕▽時代小説専門の小説家　〔文学者〕▽一流の文学者　〔文士〕▽文士の卵▽三文文士

使い分け【1】「作家」「小説家」は、ほとんど同じように使われるが、「作家」は、「陶芸作家」のように、文学以外の芸術作品を作る人をいうこともある。【2】「文学者」は、文学を研究する学者をいうこともある。【3】「文士」は、古風な言い方。明治・大正期に多く使われた。

【関連語】◆（文豪）特に優れた作品を多く残した偉大な作家。「文豪トルストイ」◆（文人）文芸を仕事とする人。また、文芸に親しむ人。「文人趣味」

6 16-50

詩人（しじん）

意味★詩を作る人、また、それを職業にしている人。また、物事を直観的にとらえて巧みな表現をする人、詩的な感覚を持つ人をもいう。**【英】** *a poet*

使い方▼〔詩人〕▽星座を考えた人は詩人だね▽詩人室生犀星（むろうさいせい）が愛した川

6 16-51

歌人（かじん）／歌詠み（うたよみ）

共通する意味★和歌を作る人。また、それを職業とする人。**【英】** *a tanka poet*

使い方▼〔歌人〕▽古今集の歌人を研究する▽歌人与謝野晶子（よさのあきこ）　〔歌詠み〕▽新古今集きっての歌詠み

使い分け一般には、「歌人」を使う。

6 16-52

俳人（はいじん）

【関連語】◆（俳諧師）はいかいし

意味★俳句を作る人。また、それを職業にしている人。**【英】** *a haiku poet*

使い方▼〔俳人〕▽あの雑誌から多くの俳人が育った▽俳人蕪村（ぶそん）

【関連語】◆（俳諧師）「俳人」の古い呼び名。

6 16-53

読者（どくしゃ）／読み手（よみて）

共通する意味★書物などを読む側の人。**【英】** *a reader*

	［ ］を意識して書く	良い［ ］を得る	［ ］から感想を募る	姉が童話の［ ］になる
読者	○	○	○	-
読み手	○	○	-	○

使い分け【1】「読者」は、書物、雑誌を読む人。ふつうは黙読している人をいう。【2】「読み手」は、「書き手」に対して、読む側の人、特に、よい読者の意で用いられるが、また、人に聞かせることを目的として、書物などを、声に出して読む人をいうことも多い。

6 17 …趣味・レジャー

6 17-01

趣味（しゅみ）／道楽（どうらく）

【関連語】◆（多趣味）たしゅみ◆（無趣味）むしゅみ

共通する意味★職業や仕事としてではなく、楽しみとして好きですること。**【英】** *a hobby*

使い方▼〔趣味〕▽趣味は音楽鑑賞だ▽趣味の広い人　〔道楽〕▽道楽で始めた店

使い分け「趣味」の方が一般的。「道楽」は、少し古めかしい語で、女遊びや博打（ばくち）にふけることにもいう。

【関連語】◆（多趣味）（名・形動）趣味が多いこと。「多趣味な人」◆（無趣味）（名・形動）趣味のないこと。「無趣味な人」

参照▼趣味⇒216-17　道楽⇒520-29

6 17-02

茶道（さどう）／茶の湯（ちゃのゆ）／お茶（おちゃ）

【関連語】◆（野点）のだて◆（点茶）てんちゃ◆（茶会）ちゃかい

共通する意味★人を招き、抹茶（まっちゃ）をたててもてなすこと。また、その作法。**【英】** *the tea ceremony*

使い方▼〔茶道〕▽茶道の家元　〔茶の湯〕▽茶の湯の心得のある人　〔お茶〕▽お茶のおけいこ

使い分け【1】「茶道」は、茶の湯の道のことで、茶をたてることにより、精神の修養をする芸道の一つ。「ちゃどう」ともいう。【2】「茶の湯」は、茶会をさすこともある。【3】「お茶」は、「茶の湯」を略した語で、話し言葉。

【関連語】◆（野点）野外で茶をたてることや、その茶の湯。「野点を行う」◆（点茶）抹茶をたてること。「家で点茶をする」◆（茶会）茶道で、客を招いて抹茶をたててもてなす集まり。「茶会を催す」

6 17-03

華道（かどう）／生け花（いけばな）／挿花（そうか）／お花（おはな）

共通する意味★草花、木の枝などを花器に美しく活ける技術、作法。【英】*flower arrangement*
使い方▼〔華道〕▽華道を学ぶ▽華道教授　〔生け花〕▽床の間に生け花を飾る▽生け花のけいこ　〔挿花〕▽挿花の基本　〔お花〕▽お花の先生
使い分け【1】「華道」は、花を活けることにより、精神の修養をする芸道の一つ。「花道」とも書く。【2】「生け花」は、「活け花」とも書く。【3】「挿花」は、「生け花」の意の文章語。【4】「お花」は、話し言葉的。

617-04 余暇（よか）／レジャー

共通する意味★仕事と仕事の間のひまな時間。【英】*leisure*
使い方▼〔余暇〕▽余暇の活用法▽仕事の余暇に読書する　〔レジャー〕▽日曜日は家族でレジャーを楽しむ▽レジャー産業▽レジャー用品
使い分け「レジャー」は、ひまな時間を利用して行う遊びもいう。

617-05 暇（ひま）／暇（いとま）

【関連語】◆（空き）あき◆（閑暇）かんか
共通する意味★空いている自由な時間。【英】*leisure*
使い方▼〔暇〕ひま▽ひまさえあれば本を読んでいる▽ひまをもてあます　〔暇〕いとま▽忙しくて席の暖まるいとまもない▽このような例は枚挙にいとまがない（＝限りがない）

	君と話している□はない	仕事が□になる	□を上手に活用する	応接に□がない
ひま	○	○	○	-
いとま	○	-	-	○

使い分け【1】「暇（ひま）」には、余暇や休みの意味もある。また、「今日は一日中暇（ひま）だ」「暇（ひま）を取る」のようにも用いられる。【2】「暇（いとま）」は、例文のように「…する暇（いとま）もない」の形で否定の述語と共に使われることが多い。また、「暇（いとま）を告げる」のように、辞去の意味もある。

【関連語】◆（空き）「空き（の）時間」などの形で、ひまを表わす。◆（閑暇）「暇（ひま）」の意の漢語。

参照▼空き⇒811-20

617-06 間（ま）／合間（あいま）

共通する意味★あいだに挟まれた時間。【英】*an interval*
使い方▼〔間〕▽出発までまだ間がある▽間をおいて話す▽鬼のいぬ間の洗濯　〔合間〕▽仕事の合間をぬって駆けつける▽勉強の合間にマンガを読む
使い分け【1】「合間」は、連続した行為の切れ目を表わし、「間」は、次の事態が生じるまでの、あるいはその状態が続いているあいだの時間を表わす。【2】二語とも、空間的な意味で用いられることもあるが、「合間」は、時間的な意味で用いられることが多い。
参照▼間⇒808-21

617-07 娯楽（ごらく）／楽しみ（たのしみ）／レクリエーション

共通する意味★人の心を楽しませ、慰めてくれるもの。
使い方▼〔娯楽〕▽たまには娯楽も必要だ▽娯楽雑誌▽テレビの娯楽番組　〔楽しみ〕▽旅行を何よりの楽しみにしている▽老後の楽しみ　〔レクリエーション〕▽レクリエーションの時間▽レクリエーションの施設が整っている
使い分け【1】いずれも余暇を利用して、遊びや運動などを行い、心身の疲れをいやすこと。「娯楽」は、テレビを見たりスポーツの観戦をしたり、受身の場合にもいうが、「レクリエーション」は、運動やゲームなど、自分から積極的に参加するものをいう。「娯楽」はまた、一人、二人で何かをする場合にもいうが、「レクリエーション」は、多く、何人かが集まってする場合にいう。【英】*amusement(s)*【2】「楽しみ」は、「愉しみ」と書かれることもある。【英】*pleasure*【3】「レクリエーション」は、「リクレーション」ともいう。

617-08 遊び（あそび）／遊興（ゆうきょう）

【関連語】◆（豪遊）ごうゆう◆（遊楽）ゆうらく◆（清遊）せいゆう◆（プレー）
共通する意味★賭け事や酒色などにふけり、楽しむこと。【英】*amusements*
使い方▼〔遊び〕▽悪い遊びを覚える▽遊び好きな男▽遊びで絵を習う　〔遊興〕スル▽遊興にふける日々▽遊興費
使い分け【1】「遊び」は、賭け事や酒色にふけること。また、自分のしたいことを楽しむこと。【2】「遊興」は、特に、料理屋や酒場などで飲み食いしたり、女遊びをしたりすること。
【関連語】◆（豪遊）スル金をたくさん使い、ぜいたくに遊ぶこと。特に、派手に遊興すること。「赤坂のクラブで豪遊する」◆（遊楽）スル遊び楽しむこと。特に、仕事もせずに酒色にふけることをいう。「遊楽にふける」◆（清遊）スル風流な遊び。「京都に清遊する」「清遊の地」◆（プレー）遊びや勝負事。「プレーボーイ」
参照▼プレー⇒620-03

617-09 遊ぶ（あそぶ）

意味★子供や動物が、好きなことをして時間を過ごす。また、大人が仕事をせずに、好きなことをした

り、無為に過ごしたりする。酒色にふけるのにもいう。【英】*to play*

使い方▼〔遊ぶ〕(バ五)▽野球をして遊ぶ▽よく学びよく遊べ▽公園で子供が遊んでいる

6 17-10 ゲーム／遊戯（ゆうぎ）

共通する意味★遊びごと。

使い方▼〔ゲーム〕▽みんなでゲームをする▽ゲームセンター　〔遊戯〕▽みんなでお遊戯をしましょう▽言葉の遊戯を楽しむ▽遊戯室

使い分け【1】「ゲーム」は、勝ち負けを争う遊びをいう。【2】「遊戯」は、遊びたわむれることをいう。また、幼稚園や小学校などで、体を動かすことを目的とした踊りや遊びなどをもいう。

参照▼ゲーム⇒620-07

6 17-11 おもちゃ／玩具（がんぐ）

共通する意味★子供が遊ぶときに使うもの。【英】*a toy*

使い方▼〔おもちゃ〕▽おもちゃをねだる▽手作りのおもちゃ▽おもちゃ屋　〔玩具〕▽知育玩具▽玩具売場

使い分け【1】「おもちゃ」は、「子供は石でも葉っぱでもなんでもおもちゃにする」のように、遊ぶための道具をさすときと、「昔はおもちゃなんてなかった」のように、商品としておもちゃ屋で売っているものをさすときとがある。【2】「玩具」は、ふつう、子供が自由に持ち上げたり移動させたりできるような規模のものをいい、すべり台やブランコのような据え付けの大型のものは含まない。【3】「玩具」と書いて、「おもちゃ」と読むこともある。

6 17-12 クイズ／パズル／なぞなぞ

【関連語】◆(クロスワードパズル)

共通する意味★問題を解き、答えを出して楽しむ遊び。

使い方▼〔クイズ〕▽歴史についてのクイズを出す▽クイズを解く▽クイズ番組　〔パズル〕▽パズルが解けない▽数学パズル▽ジグソーパズル(＝こまかく分割した絵を組み合わせて、元の絵に復元する玩具)　〔なぞなぞ〕▽なぞなぞを出す▽なぞなぞ遊び

使い分け【1】「クイズ」は、質問を出してそれを当てさせる遊びをいう。【2】「パズル」は、問題を解くことによって知的満足を得て楽しむ遊びの総称。【3】「なぞなぞ」は、言葉の中に他の事物の意味を含ませた問いかけをし、それを当てさせる遊びをいう。「赤い顔をして口から手紙を食べるものなあに？ポスト」などの類。【英】*a riddle*

【関連語】◆(クロスワードパズル)碁盤の目のようになった升目を、与えられたヒントからある語を推測しながら文字で埋めてゆき、縦横いずれから読んでも意味の通るようにしてゆく遊び。

6 17-13 将棋（しょうぎ）

意味★八一区画を設けた盤を挟み、二〇個ずつの駒（こま）を動かして、二人で競う勝負事。相手の王将を早く詰めた方が勝ちとなる。

使い方▼〔将棋〕▽将棋をさす

6 17-14 碁（ご）

意味★縦横各一九本の線の交点、三六一の目を持った盤上で、相対した二人が、黒・白の石を交互に並べて、囲んだ目の数の多少によって勝負を競うもの。

使い方▼〔碁〕▽碁をうつ

6 17-15 終局（しゅうきょく）／投了（とうりょう）

【関連語】◆(終盤)（しゅうばん）

共通する意味★碁、将棋が終わること。【英】*an end*

使い方▼〔投了〕スル

使い分け「終局」は、碁、将棋などを打ち終わる、または指し終わること。「投了」は、一方が勝負の途中で負けを認めて、勝負を終えることをいう。

【関連語】◆(終盤)碁や将棋で、勝負が終わりに近づいたところをいう。また、「選挙戦も終盤に入る」などのように、一般に、連続して行われる物事の最終段階、終わりのころの局面の意でも使われる。⇔序盤

参照▼終局⇒814-29

6 17-16 対局（たいきょく）／手合い（てあい）／手合わせ（てあわせ）

共通する意味★相対して勝負をすること。【英】*a game*

使い方▼〔対局〕スル▽名人と対局する▽対局時間　〔手合い〕▽春季大手合い　〔手合わせ〕スル▽手合わせを願いたい▽初手合わせ

使い分け【1】「対局」「手合い」は、二人で盤に相対して、碁や将棋をすることをいう。【2】「手合わせ」は、一般に、相手と対して勝負をすること。

6 17-17 トランプ／カード／カルタ

【関連語】◆(百人一首)（ひゃくにんいっしゅ）

共通する意味★札を使って楽しむ遊び。

使い分け【1】「トランプ」「カード」は、クラブ・スペード・ダイヤ・ハートの四種類、各一三枚とジョーカーを加えた計五三枚の札を使って、組み合わせ、配列などによって楽しむゲーム。また、その札をい

6 文化

う。【2】「カルタ」は、歌やことわざなどを書いた札を使う遊び、また、その札をいう。いろはガルタ、歌ガルタ、花ガルタなどがある。「歌留多」とも当てる。

【関連語】◆(百人一首)本来は、百人の歌人の和歌を一首ずつ選び集めた歌集のことで、近世以後これが歌ガルタとなった遊び、また、その札をいう。読み札と、絵札から成る。特に、藤原定家が選んだといわれる「小倉百人一首」をいう。

参照▼カード⇒610-38

6 17-18 博打(ばくち)／賭博(とばく)／賭け(かけ)／賭け事(かけごと)／ギャンブル

共通する意味★金銭や品物などをかけて、勝ち負けを競うこと。【英】*gambling*

使い方▼〔博打〕▽博打で身を持ち崩す▽博打打ち〔賭博〕▽賭博の現行犯で逮捕される▽花札賭博〔賭け〕▽賭けに勝つ▽雨が降るか降らないか賭けをする▽賭けマージャン　〔賭け事〕▽賭け事で全財産を失う　〔ギャンブル〕▽彼はギャンブルで破産した▽ギャンブル狂

使い分け「博打」「賭け」は、「いちかばちかの大博打を打つ」「最後の賭けに出る」のように、比喩(ひゆ)的に、運を天にまかせて思い切って行動するときにも用いられる。

6 17-19 くじ／おみくじ／あみだくじ／宝くじ(たからくじ)／福引き(ふくびき)

【関連語】◆(空くじ)からくじ◆(貧乏くじ)びんぼうくじ

共通する意味★同じ形の多くの紙や木などに、数字、文字符号、語句などを記し、それを各自に引かせることにより勝敗、順序などを決めたり、吉凶を占ったりすること。【英】*a lottery*

使い方▼〔くじ〕▽くじで旅行の幹事を決める▽くじにはずれる　〔おみくじ〕▽神社でおみくじを引く▽おみくじは凶と出た　〔あみだくじ〕▽あみだくじをやって、買い物に行く人を決める　〔宝くじ〕▽駅前で宝くじを買う　〔福引き〕▽この券十枚で一回福引きができる

使い分け【1】「くじ」が最も使用される範囲が広い。「籤」「鬮」とも書く。【2】「おみくじ」は、神社や寺などで参詣した人が、吉凶を占うために引くくじ。【3】「あみだくじ」は、線の端に記された金額や、当たりはずれを隠したものを、各自が引き当てるくじ。もと、線のひき方が、阿弥陀仏(あみだぶつ)の光背のように放射状だったところからの名。現在は、何本かの平行線をひき、その間に何本かの横線をひくのが一般的。【4】「宝くじ」は、地方公共団体が、公共事業資金を得るために売り出す賞金つきのくじ引き券。【5】「福引き」は、宴会や商店の売り出しなどで、くじ引きで当たった人に景品を出すことをいう。

【関連語】◆(空くじ)何も当たらないくじ。「空くじなしの福引き」◆(貧乏くじ)いちばん不利なくじの意味から、転じて最も損な役、また、運の悪いめぐり合わせ。「とんだ貧乏くじをひいたものだ」

6 17-20 人形(にんぎょう)／縫いぐるみ(ぬいぐるみ)

【関連語】◆(マネキン)◆(こけし)

共通する意味★人や動物の形に作った、装飾、愛玩(あいがん)用のもの。【英】*a doll*

使い分け【1】「人形」は、主として人の形に作ったものをいうのに対して、「縫いぐるみ」は、動物などの形に作ったものをいうことが多い。【2】「人形」は、「彼女は親の人形ではない」のように、比喩(ひゆ)的に自分の意志で行動できない人の意でも使われる。

【関連語】◆(マネキン)服などを着せて陳列するために作られた、等身大の人形。フランス語では「マヌカン」という。◆(こけし)丸い頭と円筒形の胴からなり、手足はなく、簡単な彩色を施した木製の人形。もと、東北地方の郷土玩具。「小芥子」「木牌子」とも書く。

6 17-21 旅(たび)／旅行(りょこう)／ツアー

【関連語】◆(ハネムーン)◆(新婚旅行)しんこんりょこう◆(長旅)ながたび◆(羇旅)きりょ

共通する意味★自宅をはなれて、ほかの土地に行って、何かを見物したりすること。【英】*a journey; a travel*

使い方▼〔旅〕スル▽旅をする▽旅に出る▽旅の恥はかき捨て▽旅の空(＝旅行先の地。心細い気持ちをいう語)▽旅は道連れ世は情け　〔旅行〕スル▽中国を旅行する▽海外旅行▽修学旅行▽旅行シーズン▽団体旅行　〔ツアー〕▽ツアーを組む▽ヨーロッパツアー▽バスツアー

	三泊四日の［ ］	スキー［ ］	観光［ ］	ひとり［ ］
旅	○	－	－	○
旅行	○	○	○	－
ツアー	○	○	△	－

使い分け【1】「旅」「旅行」は、日常的に用いられる。【2】「ツアー」は、旅行社などが企画した団体旅行を表わすことが多い。また、スポーツ選手や芸術家が、各地で試合や公演を行うことを表わすこともある。

【関連語】◆(新婚旅行・ハネムーン)結婚したばかりの夫婦が、結婚の記念にする旅行。英「ハネムーン」は「蜜月」ともいい、結婚後の一か月をいうこともある。◆(長旅)長い間旅を続けること。また、目的地まで時間のかかる旅。「長旅の疲れがどっと出る」◆(羇旅)「旅」の古い言い方。「羈旅」とも書く。

6 17-22 洋行（ようこう）／外遊（がいゆう）

共通する意味★海外へ行くこと。**【英】** *going abroad*

使い方▼〔**洋行**〕スル▽洋行帰りの学者▽政治制度の研究のため洋行した　〔**外遊**〕スル▽首相は外遊の途についた

使い分け【1】「洋行」は、明治以後、西洋へ行って西欧文化を学んだことにいった語。現在はあまり使われない。【2】「外遊」は、外国に旅行、または留学すること。一般的に用いられる。

6 17-23 ツーリング／サイクリング

共通する意味★オートバイ、自転車などに乗って旅をすること。

使い方▼〔**ツーリング**〕▽ツーリングにでかける〔**サイクリング**〕▽家族全員でサイクリングに行く

使い分け「ツーリング」はオートバイに、「サイクリング」は自転車に乗って遠出をすることをいう。

6 17-24 ヒッチハイク

意味★金を使わず、その場に通りかかった車に乗せてもらって旅をすること。

使い方▼〔**ヒッチハイク**〕▽ヒッチハイクでアメリカを横断した

6 17-25 散歩（さんぽ）／散策（さんさく）

【関連語】◆（**足任せ**）あしまかせ◆（**逍遥**）しょうよう◆（**そぞろ歩き**）そぞろあるき◆（**漫歩**）まんぽ◆（**遊歩**）ゆうほ

共通する意味★特別の目的を持たずに、ゆっくりと歩き回ること。**【英】** *a walk; a stroll*

使い方▼〔**散歩**〕スル　〔**散策**〕スル

	公園を□する	健康のため毎日□する	高原を□する	犬を□させる
散歩	○	○	－	○
散策	○	－	○	－

使い分け【1】「散歩」は、家の近所などを、気晴らしや軽い運動のために歩き回ること。【2】「散策」は、回りの風景や雰囲気などを楽しみながらのんびりと歩くこと。人間以外には用いない。

【関連語】◆（**足任せ**）目的もなく、足の向くままに歩くこと。「足任せに歩く」「足任せの旅」◆（**逍遥**）スル特に目的もなく、山野や川べりを歩くこと。文章語。「野山を逍遥する」◆（**そぞろ歩き**）スルあてもなくのんびりと歩くこと。「川辺をそぞろ歩きした」◆（**漫歩**）スル「そぞろ歩き」の意の漢語。◆（**遊歩**）スルぶらぶら歩くこと。「遊歩道」

6 17-26 観光（かんこう）／行楽（こうらく）／遊山（ゆさん）

【関連語】◆（**探勝**）たんしょう

共通する意味★景色などを見て回り、楽しむこと。**【英】** *sightseeing*

使い方▼〔**観光**〕スル

	□に出かける	□シーズン	□旅行	物見□
観光	○	○	○	－
行楽	○	○	－	－
遊山	○	－	△	○

使い分け【1】「観光」は、景色だけでなく、名所・旧跡などを見て回ることをいう。【2】「行楽」は、季節の景色や食物などを味わう場所に出かけて、楽しむこと。【3】「遊山」は、山野などに出かけて楽しむこと。やや古めかしい言い方。**【英】** *an outing*

【関連語】◆（**探勝**）スル景勝地を訪ねて、その景色を味わうこと。「島々を探勝して歩く」

6 17-27 見物（けんぶつ）／見学（けんがく）／観覧（かんらん）

【関連語】◆（**参観**）さんかん◆（**拝観**）はいかん◆（**来観**）らいかん

共通する意味★出かけて行って何かを見ること。**【英】** *sightseeing*

使い方▼〔**見物**〕スル▽観光地を見物して回る▽花火を見物に行く▽高みの見物▽見物客　〔**見学**〕スル▽産業博覧会を見学する▽体育の時間は風邪で見学した▽社会見学　〔**観覧**〕スル▽秘宝を観覧に供する▽観覧料▽観覧席

	名古屋城を□する	工場を□する	芝居を□する	名画を□する
見物	○	△	○	－
見学	○	○	－	△
観覧	－	－	○	○

使い分け【1】「見物」は、催し物や名所、施設を見て楽しむこと。どこかへ出かけてというニュアンスが強い。なお、「大勢の見物がいる」のように、「見物人」の意味で用いることもある。【2】「見学」は、実際に出かけて行って、知識を広め学ぶために見るべきものを見ること。対象は、設備や催し物であることが多い。【3】「観覧」は、人々に見せるための用意が整えられているもの（試合、芝居、展示品、特別な場所からの景色など）を見ること。

【関連語】◆（**参観**）スル多く、学校行事の一環として、生徒の父母が学校に行って子供の授業を見ることをいう。「子供の授業を参観する」◆（**拝観**）スル神社・仏閣、あるいはそこの仏像、神体、宝物などを出かけて行って見ること。「仏像を拝観する」◆（**来観**）スル見物に来ること。「御来観の皆様」

6 17-28 遠足(えんそく)／ピクニック／ハイキング

【関連語】◆(遠出)とおで

共通する意味★見学や運動のために、ある程度遠くの野山などに歩いて出かけること。

使い方▼〔遠足〕▽遠足に出かける▽遠足の小学生　〔ピクニック〕▽家族でピクニックに出かける　〔ハイキング〕スル▽仲間とハイキングする▽ハイキングコース

使い分け【1】「遠足」は、学校行事などでの遠出をさし、バスなどを用いた日帰りの小旅行をも含めていう。【英】*an excursion*　【2】「ピクニック」は、山野で遊んだり、食事をしたりするという点に意味の中心がある。【3】「ハイキング」は、山歩きなど、歩いて旅をするという意味が強い。

【関連語】◆(遠出)スル遠い所にでかけること。遠くに遊びに行く、という意味で用いられることが多い。「車で遠出する」

6 17-29 花見(はなみ)／観桜(かんおう)／観梅(かんばい)／観菊(かんぎく)

共通する意味★花を見て楽しむこと。

使い方▼〔花見〕▽花見を催す▽花見に出かける　〔観桜〕▽観桜会　〔観梅〕▽観梅を楽しむ　〔観菊〕▽観菊の宴

使い分け【1】「花見」は、ふつう、桜の花を見ながら飲食するなど、遊び楽しむことをいう。【英】*cherry blossom viewing*　【2】「観桜」「観梅」「観菊」は、それぞれ桜、梅、菊、の花を観賞することをいう。

6 17-30 草摘(くさつ)み／摘(つ)み草(くさ)

共通する意味★春、野原に出て草を摘むこと。【英】*gathering young herbs*

使い方▼〔草摘み〕▽草摘みに出かける　〔摘み草〕▽野原で摘み草をする

使い分け両語ともに同じように使われるが、食用の草を摘む場合には、「草摘み」を用いることが多い。

6 17-31 月見(つきみ)／観月(かんげつ)

共通する意味★月の美しさを眺めて楽しむこと。特に、陰暦八月一五日と九月一三日の夜、月を見ることをいう。【英】*enjoying the moon*

使い方▼〔月見〕▽お月見をする▽月見だんご　〔観月〕▽観月の宴を催す

使い分け「観月」は、文章語。

6 17-32 周遊(しゅうゆう)／回遊(かいゆう)／漫遊(まんゆう)

【関連語】◆(遊覧)ゆうらん

共通する意味★各地を旅行して回ること。【英】*a tour*

使い方▼〔周遊〕スル▽四国周遊の旅▽周遊券　〔回遊〕スル▽東南アジアを回遊する▽回遊乗車券　〔漫遊〕スル▽諸国を漫遊する▽漫遊記

使い分け【1】「周遊」が一般的。「回遊」は、魚の群れが季節に応じて移動することもいう。「回遊魚」【2】「漫遊」は、気のむくままに各地を旅して歩くこと。

【関連語】◆(遊覧)スルあちこちを見物して回ること。「景勝地を遊覧する」「遊覧船」「遊覧バス」

6 17-33 巡行(じゅんこう)／巡回(じゅんかい)／巡歴(じゅんれき)／遍歴(へんれき)

【関連語】◆(行脚)あんぎゃ◆(遊行)ゆぎょう

共通する意味★各地を回り歩くこと。【英】*going round*

使い方▼〔巡行〕スル▽遊説のため関西を巡行する▽山鉾(やまぼこ)の巡行　〔巡回〕スル▽巡回して技術指導する▽巡回図書館　〔巡歴〕スル▽西欧諸国を巡歴する▽九州巡歴の旅　〔遍歴〕スル▽諸国を遍歴する▽遍歴の旅に出る

使い分け【1】「巡行」「巡歴」「遍歴」は、いろいろな土地をめぐり歩くこと。【2】「巡回」は、多く、ある目的のため施設ごと移動して回ることをいう。【3】「遍歴」には、「多くの職業を遍歴した」のように、さまざまな経験をするの意もある。

【関連語】◆(行脚)スル諸国を旅すること。特に、僧が諸国をめぐって修行すること。「諸国行脚の僧」「史跡を行脚する」◆(遊行)スル僧が衆生教化や修行のために諸国をめぐり歩くこと。「遊行の旅に出る」

参照▼巡回⇒509-50

6 17-34 巡(めぐ)る／回(まわ)る

【関連語】◆(経巡る)へめぐる◆(渡り歩く)わたりあるく

共通する意味★あちこちと歩く。【英】*to make a round*

使い方▼〔巡る〕(ラ五)▽古寺を巡る旅▽上京して友人宅を巡る　〔回る〕(ラ五)▽商用で東北方面を回る▽得意先を回る

使い分け【1】「巡る」には、あちこちに移動する意のほか、「季節はめぐる」のように、循環するという意や、「現代医学をめぐる諸問題」のように、あることを中心として、それに関連するという意などがある。【2】「回る」には、順々に移動して行く意のほか、「帰りに病院に回る」のように、途中で立ち寄るという意や、「左へ回る」のように、方向を変えるという意などがある。

【関連語】◆（経巡る）（ラ五）あちらこちらと、各地を旅行して回る。文章語的。「名所旧跡を経巡る」◆（渡り歩く）（カ五）生活の手段、職場を変えながら、各地を回る。「日本全国を転々と渡り歩く」

参照▼巡る⇒906-17　回る⇒902-08

6 17-35

さすらう／さまよう／うろつく／出歩く（であるく）

【関連語】◆（ほっつく）◆（ぶらつく）◆（徘徊）（はいかい）◆（彷徨）（ほうこう）

共通する意味★あてもなくあちこち歩き回る。【英】*to wander; to roam*

使い方▼〔さすらう〕（ワ五）▽さいはての地をさすらう▽あてどもなくさすらう　〔さまよう〕（ワ五）▽街中をさまよう▽ふぶきの中をさまよう　〔うろつく〕（カ五）▽あやしい男が近所をうろついている▽盛り場をうろつく▽部屋の中をうろつく　〔出歩く〕（カ五）▽家を留守にして出歩く▽夜は出歩かない方がいい

	異国を□	山中を□	外を□	よく□男だ
さすらう	○	-	-	-
さまよう	○	○	-	-
うろつく	-	○	○	△
出歩く	-	-	○	○

使い分け【1】「さすらう」は、定住地でない土地を目的もなく一人で旅して回る意を表わす。「流離う」と当てる。【2】「さまよう」は、迷ったりなどして目的地を見いだすことができずに、あちこち歩く意を表わす。「生死の境をさまよう」のように、どちらに行くか定まらない状態を表わすこともある。「彷徨う」と当てる。「さすらう」「さまよう」ともに文章語的。【3】「うろつく」は、比較的狭い場所を目的を持たずに歩き回る意を表わす。【4】「出歩く」は、家の外に出てあちこち歩き回る意を表わす。

【関連語】◆（ほっつく）（カ五）あちこちをうろうろと歩く。「ほっつき歩く」「ほっつき回る」の形で用いられることが多い。くだけた言い方。「ほっつき歩いてばかりいずに勉強しろ」◆（ぶらつく）（カ五）あてもなく、ぶらぶら歩き回る。「見知らぬ町をぶらつく」◆（徘徊）スル歩き回る意の漢語。「街中を徘徊する」「深夜徘徊」◆（彷徨）スル「さまよう」の意の漢語。「秋の野を彷徨する」

6 17-36

放浪（ほうろう）／流浪（るろう）／漂泊（ひょうはく）／流離（りゅうり）

【関連語】◆（漂流）（ひょうりゅう）◆（浮浪）（ふろう）

共通する意味★各地をさすらい歩くこと。【英】*wandering; roaming*

使い方▼〔放浪〕スル▽各地を放浪する▽放浪生活▽放浪癖　〔流浪〕スル▽流浪の民▽流浪の旅　〔漂泊〕スル▽漂泊の歌人▽村から村へと漂泊する　〔流離〕スル▽流離の涙▽異国を流離する

使い分け【1】「放浪」「流浪」は、定住地をもたず、各地を転々と回ること。【2】「漂泊」「流離」は、故郷を離れ、遠くさすらい歩くこと。【3】「放浪」以外は日常的には用いられない文章語。

【関連語】◆（漂流）スル海上をさまようこと。「舵（かじ）がこわれて漂流する」◆（浮浪）スル住所不定で定職もなく、さまよい歩くこと。「浮浪の生活」「浮浪者」

6 17-37

泊（と）まる／寝泊（ねと）まり／宿泊（しゅくはく）／外泊（がいはく）

【関連語】◆（野宿）（のじゅく）◆（素泊まり）（すどまり）◆（旅宿）（りょしゅく）◆（投宿）（とうしゅく）◆（止宿）（ししゅく）◆（旅寝）（たびね）◆（仮寝）（かりね）◆（宿る）（やどる）◆（合宿）（がっしゅく）

共通する意味★自分の家以外の場所に宿をとること。【英】*to lodge; to stay*

使い方▼〔泊まる〕（ラ五）▽温泉宿に泊まる▽どこか泊まる所を見つける　〔寝泊まり〕スル▽ストのため事務所で寝泊まりする　〔宿泊〕スル▽古びた旅館に宿泊する▽宿泊先　〔外泊〕スル▽無断で外泊する▽外泊許可をもらう

	ホテルに□	友人の家に□	会社に□
泊まる	○	○	○
寝泊まりする	○	△	○
宿泊する	○	-	-
外泊する	-	○	-

使い分け【1】「泊まる」は、四語の中ではもっとも意味が広い。【2】「寝泊まり」は、一定期間、生活の場を家以外の場所におくこと。多く、家に帰らず夜も仕事場にいることや、家を持たずに外で寝起きすることをいう。【3】「宿泊」は、旅行先の旅館などに客として泊まること。【4】「外泊」は、ふつう、旅行先の宿泊に対しては用いず、家に帰らず別のところで夜を過ごすことを表わす。

【関連語】◆（野宿）スル旅の途中で、施設でなく屋外で寝ること。「宿が見つからず野宿する」◆（素泊まり）旅館に行っても、寝るだけで食事をしないこと。「素泊まり千円」◆（旅宿）旅先で宿に泊まること。また、その宿。文章語。◆（投宿・止宿）スル旅館に泊まること。「止宿」には、下宿することの意もある。文章語。◆（旅寝・仮寝）スル旅先で宿泊すること。古めかしい言い方。◆（宿る）（ラ五）旅先で泊まる。また、一時的に他の場所に身をおく。文章語的。「旅館に宿る」「木陰に宿る」◆（合宿）スル一定期間、何人かが寝食をともにしながら、勉強したり、何かを練習したりすること。「卓球部の合宿に参加する」「強化合宿」「合宿所」

参照▼泊まる⇒505-53　仮寝⇒112-12

6 17-38 同宿(どうしゅく)／相宿(あいやど)

共通する意味★二人以上の人が同じ宿や部屋に泊まること。**【英】** *lodging together*

使い方▼〔**同宿**〕スル▽初対面の人と同宿する▽同宿の客と話がはずんだ　〔**相宿**〕▽スキー旅行で別の団体と相宿となる

使い分け「同宿」は、同じ下宿に住むことを表わすこともある。「同宿の友人と交替で掃除をする」

6 17-39 出で立ち(いでたち)／身支度(みじたく)

【関連語】 ◆〈**旅装**〉りょそう ◆〈**旅支度**〉たびじたく

共通する意味★家の外に出るときの身なり、恰好(かっこう)。**【英】** *dress*

使い方▼〔**出で立ち**〕▽派手な出で立ちで出かける▽サラリーマン風の**出で立ち**　〔**身支度**〕スル▽身支度を整える▽旅の**身支度**をする▽手早く**身支度**する

使い分け【1】「出で立ち」は、本来、外出するときの恰好、服装のことだが、単に、身なり、服装の意味で用いられることが多い。【2】「身支度」は、多く、外出のために身なりを整えたり化粧したりすることをいう。

【関連語】 ◆〈**旅装**〉旅行するときの身なり、恰好。「旅装をとく」◆〈**旅支度**〉旅行のために持っていくものや、服装を整えること。「旅支度を整える」

6 17-40 旅愁(りょしゅう)／旅情(りょじょう)

共通する意味★旅をしているときに感じる、しみじみとした気持ち。**【英】** *loneliness on a journey*

使い方▼〔**旅愁**〕▽旅愁をかきたてる▽旅愁にひたる　〔**旅情**〕▽旅情を感じさせる▽旅情を慰める

使い分け「旅愁」の方が、わびしく思う気持ちが強い。

6 17-41 旅行者(りょこうしゃ)／トラベラー／ツーリスト

共通する意味★旅をする人。ふつう、観光旅行をする人という意味で用いられる。**【英】** *a traveler; a tourist*

使い方▼〔**旅行者**〕▽最近旅行者が増えた▽旅行者のマナーが悪くなった　〔**トラベラー**〕▽トラベラーズチェック(＝旅行者用の小切手)　〔**ツーリスト**〕▽ツーリストとして訪れる▽ツーリストビューロー(＝旅行案内所)

使い分け「トラベラー」は、ふつう、単独では用いられず、外来語と複合して用いられる。

6 17-42 たんま／タイム

【関連語】 ◆〈**待った**〉まった

共通する意味★遊びで、一時中止を要求したり、宣言したりする語。**【英】** *King's X; time*

使い方▼〔**たんま**〕▽ちょっとたんま、いまのはルール違反だよ　〔**タイム**〕▽靴のひもがほどけたから、ちょっとタイム

使い分け【1】「たんま」は、「待った」の逆転からできた語という。【2】「タイム」は、運動競技で試合の一時中止をいうところから。

【関連語】 ◆〈**待った**〉相撲や将棋などの勝負事で、自分が不利とみて、相手の仕掛けた手を待ってもらうこと。「待ったを掛ける」「待ったをする」

参照▼タイム⇒815-01

6 18 情報・伝達

6 18-01 情報(じょうほう)／インフォメーション

【関連語】 ◆〈**ノウハウ**〉◆〈**データ**〉

共通する意味★物事の様子や事情などについて教えてくれるもの。**【英】** *information; know-how*

使い方▼〔**情報**〕▽災害地からの情報が入る▽情報を集める▽情報不足▽就職情報　〔**インフォメーション**〕▽豊富なインフォメーションを得て、判断を下す

使い分け【1】どちらも、状況に関する判断に変化をもたらす知識をいう。【2】「インフォメーション」の訳語は「情報」であるが、ほかに、「受付」「案内所」の意もあり、特に、そうした案内的情報について「インフォメーション」を使うこともある。

【関連語】 ◆〈**ノウハウ**〉製品開発上必要な技術で、秘密にされているものの情報。また、一般に、物事のやり方。「喫茶店経営のノウハウ教えます」◆〈**データ**〉判断・推定のよりどころとなる資料。「会議のためにデータをそろえる」「データベース」

参照▼インフォメーション⇒503-16

6 18-02 伝達(でんたつ)／コミュニケーション

【関連語】 ◆〈**伝令**〉でんれい

共通する意味★他の人に伝えること。**【英】** *communication*

使い方▼〔**伝達**〕スル▽注意事項を伝達する▽文書で伝達する▽伝達事項　〔**コミュニケーション**〕▽先生と生徒のコミュニケーションが足りない▽子供との

コミュニケーションをはかる

使い分け【1】「伝達」は、指示や命令、連絡事項などを他に伝えること。【2】「コミュニケーション」は、人間が言葉や文字、身ぶりなどによって意思を伝えること、また、伝え合うこと。

【関連語】◆〈伝令〉命令を伝えること。また、命令を伝える人。「伝令が飛び交う」「前線に伝令を出す」

6 18-03 伝言(でんごん)／ことづけ／ことづて／メッセージ

【関連語】◆〈言付ける〉ことづける

共通する意味★ある人に伝えたい事柄を、別の人に言ってもらうこと。また、その言葉。**【英】** *a message; word*

使い方▼〔伝言〕スル▽早く帰るよう伝言を頼む▽伝言板 〔ことづて〕▽先生からことづてです 〔ことづけ〕▽ことづけを頼まれる 〔メッセージ〕▽私へのメッセージはありませんか

使い分け【1】「伝言」「ことづて」「ことづけ」は、ほとんど同意で、一般的に使われる。【2】「メッセージ」には、公へ向かって発言する内容、という意味もある。「法王がメッセージを発表する」

【関連語】◆〈言付ける〉(カ下一)人に頼んで、先方に伝言や品物を送り届ける。「プレゼントをことづける」

参照▼言付ける⇒218-16

6 18-04 知らせ(しらせ)／通知(つうち)／案内(あんない)／通告(つうこく)／通達(つうたつ)／通牒(つうちょう)／報(ほう)

共通する意味★ある事柄を相手に知らせること。また、その文書や言葉など。**【英】** *information; a notice*

使い方▼〔知らせ〕▽住所変更の知らせをもらう▽なんの知らせもない▽虫の知らせ 〔通知〕スル▽高校合格の通知が届く▽転居通知▽通知表 〔案内〕▽結婚式の案内が来た▽音楽教室の案内▽案内状 〔通告〕スル▽国交断絶を通告する▽ストライキ決行を通告する▽納税の通告を受ける 〔通達〕スル▽法令施行を通達する▽文部省通達 〔通牒〕スル▽最後通牒 〔報〕▽恩師死去の報に接し、すぐ弔電を打つ

使い分け【1】「知らせ」が、最も一般的な語。「お知らせ」は、広報の中の「お知らせコーナー」や、ラジオ・テレビ放送のスポンサーからの「お知らせ(＝コマーシャル)」などのように、さまざまな情報を広く伝えるときに使う。【2】「通知」は、公私ともに使う。【3】「案内」は、「知らせ」「通知」に近いが、何かよい事を教えてくれる場合や、よい事への参加、出席などを呼びかける場合に限られる。たとえば、「葬式の通知」とはいっても、「葬式の案内」とはいわない。【4】「通告」は、公に決まったことを正式に文書などで知らせること。通告を受けた者は、それなりの態度を決定しなければならない。【5】「通達」は、役所からのもの。「通牒」は、「通達」の古い言い方で、特に、国際法上、国家から国家へ一方的に意思表示をするときの文書の意で使う。【6】「報」は、「知らせ」の改まった言い方だが、緊急な、あるいは思いがけない情報、すなわち、ニュースに近い情報についていう。

参照▼案内⇒608-21

6 18-05 急報(きゅうほう)／速報(そくほう)／急告(きゅうこく)

共通する意味★速く知らせること。また、その知らせ。**【英】** *an urgent message*

使い方▼〔急報〕スル▽急報を聞いて駆けつける▽発見者が急報したため、火はすぐ消し止められた 〔速報〕スル▽地震情報を速報で伝える▽選挙結果を速報する▽ニュース速報 〔急告〕スル▽新入社員諸君に急告する▽急告！アルバイト募集

使い分け【1】「急報」は、特定の個人、団体などに対して個人的に知らせる場合に用いる。【2】「速報」「急告」は、不特定多数の人に知らせる場合に用いる。【3】「急告」は、掲示や広告などで用いる。

6 18-06 声明(せいめい)／ステートメント／コミュニケ

【関連語】◆〈宣言〉せんげん◆〈覚え書き〉おぼえがき

共通する意味★政治や外交についての意見や立場を、公の場ではっきりと人々に発表すること。また、その言葉。**【英】** *a statement; communiqué*

使い方▼〔声明〕スル▽声明を発表する▽声明文▽抗議声明▽共同声明 〔ステートメント〕▽大統領のステートメント 〔コミュニケ〕▽日中共同コミュニケ

使い分け「コミュニケ」は、特に、国際会議などの後に出される、各国の意思の正式表明についていう。

【関連語】◆〈宣言〉スル個人・団体が、自分の意見や方針を世間に対してはっきりと発表すること。また、その言葉。「独立を宣言する」「引退を宣言する」◆〈覚え書き〉略式の外交文書。日常的には、忘れないように書いておくもの。メモ。「覚え書きを交わす」

参照▼覚え書き⇒610-29

6 18-07 知らせる(しらせる)／告げる(つげる)／伝える(つたえる)／報ずる(ほうずる)／宣する(せんする)

【関連語】◆〈知らす〉しらす◆〈触れる〉ふれる

共通する意味★ある事柄や自分の考え、気持ちなどを、相手に、または広く一般の人々に、言葉や身ぶり、または、マスコミなどを使って、知るようにさせる。**【英】** *to inform; to convey*

使い方▼〔知らせる〕(サ下一) 〔告げる〕(ガ下一) 〔伝える〕(ア下一) 〔報ずる〕(サ変) 〔宣する〕(サ変)

	時を□鐘	手紙で恋心を□	開会を□	癌(がん)だと□	目で□
知らせる	○	-	△	○	○
告げる	○	○	○	○	○
伝える	-	○	-	○	○
報ずる	○	-	-	-	-
宣する	-	-	○	△	-

使い分け【1】気持ちを相手にわかってもらいたいときは、「伝える」を使う。【2】「知らせる」「伝える」が、遠回しに、また、それとなくといった手段をとりうるのに対し、「告げる」「宣する」は、きっぱりと正面きっていう場合に使われる。ただし、「宣する」は、広く大勢に向かっていうことが多く、個人に対する場合にはあまり使われない。【3】「報ずる」は、広く世間に向かって、ある情報内容を伝達する意。

【関連語】◆**(知らす)**(サ五)「知らせる」のややくだけた言い方。◆**(触れる)**(ラ下一)多くの人に知らせる。「あちらこちらに触れてまわる」

参照▼触れる⇒613-05・905-01

6 18-08 告示(こくじ)／公示(こうじ)／公告(こうこく)／宣告(せんこく)／発布(はっぷ)／公布(こうふ)／布告(ふこく)／告知(こくち)

【関連語】◆**(宣布)**せんぷ◆**(触れ)**ふれ

共通する意味★国など、公の機関が一般国民に告げ知らせること。**【英】***a notification*

使い方▼**〔告示〕**スル▽告示を発する▽内閣告示 **〔公示〕**スル▽総選挙の投票日を公示する **〔公告〕**スル▽国有地払い下げの公告 **〔宣告〕**スル▽裁判官が死刑を宣告する **〔発布〕**スル▽憲法発布 **〔公布〕**スル▽法令を公布する **〔布告〕**スル▽宣戦を布告する **〔告知〕**スル▽納税告知書

使い分け【1】「告示」「公示」は、同じように使われるが、公職選挙法における投票日などについては、国会議員の総選挙や通常選挙の場合は「公示」、その他の場合は「告示」と区別している。【2】「公告」は、裁判所、官庁、公共団体が一定の事項を官報、掲示、広告などによって一般の人に知らせること。【3】「宣告」は、特に刑事裁判の公判廷で、裁判長が判決を言い渡すこと。【4】「発布」は、新しく制定された法などを世の中に広く告げ知らせること。文章語。【5】「公布」は、特に、法令を官報で一般国民に知らせることをいう。【6】「布告」は、特に、国際法上、一国が相手国に開戦の通告をし、その旨を内外に知らせること。【7】「告知」は、「癌の告知」のように、公の機関だけでなく権威あるところが、個人などに正式に知らせることにも用いる。

【関連語】◆**(宣布)**スル広く行き渡らせる意の文章語。「国威の宣布」◆**(触れ)**役所などが広く一般に告げ知らせること。また、その知らせ。現在ではあまり使われない。「布令」とも書いた。「触れを回す」

6 18-09 お達し(たっし)／下達(かたつ)／示達(じたつ)

共通する意味★上位の者から下位の者へ伝えること。**【英】***instructions*

使い方▼**〔お達し〕**▽その筋からのお達し **〔下達〕**スル▽下達を徹底する▽上意下達 **〔示達〕**スル▽上級官庁からの示達

使い分け【1】「お達し」は、上位の機関からの命令。ややくだけた言い方。【2】「下達」は、上位の者の意志や命令などを下位の者に伝えること。【3】「示達」は、上級官庁から下級官庁へ、上位の者から下位の者へ指示、通達を出すこと。

6 18-10 評判(ひょうばん)／風評(ふうひょう)／世評(せひょう)／聞こえ(きこえ)

【関連語】◆**(下馬評)**げばひょう◆**(呼び声)**よびごえ

共通する意味★世間の人々が、その良し悪しなどについて、うわさ話として論議し、言い広めた評価。また、そのうわさ話。**【英】***reputation*

使い方▼**〔評判〕**▽新作が評判になる▽町で評判の美人 **〔風評〕**▽入院すると実験台にされるという風評のある病院 **〔世評〕**▽世評を気にする▽世評にのぼった作品 **〔聞こえ〕**▽名門の聞こえの高い学校

	□が立つ	□が高い	□が悪い	とかくの□がある
評判	○	○	○	△
風評	○	-	-	○
世評	○	○	-	-
聞こえ	-	○	○	-

使い分け【1】「評判」は、良い評価の場合にも悪い評価の場合にも用いられる。また、「おもしろいと評判の映画」のように、何かのことでうわさになり、世間に知られるという意味もある。【2】「風評」は、比較的悪い評価のうわさ話について、「世評」は、比較的良い評価の場合に用いられる。【3】「聞こえ」は、「近所の聞こえが悪い」のように、聞いた人に与える印象、外聞の意でも使われる。

【関連語】◆**(下馬評)**発言に責任のない者同士が、うわさ話として批評や評価をしあうこと。また、その評価。「下馬評ではA氏当選が有力」◆**(呼び声)**その人が選ばれるだろうというもっぱらの評判。「次期総裁の呼び声が高い人」

6 18-11 名声(めいせい)／名聞(めいぶん)／美名(びめい)／盛名(せいめい)／英名(えいめい)／令名(れいめい)

【関連語】◆**(名)**な

共通する意味★よい評判。立派で優れていると世間で言われること。**【英】***fame; reputation*

使い方▼〔名声〕▽彼は優れた物理学者として名声が高い▽歌舞伎(かぶき)の公演が各地で名声を博した▽名声が上がる　〔名聞〕▽世間での名聞ばかりを気にするな　〔美名〕▽美名を求める▽学問という美名に隠れて、兵器の研究を行う　〔盛名〕▽今回の受賞で一気に盛名を馳(は)せた　〔英名〕▽内乱の収拾に当たり英名を轟(とどろ)かせる　〔令名〕▽令名が高い▽令名を馳せる

使い分け【1】「名声」が、最も一般的に使われる。「名聞」は、単に世間での評判を意味する場合もある。「みょうもん」ともいう。【2】「美名」は、立派で優れているという評判を意味するだけでなく、立派な名目、体裁のよい口実という否定的な意味でも用いられる。【3】「盛名」は、よい評判が広く盛んであること。また、そのために人気があること。【4】「令名」は、「御令名」の形で、「御令名はかねがね承っております」のように、相手の優れた評判をいうこともある。

【関連語】◆〈名〉名前に付随した評判のこと。「あの店はおいしいと全国的に名が通っている」「そんなことをすればあなたの名に傷がつきますよ」「名がある（＝名声がある）」

参照▼名⇒320-03

6 18-12 有名(ゆうめい)／知名(ちめい)／著名(ちょめい)／高名(こうめい)／名高(なだか)い／名(な)うて

【関連語】◆〈名代〉なだい

共通する意味★世間に名前がよく知られていること。【英】*famous; celebrated*

使い方▼〔有名〕(名・形動)▽画家としても有名な小説家▽有名人　〔知名〕(名・形動)▽知名の士▽海外での知名度が高い作家▽知名人　〔著名〕(名・形動)▽彼は非常に著名な詩人だ▽著名人　〔高名〕(名・形動)▽高名な僧侶(そうりょ)の説教を聞く　〔名高い〕(形)▽彼女はチェロ演奏家として名高い　〔名うて〕▽名うての遊び人

使い分け【1】「有名」は、「あの人はけちで有名だ」のように、悪いことで名が知られているときにも用いる。【2】「知名」「著名」「高名」「名高い」は、よい意味で名が知られているときに用いる。「名うて」は、よい評判にも、悪い評判にも使う。【3】「高名」は、「こうみょう」ともいう。また、「御高名」の形で「御高名はかねがね承っております」のように、相手を敬ってその名前をいうこともある。

反対語▼有名⇔無名

【関連語】◆〈名代〉有名なこと。特に、何代も続いた由緒ある店、品物などに使うことが多い。「ここは京都で名代の料亭です」

6 18-13 定評(ていひょう)／相場(そうば)／通念(つうねん)

【関連語】◆〈通り相場〉とおりそうば

共通する意味★世間一般で広く認められている評価、考え。【英】*an established reputation*

使い方▼〔定評〕▽使いやすいと定評のあるワープロ　〔相場〕▽喧嘩(けんか)は両成敗と相場が決まっている　〔通念〕▽社会通念

使い分け【1】「定評」は、ふつう「定評がある」「定評のある」という形で、世間でよいと認められているという意味で用いられる。【2】「相場」は本来、市場で取り引きされる物の値段のことであるが、転じて、世間一般での評価、考えをいう。この意味では「相場が決まっている」という形で用いられることが多い。【3】「通念」は、一般に共通した考えをいう。

【関連語】◆〈通り相場〉世間一般の値段。また、世間で一般にいわれている評価。「けちというのが彼の通り相場だ」

参照▼通念⇒208-14

6 18-14 高評(こうひょう)／好評(こうひょう)

共通する意味★評判がいいこと。いい評判。【英】*reputation*

使い方▼〔高評〕▽専門家から斬新(ざんしん)なデザインだと高評を得た　〔好評〕▽今日の夕食は家族みんなに好評だった▽好評を博す

使い分け【1】「高評」は、内容的にすばらしいと評価されること。また、その評判。【2】「好評」は、好ましいと人に受け入れられること。また、その評判。

6 18-15 人望(じんぼう)／名望(めいぼう)／声望(せいぼう)／信望(しんぼう)／徳望(とくぼう)／信用(しんよう)

【関連語】◆〈人気〉にんき◆〈魅力〉みりょく◆〈受け〉うけ

共通する意味★ある人が世間から受ける非常によい評価、評判。

使い方▼〔人望〕▽汚職事件で人望を失う▽人望が厚い▽人望を集める▽人望がある　〔名望〕▽名望を集める▽名望を得る▽名望家　〔声望〕▽福祉事業に貢献し大いに声望を上げた▽声望が高い▽声望を得る▽声望家　〔信望〕▽部内で信望を集める▽信望が厚い▽信望を得る　〔徳望〕▽彼には徳望がある　〔信用〕▽信用を落とす▽それはあなたの信用にかかわることだ▽信用を失う

使い分け【1】「人望」は、ある人に対して世間が道徳的、能力的に優れていると認め、その人に尊敬、信頼、期待を寄せていること。【英】*popularity*【2】「名望」「声望」は、名声が高く人望があること。【英】*reputation*【3】「信望」は、信用と人望、「徳望」は、徳と人望があること。【英】*prestige*【4】「信用」は、信じて疑わないことという意味から、安心して信じることができるという評判を意味する。【英】*trust*

【関連語】◆〈人気〉好ましいものであるという世間での評判。尊敬、信頼などの道徳的な点は特に関係がない。人以外のものにも使う。「あのタレントは

人気がある」「あの映画は人気がある」「人気者」◆〔魅力〕人をひきつける何かすばらしいものがあること。物にも使う。「ハンサムだが、いまひとつ魅力に欠けている」「魅力的な女性」◆〔受け〕人物、事柄が好ましいと人に受け入れられること。また、その評判。「彼は仲間の受けがいい」

参照▼信用⇒515-56

6 18-16 栄光／栄誉／光栄／栄冠

共通する意味★輝かしい誉れ。【英】*glory*

使い方▼〔栄光〕▽努力と精進こそが栄光への道だ▽かつての栄光を追い求める 〔栄誉〕▽大賞受賞という栄誉に輝く 〔光栄〕(名・形動)▽お褒めの言葉をいただき光栄に思います 〔栄冠〕▽栄冠を勝ちとる

	勝利の□	叙勲の□に輝く	□の至り	身に余る□
栄光	○	-	-	-
栄誉	○	○	-	○
光栄	-	-	○	○
栄冠	○	○	-	-

使い分け【1】「栄光」「栄誉」は、ほぼ同じような意味だが、「栄光」は、輝かしいことを強調した語、「栄誉」は、たたえられる誉れの意を強調した語である。【2】「光栄」は、輝かしい誉れ、名誉をへりくだっていうことが多い。したがって、多く「光栄の至り」「光栄に存じます」などの表現で使われる。【3】「栄冠」は、名誉や勝利などのしるしの冠の意から、転じて名誉、勝利の意を表わす。

参照▼栄冠⇒403-03

6 18-17 名誉／誉れ／栄え

共通する意味★すぐれているとして社会的に認められた価値。【英】*honor*

使い方▼〔名誉〕(名・形動)▽名誉にかけてがんばる▽次の一戦に勝って名誉を挽回したい 〔誉れ〕▽美しい自然はこの村の誉れだ▽武門の誉れ 〔栄え〕▽栄えある優勝

	□ある受賞	わが校の□	□が高い	とても□なこと
名誉	○	○	-	○
誉れ	-	○	○	-
栄え	○	-	-	-

使い分け【1】「名誉」「誉れ」は、ほぼ同じ意味だが、「誉れ」の方が、やや古めかしい言い方である。【2】「栄え」は、多く「栄えある」の形で使われ、他の二語にくらべると、輝かしいという意味合いが、やや強く加わった表現となる。

6 18-18 噂／風聞

共通する意味★世間で話題となっている、物事やある人の身の上についてのあまり確かでない話。【英】*a rumor*

使い方▼〔噂〕スル▽大地震のうわさが立つ▽世間でうわさする▽人のうわさも七十五日 〔風聞〕スル▽彼にはとかくの風聞がある▽よくない風聞が立つ

使い分け【1】「噂」には、「うわさをすれば影」「人のうわさはするものではない」などのように、陰でその話をするという意味もある。【2】「風聞」は、どこからともなく伝わってくる話で、多く、よくない内容のものについていう。また、「風聞するところによれば、近いうち新型が出るそうだ」のように、その話をほのかに伝え聞くという意味もある。

6 18-19 流言飛語／空言／流説／風説／デマ

【関連語】◆〔取り沙汰〕とりさた

共通する意味★全く根拠のないうわさ。【英】*a groundless rumor*

使い方▼〔流言飛語〕▽流言飛語にまどわされる▽流言飛語がみだれ飛ぶ 〔空言〕▽空言に立腹する 〔流説〕▽大地震の流説におびえる 〔風説〕▽引退の風説を否定する 〔デマ〕▽デマを流す▽デマに踊らされる

使い分け【1】「流言飛語」「デマ」は、ほとんど同意で使われる。「デマ」は、「デマゴギー」の略で、民衆を扇動するための宣伝の意から転じて、根拠のないうわさや悪口を意味するようになった。「流言飛語」は、「流言蜚語」とも書く。【2】「空言」は、「空言を弄する」「空言を吐く」のように、実行を伴わない言葉の意もある。【3】「流説」は、「るせつ」ともいう。【4】「風説」は、うわさとして広まったものも、現に言いふらされているものもいう。

【関連語】◆〔取り沙汰〕スル身近な事柄に対していろいろ言うこと。「世間であれこれ取り沙汰する」

6 18-20 艶聞／浮き名／あだ名

共通する意味★異性と関係があるといううわさ。【英】*a love affair*

	□が立つ	□を流す	□が絶えない人
艶聞	○	○	○
浮き名	○	○	-
あだ名	○	○	-

使い分け【1】主に、プレイボーイのうわさについていう。現在では、「艶聞」が多く使われる。【2】「浮き名」は、「憂き名（＝無実のうわさ）」から出た言葉。【3】「あだ名」は、「徒名」「仇名」とも書く。

6 18-21 醜聞（しゅうぶん）／スキャンダル

【関連語】◆（醜名）しゅうめい

共通する意味★男女関係や金銭問題などの醜いうわさ話。【英】*a scandal*

使い方▼〔醜聞〕▽彼の周辺には醜聞が絶えない▽週刊誌は芸能人の醜聞の記事でいっぱいだ　〔スキャンダル〕▽大統領がスキャンダルで失脚した

使い分け 二語とも男女関係などの不品行について、また、地位を利用した不正事件、不祥事などにも用いられるが、現在日常語としては、「スキャンダル」の方が一般的。

【関連語】◆（醜名）恥になるような悪いうわさ。「不祥事を起こして醜名を流す」

6 18-22 悪名（あくめい）／汚名（おめい）／悪声（あくせい）

【関連語】◆（札付き）ふだつき

共通する意味★悪い評判。【英】*infamy; scandal*

使い方▼〔悪名〕▽悪名高い男▽悪名高い盛り場▽悪名をはせる　〔汚名〕▽犯罪者の汚名をこうむる▽裁判で汚名をすすぐ▽汚名を返上する　〔悪声〕▽悪声は耳に入らず

使い分け【1】「汚名」「悪声」は、人、団体に関して使うが、「悪名」は品物、場所にも使う。【2】いずれも、人物の人格や品位、言動など、または事物に対する非常に否定的な評判をいう。【3】「悪名」は、「あくみょう」ともいう。

【関連語】◆（札付き）悪い評判が世間に広まっていること。また、そのような人。「あの子は札付きの悪（わる）だ」

参照▼悪声⇒108-01

6 18-23 伝わる（つたわる）

意味★物、作用などが、あるものを経て、時間的、あるいは空間的に隔たったそこに届く。【英】*to be transmitted*

使い方▼〔伝わる〕（ラ五）▽先祖代々伝わる家宝▽大陸から稲作が伝わる▽話が伝わる▽震動が伝わる▽気持ちが伝わる

6 18-24 聞き伝え（ききづたえ）／伝聞（でんぶん）／人づて（ひとづて）／又聞き（またぎき）／仄聞（そくぶん）

【関連語】◆（風の便り）かぜのたより　◆（口コミ）くちコミ

共通する意味★その人から直接ではなく、他の人の口を通して聞くこと。【英】*hearing from others*

使い方▼〔聞き伝え〕▽聞き伝えの話であてにならない　〔伝聞〕スル▽私の伝聞したところでは、彼はイギリスにいるらしい　〔人づて〕▽別れた人の様子を人づてに聞く　〔又聞き〕スル▽又聞きだから直接本人に確かめてくれ▽話を又聞きする　〔仄聞〕スル▽仄聞するところによれば、彼はまた何か発明したらしい

使い分け【1】「聞き伝え」「又聞き」は、会話でも使う。直接聞くのではなく、その話を聞いた人から伝え聞くこと。【2】「伝聞」「仄聞」は、文章語。「仄聞」は、「仄」は、ほのかの意で、何人もの人を伝ってきた話を小耳にはさむ形で聞くもの。「側聞」とも書く。【3】「人づて」は、「人づてに連絡する」のように、人を介して言葉を伝えること。

【関連語】◆（風の便り）だれからともなく聞くもの。「故郷の話を風の便りに聞く」◆（口コミ）うわさ、評判などが、伝言ではなく、人から人へと伝わること。マスコミにはのらない情報である。【英】*word-of-mouth communication*「口コミでお客がどんどん増えた」

6 18-25 口伝え（くちづたえ）／口承（こうしょう）

共通する意味★文字を使わず、口から口へ物事を語り伝えること。【英】*oral tradition*

使い方▼〔口伝え〕▽彼の渡米を口伝えに聞いた▽極意を口伝えに教わる　〔口承〕スル▽弘法大師の話が口承で伝わっている▽口承文芸

使い分け【1】「口伝え」は、過去から現在でも、また、ある時点における横の伝達でもかまわない。「口承」は、過去から現在への伝達をいう。【2】「口承」は、AからBへ、BからCへと連綿と伝達が続く場合に使われることが多い。「口伝え」は、AからBで伝達が完結することもあり、だれの口から聞いたかをただすことができる場合も多い。

6 18-26 伝え聞く（つたえきく）／聞き及ぶ（ききおよぶ）／漏れ聞く（もれきく）

【関連語】◆（聞き継ぐ）ききつぐ　◆（聞き込む）ききこむ

共通する意味★人から聞いて知る。【英】*to learn from others*

使い方▼〔伝え聞く〕（カ五）　〔聞き及ぶ〕（バ五）　〔漏れ聞く〕（カ五）

	妙なうわさを□	長老から□た(だ)話	□ところによると	かねてより□て(で)いる
伝え聞く	○	-い○	○	-い△
聞き及ぶ	○	-ん△	△	-ん○
漏れ聞く	○	-い-	○	-い△

6 文化

使い分け【1】「伝え聞く」は、うわさや人から聞いて知っている意。【2】「聞き及ぶ」は、人からすでに聞いて知っている場合にいう。「お聞き及びのことと存じますが」のように、「お聞き及び」という名詞形で、相手がすでに知っていることを敬っていうこともある。【3】「漏れ聞く」は、どこからか人づてに聞く、たまたま耳にする意。「洩れ聞く」とも書く。

【関連語】◆(聞き継ぐ)(ガ五)人から人へと次々に聞いて伝える。「昔から聞き継がれてきた民話」◆(聞き込む)(マ五)捜査などのために、うわさや情報を他から聞いて知る。「刑事が現場付近で情報を聞き込む」

6 18-27 鳴り物入り／喧伝

【関連語】◆(吹聴)

共通する意味★大げさな宣伝をすること。【英】*propagandizing extensively*

使い方▼〔鳴り物入り〕▽鳴り物入りで入団した選手▽鳴り物入りでデビューする 〔喧伝〕スル▽うわさが村中に喧伝される▽世に喧伝される

使い分け【1】「鳴り物入り」の「鳴り物」は、打ち鳴らす楽器のこと。【2】「喧伝」は、人々の口にのぼる状態が、やかましいほどであるという意味。文章語。

【関連語】◆(吹聴)スル自分や他人の長所、美点などを得意になって知らせまわること。「満点をとったと吹聴してまわる」

6 18-28 流布／普及

【関連語】◆(大衆化)◆(流通)

共通する意味★世間に広まること。【英】*to spread*

使い方▼〔流布〕スル▽この説は一般に流布している▽流布本 〔普及〕スル▽パソコンは急速に普及した▽新製品を普及させる▽普及率

使い分け「流布」は、説、評判、考え方など、事柄が広まることをいうのに対し、「普及」は、物品にも事柄にも使える。

【関連語】◆(大衆化)スルある物事が一般大衆に広く知れわたること。「ビデオカメラの大衆化」「大衆化路線」◆(流通)スルとどこおらず、流れ、行きわたること。「商品の流通が悪い」「流通機構」「空気の流通を考えて家を設計する」

6 18-29 手紙／封書／はがき／絵はがき／書簡

【関連語】◆(郵便)

共通する意味★用件を書いて他人に送る文書。

使い分け【1】「手紙」は、用事などを書いて他人に送る文書一般をさすが、「封書」をさす場合も多い。「書状」ともいう。【英】*a letter*【2】「封書」は、封筒に入れた手紙。【英】*a letter*【3】「はがき」は、宛名と文を一枚の紙の表裏に書く通信用の用紙。「絵はがき」は、片面に絵や写真をいれたはがき。「葉書」「端書」とも書く。【英】*a postcard*(はがき); *a picture postcard*(絵はがき)【4】「書簡」は、文章語。「書翰」とも書く。

【関連語】◆(郵便)手紙、小包などを集配、伝達する通信制度。また、それによって送られる手紙、小包など。「郵便が届く」「郵便物」「郵便局」

6 18-30 便り／音信／音沙汰／沙汰

共通する意味★手紙など消息を知らせるもの。【英】*news; tidings*

使い方▼〔便り〕▽便りを受け取る▽お便りありがとう▽便りのないのはよい便り 〔音信〕▽音信不通▽音信がぱったりとだえる 〔音沙汰〕▽なんの音沙汰もない 〔沙汰〕スル▽このところなんの沙汰もない

使い分け【1】「便り」は、普通は、消息や近況を書いた手紙のことをいい、電話での連絡はいわない。「風の便りに聞く」のように、単になんらかの情報という意味で用いられることもある。【2】「音信」は、文章語。「音沙汰」「沙汰」は、手紙や電話、うわさなどで伝わる消息のこと。

参照▼沙汰⇒114-01

6 18-31 ラブレター／恋文／艶書／艶文／付け文

共通する意味★恋しく思っている人へ自分の気持ちを伝えるために出す手紙。

使い分け【1】「ラブレター」「恋文」が一般的だが、「ラブレター」がより日常語的。「艶書」「艶文」「付け文」は、古風な表現。【2】「付け文」は、「付け文をする」の形で、恋しく思っている相手に自分の気持ちを書いた手紙を渡すことをもいう。

6 18-32 返信／返書

共通する意味★返事の手紙。【英】*a reply*

使い方▼〔返信〕▽返信用封筒▽返信用はがき 〔返書〕▽返書をしたためる

使い分け「返信」が、一般的。「返書」は、古風な表現。

6 18-33 無沙汰

【関連語】◆(無音)

意味★長い間相手を訪問しなかったり、手紙を出さなかったりすること。【英】*silence*

使い方▼〔無沙汰〕スル▽無沙汰をわびる▽御無沙汰お許しください

◆現在では、丁寧形「御無沙汰」を、相手に対する謝罪の言葉の中で用いるのが普通。

【関連語】◆（無音）長い間便りをしないことの意で、手紙の中で用いられる。「久しくご無音に打ち過ぎました」

6 18-34 花便り／花信

共通する意味★花が咲いたことや、その花の様子を知らせる便り。【英】*the tidings of the blossoms*

使い分け「花便り」は、桜の花についていうことが多い。「花信」は、文章語。

6 18-35 頭語／結語／脇付け

共通する意味★手紙で相手への敬意を表わすために、決められた用い方をする語をいう。

使い分け【1】「頭語」は、手紙の冒頭に記す語。「結語」は、手紙の最後に記す結びの語。「頭語」と「結語」は、それぞれ対応させて用いられる。「拝啓—敬具」「謹啓—敬白」「前略—草草」など。【2】「脇付け」は、あて名の左下に書き添えて敬意を表わす語。特に改まった場合を除いて、現在ではふつう用いない。「侍史」「足下」「御許」など。また、封書のあて名に添えるものは「外脇付け」という。

6 18-36 拝啓／謹啓／拝復／前略

【関連語】◆（啓上）けいじょう◆（冠省）かんしょう

共通する意味★手紙の冒頭に記す語。

使い分け【1】「拝啓」「謹啓」は、往信に用いる。「謹んで申し上げます」の意。「拝復」は、返信に用いる。「謹んでご返事申し上げます」の意。相手に敬意を表わし、時候や安否の挨拶（あいさつ）を続ける。【2】「前略」は、「前文失礼致します」の意。時候や安否の挨拶を省略して、ただちに本文に入る場合に用いる。

【関連語】◆（啓上）申し上げること。「一筆啓上」の形で、手紙で用いる。「一筆啓上火の用心」◆（冠省）「前略」の改まった言い方。

参照▼前略⇒609-37

6 18-37 敬具／敬白／謹言／拝具 草草／早早／怱怱／かしこ

【関連語】◆（頓首）とんしゅ◆（不一）ふいつ◆（不二）ふじ

共通する意味★手紙の最後に記す、結びの語。

使い分け【1】「敬具」は、「拝啓」「拝復」に対し、「敬白」「謹言」「拝具」は、「謹啓」に対して用いる。以上謹んで申し上げますの意。【2】「草草」「早早」「怱怱」は、「前略」「冠省」に対して用いる。意を十分に尽くした手紙でないことをわびる意。【3】「かしこ」は、女性が用いる。おそれつつしむ意。

【関連語】◆（頓首）頭を下げて礼をする意。相手に対して敬意を示す語。◆（不一・不二）まだ十分に意を尽くしていない意。

6 18-38 親展／直披

【関連語】◆（平安）へいあん◆（気付）きづけ

共通する意味★封筒の表に書いて、名あて人が直接開封することを求める語。【英】*confidential*

使い分け「親展」が一般的で、「直披」は、やや婉曲（えんきょく）で大げさな言い方。

【関連語】◆（平安）変事の知らせではないことを示す語。◆（気付）手紙を相手の立ち寄り先などにあてて送るとき、そのあて先などの下に添える語。「きつけ」ともいう。「大使館気付で出す」

参照▼平安⇒810-20

6 18-39 侍史／机下／台下／足下 座右／硯北／膝下 玉案下／御許／御前

【関連語】◆（拝）はい

共通する意味★手紙で、あて名の左下に書いて、相手への敬意を表わす語。わき付け。

使い分け「御許」「御前」は、「御許に（へ）」「御前に（へ）」の形で、主として女性が用いる。

【関連語】◆（拝）自分の署名の下につけて、相手への敬意を表わす語。

6 18-40 追伸／二伸／再伸 追って書き

共通する意味★手紙で、本文を書き終えた後に、さらに付け足しの文を書き加えるとき、最初に記す語。また、その書き加えた文。【英】*a postscript; P. S.*

使い分け「追伸」が、最も一般的。「追って書き」は、書き加えた文をいい、最初に記す語には、「追伸」「二伸」「再伸」を用いる。

6 18-41 通信

意味★様子や意志などを知らせること。特に、電信、電話、郵便などの手段を用いて情報を伝達することをいう。【英】*communication*

使い方▼〔通信〕スル▽通信がとだえる▽通信欄▽通信教育

6 18-42 電話（でんわ）／テレフォン

共通する意味★音声を電気信号に変えて伝え、再び音声に戻して相互に通話する装置。また、それを使って話をすること。**【英】** *a telephone; a phone*（口）

使い方▼〔電話〕スル▽お父さん、田中さんから電話です▽恋人に電話する▽電話口▽電話番号▽いたずら電話　〔テレフォン〕▽テレフォンナンバー▽テレフォンサービス

使い分け「テレフォン」は、他の語と複合して用いられることが多い。

6 18-43 無線（むせん）／無電（むでん）／電信（でんしん）

【関連語】◆（電報）でんぽう

共通する意味★電波を利用した通信。

使い方▼〔無線〕▽無線で連絡する▽無線操縦▽無線電話　〔無電〕▽無電を打つ▽SOSの無電が入る　〔電信〕▽無線電信

使い分け「無線」「無電」は、いずれも「無線電信」「無線電話」を省略した形。

反対語▼無線⇔有線

【関連語】◆（電報）電信によって文字などを送ること。また、その文面が記載されている紙。「電報が届く」「電報を打つ」

6 18-44 発信（はっしん）／送信（そうしん）

共通する意味★通信を送ること。特に、電波で通信を送ること。**【英】** *dispatch of a message*

使い方▼〔発信〕スル▽発信がとだえた▽敵の発信した暗号をキャッチする▽発信機　〔送信〕スル▽本社に送信する▽送信機

使い分け【1】「発信」は、通信を発すること。【2】「送信」は、電波を送り出すことをいうのは「発信」と同じだが、受信側までの方向性、持続性など、通信の流れを考えた言い方。

反対語▼受信・着信・着電

6 18-45 受信（じゅしん）／着信（ちゃくしん）／着電（ちゃくでん）

【関連語】◆（傍受）ぼうじゅ

共通する意味★通信を受け取ること。**【英】** *reception*

使い方▼〔受信〕スル▽放送を受信する▽受信装置▽受信料　〔着信〕スル▽今朝着信したニュース　〔着電〕スル▽北京ペキンから着電する

使い分け「受信」は、他からの通信を受けること。「着信」「着電」は、通信が到着すること。

反対語▼発信・送信

【関連語】◆（傍受）スル 他人の交信をわきから受信すること。「無線を傍受する」

6 18-46 通話（つうわ）／送話（そうわ）

共通する意味★電話などで話をすること。**【英】** *telephone conversation*

使い方▼〔通話〕スル▽回線がパンクして通話が不能になった▽外国と通話する▽通話料金▽ダイヤル通話　〔送話〕スル▽故障で送話できない▽送話器▽送話口くち

使い分け【1】「通話」は、電話をかける場合、受ける場合の両方にいうが、「送話」は、かける場合だけにいう。【2】「通話」は、電話で話した時間の単位や、その回数の意でも使う。「一通話十円」

6 19 …マスコミ

6 19-01 マスコミ

意味★「マスコミュニケーション」の略。**【英】** *mass communication* 新聞や放送などを通じて、不特定多数の人々に情報を伝達すること。また、その機関。大衆伝達。

使い方▼〔マスコミ〕▽マスコミに売り込む

6 19-02 ミニコミ

意味★会報や会誌などを通して、特定少数の人々に情報を伝達すること。**【英】** *small-scale communication*

使い方▼〔ミニコミ〕▽ミニコミ誌

◈「マスコミ」の対語として日本で作られた言葉。

6 19-03 ジャーナリズム

意味★新聞、雑誌、テレビ、ラジオなど、時事的な情報・意見を大衆に伝える媒体機関の総称。また、その世界で作り出される大衆文化をさすこともある。

使い方▼〔ジャーナリズム〕▽ジャーナリズムの世界で働く

6 19-04 報道（ほうどう）／ニュース

共通する意味★新聞、ラジオ、テレビなどを通じて、社会の出来事などを広く告げ知らせること。**【英】** *information; news*
使い方▼〔報道〕スル

	国外からの□	□番組	□を差しひかえる	わが家の□	□を流す
報道	○	○	○	-	-
ニュース	○	○	-	○	○

使い分け【1】「報道」は、人々に広く告げ知らせることをいうが、「ニュース」は、告げ知らせる内容や、それを取り扱った新聞記事や放送番組をいう。【2】「ニュース」は、私的な事柄にもいうが、「報道」は、公的な事柄に限定される。

6 19-05 新聞（しんぶん）

【関連語】◆（全国紙）ぜんこくし◆（地方紙）ちほうし◆（壁新聞）かべしんぶん◆（機関紙）きかんし◆（号外）ごうがい◆（プレス）

意味★読者に時事的な報道などを伝えるための定期刊行物。**【英】** *a newspaper*
使い方▼〔新聞〕▽新聞をとる▽新聞に投書する▽古新聞▽新聞配達
【関連語】◆（全国紙）共通の紙面で、全国に販売される新聞。◆（地方紙）ある一部の地方で販売され、その地方の出来事の伝達を主とする新聞。◆（壁新聞）ニュースなどを新聞の体裁に編集、記載して、人の目につく壁などに張り出すもの。◆（機関紙）ある機関が内外に向けてなんらかの主張をしたり、情報交換したりすることを目的に発行する、新聞形式の刊行物。◆（号外）特別のニュースがあるとき、次の刊行予定日を待たずに発行される新聞。◆（プレス）新聞、また、新聞社、報道機関。

6 19-06 記事（きじ）／雑報（ざっぽう）

【関連語】◆（埋め草）うめくさ

共通する意味★新聞や雑誌に書かれる文章。
使い方▼〔記事〕▽記事を書く▽三面記事　〔雑報〕▽雑報の扱いしか受けない小事件
使い分け【1】「記事」は、重要な文章から、数行の天気、死亡などを伝えるものまですべてをいう。**【英】** *news*【2】「雑報」は、こまごました事柄を集めたもの。**【英】** *miscellaneous news*
【関連語】◆（埋め草）余白を埋めるためのもの。文章とは限らない。**【英】** *a filler*「埋め草にさし絵を使う」

6 19-07 囲み（かこ）／コラム／欄（らん）

共通する意味★新聞、雑誌などで、枠や罫（けい）で囲んだ部分。短い評論などを書く。**【英】** *a column*
使い方▼〔囲み〕▽彼の談話が囲みで出ている▽囲み記事　〔コラム〕▽コラムの書き手▽コラムを設ける　〔欄〕▽投書欄▽広告欄
使い分け「欄」は、投書、広告、小説など、その文章の種類に応じて分けた区画をいう。
参照▼囲み⇒906-18

6 19-08 特種（とくだね）／スクープ

【関連語】◆（新聞辞令）しんぶんじれい

共通する意味★新聞や週刊誌などで、ある社が他に先んじて得た情報。また、その記事。**【英】** *a scoop*
使い方▼〔特種〕▽特種をつかんだ▽特種記事　〔スクープ〕スル▽大物の訪日をスクープする
使い分け「スクープ」は、他に先んじて記事にすることもいう。
【関連語】◆（新聞辞令）官吏などの任免を新聞が発令以前に予想して報道すること。「委員長の交替は新聞辞令に終わった」

6 19-09 放送（ほうそう）

【関連語】◆（公共放送）こうきょうほうそう◆（民間放送）みんかんほうそう◆（ローカル放送）ローカルほうそう◆（国際放送）こくさいほうそう

意味★テレビやラジオの電波を通して、大勢の人に音声や映像を送り、ニュース、娯楽番組、スポーツなどを伝えること。また、有線による小規模なものもいう。**【英】** *broadcasting*
使い方▼〔放送〕スル▽店内放送▽衛星放送
【関連語】◆（公共放送）営利を目的とせず、公共のために行う放送。日本ではＮＨＫ（日本放送協会）のこと。◆（民間放送）民間の資本や広告料で運営される放送。略して「民放」とも。「商業放送」ともいう。◆（ローカル放送）地元の放送局から地元向けに流される放送。「全国放送」に対する語。◆（国際放送）ニュースや自国の紹介など国際親善の番組を主とした海外向け放送。

6 19-10 生放送（なまほうそう）／生中継（なまちゅうけい）

【関連語】◆（生）なま◆（中継）ちゅうけい

共通する意味★放送で、録音や録画を使わず、番組の製作と同時に放送すること。**【英】** *live broadcasting*
使い方▼〔生放送〕▽生放送だから何が起こるかわからない　〔生中継〕▽歌舞伎（かぶき）座から生中継でお送りします
使い分け「生中継」は、今現在行われている舞台やスポーツなどをそのまま中継放送すること。
【関連語】◆（生）「生放送」の略。「生番組」◆（中継）スル舞台やスポーツなどの実況を一度放送局で受け継

いでから、各家庭に放送すること。【英】*to relay*
「劇場中継」「中継車」「衛星中継」
参照▼生⇒810-27

6 19-11 録画(ろくが)／録音(ろくおん)／VTR(ブイティーアール)／ビデオ

【関連語】◆(吹き込み)ふきこみ

共通する意味★必要な音声や映像をテープなどに記録すること。また、その記録したテープなど。【英】*videotape*

使い方▼〔録画〕スル▽開会式の模様を録画でお伝えします▽録画撮り 〔録音〕スル▽虫の声を録音する▽国会中継を録音で放送する▽多重録音▽録音テープ 〔VTR〕▽今の取組をVTRでもう一度見てみましょう 〔ビデオ〕▽好きな番組をビデオにとる▽子供の成長をビデオにおさめる▽ビデオを見る▽レンタルビデオショップ

使い分け【1】「録画」は映像を、「録音」は音声などをテープなどに記録すること。【2】「VTR」は、「ビデオテープレコーダー(【英】*video tape recorder*)」の略。テレビの映像や音声を記録し、再生する装置のこと。【3】「ビデオ」は、「ビデオテープ」「ビデオテープレコーダー」の略。

【関連語】◆(吹き込み)声、楽器など人間の出す音をレコードやテープなどに記録すること。「新曲の吹き込みをする」

6 19-12 宣伝(せんでん)／広告(こうこく)／PR(ピーアール)

【関連語】◆(広報)こうほう◆(プロパガンダ)◆(触れ込み)ふれこみ◆(アナウンス)◆(周知)しゅうち◆(コピー)◆(コマーシャル)

共通する意味★世間に広く知らせること。【英】*to advertise; to propaganda*

使い方▼〔宣伝〕スル 〔広告〕スル 〔PR〕スル

	新製品を大々的に□する	日本の実情を海外に□する	事故防止の□が足りない	手がらを□して回る	雑誌に□を出す
宣伝	○	○	-	○	-
広告	○	-	-	-	○
PR	○	○	○	-	-

使い分け【1】「宣伝」は、最も広く用いられる。また、事実以上に大げさに言いふらすこともいう。【2】「広告」は、特に商業的な場合に用いる。【3】「PR」は、さまざまな事柄を大衆に広く知らせること。

【関連語】◆(広報)スル官公庁、企業などが、業務、活動などについて大衆に知らせること。「広報活動」「広報部」◆(プロパガンダ)多く、ある主義や思想などの宣伝をいう。◆(触れ込み)前もって宣伝すること。実際以上の宣伝であることが多い。「大型新人という触れ込みだったが演技はさっぱりだ」◆(アナウンス)スルマイクを通じて、案内などを知らせること。「校内アナウンス」◆(周知)スル広く人々に知れわたること。「周知の事実」「周知徹底させる」◆(コピー)広告の文章。宣伝文句。「コピーライター」◆(コマーシャル)民間放送などの広告放送。また、広告、宣伝のための文句。「コマーシャルメッセージ(【英】*commercial message*)」の略。CMともいう。

参照▼コピー⇒609-29

6 19-13 看板(かんばん)／立て看板(たてかんばん)／立て看(たてかん)／プラカード

【関連語】◆(金看板)きんかんばん◆(一枚看板)いちまいかんばん◆(表看板)おもてかんばん

共通する意味★人目につくように作った宣伝用の板。【英】*a signboard*

使い方▼〔看板〕▽看板を書く▽看板を出す(＝商売を始める意にもいう)▽店の看板にかかわる(＝信用にかかわる)問題 〔立て看板〕▽開店の立て看板が目につく 〔立て看〕▽学費値上げ反対の立て看 〔プラカード〕▽プラカードを掲げてデモに参加する

使い分け【1】「看板」は、商店の屋号、商品などを書いて作ったもの。また、「看板にいつわりなし」のように、他人の注意をひくための名目や外観の意もある。【2】「立て看板」は、紙や布を枠に貼はったり、板で作ったりした、立てかけておく看板。【3】「立て看」は、「立て看板」の略。特に、大学構内などの声明を書いたものをいう。【4】「プラカード」は、スローガンなどを書いて掲げて歩くもの。

【関連語】◆(金看板)金文字を彫り込んだ目立つ看板。転じて、世間に誇らしげに示す主義、主張などをさす。「減税を金看板に立候補する」◆(一枚看板)歌舞伎かぶき劇場の前の大きな飾り看板。中心役者の似顔絵が描かれることから、中心となる人物をさす。「人気歌手を一枚看板に稼ぐ」◆(表看板)劇場の正面に掲げる看板。転じて、表面上の名目。「芸能プロダクションを表看板にしていかがわしい商売をする」

参照▼看板⇒502-37

6 19-14 編集(へんしゅう)／編修(へんしゅう)／編纂(へんさん)／編著(へんちょ)／撰(せん)

【関連語】◆(新編)しんぺん

共通する意味★材料を集めて書物、雑誌などを作ること。【英】*compilation; editing*

使い方▼〔編集〕スル▽学校新聞を編集する▽辞書の編集に携わる 〔編修〕スル▽近世海運史を編修する 〔編纂〕スル▽史料を編纂する 〔編著〕▽鈴木先生の編著になる本 〔撰〕▽その道の大家の撰になる名著

使い分け【1】「編集」は、一定の方針に従って情報を整理、検討し、書物や新聞、雑誌などの形にすること。また、映画のフィルム、ビデオテープ、録音テープなどを整理して再構成するときにも用いる。「編輯」とも書く。【2】「編修」は、資料に基づいて書

6 文化

物の形にまとめること。【3】「編纂」の「纂」は、集める意。【4】「編著」は、著作とともに編集もすること。【5】「撰」は、詩や文を作ること。また、それを選んで編集すること。

【関連語】◆（新編）新しく編集または編成すること。また、編集、編成したもの。「新編の教科書」

6 19-15 掲載（けいさい）／登載（とうさい）／所載（しょさい）

【関連語】◆（満載）まんさい◆（連載）れんさい◆（転載）てんさい◆（訳載）やくさい

共通する意味★新聞や雑誌などに、文章や写真などを載せること。【英】*publication*

使い方▼〔掲載〕スル▽当選番号は翌日の朝刊に掲載します 〔登載〕スル▽新進作家の意欲作を登載した新年号 〔所載〕スル▽前月号所載の論文に異議あり

使い分け【1】「掲載」「登載」は、載せて皆に見てもらう場合に用い、担当記者の書いた普通の記事などにはいわない。「掲載」のほうが一般的。【2】「所載」は、文章や写真などが載っていること。

【関連語】◆（満載）スルその発行物全体を埋め尽くすように、多数載せること。「話題作を満載して本日発売」◆（連載）スル定期刊行物が毎号続き物として載せること。「夕刊に連載していた小説」◆（転載）スル既刊の書物から写真や記事、論文などを抜き出して、別の書物に載せること。「無断転載を禁ず」◆（訳載）スル他言語に翻訳して新聞や雑誌などに載せること。「大統領の演説を全文訳載する」

6 19-16 収録（しゅうろく）／採録（さいろく）／集録（しゅうろく）／載録（さいろく）／収載（しゅうさい）

共通する意味★記録などを集めて、文書やテープなどに収めること。【英】*gathering*

使い方▼〔収録〕スル▽ドラマの収録を終える▽ビデオに収録する 〔採録〕スル▽全国の方言を採録する 〔集録〕スル▽散逸した史料を集録する 〔載録〕スル▽投書が雑誌に載録された 〔収載〕スル▽全集に日記を収載する

使い分け【1】文書、写真、テープなどに収める場合は、「収録」「採録」を使う。【2】書物に収めて公表する場合は、「集録」「載録」「収載」を使う。

6 19-17 出版（しゅっぱん）／発行（はっこう）／刊行（かんこう）／発刊（はっかん）

【関連語】◆（上梓）じょうし◆（印行）いんこう◆（刊）かん

共通する意味★図書、雑誌などを印刷して世に出すこと。【英】*publication*

使い方▼〔出版〕スル 〔発行〕スル 〔刊行〕スル 〔発刊〕スル

	雑誌を□する	新聞を□する	定期的に□する	紙幣を□する
出版	○	-	○	-
発行	○	○	○	○
刊行	○	-	○	-
発刊	○	○	-	-

使い分け【1】「出版」は、広く、文書、図画などを印刷して世に出すことをいう。【2】「発行」は、図書や雑誌に限らず、紙幣、証明書、証券、入場券、割引券などを印刷・作製して世に通用させることをいう。【3】「刊行」は、定期的に出版するという意が強い。【4】「発刊」は、新しく世に出すこと。「雑誌を発刊する」は、創刊号を出すことをいう。

【関連語】◆（上梓）スル古く、版木にアズサの木を多く使ったところから、版木に文字などを刻むこと。転じて、書物などを印刷して世に出すこと。文章語。「論文集を上梓する」◆（印行）スル印刷して発行すること。文章語。◆（刊）本などを印刷して世に出すこと。多く、年月日、版元名などに付けて用いられる。「平成一六年刊」「〇〇出版刊」

6 19-18 創刊（そうかん）／新刊（しんかん）

共通する意味★雑誌、書籍などを新たに刊行すること。【英】*foundation (of a periodical)*

使い方▼〔創刊〕スル▽雑誌の創刊が相次ぐ▽専門誌を創刊する▽創刊号 〔新刊〕▽今月の新刊▽新刊書

使い分け【1】「創刊」は、新しく定期刊行物を発行するとき、その最初の号を刊行すること、また、その号。【2】「新刊」は、最近出版された書籍をいう。

6 19-19 復刊（ふっかん）／再刊（さいかん）／再版（さいはん）／重版（じゅうはん）／復刻（ふっこく）

【関連語】◆（翻刻）ほんこく◆（影印）えいいん

共通する意味★二度目、またはそれ以降に出版すること。【英】*republication*

使い方▼〔復刊〕スル▽看板雑誌を復刊する 〔再刊〕スル▽装いも新たに再刊する 〔再版〕スル▽戦前の文庫が再版された 〔重版〕スル▽発売早々、重版する 〔復刻〕スル▽江戸時代の版本を復刻する▽復刻版

使い分け【1】「復刊」「再刊」は、休刊していた定期刊行物を、再び刊行し始めること。【英】*to re-publish*【2】「再版」は、同じ版で、あるいは版を改めて、もう一度出版すること。「重版」は、同じ版でもう一度、あるいは重ねて何度も出版すること。【英】*to reprint*【3】「復刻」は、以前刊行された本を原本のままの形で再度出版すること。「覆刻」とも書く。【英】*to republish*

【関連語】◆（翻刻）スル昔の写本や刊本などを、そのままの字句で活字に組み直し、出版すること。「写本を翻刻する」◆（影印）活字に組み直さず、原本を写真に撮って、そのまま複製印刷すること。「影印本」

6 19-20 初版（しょはん）／新版（しんぱん）／初刷り（しょずり）

共通する意味★新しく編集したり、活字を組んだり、印刷したりした版や印刷物。【英】*the first edition*

使い方▼〔初版〕▽辞書の初版を収集する▽初版本〔新版〕▽人気のあった辞書の新版が出た〔初刷り〕▽初刷りは二か月で売り切れた

使い分け【1】「初版」は、新しく出版される本の最初の版で、「第一版」ともいう。その版を初めて印刷すること、また、その印刷を「初刷り」という。【2】「新版」は、もとある本を手直しして、版を新たにしたもの。

6 19-21 増刊（ぞうかん）／増刷（ぞうさつ）

共通する意味★刊行に際し、予定以上に発行回数や発行部数を増やして発行すること。【英】*additional printing*

使い方▼〔増刊〕スル▽臨時増刊号〔増刷〕スル▽好評で増刷が間に合わない

使い分け【1】「増刊」は、定期刊行物を、その決められた時期や号以外に出すこと。【2】「増刷」は、追加して印刷すること。「ましずり」とも。

6 19-22 別冊（べっさつ）／付録（ふろく）

共通する意味★ある書物に付随する部分、または、同じ系統だが、特別な内容の部分などを、本誌とは別に製本したもの。【英】*a separate volume*

使い方▼〔別冊〕▽別冊で特集号を出す▽索引は別冊にする〔付録〕▽付録がついた雑誌▽巻末付録

使い分け【1】「別冊」は、雑誌の増刊号など、本誌とは別に作るものもいう。【2】「付録」は、本文とは別に、参考、補足のために添えられたもの。また、特に、書籍、雑誌などに添えられた小冊子類をさすこともある。

6 19-23 廃刊（はいかん）／絶版（ぜっぱん）

【関連語】◆〈休刊〉きゅうかん

共通する意味★書物の発行を以後とりやめること。【英】*discontinuance*

使い方▼〔廃刊〕スル▽読者が減って雑誌が廃刊となった〔絶版〕▽絶版になった本

使い分け「廃刊」は、定期刊行物の刊行、「絶版」は、書籍の重版を以後とりやめること。再び始めれば「復刊」「再刊」という。

【関連語】◆〈休刊〉スル定期刊行物の刊行をしばらくの間休むこと。「年始は三日まで夕刊は休刊します」

6 19-24 印刷（いんさつ）／刷る（す）／プリント

共通する意味★版面にインクなどをつけて、文字や絵などを、紙や布などに写しとること。【英】*printing*

使い方▼〔印刷〕スル▽年賀状を印刷する▽印刷が悪くて読めない▽活版印刷▽印刷所〔刷る〕（ラ五）▽カレンダーを刷る▽版画を刷る〔プリント〕スル▽似顔絵がプリントされたシャツ▽宿題のプリント

使い分け【1】「印刷」は、機械を使って文字や絵などを大量に写しとる場合に多く用いられるが、「刷る」は、版画のように手で行うものまで広く用いられる。版木から写しとる場合は「摺る」とも書く。【2】「プリント」は、謄写版により洋紙へ写しとることのほか、化学染料による布地への模様づけや、写真の焼き付けなどをいう。また、写しとったものもいう。

参照▼プリント⇒6 14-21

6 19-25 別刷り（べつずり）／抜き刷り（ぬきずり）

共通する意味★本文や本体とは別に特別に印刷すること。

使い方▼〔別刷り〕▽口絵はカラーで別刷りにする〔抜き刷り〕▽自分の執筆した所を抜き刷りにしてもらう

使い分け【1】「別刷り」は、ふつう本文とは違った紙などに印刷することをいう。また、「抜き刷り」と同じ意で使うこともある。【英】*extra-illustration*（別刷り）【2】「抜き刷り」は、雑誌や論文集などで、必要な部分だけを特に余分に印刷すること。また、そのもの。【英】*an offprint*

6 19-26 出版社（しゅっぱんしゃ）／版元（はんもと）／発行所（はっこうじょ）

共通する意味★本などを編集・印刷して作り、発売するところ。【英】*a publishing company*

使い方▼〔出版社〕▽出版社に勤める▽大手出版社〔版元〕▽版元に在庫を問い合わせる〔発行所〕▽奥付に発行所名を載せる

使い分け日常一般的には、「出版社」が使われる。

6 19-27 本屋（ほんや）／書店（しょてん）

【関連語】◆〈書房〉しょぼう◆〈書林〉しょりん◆〈書肆〉しょし

共通する意味★本を販売する小売店。また、本を出版する会社。

使い方▼〔本屋〕▽本屋で雑誌を買う〔書店〕▽書店に本を注文する

使い分け【1】小売店の意では、「本屋」の方が日常語的。「書店」は、やや改まった言い方。【英】*a bookstore*《米》; *a bookshop*《英》【2】いずれも、出版社の意でも使うが、「本屋」の方が、やや俗語的。「書店」は、出版社や販売店の名の一部に使われることも多い。
【関連語】◆（書房・書林・書肆）本の販売店。また、出版社。「書房」「書林」は、社名、店名の一部にも使われることが多い。「書肆」は、文章語。

6 19-28 本／書物／書籍／図書／書冊／書／巻／ブック

【関連語】◆（文献）

共通する意味★文章や写真、絵などを印刷し、ページを繰って見ていく形にまとめたもの。【英】*a book; a volume*

使い方▼〔本〕▽本を読む▽研究成果を本にまとめる〔書物〕▽書物をかかえた大学生▽貴重な書物〔書籍〕▽書籍の売り上げが伸び悩む▽書籍小包〔図書〕▽図書を閲覧する▽図書館▽児童用図書▽図書券〔書冊〕▽書冊の山を築く〔書〕▽書をひもとく▽座右の書〔巻〕▽巻を措くあたわず▽巻をとじる〔ブック〕▽ブックフェア▽ブックエンド▽ブックカバー

使い分け【1】「本」が、最も広く一般に使われる。種類、内容、形状などを問わない。紙製がふつう。【2】「書物」「書籍」は、やや硬い言い方。絵本や雑誌などは含まない。【3】「図書」は、図書館や学校が備えつけたり、教育に使用したりするものをさしていうことが多い。【4】「書冊」「書」「巻」は、硬い文章語。例文のような慣用的な表現で使われることが多い。【5】「ブック」は、他の語と複合して使われる。また、「スケッチブック」「スクラップブック」のように、「帳」の意もある。

【関連語】◆（文献）書かれた、または印刷された本。特に、研究の参考資料となるようなものをいう。「文献をあさる」「参考文献」

6 19-29 洋書／洋本

共通する意味★西洋で出版された本。【英】*a foreign book*

使い方▼〔洋書〕▽洋書を専門に商う店〔洋本〕▽蔵書の中に洋本も見られる

使い分け「洋書」の方が一般的。「洋本」には、洋とじの本の意もある。

反対語▼洋書⇔和書　洋本⇔和本

6 19-30 和書／和本

共通する意味★日本で出版された本。【英】*a Japanese book*

使い方▼〔和書〕▽和書を専門に扱う古書店〔和本〕▽古い和本が蔵から見つかる

使い分け特に、江戸時代までの国内の出版物をさすことが多い。「和本」には、和とじの本の意もある。

反対語▼和書⇔洋書　和本⇔洋本

6 19-31 折り本／綴本／巻子本／草紙／冊子

共通する意味★機械による製本をしていない、折ったり、とじたりして作った本。【英】*a folded book*

使い分け【1】「折り本」は、長い紙を折りたたんだだけのもの。【2】「巻子本」は、巻物の形をしたもの。【3】「綴本」「草紙」「冊子」は、何枚かの紙をとじて作ったもの。【4】「冊子」は、主に、小冊子、パンフレットの意で使うことが多く、分厚いものにはいわない。

6 19-32 刊本／版本／写本／稿本

共通する意味★近代的な出版が確立される以前に作られた書物の形態。【英】*a manuscript*

使い方▼〔刊本〕▽江戸時代の刊本を底本にして翻刻する〔版本〕▽版本は版画の要領で作られた〔写本〕▽字形まで模写した写本〔稿本〕▽世阿弥の自筆の稿本

使い分け【1】「刊本」「版本」は、木活字や版木を使って印刷刊行されたもの。「写本」は、手書き本を、「稿本」は、下書き原稿本をいう。【2】「版本」は、「板本」とも書く。

6 19-33 ベストセラー／ロングセラー

共通する意味★非常によく売れた本。

使い方▼〔ベストセラー〕▽今月のベストセラー〔ロングセラー〕▽世界一のロングセラーは聖書だ

使い分け「ベストセラー」は、ある期間に最も多く売れた本。「ロングセラー」は、長期にわたってよく売れた本。二語とも、本以外のものにも使う。

6 19-34 新本

意味★人手に触れられていない新しい本。

【英】*a new book* ⇔古本・古書

使い方▼〔新本〕▽鷗外全集を新本で入手する

◈「店内に新本のコーナーを設ける」のように、新しく出版した本のこともいう。

6 19-35 古本／古書

6 文化

共通する意味★読み古した本。また、読んだあと売りに出された本。【英】*an old book*
使い方▼〔古本〕▽古本で漱石(そうせき)の全集を買う▽古本屋　〔古書〕▽古書を商う▽古書展
使い分け 話し言葉では、「古本」を使う。「古書」には、昔の古い書物の意もある。
反対語▼新本

6 19-36 希書(きしょ)／稀覯本(きこうぼん)／珍書(ちんしょ)／珍本(ちんぽん)

共通する意味★手に入りにくい珍しい書物。
【英】*a rare book*
使い方▼〔希書〕▽希書が古書展に出る　〔稀覯本〕▽稀覯本を入手する　〔珍書〕▽珍書を所蔵する　〔珍本〕▽珍本を集める
使い分け【1】いずれも古刊本、古写本、限定本や特殊な事情をもつ本など、手に入りにくい本をいう。【2】「希書」は、「稀書」とも書く。

6 19-37 底本(ていほん)／原本(げんぽん)／原典(げんてん)

共通する意味★校訂、写し、引用などのもととなった本。【英】*the original*
使い方▼〔底本〕▽初版本を底本として翻刻する　〔原本〕▽原本とひきくらべる　〔原典〕▽用例を原典に当たって確認する▽原典主義
使い分け【1】「底本」は、「定本」と区別するため、「そこぼん」ということもある。【2】「原本」は、翻訳のもととなった本もいう。
参照▼原本⇒6 19-57

6 19-38 全集(ぜんしゅう)／全書(ぜんしょ)

共通する意味★特定の基準で著作を集め、一冊または何巻かを一組みとして出版した書物。【英】*one's complete works*
使い方▼〔全集〕▽漱石(そうせき)の全集▽謡曲全集▽日本文学全集　〔全書〕▽百科全書▽六法全書
使い分け【1】「全集」は、ある人の著作を残らず集め一組みにした書物。また、ある限られた領域、時代などの著作物を網羅するように集め一組みとした書物。【2】「全書」は、教養書などの叢書名に用いられることが多い。

6 19-39 叢書(そうしょ)／シリーズ／文庫(ぶんこ)／ライブラリー

共通する意味★同じような種類や分野の本を、何冊か同じ体裁で装丁し、ひと続きのものとして出版したもの。【英】*a series; a library*
使い方▼〔叢書〕▽経営学叢書　〔シリーズ〕▽ミステリーシリーズ　〔文庫〕▽推理小説文庫　〔ライブラリー〕▽英文学ライブラリー
使い分け【1】いずれも、「全集」と違って各冊の結びつきは弱く、ばら売りが普通。かつ、次々に出版されることも多い。【2】「叢書」は、「双書」とも書く。
参照▼シリーズ⇒5 15-08

6 19-40 選集(せんしゅう)／選書(せんしょ)

共通する意味★個人の著作、またはある分野の著作の中から、代表的なものやある目的にかなったものを選び、一連のシリーズとして出版した書物。【英】*an anthology*
使い方▼〔選集〕▽鷗外(おうがい)選集▽現代小説選集　〔選書〕▽経済学選書
使い分け「選書」は、ある方面の著作、特に、学術的な教養書についていうことが多い。

6 19-41 古典(こてん)／典籍(てんせき)

共通する意味★長い間にわたって人々の批判に堪え、価値あるものとして評価が定まった立派な書物。
【英】*classics*
使い方▼〔古典〕▽古典を読む会▽「資本論」は経済学の古典である▽古典に親しむ　〔典籍〕▽和漢の典籍を渉猟(しょうりょう)する
使い分け【1】「古典」は、特に、文芸作品にいうことも多い。【2】「典籍」は、必ずしも古い時代の書物でなくとも、それなりの評価を得ているしっかりした本なら含めていうことが多い。

6 19-42 雑誌(ざっし)／マガジン

共通する意味★ある分野のさまざまな話題を載せて定期的に刊行する本。書籍とは区別される。【英】*a magazine*
使い方▼〔雑誌〕▽雑誌に論文を発表する▽月刊雑誌　〔マガジン〕▽マガジンラック▽ビデオマガジン
使い分け「マガジン」は、書名の一部や、複合語として使われる。

6 19-43 画報(がほう)／グラフ

【関連語】◆（画集）がしゅう◆（絵本）えほん
共通する意味★写真や絵を中心に編集された雑誌や刊行物。【英】*a graphic*
使い分け 書名の一部に使われることも多い。
【関連語】◆（画集）鑑賞するために絵をまとめた本。◆（絵本）絵を主体として、話をつづった本。子供のものが多い。

6 文化

619-44 辞書(じしょ)／辞典(じてん)／字引(じびき)

【関連語】◆（事典）じてん

共通する意味★言葉を集めて、ある基準にそって配列し、その表記、意味、用法などを解説した書物。**【英】** *a dictionary*

使い方▼〔辞書〕▽辞書を引く▽辞書に当たる　〔辞典〕▽辞典で調べる▽国語辞典▽ことわざ辞典▽英和辞典　〔字引〕▽字引がないと手紙も書けない▽生き字引

使い分け【1】「辞典」は、「辞書」のやや新しい呼び方。明治以降、書名に用いられるようになって広まった語。【2】「辞書」「辞典」は、同じように使い、「事典」「字典」をさすことも多い。【3】「字引」は、俗な言い方。【4】「辞典」は、「事典」と区別して、「ことばてん」ともいう。

【関連語】◆（事典）物や事柄を表わす語を集めて解説した書物。「辞典」と区別して、「ことてん」ともいう。**【英】** *an encyclop(a)edia*　「百科事典」「乗り物事典」

参照▼字引⇒619-46

619-45 百科事典(ひゃっかじてん)／エンサイクロペディア／百科全書(ひゃっかぜんしょ)

共通する意味★あらゆる分野の事柄について、分類配列し、解説を施した書物。**【英】** *an encyclop(a)edia*

使い分け「百科事典」が最もふつうに使われる。「百科全書」は、学術・技芸のあらゆる部門を解説した書物の意もある。

619-46 字典(じてん)／字書(じしょ)／字引(じびき)

共通する意味★漢字を集めて、ある基準にそって配列し、その読み方、意味、用法などを解説した書物。**【英】** *a dictionary*

使い分け【1】「事典」「辞典」と区別するため、「もじてん」ということもある。【2】「字引」は、俗な言い方。

参照▼字引⇒619-44

619-47 手引き書(てびきしょ)／入門書(にゅうもんしょ)／ハンドブック／マニュアル

共通する意味★ある事項についての簡単な案内や、手ほどきを記した本。**【英】** *introduction*（手引き書）

使い方▼〔手引き書〕▽能楽鑑賞の手引き書　〔入門書〕▽写真撮影の入門書　〔ハンドブック〕▽星座観測のハンドブック　〔マニュアル〕▽マニュアルを熟読してから操作する

使い分けいずれも初心者向けの本をいう。「マニュアル」は、機械類の操作の説明書をいうことが多い。

619-48 ガイドブック／栞(しおり)／早分かり(はやわかり)／案内書(あんないしょ)

【関連語】◆（ハウツー物）ハウツーもの

共通する意味★平易に解説し、すぐ役立てられるような本や冊子。

	ガイドブック	しおり	早分かり	案内書
旅の□	○	○	△	○
中学国語の□	○	-	○	-
ビデオカメラの□	△	-	○	△
会社の□	△	-	-	○

使い分け【1】「ガイドブック」「早分かり」は、自習書、学習参考書までを含めていう。【2】「栞」は、ページ数のあまり多くないものであることが多い。また、読みかけの本のページに覚えとして挟みこむ紙などの意もある。【3】「案内書」は、何かを紹介する内容のものが多い。

【関連語】◆（ハウツー物）主として、趣味や娯楽などの上達法を簡便に教える本や冊子をいう。

619-49 便覧(べんらん)／一覧(いちらん)／要覧(ようらん)

共通する意味★見るのに都合がいいように簡単に作った本。**【英】** *a manual*

使い方▼〔便覧〕▽用字用語便覧▽生徒便覧　〔一覧〕▽展示品の一覧を購入する▽参考文献一覧　〔要覧〕▽業務要覧

使い分け【1】「便覧」は、手軽で便利な小規模な本。「びんらん」ともいう。【2】「一覧」は、内容が一目でわかるようにしたもの。【3】「要覧」は、見やすく要点をまとめたもの。

参照▼一覧⇒103-21

619-50 ポスター／パンフレット／小冊子(しょうさっし)／散らし(ちらし)／びら

共通する意味★説明や広告などを記載した印刷物。

使い方▼〔ポスター〕▽学園祭のポスターを貼る▽選挙用ポスター▽手書きのポスター 〔パンフレット〕▽民芸資料館のパンフレット 〔小冊子〕▽著作年表を小冊子にまとめる 〔散らし〕▽新聞折り込みの散らし 〔びら〕▽駅前でびらを配る▽びら配りのアルバイト

使い分け【1】「ポスター」は、壁や柱など人目につく場所に貼って宣伝するための印刷物。手書きの場合もある。【2】「パンフレット」「小冊子」は、説明や案内などを載せ、仮とじしたもの。「パンフレット」は、「パンフ」ともいう。【英】*a leaflet*【3】「散らし」は、広告のために配る印刷物。新聞、雑誌に挟み込んだり、人の手で配ったりする。【4】「びら」は、ポスターより小さく、配ったり、貼ったりするもの。「片」とも書くが、「ビラ」と書かれることが多い。【英】*a leaflet*

6 19-51 教科書／テキスト／教本

【関連語】◆(読本)とくほん

共通する意味★教育するために用いられる本。【英】*a textbook*

使い方▼〔教科書〕▽教科書にそって授業を進める 〔テキスト〕▽英語のテキスト 〔教本〕▽フランス語の教本

使い分け 学校の授業で使うものは、通常「教科書」という。

【関連語】◆(読本)「国語教科書」の古い言い方。また、教科書一般、入門書をさす場合もある。「文章読本」

6 19-52 参考書／虎の巻／あんちょこ

共通する意味★学習の参考とするために、学習内容をわかりやすく解説した本。【英】*a reference book*

使い分け「虎の巻」「あんちょこ」は、教科書に即して解説した手軽な本をいう俗語。

6 19-53 副読本／リーダー／サイドリーダー

共通する意味★補助教材として使われる、文章中心の本。【英】*a supplementary reader*

使い分け「リーダー」「サイドリーダー」は、英語などの語学学習用に用いられる本。

6 19-54 図鑑／図譜／図録

共通する意味★絵、図、写真などをまとめた本。図で説明した本。【英】*a picture book*

使い方▼〔図鑑〕▽動物図鑑▽乗り物の図鑑 〔図譜〕▽植物図譜▽江戸時代に描かれた図譜 〔図録〕▽年中行事図録

使い分け【1】「図鑑」「図譜」は、動植物その他種々のものを分類し、図にかいて説明した書物。「図鑑」の方が、一般的な語。【2】「図録」は、資料としての図を集めた書物。

6 19-55 漫画／コミック／劇画

共通する意味★絵とせりふで物語などを描いたもの。【英】*a comic*

使い方▼〔漫画〕▽暇さえあれば漫画を描いている▽四コマ漫画▽少女漫画 〔コミック〕▽コミックが全盛の世の中▽コミック週刊誌 〔劇画〕▽電車の中で劇画を読む▽劇画タッチの絵

使い分け【1】「漫画」は、本来、誇張を加えた絵により風刺や滑稽さを表わそうとするもの。【2】「コミック」は、滑稽を主とした娯楽的読み物。【3】「劇画」は、写実的な絵、擬音表現や映画的場面転換などを駆使した長編の物語をいうことが多い。

6 19-56 歌集／句集／詩集／詞花集／撰集

【関連語】◆(歳時記)さいじき◆(アンソロジー)

共通する意味★歌曲、和歌、俳句、詩などを集めた本。【英】*an anthology*

使い分け【1】「歌集」は、和歌を集めた本。また、「旅の歌集」のように、歌曲を集めた本をいうこともある。【2】「句集」は俳句や連句を、「詩集」は、詩を収録した本。【3】「詞花集」は、美しい詩文を集めた書物。「詞華集」とも書く。【4】「撰集」は、多くの人の詩歌、文章を選んで集めた本。

【関連語】◆(歳時記)俳句の季語を四季順に整理、分類して解説し、例句を載せた本。◆(アンソロジー)「詞花集」のこと。

6 19-57 原書／原本

共通する意味★翻訳のもととなった書物。【英】*the original*

使い方▼〔原書〕▽トルストイの小説を原書で読む 〔原本〕▽原本では彼と書かれているところを彼女と訳してある

使い分け「原書」の方が、一般に用いられる。

参照▼原本⇒6 19-37

6 19-58 訳本／訳書

共通する意味★他国語に翻訳した書物。【英】*a translation*

6 文化

使い方▼〔訳本〕▽「西遊記」を訳本で読む　〔訳書〕▽「罪と罰」の訳書は何種類もある

使い分け「訳本」には、「枕草子の訳本」のように、現代語に直した本という意もある。

6 19-59 リスト／名簿(めいぼ)

【関連語】◆(紳士録(しんしろく))◆(ブラックリスト)

共通する意味★ある目的のために必要なものの名前を書き連ねたもの。

使い方▼〔リスト〕▽リストに載る▽リストを調べる▽リストアップ　〔名簿〕▽同窓会の名簿▽名簿順▽会員名簿

使い分け【1】「リスト」は、一枚の紙の場合にもいうが、「名簿」は、本の体裁をとる場合が多い。【2】「名簿」は、人名に限られ、「リスト」は、品名でもよい。

【英】*a list of names*(名簿)

【関連語】◆(紳士録)社会的地位のある人々の経歴や職業などが収録してある名簿。【英】*a who's who* ◆(ブラックリスト)信用のできない要注意人物の名を記した名簿。

6 19-60 目録(もくろく)／カタログ

【関連語】◆(書誌(しょし))

共通する意味★実物を示さずに、その品名や写真で内容を紹介したもの。【英】*a catalog*

使い方▼〔目録〕▽記念品の目録を贈呈する▽展示品目録▽図書目録　〔カタログ〕▽カタログを見て商品を注文する

使い分け「カタログ」は、特に商品の「目録」をいう。

【関連語】◆(書誌)特定の人や題目に関する書物、文献の目録。【英】*a bibliography*「漱石(そうせき)の書誌を作成する」

6 19-61 目次(もくじ)

意味★ふつう、書物の巻頭におかれ、各部の表題、執筆者名、該当するページなどを巻頭から巻末への順で記したもの。【英】*a table of contents*

使い方▼〔目次〕▽読みたい記事を目次で探す

6 19-62 索引(さくいん)／インデックス

共通する意味★ある書物の中の語句や事項などを容易に探せるように、それらをある基準にそって配列して所在ページを示したもの。【英】*an index*

使い方▼〔索引〕▽巻末の索引を引く▽総索引▽音訓索引　〔インデックス〕▽インデックスを付ける▽インデックスで調べる

使い分け「インデックス」には、検索のための見出しの意もある。

6 19-63 献立(こんだて)／メニュー

【関連語】◆(品書き(しながき))

共通する意味★食卓に出す料理の種類や組み合わせ。また、その品目、順序など。【英】*a menu*

使い方▼〔献立〕▽夕食の献立を考える▽受験生向けの献立▽豪華な献立　〔メニュー〕▽この店のメニューは貧弱だ▽肉を使ったメニュー

使い分け【1】「献立」は、ある食事に対する料理の組み立ての意。一般家庭、給食、食堂などのほか、高級料亭など、広く使う。【2】「メニュー」は、レストランなどでよく使う語。「献立」と同じ意味でも使われるが、「献立表(＝献立の種類を列記したもの)」の意味で使われることも多い。

【関連語】◆(品書き)献立を書き記した、客が見て料理を注文するためのもの。多く、和食を供する店でいう。

6 19-64 年表(ねんぴょう)／年譜(ねんぷ)

共通する意味★年月を追って事項を記録したもの。【英】*a chronological table*

使い方▼〔年表〕▽日本史の年表▽年表で年号を調べる　〔年譜〕▽ある作家の年譜▽画家の年譜

使い分け【1】「年表」は、年を追って事項を一覧表にしたもの。【2】「年譜」は、個人や団体などのうえに起こった出来事を、年次に従って記したもの。

6 19-65 過去帳(かこちょう)／点鬼簿(てんきぼ)／鬼籍(きせき)

共通する意味★寺で、死者の名前や死亡年月日などを記した帳簿。【英】*a necrology*

使い方▼〔過去帳〕▽過去帳を読み上げる　〔点鬼簿〕▽点鬼簿に加える　〔鬼籍〕▽鬼籍に入る(＝死亡する)

使い分け【1】「過去帳」が、一般的な語。【2】「鬼籍」は、例文のような形で、死亡することを表わすのに用いられることが多い。

6 20 …スポーツ

6 20-01 勝負(しょうぶ)／決勝(けっしょう)

共通する意味★スポーツやゲームなどで、どちらが勝つかを決めること。また、その試合。【英】*a game*

使い方▼〔勝負〕スル▽名人に勝負をいどむ▽延長戦で勝負がついた▽同じ背丈でいい勝負だ▽勝負をかける▽勝負にならない▽正々堂々と勝負する　〔決勝〕▽決勝に進出する▽決勝戦▽決勝点

使い分け【1】「勝負」は、はっきり勝ち負けのつく一対一の戦いにいうことが多く、例えば「五人で走って勝負する」とはいわない。【2】「決勝」は、勝ち抜き戦を勝ち抜いてきた者同士が戦って、最後の勝者を決めること。【3】「勝負」は、比喩的に、「出たとこ勝負でいく」「顔が悪いので声で勝負する歌手」のようにも使う。

6 20-02 勝ち負け／勝敗

【関連語】◆〈雌雄〉

共通する意味★スポーツやゲームなどで、勝つことと負けること。【英】*victory or defeat*

使い方▼〔勝ち負け〕▽勝ち負けにこだわる▽勝ち負けは時の運　〔勝敗〕▽勝敗を決する▽勝敗を争う

使い分け「勝ち負け」の方が、やや口語的な言い方。

【関連語】◆〈雌雄〉多く「雌雄を決する」の形で、勝敗を決めることをいう。

参照▼雌雄⇒306-01

6 20-03 競争／競技

【関連語】◆〈プレー〉

共通する意味★互いに優劣、勝敗などを争うこと。【英】*competition*

使い方▼〔競争〕スル▽どっちが多く飲めるか競争しよう▽競争心　〔競技〕スル▽グラウンドで競技している選手▽陸上競技

使い分け【1】「競争」は、スポーツ、遊びに限らず、勉強その他、多くの事柄について互いに優劣、勝ち負けなどを競うことをいう。【2】「競技」は、互いに技術を競い、その優劣を争うことをいう。スポーツに関して使われる。

【関連語】◆〈プレー〉スポーツの競技。また、競技をすること。他の語と複合した形で使われることが多い。「ファインプレー」「珍プレー」

参照▼プレー⇒617-08

6 20-04 競走／レース

共通する意味★ある一定の距離を走って速さを競うこと。【英】*a race*

使い方▼〔競走〕スル▽あそこの電柱まで競走しよう▽二百メートル競走▽障害物競走　〔レース〕▽次のレースには新人が出場する▽レース展開▽オートレース

使い分け【1】「競走」は、ただ走るだけでなく、パン食い競走、むかで競走なども含めていう。【2】「レース」は、ある一定の距離を、走る、泳ぐ、漕ぐなどしてその速さを競うことをいう。また、「ペナントレースが開幕する」のように、ある一定期間内に優勝をめざして争うこともいう。

6 20-05 駆け比べ／駆けっこ

共通する意味★子供などが何人かで走って速さを競うこと。【英】*a race*

使い方▼〔駆け比べ〕スル▽うさぎとかめが駆け比べをした▽校庭で駆け比べしよう　〔駆けっこ〕スル▽駆けっこで負けた▽駆けっこして転んだ傷

使い分け「駆け比べ」は、古風な語。現在は、「駆けっこ」が普通。

6 20-06 完走／走破

共通する意味★最後まで走り通すこと。【英】*running the whole distance*

使い方▼〔完走〕スル▽マラソンコースを完走する▽完走をめざす　〔走破〕スル▽本州を北から南まで走破する▽十万キロ走破

使い分け「完走」は、ともかく初めから最後まで走り通すことをいうのに対して、「走破」は、困難と思われるような距離、コースを最後まで走り抜くことをいう。

6 20-07 試合／ゲーム／マッチ

【関連語】◆〈予選〉◆〈メーンエベント〉◆〈公式戦〉

共通する意味★スポーツで勝負を争うこと。

使い方▼〔試合〕▽柔道の試合が行われる▽野球の試合は雨で中止となった▽練習試合　〔ゲーム〕▽あれはおもしろいゲームだ▽ゲームセット▽ワンサイドゲーム　〔マッチ〕▽タイトルマッチ（＝プロボクシングなどで選手権を争う試合）

使い分け【1】「試合」は、スポーツだけでなく、武芸についてもいう。【英】*a tournament* 【2】「ゲーム」「マッチ」は、他の語と複合した形で使われることが多い。

【関連語】◆〈予選〉選手権大会や優勝決定戦に出場する者やチームを選び出すために、あらかじめ行う試合。「予選を通過する」「予選で敗退する」◆〈メーンエベント〉プロボクシングなどで、その日最後の呼び物の試合。◆〈公式戦〉公式の試合。特にプロ野球で、正式の日程に従って行われる試合。

参照▼ゲーム⇒617-10　マッチ⇒917-02

6 20-08 体操／運動／スポーツ

共通する意味★体力増進や健康保持などの目的で体を動かすこと。【英】*exercise*

使い方▼〔体操〕スル▽朝は軽く体操することにして

いる▽ラジオ体操　〔運動〕スル▽成人病予防のために運動する▽運動会▽運動不足　〔スポーツ〕▽スポーツが盛んな学校▽ウインタースポーツ

使い分け【1】「体操」は、一般には、体を曲げ伸ばしすることの意で使われる。競技としては、鉄棒や床運動などの種目がある。また、教科としての「体育」の古い言い方。【2】「運動」は、汗をかくほど体全体や体の一部をよく動かすこと。【3】「スポーツ」は、楽しんだり、体をきたえたりするために行う競技の総称。【4】「運動」には、「反射運動」「造山運動」など、物体がさまざまに動くことや、「平和運動」「自由民権運動」「運動資金」など、ある目的を達成しようとさまざまに働きかけることの意もある。

6 20-09 体育（たいいく）

意味★身体の成長、発達を促進し、運動能力を高め、健康な生活を営むことを目的とする教育。また、それに関する知識、技術を習得させる教科。**【英】** *physical education* ⇔知育・徳育

使い方▼〔体育〕▽体育の日▽国民体育大会▽体育の授業

6 20-10 勝つ（か）

意味★戦って相手よりすぐれていることを示す。**【英】** *to win* ⇔負ける

使い方▼〔勝つ〕(タ五)▽じゃんけんに勝つ▽勝負に勝つ▽勝ってかぶとの緒を締めよ▽勝てば官軍

◆「理性が勝った」「荷が勝つ」「赤みの勝った紫」のように、あるものがその程度において他をしのいでいる意や、「病気には勝てない」「誘惑に勝つ」のように、難をのりこえる意でも使われる。

6 20-11 勝ち（か）／勝利（しょうり）　【関連語】◆(ウイニング)

共通する意味★勝つこと。**【英】** *victory*

使い方▼〔勝ち〕▽勝ちを急ぐ▽勝ちを拾う▽逆転勝ち（がち）　〔勝利〕スル▽勝利を収める▽勝利の女神▽戦いに勝利する

	□を得る	□の栄冠	民主主義の□	私の□だ	□に乗じる
勝ち	○	-	△	○	○
勝利	○	○	○	△	-

使い分け「勝ち」は、個人的、日常的な個々の事柄について幅広く使われるのに対し、「勝利」は、多く、戦闘、選挙戦、競技、競争などにおいて、「勝ち」にくらべて大きくまとまった事柄で勝つことをいう。

反対語▼勝ち⇔負け　勝利⇔敗北

【関連語】◆(ウイニング)勝利を得ること。特に、スポーツで勝利を得ることをいう。「ウイニングボール」「ウイニングショット」

6 20-12 連勝（れんしょう）／勝ちっ放し（かちっぱなし）／連覇（れんぱ）　【関連語】◆(土つかず)（つちつかず）

共通する意味★勝ち続けること。**【英】** *successive victories*

使い方▼〔連勝〕スル▽一昨日、昨日と連勝した▽連勝記録▽三連勝　〔勝ちっ放し〕▽七日間勝ちっ放し　〔連覇〕スル▽春夏連覇する▽二連覇

使い分け「連勝」「勝ちっ放し」は、続けて勝つことをいうが、「連覇」は、続けて優勝することをいう。

反対語▼連勝⇔連敗

【関連語】◆(土つかず)相撲で、その場所のその時点まで、まだ一度も負けていないこと。「土つかずで千秋楽を迎えた」

6 20-13 大勝（たいしょう）／圧勝（あっしょう）／楽勝（らくしょう）／快勝（かいしょう）　【関連語】◆(完勝)（かんしょう）◆(辛勝)（しんしょう）

共通する意味★大きく差をつけて勝つこと。**【英】** *a great victory*

使い方▼〔大勝〕スル　〔圧勝〕スル　〔楽勝〕スル　〔快勝〕スル

	実力の差で□する	□を博する	横綱の□に終わる	□ムード
大勝	○	○	-	-
圧勝	○	△	○	-
楽勝	○	-	○	○
快勝	○	-	△	-

使い分け【1】「大勝」は、圧倒的大差で勝つことをいう。【2】「圧勝」は、圧倒的に勝つことをいい、強さ、実力の面で、全く相手を問題にしないような場合に使われることが多い。【3】「楽勝」は、苦戦をせずに楽に勝つこと。力が相手側よりずっと上で、簡単に勝つような場合に使われる。【4】「快勝」は、何事もうまくはこび、気持ちよく勝つような場合にいう。

反対語▼大勝⇔大敗　楽勝⇔辛勝

【関連語】◆(完勝)スル完全な勝利をおさめること。全く危なげなく勝つこと。⇔完敗。「あの試合はわがチームの完勝であった」◆(辛勝)スルかろうじて勝つこと。やっとのことで勝つこと。⇔楽勝。「三対二で辛勝した」

6 20-14 常勝（じょうしょう）／百戦百勝（ひゃくせんひゃくしょう）／不敗（ふはい）　【関連語】◆(全勝)（ぜんしょう）

共通する意味★戦えば必ず勝つこと。**【英】** *ever-victorious*（常勝の）《形》

使い方▼〔常勝〕スル▽常勝のチーム▽常勝街道をつっ走る　〔百戦百勝〕▽百戦百勝の勇士　〔不敗〕▽不

6 文化

敗を誇る

使い分け「常勝」は、最も一般的に用いられる。「百戦百勝」は、あまり用いられない、やや古めかしい言い方。「不敗」は、負けたことがないことをいう。

【関連語】◆**(全勝)**スルすべての試合に勝つこと。ある限られた期間内での、複数の試合についていう。⇔全敗。「五戦全勝して優勝する」

6 20-15 優勝(ゆうしょう)／制覇(せいは)

【関連語】◆**(覇)**(は)

共通する意味★競技などで、第一位となること。第一位で勝つこと。**【英】***the victory*

使い方▼**〔優勝〕**スル▽クラス対抗リレーで優勝した▽初優勝▽優勝杯　**〔制覇〕**スル▽春夏連続で制覇する▽全国制覇

使い分け【1】「優勝」は、スポーツ以外にも広くコンクールやコンテストなどの一位についても使われる。また、優れた者が他に勝つことの意もある。【2】「制覇」は、力で押さえること。全体の規模がかなり大きな戦いで勝ち抜いて第一位になるような場合に用いる。文章語的な語。

【関連語】◆**(覇)**武力で国を治めることから、転じて、競技で優勝すること。「覇を競う」

6 20-16 負ける(まける)／敗れる(やぶれる)

共通する意味★戦って相手に抵抗、対抗しきれずに屈服する。**【英】***to be defeated*

使い方▼**〔負ける〕**(カ下一)　**〔敗れる〕**(ラ下一)

	戦いに□	決勝戦で□	じゃんけんに□	口では□ない
負ける	○	○	○	－け○
敗れる	○	○	－	－れ－

使い分け「負ける」は、戦い、競技、勝負事など幅広く使われるのに対して、「敗れる」は、戦いや競技などについて使われることが多く、日常的な事柄にはあまり使われない。「負ける」よりやや硬い言い方。

反対語▼負ける⇔勝つ

6 20-17 負け(まけ)／敗北(はいぼく)

【関連語】◆**(劣敗)**(れっぱい)◆**(連敗)**(れんぱい)◆**(力負け)**(ちからまけ)◆**(一敗)**(いっぱい)◆**(敗退)**(はいたい)◆**(惜敗)**(せきはい)

共通する意味★負けること。**【英】***defeat*

使い方▼**〔負け〕**▽負けがこむ▽白組の負け　**〔敗北〕**スル▽敗北を喫する▽大差で敗北した▽敗北宣言

使い分け「負け」が、日常一般の事柄について幅広く使われるのに対し、「敗北」は、戦闘、選挙戦、競技など、「負け」にくらべて大きな事柄で負ける場合に使われることが多い。文章語的。

反対語▼負け⇔勝ち　敗北⇔勝利

【関連語】◆**(劣敗)**実力の劣っている者が優れている者に負けること。「優勝劣敗は世の常である」◆**(連敗)**スル続けて負けること。⇔連勝。「開幕以来五連敗だ」「連敗は六つでストップした」◆**(力負け)**スル実力の点で劣っていて負けること。「どう見ても力負けする相手とは思えない」◆**(一敗)**スル一度負けること。「手痛い一敗を喫した」「一敗地に塗(まみ)れる」(＝徹底的に負ける。二度と立ち上がれないほど負ける)◆**(敗退)**スル負けて退くこと。「初戦で敗退する」◆**(惜敗)**スル試合などで、ほんのわずかな差で惜しくも負けること。「延長戦のすえ惜敗した」

6 20-18 敗戦(はいせん)／負け戦(まけいくさ)

共通する意味★戦いに負けること。**【英】***a lost battle*

使い方▼**〔敗戦〕**▽みじめな敗戦を味わう▽敗戦投手▽敗戦国　**〔負け戦〕**▽負け戦は覚悟の上だ▽負け戦を承知で戦う

使い分け【1】「敗戦」は、広くスポーツやゲームなどについても使われる。【2】「負け戦」は、やや古めかしい言い方。

反対語▼負け戦⇔勝ち戦

6 20-19 零敗(れいはい)／ゼロ敗(はい)

共通する意味★競技や勝負などで、一点も取れずに負けること。**【英】***a whitewash; a skunk*(口)

使い方▼**〔零敗〕**スル▽零敗を喫する▽一戦目に零敗する　**〔ゼロ敗〕**▽ゼロ敗を喫する

6 20-20 大敗(たいはい)／惨敗(ざんぱい)

【関連語】◆**(完敗)**(かんぱい)◆**(全敗)**(ぜんぱい)

共通する意味★さんざんに負けること。**【英】***a crushing defeat*

使い方▼**〔大敗〕**スル▽大敗を喫する▽初戦で大敗する　**〔惨敗〕**スル▽手も足も出ず惨敗だ▽横綱に惨敗する

使い分け【1】「大敗」は、大きな差がついて負けることをいう。【2】「惨敗」は、みじめな負け方をすることをいう。

反対語▼大敗⇔大勝

【関連語】◆**(完敗)**スル完全に負けること。相手の方がずっと強く、全く太刀打ちできずに負けること。「今回の選挙は私の完敗です」◆**(全敗)**スルすべての試合に負けること。何回かにわたって行われる試合についていう。⇔全勝。「リーグ戦で全敗してしまった」「八戦全敗」

6 20-21 勝者(しょうしゃ)／覇者(はしゃ)

共通する意味★戦いや競技などに勝った者。**【英】**

a winner

使い方▼〔**勝者**〕▽この試合の勝者　〔**覇者**〕▽今シーズンの覇者

使い分け 「勝者」は、一戦ごとの勝った者をいうが、「覇者」は、何回も勝って最終的に優勝した者をいう。

反対語▼勝者⇔敗者

6 20-22 トロフィー／賞杯(しょうはい)／カップ／賞牌(しょうはい)／メダル

共通する意味★功労者や競技の入賞者などに、褒賞として与えられるもの。【**英**】*a prize cup; a medal*

使い方▼〔**トロフィー**〕▽優勝者にトロフィーを授与する　〔**賞杯**〕▽賞杯の授与　〔**カップ**〕▽優勝カップ　〔**賞牌**〕▽賞牌を受ける　〔**メダル**〕▽金メダル

使い分け【1】「トロフィー」は、賞として与えられる優勝杯、旗、盾、像などの総称。【2】「賞杯」「カップ」は、賞として与えられる杯。【3】「賞牌」「メダル」は、賞として与えられる記章のこと。

6 20-23 接戦(せっせん)／クロスゲーム／シーソーゲーム

共通する意味★優劣の差が少なく、互角に競い合う勝負。

使い方▼〔**接戦**〕▽接戦をものにする▽手に汗握る大接戦▽六対五の接戦　〔**クロスゲーム**〕▽七対五のクロスゲームとなる　〔**シーソーゲーム**〕▽追いつ追われつのシーソーゲーム

使い分け【1】「接戦」は、スポーツ、ゲーム、あるいは選挙戦など、幅広く使われる。【**英**】*a close game* 【2】「クロスゲーム」は、力にあまり差がなく、白熱した試合をいう。【3】「シーソーゲーム」は、互いに点を取り合って、追いつ追われつする試合をいう。

反対語▼シーソーゲーム⇔ワンサイドゲーム

6 20-24 引き分け(ひきわけ)／ドロー／預かり(あずかり)／持(じ)／あいこ

共通する意味★勝負がつかず、そのままで中止、あるいは終了すること。【**英**】*a draw*

使い方▼〔**引き分け**〕▽九回時間切れで引き分けとなる　〔**ドロー**〕▽雨でドローになる▽一対一のドロー　〔**預かり**〕▽この勝負は預かりだ　〔**持**〕▽持に持ち込む　〔**あいこ**〕▽何回じゃんけんをしてもあいこだ

使い分け【1】「引き分け」は、競技、遊戯など、幅広く使われる。【2】「ドロー」は、野球やボクシングなど、スポーツの試合で勝負がつかないことをいう。【3】「預かり」は、相撲などで、勝負の判定がつきにくいときや判定できないときに、勝ち負けを決めないでおくことをいう。【4】「持」は、囲碁、将棋で、勝敗が決まらないことをいう。「持(もち)」ともいう。【5】「あいこ」は、互いに勝ち負けのないことをいう俗語。「おあいこ」の形で使われることも多い。

6 20-25 妙技(みょうぎ)／巧技(こうぎ)／美技(びぎ)／好技(こうぎ)／神技(しんぎ)／絶技(ぜつぎ)

共通する意味★優れたわざ。すばらしいわざ。

【**英**】*a wonderful performance*

使い方▼〔**妙技**〕▽妙技を競う▽妙技に酔う　〔**巧技**〕▽巧技を見せる　〔**美技**〕▽美技に酔う　〔**好技**〕▽好技に拍手が沸きおこる　〔**神技**〕▽人間とは思えぬ神技を見せる　〔**絶技**〕▽絶技に酔う

使い分け【1】「妙技」「美技」「好技」は、優れた巧みなわざをいい、スポーツ、演技などで使われることが多い。【2】「巧技」は、技術的に優れているわざをいう。【3】「神技」は、人間のわざとは思えないような極めて優れたわざ、神のように完璧(かんぺき)なわざをいう。【4】「絶技」は、離れわざともいえるような極めて優れたわざをいう。

反対語▼巧技⇔拙技

6 20-26 ファインプレー／スタンドプレー

共通する意味★スポーツで、見事なわざ、目だつプレー。

使い分け【1】「ファインプレー」は、特に球技の見事なプレー、素晴らしいプレーをいう。妙技、美技などと訳される。【2】「スタンドプレー」は、球技などで観客に受けることをねらった派手なプレーをいう。また、「彼はスタンドプレーが多すぎて不愉快だ」などのように、比喩(ひゆ)的に、意識的に目立とうとする行為の意にも使われる。【**英**】*a grandstand play*

6 20-27 反則(はんそく)／ファウル

共通する意味★スポーツで、ルールに反すること。

【**英**】*a foul*

使い方▼〔**反則**〕スル▽反則を犯す▽反則行為　〔**ファウル**〕▽ファウルをとられる

使い分け「反則」は、広く、規則や法令を犯すことをいう。

6 20-28 得点(とくてん)／ポイント／スコア／点(てん)

【**関連語**】◆(カウント)

共通する意味★スポーツなどで、得る点数。

【**英**】*a score*

使い方▼〔得点〕▽得点をあげる▽大量得点　〔ポイント〕▽ポイントをかせぐ▽マッチポイント　〔スコア〕▽スコアを伸ばす▽スコアボード　〔点〕▽先に点を取った方が勝ちだ

使い分け【1】「得点」「ポイント」「点」は、スポーツ、ゲームなどでいう。また、「得点」「点」は、試験で得るものもいう。【2】「得点」は、「中盤に入って大量に得点をする」のように、競技や試験などで点数を得ることもいう。【3】「スコア」は、得点表のこともいう。

反対語▼得点⇔失点

【関連語】◆（カウント）スルスポーツで、得点を数えること。「レフェリーがカウントを取る」「ボールカウント」「フルカウント」

参照▼点⇒608-02・608-04　ポイント⇒608-02・802-13　スコア⇒614-40　カウント⇒808-09

6 20-29 選手／プレーヤー

【関連語】◆（スポーツマン）

共通する意味★スポーツ競技をする人。【英】*a player*

使い方▼〔選手〕▽国体の選手▽サッカーの選手　〔プレーヤー〕▽スタープレーヤー

使い分け【1】「選手」は、選ばれて競技に出場する人の意。【2】「プレーヤー」は、演奏者や演技者のこともいう。

【関連語】◆（スポーツマン）スポーツの選手。また、好んでスポーツをする人。「彼はスポーツマンだ」「スポーツマンシップ」

6 20-30 キャプテン／主将／キャップ／大将

共通する意味★ある集団を統率する人。

使い方▼〔キャプテン〕▽陸上部のキャプテン　〔主将〕▽剣道部の主将　〔キャップ〕▽プロジェクトチームのキャップ　〔大将〕▽お山の大将

使い分け【1】「キャプテン」「主将」は、スポーツのチームを統率する人をいう。【2】「キャップ」は、「キャプテン」の略だが、通常は、共同作業を行う場合の統率者をいう。【3】「大将」は、集団の中で最も強い者をいう。特に、柔道や剣道の団体戦において最後に試合をする人（ふつう最も強い人）をいう。また、同輩や後輩を親しんで呼ぶときに用いられることもある。「あの大将（＝あいつ）最近元気がないな」

参照▼キャプテン⇒505-61　主将⇒510-07　大将⇒510-07

6 20-31 競技場／グラウンド／コート／コロシアム／スタジアム／球場

【関連語】◆（トラック）◆（フィールド）◆（運動場）

共通する意味★運動競技が行える施設を設けた場所。【英】*a (sports) stadium*

使い方▼〔競技場〕▽競技場に聖火が到着した▽国立競技場　〔グラウンド〕▽グラウンドを一周する▽グラウンドマナー▽ホームグラウンド　〔コート〕▽テニスコート▽バレーコート　〔コロシアム〕▽コロシアムに押しかけたファン　〔スタジアム〕▽スタジアムは閑散としていた　〔球場〕▽球場にあふれんばかりの観客▽市営球場

使い分け【1】「グラウンド」は、一般には、学校などの運動をするための広場の意で使われることも多い。【2】「コート」は、テニス、バレーボール、バスケットボールなどを行うための長方形の場所をいう。【3】「コロシアム」は、規模の大きなもの、または大体育館のこと。【4】「スタジアム」は、観客席を設けた、野球、サッカー、陸上競技などを行うための施設。【5】「球場」は、野球を行うための施設をいう。

【関連語】◆（トラック）陸上競技場の競走路。「トラックを一周する」「トラック競技」◆（フィールド）陸上競技場でトラックの内側にある楕円形の部分。「フィールド競技」◆（運動場）運動をするための広場、特に、体育運動をするための施設のある場所。

6 20-32 相撲

意味★二人の力士が土俵の中で取り組み、相手を土俵の外に出すか、倒すかして勝敗を争う競技。また、力士のこともいう。「角力」とも書く。【英】*sumo wrestling*

使い方▼〔相撲〕▽相撲を取る

6 20-33 千秋楽／楽日／楽

共通する意味★芝居、相撲などの興行期間の最終日。【英】*the closing day (of a show)*

使い分け【1】「千秋楽」は、もと、法会の最終日に奏した雅楽の曲名をいう。「楽」は、「千秋楽」の略。【2】「楽日」は、千秋楽の日の意。

参照▼楽⇒810-34

6 20-34 力士／相撲取り／お相撲さん／関取／取的／ふんどし担ぎ

【関連語】◆（関）

共通する意味★相撲を取ることを職業としている人。【英】*a sumo wrestler*

使い分け【1】「力士」「相撲取り」「お相撲さん」

は、階級に関係なく相撲を取ることを職業としている人の称。「お相撲さん」は、ややくだけた言い方。【2】「関取」は、十両以上横綱までの力士の敬称。【3】「取的」「ふんどし担ぎ」は、関取ではない最も下級の力士をいう俗称。
【関連語】◆(関)「関取」の略で、関取のしこ名の下に添え、関取の意を表わす敬称。「朝青龍関」「千代の富士関」

6 20-35 レフェリー／ジャッジ／アンパイア／審判(しんぱん)

共通する意味★スポーツ競技の判定をする人。
使い分け【1】「レフェリー」は、バレーボール、バスケットボール、サッカー、アイスホッケーなどや、レスリング、ボクシングなどでいう。「レフリー」とも。【2】「ジャッジ」は、多く、ボクシング、レスリングなどの副審の意で使われる。主審は、「レフェリー」という。また、「ミスジャッジ」「ジャッジに不満を抱く」などのように、判定の意でも使われる。【3】「アンパイア」は、野球でいうことが多い。【4】「審判」は、「レフェリー」「ジャッジ」「アンパイア」などの総称。
参照▼審判⇒508-18

6 20-36 野球(やきゅう)

【関連語】◆(ソフトボール)
意味★一組み九人ずつのチーム同士が、互いに攻撃と守備とを九回繰り返して、得点を争う球技。**【英】** *a baseball*
使い方▼〔野球〕▽草野球▽プロ野球
【関連語】◆(ソフトボール)野球のボールより少し大きいボールで行う、野球に似た球技。

6 20-37 ヒット／安打(あんだ)／ホームラン／本塁打(ほんるいだ)

共通する意味★野球で、守備側に失策がなく打者が一塁以上を得られる打球。
使い方▼〔ヒット〕▽ヒットを放つ▽タイムリーヒット〔安打〕スル▽内野安打▽四打数三安打〔ホームラン〕▽ホームランを打つ▽さよならホームラン〔本塁打〕▽本塁打を放つ
使い分け【1】「ヒット」「安打」は、通常、ホームラン以外のものをいう。**【英】** *a hit*【2】「ホームラン」「本塁打」は、相手側の失策なしに本塁まで帰ることができるものをいう。「ホーマー」とも。

6 20-38 外角(がいかく)／アウトコース／アウトサイド／アウトコーナー

共通する意味★野球で、ホームプレートの打者から遠い側。**【英】** *the outside (corner)*
使い分け「アウトコース」は、和製英語。
反対語▼外角⇔内角　アウトコース⇔インコース　アウトサイド⇔インサイド　アウトコーナー⇔インコーナー

6 20-39 内角(ないかく)／インコース／インサイド／インコーナー

共通する意味★野球で、ホームプレートの打者に近い側。**【英】** *the inside (corner)*
使い分け「インコース」は、和製英語。
反対語▼内角⇔外角　インコース⇔アウトコース　インサイド⇔アウトサイド　インコーナー⇔アウトコーナー

6 20-40 失策(しっさく)／エラー／トンネル

共通する意味★野球で、守備側の選手のしくじり。
使い方▼〔失策〕▽一塁手の失策で得点を許す〔エラー〕スル▽レフトがエラーして負けた▽タイムリーエラー〔トンネル〕スル▽三塁手がゴロをトンネルしてしまった
使い分け【1】「失策」「エラー」は、打球を落としたり、そらしたりすることをいう。**【英】** *an error*【2】「トンネル」は、両足の間を打球が抜けていくことをいう。**【英】** *failure to field a grounder*
参照▼失策⇒114-17　エラー⇒114-18　トンネル⇒705-37

6 20-41 カバー／バックアップ

共通する意味★スポーツで、他の選手の守備を味方の選手が補い守ること。
使い方▼〔カバー〕スル▽セカンドがカバーに入る▽キャッチャーが一塁をカバーする〔バックアップ〕スル▽ショートが三塁のバックアップにまわる
使い分け【1】「カバー」は、元来、足りない点を補う、埋め合わせるという意。「欠点をカバーする」【2】「バックアップ」は、野球などで、他の選手の後方に回ってその選手の守備を補うことをいう。また、「新委員長を全面的にバックアップする」のように、援助することもいう。
参照▼カバー⇒419-44　913-03　バックアップ⇒517-54

6 20-42 球技（きゅうぎ）

【関連語】◆(サッカー)◆(ラグビー)◆(アメリカンフットボール)◆(ホッケー)◆(ゴルフ)◆(バスケットボール)◆(バレーボール)◆(ピンポン)◆(テニス)◆(ハンドボール)

意味★ボールを使って行う競技の総称。

使い方▼〔球技〕▽球技大会

【関連語】◆**(サッカー)**一組み一一人ずつのチーム同士が、相手側のゴールにボールをけり入れて得点を争う球技。「蹴球」とも。◆**(ラグビー)**一組み一五人ずつのチーム同士が、楕円形（だえんけい）のボールを相手側インゴールに持ち込み得点を争う球技。ボールは蹴（け）るだけではなく、持って走ることもできる。◆**(アメリカンフットボール)**一組み一一人ずつのチーム同士が行う、サッカーとラグビーから考案された球技。全選手に体当たり攻撃ができる。「アメラグ」とも。◆**(ホッケー)**一組み一一人ずつのチーム同士が、ボールをスティックで相手側のゴールへ打ち込んで得点を争う球技。◆**(ゴルフ)**屋外コース上で、静止したボールをクラブで打ち、順次に一八の定められた穴へ入れ、それに要した打数によって優劣を競う球技。◆**(バスケットボール)**一組み五人ずつのチーム同士が、互いに相手方のバスケットにボールを投げ入れ、得点を争う球技。◆**(バレーボール)**二組みのチームが、ネットをはさんで相対し、互いにネット越しにボールをコートの地表に触れさせないよう、打ち合う球技。六人制と九人制とがある。◆**(ピンポン)**中央にネットを張った台上で、ラケットでセルロイド製の小ボールを打ち合う球技。「卓球」とも。◆**(テニス)**ネットをはさんで、ラケットでボールを相手側のコートに打ち込み合う球技。「庭球」とも。◆**(ハンドボール)**一組み七人ずつのチーム同士が、相手側のゴールへボールをシュートして得点を争う球技。パスとドリブルでボールを運ぶ。

6 20-43 球（たま）／ボール／まり

共通する意味★スポーツや遊戯などに使う、ゴムや革などで作った丸い用具。**【英】** *a ball*

使い方▼〔球〕▽球を投げる▽球をよく見て打て▽球拾い　〔ボール〕▽ボールを蹴（け）る▽ボール遊び　〔まり〕▽まりをつく▽手まり

使い分け【1】「球」「ボール」は、主に球技で使うものをいう。【2】「まり」は、主に子供が遊戯に使うものをいう。「鞠」「毬」とも書く。

6 20-44 登山（とざん）／山登り（やまのぼり）／登頂（とうちょう）／登攀（とうはん）

【関連語】◆(クライミング)

共通する意味★山に登ること。**【英】** *mountain climbing*

使い方▼〔登山〕スル▽冬山に登山する▽登山電車　〔山登り〕▽家族で山登りを楽しむ　〔登頂〕スル▽エベレストの登頂に成功する　〔登攀〕スル▽岩壁を登攀する

使い分け【1】「登山」と「山登り」とでは、「山登り」の方が、気軽で、親しみやすいものをいうことが多い。【2】「登頂」は、山の頂上に登ることをいう。「とちょう」とも。【3】「登攀」は、山などの高い所、険しい所をよじ登ることをいう。「とはん」とも。

【関連語】◆**(クライミング)**登山。特に、岩壁や岩場をよじ登る「ロッククライミング」をいう。

6 20-45 体技（たいぎ）

【関連語】◆(ボクシング)◆(レスリング)

意味★直接に肉体がわたり合う競技の総称。相撲、柔道なども含まれる。**【英】** *physical exercise*

【関連語】◆**(ボクシング)**二人の競技者がリングの上で、両手にグローブをはめて打ち合う競技。「拳闘（けんとう）」とも。◆**(レスリング)**二人の競技者がマットの上で、相手の両肩をマットに押さえつけることによって勝敗を決める競技。

6 20-46 ノックアウト／ケーオー

共通する意味★ボクシングで、相手を打ち倒して、一〇秒以内に立ち上がれないようにすること。

使い方▼〔ノックアウト〕スル▽右ストレートで相手をノックアウトする　〔ケーオー〕スル▽一ラウンドでケーオーする▽ケーオー勝ち

使い分け【1】「ケーオー」は、「ノックアウト（**【英】** *knockout*）」の略。「KO」と書く。【2】「ノックアウト」は、比喩（ひゆ）的に、相手を立ち上がれないほど完全に負かしてしまうことの意でも使われる。

6 20-47 水泳（すいえい）／泳ぎ（およぎ）／水練（すいれん）

共通する意味★手足などを動かして、水中や水面を移動すること。また、その速さや技術などを競うスポーツ。**【英】** *swimming*

使い方▼〔水泳〕▽健康のために水泳をする▽水泳教室▽寒中水泳　〔泳ぎ〕▽泳ぎがうまい▽平泳ぎ▽魚の泳ぎをまねる　〔水練〕▽祖父は水練の心得がある▽畳の上の水練（＝役に立たないことのたとえ）

使い分け【1】「水泳」は、スポーツとして泳ぐこと。したがって、動物には使わない。【2】「泳ぎ」は、スポーツ以外でも使う。【3】「水練」は、古風な言い方。また、水泳の練習の意もある。

6 20-48 泳ぐ（およぐ）

意味★人や動物などが、手足やひれなどを動かして、水中や水面を移動する。**【英】** *to swim*

使い方▼〔泳ぐ〕(ガ五)▽川を泳いで渡る◆世の中を海に見たてて、「業界を三十年間泳いできた自負がある」のように、世渡りをする意でも使われる。

6 20-49 乗馬(じょうば)／騎馬(きば)／騎乗(きじょう)

共通する意味★馬に乗ること。【英】*riding*

使い方▼〔乗馬〕スル▽乗馬して待機する▽乗馬クラブ▽乗馬服　〔騎馬〕▽騎馬の兵士▽騎馬隊▽騎馬民族　〔騎乗〕スル▽白馬に騎乗する▽騎乗訓練

使い分け【1】「乗馬」「騎馬」は、ほぼ同意だが、「乗馬」の方が一般的な語で、スポーツとして馬に乗ることをいう場合にも、ふつう「乗馬」を使う。「騎乗」は、文章語。【2】「乗馬」には、「大将の乗馬」のように、乗り物としての馬の意もある。

反対語▼乗馬⇔下馬(げば)

6 20-50 ウインタースポーツ

【関連語】◆(スキー)◆(スケート)◆(アイスホッケー)

意味★冬に行うスポーツ。雪上や氷上で行うものが多い。

使い方▼〔ウインタースポーツ〕▽ウインタースポーツのシーズンがやって来た

【関連語】◆(スキー)先端が上にそった一対の細長い板をはき、雪上を滑走するスポーツ。また、その用具。◆(スケート)底に金属のブレード(板)を縦にとりつけた靴をはき、氷上を滑走するスポーツ。また、その靴。◆(アイスホッケー)六人ずつの二チームが、氷上でスケートをはいて行うホッケー。

6 20-51 武道(ぶどう)／武芸(ぶげい)／武術(ぶじゅつ)

共通する意味★剣、弓、馬など武士にとって必要な技。【英】*military science*

使い方▼〔武道〕▽武道の心得　〔武芸〕▽武芸万般に通ず▽武芸者　〔武術〕▽武術の達人

使い分け「武道」は、極めるべき道に、「武芸」「武術」は、修得すべき技術に重きをおいた言い方。

6 20-52 柔道(じゅうどう)／柔術(じゅうじゅつ)／柔(やわら)

共通する意味★素手で攻撃、または防御をする日本の伝統的な格闘術。【英】*judo; jujitsu*

使い分け【1】「柔道」は、古武術の一種である「柔術」を改良し、嘉納治五郎(かのうじごろう)によって創始された格闘術。【2】「やわら」は、「柔道」「柔術」の古い言い方。

6 20-53 剣道(けんどう)／剣術(けんじゅつ)／剣法(けんぽう)

共通する意味★刀剣を使って戦う武術。

使い分け【1】「剣道」は、古武術の一の「剣術」の運動競技としてのものをいう。竹刀(しない)を使い、面(めん)・胴(どう)・小手(こて)などの防具を身につけて行う。【2】「剣法」は、特に、ある特定の太刀使いをするものをいう。

7 自然

7 自然

7 01 …天体・日月

7 01-01 空(そら)／大空(おおぞら)

【関連語】◆(天空)(てんくう)◆(天)(てん)◆(虚空)(こくう)

共通する意味★地上の上方に広がる広くて高い空間全体。【英】*the sky*

使い方▼〔空〕▽空を飛ぶ鳥▽西の空が赤く染まっている▽飛行機は空の彼方(かなた)へ消えていった〔大空〕▽一度でいいから大空をかけてみたい▽鷹(たか)が大空に羽ばたいていった

使い分け「大空」は、「空」の広がりを強張した言い方。

【関連語】◆(天空)果てしなく広がる空。日常の話し言葉ではあまり使わない。「天空をかける鳥」◆(天)空の無限に高い所をいう。⇔地。「天を仰ぐ」「天高く馬肥ゆる秋」◆(虚空)天と地の間の空間。「虚空をつかむ」の形で、断末魔に苦しみもがくさまをいうことが多い。

7 01-02 青空(あおぞら)／蒼穹(そうきゅう)

【関連語】◆(青天井)(あおてんじょう)

共通する意味★雲のない、青く晴れた空。空気が澄んで青々とした空。【英】*a blue sky*

使い方▼〔青空〕▽青空に雲が浮かんでいる▽梅雨明けの青空が広がる〔蒼穹〕▽果てしなく広がる蒼穹

使い分け【1】「蒼穹」は、「青空」の意の文章語。【2】「青空」は、「青空教室」のように、戸外・露天で何かが特別に行われる場合にも用いる。

【関連語】◆(青天井)「青空」を天井に見立てた言い方。「青天井の下で働く」◈俗語として、「株価は青天井」のように、無制限の意もある。

7 01-03 中空(なかぞら)／中空(ちゅうくう)／中天(ちゅうてん)

共通する意味★空を仰ぎ見たときに見える広い空間を漠然という語。【英】*midair*

使い方▼〔中空〕(なかぞら)▽中空に月がかかる〔中空〕(ちゅうくう)▽中空に凧(たこ)が舞う〔中天〕▽中天にかかる月

使い分け「中天」は、天の中心の意でも使われる。

7 01-04 宇宙(うちゅう)

意味★大気圏外の空間。天文学的にはすべての天体を含む。【英】*the universe*

使い方▼〔宇宙〕▽宇宙の神秘に挑む▽宇宙旅行▽宇宙飛行士▽宇宙船▽宇宙遊泳

7 01-05 天体(てんたい)／日月(じつげつ)

共通する意味★宇宙に存在する物体の総称。【英】*the heavenly body*

使い方▼〔天体〕▽天体を観測する▽天体望遠鏡〔日月〕▽日月の運行

使い分け【1】「天体」は、恒星、惑星、星団、星雲、星間物質などの総称。【2】「日月」は、特に、太陽と月をいう文章語。

参照▼日月⇒711-02

7 01-06 太陽(たいよう)／日(ひ)／お日様(ひさま)／お天道様(てんとうさま)／日輪(にちりん)

【関連語】◆(天日)(てんぴ)◆(白日)(はくじつ)

共通する意味★地球に熱、光を与えて万物をはぐくむ、太陽系の中心をなす恒星。【英】*the sun*

使い分け【1】「日」は、「日が昇る」のように、「太陽」と同じ意で用いられるが、「太陽」よりは話し言葉的。また、「日に焼ける」「日に当たる」のように、日光や日差しの意でも用いられる。「陽」とも書く。【2】「お日様」は、親しみをこめていう幼児語。【3】「お天道様」は、敬い親しみをこめて呼ぶ語。「おてんとさま」ともいう。「こんなことをしてはお天道様に申しわけない」【4】「日輪」は、「太陽」の意の文章語。

【関連語】◆(天日)太陽の光や熱。「天日で乾かす」◆(白日)くもりのない照り輝く太陽。「青天白日」「真相が白日のもとにさらされる(＝すっかり明らかになる)」

参照▼日⇒711-19 711-41

7 01-07 日の出(ひので)／御来光(ごらいこう)

【関連語】◆(初日の出)(はつひので)

共通する意味★太陽が東の空に上り始めること。【英】*sunrise*

使い方▼〔日の出〕▽今日の日の出は午前四時五分でした▽日の出の勢い(＝勢いの盛んな様子)〔御来光〕▽富士山頂で御来光を拝む

使い分け【1】「日の出」は、東の空に上り始める時刻もいう。【2】「御来光」は、特に、高い山の上で見る日の出のこと。「御来迎(ごらいごう)」ともいう。

反対語▼日の出⇔日の入り

【関連語】◆(初日の出)元旦の日の出。

7 01-08 朝日(あさひ)／旭日(きょくじつ)

共通する意味★朝の太陽。【英】*the morning sun*

使い方▼〔朝日〕▽朝日の昇る勢い〔旭日〕▽旭日昇

天の勢い▽旭日旗

使い分け【1】「朝日」は、「朝日を浴びる」のように、朝の太陽光のこともいう。「旭」とも書く。【2】「旭日」は、文章語で、一般にはあまり用いられない。

7 01-09 日の入り（ひのいり）／日没（にちぼつ）

共通する意味★太陽が地平線下に入ること。また、その時刻。【英】*sunset*

使い方▼〔日の入り〕▽日一日と日の入りが遅くなる〔日没〕▽日没が早くなる▽今日の日没は午後五時

反対語▼日の入り⇔日の出

7 01-10 夕日（ゆうひ）／入り日（いりひ）／西日（にしび）

【関連語】◆(落日)らくじつ◆(落陽)らくよう◆(斜陽)しゃよう◆(夕影)ゆうかげ◆(残光)ざんこう◆(夕映え)ゆうばえ

共通する意味★夕方の太陽。また、その光。【英】*the evening sun*

	〜がまぶしい	〜が射す	〜が沈む
夕日	○	○	○
入り日	○	○	−
西日	○	○	−

使い分け【1】「入り日」は、西の空に沈もうとする太陽をいう。【2】「夕日」は、「夕陽」とも書く。【3】「西日」は、夕方近くに西から差し込む日差しをいうことも多い。

【関連語】◆(落日)今まさに沈もうとしている太陽。◆(落陽)「落日」の意の文章語。◆(斜陽)「夕日」の意の文章語。現在では、「斜陽産業」のように、新興のものに圧倒されて次第に没落することの意で使われることが多い。◆(夕影)夕暮れ時のほのかな日の光。また、それに照らし出された物の姿。◆(残光)日が暮れる前後の弱い日光。◆(夕映え)夕方の光を受けて美しく映えること。「夕映えの雲」

7 01-11 月（つき）

意味★地球に一番近い天体で、地球の唯一の衛星。約一か月で地球を一周し、その間、太陽の反射光で新月、上弦、満月、下弦と形を変える。陰暦（旧暦）は月の満ち欠けを基準に定めたもの。【英】*the moon*

使い方▼〔月〕▽月の満ち欠け▽月が出る

参照▼月⇒711-11

7 01-12 望月（もちづき）／満月（まんげつ）／明月（めいげつ）

【関連語】◆(名月)めいげつ

共通する意味★欠けるところがなく円く光り輝いて見える月。【英】*a full moon*

使い方▼〔望月〕▽夜空に望月がかかる〔満月〕▽満月の夜〔明月〕▽皓々（こうこう）と照る明月

使い分け「望月」は、特に陰暦八月十五夜の月をいうこともある。

【関連語】◆(名月)陰暦八月十五夜の月、または、陰暦九月十三夜の月をいう。「仲秋の名月」

7 01-13 後の月（のちのつき）／豆名月（まめめいげつ）／栗名月（くりめいげつ）／名残の月（なごりのつき）

共通する意味★陰暦九月十三夜の月をいう。

使い分け【1】「後の月」は、特に、陰暦八月十五夜の月に対していう。【2】「豆名月」は、季節の風物として枝豆を供えるところからの、「栗名月」は、月見のために栗を供えるところからの称。【3】「名残の月」は、その年の観月最後の月という意であるが、夜明けの空に残っている月のこともいう。

7 01-14 新月（しんげつ）／三日月（みかづき）／上弦（じょうげん）／下弦（かげん）

共通する意味★欠けている月。

使い分け【1】「新月」「三日月」は、陰暦の月の初めころに見える弓形の細長い月。【2】「上弦」は、陰暦七、八日ごろの月。新月と次の満月の中間のころで、右半円状に輝いて見える月。【3】「下弦」は、陰暦二二、三日ごろの月。満月と次の新月の中間のころで、左半円状に輝いて見える月。

7 01-15 星（ほし）／スター

【関連語】◆(恒星)こうせい◆(惑星)わくせい◆(星座)せいざ◆(綺羅星)きらぼし

共通する意味★夜空に光り輝いて見える太陽・月以外の天体。【英】*a star*

使い方▼〔星〕▽夜空に輝く星▽星に祈る〔スター〕▽スターウォッチング（＝星座観測）▽スターダスト

使い分け【1】「星」は、広義には、恒星・惑星・彗星（すいせい）・衛星などのすべての天体を含んでいう。【2】「スター」は、多く、他の語と複合して用いられる。

【関連語】◆(恒星)太陽のように、自分で光を発し、天球上の位置をほとんど変えない星。◆(惑星)太陽の周囲を楕円（だえん）軌道を描いて運行する比較的大きな天体。太陽に近い順から、水星、金星、地球、火星、木星、土星、天王星、海王星、冥王（めいおう）星の九個がある。◆(星座)天球上の恒星を目に見える配置の形に基づいていくつかに区分したもの。動物や伝説上の人物などに見立てた名称が多い。「冬の星座」◆(綺羅星)美しく輝く星。「きら、星のごとく」を誤って続けて読んだところからできた語。◙「各界の名士が綺羅星のごとく集まる」のように、実力のある人が数多く並んでいることのたとえとしても使われる。

参照▼スター⇒615-41

7 自然

701-16

明星(みょうじょう)

【関連語】◆(暁星)ぎょうせい ◆(宵の明星)よいのみょうじょう ◆(明けの明星)あけのみょうじょう ◆(一番星)いちばんぼし

意味★明るく輝く星。特に、夕方や明け方輝く金星。**【英】** *the morning star*

【関連語】◆(暁星)明け方消え残る星。特に、金星。◆(宵の明星)日没後に西の空に見える金星。◆(明けの明星)夜明けに東の空に見える金星。◆(一番星)夕方、最初に見え始める星。

701-17

銀河(ぎんが)／天の川(あまのがわ)

【関連語】◆(銀漢)ぎんかん

共通する意味★夜空に、川のようにかかる無数の星からなる光の帯。**【英】** *the Galaxy*

使い分け 天文学では「銀河」を使うが、「天の川」も一般によく使われる。

【関連語】◆(銀漢)「銀河」の意の文章語。

701-18

地球(ちきゅう)

意味★われわれ人類が生活している天体。太陽系に属する惑星。**【英】** *the earth*

使い方▼〔地球〕▽地球の環境を守る▽地球儀

702…天地

702-01

天地(てんち)／天地(あめつち)／乾坤(けんこん)

共通する意味★天と地。**【英】** *heaven and earth*

使い方▼〔天地〕▽天地の神に祈る▽天地が引っくり返る 〔天地(あめつち)〕▽天地の栄える時 〔乾坤〕▽乾坤一擲(いってき)(＝命運をかけて、のるかそるかの大勝負や大仕事をすること)

使い分け【1】「天地(てんち)」が、最も一般的。「天地」は、「自由の天地を求めて船出する」のように、世の中や、「天地無用(＝荷物などの上下を逆にしてはいけない)」のように、物の上下もいう。【2】「天地(あめつち)」は、全世界もいう。「天地(てんち)」よりやや古めかしい語。【3】易(えき)の卦(け)で、「乾坤」の「乾」は天、陽などを表わし、「坤」は地、陰などを表わす。このため「乾坤」は、天地以外にも、陰陽、上下、前後などをさす。

702-02

地(ち)／大地(だいち)／土(つち)

共通する意味★天に対する地球上の表面。**【英】** *the earth*

使い方▼〔地〕▽天には愛、地には平和▽天と地がひっくり返るような騒ぎ▽地に足をつけて生きていく 〔大地〕▽母なる大地▽大地を踏みしめる 〔土〕▽故国の土を踏む

使い分け【1】「大地」は、「地」の広さを強調した言い方で、万物をはぐくむものという意をこめて使うことが多い。【2】「土」は、「…の土を踏む」という表現で使われることが多い。

反対語▼地⇔天(てん)　土⇔天(あめ)

参照▼土⇒709-01

702-03

陸(りく)／陸地(りくち)／陸(おか)

【関連語】◆(大陸)たいりく ◆(内陸)ないりく

共通する意味★地球上の水でおおわれていない部分。**【英】** *land*

使い方▼〔陸(りく)〕▽陸に上がる▽陸の孤島(＝陸の中で交通が不便で孤立した所) 〔陸地〕▽長い航海のあと陸地を発見する 〔陸(おか)〕▽おかに上がった河童(かっぱ)(＝無力でどうすることもできない状態)▽おか釣り

使い分け【1】「陸(りく)」「陸地」は、海以外の部分について広く使うが、「陸(おか)」は、川なども含めた水の上ではなく、地面のあるところという意味合いを表わす場合に使い、「陸(りく)」「陸地」にくらべて狭い地域についていう。【2】「陸地」は、「陸」になっている地域の意で使う。

反対語▼陸(りく)・陸(おか)⇔海

【関連語】◆(大陸)地球上で特に大きな面積を占める陸地。「大陸横断鉄道」◆(内陸)陸地の中で海から遠く離れた部分。「オーストラリアの内陸には砂漠が広がる」

702-04

地面(じめん)／地べた(じべた)／地表(ちひょう)／地上(ちじょう)

【関連語】◆(地肌)じはだ ◆(陸上)りくじょう

共通する意味★土地の表面。**【英】** *the surface of the earth*

使い方▼〔地面〕▽地面に横たわる▽地面に杭を打つ 〔地べた〕▽地べたに頭をつけて謝る▽子供が地べたに寝転がって泣きわめく 〔地表〕▽地表に芽が出る▽地震で地表に割れ目が入る 〔地上〕▽もぐらが地上に顔を出す▽地上八階建て

	雪でおおわれた□	□を掘る	起伏の多い□	□に座る
地面	○	○	△	○
地べた	○	○	-	○
地表	○	○	○	-
地上	○	-	-	-

使い分け【1】「地面」「地べた」は、比較的狭い部分について土の上という意味合いが強いが、「地表」「地上」は、地球上の表面の意で使われる。【2】「地

7 自然

べた」は、「地面」の俗な言い方。

反対語▼地上⇔地中・地下

【関連語】◆**(地肌)**土がむきだしになった土地の表面。「雪が溶けて黒い地肌が現れる」◆**(陸上)**陸地の上。⇔水上・海上。「陸上の動物」「陸上競技」

参照▼地上⇒506-05　地肌⇒012-02

702-05 地続き／陸続き

共通する意味★土地と土地とが、海や川で隔てられることなく続いていること。**【英】***contiguity of land*

使い方▼〔**地続き**〕▽地続きの土地を売りに出す〔**陸続き**〕▽陸続きの二国間で国境紛争が起きる

使い分け「地続き」は、面積の大小にかかわらず使うが、「陸続き」は、小さい面積には使わない。

	アメリカとカナダは□だ	干潮のとき□になる島	庭と□の畑
地続き	○	○	○
陸続き	○	○	－

702-06 半島／岬／崎

共通する意味★海に向かって突き出た陸地。**【英】***a peninsula*

使い方▼〔**半島**〕▽半島の海沿いに続く漁村▽紀伊半島〔**岬**〕▽岬の灯台〔**崎**〕▽稲村ケ崎▽野島崎▽御前崎

使い分け【1】「半島」が最も大きく、「岬」「崎」は、それより小さいものをいう。【2】「半島」は、海に突き出たものだけをいうが、「岬」「崎」は、湖に突き出たものもいう。【3】「崎」は、地名の一部として使われることが多い。

702-07 島／諸島／群島／列島

共通する意味★周囲を水で囲まれた比較的小さな陸地。**【英】***an island*

使い方▼〔**島**〕▽沖の島まで泳いでいく▽定期船が通う島▽島国〔**諸島**〕▽伊豆諸島〔**群島**〕▽八重山群島▽フィリピン群島〔**列島**〕▽日本列島▽アリューシャン列島

使い分け【1】「諸島」は、多くの島々。また、ある区域内に散在している島々をいう。【2】「群島」は、群れ集まっている多くの島々をいう。【3】「列島」は、列をなした形に連なる島々をいう。

参照▼島⇒805-04

702-08 離島／離れ島

【関連語】◆(孤島)

共通する意味★陸地から遠く離れた島。**【英】***an isolated island*

使い方▼〔**離島**〕▽離島の病人をヘリコプターで運ぶ▽離島対策〔**離れ島**〕▽離れ島なので月に一回しか船がこない

使い分け「離島」が一般的だが、話し言葉では「離れ島」を使うことも多い。

【関連語】◆**(孤島)**陸地から遠く離れて一つだけある島。「難破して孤島に流れつく」「陸の孤島」

702-09 州／砂州／中州／デルタ

共通する意味★土や砂が堆積して、河川や湖、海の水面上に現れた所。**【英】***a sandbank*

使い方▼〔**州**〕▽河口に州ができる▽三角州〔**砂州**〕▽砂州の代表的なものに天の橋立がある〔**中州**〕▽水かさが増して中州が水没する〔**デルタ**〕▽ナイル川は大きなデルタを形成した▽デルタ地帯

使い分け【1】「州」は、「洲」とも書く。【2】「砂州」は、沿岸流で運ばれた砂礫が、入り江の一方の端に堆積してゆき細長く伸びたもの。「砂洲」とも書く。【3】「中州」は、川の中にできた州。「中洲」とも書く。【4】「デルタ」は、河川の運んだ土砂が河口に堆積してできた扇状の陸地。「三角州」ともいう。

702-10 暗礁／岩礁

共通する意味★海面下に隠れて見えない岩。**【英】***a sunken rock*

使い方▼〔**暗礁**〕▽船が暗礁に乗り上げる▽暗礁が多く危険な水域〔**岩礁**〕▽岩礁の付近は魚の絶好のすみかだ

使い分け【1】船の航行の妨げになる岩の場合は、「暗礁」を使う。【2】「暗礁」は、「事業が暗礁に乗り上げる」のように、比喩的に、思いがけない困難の意で使われることが多い。

参照▼暗礁⇒519-19

702-11 珊瑚礁／環礁

共通する意味★サンゴの遺骸や分泌物でできた岩礁。**【英】***a coral reef*

使い方▼〔**珊瑚礁**〕▽珊瑚礁に波が砕ける▽白砂が美しい珊瑚礁の島〔**環礁**〕▽環礁の内側は波が静かだ▽ビキニ環礁

使い分け「環礁」は、輪の形をした珊瑚礁をいう。

702-12 平野／平地

共通する意味★平らな土地。**【英】***a plain*

使い方▼〔**平野**〕▽日本には平野が少ない▽関東平野

〔平地〕▽平地一面に畑が続く▽平地に波瀾を起こす（＝穏やかで何事も治まっているところへ、わざわざもめ事を起こすたとえ）

使い分け【1】「平野」は、ふつう海抜が低く広い面積を持つ高低のない土地をいう。【2】「平地」は、平野も含む平らな土地一般をいい、「平野」よりも面積が狭い場合が多い。

反対語▼平地⇔山地

702-13 台地（だいち）／高台（たかだい）／丘（おか）／丘陵（きゅうりょう）／高地（こうち）

共通する意味★周囲より小高くなっている土地。

使い方▼〔台地〕▽台地なので大雨でもすぐ水がひく▽武蔵野台地　〔高台〕▽港を見おろす高台▽家が高台にあるので見晴らしがいい　〔丘〕▽丘の上からあたりを見晴らす　〔丘陵〕▽なだらかな丘陵が続く▽丘陵地帯　〔高地〕▽高地なので水はけがよい

使い分け【1】「台地」「高台」は、表面の平らな台状の土地をいうが、「台地」は広い面積にわたるものをいうのに対し、「高台」は、小規模で、主として町中にあるものをいうことが多い。【英】*a height*（台地）【2】「丘」は、山よりも低い、小高くなった所。「岡」とも書く。【英】*a hill*【3】「丘陵」は、平地よりやや高く、起伏の小さい、傾斜のなだらかな地形をいう。【4】「高地」は、必ずしも表面が平らな土地でなくてもよい。また、「高地に生える植物」のように、海抜の高い土地の意でも使われる。

反対語▼高地⇔低地

702-14 盆地（ぼんち）／窪地（くぼち）／低地（ていち）

共通する意味★周囲より低くなった土地。【英】*a hollow*

使い方▼〔盆地〕▽盆地の夏は暑く冬は寒い▽甲府盆地　〔窪地〕▽日当たりの悪い窪地▽窪地に水がたまる　〔低地〕▽低地のため雨が降るたびに水が出る

使い分け【1】「盆地」は、山や台地に囲まれた土地。【2】「窪地」「低地」は、くぼんだ土地。比較的規模が小さいものをいう。また、「低地」は、「低地にしか育たない植物」のように、海抜の低い土地の意でも使われる。

反対語▼低地⇔高地

702-15 原（はら）／野（の）／野原（のはら）／平原（へいげん）／広野（ひろの）／広野（こうや）／広原（こうげん）

【関連語】◆（高原）こうげん◆（原っぱ）はらっぱ

共通する意味★平らで広い土地。【英】*a field*

使い方▼〔原〕▽武蔵野の原　〔野〕▽野に咲く花▽後は野となれ山となれ　〔野原〕▽野原で草を摘む▽野原で鬼ごっこをする　〔平原〕▽平原に馬を走らせる▽大平原　〔広野〕ひろの▽果てしない広野　〔広野〕こうや▽一面の雪におおわれた広野　〔広原〕▽見渡すかぎり広原が続く

使い分け【1】「原」は、特に耕作していない土地をいう。単独で使うことはほとんどなく、「雪の原」「すすきの原」のように、「…の原」という形で使われたり、「美しが原」「戦場が原」のように、地名に使われたりする。【2】「野」「野原」は、草などが生えている広く平らな土地。「野」は、山に対して使うことも多い。「野原」は、俗に「のっぱら」ともいう。【3】「平原」「広野ひろの」「広野こうや」「広原」は、「野原」よりもさらに広々とした土地に用いられることが多い。「広野こうや」「広原」は「曠野」「曠原」とも書く。

反対語▼野⇔山

【関連語】◆（高原）海抜の高い山地にある平原。「高原野菜」「高原植物」◆（原っぱ）「原」、または原の中の意のくだけた言い方。「原っぱでキャッチボールをする」

702-16 草原（そうげん）／草原（くさはら）

【関連語】◆（湿原）しつげん◆（サバンナ）◆（ステップ）

共通する意味★一面に草の生えている土地。【英】*a savanna(h)*

使い方▼〔草原〕そうげん▽草原に牛を放牧する　〔草原〕くさはら▽草原で野草を摘む

使い分け「草原そうげん」の方が、「草原くさはら」よりも広大な土地をいうことが多い

【関連語】◆（湿原）湿気の多い草原。「湿原の植物」「湿原地帯」◆（サバンナ）熱帯や亜熱帯の、雨量の少ない地帯の草原。「サバンナ気候」◆（ステップ）温帯の、雨量の少ない地帯の草原。

702-17 荒野（あれの）／荒野（こうや）／荒原（こうげん）

【関連語】◆（原野）げんや◆（枯れ野）かれの

共通する意味★荒れ果てた野原。【英】*a wilderness*

使い方▼〔荒野〕あれの▽荒野を開墾して畑をつくる　〔荒野〕こうや▽風が吹きすさぶ荒野　〔荒原〕▽道もない荒原を行く

使い分け【1】「荒野あれの」にくらべて、「荒野こうや」「荒原」は、広大な土地をいうことが多い。【2】三語の中では、「荒野こうや」が最も一般的に用いられる。【3】「荒野あれの」は、「あらの」ともいう。

【関連語】◆（原野）未開拓の野原。「原野に分け入る」◆（枯れ野）草木の枯れた野原。「枯れ野を行く」

702-18 砂漠（さばく）

意味★雨が非常に少なく、植物などがほとんど見られない、小石や砂からなる広い土地。【英】*a desert*

使い方▼〔砂漠〕▽果てしのない砂漠の中のオアシス▽サハラ砂漠▽ゴビ砂漠

702-19 緑地／緑土

【関連語】◆〔草地〕

共通する意味★草木が茂っている土地。【英】*grassland*

使い分け【1】「緑地」は、草や木が生い茂っている土地。公園や農地などをさす。【2】「緑土」は、木々の多い土地や国土をいう。「緑地」よりも、面積が広い場合に用いられることが多い。

【関連語】◆〔草地〕草の多く生えている所。主に草ばかりが生えている所。「草地に牛を放牧する」

702-20 瘦せ地／荒れ地

共通する意味★耕作に適さない土地。【英】*barren land*

使い方▼〔瘦せ地〕▽やせ地のため大量の肥料が必要だ〔荒れ地〕▽苦労して荒れ地を開墾する▽かつては畑だったがいまは荒れ地になっている

使い分け【1】「瘦せ地」は、地味がやせていて作物が育ちにくい土地。【2】「荒れ地」は、さまざまな理由で耕作に適さない土地。また、利用しないで放置してある荒れた土地。

反対語▼瘦せ地⇔沃地

702-21 沃地／沃土

共通する意味★地味が肥えて作物がよくできる土地。【英】*fertile land*

使い方▼〔沃地〕▽古代文明は黄河やナイル川流域の沃地に起きた〔沃土〕▽広大な沃土が続く穀倉地帯

使い分け「沃土」は、よく肥えた土のこともいう。

反対語▼沃地⇔瘦せ地

702-22 肥沃／豊沃／豊饒

共通する意味★土地が肥えて作物がよくできること。また、そのさま。【英】*fertility*

使い方▼〔肥沃〕(名・形動)▽この農地は肥沃だ▽地味の肥沃な平野〔豊沃〕(名・形動)▽豊沃な土地〔豊饒〕(名・形動)▽見渡すかぎりの豊饒な大地

使い分け「肥沃」が、最も一般的な語。

702-23 不毛／荒蕪

共通する意味★土地が荒れていること。【英】*barrenness*

使い方▼〔不毛〕(名・形動)▽不毛の地〔荒蕪〕▽荒蕪地

使い分け【1】「不毛」は、土地がやせていて作物が何もできないこと。【2】「荒蕪」は、土地が荒れていて雑草などが生い茂っていること。

参照▼不毛⇒909-12

702-24 山／山岳

【関連語】◆〔高山〕◆〔小山〕

共通する意味★地上で著しく隆起した部分。【英】*a mountain*

使い方▼〔山〕▽山に登る▽富士の山▽山の幸〔山岳〕▽山岳地帯▽山岳仏教▽山岳信仰

使い分け【1】「山」が、一般的。【2】「山岳」は、他の語と複合して使われることが多い。「山嶽」とも書く。

【関連語】◆〔高山〕高い山。「高山植物」◆〔小山〕小さな山。「村はずれに小山がある」

参照▼山⇒815-54

702-25 岩山／石山／砂山／砂丘

共通する意味★主な組成物から見た山の種類。

使い分け【1】「岩山」は、岩石がむき出しになった山。【英】*a rocky mountain*【2】「石山」は、岩石の多い山。また、石材を切り出す山。【英】*a stony mountain*【3】「砂山」「砂丘」は、海岸などで風で砂が吹き寄せられて山のように高く積もったもの。【英】*a sand hill*

702-26 火山

【関連語】◆〔噴火山〕◆〔死火山〕◆〔休火山〕◆〔活火山〕

意味★マグマやその生成物が、地殻の割れ目や弱い部分に噴出してできた山。

使い方▼〔火山〕▽火山の噴火による災害

【関連語】◆〔噴火山〕活動している火山。【英】*an erupting volcano* ◆〔死火山〕有史時代になって、一度も火山活動の記録のない火山。【英】*an extinct volcano* ◆〔休火山〕活動した記録はあるが、現在は活動を休止している火山。【英】*a dormant volcano* ◆〔活火山〕活動が断続的または連続的に起きている火山。【英】*an active volcano*

702-27 深山(しんざん)／深山(みやま)／奥山

共通する意味★奥深い山。【英】*a deep mountain*

使い方▼〔深山〕(しんざん)▽深山に迷い込む▽深山幽谷〔深山〕(みやま)▽深山に隠れ住む▽深山桜〔奥山〕▽鹿のすむ奥山

使い分け【1】日常語としては、「奥山」が使われることが多い。【2】「深山(みやま)」は、山の美称としても使う。

反対語▼深山(みやま)⇔外山(とやま)・端山(はやま)

7 02-28 霊山(れいざん)／霊峰(れいほう)

共通する意味★信仰の対象となっている山。【英】*a sacred mountain*

使い方▼〔霊山〕▽身を清めて霊山に登る　〔霊峰〕▽霊峰を仰ぎ見る▽霊峰富士

使い分け【1】「霊山」は、実際に神仏をまつってあったり、寺社の霊域であったりする神聖な山。【2】「霊峰」は、姿の神々しさなどで、信仰の対象としてあがめられている山。

7 02-29 頂(いただき)／頂上(ちょうじょう)／山頂(さんちょう)／峰(みね)

【関連語】◆(山嶺)さんれい◆(山巓)さんてん◆(天頂)てんちょう◆(てっぺん)

共通する意味★山の一番高い所。【英】*the top*

使い方▼〔頂〕▽富士の頂▽頂が雪でおおわれた山　〔頂上〕▽頂上をめざす▽頂上を征服する　〔山頂〕▽山頂の山小屋▽山頂で日の出を迎える　〔峰〕▽白く輝く峰▽そびえ立つ峰

使い分け【1】「頂」「頂上」「山頂」は、同じように使われる。「嶺」とも書く。【2】「峰」は、山そのものをいう場合もある。【3】「頂」は、「頂に白いものがまじる」のように、頭の一番上の部分の意や、「五重の塔の頂に白い雲がかかる」のように、建築物の一番上の所の意でも使われる。【4】「頂上」は、「学問の頂上を極める」のように、物事の考え得る限りの最高の状態もいう。

反対語▼頂⇔麓(ふもと)　山頂⇔山麓(さんろく)

【関連語】◆(山嶺)山の峰。文章語。「山嶺を仰ぎ見る」◆(山巓)山の頂。文章語。「山巓を極める」◆(天頂)山の頂。文章語。「天頂に立つ」◆(てっぺん)物の一番高い所。話し言葉で使われることが多い。「天辺」と当てる。「あの丘のてっぺんまで競走しよう」「頭のてっぺんからつま先まで」

参照▼頂上⇒8 15-54

7 02-30 高峰(こうほう)／高嶺(たかね)／峻嶺(しゅんれい)／奇峰(きほう)

共通する意味★高さや形などから見たみね。【英】*a high mountain*

使い方▼〔高峰〕▽ヒマラヤの高峰に挑む　〔高嶺〕▽富士の高嶺▽高嶺の花(＝遠くから眺めるだけで手にとって自分のものにすることのできないもの)　〔峻嶺〕▽はるかに峻嶺を望む　〔奇峰〕▽奇峰の眺めを楽しむ

使い分け【1】「高峰」「高嶺」は、高いみね。「高嶺」は「高根」とも書く。【2】「峻嶺」は、険しく高いみね。【3】「奇峰」は、珍しい形のみね。

7 02-31 火口(かこう)／噴火口(ふんかこう)

共通する意味★火山の噴出物が出る口。【英】*a crater*

使い方▼〔火口〕▽火口を見おろす▽火口湖▽火口丘　〔噴火口〕▽上空から噴火口を撮影する

使い分け「火口」は、他の語と複合した形で使われることも多い。

7 02-32 尾根(おね)／山稜(さんりょう)／稜線(りょうせん)

【関連語】◆(分水嶺)ぶんすいれい

共通する意味★山頂と山頂との間に連なる高い部分。【英】*a ridge*

使い方▼〔尾根〕▽尾根伝いに歩く　〔山稜〕▽山稜がくっきりと見える　〔稜線〕▽なだらかな稜線を描く山々

使い分け「山稜」「稜線」は、遠くから見た場合に使うことが多い。

【関連語】◆(分水嶺)降った雨が、二つ以上の方向に分かれて流れる境界となっている尾根。【英】*a dividing ridge*

7 02-33 山脈(さんみゃく)／山地(さんち)／山並み(やまなみ)／連山(れんざん)

【関連語】◆(山系)さんけい◆(連峰)れんぽう◆(山塊)さんかい

共通する意味★連なっている山々。【英】*a mountain range*

使い方▼〔山脈〕▽東北地方は南北に山脈が走っている▽ロッキー山脈　〔山地〕▽中国山地　〔山並み〕▽はるかな山並みを見渡す　〔連山〕▽雪をいただく連山

使い分け【1】「山脈」は、大きな山が数多く連なって脈状をなしているもの。「山並み」「連山」は、「山脈」ほど規模の大きくないものにもいう場合が多い。【2】「山地」は、いくつかの山々からなり、起伏が大きく、傾斜の急な斜面をもった広い地域。「山脈」の方が、「山地」よりも高くてけわしい山々にいう場合が多い。

【関連語】◆(山系)二つ以上の山脈が平行して走っているものの総称。「ヒマラヤ山系」◆(連峰)峰々の連なり。「立山連峰」◆(山塊)山脈から離れた一群の山々。【英】*a mountain mass*「秩父(ちちぶ)山塊」

7 02-34 山間(さんかん)／山中(さんちゅう)／山内(さんない)

【関連語】◆(山奥)やまおく◆(山懐)やまふところ

共通する意味★山の中。【英】*among the mountains*

使い方▼〔山間〕▽山間の分校▽山間部　〔山中〕▽人けのない山中　〔山内〕▽山内深く分け入る

使い分け【1】「山間」は、山の中のある地域をいうことが多い。【2】「山内」は、寺の境内の意で用いられることも多い。

【関連語】◆(山奥)山の奥深い所。【英】*the depths*

7 自然

of a mountain「山奥で道に迷う」◆(山懐)山間のくぼんで入り組んでいる所。【英】the heart of a mountain「山懐に抱かれた村」

参照▼山内⇒604-56

7 02-35 山容(さんよう)／山相(さんそう)

共通する意味★山の形。山の姿。【英】*the figure of a mountain*

使い方▼〔山容〕▽峨々(がが)たる山容　〔山相〕▽ゆったりとした山相

使い分け いずれも同じように使うが、「山容」は、主として形状をいい、「山相」は、地質や気象までも含めていう。

7 02-36 麓(ふもと)／山麓(さんろく)／山裾(やますそ)

共通する意味★山の下の方の、平地に近い部分。【英】*the foot*

使い方▼〔麓〕▽麓から頂を仰ぎ見る▽山の麓　〔山麓〕▽山麓の村　〔山裾〕▽富士の山裾は広い

使い分け「麓」が、話し言葉としては一般的。「山裾」は、着物などのすその意から。

反対語▼麓⇔頂　山麓⇔山頂

7 02-37 裾野(すその)／尾(お)

共通する意味★山のふもとがゆるやかに遠くまでのびて野原となった所。【英】*a plain below a mountain*

使い方▼〔裾野〕▽富士の裾野　〔尾〕▽山の尾

使い分け「裾野」が、一般的。「尾」は、あまり用いられない。

参照▼尾⇒719-10

7 02-38 谷(たに)

【関連語】◆(峡谷)(きょうこく)◆(渓谷)(けいこく)◆(幽谷)(ゆうこく)◆(空谷)(くうこく)

意味★山と山との間の細長くくぼんだ所。また、谷川のこともいう。【英】*a valley*

使い方▼〔谷〕▽崖(がけ)づたいに谷へおりる▽谷川▽谷底

◆落ち込んだ所や状態のたとえとしても用いられる。「景気の谷」「気圧の谷」

反対語▼谷⇔山

【関連語】◆(峡谷)狭く険しい谷。「峡谷を船で下る」「黒部峡谷」◆(渓谷)山に挟まれた流れの速い川のある所。谷川。「紅葉の美しさで名高い渓谷」◆(幽谷)山の奥深くにある静かな谷。文章語。「深山幽谷」◆(空谷)人けのない谷。寂しい谷。文章語。「空谷の跫音(きょうおん)(＝寂しい谷に聞こえる足音。孤独なときの思いがけなくうれしい訪問や便りなどのたとえ)」

7 02-39 谷間(たにま)／谷間(たにあい)

共通する意味★谷の中。【英】*a ravine*

使い方▼〔谷間(たにま)〕▽谷間の小さな村に住む　〔谷間(たにあい)〕▽谷あいの畑

使い分け「谷間(たにま)」は、「ビルの谷間」のように、物事の高い部分と高い部分との間のくぼんだ部分のたとえとしても用いられる。

7 02-40 山峡(さんきょう)／山峡(やまかい)／山間(やまあい)

共通する意味★山と山との間の低くなった所。【英】*a ravine*

使い方▼〔山峡(さんきょう)〕▽山峡のひなびた宿　〔山峡(やまかい)〕▽山峡の村　〔山間〕▽山間の学校

使い分け いずれも、山に囲まれたり挟まれたりした、周囲よりも低い所をいうが、話し言葉では「山間」を多く使う。「山峡(やまかい)」は、文章語的。

7 02-41 洞穴(ほらあな)／洞穴(どうけつ)／洞(ほら)／洞窟(どうくつ)

【関連語】◆(岩屋)(いわや)◆(岩窟)(がんくつ)◆(山窟)(さんくつ)◆(石窟)(せっくつ)◆(鍾乳洞)(しょうにゅうどう)

共通する意味★岩などにできたうつろな穴。【英】*a cave*

使い方▼〔洞穴(ほらあな)〕▽洞穴を探検する▽洞穴に逃げ込む　〔洞穴(どうけつ)〕▽山の斜面に洞穴がある　〔洞〕▽洞のある大木▽洞に仏をまつる　〔洞窟〕▽洞窟を探検する▽洞窟遺跡

使い分け【1】「洞穴(ほらあな)」「洞穴(どうけつ)」「洞」は、岩や崖(がけ)、また大木などに自然にできた穴。普通は、人間が入り込めるような大きさのものをいう。「洞」は、やや古めかしい言い方で、日常的には「洞穴(ほらあな)」が多く使われる。【2】「洞窟」は、「洞穴(どうけつ)」と同じ意だが、大木の穴についてはいわない。「洞穴(ほらあな)」の中でもかなり奥行きの深いものについていうことが多い。

【関連語】◆(岩窟・石窟・岩屋)岩の洞穴の意で、自然にできたものも、また、岩石をくりぬき横穴をあけて造った人工的なものもいう。「岩窟」は「巌窟」、「岩屋」は「石屋」「窟」とも書く。◆(山窟)山の中にある岩の洞穴。◆(鍾乳洞)雨水や地下水によって石灰岩が溶かされ、それによって生じた洞穴。鍾乳石がある。

7 03 …海

7 03-01 海

【関連語】◆(海洋)◆(大洋)◆(大海)◆(海原)◆(領海)◆(公海)

意味★地球上の陸地以外の部分で、塩水をたたえている所。**【英】** *the sea; the ocean*(大洋)⇔陸

使い方▼〔海〕▽海に泳ぎに行く▽海を隔てた両大国▽海の幸

◈「血の海」「火の海」などのように、液体が多いことや、一面に広がっていることのたとえにも使われる。

【関連語】◆(海洋・大洋・大海・海原)広く大きな海の意で、四語とも同意であるが、学術用語としては、「海洋」を用いる。「海原」は、やや古めかしい言い方で、文学的な表現。「海洋資源」「大洋に乗り出す」「青い海原が広がる」「井の中の蛙大海を知らず」◆(領海)その国の領域に含まれる海面。**【英】** *territorial waters*「漁船が隣国の領海を侵す」「領海内の出来事」◆(公海)特定の国の領域に属さず、世界各国が自由、平等に使用、航行できる海。「公海での事故」「公海上の出来事」

7 03-02 湾／入り江／浦／入り海

共通する意味★海が陸地に入り込んだ所。**【英】** *an inlet*

使い方▼〔湾〕▽湾の入り口▽湾内一周▽東京湾 〔入り江〕▽波の静かな入り江▽台風を避けて船が入り江に集まる 〔浦〕▽浦の苫屋▽霞ケ浦 〔入り海〕▽入り海が自然の良港となっている

使い分け【1】「湾」が、一般的に使われる。【2】「湾」「入り江」「浦」は、海だけでなく湖についても使われるが、「入り海」は、海に対してのみ使われる。【3】「浦」は、複合して固有名詞となる場合が多い。

7 03-03 海峡／水道／瀬戸

共通する意味★陸と陸に挟まれて海が狭くなった部分。**【英】** *a channel*

使い方▼〔海峡〕▽海峡を行く連絡船▽津軽海峡 〔水道〕▽紀伊水道▽豊後水道 〔瀬戸〕▽潮の流れが速い瀬戸▽音戸の瀬戸

使い分け「海峡」のうち、小さいものを「水道」「瀬戸」とよぶが、固有名詞の一部として使われる場合が多い。

7 03-04 海面／海上／洋上

共通する意味★海の上。海の表面。**【英】** *the surface of the sea*

使い方▼〔海面〕▽ダイバーが海面に顔を出す▽海面に油が浮かんでいる 〔海上〕▽海上は荒れ模様だ▽海上輸送 〔洋上〕▽はるかな洋上に島影が見える▽洋上を飛ぶ

	□を漂う小舟	□が泡立つ	□で台風にあう	□は時化(しけ)だ
海面	○	○	-	-
海上	○	-	○	○
洋上	○	-	○	-

使い分け【1】「海面」は、海の表面をいうが、「海上」「洋上」は、広くその上の空間までも含んでいう。【2】「洋上」「海上」は、ほぼ同じ意味だが、「洋上」の方が、陸地を遠く離れた広々とした海洋の上という意味合いが強い。

反対語▼海面⇔海中　海上⇔陸上

7 03-05 沖／沖合

共通する意味★海・湖などの、陸から遠く離れた所。**【英】** *the offing*

使い方▼〔沖〕▽ボートで沖へ出る▽沖まで泳いでいこう 〔沖合〕▽船は沖合へ出た▽伊豆の沖合二〇〇キロメートルの海域

使い分け「沖」「沖合」ともに、陸からどのくらい離れた所をいうのかについては、明確な基準はない。文章あるいは天気予報などでは「沖合」が使われることが多い。

7 03-06 水際／波打ち際／渚

【関連語】◆(磯)

共通する意味★陸地が、海、湖などの水に接した所。**【英】** *the shore*

使い方▼〔水際〕▽水際で沖を眺める 〔波打ち際〕▽波打ち際をはだしで走る 〔渚〕▽渚を散歩する

使い分け【1】「水際」は、「麻薬の侵入を水際で食い止める」のように、物事が上陸したりする間際の意でも使われる。「みぎわ」ともいう。【2】「波打ち際」「渚」は、波の打ち寄せる所の意。「なぎさ」は「汀」とも書く。

【関連語】◆(磯)海や湖などの岩石の多い波打ち際。「波が磯に押し寄せる」「磯の香」「磯釣り」

7 03-07 浜／浜辺／海浜

【関連語】◆(砂浜)

共通する意味★海に沿う平地。**【英】** *the seashore*

使い方▼〔浜〕▽浜に海草が打ち上げられている

〔浜辺〕▽浜辺を散歩する▽浜辺に海の家が並ぶ
〔海浜〕▽海浜で遊ぶ▽海浜公園
使い分け【1】いずれも、海に沿った砂地の平地部分をいい、岩場や崖(がけ)が海まで迫っているような場合には、使えない。【2】「浜」「浜辺」は、湖についても使う。【3】「浜辺」は、浜のあたりを漠然とさすこともある。【4】「海浜」は、やや硬い言い方。また、他の語と複合して使われることも多い。
〔関連語〕◆(砂浜)砂地の浜辺。「砂浜は海水浴客でいっぱいだ」

7 03-08 海岸(かいがん)／海辺(うみべ)／沿海(えんかい)／沿岸(えんがん)

共通する意味★陸が海と接する所。【英】*the shore*
使い方▼〔海岸〕▽海岸の一帯でリゾート開発が進む▽海岸沿いの道路▽隆起海岸　〔海辺〕▽海辺の別荘▽海辺で貝を拾う　〔沿海〕▽沿海の漁村▽沿海航路　〔沿岸〕▽沿岸に発達した都市▽沿岸漁業
使い分け【1】「海岸」「海辺」とも、ほぼ同意だが、「陸中海岸」のように、地形を表わす場合には「海岸」を使う。【2】「沿海」「沿岸」は、海に沿った陸地の部分、陸地に沿った海の部分の両方をさす。「沿岸」は、海のほか、湖、川についても使う。

7 03-09 波(なみ)／波浪(はろう)

〔関連語〕◆(さざ波)◆(白波)◆(逆波)◆(津波)◆(土用波)◆(うねり)

共通する意味★風や震動などによって水の表面に起こる起伏運動。【英】*a wave*
使い方▼〔波〕▽波が高い▽波が立つ▽波が寄せる▽波が静まる　〔波浪〕▽逆巻く波浪▽波浪注意報
使い分け【1】「波」が、一般的。「人の波」「好不調の波」のように、水の起伏運動に似たものをいうこともある。「浪」「濤」とも書く。【2】「波浪」は、文章や天気予報などで使われる。
〔関連語〕◆(さざ波)風が吹いて立つ、水面の細かい波。「細波」「小波」「漣」とも書く。「さざ波ひとつ立たない鏡のような水面」◆(白波)岩に当たったり、浜辺などで白く砕ける波。◆(逆波)流れに逆らって巻きあがる波。「逆波が立つ」◆(津波)地震や海底の変動などによって生じる波長の長い波。海岸に近づくと高さを増し、陸地を襲う。「地震による津波の恐れがある」「津波警報」◆(土用波)夏の土用のころ打ち寄せる大きな波。台風が原因となって起こる。◆(うねり)ゆるやかで大きな波。「うねりが高い」

7 03-10 大波(おおなみ)／高波(たかなみ)／波濤(はとう)／荒波(あらなみ)／激浪(げきろう)／怒濤(どとう)

共通する意味★大きく荒い波。【英】*a high sea*
使い方▼〔大波〕▽海水浴中、大波にさらわれる　〔高波〕▽台風の接近で、浜に高波が寄せる　〔波濤〕▽波濤を越えて船は進む▽万里の波濤　〔荒波〕▽船は荒波を乗り切った　〔激浪〕▽小舟が激浪にのまれる　〔怒濤〕▽怒濤が押し寄せる▽逆巻く怒濤
使い分け【1】「大波」「高波」「波濤」は、高く大きな波をいうが、「大波」「高波」は、主として浜に打ち寄せる波をいうのに対して、「波濤」は、海上のものをいう。【2】「荒波」「激浪」「怒濤」は、荒れて激しく打ち寄せる大きな波。「荒波」は、「社会の荒波にもまれる」のように、比喩(ひゆ)的にも用いられる。【3】「激浪」「怒濤」は、文章語的。

7 03-11 波打(なみう)つ／波立(なみだ)つ

〔関連語〕◆(泡立(あわだ)つ)

共通する意味★波が起こる。【英】*to wave*
使い方▼〔波打つ〕(タ五)▽台風の影響で波打つ岸辺　〔波立つ〕(タ五)▽水面が白く波立つ
使い分け【1】「波打つ」は、ある一定方向に波が打ち寄せる意。【2】「波立つ」は、波が高くなる意。【3】二語とも、波のように起伏、高低を生じる意でも用いられる。「風で草が波打つ(波立つ)」「胸が波打つ(波立つ)」
〔関連語〕◆(泡立つ)(タ五)表面に多量の泡ができる。「波が泡立つ」「滝壺(たきつぼ)の水が泡立つ」「ビールが泡立つ」

7 03-12 海流(かいりゅう)／潮流(ちょうりゅう)

〔関連語〕◆(暖流(だんりゅう))◆(寒流(かんりゅう))

共通する意味★海水の流れ。【英】*a current*
使い方▼〔海流〕▽海流が変化して魚が増えた▽千島海流　〔潮流〕▽満潮が過ぎて潮流の方向が変わる
使い分け【1】「海流」は、風や海水の温度差などによって起こる、ある大きな幅をもった定常的な海水の流れ。【2】「潮流」は、潮の干満によって生じる海水の流れで、方向が変わるもの。
〔関連語〕◆(暖流)赤道付近から高緯度地方に向かって流れる高温な海流。黒潮(日本海流)が有名。◆(寒流)高緯度地方から赤道付近に向かって流れる低温な海流。親潮(千島海流)が有名。

7 03-13 潮(しお)／潮(うしお)

〔関連語〕◆(高潮(たかしお))◆(満潮(まんちょう))◆(満ち潮(みちしお))◆(干潮(かんちょう))◆(引き潮(ひきしお))

共通する意味★海面が月と太陽の引力によって周期的に高くなったり低くなったりすること。【英】*the tide*
使い方▼〔潮(しお)〕▽潮が満ちる▽潮が引く▽潮がさす　〔潮(うしお)〕▽うしおの流れにのる
使い分け【1】二語とも、海水や潮流の意でも使われる。「潮(うしお)」は文章語。【2】「潮(しお)」は「汐」とも書く。
〔関連語〕◆(高潮)台風などの強い風に海水が吹き

寄せられるなどして、海水面が異常に高くなること。◆〔満潮・満ち潮〕潮が満ちて海面が最も高くなった状態。「満ち潮」は、潮が満ちてくることもいう。【英】*a full tide*「満潮まであと一時間ある」「満潮時」「満ち潮に変わる」◆〔干潮・引き潮〕潮が引いて海面が最も低くなった状態。「引き潮」は、潮が引いていくこともいう。【英】*an ebb tide*「干潮のときには島まで歩いて渡れる」「引き潮なので砂浜が広々としている」「引き潮になる」

704…川・池・湖

704-01 川／河川

共通する意味★地表に集まった水が、くぼんだ部分を高い所から低い所へ流れていくもの。【英】*a river*

使い方▼〔川〕▽川で洗濯する▽川を泳いで渡る▽川の流れ▽川に橋をかける▽隅田川 〔河川〕▽河川の氾濫に備える▽一級河川▽河川改修工事

使い分け【1】一般的には「川」を使うが、大きなものについては、「河」と書くことも多い。【2】「河川」は、大小の川の総称として用いる。

704-02 谷川／渓流

共通する意味★谷あいを流れる川。【英】*a mountain stream*

使い方▼〔谷川〕▽谷川に沿ったキャンプ場 〔渓流〕▽渓流でイワナを釣る

使い分け【1】両語とも、細くて急な流れである場合が多い。【2】「渓流」は、「谷川」よりも勢いをもった流れに使われる場合が多い。

704-03 小川／細流／せせらぎ 【関連語】◆〔沢〕

共通する意味★細い小さな川。【英】*a rivulet*

使い方▼〔小川〕▽小川で魚をとる 〔細流〕▽谷間の細流 〔せせらぎ〕▽小川のせせらぎ

使い分け【1】「小川」の方が、一般的な語で、「細流」は、硬い言い方となる。【2】「せせらぎ」は、音を立てて流れる浅い水の流れ。また、その水音。

【関連語】◆〔沢〕山間の、谷川より小さい流れ。「沢登り」「沢歩き」

参照▼沢⇒704-21

704-04 大河／大川

共通する意味★幅が広く、水量も豊かな長大な川。【英】*a large river*

使い方▼〔大河〕▽滔々たる大河の流れ 〔大川〕▽大川の河原で夕涼みをする

使い分け【1】「大河」の方が、より長大な川をいう場合が多い。【2】「大河」は、「大河小説」「大河ドラマ」のように、大規模な長編小説や、テレビドラマを形容する場合にも使われる。

704-05 支流／分流

共通する意味★本流から分かれ出ていく川。【英】*a branch*

使い方▼〔支流〕▽木曾川の支流 〔分流〕スル▽本流から分流した流れ

使い分け【1】「支流」は、本流に流れ込んでいる川、また、本流から分かれ出ていく川の意だが、ふつうは、本流に流れ込んでいる川をいうことが多い。【2】「分流」は、本流から枝分かれして流れること。また、その別れた川。

反対語▼支流⇔本流

参照▼支流⇒904-44 分流⇒904-44

704-06 上流／川上

共通する意味★川の流れの源に近い方。【英】*the upper stream*

使い方▼〔上流〕▽川を上流へと遡る 〔川上〕▽川上から舟が下ってくる

反対語▼上流⇔下流 川上⇔川下

参照▼上流⇒511-14

704-07 下流／川下／川尻

共通する意味★川の流れの下の方。【英】*the downstream*

使い方▼〔下流〕▽いかだが下流まで流された 〔川下〕▽魚を川下の網に追い込む 〔川尻〕▽川尻で船を待つ

使い分け「川尻」は、河口をいうこともある。

反対語▼下流⇔上流 川下⇔川上

704-08 急流／奔流／激流／濁流 【関連語】◆〔懸河〕

共通する意味★川などの急な流れ。【英】*a swift stream*

使い方▼〔急流〕▽釣り人が急流に押し流された 〔奔流〕▽奔流岩をかむ 〔激流〕▽激流に巻き込まれる 〔濁流〕▽濁流にのまれる

使い分け【1】「急流」は、四語の中では、その程度が一番ゆるやかである。【2】「奔流」「激流」は、勢いの激しい流れをいう。「奔流」は、荒れ狂ったように速く急に流れるものを、「激流」は、非常に激しく速い勢いで流れるものをいう。【3】「濁流」は、濁った水の激しい流れをいう。
反対語▼濁流⇔清流
【関連語】◆(懸河)傾斜が急で滝のように速く流れる川。文章語。「懸河の勢い」

7 04-09 川面（かわも）／川面（かわづら）

共通する意味★川の表面。**【英】** *the surface of a river*
使い方▼〔川面（かわも）〕▽川面を渡る風 〔川面（かわづら）〕▽川面に波が立つ
使い分け 両語とも、文学的な言い方。

7 04-10 水位（すいい）／水深（すいしん）

【関連語】◆(喫水)きっすい
共通する意味★水の高さ、深さなどを表わす語。**【英】** *a water level*
使い方▼〔水位〕▽晴天続きで貯水池の水位が下がった▽大雨で川の水位が増した 〔水深〕▽水深五〇メートル▽湖の水深をはかる
使い分け【1】「水位」は、川、貯水池、ダムなどの水面の位置を一定の基準面からの高さによって表わすもの。【2】「水深」は、水面から水中の目的とするものまでの垂直距離。また、地理学では海や湖などの水面から水底までの垂直距離をいう。
【関連語】◆(喫水)船舶が水上にあるとき、船体の最下部から水面までの垂直距離をいう。「吃水」とも書く。「喫水の浅い船」「喫水線」

7 04-11 水面（すいめん）／水面（みなも）／水上（すいじょう）

共通する意味★水の表面。**【英】** *the surface of the water*
使い方▼〔水面（すいめん）〕▽水面に浮上する▽水面すれすれに飛ぶ 〔水面（みなも）〕▽水面を渡る風 〔水上〕▽水上競技▽水上スキー
使い分け【1】「水面（みなも）」は、文学的な言い方。【2】「水上」は、水の表面と水の上の空間を含んでいう。
反対語▼水上⇔陸上

7 04-12 水底（すいてい）／水底（みなそこ）

共通する意味★水の底。**【英】** *the bottom of the water*
使い方▼〔水底（すいてい）〕▽水底まで五メートルほどある 〔水底（みなそこ）〕▽水底の蒼（あお）い月
使い分け「水底（みなそこ）」は、文学的な言い方。

7 04-13 浅瀬（あさせ）／川瀬（かわせ）／瀬（せ）

共通する意味★川や海などの水の浅い所。**【英】** *a ford*
使い方▼〔浅瀬〕▽海の浅瀬で泳ぐ▽浅瀬を渡る 〔川瀬〕▽川瀬を歩いて渡る 〔瀬〕▽川の瀬を渡る
使い分け「瀬」は、川の、歩いて渡れるような狭くて浅く、流れの速い所。「浅瀬」「川瀬」も同じだが、「浅瀬」は、海についてもいう。
反対語▼瀬⇔淵（ふち）

7 04-14 深み（ふかみ）／深間（ふかま）

共通する意味★川などの深い所。**【英】** *a depth*
使い方▼〔深み〕▽深みにはまっておぼれる 〔深間〕▽あやうく深間にはまっておぼれるところだった
使い分け【1】一般には、「深み」を使う。【2】二語とも「…にはまる」の形で、比喩（ひゆ）的に、関係が深くなって抜け出せなくなる意でも使われる。「深み（深間）にはまって別れられない」

7 04-15 淵（ふち）／深淵（しんえん）

【関連語】◆(瀞)とろ
共通する意味★川の流れが滞って、深く水をたたえている所。**【英】** *a deep water*
使い分け【1】一般には、「淵」を使う。【2】「深淵」は、文章語。【3】二語とも、浮かび上がることのできないほどの苦しい心境や境遇のたとえとして使われることもある。「絶望の淵に沈む」「悲しみの深淵」
反対語▼淵⇔瀬
【関連語】◆(瀞)川の水が深く、流れのゆるやかな所。

7 04-16 滝（たき）／瀑布（ばくふ）

【関連語】◆(白滝)しらたき
共通する意味★高いがけから水が急斜面を流れ落ちているもの。**【英】** *a waterfall*
使い方▼〔滝〕▽滝に打たれる▽滝のように流れる汗 〔瀑布〕▽ナイアガラ瀑布
使い分け【1】「滝」は、大小にかかわらず用いられるが、「瀑布」は、大きなものについて用いられる。【2】「瀑布」は、その様子が布を垂らしたようであるところから。
【関連語】◆(白滝)白い布を垂らしたように流れ落ちる滝をいう。

7 04-17 岸（きし）／岸辺（きしべ）

【関連語】◆(両岸)りょうがん◆(右岸)うがん◆(左岸)さがん◆(岸壁)がんぺき
共通する意味★陸地が、川、湖などの水に接した所。

【英】the coast
使い方▼〔岸〕▽波が岸を洗う▽岸に舟をつける〔岸辺〕▽岸辺を散歩する▽岸辺で読書をする
使い分け 「岸」は、海の場合にも使うが、「岸辺」は、ふつう海には使わない。「岸辺」の方が、やや文章語的。
【関連語】◆〈右岸〉川の流れる方向、下流に向かって右側の岸。◆〈左岸〉川の流れる方向、下流に向かって左側の岸。◆〈両岸〉川などの両側の岸。◆〈岸壁〉壁のように険しく切り立った岸。また、船舶を横付けするための港や運河の埠頭。

704-18 向こう岸（むこうぎし）／川向こう（かわむこう）／対岸（たいがん）

共通する意味★川を隔てた向こう側。また、その岸。
【英】*the opposite bank*
使い方▼〔向こう岸〕▽向こう岸まで泳いで渡る〔川向こう〕▽川向こうの友だちの家〔対岸〕▽フェリーで対岸に渡る▽対岸の火事（＝自分に関係のない物事のたとえ）
使い分け【1】「川向こう」は、比較的川幅が広い場合にいう。【2】「向こう岸」「対岸」は、川だけでなく、湾、湖を隔てた向こう側の岸にもいう。

704-19 湖畔（こはん）／河畔（かはん）／池畔（ちはん）

共通する意味★湖、川などのほとり。
使い方▼〔湖畔〕▽琵琶湖の湖畔〔河畔〕▽テムズ川の河畔〔池畔〕▽不忍池の池畔
使い分け【1】「湖畔」は、湖のほとりをいう。【英】*a lakeside*【2】「河畔」は、川のほとりをいう。【英】*the bank(s)*【3】「池畔」は、池のほとりをいう。

704-20 川岸（かわぎし）／河岸（かがん）

【関連語】◆〈川沿い〉◆〈湖岸〉

共通する意味★川の岸。【英】*a riverside*
使い方▼〔川岸〕▽川岸にボートを近づける▽川岸に寄せる波〔河岸〕▽河岸段丘
使い分け【1】「川岸」が一般に使われる。「河岸」は、主に文章で使い、比較的大きな川についていうことも多い。【2】「川岸」は、「河岸」と書くこともある。
【関連語】◆〈川沿い〉川に沿うこと。また、川に沿った所。「川沿いに歩く」「川沿いの散歩道」◆〈湖岸〉湖の岸。「湖岸にボートをつける」

704-21 沢（さわ）／沼（ぬま）／池（いけ）／湖（みずうみ）

【関連語】◆〈沼沢〉◆〈湖沼〉◆〈泥沼〉◆〈潟〉

共通する意味★地面に、自然に水のたまった所。
【英】*a swamp*
使い方▼〔沢〕▽水草の茂る沢〔沼〕▽底なしの沼▽怪物がすむという伝説のある沼〔池〕▽池にはまる▽池のほとりを散歩する▽庭に池を掘る〔湖〕▽湖で泳ぐ▽遊覧船で湖を一周する
使い分け【1】「沢」は、低地で浅く、水がたまり、植物が茂っている所。また、山間の小さな流れにもいう。【2】「沼」は、「沢」よりも深く、底が泥深いものをいう。多くは植物が生えているものをいう。【英】*a marsh*【3】「池」は、ふつう、沼や湖より小さいものをいう。また、人工的に造って水をためたものもいう。【英】*a pond*【4】「湖」は、沼、池よりも深く大きいものをいうが、厳密な区別はない。人工のものもいう。【英】*a lake*
【関連語】◆〈沼沢〉沼と沢のこと。「水鳥の多い沼沢」「沼沢地」◆〈湖沼〉湖と沼のこと。「フィンランドには湖沼が多い」◆〈泥沼〉泥深い沼の意だが、いったん入りこむとなかなか抜け出せない悪い状態をたとえていうことが多い。「泥沼におちいる」「泥沼化」◆〈潟〉海の一部が砂州によって分離してできた湖や沼。【英】*a lagoon*「八郎潟」
参照▼沢⇒704-03

704-22 湿地（しっち）／沼地（ぬまち）

共通する意味★水分を含んだ、じめじめした土地。
【英】*marshland*
使い方▼〔湿地〕▽湿地には特有の植物が生える〔沼地〕▽沼地に踏み込み、泥だらけになる
使い分け 「湿地」は、他より低くなっていて水が流れ込んだり、あるいは水がわき出したりして、じめじめと湿気の多い土地、「沼地」は、泥深くじめじめした土地をいう。

704-23 源（みなもと）／水源（すいげん）／源流（げんりゅう）

共通する意味★川の水の流れ出るもと。【英】*a riverhead*
使い方▼〔源〕▽源を谷川岳に発する川〔水源〕▽利根川の水源をたどる▽水源地〔源流〕▽吉野川の源流
使い分け 「源」「源流」は、比喩的に、「事件の源」「文明の源流をたどる」のように、物事の起こった始め、起源の意でも使われる。
参照▼源⇒814-09　源流⇒814-09

704-24 泉（いずみ）／湧き水（わきみず）／清水（しみず）

共通する意味★地中からわき出る水。【英】*a fountain*
使い方▼〔泉〕▽泉がわき出る洞▽山中の泉〔湧き

水〕▽山中の湧き水で渇きをいやす▽坑内の湧き水で工事が中断する　〔清水〕▽清水がこんこんとわき出る▽清水で顔を洗う

使い分け【1】「泉」は、飲むことができるようなきれいな水をいう。また、水がわき出てくる場所の意で使われることも多い。【2】「湧き水」は、トンネル工事の現場などで地中からわき出る水をいうこともある。他の二語は、この意では使わない。【3】「清水」は、清らかに澄んだ水をいう。

705…都市・道路

705-01 都市／都会

共通する意味★人口が集中し、その地域の政治、経済、文化の中心になっている町。【英】*cities*

使い方▼〔都市〕▽沿岸地方の都市▽工業都市▽文化都市▽国際都市　〔都会〕▽華やかな都会▽都会の暮らしに憧れる

使い分け【1】「都市」は、その社会的、経済的機能などを客観的に表わす場合に用いられるのに対し、「都会」は、主観的な内容を表わす語とともに用いられることが多い。【2】「都市」は、他の語と複合した形で使われることも多い。

反対語▼都会⇔田舎

705-02 都／道／府／県

【関連語】◆（郡）

共通する意味★地方公共団体の一つ。

使い分け【1】「都」は、地方公共団体の一つで、東京都がこれにあたる。また、東京都の略称。「都の認可を得る」【2】「道」は、地方公共団体の一つで、北海道がこれにあたる。また、北海道の略称。「道立図書館」【3】「府」は、地方公共団体の一つで、大阪府、京都府がこれにあたる。また、大阪府、京都府の略称。「府の施設を借りる」【4】「県」は、地方公共団体の一つ。また、各県の略称。「県の行政を批判する」【5】それぞれ、知事が統轄し、市町村を包括するもの。

【関連語】◆（郡）行政区画の一つ。都道府県の下位区分で、現在では自治体としての働きはなく、地理的名称として残る。「郡部」

705-03 市

意味★都道府県を構成する地方公共団体の一つ。人口五万人以上など、地方自治法で定める条件を満たしているもの。

使い方▼〔市〕▽市の管轄

705-04 首都／首府／都

共通する意味★その国の中央政府のある都市。【英】*a capital*

使い方▼〔首都〕▽東京は日本の首都だ▽首都圏　〔首府〕▽イギリスの首府はロンドンだ　〔都〕▽都を移す▽都に上る

使い分け【1】「首都」「首府」ともほぼ同じ意だが、「首都」の方が一般的。【2】「都」は、皇居または政府のある地のことで、古めかしい言い方。「花の都パリ」「音楽の都ウィーン」のように、何かを特徴としたり、また、それを中心として人の集まったりする都会という意もある。

705-05 町／タウン

【関連語】◆（市井）◆（巷）

共通する意味★人が多く集まり、家屋の立ち並んでいる地域。【英】*a town*

使い方▼〔町〕▽買い物をするため町に出る▽町をあげて歓迎する▽この町は小さい　〔タウン〕▽タウン誌▽タウン情報▽ニュータウン

使い分け【1】「町」は、日常ごく一般的に用いられる。商店などの、人間が日常生活を営むうえで必要な施設などが整っている地域をいう。「田舎」という概念に対立するものとして意識されることが多い。「街」と表記されることもある。【2】「町」は、都道府県を構成する地方公共団体の一つの意もある。市・村と並ぶもので、人口が市より少なく村より多い。また、「東京都千代田区永田町」のように、市や区を構成する小区分の意もある。「ちょう」ともいう。【3】「タウン」は、他の語と複合した形で使われる。

【関連語】◆（市井）人家の集まっている所。昔、中国で、井戸のある所に人が集まって市が立ったところからいう。主に文章で使う。「市井の人（＝庶民）」

◆（巷）町の中の、特ににぎやかな所。「喧噪のちまた」

705-06 町内／市内／市中

共通する意味★町の中。【英】*the neighborhood*

使い方▼〔町内〕▽町内の清掃をする▽うわさが町内に流れる　〔市内〕▽私の家は市内にある▽その公園は市内のはずれにある　〔市中〕▽市中いたる所、桜がある

使い分け【1】「町内」は、市街地の中で比較的小さくまとまっている地域の中。また、地方自治法で規定する行政単位としての町の中。【2】「市内」は、地方自治法で規定する行政単位としての市の中。【3】「市中」は、市街地の中ということ。

反対語▼市内⇔市外

7 05-07 盛り場／繁華街

共通する意味★飲食店や遊興施設が集中していて、人が多く集まるにぎやかな所。**【英】** *amusement quarters*

使い方▼〔盛り場〕▽盛り場をうろつく 〔繁華街〕▽この町唯一の繁華街

使い分け 「盛り場」は、話し言葉として用いられることが多い。

7 05-08 色里／色町／花街

共通する意味★遊女屋、芸者屋、待合などが集まっている所。**【英】** *the gay quarters*

使い分け【1】「色町」は、「色街」とも書く。【2】「花街」は、花柳界のある町の意。「かがい」とも読む。また、「花町」とも書く。

7 05-09 郊外／近郊

共通する意味★都市周辺の地域。**【英】** *the suburbs; the outskirts*

使い方▼〔郊外〕▽郊外に引っ越す▽東京の郊外 〔近郊〕▽都内近郊の新興住宅地▽近郊農業

使い分け 「郊外」は、都市に隣接した地域で、自然がまだ多く残っているところ。「近郊」は、「郊外」を含んで、もう少し広い範囲をいう。

7 05-10 村／集落／村落

【関連語】◆〈山村〉◆〈農村〉◆〈漁村〉

共通する意味★田舎で、人家が集まっている所。**【英】** *a village*

使い方▼〔村〕▽山あいの小さな村▽故郷の村に帰る 〔集落〕▽谷間の小さな集落 〔村落〕▽海沿いに村落が点在する▽村落共同体

使い分け【1】「村」「集落」は、都市部以外で人家が群がり集まっている所をいう。また、「集落」は、やや硬い言い方。「聚落」とも書く。【2】「村」は、「村の掟を破る」のように、そこに住む人々によって形成される共同社会もさす。また、都道府県を構成する地方公共団体の一つの意もある。【3】「村落」は、都市に対して農村や漁村をいう。

【関連語】◆〈農村〉住民の大部分が農業によって生計を立てている村。「農村地帯」◆〈漁村〉住民の大部分が漁業によって生計を立てている村。「小さな漁村」◆〈山村〉山間の村。「山村での暮らし」

7 05-11 里／人里／村里／山里

共通する意味★都市部、市街地以外で人家のある所。**【英】** *a village*

使い方▼〔里〕▽冬には猿が里に降りてくる 〔人里〕▽人里離れた山奥 〔村里〕▽ひなびた村里 〔山里〕▽雪深い山里に住む

使い分け 「里」「人里」「村里」は、人の住まない山間部に対して、人の住んでいる所の意だが、都市部や市街地ではなく、人の住んでいない山間部にほど近い所にある村落をいう。「山里」は、特に、山間部で人家のある所。

参照▼里⇒314-22

7 05-12 田舎／郷／在／在所

【関連語】◆〈鄙〉◆〈ローカル〉

共通する意味★都会から離れた地方。**【英】** *the country*

使い方▼〔田舎〕▽都会よりも田舎の方が住みやすい▽田舎だから、交通の便がよくない 〔郷〕▽郷に入っては郷に従え（＝住む所の風習に従うのがよい） 〔在〕▽一家をあげて在に移り住む 〔在所〕▽在所から野菜を売りにくる

使い分け【1】「田舎」が、一般的。他の語は、やや古めかしい言い方で、あまり使わない。【2】「郷」は、「秋山郷」「白川郷」のように、複合語として使われることが多い。

反対語▼田舎⇔都会

【関連語】◆〈鄙〉「田舎」の古い言い方。「ひなにはまれな美人だ」◆〈ローカル〉（形動）中央から離れた地方であるさま。「ローカルな話題」「ローカル線」

参照▼田舎⇒705-14 在所⇒705-14

7 05-13 僻地／辺地／辺境／辺鄙

【関連語】◆〈奥地〉

共通する意味★都会から遠く離れた不便な所。**【英】** *a remote place*

使い方▼〔僻地〕▽僻地での医療に身を捧げる 〔辺地〕▽辺地の村 〔辺境〕▽辺境の地を訪れる 〔辺鄙〕（名・形動）▽辺鄙な土地

使い分け【1】話し言葉では、「僻地」が一般的。【2】「辺境」は、中央に対して、国の果ての意。また、国境地帯の意もある。「辺疆」とも書く。【3】「辺鄙」は、名詞として使われることは少なく、多く「辺鄙な（の）…」の形で使われる。

【関連語】◆〈奥地〉都市や海岸線から遠く離れた内陸の地域。「アマゾンの奥地を開拓する」

7 05-14 故郷／郷里／ふるさと／郷土／国／田舎／在所／国もと

【関連語】◆〈生国〉◆〈郷党〉◆〈生地〉

共通する意味★生まれ育った土地。**【英】** *one's hometown*

使い方▼〔故郷〕▽故郷を出てから十年になる▽故郷の山河▽故郷に帰る　〔郷里〕▽父の郷里は北海道だ▽郷里には母がいる　〔ふるさと〕▽ふるさとを懐かしく思い出す▽ふるさとの便り　〔郷土〕▽郷土の名産品▽彼は郷土の誇りだ　〔国〕▽久しぶりに国の友人と会う▽お国はどちらですか　〔田舎〕▽家族連れで田舎に帰る▽田舎の父は健在だ　〔在所〕▽在所の母は去年亡くなった▽妻の在所は北海道だ　〔国もと〕▽国もとからの手紙▽妻を国もとに帰す

使い分け【1】いずれも、現在はよその土地に移り住んでいる人が、生まれ育った土地をいう場合に使う。【2】「故郷」「郷里」「郷土」は、やや改まった言い方。日常一般的には、「ふるさと」「田舎」を用いる。「国」は、ややくだけた言い方。「在所」「国もと」は、あまり一般的な語ではない。【3】「ふるさと」は、「故郷」「古里」「故里」とも書く。

【関連語】◆(郷党)故郷。また、そこに住む人々。古い言い方。「郷党の期待を担う」◆(生地・生国)生まれた土地。「生国」は、古い言い方。「夫の生地を訪ねる」「生国は会津です」

参照▼国⇒507-01　田舎⇒705-12　在所⇒705-12

705-15 地方色（ちほうしょく）／郷土色（きょうどしょく）／ローカルカラー

共通する意味★風土によって生み出される、その地方に固有の趣。**【英】** *local color*

使い方▼〔地方色〕▽地方色豊かな行事　〔郷土色〕▽その小説には郷土色が濃く出ている　〔ローカルカラー〕▽ローカルカラーあふれるドラマ

使い分け　三語とも、同じように使われるが、行事や料理のように伝統的なものについては、「ローカルカラー」はあまり使わない。

705-16 地元（じもと）

意味★その人またはそのことに直接関係ある土地。自分の住んでいる土地。**【英】** *local*《形》

使い方▼〔地元〕▽地元のチームが優勝した

705-17 産地（さんち）／原産地（げんさんち）／本場（ほんば）

【関連語】◆(主産地)しゅさんち

共通する意味★物や製品が産み出される所。**【英】** *a place of production*

使い方▼〔産地〕▽甲府はぶどうの産地だ▽競走馬の産地北海道▽絹織物の産地▽産地直送　〔原産地〕▽中国は絹の原産地として知られる　〔本場〕▽ビールの本場ドイツ▽本場物は質が違う

使い分け【1】「産地」は、農作物や水産資源などのほか、食物や織物などにいう。自動車や船などの機械工業製品の場合には、「生産地」という。【2】「原産地」は、「このワインの原産地はフランスだ」のように、原料や製品が作り出された地の意のほか、「チューリップの原産地はトルコだ」のように、動植物のもともとの生息地や、製品などが最初に作り出された所の意にも使われる。【3】「本場」は、ある物を主として、あるいは盛んに生産する土地をいう。また、「フラメンコの本場スペイン」「本場仕込みの腕前」のように、その物事が正式に、あるいは盛んに行われる場所にもいう。

【関連語】◆(主産地)その物がとれたり、作り出されたりする場所のうち主なもの。「金の主産地は、南アフリカ・旧ソ連・カナダ・アメリカなどである」

705-18 道（みち）／通り（とおり）／往来（おうらい）／道路（どうろ）

【関連語】◆(通路)つうろ◆(車道)しゃどう

共通する意味★人や車などが行き来するための所。**【英】** *a road; a street*

使い方▼〔道〕▽この道をまっすぐ行くと駅に出る▽道の真ん中で立ち止まる▽道に迷う　〔通り〕▽いちょう並木の通りを散歩する▽通りには車があふれていた▽通りに面した建物　〔往来〕▽往来で遊ぶとあぶない▽白昼、往来で起きた出来事　〔道路〕▽幅五メートルの道路▽道路を建設する▽有料道路

	□を横切る	人出の多いにぎやかな□	□の工事	駅への□を尋ねる
道	○	△	○	○
通り	○	○	-	-
往来	○	△	-	-
道路	○	-	○	-

使い分け【1】「道」が、最も広く使われる。【2】「通り」「往来」は、「道」の中でも比較的大きなものをいい、「道路」は、人や車の交通のために整備されたものをいう。【3】「往来」は、古めかしい言い方。【4】「道」は、他に「こうするより外に道はない」のように、手段、方法の意や、「その道の権威」のように、専門分野の意、「和解への道」のように、到達、達成のために踏まねばならぬ過程の意もある。

【関連語】◆(通路)人が通行するための道。屋内にあるものもいう。「映画館は通路まで人がいっぱいだった」「地下通路」◆(車道)道路で、車両が通行するように定められた部分。⇔歩道・人道。「車道へ飛び出すな」

参照▼道⇒603-01　814-62　往来⇒113-07

705-19 走路（そうろ）／コース

共通する意味★競走で、走者が走るための道。**【英】** *a course*

使い方▼〔走路〕▽走路を外れる▽走路妨害　〔コース〕▽マラソンのコース▽直線コース

使い分け【1】「コース」は、競泳・競馬などの競技路にもいう。【2】「コース」は、「進学コース」のように、あることをするための決まった道筋の意も表わす。

参照▼コース⇒602-71

705-20 小道（こみち）／細道（ほそみち）／小径（しょうけい）／小路（こうじ）／路地（ろじ）

共通する意味★自動車は通行できないような、幅の狭い道。【英】*a lane*

使い方▼〔小道〕▽森の中の小道　〔細道〕▽教会へ続く細道　〔小径〕▽高原の小径をたどる　〔小路〕▽小路を入ると駄菓子屋がある　〔路地〕▽路地に面した窓

使い分け【1】「小道」「細道」は、森や林のような場所を通っているものをいうことが多い。また、「小道」は、横道の意にも使われる。【2】「小径」は、硬い表現で、文章などで使われる。【3】「小路」は、町中の狭い道。現在、あまり使われないが、町中の狭い通りの通称名などに使われる。【4】「路地」は、建物の間の狭い道。門内や庭内の通路のこともいう。

反対語▼小路⇔大路（おおじ）

705-21 公道（こうどう）／国道（こくどう）

【関連語】◆（私道）（しどう）

共通する意味★公の機関が造り、維持する道路。【英】*a public road*

使い方▼〔公道〕▽彼の家は公道に面している　〔国道〕▽国道を走る▽国道十八号線

使い分け【1】「公道」は、国や地方自治体が公衆の通行のために建設し、維持する道路。「国道」も含まれ、他に、都道府県道、市町村道などがある。【2】「国道」は、国が建設し、維持する国内の幹線道路。

反対語▼公道⇔私道

【関連語】◆（私道）私有地に造られた道路。【英】*a private road* ⇔公道。「私道につき、通り抜け禁止」「私道負担なしの分譲住宅」

705-22 新道（しんどう）／新道（しんみち）

共通する意味★新しい道。【英】*a new road*

使い分け【1】「新道（しんどう）」は、以前からある道（旧道）に対して、新しく開いた道の方をいう場合に使われることが多い。【2】「新道（しんみち）」は、あまり使われないが、別に町中の「路地」の意もある。

反対語▼新道（しんどう）⇔旧道（きゅうどう）

705-23 旧道（きゅうどう）

意味★バイパスなどの新道（しんどう）が建設された場合、それ以前にすでにあった道をいう。【英】*an old road* ⇔新道

使い方▼〔旧道〕▽人通りの少ない旧道を歩く

705-24 本道（ほんどう）／街道（かいどう）／往還（おうかん）

共通する意味★主要な道。【英】*a main road*

使い方▼〔本道〕▽本道から裏道に入る　〔街道〕▽街道に沿った道　〔往還〕▽鎌倉往還

使い分け【1】「本道」は、往来の中心となっている主たる道。【2】「街道」は、主要な地点を結んだ、人や車の往来の多い、重要な道路。【3】「往還」は、「街道」に同じ。古い言い方で、現在はほとんど使われない。

反対語▼本道⇔間道（かんどう）

参照▼本道⇒806-12

705-25 高速道路（こうそくどうろ）／ハイウエー／ドライブウエー／スカイライン／バイパス

共通する意味★自動車の専用道路。【英】*a super-highway*

使い方▼〔高速道路〕▽高速道路は渋滞していた　〔ハイウエー〕▽ハイウエーを飛ばす　〔ドライブウエー〕▽海岸に沿ったドライブウエーを走る　〔スカイライン〕▽伊豆スカイライン　〔バイパス〕▽渋滞緩和のためバイパスが必要だ

使い分け【1】「高速道路」「ハイウエー」は、自動車が高速で走るために造られた専用道路をいうが、通常は「高速道路」を用いる方が優勢。【2】「ドライブウエー」は、ドライブをするのに適し、整備された観光用の道路の意だが、一般にはあまり用いられない。【3】「スカイライン」は、山岳地帯などに設けられた自動車専用道路の意。地名などと複合して、道路の名称として用いられる。【4】「バイパス」は、都市の渋滞緩和や公害防止のために、市街地を迂回（うかい）して造られている自動車専用道路をいう。

705-26 迷路（めいろ）

意味★迷いやすい道。迷ってしまうように作られた道。【英】*a labyrinth*

使い方▼〔迷路〕▽城の奥は迷路になっている

705-27 大通り（おおどおり）／表通り（おもてどおり）／広小路（ひろこうじ）／大路（おおじ）／大道（だいどう）

【関連語】◆（並木道）（なみきみち）◆（街路）（がいろ）◆（ストリート）

共通する意味★市中にある幅広い道。【英】*a main street*

使い方▼〔**大通り**〕▽駅前の**大通り**▽**大通り**からわき道にはいる　〔**表通り**〕▽**表通り**は渋滞している▽**表通り**に面した店　〔**大道**〕▽天下の**大道**▽**大道**を闊歩(かっぽ)する　〔**広小路**〕▽この道を行くと**広小路**に出る　〔**大路**〕▽**大路**小路(こうじ)を人々が行き交う▽朱雀(すざく)**大路**

使い分け【1】「大通り」が、一般的に使われる。【2】「表通り」は、交通量の多い市街の主要な道路。【3】「大道」は、幅の広い道だが、だれはばかることのない天下の道という意が強い。また、「大道芸」「大道商人」のように、道ばたの意でも使われる。【4】「広小路」「大路」は、古めかしい言い方で、現在は地名などに残るだけで、日常では使われない。

反対語▼表通り⇔裏通り　大路⇔小路(こうじ)

【**関連語**】◆(**街路・ストリート**)市街地にある道。いずれも、他の語と複合した形で使われることが多い。「街路に面したレストラン」「街路樹」「メインストリート」◆(**並木道**)道に沿って樹木が植えられている道路。「ポプラの並木道」

参照▼大道⇒603-07

705-28 裏通り(うらどお)り／裏道(うらみち)／裏街道(うらかいどう)

共通する意味★大通りの裏手にある道。【英】*a back street*

使い方▼〔**裏通り**〕▽**裏通り**とはいえ交通量が多い　〔**裏道**〕▽駅前に抜ける**裏道**　〔**裏街道**〕▽旧宿場町に通じる**裏街道**

使い分け【1】いずれも、幅広い主要な道路ではない道をいうが、必ずしも狭いとは限らない。【2】「裏通り」「裏道」は、主要な道路の背後にある道。【3】「裏街道」は、表街道に沿って、その裏手にある公式ではない道。【4】「裏道」「裏街道」は、比喩(ひゆ)的に、本道に外れたまともではないやり方、正当ではないやり方などの意を表わす。また、「裏街道」は、恵まれない日かげの生活や生き方も表わす。「人生の裏街道を行く」

反対語▼裏通り⇔表通り　裏街道⇔表街道

705-29 歩道(ほどう)／人道(じんどう)

共通する意味★道路で、人が歩くように決められた所。【英】*a footpath*

使い方▼〔**歩道**〕▽歩行者は**歩道**を通行する▽**歩道**橋▽横断**歩道**　〔**人道**〕▽車道と**人道**に分けられた道路

使い分け通常は、「歩道」を多く使う。

反対語▼車道

参照▼人道⇒603-07

705-30 農道(のうどう)／あぜ道(みち)／田圃道(たんぼみち) 田舎道(いなかみち)

共通する意味★農村あたりの道。【英】*a farm road*

使い方▼〔**農道**〕▽**農道**をトラクターが走る　〔**あぜ道**〕▽ぬかるんだ**あぜ道**　〔**田舎道**〕▽**田舎道**をぽくぽくと歩く　〔**田圃道**〕▽どこまでも**田圃道**が続く

使い分け【1】「農道」は、農作業、農作物の運搬などのために耕作地や田畑の間に作られた道。【2】「あぜ道」は、田と田との間の細い道。「畔道」「畦道」とも書く。【3】「田圃道」は、たんぼの間にある道。【4】「田舎道」は、田舎にある道の意。多く、未舗装の荒れた道をいう。

705-31 野道(のみち)／野路(のじ)

共通する意味★野原の中の道。【英】*a field path*

使い方▼〔**野道**〕▽**野道**にはたんぽぽが咲いている　〔**野路**〕▽草を摘みながら**野路**を行く

使い分け「野路」は、文学的な表現などに多く使われ、日常的にはあまり使われない。

705-32 山道(やまみち)／林道(りんどう)／山道(さんどう)／山路(やまじ)

共通する意味★山の中の道。【英】*a mountain path*

使い方▼〔**山道**〕(やまみち)▽急な**山道**にさしかかる　〔**林道**〕▽延々と**林道**がのびている　〔**山道**〕(さんどう)▽奥深く**山道**が続く　〔**山路**〕▽**山路**をたどる

使い分け【1】「山道(やまみち)」「山道(さんどう)」「山路」は、山の中を通っている道。【2】「山道(やまみち)」が、最も一般的。「山道(さんどう)」は、硬い言い方の文章語で、「山路」は、文学的な言い方。【3】「林道」は、林業に使う目的で設けられた、山林の中の道をいう。

705-33 崖道(がけみち)／岨道(そばみち)／隘路(あいろ)／険路(けんろ)

共通する意味★険しい道。【英】*a ledge*

使い方▼〔**崖道**〕▽峠を越える細い**崖道**　〔**岨道**〕▽山頂に続く**岨道**を登る　〔**隘路**〕▽沢に沿った**隘路**を進む　〔**険路**〕▽山中の**険路**に分け入る

使い分け【1】「崖道」は、崖の縁を通る道。【2】「岨道」は、山中の険しい道。話し言葉では使わない。【3】「隘路」は、狭くて険しい、通行が困難な道の意だが、「隘路を打開する」のように、比喩(ひゆ)的に、物事の進行の妨げとなるものの意で使われる場合の方が多い。【4】「険路」は、文章語。「嶮路」とも書く。

705-34 悪路(あくろ)／難路(なんろ)／泥道(どろみち)

共通する意味★通りにくい道。【英】*a bad road*

使い方▼〔**悪路**〕▽**悪路**に悩まされる　〔**難路**〕▽やっ

7 自然

と難路を越える　〔泥道〕▽雨上がりの泥道

使い分け【1】「悪路」は、高低があったり、道の表面の状態が悪かったりして、通行に困難な道。【2】「難路」は、険しくて通行に困難な道。「悪路」と、さほど実態の相違はない。【3】「泥道」は、ぬかるんだ道、どろんこの道。

705-35 闇路（やみじ）／夜道（よみち）

共通する意味★暗い道。【英】*a night journey*

使い方▼〔闇路〕▽闇路をたどる　〔夜道〕▽夜道を一人で帰る

使い分け【1】「闇路」は、闇夜の道、まっ暗闇の道の意。多く文学的な表現で用いられる。「恋の闇路」のように、心が迷い思慮分別のつかないことの意でも使われる。【2】「夜道」は、夜の道。「夜道をする」のように、夜に道を歩くことをいうこともある。

705-36 坂（さか）

【関連語】◆（坂道）さかみち◆（山坂）やまさか◆（急坂）きゅうはん◆（女坂）おんなざか◆（男坂）おとこざか◆（上り坂）のぼりざか◆（下り坂）くだりざか

意味★一方が高く、一方が低く傾斜している道や土地。【英】*a slope*

使い方▼〔坂〕▽急な坂をのぼる

◈登りから下りへの境目を、物事の区切りにたとえていう。「五十の坂を越える」

【関連語】◆（坂道）坂になっている道。「坂道を登る」「坂道を下る」◆（山坂）山中にある坂道。「やまざか」ともいう。「険しい山坂」◆（急坂）勾配（こうばい）の急な坂。「急坂にさしかかる」◆（女坂）神社や寺などの参道に二つの坂がある場合、傾斜の緩やかな方の坂。◆（男坂）神社や寺などの参道に二つの坂がある場合、傾斜の急な方の坂。◆（上り坂）行く手が上りになっている坂。また、物事の状態が次第によくなっていくこともいう。「この先はずっと上り坂になっている」「景気は上り坂だ」◆（下り坂）行く手が下りになっている坂。また、物事の状態が次第に悪くなっていくこともいう。「下り坂では自然にスピードがでる」「中年になって体力は下り坂だ」

参照▼下り坂⇒914-14

705-37 地下道（ちかどう）／トンネル／隧道（すいどう）／坑道（こうどう）

【関連語】◆（地下街）ちかがい

共通する意味★地下などに設けられた通路。

使い方▼〔地下道〕▽駅の地下道を通って反対口へ行く　〔トンネル〕▽トンネルを抜けると車窓に海がひろがる　〔隧道〕▽隧道を掘る　〔坑道〕▽坑道で落盤が起こる

使い分け【1】「地下道」は、地下に設けられた通路。主に歩行者専用の通路をいう。【英】*a subway*《英》; *an underpass*《米》【2】「トンネル」「隧道」は、山腹や地下などを通り抜けられるように掘った通路をいう。道路、鉄道路として使われる。「隧道」は、「ずいどう」ともいう。「トンネル」の方が、一般的。【英】*a tunnel*【3】「坑道」は、炭鉱や鉱山などで坑内に掘った通路をいう。

【関連語】◆（地下街）地下に造られた商店街。人の多く集まる駅の地下などに多く造られる。【英】*an underground market*「駅の地下街で買い物をする」

参照▼トンネル⇒620-40

705-38 十字路（じゅうじろ）／四つ辻（よつつじ）／四つ角（よつかど）／交差点（こうさてん）

【関連語】◆（三叉路）さんさろ◆（丁字路）ていじろ◆（追分）おいわけ◆（曲がり角）まがりかど

共通する意味★道が交わっている所。【英】*a crossroad(s)*

	□で待ちあわせる	□を右折する	道が□になっている	六つまたの□
十字路	○	○	○	-
四つ辻	○	○	△	-
四つ角	○	○	-	-
交差点	○	○	-	○

使い分け【1】「十字路」は、道がどのように交差しているかに注目した語。他の三語は、そこが道の交差している場所であることに注目した語。【2】「十字路」「四つ辻」「四つ角」は、二本の道が十字形に交差している所。「四つ辻」は、あまり一般的な語ではない。【3】「交差点」は、比較的大きな道路が交わっている所。「交叉点」とも書く。

【関連語】◆（三叉路）三つまたになっている道。一地点で三方に分かれている道。◆（丁字路）丁字形になっている道。「T字路」と書くこともある。◆（追分）街道が左右二つに分かれる所。もともとは牛馬を追い分ける所の意で、各地に地名として残っている。「信濃追分」◆（曲がり角）道などが折れまがって角になっている所。また、新しい様相、状態に変わる変わり目のこともいう。「あそこの曲がり角で待っていなさい」「人生の曲がり角に来た」

参照▼曲がり角⇒815-50

705-39 岐路（きろ）／分かれ道（わかれみち）／二筋道（ふたすじみち）／枝道（えだみち）／横道（よこみち）／脇道（わきみち）／間道（かんどう）

共通する意味★本道から分かれている道。【英】*a forked road*

使い方▼〔岐路〕▽岐路に立つ　〔分かれ道〕▽分かれ道にさしかかる　〔二筋道〕▽この先は二筋道になっている　〔枝道〕▽枝道に入り込む　〔横道〕▽横道の

7 自然

一つを選ぶ　〔脇道〕▽車が脇道に入る　〔間道〕▽間道を抜ける

使い分け「岐路」「二筋道」は、二つに分かれている道、ふたまたの道。「枝道」「横道」「脇道」「間道」は、本道からわきにそれた道。「分かれ道」は、そのどちらもいう。

反対語▼間道⇔本道

参照▼岐路⇒815-51　分かれ道⇒815-51

705-40 街頭（がいとう）／町角（まちかど）

共通する意味★まちの路上。**【英】** *a street*

使い方▼〔街頭〕▽街頭で募金を呼びかける▽街頭演説　〔町角〕▽町角に出る屋台▽町角にたたずむ

使い分け ともに、まちなかの人通りの多い場所をいう。「町角」は、「町角を曲がったとたん」のように、街路の曲がり角の意もある。「街角」とも書く。

705-41 道端（みちばた）／辻（つじ）／路頭（ろとう）／路傍（ろぼう）

共通する意味★道のほとり。**【英】** *the roadside*

使い方▼〔道端〕▽道端にしゃがみこむ▽道端で立ち話をする　〔辻〕▽辻説法▽辻商い▽辻演説　〔路頭〕▽路頭に迷う（＝生活の手段を失い、暮らしに困る）〔路傍〕▽路傍の草花▽路傍の人（＝道で出会っただけで、それ以上関係を持たない人）

使い分け【1】「道端」が、最も日常的に使われる。【2】「辻」は、古めかしい言い方で、現在では他の語と複合して使われる。また、十字路の意もある。【3】「路頭」は、多く、「路頭に迷う」の形で使われる。【4】「路傍」は、書き言葉で使われることが多い。

705-42 沿道（えんどう）／沿線（えんせん）

共通する意味★道路、または鉄道線路に沿った所。

使い方▼〔沿道〕▽沿道を埋めた観衆▽沿道に立ってパレードを見物する　〔沿線〕▽沿線の風景▽私鉄沿線

使い分け【1】「沿道」は、道路に沿った所。**【英】** *the roadside*【2】「沿線」は、鉄道線路に沿った所。**【英】** *along a railwayline*

705-43 町筋（まちすじ）／川筋（かわすじ）

共通する意味★町、または川の道筋。

使い方▼〔町筋〕▽静かな町筋だ▽町筋に店が並ぶ　〔川筋〕▽川筋が光って見える▽川筋に開けた町

使い分け【1】「町筋」は、町並に沿ってできている道、通り。**【英】** *a street*【2】「川筋」は、川の流れる道筋。また、川の流れに沿った土地。**【英】** *the course of a river*

706 …地理・地形

706-01 地理（ちり）

意味★地表の、地形、気候、生物、村落、都市、産業、人口、交通、政治などの状態。**【英】** *geographical features; geography*（地理学）

使い方▼〔地理〕▽地理を学ぶ▽地理学

◆土地の様子をいうこともある。「この辺の地理に明るい」

706-02 地形（ちけい）／地相（ちそう）／地勢（ちせい）

共通する意味★土地のありさま。**【英】** *topography*

使い方▼〔地形〕▽複雑な地形▽地形図　〔地相〕▽変化に富む地相　〔地勢〕▽山から周辺の地勢を眺める

使い分け いずれも、高低、起伏や、山、川、平野のあり方など総合的にみた地表の形をいうが、「地形」が、最も一般的。「地相」は、土地のありさまから吉凶を占うこともいう。

706-03 崖（がけ）／断崖（だんがい）／絶壁（ぜっぺき）

【関連語】◆（懸崖）けんがい

共通する意味★山や岸などの、険しくそば立っている所。**【英】** *a cliff*

使い方▼〔崖〕▽崖からころがり落ちる▽大雨で崖が崩れた　〔断崖〕▽断崖から身を投げる▽断崖の上に立つ　〔絶壁〕▽絶壁をよじ登る▽そそり立つ絶壁

使い分け【1】「崖」が、一般的な語。【2】「断崖」「絶壁」は、切り立った険しい崖。「断崖」は、上から下を見下ろした場合に、「絶壁」は、下から上を見上げた場合に多く使われる。「断崖絶壁」ともいう。

【関連語】◆（懸崖）切り立った崖、張り出した崖をいう文章語。また、鉢植え植物の幹や茎を、根より低く鉢の外に垂れ下がるように作ったものもいう。「おおいかぶさるような懸崖」

706-04 難所（なんしょ）／悪所（あくしょ）／悪場（わるば）

共通する意味★険しくて通行に困難な所。**【英】** *a perilous pass*

使い方▼〔難所〕▽大井川は東海道の難所だった　〔悪所〕▽悪所をようやくの思いで越える　〔悪場〕▽悪場で時間をとられ頂上に着くのが遅れた

使い分け【1】「難所」「悪所」とも、同じことをさすが、ふつう「難所」を用いる。【2】「悪場」は、登山で、山中の通行が危険な所をいう。

706-05 険（けん）／天険（てんけん）／要害（ようがい）

共通する意味★地形の険しい所。**【英】** *an impregnable pass*

使い方▼**〔険〕**(名・形動)▽箱根の山は天下の険　**〔天険〕**▽天険の地に城を築く　**〔要害〕**▽天然の要害▽要害堅固

使い分け【1】「険」「天険」は、自然につくられた険しい所。「嶮」「天嶮」とも書く。【2】「要害」は、地形が険しく、守りやすく攻めにくい所。「とりで」の意もある。

706-06 険（けわ）しい／急（きゅう）

共通する意味★坂などの傾斜の度合いが大きいさま。**【英】** *steep*

使い方▼**〔険しい〕**(形)▽頂上までの道は**険しい**　**〔急〕**(名・形動)▽この坂は急だ▽**急勾配**（こうばい）

	□山道	□坂	□峰々	傾斜の□屋根
険しい	○	－	○	－
急	-な○	-な○	-な－	-な○

使い分け【1】「険しい」は、傾斜の度合いが大きく、登るのが困難と思われるような場合にいうが、「急」は、登るのが困難か否かは問題にしない。【2】「険しい」は、地形以外には用いない。

参照▼急⇒519-21 815-39

706-07 険阻（けんそ）／峻険（しゅんけん）／険峻（けんしゅん）／急峻（きゅうしゅん）

共通する意味★山などの険しいこと。また、険しい所。**【英】** *steep*

使い方▼**〔険阻〕**(名・形動)▽険阻な坂道　**〔峻険〕**(名・形動)▽峻険な岩場をよじ登る　**〔険峻〕**(名・形動)▽険峻な山容　**〔急峻〕**(形動)▽急峻な山道

使い分け【1】「険阻」は、通行に困難なほど山道などが険しいこと。「峻険」「険峻」は、高くて険しいこと。「嶮阻」「峻嶮」「嶮峻」とも書く。【2】「急峻」は、傾斜が急で険しいさま。【3】いずれも文章語。

706-08 要衝（ようしょう）／要地（ようち）／衝（しょう）

共通する意味★重要な地点、場所。**【英】** *an important place*

使い方▼**〔要衝〕**▽その島は軍事上の要衝だ▽陸上交通の要衝　**〔要地〕**▽交通上の要地　**〔衝〕**▽その町は交通の衝に当たる

使い分け「要衝」は、軍事上、交通上の、「要地」「衝」は、主に交通上の重要な地点。

706-09 聳（そび）える／そそり立（た）つ／そばだつ／切（き）り立（た）つ

【関連語】◆(屹立)きつりつ◆(聳立)しょうりつ◆(対峙)たいじ

共通する意味★周辺よりもひときわ高い状態にある。**【英】** *to tower*

使い方▼**〔聳える〕**(ア下一)▽超高層ビルが**そびえ**ている　**〔そそり立つ〕**(タ五)▽巨岩が**そそり立っ**ている▽高々と**そそり立つ**摩天楼　**〔そばだつ〕**(タ五)▽峨々（がが）として**そばだつ**峰　**〔切り立つ〕**(タ五)▽**切り立っ**た岩場▽絶壁が垂直に切り立っている

	高く□峰々	富士山が□ている	ケヤキの木が□ている	□た崖（がけ）
聳える	○	-え○	-え○	-え－
そそり立つ	○	-っ－	-っ○	-っ○
そばだつ	○	-っ－	-っ－	-っ○
切り立つ	△	-っ－	-っ－	-っ○

使い分け【1】「聳える」は、見上げるように高く立っている意。「そそり立つ」と違い、急角度で高くなっているわけではなく、むしろ、「右手に城の天守閣がそびえている」とか「大木がそびえている」のように、ある程度量感のあるもの、堂々としたものについていうことが多い。【2】「そそり立つ」は、他にぬきん出て高く立っている意。ただ高いばかりでなく、急角度で高くなっている場合に用い、富士山などのなだらかな山の場合の形容としてはなじまない。【3】「そばだつ」は、上方に向かってひときわ高く鋭く立っている意。やや古めかしい言い方。「峙つ」「聳つ」とも書く。【4】「切り立つ」は、刃物で切ったような鋭い傾斜で立っている意。高さよりも鋭い傾斜になっている点に重点があり、絶壁、峰、岩山など地形の形容にのみ用いられる。

【関連語】◆**(屹立)**スル見上げるように高く立っていること。文章語。「国境に屹立する山々」◆**(聳立)**スルひときわ高く見上げるように立っていること。文章語。「大木が聳立する」◆**(対峙)**スル相対してそばだつさま。文章語。「東西に対峙する峰」

707 …水利・水

707-01 水利（すいり）／灌漑（かんがい）／治水（ちすい）／水防（すいぼう）

共通する意味★水を利用したり、水による被害を防いだりして、人間の役に立てること。**【英】** *irrigation*

使い方▼〔水利〕▽水利事業▽水利権▽水利組合　〔灌漑〕スル▽畑を灌漑する▽灌漑用水　〔治水〕▽治水が進んで洪水が減る▽治山治水　〔水防〕▽水防対策▽水防工事▽水防訓練

使い分け【1】「水利」は、農業や飲用などに水を利用すること。【2】「灌漑」は、田畑を耕作するのに必要な水を水路から人工的に引き、土地を潤すこと。【3】「治水」は、水害を防いだり、水上交通や灌漑に利用できるよう、水流や水路の整備、改良、保全を行ったりすること。【4】「水防」は、水害を防止し、また、その被害を少なくすること。

707-02 埋め立てる／干拓

共通する意味★海、湖沼などを耕地や宅地、工業用地などにする。**【英】** *to reclaim*

使い方▼〔埋め立てる〕(タ下一)▽かつての港を埋め立てる　〔干拓〕スル▽湖を干拓する▽沼地の干拓に尽力する

使い分け「埋め立てる」は、海、湖沼などを埋める意。「干拓」は、海、湖沼などの水を排除すること。

参照▼埋め立てる⇒906-06

707-03 水路／掘り割り／疎水

【関連語】◆(運河)

共通する意味★用水を通すために地面を掘った所。**【英】** *a waterway*

使い方▼〔水路〕▽水路を通す　〔掘り割り〕▽掘り割りに沿って店が並ぶ　〔疎水〕▽琵琶湖疎水

使い分け「疎水」は、灌漑、給水、発電などに利用する水を引くために、土地を切り開いて造った道をいう。「疏水」とも書く。

【関連語】◆(運河)交通、運搬、灌漑、給排水などのために造った水路。大規模なものをいうことが多い。**【英】** *a canal*「スエズ運河」「パナマ運河」

参照▼水路⇒505-54

707-04 堀

【関連語】◆(外堀)◆(内堀)

意味★防御のために城などの周囲を掘って水をたたえた所。「濠」とも書く。**【英】** *a moat*

使い方▼〔堀〕▽周囲に堀をめぐらした堅固な城

【関連語】◆(外堀)城の外側の堀。また、二重に堀がある場合の外側の堀。「外堀を埋める(＝ある目的を達成するために、まず遠回しに相手の要所をおさえる)」◆(内堀)城の内部にある堀。また、二重に堀がある場合の内側の堀。

707-05 溝／どぶ

【関連語】◆(側溝)◆(溝渠)◆(暗渠)

共通する意味★下水を流すために地面を掘った所。**【英】** *a gut*

使い方▼〔溝〕▽溝にはまる　〔どぶ〕▽どぶが異臭を放つ

使い分け【1】「溝」は、水を通すために地面に細長く掘った所をいう。多く、道路のわきに造られ、生活廃水や雨水などを流すもの。【2】「どぶ」は、汚水が流される溝のことをいう。【3】「溝」には、「敷居の溝」のように、他より一段低く、くぼませて作った細長い所の意や、「上司との間の溝が深まる」のように、人間と人間との間の心のへだたりの意もある。

【関連語】◆(側溝)排水のために道路や鉄道線路のわきに造られた溝。◆(溝渠)給水や、配水のために掘った溝。◆(暗渠)地下に設けたり、ふたがしてあったりする溝。

707-06 ダム／堰／堰堤

共通する意味★川の途中などに造って、水流をせきとめるもの。

使い方▼〔ダム〕▽ダムを建設する▽ダムから放水する　〔堰〕▽湖の流出口に堰を築く▽涙が堰を切ったように(＝急にどっと)流れ出る　〔堰堤〕▽川に堰堤を設けて、水をせきとめる

使い分け【1】「ダム」は、発電や水利などの目的で、川や谷の流れをせきとめるために造る大規模な建造物をいう。「堰堤」ともいうが、「ダム」は、もっと広い意味で、その「堰堤」によって作られた貯水池や人口湖を含めた全体をさしていうことの方が多い。【2】「堰」は、水流をせきとめるだけでなく、水流を調節するためのもので、川のほか、池や湖の流出口にも設けられる。【3】「堰堤」は、水流をせきとめるほか、土砂の流出を防ぐため川の中に造られる堤防をいう。

707-07 貯水池／浄水池／溜池

【関連語】◆(遊水池)

共通する意味★水をためておくための人工の池。**【英】** *a reservoir*

使い分け【1】「貯水池」は、上水道、水力発電、灌漑などのための用水を貯えておく池をいう。【2】「浄水池」は、水道設備の一つで、濾過池でこした浄水を貯えておく池をいう。【3】「溜池」は、田畑などの用水をためておく池をいう。

【関連語】◆(遊水池)洪水のときなどに、河川の水を一時的に貯えて水量を調節する人工、または天然の池をいう。

707-08 堤防／堤／土手

【関連語】◆(突堤)

共通する意味★水害を防ぐために、河川などの岸沿いに高く築くもの。**【英】** *a bank*

使い方▼〔堤防〕▽この堤防は台風のたびに決壊する

〔堤〕▽鉄砲水で堤が切れる　〔土手〕▽川の土手でツクシを摘む

使い分け【1】「堤防」は、川岸だけでなく、大きい池、湖の岸や、海岸に築くものもいうが、「堤」「土手」は、川、池、湖の岸沿いのものをさし、海岸に築くものについてはいわない。【2】「堤防」「堤」は、土や石、コンクリートなどで造られるが、「土手」は、土を盛って造られるもの。【3】「堤」は、ため池や貯水池など、用水をためた池の意でも使われる。

【関連語】◆**〔突堤〕**港や河口などで、岸から海や川に長く突き出した細長い堤防。波や砂を防ぐためのもの。「突堤で釣りをする」

707-09 橋(はし)／ブリッジ／橋梁(きょうりょう)

【関連語】◆**〔丸木橋〕**(まるきばし)◆**〔八つ橋〕**(やつはし)◆**〔釣り橋〕**(つりばし)◆**〔反り橋〕**(そりはし)◆**〔太鼓橋〕**(たいこばし)◆**〔跳ね橋〕**(はねばし)◆**〔桟橋〕**(さんばし)

共通する意味★川、谷、海峡や、他の交通路の上に架け渡して、通路とするもの。**【英】***a bridge*

使い方▼〔橋〕▽川上に新しい橋を架ける▽橋を渡す(＝橋を建設する。また比喩(ひゆ)的に、仲立ちをする)〔ブリッジ〕▽サンフランシスコのゴールデンゲートブリッジ　〔橋梁〕▽橋梁の架設工事

使い分け【1】「橋」が、最も一般的に用いられる。【2】「ブリッジ」は、英語で「橋」の意。単独で使われることはあまりない。また、艦船の甲板上にある艦橋、船橋の意もある。【3】「橋梁」は、文章語的。

【関連語】◆**〔丸木橋〕**小川や渓流に丸太を一本渡しただけの橋。一本橋。◆**〔八つ橋〕**小川や池などに、幅の狭い橋板を数枚、少しずつずらして継ぎ足した形に架けた橋。◆**〔釣り橋〕**深い谷や川などで、橋脚を使わずに、両岸に綱を張り渡し、これに通路をつり下げて造った橋。「吊り橋」とも書く。◆**〔反り橋〕**中央の部分が高く、全体が弓なりになった橋。◆**〔太鼓橋〕**「反り橋」の一種で、中央が高く半円形をした橋。◆**〔跳ね橋〕**船が下を通るときだけ、一部または全部を引き上げる仕掛けの橋。また、城門などで、不要なときはつり上げておく仕掛けの橋。◆**〔桟橋〕**港で船をつなぎ、人の乗り降りや荷物の上げ下ろしに使うために、岸から水上に突き出して造られた設備。また、建築現場などに設けた傾斜のついた板の足場のこともいう。

707-10 陸橋(りっきょう)／歩道橋(ほどうきょう)／ガード／跨線橋(こせんきょう)

共通する意味★道路や鉄道線路の上に架け渡された橋。**【英】***a bridge*

使い分け【1】「陸橋」は、道路や鉄道線路を横断するために上に架けられた橋をいう。【2】「ガード」は、道路の上に架けられた橋をいう。【3】「歩道橋」は、道路の上に架けられた橋だが、他の語は、多く、人や車が通れるようになっているものをいうのに対して、ふつう、人だけが通るためのものをいう。【4】「跨線橋」は、鉄道線路の上に架けられた橋。

707-11 手摺り(てすり)／欄干(らんかん)

共通する意味★橋、階段などの縁に、人が落ちないように一定の高さに渡した横木。**【英】***a railing*

使い方▼〔手摺り〕▽手すりにつかまって階段を上る▽窓の手すりを乗り越える　〔欄干〕▽橋の欄干にもたれる

使い分け【1】「欄干」は、「手摺り」の一種。橋、特に日本風の橋の場合には、「手摺り」よりも「欄干」を使う。【2】「欄干」は、単に転落防止のためだけでなく、擬宝珠(ぎぼし)をつけるなど、装飾的な役割の強いものをいう傾向にある。

707-12 放水(ほうすい)／導水(どうすい)

共通する意味★水を導き流すこと。**【英】***discharge*

使い方▼〔放水〕スル▽上流のダムが放水する▽放水路　〔導水〕スル▽導水管

使い分け【1】「放水」は、水をある方向へ放流することをいい、「導水」は、ある場所まで水を導いて流すことをいうが、「導水」が用いられるのは、ごく限られた場合である。【2】「放水」は、「ポンプで放水を開始する」のように、水を勢いよく出すこともいう。

707-13 注入(ちゅうにゅう)／注水(ちゅうすい)

共通する意味★注ぎ入れること。**【英】***to pour～into*

使い方▼〔注入〕スル▽ライターにボンベからガスを注入する▽薬剤を注入する　〔注水〕スル▽タンクに注水する

使い分け【1】「注入」は、液体や気体を注ぎ入れることをいう。圧力をかけて、狭い口から入れるような場合にいうことが多い。また、「活力を注入する」のように、思想、考え方などを集中して注ぎ入れることにもいう。【2】「注水」は、水を注ぎ入れること。また、水をホースなどでかけることをいう。

707-14 水切り(みずきり)／脱水(だっすい)

共通する意味★水分を取り去ること。**【英】***draining*

使い方▼〔水切り〕▽野菜をざるにあげて水切りをする　〔脱水〕スル▽洗濯物はすすいで脱水する▽脱水機

使い分け【1】「水切り」は、物に付着している水分をしたたらせるなどして取り除くこと。【2】「脱水」は、物に含まれている水分を絞るなどして取り除くこと。医学では、「脱水症状」のように、体内の水分が異常に欠乏することをいう。

707-15 濁る（にごる）／白濁（はくだく）／汚濁（おだく）／混濁（こんだく）

【関連語】◆(濁す)にごす

共通する意味★本来、透明な液体や気体に他のものが混じって、透明でなくなる。【英】*to become muddy*

使い方▼〔濁る〕(ラ五)▽流入した土砂で川が濁る▽水道工事で濁った水▽煙で空気が濁る 〔白濁〕スル▽水が白濁する▽白濁した液体 〔汚濁〕スル▽汚濁した河川▽水質汚濁 〔混濁〕スル▽混濁した空気

使い分け【1】「濁る」は、無色の液体や気体に何か別のものが混じって透明でなくなる意。【2】「白濁」は、白く濁ること。【3】「汚濁」は、汚れで、濁ること。【4】「混濁」は、いろいろな物が混じって濁ること。【5】「濁る」には、「濁った心の持ち主」のように、人の心や世の中が汚れる意、「濁った色」のように、はっきりしない状態である意、「濁った声」のように、だみ声になる意、「この仮名は濁って読む」のように、濁音で発音する意がある。【6】「混濁」は、「意識が混濁する」のように、病人などの意識がはっきりしなくなることをもいう。

反対語▼濁る⇔澄む

【関連語】◆(濁す)(サ五)水や空気などを不透明な状態にする。「池の水をかきまわして濁す」「言葉を濁す(＝曖昧（あいまい）な言い方でごまかす)」「お茶を濁す(＝その場をいいかげんにしてごまかす)」

707-16 汚水（おすい）／濁水（だくすい）／下水（げすい）

共通する意味★きれいでない水。【英】*dirty water*

使い方▼〔汚水〕▽工場が汚水を川にたれ流しにする▽汚水処理場 〔濁水〕▽川に濁水が流れこむ 〔下水〕▽どぶには下水が流れている

使い分け【1】「汚水」は、きたない水、よごれた水。主に、何かに使用した結果、汚れた廃水のこと。【2】「下水」は、家庭の台所、風呂（ふろ）場などから出る廃水や雨水のこと。また、「下水がつまって悪臭を放つ」のように、汚れた水を集めて流す「下水道」の意でも使われる。【3】「濁水」は、濁った水。泥などが混じってきれいでなくなった水のことをいう。

反対語▼濁水⇔清水（せいすい） 下水⇔上水

707-17 滴（しずく）／水滴（すいてき）／点滴（てんてき）

共通する意味★したたり落ちる水の粒状のもの。【英】*a waterdrop*

使い方▼〔滴〕▽傘から雨のしずくが落ちる▽涙のしずくが頰（ほお）を伝う▽しずくを切る 〔水滴〕▽傘から水滴が落ちる▽窓ガラスに水滴がつく 〔点滴〕▽点滴石を穿（うが）つ

使い分け【1】「水滴」「点滴」は、水の「しずく」のこと。「点滴」は、文章語。【2】「点滴」は、雨だれの意もある。また、「点滴注射」の略としても使われる。【3】「水滴」は、ぽたぽたとしたたり落ちる水の粒だけでなく、ガラスなどに付着した静止状態の水の粒のこともいう。

参照▼水滴⇒614-55

707-18 雨粒（あまつぶ）／雨滴（うてき）／雨垂れ（あまだれ）

【関連語】◆(余滴)よてき

共通する意味★雨のしずく。【英】*a raindrop*

使い方▼〔雨粒〕▽雨粒がひとつ顔にあたった 〔雨滴〕▽大粒の雨滴が地面をたたく 〔雨垂れ〕▽雨垂れが軒からしたたる

使い分け【1】「雨粒」は、空から降ってくる雨の粒状のもの、ひとつひとつをいう。【2】「雨垂れ」は、軒先などからしたたり落ちる雨水のしずく。【3】「雨滴」は、「雨粒」「雨垂れ」の両方をいう。文章語。

【関連語】◆(余滴)雨の後のしたたり。また、筆の先などに残ったしずくのこともいう。文章語。「雨上がりに響く余滴の音」「毛筆の余滴をぬぐう」

707-19 雨漏り（あまもり）／水漏れ（みずもれ）／漏水（ろうすい）

共通する意味★水が漏れること。【英】*a leak in the roof; leakage of water*

使い方▼〔雨漏り〕スル▽この部屋は古いので雨漏りする 〔水漏れ〕スル▽水漏れを止める 〔漏水〕スル▽漏水している箇所を調査する

使い分け【1】「雨漏り」は、屋根や天井から雨水が漏ること。【2】「水漏れ」「漏水」は、雨水以外の水にいうことが多い。「水漏れ」は話し言葉、「漏水」は、文書などで用いられる。

707-20 しぶき／水しぶき（みずしぶき）／飛沫（ひまつ）／水沫（すいまつ）

共通する意味★飛び散る粒状になった水。【英】*a splash*

使い方▼〔しぶき〕▽飛び込んだ瞬間しぶきがあがる▽波のしぶきを浴びる 〔水しぶき〕▽水しぶきをあげて波打ち際を走る▽噴水の水しぶきがかかる 〔水沫〕▽水沫をあげて走り去る自動車 〔飛沫〕▽農薬の飛沫がかかる

使い分け【1】「しぶき」は、水以外の薬品、塗料など、液体が細かくなって飛び散るものならば用いることができる。「繁吹」とも書く。【2】「水しぶき」は、水にしか用いない。【3】「飛沫」は、「しぶき」の

7 自然

意の漢語。【4】「水沫」は、「水しぶき」の意の漢語で、文章語。

707-21 水煙（みずけむり）／水煙（すいえん）

共通する意味★水が細かく飛び散って煙のように見えるもの。**【英】** *spray*

使い方▼〔水煙〕みずけむり▽モーターボートが水煙をたてて走る〔水煙〕すいえん▽滝が水煙をあげて落ちる

使い分け【1】「水煙みずけむり」は、水面にたちこめる霧のこともいう。【2】「水煙すいえん」は、「水煙みずけむり」の意の漢語。また、塔の九輪の上部にある火炎の形をした装飾の意で使われることも多い。

707-22 泡（あわ）／あぶく／水泡（すいほう）

共通する意味★水の中に気体を含んでできる小さな球体。**【英】** *a bubble*

使い方▼〔泡〕▽石けんの泡をたてる▽ビールの泡▽水の泡（＝すべてむだになること）▽口角泡を飛ばす（＝口のはたからつばをとばしてしゃべりまくる）〔あぶく〕▽金魚があぶくを吐く〔水泡〕▽表面に浮かんだ水泡をすくいとる▽水泡に帰す（＝今まで努力したことがすっかりむだになる）

使い分け【1】「泡」「あぶく」は、水以外の液体の中にできるものにも広く使うが、「水泡」は、水にできるものをいう。【2】「あぶく」は、俗な言い方。【3】「泡」は、「口角泡を飛ばす」のように、飛び散るつばを表わす場合には、「沫」とも書く。

707-23 蒸発（じょうはつ）／気化（きか）／昇華（しょうか）

共通する意味★液体、または固体が、気体に変化すること。**【英】** *evaporation*

使い方▼〔蒸発〕スル▽水が蒸発してなくなる▽ふたをして水分の蒸発を防ぐ〔気化〕スル▽気化には一定の熱量が必要だ▽ガソリンが気化する〔昇華〕スル▽ドライアイスが昇華する

使い分け【1】「蒸発」は、液体がその表面で気体に変化していく現象。【2】「気化」は、液体から気体に変化する場合だけでなく、固体から気体に変化する場合も含めていうことがある。【3】「昇華」は、固体が液体にならないで、直接気体になること。【4】「昇華」は、低位の欲望が、芸術的、宗教的な活動に無意識に置換されること、また、物事が一段と高尚なものに高められることの意もある。

反対語▼気化⇔液化

参照▼蒸発⇒113-24

707-24 凝縮（ぎょうしゅく）／凝結（ぎょうけつ）／凝固（ぎょうこ）

共通する意味★気体が、液体または固体に変化すること。**【英】** *condensation*

使い方▼〔凝縮〕スル▽窒素が凝縮して液化窒素になる〔凝結〕スル▽水蒸気が凝結して水滴になる〔凝固〕スル▽血液が凝固する

使い分け【1】「凝縮」「凝結」は、気体が液体になることをいう。また、「凝結」は、液体や気体の中に分散している微粒子が集まって大きな粒子となり、沈殿することもいう。【2】「凝固」は、液体や気体が固体に変化すること。

反対語▼凝固⇔融解

参照▼凝縮⇒908-27　凝結⇒908-27

707-25 水蒸気（すいじょうき）／蒸気（じょうき）

【関連語】◆（スチーム）

共通する意味★水が蒸発して気体となったもの。**【英】** *steam*

使い方▼〔水蒸気〕▽海面から水蒸気がたちのぼる▽火山が水蒸気をふきあげる〔蒸気〕▽加湿機から蒸気がふき出る

使い分け【1】「水蒸気」は、水が蒸発したものだが、「蒸気」は、水以外の液体の蒸発したものや、固体が昇華して気体となったものについてもいう。【2】「水蒸気」は、湯気のことをいう場合もある。【3】「蒸気」は、「蒸気機関車」や「蒸気船」の略として用いられることもある。

【関連語】◆（スチーム）「蒸気」のこと。パイプに蒸気を通して室内を暖める暖房装置のこともいう。「スチームアイロン」「スチームのおかげで暖かい」

707-26 湯気（ゆげ）／湯煙（ゆけむり）

共通する意味★湯などの表面からたちのぼる水蒸気。**【英】** *vapor*

使い方▼〔湯気〕▽ほかほかのまんじゅうから湯気がたちのぼる▽やかんが湯気をたてる▽湯気で鏡が曇る〔湯煙〕▽湯煙がたちこめる温泉街

使い分け【1】「湯気」は、湯だけでなく、できたてでまだ熱い食べ物や飲み物から出るものもいう。【2】「湯煙」は、「湯気」の中でも、特に温泉や風呂ふろからたちのぼるものをいう。「ゆけぶり」ともいう。

707-27 氷（こおり）

【関連語】◆（初氷）はつごおり◆（薄氷）はくひょう◆（薄氷）うすごおり

意味★水が氷点下の温度で固体となったもの。**【英】** *ice*

使い方▼〔氷〕▽池に氷が張る▽川の氷が解け始めた▽グラスにウイスキーと氷をいれる

【関連語】◆（薄氷）はくひょう・（薄氷）うすごおり薄く張った氷のこと。「薄氷はくひょう」は、「薄氷を踏む」の形で、非常に危険な状況に臨むたとえとしても用いる。◆（初氷）その冬はじめて張る氷。

7 07-28 氷塊（ひょうかい）／氷河（ひょうが）／氷山（ひょうざん）／氷柱（ひょうちゅう）／つらら

共通する意味★氷のかたまり。**【英】** *a lump of ice*

使い方▼〔氷塊〕▽氷塊が溶けて小さくなる　〔氷河〕▽シベリアの氷河に立つ▽氷河期　〔氷山〕▽巨大な氷山▽氷山の一角（＝氷山の海面上に見える部分は全体のほんの一部分にすぎないところから、好ましくない物事の大部分が隠されていて外に現れているのはごく一部分であることのたとえ）　〔氷柱〕▽パーティー会場には大きな氷柱が立てられていた　〔つらら〕▽軒先につららが下がる

使い分け【1】「氷塊」は、小さなものから大きなものまでいうが、日常の話し言葉では「氷」を使い、「氷塊」はあまり用いない。【2】「氷河」は、高山や高緯度の地方などで、万年雪がその重量によって圧縮されて生じた氷のかたまりで、低地に向かって徐々に流れ下るもの。【3】「氷山」は、氷河の末端が海中に入り、破壊されて、海上を浮遊するもの。【4】「氷柱」「つらら」は、家の軒などからしたたり落ちる水が凍って長く垂れ下がったもの。「氷柱」は、文章語。また、「つらら」は「氷柱」と当てることもある。また、「氷柱」は、夏に冷房のために室内に立てられる氷の柱もいう。

7 07-29 凍る（こおる）／凍りつく（こおりつく）／凍てつく（いてつく）／凍結（とうけつ）／氷結（ひょうけつ）／結氷（けっぴょう）

【関連語】◆（冷凍）れいとう◆（こごる）

共通する意味★物が低温のために凝固する。**【英】** *to freeze*

使い方▼〔凍る〕（ラ五）▽バケツにくんでおいた水が凍った▽畑の土が凍って固くなる▽血も凍るような惨劇　〔凍りつく〕（カ五）▽雑巾（ぞうきん）がかちかちに凍りつく▽雪が凍りついた道　〔凍てつく〕（カ五）▽凍てつく寒さ▽星の凍てつくような冬の夜空　〔凍結〕スル▽冬のオホーツク海は凍結する▽受精卵を凍結して保存する　〔氷結〕スル▽港が氷結して航行できない　〔結氷〕スル▽防火槽の水が結氷した▽結氷期

	湖水が□	□ジュースが	窓が□	戸口が寒さで□	水滴が□
凍る	○	○	△	△	○
凍りつく	○	○	○	○	○
凍てつく	-	-	△	○	-
凍結する	○	△	-	○	-
氷結する	○	-	-	-	○
結氷する	○	-	-	-	-

使い分け【1】「凍る」は、最も一般的に用いられる。主として液体が凝固する場合に用い、「畑の土が凍る」「みかんが冷凍庫で凍る」「水道管が凍る」の場合も、固体についていっているわけではなく、それぞれ、土中の水分、みかんの水分、水道管の中の水が凝固することをいっているのである。【2】「凍りつく」は、凝固して付着する意、また、固くしっかり凝固する意。【3】「凍てつく」は、「凍りつく」に同意だが、凍りついた感じをいう比喩（ひゆ）的な使い方が多く、「ジュース」のような具体的なものには使いにくい。やや文学的な表現の中で使われることが多い。【4】「凍結」は、文章語。また、「資産を凍結する」のように、資産などの使用・移動を一時禁止することの意でも用いる。【5】「氷結」は、水が氷になること、また、氷が張ることをいう。【6】「結氷」は、氷が張ること。また、その氷のこと。

【関連語】◆（冷凍）スル食品などを、貯蔵するために低温で凝固させること。「えびを冷凍して保存する」◆（こごる）（ラ五）液状のものが冷えて固まり、ゼリー状になる。「凝る」とも書く。「魚の煮汁がこごる」

7 07-30 水（みず）／ウオーター

共通する意味★自然界に広く分布する液体で、酸素と水素の化合物。**【英】** *water*

使い方▼〔水〕▽水を飲む▽庭の植木に水をやる▽水でうすめる　〔ウオーター〕▽ミネラルウオーター

使い分け【1】「水」は、飲用にするものもそうでないものもさす。【2】「ウオーター」は、多く他の語と複合した形で用いられる。

反対語▼水⇔湯

7 07-31 淡水（たんすい）／真水（まみず）

共通する意味★塩分を含まない水。**【英】** *fresh water*

使い方▼〔淡水〕▽イワナは淡水にすむ魚だ▽湖を淡水化する事業　〔真水〕▽シジミは真水に入れて砂ぬきをする▽このわき水は真水だから飲める

使い分け【1】湖や川などの水の性質を問題にしていう場合は、「淡水」を用い、飲み水など身近な水に塩分が混じっているかいないかを問題にしていう場合は、「真水」を用いる。【2】「真水」は、「淡水」より話し言葉的。

反対語▼淡水⇔鹹水（かんすい）　真水⇔塩水（しおみず）

7 07-32 冷や水（ひやみず）／冷水（れいすい）／冷や（ひや）

共通する意味★冷たい水。**【英】** *cold water*

使い方▼〔冷や水〕▽年寄りの冷や水（＝老人にふさわしくない無謀なふるまいや危険な行為を冷やかしていう）　〔冷水〕▽客に冷水を供する▽冷水を浴び

7 自然

せられたような気持ち〔冷や〕▽お冷やをもらう▽日本酒を冷やでやる

使い分け【1】「冷や水」は、冷たい水の意で用いられるよりも、例文のような慣用的表現で用いられることが多い。【2】「冷水」は、比較的よく用いられる。【3】「冷や」は、冷たい水や酒のこと。

707-33 湯(ゆ)

【関連語】◆(熱湯)◆(煮え湯)◆(ぬるま湯)

意味★水が熱せられて温度が高くなったもの。【英】*a hot water* ⇔水

使い方▼〔湯〕▽湯をわかす▽湯を飲む

◆「お湯」の形で使うことが多い。また、「湯に入る」「湯に行く」「湯の町」「山の湯」などのように、風呂や温泉の意もある。

【関連語】◆(熱湯・煮え湯)煮えたっている熱い湯。「熱湯で食器を消毒する」「熱湯を浴びてやけどをする」「煮え湯を飲まされる(=信用していた人に裏切られて、ひどい目にあわされる)」◆(ぬるま湯)温度の低い湯。ぬるい湯。「ぬるま湯で薬を飲む」「ぬるま湯につかる(=楽な状態に甘えてのんびりと過ごす)」

708 …風景

708-01 風景／景色／眺め

【関連語】◆(風光)◆(風物)◆(近景)◆(遠景)

共通する意味★目に見える自然などのありさま。【英】*a view*

使い方▼〔風景〕▽懐かしい故郷の風景▽一家団欒の風景▽心象風景▽風景画〔景色〕▽景色がいい場所▽冬景色〔眺め〕▽山頂からの眺め▽目の前にマンションができて眺めが悪くなった

	山々の美しい□	□のよい部屋	□が広がる	□を眺める
風景	○	－	△	○
景色	○	△	○	○
眺め	○	○	○	－

使い分け【1】「風景」は、見た目に快いありさまについていう。自然だけでなく、その場の情景についてもいう。【2】「景色」は、主に自然のありさまについていう。【3】「眺め」は、その場所から目に入るありさまについて広く使う。

【関連語】◆(風光)美しい自然の眺め。文章語。「風光明媚」「風光に恵まれた土地」◆(風物)目に映る風景を形作っているさまざまなもの。「自然の風物」◆(近景)近くの景色。「近景の湖」◆(遠景)遠くの景色。「遠景の山々」

708-02 情景／光景／シーン

共通する意味★心に何かを感じさせるような景色や、具体的な場面。【英】*a scene*

使い方▼〔情景〕▽親子のほほえましい情景▽家庭内の情景を描写する〔光景〕▽目をそむけたくなるような光景▽心に焼きつくような光景〔シーン〕▽再会の感動的なシーン

	心あたたまる□	陰惨な□	山々の□
情景	○	△	○
光景	○	○	－
シーン	○	○	－

使い分け【1】「情景」と「光景」では、「光景」の方が、より印象が強い場合に使われる。【2】「シーン」は、「光景」とほぼ同じ意だが、特に、映画や芝居などの場面をさしていうことが多い。

参照▼シーン⇒615-11

708-03 景勝／形勝／絶勝／奇勝

【関連語】◆(名勝)

共通する意味★景色が優れていること。また、そういう場所。【英】*picturesque scenery*

使い方▼〔景勝〕▽景勝の地を訪ねる〔形勝〕▽形勝の地を周遊する〔絶勝〕▽絶勝に思わず息をのむ〔奇勝〕▽天下の奇勝

使い分け【1】「景勝」「形勝」は、同じ意だが、「景勝」が、一般的。【2】「絶勝」は、極めて景色が優れている意。【3】「奇勝」は、景色が珍しい場合にいう。

【関連語】◆(名勝)景色の優れている土地。「名勝を訪れる」

708-04 景観／美観／奇観／異観／壮観／偉観／スペクタクル

共通する意味★優れた眺め。【英】*a spectacle*

使い方▼〔景観〕▽紅葉のころの景観はみごとだ▽雄大な景観〔美観〕▽自然の美観を大切にする▽高速道路が街の美観をそこねている〔奇観〕▽鍾乳洞が奇観を呈している〔異観〕▽フィヨルドの異観に目をうばわれる〔壮観〕(名・形動)▽海に沈む落日は壮観だ▽有名スターが一堂に会したさまは壮観だ〔偉観〕▽超高層ビルの堂々とした偉観〔スペクタクル〕▽大自然のスペクタクルに圧倒される▽スペクタクル映画

使い分け【1】「景観」は、見るに値する風情のある眺め。【2】「美観」は、美しい眺め。【3】「奇観」「異観」は、珍しく変わった眺め。【4】「壮観」「スペクタクル」は、規模が大きく、壮大な眺め。「スペクタ

クル」は、映画や演劇で大がかりなしかけのある作品、また、その場面をいう。【5】「偉観」は、規模が大きいすばらしい眺め。あまり一般的な語ではない。

708-05 美景（びけい）／佳景（かけい）／絶景（ぜっけい）／勝景（しょうけい）

共通する意味★よい景色。【英】*a superb view*

使い方▼〔美景〕▽美景をめでる　〔佳景〕▽心が洗われるような佳景　〔絶景〕▽これほどの絶景は見たことがない　〔勝景〕▽勝景の写真をとる

使い分け【1】「美景」は、美しい景色。「佳景」は、よい景色、よい眺め。「絶景」は、この上なくすばらしい景色。「勝景」は、優れている景色。「美景」「佳景」「勝景」の三語については、意味、用法の上であまり差はない。【2】いずれも文章語。

708-06 全景（ぜんけい）

意味★見渡すかぎりの全体の景色。【英】*an over-all view*

使い方▼〔全景〕▽ビルの屋上から街の全景を眺める

708-07 夜景（やけい）／夜色（やしょく）

共通する意味★夜の景色。【英】*a night view*

使い方▼〔夜景〕▽展望台から眼下の夜景を眺める　〔夜色〕▽ネオン輝く夜色を楽しむ

使い分け【1】「夜景」が、一般的。【2】「夜色」は、「日が落ちて夜色が深まる」のように、夜の気配の意にも使う。

708-08 雪景色（ゆきげしき）／銀世界（ぎんせかい）

共通する意味★雪の降る景色。また、雪の降り積もった景色。【英】*a snow scene*

使い方▼〔雪景色〕▽一幅の絵のような雪景色　〔銀世界〕▽一面の銀世界

使い分け「雪景色」は、雪が降っている状態にも雪が降り積もった状態にも使うが、「銀世界」は、雪が降り終わって積もった状態をいうことが多く、広い範囲にわたって一面に雪におおわれた景色をいう。

708-09 名所（めいしょ）／歌枕（うたまくら）

共通する意味★景色のよさや史跡などで、昔から有名な場所。【英】*a noted place*

使い方▼〔名所〕▽吉野山は桜の名所だ▽名所旧跡　〔歌枕〕▽松島は歌枕のひとつだ▽歌枕を訪ねる

使い分け「名所」は、ごく一般的に用いられる。「歌枕」は、古くから和歌に詠まれた特定の場所をいう。

708-10 遺跡（いせき）／遺址（いし）／旧跡（きゅうせき）／旧址（きゅうし）／古跡（こせき）／古址（こし）／史跡（しせき）

【関連語】◆（名跡）めいせき

共通する意味★歴史的事件や建造物などがあった場所。【英】*ruins*

使い方▼〔遺跡〕▽遺跡を発掘する▽古代メソポタミアの遺跡　〔遺址〕▽古代の砦（とりで）の遺址　〔旧跡〕▽鎌倉時代の旧跡を訪ねる　〔旧址〕▽旧址であることを示す碑　〔古跡〕▽古跡にたたずんで昔をしのぶ　〔古址〕▽飛鳥（あすか）時代の古址　〔史跡〕▽京都には史跡が多い

使い分け【1】「遺跡」が、最も一般的で、考古学的対象となる時代までも含めて広く使われる。【2】「遺跡」「旧跡」「古跡」「史跡」は、人間の生活した跡や事件のあった跡を含めて使うことが多く、「遺址」「旧址」「古址」は、建造物など具体物のあった跡をさすことが多い。【3】特に「古址」は、昔あった建物の土台石をいう。「遺跡」「旧跡」「古跡」「史跡」は、「遺蹟」「旧蹟」「古蹟」「史蹟」とも書く。

【関連語】◆（名跡）名高い古跡。「名蹟」とも書く。「室町時代の名跡を訪ねる」

708-11 廃墟（はいきょ）

意味★建物、市街などの荒れ果てた跡。【英】*the ruins*

使い方▼〔廃墟〕▽戦争のために街が廃墟と化した

708-12 城址（じょうし）／城跡（しろあと）

共通する意味★かつて城のあった跡。【英】*the ruins of a castle*

使い方▼〔城址〕▽城址には石垣だけが残っている▽城址公園　〔城跡〕▽城跡が公園になっている

使い分け【1】「城址」は、他の語と複合して使われることも多い。「城趾」とも書く。【2】「城跡」は、話し言葉的。

708-13 碑（ひ）／石碑（せきひ）

【関連語】◆（句碑）くひ◆（詩碑）しひ◆（歌碑）かひ◆（墓碑）ぼひ◆（記念碑）きねんひ◆（モニュメント）

共通する意味★後世に伝えるために、石に文などを刻んで建てたもの。【英】*a monument*

使い方▼〔碑〕▽碑を建立する　〔石碑〕▽石碑に業績を刻む▽亡父の石碑を建てる

使い分け「石碑」は、「墓碑」と同じ意でも使われる。

【関連語】◆（句碑）俳句を刻んだ碑。「芭蕉（ばしょう）の句碑」◆（詩碑）詩を刻んだ碑。「詩人の生家に詩碑を建てる」◆（歌碑）和歌を刻んだ碑。「西行ゆかりの地にある歌碑」◆（墓碑）死者の戒名、俗名、没年月日、享年、事績などを刻み、記念として建てる石。墓石。◆（記念碑）ある人の功績をたたえたり、ある出来事や行事などを記念して建てる碑。「記念碑の除幕式が行われた」◆（モニュメント）記念碑、記念像。また、記念として残す建造物など。

参照▼石碑⇒604-80　墓碑⇒604-80

709…土砂・岩石

709-01 土／土壌／土地

共通する意味★岩石などが細かい粉末状になったもの。**【英】** *soil*

使い方▼〔土〕▽よく肥えた土▽土に親しむ　〔土壌〕▽土壌を分析する▽土壌学　〔土地〕▽土地を耕す

使い分け【1】「土」が一般的で、岩石、鉱石と区別していう。「土壌」「土地」は、作物が生え育つ基盤としての「土」をいう。【2】「土地」は、他に、「土地を買う」のように、宅地や耕地などの地所、地面の意や、「土地が肥えている」のように、地味、地質の意、「土地の人」のように、その地方の意などもある。【3】「土」には、「故国の土を踏む」のように、大地の意もある。【4】「土壌」は、「悪の温床となる土壌」のように、比喩的に、物事が発生したり育ったりする基盤もいう。

参照▼土⇒702-02

709-02 泥／泥んこ

共通する意味★水が混じって軟らかくなった土。**【英】** *mud*

使い方▼〔泥〕▽泥にまみれて働く▽草むしりで手が泥だらけになる　〔泥んこ〕▽泥んこになって犬と遊ぶ▽泥んこ遊び

使い分け【1】「泥」には、悪いもの、恥となるものの意もある。「顔に泥を塗る（＝恥をかかせる）」「泥を吐く（＝悪事を白状する）」「泥をかぶる（＝非難を一身に引き受ける）」【2】「泥んこ」は、幼児語。「泥んこになる」は、泥だらけなさまになることをいう。

709-03 砂／真砂

【関連語】◆（白砂）

共通する意味★岩石がくずれて細かくなった粒。ふつう粒径が二ミリ以下のものをいう。**【英】** *sand*

使い方▼〔砂〕▽さらさらとした砂▽砂を噛む思い（＝なにも感動がなく味気ない気持ち）　〔真砂〕▽浜の真砂

使い分け【1】「砂」が、一般的。【2】「真砂」は、細かい砂の意で、文章語。数多いことのたとえにも使われる。

【関連語】◆（白砂）白い砂。「はくさ」とも。文章語。「白砂の続く浜」「白砂青松」

709-04 土砂／土石／礫土

共通する意味★土に砂や石が混じったもの。**【英】** *earth and land*

使い方▼〔土砂〕▽洪水で土砂が押し流される▽土砂くずれ　〔土石〕▽崩れ落ちた土石に家がつぶされる▽土石流　〔礫土〕▽礫土のため耕作には適さない

使い分け【1】「土砂」は、土と砂。ふつう、量が相当多い場合にいう。【2】「土石」は、土と石。大きな岩石も含まれる。【3】「礫土」は、小石混じりの土。

709-05 石／小石／礫／石ころ／石くれ／砂利

【関連語】◆（つぶて）

共通する意味★岩より小さく砂よりも大きい鉱物質のかたまり。**【英】** *a stone*

使い方▼〔石〕▽庭に石を置く▽石の上にも三年　〔小石〕▽小石を拾う▽小石を道に敷きつめる　〔石ころ〕▽石ころを投げる▽石ころにつまずく　〔石くれ〕▽道端の石くれ　〔礫〕▽礫混じりの土▽礫岩　〔砂利〕▽道路に砂利を敷く▽砂利道

使い分け【1】「石」は、広く、岩石、鉱物の総称として、大きなものから小さなものまで用いられる。また、「石あたま」「石のような心」のように、固いもの、冷たいものなどのたとえとしても使われる。【2】「小石」以下は、「石」の小さいものをさす。「小石」「石ころ」「石くれ」「礫」は、一個の場合にも使うが、「砂利」は、「小石」の集合したものをいう。【3】「石ころ」は、口語的、「石くれ」は、文語的な言い方。二語とも「石塊」とも書く。【4】「礫」は、他の語と複合して使うことが多い。【5】「砂利」の粒の大きいものを「玉砂利」という。

【関連語】◆（つぶて）投げつける小石。「飛礫」「礫」とも書く。「つぶてを打つ」「つぶてが飛んでくる」

709-06 岩／岩石

【関連語】◆（巨岩）◆（巌）◆（岩根）◆（磐石）◆（奇岩）◆（岩壁）

共通する意味★大きな石。**【英】** *a rock*

使い方▼〔岩〕▽岩の上に立つ▽一念岩をも徹す　〔岩石〕▽岩石がごろごろしている山

使い分け【1】「岩」は、石の大きいものをいうが、「石」との間には明瞭な大きさの基準はない。

「磐」「巌」とも書く。【2】「岩石」は、大きな岩の塊。火成岩、堆積岩、変石岩に大別されるもの。

【関連語】◆(巨岩)大きな岩。並外れて大きいものをいう。「巨巌」とも書く。「見上げるような巨岩」◆(巌)地上高く突き出た大きな岩。文章語。「そびえ立つ巌」◆(岩根)地中深く根をはった岩。文章語。「岩根を踏み越えて行く」◆(磐石)どっしりとした大きな岩。文章語。「盤石」とも書く。「磐石の重みがある」◆(奇岩)珍しい形をした岩。「奇巌」とも書く。「奇岩の眺めを楽しむ」◆(岩壁)壁のように切り立った岩。「岩壁をよじ登る」

7 09-07 鉱物(こうぶつ)／鉱石(こうせき)

共通する意味★岩、石など、天然に産する無機物質。
【英】 *a mineral*
使い方▼〔鉱物〕▽光沢のある鉱物▽鉱物質　〔鉱石〕▽鉱石を採掘する
使い分け【1】「鉱物」は、天然に産する、ほぼ一定の化学組成と原子配列をもつ無機物質をいう。水銀、水など少数の例外を除いて、常温で固体である。【2】「鉱石」は、鉱物のうち有用元素を含有し、採掘の対象となるものをいう。金、銀、銅などの金属類を含有する金属鉱石と、硫黄、長石、石綿、石灰石などの非金属鉱石とがある。

7 09-08 マグマ／岩漿(がんしょう)

共通する意味★地下で高温のため溶けた状態になっている岩石。
使い方▼〔マグマ〕▽火山活動でマグマが噴出する　〔岩漿〕▽どろどろの岩漿が噴き出す
使い分け「マグマ」の方が、一般に用いる。

7 10 …季節

7 自然

7 10-01 季節(きせつ)／時季(じき)／時節(じせつ)／シーズン

【関連語】◆(折節)おりふし◆(四季)しき◆(春夏秋冬)しゅんかしゅうとう

共通する意味★一年のうちで、自然、風物のある特色が現れる一時期。**【英】** *the four seasons*
使い方▼〔季節〕▽季節の移り変わり▽季節を感じさせない服装▽季節の変わり目　〔時季〕▽もみじ狩りの時季▽時季外れの果物　〔時節〕▽新緑の時節となった　〔シーズン〕▽行楽のシーズン▽シーズン到来▽シーズンオフ

	新茶の出回る□	雪どけの□	スキーの□	□外れ
季節	○	○	○	○
時季	○	△	－	○
時節	○	○	－	○
シーズン	○	△	○	△

使い分け【1】「季節」は、最も一般的に用いられる。一年を天候の推移により区分したもの。日本などの温帯では、春・夏・秋・冬の四季があり、熱帯では、雨季と乾季がある。また、「恋の季節」のように、そのことが盛んに行われる時期の意でも用いられる。【2】「時季」は、四季折々の自然の風物と結びついて意識される一時期をいうことが多いが、四語の中では、使われることが最も少ない。【3】「時節」は、ある物事がちょうど起こってくる時期といった意で用いることが多いが、「こんな高級外車は今の時節に合わない」のように、時勢、世情の意や、「時節到来」のように、機会の意で用いることもある。【4】「シーズン」は、特にスポーツ、レジャーなどが盛んに行われる時期を表わすことが多い。

【関連語】◆(折節)季節の意。古めかしい語。「折節の移り変わり」◆(四季・春夏秋冬)春・夏・秋・冬の四つの季節を一括していう言い方。「四季の変化に富む」「春夏秋冬の眺め」

参照▼時節⇒8 15-49　折節⇒8 15-16

7 10-02 時節柄(じせつがら)／折(おり)から

共通する意味★そのような時期、状況であるから。
【英】 *in these times*
使い方▼〔時節柄〕(副)▽時節柄、お風邪など召しませぬよう▽時節柄、御自愛ください　〔折から〕▽天候不順の折から、お大事になさってください
使い分け【1】二語とも、書簡などで用いられる。【2】「時節柄」は、「場所柄、時節柄を考えろ」のように、時節にふさわしいことの意もある。【3】「折から」は、「…の折から」の形で用いられる。また、単独では、「折から、風が激しくなった」「折からの雨で」のように、ちょうどその時の意で用いられる。

参照▼折から⇒8 15-46

7 10-03 春(はる)

【関連語】◆(春季)しゅんき◆(春期)しゅんき

意味★四季の一つ。旧暦では一月から三月まで、現在は三月から五月まで、天文学的には春分から夏至までをいう。**【英】** *spring*
使い方▼〔春〕▽春の野山に出る
◙「春」は、旧暦では立春と新年がほぼ同じであるところから、新年、正月のこともいう。また、「わが世の春」のように、最盛期の意や、「春のめざめ」のように、

青年期の性的感情の意でも使う。

【関連語】◆〈春季〉春の季節をいう。「春季スポーツ大会」◆〈春期〉春の期間をいう。「春期講習会」

7 10-04 春先(はるさき)／早春(そうしゅん)／初春(しょしゅん)／孟春(もうしゅん)

共通する意味★春の初め。**【英】** *early spring*
使い方▼〔春先〕▽春先に多い風邪　〔早春〕▽早春の野山に出かける　〔初春〕▽初春に花を咲かせる樹木　〔孟春〕▽孟春のほの暖かさ
使い分け【1】「初春」は、新年の意に用いることもある。「はつはる」と読まれることもあり、その場合は、新年の意を表わすことが多い。【2】「孟春」の「孟」は、初めの意で、春の初めの一か月、旧暦一月を表わす。やや古風な表現。

7 10-05 暮春(ぼしゅん)／晩春(ばんしゅん)

共通する意味★春の末。春の終わりごろ。**【英】** *late spring*
使い方▼〔暮春〕▽田園の牧歌的な暮春を楽しむ　〔晩春〕▽晩春を迎える▽のどかな晩春を惜しむ
使い分け 二語とも、旧暦の三月に当たる。

7 10-06 明春(みょうしゅん)／来春(らいしゅん)／来春(らいはる)

共通する意味★次の年の春。**【英】** *next spring*
使い方▼〔明春〕▽明春結婚式を挙げる　〔来春〕らいしゅん▽来春三月に卒業する　〔来春〕らいはる▽来春出産予定です
使い分け【1】「明春」は、明くる年の春の意。【2】「来春らいしゅん」「来春らいはる」は、来年の春の意。【3】三語とも、「明春(来春)の新年会」のように、次の正月の意味もある。

7 10-07 小春(こはる)／常春(とこはる)／春暖(しゅんだん)

共通する意味★春の暖かさ。また、春のような暖かさ。**【英】** *mild spring weather*
使い方▼〔小春〕▽小春日和びより　〔常春〕▽常春の地　〔春暖〕▽春暖の候
使い分け【1】「小春」は、冬の初めの春に似た温暖な気候をいう。転じて、旧暦一〇月(今の一一月頃)の異称。春の暖かい日を「小春日和」というのは誤用である。【2】「常春」は、一年中春のように温暖な気候をいう。【3】「春暖」は、春の暖かさをいう。手紙文などで使われるが、硬い表現となる。
反対語▼春暖⇔秋冷

7 10-08 夏(なつ)

【関連語】◆〈夏場〉なつば◆〈夏季〉かき◆〈夏期〉かき
意味★四季の一つ。旧暦では四月から六月まで、現在は六月から八月まで、天文学的には夏至から秋分までをいう。四季のうちで最も暑い。**【英】** *summer*
使い方▼〔夏〕▽夏に長期の休暇をとる▽夏やせ
【関連語】◆〈夏場〉夏のころ、夏の間をいう。「夏場は海水浴客でにぎわう浜べ」◆〈夏季〉夏の季節をいう。「夏季施設」◆〈夏期〉夏の期間をいう。「夏期休暇」

7 10-09 初夏(しょか)／孟夏(もうか)

【関連語】◆〈初夏〉はつなつ
共通する意味★夏の初め。**【英】** *early summer*
使い方▼〔初夏〕しょか▽初夏のさわやかな風　〔孟夏〕▽孟夏の候
使い分け【1】「初夏しょか」は、夏の初めの意で用いられ、太陽暦の五月から六月にかけてのころをいうことが多い。【2】「孟夏」の「孟」は、初めの意で、夏の初めの月である、旧暦の四月を表わす。やや古風な表現。
【関連語】◆〈初夏〉はつなつ「初夏しょか」を訓読みした語で、季語として用いたり、短歌などで用いたりする。

7 10-10 真夏(まなつ)／盛夏(せいか)／盛暑(せいしょ)

共通する意味★夏の盛り。**【英】** *midsummer*

	□の海	□の候	焼けつくような□	□お見舞
真夏	○	-	△	-
盛夏	○	○	△	○
盛暑	-	○	○	○

使い分け【1】「盛夏」は、「真夏」のやや硬い表現。【2】「盛暑」は、夏の最も暑い盛りの意で、暑いということに重点がある。やや古風な表現。

7 10-11 消暑(しょうしょ)／消夏(しょうか)

共通する意味★夏の暑さをしのぐこと。暑さしのぎ。**【英】** *summering*
使い方▼〔消暑〕スル▽消暑しがたい今年の暑さ▽消暑に避暑地へ出かける　〔消夏〕スル▽私の消夏法▽消夏するに最適の住まい
使い分け「消暑」「消夏」は、「銷暑」「銷夏」とも書く。

7 10-12 秋(あき)

【関連語】◆〈秋季〉しゅうき◆〈秋期〉しゅうき
意味★四季の一つ。旧暦では七月から九月まで、現

在は九月から一一月まで、天文学的には秋分から冬至までをいう。【英】*autumn; fall*《米》
使い方▼〔秋〕▽読書の秋▽天高く馬肥ゆる秋
【関連語】◆〔秋季〕秋の季節をいう。「秋季は行楽客が多い」◆〔秋期〕秋の期間をいう。「文化祭は秋期の行事だ」

7 10-13 初秋／早秋／新秋／孟秋

共通する意味★秋の初め。【英】*early autumn*
使い方▼〔初秋〕▽初秋の味を楽しむ▽初秋の風 〔早秋〕▽早秋を肌に感じる 〔新秋〕▽新秋の候 〔孟秋〕▽孟秋の候
使い分け【1】「初秋」「新秋」「孟秋」は、旧暦の七月の意で、秋の初めをいう。【2】「孟秋」の「孟」は、初めの意で、秋の初めの月である、旧暦の七月を表わす。やや古風な表現。【3】「初秋」は、詩歌、俳諧などで、「はつあき」と読まれることもある。

7 10-14 晩秋／暮秋

共通する意味★秋の末、秋の暮れ。【英】*late autumn*
使い方▼〔晩秋〕▽晩秋の山を散策する▽晩秋の気配が深まる 〔暮秋〕▽暮秋の色が深まる
使い分け 二語ともに、旧暦の九月をいうことがある。

7 10-15 秋気／秋色／秋意

共通する意味★秋の気配。【英】*a sign of autumn*
使い方▼〔秋気〕▽秋気が濃い▽冷涼な秋気を感じる 〔秋色〕▽秋色が深まる▽秋色をめでる 〔秋意〕▽秋意が深まる
使い分け【1】「秋気」は、秋の気配、感じの意から、さらに秋の大気、また秋の天気、気候といった意までも及ぶ。【2】「秋色」には、秋の景色の意もある。【3】「秋意」は、やや硬い表現。

7 10-16 冬

【関連語】◆〔冬期〕◆〔冬場〕◆〔冬季〕
意味★四季の一つ。旧暦では一〇月から一二月まで、現在は一二月から翌年二月まで、天文学的には冬至から春分までをいう。四季のうちで最も寒い。【英】*winter*
使い方▼〔冬〕▽この冬は雪が多い▽冬休み▽冬支度
【関連語】◆〔冬場〕冬のころ、冬の間をいう。「スキーは冬場の楽しみだ」「冬場は観光客もなくひっそりとする町」◆〔冬季〕冬の季節をいう。「冬季オリンピック」◆〔冬期〕冬の期間をいう。「冬期休暇」

7 10-17 初冬／孟冬

共通する意味★冬の初め。【英】*early winter*
使い方▼〔初冬〕▽初冬の古都を訪ねる 〔孟冬〕▽孟冬の候
使い分け【1】「初冬」は、冬の初めの意。旧暦の一〇月をもいう。「はつふゆ」とも読まれる。【2】「孟冬」の「孟」は、初めの意で、冬の初めの月である、旧暦の一〇月を表わす。やや古風な表現。

7 10-18 寒空／寒天

【関連語】◆〔冬空〕
共通する意味★冬の寒々とした空。【英】*a wintry sky*
使い方▼〔寒空〕▽寒空を見上げる 〔寒天〕▽寒天の星に祈る▽寒天を仰ぐ▽寒天を衝いて飛ぶ鳥
使い分け「寒空」は、「寒空のなかを歩き回る」のように、冬の寒い天候のこともいう。
【関連語】◆〔冬空〕冬の空。また、冬の空模様。「冬空に浮かぶ月」「冬空に震える」

7 10-19 正月／陽春

【関連語】◆〔初春〕◆〔新年〕◆〔新春〕
共通する意味★一年の初め。【英】*the New Year*
使い方▼〔正月〕▽正月を迎える▽お正月の行事 〔陽春〕▽陽春の候
使い分け【1】「正月」は、一年の一番初めの月、一月に当たる。また、特に新年の祝いをする期間で、「お正月」「正月休み」といった使い方もある。【2】「陽春」は、暖かな春、陽気のいい時節をいう。また、旧暦正月の別称。やや古風な表現。
【関連語】◆〔初春〕「初春(しょしゅん)」の訓読みで、多く、新年の意で用いられる。「初春の集い」「初春の興行」◆〔新年〕新しい年。「新年を迎える」「新年おめでとうございます」「謹賀新年」「新年会」◆〔新春〕新しい年。また、正月。「新春祝賀会」「新春を迎える」「新春のお慶(よろこ)びを申しあげます」

7 10-20 年頭／年初／年始

共通する意味★年の初め。【英】*the beginning of the year*
使い方▼〔年頭〕▽年頭にあたって一言所感を述べる 〔年初〕▽年初に一年の計画を立てる 〔年始〕▽年始に誓いを立てる▽年末年始
使い分け「年始」は、「年始回りをする」のように、新年を祝う意で、「年賀」と同じように使うことがある。その場合、多くは「お年始」という。

反対語▼年始⇔年末

7 10-21 元日／元旦

【関連語】◆(元朝)

共通する意味★年の初めの日。一月一日。【英】*the first day of the year*

使い方▼〔元日〕▽元日に年賀状が届く▽元日に初もうでに行く　〔元旦〕▽おだやかな元旦を迎える▽一年の計は元旦にあり

使い分け【1】「元旦」は、元日の朝のこと。また、一月一日の意。【2】年賀状には「元旦」と書くのが一般的。

【関連語】◆(元朝)元日の朝。「元朝に初日の出を見る」

7 10-22 三が日／松の内

共通する意味★正月を祝う期間。【英】*the first three days of a new year*

使い方▼〔三が日〕▽三が日は家で過ごす　〔松の内〕▽松の内は仕事を休む

使い分け【1】「三が日」は、元日から三日間をいう。【2】「松の内」は、正月の松飾りのある内の意味。昔は元日から一五日までをいったが、現在ではふつう、七日までをいう。

7 10-23 年末／歳末／暮れ／年の暮れ／年の瀬／歳暮

【関連語】◆(節季)

共通する意味★一年の終わりのころ。【英】*the end of the year*

使い方▼〔年末〕▽年末に郷里に帰る▽年末年始▽年末調整　〔歳末〕▽歳末助け合い運動▽歳末商戦　〔暮れ〕▽盆暮れのあいさつ▽暮れもおしつまる　〔年の暮れ〕▽年の暮れの買い物▽年の暮れの大掃除　〔年の瀬〕▽年の瀬が迫る▽越すに越せない年の瀬　〔歳暮〕▽歳暮を迎える▽歳暮大売り出し

使い分け【1】「年末」「歳末」「年の暮れ」「歳暮」は、いずれも年の終わりの意。「暮れ」は、ある期間の終わりをいう。【2】「年の瀬」は、「年の暮れ」よりも、もっとおしつまって慌ただしいような感がある。また、「年の瀬」は、「瀬」の縁から、「年の瀬を越す」のような言い方をする。【3】「歳暮」は、多く、「お歳暮」の形で、年末の贈り物のこともいう。

反対語▼年末⇔年始

【関連語】◆(節季)年末の意のやや古風な表現。「節季大売り出し」◆商業上の用語で、特に商店の盆と暮れの二期の掛け売買の決算期をもいう。「節季払い」

参照▼歳暮⇒115-50

7 10-24 大みそか／大つごもり

【関連語】◆(除夜)

共通する意味★一年の最後の日。一二月三一日。【英】*the last day of the year*

使い方▼〔大みそか〕▽大みそかに年越しそばを食べる　〔大つごもり〕▽大つごもりの行事

使い分け【1】「大みそか」の方が一般的。「大つごもり」は、古い言い方で、現在ではあまり用いられない。「みそか」「つごもり」とも、月の最終日のこと。【2】「大みそか」は、「大晦日」とも書く。【3】「大つごもり」は、「大晦」「大晦日」とも書く。

【関連語】◆(除夜)大みそかの夜。「除夜の鐘」

7 10-25 時候／候

【関連語】◆(砌)

共通する意味★四季の移り変わっていく折々の天候。【英】*the season*

使い方▼〔時候〕▽涼しい時候▽時候の挨拶　〔候〕▽春暖の候▽寒冷の候

使い分け【1】ともに文章語で、日常の会話ではあまり用いられない。【2】「時候」は、その時々の気象状況、気候をいうのが本来である。しかし、「時候の挨拶」などという言い方では、そうした気候になった時期の挨拶というように、時期という意味合いとなる。【3】「候」は、「…の候」の形で、もっぱら改まった手紙文で用いられる。

【関連語】◆(砌)あることがあったり、ある状態にあったりするその時。「候」と同様、「…のみぎり」の形で用いられるが、気象状況に限定されず、より広く用いられる。「酷寒のみぎり」「幼少のみぎり」「在京のみぎり」

7 11 …年月

7 11-01 暦／カレンダー

【関連語】◆(日読み)◆(日めくり)

共通する意味★時間の流れを一日を単位として年、月、週などによって区切り、数えるようにした体系。また、それをわかりやすく記載したもの。【英】*a calendar*

使い方▼〔暦〕▽暦を繰る▽暦の上ではもう春だ　〔カレンダー〕▽美しい風景写真を使ったカレンダー

使い分け「カレンダー」は、一年の暦を記載したもので、一か月ずつはがすものから、一枚に一年分をのせたものなどいろいろある。現在は、「暦」より「カレンダー」の方が一般的に用いられる。

【関連語】◆(日読み)「暦」の意の古風な言い方。◆(日めくり)毎日、一枚ずつはぎ取って使う暦。

7 11-02

月日（つきひ）／歳月（さいげつ）／年月（としつき）／年月（ねんげつ）

【関連語】◆（光陰）こういん◆（日月）じつげつ◆（星霜）せいそう◆（風霜）ふうそう

共通する意味★ある一定の日数、時間の長さ。**【英】** *time*

使い方▼〔月日〕▽仕事に追われて月日のたつのを忘れる▽楽しい月日を送る〔歳月〕▽歳月人を待たず（＝年月は人の都合にかかわりなく、刻々と過ぎる。**【英】** *Time and tide wait for no man*）〔年月（としつき）〕▽年月が流れる〔年月（ねんげつ）〕▽長い年月を経て大作が完成する

使い分け【1】「月日」は、日と月を重ねた時間をいい、月と年を重ねた時間をいう「歳月」「年月」より比較的短い期間について用いられるが、それぞれの語の表わす時間の長さは必ずしも一定しない。【2】「年月（としつき）」は、「年月（としつき）の願いがようやくかなう」のように、今に至るまでの長い期間という意でも使われる。

【関連語】◆（光陰）時間の意の漢語。「光陰矢の如（ごと）し（＝月日の過ぎることの早いたとえ）」◆（日月）「月日」の意の漢語。「にちげつ」とも。「長い日月を費やす」◆（星霜）「年月」の意の漢語。星が一年に天を一周し、霜が毎年降るところから。「幾星霜を経て再会する」◆（風霜）「年月」の意の漢語。また、きびしい世間の試練のこと。「風霜を経る」

参照▼日月⇒701-05

7 11-03

年（ねん）／年（とし）／歳（さい）／周年（しゅうねん）

共通する意味★四季が一巡する期間。太陽暦で、地球が太陽を一周する期間。**【英】** *a year*

使い方▼〔年（ねん）〕▽年に一度の大売り出し▽一年ぶりの再会▽昭和二十六年▽年月▽年末〔年（とし）〕▽今年こそ躍進の年にしたい▽年が明ける▽年の初め〔歳〕▽歳月▽歳末▽歳費▽満二十歳〔周年〕▽創立百周年記念事業

使い分け【1】「年（ねん）」「年（とし）」は、単独で一年を表わすが、「歳」は、単独では用いられず、常に複合語の一部として用いられる。【2】「年（ねん）」「歳」は、接尾語的に使われ、「年（ねん）」は、年数、年号、学年などを数えるのに、「歳」は、年齢を数えるのに使われる。【3】「周年」は、数を表わす語について接尾語的に用いられ、その数だけの年を経たことを表わす。

参照▼年（とし）⇒303-03

7 11-04

年次（ねんじ）／年度（ねんど）

共通する意味★時間の単位として数えられ、記録される一年。**【英】** *annual*《形》

使い方▼〔年次〕▽国土庁の年次報告〔年度〕▽年度始めと年度末は特に忙しい

	□計画	□が変わる	□末調整	□休暇
年次	○	△	－	○
年度	○	○	○	－

使い分け【1】「年次計画」が、さらに継続して発展していく毎年毎年の計画をいうのに対し、「年度計画」は、一年を単位とした期間内での計画をいう。【2】「年度」は、暦とは別の基準で区分した期間。通常、年度始めは四月、年度末は翌年の三月となる。【3】「年次」は、「卒業年次」のように、年の順序もいう。

7 11-05

去年（きょねん）／昨年（さくねん）

【関連語】◆（前年）ぜんねん◆（旧年）きゅうねん◆（こぞ）

共通する意味★その年の前の年。**【英】** *last year*

使い方▼〔去年〕▽去年の今ごろは仕事で海外にいた▽去年おとといと雪が多かった〔昨年〕▽昨年、一昨年と暖かい冬が続いた▽昨年来続いている警察官の不祥事

	□の暮れ	□中の出来事	□来の水不足	□度の予算
去年	○	△	－	－
昨年	○	○	○	○

使い分け【1】二語とも今年の前の年をいう。【2】「昨年」は、「去年」にくらべて改まった場合に用いられることが多いほか、例のように、現時点と比較したり、状態が継続していることを表わしたりする場合に用いられやすい。【3】さらにその前の年をいう場合、「去年」に対しては「おととし」、「昨年」に対しては「一昨年」を用いる。

反対語▼去年⇔来年　昨年⇔明年

【関連語】◆（前年）基準となる年の前の年。「前年の実績」「前年比五〇パーセントの増加」⇔翌年。◆（旧年）新しい年に対して過ぎ去った前の年。新年の挨拶（あいさつ）などに使う。⇔新年。「旧年中はいろいろとお世話になりました」◆（こぞ）「去年」の意の和語。

7 11-06

おととし／一昨年（いっさくねん）

共通する意味★去年の前の年。**【英】** *the year before last*

使い方▼〔おととし〕▽おととしの夏は暑かった〔一昨年〕▽一昨年の春、上京した

使い分け【1】「おととし」の方が、口語的。【2】「一昨年」と書いて、「おととし」とも読む。

7 11-07

今年（ことし）／本年（ほんねん）／当年（とうねん）／今年（こんねん）

共通する意味★その人が現在身を置いているその年。**【英】** *this year*

	＿は西暦何年ですか	＿もよろしくお願いします	＿最後の授業	＿とって六十歳	＿こそはがんばるぞ
今年（ことし）	○	○	○	-	○
本年	△	○	○	-	-
当年	△	-	-	○	-
今年（こんねん）	△	○	○	-	-

使い分け【1】「今年（ことし）」が、最も一般的な言い方。【2】「本年」「今年（こんねん）」は、改まった言い方で、挨拶（あいさつ）などによく使われる。【3】「当年」は、今現在の年ということを強調した語。

7 11-08 来年（らいねん）／明年（みょうねん）／翌年（よくねん） 明くる年（あくるとし）

共通する意味★その年の次の年。【英】*next year*

使い方▼〔来年〕▽来年は景気が悪くなりそうだ▽来年のことを言うと鬼が笑う　〔明年〕▽新社屋は明年三月に完成の予定です　〔翌年〕▽結婚した翌年に長男が生まれた　〔明くる年〕▽大学を卒業した明くる年に結婚した▽その明くる年も不作だった

使い分け【1】「来年」「明年」は、今年の次の年をいう。【2】「明年」は、改まった言い方で、多く、公式行事、挨拶（あいさつ）などで用いられる。【3】「翌年」「明くる年」は、基準となる年の次の年をいう。【4】「翌年」は、文章語的。「よくとし」ともいう。

反対語▼来年⇔去年　明年⇔昨年　翌年⇔前年

7 11-09 毎年（まいとし）／毎年（まいねん）

【関連語】◆（連年）れんねん◆（年年）としどし ◆（年年）ねんねん

共通する意味★年ごと。【英】*every year*

使い方▼〔毎年〕まいとし▽毎年恒例の運動会　〔毎年〕まいねん▽この程度の雪は毎年のことだ

使い分け　話し言葉としては、「まいねん」の方が、やや改まった感じを与える。

【関連語】◆（連年）何年か引き続いて毎年。「ここ五年間の連年のテーマ」◆（年年）としどし 年ごと。また、異なる年。「年々に激しさを増す選挙戦」「収穫高は年々によって異なる」◆（年年）ねんねん 年ごと。「年々歳々」「年々減少していく児童数」

7 11-10 半年（はんとし）／半期（はんき）

【関連語】◆（半季）はんき

共通する意味★一年の半分の期間、六か月。【英】*half a year*

使い方▼〔半年〕▽入社して半年がたった▽半年ごとに会を開く　〔半期〕▽半期に一度の大売り出し▽半期ごとに決算書を作成する

使い分け【1】「半期」は、一年の半分の意と、一定期間の半分の意があり、「上（かみ）半期」「下（しも）半期」などのように用いる。【2】「半期」は、区切りを意味するのが一般的で、「半年」とは違い、実際の期間には使われにくい。たとえば、「半年がたった」といえば、六か月経過した意だが、「半期がたった」といえば、一定期間のうち半分が終わったという区切りを表わす。

【関連語】◆（半季）一年の半分。特に江戸時代に、三月と九月を基準にした六か月の奉公期限をさしていった。

7 11-11 月（つき）

意味★時間の単位で、年と日との中間の単位。太陽暦では、一太陽年を一二分してひと月とする。ひと月は約三〇日間。【英】*a month*

使い方▼〔月〕▽月がかわってから着工する▽月の半分は出張で日本にいない

参照▼月⇒701-11

7 11-12 先月（せんげつ）／前月（ぜんげつ）

共通する意味★その月の前の月。【英】*last month*

使い方▼〔先月〕▽先月から今月にかけて雨の日が多い▽先月来、新しい税制をめぐる論議が活発だ　〔前月〕▽前月行われた会には外国人も出席していた▽事件の前月、犯人は多額の借金をしていた

使い分け【1】「先月」は、今月の前の月をいう。【2】「前月」は、基準となる月の前の月をいう。

反対語▼先月⇔来月　前月⇔翌月（よくげつ）

7 11-13 来月（らいげつ）／翌月（よくげつ）

共通する意味★その月の次の月。【英】*next month*

使い方▼〔来月〕▽来月の研究会の担当は君だ▽来月退院する　〔翌月〕▽購入した月の翌月に銀行から引き落とされる▽あの事件は祖父が死んだ翌月のことだった

使い分け【1】「来月」は、今月の次の月をいう。これからのことを表わすときに用いられる。【2】「翌月」は、基準となる月の次の月をいう。

反対語▼翌月⇔前月　来月⇔先月

7 11-14 月初め（つきはじめ）／初旬（しょじゅん）／上旬（じょうじゅん）

共通する意味★月の初めのころ。【英】*the beginning of the month*

使い方▼〔月初め〕▽毎月、月初めに病院へ行く　〔初旬〕▽十月初旬だというのにひどく冷え込む　〔上旬〕▽四月上旬は花見の季節だ

使い分け【1】「月初め」は、月の初めの五日間く

らいをいう。【2】「初旬」「上旬」は、一か月を一〇日ごとに三つに分けた最初の一〇日間。

7 11-15 月半ば（つきなか）／中旬（ちゅうじゅん）

共通する意味★月の中ごろ。**【英】** *the middle of the month*

使い方▼〔月半ば〕▽月半ばには退院できそうだ〔中旬〕▽六月中旬をめどに結婚話を進める

使い分け「月半ば」は、月の一五日前後の数日間をいい、「中旬」は、一一日から二〇日までの約一〇日間をいう。

7 11-16 月末（げつまつ）／下旬（げじゅん）

共通する意味★月の終わりごろ。**【英】** *the end of the month*

使い方▼〔月末〕▽月末じめで原稿料を支払う▽月末に集金にお伺いします〔下旬〕▽八月も下旬になると波が高くなる

使い分け【1】「月末」は、月の終わりの日、あるいは月の終わりの数日をさす。「つきずえ」ともいう。【2】「下旬」は、月の二〇日から終わりまでの約一〇日間をさす。

7 11-17 週（しゅう）／週間（しゅうかん）

【関連語】◆（今週）こんしゅう◆（先週）せんしゅう

共通する意味★日曜日から土曜日までの七日間を一とする暦の上の単位。**【英】** *a week*

使い方▼〔週〕▽週に三日は洗濯する▽その件は次の週に回そう▽来週▽先週〔週間〕▽二、三週間お待ちします▽週間天気予報

使い分け【1】「週」は、単に単位を表わすのに対し、「週間」は、実際の七日間という期間を表わす。【2】「週間」は、「交通安全週間」のように、ある行事のために、特に定めた七日間をいうこともある。

【関連語】◆（今週）いまの週。「今週は忙しい」◆（先週）今週より一つ前の週。⇔来週。「先週の日曜日」

7 11-18 来週（らいしゅう）／翌週（よくしゅう）／次週（じしゅう）

共通する意味★その週の次の週。**【英】** *next week*

使い方▼〔来週〕▽来週また来なさい▽来週の月曜日〔翌週〕▽事故のあった翌週また事故が起こった〔次週〕▽次週のこの時間にまた来なさい

使い分け【1】「来週」は、いまの週の次の週をいう。【2】「翌週」は、基準となる週の次の週をいう。【3】「次週」は、週単位で行われているものについて、いまの週の次の週をいう場合に用いられる。

反対語▼来週⇔先週

7 11-19 日（ひ）

意味★時間の単位として、午前零時から午後一二時まで。**【英】** *a day*

使い方▼〔日〕▽日に何度もでかける▽雨の日

◈「母の日」「日を決める」のように、ある特定の一日の意や、「若き日の姿」のように、時の流れの中のある時点、時期の意でも使われる。

参照▼⇒701-06 711-41

7 11-20 昨日（きのう）／昨日（さくじつ）

【関連語】◆（前日）ぜんじつ

共通する意味★その日から数えて一日前となる日。**【英】** *yesterday*

	□はどうも失礼いたしました	□来風邪で休んでいます	まるで□のことのようです	先週の□は何をしていましたか
きのう	○	-	○	○
昨日（さくじつ）	○	○	△	-

使い分け【1】二語とも、今日の前の日をいう。「昨日（さくじつ）」の方が、改まった言い方。【2】「きのう」は、「先週のきのう」のように、一定の周期を経た過去の時点をさして述べることができる。

反対語▼昨日（さくじつ）⇔明日（みょうにち）　きのう⇔あした・あす

【関連語】◆（前日）基準となる日の一日前となる日。⇔翌日。「前日になって予約をキャンセルする」

7 11-21 おととい／一昨日（いっさくじつ）

共通する意味★きのうの前の日。**【英】** *the day before yesterday*

使い方▼〔おととい〕▽おととい言ったことをもう忘れたのか▽おととい来い（＝相手を追い返すとき、ののしって言う言葉。二度と来るな、の意）〔一昨日〕▽父は、一昨日から出張している

使い分け「おととい」は、「一昨日」より口語的。「おとつい」ともいう。「一昨日」と書いて「おととい」と読むこともある。

7 11-22 今日（きょう）／本日（ほんじつ）

【関連語】◆（当日）とうじつ

共通する意味★話し手がそこにいて、現に何かある行為や事態が行われたりする日。**【英】** *today*

使い方▼〔今日〕▽今日はいい天気です▽今日中にこの仕事をやってしまいたい▽去年の今日は大変だった〔本日〕▽本日は遠方よりお集まりくださりありがとうございます▽本日は晴天なり

7 自然

	「 」はどうもおじゃましました	「 」のところはやめておこう	先週の「 」	「 」休業
今日	○	○	○	-
本日	○	-	-	○

使い分け【1】「本日」の方が、改まった言い方で、挨拶（あいさつ）、スピーチなどで用いられる。【2】「今日」は、別の週、月、年などの、その日と同じ曜日（日付・月日）に相当する日をいう場合もある。

【関連語】◆**〈当日〉**そのことが行われる日、また行われた日。「当日雨の場合は中止します」「事件当日の彼のアリバイがない」「当日券」

7 11-23 明日（あした）／明日（みょうにち）／明日（あす）

【関連語】◆**〈翌日〉**（よくじつ）◆**〈明くる日〉**（あくるひ）

共通する意味★その日の次の日。**【英】** *tomorrow*

使い方▼〔明日〕（あした）▽あしたはあしたの風が吹く 〔明日〕（みょうにち）▽明日改めてご連絡します 〔明日〕（あす）▽あすあさってと寒い日が続くでしょう

	「 」の午後お伺いします	「 」天気になあれ	「 」をも知れぬ命
明日（あした）	○	○	-
明日（みょうにち）	○	-	-
明日（あす）	○	-	○

使い分け【1】「明日（あした）」が一般的な語で、「明日（あす）」は、やや改まった言い方。「明日（みょうにち）」は、さらに改まった言い方。【2】「明日（あす）」は、「明日（あす）の日本を築く」のように、近い将来の意で用いられることもある。

【関連語】◆**〈翌日〉**基準となる日の次の日。⇔前日。「試験の終わった翌日出発した」◆**〈明くる日〉**基準となる日の次の日。「その明くる日彼が来た」

7 11-24 あさって／明後日（みょうごにち）

【関連語】◆**〈しあさって〉**◆**〈やのあさって〉**

共通する意味★明日（あした）の次の日。**【英】** *the day after tomorrow*

使い方▼〔あさって〕▽あさっては土曜日だ▽明日あさっては会社が休みだ 〔明後日〕▽明後日改めてお目にかかります▽明後日から期末試験が始まる

使い分け【1】「あさって」が一般的な語で、「明後日」の方が、改まった言い方。【2】「あさって」は、「あさっての方を向く」のように、全く見当ちがいの方向のこともいう。「明後日」と書いて、「あさって」と読むこともある。

【関連語】◆**〈しあさって〉**あさっての翌日。地域によっては、あさっての翌々日をさすこともある。「しあさってから試験が始まる」◆**〈やのあさって〉**あさっての翌々日。地域によっては、あさっての翌日をさすこともある。

7 11-25 毎日（まいにち）／日日（ひび）／連日（れんじつ）／日日（にちにち）

【関連語】◆**〈日ごと〉**（ひごと）

共通する意味★同じ様子が特定のその日だけでなく、何日も続いて起こること。**【英】** *every day*

使い方▼〔毎日〕▽毎日七時に家を出る▽水は毎日の生活に欠かせない▽楽しい毎日を送る 〔日日〕（ひび）▽日々是れ好日なり▽日々のお勤め御苦労さま 〔連日〕▽劇場は連日大入り満員だ▽連日の豪雨で橋が流された▽連日連夜（＝来る日も来る日も） 〔日日〕（にちにち）▽日々の出来事を日記に記す▽日々の仕事をうまく処理していく

	充実した「 」を送る	「 」の生活に追われる	「 」のように遅く帰宅する	「 」の盛況
毎日	○	○	○	-
日日（ひび）	○	○	-	-
連日	-	-	○	○
にちにち	△	○	-	-

使い分け【1】「毎日」が、一般的に使われる。「日日（ひび）」は、改まった場合に使われることが多い。【2】「連日」は、ある一定の期間、何日も同じ状態が続いて起こるさまを強調していう語。【3】「日日（にちにち）」は、その日その日の様子。

【関連語】◆**〈日ごと〉**「日ごとに」の形で、日増しに、次第にの意で使われることが多い。「日毎」とも書く。「日ごとに春めいてくる」

7 11-26 ある日（ひ）／一日（いちにち）／某日（ぼうじつ）／一日（ひとひ）

共通する意味★その日が確かに決めがたい場合や、その日をわざと言わないようにする場合にいう不特定の日のこと。**【英】** *one day*

使い方▼〔ある日〕▽ある日の出来事▽数日たったある日一通の手紙が届いた 〔一日〕（いちにち）▽春の一日、ひなびた山峡を訪ねた 〔某日〕▽某月某日、誰（だれ）それに会ったというメモが書き残されていた 〔一日〕（ひとひ）▽ひと日、郊外に遊ぶ

使い分け「ある日」が、最も一般に用いられるのに対して、「一日（いちにち）」「某日」「一日（ひとひ）」は、主に書き言葉として用いられる。

7 11-27 日数（にっすう）／日数（ひかず）／日にち（ひ）／暦日（れきじつ）

共通する意味★日を重ねて長い時間を経ること。またその期間。**【英】** *the number of days*

使い方▼〔日数〕（にっすう）▽完成までには日数がかかる 〔日数〕（ひかず）▽開催までの日数を指折り数えて待つ 〔日にち〕▽製造日からかなり日にちがたっている▽給料は時間でなく日にちで計算します 〔暦日〕▽山

中暦日なし（＝山にこもっていると月日の経つのも忘れる）

使い分け【1】「暦日」は、書き言葉として使われることが多い。【2】「日にち」は、「式の日にち」のように、日取り、期日の意味で用いることもある。

7 11-28 平日（へいじつ）／ウイークデー

共通する意味★日曜以外の日。【英】*a weekday*

使い方▼〔平日〕▽平日はすいている店▽平日料金〔ウイークデー〕▽ウイークデーは忙しくて休めない

使い分け【1】「平日」は、日曜および祝祭日以外の日をさすが、最近、土曜を平日に含めないこともある。【2】「ウイークデー」は、土曜を含まずにいう場合もある。【3】「平日」は、「平日どおり営業する」のように、ふだんの日の意でも使われる。

反対語▼平日⇔休日

7 11-29 休日（きゅうじつ）／休暇（きゅうか）／休み（やすみ）

【関連語】◆（ホリデー）◆（バケーション）◆（バカンス）

共通する意味★仕事や勉強をしなくてもよい時間、日。

使い方▼〔休日〕▽今月は休日が六日ある▽休日勤務〔休暇〕▽休暇をとって旅行に出かける▽長期休暇▽休暇願　〔休み〕▽休みに旅行する▽十分の休みを入れる

使い分け【1】「休日」は、日曜日、祝祭日のほか、営業、業務などが行われない日をさしていう。【英】*a holiday*【2】「休暇」は、学校、官庁、会社などで公認されている、「休日」以外の授業や仕事のない日。【英】*a holiday*【3】「休み」は、「休みの時間に手紙を書く」のように、短い時間にも長い時間にも使う。【英】*rest*

反対語▼休日⇔平日

【関連語】◆（ホリデー）休日。祝祭日。また、長い休暇。多く、他の語と複合して用いられる。「サマーホリデー」◆（バケーション）連続した長期の休暇。また、それを利用した行楽などをいう。「サマーバケーション」◆（バカンス）「バケーション」に同じだが、特に、長期の休暇を利用した保養や行楽をいう。フランス語から。「バカンスを楽しむ」

参照▼休み⇒020-15

7 11-30 吉日（きちじつ）／好日（こうじつ）／佳日（かじつ）

【関連語】◆（寧日）ねいじつ

共通する意味★よい日。【英】*an auspicious day*

使い方▼〔吉日〕▽吉日は、どこの結婚式場も満員だ▽ほしかったものが手に入り、今日は吉日だ▽思い立ったが吉日（＝思い立ったらその日を吉日と思ってすぐに実行するのがよい）▽大安吉日　〔好日〕▽日々これ好日（＝毎日が充実したよい日だ）　〔佳日〕▽秋の佳日にめでたく式典を執り行った

使い分け【1】「吉日」は、祝い事や旅行などに縁起のよいとされる日。陰陽道（おんみょうどう）で縁起のよい日とされる「大安」をさすことが多い。また、幸運な日をいうこともある。「きちにち」「きつじつ」とも。【2】「好日」は、安らかで、過ごし方に満足できるよい日。【3】「佳日」は、「吉日」と同じく、めでたいとされるよい日。または、結婚式や長寿の祝いのようなめでたいことがある日をいうこともある。「嘉日」とも書く。

反対語▼吉日⇔凶日　佳日⇔悪日（あくにち）

【関連語】◆（寧日）平和で落ち着いたよい日。文章語。「寧日を感謝しつつ眠りについた」

7 11-31 悪日（あくにち）／凶日（きょうじつ）／厄日（やくび）

共通する意味★何かをするのによくないとされる日。または、よくないことが起こった不運な日。【英】*an unlucky day*

使い方▼〔悪日〕▽わざわざ悪日に行くことはないだろう▽大事な腕時計をなくすなんて、今日は悪日だ〔凶日〕▽今日は凶日だから、外出はとりやめよう〔厄日〕▽厄日を避けて結婚式を挙げた▽財布をなくすなんて今日はとんだ厄日だ

使い分け【1】「悪日」は、災難や不利益の生じた日を、不愉快な気持ちでいうのに使うことが多い。「あくび」ともいう。【2】「凶日」は、占いなどで不吉だとされる日。【3】「厄日」は、陰陽道（おんみょうどう）で、災難にあうとして事をつつしむ日のこと。現在では、いやなことが続いて起こる日という意でも使われる。【4】「悪日」「凶日」は、主に文章語として、「厄日」は、話し言葉として使われる。

反対語▼悪日⇔佳日　凶日⇔吉日

7 11-32 朝晩（あさばん）／朝夕（あさゆう）

【関連語】◆（朝夕）ちょうせき◆（旦夕）たんせき

共通する意味★朝と晩、または夕方の時間帯。【英】*morning and evening*

使い方▼〔朝晩〕▽朝晩はめっきり冷え込む▽朝晩欠かさず薬を飲む　〔朝夕〕▽朝夕のラッシュ時は禁煙です

使い分け【1】「朝晩」は朝と晩、「朝夕」は朝と夕の意だが、意味合いはほとんど同じである。【2】二語とも、転じて、いつも、毎日という意味で用いられることがある。「朝晩思いにふける」「朝夕研究にはげむ」

【関連語】◆（朝夕）「朝夕（あさゆう）」の意の漢語。転じて、ふだん、の意もある。「朝夕拳々服膺（けんけんふくよう）する（＝人から言われた訓戒などをいつも忘れず、そむかないように心がける）」◆（旦夕）「朝夕（あさゆう）」の意の漢語。「旦夕心をこめて育てた盆栽」「旦夕に迫る（＝今日の夕方か明朝が限りだという切迫した状態になる）」

7 11-33 昼夜（ちゅうや）／日夜（にちや）／夜昼（よるひる）

共通する意味★昼と夜を合わせた時間。**【英】** *day and night*

使い方▼〔昼夜〕▽昼夜をおかず（＝昼はもちろん夜も休まず）警官が出動する▽事件から一昼夜たった▽昼夜兼行 〔日夜〕▽日夜、努力を重ねる 〔夜昼〕▽夜昼かまわず大声で歌う

	□働き続ける	□を問わず	□を分かたぬ努力	□かまわず騒ぐ	不安な□をおくる
昼夜	○	○	○	−	−
日夜	○	−	−	−	○
夜昼	○	○	△	○	−

使い分け 三語とも、昼も夜もという意から、常に何かが継続して行われている状態をさすことも多い。

7 11-34 終日（しゅうじつ）／ひねもす

共通する意味★朝から晩までずっと。一日中。**【英】** *all day (long)*

使い方▼〔終日〕▽受験をひかえて終日机に向かう▽終日労働しても、もうけは少ない 〔ひねもす〕▽書斎でひねもす読書にふける

使い分け「ひねもす」は、文章語。

反対語▼ひねもす⇔夜もすがら

7 11-35 朝（あさ）／あした／モーニング

共通する意味★夜が明けてからしばらくの間。**【英】** *morning*

使い方▼〔朝〕▽朝九時に出社する▽朝早く起きる▽九月一日の朝▽朝寝坊▽朝飯 〔あした〕▽あしたに道を聞かば夕べに死すとも可なり 〔モーニング〕▽モーニングコール▽モーニングセット

使い分け【1】「あした」は、「朝」の古い言い方で、文章語的。「朝」とも書く。**【2】**「モーニング」は午前をさすこともある。多く、他の語と複合して用いられる。

反対語▼朝⇔夕・晩 あした⇔夕べ モーニング⇔イブニング

7 11-36 早朝（そうちょう）／朝方（あさがた）

【関連語】◆（朝っぱら）

共通する意味★朝早い時間、また朝日が昇る前後のころ。**【英】** *an early morning*

使い方▼〔早朝〕▽早朝から仕事に出る▽明日の早朝の到着予定▽早朝練習 〔朝方〕▽朝方はかなり冷え込む▽朝方まで起きている

使い分け「朝方」は、「深夜から朝方にかけて小雨が降った」のように、連続する時間の中でとらえる言い方であるのに対し、「早朝」は、一日の最初の時間帯であることを表わす言い方。

反対語▼早朝⇔深夜・白昼 朝方⇔夕方

【関連語】◆〔朝っぱら〕朝早い時刻のこと。朝食前の「朝腹」からきたもの。俗語的。「朝っぱらから何の用だ」

7 11-37 明け方（あけがた）／夜明け（よあけ）／明け（あけ）

【関連語】◆（曙）◆（未明）◆（朝まだき）◆（暁）◆（黎明）

共通する意味★夜の時間が終わりに近づき、朝を迎えようとするころ。太陽が昇って明るくなってくるころ。**【英】** *dawn*

使い方▼〔明け方〕▽明け方近く、雷が鳴った▽翌日の明け方に目的地に着いた 〔夜明け〕▽夜明けの一番鶏が鳴く▽夜明け前に強い地震があった▽科学文明の夜明け 〔明け〕▽深夜から明けにかけて暴走族が騒いでいる▽明けの明星

	□の空	□から雨が降っている	□は冷える	□電話があった
明け方	○	○	○	○
夜明け	○	○	△	−
明け	○	△	−	−

使い分け【1】「明け方」は、夜が明ける時間帯をいうのに対し、「夜明け」「明け」は夜が明けること、あるいはその時をいい、さらにそれを中心とする時間帯をいう場合もある。**【2】**「夜明け」は、「アジアの夜明け」のように、新しい時代、好ましい変革の到来を意味することもある。

【関連語】◆〔曙〕夜がほのぼのと明け始めるころ。「曙の空」◆〔未明〕まだすっかりとは夜が明けていないころ。「未明に旅立つ」◆〔朝まだき〕朝がまだ訪れないころ。古風な言い方。「朝まだきに出発する」◆〔暁〕「明か時」の転。東の空が白み始めるころ。「成功の暁には」のように、ある物事が実現、完成した際のことをさして用いることもある。◆〔黎明〕夜が明けて朝になろうとするころ。比喩的にも用いる。「近代日本の黎明」

参照▼明け⇒814-47

7 11-38 今朝（けさ）

意味★きょうの朝。**【英】** *this morning*

使い方▼〔今朝〕▽今朝はことのほか寒い▽今朝方

7 11-39 明くる朝（あくるあさ）／翌朝（よくあさ）／翌朝（よくちょう）

【関連語】◆（明朝）

7 自然

共通する意味★話題となっている日の次の日の朝。**【英】** *next morning*
使い方▼〔明くる朝〕▽明くる朝さっそく出かけた　〔翌朝（よくあさ）〕▽翌朝まで雨は降り続いた　〔翌朝（よくちょう）〕▽翌朝早く出発した
使い分け「翌朝（よくちょう）」は、やや改まった語。
【関連語】◆（明朝）今日の次の日の朝。「明朝はいつもより早目にでかけよう」

7 11-40　午前（ごぜん）

意味★夜の一二時（零時）から正午（一二時）までの間。あるいは、夜が明けてから正午までの間。昼前。**【英】** *the morning* ⇔午後
使い方▼〔午前〕▽午前の部▽午前七時に集合のこと▽今夜は午前様だ

7 11-41　昼（ひる）／昼間（ひるま）

【関連語】◆（日）ひ◆（日中）にっちゅう◆（日中）ひなか◆（昼中）ひるなか◆（昼間）ちゅうかん◆（正午）しょうご

共通する意味★太陽が昇ってから夕方沈むまでの間。一日のうちで一番明るい間。**【英】** *the daytime*
使い方▼〔昼〕▽昼は家にいます▽昼から外出する　〔昼間（ひるま）〕▽昼間働いて夜学校に通う
使い分け「昼」は正午（一二時）、またはその前後のしばらくの時間を意味することもある。その時間帯を境として、「昼前」「昼過ぎ」「昼下がり」などの言い方がある。また、「お昼にしよう」のように、昼の食事をさすこともある。
反対語▼昼⇔夜
【関連語】◆（日）「昼間」に同じだが、その時間内の明るい間という意に重点がおかれた語。「日が長くなる」「日が暮れる」◆（日中（にっちゅう））正午（一二時）を中心として前後の数時間。また、「昼間」。「日中は暑くなるでしょう」◆（日中（ひなか））「昼間」と同じ意で、多く「昼（の）日中」の形で使われる。「昼日中から家でごろごろしている」◆（昼中）「昼間」に同じ。「昼中の犯行」◆（昼間（ちゅうかん））「昼間（ひるま）」の意の漢語。「昼間部」「昼間人口」◆（正午）昼の一二時。「正午の時報」
参照▼日⇒701-06 711-19

7 11-42　真昼（まひる）／白昼（はくちゅう）／真っ昼間（まっぴるま）

共通する意味★昼のさなか。**【英】** *broad daylight*
使い方▼〔真昼〕▽真昼の太陽がさんさんと降り注ぐ　〔白昼〕▽白昼堂々と強盗に押し入る▽白昼夢（＝昼間に見る夢。転じて、非現実的な空想）　〔真っ昼間〕▽真っ昼間から酒を飲んで酔っ払う
使い分け「真っ昼間」は、昼間にふさわしくないことを行ったり、そのような事態が生じたりした場合に、非難の意を込めて使う。

7 11-43　午後（ごご）／昼過ぎ（ひるすぎ）／昼下がり（ひるさがり）

【関連語】◆（アフタヌーン）

共通する意味★正午以後、夕方に至るまでの時間帯。**【英】** *afternoon*
使い方▼〔午後〕▽午後から天気が下り坂になる▽午後五時まで働く　〔昼過ぎ〕▽昼過ぎから買い物にでかける　〔昼下がり〕▽昼下がりの公園はひっそりしている
使い分け【1】「午後」は、一日の後半である正午以後、夜の一二時までを含めていうこともある。【2】「昼過ぎ」「昼下がり」は、正午を少し過ぎたころをいい、「午後」にくらべて、さし示す時間帯は狭い。
反対語▼午後⇔午前
【関連語】◆（アフタヌーン）「午後」の意で、「アフタヌーンショー」「アフタヌーンドレス」などのように、多く、他の語と複合した形で用いられる。

7 11-44　夕方（ゆうがた）／日暮れ（ひぐれ）／夕暮れ（ゆうぐれ）／晩方（ばんがた）

【関連語】◆（夕）ゆう◆（夕べ）ゆうべ◆（夕刻）ゆうこく◆（黄昏）たそがれ◆（薄暮）はくぼ◆（火ともしころ）ひともしごろ◆（宵）よい◆（宵の口）よいのくち◆（暮れ方）くれがた◆（イブニング）◆（今夕）こんゆう◆（夕間暮れ）ゆうまぐれ

共通する意味★日が西へ傾いて、あたりが暗くなりはじめるころ。**【英】** *evening*

	□になると人通りが絶える	□どきに人を訪ねる	□から冷え込む	冬は□がはやい
夕方	○	-	○	-
日暮れ	○	○	△	○
夕暮れ	○	○	△	-
晩方	○	-	○	-

使い分け【1】四語の中では、「晩方」が最も遅い時間をさす。【2】「夕暮れ」「日暮れ」は、あたりが暗くなりはじめた状態をいうことが多く、「夕方」「晩方」は、そのような時間帯をいうことが多い。
反対語▼夕方⇔朝方
【関連語】◆（夕）「夕方」の意の古めかしい言い方。「朝に夕に」「夕景色」◆（夕べ）「夕方」の意の文章語。「夕べの祈り」「秋の夕べ」など。また、「詩の夕べ」のように、何かの催しを行う夜を表わす場合もある。◆（夕刻）日が暮れる時刻。「夕刻までには到着する」◆（黄昏）あたりが薄暗くなったころ。「誰そ彼（たそかれ）は」の意で、人の見分けがつきにくいところから生まれた言い方。「たそがれが迫る」◆（薄暮）「夕暮れ」「黄昏（たそがれ）」の意の漢語。「薄暮が迫る」◆（火ともしころ）夕暮れになって明かりをともすころ。「火点し

頃」とも書く。「いつの間にかひともしごろになった」◆〈宵〉日が暮れてからしばらくの時間。夜の始めの時分。「宵の明星（みょうじょう）」◆〈宵の口〉日が暮れて間もないころ。「宵の口から酒に酔う」◆〈暮れ方〉日が暮れるころ。「暮れ方から雨が降る」◆〈イブニング〉「夕方」の意で、多く、「イブニングドレス」「イブニングコート」など、他の語と複合した形で使われる。◆〈今夕〉今日の夕方。「こんせき」ともいう。文章語。「今夕小さな集まりがある」◆〈夕間暮れ〉夕方の薄暗いころ。古風な言い方。「夕間暮れの街」

7 11-45 夕闇（ゆうやみ）／宵闇（よいやみ）

【関連語】 ◆〈夜陰〉（やいん）◆〈暮色〉（ぼしょく）

共通する意味★夕方になっても月が見えず、うす暗い様子。また、その時分。**【英】** *dusk*

使い方▼〈夕闇〉▽夕闇が迫る▽人影が夕闇にまぎれて消える 〈宵闇〉▽宵闇にさそわれてネオン街に繰り出す

使い分け 「宵闇」は、やや古めかしい言い方。

【関連語】 ◆〈夜陰〉夜の暗闇、また、夜の意味の漢語。「夜陰に乗ずる」◆〈暮色〉日没後の、あたりが次第にぼんやりしてくるころの様子。文章語。「暮色蒼然（そうぜん）」

7 11-46 暗闇（くらやみ）／暗がり（くらがり）／真っ暗闇（まっくらやみ）／闇（やみ）

共通する意味★暗いこと。暗い所。**【英】** *darkness*

使い方▼〈暗闇〉▽暗闇に時折光るものがある▽暗闇に葬る▽前途は暗闇だ 〈暗がり〉▽暗がりからひょっこり顔を出す 〈真っ暗闇〉▽星もない真っ暗闇の夜▽この世は真っ暗闇だ 〈闇〉▽闇に閉ざされる▽闇から闇に葬る

	□に潜む	停電で□になる	夜の□に紛れて逃げる	□へ引きずり込む
暗闇	○	○	△	-
暗がり	○	-	-	○
真っ暗闇	○	○	-	-
闇	○	△	○	-

使い分け【1】「暗闇」「闇」は、ともに暗いこと、暗い場所、人目につかない場所をいう。【2】「暗がり」は、特に暗い場所、人目につかない場所をいうのに対して、「真っ暗闇」は、特に暗い状態を表わし、場所は表わさない。【3】「闇」は、「闇米」のように、正規の手続きによらない取引、その商品、値段を表わすこともある。

7 11-47 夜（よる）／晩（ばん）

【関連語】 ◆〈夜〉（よ）◆〈夜間〉（やかん）◆〈夜分〉（やぶん）

共通する意味★日が沈んで暗くなり、朝がくるまでの時間。**【英】** *night*

	今日の□お邪魔します	朝から□まで働きずくめ	□昼かまわず騒ぐ
夜（よる）	○	△	○
晩	○	○	-

使い分け【1】「朝」と対していう場合には「晩」が、「昼」と対していう場合には「夜（よる）」が用いられることが多い。【2】「晩」は、「三日三晩」のように、数詞としても用いる。

反対語▼夜⇔昼　晩⇔朝

【関連語】 ◆〈夜〉（よ）「夜（よる）」よりもやや改まった言い方。「夜がふける」「夜を明かす」「秋の夜」◆〈夜間〉夜の間。「夜間の外出禁止」「夜間部」◆〈夜分〉「夜間」の改まった言い方。「夜分におじゃまして申しわけありません」

7 11-48 一夜（いちや）／一夕（いっせき）

共通する意味★日が暮れてから翌朝までの一晩、また、ある日の晩の時間。**【英】** *one night*

使い方▼〈一夜〉▽雪は一夜にしてひざまで降り積もった▽友人宅で一夜を明かした 〈一夕〉▽旧友と一夕歓談した

使い分け 「一夜」の方が、一般的。

参照▼一夜⇒815-36

7 11-49 闇夜（やみよ）／暗夜（あんや）

共通する意味★真っ暗な夜。月明かりのない夜。**【英】** *a dark night*

使い方▼〈闇夜〉▽闇夜に烏（からす）▽闇夜の鉄砲（＝目標の定まらないこと、また、やっても効果がないことのたとえ） 〈暗夜〉▽暗夜のつぶて（＝不意に受ける攻撃）▽暗夜に星を見る思い

使い分け 「暗夜」は、「やみ夜」の意の漢語。「闇夜」とも書く。

7 11-50 夜中（よなか）／真夜中（まよなか）／深夜（しんや）／夜半（やはん）／夜更け（よふけ）

【関連語】 ◆〈深更〉（しんこう）◆〈ミッドナイト〉

共通する意味★夜がすっかりふけて、人々が寝静まったころ。夜の一二時から二時ごろ。**【英】** *midnight*

使い方▼〈夜中〉▽夜中に目がさめる 〈真夜中〉▽真夜中に電話が鳴って起こされた 〈深夜〉▽会議は深夜に及んだ▽深夜放送▽深夜料金 〈夜半〉▽夜半過ぎに帰宅する▽台風は今夜半、九州に上陸するらしい 〈夜更け〉▽夜更けに階下で大きな物音がした▽

夜更けまでまんじりともしなかった」

使い分け【1】「夜中」は、「夜中じゅう騒いでいた」のように、比較的長い時間帯をさすこともある。【2】「真夜中」は、「夜中」を強調した言い方。【3】「深夜」は、他の語と複合した形で使われることも多い。【4】「夜半」は、文章語的。

【関連語】◆**(深更)**「深夜」の意の文章語。「座り込みは深更にまで及んだ」◆**(ミッドナイト)**「深夜」の意で、「ミッドナイトショー」のように、他の語と複合した形で使われることが多い。

7 11-51 終夜(しゅうや)／夜通し(よどおし)

【関連語】◆**(夜もすがら)**よもすがら

共通する意味★夜から朝までずっと何かが続いて行われる時間。一晩中。**【英】** *all night*

使い方▼〔**終夜**〕▽雨が終夜降り続いた▽終夜営業▽終夜運転 〔**夜通し**〕▽夜通し飲んで騒ぐ

使い分け「終夜」は、文章語。

【関連語】◆**(夜もすがら)**一晩中。「すがら」は、初めから終わりまで通しての意。文章語。「夜もすがらまんじりともせず起きていた」

7 11-52 昨夜(ゆうべ)／昨夜(さくや)／昨晩(さくばん)

【関連語】◆**(前夜)**ぜんや◆**(先夜)**せんや◆**(昨夕)**さくゆう

共通する意味★その日から数えて一日前の夜。**【英】** *last night*

使い方▼〔**昨夜**〕ゆうべ▽ゆうべは早目に寝た 〔**昨夜**〕さくや▽昨夜来の雨があがった 〔**昨晩**〕▽昨晩、大きな地震があった

使い分け【1】三語とも、今日の前日の夜。【2】「昨夜(ゆうべ)」が一般に使われ、「昨夜(さくや)」「昨晩」は、やや改まった言い方。

【関連語】◆**(前夜)**基準となる日の前日の晩。「前夜祭」◆「革命の前夜」のように、比喩(ひゆ)的に、大事件などが発生する直前をさしていうこともある。◆**(先夜)**今日より少し前の時点の夜。幾日か前の夜。文章語。「先夜は失礼いたしました」◆**(昨夕)**きのうの夕方。文章語。「昨夕から雨が降り続いている」

7 11-53 今夜(こんや)／今晩(こんばん)／今宵(こよい)

【関連語】◆**(当夜)**とうや

共通する意味★その日の夜。**【英】** *tonight*

	□の月はきれいだ	□のおかず	□という□は許さないぞ	□ひとときを共に過ごす
今夜	○	○	○	-
今晩	○	○	-	-
今宵	○	-	-	○

使い分け【1】三語とも今日の夜をいう。【2】「今宵」は古めかしい言い方で、多く、詩や改まった場などで使われる。

【関連語】◆**(当夜)**基準となるその日の夜。「事件の当夜は家にいなかった」

7 11-54 毎晩(まいばん)／毎夜(まいよ)／連夜(れんや)／夜毎(よごと)／夜な夜な(よなよな)

共通する意味★どの夜も。夜になるたび。**【英】** *every night*

使い方▼〔**夜な夜な**〕副

	□恐ろしい夢をみる	□のパトロール	□遅く帰る	□の暑さで眠れない
毎晩	○	○	○	△
毎夜	○	○	○	△
連夜	△	○	△	○
夜毎	○	○	△	-
夜な夜な	○	-	△	-

使い分け【1】「毎晩」「毎夜」は、ほぼ同様に使い、使用範囲も広く、副詞的にも用いる。夜はいつも、の意もあり、かなり長い間の習慣的な事柄を表わす。【2】「連夜」は、副詞的にはあまり使わない。期間はそれほど長くないが、毎晩毎晩休みなく続くという意味合いが強い。【3】「夜毎」「夜な夜な」は、ある事柄が、期間を問わず、夜になると繰り返して起こるような場合に用いる。必ずしも毎晩でなくてもよい。「夜毎」の方が、使われる範囲がやや広い。

7 11-55 時(じ)／分(ふん)／秒(びょう)

共通する意味★時間の単位。**【英】** *time*

使い方▼〔**時**〕▽午前九時▽毎時五キロで進む 〔**分**〕▽分きざみのスケジュール▽五分だけ待つ 〔**秒**〕▽一〇〇メートル一〇秒以内で走る

使い分け【1】「時」は、一昼夜を二四分したものの一。六〇分。【2】「分」は、一時間の六〇分の一、一秒の六〇倍。【3】「秒」は、一分の六〇分の一。

7 11-56 毎週(まいしゅう)／毎時(まいじ)／毎分(まいふん)／毎秒(まいびょう)

共通する意味★一定の時間ごと。

使い方▼〔**毎週**〕▽この新聞は毎週二回発行される▽毎週同じ人がやってくる 〔**毎時**〕▽台風は毎時二〇キロで接近している▽毎時五万キロワットの電力を消費する 〔**毎分**〕▽毎分六〇回の心臓の鼓動▽毎分二〇〇メートルのペースで走る 〔**毎秒**〕▽ダムから毎秒二トンの水が放水される▽毎秒五千回転のモーター

使い分け【1】「毎週」は、一週間ごとの意。**【英】** *every week*【2】「毎時」は、一時間ごとの意。**【英】** *every hour*【3】「毎分」は、一分ごとの意。

【英】every minute【4】「毎秒」は、一秒ごとの意。【英】every second【5】「毎時」「毎分」「毎秒」は、多く、ある数量を表わす数字の上につけて用いられる。

7 11-57 元号（げんごう）／年号（ねんごう）

共通する意味★年をある時点から数えるために定められた特定の称号。**【英】** *the name of an era*

使い方▼〔元号〕▽元号を改める▽元号が変わった〔年号〕▽年号を昭和とする

使い分け【1】「元禄（げんろく）」「昭和」「平成」の類。【2】「年号」は、「元号」の通称。

7 11-58 改元（かいげん）／改号（かいごう）

共通する意味★元号を改めること。**【英】** *the change of an era*

使い方▼〔改元〕▽昭和から平成へと改元された〔改号〕▽天皇の崩御により改号された

使い分け 通常は、「改元」を使うことが多い。

7 12 …寒暖

7 12-01 大気（たいき）／空気（くうき）

共通する意味★地球を取り巻く気体。**【英】** *air*

使い方▼〔大気〕▽大気の汚染を防ぐ▽大気圏〔空気〕▽さわやかな朝の空気▽タイヤに空気を入れる

使い分け【1】「大気」は、地球を取り巻く気体全体をいい、「火星の大気」のように、他の天体についても使う。【2】「空気」は、地球の大気の下層部分を構成する気体のこと。酸素と窒素を主成分とし、少量のアルゴン、ヘリウム、炭酸ガスを含む。また、「気まずい空気が流れる」のように、あたりの雰囲気についても使う。

参照▼空気⇒801-13

7 12-02 温度（おんど）／気温（きおん）

共通する意味★温かさ、冷たさの度合い。**【英】** *temperature*

使い方▼〔温度〕▽給湯の温度をあげる▽高い温度▽温度計〔気温〕▽気温の変化が激しい▽今日の気温▽最高気温

使い分け【1】「温度」は、温かさや熱さ、冷たさの度合い。気温や体温などをもいう。【2】「気温」は、大気の温度。気象学的には地上から一・五メートルの高さで測ったものをいう。

7 12-03 常温（じょうおん）／定温（ていおん）／恒温（こうおん）

共通する意味★一定した温度。**【英】** *a constant temperature*

使い方▼〔常温〕▽常温を保つ▽常温で保存する〔定温〕▽0度の定温に保つ▽定温動物〔恒温〕▽恒温動物

使い分け【1】「常温」は、特に冷やしたり熱したりしない自然のままの一定の温度をいう。また、「昨年の東京の常温」のように、一年間の平均的な気温の意味でも用いられる。【2】「定温」は、ふつう人為的に一定にさせられ、管理・調節された特別の温度の場合に使われる。「定温動物」の場合は、「変温動物」と対比しての語で、例外的である。【3】「恒温」は、「恒温動物」「恒温槽」のような複合語の構成要素としてしか使われない。

7 12-04 暑（あつ）さ／猛暑（もうしょ）／暑気（しょき）

【関連語】◆（酷暑）こくしょ◆（極暑）ごくしょ◆（激暑）げきしょ◆（厳暑）げんしょ◆（炎暑）えんしょ◆（大暑）たいしょ◆（暑熱）しょねつ◆（炎熱）えんねつ◆（酷熱）こくねつ◆（温気）うんき◆（向暑）こうしょ◆（残暑）ざんしょ

共通する意味★気温がやりきれないほど高く感じられる状態。**【英】** *fierce heat*

使い方▼〔暑さ〕▽暑さが身にこたえる▽暑さに向かう▽暑さ寒さも彼岸まで〔猛暑〕▽猛暑が到来する▽例年にない猛暑に見舞われる〔暑気〕▽猛烈な暑気に見舞われる▽暑気あたり▽暑気払い

使い分け【1】「暑さ」は、最も一般的に使われる語。【2】「猛暑」は、夏の暑さが激しい状態をいう。【3】「暑気」は、夏の暑さをいうが、「暑気払い」「暑気あたり」のように複合語をつくって用いられることが多い。

反対語▼暑さ⇔寒さ　暑気⇔寒気

【関連語】◆（酷暑・極暑・激暑・厳暑・炎暑・大暑）厳しい暑さをいう語。多く、手紙のなかで使われる。「激暑」は「劇暑」とも書く。「酷暑の折、お変わりございませんか」「極暑の折から御身体御自愛ください」「厳暑のみぎり」「大暑の候」など。◆（暑熱・炎熱）夏の厳しい暑さ。「暑熱を避けて山へ行く」「炎熱の中を歩く」◆（酷熱）厳しい暑さ。「酷熱の砂漠」「酷熱の地」◆（温気）熱気。特に、蒸し暑さをいう。「温気にのぼせる」「温気で食べ物が腐る」◆（向暑）暑い季節に向かうこと。手紙で時候の挨拶（あいさつ）として用いられる語。「向暑のみぎり」◆（残暑）立秋を過ぎてもまだ残っている夏の暑さ。「残暑が厳しい」「残暑お見舞い申し上げます」

7 12-05 暑い（あつい）／蒸し暑い（むしあつい）／暑苦しい（あつくるしい）

共通する意味★不快に感じるほど気温が高い。**【英】** *hot*

使い方▼**〔暑い〕**(形)▽砂漠の旅は毎日暑くてやりきれない　**〔蒸し暑い〕**(形)▽日本の夏は蒸し暑い▽雨が降ると蒸し暑くなる　**〔暑苦しい〕**(形)▽長髪は見ていて暑苦しい

	この部屋は□	□夏	□盛り	□日差し	この陽気では□背広姿
暑い	○	○	○	○	－
蒸し暑い	○	○	△	－	－
暑苦しい	△	△	－	－	○

使い分け【1】「暑い」は、最も一般的に使われる。【2】「蒸し暑い」は、気温ばかりでなく湿度も不快なほど高い状態をいう。【3】「暑苦しい」は、温度が高く熱気がこもった感じで、不快な状態をいう。また、服装や髪形などの様子から、そばで見ていていかにも暑そうで不快にさせるさまにもいう。さらに、「今は暑苦しい盛りだ」とはいいにくいことから、特定の季節感をもたない、その場その場の状況を表わす語だといえる。

反対語▼暑い⇔寒い・涼しい

7 12-06 熱い（あつい）

意味★温度が非常に高い。また、そのような感じである。**【英】** *hot* ⇔冷たい

使い方▼**〔熱い〕**(形)▽鉄は熱いうちに打て▽額が熱い▽熱い仲▽熱い思い

◈実質的な温度の外に、情熱の激しさにもいう。

7 12-07 むしむし／むんむん

共通する意味★湿度が高くて蒸し暑いさまを表わす語。**【英】** *sultry*

使い方▼**〔むしむし〕**(副)スル　**〔むんむん〕**(副)スル

	室内が□する	今夜は□する	熱気で□する	人いきれで□する
むしむし	○	○	－	－
むんむん	○	－	○	○

使い分け「むしむし」は、暑苦しく湿度の高い状態が持続するさまをいうのに対して、「むんむん」は、熱気や湿気、臭気などがあたりに立ちこめているさまをいう。

7 12-08 あたたかい／あたたか　温暖（おんだん）

【関連語】◆**（生あたたかい）**なまあたたかい◆**（ほかほか）**◆**（ぽかぽか）**◆**（温和）**おんわ

共通する意味★ほどよい温度で快適な状態である。**【英】** *warm*

使い方▼**〔あたたかい〕**(形)▽一雨ごとに暖かくなる▽温かいスープ　**〔あたたか〕**(形動)▽室内はとても暖かだ▽温かな料理　**〔温暖〕**(形動)▽みかんは温暖な地方でとれる▽静岡県は気候がとても温暖だ

	□地方	□気候	□日ざし	ミルクを□する
あたたかい	○	○	○	－く○
あたたか	－な○	－な○	－な○	－に－
温暖	－な○	－な○	－な－	－に－

使い分け【1】「あたたかい」は、体全体で感じる場合は「暖かい」、体の部分で感じる場合や、物の温度あるいは心情については「温かい」の表記が多く用いられる。「あったかい」ともいう。【2】「あたたか」は、「あたたかい」とくらべた場合、主観的に判断、評価するという意味合いがある。「あったか」ともいう。【3】「温暖」は、土地やその気候が快適であることをいう。【4】「あたたかい」「あたたか」は、「温かい言葉をかける」「心の温かな人」のように、思いやりや愛情がこもっている意味や、「懐があたたかい（あたたかだ）」のように、金銭が十分にある意味にも用いられる。

【関連語】◆**（生あたたかい）**(形)中途半端にあたたかい。快適ではなく、むしろ違和感、不快感を伴っているのが普通。「生暖かい風が吹いてきた」「生温かいものが手にふれた」◆**（ほかほか）**(副・形動)スル適度にあたたかいさま。「ほかほかしたごはん」「ほかほかの布団」◆**（ぽかぽか）**(副)スル体の中まであたたかく感じられるさま。「ほかほか」とは違い、「ぽかぽかの（な）」といった連体修飾の用法はない。「ふろに入ると、体の中までぽかぽかする」◆**（温和）**(名・形動)気候や人の性質などがあたたかくて穏やかなさま。「穏和」とも書く。「温和な気候」「穏和な人柄」

参照▼温和⇒201-31

7 12-09 ぬるい／生（なま）ぬるい

【関連語】◆**（ぬくぬく）**◆**（ぬくもり）**◆**（ぬるむ）**

共通する意味★温度がある程度高い状態。**【英】** *lukewarm*

使い方▼**〔ぬるい〕**(形)　**〔生ぬるい〕**(形)

	お茶が□	風呂のお湯が□	□風
ぬるい	○	○	－
生ぬるい	○	－	○

使い分け【1】「ぬるい」は、適温より低い、もしくは適温より高い、中途半端な状態をいう。普通は液体についてのみ用いる。「温い」とも書く。【2】「生ぬるい」は、「ぬるい」よりも不快感が強調された語。また、「ぬるい」と異なり、液体ばかりでなく風などについても使われる。「生温い」とも書く。【3】「生ぬるい」は、「生ぬるいやり方」のように、中途半端で厳しさが足りないという意味でも使われる。

【関連語】◆**(ぬくぬく)**(副)スル 気持ちよく、暖かいさま。あたたかな物に包み込まれているような語感がある。「体がぬくぬくとあたたまる」「ふとんにぬくぬくとくるまる」◆**(ぬくもり)**触れることによって感じられる、かすかで柔らかなあたたかみ。「温もり」とも書く。「肌のぬくもり」◆**(ぬるむ)**(マ五)冷たさが和らぎ、温度が幾分高くなる。ふつう、「水がぬるむ」のように用いられる。「温む」とも書く。

参照▼ぬくぬく⇒2 13-12

7 12-10 熱(ねっ)する／あたためる

【関連語】◆(あたたまる)◆(ほてる)

共通する意味★熱を加えて温度を上げる。**【英】***to warm (up)*

使い方▼〔熱する〕(サ変)　〔あたためる〕(マ下一)

	水を＿	鉄を＿	部屋を＿	冷えたごはんを＿
熱する	○	○	-	-
あたためる	○	-	○	○

使い分け【1】「熱する」は、熱を加えて高温にすることをいう。「あたためる」よりも、温度を高くし、激しく熱を加えるという感じが強い。【2】「あたためる」は、「熱する」よりも生活の場で多く用いられる語。ほどよくあたたかくする意で、冷めた物をちょうどよい温度に戻すときなどにもいう。【3】「熱する」は、「熱しやすい人」のように、興奮したり夢中になったりする意でも用いる。【4】「あたためる」は、「部屋を暖める」「水(ごはん)を温める」など、「暖める」「温める」の字を用いる。

【関連語】◆**(あたたまる)**(ラ五)熱が加わって適当な温度になる。温度だけでなく、気持ちがほっとし、幸福感のあるときなどにもいう。「たき火で暖まる」「心温まる話」◆**(ほてる)**(ラ五)体や顔などが普段の状態よりかっと熱くなる。「火照る」とも書く。「ストーブの側にいたら体がほてった」「興奮してほてった頰(ほお)」

7 12-11 涼(すず)しさ／涼感(りょうかん)／涼気(りょうき)

【関連語】◆(涼しい)すずしい◆(爽涼)そうりょう◆(涼)りょう◆(清涼)せいりょう◆(冷涼)れいりょう◆(秋冷)しゅうれい◆(新涼)しんりょう◆(涼む)すずむ

共通する意味★気温が快適な程度に低く感じられる感じ。**【英】***coolness*

使い方▼〔涼しさ〕▽北海道の涼しさは格別だ▽涼しさが感じられるインテリア　〔涼感〕▽打ち水が涼感を呼ぶ▽涼感あるインテリア　〔涼気〕▽お堂に入ると涼気を感じる▽窓から涼気が入る

使い分け【1】三語の中では、「涼しさ」の用法が最も広く、最も一般的な言葉である。【2】「涼感」は、物事から受けるいかにも涼しげな感じをいい、視覚的にとられた意味合いが強い。【3】「涼気」は、涼しい空気の意でも用いる。

【関連語】◆**(涼しい)**(形)気温が快適な程度に低く感じられるさま。⇔暑い。「朝晩涼しくなる」「涼しい風」◆**(爽涼)**(名・形動)外気がさわやかで涼しいこと。文章語。「爽涼な秋気」「爽涼の気」◆**(涼)**涼しいこと。多く「涼を求める」「涼をとる(＝涼む)」の形で用いられる。◆**(清涼)**(名・形動)さわやかで涼しいこと。「清涼の気」「清涼な山の空気」「清涼飲料」◆**(冷涼)**(名・形動)冷ややかで涼しいこと。文章語。「冷涼の気がみなぎる」「高原の冷涼な空気」◆**(秋冷)**秋の涼しさ。また、その気候。また、秋の涼風。多く手紙文で、時候の挨拶(あいさつ)に用いられる。「秋冷の候」◆**(新涼)**秋の初めのころの涼しさ。多く手紙文で、時候の挨拶などに用いられる。「新涼の候」◆**(涼む)**(マ五)涼しい風にあたったり、物の陰に入ったりして、暑さをしのぐ。「河原に出て涼む」

7 12-12 寒(さむ)さ／寒気(かんき)／寒気(さむけ)

【関連語】◆(寒波)かんぱ◆(寒冷)かんれい◆(酷寒)こっかん◆(極寒)ごっかん◆(厳寒)げんかん

共通する意味★気温の低さが不快なほどに感じられるような状態。

使い方▼〔寒さ〕▽寒さに耐える▽三十年ぶりの寒さ▽寒さがぶり返す　〔寒気(かんき)〕▽寒気が身にしむ▽寒気が日本上空に流れ込む▽寒気団　〔寒気(さむけ)〕▽恐怖に寒けを覚える▽寒気立つ

	＿を感じる	＿がゆるむ	＿がする	＿に強い	厳しい＿
寒さ	○	○	-	○	○
寒気(かんき)	-	○	-	△	○
寒気(さむけ)	○	-	○	-	-

使い分け【1】「寒さ」は、最も一般的な語で、三語のうちでは用法も広い。**【英】***coldness*【2】「寒気(かんき)」は、冷たい空気。または、空気が冷たい状態にあるその冷たさをいう。特に、冬の空気の冷たさをいうことが多い。**【英】***the cold weather*【3】「寒気(さむけ)」は、体に寒いと感じられる感覚をいう。必ずしも大気にふれて感じるものではなく、体の変調や恐怖によっても感じる感覚である。**【英】***(the) cold*

反対語▼寒さ⇔暑さ　寒気(かんき)⇔暑気

【関連語】◆**(寒波)**寒冷な気団が移動してきて、気温が著しく下がる現象。⇔熱波。「寒波の襲来」◆**(寒冷)**(名・形動)気候が寒く冷たいことをいうが、気候そのものや、そうした気候の土地についてばかりでなく、気象現象についても使える。「寒冷な気候」「寒冷な季節風」「寒冷地」◆(酷寒・極寒・厳寒)厳しい寒さ。いずれも「酷寒の候」「極寒のみぎり」などのように、改まった手紙文などで使われることが多い。

7 12-13 寒い/肌寒い/薄ら寒い

【関連語】◆(凜凜)◆(寒寒)◆(深深)◆(冷え込む)

共通する意味★気温が不快に感じられるほど低いさま。【英】*cold*

使い方▼〔寒い〕(形)▽寒いのは苦手だ▽寒い日〔肌寒い〕(形)▽肌寒い風▽春だというのに肌寒い日が続く〔薄ら寒い〕(形)▽晩秋の薄ら寒い天気

	□毎日	風が□	首筋が□	めっきり□なる	□地方
寒い	○	△	○	－く○	○
肌寒い	○	○	－	－く○	－
薄ら寒い	○	○	○	－く－	－

使い分け【1】「寒い」は、最も一般的に、気温が不快なほど低いさまをいう。「寒い地方」などのように、ある地方の気候を一般的に表わすのにも用いられる。【2】「肌寒い」は、「寒い」と違い、皮膚にふれる感覚という面を強調した語である。「はだざむい」ともいう。「膚寒い」とも書く。【3】「薄ら寒い」は、気温が低くなんとなく快適でないさま。「うすらざむい」ともいう。【4】「寒い」は、「背筋が寒くなるような(＝ぞっとするような)話」「お寒い行政(＝貧困で充実していない行政)」「懐が寒い(＝金銭的余裕がない)」などとも用いられる。

反対語▼寒い⇔暑い

【関連語】◆(寒寒)(副)見た目にいかにも寒そうなさま。比喩的に、寒く感じるほど殺風景なありさまもいう。「寒々とした北国の光景」「装飾のない寒々とした部屋」◆(深深)(形動たる・と)寒さなどが身に深くしみ通るさま。「深々と冷え込む」◆(凜凜)(形動たる・と)寒さなどがきびしく身にしみ通るさま。文章語。「寒気が凜々と身にしむ」「霜気凜々」◆(冷え込む)(マ五)寒さがいちだんと増す。普通は、冬の夜についていう。「今夜は冷え込む」

参照▼深深⇒810-07　凜凜⇒205-25

7 12-14 冷たい/冷え冷え/ひんやり

【関連語】◆(清冽)◆(ひやり)

共通する意味★物の温度が低く、触れると熱を奪われるように感じる。【英】*chilly*

使い方▼〔冷たい〕(形)▽冷たい風が吹いてくる▽冷たい飲み物▽すでに冷たくなっていた(＝死んでいた)〔冷え冷え〕(副)スル▽冷え冷えした外気▽冷え冷えとした夜〔ひんやり〕(副)スル▽ひんやりと冷たいバニラアイス▽ひんやりした手

	□(した)空気	□(した)ビールを飲む	□(した)手すり	□(した)部屋	谷川の□(した)流れ
冷たい	○	○	○	－	○
冷え冷え	○	－	－	○	－
ひんやり	○	－	○	○	△

使い分け【1】「冷たい」は、三語のうち最も一般的な語である。「寒い」が、不快な感じであるのに対し、「冷たい」は、快い場合にも不快な場合にも用いる。【2】「冷え冷え」は、もっぱら風や空気の温度がいかにも低く、それに触れたり、その辺りにいると体熱を奪われたりするさまをいう。【3】「ひんやり」は、「冷たい」の意に近いが、口語的な語。【4】「冷たい」「冷え冷え」は、「冷たい(＝心の交わらない)間柄」「冷え冷えした二人の関係」などのように、人間関係についてあたたかな情が通わないという意でも用いられる。

反対語▼冷たい⇔熱い

【関連語】◆(清冽)(形動)清らかに澄んで冷たい状態をいう。泉、谷川などについていうことが多い。文章語。「清冽な水の流れ」「清冽な谷川の水」◆(ひやり)(副)冷たさを感じるさまをいうが、「ひんやり」と違って瞬時的な語感を伴う。「ひやりとした舌ざわり」◆「落ちそうになってひやりとする」のように、危険・恐怖を感じるさまをもいう。

7 12-15 余寒/春寒/花冷え/梅雨寒

共通する意味★本来寒さの厳しい時期を過ぎて、なお感じられる寒さ。【英】*the lingering cold*

使い方▼〔余寒〕▽春とはいっても、まだ余寒が厳しい〔春寒〕▽春寒の候、お変わりございませんか〔花冷え〕▽花冷えで客足が遠のく〔梅雨寒〕▽梅雨寒の朝の空模様をながめる

使い分け【1】四語とも、手紙の時候の挨拶や、俳句の季語として用いられる。「余寒」「春寒」「花冷え」は春の季語、「梅雨寒」は夏の季語である。【2】「余寒」は、立春(二月五日ごろ)を過ぎてもなお残る寒さをいう。【3】「春寒」は、立春以後、ことに、春になってからまたぶり返す寒さをいう。「はるさむ」ともいう。【4】「花冷え」は、桜の咲くころ、急に寒くなること。また、その寒さをいう。【5】「梅雨寒」は、梅雨期にしばしば不意に訪れる季節はずれの寒さをいう。「つゆざむ」ともいう。

7 12-16 冷える/凍える/かじかむ

共通する意味★冷たくなる。体が冷たくなって動きにくくなる。【英】*to get cold*

使い方▼〔冷える〕(ア下一)〔凍える〕(ア下一)〔かじかむ〕(マ五)

	□た（だ）手足を温める	湯上がりの体が□	寒さに□た（だ）指	□て（で）死ぬ
冷える	-え○	○	-え△	-え-
凍える	-え○	-	-え○	-え○
かじかむ	-ん○	-	-ん○	-ん-

使い分け【1】「冷える」は、単に冷たくなる意で、原因がどのような場合にもいうことができる。【2】「凍える」は、寒さのために体がすっかり冷たくなって、つらく、時には死に到るような場合をいう。全身にも、身体の部分にも用いる。【3】「かじかむ」は、冷えて固く萎縮し、思うように動かなくなること。手足、特に指のことをいう場合が多い。やはり寒さが原因だが、「凍える」よりも、思うように動かないという状態に重点をおいた語で、冷えきっている意味は「凍える」のほうが強い。「悴かむ」とも書く。【4】「冷える」は、「冷えたビール」のように、体でないものにもいう。さらに、比喩的に「夫婦仲が冷える」などとも使う。

7 12-17 冷やす／冷却／冷ます

【関連語】◆（冷房）◆（冷める）

共通する意味★温度を下げるようにする。**【英】** *to cool*

使い方▼〔冷やす〕（サ五）▽すいかを冷やす▽打った右肩を氷で冷やす　〔冷却〕スル▽エンジンを冷却する▽液体窒素で冷却する▽冷却水▽放射冷却　〔冷ます〕（サ五）▽お茶を冷ます

	水を□	サイダーを□	水蒸気を□	湯を□	熱を□
冷やす	○	○	○	-	-
冷却する	○	-	○	-	-
冷ます	-	-	-	○	○

使い分け【1】「冷やす」は、常温、または常温以上のものを低温にする意。【2】「冷却」は、機械装置類の温度を下げる場合などに多く用いる。【3】「冷ます」は、そのものの常温より熱くなっている状態を常温にもどす意。「冷ます」対象は、液体であることが多い。また、熱そのものについて「熱を冷ます」というような言い方もできる。【4】「冷やす」は、比喩的に「頭を冷やす（＝冷静になる）」「肝を冷やす（＝ぞっとする）」という慣用表現でも用いる。【5】「冷ます」「冷却」は、「興奮をさます」「二人の間に冷却期間を置く」のように、比喩的に高まった雰囲気や気持ち、興味などをしずめる意でも用いられる。

【関連語】◆（冷房）スル室内の温度を低くすること。「冷房がきいている」「車内を冷房する」◆（冷める）（マ下一）熱いものの温度が自然に低くなる。「みそ汁がさめる」「ふろの湯が冷める」◈「興奮が冷める」「冷めた目で見る」のように、高ぶっていた感情、関心、興味、感慨などが薄らぐという意でも使われる。

7 12-18 熱

意味★温度の高さを感じさせるものや、物体の温度を高くすることができるもの。**【英】** *heat*

使い方▼〔熱〕▽熱を加える▽エンジンに熱が残っている▽熱エネルギー

◈「かぜで熱がある」「熱が高い」などのように、平常の状態よりも高くなった体温や、「演説に熱がはいる」のように、あることに精神を集中することもいう。

7 13 …天気・天候

7 13-01 気候／天気／天候／陽気／気象

【関連語】◆（季候）◆（日和）◆（風土）

共通する意味★晴雨、気温、湿度、風速などから知覚される、大気や大気中の物理的変化の状態一般。**【英】** *climate; weather*

使い方▼〔気候〕▽気候がおだやかだ▽暖かくて雨の多い気候　〔天気〕▽今日は天気がいい▽天気予報　〔天候〕▽天候が不順だ▽天候に恵まれる　〔陽気〕▽春の陽気に誘われて遠出する　〔気象〕▽気象を観測する▽気象衛星

	□の変化	□がよい	暖かな□	□がくずれる	明日の□
気候	○	○	○	-	△
天気	○	○	△	○	○
天候	○	○	-	○	△
陽気	△	○	○	-	-
気象	○	-	-	-	-

使い分け【1】「気候」は、ある土地の、長期間を平均してみた気温、降水量などの状態を一般的にとらえた語。【2】「天気」は、一日ないし二、三日程度の短期間の大気の状態をいう。【3】「天候」は、数日から数十日程度の比較的長い期間の大気の状態をいう。ただし、「天候の急変」のように、ほんの短期間を問題にして、「天気」の硬い言い方として用いられることもある。【4】「陽気」は、本来暑い、寒いといった大気の状態をいうが、今日では、特に暖かい大気状態、快適な大気状態をいうのが普通である。【5】「気象」は、大気の状態変化や大気中の物理変化を、物

理現象として問題にしていう語。したがって、「気象学」「気象観測」といったような、大気状態の研究に関する複合語の構成要素として用いられることが多い。【6】「天気」には、「今日は天気だ」「お天気が続く」のように、「晴天」の意もある。

【関連語】◆**(日和)**その日の天気。特に、晴れかどうかを問題にした言い方。「よいお日和ですね」「明日の日和を占う」◆**(風土)**気候に限らない、その土地の人とかかわる自然のあり方一般をいう。「日本の風土」◆**(季候)**季節感を伴うある時期の気候、天候。「新緑の季候」

参照▶陽気⇒201-38

7 13-02 空模様／雲行き

共通する意味★天候の状態。空の様子。**【英】** *the look of the sky*

使い方▼〔**空模様**〕▽ひと雨きそうな空模様だ 〔**雲行き**〕▽雲行きが怪しくなってきた

使い分け【1】二語とも、空の状態が悪化しそうなときに用いられる。「雲行き」は、雲の動き具合に注目した語。【2】二語とも、物事の成り行きについてもいう。「一波瀾ありそうな空模様だ」「険悪な雲行きになってきたので逃げだした」など、事態が好ましくない状態になりつつあるときに用いることが多い。

参照▶雲行き⇒801-07

7 13-03 晴れ／日本晴れ／快晴／晴天／好天

【関連語】◆**(上天気)**◆**(炎天)**

共通する意味★いい天気であること。**【英】** *fine weather*

使い方▼〔**晴れ**〕▽明日は全国的に**晴れ**でしょう 〔**日本晴れ**〕▽運動会の当日は**日本晴れ**となった 〔**快晴**〕▽この一週間快晴が続いている 〔**晴天**〕▽晴天に恵まれた一日 〔**好天**〕▽好天に恵まれる▽好天のもと運動会を行う

使い分け【1】「晴れ」は、最も一般的に使われる。【2】「日本晴れ」は、「晴れ」を強調した言い方。【3】「快晴」は、雲が少なく気持ちよいほどに晴れ渡っていること。天気予報などで用いられることが多い。【4】「晴天」は「雨天」に対する語、「好天」は「悪天」に対する語で、いずれも、「晴天(好天)に恵まれる」という形で用いられることが多い。

【関連語】◆**(上天気)**「晴天」の意のややくだけた言い方。「上天気に恵まれる」◆**(炎天)**夏季、天気がよく、日が照りすぎて暑く不快な天気をいう。「炎天下、行方不明者の捜索が続けられた」

7 13-04 梅雨晴れ／五月晴れ

共通する意味★梅雨の期間中の晴れ間。**【英】** *fine weather during the rainy season*

使い方▼〔**梅雨晴れ**〕▽久しぶりに**梅雨晴れ**の一日となった 〔**五月晴れ**〕▽昨日は、気持ちいい**五月晴れ**だった

使い分け「五月晴れ」は、梅雨が旧暦の五月に当たるためいうが、最近では本来の意味よりも、五月のさわやかに晴れわたった天気をさすことが多い。

7 13-05 秋晴れ／秋日和

共通する意味★秋のよく晴れた天気。**【英】** *bright autumnal weather*

使い方▼〔**秋晴れ**〕▽**秋晴れ**の気持ちのいい一日 〔**秋日和**〕▽秋日和の今日、観光地は家族連れでにぎわった

使い分け二語とも、秋らしくすがすがしい天気をいうが、「秋晴れ」の方が、日常的に用いられる。

7 13-06 晴れ間／雲間

共通する意味★雲の切れたところ。**【英】** *a fine interval*

使い方▼〔**晴れ間**〕▽午後から**晴れ間**が広がるでしょう 〔**雲間**〕▽雲間から満月が見える

使い分け【1】「晴れ間」は、雲の切れ目から見える、晴れた青い空をいい、「雲間」は、単に雲と雲の間をいう。【2】「晴れ間」は、「梅雨の晴れ間」のように、雨や雪が一時的にやんでいる間をもいう。

7 13-07 晴れる／晴れ渡る

共通する意味★いい天気になる。**【英】** *to become clear*

使い方▼〔**晴れる**〕(ラ下一)▽**晴れ**たらハイキングに行こう 〔**晴れ渡る**〕(ラ五)▽**晴れ渡っ**た秋の空

使い分け【1】「晴れ渡る」の方が「晴れる」よりも、雲ひとつなく空が澄んでいる状態を強調した表現となる。【2】「晴れる」は、「霧が晴れる」のように、霧がなくなる意でも用いられる。【3】「晴れる」には、「気分が晴れない」「嫌疑が晴れる」のように、気分がすっきりする、疑いが解ける意もある。また、「晴れて」の形で、「晴れて自由の身となった」のように、公然と、という意味でも用いられる。

7 13-08 のどか／うららか

共通する意味★太陽が明るく、穏やかな様子。**【英】** *fine*

使い方▼〔**のどか**〕(形動)▽のどかな秋の一日 〔うら

7 自然

らか】(形動)▽うららかな日和▽うららかな光

使い分け【1】二語とも、天気がよく、過ごしやすい気候のため、気分がよいさまをいう。【2】「のどか」は、その人のおかれた環境(季節、温度、風景など)によって、穏やかな気分になるさまをいい、「のどかな田園風景」のように、穏やかな気持ちにさせるような風景をも修飾できる。これに対して、「うららか」は春や秋の快い日差しを表現する語なので、「うららかな田園風景」ということはできない。【3】「のどか」は「長閑」と当てる。「うららか」は「麗らか」とも書く。

参照▼のどか⇒810-24　うららか⇒201-39

7 13-09 日照り／旱魃／渇水

共通する意味★晴天が続き降雨がないこと。【英】 *a drought*

使い方▼〔日照り〕▽日照り続きで水不足が心配される　〔旱魃〕▽旱魃に見舞われ、深刻な事態となった　〔渇水〕▽サバンナは渇水期に入った

使い分け【1】「旱魃」は、農作物に必要な降雨が不足している状態で、「日照り」よりも被害の大きなものをいうことが多い。「干魃」とも書く。【2】「渇水」は、雨が降らないため、貯水池や井戸などに水がなくなること。

7 13-10 雲／霧／霞／靄／ガス／スモッグ

共通する意味★細かい水滴やちりが空気中に漂っている現象。

使い方▼〔雲〕▽空に白い雲が浮かんでいる　〔霧〕▽霧がかかる▽霧が深い▽霧が晴れる　〔霞〕▽山すそに霞がたなびいている　〔靄〕▽靄がたちこめる　〔ガス〕▽ガスがかかる　〔スモッグ〕▽都会の空はスモッグで汚れている

使い分け【1】「雲」は、大気中の水蒸気が冷却、凝結して、白や灰色のかたまりとなって空中に浮遊しているもの。【英】 *a cloud*【2】「霧」「霞」「靄」は、水蒸気が地上をおおったもので、雨のように降ってはこない。文学では、春にたちこめるものを「霞」、秋にたちこめるものを「霧」ということもある。気象学上は、一キロメートルを境に、一キロメートル以遠の視界を妨げているものを「霧」、一キロメートル以上見通せるものを「靄」という。「霞」は、気象学の用語ではない。三語のなかでは「霧」が最も一般的。三語とも、「…がかかる」「…がたちこめる」と表現することが多いが、「霞」は「…がたなびく」ともいい、文章語的な表現となる。【英】 *fog*(霧); *mist*(霞、靄)【3】「ガス」は、海上や山などで、濃い霧をいう。【4】「スモッグ」は、自動車の排気ガスや工場の排煙などによる汚れた空気が、霧状になった現象をいう。【5】「ガス」は、気体の燃料や気体そのものをもいうことがある。

7 13-11 曇り／薄曇り／花曇り／曇天／雨曇り

共通する意味★雲、霧などで空が覆われ、雨天ではないが、快晴ではない状態。【英】 *a cloudy sky*

使い方▼〔曇り〕▽明日は曇りでしょう　〔薄曇り〕▽春先らしい薄曇りの日が続く　〔花曇り〕▽あいにくの花曇りとなった　〔曇天〕▽先週はずっと曇天が続いた　〔雨曇り〕▽雨曇りの空

使い分け【1】「曇り」が、一般的な語。【2】「薄曇り」は、薄い雲がかかって曇ること。【3】「花曇り」は、桜の咲く時期の曇った天気をいう。【4】「曇天」は、「曇り」の意の文章語。【5】「雨曇り」は、いまにも雨の降りそうな曇り方をいう。

7 13-12 雨雲／雷雲／むら雲／雲海

共通する意味★雲の種類。【英】 *a rain cloud*

使い方▼〔雨雲〕▽雨雲が垂れこめる　〔雷雲〕▽雷雲が発生したので注意が必要　〔むら雲〕▽月がむら雲に隠れた　〔雲海〕▽雲海が羊の群れのように見える

使い分け【1】「雨雲」は、雨や雪を降らせる雲。気象学上は「乱層雲」という。【2】「雷雲」は、雷を発生させる雲。積雲や積乱雲が発達して生ずる。【3】「むら雲」は、雲のかたまりが寄り集まって動く雲。「群雲」「叢雲」「村雲」などとも書く。【4】「雲海」は、山などの高度のある所から見下ろしたときに、海のように一面に広がって見える雲の群れをいう。

7 13-13 曇る／陰る／霞む

【関連語】◆(朧)おぼろ◆(掻き曇る)かきくもる

共通する意味★雲、霧などで空が覆われ、天気がはっきりとしなくなる。【英】 *to become cloudy*

使い方▼〔曇る〕(ラ五)▽北の空が少し曇ってきた　〔陰る〕(ラ五)▽急に陰って寒くなってきた　〔霞む〕(マ五)▽山が霞んで見えない

使い分け【1】「曇る」が、天気が崩れてくる状態をいうのに対して、「陰る」は、少しの雲で一時的に薄暗くなった感じがする状態をいう。また、「陰る」は、「木が生い茂って庭が陰る」のように、雲以外のものによって、日や月の光がさえぎられて暗くなることもいう。【2】「霞む」は、霞がかかって見通しが悪くなる状態をいう。【3】「曇る」は、「眼鏡が曇る」のように、透明なもの、輝いていたものが、ぼやける意や、「顔が曇る」のように、心や表情が暗くなるという意でも使われる。【4】「陰る」には、「冬は早く日が陰る」のように、日が暮れて暗くなる意もある。

【関連語】◆(朧)ぼんやりと霞むさま。文語的な言い方。「遠くの景色がおぼろに見える」◆(掻き曇る)

(ラ五)すっかり曇る。急に、また一面に曇る。「一天にわかに掻き曇る」

713-14 どんより／昏昏／陰陰／濛濛／蒼然

【関連語】◆(模糊)もこ

共通する意味★暗いさま。【英】*dull*

使い方▼〔どんより〕(副)スル▽どんよりとした空 〔昏昏〕(形動たる・と)▽昏々たる森の中を行く 〔陰陰〕(形動たる・と)▽陰々たる境内▽あたりは陰々としていた▽陰々滅々 〔濛濛〕(形動たる・と)▽一面に濛々とたちこめる煙▽砂塵さじん濛々 〔蒼然〕(形動たる・と)▽暮色蒼然

使い分け【1】「どんより」は、空が曇って薄暗いさま。また、「どんよりとした目」のように、色あいが濁って見えるさまにもいう。【2】「昏昏」は、暗いさまをいう文章語。【3】「陰陰」は、くもったさま、物寂しく陰気なさま、あたりが薄暗いさまなどをいう。文章語。【4】「濛濛」は、霧、ほこり、煙、小雨などがたちこめてあたりが薄暗いさま。【5】「蒼然」は、夕暮れの薄暗いさま。文章語。

【関連語】◆(模糊)(形動たる・と)ぼんやりしていること。「曖昧あいまい模糊」

参照▼昏昏⇒712-19 蒼然⇒716-26

713-15 荒天／悪天／雨天

【関連語】◆(雨空)あまぞら◆(梅雨空)つゆぞら

共通する意味★よくない天気。【英】*stormy weather*

使い方▼〔荒天〕▽荒天のなかを事故現場にかけつけた 〔悪天〕▽悪天をついて出発する 〔雨天〕▽運動会は雨天の場合、順延とする

使い分け 三語とも、文章語。「荒天」は、風雨の激しい荒れた天候。「悪天」は、悪い天気。「雨天」は、雨の天気、または雨の日。

反対語▼悪天⇔好天 雨天⇔晴天

【関連語】◆(雨空)雨の降っている空。「雨空の下での開会式」◆(梅雨空)梅雨期で雨の降っている空。「梅雨空の広がる一日」

713-16 時化／荒れ／大荒れ

共通する意味★天気が悪くて、海などの状態が穏やかでなくなること。【英】*stormy weather*

使い方▼〔時化〕▽しけで遭難のおそれがある 〔荒れ〕▽海はひどい荒れで救助に手間取った 〔大荒れ〕▽海が大荒れで、ヘリコプターが出せない

使い分け【1】「時化」は、ひどい天候のために波が高くなるなど、海の状態が悪く危険なことをいう。【2】「荒れ」「大荒れ」は、広義には「庭の荒れがひどい」「会議は大荒れだった」のように、あるべき平静の状態とは異なる、乱れた好ましからざる状態一般をさす。「大荒れ」は、「荒れ」を強調した言い方。

713-17 雨模様／雨催い

共通する意味★雨が降ってきそうな空の様子。【英】*signs of rains*

使い方▼〔雨模様〕▽あいにくの雨模様で、運動会が危ぶまれる 〔雨催い〕▽雨もよいの灰色の空が広がっていた

使い分け「雨催い」は、「あめもよい」ともいう。

713-18 嵐／雷雨／暴風雨

共通する意味★激しい風や雷を伴った雨。【英】*a storm*

使い方▼〔嵐〕▽嵐が静まる 〔雷雨〕▽激しい雷雨に見舞われる 〔暴風雨〕▽正午過ぎ、東海地方は暴風雨となった

使い分け【1】「嵐」「暴風雨」は、特に激しい風を伴った雨をいう。【2】「雷雨」は、稲光、雷鳴などを伴った雨。【3】「嵐」は、比喩ひゆ的に、「暴動の嵐が各地で起こった」「爆弾発言が嵐を呼んだ(＝波乱を招いた)」のように、事態や感情などの激しい変動についての表現ともなる。また、「嵐の前の静けさ」は、嵐のくる前に、一時風雨がやんで静かになるところから、変事が起こる前の不気味な静けさをいう。

713-19 低気圧／台風／野分

共通する意味★雨、風など悪天候をもたらす気象現象。

使い方▼〔低気圧〕▽発達した低気圧が九州南岸に停滞する 〔台風〕▽台風が室戸むろと岬に上陸する▽台風の目▽台風一過いっか 〔野分〕▽野分が吹きすさぶ

使い分け【1】「低気圧」は、大気中で周囲より気圧の低い部分だが、上昇気流がおこるため、一般に天気が悪く、中心付近では雨が降る。温帯低気圧と熱帯低気圧とがあるが、ふつう「低気圧」といえば前者をさす。【英】*a low pressure*【2】「台風」は、北太平洋南西部に発生して、日本などに襲来する熱帯低気圧で、風速一七メートル以上のものをいう。夏から秋にかけてのものが多く、暴風雨を伴って各地に災害をもたらす。【英】*a typhoon*【3】「野分」は、立春から数えて二百十日前後に吹く暴風とされるが、一般に、秋に吹く激しい風をいう。古めかしい言い方。【英】*a hurricane*【4】「低気圧」は、比喩ひゆ的に「今日は彼はずいぶん低気圧だ」のように、「不機嫌」の意で用いることもある。

反対語▼低気圧⇔高気圧

713-20 雨／霙／氷雨／雪／霰／雹

共通する意味★大気中の水蒸気がさまざまな形をとり、空から降るもの。
使い方▼〔雨〕▽雨が降る▽雨があがる　〔霙〕▽雨がいつしか霙に変わった　〔氷雨〕▽氷雨が頬に冷たく触った　〔雪〕▽雪が積もる▽雪が舞っている　〔霰〕▽霰が地面に跳ね返っている　〔雹〕▽農作物に雹による被害が出た
使い分け【1】「雨」は、雲から降ってくる水滴。【英】*rain*【2】「霙」は、雨まじりの雪。【英】*sleet*【3】「氷雨」は、「霙」の意の文章語で、晩秋に降る冷たい雨をもいう。【英】*a chill rain*【4】「雪」は、雲から降ってくる、冷たくて白い結晶。【英】*snow*【5】「霰」「雹」は、ともに、空から降ってくる氷の塊で実質的には同じものをいうが、直径が五ミリ以下のものを「霰」、それより大きいものを「雹」という。【英】*hail*(霰、雹)

7 13-21 お湿り／慈雨

共通する意味★待たれていた雨。【英】*a welcome rain*
使い方▼〔お湿り〕▽ちょうどいいお湿りで、少し涼しくなりそうだ　〔慈雨〕▽慈雨が田畑を潤した▽干天の慈雨
使い分け【1】「お湿り」は、「これでは、お湿り程度だ」のように、期待したほど雨が降らない場合にも用いる。【2】「お湿り」が、日常語であるのに対して、「慈雨」は、文章語。

7 13-22 雨降り／降雨

【関連語】◆(ひと雨)◆(雨脚)
共通する意味★雨が降ること。【英】*a rainfall*
使い方▼〔雨降り〕▽雨降りの日に傘もささずに出かけた　〔降雨〕▽空梅雨で降雨量が不足している
使い分け「降雨」は、「人工降雨」「降雨量」など、他の語と複合した形で使われることが多い。
【関連語】◆(ひと雨)一度にまとまって、ひとしきり降る雨。「ひと雨きそうな空模様だ」◆(雨脚)雨が降りながら移動する状態。また、白い糸のように地上に降り注ぐ雨。「雨脚が速い」「雨脚が白く見える」

7 13-23 大降り／どしゃ降り／本降り

共通する意味★強く雨が降ること。【英】*a heavy rain*
使い方▼〔大降り〕▽大降りになる前に早く帰ろう　〔どしゃ降り〕▽どしゃ降りになってひどいめにあった　〔本降り〕▽この分では本降りになりそうだ
使い分け【1】「大降り」「本降り」は、雪の場合も使う。【2】「どしゃ降り」には、視覚的に激しさが感じられる場合に使われる。【3】「本降り」は、激しさに加えて、量的にも時間的にも本格的に降って、なかなかやみそうにない雨をいう。

7 13-24 大雨／豪雨

共通する意味★激しく降る雨。【英】*a heavy rain*
使い方▼〔大雨〕▽大雨に見舞われる▽大雨注意報　〔豪雨〕▽集中豪雨
使い分け二語とも「…に見舞われる」の形で使われることが多い。

7 13-25 天気雨／狐の嫁入り

共通する意味★日が照りながら雨の降る天気をいう俗語。【英】*a sun-shower*
使い分け「狐の嫁入り」は、このような天気のときに、すり鉢をかぶって井戸をのぞいたり、そでをかぶって見たりすると、狐の嫁入りが見えるという言い伝えからいう。

7 13-26 梅雨(つゆ)／梅雨(ばいう)／五月雨

【関連語】◆(空梅雨)◆(菜種梅雨)
共通する意味★六月ごろ集中的に降る雨。またはその時期をいう。【英】*the rainy season*
使い方▼〔梅雨(つゆ)〕▽梅雨に入る▽梅雨が明ける　〔梅雨(ばいう)〕▽梅雨前線　〔五月雨〕▽五月雨の京都は美しい
使い分け【1】「梅雨(つゆ)」「梅雨(ばいう)」は、梅の実が熟する六月上旬から七月中旬ごろにかけて降る雨の意からきた語。またはその時期をいう。【2】「梅雨(つゆ)」が、一般的な語。【3】「梅雨(ばいう)」は、「梅雨前線」「梅雨期」のように他の語と複合した形で使われることが多い。【4】「五月雨」は、「さみだれ式にストを行う」のように、断続的に繰り返すことのたとえとしても用いられる。
【関連語】◆(空梅雨)梅雨の時期にほとんど雨が降らないこと。「空梅雨のため水不足が心配だ」◆(菜種梅雨)菜の花の咲く三月下旬から四月にかけて降り続く雨。

7 13-27 梅雨入り／入梅

【関連語】◆(梅雨明け)
共通する意味★梅雨の季節に入ること。
使い方▼〔梅雨入り〕スル▽沖縄県地方が梅雨入りした　〔入梅〕▽入梅が遅れる
使い分け「梅雨入り」が、一般的な語。ふつう、六月初めごろに「梅雨入り」して、気象庁から「梅雨入り宣言」が出される。【英】*the setting-in of the rainy season*
【関連語】◆(梅雨明け)スル梅雨期が終わること。「九州地方は今日梅雨明けした」「梅雨明け宣言」

7 13-28

秋雨(あきさめ)／秋雨(しゅうう)

共通する意味★秋に降る雨。【英】*an autumn rain*

使い方▼〔秋雨〕あきさめ▽秋雨前線の影響で、雨になるでしょう 〔秋雨〕しゅうう▽秋雨のなか、式典が行われた

使い分け「秋雨しゅうう」は、文章語。

7 13-29

風雨(ふうう)／雨風(あめかぜ)

共通する意味★雨と風。【英】*wind and rain*

使い方▼〔風雨〕▽風雨にさらされ朽ち果てた船▽風雨が強まる 〔雨風〕▽雨風が一段と激しくなる▽風雨をしのぐ(＝なんとか暮らせる程度の暮らし)

使い分け【1】二語とも、「風雨にさらす」「雨風をしのぐ」のように、雨と風の意と、風を伴った激しい雨の意がある。【2】「風雨」は、「風雨注意報」などのように、気象用語としても用いられる。

7 13-30

霧雨(きりさめ)／小雨(こさめ)／小雨(しょうう)／糠雨(ぬかあめ)／小糠雨(こぬかあめ)

共通する意味★弱く、量が少ない雨。【英】*a drizzle*

使い方▼〔霧雨〕▽霧雨だから、傘がなくてもいいだろう 〔小雨〕こさめ▽小雨だから、ひとっ走り行ってこよう 〔小雨〕しょうう▽運動会は、小雨決行だ 〔糠雨〕▽ぬか雨の中を濡れながら歩く 〔小糠雨〕▽窓の外はこぬか雨に煙っていた

使い分け【1】「霧雨」「小雨こさめ」は、日常的に用いられるが、「小雨しょうう」は、文章語。「霧雨」は、霧のような雨。【2】「糠雨」「小糠雨」は、細かな雨の状態を糠ぬかにたとえた表現。

7 13-31

俄か雨(にわかあめ)／通り雨(とおりあめ)／夕立(ゆうだち)／時雨(しぐれ)／驟雨(しゅうう)／村雨(むらさめ)／スコール

共通する意味★突然降り始めて、まもなくやんでしまう雨。【英】*a shower*

使い方▼〔俄か雨〕▽にわか雨にあって、すっかり濡れた 〔通り雨〕▽通り雨だから、じきにやむでしょう 〔夕立〕▽夕立がきて、少し涼しくなった 〔時雨〕▽日本海側は時雨になるでしょう 〔驟雨〕▽驟雨一過、青空が広がった 〔村雨〕▽軒先で村雨が止むのを待つ 〔スコール〕▽スコールにあい、びしょ濡れになった

使い分け【1】「にわか雨」「通り雨」は、季節にかかわらず、ひとしきり降ってまもなくやんでしまう雨。【2】「夕立」は、夏の午後や夕方に、急に降りだすが、ひとしきり降るとやむ雨。【3】「時雨」は、初冬に、降ったりやんだりして断続的に降る雨。【4】「驟雨」「村雨」は、ともに、急に降りだし、またやみ、勢いも強まったり弱まったりしながら降る変化の激しい雨。「驟雨」は、文章語。「村雨」は、古風な言い方。【5】「スコール」は、熱帯地方で降る激しいにわか雨。

7 13-32

長雨(ながあめ)／霖雨(りんう)

共通する意味★何日も降り続く雨。【英】*a long rain*

使い方▼〔長雨〕▽秋の長雨 〔霖雨〕▽霖雨の季節

使い分け「霖雨」は、文章語。

7 13-33

横殴り(よこなぐり)／横降り(よこぶり)

共通する意味★横から雨や雪が吹きつけるさま。【英】*a slanting rain*

使い方▼〔横殴り〕▽風が強くて、横殴りの雨になった 〔横降り〕▽横降りの雨の中を出掛ける

使い分け風のために、雨や雪が横から強く吹きつけること。「横殴り」の方が、一般的に使われる。

7 13-34

小降り(こぶり)／小止み(こやみ)

共通する意味★雨や雪の降り方が弱くなること。【英】*a break*

使い方▼〔小降り〕▽もう少し小降りになったら帰ろう 〔小止み〕▽雪が小止みになった

使い分け「雨(雪)が小止みなく降る」は、雨や雪などが少しのやみ間もなく降り続くさまだが、その場合「おやみなく」ということが多い。

7 13-35

降る(ふる)

意味★空から雨、雪などが落ちてくる。【英】*to fall*

使い方▼〔降る〕(ラ五)▽激しい雨が降る

◈一般に、高い所から細かいものなどがたくさん落ちてくる意でも用いる。「火山灰が降る」

7 13-36

ぱらつく／ちらつく／しぐれる／降りしきる(ふりしきる)／そぼ降る(そぼふる)／降りこめる(ふりこめる)

7 自然

共通する意味★雨や雪が降る。

使い方▼〔ぱらつく〕(カ五)▽小雨がぱらつく　〔ちらつく〕(カ五)▽雪がちらつく　〔しぐれる〕(ラ下一)▽日本海側はしぐれるでしょう　〔降りしきる〕(ラ五)▽降りしきる雨をついてでかける　〔そぼ降る〕(ラ五)▽雨がそぼ降る街　〔降りこめる〕(マ下一)▽一日中降りこめられる

使い分け【1】「ぱらつく」は、降り始めの雨が、ぱらぱら落ちてくる意。【2】「ちらつく」は、粉雪など細かい雪が降ってくる意。【3】「しぐれる」は、時雨が降る意。【4】「降りしきる」は、雨や雪がしきりと休みなく降る意。【5】「そぼ降る」は、雨がしとしと静かに降る意で、文章語。【6】「降りこめる」は、外出できないほどに雨や雪が降る意で、受身の形で用いられることが多い。

参照▼ちらつく⇒903-22

713-37 崩れる／ぐずつく／荒れる／しける

共通する意味★天気が悪くなる。【英】*to change for the worse*

使い方▼〔崩れる〕(ラ下一)▽週末から、天気が崩れる模様だ　〔ぐずつく〕(カ五)▽ぐずついた天気が続く　〔荒れる〕(ラ下一)▽この空模様では今夜は荒れそうだ▽海が荒れているので注意が必要だ　〔しける〕(カ下一)▽海がしけているので出漁できない

使い分け【1】「崩れる」は、それまでよかった天気が悪くなる意。【2】「ぐずつく」は、はっきりしない、よくない天気になる意。【3】「荒れる」は、天候などの状態が悪くなる意。特に、「海が荒れる」は、天気が悪くなった結果、波が高まって危険な状態になる意。【4】「しける」は、海が荒れる意。「時化る」と当てる。【5】「荒れる」は、常と異なる乱れた状態になることにもいい、「失恋で生活が荒れた」「住む者がなく荒れるにまかせている」のように広い範囲に用いられる。

参照▼崩れる⇒915-01　ぐずつく⇒814-72

713-38 しょぼしょぼ／しとしと／ぽつぽつ／ぱらぱら／ばらばら／ざあざあ

共通する意味★雨が降るさま、また、その音を表わす語。

使い方▼〔しょぼしょぼ〕(副・スル)▽雨がしょぼしょぼ降り続く　〔しとしと〕(副)▽雨がしとしと降る　〔ぽつぽつ〕(副)▽雨がぽつぽつ落ちてきた　〔ぱらぱら〕(副)▽雨がぱらぱら降ってきた　〔ばらばら〕(副)▽大粒の雨がばらばらと降ってきた　〔ざあざあ〕(副)▽ざあざあ滝のような雨が降る

使い分け【1】雨の勢いは、「しょぼしょぼ」「しとしと」「ぽつぽつ」「ぱらぱら」「ばらばら」「ざあざあ」の順で激しくなる。【2】「しょぼしょぼ」は、「しとしと」に近いが、陰気で情けないイメージがある。「しとしと」は、音もたてずに細かい雨が降る様子をいう。「ぽつぽつ」は、まばら、「ぱらぱら」は、それよりもう少し多く、勢いもあり、軽く音がするさま。「ばらばら」は「ぱらぱら」よりもさらに粒が大きく音も大きいさま。「ざあざあ」は、雨の降り方のなかでは最も大量で勢いが強い。【英】*gently*(しとしと); *heavily*(ざあざあ)【3】「ぽつぽつ」「ぱらぱら」「ばらばら」は、雨の降り始めの表現として用いられることが多い。【4】雨の降るさま以外に使われることがないのは、「しとしと」だけである。

参照▼ぽつぽつ⇒504-27　ぱらぱら⇒504-27　ばらばら⇒904-31

713-39 雨上がり／雨後

共通する意味★雨がやんだ後。【英】*after the rain*

使い方▼〔雨上がり〕▽雨上がりの空▽雨上がりの小道　〔雨後〕▽雨後の筍のように新しいビルが立ち始めた

使い分け【1】「雨上がり」のほうが一般的。【2】「雨後」は、多く「雨後の筍」の形で、雨の後、筍がつぎつぎ出てくることから、同じような物事がつぎつぎと起こったり、現れたりすることをいう。

713-40 風力／風速／風脚

共通する意味★風の吹く速さ。【英】*the velocity of the wind*

使い方▼〔風力〕▽風力が強い▽風力が増してくる　〔風速〕▽風速が弱まった▽風速三〇メートル　〔風脚〕▽風脚の具合をみる▽風脚が速い

使い分け【1】「風力」は、風の強さ、速さばかりでなく、「風力で動かす」のように、風のもつ力にもいう。【2】「風速」は、単位時間に空気の動いた距離のことで、秒速で表わす。【3】「風脚」は、「風足」とも書く。

713-41 風上／風下／風向／風向き

共通する意味★風の吹く方向。【英】*the direction of a wind*

使い方▼〔風上〕▽風上から物が飛んでくる　〔風下〕▽風下へ飛ばされてしまった▽風下の方角　〔風向〕▽風向を調べる▽風向計　〔風向き〕▽風向きを見て船を出す▽今日は風向きが悪い

使い分け【1】「風上」は、風の吹いてくる方向。「風下」は、風の吹いていく方向。【2】「風向」「風向き」は、風の吹いてくる方向。ふつう東西南北の四方位で表わすが、天気予報では「風向」を使い、八方位で表わす。

参照▼風向き⇒209-06 801-07

7 13-42 そよ風／微風

共通する意味★おだやかに吹く風。【英】*a gentle breeze*

使い方▼〔そよ風〕▽そよ風が窓から入ってくる▽高原のそよ風 〔微風〕▽微風が頬(ほお)をなでる

使い分け【1】「そよ風」は、そよそよと吹く風。静かに吹く風のこと。【2】「微風」は、かすかな風。

7 13-43 涼風／涼風

共通する意味★涼しい風。【英】*a cool breeze*

使い方▼〔涼風〕りょうふう▽涼風が立つ▽爽快(そうかい)な涼風 〔涼風〕すずかぜ▽縁側に流れる涼風▽涼風が立つ

使い分け「涼風すずかぜ」は、特に、初秋のころに吹く涼しい風をいう。

7 13-44 強風／大風／烈風／暴風

共通する意味★強い風。【英】*a strong wind*

使い方▼〔強風〕▽強風にあおられる▽強風注意報 〔大風〕▽大風が吹く▽大風で古木が倒れた 〔烈風〕▽烈風に吹き飛ばされる▽烈風が静まる 〔暴風〕▽暴風のため試合中止となる▽暴風圏内

使い分け【1】「強風注意報」の「強風」は、樹木の大枝が動き、歩行が困難となる風をいう。【2】「大風」「烈風」は、激しく吹く強い風。【3】「暴風」は、激しく吹く風で、大きな損害をひき起こす風。

7 13-45 突風／疾風

【関連語】◆(疾風)しっぷう

共通する意味★急に勢いよく吹く風。激しい風。

【英】*a gust (of wind)*

使い方▼〔突風〕▽突風に吹き飛ばされる▽突風にあおられる 〔疾風〕はやて▽疾風のように現れる▽疾風の勢い

使い分け【1】「突風」は、急に強く吹きだして、短時間のうちにやむ風のこと。【2】「疾風はやて」は、急に激しく吹き起こる風のこと。「て」は、風の古語。

【関連語】◆(疾風)しっぷう 速い風。勢いよく吹く風。「疾風のように駆けぬける」「疾風迅雷」「疾風怒濤どとう」

7 13-46 つむじ風／旋風

【関連語】◆(竜巻)たつまき

共通する意味★渦巻くように起きる強い風。

【英】*a whirl-wind*

使い方▼〔つむじ風〕▽つむじ風に木の葉が舞う 〔旋風〕▽旋風が砂ぼこりを舞い上げる

使い分け【1】「つむじ風」は、「旋風」とも書く。【2】「旋風」は、比喩(ひゆ)的に、「政界に旋風を巻き起こす」のように、社会を動かす突発的な出来事をいう。

【関連語】◆(竜巻)つむじ風の非常に規模が大きいもの。その形が竜に似ているところからいう。「竜巻により大きな被害が出た」

7 13-47 追い風／追い手／順風

共通する意味★進む方向に後ろから吹く風。【英】*a fair wind*

使い方▼〔追い風〕▽船が追い風にうまくのる▽追い風に助けられる▽追い風参考記録 〔追い手〕▽追い手に帆をあげる(＝好機が到来して、自分の力を存分に発揮するたとえ)▽追い手にのりだす 〔順風〕▽順風に帆をあげる▽順風万帆まんぱん(＝物事が非常に順調であるさま)

使い分け【1】「追い風」は、後ろから吹く風の意。【2】「追い手」の「手」は、風の意。「追風」とも書く。【3】「順風」は、船の場合にいうことが多い。

反対語▼追い風⇔向かい風 順風⇔逆風

7 13-48 秋風／秋風

共通する意味★秋に吹く風。【英】*an autumn wind*

使い方▼〔秋風〕しゅうふう▽秋風がわたる▽秋風索莫さくばく(＝秋風が吹くころのように勢いの衰えが感じられて、物寂しい心地のするさま) 〔秋風〕あきかぜ▽秋風が吹く▽秋風が立つ

使い分け【1】「秋風しゅうふう」は、漢語の硬い表現。【2】「秋風あきかぜ」は、「秋」を「飽き」にかけて、「夫婦のなかに秋風が吹く」のように、愛情のさめる意にも用いる。

7 13-49 木枯らし／北風／寒風／空っ風

共通する意味★冷たい風。【英】*a north wind*

使い方▼〔木枯らし〕▽木枯らしが吹きあれている 〔北風〕▽北風の吹く季節▽北風にあおられる 〔寒風〕▽寒風吹きすさぶ北の国▽寒風をついて走る 〔空っ風〕▽赤城あかぎおろしの空っ風が吹く

使い分け【1】「木枯らし」は、秋の末から冬の初めにかけて吹く強く冷たい風。国字で「凩」とも書く。【2】「北風」は、北から吹いてくる冷たい風。【3】「寒風」は、寒い風。「北風」のこともいう。【4】「空っ風」は、「空風からかぜ」の変化した語。雨や雪を伴わずに激しく吹く、乾いた風。関東地方で冬期に吹くものをいい、上州(群馬県)の名物とされる。

7 13-50 吹く（ふ）／吹き付ける（ふ・つ）

【関連語】◆（吹き上げる）ふきあげる◆（吹き下ろす）ふきおろす◆（吹き込む）ふきこむ◆（吹き抜ける）ふきぬける◆（吹き荒れる）ふきあれる◆（吹きすさぶ）ふきすさぶ

共通する意味★気体が動く。風が起こる。【英】*to blow*

使い方▼〔吹く〕(カ五)　〔吹き付ける〕(カ下一)

	風が□	みぞれ混じりの雨が□	激しい風雨が窓に□	日中は北寄りの風が□でしょう
吹く	○	-	-	○
吹き付ける	○	○	○	-

使い分け「吹き付ける」は、風や雨などが物に激しく当たる状態をいう。

【関連語】◆（吹き上げる）(ガ下一)風が低い所から高い所へ向かって吹く。「谷から吹き上げる突風に注意する」◆（吹き下ろす）(サ五)風が高い所から低い所へ向かって吹く。「空っ風が吹き下ろす里」◆（吹き込む）(マ五)風が吹いて入ってくる。また、風のために、雨や雪などが入ってくる。「窓から雨が吹き込む」◆（吹き抜ける）(カ下一)風が一方から入り、他方へ抜け出る。「隙間(すきま)だらけの家で風が吹き抜けていく」「一陣の風が吹き抜ける」◆（吹き荒れる）(ラ下一)風が激しく吹きまくる。「強風が吹き荒れる」◆（吹きすさぶ）(バ五)「吹き荒れる」に同じ。「寒風が吹きすさぶ」

参照▼吹く⇒014-12　吹き上げる⇒903-36

7 13-51 颯颯（さっさつ）／嫋嫋（じょうじょう）／春風駘蕩（しゅんぷうたいとう）

共通する意味★風の吹くさま。

使い方▼〔颯颯〕(形動たる・と)▽颯々たる松風▽颯々とわたる風　〔嫋嫋〕(形動たる・と)▽嫋々と柳をゆらす風▽風嫋々として、やがてやむ　〔春風駘蕩〕▽春風駘蕩の一日

使い分け【1】「颯颯」は、風がさっとやや激しく吹くさまを表わす。【2】「嫋嫋」は、風のむせぶようにそよぐさまを表わす。「柳糸嫋々として」のように、なよなよとしたさま、しなやかなさまをもいう。「余韻嫋々」は、音声が細く長く響いて絶えないさま。【3】「春風駘蕩」は、春の風ののどかに吹くさま。また、「春風駘蕩とした人柄」のように、人の態度や性格がのんびりして温和なさまにもいう。【4】いずれも文章語。

7 13-52 露（つゆ）

【関連語】◆（露霜）つゆじも◆（朝露）あさつゆ◆（雨露）あめつゆ◆（夜露）よつゆ

意味★大気中の水蒸気が凝結して物に付着した水滴。【英】*dew*

使い方▼〔露〕▽夏草に露をおく▽窓ガラスの露をふき取る

◆すぐ消えることから、はかないことのたとえにも用いられ、「露の命」「断頭台の露と消える」「露の間」といった表現がある。また、「涙」の文学的表現として「袖(そで)の露」のような表現もある。

【関連語】◆（露霜）秋の末ごろの露が凍りかけて半ば霜になったもの。「つゆしも」ともいう。「露霜が一面に降りる」◆（朝露）朝降りる露。「朝露にすそをぬらす」◆（雨露）雨と露。「雨露をしのぐ」◆（夜露）夜の間におく露。夜の露。「夜露にぬれる」

7 13-53 霜（しも）

【関連語】◆（薄霜）うすじも◆（初霜）はつしも◆（別れ霜）わかれじも◆（早霜）はやじも◆（遅霜）おそじも◆（霜柱）しもばしら

意味★地上や地上の物体を一面に覆って白くみせる、水蒸気の凍りついた細かい結晶。【英】*frost*

使い方▼〔霜〕▽庭一面に霜が降りる

【関連語】◆（薄霜）朝方の薄く降りた霜。「うっすらと薄霜がおりている」◆（初霜）その年の秋の末に初めて降りた霜。「今朝、初霜がおりた」◆（別れ霜）晩春のころ、その年前半の最後に降りる霜。「八十八夜の別れ霜」◆（早霜）秋早く降りる霜。◆（遅霜）晩春に降りる霜。「農家の方は遅霜に御注意ください」◆（霜柱）冬の間、土の中の水分が毛細管作用でにじみ出て、地表で凍った氷の柱。「霜柱が立つ」

7 13-54 雷（かみなり）／稲妻（いなずま）／稲光（いなびかり）

【関連語】◆（電光）でんこう

共通する意味★雲と雲の間、または、雲と地表との間に起こる放電現象。【英】*thunder*

使い方▼〔雷〕▽雷が落ちた　〔稲妻〕▽稲妻が走った　〔稲光〕▽稲光に辺りが照らしだされた

使い分け【1】空から放電する場合、一瞬光って、その後にゴロゴロ、ドカーンという音が聞こえるが、その光のほうを「稲妻」「稲光」という。「稲妻」には、「稲妻が走る」「稲妻が光る」などの表現がある。閃光(せんこう)と音とをあわせて「雷」という。【2】「雷」は、比喩(ひゆ)的に、「父の雷が落ちた」のように、ひどく人をしかりつけることをもいう。【3】「稲妻」は、「稲の夫(つま)」の意で、古くは稲が稲妻によって霊的なものと結合し、穂を実らせると信じられていたところからいう。

【関連語】◆（電光）「稲光」の意の漢語。また、電気による光もいう。「目もくらむばかりの電光」「電光石火」

7 13-55 雪模様（ゆきもよう）／雪催い（ゆきもよい）

共通する意味★今にも雪が降りそうな空の様子。【英】*weather threatening to snow*

使い方▼〔雪模様〕▽朝から雪模様ではっきりしない〔雪催い〕▽雪もよいのなかを出かけて行った

使い分け 「雪催い」は、文章語。

7 13-56 降雪（こうせつ）／積雪（せきせつ）

共通する意味★降り積もった雪。**【英】** *fallen snow*

使い方▼〔降雪〕▽日本海側は降雪量が多い▽人工降雪 〔積雪〕▽東京で三〇センチの積雪を記録した

使い分け 「降雪」は、雪が降ること、「積雪」は、降った雪が積もること。

7 13-57 大雪（おおゆき）／豪雪（ごうせつ）／吹雪（ふぶき）

共通する意味★ひどく雪が降ること。**【英】** *a heavy snowfall*

使い方▼〔大雪〕▽大雪のため欠航になった▽大雪注意報 〔豪雪〕▽豪雪地帯 〔吹雪〕▽吹雪で遭難が懸念されている

使い分け 【1】「大雪」は、たくさん降る雪をいう。【2】「豪雪」は、特に雪が多く降る地域での雪をいい、気象よりは地理について説明するときに用いられやすい。【3】「吹雪」は、強い風とともに降る雪をいう。

7 13-58 新雪（しんせつ）／初雪（はつゆき）

共通する意味★新しい雪。**【英】** *fresh snow*

使い方▼〔新雪〕▽新雪に足跡がくっきりと残った〔初雪〕▽日光で初雪が観測された

使い分け 「新雪」は、降ってから間もない新しい雪。「初雪」は、その年の冬初めて降った雪、または新年になって初めて降った雪。

7 13-59 粉雪（こなゆき）／細雪（ささめゆき）

共通する意味★細かい雪。**【英】** *powdery snow*

使い方▼〔粉雪〕▽粉雪のちらつく寒い日 〔細雪〕▽窓の外には細雪が降りしきっていた

使い分け 「粉雪」のほうが一般的で、「細雪」は、文章語。

7 13-60 綿雪（わたゆき）／牡丹雪（ぼたんゆき）

共通する意味★大きな雪片の雪。**【英】** *large snowflakes*

使い方▼〔綿雪〕▽綿雪が雨に変わろうとしている〔牡丹雪〕▽牡丹雪が音もなく降り始めた

使い分け 「綿雪」は、綿をちぎったような大きな雪片の雪をいい、「牡丹雪」は、ボタンの花びらのように大きな塊となって降る雪をいう。「綿雪」のほうが、「牡丹雪」より小さい。

7 13-61 残雪（ざんせつ）／万年雪（まんねんゆき）／根雪（ねゆき）

共通する意味★消えずに残っている雪。**【英】** *the remaining snow*

使い方▼〔残雪〕▽残雪の南アルプスを望む 〔万年雪〕▽富士山は万年雪を頂いて輝いている 〔根雪〕▽春風が吹き、根雪が解ける

使い分け 「残雪」「万年雪」は、冬が終わっても高い山に残った雪をいうが、「根雪」は、北国で冬の間解けずに、地上にそのまま降り積もっている雪をいう。

7 13-62 雪掻き（ゆきかき）／除雪（じょせつ）／雪下ろし（ゆきおろし）

共通する意味★積もった雪を取り除くこと。**【英】** *snow removal*

使い方▼〔雪掻き〕▽自宅の前の道路の雪掻きをする 〔除雪〕スル▽電車の運転再開のための除雪作業▽除雪車 〔雪下ろし〕▽隣近所に雪下ろしを手伝ってもらう

使い分け 【1】「雪掻き」は、最も日常的に用いられるのに対して、「除雪」も意味は同じだが、規模が大きく、鉄道などで行う場合に用いられる。【2】「雪下ろし」は、雪の多い地域で、屋根に降り積もった雪を崩して落とすこと。

7 13-63 湿気（しっけ）／湿り気（しめりけ）／水分（すいぶん）／水気（みずけ）

【関連語】◆（湿度）しつど

共通する意味★物に含まれている水。また、その量。**【英】** *humidity*

使い方▼〔湿気〕▽湿気が多くてじめじめする▽電気器具は湿気を嫌う 〔湿り気〕▽土に適度な湿り気を与える▽湿り気を帯びた夜風▽湿り気のない所に置く 〔水分〕▽このみかんは水分が多い▽水分を摂（と）る 〔水気〕▽水気がなくなって干からびる

	□がある	□を含んだ物質	□を切る	□の多い果物
湿気	○	○	-	-
湿り気	○	△	-	-
水分	○	○	○	○
水気（みずけ）	○	○	-	○

使い分け 【1】「湿気」「湿り気」は、空気に含まれている場合に使うことが多い。【2】「水分」は、幅広い範囲で使われるが、「水気」は、果物、野菜などの食品に使われることが多い。【3】「湿気」は、「しっき」ともいう。【4】「湿り気」は、「しめりっけ」ともいう。

【関連語】◆（湿度）空気に含まれる水分の度合い。

7 自然

「湿度が高い」「湿度計」

7 13-64 高湿（こうしつ）／多湿（たしつ）／湿潤（しつじゅん）／低湿（ていしつ）

【関連語】◆（陰湿）いんしつ

共通する意味★湿度が高いこと。湿気が多いこと。

【英】 *much moisture*

使い方▼〔高湿〕（名・形動）▽ケース内を高湿に保つ　〔多湿〕（名・形動）▽高温多湿　〔湿潤〕（名・形動）▽温暖湿潤　〔低湿〕（形動）▽低湿な土地

使い分け【1】「高湿」は計数的、「多湿」は感覚的に湿度が高いと判断した場合に使われることが多い。【2】「湿潤」は、「空気が湿潤になる」のように、少し湿り気を帯びた程度のことをいうこともある。【3】「低湿」は、土地が低くて湿気が多いことをいう。

【関連語】◆（陰湿）（形動）日陰で湿気の多いことをいうが、一般にはむしろ、「陰湿ないじめ」のように、陰気でやり方が明朗でないことをいう。

7 13-65 びしょ濡（ぬ）れ／ずぶ濡（ぬ）れ／ぐしょ濡（ぬ）れ／濡（ぬ）れ鼠（ねずみ）

共通する意味★ひどくぬれたさま。**【英】** *to be soaking wet*

使い方▼〔びしょ濡れ〕▽横殴りの雨で服もバッグもびしょ濡れだ　〔ずぶ濡れ〕▽ホースから急に水が出て、ずぶ濡れになった　〔ぐしょ濡れ〕▽ぐしょ濡れの手ぬぐいをしぼる　〔濡れ鼠〕▽暴風雨で傘が壊れたので、濡れねずみになった

使い分け【1】「びしょ濡れ」は、水分を含んでびしょびしょになったことをいい、「ずぶ濡れ」「ぐしょ濡れ」は、それよりもさらに滴るような状態をいう。【2】「濡れ鼠」は、ぬれたネズミの毛が、体にはりついてみすぼらしく見えるところから、衣服が体にぴったり付くくらい全身ぬれることをいう。

7 13-66 湿（しめ）る／濡（ぬ）れる／潤（うるお）う

【関連語】◆（湿す）しめす◆（濡らす）ぬらす◆（潤す）うるおす◆（濡れそぼつ）ぬれそぼつ◆（湿気る）しける◆（潤む）うるむ◆（浸潤）しんじゅん◆（じめつく）

共通する意味★水分を含む。水分を帯びる。

【英】 *to be wet*

使い方▼〔湿る〕（ラ五）▽海苔（のり）が湿気を吸って湿る▽洗濯物はまだ湿っている　〔濡れる〕（ラ下一）▽雨に濡れる歩道▽涙に濡れた顔　〔潤う〕（ワ五）▽冬枯れの庭木が、雨に潤う▽雨で田畑が潤う

	シャツが□	□ぐっしょりと	喉（のど）が□	□た空気
湿る	○	－	－	－っ○
濡れる	○	○	－	－れ－
潤う	－	－	○	－っ－

使い分け【1】「湿る」は、少し水分、湿気を含んだ状態になる意を表わす。「座が湿る」「景気が湿る」のように、活気がなくなる意や、「気分が湿る」のように、気がめいる意でも用いられる。【2】「濡れる」は、水などがかかったり、かかった水などがしみ込んだりして、水分を帯びた状態になる意を表わす。水分を含む程度は、「湿る」よりも大きい。また、「二人でしっぽり濡れる」のように、男女が情を通じる意を表わす用法もある。【3】「潤う」は、適度の水分を帯びるようになる意を表わし、三語の中では「潤う」だけが、常にプラスの意味で用いられる。「ボーナスで家計が潤う」「工場の進出で町が潤う」のように、何かのおかげで豊かになる、ゆとりができるという意味にも、よく使われる。

反対語▼湿る⇔乾く

【関連語】◆（湿す）（サ五）少し湿り気を与える。「のどを軽く湿す」「水で唇を湿す」「タオルを湿す」◆（濡らす）（サ五）水などでぬれるようにする。意図的な場合とそうでない場合との両方に使う。「タオルを水でぬらす」「雨で新しい服をぬらしてしまった」◆（潤す）（サ五）水分を適度に与える。「のどを潤す」のように、豊かにする、恩恵を与える意でも用いる。「市の財政を潤す」「民を潤す」◆（濡れそぼつ）（タ五）雨などにしめやかにぬれる。古風な語。「雨に濡れそぼつ街路樹」「着物のすそが夜露に濡れそぼつ」◆（湿気る）（ラ五）「湿気」が動詞化した語で、湿気を吸って品質が悪くなる。「せんべいが湿気る」◆（潤む）（マ五）水気を帯びる。また、水気を帯びることにより、曇ったようになる。「涙で目が潤む」「小雨に潤む街灯」◆「潤んだ声」のように、泣いて声がはっきりしなくなる意でも用いられる。◆（浸潤）スル液体がしみ込んでぬれること。「雨水が大地に浸潤する」◆（じめつく）（カ五）湿気が多くてじめじめする。「布団がじめついている」◆「じめついた性格」のように、性格などが陰気で明るさがないという意でも用いられる。

7 13-67 じめじめ／じとじと／じっとり

【関連語】◆（湿っぽい）しめっぽい

共通する意味★不快感を感じるほどに湿り気があるさまを表わす語。**【英】** *damp*

使い方▼〔じめじめ〕（副）スル　〔じとじと〕（副・形動）スル　〔じっとり〕（副）スル

	□した空気	汗で体が□とぬれる	□（と）汗をかく	梅雨時は部屋が□する
じめじめ	○	－	－	○
じとじと	○	△	－	△
じっとり	－	○	○	－

7 自然

使い分け【1】「じとじと」は、粘りつくように感じられるほど湿り気を帯びたさまをいうが、「じめじめ」には、そのような意味合いはなく、湿気、水分などの多いさまをいう。【2】「じっとり」は、水分が表面にしみ出ているさまをいう。特に、汗ばんだ様子をいう。【3】「じめじめ」は、「じめじめした性格」のように、陰気で明るさのないさまの意味でも用いられる。

【関連語】◆（湿っぽい）(形)湿気が多くて不快な感じがする。「ふとんが湿っぽい」「空気が湿っぽい」◈「湿っぽい話」のように、陽気ではないという意でも用いられる。

7 13-68 ぐしょぐしょ びしょびしょ びしゃびしゃ びちゃびちゃ

【関連語】◆（ぐっしょり）◆（びっしょり）◆（しっぽり）◆（しとど）

共通する意味★水などでひどくぬれたさま。【英】*dripping wet*

使い方▼〔ぐしょぐしょ〕(副・形動)　〔びしょびしょ〕(副・形動)　〔びしゃびしゃ〕(副・形動)　〔びちゃびちゃ〕(副・形動)スル

	突然の雨で□にぬれた洋服	涙で□になった顔	水をこぼして机の上が□だ	□した手ぬぐい
ぐしょぐしょ	○	○	-	-
びしょびしょ	○	△	○	-
びしゃびしゃ	○	-	○	-
びちゃびちゃ	○	-	○	○

使い分け【1】「ぐしょぐしょ」は、ぬれて中にもかなり水分を含み、形も崩れたようなさまを表わす。他の三語は、ぬれ方の程度が「ぐしょぐしょ」ほどひどくはなく、形が崩れるまでには至らない場合に使われることが多い。【2】「びしゃびしゃ」「びちゃびちゃ」は、表面が水溜まりになっている状態についても用いられる。

【関連語】◆（ぐっしょり）(副)衣類、敷物などがひどくぬれているさま。「寝汗でふとんがぐっしょりぬれる」◆（びっしょり）(副)体や衣類などがひどくぬれているさま。「額にびっしょりと汗をかく」「雨にびっしょりぬれる」◆（しっぽり）(副)次第に湿り気を帯び、やがて十分にぬれるさま。「春雨に木々がしっぽり濡れていく」◈「今宵はしっぽり…」のように、男女の交情がこまやかなさまにもいう。◆（しとど）(副)雨や露にひどくぬれたさま。やや古めかしい言い方。「夕立にしとどにぬれて帰ってきた」

7 13-69 乾く／乾燥／干上がる／かれる／枯渇／干からびる

共通する意味★水分が失われた状態になる。【英】*to dry*

使い方▼〔乾く〕(カ五)▽ペンキが乾く▽傷口の表面が乾く▽舌の根も乾かぬうちに　〔乾燥〕スル▽薬草を十分に乾燥させる▽空気が乾燥しているので火の元には気をつけるように▽乾燥機　〔干上がる〕(ラ五)▽日照り続きで干上がった貯水池▽田んぼの水が干上がる　〔かれる〕(ラ下一)▽雨が降らず川の水が涸れる　〔枯渇〕スル▽石油が枯渇する　〔干からびる〕(バ上一)▽干からびた蟬(せみ)の抜け殻▽食パンが干からびてしまう

	洗濯物が□	泉が□	田が□	涙も□
乾く	○	-	-	○
乾燥する	○	-	-	-
干上がる	-	○	○	-
かれる	-	○	-	○
枯渇する	-	△	-	○
干からびる	-	△	○	-

使い分け【1】「乾燥」は、もともと湿気や水分を含んでいた物がそれを失った状態になる意。したがって、ぬれた髪のようなものについて、その水分が失われるという事柄を表わす場合には、「乾く」は使えても、「乾燥」は使いにくい。なお、「食品を乾燥する」のように、他動詞としても用いられる。【2】「干上がる」は、そこにあった水が蒸発して全くなくなる意。また、「あごが干上がる」の形で、比喩(ひゆ)的に、生計が立たなくなる意を表わす。【3】「かれる」は、水や他の液体が、わかなくなったり流れてこなくなったり蒸発したりして、そこに水などがほとんどなくなる意。「乾く」「乾燥する」が、もっぱら手で触れたり皮膚感覚によって知覚されるのに対し、「干上がる」「かれる」は、もっぱら視覚的にとらえる点が異なる。「涸れる」とも書く。【4】「枯渇」は、乾いて水分がなくなる意。「資源が枯渇する」のように、物が尽きる意でも使う。「涸渇」とも書く。【5】「干からびる」は、水分が蒸発して失われ、潤いがなくなって、幾分変形したり表面上変化してしまう意。「干涸びる」とも書く。

参照▼枯渇⇒913-12

7 13-70 乾かす／干す

共通する意味★日光や風、火にあてて、ぬれたり湿ったりしているものの水分を取り除く。【英】*to dry*

使い方▼〔乾かす〕(サ五)　〔干す〕(サ五)

	洗濯物を□	ぬれた服をたき火で□	ぬれた髪を□	□た魚
乾かす	○	○	○	-し-
干す	○	-	-	-し○

使い分け【1】「乾かす」は、水分や湿気を取り除くことに重点がおかれており、「干す」は、水分や湿気を取り除くために、風通しのよい場所に出したり、日光や火にあてることに重点がおかれている。【2】「干す」は、「乾す」とも書く。

7 13-71 日干し（ひぼし）／陰干し（かげぼし）

【関連語】◆（素干し）すぼし◆（虫干し）むしぼし◆（土用干し）どようぼし

共通する意味★物を乾かすこと。また、乾かしたもの。**【英】** *to dry in the sun*

使い方▼〔日干し〕▽梅の実を日干しにする　〔陰干し〕▽イワシの陰干し▽ぬれた革靴を陰干しにする

使い分け【1】「日干し」は、日光にさらして乾かすことだが、「陰干し」は、直接日光にあてないで、日陰で乾かすこと。【2】「日干し」は、主に野菜、魚などについて使われるが、「陰干し」は、それ以外、衣類や靴などについても使われる。

【関連語】◆（素干し）日光や火にあてずに乾かすこと。「生木を寝かせて素干しにする」◆（虫干し・土用干し）夏の土用中に、衣類・書籍などを日に当てたり風を通したりして、虫食いなどを防ぐこと。「冬着の虫干し」「書庫の本を土用干しにする」

7 14 …火

7 14-01 火（ひ）／炎（ほのお）／火炎（かえん）／ほむら

共通する意味★物が燃えたときに出る光と熱。

使い方▼〔火〕▽雨でたき火の火が消えた▽なべを火にかける▽火の手があがる▽火の消えたように寂しくなる▽火を通す▽火を出す（＝火事を起こす）〔炎〕▽隣家が炎に包まれる▽紅蓮（ぐれん）の炎▽マッチの炎　〔火炎〕▽火炎に包まれる▽火炎太鼓（＝つり枠の周囲に火炎の形の装飾のある大太鼓）▽火炎瓶▽火炎地獄　〔ほむら〕▽燃え立つほむら

	燃え盛る□	□天を焦がす	紙にライターで□をつける	□を上げて燃える
火	○	○	○	-
炎	○	○	-	○
火炎	△	○	-	○
ほむら	○	○	-	-

使い分け【1】四語の中では、「火」の用法が最も広い。**【英】** *fire*【2】「火」は、「遠くに町の灯（ひ）が見える」「飛んで火にいる夏の虫」のように「明かり」の意味にも用いる。【3】「炎」は、「火の穂」の意。「嫉妬（しっと）の炎」「胸の炎」のように、恨みや怒り、愛憎などの情で心が燃えたつさまにも使う。「焰」とも書く。**【英】** *a flame*【4】「火炎」は、話し言葉ではほとんど用いられない。他の語と複合する場合が多い。【5】「ほむら」は、「火群（ほむら）」の意。古めかしい言い方。また、「嫉妬のほむら」のように、恨みや怒り、愛憎や欲望が燃えたつさまにもいう。「炎」「焰」とも書く。

7 14-02 発火（はっか）／点火（てんか）／着火（ちゃっか）／引火（いんか）／出火（しゅっか）

共通する意味★火が燃え始めること。**【英】** *to ignite*

使い方▼〔発火〕スル▽燐（りん）は常温でも発火する▽発火点▽時限発火装置▽自然発火　〔点火〕スル▽ガスストーブに点火する▽選手が聖火台に点火した▽エンジン点火　〔着火〕スル▽花火が湿ってなかなか着火しない　〔引火〕スル▽こぼれたガソリンに引火した　〔出火〕スル▽出火の原因は寝タバコだ▽台所から出火した

使い分け【1】「発火」は、物が自ら燃え出すこと。【2】「点火」は、火を点（つ）けること。また、エンジンの始動などにもいう。【3】「着火」は、本来、燃えるべきもの、燃やすべきものに火がつくこと、また、火をつけること。【4】「引火」は、他の火や熱を引きつけて燃え始めること。意図的に火をつけることにはいわない。【5】「出火」は、火事に限っていう。「ガスコンロから出火した」といえば、火災の原因がガスコンロであるということ。ただし、「火事が出火した」とはいわない。

反対語▼出火⇔鎮火

7 14-03 火気（かき）／火勢（かせい）

共通する意味★火の燃える勢い。**【英】** *the fire*

使い方▼〔火気〕▽火気を強める▽火気が弱い　〔火勢〕▽火勢が強まる▽火勢が衰える

使い分け「火気」は、「火気厳禁」「火気注意」のように、火の気の意にも使う。

7 14-04 烈火（れっか）／猛火（もうか）

共通する意味★激しく燃える火。**【英】** *a raging fire*

使い方▼〔烈火〕▽火のついた倉庫から烈火がふき上げた 〔猛火〕▽石油コンビナートが猛火に包まれる

使い分け【1】「烈火」は、「烈火のごとく怒る」「烈火の形相」のように、怒ったときの形容にも用いられる。【2】「猛火」は、主に火事のときの具体的な火を表わすのに用いられる。「烈火」よりも一般的。

7 14-05 燃（も）える／焼（や）ける

【関連語】◆〈燃え盛る〉もえさかる◆〈燃え広がる〉もえひろがる◆〈燃え上がる〉もえあがる◆〈燃え立つ〉もえたつ

共通する意味★火がついて炎があがる。**【英】** *to burn*

使い方▼〔燃える〕(ア下一) 〔焼ける〕(カ下一)

	家が□	薪（まき）が□ている	流出した重油が□	火事で□た本を処分する
燃える	○	-え○	○	-え△
焼ける	○	-け-	-	-け○

使い分け【1】「燃える」は、炎が立っている状態をいうことが多いのに対して、「焼ける」は、火が消えて灰になったり、もとの形がなくなったりした結果を含めていうことが多い。【2】「燃える」は、「燃える落日」のように、赤い色が鮮やかに輝く意や、「郷土愛に燃える」「希望に燃える」のように、ある感情に動かされて気持ちがたかぶる意にも用いる。【3】「焼ける」は、「パン（餅もち）が焼ける」のように、加熱されてできあがる意や、「焼けたアスファルトの道」「小麦色に焼けた肌」のように、日光で熱くなったり色が変わったりする意にも用いる。

【関連語】◆〈燃え盛る〉(ラ五)盛んに燃える。「燃え盛る炎」◆〈燃え広がる〉(ラ五)次第に広く燃えていく。「山火事が市街地にまで燃え広がる」◆〈燃え上がる〉(ラ五)燃えて炎が高く上がる。「火は屋根の高さまで燃え上がった」◆〈燃え立つ〉(タ五)炎が勢いよく燃えて上がる。「紅に燃え立つような秋の山」

参照▼焼ける⇒216-34

7 14-06 燃（も）やす／焼（や）く

【関連語】◆〈焚き付ける〉たきつける◆〈くべる〉

共通する意味★火をつけて炎を上げる。**【英】** *to burn*

使い方▼〔燃やす〕(サ五)▽ゴミをドラム缶で燃やす 〔焼く〕(カ五)▽空襲で家を焼かれた

使い分け【1】「燃やす」は、火をつけて炎を上げさせることをいうのに対して、「焼く」は、火をつけて灰にすることをいう。【2】「燃やす」は、「闘志を燃やす」のように、感情を高ぶらせる意にも用いる。【3】「焼く」は、「炭を焼く」「パンを焼く」のように、加熱して作り上げる意や、「日光で肌を焼く」のように、日光に当てて変色させる意でも用いる。

【関連語】◆〈焚き付ける〉(カ下一)かまどなどに火をつけて燃やす。「風呂ふろを焚き付ける」◈相手の感情を刺激して、ある行動にかりたてる意にも用いる。「若者を焚き付ける」◆〈くべる〉(バ下一)燃やしたり焼いたりするために、火の中に入れる。「薪まきを火にくべる」

参照▼焼く⇒216-34 408-12 焚き付ける⇒515-48

7 14-07 焚（た）く／燃（も）す

共通する意味★物に火をつけて、炎を出す。**【英】** *to kindle*

使い方▼〔焚く〕(カ五)▽かがり火を焚く▽風呂ふろを焚く 〔燃す〕(サ五)▽古い手紙はみんな燃してしまおう▽マグネシウムを燃すと青白い炎が出る

使い分け【1】「焚く」「燃す」とも、「燃やす」に言い換えることができる。ただし、「風呂を焚く」は、半ば成句で、入浴できるよう風呂おけの水を熱する意である。この意味では、「風呂を燃やす」とはいえない。【2】「焚く」は、何かをするために火を使うときにいう。これに対し「燃す」は、物を焼き尽くして灰にする場合に限っていう。「ごみを燃す」といえば、ごみを燃やしてなくすこと自体が目的である。「ごみを焚く」といえば、ごみを何かの燃料として使う意味になる。【3】「たく」には、「焚」のほかに「炊」「炷」「薫」などの漢字を当てるが、「炊」は、御飯や野菜など食べ物を水とともに加熱するときに、「炷」「薫」は、香こうに火をつけて煙を出すときに使う。

7 14-08 めらめら／炎炎（えんえん）

【関連語】◆〈ぼうぼう〉◆〈かっか〉

共通する意味★火が燃えるさま。**【英】** *to flare up*(めらめら燃える)

使い方▼〔めらめら〕(副)▽紙がめらめらと燃える▽乾いた薪まきの束がめらめら燃え上がった 〔炎炎〕(形動たる・と)▽最上階から出た火は炎々と燃え盛った

使い分け【1】「めらめら」は、火などがたやすく燃え広がるさまを表わす。また、「めらめらと嫉妬しっとの炎を燃やす」のように、比喩ひゆ的な炎にも使う。【2】「炎炎」は、盛んに燃え上がるさまを表わす文章語。

【関連語】◆〈ぼうぼう〉(副)炎を上げて盛んに燃えるさまを表わす。「廃材がぼうぼうと燃えている」◆〈かっか〉(副)スル火が盛んにおこるさまを表わす。「炭がかっかとおこっている」。また、怒りなどで興奮するさま。「そう、かっかするな」

参照▼ぼうぼう⇒915-11

7 14-09 煙(けむ)る／燻(いぶ)る／燻(くす)ぶる

【関連語】◆(燻す)いぶす◆(けぶる)◆(煤ける)すすける

共通する意味★物が燃えて煙が出る。【英】*to smoke*

使い方▼〔煙る〕(ラ五)　〔燻る〕(ラ五)　〔燻ぶる〕(ラ五)

	蚊取り線香が□ている	湿った薪(まき)が□	焼け跡が□	トンネル内が排気ガスで□
煙る	-っ○	△	-	○
いぶる	-っ○	○	-	-
くすぶる	-っ○	○	○	-

使い分け【1】「煙る」は、煙が立ちこめたり立ちのぼったりするようすを表わす。「朝霞(あさもや)に煙る漁港」「煙ったような雨が降り続く」のように、煙以外の雨、霧、ガスなどについても用いる。【2】「いぶる」は、よく燃えないために炎が立たず煙だけが出る意。【3】「くすぶる」は、火をつけようとしても燃えあがらないで煙が出たり、火を消したにもかかわらず煙が出たりする意。また、「いろりの煙でくすぶった天井」のように、煙の煤(すす)で黒くなる意もある。【4】「くすぶる」には、「昇進しないまま、十年前の地位でくすぶっている」のように、ある境遇にとどまる意、「民族問題がくすぶっている」「不満がくすぶる」のように、問題が解決しないままの状況である意など、好ましくない状況を表わす比喩(ひゆ)表現がある。

【関連語】◆(燻す)(サ五)物を燃やして煙を出す。また、黒くすすけさせる。「生木(なまき)をいぶして虫を追い払う」◆(けぶる)(ラ五)「けむる」の古い言い方。また、方言的な言い方。「雨にけぶる山あいの村」◆(煤ける)(カ下一)煙の煤で黒くなる。「天井が煤ける」

7 14-10 焦(こ)げる／焦(こ)げ付(つ)く

【関連語】◆(焦がす)こがす

共通する意味★火に焼けて、物の表面が茶色く、さらに黒くなる。【英】*to scorch*

使い方▼〔焦げる〕(ガ下一)▽鍋(なべ)の煮物が焦げる▽パンが真っ黒に焦げて、食べられない▽タバコの火で畳が焦げる　〔焦げ付く〕(カ五)▽煮物が鍋に焦げついて取れない

使い分け【1】「焦げる」は、物の表面が火や熱で焼けて黒くなる意で、「焦げ付く」は、焼けて黒くなり、他の物にくっつく意である。【2】「焦げ付く」には、商売として貸したり投資したりした金が回収できなくなる意もある。「取引先が倒産して、売掛金が焦げついた」

【関連語】◆(焦がす)(サ五)火や日で焼いて黒くする。「魚を焦がす」「寝タバコで畳を焦がした」◆心を苦しめ悩ます意でも用いられる。「切ない思いに身を焦がす」

参照▼焦げ付く⇒115-32

7 14-11 火事(かじ)／火災(かさい)

【関連語】◆(ぼや)

共通する意味★建物、山林、船などが焼けること。【英】*a fire*

使い方▼〔火事〕▽火事でアパートが全焼した▽空気が乾燥しているので火事に気をつけよう　〔火災〕▽コンビナートで火災が発生した▽豪華客船で起こった火災は大惨事となった▽火災報知器

使い分け「火事」は、ごく一般的に使われる。「火災」は、比較的大規模な場合に用いられることが多い。

【関連語】◆(ぼや)小さな火事。「小火」と当てることもある。「板塀を焦がすぼやがあった」

7 14-12 不審火(ふしんび)／怪火(かいか)

共通する意味★原因のわからない火事。【英】*a suspected case of arson*

使い方▼〔不審火〕▽不審火を出した▽不審火の疑いがある　〔怪火〕▽怪火が発生した▽怪火の原因を調査する

使い分け「不審火」の方が、一般的。また、放火の意でも用いられる。

7 14-13 延焼(えんしょう)／類焼(るいしょう)／もらい火(び)／飛(と)び火(ひ)

共通する意味★火事が他へ燃え広がること。【英】*the spread of a fire*

使い方▼〔延焼〕スル▽延焼を食い止める▽工場から出た火は現在、周囲の住宅へ延焼中だ　〔類焼〕スル▽隣家から火が出て、わが家は類焼した▽危うく類焼をまぬがれた　〔もらい火〕▽もらい火で家を失った　〔飛び火〕スル▽火は、次から次へと飛び火して町中を焼きつくした

使い分け【1】「延焼」は、火事が火元から他へ燃え広がることをいう。【2】「類焼」「もらい火」は、他家から出火した火事が燃え移って、自分の家も焼けることをいう。【3】「飛び火」は、火事が離れた場所に燃え移ること。また、事件などが、関係ないと思われていた人や所にも及ぶこともいう。

7 14-14 全焼(ぜんしょう)／丸焼(まるや)け

【関連語】◆(半焼)はんしょう

共通する意味★火事で建物などがすっかり焼けてしまうこと。【英】*total destruction*

使い方▼〔全焼〕スル▽アパートを全焼した▽迅速な

消火活動で全焼は免れた▽全焼家屋十三軒　〔丸焼け〕▽家がまる焼けになった▽何もかもまる焼けだ

使い分け「まる焼け」は、「全焼」よりも焼けた度合い、被害の程度を強く表現する。

【関連語】◆(半焼)スル火事で建物の半分程度が焼けること。**【英】***partial destruction*「家屋を半焼した」

7 14-15 焼失（しょうしつ）／焼亡（しょうぼう）

共通する意味★焼けてなくなること。**【英】***destruction by fire*

使い方▼〔焼失〕スル▽空襲で家財をすべて焼失した▽焼失面積は五ヘクタールにおよぶ　〔焼亡〕スル▽帝都焼亡

使い分け「焼亡」は文章語で、日常的にはあまり使われない。

7 14-16 消防（しょうぼう）／消火（しょうか）／火消し（ひけし）

【関連語】◆(消す)けす

共通する意味★火、特に、火災を消すこと。**【英】***fire fighting*

使い方▼〔消防〕▽全員で消防の任に当たる▽消防署▽消防車　〔消火〕スル▽消火に努める▽消火器▽消火活動　〔火消し〕▽火消しに走る

使い分け【1】「消防」は、火災の発生を予防、警戒することもいう。【2】「火消し」は、江戸時代の消防組織、また、その組織に属した人のことをさす語として残る。また「火消し役（＝混乱した事態を収拾する人）」のように、比喩（ひゆ）的にも用いられる。

【関連語】◆(消す)(サ五)燃えているものを止める。「ストーブの火を消す」◈光・熱などを発しているものを止めることにも、また、見えなくする、除き去ることにもいう。「明かりを消す」「姿を消す」「臭いを消す」

参照▼消す⇒520-33　913-14

7 14-17 消える（きえる）／鎮火（ちんか）

共通する意味★燃えていた火がなくなる。**【英】***to be put out*

使い方▼〔消える〕(ア下一)▽ライターの火が風で消えそうだ▽火事は明け方まで消えなかった　〔鎮火〕スル▽火災はようやく鎮火した▽消防隊が鎮火に努める

使い分け【1】「消える」は、火、火事だけでなく、次のような場合にも広く使われる。①光や、物の色・形などが見えなくなる。「明かりが消える」「彼の姿は人込みの中に消えた」②ものが感じられなくなる。「ピアノの音が消えた」「殺虫剤のにおいが消えない」③生命、気持ちなどがなくなる。「戦場の露と消える」「口惜しさもいつの間にか消えた」【2】「鎮火」は、火事が消える場合にいう。火を消すときは「消火」が普通。

反対語▼消える⇔点（つ）く　鎮火⇔出火

7 14-18 放火（ほうか）／火付け（ひつけ）／付け火（つけび）

共通する意味★火事を起こす目的で火をつけること。**【英】***an incendiary fire*

使い方▼〔放火〕スル▽今朝の火事は放火の疑いがある　〔火付け〕スル▽蔵に火付けする　〔付け火〕スル▽付け火によって倉庫が全焼した

	学校に□する	昨夜□があった	□魔	調査の結果、□と断定した
放火	○	○	○	○
火付け	○	△	△	－
付け火	○	○	－	△

使い分け【1】「放火」が、最も一般的で、「火付け」「付け火」は、やや古い言い方。【2】「火付け」は、「あいつは火付けだ」のように、火をつけた人間を意味することもある。また、「火付け役」の形で、一般に物事の始まるきっかけを作る人をもいう。

7 14-19 煙（けむり）

意味★物が燃えるときに出る、目に見える気体。また、そのように見えるもの。**【英】***smoke*

使い方▼〔煙〕▽煙草（たばこ）のけむり▽黒い煙を吐く蒸気船▽煙のように消え失せる▽煙に巻かれて死ぬ▽煙を立てる▽湯の煙

7 14-20 黒煙（こくえん）／紫煙（しえん）／白煙（はくえん）

共通する意味★煙の色。**【英】***black smoke*

使い方▼〔黒煙〕▽黒煙を上げて燃えるタンカー　〔紫煙〕▽紫煙をくゆらせる▽パイプから立ち上る紫煙　〔白煙〕▽汽車は白煙を上げて走ってゆく▽山頂から白煙が上がっている

使い分け【1】「黒煙」は、黒い色をした煙。「くろけむり」と読むと、「黒煙（こくえん）」よりも、もくもく勢いよくあがる黒い煙といった感じがある。【2】「紫煙」は、紫色の煙のことだが、ふつうタバコの煙の意味で用いられる。

7 14-21 人煙（じんえん）／炊煙（すいえん）／夕煙（ゆうけむり）

共通する意味★食事の支度のときなどに出る煙。**【英】***kitchen smoke*

使い方▼〔人煙〕▽人煙が立ちのぼっている　〔炊煙〕▽炊煙があちこちに立ちのぼる　〔夕煙〕▽家々に夕けむりが立ち始めた

使い分け【1】「人煙」も「炊煙」も、炊事をするときの煙をいい、文章語的。「人煙」は、人家のかまどに立つ煙のこと。「人煙まれな山里」のように、転じて「人家」の意味でも用いられる。【2】「夕煙」は、夕飯の支度をするときに立ち上る煙のこと。「ゆうけぶり」ともいう。

7 14-22 硝煙（しょうえん）／砲煙（ほうえん）

共通する意味★発砲するときに出る火薬の煙。【英】*powder smoke*

使い方▼〔硝煙〕▽硝煙がたちこめる▽硝煙反応〔砲煙〕▽砲煙をくぐる

使い分け【1】「硝煙」は、爆発や鉄砲の発射などで火薬が発火するときに出る煙。【2】「砲煙」は、大砲を発射するときに出る煙。

7 14-23 煤（すす）

意味★煙の中に含まれる、黒い炭素の微粒子。また、それが天井などに付着したもの。【英】*soot*

使い方▼〔煤〕▽煤で顔がまっ黒になる▽天井の煤を払う

7 14-24 煤煙（ばいえん）／油煙（ゆえん）

【関連語】◆（噴煙）ふんえん

共通する意味★何かが燃えて出る煙。【英】*soot and smoke*

使い方▼〔煤煙〕▽多量の煤煙を出す▽煤煙で洗濯物が黒くなる〔油煙〕▽油煙で黒くなった天井▽油煙で墨を作る

使い分け【1】「煤煙」は、石炭や石油などの燃料を燃やしたときに出るすすと煙のこと。【2】「油煙」は、油や樹脂などを燃やしたときに出る、黒くて細かい炭素の粉。

【関連語】◆（噴煙）火山などが噴き出す煙のこと。「桜島は今も噴煙を上げている」

7 14-25 灰（はい）／灰燼（かいじん）

【関連語】◆（火山灰）かざんばい

共通する意味★物が燃え尽きた後に残る、軽い粉のような物質。【英】*ash(es)*

使い方▼〔灰〕▽タバコの灰が落ちる▽灰になる（＝焼けて何もかもなくなる。また、火葬にされる）▽灰にする▽わら灰（ばい）〔灰燼〕▽すべては燃えて灰燼に帰した▽灰燼と化す

使い分け「灰燼」は、燃え尽きた後の灰と燃えさしをいう文章語。

【関連語】◆（火山灰）火山が噴火して吹き出された灰のこと。「火山灰で屋根が真っ白だ」

7 15 …光

7 15-01 光（ひかり）／光線（こうせん）

共通する意味★人間の目に明るさを感じさせる、発光体から発するもの。また、その反射。

使い方▼〔光〕▽太陽の光を浴びる▽紙を電球の光にすかして見る▽星が淡い光を放つ▽月の光がさす▽蛍の光〔光線〕▽光線を浴びる▽可視光線▽太陽光線

使い分け【1】「光」の方が、一般に使われる。「光線」は、持続性があり、比較的明るい場合に用いる。【英】*light*（光）; *a ray*（光線）【2】「光」は、「仏の光」「金の光」のように、神仏などの威光の意や、「失った光を手術で取り戻す」のように、視力の意、また、「将来に光を見いだす」のように、心を明るくするものの意にも用いられる。

7 15-02 閃光（せんこう）／一閃（いっせん）／閃き（ひらめき）／スパーク

【関連語】◆（フラッシュ）◆（ストロボ）

共通する意味★瞬間的にかなり強い光がきらめくこと。また、その光。【英】*a flash*

使い方▼〔閃光〕▽閃光が走る▽閃光を発する〔一閃〕スル▽白刃が一閃した〔閃き〕▽稲妻の閃きが空の彼方（かなた）に見えた〔スパーク〕スル▽回路がショートしてスパークが飛んだ

使い分け【1】「閃光」「一閃」「閃き」は、その光を発するものの種類は問わない。「スパーク」は、電気の放電によって生じる光。【2】「閃き」には、直感的に働く鋭い感性や考えを表わす用法もある。「芸術家としての閃きのある人」

【関連語】◆（フラッシュ）暗い所で写真を写すとき、人工的に発する瞬間的な強い光。「フラッシュをたいて撮影する」◆（ストロボ）電子装置による写真撮影用の閃光を発する器具。「ストロボ付きのカメラ」

参照▼閃き⇒209-10

7 15-03 明かり（あかり）／灯（ひ）／灯火（とうか）／ライト／ともし火（び）

共通する意味★あたりを明るくするためにともした火。【英】*a light*

使い方▼〔明かり〕▽窓に明かりがともる▽室内の明かりが少し暗い〔灯〕▽灯台の灯が海原を照らす〔灯火〕▽灯火親しむべし（＝灯火の下で読書をするのに適している）▽灯火管制〔ライト〕▽車のライ

トをつける▽被写体にライトを当てる▽天守閣をライトアップする▽ヘッドライト 〔ともし火〕▽ともし火をともす

使い分け【1】「明かり」は、「雪明かり」「星明かり」のようなぼんやりした光についても用いる。【2】「灯」は、はっきりした光について用いることが多い。【3】「灯火」は、「ともし火」の意の漢語。【4】「ライト」は、電気照明の光、また、その器具を表わすこともある。他の語と結合して用いることも多い。

7 15-04 スポットライト／フットライト

【関連語】◆(脚光)きゃっこう

共通する意味★舞台などで効果を高めるために使う光。

使い方▼〔スポットライト〕▽主人公にスポットライトをあてる 〔フットライト〕▽フットライトを浴びて舞台にたつ

使い分け【1】「スポットライト」は、劇場で、特定の物や人物を特に明るく照らし出すための光線のこと。また、「スポットライト(スポット)を浴びる」のように、世間の注目、注視の意でも用いる。【2】「フットライト」は、舞台の床の前面から俳優を照らす照明のこと。

【関連語】◆(脚光)フットライトの意だが、「脚光を浴びる」の形で、注目の的となるという意で使われることが多い。

7 15-05 燦(さん)／燦然(さんぜん)／赫赫(かくかく)／燦爛(さんらん)／玲瓏(れいろう)／皓皓(こうこう)／煌煌(こうこう)／炯炯(けいけい)

共通する意味★光り輝くさま。【英】*brilliantly*

(副)

使い方▼〔燦〕(形動たる・と)▽燦として輝く▽燦たる武勲 〔燦然〕(形動たる・と)▽燦然と輝く豪華な宝飾品▽燦然たる貴賓室 〔赫赫〕(形動たる・と)▽赫々たる陽光を浴びる雪山▽燦爛たる錦(にしき) 〔燦爛〕(形動たる・と)▽燦爛たる陽光を浴びてそびえたつ宝玉の数々 〔玲瓏〕(形動たる・と)▽玲瓏たる月 〔皓皓〕(形動たる・と)▽月が皓々と照る 〔煌煌〕(形動たる・と)▽煌々と輝くネオンサイン▽煌々たるライトを浴びて舞台に立つ 〔炯炯〕(形動たる・と)▽眼光炯々として人を射る

使い分け【1】「燦」「燦然」「燦爛」は、光り輝いてあでやかなさま、まばゆくきらびやかなさまをいう。【2】「赫赫」は、光り輝くさまをいう。【3】「玲瓏」は、玉などがすきとおるように美しく輝くさまをいう。また、金属や玉が触れ合ってすきとおった音で鳴るさまも表わす。【4】「皓皓」は、白々と光り輝くさまをいう。【5】「煌煌」は、まぶしいほどきらきらと光るさまをいう。【6】「炯炯」は、目などが鋭く光るさまをいう。

7 15-06 電灯(でんとう)／電球(でんきゅう)／蛍光灯(けいこうとう)

共通する意味★電気エネルギーを利用した照明器具。

使い方▼〔電灯〕▽電灯をつけて、部屋を明るくする▽懐中電灯 〔電球〕▽電球が切れる▽裸電球 〔蛍光灯〕▽オフィスを皓々(こうこう)と照らす蛍光灯

使い分け【1】「電灯」は、電気による明かりの総称。【英】*an electric light* 【2】「電球」は、フィラメントや不活性ガスなどの発光体を包んでいるガラスの球。フィラメントに電流を通し、高温にして発光させる。白熱灯。【英】*an electric bulb* 【3】「蛍光灯」は、ガラス管の内側に蛍光塗料をぬり、水銀灯の放電による紫外線をあてて発光させるもの。「電球」より電力消費が少なく、寿命も長い。【英】*a fluorescent light*

7 15-07 ぴかり／ぴかぴか／きらり／きらきら／ぎらり／ぎらぎら／てかてか／てらてら／ちらちら／ちかちか

共通する意味★光り輝くさまを表わす語。

使い方▼〔ぴかり〕(副)▽稲妻がぴかりと光る 〔ぴかぴか〕(副・形動)スル▽靴をぴかぴかにする▽ライトがぴかぴか光る 〔きらり〕(副)▽ダイヤモンドがきらりと輝く▽そのとき、彼の目が鋭くきらりと光った 〔きらきら〕(副)スル▽夜空にきらきら輝く星▽瞳(ひとみ)をきらきら輝かせる 〔ぎらり〕(副)▽刃物がぎらりと光る▽その瞬間彼の目はぎらりとした 〔ぎらぎら〕(副)スル▽ぎらぎら輝く海面▽油汚れでぎらぎらした皿 〔てかてか〕(副・形動)スル▽古い服のひじがてかてか光る▽鼻の頭がてかてかしている 〔てらてら〕(副・形動)スル▽てらてらした顔▽油をてらてらぬりたくる 〔ちらちら〕(副)スル▽灯台のあかりがちらちらと見える▽沖の漁火(いさりび)がちらちらする 〔ちかちか〕(副)スル▽ネオンがちかちかしている

	□と輝く	□の頭	□した顔	遠く、あかりが□(と)みえる
ぴかり	○	-	-	-
ぴかぴか	○	-	-	-
きらり	○	-	-	△
きらきら	○	-	○	△
ぎらり	○	-	-	-
ぎらぎら	○	-	○	-
てかてか	○	○	○	-

てらてら	○	○	○	-
ちらちら	-	-	-	○
ちかちか	○	-	-	○

使い分け【1】「ぴかり」は、一瞬、鋭く光り輝くさまにいう。**【英】** *with a flash*【2】「きらり」は、瞬間的に美しく、または鋭く光り輝くさまにいう。また、「彼は色のセンスにきらりとしたものを持っている」のように、光以外のものにもいう。【3】「ぎらり」は、瞬間的にすごみを帯びて光るさまにいう。【4】「ぎらぎら」は、「きらきら」よりも輝く度合いが強く、すごみを帯びた表現。また、「ぎらぎらした男は嫌い」の「ぎらぎら」は、欲望が表面に現れ出ているさまをいう。【5】「ぴかぴか」「きらきら」「ぎらぎら」は、「ぴかり」「きらり」「ぎらり」が継続的であるさまにいう。**【英】** *glitteringly*(きらきら)【6】「てかてか」は、表面が滑らかでつやがあり、光っているさまにいう。**【英】** *brightly*【7】「てらてら」は、つやがあって光っているさまにいう。【8】「ちらちら」は、光が継続的に弱くほのかに光るさまをいう。また、「小雪がちらちらと舞う」のように、雪や花のような細かいものが翻りながら飛び散るさまや、「下着がちらちら見える」のように、目の前で物が動くように感じて見えるさまにもいう。【9】「ちかちか」は、点に見える光が明滅するさまにいう。また、「目がちかちかする」のように、視覚的刺激が強すぎたさまにもいう。

7 15-08 鮮(あざ)やか／鮮明(せんめい)

【関連語】◆(くっきり)

共通する意味★はっきりしているさま。**【英】** *vivid*

使い方▼〔鮮やか〕(形動)▽墨痕(ぼっこん)鮮やかな表札▽色調を鮮やかにする　〔鮮明〕(形動)▽鮮明にブレーキの跡がついている▽旗幟(きし)鮮明(＝立場がはっきりしていること)

	□な画像	記憶が□によみがえる	色□に映し出す	態度を□にする
鮮やか	○	○	○	-
鮮明	○	○	-	○

使い分け【1】「鮮やか」は、美しくはっきりしていて、色や形などが他のものより目立つさまをいう。また、「鮮やかな手並み」のように、腕前などのみごとなさまもいう。【2】「鮮明」は、「鮮やか」の意の漢語。「前任者との違いを鮮明にする」のように、他との違いに重点をおいた表現にも使われる。

【関連語】◆(くっきり)(副)際立って鮮やかなさま、はっきり目立つさま。「対岸の山々がくっきり見える」

7 15-09 日光(にっこう)／陽光(ようこう)／日差(ひざ)し

【関連語】◆(日影(ひかげ))◆(薄日(うすび))

共通する意味★太陽の光線、光。さし込む明かり。**【英】** *sunshine*

	□がまぶしい	□消毒	□が降り注ぐ	□が強い
日光	○	○	-	-
陽光	○	-	○	-
日差し	○	-	○	○

使い分け【1】「日光」が、客観的にいう場合に用いられるのに対し、「陽光」は、明るさや暖かさを含意していう場合に用いられる。【2】「日差し」は、「春の日差し」や「日差しが弱い」のように、太陽の光の射し方をいう場合に多く用いられる。「日射し」「陽射し」とも書く。

【関連語】◆(日影)日の光。また、日光が当たってできる影。現在ではあまり使われない語。◆(薄日)弱い日の光。「薄日が雲間からもれる」「薄日がさす」

7 15-10 反照(はんしょう)／返照(へんしょう)／照(て)り返(かえ)し

【関連語】◆(日照(にっしょう))◆(烈日(れつじつ))

共通する意味★光が照りつけて、あたりが明るくなること。また、その光。**【英】** *reflected light*

使い方▼〔反照〕▽残雪の反照　〔返照〕(スル)▽海辺の返照　〔照り返し〕▽照り返しが強い▽雪の照り返しで日に焼ける

使い分け「反照」「返照」は、特に、夕映えをいう。

【関連語】◆(日照)太陽が地上を照らすこと。「日照時間」◆(烈日)激しく照りつける太陽。また、その光。「秋霜烈日(＝権威、刑罰などが非常にきびしいことのたとえ)」のように使う。

7 15-11 反射(はんしゃ)／照(て)り返(かえ)す

共通する意味★物の表面に当たった光や熱をはね返す。また、はね返る。**【英】** *reflection*

使い方▼〔反射〕(スル)▽光の反射が起こる▽雪に日光が反射してまぶしい▽反射望遠鏡▽反射熱　〔照り返す〕(サ五)▽夕日を照り返して赤く染まった雲▽湖が一面に月光を照り返している

使い分け【1】「反射」は、物理学では、光や熱、音など、波動あるいは粒子と考えられるものが、物に当たってはね返ることをいう。また、医学、生理学では、「条件反射」「反射的にボールをよける」のように、一定の刺激に対して、意識にかかわりなく一定の反応をすることをいう。【2】「照り返す」は、太陽や月などの光についていうことが多い。

7 15-12 暮(く)れる／更(ふ)ける

共通する意味★季節や年月、時間などが進む。**【英】** *to advance*

使い方▼〔暮れる〕(ラ下一)▽日がとっぷり暮れる▽秋が暮れる▽年が暮れる　〔更ける〕(カ下一)▽夜が更ける▽秋が更ける

使い分け【1】「暮れる」は、年・月・日・季節が終わりに近づくことだが、「更ける」は、その時や季節になってからかなり時間が経過し、たけなわになることをいう。【2】「暮れる」は、何かをして、あるいは何かに熱中して長い時間が過ぎることも表わす。また、精神的なショックを受け、呆然と時を過ごすことも表わす。「毎日クラブ活動に明け暮れる」「途方に暮れる」「悲しみに暮れる」

反対語▼暮れる⇔明ける

7 15-13 暗い／薄暗い／ほの暗い

【関連語】◆(小暗い)◆(小暗がり)◆(手暗がり)

共通する意味★光が少なくて物がよく見えないさま。

使い方▼〔暗い〕(形)▽暗い夜道を歩く▽部屋が暗くなる　〔薄暗い〕(形)▽薄暗い夕暮れ時▽部屋の外はもう薄暗い　〔ほの暗い〕(形)▽夜明けは近いが、まだほの暗い▽ほの暗い洞窟

使い分け【1】「暗い」は、光がない、足りないという意を表わす。また、「暗い過去」のように、明朗でない意、「社会事情に暗い」のように、不案内である意、「先行きが暗い」のように、希望がもてない意、「彼は根が暗い」のように、陰気である意にも用いられる。【英】*dark*【2】「薄暗い」「ほの暗い」は、光が弱くて少し暗いさまをいう。【英】*gloomy*【3】「ほの暗い」は、「ほの」が、かすかに、わずかに知覚される意味を添え、光が弱くて少し暗いさまをいう。

反対語▼暗い⇔明るい

【関連語】◆(小暗い)(形)薄暗い。「おぐらい」とも。「小暗い森の道」◆(小暗がり)小暗いこと。また、その場所。「小暗がりに隠れる」◆(手暗がり)自分の手で光が遮られて陰になり暗くなること。また、そのような場所や位置。「手暗がりで文字を書く」

7 15-14 旭光／曙光

共通する意味★朝の太陽の光。【英】*the rising sun*

使い分け【1】いずれも文章語的な語。【2】「曙光」は、暗やみの中に見え始める夜明けの光。転じて、「平和の曙光が見える」のように、前途に見え始める希望の意にも用いる。

7 15-15 月光／月明かり／月影／月明

共通する意味★月の光。【英】*moonlight*

使い方▼〔月光〕▽月光に照らされる▽蒼白い月光　〔月明かり〕▽月明かりを頼りに夜道を歩く▽月明かりの下で本を読む　〔月影〕▽月影さやかな夜のひととき　〔月明〕▽わが命、月明に燃ゆ

使い分け「月影」「月明」は、古めかしい言い方。

7 15-16 影／シルエット／影法師

【関連語】◆(陰影)◆(投影)

共通する意味★物体が光を遮った結果、光と反対側にできる暗い部分。【英】*a silhouette*

使い方▼〔影〕▽障子に人の影がうつる▽舗道に長くのびた影　〔シルエット〕▽背後から照明を浴びたモデルのシルエットがスクリーンに浮かび上がった　〔影法師〕▽影法師を踏んで遊ぶ

使い分け【1】「影法師」は、「影」を擬人化していったもの。したがって、人間、または人間になぞらえたものに用いることが多い。【2】「シルエット」は、形が比較的はっきりしている場合に用いられることが多い。【3】「影」は、元来、「月の影がさす」のように、日、月、星や、ともし火、電灯などの光の意。また、「影も形もない」のように、目に映ずる実際の物の姿や形の意や、「湖に富士山の影が映る」のように、鏡や水面などに物の形や色が映って見えるものの意、「かすかに昔日の影を残している」のように、心に思い浮かべた、目の前にいない人や物の姿の意もある。

【関連語】◆(陰影)物に光があたるとき、その物自体に生じる暗い部分(陰)と、光がその物に遮られてできる暗い部分(影)のこと。「絵に陰影をつける」◆(投影)スルものの影があるものの上に映し出されること。「山並みが湖面に投影する」

参照▼シルエット⇒001-15

7 15-17 星影／星明かり

共通する意味★星の光。【英】*starlight*

使い方▼〔星影〕▽水面に星影が映る　〔星明かり〕▽星明かりを頼りに歩く

使い分け「星影」の「影」は、光の意。「星明かり」の方が、一般的。

7 15-18 幻影／幻視／幻

共通する意味★実際には存在しないのに存在するかのように見えるもの。【英】*a phantom*

使い方▼〔幻影〕▽幻影におびえる▽幻影をしばしば見る　〔幻視〕▽幻視幻聴を起こす　〔幻〕▽幻のごとく消えうせる▽幻の名画

使い分け【1】「幻影」「幻」は、存在するかのように見えるものであるのに対し、「幻視」は、そのように見えることをいう。【2】話し言葉では、「幻」が多く用いられる。

7 15-19 輝き(かがや)／光輝(こうき)／光彩(こうさい)

【関連語】◆(光明)(こうみょう)

共通する意味★四方に放たれる、強く美しい光。**【英】** *radiance*

使い方▼**〔輝き〕**▽冬になると星が**輝き**を増す▽授業がおもしろいと、生徒の目の**輝き**が違う▽宝石の**輝き** **〔光輝〕**▽青白い光輝を放つプレアデス星団▽光輝燦爛(さんらん) **〔光彩〕**▽虹(にじ)のように鮮やかな光彩▽光彩陸離

	□を放つ	太陽の□	一瞬の□	□に乏しい
輝き	○	○	○	△
光輝	○	△	△	-
光彩	○	-	△	○

使い分け【1】「輝き」は、最も一般的に用いられる。「光輝」「光彩」は、文章語。【2】「光彩」は、色も鮮やかな光。また、「ひときわ光彩を放つ作品」のように、人や物事のすぐれた面が生き生きと表に現れることもいう。

【関連語】◆(光明)「輝き」と同じように明るい光をいうが、特に、暗やみを照らし出す光。また、比喩(ひゆ)的に、将来に対する希望、明るい見通しなどをいう。「闇(やみ)の中に一筋の光明がさす」「前途に光明が見えてきた」

7 15-20 明滅(めいめつ)／点滅(てんめつ)

共通する意味★明かりがついたり、消えたりすることを繰り返すこと。**【英】** *to turn and off*

使い方▼**〔明滅〕**スル▽明滅するネオン **〔点滅〕**スル▽黄信号が点滅する

使い分け「点滅」は、一般的によく用いられる。また、「明滅」よりも「点滅」の方が、ついたり消えたりする間隔が狭い。

7 15-21 点(つ)ける／灯(とも)す／点灯(てんとう)／点(てん)ずる

共通する意味★火や電気を働かせて明るい状態にする。**【英】** *to light*

使い方▼**〔点ける〕**(カ下一) **〔灯す〕**(サ五) **〔点灯〕**スル **〔点ずる〕**(サ変)

	部屋の明かりを□	ヘッドライトを□	外灯に灯を□	ろうそくにマッチで火を□
点ける	○	○	○	○
灯す	○	-	○	○
点灯する	△	○	-	-
点ずる	△	-	○	○

使い分け【1】「点ける」が、最も広く用いられる。「灯す」は、ろうそくなど炎の明かりに対して、「点灯する」は、電灯など電気の明かりに対して使われることが多い。「灯す」は、やや古めかしい言い方。【2】「点ずる」は、話し言葉ではほとんど使われない。

反対語▼点ける⇔消す 点灯⇔消灯

7 15-22 光(ひか)る／輝(かがや)く／きらめく／照(て)る

【関連語】◆(閃く)(ひらめく)◆(照り輝く)(てりかがやく)◆(照り付ける)(てりつける)◆(ぎらつく)

共通する意味★光を発する。**【英】** *to shine*

使い方▼**〔光る〕**(ラ五)▽白刃が光る▽親の目が光っている(＝監視する) **〔輝く〕**(カ五)▽朝日が輝く▽輝く瞳(ひとみ) **〔きらめく〕**(カ五)▽ネオンがきらめく **〔照る〕**(ラ五)▽太陽が照る▽月がこうこうと照る

	夜空に月が□	ダイヤが□	頰(ほお)に涙が□	□星座	日がかんかん□
光る	○	○	○	-	-
輝く	○	○	-	○	-
きらめく	△	○	-	○	-
照る	○	-	-	-	○

使い分け【1】「光る」は、それ自体が光を発したり、光を反射したりして明るく見えるものについて広く使われる。【2】「輝く」「きらめく」は、まぶしいほどの光を四方に発する意で、多く、きらきらと美しく見える場合に使われる。【3】「照る」は、特に、太陽や月が光を発する場合に使われる。【4】「光る」には、「彼の作品がひときわ光っている」のように、他よりもいちだんとすぐれて目立つ意もある。【5】「輝く」には、「希望に輝く顔」「栄冠に輝く」のように、喜びや名誉などを得て、華々しく感じられる意もある。【6】「きらめく」は、「煌めく」「燦めく」とも書く。

【関連語】◆**(閃く)**(カ五)ぴかっと一瞬光る。「稲妻がひらめく」◆**(照り輝く)**(カ五)光が明るく美しく輝く。「シャンデリアが燦然(さんぜん)と照り輝く」◆**(照り付ける)**(カ下一)日光が激しく照る。「夏の太陽が照り付ける」◆**(ぎらつく)**(カ五)ぎらぎらと光る。「ぎらつく夏の太陽」「工場の排水が油でぎらついている」

参照▼閃く⇒208-17 903-35

7 15-23 輝(かがや)かす／光(ひか)らす／閃(ひらめ)かす

共通する意味★光を発するようにする。**【英】** *to brighten*

使い方▼**〔輝かす〕**(サ五)▽目を輝かして見る **〔光らす〕**(サ五)▽床をぴかぴかに光らす▽親が目を光らしている(＝監視している) **〔閃かす〕**(サ五)▽白刃をひらめかす

使い分け【1】「輝かす」には、きらきらと美しく見えるようにする意味合いがある。【2】「閃かす」は、きらりと一瞬光を放つようにする意。

7 15-24 照らす／照射／照明／投光

共通する意味★光をあてて明るくする。【英】*to illuminate*

使い方▼〔照らす〕(サ五)▽太陽が木々を照らす▽懐中電灯で足元を照らす　〔照射〕スル▽患部にコバルトを照射する▽日光の照射量　〔照明〕スル▽店内の照明が暗い▽照明器具　〔投光〕スル▽投光照明▽投光器

使い分け「照らす」「照射」は、あてる光源が日光でも、電灯などの人工の光でもかまわない。「照明」「投光」は、人工の光のみに使う。

7 15-25 明ける

意味★夜が終わり日が昇って明るくなる。【英】*to dawn*

使い方▼〔明ける〕(カ下一)▽夜が明ける

◈「年が明ける」のように、時が経(た)って年月が新たになる意や、「年季が明ける」のように、満期になる意でも使われる。

7 15-26 明るむ／明け渡る

【関連語】◆(明るみ)あかるみ

共通する意味★光がさして物がよく見える状態になる。【英】*to glow light*

使い方▼〔明るむ〕(マ五)▽東の空が明るむ　〔明け渡る〕(ラ五)▽夜が明け渡る

使い分け【1】「明るむ」は、「あからむ」が変化した語。【2】「明け渡る」は、夜がすっかり明けて一面に明るくなる意。

【関連語】◆(明るみ)明るい所。また、公の場所。「暗がりから急に明るみに出たのでまぶしい」「手抜き工事の事実が明るみに出る」

7 15-27 映る／映ずる／反映

【関連語】◆(映す)うつす

共通する意味★物の姿や影が他の物の表面に現れる。【英】*to reflect*

使い方▼〔映る〕(ラ五)▽富士の姿が湖にくっきりと映っている▽人影が障子に映る▽テレビに家の近くが映った　〔映ずる〕(サ変)▽山並みが湖面に映じて美しい▽末期(まつご)の目に映じた光景　〔反映〕スル▽炎の反映で障子がぼんやり赤い

	夕焼けが湖に□	湖が夕焼けを□	鏡に□た顔	テレビに□
映る	○	−	−っ○	○
映ずる	○	△	−じ△	−
反映する	○	○	−し−	−

使い分け【1】「映る」は、鏡、水、障子、スクリーンなどに像が現れる意。また、比喩(ひゆ)的に、「彼の目にはつまらないものと映った」のように、人が何かからある印象を受ける意や、「紺の背広によく映るネクタイ」のように、よく似合う意でも使う。【2】「映ずる」は、「映る」とほぼ同意だが文章語的。「映じる」とも。【3】「反映する」は、はっきりした像を結ばない光の反射について使うことが多い。また、比喩的に、「現代社会を反映した事件」のように、ある物事の影響が他の物事に現れることにもいう。

【関連語】◆(映す)(サ五)鏡、水、スクリーンなどに像が現れるようにする。「自分の姿を鏡に映す」「スライドを映す」◈比喩(ひゆ)的に、ある物の影響が他の物事に現れることにもいう。「歌は時代を映す鏡だ」

7 15-28 明るい

意味★光が強い。また、光が十分にさして、物がよく見える状態である。【英】*light* ⇔暗い

使い方▼〔明るい〕(形)▽電灯を点けたので明るい▽明るいうちに家に帰ろう

◈「明るい色の服装」のように、澄んで華やかな色である意、「明るい人柄」のように、朗らかで楽しそうである意、「明るい政治」のように、不正がなく公明である意、「文学に明るい」のように、その方面によく通じている意、「前途は明るい」のように、希望が持てるさまである意のように広く用いられる。

参照▼明るい⇒201-38

7 15-29 余光／残照

共通する意味★日が沈んだあと、特に西の方の空の一部や山頂などに残っている日の光。【英】*an afterglow*

使い方▼〔余光〕▽余光が湖面を照らす　〔残照〕▽残照に染まる峰々

使い分け二語とも、文章語。また、「余光」は、「親の余光」のように、死後もなお残っている余徳の意でも使われる。

7 16 …色

7 16-01 色

意味★目に見えるものが持つ基本的属性の一つ。それに当たって反射した光線の波長の差を視覚で感知したもの。**【英】** *a color*
使い方▼〔色〕▽美しい色▽明るい色で描く▽朱色▽茶色
◆日本語では、はっきりと目に見えるということから、人の表情、物の趣、情人など、さまざまなことを表わす語となっている。

7 16-02 原色／三原色

共通する意味★もとになる色。基本的な色。**【英】** *primary colors*
使い方▼〔原色〕▽原色を混ぜ合わせてさまざまな色をつくる 〔三原色〕▽光の三原色
使い分け【1】「原色」は、混ぜ合わせると、どんな色でも得ることができる基本的な色。一般には、「三原色」のことをさすことも多い。また、「原色のシャツ」のように、純度の高い強烈な印象の色や、「原色を再現する」のように、もとのままの（作品、自然などの）色をも表わす。【2】「三原色」は、光線などでは、赤・緑・青の三色、絵の具などでは、赤紫（マゼンタ）・青緑（シアン）・黄の三色をさす。

7 16-03 色相／明度／彩度

共通する意味★色の三属性の一つ。**【英】** *chroma*
使い分け【1】「色相」は、赤、黄、青のような、それぞれの色の属性をいう。「明度」は、色の明るさの度合い。「彩度」は、色のさえ方の度合い、鮮やかさの程度。【2】三語とも、特に色の属性を問題にするときに用い、普通に色を表現する場合にはあまり使わない。

7 16-04 色合い／色調／色彩／トーン

共通する意味★色の様子。色の具合。**【英】** *a tone of color*

	色合い	色調	色彩	トーン
暗い□の絵	○	○	○	○
孔雀（くじゃく）の羽のような□	○	○	○	-
セーターの□を考えてスカートを選ぶ	○	-	-	-
黒っぽい□で夜を描く	-	○	△	○

使い分け【1】「色合い」は、色の具体的な組み合わせや人に与える感じの例を示し、自然にあるものの場合にも用いられる。「色調」「トーン」は、意図的にある効果をねらって出したものが多い。特に「トーン」は、全体から受ける特定の感じであって、「色合い」のように、色の組み合わせの効果は含まず、一つの傾向を示す。【2】「色彩」は、自然、人工の具体物についていう場合よりも、そこから色をとり出して、純粋に色について問題にするときに多く使う。【3】「色合い」「色彩」は、「交渉は長期戦の色合いを呈してきた」「左翼的色彩の濃い集会」のように、おおまかな傾向、性質の意でも用いられる。

7 16-05 反対色／補色／余色

共通する意味★色相の環で、互いに反対側にある色。**【英】** *an antagonistic color*
使い分け【1】いずれも、混合したときに無彩色となる二つの色、また、その二色の関係をいう。赤と緑など。【2】「反対色」は、単に、対比すると非常に目立つ二色にもいう。「黄と黒の反対色を使った交通標識」

7 16-06 中間色／間色

【関連語】◆（パステルカラー）

共通する意味★主要な原色の中間に位置する色。**【英】** *neutral tints*
使い分け【1】いずれも、橙（赤と黄）、黄緑（黄と緑）といった色をいう。【2】「中間色」は、彩度の高い純色に無彩色を混ぜた、くすんだ柔らかい感じの色をいう。「中間色のセーター」のような例がそれで、むしろ、この意で使われることのほうが多い。
【関連語】◆（パステルカラー）パステルで描いたような柔らかい感じの色。柔らかな中間色。「パステルカラーの包装紙」

7 16-07 暖色／温色

共通する意味★見た目に暖かさを感じさせる色。**【英】** *a warm color*
使い方▼〔暖色〕▽暖色の壁紙にはり替える 〔温色〕▽温色でコーディネートされたリビング
使い分け いずれも、赤、橙、黄系統の色をいう。「温色」では、明るい緑くらいまでを含めることもある。暖かさだけでなく、なごやかな感じも含めていう。
反対語▼暖色⇔寒色

7 16-08 寒色

意味★見た目に冷たい感じを与える色。青系統の色。**【英】** *a cold color* ⇔暖色
使い方▼〔寒色〕▽寒色を基調に飾りつけたショーウインドー

7 16-09 光沢(こうたく)／つや

【関連語】◆(色つや)いろつや

共通する意味★物の表面の輝き。【英】*luster*

使い方▼〔光沢〕▽真珠のような光沢▽光沢のある紙〔つや〕▽磨いてつやを出す▽つやのある髪

使い分け【1】二語とも、多く、物の表面を磨いて滑らかにすることにより、表面に生じた状態についていう。【2】「つや」には、「肌のつやがなくなる」のように、若々しい張りや弾力を感じさせる美しさや、「芸につやがある」のように、円熟したおもしろみの意もある。「艶」「光沢」とも書く。

【関連語】◆(色つや)物の色とつや。人の肌や顔色の良さなどにいう。「色つやの良い、健康そうな子」

7 16-10 彩色(さいしき)／配色(はいしょく)

共通する意味★物に色をおくこと。いろどること。【英】*coloring*

使い方▼〔彩色〕スル▽美しく彩色をほどこした箱〔配色〕スル▽配色のよさがきわだつ壁飾り

使い分け【1】「彩色」は、表面に色を塗ること。「さいしょく」ともいう。【2】「配色」は、複数の色の取り合わせ、並べ具合をいう。

7 16-11 褪(あ)せる／色褪(いろあ)せる／褪(さ)める

共通する意味★色やつやが薄くなる。【英】*to fade*

使い方▼〔褪せる〕(サ下一)▽色が褪せてみっともない服〔色褪せる〕(サ下一)▽セピア色に色褪せた写真〔褪める〕(マ下一)▽すっかり色が褪めた浴衣

	藍(あい)が□	花の色が□	□た写真	日に焼けた肌が□
褪せる	○	○	−せ△	−
色褪せる	○	△	−せ○	−
褪める	○	○	−め−	○

使い分け【1】三語とも、色やつやが、日光の作用や、時間の経過によって薄くなる意。【2】染色したものの色については、三語とも用いることができる。【3】「褪せる」「色褪せる」は、ほぼ同じ意だが、「色褪せる」は、「色香が色褪せる」「花の色が色褪せる」のように、主語に「色」が含まれている場合には用いにくい。また、「褪せる」は、「色香が褪せる」のように、容色、勢力、情熱などが衰える意で用いられ、「色褪せる」は、「亡き妻の面影も色褪せた」のように、魅力、思い出、記憶などが古くなる意でも用いられる。

7 16-12 色(いろ)づく

意味★木の葉や果実が、赤や黄色になる。【英】*to color*

使い方▼〔色づく〕(カ五)▽少しずつもみじが色づいてきた▽柿の実が色づく

7 16-13 黒(くろ)／黒色(こくしょく)

【関連語】◆(漆黒)しっこく◆(真っ黒)まっくろ

共通する意味★色の名。墨の色。【英】*black*

使い方▼〔黒〕▽黒の靴▽白を黒と言いくるめる〔黒色〕▽黒色の絵の具▽黒色火薬

使い分け【1】「黒」は、木炭や墨、夜の闇(やみ)の色。「黒色」は、名詞の前について、それが黒い色であることを表わすことが多いが、一般には「黒い」で言い換えられることが多く、「黒色」は、やや硬い言い方となる。【2】「黒」は、また、「あいつは絶対に黒だ」のように、容疑者に犯罪の事実があることの意でも用いられる。

【関連語】◆(漆黒)うるしを塗ったように深く混じり気のない黒であること。文章語。「漆黒の闇」「漆黒の髪」◆(真っ黒)(名・形動)黒の度合いが深いさまや、すべてが黒であるさまなどを強調した言い方。ややくだけた言い方。「タバコの吸い過ぎで、歯の裏が真っ黒だ」

7 16-14 黒(くろ)い

【関連語】◆(黒黒)くろぐろ◆(黒ずむ)くろずむ◆(どす黒い)どすぐろい◆(浅黒い)あさぐろい◆(色黒)いろぐろ◆(真っ黒け)まっくろけ

意味★色が黒である。黒みをおびた色である。【英】*black*

使い方▼〔黒い〕(形)▽黒い服▽黒い髪▽日焼けした黒い顔▽衣を黒く染める

◈「ワイシャツの襟が黒くなる」のように、汚れている意、「腹が黒い」「黒い噂(うわさ)」のように、まがまがしい、不正であるという意でも用いられる。

【関連語】◆(黒黒)(副)いかにも黒いさま。鮮やかに黒いさま。「墨黒々と大書する」「黒々とした髪」◆(黒ずむ)(マ五)黒っぽくなる。多く、古くなったり汚れたりした場合に用いる。【英】*to blacken*「襟のあたりが黒ずんだワイシャツ」「年月を経て黒ずんだ床柱」◆(どす黒い)(形)濁った暗い感じに黒い。嫌悪感を含んでいう。「どす黒い血が吹き出す」「スモッグでどす黒い空」◆(浅黒い)(形)皮膚、顔の色などが少し茶褐色がかっているさまだ。「色の浅黒い男」◆(色黒)(名・形動)顔色が黒いさま。「色黒な男」◆(真っ黒け)(形動)真っ黒であるさま。口語。「真っ黒けに焦げた魚」「真っ黒けに日焼けする」

7 16-15 灰色(はいいろ)／鼠色(ねずみいろ)／グレー

7 自然

共通する意味★色の名。白と黒の間の色。灰の色。**【英】** *gray*

使い方▼〔灰色〕▽灰色の外套（がいとう）▽雨に煙る灰色の街 〔鼠色〕▽ねずみ色の背広 〔グレー〕▽グレーのセーター

使い分け【1】「灰色」は、黒と白の間にあるところから、善悪どちらともつかない（悪に近い印象である）状態、人や、明るさのない、抑圧された状態を表わす。「灰色の時代を過ごす」「灰色高官」【2】「鼠色」は、やや青みがかった「灰色」をいうこともある。【3】「グレー」は、「シルバーグレー」「ロマンスグレー」など、他の外来語と複合しても用いられる。

参照▼灰色⇒810-49

7 16-16 白（しろ）

【関連語】 ◆（純白）（じゅんぱく）◆（真っ白）（まっしろ）

意味★色の名。無彩色の最も明るい色。汚れのない雪や、塩の色。**【英】** *white*

使い方▼〔白〕▽白の下着▽黒と白のチェック
◆犯罪の容疑がないこと、また、容疑が晴れることもいう。「彼は絶対に白だ」

【関連語】 ◆（純白）（名・形動）全く混じり気のない白。「純白の新雪」「純白のウエディングドレス」◆（真っ白）（名・形動）白いことを強調していう。「真っ白におしろいを塗る」「シーツを真っ白に洗い上げる」「真っ白な雪」

7 16-17 白い（しろい）

【関連語】 ◆（白白）（しろじろ）◆（白っぽい）（しろっぽい）

意味★色が白であるさま。**【英】** *white*

使い方▼〔白い〕（形）▽白い雪原▽炭が燃えて白くなる▽漂白したように白い

【関連語】 ◆（白白）（副）いかにも白いさま。多く、ある広がりをもった対象にいう。印象的に白いさま。「白々と広がる氷原」◆（白っぽい）（形）白みがかったさま。白に近く感じられるさま。「夏の服は白っぽいものが好まれる」「洗いざらして白っぽくなったジーパン」

7 16-18 青白い（あおじろい）／蒼白（そうはく）

【関連語】 ◆（青ざめる）（あおざめる）

共通する意味★色が青みがかった白であるさま。**【英】** *pale*

使い方▼〔青白い〕（形）▽青白い狐火（きつねび）▽青白きインテリ▽病後の青白い顔 〔蒼白〕（形動）▽悲報を聞いて顔面が蒼白になる▽思いつめたような蒼白な顔

使い分け【1】二語とも、不健康な、あるいは不気味な印象を与えるような場合に用いる。「青白い」は、物にも人の顔色にもいう。また、実際の顔色だけでなく、あまり元気でない様子、ひ弱な様子にもいう。「蒼白い」とも書く。【2】「蒼白」は、特に顔色についていう。肌の色というより、血の気が引くような場面での顔色をいうことが多い。

【関連語】 ◆（青ざめる）（マ下一）顔色が青白くなる。「蒼ざめる」とも書く。「恐怖に青ざめる」

7 16-19 白む（しらむ）／白ける（しらける）

【関連語】 ◆（白茶ける）（しらちゃける）

共通する意味★白くなる。白っぽくなる。**【英】** *to whiten*

使い方▼〔白む〕（マ五）▽雨風に海も白む▽東の空が白む 〔白ける〕（カ下一）▽古く白けた壁

使い分け【1】「白む」は、一般的には、夜が明けて空が明るくなってくる意で用いることが多く、白くなる意では、あまり使われない。興ざめする意でも使うが、「白ける」の方が普通である。【2】「白ける」は、多く、興ざめする意で用いられる。白くなる意では、現在はあまり使われない。

【関連語】 ◆（白茶ける）（カ下一）古びて、色あせたり、色が薄くなったりする。「白茶けた壁紙」

参照▼白ける⇒220-31

7 16-20 赤（あか）／紅（べに）／紅（くれない）／レッド

【関連語】 ◆（真紅）（しんく）◆（真っ赤）（まっか）◆（緋色）（ひいろ）

共通する意味★色の名。血の色。熟したトマトの色。**【英】** *red*

使い方▼〔赤〕▽落第点を赤のペンで書き込む▽紺の上着に赤のネクタイ▽赤は情熱の色だ 〔紅〕（べに）▽燃えるような紅の着物▽頬（ほお）に紅をさす 〔紅〕（くれない）▽紅の唇▽紅に燃える夕焼け空 〔レッド〕▽ワインレッド

使い分け【1】「赤」は、三原色の一つマゼンタのほか、赤色がかった色、朱色、橙（だいだい）色にもいう。特に、名詞の前について「赤インク」「赤まんま」などともいう。【2】「紅（べに）」は、特に鮮やかな感じの赤。「くれない」と読むと、いっそうその印象が強まるが、やや古めかしい言い方となる。【3】「レッド」は、他の語と複合して使われることが多い。【4】「赤」は、また、「今月も赤になる」のように、赤字の意でも用いられる。

【関連語】 ◆（真紅）より鮮やかな紅色。「真紅のバラ」◆（真っ赤）（名・形動）赤を強調していう。「真っ赤な夕日が沈む」「恥ずかしさのあまり真っ赤になる」◆（緋色）鮮やかな赤。古めかしい語。

7 16-21 赤い（あかい）

【関連語】 ◆（赤赤）（あかあか）

意味★色が赤であるさま。**【英】** *red*

使い方▼〔赤い〕（形）▽赤いポスト▽リトマス試験紙が赤くなる

【関連語】 ◆（赤赤）（副）非常に赤いさま。「赤々と燃えさかる炎」

7 16-22 赤(あか)らむ／赤(あか)らめる／紅潮(こうちょう)

共通する意味★赤い状態になる。赤くする。【英】*to redden*

使い方▼〔赤らむ〕(マ五)▽潮焼けで赤らんだ顔 〔赤らめる〕(マ下一)▽恥ずかしさに顔を赤らめる 〔紅潮〕スル▽頬(ほお)を紅潮させて語る

使い分け【1】「赤らむ」は、自動詞、「赤らめる」は、他動詞だが、多く、顔色についていう。【2】「紅潮」は、顔がほてって赤みを帯びること。

7 16-23 桃色(ももいろ)／ピンク／薔薇色(ばらいろ)

【関連語】◆〔桜色〕さくらいろ

共通する意味★色の名。桃の花の色。また、薄い赤色。【英】*pink*

使い方▼〔桃色〕▽桃色のリボン▽桃色の浴衣 〔ピンク〕▽ピンクのドレス▽頬(ほお)をピンクに染める 〔薔薇色〕▽薔薇色のリボンの付いたプレゼント▽健康そうな薔薇色の頬

使い分け【1】「桃色」と「ピンク」は、ほぼ同意。両語とも、俗に、「桃色がかった話」「ピンクっぽい店」のように、色事に関することを表わすことがある。【2】「薔薇色」は、やや深みのある桃色、薄い紅色。「薔薇色の人生」のように、幸福、幸運を象徴的にいうことも多い。

【関連語】◆〔桜色〕桜の花のような、薄い桃色。「桜色の便箋(びんせん)」「目のふちをほんのり桜色に染める」

7 16-24 茶色(ちゃいろ)／焦(こ)げ茶色(ちゃいろ)／褐色(かっしょく)

【関連語】◆〔ブラウン〕

共通する意味★色の名。黒みを帯びた黄赤色。土、樹木の幹、クリの実などの色。【英】*brown*

使い方▼〔茶色〕▽泥にまみれ茶色に汚れた犬▽茶色のココア 〔焦げ茶色〕▽焦げ茶色の革靴 〔褐色〕▽褐色のライ麦パン▽褐色に日焼けした肌

使い分け【1】「茶色」は、ベージュのような薄い色から、焦げ茶色、褐色などまでを含めて呼ぶこともある。【2】「焦げ茶色」は、茶色の焦げたような、黒みがかった深い茶色。【3】「褐色」は、ふつう、暗い茶系の色をいう。

【関連語】◆〔ブラウン〕「茶色」の意で、多く、他の外来語と複合した形で使われる。「ブラウンの靴」「ブラウンソース」

7 16-25 青(あお)

【関連語】◆〔瑠璃色〕るりいろ◆〔空色〕そらいろ◆〔水色〕みずいろ◆〔ブルー〕◆〔真っ青〕まっさお

意味★色の名。空や海の澄んだ色。【英】*blue*

使い方▼〔青〕▽青磁の深い青が美しい▽青の瞳(ひとみ)に金色の髪▽青は藍(あい)より出(い)でて藍より青し(＝教えを受けた人が教えた人より優れること。弟子が師よりまさることのたとえ)

◆三原色の一つシアンのほか、緑色系をいうことも多い。「青葉」「青菜」「青み」など。また、接頭語として、若い、生き生きしたの意で、「青年」「青春」など、未熟の意で「青二才」などのように使う。

【関連語】◆〔瑠璃色〕鮮やかで深い青。「瑠璃色の羽根の孔雀(くじゃく)」◆〔空色〕晴れた日の青空の色。青に白を混ぜたような、薄い青色。「忘れな草の空色の花」◆〔水色〕薄青く澄んだ水の色。「水色のリボン」「水色の空」◆〔ブルー〕青色。「ブルーと白のしま柄」◆〔真っ青〕(名・形動)深い青を強調していう語。人の顔色がひどく悪く、血の気がうせたときにもいう。「真っ青な海の色」「知らせを聞いて真っ青になる」

7 16-26 青(あお)い

【関連語】◆〔青青〕あおあお◆〔蒼然〕そうぜん

意味★色が青であるさま。「蒼い」「碧い」とも書く。【英】*blue*

使い方▼〔青い〕(形)▽青い空▽青くひろがる海▽顔色が青い

【関連語】◆〔青青〕(副)いかにも青いさま。また、一面に青いさま。「青々とした木々」◆〔蒼然〕(形動たる・と)青いさま。また、薄暗いさま、色あせたさまなども表わす。「蒼然と血の気の失(う)せた顔」

参照▼蒼然⇒7 13-14

7 16-27 緑(みどり)／グリーン／エメラルドグリーン

【関連語】◆〔黄緑〕きみどり◆〔深緑〕ふかみどり◆〔浅緑〕あさみどり

共通する意味★色の名。ホウレンソウの葉の色。翡翠(ひすい)の色。【英】*green*

使い方▼〔緑〕▽緑の野原▽若草の緑がまぶしい▽五月の緑の森 〔グリーン〕▽グリーンのアイシャドウ▽グリーンのセーター 〔エメラルドグリーン〕▽エメラルドグリーンの瞳(ひとみ)

使い分け【1】「緑」は、植物、樹木などの葉の色を表わすことが多い。【2】「グリーン」は、特に、観葉植物や、ゴルフでホールのある場所の芝生をいうこともある。【3】「エメラルドグリーン」は、深く輝くような緑色。

【関連語】◆〔黄緑〕黄がかった緑。「黄緑の新芽」◆〔深緑〕深く暗い緑。「春から夏へ、森はだんだん深緑になる」◆〔浅緑〕薄い緑。「浅緑の草の芽」

7 16-28 黄色(きいろ)／イエロー

【関連語】◆〔山吹色〕やまぶきいろ◆〔クリーム色〕クリームいろ◆〔黄土色〕おうどいろ

共通する意味★色の名。ヒマワリ、タンポポの花の色。【英】*yellow*

使い方▼〔黄色〕▽黄色の菜の花畑　〔イエロー〕▽レモンイエロー▽クロムイエロー

使い分け【1】「黄色」は、三原色の一つで、単に「黄」ともいう。【2】「イエロー」は、多く、他の語と複合した形で使われる。

【関連語】◆〔クリーム色〕白の混じった柔らかい黄色。原色よりも優しい印象を与える色。「クリーム色のアンサンブル」◆〔山吹色〕山吹の花のような、かすかに赤みがかった黄色。「山吹色の小判」◆〔黄土色〕茶色がかった黄。

7 16-29 橙色（だいだいいろ）／オレンジ色（いろ）

【関連語】◆〔蜜柑色〕（みかんいろ）◆〔柿色〕（かきいろ）

共通する意味★色の名。熟したダイダイの実のような赤みがかった黄色。**【英】** *orange*

使い方▼〔橙色〕▽橙色に実ったミカン　〔オレンジ色〕▽オレンジ色のパラソル

使い分け 二語とも、ほぼ同じ意味で使われる。

【関連語】◆〔蜜柑色〕ミカンの果皮のような色。◆〔柿色〕熟柿の色で、やや赤みが強いもの。

7 16-30 金色（きんいろ）／黄金色（こがねいろ）

共通する意味★色の名。金の色。**【英】** *gold*

使い方▼〔金色〕▽制服の金色のボタン▽金色の星をツリーに飾る▽金色に輝く塔の九輪　〔黄金色〕▽黄金色の髪▽黄金色に波打つ稲穂

使い分け「金色」は、金のような光沢のある黄色。単に「金」ということもある。「黄金色」は、やや古めかしい語。

7 16-31 銀色（ぎんいろ）／しろがね色（いろ）／白銀（はくぎん）

【関連語】◆〔いぶし銀〕（いぶしぎん）

共通する意味★色の名。銀の色。**【英】** *silver*

使い方▼〔銀色〕▽銀色に輝く月　〔しろがね色〕▽しろがね色の雪山　〔白銀〕▽白銀の世界▽白銀の山々

使い分け【1】「銀色」は、銀のような光沢のある青白色。単に「銀」ということもある。【2】「しろがね色」「白銀」は、文章語的で、特に「白銀」は、晴れた日の雪の輝きをいうことが多い。

【関連語】◆〔いぶし銀〕いぶしをかけた銀のように、くすんで渋みのある銀色。また、「いぶし銀のような職人芸」のように、比喩（ひゆ）的に、一見地味ではあるが、実際には、実力や魅力があることもいう。

7 16-32 紫（むらさき）

【関連語】◆〔青紫〕（あおむらさき）◆〔赤紫〕（あかむらさき）◆〔薄紫〕（うすむらさき）◆〔菫色〕（すみれいろ）◆〔藤色〕（ふじいろ）

意味★色の名。青と赤との間の色。**【英】** *purple*

使い方▼〔紫〕▽紫のスカーフ▽紫水晶

【関連語】◆〔青紫〕青の度合いの強い紫。「青紫の桔梗（ききょう）の花」◆〔赤紫〕赤の度合いの強い紫。「赤紫のれんげ」◆〔薄紫〕紫の薄い色。白みがかった紫。「薄紫に煙る遠くの山なみ」◆〔菫色〕スミレの花のような紫。◆〔藤色〕フジの花のような紫。薄紫。「落ちついた藤色の小紋の和服」

7 17 …音

7 17-01 音（おと）／物音（ものおと）

【関連語】◆〔音声〕（おんせい）◆〔音〕（おん）◆〔音〕（ね）◆〔音色〕（ねいろ）◆〔楽音〕（がくおん）◆〔サウンド〕

共通する意味★聴覚で感ずる感覚。物の振動が空気を伝わってきたもの。**【英】** *sound*

使い方▼〔音〕▽テレビの音が大きい▽音が聞こえる　〔物音〕▽不気味な物音▽物音を立てる

	玄関で□がした	□の出るおもちゃ	雨だれの□を聞く	あやしい□を聞きつける
音	○	○	○	△
物音	○	－	－	○

使い分け【1】「音」は、一般的に広く用いられる。【2】「物音」は、なんの音かはっきりしない場合にいう。したがって、音楽が流れているような場合、その音楽をさして「物音」とはいわない。また、「街角の物音」のように、音源がわからないだけでなく、いろいろ混じり合って聞こえるときにもいう。

【関連語】◆〔音声〕人が口から出す音。また、テレビなどの出す音。「プライバシー保護のため音声を変えて放送する」「音声多重放送」◆〔音〕（おん）「おと」に同じだが、「ラの音に合わせる」のように、音楽でいうことが多い。◆〔音〕（ね）聞いていて心地良い音。「妙なる音」「虫の音」「音を上げる（＝困難、苦難に耐えられず弱音を吐く。「音」は泣き声の意）」◆〔音色〕楽器、人の声など、その発音体に特有な音の感じ。「ギターの音色」◆〔楽音〕楽器の出す音のように、高さ・強さ・音色などがはっきりわかる音。◆〔サウンド〕音。音響。また、ポピュラー音楽などで、ある一定の音楽の傾向をいう。「サウンドトラック」「懐かしの六〇年代のサウンド」

参照▼音声⇒108-01

7 17-02 響き（ひびき）／音響（おんきょう）

共通する意味★音や声が伝わること。**【英】** *a sound*

使い方▼〔響き〕▽列車の響きが聞こえる▽このホールは音の響きがよくない▽彼の声は響きがいい　〔音響〕▽大音響▽音響効果▽音響装置

使い分け【1】「響き」は、「響きのいい言葉」のように、耳に聞こえてくる音や、声の感じをいう場合もある。【2】「音響」は、他の語と複合して用いられることが多い。

717-03 雑音（ざつおん）／騒音（そうおん）／ノイズ

共通する意味★耳障りな音。【英】*noise*

使い方▼〔雑音〕▽録音の最中に雑音が入る▽雑音で電話の声が聞き取りにくい 〔騒音〕▽暴走族の騒音に悩まされる▽騒音公害 〔ノイズ〕▽ノイズをカットする装置▽古いレコードはノイズが多い

	□で話が聞き取れない	通りを走る自動車の□	□をまき散らす	ラジオに□が入る
雑音	○	-	-	○
騒音	○	○	○	-
ノイズ	○	-	-	○

使い分け【1】「雑音」は、聞こうとしている音に混入して、それを聞くのを妨げる音で、音の大きさにかかわらずいう。「騒音」は、特に大きな、うるさく感じる音。【2】「雑音」は、一時的に生じるもので、それを発する音源を切ることによって止めることができるが、「騒音」は、ふつう音源を解消させることができないため、遮断することができない。【3】「ノイズ」は、ラジオ、テレビ、レコードなどから出る「雑音」をさす。音量は小さいが継続的なものをいう。【4】「雑音」は、また、具体的な音でなく、人の判断に影響を与えるような、周囲の意見や批判をいう場合もある。「雑音に惑わされずにわが道を行く」

717-04 爆音（ばくおん）／轟音（ごうおん）

共通する意味★鳴り響く大きな音。【英】*an explosion*

使い方▼〔爆音〕▽山を切り崩すダイナマイトの爆音▽飛行機の爆音が聞こえる 〔轟音〕▽轟音をたてて走り過ぎるトラック▽轟音とともに落盤が起こった

使い分け【1】「爆音」は、火山や火薬などが爆発する際の大きな音。また、飛行機、オートバイ、自動車などの発動機が発するやかましい音のこと。【英】*buzzing*（飛行機などの）【2】「轟音」は、辺りにとどろきわたるような、すさまじく大きい音のこと。

717-05 銃声（じゅうせい）／砲声（ほうせい）／筒音（つつおと）

共通する意味★銃や大砲を撃つ音。【英】*the sound of gunfire*

使い方▼〔銃声〕▽銃声に驚いて鳥が飛び立つ 〔砲声〕▽戦場に砲声がとどろく 〔筒音〕▽田畑は戦場と化し、筒音が絶えない

使い分け「銃声」は、銃を撃つ音。「砲声」は、大砲を撃つ音。「筒音」は、小銃や大砲を撃つ音だが、古めかしい言い方。

717-06 こだま／山彦（やまびこ）

共通する意味★音や声などが物に反響して返ってくること。【英】*an echo*

使い方▼〔こだま〕スル▽ヤッホーと叫んだらこだまが返って来た▽真夜中の倉庫に靴音がこだまする 〔山彦〕▽呼べど叫べど返ってくるのは山彦だけだ

使い分け【1】「こだま」は、「木霊」「木魂」「谺」などとも書き、もと木の精の意。「山彦」と違い、平地や狭い場所などでおこるものにもいい、単に、反響の意でも使われる。【2】「山彦」は、もと山の神の意。山や谷で大声を出し、向かいの山から返ってくるようなときにいう。

参照▼こだま⇒604-38

717-07 鳴（な）る／響（ひび）く／鳴（な）り響（ひび）く／響（ひび）き渡（わた）る／鳴（な）り渡（わた）る／高鳴（たかな）る／轟（とどろ）く

【関連語】◆〔聞こえる〕きこえる

共通する意味★音が伝わる。

使い方▼〔鳴る〕（ラ五） 〔響く〕（カ五） 〔鳴り響く〕（カ五） 〔響き渡る〕（ラ五） 〔鳴り渡る〕（ラ五） 〔高鳴る〕（ラ五） 〔轟く〕（カ五）

	鐘が□	鐘の音が□	声が□	勇名が□
鳴る	○	-	-	-
響く	○	○	○	○
鳴り響く	○	○	-	○
響き渡る	○	○	○	○
鳴り渡る	○	-	-	○
高鳴る	○	-	-	-
轟く	-	△	△	○

使い分け【1】「鳴る」は、音が出て耳に聞こえる意であるのに対して、「響く」は、音、あるいは声が広がり伝わる意で、ある空間全体にその音が満ちるような場合に用いられる。「鳴り響く」「響き渡る」「鳴り渡る」は、音が大きく、広く遠くまで伝わる意。【英】*to sound*【2】「高鳴る」「轟く」は、音が大きく激しく伝わる意。【英】*to roar*【3】「鳴る」「響く」「鳴り響く」「響き渡る」「鳴り渡る」「轟く」は、評価や名声が広く伝わる意でも用いられる。ただし、「鳴る」は、「評判が鳴る」のような使い方はできず、「謹厳実直をもって鳴る先生」のように使う。【英】*to echo*【4】「響く」「響き渡る」「轟く」は、声にもいうが、他の語は、音についてのみいう。【5】

7 自然

「響く」は、「生前父が残した言葉が胸に響く」のように、心に感じる意、「前夜の飲み過ぎが仕事に響く」のように、影響する意でも使う。【6】「高鳴る」は、「胸が高鳴る」のように、心が勇んで胸がどきどきする意でも使う。

【関連語】◆(聞こえる)(ア下一)音声が耳に入る意から転じて、評価や名声が広く伝わる。「音に聞こえた勇士」

参照▼高鳴る⇒210-08　聞こえる⇒104-01

7 17-08 反響（はんきょう）／残響（ざんきょう）／余韻（よいん）

共通する意味★音がやんだ後の響き。【英】*an echo*

使い方▼〔反響〕スル▽声が壁に反響する　〔残響〕▽演奏後の残響が続く▽残響を吸収する　〔余韻〕▽鐘の余韻

使い分け【1】「反響」は、音が何かの表面で反射され、再び聞こえる現象。また、「投書に対する反響」のように、ある物事に影響されて出てくる動き、特に、言葉などによる反応をいう。【英】*response*【2】「残響」は、ある音が鳴り終えた後で、壁や天井に反射して残る響き。【3】「余韻」は、音の後にかすかに残って続く響き。「感動の余韻にひたる」のように、ある事柄が終わった後に残る味わいにもいう。

7 18 …自然現象

7 18-01 自然（しぜん）／天然（てんねん）

【関連語】◆(森羅万象)しんらばんしょう◆(造化)ぞうか◆(万物)ばんぶつ

共通する意味★人の手が加わらずに存在しているもののすべて。【英】*nature*

使い方▼〔自然〕▽自然に親しむ▽故郷の自然に愛着を感じている▽自然の摂理▽自然破壊　〔天然〕▽天然に産出するダイヤモンド▽天然記念物

	＿に産する物質	＿の美しさに圧倒される	＿の真珠	＿の中に生きる	＿を大切にする
自然	○	○	-	○	○
天然	○	-	○	-	-

使い分け【1】「自然」は、山や川、海、草木を初めとして、動物や天候など、地球上に存在するあらゆる物や出来事のうち、人工ではないものをいう。【2】「天然」は、人の手が加わらず、そのもの本来のありのままの状態であることをいう。

反対語▼自然⇔人工　天然⇔人工・人造

【関連語】◆(森羅万象)宇宙に存在し、また生じるすべての事物や現象。文章語的。◆(万物)宇宙に存在するあらゆる物。「人間は万物の霊長である」◆(造化)造物主によって造られた天地万物。「造化の妙」

参照▼自然⇒203-18

7 18-02 かげろう／かぎろい

共通する意味★春・夏のよく晴れた日などに、直射日光で熱せられた地面から炎のようにゆらゆらと立ちのぼっている空気。【英】*heat haze*

使い方▼〔かげろう〕▽かげろうが立つ▽かげろうがもえている　〔かぎろい〕▽かぎろいが立つ

使い分け 二語とも、「陽炎」と当てる。「かぎろい」は古語。

7 18-03 蜃気楼（しんきろう）／海市（かいし）／空中楼閣（くうちゅうろうかく）

共通する意味★気温の相違により、地上や海面上の大気の密度が一定ではないときに、光の異常な屈折が原因で、遠方の景色が見えたり、船が逆さまに見えたりするなど、物が実際とは異なって見えるような現象。【英】*a mirage*

使い方▼〔蜃気楼〕▽蜃気楼が立つ　〔海市〕▽海上に海市が見られる　〔空中楼閣〕▽砂漠に空中楼閣が見られる

使い分け【1】「蜃気楼」は、最も一般的。昔、蜃(大はまぐり)が気を吐いて楼閣を描くと考えて名づけられたもの。【2】「海市」は、文章語。【3】「空中楼閣」は、本来、「君の言っていることは空中楼閣に過ぎない」のように、空中に築いた高い建物のように、根拠がなく抽象的な事柄を言い、この意味で使われることの方が多い。

7 18-04 砂煙（すなけむり）／土煙（つちけむり）

【関連語】◆(黄塵)こうじん

共通する意味★砂や土が風に吹かれて舞い上がって煙のように見えるもの。【英】*a cloud of dust*

使い方▼〔砂煙〕▽車が砂煙を上げて走り去った▽砂煙で前がよく見えない　〔土煙〕▽トラックが土煙を上げて走ってゆく▽もうもうと土煙が立つ

使い分け 二語ともほぼ同じ意味で用いられる。

【関連語】◆(黄塵)黄色の土煙。文章語。「黄塵にまみれて生きる」のように、俗世間のわずらわしい物事の意でも用いられる。「黄塵万丈(＝土煙が風に乗って高く舞い上がること)」

7 18-05 風化（ふうか）／浸食（しんしょく）

【関連語】◆(風食)ふうしょく◆(海食)かいしょく◆(波食)はしょく◆(河食)かしょく

共通する意味★自然の作用によって、岩石や地表などが削りとられたり、破壊されたりすること。【英】

erosion

使い方▼〔風化〕スル 〔浸食〕スル

	岩石が□をうける	岩石が□する	波が海岸線を□する	石仏の□を防ぐ
風化	○	○	-	○
浸食	○	-	○	-

使い分け【1】「風化」は、雨や風など自然の作用によって、長年のうちに次第に破壊されて、少しずつ崩れ、土、砂になってしまうことをいう。また、比喩的に、「戦争体験が風化する」のように、体験や記憶が次第に薄れて忘れられてしまうこともいう。【2】「浸食」は、風や海流などが、長年のうちに岩石や地表などをすりへらしたり、崩したりすることをいう。地学では、「侵食」とも書く。

【関連語】◆**〔風食〕**スル風による浸食作用。「岩石を風食する」「風食による珍しい地形」◆**〔海食〕**スル潮の流れや波による浸食作用。「海岸が海食を受ける」「海食台地」「海食洞」◆**〔波食〕**スル波による浸食作用。「波食棚」◆**〔河食〕**川の水の流れによる浸食作用。「河食作用」

7 19 …動物

7 19-01 生物（せいぶつ）

意味★生きて活動し、死んでゆくものの総称。動物と植物とに大別される。また、それらを研究する学問のこと。⇔無生物

使い方▼〔生物〕▽生物学

7 19-02 動物（どうぶつ）／生き物（いきもの）

共通する意味★生物を二大別したとき、植物に対する一群。一般に神経系が発達し、感覚と運動性を持つ。**【英】** *an animal*

使い方▼〔動物〕▽人間だって動物だ▽動物園 〔生き物〕▽生き物を飼うのが趣味だ

使い分け【1】「動物」は、「動物の肉を食う」のように、特に人間以外の哺乳類、獣類をいうこともある。【2】「生き物」は、ごくまれに生物全般をさす場合もある。

7 19-03 けだもの／獣（けもの）／獣類（じゅうるい）／野獣（やじゅう）

共通する意味★全身が毛でおおわれ、四つ足で歩行し、山野にすむ哺乳動物。**【英】** *a beast*

使い方▼〔けだもの〕▽人をけだもの呼ばわりしないで欲しい 〔獣〕▽熊の檻に入ると獣のにおいがした 〔獣類〕▽獣類の肉 〔野獣〕▽ジャングルで野獣に襲われる

使い分け【1】「けだもの」は、現代では、動物をさすよりも人をののしっていうときに用いられる場合が多い。「獣」とも書く。【2】「野獣」は、特に野生であることを強調した言い方。

7 19-04 角（つの）

意味★特定の種類の動物の頭部にある堅い突起物。また、それに似たものを総称していう。**【英】** *a horn*

使い方▼〔角〕▽牛の角▽かたつむりの角▽角が生える▽角を矯めて牛を殺す（＝小さな欠点を直そうとして、かえって全体をだめにする）

7 19-05 鳥（とり）

意味★全身が羽毛でおおわれ、その多くは空を飛ぶことができる、卵生の動物。**【英】** *a bird*

使い方▼〔鳥〕▽カモは鳥の一種だ▽鉄砲で鳥を撃つ

◆特に、ニワトリ、また、その肉をいうこともある。「今夜は牛肉ではなく、トリにしよう」

7 19-06 嘴（くちばし）

意味★鳥類の口の部分。上下の顎骨が突き出て角質の鞘で覆われた部分。**【英】** *a bill*

使い方▼〔嘴〕▽くちばしでえさをついばむ鶏▽長いくちばしをもった鶴

◆比喩的に、「くちばしが黄色い（＝若くて経験が浅い）」「くちばしを入れる（＝口出しをする）」のように、用いられることもある。

7 19-07 翼（つばさ）／羽（はね）

共通する意味★鳥の前足が変化した、空を飛ぶための器官。**【英】** *the wings*

使い方▼〔翼〕▽翼をはためかせる▽翼を広げる 〔羽〕▽羽を広げる▽羽を休める

使い分け【1】「翼」は、かなり大きな鳥のものをいうことが多い。また、「空想の翼に乗る」のように、比喩的に用いたり、飛行機などにもいう。【2】「羽」は、小鳥やあまり飛べない鳥のものをいうことが多い。また、鳥類に限らず、昆虫にもいい、その場合は「翅」とも書く。他に、それに似た機能、形態を持つ器械などの部品のこともいう。また、鳥の翼を構成する一枚一枚の羽毛や、はねつきに用いる、羽をさした球をもいう。「翼」よりも、口語的、一般的な語。

7 自然

参照▼羽⇒719-08

719-08 羽毛（うもう）／毛（け）／羽（はね）

共通する意味★鳥類の皮膚を覆っているもの。【英】*hair*

使い方▼〔羽毛〕▽水鳥の羽毛で作ったふとん▽羽毛服　〔毛〕▽鶏の毛をむしる▽柔らかい毛に覆われたひな鳥　〔羽〕▽鳥の羽▽羽ぶとん

使い分け【1】「羽毛」は、特に柔らかいものをいう。【2】「毛」は、本来は哺乳（ほにゅう）類の皮膚を覆う細い糸状のものをいう。【3】「羽」は、何かを作るのに使う場合は、「羽根」とも書く。

参照▼毛⇒012-05　羽⇒719-07

719-09 毛色（けいろ）／毛並み（けなみ）／毛足（けあし）

共通する意味★頭髪、羽、獣類などの毛のさまを表わす語。【英】*the color of hair*

使い方▼〔毛色〕▽この毛色は茶色だ　〔毛並み〕▽つやつやした毛並みの馬　〔毛足〕▽コリー犬は毛足が長い

使い分け【1】「毛色」は、毛の色をいう。【2】「毛並み」は、毛の生え具合や色合いをいう。また、「毛並みの変わった品物」のように、品種や種類をさすこともある。【3】「毛足」は、表面に立っている毛をいい、「このカーペットは毛足が長めだ」のように、動物以外のものに対しても用いられる。

参照▼毛並み⇒316-07

719-10 尾（お）／しっぽ／尾（お）っぽ

共通する意味★動物のしりから細長くのびた部分。【英】*a tail*

使い方▼〔尾〕▽犬が尾を振る▽せきれいは尾を上下に動かす　〔しっぽ〕▽猫はしっぽを自在に動かせる　〔尾っぽ〕▽とかげは尾っぽを切って逃げる

使い分け【1】「尾っぽ」は、他の二語にくらべると、話し言葉的。【2】「しっぽ」には、「しっぽを振る（＝ご機嫌をとる）」「しっぽを巻く（＝降参する）」「しっぽを出す（＝隠し事やごまかしがばれる）」「しっぽをつかむ（＝他人の悪事やごまかしなどの証拠を握る）」など、多くの慣用的な言い方がある。「尻尾」とも書く。

参照▼尾⇒702-37

719-11 交配（こうはい）／種付け（たねつけ）／交雑（こうざつ）

【関連語】◆（掛け合わせる）かけあわせる

共通する意味★品種改良や繁殖のために、種類や品種の異なる動植物の間で、人工的な受精をさせること。【英】*crossing*

使い方▼〔交配〕スル▽バイオテクノロジーによる交配で生み出された新品種　〔種付け〕スル▽種付けのために、雄を譲りうける　〔交雑〕スル▽鴨（かも）とあひるを交雑させて合い鴨（がも）が作られた

使い分け 三語とも、ほぼ同じ意で用いられる。「種付け」が、最も口語的な言い方。

【関連語】◆（掛け合わせる）（サ下一）動植物を交配させる。「血統書付きの犬同士を掛け合わせる」

719-12 受精（じゅせい）

意味★雌雄の生殖細胞が一つになること。【英】*fertilization; pregnancy*

使い方▼〔受精〕スル▽人工受精▽受精卵

719-13 番う（つがう）／つるむ

共通する意味★動物の雌雄が交尾する。【英】*to couple*

使い方▼〔番う〕（ワ五）▽小鳥の番う時期　〔つるむ〕（マ五）▽犬が勝手につるむので困っている

使い分け「つるむ」は、俗な言い方で、下品な表現。「悪友とつるんで飲みに出かける」のように、仲良く連れだって歩く意もあり、この意の方がよく使われる。

719-14 鳴く（なく）／吠える（ほえる）／嘶く（いななく）／囀る（さえずる）

共通する意味★動物が声を出す。

使い方▼〔鳴く〕（カ五）▽猫がニャーニャー鳴く▽アヒルがガーガーと鳴く▽からすが鳴くから帰ろう　〔吠える〕（ア下一）▽番犬が見知らぬ人を見て吠える　〔嘶く〕（カ五）▽馬が一声いなないた　〔囀る〕（ラ五）▽シジュウカラがさえずっている

	犬が□	熊（くま）が□	馬が□	小鳥が□	鈴虫が□
鳴く	○	－	－	○	○
吠える	○	○	－	－	－
いななく	－	－	○	－	－
さえずる	－	－	－	○	－

使い分け【1】「鳴く」は、獣、鳥、虫などに広く用いられるが、「吠える」は、犬や虎（とら）、ライオンなど、大きな声を出す大形の獣に、「いななく」は、馬に、「さえずる」は、小形の鳥だけにそれぞれ用いられる。人間が声を出し、涙を流す場合には、「泣く」と書く。【英】*to cry*（鳥獣が鳴く）; *to roar*（ライオンなどが吠える）; *to neigh*（馬がいななく）; *to chirp*（小鳥がさえずる）【2】「さえずる」「鳴く」は、小鳥に使うが、「さえずる」は、声を出し続ける場合に使う。

7 20 … 植物

7 20-01 植物（しょくぶつ）

意味★生物を二大別したとき、動物に対する一群。主に無機物を養分とし、移動する力がなく、葉緑素があって光合成を行うものをいう。**【英】** *a plant*

使い方▼〔**植物**〕▽花壇に植物の種をまく▽植物採集▽被子植物

7 20-02 草（くさ）

意味★植物で、地上に現れている部分が柔軟で、木質にならないものの総称。**【英】** *grass*

使い方▼〔**草**〕▽草を刈る▽草をむしる

7 20-03 種（たね）／種子（しゅし）

共通する意味★植物の発芽するもととなるもの。**【英】** *a seed*

使い方▼〔**種**〕▽花の種をまく▽まかぬ種は生えぬ▽種なし西瓜（すいか）　〔**種子**〕▽種子の標本を作る▽種子植物

使い分け【1】「種」は、広く一般的に用いられる。また、「牛の種をつける」のように、動物の発生するもととなる精子の意や、「悩みのたね」のように、原因の意、「話のたね」のように、材料の意を表わす場合もある。【2】「種子」は、主に論文などで使う専門用語。

参照▼種⇒813-01

7 20-04 芽（め）／木の芽（きのめ）／若芽（わかめ）／新芽（しんめ）

【関連語】◆（冬芽）ふゆめ◆（ひこばえ）

共通する意味★植物の、少しふくらんでいて、やがて生長して葉や茎になる部分。**【英】** *a sprout*

使い方▼〔**芽**〕▽種をまいたが芽が出ない▽アサガオの芽　〔**木の芽**〕▽木の芽がふくらむ春▽木の芽時　〔**若芽**〕▽ネコヤナギの若芽　〔**新芽**〕▽梅の古木に新芽が出た

使い分け【1】「芽」は、ふつう、草花（一年生草木）について、「木の芽」「若芽」「新芽」は、樹木についていう。【2】「木の芽」は、総称的に使う。【3】「若芽」「新芽」は、特に、今春出てきた芽をいう。

【関連語】◆（**冬芽**）まだ寒いころに出芽して、越冬する樹木の芽。「寒さに耐えるケヤキの冬芽」◆（**ひこばえ**）切った草木の根や株から生え出た芽。「蘖」とも書く。「カシの切り株にひこばえが出た」

7 20-05 根（ね）／根っこ（ねっこ）／根もと（ねもと）

【関連語】◆（株）かぶ

共通する意味★植物の体の支持、水分と栄養分の吸収などを行う部分。ふつうは地中にある。**【英】** *a root*

使い方▼〔**根**〕▽根から養分を吸い上げる▽根を掘り起こす▽砂地の植物は浅く根を広げる　〔**根っこ**〕▽草取りをしても根っこが残っている▽切られて根っこだけになった桜の木　〔**根もと**〕▽根もとにうろのある大木▽根もとから幹が二またに分かれている▽庭木の根もとに肥料をやる

使い分け【1】「根っこ」は、切り株の意にも用いる。「根」より話し言葉的。【2】「根もと」は、幹や茎の地面に近い部分をさす場合と、幹や茎の生えている周りの地面をさす場合とがある。「根元」「根本」とも書く。

【関連語】◆（**株**）木を切ったあとに残った幹や根。また、植物の何本にもなった根もとをいう。「株を分けて二つにする」

7 20-06 茎（くき）／花茎（かけい）

【関連語】◆（地下茎）ちかけい◆（蔓）つる

共通する意味★植物の、葉や花を付け、根と葉や花との間の養分や水分の通路となる部分。**【英】** *a stem*

使い方▼〔**茎**〕▽茎の長い植物▽茎を切る　〔**花茎**〕▽タンポポの花茎▽水仙の花茎

使い分け「花茎」は、頂に花だけを付けて葉を付けない茎のこと。

【関連語】◆（**地下茎**）地中にある茎。「竹は地下茎で増えていく」◆（**蔓**）地面をはったり、他の物に巻き付いたりする茎。「朝顔のつる」

7 20-07 葉（は）／木の葉（このは）／枝葉（えだは）

【関連語】◆（草葉）くさば

共通する意味★植物の茎から出ている平たい部分。多くは緑色で、光合成、水分の蒸散、呼吸作用などを営む。**【英】** *a leaf*

使い方▼〔**葉**〕▽桜の葉が繁っている▽ホウレン草は葉の部分を食べる野菜だ　〔**木の葉**〕▽木の葉が色づく秋▽風に舞い散る木の葉　〔**枝葉**〕▽庭木の枝葉を整理する▽松の枝葉を払って形を整える

	街路樹の□	チューリップの□	桜の□	一枚の□
葉	○	○	○	○
木の葉	○	-	-	○
枝葉	○	-	○	-

使い分け【1】「葉」は、樹木にも草花にも用い、「木の葉」は、樹木だけに用いる。【2】「木の葉」は、特定の樹木名について「…の木の葉」という形では用

7 自然

いない。【3】「枝葉」は、葉だけではなく、枝と葉両方を含めた言い方。

【関連語】◆〈草葉〉一木一草についてではなく、一帯の草花の葉全体をさすが、「草葉の陰」の形で、墓の下、すなわちあの世の意で使われることの方が多い。

7 20-08 若葉(わかば)／青葉(あおば)

共通する意味★春生え出てから、盛夏前までのみずみずしい樹木の葉。**【英】** *young leaves*

使い方▼〔若葉〕▽銀杏の若葉が出る　〔青葉〕▽青葉が目にしみる▽青葉の季節

使い分け【1】「若葉」は、春生え出てから間もないころの柔らかい葉。【2】「青葉」は、「若葉」より後の季節の、勢いよく茂り始めたころの葉。二語とも、ふつう、草花の葉ではなく、樹木の葉について用いる。

7 20-09 紅葉(こうよう)／黄葉(こうよう)／紅葉(もみじ)

共通する意味★秋に落葉樹の葉が落葉する前に赤や黄に色づくこと。また、その色づいた葉。**【英】** *red leaves; to turn red*《動》

使い方▼〔紅葉(こうよう)〕スル▽紅葉した山々▽紅葉の季節▽全山紅葉の美しさ　〔黄葉〕スル▽黄葉した銀杏並木▽黄葉に埋まった道　〔紅葉(もみじ)〕▽紅葉を押し葉にする▽紅葉狩り

使い分け【1】「紅葉(こうよう)」は、特に、カエデなどの葉が赤く変わったものに、また、「黄葉」は、イチョウなどの葉が黄色く変わったものに用いるが、両者を区別せずに、「紅葉(こうよう)」ということが多い。【2】また、「紅葉(もみじ)」は、カエデの別称としても用いられる。「紅葉(もみじ)する」の形もあるが、現在ではあまり用いられない。

7 20-10 落ち葉(おちば)／朽ち葉(くちば)／枯れ葉(かれは)／わくら葉(ば)

共通する意味★枯れて生気を失い色の変わった葉。**【英】** *fallen leaves*

使い方▼〔落ち葉〕▽銀杏の落ち葉が美しい▽落ち葉を掃き集めて焚き火をする　〔朽ち葉〕▽庭に朽ち葉が積もっている▽朽ち葉で腐養土を作る　〔枯れ葉〕▽梢に残った枯れ葉▽枯れ葉を踏んで歩く　〔わくら葉〕▽緑の中に目立つわくら葉▽わくら葉のわびしさ

使い分け【1】「枯れ葉」「わくら葉」は、まだ枝に付いている葉にも、枝から離れて下に落ちた葉にも用いる。「落ち葉」「朽ち葉」は、下に落ちた葉について用いる。【2】「朽ち葉」は、「落ち葉」「枯れ葉」が時間を経て、より古くなったものをいう。【3】「わくら葉」は、夏に、紅葉したように赤または黄白色に色づいて朽ちた葉。日常の話し言葉としてはあまり用いられない。「病葉」とも書く。

7 20-11 蕾(つぼみ)

意味★植物の、これから開いて花になろうとするもの。また、比喩的に、一人前になる前の若い人（特に少女）をさしてもいう。**【英】** *a bud*

使い方▼〔蕾〕▽桜の蕾もほころびました▽花も蕾の十六歳

7 20-12 とげ／いが

共通する意味★植物の表面にある堅くて鋭い突起物。**【英】** *a thorn*

使い方▼〔とげ〕▽薔薇のとげ▽柊の葉のとげ　〔いが〕▽栗のいが

使い分け【1】「とげ」は、植物の葉や茎の表面にできるもの以外に、「ウニのとげ」のように、棘皮動物の体表にできる鋭い突起物についてもいう。また、木や竹などの鋭い細片や、比喩的に「とげを含んだ言葉」「とげのある目つき」のように、人を鋭く傷つけるような言葉や態度についてもいう。「刺」「棘」とも書く。【2】「いが」は、クリなどの実を包む、とげが密生した表皮をいう。「毬」「梂」「栗刺」とも書く。

7 20-13 実(み)／果実(かじつ)／木の実(このみ)

共通する意味★花が咲いた後、中に種子を含む部分が生長して大きくなったもの。**【英】** *fruit*

使い方▼〔実〕▽イチジクの実をもぐ▽梅の実▽シイの実　〔果実〕▽果実を栽培する▽外国産の珍しい果実▽果実酒　〔木の実〕▽木の実でおもちゃを作る

使い分け【1】三語の中では、「実」が最も広く用いられ、食用にするものにもしないものにも、木にも草にも用いられる。また、「実の入りのよい枝豆」のように、植物の種や、「スープの実」のように、「汁物」の中に入れる野菜や肉、「実のある話」のように、中身、内容をいうこともある。【2】「果実」は、人間が食用にする草木の実をいう。【3】「木の実」は、シイ、カシ、クリなどの樹木の実で、皮の堅いものをいう。

7 20-14 苗(なえ)／苗木(なえぎ)／早苗(さなえ)

共通する意味★畑や田に移し植えるために育てた、植物の幼いもの。**【英】** *a seedling*

使い方▼〔苗〕▽草花の苗を植える▽苗が根づく　〔苗木〕▽植樹祭で苗木を植える▽苗木を育てる　〔早苗〕▽田植えを待つ苗代の早苗▽早苗の緑が美しい

使い分け【1】「苗」は、草花について使うことが多く、樹木については、ふつう「苗木」を使う。【2】「早苗」は、稲についてのみ使う。

7 20-15 木(き)／樹木(じゅもく)

共通する意味★地上部の茎が木質化している多年生の植物。背の高いものをさすことが多い。**【英】** *a tree*

使い方▼〔木〕▽木を切り倒す▽木が枯れる　〔樹木〕▽多様な樹木がある山

使い分け【1】「木」は、「木の香のする風呂桶(ふろおけ)」のように、製材されて家具、家屋などの材料になる材木をさすことも多い。「樹」とも書く。【2】「樹木」は、木の総称として用いられる。

7 20-16 幹(みき)

意味★樹木の、枝や葉を出す、木質となって肥大化した茎。また、比喩(ひゆ)的に、物事の中心になる重要な部分をもいう。**【英】** *a trunk*

使い方▼〔幹〕▽大樹の幹に寄り掛かる▽杉のまっすぐな幹▽今年度の幹になる企画

7 20-17 樹皮(じゅひ)／木肌(きはだ)

【関連語】◆(木皮)もくひ◆(靭皮)じんぴ

共通する意味★樹木の外皮。**【英】** *bark*

使い方▼〔樹皮〕▽鹿(しか)が若木の樹皮を食べる▽桜の樹皮で作った茶筒　〔木肌〕▽磨きあげた木肌が美しい家具▽つるつるした木肌

使い分け 二語とも、共に樹木の一番外側の皮の意で用いられるが、「木肌」は、「樹皮」をはいだ下の部分の意で用いられることの方が多い。

【関連語】◆(木皮)木の皮。「木皮などを原料にした漢方薬」◆(靭皮)堅い樹皮の下にある柔らかい皮。

7 20-18 低木(ていぼく)／灌木(かんぼく)

共通する意味★丈の低い木。**【英】** *a shrub*

使い方▼〔低木〕▽日を遮らないように、庭には低木を植えた　〔灌木〕▽灌木の茂みにさえぎられて向こうが見えない

使い分け「灌木」は、古い言い方。現在では、「低木」を用いる。

7 20-19 高木(こうぼく)／喬木(きょうぼく)

共通する意味★丈の高い木。**【英】** *a high tree*

使い方▼〔高木〕▽杉や檜(ひのき)などの高木の林▽高木が日光をさえぎる　〔喬木〕▽空高くそびえる喬木の列

使い分け「喬木」は、古い言い方。現在では、「高木」を用いる。

7 20-20 大木(たいぼく)／巨木(きょぼく)／大樹(たいじゅ)

共通する意味★丈が高く幹も太い木。**【英】** *a gigantic tree*

使い方▼〔大木〕▽大木がそびえている▽大木を切り倒す　〔巨木〕▽メタセコイアの巨木　〔大樹〕▽寄らば大樹の陰

使い分け 三語の中では、「大木」が最も日常的に使われる。「巨木」は、やや文章語的。「大樹」は、文章語。

7 20-21 常緑樹(じょうりょくじゅ)／常磐木(ときわぎ)

共通する意味★一年中落葉しないで緑の葉をつけている木。**【英】** *an evergreen tree*

使い方▼〔常緑樹〕▽街路樹に常緑樹を植える　〔常磐木〕▽常磐木でクリスマスツリーを作る

使い分け「常磐木」は、文章語で古い言い方。

反対語▼常緑樹⇔落葉樹

7 20-22 老木(ろうぼく)／老樹(ろうじゅ)／古木(こぼく)

共通する意味★長い年月を経て盛りを過ぎた木。**【英】** *an old tree*

使い方▼〔老木〕▽桜の老木がそびえている　〔老樹〕▽梅の老樹が花をつけた　〔古木〕▽趣のある松の古木

使い分け「老樹」は、やや文章語的。

7 20-23 稲穂(いなほ)／瑞穂(みずほ)

【関連語】◆(初穂)はつほ◆(垂り穂)たりほ◆(落ち穂)おちぼ

共通する意味★稲の茎の先端周辺部に実が密集して付いたもの。**【英】** *an ear of rice*

使い方▼〔稲穂〕▽稲穂が風にそよぐ　〔瑞穂〕▽豊葦原(とよあしはら)の瑞穂の国(＝日本国の美称)

使い分け「瑞穂」は、みずみずしい穂という意で、美称として使う。文章語。

【関連語】◆(初穂)その年になって初めて実った稲穂。「初穂を神前に供える」◆(垂り穂)実って重くたれ下がっている稲穂。「頭を下げる垂り穂の重み」◆(落ち穂)収穫の後に落ち散った稲穂。「落ち穂を拾う」

7 20-24 牧草(ぼくそう)／干し草(ほしくさ)／飼い葉(かいば)／秣(まぐさ)

共通する意味★家畜のえさにする草。**【英】** *hay*

使い方▼〔牧草〕▽青々と茂った牧草▽牧草を刈る▽牧草地　〔干し草〕▽刈り取った草を干し草にする▽干し草を積み上げる　〔飼い葉〕▽牛に飼い葉をやる▽飼い葉桶(おけ)　〔秣〕▽馬がまぐさを食べる▽まぐさ桶

使い分け【1】「牧草」は、生えている状態のものを、他の三語は、刈り取られた状態のものをさす。【2】「牧草」「干し草」は、牛馬以外の羊やヤギなどの動物についても使う。「飼い葉」「秣」は、牛馬についてだけ使う。【3】「飼い葉」「秣」には、わらなども含まれる。

7 20-25 野菜(やさい)／蔬菜(そさい)／青物(あおもの)／青果(せいか)

共通する意味★栽培して食用にする植物。**【英】** *vegetables*

【関連語】◆(洋菜)ようさい◆(果菜)かさい◆(花菜)かさい◆(根菜)こんさい◆(葉菜)ようさい

使い方▼〔野菜〕▽庭で野菜を作る▽八百屋で野菜を買う▽泥つき野菜▽野菜サラダ　〔蔬菜〕▽蔬菜の栽培技術の改善▽蔬菜類の栄養分の分析　〔青物〕▽献立に青物が不足している▽青物商　〔青果〕▽青果店▽青果物

使い分け【1】四語の中では、「野菜」が最も意味が広く、一般的に使用される。【2】「青果」は、他の三語と異なり、果物も含んでいう。【3】「蔬菜」は、文章語。【4】「青物」は、広く野菜類をさすが、本来は緑色の野菜をさすため、トマトやニンジンなど緑色でない野菜だけをいう場合には使いにくい。

【関連語】◆(洋菜)セロリ、レタスなど西洋から入ってきた野菜。◆(果菜)ナス、トマトなど実の部分を食べる野菜。◆(花菜)カリフラワー、ブロッコリーなど花の部分を食べる野菜。◆(根菜)大根、ゴボウ、イモ類など根の部分を食べる野菜。◆(葉菜)ホウレン草、小松菜など葉の部分を食べる野菜。

参照▼果菜⇒407-23

7 20-26 青菜(あおな)／若菜(わかな)

共通する意味★食用にする植物の葉。**【英】** *greens*

使い方▼〔青菜〕▽青菜をゆでる▽青菜に塩（＝元気を失ってしおしおとなっている様子のたとえ）　〔若菜〕▽若菜を吸い物に入れる▽若菜摘み

使い分け「若菜」は、芽を出してから間もない柔らかい葉をさすのに対し、「青菜」は、「若菜」より生長した青々と茂った葉をさす。

7 20-27 実物(みもの)／葉物(はもの)

共通する意味★生け花、盆栽など観賞面から見た草木の区別。

使い分け【1】「実物」は、ウメモドキ、サンキライ、ナンテンなど、果実の美しさを観賞するもの。【2】「葉物」は、葉の美しさを観賞するもの。また、野菜の中で主に葉を食用にするものをいう。

7 20-28 芝生(しばふ)

意味★芝が一面に生えた所。また、庭などに芝を植えた所。**【英】** *a lawn*

使い方▼〔芝生〕▽芝生で昼寝をする

7 20-29 植(う)える

意味★植物を育てるために根を土の中に埋める。**【英】** *to plant*

使い方▼〔植える〕(ア下一)▽苗木を植える▽チューリップの球根を植える

7 20-30 栽培(さいばい)／培養(ばいよう)／栽植(さいしょく)／水耕(すいこう)／園芸(えんげい)

共通する意味★植物を育てること。**【英】** *cultivation*

使い方▼〔栽培〕スル▽薔薇(ばら)を栽培する▽洋ランの栽培　〔培養〕スル▽実験用の細菌を培養する▽培養土　〔栽植〕スル▽樹木を栽植する　〔水耕〕▽トマトの水耕栽培　〔園芸〕▽休日は園芸を楽しむ▽園芸品種

使い分け【1】「栽培」は、植物を育てることの意で、最も一般的に用いられる。個人が趣味として行う場合にも、産業として行われる場合にも用いられる。【2】「培養」は、植物だけではなく、むしろ微生物(病原菌など)や動物の体組織の一部を人工的に増殖させる場合にいうことが多い。【3】「栽植」は、主として文章で用いられる。【4】「水耕」は、土の代わりに水を使って植物を育てる場合に限られる。【5】「園芸」は、趣味として植物を育てて楽しむこと。

7 20-31 発芽(はつが)／芽生(めば)え

共通する意味★植物が芽を出すこと。**【英】** *germination*

使い方▼〔発芽〕スル▽朝顔の種子が発芽する▽温度を上げて発芽を早める　〔芽生え〕▽草木の芽生え

使い分け「発芽」は、やや文章語的。「芽生え」は、「自我の芽生え」のように、植物だけでなく、精神的あるいは社会的現象について用いられる場合もある。

7 20-32 芽生(めば)える／芽吹(めぶ)く

【関連語】◆(芽ぐむ)めぐむ◆(萌える)もえる◆(角ぐむ)つのぐむ

共通する意味★植物の芽が出る。【英】*to sprout*
使い方▼〔芽生える〕(ア下一)▽水仙がいっせいに芽生えた▽種のなかには芽生えるのが遅いものもある
〔芽吹く〕(カ五)▽ネコヤナギが芽吹いて銀色に光る▽固い冬芽の芽吹く頃

	球根が□	苗床の種子が□	春になって街路樹が□	梅の古木が今春も□た
芽生える	○	○	−	−え−
芽吹く	○	○	○	−い○

使い分け「芽生える」は、ふつう草花について用い、樹木については用いない。「芽吹く」は、草花にも樹木にも用いる。
【関連語】◆(芽ぐむ)(マ五)芽を出し始める。やや古めかしい言い方。「草木の芽ぐむ春」◆(萌える)(ア下一)芽が出る。「草もえる春となった」◆(角ぐむ)(マ五)草木の芽が角のように出始める。多く、アシ、ススキなどにいう。あまり一般的な語ではない。
参照▼芽生える⇒911-15

7 20-33 根付く／根差す

共通する意味★植物が地中に根をおろす。【英】*to take root*
使い方▼〔根付く〕(カ五)▽移植した植木が根付いた
〔根差す〕(サ五)▽植えかえたツツジがようやく根差した
使い分け【1】「根付く」は、移植したり実生であったりする植物が、根を張り、生きていくようになる意では、「根差す」より一般的に用いられる。また、「日本にも外食産業が根付いた」のように、それまでなかったものが、定着し、育つ意でも用いられる。【2】「根差す」は、「人種差別に根ざした問題」のように、起因する意、あることをもとにして出てくる意で用いられることの方が多い。

7 20-34 咲く／開花

共通する意味★花のつぼみが開く。【英】*to bloom*
使い方▼〔咲く〕(カ五)▽花が咲く▽桜が咲く
〔開花〕スル▽桜の開花▽桜が開花する▽桜の開花予想
使い分け「咲く」が一般的に使われる。「開花」は、専門用語、あるいは、やや硬い言い方として用いられることが多い。

7 20-35 咲き誇る／咲き揃う／咲きこぼれる／咲き乱れる

【関連語】◆(満開)◆(繚乱)◆(百花繚乱)

共通する意味★花がたくさん美しく咲く。【英】*to bloom all over*
使い方▼〔咲き誇る〕(ラ五)▽美しく咲き誇る薔薇▽牡丹が今を盛りと咲き誇っている
〔咲き揃う〕(ワ五)▽花壇の水仙が咲きそろった▽春の花が咲きそろう
〔咲きこぼれる〕(ラ下一)▽山吹が咲きこぼれる▽垣根に咲きこぼれる雪柳
〔咲き乱れる〕(ラ下一)▽咲き乱れる野生の水仙▽高原植物が咲き乱れる
使い分け【1】「咲き誇る」は、みごとに咲いた花なら、一輪だけの場合にも用いるが、他の語は、花がたくさん咲いた場合に用いる。【2】「咲き揃う」は、多くの花、あるいは、多種類の花の咲く時期が重なる場合に用いる。【3】「咲きこぼれる」は、花がこぼれんばかりにたくさん咲いている意。【4】「咲き乱れる」は、たくさんの花が入り乱れたように咲く意。
【関連語】◆(満開)花が十分に開くこと。一輪だけの花の場合ではなく、多くの花が十分に開いている場合に用いる。「桜が満開だ」◆(繚乱)(名・形動たる・と)花が咲き乱れること。文章語。「繚乱の春の花」◆(百花繚乱)種々の花が咲き乱れること。また、比喩的に、すぐれた業績や人物が一時期にたくさん現れることもいう。文章語。

7 20-36 実る

意味★草木や穀物などの実がなる。【英】*to bear fruit*
使い方▼〔実る〕(ラ五)▽梨が実る▽麦が実る
◉「長年の努力が実る」のように、成果となって現れる意でも用いられる。

7 20-37 成熟／完熟

共通する意味★果実が食べるのにちょうどよい状態まで熟していること。【英】*ripeness*
使い方▼〔成熟〕スル▽成熟した桃▽この柿はまだ成熟していない
〔完熟〕スル▽バナナは完熟しないうちに出荷される▽完熟トマト
使い分け【1】「成熟」は、「成熟した肉体」のように、果実以外が成長することにも用いられる。【2】「完熟」は、完全に熟してしまっていること。

7 20-38 熟れる／熟する／熟む

共通する意味★果実が食べるのにちょうどよい状態になる。【英】*to ripen*
使い方▼〔熟れる〕(ラ下一)▽桃が熟れる▽熟れた蜜柑
〔熟する〕(サ変)▽無花果が熟する▽熟した苺
〔熟む〕(マ五)▽柿が熟む▽山葡萄の熟んだにおい
使い分け「熟む」は、文章語的な言い方で、ふつうはあまり使わない。「熟れる」は和語、「熟する」は漢語だが、現代では、二語とも日常語として、ごく普通に用いられる。「熟れる」の方が、より話し言葉的か。

7 20-39 生える

【関連語】◆(生やす)

意味★植物や動物の細胞の一部が、中から外へのびて出る。植物の場合は芽や根、動物の場合は体毛や歯などにいうが、植物では、芽や葉などが地面の上に出て、見えるようになる場合にいうことが多い。

【英】*to grow*

使い方▼〔生える〕(ア下一)▽雑草が生えているだけの土地▽根が生えたように動かない▽髭の生えた男▽歯が生え始めた赤ちゃん▽毛の生える薬

◆植物の芽、根などについては「出る」というのが普通。

【関連語】◆(生やす)(サ五)植物の芽や根が、のび出るようにする。また、動物の体毛、歯などが出てくるに任せる。「四方八方に根を生やす」「無精髭を生やす」「この土地に根を生やす」

7 20-40 自生／野生

【関連語】◆(野育ち)

共通する意味★動植物が飼育されたり栽培されたりせずに、山野に自然に生育していること。【英】*to grow wild*

使い方▼〔自生〕スル▽高山に自生する植物▽自生のきのこ 〔野生〕スル▽野生の自然薯▽この辺には鹿が野生している

使い分け【1】「自生」は、植物が人間の手によらずに生え、育つことをいう。狭義には、本来その地域に生育するものをいい、植物の分布を説明する場合に用いられる。【2】「野生」は、動物・植物の両方に用い、栽培植物や飼育動物と対比する場合にいう。「野生する」という言い方は、あまり一般的ではない。

【関連語】◆(野育ち)山野で育つことから転じて、放任されてしつけを受けないで育つこと。「野育ちで自由気ままに生きている」

7 20-41 草深い／こんもり／鬱蒼／蒼蒼／鬱然

共通する意味★草木がたくさん生い茂っているさま。【英】*grassgrown*

使い方▼〔草深い〕(形)▽草深い山野▽草深い川原 〔こんもり〕(副)スル▽こんもりした茂み▽植え込みがこんもりと茂っている 〔鬱蒼〕(形動たる・と)▽鬱蒼とした森林▽鬱蒼たる樹海 〔蒼蒼〕(形動たる・と)▽蒼蒼とした平原▽蒼蒼たる原野 〔鬱然〕(形動たる・と)▽鬱然とした森▽鬱然たる原始林

使い分け【1】「草深い」「蒼蒼」は、草が生い茂っているさまに、「こんもり」「鬱蒼」「鬱然」は、木が生い茂っているさまに用いる。【2】「こんもり」「鬱蒼」「蒼蒼」「鬱然」は、「…とした」の形で用いる。【3】「こんもり」にくらべると、「鬱蒼」「鬱然」は、規模の大きい森について用いることが多い。【4】「鬱蒼」「蒼蒼」「鬱然」は、文章語。

7 20-42 茂る／生い茂る／はびこる

【関連語】◆(繁茂)

共通する意味★植物が盛んに生長して枝葉が重なり合う。【英】*to grow thick*

使い方▼〔茂る〕(ラ五)▽桜の葉が茂る▽夏草が茂る▽枝が茂る 〔生い茂る〕(ラ五)▽葡萄の葉が生い茂る▽秋草が生い茂る▽生い茂った枝 〔はびこる〕(ラ五)▽雑草がはびこる▽枝がはびこって通行のじゃまになる

使い分け【1】「生い茂る」は、「茂る」を強調した言い方。「茂る」は「繁る」とも書く。【2】「はびこる」は、植物が邪魔になるほど生長している場合や、好ましくない植物の場合に使う。また、「悪人がはびこる」のように、よくないことの勢いが盛んになって広まる意でも用いる。

【関連語】◆(繁茂)スル「茂る」の意の漢語。「水草が繁茂した水槽」

参照▼はびこる⇒915-10

7 20-43 密生／群生／叢生

【関連語】◆(混生)◆(群落)

共通する意味★植物が群がり生えること。【英】*gregariousness*

使い方▼〔密生〕スル▽樹木が密生して昼も薄暗い森 〔群生〕スル▽池のほとりに水仙が群生している 〔叢生〕スル▽高山植物が叢生している

使い分け【1】「密生」は、ぎっしりとすきまなく生えること。【2】「群生」「叢生」は、同じ種類の植物が群がり生えること。【3】「叢生」は、文章語。「簇生」とも書く。「群生」の方が、一般的。

【関連語】◆(混生)スル種類の異なるものが入り混じって生えること。「さまざまな木が混生する林」◆(群落)植物が群がって生えていること。【英】*a stock* 「高山植物の群落」

7 20-44 木立／林／森／森林

【関連語】◆(密林)◆(ジャングル)◆(山林)◆(雑木林)

共通する意味★樹木が群がって生えている所。【英】*a forest*

使い方▼〔木立〕▽青々とした木立▽夏木立 〔林〕▽林の中の散歩道 〔森〕▽昼なお暗い森▽鎮守の森 〔森林〕▽森林浴▽森林鉄道▽森林地帯

使い分け【1】「木立」は、木が何本かまとまって生えている所、また、その生えている木々をいい、「林」は、それより広い範囲に生えている所をいう。【2】「森」は、「林」にくらべて木々がより密生しているものをいう。また、神社で、樹木が高く群がりそびえているところについてもいい、その場合は「杜」とも書く。【3】「森林」は、森のさらに広範囲にわたるものをいう。やや硬い言い方。

【関連語】◆(密林・ジャングル)樹木の密生した森林。「ジャングル」は、一般に、熱帯の密林をいう。「密林地帯」「ジャングルを探検する」◆(山林)山中にある林。また、農地に対して樹木の多く生えている所。「山林を伐採する」「山林を持っている」◆(雑木林)いろいろな種類の木が生えている林。「雑木林でどんぐりを拾う」

7 20-45 樹林(じゅりん)／樹海(じゅかい)

共通する意味★樹木が密生している所。【英】*a forest*

使い方▼〔樹林〕▽針葉樹林▽照葉樹林▽樹林帯〔樹海〕▽樹海の中で道に迷う▽飛行機から広大な樹海を見おろす

使い分け【1】二語とも、大規模なものに限って用いられる。【2】「樹林」は、複合語として使うことが多い。【3】「樹海」は、広い範囲にわたって樹木が密生し、あたかも緑の海原のように見える所。

7 20-46 茂(しげ)み／薮(やぶ)／草(くさ)むら

共通する意味★草や木の茂っている所。【英】*a bush*

使い方▼〔茂み〕▽茂みを渡る風▽雑草の茂み〔薮〕▽やぶの中で蚊に刺される▽やぶをつついて蛇を出す(＝余計なことをしてかえって災いを受ける。やぶへび)〔草むら〕▽草むらから虫の音が聞こえる

使い分け【1】「茂み」は、草や低い木が、狭い範囲でこんもりと茂っている所をいう。高い木が茂っている所にはいわない。「繁み」とも書く。【2】「薮」は、低木、竹、笹(ささ)、雑草などが乱雑に生い茂っている所。また、特に竹の生い茂っている所。【3】「草むら」は、比較的、丈の低い草が茂っている所。「叢」とも書く。

参照▼薮⇒503-05

7 20-47 竹薮(たけやぶ)

【関連語】◆(薮畳)やぶだたみ◆(たかむら)◆(笹薮)ささやぶ

意味★竹の生い茂っている所。【英】*a bamboo thicket*

使い方▼〔竹薮〕▽竹やぶにたけのこが生えた

【関連語】◆(薮畳)竹やぶが一面に茂った所。古い言い方。◆(たかむら)「竹薮」の意の古い言い方。「竹薮」「篁」「竹群」とも書く。◆(笹薮)笹の生い茂った所。

7 20-48 草枯(くさが)れ／冬枯(ふゆが)れ／霜枯(しもが)れ／立(た)ち枯(が)れ

共通する意味★植物が生気を失い枯れること。【英】*withering*

使い方▼〔草枯れ〕▽草枯れの季節▽野原は一面の草枯れだった〔冬枯れ〕▽冬枯れの草原▽冬枯れの木々〔霜枯れ〕▽霜枯れのトマトが黒ずんでいた〔立ち枯れ〕▽立ち枯れの松の木が台風で倒れた

使い分け「草枯れ」は、秋から冬にかけて、また、「冬枯れ」「霜枯れ」は、冬に、植物が枯れることを表わすように、この三語には季節による相違がある。これに対して、「立ち枯れ」は、季節にかかわりなく、病気や日照りによる枯死などの場合に用いる。

7 20-49 しおれる／しなびる／萎(な)える／枯(か)れる／しぼむ

【関連語】◆(末枯れる)うらがれる

共通する意味★植物が生気を失う。【英】*to wither*

使い方▼〔しおれる〕(ラ下一)〔しなびる〕(バ上一)〔萎える〕(ア下一)〔枯れる〕(ラ下一)〔しぼむ〕(マ五)

	花が□	葉が□	木が□	朝顔は昼には□	ウドンコ病で□
しおれる	○	○	-	-	-
しなびる	○	○	-	-	-
萎える	△	○	-	-	-
枯れる	○	○	○	-	○
しぼむ	○	-	-	○	-

使い分け【1】「しおれる」「しなびる」「萎える」は、茎、花、葉などがみずみずしさを失って勢いがなくなり、ぐったりするのにいう。堅く乾いた樹皮に覆われている木については、外見からみずみずしさの有無はわからないので、この三語は用いない。また、「しなびる」は、「しなびたリンゴ」のように、果実にもいうことができる。【2】「しおれる」「しなびる」「萎える」は、水を与えたり、相応の処置をしたりすれば、回復することも可能な状態に用いるが、「枯れる」は、回復不可能な状態、死んでしまった状態に用いる。【3】「しぼむ」は、他の四語と異なり、花についてのみ用いる。【4】「しおれる」は「萎れる」「凋れる」、「しなびる」は「萎びる」、「しぼむ」は「萎む」「凋む」とも書く。【5】「しおれる」は、「叱られてしおれる」のように、気落ちして元気がなくなる意でも用いる。その場合は、「悄れる」とも書く。【6】「しぼむ」は、「風船がしぼむ」「希望がしぼむ」のように、生き生きと張りつめていたものがおとろえ縮む意でも用いる。

【関連語】◆(末枯れる)(ラ下一)晩秋、草木の枝先、葉先が枯れてくる。「紅葉も盛りを過ぎて末枯れたカエデ」

参照▼しぼむ⇒908-26

8 事柄・性質

01…状態
02…基礎・中心
03…構造
04…形式・様式
05…全体・部分
06…概念・観念
07…真偽
08…数量
09…外に現れた性質
10…内面的な性質
11…形状
12…方法・手段
13…原因・結果
14…始まり・終わり
15…時・時間
16…今昔
17…位置
18…価値
19…程度
20…事柄・用件

8 01…状態

8 01-01 様子（ようす）／状態（じょうたい）／状況（じょうきょう）／情勢（じょうせい）／形勢（けいせい）

【関連語】◆（有様）ありさま◆（気配）けはい◆（動静）どうせい◆（模様）もよう◆（様相）ようそう◆（様態）ようたい

共通する意味★物事のその時々のさま。**【英】** *the state; the situation*

使い方▼〔様子〕▽しばらく様子を見よう▽隣家の様子を探る　〔状態〕▽病人は寝たきりの状態だ▽今からこんな状態では将来が心配だ▽状態が悪化する▽無重力状態　〔状況〕▽自己の置かれている状況を把握する▽状況の推移を見守る▽状況報告　〔情勢〕▽情勢は混沌としてきた▽中東の政治情勢　〔形勢〕▽形勢が不利になる▽天下の形勢をうかがう

	［　］が変わる	事故現場の［　］を伝える	患者の［　］がおかしい	［　］の判断を誤る	試合の［　］が逆転する
様子	○	○	○	-	-
状態	○	○	○	-	-
状況	○	○	-	○	-
情勢	○	-	-	○	-
形勢	○	-	-	○	○

使い分け【1】四語の中では、「様子」が最も日常語的で、広く使われる。【2】「状態」「状況」は、特に、移り変わっていくものの、その時々の一定の条件下におけるさまをいう。また、「状況」は、人や物をとりまき、それらに影響を及ぼす条件という意もある。【3】「情勢」は、社会や政治など、大きな規模のものに関していうことが多く、「状況」は、一般的な事柄に関していうのが普通である。【4】「形勢」は、特に勢力関係についていい、有利・不利などの判断を表わす場合が多い。【5】「状態」は「情態」とも、「状況」は「情況」とも書く。

【関連語】◆**（有様）**物事の実際のさま。主に話し言葉。「みじめな有様になる」「ちょっと目を離したらこの有様だ」◆**（動静）**ものごとの動いている状態。「社会の動静を知る」「敵の動静を探る」◆**（様相）**物事の外部に表われたさま。「戦争は長期化の様相を呈する」「街の様相が一変する」◆**（気配）**市場の景気、相場の状態。また、漠然と感覚によってとらえられる物事のさま。「売り気配」「買い気配」「人の気配を感じる」「秋の気配」◆**（模様）**物事のなりゆきやさま。「試合の模様をテレビで見る」「午後から波が高くなる模様だ」「雨模様」◆**（様態）**物事のあり方。「社会の様態を調査する」

参照▼模様⇒614-21

8 01-02 様（よう）／化（か）／的（てき）

共通する意味★物事の様子がどうであるかを表わす語。

使い方▼〔様〕▽彼の落ち込みようが想像できる▽父の頑張りようが目に浮かぶ　〔化〕（接尾）▽大衆化▽民主化▽映画化　〔的〕（接尾）▽科学的▽民主的▽悲劇的

使い分け【1】「様」は、動詞の連用形に付いて、その動詞が表わす動作をしているさまを示す。単独で用いられることはない。【2】「化」は、名詞に付いて、そういうもの、そういうさまになる、または、そういうものに変える意を表わす。【3】「的」は、名詞に付いて、そういう性質を有する意を表わす。

8 01-03 事態(じたい)／局面(きょくめん)

【関連語】◆(趨勢)すうせい

共通する意味★展開する物事の、それぞれの段階で現れるさま。【英】*a situation*

使い方▼〔事態〕▽事態が紛糾する▽事態の改善に努める▽非常事態　〔局面〕▽行き詰まった局面を打開する

	新たな□を迎える	緊急の□が発生する	□を収拾する	戦争の□
事態	○	○	○	-
局面	○	-	-	○

使い分け【1】「事態」は、一連の物事の当面の状態を意味し、「局面」は、「事態は新しい局面に入った」のように、さらに状況を細かく分けて見たときの、一刻一刻変化する状勢を意味する。【2】「局面」は、もと囲碁や将棋の盤面、また、そこで争われる勝負の形勢の意。

【関連語】◆(趨勢)物事が移り変わっていく、全体としての動き。「時代の趨勢には逆らわない」「それが社会の趨勢だ」

8 01-04 大局(たいきょく)／大勢(たいせい)

共通する意味★物事の全体的な状態。【英】*the general situation*

使い方▼〔大局〕▽大局を見失う▽事態の大局をつかむ▽大局的な見地　〔大勢〕▽天下の大勢

	□を見渡す	□に立つ	社会の□に従う
大局	○	○	-
大勢	○	-	○

使い分け【1】「大局」は、変化する物事の移り変わりをいう。【2】「大勢」は、物事、特に世の中の大きな動き、流れをいう。「…に順応する」「…に従う」「…に逆らう」のような形で使われる。また、「大勢が決する」「大勢には影響ない」のように、大体の形勢をいう。

8 01-05 世相(せそう)／世態(せたい)／物情(ぶつじょう)

共通する意味★世の中のありさま。【英】*an aspect of life*

使い方▼〔世相〕▽現代の世相がよく描かれた作品▽暗い世相を反映した事件　〔世態〕▽フィルムは世態の変遷をよく映し出していた▽世態風俗　〔物情〕▽市中は物情騒然としていた

使い分け【1】「世相」は、世の中のありさまで、特に、その時代の傾向や風潮が現れたものをいう。【2】「世態」は、その時代の世の中のありさまをいうが、あまり一般的な言い方ではない。【3】「物情」は、世間のありさまや人々の考えをいう。多く、それが穏やかでない場合に使う。

8 01-06 時流(じりゅう)／風潮(ふうちょう)

【関連語】◆(時代色)じだいしょく

共通する意味★その時代の傾向や流れ。【英】*the trend of the world*

使い方▼〔時流〕▽時流にのって華々しくデビューする▽彼の作品は時流に合わない▽時流に逆らっても頑固に自分を押し通す▽時流に染まらない気概　〔風潮〕▽世の中の風潮に影響されない▽金もうけを第一に考えるよくない風潮がある

使い分け【1】「時流」は、時代の流れ、その時代時代の風俗、物の考え方、思想などの傾向を表わす。【2】「風潮」は、世の中一般の傾向のうち、あまり好ましくないものにいう。

【関連語】◆(時代色)その時代特有の傾向や特色。現代の事柄について、過去のある時代の特色が反映されているような場合に用いる。「時代色豊かに祭りがおこなわれた」

8 01-07 風向き(かざむき)／雲行き(くもゆき)

共通する意味★物事の成り行き、趨勢(すうせい)。【英】*the situation*

使い方▼〔風向き〕▽彼は風向きが悪くなるとすぐ逃げ出す▽当選するもしないも風向き次第だ　〔雲行き〕▽両国間の雲行きが怪しい▽政界の雲行きに注意を払う

使い分け【1】ともに、天候の状態からの比喩(ひゆ)的な用法。【2】「風向き」は、自分と直接関わる事柄についていうことが多く、「雲行き」は、客観的に観察できるような事柄についていうことが多い。

参照▼風向き⇒209-06 713-41　雲行き⇒713-02

8 01-08 傾向(けいこう)／趨向(すうこう)

共通する意味★物事がある方向に向かうこと。【英】*a tendency*

使い方▼〔傾向〕▽地価は上昇する傾向にある▽出題の傾向　〔趨向〕▽今後の政治の趨向を考える

使い分け【1】「傾向」は、ごく一般的に使う。「趨向」は、全体的な成り行きを表わすが、文章語。【2】「傾向」は、思想上、特定の考え方にかたよることもいう。特に、社会主義的なものについていうことが多い。「傾向文学」

8 01-09 所柄(ところがら)／場所柄(ばしょがら)／土地柄(とちがら)

共通する意味★その場所が持つ特定の性質、様子。【英】*the character of a place*

使い方▼〔所柄〕▽所柄、無口な人が多い▽所柄をわきまえない人　〔場所柄〕▽場所柄をわきまえず、大声でしゃべる▽場所柄、素朴な人が多い　〔土地柄〕▽この地方の土地柄を理解する▽保守的な土地柄

使い分け【1】「所柄」「場所柄」は、たとえば、飲食の場のような、ごく狭い場所から、かなり広い地域、地方に至るまで用いられる。「…をわきまえない」という場合には、狭い場所であることが多い。副詞的に用いられることも多い。【2】「土地柄」は、地域、地方の風俗・習慣、人々の性格などの様子。

801-10 近況（きんきょう）／現況（げんきょう）／近状（きんじょう）

共通する意味★最近の様子。【英】*the recent situation*

	□を知らせる	友だちの□をたずねる	会社の□	在庫の□
近況	○	○	-	-
現況	○	-	○	○
近状	○	-	○	-

使い分け【1】「近況」は、個人の日常生活などの身近な事柄に関して使うが、「近状」は、物事の進行や成り行き、状態などに関して使う。【2】「現況」は、物事の現在における状況をいう。【英】*the present condition*【3】日常的には、「近況」「現況」が多く使われる。

801-11 事情（じじょう）／実態（じったい）／実情（じつじょう）

【関連語】◆〈実況〉じっきょう◆〈実相〉じっそう◆〈得体〉えたい

共通する意味★実際のありさま。【英】*the real condition*

使い方▼〔事情〕▽その間の事情に詳しい▽事情聴取　〔実態〕▽実態が明るみに出る　〔実情〕▽農民が冷害の実情を訴える

	□を説明する	込み入った□	これが今の若者の□だ	□の明らかでない組織
事情	○	○	-	-
実態	○	-	○	○
実情	○	-	○	△

使い分け【1】「事情」は、物事が現在どういう状態にあるかという様子や、そうなるにいたった細かないきさつをいう。【2】「実態」「実情」は、一般に言われていることや外見からうかがい知れることと、実際のありさまとが違っている場合に使われることが多い。

【関連語】◆〈実況〉その場の実際の状況。多く、「実況放送」「実況中継」「実況検分」などの形で使われる。◆〈実相〉実際の姿、形、ありさま。文章語。「政界の実相をさぐる」◆〈得体〉素姓がわからない物や人の真実の姿。多く、「得体が知れない」の形で、真の姿がわからず薄気味悪い意で用いられる。

801-12 現象（げんしょう）

【関連語】◆〈事象〉じしょう

意味★人間が感覚を働かせて直接経験することができる、いっさいの出来事。表面に現れている様相のみをさしていう。【英】*a phenomenon*

使い方▼〔現象〕▽オーロラは不思議で美しい現象だ▽人口が都市に集中するという現象▽自然現象

【関連語】◆〈事象〉いろいろの物事や現象。自然界の出来事にはあまり使わない。「社会的事象」

801-13 雰囲気（ふんいき）／ムード／空気（くうき）

【関連語】◆〈佇まい〉たたずまい◆〈気分〉きぶん◆〈気色〉きしょく◆〈におい〉

共通する意味★その場所や、そこにいる人たちが自然に作り出している、ある感じ。

使い方▼〔雰囲気〕▽家庭的な雰囲気▽なごやかな雰囲気がかもし出される▽大人の雰囲気のある人▽雰囲気のある店　〔ムード〕▽ロマンチックなムードに酔う▽ムードのない人▽ムード音楽　〔空気〕▽事故現場の緊迫した空気が伝わってくる▽気まずい空気がその場をつつむ

使い分け【1】「雰囲気」は、人や場所などが発散する独特の、ある感じについてもいう。好ましいものであることが多い。【英】*an atmosphere*【2】「ムード」は、かなり情緒的なものをいうことが多い。【3】「空気」は、その場所にいる人々を支配している気分をいうことが多い。「…がある（ない）」の形では使えない。

【関連語】◆〈佇まい〉そこにある物の様子。「落ちついたたたずまい」「庭のたたずまい」◆〈気分〉様子。また、心持ち。「劇場の気分を楽しむ」◆〈気色〉表に現れた心の内面の様子。「気色をうかがう」◆〈におい〉そのものがもつおもむき。「匂い」「臭い」とも書く。「この作品には生活のにおいが感じられる」「犯罪のにおいがする」

参照▼空気⇒712-01　気分⇒209-03

801-14 優勢（ゆうせい）／攻勢（こうせい）

【関連語】◆〈余勢〉よせい

共通する意味★形勢が相手よりすぐれていること。【英】*superiority*

使い方▼〔優勢〕（名・形動）▽終始優勢を保つ▽優勢な試合展開となる▽Aチームが優勢になる　〔攻勢〕▽守勢から攻勢に転ずる▽攻勢をかける▽敵の攻勢をかわす

使い分け【1】「優勢」は、勢いや勝負の状況などが相手よりもまさっていること。有利な形勢であること。【2】「攻勢」は、戦いや試合などで、積極的に相手を攻撃しようとする態勢やその勢い。

反対語▼優勢⇔劣勢　攻勢⇔守勢

【関連語】◆(余勢)何かをうまくやりとげて、調子づいた勢い。「余勢を駆って攻撃する」

8 01-15 劣勢／守勢

共通する意味★形勢が相手より劣っていること。【英】*inferiority*

使い方▼〔劣勢〕(名・形動)▽劣勢をはね返す▽劣勢な方を応援する▽けが人が出て劣勢になる　〔守勢〕▽守勢に回っていては勝てない▽守勢に立たされる

使い分け【1】「劣勢」は、勢いや勝負の状況などが、相手よりも劣っていること。不利な形勢であること。【2】「守勢」は、戦いや試合などで、相手の攻撃を防ぎ守る受身の態勢。

反対語▼劣勢⇔優勢　守勢⇔攻勢

8 01-16 変則／変格

【関連語】◆(破格)

共通する意味★規則・規定に外れていること。【英】*irregularity*

使い方▼〔変則〕(名・形動)▽変則な打ち方▽変則的な時間割　〔変格〕▽変格活用

使い分け「変則」は、普通の規則、規定、あるいは方法から外れていること。「変格」は、本来の格式や一定の規則からはずれていることだが、文法で「変格活用」という以外は、現在はほとんど使われない。

反対語▼変則⇔正則　変格⇔正格

【関連語】◆(破格)(名・形動)著しく従来の慣例を破っていること。「破格の値段」「破格の扱いとする」

8 01-17 窮状／惨状

共通する意味★いたいたしい状態。【英】*distress*

使い方▼〔窮状〕▽農家の窮状を訴える▽家計の窮状を救う　〔惨状〕▽地震後の町は惨状を呈している

	□を見かねる	□を脱する	戦場の□	事故現場の□に目をそむける
窮状	○	○	-	-
惨状	○	-	○	○

使い分け【1】「窮状」は、主として、経済的または物質的に欠乏し、苦しんでいる状態をいう。【2】「惨状」は、経済とはあまり関係がなく、天災や戦争、事故などが原因の、悲惨な、むごたらしい状態をいう。

8 01-18 確定／既定／本決まり／内定／所定／暫定／未定／予定

共通する意味★物事が決定すること。【英】*decision*

使い方▼〔確定〕スル▽判決が確定する▽確定的　〔既定〕▽既定の方針に従う▽既定事実　〔本決まり〕▽移転が本決まりになる　〔内定〕スル▽就職が内定した▽採用内定　〔所定〕▽所定の用紙に記入する▽全員が所定の位置につく　〔暫定〕▽暫定的な措置▽暫定予算　〔未定〕▽旅行の行き先は未定である▽明日の予定は未定だ　〔予定〕スル▽予定を立てる▽予定を組む

使い分け【1】「確定」は、はっきりと決定することをいう。【2】「既定」は、すでに決定していることをいい、「未定」は、まだ決まっていないことをいう。【3】「本決まり」は、それまで、はっきりとは決まっていなかったことが、正式に決定することをいう。【4】「内定」は、正式の決定ではないが、内々に決定している場合にいう。【5】「所定」は、あらかじめ定められていることをいう。【6】「暫定」は、はっきり決まるまでの間、仮に定めておくことをいう。【7】「予定」は、前もって決めておくことをいう。

8 02 …基礎・中心

8 02-01 基礎／基本／根本／大本

【関連語】◆(基盤)◆(根底)◆(基幹)◆(基部)◆(基底)◆(大根)

共通する意味★物事が成り立つもとになるもの。【英】*the foundation; the basis*

使い方▼〔基礎〕▽発展の基礎を固める▽基礎的な体力をつける▽基礎知識　〔基本〕▽パソコン操作の基本を修得する▽基本的人権　〔根本〕▽理論を根本から覆す▽根本的な改革案　〔大本〕▽この話の大本は単なるうわさにすぎない▽大本を正す

	数学を□からやり直す	会社の□を築く	経営の□方針	□が間違っている	□に忠実なフォーム
基礎	○	○	-	○	-
基本	○	-	○	○	○
根本	○	-	○	○	-
大本	△	○	-	○	-

使い分け【1】「基礎」は、物事の土台となるもので、その上に他の物事を積み上げることができるものであるが、「基本」は、軸になるもので、その一部を変えてさらに発展、応用することができるものである。したがって、「基礎」は物事の最初の段階のものであるのに対して、「基本」はどの段階においても必

要とされるものである。【2】「根本」は、物事を成り立たせている事柄、物事の起こりを表わす。考え方、理念などに対して用いられることが多い。【3】「大本」は、「基本」と「根本」の中間的意味合いをもつ。

【関連語】◆（基盤）その上に立って物事が成り立つもととなるもの。「経営の基盤を固める」◆（根底）物事の根本。「根柢」とも書く。「通説を根底から覆す」◆（基幹）体系の中で中心となる部分。「基幹産業」◆（基部）物のもとを成す部分。「組織の基部がゆらぐ」「基部から腐る」◆（基底）物の底辺。「問題の基底に存在する事情」◆（大根）物事のもと。「大根にたどりつく」

参照▼基礎⇒412-26

802-02 原点（げんてん）／基点（きてん）

共通する意味★物事のもとになる点。【英】*the starting point*

使い分け【1】「原点」は、もともとの出発点の意。したがって、「原点を忘れる」という用法もある。【2】「基点」は、常にそこに立ち戻って現在地との距離をはかるべきもの、という意味合いがある。

	自然との共存を□とした発想	捜査の□に戻る	民主主義の□	駅を□として半径一キロ以内
原点	○	○	○	-
基点	○	△	-	○

802-03 本質（ほんしつ）／本体（ほんたい）／実体（じったい）

共通する意味★事物に備わる本来の性質。【英】*essence*

使い方▼〔本質〕▽事の本質を見極める▽本質に触れた議論▽本質的な問題　〔本体〕▽人間の本体はわかりにくい▽近代政治の本体を探る　〔実体〕▽神仏の実体を知る▽なぞの人物の実体をつかむ▽実体がない

使い分け【1】「本質」は、そのものが持っている、最も根本的で、独自性のある性質や要素。【2】「本体」「実体」は、外見などには現れない、隠された本当の姿や性質。

参照▼本体⇒802-11

802-04 親（おや）／母胎（ぼたい）／母（はは）

共通する意味★物を生み育てるもとのもの。【英】*a parent*

使い方▼〔親〕▽赤十字社の生みの親▽親会社　〔母胎〕▽平和運動の母胎となる組織▽仏教を母胎とする思想　〔母〕▽必要は発明の母【英】*Necessity is the mother of invention*▽母なる大地【英】*Mother Earth*

使い分け「親」「母」は、それから産み出されたことに、「母胎」は、その中ではぐくまれたことに意味の重点がある。

参照▼親⇒310-01　母⇒310-02

802-05 拠点（きょてん）／本拠（ほんきょ）／根拠地（こんきょち）

【関連語】◆（足場）あしば

共通する意味★活動のよりどころとする場所。【英】*a base*

使い方▼〔拠点〕▽この辺りに拠点を二、三か所確保する必要がある▽戦略上の重要な拠点　〔本拠〕▽昔海賊がこの島を本拠にした▽本拠を東京に置く　〔根拠地〕▽この町を根拠地にする

使い分け「拠点」は、一つでも多数でもよいが、「本拠」「根拠地」は、中心とする場所一か所だけである。

【関連語】◆（足場）物事を行うときの立脚地。【英】*a foothold*「海外進出の足場を固める」「ふもとに登山の足場とするキャンプを設ける」◆「崖道（がけみち）で足場が悪い」のように、足を踏み立てる場所の意もある。

802-06 根拠（こんきょ）／典拠（てんきょ）／原拠（げんきょ）／拠り所（よりどころ）

共通する意味★頼り、支えとするところ。

使い方▼〔根拠〕▽根拠のない推論▽何を根拠にそんなことを言うのか▽そのように考える十分な根拠がある　〔典拠〕▽この引用文の典拠はあの文献だ▽典拠を明示して説明する　〔原拠〕▽小野小町伝説の原拠となる書物▽この思想の原拠は仏教にある　〔拠り所〕▽弁護団が拠り所とする判例▽先生の教えを心の拠り所とする

使い分け【1】「根拠」は、主張、行動などのもとになる理由。【2】「典拠」は、確実で、信用できる出典をいう。【英】*authority*【3】「原拠」は、頼り、支えとするいちばんおおもとのもの。【英】*authority*【4】「拠り所」は、支え、裏付けとなるものの意で広く用いられるが、出典の意味には用いない。【英】*foundation*

	□を示して説明する	□を先例に求める	理論的な□	生活の□を失う
根拠	○	○	○	-
典拠	○	-	-	-
原拠	○	○	-	-
拠り所	○	○	○	○

802-07 依拠（いきょ）／準拠（じゅんきょ）／立脚（りっきゃく）

【関連語】◆（則する）そくする◆（準ずる）じゅんずる◆（則る）のっとる

共通する意味★あるものをよりどころとし、それに従うこと。【英】*dependence*

使い方▼〔依拠〕スル▽先例に依拠する▽建築規準に依拠して建てられた住宅　〔準拠〕スル▽常用漢字表に準拠する▽教科書準拠の問題集　〔立脚〕スル▽現実に立脚した意見▽立脚点

使い分け いずれも、あるものをよりどころにして、それに基づくことの意であるが、「立脚」には、自分のよって立つ立場を定めるという意味合いがある。

【関連語】◆〔準ずる〕(サ変)何かと同様に考えて、ほぼ同じ扱いをする。「先例に準ずる」「正社員に準ずる待遇」◆〔則る〕(ラ五)ある事柄を基準としてそれに従う。「古式にのっとった行事」◆〔則する〕(サ変)「則る」に同じ。「法に則して判断する」

802-08 出所(でどころ)／出典(しゅってん)

【関連語】◆〔ソース〕

共通する意味★物の出てきたもとのところ。【英】*a source*

使い方▼〔出所〕▽うわさの出所は彼だった▽資金の出所を探る　〔出典〕▽この歌の出典は万葉集だ▽出典を明記する

使い分け【1】「出所」は、多く、情報や金銭などの出てきたもとのところの意で用いる。【2】「出典」は、故事、成語、引用文などの出てきたもとのところ、また、それの記載されている書物の意。

【関連語】◆〔ソース〕「出所」の意であるが、主に情報に関して用いる。「ニュースソース」

802-09 骨格(こっかく)／骨組み(ほねぐみ)／骨子(こっし)／骨(ほね)

共通する意味★物事を形作る基本的な構造。【英】*a framework*

使い方▼〔骨格〕▽計画の骨格ができあがる　〔骨組み〕▽ビルの骨組みができあがる▽骨組みのしっかりしたドラマ　〔骨子〕▽法案の骨子を説明する　〔骨〕▽今度の事業の骨となる人材を募る

使い分け【1】いずれも、動物の体を支える器官である骨から、物事を形作る基本的な構造、仕組みの意を表わす。【2】「骨子」は、「法案」「改革案」のような、法律、経済、政治などに関する言葉とともに用いられることが多い。

参照▼骨格⇒001-06　骨組み⇒001-06　骨⇒011-02

802-10 中心(ちゅうしん)／目玉(めだま)／核(かく)／心(しん)／核心(かくしん)

【関連語】◆〔基軸〕きじく◆〔心臓〕しんぞう◆〔髄〕ずい

共通する意味★物事の真ん中にあって重要な働きをなす部分。【英】*the center; the heart*

使い方▼〔中心〕▽話題の中心▽世界経済の中心地▽クラブ活動の中心的存在　〔目玉〕▽改革の目玉となる人事▽学園祭の目玉は作家を招いてのシンポジウムだ▽目玉商品　〔核〕▽卒業生を核とした勉強会▽原子核　〔心〕▽頭の心が痛む▽体の心から暖まる　〔核心〕▽事件の核心に迫る▽問題の核心をつく

	話の□	新企画の□となる計画	文化の□	バットの□に当てる
中心	○	○	○	○
目玉	△	○	-	-
核	○	○	△	-
心	-	-	-	○
核心	○	-	-	-

使い分け【1】五語の中では、「中心」が最も一般的。【2】「目玉」は、眼球の意から転じて、多くの中にあって特に人目を引く事柄をいう。【3】具体的な物について用いられる場合、「核」が、「地球の核」「真珠の核」などのように、球状であるのに対し、「心」は、「帯の心」「ろうそくの心」「鉛筆の心」のように、球状でなくてもよい。また、「心」は、「芯」とも書く。【4】「核心」は、「事件(問題)の核心」のように、物事の本質をなす大切な部分の意に用いる。

【関連語】◆〔基軸〕物事の基本となるところ。「組織の基軸となって活動する」「基軸通貨(=国際通貨)」◆〔心臓〕本来、体の器官の名だが、物事の中心部のたとえとして用いられる。「心臓部」の形で用いることが多い。「国の心臓部」「工場の心臓部がまひ状態となった」◆〔髄〕学芸、技術などの奥深い肝要なところ。「芸の髄を極める」

参照▼中心⇒817-24　目玉⇒004-03

802-11 主部(しゅぶ)／主体(しゅたい)／本体(ほんたい)

共通する意味★主要な部分。【英】*the main part*

使い方▼〔主部〕▽建物の主部が戦災で失われた▽機械の主部　〔主体〕▽女性が主体の職場▽クラブ活動の主体は生徒だ　〔本体〕▽パソコンの本体にキーボードを接続する▽カメラの本体▽本の本体価格

使い分け いずれも、主要な部分の意であるが、「主部」は一部分、「主体」は主な構成要素、「本体」は付属物を除いた残りを意味する。

参照▼本体⇒802-03

802-12 中核(ちゅうかく)／中枢(ちゅうすう)／枢機(すうき)／枢軸(すうじく)／機軸(きじく)

【関連語】◆〔枢要〕すうよう

共通する意味★組織、活動の中心となる重要なところ。【英】*the center; the pivot*

使い方▼〔中核〕▽組織の中核をなす人物▽政党の中核となって活動する　〔中枢〕▽政治の中枢に位置す

る人物▽軍の中枢部を掌握する▽中枢神経　〔枢機〕▽国政の枢機に参与する▽枢機卿(けい)　〔枢軸〕▽組織の枢軸となって働く▽東京は政治経済の枢軸をなす都市だ　〔機軸〕▽クラブ活動の機軸となって働く

使い分け【1】「中核」「中枢」が、比較的多く使われる。【2】「枢機」「枢軸」は、特に国家や権力の中心を表わすことが多い。【3】「機軸」は、物事、活動の中心を表わすが、「新機軸を打ち出す」のように、方法、工夫の意もある。

【関連語】◆(枢要)(名・形動)多く、「枢要な」の形で、地位に関して用いる。「枢要な地位に就く」

参照▼機軸⇒812-01

802-13 要点(ようてん)／要所(ようしょ)／要(かなめ)／ポイント

【関連語】◆(要領)(ようりょう)◆(大要)(たいよう)◆(キーポイント)◆(急所)(きゅうしょ)◆(つぼ)

共通する意味★物事の大切なところ。**【英】** *the main point*

使い方▼〔要点〕▽要点をまとめる▽新聞記事の要点　〔要所〕▽要所要所に見張りをおく▽交通の要所　〔要〕▽肝心要の主役が来ない▽守りの要　〔ポイント〕▽問題のポイントをつかむ▽ポイントを押さえて話す

	講義の□	□を述べる	□を固める	組織の□
要点	○	○	-	-
要所	○	-	○	-
要	○	-	-	○
ポイント	○	○	-	-

使い分け【1】「要点」は、特に話や意見などの中で、中心となる重要な事柄をいう。【2】「要所」は、「要点」と同じ意で使うこともあるが、大切な場所や地点をいうことが多い。【3】「要」は、物事を支える最も大切な部分、事柄、人物などをいう。【4】「ポイント」は、重要な箇所の意で、「要点」とほぼ同じように使われる。

【関連語】◆(要領)物事の最も大切な点。「要領を得ない説明」「要領よく話す」◆(大要)物事の肝心なところ。「政治の大要は人心の安定にある」◆(キーポイント)問題や事件解決のために重要な手掛かりとなる点。「ことばづかい、アクセントが犯人割り出しのキーポイントになる」「キーポイントを見つける」◆(急所)大事なところ。体の部分をさす場合、命にかかわるところ。「相手チームの急所をねらった攻撃」「弾丸は急所を外れた」◆(つぼ)重要、肝心なところ。「つぼを押さえた指導」「つぼを外さない」

参照▼ポイント⇒608-02 620-28　大要⇒805-54　つぼ⇒410-14

802-14 主(おも)／主(しゅ)／主要(しゅよう)

共通する意味★物事の中心となっていて重要なさま。**【英】** *main*

使い方▼〔主〕(おも)(形動)▽主な登場人物▽お客は主にサラリーマンだ　〔主〕(しゅ)▽主として公害問題について話し合った▽生徒が主になって始めた活動　〔主要〕(形動)▽主要な問題点▽主要科目

	授業は会話が□だ	全国の□な都市	□に営業を担当する者	野菜を□とした食生活
主(おも)	○	○	○	-
主(しゅ)	○	-	△	○
主要	-	○	-	-

使い分け【1】「主に・主な」は「おも」と読み、「主になる・主とする・主となる・主たる」は「しゅ」と読む。【2】「主要」は、「主要な」の形で用いることが多い。

802-15 重点(じゅうてん)／主眼(しゅがん)／眼目(がんもく)

共通する意味★物事のねらいとする大切なところ。**【英】** *the main point*

使い方▼〔重点〕▽外交に重点をおいた政策▽聞き込みに捜査の重点を移す▽机の下を重点的に掃除する　〔主眼〕▽この企画の主眼は親子の対話にある▽主眼点　〔眼目〕▽時間厳守を会則の眼目にかかげる▽話の眼目

	親睦に□をおいた集会	□を絞った練習	色よりも形を□にして集めた石	福祉の充実を□とする政策
重点	○	○	-	-
主眼	○	-	○	○
眼目	△	-	△	○

使い分け【1】「重点」は、重きをおく点の意味で、その範囲は広くても狭くてもよい。また、「重点」以外の点についても、多少の注意は払うことを示唆している。【2】「主眼」は、主なねらいの意味で、「主眼」以外の点については、「重点」ほど注意を払わない。【3】「眼目」は、物事の大切な点の意で、「主眼」と同じように使われる。

802-16 極意(ごくい)／奥義(おうぎ)／神髄(しんずい)

【関連語】◆(秘伝)(ひでん)

共通する意味★学問、技芸などで、最も深遠で到達し難い事柄。**【英】** *the secret*

使い方▼〔極意〕▽剣の極意を会得する　〔奥義〕▽その道の奥義を極める▽奥義を伝授する　〔神髄〕▽詩の神髄を味わう▽美の神髄に迫る

使い分け【1】「極意」は、奥深い技能について広く用いる。【2】「奥義」「神髄」は、より深遠なところにある物事の本質。「おうぎ」は「おくぎ」ともいい、古くは「奥儀」とも書いた。

【関連語】◆(秘伝)秘密にしてたやすく人に伝えないこと。また、そのもの。「当家の秘伝」「秘伝の巻物」「秘伝をさずける」

8 02-17 基(もと)づく／よる

共通する意味★あることを理解や判断の基準、根拠、よりどころとする。**【英】** *to be based on*

使い方▼〔基づく〕(カ五)▽基本方針に**基づい**て細部の立案をする▽事実に**基づい**た小説▽判決に**基づき**罰金を払う　〔よる〕(ラ五)▽事故は不注意に**よる**ものだ▽問題が生じたときは規約の条文に**よっ**て考えるべきだ▽以上述べたことはすべてこの本に**よっ**ている▽風邪に**よる**欠席が多い

使い分け【1】「基づく」は、そこに根拠や基盤があること、「よる」は、原因、理由があることを表わす。ただし、この意味での「基づく」は、すべて「よる」に言い換えることができる。【2】「よる」は、「基づく」よりも広い範囲に用いられる。「因る」「依る」「拠る」「由る」とも書く。【3】「よる」には、「天気予報によると明日は雨だ」「母の言うところによると家も昔は金持ちだったらしい」のように、「によると」の形で、判断の根拠を示す用法がある。【4】「よる」には、「相手の出方によってはただでは済まさない」「後のことは今後のなりゆきによって判断しよう」「合格するかどうかは努力いかんによる」のように、それぞれを基準にしてそうする、そうなるという意がある。

8 03…構造

8 03-01 構造(こうぞう)／構成(こうせい)／組成(そせい)／組(く)み立(た)て

【関連語】◆(編成)(へんせい)

共通する意味★いくつかの部分や要素が集まって全体を組み立てること。その組み立てられ方。

使い方▼〔構造〕▽頭の**構造**が違う▽自動車の**構造**▽組織の**構造**　〔構成〕スル▽研究室は八人で**構成**されている▽語**構成**　〔組成〕スル▽顔料の**組成**▽**組成**式　〔組み立て〕▽分解して**組み立て**を調べる▽論理の**組み立て**

	文章の□	機械の□	分子の□	家族の□
構造	○	○	○	-
構成	○	-	-	○
組成	-	-	○	-
組み立て	○	○	-	-

使い分け【1】「構造」が、それを成り立たせている全体の各部分の組み立てや、また、その組み立て方をいうのに対し、「構成」は、「構成する」あるいは「構成員」という言い方があるように、各部分が集まって全体を組み立てることをいう。**【英】** *structure*(構造); *constitution*(構成)【2】「組成」は、具体的なものについて、特に、一見したところでは、どのような要素から成り立っているかわからないものについていうことが多い。【3】「組み立て」は、比較的単純な成り立ち方をしているものに使われることが多い。

【関連語】◆(編成)スル個々のものを集めて、組織のあるまとまりとすること。「十両編成の電車」「予算編成」

8 03-02 組織(そしき)／体系(たいけい)／体制(たいせい)

共通する意味★個々のものから成る全体で、それがある秩序をもっているもの。**【英】** *a system*

使い方▼〔組織〕スル▽**組織**をつくる▽若者を**組織**する▽地下**組織**▽細胞**組織**　〔体系〕▽日本語文法の**体系**▽理論を**体系**化する▽賃金**体系**　〔体制〕▽**体制**を固める▽その国は戦時**体制**下にある▽社会主義**体制**▽**体制**側につく▽**体制**批判

使い分け【1】「組織」は、一定の目標にむけて個々の力が統合されるように作り上げられた集合体。生物を構成する単位にもいう。【2】「体系」は、ばらばらのものを一定の原理で系統的にまとめてできた全体。【3】「体制」は、社会や集団が全体として組織されている様式。さらに、一定の政治原理で作られた国家秩序やその傾向。また、「体制模式」のように、生物体の構造の基本形式にもいう。

8 03-03 仕組(しく)み／メカニズム／機構(きこう)

【関連語】◆(仕掛け)(しかけ)◆(機関)(きかん)

共通する意味★全体で一つの働きをするようになっているものの構造。**【英】** *a mechanism*

使い方▼〔仕組み〕▽パソコンの**仕組み**を学ぶ▽胴元がもうかる**仕組み**になっている　〔メカニズム〕▽電子機器の**メカニズム**▽国家権力の**メカニズム**をさぐる　〔機構〕▽人体の**機構**▽**機構**を整える▽流通**機構**▽国連の**機構**

	複雑な□の機械	近代社会の□	自動車の□	会社の□を改革する
仕組み	○	○	△	△
メカニズム	○	○	○	-
機構	○	-	-	○

使い分け【1】「仕組み」は、目的に合った働きをするように組み立てたものの構造。【2】「メカニズム」は、機械装置のこと。また、あたかも機械のように精巧に働きが伝わっていって目的を達するようになっているものの構造もいう。【3】「機構」は、一つの機能を果たす統一ある組織のこと。

【関連語】◆(仕掛け)目的にかなうような工夫を仕組むこと。また、その仕組み。「大がかりな仕掛け」「種も仕掛けもない」◆(機関)ある目的を達成するための仕掛けや仕組み。火力・電力などを利用して機械を動かす装置をいう場合と、ある特定の働きを受け持つために作られた組織をいう場合とがある。「蒸気機関」「報道機関」

参照▼仕組み⇒616-39

803-04 拵え／結構

共通する意味★物をつくり上げること。また、その出来具合。【英】*workmanship*

使い方▼〔拵え〕▽茶室風の**こしらえ**▽立派な**こしらえ**　〔結構〕▽風格ある寺院の**結構**▽小説の**結構**を整える

使い分け【1】「拵え」は、「弁慶の拵え」のように、装い、扮装などの意味でも用いられる。【2】「結構」は、建築物や文章について用いられる。

参照▼拵え⇒404-10　結構⇒805-23　818-45

804…形式・様式

804-01 形式／体裁

【関連語】◆(フォーム)

共通する意味★表に現れる形を表わす語。【英】*form*

使い方▼〔形式〕▽**形式**にのっとる▽漢詩の**形式**▽**形式**にとらわれる　〔体裁〕▽エッセイの**体裁**をとる▽書類の**体裁**を整える

使い分け【1】「形式」は、内容を表現するために整える形をさし、しばしば内容がわかるような形をさす。【2】「体裁」は、外見だけの形をさし、内容との関係がない。

反対語▼形式⇔内容

【関連語】◆(フォーム)一定の決まった形をさす。「フォームが乱れる」「バッティングのフォーム」

参照▼体裁⇒001-12

804-02 型式／年式

共通する意味★自動車や航空機などの型を表わす語。【英】*a model*

使い方▼〔型式〕▽**型式**の同じ航空機　〔年式〕▽**年式**の古い車

使い分け 構造や外形によって分類される型が「型式」、その年ごとに新しく開発された型をいうのが「年式」。「型式」は、「形式」との混同を避けるため、「かたしき」と読まれることも多い。

804-03 型／パターン／タイプ

共通する意味★ある種のものに共通する特徴。また、その特徴によって分類されたもの。【英】*a pattern*

使い方▼〔型〕▽**型**にはまった答え▽**型**どおりの儀式　〔パターン〕▽日本人の思考の**パターン**▽いつもの**パターン**で敗れる▽**パターン**化した行動　〔タイプ〕▽新しい**タイプ**の日本人▽銀行員**タイプ**の男

	行動の□	新しい□の車	一つの□をくり返すやり方	好みの□の異性
型	○	○	△	-
パターン	○	-	○	-
タイプ	○	○	-	○

使い分け【1】「型」「パターン」は、形や性格などを分類したものであるのに対し、「タイプ」は、ある種のものの底部において共通する特徴をもったもの。たとえば、「新しい型の車」は、スタイルなどが新しいことをいうのに対し、「新しいタイプの車」は、型そのものというより、その機能や目的など、外面に現れない部分で従来のものと違うときに使う。【2】「パターン」は、「ワンパターン」「テストパターン」などのように、しばしば同じように繰り返される型をいう。

参照▼パターン⇒614-21

804-04 スタイル／流儀／様式

共通する意味★芸術などで、時代、個人、流派などに特有のやり方。

使い方▼〔スタイル〕▽文章の**スタイル**▽個性的な**スタイル**をもった作家　〔流儀〕▽いけ花の**流儀**▽おれの**流儀**でやらせてもらう　〔様式〕▽唐の**様式**で描かれた絵▽建築**様式**▽バロック**様式**

使い分け【1】「スタイル」「様式」は、美術、建築、音楽、文学などについていうのに対し、「流儀」は、技術や芸能、やり方など、個人的に伝えたり行ったりしてきたものについていう。「スタイル」は、文章のスタイル、すなわち、文体をいうことが多い。【2】「様式」は、このほかに「行動様式」や「生活様式」のようにも用いられる。また、「文書の様式」のように、定まった文書の書き方の意味でも用いられる。

参照▼スタイル⇒001-14

804-05 標本（ひょうほん）／剥製（はくせい）

共通する意味★実物の状態を見せるようにしたもの。**【英】** *a specimen*

使い方▼〔標本〕▽昆虫採集をして標本を作る▽珍しい植物を標本にする　〔剥製〕▽鳥の剥製▽剥製にして保存する

使い分け【1】「標本」は、実物の形状、性質などを示すために、実物に似せて作ったもの。また、その実物の一部。動植物、鉱物などにいう。【2】「剥製」は、剝いだ動物の皮の中に綿などを詰め、生きていたときの外形を保つようにしたもの。

804-06 基準（きじゅん）／標準（ひょうじゅん）／尺度（しゃくど）／物差し（ものさし）

【関連語】◆(水準)すいじゅん◆(レベル)◆(規準)きじゅん◆(定規)じょうぎ◆(本位)ほんい

共通する意味★物事の評価や判断のよりどころとなるもの。**【英】** *a standard; a criterion*

使い方▼〔基準〕▽去年の数値を基準に計算する▽建築基準　〔標準〕▽サラリーマンを標準にして考える▽標準的な生活▽標準語　〔尺度〕▽文化をはかる尺度▽普通の尺度でははかれない、度量の大きな人　〔物差し〕▽自分の物差しで人をはかるな

	GNPに対する割合を□にする	合格の□は六〇点以上だ	□が変われば良いことにもなる	規制の□を上まわる汚染
基準	○	○	○	○
標準	△	△	-	-
尺度	○	-	○	-
物差し	○	-	○	-

使い分け【1】「基準」は、比較、対照して増減、多少、満たすかどうかなどを評価、判断するもとになるもの、境界となる最低の条件をいう。【2】「標準」は、判断、行動などのよりどころとする代表的、また、平均的なもの。【3】「尺度」「物差し」は、人、時、場合などによって変わりうる基準。「尺度」の方が、比較的用法が広い。

【関連語】◆(水準)価値、機能などの一定の標準。「給与は業界一の水準にある」◆(レベル)水準。「文化のレベルが低い」「知的レベルの問題」◆(規準)手本とすべき、または従うべき事柄、規則。「道徳の規準」◆(定規)手本、また判断のよりどころとなるもの。「杓子しゃくし定規な答え」◆(本位)中心とする基準。「…本位」の形で用いる。「興味本位の質問」「人物本位に選考する」

804-07 規格（きかく）

意味★物事の標準となるきまり。特に、製品などの寸法・品質・形状などについて定められた標準。**【英】** *a standard*

使い方▼〔規格〕▽規格に合った品物を作る▽規格外のものは受け付けない

804-08 手本（てほん）／模範（もはん）

【関連語】◆(規範)きはん◆(モデル)◆(典型)てんけい◆(範)はん◆(鑑)かがみ◆(亀鑑)きかん◆(規矩)きく

共通する意味★何かをするときに見習うべきもの。**【英】** *a model*

使い方▼〔手本〕▽拓本を手本にして書の練習をする▽彼の生き方は我々のいいお手本だ　〔模範〕▽模範的な青年▽模範生▽模範試合

	□を示す	世人の□となる	習字の□	□解答
手本	○	○	○	-
模範	○	○	-	○

使い分け【1】「模範」は、人あるいは状態、行為について用いるが、「手本」は、字や絵など、それを見習って作るべきものをも表わす。【2】「手本」が、それをまねるべきものという点に重点がおかれるのに対し、「模範」は、理想的な、望ましい状態という点に重点がおかれる。たとえば、「習字の手本」は、その字にできるだけ似せて書くことが期待される。これに対して、「模範解答」は、それをまねるべきであるというより、最も望ましい(理想の)解答であることを表わす。【3】「手本」の方が、やや話し言葉的。

【関連語】◆(規範)物事の手本。「規範を示す」◆(モデル)模範的な例という意味で用いる語。「モデル地域」「モデルルーム」◆(典型)規範となる形式。「美の典型」◆(範)手本、模範の意の文章語。「他の範となる」「範を示す」「範を垂れる」◆(鑑)行為の手本、規範とすべきもの。「武士の鑑」◆(亀鑑)手本、模範。「教育者の亀鑑とされる人物」◆(規矩)規準となる、規則、手本など。多く、「規矩準縄じゅんじょう」の形で用いられる。

参照▼モデル⇒804-09

804-09 模型（もけい）／雛形（ひながた）／ミニチュア

【関連語】◆(モデル)

共通する意味★事物の形をまねて作ったもの。**【英】** *a model*

使い方▼〔模型〕▽分子の模型▽模型飛行機　〔雛形〕▽五重の塔のひながた▽文書のひながたを参考にする　〔ミニチュア〕▽飛行機のミニチュア▽ミニチュアカー

使い分け【1】「模型」は、同じ大きさに作った物

8 事柄・性質

にも、また、拡大あるいは縮小した物にもいえるが、「雛形」「ミニチュア」は、縮小した物のみをいう。【2】「雛形」は、「組織の雛形」のように、具体的な形をもたない機構などについても用いる。
【関連語】◆(モデル)模型。「プラスチックモデル」
参照▼モデル⇒804-08

804-10 象徴(しょうちょう)／表徴(ひょうちょう)／表象(ひょうしょう)／シンボル

共通する意味★言葉や物では表わせないような事象や心象を、それを連想させるような言葉や具体的な事物で置き換えて表わすこと。また、その表わすもの。【英】*a symbol*

使い方▼〔象徴〕スル▽鳩(はと)は平和を象徴する▽人々の意識の変化を示す象徴的な出来事▽象徴詩 〔表徴〕▽美の表徴 〔表象〕スル▽白は純潔を表象する 〔シンボル〕▽愛と平和のシンボル

使い分け【1】「象徴」「表徴」「シンボル」は、最も一般的に使われる。「表徴」は、文章語。【2】「表象」は、哲学では、意識の中に表われる内容、観念をいう。

参照▼象徴⇒611-06

804-11 原型(げんけい)／原形(げんけい)

共通する意味★一番最初の形。【英】*the original form*

使い方▼〔原型〕▽彫像の原型▽型紙の原型をとる 〔原形〕▽原形をとどめる▽原形を保つ

使い分け【1】「原型」は、製作物を作るもとになる形。【2】「原形」は、変化する前の、その物がもともともっていた形。

804-12 種類(しゅるい)／ジャンル／種(しゅ)／品種(ひんしゅ)

【関連語】◆(範疇)(はんちゅう)◆(類)(るい)◆(たぐい)

共通する意味★他と区別される一まとまり。【英】*a kind*

使い方▼〔種類〕▽動物園には、いろいろな種類の動物がいる▽この店は料理の種類が豊富だ 〔ジャンル〕▽この作品は、ノンフィクションのジャンルに属する▽新しいジャンルを開拓する 〔種〕▽この種の薬品は、当店では扱っておりません 〔品種〕▽稲には百を越す品種がある▽これは新しい品種の稲だ

	□別に並べる	□の違う雑誌	□の違う花	□を改良する
種類	○	○	○	-
ジャンル	○	○	-	-
種	○	-	△	○
品種	○	-	○	○

使い分け【1】「ジャンル」は、「どのジャンルの音楽がお好きですか」のように、芸術の分野における作品の種類分けをいうこともある。【2】「品種」は、生物の分野における遺伝的な種類分けをいうことが多い。【3】「種」は、生物学における「門・綱・目・科・属・種」の分類の一単位でもある。また、たね、種子の意もある。「この種の仕事は、もうこりごりだ」のように、「この種の…」の形で、「種類」の意味でも使う。

【関連語】◆(範疇)同じであると分類・認識される一まとまり。また、その枠組み。「異なる範疇に属するものは比較しにくい」◆(類)同じ種類であるもの。「類は友を呼ぶ」◆(たぐい)同じ種類であるもの。「類い」とも書く。「たぐいまれな事件」

804-13 一類(いちるい)／一種(いっしゅ)

【関連語】◆(うち)

共通する意味★あるまとまりの中の一つの種類。【英】*a kind*

使い方▼〔一類〕▽①マンションもアパートの一類だ▽②会社の重役は山川家の一類で占められている 〔一種〕▽①日本酒もウイスキーも酒の一種だ▽②お子さんの病気は一種の風邪です

使い分け【1】「一類」には、例文②のように、同じ氏族であることを表わす用法がある。これは、「一種」にはない用法である。【2】「一種」は、「童歌(わらべうた)も民謡の一種だ」「自転車は乗り物の一種だ」など、抽象物・具体物のどちらにも広く使われる。例文②の「一種の…」は、はっきり「風邪の一種」というのではなく、曖昧(あいまい)なまま述べる表現である。【3】「一類」は、「一種」にくらべて古めかしい言い方。【4】「一種」には、はっきり言えないが、どことなく変わっている、といった意味の副詞的な用法もある。「一種異様な」「一種不思議な」「一種独特な(の)」「一種不吉な」などの形で使われる。

【関連語】◆(うち)ある種類に属する物、事。「ワインも酒のうちだ」

804-14 均一(きんいつ)／均質(きんしつ)／均等(きんとう)

【関連語】◆(画一的)(かくいつてき)◆(一色)(いっしょく)

共通する意味★ある物のどの部分も、様子、性質、種類などがひと通りであるさま。【英】*uniformity*

使い方▼〔均一〕(名・形動)▽製品の重さは均一である▽千円均一のバーゲンセール▽均一料金 〔均質〕(名・形動)▽大きな鉄の塊であるが、均質にできている▽学生の成績は均質で、甲乙つけがたい 〔均等〕(名・形動)▽予算を均等に配分する▽クラスの人数を均等にする▽機会均等

使い分け「均一」は分量に、「均質」は性質・状態に、「均等」は分量・状態についていうことが多い。

【関連語】◆(画一的)(形動)すべてが同じ状態で、個性の違いがないさま。「画一的な絵が目立つ」「画一的な判断」◆(一色)全体の様子が、ひとつの傾向に統一

8 事柄・性質

されているさま。「大会はお祭りムード一色だ」

804-15 一様（いちよう）／一律（いちりつ）

【関連語】◆（無差別）むさべつ◆（千篇一律）せんぺんいちりつ

共通する意味★複数の事物のさまが同一であること。**【英】** *equality*

使い方▼〔一様〕（形動）〔一律〕（形動）

	全員を□に扱う	皆□に反対した	□の値段	関係者を□に処分する
一様	○	○	−	−
一律	○	−	○	○

使い分け【1】「一律」は、対象となっている複数の事物に対して、ある基準をもって対し、すべてを意図的に同じくしてしまうさまを表わす。【2】「一様」は、対象となっている複数の事物が、何かの基準を適用されたのでもなく、また意図的にでもなく、結果としてすべてが同じさまになることを表わす。

【関連語】◆（無差別）（名・形動）偏った扱いをしないこと。「男女無差別の待遇」「無差別爆撃」◆（千篇一律）（名・形動）多くの事物がみな同じ調子で変化がないこと。「どれをとっても千篇一律で面白みのないホームドラマ」

804-16 各種（かくしゅ）／種種（しゅじゅ）／諸種（しょしゅ）／いろいろ／さまざま／多様（たよう）／多種（たしゅ）／多彩（たさい）

【関連語】◆（数数）かずかず◆（いろんな）◆（とりどり）

共通する意味★種類がたくさんあるさま。**【英】** *varieties (of)*

使い方▼〔各種〕▽各種の市民団体から募金が寄せられた▽各種学校　〔種種〕（名・形動）▽失敗の原因については種々考えられる▽生活の種々相　〔諸種〕▽諸種の理由で計画は実現しなかった▽諸種の事情を考慮する　〔いろいろ〕（副・形動）▽いろいろとお世話になりました▽ワインと言ってもいろいろな種類がある▽東京まで行く方法は、いろいろある▽いろいろ手を尽くす　〔さまざま〕（形動）▽庭園には、様々な植物が植えられている▽みな様々に休日を楽しんでいる▽卒業生は様々な方面で活躍している　〔多様〕（名・形動）▽現代社会は多様な問題をかかえている▽文化の多様性　〔多種〕▽世界には、多種多様な文化がある　〔多彩〕（名・形動）▽多彩なゲストを迎える

	□施設	新旧□顔ぶれ	品物を□とりそろえる	□疑問がわく
各種	−の○	−の−	○	−
種種	−の○	−の△	○	○
諸種	−の○	−の−	○	−
いろいろ	−な○	−な○	○	○
さまざま	−な○	−な○	○	○
多様	−な○	−な○	−に△	−な−
多種	−の○	−の−	○	−の−
多彩	−な△	−な○	−に△	−な−

使い分け【1】「各種」は、具体的な物をさし、抽象的な事柄については使えない。これに対して「多様」は、多く、抽象的な事柄に用いられ、具体的な物についてはいいにくい。【2】「種種」は、具体的な物にも、抽象的な事柄にも使われる。文章の中で使われることが多い。【3】「いろいろ」は、複数の異なるものに同時に注意が向いている。話し言葉で広く使われる。「色色」「種種」とも書く。【4】「さまざま」は、対象となる複数のものの相互の違いに目をつけた表現である。名詞に直接つくことができる。「人さまざま」など。「様様」とも書く。

【関連語】◆（数数）異なる種類のものがたくさんあること。「…の数々」「数々の…」の形で用いる。「おいしい料理の数々」「数々の言い伝えが残っている」◉副詞として用いられることもある。「おいしい料理が数々並んでいる」◆（いろんな）（連体）「いろいろな」のくだけた形。「デパートにはいろんな商品がある」◆（とりどり）（名・形動）いろいろな種類があるさま。「色とりどりの服装」

804-17 あれこれ／そうこう

【関連語】◆（とかく）◆（とこう）◆（あちこち）

共通する意味★いろいろな事物を表わす。

使い方▼〔あれこれ〕（代名・副）▽他人があれこれ言う▽あれこれ迷う▽あれこれ文句が多い人だ　〔そうこう〕（副）スル▽そうこうするうちに夜になった▽そうこうしているところへ彼が来た

使い分け【1】「あれこれ」は、指示している一つ一つのものに注意が向いている様子を表わす。【2】「そうこう」は、具体的にそれと示さず、漠然と行われるいくつかの事柄を表わす。

【関連語】◆（とかく・とこう）（副）何やかやと、いろいろなことをするさま。「あれこれ」ほど指示される対象は具体的ではない。「とこう」は、「とかく」の変化した語。「とかくするうちに彼が来た」「とこうするうちに夜になった」◆（あちこち）（代名）複数の場所を表わす。「あちこち捜す」

参照▼あちこち⇒817-51

804-18 変種（へんしゅ）／変わり種（かわりだね）

【関連語】◆（バラエティー）

共通する意味★ある種類に属してはいるが、仲間と

は違っているもの。

使い方▼〔変種〕▽花びらを七枚持つ変種が発見された　〔変わり種〕▽もと銀行員という変わり種のコメディアン

使い分け【1】「変種」は、動植物についていう。【英】*a variety*【2】「変わり種」は、ふつうとは変わった種類という意で、動植物などにも使われるが、一般的には主として人間についていう。【英】*an exception*

【関連語】◆〔バラエティー〕変化。多様性。「バラエティーに富んだ顔ぶれ」

参照▼変わり種⇒201-60　305-24　バラエティー⇒615-48

804-19 異質(いしつ)／異種(いしゅ)

【関連語】◆〔別種〕べっしゅ

共通する意味★違う種類、性質。【英】*heterogeneity*

使い方▼〔異質〕(名・形動)▽大和文化とは異質な大陸の文化▽異質物が混ざる　〔異種〕▽馬とロバの異種間に生まれたのがラバだ▽異種格闘技戦▽異種交配

使い分け【1】「異質」は、性質が違っていることをいう。【2】「異種」は、種類が違うものをいう。

反対語▼異質⇔同質　異種⇔同種

【関連語】◆〔別種〕別の種類。「よく似ているが別種の草である」

804-20 正式(せいしき)／本式(ほんしき)／本格的(ほんかくてき)

共通する意味★省略などをしない正当なやり方。【英】*formal*

使い方▼〔正式〕(名・形動)▽正式に採用される▽正式な手続きをとる▽正式発表　〔本式〕(名・形動)▽今年からは本式に勉強をしよう▽本式の芸　〔本格的〕(形動)▽雨は本格的な降りになる▽本格的な工事が始まる

	「」に書道を習う	「」に招待を受ける	「」懐石料理	「」攻撃に出る	「」呼び方
正式	○	○	-な△	-な-	-な○
本式	○	-	-の○	-の-	-の△
本格的	○	-	-な○	-な○	-な-

使い分け【1】特に様式が決まったものについて「正式」「本式」が使われるのに対し、「本格的」は、中途半端でない意味で使われる。【2】「正式」は、正統な形式にのっとっていることを表わし、「本式」は、本来あるべき正しいやり方であることを表わす。

反対語▼正式・本式⇔略式

804-21 単式(たんしき)／略式(りゃくしき)／定式(ていしき)

共通する意味★どのような方式、形式であるかを表わす語。

使い方▼〔単式〕▽単式火山▽単式簿記　〔略式〕▽略式の礼服▽略式命令　〔定式〕▽定式化された方法

使い分け【1】「単式」は、単純な、または、ただ一つの方式。【英】*a simple system*【2】「略式」は、正式な手順をとらずに、簡略にした方式。【英】*an informal way*【3】「定式」は、定まった一定の方式。【英】*an established form*

反対語▼単式⇔複式　略式⇔正式・本式

804-22 新式(しんしき)／新型(しんがた)

共通する意味★型や体裁、方式が新しいこと。【英】*a new model*

使い方▼〔新式〕▽新式のカメラ▽新式の考え方　〔新型〕▽新型の車▽新型の掃除機

使い分け【1】「新式」は、形式や型、また様式が新しい場合に用い、「新型」は、型をもつ具体的な物について用いる。【2】「新型」は、「新形」とも書く。

反対語▼新式⇔旧式

804-23 和風(わふう)／和式(わしき)／和様(わよう)

共通する意味★日本特有の様式、また、いかにも日本らしい様式。【英】*Japanese style*

使い方▼〔和風〕▽和風の建物▽和風建築▽和風旅館　〔和式〕▽和式便所▽和式泳法　〔和様〕▽和様建築

使い分け「和風」「和式」が、一般的に使われる。「和様」は、特に、建築や書道についていうことがある。

反対語▼和風⇔洋風　和式⇔洋式　和様⇔唐様(からよう)

804-24 ロマネスク／ゴシック／バロック／ロココ

共通する意味★ヨーロッパの古い美術、建築の様式を表わす語。

使い分け【1】「ロマネスク」は、一〇世紀末から一二世紀頃に、「ゴシック」は、「ロマネスク」に続く中世に、「バロック」は、一六世紀から一八世紀にヨーロッパ各地で流行した。また、「ロココ」は、一八世紀にフランスを中心に流行した。【2】「ゴシック」は、「ゴチック」ともいう。

804-25 事例(じれい)／例(れい)／ケース

【関連語】◆〔実例〕じつれい◆〔類例〕るいれい◆〔例外〕れいがい◆〔特例〕とくれい◆〔用例〕ようれい

共通する意味★実際にあった、あるいは、ありうる事柄。【英】*an example*

使い方▼〔事例〕▽事例を集めて考える　〔例〕▽これまでに例のない事故だ　〔ケース〕▽このようなケースは当病院では初めてです

	具体的な□をあげる	これまでの□に照らしてみる	世の中の□に習う	モデル□
事例	○	○	△	-
例	○	○	○	-
ケース	○	△	-	○

使い分け【1】「事例」には、前例となる事実の意もある。【2】「例」には、「例の件について、ご相談したいのですが」のように、話し手と聞き手の間で理解し合っている事柄を示す場合がある。

【関連語】◆**(実例)**実際の例。「実例をあげて説明する」◆**(類例)**似たような例。「他に類例がない事件」◆**(例外)**適切な例として認めるための条件をみたさない事柄。「例外は認めない」◆**(特例)**本来は認められないが、特別によしとして認められた事柄。「今回に限り特例として認める」◆**(用例)**その語や表現が実際に用いられた例。「文学作品から用例を採集する」

8 04-26 先例(せんれい)／前例(ぜんれい)

【関連語】◆(轍)(てつ)

共通する意味★以前にあった同じような例。**【英】***a former example*

使い方▼〔先例〕▽先例にならって行う▽先例を破る▽よい先例を作る　〔前例〕▽前例がないので受け付けられない▽前例にならう

使い分け【1】二語とも同じように使われるが、「先例」には、「よい先例を作る」のように、将来の同種の事の基準となる例の意もある。【2】「前例」には、「前例と比較する」のように、前にあげた例の意もある。

【関連語】◆**(轍)**車の輪が通った跡の意から転じて、前人の行ったあと、先例を表わす。「轍を踏む(＝前人が犯した失敗と同じ失敗を繰り返す)」

8 04-27 文例(ぶんれい)／語例(ごれい)

【関連語】◆(作例)(さくれい)

共通する意味★言葉の例として出すもの。**【英】***an example*

使い方▼〔文例〕▽文例の豊富な辞書▽手紙の書き出し文例集　〔語例〕▽語例が多く載っている辞書

使い分け「文例」は、文あるいは文章の例、「語例」は、語の例。

【関連語】◆**(作例)**辞書や言葉の使い方を論じるときに用いる例で、典拠によらず書き手が自分で作った例。本辞典の例文がそれにあたる。

8 04-28 好例(こうれい)／適例(てきれい)／見本(みほん)

共通する意味★うまく当てはまる適切な例。**【英】***a good example*

使い方▼〔好例〕▽日本の近代化の好例とされる出来事　〔適例〕▽適例を示しながら解説する　〔見本〕▽見本品を並べる▽教育ママの見本のような人

使い分け【1】「好例」「適例」は、適切な例の意で、同じように使われる。【2】「見本」は、目の前にあるよい例、代表的な例の意。

8 05 …全体・部分

8 05-01 場所(ばしょ)／箇所(かしょ)／所(ところ)／地点(ちてん)

共通する意味★特定された、土地、物体などの小部分。**【英】***a place*

使い方▼〔場所〕▽食堂を開くには場所が悪い▽ピアノを置く場所がない▽集合場所　〔箇所〕▽この箇所にひびが入っている▽列車の脱線により不通の箇所がある▽論文の訂正箇所　〔所〕▽広い所で休む▽所かまわずつばをはく　〔地点〕▽十の地点で同時に調査を行う▽マラソンの折り返し地点

	日当たりのいい□	座れる□をさがす	文章の悪い□を直す	出発□に戻る
場所	○	○	-	△
箇所	○	-	○	△
所	○	○	○	-
地点	△	-	-	○

使い分け【1】「場所」は、行動とのかかわりにおいていわれることが多い。「ここはいい場所だ」のようにいった場合、駅から近くて便利だとか、商売をするのに適しているなど、行動とのかかわりを含んでいる。【2】「場所」には、「このステレオは場所をとる」「新しく来たお客のために場所をあける」のように、いる所、ある所の意味がある。【3】「箇所」は、比較的小規模な場合について用いられる。「個所」とも書く。【4】「箇所」には、所の数を示す接尾辞としての用法がある。この場合は「ケ所」「か所」とも書くが、現在は後者が一般的。「店舗が二か所にある」

「数か所間違っている」【5】「所」には、「所と名を聞く」のような住所の意のほか、場合・折などの意でも広く使われる。【6】「地点」は、土地に関する場合にのみ用いられる。

参照▼所⇒815-03

805-02 区域(くいき)／地区(ちく)／地域(ちいき)／地帯(ちたい)／地方(ちほう)

【関連語】◆(境)きょう◆(区画)くかく

共通する意味★全体の広がりのなかで他と区分されるある範囲の土地。【英】*an area; a zone*

使い方▼〔区域〕▽販売の担当区域▽立ち入り禁止区域 〔地区〕▽この地区の下水道工事▽地区の代表校を決めるコンクール▽文教地区▽風致地区 〔地域〕▽雨の多い地域▽汚染地域▽地域性▽地域社会 〔地帯〕▽太平洋ベルト地帯▽安全地帯 〔地方〕▽この地方の観光名所

	受け持ちの□	□の代表	ある□の方言	工業□
区域	○	-	-	-
地区	○	○	-	-
地域	○	○	○	○
地帯	○	-	-	○
地方	○	○	○	-

使い分け【1】「区域」は、工場の敷地の一区画など、ごく狭い範囲について用いられることが多い。【2】「地区」は、ある目的から人の居住する土地を人為的に区分してとらえた場合に用いられることが多い。【3】「地域」は、自然条件や地勢など、なんらかの意味で共通するひとまとまりの範囲を限定していう場合に用いられる。【4】「地帯」は、ある共通の特徴を持って連続している範囲をいう場合に用いられる。【5】「地方」は、「関西地方」「東北地方」のように、国内のひとまとまりの範囲をさして用いるほか、「地方の工場へ転勤する」「地方政治」のように、首都などの大きな都会以外の地域をさしていうこともある。

【関連語】◆(境)土地や地域の意味で用いられる語。文章語。「無人の境」◆(区画)土地などを区切ること。また、区切られた一つ一つ。「一区画が数千万円する宅地」

参照▼境⇒209-09

805-03 分野(ぶんや)／方面(ほうめん)

共通する意味★全体のなかでの一つの範囲。【英】*a field*

使い方▼〔分野〕▽自然科学の各分野は、たがいに深く関連している▽自分の得意な分野をのばす 〔方面〕▽将来は音楽の方面に進みたい▽この方面の研究はあまり進んでいない

使い分け【1】「分野」は、部分自体の広がりの大きさや、他の部分との境を問題とする表現にも用いられる。【2】「方面」は、「その方面の事情に詳しい人」のように、しばしば、ぼかした感じの表現になる。

805-04 領域(りょういき)／領分(りょうぶん)／縄張(なわば)り／島(しま)／テリトリー

【関連語】◆(範囲)はんい◆(枠)わく

共通する意味★あるものの権限や行動、勢力の及ぶ範囲。【英】*a territory*

使い方▼〔領域〕▽自国の領域の保全につとめる▽彼の研究領域はかなり広い 〔領分〕▽それは医者の領分だ▽男性の領分といわれていた仕事に女性が次々と進出する 〔縄張り〕▽縄張り意識▽縄張り争い 〔島〕▽自分たちの島を他人に奪われないようにする▽他のグループの島を荒らす 〔テリトリー〕▽テリトリーに近づいてくる敵を威嚇(いかく)する動物のしぐさ

	他人の□をおかす	他国の□	自然科学の□	争いに負けて□を失う
領域	○	○	○	-
領分	○	○	○	-
縄張り	○	-	-	○
島	○	△	-	○
テリトリー	○	△	△	△

使い分け【1】「領域」「領分」は、「他国の領域」のような、集団の勢力範囲や、「自然科学の領分」のような、ある特質、専門性や資格を共通にするものの勢力範囲について用いられる。【2】「領分」は、あるものが独占的に勢力を及ぼす範囲という意味を伴うことが多い。【3】「縄張り」「島」「テリトリー」は、あるものの権益にかかわる土地などについての勢力範囲を表わす。【4】「島」は、俗語的で、人の勢力範囲について用いられる。

【関連語】◆(範囲)一定の限られた広がり。決められた領域。「期末試験の範囲」「交際範囲も広い」「活動範囲」◆(枠)型を作ったり、仕切り、境界、範囲などを示したりするために、物の外側をふちどって囲むもの。また転じて、物事の内容や数量などの範囲の限度。「枠をはめる」「めがねの枠」「予算の枠がない」

参照▼島⇒702-07

805-05 領土(りょうど)／領地(りょうち)

【関連語】◆(植民地)しょくみんち◆(租界)そかい

共通する意味★自分のものとして持ち、統治している土地。【英】*territory*

使い方▼〔領土〕▽敗戦で領土を失った▽わが国固有

の領土の返還を求める▽領土問題　〔領地〕▽そこはかつて南部藩の領地であった▽当時のイングランド国王はフランスにも領地を持っていた

使い分け【1】「領土」は、現代では、国際法上、国家の統治権の及ぶ地域をいう。【2】「領地」は、「領土」よりは小規模で、主として、封建領主の領有する土地の場合にいうことが多い。

【関連語】◆(**植民地**)移住者によって経済的に開発された土地。また、属領として本国に従属する地域。「アメリカ大陸に植民地を開いた」「ヨーロッパ諸国はアジアに進出し、自国の植民地とした」◆(**租界**)昔、清国や中華民国の開港都市に設けられた、治外法権の外国の租借地区。

805-06 地所（じしょ）／地盤（じばん）

共通する意味★建造物などがある土地。また、その予定の土地。**【英】** *land*

使い方▼〔**地所**〕▽家を建てるために地所を買う▽ここから道路までうちの地所だ　〔**地盤**〕▽地盤が沈下する▽この辺は地盤がゆるい

使い分け【1】「地所」は、個人の、庭などを含めた住宅用の土地をいい、「地盤」は、建造物など人工の物一般について、その土台となる土地をいう。【2】「地盤」には、「農村を地盤として選挙に当選した」「地盤の奪い合いを演ずる」のように、拠点となる土地、勢力範囲の意味がある。

805-07 用地（ようち）／料地（りょうち）

【関連語】◆(宅地)（たくち）◆(敷地)（しきち）

共通する意味★ある目的のために使用される土地。

【英】 *land*

使い方▼〔**用地**〕▽ビル建設のための用地を買収する▽工場用地　〔**料地**〕▽皇室の御料地

使い分け「用地」が、一般的。「料地」は、権門の所有する土地をいうことが多い。

【関連語】◆(**宅地**)住宅用の土地。「宅地の値上がりが激しい」「宅地造成」◆(**敷地**)建物や施設などを建てるための土地。「学校の敷地」「敷地内立入り禁止」

805-08 全体（ぜんたい）／全部（ぜんぶ）／全般（ぜんぱん）

【関連語】◆(総体)（そうたい）

共通する意味★物・事柄のすべて。**【英】** *the whole*

使い方▼〔**全体**〕▽全体に赤みを帯びている▽町全体に被害が及ぶ　〔**全部**〕▽いやなことは全部忘れた▽あの人の全部が悪いわけではない▽食事を全部たいらげた　〔**全般**〕▽政治全般の情勢▽運動不足は現代人全般にみられる傾向だ

	生活の□にわたっての心構え	生徒□に注意する	□の意見をまとめる	今年は□的に寒い
全体	○	○	○	△
全部	○	○	○	－
全般	○	－	－	○

使い分け【1】「全体」は、もとは体全部の意味。一つ一つの物をすべてまとめて、大きな一つのかたまりとしてとらえたもの。【2】「全部」は、一つ一つの物を生かしたまま、それらの物の寄せ集めとしてとらえたもの。【3】「全般」は、物事のすみからすみまで行き渡ること。【4】「全体」には、「全体あんなことをした君が悪い」「全体どういう了見だ」のように、もともと、あるいは、いったい、の意味を表わす副詞の用法がある。

反対語▼全体⇔部分　全部⇔一部

【関連語】◆(**総体**)(名・副)そのもの全体。文章語。「カントの思想の総体をとらえる」

805-09 万般（ばんぱん）／百般（ひゃっぱん）／諸般（しょはん）

共通する意味★その事に関してさまざまの方面。**【英】** *all*

使い方▼〔**万般**〕▽万般の準備を整える▽外交に関する万般の問題▽万般よろしくお願いいたします　〔**百般**〕▽武芸百般にわたる心得　〔**諸般**〕▽諸般の事情を考慮して対策を練る

使い分け【1】「万般」「諸般」は、さまざまな、の意味で使われる。どちらも硬い表現になり、日常会話ではほとんど使われない。【2】「百般」は、「武芸百般」の形以外は、一般にはあまり使われない。

805-10 以上（いじょう）／以下（いか）／以内（いない）／以外（いがい）

【関連語】◆(未満)（みまん）

共通する意味★程度の上下、範囲の内外。

使い方▼〔**以上**〕▽十八歳以上しか入れない▽千円以上の品物▽これ以上待てない▽予想以上の人出　〔**以下**〕▽五円以下は切り捨て▽中学生以下の学力の大学生▽これ以下は問題にしない　〔**以内**〕▽二十分以内に立ち退くように▽一万円以内の買い物をする▽十キロ以内　〔**以外**〕▽君以外の人には頼めない▽東京以外の大都市

使い分け【1】「以上」は、数量・程度などがある基準を含んで、それより上であること。また、手紙・目録などの最後に書いて、書き終わりの意を表わしたり、「以上のとおり」のように、これまであげた事物のすべてをいったり、「知った以上、捨てておけない」「やりかけた以上は、最後までやる」のように、…のうえは、…からには、の意で用いられたりする。**【英】** *over*【2】「以下」は、数量・程度などがある基準を含んで、それよりも下であること。数量では、含んでいうが、優劣の比較などでは含まないことが多い。

数学・法律では、含む意に用い、「未満」と区別する。また、「社長以下社員全員」のように、代表としてあげる語に付いて、それをはじめとしてそのたぐい全部を表わしたり、「以下省略」のように、これから後に述べることすべてをいったりする。【英】*under* 【3】「以内」は、ある時間や数量を基準とし、その基準の内側の範囲。その限度を含んで、もっと少ない数量をいう。【英】*within* 【4】「以外」は、ある範囲の外側。それを除く他の物事、そのほか。【英】*except*

【関連語】◆(未満)ある一定の数に達しないこと。ある数を境にして、その数を含まずにその数より下であること。「十八歳未満入場お断り」

8 05-11 多く(おお)/大半(たいはん)

共通する意味★大部分。【英】*most part*

使い方▼〔多く〕▽多くの本を読んだ▽参加者の多くは学生である 〔大半〕▽この論文の大半は他からの引用だ▽遺物は大半失われてしまった▽反対意見が大半を占める

使い分け【1】「多く」は、大部分、多量の意。【2】「大半」は、全体の半分以上、過半。また、大方、大部分の意。

8 05-12 全域(ぜんいき)/一帯(いったい)/一円(いちえん)

【関連語】◆(一面)いちめん

共通する意味★ある領域のすべての部分。【英】*all the area*

使い方▼〔全域〕▽列島の全域が雨域に入る 〔一帯〕▽冬になるとそのあたり一帯は雪にとざされる▽河口一帯の集落が水害にあった 〔一円〕▽四国一円を支配した豪族

	関東□	県の□に被害が及ぶ	世界□に広まる	頂上付近□
全域	○	○	○	-
一帯	○	△	-	○
一円	○	○	-	-

使い分け【1】「全域」は、種々の領域に広く用いられるが、「一帯」「一円」は、もっぱら地域について用いられる。【2】「一帯」は、「頂上付近一帯」や「そのあたり一帯」のように、対象となる地域の広がり(他との境)が明確でない場合にも用いられる。【3】「一円」は、「台風による風水害は県の一円に及んだ」のように、対象となる地域の広がりが非常に大きく感じられた場合の表現に用いられることが多いが、「一帯」は、このような感じがはっきりと表現されている場合には用いにくい。【4】逆に、「一帯」は、「東京の港区一帯で電話が不通になった」のように、かなり狭い範囲の広がりについても用いられるが、「一円」は、このような場合には用いにくい。

【関連語】◆(一面)ある所から見わたされる平らな広がりの全体。他との境が明確でない場合の「一帯」と類似した用法をもつ。「あたり一面雪景色だった」「一面に氷が張っている」

参照▼一面⇒805-38

8 05-13 皆(みな)/すべて/ことごとく

【関連語】◆(みんな)◆(すっかり)◆(とんと)◆(あらゆる)

共通する意味★残らず全部にわたること。【英】*completely*

使い方▼〔皆〕(名・副)▽仕事の処理は皆終了した▽皆わたしが悪い 〔すべて〕(名・副)▽探せる所はすべて探した▽文献のすべてに目を通す 〔ことごとく〕(副)▽彼の意見はことごとく反対された▽財産をことごとく失った▽過去をことごとく調べ上げる

使い分け【1】いずれも、どれもこれも全部の意で、用法が非常に接近している。【2】「ことごとく」は、文章語。【3】「すべて」は「全て」「総て」などと、「ことごとく」は「悉く」「尽く」と書く。

【関連語】◆(みんな)(名・副)「皆」を強めていう語。「料理はみんな食べました」「これでみんなおしまいだ」◆(すっかり)(副)完全に行われて後に残らないことを表わす。「すっかり春らしくなった」「すっかり忘れた」◆(とんと)(副)行われたことにまったく意識が働かないことを表わす。「とんと忘れていた」「とんと覚えがない」◆(あらゆる)(連体)あり得る限りの。すべての。「あらゆる手段を尽くす」「あらゆる方面」

参照▼皆⇒808-63 みんな⇒808-63

8 05-14 主(おも)に/主(しゅ)として/専(もっぱ)ら

【関連語】◆(ひとえに)◆(一に)いつに

共通する意味★全体の中で大きな割合を占めるさまを表わす語。【英】*mainly*

使い方▼〔主に〕(副)▽主に若者の発言が目立った▽朝食は主にパンです 〔主として〕(副)▽この国では主として英語が話されている 〔専ら〕(副・形動)▽聞かされるのは専ら愚痴ばかりだ▽専らのうわさ

	客は□学生だ	休みの日は□寝て過ごす	□趣味に生きる毎日だ
主に	○	△	-
主として	○	-	-
専ら	○	○	○

使い分け【1】「主に」「主として」は、全体の中で大きな部分を占めるもの、または優先して行うものを示すときに用いる。【2】「主に」にくらべると、「主として」の方が硬い言い方となる。【3】「専ら」

は、他のことはさしおいて、そのことだけに集中しているさまを表わす。

【関連語】◆(ひとえに)(副)他の理由ではなく次に述べることによる、ということを表わす。「偏に」とも書く。「今日私があるのは、ひとえにあなたのおかげです」◆ただただひたすらに、という意でも用いられる。「失礼の段ひとえにおわびいたします」◆(一に)(副)他のものではなく、まさに次に挙げられることによるということを表わす。「成否は一に君の努力にかかっている」

805-15 大部分（だいぶぶん）／殆ど（ほとんど）／大方（おおかた）

共通する意味★物事の半分以上で全部に近い量や程度。【英】*most*

使い方▼〔大部分〕▽大部分の生徒▽原稿は大部分を書き終えた　〔殆ど〕(名・副)▽ほとんどの人が船酔いした▽ほとんどわからない　〔大方〕(名・副)▽町の大方が焼失した▽作業は大方終わった

	□の人が持っている	□できあがった	それについて□知らない	□の賛同が得られた
大部分	○	○	-	△
殆ど	○	○	○	△
大方	○	○	-	○

使い分け【1】「大部分」は、全体の半分以上を占める多い数量、程度。【2】「殆ど」は、全体、完全に近い量や程度。また、「風でも吹けばほとんど倒れてしまいそうだ」のように、今にも、もう少しのところでの意もある。【3】「大方」は、「月末までには大方治るだろう」のように、半分以上の可能性があると推量する使い方がある。また、「大方の予想どおり…」のように、世間一般の意もある。

参照▼大方⇒808-65

805-16 大概（たいがい）／大抵（たいてい）

共通する意味★量、範囲などについて、その大部分。また、ほぼすべてにわたって及ぶさま。【英】*generally*

使い方▼〔大概〕(名・副)▽大概の人は帰った▽たいがい居ないだろう　〔大抵〕(名・形動・副)▽芥川(あくたがわ)の大抵の作品は読んだ▽夜はたいてい七時ごろに帰る

	□の事ならがまんする	夜は□早く寝る	事の□が判明する	□の努力ではない
大概	○	○	○	△
大抵	○	○	-	○

使い分け【1】「大概」は、全体の中の大部分の意味。また、「小説の大概」のように、骨格の意味もある。【2】「大抵」は、程度、頻度がほとんどの意味。また、「大抵の決心ではできない大仕事」のように、普通の程度ではないの意味もある。

805-17 大まか（おおまか）／大雑把（おおざっぱ）

共通する意味★細かい点までは行き渡らないこと。【英】*rough*

使い方▼〔大まか〕(形動)▽大まかな予定▽内容を大まかに説明する　〔大雑把〕(形動)▽大ざっぱな性格▽部屋を大ざっぱに掃除する

使い分け「大まか」は、内容の主だったところを大きくとらえること。「大雑把」は、内容を深く吟味せず大体のところをとらえること。「大雑把」の方が、雑な感じになる。

805-18 おおよそ／おおむね／あらかた

【関連語】◆(あらまし)

共通する意味★ほとんどすべてであるさま。【英】*approximately*

使い方▼〔おおよそ〕(名・副)▽答案はおおよそ書き終えた▽おおよその目安をつける　〔おおむね〕(名・副)▽体はおおむね良好だ　〔あらかた〕▽家はあらかたできあがる▽料理があらかたなくなった

	事件は□片付いた	□三日はかかるだろう	決議案の□を発表する	□の人は帰った
おおよそ	○	○	-	-
おおむね	○	○	○	-
あらかた	○	△	-	○

使い分け【1】「おおよそ」は、全体をざっと見渡して大体の見当をいう。「大凡」とも書く。【2】「おおむね」は、全体の中の主な点を大きくつかむことをいう。概要の意味でも使われる。「概ね」とも書く。【3】「あらかた」は、大まかにみてほとんど全部の意味。「粗方」とも書く。

【関連語】◆(あらまし)だいたい。ほとんど全部。副詞的にも用いる。「その内容はあらまし次のようなものだった」「あらまし片付いた」

参照▼あらまし⇒805-54

805-19 ざっと／およそ／かれこれ

【関連語】◆(約)やく

共通する意味★細かいところには構わず大体の見当をつけてみる様子。【英】*roughly*

使い方▼〔ざっと〕(副)▽朝刊にざっと目を通す▽会員はざっと二百人　〔およそ〕(名・副)▽およそ一億円の

被害▽およその見通し 〔かれこれ〕(副)▽かれこれ十年になる

	□一時間はかかる	□三メートルの長さ	□目を通す	□の見当
ざっと	○	△	○	-
およそ	○	○	-	○
かれこれ	○	-	-	-

使い分け【1】「ざっと」は、全体を大ざっぱにとらえていう表現。【2】「およそ」は、「私にはおよそ縁がない」のように、打消の語を伴って、全くの意味や、また、「およそ口に入れられるものなら何でも食べる」のように、すべての意味もある。「凡そ」とも書く。【3】「かれこれ」は、もっと多くみたりもっと少なくみたりしながら、範囲を縮めておよそに近づけた言い方。また、「かれこれするうちに式の当日を迎える」のように、あれやこれやの意の使い方もある。

【関連語】◆(約)(副)大ざっぱに数えたさま。「約百万円」

805-20 概して／総じて／一般

【関連語】◆(遍く)

共通する意味★細かいところはともかく、全体的にみると。**【英】***in general*

使い方▼〔概して〕(副)▽この学校は概して生徒の成績が良い▽景気は概して良好である 〔総じて〕(副)▽彼の作品は総じて好評だ▽世の中とは総じてこういうものだ 〔一般〕(名・形動)▽野菜が一般に値上がりしている▽世間一般の常識

使い分け【1】「概して」は、全体をざっと大まかにとらえると、の意。「総じて」は、例外は多少あってもその多くは、の意。【2】「一般」は、「一般に」の形で副詞的に用い、全体を広く見渡して、最も多くの場合、普通の場合、の意で使われることも多い。また、「一般受けする映画」「一般民衆」のように、あたりまえであることや、そのような人々の意でも用いる。

【関連語】◆(遍く)(副)すべてにわたって広く。「あまねく知れわたる」

805-21 大分／随分／余程

【関連語】◆(大分)◆(余っ程)

共通する意味★物事がかなりの程度である様子。**【英】***quite a lot*

使い方▼〔大分〕(副)▽だいぶ暑くなりました▽だいぶ苦労した 〔随分〕(副・形動)▽ずいぶんお世話になりました▽ずいぶんひどい話だ 〔余程〕(副)▽よほど困ったのだろう▽よほどのことだ

	□気に入ったらしい	□片づいた	勉強より遊びの方が□いい	□りっぱなお宅ですね
だいぶ	○	○	-	△
随分	○	○	-	○
余程	○	-	○	-

使い分け【1】「大分」は、「非常に」とか「とても」というほどではないが、それでもかなりの程度、という意味で使う。【2】「随分」は、思っていたより程度、量が多い意。また、「ずいぶんな仕打ちをうけた」のように、大変ひどい、の意でも使う。【3】「余程」は、他とくらべて相対的に、程度が甚だしい意で使う。また、「よほど言おうと思ったがやめた」のように、「今にも…するところだった」の意でも使う。

【関連語】◆(大分)(副)「だいぶ」の少し古い言い方。「だいぶん暑くなりましたね」◆(余っ程)(副)「余程」を強めた言い方。会話の中で使われる。「こっちの方がよっぽどいい」

805-22 かなり／相当

【関連語】◆(大幅)

共通する意味★数量、程度などが普通より甚だしい様子。**【英】***considerably*

使い方▼〔かなり〕(副・形動)▽入社してかなりになる▽今日はかなり寒い 〔相当〕(副・形動)▽相当ひどい目にあったらしい▽相当の人数が集まった

使い分け【1】「かなり」「相当」は、多くの場合、言い換えることができ、同じように使われている。「かなり」の方が語感として柔らかく、日常的にもよく使われる。【2】「相当」には、「百万円相当の品」のように、あるものにあてはまる、ふさわしい、の意味もある。

【関連語】◆(大幅)(形動)数量、価格などの差や変動の幅が大きいこと。「大幅な値上げ」

参照▼相当⇒818-14

805-23 割りに／割合／比較的／結構

【関連語】◆(なかなか)

共通する意味★他とくらべて思った以上であったり、かなりの程度であるさま。**【英】***comparatively*

使い方▼〔割りに〕(副)▽割りによくできた▽幼いが割りにしっかりしている 〔割合〕(副)▽割合おもしろい▽安いが割合においしい 〔比較的〕(副)▽解決は比較的に容易である▽比較的軟弱な地盤 〔結構〕(副)▽結構気に入った▽息子も結構しっかりしてきた

使い分け【1】「割りに」は、「割合」よりくだけた言い方で、日常の話し言葉でよく使う。もっとくだけて、「割りと」「割りかし」などということもある。【2】「割合」は、「あの映画は割合におもしろかった」のように、「割合に」の形で使うこともある。【3】「比較的」は、「割合」より改まった表現で、公的発言、硬い文章の中などで使われる。【4】「結構」は、現れた結果や現象に満足していたり、肯定的にみている場合に使い、ふつう「結構まずい食事」のようには使わない。

【関連語】◆(なかなか)(形動・副)状態、性質などが予想以上によいさまを表わす。また、打ち消しや否定の意の表現を伴って、予想、期待されることが容易には実現しない現状を表わす。「なかなか景気がよい」「なかなかの腕前」「約束したのになかなか来ない」「勉強がなかなかはかどらない」

参照▼割合⇒919-05　結構⇒803-04　818-45

805-24 おそらく／多分(たぶん)

【関連語】◆(どうやら)

共通する意味★自分で判断して、ある事柄の、可能性が高いことを表わす語。【英】*probably; perhaps*

使い方▼〔おそらく〕(副)▽台風はおそらく明朝上陸する▽おそらく彼は来ないだろう　〔多分〕(副)▽明日はたぶん雨だろう▽たぶんその人は来ないだろう

使い分け【1】二語とも、「…だろう」「…と思う」で呼応することが多い。【2】二語の表わす可能性は、「きっと」や「絶対」ほど高くなく、「もしかしたら」「ひょっとしたら」よりは高い。【3】「多分」には、「遭難の恐れが多分にある」のような形容動詞の用法、また「多分の寄付をいただいた」のような名詞の用法もある。

【関連語】◆(どうやら)(副)検討、考慮などに基づき、可能性が高いことを表わす語。「…そうだ」「…ようだ」「…らしい」「模様」などと呼応することが多い。「容態はどうやら峠を越えたようだ」「どうやら雨になりそうだ」「どうやら風邪をひいたらしい」「どうやら成功した模様だ」

805-25 ほぼ／大体(だいたい)／九分九厘(くぶくりん)

共通する意味★全部もしくは完全に近い状態にあることを表わす語。【英】*nearly*

使い方▼〔ほぼ〕(副)▽新校舎はほぼ完成した▽ほぼ同じ高さの山▽消防署は町のほぼ中央にある　〔大体〕(名・副)▽一度読んだだけでだいたいわかった▽話の大体を記録する　〔九分九厘〕▽成功は九分九厘まちがいなしだ

	□終わった	□三メートルの長さ	優勝は□確実だ	□の予定をたてる
ほぼ	○	－	○	－
大体	○	○	－	○
九分九厘	○	○	○	－

使い分け【1】「ほぼ」は、「大体」よりも、その状態に近い場合に使う。【2】「大体」の方は、大まかに見積もる場合に使う。また、「大体その考え自体おかしい」のように、そもそもの意味、「大体人間というものはみなそうだ」のように、総じての意味がある。【3】「九分九厘」は、九九パーセントそうなる場合、完全な状態に近づいている場合にいう。

参照▼大体⇒816-09

805-26 一応(いちおう)／ひと通り(とおり)

共通する意味★十分とはいえないが、だいたい。また、ふつう程度に。

使い方▼〔一応〕(副)▽痛みは一応おさまった　〔ひと通り〕▽ひと通りの技術は習得した

	□の案内をする	□目を通す	□会ってみる	□作業はした
一応	○	○	○	－
ひと通り	○	○	－	○

使い分け【1】「一応」は、もと「一往」と書き、一度行く意。とりあえず、あることをしておく、してみるの意味に用いる。ひとまずではあるが、ある程度の内容を持つ行為であり、相手を納得させたり、ものの役に立ったりする。【2】「ひと通り」は、過不足はないが、特に良いわけでもなく、必要とされる形を満たす程度に物事をする意。【3】「一応」が、相手(対象)への義理の気持ちを含むことがあるのに対し、「ひと通り」は、行為や手続き自体が含む形式をほぼ実現するという気持ちが強い。

参照▼ひと通り⇒918-18

805-27 万事(ばんじ)／一切(いっさい)／一切合切(いっさいがっさい)

【関連語】◆(万)よろず◆(有りたけ)ありたけ

共通する意味★何もかもみんな。全部。【英】*everything*

使い方▼〔万事〕▽一事が万事(＝一つの事柄を見て、それ以外の事も同様なものだと推測されること)▽万事うまくいった▽万事休す(＝もうどうにもならない)　〔一切〕(名・副)▽家事の一切をきりもりする▽一切の関係を断つ　〔一切合切〕(名・副)▽財産の一切合切を失う

	私に□任せてください	□の権利を認める	□滞りなく進んでいる	家具を□売り払う
万事	○	－	○	－
一切	○	○	△	－
一切合切	○	－	－	○

使い分け【1】「万事」は、物ではなく事柄について、その全部の意を表わす。【2】「一切」は、例外もなく残らず、全部という程度がより強い。また「君とは一切関係がない」のように否定と呼応して、「全然(全く)…ない」の意でも使う。【3】「一切合切」は、「一切」を強めた言い方で、「一切」よりややくだけた表現。ただし、否定と呼応する用法はない。

【関連語】◆(万)なんでもすべての意の、古めかしい言い方。「よろず承ります」「よろず相談所」◆(有りたけ)ある限りすべて。さらにくだけて、「ありったけ」とも。「ありたけの貯金をおろす」

参照▼一切⇒819-47

805-28 挙(あ)げて／挙(こぞ)って

共通する意味★そこにある物や人が残らず。**【英】** *all*

使い方▼〔挙げて〕(副)▽一家を挙げて歓迎する▽全社を挙げて取り組む　〔挙って〕(副)▽全員こぞって賛成する▽こぞってご参加ください

使い分け【1】「挙げて」は、関係する人や力などを目的に向けて一つにまとめ結集する、の意。【2】「挙って」は、関係者全員がそろって、一斉に、の意。

805-29 残(のこ)らず／洗(あら)いざらい／くまなく／根(ね)こそぎ

【関連語】◆(虱潰し)しらみつぶし

共通する意味★何もかも余すことなくすべて。**【英】** *altogether*

使い方▼〔残らず〕(副)▽食事を残らずたいらげた▽残らず処分する　〔洗いざらい〕(副)▽洗いざらいさらけ出す▽洗いざらいうちあける　〔くまなく〕(副)▽その地域はくまなく歩いた▽くまなく照らす　〔根こそぎ〕(副)▽根こそぎ取られる▽根こそぎ持っていかれる

	過去を□調べ上げる	□白状する	へそくりを□奪われた	部屋中を□探し回る
残らず	○	○	○	△
洗いざらい	○	○	-	-
くまなく	○	-	-	○
根こそぎ	△	-	○	-

使い分け【1】「残らず」は、あとに何も残さずすべての意。【2】「洗いざらい」は、何もかもすっかり出してしまってあとに何も残っていない、の意。個々の物についてではなく、物事の内容についていう。【3】「くまなく」は、「隈(くま)(かくれる所、かげ)が無い」という意の語で、すみからすみまで全部の意。【4】「根こそぎ」は、根まですっかり抜き取る意から、余すところなくの意で使う。受身の形で使われることが多い。

【関連語】◆(虱潰し)物事をかたっぱしから余すところなく処理すること。「虱つぶしに調べる」

805-30 ごっそり／ごそっと

共通する意味★一度にたくさんの物を残らず取り去られるさまを表わす語。**【英】** *entirely*

使い方▼〔ごっそり〕(副)▽税金をごっそりとられる　〔ごそっと〕(副)▽倉庫の品物をごそっと盗まれた

使い分け「ごっそり」には、「小金をごっそりためこんでいる」のように、物が大量にあるさまの意もある。

805-31 部分(ぶぶん)／一部分(いちぶぶん)／一部(いちぶ)

【関連語】◆(局所)きょくしょ◆(局部)きょくぶ

共通する意味★全体をいくつかに分けた一つ。**【英】** *a part*

使い方▼〔部分〕▽三つの部分に分ける▽小説のはじめの部分▽部分品　〔一部分〕▽犯行の一部分を認めた▽一部分しか見ない　〔一部〕▽一部の生徒はバス通学をしている▽建物の一部

	葉先の□が白い	積み荷の□がくずれる	□の人にしか伝わらない	この文章で大切な□はどこですか
部分	○	-	-	○
一部分	○	○	○	△
一部	○	○	○	-

使い分け【1】「部分」は、全体をいくつかに分けた一つ一つのものをいう。魚を分けて、頭の部分、背の部分、腹の部分、尾の部分というたぐい。【2】「一部分」「一部」は、全体の中の一つの箇所をいう。「一部分」の方が、やや硬い言い方。

反対語▼全体

【関連語】◆(局所・局部)主に身体に関してその一部分をいう。「局所麻酔」「局部麻酔」「局部的に発疹(はっしん)が見られる」◆「局部照明」のように、局部の方が使用範囲は広い。二語とも、陰部をさすこともある。

参照▼局所⇒010-15　局部⇒010-15

805-32 一環(いっかん)／一端(いったん)

共通する意味★全体の一部分。**【英】** *a part (of)*

使い方▼〔一環〕▽開発事業の一環として道路の整備を行う　〔一端〕▽感想の一端を述べる▽事業の一端を担う

使い分け【1】「一環」は、関連し合って一つの環(わ)のようにつながっている事柄の一つをいう。「一端」は、全体のほんの一部分をいう。【2】「一端」には、「棒の一端」のように、一方の端の意もある。

参照▼一端⇒805-44

805-33 半分(はんぶん)／五分(ごぶ)

【関連語】◆(ハーフ)

共通する意味★物事の二分の一。**【英】** *half*

使い方▼〔半分〕▽りんごを半分に切る▽ドアが半分あいている　〔五分〕▽五分の勝率▽相手チームとは五分五分の実力だ

使い分け【1】「半分」は、「おもしろ半分で参加する」のように、「…半分」の形で、そういう気持ちが多分に含まれている、という意味で使うこともある。【2】「五分」には、一寸（約三・〇三センチ）の二分の一の長さを示す「五分刈り」「一寸の虫にも五分の魂」のような使い方もある。

【関連語】◆（ハーフ）半分であること。「ハーフサイズ」「ベターハーフ」「ハーフタイム」

参照▼ハーフ⇒305-42

805-34 等分（とうぶん）／二等分（にとうぶん）／折半（せっぱん）

共通する意味★等しく分けること。**【英】***division into equal parts*

使い方▼〔**等分**〕スル▽負担を三人で等分する▽金を等分に分ける　〔**二等分**〕スル▽代金を二等分する▽三角形の底辺を二等分する　〔**折半**〕スル▽かかった費用を折半する▽利益は折半にする

使い分け【1】「等分」は、等しい大きさのいくつかに分けることをいい、いくつに分けてもよい。【2】「二等分」「折半」は、二つに分けることをいう。「折半」は金に関して用いることが多い。

805-35 倍（ばい）

【関連語】◆（ダブル）

意味★同じ数、事物を二つ合わせたもの。二倍。**【英】***double*

使い方▼〔**倍**〕▽倍にして返す▽忙しさは倍になった

【関連語】◆（**ダブル**）二倍、二重であること。「ダブルキャスト」

805-36 片方（かたほう）／片一方（かたいっぽう）／一方（いっぽう）

【関連語】◆（片割れ）かたわれ◆（他方）たほう

共通する意味★二つのもののうちの一つ。**【英】***one side*

使い方▼〔**片方**〕▽靴が片方なくなった▽片方に味方する　〔**片一方**〕▽片一方の腕が痛い▽靴下の片一方が見当たらない　〔**一方**〕▽一方の入り口をふさぐ▽手袋の一方を落とした▽一方の言い分しか聞かない

使い分け【1】「片一方」は、「片方」よりくだけた言い方になる。また、一つだけということを強めていう。【2】「片方」は、会話の中でのくだけた言い方では「かたっぽう」、あるいは「かたっぽ」となる。【3】「一方」は、「空の一方を見つめる」「一方通行」のように、一つの方向、方面の意や、「やせる一方だ」のように、一つの方にかたよっている意にも使う。

反対語▼片方・一方⇔両方

【関連語】◆（**片割れ**）割れたり破れたりしたものの一片。また対（つい）になっているものの一つ。ややくだけた言い方。「夫婦茶碗（めおとぢゃわん）の片割れ」◈「盗賊の片割れ」のように、仲間の一部の意もある。◆（**他方**）別の方面。また、もう一つの方。「経済は発展したが、他方で公害問題も発生した」

805-37 二手（ふたて）／両面（りょうめん）

共通する意味★二つの方面。**【英】***both sides*

使い方▼〔**二手**〕▽二手に分かれて捜す▽道が二手になっている　〔**両面**〕▽特殊性と普遍性の両面から描く▽物心両面の援助

使い分け【1】「二手」は、あるものから分岐した二つの方面の意味で用いられる。【2】「両面」は、物と心、普遍と特殊のように、対照的にとらえられる二つの方面について広く用いられる。【3】「両面」には、表と裏の二つの面の意もある。

反対語▼両面⇔片面

805-38 片側（かたがわ）／片面（かためん）／半面（はんめん）

【関連語】◆（反面）はんめん◆（一面）いちめん◆（他面）ためん

共通する意味★一つのまとまった物事全体を二つに分けてとらえたうちの一方。**【英】***one side*

使い方▼〔**片側**〕▽道路の右の片側を歩く▽車体の片側をこする▽片側通行　〔**片面**〕▽ホットケーキの片面を焼く▽問題の片面しか見ていない　〔**半面**〕▽つまずいて顔の右半面をすりむいた▽先生の隠された半面を知った▽物事の半面だけみて結論を出すのはまちがいだ

使い分け【1】「片側」は、物を左右対称に分けてとらえた場合に用いられる。【2】「片面」は、表と裏など、二つの面があるもののどちらか一方の面について用いられる。【3】「半面」は、一つの面の半分の意もある。「運動場の半面を使う」

反対語▼片側⇔両側　片面⇔両面

【関連語】◆（**反面**）反対の面では、の意で用いられる語。「工業の発展は多大な富をもたらした反面、深刻な環境問題を引き起こした」◆（**一面**）ある面とは別の面では、の意で用いられる語。「豪放だが、一面、涙もろいところもある」「一面（＝一方の側）だけでなく、全体をみて判断する」◆（**他面**）ある面に対してそれ以外の面では、の意で用いられる語。「便利だが、他面、コストがかかる」

参照▼一面⇒805-12

805-39 前者（ぜんしゃ）／後者（こうしゃ）

共通する意味★二つあげたもののうちの、片方をいう。

使い方▼〔**前者**〕▽前者は反対を唱える人々の意見である▽前者をAとし、後者をBとする　〔**後者**〕▽後者を正解と思う▽後者を採用しよう

使い分け【1】「前者」は、二つあるうちの前のもの。前の事柄にあたるもの。**【英】***the former*
【2】「後者」は、二つあるうちの後のもの。あとから続くもの。**【英】***the latter*

805-40 それぞれ／各各（おのおの）／個個（ここ）

【関連語】◆（別別）べつべつ

共通する意味★二つ以上の人や物の、一人一人、一つ一つ。【英】*each*

使い方▼〔それぞれ〕（名・副）▽卒業生それぞれが違った職業につく▽その部屋の家具はそれぞれがちょうどよい所に置いてある　〔各各〕（名・副）▽おのおのの持てる力を出し合う▽人にはおのおの長所も短所もある　〔個個〕▽昼食は個々に持参のこと▽個々別々の意見▽個々の例について調べる

	□の意見	□が魅力的だ	人は□性格が違う	それは□の問題だ
それぞれ	○	○	○	△
各各	○	○	○	△
個個	○	-	-	○

使い分け【1】「それぞれ」は、一つ一つの違い、差などに意識が向けられることの多い語。「夫夫」「其れ其れ」と書くこともある。【2】「各各」は「己己（おのおの）」の意味。「ひとりひとり」を強める気持ちで用いると同時に、「それぞれ」のように、物にもいう。【3】「個個」は、文章語的。多く、物、場合などに用いられることが多い。

【関連語】◆（別別）（名・形動）それぞれ、分かれていること。一つ一つ別になっている様子。「親子が別々に暮らす」「一つずつ別々に包んでください」

805-41 一人一人（ひとりひとり）／めいめい／各自（かくじ）／各人（かくじん）

【関連語】◆（面面）めんめん◆（てんでん）◆（てんでに）◆（各位）かくい

共通する意味★それぞれの人。【英】*each person*

使い方▼〔一人一人〕（名・副）▽その課の一人一人に聞いてみた▽一人一人違った考え方をする　〔めいめい〕（名・副）▽めいめいが気をつけること▽その問題についてはめいめいで考えることになった　〔各自〕（名・副）▽昼食は各自持参すること▽運転する人各自の自覚に待つ　〔各人〕▽各人の自由にまかせる▽テーマは各人で決める▽各人各様

	□が責任をもって行動する	切符は□で買う	□好きなクラブへ入りなさい	順番に□名前を呼ぶ
一人一人	○	△	-	○
めいめい	○	○	○	△
各自	○	○	○	-
各人	○	○	△	-

使い分け【1】四語のうち、「一人一人」「めいめい」は、話し言葉的であり、「各自」「各人」は、文章語的である。【2】「一人一人」は、その人その人の意味のほか、順に一人ずつの意味でも用いられる。「ひとりびとり」ともいう。【3】「めいめい」は、「面面」の変化した語。それぞれの人ひとりひとりの意味。「銘銘」とも書く。【4】「各自」は、あるグループ内で用いることが多く、「各人」は、グループにはかかわりなく使われることが多い。

【関連語】◆（面面）一人一人別々に全部。古めかしい言い方。「列席者の面々を紹介する」「一座の面々」◆（てんでん）それぞれがばらばらな感じで。くだけた言い方。「てんでんに好きなことをする」「てんでんばらばら」◆（てんでに）（副）それぞれの人が自分の思うようにする様子。くだけた言い方。「てんでに得意な料理を持ち寄る」「泊まり客は、てんでに夕食後の時間を楽しんでいる」◆（各位）大勢の人に対し、その一人一人を敬っていう語。もともと、手紙の脇付（わきづけ）の一種。「会員各位殿」などと、殿をつけるのは敬称の重複。「各位の御協力をお願い申し上げる」「父兄各位」

805-42 一つ一つ（ひとつひとつ）／いちいち／個別（こべつ）／逐一（ちくいち）

【関連語】◆（項）こう◆（個）こ

共通する意味★多くある物のそれぞれ。一つずつ。【英】*severally*

使い方▼〔一つ一つ〕（名・副）▽一つ一つ数える▽一つ一つに思い出がある　〔いちいち〕（名・副）▽いちいちの例は省く▽いちいち説明するまでもない▽そんなことをいちいち気にしてはいられない　〔個別〕▽問題を個別に処理する▽個別審査　〔逐一〕（副）▽逐一、上司に報告する▽条文を逐一検討する

	□文句を言う	□箱につめる	□手に取ってみる	問題点を□数えあげる
一つ一つ	○	○	○	○
いちいち	○	△	○	△
個別	-に○	-に○	-に△	-に△
逐一	○	-	-	○

使い分け【1】「一つ一つ」は、「ひとつびとつ」ともいう。【2】「いちいち」は、たくさんあるものの一つ（一人）残らずという意味がこめられている。また、あとに否定がくる場合は、うるさいという感じを含む。「一一」とも書く。【3】「個別」は、一つ一つ別にすることの意。「箇別」とも書く。【4】「逐一」は、一つ一つ順を追って、また、一つ一つ詳しくの意味。「ちくいつ」とも。

【関連語】◆（項）法律、文章などで事柄を小さく分けて記述したものの一つ一つ。また、辞書の一つ一つの見出し。「新たに項を立てる」◆（個）全体の中のそれぞれ一つ一つ。「個と全体とのかねあい」「個の問

題」
参照▼個⇒808-68

805-43 先／先端／突端／頭／末 末端

【関連語】◆（先っぽ）◆（ヘッド）

共通する意味★ある基準となる部分から見ていちばん遠い部分。【英】*the head; the point*

使い方▼〔先〕▽槍の先で突く▽指の先でつまむ〔先端〕▽先端のとがった棒▽時代の先端をいく産業〔突端〕▽防波堤の突端に釣り人が大勢いる▽みさきの突端　〔頭〕▽富士山が雲の間から頭を出す▽鼻の頭をなぜる▽杭の頭をたたく　〔末〕▽竹ざおの末▽末の広がった扇▽伝達事項が末にまで届かない〔末端〕▽神経は四肢の末端にまで及ぶ▽生産者から末端の小売業者にまで影響がある

使い分け【1】「先」「先端」は、前後・上下という方向性によって、最も前方、最も後方、最も上方の部分を意味し、「末」「末端」は、最も後方、最も下方の部分を意味する。「先端」は「尖端」とも書く。【2】「先」は、「ここから先には進めない」のように、ある基準よりさらに前方をさしたり、時間的な前後関係を表わすなど、用法が最も広い。ほかの名詞と一緒になって、「爪先」「指先」「手先」「刃先」「ペン先」「目先」のように複合語をつくることも多い。【3】「突端」は、方向性とは関係がなく、中心となる本体から突き出た部分で、本体の基点から最も離れた所の意。【4】「頭」は、「釘の頭」のように、基準点から見て最も上方部分という意で用いる。

【関連語】◆（先っぽ）「先」のくだけた言い方。ふつう、長い物の「先」の意で使う。「棒の先っぽ」◆（ヘッド）「頭」「ものの先端」の意の英語。「バットのヘッド」

参照▼先⇒816-12　816-25　817-03　頭⇒002-01　808-59　814-02　末⇒814-26　816-27　ヘッド⇒002-01

805-44 片端／一端

共通する意味★物の一方の端。【英】*one end*

使い方▼〔片端〕▽ステージの片端に立つ▽仕事を片端から片付けていく　〔一端〕▽ザイルの一端を木に結ぶ▽仕事の一端をになう

使い分け【1】「片端」は、ふつう、二つの端を持つ物の、その片方の端だけをいう。「片端から」は、端からはじまって、次々にの意味になる。【2】「一端」は、端の一つであり、「片端」と違って、端が三つ以上の物に対しても、「六角形の一端」のように用いられる。また、「考えの一端を述べる」のように、比喩的に、「考え」「責任」「原因」などの一部分、の意でも使われる。【3】「片端」は、「かたっぱし」ともいう。

参照▼一端⇒805-32

805-45 切片／切れ／切れ端 端くれ

【関連語】◆（断片）

共通する意味★ある物から切り取られた、一つの部分。【英】*a piece*

使い方▼〔切片〕▽肝臓の切片を顕微鏡で見る▽金属の切片を拾い集める▽細胞の切片　〔切れ〕▽板切れ▽布地の端切れ▽肉を二切れ買う　〔切れ端〕▽ノートの切れ端▽パンの切れ端　〔端くれ〕▽木の端くれ

使い分け【1】「切片」は、観察、検査のために小さく切り取った生体組織などに対して使うことが多い。【2】「切れ」は、単独で用いられることはほとんどなく、他の語に付けて、「棒切れ」「端切れ」などのように使われる。数詞とともに「一切れ」「二切れ」のようにも使われる。【3】「切れ端」は、木、布などの必要な部分を切り取った残りの部分をいう。口語で「切れっぱし」ともいう。【4】「端くれ」は、木などの切れ端の意であるが、現在では「医者の端くれ」「政治家の端くれ」などのように、取るに足らない微力の者だが、一応そのグループの一員であるの意で多く使われる。

【関連語】◆（断片）記憶、思い出、知識などの一部分。「記憶の断片をつなぎ合わせる」「断片的な知識」

805-46 かけら／破片

【関連語】◆（小片）◆（一片）

共通する意味★粉々になった物の一部分。【英】*a fragment*

使い方▼〔かけら〕▽犬にクッキーのかけらをやった▽あの行為には人間性のかけらも感じられない〔破片〕▽破壊されたミサイルの破片を集める▽金属の破片

使い分け【1】「かけら」は、ガラス、弾丸のようなものから、煎餅、クッキーのようなものまで広く使えるが、「破片」は、ふつう、鉱物質のものに使う。【2】「かけら」は、抽象的な語とも結びつき、「良心のかけらもない」のように、否定形の中で使われ、ほんの少しの意で、強調の働きをする。

	ガラスの□	砲弾の□	氷の□	煎餅（せんべい）の□
かけら	○	△	○	○
破片	○	○	△	-

【関連語】◆（小片）小さいかけら。「硫黄の小片」◆（一片）ひとかけら。また、薄いもの一枚。「木材の一片」「一片の紙きれ」「一片の肉」

805-47 木切れ／棒切れ／板切れ 木片

8 事柄・性質

共通する意味★木の切れ端。**【英】** *a piece of wood*

使い方▼**〔木切れ〕**▽焚(た)き火のために**木切れ**を拾い集める　**〔棒切れ〕**▽**棒切れ**を杖(つえ)にして山を登る　**〔板切れ〕**▽板切れで犬小屋を作る　**〔木片〕**▽製材所で木工用に木片を分けてもらった

使い分け【1】「棒切れ」は、棒状の木の切れ端の意。【2】「木切れ」や「棒切れ」は、地面に落ちた木の枝そのものをもさすが、「板切れ」は、人間の手で加工された板の切れ端で、「木片」も、製材された角材などを切ったときに残る小さい木の切れ端である。

805-48 揃(そろ)い／組(く)み／セット

【関連語】◆(一式)(いっしき)

共通する意味★いくつかがそろってある一つのまとまりとなるもの。**【英】** *a set*

使い方▼**〔揃い〕**▽揃いの浴衣(ゆかた)▽嫁入り道具一揃い　**〔組み〕**▽五個で組みになった茶わん▽ふとん一組み　**〔セット〕**▽食器をセットで求める▽百科事典を一セット購入する

使い分け【1】「揃い」は、接尾語として、いくつかの種類の物が一つの目的のために使われるようなときにいう。【2】「組み」は、別々にしても使える同種の品物の組み合わせについていうことが多い。接尾語としても使われる。【3】「セット」は、きちんとでき上がった組み合わせ。接尾語としても使われる。

【関連語】◆(一式)道具、用具、機械などのひとそろい。「家具を一式そろえる」

参照▼組⇒504-30 602-67

805-49 対(つい)／ペア

【関連語】◆(双)(そう)

共通する意味★二つ、または二人で一組みになっているもの。また、そうなっていること。**【英】** *a pair*

	□のセーター	□の屏風(びょうぶ)	一□の茶わん	テニスで□を組む
対	○	○	○	−
ペア	○	−	−	○

使い分け【1】「対」は、接尾語として「一対」「二対」などとも使う。必ずしも同じ二つの物でなくても、二つで一つの全体を形成するような場合に用いる。「好一対(＝似合いの夫婦)」のほかは人にはあまり使われない。【2】「ペア」は、主に男女で一組みの物、事にいう。物の場合は、おそろいの意で、人の場合は、二人のチームの意。

【関連語】◆(双)二つで一組みになっているもの。また、その組みを数える接尾語。やや古めかしい感じの語。「双の腕」「一双の鳥を枝に添える」「屏風一双」

805-50 コンビ／アベック／番(つが)い／カップル

【関連語】◆(好一対)(こういっつい)

共通する意味★二人で一組みになること。

使い方▼**〔コンビ〕**▽コンビを組んで仕事をする▽漫才の名コンビ　**〔アベック〕**▽夜公園のベンチはアベックばかりだ▽パーティーにアベックで参加した　**〔番い〕**▽文鳥をつがいで飼う▽つがいの十姉妹(じゅうしまつ)　**〔カップル〕**▽お似合いのカップル

使い分け【1】「コンビ」は、「コンビネーション」の略。何かを行うために二人で組むこと。その二人組み。【2】「アベック」は、男女二人連れをいう。特に恋人同士をいうことが多い。また、「王、長島のアベックホームラン」のように、二者が同一の行動をすることもいう。【3】「つがい」は、二つのものが組み合わさって一組みとなるものをいう。ふつう動物の雄と雌の一組みをさす。【4】「カップル」は、恋人同士、夫婦など、一組みの男女をいう。

【関連語】◆(好一対)一組みの人や物がよく似合った組み合わせであることをいう。特に似合いの夫婦をいう場合が多い。「二人は好一対の夫婦だ」

805-51 二道(ふたみち)／二途(にと)／両道(りょうどう)

共通する意味★二つの道。**【英】** *a forked road*

使い方▼**〔二道〕**▽二道に分かれている▽二道をかける　**〔二途〕**▽方策は二途ある▽言文二途に分かれる　**〔両道〕**▽東海・東山の両道▽文武両道

使い分け【1】「二道」は、二つに分かれている道。ふたまたをかける意にも用いられる。【2】「二途」は、物事を行ううえでの二つの異なった方向、方法。【3】「両道」は、二つの道のどちらも、あるいは相対する二つの方面のどちらも、の意。

805-52 対称(たいしょう)／シンメトリー

【関連語】◆(線対称)(せんたいしょう)◆(点対称)(てんたいしょう)◆(面対称)(めんたいしょう)

共通する意味★二つの図形が、線、点、面などの基準を中心にして、互いに向きあう位置にあること。**【英】** *symmetry*

使い方▼**〔対称〕**▽人間の顔は必ずしも左右対称ではない　**〔シンメトリー〕**▽二つの図形はシンメトリーの関係にある

使い分けどちらも、数学で使われる用語であるが、このほかに、調和を保って釣り合うことの意味もある。

【関連語】◆(線対称・点対称・面対称)二つの図形の向きあう基準が、それぞれ、線、点、面となった場合の呼び方。

参照▼対称⇒320-20

805-53

要旨／大意／要約／摘要／レジュメ／ダイジェスト

【関連語】◆〔梗概〕◆〔論旨〕

共通する意味★話や文章の主要な点をまとめたもの。【英】*the gist (of); the résumé (of)*

使い方▼〔要旨〕▽発言の要旨をまとめる▽論文の要旨　〔大意〕▽小説の大意をまとめる▽文の大意をつかむ　〔要約〕スル▽報告書の要約を作る▽論旨を要約する　〔摘要〕▽実施要綱の摘要を読む▽摘要欄　〔レジュメ〕▽卒業論文のレジュメを作成する▽研究発表会のレジュメを作る　〔ダイジェスト〕スル▽膨大な書物のダイジェスト▽報告書をダイジェストする▽ダイジェスト版

使い分け【1】「要旨」は、発表や論文の要点をまとめたもので、箇条書きにしたものも含まれる。【2】「大意」は、あらすじといった意味で、詩や物語などについても用いる。【3】「要約」「レジュメ」「ダイジェスト」は、文章や話などの大切なところをまとめること。また、「レジュメ」「ダイジェスト」は、要点のまとめが書かれた紙や印刷物をさすことも多い。

【関連語】◆〔梗概〕物語、戯曲などのあらすじ。「芝居の梗概」◆〔論旨〕論議の要旨、主旨。「論旨が明解である」「論旨をつかむ」

805-54

概略／概要／大要／あらまし／大筋

【関連語】◆〔概括〕◆〔粗筋〕

共通する意味★物事の大体のところ。【英】*a summary; an outline*

使い方▼〔概略〕▽家までの道順の概略を書く▽企画の概略を説明する　〔概要〕▽予算の概要を報告する▽調査の概要を書く　〔大要〕▽論文の大要をつかむ▽報告書の大要を書く　〔あらまし〕▽利用状況のあらましを見る▽事件のあらましを話す　〔大筋〕▽計画の大筋を話す▽経過の大筋を述べる

使い分け【1】「概略」「概要」は、要点をかいつまんだもの、内容をおおまかにまとめたものをいう。【2】「大要」は、全体の要点。また、肝要なところの意味があり、「政治の大要は人心の安定にあり」のような用法もある。【3】「あらまし」には、「あらまし完成した」のように、副詞としての用法もある。

【関連語】◆〔概括〕スル内容のあらまし、要点などをまとめること。「意見を概括する」「概括して言えば次のとおりである」◆〔粗筋〕だいたいの筋道。多く、小説、演劇などの梗概をいう。「前号までのあらすじ」

参照▼大要⇒802-13　あらまし⇒805-18

805-55

趣旨／主旨

【関連語】◆〔大綱〕◆〔趣意〕

共通する意味★文章、活動などの中心となる事柄。【英】*the purport (of)*

使い方▼〔趣旨〕▽会の趣旨を説明する▽募金の趣旨に賛同する▽法の趣旨に反する　〔主旨〕▽論文の主旨を説明する▽話の主旨が分からない▽勧善懲悪を主旨とした芝居

使い分け「趣旨」は、目的、理由という意味を含むが、「主旨」には、その意はなく、単に内容の中心となる事柄をいう。

【関連語】◆〔大綱〕根本となる事柄。「計画の大綱を示す」◆〔趣意〕何かをしようと考えたときの考え。「会設立の趣意」「趣意書」

805-56

要項／要目

共通する意味★重要な事項。【英】*the important point*

使い方▼〔要項〕▽要項を作成する▽要項をまとめる▽募集要項　〔要目〕▽要目を書き出す▽会議の要目

使い分け【1】「要項」は、一定のことを行うにあたって守るべき重要事項。【2】「要目」は、一定の物事についての重要事項。

806 …概念・観念

806-01

概念／観念／理念

共通する意味★物事に対する考え方。【英】*a notion*

使い方▼〔概念〕▽明確な概念を得る▽概念を規定する　〔観念〕▽善悪の観念がない▽自分は無力だ、という観念にとらわれる　〔理念〕▽憲法の理念に照らして考える▽文化国家としての理念を掲げる

	誤った□を抱く	数の□	彼は時間の□がない	教育の□
概念	○	○	-	△
観念	○	○	○	-
理念	○	-	-	○

使い分け【1】「概念」は、個々の事物から共通の性質や一般的性質を抽出して作られる表象のこと。【2】「観念」は、物事に対する意識のこと。「経済観念」「衛生観念」「責任観念」「先入観念」「固定観念」のように、他の語と複合した形で使われることも多い。【3】「観念」には、「もはやこれまでと観念する」「いいかげんに観念したらどうだ」のように、覚悟すること、あきらめることという意味がある。

【4】「理念」は、物事に対する根本的な考え方のこと。

参照▼観念⇒218-24

8 06-02

具象(ぐしょう)／具体(ぐたい)

【関連語】◆**(抽象)**ちゅうしょう◆**(捨象)**しゃしょう

共通する意味★物が実体を備え、固有の形態を持っていること。また、そういう形。**【英】***concreteness*

使い方▼〔**具象**〕▽この絵は具象的表現で描いている▽具象画 〔**具体**〕▽計画の具体化を促進する▽具体策を検討する

使い分け 「具象」は、単独でも用いるが、「具象的」「具象化」「具象性」のような、複合した形で用いることも多い。「具体」の方は、単独で用いることはなく、もっぱら「具体的」「具体性」「具体例」のような、複合した形で用いる。

反対語▼抽象

【関連語】◆**(抽象)**スルいろいろな事物や概念から特定の属性や要素を抜き出すこと。また、その抜き出したものを思考の対象とする精神作用。⇔具体・具象。「抽象化による芸術」「抽象的」「抽象論」「抽象画」◆**(捨象)**スル事物全体の表象から、いくつかの特徴を分けて取り出す抽象を行う場合に、それ以外の特徴を捨て去ること。「実用的な側面は捨象して考える」

8 06-03

主観(しゅかん)

意味★物事を考え、認識する心の働き。また個々人として認識されたもの。自分一人の考え。**【英】***subjectivity* ⇔客観

使い方▼〔**主観**〕▽自然は主観を離れて存在する▽主観に走る

8 06-04

客観(きゃっかん)

意味★意志や認識などの精神作用が目標として向かう対象。また、個々人の意識とは別に存在し、だれでも認識できるもの。**【英】***objectivity* ⇔主観

使い方▼〔**客観**〕▽客観に基づいて述べる▽客観的に見る▽客観性が求められる

8 06-05

理(り)／条理(じょうり)／道理(どうり)／ことわり／理路(りろ)／筋道(すじみち)／道筋(みちすじ)／つじつま

共通する意味★話、思考などの筋が通って前後つながるもの。**【英】***reason; justice*

使い方▼〔**理**〕▽君の話は理に合わない▽理の当然(＝筋が通った当然のこと) 〔**条理**〕▽あの人の言うことには条理がない▽条理を尽くして説明する 〔**道理**〕▽道理にかなった行為▽そんなことができる道理がない 〔**ことわり**〕▽君の言うことにも多少のことわりがある▽ことわりに背く 〔**理路**〕▽この論文は理路が整然としている▽それは理路が通らない議論だ 〔**筋道**〕▽この要求は筋道が通っている▽筋道を立てて説明する 〔**道筋**〕▽話の道筋が立たない▽この論争の道筋をたどる 〔**つじつま**〕▽話のつじつまが合う▽うまくつじつまを合わせて言う

使い分け【1】これらの中で、「理」は、最も基本的な意味を持っている。【2】「道理」には、そうあるべき正しい理論という意味があり、「無理が通れば道理がひっこむ」のような言い方がある。【3】「ことわり」には、理由のあることという意味があるが、やや古めかしい。「理」とも書く。【4】「筋道」には、「筋道を追って話す」のように、事柄の順序の意味もある。【5】「道筋」は、元来は、通って行く道、通り道の意。【6】「つじつま」は、「辻褄」とも書き、「辻」が、裁縫で縫い目が十文字に合う所、「褄」が着物のすその左右が合う所であるところから、合うべき所がきちんと合うはずの物事の道理の意。「つじつまが合う」「つじつまを合わせる」の形で使われることがほとんどである。

参照▼道筋⇒113-18

8 06-06

理論(りろん)／論理(ろんり)

【関連語】◆**(セオリー)**◆**(原理)**げんり◆**(プリンシプル)**◆**(公理)**こうり◆**(定理)**ていり

共通する意味★議論、思考、推理などを進めてゆく筋道。**【英】***theory; a principle*

使い方▼〔**理論**〕▽ニュートン力学に代わる新しい理論▽従来の理論はすべて古いものとなった▽理論家 〔**論理**〕▽論理に飛躍がある▽論理をまったく無視した考え方▽論理にかなったやり方

使い分け【1】「理論」は、ある物事に関して、原理、法則をよりどころとして筋道を立てて考えた認識の体系自体をいう。また、「実践の伴わない理論は役に立たない」「理論の面で闘争する」のように、実践に対応する純粋な論理的知識の意でも用いられる。【2】「論理」は、思考などを進めてゆく筋道そのものをいう。また、「自然界は弱肉強食の論理に基づいている」「そこには歴史発展の論理が働いている」のように、物事の中にある道理、事柄間の法則的なつながりをいうこともある。【3】「理論」と「論理」には、意味的に重なる部分が少ない。ただし「的」がついた「理論的」「論理的」は、筋道が通っていることという共通の意味をもっているため、「理論的に考える」「論理的に考える」は、ほぼ同一に用いることができる。

【関連語】◆**(セオリー)**理論、考え方。特に、確立された理論など。「セオリーを実践する」「セオリーどおりのバッティング」◆**(原理)**すべての現象を成立させる基本法則。根本の理論。「飛行機はどんな原

理で飛ぶか」◆〈プリンシプル〉原理、原則、基本的な法則。また、主義、信条。「このことがそれに関してのプリンシプルとなっている」◆〈公理〉一般に通用する道理。また、数学や論理学などで、理論の出発点として、証明なしに真実であると仮定された命題。「そのような行為は日本社会で公理として認められよう」「この定理は二つの公理から出発している」◆〈定理〉定義や公理に基づいて証明された数学上の命題。「ピタゴラスの定理」

806-07 一理（いちり）／一義（いちぎ）

共通する意味★一つの道理。一応認められる道理。**【英】** *some reason*

使い方▼〔一理〕▽君の言うことにも一理ある〔一義〕▽あの人の言うことにも一義ある

使い分け【1】「一理」の方が、一般的に使われる。「一義」は、少し硬い言い方。ほとんどの場合「…にも一理（一義）ある」の形で使われる。【2】「一義」は、「一義的」の形で、意味が一種類に限定されるという意でも使われる。「一義的には解決できない問題」

806-08 理屈（りくつ）／屁理屈（へりくつ）／小理屈（こりくつ）／詭弁（きべん）

共通する意味★物事の筋道。

使い方▼〔理屈〕▽理屈どおりにはいかない▽君は理屈が多い▽理屈に合わない〔屁理屈〕▽君はよく屁理屈をこねる▽そんな言い分はただの屁理屈だよ〔小理屈〕▽小理屈をこねる〔詭弁〕▽詭弁を弄（ろう）する

使い分け【1】「理屈」は、すじの通った論理の意と、理論ばかりかたよるという意の、よい意味と悪い意味の両方に使われる。**【英】** *theory*【2】「屁理屈」は、道理に合わない勝手な理屈、「小理屈」は、本質にかかわらない、つまらない理屈で、あまりいい意味には用いられない。【3】「詭弁」は、道理に合わない、こじつけの論議をいう。**【英】** *sophism*

806-09 意味（いみ）／意義（いぎ）

【関連語】◆〈意〉い◆〈意味合い〉いみあい◆〈旨〉むね◆〈ニュアンス〉◆〈語感〉ごかん◆〈本義〉ほんぎ◆〈広義〉こうぎ◆〈狭義〉きょうぎ

共通する意味★言葉がさし示す内容。また、事柄、行為などが持つ価値。**【英】** *meaning; sense*

使い方▼〔意味〕スル▽辞書で意味を調べる▽そんなことをしても意味がない〔意義〕▽その語のもつ意義を解説する▽今回の親善訪問には大きな意義がある

使い分け【1】言葉がさし示す内容の意では、「意味」が一般的に使われるが、専門的な立場では、基本的な意味を「意義」と呼ぶ場合もある。事柄、行為などが持つ価値の意では、「意義」の方が多く使われる。【2】「意味」は、表中の例「意味ありげに笑う」や、「その情況下での逮捕は死を意味する」「あの人の言ったことを別の意味にとった」のように、言語、行為などによって示された意図を表わす場合もある。

	その語本来の□	□のある仕事	研究、開発の□	□ありげに笑う
意味	○	○	△	○
意義	○	○	○	-

【関連語】◆〈意〉意味や意志を表わす文章語的表現。「読書百遍意おのずから通ず」「意に反して従わざるを得ない」「相手の意を汲（く）んで了承する」「意のごとくにならない」◆〈意味合い〉表現の内容。また、その意図や原因。「意味合いが違う」「意味合いを正す」◆〈旨〉事柄の内容。また、主とすること。「その旨お伝え願います」「お話の旨よく分かりました」「質素を旨とする」「正直を旨とすべし」◆〈ニュアンス〉表面的意味以外に感じられる微妙な意味合い。「ちょっとニュアンスが違う」「微妙なニュアンスが分からない」◆〈語感〉言葉がもっている新しさ、硬さなどの微妙な感覚。「内容は同じでも、語感が若干異なる」◆〈本義〉言葉本来の意味。また、根本となる最も大切な意義。「この語の本義は本来全く別のところにあった」「憲政の本義」◆〈広義〉一つの言葉の意味のうち、さす範囲の広い方の意味。⇔狭義。「『酒』は広義にはアルコールを含む飲料全体をさす」◆〈狭義〉一つの言葉の意味のうち、さす範囲の狭い方の意味。⇔広義。「『酒』は狭義には日本酒をさす」

参照▼意⇒209-02

806-10 大義（たいぎ）／大義名分（たいぎめいぶん）

共通する意味★人の行い、社会的運動などのあるべき道。**【英】** *a noble cause*

使い方▼〔大義〕▽大義をわきまえる▽大義に殉ずる▽民族独立という大義がわれわれの側にある〔大義名分〕▽大義名分を通す▽そのようにすれば大義名分に反することもないだろう

使い分け「大義名分」には、「大義名分が立つ」「漢朝復興を大義名分として兵を起こした」のように、行いの理由づけとなる明確な根拠の意味がある。

806-11 命題（めいだい）／テーゼ

【関連語】◆〈アンチテーゼ〉

共通する意味★課せられた問題。

使い方▼〔命題〕▽命題を解明する▽命題を立てる〔テーゼ〕▽この議論はすべてそのテーゼをもととして発展している

使い分け【1】「命題」には、「『AはBである』と言えば、それは一つの命題である」のように、数学、論理学で判断内容を言葉で表わしたものという意味もある。**【英】** *a proposition*【2】「テーゼ」は、ある問題について提出された命題ということ。また、政治

8 事柄・性質

運動の綱領の意味もある。

反対語▼テーゼ⇔アンチテーゼ

【関連語】◆**(アンチテーゼ)**特定の肯定的主張に対する否定的主張。⇔テーゼ

806-12 本筋／本道

共通する意味★本来あるべき筋道。**【英】** *the main thread (of)*

使い方▼〔本筋〕▽議論が本筋からはずれる▽借りた物は返すのが本筋だ　〔本道〕▽学者としての本道を歩む▽義務を果たすのが本道だ

使い分け「本筋」は、議論、思考、行動様式など、比較的小さな事柄に関して用いられる。「本道」は、人間としての務め、生き方など、より大きな事柄に関して用いられる。

参照▼本道⇒705-24

806-13 合理的／理詰め

共通する意味★理屈に合っていること。**【英】** *rational*

使い方▼〔合理的〕(形動)▽事務所内のレイアウトは合理的だ▽合理的精神　〔理詰め〕▽理詰めの意見に閉口する

	□に考える	□に設計されている	そのやり方は□だ	何事につけ□で来られるとかなわない
合理的	○	○	○	-
理詰め	○	-	-	○

使い分け「理詰め」は、正の評価でも、負の評価でも、どちらでも使うことができるが、「合理的」は、正の評価の意味しかない。

806-14 不合理／非合理／理不尽／無理

共通する意味★道理に合わないこと。**【英】** *unreasonableness; absurdity*

使い方▼〔不合理〕(名・形動)▽この任務分担は不合理だ▽不合理な制度を廃止する▽不合理な世の中　〔非合理〕(名・形動)▽そのやり方は非合理だ▽非合理な箇所を改める　〔理不尽〕(名・形動)▽理不尽なことを言う▽理不尽にも金を要求してきた　〔無理〕(名・形動)▽無理が通れば道理が引っ込む▽彼が怒るのも無理はない

	□なやり方	□な要求	□を改める	□を言う
不合理	○	○	○	-
非合理	○	-	-	-
理不尽	○	○	-	○
無理	○	○	-	○

使い分け【1】「不合理」は、思考、制度など実地の行動を伴わない方面に多く用いられる。「非合理」は、仕事、工程など実地の行動を伴う方面に多く用いられる。【2】「理不尽」は、しかるべき道理が通らないこと。あるべきでない行動に対して用いられる。【3】「無理」は、物事の道筋が立たないこと。「無理をして病気になる」のように強引に事をなすことや、「子供には無理だ」のように、行い難いこともいう。

反対語▼不合理・非合理⇔合理

806-15 主義／方針／建前／信条／路線

【関連語】◆**(イデオロギー)**◆**(モットー)**◆**(指針)**

共通する意味★考えたり行動したりするうえで、基本としているやり方。**【英】** *a principle; a doctrine*

使い方▼〔主義〕▽自分の主義主張をもつ▽事なかれ主義　〔方針〕▽会社の方針に従う▽経営方針　〔建前〕▽建前はそうしておこう▽本音と建前を使い分ける　〔信条〕▽誠実を信条にする　〔路線〕▽路線の変更を余儀なくされた

使い分け【1】「主義」は、主に個人個人がもっている、行動の基本的な考え方をいう。【2】「方針」は、もと、磁石の方位をさす針の意から、ある事柄を進めるにあたっての基本とする方向づけ。【3】「建前」は、表向きとっている基本的原則、方針。その原則、方針に対する内実を意識して使われることが多い。【4】「信条」は、行動するうえで、正しいと信じている事柄。【5】「路線」は、団体や組織などの運動方針にいう。

【関連語】◆**(イデオロギー)**政治的立場や思想・行動を方向づける基本的なものの考え方。「イデオロギーには関係なく人物本位で選ぶ」◆**(モットー)**日常の行為や努力の目標となるべき事柄。「勤勉をモットーとする」◆**(指針)**物事を進めるべき方向、方針。もともと、時計や磁石盤などの計器類の目盛りを指し示す針をいう。

806-16 利己主義／エゴ／エゴイズム

共通する意味★自分の利益だけを中心に考え、他人のことは全く考えない立場。**【英】** *egoism*

使い方▼〔利己主義〕▽利己主義の人とはつきあえない　〔エゴイズム〕▽彼はエゴイズムに徹している　〔エゴ〕▽自分のエゴをむきだしにして主張する

使い分け「エゴ」は、「エゴイズム」の略。また、自我、自己の意でも使われる。

反対語▼利己主義⇔利他主義

参照▼エゴ⇒220-07

806-17 証明(しょうめい)／立証(りっしょう)

【関連語】◆(認証)(にんしょう)◆(証)(あかし)◆(裏書き)(うらがき)◆(裏付け)(うらづけ)◆(裏打ち)(うらうち)

共通する意味★ある事柄についてそれが真実であるかどうかを明らかにすること。**【英】** *proof*

使い方▼〔証明〕スル▽私の言うことが正しいことを証明してみよう▽印鑑証明▽証明書　〔立証〕スル▽彼はアリバイを主張したが、立証できなかった▽二つの事件の因果関係は立証が不可能だ

	無実を□する	数学の定理を□する	当校生徒であることを□する	工場排水が公害の原因であることを□する
証明	○	○	○	△
立証	○	-	-	○

使い分け【1】「証明」は、事実や真実を明らかにすること、または、それが真実であることを明らかにすること。【2】「立証」は、証拠を挙げて事実や真実を明らかにすること。

【関連語】◆(認証)スル公の機関が、行為や文書などが正式な手続きで成立したことを証明すること。「天皇が大臣を認証する」「認証式」◆(証)「証明」の意の和語。「身の証を立てる(＝潔白であることを証明する)」「愛の証」◆(裏書き)スルある事実を他の面から実証、証明すること。「彼のとった行動は彼の無能さを裏書きしている」◈もともと手形や、小切手の裏に証明のための文字を書くことをいう。◆(裏付け)あることを別の面から証明すること。または、その証拠。「その証言にはなんら裏付けがない」「裏付けをとる」◈動詞形は「裏付ける」。「その実験で彼の正しさは裏付けられた」◆(裏打ち)スル別の面から、あることの証拠などを補強すること。また、その証拠。「目撃者の証言から彼の無実が裏打ちされた」

806-18 検証(けんしょう)／論証(ろんしょう)／実証(じっしょう)／例証(れいしょう)／証言(しょうげん)

共通する意味★事実や真実を証明すること。**【英】** *verification*

使い方▼〔検証〕スル▽彼のアリバイをもう一度検証してみる▽現場検証　〔論証〕スル▽核実験の危険性を論証する　〔実証〕スル▽理論は画期的だが実証は難しい▽犯罪を実証する　〔例証〕スル▽具体的に例証しながら理論の正しさを示す　〔証言〕スル▽裁判で証言する▽証言者

使い分け【1】「検証」は、調査により事実を明らかにすること。「論証」は、筋道を立てて説明し、それによって証明すること。「実証」は、事実によって証明すること。「例証」は、例を挙げて証明すること。「証言」は、人がいった言葉により証明すること。【2】「実証」は、確かな証拠、「例証」は、「例証を挙げて正当性を主張する」のように、証拠となるべき例、「証言」は、「彼女の証言が決め手となった」のように、証人が述べた、証拠となる言葉の内容をさす場合がある。

806-19 証拠(しょうこ)／証左(しょうさ)

【関連語】◆(徴証)(ちょうしょう)◆(ねた)

共通する意味★事実を明らかにするための材料。**【英】** *evidence*

使い方▼〔証拠〕▽彼が放火犯だという証拠はない▽証拠不十分のため不起訴になる　〔証左〕▽その点に関して当局はいかなる証左をも示す必要がない

使い分け【1】「証拠」が、一般的な語。【2】「証左」は、「証拠」に置き換えることができるが、文章語。

【関連語】◆(徴証)ある結論を導くための証拠、あかし。文章語。「かように推断できる徴証がある」◆(ねた)証拠や証拠の品をいう俗語。「たね(種)」を逆に読んだもの。「彼女がやったというねたはあがっている」

806-20 確証(かくしょう)／明証(めいしょう)

共通する意味★確かな証拠。**【英】** *conclusive evidence*

使い方▼〔確証〕▽彼がやったという確証はない▽検察は被告の有罪の確証をつかんでいる▽確証を挙げる　〔明証〕▽それに関しては明証がある

使い分け「確証」のほうが、一般的な言い方。「明証」は、文章語。

806-21 物証(ぶっしょう)／人証(じんしょう)／書証(しょしょう)／傍証(ぼうしょう)／反証(はんしょう)／偽証(ぎしょう)

共通する意味★証拠の種類、形態。

使い方▼〔物証〕▽彼を起訴するのに十分な物証がある　〔人証〕▽その事件は人証があるだけだ　〔書証〕▽弁護士は書証による証拠提出を行った　〔傍証〕▽どれも傍証にすぎない▽傍証を固める　〔反証〕スル▽有罪証拠に対する反証を挙げる▽弁護人の主張に反証する　〔偽証〕スル▽友人をかばって偽証した▽偽証罪

使い分け【1】「物証」は、品物による証拠、もしくは証拠となる品物のこと。「物的証拠」ともいう。「人証」は、証人の供述による証拠。「にんしょう」ともいう。「書証」は、文書などに書かれていることを証拠とすること。**【英】** *real evidence*【2】「傍証」は、間接的な証拠。**【英】** *supporting evidence*【3】「反証」は、ある主張が偽りであることを示す証拠。また、ある証拠とは両立しえない反対の証拠。「反証する」は、その証拠を示すこと。**【英】** *counter evidence*【4】「偽証」は、故意に偽った証言。または、そのように証言をすること。**【英】** *false evi-*

dence

806-22 観点（かんてん）／視点（してん）

【関連語】◆（視座）（しざ）◆（次元）（じげん）

共通する意味★物を見たり考えたりする立場。【英】 *a point of view*

使い方▼〔観点〕▽観点を変える▽異なった観点に立って考える▽教育的な観点　〔視点〕▽視点を変える▽それぞれの視点から意見を言う

使い分け【1】「観点」は、見る、考えるなどの、広い範囲での立場をいう。これに対し「視点」は、見る立場という意味合いが強い。【2】「視点」には、「視点の定まらないうつろな目」のように、視線の注がれる所の意味がある。

【関連語】◆（視座）物事を見る立場。昭和三〇年代後半に社会科学の分野で使い始めた語。「視座を変える」◆（次元）物事を考えたり行ったりする立場の基準。「彼とは次元が違う」◆元来は、数学で一般的な空間の広がりの度合いを表わすもの。線は一次元、面は二次元、通常の空間は三次元。

806-23 着眼（ちゃくがん）／着目（ちゃくもく）

共通する意味★重要な点に目をつけること。【英】 *one's viewpoint*

使い方▼〔着眼〕スル▽きみの着眼には敬服する▽着眼点がよい　〔着目〕スル▽着目に値する▽発想の奇抜さに着目して評価する▽細胞の変化に着目する

	よい所に□した	□が鋭い	彼の手腕に□していきたい	□力
着眼	○	○	-	○
着目	○	-	○	-

使い分けともに、分析、処理などをするための拠り所として、ふだん気がつかないような点に目をつける、という意味合いがあるが、「着眼」は、特にそれが強い。

807…真偽

807-01 真偽（しんぎ）／虚実（きょじつ）／あることないこと

共通する意味★現実の本当のことと、うそ偽りのこと。【英】 *truth or falsehood*

使い方▼〔真偽〕▽事の真偽を確かめる▽真偽のほどはわからない　〔虚実〕▽虚実相なかばした話で、どこまでうそか本当かわからない　〔あることないこと〕▽週刊誌にあることないこと書きたてられた

使い分け【1】「真偽」は、本当のことと、本当でないこととのどちらであるかを表わす。あるいは、本当のことと、本当でないこととの両方。【2】「虚実」は、うそとまこと。または、うそか本当のことかどちらか。【3】「あることないこと」は、事実と、事実でないこと。

807-02 現実（げんじつ）／事実（じじつ）

共通する意味★ほんとうにあること。また、あったこと。

使い方▼〔現実〕▽現実を直視する▽理想と現実の落差を痛感する▽現実は厳しい▽考え方が現実的だ▽恐れていたことが現実になる▽現実問題としてそれは難しい▽現実性　〔事実〕▽事実が明るみに出る▽事実をまげて報道してはいけない▽その事実は事実として認めざるを得ない▽事実は小説よりも奇なり▽会社は事実上倒産した

	□に即して考える	□にはありえない	彼が死んだのは□だ	□を認める
現実	○	○	-	△
事実	○	-	○	○

使い分け「事実」が、本当に存在する具体的なことがらについていうのに対し、「現実」は、「想像」や「理想」の対極としての世界を概観していう。【英】 *actuality*（現実）; *a fact*（事実）

反対語▼現実⇔理想

参照▼事実⇒819-44

807-03 本当（ほんとう）／実際（じっさい）

【関連語】◆（如実）（にょじつ）◆（リアル）

共通する意味★仮構や空想、理論上のことでないこと。うそ偽りでないこと。【英】 *the truth*

使い方▼〔本当〕▽本当のところはよくわからない▽これは本当に君がやったのか▽本当のことを言ってくれ　〔実際〕▽実際の問題として実現不可能だ▽おもしろい話だけれど、実際には無理だ▽学校教育の実際をレポートする

	□にあったことを話す	□は何もやっていない	その話は□か	一度□に試してみる
本当	○	○	○	△
実際	○	○	-	○

使い分け【1】「本当」は、仮構や空想やうそ偽りでない、という抽象的な概念を表わす。【2】「実際」は、仮構や空想でなく、実地の場合、現実の状態であることを表わす。

【関連語】◆（如実）事実のとおりであること。「如実に」の形で、副詞的に用いられる。「この数字が現在の状況を如実に示している」◆（リアル）（形動）ありのままであるさま。「リアルに描く」「リアルなタッチ」

参照▼実際⇒819-44

807-04 真理（しんり）／真実（しんじつ）／真（まこと）

【関連語】◆（実）じつ

共通する意味★本当のこと。うそ偽りでないこと。

【英】*truth*

	□は一つだ	□を追求（追究）する	□にうれしい	□を打ち明ける
真理	○	○	-	-
真実	○	○	-	○
まこと	-	-	○	-

使い分け【1】「真理」は、現実や事実とは特に関係なく、道理として全く正しいこと、だれもが認める本当のことを表わす。【2】「真実」は、実際に事実としてあったことを表わす。事実と異なることが少しもない、うそ偽りではない、という抽象概念と、実際の事実そのままでうそ偽りのないこと、という具体的な内容をもった概念を表わす。【3】「真」は、うそ偽りでない、という抽象的な概念を表わす。具体的な内容がないので、「真のことを打ち明ける」とはいえるが、「真を打ち明ける」とは普通はいえない。「誠」「実」とも書く。

【関連語】◆（実）うそ偽りでない、自分の思っているままという抽象的な概念を表わす。「実を言うと会社には行きたくない」

参照▼真実⇒819-44　実⇒209-30

807-05 実物（じつぶつ）／本物（ほんもの）

共通する意味★にせものでない、まさにそのもの。

【英】*a real thing*

使い方▼〔実物〕▽実物と同じ大きさの模型　〔本物〕▽本物のダイヤモンドは高い

	□に初めてお目にかかる	□を見てから買う	人間の骨の□	□の小判
実物	○	○	○	△
本物	○	△	-	○

使い分け【1】「実物」は、実際の物体をさすのに対し、「本物」は、偽物ではないことをいう。【2】「本物の」は、にせではないという意の修飾語となる。【3】「実物」は、そのものをさすので、「実物の…」という形よりも、「…の実物」という形のほうが普通である。【4】「本物」には、「彼の語学力は本物だ」のように、本格的であるという意もある。

反対語▼本物⇔偽物にせもの

807-06 正体（しょうたい）／実像（じつぞう）

共通する意味★外見や他人の話からはわからない本当の姿。【英】*one's natural shape*

使い方▼〔正体〕▽怪盗の正体をあばく▽正体をかくす▽正体を現す　〔実像〕▽スターの実像▽実像に迫るインタビュー

使い分け【1】「正体」は、他人にわからないように隠された悪い中身であることが多い。【2】「実像」は、単に外部にはわからない本当の姿のことであり、必ずしも中身の良し悪しを問題にしてはいない。

反対語▼実像⇔虚像

参照▼正体⇒209-08

807-07 現場（げんば）／現地（げんち）／実地（じっち）

共通する意味★物事が実際に存在したり、行われたりしている場所。【英】*the scene*

使い方▼〔現場〕▽現場の責任者▽教育の現場▽現場監督▽発掘現場　〔現地〕▽受付は現地で行います▽現地を視察する▽現地に飛ぶ▽現地集合、現地解散▽現地報告　〔実地〕▽実地検分▽実地見学

	□調査	□検証	□に行って確かめる	事件の□
現場	△	○	○	○
現地	○	△	○	-
実地	○	○	-	-

使い分け【1】「現場」「現地」は、事件、事故、災害、工事などが、現在起こったり、行われたりしているその場所を表わす。「現場」には、現在そういうことが起こっている場面、また、過去にそういうことが起こった場所の意もある。【2】「実地」は、何かが実際に存在したり、行われたりしている場所を表わす。

807-08 正（せい）／真（しん）

共通する意味★正しいこと。【英】*right*

使い方▼〔正〕▽邪を捨てて正に帰す▽正誤一覧　〔真〕▽真のスポーツマン▽逆もまた真なり

使い分け【1】「正」は、悪ではない、正義である、という意味と、誤りではない、本当であるという意味を表わす。【2】「真」は、うそ偽りではない、本当である、ということ。「真のスポーツマン」のように、対象事物の本来的、中心的な性質が完全であるということを表わすのであって、正義か悪かは問題にしていない。

反対語▼正⇔邪　真⇔偽

807-09 正しい（ただしい）／正常（せいじょう）

共通する意味★異常なところがない。【英】*right; correct*

使い方▼〔正しい〕（形）▽彼の言うことは正しい▽姿勢を正しくする　〔正常〕（名・形動）▽彼の目つきは正常

ではない▽正常な反応を示す

	機械の□扱い方	彼の主張は□	□答え	脈が□戻る
正しい	○	○	○	-く-
正常	-な△	-だ-	-な△	-に○

使い分け【1】「正しい」は、規範にかなっているさま。また、まちがっていない意。【2】「正常」は、機能に問題がなく、普通であること。

反対語▼正常⇔異常

807-10 方正(ほうせい)／中正(ちゅうせい)／適正(てきせい)／真正(しんせい)／純正(じゅんせい)／フェア

【関連語】◆(合理)ごうり

共通する意味★正当であること。正しいこと。**【英】** *justice; fairness*

使い方▼〔方正〕(名・形動)▽品行方正な男 〔中正〕(名・形動)▽中正を欠く意見 〔適正〕(名・形動)▽適正価格▽適正速度 〔真正〕(名・形動)▽真正のダイヤモンド▽真正相続人▽真正品 〔純正〕(名・形動)▽純正部品▽自動車の純正エアコン 〔フェア〕▽彼はいつもフェアだ▽フェアプレー

使い分け【1】「方正」は、道理からはずれたところがないことを表わし、「品行方正」の形で使われることが多い。【2】「中正」は、まがったところや道理からはずれたところや偏りのないことを表わす。【3】「適正」は、適切であること、適合していることを表わす。【4】「真正」は、偽物でないこと、うそ偽りでないことを表わす。【5】「純正」は、不純物が少しも入っていず、完全に正しいことを表わす。【6】「フェア」は、人為的に定められた法やルールに違反しないことに加えて、道義にかなっていることを表わす。

【関連語】◆(合理)道理にかなって正当であること。「合理精神」「合理性を重視した判決」

807-11 正当(せいとう)／是(ぜ)

共通する意味★正しいこと。

使い方▼〔正当〕(名・形動)▽正当な判決▽正当な判断▽正当な発言 〔是〕▽彼の説を是とする▽国是▽党是

使い分け【1】「正当」は、客観的価値観から、正しい、もっともであると認められることを表わす。**【英】** *justiceという意味は特に含まない。* 【2】「是」は、一般的、慣習的に正しい、良いと認められている良いと認められていることを表わす。**【英】** *right*

反対語▼正当⇔不当・失当 是⇔非

807-12 偽物(にせもの)／偽(にせ)／えせ／贋物(がんぶつ)／偽物(ぎぶつ)／まがい物(もの)

【関連語】◆(まがい)◆(もどき)◆(まやかし)

共通する意味★本物によく似てはいるが、本物ではないもの。また、本物でないこと。**【英】** *a sham; a fake*

使い方▼〔偽物〕(にせもの)▽偽物をつかまされる 〔偽〕▽にせブランド品▽にせ刑事 〔えせ〕▽えせ弁護士▽えせ文化人 〔贋物〕▽贋物の絵 〔偽物〕(ぎぶつ)▽多数の中から偽物を見分ける 〔まがい物〕▽私は、こんなまがい物にはごまかされない

	□かどうか確かめる	□とすりかえる	「モナリザ」の□	□医者
偽物(にせもの)	○	○	○	-
偽(にせ)	○	-	-	○
えせ	-	-	-	○
贋物	○	○	○	-
偽物(ぎぶつ)	○	○	○	-
まがい物	○	○	△	-

使い分け【1】六語の中では、「偽物(にせもの)」の用法が最も広い。【2】「偽」は、本物ではないという抽象概念を表わすことはできず、「にせとすりかえる」とはいえない。【3】「えせ」も、本物ではないという抽象概念を表わすが、「えせ医者」「えせ弁護士」のように、名詞の前に冠して用いられる。また、「にせ」が、単に本物ではないことをいうのに対し、「えせ」は、多くは悪意をもって、本物ではないものを本物のように見せかけていることを表わす。「えせ」は、「似非」「似而非」などとも当てる。【4】「贋物」は、本物ではないものを表わし、対象は生物以外のものに限られる。【5】「まがい物」は、「偽物(ぎぶつ)」に対応する和語で、用法も近い。ただし、「偽物(ぎぶつ)」は、硬い文章語であるのに対し、「まがい物」は、話し言葉でも広く使用される。

反対語▼偽物(にせもの)⇔本物

【関連語】◆(まがい)本物とは違うが、よく似せてあるもの。「まがいの真珠」「詐欺まがいの手口」◆(もどき)名詞について、それに似て非なるものの意を表わす。「役者もどき」「小説もどきの報告書」◆(まやかし)ごまかすこと。また、ごまかしたもの。「まんまとまやかしにひっかかる」「まやかしの愛情」

807-13 嘘(うそ)／偽(いつわ)り／法螺(ほら)

【関連語】◆(そら)◆(嘘っぱち)うそっぱち◆(嘘八百)うそはっぴゃく◆(虚偽)きょぎ◆(偽善)ぎぜん◆(まことしやか)◆(二枚舌)にまいじた◆(はったり)◆(虚)きょ◆(虚言)きょげん◆(虚辞)きょじ◆(そら言)そらごと◆(そら音)そらね

共通する意味★本当でないこと。事実と異なること。

使い方▼〔嘘〕▽うそで固めた身の上話▽彼のいったことはうそだ▽まっ赤なうそ▽うそつき 〔偽り〕▽結婚の約束は偽りではなかった 〔法螺〕▽彼のほら

にはつきあっていられない▽ほらもいいかげんにしろ▽ほらふき

	～を言うな	～をつく	～の笑みを浮かべる	～をふく
うそ	○	○	-	-
偽り	○	-	○	-
ほら	△	-	-	○

使い分け【1】「嘘」は、本当ではないことを知っていて、だますためにそれを告げること。最も一般的に用いられる。また、「昨夜の雨がうそのような青空」のように、真実でないこと一般についても用いられる。**【英】** *a lie*【2】「偽り」は、事実を意図的に改変したものをいう。多く、書き言葉で用いられる。**【英】** *a falsehood*【3】「嘘」「偽り」は、「うそいつわりは申しません」のように、対でも用いられ、意味が強調される。【4】「法螺」は、自分を誇示するために、小さなことを大げさに伝えたり、ありもしないことを捏造(ねつぞう)して伝えたりすることをいう。**【英】** *a boast*

【関連語】◆**(そら)**根拠のないこと、すなわちうそ。「そらを言う」◆**(嘘っぱち・嘘八百)**「うそ」を強調していう語。話し言葉。「あいつの言うことなんて、みんなうそっぱちだ」「うそ八百を並べ立てる」◆**(虚偽)**本当であるかのように見せかけること。「虚偽の証言をする」◆**(偽善)**本当はそうでないのに、うわべを飾って正しく立派であるように見せかけること。「偽善者」「偽善的」◆**(まことしやか)**(形動)本当はそうでないのに、いかにも本当らしく見せかけるさま。「まことしやかなうそをつく」◆**(二枚舌)**別々の矛盾したことを言うこと。「二枚舌を使う政治家は信用できない」◆**(はったり)**実際以上に見せようとして、おおげさな言動をすること。「はったりを利かせる」◆**(虚)**本当でないこと。多く、他の語と複合して用いられる。「虚か実か」「虚実」◆**(虚言)**他人をあざむく言葉。文章語。「虚言を並べ立てる」「虚言癖」◆**(虚辞)**真実でない言葉。文章語。「虚辞を連ねる」◆**(そら言)**実際とは異なる空想上のこと。「そら事」とも。「そら言を言う」「絵そら事」◆**(そら音)**事実無根の勝手な作り話。「そら音で人をだます」

807-14 替え玉(かえだま)／身代わり(みがわり)／スケープゴート／形代(かたしろ)／ダミー

共通する意味★本人の代わりに、本人に見せかけて用いるにせもの。

使い方▼〔替え玉〕▽替え玉だと見破られる▽替え玉受験　〔身代わり〕▽社長の身代わりにされる　〔形代〕▽形代を立ててごまかす　〔スケープゴート〕▽社内のスケープゴートにされる　〔ダミー〕▽ダミー会社

使い分け【1】五語の中では、「替え玉」の用法が最も広い。本人の代わりの人、という意味では広く用いられる。**【英】** *a dummy*【2】「身代わり」は、「替え玉」と用法はほぼ同じだが、その本人の代わりの人がなんらかの不利益を被るという意味が込められている。**【英】** *a scapegoat*【3】「形代」は、ある特定の人間に見せかけた別人を表わす。祭りのとき、神の代わりとして拝んだり、みそぎに使ったりする人形(ひとがた)のこともいう。【4】「スケープゴート」は、いけにえのヤギの意。ある事件の最も重大な責任者の代わりに責任や罪を負う、その事件の関係者をいう。【5】「ダミー」は、最終的には実際に使う意志がなく、見せかけのために名義だけ出される人、あるいは物を表わす。人間の代わりの人形を表わすこともある。

807-15 代わり(かわり)／代物(だいぶつ)／別物(べつもの)

共通する意味★本来用いられるべき他のものの役割を務めるもの。**【英】** *a substitute*

使い方▼〔代わり〕▽佐藤さんの代わりは鈴木さんにやってもらおう▽自動車が故障したので、すぐに代わりを手配した　〔代物〕▽御注文の品は、お取り寄せまでお時間がかかりますので、代物を用意いたします　〔別物〕▽よく似ているけれど別物だ▽別物扱い

使い分け【1】「代わり」は、本来の物の役割をしている別の物。「代物」が、人間や動物といった生物には用いることができないのに対し、「代わり」は、生物にも用いることができる。【2】「代物」とは、本来の物の役割をつとめさせることを意図している、本来の物とは別の物のこと。【3】「別物」は、本来の物とは区別がつけられる別の物を表わす。本来の物の役割を代行させる意志がないときに用いられることが多い。

【関連語】◆**(代表)**(スル)一部で全体を表わす代わりのもの。「太郎君に本校の生徒の代表として出席してもらう」「友人を代表して挨拶(あいさつ)する」「桜に代表される花」

807-16 補欠(ほけつ)／候補(こうほ)／代理(だいり)

共通する意味★まだ本当の役職、地位とはなっていない人。

使い方▼〔補欠〕▽補欠の選手▽補欠募集　〔候補〕▽会長の候補になる▽市長候補　〔代理〕▽社長の代理として訪問する▽支店長代理

使い分け【1】「補欠」は、欠員に備えておく予備の人員。**【英】** *an alternate*【2】「候補」は、地位、役職に選ばれる対象とされた人。最終的に選ばれないこともある。**【英】** *a candidate*【3】「代理」は、他の人に代わって事を行う人。**【英】** *a deputy*

807-17 擬装（ぎそう）／仮装（かそう）／扮装（ふんそう）／変装（へんそう）

【関連語】◆（やつす）◆（仮病（けびょう））◆（やせ我慢（やせがまん））

共通する意味★実際とは異なる外見を装ったり、行動や態度をとったりすること。【英】*disguise*

使い方▼〔擬装〕スル▽結婚を擬装する▽擬装工作 〔仮装〕スル▽工夫をこらした仮装▽仮装行列▽仮装舞踏会 〔扮装〕スル▽劇で王子の扮装をする▽警官に扮装した犯人 〔変装〕スル▽運転手に変装した刑事

	□でごまかす	□を見破る	軍艦□を施した	□して尾行する
擬装	○	○	○	-
仮装	○	△	-	-
扮装	○	○	-	-
変装	○	○	-	○

使い分け【1】「擬装」は、人の目を欺くために、外見を、まぎらわしくすることを表わす。【2】「仮装」は、外見を実際とは異なるように装うことで、余興で行うものをいうことが多い。【3】「扮装」は、装い飾る意で、俳優や役者がある人物の姿になること。真の姿を隠し、外見が本来のものであるかのように人を欺く意図がある場合にも用いられる。【4】「変装」は、なんらかの目的や必要性があって他の人にわからないように姿・形を変えること。

【関連語】◆（やつす）（サ五）身なりを意図的にみすぼらしくする。「窶す」とも書く。「正体を隠すため、こじきに身をやつす」◆（仮病）本当は病気でないのに病気であるように装ったり、病気であると偽りをいうこと。【英】*pretended illness*「仮病を使って学校を休む」◆（やせ我慢）スル本当は苦しいのに、苦しくないかのように装ったり、苦しくないと強がりをいうこと。【英】*strained endurance*「やせ我慢していると体に悪いですよ」

807-18 模造（もぞう）／偽造（ぎぞう）／偽作（ぎさく）／贋作（がんさく）／贋造（がんぞう）／代作（だいさく）

共通する意味★本物、真作のように見せて作ること。また、そのように作った物。【英】*imitation*（模造）; *forgery*（偽造）

使い方▼〔模造〕スル▽展示する品は模造でよい▽模造品 〔偽造〕スル▽小切手を偽造する 〔偽作〕スル▽よくできていて、どちらが偽作か見分けがつかない 〔贋作〕スル▽この仏像は贋作だ 〔贋造〕スル▽この刀は贋造であることが判明した▽贋造紙幣 〔代作〕スル▽弟子の代作

	似てはいるが□だ	一万円札の□事件	□をつかまされた	□のダイヤ
模造	○	-	-	○
偽造	○	○	-	△
偽作	○	△	○	-
贋作	○	△	○	-
贋造	○	○	-	△
代作	○	-	△	-

使い分け【1】「模造」は、本物に似せて作ることだが、本物であると偽ることはなく、本物でないことを明らかにしているのが普通である。【2】「偽造」は、一つの具体的な真正品があり、それに限りなく近づけて、真正品そっくりに作ること。【3】「偽作」は、「偽造」と同様の概念を表わし、加えて、「偽造」の品物という具体物を表わす。普通は、真正品であると偽る。【4】「贋造」は、特定の具体的な真正品に限りなく近づけて真正品そっくりに作るのではなく、それらしく他人に思わせるような雰囲気を出して作ること。普通は、真作であると偽ること。【5】「贋作」は、「贋造」と同様の概念を表わし、加えて、「偽造」の品物という具体物を表わす。普通は、真作であると偽る。【6】「代作」は、別人が本人に代わって作製したもの。その事実を隠している場合が多い。

807-19 不正（ふせい）／不当（ふとう）／邪（よこしま）／横様（よこざま）／いんちき／いかさま／非（ひ）

共通する意味★正しくないこと。誠実でないこと。【英】*injustice; wrong*

使い方▼〔不正〕（名・形動）▽不正を暴露する▽不正な行い▽不正行為▽不正乗車▽不正投票 〔不当〕（名・形動）▽不当な判決▽不当な解雇▽不当労働行為 〔邪〕（名・形動）▽彼の心にはよこしまなところがない 〔横様〕（名・形動）▽私の前でそういう横様なことが通ると思うな 〔いんちき〕（名・形動）▽あの男の言うことはいんちきだ▽いんちきなやり方▽いんちき商法 〔いかさま〕（名・形動）▽いかさまを働く▽あの勝負はいかさまだ▽いかさまばくち 〔非〕▽この件については当方に非があります▽非を認める▽非をあばく

	□なやり方	□をはたらく	□を改める	□な扱い
不正	○	○	○	-
不当	○	-	-	○
よこしま	○	-	-	-
横様	○	-	-	-
いんちき	○	○	-	-
いかさま	○	○	-	-
非	-	-	○	-

使い分け【1】「不正」は、客観的に正義でないことを表わす。【2】「不当」は、当事者の主観的価値観から正当でないことを表わす。【3】「邪」「横様」

は、客観的に正義でないことを表わす。「邪」は、かなり悪意のあることを表わし、「横様」は、悪意がなくとも道理に合わないことを表わす。【4】「いんちき」は、自分が有利になるように悪意をもって他人をだますため、いかにも正しいかのように見せかけることを表わす。【5】「いかさま」は、いかにも本当らしく見せる詐欺的行為をいう。「いんちき」より、やや用法がせまく、「いんちきを言う」とはいえるが、「いかさまを言う」とはいえない。【6】「非」は、客観的価値観から、誤りである、正しくないことを表わす。「非は自分にある」のように、非難されるべき点という意もある。

反対語▼不当⇔正当　非⇔是

807-20 良否（りょうひ）／優劣（ゆうれつ）／是非（ぜひ）／理非（りひ）／善悪（ぜんあく）

共通する意味★適正であるか、適正でないか。**【英】** *right or wrong*

使い方▼〔良否〕▽品質の良否を見分ける▽性能の良否を問う　〔優劣〕▽成績の優劣をつける▽技術の優劣を競う　〔是非〕▽是非もない▽是非に及ばない　〔理非〕▽理非曲直をただす　〔善悪〕▽善悪の区別がつかない年ではない

	事の□を判断する	品物の□を見分ける	問題の□を論ずる	物事の□をわきまえる
良否	○	○	-	-
優劣	○	○	-	-
是非	○	-	○	○
理非	○	-	○	○
善悪	○	-	-	○

使い分け【1】「良否」は、良いか、良くないかということを表わす。この場合、発言者の主観がはたらくことが多い。【2】「優劣」は、優れていることと劣っていること。ほかの四語と違って、二つ以上のものを比較する場合にいう。【3】「是非」は、一般的、慣習的に、正しい、良い、と認められるか、認められないかということを表わす。【4】「良否」は、概念と具体物の両方に対し使用することができるのに対して、「是非」は、概念に対してだけしか使用することができない。【5】「理非」は、道理に合っていることと、そむいていること。【6】「善悪」は、良いことと悪いこと。具体物ではなく、抽象的概念に対して用いる。その区別は、道徳的判断をともなう。**【英】** *good and bad*

807-21 正否（せいひ）／正誤（せいご）／正邪（せいじゃ）

共通する意味★正しいことと、正しくないこと。**【英】** *right and wrong*

使い方▼〔正否〕▽物事の正否をわきまえずに行動する　〔正誤〕▽正誤表　〔正邪〕▽正邪の別がわからなくなる▽正邪曲直（＝「曲」は不正なこと、「直」は正しいこと）

	□を見定める	□を問う	事の□を明らかにする	文章の□を確認する
正否	○	○	○	-
正誤	○	-	-	○
正邪	○	-	○	-

使い分け【1】「正否」は、客観的価値観から、正しいことと、正しくないことを表わす。【2】「正誤」は、主観的に、初めに意図したとおりになっていることと、初めに意図したとおりになっていないことを表わす。客観的価値観による正しいか悪であるかは問題にしていない。【3】「正邪」は、正しいことと、正しくないこと。「正否」と違って、「善」か「悪」かという道徳的判断が入る。

808…数量

808-01 数（かず）／数（すう）／数量（すうりょう）／量（りょう）／分量（ぶんりょう）

【関連語】◆（ボリューム）◆（数値）すうち

共通する意味★物の多い少ないの程度。

使い方▼〔数〕かず▽数を数える▽数が合わない　〔数〕すう▽数的にまさっている　〔数量〕▽部品の数量を点検する　〔量〕▽一日の仕事の量を減らす▽量より質　〔分量〕▽砂糖の分量を減らす

	おびただしい□	宿題の□が多い	出席者の□を調べる	薬の□を誤る	風呂（ふろ）の湯の□が少ない
数（かず）	○	○	○	-	-
数（すう）	○	△	○	-	-
数量	○	-	-	-	-
量	○	○	-	△	○
分量	○	○	-	○	-

使い分け【1】「数かず」「数すう」は、数字で数えられるものに使える。「量」は、重量、体積、容積などを表わす。「宿題の数が多い」とは、いくつかの種類を数えあげていう場合、「宿題の量が多い」とは、全体の量の多さをいう場合である。**【英】** *a number*
【2】「数量」「分量」は、より具体的に数値を出す場合に多く使う。「数量」は、個数などで、「分量」は、重量や割合などで使う。**【英】** *quantity*【3】「数かず」は、「数かずをこなす」のように、物の多いことや、「物の数かずに入らない」のように、そのものの存在価値が認められるものを意味する。

【関連語】◆（ボリューム）量。かさ。また、音量にもいう。「ボリュームたっぷりの料理」「ステレオのボリュームを下げる」◆(数値)計算・計量で得られた数。「数値を求める」

808-02 一／二／三／四／五／六／七／八／九／十／百／千／万／億／兆／ゼロ／零

【関連語】◆(一つ)◆(二つ)◆(三つ)◆(四つ)◆(五つ)◆(六つ)◆(七つ)◆(八つ)◆(九つ)◆(十)

共通する意味★数の名。また、数の単位の名。

使い分け【1】「一」は、数の名。最初の基本数。「二」は、「一」の次の数、「三」は、「二」の次の数というように、以下「十」まで「一」ずつ増えていく。【2】「百」は、「十」の一〇倍、「千」は、「百」の一〇倍、「万」は、「千」の一〇倍の数。それぞれ、「百も承知」「千に一つも違わない」「万が一彼が帰ってきたら…」のように、漠然と数が多いこともいう。【3】「億」は、「万」の一万倍の数。「兆」は、「億」の一万倍の数をいう。【4】「ゼロ」「零」は、数の一つ。「一」から「一」を引いた数で、正でも負でもない実数。また、「ゼロ」には、「経営の才能はゼロに等しい」のように、何もないことの意もある。【5】金額を記す場合、改竄を防ぐために別の字を用いることがある。「一→壱」「二→弐(貳)」「三→参」「四→肆」「五→伍」「六→陸」「七→漆」「八→捌」「九→玖」「十→拾」「千→阡・仟」など。これらを「大字」という。

【関連語】◆(一つ・二つ・三つ・四つ・五つ・六つ・七つ・八つ・九つ・十)それぞれ「一」から「十」までの数の別の呼び方。特に、個数や年齢を表わすのに用いられることが多い。単独の場合、「三つ」は「みっつ」、「四つ」は「よっつ」、「六つ」は「むっつ」、「八つ」は「やっつ」と読むことが多い。

参照▼ゼロ⇒901-11　一つ⇒205-44　918-03

808-03 単位

意味★物事をはかったり、物事を行ったりするうえでの基準や基本となるもの。長さ、重さ、広さなどの数量や学習の量をはかるために使われる場合と、ある組織を構成する基本的な一まとまりをいう場合とがある。【英】*a unit*

使い方▼〔単位〕▽メートルは長さの単位だ▽単位が足りない▽家族単位

808-04 実数／正味

共通する意味★実際の数量。【英】*the real number*

使い方▼〔実数〕▽デモの参加者の実数はつかみにくい▽販売実数　〔正味〕▽正味を量る

使い分け「実数」は数を、「正味」は量を表わす。

808-05 余分／余計／余り／端数

【関連語】◆(余剰)◆(剰余)◆(おこぼれ)

共通する意味★何かの数量がちょうどではないこと。【英】*an excess*

使い方▼〔余分〕(名・形動)▽少し余分に注文する　〔余計〕(形動)▽人より余計に働く▽一人余計だ　〔余り〕▽パンフレットの余り▽余りの布　〔端数〕▽端数は切り捨てて計算する

	□に支払う	□が出る	□の金	□な人	三で割ると□が二となる
余分	○	○	○	-	-
余計	○	-	-	○	-
余り	-	○	○	-	○
端数	-	○	-	-	-

使い分け【1】「余分」は、必要を満たして余っているもの。一般に、物に対しては「余分」が多く使われるが、事、人に対してはあまり使わない。【2】「余計」は、一定数量より多くあるもの。物、事、人などに対して広く使うことができる。また、「余計なことを言うな」のように、必要でない、無益なという意味にも、また、「叱られると余計反発する」のように、さらに、いっそうの意味にも使われる。【3】「余り」は、必要な分を満たした残り。また、「百万余りの人口を抱える都市」のように、数量を表わす語について、数量が一定の数を多少上回る意味でも使われる。【4】「端数」は、ちょうど切りのよい数から余った数。たとえば八〇三で、八〇〇を切りのよい数とすれば、三が「端数」となる。

【関連語】◆(余剰・剰余)「余り」の意の文章語。「余剰米」「余剰人員」「剰余が出る」「剰余金」◆(おこぼれ)人が必要部分を取り去った後の余り。他人の得た利益、成功についてもいう。くだけた言い方。「せめておこぼれでも頂戴したい」「おこぼれにあずかる」

808-06 程度／度合い／程

【関連語】◆(度)

共通する意味★数量の大小、強弱、高低、軽重などが、他の物またはその物以前とくらべてどうかという割合。【英】*degree*

使い方▼〔程度〕▽進化の程度によって植物を分類する▽この程度のけがなら心配ない　〔度合い〕▽緊張の度合いを増す▽被害の度合いを調査する　〔程〕▽実力の程は未知数だ▽ふざけるにもほどがある

	破損の□	腐食の□から年代を推定する	逆転がねらえる□の得点差	子牛□の大きさの犬
程度	○	○	○	-
度合い	○	○	-	-
程	○	-	○	○

使い分け【1】「程度」は、「教養の程度が高い（低い）」「罪の程度が重い（軽い）」「衝撃を受ける程度が大きい（小さい）」などのように、状態を表わす語とともに用いられることが多い。【2】「度合い」は、「成長の度合いが速まる」「あせりの度合いを高める」などのように、状態の変化を表わす語とともに用いられることが多い。【3】「程」は、「自信の程をお聞かせください」「このエピソードから二人の友情の程がわかる」のように、事の程度が著しいことを示唆する場合もある。

【関連語】◆（度）物事の程度をさしていう。「ふざけるにしては度が過ぎている」「度を越して飲む」

参照▼度⇒808-08

808-07 回数／度数

共通する意味★物事が何回起こるか、起こったかの数。【英】*frequency*

使い方▼〔回数〕▽回数を重ねる▽トレーニングは回数が多ければよいというわけではない▽回数券〔度数〕▽電話の度数▽五〇度数のテレホンカード

使い分け【1】「回数」の方が、一般的に用いられる。【2】「度数」は、一定時間を単位にした延べの数の意味で多く用いる。

808-08 度／示度

共通する意味★目盛り、また、その単位。【英】*a degree*

使い方▼〔度〕▽気温氷点下一五度▽北緯三〇度▽度の強い酒〔示度〕▽一〇三四ヘクトパスカルの中心示度をもつ高気圧

使い分け【1】「度」は、温度、経緯度、音階、アルコール含有量、角度などの単位。また、「度の強い眼鏡」のように、眼鏡のレンズの度合いも表わす。【2】「示度」は、計器の示す目盛り。気圧、湿度などの度合いにいう。

参照▼度⇒808-06

808-09 数える／カウント

【関連語】◆（数え上げる）かぞえあげる ◆（数えたてる）かぞえたてる

共通する意味★物の数を調べる。【英】*to count*

使い方▼〔数える〕（ア下一）▽金を数える▽指折り数えて待つ▽このような例は数えるほどしかない〔カウント〕スル▽入場者数をカウントする

	得点を□	一から一〇まで□	噴火は一晩に十回を□ようになった	二万を□人出
数える	○	○	○	○
カウントする	○	△	-	-

使い分け【1】「数える」は、順番、数量など広く用いられる。「カウントする」は、単に数量に対して用いられる。【2】「数える」は、「この国では英雄の一人に数えられている」のように、列挙する意味でも用いられる。「算える」とも書く。

【関連語】◆（数え上げる）（カ下一）・（数えたてる）（タ下一）一つ一つ取り上げて数える。多く、欠点、失敗などよくないことについて使われる。「失敗を数え上げたらきりがない」「欠点を数えたてる」

参照▼カウント⇒620-28　数え上げる⇒602-40

808-10 計算／勘定／算定／算出

【関連語】◆（逆算）ぎゃくさん ◆（指折り）ゆびおり ◆（概算）がいさん ◆（打算）ださん

共通する意味★数や量を求めること。【英】*calculation*

使い方▼〔計算〕スル▽枚数を計算する▽電子計算機〔勘定〕スル▽一つ一つ勘定していく▽勘定をまちがえる〔算定〕スル▽キロ数から運賃を算定する▽町の予算を算定する〔算出〕スル▽二点間の距離を算出する▽見積額を算出する▽算出方法が違っている

	金額を□する	□が合わない	太陽までの距離を□する	箱をあけて品数を□する
計算	○	○	○	-
勘定	○	○	-	○
算定	○	-	-	-
算出	○	-	○	-

使い分け【1】「計算」は、数の法則に従って数量を求めること。また、数量をはかること。「計算があってしたことだ」のように、前もって考えること、予測することもいう。【2】「勘定」は、一つ一つ金銭や物の数量を数えること。また、収入や支出などについての合計や差を求めることや、「店の勘定をすませる」「勘定書」のように、代金の支払いの意味にもいう。「そういう事態も勘定に入れてある」のように、前もって考えること、予測することの意味もある。【3】「算定」は、数の法則と規定に基づいて、あらかじめ、ある物やことがらがどのくらいの数量になるか、めやすとしての数値を出すこと。【4】「算出」は、演算の法則をさまざまに使って数値を出すこと。

【関連語】◆（指折り）一つずつ指を折り曲げて数え

ること。「指折り数えて夏休みを待つ」◆（概算）スル細かいところは捨てて、だいたいの計算をすること。また、その計算結果としての数量。「得票数の概算」「概算要求」◆（逆算）スル終わりの方から始めの方へさかのぼって計算すること。「没年から逆算して生年を求める」◆（打算）損得を考え見積もること。常にマイナスの評価を伴って使われる。「打算がはたらく」「打算的な考え方」

参照▼勘定⇒512-60

808-11 合計（ごうけい）／総計（そうけい）／集計（しゅうけい）／トータル

【関連語】◆（締め）しめ

共通する意味★いくつかの数や量をまとめること。【英】*the total*

使い方▼〔合計〕スル▽一日ドライブして合計五〇〇キロ走った▽合計金額 〔総計〕スル▽工費の総計は十億円を超える▽支出の総計 〔集計〕スル▽アンケートを回収して集計する 〔トータル〕スル▽アルバイト収入のトータルを出す

	得点を□する	費用の□	得票数の□作業	□でいくらになりますか
合計	○	○	−	○
総計	○	○	−	○
集計	○	−	○	−
トータル	○	○	−	○

使い分け【1】「合計」は、最も一般的に使われる。【2】「総計」は、いろいろな物の数量を全部合わせてまとめたものをいう。「集計」は、同種の物の数量を寄せ集めてまとめることや、まとめたものをいう。【3】「トータル」は、「人間をトータルにとらえて評価する」のように、全体として、の意味でも使う。

【関連語】◆（締め）ひとまとめにすること。合計。ややくだけた語。「年度末の締めを出す」

808-12 合算（がっさん）／通算（つうさん）

【関連語】◆（統計）とうけい

共通する意味★ある要素、ある期間、ある範囲などについて、集めた数値を合わせること。【英】*adding up*

使い方▼〔合算〕スル 〔通算〕スル

	入場者の数を□する	寄付金を□する	幕内の□百勝め	□成績
合算	○	○	−	−
通算	○	−	○	○

使い分け【1】「合算」は、別々に行われた計算から得られた数値を、さらに合わせること。【2】「通算」は、ある期間内を通じて、その全体数を合計すること。

【関連語】◆（統計）スルある集団内の個々の要素がもつ数値の分布や、その分布の特性を数量的に示すこと。「人口分布の統計を取る」「統計的に長寿の人が多い地方」

808-13 計（けい）／延べ（の）

共通する意味★合計したもの。【英】*the total*

使い方▼〔計〕▽計三百五十円 〔延べ〕▽この計画には延べ三十人の人手が必要だ▽延べ人員▽延べ日数

使い分け【1】「計」は、二つ以上の数量を加えた値。【2】「延べ」は、同一のものがいくつ重複しても、それぞれを一つと数えて合計したものをいう。「延べ人員」は、ある仕事に使われた人員を、仮に一日で使われたものとして換算した総人員数。たとえば、三人で五日かかった仕事では十五人になる。

808-14 合わせて（あ）／締めて（し）／都合（つごう）

共通する意味★全部を合計して。【英】*altogether*

使い方▼〔合わせて〕副▽二人で合わせて五千円払う▽合わせて二千人の参加者 〔締めて〕副▽締めて三万円のお買い上げ 〔都合〕副▽都合五人前のそばを頼む▽二か所の修理に都合三日はかかる

使い分け【1】「合わせて」は、個々の物をまとめていくプロセスをも示す具体的な言い方。「併せて」とも書く。【2】「締めて」は、金銭に関していうことが多い。【3】「都合」は、合計した結果に重点のある言い方。

参照▼都合⇒120-03 519-01

808-15 算入（さんにゅう）／計上（けいじょう）／加算（かさん）

共通する意味★ある数値を、全体の数の中に数え入れること。【英】*addition*

使い方▼〔算入〕スル 〔計上〕スル 〔加算〕スル

	会合費を□する	床面積にベランダ部分を□する	特別予算を□する	能力給を□する
算入	○	○	−	−
計上	○	−	○	−
加算	○	△	−	○

使い分け【1】「計上」「加算」が、主として金銭の計算に対して用いられるのに対して、「算入」は、金銭に限らず、ある部分を全体の数のうちに入れる場合に用いられる。【2】「計上」は、ある費用、予算などの項目を独立させて全体の中に数え上げること。【3】「加算」は、おも

な部分、基準となる部分があって、それに付加して勘定すること。

808-16 清算(せいさん)／決済(けっさい)／決算(けっさん)／精算(せいさん)

【関連語】◆(採算)さいさん

共通する意味★金銭の貸借、収支などを計算し、きちんと決まりをつけること。【英】*liquidation*

使い方▼〔**清算**〕スル▽たまった家賃を**清算**する　〔**決済**〕スル▽為替取引を、その場で**決済**する▽現物で**決済**する　〔**決算**〕スル▽上半期の**決算**を報告する▽会計簿で**決算**する　〔**精算**〕スル▽宿泊料金を**精算**して請求する▽駅の**精算**所

	盆暮れに□する	貸借関係を□する	□してみてむだがわかる	乗り越し料金を□する
清算	○	○	-	-
決済	○	-	-	-
決算	△	-	○	-
精算	△	△	△	○

使い分け【1】「清算」は、きちんとしなければならない貸借(借り手からいうことが多い)を返済するなり受け取るなりして、さっぱりさせること。貸借関係以外にも、「不倫関係を清算する」のように、異性関係などややこしい問題にかたを付けることの意でも用いる。【2】「決済」は、代金、現物などの受け渡しをきちんと済ませ、取引を終了すること。【3】「決算」は、収支をまとめること。また、一定の会計期間中の収支の総計算をいう。会計関係の語。【4】「精算」は、ある事柄にかかった費用などを細かく計算して、最終的に数字を出すこと。「清算」よりも事務的ではっきりしたものをいう。

【関連語】◆(採算)収支が見合うかどうかを計算すること。「採算がとれない」「採算割れ」「採算部数」

808-17 見積(みつ)もり／目算(もくさん)／胸算用(むなざんよう)／皮算用(かわざんよう)／推計(すいけい)

【関連語】◆(積もり)つもり◆(懐勘定)ふところかんじょう◆(懐具合)ふところぐあい

共通する意味★ある事にかかわる数量や金額の見当をつけること。【英】*an estimate*

使い方▼〔**見積もり**〕スル▽工事の**見積もり**を出す　〔**目算**〕スル▽**目算**では三万人ぐらいの入場者がありそうだ　〔**胸算用**〕▽配当について**胸算用**をする　〔**皮算用**〕▽宝くじを買っただけで当たったときの**皮算用**をしている　〔**推計**〕スル▽国民の年間総労働時間の**推計**

	旅費の□	賞金の使い方の□をする	試験の後で自分の点数の□をする	年間消費量の□
見積もり	○	-	-	-
目算	○	-	○	-
胸算用	○	○	○	-
皮算用	-	○	△	-
推計	-	-	△	○

使い分け【1】「見積もり」は、ある事にかかるであろう物量や費用につきあらかじめ計算すること。またその計算。「目算」にくらべ、より具体的な根拠にもとづいた正確な数字が出ているのが普通。【2】「目算」は、目で見て、ざっと計算し、数量や費用の大まかな見当をつけること。また、あることがらの予想の意味でも使われる。【3】「胸算用」は、心の中で計算をすること。具体的な数の計算をする以外に、心の中に抱く計画や考え、予想などの意味でも使われる。【4】「皮算用」は、「とらぬ狸(たぬき)の皮算用」から出た言葉。まだ手に入るかどうかも分からないうちから、それが手に入ったらどう使うか、どうするか、あれこれその気になって計算すること。【5】「推計」は、一部の資料から、計算によって全体についてのおおよその数量や状態を推定すること。

【関連語】◆(積もり)あらかじめ計算すること。「積もりがはずれる」◆(懐勘定)自分の持っている、または自由にすることのできる金を、心の中で計算すること。「いくら懐勘定しても、払いには千円ぐらい足りない」◆(懐具合)自分が持っている金、財産。「懐具合がいいとみえて高いものばかり注文する」

参照▼目算⇒208-59　積もり⇒220-02

808-18 単数(たんすう)／単一(たんいつ)／唯一(ゆいいつ)

共通する意味★数が、ただ一個、または一人であること。

使い方▼〔**単数**〕▽英語には**単数**・複数の区別がある▽三人称**単数**　〔**単一**〕(名・形動)▽単位を**単一**にそろえる▽**単一**行動　〔**唯一**〕▽健康だけが**唯一**のとりえだ▽**唯一**無二の親友

使い分け【1】「単数」は、主に英語などの文法で、単一の人や物事を表わす文法形式の意味で使われることが多い。【英】*singular*【2】「単一」は、「単一民族」のように、同じ種類だけで、他に混じり物のない様子、一種類だけであるさまを表わす場合にも用いられる。【英】*singleness*【3】「唯一」は、たった一つで、他にはないの意。【英】*only*

反対語▼単数⇔複数

808-19 計(はか)る／測(はか)る／量(はか)る

【関連語】◆(計測)けいそく◆(目測)もくそく◆(目分量)めぶんりょう

共通する意味★何かを使って、重さ、分量、長さ、時間などを調べる。【英】*to measure*

使い方▼〔**計る**〕(ラ五)▽百メートルのタイムを**計る**▽通勤の時間を**計る**　〔**測る**〕(ラ五)▽学校までの距離を

る▽気温を測る▽車の速度を測る▽池の深さを測る 〔量る〕(ラ五)▽体重を量る▽バケツの容積を量る

	時間・数量	長さ・高さ・面積・深さ・速さ	温度・熱・血圧	重さ・分量・体積・容積
計る	○	-	-	-
測る	-	○	○	△
量る	-	-	-	○

使い分け【1】「計る」「測る」「量る」の表記の使い分けの目安は、表例のとおり。【2】「計る」「測る」「量る」とも、「国の将来を計る」「相手の気持ちを測る」「相手の出方を量る」のように、予想する、見当をつけるという意でも使う。【3】「はかる」の表記には、このほか「図る」「諮る」「謀る」がある。

【関連語】◆**(計測)**スル器械や器具を使って、数、量、長さ、重さなどを正確にはかること。「荷物の重量を計測する」「計測上の誤差」◆**(目測)**スル目で見ただけで、おおよその長さ、高さなどを感じとること。「目測を誤る」◆**(目分量)**目で見て、おおよその見当で分量をはかること。また、その分量。「目分量で二つに分ける」

参照▼はかる⇒208-22

808-20 実測(じっそく)/測定(そくてい)/測量(そくりょう)/観測(かんそく)

共通する意味★はかること。**【英】** *to measure*

使い方▼〔実測〕スル▽池の周囲を実測する▽実測地図▽実測値 〔測定〕スル▽百メートルのタイムを測定する▽血圧を測定する 〔測量〕スル▽地図のための測量▽測量船 〔観測〕スル▽天体を観測する▽観測所

	□した結果を記録する	土地の□	体力を□する	日食の□
実測	○	○	-	-
測定	○	○	○	-
測量	○	○	-	-
観測	○	-	-	○

使い分け【1】「実測」は、距離や面積などを実際にはかること。【2】「測定」は、計器や装置を用い、重さや長さや速さをはかり定めること。【3】「測量」は、土地の面積、位置、高低、深浅などを調べて図示すること。【4】「観測」は、天文、気象、海流などの自然現象の変化を観察し、測定すること。また、「希望的観測」のように、物事の将来を推しはかることもいう。

808-21 距離(きょり)/間隔(かんかく)/隔(へだ)たり

【関連語】◆**(幅)**はば◆**(間)**ま◆**(間合い)**まあい◆**(インターバル)**

共通する意味★はなれた二つのもの、場所の間の長さ。**【英】** *distance; an interval*

使い方▼〔距離〕▽距離が長い▽距離をおく▽距離を測る▽車間距離 〔間隔〕▽間隔をあける▽間隔をおいて走る 〔隔たり〕▽今日まで一年間の隔たりがある

	二点間の□	五キロの□を走る	一〇年の□	五分□の列車
距離	○	○	-	-
間隔	○	-	○	○
隔たり	○	-	○	-

使い分け【1】「距離」は、一般的には、ある程度遠くはなれているものの間の長さ、の意味で用いられることが多いが、数学・物理などでは、単に、二つの物体の間の長さ、の意味で用いられる。また、「彼との間に距離をおく」のように、心理的な面でも使う。【2】「間隔」は、二つのものの間の長さのこと。【3】「隔たり」は、二つのものの間にある空間のこと。また、「実力に隔たりがある」のように、程度差についてもいう。【4】「間隔」「隔たり」は、時間的な意味でも用いられる。

【関連語】◆**(幅)**ものの横の長さ。また、二点間や値などの間の隔たり。「道路の幅」「机の幅」「値上げ幅」「揺れ幅」◆**(間)**二つ以上のもののあいだにある空間。また、次の事柄が始まるまでの時間の意味で用いられることもある。「相手との間をつめる」「開演まで間がある」「間をあけずにしゃべる」◆**(間合い・インターバル)**時間的な間隔。「間合いをとる」「インターバル・トレーニング」

参照▼隔たり⇒904-36　間⇒617-06

808-22 直径(ちょっけい)/差(さ)し渡(わた)し

【関連語】◆**(口径)**こうけい

共通する意味★円または球の中心を通り、円周または球面上に両端のある線分。**【英】** *a diameter*

使い方▼〔直径〕▽穴の直径をはかる▽直径二〇センチの円の面積を求める 〔差し渡し〕▽差し渡しが五〇センチもある大皿

使い分け「直径」が、一般的に用いられる。「差し渡し」は、木の太さやパイプなど物について用いられるが、図形には用いない。

【関連語】◆**(口径)**筒状の物の口の直径。「四五口径の銃」

808-23 短距離(たんきょり)/近距離(きんきょり)

共通する意味★二つのものの隔たりや、移動する長さが少ないこと。**【英】** *a short distance*

使い方▼〔短距離〕▽短距離の飛行訓練▽短距離の電話料金を値下げする▽短距離レース 〔近距離〕▽都

心から近距離にある住宅地▽近距離の通勤を望む

使い分け【1】「短距離」は、移動量の小さいこと。「短距離走」のように「短距離…」という形で、短い距離を…すること(もの)、という意味にもなる。【2】「近距離」は、隔たりの少ないこと。もっと近いことは「至近距離」という。

反対語▼近距離⇔遠距離　短距離⇔長距離

8 08-24 長距離／遠距離

【関連語】◆(長丁場)

共通する意味★目的地までの間が、遠く離れていること。**【英】** *a long distance*

使い方▼〔長距離〕▽長距離を走るのは苦手だ▽長距離電話　〔遠距離〕▽遠距離を歩いて通学する▽遠距離通信

使い分け【1】「長距離」は、移動量の大きいこと。「長距離列車」のように「長距離…」という形で、長い距離を…すること(もの)、という意味にもなる。【2】「遠距離」は、隔たりの大きいこと。また、「遠距離通勤」のように「遠距離…」という形で、遠いところから…すること、という意味にもなる。

反対語▼長距離⇔短距離　遠距離⇔近距離

【関連語】◆(長丁場)元来は、長い道のりの意だが、仕事が一段落つくまでに長時間かかることという意味で用いられるのがふつう。「長丁場の戦いを覚悟する」

8 08-25 標高／海抜

共通する意味★平均海水面からの高さ。**【英】** *above the sea*

使い方▼〔標高〕▽標高三千メートルを超す山▽標高差　〔海抜〕▽海抜ゼロメートル地帯

使い分け【1】「標高」は、山など比較的高いものに多く使われる。【2】日本では、東京湾の平均海水面からの高さをいう。

8 08-26 長さ／寸法

共通する意味★空間的に連続している線状のものについて、一方の端から他方の端までの隔たり。**【英】** *length*

使い方▼〔長さ〕▽鉄道の長さ▽長さが足りない▽髪の長さ　〔寸法〕▽服の寸法をはかる▽寸法が合わない

使い分け【1】「長さ」は、二点間の距離にいう。【2】「寸法」は、基準とする、また、基準になる長短の度合いをいう。また、「歓迎の準備はこういった寸法になっています」のように、手順、計画の意もある。

8 08-27 厚み／厚さ

共通する意味★物体の一面から、反対側の面までの距離。**【英】** *thickness*

使い方▼〔厚み〕▽厚みのある本▽胸の厚み　〔厚さ〕▽壁の厚さ▽鉄板の厚さを測る

使い分け「厚さ」は、単にどのくらい厚いか、その程度を示す場合に用いられることが多いが、「厚み」は、厚い感じを伴って使われることが多い。

8 08-28 広さ／広がり

共通する意味★空間、面積などの大きさの程度。**【英】** *extent*

使い方▼〔広さ〕▽広さを測る▽日本一の広さを誇るグラウンド▽あの人の顔の広さに驚かされる　〔広がり〕▽宇宙は無限の広がりを持っている▽付き合いに広がりができる

使い分け【1】「広さ」は、広いこと、また、その程度をいう。【2】「広がり」は、広くなること。また、「丘の上から市街地の広がりが見渡せる」のように、ある面積を持った場所をいう。

8 08-29 大きさ／規模

共通する意味★ある物、空間を占める容積や面積の度合い。**【英】** *size*

使い方▼〔大きさ〕▽新型タンカーの大きさを測る▽体の大きさがわからないから服が買えない▽皿の大きさはまちまちだ　〔規模〕▽規模の大きな工場▽大規模▽小規模

	建物の□	卵の□	圧倒的な□を誇る	工事の□を縮小する
大きさ	○	○	△	－
規模	○	－	○	○

使い分け【1】「大きさ」は、大きい度合い一般をいい、広く使われる。【2】「規模」は、物の構え、仕組み、造りなどの度合いをいう。また、「全国的な規模の調査」のように、全体の構想、計画にもいう。

8 08-30 重さ／重量／目方／ウエート

【関連語】◆(重み)◆(体重)◆(重心)

共通する意味★はかりで量ることができる物や、人にかかる重力の度合い。**【英】** *weight*

使い方▼〔重さ〕▽手に載せて重さを確かめる▽背に負うた子の重さ　〔重量〕▽貨物の重量▽見るからに重量がある感じだ▽重量規制▽重量級　〔目方〕▽父は八〇キロも目方があった▽食べ過ぎで目方が増えた▽野菜を目方で売る　〔ウエート〕▽ウエートをしぼる▽ウエートリフティング

	□をはかる	□に制限がある	□オーバー	□で値をつける
重さ	○	○	-	△
重量	○	○	○	-
目方	○	△	-	○
ウエート	○	○	○	-

使い分け【1】「重さ」「目方」は、小さく軽い物にもいうが、「重量」は、ふつう重い物についていう。「ウエート」は、おもに体重をいい、小さな軽い物にはいわない。【2】「重さ」は、正確に量らなくても感じる重い、軽いの度合いをもいう。【3】「重量」は、重く大きい感じを表わすのにも用いられる。【4】「目方」は、はかりで量った重さ。商品、人間などにいうややくだけた言い方。【5】「ウエート」は、スポーツなどでよく使う語。「ウエートコントロール」のように、他の語と複合した形も多い。

【関連語】◆**(重み)**重いこと。重い感じがすること。また、威厳、貫禄(かんろく)。重大さ。「ずしりと重みのある財布」「重みのある態度」「真実の重みが感じられる」◆**(体重)**体の重さ。「運動不足で体重が増えた」「体重測定」◆**(重心)**物体の各部分に働く重力が一つに集まる点。「重心を失う」「重心が低い」

808-31 重り(おも)／重し(おも)

共通する意味★重さが必要なときに、重さを加えるために用いる物。**【英】** *a weight*

使い方▼〔**重り**〕▽秤(はかり)の**重り**▽釣り糸に**重り**をつける 〔**重し**〕▽漬物の**重し**▽書類に**重し**を載せて風で飛ばないようにする

使い分け【1】「重り」は、秤に装置したり載せたりして、量る物の重さとバランスをとるための物。また、軽い物に付けて動かないようにするための、重みのある物。「錘」とも書く。【2】「重し」は、物の上に載せて押さえたり、重量をかけて押しつけたりするためのもの。「重石」とも書く。

808-32 容積(ようせき)／容量(ようりょう)／体積(たいせき)

【関連語】◆(嵩)(かさ)◆(質量)(しつりょう)

共通する意味★物質の量。

使い方▼〔**容積**〕▽**容積**の大きい貨車▽**容積**率 〔**容量**〕▽大びんと小びんの**容量**をくらべる 〔**体積**〕▽円柱の**体積**を求める

	箱□の大きい	冷蔵庫□の大きい	袋□の大きい	石□の大きい
容積	○	○	-	-
容量	○	○	○	-
体積	○	-	-	○

使い分け「容積」は、容器の中に物を入れることのできる量、「容量」は、容器の中に入る物の量、「体積」は、物体が空間で占めている量を表わす。**【英】** *capacity*(容積); *volume*(体積)

【関連語】◆**(嵩)**形ある物の、外からみた大きさ。「軽いが嵩の大きい荷物」◆**(質量)**物質の量。密度と体積をかけたもの。「質量不変の法則」

808-33 同量(どうりょう)／等量(とうりょう)

共通する意味★同じ分量であること。**【英】** *equivalence*

使い方▼〔**同量**〕▽酢に**同量**の油を混ぜる 〔**等量**〕▽反応前と**等量**の化合物が生成された

使い分け「同量」は、だいたい同じ量である場合に使われるが、「等量」は、厳密に等しい量を表わすときに使われる。

808-34 速さ(はや)／速度(そくど)／スピード／ペース／ピッチ／テンポ

【関連語】◆(速力)(そくりょく)

共通する意味★物事が進むのにかかる時間の度合い。**【英】** *speed*

使い方▼〔**速さ**〕▽数学の問題を解く**速さ**ではだれにも負けない▽動きの**速さ**に目が慣れてきた 〔**速度**〕▽一定の**速度**で走り続ける▽仕事の**速度**がだんだん鈍ってきた▽電車は**速度**を上げ始めた▽制限**速度** 〔**スピード**〕▽彼女の話の**スピード**にはついていけない▽**スピード**の出しすぎ▽**スピード**違反 〔**ペース**〕▽一定の**ペース**で仕事をする▽**ペース**配分を考えて走る 〔**ピッチ**〕▽酒の**ピッチ**が速すぎて酔っ払う▽**ピッチ**を上げて走る▽**ピッチ**走法 〔**テンポ**〕▽曲の**テンポ**にあわせて踊る

	□がはやい	ワープロを打つ□	鼓動の□が気になる	□を落とす
速さ	○	○	○	-
速度	○	○	-	○
スピード	○	○	-	○
ペース	○	-	-	○
ピッチ	○	-	-	○
テンポ	○	○	-	○

使い分け【1】「速さ」は、一定の時間内で物事が進むのにかかる時間の少なさ、およびその度合いを表わす。【2】「速度」「スピード」は、「速さ」と同じ意味をも表わす一方、「速度が鈍る」「ゆっくりとしたスピード」のように、物事が進むのにかかる時間の少なさの度合いの増減をも表わす。また、「スピード」は、「スピード仕上げ」「スピード印刷」「スピード狂」などのように、物事にかかる時間の少なさの度

合いが大きいことを表わす場合がある。【3】「ペース」は、人の運動や労働にかかる時間の度合いや進み具合を表わす場合に用いる。【4】「ピッチ」は、一定の短い時間をおいて同じ動作が繰り返される場合に、それにかかる時間の度合いやその回数を表わす。【5】「テンポ」は、音楽や踊りにかかる時間の度合いを表わすのが本来の用法。「話のテンポを上げる」のように、比喩ひゆ的に、物事の進むのにかかる時間の度合いを表わすのにも用いられる。

【関連語】◆**(速力)**移動する物体の移動にかかる時間の少なさの度合い。また、その能力。「この車は古くなってめっきり速力が落ちた」「ブレーキをかけて速力をゆるめる」

808-35 出足(であし)／初速(しょそく)

共通する意味★動き出すときの速さ。**【英】** *start*

使い方▼〔出足〕▽出足のいい車▽出足鋭く相手を一気に押し出した▽快調な出足　〔初速〕▽彼の投げる速球は初速一五〇キロもある

使い分け【1】「出足」は、ふつう具体的な数字で表わされるような速さを想定しては用いられない。【2】「初速」は、動き出すときの速さが具体的数字で表わされるか、あるいはそれが想定できる場合にのみ用いられる。したがって、「初速がいい(悪い)」「快調な初速」のような言い方はできない。

808-36 多い(おおい)／たくさん／いっぱい

【関連語】◆**(夥しい)**おびただしい

共通する意味★数や量が大きい様子。**【英】** *plenty of*

使い方▼〔多い〕(形)▽緑の多い町▽今年の冬は雪が多かった　〔たくさん〕(副・形動)▽見たい映画がたくさんある▽たくさんの本　〔いっぱい〕(副・形動)▽仕事がいっぱいある▽目にいっぱい涙をためる

使い分け【1】「多い」は、広く一般に使われる。「たくさん」「いっぱい」は、日常の話し言葉でよく使うが、改まった文章の中ではあまり使わない。【2】「たくさん」は、「酒はもうたくさんだ」のように、十分だ、の意味でも使う。「沢山」とも当てる。【3】「いっぱい」は、その場からあふれそうなほど物が満ちている場合にいう。また、「腹いっぱい」のように、限度すれすれになっているさまも表わす。

反対語▼多い⇔少ない　たくさん⇔少し・わずか

【関連語】◆**(夥しい)**(形)数量が非常に多いさま。「おびただしい数のイナゴの群れ」

参照▼夥しい⇒819-40

808-37 山ほど(やまほど)／たんまり／しこたま

共通する意味★数量がとても多いさま。**【英】** *quite a lot*

使い方▼〔山ほど〕▽注文が山ほど来る▽言いたいことは山ほどある　〔たんまり〕(副)▽お礼はたんまりいただいた▽たんまりはずむ　〔しこたま〕(副)▽しこたま稼いだ▽しこたま貯めている

使い分け【1】三語とも、くだけた表現。【2】「山ほど」は、山のように多くたまっているさま。最も広く使われる。【3】「たんまり」は、時間や金などが十分にあって満足できるさま。【4】「しこたま」は、「しこたまもうけた」のような場合は、不正なことをして金を得た感じになり、マイナスのイメージがある。

808-38 巨万(きょまん)／億万(おくまん)

共通する意味★数量が非常に多いこと。**【英】** *millions*

使い方▼〔巨万〕▽巨万の富を手に入れる　〔億万〕▽億万の金を動かす▽億万長者

使い分け何億、何万という大きな数量を表わす。「巨万」の方が、かなり規模の大きい数量を表わす。

808-39 数多(あまた)／幾多(いくた)

共通する意味★数量が多いさま。**【英】** *a large number*

使い方▼〔数多〕(副)▽数多の財宝▽引く手数多(＝誘いの多いこと)　〔幾多〕▽幾多の試練を乗り越える▽幾多の困難を越える

使い分け二語とも、具体的に数で表わせるようなものにはあまり使わない。心理的に多いと感じられる多さである。いずれも文章語的。

808-40 たんと／どっさり／ごまんと／わんさと

【関連語】◆**(うんと)**◆**(ふんだん)**◆**(たっぷり)**◆**(なみなみ)**

共通する意味★数量が多いさま。**【英】** *a lot*

使い方▼〔たんと〕(副)▽ごほうびをたんと上げる▽たんとおあがり　〔ごまんと〕(副)▽失敗話ならごまんとある▽金はごまんとある　〔どっさり〕(副)▽食料品をどっさり買い込む▽実がどっさりなる　〔わんさと〕(副)▽質問がわんさと出る▽報道陣がわんさと押しかける

	似たような商品が□ある	人が□集まる	□召し上がれ	宿題が□ある
たんと	○	△	○	△
ごまんと	○	○	-	-
どっさり	○	-	△	○
わんさと	○	○	-	△

使い分け【1】「たんと」は、「たくさん」の意味のやや古風な言い方。【2】「ごまんと」は、数多くあるさまだが、やや大げさにいうときに使う。【3】「どっさり」は、扱いきれないほどたくさんあるさま。【4】「わんさと」は、人や物がたくさん集まっているさま。【5】「ごまんと」「どっさり」「わんさと」は、ややくだけた言い方。

【関連語】◆（うんと）(副)程度、分量のはなはだしいさま。「うんと勉強する」◆（ふんだん）(形動)ありあまるさま。「食べ物はふんだんにある」◆（たっぷり）(副)満ちあふれるほど。「たっぷり注ぐ」◆（なみなみ）(副)液体が入れ物にあふれるほどあるさま。「酒をなみなみとつぐ」

808-41 大量（たいりょう）／多量（たりょう）

【関連語】◆（豊富）ほうふ◆（潤沢）じゅんたく◆（豊）ゆたか

共通する意味★数量が多いこと。【英】*a lot (of)*

使い方▼〔大量〕▽大量のエネルギーを放出する▽大量生産 〔多量〕▽多量の有害物質が含まれている▽出血多量

	□の薬品	□の被害	□の輸血	□に生産する
大量	○	○	-	○
多量	○	-	○	△

使い分け「大量」は、大きなまとまりである場合や、規模が大きい場合に使うが、「多量」は、物の量が多い場合に使う。

反対語▼少量

【関連語】◆（豊富）(名・形動)たっぷりあるさま。「豊富な資金」◆（潤沢）(形動)物がうるおっているさま。「潤沢にある物資」◆（豊か）(形動)じゅうぶんで不足のないさま。「感情豊かに歌い上げる」「才能が豊かだ」「資源が豊かな国」

参照▼大量⇒205-42

808-42 甚大（じんだい）／膨大（ぼうだい）／莫大（ばくだい）／絶大（ぜつだい）／多大（ただい）

共通する意味★程度や量が非常に大きいさま。【英】*tremendous; immense*

使い方▼〔甚大〕(形動)▽環境に与える影響は甚大だ▽甚大な損害 〔膨大〕(形動)▽膨大な資料▽人権費は膨大になる 〔莫大〕(形動)▽新社屋の建築に莫大な費用をかける 〔絶大〕(形動)▽絶大な権力を握る▽絶大なるご支援 〔多大〕(形動)▽多大な恩恵を受ける

	□な被害	□な予算	□な人気	□な計画
甚大	○	-	-	-
膨大	△	○	-	○
莫大	○	○	-	-
絶大	-	-	○	-
多大	○	○	○	-

使い分け【1】「甚大」は、被害、損害など悪いことの程度がとても大きいさまを表わす。【2】「膨大」は、内容や数量が膨れ上がるほど大きく、多いさまを表わす。「厖大」とも書く。【3】「莫大」は、「これより大きいものは莫（な）い」の意味で、程度、数量が非常に大きいさまを表わす。【4】「絶大」は、人気、信用、権力など人に備わったものの程度がとても大きいさまを表わす。【5】「多大」は、数量に対しても用いるが、「多大な迷惑」「多大な援助」など抽象的な事柄の程度が大きいことをいう場合が多い。

808-43 無量（むりょう）／無数（むすう）

共通する意味★はかり知れないほど多いこと。

使い方▼〔無量〕(名・形動)▽無量の感慨にひたる▽感無量▽無量無辺 〔無数〕(名・形動)▽無数の星が輝く▽弾痕が無数にある

使い分け【1】「無数」は、数えられるものがたくさんある場合に、「無量」は、感情などにいう。【英】*innumerable*(無数)【2】「無量」は、量を定めていない場合にもいう。【英】*immeasurable*

808-44 最大（さいだい）／極大（きょくだい）／無限大（むげんだい）

共通する意味★この上もなく大きいこと。【英】*the largest*

使い方▼〔最大〕▽日本最大の工業地帯▽最大の喜びにひたる 〔極大〕▽顕微鏡の倍率を極大にする▽極大値 〔無限大〕▽無限大の宇宙

使い分け【1】「最大」「極大」は、ある範囲内で一番大きいもの、「無限大」は、はかり知れないほど大きいものをいう。【2】「極大」は、抽象的なものには使わず、具体的に最大限の大きさになるときに使い、数学で「極大値」の形で使う以外は、あまり使わない。

反対語▼最大⇔最小　極大⇔極小

808-45 無尽蔵（むじんぞう）／尽きせぬ（つきせぬ）

【関連語】◆（無尽）むじん◆（無限）むげん

共通する意味★いつまでも尽きることがないさま。【英】*inexhaustible*

使い方▼〔無尽蔵〕(名・形動)▽無尽蔵の地下資源▽良材が無尽蔵にある 〔尽きせぬ〕(連体)▽尽きせぬ涙▽愛する人への尽きせぬ思い

使い分け【1】「無尽蔵」は、貯蔵されているものがなくならないさまをいう。【2】「尽きせぬ」は、後から後からあふれ出るさまをいい、気持ち、感情などに対して使われることも多い。

【関連語】◆（無尽）尽きることなくあること。「資源は無尽ではない」「縦横無尽」◆（無限）(名・形動)制限や限界のないこと。⇔有限。「無限に広がる空」

参照▼無尽⇒504-36

808-46 桁外れ（けたはずれ）／桁違い（けたちがい）

共通する意味★普通よりかけ離れているさま。**【英】***extraordinary*

使い方▼〔桁外れ〕(形動)▽けた外れに高い洋服▽けた外れに強い相手　〔桁違い〕(名・形動)▽けた違いの能力を持った人▽けた違いの強さ

使い分け 桁(数の位)が外れている、違っている意味。金額など数量が同類の他の物にくらべてはるかに多い場合に使われる。そこから規模や力量などの違いについてもいう。「桁外れ」は、普通に考えられる水準よりはるかに上であること、「桁違い」は、比較する物との程度・規模の差が著しいこと。

808-47 少し（すこし）／僅か（わずか）／少ない（すくない）

【関連語】◆(たった)

共通する意味★数量、程度などが小さいさま。**【英】***a little; only*

使い方▼〔少し〕(副)▽きのうより少し暑い▽少しは勉強したらどうだ　〔僅か〕(副・形動)▽わずか十歳でデビューする▽わずかに記憶がある　〔少ない〕(形)▽少ない時間を有効に使う▽欠点が少なくない

	□金額	□右にそれた	残り□人生	それは□言い過ぎだ
少し	-の○	○	-の△	○
僅か	-な○	-に○	-な○	-
少ない	○	-く-	○	-

使い分け【1】「少し」は、「少し食べる」のように、用言に直接かかる使い方のほかに、「少しの暇をみて読書する」「少しはわかる」「少しでよければ」など、名詞的な使い方もある。【2】「僅か」は、数量、程度などが「少し」よりももっと小さい。また、「わずか二人で家を建てた」のように、一般に思われるより規模、年齢などが小さいことを強調していうときにも使う。【3】「少ない」は、数量についてだけ使う。「…は(が)少なくない」の形で、本来少ないと思われていたことがそうではなかったということに、驚き、意外、非難の意をこめていうこともある。

反対語▼少し・僅か⇔たくさん　少ない⇔多い

【関連語】◆(たった)(副)(下に数量を表わす語を伴って)ほんの。「たった三人」

808-48 ちょっと／ちょいと／ちょっぴり／少少（しょうしょう）／やや

【関連語】◆(ちと)◆(ちっと)

共通する意味★数量、程度などが少しであるさま。**【英】***a little*

使い方▼〔ちょっと〕(副)　〔ちょいと〕(副)　〔ちょっぴり〕(副)　〔少少〕(副)　〔やや〕(副)

	私には□むずかしい	あと十分□で始まる	□お待ちください	夕暮れは□寂しい
ちょっと	○	○	○	○
ちょいと	○	-	△	△
ちょっぴり	○	-	-	○
少少	○	○	○	○
やや	○	-	-	○

使い分け【1】「ちょっと」「ちょっぴり」は、くだけた言い方。「ちょいと」は、さらにくだけた言い方になる。【2】「ちょっぴり」は、ほんのわずかに何かがある場合、ほんのわずかだがそれが感じられた場合にいう。その数量、程度は、「ちょっと」「ちょいと」よりも少ない意味になることが多い。【3】「少少」は、「ちょっと」とほぼ同意だが、少し改まった場面で使う。「やや」も少し改まった場面で使われることが多い。【4】「ちょっと」は「一寸」、「やや」は「稍」とも書く。【5】「ちょっと」「ちょいと」は、「ちょっと(ちょいと)、店員さん」のように、人に呼びかけるときに、また、「ちょっと(ちょいと)困りますね」のように、かなり多い程度という意味にも使う。

【関連語】◆(ちと)(副)「ちょっと」の古めかしい言い方。⇔うんと。「ちとむずかしいようだ」◆(ちっと)(副)「ちと」では発音しにくい場合の言い方で話し言葉的。⇔うんと。「もうちっと待ってくれ」

808-49 些少（さしょう）／僅少（きんしょう）

【関連語】◆(微少（びしょう）)

共通する意味★非常に少ないさま。**【英】***trifling*

使い方▼〔些少〕(名・形動)▽些少ですが、お納めください▽些少の礼をする　〔僅少〕(形動)▽僅少の差で敗れる▽僅少な費用

使い分け【1】「些少」は、多くは金銭に関して謙遜（けんそん）の意をこめて使われる。「瑣少」とも書く。【2】「僅少」は、金銭のほか、数値がわずかである場合にいう。

【関連語】◆(微少)(名・形動)とてもわずかなさま。「微少な産出量」

808-50 少量（しょうりょう）／微量（びりょう）

共通する意味★わずかな量。**【英】***a small quantity*

	□でも有害な物質	□の水を鍋に加える	出荷を□にとどめる	□の成分を検出する
少量	○	○	○	-
微量	○	-	-	○

使い分け「微量」は、「少量」にくらべてごくわずかで、あるかないかの程度の場合にいう。

反対語▼少量⇔大量・多量

808-51 心持ち／気持ち

共通する意味★ほんのちょっと。**【英】** *somewhat*

使い方▼〔心持ち〕▽肩を心持ち下げる▽心持ちうなずいたようだ　〔気持ち〕▽気持ちだけ前へ出てください▽気持ち首を傾ける

使い分け【1】二語とも、多く副詞的に使って、わずかにそうと感じられる程度、の意味を表わす。【2】「気持ち」は、「気持ちだけ」の形で使うことも多い。

参照▼心持ち⇒209-03　気持ち⇒209-03

808-52 いささか／一抹

【関連語】◆(ささやか)

共通する意味★ほんの少し。**【英】** *a little*

使い方▼〔いささか〕(副)▽疲れた様子などいささかも見せなかった　〔一抹〕▽一抹の不安を感じる

	□の不安が残る	□の寂しさがある	□も気にしない	□疲れた
いささか	○	△	○	○
一抹	○	○	-	-

使い分け【1】「いささか」は、質や量がそれほどでないさまを表わす。また、「いささかの不安もない」「自信はいささかも揺るがない」のように、打消語と呼応して、全然…ない、の意味で使う。やや古い感じの語。「聊か」「些か」とも書く。【2】「一抹」は、元来は筆で一回さっとなすりつけた量をいう。「一抹の…」の形で、不安、悲しみ、寂しさなどが心をかすめる暗い思いにいうことが多い。

【関連語】◆(ささやか)(形動)大袈裟でないさま。こぢんまりしているさま。自分に関する物事を謙遜していうことが多い。「細やか」とも書く。「ささやかなプレゼント」「内々でささやかに祝う」

808-53 これっぽっち／これだけ／こればかり

【関連語】◆(これきり)◆(これっきり)◆(これぐらい)

共通する意味★数量、程度が少ないこと。**【英】** *so little*

使い方▼〔こればかり〕▽こればかりの借金が返せないとは情けない　〔これだけ〕▽これだけの金では焼け石に水だ　〔これっぽっち〕▽残りはたったこれっぽっちか

	□の金しか手許にない	□のことも我慢できないのか	けなすつもりは□もない	いくら君でも□は言えない
こればかり	○	○	○	○
これだけ	○	△	-	○
これっぽっち	○	○	○	-

使い分け【1】「これっぽっち」は、他の二語にくらべるとやや くだけた言い方。【2】「こればかり」「これっぽっち」は、「…もない」と呼応すると、全然…ない、の意味になる。【3】「こればかり」「これだけ」は、「こればかり(これだけ)は許してくれ」のように、この事に限ってという限定の意味もある。【4】「こればかり」は、強調した形で、「これっぱかり」「こればかし」ともいう。【5】「これだけ」は、「これだけの家を建てるのは大変だったろう」のように、かなり程度が高いこと、数量が多いことの意味でも使う。

【関連語】◆(これきり・これっきり)少ないこと。また、これ限り、の意でも使われる。「これきりの金しかない」「僕の前に現れるのは、これっきりにしてくれ」◆(これぐらい)少ないこと。また、目の前に示した量、程度であること。「これくらい」とも。「これぐらいの事もわからないのか」「これぐらいの大きさだった」

808-54 一寸／寸分

共通する意味★数量、程度がわずかであること。

【英】 *a bit*

使い方▼〔一寸〕▽一寸刻みで進む▽一寸の光陰軽んずべからず(＝わずかな時間もむだにするな)▽一寸先は闇　〔寸分〕▽寸分も違わない▽寸分の狂いもない

使い分け【1】「一寸」は、主にことわざに使う。もとは尺貫法の長さの単位で、一寸は約三・〇三センチ。【2】「寸分」は、「寸分…ず(ない)」のように打消の語とともに使い、ほんのわずかも…ない、の意味になる。数量に関していう。古めかしい言い方。

808-55 多少／多寡

共通する意味★多いことと少ないこと。**【英】** *more or less*

使い方▼〔多少〕▽多少にかかわらずお送りします▽額の多少を問わない▽多少の危険は承知の上だ　〔多寡〕▽報酬の多寡を問わず依頼に応じる

使い分け【1】「多少」の方が、日常的に使われる。【2】「多少」は、「多少後悔している」のように、いくらか、少し、の意味で使うこともある。

8 事柄・性質

808-56 幾らか／幾分／若干

【関連語】◆(無けなし)

共通する意味★数量、程度が少しばかりあること。【英】*some*

使い方▼〔幾らか〕(名・副)▽いくらか楽になった　〔幾分〕(名・副)▽幾分涼しくなった▽食糧の幾分かを分ける　〔若干〕▽若干不自然だ▽若干名(＝何人か)

	□日射しがのびた	□の金を渡す	□の相違が見られる	□おみやげに買って帰る
幾らか	○	○	△	○
幾分	○	-	△	-
若干	○	○	○	-

使い分け【1】「幾らか」は、程度と数量についていうが、「幾分」は、程度についてのみ使われ、数量を表わすときには「幾分か」の形をとる。【2】「若干」は、「幾らか」「幾分」にくらべて硬い言い方で、文章の中で使うことが多い。

【関連語】◆(無けなし)(名・形動)あるというのは名ばかりであること。「無けなしの金をとられる」

808-57 幾つ

意味★個数、年齢などが不明、不定のときに用いる語。【英】*how many; how old*

使い方▼〔幾つ〕▽お年はいくつですか▽全部でいくつあるか▽いくつもの山を越える

808-58 どれ程／いか程／幾ら／いくばく

【関連語】◆(いかばかり)

共通する意味★数量、程度がどのくらいかわからないこと。【英】*how much*

使い方▼〔どれ程〕▽どれほど飲んだのか▽どれほどかわからない　〔いか程〕▽お代はいかほどでしょう　〔幾ら〕▽この本はいくらですか▽時間はいくらも残っていない　〔いくばく〕(副)▽いくばくかの金▽いくばくもなく(＝まもなく)

使い分け【1】「どれ程」は、日常語として広く使う。「どれほどくやしかったろう」のように、程度が甚だしい意味でも使う。【2】「いか程」は、丁寧な言い方。多くは、金額、数量に関してどれくらいかを聞くときに使う。それ以外の場合では古めかしい言い方になり、また、「いかほど悩んだことか」のように、どんなにたくさん、の意味になる。【3】「いくら」は、「いくらでも食べられる」「金はいくらも残っていない」のように、分量が多い場合にも少ない場合にも使われる。【4】「いくばく」は、やや硬い表現。また、「余命いくばくもない」のように「…ない」などの打消表現を伴うと、わずかの意味になる。「幾何」「幾許」などと書く。

【関連語】◆(いかばかり)(副)どれくらい。また、どんなにたくさん、の意味。「如何許り」とも書く。「いかばかりのお悲しみかと存じます」

808-59 人数／員数／人員／頭数

【関連語】◆(頭)◆(定員)◆(人口)

共通する意味★人の数。【英】*the number of persons*

使い方▼〔人数〕▽人数を繰り出す　〔員数〕▽員数が合わない▽員数外の扱いにする　〔人員〕▽募集の人員▽人員整理▽延べ人員　〔頭数〕▽頭数をそろえる

	□を数える	申し込みの□	□に入っている	出席者の□
人数	○	○	○	○
員数	○	○	○	-
人員	○	○	-	-
頭数	○	-	○	○

使い分け【1】「人数」は、ごく一般的に広く用いられる。【2】「員数」は、ある定められた枠内の人数。人以外のものの数量にもいう。【3】「人員」は、ある集団の構成員の数。既存の集団にも、場面に応じて随時組織されるグループなどにもいう。数よりも構成員であることを問題にしている場合が多い。【4】「頭数」は、「人員」とは逆に、単にその場面にいる人の数や、そのとき必要とされる人の数などにいう。

【関連語】◆(頭)人の数を頭で数えたもの。くだけた言い方。「出席者の頭がそろったようだ」◆(定員)規則などで定められた組織の人数や、収容し得る人数。「定員オーバー」「乗船定員」◆(人口)ある一定の地域に住む人の総数。「人口が増える」「人口が集中する」「人口密度」

参照▼頭⇒002-01　805-43　814-02

808-60 人／名

共通する意味★人数を数えるときに用いる語。【英】*a person*

使い方▼〔人〕(接尾)▽全校生徒が十五人の分校▽ゴール前で十人抜きを演じる　〔名〕(接尾)▽希望者が二名あります▽総員二十名の選手団

	数□の子供たち	定員二十□	娘が三□います	五□乗りのボート	四十□学級
人	○	△	○	○	○
名	○	○	-	-	-

使い分け【1】一般的には「人」を使うことが多い。

8 事柄・性質

「人」を「名」に言い換えて使うことのできる場合では、たとえば、「両人」というのと「両名」というのでは、「名」の方が硬い感じになるため、「名」は、改まった場面などで用いられることが多い。また、「名」は、目下の者を数える場合や、自分たちをへりくだって言う場合に使われることが多い。【2】「人」は、「三人がかり」「ざるそば四人前」などのように、他の語と複合して使われるが、「名」は、複合して使われることはほとんどない。【3】「人」は、前につく数詞が一と二の場合は、一般的には「いちにん」「ににん」といわずに、「ひとり」「ふたり」という。ただし、「一人称」「一人前」「二人三脚」などのように、熟語の中で使われる場合には、「いちにん」「ににん」を使う。

参照▼名⇒320-03

808-61 大勢／多勢／大人数

【関連語】◆(多数)

共通する意味★たくさんの人々。たくさんの人の数。**【英】** *a great number of people*

使い方▼〔大勢〕▽大勢を相手に争う▽大勢で押しかける　〔多勢〕▽多勢に無勢　〔大人数〕▽大人数をかき集める▽大人数の所帯

使い分け【1】「大勢」は、たくさんと感じられる数の人。具体的な数を問題にするのではなく、まとまりとして多く感じられる場合に使われる。「大勢集まって気勢を上げる」のように、副詞的にも使う。【2】「多勢」は、「多勢に無勢」の形で使われることが多い。【3】「大人数」は、ふつう話し言葉で、数そのものが問題になるような場合に使われることが多い。「おおにんず」とも。

反対語▼大勢⇔小勢　多勢⇔無勢　大人数⇔小人数

【関連語】◆(多数)たくさんの人。特に、ある枠の中で、また、他との比較の上で、大きな数や割合を占める人の数。「多数御参加ください」のように、「大勢」と同じようにも使うが、「賛成多数」「多数を占める」「多数意見」など、数そのものが割合の上で問題にされることも多い。⇔少数

808-62 少数／小人数／小勢

【関連語】◆(無勢)◆(二三)

共通する意味★人数が少ないこと。また、少ない人数。**【英】** *a small number*

使い方▼〔少数〕▽賛成したのは少数だった▽少数精鋭主義▽少数民族　〔小人数〕▽小人数の家庭向き住宅▽小人数でやり繰りする　〔小勢〕▽小勢ながら善戦した▽相手を小勢と侮る

使い分け【1】「少数」は、人間に限らず、広く用いられるが、大きな全体の中での、小さい部分に当たる人々をさすことも多い。【2】「小人数」は、ごく少なくて、数えられるほどのまとまり。「こにんず」とも。【3】「小勢」は、ある目的(主に戦闘)のための小さな集団。人数が少なく、軽く見られる勢力をいうことが多い。

反対語▼少数⇔多数　小人数⇔大人数　小勢⇔大勢

【関連語】◆(無勢)(名・形動)人数が少ないこと。「多勢」に対する語で、戦闘集団またはそれになぞらえられるものにのみ使う。◆(二三)ごくわずかな数。人数にもいう。「二三の反対はあったが可決された」

808-63 全員／一同／皆／みんな

【関連語】◆(皆皆)

共通する意味★そこにいる、または、その集団に属する、すべての人。**【英】** *all the members*

使い方▼〔全員〕▽全員が同意する▽全員入賞をめざして頑張る　〔一同〕▽卒業生一同▽一同礼▽御一同様　〔皆〕(名・副)▽もう皆帰ってしまった▽皆で反対する　〔みんな〕(名・副)▽みんながきみを待っている▽みんなで食べよう

使い分け【1】「全員」は、ある集団に属する者の総員。そのひとりひとりが、もれなくそろった場合をいう。【2】「一同」は、ある集団に属するすべての人々を、ひとつのかたまりとしてとらえた語。全体をさしていい、個々人がどうであるかは問題にしていない。【3】「皆」「みんな」は、人のほか、物にも、状態にもいう。「全員」「一同」が、すべての人を表すのに対し、やや曖昧であり、場合によっては「ほとんど」「大多数」の意味にもなる。日常語として最もよく用いられるが、「みんな」の方が口語的。【4】「みんな」は、「皆」とも書く。

【関連語】◆(皆皆)「皆」を強調した語。文章語的。「皆々元気にやっております」「皆々様によろしく」

参照▼皆⇒805-13　みんな⇒805-13

808-64 人人／方方／連中

共通する意味★多くの人たち。**【英】** *people*

使い方▼〔人人〕▽飢餓に苦しむ人々を救う▽人々に教えを説いて回る　〔方方〕▽ご来場の方々に申し上げます▽会員の方々のためのサービス▽多くの方々の賛同を得た　〔連中〕▽会社の連中と一杯やる▽あの連中の考えそうなことだ

	近所の□	この国の□の習慣	ご来店の□	とんでもない□だ
人人	○	○	-	△
方方	○	-	○	-
連中	○	△	-	○

使い分け【1】「人人」は、前に修飾語がついて、どういう人たちなのかという意味の限定をされて使われる場合と、修飾語がつかずに、不特定多数の人たち

をいう場合とがある。【2】「方方」は、「人人」を敬っていう語。【3】「連中」は、仲間とみなされる人たちのことをいうくだけた言い方。不特定多数の人たちのことをさす使い方はない。「そこの連中ときたら…」「ばかな連中だ」などのように、「やつら」というほどの意味で、軽蔑(けいべつ)した言い方として使う場合もある。

808-65 万人(ばんにん)／衆人(しゅうじん)／諸人(もろびと)

【関連語】◆(大方)おおかた

共通する意味★多くの人。**【英】***all people*

	□に神の教えを説く	□の前で辱めを受ける	□がこぞって祝う	□向きのデザイン
万人	○	-	△	○
衆人	○	○	-	-
諸人	○	△	○	-

使い分け【1】「万人」は、そのとき、その社会でのすべての人をいう。各個人ひとりひとりではなく、一つの漠然とした集団としてとらえていう。【2】「衆人」は、その場にいる大勢の人をさす。「衆人環視の中で」などと使う。【3】「諸人」は、主として文章で用いる。「もろひと」とも。

【関連語】◆(大方)多くの人。世間一般を相手として意識するような場合に使う。「大方の御賛同を得る」「大方の識者の批判をまつ」

参照▼大方⇒805-15

808-66 一人(ひとり)／単独(たんどく)／単身(たんしん)

【関連語】◆(紅一点)こういってん

共通する意味★だれも伴わないこと。その人だけであること。**【英】***alone*

使い方▼〔一人〕▽いつも一人でいる▽一人で音楽をきく▽一人さびしく暮らす▽ひとり旅　〔単独〕(名・形動)▽単独犯による凶行▽北極点への単独行　〔単身〕▽単身アフリカへ渡る▽単身者▽単身赴任

	□で事にあたる	□では無理な仕事	敵地に□乗り込む	□の時間を持つ
一人	○	○	○	○
単独	○	○	-	-
単身	○	-	○	-

使い分け【1】「一人」は、他と一緒でないという意味。他の二語よりも口語的で、用法も広い。「独り」とも書く。【2】「単独」は、他の語と複合して用いられることが多い。「一人」よりも客観的に、その人だけであることを表わす。また、「その議題だけを単独に取り上げても意味がない」のように、人に限らず、それひとつである場合にもいう。【3】「単身」は、人間だけに使い、その人だけであることを表わす。【4】「一人」「単身」は、副詞的に使われることもあり、援助、同伴の者がない場合に多く用いられる。

【関連語】◆(紅一点)多くの男性の中にいる、たったひとりの女性。「陸上部の紅一点」「乗組員中の紅一点」◈王安石の詩「万緑叢中(ばんりょくそうちゅう)紅一点」による。一面緑の中のただ一輪の赤い花の意。

参照▼一人⇒808-67 808-69

808-67 一人(ひとり)／一名(いちめい)

【関連語】◆(一介)いっかい

共通する意味★人を数える数詞。一個の人。**【英】***one man*

使い方▼〔一人〕▽一日に一人の客しか来なかった▽おとな一人と子供二人▽料理を一人分追加する　〔一名〕▽部長ほか一名がうかがいます▽代表一名を選出する

使い分け「一人」は、話し言葉として使われることが多いのに対して、「一名」は、数だけが問題になる形式的な場合や、改まった場面で使われることが多い。

【関連語】◆(一介)つまらないひとり。「一介の…」の形で自分を謙遜(けんそん)していう。「一介の役者に過ぎない」

参照▼一人⇒808-66 808-69

808-68 個人(こじん)／個(こ)／一己(いっこ)

【関連語】◆(一個人)いっこじん

共通する意味★独立したひとりの人間。**【英】***an individual*

	□を尊重する	私□の問題ではない	□の定見を持たない	そんなことは□の自由だ
個人	○	○	△	○
個	○	-	-	-
一己	-	○	○	-

使い分け【1】「個人」は、ある集団などに対して、それを構成するひとりひとりの人をいう。また、「企業人としてではなく個人の資格で発言する」のように、地位、役職などを切り離した、ひとりの人間の意でも用いられる。【2】「個」は、「個人」よりも独立したひとりの人という意味合いが強い。また、「個」の方が、文章語的。【3】「一己」は、自分ひとり、独立した人間としての自分をいう。文章語。「一個」と書くこともある。

【関連語】◆(一個人)「個人」の意のやや古めかしい言い方。「いちこじん」とも。「一個人としての感想を申し述べたい」

参照▼個⇒805-42

808-69 独身(どくしん)／独り身(ひとりみ)／独り者(ひとりもの)

【関連語】◆(一人)ひとり◆(シングル)

共通する意味★配偶者がいない人。結婚していない人。【英】single《形》
使い方▼〔独身〕▽一生独身を通す▽独身主義▽独身生活　〔独り身〕▽独り身は気楽だ▽独り身の兄に良縁が舞い込む　〔独り者〕▽独り者で外食が多い
使い分け【1】「独身」は、最も意味が広く、未婚の場合や、配偶者を失っている場合なども含めて、配偶者がいないことをいう。【2】「独り身」は、口語的であるが、やや古めかしい言い方。結婚前の状態をいう場合が多い。【3】「独り者」は、「独身」「独り身」などにくらべ、わびしさを伴って使われることもある。
【関連語】◆（一人）「独身」の意のくだけた言い方。「独り」とも書く。「兄弟の中では彼だけがまだひとりでいる」◆（シングル）もともと単一の、ひとつだけの、の意だが、「独身」の意で用いられることも多い。「あの人はシングルだ」
参照▼一人⇒808-66　808-67

808-70 孤独（こどく）／ひとりぼっち

共通する意味★たったひとりでいること。【英】*loneliness*
使い方▼〔孤独〕（名・形動）▽孤独を味わう▽孤独のうちに死ぬ▽天涯孤独　〔ひとりぼっち〕▽ひとりぼっちで帰る▽ひとりぼっちになる

	彼女はいつも□だ	□を愛する	親に死なれてとうとう□だ	□な生涯
孤独	○	○	－	○
ひとりぼっち	○	－	○	－

使い分け【1】「孤独」は、「ひとりぼっち」にくらべ、深刻な意味合いがあり、精神的に他から離れた状態、他に理解されない状態などにもいう。【2】「ひとりぼっち」は、話し言葉で一般に用いられる。ふつう、自ら求めてなる状態にはいわない。「独りぼっち」「一人ぼっち」とも書き、「ひとりぽっち」ともいう。

808-71 番号（ばんごう）／ナンバー

共通する意味★順番を表わす数字や符号。【英】*a number*
使い方▼〔番号〕▽右から順に番号をつける▽番号札▽郵便番号　〔ナンバー〕▽製品にナンバーをつける▽車のナンバー
使い分け「ナンバー」は、「ナンバースリー」のように数詞の前につけて、番目の意にも用いられ、「№」とも書く。また、「スタンダードナンバー」「ジャズナンバー」のように、軽音楽の曲目を表わしたり、「ナンバープレート」のように、自動車の番号を示した金属板や、「バックナンバー」のように、雑誌などの号数の意でも用いられる。

808-72 計器（けいき）／度量衡（どりょうこう）／メーター

共通する意味★はかり。物の量をはかるもの。【英】*a meter*
使い方▼〔計器〕▽計器で正しくはかる▽精密な計器　〔度量衡〕▽度量衡を定める▽統一された度量衡　〔メーター〕▽メーターが上がる▽電気のメーター
使い分け【1】「計器」は、量をはかる器具。計量器。【2】「度量衡」は、長さと体積と重さをはかるものさし、ます、はかりなどの総称。また、「度量衡の単位」のように、長さと体積と重さもいう。【3】「メーター」は、消費量や使用量を自動的に表示する計量器。

808-73 かたさ／硬度（こうど）

共通する意味★壊したり、変形させたりしにくいこと。また、その度合い。【英】*hardness*
使い方▼〔かたさ〕▽岩石の硬さをくらべる▽豆腐のかたさ　〔硬度〕▽硬度の高い鉱物▽金属の硬度をくらべる
使い分け【1】「かたさ」は、かたいこと、またその度合いの両方を意味し、日常的に広く用いられる。【2】「硬度」は、主にどのくらいかたいかということを意味し、専門的に用いられることが多い。【3】「かたさ」は、「口のかたさには定評がある」「かたさがとれてすばらしい演技を見せる」のように、安定していて強くしっかりしていることや、柔軟性にかけることなどもいう。【4】「かたさ」は、「硬さ」「堅さ」「固さ」などとも書く。

809…外に現れた性質

809-01 性質（せいしつ）／質（しつ）

共通する意味★物の根源的な特徴。【英】*nature*
使い方▼〔性質〕▽蛋白（たんぱく）質には、熱で凝固する性質がある▽事件の性質をさぐる　〔質〕▽値上げはしなかったが、質が低下した▽質のよさを誇る
使い分け「性質」は、事物が本来もっている特徴。また、個々の特徴。「質」は、製品、材料などの良し悪しをいう。
参照▼性質⇒201-02　質⇒201-06

809-02 大(おお)きい／大(おお)きな／でかい

共通する意味★数量や程度、占める割合などが多い。
【英】 *big; large*
使い方▼〔大きい〕(形)　〔大きな〕(連体)　〔でかい〕(形)

	＿声	声が＿	＿問題に発展する	＿影響がある	＿拍手で迎えられる
大きい	○	○	△	△	○
大きな	○	-	○	○	○
でかい	○	○	-	-	-

使い分け【1】「大きい」は、「夢が大きい」「大きく夢みる」のように述語として、また　連用修飾語としても使うが、「大きな」は「大きな…（名詞）」という言い方でしか使わない。【2】物事の程度や、関わる範囲などが大であるという意で名詞を修飾する場合、その名詞が「問題」「影響」など抽象名詞のときは、「大きな」を用いることが多い。【3】「でかい」は、実際に数量や、スケールが大きい場合に使う。「大きい」「大きな」より、くだけた言い方になる。「でっかい」とも。
反対語▼大きい⇕小さい　大きな⇕小さな　でかい⇕ちっちゃい

809-03 巨大(きょだい)／ジャンボ／マクロ

【関連語】◆(過大(かだい))

共通する意味★非常に大きなさま。
使い方▼〔巨大〕(形動)▽巨大な岩が行く手をはばむ▽巨大企業　〔ジャンボ〕▽ジャンボなおみやげ▽ジャンボジェット機　〔マクロ〕▽マクロな視点▽マクロ経済学
使い分け【1】「巨大」は、実際に目に見える事物の面積、体積が大きい場合、実体のある事物が大きなかたまりとなっている場合に使う。したがって、夢、心、話など実体のないものや、数値の大きい場合には使わない。**【英】** *gigantic*【2】「ジャンボ」は、普通より大型の具体的な物に使う。「ジャンボな…」という表現は、改まった場合には使わない。「ジャンボ」は、大きいがややかわいらしい感じを与えることがあり、「巨大」の方が、はるかに大きな感じを与える。【3】「マクロ」は、全体的に大きくとらえる巨視的な場合に使う。
反対語▼巨大⇕微小　ジャンボ⇕ミニ　マクロ⇕ミクロ
【関連語】◆**(過大)**(形動)大きすぎるさま。「過大な評価」

809-04 特大(とくだい)／ビッグサイズ

【関連語】◆(キングサイズ)◆(クイーンサイズ)

共通する意味★標準型にくらべ非常に大きな型。
【英】 *outsize*
使い方▼〔特大〕(名・形動)▽写真を特大にのばす▽特大のステーキ　〔ビッグサイズ〕▽ビッグサイズのシャツ▽靴がビッグサイズだ
使い分け「ビッグサイズ」は、一般に衣類についていうが、「特大」は、衣類、食べ物、家具など幅広く使われる。
反対語▼ビッグサイズ⇕スモールサイズ
【関連語】◆**(キングサイズ)**男性用衣類の普通より大きな型のもの。「キングサイズのワイシャツ」◆**(クイーンサイズ)**女性用衣類の普通より大きな型のもの。「クイーンサイズのブラウス」

809-05 大規模(だいきぼ)／大(おお)がかり

共通する意味★規模が大きいこと。また、そのさま。
【英】 *large-scale*
使い方▼〔大規模〕(名・形動)▽かなり大規模な建造物の遺跡▽全国の成人を対象とする大規模な調査　〔大がかり〕(形動)▽三百人も出演する大がかりな芝居▽富士山をかたどった大がかりな仕掛け花火

	＿な工事	＿な手品	＿な学校	＿な戦争
大規模	○	-	○	○
大がかり	○	○	-	-

使い分け【1】「大規模」は、多く、建築物、工事、事業などについて、組み立て、構造が大きいことをいう。【2】「大がかり」は、人手、費用、日数などを多く使って行うものにいうことが多い。

809-06 小(ちい)さい／小(ちい)さな

【関連語】◆(ちっちゃい)◆(ちっぽけ)

共通する意味★数量や程度、占める割合などが少ない。また、年齢が幼い。**【英】** *small; little*
使い方▼〔小さい〕(形)▽小さい箱▽与える影響が小さい▽小さい子　〔小さな〕(連体)▽小さな家▽小さな幸せ▽小さな声で話す
使い分け【1】「小さい」は、「声が小さい」「小さく声を出す」のように、述語、連用修飾語としても使うが、「小さな」は、「小さな…」という言い方で名詞を修飾する。【2】二語とも、些細(ささい)な、大した事ではない、という意味で使われることもある。「どんな小さい（小さな）ことも見落とさない」【3】「小さい」は、「人間が小さい」のように、器量がない意でも使う。
反対語▼小さい⇕大きい　小さな⇕大きな
【関連語】◆**(ちっちゃい)**(形)「小さい」の俗な言い方。「もっとちっちゃい声で話しなさい」「ちいちゃい」とも。⇕でかい。◆**(ちっぽけ)**(形動)小さい意を強調した、日常会話でのくだけた言い方。これっぽちの、という侮蔑(ぶべつ)、自嘲(じちょう)の意がこめられることが多い。「宇宙の中では、人間なんてちっぽけな存在だ」

809-07 微小(びしょう)／微微(びび)／ミクロ

共通する意味★非常に小さいさま。**【英】** *micro-scopic*

使い方▼〔微小〕(名・形動)▽微小な粒子を観察する▽微小地震 〔微微〕(形動たる・と)▽微々たる勢力しか持っていない▽微々たる変化 〔ミクロ〕▽顕微鏡でミクロの世界を見る▽ミクロコスモス

使い分け【1】「微小」は、形あるもの、目で見て知覚できるものが小さいさまにいう。【2】「微微」は、規模や度合いが小さいさまに、「ミクロ」は、微粒子のように、肉眼で見えないほど小さいものをいう。

反対語▼微小⇔巨大　ミクロ⇔マクロ

809-08 最小(さいしょう)／極小(きょくしょう)

【関連語】◆(過小)(かしょう)

共通する意味★きわめて小さいこと。**【英】** *the smallest*

使い方▼〔最小〕▽日本で最小の島▽音量を最小にする 〔極小〕▽極小の細胞▽極小値

使い分け【1】「最小」は、同じ種類の中でいちばん小さいこと。【2】「極小」は、通常のものにくらべてとびぬけて小さいことをいうが、日常会話ではほとんど使わない。「極小」は、「ごくしょう」とも。

反対語▼最小⇔最大　極小⇔極大

【関連語】◆(過小)(形動)小さすぎるさま。⇔過大。「過小評価」

809-09 些細(ささい)／瑣末(さまつ)

共通する意味★ちょっとしたことであるさま。取るに足りないさま。**【英】** *trivial*

使い方▼〔些細〕(形動)▽些細なことを気に病む▽些細な違い 〔瑣末〕(形動)▽瑣末な部分は切り捨てる▽瑣末なことにこだわる

使い分け【1】「些細」は、問題にならないくらい小さくわずかであるさま、「瑣末」は、重要でない本筋から離れたさまをいう。【2】それぞれ、「瑣細」「些末」とも書く。

809-10 長い(ながい)／ロング

【関連語】◆(長大)(ちょうだい)

共通する意味★連続しているもののある点から他の点までの、隔たりが大きい。**【英】** *long*

使い方▼〔長い〕(形)▽長い坂を登る▽長い間待たせる▽長い題名の小説▽象の鼻は長い▽あの店は待つ時間が長い▽髪を長く伸ばす 〔ロング〕▽ロングスカート▽ロングヘア

使い分け【1】「長い」は、空間的に連続しているものについても、時間的な隔たりについても用いるが、前者について用いる場合には、一方の端から他の端までの隔たりをいう。また、後者について用いる場合には、ある特定の時点から別の時点までの隔たりをいい、「永い」とも書く。【2】「ロング」は、他の外来語と複合して使われることが多い。

反対語▼長い⇔短い　ロング⇔ショート

【関連語】◆(長大)(名・形動)長くて大きいさま。丈が高くて大きなさま。主に書き言葉。⇔短小。「長大な歴史物語」「体格長大」

809-11 短い(みじかい)／ショート

【関連語】◆(短小)(たんしょう)

共通する意味★長さが他より少ない。**【英】** *short*

使い方▼〔短い〕(形)▽短い指▽短い間考える▽彼女のスカートは短い▽時間が短い▽話を短くする 〔ショート〕▽髪をショートにする▽ショートパンツ▽ショートカット

使い分け【1】二語とも、空間的にも時間的にも用いられる。また、背や木、建物などの高さの場合は、「短い」ではなく「低い」を使う。【2】「ショート」は、他の外来語と複合して使われることが多い。

反対語▼短い⇔長い　ショート⇔ロング

【関連語】◆(短小)(名・形動)短く小さいさま。主として、身体に関して、背が低く小柄な意味で使う。⇔長大。「短小な体軀(たいく)」「軽薄短小」

809-12 高い(たかい)

意味★空間的に上の方にある。**【英】** *high; tall* ⇔低い

使い方▼〔高い〕(形)▽彼は背が高い▽高い塔▽空の高い所を飛ぶ鳥

◆「高い」は、「からからと高く笑う」のように、音や声が大きい意、「トランペットで高い音を出す」のように、高音である意、「評判が高い」「悪名が高い人」のように、広く知れわたっている意、「高い役職に就く」のように、身分や地位が上位にある意、「格調が高い」「志が高い」「見識が高い」のように、品位、理想、力量、機能などがすぐれている意、「お高くとまっている人」のように、高慢である意、「高い授業料を払う」のように、高価である意、「気温が高い」のように、計測器の示す目盛りが上の方にあり、度合いが強い意などさまざまに用いられる。

参照▼高い⇒512-35

809-13 低い(ひくい)

意味★空間的に下の方にある。**【英】** *low* ⇔高い

使い方▼〔低い〕(形)▽背の低い人▽低い家並み▽机が低いので勉強しづらい

◆「低い」は、「低い声で話す」のように、音や声が小さい意、「この曲は私には低いので歌えない」のように、低音である意や、「地位が低い」のように、身分などが

下位にある意、「金利が低い」「カロリーが低い」のように、程度や数量が水準より下である意、「価値が低い」のように、値打ちが小さい意でも用いられる。

809-14 広い（ひろい）／広広（ひろびろ）／広やか（ひろやか）／広範（こうはん）

共通する意味★空間や面積、範囲などが大きい。**【英】** *wide; broad*

使い方▼**〔広い〕**(形)▽彼の額は広い▽広い視野を養う　**〔広広〕**(副)スル▽この居間は広々している　**〔広やか〕**(形動)▽広やかな庭園　**〔広範〕**(形動)▽災害は広範な地域に及んだ▽事件は広範な人々を巻き込んで深刻化していった

	＿区域	＿部屋	＿知識	＿草原
広い	○	○	○	○
広広	-とした○	-とした○	-とした-	-とした○
広やか	-な-	-な○	-な-	-な○
広範	-な○	-な-	-な○	-な-

使い分け【1】「広い」が、一般的に使われる。【2】「広広」「広やか」は、空間の範囲が大きくゆとりのあるさまを好ましく感じているときに用いる。【3】「広範」は、範囲が大きいことをいう文章語。【4】「広い」「広やか」は、人の性格などが悠々としてこだわらない意でも用いる。

反対語▼広い⇔狭い

809-15 広大（こうだい）／無辺（むへん）

【関連語】◆(無辺際)むへんさい　◆(果てし無い)はてしない

共通する意味★限りなく広々としているさま。**【英】** *vast(ness)*

使い方▼**〔広大〕**(名・形動)▽広大な土地を所有する▽気宇広大　**〔無辺〕**(名・形動)▽無辺の天空を見上げる▽広大無辺

使い分け【1】「無辺」は、硬い表現で、文章語。【2】「広大」は、「宏大」とも書く。

【関連語】◆(無辺際)(名・形動)果てしなく広がっていること。文章語。「むへんざい」ともいう。「無辺際な大空」◆(果てし無い)(形)限りがない。時間にも空間にも用いる。「果てしない荒野」「果てしなく続く議論」

809-16 空漠（くうばく）／漠漠（ばくばく）／だだっ広い（だだっぴろい）

【関連語】◆(蒼茫)そうぼう

共通する意味★むやみに広いさま。**【英】** *unduly wide*

使い方▼**〔空漠〕**(形動たる・と)▽空漠とした荒野　**〔漠漠〕**(形動たる・と)▽漠々たる荒地　**〔だだっ広い〕**(形)▽家具も何もないだだっ広い部屋

使い分け【1】「空漠」「漠漠」は、硬い文章語で、「だだっ広い」は、具体的な空間についてだけ使い、くだけた日常語。「だだっ広い」は、むやみやたらと広い意。【2】「空漠」は、「空漠とした議論が延々と続いた」のように、内容がなく、つかみどころがない意でも使う。【3】「漠漠」は、「漠々とした不安に襲われる」のように、ぼんやりとして、とりとめがない意でも使う。

【関連語】◆(蒼茫)(形動たる・と)見わたすかぎり青々として広いさま。文章語。「蒼茫たる大洋に浮かぶ船」

809-17 悠悠（ゆうゆう）／渺渺（びょうびょう）／渺茫（びょうぼう）／茫茫（ぼうぼう）

共通する意味★遠くはるかに広がっているさま。**【英】** *vast*

使い方▼**〔悠悠〕**(形動たる・と)▽悠々たる天地　**〔渺渺〕**(形動たる・と)▽渺々たる大海　**〔渺茫〕**(形動たる・と)▽渺茫たる大海原　**〔茫茫〕**(形動たる・と)▽茫々たる視界▽茫々として定かでない

使い分け【1】いずれも文章語で、あまり一般的には用いられない。【2】「悠悠」は、遠くはるかに広がっているさま。【3】「渺渺」は、水のはてしなく広がり、遠くはるかなさま。【4】「渺茫」は、広くはてしないさま、遠くかすかなさま。【5】「茫茫」は、広々としてはるかなるさま、ぼんやりとしてはっきりしないさま。また、「草ぼうぼうの庭」のように、草や髪などが多く生えて乱れているさまの意でも用いる。

参照▼悠悠⇒204-12

809-18 茫洋（ぼうよう）／限りない（かぎりない）

【関連語】◆(極まりない)きわまりない

共通する意味★ずっとはるかに続いて果てがないさま。**【英】** *boundless*

使い方▼**〔茫洋〕**(形動たる・と)▽茫洋たる前途▽茫洋たる大海原▽茫洋たる人物　**〔限りない〕**(形)▽限りなく広がる大草原▽限りない感謝の気持ち▽限りなく続く道▽数限りなく押し寄せてくる

使い分け【1】「茫洋」は、ある所から眺めわたしても、広すぎて、はての見当のつかないさま。【2】「限りない」は、物事がどこまでいっても限度がない意。【3】「茫洋」は、面的な広がりについて用いられるのに対して、「限りない」は、「道」のように、線状の物についても用いられる。

【関連語】◆(極まりない)(形)程度が限りなく甚だしい。「不愉快極まりない」「危険極まりない遊びだ」「非常識極まりない」

809-19 狭い（せまい）／手狭（てぜま）／せせこましい

共通する意味★空間や面積、範囲などが小さい。【英】*narrow*
使い方▼〔狭い〕(形)▽狭い教室だからマイクはいらない▽道が狭いから注意しなさい〔手狭〕(形動)▽人や物が増えて手狭になった事務所〔せせこましい〕(形)▽せせこましい家ですがお出かけください

	□部屋	商品を増やすには□店	猫の額ほどの□庭	視野が□
狭い	○	○	○	○
手狭	-な○	-な○	-な-	-
せせこましい	○	-	○	-

使い分け【1】「狭い」は、物と物との間隔や、幅が小さい場合にも用いる。【2】「手狭」は、住んだり使ったりする場合に、空間的な余裕がないさまにいう。【3】「せせこましい」は、面積が少なくて不快に感じるさま。【4】「狭い」は、「交際が狭い」「狭い考え」のように、行動や物の見方が限られている意もある。【5】「せせこましい」は、「せせこましい考え」のように、気持ちにゆとりがない意もある。

反対語▼狭い⇔広い

809-20 窮屈(きゅうくつ)／きつい

共通する意味★空間的にゆとりがないさま。【英】*narrow*
使い方▼〔窮屈〕(形動)▽三人掛けの席に四人座るのは窮屈だ▽太って服が窮屈になった〔きつい〕(形)▽食べすぎてベルトがきつい
使い分け【1】「きつい」の方が、やや話し言葉的。【2】「窮屈」には、「社長と同席するのは窮屈だ」のように、気づまりなさまや、「予算が足りなくて窮屈な旅行だった」のように、不自由を感じるさまの意もある。
参照▼きつい⇒819-41

809-21 深い(ふかい)／奥深い(おくふかい)

【関連語】◆(根深い)(ねぶかい)
共通する意味★表面・外面から底・奥までの距離が長い。【英】*deep*
使い方▼〔深い〕(形)〔奥深い〕(形)

	山の□所	□洞窟(どうくつ)	□金魚鉢	この湖は□
深い	△	△	○	○
奥深い	○	○	-	-

使い分け【1】「奥深い」は、表から奥の方へ深く引っ込んでいるさまをいい、「深い」とは異なり、海や湖、川のように、表面から底までの距離が垂直方向に長い場合には用いられない。「おくぶかい」ともいう。【2】「深い」は、「深い悲しみに暮れる」「読者に深い感動を与える」のように、感情、思慮、思索、情欲などの程度が並でない意、「深い仲」「絵画に対する造詣(ぞうけい)が深い」のように、物事と関係し合う程度が並でない意、「霧が深い」のように、色、香りや自然物の広がりが濃密である意にも用いられる。【3】「奥深い」は、「奥深い真理」のように、意味の程度が並でない意でも用いられる。
反対語▼深い⇔浅い
【関連語】◆(根深い)(形)根の生え方が深い。また、その源が深くて取り除くことのできないほどであるさま。「対立の原因は根深い」

809-22 浅い(あさい)

意味★表面・外面から底・奥までの距離が短い。【英】*shallow* ⇔深い
使い方▼〔浅い〕(形)▽浅いプール▽浅い皿▽この川は浅い
◆「認識が浅い」「思慮が浅い」「経験が浅い」のように、程度が普通以下である意や、「浅い緑色」のように、色や香りが少ない意、「転居してからまだ日が浅い」のように、始まりからそれほど日時がたっていない意でも用いられる。

809-23 太い(ふとい)

意味★線状、棒状のものの断面の面積や幅が大きい。【英】*thick* ⇔細い
使い方▼〔太い〕(形)▽太い木▽太い蛇▽ウエストが太い▽立ち通しで足が太くなった
◆「太い声で話す」のように、低音で音量が豊かである意、「肝っ玉が太い」のように、恐れを知らず大胆である意、「知らん顔でいるとは太いやつだ」のように、ずうずうしい意でも用いられる。

809-24 細い(ほそい)

意味★長く伸びるものの断面の面積や幅が小さい。【英】*thin* ⇔太い
使い方▼〔細い〕(形)▽細い綱▽手首が細い▽目を細くする
◆「食が細い人」「レンジの火を細くする」のように、物の量や力などが少ない意、「細い声で答える」のように、音声が小さい意でも用いられる。

809-25 重い(おもい)

意味★目方が多い。重量がある。【英】*heavy* ⇔軽い
使い方▼〔重い〕(形)▽重い荷物▽この靴は重いので歩きづらい▽彼は僕より重い▽先月より三キロ重くなった
◆「重い病」「彼の罪は重い」のように、物事の程度が

甚だしい意、「重い地位」「重い役職に就く」のように、身分が高い意、「気が重い」のように、気持ちが晴れ晴れとしない意、「口が重い」「重い腰を上げる」のように、動きや働きが鈍い意でも用いられる。

809-26 軽い

意味★目方が少ない。重量がない。**【英】** *light* ⇔重い

使い方▼〔**軽い**〕(形)▽この辞書は軽いが内容は濃い▽カシミアの軽いセーター▽風邪で寝こんだら体重が二キロ軽くなった

◈「軽い風邪」のように、物事の程度が甚だしくない意、「尻が軽い」「口が軽い」のように、軽率である意、「軽いステップを踏む」「軽いジャズ」のように、軽快である意、また、「軽い食事を取る」「軽くやっつける」のように、あっさりしている意、手軽で簡単な意、「試験が終わったので心が軽い」のように、晴れ晴れとした気持ちである意などでも用いられる。

809-27 かたい／硬質

【関連語】◆(**生硬**)せいこう◆(**強い**)こわい◆(**硬直**)こうちょく

共通する意味★壊したり、変化させたりしにくい。**【英】** *hard*

使い方▼〔**かたい**〕(形)▽硬い金属▽このクッキーは硬い▽ネジを固く締める〔**硬質**〕(名・形動)▽硬質な磁器▽ダイヤの硬質を利用する

使い分け【1】「かたい」は、しっかりとまとまっていて、容易に砕けない意。「固い」「硬い」「堅い」などと書くが、物の性質についていう場合には、「硬い」「固い」と書くことが多い。【2】「硬質」は、物の質が壊したり、変化させたりしにくいこと、また、そういう性質の物。具体的な物体にいうことが多い。【3】「かたい」は、「口のかたい人」「かたい約束」のように、態度や状態が強くしっかりしている意、「表情がかたい」「文章がかたい」のように、表情、感じなどについてやわらかさに欠ける意、「合格はかたい」「かたい商売」のように、確実である意でも使われる。この場合は、「堅い」「固い」と書くことが多い。

反対語▼かたい⇔やわらかい　硬質⇔軟質

【関連語】◆(**生硬**)(名・形動)未熟、不慣れなどのため、ぎごちなく、かたい感じがするさま。「表現が生硬で読みづらい」◆(**強い**)こわい(形)強情である。頑固である。また、かたい。「情が強い」「強いご飯」◆(**硬直**)スルこわばって自由がきかなくなること。柔軟性がなくなること。「体が硬直するほど緊張する」「政策が硬直している」

809-28 やわらかい／柔軟／しなやか

【関連語】◆(**軟化**)なんか◆(**柔らか**)やわらか

共通する意味★他の力によって簡単に変化させやすい。**【英】** *soft*

使い方▼〔**やわらかい**〕(形)▽つきたての餅は柔らかい▽頬にやわらかい風があたる〔**柔軟**〕(形動)▽柔軟な身体▽柔軟体操〔**しなやか**〕(形動)▽しなやかな肢体▽竹がしなやかにたわむ

	体が□	指が□	態度が□	感触が□
やわらかい	○	−	○	○
柔軟	-だ○	-だ−	-だ○	-だ−
しなやか	-だ○	-だ○	-だ−	-だ−

使い分け【1】「やわらかい」は、物が他の力を受けて容易に変化しやすいさまや、穏やかで荒々しくない意。「人当たりがやわらかい」のように、人間の行動や性質などにもいう。また、「やわらかい本」のように、堅苦しくなく融通性がある意もある。「柔らかい」「軟らかい」とも書く。【2】「柔軟」「しなやか」は、物などに弾力のあるさまをいう。また、「柔軟」は、「動きが柔軟だ」「柔軟な態度」のように、動作などがスムーズであるさまや、考え方が一方に偏らないでさまざまのものに素直に対処しうるさまを、「しなやか」は、「しなやかな身のこなし」のように、動きが滑らかなさまも表わす。

反対語▼やわらかい⇔かたい　柔軟⇔強硬

【関連語】◆(**軟化**)スルやわらかくなることという意で、物、人の性質、態度などに使われる。「ビニールが熱で軟化する」「態度が軟化する」◆(**柔らか**)(形動)手ざわり、肌ざわりがふんわりしているさま。また、性格、言動などが穏やかなさま。「柔らかな幼児の手」「柔らかな人当たり」

809-29 粘り／粘り気

共通する意味★やわらかで物にくっつきやすく、伸び縮みしたりして、ちぎれにくい状態にあること。また、その性質。**【英】** *stickiness*

使い方▼〔**粘り**〕▽納豆を粘りがでるまでかきまわす▽粘りがあるもち〔**粘り気**〕▽粘り気があるご飯

使い分け【1】「粘り気」は、粘る性質だけをいうが、「粘り」は、粘る程度もいう。【2】「粘り」は、「粘りが身上のチーム」のように、しぶとく持続する力という意でも使われる。

809-30 厚い／厚ぼったい／分厚い／厚手

共通する意味★物体の一面から反対側の面までの距離が長い。**【英】** *thick*

使い方▼〔**厚い**〕(形)▽厚い板▽ペンキを厚く塗る〔**厚ぼったい**〕(形)▽唇がはれて厚ぼったい▽厚ぼったい茶碗〔**分厚い**〕(形)▽分厚いノート▽分厚い札束〔**厚手**〕▽厚手の紙▽厚手の鍋

	布が□	本が□	□セーター	□唇
厚い	○	○	△	○
厚ぼったい	○	−	○	○
分厚い	○	○	△	−
厚手	−だ○	−だ△	−の○	−

使い分け【1】いずれも、ある程度の面積があるものについていう。四語の中では、「厚い」が最も一般的。【2】「厚ぼったい」は、腫(は)れてふくらみを感じさせるような場合にいい、重苦しさ、うっとうしさを伴うことが多い。紙、織物、唇などについていう。【3】「分厚い」は、かなりの厚みがある意で、「部厚い」とも書く。【4】「厚手」は、紙、織物、陶器などが厚みのあることにいう。【5】「厚い」は、「厚く御礼申し上げます」「信仰が篤い」のように、物事の程度、度合いの甚だしい意や、「篤い病の床に伏す」のように、病気が重い意でも用いられる、「篤い」とも書く。

反対語▼厚い⇔薄い　厚手⇔薄手

8 09-31 濃い（こい）／濃厚（のうこう）

【関連語】◆（濃密）のうみつ

共通する意味★色、味などの感じが強い。濃度、密度が高い。

使い方▼〔濃い〕(形)▽濃い紺色▽この水割りは濃い▽〔濃厚〕(形動)▽濃厚な化粧▽濃厚な味の料理

	溶液が□	味が□	ひげが□	色が□
濃い	○	○	○	○
濃厚	−だ○	−だ○	−だ−	−だ−

使い分け「濃い」「濃厚」は、「大雨の恐れが濃い」「敗色が濃い」「優勝の可能性は濃厚だ」のように、ともに程度、傾向が強い意もあるが、「濃い」の方が使用範囲が広い。**【英】** *deep*(色など); *thick*(ひげや味など); *strong*(スープ、コーヒーなど)

反対語▼濃い⇔薄い　濃厚⇔淡泊・希薄

【関連語】◆（濃密）(形動)濃くてこまやかなさま。「濃密な描写」「濃密な関係」

8 09-32 薄い（うすい）／希薄（きはく）／薄っぺら（うすっぺら）／薄め（うすめ）

【関連語】◆（うっすら）◆（薄手）うすで

共通する意味★厚み、密度、濃度などが少ない。**【英】** *thin; weak*(茶など)

使い方▼〔薄い〕(形)▽肉が薄い▽空気中の酸素が薄くなる▽知識が薄い▽肉親との縁が薄い▽利が薄い〔希薄〕(形動)▽塩分の希薄な溶液▽現実への意識が希薄な小説　〔薄っぺら〕(形動)▽薄っぺらな財布▽薄っぺらな同情　〔薄め〕(名・形動)▽薄めに味つけをする▽薄めの化粧

	空気が□	布が□	色が□	内容が□
薄い	○	○	○	○
希薄	−だ○	−だ−	−だ−	−だ○
薄っぺら	−だ−	−だ○	−だ−	−だ○
薄め	−だ○	−だ○	−だ○	−だ−

使い分け【1】「薄い」は、物の厚みが少ない意、密度、濃度などが低い意で用いられる。また、十分でない、乏しい、程度や傾向が強くないといった抽象的な意でも用いられる。意味、用法とも四語の中では最も広い。【2】「希薄」は、密度、濃度などが低いことで、「薄い」より硬い文脈で用いられることが多い。【3】「薄っぺら」は、物の厚みがかなり少ないことを表わすが、その少なさを侮蔑(ぶべつ)的に表現するときに用いられることが多い。【4】「薄め」は、比較的厚みや濃度が少ない状態、傾向を表わし、具体的なものに対して使われる。

反対語▼薄い⇔厚い・濃い　希薄⇔濃厚　薄め⇔厚め・濃いめ

【関連語】◆（うっすら）(副)物事の度合いのかすかなさま。「雪がうっすら積もっている」◆（薄手）厚みが比較的少ないこと。内容が貧弱で安っぽいさまにもいう。⇔厚手。「薄手のセーターを着る」「薄手な感じのドラマ」

参照▼薄手⇒017-28

8 09-33 頑丈（がんじょう）／堅牢（けんろう）／堅固（けんご）／頑強（がんきょう）／強固（きょうこ）／屈強（くっきょう）／強健（きょうけん）

【関連語】◆（確固）かっこ

共通する意味★強く、しっかりしているさま。**【英】** *solid; firm*

使い方▼〔頑丈〕(名・形動)▽この車は頑丈にできている▽頑丈な橋　〔堅牢〕(形動)▽堅牢な仕上げの棚▽堅牢無比　〔堅固〕(形動)▽要害堅固な地▽意志が堅固な人　〔頑強〕(形動)▽頑強に反対しつづける▽頑強に居すわる　〔強固〕(形動)▽意志が強固である　〔屈強〕(名・形動)▽屈強なボディーガード　〔強健〕(名・形動)▽強健を誇示する

	□な体	□な金庫	□な守り	□な信念	□に抵抗する
頑丈	○	○	−	−	−
堅牢	△	○	○	−	−
堅固	△	○	○	○	△
頑強	○	−	−	−	○
強固	−	−	△	○	△
屈強	○	−	−	−	−
強健	○	−	−	−	−

使い分け【1】「頑丈」は、人間の体や物がしっか

りしていて、損なわれにくく丈夫なさまを表わすが、人の精神的な事柄については用いられない。【2】「堅牢」「堅固」「強固」は、人間の体にはあまり用いられない。「堅牢」は、物の構造に用いられることが多い。「堅固」は、防備などがしっかりしていて攻撃されても容易に破られないさま。「堅固」「強固」は、意志が強くてしっかりしているさまを表わすことも多い。【3】「頑強」「屈強」は、人間の体や、自己の信念を貫く態度などに用いられる。

【関連語】◆(確固)(形動たる・と)精神などがしっかりしているさま。「確乎」とも書く。「確固とした信念をもつ」「確固たる方針を立てる」

参照▼強健⇒020-01

8 09-34 強い(つよい)／強力(きょうりょく)／強大(きょうだい)

【関連語】◆(無敵)むてき

共通する意味★力や勢いがあり、他にすぐれているさま。【英】*strong; powerful*

使い方▼〔強い〕(形)〔強力〕(形動)〔強大〕(名・形動)

	＿敵と闘う	＿効果をあらわす	＿意志を持つ	＿味方を得る
強い	○	○	○	○
強力	-な○	-な○	-な-	-な○
強大	-な○	-な-	-な-	-な△

使い分け【1】「強い」は、力、勢い、確かさ、人に勝つ要素、効果の大きさなど、さまざまに用いる。【2】「強力」は、力や影響力が強いさま。人にも物にも用いる。【3】「強大」は、勢いの大きいことで、国や組織など、外に勢いを示すことのできる集団に多く用いる。

反対語▼強い⇔弱い　強大⇔弱小

【関連語】◆(無敵)(名・形動)敵の無いほど強いさま。「無敵のガンマン」「無敵を誇る王者」「天下無敵」

8 09-35 しっかり／がっちり／がっしり

共通する意味★強く、固く、安定しているさま。【英】*tightly*

使い方▼〔しっかり〕(副)スル▽経営のしっかりした会社▽手をしっかり握る▽記憶がしっかりしていない▽しっかり働け　〔がっちり〕(副)スル▽がっちり連結された車両▽がっちりと握手する　〔がっしり〕(副)スル▽石造りのがっしりとした建物▽がっしりした体格

	体が＿している	＿した胸	＿守る	＿スクラムを組む	＿勉強しなさい
しっかり	○	-	○	△	○
がっちり	○	○	○	○	-
がっしり	○	○	-	-	-

使い分け【1】「しっかり」は、堅固で安定しているさま、また、確実、着実であるさまを表わすが、土台や構成、記憶や判断、技術、性質、仕事など、さまざまな事柄に対して用いられる。【2】「がっちり」は、組み立てや結合の様子が密接でゆるみやすきまがないさま、また、そのため、骨組みや組み立てが確実で頑丈なさまを表わす。さらに、がっちり握って放さないという意から、抜け目がないさまも表わす。【3】「がっしり」は、体格や建物などの構造を対象とし、強くて、堅固で、頑丈なさまを表わす。

8 09-36 弱い(よわい)／もろい

【関連語】◆(か弱い)かよわい◆(ひ弱い)ひよわい◆(ひ弱)ひよわ◆(弱弱しい)よわよわしい◆(薄弱)はくじゃく◆(劣弱)れつじゃく◆(脆弱)ぜいじゃく◆(軟弱)なんじゃく◆(柔弱)にゅうじゃく◆(虚弱)きょじゃく

共通する意味★力がなく、こわれやすい。

使い方▼〔弱い〕(形)▽土台が弱くなる▽弱い軍勢〔もろい〕(形)▽岩がもろくくずれる

	風に＿木	力が＿	気が＿	＿骨	情に＿
弱い	○	○	○	△	-
もろい	○	-	-	○	○

使い分け【1】「弱い」は、精神的、肉体的、物理的な力そのものが劣っている場合に広く使うが、「もろい」は、物理的な力に対して抵抗する力の乏しい意をいうことが多い。「もろい」が精神的なことに用いられる場合は、「涙もろい」「情にもろい」など、急に湧き上がってきた感情をもちこたえる力がなく、すぐに心が動揺しやすいことをいう。【英】*weak, feeble*(弱い); *frail*(もろい)【2】「もろい」は、外観は強そうに見えても、実際にはある力に対してももちこたえることができず、こわれやすい意をいう。「弱い」は、見た目にも力がなく感じられる場合にも使える。たとえば、「もろい壁」は、固い素材で造られていて、一見丈夫に見えているが、古くなったりして、少しの衝撃で壊れてぼろぼろと落ちる壁をいい、「弱い壁」は、新しいものであっても薄い建材などを使っていて、見た目にも弱々しく、実際に少しの力を加えただけで、曲がったり破れたりするような壁をいう。【3】「もろい」は、「脆い」とも書く。

反対語▼弱い⇔強い

【関連語】◆(か弱い)(形)いかにも弱い感じである。「か弱い腕」「か弱い女性」◆(ひ弱い)(形)弱々しい感じである。病弱など、体が弱いさまにいうことが多い。「ひ弱い体」◆(ひ弱)(形動)「ひ弱い」の語幹。「ひ弱な体」◆(弱弱しい)(形)いかにも力や元気がない感じである。「弱々しい声でつぶやく」◆(薄弱)(名・形動)意志や体力などが弱いこと。また、確かでないこと。「意志薄弱」「薄弱な論拠」◆(劣弱)(名・形動)劣っていて弱いこと。「劣弱な資質」◆(脆弱)(名・形動)もろくて弱いこと。「脆弱な体」「脆弱な地盤」◆(軟弱)(名・形動)質がやわらかで弱いこと。また、意志、性質が弱くて物事に耐えられないこと。「軟弱な地盤」「軟弱な精神」「軟弱な男」◆〔柔弱〕(名・形動)体や精神が弱々しいこと。「じゅうじゃく」とも。「柔弱な男」◆〔虚弱〕(名・形動)体が弱く病気になりやすいさま。⇔頑健。「虚弱な体質」

809-37 細かい／細か

共通する意味★大きさが非常に小さい。【英】*fine*

使い方▼〔細かい〕(形)▽細かく砕く▽きめが細かい〔細か〕(形動)▽細かな字を書く

使い分け【1】いずれも、非常に小さいものが数多くある場合に、その小さいもの一つ一つについていう。【2】「細か」の方が、やや口語的な語で、また、主観的な印象を表わすことが多い。【3】二語とも、細部まで非常に行き届いているさまを表わすこともある。「細かく調査する」「細かに報告する」

参照▼細かい⇒201-33

809-38 微細／細微

共通する意味★非常に細かいさま。【英】*minute*

使い方▼〔微細〕(名・形動)▽微細な生物を観察する▽微細な点まで言及する　〔細微〕(名・形動)▽細微な事柄まで調べ上げる▽細微末節

使い分け「微細」の方が、一般的。極めて小さくこまごましているさまで、「微細なずれ」のように、微妙でわずかなさまにもいう。

809-39 詳しい

意味★細かい点にまで行き渡ってことを行うさま。【英】*detailed*

使い方▼〔詳しい〕(形)▽手紙の詳しい内容▽詳しく報告する

◆「この辺の地理に詳しい」のように、細部までじゅうぶんに知っている意でも用いる。

809-40 子細／委細／委曲

共通する意味★詳しく細かい事情。【英】*details*

使い方▼〔子細〕(名・形動)▽子細ありげにほほえむ　〔委細〕(名・副)▽委細は追って通知する▽委細面談　〔委曲〕▽委曲を尽くして訴える

	□を述べる	状況を□に語る	□構わず実行する	□を尽くして説得する
子細	○	○	△	-
委細	○	-	○	-
委曲	△	-	-	○

使い分け【1】「子細」は、「子細に調べる」のように、詳しいこと、細かいこともいう。他に「子細ない(=さしつかえない)」のように、さしつかえの意でも用いる。【2】「委細」「委曲」は、事情や状況の意のみで使う。「委細」は、「委細承知する」のように、細かい事情まですべて、の意もある。

809-41 細部／ディテール

共通する意味★細かい部分。【英】*details*

使い方▼〔細部〕▽計画を細部まで検討する▽変更は細部に及ぶ　〔ディテール〕▽ディテールにこだわって作られた模型▽ディテールに至るまで再現する

使い分け【1】「細部」は、やや改まった硬い言い方。「ディテール」は、専門的な場合や、気取っていう場合に使う。【2】「ディテール」には、部分画の意もある。

809-42 精緻／細緻

共通する意味★細かいところまで行き届いていること。【英】*minute*

使い方▼〔精緻〕(名・形動)▽精緻な筆致のデザイン画▽精緻なスケッチ　〔細緻〕(名・形動)▽細緻に仕上げた作品▽細緻な細工

使い分け【1】「精緻」は、細かいところまで詳しく念入りで正確なこと。【2】「細緻」は、こまごましたところまで注意が向けられていること。

809-43 精細／詳細／明細

【関連語】◆〔精巧〕せいこう◆〔巧緻〕こうち

共通する意味★詳しく細かいこと。【英】*detailed*

使い方▼〔精細〕(名・形動)▽心理状態を精細に描いた小説▽精細な検査　〔詳細〕(名・形動)▽詳細は追って書面でお伝えいたします　〔明細〕(名・形動)▽明細に記された決算書▽明細書

	□に解説する	□な地図	□な銅版画	□を報告する
精細	△	△	○	-
詳細	○	○	-	○
明細	△	-	-	○

使い分け【1】「精細」は、細かい点まで正確で注意が行き届いていること。【2】「詳細」は、細かい点まで詳しいこと。客観的、事務的な細かさをいう。【3】「明細」は、一つ一つはっきりと詳しいこと。また、「明細書」の略としても使われる。

【関連語】◆〔精巧〕(名・形動)細工などが細かくて巧みにできていること。「精巧な仕掛け」◆〔巧緻〕(名・形動)きめが細かくて巧みにできているさま。「巧緻を極めた細工」「巧緻な模型」

809-44 細大（さいだい）／巨細（こさい）

共通する意味★細かいことと、大きいこと。**【英】** *great and small*

使い方▼〔細大〕▽細大漏らさず調べ上げる　〔巨細〕▽巨細漏らさず言いたてる

使い分け「細大」の方が、一般的な言い方。「巨細」は、細かく詳しいさまの意もある。

8 10 …内面的な性質

810-01 情緒（じょうちょ）／情趣（じょうしゅ）／興趣（きょうしゅ）／情味（じょうみ）

【関連語】◆〈滋味〉じみ

共通する意味★物事の味わい、おもしろみ。**【英】** *feeling*

使い方▼〔情緒〕▽江戸の情緒が残る町並み▽情緒たっぷりに歌う▽異国情緒　〔情趣〕▽古都の情趣を味わう▽情趣を解する人　〔興趣〕▽興趣のつきない絵▽いちだんと興趣が募る▽興趣満点　〔情味〕▽情味に乏しい文章▽情味豊かな夏祭り

使い分け「情緒」が最も一般的に用いられ、「じょうしょ」とも読む。他は、主に文章で用いられる。

【関連語】◆〈滋味〉心を豊かにする、芸術作品などの深い味わい。「滋味にあふれた作品」「滋味掬（きく）すべし」

参照▼情味⇒216-44　滋味⇒107-06

810-02 風情（ふぜい）／趣（おもむき）

【関連語】◆〈気韻〉きいん◆〈風韻〉ふういん◆〈幽玄〉ゆうげん

共通する意味★上品で雰囲気があり、心ひかれる味わい。**【英】** *taste; flavor*

使い方▼〔風情〕▽なんの風情もない部屋▽松の木が庭に風情を添えている　〔趣〕▽ここから眺める夕日は趣がある▽これといった趣のない旅館

使い分け【1】二語とも、そのものがもつしみじみとした独特の味わいをいい、ほぼ同じように用いられる。【2】「風情」は、「触れなば落ちんという風情」のように、様子、気配、態度の意や、また、接尾語として、「私風情にはとてもわからない」のように、それを卑しめたりへりくだったりする意もある。【3】「趣」は、「お手紙の趣了承いたしました」のように、事柄の内容、趣旨の意や、「承ればご病気の趣…」のように、物事の成り行き、事情の意でも用いられる。

【関連語】◆〈気韻〉気品のあるおもむき。文章語。「不思議な気韻に打たれる」「気韻生動（＝芸術作品などで気品が生き生きと感じられること）」◆〈風韻〉みやびやかな風情。文章語。「風韻ある絵画」◆〈幽玄〉（名・形動）味わいが奥深く、はかりしれないこと。また、余情余韻があること。文章語。「幽玄を感じさせる作品」「幽玄な山奥の庵」

810-03 風流（ふうりゅう）／風雅（ふうが）

【関連語】◆〈雅趣〉がしゅ◆〈雅致〉がち◆〈閑雅〉かんが

共通する意味★上品で優美なおもむきのあるさま。**【英】** *elegance*

使い方▼〔風流〕（名・形動）▽風流な庭▽風流を解す　〔風雅〕（名・形動）▽風雅な茶室▽風雅を解する

使い分け【1】「風流」の方が、やや一般的な語。【2】「風流」は、「風流人」のように、世俗を離れて詩歌や趣味に親しむことにもいう。【3】「風雅」は、詩歌、文章、書画などの芸術の道にかかわっていることにもいう。

【関連語】◆〈雅趣・雅致〉風流なおもむき。いずれも文章語。「雅趣あふれた造りの家」「雅致に富んだ作品」◆〈閑雅〉もの静かで、景色などにおもむきのあるさま。文章語。「閑雅な庭」

810-04 興（きょう）／醍醐味（だいごみ）／曲（きょく）／味（あじ）／持ち味（もちあじ）

共通する意味★おもしろみがあって、楽しんだり観賞したりすることができること。また、そういうもの。**【英】** *taste*

使い方▼〔興〕▽興に乗って歌まで飛び出した▽興をそそられる▽興が醒（さ）めた▽興をそがれる　〔醍醐味〕▽マリンスポーツの醍醐味を味わう　〔曲〕▽ただ飲んで食うだけの、曲もない忘年会　〔味〕▽味のある渋いのどを聞かせる▽味のある随筆　〔持ち味〕▽材料の持ち味を生かした料理

使い分け【1】「興」は、物事に対して感じるおもむきをいう。例文のような、慣用的な表現で用いられることが多い。【2】「醍醐味」は、物事がもっている本当のおもしろさをいう。【3】「曲」は、変化のあるおもしろみをいう。【4】「味」は、「味のある」の形で使われることが多い。また、「味な」の形で、気の利いているさま、しゃれたさまなどもいう。「味なことを言う」【5】「持ち味」は、その物や人間などがもっている、他にはないそのもの独特の味わいをいう。

反対語▼興⇔不興

参照▼曲⇒614-35　味⇒107-03

810-05 風致（ふうち）／風趣（ふうしゅ）／景趣（けいしゅ）

共通する意味★自然の景色などがもっているおもむきや味わい。**【英】** *scenic beauty*

使い方▼〔風致〕▽武蔵野の風致を守る▽風致地区　〔風趣〕▽冬の海もそれなりの風趣がある▽風趣に富む庭　〔景趣〕▽古都の景趣を害する高層ビル

使い分け 三語とも、主として文章語として用いられる。

8 10-06 静か（しず）／物静か（ものしず）／閑静（かんせい）／静粛（せいしゅく）／静寂（せいじゃく）

【関連語】◆（沈静）ちんせい◆（清閑）せいかん◆（しじま）

共通する意味★声や音が聞こえず、ひっそりとしているさま。**【英】** *silence; stillness*

使い方▼〔**静か**〕（形動）▽風のない静かな夜▽廊下を静かに歩く▽子供たちがいないと静かだ 〔**物静か**〕（形動）▽物静かな屋敷▽父の書斎はいつも物静かだ 〔**閑静**〕（形動）▽閑静な住宅街 〔**静粛**〕（名・形動）▽講演を静粛に聞く▽御静粛に願います 〔**静寂**〕（名・形動）▽境内は静寂に包まれていた▽静寂な夜ふけ

使い分け【1】「静か」が、話し言葉としては最も一般的。また、「静かな海」「静かな生活」のように、動きが少なく、穏やかなさまにもいう。【2】「物静か」は、ひっそりしているさまの意より、「物静かな人」「物静かに話す」のように、態度や言葉などが落ち着いていて穏やかなさまの意で用いられることが多い。【3】「閑静」は、場所、住まいについていう。【4】「静粛」は、特に、改まった場面で人の話を聞くときの態度や、秩序が重んじられる場所での態度について用いられる。【5】「静寂」は、物音一つしないような、厳かな雰囲気に使う。【6】「静粛」「静寂」は、主として文章で用いられる。

【関連語】◆（**沈静**）スル 騒ぎなどが収まって安定した状態になること。「地価の上昇が沈静する」「事態が沈静化に向かう」◆（**清閑**）（名・形動）世俗の雑事にわずらわされず静かなさま。文章語。「清閑の地に居を構える」◆（**しじま**）ひっそりと静まっていること。特に、夜の静かさについていう。文章語。「夜のしじまに包まれる」

8 10-07 深閑（しんかん）／深深（しんしん）／閑散（かんさん）

共通する意味★ひっそりと静まりかえっているさま。**【英】** *stillness*

使い方▼〔**深閑**〕（形動たる・と）▽深閑とした山寺の境内▽深閑たる山中 〔**深深**〕（形動たる・と）▽深々と夜が更ける▽雪が深々と降りしきる 〔**閑散**〕（形動たる・と）▽休日のオフィス街は閑散としている

使い分け【1】「深閑」は、すべての音が吸い込まれて静まりかえっているようなさま。特に、神社や寺院のような、厳粛な場所の静かなさまにいう。「森閑」とも書く。【2】「深深」は、夜が更けるさまや、雪が降るさまを表わすことが多い。【3】「閑散」は、人影がなく、ひっそりと静まりかえっているさま。

参照▼深深⇒712-13

8 10-08 寂寥（せきりょう）／寂寞（せきばく）

【関連語】◆（寥寥）りょうりょう

共通する意味★人の気配がなく、寂しい感じがするさま。また、心が満たされず、寂しいさま。**【英】** *loneliness*

使い方▼〔**寂寥**〕（名・形動たる・と）▽寂寥たる荒野▽己（おの）が身の上の寂寥を味わう▽寂寥感に打ちひしがれる 〔**寂寞**〕（形動たる・と）▽寂寞たる廃墟▽寂寞の情を催す

使い分け【1】いずれも、文章語。【2】「寂寞」は、「じゃくまく」とも読む。

【関連語】◆（**寥寥**）（形動たる・と）ものさびしくひっそりしているさま。文章語。「寥々たる原野」㊟「参加者は寥々たるもの」のように、数量が少ないさまもいう。

8 10-09 こっそり／ひそか／忍（しの）びやか／そっと

共通する意味★他人に気づかれないようにするさま。**【英】** *secret(ly); private(ly)*

使い方▼〔**こっそり**〕（副）〔**ひそか**〕（形動）〔**忍びやか**〕（形動）〔**そっと**〕（副）

	＿抜け出す	＿歩く	＿触れる	チャンスを＿ねらう
こっそり	○	△	△	○
ひそか	－に○	－に－	－に△	－に○
忍びやか	－に○	－に○	－に－	－に－
そっと	○	○	○	－

使い分け【1】「こっそり」「そっと」が、日常的に使われることが多い。【2】「忍びやか」は、目立たないように振る舞うさまを、「そっと」は、音を立てないで、静かに物事をするさまをいう。【3】「ひそか」は、「密か」「窃か」「竊か」「秘か」「私か」とも書く。

8 10-10 しんと／しいんと／ひっそり

【関連語】◆（ひそやか）

共通する意味★物音や話し声がせず、静まりかえっているさまを表わす語。**【英】** *quietly; silently*

使い方▼〔**しんと**〕（副）スル▽教室はしんと静まりかえっていた▽訃報（ふほう）を聞いて皆がしんとなった 〔**しいんと**〕（副）スル▽会場はしいんと静まりかえった▽一同はしいんとなった 〔**ひっそり**〕（副）スル▽冬休みの学校はひっそりしている▽ひっそり息をひそめて隠れる

使い分け【1】「しいんと」は、「しんと」を強調した言い方。【2】「ひっそり」は、「母と二人きりでひっそり暮らす」のように、生活態度が地味で目立たないさまにもいう。

【関連語】◆（**ひそやか**）（形動）静まりかえっているさま。また、ささやかなさま。「ひそやかな家の中」

8 事柄・性質

「ひそやかな楽しみ」

8 10-11 静(しず)まる／静(しず)まり返(かえ)る／鎮静(ちんせい)

【関連語】◆(寝静まる)ねしずまる

共通する意味★音や声がしなくなる。【英】*to become quiet*

使い方▼〔静まる〕(ラ五)▽騒然としていた場内が静まる〔静まり返る〕(ラ五)▽生徒が帰って静まり返った校内〔鎮静〕スル▽騒ぎが鎮静する▽鎮静剤

使い分け【1】「静まる」「鎮静」は、騒ぎや混乱、痛み、気持ち、勢いなどが衰え、落ち着く意でも使われる。その場合には、「静まる」は「鎮まる」とも書く。「鎮静」は、文章語的。【2】「静まり返る」は、「静まる」を強調した言い方。

【関連語】◆(寝静まる)(ラ五)人々が寝入って辺りが静かになる。「家中寝静まる」

参照▼静まる⇒210-11

8 10-12 騒(さわ)ぎ／喧噪(けんそう)

【関連語】◆(狂騒)きょうそう◆(躁狂)そうきょう

共通する意味★声や物音がうるさく、やかましいこと。【英】*noise*

使い方▼〔騒ぎ〕▽パーティーは大変な騒ぎだった▽騒ぎを鎮める▽どんちゃん騒ぎ〔喧噪〕▽喧噪を極める大都会▽喧噪の巷(ちまた)

使い分け【1】「騒ぎ」は、広く用いられ、「胸騒ぎ」のように、心配事などで心が落ち着かないことの意や、「酒に酔って騒ぎを起こす」のように、もめごと、事件の意などもある。【2】「喧噪」は、「騒ぎ」より程度や規模が大きい場合が多く、主に書き言葉として用いる。「喧騒」「諠噪」とも書く。

【関連語】◆(狂騒・躁狂)気が狂ったように騒ぐこと。また、その騒ぎ。「都会の狂騒からのがれる」「狂騒の宴」「躁狂のさまを見せる暴走族」

参照▼騒ぎ⇒515-13

8 10-13 ざわめき／どよめき

共通する意味★騒がしく聞こえる多くの物音や話し声。【英】*a stir*

使い方▼〔ざわめき〕▽繁華街のざわめき▽突然の悲しい知らせにざわめきが起こる〔どよめき〕▽予想外の結果に会場からどよめきが起きた▽どよめきが球場にこだまする

使い分け【1】二語とも、多くの人の話し声や、立てる物音などが聞こえて騒がしくなること。「ざわめき」は、どことなく騒がしく聞こえるような場合にいい、全体の音量は大きくない。対して、「どよめき」の方が音量が大きく、また、「ざわめき」は、継続する場合に、「どよめき」は、短時間である場合に用いられる。【2】ともに、意外な事実を知って驚くような場合に用いられる。

8 10-14 大騒(おおさわ)ぎ／どんちゃん騒(さわ)ぎ／らんちき騒(さわ)ぎ／ばか騒(さわ)ぎ／お祭(まつ)り騒(さわ)ぎ

共通する意味★なみはずれてにぎやかに、おもしろく遊び楽しむこと。【英】*a racket; merry-making*

使い方▼〔大騒ぎ〕▽勝利を祝って大騒ぎになる▽上を下への大騒ぎ〔どんちゃん騒ぎ〕▽夜を徹してどんちゃん騒ぎをする〔らんちき騒ぎ〕▽夜更けまでらんちき騒ぎをくりひろげる〔ばか騒ぎ〕▽ばか騒ぎもいい加減にしろ〔お祭り騒ぎ〕▽初優勝の報に校内はお祭り騒ぎとなった

使い分け【1】「大騒ぎ」は、「医者だ薬だと大騒ぎをする」のように、大変な騒動をいうこともある。【2】「どんちゃん騒ぎ」「らんちき騒ぎ」は、酒を飲み、歌い踊って大いに騒ぐことをいう。【3】「らんちき騒ぎ」は「乱痴気騒ぎ」、「ばか騒ぎ」は「馬鹿騒ぎ」とも書く。【4】「お祭り騒ぎ」は、祭りのときのにぎやかな騒ぎ。転じて、必要以上に騒ぎたてること。【5】いずれも話し言葉。

8 10-15 空騒(からさわ)ぎ／てんやわんや

共通する意味★わけもなく、騒ぎ立てること。【英】*much ado about nothing*

使い方▼〔空騒ぎ〕スル▽それは空騒ぎに終わった〔てんやわんや〕(名・形動)▽会場はてんやわんやの大騒ぎになった

使い分け【1】「空騒ぎ」は、無駄に騒ぐこと。【2】「てんやわんや」は、混乱して、収拾がつかない騒ぎ。

8 10-16 うるさい／やかましい／騒騒(そうぞう)しい／騒(さわ)がしい

【関連語】◆(にぎやか)◆(かまびすしい)◆(かしましい)◆(口やかましい)くちやかましい◆(口うるさい)くちうるさい◆(小やかましい)こやかましい◆(騒然)そうぜん

共通する意味★声や音が気になるほど大きい。【英】*noisy; boisterous*

使い方▼〔うるさい〕(形)〔やかましい〕(形)〔騒騒しい〕(形)〔騒がしい〕(形)

	□物音	猫の鳴き声が□	足音が□	プロサッカーで世間が□
うるさい	○	○	○	-
やかましい	○	○	○	-
騒騒しい	○	△	○	○

8 事柄・性質

騒がしい	○	△	-	○

使い分け【1】「うるさい」「やかましい」は、声や音が大きくて邪魔であったり、不快であったりする場合にいう。実際に音がそれほど大きくなくても、本人にとって気になるものであれば使う。【2】「騒騒しい」「騒がしい」は、多く、客観的な形容に用いられる。また、世の中などが不安定で落ち着かない意もある。【3】声についていう場合、「うるさい」「やかましい」は、一人の声についてもいうが、「騒騒しい」「騒がしい」は、複数の人の声についていうのが普通である。【4】「うるさい」は「煩い」「五月蠅い」、「やかましい」は「喧しい」とも書く。

【関連語】◆**(かまびすしい)**(形)比較的高い音について用いる。「蟬(せみ)の声がかまびすしい」◆**(かしましい)**(形)女性の話し声について用いられることが多い。「女三人寄ればかしましい」◆**(にぎやか)**(形動)人が多く集まったり、一人で陽気にしゃべったりして、活気のある声や物音がきこえるさま。「賑やか」とも書く。「外がにぎやかだ」「にぎやかな人」「にぎやかな通りに出る」◆**(口うるさい・口やかましい・小やかましい)**(形)細かいことまで干渉して、注意したり、しかったり、とがめたりするさま。「口うるさい」がもっとも一般的に用いられる。「口うるさく注意する」「口やかましい母」「何かにつけて小やかましく言う」◆**(騒然)**(形動たる・と)騒々しくて不穏なさま。「突然明かりが消えて場内は騒然となった」

参照▼うるさい⇒210-29　やかましい⇒210-29

8 10-17
囂囂(ごうごう)／喧喧囂囂(けんけんごうごう)／喧喧諤諤(けんけんがくがく)／侃侃諤諤(かんかんがくがく)

共通する意味★さまざまな人が、口々にいろいろな意見を述べて、騒がしいさま。**【英】***uproar*

使い方▼〔**囂囂**〕(形動たる・と)▽**囂囂**たる非難をものともしない　〔**喧喧囂囂**〕(形動たる・と)▽議場はやじで**喧喧囂囂**となった　〔**喧喧諤諤**〕(形動たる・と)▽**喧喧諤諤**として結論を得ない　〔**侃侃諤諤**〕(形動たる・と)▽**侃侃諤諤**の議論が起こる▽**侃侃諤諤**たる非難

使い分け「喧喧諤諤」は、「喧喧囂囂」と「侃侃諤諤」とが混交した語。

8 10-18
騒(さわ)ぐ／立(た)ち騒(さわ)ぐ／騒(さわ)ぎ立(た)てる

共通する意味★やかましい声や音を立てる。**【英】***to make a noise*

使い方▼〔**騒ぐ**〕(ガ五)▽表で子供たちが騒いでいる▽判定に不満の観衆が**騒ぐ**　〔**立ち騒ぐ**〕(ガ五)▽緊急着陸のアナウンスに乗客が**立ち騒ぐ**　〔**騒ぎ立てる**〕(タ下一)▽判定を不服として観客が**騒ぎ立てた**▽マスコミで**騒ぎ立てる**

使い分け【1】「騒ぐ」は、一人の場合にもいうが、「立ち騒ぐ」「騒ぎ立てる」は、大勢の人の場合にいう。【2】「騒ぎ立てる」は、事柄を意識的に取り上げて騒ぎを起こす意で、現実の声や音がなくても、新聞や雑誌などで話題として扱う場合にも使われる。

8 10-19
ざわめく／ざわつく／どよめく

共通する意味★騒がしくなる。**【英】***to make a great fuss (about)*

使い方▼〔**ざわめく**〕(カ五)　〔**ざわつく**〕(カ五)　〔**どよめく**〕(カ五)

	会場が□	木の葉が□	満場が大きく□
ざわめく	○	○	-
ざわつく	○	○	-
どよめく	○	-	○

使い分け【1】三語とも、自然発生的に多くの声や音が生じて静かさがなくなる意だが、「どよめく」は、人の声に対して使われることが多い。【2】「ざわつく」には、人の心や世情に落ち着きがない意もある。

8 10-20
穏(おだ)やか／平穏(へいおん)／平安(へいあん)／安全(あんぜん)／無事(ぶじ)

【関連語】◆**(大丈夫)**だいじょうぶ◆**(平らか)**たいらか◆**(温和)**おんわ◆**(小康)**しょうこう

共通する意味★安らかで、乱れがないさま。**【英】***calm; quiet*

使い方▼〔**穏やか**〕(形動)▽穏やかな日々が続く　〔**平穏**〕(名・形動)▽平穏無事▽平穏な世の中　〔**平安**〕(名・形動)▽家族の平安を祈る▽平安な毎日　〔**安全**〕(名・形動)▽安全な場所に隠す▽交通安全　〔**無事**〕(名・形動)▽無事に帰還する

	□に暮らす	心の□	旅の□を祈る	□な死に顔
穏やか	○	-	-	○
平穏	○	○	○	-
平安	○	○	○	-
安全	△	-	○	-
無事	○	-	○	-

使い分け【1】「穏やか」「平穏」「平安」「無事」は、暮らしなどに特別な波瀾(はらん)がないさまにいうが、「平安」「平穏」「無事」は、特に、病気や怪我(けが)などの事故がなく過ごすさまにいうことが多い。【2】「安全」は、体や物事が危害、損傷、損害などを受ける心配がないことをいい、戦争中など特殊な状況以外、暮らしなどには使いにくい。【3】「穏やか」は、「穏やかな人柄」のように、物静かなさまや、「ぬすっと呼ばわりとは穏やかでない」のように、やり方などが穏当であるさまにもいう。

【関連語】◆〔大丈夫〕(形動・副)危険や万一の心配がなく、確かなさま。「地震がきても大丈夫な建物」「大丈夫すぐに治りますよ」◆〔平らか〕(形動)やすらかなさま。おだやかなさま。「平らかな世の中」「心中平らかでない」◆〔温和〕(名・形動)気候や性格などがおだやかなさま。「温和な気候」「温和な性格」「温和な解決策」◆〔小康〕世の中がしばらくの間平和な状態であること。また、病気が少しよい状態になること。「事態は小康を保っている」「小康を得る」

参照▼穏やか⇒201-36　平安⇒618-38

8 10-21 明媚(めいび)／絶佳(ぜっか)

共通する意味★景色などがすぐれていて美しいさま。【英】*beautiful scenery*

使い方▼〔明媚〕(名・形動)▽明媚な眺め▽風光明媚　〔絶佳〕(名・形動)▽絶佳な眺望▽眺望絶佳▽風光絶佳

使い分け【1】「明媚」は、清らかで美しいという意味合いをもつ。【2】二語とも、文章語。

8 10-22 楽楽(らくらく)／やすやす／軽軽(かるがる)／無造作(むぞうさ)

共通する意味★物事をするのに、苦労や障害がなく、たやすいさま。【英】*easily*

使い方▼〔楽楽〕(副)▽重いものを楽々と持ち上げる▽規準を楽々とクリアーした　〔やすやす〕(副)▽子供が相手だからやすやすと勝てる▽やすやすと引き下がる相手ではない　〔軽軽〕(副)▽軽々と持ち上げる▽軽々とやってのける　〔無造作〕(名・形動)▽髪を無造作に束ねる▽無造作なやり方

使い分け【1】「楽楽」「やすやす」「軽軽」は、はたから見ていて、いかにも簡単そうだ、あっけないといった印象を受けるような場合に用いる。【2】「無造作」は、重大視せずに、気楽に物事を行うさま。

8 10-23 伸(の)び伸(の)び／伸(の)びやか

【関連語】◆〔駘蕩(たいとう)〕

共通する意味★振る舞いなどに束縛がなく、あるがままで、ゆったりしているさま。【英】*to feel relieved*《動》

使い方▼〔伸び伸び〕(副)スル▽子供が伸び伸びと育つ▽伸び伸びしたところがない子　〔伸びやか〕(形動)▽子供が伸びやかに育つ▽伸びやかな肢体

使い分け「伸びやか」は、手足などが、ゆったりと育ったさまにもいう。

【関連語】◆〔駘蕩〕(形動たる・と)自然が、大きくゆったりとしているさま。文章語。「駘蕩たる草原」「春風駘蕩(＝春の風ののどかに吹くさま。また、人の態度や性格がのんびりとして温和なさま)」

参照▼伸び伸び⇒213-11

8 10-24 のどか／安穏(あんのん)／安(やす)らか

共通する意味★暮らしに大きな変化がなく、おだやかなさま。【英】*calm; mild*

使い方▼〔のどか〕(形動)▽のどかな田園風景▽心のどかに日を暮らす　〔安穏〕(形動)▽安穏な生活▽安穏に暮らす　〔安らか〕(形動)▽安らかにお過ごしのことと存じます▽老後は安らかに日を送りたい

使い分け【1】「のどか」が、話し言葉としては最も普通に使われる。「安穏」は、主として文章で使われる。【2】「のどか」は、「閑」「長閑」などと当てる。

参照▼のどか⇒713-08

8 10-25 平淡(へいたん)／洒脱(しゃだつ)

共通する意味★気取りがなく、さっぱりしているさま。【英】*plainness*

使い方▼〔平淡〕(名・形動)▽平淡な文章▽平淡な話しぶり　〔洒脱〕(名・形動)▽洒脱な文章▽洒脱な身なり▽軽妙洒脱

使い分け「洒脱」は、ただざっぱりしているだけではなく、洗練されているさまをいう。

8 10-26 新(あたら)しい／真新(まあたら)しい／最新(さいしん)／新(あら)た／目新(めあたら)しい／斬新(ざんしん)

共通する意味★物事が初めて現れるさま。

使い方▼〔新しい〕(形)▽新しい年を迎える▽この魚はまだ新しい　〔真新しい〕(形)▽仕立ておろしの真新しい着物▽ぴかぴかの真新しい自動車　〔最新〕▽この雑誌はこの号が最新だ▽最新流行のファッション▽最新型　〔新た〕(形動)▽新たな門出▽新たに買い替える　〔目新しい〕(形)▽目新しい色使いが人目を引く▽目新しい感覚のファッション　〔斬新〕(形動)▽斬新なアイデア▽彼の意見はなかなか斬新だ

	□洋服	□先生	□情報	□デザイン	認識を□する
新しい	○	○	○	○	-く-
真新しい	○	-	△	-	-く-
最新	-の○	-の-	-の○	-の○	-に-
新た	-な-	-な△	-な○	-な-	-に○
目新しい	○	-	-	○	-く-
斬新	-な○	-な-	-な-	-な○	-に-

使い分け【1】「新しい」が、その事物が初めてであるか否かだけを問題としているのに対して、「新た」は、それ以前のものや事柄を踏まえ、念頭においた上で、それらとは相違しているさまを表わす。【英】*new*【2】「真新しい」は、「新しい」を強調していう。したがって、「少し真新しい」「かなり真新しい」などとは使えない。【英】*brand-new*【3】

「最新」「目新しい」「斬新」は、抽象的な事柄について、今までになく初めてである意を表わす。「最新の車」「目新しい服」「斬新な車」のように、具体的な事物について使われていても、車や服それ自体ではなく、車の性能や服のデザインなどが今までになかったものである意を表わす。【英】*up-to-date*【4】「目新しい」は、初めて見る感じであるさま。【英】*novel*

反対語▼新しい⇔古い　最新⇔最古

8 10-27 新鮮(しんせん)／生新(せいしん)

【関連語】◆(生鮮)せいせん◆(生)なま◆(鮮度)せんど

共通する意味★新しいこと。【英】*fresh(ness)*

使い方▼〔新鮮〕(名・形動)▽新鮮な食品▽発想が新鮮だ〔生新〕(名・形動)▽生新の気運

使い分け【1】「新鮮」は、肉、魚、野菜などの食料品が取れたてで生き生きしているさま。また、物事に見られる感覚や着想などに、これまでにない新しさが感じられるさま。【2】「生新」は、感覚や雰囲気、気分などの抽象的な事柄について、新しくて躍動感のあるさま。文章語。

【関連語】◆(生鮮)(名・形動)肉、魚、野菜などが新しくて生き生きしていること。「生鮮食料品」◆(生)(名・形動)肉、魚、野菜などを加工していない状態。「レバーを生のままで食べる」「生野菜」◆(鮮度)食料品の新しさの度合い。「鮮度の高い品物」

参照▼生⇒619-10

8 10-28 古い(ふるい)／古臭い(ふるくさい)／古めかしい(ふるめかしい)／陳腐(ちんぷ)

【関連語】◆(中古)ちゅうこ

共通する意味★新しくなく、時間を経ているさま。【英】*old*

使い方▼〔古い〕(形)〔古臭い〕(形)〔古めかしい〕(形)〔陳腐〕(名・形動)

	□デザイン	しまってあった□着物	□米	愛を語るには□セリフだ
古い	○	○	○	△
古臭い	○	○	−	○
古めかしい	○	○	−	○
陳腐	−な○	−な−	−な−	−な○

使い分け【1】「古い」は、物、方法、考え方、事象など、あらゆる分野にわたって、前の、昔の、という意で使う。【2】「古臭い」は、新しくないということの価値をおとしめていう語。「古い着物」は、単に時間的に前の物だが、「古臭い着物」は、意匠などが時代遅れである意を表わす。「古めかしい」は、いかにも時代を経ているように感じられるさま。【3】「陳腐」は、時代遅れなさま。さんざん使われたり言われたりした、ありきたりでおもしろみのない方法、表現などに用いる。軽蔑(けいべつ)していうことが多い。

反対語▼古い⇔新しい

【関連語】◆(中古)品物、住宅などを取引するときに、既にだれかが使った物を、「新品」「新築」などに対していう。「ちゅうぶる」とも。「中古の外車が欲しい」「中古マンション」

8 10-29 清い(きよい)／清らか(きよらか)／きれい／清潔(せいけつ)

【関連語】◆(清浄)せいじょう◆(清麗)せいれい

共通する意味★汚れのないさま。【英】*clear; clean*

使い方▼〔清い〕(形)〔清らか〕(形動)〔きれい〕(形動)〔清潔〕(名・形動)

	□空気	□からだ	部屋を□する	□心	□感じの人
清い	○	△	−く−	○	−
清らか	−な○	−な△	−に−	−な○	−な○
きれい	−な○	−な○	−に○	−な○	−な−
清潔	−な−	−な○	−に○	−な△	−な○

使い分け【1】「清い」「清らか」は、澄みわたっていて、さわやかで美しい意でも使われ、「きれい」は、「女優のようにきれいな人」のように、整っていてうるわしい、美しく華やかな意でも使われる。【2】「きれい」「清潔」は、衛生的である意を含んで使われることもある。【3】「きれい」は、「きれいに忘れる」のように、完全にの意もある。【4】「清潔」は、「清潔な選挙」のように、不正のないという意もある。

反対語▼きれい⇔汚い　清潔⇔不潔

【関連語】◆(清浄)(名・形動)清らかで汚れのないこと。文章語。⇔不浄。「清浄に保つ」◆(清麗)(名・形動)清らかで美しいこと。文章語。「清麗な筆致」

参照▼きれい⇒206-07

8 10-30 汚い(きたない)／むさくるしい／汚らしい(きたならしい)

【関連語】◆(小汚い)こぎたない◆(薄汚い)うすぎたない◆(尾籠)びろう

共通する意味★清潔でない。【英】*dirty; foul*

使い方▼〔汚い〕(形)〔むさくるしい〕(形)〔汚らしい〕(形)

	□部屋	□言葉	ハンカチが□
汚い	○	○	○
むさくるしい	○	−	−
汚らしい	○	○	○

使い分け【1】「汚い」は、「汚い字」のように、見苦しい、聞き苦しい意や、「根性が汚い」のように、腹黒い、邪悪である意でも用いられる。【2】「むさくる

しい」は、物の状態が整理されていず、雑然としていて、不潔な感じを与える場合に用いられる。「汚い」が、見るからに不快さを感じさせる状態をいうのに対して、「汚らしい」は、その物から受ける印象が好ましいものではない意を表わす。

反対語▼汚い⇔きれい

【関連語】◆**(小汚い)**(形)どことなくきたならしく感じられる。人の身なりに用いられることが多い。「小汚い恰好」◆**(薄汚い)**(形)なんとなくきたならしい感じである。「色あせて薄汚くなったカーテン」◆**(尾籠)**(名・形動)きたないこと。不届きなことの意の古語「おこ(痴)」に当てた「尾籠」を音読したものから。「食事中、尾籠な話で恐縮ですが…」

810-31 不潔／不浄／不純

共通する意味★けがれていること。**【英】** *impure; unclean*

使い方▼**〔不潔〕**(名・形動)▽身のまわりを不潔にするな▽不潔な肌着　**〔不浄〕**(名・形動)▽不浄な金　**〔不純〕**(名・形動)▽不純な動機

使い分け【1】「不潔」は、清潔でないこと、汚いさまをいう。【2】「不浄」は、清浄でないことをいう。【3】「不純」は、純真、純粋でなく、けがれていることをいう。【4】三語とも、物の状態にも、ことがらや心の状況についても用いられるが、「不潔」は物の状態について用いられる場合は、衛生的でない意の場合が多い。また、心について用いられる場合は、いずれも道徳的でない意となる。

反対語▼不潔⇔清潔　不浄⇔清浄　不純⇔純粋・純真

参照▼不浄⇒412-19

810-32 軽やか／軽快／軽妙

共通する意味★動きが軽く感じられて気持ちの良いさま。**【英】** *light*

使い方▼**〔軽やか〕**(形動)▽手綱さばきが軽やかだ▽軽やかな歌声▽軽やかに自転車をこぐ　**〔軽快〕**(形動)▽軽快に走る車▽軽快なリズム　**〔軽妙〕**(形動)▽軽妙な筆さばき▽軽妙な話しぶり▽軽妙洒脱

	□な足取り	自転車が□に走る	□な話術	□な文章
軽やか	○	○	-	-
軽快	○	○	-	-
軽妙	-	-	○	○

使い分け【1】「軽やか」は、主に具体的な動きについて使い、「軽快」は、それとともに、音楽などのリズムや音がいかにも軽く動くようであるさまを表わす。【2】「軽妙」は、話し方や文体、技などが、なめらかで滞りなく上手なさまにいう。文章語。

810-33 簡単／平易／易しい

【関連語】◆**(平たい)**

共通する意味★物事が単純でわかりやすいさま。**【英】** *simple; light*

使い方▼**〔簡単〕**(形動)▽簡単明瞭　**〔平易〕**(形動)▽平易な言葉で説明する　**〔易しい〕**(形)▽やさしく解説する▽扱い方はやさしい

	□問題	□表現に改める	源氏物語を□訳す	□な構造
簡単	-な○	-な△	-に△	○
平易	-な○	-な○	-に○	-
易しい	○	○	-く○	-

使い分けいずれも、ほぼ同じ意で用いられるが、「平易」はやや文章語的。「簡単」は、「簡単に理解できる問題」のように、手間をかけずにできるさまもいう。

反対語▼易しい⇔難しい

【関連語】◆**(平たい)**(形)わかりやすい。話し言葉で使う。「平たい表現」「平たく言うと…」

参照▼簡単⇒810-34　平たい⇒811-10

810-34 たやすい／簡単／容易

【関連語】◆**(簡易)**◆**(あっさり)**◆**(手っ取り早い)**◆**(やすい)**◆**(楽)**◆**(手軽)**◆**(造作ない)**

共通する意味★時間や手数などのかからないさま。**【英】** *simple*

使い方▼**〔たやすい〕**(形)▽たやすく解ける問題　**〔簡単〕**(形動)▽簡単な食事をする▽仕事を簡単にかたづける　**〔容易〕**(形動)▽容易には解決しない問題▽容易ならぬ状況　**〔簡略〕**(名・形動)▽式を簡略にする▽事務を簡略化する

使い分け【1】「たやすい」「容易」は、何かをするのに苦労のいらないさま。【2】「簡単」は、込み入っていないさま。【3】「簡略」は、手続き、システムなどで、複雑・煩雑なもとの形に対して、細かい点を略し、簡素にしてあること。文章語的。

反対語▼簡略⇔煩雑

【関連語】◆**(簡易)**(名・形動)正式なものに対して、内容はほぼ同じだが、形式などを手軽にすること。「簡易書留」「簡易裁判所」◆**(あっさり)**(副)スル もの足りないと思うほど簡単に。話し言葉的。「あっさりとかわす」「あっさり負ける」「あっさりした別れ」◆**(手っ取り早い)**(形)手間をとらず面倒がないさま。話し言葉的。「電話の方が手っ取り早い」「手っ取り早く言えば…」◆**(やすい)**(形)「たやすい」の文語的表現。ただし、「おやすい」「おやすい御用だ」の形は口語的。「言うはやすく行うは難し」◆**(楽)**(名・形動)容易なこと。「楽に勝てる相手」「楽な仕事」◆**(手軽)**(形動)手数がかからず、容易なさま。「お手軽」の形で、安易である意にも使われる。「手軽にやってのける」「手軽な食事」「お手軽な贈答品」◆〈造作ない〉(形)容易である。「こんな仕事は造作なくできる」

参照▼簡単⇒8 10-33　あっさり⇒1 07-18　2 01-41　楽⇒6 20-33

8 10-35　安易(あんい)／イージー／生(なま)やさしい

共通する意味★苦労しないで、たやすくできるさま。**【英】***easy; easy-going*

使い方▼〔安易〕(形動)▽安易な問題▽安易な道を選ぶ▽安易な行動　〔イージー〕(形動)▽イージーな考え▽イージーゴーイング　〔生やさしい〕(形)▽生やさしい仕事ではない▽生やさしい努力では成功しない

	人生はそんなに□はない	□手段を用いる	物事を□考える	□苦労ではない
安易	-で△	-な○	-に○	-な－
イージー	-で△	-な○	-に○	-な－
生やさしい	-く○	－	-く－	○

使い分け【1】「安易」「イージー」は、いい加減なさま、投げやりなさまの意を含むことがある。【2】「生やさしい」は、否定の表現とともに使われ、容易ならないさまを表わす。

8 10-36　手短(てみじか)／簡潔(かんけつ)／簡約(かんやく)

共通する意味★短くまとめること。また、短くまとまっているさま。**【英】***brief; short*

使い方▼〔手短〕(形動)▽手短に感想を話す　〔簡潔〕(名・形動)▽簡潔な表現　〔簡約〕(名・形動)スル▽今まで出た意見を簡約にまとめる

	□に説明する	要点を□に話す	□な図で示す	次の文を□せよ
手短	○	○	－	－
簡潔	○	○	○	－
簡約	△	△	△	○

使い分け【1】「手短」は、とにかく長くなく、簡単にの意で、主として話し言葉で用いる。【2】「簡潔」は、短く、しかもわかりやすく要領よくまとまっているさま。【3】「簡約」は、「簡潔」同様に、本来長かったり複雑だったりする内容を、短くわかりやすくすること。多く、「簡約する」の形で、文章などを短くするような場合に用いられる。

反対語▼簡潔⇔冗長

8 10-37　純粋(じゅんすい)／単純(たんじゅん)

【関連語】◆〈純〉じゅん◆〈シンプル〉◆〈純然〉じゅんぜん◆〈純一〉じゅんいつ

共通する意味★まじりけのないこと。**【英】***simple*

使い方▼〔純粋〕(名・形動)▽純粋な赤▽純粋の秋田犬▽純粋培養　〔単純〕(名・形動)▽単純な配色

使い分け【1】「純粋」「単純」はともに、まじりけがないことをいうが、「純粋」は、液体や、気体のように均質なものの中に、別のものが混ざったり、溶けたりしていないことをいう。「純粋の秋田犬」は、他種の犬の血が混ざっていないこと。一方、「単純」は、それぞれが独立しているものが集まっている状態の中に、別のものが入っていないことをいう。「純粋な赤」は、他の色が混ざっていない赤をいうが、「単純な配色」は、それぞれ独立した色が、混ざっていない状態で組み合わされていることをいう。【2】「単純」は、「単純な構造」のように、作りや形式などが込み合っていないことにもいう。

反対語▼単純⇔複雑

【関連語】◆〈純〉(形動)単独ではあまり用いられない。「純日本風の庭」◆〈シンプル〉(形動)余計なものを省いてすっきりしたさま。「シンプルなデザイン」「シンプルな生活」◆〈純然〉(形動)他のものが全くまじっていないさま。「純然たるサラブレッド」「純然たる日本古来の文化」◆〈純一〉(形動)まじりけのないさま。文章語。「純一無雑(＝偽りやまじりけのないさま)」

参照▼純粋⇒2 01-56　単純⇒2 07-54　純⇒2 01-56

8 10-38　難(むずか)しい／困難(こんなん)／至難(しなん)

【関連語】◆〈難い〉かたい◆〈七難しい〉しちむずかしい◆〈小難しい〉こむずかしい◆〈難解〉なんかい

共通する意味★思いどおりに実現することがなかなかできない。**【英】***hard; difficult*

使い方▼〔難しい〕(形)▽解決が難しい紛争▽努力せずに成功することは難しい　〔困難〕(名・形動)▽困難な状態▽困難を承知で挑戦する　〔至難〕(名・形動)▽至難の業▽至難の大事業

使い分け【1】「難しい」は、一般的によく用いられる。何らかの支障があるために、実現することが簡単にはできない意。また、ほかに、「手続きがむずかしい」のように、めんどうである意、煩わしい意、「難しい幾何の問題」のように、理屈や論理が複雑で理解しにくい意、「彼はいろいろと難しい人だ」のように、気軽に接しにくい意などがある。関西では「むつかしい」が優勢。【2】「困難」は、何事かをなしとげる上で、障害があって容易でないことをいう。また、「至難」は、この上なく困難であることをいう。いずれも、「難しい」より、やや硬い言い方。

反対語▼難しい⇔易しい

【関連語】◆〈難い〉かたい(形)容易でない。「…に難くない」の形で、容易である意を表わす。「彼の悲しみは想像に難くない」◆〈七難しい〉(形)はなはだ難しい。また、ひどくわずらわしい。「七難しい奴(やつ)だ」◆〈小難しい〉(形)何となく扱いにくい。「小難しい理屈をこねる」◆〈難解〉(形動)論理的に単純ではなく、容易に理解しがたいこと。「難解な論文」

8 事柄・性質

8 10-39 難(がた)い／辛(づら)い／にくい

共通する意味★動詞の連用形に付いて、その動作を行うのがむずかしい意を表わす語。

使い方▼〔難い〕がたい（接尾）▽いわく言い難い話▽離れ難い恋人同士　〔辛い〕（接尾）▽懐が深くてやり辛い相手▽このテーブルは低すぎて食べ辛い　〔にくい〕（接尾）▽ペン先が固くて書きにくい万年筆▽運転しにくい道路

	愛着があるので捨て□	昇り□階段	偉すぎて近寄り□	忘れ□人	燃え□薪（まき）
難い	○	-	○	○	-
辛い	○	○	-	-	-
にくい	○	○	○	-	○

使い分け【1】「難い」は、ある動作を行うのに心理的な抵抗を覚え、その動作を行うことに踏み切れない意を表わす。物理的あるいは技術的に困難な場合には用いられない。【2】「辛い」「にくい」は、ある動作を行うのが心理的あるいは物理的、技術的に困難な場合に用いられる。「辛い」は自分の行為に対して、また、「にくい」は自分の行為だけでなく相手の行為や物に対しても用いられる。

8 10-40 可能(かのう)

意味★ある物事が実現できること。**【英】** *possible*

使い方▼〔可能〕（名・形動）▽実現可能な計画▽可能な限りあきらめない▽彼の代わりに私が行くのは可能だ

8 10-41 不可能(ふかのう)／不能(ふのう)

共通する意味★ある物事が実現できないこと。**【英】** *impossible*

使い方▼〔不可能〕（名・形動）▽優勝するなんて不可能だ▽実現不可能な夢　〔不能〕（名・形動）▽再起は不能と思われる▽操縦不能

使い分け「不可能」は、できないこと。「不能」も、ほぼ同じ意だが、他の語と複合して用いられることが多い。また、「不能」は、ある物事を行う能力にかけるという意もある。

8 10-42 可能性(かのうせい)／蓋然性(がいぜんせい)／プロバビリティー

共通する意味★何かが起こりうる、あるいは、ある状態になりうる見込み。**【英】** *possibility*

使い方▼〔可能性〕▽生還の可能性はない▽助かる可能性がある　〔蓋然性〕▽蓋然性が高い　〔プロバビリティー〕▽成功するプロバビリティーがゼロだ

使い分け【1】「可能性」は、将来の見込みについていう以外に、「この本は彼も持っている可能性がある」のように、現在そうである確率をいうこともある。また、「自分の可能性を試す」「無限の可能性を秘める」のように、どこまで実現できるか未確定である要素の意もある。【2】「蓋然性」は、本来、哲学用語で、可能性の程度、確からしさをいう。文章語。【3】「プロバビリティー」は、数学用語で、確率とほぼ同じ意。

8 10-43 明快(めいかい)／平明(へいめい)／簡明(かんめい)／明晰(めいせき)／明白(めいはく)／明瞭(めいりょう)／端的(たんてき)

共通する意味★はっきりとしていて分かりやすいさま。**【英】** *clear*

使い方▼〔明快〕（名・形動）▽状況について明快に説明する　〔平明〕（名・形動）▽説明文は平明に記すべきだ　〔簡明〕（名・形動）▽簡明に答弁する　〔明晰〕（名・形動）▽明晰な頭脳の持ち主▽明晰さを欠いた答弁　〔明白〕（名・形動）▽君に非のあることは明白だ　〔明瞭〕（名・形動）▽語尾を明瞭に発音する　〔端的〕（形動）▽特徴が端的に現れている

使い分け【1】「明快」は、筋道がはっきりとしていて、分かりやすいさま。【2】「平明」は、表現や論旨などがやさしくて、分かりやすいさま。主として文章など、書かれたものにいう。【3】「簡明」は、物事の筋道が簡単で、はっきりとしているさま。【4】「明晰」は、物事の中身、内容などが、きちんと筋道が立っていて、だれにでもよく分かる状態であること。特に、文章の内容が論理的である場合によく用いられる。【5】「明白」は、だれが見ても疑う余地のないほど、その根拠や理由が確実であること。【6】「明瞭」は、曖昧(あいまい)な点がどこにもなく、事柄がはっきりしているさま。音声などがはっきりしている場合にもいう。【7】「端的」は、物事の性質、表現などがきわめて簡単ではっきりしているさま。また、「端的に言えば…」のように、てっとり早く急所をつくさまにもいう。

8 10-44 明(あき)らか／はっきり／まざまざ／ありあり／さやか／定(さだ)か

共通する意味★事柄の様子が鮮やかに認識できるさま。**【英】** *clear*

使い方▼〔明らか〕（形動）▽火を見るよりも明らかだ▽明らかな誤り　〔はっきり〕（副）スル▽霧が晴れたのではっきりと見える　〔ありあり〕（副）▽亡き父の顔がありありと浮かんでくる　〔まざまざ〕（副）▽実力の差をまざまざと見せつける　〔さやか〕（形動）▽さやか

8 事柄・性質

な月影　〔定か〕(形動)▽何が原因なのか定かではない

使い分け【1】「明らか」は、ある事態について疑う余地がなく、確実なさま。また、「明らかな満月」のように、光が満ちて、隅々まで照らしているさまにもいう。【2】「はっきり」は、物の形や輪郭、考えていることの内容などが他のものと紛れるところがなく、明確に区別、識別できる状態であるさま。【3】「ありあり」「まざまざ」は、夢や思い出などのように、現実のことではないものが、現在目の前に具体的に起きているかのように、鮮やかに心に浮かぶ場合にいう。【4】「さやか」は、月などがよく見える場合にいう。音声などがさえわたって、よく聞こえる場合にいう。主に書き言葉として用いられる。「清か」とも書く。【5】「定か」は、事実として確かなさまをいい、否定文の中で用いられることが多い。やや硬い言い方。

8 10-45 截然(せつぜん)／画然(かくぜん)

共通する意味★事柄が、他との対比において曖昧(あいまい)なところがなく、はっきりとしているさま。【英】*obvious*

使い方▼〔截然〕(形動たる・と)▽公私は截然と区別されなければならない　〔画然〕(形動たる・と)▽両者には画然とした差が認められる

使い分け【1】「截然」は、物の区別や差異がはっきりとしているさま。【2】「画然」は、線を引いたように区別がはっきりとしているさま。【3】いずれも、文章語。

8 10-46 正確(せいかく)／的確(てきかく)／明確(めいかく)／確実(かくじつ)／確か(たし)

【関連語】◆(精確)せいかく

共通する意味★間違いのないさま。【英】*precision; accuracy*

使い方▼〔正確〕(名・形動)▽円を正確に描く▽彼は時間に正確だ　〔的確〕(名・形動)▽状況を的確に把握する▽的確な指示　〔明確〕(名・形動)▽憲法には明確に規定されている▽彼が犯人なのは明確だ　〔確実〕(名・形動)▽確実な根拠に基づく情報▽一件一件確実に処理する　〔確か〕(形動)▽確かな筋から聞く▽そういうことは確かにあった

	□な情報	□を期する	□な政策	合格は□だ
正確	○	○	-	-
的確	○	○	○	-
明確	○	○	○	-
確実	○	○	△	○
確か	○	-	△	○

使い分け【1】「正確」は、実情にぴったりとあっていることをいう。数値的な誤差が問題となるような場合に用いることが多い。【2】「的確」は、ぴったりとあてはまり、間違いのないさま。「てっかく」ともいう。「適確」と書くこともある。【3】「明確」は、紛らわしい物との区別が、論理的に明らかな場合に用いる。【4】「確実」は、「確か」の意の漢語。また、「確か」は、「確か昨日の新聞にのっていた」のように、かなりの確実性をもって物事を判断したり、推察したりしていう語。

【関連語】◆(精確)(名・形動)細部にまで配慮が行きとどいていて、確かであるさま。「このプランは実に精確だ」「もっと精確な資料が必要だ」

8 10-47 判然(はんぜん)／歴然(れきぜん)／一目瞭然(いちもくりょうぜん)

【関連語】◆(自明)じめい

共通する意味★事柄がはっきりとしているさま。【英】*evident*

使い方▼〔判然〕(名・形動たる・と)▽論旨が判然としない　〔歴然〕(形動たる・と)▽歴然とした足跡　〔一目瞭然〕(形動)▽彼の優勢は一目瞭然だ

	□たる区別	□とした事実	結果は□だ	理由が□としない
判然	○	-	-	○
歴然	○	○	○	-
一目瞭然	△	-	○	-

使い分け【1】「判然」は、物の様子、態度などが、人の目にはっきりと分かるさまをいう。【2】「歴然」は、具体的な証拠、事柄によって、はっきりしているさま。【3】「一目瞭然」は、ひとめ見るだけで分かるほど、はっきりしているさまをいう。

【関連語】◆(自明)(名・形動)説明する必要のないくらい分かりきっていること。「私の考えが正しいのは自明だ」「自明の理」

8 10-48 不確(たし)か／曖昧(あいまい)／うやむや／あやふや／漠然(ばくぜん)

【関連語】◆(おぼろげ)◆(煮え切らない)にえきらない◆(どっちつかず)◆(要領を得ない)ようりょうをえない

共通する意味★物事が確実でなく、はっきりしないさま。

使い方▼〔不確か〕(形動)▽不確かな情報▽彼が来るか否かは不確かだ　〔曖昧〕(名・形動)▽あいまいな返事をする▽あいまいに笑う　〔うやむや〕(名・形動)▽事件はうやむやなまま終わった▽責任の所在をうやむやにする　〔あやふや〕(形動)▽あやふやな態度をとる▽あやふやな決心　〔漠然〕(形動たる・と)▽将来に対する漠然とした不安▽漠然とした印象しかない

使い分け【1】「不確か」は、確かでないさま。

【英】*uncertain*

【2】「曖昧」は、はっきりしないさ

8 事柄・性質

ま。【英】*ambiguous; vague*【3】「うやむや」は、はっきりさせようとする意志があれば、そうすることが可能であるのに、意図的に実態をぼかそうとするような場合に用いる。【英】*indefinite*【4】「あやふや」は、主体そのものがはっきりとしないために、毅然(きぜん)とした態度のとれない場合に用いられることが多い。「曖昧」より俗語的な言い方。【英】*ambiguous; vague*【5】「漠然」は、なんとなくそれらしいのだが、はっきりしないさまをいう。考え、気持ち、話の内容などについて用いることが多い。【英】*vague*

【関連語】◆**（おぼろげ）**（形動）ぼんやりとかすんでいるように、物事がはっきりしないさま。「おぼろげな記憶」◆**（煮え切らない）**態度や考え方が曖昧で、はっきりとしない。物事の決断ができない気の弱さ、軟弱さを表わす。「彼の態度はいつも煮えきらない」「煮えきらない返事」◆**（どっちつかず）**（名・形動）どちらとも定まることなく、曖昧なさま。意志の薄弱さを表わすことが多い。「どっちつかずの態度をとる」◆**（要領を得ない）**物事の最も大切な点がはっきりしない。「大臣の答弁はどうも要領を得ない」

8 10-49 不明(ふめい)／不明瞭(ふめいりょう)

【関連語】◆（灰色(はいいろ)）

共通する意味★明らかでないこと。

使い方▼〔不明〕▽事故の原因は不明だ▽行方不明〔不明瞭〕（名・形動）▽不明瞭な方針▽彼の発音は不明瞭だ

使い分け【1】「不明」は、明らかでないことをいうが、特に、調査などを行ってもわからないような場合に用いる。【英】*indistinct*【2】「不明瞭」は、考え方、判断、立場などが曖昧(あいまい)な状態で、はっきりしないことをいう。また、視覚あるいは聴覚でとらえられるものについても用いられる。【英】*unclear*

【関連語】◆（灰色）比喩(ひゆ)的に、黒白のはっきりしないこと、有罪か無罪かはっきりしないことをいう。「灰色高官」

参照▼灰色⇒716-15

8 10-50 不詳(ふしょう)／未詳(みしょう)

【関連語】◆**（藪の中(やぶのなか)）**◆**（摑み所が無い(つかみどころがない)）**◆**（雲を摑む様(くもをつかむよう)）**

共通する意味★分からないこと。【英】*unknown*

使い方▼〔不詳〕（名・形動）▽作者不詳〔未詳〕（名・形動）▽作者未詳

使い分け【1】「不詳」は、はっきりと、あるいは詳しくは分からないこと。【2】「未詳」は、今のところはまだはっきりとは分からないこと。

【関連語】◆**（藪の中）**当事者の言い分が食い違っていて、事の真相の分からない状態をいう。「真相は藪の中だ」◆**（摑み所が無い）**理解したり判断したりするための手掛かりがない。「摑み所のない人間」「彼の話はどうも摑み所がない」◆**（雲を摑む様）**物事が漠然としていてとらえどころのないさまの形容。「雲を摑むような話だ」

8 10-51 面白(おもしろ)い／おかしい／滑稽(こっけい)／ひょうきん

【関連語】◆（コミカル）

共通する意味★おどけていて、また、ばかばかしくて笑い出したくなるようなさま。【英】*funny; comical*

使い方▼〔面白い〕（形）▽面白い顔をする▽この落語は面白い▽面白い冗談を言う〔おかしい〕（形）▽おかしくて笑いが止まらない▽この漫画はおかしい〔滑稽〕（名・形動）▽滑稽にふるまう▽滑稽な恰好(かっこう)をした喜劇役者▽滑稽千万〔ひょうきん〕（名・形動）▽ひょうきんなしぐさで笑わせる▽ひょうきんな人▽ひょうきん者(もの)

	しぐさが□	思わず吹き出すような□話	□性格の人	あいつが社長とは□
面白い	○	○	○	○
おかしい	○	○	−	○
滑稽	-だ○	-な○	-な−	-だ○
ひょうきん	-だ○	-な−	-な○	-だ−

使い分け【1】「面白い」は、四語のうち最も意味が広く、興味深い意や、楽しい意もある。「面白い論文」「面白いように本が売れた」【2】「おかしい」「滑稽」は、笑い出したくなるくらいばかげていることにいう。「おかしい」は、話し言葉。【3】「おかしい」は、「最近彼は様子がおかしい」のように、変だ、怪しいの意でも用いられる。【4】「ひょうきん」は、することが軽率でおどけているために人を笑わせるようなこと。「剽軽」と当てる。

【関連語】◆**（コミカル）**（形動）喜劇的なさま。また、滑稽な感じを与えるさま。「コミカルな演技」

参照▼面白い⇒210-18

8 10-52 雄大(ゆうだい)／豪壮(ごうそう)

共通する意味★規模が大きく、堂々としていること。

【英】 *grand*

使い方▼〔雄大〕（名・形動）▽山頂からの雄大な眺め▽雄大な計画〔豪壮〕（形動）▽豪壮な邸宅▽豪壮なつくりの家

使い分け【1】「雄大」は、展望や構想などの規模が大きく、すばらしいと感じさせられるような場合にいう。【2】「豪壮」は、建物などの規模が大きく、立派なさま。

8 10-53 厳か(おごそか)／厳粛(げんしゅく)

【関連語】◆(粛粛)(しゅくしゅく)◆(厳然)(げんぜん)

共通する意味★重々しく、威厳があって心が引きしまるさま。**【英】** *solemn*

使い方▼**〔厳か〕**(形動)▽厳かに式典を執り行う▽厳かな雰囲気　**〔厳粛〕**(形動)▽厳粛な雰囲気▽厳粛な儀式

使い分け【1】「厳か」は、事、物の様子にも、行為、事態についてもいう。一方、「厳粛」は、行為や事態についていうのが普通。【2】「厳粛」は、「厳粛な事実」のように、ごまかしやふまじめを許さない真剣なさまもいう。

【関連語】◆**(粛粛)**(形動たる・と)静かで厳かなさま。文章語。「行列は粛々と進んだ」◆**(厳然)**(形動たる・と)おごそかで重々しく、きびしいさま。文章語。「厳然たる事実」「厳然たる姿勢で臨む」

8 10-54 荘厳(そうごん)／荘重(そうちょう)

共通する意味★おごそかで、重々しいさま。**【英】** *sublimity*

使い方▼**〔荘厳〕**(形動)　**〔荘重〕**(形動)

	□な音楽	□な境内	□な文体	神事を□に執り行う
荘厳	○	○	-	○
荘重	○	-	○	△

使い分けいずれも、重々しく厳粛で、静かなさまだが、「荘厳」の方が、宗教的な尊さを含んでいう場合が多い。

8 10-55 神聖(しんせい)／神神しい(こうごうしい)／聖(せい)

共通する意味★清らかで、おかしがたいさま。**【英】** *sacred(ness)*

使い方▼**〔神聖〕**(名・形動)▽神聖な場所▽神聖にしておかすべからず▽神聖なる儀式　**〔神神しい〕**(形)▽神神しいばかりの光▽神々しい神殿　**〔聖〕**(名・形動)▽聖なる土地

使い分け【1】「神聖」は、厳かで尊いこと。【2】「神神しい」は、いかにも神の存在を感じさせるように、清らかで厳かなさま。【3】「聖」は、「神聖」とほぼ同じ意だが、「聖なる」の形で用いられる。文章語的。

8 10-56 不思議(ふしぎ)／妙(みょう)／奇妙(きみょう)／奇怪(きかい)／奇異(きい)／怪奇(かいき)／怪異(かいい)

【関連語】◆(奇天烈)(きてれつ)◆(不可思議)(ふかしぎ)◆(面妖)(めんよう)◆(摩訶不思議)(まかふしぎ)◆(けったい)

共通する意味★普通とは異なっていて、常識や理性では説明がつかないこと。**【英】** *wonderful; mysterious*

使い方▼**〔不思議〕**(名・形動)　**〔妙〕**(名・形動)　**〔奇妙〕**(形動)　**〔奇怪〕**(名・形動)　**〔奇異〕**(名・形動)　**〔怪奇〕**(名・形動)　**〔怪異〕**(名・形動)

	□な事件	□な感じを受ける	彼の占いは□に当たる	□小説
不思議	○	○	○	-
妙	○	○	○	-
奇妙	○	○	○	-
奇怪	○	○	-	-
奇異	○	○	-	-
怪奇	○	△	-	○
怪異	-	△	-	○

使い分け【1】「不思議」は、普通と異なっていて、自分の知識や理性で解釈できないことをいうのに対して、「妙」「奇妙」は、普通ではなくて変に思うことをいう。【2】「妙」と「奇妙」では、「奇妙」の方が、普通とは異なっている度合いが大きい場合に使う。【3】「奇怪」「奇異」「怪奇」「怪異」は、常識で考えられる範囲を甚だしく外れていて、説明がつかないばかりでなく、怪しい感じを持つ場合に使う。「奇怪」「奇異」よりも、「怪奇」「怪異」の方が、怪しい度合いが大きい場合に使う。

【関連語】◆**(不可思議)**(名・形動)「不思議」と同意。やや文章語的。「不可思議な現象」◆**(面妖)**(名・形動)理解できなく怪しいこと。古風な言い方。「はて面妖な」◆**(奇天烈)**(形動)非常に奇妙なこと。多く、「奇妙奇天烈」の形で用いて、「奇妙」を強調していう。「奇天烈な出来事」◆**(摩訶不思議)**(名・形動)「摩訶」は、梵(ぼん)語で大の意。非常に不思議なこと。「摩訶不思議な術」◆**(けったい)**(形動)奇妙なさま。関西で多く用いられる。「けったいな人」「けったいな出来事」

8 10-57 珍奇(ちんき)／珍妙(ちんみょう)

共通する意味★珍しくて変わっていること。**【英】** *novel*

使い方▼**〔珍奇〕**(名・形動)▽珍奇な動物▽珍奇な風習▽珍奇を好む　**〔珍妙〕**(名・形動)▽珍妙な踊りをする▽珍妙な顔つき▽珍妙な受け答え

使い分け【1】「珍奇」は、珍しいだけでなく、奇妙な感じがするものにいう。【2】「珍妙」は、どことなく笑ってしまうようなおかしさがあるものにいう。

8 10-58 奇抜(きばつ)／とっぴ／風変わり(ふうがわり)／奇想天外(きそうてんがい)

共通する意味★普通のものとはなみはずれて異なっているさま。【英】*novel; eccentric*
使い方▼〔奇抜〕(形動)　〔とっぴ〕(形動)　〔風変わり〕(名・形動)　〔奇想天外〕(形動)

	□な発想	□な服装	□な行動をする	彼は少し□だ	□な値をつける
奇抜	○	○	△	-	-
とっぴ	○	○	○	-	○
風変わり	○	○	△	○	-
奇想天外	○	△	○	-	-

使い分け【1】「奇抜」は、考え方が変わっているというよりも、結果として現れた形が、思いもよらないほど通常とは異なっているさま。【2】「とっぴ」は、普通の人にとってはなぜそうなるのかがすぐには理解できないほど、思いがけないさまや常識はずれと思えるほど変わっているさま。「突飛」と当てる。【3】「風変わり」は、「奇抜」「とっぴ」ほどではないが、普通とは変わっているさま。【4】「奇想天外」は、だれも思いつかないようなことを思いついて、それが非常に変わっているさま。

参照▼風変わり⇒201-59

8 10-59 変(へん)／異常(いじょう)／特異(とくい)

【関連語】◆（異状）いじょう◆（異例）いれい◆（非常）ひじょう◆（別条）べつじょう◆（不自然）ふしぜん◆（変ちくりん）へんちくりん◆（変てこ）へんてこ◆（変てこりん）へんてこりん

共通する意味★普通ではないさま。【英】*strange; odd*
使い方▼〔変〕(形動)▽腹具合が変だ▽変な味の水　〔異常〕(名・形動)▽異常な性格▽異常に興奮する　〔特異〕(名・形動)▽特異な才能を持つ▽特異体質

	□な笑い方をする	今年の天候は□だ	車の調子が□だ	□な才を示す
変	○	○	○	-
異常	○	○	○	-
特異	○	-	-	○

使い分け【1】「変」が、最も一般的に用いられる。ただし、書き言葉としてはあまり用いられない。また「変な男が近所をうろついている」のように、奇妙だ、怪しいの意もある。【2】「異常」は、標準から大きくかけ離れていること。「変」よりは硬い言い方。【3】「特異」は、同類のものにくらべ、ある点において大きく違っているさま。

【関連語】◆（異状）普通とは異なった状態やかたち。「異状なし」「何ら異状は見られない」◆（異例）前例のないこと。「異例の昇進」◆（非常）(名・形動)特別の場合であること。また、程度が甚だしいさま。「非常口」「非常にうれしい」◆（別条）普通と異なった事柄、また、状態。否定の文で用いられることが多い。「生命に別条はない」◆（不自然）(名・形動)自然でないこと。わざとらしいこと。「不自然な笑顔」◆（変ちくりん・変てこ・変てこりん）(形動)「変」の俗な言い方。

参照▼変⇒518-03

8 10-60 変調(へんちょう)／不順(ふじゅん)／不調(ふちょう)／低調(ていちょう)

共通する意味★様子がいつもと違うこと。調子が違うこと。【英】*disorder*
使い方▼〔変調〕スル▽機械が変調をきたす▽体の変調に気づく　〔不順〕(名・形動)▽生理不順▽気候不順　〔不調〕(名・形動)▽今日は投手が不調だ▽エンジンが不調だ　〔低調〕(名・形動)▽作品は全般に低調だ▽客の出足は低調だった

	会社の業績が□だ	体の□を訴える	景気の□	最近は天候が□だ
変調	-	○	○	-
不順	-	-	-	○
不調	○	○	△	-
低調	○	-	△	-

使い分け【1】いずれも、調子が変わることをいうが、悪い方へ変わる場合にいう。【2】「変調」は、いつもの調子ではなくなることで、正常ではなく、異常をきたすこと。【3】「不順」は、順調でないこと。【4】「不調」「低調」は、いつもより、また期待より調子が悪いこと。【5】「不調」は、交渉や会談などがまとまらない、うまくいかないことの意でも用いられる。【6】「低調」は、期待に反して、内容や水準が低いことの意や、また、そのために盛り上がりがない様子の意にも用いられる。
反対語▼不順⇔順調　不調・低調⇔好調

8 10-61 グロテスク／異様(いよう)／おどろおどろしい

【関連語】◆（グロ）

共通する意味★気味が悪いさま。

使い方▼〔グロテスク〕(形動)　〔異様〕(形動)　〔おどろおどろしい〕(形)

	怪獣の□姿	□雰囲気	□赤い夕焼け	□芝居
グロテスク	-な○	-な-	-に-	-な-
異様	-な○	-な○	-に○	-な○
おどろおどろしい	△	○	-く-	○

使い分け【1】「グロテスク」は、具体的に目に見えるものについて、その姿形が気味悪いさま。【2】

8 事柄・性質

「異様」は、様子が普通ではないために、不安を覚えるようなありさまをいう。【3】「おどろおどろしい」は、なんとも言いようのない不気味な迫力を感じさせるようなさま。

【関連語】◆(グロ)(形動)「グロテスク」の略。口語的。

8 10-62 神秘（しんぴ）／超自然（ちょうしぜん）／ミステリー／謎（なぞ）

【関連語】◆(神妙)しんみょう

共通する意味★常識や理性では解釈できない、人知を超越した状態。**【英】** *a mystery*

使い方▼〔神秘〕▽生命の神秘を探る▽神秘のベールにつつまれる▽神秘的なほほえみをうかべた女神像〔超自然〕▽超自然的存在▽超自然現象〔謎〕▽宇宙誕生の謎にせまる▽謎を解く▽謎の男〔ミステリー〕▽彼の死は依然としてミステリーだ▽ミステリーゾーン

使い分け【1】「神秘」は、人の知恵でははかりしれない不思議なこと。【2】「超自然」は、人が知っている自然界の法則では説明がつかない物事にいう。【3】「謎」「ミステリー」は、実体をつきとめるのが容易ではなく、その結果、不明であるようなこと。「謎」は、ごく一般的に用いられる。

【関連語】◆(神妙)(名・形動)人間の能力を超越した不可思議な働きや現象。「神妙不可思議な現象」「神妙な働き」

参照▼ミステリー⇒616-08　神妙⇒201-37

8 10-63 スリル／サスペンス

共通する意味★楽しみとして味わえる、恐怖感や緊張感、不安感。

使い方▼〔スリル〕▽スリルを味わうためにスピードを出す▽スリルを求めてハングライダーで空を飛ぶ▽スリルがある▽スリル満点のジェットコースター〔サスペンス〕▽サスペンスに富んだ筋立て▽サスペンス物

使い分け【1】いずれも、通常は不快なものとして認識される、恐怖感、緊張感、不安感などの感情を、娯楽や読書の際に楽しみとして意図的に味わうもの。【2】「スリル」は、自分の安全が脅かされるような気がする場合に抱く恐怖感や不安感をいう。【3】「サスペンス」は、特に、小説やドラマなどで、話の展開が読者や観客に与える不安感や緊張感をいう。

8 10-64 幽遠（ゆうえん）／深奥（しんおう）／深遠（しんえん）

【関連語】◆(深長)しんちょう◆(遠大)えんだい

共通する意味★はかりしれないほど奥深いさま。**【英】** *profundity*

使い方▼〔幽遠〕(名・形動)▽幽遠な趣の庭▽幽遠の境地〔深奥〕(名・形動)▽芸の深奥をきわめる〔深遠〕(名・形動)▽深遠な理論▽学問の深遠なことに驚く

使い分け【1】「幽遠」は、奥が深く、俗人の世界からはるかに隔たっていること。【2】「深奥」は、非常に奥の深いこと。芸道などについて用いられることが多い。【3】「深遠」は、物事の内容や意味に深みがあり、簡単には理解できないこと。【4】いずれも、文章語。

【関連語】◆(深長)(形動)多く、「意味深長」の形で、言葉や表情からくみとれる意味に含みがあり、真意がはっきりわからないさまをいう。「意味深長な発言」◆(遠大)(形動)志、計画などが、遠い将来まで見通しをたてており、規模が大きいさまをいう。「遠大な計画」

8 10-65 荒涼（こうりょう）／殺風景（さっぷうけい）

共通する意味★荒れ果てた感じで、気持ちの安らぐものがないさま。**【英】** *desolateness*

使い方▼〔荒涼〕(形動たる・と)▽荒涼たる原野▽荒涼とした廃墟（はいきょ）▽心中が荒涼としている〔殺風景〕(形動)▽部屋が殺風景だから花でも飾ろう

使い分け【1】「荒涼」は、文章語的。「荒寥」とも書く。【2】「殺風景」は、装飾などがなく、趣のないさま。また、「殺風景な話」のように、物事に面白みがない場合にも使う。

8 11 …形状

8 11-01 形態（けいたい）／形状（けいじょう）

共通する意味★物の外に現れているありさま。**【英】** *form*

使い方▼〔形態〕▽動物の形態を調べる▽株式会社の形態をとる〔形状〕▽葉の形状を観察する▽複雑な形状を呈する▽柔らかな形状の建物

使い分け「形態」が、ある組織立った物事の、外から見た全体のなりたちや、組み立てられている個々の物事のありさまを全体的にとらえていうのに対し、「形状」は、単に物が外見的にどのような形をしているのかについてのみいう。

8 11-02 まっすぐ

意味★まったく曲がっていないさま。線や進路、人間の性格などにいう。「真っ直ぐ」とも書く。**【英】** *straight*

使い方▼〔まっすぐ〕(名・形動)▽まっすぐな線を引く▽まっすぐ帰る(＝寄り道せずに帰る)▽心のまっすぐな人

8 11-03 角(かく)

意味★四角なさま。また、四角なもの。**【英】** *an angle*

使い方▼〔角〕▽豆腐を角に切る▽一〇センチ角のブロック

◆①将棋の駒の一つ、角行をいうこともある。「角落ちで対局する」②二つの直線、平面などが交わるときにできる図形や、その開きの度合いもいう。「直角」「同位角」

8 11-04 円(えん)

意味★まるいこと。また、まるいもの。一つの平面上で、一定点から等距離にある点の軌跡。また、それによって囲まれた平面の部分をいう。**【英】** *a circle*

使い方▼〔円〕▽円を描く▽皆で手をつないで円になる

◆わが国の貨幣の基本単位もいう。「ドルに対して円が高くなる」

8 11-05 曲線(きょくせん)／弧(こ)

共通する意味★角張らずに連続して曲がった線。**【英】** *a curve*

使い方▼〔曲線〕▽曲線を描く▽曲線美　〔弧〕▽弧を描いて飛ぶ▽円弧

使い分け「曲線」は、折れずに連続的に曲がった線をいうが、「弧」は、弓形に曲がった形をいう。また、数学では、円周または曲線上の二点間の部分をいう。

反対語▼曲線⇔直線

8 11-06 渦(うず)／渦巻き(うずまき)／螺旋(らせん)／とぐろ

共通する意味★幾重にもぐるぐる回っている形。**【英】** *a whirlpool*

使い方▼〔渦〕▽渦を巻いて流れる水　〔渦巻き〕▽ばねは、鋼線を渦巻きの形に加工して作る　〔螺旋〕▽螺旋階段　〔とぐろ〕▽日だまりでとぐろを巻いているマムシ

	水中に□ができる	□状のねじ	□状の階段	蛇が□を巻く
渦	○	-	-	-
渦巻き	○	○	-	-
螺旋	-	○	○	-
とぐろ	-	-	-	○

使い分け【1】「渦」は、元来、水流どうしがぶつかったときにできる、回転しながら中心へ向かっていく流れのことで、海にできるものは「渦潮(うずしお)」という。また、「興奮の渦」のように、激しく動いて混乱している状態の意でも用いられる。【2】「渦巻き」は、「渦」を巻くこと、また、その形や模様の意で、「渦」とほぼ同義で用いられる。【3】「螺旋」は、「渦」の中心を、その平面に対して、上または下に引っ張った形のもの。【4】「とぐろ」は、蛇が体を「渦」の形に巻くこと。また、その巻いた状態。また、「とぐろを巻く」は、数人で、用もないのに、ある場所にたむろしている意で用いられることもある。

8 11-07 粒(つぶ)／粒子(りゅうし)

共通する意味★小さくて丸いもの。**【英】** *a grain*

使い方▼〔粒〕▽砂糖の粒▽粒の大きいピーナッツ　〔粒子〕▽このクレンザーは粒子があらい

使い分け【1】「粒」には、「今年のチームは粒がそろっている」のように、集まった人や物、それぞれの質や大きさの意もある。【2】「粒子」は、書き言葉。また、物質を構成している微細な粒をいう。

8 11-08 つぶつぶ／ぶつぶつ／ぼつぼつ

共通する意味★小さくて丸いものがたくさんあるさまを表わす語。**【英】** *grains*

使い方▼〔つぶつぶ〕(名・副)スル▽つぶつぶした餡(あん)▽米がつぶつぶと残っている餅(もち)　〔ぶつぶつ〕(名・副)スル▽表面がぶつぶつしている▽吹き出物がぶつぶつできた　〔ぼつぼつ〕(名・副)▽鳥肌が立って皮膚がぼつぼつになる

使い分け【1】「つぶつぶ」「ぶつぶつ」は、表面に粒状のものがたくさんあるさま。「ぼつぼつ」は、散在しているさま。また、いずれも、小さな粒状のものをいう。【2】「ぶつぶつ」は、「ぶつぶつ言っていないですぐやりなさい」のように、言葉、特に、不平や小言を小声で言うさまも表わす。【3】「ぼつぼつ」は、「ぼつぼつ昼飯にしようか」のように、物事を徐々に進めるさまや、し始めるさまも表わす。

8 11-09 丸(まる)い

【関連語】◆(まろやか)

意味★円形や球形であるさま。また、物事の状態、人柄などが、おだやかであるさま。**【英】** *round*

使い方▼〔丸い〕(形)▽丸い地球▽人間が丸くなった▽事態を丸く収める

◆球のように立体的な形の場合に「丸い」を、円のように平面的な形の場合に「円い」を当てることもある。また、「丸くなって眠っている猫」のように、円を描くように曲がっているさまにもいう。

【関連語】◆(まろやか)(形動)まるまるとしているさま。また、味などが強くなく、穏やかなさま。「円や

か」「丸やか」とも書く。「まろやかな味わい」

8 11-10 平(たい)ら／平(ひら)たい／平(ひら)べったい

【関連語】◆(水平)すいへい

共通する意味★高低、凹凸のないさま。【英】*flat*

使い方▼〔平ら〕(形動)▽平らな道▽ここから先の地面は平らだ　〔平たい〕(形)▽平たい皿▽この水盤は平たい　〔平べったい〕(形)▽平べったい鼻▽平べったい胸

	＿石	＿顔	土地を＿する	＿鍋(なべ)
平ら	－な○	－な△	－に○	－な△
平たい	○	△	－く－	○
平べったい	○	○	－く－	○

使い分け【1】「平ら」は、ある物の表面に高低や凹凸がなく、均一なさま。また、ひざをくずして、楽に座るさまをいう。多く、「お平らに」の形で用いる。【2】「平たい」「平べったい」は、ある物に厚みがなく、均一に広がっているさま。「平べったい」の方が、俗語的。

【関連語】◆(水平)(名・形動)表面に凹凸がないこと。また、上がり下がりのないこと。「はかりを水平に保つ」

参照▼平たい⇒810-33

8 11-11 扁平(へんぺい)／平坦(へいたん)

共通する意味★凹凸や高低がなく平らなこと。【英】*flat*

使い方▼〔扁平〕(名・形動)▽土踏まずのない扁平な足　〔平坦〕(名・形動)▽平坦な道▽平坦に広がる台地

使い分け「扁平」は、主として小さなものに、「平坦」は、土地などの大きなものにいうことが多い。

8 11-12 なだらか／緩(ゆる)やか

共通する意味★傾斜などが急でないさま。【英】*gentleness*

使い方▼〔なだらか〕(形動)　〔緩やか〕(形動)

	＿な坂	＿な山すそ	＿な流れ	＿なカーブ
なだらか	○	○	－	－
緩やか	○	△	○	○

使い分け【1】「なだらか」は、傾斜の度合いが急でないさま。また、平穏であるさま。【2】「緩やか」は、傾斜の度合いのほか、曲がり方が急でなく、徐々であるさま。また、「ゆるやかな川」のように、動きが急でないさまの意や、「校則をゆるやかにする」のように、規則などがあまり厳しくないさまの意もある。

8 11-13 塊(かたまり)／固形(こけい)

共通する意味★固くまとまったもの。【英】*a lump*

使い方▼〔塊〕▽砂糖のかたまり▽脂肪のかたまり　〔固形〕▽固形のスープ▽固形燃料

使い分け【1】「塊」は、液体や粒状のものなどが集まって、一つにまとまったものをいい、その固さはあまり問題とはならない。また、「ひとかたまりの家々」のように、一か所にまとまって集まっているものや、「やさしさのかたまり」「食欲のかたまり」のように、ある傾向や性質が極端にあることをいうのにも用いられる。「固まり」とも書く。【2】「固形」は、固くて、一定の形、体積をもつものをいうことが多く、液体、気体に対立する「固体」に近い意で用いられる。

8 11-14 突起(とっき)／出(で)っ張(ば)り

共通する意味★突き出た所や物。【英】*a projection*

使い方▼〔突起〕スル▽あごの下に突起がある亀▽高く突起している岩　〔出っ張り〕▽出っ張りが邪魔になって幕がうまく張れない▽地図で見ると国境線にくちばし状の出っ張りがある

使い分け【1】「突起」は、鋭く突き出ているもの、また、突き出ることの意。【2】「出っ張り」は、比較的なめらかに、また大きめに突き出ている場合にいう。「突起」よりは、口語的な言い方。

8 11-15 尖(とが)る／角張(かくば)る／出(で)っ張(ば)る

【関連語】◆(尖らす)とがらす◆(丸める)まるめる

共通する意味★突き出る形になる。【英】*to be sharpened*

使い方▼〔尖る〕(ラ五)▽尖った鉛筆▽竹を削って先が尖るようにする　〔角張る〕(ラ五)▽角ばったかばん▽角ばった顔　〔出っ張る〕(ラ五)▽頬骨(ほおぼね)の出っ張った顔

使い分け【1】「尖る」は、物の先が細く鋭くなる意。また、「声がとがる」のように、神経が鋭敏になったり、感情的になったりする意で使う。【2】「角張る」は、四角い形である、また、形式ばる意。【3】「出っ張る」は、平らなところの一部分が突き出る、または、本来平らなところが前や上に出る意で、その突き出た部分の形は問題とはならない。

反対語▼尖る・角張る⇔丸まる　出っ張る⇔引っ込む・へこむ・くぼむ

【関連語】◆(尖らす)(サ五)尖るようにする。「口を尖らす」「鉛筆を尖らす」◆(丸める)(マ下一)丸い形にする。「団子を丸める」「背中を丸める」「頭を丸める(＝頭髪をそって仏門に入る)」

8 11-16 へこむ／窪(くぼ)む

【関連語】◆(陥没)かんぼつ ◆(引っ込む)ひっこむ

共通する意味★物の表面が内部に落ち込んだ形になる。【英】*to become hollow*

使い方▼〔へこむ〕(マ五)▽やかんがへこんだ 〔窪む〕(マ五)▽道がくぼんで水たまりができる

	道路が□	□だ鍋を元に戻す	車がぼこぼこに□	やせて目が□
へこむ	○	-ん○	○	-
くぼむ	○	-ん-	-	○

使い分け「へこむ」は、物の表面が内側に落ち込んで、他の部分より低くなる意。「窪む」も、同意で用いられるが、何か所も落ち込む場合、出ていた部分が元に戻る場合には、「へこむ」は使っても、「くぼむ」は使わない。両語ともに「凹む」とも書く。

【関連語】◆(陥没)スル 物の表面が落ち込むこと。文章語的な語。「頭蓋骨(ずがいこつ)が陥没する」◆(引っ込む)(マ五)中が低く落ち込む。また、こもって外に出なくなる。後ろに下がる。「衰弱して目が引っ込む」「田舎に引っ込む」「子供は引っ込んでいろ」

参照▼引っ込む⇒113-34

8 11-17 深(ふか)まる／深化(しんか)

【関連語】◆(深める)ふかめる

共通する意味★物事の程度が進む。【英】*to deepen*

使い方▼〔深まる〕(ラ五)▽知識が深まる▽理解が深まる▽両国の関係が深まった 〔深化〕スル▽矛盾が深化する▽思想の深化

使い分け「深まる」は、ごく一般的に用いられる。「深化」は、主に抽象的なものに使われる文章語。

【関連語】◆(深める)(マ下一)物事の程度を進ませる。「親善を深める」「印象を深める」「お互いの友情を深める」

8 11-18 凸凹(でこぼこ)／凹凸(おうとつ)

共通する意味★表面に出っ張っている部分やくぼんでいる部分があって、平らでないこと。【英】*roughness*

使い方▼〔凸凹〕でこぼこ(名・形動)スル▽家の前の道はでこぼこしている▽道路のでこぼこをならす 〔凹凸〕おうとつ▽コンクリートを打った部分に凹凸がある▽細かい凹凸は触れただけではわからない

使い分け【1】「凸凹」は、話し言葉として用いられるのに対し、「凹凸」は、文章語的。【2】「凸凹」は、「でこぼこ」とかな書きにされることが多い。

8 11-19 すきま／すき

【関連語】◆(空隙)くうげき

共通する意味★物と物の間のあいている所。【英】*an opening*

使い方▼〔すきま〕▽食器を入れた箱のすきまに紙を詰める▽すきま風 〔すき〕▽ふすまのすきから隣の部屋をのぞく

使い分け【1】「すきま」の方が、一般的。「隙間」「透き間」とも書く。【2】「すき」は、「仕事のすきをみて一服する」のように、あいた時間の意や、「相手のすきをみて攻め込む」のように、油断、気のゆるみの意で使うことも多い。「透き」「隙」とも書く。

【関連語】◆(空隙)「すきま」「すき」の改まった言い方。文章語。「空隙を埋める」

8 11-20 空間(くうかん)／スペース／空(あ)き

共通する意味★物が何も存在しない、空いている所。【英】*space*

使い方▼〔空間〕▽人の通れる空間だけ残す▽宇宙空間 〔スペース〕▽スペースを十分にとった居間 〔空き〕▽庭のわずかの空きに草花を植える▽がら空き

	□を埋める	駐車する□がない	階段下の□に物を置く	□家をさがす
空間	○	△	○	-
スペース	○	○	○	-
空き	○	-	-	○

使い分け【1】「空間」は、特に、三次元的な広がりを意識して用いられることが多い。【2】「スペース」は、余っている所という意味合いをこめて使われることが多い。また、「コラムを新設してスペースを埋める」のように、新聞、雑誌などの与えられた紙面の意もある。【3】「空き」は、三次元的な広がりを意識して使われることは少ない。「定員に空きができた」「彼のスケジュールには空きがない」のように、欠員や暇の意で使うことが多い。【4】「空間」と「スペース」は、必ずしも周囲を限定してはいないが、「空き」の周囲は、つまっていることが前提である点が特徴。

参照▼空き⇒617-05

8 11-21 滑(なめ)らか／滑(すべ)っこい

【関連語】◆(平滑)へいかつ

共通する意味★表面の摩擦が小さく滑りのよいさま。【英】*slippery*

使い方▼〔滑らか〕(形動)▽表面を磨いて滑らかにする▽滑らかでつやつやした肌 〔滑っこい〕(形)▽苔(こけ)で滑っこい石▽滑っこい坂道

使い分け【1】「滑らか」は、凹凸がなく、きめが細かいさまで、手触りのよい感じにいう。また、「なめらかにしゃべる」のように、少しもつかえず、滞りのないさまの意でも用いられる。【2】「滑っこい」は、物の表面が滑りやすくなっているような場合に用いる。俗語的な言い方。

【関連語】◆(平滑)(名・形動)平らで滑らかなこと。文章語。「平滑な面」

8 11-22 つるつる／すべすべ

【関連語】◆(つるり)◆(のっぺり)

共通する意味★表面に凹凸がなく滑らかなさまを表わす語。【英】*smooth*

使い方▼〔つるつる〕(副・形動)スル▽油を引いた廊下はつるつるする▽頭がつるつるに禿げる▽つるつるすべる氷の上 〔すべすべ〕(副・形動)スル▽すべすべした手▽肌が若返ってすべすべになる

使い分け【1】「すべすべ」は、肌のように、もっぱら柔らかいものに対して用いられるが、「つるつる」は、氷や板、金属のように硬いものに対して用いられることが多い。【2】「つるつる」は、触れた感じが滑らかである場合にも、見た感じが光沢があって滑らかである場合にも用いられるが、「すべすべ」は、触れた感じが滑らかである場合に用いられることが多い。【3】「つるつる」は、「蕎麦(そば)をつるつるすする」のように、滑らかにすべるような動きを表わす場合にも用いられる。

【関連語】◆(つるり)(副)滑らかにすべる動きを表わす語。また、全体に凹凸がなく滑らかなさまの意でも用いられる。「頭をつるりとなでる」「生卵をつるりと飲む」「つるりと禿げた頭」◆(のっぺり)(副)スル整ってはいるが、しまりのない顔のさまを表わす語。男性に対して使うことが多い。「のっぺりした顔の男」

8 11-23 ざらざら／ざらつく

共通する意味★細かい凹凸があったり、砂ぼこりなどがついていたりして、表面が滑らかでないさまを表わす語。【英】*rough*

使い方▼〔ざらざら〕(副・形動)スル▽手が荒れてざらざらだ▽ざらざらした紙 〔ざらつく〕(カ五)▽水仕事でざらついた手▽舌が荒れてざらつく

使い分け【1】「ざらざら」は、特に手で触った感じについていうことが多い。【2】「ざらざら」は、「ざらざらした声」のように、ささくれて荒れているさまや、「土壁がざらざらと崩れ落ちる」のように、粒状のものが一度に落ちるさまを表わすこともある。

8 11-24 もじゃもじゃ／ふさふさ

共通する意味★毛などがたくさん生えているさまを表わす語。【英】*tufty*

使い方▼〔もじゃもじゃ〕(副・形動)スル▽もじゃもじゃの毛糸をほぐす 〔ふさふさ〕(副)スル▽しっぽがふさふさしているリス

使い分け

	毛が□生えている	毛足が□している	□したひげ	□した頭髪
もじゃもじゃ	○	－	○	－
ふさふさ	○	○	△	○

【1】「もじゃもじゃ」は、多量の毛や草木などが不ぞろいに密生しているさまを表わす語。きれいに整っていないため、「ふさふさ」にくらべると、手入れが行き届いていないとか、異常なほどたくさん生えているとかいう、マイナスの語感がある。【2】「ふさふさ」は、毛などがすきまなくたくさん生えていたり、垂れ下がっていたりするさまを表わす語。

8 11-25 ふわふわ／ふわっと／ふわり／ふんわりと

共通する意味★何かが軽やかに浮かぶさまや浮き上がる(または降りる)さまを表わす語。【英】*buoyantly*

使い方▼〔ふわふわ〕(副)スル▽シャボン玉がふわふわと風に乗って流れていく▽くらげがふわふわ漂う 〔ふわっと〕(副)スル▽無重力状態で体がふわっと浮き上がる▽ふわっと広がった白い雲 〔ふわり〕(副)▽空にふわりと舞い上がる▽ふわりと羽織をはおる 〔ふんわりと〕(副)スル▽ふんわりと空中に浮かんだ紙風船▽ふんわりと地上に舞い降りる

使い分け【1】四語とも、「ふわふわした布団」のように、軽く柔らかなものの状態をいうのにも用いる。【2】「ふわふわ」が、持続的な動きを表わすのに対し、「ふわっと」「ふわり」は、いずれも一回の動きに限っていう。【3】「ふんわりと」は、「ふわり」にくらべ、その柔らかさ、状態性を強調した言い方である。

8 11-26 穴(あな)／穴(あな)ぼこ／窪(くぼ)み

【関連語】◆(ホール)◆(壕)(ごう)

共通する意味★表面が低く落ち込んだ所。【英】*a hole*

使い方▼〔穴〕▽地面に穴を掘る▽穴があったら入りたい(＝ひどく恥ずかしい) 〔穴ぼこ〕▽穴ぼこに落ち込む▽服に穴ぼこがあく 〔窪み〕▽地面の窪みに足を取られる

使い分け【1】「穴」は、面の一部が周囲より低く、奥深く落ち込んだ所。また、向こう側まで突きぬけたものを意味することも多い。【2】「穴ぼこ」は、「穴」の俗語的、幼児語的な言い方。【3】「窪み」は、周囲よりも低く落ち込んでいる所、へこんでいる所の意。【4】「穴」と「窪み」とでは、「穴」の方が奥深いものをいうことが多く、「窪み」は、へこんでいる部分の面積が、へこんでいる深さよりも大きいような場合に使われる。【5】「穴」は、何かが欠けたうつろな空間の意で、「借金の穴をうめる」「彼がいなくなって、胸にぽっかりと穴があいたようだ」のように、抽象的にも使われる。

【関連語】◆(ホール)穴のこと。また、それに似たもの。「ボタンホール」「マンホール」◆(壕)地面を掘って造ったくぼみ、穴。「壕を掘る」「防空壕」

811-27
切れ目／分け目／裂け目／小口／切れ口／割れ目／継ぎ目／節目

共通する意味★連なっているものがとだえた所。【英】*a gap; a critical moment*(分け目)

使い方▼〔切れ目〕▽話の切れ目▽金の切れ目が縁の切れ目　〔分け目〕▽髪の毛に分け目を入れる　〔裂け目〕▽堤防に裂け目が生じた▽木の裂け目　〔小口〕▽ねぎの小口切り▽書物の小口　〔切れ口〕▽あかぎれの切れ口▽切れ口が鋭い　〔割れ目〕▽塀に割れ目ができる▽ガラスに割れ目が入る　〔継ぎ目〕▽レールの継ぎ目▽板の継ぎ目▽布の継ぎ目　〔節目〕▽材木の節目

使い分け【1】「切れ目」は、続いていたものがとだえた所。また、とだえた時もいう。【2】「分け目」は、連続している何かを分けた所。【3】「裂け目」は、裂けた所。【4】「小口」は、切断面のこと。また、書物の背と反対側の切り口もいう。【5】「切れ口」は、切れた所。【6】「割れ目」は、割れた所。【7】「継ぎ目」は、物と物とをつなぎ合わせてある所。【8】「節目」は、竹、材木などの節のある所。

参照▼分け目⇒815-52　小口⇒513-04　節目⇒811-28

811-28
区切り／折り目／一線／境／一段落／節目

共通する意味★物事の切れ目、けじめ。

使い方▼〔区切り〕▽仕事の区切りがつく　〔折り目〕▽仕事に折り目をつける　〔一線〕▽一線を引く▽一線を画す(かくす)　〔境〕▽隣の土地との境▽生死の境　〔一段落〕▽仕事が一段落ついた　〔節目〕▽一つの節目をつける▽人生の節目

使い分け【1】「区切り」は、「句切り」とも書く。【2】「境」は、土地と土地の境界、さらに物と物の切れ目の意でも用いられる。【英】*a boundary*【3】「一段落」は、文章の単位の「段落」から転じたもの。「ひとだんらく」ともいう。

参照▼節目⇒811-27

811-29
釘裂き／鉤裂き

共通する意味★釘などに衣服をひっかけて鉤形に裂くこと。また、その裂け目。【英】*a rent*

使い方▼〔釘裂き〕▽スカートに釘裂きができた▽釘裂きを繕う　〔鉤裂き〕▽上着を鉤裂きにしてしまった▽鉤裂きをつくる

使い分け【1】「釘裂き」は、釘で裂くこと、また、釘で裂いたところ。【2】「鉤裂き」は、鉤の形に裂くこと、また、鉤の形に裂いたところ。

811-30
すく／あく

共通する意味★物と物との間に空間ができる。【英】*to be empty; vacant*《形》

使い方▼〔すく〕(カ五)▽歯と歯の間がすく▽戸と柱の間が少しすいている▽枝がすいている　〔あく〕(カ五)▽間があかないようにつめて座ってください▽字と字の間があきすぎている

使い分け【1】「すく」は、本来、部分的に空間ができる意。「たんすの中がすく」は、その中に空間が少しできる意である。また、「まだ早かったので会場はすいていた」のように、占められていない場所などが部分的にできる意もある。さらに、「手がすく」のように、手元にあるかたづけるべき仕事が少なくなって、時間にゆとりができる意。【2】「あく」は、そこを占めているものがなくなる意。「たんすの中があく」は、そこがからになる意である。また、物が使用できる状態になる意で用いられるが、「部屋が一つあく」「座席があいている」などは、そこを空間的に占めているものがなくなり、同時に、使用している状態でなくなる意。また、「そのはさみ、あいたら貸してくれ」「体があく」「時間があく」などは、使用による占められた状態でなくなる意。さらに、「会長辞任の後、そのポストはあいたままだ」のように、地位などについて、欠員ができる意でも使われる。【3】「すく」は「空く」、「あく」は「空く・明く」とも書く。

参照▼すく⇒111-17　あく⇒907-01

812…方法・手段

812-01
仕方／方法／手段

【関連語】◆(やり方)やりかた◆(仕様)しよう◆(致し方)いたしかた◆(手口)てぐち◆(やり口)やりくち◆(伝)でん◆(メソッド)◆(方途)ほうと◆(機軸)きじく◆(定石)じょうせき◆(てだて)◆(方式)ほうしき◆(術)すべ◆(方便)ほうべん◆(術計)じゅっけい

共通する意味★目的を達成するための行動の内容を表わす語。【英】*a way; a means*

使い方▼〔仕方〕▽勉強の仕方が悪い▽あいさつの仕方が悪い▽仕方がない、あきらめよう　〔方法〕▽うまくおさめる方法▽発声の方法▽方法論　〔手段〕▽有効な手段を講じる▽非常手段

	通勤の□を再考する	話の□	□会社へ行く	連絡の□がない
仕方	○	○	-	-
方法	○	-	○	○
手段	○	-	○	○

使い分け【1】「仕方」は、目的を達成するために行う行動の内容をさすのに対して、「手段」は、この行動に必要なものを具体的にさす。「方法」には、両方の意がある。【2】「通勤の□」という文でくらべると、「通勤の仕方」は、家を出てから会社に行くまでのすべての行動が含まれるが、「通勤の手段」では、「手段」には行動のための道具の意しかないため、電車とかバスとかの交通機関をさすことになる。【3】「方法」が、「仕方」と同じ意で用いられた場合には、「仕方」よりもきちんと理屈の通った方式という意が強く出る。

【関連語】◆**(やり方)**「仕方」の意のややくだけた言い方。「やり方がわからない」「正しいやり方」◆**(仕様)**多く打消の形で、よい手段、方法がない意を表わす。「他に仕様がない」「おわびの仕様もございません」◆**(致し方)**「仕方」の丁寧で、硬い言い方。「致し方ありません、そうしましょう」◆**(手口・やり口)**犯罪・悪事などよくないことに対して用いられることが多い。「あくどい手口」「極悪非道のやり口」◆**(伝)**以前に用いられたことのあるやり方。ややくだけた言い方。「その伝で頼む」◆**(メソッド)**体系化されたやり方。「新しく確立されたメソッド」◆**(方途)**「方法」の意の文章語。「和解の方途をさぐる」◆**(機軸)**多く、「新機軸」の形で、方法、工夫の意を表わす。「新機軸を打ち出す」◆**(定石)**きまったやり方。「経営の定石」◆**(てだて)**「方法」とほぼ同じ意味で用いられる。「てだてがない」◆**(方式)**ある一定の形式、または、やり方。「新しい方式を採用する」「トーナメント方式」◆**(術)**「手段」の意の文章語。「なす術がない」◆**(方便)**便宜的なやり方。「嘘(うそ)も方便」◆**(術計)**目的を達成するための方法や手立てをいろいろと考えること。また、そうして考えられた方法や手立て。文章語。「敵の術計に陥ってしまった」

参照▼機軸⇒802-12

8 12-02 手管(てくだ)／手練(てれん)／詐術(さじゅつ)／手品(てじな)

共通する意味★人をだます手段。**【英】** *wiles*

使い方▼〔手管〕▽手管にだまされる 〔手練〕▽手練手管 〔詐術〕▽詐術を弄(ろう)する 〔手品〕▽手品を使う

使い分け【1】「手管」は、人を巧みにだます手段や方策。人をだますため、あちらこちらに手をまわしたり、だまそうとしている人をいろいろと操り動かしたりするような場合に用いる。【2】「手練」は、「手練手管」と重ねて使われることが多い。【3】「詐術」は、単に人をだます手段や方策を表わし、特にその手段や方策の内容や、それが巧みであるかどうかは問題にしていない。【4】「手品」は、人の目を別の方にそらして人をあざむきだます手段や方策。また、巧妙な手さばきで人の目をくらます芸のこともいい、この意で用いられることが多い。

参照▼手練⇒207-14 手品⇒615-51

8 12-03 使い先(つかいさき)／使途(しと)／使い道(つかいみち)／使い方(つかいかた)／用途(ようと)

【関連語】◆(用)(よう)

共通する意味★金銭や物を、何のためにどのように使うかということ。**【英】** *a use*

使い方▼〔使い先〕▽使い先がわかっていない金が多すぎる▽経費の使い先を詳細に記す 〔使途〕▽使途のはっきりしない金▽使途不明金 〔使い道〕▽賞金の使い道はこれから考えます▽あいつは何の使い道もないやつだ 〔使い方〕▽シートベルトの正しい使い方▽この工具は使い方がわからない 〔用途〕▽用途の広い素材▽他に用途がない

	募金の□を明らかにする	□の広い木	そんながらくたは□がない	敬語の□はむずかしい
使い先	○	-	-	-
使途	○	-	-	-
使い道	○	○	○	-
使い方	○	-	-	○
用途	○	○	-	-

使い分け【1】五語のうち、「使い先」「使途」は、一般に対象を金銭に限定して、その使用目的をいうが、「使い道」「使い方」「用途」は、金銭以外にも、言語、人、動物、植物、機械、道具など、さまざまな事物を対象として、それをどう使用するかをいう。【2】「使い先」「使途」は、金銭の確定した使用目的を表わす。したがって「使い先を記録しておく」「使途を記録しておく」とはいえるが、「使い先を考える」「使途を考える」のような使用目的が確定していない場合にはいいづらい。【3】「使い道」は、最終的にどう使用されるのかを主に表わすが、「使い方」は、使用の方法、途中経過から最終目的まで全般についていう。【4】「用途」は、事物を使用することになった目的を中心に表わす。文章などで使われることが多い。

【関連語】◆**(用)**その事物を使用すれば役に立つということ。「用に供する」「さびて包丁の用をなさない」「用に立つ」

参照▼用⇒820-08

8 12-04 別途(べっと)／別法(べっぽう)

共通する意味★ほかのやり方。**【英】** *an alternative method*

使い方▼〔別途〕▽別途の方策を選ぶ▽別途の解決策

〔別法〕▽別法を講じる

使い分け 「別途」は、「交通費は別途支給する」のように、別に、の意で副詞的にも用いる。

参照▼別途⇒918-05

8 12-05 応急(おうきゅう)／代用(だいよう)／場当(ばあ)たり

共通する意味★計画された中での本来的な事物や行為でなく、その場限りで臨時に間に合わせること。

使い方▼〔応急〕▽とりあえずは応急の措置をとる▽応急的な処置　〔代用〕スル▽代用のものでその場をしのぐ　〔場当たり〕▽そんな場当たり的なことではいけない

使い分け【1】「応急」は、いずれは本格的な物を使用したり、本格的な措置を講じたりするつもりはあるものの、その時点では間に合わないために、別の物を使用したり、本格的な措置が可能になるまでのつなぎの措置を講じたりすること。【英】*emergency*【2】「代用」は、本来使用されるべき物の代わりに、同じような用をなす別の物を使用し、用を果たすこと。【英】*a substitute*【3】「場当たり」は、特に計画もなく、その時点において簡単にできる措置を深い思慮もなしに行ってしまうこと。通常は、本来ならしっかりした計画のもとに講ずるべき措置を考えなければならないのに、その計画や思慮を怠ったという悪い意味で使われる。【英】*haphazard*

8 12-06 常軌(じょうき)／常套(じょうとう)／常道(じょうどう)

共通する意味★普通に行われているやり方。【英】*a beaten track*

使い方▼〔常軌〕▽常軌を逸した行動▽常軌を失う〔常套〕▽役所の常套を破ることは難しい▽常套手段〔常道〕▽政治家としての常道を行く▽常道からはずれる

使い分け【1】「常軌」は、普通に踏むべき道、普通に行われているやり方。【2】「常套」は、習慣として行われている決まったやり方、ありふれたやり方。【3】「常道」は、常に決まっていて変わらないやり方、常に行うべき道。また、普通のやり方、ありふれた方法の意もある。

8 13 …原因・結果

8 13-01 原因(げんいん)／もと／たね

【関連語】◆(近因)きんいん◆(遠因)えんいん◆(せい)

共通する意味★物事が起きる、または物事を起こす根源。【英】*a cause*

使い方▼〔原因〕▽失敗の原因を究明する▽家出した原因▽原因不明の高熱　〔もと〕▽風邪がもとで寝込む▽もとをただす▽誤解のもとになった手紙　〔たね〕▽子供のいたずらが頭痛のたねだ▽自慢のたね▽飯のたね

	紛争の□になった国境問題	火事の□になったタバコの火の不始末	故障の□を調べる	人の失敗を□に話をつくる
原因	○	○	○	-
もと	○	○	-	○
たね	○	-	-	○

使い分け【1】「原因」は、結果との間に因果関係を認めようとする場合に用いる。【2】「もと」は、その物事が別の物事に発展する場合の、初めの物事をいう。「因」とも書く。【3】「たね」は、ある物事を生み出した物事をいう。「種」とも書く。

【関連語】◆(近因)最も直接的な原因。⇔遠因。「近因をそのあたりに求める」◆(遠因)間接的な遠い原因。⇔近因。「紛争の遠因ははるか昔にさかのぼる」◆(せい)前の語を受けて、それが原因、理由であることを表わす語。「所為」と当てる。「お前のせいでひどい目にあった」「会合に遅れたのを電車のせいにする」

参照▼たね⇒720-03

8 13-02 理由(りゆう)／訳(わけ)／いわれ／ゆえん／由(よし)

【関連語】◆(故)ゆえ◆(曰く)いわく

共通する意味★どうしてそうであるか、そうなったかという事情。【英】*reason; ground(s)*

使い方▼〔理由〕▽理由を問いただす▽反対する理由がない　〔訳〕▽特別に訳はない▽父の若い頃とは訳が違う　〔いわれ〕▽私が行かなければならないいわれはない▽何か話しにくいいわれがあるようだ　〔ゆえん〕▽以上が筆を執ったゆえんである▽これがその名のゆえんだ　〔由〕▽由ありげな様子

	事の□を説明する	深い□がある	□もなく涙が出る	失敗した□
理由	○	○	○	○
訳	○	○	○	○
いわれ	○	○	○	-
ゆえん	○	-	-	○
由	○	-	-	-

使い分け【1】「理由」「訳」が、最も普通に使われる。また、「理由」は、「なんとか理由をつけて休むことにした」のように、口実の意でも使われる。【2】「訳」には、また、「何を言っているのか訳が分からない」のように、事柄や言葉などの意味、内容の意や、「それじゃ相手が怒るわけだ」のように、物事の道理、

筋道の意でも使われる。【3】「いわれ」は、やや硬い言い方。話し言葉ではあまり用いない。「謂われ」とも書く。【4】「ゆえん」は、古風な言い方。「所以」と当てる。【5】「由」は、文章語。また、「この由、ご伝言ください」のように、物事の内容の意や、「行方は知る由もない」のように、手段、方法の意、「お元気の由、何よりです」のように、伝え聞いた事柄であることを示す意もある。

【関連語】◆(故)「原因」「理由」の意の、古風な言い方。「彼女の様子は故ありげだ」◆形式名詞として理由を示すこともある。「若さ故の失敗」◆(曰く)込み入った事情や理由。「いわく付きの物件」「何かいわくがあるにちがいない」

参照▼いわれ⇒813-06

813-03 起因／引き金

【関連語】◆(誘因)◆(動機)◆(モチーフ)

共通する意味★物事を引き起こす原因。【英】*an incitement; a motive*

使い方▼〔起因〕スル▽突然死は多く過労に起因する▽汚職の発覚が社長退陣の起因となった〔引き金〕▽口論が引き金となって日頃の鬱憤が爆発した▽デモ鎮圧がゼネストの引き金となった

使い分け【1】ともに「…と(に)なる」の形で用いることができるが、「起因」は、文章語的で、小さいこと、たとえば「けんか」などについては用いにくい。【2】「引き金」は、直接の原因ではなく、やや間接的な原因をいうことが多い。

【関連語】◆(誘因)物事を誘い起こす原因。「その暗殺事件が大戦の誘因となった」◆(動機)人が意志を決めたり、行動を起こしたりするもとになった原因、あるいは目的。「犯行の動機は一体何なのか」「不純な動機」◆(モチーフ)芸術的創作活動の動機となるもの。「この作画のモチーフは少年期の体験による」

参照▼引き金⇒420-18

813-04 要因／素因

共通する意味★重要、かつ中心的な原因。【英】*a main cause*

使い方▼〔要因〕▽青少年非行化の要因を探る▽価値観の相違が離婚の決定的要因となった〔素因〕▽事件の素因はそこにある▽そのことに関して素因を明らかにする

使い分け【1】「要因」は、主要な原因、「素因」は、根本的な原因。「素因」は、あまり用いられない。【2】「素因」には、「この病気は個人的な素因に左右される」のように、ある病気に対してかかりやすい性状の意もある。

813-05 要素／因子

【関連語】◆(ファクター)◆(エレメント)◆(エッセンス)◆(モーメント)◆(成分)

共通する意味★物事が成立するための基本的な部分、条件。【英】*a factor; an element; an essence*

使い方▼〔要素〕▽それを構成している要素を分析する▽これらが不可欠の要素である〔因子〕▽無数の因子が絡み合っている▽いくつかの因子に分けて考える

使い分け「要素」は、事物または事物の特性が、成立するために欠くことのできない基本的な部分、条件。「因子」は、ある関係や結果をうみだす諸要素。「要因」「素因」にも通じる。

【関連語】◆(ファクター)要素。要因。「経済的援助は重要なファクターだ」◆(エレメント)基本的な要素。「この問題にはさまざまなエレメントが関与している」◆(エッセンス)基本的な要素。また、それを集中的に備えているもの。粋。また、芳香性植物から取り出した香りの成分など主要な成分をいう。「美のエッセンス」「バニラエッセンス」◆(モーメント)要素。「モメント」ともいう。「一つのモーメントとして働く」◆(成分)ある物を構成している一つ一つの物質。「食品の成分を表示する」

813-06 いわれ／由緒／由来／来歴

【関連語】◆(故事)◆(縁起)

共通する意味★物事の起こりから現在に至るまでの次第。【英】*the origin; the history*

使い方▼〔いわれ〕▽いわれ因縁(＝物事の起こったもと)〔由緒〕▽由緒正しい家柄の出〔由来〕スル▽古代ギリシアに由来する建築様式〔来歴〕▽故事来歴

	この寺の□を語る	地名の□を調べる	□のありそうな家
いわれ	○	○	○
由緒	○	－	○
由来	○	○	－
来歴	○	－	－

使い分け【1】「いわれがある…」「由緒がある…」は、誇るべき歴史、たどった過程があるという意。「由緒正しい」も、ほぼ同じ意だが、これは主として家柄に対して用いられる。【2】「由来」は、「…に由来する」の形で、物事がそれをもとにして現れる意を表わす場合もある。また、「あの人は由来慎重な人だ」「由来物事を知らない男だ」のように、もともと、元来の意もある。【3】「来歴」は、物事がそれまで経てきた次第。【4】「いわれ」は「謂われ」とも書く。

【関連語】◆(故事)昔から言い伝えられている事柄。「古代中国の故事にちなむ」「故事来歴」◆(縁起)主として社寺の起こりについて使う。「寺の縁起を説明する」「信貴山縁起絵巻」

参照▼いわれ⇒813-02　縁起⇒317-02

8 13-07

結果（けっか）

意味★ある動作・行為によって生じた事柄。**【英】** *a result* ⇔原因

使い方▼〔結果〕▽試験の結果を発表する▽悲惨な結果を招く

◈完了した行為に対する評価が良い場合にも悪い場合にも使われる。

8 13-08

だから／従（したが）って／よって／故（ゆえ）に

【関連語】◆（すなわち）

共通する意味★前の事柄の結果として後の事柄が起こることを示す語。**【英】** *therefore*

使い方▼〔だから〕（接続）▽夕べはよく寝た。だから今日はとても調子がいい▽ここは環境がいい。だから住みたいという人がとても多い　〔従って〕（接続）▽この学校は進学率が高い。**したがって**志望者も多い▽このホテルはサービスがいい。**したがって**料金も高い　〔よって〕（接続）▽aはbに等しく、bはcに等しい。**よって**aとcは等しい▽貴殿はわが社の発展に多大な貢献をなされました。**よって**これを賞します　〔故に〕（接続）▽日本は経済大国である。**ゆえに**外国から働きに来る人も多い▽我思う、**ゆえに**我あり

使い分け【1】「だから」は、結果が、事前に容易に予想されたとおりになった場合には、後に続く事柄の原因となった前の事柄が述べられなくても、「ごらん、だからやめろと言ったじゃないか」のように用いることができる。それに対し、他の語には、こういう用法はない。【2】「だから」は、話者の主観的判断が入る場合があるが、他の三語には、前の事柄の当然の結果として、後の事柄が起こるという客観的な因果関係があるので、「寒気がする。だから早く寝よう」のような、話者の意思に基づく文では、「従って」「よって」「故に」は用いにくい。【3】「だから」は、多く話し言葉として用いられる。それに対し、「従って」は、やや硬い言い方、「よって」「故に」は、さらに硬い言い方で、演説や講演、また論文・論証や公的文書などで用いられる。【4】「だから」「従って」は、改まった場面では「ですから」「従いまして」の形で用いられる。

【関連語】◆**（すなわち）**（接続）「**…すればすなわち**」の形をとり、「…すれば必ず～する」という意で用いられる。文章語的。「即ち」「則ち」などとも書く。「風吹けばすなわち倒る」「戦えばすなわち勝つ」◈前に述べた事柄に対し、あとで述べる事柄で説明や言い換えをすることを示す場合もある。「江戸すなわち現在の東京」

8 13-09

そうすると／そうしたら／それなら／それでは

【関連語】◆（では）

共通する意味★前の事柄を前提として認めた上で、それについての状況、あるいは判断を示す語。**【英】** *then*

使い方▼〔そうすると〕（接続）▽ドアを開けた。**そうすると**知らない人が立っていた▽予算が二倍になると仮定する。**そうすると**赤字は三年後に解消できるはずだ　〔それなら〕（接続）▽「代表者を決めなければならない」「**それなら**私はAさんを推薦します」▽電車はもうとっくに終わってしまった。**それなら**歩いて帰ろう　〔そうしたら〕（接続）▽病気で三日間休んだ。**そうしたら**、皆が見舞いに来てくれた▽宝くじが当たったとする。**そうしたら**、あなたはまず何が買いたいか　〔それでは〕（接続）▽彼女はいつも一人で苦労している。**それでは**不公平だ▽「兄は昭和三十年生まれです」「**それでは**私の兄と同じ年です」▽**それでは**、やってみましょう▽**それでは**本題に入ります

	そうすると	それなら	そうしたら	それでは
社長の帰国は明晩だ。□出社はあさってになるだろう	○	○	△	○
行く人がだれもいない。□私が行こう	-	○	-	○
皆で文句を言った。□条件は改善された	○	-	○	-
今日の授業はここまで。□終わりましょう	-	-	-	○

使い分け【1】「そうすると」は、前の文の状況を受けて、自然に、あるいは当然、後の文の状態になるということと、後の文で予想外の事態が生じたことの両方を表わす。どちらの場合も、「そうしたら」と置き換えることは可能だが、表例のように後の文に意志を表わす表現が来るときは、「そうすると」は用いられない。【2】「そうしたら」は、口語では、「そしたら」の形でも使う。【3】「それなら」は、そうであるならば、の意で、「それならば」の形でも使う。したがって、「それなら」には仮定の意が含まれ、「それでは」にくらべて仮定性が強いといえる。たとえば、「X『熱っぽくて行かれそうもないな』Y『それなら代わりの人を探そうか』」では、「それなら」は、Xが、もし行かれないなら（ば）という立場に立っているが、「それでは」に置き換えると、Yは、Xが行かれないという前提に立っていると考えられる。【4】「それでは」は、仮定性のない確定した事柄について用いる。たとえば、「質問はありませんね。それでは終わりましょう」では、「それでは」を「それなら」に置き換えることは、不自然である。また、「それでは」は、「それでは本題に入りましょう」のように、物事の区切りや場面転換のためにも使われる。口語では、「それじゃあ」の形でも使う。

【関連語】◆**（では）**（接続）「それでは」の略。口語では、多く、「じゃあ」となる。「K大出身ですか。ではX先生をご存じですか」「では次の方どうぞ」

814…始まり・終わり

814-01 最初(さいしょ)／第一(だいいち)／初め(はじめ)

【関連語】◆(一次)いちじ◆(原初)げんしょ◆(嚆矢)こうし◆(手始め)てはじめ◆(事始め)ことはじめ◆(まず)◆(優先)ゆうせん

共通する意味★物事の出だしや起こりの部分。【英】*the first*

使い方▼〔最初〕▽今年最初の日曜日▽最初雨だったのが、後で雪に変わった▽あなたが今日の最初の患者だ 〔第一〕▽毎月の第一土曜日▽第一ラウンド 〔初め〕▽春の初め▽三月の初め▽何事も初めが肝心だ

	最初	第一	初め
まず□に英語を勉強する	○	○	○
□から書き直す	○	-	○
□のコースの泳者	-	○	-
今世紀の□	△	-	○

使い分け【1】いずれも、あるまとまりを持った物事の、起こった段階の部分、あるいは、一連の物事のうちの最も早いものをいう。【2】「最初」「第一」は、順序で最も早いものの意。特に、「第一」は、はっきりと数えられる一連のものの最も先頭のものをいう。また、「健康が第一」のように、最も主要なことの意もある。【3】「初め」は、時期的に最も早い部分をいう。

反対語▼最初⇔最後　初め⇔終わり・しまい・末

【関連語】◆(一次)二回以上行われる事柄の第一回目。「一次試験」「一次審査」◆(原初)起源にさかのぼったその最も初め。「原初の形態」◆(嚆矢)事の始まりを表わす文章語。「『浮雲』をもって近代文学の嚆矢とする考え方がある」◆(手始め)物事をするはじめ。【英】*the beginning*「国内を手始めに海外にも事業を拡大する」◆(事始め)新しく物事を始めること。【英】*the start of a new thing*「新年の事始めに宮に詣でる」◆(まず)(副)最初に。第一に。また、何はさておき。または、たぶん。「先ず」とも書く。「まず名前をおっしゃってください」「まずシャワーを浴びたい」「まず合格はかたい」◆(優先)スル他をさしおいて先に扱うこと。「仕事を優先させる」「人命救助が優先する」「優先的」

参照▼はじめ⇒814-09

814-02 当初(とうしょ)／初期(しょき)／初頭(しょとう)

【関連語】◆(始期)しき◆(頭)あたま

共通する意味★物事の、時間的に最初の部分。【英】*the beginning*

使い方▼〔当初〕▽会合は当初期待していたよりも盛り上がった▽ダムの完成は当初の計画より大幅に遅れた▽創業当初はまだ従業員も少なかった 〔初期〕▽鎌倉時代初期に建てられた寺▽初期の胃癌(いがん)▽作家活動の初期はパリに住んでいた 〔初頭〕▽二十世紀初頭のアジア▽明治の初頭

	当初	初期	初頭
二十世紀の□	-	△	○
□からわかっていたこと	○	△	-
日本へ来た□	○	△	-
風邪の□の症状	-	○	-

使い分け【1】「当初」は、ある物事が起こった最初の時点をさし、副詞的にも用いる。【2】「初期」は、多くの場合、ある物事が始まってからの一定期間をさしていう。【3】「初頭」は、大きな時間の流れの最初の時期。したがって、細かく「夏休みの初頭」「二月の初頭」「今週の初頭」などとはあまりいわない。

反対語▼初期⇔末期

【関連語】◆(始期)物事の始めの時期。特に法律で、法律行為の効力が発生し、また、債務の履行が請求できるようになる期限のことをいう。⇔終期。◆(頭)物事の始めの意の俗な言い方。「辞書を頭から読む」「来週のあたまにでも会おう」「この提案はあたまから否定された」

参照▼頭⇒002-01 805-43 808-59

814-03 一番(いちばん)／先頭(せんとう)／トップ

共通する意味★順序の最初。【英】*the first*

使い方▼〔一番〕▽彼はクラスで一番だ▽寒い日は酒が一番だ▽一番乗り(＝ある場所に最初に到着すること) 〔先頭〕▽旗手を先頭に選手団が入場する▽民主化運動の先頭に立つ 〔トップ〕▽トップに躍り出る▽同級生のトップを切って結婚する▽トップバッター

	一番	先頭	トップ
競走で□を走る	○	○	○
学校を□で卒業する	○	-	○
行列の□	-	○	-
財界の□	-	-	○

使い分け【1】「一番」は、順番の最初と序列の最上位。また、「私の一番好きな人」のように、副詞として、最も、の意でも用いられる。【2】「先頭」は、列、行列の最初の意。【3】「トップ」は、順番の最初の意のほか、序列の最上位の意で使われ、「会社のトップ」は、最高責任者の意。

参照▼一番⇒819-35

8 14-04 一位(いちい)／一等(いっとう)／首位(しゅい)

意味★第一の等級、地位。【英】*the first place*

使い方▼〔一位〕▽大会で一位を独占する▽輸出量では世界第一位だ　〔一等〕▽かけっこで一等になった▽市街の一等地　〔首位〕▽連勝して首位に立つ▽首位の座を奪われた

	リーグ戦で□になる	徒競走で□になる	□の座を守る	□賞をとる
一位	○	○	△	-
一等	△	○	-	○
首位	○	-	○	-

使い分け【1】「一位」「首位」は、第一の等級、第一の地位、座をいう。【2】「一等」は、第一の等級、第一番の等級をいう。

参照▼一等⇒8 19-35

8 14-05 真っ先(まっさき)／のっけ

【関連語】◆(いの一番)いのいちばん

共通する意味★一番最初。【英】*the first*

使い方▼〔真っ先〕▽急を聞いて真っ先に駆けつけた▽真っ先に父に知らせた　〔のっけ〕▽のっけから大量点をとられた▽のっけから彼の態度に圧倒された

使い分け【1】「真っ先」は「真っ先に」、「のっけ」は「のっけから」の形で用いられる。「のっけ」は、ややくだけた言い方。【2】「のっけから」に続く文は、話し手にとって、驚いたり、失望したりする内容であることが多い。

【関連語】◆(いの一番)一番はじめ。「いろは」の順で第一番目の意。「いの一番に」の形で用いられる。「いの一番に申し込んだ」

8 14-06 出だし(でだし)／滑り出し(すべりだし)／振り出し(ふりだし)

共通する意味★物事の出発点、または、始まったばかりの最初の段階。【英】*the start*

使い方▼〔出だし〕▽活動は出だしから足並みが乱れた　〔滑り出し〕▽折衝は快調な滑り出しを見せた　〔振り出し〕▽北海道を振り出しに全国でコンサートを開く

	□は好調だ	曲の□	□に戻る
出だし	○	○	△
滑り出し	○	-	-
振り出し	-	-	○

使い分け【1】「出だし」は、「滑り出し」と同様、物事が始まって進行していく最初の段階をいう。【2】「振り出し」は、物事が始まる出発点の意。もともと双六(すごろく)などで賽(さい)を振り始める所の意。

8 14-07 初歩(しょほ)／初等(しょとう)

【関連語】◆(第一歩)だいいっぽ

共通する意味★学問、技術、芸道などの学び始めの段階。最初の段階。【英】*the ABC*

使い方▼〔初歩〕▽英会話を初歩から習う▽初歩的なミス　〔初等〕▽初等教育▽初等科▽初等数学

使い分け【1】「初歩」は、「初歩の文法」のように、学び始めの段階の意で、段階的に初めの、基礎的という意も表わす。【2】「初等」は、初等・中等・高等の三段階に分けた最初のもの。単独ではあまり用いられない。

【関連語】◆(第一歩)新しく物事を始めた最初の段階を比喩(ひゆ)的にいう。「人類の月への到達は宇宙時代の第一歩だ」

8 14-08 初めて(はじめて)

意味★(これまでなかったことが)新しく起こるさまを表わす語。最初に。【英】*for the first time*

使い方▼〔初めて〕(副)▽初めてお目にかかります▽初めての独り旅▽こんな大地震は初めてだ▽失敗して初めて気がつく

8 14-09 始まり(はじまり)／始め(はじめ)／起源(きげん)／根源(こんげん)／源(みなもと)／源流(げんりゅう)

【関連語】◆(本元)ほんもと◆(物種)ものだね◆(温床)おんしょう◆(濫觴)らんしょう◆(源泉)げんせん

共通する意味★物事が生じる最初のこと。【英】*the beginning; the origin*

使い方▼〔始まり〕▽争いの始まりはささいな事だった▽兄弟は他人の始まり　〔始め〕▽会うは別れの始めなり▽始めに言葉ありき　〔起源〕▽日本語の起源▽弦楽器の起源を探る　〔根源〕▽根源にかかわる問題　〔源〕▽災いの源を断つ▽悪の源　〔源流〕▽ギリシア芸術の源流を研究する▽文明の源流を探る

	国の□	文明の□	日本人の□	諸悪の□
始まり	○	○	-	△
始め	○	△	-	-
起源	○	○	○	-
根源	-	○	△	○
源	-	○	-	○
源流	-	○	-	-

使い分け【1】「始まり」が、一般的に使われ、物事が起こるきっかけの意でも使われる。【2】「始め」

は、物事の起こりの意。【3】「起源」は、物事の歴史的な起こりについて用いる。【4】「根源」は、抽象的な事物について用いる。硬い言い方。【英】*the root* 【5】「源」「源流」は、川の水の流れ出るもとの意から、転じて、抽象的で大がかりな事物について用いる。

反対語▼始まり・始め⇔終わり

【関連語】◆(本元)一番のもとになるもの。「本家本元」◆(物種)物事のもとになるもの。「命あっての物種だ」◆(温床)ある結果を生み育てるもとになるもの。多く、悪い意に用いる。「非行の温床」◆(濫觴)物事の始まり。文章語。「これが試験制度の濫觴といえよう」◆(源泉)物事が生ずるもと。「悪の源泉を断つ」「エネルギーの源泉」

参照▼はじめ⇒814-01　源⇒704-23　源流⇒704-23

8 14-10 開始(かいし)／幕開き(まくあき)／開幕(かいまく)

共通する意味★物事が始まること。【英】*the beginning*

使い方▼〔開始〕スル▽十時から試合を開始する▽営業開始　〔幕開き〕▽日本の近代社会の幕開き▽新しい時代の幕開き　〔開幕〕スル▽スキーシーズンの開幕だ▽春のリーグ戦が開幕した

使い分け【1】「開始」は、物事が始まること。また、物事を始めること。【2】「幕開き」「開幕」は、もとは舞台の幕が開いて、芝居が始まることから。「幕開き」は「幕開け」ともいう。

反対語▼開始⇔終了　開幕⇔閉幕・終幕

8 14-11 始動(しどう)／起動(きどう)

共通する意味★動き始めること。【英】*starting*

使い方▼〔始動〕スル▽エンジンが始動する▽発動機を始動させる　〔起動〕スル▽パソコンを起動させる

使い分け【1】「始動」は、機械などが動き始めること、また、機械などの運転を開始することをいうほか、計画などが実施に移され始めることにも用いる。【2】「起動」は、もっぱら発電機、原動機などの機械が運動を開始することをいう。

8 14-12 起こり(おこり)／発端(ほったん)

共通する意味★すでに起こった物事の始まり。いとぐち。【英】*the origin*

使い方▼〔起こり〕▽事の起こり▽町名の起こりはちょっとした口論だった▽国の起こり　〔発端〕▽事件の発端は今から二年前のことだ▽大統領暗殺が戦争の発端となった

使い分け 一般に、始まりの意では、「起こり」「発端」ともに使えるが、原因や起源の意では、「起こり」しか使えない。

8 14-13 序の口(じょのくち)／しょっぱな／皮切り(かわきり)

【関連語】◆(口開け)(くちあけ)◆(はな)

共通する意味★進行する一続きの物事の初め。【英】*the beginning*

使い方▼〔序の口〕▽暑さはまだほんの序の口だ▽こんな忙しさはまだ序の口だ　〔しょっぱな〕▽新学期のしょっぱなから遅刻してしまった▽試合のしょっぱなからエラーが続出する　〔皮切り〕▽会長の挨拶(あいさつ)を皮切りに、来賓の祝辞が次々に述べられた▽内部告発が皮切りとなって、相次いで事実が明らかになった

使い分け【1】「序の口」は、相撲で、番付面に載る力士の最下位の階級の意。転じて、時期的、質的(内容的)にごく初めの段階にすぎないことをさす。【2】「しょっぱな」は、時期的に最初の意。俗語的な言い方。「初っ端」とも書く。【3】「皮切り」は、「…を皮切りに」の形で使われることが多く、その後に次々と続く一連の動作、出来事の第一番目であったことを表わす。

【関連語】◆(口開け)商売などのし始め。「口開けから人が集まる」「口開けから繁盛する」◆(はな)「はなから」の形で、初めからの意。後ろに、否定的な内容が続く。「はなっから」とも。「はなから駄目と決めつける」「はなっから相手にされなかった」

8 14-14 手掛かり(てがかり)／足掛かり(あしがかり)／よすが

共通する意味★物事の新たな展開の助けとなるもの。【英】*a key; a clue*

使い方▼〔手掛かり〕▽指紋が捜査の手掛かりだ▽事件解決の手掛かりをつかむ　〔よすが〕▽この花は故人をしのぶよすがだ▽彼の消息を知るよすがもない　〔足掛かり〕▽出世の足掛かり▽首都圏進出の足掛かり

使い分け【1】「手掛かり」は、手を掛ける所の意で、次に起こす行動のための具体的なよりどころとなるものをさす。【2】「よすが」は、手立て、手段、方法の意。文章語的。【3】「足掛かり」は、足を掛ける所、足場の意から、転じて、物事を始めるときに大きな助けとなるもの。

8 14-15 糸口(いとぐち)／端緒(たんしょ)

【関連語】◆(緒)(しょ)◆(端)(たん)

共通する意味★物事を展開させるきっかけとなるもの。【英】*a clue*

使い方▼〔糸口〕▽話の糸口を探す▽事件解決の糸口が見つからない　〔端緒〕▽懸案を解決する端緒を開く▽真相解明の端緒をつかむ

使い分け いずれも、それを手掛かりとして、事態

の新たな展開を期待できるような事柄に用いる。「糸口」のほうが話し言葉的。

【関連語】◆（緒）「糸口」の意の文章語。「ちょ」ともいう。「計画はまだ緒に就いたばかりだ」◆（端）物事が始まるきっかけ。多く、「端を発する」「端を開く」の形で使われる。「遺産相続に端を発した殺人事件」

8 14-16 出発（しゅっぱつ）／スタート／門出（かどで）／旅立（たびだ）ち

【関連語】◆（出動）しゅつどう

共通する意味★ある目的に向かって進み始めること。【英】*starting*

使い方▼〔出発〕スル▽調査団は来週日本を出発する▽列車の出発が遅れる　〔スタート〕スル▽いいスタートを切る▽新税制がスタートした▽スタートライン▽スタート地点　〔門出〕▽晴れの門出を迎える▽門出を祝う言葉　〔旅立ち〕▽ヨーロッパ一周旅行への旅立ち▽入社式は社会人としての旅立ちだ

	新しい人生への□	アメリカ旅行に□する	ランナーは一斉に□を切った	卒業生の□を祝う
出発	○	○	-	-
スタート	○	-	○	-
門出	○	-	-	○
旅立ち	○	-	-	△

使い分け【1】「出発」は、サ変動詞として、「…（出発場所）を出発する」「…（到着場所）へ（に）出発する」のように、また、「出発時刻」「再出発」「出発点」のように、他の語と複合して、最も広く用いられる。【2】「スタート」は、「出発」と同じように、「…（出発場所）をスタートする」の形で用いられるが、「…（到着場所）へ（に）スタートする」の形では用いられない。また、「スタート」には、開始の意もある。他の語と複合した形も用いられる。【3】「門出」は、もとは自分の家から旅に出ることだが、現代では「人生」「結婚」「成人」などの語と結びついて、晴れやかな出発を表わすことが多い。【4】「旅立ち」は、実際に旅に出ることの意よりも、むしろ、「門出」と同様、「新しい人生への旅立ち」のように、比喩ひゆ的に用いられることが多い。

反対語▼出発⇔到着　スタート⇔ゴール

【関連語】◆（出動）スル警官隊、消防隊、軍隊などが活動するために出て行くこと。「軍隊が出動してデモを鎮圧する」「緊急出動」

8 14-17 発（た）つ／発（はっ）する

【関連語】◆（飛び立つ）とびたつ

共通する意味★ある所を出発点として、そこから出る。【英】*to start*

使い方▼〔発つ〕（タ五）▽新幹線で東京を発つ▽アメリカへはいつ発つ予定ですか　〔発する〕（サ変）▽江戸を発した飛脚は一路京都を目指した

使い分け【1】「発つ」は、人や輸送手段（飛行機や列車など）が、ある地点から他の地点へと向けて出発する意で、「…（出発地点）を発つ」の形で用いられる。【2】「発する」は、古めかしい言い方で、現代では、「発つ」「出発する」という方が普通である。また、他動詞として、「その事件はささいなことに端を発した」のように、物事を引き起こす意、「奇声を発する」のように、表わし出す意、「弾丸を発する」のように、放つ意などがある。

【関連語】◆（飛び立つ）（タ五）飛んでその場を離れる。「白鳥が飛び立つ」「成田を飛び立った飛行機」

8 14-18 朝立（あさだ）ち／早立（はやだ）ち

共通する意味★朝早い時間に旅立つこと。【英】*an early morning departure*

使い方▼〔朝立ち〕▽明日は朝立ちにしよう　〔早立ち〕▽朝五時出発とはずいぶん早立ちだ

使い分けいずれも、現代ではそれほど一般的な言い方ではない。

反対語▼朝立ち⇔夜よ立ち

8 14-19 着手（ちゃくしゅ）／手（て）を付（つ）ける／手（て）を染（そ）める

共通する意味★あることにとりかかる。【英】*to start*

使い方▼〔着手〕スル

	新しい事業に□	次の仕事に□	目下□ている調査	悪事に□
着手する	○	○	-し-	-
手を付ける	○	○	-け○	-
手を染める	○	△	-め-	○

使い分け【1】「着手」は、三語の中ではやや改まった言い方。事業、研究、仕事など、目に見える業績になるような物事にとりかかるときにいうことが多い。【2】「手を付ける」は、「着手する」とほぼ同様に用いるが、始める意だけでなく、ある対象との関係に入っていく意もある。「新しいノートに手を付ける」のように、使い始める意、「食事に手を付ける」のように、食べ始める意などである。【3】「手を染める」は、「手を付ける」より、古風な言い方で、文章語的。特に、決まった仕事、事業などでなくても、ある方面、ある世界に入っていく場合にいう。「手を付ける」は、先行き結果を出すことを念頭においていうが、「手を染める」は、そのようなことは特にない。

8 14-20 始（はじ）まる

意味★新しく物事が起こる。新しい局面がひらける。また、(初めてのことでなく)ある良くないと思われる言動が再開される。【英】*to begin*
使い方▼〔始まる〕(ラ五)▽新学期が始まる▽私の青春は始まったばかりだ▽今さら後悔してもはじまらない(=どうにもならない)▽また彼のわがままが始まった

8 14-21 始める(はじ)

意味★新しく事を起こす。また、(初めてのことでなく)ある良くないと思われる言動を再開する。【英】*to begin*
使い方▼〔始める〕(マ下一)▽授業を始める▽商売を始める▽いつもの愚痴を始める

8 14-22 発起(ほっき)／旗揚げ(はたあ)／決起(けっき)

共通する意味★思い立って新しく行動を起こすこと。【英】*promotion*
使い方▼〔発起〕スル▽一念発起して英会話を習い始めた▽祝賀会の発起人 〔旗揚げ〕スル▽非主流派の政治家たちが旗揚げし、新党を結成した▽旗揚げ公演 〔決起〕スル▽反対派住民が決起し抗議デモを行った▽春闘の決起集会
使い分け【1】「発起」は、「(人)が一念発起して…」という形で用いられるのが一般的である。【2】「旗揚げ」は、もと挙兵することの意。ふつう、芸能、演劇関係で、新しく一座、劇団を結成し、活動を始めるときに、「旗揚げ公演」「旗揚げ興行」のように用いる。【3】「決起」は、支配する側の政策ややり方に強い不満を持ち、同じ考え方を持つ人々と一緒に抗議し、反対しようと立ち上がるような場合に用いられることが多い。
参照▼旗揚げ⇒509-29

8 14-23 発足(ほっそく)／発会(はっかい)

共通する意味★組織、集合体ができて、その活動を始めること。【英】*inauguration*
使い方▼〔発足〕スル▽実行委員会が発足した▽新団体の発足▽今年は会社が発足して十年目だ 〔発会〕スル▽サークルのOB会が発会した▽発会式
使い分け【1】「発足」は、「発会」とは異なり、事業団体、会社、組合などの組織ができ、活動を始めるときに、「…が発足する」の形で広く使われる。「ほっそく」が伝統的な読みだが、「はっそく」ともいう。【2】「発会」は、「会」という名称が付く組織ができ、活動を始めること。

8 14-24 創始(そうし)／草分け(くさわ)／草創(そうそう)

共通する意味★ある事を最初に始めること。【英】*origination*
使い方▼〔創始〕スル▽新しい俳風を創始する▽会の創始者 〔草分け〕▽彼はこの研究の草分けだ 〔草創〕▽わが社の草創のころ▽草創期
使い分け【1】いずれも、始められてから発展し、続いてきたことを振り返って、それが最初に行われた時のことを問題とする場合に用いられることが多い。【2】「草分け」は、ある事を最初に始めた人の意もある。【3】「創始」「草分け」は、事業、研究以外にも、武道や生け花、茶道の流派など、広い分野に用いられるが、「草創」は、多く事業について用いられる。

8 14-25 創業(そうぎょう)／開業(かいぎょう)／始業(しぎょう)

共通する意味★事業、仕事を始めること。【英】*foundation*
使い方▼〔創業〕スル▽薬問屋を創業する▽会社創業期の苦労話▽創業五十年の老舗 〔開業〕スル▽近所に歯科医が開業した▽不動産業を開業する▽新線の開業記念の切符 〔始業〕スル▽始業の前に機械の点検を行う▽始業のベル▽始業式
使い分け【1】「創業」は、事業を新しく始めること、事業を起こすこと。規模が比較的大きく、歴史がある会社や店に対して使われることが多い。【2】「開業」は、新しく営業を始めること。店舗を構え、売買を直接行う商売のほか、医院、病院や、鉄道で新しい路線が開通し、営業を始める場合などにも使われる。【3】「始業」は、仕事や授業を始めることで、何もない状態から新しく始めるのではなく、その日の仕事や授業を始める場合に用いる。
反対語▼開業⇔閉業 始業⇔終業

8 14-26 終わり(お)／しまい／末(すえ)／最後(さいご)／最終(さいしゅう)

【関連語】◆(ラスト)◆(末尾)まつび ◆(どん詰まり)どんづまり

共通する意味★続いている物事の、そこより先がなくなること。また、その部分。【英】*an end*
使い方▼〔終わり〕▽この世の終わり▽一巻の終わり 〔しまい〕▽これでこの話はしまいにしよう▽店じまい 〔末〕▽昭和の末▽上代の末 〔最後〕▽夏休み最後の日曜日▽最後を飾る 〔最終〕▽毎月最終の土曜日は定休です▽最終公演

	話を□まで聞く	今月の□に完成する	計画は□の段階だ	昼の定食は□です	□電車
終わり	○	○	○	○	-
しまい	○	△	△	○	-
末	-	○	-	-	-

最後	○	-	○	△	-
最終	-	-	○	-	○

使い分け【1】「終わり」「しまい」は、ずっと続いていたものがとぎれること、また、そのとぎれたところをいう。「末」は、ある期間に限定し、そのとぎれるところをいう。【2】「しまい」は、主に会話の中で使う。また、「これでおしまいにしましょう」のように、「おしまい」の形でも使う。「仕舞い」「終い」などとも書く。【3】「最後」は、「遊びに行ったが最後、戻ってこない」のように、「…たが最後」「…たら最後」の形で、一度…したらそれきりの意を表わすこともある。【4】「最終」は、定期的に繰り返される物事の一番後の意を表わし、乗り物の便、映画の上映、演劇の上演などのその日の一番後のものの意で使われることが多い。

反対語▼終わり・しまい⇕初め・始まり　末⇕初め　最後・最終⇕最初

【関連語】◆**(ラスト)**最後。最終。「大会のラストを飾る種目」「映画のラストシーン」「ラストバッター」「ラストスパート」◆**(末尾)**一続きに続いているものの一番終わり。⇕起首・冒頭。「文の末尾に付け加える」◆**(どん詰まり)**物事の最後の意のくだけた言い方。「袋小路のどん詰まりにある家」「交渉はどん詰まりの状態でにっちもさっちもいかない」

参照▼末⇒805-43　816-27

8 14-27 終点(しゅうてん)／最果て(さいは)／極地(きょくち)

共通する意味★これ以上先がない終わりの地点。**【英】** *the terminus*

使い方▼〔終点〕▽終点の駅で乗り換える▽人生の終点　〔最果て〕▽さいはての町を訪れる　〔極地〕▽極地を探検する▽極地観測

使い分け【1】「終点」は、特に、乗り物で、決められたルートの最終の地点をいう。【2】「最果て」は、一番はずれの地の意で、多く平仮名で書く。「極地」は、特に南極・北極をいう。

反対語▼終点⇕起点

8 14-28 けり／幕切れ(まくぎ)

共通する意味★物事の終わり。**【英】** *settlement*

使い方▼〔けり〕▽問題にけりがついた▽彼女との関係にけりをつける　〔幕切れ〕▽事件は意外な**幕切れ**を迎えた▽あっけない**幕切れ**

使い分け【1】「けり」は、古文の和歌、俳句で、助動詞「けり」で終わるものが多いところから、物事の終わりの意に転じて使われるようになったもの。ふつう「けりがつく」「けりをつける」の形で使われる。「けりをつける」は、自らの意志で問題に決着をつけ、終わらせる意。【2】「幕切れ」は、もともと、演劇、芝居で幕が閉まることだが、転じて、何か物事が突然終わってしまうことの意で用いられることが多い。

8 14-29 終局(しゅうきょく)／終焉(しゅうえん)／結末(けつまつ)／大詰め(おおづ)

【関連語】◆(終末)(しゅうまつ)

共通する意味★続いてきた物事の終わり。**【英】** *an end; a termination*

使い方▼〔終局〕▽事件は終局に近づいた　〔終焉〕▽終焉の時を告げる　〔結末〕▽その事件の結末に皆は驚いた　〔大詰め〕▽交渉は大詰めに入った

	□を迎える	意外な□になった	旧体制の□	人生の□
終局	○	-	△	○
終焉	○	-	○	○
結末	○	○	-	-
大詰め	○	-	-	-

使い分け【1】「終局」は、終わりの局面、つまり終わりのありさま、形態の意で、物事の終わりの段階をさす。【2】「終焉」は、元来、人の最期、臨終の意。転じて、ある社会体制や時代の終わりなどの意でも使われる。【3】「結末」は、いろいろと展開した物事の最終的な結果の意であるから、その内容が問題となり、その内容を説明する修飾語、たとえば「悲惨な」「ひどい」などの語とともに用いられる。【4】「大詰め」は、もともと演劇・戯曲の最終幕の意であるが、政治的な交渉、事件の捜査などに関して、最終的な段階の意で広く使われる。

【関連語】◆**(終末)**物事の終わり。「事件が終末に近づく」

参照▼終局⇒617-15　終焉⇒304-28　結末⇒610-10　大詰め⇒615-15

8 14-30 果て(は)／果てし(は)／限り(かぎ)／きり

【関連語】◆(際限)(さいげん)

共通する意味★最後に行き着く所。**【英】** *the end*

使い方▼〔果て〕▽彼は名門貴族のなれの**果て**だ▽軍拡競争の**果て**は人類の滅亡だ　〔果てし〕▽**果てし**のない戦い　〔限り〕▽自然資源には**限り**がある▽こうして会うのも今日**限り**だ▽うれしい**限り**です　〔きり〕▽欲を言えば**きり**がない

	欲望には□がない	世界の□まで追いかけて行く	□ある命	□なく広がる
果て	○	○	-	△
果てし	○	-	-	○
限り	○	-	○	○
きり	○	-	-	-

使い分け【1】「果て」は、「世界の果て」「地の果て」のような空間的なイメージのほか、「なれの果て」のように、人が落ちぶれた状態を表わすこともある。

【2】「果てし」は、「果て」に強めの助詞「し」が付いたもので、多く、「果てしない」「果てしなく」の形で用いられる。【3】「限り」は、限度・限界の意。多く、「限りがある(ない)」「当日限り有効」「できる限り」などの形で使われる。【4】「果て」「果てし」「きり」は、「…がある」の形では使わない。【5】「きり」は、これで終わり、または、限度の意。また、「きりがいい所でやめよう」のように、切れ目の意でも使われる。

【関連語】◆(際限)これ以上ないという限界。あとに打消の語を伴って用いる。「際限なく話す」「欲望には際限がない」

参照▼限り⇒817-83

8 14-31 限度(げんど)／限界(げんかい)／極限(きょくげん)

【関連語】◆(リミット)

共通する意味★これ以上はないというぎりぎりのところ。【英】*limitation*

	使用量の□を越える	体力の□に挑戦する	がまんするにも□がある	恐怖が□に達する	□状況
限度	○	-	○	-	-
限界	○	○	△	○	△
極限	-	-	-	○	○

使い分け【1】「限度」は、許容できる範囲内での最大許容点をいう。その範囲は、社会常識的な基準である場合が多く、その「限度」を越えたとしても、そのものがだめになってしまうほどのことはなく、まだ多少のゆとりがある。【2】「限界」は、可能性の最大限のところ。そこを越えると、そのものの存在が成り立たなくなるほどの決定的打撃を受ける。【3】「極限」は、「限界」をさらに強めた言い方。日常的な状況の中ではあまり使わず、程度の大きなものにいう。

【関連語】◆(リミット)「限界」の意で、他の外来語と複合した形で用いられる。「タイムリミット」

8 14-32 極度(きょくど)／極端(きょくたん)

共通する意味★これ以上はないという程度。【英】*the highest degree*

使い方▼〔極端〕(名・形動)

	寒さを□に嫌う	□の緊張感	□の疲労による発熱	□な言い方をすると
極度	○	○	○	-
極端	○	-	-	○

使い分け【1】「極度」は、程度がはなはだしい場合にいうが、やや硬い表現となる。【2】「極端」は、他のものとくらべてとびぬけていることをいう。また、非常に偏っている場合をいう。

8 14-33 極み(きわみ)／至り(いたり)／極(きょく)／究極(きゅうきょく)／極致(きょくち)／極点(きょくてん)／終極(しゅうきょく)

共通する意味★これ以上はない、つきつめたところ。【英】*the extremity (of)*

使い方▼〔極み〕▽今度の惨事は痛恨の**極み**です▽ぜいたくの**極み** 〔至り〕▽光栄の**至り**です▽恐縮の**至り** 〔極(きょく)〕▽悲しみの**極**にいた▽観衆は興奮の**極**に達した 〔究極〕▽**究極**の美を追究する 〔極致〕▽芸の**極致**を窮(きわ)める▽美の**極致** 〔極点〕▽怒りが**極点**に達する 〔終極〕▽**終極**の目的

使い分け【1】「極み」は、良くも悪くも極限に近い状態をいう。悲しみや喜びなどの感情表現に使うことが多い。【2】「至り」は、「極み」よりも硬い言い方。また、「若気の至り」のように、結果としてそうなるところ、の意味もある。【3】「極」は、文章語。【4】「究極」は、どんどん高めていって最終的に到達するところをいう。【5】「極致」は、最も良い状態に対して使われることが多い。【6】「極点」は、物事が行き着く極限の状態、地点をいうが、南極点、北極点を表わすことも多い。【7】「終極」は、物事の最後の段階をいう。

8 14-34 しんがり／びり／どんじり

【関連語】◆(どんけつ)◆(びりっけつ)

共通する意味★序列・順番などの一番後ろのこと。【英】*the rear*

	□から三番目	□に控える	競走で□になる	□をつとめる
しんがり	○	○	-	○
びり	○	-	○	-
どんじり	○	○	○	-

使い分け【1】「しんがり」は、やや古めかしい言い方。「びり」「どんじり」は、日常一般的に用いられる。【2】「しんがり」は、軍が退却するとき、隊列の一番後ろについて敵の追撃を防ぐこと、また、その軍隊の意から。「殿」とも書く。

【関連語】◆(どんけつ・びりっけつ)「びり」「どんじり」の意のくだけた言い方。「競走でどんけつになる」「あいつはまたびりっけつだ」

8 14-35 成立(せいりつ)／完成(かんせい)

共通する意味★できあがること。【英】*completion*

使い方▼〔成立〕スル▽欠席者が多くて委員会が**成立**しない▽商談が**成立**する 〔完成〕スル▽**完成**間近の新社屋▽やっと**完成**した大作

使い分け【1】「成立」は、そのものとして形式的に成り立つこと。成り立つ内容は、規約、条件などによって定められた、抽象的な物事であることが多い。【2】「完成」は、時間的な経過を伴って、物事がすっかりできあがること。「情報伝達のシステムを完成する」など、組織的なことにもいうが、多くは、目に見える物について用いる。「成立」とは異なり、外的条件にはあまり関係なく、それ自体が完全な形をとるところまで行くこと。

8 14-36 達成(たっせい)／成就(じょうじゅ)／大成(たいせい)

【関連語】◆（速成）そくせい

共通する意味★大事、難事を成し遂げること。【英】*achievement*

使い方▼〔達成〕スル▽北極点到達の偉業を達成した 〔成就〕スル▽念願を成就させる▽大願成就 〔大成〕スル▽事業を大成する

	目的を□する	長年の研究が□した	作家として□する	募金が目標額を□した
達成	○	-	-	○
成就	○	○	-	-
大成	-	-	○	-

使い分け【1】「達成」は、「新記録を達成する」「目標額を達成する」のように、あらかじめ目標として定めた段階に到達する場合にいう。【2】「成就」は、望みや願いがかなうこと。文章語。【3】「大成」は、「作曲家として大成する」のように、特に、人が学問や技芸などの道で優れた仕事ができる人物に成長する場合に用いられることが多い。

【関連語】◆（速成）本来、達成するまでに長く時間がかかると予想されるような物事を、短期間で達成すること。「ドイツ語文法速成講座」

8 14-37 成功(せいこう)

【関連語】◆（成否）せいひ

意味★物事が思いどおりにいって、うまくでき上がること。また、地位や名誉を得ること。【英】*success* ⇔失敗

使い方▼〔成功〕スル▽手術が成功する▽パーティーは成功だった▽実業家として成功する

【関連語】◆（成否）成功するかしないかということ。「成否のかぎを握る」「このプロジェクトの成否は彼にかかっている」

8 14-38 出来(でき)／仕上(しあ)がり

【関連語】◆（出来映え）できばえ

共通する意味★物事の完成した結果。【英】*the result*

使い方▼〔出来〕▽投手の出来が良い▽出来の悪い生徒▽この家具はなかなかの出来だ 〔仕上がり〕▽その作品は仕上がり具合が良い

使い分け「仕上がり」が、出来上がった状態をいうのに対し、「出来」は、ただその結果のみをいうのではなく、結果の良し悪しを評価する意味合いがある。

【関連語】◆（出来映え）出来上がった様子。また、出来上がりのよいこと。「見事な出来映えだ」「出来映えがいい」

8 14-39 出来(でき)る／成(な)る／成(な)り立(た)つ／仕上(しあ)がる／出来上(できあ)がる

【関連語】◆（仕上げる）しあげる

共通する意味★物事がある状態に達する。

使い方▼〔出来る〕（カ上一）▽宿題ができる▽準備ができる▽資金ができる 〔成る〕（ラ五）▽画伯の筆に成る襖絵(ふすまえ)▽功成り名遂ぐ 〔成り立つ〕（タ五）▽君の言うことも成り立つ 〔仕上がる〕（ラ五）▽約束の日までには仕上がるだろう 〔出来上がる〕（ラ五）▽料理ができあがる

	洋服が□	契約が□	部長に□	リリーフ投手が□
出来る	○	-	-	-
成る	-	○	○	-
成り立つ	-	○	-	-
仕上がる	○	-	-	○
出来上がる	○	-	-	-

使い分け【1】「出来る」は、ある意図のもとに、能動的な働きかけを経ることによって、ある状態を作り上げる意を含む。【英】*to be finished*（出来る・仕上がる）【2】「成る」は、他からなんらかの意図的な働きかけをしなくても、ある行為を続けることによって、ある状態、ある結果が生じる場合にいう。【英】*to become*【3】「成り立つ」は、ある状態が、ある組み立てを経ることによって一つの形としてまとまりをもつ意。【英】*to be concluded*【4】「仕上がる」は、ある働きかけを経ることによって、物事が完成する場合にいう。【5】「出来上がる」は、作っていたものがすっかり完成する意。【6】「出来る」は、「勉強ができる子」のように、能力がある意や、「よくできた人」のように、人柄などが円満である意、「だれでも利用できる」のように、することが可能である意など、広く用いられる。【7】「成る」は、「春になる」「家屋が灰になる」「あれから五年になる」のように、あるものやある状態から、他のものや他の状態に変わる意でも広く用いられる。【8】「出来る」は、酒に酔ってすっかりいい気持ちになる意でも用いられる。

【関連語】◆（仕上げる）（ガ下一）物事をすっかりなしとげる。「仕事を今日中に仕上げる」「絵を仕上げる」

8 14-40 果(は)たす／遂(と)げる／全(まっと)うする

【関連語】◆（成し遂げる）なしとげる

共通する意味★物事を最後まで完全に終わらせる。**【英】** *to accomplish*

使い方▼〔**果たす**〕(サ五)▽国民の義務を果たす▽お金を使い果たす　〔**遂げる**〕(ガ下一)▽長年の思いを遂げる▽優勝を遂げる　〔**全うする**〕(サ変)▽自らの職務を全うする

	目的を｜｜	任務を｜｜	約束を｜｜	進歩を｜｜	戦死を｜｜	天寿を｜｜
果たす	○	○	○	-	-	-
遂げる	○	△	-	○	○	-
全うする	-	○	-	-	-	○

使い分け【1】「遂げる」には、目的を達成する意と、最終的にそのようになるという意がある。前者の意味で「果たす」と用法が重なる場合があるが、「遂げる」の目的語となる事柄は、実現があまり簡単でないものが多い。したがって、単に約束を守るという意味での「約束を果たす」を「遂げる」で言い換えることは不自然である。【2】「全うする」は、自らに与えられた、あるいは課せられた事を完全に終わらせるという意味で用いられる。

【関連語】◆〔**成し遂げる**〕(ガ下一)困難な目的を達成する。「大会初の五連勝を成し遂げる」

8 14-41 やり遂げる／やってのける

共通する意味★物事を結着がつくまでおこなう。**【英】** *to accomplish*

使い方▼〔**やり遂げる**〕(ガ下一)▽困難な仕事をやり遂げた▽それをやり遂げるには時間がかかる　〔**やってのける**〕(カ下一)▽皆ができない問題を彼女はやすやすとやってのけた▽大役を見事にやってのける

使い分け「やり遂げる」は、一般的に、その行為がだれにとっても難しい場合に用いられるが、「やってのける」は、周囲の人にとっては難しいことでも行為をおこなった人にとっては難しくない、または行為者が難しくなく行ったような場合に用いられることが多い。したがって、「やってのける」は、「やすやすと」「楽々と」などの副詞と結びつくことが多い。

8 14-42 片付く／纏まる／折り合う

【関連語】◆〔**締め括る**〕しめくくる◆〔**纏める**〕まとめる

共通する意味★問題が解決される。**【英】** *to be settled*

使い方▼〔**片付く**〕(カ五)▽争いが片付く▽この仕事が片付けば帰れる　〔**纏まる**〕(ラ五)▽実験結果がまとまる▽皆の意見がまとまった　〔**折り合う**〕(ワ五)▽その価格では折り合えない

	交渉が｜｜	宿題が｜｜	交渉で双方が｜｜	話が｜｜	縁談が｜｜
片付く	○	○	-	-	-
纏まる	○	-	-	○	○
折り合う	-	-	○	△	-

使い分け【1】三語とも、問題が解決されるという結果に結びつく語であるが、「片付く」は、交渉、争いなどの厄介事が終わる、済むという意である。「纏まる」は、当初ばらばらであった意見、要求が一つの方向に落ち着き、結果的に問題が解決されるという意である。「折り合う」は、問題解決のために、意見、要求が違う者が互いに譲り合って、意見、要求が一致するよう妥協するという意である。【2】「片付く」には、ほかに、「部屋が片付く(＝きちんと整理される)」「邪魔者がかたづく(＝死んでいなくなる)」などの意がある。【3】「纏まる」には、「よくまとまったチーム」のように、団結して一体となる意もある。

【関連語】◆〔**締め括る**〕(ラ五)結末、決着をつける。「司会者が最後に締め括る」◆〔**纏める**〕(マ下一)統一のなかったものをそろえて、一つの統一体、または望ましい状態に整える。「荷物をまとめる」「みんなの意見をまとめる」「縁談をまとめる」

8 14-43 解決／決着／落着

共通する意味★問題や事件などが片付き、落ち着いた状態になること。**【英】** *settlement*

使い方▼〔**解決**〕スル▽話し合いによる解決を望む▽解決策を講ずる　〔**決着**〕スル▽争いに決着がついた▽ボーナス交渉は三・五か月で決着をみた　〔**落着**〕スル▽その問題は一件落着した

	事件が｜｜した	補償問題の｜｜を迫る	話に｜｜をつける	問題を一つずつ｜｜していく
解決	○	○	-	○
決着	○	○	○	-
落着	○	-	-	-

使い分け【1】「解決」は、事件や問題などをうまく処理するという、意志の明確な文章で使われることもある。【2】「決着」は、「…に決着がつく」「…に決着をつける」の形で使われることが多い。【3】「落着」は、問題や事件が結末を迎えたという状態に特に重点をおいた語であるため、たとえば、「皆で問題を解決していこう」とか、「早く決着させるために努力したい」という、目的、意志が明確な文では、「落着する」を用いることは不自然である。

8 14-44 到着／到達

共通する意味★目標とするところに着くこと。**【英】** *arrival*

使い方▼〔**到着**〕スル▽列車が駅に到着する▽荷物は昨日到着した▽到着時刻　〔**到達**〕スル▽かなりのレ

ベルに到達する▽ひとつの結論に到達する▽北極点に到達した▽到達点▽到達目標

	ロケットが月に［ ］する	目標に［ ］する	［ ］距離	一行が会場に［ ］する
到着	○	-	-	○
到達	○	○	○	-

使い分け【1】「到着」は、人や物が目標とする場所に着くこと。【2】「到達」は、目標に行きつくこと。距離、数量、程度がかなりのレベルに行きつく場合にいう。単に目標に着くことだけを意味する「到着」とは違い、「到達」には、目標に行きつくのが、ある程度難しいという含みがある。

反対語▼到着⇔出発

8 14-45 完遂（かんすい）／遂行（すいこう）

共通する意味★物事を成し遂げること。**【英】** *accomplishment*

使い方▼〔完遂〕スル▽任務を完遂する▽目的を完遂させる　〔遂行〕スル▽計画を遂行する▽彼は着実に職務を遂行しつつある

使い分け「完遂」は、物事を完全に成し遂げることで、行為の終了時点に焦点をあてる言い方であるが、「遂行」は、「遂行しつつある」のように、進行中の事態についても用いられる。

8 14-46 終了（しゅうりょう）／完了（かんりょう）／完結（かんけつ）

共通する意味★物事がすっかり終わること。**【英】** *completion*

使い方▼〔終了〕スル▽行事がすべて終了する▽試合終了時刻　〔完了〕スル▽電気系統の点検が完了する▽過去完了　〔完結〕スル▽長編小説がついに完結する▽完結編

	仕事が［ ］する	交渉が［ ］した	準備が［ ］する	本日の受付は［ ］しました	連載小説が［ ］する
終了	○	○	△	○	○
完了	○	-	○	-	-
完結	○	-	-	-	○

使い分け【1】「終了」は、開始した物事が終わることだけにいう。これに対して「完了」は、準備や作業などが完全に終わることをいう。【2】「完結」は、終了して、一つのまとまったものとなることをいう。

反対語▼終了⇔開始

8 14-47 満了（まんりょう）／明け（あ）

共通する意味★ある期間が終わること。**【英】** *expiration*

使い方▼〔満了〕スル▽任期満了に伴い改選を行う▽刑期が満了する　〔明け〕▽連休明けに報告書を提出する▽休み明けにはいつも仕事がたまっている▽年季明け

使い分け【1】「満了」は、あらかじめ定められた期間が、時間が過ぎて終了の時を迎えることをいう。【2】「明け」は、多く、期間を表わす他の語と複合し「…明けに」の形で、ある期間が終わった後に、の意味で使われる。

参照▼明け⇒711-37

8 14-48 終息（しゅうそく）／終結（しゅうけつ）

共通する意味★続いていたことが終わること。**【英】** *an end*

使い方▼〔終息〕スル▽インフレが終息する▽暴動は終息に向かった　〔終結〕スル▽戦争がやっと終結した▽争議を終結させる

使い分け「終結」は、ふつう明確な結末、決着を迎えて終わる事柄が対象となる。したがって、「インフレが終息する」のように、インフレがひとまず終わるといった意味の場合、「終結」を用いるのは不自然である。

8 14-49 終える（お）／済ます（す）

【関連語】◆（仕上げる）しあげる

共通する意味★行われていたこと、続いていたことを完了する。**【英】** *to finish*

使い方▼〔終える〕（ア下一）　〔済ます〕（サ五）

	仕事を［ ］	短い一生を［ ］	日程を［ ］	学校を［ ］
終える	○	○	○	○
済ます	○	-	△	-

使い分け【1】「済ます」は、「終える」とは違い、人の行為に対して使われることが多い。【2】「済ます」には、「借金を済ます」のように、返済する意味や、「昼食はミルクとケーキで済ます」のように、その場はそれでよいとする意味の用法もある。

【関連語】◆（仕上げる）（ガ下一）「…を仕上げる」の形で、物を作り上げる意を表わす。「作品を仕上げて展覧会に出品する」

8 14-50 終わる（お）／済む（す）

共通する意味★行われていたこと、続いていたことが完了する。**【英】** *to end*

使い方▼〔終わる〕（ラ五）　〔済む〕（マ五）

	仕事が□	食事を□	夏が□	数え□	謝ってことではない□
終わる	○	○	○	○	-
済む	○	-	-	-	○

使い分け【1】「済む」は、「終わる」とは違い、人の行為が完了する意でのみ用いるため、「夏が済む」のようには使うことができない。【2】「終わる」は、「講義を終わる」のように、終えるの意でも使われる。

8 14-51 押し通す／押し切る
【関連語】◆(粘り抜く)ねばりぬく

共通する意味★大きな抵抗があるのに逆らって物事を進める。**【英】***to persist (in)*

使い方▼〔押し通す〕(サ五)▽どこまでも自分の意見を押し通す　〔押し切る〕(ラ五)▽反対意見を押し切って強行採決を行う

	高圧的な態度で□	当初の姿勢を□	親の反対を□
押し通す	○	○	-
押し切る	○	-	○

使い分け【1】「押し通す」は、反対や抵抗を受けながらも、当初の姿勢、やり方を最後まで変えずに強引に進めていく意を表わし、「押し切る」は、目的とする行為を成し遂げるために、その行為者にとって妨げとなる事柄を排除しながら物事を進める意を表わす。【2】二語とも、無理やりにという強行的な意味をもち、行為の評価が否定的に受け取られることが多い。

【関連語】◆(粘り抜く)(カ五)根気強く物事を最後までやり通す。「弱音を吐かずに粘り抜く」

8 14-52 帰着／帰結／帰趨／帰する

共通する意味★最終的に行き着くこと。**【英】***a conclusion*

使い方▼〔帰着〕スル▽帰着するところは同じだ▽同じ結論に帰着する　〔帰結〕スル▽一つの解決策に帰結した▽当然の帰結　〔帰趨〕スル▽民心の帰趨するところを読む▽勝敗の帰趨　〔帰する〕(サ変)▽一切が灰燼(かいじん)に帰した▽せっかくの努力も水泡に帰する▽烏有(うゆう)に帰する

使い分け【1】「帰着」は、「昨日、日本に帰着した」のように、帰り着くことの意味があり、そこから、議論や物事が最終的にある一つのところに落ち着くことを意味する。【2】「帰結」は、議論、行為などの結論、結果に行き着くこと。【3】「帰趨」は、ある方向に進んで行くものが、最終的にある一つのところに落ち着くこと。文章語。【4】「帰する」は、「…に帰する」「…と帰する」の形で、…という結果になる意を表わす。また、「責任を他人に帰する」のように、責任や罪を人や物に負わせる意味もある。文章語。

8 14-53 未完／未完成

共通する意味★まだ出来上がっていないこと。**【英】***incomplete*《形》

使い方▼〔未完〕▽未完の作品▽未完の大器　〔未完成〕(名・形動)▽未完成に終わる▽未完成なところが魅力だ

使い分け 二語とも、ほぼ同意だが、「未完」の方が、やや改まった言い方。

8 14-54 限る／極める／絶する

共通する意味★この上ないというところまで至る。

使い方▼〔限る〕(ラ五)▽冬は温泉に限る▽あの人に限って来ないなどということはあるまい　〔極める〕(マ下一)▽頂上を極める▽栄華を極める　〔絶する〕(サ変)▽言語に絶する苦しみ▽想像を絶する美しさ

使い分け【1】「限る」は、及ぶものがない、最上であるという意や、それだけに限定されるという意。【2】「極める」は、極限までおしつめる意。【3】「絶する」は、超える、かけはなれる意。**【英】***to be beyond*【4】「限る」は、「塀で土地を限る」「期日を限る」のように、境目をつける、くぎる意でも用いられる。

参照▼極める⇒220-25

8 14-55 尽きる／極まる

共通する意味★極限に達する。

使い方▼〔尽きる〕(カ上一)▽役者冥利(みょうり)に尽きる▽苦しいの一言に尽きる　〔極まる〕(ラ五)▽迷惑極まる言い分▽感極まって言葉も出ない

使い分け【1】「尽きる」は、すでに極限に達した状態をいうが、「極まる」は、だんだんその状態が高まっていって最高潮に達するという意味がある。【2】「尽きる」には、「燃料が尽きる」「精も根も尽きた」のように、だんだん少なくなっていってすっかりなくなる意味もある。【3】「極まる」には、「進退極まる」のように、行き詰まってそれ以上はどうにもならない状態になる意味もある。【4】「極まる」は、「窮まる」とも書く。

8 14-56 つまり／要するに／結局／所詮

共通する意味★論理が最終的に落ち着くところでの意を表わす語。**【英】***in short*

使い方▼〔つまり〕(副)▽その商品がよく売れるのもつまりは消費者のニーズにあったからだ　〔要するに〕(副)▽要するに君は何を言いたいのだ　〔結局〕(副)▽いろいろ調べたが結局わからずじまいだった　〔所詮〕(副)▽所詮彼とは住む世界が違ったのだ

	その違いは□価値観の相違だ	彼は父の弟□おじである	頑張ったが□負けた	□かなわぬ恋だ
つまり	○	○	-	-
要するに	○	△	-	-
結局	○	-	○	-
所詮	○	-	-	○

使い分け【1】「つまり」は、単に前に述べた事柄を言い換えるような場合から、ある一つの論理展開を終結させる結論を導くような場合まで、広い範囲で用いられる。一方「要するに」は、ふつう、前に述べた事柄をまとめ、結論を導く際に用いられ、単に言葉を言い換える場合には用いられない。たとえば、「日本の春の花の代表、つまり桜は…」という文で、「要するに」を用いると不自然さが残る。【2】「結局」は、いろいろな経過があったのち最終的な結果、結論に至ることを表わす。【3】「所詮」は、あれこれと考えた結果、その結論がたいしたことにならないという否定的な意味合いをもつ場合に用いられ、下に打消の意の語を伴って用いられることが多い。【4】「つまり」は、「つまりは」の形でも用いられる。

8 14-57 成り行き（なりゆき）／経過（けいか）

共通する意味★物事が変化していく様子。【英】*the progress (of)*

使い方▼〔成り行き〕▽成り行き次第だ▽自然の成り行きに逆らわない　〔経過〕スル▽手術後の経過は順調だ▽実況放送でレースの経過を知る

	□を見守る	□が良くない	□に任せる	これまでの□を説明する
成り行き	○	-	○	-
経過	○	○	-	○

使い分け【1】「成り行き」は、物事がある方向に自然に進んで行く状態で、話者は、その状態に対してなんらかの影響を及ぼす意志はない。また、その変化の先、つまり結果がどうなるかわからない時点で用いられるため、「経過」とは異なり、「良好だ」「順調だ」「思わしくない」などの判断の要素を含む語とは結びつきにくい。【2】「経過」には、物事が時間とともに一刻一刻変化していく状態そのものの意と、「音信が途絶えてすでに三年が経過した」のように、単に時間が過ぎてゆくことの意がある。

8 14-58 過程（かてい）／経緯（けいい）／いきさつ／顛末（てんまつ）

【関連語】◆（一部始終）いちぶしじゅう◆（プロセス）

共通する意味★すでに起きた事柄が経過してきた一連の変化の状態。【英】*process*

使い方▼〔過程〕▽勉強は結果より過程が大切だ▽かびの生長過程　〔経緯〕▽条約締結までの経緯▽同じ経緯をたどる　〔いきさつ〕▽今までのいきさつにとらわれずに話を進める　〔顛末〕▽事の顛末を語る

	事件の□を説明する	現時点までの□を話す	二人がけんか別れした□を聞く	事故の□を語る
過程	○	○	-	-
経緯	○	○	△	△
いきさつ	○	○	○	-
顛末	○	-	○	○

使い分け【1】「過程」は、ある一連の物事が進んでいく途中のそれぞれの段階を示す。【2】「経緯」「いきさつ」は、単なる段階を示すのではなく、その物事が結果に至った理由、原因などをも含んだ言い方である。「経緯」は、文章語的。「いきさつ」は、「経緯」にくらべると身近な事柄に用いられることが多い。【3】「顛末」は、物事が始まってから終了するまでのすべての状態を対象とするときのみ用いる。

【関連語】◆（一部始終）始めから終わりまで漏らさずすべて。「一部始終を手紙で報告する」◆（プロセス）「過程」の意。「代表者が選ばれるまでのプロセス」「さまざまなプロセスを経る」

8 14-59 通過（つうか）／通り過ぎる（とおりすぎる）／通り越す（とおりこす）

共通する意味★とどまることなしに、ある地点を通って行く。【英】*to pass*

使い方▼〔通過〕スル　〔通り過ぎる〕(ガ上一)　〔通り越す〕(サ五)

	うっかりして目的地を□	急行列車が駅を□ていく	台風が□	法案が衆議院を□
通過する	○	-し ○	○	○
通り過ぎる	○	-ぎ ○	○	-
通り越す	○	-し -	-	-

使い分け【1】「通過」「通り過ぎる」が、一般に用いられる。【2】「通過」は、人や物が、試験・審査において合格する、許可される意で、「一次試験を無事通過した」「予算案が国会を通過する」のようにも用いられる。

8 14-60 過ぎる／経つ／経る／移る

【関連語】◆(過ぎ去る)すぎさる ◆(過ぎ行く)すぎゆく

共通する意味★時間が動いていく。**【英】** *to pass*

使い方▼〔過ぎる〕(ガ上一)▽約束の時間を過ぎたのにまだ来ない▽育児に追われているうちに一年が過ぎた 〔経つ〕(タ五)▽二、三時間経ったら迎えに来てくれ▽時間が経つのは早い 〔経る〕(ハ下一)▽年月を経て趣の出てきた庭園▽手術後三か月を経てようやく回復した 〔移る〕(ラ五)▽時が移り木々が紅葉し始めた▽忙しくて季節が移るのにも気づかなかった

	開始してから一時間[ ]	月日が[ ]	年月を[ ]	季節が[ ]	春が[ ]
過ぎる	○	○	-	△	○
経つ	○	○	-	-	-
経る	△	-	○	-	-
移る	-	○	-	○	-

使い分け【1】「過ぎる」「経る」「移る」は、「駅の前を過ぎる」「数人の手を経てもどってきた本」「子会社に移る」のように、空間的に移動する場合にも使うが、「経つ」は、時間が推移していく場合だけに使う。【2】「過ぎる」「経つ」が一般的に用いられることが多い。【3】「経つ」は、「…が経つ」の形で使うのに対し、「経る」は、「…を経る」の形で使う。【4】「時間が過ぎる」「時間が経つ」は、どちらも使うが、「定刻を過ぎる」「もう一時を過ぎた」のように、ある基準を超えた場合の言い方は「経つ」にはない。【5】「移る」は、時間が古い時から新しい時へと移動してゆくという意。

【関連語】◆**(過ぎ去る)**(ラ五)時がすぎて過去になってしまう。「過ぎ去った青春時代」◆**(過ぎ行く)**(カ五)時が次から次へと移る。「夢のように過ぎゆく幸せな日々」

参照▼移る⇒903-01 908-01

8 14-61 首尾／始末／次第

共通する意味★物事の状況、事情。**【英】** *the outcome*

使い方▼〔首尾〕▽上々の首尾▽困難な状況を首尾よく切り抜ける▽彼の論理は首尾一貫していない 〔始末〕スル▽あんな始末になって申し訳ない 〔次第〕▽事の次第を報告する▽厚くお礼を申し上げる次第です▽式次第

使い分け【1】「首尾」は、物事の経過の状況、または、その結果の意と、始めと終わりの意を持つ。「首尾一貫」は、「終始一貫」と同様に用いられる。【2】「始末」は、常に悪い結果の状況をさす。【3】「次第」は、「感謝を表する次第です」のように、物事の順序として自然にそういう結果になるという意や、「世の中すべて金次第」のように、…によって決まるの意、また、「…次第、～(する)」の形で、…してすぐ～(する)の意などでも使う。

参照▼始末⇒120-04 501-18

8 14-62 道のり／道／道程／行程

【関連語】◆(旅程)りょてい

共通する意味★ある地点に行き着くまでの道路の距離。**【英】** *a road*

	一〇キロの[ ]	[ ]が遠い	大した[ ]ではない	五日の[ ]
道のり	○	○	○	-
道	○	○	-	-
道程	○	-	-	-
行程	○	-	○	○

使い分け【1】「道のり」「道」は、一般に使われる。【2】「道程」は、文章語的。また、ふつう、物理的、心理的に非常に短い距離の事柄には使われない。たとえば、「わずかな道のりだから歩いて行きます」の「道のり」の代わりに「道程」を用いるのは不自然である。【3】「行程」は、必要とする時間の意味でも使う。【4】「道程」は、「研究の道程」のように、ものごとが進んでいく過程の意味で用いられることもある。

【関連語】◆**(旅程)**旅行の道のり。また、旅行の日程。「一日の旅程」「旅程表」

参照▼道⇒603-01 705-18

8 14-63 途中／途上／中途

【関連語】◆(行きがけ)いきがけ ◆(途次)とじ ◆(道中)どうちゅう ◆(路次)ろじ

共通する意味★目的地、または、広く目標に到着するまでの間。**【英】** *on one's way (to)*(途中で)

使い方▼〔途中〕▽登校の途中先生に会った▽お仕事の途中、申しわけありません▽演奏を途中でやめる 〔途上〕▽この地はいま開発の途上にある▽発展途上国 〔中途〕▽中途であきらめるな▽中途半端な仕事

	帰宅[ ]の出来事	[ ]で引き返す	いま食事の[ ]だ	[ ]で下車する	[ ]で退学する
途中	○	○	○	○	-
途上	○	-	-	-	-
中途	-	○	-	-	○

使い分け【1】「途中」は、広く、ものごとが始まってから終わるまでの間のどこかの点をいう。【2】「途上」は、目標に向かってものごとが進行している段階、また、そのような段階にあることを表わす。多く、「…途上」「…の途上」の形で用いられる。【3】「中途」は、物事の進行が、まだ中ほどであり、まだ終わっていないという点に意味の中心がある。

【関連語】◆（途次）目的地に着くまでの間。文章語。「登校の途次」◆（道中）旅をしている間。主に年配者が用いる。「道中の無事を祈る」◆（行きがけ）目的地に着くまでの間。「行きがけに…する」という形で、どこかに行くついでに…する、ということを表わす。「行きがけにポストに投函する」◆（路次）ある所へ行く道の途中。「ろし」ともいう。文章語。「東京への路次で旧友と会った」

8 14-64 一路（いちろ）

意味★一筋の道。また、寄り道などしないで、まっすぐにひたすら。【英】*one road*

使い方▼〔一路〕（名・副）▽繁栄の一路をたどる▽一路前進する▽一路南へと向かう

8 14-65 日程（にってい）／スケジュール／プログラム

共通する意味★人が行うことをあらかじめ順序づけて予定したもの。【英】*a day's schedule*

使い方▼〔日程〕▽日程を組む▽日程がつまっている▽議事日程がくるう　〔スケジュール〕▽スケジュールを立てる▽スケジュールに追われる▽スケジュールを調節する　〔プログラム〕▽プログラムどおりに進む

使い分け【1】「日程」は、仕事、議事、旅行など、何日かにわたる一連の行為の、一日ごとの予定。【2】「スケジュール」は、時間をくぎって具体的に立てられた仕事などの予定。【3】「プログラム」は、映画や演劇などの出し物の内容と順序、また、それを記したものをいうことが多い。また、コンピュータに与える処理手順を順序よく並べたものもいう。

参照▼プログラム⇒615-07

8 14-66 急ぐ（いそ）／急く（せ）

【関連語】◆（急かす）せかす◆（急き立てる）せきたてる◆（追い立てる）おいたてる◆（追いまくる）おいまくる

共通する意味★物事を速く行おうとする。【英】*to hurry (up)*

使い方▼〔急ぐ〕（ガ五）▽急がば回れ▽完成を急ぐ　〔急く〕（カ五）▽急いては事を仕損じる▽息が急く

	そんなに□と危ない	勝ちを□	気が□	道を□
急ぐ	○	○	－	○
急く	○	－	○	－

使い分け【1】「急ぐ」は、物事を普通よりも短時間で行おうとする意。また、「急ぐ」は、動作を行う者の気持ちを表わすと同時に、外に現れた様子をいう場合にも用いる。【2】「急く」は、動作を行う者の気持ちを表わす意味合いが強く、焦る意に近い。

【関連語】◆（急かす）（サ五）動作、行為などを普通よりも短時間で行うようにさせる。「仕事を急かす」◆（急き立てる）（タ下一）動作、行為などを普通よりも短時間でするように催促する。「本を早く返すように急き立てる」◆（追い立てる）（タ下一）・（追いまくる）（ラ五）（多く、受身の形で）動作、行為などを普通よりも短時間でするように催促される。「原稿の締め切りに追い立てられる」「雑用に追いまくられる」

参照▼急く⇒210-47　追い立てる⇒120-49

8 14-67 繰り上げる（くりあ）／早める（はや）

【関連語】◆（早まる）はやまる

共通する意味★日時などを予定、予想などより早くする。【英】*to move up*

使い方▼〔繰り上げる〕（ガ下一）〔早める〕（マ下一）

	会の日程を□	予定を□て帰る	ショックが死期を□	戦争終結を□
繰り上げる	○	‐げ○	－	－
早める	○	‐め△	○	○

使い分け【1】「繰り上げる」は、日時など、一方向に順に並んでいるものを、前に、また上に、送る意。予定、またはすでに決められた状況がある中での操作である。【2】「早める」は、予定しているというほどのことでなくても、本来ならその時期にあったであろうと思われる事柄を、それよりも早くするような場合にもいう。「繰り上げる」とは違い、順送りにする意は含まない。

反対語▼繰り上げる⇔繰り下げる・繰り延べる

【関連語】◆（早まる）（ラ五）時間、時期がはやくなる。「予定が三日ほど早まる」▣「早まったことをしてはいけない」のように、あわてて判断を誤る意でも用いる。

8 14-68 お預け（あず）／据え置き（すお）

共通する意味★予定が実行されないままの状態にしておかれること。【英】*postponement*

使い方▼〔お預け〕▽デートの約束は当分お預けだ▽お預けを食う　〔据え置き〕▽値段は当分据え置きにする

使い分け「お預け」は、個人的な約束など、規模の小さい予定に使われ、「据え置き」は、多く、制度など規模の大きいことに使われる。また、「お預け」は、飼い犬に許可するまで餌を食べさせないようにすることから。俗な言い方。

8 14-69 留(と)める／留(と)め置(お)く／取(と)り残(のこ)す

共通する意味★人や物をその場所から動かないようにしておく。**【英】** *to keep*

使い方▼〔**留める**〕(マ下一)▽飾りを壁にピンで**留める**▽一枚の美しい絵に目を**留めた**　〔**留め置く**〕(カ五)▽小荷物を郵便局に**留め置く**▽容疑者を警察署に**留め置く**　〔**取り残す**〕(サ五)▽雪原に一人**取り残される**▽時代に**取り残される**

使い分け【1】「留める」「留め置く」は、いずれも、ほかに動かさずそのままにしておく意。【2】「留める」には、単に動かさないだけでなく、その場所に固定する意が加わる。また、「心に留める」「気に留める」のように、注意を集中させる意でも使われる。【3】「取り残す」は、他の物すべてを移動させ、結果的にそれだけがその場に残るようにする意で、多く、受身の形で使われる。

参照▼留める⇒903-56

8 14-70 延期(えんき)／日延(ひの)べ／順延(じゅんえん)／延長(えんちょう)

【関連語】◆(猶予)ゆうよ

共通する意味★予定を先に延ばすこと。**【英】** *postponement*

使い方▼〔**延期**〕スル　〔**日延べ**〕スル　〔**順延**〕スル　〔**延長**〕スル

	運動会を□する	会期をさらに□する	雨天□	□戦
延期	○	○	-	-
日延べ	○	○	-	-
順延	○	-	○	-
延長	△	○	-	○

使い分け【1】「延期」「日延べ」は、期日、期間を先に延ばすこと。「日延べ」は、あまり長い期間には言わない。【2】「順延」は、一日がだめなら二日、次は三日というように、期日を順に先へ延ばすこと。【3】「延長」は、ある続いている長さ、時間、状態などを、さらに先に延ばすこと。「線路を延長する」など、日取りに限らず用いる。

反対語▼延長⇔短縮

【関連語】◆(猶予)スル定められた日時を先へ延ばすこと。しばらく待ってやって、様子を見るという気持ちを含む。「起訴猶予」「刑の執行を猶予する」

参照▼猶予⇒220-28

8 14-71 持(も)ち越(こ)す／繰(く)り延(の)べる

共通する意味★時間的に先へ延ばす。**【英】** *to postpone*

使い方▼〔**持ち越す**〕(サ五)▽結論は次回に**持ち越された**▽解決は来月まで**持ち越す**ことになるだろう　〔**繰り延べる**〕(バ下一)▽納期を**繰り延べる**▽雨でハイキングを来週に**繰り延べる**

使い分け【1】「持ち越す」は、解決、処理がつかないままの問題をそのまま次の時期、機会、段階などに移していく意。意志を伴って行うというより、しかたなくそのままにするという意が強い。【2】「繰り延べる」は、予定した日時や期限を先に延ばす、延期する意。決まった行事、行為、契約などを、何かの理由があって先に延ばすような場合に用いる。意図的に行う行為にいう。

8 14-72 ぐずつく／滞(とどこお)る

共通する意味★動作などが円滑に進まなくなったり、態度、状態などがはっきりしなくなったりする。**【英】** *to be slow*

使い方▼〔**ぐずつく**〕(カ五)▽子供が**ぐずついて**困る▽**ぐずついた**天気が続く　〔**滞る**〕(ラ五)▽車の流れが**滞る**▽悪天候のため工事が**滞る**

使い分け【1】「ぐずつく」は、動作がのろく、なかなか行動に移らない、ぐずぐずして、はっきりしない状態をいう。「愚図つく」と当てる。【2】「滞る」は、物事の動きが順調でなく、はかどらないでたまる状態をいう。

参照▼ぐずつく⇒713-37

8 14-73 渋滞(じゅうたい)／停滞(ていたい)／難航(なんこう)／難渋(なんじゅう)

【関連語】◆(停頓)ていとん

共通する意味★物事が滞りはかどらないこと。**【英】** *delay*

使い方▼〔**渋滞**〕スル▽帰省の車で道路が**渋滞する**▽作業の**渋滞**で生産が落ちる　〔**停滞**〕スル▽景気が**停滞**したままだ　〔**難航**〕スル▽捜査が**難航する**　〔**難渋**〕スル▽作業が**難渋する**

	長期欠勤のため事務が□する	工事が□する	事故のため道が□する	前線が□して雨が続く	交渉は□している
渋滞	○	-	○	-	-
停滞	○	○	-	○	-
難航	-	○	-	-	○
難渋	-	○	-	-	○

使い分け【1】「渋滞」「停滞」は、主として物事が滞ることに意味の中心があり、「難航」「難渋」は、はかどらないことの原因である困難さ、障害などに意味の中心がある。【2】「渋滞」は、滞りながらも、わずかずつでも動いていることにいう。【3】「停滞」は、物事が一か所にとどまって動かないこと。【4】「難航」は、物事が滞ることで、より困難な事態に至ること、「難渋」は、その結果、苦労することまでを含んでいうことがある。

【関連語】◆〈停頓〉スル物事が順調にはかどらず、行き詰まること。「貿易交渉は停頓したままだ」

参照▼難渋⇒211-09

814-74 遅刻（ちこく）／遅延（ちえん）／遅れる（おくれる）

【関連語】◆〈手遅れ〉ておくれ

共通する意味★基準とした時間よりおそくなる。

【英】 *lateness*

使い方▼〔遅刻〕スル　〔遅延〕スル　〔遅れる〕（ラ下一）

	約束の時間に十五分□	学校に□	列車が□	工事が□
遅刻する	○	○	-	-
遅延する	-	-	○	○
遅れる	○	○	○	○

使い分け【1】「遅刻」は、定刻や約束してある時刻よりもおそくなってしまうこと。人の場合にいう。【2】「遅延」は、人以外の物、事柄などがおそくなること。定刻よりおそくなることも、定められた期限が延びることもいう。【3】「遅れる」は、「遅刻する」「遅延する」いずれの意味でも広く用いられる。

【関連語】◆〈手遅れ〉病気の手当てや事件の処置などを行うべき時機を失し、回復や成功の見込みがなくなること。「手遅れにならないうちに手術する」「いくらあやまっても手遅れだ」

814-75 長引く（ながびく）／手間取る（てまどる）／暇取る（ひまどる）

共通する意味★（予定、予想より）時間がかかってしまう。**【英】** *to be prolonged*

使い方▼〔長引く〕（カ五）　〔手間取る〕（ラ五）　〔暇取る〕（ラ五）

	支度が（に）□	試合が□	□ながら毛糸をほぐす	挨拶（あいさつ）に思いのほか□
長引く	が○	○	-き-	-
手間取る	に○	-	-り○	-
暇取る	に○	-	-り△	○

使い分け【1】「長引く」は、ある予想された基準を過ぎても終わらず、もっと先へかかってしまう意。「手間取る」「暇取る」とは違い、単に時間が長くなる意である。【2】「手間取る」は、思ったより手間がかかって、そのため時間もかかってしまう意。【3】「暇取る」は、全体的に時間がかかりすぎてしまった場合にいう。ある時間の流れを延長したというより、全体が思ったよりかかった、簡単にはすまなかった場合にいう。

815 …時・時間

815-01 時間（じかん）／時（とき）／アワー／タイム

共通する意味★ある時刻と時刻との間。**【英】** *time*

使い方▼〔時間〕▽昼休みの時間は一時間しかない▽無駄話をしている時間はない▽睡眠時間▽就業時間　〔時〕▽時は金なり▽時を稼ぐ　〔アワー〕▽ラッシュアワー▽ゴールデンアワー　〔タイム〕▽禁煙タイム▽ランチタイム

使い分け【1】「時間」「時」は、元来は、過去・現在・未来と連続して永遠に流れ移ってゆくと考えられ、空間とともに、認識のもっとも基本的な形式をなすものをいう。いずれも意味が広い。【2】「アワー」「タイム」は、多く、他の語と複合して使われる。また、「タイム」は、「マラソンで世界最高のタイムが出た」のように、競走・競泳などで、それに要した時間の意でも使われる。【3】「時間」は、時の長さの単位としても使われる。一時間は一日の二四分の一、一分の六〇倍。

参照▼時間⇒815-02　時⇒815-03　815-31　タイム⇒617-42

815-02 時刻（じこく）／時間（じかん）／時点（じてん）

共通する意味★時の流れの中のある特定の一点。

【英】 *time*

使い方▼〔時刻〕▽ただ今の時刻は午前十時です▽列車は時刻どおりに着いた▽時刻表　〔時間〕▽約束の時間は夜の八時だ▽時間どおりに出発する　〔時点〕▽現在の時点では計画の実施は不可能だ▽そこまで終わらせた時点で休憩しよう

使い分け【1】「時刻」「時間」が、何時何分といった形で示されるものであるのに対し、「時点」は、「その時点」「彼が来た時点」のように、何らかの行為や規準によって定まる一点を表わす。したがって、「時点」は、その意味を補足する修飾語を伴う。【2】日常的には、「時刻」より「時間」の方が多く用いられる。

参照▼時間⇒815-01

815-03 時（とき）／場合（ばあい）／折（おり）／ところ／際（さい）

【関連語】◆〈場〉ば◆〈段〉だん

共通する意味★ある具体的な動作や状態の変化が、臨時的にまたは一般的に行われる時間、時点。

使い方▼〔時〕▽家を出た時は晴れていた▽パーティーの時に着ていく服　〔場合〕▽人数が集まらなかった場合延期する▽今は冗談を言っている場合ではない　〔折〕▽京都へ行った折、恩師の家を訪ねた▽折をみて話す　〔ところ〕▽危うく車にはねられるところだった▽今帰って来たところです▽今日のところは勘弁してやる 【際】▽この際、何が悪いかはっきりさせるべきだ▽お乗りの際は押し合わないように願います

	雨の□は中止します	何かの□に注意しようと思う	食事をしている□に彼が来た	この□やり方をはっきりさせよう
時	○	△	○	-
場合	○	-	-	-
折	○	○	△	-
ところ	-	-	○	-
際	○	△	-	○

使い分け【1】いずれも、動作や状態を表わす修飾語句を受けて用いられる。【2】「場合」は、「時」にくらべると、その物事、状態が発生する具体的、個別的な状況をさすことが多い。【英】*an occasion*（場合）【3】「折」は、「時」を強調したり、改まっていう言い方。また、「向寒の折」のように、時節、季節の意でも用いる。【英】*an occasion*（折）【4】「ところ」は、「五合目まで登ったところで濃霧になった」のように、空間的な位置（場所）と、その途中の時間との両方をさす場合もある。【5】「際」は、何かが行われる時間を予期した文脈で用いられることが多い。

【関連語】◆（場）本来の場所の意から、特定の物事が起こる時点をさす。場合。「その場は適当にごまかした」◆（段）物事の状態、局面をいう。やや古風な言い方。「いざ自分でやる段になると見当がつかない」

参照▼時⇒815-01 815-31 所⇒805-01 場⇒615-11 段⇒610-12

815-04 時期（じき）／時分（じぶん）／頃（ころ）

共通する意味★多少の幅をもった時（とき）。【英】*time*

	□を見計らう	そろそろ決定すべき□だ	若い□はよく勉強した	□尚早
時期	○	○	-	○
時分	○	-	○	-
頃	○	○	○	-

使い分け【1】「時期」は、何かをすべき時、あるいは、何かをすることを期待されている時をさす。【2】「時分」「頃」は、「時期」よりもう少し漠然とした時を表わす。「時分」は、「頃」よりやや古めかしい言い方。【3】「頃」は、「五時頃」「昼頃」「一九〇〇年頃」のように、時を表わす語と複合して用いることも多い。

815-05 日付（ひづけ）／日時（にちじ）

【関連語】◆（デート）

共通する意味★何月何日という明示。【英】*a date*

使い方▼【日付】▽品物を発送した日付を記入する▽日付が間違っている▽日付変更線 【日時】▽出発の日時は未定だ▽会合は場所より日時を優先して決めよう

使い分け【1】「日付」は、主に文書に書き記された年月日のこと。【2】「日時」は、日だけではなく時刻をも含む。また、「もっと日時が必要だ」のように、日数と時間の意でも用いられる。

【関連語】◆（デート）日付。「このカメラはデート機構がついている」

参照▼デート⇒307-01

815-06 期間（きかん）／期（き）／周期（しゅうき）

共通する意味★取り決められた、一定の時点から時点までの間。【英】*a period*

使い方▼【期間】▽期間を限る▽一定の期間を置く▽冷却期間 【期】▽再会の期▽期を誤る▽青年期▽第一期 【周期】▽地球の公転の周期▽周期が乱れる▽周期運動

使い分け【1】「期間」が、最も一般的に用いられる。【2】「期」は、やや硬い言い方。また、他の語と複合して用いられることも多い。【3】「周期」は、同じ現象が繰り返される場合に用いられ、その一回一回の繰り返しを表わす。

815-07 期日（きじつ）／期限（きげん）／締め切り（しめきり）

共通する意味★前もって決まっている約束の時。【英】*a fixed date*

	□を守る	□以外は無効です	定期の□が切れる	支払いの□は今日までだ	募集は明日で□です
期日	○	○	-	○	-
期限	○	-	○	○	-
締め切り	○	-	-	△	○

使い分け【1】「期日」は、将来的に決められている約束の日をいう。【2】「期限」は、ある一時点から、その先の決められたある時点までの、連続する期間を表わす。【3】「締め切り」は、「期限」の最終的な時点をさす。

815-08 年限（ねんげん）／時限（じげん）

共通する意味★限られた期間。【英】*a term*

使い方▼【年限】▽二年の年限で家を借りる▽修業年限 【時限】▽時限スト▽時限爆弾

使い分け【1】「年限」は、一年単位で決められた期限のこと。【2】「時限」は、効力を保つ時間や作用が起こる時間が定められていること。また、「第一時限は数学」のように、授業時間の区切りの意もある。

815-09 任期（にんき）／年季（ねんき）／年期（ねんき）

共通する意味★ある事柄において定まっている期間。**【英】** *one's period of office*

使い方▼〔任期〕▽任期が切れる▽任期満了▽三年の任期　〔年季〕▽年季が明ける▽年季奉公　〔年期〕▽年期明け

使い分け【1】「任期」は、仕事、職務などで、ある役割を務める期間のこと。【2】「年季」は、かつて奉公人を雇うときに定めた年限のこと。一年を一季とした。現在では、「年季を入れる（＝長年修練を積む）」「年季が入る」のような慣用表現で使われる。【3】「年期」は、契約などで一年を単位とする期間をさす。

815-10 定時（ていじ）／定刻（ていこく）

【関連語】◆（刻限）こくげん

共通する意味★一定の決められた時刻。**【英】** *the appointed hour*

	～に退社する	～に一五分遅れる	～を過ぎて発車する	～番組
定時	○	△	△	○
定刻	○	○	○	-

使い分け「定刻」は、「定時」にくらべて、予定、規則的な意味合いが強い。また、「定時」には、一定の時期の意もある。

反対語▼定時⇔臨時

【関連語】◆（刻限）定めた時刻。「約束の刻限が近づいた」

815-11 随時（ずいじ）／臨時（りんじ）

共通する意味★定期的でないこと。常にではないこと。**【英】** *(at) any time*

使い方▼〔随時〕(副)▽随時利用可能な施設▽随時説明を求める▽入学随時　〔臨時〕▽臨時に休業する▽臨時の仕事▽臨時収入▽臨時ニュース▽臨時採用

使い分け【1】「随時」は、好きな時にいつでもできること。また、必要に応じてその時々に自由に行うこと。【2】「臨時」は、「随時」にくらべると、あくまでも一時的なもので、特例的な処置について用いる。【3】「随時」は、副詞として用いるのが普通だが、「臨時」は、他の語と複合して用いることも多い。

反対語▼臨時⇔経常・定例・定時

815-12 いつ／なんどき／いつごろ

共通する意味★はっきりと定まっていない時。また、その時に関する疑問を表わす。**【英】** *when*

使い方▼〔いつ〕(代名・副)▽いつ来たのですか▽いつになくはしゃいでいる　〔なんどき〕(代名・副)▽いつなんどきでも脱出できるように用意する　〔いつごろ〕(副)▽今度いつごろ来たら良いですか

	今度来るのは～がいいですか	～でも構わない	いつ～事故に遭うか分からない	今～だい
いつ	○	○	-	-
なんどき	-	-	○	○
いつごろ	○	-	-	-

使い分け【1】「いつ」は、話し手には分からない、あるいは決定できない時を尋ねるときに用いられる。「いつごろ」は、「いつ」よりも漠然とした時を尋ねる場合、あるいは婉曲（えんきょく）に尋ねる場合に用いられる。【2】「なんどき」は、「いつなんどき」の形で用いられることが多い。「いつなんどき」は、何かが起こる時について全く予測できないことを表わし、疑問の形では使えない。【3】「なんどき」は、時刻を尋ねる「何時（なんじ）」の代わりに用いられることもあるが、古めかしい言い方である。【4】「いつ」は「何時」、「なんどき」は「何時」「何刻」、「いつごろ」は「何時頃」と書くこともある。

815-13 一度（いちど）／一回（いっかい）／一遍（いっぺん）

【関連語】◆（ひとたび）◆（一朝）いっちょう

共通する意味★あることが起こる回数が、一であること。**【英】** *once*

	～見たことがある映画	～だけのキス	一生に～の晴れ姿	～分の料金	大勢が～に口をひらく
一度	○	○	○	-	○
一回	○	○	△	○	-
一遍	○	△	△	-	○

使い分け【1】「一度」「一遍」は、回数を表わす場合と、一斉に、同時に、の意味を表わす場合とがある。【2】「一回」は、回数のみを表わす。「一度」「一遍」は、「一度行ってみたい」のように、特に回数にこだわらず、してみたい、するべきだなどということについて強意を表わすことがあるが、「一回」は、単に数値的にいうことも多い。【3】「一遍」は、ややくだけた言い方で、口語的。

【関連語】◆（ひとたび）「一回」「一度」と同じ意味だが、やや古めかしい言い方。「一度」とも書く。「彼はひとたび荒れ狂うと手がつけられなくなる」◆（一朝）（思いがけなく）ある時に。文章語。「一朝事あるときには馳（は）せ参じます」

参照▼一朝⇒815-36

815-14 今度（こんど）／今回（こんかい）／この度（たび）／この程（ほど）

【関連語】◆（今般）こんぱん

8 事柄・性質

共通する意味★物事の行われる時、または行われた時が、近いことを表わす語。**【英】** *this time*

使い方▼**〔今度〕**▽前は失敗したが今度は成功した▽今度引っ越すことになった **〔今回〕**▽今回の人事異動は青天の霹靂(へきれき)だった **〔この度〕**▽このたび退職することになった **〔この程〕**▽このほど就職が決まった

	［ ］開発された新製品	［ ］の試験は来週の水曜日だ	［ ］の葬儀は故人の希望により内輪で行われた	［ ］の事故の責任は当社にある
今度	○	○	−	○
今回	○	○	−	○
この度	○	−	○	○
この程	○	−	○	−

使い分け【1】「今度」「今回」は、何度か行われる物事の中で、今行われている、また、行われたばかりのものについていう。【2】「今度」は、「今度はいつ会えるかしら」のように、何度か行われることの中で、近い将来行われるものについていうこともある。話し言葉では最も一般的に用いられる。【3】四語とも、副詞的にも用いられるが、「この度」「この程」は、挨拶(あいさつ)(状)やニュースなどの改まった場で用いられることが多い。

【関連語】◆**(今般)**「この度」の意で、副詞的に、改まった場で用いられる。「今般左記へ転居いたしました」

8 15-15 また／再び(ふたたび)／重ね(かさ)て

【関連語】◆**(再度)**さいど

共通する意味★繰り返して起こったり行ったりするさま。**【英】** *again*

使い方▼**〔また〕**(副)▽またとない好機▽注意されたばかりなのにまたまちがえた **〔再び〕**(副)▽生地を再び訪れる▽失われた信頼を再び取り戻す **〔重ねて〕**(副)▽重ねて質問に立つ▽重ねて頼む

	［ ］意見を言う	三〇分後に［ ］来てください	二度と［ ］来るな	［ ］お礼申し上げます
また	○	○	−	−
再び	○	△	○	−
重ねて	○	−	−	○

使い分け【1】「また」は、くだけた話し言葉にも用いられるが、「再び」「重ねて」は、やや改まった言い方となる。【2】「再び言う」は、言う行為の繰り返しで、同じ表現をすることだが、「重ねて言う」は、言う内容の繰り返しとなり、同じ表現をするとは限らない。【3】「また」「再び」は、「また会いたくない」「再び会いたくない」のように、否定文にも使えるが、「重ねて」は使えない。【4】「また」は、「又」「亦」とも書く。

【関連語】◆**(再度)**もう一度。ふたたび。副詞的にも用いる。「再度の挑戦も失敗した」「再度注意する」

8 15-16 時時(ときどき)／時折(ときおり)／折折(おりおり)

【関連語】◆**(時たま)**ときたま◆**(間間)**まま◆**(折節)**おりふし

共通する意味★いつもというほど頻繁ではなく、ある間隔をおいて繰り返し起こるさま。**【英】** *occasionally*

使い方▼**〔時時〕**(名・副) **〔時折〕**(名・副) **〔折折〕**(副)

	［ ］子供のころを思い出す	［ ］足を向ける飲み屋	曇り［ ］晴れ	［ ］寂しそうな顔をする	［ ］激しい風雨が雨戸を打つ
時時	○	○	○	○	○
時折	○	○	−	○	○
折折	○	○	−	−	−

使い分け【1】「時時」は、日常語としてごく普通に使うが、「時折」「折折」は、少し文学的、または上品に表現したいときに使う。【2】「折折」には、「折々の便り」「四季おりおりの果物」のように、「その時その時」の意味もある。

【関連語】◆**(時たま)**(副)「時時」の意のくだけた言い方。「時たま彼と会う」◆**(間間)**(副)「時時」の意の、古風な言い方。「間々誤りが見うけられる」◆**(折節)**時時。また、ちょうどその時。その時その時。古風な言い方。「折節電車で見かける人」

参照▼折節⇒710-01

8 15-17 再三(さいさん)／再再(さいさい)

共通する意味★一定期間内に二度三度と重ねて起こるさま。**【英】** *often*

使い方▼**〔再三〕**▽再三の説得に屈する▽再三お願いする▽再三再四 **〔再再〕**▽再々の勧誘を断り続ける

使い分け「再三」の方が、一般的に用いられる。

8 15-18 とぎれとぎれ／切れ切(きれぎ)れ

共通する意味★途中で何度も中断しながら続くさま。**【英】** *brokenly*

使い方▼**〔とぎれとぎれ〕**(形動)▽苦しい息の下からとぎれとぎれに話す▽話し声がとぎれとぎれに聞こえた **〔切れ切れ〕**(名・形動)▽切れ切れに答える▽切れ切れの記憶をたどる

使い分け【1】「とぎれとぎれ」は、多く言葉が中断しそうになりながらも続くさまをいうが、「切れ切れ」は、言葉だけでなく意識や記憶などが、小さくいくつにも切れているという意でも用いられる。【2】「とぎれとぎれ」は、「跡切れ跡切れ」「途切れ途切れ」と当てる。

8 15-19 たま／まれ／珍(めずら)しい

共通する意味★行為、作用、出来事などがわずかにしか起こらないさま。【英】*rare*

使い方▼〔たま〕(名・形動)▽たまの休日には寝てばかりいる▽たまにはいいことを言う▽たまにしか話さない人　〔まれ〕(形動)▽そういうこともまれにはあるかもしれない▽まれにみる好青年　〔珍しい〕(形)▽彼女は珍しく機嫌がいい▽こんな快晴は珍しい▽珍しい切手

	□小説を読む	□よく晴れた日	世にも□傑作	外出することも□た
たま	-に○	-に-	-な-	-だっ-
まれ	-に○	-に-	-な○	-だっ○
珍しい	-く○	-く○	○	-かっ△

使い分け【1】「たま」は、ある事柄がある程度の時間をおいて繰り返される(周期的な場合も含め)が、その時間的間隔がかなり長い状態であることを表わす。その事が以前に起こったことのない、また、今後二度と起こる可能性がないような場合には用いられない。「偶」「適」とも書く。【2】「まれ」は、ある事柄がめったに起こらない(結果的に一回きりのこともある)ことを表わす。「たま」のように、ある事柄が繰り返し起こることは前提としていない。「稀」とも書く。【3】「珍しい」は、本来、ある事柄が起こる機会がきわめて少なく、その結果、それを価値のあるものとして尊重すべきだの意。めったに起こらない事柄に新しさを感じ、関心を示したり驚いたりしたときに用いられる。

8 15-20 ろくに／めったに

【関連語】◆(ろくろく)

共通する意味★ある事柄がほとんど行われないさま。【英】*rarely*

使い方▼〔ろくに〕(副)▽その犬は弱っていてろくに歩けない　〔めったに〕(副)▽彼とはふだんめったに会えない

	彼は□学校へ行かない	彼は当たり前のこともとても□知らない	その化石は□ない貴重なものだ
ろくに	○	○	-
めったに	○	-	○

使い分け【1】二語とも、「ろくに…ない」「めったに…ない」のように、否定の語と一緒に用いられる。【2】「めったに」は、頻度について用いられる語で、単に頻度が非常に少ないことを意味する。【3】「ろくに」は、十分に、満足にの意味なので、「めったに」と異なり、評価する意味が含まれる。しかも「ろくに…ない」の形で使われるので、意味は常に否定的になる。また、「ろくに」は、ある期待される程度が前提としてあり、それに満たない状態について用いられるので、能力が不十分な状態に対して、「ろくにできない」「ろくに書けない」のように用いられる。【4】「めったに」は「滅多に」と当てる。「ろくに」は「碌に」とも書く。

【関連語】◆(ろくろく)(副)「ろくろく…ない」の形で、十分に…ない、の意味を表わす。「ろくろく挨拶(あいさつ)もできない子が増えている」

8 15-21 ともすれば／ややもすれば

共通する意味★放任しておくとそのような状態になりやすいさま。【英】*to be apt to (do)*《動》

使い方▼〔ともすれば〕(副)▽ともすれば気持ちがめいりがちになる　〔ややもすれば〕(副)▽初心者はややもすれば無理をしがちである

使い分け【1】「ともすれば」は、無意識のうちに、ひとりでにある状態になりやすいさまに用いる。【2】「ややもすれば」は、ある状態になりがちであるという程度が「ともすれば」より強い。

8 15-22 よく／しばしば／度度(たびたび)／ちょくちょく

【関連語】◆(往往(おうおう))◆(ちょいちょい)

共通する意味★行為、作用、出来事が何度も繰り返されるさま。【英】*often*

使い方▼〔よく〕(副)▽よく腹を立てる人だ▽よく雨が降る▽よく見かける人　〔しばしば〕(副)▽しばしば目にする記事▽しばしば挫折(ざせつ)しそうになった▽彼は遅刻することもしばしばだ　〔度度〕(副)▽彼には度々面倒をかける▽驚きあきれることも度々だった　〔ちょくちょく〕(副)▽ちょくちょく電話をしてくる▽ちょくちょく聞くうわさ

	彼は□外出する	海外出張も□だった	□の不幸な出来事
よく	○	-	-
しばしば	○	○	-
度度	○	○	○
ちょくちょく	○	△	-

使い分け【1】四語が表わしている繰り返しの度合いは、使う人によって差がみられる。【2】「しばしば」「度度」は、「よく」「ちょくちょく」にくらべ文章語的。「ちょくちょく」は、最もくだけた言い方。

【関連語】◆(往往)(副)頻度が高いようすを表わす少し古い言い方。「学生時代は往々にして無茶をするものである」◆(ちょいちょい)(副)「ちょくちょく」のさらにくだけた言い方。「彼はちょいちょい会社を休む」

8 15-23 いつも／常に／絶えず

【関連語】◆(常時)じょうじ◆(常常)つねづね◆(終始)しゅうし

共通する意味★どんなときでも。【英】*always*

使い方▼〔いつも〕(副)▽いつも元気な老人▽会社の帰りはいつもこの店に寄る 〔常に〕(副)▽健康には常に注意を払っている▽常に努力を重ねる 〔絶えず〕(副)▽家の前を絶えず車が通っている▽絶えず口論している親子

	いつも	常に	絶えず
□不平をもらす	○	○	○
□にこにこ笑っている	○	△	△
三角形の内角の和は□一八〇度だ	-	○	-
□進歩をつづける	-	○	○
□流れる時間	-	-	○

使い分け【1】「いつも」「常に」は、ほぼ同じ意味だが、「いつも」は、日常のくだけた話し言葉にも使うのに対して、「常に」は、少し改まった場合にしか使わない。【2】「絶えず」は、「絶えず眠り続ける病人」のように、切れ目なく続いているさまにいうことが多い。

【関連語】◆(常時)(副)「いつも」の意の改まった言い方。「常時待機している」「常時出場する」◆(常常)(副)以前からずっとその状態が続いているさま。「先生には常々お世話になっている」「そのことは常々気になっている」◆(終始)(副)ある期間ずっとその状態が続くさま。また、その状態を続けるさま。「終始沈黙を守る」「終始リードする」

参照▼終始⇒903-38

8 15-24 始終／しょっちゅう／のべつ

【関連語】◆(絶え間ない)たえまない

共通する意味★ある事柄が途切れることなく続いて起こるさま。【英】*always; continuously*

使い方▼〔始終〕(副)▽始終宿題を忘れる生徒▽始終もめごとがある家 〔しょっちゅう〕(副)▽バスが遅れるのはしょっちゅうだ▽しょっちゅう先生にしかられる 〔のべつ〕(副)▽授業中のべつあくびをしている学生▽のべつまくなし(＝たえまなくすること)

	始終	しょっちゅう	のべつ
□遊びに来る	○	○	○
□子供のことを気にしている	○	△	○
そんなことは□ある	△	○	-
交通事故が□起こる交差点	-	○	-
朝から□電話がかかってきた	-	△	○

使い分け【1】「始終」は、始めから終わりまでの意味から、状態が持続する場合に用いられる。【2】「しょっちゅう」は、ある事柄が頻繁に起こることを表わす場合に用いられる。話し言葉的で、文章にはあまり用いられない。【3】「のべつ」は、休みなしに続くさま。

【関連語】◆(絶え間ない)(形)物事が絶えることなく起こるさま。「絶え間なく雪が降る」「絶え間ない努力」

8 15-25 ふだん／日頃／日常

【関連語】◆(平生)へいぜい◆(平常)へいじょう◆(平素)へいそ◆(常)つね◆(常日頃)つねひごろ

共通する意味★いつも同じようであること。【英】*usual(ly)*

使い方▼〔ふだん〕▽ふだんは早く家に帰る▽調子はふだんと変わらない▽ふだん履いている靴 〔日頃〕▽日ごろの努力が実を結ぶ▽日ごろのご愛顧に感謝します 〔日常〕▽日常の業務にさしつかえない▽日常生活

	ふだん	日頃	日常
□使いなれた言葉	○	○	○
□から気をつけておく	○	○	-
□の望みがかなう	-	○	-
□の会話に困らない	△	-	○

使い分け【1】「ふだん」は、特別のことがない、普通の時のこと。「普段」と当てる。【2】「日頃」は、ある程度の期間継続しているという意味合いが強い。【3】「日常」は、特別のことがなく繰り返される毎日のこと。「日常会話」「日常の挨拶言葉」のように、いつも決まって用いることの意でも使われる。【4】「ふだん」は、「ふだんの努力を重ねる」のように、物事が絶え間なく続くこともいう。その場合は、「不断」と書かれることが多い。

【関連語】◆(平生)ごくあたりまえの状態や状況の中で生活している時。改まった言い方。「平生と少しも変わったところがない」◆(平常)取り立てて言うほどの出来事もなく、習慣的で平穏な毎日が繰り返されている状態。「明日も平常どおり営業いたします」◆(平素)「平生」と同意。改まった言い方。「平素のご無沙汰をお許しください」◆(常)いつも普通にみられる行為や状態であること。「早寝早起きを常としている」◆(常日頃)「常」と「日頃」と同意の語を重ねて強調した語。「常日ごろ健康には留意している」

8 15-26 年中／年がら年中

共通する意味★一年中。いつでも。【英】*the whole*

8 事柄・性質

year

使い方▼【年中】(副)▽年中風邪をひいている 【年がら年中】(副)▽年がら年中テレビばかり見ている

使い分け 「年がら年中」は、「年中」を強調した言い方で、度が過ぎているという意味から、多少批判的な語調を伴う。多く、くだけた場合に使う。

8 15-27 毎回(まいかい)／毎度(まいど)

【関連語】◆(毎次)まいじ◆(度)たび◆(都度)つど

共通する意味★その度ごと。【英】*every time*

使い方▼【毎回】▽大会に毎回参加する▽毎回ランナーを塁に出す 【毎度】▽毎度のことながら彼には感心させられる▽毎度ばかばかしいお笑いを一席

	□記録を更新する	□お世話になる	□三振を奪う	会議に□出席する	□ありがとうございます
毎回	○	○	○	○	-
毎度	○	○	-	△	○

使い分け 「毎度」の方が、「毎回」よりもいつもという意味が強い。また、「毎度」は、「毎度ありがとうございます」「毎度どうも」など、日頃世話になっている場合などの挨拶(あいさつ)の決まり文句として用いられることも多い。

【関連語】◆(毎次)その度ごとの意だが、改まった表現の中で使われることが多い。「毎次密接に連絡をとる」◆(度)その時ごと。その時はいつも。連体修飾語を受けて用いられ、単独で使われることはない。くだけて「たんび」ともいう。「出かける度に朝帰りだ」「やる度に失敗する」◆(都度)その度ごと。連体修飾語を受けて用いられ、単独で使われることはない。「その都度言って聞かせる」

8 15-28 日(ひ)に日(ひ)に／日増(ひま)しに

共通する意味★一日一日と日を追って。【英】*day by day*

使い方▼【日に日に】(副)▽日に日に変わる国際情勢 【日増しに】(副)▽日増しに暖かくなってきた

使い分け 「日増しに」は、日を追うごとに変化の傾向、勢いの進むさまをいう。

8 15-29 順順(じゅんじゅん)に／順繰(じゅんぐ)りに／逐次(ちくじ)／順次(じゅんじ)／次次(つぎつぎ)に

共通する意味★順を追って進むさま。【英】*successively*

使い方▼【順順に】(副)▽順々に説明をしていく 【順繰りに】(副)▽順繰りに当番になる 【逐次】(副)▽シリーズを逐次刊行する▽逐次刊行物 【順次】(副)▽早く来た者から順次面接を行う 【次次に】(副)▽次々にスターが舞台に登場する

使い分け【1】「順順に」「順繰りに」「順次」は、どのような順でもかまわないが、「逐次」は、一つ一つ順を追って行うさまにいう。【2】「次次に」は、間をおかずに続けざまであるさまを表わす。【3】「順次」は、文章語的。

8 15-30 だんだん／次第(しだい)に／徐徐(じょじょ)に／おいおい

【関連語】◆(漸次)ぜんじ

共通する意味★ある事態、または状態が、時間の経過に従ってゆるやかに推移していくさま。【英】*gradually*

使い方▼【だんだん】(副)▽十二月に入ってだんだん寒くなってきた 【次第に】(副)▽生活は次第に豊かになってきた▽空は次第に明るさを増してきた 【徐徐に】(副)▽景気は徐々に好転のきざしを見せてきた 【おいおい】(副)▽不備な点はおいおい改善していくようにします

	仕事にも□なれるだろう	□春らしくなってきた	列車は□スピードをあげた	事態は□悪化してきた	年をとれば□わかるだろう
だんだん	○	○	△	○	○
次第に	○	○	○	○	△
徐徐に	○	○	○	○	△
おいおい	○	-	-	-	○

使い分け【1】「だんだん」「次第に」「徐徐に」は、良い方向への推移にも悪い方向への推移にも用いられるが、「おいおい」は、多く、良い方向への推移に用いられる。【2】「徐徐に」は、推移の速度がよりゆるやかであるさまを表わす。【3】「だんだん」は、他の語にくらべると話し言葉的な語。「だんだんに」「だんだんと」の形でも用いられる。【4】「だんだん」は「段段」、「おいおい」は「追い追い」とも書く。

【関連語】◆(漸次)(副)順を追って変化するさま。文章語。「病状は漸次快方に向かう」

参照▼だんだん⇒412-32

8 15-31 時代(じだい)／時世(じせい)／年代(ねんだい)／時(とき)

【関連語】◆(時世)ときよ◆(エポック)

共通する意味★流れ行く時間の中で、ある長さをもった年月。【英】*an epoch; an era*

使い方▼【時代】▽古きよき時代▽時代に逆行する考え方▽青春時代▽江戸時代 【時世】じせい▽昔とは時世が違う▽自由にものが言えるありがたいご時世 【年代】▽年代を経た建物▽年代物 【時】▽時は変わり、民主主義の社会になった▽戦争という大変な時を経験した

使い分け【1】「時代」「時」は、社会的、歴史的な時間の流れの中で区切られた一時期のみならず、個人的なある一時期をも表わす。【2】「時世(じせい)」は、

その時代その時代の世の中という意味合いで用いられる。【3】「年代」は、経過してきた年月の意。また、「年代順」のように、紀元から順に数えた年数の意や、「父の年代の人」のように、世代の意もある。

【関連語】◆(時世)ときよ その時代の世の中の意味の、古い言い方。「時世時節」◆(エポック)前の時代とは一線を画する、異なった意味をもった時期、時代、段階。「エポックを画する」

参照▼年代⇒303-04　時⇒815-01 815-03

8 15-32 瞬間（しゅんかん）／一瞬（いっしゅん）／瞬時（しゅんじ）／刹那（せつな）

【関連語】◆(とっさ)

共通する意味★ごくわずかな間。【英】*a moment*

使い方▼〔瞬間〕▽受話器をとった瞬間、電話が切れた▽瞬間最大風速▽瞬間湯沸かし器▽決定的瞬間　〔一瞬〕▽一瞬のうちに炎に包まれた▽一瞬の気のゆるみ　〔瞬時〕▽瞬時も目を離せない▽瞬時にやってのける　〔刹那〕▽刹那的な生き方▽刹那主義(＝過去や将来を考えず、ただ現在の生活を充足させて生きようとする考え方)

	瞬間	一瞬	瞬時	刹那
□の出来事	○	○	○	-
衝突した□気絶した	○	-	-	○
□にして燃え上がる	-	○	○	-
□肝を潰(つぶ)した	-	○	-	-

使い分け【1】「瞬間」は、「電車に乗ろうとした瞬間」のように、連体修飾語を受けて、ちょうどその時の意味で使うことが多い。【2】「一瞬」「瞬時」は、「一瞬(瞬時)のうちに」のように、ある程度の長さがある時間として用いられる場合もあるが、「瞬間」「刹那」は、ごくわずかの時間の意で用いられる。【3】「瞬時」は、文章語的。【4】「刹那」は、もと仏教語で、時間の最小単位。文章語。

【関連語】◆(とっさ)その事態に対する心構えもできないようなごくわずかな時間。「とっさに」の形で副詞的にも使われる。「咄嗟」とも書く。【英】*an instant* 「とっさの出来事」「とっさに身をかわす」「質問されてとっさに答えが出てこない」

8 15-33 瞬く間（またたくま）／束の間（つかのま）

共通する意味★短い時間。【英】*in a twinkling*

使い方▼〔瞬く間〕▽またたく間の出来事▽またたく間に料理がなくなる　〔束の間〕▽平和な時代もつかの間であった▽つかの間の幸せ

使い分け【1】「瞬く間」は、目をまたたかせるほどの短い時間のたとえ。「束の間」の「束」は、握りこぶしの幅のことで、古く、長さの単位としたところから。【2】「瞬く間」は、「瞬く間に」の形で、副詞的に使われることも多い。

8 15-34 一気に（いっきに）／一挙に（いっきょに）／一息に（ひといきに）

共通する意味★いっぺんに物事を行うさま。【英】*at a stroke*

使い方▼〔一気に〕(副)　〔一挙に〕(副)　〔一息に〕(副)

	一気に	一挙に	一息に
劣勢を□挽回する	○	○	○
ビールを□に飲み干す	○	-	○
階段を□駆け上がる	○	-	○
□百人もの合格者が出た	-	○	-

使い分け【1】「一気に」「一息に」は、休まないでいっぺんにの意で、人間の動作について用いることが多い。【2】「一挙に」は、物事を一度に行うさまや、同時に物事が集中するさまに用いる。

8 15-35 拍子（ひょうし）／はずみ／とたん

共通する意味★何かが行われたちょうどその時。【英】*chance*

	拍子	はずみ	とたん
すべった□に足をくじいた	○	○	○
顔をあげた□に目が合う	○	-	○
ぶつかった□で眼鏡をこわした	-	○	-
外へ出た□に雨が降り出した	-	-	○

使い分け【1】「拍子」「はずみ」は、前に述べた事柄が後に述べた事柄の原因、理由である場合に用いられるが、「とたん」は、両者には因果関係はなく、ちょうどその時、または直後に生じる場合に用いられる。【2】「はずみ」には、物事の勢いにのってという意味もある。【3】「とたん」は、「赤ん坊は親の顔を見ると、とたんに泣きやんだ」のように、副詞的にも用いられる。「途端」と当てる。

参照▼拍子⇒614-28

8 15-36 一朝一夕（いっちょういっせき）／一夜（いちや）／一朝（いっちょう）

共通する意味★わずかな時間をいう。【英】*overnight*

使い方▼〔一朝一夕〕▽この問題は一朝一夕には解決できない　〔一夜〕▽一夜にして白髪になる▽一夜漬けの勉強　〔一朝〕▽一朝にして希望は消え去った

使い分け【1】「一朝一夕」は、ひとあさやひとばんの意から、また「一朝」は、ひとあさの意から、わずかの時日を表わす。【2】「一夜」は、ひとばんの意で、そのひとばんという時間が非常に短い時間であることを表わす場合に用いられることがある。また、「一夜漬け」のような表現では、それが行われたのが実際に夜であるか否かは問わず、非常に短い時間であることを表わす。

参照▼一夜⇒711-48　一朝⇒815-13

815-37 片時(かたとき)／一刻(いっこく)

【関連語】◆(寸秒)すんびょう◆(寸刻)すんこく◆(寸時)すんじ

共通する意味★ちょっとの間。【英】*an instant*

使い方▼〔片時〕▽母親はその子から片時も目を離せない▽片時も故郷のことを忘れない　〔一刻〕▽一刻も早く治療しなければならない▽一刻を争う事態

使い分け【1】「片時」は、「片時も」の形で、副詞的に否定の述語文とともに使われる。【2】「一刻」は、もと約三〇分の意。

【関連語】◆(寸秒・寸刻・寸時)短い時間をいう文章語。「寸秒たがわず現場に到着する」「寸刻を争う事態」「寸時たりとも油断してはならない」

815-38 ひとしきり／一時(ひととき)／一時(いちじ)／一時(いっとき)

【関連語】◆(少時)しょうじ◆(暫時)ざんじ

共通する意味★短い時間。【英】*for a while*

使い方▼〔ひとしきり〕(副)▽蟬(せみ)がひとしきり鳴いた▽汚職事件がひとしきり世間を騒がせた　〔一時(ひととき)〕▽ひとときも故郷を忘れたことはなかった▽友達と楽しいひとときをすごす▽憩いのひととき　〔一時(いちじ)〕(名・副)▽一時危篤状態に陥った▽電話が一時不通になる▽一時停止　〔一時(いっとき)〕(名・副)▽この子はいたずらで一時も油断ができない▽一時も目が離せない

	雨が□降る	□も待てない	□の衝動にかられる	お昼の□を過ごす
ひとしきり	○	-	-	-
一時(ひととき)	-	△	△	○
一時(いちじ)	△	-	○	-
一時(いっとき)	○	○	△	-

使い分け【1】「ひとしきり」は、ある動作、状態がしばらく盛んに続くさまをいう。「一頻り」とも書く。【2】「一時(ひととき)」は、何かをするための長くはないがまとまった時間をいう。【3】「一時(いちじ)」「一時(いっとき)」は、何かが起こる短い間のこと。【4】「一時(いちじ)」は、「一時の勢いが見られない」のように、ひところ、往時という意味でも使われる。

【関連語】◆(少時)(名・副)少ない時間の意の文章語。◆(暫時)(名・副)しばらくの間の意の文章語。「少時の蓄え」「暫時休憩する」

815-39 急(きゅう)／にわか／突然(とつぜん)／突如(とつじょ)

【関連語】◆(忽然)こつぜん◆(俄然)がぜん◆(唐突)とうとつ

共通する意味★思いがけず、物事がいきなり起こるさま。【英】*sudden*

使い方▼〔急〕(名・形動)▽急に腹が痛みだした▽急な用事で出掛ける　〔にわか〕(形動)▽ひとりになった途端、にわかに心細くなってきた▽にわか仕込み▽にわか雨　〔突然〕(副・形動)▽バスが突然急ブレーキをかけて止まった▽突然の指名にめんくらう　〔突如〕(副・形動たる・と)▽良いアイディアが突如ひらめく▽突如として眼前に高い山が現れた

	□雷鳴がとどろく	後ろから□声をかけられた	□出来事	日が沈むと□肌寒くなった
急	-に○	-に○	-な○	-に○
にわか	-に○	-に-	-の○	-に○
突然	○	○	-の○	△
突如	○	○	-の-	△

使い分け【1】「にわか」は、「傷口がにわかに痛みだす」「峠へ出るとにわかに視界がひらけた」のように、状態・状況の変化に多く使う。「俄」「遽か」とも書く。【2】「突然」は、予想していなかったことが起こるさま。【3】「突如」は、「突如として」の形で使うことが多く、文章語的。【4】「急」「にわか」は、「漁船の帰港とともに街は急(にわか)に活気づいてきた」のように、「突然」「突如」にくらべて、かかる時間に多少の幅がある場合にも用いる。

【関連語】◆(忽然)(形動たる・と)たちまちに変化が起こるさま。「忽然として眼前から失せる」「忽然と姿を消す」◆(俄然)(副)物事が急に変化するようす。「ちょっとほめたら俄然はりきりだした」◆(唐突)(形動)不意で、その場にそぐわないさま。「唐突な発言で周囲を驚かす」

参照▼急⇒519-21　706-06

815-40 急激(きゅうげき)／急速(きゅうそく)／たちまち

【関連語】◆(ハイピッチ)◆(急テンポ)きゅうテンポ

共通する意味★短時間に大きな変化が起こるさま。【英】*sudden*

使い方▼〔急激〕(形動)▽急激な変化にとまどう　〔急速〕(名・形動)▽急速解凍　〔たちまち〕(副)▽一声かければ、たちまち千人からの人が集まる

	□気温が下がる	□快方に向かう	□姿を見失う	□な温度変化
急激	-に○	-に-	-に-	○
急速	-に○	-に○	-に-	△
たちまち	○	○	○	-

使い分け【1】「急激」は、変化の様子が激しい場合に、また、「急速」は、変化の速度が速い場合に用いる。【2】「たちまち」は、変化の速度が速い場合に用いるが、「急速」と異なり、一瞬にして動作の完了する「たちまち食べつくす」や、すぐにの意で「一声かければ、たちまち…」の例のような言い方ができる点で用法が広い。「たちまち」は、「忽ち」とも書く。

【関連語】◆**(ハイピッチ)**力を入れ、速い調子で進行させること。「ビル建設をハイピッチで進める」◆**(急テンポ)**物事が非常に速く進み、展開していくさま。「急速」と意味が近いが、ある状態が形成される勢いなどについていう。「急テンポで和解に向かう」「急テンポな事件の展開に驚く」

8 15-41 至急（しきゅう）/早急（さっきゅう）/大急ぎ（おおいそぎ）

【関連語】◆**(急ぎ)**（いそぎ）◆**(取り急ぎ)**（とりいそぎ）◆**(緊急)**（きんきゅう）◆**(急遽)**（きゅうきょ）◆**(特急)**（とっきゅう）◆**(超特急)**（ちょうとっきゅう）

共通する意味★非常に急ぐさま。**【英】** *urgent*

使い方▼〔至急〕(名・副)▽至急会いたい▽至急ビールの追加をお願いします▽至急の仕事　〔早急〕(名・形動)▽不良品は早急に回収すること▽早急な連絡事項〔大急ぎ〕(名・形動)▽旅行の出発の前日に大急ぎで準備をする▽大急ぎで買い物をすます▽大急ぎの仕事が入る

	□完成させてください	□御連絡ください	撮影後□現像した	□の手紙
至急	○	○	△	○
早急	-に○	-に○	-に△	-
大急ぎ	-で○	-で△	-で○	△

使い分け【1】「至急」「早急」は、動詞を修飾する場合、「したい」「してください」「しなさい」「します」などの希望や命令、意志を表わす語と共に使うことが多い。【2】「至急」「早急」は、「至急(早急)に書類を取りに来てください」「至急(早急)に検討します」のように、動詞の表わすある動作、行為が完了する時点を早めるという場合に用いられる。【3】「大急ぎ」は、「大急ぎでお届けします」のように、「至急」「早急」と同様の場合のほか、「大急ぎでテストを採点する」のように、一定時間続くある動作、行為を急いでするという場合がある。【4】「至急」をさらに強調する場合は、「大至急（だいしきゅう）」という。【5】「早急」は、「そうきゅう」とも読む。

【関連語】◆**(急ぎ)**急いで物事をすること。また、急を要すること。「急ぎの仕事がはいる」「急ぎで仕上げる」◆**(取り急ぎ)**(副)手紙の結びに用いる。「取り急ぎ御礼まで」「取り急ぎ、右ご照会申し上げます」◆**(緊急)**(名・形動)事が重大で急ぐ必要があること。「緊急を要する事態」「緊急措置（そち）」◆**(急遽)**(副)何らかの情報を得て、そのために時間をおかずに予定を変更して、新しい状況に対処すること。「予想外の売れ行きに急遽仕入れを増やした」◆**(特急)**特に急ぐこと。特に急を要すること。「明日までに特急で仕上げてくれ」◆停車駅の少ない「特別急行列車」の略でもある。◆**(超特急)**「特急」をさらに強調していう語。「超特急で片付ける」

8 15-42 すぐ/じきに/直（ただ）ちに

【関連語】◆**(早速)**（さっそく）◆**(じき)**◆**(すぐに)**◆**(すぐさま)**◆**(即)**（そく）

共通する意味★物事を行うのに時間をおかないさま。**【英】** *at once; immediately*

使い方▼〔すぐ〕(副)▽すぐ検査したほうがいい▽酒を飲むとすぐ顔が赤くなる▽今すぐ来てください〔じきに〕(副)▽薬を飲めばじきによくなるよ▽じきに行くから待っていてください　〔直ちに〕(副)▽首相は到着後直ちに会談に入った▽関係者は直ちに集まってください

	予定どおり□調査にかかった	連絡を受けて□駆けつけた	安物なので□だめになった	□連絡をしてくれ
すぐ	○	○	○	○
じきに	○	△	○	-
直ちに	○	○	-	○

使い分け【1】「すぐ」「直ちに」は、極めて短い間にことを行うという意味合いが強いのに対して、「じきに」は、ある程度の猶予があるという意味合いで使う。【2】「直ちに」は、「じきに」よりも改まった場で使う。【3】「すぐ」は、「すぐ近くの小学校」のように、距離が近いようすも表わす。

【関連語】◆**(早速)**(副)時間をおかずに、早いうちに行うさま。「早速伺います」「早速ですが、例の件…」◆**(じき)**(形動・副)時間的、空間的にあまり隔たっていないさま。また、直接であるさま。「じき三歳になる」「じきそばの家」「直取引」◆**(すぐに)**(副)「すぐ」に同じ。「すぐに来てください」「すぐに良くなるさ」◆**(すぐさま)**(副)「すぐ」を強めた言い方。「連絡を受けるとすぐさま会いに行った」◆**(即)**(副)今すぐの意の硬い表現。「食べ終わったら、即出かけよう」

8 15-43 即刻（そっこく）/即座（そくざ）/即時（そくじ）

【関連語】◆**(時を移さず)**（ときをうつさず）◆**(間髪を入れず)**（かんはつをいれず）

共通する意味★間をおかずに、非常に短い時間のうちに。**【英】** *instantly*

使い方▼〔即刻〕▽即刻帰国せよ▽即刻メンバーから外す　〔即座〕▽質問に即座に答える▽即座の機転

〔即時〕▽チケットは即時に売り切れた▽即時撤退

使い分け【1】「即刻」は、「即時」にくらべて、時間をおかず今すぐにという意味がより強い。【2】「即座」は、その場ですぐにの意。「即刻」「即時」が、時間的にすぐの意で用いるのに対し、空間的にその場での意でも用いる。【3】「即刻」は単独で、「即座」「即時」は、「に」を伴って、副詞的に用いる。

【関連語】◆**(時を移さず)**間をおかないで、すぐに。「時を移さず事故の後始末にとりかかった」◆**(間髪を入れず)**間をおかず、ただちに。「かん、はつをいれず」と読み、「かんぱつ」と読むのは誤り。「報告が終わると、間髪を入れず質問の手が上がった」

8 15-44 不意(ふい)／いきなり／出し抜け(だしぬけ)

【関連語】◆(やにわに)

共通する意味★動作、行為が突然なさま。**【英】** *abruptly*

使い方▼〔不意〕(名・形動)▽相手の不意をつく 〔いきなり〕(副)▽いきなり指名されて面くらう 〔出し抜け〕(形動)▽出し抜けにそんなことを言われても困るよ

	会議中に□席を立つ	前の車が□ブレーキをかける	係長から□部長になる	□申し出
不意	-に○	-に○	-に-	-の○
いきなり	○	○	○	-の-
出し抜け	-に○	-に○	-に-	-な○

使い分け【1】「不意」は、予想、予期しないことが起こるさまをいう。【2】「いきなり」は、「受付も通さずに、いきなり社長室を訪れる」「準備運動をしないで、いきなり泳ぐ」のように、手順を踏まないで、途中を飛ばして、という意味をもつ。そこから、予期する間もなく突然に、という意味が出る。【3】「出し抜け」は、相手の意表をつく行為に用いる。

【関連語】◆**(やにわに)**(副)突然ことを行うさま。「やにわに席を立つ」

8 15-45 どんどん／ぐんぐん

【関連語】◆(すらすら)

共通する意味★物事が勢いよく進むさま。**【英】** *rapidly*

使い方▼〔どんどん〕(副)▽技術がどんどん向上する▽本をどんどん買い込む▽どんどん注文してください 〔ぐんぐん〕(副)▽勉強がぐんぐんはかどる▽相手をぐんぐん引き離す

	□成績が上がる	□料理を平らげる	□背がのびる	火が□燃え広がる
どんどん	○	○	△	○
ぐんぐん	○	-	○	-

使い分け【1】「どんどん」は、次々に勢いよく進行するさま。【2】「ぐんぐん」は、良い方向に、勢いよくまっすぐに進むさま。何かの結果としてあらわれた状態にいう。

【関連語】◆**(すらすら)**(副)物事が滞りなく、滑らかに進むさま。「どんどん」「ぐんぐん」のような勢いは含まない。「すらすらと字の読める子」

8 15-46 折(おり)から／折(おり)しも

共通する意味★ちょうどその時。**【英】** *just then*

使い方▼〔折から〕(副)▽折からの雨の中を自転車で帰る 〔折しも〕(副)▽ドアを閉めようとしたら、折しも駆け込んで来た者がある▽帰国の準備をしていたところ、折しも娘が病気になった

	□紅葉が美しい	□雨が降ってきた	□の雷で停電する	外へ出ようとした□電話が鳴った
折から	○	○	○	-
折しも	○	○	-	○

使い分け【1】二語とも、副詞として以外に、「…の折から」「…の折しも」のような形でも用いる。【2】「折しも」は、「折から」よりも、その時を強調する意味合いがあり、「…しようとする折しも」などの形で多く用いられる。

参照▼折から⇒7 10-02

8 15-47 偶然(ぐうぜん)／たまたま

【関連語】◆(ひょっこり)◆(たまさか)

共通する意味★意図していなかったのに、そうなったこと。思いがけずに起こった事柄について、その起こり方をいう。**【英】** *by chance*

使い方▼〔偶然〕(名・形動)▽彼との出会いは、ほんの偶然からだった▽偶然の出来事 〔たまたま〕(副)▽たまたま彼とは顔見知りだった

	□出会った人	□その日は暇だった	□のように見える事故	□好きなことだったので承知した
偶然	○	△	○	△
たまたま	○	○	-	○

使い分け【1】「偶然」は、あることと他のことが思いがけなくぶつかること。「偶然が働く」「偶然に導かれて」など、運命をあやつる思いがけなさという意味でも用いる。【2】「たまたま」は、ちょうど自分の側の状態がそうであったのでという意味にも用いる。単に思いがけなくの意味が強いときもあるが、「偶然」のように、両者の意図に関係なく二つのことが重なるという意味は薄い。したがって、個人的なできごと、あるいは個人が当事者に近づき、思い入れのあるような場合のできごとに用いることが多い。

【関連語】◆**(ひょっこり)**(副)思いがけなくその状況になるさま。「話が大方すんだころになってひょっこり現れた」◆**(たまさか)**(副)思いがけないさま。また、まれであるさま。「たまさかの逢瀬(おうせ)」「たま

8 事柄・性質

さか出会った友人」

8 15-48 きっかけ／契機／機

共通する意味★物事が起こるときの手掛かり。【英】*a chance*

使い方▼〔きっかけ〕▽間違い電話がきっかけで仲なおりする▽話のきっかけを探す　〔契機〕▽病気を契機に酒をやめる　〔機〕▽機が熟する▽機をのがさず反撃に出る▽機を見るに敏

	さいふを拾ったことが［ ］となって知り合う	植物学の道に進んだ［ ］を話す	三連勝を［ ］に引退する	［ ］をつかむ
きっかけ	○	○	－	○
契機	○	○	○	－
機	○	－	○	○

使い分け【1】「きっかけ」「契機」は、物事が起こる原因や動機まで含めていうこともある。【2】「機」は、やや古めかしい言い方。物事をするのに適当な時という意味で使われることもある。【3】「きっかけ」は、「切っ掛け」とも書く。

8 15-49 機会／チャンス／好機／時機／時節

【関連語】◆(頃合い)ころあい

共通する意味★物事をするのに適当な時。【英】*a chance*

使い方▼〔機会〕▽この機会に精密検査を受けなさい▽これを機会に以後よろしく▽機会をうかがう▽機会均等　〔チャンス〕▽逃げ出すチャンスをのがす▽絶好のチャンス　〔好機〕▽千載一遇の好機だ▽好機逸すべからず　〔時機〕▽時機をうかがう▽時機を失する　〔時節〕▽時節を待って世に出る▽時節をうかがう

	反撃の［ ］を待つ	［ ］到来	［ ］がきたら話すつもりだ	［ ］があったらまた会おう
機会	○	－	－	○
チャンス	○	○	△	○
好機	○	○	－	－
時機	○	○	○	－
時節	－	○	△	－

使い分け【1】「機会」は、「出張した機会に旧友を訪ねる」のように、副詞句を作って使うこともあり、五語の中では最も意味が広い。【2】「チャンス」は、「機会」とほぼ同義だが、「今こそ逆転のチャンスだ」のように、「好機」と同じ意味でも用いる。【3】「好機」は、良い機会、「時機」「時節」は、適当な機会の意。【4】「時節」は、「雪どけの時節」のように、季節、時候の意。また、「暗い時節になった」のように、世間の情勢の意でも用いる。

【関連語】◆(頃合い)ちょうど良いとき。「ころあいを見計らって食事を出す」

参照▼時節⇒710-01

8 15-50 一転機／曲がり角／分かれ目／分岐点

【関連語】◆(転機)てんき

共通する意味★その後の方向を決定づける一つの大きな変わりめ。【英】*a turning point*

使い方▼〔一転機〕▽転勤を一転機として出直す▽人生観の一転機となった肉親の死　〔曲がり角〕▽商売が曲がり角にくる▽運命の曲がり角　〔分かれ目〕▽命綱の有無が生死の分かれ目となる▽苦境をどう乗り切るかが社運の分かれ目だ　〔分岐点〕▽転職したあのときが人生の分岐点だった

	人生の［ ］にきている	戦後政策の［ ］にさしかかる	試合の［ ］	成否の［ ］
一転機	○	○	－	－
曲がり角	○	○	－	－
分かれ目	○	－	○	○
分岐点	○	○	－	○

使い分け【1】「一転機」は、方向が変わるところをいう。【2】「曲がり角」は、方向が曲がるところで、多く、あまりよくない状態になったところで、別の方向へ向かうときにいう。【3】「分かれ目」「分岐点」は、方向が分かれるところ。「分かれ目」は、「勝負の分かれ目」「当選か落選かの分かれ目」などのように、相反する両極のどちらかに分かれるところの意味に使う。【4】「分岐点」の本来の意味は、「この峠がA山とB山の分岐点だ」のように、道路や鉄道などの分かれる地点のこと。

【関連語】◆(転機)状態が変わるきっかけ、時期。「友との再会が人生の転機となった」

参照▼曲がり角⇒705-38

8 15-51 岐路／分かれ道

共通する意味★行動、手段などでどちらをとるか決定を迫られている重要な場面、時点。【英】*a turning point*

使い方▼〔岐路〕▽人生の岐路に立たされる　〔分か

れ道〕▽ここが運命の分かれ道だ

使い分け 二語とも、元来は、本道から分かれ出た道の意。

参照▼岐路⇒705-39　分かれ道⇒705-39

8 15-52 分け目(わけめ)／変わり目(かわりめ)／境目(さかいめ)

共通する意味★異なる二つのものの境となる所。**【英】***a turning point*(分け目・変わり目)；*a boundary line*(境目)

	年齢の□	勝敗の□	季節の□	生死の□
分け目	-	○	-	-
変わり目	○	-	○	-
境目	△	○	△	○

使い分け【1】「分け目」は、区切りをつけた箇所の意から、「天下分け目の戦い」のように、勝敗、成否の決まる時を強調していう。【2】「変わり目」は、ある状態がそれまでとは異なる様子に変わっていく点。特に、季節や年齢などの、自然に移り変わる時をさしていう。

参照▼分け目⇒811-27

8 15-53 最中(さいちゅう)／最中(さなか)／たけなわ

【関連語】◆**(真っ只中)**まっただなか◆**(真っ最中)**まっさいちゅう◆**(真っ盛り)**まっさかり

共通する意味★ある事態が進行しているちょうどその時。また、盛んに活気づいている時。**【英】***in the midst (of)*(最中に)

使い方▼〔**最中**〕さいちゅう▽食事の最中に電話がかかってくる▽今考えている最中です　〔**最中**〕さなか▽お忙しいさなかをおいでくださりありがとうございます　〔**たけなわ**〕(名・形動)▽試合が今やたけなわというときに雨が降ってきた▽宴たけなわになる▽春たけなわ

	試合の□	今説明している□です	暑い□にわざわざ出向く	宴(えん)□
最中(さいちゅう)	○	○	△	-
最中(さなか)	○	△	○	-
たけなわ	-	-	-	○

使い分け【1】「最中さいちゅう」は、ある行為・動作が行われているちょうどそのときであることを表わす場合に用いられることが多い。これに対し、「最中さなか」は、「冬の最中さなか」「貧乏の最中さなか」などのように、ある状態が最もいちじるしいときであることを表わす場合に用いられることが多い。【2】「たけなわ」は、ある行為や催し物などのほか、季節が最も盛んなときの意で使われる。

【関連語】◆**(真っ只中)**まさにその事態の中にあることを表わす。「嵐あらしの真っ只中に船を出す」「青春真っ只中」◆「真っ直中」とも書き、「敵の真っ直中に突撃する」のように、その勢力の中心を意味することもある。◆**(真っ最中)**今まさに何かをしているところ。「最中」を強めた語。「食事の真っ最中に客が来た」◆**(真っ盛り)**最もその状態が盛んであること。「夏の真っ盛り」「桜は今が真っ盛りだ」

8 15-54 頂上(ちょうじょう)／頂点(ちょうてん)／絶頂(ぜっちょう)／最高潮(さいこうちょう)／クライマックス／山場(やまば)

【関連語】◆**(山)**やま◆**(峠)**とうげ◆**(ピーク)**

共通する意味★最も高まった所や場面、時期。**【英】***the climax*

使い方▼〔**頂上**〕▽山の頂上から日の出を見る　〔**頂点**〕▽場内の興奮は頂点に達した▽苦労に苦労を重ねて業界の頂点までのぼりつめた　〔**絶頂**〕▽人気絶頂の歌手▽得意の絶頂にいるときは失敗もしやすいものだ　〔**最高潮**〕▽場内の興奮が最高潮に達する　〔**クライマックス**〕▽物語がクライマックスに近づく　〔**山場**〕▽大会の山場を迎える▽山場をすぎる

	□に達する	山の□に立つ	ドラマが□に近づく	名匠の□をきわめた技
頂上	○	○	-	○
頂点	○	○	-	○
絶頂	○	-	-	-
最高潮	○	-	△	-
クライマックス	○	-	○	-
山場	-	-	○	-

使い分け【1】「頂点」は、本来、物事の最も高い所の意で、「波形の頂点」のように用いる。【2】「クライマックス」は、演劇などで、最高に盛り上がる場面をいう。

【関連語】◆**(山)**地表に著しく突起した部分から転じて、物事の最高点をいう。「病気は山を越した」「この芝居の山」◆**(峠)**山の坂道をのぼりつめた最も高い所。転じて、物事の勢いの最も盛んな時期。「暑さも今が峠だ」「仕事も峠を越した」◆**(ピーク)**ある状態が最も高まった時。「ラッシュのピーク時に通勤する」「選手生活のピークにある」

参照▼頂上⇒702-29　山⇒702-24

8 15-55 盛り(さかり)／旬(しゅん)／最盛期(さいせいき)

【関連語】◆**(盛期)**せいき◆**(盛時)**せいじ◆**(黄金時代)**おうごんじだい◆**(花)**はな

共通する意味★ある状態が最も盛んな、またいちじるしい時期。**【英】***the prime (of)*

使い方▼〔**盛り**〕▽花の**盛り**が過ぎる▽暑い**盛り**に炎天下で働く▽今を**盛り**と咲く桜▽働き**盛り**▽女**盛り**　〔**旬**〕▽サンマは今が**旬**だ　〔**最盛期**〕▽ミカンが出荷の**最盛期**を迎える

使い分け「旬」は、季節の食べ物が最もよく出回り、また、おいしい時期をいう。

【関連語】◆(**盛期**)盛んなとき。「冷夏の影響でリンゴの盛期が遅れている」◆(**盛時**)人についていう場合は、若く血気盛んな時期を、国などについていう場合は、勢いの強い時期を表わす。「今の彼には盛時のおもかげはない」◆(**黄金時代**)最も勢いがよく栄えている時期。「ローマ帝国の黄金時代」◆(**花**)美しく盛んな様子。「この世の花」「人生の花」

8 15-56 終期（しゅうき）／末期（まっき）／晩期（ばんき）

共通する意味★あるまとまった時間の流れの中で、その終わり近くの時期をさしていう。**【英】** *the last stage*

使い方▼〔**終期**〕▽展示会も**終期**にさしかかった▽任期の**終期**が近づく　〔**末期**〕▽第二次世界大戦**末期**▽癌（がん）の**末期**症状　〔**晩期**〕▽縄文**晩期**と推定される土器▽夏目漱石（そうせき）の**晩期**の作品

使い分け【1】「終期」は、法律行為の効力が消滅する期限をさしていうことがある。【2】「末期」は、単に終わりの時期という意味のほか、勢いがなくなり、滅びに至る時期をもいう。また、「末期（まつご）」といえば、人の死に際（きわ）、臨終の意。【3】「晩期」は、やや文章語的な表現。後期に続く時期でもある。

反対語▼終期⇔始期　末期⇔初期

8 15-57 次（つぎ）／次回（じかい）

共通する意味★あとに続くこと、また、続くもの。**【英】** *next*

使い方▼〔**次**〕▽**次**から**次**へと変わる▽**次**の駅で下車する▽君の番は**次**だ　〔**次回**〕▽**次回**が最終回だ▽発表は**次回**に行います▽**次回**に持ち越しになる

	［　］の作品展	［　］に見送る	首席の［　］	［　］の方どうぞ
次	○	○	○	○
次回	○	○	-	-

使い分け【1】「次」は、あとにすぐ続くこと。また、そのもの。【2】「次回」は、一続きのもののこの次の回。次の時期。

反対語▼次回⇔今回・前回

8 15-58 手順（てじゅん）／段取り（だんどり）／手はず（て）

共通する意味★物事を行うときの順序。**【英】** *procedure*

【関連語】◆(手続き（てつづき）)

使い方▼〔**手順**〕▽悪天候のせいで**手順**が狂う▽**手順**を踏んで会議にかける　〔**段取り**〕▽やっと式の**段取り**がついた　〔**手はず**〕▽仕事の**手はず**を整える

	仕事の［　］を決める	懇親会の［　］をする	旅行の［　］をすます	会議を［　］よく進める
手順	○	-	-	○
段取り	○	○	△	△
手はず	○	○	○	-

使い分け「手順」「段取り」は、単に、物事を行うときの順序、方法の意で使われることが多いが、「手はず」は、前もって決めておく順序や、前もって行う準備の意で使われる。「手はず」は、「手筈」とも書く。

【関連語】◆(**手続き**)何かをするのにしなければならない事柄やその順序。「入院の手続きをする」「正式な手続きを踏む」

8 15-59 折（おり）も折（おり）／矢先（やさき）

共通する意味★ちょうどその時。**【英】** *a good chance*

使い方▼〔**折も折**〕▽出かけようとした**折も折**友達が訪ねて来た　〔**矢先**〕▽会社を出ようとした**矢先**に電話がかかってきた

使い分け【1】「折も折」は、重大な時にあたって、という意味が強い。【2】「矢先」は、例文のように連体修飾語を受けて使われ、単独で使われることはない。

参照▼矢先⇒510-39

8 15-60 ついで

意味★あることをするとき、あわせて別のことができる都合のよい機会。

使い方▼〔**ついで**〕(名・副)▽**ついで**の機会で結構です▽買い物**ついで**に立ち寄る

8 15-61 延延（えんえん）／長長（ながなが）／続続（ぞくぞく）／脈脈（みゃくみゃく）

共通する意味★時間、距離、関係などが長く続くさま。**【英】** *very long*

使い方▼〔**延延**〕(形動たる・と)▽人々が**延々**と列を作っている▽**延々**十時間を超す大手術　〔**長長**〕(副)▽おわびの手紙を**長々**と書く▽**長々**と注釈をつける　〔**続続**〕(形動たる・と)▽応募者が**続々**とやってくる　〔**脈脈**〕(形動たる・と)▽彼の家に**脈々**と流れる音楽的才能▽古くから**脈々**と伝わる風習

使い分け【1】「延延」「長長」は、時間的に長く続く場合では共通するが、空間的な場合は、「延延」は、距離などの長いさまに、「長長」は、横たわる体や木な

8 事柄・性質

どで長く感じるさまをいう。【2】「続続」は、動作、行為がとぎれずに続くさま。【3】「脈脈」は、長い年月にわたって続くさま。

8 15-62

綿綿（めんめん）／縷縷（るる）

共通する意味★長く続いて絶えないさま。また、とぎれることなく思いなどを述べるさま。**【英】** *unceasingly*

使い方▼〔**綿綿**〕（形動たる・と）▽恋人に綿々と思いのたけを述べる▽綿々たる叙情をこめて歌い上げる〔**縷縷**〕（形動たる・と）▽不満を縷々訴える▽煙が縷々と立ち上る

	□と訴える	子細を□説明する	□たる情緒
綿綿	○	-	○
縷縷	○	○	-

使い分け「縷縷」は、こと細かく詳しく話すさまにいう場合もある。

8 15-63

続（つづ）けざま／立（た）て続（つづ）け／引（ひ）き続（つづ）き

共通する意味★続いて事が起こること。事をすること。**【英】** *successively*

使い方▼〔**続けざま**〕▽踏み切り事故が続けざまに起こった▽続けざまに何本も電話がかかる〔**立て続け**〕▽父と母が立て続けに入院してしまった▽立て続けに二時間もしゃべった〔**引き続き**〕▽定年後も引き続き嘱託で残る▽結婚しても引き続きここに住むつもりだ

使い分け【1】「続けざま」「立て続け」は、時間的に接近してすぐ次の事が続いて起こること。続けて同じ動作をする場合は、意味では共通しているが、「立て続け」の方が、より接近して起こったり行われたりするのにいう。【2】「引き続き」は、時間的にそれほど近くなくても、前の事と関連のある事や同じ事が続いて起こること。

8 15-64

陸続（りくぞく）／引（ひ）っきり無（な）し／頻繁（ひんぱん）／しきりに

共通する意味★物事がとぎれずに重ねて起こるさま。**【英】** *continuously*

使い方▼〔**陸続**〕（形動たる・と）▽陸続と企業が進出してくる▽陸続と起こる民主化要求運動〔**引っきり無し**〕（形動）▽朝から引っきりなしに電話がかかる▽客が引っきりなしに訪れる〔**頻繁**〕（名・形動）▽頻繁に人が出入りする▽凶悪事件が頻繁に発生する〔**しきりに**〕（副）▽先程からしきりに電話のベルが鳴る

使い分け【1】「陸続」は、時間の単位や規模が大きいものにいうのに対して、「引っきり無し」「頻繁」「しきりに」は、日常のレベルではかれる物事についていう。【2】「陸続」「引っきり無し」は、とぎれずに続くさまを強調した語だが、「頻繁」「しきりに」は、物事の起こる時間的な間隔よりも何回も数多く起こることを強調した語であるといえる。【3】「しきりに」は、「しきりに恋しがる」のように、程度や度合いが強いさまにもいう。「頻りに」とも書く。

8 15-65

永久（えいきゅう）／とわ／永遠（えいえん）

【関連語】◆（永世）えいせい◆（常しえ）とこしえ◆（恒久）こうきゅう◆（悠久）ゆうきゅう◆（長久）ちょうきゅう◆（経常）けいじょう◆（不変）ふへん

共通する意味★ある状態が限りなく続いていくこと。**【英】** *permanence*

使い方▼〔**永久**〕（名・形動）▽故郷への思いは永久に変わらない▽半永久的に使える電池▽永久歯〔**とわ**〕▽とわの眠りにつく▽とわの誓い▽とわに栄える〔**永遠**〕（名・形動）▽永遠に帰らぬ人となる▽永遠に変わらぬ愛

	□に生き続ける	□の別れとなる	□に幸（さち）あれと祈る	半□的に使用できる
永久	○	-	△	○
とわ	○	○	○	-
永遠	○	○	△	-

使い分け【1】「永遠」には、時間を超越して存在するという意があり、「モナリザの永遠の微笑（ほほえみ）」「永遠の恋人」などのようにも用いられる。【2】「とわ」は、文学的表現として使われることが多い。【3】「永久」「永遠」を、「とわ」と読みかえることがある。

【関連語】◆（**永世**）果てしなく続く年月。永久。「永世中立国」「永世名人」◆（**常しえ**）（形動）いつまでも変わりなく同じ状態が続くこと。文章語。「常しなえ」ともいう。「常しえの眠りにつく」「我らが友情よ、常しえに」◆（**恒久**）常に続くことを表わす文章語。「世界の恒久平和を希求する」◆（**悠久**）（名・形動）はてしなく長く続くこと。「悠久の昔から続く生命の営み」「悠久の自然」◆（**長久**）（名・形動）長く続くこと。文章語。「武運長久を祈る」◆（**経常**）常に一定の状態で続くこと。主に金銭的なことについて用いられる。「経常費（＝毎年継続して支出される一定の経費）」「経常収支」◆（**不変**）いつまでもずっと変わらないこと。「不変の真理」「永久不変」

8 15-66

永年（ながねん）／多年（たねん）

【関連語】◆（永代）えいたい◆（永劫）えいごう

共通する意味★永く積み重ねられた年月。**【英】** *many years*

使い方▼〔**永年**〕▽永年抱いてきた夢が実現する▽永年の苦労が実を結ぶ▽永年愛し続けた土地を離れる〔**多年**〕▽多年の恨みをはらす▽多年にわたる努力が実を結ぶ

	□の努力	□のつき合い	□会社に勤める	□の御愛顧に感謝する
永年	○	○	○	○
多年	○	△	-	△

使い分け【1】「永年」は、「多年」にくらべて継続性を強調した語。「長年」とも書く。【2】「永年」は、「永年勤続」のように、「えいねん」と読むこともある。

【関連語】◆(**永代**)何代にもわたって続く永い年月。「永代供養(＝寺で故人の冥福(めいふく)を祈るため、忌日や彼岸の日などに永久に供養を続けること)」◆(**永劫**)非常に永い年月。「ようごう」ともいう。「犯した罪は永劫に消えることはない」「未来永劫」

8 15-67

千載(せんざい)／千秋(せんしゅう)／千代(ちよ)

共通する意味★千年にも相当する、長い時間。**【英】** *a millennium*

使い方▼〔千載〕▽千載のちまで名を残す▽千載一遇のチャンス(＝千年に一度遇(あ)えるか遇えないかぐらいの幸運な機会)　〔千秋〕▽一日千秋の思いで待つ(＝非常に長い間、好機や朗報を待っている意)　〔千代〕▽千代に八千代に(＝永遠にの意味)

使い分け【1】いずれの語も、現代では限られた慣用句的な表現の中で用いられる。また、文語的な表現である。【2】「千載」は、「千歳」と書くこともある。

8 15-68

末代(まつだい)／後世(こうせい)／後代(こうだい)

共通する意味★世代が変わった遠い将来の世の中、時代。**【英】** *all ages to come*

使い方▼〔末代〕▽末代までの語り草となる▽末代物(＝長く使用に堪える丈夫な品物)　〔後世〕▽後世に伝わる名作を残す　〔後代〕▽彼の仕事は後代に受け継がれた▽その学説は後代の思想に大きな影響を与えた

	□まで汚名を残す	人は一代名は□	□に名をとどめる	□の鑑(かがみ)となる功績	□になって開花する
末代	○	○	-	-	-
後世	○	-	○	○	-
後代	○	-	○	-	○

使い分け「末代」は、その人の死んだ後という意味合いが強く、「後世」「後代」は、ある基準となる時点から後という意味合いが強い。

8 15-69

不朽(ふきゅう)／不滅(ふめつ)

共通する意味★滅びることなく永く残ること。**【英】** *immortality*

使い方▼〔不滅〕(名・形動)

	□の名曲	□の古跡	□の輝きを放つ	霊魂の□を信じる
不朽	○	○	-	-
不滅	△	-	○	○

使い分け【1】「不朽」は、朽ちないこと。具体的な事物について多く用いる。価値を失わずに永く後世に残ること。【2】「不滅」は、なくなってしまわないこと。その存在を永遠に打ち消すことができないこと。価値として輝くような、抽象的な存在に多く用いる。

8 16 …今昔

8 16-01

この間(あいだ)／この前(まえ)／先(さき)ごろ／先日(せんじつ)

【関連語】◆(**先だって**)せんだって◆(**先般**)せんぱん◆(**先度**)せんど◆(**過日**)かじつ

共通する意味★現在に近い過去の、漠然としたある時点。**【英】** *some days ago*

使い方▼〔この間〕(名・副)▽この間はお邪魔しました▽学生時代をついこの間のことのように思い出す　〔この前〕(名・副)▽この前会ったときは元気だった▽この前は失敗したが今度は大丈夫だ　〔先ごろ〕(名・副)▽先ごろお願いした件につき…　〔先日〕(名・副)▽先日は失礼しました▽先日来の雨

	□帰国したばかりだ	□から地震が続いている	□の晩	□お申し越しの件
この間	○	○	○	-
この前	△	△	○	-
先ごろ	○	○	-	○
先日	○	○	○	○

使い分け【1】「先ごろ」「先日」は、やや改まった言い方。【2】「この間」は、話し言葉では「こないだ」ともなる。

【関連語】◆(**先だって**)(名・副)「この間」の意のやや古い言い方。「先だっては大変お世話になりました」◆(**先般**)(名・副)「先ごろ」の意の漢語。⇔今般。「先般御承知の件につきまして…」◆(**先度**)(名・副)「先ごろ」の意の古めかしい言い方。「先度申し上げましたとおり…」◆(過日)(名・副)過ぎ去ったある日の意の漢語。「先日」よりは時間の隔たりがある。「過日の件はこれで落着しました」

8 16-02 先程(さきほど)／さっき／今(いま)しがた

【関連語】◆(先刻)せんこく◆(最前)さいぜん◆(先に)さきに

共通する意味★現在からちょっと前。【英】*a little while ago*

使い方▼〔先程〕(名・副)▽先程お宅からお電話がありました〔さっき〕(名・副)▽さっき注意されたのにまた間違えた▽山田さんなら今さっき帰りました▽さっきはごめんなさい〔今しがた〕(名・副)▽先生は今しがたお戻りになりました▽今しがた強い地震があった

	□家を出たばかり	□は大変失礼いたしました	□からお客様がお待ちです	□来の電話
先程	○	○	○	○
さっき	○	△	○	-
今しがた	○	△	-	-

使い分け【1】三語の中では、「今しがた」が、一番近い過去をいう場合が多い。【2】「先程」は、やや改まった言い方。「さっき」は、話し言葉として使われることが多い。「今しがた」は、やや古めかしい言い方。

反対語▼先程⇔後程のちほど

【関連語】◆(先刻)(名・副)「先程」「さっき」の意の漢語。古めかしい言い方。⇔後刻ごこく。「先刻ご連絡いただきました件」◆「そんなことは先刻承知だ」のように、前から、既にの意でも用いられる。◆(最前)(名・副)「先程」「さっき」の意の古めかしい言い方。「最前の話、もう少し詳しく聞かせてくれませんか」◆(先に)(副)「さっき」の意の改まった言い方。「先に申し上げましたとおり、来週はお休みです」

8 16-03 前前(まえまえ)／以前(いぜん)／かつて

【関連語】◆(かねて)◆(かねがね)

共通する意味★現在からかなり前のある時期。話し手など基準となる人が経験してきたこと、感じたことなどをいう場合に用いる。【英】*ago*

使い方▼〔前前〕▽前々から注意しておいたのに彼は約束を間違えた▽前々から欲しかった画集〔以前〕▽以前、私は大阪に住んでいました▽以前ほどの体力は最近なくなってしまった〔かつて〕(副)▽かつて読んで感動した本▽かつてない大記録

	□からの知り合い	それは□からわかっていた	□の話は水に流そう	□はにぎやかな町だった
前前	○	○	-	-
以前	○	○	○	○
かつて	-	-	○	○

使い分け【1】「前前」は、「前々から」の形で、事態の繰り返される経過を表わすことが多い。【2】「以前」の反対語に「以後」は用いない。「以前」と「以後」が対応して用いられるのは、現在あるいは、ある基準となる時点の前後をいう場合である。【3】「かつて」は否定語を伴うと、強い否定となり、「今まで一度も…ない」の意になる。「かって」ということもある。

反対語▼前前⇔後後あとあと・後後のちのち

【関連語】◆(かねて)以前から。前々から。「かねてよりの望み」「かねて聞いたことのある土地の名前」◆(かねがね)「かねて」の改まった言い方。「かねがねお会いしたいと思っていました」

8 16-04 もう／もはや／既(すで)に／とっくに

【関連語】◆(つとに)

共通する意味★時間が経過して、状態が変化しているさまを表わす語。【英】*already*

使い方▼〔もう〕(副)▽もう帰る時間だ〔もはや〕(副)▽もはや逃れるすべはない▽もはや日も暮れた〔既に〕(副)▽その件は、既に決着がついている〔とっくに〕(副)▽とっくに戻っているはずなのに

	□手遅れの状態だ	父は□出かけました	□述べたように	君との仲も□これまでだ
もう	○	○	-	○
もはや	○	△	-	○
既に	○	○	○	-
とっくに	△	○	△	-

使い分け【1】「既に」「とっくに」は、過去のある時点でその事態が成立していることを表わす。これに対し、「もう」「もはや」は、現時点でそうなったという場合にも用いられる。【2】「もう」は、「結婚してもう二十年になる」「もう来たの」のように、意外な事態や、予想外の事態が成立していることに対する驚きを表わす場合がある。【3】「もはや」は、「もはや疑う余地はない」などのように、改まった言い方として用いられる。「最早」とも書く。【4】「既に」は、文章語的。また、「すんでのところで」と同じように、もう少しのところで、まさに、の意で用いられることがある。「既に彼と行きちがいになるところだった」【5】「既に」は、その事態が過去に成立していることのみを表わすが、「とっくに」は、それがかなり以前であることを強調した語。また「とっくに」は、話し言葉として用いられることが多い。

【関連語】◆(つとに)(副)元来は、朝早くの意味。転じて、ずっと以前から、の意味で用いる。「夙に」とも書く。「事実はつとに知られていたことだが」

8 16-05 とうに／とうから

共通する意味★ずっと以前に。ずっと以前から。

【英】 *already*

使い方▼〔とうに〕（副）▽とうに居なくなった　〔とうから〕（副）▽とうから知っている

使い分け いずれも話し言葉的。

8 16-06 過去（かこ）／いにしえ／往時（おうじ）／当時（とうじ）／昔（むかし）

【関連語】◆（往年）おうねん◆（旧時）きゅうじ◆（一昔）ひとむかし◆（昔年）せきねん

共通する意味★今からみて、はるかに過ぎ去った時間、または時代。**【英】** *the past*

使い方▼〔過去〕▽物価は過去十年間上がりっぱなしだ▽過去のことは水に流そう▽彼はもはや過去の人だ　〔いにしえ〕▽荒れ果てた城跡にいにしえをしのぶ　〔往時〕▽往時の隆盛をしのばせる　〔当時〕▽当時、私は学生だった▽戦争当時　〔昔〕▽ここは昔海だった▽この町は昔からの宿場町だ

	□をしのぶ	□の古き都	□二十年間の進歩	□が懐かしい
過去	○	-	○	△
いにしえ	○	○	-	-
往時	○	△	-	○
当時	○	-	-	○
昔	○	-	-	○

使い分け【1】「過去」には、「過去は問わない」「暗い過去を背負う」のように、ある人のあまり人には知られたくない経歴の意もある。【2】「いにしえ」は、「古」「往古」とも書く。【3】「往時」は、その昔、栄えていた様子を思い浮かべるときに使われることが多い。文章語。【4】「当時」は、「当時はやっている歌」のように、現今の意でも使われる。【5】「昔」は、見たり聞いたり、自分で経験したりした範囲のことである場合には、以前の意味で使われることが多い。

【関連語】◆（往年）過ぎ去った時代。以前は力があり有名であったという意味を含む。「往年の大スター」◆（旧時）古い時代。「往時」と同じように使われる。「旧時をしのぶ」◆（一昔）すでに昔のことと感じられる過去。ふつう十年ぐらい前の過去をさし、「十年一昔（ひとむかし）」という。「一昔前とくらべると物価は二倍になった」のように、「前」をつけて使うことが多い。◆（昔年）「昔」の意の漢語。「昔年の面影はない」

参照▼過去⇒303-01

8 16-07 大昔（おおむかし）／太古（たいこ）／古代（こだい）

【関連語】◆（上古）じょうこ◆（上代）じょうだい

共通する意味★現代と隔絶した非常に遠い昔。**【英】** *great antiquity*

使い方▼〔大昔〕▽大昔からの言い伝え▽大昔、この辺は海だった　〔太古〕▽太古の昔から棲息（せいそく）しているシーラカンス　〔古代〕▽古代の文明について調査する▽古代模様▽古代檜（ひのき）

使い分け【1】「大昔」は、「昔」を強調した言い方。【2】「太古」は、歴史の時代区分では、上古の前の時代をさす。【3】「古代」は、現代では歴史の時代区分の一つとして用いられることが多い。この場合、日本史では奈良・平安時代をさすことが多く、世界史では原始社会のあとの奴隷制社会をさす。

【関連語】◆（上古）歴史の時代区分で、太古と中古の間の時代で、日本ではふつう、大化の改新までをいう。◆（上代）文学史などの時代区分で、太古と上古を含めていう言い方。日本では、奈良時代あたりをさす。

8 16-08 積年（せきねん）／累年（るいねん）

共通する意味★年が積もり重なること。転じて、長い時間。**【英】** *many years*

使い方▼〔積年〕▽積年の恨みをはらす▽積年の夢がかなう　〔累年〕▽累年犯罪も凶悪化する傾向にある▽この村は累年の災害で人口が激減した

使い分け「累年」は、文章語。副詞的にも用いられる。

8 16-09 元来（がんらい）／もともと／本来（ほんらい）

【関連語】◆（大体）だいたい◆（どだい）◆（自体）じたい◆（そもそも）

共通する意味★以前からも変わりなく、その状態であるさま。**【英】** *originally; naturally*

使い方▼〔元来〕（副）▽弟は元来病弱な体質だ▽その家は元来私のものだ　〔もともと〕（副）▽私はもともと行くつもりなどなかった▽その会社はもともとは機械の部品を製造していた　〔本来〕（名・副）▽自然の本来の姿が失われつつある

	彼は□正直者だ	妹は□の怠け者だ	□手伝う気などなかった	□の調子をとりもどす
元来	○	○	○	-
もともと	○	-	○	△
本来	○	-	-	○

使い分け【1】「もともと」は、「失敗してもともとだ」のように、何かをした結果が以前の状態と少しも変わりがない場合にも使われる。【2】「本来」は、物事があるべき姿や状態であるという意味もある。

【関連語】◆（大体）（副）もともと。そもそも。本来の

根源的な状態をいい、否定的な内容が続く。「大体、そんなことを頼んだ覚えはない」◆〔どだい〕(副)もともと。出発点の状態についていう場合に用い、否定的な内容が続く。「どだい無理な話さ」◆〔自体〕(副)もともと。「自体、おまえが悪い」「自体理解できないことばかりだ」◆〔そもそも〕ことのはじめ。おこり。「英語を勉強しはじめたそもそもの動機」

参照▼大体⇒805-25

816-10 もちろん／元(もと)より／当然(とうぜん)

共通する意味★判断をくだす以前に結論が決まっているようすを表わすときに用いる語。**【英】** *of course*

使い方▼**〔もちろん〕**(副)▽僕は**もちろん**大賛成だ▽**もちろん**失敗しても責任を追及したりはしません　**〔元より〕**(副)▽外国文の翻訳は**元より**むずかしい▽**元より**他言は無用に願います　**〔当然〕**(副)▽信頼に報いるのは**当然**のことだ▽新入社員は**当然**遅刻などすべきでない

	計画の失敗は□覚悟の上だ	与党は□野党も賛成した	引き受けてくれるかい。□だ	不当な扱いには怒るのが□だ
もちろん	○	○	○	-
元より	○	○	-	-
当然	○	-	○	○

使い分け【1】「もちろん」は、判断するまでもなくという意味で、具体的な論拠があってもなくても、話し手の主観的な判断だけでも用いられる。「勿論」と当てる。【2】「元より」は、状況の初めからという意味で、一応頭で考えた判断が背景にあることを表わす。【3】「当然」は、多くの人の認める道理や基準に照らしてという意味で、義務を表わす文脈でよく用いられる。

816-11 当(あ)たり前(まえ)／無論(むろん)／もっとも

共通する意味★論ずるまでもなく自明であること。**【英】** *of course*

使い方▼**〔当たり前〕**(形動)▽お金を借りたら返すのが**当たり前**だ▽**当たり前**のやり方では彼を説得できない　**〔無論〕**▽あなたの意見には**無論**賛成だ▽その行事には生徒は**無論**のこと、父母も参加する　**〔もっとも〕**(形動)▽彼の言い分も**もっとも**だ

使い分け【1】「当たり前」は、「当たり前の方法」というように、ごく普通の、平凡な、ありきたりのなどの意もある。【2】「もっとも」は、先に文脈に登場した自分以外の事態を、自分もそう思うと認める意味。したがって、自分のことだけをいうのは不自然である。

816-12 元(もと)／旧(きゅう)

【関連語】◆**〔前〕**まえ◆**〔前〕**ぜん◆**〔先〕**さき

共通する意味★時間的に前であるもの。また、その状態。**【英】** *past*

使い方▼**〔元〕**▽我々は**元**同じ職場の同僚だった▽**元**の鞘さやに収まる(＝仲たがいした男女が元どおりになる)▽**元**の木阿弥もくあみ(＝一度よい状態になったものが、再び以前のつまらない状態に戻ること。苦労や努力が無駄になること)▽**元**首相　**〔旧〕**▽**旧**に復する▽**旧**仮名遣い▽**旧**華族の家柄

使い分け「元」は、「今」あるいは「現在」に対する語で、今はそうではないことを表わす。「旧」は、「新」に対する語で、新しい型に対して、古い型をさす。

反対語▼元⇔今・現　旧⇔新

【関連語】◆**〔前〕**まえ ある時点より早い時。また、過去。「走る前に体をほぐす」「前から気になっていたのだが…」「一週間前の新聞」◆**〔前〕**ぜん ある時点より早い時。「前に申し上げたが…」「四五日前」◆多く、他の語と結びついて使われる。「前首相」「前近代的」のように、先立つ、一つまえの意、「前半戦」のように、二つに分けたものの一つの意などがある。◆**〔先〕**さき 時間的に早いこと。それ以前。「先に述べたとおり」「さきの副将軍」

参照▼前まえ⇒817-03　先さき⇒805-43 816-25 817-03

816-13 古来(こらい)／旧来(きゅうらい)／従来(じゅうらい)

共通する意味★ずっと前から今まで変わりなく何かが続けて行われていること。**【英】** *from ancient times*

使い方▼**〔古来〕**▽**古来**語り継がれた民話を収集する　**〔旧来〕**▽**旧来**の陋習ろうしゅう(＝悪い習慣)　**〔従来〕**▽試験は**従来**どおりに行います▽**従来**の方針を踏襲する

	□の風習	□の親友	□のやり方を改める	ここは□難所といわれた所だ	□稀(まれ)なる人物
古来	○	-	-	○	○
旧来	○	○	○	-	-
従来	○	-	○	△	-

使い分け【1】「古来」は、大昔から今まで続いている意で用いられるのに対し、「従来」は、単に過去から現在まで続いている意で用いられ、時間的には「古来」にくらべそれほど遠くない過去からの場合にも用いられる。【2】「古来」は、伝説上、伝統的に、由緒ある、などの意味が含まれることが多い。また、副詞的に用いられる。【3】「旧来」は、続いている事態がよくないこと、改善されるべきことであるという場合に用いられることもある。【4】「従来」は、「従来正しいとされた説が覆された」のように、副詞的に用

いられることもある。

8 16-14 古今（ここん）／今昔（こんじゃく）

共通する意味★昔と現代。また、昔から今までの時間。**【英】** *ancient and modern times*

使い方▼〔古今〕▽古今東西の名作を集める▽古今未曾有（みぞう）の収賄事件　〔今昔〕▽今昔の感に堪えない（＝今と昔を思いくらべ、その違いの大きさに驚き感じ入る意）

使い分け「今昔」は、「今昔の感」の形で用いられる。

8 16-15 直前（ちょくぜん）／寸前（すんぜん）／目前（もくぜん）／間際（まぎわ）

【関連語】◆（瀬戸際）せとぎわ◆（間近）まぢか

共通する意味★ある事態、状況が新たに発生するすぐ前の時間。**【英】** *immediately before*

使い方▼〔直前〕▽実施の直前になって待ったがかかる▽受験の直前対策　〔寸前〕▽爆発寸前に時限爆弾が見つかる▽会社が倒産寸前に追い込まれる　〔目前〕▽決戦の日が目前に迫る　〔間際〕▽出かける間際に電話のベルが鳴る▽締め切り間際になってあわてる

	完成□に病に倒れる	発車□に乗り込む	入試の□になって風邪をひく	父の死の□に駆けつける
直前	○	○	○	○
寸前	○	○	△	－
目前	○	－	－	－
間際	○	○	○	○

使い分け【1】「寸前」は、「直前」「間際」にくらべて、今まさに何かをしよう、何かが起ころうとしている状況を強調していうことが多い。【2】「直前」「目前」は、空間的にその対象や目的地点のすぐ手前であることをさして用いることもあるが、「間際」には、そのような意はない。

反対語▼直前⇔直後

【関連語】◆（瀬戸際）物事の成功・失敗、安全・危険、生・死など、運命の分かれ目。「運命の瀬戸際に立つ」◆（間近）(形動)予定していた物事の発生に近接した時間をさす。「結婚式を間近に控える」「ゴールはもう間近だ」

参照▼直前⇒817-05　寸前⇒817-05　目前⇒817-05　間近⇒817-05 817-39

8 16-16 ぎりぎり／すれすれ／一杯一杯（いっぱいいっぱい）／かつかつ

共通する意味★限度に非常に近いようす。**【英】** *barely; narrowly*

使い方▼〔ぎりぎり〕(名・形動)▽ぎりぎりの線まで譲る▽門限ぎりぎりに帰る　〔すれすれ〕(名・形動)▽違反すれすれの選挙運動▽すれすれで及第する　〔一杯一杯〕▽ぬいしろ一杯一杯のところに縫い直す▽採算がとれる一杯一杯の値段　〔かつかつ〕(副)▽親子五人かつかつ生きている▽かつかつだけど、なんとか間に合う

	開演に□（で）間に合う	□の時間までねばる	譲歩できる□の線	□生活できる広さ	カモメが海面□に飛ぶ
ぎりぎり	○	○	○	○	△
すれすれ	○	○	－	－	○
一杯一杯	－	○	△	－	－
かつかつ	○	－	○	○	－

使い分け【1】「ぎりぎり」は、それを超えると許容できないという限度に非常に近い状態であること。【2】「すれすれ」は、客観的にある基準となるもの、あるいは想定できる基準となるものに非常に近い状態であることを表わす。【3】「一杯一杯」は、その状態の許容範囲の限度のところまで来ている様子。【4】「かつかつ」は、最低限度の乏しい状態の中で、どうにかこうにか、の意味になる。

8 16-17 前（まえ）もって／あらかじめ

共通する意味★ある事柄が起こるのに先立って。**【英】** *beforehand*

使い方▼〔前もって〕(副)▽前もって連絡する▽前もって手を打つ　〔あらかじめ〕(副)▽あらかじめ断っておく▽ご欠席の場合はあらかじめお知らせください

使い分け「あらかじめ」の方が、やや改まった言い方。「予め」とも書く。

8 16-18 今（いま）／只今（ただいま）／現在（げんざい）／目下（もっか）

【関連語】◆（今日）こんにち◆（きょう日）きょうび◆（当世）とうせい◆（現下）げんか◆（時下）じか

共通する意味★その人が何かをしたり、物事がその状態になるある時点をさしていう語。**【英】** *the present; now*

使い方▼〔今〕(名・副)▽今ちょうど十二時です▽今のうちに掃除をしておこう　〔只今〕▽只今より定期演奏会を行います▽只今ご紹介にあずかりました山本です　〔現在〕▽ここに現在の住所を書いてください▽午後九時現在異状なし　〔目下〕▽目下の情勢は我々に不利だ▽目下検討中だ

	□原因の究明に当たっています	□の若者	□の時間をお知らせします	□から始めます
今	○	○	△	○
只今	○	－	○	○

現在	○	○	○	-
目下	○	-	-	-

使い分け【1】「今」は、前後の近接した時間を含んで、「今すぐ行きます」「今にわかるだろう」「今さっき出かけました」のように、近い将来、または近い過去をさしてもいう。また、「今は便利な世の中になった」のように、以前とくらべた現代の意味でも使われる。また、「今ひとつ元気がない」「今少し大きいほうがよい」のように、さらに、その上にの意でも用いられる。【2】「只今」は、「今」を強調した言い方。丁寧な言い方の中で用いられることが多い。今帰ったという意味の挨拶（あいさつ）の言葉としても使われる。【3】「今」「現在」は、「今のご時世」「現在の国際状態」のように比較的長い時間をさして言うこともできる。【4】「現在」は、「今」と異なり、近い将来、または近い過去をさしていうことはない。また、「正午現在の体温」のように、その時点で変化しつつある状況を報告する場合にも用いられる。【5】「目下」は、なお継続中であるという意味を強く表わした語。また、「危険が目下に迫っている」のように、目前の意でも使われる。

【関連語】◆**(今日)**こんにち 今の時代。現在。「昔の姿を今日まで残している」◆**(きょう日)** 過去と比較しながら、現在の状況を多少の批判をこめていう語。「きょう日のレジャーはとかく金がかかる」◆**(当世)** 今の世の中。現代。やや古めかしい言い方。「当世風な筋書きのドラマ」◆**(現下)** 困難な問題などにぶつかっているちょうどその時。文章語。「現下の急務に対処する」◆**(時下)** ただいま。多く、手紙で時候の挨拶に用いる。「時下新緑の候益々御清栄…」

8 16-19 今（いま）ごろ／今時分（いまじぶん）／今時（いまどき）／今更（いまさら）

共通する意味★大体の今の時期や時刻。**【英】** *about this time*

使い方▼**〔今ごろ〕**▽今ごろ準備を始めても遅すぎる▽今ごろは家に着いているだろう▽いつも今ごろになると眠くなる　**〔今時分〕**▽毎年今時分になると燕（つばめ）が飛んでくる▽今時分までどこを遊びまわっていたんだ　**〔今時〕**▽今時になって古い話をむしかえすな　**〔今更〕**（副）▽今更そんな話は聞きたくない

	「」来ても間に合わない	「」慌てても始まらない	「」の若い者はだらしない	明日の「」伺います
今ごろ	○	○	-	○
今時分	○	○	○	○
今時	○	-	○	-
今更	○	○	-	-

使い分け【1】「今ごろ」がもっとも一般的に用いられる。【2】「今時分」は、やや古めかしい言い方。【3】「今時」は、「今時珍しい型の自動車」のように、今の時代という意味で用いられることもある。【4】「今更」は、今という時になってという意味で用いられ、非難の気持ちが込められている。また、「今更ながら自分の馬鹿（ばか）さ加減にあきれる」「父の言葉が今更のようによみがえる」のように、今改めての意でも用いられる。

8 16-20 最近（さいきん）／近（ちか）ごろ／このごろ

【関連語】◆**(昨今)**さっこん◆**(当今)**とうこん◆**(今節)**こんせつ◆**(当節)**とうせつ◆**(この節)**このせつ◆**(この所)**このところ◆**(近時)**きんじ◆**(近来)**きんらい◆**(近年)**きんねん

共通する意味★現在および現在にいたるまでの短い期間。**【英】** *recently*

使い方▼**〔最近〕**▽最近の彼はちょっと変だ▽つい最近まで横浜に住んでいた▽最近十年間の女性の進出はめざましい　**〔近ごろ〕**▽父も近ごろめっきりふけこんだ▽近ごろでは珍しい孝行息子　**〔このごろ〕**▽このごろは忙しくて映画にも行けない▽このごろ彼は遊びに来ない

	「」流行している遊び	「」にない快挙	彼は「」帰国した
最近	○	○	○
近ごろ	○	○	-
このごろ	○	-	-

使い分け「最近」は、「最近彼に会った」のように、過去の一時点についても用いられるが、「近ごろ」「このごろ」は、「近ごろ（このごろ）彼には会ってない」のように、時間的な幅をもった過去をいう場合にしか用いられない。

【関連語】◆**(昨今)** 時間的な幅は「最近」などより短い。「昨今の地価の高騰には驚かされる」◆**(当今)**「このごろ」の意の文章語。「当今の風潮にはどうもなじめない」◆**(今節・当節)**「このごろ」の意のやや古めかしい言い方。「今節の子供は遊びを知らない」「当節流行の遊び」◆**(この節)**「このごろ」の改まった、またやや古めかしい言い方。「この節の学生の好み」◆**(この所)**「このごろ」とほぼ同義に使われる。「このところ体の調子がおかしい」◆**(近時)**「近ごろ」の意の文章語。「近時の風潮」◆**(近来)**「近ごろ」の意だが、きわめて珍しい状況をいう場合に多く用いられる。「近来まれにみる大雪」「近来にない出来事」◆**(近年)** 最近の数年間。「近年にない豊作」

8 16-21 現代（げんだい）／近代（きんだい）／当代（とうだい）／現今（げんこん）

【関連語】◆**(モダン)**◆**(今様)**いまよう

共通する意味★現在の時代。**【英】** *the present age*

使い方▼【現代】▽現代は物質の時代といわれる▽現代に生きるサラリーマン像▽現代人　**【近代】**▽近代における科学技術の発展▽近代的なビル▽近代国家▽近代文学　**【当代】**▽当代きっての弓の名手▽当代随一の名工　**【現今】**▽現今の世相を反映した事件▽現今の世界情勢

使い分け【1】「現代」「現今」は、この瞬間、ただいま、現に生きていることに重点をおいて、時代を言い表わした語。**【2】**「近代」は、今の世に近い時代の意であるが、「現代」をも含めていうことが多い。**【英】** *the modern age* **【3】**「当代」は、まさにこの時代、この世の中であることを表わした語。「当代一流の」「当代随一の」などの形で使われることが多い。

【関連語】◆(モダン)(名・形動)現代的であること。「モダンなファッション」「モダンアート」**◆(今様)**今の世のはやり。当世風であること。**【英】** *the present fashion*「今様の建築」

8 16-22 臨(のぞ)む／際(さい)する

共通する意味★ある場面や出来事に出会う。**【英】** *to meet*

使い方▼【臨む】(マ五)▽悲壮な覚悟で危機に**臨む**▽命運をかけて試合に**臨む**　**【際する】**(サ変)▽使用に際しては説明書を熟読のこと▽計画の実施に**際する**問題点を述べる

	出発に□て(で)一言挨拶(あいさつ)する	死に□	試験に□	見学に□注意事項
臨む	-ん○	○	○	-
際する	-し○	-	-	○

使い分け【1】「際する」が、何かが行われるときにあたる、または、何かの出来事に出会うという、ただ事実としてその場面に接することをいうのに対し、「臨む」は、その事柄にこちらから赴くような場合や、その場面に身をおくことが自分にとって重大な意味があるような場合、あるいは、そこに至るまでにはこれまでの過程があったことを暗示しているような場合に使われる。**【2】**「臨む」は、また、「毅然(きぜん)とした態度で臨む」のように、ある心構えをして対象に接するような場合にもいう。

8 16-23 当面(とうめん)／当座(とうざ)／当分(とうぶん)

共通する意味★ある時点からしばらくの間。**【英】** *for a while*

使い方▼【当面】スル▽当面は、事態を見守るしかないだろう　**【当座】**▽会った当座はうちとけなかった▽当座の資金　**【当分】**(副)▽当分雨が続きそうだ

	これだけあれば□は困らない	□必要なものをそろえる	□の問題は食糧だ	□の間がまんしてください
当面	○	○	○	-
当座	○	○	○	-
当分	○	-	-	○

使い分け【1】「当面」は、副詞的にも用いる。また、「当面する事態」のように、目の前に存在することの意でも使われる。**【2】**「当分」が単に漠然とした期間を表わすのに対し、「当面」「当座」は、今のところとりあえず、さしあたってという意味を強く含んで使われる場合が多い。**【3】**「当座」は、「適当なことを言って当座はごまかした」のように、物事に直面したその時の意ももつ。**【4】**「当座」は、「車を買った当座は借金を返すのに大変だった」のように、あることがあってからしばらくの間という過去の事柄についても使われるが、「当分」は、これから先、しばらくの間という未来の事柄について使われる。

8 16-24 さしずめ／ひとまず／とりあえず

共通する意味★将来のことはわからないが、今のところ。**【英】** *for the time being*

使い方▼【さしずめ】(副)▽さしずめこのままにしておいてよかろう　**【ひとまず】**(副)▽ひとまずホテルに落ち着いた▽ここはひとまず引き揚げだ　**【とりあえず】**(副)▽とりあえず必要な物だけ買い揃(そろ)えた

	これで□生活には困らないだろう	手付金を□払っておこう	午前の部は□終わった	右□お礼まで
さしずめ	○	-	-	-
ひとまず	○	○	○	-
とりあえず	○	○	△	○

使い分け【1】「さしずめ」は、「君が大将なら、さしずめぼくは足軽か」のように、当てはまるものをいろいろ考えてみて、結局のところの意でも用いられる。**【2】**「ひとまず」は、物事が進むなかで、一応の区切りをつけるときに用いる。**【3】**「とりあえず」は、取るべきものも取らずに応急的にの意。「取り敢えず」とも書く。

8 16-25 後(あと)／後(のち)／先(さき)

【関連語】◆(後後)あとあと**◆(後後)**のちのち**◆(先先)**さきざき**◆(直後)**ちょくご

共通する意味★時間的に、基準となる時点より以後。**【英】** *after; later*

使い方▼【後】あと▽何日か後で先生を訪ねた▽難しい問題は後に回す▽後は野となれ山となれ(＝将来、どうなろうともかまわない)　**【後】**のち▽芝居を見たのち食事をする▽雨のち曇り　**【先】**▽先が思いやら

れる▽まだ先の話だ▽先の長い計画▽先にのばす

使い分け【1】「後《あと》」は、「事件の三日あと」のように、ある事態が起こった時点を基準とする場合のほか、「あとで電話します」のように、現在を基準にする場合にも用いられる。それに対して、「後《のち》」は、「のちほど」のような表現を除けば、前者の場合にしか用いられない。【2】「先」は、基準となる時点以後のある程度離れた将来を表わし、基準となる時点以後のすべての時を表わし得る「あと」「のち」と異なる。たとえば、「あとのことはわからない」と「先のことはわからない」では、前者はある基準となる時以後のことがすべてわからないことを表わすのに対し、後者は、ある程度離れた時の状態がわからないことを表わす。【3】「あと」「のち」は、「彼はその事件から三年あと(のち)に結婚した」のように、過去のある時点を基準にすることができるが、「先」は、基準となる時点が現在であるのが普通である。【4】「あと」と「のち」では、「のち」の方が改まった言い方。

【関連語】◆**(後後)**《あとあと》・**(後後)**《のちのち》・**(先先)**これから先。将来。「あとあと面倒なことになる」「のちのちの参考に見学する」「先々苦労するだろう」◆**(直後)**時間的に近いすぐあと。**【英】** *immediately after*「駅に着いたのは列車が出た直後だった」

参照▼後⇒817-06　先⇒805-43　816-12　817-03　直後⇒817-06

8 16-26 後程《のちほど》／後刻《ごこく》

共通する意味★今から時間的に少しあとのこと。あとで。**【英】** *later*

使い方▼〔後程〕▽後ほどまたお目にかかります▽それではまた後ほど　〔後刻〕▽後刻参上いたします▽その件は後刻討議するとしよう

使い分け「後刻」は、改まった硬い言い方。

反対語▼後程⇔先程　後刻⇔先刻

8 16-27 今後《こんご》／未来《みらい》／将来《しょうらい》

【関連語】◆**(末)**《すえ》◆**(行く末)**《ゆくすえ》◆**(末末)**《すえずえ》◆**(前途)**《ぜんと》◆**(向後)**《こうご》◆**(自今)**《じこん》◆**(来たる)**《きたる》

共通する意味★時間的に、現在よりあとのこと。**【英】** *future*

使い方▼〔今後〕▽今後は十分に注意します▽安全性を高めるのが今後の課題だ　〔未来〕▽明るい未来を築く▽都市の未来像　〔将来〕▽日本の将来について考える▽近い将来、大地震が起こるという

	□のことはわからない	□の乗り物	□政治家になりたい	□ともよろしく
今後	○	△	-	○
未来	○	○	-	-
将来	○	○	○	-

使い分け【1】「今後」は、今からあとを表わし、継続する事態について用いられる。【2】「未来」は、現在や過去に対立する概念で、客観的に言い表わす場合に用いられる。【3】「将来」は、人や国・団体などについて用いられることが多い。また、「君には将来がある」「将来を約束されている」のように、プラスの評価を伴って用いられる場合もある。【4】「今後」「将来」は、副詞的にも用いられる。

【関連語】◆**(末)**将来。これから先。「末ながくお幸せに」◆**(行く末)**将来。前途。「行く末を案じる」などのように、不安を表わす語と結びつくことが多く、「明るい行く末」などとはいわない。◆**(末末)**「末」を強調した古めかしい言い方。「末々のことを心配しても始まらない」◆**(前途)**将来。「前途を悲観する」「前途有望な若者」◆**(向後)**「今後」の意の文章語。「向後の身の振り方を案じる」◆**(自今)**「今後」の意の文章語。「自今そのような行いは一切禁止する」◆**(来たる)**近い内に来る。月、日、行事などを表わす語の上につく。「来たる二十日」「来たる選挙」

参照▼末⇒805-43　814-26

8 16-28 その後《ご》／以後《いご》／以降《いこう》／以来《いらい》

【関連語】◆**(爾後)**《じご》◆**(爾来)**《じらい》

共通する意味★それよりのち。それから。**【英】** *after that*

使い方▼〔その後〕▽その後お変わりございませんか▽その後の足どりはつかめない　〔以後〕▽以後、失敗しないように注意します▽それ以後彼とは交際していない　〔以降〕▽午後七時以降は家にいます▽九月以降は新しい電話番号になります　〔以来〕▽卒業以来、全員で集まるのは初めてだ▽風邪をひいて以来体調が思わしくない

	□彼とは会っていない	明治□	明日□の予定	□のことは不明
その後	○	-	-	○
以後	○	○	○	○
以降	△	○	○	-
以来	○	○	-	-

使い分け【1】「以来」は、過去のある時点から現在までを表わすのに対し、「以後」「以降」は、過去にも未来にも用いられる。したがって、「来週以後」「来週以降」とはいえるが、「来週以来」とはいえない。「その後」も、「来週渡米します。その後ヨーロッパをまわるつもりです」のように、未来のある時点から先を表わす場合にも用いられる。【2】「以降」は、「三時以降」「来年以降」のように、いつも他の語と一緒に使う。【3】「以来」には、「気象庁始まって以来の積雪」のように、話題の事態が、ある時点から現在まで最も程度がはなはだしいことを表わす場合がある。

反対語▼以後⇕以前

【関連語】◆(**爾後**)「その後」「それ以来」の意の文章語。「爾後の予定はまだたっていない」◆(**爾来**)「以来」の意の文章語。「爾来、わが社は新製品の開発に努力してきました」

8 16-29 そして／それから／次(つ)いで

【関連語】◆(して)

共通する意味★ある事柄に続いてもう一つの事柄が起こるときに用いる語。**【英】** *and*

使い方▼〔そして〕(接続)▽昼は泳ぎ、**そして**夕方は散歩した▽年末は久しぶりに故郷に帰った。**そして**、たくさんの旧友に会った　〔それから〕(接続)▽家に帰るとまず風呂(ふろ)に入り、**それから**夕食を食べる　〔次いで〕(接続)▽校長の挨拶(あいさつ)、**次いで**来賓の祝辞があった

使い分け【1】「そして」が結び付ける二つの事柄には、因果関係などの関連がある場合が多い。また、「両親、妻、そして子供たちが私のなによりの心の支えだった」のように、事柄を並列し強調して述べる場合にも用いる。【2】「それから」は、後の文の内容が時間的にその後に続くことを示す。また、「ビールに日本酒、それからワインもあった」のように、思い出して後から追け加えていく用法もある。【3】「次いで」は、あらかじめ決まっている時間や序列の順序にきちんと従って物事が起こる場合に用いる。【4】「そして」は、「そうして」の変化した語。また、「次いで」は、「次ぎて」の変化した語で、やや書き言葉的。

【関連語】◆(して)(接続)多く、話し言葉として用いられるが、古い感じのする語。「して、君の名前は何？」

8 16-30 後日(ごじつ)／後年(こうねん)

共通する意味★ある事件や事柄が起こってから後。**【英】** *the future*

使い方▼〔後日〕▽問題を後日に持ち越す▽後日改めて伺います　〔後年〕▽後年は勲章までもらった人

使い分け【1】「後日」は、近い将来を表わすのが普通だが、「後日談(＝事件などが一応決着して、しばらくたってどうなったかという話)」のように、過去のある時を基準にしたその後の意味もある。【2】「後年」は、年単位、世代単位の将来を表わす。

8 16-31 近日(きんじつ)／そのうち／いずれ／やがて

【関連語】◆(近近(ちかぢか))◆(遅かれ早かれ(おそかれはやかれ))◆(早晩(そうばん))◆(追って(おって))

共通する意味★はっきりと定まらない、将来のある時点を表わす語。**【英】** *before long*

使い方▼〔近日〕▽近日上映の映画▽近日中にご連絡いたします　〔そのうち〕▽そのうちゆっくり会おう▽遊んでばかりいると**そのうち**後悔するぞ　〔いずれ〕(副)▽**いずれ**仕事にも慣れるだろう　〔やがて〕(副)▽**やがて**風もおさまるだろう▽彼は**やがて**は政界のトップに立つ男だ

	近日	そのうち	いずれ	やがて
□お伺いします	○	○	○	-
彼も□わかるだろう	-	○	○	○
□オープンの店	○	-	-	-
□都合のいい日に会おう	-	-	○	-
入社して□五年になる	-	-	-	○

使い分け【1】「近日」は、日を単位として近い将来であることを表わし、何か月も何年も先や、また数時間先のことには用いられない。これに対し、「そのうち」「いずれ」「やがて」は、ごく短い時間にも、また、かなり先の将来についても、それを近いと認識した場合には用いることができる。【2】「そのうち」「やがて」は、「そのうち(やがて)私にも彼の性格がわかってきた」のように、過去のある時点から少し時間がたって、その事態が実現したことを表わす場合にも用いられる。【3】「近日」「やがて」は、その事態の実現が確実だと思われる場合に使われる。これに対し、「そのうち」「いずれ」は、より漠然と表現する場合に用いられる。【4】「やがて」には、「努力すればやがては認められる」のように、結局は、の意味もある。

【関連語】◆(近近)(副)ごく近い将来のこと。「きんきん」とも。「僕たち二人、近々結婚する予定です」◆(**遅かれ早かれ**)(副)その事態の実現が遅かろうが早かろうが。「息子も遅かれ早かれ結婚するだろう」◆(**早晩**)(副)「遅かれ早かれ」の意の文章語的な言い方。「早晩人は死ぬものだ」◆(**追って**)(副)あとで。あまり時間をおかないで。やや改まった言い方。「追ってご連絡申し上げます」

8 16-32 間(ま)もなく／程(ほど)なく／おっつけ

【関連語】◆(今に(いまに))◆(遠からず(とおからず))◆(近く(ちかく))

共通する意味★基準となる時点からあまり時間がたたないうちに。**【英】** *soon; shortly*

使い方▼〔間もなく〕(副)▽列車は**間もなく**発車いたします▽入社して**間もなく**、海外出張を命ぜられた　〔程なく〕(副)▽駅につくと電車は**程なく**やってきた▽父が死んで**程なく**母も世を去った　〔おっつけ〕(副)▽**おっつけ**母も戻ってくるでしょう

使い分け【1】「間もなく」は、「程なく」「おっつけ」より、やや長い時間をおく場合にも用いられる。【2】「程なく」は、やや改まった言い方。「程なくして…」のような使い方もある。【3】「おっつけ」は話

し言葉。他の二語とは異なり、「…しておっつけ」のような形では用いられない。

【関連語】◆(今に)(副)近いうちに。そのうちに。「今に後悔するぞ」◆(遠からず)(副)それほど後でもなく。近いうちに。「交渉は遠からずまとまるだろう」◆(近く)(副)近いうちに。「近く首脳会談が開かれる」

参照▼近く⇒817-35

816-33 先行き（さきゆき）／目先（めさき）

共通する意味★将来の見通し。【英】*the future*

使い方▼〔先行き〕▽今からこれでは先行きが思いやられる 〔目先〕▽目先が利く（＝将来をよく見通す）人物

使い分け【1】「先行き」は、将来の見通し、または、将来を表わす。多く、将来が漠然として見通しが立たないというような、否定的な文脈で用いられる。【2】「目先」は、「目先のことばかり考えるな」のように、単に近い将来の意味でも使う。

816-34 いよいよ

意味★ある予期した事態が近い将来において出現しそうな状況を表わす。【英】*finally*

使い方▼〔いよいよ〕(副)▽いよいよ待ちに待った決勝戦が始まる▽いよいよ君ともお別れだ

◙「いよいよの時には私も行こう」のように、特に、重要な、あるいは、悪い事態が起ころうとしている場合にもいう。

参照▼⇒913-32

816-35 ついに／とうとう

【関連語】◆(あげくの果て)（あげくのはて）◆(とどのつまり)

共通する意味★長い時間を要して、あるいはさまざまな事があった後に、ある最終的な結果が現れるさまを表わす語。【英】*in the end*

使い方▼〔ついに〕(副)▽長時間歩き続けてついに頂上にたどり着いた▽彼女はついに現れなかった 〔とうとう〕(副)▽船はだんだん小さくなって、とうとう見えなくなった▽お金に困ってとうとう土地まで手放した

使い分け【1】「ついに」は、当初の期待がかなったり、心配や不安が現実化したりする場合に用いられる。【2】「とうとう」は、前の段階、程度が高まったり進行したりした結果や成り行きを表わす。【3】「ついに」と「とうとう」では、「ついに」の方が、やや改まった言い方。

【関連語】◆(あげくの果て)結果として次のようなことが生じたという事実を強調する言い方。多く、よくない結果について使う。「金に困って、あげくの果てに盗みを犯した」◆(とどのつまり)(副)途中のいろいろな事態を経て、最後は。否定的な結果を述べることが多い。「とど」は、出世魚ボラの成魚の称。「会社の金に手を出して、とどのつまりは首になった」

816-36 やっと／ようやく／何とか（なんとか）／どうにか

【関連語】◆(かろうじて)◆(からくも)◆(危うく)（あやうく）◆(すんでのところで)◆(やっとこさ)◆(間一髪)（かんいっぱつ）

共通する意味★待ち望んでいた事態が、長い時間かかったり手間どったりしたのち実現するようす。

【英】*at last; barely*

使い方▼〔やっと〕(副)▽くり返し聞いてやっと理解した▽急いで走ってやっと終電に間に合った▽やっとの思いで仕事を完成させた 〔ようやく〕(副)▽寒さもようやくやわらいできた▽子供もようやく一人前になった 〔何とか〕(副)▽締め切りまであと四日だが何とかなるだろう 〔どうにか〕(副)▽彼が来なくてもどうにかやっていけるだろう▽どうにかこうにか論文が仕上がった

	〔 〕許してもらった	〔 〕三人座れる広さ	〔 〕私の番がきた	〔 〕明日までに仕上げます
やっと	○	○	○	－
ようやく	○	○	○	－
何とか	○	○	－	○
どうにか	○	○	－	－

使い分け【1】「やっと」「ようやく」は、その事態が実現することのみを表わすのに対し、「何とか」「どうにか」は、実現した事態が不十分ではあっても、という場合に用いられる。【2】本人が積極的に努力したり、工夫したりして実現する場合に「何とか」「どうにか」は、用いられる。【3】「何とか」「どうにか」は、今後の事態についても用いられる。この場合「どうにか」は、「する」「やる」「なる」などと結びつくことが多い。【4】「どうにか」は、「どうにかこうにか」の形で用いられることがある。

【関連語】◆(かろうじて)(副)最低そのことだけは満たされるさま。もう少しでできないところだったという余裕のない状態での物事の実現を表わす。「辛うじて」とも書く。「とっさに逃げたのでかろうじて命をとりとめた」◆(からくも)(副)危険な状態をなんとか脱したさま。「辛くも」とも書く。「ゲームはからくも一点差で逃げきった」◆(危うく)(副)「危うく…しそうになる」「危うく…するところだった」の形で、危険な状態から逃れたさまを表わす。「危うく命を落とすところだった」◆(すんでのところで)(副)もう少しで全く逆の事態になるという危険な状態を表わす。「すんでのところでおぼれるところだった」◆(やっとこさ)(副)「やっと」のくだけた言い方。日常の話し言葉として使う。「やっとこさ夏休みの宿題

が終わった」◆〈間一髪〉一本の髪の毛ほどのすきまの意で、危険などをぎりぎりで避けられたときにいう。「飛行機の時間に間一髪間に合った」

参照▼何とか⇒205-44

8 16-37 久し振り（ひさしぶり）／久久（ひさびさ）／久方振り（ひさかたぶり）／しばらくぶり

【関連語】◆〈久しい〉（ひさしい）◆〈しばらく〉

共通する意味★ある事態が起こってから次に同じ事態が起こるまでの期間が長いようす。【英】*after a long time*

使い方▼〔久し振り〕(形動)▽彼女から久し振りに連絡があった▽家族そろってのドライブは久し振りだ〔久久〕(形動)▽久々の対面に思わず涙が出てきた▽久々に彼の笑顔を見た　〔久方振り〕(形動)▽久方振りのよい天気だ▽旅に出るのも久方振りだ　〔しばらくぶり〕(形動)▽しばらくぶりに大学時代の恩師に会った▽ここに来るのもしばらくぶりだ

使い分け【1】いずれの語も、起こった事態が望ましくない場合には使わない。したがって「こんな大事故は久し振りだ」「久々の大地震」などの言い方はしない。【2】「久し振り」は、接頭辞「お」をつけて「お久し振り」の形で、挨拶（あいさつ）の言葉として使われる。

【関連語】◆〈久しい〉(形)ある事態が起こってから長い時間がたっているさま。「庭の梅の木にウグイスが来なくなって久しい」「久しく御無沙汰いたしました」◆〈しばらく〉(副)時間的に隔たっているさま。隔たりがあまり長くない場合と、やや長い場合がある。久し振りに会ったときの挨拶の言葉としても用いる。「しばらくして現れた」「しばらくお待ちください」「彼とはしばらく会っていない」「やあ、しばらく」

8 17 …位置

8 17-01 前面（ぜんめん）／前方（ぜんぽう）

共通する意味★前のほう。【英】*forward*《形》

使い方▼〔前面〕▽舞台の前面で主人公の独白が続いている▽税制改革を前面に出して選挙戦に臨む　〔前方〕▽前方約百メートルの所に人だかりがしている▽前方不注意

使い分け「前面」は、正面や、向き合っている前の部分をいうが、「前方」は、話者の立つ空間から離れた前の方をいう。

反対語▼前面⇔後面　前方⇔後方

8 17-02 正面（しょうめん）／真ん前（まんまえ）／真っ向（まっこう）

【関連語】◆〈向かい〉（むかい）◆〈真正面〉（ましょうめん）

共通する意味★まっすぐ前。ちょうど前。【英】*the front*

使い方▼〔正面〕▽晴れた日は窓の正面に富士山が見える▽敵陣の正面から攻撃をかける　〔真ん前〕▽うちの真ん前に交番がある▽車の真ん前を猫が横切る〔真っ向〕▽小細工せずに真っ向から勝負をしろ

	□から切りつける	駅の□にある喫茶店	問題に□から取り組む	□を見る
正面	○	○	○	○
真ん前	△	○	-	○
真っ向	○	-	○	-

使い分け【1】「正面」には、「正面の玄関にお回りください」のように、表側の意味もある。【2】「真ん前」には、すぐ前の意味もある。【3】「真っ向」は、ある対象に向かって何らかの攻撃的な行為が行われる場合にだけ用いられる。

反対語▼真ん前⇔真後ろ

【関連語】◆〈向かい〉自分がいるのと反対の方。「向かいの家」「お向かいさん」◆〈真正面〉「正面」を強めた言い方。話し言葉では、通常「まっしょうめん」ということが多い。「先生の真正面に座る」「真正面から見据える」

8 17-03 前（まえ）／先（さき）

共通する意味★空間的に、人や物が向かっている方向。現在の位置よりもっと進んだあたり。また、向かっている方向に対する、最も進んだ側の面。順序の場合、一方向を向いてその方向に並んでいるとき、番号の若い方の位置、または、一番の位置。【英】*before*

使い方▼〔前〕▽校門の前で待つ▽一番前の列▽前の人に続いて入る▽困難を前にする▽服を後ろ前に着る　〔先〕▽五メートル先すら見えない▽一番先に着く▽一歩先に出る

	□へ進む	□を向く	この□行き止まり	その□にこれをしよう	こちらを□に始めよう
前	○	○	-	○	-
先	○	-	○	-	○

使い分け【1】「前」は、人や物が向かっている方向や、向かうべき方向を示すと共に、そちらへ向かっている側の事物の表面をも表わす。また、物や人の正面のあたりの位置をいう。全体に、目に見える範囲でとらえられる関係であることが多く、空間的に

は「後ろ」に対する語として位置的に明らかである。また、順序を表わすときも、あることがらよりも早いこと、ある位置よりも、向かっている方向に近いことをいい、他との関係の中で決定される語である。【2】「先」は、「前」にくらべると用いる範囲が広く、やや抽象的な性格を持つ。「前」が、他の物事との位置関係の比較により示されるのに対し、かなり基準点を離れた空間をさすことが多く、ひとつの動きが向かっていくあたりを示す。「まだ先は長い」「先は遠い」など、時間、空間をかねた言い方も多く、位置を比較しているのとは異なる。順序を示す「一番先」「先に」なども、ある基準から見ているのでなく、多くの同様の物事の中から突端へ出る動きを表わしていると考えられる。また、位置の関係でも正面をいうのではなく、もっと進んでいったあたりを示す。

反対語▼前⇔後ろ・あと　先⇔あと・もと

参照▼前⇒816-12　先⇒805-43 816-12 816-25

817-04 目の前（めのまえ）／眼前（がんぜん）／面前（めんぜん）

【関連語】◆(現前)げんぜん

共通する意味★その人の見ているすぐ前の所。**【英】** *in one's face*

使い方▼〔目の前〕▽目の前で電車のドアが閉まって乗り遅れた▽目の前で大事故が起こった　〔眼前〕▽眼前に展開する王朝絵巻に見とれる▽故郷の山河が眼前に浮かんでは消える　〔面前〕▽生徒の面前で教師同士が言い争うのはよくない▽公衆の面前で恥をかいた

使い分け【1】「目の前」「眼前」は、ほぼ同じ意味だが、「眼前」は、改まった文の中で使われる。【2】「目の前」は、時間的にすぐ前の意味でも使う。【3】「面前」は、多数の人々の見ている前。

【関連語】◆(現前)スル目の前にあること。「現前の事実として認めざるをえない」

817-05 目前（もくぜん）／直前（ちょくぜん）／寸前（すんぜん）／間近（まぢか）

共通する意味★時間や場所がすぐ近くに迫っていること。**【英】** *imminent*《形》

使い方▼〔目前〕▽ゴール目前で転ぶ　〔直前〕▽車の直前横断は危ない　〔寸前〕▽ホーム寸前で発車のベルを聞いた　〔間近〕(形動)▽大統領を間近に見た▽出発間近になってあわてて支度を始める

使い分け「目前」「寸前」は、到達点の手前のすぐ前という意味で、「直前」は、進行方向の面(正面)のすぐ前という意味で、「間近」は、時間・場所がすぐそばの意味で使う。

参照▼目前⇒816-15　直前⇒816-15　寸前⇒816-15　間近⇒816-15 817-39

817-06 後ろ（うしろ）／後（あと）／後部（こうぶ）

【関連語】◆(後面)こうめん◆(後方)こうほう◆(直後)ちょくご

共通する意味★正面、進行方向に向いている場合に、背になる方角や部分。**【英】** *the back*

使い方▼〔後ろ〕▽先生の後ろからついて行く▽思わず後ろを振り返った▽敵に後ろを見せる　〔後〕▽大型車の後につくと前方が見えない▽故郷を後にして任地に向かう　〔後部〕▽トラックの後部は振動が激しい

	十号車の□の車両	□に従う	□シート	バスの□から出火した	親の□を追う
後ろ	○	○	-	○	-
後	○	○	-	-	○
後部	○	-	○	○	-

使い分け【1】「後ろ」には、背になる方向または背になる方の側、部分という意味がある。「後」には、背になる方の側、部分という意味はない。【2】「後ろ」「後」は、順序が相対的に終わりに近い方の意味もある。【3】「後部」は、ある範囲内で前後に分けた場合の背に当たる方の部分。

反対語▼後ろ・後⇔前　後部⇔前部

【関連語】◆(後面)後ろの面。⇔前面。「敵の後面から攻撃する」◆(後方)後ろの方向。⇔前方。「後方注意」◆(直後)すぐ後ろ。⇔直前。「車の直前直後は渡らないようにしましょう」

参照▼後⇒816-25　直後⇒816-25

817-07 背景（はいけい）／バック

共通する意味★背後の光景。また、事件・出来事についての隠れた事情。**【英】** *a background*

使い方▼〔背景〕▽大仏を背景に記念撮影をする▽事件の背景には遺産争いがあるようだ　〔バック〕▽愛車をバックに写真をとろう▽事件のバックを詳しく洗い出す

使い分け「バック」には、「財界のバックで出馬する」のように、後援者、うしろだての意味もある。

817-08 反対（はんたい）／逆（ぎゃく）／あべこべ／逆様（さかさま）／裏腹（うらはら）

【関連語】◆(逆さ)さかさ

共通する意味★順序・位置・関係などが互いに入れかわっていること。**【英】** *opposite*

使い方▼〔反対〕▽道路の反対側に行く　〔逆〕▽テープを逆に回す　〔あべこべ〕(名・形動)▽先生が学生に教わるなんてあべこべだ　〔逆様〕(名・形動)▽タケヤブヤケタはさかさまに読んでも同じだ　〔裏腹〕(名・形動)▽A案はB案とは裏腹の関係にある▽優しい口振りとは裏腹な冷たい仕打ち

8 事柄・性質

	順序が□だ	靴を左右□にはく	本心と□の行動をとる	股の間から景色を□に見る
反対	○	○	○	△
逆	○	○	○	○
あべこべ	○	○	○	-
逆様	○	○	△	○
裏腹	-	-	○	-

使い分け【1】「反対」「逆」は、広く抽象的なことにも用いられるが、「あべこべ」「逆様」は、日常的にくだけた用い方をし、比較的具体的なものの順序や位置について用いることが多い。【2】「反対」「あべこべ」は、一方を基準としないで両方が互いに入れかわっているとき。「逆」「逆様」は、一方を基準（正しいもの）とし、他方がそれの反対になっているときに用いる。【3】「反対」には、「君の意見には反対だ」「反対運動」のように、賛成でないという意もある。【4】「裏腹」は、一方を基準とし、他方をその反対とする意だが、他方が反対であることについて心外な気持ちが含まれることが多い。

【関連語】◆**（逆さ）**「逆様」の略。口語的。「逆さに吊るす」

8 17-09 前後（ぜんご）／前後ろ（まえうしろ）／後先（あとさき）

【関連語】◆**（後ろ前）**うしろまえ

共通する意味★時間、順序、位置などの前と後、前と後ろ。また、その順序が逆になること。**【英】** *before and behind*

使い方▼**〔前後〕**スル▽大統領の車の前後をパトカーが護衛する▽休日の前後は仕事の能率が下がる▽話が前後してわかりにくい　**〔前後ろ〕**▽小学校時代前後ろに並んでいた旧友▽セーターを前後ろに着る　**〔後先〕**▽後先を見回して適当な位置にカメラをすえた▽説明が後先になってわかりにくい▽後先のことを考えずに行動する

使い分け【1】「前後」は、「卒業と前後して父が死んだ」のように、あることと入れかわりに事態が起こる場合にも使う。また、「今月の十日前後に出発する」「五十人前後の参列者があった」のように、ぐらい、ごろの意味の接尾語的な使い方もある。【2】「前後ろ」は、空間的な前と後ろの意味で、時間的な前と後ろの意味はない。【3】「後先」には、将来起こるだろう結果という意味もある。

【関連語】◆**（後ろ前）**物の後面と前面が反対になること。「シャツを後ろ前に着る」

8 17-10 代わる代わる（かわるがわる）／代わりばんこ（かわりばんこ）／交互に（こうごに）

【関連語】◆**（互いに）**たがいに◆**（相互に）**そうごに

共通する意味★二人あるいは二つ以上の物が、同じ動作を代わりあって行うさま。**【英】** *alternately*

使い方▼**〔代わる代わる〕**副▽全員が代わる代わる一曲ずつ歌う▽代わる代わる電話に出る　**〔代わりばんこ〕**▽みんなで代わりばんこにうさぎの世話をする▽けんかしないで、かわりばんこに使いなさい　**〔交互に〕**副▽交互に見張り番をする▽二つのグループが交互に意見を出しあう

	□運転する	左右の足を□動かす	友達が□見舞いに来る	赤と青の糸を□織った布
代わる代わる	○	○	○	-
代わりばんこ	-に○	-に○	-に○	-
交互に	○	○	-	○

使い分け【1】「代わる代わる」「代わりばんこ」は、大勢の人が一つのことを交替でするさまにいうことが多い。「代わりばんこ」は、話し言葉。【2】「交互に」は、二人あるいは二種類の物が交替しながら何かを行うさまにいうことが多い。また、「男女が交互に列を作る」のように、配列が互い違いである意味でも用いられる。

【関連語】◆**（互いに）**副二人あるいは両方が、相手と同じことをし合うさま。「互いに不幸な過去をもつ」のように、二人あるいは両方が、同じ状態である様子にもいう。「お互いに」は丁寧な言い方。「互いに見つめる顔と顔」「互いに意見を交換し合う」◆**（相互に）**副「互いに」と同じ意だが、「互いに」より文章語的な語。また、情緒的な場面では使わず、機構、規則などの関係を表わすことが多い。「相互に契約書に捺印（なついん）する」「相互に関係改善をはかる」

8 17-11 一緒に（いっしょに）／共に（ともに）／一斉に（いっせいに）

【関連語】◆**（同時）**どうじ

共通する意味★そろって。ひとまとめであるさま。**【英】** *together*

使い方▼**〔一緒に〕**副▽一緒に遊ぼう▽君と一緒に行きたい　**〔共に〕**副▽喜びを共にする▽楽しいと共に為になる本　**〔一斉に〕**副▽一斉にわめき散らす▽一斉に冬支度を始める

	□出掛ける	花が□開く	母と□参ります
一緒に	○	△	○
共に	○	-	○
一斉に	○	○	-

使い分け【1】「一緒に」は、「一所」に基づく語で、ひとまとめなこと。一つになるさま、同じ行動をするさまをいう。また、同時であること。【2】「共に」は、一つになっての意。また、「…と共に」で、それと同時に、あわせての意となる。【3】「一斉に」は、多

くの者が同時にそろって物事をすること。また、平均にの意。

【関連語】◆(同時)二つ以上の事が、同じ時になされること。「二人同時にゴールインする」「同時通訳」

8 17-12 上(うえ)／上方(じょうほう)／高み(たかみ)

【関連語】◆(上)かみ◆(上手)かみて

共通する意味★何かとくらべて高い方の位置、場所。【英】*the upper part*

使い方▼〔上〕うえ▽頭の上に荷物をのせて運ぶ▽頭の上を飛行機が飛ぶ▽ここから上は歩いては登れない▽紙の上の余白にメモする▽上から十行目 〔上方〕▽この階より上方は立入禁止です▽はるか上方を飛行機が飛ぶ▽売れ行きが良いので販売目標を上方に修正する 〔高み〕▽山の高みに立つ▽高みから見下ろす▽高みの見物(＝第三者の立場で気楽に眺めること)

使い分け【1】「上(うえ)」は、何かの表面と接している場合と、離れて高く位置する場合と両方にいう。【2】「上方」は、離れて高く位置する場合にいう。【3】「高み」は、高い場所の意の改まった言い方。【4】「上」には、「実力が上だ」のように、程度が高いことの意味や、「オーバーを上に着る」のように、表面という意味もある。

反対語▼上(うえ)⇔下(した) 上方⇔下方(かほう)

【関連語】◆(上)かみ 位置が高いこと。また、ひと続きのものの初め。川では上流、和歌などでは前半をいう。⇔下(しも)。「上から笹舟(ささぶね)が流れてきた」「上の句」◆(上手)かみて うえの方。川の上流。また、上座に近い所の意や舞台の向かって右手の方の意でも用いられる。⇔下手(しもて)。「川を上手へさかのぼる」「上手に座る」「上手から主役が登場した」

参照▼上(かみ)⇒511-19 上手(かみて)⇒511-19

8 17-13 上手(うわて)／上部(じょうぶ)

共通する意味★上の方の位置、部分。【英】*the upper part*

使い方▼〔上手〕うわて▽山の上手まで土地を耕す 〔上部〕▽台風でアンテナの上部が折れた

使い分け【1】「上手(うわて)」は、「兄の方がなんといっても一枚上手だ」のように、才知、技術などが他の人よりすぐれていることの意味もある。「じょうず」「かみて」と区別するため、「うわて」と仮名書きにすることも多い。【2】「上部」は、「上部構造」「上部組織」のように、抽象的な硬い表現にも多く用いる。

反対語▼上手(うわて)⇔下手(したて) 上部⇔下部(かぶ)

参照▼上手(うわて)⇒207-42

8 17-14 真上(まうえ)／直上(ちょくじょう)

共通する意味★ちょうど上。すぐ上。【英】*right above*

使い方▼〔真上〕▽食卓の真上にシャンデリアが輝いている▽山の真上に月が出る 〔直上〕▽直上の上司に叱責される

使い分け「直上」は、「このルートを直上すると尾根に早く出る」のように、まっすぐのぼる意味の動詞として使うこともある。

反対語▼真上⇔真下(ました) 直上⇔直下(ちょっか)

8 17-15 空中(くうちゅう)／宙(ちゅう)

共通する意味★地面、床もしくはそれに準ずるものから上に離れた場所。【英】*the air*

使い方▼〔空中〕▽ゴンドラに乗って空中を散歩するような気分を味わう▽空中ブランコ 〔宙〕▽リニアモーターカーは車体を宙に浮かせて走る▽宙を舞うように踊るスケート選手

使い分け【1】「空中」は、地上に近い所から高空までの広い部分をさす。その意味で、「空(そら)」の一部分ということができる。【2】「宙」は、地上からそれほど高くない場所の場合にいうことが多い。また、「計画が宙に浮く」「宙を飛んで帰る」のような、比喩的用法も多い。

8 17-16 高層(こうそう)／上層(じょうそう)

共通する意味★いくつも重なった層の高い所。【英】*multistory*《形》

使い方▼〔高層〕▽高層の建物の最上階に住む▽高層建築 〔上層〕▽上層階▽上層気流

使い分け「上層」には、「上層部の命令に従う」「上層階級の人々が集まるサロン」のように、組織や社会で上の方の階層、また、上部にいる人の意味もある。

反対語▼高層⇔低層 上層⇔下層

参照▼上層⇒511-14

8 17-17 下(した)／下方(かほう)

【関連語】◆(下)しも◆(下手)しもて

共通する意味★何かとくらべて低い方の位置、場所。【英】*under; low*

使い方▼〔下〕した▽テーブルの下に敷物を敷く▽テーブルの下に猫がいる▽一つ屋根の下に暮らす 〔下方〕▽屋上から下方を見下ろす▽目標を下方修正する

使い分け【1】「下(した)」は、何かの面と接している場合と、離れている場合とがある。【2】「下方」は、離れている場合に用いる。【3】「下」には、「実力は妹より下だ」のように、程度が低いことの意味や、「上着の下にセーターを着る」のように、表面から見えない部分の意味もある。

反対語▼下⇔上　下方⇔上方

【関連語】◆(下)(しも)位置が低いこと。また、ひと続きのものの終わり。川では下流、和歌などでは後半をいう。⇔上(かみ)。「下の句」◆(下手)(しもて)下の方。川の下流。また、下座に近い所の意や舞台の向かって左手の方の意でも用いられる。⇔上手(かみて)。「下手の橋」「下手に座る」「下手より登場する」

参照▼下(しも)⇒010-03 511-20　下手(しもて)⇒511-20

8 17-18 下手／下部

共通する意味★下の方の位置、部分。**【英】***the lower part*

使い方▼〔下手〕▽山の下手から風が吹き上げる

〔下部〕▽地震で壁の下部が崩れた

使い分け【1】「下手」は、「下手に出る（＝へりくだった態度をとる）」のように、下の方の地位、立場などをいうこともある。「へた」「しもて」と区別するため、「したて」と仮名書きすることも多い。「したて」ともいう。【2】「下部」には、「下部構造」「下部組織」のように、抽象的な下の部分の意味もある。

反対語▼下手⇔上手(うわて)　下部⇔上部

8 17-19 真下／直下

共通する意味★ちょうど下。すぐ下。**【英】***just under*

使い方▼〔真下〕▽看板の真下に案内所がある▽テーブルの真下で猫が寝ている　〔直下〕▽赤道直下の地域▽直下型地震

使い分け「直下」は、「事件は急転直下して解決に向かった」のように、まっすぐに下る意味の動詞として使うこともある。

反対語▼真下⇔真上　直下⇔直上

8 17-20 低層／下層

共通する意味★いくつも重なった層の低い所。

使い方▼〔低層〕▽低層アパート▽低層階　〔下層〕▽ビルの下層の階に住む▽沈殿物のうち、重い物が下層を形成している

使い分け「下層」には、「社会の下層からの脱出をはかる」「下層階級」のように、ある社会、組織の下部階級、また、そこに属する人をいうこともある。

反対語▼低層⇔高層　下層⇔上層

8 17-21 底／奥／奥底

共通する意味★なにかの中の深いところにあって、外からわからない所。**【英】***the bottom (of)*

使い方▼〔底〕▽彼の能力は底が知れない▽心の底からの悲痛な叫び▽底が浅い（＝内容に深みがない）

〔奥〕▽胸の奥に秘めた熱い思い▽人間は心の奥で何を考えているかわからないものだ　〔奥底〕▽主人公の心の奥底を描き出した作品▽魂の奥底に触れる音楽

使い分け【1】「底」は、「海の底」「井戸の底」「コップの底」のように、くぼんだ地形や器物の一番下の部分の意もある。また、「やかんの底を磨く」のように、下側の表面をいう場合もある。【2】「奥」は、「洞窟(どうくつ)の奥」「小路の奥」のように、入り口から遠く入った方をいうこともある。【3】「奥底」は、具体的に位置や場所を示す場合には用いられない。

8 17-22 左／左手／左側／左方／レフト

【関連語】◆(左)(さ)

共通する意味★相対的な位置の一つで、北を向いたとき、西に当たる方。**【英】***(the) left*

使い方▼〔左〕▽トイレは玄関を入ってすぐ左だ▽背骨の左のあたりがかゆい　〔左手〕▽公園の左手に美術館がある▽区役所を左手に見ながら進む

〔左側〕▽冷蔵庫を食器棚の左側に寄せる▽左側通行

〔左方〕▽交差点に立つと駅が左方に見える　〔レフト〕▽レフトスタンド▽レフトウイング

使い分け【1】「左」「左手」は、隣り合ってある場合も、離れてある場合も用いられる。【2】「左方」は、離れてある場合に用いる。【3】「左側」は、「左側通行」のように、全体の中の一部の意味で用いることもある。【4】「レフト」は、他の外来語と複合して用いられるが、「レフトが前進して捕球した」のように、野球の左翼手の意味では単独で使う。【5】「左手」は、二本の手のうち左側の手の意で、「左手でフォーク、右手でナイフを持つ」のように使うことも多い。

反対語▼左⇔右　左手⇔右手　左側⇔右側　左方⇔右方　レフト⇔ライト

【関連語】◆(左)(さ)日本文を右から縦書きにした文章で、書き終わりの次にある文章や事項。「詳細は左のとおり」

8 17-23 右／右手／右側／右方／ライト

共通する意味★相対的な位置の一つで、北を向いたとき、東に当たる方。**【英】***(the) right*

使い方▼〔右〕▽右の方に海が見える▽客席から向かって右の席に座る　〔右手〕▽トンネルをくぐると右手に八ケ岳が見える　〔右側〕▽トラックが車の右側を追い抜く▽右側通行　〔右方〕▽道路は右方に向かってカーブしている　〔ライト〕▽ライトスタンド▽ライトウイング

使い分け【1】「右」「右手」は、隣り合ってある場合も、離れてある場合も用いられる。【2】「右側」

は、「右側通行」のように、全体の中の一部分の意味で用いることもある。【3】「右方」は、離れてある場合に用いる。【4】「ライト」は、他の外来語と複合して用いられるが、「ライトからの好送球」のように、野球の右翼手の意味では単独で使う。【5】「右手」は、二本の手のうち右側の手の意で、「右手ではし、左手で茶わんを持つ」のように使うことも多い。

反対語▼右⇔左　右手⇔左手　右側⇔左側　右方⇔左方　ライト⇔レフト

8 17-24 真ん中／中心／中央

（まんなか／ちゅうしん／ちゅうおう）

【関連語】◆(まん真ん中)まんまんなか◆(ど真ん中)どまんなか

共通する意味★ある限られた範囲で周囲のどこからも等しい距離にあるところ。**【英】** *the middle*

使い方▼〔真ん中〕▽背中の真ん中にほくろがある▽どの国の地図も自国が真ん中になるように作られている　〔中心〕▽町の中心に公園がある▽スカートの前中心にひだを取る▽中心地▽中心気圧　〔中央〕▽町の中央を流れる川▽棒の中央に印をつける▽中央分離帯▽中央突破

	町の□に塔を建てる	道路の□で立ち往生した	□から離れた地域	話題の□人物
真ん中	○	○	-	-
中心	○	-	○	○
中央	○	○	○	-

使い分け【1】「真ん中」は、くだけた文の中で使われ、「中心」ほど厳密な意味でない場合もある。【2】「中心」は、位置としては正確に測られたもので、他に「組織の中心として働く」「文化の中心」のように、重要な役割の人物や、すべてが集まってくる所の意味もある。【3】「中央」は、「中心」より広い範囲をさし、また、「中央委員会」「中央病院」のように、かなめとなる大切な位置、役割の意味、「中央の指示を待つ」「地方から中央へ進出する」のように、政府、首都の意味でも使う。

【関連語】◆**(まん真ん中)**「真ん中」を強めた語。「部屋のまん真ん中に陣取る」◆**(ど真ん中)**「真ん中」をより強めた語。くだけた言い方。「街のど真ん中で起きた事件」「ど真ん中に放り込む」

参照▼中心⇒802-10

8 17-25 中／間

（なか／あいだ）

共通する意味★物にはさまれた内側。両者の中間。

【英】 *in*《形》

使い方▼〔中〕▽たんすの中に衣類をしまう▽たくさんの本の中から一冊だけを選ぶ　〔間〕▽家と家の間に塀を作る▽本の間にメモをはさむ

	列の□に入る	二人の□に割って入る	二枚のパンの□にハムをはさむ	部屋の□に入る	人ごみの□にまぎれこむ
中	○	○	-	○	○
間	○	○	○	-	-

使い分け【1】「二人の中(間)をとりもつ(ひき裂く)」(この場合「中」は「仲」とも)のように、人と人との関係を示す場合や、「二つの意見の間(中)をとって決める」のように、中間の意味の場合には、「中」「間」は同じように用いられる。【2】空間についていう場合、「間」は、二つの物にはさまれた内側についてのみいうが、「中」は、二つ以上のものにはさまれた内側や周囲を囲まれた内部の意にも用いる。【3】「中」には、「雨の中を歩く」「お忙しい中を申し訳ございません」のように、事態、状態などの内部の意味がある。【4】「間」は、「眠っている間に財布をすられた」のように、時間の範囲や、「学生の間で人気のある教授」のように、限られた範囲を示す場合もある。

反対語▼中⇔外

参照▼中⇒817-82

8 17-26 中間／半ば

（ちゅうかん／なかば）

共通する意味★長さのあるものの真ん中のあたりの点、位置。**【英】** *midway*

使い方▼〔中間〕▽学校と家の中間のあたりに図書館がある▽橋の中間に故障車が停まっている　〔半ば〕▽マラソンのトップ走者がコースの半ばにさしかかった

使い分け【1】「中間」には、「両者の意見の中間をとる」「中間層」のように、程度や性質の離れた二つのものの真ん中あたりの意味や、「中間発表」「中間試験」のように、経過の途中の意味がある。【2】「半ば」には、「三月半ば」「五十代半ばの人」のように、時間の真ん中あたりの意味も、「事業半ばで病に倒れた」「会の半ばに呼び出されて中座した」のように、始まりと終わりの間、中途の意味もある。また、「半ばできあがった」のように、副詞として用いることもある。

8 17-27 中頃／中盤

（なかごろ／ちゅうばん）

共通する意味★一定の期間の真ん中に近いあたり。**【英】** *about the middle (of)*

使い方▼〔中頃〕▽四月の中頃に帰国する▽パーティーは中頃から盛り上がってきた　〔中盤〕▽選挙が中盤にさしかかった▽試合は中盤から激しい打撃戦になった▽中盤戦

使い分け【1】「中頃」は、各種のことについて用いることができ、「横断歩道の中頃で立ち止まる」「中頃の席をとる」のように、場所に関しても用いる。【2】「中盤」は、試合や選挙など、一定期間の戦いが続く場合に対して用いられる。元来は囲碁・将棋で「序盤」「終盤」に対していう語。

817-28 中程(なかほど)／中位(ちゅうくらい)

【関連語】◆（中庸）ちゅうよう

共通する意味★中間の程度。【英】*halfway*

使い方▼〔中程〕▽せめてクラスの中程の成績をとりたい　〔中位〕▽ビリから二番で及第では喜びも中位だ▽私はクラスの中では中位の身長だ

使い分け【1】「中位」の方が、一般的に用いられる。「ちゅうぐらい」とも読む。【2】「中程」には、「来月の中程に訪欧の予定」「川の中程に岩がある」「話を中程で切り上げる」のように、限られた時間、空間の真ん中あたりの意味もある。

【関連語】◆（中庸）どちらにもかたよらないで、ほどよいこと。「中庸を得る」

817-29 縦(たて)

意味★上下、または前後の方向。垂直の方向。また、その部分の長さ。物に長い方のがわと、短い方のがわとがある場合、長い方のがわや、その方向をいうことが多い。【英】*length* ⇔横

使い方▼〔縦〕▽首を縦に振る▽シャツを胸から裾まで縦に切り裂く▽先生を基準に縦一列になって並ぶ▽縦の物を横にもしない（＝面倒くさがって何もしない）▽縦一〇センチ、横五センチの四角形

817-30 横(よこ)

意味★上下、前後の方向に対して、水平または左右の方向。また、その部分の長さ。物に長い方のがわと、短い方のがわとがある場合、短い方のがわや、その方向をいうことが多い。【英】*width* ⇔縦

使い方▼〔横〕▽首を横に振る▽瓶を横に倒す▽横一列に並ぶ▽縦五メートル横二メートルの長方形

参照▼横⇒817-31

817-31 横(よこ)／横合(よこあ)い／横(よこ)っちょ／側面(そくめん)

共通する意味★正面に向かって右と左になる辺りを漠然とさす語。【英】*the side*

使い方▼〔横〕▽机の横に書類棚を置く▽家の横の路地　〔横合い〕▽横合いから子供がとび出してきた▽横合いの山に目を向ける　〔横っちょ〕▽トイレは玄関の横っちょにある▽横っちょを向く　〔側面〕▽箱の側面を絵の具で塗る▽側面から攻撃する

使い分け【1】「横」は、最も一般的に用いられる。「横合い」は、横に当たる方、横手。【2】「横」「横合い」は、「横（横合い）から口を出す」のように、当事者以外の直接関係のない立場の意でも用いられる。【3】「横っちょ」は、くだけた言い方。【4】「側面」は、本来は、ある物の上下前後の面以外の二つの面をいう。したがって、正面の左右の側、または、その面に非常に近い位置をいうときにしか用いられない。主として書き言葉。【5】「側面」は、また比喩(ひゆ)的に、「側面から攻撃する」「側面から援助する」のように、わきの方の意、「喜劇としての側面を持つ作品」のように、多くの中の一面の意でも用いられる。

参照▼横⇒817-30

817-32 まわり／四囲(しい)／四面(しめん)

共通する意味★ある場所や事物を取り囲んでいる空間や環境。【英】*the surroundings*

使い方▼〔まわり〕▽家のまわりを歩く▽身のまわりをかたづける　〔四囲〕▽四囲とのつりあいを考える　〔四面〕▽四面を敵にかこまれる▽四面楚歌(そか)（＝敵だらけの中で孤立すること）

	［ ］を海にかこまれた島国	［ ］の情勢	学校の［ ］
まわり	○	○	○
四囲	○	○	－
四面	○	－	－

使い分け【1】「まわり」は、最も一般的に用いられるが、やや話し言葉的である。「回り」「周り」「廻り」とも書く。【2】「まわり」「四囲」は、人間関係の広がりについても用いられる。【3】「四面」は、もっぱらすきまなく取り囲んでいるような広がりに対して用いられるが、「まわり」「四囲」は、特にこのような広がりに限定せずに用いられる。

817-33 周辺(しゅうへん)／ぐるり／周囲(しゅうい)／周縁(しゅうえん)

【関連語】◆（周）しゅう◆（周回）しゅうかい

共通する意味★ある場所や事物をとりまく、すぐ近くのあたり。【英】*environs*

使い方▼〔周辺〕▽大学の周辺には緑が多い▽事件の周辺をさぐる▽東京周辺の住宅地　〔ぐるり〕▽池のぐるりを散歩する▽噴水のぐるりに花を植える　〔周囲〕▽家の周囲に木を植える▽周囲を見わたす▽日本は周囲を海に囲まれた国だ　〔周縁〕▽都市の周縁▽周縁部への目配り

	池の［ ］	太郎の［ ］	駅［ ］の土地	［ ］から冷たい目でみられる
周辺	○	○	○	－
ぐるり	○	△	－	－
周囲	○	○	－	○
周縁	○	－	－	－

使い分け【1】「周辺」は、場所や事物、人の近くに

8 事柄・性質

広がる土地や事柄などを表わす。【2】「ぐるり」は、事物や人、場所などをとりまく四方の意だが、大きなものをとりまく広い範囲についてはあまり用いられない。ふつう、文章中では使わない。【3】「周囲」は、物の外側のふちにそった部分をいうことが多い。また、特に「周囲一〇キロの公園」のように、物の外側のふちの長さを表わす。実際の場所をさすだけでなく、ある事物や人物などを取り巻く環境をいうことも多い。【4】「周縁」は、物のまわりや、ふちの意の漢語。

【関連語】◆(周)「周囲」の意の文章語。「周約四キロの湖」◆(周回)スル「周囲」の意の文章語。また、ある物のまわりをまわること、めぐることの意もある。「周回五キロの湖」「旗のまわりを周回する」

8 17-34 近所(きんじょ)／近間(ちかま)／近隣(きんりん)

【関連語】◆(最寄り)もより◆(隣近所)となりきんじょ

共通する意味★個人や集団の本拠からの距離の隔たりが少ない所。**【英】** *the neighborhood*

使い方▼〔近所〕▽家をあけるので近所にあいさつする▽近所づきあい 〔近間〕▽家の近間にある遊園地 〔近隣〕▽その人の評判は近隣に響き渡った▽近隣諸国

	下宿の□にある店	□の村々	□の諸国との友好を深める	うわさが□に広がる
近所	○	-	-	○
近間	○	-	-	-
近隣	-	○	○	△

使い分け【1】家や下宿、事務所のように、人が住んだり、仕事をするための建築物の場合には、「近所」「近間」が用いられることが多い。一方、村のように、暮らしの共同体の領域の場合には、「近隣」が用いられる。「近隣」は、文章語的。【2】「近間」は、「下宿の近間にある店」のように、もっぱら、ある所との一対一の位置関係について説明する場合に用いられ、「近所をくまなく捜しまわった」のように、とりまいている領域全体を広く示す場合には用いにくい。

【関連語】◆(最寄り)一番近い所。「最寄りの駅窓口にお申し込みください」「最寄りの郵便局」◆(隣近所)隣の家や近くの家。「隣近所に筒抜けの大声」

8 17-35 そば／傍ら(かたわら)／近く(ちか)／近辺(きんぺん)／付近(ふきん)

【関連語】◆(わき)◆(はた)◆(許)もと◆(足元)あしもと◆(手元)てもと

共通する意味★基準となるものからの距離の隔たりが少ない所。**【英】** *vicinity; nearby*(そばの)

使い方▼〔そば〕▽いつまでもそばにいてほしい▽子供のそばに近寄る▽机のそばに置いてある野球道具 〔傍ら〕▽部長の傍らに控える▽大聖堂の傍らの洗礼堂▽記念碑の傍らに咲いている花 〔近く〕▽学校の近くで遊ぶ▽近くの山を歩く▽大阪の近くに引っ越す 〔近辺〕▽この近辺は閑静な住宅地だ▽大都市近辺の市町村▽大学の近辺を歩いてみる 〔付近〕▽現場付近一帯を捜索する▽東京付近の水族館

	親犬の□でじゃれる子犬	家の□の文具店まで一走りする	国境の□での衝突	沖縄の南西五〇キロ□にいる台風
そば	○	○	-	-
傍ら	○	-	-	-
近く	○	○	○	△
近辺	-	△	○	△
付近	-	○	○	○

使い分け【1】「そば」「傍ら」は、建築物や静物、動物など、何か特定の物が基準となる場合に用いられる。「そば」は「側」「傍」とも書く。【2】「傍ら」は、基準となるものに対して従属的な関係にあるようなものについて用いられ、従属的な関係の想定されない場合には用いにくい。また、もっぱら基準となるものの横にある場合にいう。【3】「近辺」「付近」は、主として基準が建築物や特定の場所である場合に用いられ、静物、動物などが基準である場合は用いにくい。また、基準をとりまく領域の辺りを漠然と示すことが多い。

【関連語】◆(わき)事物の横、傍ら。基準と従属的な関係にある所という意で用いられることもある。また、本筋を離れた方をいう。「脇」とも書く。「学校のすぐわきに住んでいる」「車を道のわきへ寄せる」「司会者のわきに記録係がすわる」「わきから口を出す」◆(はた)当事者からの隔たりが少ない所。「端」とも書く。「はたで見ているほど楽ではない」「はたの迷惑も考えろ」◆(許)影響の及ぶ範囲。「コーチの許で練習に励む」◆(足元)足の辺。また、立ち居の足の様子。転じて、ごく身近なあたりをいう。「足下」「足許」とも書く。「足元に気をつけて歩く」「足元がおぼつかない」「足元をしっかりと固める」◆(手元)手の届くくらいの所。また、手さばき。「手許」とも書く。「その本は今手元にはない」「手元が狂う」

参照▼近く⇒816-32　わき⇒010-06　はた⇒817-62

8 17-36 辺(へん)／辺り(あた)

共通する意味★漠然とある場所や位置をいう語。

【英】 *around*

使い方▼〔辺〕▽駅の辺の飲み屋▽首の辺が痛い▽この辺に住んでいる人 〔辺り〕▽駅前辺りの書店▽腰の辺りがだるい▽この辺りに交番はありますか▽辺り一面は霧の中だ

使い分け【1】「辺」は、修飾する語の周辺の領域

8 事柄・性質

であることを表わす語。単独で用いられることはない。また、「この辺で我慢しなさい」のように、漠然と物事の程度や目安などをいう。【2】「辺り」は、「辺」とほぼ同意だが、単独で用いられることもある。また、「来週辺りなら空いている」のように、おおよその目安をいう。

8 17-37 至近(しきん)／咫尺(しせき)

共通する意味★基準からの距離の隔たりが非常に少ないこと。【英】*at close range*(至近距離で)

使い方▼〔至近〕▽至近距離▽至近弾　〔咫尺〕▽咫尺を弁ぜず(＝視界が効かず近くのものも見分けがつかない)▽咫尺の間(かん)

使い分け【1】「至近」は、あるものになんらかの働きかけをする上で、またはあるものがなんらかの働きかけを受ける上で、きわめて隔たりが少ないことを表わす場合に多く用いられる。【2】「咫尺」は、文章語。「咫尺する」の形で、貴人などに近寄る意でも用いられる。

8 17-38 身近(みぢか)／手近(てぢか)

【関連語】◆(卑近)(ひきん)◆(身辺)(しんぺん)

共通する意味★体のすぐ近くのところ。

使い方▼〔身近〕(名・形動)▽身近に引き寄せる▽身近にある器具▽身近に置く　〔手近〕(名・形動)▽手近にある材料で料理する▽手近の辞書で調べる

使い分け【1】「身近」は、人の身体や居所のごく近くで、容易に働きかけられるところをいう。また、「身近な問題」「身近に感じる」のように、日常親しくなじんだり、かかわったりして、自分に関係の深いことも表わす。【英】*close to one*【2】「手近」は、自分の手が届くほどすぐ近くにあること。また、「手近な例」のように、身の近くにあって、わかりやすいことも表わす。

【関連語】◆(卑近)(名・形動)日常、身の近くにありふれて、なじみ深いこと。「卑近な例をあげる」◆(身辺)自分の身のまわり。「身辺を整理する」

8 17-39 近い(ちかい)／間近(まぢか)／程近い(ほどちかい)

共通する意味★基準からの距離の隔たりが少ない。【英】*near*

使い方▼〔近い〕(形)▽駅まで近い▽海に近い町　〔間近〕(名・形動)▽目的地も間近だ　〔程近い〕(形)▽駅に程近い公園▽旭川(あさひかわ)に程近い町

使い分け【1】「近い」「間近」は、「誕生日が近い」「定年も間近になる」のように、時間的隔たりに対しても用いられる。【2】「間近」は、目標としてきた物事のすぐそばに近づいているさまを表わし、移動や変化を経て隔たりが縮小してきたという状況で用いられる。

反対語▼近い⇔遠い

参照▼間近⇒816-15 817-05

8 17-40 隣(となり)

意味★横一列に並んでいるとき、自分のすぐ右または左の位置。特に、家が並んでいる場合、右または左に接している家。相互にいう。【英】*next; next-door*

使い方▼〔隣〕▽隣の席▽私の隣に座っている人▽隣どうし▽お隣のおばさん

◆家については「お隣」ということも多い。また、家が並び続いていない場合には、接していなくても一番近い家をいうことがある。

8 17-41 遠く(とおく)／遠方(えんぽう)

【関連語】◆(遠隔)(えんかく)◆(僻遠)(へきえん)

共通する意味★基準からの距離の隔たりが大きいこと。【英】*distance*

使い方▼〔遠く〕▽遠くから来る▽遠くで雷が鳴っている▽遠くの家　〔遠方〕▽遠方からの客▽お宅は御遠方ですか

使い分け【1】「遠くで鳴いている山鳥」のように、基準となる場所にいる人の知覚の及ぶ範囲を表わす場合には、「遠く」の方が用いられやすい。【2】「遠方」は、文章語的。

反対語▼遠く⇔近く

【関連語】◆(遠隔)基準となる所から遠く離れていること。「遠隔の地」「遠隔操作」◆(僻遠)政治、文化などの中心から遠く離れていること。文章語。「僻遠の地を旅する」

8 17-42 遥か(はるか)／間遠い(まどおい)

【関連語】◆(遥遥)(はるばる)

共通する意味★距離、時間が遠く隔たっているさま。【英】*far away*

使い方▼〔遥か〕(副・形動)▽行く手はるか▽はるかかなたに山をのぞむ▽はるか昔の物語▽予想よりはるかに速い　〔間遠い〕(形)▽雷鳴が間遠くなった▽人の通行が間遠くなる▽次第に間遠くなり、聞こえなくなった言葉

使い分け【1】「遥か」は、距離、時間の隔たりのはなはだしいさま。また、程度の隔たり、差異がはなはだしいさまの意でも用いられる。【2】「間遠い」は、連続している物事の時間的、距離的な間隔が大きいさま。

【関連語】◆(遥遥)(副)距離が遠く隔たっているさま。「はるばる九州から上京してきた人」

8 17-43

悠遠（ゆうえん）／絶遠（ぜつえん）／遼遠（りょうえん）

共通する意味★想像を絶するほどはるかに遠いこと。**【英】** *far off*

使い方▼〔**悠遠**〕(名・形動)▽悠遠の昔　〔**絶遠**〕▽絶遠の地　〔**遼遠**〕(名・形動)▽前途遼遠

使い分け【1】「悠遠」は、時間的にはるかに隔たっていることもいう。【2】「絶遠」は、空間的にはるかに隔たっている場合に用いられることが多い。【3】「遼遠」は、時間的にも空間的にもはるか前方に続いているような場合に用いられることが多い。【4】いずれも、文章語。

8 17-44

遠い（とおい）

意味★基準からの距離の隔たりが大きい。**【英】** *distant* ⇔近い

使い方▼〔**遠い**〕(形)▽遠い店まで買い物に行く▽町まで遠い

◆距離のほか、時間、関係、物事の性質や内容の隔たりが大きい場合にもいう。また、老眼である意や聞こえにくい意でも用いられる。「遠い将来」「遠い昔」「遠い親戚（しんせき）」「父には遠く及ばない息子」「目が遠い」「電話が遠い」「耳が遠い」

8 17-45

ここ／ここら

【関連語】◆(ここいら)

共通する意味★話し手側の場所。現在の場所。**【英】** *here*

使い方▼〔**ここ**〕(代名)▽ちょっとここへ来てごらん▽君の作文はここの文章が少し変だ　〔**ここら**〕(代名)▽ここらに気のきいた店はないだろうか▽ここらでちょっと一休みしよう

使い分け【1】「ここら」は、「ここ」より広く漠然とした範囲を表わす。また、「ここら」の方がややくだけた言い方。【2】「ここ」は「此処」、「ここら」は「此処ら」と当てる。

【関連語】◆(**ここいら**)(代名)「ここら」より少しくだけた、やや古めかしい言い方。「ここいらにバス停はなかったかね」

8 17-46

こちら／こっち／そちら／そっち／あちら／あっち

【関連語】◆(かなた)

共通する意味★話の場で、方向、場所、物などが話し手側、聞き手側のいずれに属するかをさし示す語。

使い方▼〔**こちら**〕(代名)▽こちらに来てください▽こちらは山田さんです▽こちらから返事をいたします　〔**こっち**〕(代名)▽こっちを向きなさい▽こっちは弟だ▽こっちの知ったことじゃない　〔**そちら**〕(代名)▽そちらへお伺いします▽そちらはどなたですか▽そちら様もお元気で　〔**そっち**〕(代名)▽いまそっちへ行くから待っていろ▽そっちはだれだ▽そっちも気をつけろよ　〔**あちら**〕(代名)▽あちらを御覧ください▽あちらはどなたでしょうか▽あちらのバッグを見せてください　〔**あっち**〕(代名)▽あっちへ行きたい▽こっちよりあっちのほうが高そうだ

使い分け【1】「こちら」「こっち」は、話し手の側に属する方向、場所、物、人、および話し手自身を示す。「こちら」の方が、「こっち」より丁寧な言い方。**【英】** *here*【2】「そちら」「そっち」は、聞き手の側に属する方向、場所、物、人、および聞き手を示す。「そちら」の方が、「そっち」より丁寧な言い方。【3】「あちら」「あっち」は、話し手、聞き手の両者から離れた方向、場所、物、人を示す。また、二つの物のうち、遠い方をさす。「あちら」の方が、「あっち」より丁寧な言い方。**【英】** *there*【4】「こちら」「こっち」は「此方」、「そちら」「そっち」は「其方」、「あちら」「あっち」は「彼方」と当てる。

【関連語】◆(**かなた**)(代名)「あちら」の意の文章語。「はるかかなたから聞こえてくる笛の音」「敵はかなたにいる」

8 17-47

そこ／そこら

【関連語】◆(そこいら)◆(そんじょそこら)

共通する意味★相手側の場所、もしくは話題の場所。**【英】** *there*

使い方▼〔**そこ**〕(代名)▽そこの新聞をとってください▽そこを動かないで▽そこに行けば彼女に会えるだろう　〔**そこら**〕(代名)▽そこらにわたしの時計がなかったかしら▽そこらに腰をおろせる場所はないか

使い分け【1】「そこら」は、「そこ」より広く漠然とした範囲を表わす。また、「千円やそこらなら貸してあげるよ」のように、名詞として、数量を表わす語に付いて、おおよその程度を表わす場合もある。【2】「そこら」は、話し言葉として使われることが多い。【3】「そこ」は「其処」、「そこら」は「其処ら」と当てる。

【関連語】◆(**そこいら**)(代名)「そこら」より少しくだけた言い方。「そこいらをひとっ走りしてきな」◆(**そんじょそこら**)(代名)「そこら」を強めた言い方。あとに否定の表現を伴って用いられることが多い。「そんじょそこらでは手に入らない珍しい品物だよ」

8 17-48

あそこ

意味★話し手、聞き手の両者から離れているが、見えたり共通の理解があったりする場所をさし示す語。**【英】** *over there*

使い方▼〔あそこ〕(代名)▽あそこの角まで送って行こう▽あそこにベンチがあるよ

◈話し手と聞き手双方が知っている場所を漠然とさし示す場合にも用いる。また、物事の進展の度合いや程度をいう。「明日もあそこで会おうね」「あそこまで言わなくても…」

8 17-49 どこ／いずこ／どこら

共通する意味★不定の場所。【英】*where*

使い方▼〔どこ〕(代名)▽彼はどこにいますか▽君はどこの生まれだ 〔いずこ〕(代名)▽いずこともなく立ち去る▽いずこも人の情は同じ 〔どこら〕(代名)▽どこらまで行っただろう

使い分け【1】「いずこ」は、文章語。【2】「どこら」は、「どこ」よりも広い範囲を漠然と示し、どの辺の意で用いられる。「どこら」は、話し言葉として使われることが多い。【3】「どこ」「いずこ」は「何処」、「どこら」は「何処ら」と当てる。

8 17-50 どちら／どっち

【関連語】◆(いずかた)

共通する意味★不定の場所、方向。

使い方▼〔どちら〕(代名)▽どちらからおいでですか 〔どっち〕(代名)▽どっちへ行くの

使い分け【1】「どちら」の方が、「どっち」よりも丁寧な言い方。【英】*where*【2】「どちら」は、「失礼ですがどちら様ですか」のように、不特定の人の意でも用いられる。また、両語ともに、「どちらでも好きな方をお取りください」「どっちか一つ選びなさい」のように、複数のもの、特に二つの中から、限定しないまま、そのうちの一つを取り立てて示す場合にも用いられる。【英】*which*【3】いずれも、「何方」と当てる。

【関連語】◆(いずかた)(代名)「どちら」の意の文語的表現。「いずかたからともなく聞こえる笛の音」

8 17-51 あちらこちら／そこかしこ／ここかしこ

【関連語】◆(あちこち)◆(おちこち)

共通する意味★あちらの場所やこちらの場所。いろいろな所。【英】*here and there*

使い方▼〔あちらこちら〕(代名)▽いなくなった愛犬を捜してあちらこちら歩き回った 〔そこかしこ〕(代名)▽事故現場にはガラスの破片がそこかしこに散らばっていた 〔ここかしこ〕(代名)▽山の斜面のここかしこに残雪がある

使い分け「あちらこちら」が、最も日常的な言い方。「そこかしこ」「ここかしこ」は、やや古い言い方。

【関連語】◆(あちこち)(代名)「あちらこちら」よりくだけた言い方。「あちこち歩き回ってくたびれた」◆(おちこち)(代名)「あちらこちら」の意の古い言い方。「国のおちこちから参集した俊秀たち」◈「遠近（おちこち）」の意から。

参照▼あちこち⇒804-17

8 17-52 方方（ほうぼう）／隅隅（すみずみ）／各地（かくち）

【関連語】◆(諸所)（しょしょ）

共通する意味★いろいろな所、方角、方面。【英】*every nook and cranny*

使い方▼〔方方〕▽部屋の方々にごみがちらかっている▽方々の国から留学生がやって来る 〔隅隅〕▽電気は今や隅々まで普及した▽隅々に神経のゆきとどいた接待 〔各地〕▽ワールドカップは各地を転戦してまわる▽日本各地の天気

使い分け【1】「方方」は、ある場所を基準として、そこからいろいろな方面ということ。「隅隅」は、ある範囲の中のいたる所ということ。また、「隅隅」は、普及や浸透の度合いが「方方」よりきめ細かい場合にいう。【2】「各地」は、いろいろな土地という意でのみ用いられる。

【関連語】◆(諸所)さまざまな所の意の改まった言い方。「諸所を巡って修行を積む」

8 17-53 四方（しほう）／八方（はっぽう）／四方八方（しほうはっぽう）

共通する意味★あらゆる方角、方向。【英】*every direction*

使い方▼〔四方〕▽四方を山で囲まれた盆地▽名声が四方にとどろく 〔八方〕▽八方手を尽くしたが、病には勝てなかった▽八方美人 〔四方八方〕▽四方八方かけずり回る

使い分け【1】「四方」は、四つの方角、方向、すなわち、東・西・南・北のこと。空間についてだけいう。【2】「八方」は、東・西・南・北と、北東・北西・南東・南西の八つの方角。心配り、処理などのあらゆる方面の意で使うことが多い。【3】「四方八方」は、あらゆる方角を強調した言い方。

8 17-54 所所（ところどころ）／そこここ

【関連語】◆(所所)（しょしょ）◆(そちこち)

共通する意味★そこの場所やここの場所。【英】*in places*

使い方▼〔所所〕（ところどころ）▽台風で、鉄道が所々不通になっている▽先生の講義は所々聞きとれなくて困る 〔そこここ〕(代名)▽そこここの店でバーゲンセールをしている▽公園のそこここで弁当をひろげる親子づれ

使い分け「所所」は、空間以外についてもいう。

【関連語】◆(所所)（しょしょ）いくつかの所の意の改まった言い方。「所々方々」◆(そちこち)(代名)「そこここ」のやや古い言い方。「そちこちの友に便りをしたためる」

8 17-55

多角(たかく)／多方面(たほうめん)／多面(ためん)／多岐(たき)

共通する意味★多くの分野にかかわりを持っていること。**【英】** *multiple*

使い方▼〔多角〕▽多角的に研究する▽多角経営　〔多方面〕(名・形動)▽多方面にわたる知識▽多方面で活躍する　〔多面〕▽多面にわたり能力を発揮する▽事件の多面性　〔多岐〕(名・形動)▽多岐にわたって解説してある▽複雑多岐

使い分け【1】「多角」は、他の語と複合して用いられることがほとんどである。【2】「多方面」「多面」は、いくつもの方面の意。「多面」は、他の語と複合することも多い。「多方面」の方が、一般的な言い方である。【3】「多岐」は、道が何本にも分かれていることをいい、一つの事がさまざまな方面に及んでいることを表わす。

8 17-56

これ／それ／あれ／どれ／この／その／あの／どの

〔関連語〕◆(かの)

共通する意味★具体的に説明したり、直接に名前を言ったりすることなしに、ある物事をさし示す語。

使い方▼〔これ〕(代名)▽これは私の本です▽これが私の本音です▽これより先は立入禁止だ▽これで終わりです　〔それ〕(代名)▽それはラジオです▽それを私は言いたかった▽これは造花ですが、それは本物です▽それは初耳です　〔あれ〕(代名)▽あれは富士山です▽あれを取ってください▽あれ、どこにしまった、ほら、あの白いネクタイ▽あれ見て、あの洋服、あれいいと思わない　〔どれ〕(代名)▽どれが好きですか▽どれを買ったらいいか▽どれを見ても良くなかった　〔この〕(連体)▽この本は便利だ▽この写真を見るたびに母を思いだす▽変だな、確かこの辺りに置いたはずだけれど…　〔その〕(連体)▽その気持ちが大切だ▽その話はよく分かった▽そのころは私もこの町に住んでいました　〔あの〕(連体)▽あの風船はどこへ飛んで行くのだろう▽あのころはお互い若かった　〔どの〕(連体)▽どの本が難しいか知っていますか▽どの先生の講義を聞いてもつまらない

使い分け【1】「これ」「それ」「あれ」「どれ」は、単独で用いることができるが、「この」「その」「あの」「どの」は、必ず後に名詞を伴う。【2】「これ」「この」は、話し手、聞き手ともに関心が強く、近くに存在する対象に対して、あるいは話し手が自分の意識の範囲と感じる対象に対して用いる。また、文中で前に述べたことを受ける形で用いることもある。**【英】** *this* 【3】「それ」「その」は、近くも遠くもない対象に対して、または話し手か聞き手のどちらかが知覚できない対象に対して、あるいは話し手が聞き手の意識の範囲にあると感じる対象に対して用いる。また、文中で前に述べたことを受ける形で用いることもある。**【英】** *the* 【4】「あれ」「あの」は、話し手、聞き手にとって関心が強く、遠くに存在する対象に対して、あるいは話し手、聞き手双方の意識の範囲に属さない対象に対して用いられる。**【英】** *that* 【5】「どれ」「どの」は、限られた範囲の中から特定のものをさし示す場合に用いる。また、「どれを…ても」「どの…も(にも)」の形で、どれと限定することなくすべて、の意を表わす。**【英】** *which*

〔関連語〕◆(かの)(連体)あの、例の、の意の文語。「かの有名な作家」

8 17-57

何(なに)か／どこか／いつか

共通する意味★疑問の意を表わしたり、不特定の対象を指示したりする語。**【英】** *what*(何); *where*(どこか); *when*(いつか)

使い方▼〔何か〕(連語)▽何かください▽何かおいしい物が食べたい▽何かの機会にまた会えるよ▽本か何か読んでいてください▽あの人は何か変だ　〔どこか〕(連語)▽どこかで待ち合わせしよう▽あの人はどこか変だ▽新宿かどこかの駅に忘れてきたのだろう　〔いつか〕(副)▽いつか親の気持ちがわかる時が来る▽いつか都合のいい日に行く▽いつかの騒ぎは結局どうなったの

使い分け【1】各疑問詞の意によって、それぞれ対象が物のときは「何か」、場所のときは「どこか」、日時などの時間のときは「いつか」を用いる。【2】「あの人は何か変だ」と、「あの人はどこか変だ」は、ほぼ同意。「何か変だ」は、はっきり何が変かはわからないが何かが変だの意、「どこか変だ」も、はっきりどこが変かは言えないがどこかが変だの意である。

8 17-58

何(なに)やかや／どうこう

〔関連語〕◆(何くれ)なにくれ

共通する意味★あれこれいろいろと。**【英】** *this and that*

使い方▼〔何やかや〕(副)▽彼は何やかや言っては親に金をせびる▽あの人は何やかやと私の面倒を見てくれる　〔どうこう〕(副)▽今さら失敗の理由をどうこう言っても仕方がない▽あなたにどうこうしてくれと頼んではいない

	今更□言われてもどうしようもない	彼は□文句をつけたがる	あなたを□するつもりはない
何やかや	○	○	-
どうこう	○	-	○

使い分け【1】「何やかや」は、「何やかや文句を言う」「何やかや面倒を見てくれる」のように、否定的にも肯定的にも用いられる。話し言葉では、「なんやかや」「なんやかんや」ということも多い。【2】「どうこう」は、「どうのこうの」の意で、否定的な意で用いられるのが普通である。

【関連語】◆(何くれ)(代名)あれこれいろいろと。「何くれと」「何くれとなく」の形で使われることが多い。「なにくれとお世話頂いた」

8 17-59 傾き／傾斜／勾配

共通する意味★斜めになった、その度合い。【英】*a slope*

使い方▼〔傾き〕▽この坂は傾きが急だ▽家の傾きがひどい　〔傾斜〕スル▽ピサの斜塔は今でもわずかずつ傾斜し続けている▽肩の線の傾斜をゆるやかにしたブラウス　〔勾配〕▽この斜面は勾配が二〇度ある▽緩い勾配の付いた陸橋

使い分け【1】「傾き」は、水平面に対してだけでなく、垂直面、また一定の基準線に対する斜めの度合いについても、用いることができる。また、「人命軽視の傾きがある」のように、とかくそうなりがちなさま、傾向の意もある。【2】「傾斜」は、傾くこと。また、その度合いをいう。また、「若者たちは左翼的思想に傾斜していった」のように、ある方向に気持ちや考えの傾くこともいう。【3】「勾配」は、水平面に対する斜めの度合いについてのみ用いられる。

8 17-60 斜め／はす

【関連語】◆(斜面)しゃめん◆(はすかい)◆(筋向かい)すじむかい

共通する意味★垂直・水平の位置からずれて、傾いているさま。【英】*a slant*

使い方▼〔斜め〕(名・形動)▽壁に掛けたカレンダーが斜めになっている▽道路を斜めに横切る▽右斜め前へ半歩前進　〔はす〕▽ごぼうをはすに切る▽刀をはすに構える▽はす向かい

使い分け【1】「斜め」は、水平、垂直でない方向を表わすだけだが、「はす」は、斜めに横切っていることをいう。【2】「斜め」は、「世間を斜めに見る」「ご機嫌斜め」のように、普通と違っているさま、特に悪いさまにも使う。【3】「はす」は、「世の中をはすに見る」のように、普通と違っているさまにも使い、また、「斜め」より、くだけた文の中で使うことが多い。

【関連語】◆(斜面)傾いている面。「山の斜面」◆(はすかい)斜めに交わること。「家のはすかいに銭湯がある」◆(筋向かい)道を隔てて斜め向こう側。「筋向かいのたばこ屋」

8 17-61 隅／角／端／縁／へり／際

【関連語】◆(隅っこ)すみっこ◆(端っこ)はじっこ

共通する意味★物の中央から離れた、外周に近い部分。【英】*a corner*

使い方▼〔隅〕▽部屋の隅にほこりがたまっている▽重箱の隅をつつく▽隅におけない　〔角〕▽角を曲がってすぐの家▽机の角　〔端〕はし▽端から端まで▽ノートの端にメモする　〔縁〕▽眼鏡の縁▽黒い縁の葉書　〔へり〕▽川のへりに立つ▽ベランダのへりに植木鉢をおく　〔際〕▽がけの際に立つ▽窓際▽塀際

	机の□に花瓶をおく	道の□を歩く	岩の□にひざをぶつけた	目の□が赤い
隅	○	○	-	-
角	○	-	○	-
端	○	○	△	△
縁	△	○	-	○
へり	○	○	-	△
際	△	○	-	-

使い分け【1】「隅」は、物のとがって突き出た部分を内側から見た場合にいい、「角」は、外側から見た場合にいう。【2】「端」は、棒状のものの両端部分や、ある広がりを持った物の、外周に近い部分をいう。「はじ」ともいう。【3】「縁」は、平面状のもの、あるいは立体の外周部分をいう。【4】「へり」は、平面状のものの外周部分をいう。「縁」とも書く。【5】「際」は、物の外周部分で他の物と接する所をいう。【6】「角」は、「角のある人」などのように、円滑でない、きつい性格という意もある。

【関連語】◆(隅っこ)「隅」のくだけた言い方。「押し入れの隅っこに隠れる」◆(端っこ)「端」のくだけた言い方。「ページの端っこを折っておく」

8 17-62 ほとり／端

共通する意味★物のへりに近いところ。【英】*neighborhood*

使い方▼〔ほとり〕▽湖のほとりのホテル　〔端〕はた▽道の端

使い分け【1】「ほとり」は、ある物や場所のそばをいうが、川、池、海など水のそばに多く用いる。「辺」「畔」とも書く。【2】「端」は、ある物のそばをいい、「ほとり」よりも広い範囲に用いる。また、「端の迷惑も考えろ」のように、周囲の人のこともいう。

参照▼端はた⇒817-35

8 17-63 一角／一隅／片隅

共通する意味★一つの隅。また、一部分。【英】*a corner*

使い方▼〔一角〕▽ビルの一角を借りて展示会を開く▽文壇の一角に現れた大型新人　〔一隅〕▽部屋の一隅を照らすランプ　〔片隅〕▽公園の片隅にひっそりと咲くすみれ

使い分け【1】「一隅」は、「片隅」の意の漢語。【2】「片隅」は、「大都会の片隅でひっそりと生きる」のように、目立たない場所にいう。

8 17-64 垂直／鉛直

【関連語】◆(直角)

共通する意味★重力の働く方向。【英】perpendicular

使い方▼〔垂直〕(名・形動)▽柱を垂直に立てる 〔鉛直〕(名・形動)▽鉛直線

使い分け【1】「垂直」「鉛直」とも、物体を糸でつったとき、糸が示す方向のことで、ほぼ同意だが、「垂直」が一般的に用いられるのに対し、「鉛直」は、あまり用いられない。【2】「垂直」は、数学で、直線や平面がそれぞれ互いに九〇度で交わることもいう。

反対語▼水平

【関連語】◆(直角)(名・形動)二直線が交わってできる角が九〇度であること。「二つの直線が直角に交わる」「直角三角形」

8 17-65 方向／方角／方位

【関連語】◆(方)◆(向き)

共通する意味★ものの運動や、位置をとらえるうえで、地上や空間に意識される線が向いている所。【英】a direction

使い方▼〔方向〕▽斜め左の方向から光を受ける▽時計と逆まわりの方向▽方向感覚▽進行方向 〔方角〕▽公園は駅から東の方角になる▽駅から港の方角に車を走らせる▽方角を失う(＝進むべき方向が分からなくなる)▽方角違い(＝見当違い)なことをいう 〔方位〕▽磁石で方位を確認する▽東西南北の四方位

	方向	方角	方位
巽(たつみ)の□	○	○	○
この□に進むと良い	○	○	-
風の□が変わる	○	-	-
現在位置の□を測る	-	-	○

使い分け【1】「方向」は、ある運動の軌跡や視線など、出発点から先にのびていく線の向いている所を表わす。また、直線ばかりでなく、「時計と逆まわりの方向」のように、曲線にもいう。【2】「方角」は、ある場所を基準として、東、西、南、北などの「方向」をいう。また、向かっている「方向」のこともいう。【3】「方位」は、地上で、東西南北の軸、あるいはそれを等分に分割して定めた「方角」。東西南北の四方位を分割して、北東、南東などの八方位、さらに分割して北北東、南南西などの十六方位になる。古くは、北は子、東は卯、南は午、西は酉のようにそれぞれ十二支をあてはめた。

【関連語】◆(方)おおむねその方角に当たる所。「北の方に向かう」「ぼくの方を見なさい」◆(向き)方角や方向。「風の向きが変わる」「家を南向きに建てる」

参照▼方向⇒208-62

8 17-66 東／西／南／北

共通する意味★方角の種類。

使い方▼〔東〕▽東の窓から朝日を眺める▽東の風が吹く 〔西〕▽西に面した窓▽天気は西から崩れる 〔南〕▽家屋の南は庭になっている▽南半球 〔北〕▽北に向いた玄関▽進路を北にとる

使い分け【1】「東」は、太陽の昇る方向。【英】east 【2】「西」は、太陽の沈む方向。【英】west 【3】「南」は、太陽の昇る方向に向かって右の方向。【英】south 【4】「北」は、太陽の昇る方向に向かって左の方向。【英】north

8 17-67 向こう／向こう側

共通する意味★物を隔てた反対の側。【英】the other side

使い方▼〔向こう〕▽川の向こうを眺める▽道路の向こうは別の町だ 〔向こう側〕▽山の向こう側にも集落がある▽金星が月の向こう側に隠れた

使い分け【1】「向こう」は、「恋人が海の向こうに行ってしまった」のように、物を隔てて遠くの意、「向こうへ着いたらお便りください」のように、空間を隔てて遠くの意、「この線から向こうへは行ってはいけない」のように、物を基準にしてその先の意、「向こうから飛行機が来た」「向こうに塔が見えるだろう」のように、自分の対する前方遠くの意、「邪魔だから向こうへ行っていろ」「この荷物を向こうへ持って行こう」のように、自分から離れたある所の意でも用いられる。【2】「向こう側」は、相対しているものの、もう一方という意識が強い。【3】「向こう」には、「向こう一か月間休みをください」のように、未来の時、今後の意がある。【4】「向こう」「向こう側」には、「向こうがその気ならこっちにも考えがある」「向こう側の意見も聞いてみよう」のように、相手、先方の意もある。

8 17-68 北上／南下／北進／東進

共通する意味★ある方角に進むこと。

使い方▼〔北上〕スル▽台風が北上する 〔南下〕スル▽街道を南下する 〔北進〕スル▽敵艦隊が北進を続ける 〔東進〕スル▽征討軍が東進する 〔南進〕スル▽探検隊は一路南進した 〔西進〕スル▽隊商はオアシスをめざし西進した

使い分け【1】「北上」「北進」は、ともに北に向かって進むこと。地図を念頭においているような場合には、「北上」を用いることが多い。【英】going north 【2】「南下」「南進」は、ともに南に向かって進むこと。地図を念頭においているような場合には、「南下」を用いることが多い。【英】going south 【3】「東進」は、東に向かって進むこと。

【英】*going east*【4】「西進」は、西に向かって進むこと。【英】*going west*

8 17-69 上り（のぼり）／上京（じょうきょう）

共通する意味★首都以外の地から首都に行くこと。また、首都に来ること。【英】*coming* [*going*] *up to the capital*

使い方▼〔上り〕▽次の上りの列車は九時発だ 〔上京〕スル▽地方から学生が上京して来る▽父の上京を待つ

使い分け【1】「上り」は、列車・バスなどが首都に向かうこと。また、その列車やバス。ほかに、郊外から中心部へ向かう場合にもいう。元来は、低い所から高い所へ移動することをいう。【2】「上京」は、特に東京に行くことをいう。

反対語▼上り⇔下り

8 17-70 行方（ゆくえ）／行き先（ゆきさき）／行く先（ゆくさき）／行く手（ゆくて）

共通する意味★進んで行く先。【英】*one's whereabouts*

使い方▼〔行方〕▽行方を定めず歩き回る▽行方不明 〔行き先〕▽行き先を確かめないでバスに乗る▽必ず行き先を知らせよ 〔行く先〕▽行く先を告げずに出かける▽激流が行く先をはばんでいる 〔行く手〕▽山が行く手を遮っている▽行く手には広野が広がっている

使い分け【1】いずれも、空間を実際に移動していく先をいうが、時間的に先、すなわち、前途や将来の意でも用いられる。「勝敗の行方を占う」「子供の行き先を案ずる」「今からこれでは行く先が気がかりだ」「行く手には希望と困難が待ち受けている」【2】空間的な意味と、時間的な意味との相違点は以下の表のとおりである。

	空間的意味	時間的意味
行方	単なる進んで行く先	今後の成り行き
行き先	目的地として行く所	成り行き上の将来
行く先	目的地として行く所、および進路として向かう方向	成り行き上の将来、および能動的行動により開く将来
行く手	進路として向かう方向	能動的行動により開く将来

【3】「行方」「行き先」には、「あの人の行方が分からない」「行方をくらます」「社長の行き先が不明である」「行き先から電話をしてきた」のように、行った先の意がある。

8 17-71 順序（じゅんじょ）／順（じゅん）／順番（じゅんばん）

【関連語】◆（席次）せきじ◆（番）ばん◆（席順）せきじゅん◆（序列）じょれつ◆（順位）じゅんい

共通する意味★ある一定の基準に従って決められた配列。また、その配列によって物事を行うこと。【英】*order*

使い方▼〔順序〕▽順序を守って実験する▽順序よく並ぶ 〔順〕▽背の順に並ぶ▽先着順 〔順番〕▽順番をまちがえる▽順番が狂う

	□を追って話す	□が回ってくる	ABCの□	□につめて座る
順序	○	-	-	-
順	○	-	○	○
順番	-	○	△	○

使い分け【1】「順序」は、配列を構成している一つ一つを取り上げるよりも、全体を一つの秩序とみていう語。また、手順の意でも用いられる。「順序を踏む」「順序どおりに運ぶ」など。【2】「順」は、次々に途切れなく並べた配列をいう。「イロハ順」などのように、一定の並べ方を表わす語と複合する場合も多い。また、「順に」の形で副詞的に、順序を追って次々にの意でも使われる。【3】「順番」は、「順序」ほど全体としての配列にとらわれず、その中で次々に何かに当たるさまをいう。

【関連語】◆（番）回ってくる順番をいう。「次は私の番だ」◆（席順・席次）座席の順序。「席次」の方が改まった言い方。また、「席次」には、成績などによる順位の意もある。「クラスの席順を替える」「式典での席次を定める」「優秀な席次で卒業する」◆（序列）成績、地位、年齢など、一定の基準をもとに順序づけた配列。「序列を重んじる」「年功序列」◆（順位）ある順序に従って決めた位置、地位。「順位争いが激しい」

参照▼番⇒509-49

8 17-72 住所（じゅうしょ）／アドレス／番地（ばんち）

【関連語】◆（所番地）ところばんち

共通する意味★住んでいる場所。【英】*an address*

使い方▼〔住所〕▽住所を定める▽住所を控える▽住所録 〔アドレス〕▽アドレスを尋ねる▽アドレス帳 〔番地〕▽番地を調べる▽番地を控える▽五丁目五番地

使い分け【1】「住所」は、生活の本拠として住んでいる場所。普通は、場所を具体的に示す地名と番号をさすことが多い。「アドレス」も同様だが、あまり一般的ではない。【2】「番地」は、居住地を明示するために、市町村・大字などをさらに区分してつけた番号。

【関連語】◆（所番地）居住地の地名と番地。住所。

8 17-73 座席（ざせき）／席（せき）／座（ざ）

【関連語】◆（シート）◆（居所）いどころ

共通する意味★腰をおろすための物、場所。【英】*a seat*

8 事柄・性質

使い方▼〔座席〕▽バスの座席を人と代わる▽座席のかけ心地が悪い▽座席表　〔席〕▽良い席を確保する▽遅れて行ったので席がなかった　〔座〕▽所用で座をはずす

	□につく	□をはずす	バスで□を譲る	飛行機の□が壊れた
座席	○	−	○	○
席	○	○	○	△
座	○	○	−	−

使い分け【1】「座席」は、椅子(いす)、ベンチなど具体的に座る物を表わす。【2】「席」は、具体的に椅子などの座る物ではなく、座る場所をいう。また、「婚礼の席」「席を改める」のように、会や式などが行われる会場の意でも用いられる。【3】「座」は、座る場所の意味だが、「政権の座につく」のように、「高い地位」の意で用いられることも多い。また、「座を盛り上げる」「座をしらけさせる」のように、会、式など、人が集まった場の席の意でも用いられる。

【関連語】◆**(シート)**劇場、列車、車などの座席をいう。「車のシートを倒す」「シルバーシート」「シートベルト」「リクライニングシート」◆**(居所)**座っている場所。住んでいる場所の意で用いられることもある。「虫の居所が悪い(＝機嫌が悪い)」「居所の不明な同級生が何人かいる」

参照▼席⇒615-46

8 17-74 表裏(ひょうり)／裏表(うらおもて)

共通する意味★物事の表と裏。**【英】***inside and outside*

使い方▼〔表裏〕スル▽人生の表裏　〔裏表〕▽シャツの裏表

使い分け 二語とも、物事の表面と裏面の意のほか、物事の表面に現れた部分と、内面に隠された部分の意や、「表裏(裏表)のある人」のように、言葉や態度と内心の意で用いられる。ただし、具体的な物の表と裏を一つずつとらえていう場合には「裏表」を用いることが多く、「表裏」は、もっぱら外面と内面の両面を一組みとして表現する場合に限られる。

8 17-75 表(おもて)／表面(ひょうめん)／外面(がいめん)

共通する意味★物事の外に現れている部分。**【英】***surface*

使い方▼〔表〕▽アンケート用紙の表に名前を書く▽硬貨の裏と表　〔表面〕▽液体の表面に働く力▽月の表面にあるクレーター▽表面が毛で覆われている　〔外面〕▽外面の美しさばかりを追求する▽外面からは複雑な国民感情はうかがいしれない

	紙の□	布地の□の側	湖の□	高層ビルの□	□は平静を保つ
表	○	○	−	−	△
表面	○	−	○	−	○
外面	−	−	−	○	○

使い分け【1】「表」は、平面的なものの、裏ではない方。また、物事の外に現れている部分のうち、人の目につく部分をいう場合に用いられる。他に、「表で遊ぶ」「表に車をとめる」のように、戸外の意や、「人間は表を見ただけではわからない」のように、うわべ、外見の意でも使われる。【2】「表面」は、物事の外側の面それ自体の意で用いられる。平面的なもの、立体的なものを問わずにいう。【3】「外面」は、物事の外側の面、また外から見える様子をいう。【4】いずれも、物事の中心、本質にいたらない浅い部分、という意でも用いる。

反対語▼表⇔裏　表面⇔裏面　外面⇔内面

参照▼外面⇒001-07

8 17-76 面(めん)

【関連語】◆**(平面)**へいめん

意味★物体の外側の、平らかで一定の広がりを持った部分。**【英】***a side; a face*

使い方▼〔面〕▽この面とこの面とが相対している▽物体はすべて、面から構成されている

◆事柄や事態の、一定の性格の部分の意でも用いられる。「物事の明るい面を見る」「経済の面で大混乱を引き起こす」「あらゆる面から検討する」

【関連語】◆**(平面)**平らな面。数学で、その上にあるどの二点を通る直線も常にそれに含まれるような面。「立体を平面の上に投影する」

参照▼面⇒003-01 510-31

8 17-77 上面(うわつら)／皮相(ひそう)／上辺(うわべ)

共通する意味★物事の外面の、中心、本質にいたらない部分。**【英】***outward appearance*

使い方▼〔上面〕▽物事の上面しか見ていない▽上面だけの批評しかできない　〔皮相〕(名・形動)▽皮相な理解にとどまっている▽皮相な見方　〔上辺〕▽うわべは親切そうだが、だまされてはいけない▽うわべを飾る

使い分け【1】「上面」「上辺」は、人の性質や心に対しても用いる。「上面」は、「うわっつら」ともいう。【2】「皮相」は、「皮相な観察」のように、ものの見方、考え方が浅いという意で用いられることが多い。【3】三語とも、内面や本質とは違うという意味で、否定的に用いられる。

8 17-78 外(そと)／外部(がいぶ)

【関連語】◆**(外側)**そとがわ

共通する意味★あるものや、囲まれている領域の、中

から出た部分。【英】*the outside*

使い方▼【外】▽この線から外に出ないでください▽外から見ると穏やかな人だが　【外部】▽外部から眺めても内部の事情はわからない▽建物の外部▽外部の人間

使い分け【1】「外」は、特に、「外で遊びなさい」のように、家屋などの外部、すなわち戸外の意や、「外で食事する」のように、自分の家ではない別の所の意で用いられることも多い。【2】「外部」は、もっぱら建物や組織について用いられる。

反対語▼外⇔内　外部⇔内部

【関連語】◆【外側】外の方の側。⇔内側。「円の外側」「太陽系の外側に広がる宇宙」

8 17-79 裏側／裏手

共通する意味★表、正面の反対側。【英】*the back side*

使い方▼【裏側】▽建物の裏側に回る▽紙の裏側をメモに使う　【裏手】▽敵の裏手に回る▽神社の裏手に小高い山が見える

使い分け【1】「裏側」は、表、正面の反対側、およびその近辺。【2】「裏手」は、裏の方向、またその方向にあたる場所。

反対語▼裏側⇔表側

8 17-80 内容／中身

【関連語】◆（実質）

共通する意味★中に含まれている物。【英】*substance*

使い方▼【内容】▽教育の内容を豊かにする▽内容のない話▽缶の上面に内容を表示してある　【中身】▽人間は中身が大切だ▽中身の乏しい映画▽中身が入っていない空の箱

	荷物の□を調べる	報告の□を要約する	会議の□は次のとおり	かばんの□を入れ換える
内容	○	○	○	-
中身	○	△	-	○

使い分け【1】「内容」は、あるものの内部を満たし、そのものを成立させているものをいうのに対して、「中身」は、単に中に入っているものをいう。したがって、「封筒の中身は金だ」とはいえるが、「封筒の内容は金だ」は不自然な表現となる。【2】「内容」「中身」ともに、「きれいに飾りたてても内容（中身）が伴わない」「外見だけで内容（中身）が変わるわけではない」のように、関連語の「実質」と同様の実際に備わっている事柄の意味で使われることがある。【3】「中身」は「中味」とも書く。

【関連語】◆【実質】実際に備わっている事柄。「物価の値上がりで実質の賃金は減った」「外見だけで実質が伴わない」

8 17-81 裏／裏面／背後

【関連語】◆（背面）

共通する意味★物事の正面あるいは表と反対の、目につかない部分。【英】*the reverse (side)*

使い方▼【裏】▽名刺の裏に欧文を刷る▽玄関が開かないので裏から入る　【裏面】▽回答用紙の裏面の説明　【背後】▽背後に人の気配を感じる

	ちらしの□を使う	建物の□に回る	足の□	□から襲われる
裏	○	○	○	-
裏面	○	△	-	-
背後	-	○	-	○

使い分け【1】「裏」「裏面」は、目につかない部分が物事の目立つ部分（表・表面）と対になってとらえられるような場合に用いる。また、一般に、人の目にふれない内側の部分、隠された部分をいうことが多い。「背広の裏に凝る」「裏をかく」「裏であやつる」【2】「背後」は、「事件の背後にある真実」「背後関係」のように、人や物、出来事の後ろにあって隠れて目につきにくい部分についても用いられる。【3】三語とも、出来事や事柄の目につきにくい部分を表わすが、「裏面」が、単に、目につかない部分ということだけを表わすのに対し、「裏」「背後」は、なんらかの事情で目につかないように隠れている部分を表わすことが多い。

反対語▼裏⇔表　裏面⇔表面

【関連語】◆【背面】ものの後ろの側。「背面から攻撃をうける」「背面跳び」

8 17-82 内／中／内面／内部

【関連語】◆（内側）

共通する意味★あるものや、囲まれている領域の、外側でない部分。【英】*the inside*

使い方▼【内】▽内からかぎをかける▽生徒の内から代表者を選ぶ　【中】▽かばんの中へ入れる▽三人の中から選ぶ　【内面】▽宝石箱の内面　【内部】▽建物の内部

使い分け【1】「内」は、ある一定の範囲中であること。「今月の内に休暇を取る」「五千円より内」のように、ある時間や程度、分量などが範囲内であることを表わすこともある。また、「うちへ帰る」「うちの編集長」「うちの人」のように、自分の家や所属している所を示すこともある。この場合、仮名書きが普通。【2】「中」は、空間的に限られた物に対して用いられることが多く、「内」のように、時間や程度、分量などに対して使われることは少ない。また、「お忙しい中をどうも」のように、ある状態が継続しているところの意で用いられることもある。【3】「内面」は、物の内部に向いた面。また、「内面をのぞかせる」

表情」のように、人間の精神、心の意味でも用いられる。【4】「内部」は、もっぱら建物や組織について用いられる。
反対語▼内⇔外　内面⇔外面　内部⇔外部
【関連語】◆**(内側)**物の、中の方の側。**【英】** *inside* ⇔外側。「円の内側に入る」「塀の内側をのぞきこむ」「手袋の内側」
参照▼内⇒209-26　中(なか)⇒817-25　内面⇒209-01　内部⇒511-46

817-83 圏内(けんない)／埒内(らちない)／枠内(わくない)／限り(かぎり)

共通する意味★ある条件づけをされた範囲のうち。**【英】** *within a radius (of)*
使い方▼〔**圏内**〕▽暴風雨圏内▽大気圏内　〔**埒内**〕▽精神医学の埒内の問題　〔**枠内**〕▽予算の枠内でおさまる▽常用漢字の枠内　〔**限り**〕▽見渡す限りの砂浜▽力の限り戦う▽急患はこの限りでない
使い分け【1】「圏内」は、ある勢力、事柄の及ぶ範囲の内。他の語と複合して用いられることが多い。【2】「埒内」は、条件づけにより制限される範囲を超えないという意を含んで用いられることが多い。【3】「枠内」は、範囲が数量的に具体的に定められている場合に用いられることが多い。【4】「限り」は、ある条件づけの範囲の境界をぎりぎりのものとして表現する場合に用いられることが多い。
反対語▼圏内⇔圏外　埒内⇔埒外　枠内⇔枠外
参照▼限り⇒814-30

817-84 圏外(けんがい)／埒外(らちがい)／枠外(わくがい)

共通する意味★ある条件づけをされた範囲の外。
【英】 *(outside) a radius (of)*
使い方▼〔**圏外**〕▽暴風雨の圏外▽地球の引力の圏外に出る▽北欧文化の圏外にある国　〔**埒外**〕▽自然科学の埒外の問題▽医師として埒外の行為　〔**枠外**〕▽予算の枠外の出費▽教育漢字の枠外の字
使い分け【1】「圏外」は、ある勢力、事柄の及ぶ範囲の外。【2】「埒外」は、条件づけによって制限されている範囲からの逸脱の意で用いられる。【3】「枠外」は、範囲が数量的に具体的に定められている場合に用いられる。
反対語▼圏外⇔圏内　埒外⇔埒内　枠外⇔枠内

817-85 地下(ちか)／地底(ちてい)

共通する意味★地面の下。**【英】** *underground*
使い方▼〔**地下**〕▽地下二階地上八階のビル▽地下室　〔**地底**〕▽地底のマグマが爆発する
使い分け【1】「地下」は、地面の下であるならば、その深さの程度は問わないが、「地底」は、「地下」よりもはるかに深い所をいう。【2】「地下」には、「地下にもぐる(＝非合法の活動をする)」「地下組織」「地下出版」のように、表面に現れない所の意もある。
反対語▼地下⇔地上

817-86 場外(じょうがい)／野外(やがい)／屋外(おくがい)／戸外(こがい)

【関連語】◆**(野天)**(のてん)◆**(露天)**(ろてん)
共通する意味★施設や建物の外。**【英】** *outside the hall; the outside*
使い方▼〔**場外**〕▽入りきれないファンが場外にあふれた▽場外ホームラン　〔**野外**〕▽野外での演劇を楽しむ▽野外活動　〔**屋外**〕▽屋外でのトレーニングに汗を流す▽屋外のスケートリンク　〔**戸外**〕▽戸外で月を眺める▽子供が戸外にとびだしていく
使い分け【1】「場外」は、ある催し物の行われている会場の外の意で用いられる。【2】「野外」は、いろいろな建物の外の意のほか、都会から離れた自然の多い所、郊外の意で用いられることもある。【3】「屋外」は、家や体育館、校舎、社屋など、建物一般の外をいう。【4】「戸外」は、もっぱら家の外の意で用いられる。
反対語▼場外⇔場内　屋外⇔屋内
【関連語】◆**(野天・露天)**外の屋根のない所。「野天風呂(ぶろ)」「露天風呂」

817-87 日向(ひなた)／日溜まり(ひだまり)

【関連語】◆**(日当たり)**(ひあたり)
共通する意味★日光があたる場所。**【英】** *sunshine*
使い方▼〔**日向**〕▽洗濯物を日なたに干す▽日なたに出て遊ぶ▽日なたぼっこ▽日なたくさい　〔**日溜まり**〕▽縁側の日だまりで猫が丸くなっている▽庭の日だまりに草の芽が出ている
使い分け【1】「日向」は、日光が当たる場所を広くいうが、「日溜まり」は、特に日光がよく当たって暖かくなっている所をいう。【2】「日溜まり」は、冬など日光の比較的弱いときに用いられることが多い。
反対語▼日向⇔日陰
【関連語】◆**(日当たり)**日光の当たりぐあい。「日当たりがいい南向きの部屋」

817-88 陰(かげ)／日陰(ひかげ)／物陰(ものかげ)

共通する意味★物にさえぎられたところ。**【英】** *the shade*
使い方▼〔**陰**〕▽家の陰▽屏風(びょうぶ)の陰にかくれる▽柱の陰　〔**日陰**〕▽日陰で休む▽日陰で涼をとる　〔**物陰**〕▽物陰にひそむ▽物陰から石を投げる
使い分け【1】「陰」は、最も広く用いられ、「木の陰で休む」のように、日光や風の当たらないところ、「ついたての陰」のように、物の後ろ、「陰で悪口を言う」のように、人目につかないところ、あるいは、本人の居合わせないところ、また、「犯罪の陰に女あり」のように、物事の裏面の意、「かげのある人」のように、暗さを感じさせる性格、雰囲気の意でも用いられる。【2】「日陰」は、物に遮られて日光の当たらないところ。また、「日陰の身」のように、公然と世の中に顔を出すことができないような立場の意もある。【3】「物陰」は、物に隠れて見えない所。

反対語▼日陰⇔日向

8 17-89 葉陰(はかげ)／木陰(こかげ)／樹陰(じゅいん)／緑陰(りょくいん)

共通する意味★樹木の葉が日光を遮ってできる日陰の場所。**【英】** *the shade of a tree*

使い方▼〔葉陰〕▽葉陰に見え隠れする赤い実　〔木陰〕▽木陰で一休みする　〔樹陰〕▽熱帯の樹陰を進む　〔緑陰〕▽緑陰の洋館▽緑陰読書

使い分け【1】「葉陰」は、葉が重なり合って光を遮ることによってできるほの暗い空間。【2】「樹陰」は、「木陰」より大きな木について用いることが多い。【3】「木陰」「緑陰」は、涼しく気持ちのよい所の意を含んで用いる場合が多い。【4】「緑陰」は、多く、文学的表現の中で用いられる。

8 18 …価値

8 18-01 良(よ)い／いい

共通する意味★物事や行為がすぐれていて正しく、好ましい。**【英】** *good*

使い方▼〔良い〕(形)▽善い行いをする▽天気が良い▽けががなくてよかった▽嘘(うそ)をつくのは良くない▽雨が降りそうだから傘を持っていったほうがよかろう　〔いい〕(形)▽あの人は本当にいい人だ▽こんなに早朝から練習するなんていい根性をしている▽暑いから外出しないほうがいい▽このスーツはなかなかかっこうがいい

使い分け【1】「いい」は、「良い」の変化した語で、「良い」よりもくだけた言い方。終止形と連体形だけがあり、話し言葉として現在では「よい」より多く使われている。【2】二語とも、正邪・善悪の立場から、正しい意や、性質、状態、機能、様子などがまさっている意を表わす。また、「よい（いい）所へ来合わせる」のように、適当である意や、「もう帰ってもよい（いい）」のように、承認できる意を表わす。【3】「良い」は、「善い」とも書く。「いい」は、仮名書きが一般的。

反対語▼悪い

8 18-02 良好(りょうこう)／優良(ゆうりょう)

共通する意味★物事の状態が好ましく、良いこと。**【英】** *good*

使い方▼〔良好〕(名・形動)▽手術後の経過は良好だ▽感度良好　〔優良〕(名・形動)▽特に優良と認められた作品▽健康優良児

使い分け【1】「良好」は、経過や結果などが、好ましく、良い状態にあること。【2】「優良」は、性質、品質、成績などがすぐれていて良いこと。多く、比較する他のものがある場合に使われる。

反対語▼優良⇔劣悪

8 18-03 善(ぜん)

意味★道徳や倫理にかなった、正しいこと。よいことや好ましいこと。また、そのような行い。**【英】** *virtue* ⇔悪(あく)

使い方▼〔善〕▽善と悪の区別もつかない▽善は急げ（＝よいことは急いで実行しろ）

8 18-04 悪(わる)い／いけない／けしからん

【関連語】◆（禁物）きんもつ

共通する意味★物事や行為が好ましくない。**【英】** *bad*

使い方▼〔悪い〕(形)▽たばこは健康に悪い▽あいつは始末に悪い▽人をだますのは悪いことだ▽人を悪く言う　〔いけない〕(連語)▽こんなことをしてはいけない▽この子は気が弱くていけない▽かぜだって、それはいけないね▽この時計はもういけない　〔けしからん〕(連語)▽あいつはけしからんやつだ▽一時間も待たせるとはけしからん

	こんなことをするとは□子だ	□ことはできない	行っては□	黙ってとるとは□
悪い	○	○	-	-
いけない	○	-	○	-
けしからん	○	-	-	○

使い分け【1】「悪い」は、道徳的にみて正しくない意や、一般的に成績、発音、品質、出来、手ざわり、評判などが、好ましくない、正しくない、好都合でない意などで用いられる。【2】「いけない」は、道徳的にみて、あるいは善悪の規準に照らしてみて正しくない意。「悪い」より幾分やわらかい言い方になる。また、回復の見込みがない、だめだ、使いものにならないなどの意もある。【3】「けしからん」は、「いけない」にくらべて非難の気持ちが強い。「…するとはけしからん」という形で多く使われる。

反対語▼悪い⇔良い・いい

【関連語】◆（禁物）してはならない物事。また、しないほうがよい物事。「油断は禁物だ」「元気になったといっても無理は禁物」

818-05 利点／メリット

共通する意味★有利な点。【英】*a merit*

使い方▼〔利点〕▽新税法の利点▽企業合併の利点
〔メリット〕▽機械化によるメリットは大きい▽当方で引き受けてもメリットはない

使い分け「利点」は、何かのために利益がある有利な事柄を表わす。「メリット」も、ほぼ同意だが、ほかに、あることをするだけの価値があるという意も表わす。

反対語▼メリット⇔デメリット

818-06 特長(とくちょう)／長所(ちょうしょ)／見(み)どころ／取(と)り柄(え)／美点(びてん)

共通する意味★優れているところ。【英】*a merit*

使い方▼〔特長〕▽自分の特長を生かした職につく▽このフィルムの特長は色の鮮やかさにある 〔長所〕▽各人の長所を伸ばす▽長所は見方を変えれば短所にもなる 〔見どころ〕▽このドラマの見どころは子役の演技だ▽今日の試合の見どころ 〔取り柄〕▽なんの取り柄もない人物▽安いのが取り柄の食堂 〔美点〕▽教え子の美点を挙げる▽整理整頓(せいとん)好きなのが美点だ

使い分け【1】「特長」「長所」は、ほぼ同じように使われ、特に、人間の性格の優れているところにいう。また、一般的な事柄にも用いることができる。【2】「見どころ」は、見る価値がある所の意で、テレビ、映画、祭り、試合など、見て楽しむものに関して用いる。また、「見どころのある青年」のように、人間についていう場合には、将来性を表わす。【3】「取り柄」は、特に、優れているところを一つだけ強調していう場合に用いられることが多い。少し俗語的な言い方。「取り得」と書くこともある。【4】「美点」は、多く、人間について用いる。

反対語▼長所⇔短所

818-07 価値(かち)／値打(ねう)ち

【関連語】◆(バリュー)

共通する意味★その物が何かの役に立つ度合い。【英】*value*

使い方▼〔価値〕▽彼のやったことにこそ価値がある▽こんながらくたには一銭の価値もない▽価値が下がる▽価値が出る▽価値を高める▽貨幣価値 〔値打ち〕▽一度見物するだけの値打ちはある▽何の値打ちもない絵▽お値打ち品

使い分け【1】二語とも、その物や事柄がもっている有用性の度合いをいう。【2】「価値」は、抽象的な事柄にも具体的な事柄にも使われる。【3】「値打ち」は、どちらかといえば、身近で具体的な事柄について用いられることが多い。

【関連語】◆(バリュー)価値。値打ち。多く、他の外来語と複合して用いられる。「ネームバリュー」「ニュースバリュー」

818-08 欠点(けってん)／デメリット

【関連語】◆(あら)◆(ぼろ)

共通する意味★評価を悪くするようなところ。【英】*a defect*(欠点)

使い方▼〔欠点〕▽人にはだれでも欠点がある▽欠点を隠す▽人の欠点をあげつらう▽口が悪いのが欠点だ 〔デメリット〕▽工場誘致にはデメリットしかない▽選手層の薄さがこのチームのデメリットだ

使い分け「欠点」は、欠けているところ、他と比較して劣っている点。そのために非難されて当然のことを表わす。一方、「デメリット」は、ことを行う上で損失や被害をもたらし、不利になるような点。

反対語▼欠点⇔美点　デメリット⇔メリット

【関連語】◆(あら)人の性格や行いに見られる欠点。「人のあらを探す」「演技にあらが見える」◆(ぼろ)言動に現れる、ふだんは隠されている欠点。「ついにぼろを出した」「ぼろが出ないように慎重に振る舞う」

参照▼ぼろ⇒401-06

818-09 弱点(じゃくてん)／ウイークポイント／泣(な)き所(どころ)／弱(よわ)み

共通する意味★不利になるようなところ。【英】*a weak point*

使い方▼〔弱点〕▽弱点をさらけ出す▽弱点を補強する▽敵の弱点をつく▽教科の中で理科が私の弱点だ 〔ウイークポイント〕▽ウイークポイントを克服する▽相手のウイークポイントを攻める 〔泣き所〕▽体が小さいのが泣き所だ▽子供には弱いのが泣き所だ 〔弱み〕▽ライバルに弱みを握られる▽女性に弱いのが彼の最大の弱みだ▽敵に弱みを見せるな

使い分けいずれも、自分自身の立場を危うくする可能性があるようなことをいう。「泣き所」「弱み」は、多く話し言葉として使われる。

818-10 汚(よご)れ／汚(けが)れ／汚点(おてん)

【関連語】◆(汚染(おせん))

共通する意味★きたないところ。【英】*a spot*

使い方▼〔汚れ(よごれ)〕▽泥水がかかってできた汚れ▽汚れの落ちにくい繊維▽汚れの目立つ作業服 〔汚れ(けがれ)〕▽汚れのない少女▽そんな言葉を聞くと耳の汚れになる 〔汚点〕▽あの汚点は何でできたものだろう

使い分け【1】「汚(けが)れ」が、倫理的、道徳的、精神的に不潔なところをいうのに対し、「汚(よご)れ」は、物質的なものをいうことが多い。【2】「汚点」は、「汚（よごれ）れ」とほぼ同意だが、むしろ、「歴史に汚点を残す蛮行」のように、不名誉な事柄をいうことが多い。
〔関連語〕◆（汚染）スルきたなくなること。特に、大気、水などが何らかの物質によって清浄ではなくなること。「飲料水が重金属によって汚染される」

8 18-11 難点（なんてん）／欠陥（けっかん）／短所（たんしょ）／傷（きず）

〔関連語〕◆（癖）くせ◆（難）なん◆（遜色）そんしょく

共通する意味★そのために、正常また完全な状態でなくなっているところ。

使い方▼〔難点〕▽通勤に不便なのが難点だ▽表現技巧にやや難点がある▽難点を克服する　〔欠陥〕▽欠陥の多い住宅▽構造上の欠陥▽欠陥車　〔短所〕▽短所を改める▽引っ込み思案なところが彼の短所だ　〔傷〕▽おっちょこちょいなところが玉にきずだ

使い分け【1】「難点」は、主観的に判断された点にいうことが多く、「欠陥」は、客観的に判断された点にいうことが多い。【英】*a fault*【2】「欠陥」は、いろいろな対象について用いられ、「欠陥商品」「欠陥住宅」「欠陥人間」「欠陥工事」のように、他の語と複合した形で用いられることも多い。【3】「短所」は、主に人間の性格について用いられることが多い。【英】*defect*【4】「傷」は、「経歴に傷が付く」のように、不名誉な事柄、隠すべき事柄の意もある。「瑕」「疵」とも書く。

反対語▼短所⇔長所　【英】*flaw*

〔関連語〕◆（癖）性格、外形、表現などで、他とは異なって現れるところ。悪い場面についていうことが多い。「癖のある文字」「機械の癖を覚えておく」◆（難）難点。「人づきあいにおいて、やや難のある人物だ」「鮮度の点で難のある品」◆（遜色）みおとりする点。「プロの作品とくらべても、遜色のないできばえ」

参照▼傷⇒017-18　癖⇒201-15　難⇒319-01

8 18-12 瑕疵（かし）／瑕瑾（かきん）／細瑾（さいきん）

共通する意味★過失や欠点。【英】*a flaw*

使い方▼〔瑕疵〕▽いささかの瑕疵もない人間などない　〔瑕瑾〕▽瑕瑾のない完璧（かんぺき）な人格　〔細瑾〕▽細瑾を顧みない度量の広さ

使い分け【1】いずれも、文章語。【2】「細瑾」は、わずかな過失や欠点をいう。【3】「瑕疵」は、民法では、品質に欠陥のあることをいう。「売買の目的物に隠れたる瑕疵ありたるときは…（民法第五七〇条）」

8 18-13 適当（てきとう）／適切（てきせつ）／適宜（てきぎ）

共通する意味★ある条件、事情、要求などによく当てはまること。【英】*proper*

使い方▼〔適当〕（名・形動）▽材料を鍋物（なべもの）に適当な大きさに切る　〔適切〕（名・形動）▽適切に表現する▽適切な指導を行う　〔適宜〕（形動）▽適宜な処置をとる

	その場に応じた□な処置	彼の助言はいつも□だ	□な言葉を探す	□な批評で知られる評論家
適当	○	△	○	-
適切	○	○	○	○
適宜	○	-	-	-

使い分け【1】「適切」は、その場（物）などにぴったりと当てはまる表現、行為、方法などについて用いられる。【2】「適当」は、「適切」がかなり厳密に当てはまるのに対し、それほど厳密に当てはまるわけではない。また、「忙しいので適当にあしらっておく」のように、いいかげんなさまの意もある。【3】「適宜」は、「適当」「適切」ほど一般的には用いられないが、「適宜帰ってよろしい」のように、その時その場に応じてそれぞれが判断してよいと思うようにするさまを表わす副詞の用法もある。

参照▼適当⇒203-06

8 18-14 適合（てきごう）／該当（がいとう）／適応（てきおう）／相当（そうとう）／即応（そくおう）／順応（じゅんのう）

共通する意味★ある条件、状況にうまく合うこと。

【英】*adaptation*

使い方▼〔適合〕スル▽時代の変化に適合した教育　〔該当〕スル▽条件に該当する者はいない　〔適応〕スル▽職場に適応する　〔相当〕スル▽自分の能力に相当した仕事をさがす　〔即応〕スル▽時流に即応する　〔順応〕スル▽過酷な環境にもすぐに順応する

使い分け【1】「適合」は、条件や状況にぴったりと当てはまることをいう。【2】「該当」は、条件などに一致することをいう。【3】「相当」は、ある事柄、条件などにうまく対応すること。また、「五千円相当の物品」のように、釣り合いがとれていて、ふさわしいことにもいう。【4】「即応」は、情勢にぴったりと当てはまることをいう。【5】「順応」は、環境や境遇の変化に従って、それに合うようにすること。

参照▼相当⇒805-22

8 18-15 合致（がっち）／符合（ふごう）／一致（いっち）／吻合（ふんごう）

共通する意味★ある事柄とある事柄とがぴったりと合うこと。【英】*agreement*

使い方▼〔合致〕スル▽双方の意見の合致をみる　〔符合〕スル▽供述の内容と犯行状況とが符合した　〔一致〕スル▽言行を一致させる▽現場に残された指紋が容疑者のものと一致した　〔吻合〕スル▽この証言は事実に吻合しない

使い分け【1】「一致」は、具体的な物の場合にも、

8 事柄・性質

抽象的な物の場合にも用いられるが、「合致」は、一般に抽象的な物の場合に用いられる。【2】「符合」「吻合」は、極めて硬い文章語。「一致」とほとんど同じ意で用いられることが多い。「吻合」は、上下の唇がぴったり合う意から。

8 18-16 適否（てきひ）／当否（とうひ）／可否（かひ）

共通する意味★物事が妥当かどうか、よいか悪いかということ。**【英】** *right or wrong*

使い方▼〔適否〕▽計画の適否について審査する 〔当否〕▽事の当否を論じる▽批判の当否は問題ではない 〔可否〕▽現行の入試制度の可否を論じる

	用語の□	批判の□	選手としての□	委員会設置の□を論じる
適否	○	○	○	△
当否	○	○	-	-
可否	○	-	-	○

使い分け【1】「適否」は、物事が状況、条件に合っているかどうか、妥当かどうかということ。適するか否かを問題にするので、たとえば、「選手としての適否」のように、その資質などが適するかどうか、条件にかなっているかどうかの意で用いる。【2】「当否」は、「事の当否を論ずる」のように用いる場合は、「適否」同様に、適当か否かの意にもとれるが、ある判断、主張の内容が、的を射たものか的はずれかという意で用いることが多い。したがって、たとえば「批判の適否」は、批判することが適当か否か、あるいは批判の内容が妥当か否かという意なのに対し、「批判の当否」は、批判の内容が当たっていてそのとおりかどうかという意になる。【3】「可否」は、そうであること、そうすることがよいか悪いかということを表わす。

参照▼可否⇒120-60

8 18-17 適任（てきにん）／適役（てきやく）／はまり役（やく）

共通する意味★その任務や仕事に適していること。

使い方▼〔適任〕（名・形動）▽この仕事には彼が適任だ▽適任者 〔適役〕▽この映画の主人公には彼女が適役だ▽仲人だったらあの人が適役だ 〔はまり役〕▽あの役者は織田信長が**はまり役**だ▽**はまり役**にめぐり合う

使い分け【1】「適任」は、ある人物が、その人物の能力や適性から判断して、ある任務や仕事にふさわしいこと。また、ふさわしい任務や仕事。**【英】** *fitness* 【2】「適役」は、演劇などの一つの配役に対し、ある俳優が、その配役の設定とうまく符合すること。また、その人に適している役。「適任」と同じように用いることもある。**【英】** *a fit role* 【3】「はまり役」は、演劇などで、その人にぴったりの役。**【英】** *a fit role*

8 18-18 誂（あつら）え向（む）き／うってつけ

共通する意味★ぴったり合っているさま。最適であるさま。**【英】** *suitable (for)*

使い方▼〔誂え向き〕（名・形動） 〔うってつけ〕（名・形動）

	それは彼に□の仕事だ	□の背広が見つかった	息子さんには□の女性ですね
誂え向き	○	○	-
うってつけ	○	-	○

使い分け【1】「誂え向き」は、まるで注文して作らせたように、希望どおりにぴったり合っているような場合に用いられる。「お誂え向き」の形で使われることが多い。【2】「うってつけ」は、それに合うものはほかにないほどぴったりであること。良い意味で使われることが多い。

8 18-19 ぴったり／似合（にあ）い

共通する意味★うまく釣り合っているさま。**【英】** *close(ly); perfectly*

使い方▼〔ぴったり〕（副・形動）スル▽顧客の注文にぴったりの物件 〔似合い〕（名・形動）▽似合いの夫婦

	彼に□の相手	彼女に□の洋服	君に□の仕事	□のカップル
ぴったり	○	○	○	-
似合い	○	-	-	○

使い分け「ぴったり」は、もともと「ぴったりつける」のように、すき間のないさまを表わす語で、要求される条件に適合している度合いがかなり高いさまを表わす。一方、「似合い」は、両者が全体的に釣り合っていることを表わす。人と人との関係について用いるのが普通。

8 18-20 当意即妙（とういそくみょう）／即妙（そくみょう）

共通する意味★その場に応じた機転を働かせること。**【英】** *a repartee*

使い方▼〔当意即妙〕（名・形動）▽当意即妙な受け答え▽当意即妙に答える 〔即妙〕（名・形動）▽彼女の即妙の才知には驚かされた

使い分け二語とも、ほぼ同じ意味で用いられる。

8 18-21 重要（じゅうよう）／大事（だいじ）／大切（たいせつ）／肝要（かんよう）／肝心（かんじん）

共通する意味★価値があり、重んじなければならな

いこと。**【英】** *importance*

使い方▼〔重要〕（名・形動）▽事件の鍵（かぎ）になる重要な証言▽重要な点を聞き落とす▽重要参考人 **〔大事〕**（形動）▽大事な話をメモする▽毎日勉強することが大事だ **〔大切〕**（形動）▽友人に借りた大切な本▽道路を横断するときには注意が大切だ **〔肝要〕**（名・形動）▽忍耐が肝要だ▽肝要な点を述べる **〔肝心〕**（名・形動）▽準備はできたが肝心の天気が思わしくない▽肝心要（かなめ）のこと▽下ごしらえが肝心だ

	□な問題	彼の行動には□な意味がある	□なかたみの時計	皆そろったのに□の彼がまだだ
重要	○	○	–	–
大事	○	○	○	–
大切	○	△	○	–
肝要	○	–	–	–
肝心	○	–	–	○

使い分け【1】「重要」は、何かのためにその役割が重いことを表わす。たとえば、「重要なポスト」は、社会やその団体にとって大きな役割をもつ地位のこと。【2】「大事」「大切」は、ほぼ同意。「重要」との相違は、特別な役割をもたない点にある。たとえば、「大事な人」「大切な人」は、「（何かのために）重要な人」とは異なり、ただ単に心を配るべきかけがえのない人の意である。また、「重要」が、客観的にみて必要性が高いのに対して、「大事」「大切」は、主観的、心情的に必要であるという意味合いが強い。【3】「肝要」は、「重要」「大事」「大切」よりも、重んずべき程度が高い。目的がはっきりしている場合が多い。多く、文章で使われる。【4】「肝心」には、他とくらべてとりわけ、の意がある。「肝腎」とも書く。「肝心（肝腎）」は、肝臓と心臓（または腎臓）のこと。それらが五臓のうち特に大切だと考えられたところからいう。

参照▼大事⇒518-04

8 18-22
貴重（きちょう）／得難（えがた）い

【関連語】◆（珍重）ちんちょう

共通する意味★非常に大切にされるさま。**【英】** *precious*

使い方▼〔貴重〕（形動）▽貴重な時間を無駄にする▽砂漠では水は貴重だ **〔得難い〕**（形）▽得難い経験をする▽現代では得難い人材▽こんな機会はなかなか得難い

使い分け【1】「貴重」は、絶対量が少なかったり、手に入れるのが困難だったりするので、大切にしなければならないさま。【2】「得難い」は、物を手に入れたり、人と出会ったり、事を経験したりするのが、簡単にはできない意。

【関連語】◆**（珍重）**（名・形動）スル絶対量が極めて少ないため、珍しがられ、大切にされるさま。「マニアに珍重される熱帯魚」「昔は、茶を薬として珍重した」

8 18-23
利（き）く

意味★効果、作用が現れる。**【英】** *to be effective*

使い方▼〔利く〕（カ五）▽薬がきいて痛みがおさまった▽のりのきいたシャツ

◈①「暗やみでも目が利く」「今年の新入社員は気が利く」のように、十分に働く意や「この店ならつけがきく」「病後で無理がきかない」のように、することができる意でも用いられる。②「効く」と書くことも多い。

8 18-24
効（き）き目（め）／効果（こうか）／効用（こうよう）／効能（こうのう）

【関連語】◆（効力）こうりょく◆（実効）じっこう◆（効験）こうけん◆（霊験）れいげん◆（効）こう◆（験）げん◆（甲斐）かい

共通する意味★他に働きかけ、作用することによって起こる好ましい結果。**【英】** *effect*

使い方▼〔効き目〕▽効き目が徐々に現れる▽効き目のあるお説教 **〔効果〕**▽いくら注意しても効果がない▽効果的な練習方法 **〔効用〕**▽効用のある薬 **〔効能〕**▽薬の効能が現れる▽効能書き

使い分け【1】「効き目」「効果」は、一般的に広く使われる。【2】「効果」には、「舞台効果」「効果音」のように、映画、舞台などで、聴覚や視覚に訴えて、その場面に情趣や真実みを加えるものの意がある。【3】「効用」には、「うその効用」のように、使い道、用途の意もある。【4】「効能」は、主に薬が体にもたらす好ましい働きの意で用いられる。

【関連語】◆**（効力）**何かに作用して、または、それを用いることによってある効き目を現すことのできる力。「思わぬ効力を発揮する」「法律の効力」◆**（実効）**実際に現れる効き目。また、見かけではなく本当の効き目。「実効のある措置」「実効湿度」◆**（効験）**「効き目」「効能」の意の文章語。「効験あらたかな妙薬」◆**（霊験）**神仏のもたらす効験。「霊験あらたかな本尊」◆**（効）**「効能」の意で、「効を奏する」「薬石効無く」の形で使われることが多い。◆**（験）**修行によって現れた不思議なしるし。また、一般的に、効き目。「験があらわれる」「手を尽くしたがなんの験もない」◆**（甲斐）**ある行為に値するだけの効き目。「待っていた甲斐があった」

参照▼験⇒317-02

8 18-25
役立（やくだ）つ／使（つか）える

共通する意味★用いるのに耐え、使って価値がある。**【英】** *to be useful*

使い方▼〔役立つ〕（タ五）▽もしもの際に役立つ▽練習の成果が実戦に役立つ **〔使える〕**（ア下一）▽そのアイディアは使える▽あの男は接待に使える

【使い分け】「使える」は、本来、使うことができる意からで、使う価値がある意を表わす。「役立つ」よりも、くだけた言い方。

8 18-26 成果(せいか)／収穫(しゅうかく)／業績(ぎょうせき)

【関連語】◆〔結実〕(けつじつ)◆〔実り〕(みのり)

共通する意味★得ることができたよい結果。

使い方▼〔成果〕▽練習の成果が出た〔収穫〕スル▽旅行中に思わぬ収穫があった▽合宿で得た収穫〔業績〕▽今月のわが社の業績は惨憺(さんたん)たるものだった

	□を上げる	何も□がなかった	研究の□を問う	□不振
成果	○	○	○	-
収穫	○	○	-	-
業績	○	-	-	○

【使い分け】【1】「成果」は、最も幅広く使われる。【英】*a result*【2】「収穫」は、作物を取り入れることだが、作物以外の好ましい結果のこともいう。ただし、事業、研究などの出来映えには使われない。【英】*a harvest*【3】「業績」は、特に、事業、研究などの出来映えをいう。【英】*achievements*

【関連語】◆〔結実〕スル長年の努力が報われて、良い結果が得られること。「ひたむきな努力がついに結実した」◆〔実り〕農作物がなることから転じて、努力の成果をいう。「実りの秋」「実り多き学生時代」

参照▼収穫⇒505-25　業績⇒520-02

8 18-27 空しい(むなしい)／はかない

共通する意味★あっけなく、一時的なものであるさま。【英】*empty*

使い方▼〔空しい〕(形)▽空しい希望▽むなしくなる（＝死んでしまう）〔はかない〕(形)▽人の命ははかないものだ▽はかなくなる（＝死ぬ）

【使い分け】【1】いずれも、移り変わりやすく、とどまらない意、頼みとすることができない意で用いる。【2】「空しい」は、また、「空しい生活」のように、空虚であるさまや、「空しく日を送る」のように、いたずらに経過するさま、ある行為などの成果が現れないさまも表わす。【3】「はかない」は、「儚い」「果敢ない」などとも書く。

8 18-28 馬鹿(ばか)らしい／馬鹿馬鹿(ばかばか)しい／詰(つ)まらない

共通する意味★取り上げる価値が全くない。【英】*ridiculous*

使い方▼〔馬鹿らしい〕(形)▽せっかくの儲(もう)けをみんな持って行かれるのは馬鹿らしい▽馬鹿らしくて話にならない〔馬鹿馬鹿しい〕(形)▽馬鹿馬鹿しくてやってられない▽馬鹿馬鹿しい話〔詰まらない〕(形)▽詰まらないことを言うな▽詰まらない映画だった▽旅行も雨に降られたのでは詰まらない

【使い分け】【1】三語とも、くだらないので、相手にしたり問題にしたり関心を示したりする価値がないような場合と、割りに合わないので、そのことをする価値がないような場合のどちらにも使うが、「馬鹿らしい」は、後者の場合に多く使われる。【2】割りに合わなくて価値がない意では、「馬鹿らしい」「馬鹿馬鹿しい」は、かなり強い調子でそれを非難する気持ちを含むが、「詰まらない」は、それにくらべると穏やかで、かいがない、むくいがないという程度の意で使うことが多い。【3】関心を示すだけの価値がない意では、「詰まらない」は、おもしろくもおかしくもない、どうということもないの意で使われることが多いが、「馬鹿らしい」「馬鹿馬鹿しい」は、非常にくだらないという意で使われることが多い。【4】「詰まらない」は、口語では「つまんない」ということも多い。

8 18-29 無味(むみ)／没趣味(ぼっしゅみ)

共通する意味★おもしろみがないこと。【英】*tasteless*

使い方▼〔無味〕(名・形動)▽無味乾燥な文章▽無味乾燥な話〔没趣味〕(名・形動)▽没趣味な内容の講演▽没趣味な男

【使い分け】【1】「無味」は、多く、「無味乾燥」の形で使われる。【2】「無味(乾燥)」は、文章や話の内容についていうが、「没趣味」は、人間についてもいう。「ぼっしゅみ」ともいう。【3】「無味」は、元来は「無味無臭」のように、味のないことをいう。

8 18-30 安物(やすもの)／粗品(そしな)

共通する意味★粗末な品物。【英】*a cheap article*

使い方▼〔安物〕▽安物の服▽バーゲン品の安物▽こんな安物はいらない▽安物買いの銭失い〔粗品〕▽粗品ではございますが、お納めください▽粗品進呈

【使い分け】【1】「安物」は、値段の安い、質があまり良くない品物。【2】「粗品」は、粗末な品物の意だが、普通、人に贈る品物をへりくだっていうときに用いられる。また、贈り物の上書きにもされる。【3】「粗品」は「そひん」ともいうが、「そしな」が一般的。

8 18-31 要(い)る／要(よう)する

共通する意味★必要である。【英】*to need*

使い方▼〔要る〕(ラ五)▽生きていくためには金がいる▽外で食事をするから夕食はいらない▽彼を説得するには時間がいる〔要する〕(サ変)▽入場するためには、許可を要する▽特別な資格は要さない▽完成に

六年を要した▽彼には注意を要する

使い分け【1】「要る」は、日常きわめて一般的に用いられる。「いる」と平仮名で表記されることが多い。【2】「要する」は、文章語。話し言葉ではほとんど用いられない。【3】「いる」は、「…がいる」、「要する」は、「…を要する」の形で用いられる。

8 18-32 必要（ひつよう）／必須（ひっす）／所要（しょよう）／入り用（いりよう）／入用（にゅうよう）

【関連語】◆（要用）ようよう

共通する意味★どうしてもなくてはならないこと。また、そういうもの。**【英】** *necessity; need*

使い方▼〔必要〕（名・形動）▽こういう大仕事には長い年月が必要だ▽必要に迫られる▽冬にはコートが必要になる▽必要な経費　〔必須〕▽教師にとって必須の知識▽生きていくうえで必須の条件　〔所要〕▽所要の金額を申し出る▽所要の手続きを済ませる▽東京から大阪までの所要時間　〔入り用〕（名・形動）▽入り用の買い物▽それが入り用だったら言ってください　〔入用〕（名・形動）▽ワープロが入用になる▽入用ならば申し出たまえ

	□経費	□品物	□条件	□を感じる
必要	-な○	-な○	-な○	○
必須	-の○	-の△	-の○	-
所要	-の○	-の○	-の-	-
入り用	-な○	-な○	-の-	-
入用	-な○	-な○	-の-	-

使い分け【1】「必要」は、どうしてもなくてはならないということを強く表わす語。それがなければ、ある事をするのに重大な支障をきたすような場合に用いる。【2】「必須」は、「必要」よりも、その度合いをさらに強く表わす語。物よりも事柄に対してよく使う。「ひっすう」とも。【3】「所要」は、ある事をするには、当然これだけのものがなくてはならないということを表わす。「所要の金額」は、単純にそれだけの金額がかかるということで、ないと困るということを強く主張しているわけではない。【4】「入り用」は、使用の目的、めどがあってそれを欲しているということを表わす。「入り用の買い物」は、これから先の生活で、ほぼ確実に使用する予定、計画があって、使用の目的も決まっているようなものを表わす。【5】「入用」は、「入り用」とほぼ同意だが、やや硬い言い方。

【関連語】◆（要用）さしあたって必要であること。重要であること。また、重要な用事。文章語。「要用の品」「以上要用のみ記します」

8 18-33 必需（ひつじゅ）／不可欠（ふかけつ）

共通する意味★絶対に必要なこと。**【英】** *indispensability*

使い方▼〔必需〕▽必需物質▽生活必需品　〔不可欠〕（名・形動）▽彼はこの会社には不可欠の人物だ▽生存していくうえで不可欠の物質

使い分け【1】「必需」は、他の語と複合して用いられ、単独で用いられることはあまりない。【2】「不可欠」は、欠くことができないこと。「不可欠な（の）条件」「不可欠な（の）物質」のように、抽象的な概念と具体物の両方に用いられる。

8 18-34 不要（ふよう）／不用（ふよう）

共通する意味★必要がないこと。なくても支障をきたさないこと。**【英】** *unnecessary*

使い方▼〔不要〕（名・形動）▽不要な物は処分してください▽寝室に花は不要だ▽不要不急の仕事　〔不用〕（名・形動）▽不用の品物▽不用になった家具を処分する

使い分け【1】「不要」は、いらないこと。【2】「不用」は、用がないこと、使わないこと。また、「不用の人物」のように、役に立たないことの意もある。

8 18-35 品質（ひんしつ）／品柄（しながら）／品（しな）

共通する意味★品物の性質、状態。**【英】** *quality*

使い方▼〔品質〕▽品質がいい▽品質を誇る▽品質は保証します▽品質管理　〔品柄〕▽品柄を見て買う▽最上の品柄の製品　〔品〕▽品は良いが高すぎる

使い分け「品質」「品」が、一般的。「品柄」は、柔らかい言い方。

参照▼品⇒420-05

8 18-36 優れる（すぐれる）／秀でる（ひいでる）

共通する意味★他よりも能力、技量などがまさる。**【英】** *to excel (at, in)*

使い方▼〔優れる〕（ラ下一）　〔秀でる〕（ダ下一）

	語学力に□	一芸に□	□た作品
優れる	○	-	-れ○
秀でる	○	○	-で-

使い分け【1】「優れる」は、能力、知力、学力、技芸、容姿、資質、物の価値など、幅広い物事について使われる。【2】「秀でる」は、能力、学力、技量などに使う。また、「秀でた眉（まゆ）」のように、くっきりと目立つ意もある。

8 18-37 ぬきんでる／図抜ける（ずぬける）／ずば抜ける（ずばぬける）／飛び抜ける（とびぬける）

【関連語】◆（抜け出る）ぬけでる

共通する意味★群を抜いてすぐれる。人並み外れてすぐれる。**【英】** *to be preeminent*

使い方▼〔**ぬきんでる**〕(ダ下一)　〔**ずば抜ける**〕(カ下一)　〔**図抜ける**〕(カ下一)　〔**飛び抜ける**〕(カ下一)

	□た才能	□て背が高い	他に□た能力	衆に□
ぬきんでる	-で○	-で△	-で○	○
ずば抜ける	-け○	-け○	-け-	-
図抜ける	-け○	-け○	-け-	-
飛び抜ける	-け○	-け○	-け-	-

使い分け 「ずば抜ける」「図抜ける」「飛び抜ける」は、ほぼ同じように使われ、「ぬきんでる」よりもくだけた言い方となる。

【関連語】◆(**抜け出る**)(ダ下一)他を抜いてすぐれる。「抜け出た才覚の持ち主」

8 18-38 勝(まさ)る／立(た)ち勝(まさ)る／凌(しの)ぐ／凌駕(りょうが)／長(た)ける

共通する意味★他と比較してすぐれている。**【英】** *to surpass; to exceed*

使い方▼〔**勝る**〕(ラ五)▽能力的には彼女の方が勝っている▽聞きしに勝るうまさ▽師に勝るとも劣らぬ腕前　〔**立ち勝る**〕(ラ五)▽能力は彼の方が立ち勝っている　〔**凌ぐ**〕(ガ五)▽彼の腕前はプロをしのぐものがある▽彼をしのぐ者は現れないだろう　〔**凌駕**〕スル▽技術力は大企業を凌駕するものがある▽生産量では他社を凌駕している　〔**長ける**〕(カ下一)▽経験豊富で世故にたける叔母▽才たける

使い分け【1】「勝る」は、能力、資質、状態など幅広い事柄について、それが他と比較してすぐれている意を表わす。【2】「立ち勝る」は、「勝る」を強めた語だが、あまり一般的ではない。【3】「凌ぐ」「凌駕」は、他をおさえ、ぬきんでて優位に立つ意を表わす。相手をおさえ、はるかに越える場合に用いる。【4】「長ける」は、経験を積んだ結果、そのことが得意である意。

反対語▼勝る⇔劣る

参照▼凌ぐ⇒219-22

8 18-39 巧(たく)み／上手(じょうず)／うまい

【関連語】◆(**巧妙**)こうみょう　◆(**絶妙**)ぜつみょう　◆(**老巧**)ろうこう

共通する意味★手際がよく、技術的にすぐれているさま。

使い方▼〔**巧み**〕(形動)▽巧みな演技▽追及を巧みにかわす　〔**上手**〕(名・形動)▽上手な字▽歌うのが上手な人▽彼は踊りが上手だ　〔**うまい**〕(形)▽うまく処理する▽ギターを弾くのがうまい

	絵を□描く	彼は歌が□	言葉□人をだます	お世辞が□なったね
巧み	-に○	-だ△	-に○	-に-
上手	-に○	-だ○	-に-	-に○
うまい	-く○	○	-く-	-く○

使い分け【1】「巧み」は、技巧の上ですぐれているさまを表わす。他の二語よりは書き言葉的。**【英】** *skillful*【2】「上手」は、「お上手を言う」のように、お世辞のうまいことをさす使い方もある。話し言葉として一般的に用いられる。**【英】** *clever*【3】「うまい」は、「それはうまい考えだ」のように、当事者にとって都合がよい事態であるという意味もある。「上手い」「巧い」とも書く。**【英】** *good*

反対語▼上手⇔下手(へた)

【関連語】◆(**巧妙**)(形動)非常に巧みなさま。悪い意味に使われることが多い。「巧妙に仕組んだ罠(わな)」「巧妙な手口」◆(**絶妙**)(形動)きわめて巧みなさま。「巧妙」とは異なり、よい意味で使われることが多い。「絶妙の演技」「間(ま)の取り方が絶妙だ」◆(**老巧**)(名・形動)経験を積んで物事に巧みなさま。「老巧な政治家」

8 18-40 優秀(ゆうしゅう)／優等(ゆうとう)／優越(ゆうえつ)

【関連語】◆(**一廉**)ひとかど

共通する意味★他よりもすぐれているさま。

使い方▼〔**優秀**〕(名・形動)▽優秀な技術者▽優秀な作品　〔**優等**〕(名・形動)▽優等で中学を卒業した　〔**優越**〕スル▽他国に優越した海軍力を誇る▽優越感

使い分け「優秀」「優等」は、知力や能力などに関して使われるのに対し、「優越」は、技術、能力、地位など幅広く使われる。**【英】** *excellence*(優等)；*superiority*(優越)

反対語▼優等⇔劣等

【関連語】◆(**一廉**)普通よりもきわだってすぐれていること。「ひとかどの人物になって両親を喜ばせたい」「素人ながら浮世絵に関してはひとかどの知識を持っている」

参照▼ひとかど⇒501-13

8 18-41 傑出(けっしゅつ)／秀逸(しゅういつ)／出色(しゅっしょく)／屈指(くっし)／抜群(ばつぐん)

【関連語】◆(**心憎い**)こころにくい

共通する意味★多くの中で、特にぬきんでてすぐれていること。**【英】** *prominence*

使い方▼〔**傑出**〕スル▽数学の才能はクラスでも傑出している▽傑出した人物　〔**秀逸**〕(名・形動)▽秀逸な短歌▽姉の作品は秀逸である　〔**出色**〕(名・形動)▽わがクラスの劇は出色の出来映えであった　〔**屈指**〕▽若手の中でも屈指の学者▽県内屈指の資産家　〔**抜群**〕(名・形動)▽抜群の働きをする▽絵が抜群にうまい▽彼の成績はクラスでも抜群だ

使い分け【1】「傑出」は、多く、実力や才能などが人並み外れてすぐれている場合にいう。【2】「秀逸」は、特に、詩歌や文章などの作品がすぐれている場合にいうことが多い。【3】「出色」「抜群」は、能力、出来映えなどが他にくらべてきわだってすぐれていることを表わす。【4】「屈指」は、多くの中で、上位から指を折って数えることができるほどすぐれていることを表わす。

【関連語】◆**(心憎い)**(形)欠点がなく、憎らしいほどすぐれている。「心憎いまでにすばらしい演奏」

8 18-42 卓抜(たくばつ)／卓出(たくしゅつ)／卓越(たくえつ)／卓絶(たくぜつ)

【関連語】◆**(逸出)**(いっしゅつ)

共通する意味★他にぬきんでてすぐれていること。

【英】*excellence; superiority*

使い方▼〔**卓抜**〕(名・形動)スル▽**卓抜**した才能▽**卓抜**な技術　〔**卓出**〕スル▽**卓出**した技術に目をみはる▽**卓出**した器量で仲間をまとめていく　〔**卓越**〕スル▽人柄、技量ともに**卓越**している▽**卓越**した技巧の持ち主　〔**卓絶**〕スル▽彼女のピアノの演奏は**卓絶**している▽古今東西に**卓絶**した作品

使い分け【1】「卓抜」「卓出」は、同類の中でずば抜けてすぐれていること。【2】「卓越」は、他よりもはるかにぬきんでてすぐれていること。【3】「卓絶」は、くらべるもののないほどすぐれていること。

【関連語】◆**(逸出)**スルとびぬけてすぐれているさま。文章語。「逸出した人材を求める」

8 18-43 超絶(ちょうぜつ)／不世出(ふせいしゅつ)

共通する意味★ほかにないほどすぐれて立派なこと。

使い方▼〔**超絶**〕スル▽**超絶**した力量を見せつける　〔**不世出**〕▽**不世出**の天才バレリーナ▽**不世出**の実業家

使い分け「超絶」は、ひときわぬきんでてすぐれていること。「不世出」は、めったにこの世に現れないほどすぐれていること。**【英】***unparalleled*(不世出)

8 18-44 見事(みごと)／立派(りっぱ)

共通する意味★見た目や内容がすぐれているさま。

【英】*fine*

使い方▼〔**見事**〕(形動)▽庭の萩(はぎ)が**見事**だ▽シュートが**見事**に決まる　〔**立派**〕(形動)▽**立派**に出来上がった作品▽初めてでこれだけできれば**立派**だ

	□な衣装	□に完成する	□なタイミング	□な家柄	花が□に咲く
見事	○	○	○	−	○
立派	○	○	−	○	−

使い分け【1】「見事」は、もともと、見るべき事、見るだけの価値のあるすばらしいことの意で、そこから、物事が文句なく完全なさま、完璧(かんぺき)に行われるさまも意味するようになった。また、「見事合格した」のように、副詞的にも使う。【2】「立派」は、どこに出しても恥ずかしくないほど堂々としてすばらしいさま。品物や建物、パーティーなどの催しに使われるときは、豪華な、という意味も持つ。また、「立派に責任を果たす」のように、物事の文句のつけようのない完全さもいう。人間の行為にかかわる事柄に用いられることが多く、「立派な景色」などとはいえない。

参照▼立派⇒207-50

8 18-45 素晴(すば)らしい／すてき

【関連語】◆**(得も言われぬ)**(えもいわれぬ)◆**(目覚ましい)**(めざましい)◆**(輝かしい)**(かがやかしい)◆**(結構)**(けっこう)

共通する意味★すぐれていて感心させられるさま。

【英】*splendid; wonderful*

使い方▼〔**素晴らしい**〕(形)　〔**すてき**〕(形動)

	□景色	□働き	□速い列車	ちょっと□ハンカチ
素晴らしい	○	○	−く○	△
すてき	−な○	−な−	−に△	−な○

使い分け【1】「素晴らしい」は、客観的に見て感心させられるようなさまである意。【2】「すてき」は、感覚的によいと感じるさまで、自分の気に入ればあまり値打ちがなくても使うことができる。「素晴らしい」より、口語的。「素敵」と当てる。

【関連語】◆**(得も言われぬ)**言葉で言い表わせないほどよい。雰囲気や魅力などについていう場合が多い。多く、文章で用いられる。「得も言われぬ趣がある庭」◆**(目覚ましい)**(形)よい方向への状況変化がきわめて速いさま。「目覚ましい働き」「目覚ましい進歩」◆**(輝かしい)**(形)まぶしいほどに素晴らしい。「輝かしい未来」◆**(結構)**(形動)すぐれているさま。「結構なお品を頂戴(ちょうだい)する」

参照▼結構⇒803-04 805-23

8 18-46 超越(ちょうえつ)／超凡(ちょうぼん)／非凡(ひぼん)

共通する意味★他や普通の程度をはるかに超えてすぐれていること。**【英】***transcendence*

使い方▼〔**超越**〕スル▽他を**超越**した才能　〔**超凡**〕(名・形動)▽**超凡**な色彩感覚▽**超凡**の才能　〔**非凡**〕(名・形動)▽音楽に対する**非凡**な才能

使い分け【1】「超越」は、「世俗を超越している」などのように、生活態度や考え方などが普通一般から脱して、より高い位置にあるようなさまをいうこともある。【2】「超凡」は、平凡であることから大きくとびぬけているさまを表わす。また、「脱俗超凡」のように、世間一般の考え方、通念などからとびぬけ

て、より高い位置にあるさまを表わす場合にも使う。【3】「非凡」は、平凡でないさまや、普通よりはるかにすぐれているさまを表わす。

8 18-47 逸物（いちもつ）

意味★多くの中で群を抜いてすぐれているもの。「いちぶつ」ともいう。

使い方▼〔逸物〕▽十分に訓練を受けた逸物の猟犬▽黒鹿毛の逸物に鞍を置く

8 18-48 有力（ゆうりょく）

意味★勢力、威力、権力など人や物事を動かせるような力を持っているさま。また、見込みのあるさま。

【英】 *influential*

使い方▼〔有力〕（形動）▽有力な証拠▽国会は解散との見方が有力だ▽有力者▽有力候補

8 19 …程度

8 19-01 段階（だんかい）／ステップ

共通する意味★順序ある物事のうちの、ある順に当たる部分。**【英】** *steps*

	合格のための一つの□	発達の□	仕上げの□に入る	□を踏んで説得する
段階	○	○	○	○
ステップ	○	-	-	○

使い分け【1】「段階」は、広く、物事の順序、過程をさすこともある。移り変わる全体のうちの、ある状態にある一区切りをいう。**【2】**「ステップ」は、物事を積極的に押しすすめる際の、一区切りをいう。

8 19-02 対等（たいとう）／同等（どうとう）／同列（どうれつ）

【関連語】◆（同席）どうせき◆（同級）どうきゅう◆（等し並み）ひとしなみ◆（同位）どうい

共通する意味★程度が同じであること。**【英】** *equality*

使い方▼〔対等〕（名・形動）▽社員同士が対等な立場で話し合う▽専門家と対等にわたりあう　〔同等〕（名・形動）▽役員と同等に扱う　〔同列〕▽学生であっても社会人と同列に扱う

	男女を□に扱う	強敵と□に戦う	高校卒業と□の能力	□の価値	甲と乙を□に論ずる
対等	○	○	-	-	-
同等	○	-	○	○	-
同列	○	-	-	-	○

使い分け【1】「対等」は、二つの物の間に優劣上下の差がないこと。特に、互いの実力について差がないことを表わす場合に用いられる。**【2】**「同等」は、何らかの基準によりその程度が同じであることを述べるときに使われる。ただし、その基準は主観的なものであることが多い。**【3】**「同列」は、地位、内容、資格、待遇などが同じであること。

【関連語】◆**（同級）**等級が同じであること。「同級の品物」◆**（等し並み）**（名・形動）扱いが同じで差別のないさま。「等し並みな見方をする」「等し並みに扱う」◆**（同席）**席次、順位、成績、地位などが同じであること。「懸賞論文は彼と一等同席だった」「同席の課長」◆**（同位）**地位、位置が同じであること。「同位で入賞する」

参照▼同席⇒504-17

8 19-03 互角（ごかく）／伯仲（はくちゅう）／五分五分（ごぶごぶ）／おっつかっつ

【関連語】◆（拮抗）きっこう◆（どっこいどっこい）◆（とんとん）

共通する意味★比較した場合同じ状態であること。**【英】** *even; fifty-fifty*

使い方▼〔互角〕（名・形動）▽両チームとも守備力は互角である　〔伯仲〕スル▽二人の技量は伯仲している　〔五分五分〕▽形勢は五分五分だ　〔おっつかっつ〕（形動）▽英語を話す力は二人ともおっつかっつだ

	両者□の（する）実力	成績は彼と□だった	成功するかどうかは□だ	身長は彼と□だ
互角	○	○	-	-
伯仲	-する○	-	-	-
五分五分	○	△	○	-
おっつかっつ	○	○	-	○

使い分け【1】「互角」は、互いの力量、勢力がほとんど同じで差がない状態をいう。両者の力量は必ずしもすぐれていなくても、同じレベルなら使うことができる。**【2】**「伯仲」は、互いにすぐれていて、力が接近している状態である。「互角」よりも「伯仲」のほうが力が接近している感じが強い。**【3】**「五分五分」は、形勢を半分に分ける同等の力量を両者がもっていて、優劣をつけられない状態をいう。また、予測をするとき、たとえば成否の可能性がどちらにもあるという意味で使われることもある。**【4】**「おっつかっつ」は、同じくらいの程度という意味。状態、結果など使える範囲は他の語にくらべて広いが、俗語的で、あまり一般的ではない。

【関連語】◆**（拮抗）**スル勢力、能力がほぼ等しく、互いに張り合ったり、競争し合ったりして優劣のないこと。文章語。「両者の力が拮抗している」◆**（どっこいどっこい）**(形動)「互角」の意の話し言葉。「両チームの力はどっこいどっこいだ」◆**（とんとん）**(形動)ちょうど同じくらいであるさま。収支、損得の場面でよく使われる。話し言葉。「商売はやっととんとんだ」

8 19-04 等質（とうしつ）／同質（どうしつ）

共通する意味★複数の事物について、性質、性格の面で差異、相違の認められないこと。**【英】***homogeneity*

使い方▼〔等質〕(名・形動)　〔同質〕(名・形動)

	□な物質	□の品物	中はどの部分も□だ	□の誤りを発見した
等質	○	○	○	-
同質	○	○	-	○

使い分け【1】二語とも、外見、外形が異なる事物、さらには全く別の事物であっても、その性格、性質、内容は同じであることを表わす。【2】「等質」は、対象となる事物の性格、性質、内容が、まったく同じか、ほぼ完全に同じであることを表わす。【3】「同質」は、対象となる事物の性格、性質、内容が、完全に同じであるときか、完全に同じでなくとも、発言者の主観により完全に同じと見なせるときに使われる。

反対語▼同質⇔異質

8 19-05 高度（こうど）／高等（こうとう）／上級（じょうきゅう）

共通する意味★程度や段階の高いこと。**【英】***advanced*

使い方▼〔高度〕(名・形動)▽高度な技術▽その決定は高度な政治判断による　〔高等〕(名・形動)▽高等な技術▽高等動物▽高等学校　〔上級〕▽上級の日本語のクラス▽彼は私より二年上級だ

使い分け【1】「高度」は、他のものとくらべて水準が高い場合、「高等」は、他のものより段階が上である場合、「上級」は、上から下まで何段階かある中で、上の方である場合に使う。【2】「高等」「上級」は、「高等教育」「上級生」のように、他の語と複合して使うことが多い。

反対語▼高等⇔下等　上級⇔下級・初級

8 19-06 上等（じょうとう）／上質（じょうしつ）／良質（りょうしつ）

共通する意味★品質、状態などがすぐれていること。

使い方▼〔上等〕(名・形動)　〔上質〕(名・形動)　〔良質〕(名・形動)

	□な（の）油	□な（の）果物	□な（の）石炭	□な（の）仕立て
上等	○	○	-	○
上質	○	-	○	-
良質	○	-	○	-

使い分け【1】「上等」は、他より内容が良い場合、品質が良く高級なイメージがある場合に幅広く使う。また、等級がいくつかある中で上の等級をいうこともある。**【英】***superiority*【2】「上質」「良質」は、製品の原材料などの品質が良い場合に使う。「良質」は、何かに用いるのに適しているという意でも使われる。**【英】***good quality*

反対語▼上等⇔下等　良質⇔悪質

8 19-07 高級（こうきゅう）／一流（いちりゅう）／ハイクラス

共通する意味★程度や内容が高くすぐれていること。**【英】***high class* 〔*grade*〕

使い方▼〔高級〕(名・形動)▽高級な内容の話▽高級車　〔一流〕▽一流のレストラン▽一流大学　〔ハイクラス〕(名・形動)▽ハイクラスのリゾート地

	□な（の）ホテル	□な（の）お茶	□な（の）画家
高級	-な○	-な○	-な-
一流	-の○	-の-	-の○
ハイクラス	-な（の）○	-な△	-な-

使い分け【1】「高級」は、他の一般のものより内容が良く、かなり水準が高いものをいい、上流のイメージがある。【2】「一流」は、多く、その分野で第一級と認められる人、店・会社・学校などの組織にいう。【3】「ハイクラス」は、「高級」と同じように使われるが、「ホテル」「マンション」など、他の外来語とともに使うことが多い。【4】三語とも、客観的な基準にもとづくというよりは、主観的に、また、勝手に都合のよいように使われる面がある。そのため、これらの語による評価は、必ずしも誰にでもそのまま受け入れられるものではない。

反対語▼高級⇔低級　一流⇔二流・三流

8 19-08 有数（ゆうすう）／粒選り（つぶより）／粒揃い（つぶぞろい）

共通する意味★多くの中でも、特にすぐれていること。**【英】***leading*

使い方▼〔有数〕(名・形動)▽全国でも有数の米の産地　〔粒選り〕▽粒選りのメンバーを揃える　〔粒揃い〕▽最終審査の五人は粒揃いで甲乙つけがたい

使い分け【1】「有数」は、きわめてすぐれていて、指を折って数えあげるほどの数のうちにあること。【2】「粒選り」は、多くの中から特にすぐれているものを選び出すこと。また、選び出したもの。「粒えり」ともいう。【3】「粒揃い」は、集まった人材や物の質がよく、すぐれたものばかりそろっていること。また、集まった物の質や大きさがそろっていることもいう。

8 19-09 最良（さいりょう）／最善（さいぜん）／ベスト

【関連語】◆(次善)じぜん

共通する意味★最も良いこと。**【英】** *the best*

	＿の手段	＿を尽くす	＿の日	＿の品質	体調は＿だ
最良	○	−	○	○	−
最善	○	○	−	−	−
ベスト	○	○	−	−	○

使い分け【1】「最良」は、内容、実質が最も良い場合、最も適切である場合に使う。「最善」は、成し得る限りでいちばん良い方法、手段などを取る場合や、できる限りの努力をする場合に使う。【2】「ベスト」は、「ベストコンディション」「ベストドレッサー」など、他の外来語と複合した形で使われることが多い。

【関連語】◆(次善)最善とはいえないが、他とくらべれば良いこと。「次善の策」

参照▼ベスト⇒101-44

8 19-10 最高（さいこう）／至高（しこう）

【関連語】◆(随一)ずいいち

共通する意味★この上なく高くすぐれていること。**【英】** *the highest*

使い方▼〔最高〕(名・形動)▽最高の品質を誇る▽今季最高の人出を記録する　〔至高〕(名・形動)▽至高の芸

使い分け【1】「最高」は、同じ種類のものをくらべた中で、いちばん程度が高いこと。【2】「至高」は、この上なく高い境地、状態に至ったこと。【3】「最高」は、俗に「最高にいい気分」のように、この上なくすばらしいという意味でも使われる。

反対語▼最高⇔最低

【関連語】◆(随一)同類中で第一位であること。「当代随一の名女優」

8 19-11 極上（ごくじょう）／最上（さいじょう）

【関連語】◆(特上)とくじょう

共通する意味★この上なくすばらしいこと。**【英】** *the best*

使い方▼〔極上〕▽極上のお茶▽極上の絹糸で仕上げた着物　〔最上〕▽最上の策を用いる▽最上の品▽最上級

使い分け「極上」は、物の品質が極めて上等である場合を、「最上」は、内容、程度がいちばん上であるものをいう。

【関連語】◆(特上)上じょうよりさらに一段階上であること。「特上の鮨すし」

8 19-12 特等（とくとう）／特級（とっきゅう）

共通する意味★特別にすぐれた等級。**【英】** *a special grade*

使い方▼〔特等〕▽くじで特等が当たる▽特等席　〔特級〕▽特級品

使い分け【1】「特等」は、一等よりもさらに上位の等級をいう。【2】「特級」は、一級よりもさらに上位の等級をいう。

8 19-13 無上（むじょう）／至上（しじょう）

共通する意味★この上もないこと。**【英】** *the greatest*

使い方▼〔無上〕(名・形動)▽無上の喜びにひたる▽無上の光栄　〔至上〕(名・形動)▽至上の名誉を得る▽芸術至上主義

使い分け「至上」は、この上なく高い段階に到達した場合にいう。

8 19-14 至極（しごく）／千万（せんばん）

共通する意味★程度のはなはだしいこと。

使い方▼〔至極〕(名・形動)▽滑稽こっけい至極▽残念至極〔千万〕(接尾)▽いらぬ世話までやかれては迷惑千万▽滑稽千万

使い分け【1】「至極」は、この上ないことの意だが、現在では、例文のような接尾語的使い方が多い。また、「至極もっともなお話です」のように、副詞としても使われる。【2】「千万」は、他の熟語について程度を強める。また、「千万かたじけない」のように、副詞としても使われる。

8 19-15 無双（むそう）／無比（むひ）／無類（むるい）

【関連語】◆(無二)むに

共通する意味★くらべるものがないこと。**【英】** *peerless*

使い方▼〔無双〕▽古今無双の琴の名手▽天下無双〔無比〕(名・形動)▽冷酷無比の男▽正確無比　〔無類〕(名・形動)▽無類のお人好し▽珍ちん無類の出来事

使い分け【1】「無双」は、くらべるものがないほどすぐれていること。多く、例文のような四字の熟語で使われる。【2】「無比」は、多く、名詞や形容動詞の語幹について使われる。

【関連語】◆(無二)(形動)ふたつとないこと。「無二の親友」

8 19-16 完全（かんぜん）／完璧（かんぺき）／万全（ばんぜん）

【関連語】◆(完全無欠)かんぜんむけつ◆(十全)じゅうぜん◆(満点)まんてん

共通する意味★条件、要素などがそろっていて、不足や欠点などがないさま。**【英】** *perfect; complete*

使い方▼〔完全〕(名・形動)▽完全な形で土器が出土した

8 事柄・性質

▽完全燃焼　〔完璧〕(名・形動)▽完璧な出来映え　〔万全〕(名・形動)▽万全の処置▽万全の守り

	＿を期する	＿な人間はいない	＿に失敗だった	＿な演奏と評される	＿の措置を講じる
完全	○	○	○	-	-
完璧	○	○	-	○	-
万全	○	-	-	-	○

使い分け【1】「完璧」の「璧」は、宝玉を表わし、「完璧」は、傷の無い玉という意味。「完璧」の方が、「完全」より完成度が高い。【2】「万全」は、手落ち、欠点などがまったくないこと。また、極めて安全なこともいう。「万全な」ではなく、「万全の」の形で、次の名詞に続くことが多い。

反対語▼完全⇔不完全・不全

【関連語】◆（十全）(名・形動)完全で、足りないところがないさま。「十全の準備をする」「十全を尽くす」◆（完全無欠）(名・形動)完全で、不足や欠点が全くないさま。「完全無欠な人物」「完全無欠の仕事をする」◆（満点）完全で申し分のないこと。「満点の出来」「栄養満点」

8 19-17 十分(じゅうぶん)／十二分(じゅうにぶん)／存分(ぞんぶん)／フル

共通する意味★満ち足りて何一つ不足のないさま。**【英】***enough; full*

使い方▼〔十分〕(副・形動)▽十分な食事の量▽これからでも十分間に合う　〔十二分〕(形動)▽この機会を十二分に活用する▽実力を十二分に発揮する　〔存分〕(名・形動)▽存分に意見を述べる▽思う存分楽しんだ　〔フル〕▽一日フルに働く▽工場をフル操業する▽フルスピード

使い分け【1】「十二分」は、「十分」を強めた言い方。「十分」は、「充分」とも書く。ただし、「十分」の方が本来的で、古くからの表記。【2】「存分」は、わくや限りのないところで、思いどおりに何かをすることを表わす。「思う存分」の形以外では、やや文章語的。【3】「フル」は、時間、能力などで限りのあるものを最大限利用することを表わす。直接名詞を修飾するときは、「フル回転」「フル装備」のように、複合語となる。

8 19-18 低級(ていきゅう)／下級(かきゅう)／下等(かとう)

共通する意味★段階、程度が低いこと。**【英】***low-class*

使い方▼〔低級〕(名・形動)▽低級な話題▽低級な奴(やつ)ら　〔下級〕▽下級の生徒　〔下等〕(名・形動)▽下等な酒

使い分け【1】「低級」は、内容の程度が低いこと。「下級」は、段階、等級がいくつかある中で、下の段階であること。「下等」は、何段階か発達する中で、いちばん下の段階であることや、品質がほかより劣ることをいう。【2】「下級」は、客観的な基準が定められている場合もあるが、「低級」「下等」は、主観的な使われ方が多く、侮蔑(ぶべつ)の意がこめられ、見下した表現にもなる。

反対語▼低級⇔高級　下級⇔上級　下等⇔上等・高等

8 19-19 二流(にりゅう)／三流(さんりゅう)／三等(さんとう)

【関連語】◆（B級）(ビーきゅう)◆（亜流）(ありゅう)

共通する意味★程度が劣っていること。**【英】***second-class*《形》

使い方▼〔二流〕▽二流の画家▽二流品　〔三流〕▽三流の旅館だが居心地はいい▽三流校　〔三等〕▽交通の不便な三等地▽三等国

使い分け【1】「二流」は、一流よりは劣るが三流よりはましなもの、「三流」「三等」は、等級をつけたものの三番目の等級をいう。また、「三流」は、「二流」よりも劣るものをいう。【2】「三等」は、多く、複合語を作る。

反対語▼二流・三流⇔一流　三等⇔一等

【関連語】◆（B級）映画などで、高額の予算をかけて作られた大作に対して、低い予算で作られた作品をいう。「B級サスペンス」◆（亜流）一流の模倣をするだけで、独創的でなく劣っていること。また、そのような人。「彼の絵はルノワールの亜流にすぎない」

8 19-20 劣等(れっとう)／劣悪(れつあく)

共通する意味★普通より劣っていること。**【英】***inferior*

使い方▼〔劣等〕(名・形動)▽成績はいつも劣等だった▽劣等生　〔劣悪〕(形動)▽劣悪な製品を差し戻す▽劣悪な条件で働く

使い分け【1】「劣等」は、成績や品質など等級をつけられるもので、劣っているものをいう。【2】「劣悪」は、内容、状態、性質などが、他よりひどく悪い場合をいう。【3】「劣等」には、侮蔑(ぶべつ)や自嘲(じちょう)のニュアンスがあるのに対して、「劣悪」は、客観的にとらえた表現になっている。

反対語▼劣等⇔優等　劣悪⇔優良

8 19-21 最低(さいてい)／最悪(さいあく)／極悪(ごくあく)

共通する意味★このうえなく悪いこと。**【英】***the lowest*

使い方▼〔最低〕(名・形動)▽友人を裏切るなんて最低だ▽最低な奴(やつ)　〔最悪〕(名・形動)▽最悪の事態▽最悪な結果になる　〔極悪〕(名・形動)▽極悪な殺人犯を追う▽極悪非道

使い分け【1】「最低」は、主観的に評価を下した場合に、程度が低く、良くない、と思われるものに対していう。【2】「最悪」は、客観的事実から見て悪い状況をいう。【3】「極悪」は、社会的な悪に対して使う。【4】「最低」は、「最低の温度」のように、高さや程度などの一番低いこともいう。
反対語▼最低⇔最高

8 19-22 半端(はんぱ)／中途半端(ちゅうとはんぱ)／なまはんか

【関連語】◆(宙ぶらりん(ちゅうぶらりん))

共通する意味★物事がいいかげんで完全ではないさま。**【英】** *half-way*

使い方▼〔**半端**〕(名・形動)▽半端なやり方〔**中途半端**〕(名・形動)▽疑惑追及が中途半端で終わった▽中途半端な気持ち〔**なまはんか**〕(名・形動)▽なまはんかな決意ではできない

	□な知識	□な人間	仕事を□なまま放り出す	□な努力では成功しない
半端	○	○	△	△
中途半端	○	○	○	△
なまはんか	○	-	-	○

使い分け【1】「半端」「中途半端」は、どっちつかずで徹底しない状態について用いる。【2】「なまはんか」は、不完全でいい加減な状態について用いる。その不完全な状態が引き起こす否定的な結果を念頭においた言い方。忠告、注意の際に用いられることも多い。「生半可」と当てる。【3】「半端」は、数量が当初の予定と合わないときに「半端が出る」、また、きちんと割り切れないような数に対して「半端な数」、品質的に問題のある商品に対して「半端物」のように用いる。

【関連語】◆**(宙ぶらりん)**(名・形動)どっちつかずで宙に浮いたようになっていること。「財政困難でその計画は宙ぶらりんの状態だ」

参照▼なまはんか⇒203-06

8 19-23 あまり／さほど／さして／大して(たいして)／それほど

【関連語】◆(さしたる)

共通する意味★特に取り立てて言うほどのことはないさま。**【英】** *not so*

使い方▼〔**あまり**〕(副)▽勉強はあまり好きではない▽彼の絵はあまりうまくない〔**さほど**〕(副)▽車が無くてもさほど困らない▽一人なら食費はさほどかからない〔**さして**〕(副)▽さして期待していない▽さして大切な物ではない〔**大して**〕(副)▽大して時間はかからない▽大して遠くない〔**それほど**〕(副)▽今日はそれほど寒くはない

使い分け【1】五語とも、「…ない」の否定の形を伴って用いる。【2】「あまり」は度を越していないさま、「さほど」「さして」「大して」「それほど」は思ったほどの程度ではないさまをいう。

【関連語】◆**(さしたる)**(連体)特にこれというほどの、の意で名詞を修飾する形で用いられる。下に打消の語を伴う。「さしたる証拠もなく疑う」

8 19-24 かすか／ほのか

【関連語】◆(ほんのり)

共通する意味★わずかにそれとわかるさま。**【英】** *faint*

使い方▼〔**かすか**〕(形動)▽かすかな音がする▽かすかに船が見える〔**ほのか**〕(形動)▽ほのかに赤みを帯びている▽ほのかな香り

	明かりが□に見える	□な記憶に頼る	□な思い出	□な気配
かすか	○	○	△	○
ほのか	○	△	○	-

使い分け【1】「かすか」は、音、形などが消え入りそうにほんの少しの意。「ほのか」は、全体にぼんやりして、はっきりしない色や気分の感じをいう。【2】「ほのか」は、ほのぼのとした暖かさをイメージとして持っている。

【関連語】◆**(ほんのり)**(副)スル形、色、香りなどがかすかに現れるさま。「ほんのりと顔を赤らめる」「ほんのりとした海苔(のり)の香り」

8 19-25 格段(かくだん)／段違い(だんちがい)

【関連語】◆(飛び切り(とびきり))

共通する意味★二つの事柄の程度の差が甚だしいさま。**【英】** *incomparable*

使い方▼〔**格段**〕(形動)▽格段に上等な品▽〔**段違い**〕(名・形動)▽相手の方が段違いに強い

	彼の方が□にうまい	□の相違がある	実力は□だ	□に進歩している	□の速さをみせる
格段	○	○	-	○	-
段違い	○	-	○	-	○

使い分け【1】「格段」「段違い」は、二つの物の能力や技術をくらべるときは、普通すぐれている方を取り上げて「格段にすぐれている」「段違いに強い」などといい、劣っている方を取り上げて「格段にへただ」「段違いに弱い」などという言い方はあまりしない。【2】二つの物に、くらべものにならないほどの差がある場合は、「段違い」は、「腕前が段違いだ」のように使い、「格段」は、「腕前に格段の差がある」のように、「差」「違い」「相違」などの言葉をつけて使う。

【関連語】◆**(飛び切り)**同類の他の物にくらべて、ずばぬけているさま。多く、すぐれている場合に使う。「この料理は飛び切りうまい」

8 19-26 やたら／むやみ／みだり

【関連語】◆(無性に)◆(むやみやたら)

共通する意味★正当な理由や秩序もなく物事をするさま。**【英】***unduly*

使い方▼〔やたら〕(副・形動)▽やたら大きな事ばかり言う人▽洋服をやたら買い込む▽この街はやたらに人が多い　〔むやみ〕(名・形動)▽むやみに人を信じるものではない▽その列車ときたらむやみに速い　〔みだり〕(形動)▽みだりに出歩いてはいけない▽持ち場をみだりに離れるな

	□に人を疑うな	□に暑い	□と忙しい	□なことは言えない
やたら	○	○	○	○
むやみ	○	○	-	○
みだり	○	-	-	-

使い分け【1】「□に庭の花を折るな」という場合、「みだり」「むやみ」「やたら」を同じように使うことができるが、少し意味合いが異なる。「みだり」は、許しもなく勝手に、という意味合いが強く、「むやみ」は、どれこれかまわず無差別に、という気持ちが強い。「やたら」は、必要もないのにたくさんという意味合いをもつ。【2】「やたらに眠い」「むやみに高い」などのように、「やたら」「むやみ」は、節度がなかったり、度を越えていたりする状態についても使われるが、「みだり」は、人の行動についてしか使われず、ほとんどの場合、そのことを禁止する表現を伴う。【3】「みだり」は、「妄り」「濫り」「漫り」などと書くことがある。「やたら」を「矢鱈」、「むやみ」を「無闇」「無暗」などと書くのは当て字。

【関連語】◆(無性に)(副)その行為や状態、感情が、前後の脈絡もなく激しく現れるさま。「無性にかわいがる」「無性に腹が立つ」◆(むやみやたら)(名・形動)「むやみ」を強めていう語。「むやみやたらと書きまくる」

8 19-27 とんでもない／途方もない／とてつもない／とっぴょうしもない／とんだ／大それた／もってのほか

【関連語】◆(法外)◆(不届き)

共通する意味★物事の程度が度を越しているさま。

【英】*absurd; outrageous*

使い方▼〔とんでもない〕(形)▽とんでもないことをするやつだ▽とんでもない間違いをしでかすところだった　〔途方もない〕▽あの家はとほうもなく広い▽あんなとほうもない話にはのらないほうがよい　〔とてつもない〕▽そんなとてつもない声を出すな▽とてつもなく忙しくて寝る暇もない　〔とっぴょうしもない〕▽そんなとっぴょうしもない話が信じられるか　〔とんだ〕(連体)▽彼にとってはとんだ災難だった▽とんだことをいたしまして、申し訳ございません　〔大それた〕(連体)▽大それた望みを持つものではない▽大それたことをしでかす　〔もってのほか〕(名・形動)▽そんなことを言うなんて、もってのほかだ

使い分け【1】「とんでもない」「とんだ」「もってのほか」は、あってはならないことという非難の意を含む。「とんでもない」は、「とんでもない。おっしゃるようなことは決してありません」のように、相手の言葉に対する否定の語としての使い方がある。【2】「とっぴょうしもない」も、信じがたく、唐突で不自然なさまをいう。【3】「途方もない」は理解を越えているさま、「とてつもない」は道理に合わないさまを表わす。【4】「大それた」は、自分の立場や実力を考えていないという非難をこめて使われる。ただし、自分のことをいう場合には、謙遜(けんそん)の意味をおびることがある。

【関連語】◆(法外)(名・形動)普通の程度や常識などを越えること。「法外な値段をふっかける」◆(不届き)(名・形動)道徳や法にもとること。「不届き千万」

参照▼不届き⇒520-25

8 19-28 こんな／こういう／このよう／かかる／かよう

【関連語】◆(こう)◆(かく)

共通する意味★話し手に身近なものの状態や程度を間接的に述べる語。**【英】***such*

使い方▼〔こんな〕(形動)▽こんな人とは思わなかった▽こんな時こそ彼に助けてもらおう▽こんな事は大した事ではない▽こんなに親切にしてもらって…　〔こういう〕(連体)▽こういう事になるなら来なければよかった▽こういう場合どうすればいいのですか　〔このよう〕(形動)▽このような絵を見るのは初めてです▽このようにすれば簡単だ　〔かかる〕(連体)▽かかる事態に至っては対処の仕様がない　〔かよう〕(形動)▽かよう申しております▽かように取り計らいます

使い分け【1】「こんな」が、対象を身近に感じている表現であるのに対して、「こういう」「このよう」は、「こんな」よりも客観的である。したがって、「こんな人とは思わなかった」と「こういう人とは思わなかった」をくらべると、前者は、「人」に対する話者の感想(いい人だ、腹黒い人だ、など)を意味し、後者は、「人」の状態の説明(自分に親切にしてくれた、自分にいじわるをした、など)を意味する。【2】対象への身近さはマイナスの評価を伴いやすいので、「こんな人」といった場合、ほめる意味ではなく、けなす意味になることが多い。【3】「かかる」「かよう」は「こういう」「このよう」の意の文語的な言い方。【4】「こんな」は、語幹がそのまま連体詞とすることもあるが、接続助詞「ので」「のに」が下につくときは、「こんなな」の形をとる。

【関連語】◆(こう)(副)このように。「こう寒くてはたまらない」「ああしろこうしろとうるさい」◆(かく)(副)「こう」と同じ意味だが、文語的な言い方。「かくなる上は…」「かくの如(ごと)し」

8 19-29 そんな／そういう／そのよう

【関連語】◆(そう)

共通する意味★相手が前に述べたり相手の側にあるものをさし示して、人や物事の程度や状態を間接的に述べる語。

使い方▼〔そんな〕(形動)▽そんな名前は聞いたことがない▽そんな失礼なことは言えない　〔そういう〕(連体)▽そういう共通点が見られる　〔そのよう〕(形動)▽そのような写真には見覚えがない▽自分さえ幸せならいい、そのような考え方は間違っている

使い分け【1】「そんな」は、対象を軽視して、否定的に用いられることもある。したがって、改まった場合などでは、「そんな」は用いずに、「そのよう」を用いることが多い。【2】「そういう」は、名詞だけを修飾する。【3】「そんな」は、「そんなに」の形で、「そんなにたくさん食べる」のように、その程度や数量を取り立てていう場合に用いることもある。【4】「そんな」は、語幹がそのまま連体形の働きをするので連体詞とすることもあるが、接続助詞「ので」「のに」が下につくときは、「そんなな」の形をとる。

【関連語】◆(そう)(副)そのように。「そうは問屋がおろさない」

8 19-30 あんな／ああいう／あのよう

【関連語】◆(ああ)

共通する意味★話し手聞き手双方から離れているもの、また、双方の共通の理解のもとにあるものをさし示して、人や物事の状態や程度を間接的に述べる語。

使い方▼〔あんな〕(形動)▽あんなときはどうすべきか困る▽あんな方法では駄目だ　〔ああいう〕(連体)▽ああいうことは言わないほうがいい　〔あのよう〕(形動)▽あのような人は珍しい▽あのような無茶なことをしたら体をこわす

使い分け【1】「あんな」は、対象を軽視して、否定的に用いられることもある。したがって、改まった場合などは、「あんな」は使わずに、「あのよう」を用いることが多い。【2】「ああいう」は、名詞だけを修飾する。【3】「あんな」は、語幹がそのまま連体形の働きをするので連体詞とすることもあるが、接続助詞「ので」「のに」が下につくときは、「あんなな」の形をとる。

【関連語】◆(ああ)(副)あのよう。あのように。「怒るといつもああだ」「ああしろ、こうしろとうるさい」

8 19-31 どんな／どういう／どのよう

【関連語】◆(どう)◆(いかが)

共通する意味★人や物事の状態や程度が、疑問または不定である意を表わす。

使い方▼〔どんな〕(形動)▽どんな人かわからない▽どんなことがあっても負けない▽病状はどんなだったか　〔どういう〕(連体)▽どういう質問ですか▽どういうことでも聞いてください　〔どのよう〕(形動)▽どのような用件でしょうか▽どのようにすればよいのか

使い分け【1】「どのよう」は、「どんな」よりも改まった場で使われることが多い。【2】「どういう」は、名詞だけを修飾する。【3】「どんな」は、「どんなに」の形で、「どんなにつらかったことか」のように、程度や状態を取り立てていう場合に用いることもある。【4】「どんな」は、語幹がそのまま連体形の働きをするので連体詞とすることもある。【5】「どのよう」「どんな」「どういう」は、「どのような…でも」「どんな…でも」「どういう…でも」の形で、対象になったものがすべて、の意味になる。

【関連語】◆(どう)(副)よくわからないことを、不定、未定の状態として指示する語。「どう思いますか」「どう考えてもわからない」◆(いかが)(副・形動)「どう」の丁寧な形。「それは、いかがなものかと存じますが」のように、「いかがな」の形もある。「如何」「奈何」と当てる。「いかがですか(＝どうですか)」「皆様いかがお過ごしですか(＝皆さんどのように過ごしていますか)」

8 19-32 いかに

意味★どんなに、どのように、の意。「如何に」と当てる。【英】*how*

使い方▼〔いかに〕(副)▽当時の生活がいかに大変だったか知る由もない▽いかに多くの犠牲が払われたか

8 19-33 たいへん／とても／非常(ひじょう)に／はなはだ／大(おお)いに／きわめて／すこぶる／ごく

共通する意味★程度がはなはだしいさま。【英】*very*

使い方▼〔たいへん〕(副・形動)▽彼にはたいへん世話になった▽たいへん難しい問題だ▽たいへんな力の入れ方だ　〔とても〕(副)▽とても素敵な女性▽とても面白い映画　〔非常に〕(形動)▽非常にすぐれた論文▽彼の言うことは非常に難解だ　〔はなはだ〕(副)▽はなはだ遺憾に思う▽はなはだ不愉快な出来事だった　〔大いに〕(副)▽それは大いにけっこう▽この結果に

大いに満足している▽今夜は大いに飲もう　〔きわめて〕(副)▽きわめて深刻な事態になっている▽経過はきわめて良好▽きわめて重大な問題　〔すこぶる〕(副)▽彼はすこぶる上機嫌だ▽事はすこぶる好調に運んでいる▽この夏はすこぶる暑い　〔ごく〕(副)▽彼はごくまれにしか来ない▽二人はごく親しい間柄▽ごく内密の話をする

	話□面白い	□疲れた	量が□少ない	□普通だ	□語る
たいへん	○	○	○	-	-
とても	○	○	○	-	-
非常に	○	○	○	-	-
はなはだ	○	△	○	-	-
大いに	○	△	-	-	○
きわめて	○	-	○	○	-
すこぶる	○	-	-	△	-
ごく	△	-	○	○	-

使い分け【1】「とても」「たいへん」が、口語では最も一般的に使われる。「たいへん」は、「大変」と当てる。【2】「非常に」「はなはだ」は、普通の程度を超えているさまを表わし、特に自分にとってマイナスの物事の場合に多く使われる。「はなはだ」は「甚だ」とも書く。【3】「大いに」は、物事の程度のはなはだしいさまや、量や数が多いさまを表わす。「語る」「飲む」「喜ぶ」「怒る」「あばれる」など、動詞を修飾する場合も多い。【4】「きわめて」は、この上ないくらいに程度がはなはだしいさま。「極めて」とも書く。【5】「すこぶる」は、普通の程度をはるかに超えているさま。少し改まった感じのする語で、一般の会話にはあまり使われない。「頗る」とも書く。【6】「ごく」は、「きわめて」と同じ意だが、「わずか」「近い」「短い」「貧しい」「たまに」など、物事の数量や回数などがあまりないことを表わす語を修飾し、その反対の意の「重大」「大きい」「多い」「遠い」「裕福」などの語にはつきにくいところが「きわめて」とは異なる。

参照▼とても⇒819-46

819-34 めちゃ／むちゃ

共通する意味★程度がふつうでないこと。

使い方▼〔めちゃ〕(名・形動)▽めちゃなやり方　〔むちゃ〕(名・形動)▽むちゃに飲む

使い分け【1】二語とも、俗な言い方。【2】「めちゃ」は「目茶」「滅茶」、「むちゃ」は「無茶」と当てることもある。

参照▼めちゃ⇒915-12　むちゃ⇒915-12

819-35 最も（もっと）／一番（いちばん）／一等（いっとう）

共通する意味★程度がこの上ないさま。【英】*most*

使い方▼〔最も〕(副)▽日本で最も高い山▽最も重要な問題　〔一番〕(副)▽一番好きな曲　〔一等〕(副)▽このあたりがいっとう暑い

使い分け【1】「最も」が、一般的な語。【2】「一等」は、俗な言い方。「いっとう」と仮名書きするのがふつう。

参照▼一番⇒814-03　一等⇒814-04

819-36 悪質（あくしつ）／粗悪（そあく）

【関連語】◆(不良)ふりょう

共通する意味★品質が悪いこと。【英】*bad quality*

使い方▼〔悪質〕(名・形動)　〔粗悪〕(形動)

	□な材料	□な縫製	□な手口	□品
悪質	○	-	○	-
粗悪	○	○	-	○

使い分け「悪質」は、「悪質の犯罪」のように、性質が悪い意味で使う方が一般的である。品質が悪い場合は、「粗悪」を使うことが多い。

反対語▼悪質⇔良質

【関連語】◆(不良)(名・形動)質や状態などが良くないこと。「不良品」「消化不良」

参照▼不良⇒520-26

819-37 強烈（きょうれつ）／猛烈（もうれつ）／激烈（げきれつ）

【関連語】◆(鮮烈)せんれつ◆(凄烈)せいれつ◆(凄絶)せいぜつ◆(壮烈)そうれつ◆(壮絶)そうぜつ◆(悲壮)ひそう

共通する意味★非常に激しいさま。【英】*intense*

使い方▼〔強烈〕(形動)▽強烈な印象を与える▽彼のパンチは強烈だった　〔猛烈〕(形動)▽猛烈な風が吹く▽借金返済のため猛烈に働く　〔激烈〕(形動)▽激烈な競争を勝ち抜く

	□な地震	□なにおい	□な色彩	□な速さ	□な戦い
強烈	○	○	○	-	-
猛烈	○	○	-	○	-
激烈	○	-	-	-	○

使い分け【1】「猛烈」は、自然現象、社会現象および人間の営みなど、最も使用範囲が広く、また、最もくだけた語。【2】三語の中で、激しさの度合いは「激烈」が最も強い。

【関連語】◆(鮮烈)(形動)あざやかで強烈であるさま。「鮮烈な印象」「鮮烈な色彩」◆(凄烈)(形動)すさまじく激しいさま。「両軍は凄烈に戦い続けた」◆(凄絶)(形動)たとえようもなくすさまじいさま。「二匹の虎とらは凄絶な死闘をくり広げた」◆(壮烈)(形動)勇壮で激しいさま。「病気と壮烈に戦う」◆(壮絶)(形動)この上なく勇壮なさま。「彼は壮絶な戦死を遂げた」◆〔悲壮〕(形動)悲しみの中で、勇気を出し心を奮いたたせるさま。「悲壮な覚悟」

8 19-38 過激(かげき)／ラジカル／ドラスティック

共通する意味★度を越して激しいさま。**【英】** *radical; drastic*

使い方▼〔**過激**〕(名・形動)▽過激な運動▽過激な言動▽過激派　〔**ラジカル**〕(形動)▽ラジカルな議論が行われている　〔**ドラスティック**〕(形動)▽ドラスティックな変化が起こっている東欧諸国

使い分け【1】いずれの語も、精神活動や社会活動について用いられる。【2】「過激」は、人間の営み一般についていうことができるが、「ラジカル」「ドラスティック」は、社会的、政治的な意味で使われることが多い。【3】「ラジカル」「ドラスティック」ともに、「根源的で本質的な」の意がある。

8 19-39 どぎつい／毒毒(どくどく)しい／けばけばしい

共通する意味★不快感を与えるほど程度を越えたさま。**【英】** *gaudy*

使い方▼〔**どぎつい**〕(形)▽どぎつい化粧をする▽どぎつい言葉を吐く　〔**毒毒しい**〕(形)▽毒々しい色のきのこ　〔**けばけばしい**〕(形)▽けばけばしい表紙の雑誌▽けばけばしく飾り立てた衣装

使い分け「どぎつい」が、もっとも使われる範囲が広く、「毒毒しい」は、主に色彩に対して、「けばけばしい」は、主に色彩や人や物の外観などに対して用いられる。

参照▼毒毒しい⇒216-29

8 19-40 甚(はなは)だしい／夥(おびただ)しい

共通する意味★程度が激しい。**【英】** *enormous*

使い方▼〔**甚だしい**〕(形)▽台風のために甚だしい損害をこうむった▽今年の冬は甚だしく寒い▽そんなことを言うなんて無知も甚だしい　〔**夥しい**〕(形)▽おびただしい人の群れ▽彼のやり方はだらしないことおびただしい

	□増える	□誤解	□血が流れている	□群衆
甚だしい	-く○	○	-	-
夥しい	-く○	-	○	○

使い分け【1】「甚だしい」は、ふつう望ましくないことについていう。また、量だけを問題にする場合には使われない。【2】「夥しい」は、数量が多いさまを表わす場合には、評価のプラス・マイナスに関係しない。「…ことおびただしい」という言い方では、望ましくないことに限っていう。

参照▼おびただしい⇒808-36

8 19-41 ひどい／激(はげ)しい／すごい／きつい

【関連語】◆〔**厳しい**(きびしい)〕

共通する意味★程度がふつうではない。

使い方▼〔**ひどい**〕(形)▽ひどいぬかるみの中を歩いた▽受験に失敗して彼はひどく落ちこんでしまった　〔**激しい**〕(形)▽激しい吹雪の中を出発した▽暴動は、日に日に激しくなった　〔**すごい**〕(形)▽彼はすごい大金持ちだ▽会場はすごい混雑だった▽この本はすごく面白い　〔**きつい**〕(形)▽上司から、きつく注意された▽この登り坂はきつい

	□痛み	□雨	□事故	□情熱	性格の□人
ひどい	○	○	○	-	-
激しい	○	○	-	○	○
すごい	○	○	○	○	△
きつい	○	-	-	-	○

使い分け【1】「ひどい」は、ふつう好ましくないことに対して使われる。**【英】** *terrible*【2】「激しい」は、プラスやマイナスの評価を含まない。量の面よりも、勢いが強いということを表わす意が強い。**【英】** *violent*【3】「すごい」は、プラス・マイナスどちらにしても、驚かされるほどの程度を表わす。他の三語と異なり、「すごい数(量)」のように、量だけを問題にする場合にも使える。日常語で、改まった場面ではあまり使われない。「凄い」とも書く。**【英】** *immense*【4】「きつい」は、きびしさや刺激の強さを表わす。**【英】** *stern*

【関連語】◆〔**厳しい**〕(形)容赦がなくて、対応しきれないほどである。「寒さが厳しい」「厳しい取り調べ」「厳しい情勢」

参照▼きつい⇒809-20

8 19-42 ものすごい／むちゃくちゃ／すさまじい／べらぼう

【関連語】◆〔**強度**(きょうど)〕

共通する意味★物事の程度がはなはだしいさま。

【英】 *violent; fierce; terrible*

使い方▼〔**ものすごい**〕(形)▽ものすごく大きな蛇を見た▽ものすごい勢いで突進する　〔**むちゃくちゃ**〕(名・形動)▽むちゃくちゃな値段をふっかける　〔**べらぼう**〕(名・形動)▽この毛皮はべらぼうに高い▽べらぼうな

要求 〔すさまじい〕(形)▽すさまじい形相

	□暑い	□痛さ	□吹雪	□あばれる
ものすごい	-く○	○	○	-く○
むちゃくちゃ	-に○	-な△	-な△	-に○
べらぼう	-に○	-な○	-な-	-に-
すさまじい	-く○	○	○	-く-

使い分け【1】「ものすごい」が、通常の程度から遠く離れてはなはだしい感じがあるのに対して、「むちゃくちゃ」は、秩序がなく、支離滅裂になって埒外の感じがある。【2】「べらぼう」は、とんでもないの意のかなりくだけた、荒っぽい言い方。【3】「すさまじい」は、あきれるほどであるとか恐ろしいほどであるとかいう意味合いをもつ。【4】「ものすごい」は「物凄い」、「むちゃくちゃ」は「無茶苦茶」と当てる。また、「すさまじい」は「凄まじい」とも書く。【英】*intensity*

【関連語】◆(強度)程度がはなはだしいこと。⇔軽度。「強度の衰弱」

参照▼むちゃくちゃ⇒204-21 915-12 べらぼう⇒305-51

8 19-43 破天荒

意味★天地未開の混沌とした状態を切り開くことの意から転じて、前代未聞の事を成し遂げること。【英】*unprecedented*

使い方▼〔破天荒〕(名・形動)▽破天荒な大事業▽破天荒の出来事

8 19-44 本当に／まことに／実に

【関連語】◆(まさに)◆(まさしく)◆(事実)◆(真実)◆(実際)◆(真に)

共通する意味★程度がはなはだしいことを確認したときに用いる語。【英】*really; truly*

使い方▼〔本当に〕(副)▽彼らの扱いには本当に困っている▽本当に恐ろしいことだ▽本当にお世話になりました 〔まことに〕(副)▽まことに困ったものだ▽まことにありがとうございます▽まことにおいしい料理だ 〔実に〕(副)▽実にすばらしいことだ▽実に憂慮に堪えない▽チンパンジーは実にりこうな動物だ

使い分け【1】いずれも肯定文で程度を強調するときに用いられるが、「事実」「真実」を引き合いに出しているので、程度がはなはだしいことを何らかの意味で確認したとき用いられることが多い。【2】「まことに」はやや文章語的。公的な発言などによく用いられる。「誠に」「真に」などとも書く。【3】「本当に」は、くだけた言い方では「ほんとに」ともいう。

【関連語】◆(まさに)(副)事実として確認したとき用いる語。「正に」「当に」とも書く。「金十万円、まさに領収致しました」◆(まさしく)(副)事実を確認し、納得したときに用いる語。「正しく」とも書く。「これはまさしく犯罪だ」◆(事実)(副)本当に。「その店の料理はうわさだけでなく事実おいしい」◆(真実)(副)本当に。すっかり。「彼には真実愛想がつきた」◆(実際)(副)本当のところ。「彼の態度は実際腹が立つ」「実際困ったことになった」◆(真に)(副)本当に。真剣に。「真に国を思う」

参照▼事実⇒807-02 真実⇒807-04 実際⇒807-03

8 19-45 こってり／みっちり

共通する意味★十分に何かが行われるさま。

使い方▼〔こってり〕(副)スル▽こってりと説教された▽こってりした味のシチュー 〔みっちり〕(副)▽みっちりと芸を仕込む

	□と油をしぼられる	□教え込む	□とおしろいをつける	□勉強する
こってり	○	-	○	-
みっちり	○	○	-	○

使い分け【1】「こってり」は、いやというほど十分に何かが行われることで、こちらが望んでいない物事が行われる場合に使う。また、味や色などが濃くてしつこいさまにも使う。【2】「みっちり」は、「みっしり」の口語的な表現。物事を、休んだり怠けたりしないでしっかりと十分に行うさまをいう。

8 19-46 とても／到底

共通する意味★否定の語を伴って、ある事柄ができないことを強調する。【英】*cannot possibly*

使い方▼〔とても〕(副)▽あんな利己主義なやつとはとても付き合えない▽その仕事は明日までにとても終わらない 〔到底〕(副)▽一人でやるのはとうてい無理だ▽彼にとうていわかるはずもない

使い分け「とても」「到底」は、どうやっても、どうがんばったところで、の意味では同様に用いられるが、「とても」は、「とてもいい」「とても上手だ」のように、非常に、大変にの意味でも用いられる。

参照▼とても⇒819-33

8 19-47 全く／全然／さっぱり／まるきり／まるで／少しも／一向に

【関連語】◆(からきし)◆(ちっとも)◆(皆目)◆(一切)◆(まるっきり)◆(何ら)

共通する意味★否定表現で用いられ、強く打ち消す

ことを表わす語。**【英】** *not at all; not a bit*

使い方▼〔全く〕(副)▽彼の行方は全くわからない▽その小説は全く好きになれない　〔全然〕(副)▽その話は全然聞いたことがない▽彼女からは全然連絡がない　〔さっぱり〕(副)▽ゆうべのことはさっぱり覚えていない▽いくら待っても客がさっぱり現れない　〔まるきり〕(副)▽ぼくは英語はまるきりわからない▽あれ以来酒はまるきり飲んでいない　〔まるで〕(副)▽酒はまるで飲めない▽まるでお話にならない　〔少しも〕(副)▽そんなことをされても少しも困らない▽いくらやっても少しもうまくならない　〔一向に〕(副)▽このドアは一向に開こうとしない▽一向に存じません

	話が□わからない	春になっても□暖かくならない	彼のジョークは□おかしくない	失敗ばかりで□だめだった
全く	○	○	○	○
全然	○	○	○	○
さっぱり	○	○	○	○
まるきり	○	-	△	○
まるで	○	-	△	○
少しも	○	○	○	-
一向に	○	○	○	-

使い分け【1】「全く」「全然」は、打ち消しを強調する意味で広く用いられる。「全然」と「全く」では、「全然」の方がくだけた表現。また、「全く」は、「全くおもしろい」など肯定文でも使えるが、「全然」は、ふつう否定形と呼応して使う。しかし、「全然いい」のように、肯定的な意味で使うこともある。【2】「さっぱり」は、完全にあとかたもなくという意味。期待どおりにならないという意味でも用いられる。【3】「まるきり」「まるで」は、百パーセント不可能であることを表わす。人間の意図を感じさせる表現なので、自然現象などについては、ふつうは用いられない。【4】「少しも」「一向に」は、変化しない様子を表わす。そこから、事態が進展したり進行したりする文脈でよく用いられる。【5】「一向に」は、書き言葉的なので、改まった挨拶あいさつや公的発言によく用いられる。

【関連語】◆**(からきし)**(副)能力がないことを表わすくだけた言い方。人間の性質について用いられることが多い。「ぼくは横文字はからきしだめだ」◆**(ちっとも)**(副)「少しも」の意のくだけた言い方。ただし、「ちっとも」の方が、「少しも」よりも否定の意味合いが強いことが多い。「ちっとも面白くない」◆**(皆目)**(副)「全く(わからない)」の意を表わす。人間の理解行為について用いる。「皆目見当がつかない」◆**(一切)**(副)「決して(…ない)」の意を表わす。人間の意思的行為について用いる。「今後一切いたしません」◆**(まるっきり)**(副)「まるきり」を強めた言い方。くだけた言い方になる。「まるっきりおもしろくない」「今日の話はまるっきりわからなかった」◈他に、「まるっきり幼い」など、やや軽蔑けいべつの意味をこめて、その状態を強めていうときにも使う。◆**(何ら)**(副)なにほどの。なにも。文章語として用いる。「何らのききめもない」「何ら楽しくない」

参照▼さっぱり⇒107-18　201-40　201-41　まるで⇒918-07　一切⇒805-27

8 19-48 決けっして／断だんじて／絶ぜっ対たいに

【関連語】◆(ゆめ)◆(ゆめゆめ)

共通する意味★強く否定するときに用いる語。**【英】** *never*

使い方▼〔決して〕(副)▽あなたのやさしさは決して忘れない▽決して遅れてはいけない　〔断じて〕(副)▽断じてそんなことはない▽断じて許さない　〔絶対に〕(副)▽政治家の汚職など絶対に許してはならない

使い分け【1】「決して」は、否定の言葉と呼応して、話し手の強い打ち消しの意志を表わす。そのとき、客観的にみて無条件に否定するのではなく、ある前提にもかかわらず、という譲歩の気持ちがある。【2】「断じて」は、動作を伴うものを強く禁止したり、打ち消したりするときに用いる。【3】「絶対に」は、無条件に否定するときに用いる。【4】「絶対に」は、「ぼくは絶対にそこへ行くぞ」のように、肯定文でも用いられ、話し手の強い意志を表わす。

【関連語】◆**(ゆめ)**(副)「決して」「必ず」の意の文語的な言い方。「ゆめ忘るな」「ゆめ驚くことなかれ」◆**(ゆめゆめ)**(副)「ゆめ」を強めた言い方。「ゆめゆめ疑うことなかれ」「政治家になろうとはゆめゆめ思ってみなかった」

参照▼絶対に⇒220-13

8 19-49 必かならずしも／あながち／まんざら

共通する意味★下に打消の語を伴って、一概に、…というわけではないの意を表わす。**【英】** *not necessarily*

使い方▼〔必ずしも〕(副)　〔あながち〕(副)　〔まんざら〕(副)

	□いやというわけではない	□正しいとは言いきれない	金持ちだからといって□えらくはない	□でもない顔つきをする
必ずしも	○	○	○	-
あながち	○	○	-	-
まんざら	○	-	-	○

使い分け【1】「必ずしも」は、「絶対…というわけではない」「AならばBというわけではない」など、単なる強調、例外の存在、条件に対する結果、評価

などが決まっているわけではないこと、などを表わす。【2】「あながち」は、そうとばかりは言えないという意で、強く判定することに反対するという意味合いを持つ語。【3】「まんざら」は、あとにマイナスの評価の語を伴ってそれを打ち消し、実はかなりその語と逆のプラス面があることを表わす。「まんざらでもない」という言い方は、実はうれしかったり気分が良かったりする場面を遠まわしに表わしたもの。「満更」「万更」とも書く。

8 19-50 どうも／どうしても

共通する意味★否定の語と共に用いて、どんなに努力してもうまくいかない意を表わす。

使い方▼〔**どうも**〕(副)▽何回考えても**どうも**理解できない　〔**どうしても**〕(副)▽がんばってみたが**どうしても**できない▽**どうしても**彼の名前が思い出せない

使い分け【1】「どうも」「どうしても」は、否定の意味の言葉と共に用いて、いくら努力しても自分の能力を超えるため、思うようにならないという状態を示す。【2】「どうも」は、はっきりとした理由や根拠があるわけではないが、そのように感じられるという意で、「どうも変だ」「どうも誤解しているらしい」のように用いたり、「どうもありがとう」「どうもすみません」のように、慣用的に用いる用法がある。【3】「どうしても」は、「どうしても行かなければならない」のように、「…たい」「…なければならない」と共に用い、どんな方法でもの意で、積極的な強い意志を示す用法もある。

8 19-51 過分（かぶん）／分外（ぶんがい）

共通する意味★身分などにふさわしい程度を越えているさま。【**英**】*undeserved*

使い方▼〔**過分**〕(形動)▽**過分**に頂戴（ちょうだい）致しまして恐縮致しております▽**過分**なおほめの言葉を賜る　〔**分外**〕(形動)▽彼は**分外**な望みを抱いていた

使い分け【1】「過分」は、自分の扱われ方が身分不相応であること、身に余るさまで恐縮することをいう。挨拶（あいさつ）の際など、改まった場面で使うことが多い。【2】「分外」は、身分不相応で身の程知らずであることをいう。日常語としてはあまり用いられない。

8 19-52 なるべく／なるたけ

共通する意味★できるかぎり。【**英**】*if possible*

使い方▼〔**なるべく**〕(副)▽**なるべく**希望にそうように努力しよう▽**なるべく**なら止めたほうがよい▽**なるべく**早くする　〔**なるたけ**〕(副)▽**なるたけ**自分のことは自分でする▽**なるたけ**早く寝よう

使い分け「なるたけ」の方が、話し言葉的。

8 19-53 少（すく）なくとも／せめて

共通する意味★最小、最低の限度値を設定し、それ以上であることを期待する。【**英**】*at least*

使い方▼〔**少なくとも**〕(副)▽今日の売り上げは**少なくとも**五万円はある▽その問題については**少なくとも**両親には知らせたほうがいい　〔**せめて**〕(副)▽近くに来ているのなら**せめて**電話の一本もくれればいいのに▽名を伏せたのが**せめて**もの心やりだ

	毎日□六時間は寝てください	家から大学まで□三十分はかかる	□一目でも彼女に会いたい
少なくとも	○	○	－
せめて	○	－	○

使い分け【1】「少なくとも」は、最低の場合でもの意で、最低限度の値、あるいは最低限しなければならない行為を提示する言い方である。【2】「せめて」は、最低線の満足を得るためには、最低でもこういう状況を望む、期待するという場合に、最低限の期待が何かを提示する言い方である。「少なくとも」と違い、最初から期待が含まれる。その内に含まれる期待感のため、「…ならいいのに」「…てください」「…てほしい」のような、願望を表わす表現形式と結びつきやすい。

8 19-54 まして／なおさら

【**関連語**】◆（いわんや）

共通する意味★極端な場合でも成り立つことを示して、当該の場合がいうまでもないという意味を表わすときに用いる語。【**英**】*much more*

使い方▼〔**まして**〕(副)▽離れている所でさえうるさいのだから、**まして**近所は耐えられないだろう　〔**なおさら**〕(副)▽練習のときでさえ上がってしまったのだから、本番では**なおさら**だ▽本人だけでなく、相手の両親まで喜んでくれて、**なおさら**うれしい

使い分け【1】「まして」は、その前にあげられた場合でもこういう状態であるから、他の（後にあげられる）場合は、いうまでもなくその状態がより強く現れるということを表わす。【2】「なおさら」は、後にあげられた場合のほうが、前の場合より程度がはなはだしいことを表わす。「猶更」「尚更」とも書く。【3】「まして」は、極端な場合との比較で、当該の場合の程度のはなはだしさを述べるのに対して、「なおさら」は、程度が高まったことだけを述べるので、「表紙がよければなおさらすばらしかったのに」などのように、二つの例を必ずしも示さなくてもよい。

【**関連語**】◆（**いわんや**）(副)「まして」の意の文章語。

多く、漢文訓読文に用いられる。「況んや」とも書く。いわんや「他人でさえ涙が出るほどうれしいのだ。当人においてをや」

8 19-55 むしろ／かえって／いっそ

共通する意味★二つ以上の事柄を比較して、どちらかを選ぶ気持ちを表わす語。**【英】** *rather*

使い方▼〔むしろ〕(副)▽その服には青よりむしろ茶の靴が似合う▽彼に頼むくらいなら、むしろ自分でやったほうがいい 〔かえって〕(副)▽説明を聞いたらかえってわからなくなった▽見るなと言われるとかえって見たくなる 〔いっそ〕(副)▽団体でぞろぞろ歩くくらいならいっそ旅行はやめにしよう▽いっそのことすべてを打ち明けよう

	九月のほうが□暑かった	このまま生きていくより□死にたい	この部屋は研究室というより□談話室だ
むしろ	○	○	○
かえって	○	-	-
いっそ	-	○	-

使い分け【1】「むしろ」は、比較して一方を選ぶ意を表わす。「かえって」は、反対に、予期に反して、の意味なので、比較する二つ以上の事柄が反対の意味を持たないとき、たとえば「りんごよりむしろみかんの方が好きだ」というときには、「むしろ」を「かえって」に置き換えることはできない。【2】「いっそ」は、むしろ思い切っての意味を持ち、それまでとは違った方向に進む気持ちを表わす。この場合、「いっそ」の後には「いっそ死にたい」「いっそのこと、別れてしまおう」のように、人の意志を示す文が続く。これらの「いっそ」は、「かえって」に置き換えると不自然になる。

8 19-56 やはり／相変(あいか)わらず／依然(いぜん)として

【関連語】◆(やっぱり)◆(なおかつ)◆(なおも)

共通する意味★前の状態と変わらずに続けることを表わす語。**【英】** *still*

使い方▼〔やはり〕(副)〔相変わらず〕(連語)〔依然として〕(連語)

	彼は□東京に住んでいた	止められても□行くつもりだ	私は□元気にしている	核の脅威は□ある
やはり	○	○	-	△
相変わらず	○	-	○	△
依然として	○	-	-	○

使い分け【1】「やはり」は、予想や期待のとおり、現在が過去と変わっていないことを表わす。【2】「相変わらず」は、予想や期待に反して、現在が過去と変わっていないことを表わす。【3】「依然として」は、変化のない状態に焦点をあてた語で、そこには話者の期待は直接には入ってこない。

【関連語】◆(やっぱり)(副)「やはり」のくだけた言い方。「やっぱりぼくが行くよ」◆(なおかつ)(副)障害に逆らって続けるさまを表わす。書き言葉的。「止められてもなおかつやめない」◘「早くてなおかつ正確な仕事」のように、「その上さらに」の意もある。◆(なおも)(副)前の状態に付け加えて進めるさまを表わす。「なおも雪は降りつづく」

参照▼やはり⇒208-78

8 19-57 まだ／いまだに

【関連語】◆(なお)

共通する意味★ある状態が、ある時間を経た現在も継続している様子を表わす。**【英】** *yet*

使い方▼〔まだ〕(副)▽彼はまだ来ない▽まだ雷が鳴っている▽まだ宿題が残っている 〔いまだに〕(副)▽いまだに連絡がない▽いまだにそんな夢みたいなことを言っているのか

使い分け「いまだに」は、継続している状態を、非難されるべきだ、あるいは好ましくないなど否定的にとらえていうときに用いる。「まだ」は「未だ」、「いまだに」は「未だに」とも書く。

【関連語】◆(なお)(副)単に継続するだけでなく、付け加わっていく気持ちを含む。「尚」「猶」とも書く。「老いてなおさかん」「今もなお彼女のことが忘れられない」

参照▼なお⇒612-73

8 19-58 さすがに／なるほど

共通する意味★ある事柄に対して持っていた評価、判断を改めて確認するさま。**【英】** *as may be expected*

使い方▼〔さすがに〕(副)▽世話になった先輩の頼みではさすがに断れない▽さすがに日本一の富士は美しい 〔なるほど〕(副)▽なるほど彼の言うとおり、この店は安い▽なるほど、その説明で納得できました

	高いだけのことはあって□うまい	プロは□上手だ	ひどい言葉に温和な彼も□怒った	□彼女は背が高い
さすがに	○	○	○	-
なるほど	○	-	-	○

使い分け【1】「さすがに」は、それまでの状況や当然の結果、現状を認めざるを得ない、の意を持つ。「さすがに」のほかに、「さすがは…だ」「さすがの…も」の形でも用いられる。「さすがは…だ」というときは、やはり予想どおりの意で、「さすがの…も」というときは、「さすがの彼も寄る年波には勝てない」の

8 事柄・性質

ように、予想どおりに行かず現状を認めざるを得ないことを意味する。「流石に」と当てることもある。【2】「なるほど」は、ある事柄を体験して、以前から聞いたりして知っていたことを肯定的に再確認をするとき、または、相手・対象が道理にかなっていると納得するときに用いる。「成程」とも書く。

8 19-59 さぞ／さだめし
【関連語】◆(さぞかし)◆(さぞや)◆(さだめて)

共通する意味★推量を表わす文に用いられ、話し手が現在推測できない事柄を実感を伴って想像するときに用いる語。【英】*I dare say*

使い方▼〔さぞ〕(副)　〔さだめし〕(副)

	きのうの会は□にぎやかだったことだろう	今ごろ□楽しくやっていることだろう	来年の春には□きれいな花を咲かせることだろう
さぞ	○	○	△
さだめし	○	△	○

使い分け【1】「さぞ」は、主に現在および過去の、話者の推測の及ばない事柄を推量するときに用いるのに対して、「さだめし」は、未来のこと、仮想した事柄についても用いられる。【2】「さだめし」は、書き言葉的。

【関連語】◆**(さぞかし)**(副)「さぞ」を強めた語。「両親を一度になくしてさぞかし悲しいことだろう」◆**(さぞや)**(副)「さぞ」を強めた語。「この景気でさぞやたくさん金をもうけたことだろう」◆**(さだめて)**(副)「さだめし」よりも古い言い方。「さだめて辛かろう」

8 19-60 何(なに)しろ／ともかく／とにかく

共通する意味★ある現状を分析することなく受け止めておいて、自分のコメントを付け加えるさま。【英】*at any rate*

使い方▼〔何しろ〕(副)▽何しろ東京は家賃が高くて大変だ▽あの人は何しろ頑固だから説得するのは難しい　〔ともかく〕(副)▽料理はともかく、裁縫の腕は一流だ　〔とにかく〕(副)▽顔色が悪いからとにかく休んだほうがいい▽このお菓子をとにかく食べてみてください

	あの本は□難しい	A先生は物知りだから□何でもきいてみなさい	Bさんは性格は□仕事はできる	よくわからなかったが□答えは書いた
何しろ	○	－	－	－
ともかく	○	○	○	○
とにかく	○	○	△	○

使い分け【1】「何しろ」は、「何しろ…だから」「何しろ…ので」の形で使われることが多い。この場合は、「何しろ」を「とにかく」「ともかく」と置き換えることが可能である。【2】「ともかく」「とにかく」には、「ともかく(とにかく)試してみよう」のように、ある状況に面したときすぐに行動に出る、という意味の用法がある。「兎も(に)角」と当てることもある。【3】「ともかく」はさらに、「AはともかくBは…」「AならともかくBは…」の形で、AとBを対比させる用法を持つ。

8 20 …事柄・用件

8 20-01 事(こと)／事柄(ことがら)／物事(ものごと)
【関連語】◆(事物)(じぶつ)

共通する意味★行為、状態、事象などを表現する語。【英】*a matter*

使い方▼〔事〕▽あの人はどんなことでもまじめにする人だ▽今日一日のことを日記に書く▽宇宙のことはまだよく分かっていない▽ことが露見する　〔事柄〕▽複雑な事柄をやさしく説明する▽大切な事柄だから十分に理解しておこう▽多数決も事柄によりけりだ　〔物事〕▽物事はなんでも最初が肝心だ▽物事に頓着(とんちゃく)しない▽物事をいいかげんにしてはいけない

	重要な□	□理解しがたい	□が金銭にかかわる争い	□には順序というものがある
事	○	○	○	－
事柄	○	○	○	－
物事	○	△	－	○

使い分け【1】「事」は、最も広く用いられる。「事柄」は、その内容、ありさまのこと。「物事」は、行為に関する場合にいう。【2】「事」は、また、「あの人のことが忘れられない」「ぼくのことは心配するな」のように、人をさして、その人に関する事柄を含めて漠然という。【3】「事」には、形式名詞として次の意味がある。①そういう行為、状態などを表わす。「泣くこともできない」「言うことを聞きなさい」「うれしいことがある」②文末にあって断定の語を伴い、話し手の断定の気持ちを強める表現。「過ぎたことは気にしないことだ」「あいつのためにどれほど苦労したことか」③修飾語句を受けて、場合、必要、経験、伝聞、習慣、最上であるなどの意を表わす。「間違うと死ぬこともある」「急ぐことはない」「その映画は前に見たことがある」「お元気とのこと、なによりです」「毎朝六時に起きることにしている」④命令の意を間接的に表わすのに用いる。「草花を折らないこと」「部屋を出るときには電気を消すこと」

【関連語】◆**(事物)**現実に存在する具体的な事柄や物。「物事」は「事」に重点がおかれているのに対して、「事物」は「物」に重点がおかれている。「実際の事物について研究する」

8 20-02 事項（じこう）／項目（こうもく）／費目（ひもく）／くだり／儀（ぎ）

共通する意味★一つ一つの事柄。**【英】** *an item*

使い方▼〔**事項**〕▽必要な**事項**を箇条書きにする▽**事項**別の分類▽注意**事項**　〔**項目**〕▽**項目**を立てる▽辞書の**項目**　〔**費目**〕▽帳簿上の**費目**▽**費目**流用　〔**くだり**〕▽この**くだり**が分からない　〔**儀**〕▽その**儀**ばかりはお許しください▽私**儀**、この度支店長を拝命し…

使い分け【1】「事項」は、ある事の一部分となっている、一つ一つの事柄。【2】「項目」は、物事の見出し。記録や文章などの見出し。箇条。【3】「費目」は、費用支出の名目。経費の名目。【4】「くだり」は、「条」「件」「行」とも書き、文書の行（ぎょう）をさしていうことから、文章中の一部分、章、段をいう。【5】「儀」は、形式名詞的用法で、こと、事柄、わけの意。やや古風な表現で、改まった書状などで用いられることが多い。

8 20-03 種目（しゅもく）／細目（さいもく）／条項（じょうこう）／条目（じょうもく）

【関連語】◆（**品目**）ひんもく◆（**部類**）ぶるい◆（**部門**）ぶもん

共通する意味★他と区別されるまとまりの個々の項目。**【英】** *an item*

使い方▼〔**種目**〕▽競技の**種目**▽平泳ぎと自由形の二**種目**で優勝する　〔**細目**〕▽説明書の**細目**　〔**条項**〕▽法案の細々とした**条項**について説明する　〔**条目**〕▽売買契約書の**条目**

使い分け【1】「種目」は、なんらかの種類別の項目。スポーツについていうことが多い。【2】「細目」は、細かな項目。【3】「条項」は、法律などの箇条書きについていう。【4】「条目」は、並べて書き出した項目。

【関連語】◆（**品目**）品物の名前。「中国からの輸入品の品目が発表された」「多品目にわたる関税の見通しが行われる」◆（**部類**）種類によって分けられたそれぞれの類。「特異な部類に属する現象」◆（**部門**）分けられた部類。「各部門」

8 20-04 要件（ようけん）／条件（じょうけん）／前提（ぜんてい）

【関連語】◆（**悪条件**）あくじょうけん

共通する意味★物事が実現するのに必要な事柄。**【英】** *a condition*

使い方▼〔**要件**〕▽応募の**要件**を満たしている　〔**条件**〕▽**条件**が整えば、実行にうつせる　〔**前提**〕▽日本語が話せることが留学の**前提**である▽**前提**条件

	□が整う	□を満たす	□に反する	□を変える
要件	○	○	-	-
条件	○	○	○	○
前提	△	△	○	△

使い分け【1】「要件」は、「要件のみを伝える」のように、単に大切な用事という意でも使われる。【2】「条件」は、「条件がいい」「条件に従う」のように、約束・契約などの項目（内容）の意味もある。【3】「前提」は、「結婚を前提におつきあいをする」のように、ある物事が成立するための前置きとしての必要な事柄をいう。「条件」にもこの意はあるが、法的な契約・約束の意味合いが強い。

【関連語】◆（**悪条件**）物事を行うためには好ましくない条件。「豪雪地帯という悪条件を克服する」

8 20-05 一件（いっけん）／一条（いちじょう）

共通する意味★一つの事柄。**【英】** *a matter*

使い方▼〔**一件**〕▽**一件**落着する　〔**一条**〕▽話は、三年前の金銭問題の**一条**にまで及んだ

使い分け【1】「一件」は、「例の一件はどうなりましたか」のように、すでに知られている事柄、事件を遠回しにさしてもいう。【2】「一条」は、文章語で古めかしい表現。【3】「一条」には、一筋、箇条書きにした文章の一節の意味がある。「暗闇（くらやみ）の中に一条の光がさした」「一条ずつ分けて印刷してください」

8 20-06 一事（いちじ）／一つ事（ひとつこと）

共通する意味★一つの物事。**【英】** *one thing*

使い方▼〔**一事**〕▽**一事**が万事この調子だ▽この**一事**でも彼の性格がわかる　〔**一つ事**〕▽**一つ事**に熱中するタイプの人

使い分け【1】「一事」は、文章語的。多くの事の中から一つを取り上げていう。【2】「一つ事」は、「それもこれも一つ事だ」のように、同様な事柄の意味もある。やや古めかしい言い方。

8 20-07 些事（さじ）／細事（さいじ）／小事（しょうじ）

【関連語】◆（**枝葉**）しよう◆（**末節**）まっせつ◆（**枝葉末節**）しようまっせつ

共通する意味★ささいな事柄。**【英】** *a trifle*

使い方▼〔**些事**〕▽**些事**にかまけていられない▽**些事**にこだわる　〔**細事**〕▽**細事**にわたる▽日常の**細事**　〔**小事**〕▽大事の前の**小事**（＝大事を行う前には小事にも油断せず気を配れ。また、大事を行う前には小事の犠牲はやむを得ない）▽**小事**にとらわれるな

使い分け【1】三語とも、やや硬い表現。「些事」は、とるに足りないこと。「細事」「小事」は、あまり重要でないこと。「些事」は、「瑣事」とも書く。【2】「細事」は、詳しい事柄の意味もある。「細事を語る」

【関連語】◆（**枝葉**）本筋からはずれた主要でない部分。「えだは」ともいう。「枝葉の問題にすぎない」◆（**末節**）本質的でない部分。「末節にこだわる」◆（枝

葉末節)「枝葉」「末節」は、二語が合わさったこの形で使われることが多い。「枝葉末節にとらわれる」

8 20-08 用事(ようじ)／用件(ようけん)／用向き(ようむ)／所用(しょよう)

【関連語】◆(用)よう◆(急用)きゅうよう

共通する意味★しなくてはならない事柄。**【英】** *an important matter*

使い方▼〔用事〕▽急な用事を思い出した▽用事のない人は帰って行った〔用件〕▽どのような用件でしょうか▽用件を先に言ってください▽用件を切り出す〔用向き〕▽用向きを書いたメモを手渡す▽先方の用向きをよくきいておいてください〔所用〕▽所用のため欠席します

	□を忘れる	□がある	たいしたでもない□	□で出かける
用事	○	○	○	○
用件	○	○	○	-
用向き	○	△	△	-
所用	△	△	-	○

使い分け【1】「用事」が、一般的な語。「用件」「用向き」「所用」は、改まった言い方である。【2】「用件」「用向き」は、しなければならない事柄の内容まで表わすこともある。

【関連語】◆(用)「用事」の意だが、話し言葉として多く用いられる。「当校に用のない人は、入らないでください」◆(急用)急ぎの用。「先生は急用で、来られない」

参照▼用⇒812-03　所用⇒117-02

8 20-09 小用(しょうよう)／小用(こよう)／雑用(ざつよう)／雑事(ざつじ)／野暮用(やぼよう)

【関連語】◆(私用)しよう◆(公用)こうよう

共通する意味★いろいろな用事。**【英】** *miscellaneous business*

使い方▼〔小用〕しょうよう▽父は小用で出かけている〔小用〕こよう▽父が娘に小用を言いつける〔雑用〕▽雑用に追われて忙しい〔雑事〕▽雑事が多くて落ち着かない〔野暮用〕▽野暮用でちょっと出かけます

	□を言いつける	□で出かける	□に追われる	□がたまった
小用(しょうよう)	○	○	-	-
小用(こよう)	○	○	-	-
雑用	○	△	○	○
雑事	-	-	○	○
野暮用	△	○	-	△

使い分け【1】「小用しょうよう」「小用こよう」は、ちょっとした用事の意。「小用こよう」の方が、古風な言い方。【2】「雑用」は、こまごましたさまざまな用事。【3】「雑事」は、本来の仕事以外のいろいろの用事。【4】「野暮用」は、趣味とか遊びのためではない実務的な用事。また、用向きをはっきりと言いたくないときに、つまらない用事の意でも用いる。【5】「小用しょうよう」は、「小用しょうよう・こようにに立つ」「小用しょうよう・こようを足す」のように、「小便」のことを遠回しにいうこともある。

【関連語】◆(私用)スル個人的な用事。⇔公用。「私用の電話は禁止します」「私用で外出する」◆「名義を私用する」のように、自分個人のために使うこともいう。◆(公用)公的な用事。⇔私用。「公用ででかける」

参照▼公用⇒117-06

8 20-10 俗事(ぞくじ)／世塵(せじん)／世故(せこ)／世事(せじ)／俗塵(ぞくじん)／俗用(ぞくよう)

共通する意味★世の中のいろいろなこと。**【英】** *worldly affairs*

使い方▼〔俗事〕▽俗事に追われる▽俗事を避ける▽〔世塵〕▽世塵を逃れる▽世塵にまみれる〔世故〕▽世故にたけた人▽世故に通じている〔世事〕▽世事に疎うとい▽世事を顧みる余裕がない〔俗塵〕▽俗塵を避ける〔俗用〕▽俗用にかかずらう

使い分け【1】「俗事」「世塵」「俗塵」「俗用」には、つまらないこと、煩わしいことといった、マイナスの意味を含んでいる。【2】「俗事」は、こまごました用事をいう。【3】「世故」は、「世故にたける」の形で使われることが多い。【4】「世事」は、世間の出来事をいう。

9 物の動き

9 01…存在

9 01-01 居る（い）／ある

【関連語】◆（いらっしゃる）◆（おる）

共通する意味★ある場所に存在する。**【英】** *to be*

使い方▼〔居る〕（ア上一）▽縁側に猫がいる▽居間には父がいる▽今日は一日家にいる　〔ある〕（ラ五）▽最近しばしば地震がある▽日本はアジア大陸の東の端にある▽甘味のある食品▽昨日ここで事故があった▽そんな馬鹿な話があるものか

	門の前に人が□	門のところに犬が□	駅前にタクシーが□	妹は大阪に□	門のところに松の木が□
居る	○	○	○	○	－
ある	－	－	－	－	○

	机の上にワープロが□	空に雲が□	才能が□	体重が六〇キロ□	兄弟が□
居る	－	－	－	－	○
ある	○	○	○	○	○

使い分け【1】「ある」は、一般に、無生物・植物・物事などの存在をいい、人・動物などの生き物や、乗り物など、動くものの存在には「居る」が用いられる。ただし、「兄弟が□」のように、漠然と有無を問題にするだけの表現では、「居る」「ある」の両方とも用いられる。「ある」は「有る」「在る」とも書く。【2】「居る」は、補助動詞として「…ている」などの形で、動作・作用・状態の継続・進行を表わす。その場合は、ふつう「いる」と仮名で書く。「じっと見ている」「愛さずにいられない」【3】「ある」は、補助動詞として「…である」の形で、指定の意、また、そういう状態である意を表わす。「このオペラは傑作である」「兄は公務員である」【4】「ある」は、他動詞の連用形に、助詞「て」「つつ」がついた形に続けて、動作・状態の進行・継続、また、完了した作用の結果を表わす。「花が生けてある」「彼は今、大作を書きつつある」

【関連語】◆（いらっしゃる）（ラ五）「居る」の尊敬語。動作の主に対する尊敬を表わす。「先生は部屋にいらっしゃる」「今夜はお宅にいらっしゃいますか」◆「行く」「来る」の尊敬語としても用い、また、補助動詞として「…ている」「…である」の尊敬表現に用いる。「明日の会合にはいらっしゃるおつもりですか」「知っていらっしゃいますか」◆（おる）（ラ五）「居る」の謙譲、または丁寧な言い方。「明日は家におります」「妹が一人おります」◆補助動詞として、主として「おります」の形で、「います」の謙譲、または丁寧な言い方に使う。「存じております」「雨が降っております」

9 01-02 存在（そんざい）／所在（しょざい）／既存（きぞん）／現存（げんそん）

共通する意味★人間や事物があること。**【英】** *existence*

使い方▼〔存在〕スル▽あの建物は現代では貴重な存在だ▽その風習は今なお存在している▽存在意義を失う　〔所在〕スル▽責任の所在を明らかにする▽所在が不明だ　〔既存〕スル▽既存の権利を守る▽既存の施設を利用する　〔現存〕スル▽現存している最古の木造建築

使い分け【1】「存在」は、現にそこにあること。人間や事物が、ある働きや価値を持って、そこにあることをいう。【2】「所在」は、人間や事物がある所をいう。また、「所在ない」の形で、することがなくて退屈であるという意でも用いられる。「見知らぬ人ばかりで所在ない思いをした」【3】「既存」は、すでにあること。「きそん」ともいう。【4】「現存」は、現在、実際に存在していること。「げんぞん」ともいう。

9 01-03 実在(じつざい)／実存(じつぞん)

共通する意味★実際に存在すること。**【英】** *reality*

使い方▼〔実在〕スル▽その小説に出てくる町は実在している▽実在の人物　〔実存〕スル▽霊魂は実存するのであろうか

使い分け【1】「実在」が、一般的な語。【2】ともに、哲学の用語としても用いられる。

反対語▼実在⇔架空

9 01-04 散在(さんざい)／点在(てんざい)／疎ら(まばら)

【関連語】◆(過疎)かそ◆(混在)こんざい◆(分布)ぶんぷ

共通する意味★数が少なく、同時に、まとまらない状態で存在すること。**【英】** *scattering*

使い方▼〔散在〕スル▽山のふもとに人家が散在する　〔点在〕スル▽この辺りには沼が点在している　〔疎ら〕(名・形動)▽夜になると人影もまばらになる▽毛がまばらに生えている▽桜の苗木をまばらに植える

使い分け【1】「散在」は、広い範囲に散らばっていること。「点在」は、「散在」よりもさらに数が少なく、離れている感じが強い。【2】「散在」「点在」は、光景として見る場合に使われることが多いが、「疎ら」は、使用範囲が広く、光景以外にも用いられる。

【関連語】◆(過疎)極度にまばらなこと。特に、ある地域の人口が少なすぎること。「過疎の村」◆(混在)スル入り交じって存在すること。「良いもの悪いものが混在している」◆(分布)スルある範囲のところどころに分かれて広く存在すること。「遺跡の分布を調べる」

9 01-05 潜在(せんざい)／伏在(ふくざい)

共通する意味★表面に現れないで内に潜んで存在すること。**【英】** *to be latent*

使い方▼〔潜在〕スル▽危険が潜在している▽潜在していた不満が爆発した▽潜在意識　〔伏在〕スル▽伏在する原因をつきとめる▽さまざまな事情が伏在する

使い分け危険、不満、能力、意識などの、より具体的な状況をいう場合には「潜在」が、事情、状況、原因などの、より抽象的なことについては「伏在」が用いられる傾向にある。

反対語▼潜在⇔顕在

9 01-06 空白(くうはく)／ブランク

共通する意味★あるべき部分が欠けていること。**【英】** *a blank*

使い方▼〔空白〕(名・形動)▽その日の日記は空白になっている▽頭の中が空白になる　〔ブランク〕▽紙面のブランクに入れるべき記事を探す▽三年のブランクは大きい

	□を埋める	記憶の□	二年の□の後の復帰	□な時間
空白	○	○	△	○
ブランク	○	-	○	-

使い分け【1】「空白」は、何かが書かれていなければならない部分に何も書いてないことや、何かが行われなければならないのに何もないこともいう。【2】「ブランク」は、何かの事情で、仕事や勉強などから遠ざかっていた期間のことをいうことが多い。また、何も書いてない部分、余白や空欄のこともいう。

9 01-07 無い(ない)

意味★物事が存在しない。

使い方▼〔無い〕(形)▽ここに置いた本が無い▽今日は用事が無い▽誠意のない態度

◆①死んで、この世にいないという意でも用いる。その場合、多く、「亡い」と書く。「今は亡き母」②補助的に用いて、上の言葉を打ち消したり、必ずそうとは言いきれないさまを表わす。「もう寒くない」「行きたくない」「聞くともなく聞いている」

9 01-08 無(む)／空(くう)／烏有(うゆう)

共通する意味★何もないこと。**【英】** *nothing*

使い方▼〔無〕▽無から有(ゆう)を生じる▽努力が無になる　〔空〕▽計画は失敗し、一切が空に帰した▽空をつかむ　〔烏有〕▽戦火に焼かれ、町は烏有に帰した

使い分け【1】「無」は、まだ何も生まれていない状態をいう。「無になる」「無にする」「無に帰する」は、むだになるという意味。【2】「空」は、天と地の間の何もないところ。「空で論ずる」のように、根拠、よりどころがないという意味もある。【3】「烏有」は、「烏(いずく)んぞ有(あ)らんや」の意味で、多く、「烏有に帰する(=すっかりなくなる。特に、火災で滅びる)」の形で使う。

9 01-09 空(から)／空っぽ(からっぽ)／がらんどう／空ろ(うつろ)

共通する意味★中身がないさま。**【英】** *empty*

使い方▼〔空〕▽空のかばん▽箱を空にする　〔空っぽ〕(名・形動)▽胃が空っぽだ▽空っぽの部屋　〔がらんどう〕(名・形動)▽洞穴の中はがらんどうだった▽がらんどうの家　〔空ろ〕(形動)▽木の根もとがうつろになっている

使い分け【1】「空っぽ」は、「空」を強めた言い方

だが、「空」よりくだけた表現になる。【2】「がらんどう」は、建物、部屋、洞穴など、ある空間に物も人もなく、広々とした感じをいう。【3】「空ろ」は、本来中身がつまっているべきものがないことをいう。「虚ろ」とも書く。

901-10 空虚（くうきょ）／空疎（くうそ）

共通する意味★内容がないさま。【英】*empty*

使い方▼〔空虚〕(形動)▽彼の話は空虚な夢でしかない▽空虚な人生を送る　〔空疎〕(形動)▽内容は空疎な理論

使い分け【1】「空虚」は、物事に実質的な内容や価値がないという意。また、充実感がなく、むなしいさまをも表わす。【2】「空疎」は、見せかけに対して、内容がない場合に使われることが多い。

901-11 無し（な）／無き（な）／ゼロ

【関連語】◆(ナッシング)

共通する意味★ないこと。【英】*nothing*

使い方▼〔無し〕▽この話は無しにしよう▽予告無しに打ち切る　〔無き〕▽訪れる人は無きに等しい▽有って無きがごとし　〔ゼロ〕▽集中力はゼロだ▽ゼロから始める英会話

使い分け【1】「無し」は、存在、能力、経験などのないことに幅広く使う。【2】「無き」は、「無きに等しい」「無きがごとし」の形で使うのが一般的。【3】「ゼロ」は、能力、経験などがない場合や、可能性、物件など数で表わせるものに対して、数字の零（れい）の意味で使う。

【関連語】◆(ナッシング)無であること。ないこと。単独では使われず、「オール・オア・ナッシング（＝全か無か）」の形で使われることが多い。また、野球のボールカウントが0のときにいう。

参照▼ゼロ⇒808-02

901-12 皆無（かいむ）／絶無（ぜつむ）

共通する意味★全くないこと。【英】*none*

使い方▼〔皆無〕(名・形動)▽経験者は皆無だ▽可能性は皆無に等しい　〔絶無〕(名・形動)▽掟（おきて）を破る者は絶無に等しい

使い分け「絶無」は、後にも先にも少しも見られないことをいう。「皆無」より、強調した言い方になる。

902…運動

902-01 動く（うご）／揺れる（ゆ）／揺らぐ（ゆ）／ぐらつく

【関連語】◆(動かす)うごかす

共通する意味★物が静止せず、前後、左右、上下に行ったり来たりする。【英】*to shake*

使い方▼〔動く〕(カ五)　〔揺れる〕(ラ下一)　〔揺らぐ〕(ガ五)　〔ぐらつく〕(カ五)

	風で枝が□	虫歯がぐらぐら□	強風で船が□	□た(だ)柱を直す	身代(しんだい)が□
動く	○	○	-	-い△	-
揺れる	○	-	○	-れ-	-
揺らぐ	○	-	-	-い-	○
ぐらつく	-	○	-	-い○	-

使い分け【1】「動く」は、一度だけの移動に対しても用いるが、「揺れる」「揺らぐ」は、ゆらゆらと連続的に運動することをいう。【2】「揺らぐ」は、安定し、固定していたものが何かのきっかけで不安定になるなど、連続的な動きでない場合も使う。【3】「ぐらつく」は、本来安定しているはずのものが、不安定になってぐらぐらする意。【4】四語とも、考えや状況、基盤などが不安定な状態になるという意でも用いる。「心が動く」「気持ちが揺れる」「決意が揺らぐ」「信頼がぐらつく」

【関連語】◆(動かす)(サ五)動くようにさせる。「風が木々の葉を動かす」「机を動かす」「人の心を動かす話」

参照▼動く⇒903-01 908-01

902-02 震動（しんどう）／振動（しんどう）／動揺（どうよう）／激動（げきどう）

【関連語】◆(震撼)しんかん

共通する意味★揺れ動くこと。【英】*vibration*

使い方▼〔震動〕スル▽道路工事で震動がひどい▽地震で家屋が震動する　〔振動〕スル▽エンジンの振動がハンドルに伝わってくる▽振動数　〔動揺〕スル▽機体が激しく動揺する　〔激動〕スル▽激動の昭和▽激動期

使い分け【1】「震動」は、大きくてどっしりとしたものが震え動くことをいう。地震など、自然現象によるものをいうことが多い。【2】「振動」は、振れ動くことだが、物理学では、音波や電波などのように、一定の周期をもつものについていう。【3】「動揺」は、「内心の動揺を隠そうとする」のように、物だけでなく精神的なものについてもいう。【4】「激動」は、物体よりは、社会や政治などが激しく動くことをいう。

【関連語】◆(震撼)スルふるわせ動かすこと。特に、世間を驚かせること。「社会を震撼させた連続殺人事件」

902-03 揺(ゆ)らす／揺(ゆ)する／揺(ゆ)さぶる

【関連語】◆(揺すぶる)ゆすぶる

共通する意味★ゆらゆらと前後、左右、上下に動くようにする。【英】*to shake*

使い方▼〔揺らす〕(サ五)▽梢(こずえ)を揺らす風▽ゆりかごを揺らす 〔揺する〕(ラ五)▽肩を揺すって笑う▽木を揺する 〔揺さぶる〕(ラ五)▽枝を揺さぶる

	体を□	□ブランコを	膝(ひざ)を□	政局を□大事件
揺らす	○	○	-	△
揺する	○	○	○	-
揺さぶる	○	-	-	○

使い分け【1】「揺らす」「揺する」は、揺れるようにさせる意。【2】「揺さぶる」は、「揺らす」「揺する」より、動作としては激しい。また、「魂を揺さぶる小説」のように、相手に刺激を与えて動揺させる意でも用いる。

【関連語】◆(揺すぶる)(ラ五)多く、「揺さぶる」にくらべると動きが小さい場合に用いる。「木の枝を揺すぶる」

参照▼揺する⇒115-07

902-04 振(ふ)る／振(ふ)るう

共通する意味★前後、左右、上下などに振り動かす。【英】*to shake; to swing*

使い方▼〔振る〕(ラ五)▽手を振る▽バットを振る▽首を縦に振る▽しっぽを振る 〔振るう〕(ワ五)▽剣を振るう

使い分け【1】「振る」は、手で物の一端をとって他の一端を動かしたり、体の一部を動かしたりする意だが、「振るう」は、手に持った物の全体を大きく振り動かす意。【2】「振る」には、「魚に塩を振る」のように、まき散らすという意味もある。【3】「振るう」は、「采配(さいはい)をふるう」「筆をふるう」のように、思うままに取り扱う意や、「経営に腕をふるう」「熱弁をふるう」のように、発揮するという意でも使われる。その場合、多く、「揮う」と書く。

参照▼振るう⇒219-15 914-07

902-05 ぐらりと／ぐらぐら

共通する意味★激しく揺れ動くさまを表わす語。【英】*unsteadily*

使い方▼〔ぐらりと〕(副)▽いきなりぐらりときたのであわてて火を止めた 〔ぐらぐら〕(副)スル▽地震で歩道橋がぐらぐら揺れた

使い分け【1】「ぐらりと」は、一回大きく揺れるさまを表わすが、「ぐらぐら」は、揺れが繰り返し起こるさまを表わす。【2】「ぐらぐら」は、「歯がぐらぐらする(ぐらぐらになる)」のように、動揺して、安定しないさまにもいう。【3】「ぐらりと」は、「ぐらっと」と言い換えることもできる。

902-06 転倒(てんとう)／転覆(てんぷく)／横転(おうてん)／横倒(よこだお)し

【関連語】◆(反転)はんてん◆(将棋倒し)しょうぎだおし

共通する意味★歩いたり動いたりしていたものが、何かの理由でひっくり返ってしまうこと。【英】*overturning*

使い方▼〔転倒〕スル▽つまずいて転倒する 〔転覆〕スル▽列車が転覆する▽船が転覆する 〔横転〕スル▽カーブで自動車が横転する 〔横倒し〕▽自転車が横倒しになる▽大風で木が横倒しになる

使い分け【1】「転倒」は、人間や動物が動いているときに、立っている姿勢を保てずに地面などに倒れること。【2】「転覆」は、主に列車や船舶がひっくり返る場合に使う。また、「政権の転覆を図る」のように、組織や体制を倒す意にもいう。【3】「横転」は、横向きに倒れること。人間についても乗り物についてもいう。「横倒しになる」も同様だが、「横転」の方が動作性が強く、「横倒し」の方が状態性が強い。【4】「転倒」は、「主客転倒」のように、関係が逆になってしまうことや、「気が転倒する」のように、慣用的に使う場合もある。

【関連語】◆(反転)スルひっくり返ること。「転倒」などとは違い、ちゃんと動いていたものが何かの理由でひっくり返るといった含みはない。「マットの上で反転する」◆(将棋倒し)元来、将棋の駒(こま)を一定の間隔で一列に立てて並べ、その列の先端の駒を倒すと順々にすべての駒が倒れる遊びの意。そこから、一つのものが倒れたのが原因で、その近くにあったものが次々に倒れることをいう。「観客が入り口に殺到して将棋倒しになった」

902-07 ひっくり返(かえ)す／裏返(うらがえ)す／覆(くつがえ)す

【関連語】◆(翻す)ひるがえす

共通する意味★何かを今ある状態から逆の状態にする。【英】*to overthrow*

使い方▼〔ひっくり返す〕(サ五)▽バケツをひっくり返す▽負けていた試合を土壇場でひっくり返した 〔覆す〕(サ五)▽一審の判決を覆す▽定説を覆す 〔裏返す〕(サ五)▽紙を裏返す▽シャツを裏返して着る

使い分け【1】「ひっくり返す」は、具体的な物の上下、裏表を逆に向ける意。対象物が器であれば、内容物が飛び散ることを含んでいう。また、「本棚をひっくり返していたら古い日記帳が出てきた」のように、(内部を)ひっかきまわして調べる意にも用いられる。同様に、「宿帳をひっくり返してみる」は、ただ、めくるのではなく、あちこちめくって調べる意である。なお、「常識をひっくり返す」のように、抽象的な事柄についても使えるが、ややくだけた言い方である。【2】「覆す」は、従来定まっていた体制、概念などの抽象的な事物を、否定、無効とする意。もともとは、何か具体的な事物を上下逆向きにする意だが、たとえば「大波が船を覆す」のような言い方は、かなり古めかしく聞こえ、あまり用いられない。【3】「裏返す」は、平らなものの表と裏を逆にする意。

【関連語】◆（翻す）(サ五)それまでの自説や主張、発言を急に否定して変える。「覆す」は、対象が自分に責任のないものなのに対し、「翻す」は、対象が自分の説や主張である。また、さっと裏返すという意でも用いる。「前言をひるがえす」「手のひらをひるがえす」

参照▼翻す⇒903-35

902-08 回転(かいてん)／回る(まわ)

【関連語】◆（旋回）せんかい◆（回す）まわす

共通する意味★何かが一定の位置で中心を軸として動く。【英】*to revolve*

使い方▼〔回転〕スル▽プロペラが回転する▽モーターが回転する▽回転運動　〔回る〕(ラ五)▽車輪が回る▽油が切れて回らなくなった

使い分け【1】「回る」の方が、一般的な語。【2】「回転」は、「頭の回転が速い」のように、比喩(ひゆ)的に、次々に考えが及ぶこともいう。【3】「回る」は、「地球が太陽のまわりを回る」のように、物が円の形を描いて動く意もある。

【関連語】◆（旋回）スル飛行機や大型の鳥が円の形を描いて何かの上を飛ぶこと。「プロペラ機が村の上空を旋回する」◆（回す）(サ五)輪のようにまるく回転させる。「こまを回す」「ダイヤルを回す」

参照▼回る⇒617-34

902-09 一周(いっしゅう)／一回り(ひとまわ)

共通する意味★一度全部まわること。【英】*one round*

使い方▼〔一周〕スル▽グラウンドを一周する　〔一回り〕スル▽地球を一回りする▽館内を一回りする

使い分け【1】「一周」は、何かの周囲を一回まわることをいうが、「一回り」は、何かの周囲だけでなく、一定の場所を一回まわることもいう。【2】「一回り」は、「打順が一回りする」のように、順番が全員にまわることもいう。

902-10 逆転(ぎゃくてん)／転回(てんかい)

共通する意味★ぐるりと違う方向に向けること。【英】*a reversal*

使い方▼〔逆転〕スル▽地図を逆転させて見る　〔転回〕スル▽針路を北に転回する▽これまでの方針を百八十度転回する

使い分け【1】「逆転」は、静止しているものの左右、前後を逆にすることをいう。また、「形勢が逆転した」「逆転ホームラン」のように、状況が反対の方向に向かうことの意もある。【2】「転回」は、進んでいるものの方向を、ぐるりと変えることをいう。必ずしも逆の方向になるとは限らない。

902-11 宙返り(ちゅうがえ)／とんぼ返り(がえ)／もんどり

【関連語】◆（とんぼ）◆（でんぐり返る）でんぐりがえる

共通する意味★空中で回転すること。【英】*to turn a somersault*

使い方▼〔宙返り〕スル▽つばめがくるりと宙返りする▽二回宙返りして着地する　〔とんぼ返り〕スル▽舞台の上でとんぼ返りをする　〔もんどり〕▽もんどり打って倒れた

使い分け【1】「宙返り」は、空中で回転することをいうが、「空中で三回宙返りする」といえるように、一回だけの回転とは限らない。【2】「とんぼ返り」は、ふつう跳躍して空中で一回転をすることをいい、もともと飛んでいるものについてはいわない。また、「宙返り」と違って、空中で一回だけ回るもので、また後方への回転をいうことが多い。【3】「もんどり」は、動作主の意志的行為を表わすのではなく、他からの衝撃を受けてはねとばされ、一回転するときに用いる。ふつう「もんどり(を)打って」の形で様態の表現に使われる。【4】「とんぼ返り」は、「出張先からとんぼ返りする」のように、ある場所へ行ってすぐに戻ってくることもいう。

【関連語】◆（とんぼ）「とんぼを切る」の形で、「とんぼ返りする」と同様に、空中で一回転することを表わす。「舞台の上手(かみて)でとんぼを切る」◆（でんぐり返る）(ラ五)上下さかさまになる、ぐるりと回る、ひっくり返る意。回転する動作も表わすが、地上でぐるりと一回転する動作をいうことが多い。ややくだけた言い方。「マットの上ででんぐり返る」「天地がでんぐり返るような大騒ぎ」

902-12 返す(かえ)／戻す(もど)

共通する意味★物事や人の状態、場所などを、以前と同じにする。【英】*to return*

使い方▼〔返す〕(サ五)▽図書館に本を返す▽不良品だったので製造元に返した▽きれいな海を返せ　〔戻す〕(サ五)▽本を本棚へ戻す▽計画は白紙に戻そう▽ビデオを戻して見直す

	元に□	友人に借金を□	話を前に□	車を後ろへ□
返す	○	○	-	-
戻す	○	-	○	○

使い分け【1】「返す」は、一度移動したものを、ま

9 物の動き

た元の場所、状態に移す意。「戻す」にくらべ、本来の持ち主に所有権を移す意が強い。物の場合は「返す」、人の場合は「生徒を家に帰す」のように、「帰す」と書く。また、波のような、意志はないが自分で移動できるものの動きにもいう。「寄せては返す波の音」【2】「返す」には、また、「裏を返して着る」「手の平を返したように対応が冷たくなる」のように、表裏、上下などの面を逆にする意味がある。さらに、「恩を仇(あだ)で返す」「何と言われても返す言葉がない」のように、人から受けた行為に対して、自分からも釣り合うだけのことをする意味にも使う。【3】「戻す」は、「返す」にくらべ、元あった場所に移す意味が強く、所有権は移動しない。また、「時計の針を戻す」のように、物事の進行方向、前後の順序を逆にする場合にも使う。【4】「戻す」には、また、食べたものを口から吐き出す意味もあり、「吐く」より婉曲(えんきょく)的な表現になる。さらに、「干ししいたけを水でもどす」のように、乾燥したものを水に浸して元の状態にすることもいい、この場合は平仮名で書くことが多い。

903…移動

903-01 移(うつ)る／移動(いどう)

【関連語】◆(移す)うつす◆(動く)うごく◆(移行)いこう

共通する意味★別の場所、状態、段階、地位などへ動く。**【英】** *to move*

使い方▼〔移る〕(ラ五)▽本社が郊外に移る▽本日づけで総務課に移ることになった　〔移動〕スル▽部隊が十キロ南方へ移動する▽移動図書館

使い分け【1】「移る」は、意味が広く、あらゆる次元で他へ動く意。「病気が移る」「香りが移る」などのように、主体がそのまま動かなくても、それに付帯していたものが動く場合にもいう。また、「別の男性に心が移る」のように、目に見えない心のありさまにもいう。ある物(人、状態、段階など)が、もうひとつの別の物へと動く意で、休みなく動いていく場合にはあまりいわない。【2】「移動」は、目に見える物理的な動きで、一回きりのときにも、常に動いていくときにもいう。他動詞として「AをBへ移動する」などともいう。

【関連語】◆(移す)(サ五)物事をある位置、状態から、他の位置、状態に変える。「遷す」と書くときもある。「机を窓際に移す」「都を遷す」「風邪(かぜ)を移す」「実行に移す」◆(動く)(カ五)場所が別の所に変わる。「雲が動く」「電車が動く」◆(移行)スルある状態から他の状態へ移って行くこと。位置に関しては、ふつう用いない。「新制度へ移行する」

参照▼移る⇒814-60　908-01　動く⇒902-01　908-01

903-02 伝(つた)う

意味★その物から離れないように、それに沿って移動する。

使い方▼〔伝う〕(ワ五)▽屋根を伝って逃げる▽壁を伝って流れ落ちる

903-03 滑(すべ)る

意味★物の面の上をなめらかに移動する。また、そのために重心や支えを失って、ころびそうになったり物が手をすりぬけたりする。**【英】** *to slide*

使い方▼〔滑る〕(ラ五)▽スキーで斜面を滑る▽戸がよく滑る▽雪道は滑る▽手が滑ってコップを落とした▽つい口が滑った(＝言ってはいけないことまでうっかり言ってしまった)▽試験に滑る(＝落ちる)

903-04 上(あ)がる／上(のぼ)る

【関連語】◆(上昇)じょうしょう

共通する意味★低い方から高い方へ移る。段階・数値・程度などが高くなる。**【英】** *to go up*

使い方▼〔上がる〕(ラ五)　〔上る〕(ラ五)

	台の上に□	成績が□	木に□	山道を□
上がる	○	○	△	-
上る	○	-	○	○

使い分け【1】「上がる」は、その前の状況と比較して高くなる場合、一般的に高いと認められる位置や段階などにある場合に用いられる。また、ある段階から全く異なる別の段階にすすむときにも用いられるが、上昇意識をもっていう場合(「学校へ上がる」「川から上がる」など)と、完了の意識をもっていう場合(「雨が上がる」「注文品が上がる」など)とがある。意味によって、「揚がる」「挙がる」などと書き分けられる。【2】「上る」は、上へと向かって動く意。「登る」「昇る」とも書くが、「登る」は、一歩一歩踏んでいく場合、「昇る」は、ある線の上を移動するような場合に使われる。

反対語▼上がる⇔下がる・下りる　上る⇔下る・下りる

【関連語】◆(上昇)スル上へのぼること。⇔下降。「物価が上昇する」「上昇気流」

参照▼上る⇒905-20

903-05 上(あ)げる

【関連語】◆(持ち上げる)もちあげる

意味★低い方から高い方へ移す。**【英】** *to raise* ⇔下げる

使い方▼〔上げる〕(ガ下一)▽荷物を二階へ揚げる▽棟を上げる▽目を上げる▽値段を上げる▽凧(たこ)を揚げる

◆①「揚げる」「挙げる」と書くこともある。②「仕事を上げる」「名を挙げる」のように、完了させる、また、表面に出ていなかったものを発現させる意でも使われる。

【関連語】◆(持ち上げる)(ガ下一)持って上に移す。下にあるものを手に持ってその位置より上げる。また、人を誉めたりお世辞を言ったりして良い気分にさせる。「重い石を持ち上げる」「品物を持ち上げて重さをみる」「名人上手と持ち上げる」

9 03-06 上(あ)げ下(さ)げ／上(あ)げ下(お)ろし／上下(じょうげ)

共通する意味★物を高い所に移動させたり、低い所に移動させたりすること。**【英】** *raising and lowering*

使い方▼〔上げ下げ〕スル▽バーベルを上げ下げする▽頭を上げ下げする　**〔上げ下ろし〕**スル▽クレーンで荷の上げ下ろしをする　**〔上下〕**スル▽体温が上下する▽川を上下する船

	手を□する	値段を(が)□する	箸(はし)の□	布団を□する
上げ下げ	○	を○	-	-
上げ下ろし	○	-	○	○
上下	○	が○	-	-

使い分け【1】「上げ下げ」は、肩や手など起点となるものに対して、何かを高くしたり、低くしたりすることを表わし、「上げ下ろし」は、棚や台など上に置く所と、床や地面など下に置く所があらかじめ決まっていて、その間を移動させることを表わす。**【2】**「上下」は、物を移動させる意で使われることは少なく、単に何かが上がったり下がったり、上ったり下ったりすることをいう。

9 03-07 上(のぼ)り下(くだ)り／昇降(しょうこう)／昇(のぼ)り降(お)り

共通する意味★低い所から高い所に移動したり、高い所から低い所に移動したりすること。**【英】** *ascent and descent*

使い方▼〔上り下り〕スル▽川を上り下りする船　**〔昇降〕**スル▽昇降機▽昇降運動　**〔昇り降り〕**スル▽階段を昇り降りする

使い分け【1】「上り下り」「昇り降り」は、ともに上へ行ったり、下へ行ったりすることであるが、階段や台など段差のあるものや、エレベーターのように別の物に乗って移動する場合には、「上り下り」は使えない。また、「昇り降り」は、川や山道などの緩やかな移動、距離の長い移動には用いない。**【2】**「昇降」は、「昇り降り」の漢語で、多く、他の語と複合して用いられる。

9 03-08 下(さ)がる／垂(た)れる／しだれる／垂(た)れ下(さ)がる／ぶら下(さ)がる

共通する意味★ある位置に一部分があり、その他の部分がそれより低い所にある。**【英】** *to hang down*

使い方▼〔下がる〕(ラ五)▽カーテンが下がる　**〔垂れる〕**(ラ下一)▽犬の尾が垂れる　**〔しだれる〕**(ラ下一)▽藤の花がしだれる　**〔垂れ下がる〕**(ラ五)▽髪の毛が肩に垂れ下がる　**〔ぶら下がる〕**(ラ五)▽子供が木にぶら下がる

	枝が□	幕が□	つららが□	鉄棒に□
下がる	○	○	○	-
垂れる	○	○	-	-
しだれる	○	-	-	-
垂れ下がる	○	△	○	-
ぶら下がる	-	-	-	○

使い分け【1】五語の中では、「下がる」の意味が最も広く、「気温が下がる」「ズボンが下がる」のように、ある位置からそれよりも低い位置に移る意にも用いられる。**【2】**「垂れる」「垂れ下がる」は、長いもの、広いものが上下に伸びた状態にいい、一つの物が続いて伸びている場合に用いられるのに対し、「ぶら下がる」は、上にあるものに別のものがついて、下に伸びる場合に用いられる。**【3】**「しだれる」は、木の枝が下に向かって伸びる場合に用いる。「枝垂れる」とも書く。

反対語▼下がる⇔上がる

参照▼下がる⇒113-34　垂れる⇒903-14

9 03-09 下(さ)げる／下(お)ろす

【関連語】◆(下す)くだす

共通する意味★物を高い所から低い所へ、またある段階から低い段階へ移す。**【英】** *to lower*

使い方▼〔下げる〕(ガ下一)▽地位を下げる▽価格を下げる　**〔下ろす〕**(サ五)▽一番下の棚に下ろす

	あげた手を□	荷物を下に□	幕を□ておく	頭を□	腰を□
下げる	○	-	-げ○	○	-
下ろす	○	○	-し○	-	○

使い分け【1】「下げる」は、物の一端が固定されている場合や、少しずつ下に移すような場合に用いられることが多い。**【2】**「下ろす」は、上にあるもの

9 物の動き

を下に移す意で、「下げる」にくらべて、どこへ向けて「下ろす」かということについて言及される場合が多い。

反対語▼下げる⇔上げる

【関連語】◆**(下す)**(サ五)高い所から低い所へ移す。特に、身分、地位の高い者が低い者へやる意で使われることが多い。また、判断などを示す場合や、下痢する場合にも用いられる。「位階をくだす」「判断をくだす」「腹をくだす」

903-10 落ちる(おちる)／落ち込む(おちこむ)／陥る(おちいる)

【関連語】◆**(落っこちる)**おっこちる

共通する意味★上の方から下の方へ、自然の力によって急に位置が変わる。**【英】***to fall; to drop*

使い方▼**〔落ちる〕**(タ上一)　**〔落ち込む〕**(マ五)　**〔陥る〕**(ラ五)

	穴に□	ジレンマに□	川の深みに□	机の上から物が□
落ちる	○	-	-	○
落ち込む	○	-	△	-
陥る	○	○	○	-

使い分け【1】「落ちる」は、物理的に上から下へと位置が変わる場合に用いられる。【2】「落ち込む」は、物理的に、落ちて入りこむ場合と、陥没する場合に用いられる。【3】「陥る」は、多く、よくない状態にはまり込む意で用いられる。【4】「落ちる」は、「化粧が落ちる」のように、付いていたものが取れる意、「試験に落ちる」のように、選に漏れる意、「品が落ちる」のように、物事の程度が低くなる意、「恋に落ちる」のように、ある状態にはまりこむ意などで使われる。また、「堕ちる」「墜ちる」とも書き、それぞれ堕落する意、墜落する意を表わす。【5】「落ち込む」は、比喩(ひゆ)的に、低い状態になることもいい、「生産高が前年より落ち込む」のように、数字で表わせる場合と、「恋人にふられて落ち込む」のように、心理的な状態をいう場合とがある。

【関連語】◆**(落っこちる)**(タ上一)「落ちる」の俗な言い方。「木から落っこちた」「試験に落っこちる」

903-11 落下(らっか)／転落(てんらく)／墜落(ついらく)

共通する意味★上から下へ、位置が急に変わること。**【英】***falling*

使い方▼**〔落下〕**スル▽飛行機から落下する▽落下傘　**〔転落〕**スル▽彼は岩場で転落した　**〔墜落〕**スル▽ビルの屋上から墜落する

	崖(がけ)から□する	飛行機が□する	リンゴが木から□する	□事故
落下	△	-	○	-
転落	○	-	-	○
墜落	○	○	-	○

使い分け【1】「落下」は、物体が落ちること全般に用いられる。【2】「転落」は、回転したり、あちこちにぶつかったりしながら転げ落ちる場合に用いられ、「落下」より意味が狭い。【3】「墜落」は、人や飛行機などが、高い所からその意に反して落ちることをいう。

参照▼転落⇒914-18

903-12 急降下(きゅうこうか)／錐揉み(きりもみ)／スピン

共通する意味★飛行機が地面に対し急角度で降下すること。**【英】***a nose dive*

使い方▼**〔急降下〕**スル▽急降下爆撃　**〔錐揉み〕**スル▽きりもみしながら高度を下げる　**〔スピン〕**スル▽飛行機がスピン状態に陥る

使い分け【1】「急降下」は、空中にある飛行機が機首を地上に向けて、直線的に急角度で降下すること。【2】「錐揉み」「スピン」は、空中にある飛行機が機首を下に向け、胴体を軸にして、くるくると回転しながら地上に向けて急角度で降下することをいう。

反対語▼急降下⇔急上昇

903-13 垂らす(たらす)／吊す(つるす)／ぶら下げる(ぶらさげる)

共通する意味★ある位置に一部分を固定して、その他の部分が低い所にあるようにする。**【英】***to hang down*

使い方▼**〔垂らす〕**(サ五)▽髪を肩まで垂らす　**〔吊す〕**(サ五)▽干し柿(がき)を吊す　**〔ぶら下げる〕**(ガ下一)▽手にかごをぶら下げる

	縄を□	幕を□	風鈴を□	ハンガーで背広を□	手にかばんを□
垂らす	○	○	-	-	-
吊す	○	○	○	○	-
ぶら下げる	○	-	○	-	○

使い分け【1】「垂らす」は、長いもの、広いものの上部を固定して、他方を下になるようにする意味だが、「吊す」「ぶら下げる」は、上にあるものに別に何かをつけて、それを下に伸ばすようにする意味で用いられる。【2】「吊す」と「ぶら下げる」の違いは、「吊す」には、ひもなど仲立ちをするものが必要なのに対し、「ぶら下げる」は、仲立ちをするものが必ずしもなくてもよいという点である。

参照▼垂らす⇒903-14

903-14 垂れる(たれる)／滴る(したたる)

【関連語】◆**(垂らす)**たらす

共通する意味★何かにたまっていた液体が流れ落ちる。【英】*to drop*
使い方▼〔垂れる〕(ラ下一)▽天井から雨水が垂れてきた▽犬が口からよだれを垂れている▽しずくが垂れる 〔滴る〕(ラ五)▽血が滴るようなステーキ▽しずくが滴る

	水が□	汗が□	鼻水が□	しょうゆが□
垂れる	○	○	○	○
滴る	○	○	-	-

使い分け【1】二語とも、液体がしずくとなって落ちる意を表わすが、「垂れる」は、たった一滴のしずくでも使うのに対して、「滴る」は、頻繁にぽたぽたと落ちる場合にしか使わない。【2】「垂れる」は、しずくの形になっていなくても、一本の線のようになって何かを伝って落ちていく場合にも使うが、「滴る」は、ある物からしずくが直接落下する場合にしか使わない。【3】「床に油が垂れている」とはいうが、「床に油が滴っている」とはいわない。「滴る」は、現在しずくが落ちている最中である場合に使い、すでに下に落ちてしまった液体について完了の形で使うことはできない。【4】「滴る」は、「緑滴る木々の葉」のように、みずみずしさや鮮やかさがあふれるほど満ちている様子にも使われる。

【関連語】◆(垂らす)(サ五)液体などをしたたらす。「ブランデーを二、三滴垂らす」

参照▼垂れる⇒903-08 垂らす⇒903-13

903-15 こぼれる／あふれる

共通する意味★物が、たまっている所から外へ出る。
使い方▼〔こぼれる〕(ラ下一)▽バケツにつまずいて中の水がこぼれる▽指の間から砂がこぼれる 〔あふれる〕(ラ下一)▽風呂ふろのお湯があふれる▽店には買い物客があふれている

	水が□	穴から粉が□	川が□	目から涙が□	目に涙が□
こぼれる	○	○	-	○	-
あふれる	○	-	○	△	○

使い分け【1】「こぼれる」は、液体や、粒状、粉状のものが、その入れ物よりも多すぎたり、入れ物からもれたり、あるいは入れ物がひっくり返ったりして、外に出る意。「零れる」とも書く。【英】*to spill*
【2】「あふれる」は、入れ物に対して物が多すぎて収まりきれなくなり、入れ物にはいりきれない部分だけが外に出る意。「溢れる」とも書く。【英】*to overflow* 【3】「こぼれる」は、「笑みがこぼれる」「色気がこぼれる」のように、内側のものが自然に表に現れ出る意も表わす。【4】「あふれる」は、「才気があふれる」「希望にあふれる」のように、はみ出しそうになるほどいっぱいに満ちている意でも使われる。

903-16 漏(も)れる／漏(も)る

【関連語】◆(漏らす)もらす

共通する意味★水、光、空気などがすきまや穴を通って、出たり入ったりする。
使い方▼〔漏れる〕(ラ下一)▽水が漏れる▽明かりが漏れる▽隣室の物音が漏れる▽ガスが漏れる 〔漏る〕(ラ五)▽天井から雨が漏る▽歯のすき間から息が漏る▽この長靴はもる

使い分け【1】「漏れる」の方が、一般的な語。【2】「漏れる」は、「秘密が漏れる」のように、隠し事が他に知れる意や、「選に漏れる」のように、抜け落ちるの意でも使われる。

【関連語】◆(漏らす)(サ五)ある範囲、容れ物などの中から外へこぼす。「水も漏らさぬ警戒ぶり」「小便を漏らす」◆「秘密を漏らす」のように、秘密にしておくべきことを、うっかり、または、ひそかに他に知らせる意、「不満を漏らす」のように、思っていることを口に出していう意、「笑みを漏らす」のように感情を思わず外に表わす意、「名簿から名前を漏らす」「話を聞き漏らす」のように、必要な事柄をうっかりして抜かす意などでも使われる。

903-17 あふれ出(で)る／滲(にじ)み出(で)る

共通する意味★液体などがある範囲から外に出る。【英】*to ooze out*
使い方▼〔あふれ出る〕(ダ下一)▽増水した池から水があふれ出る▽箱から中身があふれ出る 〔滲み出る〕(ダ下一)▽傷口から血がにじみ出てきた

	額に汗が□	風呂(ふろ)の水が□	インクの色が□	包み紙に油が□
あふれ出る	○	○	-	-
滲み出る	○	-	○	○

使い分け【1】「あふれ出る」は、ある物が、ある範囲にいっぱいになって、余った部分が外に出ることをいう。「溢れ出る」とも書く。【2】「滲み出る」は、涙、汗、水、色、油などが、じわじわとしみて広がるように外に出てくる意。【3】「あふれ出る」は、「彼の顔にはやる気があふれ出ている」のように、人の内面にある感情などについてもいい、はっきりと外面に現れて、それが満ちているように見える意も表わす。【4】「滲み出る」は、「文章に人柄がにじみ出る」のように、性格、感情、経験などが、そうしようと思わなくても、自然に外側に現れて出る意も表わす。

903-18 滲(にじ)む／染(し)みる

【関連語】◆(浸透)しんとう

共通する意味★液体がものにぬれて広がる。【英】*to ooze*
使い方▼〔滲む〕(マ五) 〔染みる〕(マ上一)

	インクが紙に□	涙にぬれて文字が□	水が畳に□	雨水が下着まで□
にじむ	○	○	-	-
しみる	○	-	○	○

使い分け【1】「滲む」は、ものについた液体が周囲に散り広がる意を表わすのに対して、「染みる」は、液体がそのものを通って内部に及んでいく意を表わす。【2】「滲む」は、「額に汗がにじむ」のように、液体が内から表面にわきでる意も表わす。【3】「染みる」は、「薬がしみる」「煙が目にしみる」のように、感覚を刺激する意や、「身にしみる話」のように、深く心に感じる意でも使われる。「沁みる」「浸みる」とも書く。

【関連語】◆**（浸透）**スル液体がしみとおること。「溶液が浸透する」「浸透圧」

参照▼浸透⇒916-07

参照▼越える⇒913-09　越す⇒913-09

903-19 越える／越す

【関連語】◆**（踏み越える）**ふみこえる

共通する意味★ものの上を通り過ぎて一方から他方へ移動する。**【英】** *to go across*

使い方▼**〔越える〕**(ア下一)▽垣根を**越える**▽鉄道の線路を**越え**てやって来る▽山を二つ**越える**▽国境を**越え**た密入国者　**〔越す〕**(サ五)▽柵(さく)を**越す**▽道中の難所を**越す**▽ちょうど両地点の中間を**越し**たところだ

使い分け【1】二語ともに、実際に、山、峠、溝、川、関所など、ある場所の上を通り過ぎる場合と、「難関を越える（越す）」のように、苦労、苦難などを通り過ぎる場合に用いられる。【2】「越す」は、「先を越す」のように、追い越す意、また、「年を越す」「冬を越す」のように、経過する意でも用いられる。

【関連語】◆**（踏み越える）**(ア下一)障害物などを踏んで向こう側へ行く。特に、困難などを押し切って進む。「ゴミの山を踏み越える」「幾多の困難を踏み越えて今日の地位を築いた」

903-20 追い越す／追い抜く

共通する意味★先行するものに追いつき、その前に出る。**【英】** *to overtake*

使い方▼**〔追い越す〕**(サ五)▽遅い車を**追い越す**▽この道路では先行車を**追い越し**てはいけない　**〔追い抜く〕**(カ五)▽ゴール直前で**追い抜い**てトップになる

使い分け【1】「追い越す」は、先行するものに追いつき、それを越えて前に出ること。【2】「追い抜く」は、先行するものをわきからぬくこと。

903-21 乗り越す／乗り過ごす

共通する意味★電車、バスなどで、下車する予定の駅より遠くまで乗る。**【英】** *to be carried beyond*

使い方▼**〔乗り越す〕**(サ五)▽**乗り越し**た分を精算する　**〔乗り過ごす〕**(サ五)▽いねむりしていて**乗り過ごし**てしまった

使い分け【1】「乗り越す」は、あらかじめ下車する予定の駅より先まで乗ること。【2】「乗り過ごす」は、うっかりして先まで行ってしまうこと。

903-22 横切る／よぎる

【関連語】◆**（ちらつく）**◆**（かする）**◆**（かすめる）**

共通する意味★横に通り過ぎる。**【英】** *to cross*

使い方▼**〔横切る〕**(ラ五)▽車道を**横切る**　**〔よぎる〕**(ラ五)▽サイレンを鳴らしてパトカーが通りを**よぎっ**た▽一瞬不安が胸を**よぎっ**た

使い分け【1】「横切る」が、空間的、具体的動きだけを表わすのに対し、「よぎる」は、面影、感情などが胸中に浮かぶような、抽象的な現象をも表わす。【2】「よぎる」は、抽象的、具体的どちらの場合も瞬間的なすばやい動きを表わすが、「横切る」は、そうした制限はない。

【関連語】◆**（ちらつく）**(カ五)目の前に現れたり消えたりする。「彼の顔がちらついて離れない」◆**（かする）**(ラ五)表面をかすかに触れて過ぎる。「弾丸が頬(ほお)をかすった」◆**（かすめる）**(マ下一)今にも触れそうにして通りすぎる。「軒をかすめる燕(つばめ)」◈「懐かしさが心をかすめた」のように、意識などがあらわれてふっと消える意や、「係の目をかすめて、すばやく書類を抜きとる」のように、人の注意を他へ向けさせて、悪いことをする意味にも用いられる。

参照▼ちらつく⇒713-36

903-23 浮く／浮かぶ／浮き上がる／浮かび上がる

【関連語】◆**（浮かべる）**うかべる

共通する意味★物が中から表面に出てくる。また、下から上へ上がってくる。**【英】** *to float*

使い方▼**〔浮く〕**(カ五)▽人間は水に浮くものだ▽水面に木の葉が浮いている　**〔浮かぶ〕**(バ五)▽小さな船が湖上に浮かんでいる　**〔浮き上がる〕**(ラ五)▽水面に死んだ鯉(こい)が浮き上がる▽月明かりに山際が浮き上がって見える　**〔浮かび上がる〕**(ラ五)▽潜っていた海女が水面に浮かび上がる▽発掘によって、古代の生活が浮かび上がった

	体が宙に□	空に雲が□	容疑者が□	微笑が□
浮く	○	○	-	-
浮かぶ	○	○	○	○
浮き上がる	○	-	-	-
浮かび上がる	○	-	○	-

使い分け【1】「浮く」は、底から離れた位置にある意で、水中、水面、いずれにも用いられるが、「浮かぶ」は、水面にある場合にしか用いられない。空中についても同様で、「浮く」は、地面から少しでも上にあればよく、上昇する動きにも用いられるが、「浮かぶ」は、ある程度地面から離れ、漂っている感じを伴う。【2】「浮く」には、「釘(くぎ)が浮いてぐらぐらする」のように、固定してあったものがゆるむ意、「旅費が浮く」のように、余りが出る意、「浮かぬ顔」のように、否定を伴ってゆううつになる意などがある。【3】「浮かぶ」は、「疑問が浮かぶ」のように、意識に出てくる意にも用いられる。【4】「浮き上がる」は、水中にあったものが表面に出てくる意。「浮く」状態になる意で用いられる。また、「月光に姿が浮き上がって見える」のように、隠れていたものが、表に現れて見えるようになる場合や、「彼は今の職場では浮き上がっている」のように、ある集団の中で孤立する場合にも用いられる。【5】「浮かび上がる」は、底の方から表面に出てくる意。「浮かぶ」状態になる意で用いられる。また、隠れていてわからなかったものがわかるようになる場合に用いられる点で、「浮き上がる」と似ているが、「浮かび上がる」の場合は、「捜査線上に容疑者が浮かび上がってきた」のように、はっきり目に見えるものではない場合の使い方もある

反対語▼浮く・浮かぶ⇔沈む

【関連語】◆(浮かべる)(バ下一)浮かぶようにする。「水に花びらを浮かべる」「涙を浮かべる」

903-24 浮(う)き出(で)る／浮(う)き出(だ)す／湧(わ)き出(で)る／吹(ふ)き出(で)る／吹(ふ)き出(だ)す

共通する意味★内側にあるものが表面に現れる。

【英】 *to well up*

使い方▼〔浮き出る〕(ダ下一)▽水で濡らすとシールが浮き出る▽照明に人物がくっきりと浮き出る 〔浮き出す〕(サ五)▽地模様が浮き出すように織る 〔湧き出る〕(ダ下一)▽温泉が湧き出る▽虫が湧き出る 〔吹き出る〕(ダ下一)▽火口から煙が吹き出ている 〔吹き出す〕(サ五)▽蒸気が吹き出す

	汗が□	血管が□	水面に気泡が□	石油が□	月明かりに人影が□
浮き出る	○	○	-	-	○
浮き出す	○	○	-	-	○
湧き出る	○	-	○	○	-
吹き出る	○	-	○	○	-
吹き出す	○	-	○	○	-

使い分け【1】「浮き出る」「浮き出す」は、見えなかったものが表面に現れ、見えてくる意。また、形、模様、文字などが浮き上がったように、他から離れてはっきり見える意にも用いられる。【2】「湧き出る」は、液体などが、地面からあふれるほど盛んに次々に出てくる意。「浮き出る」「浮き出す」にくらべ、量が豊富な印象を与える。【3】「吹き出る」「吹き出す」は、内側にあるものが勢いよく外に出る意。液体にも気体にも使う。「噴き出る」「噴き出す」と書くこともある。【4】「湧き出る」は、「アイディアが湧き出る」のように、考え、感情があふれるように現れ出る意でも用いる。【5】「吹き出す」には、「ジョークのタイミングのよさに思わず吹き出してしまう」のように、こらえかねてぷっと笑う意もある。

参照▼吹き出す⇒102-20

903-25 浮上(ふじょう)／浮揚(ふよう)

共通する意味★水中などにあったものが、表面に出てくること。上がってくること。**【英】** *to surface*

使い方▼〔浮上〕スル▽成績が上位に浮上する 〔浮揚〕スル▽物体が浮揚する力▽景気浮揚策

	沈没船が□する	潜水艦が□する	景気が□する	首位に□する	気泡が水面に□する
浮上	○	○	-	○	△
浮揚	○	-	○	-	○

使い分け「浮上」「浮揚」ともに、水中、空中などにあったものが上昇する意味であるが、景気、成績など抽象的なものにも用いられる。

903-26 沈(しず)む／没(ぼっ)する／沈没(ちんぼつ)

【関連語】◆(沈める)しずめる◆(沈下)ちんか◆(沈降)ちんこう◆(沈殿)ちんでん

共通する意味★何かが、水面や地平線より下降して姿を消す。**【英】** *to sink*

使い方▼〔沈む〕(マ五)▽海底に沈んでいる船を引き上げる▽涙に沈む▽沈んだ音色 〔没する〕(サ変)▽船はあっという間に水中に没した▽膝(ひざ)を没する深み 〔沈没〕スル▽嵐(あらし)で貨物船が沈没した▽沈没船

	日が□	船が□	姿が□
沈む	○	○	-
没する	○	△	○
沈没する	-	○	-

使い分け【1】「沈む」は、何かが、水面下に下降したり、また、特に太陽や月が地平線の下に隠れる意。「没する」とくらべて、特に下降する動きに重点がある。したがって、「日がだんだん沈む」というように、動きの進行に焦点をあてた言い方が可能である。転じて、「気持ちが沈む」のように、高揚しない低調な心理状態や健康状態、境遇に陥る意にも用いられる。【2】「没する」は、水中、地平線下に見えなくなる意

で、「沈む」にくらべて、姿が隠れる点に重点がある。したがって、「日がだんだん没する」のように、動きの進行に焦点をあてた言い方は、普通ではない。また、「…を没する」という言い方で、「…が見えなくなる」意に用いることが多い。この場合、「…を」は、「姿」「頭」など、身体部分を表わす語に限られる。姿を消す意から転じて、死去する意でも用いられる。【3】「沈没」は、もっぱら船舶について、船体が水中に下降してだめになってしまう意にいう。転じて、酔って正体を失ってしまう意にも用いる。

反対語▼沈む・没する⇔浮く・浮かぶ

【関連語】◆**(沈める)**(マ下一)何かを水面下に下降させて見えなくなるようにする。「船を沈める」◈転じて、「苦界(=遊女のつらい境遇)に身を沈める」「ソファーに身を沈める(=深く腰かける)」「相手をマットに沈める(=ノックアウトする)」などと使う。◆**(沈下)**スル重量のあるものが下の方へ下がっていくこと。「地盤」などについて以外は、あまり用いない。「地盤が沈下する」◆**(沈降)**スル土地などが沈み下がること。「沈降海岸」◈沈みよどむことの意でも用いる。「沈殿」とほぼ同じ。「血球沈降速度」◆**(沈殿)**スル液体中の混じり物が底に下降してたまること。「沈澱」とも書く。「粒子が沈殿する」「沈殿物」

参照▼没する⇒304-03

903-27 潜(もぐ)る／潜水(せんすい)

【関連語】◆**(潜行)**せんこう◆**(ダイビング)**

共通する意味★全身、全体を水の中に沈める。**【英】***to dive*

使い方▼**〔潜る〕**(ラ五)▽海にもぐってあわびをとる
〔潜水〕スル▽潜水して海底を調査する▽潜水夫

使い分け【1】「潜る」は、何かの中にくぐり入る意で、一般的に水中に入る意。しかし、「布団にもぐる」「他学部の授業にもぐる」「地下にもぐる」のように、広く用いられる。主体は、人間であることがふつうだが、「潜水艦が海底三千メートルまで潜った」のように、人間以外にも用いる。【2】「潜水」は、水の中に全身を沈めて入る意で、ふつう、潜水具などをつけるなど、かなりの装備をして行う場合に用いる。主体は、人間でも、潜水艦など人間以外のものでもよい。

【関連語】◆**(潜行)**スル水中を潜って進むこと。「水中深く潜行する」「潜行艇」◈「地下に潜行する」のように、人目を避けて事を行うこともいう。◆**(ダイビング)**スル「潜る」こと。また、飛び込むこと、飛び込みもいう。「岩の上からダイビングする」「スキンダイビング」「スカイダイビング」

参照▼潜る⇒514-26

903-28 漬(つ)かる／浸(ひた)る

【関連語】◆**(漬ける)**つける◆**(浸す)**ひたす

共通する意味★液体の中に入る。**【英】***to soak*

使い方▼**〔漬かる〕**(ラ五) **〔浸る〕**(ラ五)

	風呂(ふろ)の湯に□	足が水に□	家が水に□	タオルが水に□
漬かる	○	○	○	○
浸る	○	-	-	○

使い分け【1】「漬かる」は、全体が水中にあるのではなく、部分的にある場合に用いられることが多い。【2】「浸る」は、「漬かる」にくらべ、使われる範囲が狭く、入りきるという意を伴うことが多い。また、「感激にひたる」のように、状態や感情についても用いられる。【3】「漬かる」には、漬け物の味がよくなる意もある。「ナスがよく漬かる」

【関連語】◆**(漬ける)**(カ下一)漬かるようにする。液体の中に入れる。「ハンカチを水に漬ける」◆**(浸す)**(サ五)浸るようにする。液体の中に入れる意だが、水分を含ませる場合にも用いられる。「手を水に浸す」「漂白剤にシャツを浸す」

903-29 ずぶずぶ／ずぶり

共通する意味★水や泥など固くない所に入ったり、針などを突き刺したりするさまを表わす語。

使い方▼**〔ずぶずぶ〕**(副) **〔ずぶり〕**(副)

	川に□(と)はいる	川を□(と)歩く	穴に□(と)はまる	ナイフを何度も□(と)刺す	ナイフを□(と)突き立てる
ずぶずぶ	○	○	-	○	-
ずぶり	○	-	○	-	○

使い分け「ずぶずぶ」は、行為が反復される場合に使われるが、「ずぶり」には、反復性はない。

参照▼ずぶり⇒101-62

903-30 ほろり／ぽろり／ぽつり／ぽたり

共通する意味★液体がひとしずく落ちるさま。**【英】***to fall down*《動》

使い方▼**〔ほろり〕**(副)▽涙が思わずほろりと落ちる▽ほろりとさせられるような人情話 **〔ぽろり〕**(副)▽目から涙がぽろりとこぼれる▽葉に置いた露がぽろりところがり落ちる **〔ぽつり〕**(副)▽ぽつりと雨が顔にあたる **〔ぽたり〕**(副)▽風呂(ふろ)の天井からぽたりとしずくが落ちる▽ツバキの花がぽたりと落ちる

使い分け【1】「ほろり」は、液体については涙以外には使わない。「ほろりとなる」「ほろりとする」で、思わず涙が出そうになることをいう。また、「ほろりと酔う」のように、軽く酒に酔うさまも表わす。【2】「ぽろり」は、涙などの水滴や、粒状、球状のものがこぼれ落ちるさまをいう。また、「歯がぽろりと欠ける」「簡単なフライをぽろりと落とす」のように、何かがもろく取れたり欠けたり、何かを簡単に取り落としたりする様子を表わす。【3】「ぽつり」は、雨やしずくなどが落ちるさまをいう。特に、雨の降り始めをいうのに使われることが多い。そのほかに、「ぽつりと穴があいている」のように、小さい点や穴が一つできる様子や、「校庭に一人ぽつりと立っている」のように、孤立している様子、「ぽつりと一言別れの言葉を言う」のように、言葉少なに話す様子などを表わすのに使われる。【4】「ぽたり」は、小さいものが一つ落ちるさまをいう。特に、液体のしずくに使われることが多い。「ぽつり」よりは、落ちたときの感じが重たい印象を与える。【5】「ほろり」「ぽろり」が、液体などがこぼれ落ちようとする出発点の様子を表わすのに対し、「ぽつり」「ぽたり」は、そのこぼれ落ちてきた液体が何かにあたったときの到達点の様子を表わしている。【6】四語とも、やや文章語的な語で、口語としては、「ほろり」に対して「ほろっ」、「ぽろり」に対して「ぽろっ」、「ぽつり」に対して「ぽつっ」「ぽつん」、「ぽたり」に対して「ぽたっ」の方がよく使われる。

9 03-31 ほろほろ／ぽろぽろ／ぽたぽた／ぽとぽと／たらたら

【関連語】◆(ぼろぼろ)◆(ぼたぼた)◆(ぼとぼと)◆(だらだら)◆(はらはら)

共通する意味★液体などが続けて落ちるさま。

使い方▼〔**ほろほろ**〕㊫▽花びらがほろほろと散る〔**ぽろぽろ**〕㊫▽涙がぽろぽろと止まらない▽壁土がぽろぽろ落ちる　〔**ぽたぽた**〕㊫▽蛇口から水がぽたぽたもれ落ちる　〔**ぽとぽと**〕㊫▽傷口から血がぽとぽとしたたる　〔**たらたら**〕㊫▽冷や汗がたらたら流れる

	涙を□こぼす	しずくが□落ちる	汗が□たれる	木の葉が□散る
ほろほろ	○	−	−	○
ぽろぽろ	○	△	−	−
ぽたぽた	○	○	○	−
ぽとぽと	○	○	○	−
たらたら	−	−	○	−

使い分け【1】「ほろほろ」は、木の葉、花びら、また、涙など、小さくて軽い物が、静かに落ちるさまをいう。【2】「ぽろぽろ」は、粒状のものが、また、もとは大きかったが砕けたりして小さくなったものが、続いてこぼれ落ちるさまをいう。粒状ではない木の葉や、つながってしたたり落ちる汗や油のようなものには使わない。【3】「ぽたぽた」「ぽとぽと」は、しずくが続けてしたたり落ちるさまや、その音をいう。「ほろほろ」「ぽろぽろ」が、しずくなどのこぼれ落ちてくるその起点に注目して、そのしずくの様子を表わすのに対し、「ぽたぽた」「ぽとぽと」は、下に落ちたときの様子に注目して表わす表現。なお、「ぽたぽた」は、木の実やツバキの花などの落ちる音も表わす。【4】「たらたら」は、汗や涎(よだれ)などが続けざまに垂れて落ちるさまをいう。落ちてくる中間の様子を表わす語で、液体が何かを伝ったり、ほとんど一本の線のようになってつながって落ちたりする様子をいう。粘りけのある、あるいは濃い液体に使われることが多い。

【関連語】◆(**ぼろぼろ**)㊫「ぽろぽろ」より程度の強いさまをいう。涙の場合は、大粒だったり、激しくこぼれ落ちたりする様子を表わす。「大粒の涙がぼろぼろとこぼれる」◆(**ぼたぼた**)㊫「ぽたぽた」よりも重い感じの場合に使う。大粒のしずくがしたたり落ちる様子などをいう。「しぼってない洗濯物からぼたぼたとしずくが落ちる」◆(**ぼとぼと**)㊫「ぽとぽと」よりもしたたり落ちる物が重い感じだったり、量が多かったりする場合に使う。「大粒の汗がぼとぼと落ちる」◆(**だらだら**)㊫「たらたら」よりも程度が激しかったり、流れ落ちる液体の量が多かったりする場合に使う。「よだれがだらだら流れる」◆物事がしまりなく続くさまや、ゆるい傾斜の続くさまをも表わす。「休日をだらだら過ごす」「だらだらとした坂道」◆(**はらはら**)㊫涙や雨や木の葉などの軽い物が、静かに落ちるさま。「涙をはらはらと流す」「はらはらと散る紅葉」

参照▼はらはら⇒210-10

9 03-32 飛(と)ぶ／飛行(ひこう)／翔(かけ)る

【関連語】◆(飛来)ひらい◆(飛翔)ひしょう◆(滑空)かっくう

共通する意味★物体が空中を移動する。**【英】** *to fly*

使い方▼〔**飛ぶ**〕㋩五▽つばめが飛ぶ　〔**飛行**〕スル▽編隊を組んで飛行する▽飛行機▽飛行船▽遊覧飛行〔**翔る**〕㋶五▽天馬が大空を翔る

	大空を□夢見る	鷲(わし)が大空を□	ジェット機が□	ボールが□
飛ぶ	○	○	○	○
飛行する	○	△	○	−
翔る	○	○	−	−

使い分け【1】「飛ぶ」は、三語のうち最も用法が広く、転じて、「飛んで帰る」「犯行現場へ飛ぶ」など、急いで移動する意にも用いられる。【2】「飛行」は、空中を航空機などかなり大仕掛けな乗り物、もしくは、それに乗った者が移動すること。【3】「翔る」は、やや文学的な言い方で、広い天空を自由に移動する意。主体は、広い天空を自由に移動できそうな、優れた能力を持つ想像上の動物などについていう。したがって、「すずめが空を翔る」というような言い方はせず、また、航空機などの乗り物についても、普通

は使わない。

【関連語】◆（飛来）スル空中を移動してやってくること。「UFOが飛来する」◆（飛翔）スル空高く舞い上がって移動すること。「白鳥が大空を飛翔する」◆（滑空）スルエンジンなどを用いずに、上昇気流や高度差を利用して空中を移動すること。「グライダーが滑空する」

903-33 乱(みだ)れ飛(と)ぶ／飛(と)び交(か)う／飛(と)び違(ちが)う

共通する意味★何かが入り乱れて飛ぶ。【英】*to fly about*

使い方▼〔乱れ飛ぶ〕（バ五）▽蛍が乱れ飛ぶ▽札束が乱れ飛ぶ▽デマが乱れ飛ぶ　〔飛び交う〕（ワ五）▽つばめが飛び交う▽罵声(ばせい)が飛び交う　〔飛び違う〕（ワ五）▽二羽のつばめが軒先で飛び違った

使い分け【1】「乱れ飛ぶ」は、多数のものがあちらこちらと入り乱れて飛ぶ意。実際に空中を飛ぶ場合も、情報などが行き交うことを比喩(ひゆ)的にいう場合もある。「飛び交う」「飛び違う」が、互いに行き違ってという意をもつのに対し、「乱れ飛ぶ」には、交差するという意味は必ずしも含まれていない。【2】「飛び交う」は、多数のものが入り乱れ、行き違って飛ぶ意。「乱れ飛ぶ」同様、目に見えるようなものが空中で行き来する場合にも、また、言葉・情報などが行き交うことを比喩的にいう場合にもいう。【3】「飛び違う」は、互いに飛んできて行き違う意。具体的な動きを表わし、主体は、実際に目に見えるようなものに限られる。「乱れ飛ぶ」「飛び交う」が、ある程度持続的な状態をいうのに対し、「飛び違う」は、瞬時的な動きをいうことに重点があるので、「飛び違う瞬間」「飛び違いざま」といった言い方も可能である。

903-34 飛(と)び散(ち)る／跳(は)ねる／はじける／はぜる／ほとばしる

【関連語】◆（弾む）はずむ

共通する意味★何かが勢いよく飛んだり、飛び出したりする。【英】*to scatter*

使い方▼〔飛び散る〕（ラ五）▽火花が飛び散る▽爆弾の破片は四方に飛び散った　〔跳ねる〕（ナ下一）▽天ぷらの油が跳ねる▽泥が跳ねて、靴が汚れた　〔はじける〕（カ下一）▽栗(くり)の実がはじける▽カンシャク玉がはじける　〔はぜる〕（ザ下一）▽えんどうのさやがはぜる（＝裂けてぱっと開く）▽炭がはぜた　〔ほとばしる〕（ラ五）▽情熱がほとばしる▽溶岩がほとばしる

	水が□	血が□	えんどう豆が□	若さが□
飛び散る	○	○	△	-
跳ねる	○	-	-	-
はじける	-	-	○	○
はぜる	-	-	○	-
ほとばしる	○	○	-	○

使い分け【1】「飛び散る」は、何かが勢いよくあちこちに飛んでばらばらに散る意。【2】「跳ねる」は、水や泥などの液体が、何かがあたったり、なんらかの力を受けたりして、上方に飛び上がる意。「水（泥）が跳ねた」という場合、それが衣服などにかかった意で用いられることが多い。【3】「はじける」「はぜる」は、もともと木の実や豆などが熟して、殻が割れたり、さやが裂けたりする意だが、そのとき、実や豆が飛び出すことから、割れて勢いよく飛び出す意に用いることが普通である。「弾ける」「爆ぜる」とも書く。【4】「ほとばしる」は、液体が勢いよく噴き出してくる意。必ずしも広く散る意はない。なお、「情熱」などについても、比喩(ひゆ)的に用いる。「迸る」とも書く。

【関連語】◆（弾む）（マ五）勢いよく跳ねかえる。弾力があるという性質の表現に重点がある。「ボールが高く弾む」

参照▼跳ねる⇒110-05

903-35 翻(ひるがえ)る／はためく／ひらめく

【関連語】◆（靡く）なびく◆（棚引く）たなびく◆（翻す）ひるがえす

共通する意味★紙や布状のものが、風の力によってひらひら動く。【英】*to fly*

使い方▼〔翻る〕（ラ五）▽マントが風に翻る▽木の葉が風に翻る　〔はためく〕（カ五）▽万国旗がはためく▽破れ障子が風に吹かれてはためく　〔ひらめく〕（カ五）▽空に旗指物がひらめいている

使い分け【1】「翻る」は、紙や布状のものが風を受けて、空中にある程度広がって位置を占め、動く意。主体が空中にある程度広がって見えている点に重点があり、動きにはさほど重点はない。したがって、「星条旗が小刻みに翻る」などと、動き方について詳しく修飾語をつけた言い方は不自然である。【2】「はためく」は、布や紙が風に吹かれてばたばたと音を立てていることにいう。なお、古くは、炎が勢いよく燃えるとか、雷などが鳴り響くとか、鳥が羽ばたくといった意でも用いた。【3】「ひらめく」は、布や紙が風に吹かれてひらひら動く意。「閃く」とも書く。

【関連語】◆（靡く）（カ五）風や水などの力により、それに流されるような形になる。転じて、人の威力や魅力などにひかれてそれに従う。「稲が風になびく」「旗指物が風になびく」「金の力になびく」◆（棚引く）（カ五）雲や霞(かすみ)が薄く層をなして横に長く引く。「春霞がたなびく」◆（翻す）（サ五）風になびかせる。ま

た、さっと逆、裏向きにする。転じて、それまでの態度や説を急に変える。「旗を翻す」「反旗を翻す（＝公然と反抗・反乱を起こす）」「掌（てのひら）をひるがえす」「前言を翻す」
参照▼ひらめく⇒208-17 715-22 翻す⇒902-07

903-36 吹（ふ）き飛（と）ばす／吹（ふ）き払（はら）う

【関連語】◆（吹き上げる）ふきあげる

共通する意味★風が吹いてそこにあったものをどこかへやってしまう。**【英】***to blow off*

使い方▼〔吹き飛ばす〕(サ五)▽風で帽子が吹き飛ばされる▽爆発で近くにいた人が吹き飛ばされた 〔吹き払う〕(ワ五)▽風が雲を吹き払う

使い分け【1】「吹き飛ばす」は、風が強く吹いて、何かをどこかへやってしまう意。転じて、「寒さ（不安）を吹き飛ばす」のように、なんらかの感情、感覚を一気に払いのける意にも用いる。【2】「吹き払う」は、風によって、そこにあったものを払いのける意。

【関連語】◆（吹き上げる）(ガ下一)風や蒸気などが物を持ち上げる。また、水や煙などを高く昇らせる。「風が木の葉を吹き上げる」「鯨が潮を吹き上げる」

参照▼吹き上げる⇒713-50

903-37 流（なが）れる

【関連語】◆（流す）ながす

意味★液体がとどまったりせず、自然に低い方へ移っていく。また、その液体の移動に伴って物が移動していく。**【英】***to flow*

使い方▼〔流れる〕(ラ下一)▽額から汗がたらたら流れる▽雪解け水が川となって流れる▽ごみがつかえて下水が流れない▽大水で家が流れる

◈液体だけでなく、「うわさが流れる」「雲が流れる」「時間が流れる」「電気が流れる」「室内には音楽が流れている」のように、液体が移動するような感じでものが動いていく場合もいう。また、「計画が流れる」のように、物事が不成立になる場合、「怠惰に流れる」のように、あるべき状態からそれる場合、「諸国を流れ歩く」のように、行く先を定めずに移動する場合などに使われる。

【関連語】◆（流す）(サ五)流れるようにする。「バケツの水をみぞに流す」「豪雨で家を流される」「これまでのことは水に流して（＝なかったことにして）くれ」◈「流れる」同様、「音楽（デマ・電流）を流す」のように、液体以外のものにもいう。

参照▼流す⇒405-13

903-38 貫（つらぬ）く／徹（てっ）する／一貫（いっかん）／終始（しゅうし）

【関連語】◆（貫徹）かんてつ

共通する意味★比較的長い時間にわたって、当初の考え、姿勢を変えずに守り続ける。**【英】***to carry through*

使い方▼〔貫く〕(カ五)▽初志を貫く▽その小説は全編人間愛で貫かれている 〔徹する〕(サ変)▽合理主義に徹した経営方針 〔一貫〕スル▽一貫した政策▽論理が一貫していない 〔終始〕スル▽会の話題はもっぱら子供の教育問題に終始した

使い分け【1】四語のそれぞれの用法は、かなり異なる。「貫く」は、「…を貫く」の形で用いられ、「弾丸が肩を貫く」のように、具体的に端から端まで突き抜ける意からの転用である。【2】「徹する」「終始する」は、ともに、「…に」の形をとり、最後まで同じ姿勢、状態が続く意味においては共通であるが、「徹する」の方は、「人道主義に徹する」のように、行為者がその行為を行うことに対して強い決意をもっているのに対し、「終始する」の方は、特に行為者の意志は問題とならず、単に同じ状況が続く意である。

【関連語】◆（貫徹）スル意志などを最後まで徹底的に貫くこと。「要求を貫徹させよう」「初志貫徹」

参照▼貫く⇒101-60 終始⇒815-23

903-39 送（おく）る／送（おく）り付（つ）ける／送（おく）り届（とど）ける／届（とど）ける

共通する意味★人や物を自分の所から目的の場所へ着くようにする。**【英】***to send*

使い方▼〔送る〕(ラ五)▽郵便で小包を送る▽港で友人を送る 〔送り付ける〕(カ下一)▽脅迫状を送り付ける 〔送り届ける〕(カ下一)▽注文の品をお客の家まで送り届ける 〔届ける〕(カ下一)▽書類を取引先に届ける▽贈り物をデパートから届けさせる

	請求書を□	子供を家まで□	落とし物を交番に□
送る	○	○	－
送り付ける	○	－	－
送り届ける	○	○	－
届ける	○	－	○

使い分け【1】「送る」は、物や人のほか、「合図を送る」「月日を送る」のように、抽象的なものにも使う。【2】「送り付ける」は、一方的に送る意味。【3】「送り届ける」は、送ったあと先方に到着するまでを含む。【4】「届ける」は、「欠席を届ける」のように、申し出るの意味でも使う。

参照▼送る⇒516-18

903-40 もたらす／よこす

共通する意味★こちらへある物事、人などを、届くようにさせる。**【英】***to bring*

使い方▼〔もたらす〕(サ五) 〔よこす〕(サ五)

	良い知らせを□	春を□南風	悪い結果を□	使いの者を□	来いと言って□
もたらす	○	○	○	-	-
よこす	○	-	-	○	○

使い分け【1】「もたらす」は、持ってくる、たずさえて来る意。その結果、物事がこちら側にある姿を持って現れる。「齎す」とも書く。【2】「よこす」は、結果としてその物にどんな効果や意味があったかというより、その物を相手の所から自分の所へ移動させるという行為に重点がおかれているため、単に物品、人など、物として実体のある事柄の移動についていうことが多い。また、「言ってよこす」「書いてよこす」など動詞の連用形＋「て」について、他からこちらへあることをしてくる意にも用いる。「寄越す」とも書く。

9 03-41 渡す（わたす）

意味★一方の側からもう一方の側へと動かす。ある空間を越えさせる。ある空間を越えるようにつなぐ。また、一方の側に属する状態から、もう一方の側（向こう側）に属する状態にする。**【英】** *to take over*（川など）; *to turn over*（譲る）

使い方▼**〔渡す〕**（サ五）▽船で人を渡す▽大川に橋を渡す▽人に物を渡す▽会長の座をA氏に渡す

9 03-42 送致（そうち）／送達（そうたつ）／送付（そうふ）／移送（いそう）

共通する意味★書類などを送り届けること。**【英】** *sending*

使い方▼**〔送致〕**スル▽少年の犯罪事件を家庭裁判所に送致した▽被疑者を検察庁に送致する　**〔送達〕**スル▽登記簿謄本を代理人に送達する　**〔送付〕**スル▽証拠調べに関する記録を裁判所に送付する▽納品書と請求書を注文主に送付する　**〔移送〕**スル▽裁判所は事件を別の裁判所へ移送した▽患者を別の病院へ移送する

使い分け【1】四語とも、訴訟法上の用語。【2】「送達」「送付」は、書類、物を送るが、「送致」「移送」は、事件や被疑者などを送る場合に使う。【3】「送達」は、書類を関係する人にどのようにして送るかを法律上問題にするときの用語。【4】「送付」「移送」は、法律用語としてだけでなく、一般に商品、書類などを送り届ける意味で使う。

9 03-43 配達（はいたつ）／出前（でまえ）

【関連語】◆（宅配）たくはい◆（仕出し）しだし

共通する意味★品物を目的の家や場所へ届けること。**【英】** *delivery*

使い方▼**〔配達〕**スル▽年賀状を配達する▽新聞配達　**〔出前〕**スル▽そばを十人まえ出前する▽出前をとる▽出前持ち

使い分け「配達」は、郵便、新聞、商品などを各家に届けるのだが、「出前」は、そば、すし、丼物（どんぶりもの）、弁当などをそれぞれの店が注文先に届けること。

【関連語】◆（宅配）スル商品や荷物を、頼まれた人から受け取り、相手の家へ直接届けること。「宅配便」「宅配業者」◆（仕出し）「出前」と同じように料理を届ける場合に使うが、「仕出し」の方が、本格的な料理についていうことが多い。「仕出し弁当」

9 03-44 返送（へんそう）／送還（そうかん）

共通する意味★元の所へ送り返すこと。**【英】** *to return*

使い方▼**〔返送〕**スル▽受け取り人不明で返送されてきた手紙▽返送料　**〔送還〕**スル▽不法就労が見つかって本国へ送還された▽強制送還

使い分け「返送」は、郵便物についていい、「送還」は、人について、国が外国人を本国へ送り返す場合にいう。

9 03-45 転送（てんそう）／回送（かいそう）

共通する意味★送られてきた物をそのまま他の場所へ回すこと。**【英】** *forwarding*

使い方▼**〔転送〕**スル▽郵便物を移転先へ転送する　**〔回送〕**スル▽故障した電車を車庫に回送する▽この手紙を左記へご回送ください

	手紙を□する	電話の□	□電車
転送	○	○	-
回送	○	-	○

使い分けいったん受け取った郵便物などを本来の受取人のいる所へ送りなおす意味では、「転送」「回送」どちらも使うが、客を乗せない列車やバスなどを別の場所へ移動させるのは、「回送」だけの意である。

9 03-46 送金（そうきん）／仕送り（しおくり）

共通する意味★金銭を送ること。**【英】** *remitance*

使い方▼**〔送金〕**スル▽為替で送金する▽父母に送金する　**〔仕送り〕**スル▽親から仕送りしてもらう▽仕送りの金で生活している

使い分け【1】「送金」は、銀行振り込みや郵便などで、相手に金銭を送ることであるが、「送金を受け取る」のように、送られた金銭の意味でも用いられる。【2】「仕送り」は、生活や勉学を助けるために金銭を送ること。また、「親からの仕送りを受け取る」のように、送られた金銭もいう。

9 03-47 送電（そうでん）／配電（はいでん）

共通する意味★電力を供給すること。**【英】** *transmission of electricity*

使い方▼〔送電〕スル▽山の中の一軒家にも送電する▽送電線　〔配電〕スル▽建物のすみずみまで配電する▽配電盤

使い分け【1】「送電」は、電線を通じて電力を供給すること。【2】「配電」は、変電所から需要者へ、中心部から末端部へ電力を供給すること。

9 03-48 給水（きゅうすい）／配水（はいすい）

共通する意味★水を供給すること。**【英】** *water supply*

使い方▼〔給水〕スル▽水不足になったので給水を制限する▽給水車　〔配水〕スル▽工場全体に配水する▽配水管

使い分け「給水」は、家庭や事業所に上水を供給すること、「配水」は、水を、使用するいろいろな場所に配ることをいう。

9 03-49 徐行（じょこう）／緩行（かんこう）

共通する意味★ゆっくり進むこと。**【英】** *to go slowly*

使い方▼〔徐行〕スル▽列車は工事区間を徐行する▽徐行運転　〔緩行〕スル▽緩行電車

使い分け【1】「徐行」は、地上を動力で走る乗り物が、すぐに止まることのできるような速さで進むこと。【2】「緩行」は、「急行」に対して各駅に停車して進むことであるが、一般的には、「各駅停車」およびその略の「各停」が用いられ、「緩行」は、あまり用いられない。

9 03-50 配置（はいち）／セッティング

共通する意味★きまった場所に位置させること。

使い方▼〔配置〕スル▽総員配置につけ▽各所に見張りを配置する▽机の配置を考える▽配置転換　〔セッティング〕スル▽この舞台のセッティングの担当は彼だ▽マイクのセッティング▽主人公は事故死をしたというセッティングで物語をすすめる

	機材の□	家具の□を変える	要所に兵を□する	タイマーを□する
配置	○	○	○	-
セッティング	○	△	-	○

使い分け【1】「配置」は、物や人を所定の場所や地位、役目に位置させること、また、その位置をいう。「セッティング」より意味が広く、一般的。**【英】** *arrangement*【2】「セッティング」は、物、特に機械・装置などを配り当てること。また、「部内の情報交換会をセッティングする」のように、会合などを準備し、新しく調える意味でも使う。

9 03-51 進駐（しんちゅう）／駐留（ちゅうりゅう）

【関連語】◆〈駐屯〉ちゅうとん

共通する意味★軍隊がある地にとどまること。**【英】** *stationing*

使い方▼〔進駐〕スル▽半島部に進駐する▽進駐軍　〔駐留〕スル▽同盟国に駐留する▽駐留地

使い分け「進駐」は、軍隊が他国の領土に進入しその地にとどまること。

【関連語】◆〈駐屯〉スル軍隊が、ある目的で一時期、または時間を定めないで、ある土地にとどまること。「外国に駐屯して一年たつ」「駐屯地」

9 03-52 安定（あんてい）／座（すわ）り

【関連語】◆〈不動〉ふどう

共通する意味★物体の定まった動かない状態。**【英】** *stability*

使い方▼〔安定〕スル▽優勝候補にふさわしい安定した戦いぶり▽国情の安定度が違う▽抜群の安定感　〔座り〕▽かつらの座りが悪い▽腰の座りが悪いから姿に迫力がない

	□の良い椅子（いす）	□の悪い置物	天候が□する	経済の□をはかる
安定	○	○	○	○
座り	○	○	-	-

使い分け【1】「安定」は、力を加えても変化の少ない状態。また、物事が落ち着いて変化の少ない状態をいう。【2】「座り」は、ある物体を他の物体の上に置いた場合の落ち着き具合について用いる。また、人の腰つきで、いわゆる腰の入った状態をいう。

【関連語】◆〈不動〉いかなる状態にあっても、動くことのないこと。「不動の地位を築く」「直立不動」

9 03-53 一定（いってい）／固定（こてい）

共通する意味★一つに定まって動かないこと。**【英】** *fixation*

使い方▼〔一定〕スル▽温度が一定している部屋▽一定の収入で暮らす　〔固定〕スル▽足をギプスで固定する▽固定客

	月々□した給料を支払う	□の期間	壁に□する
一定	○	○	-
固定	○	-	○

使い分け【1】「固定」は、一つの場所や状態から

9 物の動き

動かないこと、また、動かないようにすること。【2】「一定」には、「一定の成果は見た」のように、十分ではないが一応のという意味もある。

9 03-54 遮断（しゃだん）／通せん坊（とおせんぼう）

共通する意味★行く手をさえぎること。**【英】** *interception*

使い方▼〔遮断〕スル▽通行が遮断される▽遮断機　〔通せん坊〕スル▽倒れた木が道路を通せん坊している▽あそこで通せん坊をする子がいる

使い分け「遮断」は、やや硬い文章語。「通せん坊」は、両手を広げて道をふさぎ、通行を妨げる子供の遊びから。「とおせんぼ」とも。

9 03-55 停止（ていし）／ストップ

【関連語】◆（静止）せいし◆（停留）ていりゅう◆（停船）ていせん

共通する意味★動いていたものが動かなくなること。**【英】** *to stop*《動》

使い方▼〔停止〕スル▽操業が停止に追い込まれた▽車が停止する▽停止信号　〔ストップ〕スル▽工事が一時ストップする▽エンジンがストップした

使い分け二語は、ほぼ同意に用いられるが、「停止」には、「発行停止処分」のように、禁止する意味もある。

【関連語】◆（静止）スルじっと動かないでいること。「静止したまま動かない」「静止衛星」「静止画像」◆（停留）スルある場所にとめること。また、とまること。「停留所」「停留場」◆（停船）スル船の進行をとめること。また、とまること。「停船命令」

9 03-56 とまる

【関連語】◆（とめる）

意味★動いているものの動きがなくなる。**【英】** *to stop*

使い方▼〔とまる〕（ラ五）▽家の前で車がとまる▽時計がとまる

◈①「ガスがとまる」「痛みがとまる」のように、それまで続いたり、通じていたりしたものがとぎれる意、「長い髪がピンでとまっている」のように、固定されている意、「目（耳・心）にとまる」のように、関心事となる意、「葉に蝶（ちょう）がとまる」などのように、鳥や虫などが物の上で体を安定させる意などがある。②漢字表記として、「止まる」「留まる」「停まる」などがある。「止まる」は、動いているものの動きがなくなる場合や、それまで通じているものがとだえる場合などに、「留まる」は、固定されている場合や関心事となる場合などに、「停まる」は、特に車などの場合に用いられる。また、「鳥（虫）が枝にとまる」という場合には、「止」「留」両方とも用いられる。

【関連語】◆（とめる）（マ下一）とまるようにする。「足をとめる」「ガスをとめる」「髪をピンでとめる」「目（心）にとめる」◈「けんかをとめる」「辞任をとめる」のように、遮る、制止する意もある。

参照▼とめる⇒814-69

9 03-57 減速（げんそく）／スピードダウン／失速（しっそく）

共通する意味★速度が落ちること。**【英】** *to slow down*

使い方▼〔減速〕スル▽カーブでは安全のため減速する▽減速運転　〔スピードダウン〕スル▽疲れのために仕事がスピードダウンした　〔失速〕スル▽突然の失速で操縦不能となる▽打球はフェンス手前で失速した

使い分け「失速」は、航空機などで、主翼の迎え角が大きくなりすぎ、揚力が急減して速力が落ちること。転じて、一般に急激に勢いなどが弱まること。「景気が失速する」

反対語▼減速⇕加速　スピードダウン⇕スピードアップ

9 04 …離合

9 04-01 集散（しゅうさん）／離合（りごう）

共通する意味★人や者が一か所に寄ってくることと離れていくこと。**【英】** *to gather and distribute*

使い方▼〔集散〕スル▽米を集散する▽ミカンの集散地　〔離合〕スル▽離合集散を繰り返す

使い分け「集散」は、単独で使われることもあるが、「離合」は、多く「離合集散」の形で使われ、単独で使われることは少ない。

9 04-02 集中（しゅうちゅう）／密集（みっしゅう）

共通する意味★一つのところに集まること。また、集めること。**【英】** *concentration*

使い方▼〔集中〕スル▽神経を一点に集中する▽汚職問題に質問が集中した▽鉄道路線が集中する交通の要衝▽集中豪雨　〔密集〕スル▽人家の密集地帯▽夏の野に草が密集してはえている

	人家が□する	総力を□する	攻撃が□する	大木が□する
集中	○	○	○	-
密集	○	-	-	○

使い分け「密集」は、何かが一つのところに集まっている状態をいうことが多い。

904-03 交える／交わす

【関連語】◆〈差し交わす〉さしかわす

共通する意味★互いに交差させる。**【英】** *to cross*

使い方▼〔**交える**〕(ア下一)▽縦と横のひもを交えてしっかりと結ぶ▽ひざを交えて相談する　〔**交わす**〕(サ五)▽枝を交わす▽情を交わす

使い分け【1】「交える」には、「個人的な感情を交えず話す」のように、中に一緒に入れる、混ぜる意味や、「一戦を交える」「砲火を交える」のように、武器をとって互いに攻め合う意味がある。【2】「交わす」には、「握手を交わす」「挨拶を交わす」「言葉を交わす」「サインを交わす」のように、互いにやりとりする意味もある。

【関連語】◆〈**差し交わす**〉(サ五)交差させる。「枝と枝とを差し交わす」

904-04 交差／クロス／交わる

【関連語】◆〈筋交い〉すじかい◆〈打ち違い〉うちちがい◆〈立体交差〉りったいこうさ

共通する意味★二つ以上の線などが一点で重なっていること。**【英】** *cross*

使い方▼〔**交差**〕スル▽二本の幹線道路が交差している▽交差点　〔**クロス**〕スル▽まっすぐ行くと、道がクロスしている▽クロスステッチ　〔**交わる**〕(ラ五)▽二本の直線が交わる点

使い分け【1】「交わる」には、「友と交わる」「朱に交われば赤くなる」のように、人と人が交際する意、また、男女が性交する意などがある。【2】「交差」は、「交叉」とも書く。

【関連語】◆〈**筋交い**〉斜めに交差していること。「ひもを筋交いにかける」◆〈**打ち違い**〉十文字の形に交差していること。◆〈**立体交差**〉スル二つ以上の道路などが立体的に交差すること。「線路と道路が立体交差している」

904-05 盛る／積む／重ねる

共通する意味★ある物の上に別の物を置く。**【英】** *to accumulate*

使い方▼〔**盛る**〕(ラ五)▽ご飯を茶碗に盛る▽酒を盛る▽土を盛る　〔**積む**〕(マ五)▽この箱の上に重い物を積まないでください▽車に家具を積む▽研鑽を積む▽修行を積む　〔**重ねる**〕(ナ下一)▽セーターを二枚重ねて着る▽検討を重ねる▽罪を重ねる▽版を重ねる▽苦労に苦労を重ねる▽失敗を重ねる

	土を□	本を□	経験を□	本を車に□
盛る	○	-	-	-
積む	○	○	○	○
重ねる	-	○	○	-

使い分け【1】「盛る」は、同種の物をある容器の中に、また、ある基準面に対してうずたかく積む意を表わす。【2】「積む」は、あるものの上にさらに他のものを重ねる意味。【3】「重ねる」は、「左右の手を重ねる」のように、同種の物を二つだけ上下に置く場合にも用いることができる。【4】「経験を積む」とも「経験を重ねる」ともいえるが、「積む」は、単に繰り返すというだけではなくて、繰り返しつつ蓄積していくという意味であり、「重ねる」は、繰り返すことを意味しているにすぎない。

参照▼盛る⇒408-15

904-06 重なる／積もる

共通する意味★ある物の上に、さらに同様の物が加わって、多くなる。**【英】** *to be piled up*

使い方▼〔**重なる**〕(ラ五)▽重なった書類が崩れる▽日程が重なる▽次々不幸が重なる　〔**積もる**〕(ラ五)▽雪が積もる▽塵も積もれば山となる▽積もる恨みを晴らしたい▽積もる話がある

使い分け【1】「重なる」は、同様のものが二つ以上、同じように上に加わる意。ぴったり合わさる場合にもいう。【2】「積もる」も、上に加わっていくのだが、結果的にそれがかさ高くなったり、重苦しいほどにいっぱいになったりしている状況の方に重点がおかれる。【3】「重なる」のは、物であったり、外からやってくる状況であったりするが、「積もる」のは、内面的状況であることも多い。

904-07 積み重ねる／積み上げる

共通する意味★物を次々と上にのせる。また、物事を順次重ねて行う。**【英】** *to heap up*

使い方▼〔**積み重ねる**〕(ナ下一)▽書類を机の上に積み重ねる▽実験や調査を積み重ねた末に一つの法則を発見した▽努力を積み重ねる　〔**積み上げる**〕(ガ下一)▽荷物を積み上げる▽石を積み上げてピラミッドを作る▽ごみを山のように積み上げる▽実績を積み上げる

	れんがを□	土砂を高く□	布団を何枚も□	経験を□
積み重ねる	○	-	○	○
積み上げる	○	○	-	-

使い分け「積み重ねる」は、同一または同質の物事を繰り返すという点に重点があるのに対して、「積み上げる」は、空間的に、あるいは質的に高いレベルに向かって物事を繰り返すという点に重点がある。

904-08 集積／堆積

共通する意味★多くの物が一か所に集まって、積み

重なること。また、積み重ねること。【英】*accumulation*

使い方▼〔**集積**〕スル▽木材が**集積**してある▽さまざまな弊害の**集積**が問題となっている▽**集積**地▽**集積**回路　〔**堆積**〕スル▽ヘドロが海底に**堆積**している▽川底にごみが**堆積**している▽干し草を**堆積**して堆肥を作る

使い分け【1】「集積」「堆積」ともに、文章語。【2】「集積」は、その主体または対象が品物の場合に使われることが多いが、「弊害の集積」の例のように、抽象的なものであっても使える。【3】「堆積」は、その主体が具体的なものに限られ、かつ、土・砂・ごみ・葉のような自然物であることが多い。

904-09 蓄積(ちくせき)／累積(るいせき)

共通する意味★重なり積もり、たまること。【英】*accumulation*

使い方▼〔**蓄積**〕スル▽数学では学習の**蓄積**が必要だ▽資本の**蓄積**　〔**累積**〕スル▽債務が**累積**する▽**累積**度数

	疲労が□する	経験の□が大切だ	知識を□する	□赤字
蓄積	○	○	○	－
累積	○	－	－	○

使い分け【1】「蓄積」は、金銭、物品、力、知識などをためこむことをいうが、多くの場合良いものを後に役立てる目的でためることをさす。【2】「累積」は、次から次へと重なり積もること、また、積み重ねていくことをいう。特に、赤字、借金、債務などが次々に増えていくことをいう。他の場合も「蓄積」にくらべ、負担になるものが多く、次々にたまるものに対して困惑するような意識を伴っていることが多い。

904-10 山積(さんせき)／山積み(やまづみ)

共通する意味★物が山ほどたまること。【英】*a big pile*

使い方▼〔**山積**〕スル▽書類が机の上に**山積**している▽多くの問題が**山積**している　〔**山積み**〕スル▽荷物が**山積み**にされている▽床に本が**山積み**になっている▽難問が**山積み**されている

使い分け【1】未整理、未解決の問題などが、山のようにたくさんたまるという意味では、多く、「山積」が使われ、具体的なものが、山のように高く積み重なることを表わすには、「山積み」の方が多く用いられる。【2】「山積する」は、積み重なるという意味の自動詞であるので、具体物を山のように高く積み重ねるという意味を表わす場合には、「机の上に本を山積み(に)する」というようにもっぱら「山積み」が用いられる。【3】「山積み」は、日常語で、「山積」は、やや硬い書き言葉として使われる語。

904-11 下積み(したづみ)／底積み(そこづみ)

共通する意味★荷物を他の荷物の下に積むこと。または、他の荷物の下に積まれた荷物。【英】*the lower layer*

使い方▼〔**下積み**〕スル▽**下積み**された荷物▽**下積み**無用　〔**底積み**〕スル▽重い荷物を**底積み**にする

使い分け【1】「下積み」は、ある荷物を別の荷物の下にすることで、必ずしも最も下に積むということではない。【2】「下積み」には、「下積みの時代が長かった」のように、ある社会や組織の中で、自己の才能を発揮できず、恵まれない状態にあることの意もある。【3】「底積み」は、ある荷物を他のどの荷物よりも下に積むという意味がある。「下積み」にあるような不遇の状態の意はない。

反対語▼下積み⇔上積(うわづ)み

904-12 搭載(とうさい)／船積み(ふなづみ)

共通する意味★艦船に物を積み込むこと。【英】*to ship*

使い方▼〔**搭載**〕スル▽対空ミサイルを**搭載**した戦艦　〔**船積み**〕スル▽注文品を**船積み**で発送する▽食糧や医療品を**船積み**する▽**船積み**荷物▽**船積み**港

使い分け【1】「搭載」は、文章語。【2】「搭載」は、船舶ばかりでなく、車両、飛行機などに物を積み込むことにもいう。「核爆弾搭載の爆撃機」

904-13 合う(あ)

【関連語】◆(合わせる)あわせる

意味★二つ以上の物事がうまく一緒になっていて、食い違いや違和感がなく、調和がとれている。

使い方▼〔**合う**〕(ワ五)▽二つの道が**合う**地点▽彼とは話が**合う**▽体にぴったり**合う**服▽つじつまが**合う**▽答えが**合う**▽こんな仕事は割に**合わ**ない

◆補助動詞としても使い、互いに同じ動作をすることを表わす。「愛し合う」「話し合う」「なぐり合う」

【関連語】◆(合わせる)(サ下一)合うようにする。「みんなで力を合わせる」「話を合わせる」「時計を合わせる」「伴奏に合わせる」

904-14 連なる(つら)／並ぶ(なら)／列する(れっ)

【関連語】◆(伍する)ごする

共通する意味★人や物などが列をなして続く。【英】*to range*

使い方▼〔**連なる**〕(ラ五)▽列車が長く**連なる**　〔**並ぶ**〕(バ五)▽小さな店が**並ぶ**▽一列縦隊に**並ぶ**▽彼女と**並ん**で座る　〔**列する**〕(サ変)▽首相主催の宴会に**列する**

	強国に□	祝典に□	山々が□	背の順に□
連なる	○	○	○	-
並ぶ	○	-	-	○
列する	○	○	-	-

使い分け【1】「連なる」は、たくさんの物が、一列に切れ目なく長くつながっている意。また、「末席に連なる」のように、関係者の一人としてある集団の仲間入りをする、会合や式などに参加する意でも用いられる。「列なる」とも書く。【2】「並ぶ」は、二つの物や人が隣り合ったり、三つ以上の物や人が列をつくったり、きちんと配置されたりする意。また、「語学力で彼に並ぶ者はない」のように、二つの物や人が、同等の力を持ったり、同等にくらべられたりする場合にも使う。【3】「列する」は、「連なる」と同様、あるメンバーに加わる、仲間入りする、また、参加する、出席する、という意味がある。文章の中で使われる語。

【関連語】◆**(伍する)**(サ変)他の人と同等に並ぶ。同じ程度の力を持つ。「優勝候補と伍して戦う」

参照▼並ぶ⇒515-23

904-15 連ねる／並べる

共通する意味★人や物などを列にして置く。**【英】** *to range*

使い方▼**〔連ねる〕**(ナ下一)▽問屋が軒を**連ねる**町▽美辞麗句を**連ねる** **〔並べる〕**(バ下一)▽机を**並べ**て学ぶ

使い分け【1】「連ねる」は、たくさんの物を、一列に切れ目なく長く続ける意。「理事に名を連ねる」のように、関係者の一人として仲間に入る、の意でも用いられる。やや古めかしい言い方。「列ねる」とも書く。【2】「並べる」は、二つの物や人を隣り合わせにしたりくらべたり、三つ以上の物や人をきちんと配列したり置いたりする意。意味が広く、「料理を並べる」のように、とりそろえるの意や、「肩を並べる」のように、匹敵させるの意や、また「不平を並べる」のように、立て続けに言うの意でも用いられる。

904-16 続く／繋がる

【関連語】◆**(続ける)**つづける◆**(続き)**つづき◆**(繋がり)**つながり

共通する意味★とぎれないで同じ状態が保たれる。**【英】** *to continue*

使い方▼**〔続く〕**(カ五)▽年末年始は休みが**続く**▽好況で人手不足が**続く**▽凶悪事件が**続く**▽前の人に**続い**ておりる **〔繋がる〕**(ラ五)▽話し中で電話が**つながら**ない▽村と村が鉄道で**つながっ**ている▽かろうじて首が**つながる**(＝引き続き、その職や地位にとどまる)

	高山が幾重にも□	長く□拍手	ふしぎな縁で□	雨の日が□
続く	○	○	-	○
つながる	○	-	○	-

使い分け【1】「続く」は、時間的、空間的にとぎれないで存在する意。また、「チャンピオンに続く実力の持ち主」のように、次に位置する意もある。【2】「繋がる」は、二つ以上の物が互いに結びついている意。「不断の努力がこの好記録につながった」「両者が裏でつながっているのは確かだ」のように、目には見えないが関係がある、原因になっているという結びつきにもいう。

【関連語】◆**(続ける)**(カ下一)続くようにする。「仕事を続ける」◆**(続き)**続いていること。また、その具合や部分。「この続きはまた明日」「文章の続きが悪い」「橋で本土と地続きになる」◆**(繋がり)**つながること。また、関係。「打線につながりがある」「事件とのつながりを調べる」

参照▼繋がり⇒515-06

904-17 接続／連絡

共通する意味★つなげること。**【英】** *to connect*

使い方▼**〔接続〕**スル▽スピーカーとアンプを**接続する**▽昼間はバスと電車の**接続**が悪い **〔連絡〕**スル▽終点で港行きのバスに**連絡**がある▽外出中で**連絡**のとりようがない▽至急**連絡**を乞う▽電話**連絡**

	次の駅で急行に□する	部品を□する	無線で基地と□をとる	□列車	□船
接続	○	○	-	○	-
連絡	○	-	○	-	○

使い分け【1】「接続」は、物や言葉を直接に結びつける意味で、乗り物の場合も、先のものと後のものが短時間内につながる意味。【2】「連絡」は、情報が伝わってつながるのが本来の意味。乗り物などでは、「次の駅で急行に連絡する」のように、すぐつながる場合と、「連絡船」「連絡便」のように、二つのものをつなぐ仲介になる機関を示す場合とがある。

904-18 引き続く／うち続く

共通する意味★とぎれずに続く。**【英】** *to follow (on)*

使い方▼**〔引き続く〕**(カ五)▽悪いことが**引き続い**て起こった **〔うち続く〕**(カ五)▽**うち続く**災害

使い分け【1】「引き続く」は、「授賞式に引き続いてパーティーが行われる」のように、一つの事のすぐあとに関連した事が行われる意味でも使われる。その場合は、「引き続き」の形で、副詞として使われることが多い。【2】「うち続く」は、「続く」を強めた言い方。

904-19 並み居る／居並ぶ

共通する意味★大勢の人が並んでいる。**【英】***to be ranged*

使い方▼〔並み居る〕(ア上一)▽並み居る強豪を相手に戦う▽並み居る大臣たち 〔居並ぶ〕(バ五)▽ずらりと居並ぶ政府の要人▽面接官が居並ぶ部屋に入る

使い分け【1】「並み居る」は、その並んでいる者がすぐれた力量を持っていることを示す語感もある。【2】「居並ぶ」は、実際に並んで座っていることに使われることが多い。

904-20 並び／列

共通する意味★並ぶこと。並んだ様子。**【英】***a row*

使い方▼〔並び〕▽家の並び 〔列〕▽列を乱さず行進する▽窓側の列に座る▽列を正す▽列に並ぶ▽列を作る

	縦の□	歯の□がよい	□をつくる	長い□
並び	○	○	-	-
列	○	-	○	○

使い分け【1】「並び」は、「書店の並びの菓子店」のように、道などの同じ側の意味でも使われる。また、「並びのない剣の達人」のように、匹敵する意味もある。他に、「諸先生並びに先輩方」のように、「並びに」の形で接続詞として、二つのものを列挙する場合にも使う。【2】「列」は、縦や横に長く並んだ状態をいう。また、「聖人の列に加えられる」のように、「仲間」の意味もある。

904-21 整列／並列

【関連語】◆(分列)

共通する意味★たくさんの物が並ぶこと。**【英】***standing in a row*

使い方▼〔整列〕スル▽生徒を整列させる▽全員整列▽整列乗車 〔並列〕スル▽二つの物を並列する▽並列電池

使い分け【1】「整列」は、きちんと列を作って並ぶこと。【2】「並列」は、横に並べて連ねること。人を並べる場合はほとんど使わず、物を並べ連ねる場合に多く使う。また、電気回路で、電池・抵抗器などの正電極どうし、負電極どうしをつなぐことをいう。この場合は、「並列」の反対語は「直列」になる。

【関連語】◆(分列)スル数列に分かれて並ぶこと。「小隊ごとに分列する」「分列行進」

904-22 配列／羅列

共通する意味★物を並べること。**【英】***arrangement*

使い方▼〔配列〕スル▽五十音順に配列する▽文字の配列に気を配る 〔羅列〕スル▽花の名前を羅列する▽この文章は単なる文字の羅列に過ぎない

使い分け【1】「配列」は、ある順序に従って並べること。また、その並び方のこと。「排列」とも書く。【2】「羅列」は、順序もなくただ機械的に端から並べていくこと。また、ずらりと並ぶこと。

904-23 隊伍／隊列／戦列

共通する意味★組織だった集団がきちんと並んだ列。**【英】***the ranks*

使い方▼〔隊伍〕▽隊伍を組む 〔隊列〕▽隊列を整える▽隊列が乱れる 〔戦列〕▽戦列に加えられる▽戦列を離れる

使い分け【1】「隊伍」「隊列」は、軍隊や艦隊などの部隊、選手団などの集団がつくる列をいう。「伍」は、もともと五人一組みの隊のことで、昔の兵制の最小単位。【2】「戦列」は、戦争のための部隊の列をいう。そこから、何かの闘争や競争のために作られた集団の意味となり、仕事にもたとえられる。

904-24 横隊／縦隊

共通する意味★列をつくって並んだ集団の形。

使い方▼〔横隊〕▽二列横隊になる▽横隊飛行 〔縦隊〕▽四列縦隊に並ぶ▽二列縦隊で行進する

使い分け「横隊」は、横に並んだ集団の形。「縦隊」は、縦に並んだ集団の形。**【英】***a rank*(横隊)*; a column*(縦隊)

904-25 絡む／絡まる／絡み付く／巻き付く

【関連語】◆(絡み合う)

共通する意味★長いものが周りを取り囲むようにくっつく。**【英】***to get entangled (in, with)*

使い方▼〔絡む〕(マ五)▽すそが絡んでうまく歩けない 〔絡まる〕(ラ五)▽つたの絡まった洋館 〔絡み付く〕(カ五)▽柴折戸につるが絡み付く▽酔った上司にしつこく絡み付かれて困った 〔巻き付く〕(カ五)▽蛇が木の枝に巻き付いている

使い分け【1】「絡む」「絡まる」は、絡むもの自体がもつれる場合にも使う。「糸が絡まる」【2】「絡む」は、「金が絡む話」のように、物事が深くかかわる場合や、「酔っ払いが絡む」のように、人が言い掛かりをつける場合にも使う。【3】「絡み付く」「巻き付く」は、物にぴったり密着する意味になる。「巻き付く」は、ぐるぐると周りを取り巻く場合に、「絡み付く」は、無秩序にくっつく場合や、人がしつこくまつわり付く場合にいう。
【関連語】◆(絡み合う)(ワ五)互いに巻きつく。また、互いに関係しあう。「糸が絡み合ってほどけない」「複雑に絡み合った人間関係」

9 04-26 巻(ま)く／絡(から)める

【関連語】◆(巻き付ける)まきつける

共通する意味★周りを取り巻くようにくっ付ける。【英】*to entwine*

使い方▼〔巻く〕(カ五)▽足首に包帯を巻く▽長い物には巻かれろ 〔絡める〕(マ下一)▽腕をからめる▽ソースを絡めてお召し上がりください

使い分け【1】「巻く」は、中心となるものの周りをぐるりと一周り以上巻いて付ける場合に使う。また、「賞状を巻いて持つ」「尻尾(しっぽ)を巻く」のように、布や紙などの細長いものを、一端を中心にしてくるくると丸くすることもいう。【2】「絡める」は、全体に液体状のものをつける場合にも使う。また、「人員増を予算に絡めて要求する」のように、何かに関係づけて一緒にする意もある。

【関連語】◆(巻き付ける)(カ下一)まわりに巻いて離れないようにする。「マフラーを首に巻き付ける」「枝に尻尾を巻き付けてぶら下がる」

9 04-27 平行(へいこう)

意味★同一平面上の二直線、平面とその外にある直線、または、ふたつの平面が、それぞれどんなに延長しても交わることのないこと。また、ひとつのものごとを他と同時に進めること。【英】*parallel*

使い方▼〔平行〕スル▽平行する二直線▽平行四辺形▽話が平行線をたどる▽戦争と平行して和平交渉を行う

9 04-28 そらす／外(はず)す／かわす

【関連語】◆(それる)◆(外れる)はずれる

共通する意味★ねらいや的に命中せず、捕らえそこなう。【英】*to turn aside*

使い方▼〔そらす〕(サ五)▽思わず相手から目をそらした▽球を横にそらす 〔外す〕(サ五)▽渋滞する道路を外してコースを選ぶ▽バッターボックスを外す 〔かわす〕(サ五)▽相手の攻撃を巧みにかわして時間をかせぐ▽ひらりと身をかわす▽追及をかわす

	タイミングを□	的を□	チャンスを□	話題を□
そらす	△	○	○	○
外す	○	○	△	-
かわす	△	-	-	○

使い分け【1】「そらす」は、本来の位置、進むべき方向ではないわきの方へ進路を変えるようにする意。「逸らす」とも書く。【2】「外す」には、進路を変える意と、行為自体をとりやめる意がある。ほかに「ボタンを外す」「ねじを外す」など、取り付けたものを取り除く意味でも使う。【3】「かわす」は、自分の身を動かすことでぶつかってくるものが当たらないようにする意味。「躱す」とも書く。【4】「そらす」は、「そらさない」の形で、人の機嫌や興味をそこなわないという意でも使われる。「人をそらさない応対」

【関連語】◆(それる)(ラ下一)思いがけない方向へ飛んでいく。また、予想外の方向へ進む。「逸れる」とも書く。「サーブが大きくそれる」「台風のコースがそれる」◆(外れる)(ラ下一)目標とは違うところへ達する。また、結果が予測、期待とくい違う。「矢が的を外れる」「予想がはずれる」

参照▼外す⇒120-48

9 04-29 遠(とお)ざかる／遠(とお)のく

【関連語】◆(遠ざける)とおざける

共通する意味★ある場所から次第に遠く離れていく。人と疎遠になる。【英】*to get away*

使い方▼〔遠ざかる〕(ラ五)▽汽車が駅から遠ざかる▽子育ての間仕事から遠ざかる 〔遠のく〕(カ五)▽足音が遠のく▽客足が遠のく▽彼女の気持ちが遠のく

使い分け「遠ざかる」の方が、「遠のく」より物理的、空間的に離れることに意味の重点があり、「遠のく」は、物事への興味が薄くなることによる心理的な隔たり、物事にかかわる機会が間遠になることに意味の重点がある。

反対語▼近づく

【関連語】◆(遠ざける)(カ下一)遠くへ離れさせる。「老眼が進んで新聞を目から遠ざけて読む」「酒を遠ざける」

9 04-30 離(はな)れる

【関連語】◆(離す)はなす

意味★つながりがなくなって、へだたっていく。また、へだたりを置く。【英】*to separate*

使い方▼〔離れる〕(ラ下一)▽駅から離れた村里▽故郷を離れる▽親もとを離れる▽席から離れる▽手が離れる▽職を離れる▽年が離れている▽人心が離れる

【関連語】◆(離す)(サ五)「離れる」ようにする。「手を離す」「肌身離さず持っている」「目を離す」「二位を一〇メートル離す」

9 04-31 別(わか)れ別(わか)れ／離(はな)れ離(ばな)れ／ばらばら／散(ち)り散(ぢ)り

【関連語】◆(思い思い)おもいおもい◆(てんでんばらばら)

9 物の動き

共通する意味★互いに別々になること。また、別々であるさま。【英】*separately*

使い方▼〔**別れ別れ**〕▽単身赴任で家族が**別れ別れ**に暮らす〔**離れ離れ**〕▽両親とは**離れ離れ**に住んでいる〔**ばらばら**〕(副・形動)▽綴(と)じ糸が切れてページが**ばらばら**になる〔**散り散り**〕(名・形動)▽ガラスが割れて破片が**散り散り**になる

	一族が□になる	兄弟が□に暮らす	気持ちが□になる	羊の群れが□になる
別れ別れ	○	○	－	－
離れ離れ	○	○	○	－
ばらばら	○	○	○	△
散り散り	○	－	－	○

使い分け【1】「別れ別れ」は、本来一体であった人の集まりが、いくつにも分かれる意味で使う。【2】「離れ離れ」は、大勢の気持ちや、いる場所が、あちらこちらに離れている様子。【3】「ばらばら」は、もとは一体であったグループや物が、個々の部分に分かれている様子。【4】「散り散り」は、一つの物や一つのグループが、たくさんの部分に分かれ、多くの場所に広がっている様子。

【関連語】◆〔**てんでんばらばら**〕(形動)足並みがそろわず勝手気ままなさま。「手足の動きがてんでんばらばらだ」◆〔**思い思い**〕(形動)各人が自分の考えで行動し、その結果がばらばらなさま。「思い思いの服装で集まる」「思い思いに工夫をこらす」

参照▼ばらばら⇒713-38

9 04-32 飛び飛び／点点

共通する意味★続かないで所々の場所を占めるさま。【英】*sporadically*

使い方▼〔**飛び飛び**〕(形動)▽おもしろそうな箇所だけとびとびに読む▽庭園に石がとびとびに置いてある〔**点点**〕(形動たる・と)▽遠くに人家の灯が点々と見える▽血が点々とついた服

使い分け【1】「飛び飛び」は、本来続いているはずのものが、つながらないで間隔をおくさま。【2】「点点」は、初めからあちらこちらに散らばっているさま。

9 04-33 切り離す／断ち切る

共通する意味★一つになっていたものを切って分ける。【英】*to cut off*

使い方▼〔**切り離す**〕(サ五)▽本文と参考資料を**切り離**して載せる▽私生活と仕事とを**切り離す**〔**断ち切る**〕(ラ五)▽竹を節のところで**断ち切る**▽恋人への思いを**断ち切る**

	布を□	仕事と遊びを□て考える	未練を□	列車の車両を□
切り離す	○	し○	－	○
断ち切る	○	っ－	○	－

使い分け【1】「切り離す」は、一緒だったものを切って別のものに分けることに重点がある表現。「切り放す」とも書く。【2】「断ち切る」は、関係やつながりを思いきって切ることに重点のある表現。

9 04-34 突き放す／振り切る

【関連語】◆(**引き離す**)ひきはなす

共通する意味★まといついている物、すがりついてくる者などを、強い力、強い態度で離れさせる。【英】*to abandon*

使い方▼〔**突き放す**〕(サ五)▽すがり付く子供を**突き放**して出て行く▽**突き放**した物の言い方▽わが子を少し**突き放**して見てみる〔**振り切る**〕(ラ五)▽つかまれた手を**振り切**って帰る▽親の反対を**振り切**って結婚する

使い分け【1】「突き放す」は、突いて離れさせる意。また、愛情、同情などを否定して、距離をとって見たり扱ったりする態度にいう。【2】「振り切る」は、強く振って離れさせる意味、また、強く拒絶する意味。後ろ髪を引かれつつも思いきって相手を捨てる場合にいう。【3】「振り切る」には、「執拗(しつよう)な追跡を振り切って逃げる」のように、追い付かれる直前に引き離す場合や、「ラケットを振り切ることが大切だ」のように、十分に振る場合にも使われる。【4】「突き放す」は、「つっぱなす」ということもある。

【関連語】◆(**引き離す**)(サ五)ある人が他の人や物を自分の身から離すのではなく、二つ(二人)を、第三者が無理に引っぱって離す。「二人を引き離すことはだれにもできない」「子猫を親猫から引き離す」◆後に続くものとの距離を大きくあける意もある。「二位以下を大きく引き離す」

9 04-35 隔たる／かけ離れる

【関連語】◆(**飛び離れる**)とびはなれる

共通する意味★両者の間に開きがある。【英】*to be apart*

使い方▼〔**隔たる**〕(ラ五)▽遠く**隔たっ**た所にひとりで行く▽夫婦間の気持ちは**隔たる**一方だった▽四半世紀**隔たっ**た今も人々の記憶は薄れていない〔**かけ離れる**〕(ラ下一)▽常識とは**かけ離れ**た行動▽年の**かけ離れ**た夫婦

使い分け「隔たる」には、その差の大きさは含まれないが、「かけ離れる」には、差や開きが大きいという意味がある。

【関連語】◆(**飛び離れる**)(ラ下一)大きい開きがある。「一人だけ飛び離れて足の速い選手がいる」

9 04-36 懸隔（けんかく）／隔たり（へだたり）／開き（ひらき）

共通する意味★かけ離れていること。**【英】** *a difference*

使い方▼**〔懸隔〕**スル▽両者の意見に**懸隔**がある▽表題と内容とが**懸隔**している **〔隔たり〕**▽両者の力の**隔たり**は大きい▽年齢の**隔たり**が障害になる **〔開き〕**▽考え方に**開き**がある▽得点の**開き**が縮まった

使い分け【1】「懸隔」は、文章語的で、抽象的なものどうしがかけ離れている場合に使われることが多い。【2】「隔たり」「開き」は、「五歳の隔たり（開き）」のように、具体的な数字で表わせるものにもいう。

参照▼隔たり⇒808-21

9 04-37 乖離（かいり）／離反（りはん）

【関連語】◆**〔背離〕**はいり

共通する意味★隔たりができること。**【英】** *alienation*

使い方▼**〔乖離〕**スル▽若者と高齢者との意識の**乖離**を埋める **〔離反〕**スル▽労働者の心が組合から**離反**する

	人心が□する	感情が□する	理想と現実との□	組織から□する
乖離	○	△	○	-
離反	○	○	-	○

使い分け「乖離」は、本来深い関係にある両者の間に隔たりが生じることだが、「離反」は、従来、接したり属したりしていたものから離れていくこと。ともに文章語。

【関連語】◆**〔背離〕**スル両者が互いに背き離れること。文章語。「二人の感情が背離する」

9 04-38 散る（ちる）／散らばる（ちらばる）／散らかる（ちらかる）

【関連語】◆**〔散らかす〕**ちらかす◆**〔散らす〕**ちらす

共通する意味★ばらばらになってあたりに広がる。**【英】** *to scatter*

使い方▼**〔散る〕**(ラ五)▽火花が**散る**▽群衆が**散る**▽気が**散る** **〔散らばる〕**(ラ五)▽卒業生が全国に**散らばる**▽人家が**散らばる** **〔散らかる〕**(ラ五)▽部屋が**散らかる**▽ごみが**散らかる**

	ガラスの破片が□	花が□	あたりに本が□ている	支部が全国に□ている
散る	○	○	-っ-	-っ○
散らばる	○	-	-っ○	-っ○
散らかる	○	-	-っ○	-っ-

使い分け【1】「散る」は、花や葉が落ちたり離れたりする意、人が別れ別れに立ち去る意、気持ちが集中できなくなる意などにも使う。【2】「散らばる」は、あちこちに分かれて広い範囲に存在する、また、一か所にまとまっていたものがばらばらに広がるという意味。【3】「散らかる」は、物があちこちに乱雑に広がるという意味で、「散らばる」にくらべ、乱雑さへの不快感が伴う。

【関連語】◆**〔散らかす〕**(サ五)散らかるようにする。「部屋を散らかす」「おもちゃを縁側に散らかす」◆**〔散らす〕**(サ五)散るようにする。「クモの子を散らす」「風が花を散らす」「注射で痛みを散らす」

9 04-39 分散（ぶんさん）／拡散（かくさん）

共通する意味★散らばること。**【英】** *dispersion*

使い方▼**〔分散〕**スル▽少人数に**分散**して行動する▽工場を地方に**分散**させる **〔拡散〕**スル▽水素ガスはすぐに空気中に**拡散**してしまう▽核の**拡散**を防ぐ▽問題が**拡散**してしまい、焦点がぼやける

使い分け「拡散」は、液体や気体、二つの物質がだんだんと混ざるなど、全体が等質となる現象。転じて、広がり散らばることもいう。

9 04-40 分裂（ぶんれつ）／分離（ぶんり）／分解（ぶんかい）／解体（かいたい）

共通する意味★分かれること、分けること。**【英】** *dissolution*

使い方▼**〔分裂〕**スル▽意見が二つに**分裂**する▽細胞**分裂**▽核**分裂** **〔分離〕**スル▽水と油は**分離**する▽マヨネーズが**分離**する▽蒸留して、成分の**分離**に成功した **〔分解〕**スル▽ラジオを**分解**する▽**分解**作用▽空中**分解** **〔解体〕**スル▽ビルを**解体**する▽組織が**解体**する▽**解体**修理

使い分け【1】「分裂」は、もともと一つだったものが、いくつかに分かれて別々になること。【2】「分離」は、一つに結合していたものが(を)離れたり、離れさしたりすること。また、二つのものが一つに結合しないで分かれたままの状態でいること。化学用語としては、ある物質から特定の物質が分けて取り出されること。【3】「分裂」「分離」とも、「元の物が(分かれた物に)…する」という形で用いられる場合と、「分かれた物が(元の物から)…する」という形で用いられる場合がある。たとえば、「油が分離する」は、油がいくつかの物質に分離するという意味の場合と、油が何かの物質から分かれ出てくるという意味の場合とがある。【4】「分解」は、組み立てられていたものを(が)個々の部分に分けたり、分かれたりすること。通常、時計などそれほど大きくない構造物について用いられる。化学用語としては、化合物が化学変化で二種以上の物質に分かれること。【5】「解体」は、組み立てられていたものを(が)ばらばらにしたり、ばらばらになったりすること。通常、車や家などの大きな構造物や組織などについて用いられる。

904-41 発散(はっさん)／放散(ほうさん)

【関連語】◆(散布)さんぷ

共通する意味★周りに散ること、散らすこと。【英】*emission*

使い方▼〔発散〕スル▽スポーツでストレスを発散する▽精力を発散する▽腐肉の発散する臭気 〔放散〕スル▽体から熱を放散する▽痛みが放散する

使い分け「発散」は、外に向かって散らす場合に使う。「放散」は、熱のように外へ出す場合と、痛みのように外へ出さないで周りに散らす場合とがある。

【関連語】◆(散布)スル撒(ま)き散らすこと。「撒布」とも書くが、その場合は「さっぷ」とも読む。「農薬を散布する」「空からビラを散布する」

904-42 雲散(うんさん)／離散(りさん)／四散(しさん)

共通する意味★別々に分かれること。【英】*dispersion*

使い方▼〔雲散〕スル▽それぞれの不安が雲散する▽雲散霧消(＝散らばって消えてしまうこと) 〔離散〕スル▽一家が離散する▽離散家族 〔四散〕スル▽コップが割れて、ガラス片が床に四散する▽四散した宝物を集める

使い分け【1】「雲散」は、雲が散るように散らばること。「雲散霧消」の形で使われることが多い。【2】「離散」は、人について、特に、家族などつながりの深い人について多く用いる。【3】「四散」は、対象の数が多くて、多方面にちりぢりとなって分かれる場合にいう。

904-43 枝分(えだわ)かれ／派生(はせい)

共通する意味★もともとあるものから別のものが分かれ出ること。【英】*to branch out*

使い方▼〔枝分かれ〕スル▽多くの流派が枝分かれした▽一色氏は足利(あしかが)氏から枝分かれした守護大名である 〔派生〕スル▽これは後代になって派生した意味で、原義とは相当隔たっている▽別の問題が派生してきた▽派生語

使い分け「枝分かれ」は、流派、派閥などの集団を構成するものについて、「派生」は、概念的事項について用いられる。

904-44 分流(ぶんりゅう)／分(わ)かれ／支流(しりゅう)／傍流(ぼうりゅう)／傍系(ぼうけい)

【関連語】◆(枝)えだ◆(門流)もんりゅう◆(チェーン)

共通する意味★大もとから、また正当な系統、流れから分かれ出たもの。【英】*a branch*

使い方▼〔分流〕スル▽関東一円に行われる祭りばやしは、多くが神田ばやしの分流である▽密教の分流の一つである真言宗 〔分かれ〕▽当家は伊勢平氏の分かれである▽各地にある氷川神社は皆ここからの分かれである 〔支流〕▽それは朱子学の支流の一つである 〔傍流〕▽この派閥はA派の傍流である 〔傍系〕▽カペー朝が断絶し傍系のヴァロア朝が後を継いだ

使い分け【1】「分流」は、もと、本流から分かれて流れること。また、その分かれた流れの意。「利根川の分流」【2】「支流」は、もと、本流に流れ込んでいる川。また、本流から分かれた流れの意。「千曲(ちくま)川は信濃川の支流である」【3】「傍流」「傍系」には、主流からはずれた存在という意味がある。「傍流から重役に抜擢(ばってき)される」「傍系の少数派」【4】「傍系」は、系統としてははっきりとらえられるものについて用いる。

反対語▼支流・傍流⇔本流・主流　傍系⇔直系

【関連語】◆(枝)「分かれ」に同じだが、用法が限られている。もと、草木の芽が幹、茎から分かれて生長した部分の意。「もとの学派から分かれた枝の一つ」◆(門流)一門の分かれ。一門の中の流派。「平家門流の一つ」◆(チェーン)元来は鎖のことだが、仕入れや経営などが同一である同種の商店や映画館などの結合の意で用いられる。「チェーン店がたくさんできた」

参照▼分流⇒704-05　支流⇒704-05

904-45 分(わ)ける／区切(くぎ)る／仕切(しき)る／画(かく)する

【関連語】◆(仕切り)しきり

共通する意味★全体を二つ以上に分割し別々にする。【英】*to partition*

使い方▼〔分ける〕(カ下一)▽遺産を分ける▽髪を七三に分ける 〔区切る〕(ラ五)▽線で区切る▽文節で区切る 〔仕切る〕(ラ五)▽部屋をカーテンで仕切る 〔画する〕(サ変)▽建設推進派とは一線を画している

	部屋を□	時代を□	一語一語□て話す	時間を□
分ける	○	○	-け△	-
区切る	○	○	-っ○	○
仕切る	○	-	-っ-	-
画する	-	○	-し-	-

使い分け【1】「分ける」は、ひとつのものを、あるいはたくさん集まってひとつになったものを、複数のグループに分割する意。また、「お菓子を子供達に分ける」のように、分配する意もある。【2】「区切る」は、平面的なものを分けるだけでなく、言葉や文章、あるいは仕事など、あるまとまりごとに分ける場合に用いる。【3】「仕切る」は、間に何かをおいて境界をつける場合にいうが、多くは、ひと続きの空間について用いる。また、「年度末で仕切る」のように、売

買において、帳簿の上で決算する意や、「葬儀を仕切る」のように引き受けて一切を行う意、また、相撲で勝負前の構えをする意などがある。【4】「画する」は、考え方、立場、時代などの期間や範囲などを、はっきりと区切る場合に用いる。文章語。

【関連語】◆(仕切り)仕切ること。また、その仕切るもの。空間に境界をつけるためのものの場合、通常、壁やカーテンのように、一定以上の高さがある。「仕切りの戸」「年度末の仕切りをする」「仕切りに入る」

904-46 区別(くべつ)／区分(くぶん)

【関連語】◆(区分け)くわけ◆(小分け)こわけ◆(差別)さべつ◆(けじめ)

共通する意味★分けること。特に、違いによって他と分けること。【英】*distinction*

使い方▼〔区別〕スル▽団体用入り口と個人用とを区別して設ける▽公私の区別をつける　〔区分〕スル▽棚を区分して食器を並べる▽Aランクに区分される

使い分け【1】「区別」は、種類が異なるものとして扱う意。【2】「区分」は、区別して別のまとまりをつくる意。また、その分けられたまとまり。

【関連語】◆(区分け)スル区分すること。「畑を区分けして野菜を植える」「区分けされた選挙区」◆(小分け)スルまとめてあるものを、さらに小さいまとまりに分けること。「一箱のみかんを小分けして売る」◆(差別)スル通常、偏見や先入観によって人や物をよいものと劣るものに分けて扱うこと。「差別をする」「米の品質に差別をつける」「人種差別」◈「無差別攻撃」のように、単に区別する意で用いられることもある。◆(けじめ)道徳的にみて、はっきり分けておくべき境界。「公私のけじめをつける」

904-47 分割(ぶんかつ)／二分(にぶん)／両分(りょうぶん)／大別(たいべつ)

【関連語】◆(掻き分ける)かきわける

共通する意味★いくつかに分けること。【英】*division*

使い方▼〔分割〕スル▽土地を分割して売る▽分割払い　〔二分〕スル▽クラスを二分する▽世論を二分した話題　〔両分〕スル▽世界を両分する　〔大別〕スル▽応募者を大別するとおよそ三つの世代に分かれた

使い分け【1】「分割」は、いくつかに分けること。【2】「二分」「両分」は、二つに分けることだが、「二分」の方が一般的。【3】「大別」は、全体をおおまかに分けること。

【関連語】◆(掻き分ける)(カ下一)分けるという点では、「分割」「二分」などと共通するが、実際に人ごみや草むらなどを手で左右に分けるという具体的な動作を表現している点で異なる。「人ごみを掻き分けて進む」

904-48 分類(ぶんるい)／類別(るいべつ)／仕分け(しわけ)／組み分け(くみわけ)

【関連語】◆(分別)ぶんべつ◆(色分け)いろわけ

共通する意味★共通の性質、種類などによって別々に分けて、別のところに所属させること。【英】*classification*

使い方▼〔分類〕スル▽採集した昆虫を分類する▽十進分類法　〔類別〕スル▽収穫した蜜柑を大きさによって類別する　〔仕分け〕スル▽集まったものを用途によって仕分けする▽郵便物を行き先別に仕分けする　〔組み分け〕スル▽子供を年齢別に組み分けする

使い分け【1】「分類」「類別」は、事物を共通する性質、種類などによって分ける場合にいう。抽象的なものの場合にも用いる。【2】「仕分け」は、品物を、その用途、種類、あて先などによって分ける場合にいう。また、簿記上、取引を借り方と貸し方に分けて記入する場合に用い、「仕訳」と書く。【3】「組み分け」は、人物や品物を、単に複数のグループに分ける場合に用いる。

【関連語】◆(分別)スル種類ごとに区別すること。「ごみを分別して収集する」◆(色分け)スル異なる色で塗り分けて区別すること。色によって分けること。また、単に種類によって区別することもいう。「結果を色分けして示す」「日本の企業を色分けすると、何種類かに大別できる」

904-49 分かれる(わかれる)／割れる(われる)

共通する意味★もともと一つだったものが、二つ以上の異なったものになる。【英】*to split*

使い方▼〔分かれる〕(ラ下一)▽紅白に分かれて戦う▽専門が細かく分かれる▽意見が分かれる　〔割れる〕(ラ下一)▽グラスが割れる▽意見が割れる

使い分け【1】「分かれる」は、道や線路などが二またになる意も表わし、その場合は「岐れる」とも書く。【2】「割れる」には、「身許(みもと)が割れる」のように、隠されていたものが現れる意もある。【3】物が「割れる」場合は、外からの力が加わってひびが入り、そこから砕けたりこわれたりする意。まとまりが「割れる」場合は、対立するような結果にわかれる意。

904-50 破る(やぶる)／破く(やぶく)／裂く(さく)／引き裂く(ひきさく)

【関連語】◆(破れる)やぶれる◆(破ける)やぶける◆(裂ける)さける

共通する意味★紙や布などに力を加えて、それを部分的または全体的に切れた状態にする。【英】*to tear*

使い方▼〔破る〕(ラ五)▽ひなが殻を破る▽シャツをくぎにひっかけて破る▽虎(とら)がおりを破って逃げ出す▽金庫を破る　〔破く〕(カ五)▽ズボンを破いてしまう▽障子を破く　〔裂く〕(カ五)▽手ぬぐいを裂いて包帯にする▽魚の腹を裂く　〔引き裂く〕(カ五)▽絹を引

き裂くような悲鳴▽シーツを引き裂く

	紙や布を□	垣根を□	約束を□	二人の仲を□	□するめを
破る	○	○	○	-	-
破く	○	-	-	-	-
裂く	○	-	-	○	○
引き裂く	○	-	-	○	△

使い分け【1】「破る」は、ドア、壁、垣根のような厚みのあるものについても使えるが、「破く」「裂く」「引き裂く」は、薄いものについて使うのが普通。【2】「破る」には、「沈黙を破る」のように、それまでの状態を損なう意や、「優勝候補を破る」のように、敗北させる意など、多くの用法がある。【3】「破く」は「破る」と「裂く」の混交からという。【4】「裂く」「引き裂く」には、人と人との仲を隔てさせる意もある。

【関連語】◆**〔破れる〕**(ラ下一)一つのものが分割されたり、穴が開いたり、一部欠けたりした状態になる。また、駄目になる、成り立たなくなる。「障子が破れる」「静寂が破れる」「恋に破れる」◆**〔破ける〕**(カ下一)布や紙など、薄いものが切れた状態になる。「障子が破ける」「ズボンが破ける」◆**〔裂ける〕**(カ下一)一つのものが、線状に分割された状態になる。「布が裂ける」「口が裂けても言うものか」

9 04-51 切断（せつだん）／断裁（だんさい）／裁断（さいだん）／分断（ぶんだん）

【関連語】◆**〔寸断〕**(すんだん)◆**〔両断〕**(りょうだん)◆**〔横断〕**(おうだん)◆**〔縦断〕**(じゅうだん)

共通する意味★物を断ち切ること。**【英】** *cutting*

使い方▼〔切断〕スル▽鉄板を切断する▽切断機　**〔断裁〕**スル▽紙を断裁する▽断裁機　**〔裁断〕**スル▽生地を裁断する▽社長が裁断を下す▽裁断機　**〔分断〕**スル▽国が南北に分断されている▽組織の分断を図る

使い分け【1】「切断」は、ひと続きのものを断ち切ることで、多くの物に対して使われる。「截断」とも書く。【2】「断裁」「裁断」は、重ねてある紙や布を切る場合に使われる。「裁断」はこのほか、鋼材などにも使われる。【3】「裁断」には、物事の理非、善悪などを区別して判断を下すことの意もある。【4】「分断」は、ひとまとまりのものを分かれ分かれに断ち切ることで、組織、国などに用いられることが多い。

【関連語】◆**〔寸断〕**スルずたずたに断ち切ること。「台風で道路が寸断された」◆**〔両断〕**スル二つに断ち切ること。「一刀両断」◆**〔横断〕**スル横に断ち切ること。また、一方の側から向かい側にまっすぐに行くこと。⇔縦断・縦貫。「横断面」「太平洋を横断する」「横断歩道」◆**〔縦断〕**スル縦に断ち切ること。また、細長い所を端から端まで通り抜けること。⇔横断。「日本列島を縦断する」

参照▼裁断⇒208-31

9 04-52 縦走（じゅうそう）／縦貫（じゅうかん）

共通する意味★縦に貫くこと。**【英】** *traversing*

使い方▼〔縦走〕スル▽東北地方を縦走する山脈▽縦走登山　**〔縦貫〕**スル▽国土を縦貫する幹線道路

	北アルプスを□する	□山脈	□道路	□鉄道
縦走	○	○	-	-
縦貫	○	-	○	○

使い分け【1】「縦走」は、山脈などが、縦に貫くように長く連なっていること。また、登山で尾根伝いにいくつかの山頂を通って歩くことをいう。【2】「縦貫」は、縦に貫くこと。また、南北に通じることをいい、多く、道路や鉄道に関していう。

反対語▼縦貫⇔横断

9 05 …接触

9 05-01 触る（さわる）／触れる（ふれる）／接する（せっする）

【関連語】◆**〔触れ合う〕**(ふれあう)

共通する意味★別々の物の表面が軽く接触する。

【英】 *to touch*

使い方▼〔触る〕(ラ五)▽弟がプラモデルに触らないよう高い所に置く▽何か冷たい物が足に触った　**〔触れる〕**(ラ下一)▽電車の中で隣の人の長い髪が顔に触れていやだった▽子供の寝顔にそっと手を触れてみる　**〔接する〕**(サ変)▽軒を接する▽ひたいを接して相談する

	□ひたいに	外の空気に□	手と手が□	境を□	新しい学問に□
触（さわ）る	○	-	△	-	-
触（ふ）れる	○	○	○	-	○
接する	△	○	-	○	○

使い分け【1】「触る」は、「子供が花瓶に触る」のように、意志動詞の使い方と、「何か固い物が足に触った」のように、無意志動詞としての使い方とがある。また、「気にさわる」「しゃくにさわる」などと、気分を害する意味でも使う。【2】「触れる」も、「展示品に手を触れる」のように、意志動詞としての使い方と、「肩が触れた」「手と手が触れる」のように、無意志動詞としての使い方がある。また、「話題に触れる」のように、かかわりをもつ意や、「法に触れる」のように、差し障りができる意もある。【3】「触る」と「触れる」では、「触る」の方が意志的で、「わざと触る」「強く触る」など接触が強く長いこともあるが、「触れ

「る」は、偶然性、瞬間性の接触に多く使う。【4】「接する」は、直接対象に接触しなくても、間がほとんど離れていない場合にも使う。また、人と応対する意味で「客と接する」、情報を得る意味で「訃報(ふほう)に接する」のように使う。

【関連語】◆(触れ合う)(ワ五)互いに触れる。また、心が通じる。「肩と肩が触れ合う」「心と心が触れ合う」

参照▼触れる⇒613-05 618-07

9 05-02 付(つ)く／くっつく／ひっつく／へばりつく／こびりつく

【関連語】◆(付ける)つける

共通する意味★ぴったり接触して離れなくなる。

【英】*to stick (to)*

使い方▼〔付く〕(カ五)▽背広に糸くずがついている▽シャツにしみがついた▽泥のついた靴▽扉についている飾り　〔くっつく〕(カ五)▽机がくっついて並んでいる▽母にくっついて買い物に行く▽折れた骨がくっつく　〔ひっつく〕(カ五)▽ひたいに髪がひっついてうるさい▽いつもひっついて歩いている恋人どうし　〔へばりつく〕(カ五)▽子供が松の大木にへばりついている▽やっと手にした地位にへばりつく役人▽靴底にガムがへばりついてとれない　〔こびりつく〕(カ五)▽血がこびりついて取れない▽昨夜みた不吉な夢が頭にこびりついて離れない

使い分け【1】「付く」は、最も一般的に使われ、使用範囲も広い。泥、汚れ、色、飾りなどの具体的なものから、以下の例のように、条件、力、値段、名前、においなどまで多岐にわたる。「いろいろな条件がつく」「家庭教師がつく」「値がつかない」【2】「くっつく」は、「二台の車がくっついて走っている」のように、直接接触しない場合にもいう。また、「先生にくっついて行く」のように、ついて従う意味もある。【3】「ひっつく」は、直接の接触がある場合で、その接触を煩わしく感じていうことが多い。つまり、「くっつく」より、主観的でまた俗語的な表現として使われる。【4】「へばりつく」は、離れないように強く無理に接触を保とうとする動作。【5】「こびりつく」は、離そうとしても離せないほど固く強くついてしまっている状態。

【関連語】◆(付ける)(カ下一)付くようにする。「顔にクリームをつける」「割れた茶碗(ちゃわん)を接着剤でつける」「国選弁護人をつける」「法外な値をつける」

参照▼付く⇒516-26

9 05-03 装着(そうちゃく)／着装(ちゃくそう)／着用(ちゃくよう)

共通する意味★取りつけること。身につけること。

【英】*to wear*

使い方▼〔装着〕スル▽タイヤにチェーンを装着する　〔着装〕スル▽短剣を着装する▽部品を本体に着装する　〔着用〕スル▽ネクタイを着用のこと

使い分け【1】「装着」は、器具などを取りつけること。「着装」は、衣服のほか、部品などを本体の一部に取りつけること。【2】「着用」は、衣服をつけること。また、衣服につけること。

9 05-04 接着(せっちゃく)／癒着(ゆちゃく)／密着(みっちゃく)

【関連語】◆(定着)ていちゃく

共通する意味★くっつくこと。くっつけること。

【英】*glueing*

使い方▼〔接着〕スル▽割れた皿を接着する▽接着剤　〔癒着〕スル▽傷口が癒着する▽腸が癒着する▽大企業と政治家の癒着　〔密着〕スル▽住民生活に密着した行政が望ましい▽密着取材

使い分け【1】「接着」は、物と物をくっつける場合について用いられるが、「癒着」「密着」は、人間関係にも用いられる。【2】「癒着」は、裂かれた皮膚がくっつくこと。また、外に知られたくない関係で必要以上に強く結びついている状態をいう。【3】「密着」は、ぴったりとつくこと。また、その状態を表わす言葉。

【関連語】◆(定着)スルある場所、地位、環境などにしっかり根づいて、なじむこと。「その土地に定着する」「民主主義が定着する」「定着液」

9 05-05 まみれ／みどろ／だらけ

共通する意味★一面に付いているさまを表わす。

使い方▼〔まみれ〕▽泥まみれのまま上がり込む　〔みどろ〕(接尾)▽血みどろの戦い▽汗みどろ　〔だらけ〕(接尾)▽穴だらけの障子

	血□の顔	ほこり□になる	全身傷□	つまらない事□の世の中
まみれ	○	○	－	－
みどろ	○	－	－	－
だらけ	○	○	○	○

使い分け【1】「まみれ」は、動詞「まみれる」の連用形から。汚いと感じられる物が一面にくっついている状態、ある物に、別の物がくっついて汚れているさまを表わす。「塗れ」とも書く。【2】「みどろ」は、汚いと感じられる液体が一面についた状態をいう。【3】「だらけ」は、その物がいっぱいであるさまを表わし、必ずしも何かの表面にくっついている場面に限定しない。「穴だらけ」「しわだらけ」のように、表面にある状態が多数見られるさまもいい、また、「いやな事だらけ」のように、漠然とそればかりであるさまもいう。

9 05-06 近付(ちかづ)く／近寄(ちかよ)る／寄(よ)る

共通する意味★そばに行く。**【英】** *to approach*

使い方▼**〔近付く〕**(カ五)▽犬が尻尾しっぽを振りながら近づいてくる▽目的地に**近づく**▽名人の域に**近づく**▽足音が**近づく**　**〔近寄る〕**(ラ五)▽変な男が**近寄って**来る▽**近寄って**よく見てください　**〔寄る〕**(ラ五)▽そばに**寄って**耳打ちする▽もう少し左に**寄って**ください

使い分け【1】「近付く」は、人間や動物以外に、物事、音、状態、時間、距離が近くなることにもいう。【2】「近寄る」は、多く、人間や動物が何かのそばに行くことをいう。【3】遠くから近くに来る場合は「近付く」を使い、お互いに近づき合う場合は「近寄る」「寄る」を使うことが多い。

反対語▼近づく⇔遠のく・遠ざかる

905-07 隣接(りんせつ)／隣(とな)り合(あ)わせ

共通する意味★隣り合って接していること。**【英】** *adjacency*

使い方▼**〔隣接〕**スル▽朝鮮は中国と**隣接**している▽**隣接**地域　**〔隣り合わせ〕**▽兄一家と**隣り合わせ**に住んでいる▽生は死と**隣り合わせ**だ

使い分け「隣接」は、地域、場所、建物などが接している場合に使うが、「隣り合わせ」は、人の動作、状態で接している場合にもいう。

905-08 直接(ちょくせつ)／直(じか)に／直直(じきじき)に

共通する意味★間に何もはさまないで対象に接すること。**【英】** *directly*

使い方▼**〔直接〕**(名・形動)▽**直接**の知り合い▽**直接**先生に頼みなさい▽親の考えは**直接**子供に影響する　**〔直に〕**(副)▽やかんを**直に**持ってやけどをした▽セーターを素肌に**直に**着る　**〔直直に〕**(副)▽社長が**直直に**先方へ出向いて行った

使い分け【1】「直接」は、副詞的に用いられることも多い。「直接手にとってみる」「電話で直接話す」のように、対象と具体的に触れる場合と、距離的には離れていても、他の人や物を介しない場合に使う。【2】「直に」は、物理的に具体的に接する場合にいう。【3】「直直に」は、本人が他人を介さずに実際に何かを行う場合に使う。

反対語▼直接⇔間接

905-09 近接(きんせつ)／接近(せっきん)／密接(みっせつ)

【関連語】◆(親近)しんきん◆(緊密)きんみつ

共通する意味★近く隣り合うこと。**【英】** *adjacency*

使い方▼**〔近接〕**スル▽首都に**近接**した工業地帯▽ビルが**近接**して建つ　**〔接近〕**スル▽台風が日本に**接近**している▽両チームの実力は**接近**している▽両国は経済的なおもわくで**接近**した　**〔密接〕**(名・形動)スル▽**密接**して立ち並ぶアパート群▽運動量と肥満は**密接**に関係している▽両国は**密接**な関係にある

使い分け【1】「近接」は、近くに接している状態だが、「接近」は、「ハレー彗星すいせいが地球に接近する」のように、近づく動作を表わす。【2】「密接」は、近く接している状態だが、「近接」よりも近くぴったりと接する意味。また、この語は「密接なつながり」のように、深い間柄にあることを示す意味でよく使われる。

反対語▼近接⇔遠隔

【関連語】◆(親近)親しく身近であること。「親近感」◆(緊密)(形動)物と物とがしっかりとつながっているさま。「政界と官界は緊密に結びついている」「緊密に連絡をとり合う」「緊密な関係」

905-10 間接(かんせつ)

意味★物と物、人と人、人と物などが、じかにかかわらず、他の物、人などを間において対すること。物理的にも、心理的表現などにもいう。**【英】** *indirectly*
⇔直接

使い方▼**〔間接〕**(名・形動)▽A氏を通して**間接**に知り合う▽資金援助の形で**間接**的に参加する▽他人の例をひいて**間接**に非難する▽**間接**税

905-11 かかわる／関(かん)する

【関連語】◆(当該)とうがい◆(当事)とうじ

共通する意味★関係がある。**【英】** *concerning*

使い方▼**〔かかわる〕**(ラ五)▽命に**かかわる**ようなけがではない▽つまらない問題に**かかわって**いる場合ではない　**〔関する〕**(サ変)▽大学移転に**関する**学内の意見を整理する▽自分の将来に**関して**不安を抱く

	かかわる	関する
国の将来に□問題	○	○
命に□問題	○	－
台風に□ニュース	－	○
二人の問題には□ない方がいい	－ら○	－し－

使い分け【1】「かかわる」は、深く関係をもったり、大きな影響をもったりする意味で使い、「関する」は、関係があることだけを意味する使い方。【2】「かかわる」は、「関わる」「係わる」「拘わる」とも書く。

【関連語】◆(当該)スル関係があること。「当該する事項を処理する」「当該官庁」◆(当事)直接関係すること。「当事者間で話し合う」「紛争当事国」

905-12 与(あずか)る／関与(かんよ)／かかずらう

共通する意味★関係する。**【英】** *to participate*

(in)

使い方▼【与る】(ラ五)▽相談にあずかった者としての責任を感じている▽私のあずかり知らぬ問題だ▽分け前にあずかる▽お招きにあずかる　【関与】スル▽社長が人事に関与するのはよくない▽組織の意志決定に関与する重大なポスト　【かかずらう】(ワ五)▽枝葉末節にかかずらうのはよくない

	二国間紛争の処理に□	方針の決定に□	国政に□	小事に□
あずかる	○	○	-	-
関与する	○	○	○	-
かかずらう	○	-	-	○

使い分け【1】「与る」は、関係する意味のほかに、「毎度お引き立てに与りありがとうございます」のように、恩恵を受ける意味がある。【2】「関与する」は、関係するだけでなく、深くかかわる意味もある。【3】「かかずらう」は、めんどうなことやつまらないことに関係する意味。「拘らう」とも書く。また、「かかずりあう」ともいう。

参照▼関与⇒516-35　かかずらう⇒209-53

9 05-13 携(たずさ)わる／タッチ

【関連語】◆(乗り出す)のりだす◆(進出)しんしゅつ

共通する意味★ある事柄に関係する。【英】*to be concerned with*

使い方▼【携わる】(ラ五)▽役所で福祉業務に携わっている▽雑誌の編集に携わってみたい　【タッチ】スル▽今回の企画には初めからタッチしている▽例の事件には一切タッチしていない

使い分け【1】「携わる」は、ある事に関係して仕事として深くかかわる意味で使うが、「タッチ」は、関係やかかわり方が表面的、部分的であることが多い。【2】「タッチ」は、「ベースにタッチする」のように、触れるの意味で使うことも多い。

【関連語】◆(乗り出す)(サ五)進んで関係をもつ。「政界に乗り出す」「調停に乗り出す」◆「大海に乗り出す」のように、出掛ける意や、「身を乗り出して話を聞く」のように、体を前に出す意もある。◆(進出)スルさらに発展するために新しい分野に進んでいくこと。「海外への進出をはかる」「決勝戦に進出した」

参照▼タッチ⇒614-50

9 05-14 被(こう)る／浴(あ)びる

【関連語】◆(掛かる)かかる

共通する意味★動作、動的事柄を身に受ける。【英】*to receive; to suffer*

使い方▼【被る】(ラ五)▽叱責(しっせき)を被る▽ご愛顧を被り五周年を迎えた▽相手方が倒産すれば当社が損害を被る▽ご免被る(＝許してもらう、断る)　【浴びる】(バ上一)▽万雷の拍手を浴びる▽周囲から非難を浴びる▽罵声(ばせい)を浴びてもひるまなかった

使い分け【1】「被る」は、「叱責」「愛顧」「恩恵」など、総括的内容の語について用いる。「叱責の言葉」「拍手」のような具体性のある語には用いず、それらの場合は「浴びる」を用いる。「被る」は、「迷惑を被る」「損害を被る」など、動作などを直接的に受ける場合だけでなく、何かの行動などによって自分が結果的にそうなる場合にも用いられる。「蒙る」とも書く。【2】「浴びる」は、元来「湯を浴びる」「日光を浴びる」のように、体の多くの部分にそれを受ける意。なお「返り血を浴びる」などは、受けるのが体の小部分であってもいうことができる。比喩(ひゆ)的用法として「砲火を浴びる」などがある。

【関連語】◆(掛かる)(ラ五)他からの動作がかぶさるように及ぶ。他の行動によって不都合がかぶさった状態になる。また、小重量の物が乗ったり付いたりする。「嫌疑がかかる」「親に苦労がかかった」「時間と金がかかる仕事」「ズボンに泥水がかかる」「ほこりがかかる」「髪が肩にかかっている」「霧がかかる」

9 05-15 巻(ま)き添(ぞ)え／とばっちり／そばづえ／累(るい)

【関連語】◆(後腐れ)あとくされ

共通する意味★他人の引き起こしたことから迷惑や損害をこうむること。【英】*involvement*

使い方▼【巻き添え】▽飛び下り自殺の巻き添えをくって何人かの通行人が大けがをした▽子どもを巻き添えにする　【とばっちり】▽追突事故のとばっちりで二時間も足どめをくった▽しかられた弟のとばっちりをくってぼくまでしかられた　【そばづえ】▽他人のけんかのそばづえを食う　【累】▽事業の失敗で親類にまで累が及んだ

使い分け【1】「巻き添え」「とばっちり」は、どちらもたまたま近くにいて迷惑や被害を受ける場合の表現だが、「巻き添え」には「…を巻き添えにする」のように、他人をひきずりこむ言い方もできる。「とばっちり」は、受ける側からしかいわない。【2】「とばっちり」は、水などのしぶきの意の「とばしり」の変化。【3】「そばづえ」は、他の人が打ち合いをしている杖(つえ)が自分に当たることが、もとの意味。「側杖」「傍杖」とも書く。【4】「累」は、かかわりあい、の意味。

【関連語】◆(後腐れ)物事が片付かないでわずらわしいことが残ること。「後腐れないように手続きをちゃんとして別れる」

9 05-16 当(あ)たる／ぶつかる／突(つ)き当(あ)たる／衝突(しょうとつ)

【関連語】◆(行き当たる)ゆきあたる◆(激突)げきとつ

共通する意味★物と物とが勢いよく接触する。【英】

to collide with

使い方▼〔**当たる**〕(ラ五)▽矢が的に当たる▽朝日が当たる台所　〔**ぶつかる**〕(ラ五)▽ひざとひざとがぶつかる▽私鉄のストにぶつかる▽親戚の葬式と友人の結婚式とがぶつかる　〔**突き当たる**〕(ラ五)▽思わぬ難関に突き当たる▽壁に突き当たる　〔**衝突**〕スル▽列車どうしが衝突する▽つまらない事で妻と衝突した▽衝突事故

	車が電柱に□	道が公園に□	意見が□	雨粒が窓ガラスに□
当たる	△	-	-	○
ぶつかる	○	○	○	△
突き当たる	○	○	-	-
衝突する	○	-	○	-

使い分け「ぶつかる」「衝突する」は、立場、意見などの相反する者同士が争い合う意にもいう。

【関連語】◆**（行き当たる）**(ラ五)進んで行ってぶつかる。また、行き詰まる。「いきあたる」ともいう。「塀をめぐらした大きな家に行き当たった」「難関に行き当たる」◆**（激突）**スル激しく衝突すること。「車が壁に激突した」「優勝をかけて激突する」

905-17 当(あ)てる／ぶつける

共通する意味★勢いよく打ちつける。対象に向けて、物事をたたきつける。**【英】***to hit*

使い方▼〔**当てる**〕(タ下一)▽ボールを受け損じて顔に当ててしまう▽うまく的に当てる　〔**ぶつける**〕(カ下一)▽ボールをぶつける▽頭を壁にぶつけてくやしがる

使い分け【1】「当てる」は、物を投げたり飛ばしたりして、対象に命中させる意。命中に力点があり、勢いはあまり問題にならない。「答えを当てる」「一等を当てる」なども、これに通う他意である。【2】「ぶつける」は、うまく命中させるというより、対象に向けて打ちつけたり、投げつけたりする激しい行為に力点がある。「本音をぶつける」「疑惑をぶつける」など、物に限らず、自分のもっている感情などを相手にストレートにぶちまけるときにもいう。

905-18 当(あ)たり／的中(てきちゅう)／命中(めいちゅう)

【関連語】◆**（百発百中）**ひゃっぱつひゃくちゅう

共通する意味★ねらったところにぶつかること。一致すること。**【英】***a hit*

使い方▼〔**当たり**〕▽当たり外れが多い　〔**的中**〕スル▽予感が的中する　〔**命中**〕スル▽見事、的に命中する▽命中率

	矢が的に□する	ボールが頭に□する	予想が□する	くじで□が出る
当たり	-	-	-	○
的中	○	-	○	-
命中	○	○	-	-

使い分け【1】「当たり」は、「当たりが強くてこわれる」のように、他の物にぶつかる意でも用いられる。また、「当たりがよい人」のように、触れた感じ、感触の意や、「当たり芸」のように、商売、興行などが成功することの意もある。【2】「的中」は、矢や弾などが的に当たること。また、予想など事前に思ったことがうまく当たることにもいう。【3】「命中」は、ねらったところに当たることで、ねらうことのできない、偶然の一致には用いられない。

反対語▼当たり⇔外れ

【関連語】◆**（百発百中）**撃てば、その回数だけ、必ず命中すること。すべてがねらいどおりになること。「百発百中の腕前」

参照▼当たり⇒208-62

905-19 届(とど)く／着(つ)く／至(いた)る

【関連語】◆**（立ち至る）**たちいたる◆**（辿り着く）**たどりつく

共通する意味★目的の場所、地点に到達する。**【英】***to reach*

使い方▼〔**届く**〕(カ五)▽ペダルにまだ足が届かない▽五十に手が届く▽親の目の届く所で子供を遊ばせる　〔**着く**〕(カ五)▽駅に着く▽引っ越しの荷物が着く　〔**至る**〕(ラ五)▽問題は今日に至っても解決していない▽大事に至らずに済む▽交渉は深夜に至った

	手紙が□	先方に思いが□	太陽光線が地球に□	城に□道	二日午後一時、山頂に□
届く	○	○	○	-	-
着く	○	-	-	-	○
至る	-	-	○	○	○

使い分け【1】「届く」は、発送した物が目的地に達する意で、「着く」と同意に用いられ、また、太陽光線など、ある物がある場所まで行き着く意で「至る」と同様に用いられることもある。【2】「至る」は、人が目的地に到達する意で、「着く」と同様に用いられることがあるが、「着く」にくらべ書き言葉的である。また、ある物事が結果的にそういう状態になる意をもつ。【3】「届く」は、思い、願いなどの抽象的なものが相手側に受け入れてもらえる意でも用いられる。

【関連語】◆**（立ち至る）**(ラ五)とうとうある事態になってしまう。「重大な事態に立ち至る」◆**（辿り着く）**(カ五)長い道のりを経てようやく目的地に達する。「山小屋にたどり着いたときはすでに日は落ちていた」

参照▼着く⇒101-05

905-20 及(およ)ぶ／達(たっ)する／上(のぼ)る

共通する意味★ある数量や程度にまで届く。【英】*to reach*

使い方▼〔及ぶ〕(バ五)▽標高が千メートルに及ぶ山々▽審議は深夜に及んだ▽影響が及ぶ▽想像も及ばぬことだ　〔達する〕(サ変)▽死者は百人に達した▽音波が海底に達する　〔上る〕(ラ五)▽初詣(はつもうで)で客は五十万人に上った▽利益は昨年比の二〇〇パーセントに上る

	損害は一億円に□	気温がマイナス一〇度に□	ロケットが月に□	数学であの人に□者はいない
及ぶ	○	△	-	○
達する	○	○	○	-
上る	○	-	-	-

使い分け【1】「上る」は、原義が下から上の方向への移動のため、変化する方向が上から下の場合、たとえば「気温がマイナス一〇度に…」というような場合には、「及ぶ」「達する」は使えるが、「上る」は使えない。【2】「及ぶ」は、否定表現との結びつきにより、「あの人に及ぶ者はいない」のように能力の面でかなわないの意や、「想像も及ばぬこと」のように、想像もできないことの意、また「行くには及ばない」のように、行く必要はないの意ともなる。【3】「達する」は、「目的を達する」「望みを達する」などのように、目的、望みなどを成しとげる意でも用いる。また、「齢(よわい)七十に達す」のように、文語的な形では「達す」ともいう。

参照▼上る⇒903-04

906…出し入れ

906-01 組(く)み入(い)れる／繰(く)り入(い)れる／繰(く)り込(こ)む／織(お)り込(こ)む

[関連語]◆(属する)ぞくする

共通する意味★より大きなものの中へその一部として入れる。【英】*to incorporate*

使い方▼〔組み入れる〕(ラ下一)▽新入社員をプロジェクトのメンバーに組み入れる　〔繰り込む〕(マ五)▽アルバイトで得た金を生活費に繰り込む　〔繰り入れる〕(ラ下一)▽前年度の剰余金を新年度予算に繰り入れる　〔織り込む〕(マ五)▽体験を織り込んで話をする

使い分け【1】「組み入れる」は、組織の中に入れる意。【2】「繰り込む」は、一部として取り入れる意。また、「大勢で会場へ繰り込んだ」のように、そろって入る動作を表わす。【3】「繰り入れる」は、引き入れる意で、金銭に関して多く用いられる。【4】「織り込む」は、中心となるものに違う種類のものを混ぜる意味を表わす。

[関連語]◆(属する)(サ変)所属する、また、ある範囲の中にある。「文化庁は文部省に属する」「トマトはナス科に属する」「テニス部に属している」

906-02 付随(ふずい)／付帯(ふたい)／付属(ふぞく)

共通する意味★主たるものに従うこと。【英】*to be attendant (on)*

使い方▼〔付随〕スル▽この事柄に付随していろいろな問題が生ずる▽本件に付随する事件　〔付帯〕スル▽ビル建設に付帯する費用のすべてを会社が負担する▽付帯事項▽付帯条件　〔付属〕スル▽病院に付属する看護学校▽付属小学校▽付属品

使い分け【1】「付随」は、ある事柄が他の主たる事柄に関連して生ずること。【2】「付帯」は、ある事や物が主たる事や物に必然的に伴うこと。【3】「付属」は、あるものが主たるものの一部として属すること。公用文・法令などでは「附属」と表記する。

906-03 引(ひ)き入(い)れる／引(ひ)き込(こ)む／抱(だ)き込(こ)む／巻(ま)き込(こ)む

共通する意味★中へ引いて入れる。【英】*to win over (to)*

使い方▼〔引き入れる〕(ラ下一)▽客を部屋の中へ引き入れて接待した▽友達をサークルに引き入れた　〔引き込む〕(マ五)▽田に水を引き込む▽聴衆を引き込む巧みな話術▽仲間を悪の道に引き込む　〔抱き込む〕(マ五)▽金で政治家を抱き込む　〔巻き込む〕(マ五)▽機械に指を巻き込まれる▽子供を夫婦喧嘩(げんか)に巻き込む

	後輩を□	味方に□	電話線を□	腕の中へ□	事件に□
引き入れる	○	○	△	-	-
引き込む	○	○	○	-	△
抱き込む	○	○	-	○	-
巻き込む	○	-	-	-	○

使い分け【1】「引き入れる」は、人や物を引いて中に入れたり、グループに加えたりする意。【2】「引き込む」も「引き入れる」同様、中に入れる意だが、より強く積極的である。【3】「抱き込む」は、腕の中にかかえ入れる意だが、ふつうは、巧みに味方につける意で用いられる。【4】「巻き込む」は、巻いて中に

入れる意。機械、竜巻などの場合は、実際に体を中に入れてしまうという意味になり、事件、紛争、喧嘩などの場合は、関係をもたせて引き入れるという意味になる。良くない事態について多く用いる。

9 06-04 投入(とうにゅう)／導入(どうにゅう)

【関連語】◆(つぎ込む)つぎこむ

共通する意味★仕事などの遂行のために人や物を使うこと。【英】*to throw~into*

使い方▼〔投入〕スル▽資本を投入する▽五万の兵力を投入する 〔導入〕スル▽新しい技術を導入する▽経理事務にパソコンを導入する

使い分け【1】「投入」は、自分のもとにある人員、資本、精力などを使うこと。元は「火に木片を投入する」「ここから硬貨を投入する」のように、投げ入れる意。【2】「導入」は、外部から取り入れること。また、「シンフォニーの導入部」のように、小説、音楽、学習などで、主題に入る前置きの部分という意味がある。

【関連語】◆(つぎ込む)(マ五)事業や遊びなどに多くの金や人を使う。「多額の資金をつぎ込む」

9 06-05 詰(つ)める／詰(つ)め込(こ)む／押(お)し込(こ)む

【関連語】◆(押し込める)おしこめる◆(閉じ込める)とじこめる◆(突っ込む)つっこむ

共通する意味★物をすき間なく入れる。【英】*to cram*

使い方▼〔詰める〕(マ下一)▽弁当箱にご飯を詰める▽耳に栓を詰めて泳ぐ 〔詰め込む〕(マ五)▽腹に飯(めし)を詰め込む▽知識を頭に詰め込む 〔押し込む〕(マ五)▽布団を押し入れに押し込む▽車のトランクに荷物を押し込む

	かばんに本を▢	満員電車に乗客を▢	英単語を頭に▢	牢屋(ろうや)に人を▢	席を▢
詰める	○	-	-	-	○
詰め込む	○	○	○	-	-
押し込む	○	○	-	○	-

使い分け【1】「詰め込む」は、「詰める」にくらべ、多くの物を無理に入れる場合に用いる。【2】「押し込む」は、無理に中へ入れる意味と、「制止もきかず会議室に押し込む」のように、無理やり中に入る意味とがある。【3】「詰める」には、「スカートの丈を詰める」のように、短くする、少なくする意味もある。

【関連語】◆(押し込める)(マ下一)中に入れて出さないようにする。また、無理に押して入れる。「小部屋に押し込める」「口にタオルを押し込める」◆(突っ込む)(マ五)勢いよく入れる。また、勢いよく中に入る。「ポケットに財布を突っ込む」「ダンプカーが民家に突っ込む」◆(閉じ込める)(マ下一)中に入れて、外に出られないようにする。「犯人は人質を室内に閉じ込めた」「冬場は雪に閉じ込められてしまう」

参照▼突っ込む⇒113-45

9 06-06 埋(う)まる／埋(うず)まる／埋(う)もれる／埋(うず)もれる

【関連語】◆(埋める)うめる◆(埋める)うずめる◆(埋め立てる)うめたてる

共通する意味★物を載せたり、入れたりしていっぱいになる。また、ある物の中に入り込む。【英】*to bury*

使い方▼〔埋まる〕うまる(ラ五)▽欠員がうまる▽席がうまる 〔埋まる〕うずまる(ラ五)▽家が雪でうずまる▽広場が人でうずまる 〔埋もれる〕うもれる(ラ下一)▽道が枯れ葉でうもれる▽うもれた才能を引き出す 〔埋もれる〕うずもれる(ラ下一)▽うずもれた人材を掘り起こす

	土砂で家が▢	机の上が書類で▢	穴が▢	▢た名作を発見する
埋(う)まる	○	○	○	-っ-
埋(うず)まる	○	○	○	-っ-
埋(う)もれる	○	-	-	-れ○
埋(うず)もれる	○	-	-	-れ○

使い分け【1】「うまる」は、くぼんだ所や空いている所がいっぱいになる、いっぱいになって見えなくなる意。【2】「うずまる」は、上から何かに覆われて下の物が見えなくなる意。【3】「うもれる」は、物の中に入り込んで見えなくなる意。【4】「うずもれる」は、土や雪に覆われ、見えなくなる意で、「うずまる」とほぼ同義だが、人材や才能が知られずにいる状態を比喩(ひゆ)的にいう場合もある。

【関連語】◆(埋める)うめる(マ下一)埋まるようにする。「死体をうめる」「穴をうめる」「空白をうめる」◆(埋める)うずめる(マ下一)埋まるようにする。「コートの衿(えり)に顔をうずめる」「紙面をうずめる大ニュース」◆(埋め立てる)(タ下一)大きな規模で、川、海、沼沢などを埋める。「東京湾を埋め立てる」

参照▼埋め立てる⇒707-02

9 06-07 はめる／はめ込(こ)む

【関連語】◆(はまる)

共通する意味★ぴったりと合うように入れる。【英】*to set*

使い方▼〔はめる〕(マ下一)▽腕時計をはめる▽型にはめる 〔はめ込む〕(マ五)▽枠にガラスをはめ込む

使い分け【1】「はめる」は、ぴったりと合うように入れる意。また、かぶせる意から、「まんまとはめる」のように、相手を計略にかける意でも用いられる。【2】「はめ込む」は、「はめる」にくらべ、中に入れる意を強調するため、「指に指輪をはめ込む」のように、指輪や手袋など、かぶせる状態にする場合には用いられないが、「指輪に指を(むりやり)はめ込む」とはいえる。【3】「はめる」は、「嵌める」「塡める」とも書く。

反対語▼はめる⇔外す・抜く

【関連語】◆**(はまる)**(ラ五)ぴったりと合って入る。「戸がはまる」「型にはまる」◈「役にはまる」のように、うまく条件に合う意、「池にはまる」のように、落ち込む意、「計略にはまる」のように、だまされる意でも用いられる。「嵌る」「塡る」とも書く。

9 06-08 挟む(はさむ)

【関連語】◆**(挟み込む)**はさみこむ

意味★間に入れる。また、間に置く。「夾む」「挿む」とも書く。**【英】** *to put ~ between*

使い方▼〔**挟む**〕(マ五)▽本の間にしおりをはさむ▽テーブルをはさんで話し合う▽口をはさむ(＝横から口を出す)▽耳にはさむ(＝偶然に聞く)▽疑いをはさむ(＝疑わしいのではと思う)

【関連語】◆**(挟み込む)**(マ五)物と物との間に、物をはさみ入れる。「ノートにメモを挟み込む」「手紙に挟み込まれた押し花」

9 06-09 挟まる(はさまる)

意味★物と物との間に入って、動けない状態になる。

【英】 *to get between*

使い方▼〔**挟まる**〕(ラ五)▽ドアに指が挟まる▽魚の骨が歯にはさまる

◈「母と妻との間に挟まれて苦労する」のように、対立する両者の間に立つ意でも用いられる。

9 06-10 排出(はいしゅつ)／放出(ほうしゅつ)

【関連語】◆**(排水)**はいすい◆**(排気)**はいき

共通する意味★内側にたまっているものを外に出すこと。**【英】** *release*

使い方▼〔**排出**〕スル▽老廃物を体外に排出する▽排出物　〔**放出**〕スル▽エネルギーの放出▽冬物衣料大放出

使い分け【1】「排出」は、不要なものを内から外へ出してしまうこと。「放出」には、不要なものという意味合いはない。【2】「放出」は、たまっているものを一気に外へむけて出すこと。また、蓄えているものを手放すこと。

【関連語】◆**(排水)**スル不要な水を別の場所に流しやること。「下水に排水する」「排水口」◆**(排気)**スル中の空気やガスを外に出すこと。「排気口」「排気量」

9 06-11 湛える(たたえる)／張る(はる)

共通する意味★液体をいっぱいに満たす。**【英】** *to fill*

使い方▼〔**湛える**〕(ア下一)　〔**張る**〕(ラ五)

	水を□た水槽	満々と水を□湖	目に涙を□	桶(おけ)に水を□
湛える	○-え	○	○	-
張る	○-っ	-	-	○

使い分け【1】「湛える」は、水などをあふれるほどいっぱいに満たす意。特に、湖や海など大きなものについていうことが多く、また、涙を今にもこぼれ落ちそうなほど目にためている場合にも使う。物を入れるための器とは考えにくいものに使われることが多い。【2】「張る」は、液体を容器いっぱいに満たす意で、桶、たる、風呂(ふろ)など、水を入れるための器に入れる場合に使われることが多い。

参照▼張る⇒109-39

9 06-12 込み上げる(こみあげる)／湧き上がる(わきあがる)

共通する意味★心の中にいっぱいになって外へ出てくる。**【英】** *to well up*

使い方▼〔**込み上げる**〕(ガ下一)▽くやしさで涙が込み上げてくる▽入賞して嬉(うれ)しさが込み上げてきた▽笑いが込み上げる　〔**湧き上がる**〕(ラ五)▽怒りが湧き上がってくる▽歓声が湧き上がる

使い分け【1】「込み上げる」は、おさえようとしても外へ現れるのであるが、「湧き上がる」は、心の中に生まれてそれが大きく広がってくる意。【2】「湧き上がる」は、「山頂から雲が湧き上がる」のような自然現象についてもいう。

9 06-13 満ちる(みちる)／みなぎる

【関連語】◆**(満たす)**みたす

共通する意味★いっぱいになる。**【英】** *to fill up*

使い方▼〔**満ちる**〕(タ上一)▽定員に満ちる▽月が満ちる　〔**みなぎる**〕(ラ五)▽湖に水がみなぎる

	貯水池に水が□	コップに水が□	全身に力が□	勇気が□
満ちる	○	○	○	-
みなぎる	○	-	○	○

使い分け【1】「満ちる」は、人や物がいっぱいになる意。また、「定員に満ちる」のように、ある基準に達するという意でも使われる。【2】「みなぎる」は、あふれるほどいっぱいになる意で、水、力、感情などに用いられる。「漲る」とも書く。【3】「満ちる」は、打消表現の場合には、「意に満たない」「四人に満たない」「十に満たない子供」のように、「満ちる」よりも古い形の五段動詞「満つ」の未然形が多く用いられる。

【関連語】◆**(満たす)**(サ五)満ちるようにする。あふれるまで入れる。また、欲求を満足させる。「コップに水を満たす」「条件を満たす」

9 06-14 つかえる／塞がる／詰まる

共通する意味★邪魔な物のために、先へ進めなくなる。途中でひっかかる。**【英】** *to be choked (up)*

使い方▼〔つかえる〕(ア下一)▽頭が天井につかえる▽あとがつかえている 〔塞がる〕(ラ五)▽席がふさがる▽穴がふさがる▽手がふさがっている 〔詰まる〕(ラ五)▽水道管が詰まる▽息が詰まる▽資金に詰まる

	食物が喉(のど)に□	道が□	電話が□	予定が□
つかえる	○	○	○	-
ふさがる	-	○	○	○
詰まる	○	-	-	○

使い分け【1】「つかえる」は、「道がつかえる」のように、それが邪魔している場所（通路・空間）が主語になるときと、また、「車がつかえる」のように、進んでいくもの（邪魔される物）が主語になる場合がある。先へ進まなかったり、すっと通らなかったりする状態にいう。「支える」「閊える」とも書く。【2】「塞がる」は、場所、道具、機能、時間など、もともとはあいているものが、いっぱいになっている状態にいう。好ましくないものによっていっぱいになっているときと、本来そこに入るべきものが入っているときと、いずれの場合にも用いる。【3】「詰まる」は、「塞がる」より、さらにあきがなくいっぱいになっている状態にいう。一瞬、動くべきことが滞ってストップしてしまう場合にもいう。

9 06-15 含む／収める

【関連語】◆（包含）◆（収まる）◆（収納）

共通する意味★中に持っている。**【英】** *to contain*

使い方▼〔含む〕(マ五)▽この料金はサービス料を含む 〔収める〕(マ下一)▽茶わんを桐の箱に収める

	全作品を□全集	塩分を□湖水	蔵に家具を□	問題点を□
含む	○	○	-	○
収める	○	-	○	-

使い分け【1】「収める」は、具体的なものを保管する場合に使われるが、「含む」は、要素、成分として内部にもつ意で使われる。【2】「含む」は、「水を口に含む」のように、口の中に物を入れる意や、「含むところがある」のように、思い、感情などを心中に抱く意でも使われる。

【関連語】◆（包含）スル中に含みをもつこと。「多くの矛盾点を包含する」◆（収まる）(ラ五)収めた状態になる。ある範囲内にきちんと入る。「書棚にきちんと収まる」「元の鞘に収まる」◆（収納）スル棚や押し入れなどに不要な物をしまうこと。「冬物衣料を収納する」「収納庫」

参照▼収める⇒115-01 収まる⇒210-11

9 06-16 含み／含蓄

共通する意味★表面に直接現れない意味・内容。**【英】** *an implication*

使い方▼〔含み〕▽含みのある言い方をする▽含みを持たせる 〔含蓄〕▽含蓄のある話▽その言葉は含蓄に富んでいる

使い分け【1】「含み」は、直接は言わないが、全体の表現から察することのできる意味・内容。【2】「含蓄」は、深い意味があって味わいのあること。

9 06-17 囲む／取り巻く／囲う／巡らす／巡る

共通する意味★ある物の周囲に位置する。**【英】** *to enclose; to surround*

使い方▼〔囲む〕(マ五)▽恩師を囲んで思い出話をする▽食卓を囲んで語り合う▽数字を丸で囲む 〔取り巻く〕(カ五)▽首相は報道陣に取り巻かれた▽島を取り巻く紺碧の海 〔囲う〕(ワ五)▽生け垣で家を囲う▽屏風で囲われた寝床 〔巡らす〕(サ五)▽周囲に高い塀を巡らした立派な家 〔巡る〕(ラ五)▽川は城の周囲を巡って湖へと流れている▽軌道を巡る人工衛星

	湖水を□山々	山々に□れた湖水	群衆が広場の噴水を□	板塀で家を□
囲む	○	-ま○	○	○
取り巻く	○	-か○	○	-
囲う	-	-わ△	-	○
巡らす	-	-さ-	-	-
巡る	○	-ら-	△	-

使い分け【1】「囲む」は、中心となるものと付かず離れずの状態で周囲に位置する。【2】「取り巻く」は、中心に向かうという意識が強い。【3】「巡らす」「巡る」は、ぐるっと回るという意味合いを帯びる。

参照▼囲う⇒514-29 巡る⇒617-34

9 06-18 囲い／囲み／包囲／遠巻き／囲繞

共通する意味★あるものの周りを取り巻くこと。**【英】** *an enclosure; encirclement*（包囲）

使い方▼〔囲い〕▽ブロックを積んで囲いを作る 〔囲み〕▽敵の囲みが解かれた 〔包囲〕スル▽報道陣の包囲から逃れる▽敵を包囲する 〔遠巻き〕▽けんかを遠巻きに見物する 〔囲繞〕スル▽城を囲繞する

二重の堀

使い分け【1】「囲い」は、何かを囲んでいる物の意味で使われることが多い。【2】「囲み」「包囲」は、同じような意味で使われることが多い。ただし、漢語の「包囲」の方が、硬い表現となる。【3】「遠巻き」は、少し離れた所で、取り巻くこと。【4】「囲繞」は、硬い文章語。

参照▼囲み⇒619-07

9 06-19 重層(じゅうそう)／重畳(ちょうじょう)／十重二十重(とえはたえ)

共通する意味★いくえにも重なっているさま。**【英】***multi-layered*

使い方▼〔重層〕▽重層的な構造をもった建築　〔重畳〕(名・形動たる・と)スル▽重畳する山々▽重畳たる山なみ　〔十重二十重〕▽群衆が犯人を十重二十重に取り巻いている

使い分け【1】「重層」「重畳」は、立体的な重なりをいう。【2】「十重二十重」は、人間がいくえにも重なって何かを取り囲む場合に多く用いられる。【3】「重畳」は、文章語。「重畳に存じます」のように、この上もなく、喜ばしいこともいう。

9 06-20 落ち(おち)／抜け(ぬけ)／漏れ(もれ)

共通する意味★あるべきものが抜け落ちること。また、そのもの。**【英】***omission*

使い方▼〔落ち〕▽落ちがないように気を付ける　〔抜け〕▽一字抜けがある▽抜けを補う　〔漏れ〕▽名簿に漏れがある▽登録漏れ▽ガス漏れ

使い分け 三語は、ほぼ同じように用いられる。

9 06-21 欠落(けつらく)／脱落(だつらく)／欠如(けつじょ)

【関連語】◆(遺漏)いろう◆(脱漏)だつろう

共通する意味★必要なある部分が欠け落ちていること。**【英】***omission*

使い方▼〔欠落〕スル▽記憶が欠落している　〔脱落〕スル▽字句の脱落がある　〔欠如〕スル▽責任感が欠如している

使い分け【1】「欠落」「欠如」は、人間の精神に関することなど抽象的な事柄に対して用いられることが多いが、「脱落」は、特に字句などに対して用いられることが多い。【2】「脱落」は、「一〇キロ地点で脱落する」のように、ついていけなくなって仲間に取り残されることもいう。

【関連語】◆(遺漏)行為や仕事に、不十分な点や落ちがあること。文章語。「万(ばん)遺漏なきよう努める」◆(脱漏)スルあるべきものがもれること。文章語。「脱漏のないように気を付けること」「一部に脱漏がある」

参照▼遺漏⇒114-21

9 06-22 欠ける(かける)

意味★一部が抜けたり、なくなったり、不足したりして、不十分、不完全なものとなる。**【英】***to lack* ⇔満ちる

使い方▼〔欠ける〕(カ下一)▽歯が欠ける▽茶わんが欠ける▽月が欠ける▽メンバーが一人欠ける▽一巻欠けた全集▽常識に欠ける▽説得力に欠ける

9 06-23 欠く(かく)

意味★物の一部分を壊す。また、必要とするものを備えていない状態にする。**【英】***to lack*

使い方▼〔欠く〕(カ五)▽花瓶の口を欠く▽理性を欠く▽必要欠くべからざる条件

9 物の動き

9 06-24 ぎっしり／ぎっちり／ぎちぎち／ぎゅうぎゅう／びっしり

【関連語】◆(きっちり)◆(きちきち)

共通する意味★いっぱいに入っていてゆとりがないさまを表わす語。**【英】***fully*

使い方▼〔ぎっしり〕(副)▽小さな家がぎっしりと建っている▽本箱に本がぎっしりと並んでいる　〔ぎっちり〕(副)▽かばんに荷物がぎっちりと詰まっている▽ノートにぎっちりと書き込む　〔ぎちぎち〕(副・形動)▽ウエストがぎちぎちで苦しい　〔ぎゅうぎゅう〕(副・形動)▽狭い会場がぎゅうぎゅうに込んでいる　〔びっしり〕(副)▽家がびっしり建ち並ぶ▽ノートにびっしりと細かい字で書き込む

	ぎっしり	ぎっちり	ぎちぎち	ぎゅうぎゅう	びっしり
箱にりんごが□詰まっている	○	△	-に△	-に-	○
かばんがもう□だ	-	-	○	○	-
かばんに□つめこむ	○	○	-に○	-に○	△
今週は予定が□だ	○	○	△	-	○
□の服	-	-	○	△	-

使い分け【1】「ぎっしり」「びっしり」は、すきまなく、いっぱいに詰まったり、並んだりしているさまを表わす語だが、「ぎっちり」は、さらに、押し込んで詰め込んださまを表わす。また、「ぎちぎち」は、「ぎっちり」よりもさらに押し込み、全くすきまがないさまで、好ましくない印象を与えることが多い。【2】「ぎゅうぎゅう」は、もうこれ以上入らないほど詰め込んださまを表わす。また、「後ろからぎゅうぎゅう押される」「ぎゅうぎゅう首をしめる」のように、押

し込むさまや強く締めるさまを表わすときにも用いられる。

【関連語】◆(きっちり)(副)正確に合っていて、端数や余りのないさま。「三時きっちりに着く」「お金をきっちり払う」◆(きちきち)(副・形動)ちょうどいっぱいで、余裕のないさま。「きちきちの靴」「予定では三時きちきちに着く」

906-25 すっぽり／すぽっと

共通する意味★物が、すっかり中に入ったり、出たりするさまを表わす語。**【英】** *entirely*

使い方▼〔すっぽり〕(副)▽帽子をすっぽりかぶる〔すぽっと〕(副)▽人形の手がすぽっと取れる▽穴にすぽっとはまる

	靴が□脱げる	指輪を□抜く	毛布で体を□包む	雪に□うずもれる
すっぽり	○	-	○	○
すぽっと	○	○	-	-

使い分け【1】「すっぽり」は、物がすっかりはまったり、かぶさったり、外れたり、抜けたりするさまを表わす。【2】「すぽっと」は、はまったり、抜けたりする動作の勢いのよさを表わす。そのため、状態を表わす動詞は修飾しにくい。

907…開閉

907-01 開(あ)く／開(ひら)く／開(あ)ける

共通する意味★閉じていたものに、すきま、ゆるみ、さらに大きな開放部分ができる。また、そのような状態にする。**【英】** *to open*

使い方▼〔開く〕(あく)(カ五)▽窓があく▽びんのふたがあく▽すきまがあく　〔開く〕(ひらく)(カ五)▽ドアがひらく▽花がひらく▽本をひらく　〔開ける〕(カ下一)▽戸をあける▽ふたをあける

使い分け【1】「開(あ)く」は自動詞のみ、「開ける」は他動詞のみ、「開(ひら)く」は自他ともに用いる。【2】「あく」は、閉じていたものが閉じ目から離れて、くっついていた部分に空間ができることを表わす。今まであったものが取り去られる感じである。「ふた」などのように、ふたつに分かれてしまうもの、「窓」のように、その空間と接しているもの、ともにいう。「あける」は、開(あ)くようにする意。「開けっぱなし」など、開放的な比喩(ひゆ)にも用いる。【3】「ひらく」は、中から外へ、中が見えてくるような形で閉じていた状態がゆるんでくることをいう。「あく」が一方的な動きであるのに対して、二方向以上への動きをさすことが多い。「窓」の場合など「あく」は引き戸、「ひらく」は外側に押すフランス窓などについていうのがぴったりする。「観音開き」「アジの開き」なども、中心から両方への動きにより、中が見えるようになるさまである。【4】「開ける」も同じような文で用いることが多いが、「開ける」が覆っているもの、閉じ合わせてあるものを取り除いて明るくする感じであるのに対して、「ひらく」は、それらを外へ押したり閉じ目から離していったりする動作を表わすような感じである。

反対語▼開(あ)く・開(ひら)く(自)⇕閉じる(自)・閉まる　開(ひら)く(他)・開ける(他)⇕閉じる(他)・閉める

参照▼開く⇒811-30

907-02 開(あ)け放(はな)す／開(あ)け放(はな)つ／開放(かいほう)／開(あ)け払(はら)う

共通する意味★窓、戸、部屋などをすっかり開ける。**【英】** *to leave open*

使い方▼〔開け放す〕(サ五)▽戸を開け放したまま近所へ出かける▽窓を開け放して新鮮な空気を入れる〔開け放つ〕(タ五)▽ドアを開け放って換気する　〔開放〕スル▽日曜以外は正門が開放されている▽開放厳禁　〔開け払う〕(ワ五)▽ふすまを開け払って大宴会場にする

	窓を大きく□	部屋を□	家を□て引っ越す	校庭を市民に□
開け放す	○	-	-し-	-
開け放つ	○	○	-っ-	△
開放する	○	○	-し-	○
開け払う	○	○	-っ○	-

使い分け【1】「開け放す」は、具体的なものについて用いるが、「開け放つ」は、全部、すっかりという強調の意味が入るので、「心の扉を開け放つ」のように、抽象的なものについても用いられる。【2】「開放」には、「今日一日寮を外部の人に開放する」「市場開放」のように、制限、差別などを設けず自由に出入りできるようにする意味もある。【3】「開け払う」には、「借金に追われて長年住み慣れた家を開け払う」のように、家の中の物をすっかり整理して立ちのく意味がある。

907-03 開(あ)け閉(し)め／開(あ)けたて／開閉(かいへい)

共通する意味★開けたり閉めたりすること。**【英】** *to open and shut*

使い方▼〔開け閉め〕スル▽戸の開け閉めが乱暴な人▽箱の開け閉め　〔開けたて〕スル▽年をとって雨戸の開けたてさえ重荷になった　〔開閉〕スル▽寝しずまった家に入るのには戸の開閉にも神経を使う▽門の開閉

	ふすまの□	ドアの□	シャッターの□	引き出しの□
開け閉め	○	○	△	○
開けたて	○	△	-	-
開閉	○	○	○	-

使い分け 「開け閉め」は、広く開けたり閉めたりすることにいうが、「開閉」は、上下・左右に開いたり閉めたりするものにいい、「開けたて」は、門や戸、障子など出入り口にいうのが普通。

9 07-04 こもる

意味★一か所に入っていて出ないでいる。「籠る」とも書く。**【英】** *to shut oneself up*

使い方▼**〔こもる〕**(ラ五)▽部屋に**こもっ**てレポートを書く▽山奥の古寺に**こもっ**て修行する

◆「部屋に悪臭が**こもる**」「いろいろな思いの**こもっ**た愛車を手放す」のように、気体、情念などがいっぱいに満ちる意味もある。

9 07-05 閉(と)じこもる／たてこもる／ひきこもる

共通する意味★一か所に入ったまま外界との交渉を断ってじっとしている。**【英】** *to be confined*

使い方▼**〔閉じこもる〕**(ラ五)▽一日中家に**閉じこもる** **〔たてこもる〕**(ラ五)▽バリケードを築いて室内に**たてこもる** **〔ひきこもる〕**(ラ五)▽自宅に**ひきこもる**

	書斎に□て執筆する	かぜで一日□	自分の殻に□	店員を人質にして□
閉じこもる	-っ○	○	○	-
たてこもる	-っ△	-	-	○
ひきこもる	-っ○	○	-	-

使い分け【1】「閉じこもる」は、外界と交渉を断つことに視点がおかれ、「ひきこもる」は、積極的には外に出ないという意味で用いられる。【2】「たてこもる」は、戦いや闘争、強盗事件などで、戦いに勝つため、また、自分の主張を通すために中に入っている場合にいうことが多い。

9 07-06 閉門(へいもん)／閉院(へいいん)／閉館(へいかん)

共通する意味★建物などの門、戸口を閉めること。**【英】** *closing the gate*

使い方▼**〔閉門〕**スル▽公園の正門は五時に**閉門**する **〔閉院〕**スル▽当病院は夜十時に**閉院**します▽院長の急死でやむなく**閉院**する **〔閉館〕**スル▽図書館の**閉館**時間ぎりぎりまで調べ物をする▽ついに**閉館**を決意した映画館主

使い分け 「閉門」は、門を閉めることだけを表わすが、他の二語は、その日の業務を終えて入口を閉ざす意と、その施設での業務をやめる意とがある。

反対語▼閉門⇔開門　閉院⇔開院　閉館⇔開館

9 07-07 閉会(へいかい)／閉式(へいしき)

共通する意味★会、仕事などを終えること。**【英】** *the closing*

使い方▼**〔閉会〕**スル▽これをもちまして**閉会**といたします **〔閉式〕**スル▽**閉式**の辞を副校長が述べて式が終わった

使い分け【1】「閉会」は、会を終えること。【2】「閉式」は、式を終えること。

9 07-08 封鎖(ふうさ)／閉鎖(へいさ)

共通する意味★閉じて出入りできないようにすること。**【英】** *blockade*

使い方▼**〔封鎖〕**スル▽海上を**封鎖**して外国船の航行を禁止する **〔閉鎖〕**スル▽正門は午後六時に**閉鎖**する▽**閉鎖**的な社会▽インフルエンザによる学級**閉鎖**

	国境を□する	門を□する	経済□	学級□	□社会
封鎖	○	-	○	-	-
閉鎖	△	○	-	○	○

使い分け【1】開いたり閉じたりすることが前提になっているものを閉じるのが「閉鎖」。閉じてふさいでしまうことだけを表わすのが「封鎖」。【2】「閉鎖」には、「学級閉鎖」「工場閉鎖」のように、そこで行われる機能を停止する意味もある。

反対語▼閉鎖⇔開放

9 07-09 閉(し)める／閉(と)じる／閉(と)ざす／ふさぐ

【関連語】◆(たてる)◆(閉め切る)しめきる

共通する意味★開いていたものの空間を埋める。**【英】** *to shut; to close*

使い方▼**〔閉める〕**(マ下一)▽戸を**閉める**▽日曜日は店を**閉める** **〔閉じる〕**(ザ上一)▽本を**閉じる**▽十時には正門を**閉じる** **〔閉ざす〕**(サ五)▽門を**閉ざす**▽水門を**閉ざし**て放水量を調節する **〔ふさぐ〕**(ガ五)▽壁のすきまを**ふさぐ**▽騒音に耳を**ふさぐ**

	窓を□	口を□	目を□	引き出しを□	道を□
閉める	○	-	-	○	-
閉じる	○	○	○	-	-
閉ざす	○	○	△	-	○
ふさぐ	○	○	○	-	○

使い分け【1】「閉める」は、上下、左右、前後など

直線的な動きによって開いていた空間をおおう意だが、「閉じる」は、直線的な動きばかりでなく、ちょうつがいのような円弧状の動きによって空間をおおう意でも使われる。また、「会を閉じる」「店を閉じる」などは、行っていた集会、営業など機能をやめる意もある。別に、「幕が閉じる」「水門が閉じる」などしまる、ふさぐ意の自動詞もある。【2】「閉ざす」は、しっかりと閉める意で、「戸を閉ざす」は鍵（かぎ）、錠などをかけて閉める意となる。また、「雪に閉ざされる」のように、中に閉じ込める意味がある。【3】「ふさぐ」は、空間を埋めてなくす意味で、開け閉めを前提としないものにも用いる。物理的に空間を埋める意で用いることが多く、機能が十分に発揮されなくなることが多い。「塞ぐ」とも書く。

反対語▼閉める⇔開ける　閉じる⇔開く

【関連語】◆**（たてる）**（タ下一）引き戸、障子などを閉める。「閉てる」とも書く。「人の口に戸はたてられぬ（＝隠しておきたいことでもいったん他人に知られたら次から次へうわさとなって広まってしまうものだ）」◆**（閉め切る）**（ラ五）戸や窓などをぴったり閉める。⇔開け放す。「閉め切った部屋」

参照▼ふさぐ⇒210-34

908…変化・変質

908-01 変わる（かわる）／変ずる（へんずる）／化する（かする）

【関連語】◆（動く）うごく◆（移る）うつる◆（変える）かえる◆（移ろう）うつろう◆（転ずる）てんずる◆（化ける）ばける

共通する意味★物事の状態などが前と違ったものになる。**【英】** *to change*

使い方▼〔変わる〕（ラ五）▽局番が変わる▽月が変わる▽気が変わる　〔変ずる〕（サ変）▽方針が変ずる　〔化する〕（サ変）▽爆撃で町が廃墟（はいきょ）と化した

	焦土と（に）□	話題が□	顔色が□	形を□
変わる	△	○	○	-
変ずる	△	○	-	○
化する	○	-	-	-

使い分け【1】「変わる」の意味が最も広く、主義、思想などの抽象的なものから、数字、色など具体的なものにいたるまでその用途は広い。また、「変わった人」のように、普通とは違っているという意味にも使われる。【2】「変ずる」は、やや古めかしい言い方。「変じる」ともいう。【3】「化する」は、状況などが何か別の物にかなり激しく変化し、もとの物が残っていないような場合に用いられる。「変わる」「変ずる」は、以前と違うという事実を示すのに対して、「化する」は、別の物になったという点に重きがおかれている。【4】「化する」には、「徳をもって人を化する」のように、人を感化するという意味もある。

【関連語】◆**（動く）**（カ五）別の状態に変化する。「社会が動く」「歴史が大きく動いている」◆**（移る）**（ラ五）物事の状態、性質、人の動作などが変化する。「次の行動に移る」◆**（変える）**（ア下一）変わるようにする。「話題を変える」「顔色を変える」「形を変える」「行く先を変える」◆**（移ろう）**（ワ五）状態が移り変わってゆく。古風な言い方。「花の色は移ろいやすいものだ」「移ろいやすい心」◆**（転ずる）**（サ変）視点や話題などを変える。「転じる」とも。「議題を次に転ずる」「守勢に転ずる」◆**（化ける）**（カ下一）異形のもの、別人、全く違ったものに姿を変える。「狸（たぬき）が子供に化けたそうだ」「お手伝いに化けて家の様子をさぐる」「給料が飲み代に化ける」

参照▼動く⇒902-01 903-01　移る⇒814-60 903-01

908-02 革新（かくしん）／刷新（さっしん）／一新（いっしん）

共通する意味★物事を改め新しくすること。新しくなること。**【英】** *innovation*

使い方▼〔革新〕スル　〔刷新〕スル　〔一新〕スル

	技術を□する	人事を□する	気分を□する	設備を□する	□政党
革新	○	-	-	-	○
刷新	-	○	-	-	-
一新	△	○	○	○	-

使い分け【1】「革新」は、古い制度、習慣、方法などを改めて新しくすること。【2】「刷新」は、それまでの悪い点を取り除いて、全く新しくすること。特に、人間の集まりである組織、機構についていうことが多い。【3】「一新」は、すっかり何かが新しくなること、また新しくすること。特に何か不都合があって新しくするのではない点で、「刷新」とは異なる。

908-03 新規（しんき）／新（しん）／ニュー

共通する意味★新しいこと。**【英】** *new*（新規の）

使い方▼〔新規〕▽新規に商売を始める▽今月は新規の契約が三つもとれた　〔新〕▽新と旧の対立▽新首相　〔ニュー〕▽ニューメディア▽ニューフェース

使い分け【1】「新規」は、今までのものとは別に新しく始めることをいう。【2】「新」は、「新発明」「新じゃが」など、新しいことをさす場合に広く用いられ、単独で使われることはあまりない。【3】「ニュー」は、新しいものや概念を説明するときによく使われる。多く、他の語と複合した形で使われる。また、「おニュー」の形で、衣服など身につける物のおろしたての意として、「おニューを着てどこへ行くの」

のようにも使われている。

9 08-04 変更／改定／改正

【関連語】◆(補正)

共通する意味★それまで定まっていたものを改めること。【英】*modification*

使い方▼〔変更〕スル▽スケジュールが変更になる〔改定〕スル▽会則を改定する▽料金改定 〔改正〕スル▽列車のダイヤが改正される

	規約を□する	待ち合わせの時間を□する	被選挙人年齢を□する	憲法を□する
変更	○	○	-	-
改定	○	-	○	-
改正	○	-	-	○

使い分け【1】「変更」は、現状、あるいは予定していたことを変える場合に用いる。【2】「改定」は、一度決めたことを定め直すときに使う。「改正」も、改め直すことであるが、直してよくする意が強い。また、「改定」は、規則などの主に数字を改める場合によく使われるのに対し、「改正」は、規則、法律などを改める場合に使う。ただし、「改正」は社会制度、組織などの大きな制度や機構には用いられない。

【関連語】◆(補正)スル不足を補い、また、誤りを正すこと。「補正予算」

9 08-05 改良／改善／改める

共通する意味★旧来のものを変えてよくすること。【英】*improvement*

使い方▼〔改良〕スル▽この製品はまだ改良の余地がある▽品種の改良▽材質を改良する 〔改善〕スル▽事態の改善を図る▽生活を改善する▽体質改善 〔改める〕(マ下一)▽悪い風習を改める▽行いを改める▽教育制度を改める

	設備機械を□	教授法を□	待遇を□	設備を□	規則を□
改良する	○	-	-	△	-
改善する	-	○	○	○	-
改める	-	○	○	○	○

使い分け【1】「改良」は、自動車などの機械や、土地、モデルなど、より具体的なものに、「改善」は、条件、関係、事態などの抽象的なものについて使うことが多い。【2】「改める」は、よりよい状態、新しいものに変える意。このほか、「服装を改める」のように、威儀をただす意や、「書類を改める」「荷物を改める」のように、調べる意もある。【英】*to renew*

9 08-06 改まる

意味★新しく変わる。改善される。【英】*to be renewed*

使い方▼〔改まる〕(ラ五)▽年が改まる▽規則が改まる

◆「先生の前では改まった口調で話す」のように、態度をきちんとする意でも使う。

9 08-07 是正／正す

【関連語】◆(改竄)◆(ためる)

共通する意味★間違っていることや悪いことなどを改めること。【英】*correction*

使い方▼〔是正〕スル▽不備な点を是正する▽輸入超過を是正する▽ゆきすぎを是正する 〔正す〕(サ五)▽答案の誤りを正す▽行いを正す▽姿勢を正す

使い分け【1】「是正」は、悪い点や不公平なところを正しく改めることをいう。【2】「正す」は、態度、姿勢など乱れたところをきちんとさせる意でも使われる。

【関連語】◆(改竄)スル文書の文字、語句などを自分の都合のいいように改めかえること。「書類の日付を改竄する」◆(ためる)(マ下一)形をととのえて直す。改め正しくする。「矯める」とも書く。「角をためて牛を殺す(＝小さな欠点を直そうとして全体を駄目にする)」

9 08-08 更改／更新

【関連語】◆(書き換え)◆(切り替え)

共通する意味★それまであった制度などを改めること。【英】*renewal*

使い方▼〔更改〕スル 〔更新〕スル

	専属契約を□する	同窓会の規約を□する	運転免許証を□する	記録を□する
更改	○	○	-	-
更新	○	-	○	○

使い分け【1】「更改」は、契約を内容を変えて新しく結びなおしたり、規則を改めたりすること。【2】「更新」は、今まであったものを変えること。多く契約など、一定の約束をした期間の満了にともなって引き続いて新しく期間延長の手続きをすることにいう。

【関連語】◆(書き換え)証書などを新しく作ること。運転免許証の場合、「更新」の意の日常語としてよく用いられる。「株の名義の書き換えをする」「運転免許証の書き換えに行く」◆(切り替え)契約などを別のものに変更すること。「火災保険の切り替えをする」

9 08-09 転換／転向／転身／変節

共通する意味★別な方向へ変わること。【英】*a switch*

使い方▼〔転換〕スル▽方針を転換させる▽配置転換〔転向〕スル▽ジャズからクラシックに転向した▽転向文学〔転身〕スル▽サラリーマンから作家に転身する〔変節〕スル▽生活のために変節する▽変節漢

	資本主義的な考え方に□する	散歩で気分を□する	甘党に□する	プロの歌手に□する
転換	○	○	-	-
転向	○	-	○	○
転身	-	-	-	○
変節	○	-	-	-

使い分け【1】「転換」は、これまでのものと全く切り離して別の方向を取ることであるのに対し、「転向」は、前のものを捨てるというよりは、新しく別の方向をめざしていくという意味合いが強い。【2】「転身」は、多く、職業や身分をすっかり変えることに使われる。【3】「変節」は、主義、主張を変える場合に使われるが、節操がないという非難の意を込めて使われることが多い。

908-10 一変(いっぺん)／一転(いってん)／急転(きゅうてん)／急変(きゅうへん)／激変(げきへん)／豹変(ひょうへん)

【関連語】◆(心機一転)しんきいってん

共通する意味★何かが大きく変化すること。【英】*a sudden change*

使い方▼〔一変〕スル▽開発のため景色が一変してしまった〔一転〕スル▽方針が一転する〔急転〕スル▽事態が急転する▽事件は急転直下解決した〔急変〕スル▽容態が急変する〔激変〕スル▽激変する世界情勢〔豹変〕スル▽君子豹変す(＝学識のすぐれた立派な人は、変化にすぐ適応したり、過ちをすばやく改めたりする。節操なく変わり身の早い意にも使われる)

	態度を□させる	気分を□させる	病状が□する	天候が□する	立場が□する
一変	○	○	○	○	○
一転	○	○	○	-	○
急転	-	-	○	-	-
急変	○	-	○	○	△
激変	△	-	○	○	△
豹変	○	-	-	-	-

使い分け【1】「一変」「一転」は、他の語が変化の結果を問題にしているのに対し、変化自体に焦点をあてて使われることが多い。【2】「一変」「一転」「急転」「激変」は、状況の良い、悪いに関係なく使われるが、「急変」はふつう、悪い状況、情勢になるときに使う。【3】「急変」には、「会社での急変を聞いて社長はいそぎ帰国した」というように、急に起こった変事という意味もある。【4】「急変」は、「あっという間に急変して」というように、変化の時間に注目しているのに対し、「激変」は、変化の程度に注目している場合に用いられる。【5】「豹変」は、多く、人に関する変化に使う。

【関連語】◆(心機一転)スルある事を契機に気持ちがすっかり変わること。「父に死なれて、心機一転、家業に励んでいる」

908-11 変形(へんけい)／変容(へんよう)／変貌(へんぼう)／様変わり(さまがわり)

【関連語】◆(面変わり)おもがわり◆(変身)へんしん◆(イメージチェンジ)◆(変態)へんたい◆(変異)へんい

共通する意味★ものの形、様子が変わること。【英】*transformation*

使い方▼〔変形〕スル▽重みで外箱が変形する▽変形の封筒〔変容〕スル▽町はすっかり変容してしまった〔変貌〕スル▽めざましい変貌をとげる〔様変わり〕スル▽ふるさとはすっかり様変わりしていた

使い分け【1】「変形」は、形が変わること、また、変えること。標準とは違った形になることをさし、具体的なものに使う。【2】他の三語は、ともに姿、様子の変化をいうが、「変貌」が一般的に使われる。

【関連語】◆(面変わり)スル年をとったり病気をしたりして、顔つきが変わること。「すっかり面変わりしてだれだかわからなかった」◆(変身)スル元来は人の姿や体を他のものに変えることをいうが、「相次ぐヒット商品のおかげで一流企業へと変身した」のように、人以外のものにも使われることがある。◆(イメージチェンジ)スル形ややり方を変えて、評価をよくしようとすること。略して「イメチェン」とも。「アイドル歌手のイメージチェンジは成功だった」◆(変態)動物が発育の途中で形態を変えること。また、性行動が異常であることの意味もある。「カエルの変態」◆(変異)スル平常と変わったことが起こること。「地球の環境に変異が起きているようだ」「突然変異」

908-12 変化(へんか)／変換(へんかん)／変質(へんしつ)

共通する意味★物事が変わること。

使い方▼〔変化〕スル▽色が変化する▽情勢が変化する▽変化に富んだ景色〔変換〕スル▽委員長は組合員に方針の変換を迫られた▽ワープロで仮名を漢字に変換する〔変質〕スル▽成分が変質する▽組合員の意識が変質した

使い分け【1】「変化」は、時間の経過、場所の移動などが原因で、ある性質や状態に以前とは違いが現れることをいう。【英】*change*【2】「変換」は、事柄、事態を別の物に取り替えること、また、取り替わることをいう。「変換」は、交換の結果として元の物とは別の物になっているが、「変質」は、別の物になるのではなくて、元の物の性質が変わるときに用いられる。【3】「変質」には、「変質者」のように、特に普通と違った病的な性質という意味もある。【英】 *degeneration*

908-13 変色／色変わり

共通する意味★色が変わること。【英】 *discolo(u)ration*

使い方▼〔変色〕スル▽日光による**変色**を防ぐ▽写真が**変色する**　〔色変わり〕スル▽はき古したズボンのひざの部分が**色変わりする**▽セピア色に**色変わりし**た写真

使い分け【1】「秋になり木の葉が色変わりする」とはいえても、「秋になり木の葉が変色する」とはいいにくい。ただし、何か突然の異変があった場合には、「霜にあたって木の葉が変色してしまった」のように使うことはできる。【2】一般に「変色」は、色が変わって好ましくない状態になったような場合に使われることが多い。【3】「色変わり」は、「前に買ったブラウスとは色変わりのブラウスをもう一枚買った」のように、模様や形は同じだが、色が違うものをいうこともある。

908-14 推移／変遷／変動／変転

【関連語】◆(流転)るてん◆(変移)へんい◆(転変)てんぺん◆(移り変わり)うつりかわり

共通する意味★時がたつにつれて変わること。

使い方▼〔推移〕スル▽株価の**推移**を見る▽時間の**推移**　〔変遷〕スル▽戦後の社会の**変遷**を記録する▽服装の**変遷**の研究　〔変動〕スル▽相場の**変動**が激しい▽地殻**変動**　〔変転〕スル▽**変転**きわまりない世の中▽**変転**きわまりない人生

	事態の□を見守る	物価が□する	季節ごとの□	幾多の□を経(へ)る
推移	○	○	○	-
変遷	-	-	-	○
変動	△	○	○	-
変転	△	-	-	○

使い分け【1】「推移」「変遷」は、時の流れとともに物事や状態が移り変わっていくことの意味だが、「推移」は、時間の長さについてはあまり限定しないのに対して、「変遷」は、少なくとも数年以上のレベルで考える移り変わりをいうときに用いられる。また、「推移」は、数字で示すことのできる移り変わりに多く使われる。【英】 *change*【2】「変動」は、状態が激しく変わることを表わすが、社会・経済情勢の変化について用いることが多い。【英】 *fluctuation*【3】「変転」は、世の中、人生、境遇などが変化することで、ある状態から別の状態へ変化することに重点がおかれる。【英】 *vicissitudes*

【関連語】◆**(流転)**スル状態、境遇などが、たえず移り変わること。「流転の日々」「流転の人」◆**(変移)**スル変化して他の状態に移ること。「変転」と同じ意味だが、やや硬い言い方。「時代の変移に即応すべく、すばやい政策転換が望まれる」◆**(転変)**スル激しく移り変わることの意の、やや古風な表現。「転変する世の中」「有為(うい)転変」◆**(移り変わり)**物事が次第に変化してゆくこと。「世の中の移り変わり」「移り変わりの激しい業界」

参照▼流転⇒604-18

908-15 なおる／戻る／返る

【関連語】◆(よみがえる)◆(復する)ふくする◆(やり直す)やりなおす◆(やり返す)やりかえす◆(持ち直す)もちなおす◆(立ち返る)たちかえる◆(立ち直る)たちなおる◆(舞い戻る)まいもどる

共通する意味★再び元の状態になる。【英】 *to be restored*

使い方▼〔なおる〕(ラ五)▽この病気は手術で**なおる**▽盗癖が**なおら**ない　〔戻る〕(ラ五)▽座席に**戻る**▽夏の暑さが**戻っ**た▽振り出しに**戻る**　〔返る〕(ラ五)▽郵便物が差出人に**返る**▽貸した本が手元に**返る**▽初心に**返る**

使い分け【1】「なおる」は、悪い状態が良くなる意。「直る」と書くが、病気やけがなどは、「治る」とも書く。【2】「戻る」は、再び元の場所にたどり着いたり、元の状態になったりする意で用いられる。【3】「返る」には、「戻る」と共通する用法もあるが、慣用的に「戻る」では置き換えられないものもある。

【関連語】◆**(よみがえる)**(ラ五)元の状態になる。また、生き返る。「蘇る」「甦る」とも書く。「若さが蘇る」「蘇った古代の生活」「彼と再会して嫌な記憶がよみがえった」◆**(復する)**(サ変)元の状態に戻る。文章語。「元の職に復する」「旧に復する」◆**(やり直す)**(サ五)一度終わったことを初めに戻ってもう一度やる。「数学を基礎からやり直す」「人生をやり直す」◆**(やり返す)**(サ五)一度したことをもう一度する。また、相手を反対にやり込める。「何度か同じことをやり返す」「いやがらせをやられてやり返す」◆**(持ち直す)**(サ五)悪くなった状態が良くなる。「天気が持ち直す」「病気が持ち直す」◆**(立ち返る)**(ラ五)元の場所や状態に再び戻る。「初めに立ち返って考え直す」「原点に立ち返れ」◆**(立ち直る)**(ラ五)悪い状態になった物事が、再び良い状態になる。「ショックからようやく立ち直った」「景気が立ち直る」◆**(舞い戻る)**(ラ五)元の場所にたどり着く。「生まれ故郷に舞い戻る」

参照▼なおる⇒020-12　戻る⇒113-12　よみがえる⇒208-83　301-09

908-16 復元／還元／回復／挽回 復旧

共通する意味★元の状態に戻すこと。【英】*restoration*

使い方▼〔**復元**〕スル▽焼けた仏像を復元する▽復元工事　〔**還元**〕スル▽白紙に還元する▽利益の還元　〔**回復**〕スル▽けがが回復する▽景気の回復が遅れる▽名誉を回復する　〔**挽回**〕スル▽守勢を挽回する▽名誉を挽回する　〔**復旧**〕スル▽決壊した堤防が復旧する▽復旧工事

使い分け【1】「復元」は、一度失われた形などを元に戻すこと。「復原」とも書く。【2】「還元」は、特に「利益を社会に還元する」のように、みんなのためになるようにすることも表わす。【3】「回復」は、悪い状態から元の状態になること。「恢復」とも書く。【4】「挽回」は、失ったものを取り返すことの意で、「回復」と共通する面があるが、健康状態についてはいわない。【5】「復旧」は、一度壊れたり、崩れたりしたものが元のとおりになること。交通機関や施設などについていう場合が多い。

9 08-17 蘇生(そせい)／復活(ふっかつ)／再生(さいせい)

【関連語】◆（起死回生(きしかいせい)）◆（更生(こうせい)）

共通する意味★衰えていたもの、滅びかけていたものが生き返ること。【英】*revival*

使い方▼〔**蘇生**〕スル▽人工呼吸で蘇生する▽樹木が蘇生する　〔**復活**〕スル▽伝統芸能が復活する▽SLが復活する　〔**再生**〕スル▽再生の道を歩む▽伝統芸能を再生させる

使い分け【1】「蘇生」は、弱っていた植物などが生気を取り戻すことにもいう。【2】「復活」は、一度とぎれたものについていい、「再生」は、とぎれかけたものについていう。【3】「再生」は、「古紙の再生」のように、廃品についてもいう。

【関連語】◆（**起死回生**）滅びかけているものを再び立ち直らせること。「起死回生の反撃を加える」◆（**更生**）スルもとのよい状態に立ち直ること。「悪の道から更生する」「更生施設」

参照▼蘇生⇒301-09　復活⇒301-09

9 08-18 代(か)わる

意味★ある人や物の位置、役割などを、他の人や物が占めたり務めたりする。「替わる」とも書く。【英】*to replace*

使い方▼〔**代わる**〕（ラ五）▽相手が替わるフォークダンス▽部長が代わる▽父に代わって申し上げます

9 08-19 代(か)える

意味★ある物、状態、システムなどを、他の物、状態、システムなどにする。「替える」「換える」などとも書く。【英】*to change*

使い方▼〔**代える**〕（ア下一）▽魚を米と換える▽口紅を替える▽命に代えてもお守りします

9 08-20 交替(こうたい)／交代(こうたい)／更迭(こうてつ)

【関連語】◆（入れ替え(いれかえ)）◆（入れ替わり(いれかわり)）

共通する意味★かわること。【英】*alternation*

使い方▼〔**交替**〕スル▽交替で勤務する▽選手が交替する　〔**交代**〕スル▽主役の交代▽役員が交代する　〔**更迭**〕スル▽更迭された大臣▽内閣の更迭

	社長の□	世代の□	人気商品の□	□で番をする
交替	○	-	○	○
交代	○	○	-	-
更迭	○	-	-	-

使い分け【1】「交替」は、かわりあって行うことが繰り返されるときに用いられ、「交代」は、役職・役目などが一回限りでかわるときに用いられる傾向にある。【2】「更迭」は、ある人の地位や役職を他の人に入れかえること。「更迭される」の形で、不祥事などを理由にかえるときに使われることが多い。

【関連語】◆（**入れ替え**）入っていた場所をかえること。また、入っていたものを出して、ほかのものを入れること。「衣服の入れ替え」「入れ替え制の映画館」◆（**入れ替わり**）他のものとかわること。「入れ代わり立ち代わり客が来る」

9 08-21 兼(か)ねる

意味★二つ以上の役目、働きなどをあわせ持つ。また、本来の役割以外の役割を持つ。【英】*to combine*

使い方▼〔**兼ねる**〕（ナ下一）▽大は小を兼ねる（【英】*The greater serves for the lesser*）▽首相が外相を兼ねる

9 08-22 交換(こうかん)／引(ひ)き換(か)える

共通する意味★ある物を他の物とかえる。【英】*to exchange*

使い方▼〔**交換**〕スル▽部品の交換が必要だ▽情報交換　〔**引き換える**〕（ア下一）▽切符を現金と引き換える▽引き換え券

	当たり券を景品と□	命を名誉と□	名刺を□	意見を□
交換する	○	○	○	○
引き換える	○	○	-	-

使い分け【1】「交換」は、互いに同じ立場で物や情報、意見などを取りかわすこと。取りかわすものどうしも、同等の価値を持つとみなされる。【2】「引き換える」は、ある物事（状態なども含む）を手に

9 物の動き

入れるために、必要な物事とりかえる意。相手方からの要請により、自分に所属するものを差し出す場合に多くいう。【3】「引き換える」は、「…に引き換え」の形で、「去年に引き換え、今年の冬は暖かい」のように、…とくらべてみて、…に反しての意で使われることもある。

908-23 取り替える／入れ替える／差し替える／付け替える

共通する意味★古いものを捨てて、新しいものとかえる。**【英】***to exchange*

使い方▼〔**取り替える**〕(ア下一)〔**入れ替える**〕(ア下一)〔**差し替える**〕(ア下一)〔**付け替える**〕(ア下一)

	部品を□	筆記具を□て書く	冬物と夏物を□	ヘアピンを□	服のボタンを□
取り替える	○	-え○	△	△	○
入れ替える	○	-え-	○	-	-
差し替える	○	-え-	-	○	-
付け替える	○	-え-	-	○	○

使い分け【1】「取り替える」が、最も意味が広い。【2】「入れ替える」は、入っていた中身だけを交換する意。また、中身だけを別の容器に移すときもいう。【3】「差し替える」は、新しいものとかえる意の場合もあるが、狭義には、差してあったものを別のものとかえる意で使われる。また、差してあったものを別の位置に変えて差すときにもいう。【4】「付け替える」は、付けてあったものを新しいものとかえる意。また、付ける位置を変える場合にもいう。

908-24 乗り換える／鞍替え

共通する意味★今までのやり方、対象にしていた物などを他にかえる。**【英】***to switch over to*

使い方▼〔**乗り換える**〕(ア下一)〔**鞍替え**〕スル▽時流に合わせて現実主義に乗り換える▽ゴルフからテニスに鞍替えする

使い分け【1】「乗り換える」は、乗り物を乗り継ぎ、かえる意から、現実的な目的があってかえる場合に多くいう。【2】「乗り換える」は、対象がはっきりしていて自分がそれを利用する意図があるが、「鞍替え」は、単に替えるときにも用い、また、自分自身がかわる、自分の状況がかわる場合にもいう。【3】「鞍替え」は、「タレントから代議士に鞍替えする」などのように、それまでにしていた職業などをやめて、他のことを始めることもいう。

908-25 伸縮／伸び縮み

【関連語】◆(屈伸)くっしん

共通する意味★長くなったり、短くなったりすること。**【英】***expansion and contraction*

使い方▼〔**伸縮**〕スル▽伸縮する布地▽伸縮自在 〔**伸び縮み**〕スル▽紙は湿度により伸び縮みする

	ゴムの□	□する素材	□性がある	体を□させる
伸縮	○	○	○	-
伸び縮み	○	○	-	○

使い分け【1】「伸び縮み」の方が口語的。【2】「伸縮」は、「伸縮性」「伸縮度」などのように他の語と複合した形で使われることが多い。

【関連語】◆(屈伸)スル体の関節を曲げたり、伸ばしたりすること。「ひざの屈伸をする」「屈伸運動」

参照▼屈伸⇒101-20

908-26 縮む／すぼむ／つぼむ／すぼまる／つぼまる／しぼむ

【関連語】◆(縮れる)ちぢれる◆(縮める)ちぢめる◆(つづまる)◆(縮こまる)ちぢこまる◆(縮み上がる)ちぢみあがる◆(すくむ)◆(すくめる)

共通する意味★空間に広がっていたものが小さくなる。**【英】***to shrink*

使い方▼〔**縮む**〕(マ五)▽洗濯して、セーターが縮む▽差が縮む〔**すぼむ**〕(マ五)▽すそがすぼんだズボン〔**すぼまる**〕(ラ五)▽道がだんだんすぼまっていく〔**つぼむ**〕(マ五)▽先のつぼんだ容器〔**つぼまる**〕(ラ五)▽口のつぼまった花瓶〔**しぼむ**〕(マ五)▽気球がしぼむ

	風船が□	布が□	傘が□	唇が□	希望が□
縮む	○	○	-	-	-
すぼむ	○	-	○	△	-
すぼまる	○	-	○	△	-
つぼむ	-	-	△	○	-
つぼまる	-	-	△	○	-
しぼむ	○	-	-	-	○

使い分け【1】「縮む」は、短くなったり、小さくなったりする意。【2】「すぼむ」は、膨らんでいたものや広がっていたものなどが小さくなる意で、動作を表わす場合には、動作の始まる前の状態が大きく膨らんでいる場合に限定される。状態を表わす場合には、先など、一部分が細くなっている状態をいう。「すぼまる」は、先の方がだんだん狭く、細くなる意。「窄む」「窄まる」とも書く。【3】「つぼむ」は「すぼ

む」と、「つぼまる」は「すぼまる」と類似した語であるが、使用範囲は、それぞれ「すぼむ」「すぼまる」より狭い。【4】「しぼむ」は、膨らんでいたものが張りをなくして、小さくなる意。抽象的な場合にも使う。「凋む」とも書く。

反対語▼縮む⇕のびる

【関連語】◆**(縮れる)**(ラ下一)しわが寄ったりよれたりする。また、毛髪などが波状や巻いた状態になる。「葉が縮れる」「縮れた頭髪」◆**(縮める)**(マ下一)小さくしたり短くしたりする。⇕のばす。「期間を縮める」◆**(つづまる)**(ラ五)物事のある部分が取り去られたり、なくなったりして短くなる。「約まる」とも書く。「つづまった言い方」「日がつづまる」◆**(縮こまる)**(ラ五)人や動物が体を丸めて小さくなる。「寒いので縮こまって寝る」「部屋の隅で縮こまる」◆**(縮み上がる)**(ラ五)寒さ、恐ろしさなどで、体や気持ちが縮んで小さくなる。「驚いて心臓が縮み上がる」◆**(すくむ)**(マ五)体がこわばって動かなくなる。また、身を縮めて小さくする。「竦む」とも書く。「足がすくむ」「すくみあがる」◆**(すくめる)**(マ下一)体を縮ませる。「竦める」とも書く。「首をすくめる」

参照▼しぼむ⇒720-49

9 08-27 収縮／萎縮／縮小／縮み／短縮／凝縮／圧縮

【関連語】◆(濃縮)◆(圧搾)◆(凝結)

共通する意味★短くなったり、小さくなったりすること。**【英】** *shrinking*

使い方▼〔収縮〕スル▽気体は冷やすと収縮する 〔萎縮〕スル▽強敵を前にして萎縮する 〔縮小〕スル▽軍備の縮小▽縮小コピー 〔縮み〕▽縮みがひどい布 〔短縮〕スル▽トンネルの開通で距離が短縮される▽所要時間の短縮を図る 〔凝縮〕スル▽感動を短い句の中に凝縮する 〔圧縮〕スル▽物体を圧縮する▽原稿を半分に圧縮する

	胃の□	布の□	時間の□	液体の□	□された内容	空気を□する
収縮	○	○	-	-	-	-
萎縮	○	-	-	-	-	-
縮小	-	-	-	-	○	-
縮み	-	○	-	-	-	-
短縮	-	-	○	-	○	-
凝縮	-	-	-	○	○	-
圧縮	-	-	-	○	○	○

使い分け【1】「収縮」は、物体、事態が小さくなること、小さくすることをいう。【2】「萎縮」は、物体がしぼんで縮むこと。また、元気がなくなることを意味する。なお、「萎縮」の原因は他から与えられることが多い。【3】「縮小」は、規模など、一定の大きさのものを小さくする場合に用いられる。【4】「縮み」は、布など具体的なものに使われることが多い。【5】「短縮」は、時間、距離など長さとしてとらえるものを短くする場合に用いられる。【6】「凝縮」は、大きく広がっていたものを小さく固めること、または、一点に集中させること。「圧縮」は、圧力を加えて、物体を小さくすること。「凝縮」は、「圧縮」にくらべると、内容が濃いという意味を含んでいる。

反対語▼収縮⇕膨張　縮小⇕拡大　縮み⇕伸び　短縮⇕延長

【関連語】◆**(濃縮)**スル液体の濃度を高めること。「濃縮ジュース」◆**(圧搾)**スル強く押し縮めること。また、押して絞ること。「圧搾空気」「圧搾機」◆**(凝結)**スル思考などがこり固まること。「思考が凝結する」

参照▼凝縮⇒707-24　凝結⇒707-24

9 08-28 狭める／すぼめる／つぼめる

共通する意味★面積を小さくする。**【英】** *to narrow*

使い方▼〔狭める〕(マ下一)▽範囲を狭めてもう一度調べ直す▽ズボンの幅を二センチ狭める 〔すぼめる〕(マ下一)▽口をすぼめて不満そうな顔をした▽肩をすぼめる 〔つぼめる〕(マ下一)▽傘をつぼめる▽ホースの先をつぼめて水を勢いよく出す

使い分け【1】「狭める」は、抽象的なものにも具体的なものにも用いられるが、「すぼめる」「つぼめる」は、具体的なものに限って用いられる。【2】「すぼめる」「つぼめる」は、「窄める」とも書く。「すぼめる」は、広がっていたものを小さくするときに用いる。【3】「つぼめる」は、管のようなものの口の面積を小さくする意。また、「傘をつぼめる」のように、開いていたものを閉じる意味もある。

反対語▼狭める⇕広げる

9 08-29 のびる／広がる

【関連語】◆(のばす)◆(引きのばす)◆(広げる)

共通する意味★空間的、平面的に大きくなる。**【英】** *to expand*

使い方▼〔のびる〕(バ上一)▽植物の芽が伸びる▽道路が北へ延びる 〔広がる〕(ラ五)▽道幅が広がった▽悪いうわさが広がる

	南に国土が□	砂漠が一面に□	改築で店が□	背が□	髪の毛が□
のびる	○	-	-	○	○
広がる	○	○	○	-	-

使い分け【1】「のびる」は、直線など方向性のあ

るもの、長さとしてとらえているものが長くなる意だが、「広がる」は、平面、空間などが、全体的に大きくなる意である。【2】「のびる」は、「成績がのびる」のように、発展する意でも用いる。【3】「のびる」は「伸びる」「延びる」、「広がる」は「拡がる」とも書く。

反対語▼のびる⇕縮む　広がる⇕狭まる

【関連語】◆**(のばす)**(サ五)のびるようにする。「伸ばす」「延ばす」とも書く。⇕縮める。「成績を伸ばす」「背すじを伸ばす」「山頂まで道を延ばす」◆**(引きのばす)**(サ五)引っ張って長くする。また、時間、期日などを長びかせる。「引き伸ばす」「引き延ばす」とも書く。「ゴムを引き伸ばす」「回答を引き延ばす」◆**(広げる)**(ガ下一)広がるようにする。「拡げる」とも書く。⇕狭める。「店を広げる」「視野を広げる」「新聞を広げる」

参照▼広がる⇒916-04

9 08-30 伸(の)び／伸長(しんちょう)／急伸(きゅうしん)

共通する意味★長くなること。また、勢力、能力などが高まること。**【英】** *extension; expansion*

使い方▼〔伸び〕▽学力の伸びが少ない▽身長の伸びを測る　〔伸長〕スル▽勢力の伸長を図る▽路線を伸長させる　〔急伸〕スル▽業績が急伸した

使い分け「急伸」は、利益や売り上げなどが急に上がること。

反対語▼伸び⇕縮み

9 08-31 伸張(しんちょう)／伸展(しんてん)／拡大(かくだい)／拡張(かくちょう)／膨張(ぼうちょう)／展開(てんかい)

【関連語】◆(拡充)かくじゅう◆(増幅)ぞうふく

共通する意味★広げること。大きくなること。**【英】** *extension; expansion*

使い方▼〔伸張〕スル▽国力の伸張を図る▽業績が伸張する　〔伸展〕スル▽第三次産業の伸展が激しい▽軍事力の伸展　〔拡大〕スル▽顕微鏡で拡大して見る▽規則を拡大解釈する　〔拡張〕スル▽道路を拡張する▽胃拡張　〔膨張〕スル▽空気が膨張する▽都市が膨張しつづける　〔展開〕スル▽議論が展開する▽美しい風景が展開する

	勢力の□	事業の□	軍備の□	道路の□	予算の□	計画の□
伸張	○	○	○	○	-	-
伸展	○	○	-	-	-	-
拡大	○	○	○	-	○	○
拡張	○	○	○	○	△	○
膨張	○	○	△	-	○	-
展開	-	△	-	-	-	○

使い分け【1】「伸張」は、のばし広げることで、「拡大」にくらべると、大きくなることにプラスの評価が付け加えられることが多い。【2】「伸展」は、主に勢力の範囲を広げることをいい、「伸張」より使用範囲が狭い。【3】「拡大」「拡張」は、どちらも、広げて大きくすることをいう。「拡大」は、「写真を拡大する」のように、そのまま何倍かに大きくすることの意でも使われる。「拡張」は、付け加えて大きくすることの意で使われることが多い。【4】「膨張」は、元来、体積が内側から大きくなることを意味し、立体的な感覚を伴う。「膨脹」とも書く。【5】「展開」は、次々と開いて大きくすることで、時間の推移を伴うことも多い。

反対語▼拡大⇕縮小　膨張⇕収縮

【関連語】◆**(拡充)**スル広げて充実させること。「施設を拡充する」◆**(増幅)**スル光、音響、電気信号などの振幅を大きくすること。また、物事の範囲、程度を広げることの意もある。「音声を増幅する」「うわさが増幅して伝えられる」

9 08-32 曲(ま)げる／ねじる／ひねる／よじる

【関連語】◆(ねじれる)◆(よじれる)◆(たわめる)

共通する意味★線状または平面状のものを屈曲させる。**【英】** *to bend*

使い方▼〔曲げる〕(ガ下一)▽首を前後左右に曲げる▽ブリキ板を曲げて樋(とい)を作る　〔ねじる〕(ラ五)▽相手の腕をねじって逆をとる▽そのボルトは右にねじると締まる　〔ひねる〕(ラ五)▽腰を左右にひねる▽口ひげをひねる　〔よじる〕(ラ五)▽上体をよじる▽紙をよじってこよりを作る

	体を□	針金を□	□水道の栓を	□スイッチを	身を□て笑う
曲げる	○	○	-	-	-げ-
ねじる	○	○	○	-	-っ-
ひねる	○	-	○	○	-っ-
よじる	○	○	-	-	-っ○

使い分け【1】「曲げる」は、屈曲させる場合に用い、回転させる場合には用いない。他の三語は、基本的には回転させる場合のみに用いられる。【2】「ねじる」は、容易には回転しないものの一端に無理に力を加えて回転させる意。「捩る」「捻る」などとも書く。【3】「ひねる」は、容易に回転するものを回転させる意で、たとえば「水道の栓をねじる」は、固くしまった栓を回転させる場合に、「水道の栓をひねる」は、ごく普通の状態にある栓を回す場合にいうことが多い。「捻る」「拈る」とも書く。【4】「よじる」は、比較的細長いものを回す意。「身をよじって泣く」「腹の皮をよじって笑う」の「よじる」は、無意志の動作である。「捩る」とも書く。【5】「ひねる」には、「俳句をひねる」のように、趣向、工夫をこらして作るとか、

「軽くひねってやる」のように、簡単に相手をやっつける意もある。

【関連語】◆(ねじれる)(ラ下一)ねじられた状態になる。「釣り糸がねじれる」「根性がねじれた人(＝根性がよくない人)」◆(よじれる)(ラ下一)ひねったように曲がる。「帯がよじれる」「腹がよじれるほど笑った」◆(たわめる)(マ下一)棒状の物や木の枝などに力を加えて、弓状に曲げる。「撓める」とも書く。「枝をたわめる」

参照▼ひねる⇒303-15

9 08-33 曲がる／反る／たわむ／しなう

【関連語】◆(たわわ)

共通する意味★まっすぐなものが弧を描いた状態になる。【英】*to bend*

使い方▼〔曲がる〕(ラ五)▽釣りざおの先が曲がっている〔反る〕(ラ五)▽釣りざおが反っている〔たわむ〕(マ五)▽釣りざおがたわみ始めた〔しなう〕(ワ五)▽竹が雪の重みでしなう

	柳の枝が□	本の重みで棚板が□	体がよく□	実りがよくて稲が□	背骨が□
曲がる	○	○	○	-	○
反る	○	-	△	-	○
たわむ	○	○	-	○	-
しなう	○	△	○	-	-

使い分け【1】「曲がる」は、弧を描いた状態になる場合だけでなく、折れた状態になる場合にも用いられる。【2】「たわむ」は、その物に付いたものの重みによって、ゆるんで弧を描いた状態になる意。「撓む」とも書く。【3】「曲がる」「反る」「しなう」は、人体についても使えるが、「たわむ」は人体には使えない。「しなう」は「撓う」とも書く。

【関連語】◆(たわわ)(形動)木の枝がたわむほど、たくさん実がなっているさま。「柿が枝もたわわに実る」

9 08-34 折り曲げる／ひん曲げる／ねじ曲げる

【関連語】◆(歪める)ゆがめる

共通する意味★外部から力を加えて物を曲がった状態にする。【英】*to bend*

使い方▼〔折り曲げる〕(ガ下一)▽針金を折り曲げる▽体を折り曲げる〔ひん曲げる〕(ガ下一)▽口をひん曲げる〔ねじ曲げる〕(ガ下一)▽首をねじ曲げてのぞきこむ

使い分け【1】「折り曲げる」は、物を折るようにして曲げる意。【2】「ひん曲げる」は、物を勢いよく曲げる意。【3】「ねじ曲げる」は、まっすぐな物、正常な状態にある物に、わざと無理な力を加えて曲げる意。【4】「ひん曲げる」「ねじ曲げる」は、「事実をひん曲げる(ねじ曲げる)」のように、比喩(ひゆ)的にも用いられる。

【関連語】◆(歪める)(マ下一)正常な形の物、まっすぐな物を曲げたり、ねじったりする。また、あるものを正しくないようにする。「口元をゆがめる」「内容をゆがめて報告する」

9 08-35 折れ曲がる／曲がりくねる／くねる／うねる

【関連語】◆(蛇行)だこう

共通する意味★何かが曲線状になる。【英】*to wind*

使い方▼〔折れ曲がる〕(ラ五)〔曲がりくねる〕(ラ五)〔くねる〕(ラ五)〔うねる〕(ラ五)

	道が□	線が□	枝が□	鉄板が□	波が□
折れ曲がる	○	○	○	○	-
曲がりくねる	○	○	△	-	-
くねる	○	-	-	-	-
うねる	○	△	-	-	○

使い分け【1】「折れ曲がる」は、曲がる角度が急である点を強調した語で、比較的ゆるやかに弧状を呈する場合などにはあまり使わない。【2】「曲がりくねる」は、幾重にも屈曲している意。川や道のように、移動できるものについて使うことが多い。【3】「くねる」は、「曲がりくねる」と同様、もっぱら、道などが幾重にも屈曲している意。今日では、「曲がりくねる」が多く使われる。【4】「うねる」は、左右、また、上下にゆるやかに起伏、屈曲する意。

【関連語】◆(蛇行)スル川や道がヘビのはうようにS字形に曲がりくねっていること。「川が蛇行している」「蛇行運転」

9 08-36 屈曲(くっきょく)／屈折(くっせつ)／曲折(きょくせつ)

共通する意味★折れ曲がること。【英】*bending*

使い方▼〔屈曲〕スル▽屈曲の多い海岸線▽屈曲した道〔屈折〕スル▽屈折した道〔曲折〕スル▽曲折した山道

使い分け【1】三語とも、長い道などが折れ曲がった状態にあることをいうのに用いる。【2】「屈折」は、「屈折した感情」のように、人の意志や考えがゆがめられることもいう。また、「光が屈折する」のように、波動が他の物質に進むとき、その境界面で進行方向が変わることの意でも用いられる。【3】「曲折」は、「曲折を経る」「紆余(うよ)曲折」のように、物事の込み入った事情という意でも用いられる。

9 08-37

湾曲（わんきょく）／紆曲（うきょく）／カーブ

【関連語】◆（**七曲がり**）ななまがり◆（**九十九折り**）つづらおり◆（**曲がり**）まがり

共通する意味★曲がること。曲がっていること。**【英】** *a curve*

使い方▼〔**湾曲**〕スル▽板が湾曲している　〔**紆曲**〕スル▽紆曲した山道を行く　〔**カーブ**〕スル▽カーブ注意▽カーブを切る（＝曲がる）

	□の多い道	□した海岸線	背骨が□している	□して流れる川
湾曲	－	○	○	○
紆曲	○	－	－	○
カーブ	○	△	－	－

使い分け【1】「湾曲」は、弓なりに曲がること。「彎曲」とも書く。【2】「紆曲」は、くねり曲がることを表わすが、日常ではあまり使われない。「迂曲」とも書く。【3】「カーブ」は、曲がること、また、曲線。多く、道路や線路の曲がっている所をいう。

【関連語】◆（**七曲がり**）道や坂などが幾重にも折れ曲がっていること、また、その場所の意。「七曲がりの道をゆっくりと歩く」◆（**九十九折り**）幾重にも折れ曲がった山道の意。「九十九折りをゆっくりと登る」◆（**曲がり**）曲がること。曲がっていること。多く、他の語と複合して使われる。「曲がり角」「へそ曲がり」

9 08-38

ゆがむ／ひずむ

共通する意味★何かの影響や無理な力が加わって物の形が変形する。**【英】** *to be distorted*

使い方▼〔**ゆがむ**〕（マ五）▽ゆがんだ形　〔**ひずむ**〕（マ五）▽障子がひずむ

	影像が□	四角い箱が□	苦痛で顔が□	音声が□
ゆがむ	○	○	○	－
ひずむ	○	○	－	○

使い分け【1】「ゆがむ」は、なんらかの理由で整った形がいびつに変形する意。立体的なものや線についてもいうが、平面的なものについていうことが多い。一般に、好ましくない場合に用いることが多く、「ゆがんだ性格」のように、性格、心などのよこしまなことをいうのにも用いる。【2】「ひずむ」は、物の形や音声に不純な狂いが生じて、見苦しく聞き苦しくなる意。具体的な物の形の変形についてはあまり使わず、むしろ、映像や音声など、機械的に作り出され映し出されるものに、不純なノイズが入ってきているような場合に用いるのが普通である。【3】二語とも、「歪む」とも書く。

9 08-39

ゆがみ／ひずみ

共通する意味★本来の形が変形して、いびつになること。また、そのいびつになった状態。**【英】** *distortion*

	湿気で障子に□が生じる	テレビ画面の□	性格の□	ネクタイの□を正す	国家財政の□
ゆがみ	○	○	○	○	－
ひずみ	○	○	△	－	○

使い分け【1】「ゆがみ」は、物本来の形が、正しい形、あるべき形からくずれたり、曲がったり、ねじれたりすること、また、その状態を意味し、特に、直線に近い形のものがくずれる場合に用いられることが多い。【2】「ひずみ」は、物本来の形がねじれたり、いびつになったりすることや、そのために生じたずれの部分、また、そのずれの程度の意で用いられる。【3】「ゆがみ」「ひずみ」ともに、抽象的な事柄にも用いられるが、特に「ひずみ」は、「社会のひずみを正す」「効率第一主義のひずみ」など、社会現象の中で生じてくる狂いについていうことも多い。【4】二語とも、「歪み」とも書く。

9 08-40

緩む（ゆるむ）／たるむ

【関連語】◆（**緩める**）ゆるめる◆（**だれる**）◆（**だらける**）◆（**たゆむ**）

共通する意味★締めつける度合いや、ぴんと張っている度合いが弱くなり、形がくずれる。**【英】** *to loosen*

使い方▼〔**緩む**〕（マ五）▽振動でボルトが**ゆるむ**▽交通規制が**ゆるむ**▽指導者の死去で団の結束が**ゆるむ**　〔**たるむ**〕（マ五）▽物干しのロープが**たるむ**▽中年太りで腹が**たるむ**▽入社早々遅刻とは、**たるんでいる**ぞ

	荷造りのひもが□	地盤が□	皮膚が□	急に寒さが□	精神が□
緩む	○	○	－	○	○
たるむ	○	－	○	－	○

使い分け【1】「緩む」は、そのものを締めつけている力が弱くなる意で、物理的な状況にも、それ以外の目に見えない抽象的な状態にも一般に広く用いられる。【2】「たるむ」は、もとはぴんと張っていた物の張りがなくなり、垂れさがる場合に用いられる。また、気持ちについても、緊張がなくなる意で用いる。

【関連語】◆（**緩める**）（マ下一）締めつけの度合いを弱くする。「手綱をゆるめる」「ズボンのベルトをゆるめる」「気をゆるめる」◆（**だれる**）（ラ下一）物事に対して緊張を欠く。「上司が不在だとだれる」「暑さでだれて勉強に集中できない」◆（**だらける**）（カ下一）気持ちがゆるんで怠る。また、緊張感がなく、動作、動きなどにしまりがなくなる。「練習も長過ぎるとだらける」◆（**たゆむ**）（マ五）張りつめていた気持ちが弛緩しかんする。

ふつう、打消の形で使う。「たゆまぬ努力を続ける」「うまずたゆまず努力する」

9 08-41 和らぐ(やわらぐ)／緩和(かんわ)／緩衝(かんしょう)／融和(ゆうわ)

【関連語】◆(和らげる)やわらげる**◆(和む)**なごむ**◆(弛緩)**しかん**◆(間延び)**まのび

共通する意味★緊張や、苦痛を感じたりする物事の状態がゆるんで、穏やかに感じられる状態になる。また、そういう状態にする。**【英】** *to moderate*

使い方▼〔和らぐ〕(ガ五)▽痛みがやわらいできた▽かたくなな態度がやわらぐ　**〔緩和〕**スル▽混雑が緩和する▽基準を緩和する▽緊張緩和　**〔緩衝〕**スル▽緩衝装置▽緩衝地帯　**〔融和〕**スル▽地域住民の融和を促す

使い分け【1】「和らぐ」は、焼きつくような日差しや、風雨などの厳しい気候や自然の状況、肩のこり、怒り、悲しみなどの苦痛のともなう感覚や感情が、穏やかな状態になる意。規則や規制のように、人間の手になる制度的なものについてはあまり用いられない。**【2】**「緩和」は、厳しさや激しさを感じさせる制度や人為的な事柄の程度を、穏やかに感じられる状態にすること。自然の状況や、感覚、感情についてはあまり用いられない。**【3】**「緩衝」は、対立する物と物との間にあって、それらが直接の衝突をしないようにしたり、両者の緊張状態や、衝突した際の衝撃をゆるやかにしたりすること。また、その物を表わす。**【4】**「融和」は、対立する物と物との間に違和感がなくなり、気持ちがなじんでうちとけること。

【関連語】◆(和らげる)(ガ下一)苦痛をともなう自然の状況、感覚や感情、規則や規制などの制度を、穏やかに感じられる状態にする。また、表現をわかりやすくするという意味でも用いられる。「不満をやわらげる」「声をやわらげる」「表現をやわらげる」◆**(和む)**(マ五)自然にくつろいだ感じや穏やかな気分になる。「ここに来ると、心がなごむ」◆**(弛緩)**スル 人間の肉体や精神の緊張がゆるむこと。「筋肉が弛緩する」「精神が弛緩する」◆**(間延び)**スル 間(ま)がふつうより長くなって、どことなくしまりがなくなること。「間延びした声」「間延びした内容の話」

9 08-42 折る(おる)／へし折る(へしおる)／手折る(たおる)

【関連語】◆(折れる)おれる

共通する意味★棒状もしくは平面状のものを急角度に曲げる。また、その結果として二つに分離する。

【英】 *to break*

使い方▼〔折る〕(ラ五)▽足の骨を折る　**〔へし折る〕**(ラ五)▽三本の矢をまとめてへし折る　**〔手折る〕**(ラ五)▽梅の小枝を手折って持ち帰る

	木の枝を□	腕を□	草花を□	紙を二つに□
折る	○	○	○	○
へし折る	○	○	-	-
手折る	○	-	○	-

使い分け【1】「折る」は、何かを急角度に曲げる場合にいうが、弾力性のない硬いものの場合には、さらにそれが二つに断たれて分離した状態になる意が加わる。柔軟性のあるものの場合は、「指を折って数える」のように、ただ急角度に曲げる意になる。また、紙などを曲げて重ねる意にも用い、さらに、「千羽鶴(せんばづる)を折る」のように、折って作られるものを問題にすることもある。**【2】**「へし折る」は、押しつけるなどして強い力で曲げて、対象を分断、分離する意。勢いよく強い力を加える場合に用いるので、対象は硬く屈曲性に乏しいものに限定される。**【3】**「手折る」は、花や枝を手で曲げて断ち切って取る意で、花、枝などにのみ用いられる。書き言葉的。**【4】**「折る」には、「骨を折る(=苦労する)」「我(が)を折る(=説得されて、あくまで自分の主義主張を押し通すことをやめる)」「話の腰を折る(=不要なことを言って話をとぎれさせる)」など、慣用的な言い方も多い。**【5】**「へし折る」には、「鼻っ柱をへし折る(=相手の意気を消沈させるような目に合わせる)」のような言い方もある。

【関連語】◆(折れる)(ラ下一)曲がって二重になる。また、二つの部分に切り離される。「芯(しん)の折れた鉛筆」「表紙が折れてしまった」「骨が折れる」

9 08-43 ぬかる／ぬかるむ

共通する意味★雨や雪解けなどで道の土がどろどろになる。**【英】** *to be muddy*

使い方▼〔ぬかる〕(ラ五)▽道がぬかって歩きにくい　**〔ぬかるむ〕**(マ五)▽長雨でぬかるんだ道

使い分け【1】「ぬかる」の方が、一般的な語。**【2】**「ぬかる」は「泥濘る」、「ぬかるむ」は「泥濘るむ」と当てる。

9 08-44 ぬかるみ／泥濘(でいねい)

共通する意味★雨や雪解けなどで、地面の土がどろどろになっている状態。**【英】** *mud*

使い方▼〔ぬかるみ〕▽ぬかるみで靴が汚れる▽ぬかるみに足を取られる　**〔泥濘〕**▽洪水の後、辺り一面泥濘におおわれた

使い分け【1】「ぬかるみ」が、一般的。「泥濘」は、文章語。**【2】**「ぬかるみ」は、「泥濘」と当てることがある。

9 08-45 澄む(すむ)／澄みきる(すみきる)／冴える(さえる)／澄み渡る(すみわたる)

【関連語】◆(清澄)せいちょう

共通する意味★濁りや曇りなどがなくなり、きれいになる。**【英】** *to clear (up)*

使い方▼〔**澄む**〕(マ五)▽池の水が澄む▽澄んだ声▽澄んだ瞳ひとみ▽澄んだ心 〔**澄みきる**〕(ラ五)▽澄みきった空▽澄みきった声▽澄みきった瞳▽澄みきった心 〔**冴える**〕(ア下一)▽冴えた鐘の音ね▽冴えた夏の空▽月が冴える 〔**澄み渡る**〕(ラ五)▽澄み渡った秋の空▽湖がどこまでも澄み渡っている

使い分け【1】「澄みきる」は、「澄む」を強めた語で、完全に、という意が加わる。「澄む」「澄みきる」とも、心に邪念がなくなる意でも用いられる。【2】「冴える」は、空気、光、音、色などに対して用い、水などの液体には使わない。【3】「澄み渡る」は、広い領域について、一面に濁りや曇りがなくなる意。【4】「冴える」は、「頭が冴える」「技わざが冴える」のように、思考力や技術が滞りなく発揮される意でも用いる。

反対語▼澄む⇔濁る・曇る

【関連語】◆(**清澄**)(形動)澄みきってきれいなさま。文章語。「清澄な朝を迎える」「清澄な空気」

9 08-46 透明（とうめい）

意味★曇り、濁りなどがなく、すきとおっていること。また、そのさま。**【英】** *transparency*

使い方▼〔**透明**〕(名・形動)▽透明な泉の水▽透明ガラス▽無色透明

◈「透明な声」「透明なまなざし」など、視覚的でないものにも用いるが、やや文学的な表現となる。

9 08-47 透き通る（すきとおる）

意味★表面にあるもの、さえぎっているものをとおして、その向こうが見える。また、声や音が澄んでよくとおる。**【英】** *to be transparent*

使い方▼〔**透き通る**〕(ラ五)▽透き通るような肌▽透き通った鐘の音

9 08-48 浄化（じょうか）／清める（きよめる）

【関連語】◆(**純化**)じゅんか

共通する意味★汚れや不純物を除いてきれいにする。**【英】** *to purify*

使い方▼〔**浄化**〕スル 〔**清める**〕(マ下一)

	空気を□	政界を□	精神を□	身を□
浄化する	○	○	-	-
清める	○	-	○	○

使い分け【1】「浄化」は、清浄にすること。【2】「清める」は、「手を清める」「メスを清める」など、体や身のまわりの物についていう。

【関連語】◆(**純化**)スル まじりけのない純粋なものにすること。「純化された思想」

9 08-49 汚れる（よごれる）／汚れる（けがれる）

【関連語】◆(**汚す**)よごす

共通する意味★きれいだったものがきたなくなる。**【英】** *to become dirty*

使い方▼〔**汚れる**〕よごれる(ラ下一) 〔**汚れる**〕けがれる(ラ下一)

	手が□	子供の□のない心	□た金	室内の空気が□	名声が□
よごれる	○	-れ -	-れ -	○	-
けがれる	○	-れ ○	-れ ○	-	○

使い分け「汚よごれる」は、主として具体的に物が付着してきたなくなる意であるのに対して、「汚けがれる」は、倫理や道徳に適かなわない行いによって倫理的、道徳的、精神的にきたなくなる意だけを表わす。したがって、「手がけがれる」「身がけがれる」などの「手」「身」は、人格の代表としてのそれであり、具体的身体部位名ではない。

【関連語】◆(**汚す**)よごす(サ五)きたなくする。「ころんで服をよごす」「手をよごす(=人のいやがること、めんどうなこと、体面にかかわることなどを自分自身でする)」

9 08-50 ぼやける／ほのめく

【関連語】◆(**ぼかす**)

共通する意味★物の色や形などが鮮明でなく、ぼんやりして、はっきりしない。**【英】** *to become dim*

使い方▼〔**ぼやける**〕(カ下一)▽画面が涙でぼやけて見えない▽遠くぼやけた記憶▽議論が長引いて論点がぼやけてきた 〔**ほのめく**〕(カ五)▽闇やみの中に白い顔がほのめく▽山の向こうに町の明かりがほのめいている

使い分け【1】「ぼやける」は、色の濃淡や形の境目などがよく分からなくなる意。【2】「ほのめく」は、全体がよく分からない中で、わずかにそれと見分けられる意。また、「素気ない態度に好意がほのめく」のように、隠れた気持ちがそれとなく言葉や態度に現れる場合にもいう。また、「梅の香がほのめく」のように、ほのかな香りが漂うことにもいう。「仄めく」とも書く。

【関連語】◆(**ぼかす**)(サ五)色や形などの境目をはっきりさせないようにする。そこから、話の内容、意味を曖昧あいまいに表現する意でも使う。「墨をぼかす」「空と海の境目をぼかして描く」「雲をぼかした裾すそ模様」「話の肝心な点をわざとぼかす」

9 08-51 薄らぐ（うすらぐ）／薄れる（うすれる）／薄まる（うすまる）

【関連語】◆(**薄める**)うすめる

共通する意味★薄くなる。**【英】** *to thin*

使い方▼〔**薄らぐ**〕(ガ五) 〔**薄れる**〕(ラ下一) 〔**薄まる**〕(ラ五)

	記憶が□	意識が□	痛みが□	□赤い色が	□塩の味が
薄らぐ	○	△	○	-	-
薄れる	○	○	△	○	-
薄まる	-	-	-	△	○

使い分け【1】「薄らぐ」は、激しさ、強烈さ、強い印象などが、だんだん弱くなる意。【2】「薄れる」は、もともとはっきりしていたものが、だんだんぼんやりしたり弱くなったりしていくときや、もとの程度が薄くなっていくときにいう。【3】「薄まる」は、主として色や味など濃かったものがそうでなくなるときにいう。

【関連語】◆〈**薄める**〉(マ下一)薄くする。濃いものに水などを足して薄くするようなときに多く用いる。「酒を水で薄める」

9 08-52 腐(くさ)る／朽(く)ちる／腐敗(ふはい)／腐乱(ふらん)

【関連語】◆〈**発酵**(はっこう)〉◆〈**饐**(す)**える**〉

共通する意味★物質や精神が時がたつにつれて変化し、駄目な状態になる。**【英】***to rot*

使い方▼〔**腐る**〕(ラ五)　〔**朽ちる**〕(タ上一)　〔**腐敗**〕スル　〔**腐乱**〕スル

	積もった落ち葉が□	柱が□	魚が□	□ことのない名声	政治が□
腐る	○	○	○	-	-
朽ちる	○	○	-	○	-
腐敗する	○	-	○	-	○
腐乱する	-	-	○	-	-

使い分け【1】「腐る」は、動植物の組織や物質が微生物の作用によって変化し、食べられない状態になったりする意。また比喩(ひゆ)的に、「腐った頭」「骨まで腐り切ったやつだ」などと、人間的に駄目になっている状態にもいう。【2】「朽ちる」は、木、草、材木などが古くなったり水に浸食されたりして形を失い、駄目になる意。また、転じて、名声や人生などが、衰え滅びてゆく意でも用いる。【3】「腐敗」は、食品、生物などの中の有機物が分解されて有毒、有臭の物質に変化すること。比喩的に、ある組織、団体などが精神的に堕落することもいう。「腐る」より範囲が限定され、かつ文章語的。【4】「腐乱」は、動物の体の組織がただれくずれること。植物にはあまりいわない。「腐爛」とも書く。

【関連語】◆〈**発酵**〉スル 微生物が物質中の有機物に働きかけて、有機酸、アルコール、炭酸ガスなどに変えること。食品(酒、みそなど)製造過程で利用する場合も多い。「醱酵」とも書く。「酵母によって発酵する」「発酵して酸っぱくなった酒」◆〈**饐える**〉(ア下一)飲食物などが腐って酸っぱくなる。また、そういうにおいなどを表わすときにいう。「饐えた御飯」「饐えたようなにおい」

参照▼腐敗⇒520-27

9 08-53 錆(さ)びる／錆(さ)びつく

共通する意味★金属が表面から酸化して変色したり、ぼろぼろになったりする。**【英】***to rust*

使い方▼〔**錆びる**〕(バ上一)▽鉄が赤く錆びる　〔**錆びつく**〕(カ五)▽蝶番(ちょうつがい)が錆びついて動かない

使い分け【1】「錆びつく」は、もとの機能を果たせないほど、すっかり錆びてしまう意。【2】「錆びつく」は、比喩(ひゆ)的に、以前はよく動いていたものが、間をおいたためにうまく動かない場合に使う。「年をとってすっかり頭がさびついてしまった」「体がさびついて、若いころのようには動けない」

9 08-54 粘(ねば)る

意味★やわらかで、物によくついたり、伸び縮みしたりして、ちぎれにくい状態にある。**【英】***to be sticky*

使い方▼〔**粘る**〕(ラ五)▽よく粘るもち

参照▼⇒219-12

9 08-55 ねばつく／べとつく／べたつく

共通する意味★ねばねばして、くっつきやすい状態である。**【英】***to be sticky*

使い方▼〔**ねばつく**〕(カ五)▽松脂(まつやに)がねばつく　〔**べとつく**〕(カ五)▽蜂蜜(はちみつ)で手がべとつく　〔**べたつく**〕(カ五)▽糊(のり)がこぼれて机がべたつく

	あめが溶けて□	山の芋が□	汗ばんで□た肌	乳液で顔が□
ねばつく	○	○	-い-	-
べとつく	○	-	-い○	○
べたつく	○	-	-い○	○

使い分け【1】「ねばつく」は、粘り気がある場合に用いる。のりや接着剤、納豆など糸を引くようなもの、粘液性のものに用いられることが多い。【2】「べとつく」「べたつく」は、意味・用法ともにあまり違いがない。【3】「べたつく」には、恋人や子供が甘えたり、なれなれしくしたりして必要以上にまとわりつく意もある。

9 08-56 溶(と)ける／溶解(ようかい)

共通する意味★物質が液体に混じって均一な液体と

なる。また、熱が加わって液体となる。【英】to melt

使い方▼〔溶ける〕(カ下一)▽食塩が溶けた水▽この物質は水には溶けない▽氷が溶ける〔溶解〕スル▽硝酸カリウムは水に溶解する▽高熱でどろどろに溶解した鉄

使い分け【1】固体が熱などによって液状になる意の「溶ける」は、「融ける」とも、特に氷の場合は「解ける」とも書く。金属の場合は、「熔ける」「鎔ける」とも書く。【2】「溶解」は、特に、金属が加熱されて液状になることをいうこともある。

908-57 とろける／ふやける

共通する意味★硬かったものが軟らかくなる。【英】to melt

使い方▼〔とろける〕(カ下一)▽熱を加えられたチーズがとろける▽とろけるような甘さ〔ふやける〕(カ下一)▽水につけた豆がふやける

使い分け【1】「とろける」は、熱や水分などによって硬かったものが溶けて軟らかくなり、液状になる意。【2】「ふやける」は、水分を含み、軟らかくなったり、しわがよったりする意。【3】「とろける」は、「ハートがとろける甘い言葉」のように、理性を失ったり、正体をなくす意でも用いられる。【4】「ふやける」は、「ふやけた考え方」のように、精神的にだらしのない状態になる意でも用いられる。

908-58 溶(と)かす／溶(と)く

共通する意味★液体の中に混ぜたり、熱を加えたりして固体を液状にする。【英】to melt

使い方▼〔溶かす〕(サ五)▽砂糖を溶かした水▽氷を溶かす▽鉄をとかす〔溶く〕(カ五)▽水で絵具を溶く

使い分け【1】「溶かす」は、何かを液体の中に入れる意味のときは、すっかり液の中に混ざって、もとの物質がわからなくなるような状態を表わす。【2】「溶く」は、水の量が少なくて、もとの物質がゆるめられ、どろどろになった状態にするときにいう。熱を加えるときにはいわない。【3】「とかす」は、「解かす」「融かす」とも書く。また、金属に熱を加えて液状にするときは、「熔かす」「鎔かす」とも書く。

908-59 かさばる／かさむ

共通する意味★空間を占める割合が大きくなる。【英】to be bulky

使い方▼〔かさばる〕(ラ五)▽かさばって邪魔な荷物▽かさばるわりに軽い物〔かさむ〕(マ五)▽出費がかさむ▽仕事がかさむ

使い分け【1】「かさばる」は、体積の大きいことにいう。重さのわりに大きかったり、大きくて場所を取ってしまったりするときに用いる。「嵩張る」とも書く。【2】「かさむ」は、数量の大きいことにいう。現在ではほとんど金銭に対して、良くない意味で大きくなって困る場合に用いる。「嵩む」とも書く。

908-60 固(かた)まる／強張(こわば)る

【関連語】◆〈固める〉かためる

共通する意味★柔らかいものが固くなる。【英】to harden

使い方▼〔固まる〕(ラ五)▽泥が固まる▽地盤が固まる▽ゼリーが冷えて固まる〔強張る〕(ラ五)▽雨に濡れてシートがこわばる▽糊(のり)で服がこわばる▽緊張で顔がこわばる

使い分け【1】「固まる」は、柔らかい物、液体状の物が、動かない、形の変わりにくい物になる意。【2】「強張る」は、本来柔らかい状態であったものが、不自然にぴんと張ったように固くなる意。完全に固定される意味の強い「固まる」にくらべ、一時的な意味合いが強く、元の状態に戻るという場合に使われることが多い。【3】「固まる」は、「決意が固まる」のように、安定する意、「信心に固まる」のように、一つのことに集中する意、「一か所に固まって座る」のように、一つにまとまる意でも用いられる。

【関連語】◆〈固める〉(マ下一)固まるようにする。意志を伴い、柔らかいものを、動かない、形の変わりにくいものにする意で用いられる。「地盤を固める」「守りを固める」「決意を固める」

参照▼固まる⇒504-01

908-61 膨(ふく)らむ／膨(ふく)れる

【関連語】◆〈膨らます〉ふくらます◆〈膨らす〉ふくらす

共通する意味★内側からの力で大きくなる、大きくする。【英】to swell

使い方▼〔膨らむ〕(マ五)▽夢が膨らむ〔膨れる〕(ラ下一)▽腹が膨れる

	風船が□	つぼみが□	希望に胸が□	しかるとすぐに□
膨らむ	○	○	○	－
膨れる	○	－	－	○

使い分け【1】「膨らむ」は、内部からの力によって、丸みをおびて大きくなる意。考えや希望など、抽象的な事柄について用いられる場合には、多く、好ましい状態になる意で用いられる。【2】「膨れる」は、内から外へ大きくなる意。また、不満や怒りを表情に表わす場合にもいう。

【関連語】◆〈膨らます〉(サ五)膨らむようにする。「風船を膨らます」「期待に胸を膨らます」◆〈膨らす〉(サ五)「膨らます」とほぼ同じ意味だが、より口語的な言い方。「そんなにほおを膨らしてどうしたの」

9 09…破壊

9 09-01 壊す／崩す／潰す

【関連語】◆(ばらす)

共通する意味★物に外部から力を加えることによって、そのもとの形や本来の働きを失わせる。【英】*to break*

使い方▼〔壊す〕(サ五)▽かぎをこわして侵入した▽腹をこわした▽体をこわす▽気分をこわす▽話をこわす　〔崩す〕(サ五)▽山をくずす▽敵陣の一角をくずす▽一万円札をくずす　〔潰す〕(サ五)▽畑をつぶして家を建てる▽イチゴをつぶして食べる▽声をつぶす▽身代をつぶす

	家を□	塀を□	時計を□	空缶を□
壊す	○	○	○	-
崩す	○	○	-	-
潰す	○	△	△	○

使い分け【1】「壊す」は、物の外形を失わせるよりも、むしろその働きを失わせる意味で使われることが多い。【2】「崩す」は、物の組織、まとまりを失わせる意。【3】「潰す」は、物に外から力を加えて、それをぺしゃんこにする意。垂直方向に力を加える場合にいうことが多い。また、一般に、もとの働きを失わせる意にもいう。

【関連語】◆(ばらす)(サ五)解体してばらばらにする。また、人を殺す、人の秘密をあばく意で俗にいう。「木箱をばらしてたきぎにする」「あいつをばらせ」「友人の不正を先生にばらす」

参照▼崩す⇒915-01　ばらす⇒514-15

9 09-02 砕く

【関連語】◆(擂る)する◆(碾く)ひく◆(搗く)つく

意味★かたい物に衝撃的な力を加えて、こなごなにする。【英】*to crush*

使い方▼〔砕く〕(カ五)▽岩を砕く▽壺を砕く

【関連語】◆(擂る)(ラ五)何か道具を用いて、押しつぶして細かく砕く。また、摩擦によって粉状にする。「鉢でごまをする」「薬草をする」◆(碾く)(カ五)穀物、茶や肉などをひきうすなどですり砕く。「豆をひく」「お茶をひく」◆(搗く)(カ五)きねなどで強く打って、穀物を押しつぶしたり、精白したりする。「小麦を搗いて粉にする」

参照▼砕く⇒920-08

9 09-03 壊れる／いかれる

【関連語】◆(ポシャる)◆(潰れる)つぶれる◆(砕ける)くだける

共通する意味★物事が悪い状態になり、その本来の機能が果たせなくなる。【英】*to be broken*

使い方▼〔壊れる〕(ラ下一)　〔いかれる〕(ラ下一)

	車が□	ステレオが□	計画が□	縁談が□	窓ガラスが□
壊れる	○	○	○	○	○
いかれる	○	○	-	-	-

使い分け【1】「壊れる」は、意味が広く、物がその固有の形を失う意は「壊れる」だけが表わす。【2】物がその機能を失うという意味の「壊れる」は、「いかれる」に言い換えられる。【3】「いかれる」は、かなりくだけた口語。「だいぶいかれた奴だ」「彼女にすっかりいかれている」のように、まともでなくなる意や、夢中になる意でも使われる。

【関連語】◆(ポシャる)(ラ五)計画や組織がだめになる。俗語。「シャッポを脱ぐ(＝降参する)」の「シャッポ」を逆にした語ともいわれる。「せっかくのプランがポシャる」◆(潰れる)(ラ下一)外部から力が加わって原形を失う。破滅する、無駄になる、面目を失うなどの意もある。「家が潰れる」「店がつぶれる」「丸三日つぶれる」「顔がつぶれる」◆(砕ける)(カ下一)割れて粉々になる。また、うちとけた態度、雰囲気になる意にも使う。「ガラスが砕けて散る」「くだけた言い方」

参照▼いかれる⇒209-52　砕ける⇒209-41

9 09-04 ぶち壊す／打ち壊す／取り壊す／打ち砕く

共通する意味★物を破壊する。【英】*to ruin*

使い方▼〔ぶち壊す〕(サ五)▽ドアをぶち壊す▽いいムードをぶち壊した　〔打ち壊す〕(サ五)▽空き家を打ち壊す▽旧弊を打ち壊す▽原則を打ち壊す　〔取り壊す〕(サ五)▽木造校舎を取り壊して鉄筋の校舎を建てる　〔打ち砕く〕(カ五)▽鏡を粉々に打ち砕く▽私の理想は打ち砕かれた

	古い小屋を□	計画を□	縁談を□	野望を□
ぶち壊す	○	○	○	△
打ち壊す	○	○	-	△
取り壊す	○	-	-	-
打ち砕く	○	○	-	○

使い分け【1】いずれも、物体に外から強い力を加えて形を変えてしまうという意で使うことができる。【2】「ぶち壊す」は、「打ち壊す」より荒々しさを伴う。話し言葉的で、さらにくだけて、「ぶっこわす」とも。計画などを途中ですっかりだめにしてしまう

という意でも使える。【3】「打ち壊す」は、習慣や組織、関係などをなくしてしまうという意でも使える。【4】「取り壊す」は、家屋などの建造物を建て替えたり、別の物にしたりするためにこわすという意で使われる。【5】「打ち砕く」は、夢、希望、野心、陰謀など抽象的なものを徹底的にこわすという意味で使われることもある。

9 09-05 損(そこ)なう／損(そこ)ねる／損(そん)ずる

共通する意味★物の状態を悪く変える。**【英】** *to impair*

使い方▼〔**損なう**〕(ワ五)▽美観を損なう▽自然のおもむきを損なう▽国の体面を損なう　〔**損ねる**〕(ナ下一)▽胃を損ねる▽友人の感情を損ねる▽タイプを打ち損ねる　〔**損ずる**〕(サ変)▽公共の器物を損ずる▽名声を損ずる▽せいては事をし損ずる

	社長の機嫌を□	健康を□	命を□	器物を□	景観を□
損なう	○	○	○	○	○
損ねる	○	○	△	-	○
損ずる	○	○	-	○	-

使い分け【1】「損なう」は、人間の生理現象や感情についても用いられるが、抽象的な事柄についても広く用いられる。しかし、「機械を損なう」のように、具体的な事物の調子などについては用いられない。【2】「損ねる」は、人間の生理現象や感情について用いることが多い。「損なう」のややくだけた言い方。【3】「損ずる」は、文章語的。具体的な事物や抽象的な事柄についても広く用いられる。「損じる」ともいう。

参照▼損なう⇒114-24

9 09-06 踏(ふ)みにじる／踏(ふ)み荒(あ)らす／踏(ふ)みしだく

【関連語】◆(蹂躙)じゅうりん

共通する意味★物を足で強く踏んで傷めつける。**【英】** *to tread underfoot*

使い方▼〔**踏みにじる**〕(ラ五)▽人権を踏みにじる▽友人との約束を踏みにじる　〔**踏み荒らす**〕(サ五)▽花壇を踏み荒らされる▽土足で踏み荒らされた　〔**踏みしだく**〕(カ五)▽夏草を踏みしだいて山道を歩く

	草花を□	芝生を□	畑を□	タバコの吸い殻を□	雪を□
踏みにじる	○	○	○	○	-
踏み荒らす	○	○	○	-	-
踏みしだく	○	○	-	-	○

使い分け【1】「踏みにじる」は、物を対象にした場合に使われ、「踏み荒らす」は、一定の空間を対象にした場合に使われる。したがって、「草花」を対象としていても、「踏みにじる」を使うときは、一本の草花が対象であってもよいが、「踏み荒らす」を使うと、群がり咲いている草花をいうことが多い。また、「畑を踏みにじる」というと、畑という空間そのものよりも、むしろそこにある植物や作物が対象となっている場合が多い。さらに「踏みにじる」は、「人の善意を踏みにじる」のように、相手の立場や考えなどについてもいう。【2】「踏みしだく」は、古風な語。その動作の対象となるものは、小さくか弱そうな植物が主である。

【関連語】◆(**蹂躙**)スル暴力、強権などで他を踏みにじること。「人権蹂躙」

参照▼踏みにじる⇒517-29

9 09-07 破壊(はかい)／毀損(きそん)

共通する意味★物を壊したり傷つけたりすること。**【英】** *destruction*

使い方▼〔**破壊**〕スル▽ビルを破壊する▽敵艦を破壊する　〔**毀損**〕スル▽文化財を毀損する▽名誉毀損

使い分け【1】「破壊」は、比較的大きな物を、その機能をなくすまでに壊すこと。【2】「毀損」は、小さな物についても使えるが、機能を失わせるというよりも、文化的に価値があると考えられるものを壊したり傷つけたりして、その価値を低下させることをいう。また、名誉や利益をそこなうことにも使われる。【3】「毀損」は、文章語。

反対語▼破壊⇔建設

9 09-08 粉砕(ふんさい)／撃破(げきは)

【関連語】◆(破砕)はさい

共通する意味★敵である相手をうち破ること。**【英】** *smashing*

使い方▼〔**粉砕**〕スル▽相手チームを粉砕する▽岩盤をダイナマイトで粉砕する　〔**撃破**〕スル▽敵の牙城(がじょう)を撃破する▽各個撃破

使い分け【1】「粉砕」は、本来、物体を粉々に砕く意で、そこから転じたもの。【2】「撃破」は、勝負をする相手に対してのみ用い、「粉砕」のように、単なる物体とみなされるものに用いられることはない。

【関連語】◆(**破砕**)スル砕いて壊すこと。「岩石を破砕する」「強敵を破砕する」「破砕機」

9 09-09 損壊(そんかい)／破損(はそん)／損傷(そんしょう)

【関連語】◆(潰える)ついえる◆(傷む)いたむ

共通する意味★物が壊れること。**【英】** *damage*

使い方▼〔**損壊**〕スル▽台風で家屋が損壊する▽道路

9 物の動き

の損壊〔破損〕スル▽台風で屋根が破損する▽破損した自転車　〔損傷〕スル▽車が損傷する▽人体に損傷を与える

使い分け【1】「損壊」は、なんらかの害を受けて、その結果、その物体のほぼ全体が壊れることをいうのに対し、「破損」は、ある物体が部分的に壊れることもいう。【2】「損傷」は、対象がほかの人の体や生命にも及ぶという点で、「破損」とは異なる。また、「破損」は、破れること、壊れることをいうのに対し、「損傷」は、もっと軽い外側の傷をいうことも多い。

【関連語】◆**〔潰える〕**(ア下一)くずれ壊れる。主に、希望、夢、計画、敵に対する守りなどに使う。「希望がついえる」「味方はあえなくついえた」◆**〔傷む〕**(マ五)物体が損なわれる。また、食物がくさる。「塩害でアンテナが傷む」「果物が傷む」

9 09-10 崩壊（ほうかい）／瓦解（がかい）

共通する意味★秩序あるものや組織が壊れてその機能を失うこと。**【英】** *collapse*

使い方▼〔崩壊〕スル▽ローマ帝国の崩壊▽集中豪雨で崖（がけ）が崩壊する　**〔瓦解〕**スル▽内閣が瓦解に瀕（ひん）する

	国家が□する	封建制度が□する	家庭の□を招く	鉄橋が□する	高層ビルが□する
崩壊	○	○	○	○	○
瓦解	○	○	△	-	-

使い分け【1】「崩壊」は、組織や秩序のみならず、建造物などについても用いられるが、「瓦解」は、組織や秩序についてしか用いられない。【2】「瓦解」は、屋根瓦の一枚が落ちた勢いで、ほかの瓦もがらがらと落ちるように、組織や秩序が次々に崩れて全体がばらばらになってしまうことをいう。

9 09-11 駄目（だめ）／台無し（だいなし）／ふい／おじゃん／無駄（むだ）

【関連語】◆〔空中分解（くうちゅうぶんかい）〕◆〔挫折（ざせつ）〕◆〔くたびれもうけ〕◆〔おしまい〕◆〔わや〕◆〔パンク〕◆〔ぼつ〕

共通する意味★役に立たなくなること。ある物やある事の価値がなくなること。**【英】** *useless*

使い方▼〔駄目〕(名・形動)　**〔台無し〕**(名・形動)　**〔無駄〕**(名・形動)

	台風で計画が□になる	チャンスを□にする	油で背広が□になる	このままだとあの子は□になる
駄目	○	△	○	○
台無し	○	○	○	-
ふい	○	○	-	-
おじゃん	○	-	○	-
無駄	○	○	-	-

使い分け【1】「駄目」が、もっとも一般的に用いられる。本来、囲碁の用語で、双方の地に属さない空点をさす。【2】「台無し」「無駄」は、広く物事について、その価値が失われることをいうが、人については使えない。【3】「ふい」は、具体的な物に対しては使えない。【4】「おじゃん」は、俗語的。火事の鎮火を知らせる半鐘の音からという。

【関連語】◆**〔空中分解〕**スル計画、組織などが途中で崩れて完全に駄目になること。「資金難で計画が空中分解する」◆**〔挫折〕**スル意気込んで行っている仕事や計画などが途中で駄目になること。「資金繰りがつかず挫折した」「大きな挫折を経験する」「挫折感」◆**〔くたびれもうけ〕**いくら一生懸命に行ってもくたびれるばかりで、なんの効果もないこと。「骨折り損のくたびれもうけ」◆**〔おしまい〕**継続中の物事がそこでとぎれてしまうこと。「この恋もうおしまいだ」◆**〔わや〕**(名・形動)駄目になることの意の俗語。方言的な言い方で、「わやく」の変化した語。「せっかくの結婚話をわやにした」◆**〔パンク〕**スルそこに物が多く集中しすぎて、その機能が働かなくなること。「空港はパンク寸前だ」◆**〔ぼつ〕**投書などの原稿が不採用になること。俗語的に駄目になる意で使われることがある。「計画はぼつになった」

参照▼ぼつ⇒304-08

9 09-12 無意味（むいみ）／論外（ろんがい）／ナンセンス

【関連語】◆〔不毛（ふもう）〕

共通する意味★あることを行うだけの理由や価値のないこと。**【英】** *nonsense*

使い方▼〔無意味〕(名・形動)▽努力しても無意味だ▽無意味な行為　**〔論外〕**▽彼のあの発言は論外だ▽あんな男は論外だ　**〔ナンセンス〕**(名・形動)▽そんなナンセンスな話は受け入れられない

使い分け【1】「無意味」「ナンセンス」は、意味のないこと、ばかげているさまを表わす。【2】「論外」は、議論する価値もないこと。

【関連語】◆**〔不毛〕**(名・形動)何の発展も実りもないこと。「不毛な論争を繰り返している」

参照▼不毛⇒702-23

9 09-13 爆破（ばくは）／爆砕（ばくさい）

共通する意味★爆発物によって物を破壊すること。**【英】** *blowing up*

使い方▼〔爆破〕スル▽鉄道線路を爆破する▽爆破作業▽爆破薬　**〔爆砕〕**スル▽ダイナマイトで岩を爆砕する▽爆砕されたビル

使い分け「爆破」と「爆砕」とは、多くの場合、入れ換えて用いることができるが、「爆砕」には、物を粉々に破壊するという意味が含まれているため、「爆破して岩を砕く」とはいえても、「爆砕して岩を砕く」とはいえない。

9 09-14 爆発(ばくはつ)／破裂(はれつ)／炸裂(さくれつ)

【関連語】◆(爆裂)ばくれつ

共通する意味★物が勢いよく破れ裂けること。**【英】** *explosion*

使い方▼〔爆発〕スル▽もれていたガスに火がついて爆発が起こった▽砲弾が爆発する　〔破裂〕スル▽水道管が凍って破裂する▽車のタイヤが破裂する▽風船が破裂する▽破裂音　〔炸裂〕スル▽爆弾が艦橋で炸裂する▽地雷が炸裂する

使い分け【1】「爆発」は、急激な化学反応で多くのガスと熱量が発生し、破壊作用を起こすこと。また、「怒りが爆発する」のように、おさえていたものが一度にふき出すことにもいう。【2】「破裂」は、その物の内部からの圧力によって勢いよく破れ裂けること。それに対して「炸裂」は、その物が他の物と激しく衝突することによって勢いよく破れ裂けること。

【関連語】◆(爆裂)スル爆発して破裂すること。文章語。「爆弾が爆裂する」「爆裂音」

9 09-15 単発(たんぱつ)／散発(さんぱつ)／暴発(ぼうはつ)

【関連語】◆(不発)ふはつ

共通する意味★弾丸の発射のされ方による種別。

使い方▼〔単発〕▽単発の銃　〔散発〕スル▽弾丸を散発する　〔暴発〕スル▽猟銃が暴発する

使い分け【1】「単発」は、一発ずつ発射することで、「散発」は、一定の間隔をおいて発射すること。【2】「暴発」は、不注意のためにとんでもないときに発射してしまうこと。**【英】** *single-fire* 【3】「単発」は、**【英】** *a sudden spontaneous discharge* 【3】「単発」は、「単発のヒットで攻撃が終わる」のように、後続がなく一回きりで終わることにもいう。【4】「散発」には、「地震が散発する」のように、物事がときどき起こることの意味もある。【5】「暴発」は、「見物の群集が暴発して大騒ぎになった」のように、予定外の過激な行動をとることの意味でも使う。

反対語▼単発・散発⇔連発

【関連語】◆(不発)弾丸が発射または破裂しないこと。また、しようとしていたことができなくなること。「不発弾」「ストは不発に終わった」

9 09-16 大破(たいは)／倒壊(とうかい)／全壊(ぜんかい)

【関連語】◆(丸潰れ)まるつぶれ

共通する意味★ひどくこわれること。**【英】** *dilapidation*

使い方▼〔大破〕スル▽飛行機が墜落し大破した　〔倒壊〕スル▽雪の重みで倉庫が倒壊した▽倒壊家屋　〔全壊〕スル▽地震で街が全壊した▽全壊家屋

使い分け【1】「大破」は、乗り物が事故などでこわれる場合に使うことが多い。【2】「倒壊」「全壊」は、建物について使うことが多い。「倒潰」「全潰」とも書く。

反対語▼大破⇔中破・小破　全壊⇔半壊

【関連語】◆(丸潰れ)すっかりつぶれてだめになること。特に、人間や組織に関する面目、信用が失われることについて用いることが多い。「保証人の顔がまるつぶれだ」「店の信用がまるつぶれになる」

9 09-17 木っ端微塵(こっぱみじん)／粉微塵(こなみじん)／粉粉(こなごな)

共通する意味★原形をとどめないほどに細かく砕けること。**【英】** *in fragments*

使い方▼〔木っ端微塵〕▽爆風で窓ガラスが木っ端微塵になる▽夢は木っ端微塵に打ち砕かれた　〔粉微塵〕(名・形動)▽石像が粉微塵に砕ける▽グラスが粉微塵になる　〔粉粉〕(形動)▽衝突の勢いで、車のフロントガラスが粉々に割れた

使い分け【1】「木っ端微塵」と「粉微塵」とでは、「粉微塵」の方が細かく砕ける感がある。【2】夢や理想、敵など、堅い物体以外のものを、原形をとどめないほど徹底的に打ち砕くというような場合は「木っ端微塵」が使われる。【3】「粉微塵」は、「粉粉」をより強調した言い方。

9 10…作成

9 10-01 作る(つくる)／拵える(こしらえる)／築く(きずく)／仕立てる(したてる)

【関連語】◆(形作る)かたちづくる◆(作り出す)つくりだす◆(作り上げる)つくりあげる◆(仕立て上げる)したてあげる◆(誂える)あつらえる

共通する意味★種々の材料に手を加え、新しい形や、完成された状態にする。

使い方▼〔作る〕(ラ五)▽森林が開かれ、新しい町がつくられた▽世界記録をつくったランナー▽課外授業で米をつくる▽人間関係をつくる　〔拵える〕(ア下一)▽酒のさかなをこしらえる▽用事をこしらえて、会合への出席をさぼる　〔築く〕(カ五)▽鉄でモニュメントが築かれた▽夫婦が力を合わせて家庭を築く　〔仕立てる〕(タ下一)▽新しく仕立てた服▽釣り舟を仕立てて沖へ出る▽体験を小説に仕立てる▽友人を先生に仕立てて、英会話を習う

	洋服を□	料理を□	橋を□	友情を□
作る	○	○	○	-
こしらえる	○	○	○	-
築く	-	-	○	○
仕立てる	○	-	-	-

使い分け【1】「作る」は、主に手作業で物を生み出したり、目的に従った形、状態にしたりする意。最も一般的であり、抽象的なものも含め、さまざまなものについていうことができる。**【英】** *to make* 【2】建造物など、大きい物が対象の場合、「造(つく)る」を使うなど、対象によって「作る」「造る」を使い分けることもあるが、厳密な区別はない。**【英】** *to build* 【3】「拵える」は、より具体的な、身近なことに使われることが多く、話し言葉的な言い方。芸術作品、性格、関係など、本来、自然的な要素が加わることによって作られるものについては、「拵える」とはいいにくい。**【英】** *to create* 【4】「築く」は、土、石などを積み重ね、固めて、大きな物を作る意。また、一歩一歩積み重ねる努力により、地位、財産、国土、人間関係などを作っていくことについていう。**【英】** *to build* 【5】「仕立てる」は、衣服を作る意。また、「釣り舟を仕立てる」のように、準備する意、また、「…に」に続いて、ある完成された状態につくりあげる意（「小説に仕立てる」）や、本来、事実でないことを、いかにも事実のように作り上げる意（「仲間を先生に仕立てる」）もある。**【英】** *to tailor*（服を仕立てる）; *to get ready*（準備する）

【関連語】◆**（形作る）**（ラ五）一つのまとまった形を形成する。個々の具体的な物ではなく、抽象的なものについていうのが普通。「子供のころの体験が人の性格を形作る」「一大勢力を形作る」◆**（作り出す）**（サ五）創作する。また、新しく何かを作り始める。「新製品を作り出す」「名も知らぬ陶工によって作り出された名品」「趣味で造花を作りだしてから、もう二年になる」◆**（作り上げる）**（ガ下一）作り終える。完成する。また、でっちあげる。「作品を作り上げる」「作り上げられた美談」◆**（仕立て上げる）**（ガ下一）つくり上げる。人を育て上げる。また、でっちあげる。「立派に仕立て上げられた和服」「息子を立派な技術者に仕立て上げた」「あること、ないこと、笑い話に仕立て上げる」◆**（誂える）**（ア下一）注文して物を作らせる。「春用のコートをあつらえる」

9 10-02 製作(せいさく)／制作(せいさく)／作製(さくせい)／作成(さくせい)／製造(せいぞう)

共通する意味★物を作ること。**【英】** *manufacture*

使い方▼〔**製作**〕スル▽模型飛行機を製作する▽サンプルを製作する　〔**制作**〕スル▽テレビ局で教育番組の制作にたずさわる　〔**作製**〕スル▽至急、図面を作製するように伝えた　〔**作成**〕スル▽会議のための資料を作成する　〔**製造**〕スル▽パンを製造する▽製造年月日

使い分け【1】「製作」は、道具や機械などを用いて、物品を作ること。【2】「制作」は、映画やテレビなどの番組を作ることや、そういう仕事、役割をいう。【3】「作製」は、品物、機械、あるいは図面を作ることをいう。【4】「作成」は、書類や文書を作りあげる場合に使う。【5】「製造」は、原料を加工して大量に物を生産すること。主に、工場で生産するような場合に用いられる。

9 10-03 創造(そうぞう)／創出(そうしゅつ)／創製(そうせい)／独創(どくそう)／創成(そうせい)／造成(ぞうせい)

【関連語】◆（創作(そうさく)）◆（クリエート）◆（オリジナリティー）

共通する意味★新しいものを作り出すこと。**【英】** *creation*

使い方▼〔**創造**〕スル▽新しい芸術の創造▽創造性▽天地創造　〔**創出**〕スル▽新しい文化の創出　〔**創製**〕スル▽明治初期創製の銘菓　〔**独創**〕スル▽独創的な発想▽独創性　〔**創成**〕スル▽会社の創成期　〔**造成**〕スル▽宅地を造成する▽造成地

使い分け【1】「創造」が、最も一般的に用いられる。【2】「創製」は、具体的な、形のあるものを作り出す場合に用いられることが多い。【3】「創造」「創出」「創製」が、新しいものを作り出すことを表わすのに対し、「独創」は、新しいものを作り出すことではあるが、作り出されたものが、他にはない独自な特徴を有しているものであることに重点がある。【4】「創成」は、組織などを初めて作る、あるいは組織などが出来上がる場合に用いられる。【5】「造成」は、土地などを使えるように作り上げる場合に用いられる。

【関連語】◆**（創作）**スル新しいものを最初に作り出すこと。特に、文学・芸術などの作品を生み出すこと、また、その作品をいう。「創作に専念する」「彼が創作した作品」「創作意欲」「創作物」◆**（クリエート）**スル創造、創作すること。「新しい時代をクリエートする」◆**（オリジナリティー）**独創性。「この作品はオリジナリティーに乏しい」「オリジナリティーに富んだ作品」

参照▼創作⇒6 16-38

9 10-04 組(く)む／組(く)み立(た)てる／組(く)み合(あ)わせる

共通する意味★ばらばらのものをつなぎ合わせて一つのものにする。**【英】** *to construct*

使い方▼〔**組む**〕（マ五）〔**組み立てる**〕（タ下一）〔**組み合わせる**〕（サ下一）

	部品を□	チームを□	考えを□	強豪同士を□
組む	○	○	-	-
組み立てる	○	△	○	-
組み合わせる	△	○	-	○

使い分け【1】「組む」は、何かと何かを互い違いに交差させ絡ませる意。このほか、「いかだを組む」「櫓(やぐら)を組む」のように、離れないようにつなぎ合

わせて作る意もある。また、「隊を組む」「石油関係の記事を組む」のように、構成、編成する意もある。【2】「組み立てる」は、いろいろな形のものを「組む」ことを重ねていって、全体として一つのものを作り上げる意。【3】「組み合わせる」は、二つ以上のものを合わせてつないだ状態にする意。また、二つ以上のものを合わせて一そろい、一組みにする意もある。【4】「組む」には、自動詞として、「がっぷり四つに組む」のように、絡み合った状態になる意や、「彼と組んで仕事をする」のように、仲間になる意がある。

9 10-05 生産（せいさん）／産出（さんしゅつ）／原産（げんさん）／産（さん）する

共通する意味★生活に必要な物を作り出すこと。また、その活動。**【英】** *production*

使い方▼〔**生産**〕スル▽生産が上がる▽生産を高める▽野菜を生産する▽自動車の生産高で世界第一位　〔**産出**〕スル▽原油を産出する▽産出量　〔**原産**〕▽日本原産の植物▽原産地　〔**産する**〕（サ変）▽みかんを産する

使い分け【1】「生産」は、品物を作り出すことであるが、「産出」は、物を作り出すことのほか、物がとれることにもいう。【2】「原産」は、動植物、あるいは原料、製品が最初にとれたり、作り出されたりすること。【3】「産する」は、「生産する」とほぼ同意であるが、自動詞として、「秋田に産する米」のように、物が作り出される意もある。

9 10-06 造形（ぞうけい）／成型（せいけい）／整形（せいけい）

共通する意味★ある形に作り上げること。**【英】** *molding*

使い方▼〔**造形**〕スル▽都市空間を造形する▽造形美術　〔**成型**〕スル▽プラスチックをコップに成型する▽プレス成型　〔**整形**〕スル▽鼻を整形する▽整形外科

使い分け【1】「造形」は、ある観念をもとに、空間的広がりの中で、美的なものを作ること。「造型」とも書く。【2】「成型」は、型を用いて一定の形にすること。【3】「整形」は、手術によって障害を取り除き、正常な形にすること。

9 10-07 手作（てづく）り／手製（てせい）

共通する意味★他人の労力や機械を用いないで、自分の手で作ること。また、そのもの。**【英】** *hand-made*《形》

使い方▼〔**手作り**〕▽手作りのお菓子▽手作りの味　〔**手製**〕▽お手製のハンドバッグ▽手製のケーキ

使い分けどちらも同じように使われるが、「手作り」の方が、やや一般的。

9 10-08 人工（じんこう）／加工（かこう）

【関連語】◆（人造）じんぞう

共通する意味★人間の力を加えること。また、人間が作り出すこと。

使い方▼〔**人工**〕▽人工呼吸▽人工衛星　〔**加工**〕スル▽魚肉を加工してかまぼこを作る

使い分け「加工」は、原料または他の製品に手を加えて新しい別の製品を作り出すことで、主として自然物に人間が手を加えることを意味する「人工」とは異なる。**【英】** *artificiality*（人工）; *processing*（加工）

【関連語】◆（人造）自然のものに似せて人間が作ること。「人造湖」「人造人間」

9 10-09 自製（じせい）／私製（しせい）

【関連語】◆（官製）かんせい

共通する意味★自分で作ること。また、その品物。**【英】** *one's own making*

使い方▼〔**自製**〕▽この店では自製のケーキが売り物だ　〔**私製**〕▽和紙で作った私製のはがき

使い分け【1】「自製」は、自分の手で作ること。【2】「私製」は、「官製」に対して私的に作ったという意味。実際に自分の手で作ったものとは限らない。

【関連語】◆（官製）政府が製造すること。「官製はがき」

9 10-10 特製（とくせい）／上製（じょうせい）

【関連語】◆（並製）なみせい

共通する意味★上等なつくりのこと。また、その製品。**【英】** *special make*

使い方▼〔**特製**〕▽このレストラン特製の料理　〔**上製**〕▽上製のノート

使い分け【1】「特製」は、品質もすぐれているが、なんらかの特別な工夫をこらして作ってあることをもいう。【2】「上製」は、「並製」に対して、より上等のものをいう。さらにすぐれたものが「特製」である。

【関連語】◆（並製）普通に作ること。また、作られた品。

9 10-11 木製（もくせい）／木造（もくぞう）

【関連語】◆（石造）せきぞう

共通する意味★木で作られていること。**【英】** *wooden*《形》

使い方▼〔**木製**〕▽木製の玩具　〔**木造**〕▽木造の家▽木造建築

使い分け「木製」は、器具類について用いられることが多いが、「木造」は、建築、建造物などのように、規模の大きいものについていうことが多い。

【関連語】◆（石造）石材で建築、製作すること。また、そのもの。「石造美術」

9 10-12 既製／出来合い

【関連語】◆(レディーメード)

共通する意味★注文して作ったのではなく、すでに不特定多数の消費者に向けて、完成品として作られていること。また、その作られたもの。【英】*ready-made*

使い方▼〔既製〕▽既製品▽既製服　〔出来合い〕▽出来合いの服▽出来合いで間に合わせる

使い分け 二語とも、意味は同じ。「出来合い」は、「既製」よりも口語的で、やや軽んじる感情の混じった語。

【関連語】◆(レディーメード)出来合い品。既製品。「レディーメードのスーツを買う」

9 11 …発生

9 11-01 置く／据える／据え付ける／取り付ける／敷く

共通する意味★ある目的をもって物を位置させる。【英】*to place*

使い方▼〔置く〕(カ五)▽新聞をテーブルの上に置く▽全国に支店を置く▽荷物を置いて逃げる　〔据える〕(ア下一)▽新しい機械を据える▽目を据えて見る▽会長に据える　〔据え付ける〕(カ下一)▽新しい書棚を据え付ける▽クーラーを据え付ける　〔取り付ける〕(カ下一)▽壁に防犯カメラを取り付ける▽テレビを車に取り付ける　〔敷く〕(カ五)▽砂利を敷く▽布団を敷く▽戒厳令を敷く

使い分け【1】「置く」は、基本的には、人や物をある位置、状態にする意だが、位置させることによってその物や人の価値を発揮し、機能させる意。【2】「据える」は、物を一定の場所に動かないようにしっかりと位置させる意。人の場合には、ある地位に位置させることをいう。また、「腹を据える」「腰を据える」のように、落ち着ける意もある。【3】「据え付ける」は、物をある場所に置いて固定させる場合にいう。【4】「取り付ける」は、機械などを他のものにつける意。【5】「敷く」は、物を平らに広げて置く意。

9 11-02 設立／設置

【関連語】◆(設営)せつえい◆(常設)じょうせつ◆(併設)へいせつ◆(私設)しせつ

共通する意味★組織や機関などをこしらえること。【英】*establishment*

使い方▼〔設立〕スル　〔設置〕スル

	委員会を□する	学校を□する	新たに大学院を□する	自動販売機を□する
設立	○	○	－	－
設置	○	－	○	○

使い分け【1】「設立」は、施設や公的機関などを新しく作ること。独立した一つの組織として作る場合にいう。【2】「設置」は、ある目的に役立つように、施設や物、機関などを作り設けて置くこと。組織や設備の一部として新たに設ける場合にいう。

【関連語】◆(設営)スル活動に必要な施設や建物などをつくること。「テントを設営する」「基地を設営する」◆(常設)スル施設、設備などを常に設けていること。「委員会を常設する」「常設展」◆(併設)スル中心となる施設、設備などと合わせて、別の機能を持つ施設、設備などを一緒に設けること。「博物館に歴史教室を併設する」◆(私設)個人や民間で私的に設立したり、設置したりすること。⇔官設・公設。「私設応援団」

9 11-03 新設／開設

共通する意味★新しく、設備や機関などを作り設けること。【英】*establishment*

使い方▼〔新設〕スル▽高校を新設する▽新設の高校　〔開設〕スル▽電話局を開設する▽役所に相談の窓口を開設する

使い分け「新設」は、今までなかったものを新しくつくることであるが、「開設」は、既成の施設の一部として開いたり、すでに存在していたが使われていなかったものを使えるようにすることをいう。

9 11-04 創設／創立

共通する意味★初めて設立すること。【英】*establishment; foundation*

使い方▼〔創設〕スル　〔創立〕スル

	新しい大学を□する	新会社を□する	放送局が□される	□記念日
創設	○	○	○	－
創立	○	○	－	○

使い分け【1】「創設」は、初めて施設や組織、制度などを設けること。【2】「創立」は、学校や会社などをつくり上げること。

9 11-05 樹立／確立

共通する意味★物事がしっかりと作り上げられること。また、作り上げること。【英】*establishment*

使い方▼〔樹立〕スル　〔確立〕スル

	友好関係を□する	連合政権を□する	新記録の□	制度が□している	自主性の□を図る
樹立	○	○	○	-	-
確立	○	-	-	○	○

使い分け【1】「樹立」は、新しい物事がしっかりと定まること。また、しっかりとうちたてること。【2】「確立」は、地位・組織・制度・理論など、物事の基礎となるようなものを、十分用意をしたうえで、しっかりしたものに作り上げること。また、作り上げられること。

9 11-06 生まれる／起きる／起こる／生じる

【関連語】◆(湧く)

共通する意味★新しくある物事や状態ができ上がる。**【英】** *to occur*

使い方▼〔**生まれる**〕(ラ下一)▽希望が**生まれる**▽新たな疑惑が**生まれる**　〔**起きる**〕(カ上一)▽頭痛が**起きて**苦しむ▽災害が**起きる**　〔**起こる**〕(ラ五)▽やる気が**起こる**▽事件が**起こる**　〔**生じる**〕(ザ上一)▽一面に雑草が**生じる**▽微妙な狂いが**生じる**

	いい考えが□	利益が□	めまいが□	欠陥が□
生まれる	○	○	-	△
起きる	○	-	○	-
起こる	○	-	○	-
生じる	○	○	○	○

使い分け【1】「生まれる」は、出生する、誕生する意がもとで、物事に関しても、具体的な形をとったものについて使われることが多い。【2】「起きる」「起こる」は、ある状態が発生する意で共通に使われる。「起こる」「おこる」は、「産業がおこる」「国がおこる」など、盛んになる意の場合、ふつう「興る」と書く。【3】「生じる」は、意味・用法の幅が広く、「利益が生じる」という自動詞とともに、「利益を生じる」という他動詞の用法もある。「生ずる」の形もあるが、現在では「生じる」の方を多く使う。

【関連語】◆(湧く)(カ五)物事が発生する。また、盛んになる。「涌く」とも書く。「闘志が湧く」「希望が湧く」「石油が湧く」「蛆(うじ)がわく」

参照▼生まれる⇒301-06　起きる⇒112-36　起こる⇒914-07

9 11-07 起こす／引き起こす

共通する意味★ある物事や状態を生じさせる。**【英】** *to cause*

使い方▼〔**起こす**〕(サ五)▽企業が公害を**起こす**▽やる気を**起こす**　〔**引き起こす**〕(サ五)▽やっかいな問題を**引き起こす**▽騒動を**引き起こす**

使い分け【1】「起こす」は、その対象が事柄である場合、人である場合、物である場合などによって、その意味は多岐にわたるが、外からの働きかけによって新たにある状態を成立させる意が基本となる。【2】「おこす」は、「産業をおこす」「国をおこす」など、盛んにする意の場合は、ふつう「興す」と書く。【3】「引き起こす」は、本来、引っ張って起こす意。新たに事態(事件・騒ぎなど)を生じさせる意では、「起こす」とほとんど同意である。

参照▼起こす⇒101-01　112-36　引き起こす⇒101-01

9 11-08 発生／生成

共通する意味★物が新たに生じること。**【英】** *occurrence*

使い方▼〔**発生**〕スル▽濃霧**発生**のため通行止め▽交通事故が**発生**した　〔**生成**〕スル▽火山の爆発で花崗岩(かこうがん)が**生成**された▽牛乳からバターを**生成**する▽**生成**物

	アンモニアを□する	化合物を□する	地震が□する	火山の□
発生	△	-	○	-
生成	○	○	-	○

使い分け【1】「発生」は、物が生じることのほかに、事が起こることもいい、事故、事件をはじめ、害虫、台風などの自然現象とも結びつく。【2】「生成」は、物が生じること、または、物を生じさせること。基本的に「AがBを生成する」「AからBが生成される」の形をとり、Bが生じるためにはAの存在が不可欠である。

9 11-09 出来／突発／勃発

共通する意味★事件、事故などが起こること。**【英】** *an outbreak*

使い方▼〔**出来**〕スル　〔**突発**〕スル　〔**勃発**〕スル

	大事件が□する	難問が□する	□的な事故	戦争の□
出来	○	○	-	-
突発	○	△	○	△
勃発	○	-	-	○

使い分け【1】「出来」は、やや古めかしい表現。【2】「突発」「勃発」は、突然に起こる場合に用いる。両者はほぼ同じ意味をもつが、「突発事故」のように事故の起こり方をいう場合には、「突発」を用いる。

9 11-10 続発／連発／続出

共通する意味★事故などが続いて起こること。**【英】** *to happen in succession*《動》
使い方▼〔**続発**〕スル▽飛行機事故が続発している▽続発する放火事件　〔**連発**〕スル▽不祥事が連発する▽すみませんを連発して謝った　〔**続出**〕スル▽日本記録が続出する▽入会希望者が続出する
使い分け【1】「続発」は、「連発」よりも頻繁に起こる場合にいう。【2】「連発」は、「冗談を連発する」のように、言葉を続けて発する場合にもいう。【3】「続出」は、同じようなことが次々と現れたり起こったりすることをいう。

9 11-11
多発（たはつ）／頻発（ひんぱつ）／群発（ぐんぱつ）／激発（げきはつ）

共通する意味★幾度も起こること。**【英】** *frequent occurrence*
使い方▼〔**多発**〕スル▽凶悪犯罪が多発する都市▽この急カーブで事故が多発している　〔**頻発**〕スル▽公務員の汚職が頻発する▽頻発する交通事故　〔**群発**〕スル▽群発地震　〔**激発**〕スル▽水の事故が激発する
使い分け【1】「多発」は、多く発生すること。「頻発」は、短期間に集中して同じことが何度も起こること。【2】「群発」は、一定の期間、一定の地域に集中して起こること。【3】「激発」は、次から次へと起こること。また、「つい感情が激発して大声で叫んでしまった」のように、感情の動きについてもいう。

9 11-12
再発（さいはつ）／再燃（さいねん）／ぶり返す（かえす）

共通する意味★一度は解決したように見えた事件などが、また起こること。**【英】** *recurrence*
使い方▼〔**再発**〕スル▽ハイジャックの再発を防ぐ▽癌（がん）が再発する　〔**再燃**〕スル▽中東問題が再燃する▽対立が再燃した　〔**ぶり返す**〕（サ五）▽風邪（かぜ）がぶり返した▽三月にはいって寒さがぶり返した
使い分け【1】「再発」は、命にかかわるような重い病気や、戦争、犯罪などの事件が、一度おさまってから、また再び起こること。【2】「再燃」は、本来、消えたはずの火がまた燃え出すことの意から、完全に解決していなかった問題が、また表面化して、活発な動きを見せること。【3】「ぶり返す」は、一度おさまった軽い病気や、寒暑など天候の勢いが再び盛んになる意。

9 11-13
未然（みぜん）／未発（みはつ）

共通する意味★事がまだ起こらないこと。**【英】** *beforehand*
使い方▼〔**未然**〕▽事故を未然に防ぐ▽未然の防災対策　〔**未発**〕▽暴動が未発に終わる
使い分け「未然」は、まだそうなっていない状態の意も含む。

9 11-14
兆し（きざし）／兆候（ちょうこう）／前兆（ぜんちょう）／予兆（よちょう）

共通する意味★何かが起こることを予感させる現象。**【英】** *symptoms; omen*
使い方▼〔**兆し**〕▽元気だった父親に老いの兆しが見える▽最近の消費の低下は、景気後退の兆しだ　〔**兆候**〕▽近年低調だった映画界に復活の兆候が見えてきた▽戦いは泥沼化する兆候を呈している　〔**前兆**〕▽なまずが暴れるのは、地震の前兆といわれる▽不吉な時代の前兆　〔**予兆**〕▽何の予兆もなく突然大噴火が起こった▽この柔らかな光は近づく春の予兆だ
使い分け【1】いずれも、何かが起ころうとするしるしをいう。「兆し」「兆候」は、すでに起こり始めたできごとの一部がある現象として現れかかっていることをさす。一方、「前兆」「予兆」は、何かが起こる前にそれが起こるとわかるような別の現象をさす。【2】「兆し」「兆候」は、「兆しを感じる」のように、なんとなく感じとれるものも、また、それと指摘できる具体的な現象もさすのに対し、「前兆」「予兆」は、主に具体的な現象をさすのに使われる。【3】「兆し」は「萌し」、「兆候」は「徴候」と書くこともある。

9 11-15
兆す（きざす）／催す（もよおす）／芽生える（めばえる）／萌芽（ほうが）

共通する意味★物事が起ころうとする。ある状態になろうとする。**【英】** *to show signs (of)*
使い方▼〔**兆す**〕（サ五）▽やがてくる黄金時代はこの時すでに兆していた▽改革の機運が兆す▽いやなムードが兆す　〔**催す**〕（サ五）▽長いスピーチに眠気を催した▽吐き気を催す▽便意を催す▽感慨を催す　〔**芽生える**〕（ア下一）▽薄情な仕打ちに一瞬殺意が芽生えた▽友情が芽生える　〔**萌芽**〕スル▽園児たちに自立心の萌芽がみられる
使い分け【1】「兆す」は、ある状態になり始めるとき、そのしるしとなるような小さな動きをする意。【2】「催す」は、何らかの感じが生じる意。多く、生理的な気分に用いる。「…を催す」の形が普通であるが、「春の気配が催す」のように、「…が催す」となるときもある。【3】「芽生える」「萌芽」は、気持ちや性質や状態が生じる意。「萌芽」は、文章語。
参照▼芽生える⇒720-32

9 11-16
予告（よこく）／予報（よほう）／前触れ（まえぶれ）

共通する意味★あらかじめ知らせること。
使い方▼〔**予告**〕スル▽会社から解雇を予告された▽爆破を予告する電話▽映画の予告編　〔**予報**〕スル▽気象庁が大雨を予報した▽津波予報　〔**前触れ**〕▽地鳴りは地震の前触れだ▽友達が何の前触れもなくやってきた

	何の□もなく訪問を受けた	□なしに行う	一週間の天気を□する	黒い雲は嵐（あらし）の□だ
予告	○	○	-	-
予報	-	-	○	-
前触れ	○	○	-	○

使い分け【1】「予告」は、これから行うことを前もって相手に知らせること。また、その内容。【英】*a (previous) notice*【2】「予報」は、これから先のことを情報として与えること。また、その内容。天気、天変地異などについて用いることが多い。【英】*forecast*【3】「前触れ」は、前もって知らせる意味のほか、何かが起ころうとするしるしの意味でも使う。

9 12…存続

9 12-01 残る（のこ）／居残る（いのこ）／とどまる

【関連語】◆（とどめる）

共通する意味★他の人がいなくなった後も、なお、その場所、地位、組織などにいる。**【英】***to remain*

使い方▼〔**残る**〕（ラ五）▽ここに残って後から来る人を待つ▽相談役として会社に残る　〔**居残る**〕（ラ五）▽居残っている者は、早く帰りなさい　〔**とどまる**〕（ラ五）▽死ぬまでこの地にとどまる決心をした

	ひとり□て仕事をする	村に□て農業をする	現職に□	消去法で□た人々
残る	-っ○	-っ○	○	-っ○
居残る	-っ○	-っ△	-	-っ-
とどまる	-っ△	-っ○	○	-っ-

使い分け【1】「残る」は、「菓子が一つ残る」「疲れが翌日まで残る」「歴史に名が残る」など、人以外に関してもさまざまに使われるが、「居残る」「とどまる」は、人に限って用いられる。【2】「残る」よりも「居残る」の方が、作為的な感じの意味合いが強く、あまりよい意味に使われないことの方が多い。特に、名詞「居残り」は、その傾向が強い。「罰として全員に居残りを命じる」【3】「居残る」は、「昨日も十一時近くまで居残っていた」のように、残業する意で用いられることもある。【4】「とどまる」は、動かないで、その場所（地位）にいる意。「現地にしばらくとどまる」「十年も首相の座にとどまっていた」のように、「残る」が、他の人が去ってしまっても、その場所（地位）にいるのに対して、「とどまる」は、他の人の状態には関係なく、本人がその場所（地位）に変化なくいる意。「留まる」「止まる」とも書く。

【関連語】◆（**とどめる**）（マ下一）先に進めないようにする。また、後に残す。「留める」「止める」とも書く。「足をとどめる」「原形をとどめる」「歴史に名をとどめる」

9 12-02 残す（のこ）／余す（あま）

【関連語】◆（余る）（あまる）

共通する意味★すっかりなくしてしまわないで、一部は手をつけないでおく。**【英】***to leave (behind)*

使い方▼〔**残す**〕（サ五）▽御飯を残さず食べる▽彼に仕事を半分残しておく▽幼いころの面影を残している▽医学界に偉大な足跡をのこす　〔**余す**〕（サ五）▽今年も余すところあと一日となってしまった▽実力を余すところなく発揮する▽予算を余すわけにはいかない

	会期は三日を□だけ	遺産を□	□ところなく伝える	子供を家に□てきた
残す	○	○	-	-し○
余す	○	-	○	-し-

使い分け【1】「残す」「余す」は、手をつけないでおく意では、食事、金、期間など、同じ場面で用いることができるが、「残す」の方が一般的に用いられる。「余す」は、時間や期間があとどれだけかという場合に、「大会まで余すところあと三日だ」のように、「余すところ」の形で使われることが多い。【2】「余す」は、「余すところなく」という慣用的な使い方で、ことごとく、全部という意によく使われる。【3】「残す」は、人が去ったり事が終わったりした後に、何かをとどめておく意にも使われる。「遺す」と書くこともある。

【関連語】◆（**余る**）（ラ五）必要な数量やある基準を超えて、余分が出る。「弁当が三つ余った」「人手が余っている」「身の丈六尺に余る大男」「勢い余って壁に激突する」◆「余る」は、能力や限度、枠を超えるなどの意でも使われる。「身に余る光栄」「私の手には余る任務だ」「目に余る行動」「十指に余る肩書き」

9 12-03 ゆとり／余裕（よゆう）／余地（よち）

【関連語】◆（ゆったり）

共通する意味★他のことをする時間、気持ちや、他の物を入れるための場所などがあること。**【英】***room; composure*（落ち着き）

使い方▼〔**ゆとり**〕▽袖（そで）つけにゆとりをもたせると着やすくなる▽ゆとりの時間　〔**余裕**〕▽緊縮財政で予算の余裕は全くない▽余裕綽々（しゃくしゃく）（＝ゆったりとあせらないさま）　〔**余地**〕▽これ以上本を並べる余地はない▽まだ議論の余地がある▽再考の余地がある

	客を泊める□はある	生活に□がある	三階席ならまだ□がある	弁解の□はない
ゆとり	○	○	-	-
余裕	○	○	○	-
余地	○	-	-	○

使い分け【1】「ゆとり」「余裕」とも、必要なものに使ってなお余りがあること。「座席にゆとり（余裕）がある」では、「ゆとり」は、座席がゆったりしていることの意味で、「余裕」は、まだ売れていない席があることの意味である。【2】「余地」は、必要以上の分まで余ってはいないが、必要なもののためには残りがあることの意味で使う。

【関連語】◆**（ゆったり）**（副）スル ゆとりがあって快いさま。「ゆったりしたガウン」

参照▼ゆったり⇒213-11

9 12-04 残存（ざんぞん）／残留（ざんりゅう）

【関連語】◆**（名残）**なごり◆**（残り）**のこり◆**（残品）**ざんぴん◆**（残部）**ざんぶ◆**（残務）**ざんむ◆**（残余）**ざんよ◆**（残）**ざん

共通する意味★なくならないで残っていること。**【英】** *survival*

使い方▼〔**残存**〕スル▽古い風習が残存する地方▽残存するわずかな兵力　〔**残留**〕スル▽大使館員だけが現地に残留した▽残留家族▽残留物

使い分け【1】「残留」には、あとに残ってとどまるという意味合いがある。【2】「残存」は、「ざんそん」とも読む。

【関連語】◆**（名残）**ことが過ぎ去ったあと、その気配や影響が残っていること。また、これで最後だという別れの時の意もある。「冬の名残の雪」「名残を惜しむ」◆**（残り）**全体からある部分を除いた、あとの部分。「残りの人生を楽しむ」「残りはあと二つだ」◆**（残品）**売れ残った品物。「残品を処分する」◆**（残部）**残りの部分。特に、出版物で残っている部数。「残部僅少きんしょう」◆**（残務）**まだ処理が終わらずに残っている事務。「残務整理にあたる」◆**（残余）**残り。あまり。「残余の財産」◆**（残）**残り。主に、金銭の差引勘定の残りをいう。「しめて一万円の残」

9 12-05 残高（ざんだか）／残額（ざんがく）

共通する意味★残りの金額。**【英】** *the remainder*

使い方▼〔**残高**〕▽預金通帳の**残高**▽**残高**を照会する　〔**残額**〕▽**残額**を払い込んで商品を受け取る▽**残額**が足りない

使い分け【1】「残高」は、収支または貸借の差引勘定をして残った金額。【2】「残額」は、残りの金額。

9 12-06 その他（た）／自余（じよ）／余（よ）

共通する意味★それ以外のもの、また、それ以外のこと。**【英】** *the rest*

使い方▼〔**その他**〕▽日時**その他**は追って連絡▽**その**他大勢　〔**自余**〕▽**自余**の活動を禁止する▽**自余**のことは不明　〔**余**〕▽話というのは**余**の儀ではない▽**余**の事は分からない

使い分け【1】三語とも、主要なものを挙げた後で残った、細かいいろいろのものをまとめていう。【2】「その他」は、「そのほか」とも。「そのほか」は、「その外」とも書く。【3】「自余」「余」は、古めかしくて硬い表現。「自余」は、「爾余」とも書く。【4】「余」は、「一年余」「三万余円」などのように、数量を表わす語について、数量が一定の数を多少上回る意味でも使う。

参照▼余⇒320-24

9 12-07 跡（あと）／痕跡（こんせき）／形跡（けいせき）／跡形（あとかた）

共通する意味★ある物事が過去にあったことを示すしるし。**【英】** *a trace*

使い方▼〔**跡**〕▽犯行の**跡**をくらます▽進歩の**跡**が見える　〔**痕跡**〕▽ここに昔人が住んでいた**痕跡**がある▽**痕跡**をとどめない　〔**形跡**〕▽犯人が潜んだ**形跡**がある▽火をたいた**形跡**がある　〔**跡形**〕▽置き忘れたカバンは**跡形**もなく消えていた

使い分け【1】「跡」は、人などが通り過ぎた所に残るしるし。また、力が加わったりして物に残る形や、人の行い、事件などをとどめるものを表わす。【2】「痕跡」「形跡」「跡形」は、以前そこに物事があったしるし、また、物事が行われたしるし。「跡形」は、「跡形もなく…する」の形で、きれいさっぱり姿が消える意に用いる。

参照▼跡⇒315-11

9 12-08 支（ささ）える／保（たも）つ／持（も）ちこたえる

共通する意味★ある物や状態を、そのまま維持していく。**【英】** *to support*

使い方▼〔**支える**〕（ア下一）▽一家を**支える**▽心身を**支え**てきた目標▽事業を**支える**べき資金　〔**保つ**〕（タ五）▽一定の温度を**保つ**▽品質を**保つ**▽均衡を**保つ**　〔**持ちこたえる**〕（ア下一）▽土俵際で**持ちこたえる**▽ショックに耐えて**持ちこたえる**

使い分け【1】「支える」は、ある物や状態を、ある力（内部的なものの場合も、外部的なものの場合もある）によって成り立たせ、だめにならないよう維持していかせる意。【2】「保つ」は、その状態、レベルなどを、内部的に守っていく意。望ましい状態にいうことが多い。【3】「持ちこたえる」は、悪い条件やマイナスの働きかけにもめげず、何とかがんばってそれ以上悪い状態に落ち込まないようにしている意。

参照▼支える⇒120-39

9 12-09 存続（そんぞく）／持続（じぞく）／長続き（ながつづき）

共通する意味★同じ状態で長く続くこと。**【英】** *continuance*

使い方▼〔**存続**〕スル▽会員が減って会の存続が危ぶまれる▽民俗芸能を存続させる　〔**持続**〕スル▽長時間緊張を持続させる▽若さを持続する　〔**長続き**〕スル▽あきっぽいから何事も長続きしない▽このまま好天が長続きすればいいが

使い分け【1】「存続」は、組織、文化などがなくならないよう維持し続けること。【2】「持続」は、中断せず持ち続けること。【3】「長続き」は、ある状態がとぎれず長い間続くこと。

9 12-10 保持（ほじ）／維持（いじ）

共通する意味★物や状態を保ち続けること。**【英】** *maintenance*

使い方▼〔**保持**〕スル　〔**維持**〕スル

	健康を□する	権力を□する	機密を□する	現状を□する	伝統芸能を□する
保持	○	○	○	-	○
維持	○	○	-	○	△

使い分け【1】「保持」は、自分の物にして、そのまま保ち続けること。【2】「維持」は、現在の状態をそのまま保つこと。

9 12-11 続行（ぞっこう）／ぶっ通し（とお）／ぶっ続け（つづ）

共通する意味★中断しないで続けること。**【英】** *continuation*

使い方▼〔**続行**〕スル▽雨が降っても試合を続行する▽要求が入れられるまでハンストを続行する　〔**ぶっ通し**〕▽二十四時間ぶっ通しのテレビ番組▽一晩ぶっ通しで飲み続ける　〔**ぶっ続け**〕▽午前中ぶっ続けで講義をする▽五日間ぶっ続けでゴルフをした

使い分け【1】「続行」は、そのまま同じことを続けること。【2】「ぶっ通し」は、その期間を通して中断せずに続けることを強調した言い方。俗語。【3】「ぶっ続け」は、長時間少しも中断せずに続けることを強調した言い方。俗語。

9 12-12 連続（れんぞく）／永続（えいぞく）／継続（けいぞく）

共通する意味★同じことが続くこと。**【英】** *continuation*

使い方▼〔**連続**〕スル▽放火事件が連続して起きた▽連続ドラマ　〔**永続**〕スル▽今回の新事業は永続しそうだ▽永続性　〔**継続**〕スル▽継続して交渉を行う

	□して行う	不幸の□	契約を□する	□する友情
連続	○	○	-	-
永続	○	-	-	○
継続	○	-	○	-

使い分け【1】「連続」は、一連の流れが切れ目なく続くこと。【2】「永続」は、同じ状態がながく続くこと。【3】「継続」は、前のことに引き続いて起こったり行ったりすること。

9 12-13 反復（はんぷく）／繰り返す（くりかえす）

【関連語】◆（**循環**）じゅんかん◆（**重複**）ちょうふく◆（**ダブる**）

共通する意味★同じことを何回も行う。**【英】** *to repeat*

使い方▼〔**反復**〕スル▽同じせりふを反復して覚える▽反復練習▽反復記号　〔**繰り返す**〕（サ五）▽投球を繰り返す▽繰り返し歌を歌う

	同じことを何度も□	テープを□てきく	失敗を□	歴史は□
反復する	○	-し○	-	-
繰り返す	○	-し○	○	○

使い分け「反復」は、必ず主体の意志で行われる行為であるため、「…を反復する」の場合に、マイナスの価値をもつもの（「失敗」「離婚」「倒産」など）は用いられない。「繰り返す」は、主体の意志とは無関係な行為にも用いられるので、その種の制限はない。

【関連語】◆（**循環**）スル一定の経路をひと回りして元の所に戻る行為を繰り返すこと。「体内を循環する血液」「循環バス」「悪循環」◆（**重複**）スル同じ物事が重なること。また、重なり合うこと。「内容が重複する」「重複を避ける」◆（**ダブる**）（ラ五）重なる。多く、同じときに二つの異なった事が起こる場合に用いる。「日曜と祝日とがダブる」「音楽会の切符がダブった」

9 13 …増減・消失

9 13-01 加える（くわ）／足す（た）／添える（そ）

【関連語】◆（**加わる**）くわわる◆（**付け足す**）つけたす◆（**付け加える**）つけくわえる◆（**添加**）てんか

共通する意味★ある物の数量をさらに増やすようにする。**【英】** *to add*

使い方▼〔**加える**〕（ア下一）▽スピードを加える▽仲間

9 物の動き

に加える　〔足す〕(サ五)▽なべに水を足す▽足して五万円にする　〔添える〕(ア下二)▽肉料理に野菜を添える▽花を添える

	言葉を□	百円に五十円を□	カレーに薬味を□	贈り物に手紙を□
加える	○	○	○	-
足す	○	○	-	-
添える	○	-	○	○

使い分け【1】「加える」は、同種のもの同士を合わせて増やす場合にも、異種のものを合わせて増やす場合にも使う。【2】「足す」は、同種のもの同士を合わせて増やす場合にだけ使う。【3】「添える」は、別種のものを、中心となるもののそばに置く意。別種のものの量、大きさなどは、中心となるもののそれを上回ることはない。

【関連語】◆**〔加わる〕**(ラ五)あるものの数量がさらに増える。「メンバーに加わる」「圧力が加わる」◆**〔付け足す〕**(サ五)足りない分を後から増やして補う。「文章を付け足して意味を補う」◆**〔付け加える〕**(ア下一)必要に応じて後から増やす。「説明を付け加える」◆**〔添加〕**スル ある物に他の物を添え加えること。「食品添加物」

913-02 増す（ま）／増やす（ふ）／増える（ふ）

【関連語】◆**〔溜まる〕**たまる◆**〔溜める〕**ためる◆**〔高まる〕**たかまる◆**〔高める〕**たかめる

共通する意味★数量や程度を多くする、また、多くなる。**【英】***to increase*

使い方▼**〔増す〕**(サ五)▽車はスピードを増し快調に走る▽勢力が増す▽悲しみが増す　**〔増やす〕**(サ五)▽仕事を増やす▽財を増やした　**〔増える〕**(ア下一)▽仕事が増えたのに給料は上がらない

	交通量が(を)□	人数が(を)□	暑さが(を)□	休みが(を)□
増す	が・を○	が・を△	が・を○	-
増やす	を○	を○	-	を○
増える	が○	が○	-	が○

使い分け【1】「増す」は、程度、度合いに使う。数量を「増す」で表現すると、やや硬い感じ。【2】「増やす」は「…を増やす」、「増える」は「…が増える」の形で使う。「増やす」「増える」は、数量に関していう。

反対語▼増す⇔減る・減らす　増やす⇔減らす　増える⇔減る

【関連語】◆**〔溜まる〕**(ラ五)集まって多くなる。「借金が溜まる」◆**〔溜める〕**(マ下一)集めて多くする。「田に水を溜める」◆**〔高まる〕**(ラ五)程度や状態が大きくなる。「非難の声が高まる」◆**〔高める〕**(マ下一)程度や状態を大きくする。⇔低める。「教養を高める」

913-03 付加（ふか）／追加（ついか）／補足（ほそく）／補充（ほじゅう）

【関連語】◆**〔補う〕**おぎなう◆**〔カバー〕**◆**〔加味〕**かみ

共通する意味★付け加えること。**【英】***supplementation*

使い方▼**〔付加〕**スル▽新たに付加された一文▽付加価値▽付加物　**〔追加〕**スル▽注文を追加する▽追加予算　**〔補足〕**スル▽この件についてちょっと補足します▽補足説明　**〔補充〕**スル▽燃料を補充する▽アルバイトで学費の補充をする▽補充兵

	資料を□する	条項を□する	本文に説明を□する	人員を□する
付加	○	○	○	-
追加	○	○	△	○
補足	○	-	○	-
補充	○	-	○	○

使い分け【1】「付加」は、元の物とは別種の物が付け加わる場合に用いられる。【2】「追加」は、元の状態で不足していて、元の状態を構成する要素と同じ質の物を付け加える場合に用いられる。【3】「補足」は、元の状態では不足があると認められ、その補助として付け加えるような場合に用いられる。数量的な補助を表わす場合にはあまり用いられない。【4】「補充」は、定量が決まった物に不足がある場合、その不足を補うことを表わす。

【関連語】◆**〔補う〕**(ワ五)不足を満たす。付け加える。「欠員を補う」「赤字を補う」「解説を補う」◆**〔カバー〕**スル足りない点を補うこと。「欠点をカバーする」「損失を借金でカバーする」◆**〔加味〕**スルある事柄に他の要素を付け加えること。「人情を加味した判決」

参照▼カバー⇒419-44 620-41

913-04 補給（ほきゅう）／補塡（ほてん）／穴埋め（あなう）／増補（ぞうほ）

【関連語】◆**〔充塡〕**じゅうてん◆**〔拾遺〕**しゅうい◆**〔補遺〕**ほい

共通する意味★不足を補い埋めること。**【英】***supply*

使い方▼**〔補給〕**スル▽水分の補給▽栄養を補給する▽補給基地　**〔補塡〕**スル▽赤字を補塡する▽損失補塡　**〔塡補〕**スル▽損害を塡補する　**〔穴埋め〕**▽失敗の穴埋めをする▽穴埋め式設問　**〔増補〕**スル▽初版を増補する▽増補を重ねる

使い分け【1】「補給」は、不足を補うことの意で、一般的に用いられるが、金銭に関してはあまり用いない。【2】「補塡」「塡補」は、金銭の損失を補うことの意で使われることが多い。【3】「穴埋め」は、損失のほか、欠落、欠損、空白などを補うことの意で広く使われる。【4】「増補」は、書物の内容などをふやし、不足を補うこと。

【関連語】◆(充塡)スル 空所を埋めること。「割れ目に石膏を充塡する」◆(拾遺)スル 漏れているものを拾い補うこと。「拾遺集」◆(補遺)漏らした事柄を、後から拾って補うこと。また、その補ったもの。「補遺編」

9 13-05 嵩上げ(かさあげ)／割増し(わりまし)／上積み(うわづみ)／上乗せ(うわのせ)

共通する意味★今までよりさらに増やすこと。【英】*an extra*

使い方▼〔嵩上げ〕スル▽防波堤のかさ上げ工事▽賃金をかさ上げする 〔割増し〕スル▽手当てを割増しにする▽割増し料金 〔上積み〕スル▽一〇トンの燃料が上積みされた▽二万円の上積み 〔上乗せ〕スル▽特別手当て分が上乗せされる▽上乗せ分

使い分け【1】「嵩上げ」は、堤防などの高さを高くすることの意から、金額を増す場合にも使われるようになった。【2】「割増し」は、もとの数量に何割かをつけ加えて増すこと。【3】「上積み」は、積み荷にさらに荷を増やすこと。また、その積み加えた荷のこと。転じて、金額などをさらに加えて増やすこと。【4】「上乗せ」は、一定の数量にさらに付け加えること。

9 13-06 倍増(ばいぞう)／倍増し(ばいまし)／倍加(ばいか)

共通する意味★二倍に増えること、また、増やすこと。【英】*redoubling*

使い方▼〔倍増〕スル▽収入が倍増する▽読書量が倍増する 〔倍増し〕▽倍増しの手数料を払う▽手当てが倍増しになる 〔倍加〕スル▽生産高を倍加する▽違反者が倍加した

使い分け【1】「倍加」は、より客観的判断に基づき事実を伝えるのに対し、「倍増」は、単に増えたことを強調する言い方にもなる。【2】「倍増し」は、「倍増」のくだけた言い方。

9 13-07 増進(ぞうしん)／昂進(こうしん)

共通する意味★増して、すすむこと。【英】*increase*

使い方▼〔増進〕スル▽売り上げの増進をはかる▽食欲が増進する 〔昂進〕スル▽病勢が昂進する▽心悸亢進(しんきこうしん)

使い分け【1】「増進」は、活動力や能力などを増しすすめること。また、増しすすむこと。【2】「昂進」は、次第にたかぶりすすむこと。また、物事の度合いが激しくなること。「亢進」とも書く。

反対語▼増進⇔減退

9 13-08 増加(ぞうか)／増大(ぞうだい)／増殖(ぞうしょく)／増量(ぞうりょう)

【関連語】◆(繁殖)(はんしょく)

共通する意味★数量が多くなること、また、多くすること。【英】*increase*

使い方▼〔増加〕スル 〔増大〕スル 〔増殖〕スル 〔増量〕スル

	菌が□する	生産力が□する	体重が五キロ□する	憎しみが□する
増加	○	○	○	-
増大	-	○	-	○
増殖	○	-	-	-
増量	-	-	○	-

使い分け【1】「増加」は、増えること、また増やすことを意味し、増え方の多少にかかわらず使うことができる。ただし、数量に限られ、程度には使わない。【2】「増大」は、数量や物事の程度がかなり大きくなることをいう。少しだけの場合には使わない。【3】「増殖」は、生物の個体や細胞などが増えること、また、増やすことをいう。【4】「増量」は、量れる量に関していう。

反対語▼増加⇔減少 増量⇔減量

【関連語】◆(繁殖)スル 動植物が生まれて増えていくこと。「ネズミが繁殖する」

9 13-09 上回る(うわまわる)／超える(こえる)／超す(こす)

共通する意味★ある数量、程度以上になる。【英】*to exceed*

使い方▼〔上回る〕(ラ五)▽実力ではプロを上回っている▽前月を上回る売り上げ 〔超える〕(ア下一)▽気温が三〇度を超える▽入場者が二千人を超えた 〔超す〕(サ五)▽世界の人口は六十億を超した▽病状は峠を越した

	応募総数が千通を□	予想を□おもしろさ	制限時間を□	水が堤防を□
上回る	○	○	-	-
超える	○	△	○	○
超す	○	-	△	○

使い分け【1】「上回る」は、ある数量、程度を事前に期待、予想していて、実際にはそれ以上になったときにいう。【2】「超える」「超す」は、ある数量、程度を目安として、実際にはそれ以上であることをいう。【3】「超える」は、「人知を超(越)える」「師の才能を超(越)える」のように、すぐれて上回る意もある。【4】「超す」「超える」は、「国境を越す」「九十を越えた年齢」などのように、ある地点や場所をこえる意の場合は「越す」「越える」と表記することが多い。また、「越す」には、追い越す、引っ越すの意、「次のお越しをお待ちします」のように、来る、行く意、「用心するに越したことはない」のように、より良い意もある。

反対語▼上回る⇕下回る
参照▼超える⇒903-19　超す⇒903-19

9 13-10 超過（ちょうか）／過度（かど）／オーバー／行き過ぎ（いきすぎ）／過剰（かじょう）

共通する意味★決められた枠を超えていること。**【英】** *excess*

使い方▼〔超過〕スル▽会議は時間を超過して続けられた▽超過した分は別料金となります▽輸出超過〔過度〕▽過度の飲酒は慎みましょう▽過度の疲労〔オーバー〕（名・形動）スル▽重量がオーバーする▽定員オーバー▽オーバーに驚いてみせる〔行き過ぎ〕▽警備の**いきすぎ**を戒める▽そこまで言うのは**いきすぎ**だ〔過剰〕（名・形動）▽都市は人口過剰になっている▽自信過剰

使い分け【1】「超過」「オーバー」は、単独ではほぼ同じ意だが、「超過料金」と「料金オーバー」、「超過勤務」と「オーバーワーク」などのように、他の語と複合すると意味が異なる場合がある。【2】「過度」「行き過ぎ」「過剰」には、枠を超えることが望ましくないという意味を含む。【3】「オーバー」は、表現や態度がおおげさであることの意もある。【4】「行き過ぎ」は、「ゆきすぎ」ともいう。

参照▼オーバー⇒203-29

9 13-11 下回る（したまわる）／割る（わる）

共通する意味★ある数量、程度以下になる。**【英】** *to drop below*

使い方▼〔下回る〕（ラ五）〔割る〕（ラ五）

	応募総数が千通を□	投票率が五〇パーセントを□	参加者数が予想より□	ついに一ドル百円を□
下回る	○	○	○	-
割る	○	○	-	○

使い分け【1】「下回る」は、ある数量、程度を事前に期待、予想していて、実際にはそれ以下になったときにいう。【2】「割る」は、ある数量を基準として、それ以下であることをいう。

反対語▼下回る⇕上回る

9 13-12 不足（ふそく）／欠乏（けつぼう）

【関連語】◆（枯渇）こかつ

共通する意味★ある数量、程度より少なくなること。**【英】** *scarcity*

使い方▼〔不足〕（名・形動）スル▽椅子（いす）の数が不足している▽資金が不足している▽力不足〔欠乏〕スル▽食糧が**欠乏**する▽医薬品の**欠乏**を訴える

	ビタミンBが□している	物資が□する	ガソリンが□して車が止まる	千円の□だ
不足	○	○	-	○
欠乏	○	○	○	-

使い分け【1】「不足」は、少しはあるのだが十分ではない、まだ十分の域に達していないこと。また、「相手に不足はない」のように、不満足の意味もある。【2】「欠乏」は、必要な物が足りないこと。「不足」より文章語的。

反対語▼不足⇕充足

【関連語】◆（枯渇）スルすっかり使い尽くしてなくなること。「涸渇」とも書く。「アイディアが枯渇する」「資源の枯渇をきたす」

参照▼不足⇒214-07　枯渇⇒713-69

9 13-13 引く（ひく）／差し引く（さしひく）／マイナス

【関連語】◆（除く）のぞく◆（割り引く）わりびく◆（控除）こうじょ◆（差っ引く）さっぴく

共通する意味★ある数量、程度を減らす。**【英】** *to subtract*

使い方▼〔引く〕（カ五）▽給料から食費を引く▽値を引いて売る〔差し引く〕（カ五）▽税金を差し引いて給与を払う▽利息分を差し引く〔マイナス〕スル▽売り上げから人件費をマイナスする

	損害分を給料から□	売り値から一割□	百円から五円を□	お世辞を□て聞く
引く	○	○	○	-い-
差し引く	○	△	○	-い○
マイナスする	○	△	○	-し-

使い分け【1】「引く」は、具体的な数量を減らすときに使う。価格を下げるときも「引く」を使う。【2】「差し引く」は、必要に応じてある分量を取り出す場合にいう。【3】「マイナス」は、「引く」と同じ意味だが、改まった場合には使わない。また、0より小さい数の意味から、「かえってマイナスの結果になろう」のように悪い方向に作用することの意、不足の意、電気の陰極の意で使う。

反対語▼引く⇕足す　マイナス⇕プラス

【関連語】◆（除く）（カ五）その中に加えないようにする。「六歳以下は除く」◆（割り引く）（カ五）値段をある割合だけ安くする。「三割割り引いて売る」■「その話は割り引いて聞く必要がある」のように、物事の程度をみかけより低く見積もる意味でも使われる。◆（控除）スル計算をするときに、前もってある額を取り去っておくこと。「医療費を控除する」◆（差っ引く）（カ五）「差し引く」の変化した語。俗な言い方。「損害を与えた分は給料から差っ引かれた」

参照▼引く⇒109-08　除く⇒120-47

9 13-14 消す（けす）

【関連語】◆（揉み消す）もみけす◆（掻き消す）かきけす

意味★なくならせる。除き去る。また、見えなくする。【英】to extinguish
使い方▼〔消す〕(サ五)▽テレビの音を消す▽いやな臭いを消す▽不安を消す
◈元来は、燃えているものや光を発するものなどを止める意。また、俗語として、人を殺す意もある。「ガスコンロの火を消す」「電気を消す」「邪魔者を消す」
【関連語】◆(揉み消す)(サ五)もんで消す。「タバコの火をもみ消す」◈「悪いうわさをもみ消す」のように、よくない事件やうわさなどが世間に知られたり広がったりしないように、手段を尽くして抑える意にも用いる。◆(掻き消す)(サ五)一瞬のうちに、また、完全に消す。「話し声をかき消す騒音」「人がかき消すように消える」
参照▼消す⇒520-33 714-16

9 13-15 消去／隠滅／抹消／抹殺／消却

共通する意味★消してなくすこと。【英】erasion
使い方▼〔消去〕スル▽該当しないものを消去していく▽消去法 〔隠滅〕スル▽証拠の隠滅を謀る▽犯跡を隠滅する 〔抹消〕スル▽リストから氏名を抹消する▽二字抹消 〔抹殺〕スル▽政界から抹殺される▽過去を抹殺する 〔消却〕スル▽秘密の書類を消却する▽負債を消却する
使い分け【1】「消去」は、事項、条項などを考慮の対象から外す場合などに使う。【2】「隠滅」は、実在していた事物を跡形もなく消してしまうこと。また、消えてしまうこと。「湮滅」「堙滅」とも書く。【3】「抹消」は、文書に書かれた文字を、塗りつぶしたり削除したりして消すこと。【4】「抹殺」は、こすって消すこと。また、人や事実などの存在を消すこと。【5】「消却」は、すっかり消し去ること。また、借金などを返済することにもいう。

9 13-16 減る／減ずる／減少

【関連語】◆(減らす)へらす◆(約める)つづめる

共通する意味★数量、程度が少なくなる。【英】to decrease
使い方▼〔減る〕(ラ五)▽増税で所得が減った▽体重が減る▽テレビが故障して楽しみが減る 〔減ずる〕(サ変)▽気力が減ずる▽罪一等を減ずる 〔減少〕スル▽交通事故による死者は減少している▽出生率は減少の傾向にある
使い分け【1】「減る」は、最も一般的に使われる。また、「口の減らない奴」のように、勢いが弱まる意味で使われることもある。【2】「減ずる」は、「減る」「減らす」の意の文章語的表現で、日常会話では使わない。【3】「減少」は、減って少なくなること。また、減らして少なくすること。
反対語▼減る⇕増す・増える 減少⇕増加
【関連語】◆(減らす)(サ五)数量、程度などを少なくする。⇕増やす・増す。「タバコの量を減らす」「支出を減らす」◆(約める)(マ下一)量を少なくして簡略にする。「家計をつづめる」「語をつづめて言う」◈長さを短くする意味もある。「袖丈をつづめる」
参照▼減る⇒111-17

9 13-17 削減／節減／低減／半減

【関連語】◆(軽減)けいげん

共通する意味★減ること。また、減らすこと。【英】reduction
使い方▼〔削減〕スル▽経費の削減に努める▽兵器を削減する 〔節減〕スル▽光熱費を節減する▽石油の節減を呼びかける 〔低減〕スル▽電話料金の低減を図る▽事故が低減した 〔半減〕スル▽興味が半減する▽収入が半減する
使い分け【1】「削減」は、一部分をけずって少なくすること。【2】「節減」は、使用する物の数量を節約して減らすこと。【3】「低減」は、数量が減ること、減らすこと。また、価格が下がること、下げること。【4】「半減」は、半分ぐらいに減ること、減らすこと。
【関連語】◆(軽減)スル減らして軽くすること。「負担を軽減する」「税の軽減をはかる」

9 13-18 無くす／失う／落とす／喪失

【関連語】◆(無くなる)なくなる

共通する意味★それまで持っていたものをどこかにやってしまう。【英】to lose
使い方▼〔無くす〕(サ五)▽無くしたと思った時計が出てきた▽大事な書類を無くす▽差別を無くす 〔失う〕(ワ五)▽選挙で議席を失う▽バランスを失って倒れる▽医師の資格を失う▽気を失う 〔落とす〕(サ五)▽定期券をどこかで落としたらしい▽信用を落とす▽よごれをさっぱり落とす 〔喪失〕スル▽記憶を喪失する▽主体性の喪失

	命を□	財布を□	自信を□	財産を□	力を□
無くす	○	○	○	○	△
失う	○	-	○	○	○
落とす	○	○	-	-	○
喪失する	-	-	○	-	-

使い分け【1】財布、本、時計といった自分の身のまわりの持ち物や、資料、証明書といったその場で必要な大切な物をどこかにやってしまう場合は、「無くす」か「落とす」を使う。「無くす」は、どこへ置いてきたか思いあたらないような場合、「落とす」は、知らないうちにどこかで紛失してしまったような場合に多く使う。【2】所有物でも、家、財産といった手回り品

でないものや、職、地位、支持といった自分に備わっていたり所属していたりした重要なものの場合は、「失う」か「無くす」を使うが、「失う」は、文章語的。また、大事な人に死なれる意でも「無くす」「失う」は使う。その場合は、「亡くす」「喪う」とも書く。【3】自信、記憶、機能といった精神的なもの、抽象的なものについては「無くす」「失う」「喪失」を使うが、「喪失」は、使われる範囲が限られており、他の語にくらべると文章語的。【4】「落とす」は、あか、贅肉、汚れなどの不必要なものを取り去る場合や、「報告書に発表者の名を一人落としてしまった」のように、そこへ入れなければならないものをうっかり抜かしてしまう場合などにも使う。

【関連語】◆(無くなる)(ラ五)今まであったものがない状態になる。人がこの世に存在しなくなる。「希望が無くなる」「傘が無くなる」「急がないと時間が無くなる」「母は三年前に亡くなった」◈死ぬ意では「亡くなる」と表記する。

9 13-19 消耗／損耗／減損

【関連語】◆(減)

共通する意味★減ること。また、減らすこと。**【英】** *consumption*

使い方▼〔**消耗**〕スル▽体力を消耗する▽消耗品　〔**損耗**〕スル▽旧式の機械は損耗が著しい▽損耗をきたす　〔**減損**〕スル▽冷害のため収穫量が減損した▽資産の減損

使い分け【1】「消耗」は、使って減ること、減らすこと。また、体力などを使い果たすこと。【2】「損耗」は、物がそこなわれて減ること。【3】「消耗」「減損」「損耗」の読みは、「しょうこう」「そんこう」の慣用読み。

【関連語】◆(減)減ること。減らすこと。「…減」のように、他の語につけていう。「今年の取れ高は昨年の二割減となった」

9 13-20 摩耗／摩滅

共通する意味★すり減ること。**【英】** *wear (and tear)*

使い方▼〔**摩耗**〕スル▽機械の接続部が摩耗する▽タイヤの摩耗が激しい　〔**摩滅**〕スル▽車軸が摩滅する▽メダルの表面が摩滅している

使い分け「摩耗」は、使用しているうちに、こすれて減ること。「摩滅」は、表面がすれて減ってしまうこと。それぞれ「磨耗」「磨滅」とも書く。

9 13-21 消滅／消失／消散

【関連語】◆(雲散霧消) ◆(立ち消え)

共通する意味★消えてなくなること。**【英】** *disappearance*

使い方▼〔**消滅**〕スル▽組織が消滅する▽法の拘束力の消滅▽自然消滅　〔**消失**〕スル▽権利が消失する▽活力が消失する　〔**消散**〕スル▽雲煙が消散する▽臭気を消散させる

使い分け【1】「消滅」は、存在していたものが滅びてなくなっていくこと。「消失」は、存在していたものが、跡形もなく消えうせること。【2】「消散」は、煙などの気体が大気に散らばって消えていくようになくなっていくこと。

【関連語】◆(雲散霧消)スル風で雲が散り散りになり霧が消えるように、さあっと一度に消えてなくなること。「心中のわだかまりが雲散霧消した」◆(立ち消え)物事が実現に至らず中途で消えてしまうこと。「計画が立ち消えになる」

9 13-22 絶やす／滅ぼす

共通する意味★続いてきたものをなくなるようにする。**【英】** *to annihilate*

使い方▼〔**絶やす**〕(サ五)▽子孫を絶やすことがないようにする▽害虫を絶やす▽いつも笑顔を絶やさない娘　〔**滅ぼす**〕(サ五)▽酒で身を滅ぼす(＝自分自身を台なしにする)▽隣国を滅ぼして領土を広げる

	王家の一族を□	悪の根を□	敵を□	火を□な
絶やす	○	○	-	○
滅ぼす	○	-	○	-

使い分け【1】「絶やす」は、害虫や悪の根のようになんらかの方法によってなくなるようにする場合や、子孫のように続いてきているものをとぎれさせ、以後存在しないようにする場合、品物や火のように、なくなったままにしておく場合とがある。【2】「滅ぼす」は、ある集団的なものを、力や害を加えてなくしてしまったり、だめにしてしまったりするような場合にいうことが多い。【3】「絶やす」は、「…を絶やさない」の形で、ずっと…している意にも使われる。【4】「滅ぼす」は、「亡ぼす」と書くこともある。

9 13-23 滅亡／衰亡／破滅／滅びる

共通する意味★続いてきたものが絶えてなくなること。**【英】** *fall; ruin*

使い方▼〔**滅亡**〕スル▽小国の滅亡の危機を救う▽平家滅亡の記録　〔**衰亡**〕スル▽列強におされて大国が衰亡する▽衰亡の危機　〔**破滅**〕スル▽身の破滅を招く▽一家の破滅　〔**滅びる**〕(バ上一)▽王朝が滅びる▽

肉体は滅びても精神は滅びない▽文明が滅びる

使い分け【1】「滅亡」「衰亡」は、国、民族、一族など、大きな組織が絶えて存在しなくなることをいう。特に、「衰亡」は、勢力が衰えてなくなってしまうさまをいう。【2】「破滅」は、今までの社会的地位・立場などから転落し、だめになること。また、失敗してだめになることを大げさにいう場合もある。【3】「滅びる」は、多く、一度大いに栄えたものが、その力や勢いを失って消えてなくなってしまう場合に使う。特に、国や王朝、文明など、人間が作り出したものについていうことが多い。「亡びる」とも書く。

反対語▼衰亡⇔興隆

9 13-24 全滅(ぜんめつ)／絶滅(ぜつめつ)／壊滅(かいめつ)／撲滅(ぼくめつ)

【関連語】◆(殲滅)せんめつ◆(根絶)こんぜつ◆(根絶やし)ねだやし

共通する意味★残らずすべてなくなること、また、なくなるようにすること。**【英】** *annihilation*

使い方▼〔全滅〕スル▽戦闘で小隊が全滅した▽台風で作物が全滅した　〔絶滅〕スル▽絶滅の危機に瀕(ひん)している動物▽犯罪を絶滅する　〔壊滅〕スル▽地震で壊滅した家屋▽悪の組織の壊滅を図る▽壊滅状態　〔撲滅〕スル▽害虫を撲滅する▽結核撲滅運動

使い分け【1】「全滅」は、一度にすべてが滅んでしまうこと。「絶滅」は、徐々に滅り、最後にすべてが死に絶えること。【2】「壊滅」は、めちゃめちゃにこわれて、跡形もなく滅んでしまうことをいう。「潰滅」とも書く。【3】「撲滅」は、力を加えて徹底的に絶えさせること。【4】「全滅」は、「母校から出場した五人の選手は一回戦で全滅した」のように、結果がすべて期待どおりにならずに終わる場合にもいう。

【関連語】◆(殲滅)スル残らず滅ぼすこと。「敵を殲滅する」「住民を殲滅する非道なやり方」◆(根絶)スル根本からすっかりなくしてしまうこと。「疫病を根絶する」「天然痘を地上から根絶する」◆(根絶やし)根絶すること。「悪を根絶やしにする」

9 13-25 足(た)りる／間(ま)に合(あ)う

【関連語】◆(間に合わせる)まにあわせる

共通する意味★十分である。必要なだけある。**【英】** *to be enough*

使い方▼〔足りる〕(ラ上一)▽一万円あれば足りる▽努力が足りない▽用が足りる　〔間に合う〕(ワ五)▽これだけあれば十分間に合う▽電話で間に合う用事

使い分け【1】「足りる」は、「…するに足りる」の形で、それだけの価値が十分にある意でも使われる。「信頼するに足りる人物」「あんなもの、恐れるに足りない」【2】「足りる」の文語的な言い方として、「足る」を使うこともある。特に「…するに足りる」は、「足る」の方を使うことが多い。【3】「間に合う」は、その場の必要を満たす意で、「足りる」と同じように使われる。【4】「間に合う」には、「電車に間に合う」のように、時間に遅れずにすむの意もある。

【関連語】◆(間に合わせる)(サ下一)一時しのぎをする。当座の用にあてる。「手持ちの金だけで間に合わせる」◈一定の時期までに物事をする意もある。「納期までには間に合わせたい」

9 13-26 充満(じゅうまん)／充溢(じゅういつ)／満杯(まんぱい)

【関連語】◆(充実)じゅうじつ◆(満員)まんいん

共通する意味★満ちていること。**【英】** *fullness*

使い方▼〔充満〕スル▽ガスが部屋に充満する▽国中に国政に対する不満が充満している　〔充溢〕スル▽退廃のムードが充溢していた▽気力充溢　〔満杯〕▽ガソリンを満杯にする▽会場は人で満杯だ

使い分け【1】「充満」は、ガスのような気体や雰囲気が満ちていること。「充溢」は、気分や雰囲気が満ちていること。【2】「満杯」は、容器がいっぱいになること。また、ある空間、場所が満ちていることをいう。

【関連語】◆(充実)スル内容、力などが十分に備わって豊かなこと。「設備が充実している」◆(満員)人がいっぱい入っている状態。「満員の通勤電車」

9 13-27 略(りゃく)す／省略(しょうりゃく)／省(はぶ)く／間引(まび)く

【関連語】◆(略)りゃく◆(はしょる)

共通する意味★不要のものを除き、簡単にする。**【英】** *to omit*

使い方▼〔略す〕(サ五)▽あいさつは略します▽手続きを略す▽漢字を略して書く　〔省略〕スル▽無駄を省略する▽以下省略　〔省く〕(カ五)▽時間を省く▽日程を省く▽面倒な説明は省く　〔間引く〕(カ五)▽大根を間引く

	敬称は□せていただく	細部を□て説明する	手間を□	列車を□て運転する
略す	-さ○	-し○	-	-し-
省略する	-さ○	-し○	○	-し-
省く	-か○	-い○	○	-い-
間引く	-か-	-い-	-	-い○

使い分け【1】「略す」は、簡単にすることが意味の中心であるが、「省略する」「省く」は、不要なものを取り除いて全体を簡略にする意。そのため、「漢字を略して書く」の「略す」を「省略する」や「省く」と置き換えることはできない。【2】「間引く」は、特に、密生した野菜などの植物を間をおいて抜き取る意。また、一般に、間隔をおく意でも用いられる。

【関連語】◆(略)省くこと。また、簡単にしたもの。「以下略」「生協は、生活協同組合の略だ」◆(はしょる)(ラ五)省いて短く縮める。主として話し言葉を縮める場合に使うことが多い。「端折る」とも書く。

「途中をはしょって話す」

9 13-28 それに／その上（うえ）／且（か）つ／しかも

【関連語】◆（かてて加えて）かててくわえて ◆（あまつさえ）

共通する意味★ある物事に他の物事が付け加わる場合に用いる語。**【英】** *in addition to that*

使い方▼〔**それに**〕（接続）▽この雑誌は読みやすく、**それに**写真もきれいだ▽東京は人口が多いし、**それに**物価が高い　〔**その上**〕（接続）▽ごちそうになり、**その上**おみやげまでいただいた▽日が暮れて、**その上**悪いことに雨まで降ってきた　〔**且つ**〕（接続）▽講演は興味深く、**且つ**有意義なものであった▽これは必要にして**且つ**十分な条件だ　〔**しかも**〕（接続）▽その車は性能が良くて**しかも**値段も手ごろだ▽しかられて、**しかも**改めないとは何事だ

使い分け【1】「それに」は、前と後が対等な関係で独立している物事の場合に用いる。前後に関しては、特定の感情や判断は原則として入っていない表現である。また、俗語的で、会話の中で頭に浮かぶままを並べる意味合いが強い。【2】「その上」も「しかも」も、二つの状態、状況を重ねて述べる点では同じ用法であり、判断や心理を伴う場合に用いられる。しかし、逆説の意味で、ある状況があってそれにもかかわらず、という場合には、「しかも」が用いられることが多い。【3】「且つ」は、判断や心理を伴わない客観的な事物について用いる。文章語的な表現。

【関連語】◆（**かてて加えて**）（連語）悪い状態、望ましくない状態が重なる場合に用いられる語。「そこは寒く、かてて加えて荒涼とした土地だった」◆（**あまつさえ**）（副）その上。おまけに。「反省の色なく、あまつさえ薄笑いまで浮かべている」

9 13-29 それで／そこで

共通する意味★前の文で述べた状況が原因、理由となって後件の状況が生じることを表わす語。**【英】** *and*

使い方▼〔**それで**〕（接続）▽財布を忘れた。**それで**友達に金を借りた▽妹は陽気で明るい。**それで**だれからも好かれている　〔**そこで**〕（接続）▽求人広告が出ていた。**そこで**私も応募してみた▽皆が反対した。**そこで**私も考え直すことにした

	それで	そこで
終電車に遅れた。□歩いて帰った	○	○
古い車がこわれた。□新車を買うことにした	○	○
毎日仕事が忙しい。□帰りが遅い	○	-
理想が高い。□いつも現実との差に悩む	○	-

使い分け【1】「そこで」は、常に具体的な場面を前提として、そのことから自然に導かれる状況を説明する語であり、「…という状況があって…ということになった」の意で用いられる。したがって、「そこで」の後に続く文は過去形であるのが普通である。【2】「それで」は、「そこで」と違い、必ずしも具体的な場面設定は必要ではなく、前の文が単に後の文の理由、原因の説明になる。

9 13-30 または／あるいは／もしくは／ないし

【関連語】◆（それとも）

共通する意味★複数の異なるもののうち一つを選択するときに用いる語。**【英】** *or*

使い方▼〔**または**〕（接続）▽電話**または**電報で知らせる▽肉**または**魚の料理を準備する　〔**もしくは**〕（接続）▽万年筆**もしくは**ボールペンで書くこと▽会員**もしくは**会員の家族に限り、入場を認める　〔**あるいは**〕（接続）▽研究の結果を口頭発表、**あるいは**論文の形で報告する▽進学しようか、**あるいは**就職しようかと迷っている　〔**ないし**〕（接続）▽東京**ないし**大阪で公演をする▽今年のテストの平均点は去年より十点**ないし**十五点よいようだ

使い分け【1】「または」は、二つのもののうちの一方を捨てて一方だけをとる場合や、どちらでもよいという許容を表わす場合に用いる。【2】「もしくは」は、複数のうち、そのいずれかを選ぶ場合に限って使われる。【3】「あるいは」は、二者択一か両方同時に成り立つ場合に用いられるが、どちらでもよいという許容の場合はあまり用いられない。【4】「ないし」は、A・B二者そのものだけでなく、AとBの中間の範囲のものも含められる。これは他の三語にない意味である。【5】いずれの語も文章語的で、日常会話では接続助詞「か」が、広く用いられる。

【関連語】◆（**それとも**）（接続）話し言葉的。疑問の内容に限って用いられる。「行く、それとも行かない？」

参照▼あるいは⇒208-85

9 13-31 及（およ）び／並（なら）びに

共通する意味★対等の関係にある事柄を列挙する場合に用いる語。**【英】** *and*

使い方▼〔**及び**〕（接続）▽高校生**および**中学生は立ち入りを禁じる　〔**並びに**〕（接続）▽賞状**ならびに**金一封を授与する▽会長**ならびに**社長の挨拶（あいさつ）

使い分け【1】法令では、「A及びB、並びにC及びD」「A及びB並びにC」のように、小さな段階の連結に「及び」を、大きな段階の連結に「並びに」を用いる。【2】「A及びB」「A並びにB」をくらべると、「及び」では、AとBに優先順位はないが、「並びに」は、Aが優先でBが後から加わったものであるので、

「B並びにA」と取り換えられないことが多い。【3】いずれの語も、文章語的あるいは改まった感じの語である。話し言葉では、接続助詞「と」を用いることが多い。

9 13-32 更に（さら）／もっと／ますます／一層（いっそう）

【関連語】◆(いよいよ)◆(より)◆(も少し)（もすこし）◆(ずっと)

共通する意味★以前の状態より程度が増すことを表わす語。**【英】** *moreover*

使い方▼〔更に〕㊄▽風が更に強くなった▽更に発展することを期待する　〔もっと〕㊄▽もっと大きいのがほしい▽もっと頑張っておけばよかった　〔ますます〕㊄▽飲酒運転のうえに無免許ときているからますますいけない▽老いてますます盛んだ　〔一層〕㊄▽化粧をすると一層美しく見える▽一層の努力を望む

	事態は□悪くなった	話を聞いて、行くのが□いやになった	□働け	□二名追加する
更に	○	△	△	○
もっと	○	△	○	-
ますます	○	○	-	-
一層	○	○	-	-

使い分け【1】「更に」は、ある段階から次の段階へと程度が進むことを表わす。また、「反省する気はさらにない」のように、否定を伴って、少しもの意味を強める使い方がある。【2】「もっと」は、同質のものの程度が高まることを表わす。【3】「更に進む」は、ある段階に達し、その次の段階へ進むこと。「もっと進む」は、進む量が増えるにすぎない。【4】「ますます」は、プラス・マイナスの程度が高まることを表わす。価値判断の入っていない文では使えない。【5】「一層」は、程度が前よりも一段進むさまを表わす。

【関連語】◆**(いよいよ)**㊄前よりもなおいっそう。ますます。期待(予想)どおりになるという気持ちが含まれる。「いよいよ面白くなってきた」「病状がいよいよ悪くなってきた」◆**(より)**㊄もっと。いっそう。「よりよい社会をめざす」◆**(も少し)**㊄さらに少し。もうちょっと。程度の高まる度合いが少ない場合に用いる。「も少し考えればよかった」「も少し右へ」◆**(ずっと)**㊄はるかに。比較して隔たりや差があるさま。「ずっと前」◈「昨日はずっと家にいた」「ここからあそこまでずっと私の土地だ」のように、時間的、場所的に長く連続しているさまも表わす。

参照▼いよいよ⇒816-34

9 14 …進歩・発展

9 14-01 発達（はったつ）／発展（はってん）／進歩（しんぽ）／進展（しんてん）

【関連語】◆(進化)（しんか）

共通する意味★物事が進むこと。**【英】** *development*

使い方▼〔発達〕スル▽交通が発達する▽発達した台風が北上中である▽筋肉が発達している　〔発展〕スル▽経済が発展する▽町の発展に尽くす　〔進歩〕スル▽科学の進歩はめざましい▽彼の英語は全く進歩していない　〔進展〕スル▽両国の関係が進展した

	文明が□する	技術が□する	事件は思わぬ方向へ□した	捜査が□を見せた
発達	○	○	-	-
発展	○	-	○	-
進歩	○	○	-	-
進展	-	-	○	○

使い分け【1】「発達」「発展」「進歩」の三語は、技術・学問・文化などについて、物事が進んで前より上の段階に入ることを意味する。「発達」は、発育してより完全な方向に近づくこと、より規模が大きくなることを表わし、筋肉などの器官や台風などに関しても使われる。一方、「進歩」は、より望ましい良い方向へ進むことに用い、「発展」は、物事の勢いが伸び広がることの意にも用いる。【2】「進展」は、物事の状況が時間の経過とともに変化し、新たな局面を迎えることで、その進む方向については特に良否を問題にしない。【3】「発展」は、比喩（ひゆ）的に、酒色の道で勢いを伸ばす意にも用いられ、「彼はなかなかの発展家だ」「最近、ご発展ですね」のようにも使われる。

反対語▼進歩⇔退歩

【関連語】◆(進化)スル生物の形態や機能が長い年月の間に変化し、次第に異なる種へ分岐、発展してゆくこと。また、事物が次第に向上してゆくこともいう。⇔退化。「人類の進化の跡をたどる」

9 14-02 はかどる／進む（すすむ）／運ぶ（はこぶ）

【関連語】◆(はかが行く)（はかがいく）

共通する意味★物事が進捗（しんちょく）・進展する。**【英】** *to make progress*

使い方▼〔はかどる〕（ラ五）　〔進む〕（マ五）　〔運ぶ〕（バ五）

	勉強が□	工事が順調に□	話がうまく□	議事が□
はかどる	○	△	-	-
進む	○	○	○	○
運ぶ	-	○	○	-

使い分け【1】「はかどる」の「はか」は、仕事などの進み具合。物事がどんどん先へゆく、また、順調に（ふだん以上に）こなされていく意。時間的にはあまり長期にわたらないで、成果が目に見えるような場合に多く用いる。仕事、勉強など、個人の努力による物事にいうことが多い。「捗る」とも書く。【2】「進む」は、ある一連の内容や段階をもって、一方向に流れていくような物事（話、会議など）が円滑に流れに乗っていく意。「話はそこまで進んでいたのか」など、ある成果に向かっている意もある。それほどはかばかしいものでなくても、前に向かっているときには用いる。【3】「運ぶ」は、話、交渉、段取りなど、相手のある物事に用いることが多い。物事が滞らずに進展するときにいう。ただし、「すらすら」「うまく」「じょうずに」などの副詞を伴うことが多い。他動詞形で「じょうずに事を運ぶ」などの使い方もある。

【関連語】◆**（はかが行く）**「はかどる」と同意。量的な仕事などが、目に見えるようにかたづいていく。「はか」は、「量」「果」「捗」とも書く。「今日はずいぶんはかが行って、仕事が早く終わりそうだ」

参照▼進む⇒113-03　運ぶ⇒505-80

9 14-03 推進（すいしん）／促進（そくしん）

【関連語】◆**（促す）**うながす

共通する意味★物事が進むようにすること。**【英】***promotion*

使い方▼**〔推進〕**スル　**〔促進〕**スル

	計画の□	事業を□させる	成長を□させる	販売□を図る
推進	○	○	-	-
促進	○	△	○	○

使い分け【1】「推進」は、事業や計画など物事が目的に向かって前進するようにすること、また努力することに焦点がおかれ、その速さはあまり問題にならない。【2】「促進」は、物事の進み方がはかどるようにすることで、速める効果が加味されている。そのため、「ゆっくり」や「徐々に」といった言葉とは一緒に使えない。【3】「推進」には、何かの力で物を前に進めることの意もある。「ジェット推進」

【関連語】◆**（促す）**（サ五）そうするように、あるいは早く物事をするように仕向ける。「成長を促す」「注意を促す」「返済を促す」

9 14-04 飛躍（ひやく）／躍進（やくしん）

【関連語】◆**（勇躍）**ゆうやく

共通する意味★大いに進歩・発展すること。**【英】***great progress*

使い方▼**〔飛躍〕**スル▽論理が飛躍している▽運動能力が飛躍的に向上する　**〔躍進〕**スル▽自動車産業が躍進を遂げる

	世界に□する企業	□の時を迎える	□した考え	首位に□する
飛躍	○	○	○	-
躍進	○	○	-	○

使い分け【1】「飛躍」は、めざましく活躍すること。順序、段階を飛び越して急速に進むこと。また、論理や考え方が、正常な段階を踏まないで進められる意でも用いられる。【2】「躍進」は、めざましい勢いで発展、進出すること。

【関連語】◆**（勇躍）**スル心が勇んで躍り上がること。元気いっぱいなこと。「勇躍して遠征に出発した」

参照▼飛躍⇒110-07　勇躍⇒110-07

9 14-05 栄える（さかえる）／繁栄（はんえい）／繁盛（はんじょう）／にぎわう／富む（とむ）

【関連語】◆**（栄華）**えいが◆**（全盛）**ぜんせい◆**（最盛）**さいせい◆**（興隆）**こうりゅう◆**（隆盛）**りゅうせい

共通する意味★勢いが盛んになる。**【英】***to prosper*

使い方▼**〔栄える〕**（ア下一）▽港町として栄える▽悪が栄えたためしはない　**〔繁栄〕**スル▽国が繁栄する▽繁栄している都市　**〔繁盛〕**スル▽花屋が繁盛する▽大繁盛の店　**〔にぎわう〕**（ワ五）▽豊漁で魚市場がにぎわう▽お祭りでにぎわう境内　**〔富む〕**（マ五）▽富んだ家でなに不自由なく育つ

	会社が□	店が□	商売が□	平家一門が□
栄える	○	○	○	○
繁栄する	○	△	-	○
繁盛する	-	○	○	-
にぎわう	-	○	○	△
富む	○	○	-	△

使い分け【1】「栄える」は、五語の中では用法が最も広い。【2】「繁栄」は、「栄える」と意味が似ているが、商売については使わない。【3】「繁盛」は、商売についていう場合が多い。「繁昌」とも書く。【4】「にぎわう」は、人出が多く、活気にあふれる意を表す。「賑わう」とも書く。【5】「富む」は、財産があって裕福である意。ふつう「富んだ」「富んでいる」の形で使われる。また、「春秋に富む（＝若くて将来が期待される）」「示唆に富む話」のように、たくさんある意でも使う。

【関連語】◆**（栄華）**権力をにぎり栄えること。「藤原氏の栄華の跡」「一時の栄華の夢」◆**（全盛）**最も盛んな状態にあること。「映像文化全盛の時代」「全盛を極める」「全盛期」◆**（最盛）**一番盛んなこと。「出荷の最盛期」◆**（興隆）**スル学問や国家などが盛んになること。「医学の興隆に尽力する」◆**（隆盛）**（名・形動）ますます盛んになること。「国運の隆盛」「隆盛を極める」

914-06 盛ん(さか)／盛大(せいだい)／旺盛(おうせい)

共通する意味★非常に勢いがいいさま。

使い方▼〔盛ん〕(形動)▽盛んに燃える炎▽新商品の盛んな宣伝活動▽若者の間ではスキーが盛んだ　〔盛大〕(形動)▽盛大な結婚式▽創立百周年を盛大に祝う　〔旺盛〕(形動)▽衰えを知らぬ旺盛な活力▽元気旺盛

使い分け【1】「盛ん」は、「盛り」から転じた語で、勢いの強さ、規模などが最高であるさま。また、「別れを惜しんで盛んに手を振る」のように、熱心に何度も繰り返し行われるさまにもいう。【2】「盛大」は、儀式や集会、事業の規模が大きく、にぎやかで立派なさま。【3】「旺盛」は、気力、体力などの活動力が、満ちあふれて強いさま。

	□な拍手	□な食欲	工業が□になる	式典を□に行う	好奇心□な人
盛ん	○	○	○	-	-
盛大	○	-	-	○	-
旺盛	-	○	-	-	○

914-07 興る(おこ)／ふるう

【関連語】◆〔盛る〕(さかる)◆〔新興〕(しんこう)◆〔勃興〕(ぼっこう)

共通する意味★勢いが盛んになる。【英】*to rise*

使い方▼〔興る〕(ラ五)　〔ふるう〕(ワ五)

	産業が□	国が□	士気が□	猛威を□
興る	○	○	-	-
ふるう	○	-	○	○

使い分け【1】「興る」は、働きが強まる、奮い立つの意であるが、物事や状態が新たに生じることも表わし、その場合は「起こる」とも書く。【2】「ふるう」は、ふつう「振るう」と書くが、「勇気をふるう」「商売がふるわない」などのように、奮い立たせる意の場合には、「奮う」と書き、「料理に腕をふるう」「熱弁をふるう」などのように、発揮する意の場合には、「揮う」とも書く。【3】「ふるう」には、振り動かす意や、転じて、思うままに取り扱う意もある。「剣を振るう」「采配(さいはい)を振るう」

【関連語】◆〔盛る〕(ラ五)盛んになる。また、繁栄する。名詞形「盛り」にくらべて、動詞単独ではあまり使われない。「火が燃え盛る」「盛っている飲み屋」◆〔新興〕それまでのものに代わって、新しいものが興ること。「新興の宗教」「新興勢力」◆〔勃興〕スル急に勢いが盛んになること。「新勢力が勃興する」

参照▼興る⇒911-06　ふるう⇒219-15 902-04

914-08 好転(こうてん)／向上(こうじょう)

【関連語】◆〔上り調子〕(のぼりちょうし)

共通する意味★以前よりも良くなること。【英】*changing for the better*

使い方▼〔好転〕スル▽局面が好転する▽経済事情が好転する▽好転のきざしが見える　〔向上〕スル▽体力が向上する▽公衆道徳が向上する▽生産性の向上▽向上心

使い分け【1】「好転」は、状態や情勢などがよい方へ転換することにいう。【2】「向上」は、能力や程度などがよい方向へ向かうことにいう。

反対語▼好転⇔悪化　向上⇔低下

【関連語】◆〔上り調子〕調子が上向きであること。「のぼりぢょうし」とも。「チームの戦力は上り調子だ」

914-09 再興(さいこう)／復興(ふっこう)

【関連語】◆〔中興〕(ちゅうこう)

共通する意味★一度衰えたものが、また盛んになったり、盛んにしたりすること。【英】*revival*

使い方▼〔再興〕スル　〔復興〕スル

	事業を□する	国家の□	経済の□期	地震から□する
再興	○	○	-	-
復興	○	○	○	○

使い分け【1】「再興」は、ふたたび盛んにすること。多く国、家、法統、流派などについていう。【2】「復興」は、もとのように盛んになったり、盛んにしたりすること。

【関連語】◆〔中興〕スル一度衰えたものを、中ごろの時期にふたたび盛んにすること。国、法統、流派などにいう。「中興の祖」

914-10 強める(つよ)／強化(きょうか)／増強(ぞうきょう)／補強(ほきょう)

【関連語】◆〔強まる〕(つよまる)

共通する意味★力、技、勢いなどをすぐれた状態にすること。【英】*to strengthen*

使い方▼〔強める〕(マ下一)▽権力を強める▽規制を強める　〔強化〕スル▽取り締まりを強化する▽守りの強化を図る▽強化合宿▽強化ガラス　〔増強〕スル▽体力の増強をめざす▽軍備を増強する　〔補強〕スル▽メンバーを補強する▽壁の補強工事

	戦力を□	火力を□	ビタミンを□	語尾を□て発音する	古い橋を□
強める	○	○	△	-め○	-
強化する	○	○	○	-し-	-
増強する	○	△	○	-し-	-
補強する	○	-	○	-し-	○

使い分け【1】「強める」は、強くする意であるが、

9 物の動き

この場合、強くする行為者が必要となるため、自然現象などには用いられない。【2】「強化」は、強くすることで、「強化する」は、「強める」とほぼ同じ意味で用いられるが、「強化する」の方が持続的、組織的な感じが強く、また「強める」よりも書き言葉的。【3】「増強」は、今までにある程度の強さのあるものに、人員、設備、能力などを増やして、さらに強くすることをいう。【4】「補強」は、弱いもの、弱まっているものに何かを補い、一定の水準の強さに押し上げること、また、念のために部分的に強くしておくことをいう。

反対語▼強める⇔弱める　強化⇔弱化

【関連語】◆**(強まる)**(ラ五)強くなる。「風雨が強まる」「批判が強まる」「火力が強まる」

9 14-11 劣る(おとる)／後れる(おくれる)

共通する意味★価値や能力が、他とくらべて低い。**【英】***to be inferior to*

使い方▼〔劣る〕(ラ五)▽弟は兄に劣らずいい青年だ▽行動力の点で彼に劣る▽国宝に勝るとも劣らない名品　〔後れる〕(ラ下一)▽学校をひと月も休んだので勉強が後れてしまった▽リーダーに後れないでついて登る

	体力で人に□	体力が人に□	□た技術	流行に□
劣る	○	○	-っ○	-
後れる	○	△	-れ△	○

使い分け【1】「劣る」は、他のものより質が良くない、力がない、量が少ないなどの状態をいう。【2】「後れる」は、変化の進み方の違いによって質の差が生じるものに対して使われ、前後をくらべて他のものより後になったといえるものにいう。「後れた」だけなら速く進めば追いつけるが、質が決定的に違う場合は「劣る」を使う。

反対語▼劣る⇔勝る　後れる⇔先立つ

9 14-12 鈍る(にぶる)／弱る(よわる)／弱まる(よわまる)

共通する意味★弱くなる。

使い方▼〔鈍る〕(ラ五)▽頭の働きが鈍る▽勘が鈍っている　〔弱る〕(ラ五)▽身体が弱る▽肥料が足りなくて木が弱る　〔弱まる〕(ラ五)▽台風が弱まる▽風雨が弱まる

	雨脚が□	腕が□	決心が□	視力が□	日差しが□
鈍る	○	○	○	-	-
弱る	-	○	-	○	-
弱まる	○	-	-	-	○

使い分け【1】「鈍る」は、力や勢いが弱くなる意であるが、「刃物の切れ味が鈍る」のように、鋭さについてもいう。**【英】***to become dull*【2】「弱る」は、体力や勢いなどについていう。また、「子供の問いに答えられなくて弱る」「弱ったことになった」のように、困惑することについてもいう。**【英】***to weaken*【3】「弱まる」は、だんだんと段階的に弱くなる意。**【英】***to weaken*

反対語▼弱まる⇔強まる

9 14-13 衰える(おとろえる)／廃れる(すたれる)／寂れる(さびれる)

共通する意味★一時盛んであった物事の勢いが弱くなる。

使い方▼〔衰える〕(ア下一)▽人気が衰える▽火勢が衰える▽気力が衰える　〔廃れる〕(ラ下一)▽義理が廃れる▽流行語はすぐに廃れる　〔寂れる〕(ラ下一)▽繁華街が寂れる▽寂れはてた村々

使い分け【1】「衰える」は、勢い、力、機能などについていい、三語の中では、最も用法が広い。**【英】***to become weak*【2】「廃れる」は、流行や風習などがはやらなくなる意。**【英】***to go out of fashion*【3】「寂れる」は、にぎわっていた場所が、人が集まらなくなったために、寂しくなる意。**【英】***to become desolate*

反対語▼廃れる⇔はやる　寂れる⇔にぎわう

9 14-14 減退(げんたい)／後退(こうたい)／下り坂(くだりざか)／下火(したび)

【関連語】◆(退潮)たいちょう◆(尻すぼまり)しりすぼまり◆(廃頽)はいたい◆(落ち目)おちめ◆(左前)ひだりまえ◆(不振)ふしん

共通する意味★力や勢いがおとろえること。**【英】***decline*

使い方▼〔減退〕スル▽精力の減退をきたす▽記憶力が減退する　〔後退〕スル▽視力が後退する▽後退した考え方の持ち主▽景気が後退する　〔下り坂〕▽人気が下り坂になる▽下り坂の天気　〔下火〕▽インフルエンザの流行が下火になった▽ギャンブルブームも下火だ

使い分け【1】「減退」は、体力や意欲などについていう。【2】「後退」は、後方へ下がることから、「下り坂」は、下りの坂道を進むことから、「下火」は、火勢が衰えることから意味の転じたもの。

反対語▼減退⇔増進　下り坂⇔上り坂

【関連語】◆**(退潮)**スル潮がひくことから転じて、勢いが衰えることをいう。「与党は退潮傾向にある」◆**(尻すぼまり)**(名・形動)最初の勢いが次第に弱くなり衰えること。「しりすぼみ」ともいう。「最初の勢いはどこへやら、結局しりすぼまりに終わった」◆**(廃頽)**スル道徳などが崩れ衰えること。「道義が廃頽する」◆**(落ち目)**境遇、地位、勢力などが衰えてきていること。「かつての大スターも今や落ち目だ」◆**(左前)**商売、金回りなどがうまく行かなくなること。「あの会社はもう左前だ」◆(不振)(名・形動)成績、業績、活動などがふるわないこと。「今年は投手陣が不振だ」「経営不振」「食欲不振」
参照▼後退⇒113-36　下り坂⇒705-36

9 14-15 衰弱（すいじゃく）／衰微（すいび）／衰退（すいたい）／弱体化（じゃくたいか）

【関連語】◆(頓挫)とんざ

共通する意味★勢いが衰えて弱くなること。**【英】** *weakening*

使い方▼〔衰弱〕スル　〔衰微〕スル　〔衰退〕スル　〔弱体化〕スル

	国力の□	全身が□する	□の一途をたどる	町人文化の□
衰弱	-	○	-	-
衰微	○	-	-	○
衰退	○	-	○	○
弱体化	○	-	○	-

使い分け【1】「衰弱」は、主として身体についていう。【2】「衰微」は、国家や文化などについていい、「衰微」と共通する用法もある。【3】「衰退」は、文化などについていう。「衰頽」とも書く。【4】「弱体化」は、組織、機構などが弱くなっていくことをいう。

【関連語】◆(頓挫)スル事業や計画などが行き詰まってだめになること。「開発事業が頓挫する」

9 14-16 老朽（ろうきゅう）／老廃（ろうはい）

【関連語】◆(老化)ろうか

共通する意味★古くなって役に立たなくなること。

【英】 *superannuation*

使い方▼〔老朽〕スル▽施設が老朽する▽老朽化した船　〔老廃〕スル▽老廃した機械▽老廃物

使い分け「老朽」は、主として建築物に使う。「老廃」は、あまり一般的ではない。

【関連語】◆(老化)スル時間の経過につれて物が変質劣化すること。「タイヤが老化する」◆年をとるにつれて機能が衰えることの意もある。「筋肉が老化する」「老化現象」

9 14-17 退歩（たいほ）／退化（たいか）／悪化（あっか）

【関連語】◆(後戻り)あともどり

共通する意味★状態や程度がそれまでより悪くなること。**【英】** *retrogression*

使い方▼〔退歩〕スル▽思考力が退歩する▽技術が退歩する　〔退化〕スル▽語学力が退化する▽文明の退化　〔悪化〕スル▽関係が悪化する▽容態が悪化する

使い分け【1】「退歩」「退化」は、技能や文化などについていう。【2】「悪化」は、病気や情勢などについていう。【3】「退化」には、生物体の器官、組織などが縮小、衰退することの意もある。

反対語▼退歩⇔進歩　悪化⇔好転

【関連語】◆(後戻り)スル進歩がなく元の状態に戻ること。また、元の方向へ戻ること。「話が後戻りする」

9 14-18 落ちぶれる（おちぶれる）／没落（ぼつらく）／零落（れいらく）／凋落（ちょうらく）／転落（てんらく）

【関連語】◆(落魄)らくはく

共通する意味★みじめな状態になる。**【英】** *to be ruined*

使い方▼〔落ちぶれる〕(ラ下一)▽落ちぶれた名優▽事業に失敗して落ちぶれた生活を送る　〔没落〕スル▽戦後に没落した資産家たち▽平家の没落　〔零落〕スル▽資産家が零落する▽零落した貴族階級　〔凋落〕スル▽凋落の一途をたどる▽名家の凋落　〔転落〕スル▽気の弱さから悪の道へ転落した▽転落の人生

使い分け【1】「落ちぶれる」は、それまで栄えていたものが衰えること。【2】「没落」は、人が地位や財産を失った状態についていう。【3】「零落」は、元来は、草木が枯れ落ちること。「零落する」は、「落ちぶれる」と同じ意で用いられる。【4】「凋落」は、草木がしぼみ落ちる意から転じたもの。【5】「転落」は、転げ落ちる意から転じたもの。

反対語▼零落⇔栄達

【関連語】◆(落魄)スル落ちぶれること。文章語。「落魄の憂き目」「落魄した姿」

参照▼転落⇒903-11

9 14-19 目減り（めべり）／低下（ていか）／下降（かこう）

【関連語】◆(劣化)れっか

共通する意味★程度が下がったり、質が悪くなったりすること。**【英】** *ullage*《商》; *a drop*

使い方▼〔目減り〕スル▽目減り分を考えて生産する▽インフレで貯蓄が目減りする　〔低下〕スル▽能率が低下する▽質が低下する▽科学技術が低下する　〔下降〕スル▽下降ぎみの生産量▽成績が下降する▽下降線をたどる

使い分け【1】「目減り」は、そのものの実質的な価値が下がること。また、取り扱いの過程で、こぼれたり、蒸発したりなどして、最初にはかった時よりも重量が減ることの意もある。【2】「低下」は、質などの程度が下がって悪くなること。また、「室温が低下する」などのように、度合いが低い方へ下がることの意もある。【3】「下降」は、内容の程度が下がることであるが、「飛行機が下降する」のように、具体的に物が下の方向に下がることもいう。

反対語▼低下・下降⇔上昇　低下⇔向上

【関連語】◆(劣化)スル品質などが変化して悪くなること。「コンクリートの耐久性が劣化する」

9 14-20 浮き沈み（うきしずみ）／浮沈（ふちん）／消長（しょうちょう）／起伏（きふく）

【関連語】◆**(栄枯盛衰)**えいこせいすい◆**(七転び八起き)**ななころびやおき

共通する意味★勢いが盛んになったり、衰えたりすること。**【英】***rise and fall*

使い方▼**〔浮き沈み〕**スル　**〔浮沈〕**スル　**〔消長〕**スル　**〔起伏〕**スル

	□の激しい人生	□は世の常	社の□をかける	文明の□	感情の□
浮き沈み	○	○	－	－	－
浮沈	○	○	○	－	－
消長	－	－	－	○	－
起伏	○	－	－	－	○

使い分け【1】「浮き沈み」「浮沈」は、物が浮いたり沈んだりすることから転じた語。「浮き沈み」は、主として話し言葉で用いる。【2】「消長」は、栄えることと衰えることの両者を対比した言い方。【3】「起伏」は、土地が高くなったり低くなったりしていることから転じた語。

【関連語】◆**(栄枯盛衰)**栄えたり、衰えたりすること。国家や人などについていう。「栄枯盛衰は世のならい」◆**(七転び八起き)**失敗を重ねてもへこたれずに立ち直ること。「人生は七転び八起きだ」

9 14-21 興廃（こうはい）／興亡（こうぼう）

【関連語】◆**(はやりすたり)**

共通する意味★盛んになることと衰えること。**【英】***rise and fall*

使い方▼**〔興廃〕**スル▽一国の興廃がかかる　**〔興亡〕**▽古代国家の興亡のありさまを調べる

使い分け「興廃」「興亡」ともに、国家、文明などについていう。

【関連語】◆**(はやりすたり)**流行などが、はやったり廃れたりすること。「歌謡曲ははやりすたりが激しい」

9 14-22 進度（しんど）／進み（すすみ）

共通する意味★物事が前に向かって動いていく速さ、度合い。**【英】***progress*

	授業の□が速い	隣のクラスとは□が違う	作業の□を調整する	筆の□が遅い
進度	○	○	○	－
進み	○	○	○	○

使い分け【1】「進度」は、物事の進行の程度、具合の意で用いられる。【2】「進み」には、「進度」と同じ進行の程度という意味もあるが、本来は「進む」という動詞の名詞化なので、前方へ動いていくこと、前進という意味ももつ。また、学業や習い事などでの進歩、上達の意味でも用いられる。【3】「進度」と同じような意味で、「進み具合」という語もよく用いられる。

9 15 …混乱

9 15-01 乱す（みだす）／掻き乱す（かきみだす）／崩す（くずす）

【関連語】◆**(乱れる)**みだれる◆**(崩れる)**くずれる◆**(狂う)**くるう◆**(破綻)**はたん

共通する意味★きちんとなっていたものをばらばらにする。**【英】***to disarrange*

使い方▼**〔乱す〕**(サ五)▽チームの足並みを乱す▽風紀を乱す　**〔掻き乱す〕**(サ五)▽他人の心をかき乱す▽平和な家庭をかき乱される　**〔崩す〕**(サ五)▽顔を崩して笑う▽隊列を崩す

	列を□	髪を□	会議の進行を□	体調を□
乱す	○	○	○	－
掻き乱す	○	○	○	－
崩す	○	－	－	○

使い分け【1】「崩す」は、本来「山を崩す」のように、物を砕いて壊す意。そこから、対象に働きかけ、今まで保っていた秩序を壊したり、変化を与えたりする意をもつ。また、「膝（ひざ）を崩す」のように、体の姿勢を楽にする意もある。【2】「乱す」「崩す」は、「髪を乱す」「心を乱す」「体調を崩す」のように、なんらかの原因でその動作主の意志とは関係なく、乱れた状態になる意もある。【3】「掻き乱す」は、動作主が意図的に対象のあちこちに働きかけて乱れた状態にする意。

【関連語】◆**(乱れる)**(ラ下一)整っていたものがばらばらになる。「心が乱れる」「風紀が乱れる」◆**(崩れる)**(ラ下一)整った状態にあったものが乱れる。また、建造物などが壊れ落ちる。「隊列が崩れる」「姿勢が崩れる」「がけが崩れる」◆**(狂う)**(ワ五)物事が本来と違った状態になる。「時計が狂う」◆**(破綻)**スル正常な状態でなくなり、うまくいかなくなること。「財政が破綻する」「両国の関係が破綻をきたす」

参照▼崩す⇒909-01　崩れる⇒713-37　狂う⇒209-58

9 15-02 ほつれる／ほどける

【関連語】◆**(綻びる)**ほころびる

共通する意味★本来まとまっているべき結んだり編んだりした糸などが、そのまとまりを失う。**【英】***to become loose*

使い方▼〔ほつれる〕(ラ下一)▽ズボンのすその縫い目がほつれる▽セーターの袖口(そでぐち)がほつれる　〔ほどける〕(カ下一)▽帯がほどける▽ひもの結び目がほどけた

使い分け【1】どちらも、縫い目や結び目、あるいは編んだ糸などがとける意だが、「ほつれる」には、とけて乱れるという意味合いがある。また「ほつれる」は、束ねてあった髪や糸などの先が乱れることについても使う。【2】「ほどける」には、「緊張がほどける」のように、気持ちがやわらぐ、うちとけるの意もある。

【関連語】◆〔綻びる〕(バ上一)衣服などの縫い目の糸がほどける。また、花のつぼみがひらき始める意、おかしさや楽しさが思わず表情に出る意にも使う。「袖口がほころびる」「桜がほころびる」「口元がほころびる」

9 15-03 もつれる／こんがらかる

共通する意味★物事が乱れからまる。からみ合ってややこしくなる。**【英】** *to get entangled*

使い方▼〔もつれる〕(ラ下一)　〔こんがらかる〕(ラ五)

	糸が□	話が□	交渉が□	舌が□	頭の中が□
もつれる	○	○	○	○	-
こんがらかる	○	○	-	-	○

使い分け【1】「もつれる」は、二つ以上の物事が、互いにからまり合ってすっきりしなくなる状態をいう。「舌」や「足」の場合は、口の中や、もう一方の足との間の動きがスムーズにいかない状態、「話」の場合は、交渉のような場面で、互いの間の話し合いがうまくいかず、解決困難な方向へ行ってしまうことをいう。「縺れる」とも書く。【2】「こんがらかる」は、一つの物事がそれ自体一貫せずにごちゃごちゃしてわけがわからなくなる状態をいう。他の物事がいろいろ入りまじってくるようなときにもいうが、もとになる物事は一つのことが多い。物事の流れがうまく進まないというより、物事の統一やあるべき姿が混乱してしまう状態をいう。「こんがらがる」ともいう。

9 15-04 混乱(こんらん)／錯綜(さくそう)／錯乱(さくらん)

【関連語】◆〔混沌〕(こんとん)

共通する意味★いろいろなものが複雑に入り乱れること。**【英】** *confusion*

使い方▼〔混乱〕スル▽国中が混乱する▽敵の混乱に乗じて攻撃する▽列車のダイヤが混乱する▽事態が混乱する　〔錯綜〕スル▽錯綜した論理▽仕事が錯綜している▽事態が錯綜する　〔錯乱〕スル▽精神が錯乱する

	頭が□する	□状態に陥る	論旨が□する	利害関係が□する
混乱	○	○	△	-
錯綜	△	-	○	○
錯乱	○	○	-	-

使い分け【1】「混乱」は、秩序のあったものが、なんらかの原因でその秩序を失って乱れること。人間の精神状態やさまざまな関係など広く用いられる。【2】「錯綜」は、統一性を要求されるものが、その統一性を失い矛盾などをきたすこと。【3】「錯乱」は、感情や思いが入り乱れて、わけがわからない状態になることをいう。

【関連語】◆〔混沌〕(形動たる・と)物事が入りまじって区別がはっきりしないさま。「政情が混沌としている」◆元来は、大昔の天と地がまだ分かれていない状態の意を表わす。

9 15-05 乱雑(らんざつ)／雑然(ざつぜん)

【関連語】◆〔乱脈〕(らんみゃく)

共通する意味★ごたごたとしていてまとまりのないこと。**【英】** *disorder; muddle*

使い方▼〔乱雑〕(名・形動)▽書類を乱雑に散らかしておく▽衣類をたんすに乱雑に押し込む　〔雑然〕(形動たる・と)▽食器がテーブルに雑然と置いてある▽雑然と考える

	□本を積む	部屋□きわまる	□建ち並んでいる家	□印象
乱雑	-に○	○	-に△	-な△
雑然	-と○	-	-と○	-とした○

使い分け【1】「乱雑」は、整った状態にしておくべきものを乱れた状態にしておくこと。【2】「雑然」は、必ずしも整った状態にしておかなくてもよいものが、雑多に入りまじり、秩序だっていない状態にあることをいう。「乱雑」とは異なり、思考などの具体的でないものについても用いることができる。【3】「物を雑然と積む」というのは、積んだ後の状態に焦点を合わせた言い方である。

【関連語】◆〔乱脈〕(名・形動)乱れて秩序がないこと。多く、そのために問題が生じているような場合に、非難の意を込めて用いる。「乱脈きわまる会計」「乱脈経営」

9 15-06 交錯(こうさく)／混合(こんごう)／混じる(まじる)／混ざる(まざる)／混交(こんこう)

【関連語】◆〔雑多〕(ざった)◆〔まぜこぜ〕◆〔ちゃんぽん〕◆〔折衷〕(せっちゅう)

共通する意味★異なる物が一緒になること。**【英】** *mixture*

使い方▼〔交錯〕スル▽さまざまな思惑が交錯する▽過去と未来が交錯した夢　〔混合〕スル▽三種類の薬品を混合する▽男女混合チーム▽混合肥料▽混合物　〔混じる〕(ラ五)▽若者に交じって学ぶ▽麦が混じった飯　〔混ざる〕(ラ五)▽よく混ざるようにかき混ぜる▽洋犬の血が混ざった犬　〔混交〕スル▽玉石混交(＝良い物と悪い物とが入りまじっていること)▽和漢混交の文体

使い分け【1】「交錯」は、複数の物が複雑に入り組むこと。【2】「混合」は、異質の要素を一つに合わせることによって、ある集団や物質を作るような場合に使う。ごく一般的に用いられる。【3】「混じる」は、他のかなり多い物の中に入る意。「交じる」とも書く。【4】「混ざる」は、ある物に、他の物がかなり入って一緒になる意。実際には、「混じる」と同様に用いられる。「交ざる」とも書く。【5】「混交」は、「玉石を混交する」のようにも使うが、たいていは「玉石混交」「神仏混交」のように、複合して用いられる。「混淆」とも書く。

【関連語】◆(雑多)(名・形動)いろいろな種類の物が整理されない状態で入りまじっていること。「雑多な用事に追われる」「雑多な意見をまとめる」◆(まぜこぜ)(名・形動)いろいろな種類の物が無秩序に入りまじること。「雑多」より、俗語的。「良い物と悪い物とがまぜこぜになる」◆(ちゃんぽん)いろいろな種類の物を交替に、または順序不同に用いること。俗語。「日本酒とウイスキーをちゃんぽんで飲む」◆(折衷)スル両方の良いところを取ってうまく調和させること。「和洋折衷」「折衷案」

9 15-07 混線(こんせん)／混信(こんしん)

共通する意味★電話、放送などで、他の通話、放送などが混じること。【英】*cross*

使い方▼〔混線〕スル▽電話が混線している　〔混信〕スル▽無線の混信に悩まされる

使い分け【1】「混線」は、電信、電話などで、相手以外の信号や通話が、通信、通話中に入り込んでくること。比喩(ひゆ)的に、「話が混線する」のように、いくつもの話が入りまじってわからなくなることにもいう。【2】「混信」は、電信、放送などで、他の発信局の送信も受信されることで、電線を用いていない場合に用いられることが多い。

9 15-08 不(ふ)ぞろい／まちまち

【関連語】◆(ちぐはぐ)

共通する意味★そろっていないこと。また、そのさま。【英】*uneven*

使い方▼〔不ぞろい〕(名・形動)　〔まちまち〕(名・形動)

	大きさが□の卵	上下□の服	各自□の服装で参加する	意見が□でまとまらない
不ぞろい	○	○	-	-
まちまち	○	-	○	○

使い分け【1】「不ぞろい」は、物についていう。同種類の複数の物、または、対になっている物の形や大きさ、様子が、そろっていないこと。「不揃い」とも書く。【2】「まちまち」は、物だけでなく、複数の物事や人などがそれぞれに異なっていて、さまざまである場合にいい、対になっている物事にはいわない。

【関連語】◆(ちぐはぐ)(名・形動)本来、調和がとれているはずの物事の性質、様子、内容などが、くい違っていること。そろわないこと。「靴と服がちぐはぐな感じだ」「話がちぐはぐになる」

9 15-09 横行(おうこう)／氾濫(はんらん)

【関連語】◆(跋扈)ばっこ◆(跳梁)ちょうりょう

共通する意味★勢いが盛んになってのさばること。【英】*flooding*

使い方▼〔横行〕スル▽海賊が横行する▽不正取引が横行する　〔氾濫〕スル▽街には横文字の看板が氾濫している▽情報が氾濫している世の中

使い分け【1】「横行」は、好ましくないものが勢力を得て、方々で勝手気ままにふるまったり、悪い事、悪い考え方などが方々で盛んに行われたりすること。【2】「氾濫」は、あふれるほどいっぱい世の中に出回ること。好ましくないものや風潮にいうことが多い。

【関連語】◆(跋扈)スル悪いものがのさばること。「軍閥が跋扈した時代」◆(跳梁)スル好ましくないものが思うままにのさばりはびこること。「悪の跳梁を抑える」

参照▼氾濫⇒319-09

9 15-10 はびこる／のさばる／蔓延(まんえん)

共通する意味★勢力を得て世間に幅をきかせる。【英】*to be rampant*

使い方▼〔はびこる〕(ラ五)▽悪がはびこる▽ペストがはびこる　〔のさばる〕(ラ五)▽悪徳業者が世にのさばる▽暴力団がのさばる　〔蔓延〕スル▽よくない遊びが蔓延する▽結核の蔓延を防ぐ

	悪徳政治家が□	伝染病が□	人命軽視の風潮が□	あいつ一人に□せるな
はびこる	○	○	○	-ら-
のさばる	○	-	-	-ら○
蔓延する	-	○	○	-さ-

使い分け【1】「はびこる」は、悪いものが一面に広がる場合に使われるほか、「雑草がはびこる」などのように、草などが伸び広がり茂る意もある。「蔓延る」と当てる。【2】「のさばる」は、勢力を得て、わが

物顔でふるまう場合にいう。多く、そのことを不快に思っているような場合にいう。【3】「蔓延する」は、よくないもの、特に、病気や特定の思想などが一面に広がる場合にいう。【4】「はびこる」「のさばる」は、話者がそのことに不快感をもつ場合に用いられるのに対し、「蔓延する」は、やや客観的な言い方となる。

参照▼はびこる⇒720-42

9 15-11 ぼうぼう／ぼさぼさ

共通する意味★髪の毛や草などが乱れているさま。**【英】** *untrimmed*

使い方▼〔ぼうぼう〕(形動たる・と)▽雑草がぼうぼうと生い茂っている▽髪の毛がぼうぼうに伸びている〔ぼさぼさ〕(副・形動)スル▽髪の毛がぼさぼさな男▽筆先がぼさぼさになった

使い分け【1】「ぼうぼう」は、草や髪の毛やひげなどが多く生えて、伸び放題になって乱れているさま。【2】「ぼさぼさ」は、髪の毛が手入れをしていないために油気やつやもなく乱れているさま。筆先や箒(ほうき)の先についても使う。

参照▼ぼうぼう⇒714-08　ぼさぼさ⇒209-44

9 15-12 むちゃくちゃ　めちゃめちゃ　めちゃくちゃ

【関連語】◆(支離滅裂)しりめつれつ◆(めちゃ)◆(むちゃ)

共通する意味★まったく筋道の立たないさま。**【英】** *chaotic*

使い方▼〔むちゃくちゃ〕(名・形動)▽むちゃくちゃな理論〔めちゃめちゃ〕(名・形動)▽あいつの考え方はめちゃめちゃだ〔めちゃくちゃ〕(名・形動)▽めちゃくちゃな話

使い分け【1】いずれも、非論理的で、道理を欠いていること。話し言葉として用いられる。【2】「めちゃめちゃ」「めちゃくちゃ」は、「計画がめちゃめちゃになる」「建物が地震でめちゃくちゃに壊れる」のように、どうにもならないほどひどく壊れるさまにもいう。【3】「むちゃくちゃ」は「無茶苦茶」、「めちゃめちゃ」は「滅茶滅茶」、「めちゃくちゃ」は「滅茶苦茶」と当てる。

【関連語】◆(支離滅裂)(名・形動)まとまりに欠け、筋道が立っていないこと。「酔っぱらいの話は支離滅裂でさっぱりわからない」◆(めちゃ・むちゃ)(名・形動)道理に合わないさま。「めちゃ」は「滅茶」「目茶」、「むちゃ」は「無茶」とも書く。「めちゃなことを言う」「むちゃをする」

参照▼むちゃくちゃ⇒204-21　819-42　めちゃ⇒819-34　むちゃ⇒819-34

9 15-13 調(とと)える／揃(そろ)える／取(と)り揃(そろ)える

【関連語】◆(調う)ととのう◆(揃う)そろう

共通する意味★不備、不足、不調和などのないように準備する。**【英】** *to arrange*

使い方▼〔調える〕(ア下一)▽夕食を調える〔揃える〕(ア下一)▽必要な書類をそろえる▽前髪をそろえて切る〔取り揃える〕(ア下一)▽多くの商品を取りそろえた店

	旅行に必要なものを□	条件を□	食事の準備を□	耳を□て金を返す	サイズを各種□
調える	○	○	○	-え-	-
揃える	○	○	-	-え○	○
取り揃える	○	-	-	-え-	○

使い分け【1】「調える」は、ある物事の準備や支度をする意。また、「縁談を調える」は、秩序ある状態にまとめる意。「服装をととのえる」「髪をととのえる」のように、きちんとさせる意の場合には、「整える」と書く。【2】「揃える」は、そうあるべきものが全部集まっているように用意する意。また、「ユニフォームを揃える」のように、全体を構成している一つ一つのものについて、他のものとくらべて、ばらつきや出入り、乱れなどがないようにする意もある。【3】「取り揃える」は、何かをするのに必要なものをもれなく一か所に集める意。

【関連語】◆(調う)(ワ五)用意ができる。また、秩序ある状態になる。きちんとする意の場合には、「整う」と書く。「入学の準備がすっかりととのう」「婚約が調う」「体裁が整う」◆(揃う)(ワ五)そうあるべきものが一つに集まる。また、全体を構成しているもの一つ一つが、等しい状態になる。「メンバーがそろう」「枝の長さがそろう」

9 15-14 整理(せいり)／整頓(せいとん)

【関連語】◆(片付ける)かたづける◆(しまう)

共通する意味★乱れたものを秩序正しい状態にすること。**【英】** *good order*

使い方▼〔整理〕スル▽倉庫の中を整理する▽頭の中を整理する〔整頓〕スル▽散らかしっ放しにせずに整頓しなさい

	机の上を□する	交通の□にあたる	感情を□する	よく□された部屋
整理	○	○	○	△
整頓	○	-	-	○

使い分け【1】「整理」は、乱れたものを秩序正しい状態にすること。また、「人員整理」のように、必要なものと不必要なものを分け、いらないものを処分して無駄を除くこともいう。【2】「整頓」は、乱れ散らかったものを、正しい位置にきちんと置くこと。

【関連語】◆(片付ける)(カ下一)物を、本来置くべきところにきちんと置いて整える。「部屋を片付ける」◆(しまう)(ワ五)物を、置くべき位置にきちんと置く。戸棚などの中に入れて納めるような場合にいう。「仕舞う」とも書く。「火鉢を納戸にしまう」

9 15-15 端正(たんせい)／整然(せいぜん)

共通する意味★乱れたところがなく整っているさま。**【英】** *orderly*

使い方▼**〔端正〕**(名・形動)▽端正な富士山の姿▽端正な身のこなし▽端正で品がある字▽端正な顔だち **〔整然〕**(形動たる・と)▽整然とした行進▽市街地が整然と区画されている▽整然と植えられた街路樹▽理路整然

使い分け【1】「端正」は、乱れたところがなく、整っていて美しいさま。多く、人間の姿形や振る舞いについて用いられる。「端整」とも書く。【2】「整然」は、複数の要素で成り立っているものについて用いられ、全体を構成している個々の要素が、乱れることなく全体を成しているさま。たとえば、「端正な字」は、文字一つ一つについていうが、「整然とした字」は、複数の文字の並びについていったものである。

反対語▼整然⇔雑然

9 15-16 きちんと／ちゃんと

共通する意味★整っていて、乱れがないさま。**【英】** *neatly*

使い方▼**〔きちんと〕**(副)スル▽きちんと並ぶ▽帽子をきちんとかぶる▽きちんとした服装 **〔ちゃんと〕**(副)スル▽ちゃんと座る▽ネクタイをちゃんと締める▽先生の前ではちゃんとしていなさい

使い分け【1】二語とも、ほぼ同意で、同じように使われるが、「きちんと」のほうが、整い、乱れのないさまをいう感じがより強い。「ちゃんと」は、口語。【2】二語とも、他に、「箱にきちんと(ちゃんと)納まる」のように、物がよく当てはまるさまや、「時間をきちんと(ちゃんと)守る」のように、正確で間違いのないさまの意でも用いられる。また、「ちゃんと」は、「ちゃんとやっておいた」のように、確かであるさまの意でも用いられる。

9 16 …影響

9 16-01 刺激(しげき)／影響(えいきょう)

【関連語】◆**(煽り)**あおり

共通する意味★他に働きを及ぼして、反応や変化を起こさせること。また、そういう働き。**【英】** *a stimulus*

使い方▼**〔刺激〕**スル▽辛いものは胃を刺激する▽いたずらに彼を刺激しないでくれ **〔影響〕**スル▽辛いものは胃に悪い影響を与える▽親の生き方が子供に影響する▽影響力

	西洋文明に□を受ける	日本文化に強い□を与える	相手を□するような言動	天候は農作物に□する
刺激	○	○	○	－
影響	○	○	－	○

使い分け「刺激」は、ほかのものを生理的、あるいは精神的に興奮させるような力をいう。「刺戟」とも書く。

【関連語】◆**(煽り)**ある状況の変化や現象の余勢。また、影響。「親会社の倒産のあおりで危機に陥る」

9 16-02 作用(さよう)／反作用(はんさよう)／副作用(ふくさよう)

共通する意味★ある物が、他の物に影響を与えるような働きかけをすること。また、その働きかけ。

使い方▼**〔作用〕**スル▽鎮静剤の作用で眠くなる▽叱(しか)られたことがいい方向に作用した **〔反作用〕**▽圧力を加えると反作用を起こす **〔副作用〕**▽副作用が強い薬

使い分け【1】「作用」は、広く用いられる。**【英】** *an effect*【2】「反作用」は、「作用」の反意語だが、力学で、ある物体が他の物体に力を及ぼすとき、同時に同じ大きさで逆向きの力を受けることをいう。一般的に用いられることはあまりない。**【英】** *reaction*【3】「副作用」は、薬の使用において、本来期待される働きに伴って現れる有害な働きをいう。**【英】** *a side effect*

9 16-03 衝撃(しょうげき)／ショック／打撃(だげき)

【関連語】◆**(電撃)**でんげき

共通する意味★物体に瞬間的に、急激に加えられる力。**【英】** *a shock*

使い方▼**〔衝撃〕**▽衝突した時の衝撃で壊れた▽軽い衝撃を感じた **〔ショック〕**▽膝(ひざ)を曲げて、飛び降りたときのショックを柔らげる **〔打撃〕**▽頭部へ打撃を与える

	強い□を与える	爆発の際の□	落とした□で壊れる	頭部への□が死因だ
衝撃	○	○	○	－
ショック	○	○	○	－
打撃	○	－	－	○

使い分け【1】いずれも、直接加えられる物理的な力をいう。「衝撃」のほうが、「ショック」よりも大き

9 物の動き

な力である場合が多い。【2】「打撃」は、物体を手で打ちたたくこと。また、「不況で打撃をこうむる」のように、心の痛手や物質上の損害をいったり、特に、野球で、「打撃はいい選手」のように、バッティングをいったりする。

【関連語】◆**〈電撃〉**強い電流を体に通したときに生ずる衝撃。また、稲妻のようにすばやいことの意で、多く、他の語と複合して用いられる。「電撃療法」「電撃結婚」

参照▼衝撃⇒209-34　ショック⇒209-34

916-04 広まる／広がる

【関連語】◆**〈広める〉**ひろめる

共通する意味★広く行き渡る。**【英】***to spread*

使い方▼〔広まる〕(ラ五)　**〔広がる〕**(ラ五)

	うわさが□	悪い評判が□	名声が□	風邪が□	仏教が□
広まる	○	○	○	-	○
広がる	○	○	-	○	-

使い分け【1】「広まる」は、人々が何かを受け入れて他に伝える意。病気など好ましくないことには用いない。「広がる」は、事物の範囲が大きくなる意。【2】「広まる」は、また、「勢力範囲が広まる」のように、広くなる意でも用いられる。

【関連語】◆**〈広める〉**(マ下一)範囲を大きくしていく。広く行き渡らせる。「学問をして知識を広める」「師の教えを広める」

参照▼広がる⇒908-29

916-05 行き渡る／行き届く

【関連語】◆**〈出回る〉**でまわる

共通する意味★ある範囲にもれなく届く。**【英】***to extend*

使い方▼〔行き渡る〕(ラ五)▽記念品は出席者全員に行き渡った　**〔行き届く〕**(カ五)▽行き届いたあいさつ

	指示が全員に□	アンケートが全員に□	威光が□	掃除の□た家
行き渡る	○	○	○	-っ-
行き届く	○	△	-	-い○

使い分け【1】「行き渡る」は、全体にもれなく届く意。【2】「行き届く」は、すみずみまで気がつく、気が配られている意でもよく使われる。

【関連語】◆**〈出回る〉**(ラ五)品物があちこちで見られるようになる。「にせ札が出回る」「みかんの出回る季節」

916-06 波及／伝播／伝染

共通する意味★物事が伝わり広まること。**【英】***to spread*

使い方▼〔波及〕スル▽中東紛争の影響が全世界に波及する　**〔伝播〕**スル▽稲作が日本に伝播した　**〔伝染〕**スル▽怠惰な考えが皆に伝染した

使い分け【1】「波及」は、だんだんと影響の及ぶ範囲が広がっていくこと。特に、なんらかの出来事の影響などが広まることにいう。【2】「伝播」は、広く伝わることをいうが、今日では、文化的な営みなどが、一方から他方へ伝わっていくことをいう場合が多い。また、「デマが日本中に伝播する」というように、うわさなど一定の情報が伝わることにもいう。文章語で、日常的にはあまり使われない。【3】「伝染」は、気分や習慣などが他の人にうつることをいう。

参照▼伝染⇒017-13

916-07 徹底／浸透

共通する意味★広くすみずみまで行き渡ること。**【英】***penetration*

使い方▼〔徹底〕スル▽虚礼廃止を徹底させる▽禁令を周知徹底させる　**〔浸透〕**スル▽自然保護の考え方が国民の間に浸透する▽社長の信念が従業員に浸透してきた

	非暴力主義を□させる	命令を□させる	連絡が□していない	博愛主義が国民の間に□する
徹底	○	○	○	△
浸透	○	-	-	○

使い分け【1】「徹底」は、ある内容や情報、あるいは思想などが積極的に伝え広められて、すみずみまで行き渡ることをいう。また、「彼の乗り物ぎらいは徹底している」「徹底した菜食主義者」のように、中途半端ではなく、一つの主義、信条に貫かれていることの意でも用いる。【2】「浸透」は、もともと液体がしみとおることをいうが、転じて、ある考え方などが人々の間に自然にだんだんと広まることをいう。「徹底」のように積極的に伝え広められる意ではないので、「命令」「連絡」など積極的に伝えられるようなものについては使えない。また、人の心にしっかりとしみ込んで定着するような場合にしかいわないので、「うわべだけの友好ムードが広まる」はいえるが、「うわべだけの友好ムードが浸透する」は不自然である。

参照▼浸透⇒903-18

917…均衡

917-01 釣り合い／均衡／バランス

【関連語】◆**〈平衡〉**へいこう◆**〈平均〉**へいきん◆**〈均整〉**きんせい◆**〈兼ね合い〉**かねあい

共通する意味★二つ以上のものの間で、その大きさ、重要さなどが互いに同程度であること。**【英】** *balance*

使い方▼**〔釣り合い〕**▽援助によって両国の力の釣り合いが取れなくなった　**〔均衡〕**スル▽一対一の均衡を破るホームラン　**〔バランス〕**▽バランスを崩してよろける▽栄養のバランスを考えて調理する

	収支の□を保つ	□がとれた体	補強で戦力の□がくずれる	体の□を失う
釣り合い	○	○	△	－
均衡	○	－	○	△
バランス	○	○	△	○

使い分け【1】「釣り合い」「バランス」は、「釣り合い（バランス）を考えて相手を選ぶ」のように、程度が、他の物事と調和することにもいう。【2】「釣り合い」は、日常話し言葉として用いられることが多い。【3】「均衡」は、「均衡財政」「均衡を失する」のように、やや硬い言い方で使うことが多い。【4】「バランス」は、「ストックでバランスをとりながら滑る」「両手でバランスをとって平均台の上を歩く」のように、安定した体の動きなどによく使う。

【関連語】◆**〔平衡〕**均衡が保たれて安定していること。「両者の力が平衡を保つ」◆**〔平均〕**スル釣り合うこと。また、不ぞろいがなくなるようにならすこと。また、幾つかの数値をならした値を出すことや、その値。「品質が平均している製品」「平均を出す」「平均点」◆**〔均整〕**形、外見などが、釣り合いがとれてよく整っていること。「均整のとれた姿態」◆**〔兼ね合い〕**異なるものどうしの調和。「他の委員との兼ね合いもあってなかなかやめられない」

9 17-02 調和（ちょうわ）／マッチ

共通する意味★二つ以上のものが、互いに釣り合いがとれ、整っていること。**【英】** *harmony*

使い方▼**〔調和〕**スル▽精神と肉体の調和のとれた人物を育成する▽周囲の景観と調和した建物　**〔マッチ〕**スル▽部屋の雰囲気にマッチした家具▽ミスマッチ

使い分け いずれも、あるものが別のあるものと釣り合いがとれ、自然であることにいう。「マッチ」は、主に「マッチする」の形で用いられる。公式の文章などでは使用されない。

参照▼マッチ⇒620-07

9 17-03 秩序（ちつじょ）

意味★物事の正しい順序。また、特に、社会生活上の決まり。**【英】** *order*

使い方▼**〔秩序〕**▽世界の秩序と平和の維持を願う▽秩序正しい生活

9 17-04 取り合わせ（とりあわせ）／組み合わせ（くみあわせ）／配合（はいごう）

共通する意味★ある一つのまとまりを作るために、二つ以上のものを適当に合わせること。**【英】** *combination*

使い方▼**〔取り合わせ〕**▽色の取り合わせが良い▽絶妙の取り合わせ　**〔配合〕**スル▽色の配合をする▽肥料を配合する▽配合飼料　**〔組み合わせ〕**▽上着とスカートの組み合わせを考える▽仕事をするときは、人と人との組み合わせも大切だ

使い分け【1】「取り合わせ」は、うまく調和するように、ほどよく合わせること。多く、「…が良い（悪い）」のように用いられる。【2】「配合」は、複数の成分を混ぜ合わせること。薬品などを混ぜるような場合に用いる。【3】「組み合わせ」は、数学用語として、幾つかのものの中から、一定の個数のものを取り出す出し方の意でも用いられる。

9 17-05 調整（ちょうせい）／調節（ちょうせつ）

共通する意味★物事に手を加えて、適切で安定した状態にすること。**【英】** *regulation*

使い方▼**〔調整〕**スル▽機械を調整する▽立候補者の調整をはかる　**〔調節〕**スル▽温度を調節する▽ダムの放水量を調節する

	テレビの音量を□する	意見の□をはかる	強弱の□の利く冷房装置
調整	○	○	－
調節	○	－	○

使い分け【1】「調整」は、物事の調子の悪いところを整えたり、過不足に手を加えて、全体として釣り合いのとれた望ましい状態にすること。【2】「調節」は、物事の程度をほどよい具合のところに整えること。

9 17-06 不統一（ふとういつ）／アンバランス

共通する意味★統一、調和がとれていないこと。**【英】** *disunity*

使い方▼**〔不統一〕**（名・形動）▽合併については社内の意志がまだ不統一だ▽表記の不統一に目をつぶる　**〔アンバランス〕**（名・形動）▽ネクタイにサンダル履きはアンバランスだ

使い分け【1】「不統一」は、一つにまとまるのが望ましいのだが、まとまっていないこと。【2】「アンバランス」は、一つのもののいくつかの要素が、うまく釣り合っていないこと。

9 18 …類似

9 18-01 似る／似通う／類する

【関連語】◆(似つく)◆(あやかる)

共通する意味★複数の事物が、完全に同一ではないが、共通点が相当ある。【英】*to resemble*

使い方▼〔似る〕(ナ上一)〔似通う〕(ワ五)〔類する〕(サ変)

	それに□た話	体格が□ている	しぐさが父親に□	児戯に□行為
似る	に○	に○	○	−
似通う	−っ○	−っ○	−	−
類する	−し○	−し−	−	○

使い分け【1】三語の中では、「似る」が最も広く用いられる。外見ばかりでなく、さまざまなものについて用いられる。【2】「似通う」は、対象となっている複数の事物は、ほぼ同じ資格でとらえられ、双方ともが互いに共通点を多く持っている意。【3】「類する」は、同じ種類に属する、同類である意。人間にはあまり用いられない。

【関連語】◆(似つく)(カ五)よく似る。「妹は姉とは似ても似つかない(=少しも似ていない)」のように用いられる。◆(あやかる)(ラ五)自分も幸運な人と似た状態になる。「肖る」とも書く。「いい配偶者を得た彼にあやかりたい」

9 18-02 まがう／紛れる

【関連語】◆(紛らす)

共通する意味★よく似ていたり、他の事物と入り交じったりして区別がつかなくなる。【英】*to get mixed*

使い方▼〔まがう〕(ワ五)▽星かとまがう街のあかり▽あれはまがう方なきわが子 〔紛れる〕(ラ下一)▽人込みに紛れて見失う▽やみに紛れて姿を消す

使い分け【1】「まがう」は、現在では「…かとまがう」「まがう方なき」の形でしか使われない文章語で、「まごう」と発音されることが多い。「紛う」などとも書く。【2】「紛れる」は、他のことに心をとられて、一時的にあることを忘れる意にも使われる。「気が紛れる」

【関連語】◆(紛らす)(サ五)紛れるようにする。「冗談に紛らして本音を吐く」「退屈を紛らす」「寂しさを紛らす」

9 18-03 同じ／同様／同然／一緒／等しい

【関連語】◆(イコール)◆(一つ)◆(普遍)

共通する意味★複数の事物に差異の認められないさま。【英】*equal*

使い方▼〔同じ〕(形動)▽外見は違うが、中身は前と同じだ▽ぼくは君と同じ意見ではない▽前回と同じ容疑で捕まる 〔同様〕(名・形動)▽私も彼と同様の考えを持っている▽先生もこの本の内容と同様のことを言っていた 〔同然〕(名・形動)▽大人を子供同然に扱う▽この点差では、勝負はついたも同然だ 〔一緒〕▽能書きは違うが、実際はどれも一緒だよ 〔等しい〕(形)▽正三角形は三辺の長さがみな等しい▽詐欺に等しい行為

	ここと□面積の土地	夫婦も□二人	彼のと□靴	児戯に□やり方
同じ	○	−	○	−
同様	−の△	−の○	−の○	−の−
同然	−の−	−の○	−の−	−の−
一緒	−の○	−の△	−の○	−の−
等しい	○	−	−	○

使い分け【1】「同じ」は、複数のものが、問題としているある特定の面について、差がなく異なっていないさま、また、「同じ場所で事故を起こす」のように、同一であるさま。最も広く用いられる。【2】「一緒」は、「同じ」に近いが、より話し言葉的。【3】「同様」「同然」は、「同じ」「一緒」より、差異についての基準が緩い場合にほぼ似たような意味合いで用いられる。【4】「等しい」は、複数の事物について、差異がまったくなく、完全に同一であることを表わす。【5】「同じ」は、副詞として、「同じ死ぬなら苦しまないで死にたい」のように、どうせ、どっちみちの意でも用いられる。

【関連語】◆(イコール)複数の事物が、完全あるいはほぼ完全に同一であること。数学の等号「=」を「イコール」と読むことから。「倹約イコールけちではない」◆(一つ)同じもの。「一つ屋根の下に住む」◆(普遍)一定の範囲内の事物すべてに共通し、例外のないこと。「普遍性」

参照▼一緒⇒516-24　一つ⇒205-44 808-02

9 18-04 同類／同種／同系

共通する意味★同じグループに属すること。また、同じ仲間。【英】*the same kind*

使い方▼〔同類〕▽同類の生物▽だらしのない点では、与党も野党も同類だ 〔同種〕▽同種の事件を調べる▽同種の民族 〔同系〕▽同系の会社に転職する▽同系の色で服装をまとめる

使い分け【1】「同類」は、同じグループに属するもの同士であること。また、ある点で、同じ仲間とみなされること。多く、あまり好ましくないような場

合に用いる。【2】「同種」は、種類や、人種、生物の種などが同じであること。また、感覚的に「同じタイプ」と判断されることにもいう。【3】「同系」は、同じ系列、系統に属すること。はっきり分けられる、あるひとつの系統につらなっているものをいう。

反対語▼同種⇔異種・別種

9 18-05 別口(べつくち)／別途(べっと)

共通する意味★別の方面。異なる事柄。**【英】** *separately*

	□に考える	□をさがす	□の宴会	経費は□に支払う
別口	○	○	○	-
別途	○	-	-	○

使い分け【1】「別口」は、別の方面、および別の事象、別の事柄を表わす。【2】「別途」は、別の方面を表わす。副詞的にも用いる。また、「別途の策を考える」のように、他の方法の意でも用いる。

参照▼別途⇒812-04

9 18-06 類似(るいじ)／共通(きょうつう)／相似(そうじ)／酷似(こくじ)／近似(きんじ)

【関連語】◆(似たり寄ったり)にたりよったり ◆(類縁)るいえん ◆(髣髴)ほうふつ

共通する意味★複数の事物が、完全に同一ではないものの、かなり似通っていること。

使い方▼〔類似〕スル▽類似の苦情が多い▽類似品 〔共通〕(名・形動)スル▽この引き換え券は全国共通で使える▽各国共通した悩み 〔相似〕スル▽体形が相似している▽相似点▽相似形 〔酷似〕スル▽人間の細胞組織に酷似している▽顔も体形も酷似した兄弟 〔近似〕スル▽近似している作風

	両者に□の点	彼と性格が□している	これと□した事件	二人の□の知人
類似	○	△	○	-
共通	○	△	○	○
相似	○	-	-	-
酷似	-	○	○	-
近似	○	-	-	-

使い分け【1】「類似」は、似通った点が相当あって、全体的に似ていると認識されること。**【英】** *resemblance*【2】「共通」は、互いにある事柄が当てはまること。【3】「相似」は、形、姿などが、非常によく似ていること。大きさは異なっていてもかまわない。幾何学の用語としても用いる。**【英】** *resemblance*【4】「酷似」は、同じ物かと思われるくらい、極めてよく似ていること。**【英】** *a close resemblance*【5】「近似」は、同じでないことは明白であるものの、互いに重なる部分がかなりあってよく似ていること。**【英】** *approximation*

【関連語】◆(似たり寄ったり)(形動)よく似ていて、どちらがすぐれているかいえないさま。「甲乙つけがたい(=優劣の判断がしにくい)」の表現がプラスの評価をするのに対し、「似たり寄ったり」は、マイナスの評価をする場合に使う。「いずれの企画も似たり寄ったりで新鮮味に乏しい」◆(類縁)似通っている部分がかなりあること。**【英】** *affinity*「類縁関係をたどる」◆(髣髴)(名・形動たる・と)スルよく似ていること。また、本物が眼前にあるように感じること。「彷彿」とも書く。**【英】** *a close resemblance*「故人の面影を髣髴させる」

9 18-07 まるで／ちょうど／あたかも／さながら

共通する意味★何かが他の別のものとよく似ていることを表わす語。**【英】** *as if*

使い方▼〔まるで〕(副)▽宝くじが当たるなんて、まるで夢のようだ▽祖父はまるで子供のようにわがままを言う 〔ちょうど〕(副)▽輪郭のくっきりしたところがちょうど北斎の絵のようだ 〔あたかも〕(副)▽町全体があたかも公園のようである▽遠い昔の事があたかも昨日の事のように思い出される 〔さながら〕(副)▽その公園の美しさはさながら一枚の絵のようだ▽実戦さながらの迫力

使い分け四語とも、意味・用法の上でほとんど差はなく、同じように使われる。「あたかも」「さながら」は、話し言葉ではあまり用いられない。また、「ちょうど」は、「ちょうど昼になった」のように、時刻や物の分量などが、ある基準に一致することを表わす語。他に、「ちょうど彼がやって来た」のように、折よくの意も表わす。

参照▼まるで⇒819-47

9 18-08 同格(どうかく)／同一(どういつ)／同形(どうけい)

共通する意味★事物が、ある面で差異の認められないこと。**【英】** *equal(ity)*

使い方▼〔同格〕(名・形動) 〔同一〕(名・形動)

	甲と乙とは□だ	すべてを□に扱う	□の靴
同格	○	○	-
同一	○	○	○
同形	○	-	○

使い分け【1】「同格」は、等級や能力、資格が同じであること。【2】「同一」は、何もかもすべてが同じであること。「甲と乙は同一の人物」は、一人の人物が甲であり、同時に乙であるということ。「同形」は、外形やパターンが同じであること。この場合、大きさや色、材質などが異なっていても問題にならない。

9 18-09

相応（そうおう）／応分（おうぶん）／分相応（ぶんそうおう）

共通する意味★身分、能力、性質、働きなどにふさわしいこと。**【英】** *according to one's due*

使い方▼〔相応〕（名・形動）スル　〔分相応〕（名・形動）

	□の寄付金	□の報酬	□の暮らし	それ□の処置
相応	○	○	○	○
応分	○	○	○	-
分相応	○	-	○	-

使い分け【1】三語の中では、「相応」が最も広く用いられる。適切に対応していること、ふさわしいことを表わし、特に対象を限定しない。【2】「応分」は、能力や性質や働きに適切に対応し、ふさわしいこと。「応分の報酬」は、能力や働きにふさわしい報酬のこと。【3】「分相応」は、能力や働きや社会的地位に対応し、ふさわしいこと。

反対語▼相応⇕不相応

9 18-10

そっくり／瓜二つ（うりふたつ）

共通する意味★複数の事物が、似ている度合いが高く、極めて同一に近いさま。

使い方▼〔そっくり〕（形動）▽背かっこうが**そっくり**の兄弟▽人間**そっくり**のロボット▽木の葉に**そっくり**な魚　〔瓜二つ〕（形動）▽兄に**うり二つ**の弟▽双子だから**うり二つ**だ

使い分け【1】「そっくり」は、外見や外形だけでなく、性格、性質や内容、そして状態や行動の様子など、あらゆる面についていう。**【英】** *exactly alike*【2】「瓜二つ」は、人間の顔形がよく似ている場合にいうことが多い。**【英】** *as like as two peas*

9 18-11

匹敵（ひってき）／比肩（ひけん）

共通する意味★程度が同じくらいであること。**【英】** *to equal*《動》

使い方▼〔匹敵〕スル▽彼の月収は私の年収に**匹敵する**　〔比肩〕スル▽短距離走で彼に**比肩する**者はいない

使い分け「匹敵」が、一般的に使われる。「比肩」は、肩を並べることから、同等であること、特に人の能力などがどちらもすぐれていて優劣がない場合に使われる。

9 18-12

月並（つきなみ）／凡庸（ぼんよう）

共通する意味★他とくらべて、特に固有の面やすぐれた点、新鮮なところなどがないこと。**【英】** *commonplace*

使い方▼〔月並〕（名・形動）▽**月並**な言い方▽**月並**な暮らし　〔凡庸〕（名・形動）▽**凡庸**な人物▽**凡庸**に一生を送る

使い分け【1】「月並」は、似たような事物が他にいくらでもあり、きわ立っていないさま。【2】「凡庸」は、似たような事物が他にあるかないかには関係なく、特別にすぐれたところや、きわ立った面がないこと。【3】二語とも、その人、物に、特にほめる点、良い点、誇れる点がないという意で使用される。

9 18-13

人並み（ひとなみ）／世間並み（せけんなみ）

共通する意味★能力や行為、生活などの水準が多くの人たちと同程度であること。**【英】** *average*《形》

使い方▼〔人並み〕（名・形動）▽せめて**人並み**の暮らしがしたい▽娘も**人並み**に恋をしているらしい　〔世間並み〕（名・形動）▽**世間並み**の結婚式がしたい▽私の会社の給料は**世間並み**だ

使い分け二語とも、人間が生きていく上で行うさまざまのことが、世間一般の程度と等しく、ごく普通であることを表わす。「人並み」のほうが、やや一般的か。

9 18-14

不相応（ふそうおう）／不向き（ふむ）

共通する意味★あるものが身分、能力、性質、働きなどにふさわしくないこと。**【英】** *inappropriate*

使い方▼〔不相応〕（名・形動）▽ぜいたくな暮らしは僕には**不相応**だ▽それは今の君には**不相応**な高級品だ　〔不向き〕（名・形動）▽この自動車は田舎道には**不向き**だ▽ものには**向き不向き**がある

	□な役割	この場に□な服装	身分□の望み	事務所には□な部屋
不相応	○	○	○	△
不向き	○	○	-	○

使い分け【1】「不相応」は、社会的、習慣的な常識や規範に、適切に対応していないことを表わす。【2】「不向き」は、能力や適性、あるいは行動が、ある特定の方面においてはふさわしくなく、十分に機能を発揮できないことを表わす。主として話し言葉で用いられる。

反対語▼不相応⇕相応

9 18-15

平凡（へいぼん）／ありきたり／並（なみ）／凡俗（ぼんぞく）／俗（ぞく）

【関連語】◆（ありふれる）

共通する意味★その他大多数の事物と、たいした違いのないこと。

使い方▼〔平凡〕（名・形動）　〔ありきたり〕（名・形動）　〔凡俗〕（名・形動）　〔俗〕（名・形動）

	□人物	発想が□でない人	□一生を送る	天井の□
平凡	-な○	○	-な○	-
ありきたり	-な○	○	-の○	-
並	-の○	△	-の△	○
凡俗	-な○	-	-な-	-
俗	-な○	-	-な-	-

使い分け【1】「並」は、特にその他大多数と同様で、良くも悪くもないという意味で使われるが、他は、マイナスの評価として使用されることが多い。【英】*common*【2】「平凡」「ありきたり」は、その他大多数と大差がなく、目立たなく、おもしろみのないこと。【英】*homely*【3】「凡俗」「俗」は、単に、その他大多数と大差ないことを表わすだけでなく、やや下等である意を含む。また、「凡俗」は、そういう人間のこともいう。【英】*vulgar*

反対語▼平凡⇔非凡

【関連語】◆（ありふれる）（ラ下一）どこにでもある。「ありふれた」「ありふれている」の形で用いられる。「ありふれた話」「そんな話はありふれている」

参照▼俗⇒202-06

9 18-16 単調（たんちょう）／平板（へいばん）

共通する意味★他の要素や変化がなく、同じ状態であること。【英】*monotony*

使い方▼〔単調〕（名・形動）▽生活が単調だ▽慣れすぎて単調に感じられる仕事 〔平板〕（名・形動）▽描写が平板に流れた小説▽平板な演奏

	□リズム	□くり返し	仕事が□だ	□印象の人
単調	-な○	-な○	○	-な-
平板	-な○	-な○	-	-な○

使い分け【1】「単調」は、物事の進み方の調子が同じで、変化に乏しいこと。【2】「平板」は、凹凸のない平らな板のように、めりはりがなく、おもしろみのないこと。

9 18-17 普通（ふつう）／通常（つうじょう）

【関連語】◆（日常茶飯事）にちじょうさはんじ

共通する意味★ごく一般に見られる状態であること。【英】*ordinary*《形》

使い方▼〔普通〕（名・形動）▽普通のやり方では成功は難しい▽今年の天候は普通ではない 〔通常〕▽講義は通常どおり行う▽通常郵便物

	□の方法	ごく□の人間	今日の彼は□じゃない	□の業務は五時まで
普通	○	○	○	-
通常	○	-	-	○

使い分け【1】「普通」は、他とくらべて突出していないこと、また、ありふれていることを表わす。一方、「通常」は、習慣のように、いつも行われていることと変わりがないことを表わす。したがって、「普通」の方が使われる範囲は広い。また、「普通」は、「普通朝は食べない」のように、大抵の意で、副詞としても用いられる。【2】「通常」の方が、形式ばった言い方である。

【関連語】◆（日常茶飯事）毎日身近で見聞したり経験したりするような、普通一般のこと。【英】*an everyday affair*「政治家の汚職は日常茶飯事だ」

9 18-18 ひと通り（とおり）／尋常一様（じんじょういちよう）／尋常（じんじょう）

共通する意味★特別でないこと。一般と同じであること。【英】*ordinary*

使い方▼〔尋常一様〕（名・形動）〔尋常〕（名・形動）

	考えが□でない	□手段では通用すまい	□意見
ひと通り	○	-の-	-の-
尋常一様	○	-の△	-の-
尋常	○	-な○	-な○

使い分け【1】三語とも、特別でなく一般的で、平均的な水準には達していることを表わす。【2】「ひと通り」は、「ひと通りの苦労はした」のように、全般にわたってのという意を含むこともある。【3】「尋常」は、社会的、慣習的に常識的に受け入れられている水準には達しているが、特にそれを超えていないことを表わし、「尋常一様」は、さらに周囲の大多数と同程度であることを表わす。

参照▼ひと通り⇒805-26

9 18-19 見合う（みあう）／釣り合う（つりあう）／似合う（にあう）／そぐう

【関連語】◆（即する）そくする

共通する意味★複数の事物が、互いに同程度で、適切に対応し、調和する。

使い方▼〔見合う〕（ワ五）▽自分に見合った結婚相手▽私に見合う仕事はまさにこれだ 〔釣り合う〕（ワ五）▽収入と支出がうまくつりあう▽着物の柄につりあう帯をさがす 〔似合う〕（ワ五）▽黒のセーターがよく似合っている▽その背広にはこのネクタイが似合う 〔そぐう〕（ワ五）▽この場所には**そぐわ**ない人物

	巨体に□ない細かい神経	その場に□ない言葉	その場に□服装
見合う	-わ-	-わ-	○
釣り合う	-わ○	-わ△	○

似合う	-わ○	-わ○	△
そぐう	-わ○	-わ○	-

使い分け【1】「見合う」「釣り合う」は、両者がうまく対応する意。**【英】** *to balance*【2】「似合う」は、通常、ある人に、衣服、髪形、化粧など、外見を決定づける事物がうまく適合する意。また、「顔に似合わないことを言う」のように、顔を基準にその人の発言や行動の内容を対照したり、「そのシャツにはジーンズが似合う」のように、服装同士を対照させたりすることがある。**【英】** *to suit*【3】「そぐう」は、通常、「そぐわない」という打消の形で用いられる。**【英】** *to do not suit*

【関連語】◆**(即する)**(サ変)まわりの状態や物事にぴったりと合う。「状況の変化に即して考える」「自分の経験に即して小説を書く」

9 18-20 ふさわしい／似(に)つかわしい

共通する意味★ある事物に対し、程度、性格などが適切に対応しているさま。**【英】** *appropriate*

使い方▼〔**ふさわしい**〕(形)▽社長に**ふさわしい**人物▽結婚式に**ふさわしく**ないスピーチ▽〔**似つかわしい**〕(形)▽慎重な彼には**似つかわしく**ない言葉▽彼女はスミレよりバラの花が**似つかわしい**

	彼に□仕事	政治家として□男	山村に□茅葺(かやぶ)き屋根
ふさわしい	○	○	△
似つかわしい	○	-	○

使い分け【1】二語とも、ある事物に別の事物を対照させて、程度、性格などが適切だと判定されるさま。【2】「ふさわしい」は、ある事物が別の事物の要求を満たしているさま。「彼にふさわしい仕事」は、ある仕事がその人物の能力や適性の面で合っていることを表わす。「相応しい」と当てる。【3】「似つかわしい」は、ある事物が別の事物と雰囲気などの点で合っているさま。「彼に似つかわしい仕事」は、ある仕事がその人物の性格などに合っていることを表わす。

9 18-21 まね／模倣(もほう)／模擬(もぎ)

【関連語】◆**(人まね)**ひとまね◆**(猿まね)**さるまね◆**(右へ倣え)**みぎへならえ

共通する意味★他を見て、それと同じような言動をすること。**【英】** *imitation*

使い方▼〔**まね**〕スル▽**まね**がうまい▽人の**まね**をする▽もの**まね**　〔**模倣**〕スル▽**模倣**して作った作品▽西洋の**模倣**　〔**模擬**〕▽**模擬**裁判▽**模擬**試験▽**模擬**店

使い分け【1】「まね」は、話し言葉として広く用いられ、人や動物の声や動きにもいうのに対し、「模倣」は、用いられない。【2】「模擬」は、試験や裁判など、事前に、行われる事柄と同じことをするときに用いられる。【3】「まね」は、「真似」と当てることもある。

【関連語】◆**(人まね)**スル他人のまねをすること。また、動物が人間のまねをすること。「人まねばかりするな」「猿の人まね」◆**(猿まね)**猿が人間のまねをすることから、人が表面的なまねだけすることを軽蔑(けいべつ)していう語。「西欧文明の猿まね」◆**(右へ倣え)**スル最初に行った人のまねをすること。「後に続く全員が右へ倣えした」

9 18-22 まねる／見習(みなら)う／もじる

【関連語】◆**(倣う)**ならう

共通する意味★他と同じになるようにする。**【英】** *to imitate*

使い方▼〔**まねる**〕(ナ下一)▽先生の口調を**まねる**▽人の絵を**まねる**▽あの人のやり方を**まねて**みる　〔**見習う**〕(ワ五)▽家業を**見習う**▽少しは彼を**見習え**▽彼に**見習って**トレーニングをする　〔**もじる**〕(ラ五)▽有名な句を**もじった**表現▽シェークスピアの作品を**もじって**脚本を書く

	他人を□	猫の鳴き声を□	商売を□	古歌を□
まねる	○	○	△	○
見習う	○	-	○	-
もじる	-	-	-	○

使い分け【1】「まねる」は、人や物を観察して、それとすっかり同じになるようにする意。「真似る」と当てる。【2】「見習う」は、手本とすべきところのある人のすることをよく見て、同じようにすることによって、その技術や精神を身につけようとする意。【3】「もじる」は、すでによく知られている文学作品などの中の表現の特徴を残しながら、多少の言い換えをして違う表現にする意。

【関連語】◆**(倣う)**(ワ五)先の例のとおりにする。「前例にならう」「兄にならって早く起きる」

9 18-23 別(べつ)／別個(べっこ)

共通する意味★異なること。同じでないこと。**【英】** *different*

使い方▼〔**別**〕(名・形動)▽みんなそれぞれ**別**な事を考えている▽これではなく**別**のが欲しい▽**別**の日にお会いしましょう　〔**別個**〕(名・形動)▽**別個**の事件として取り扱う▽影響は受けながらも、**別個**の発展をとげる

	AとBは□の問題だ	□の所へ行きましょう	AとBは□の人間だ	□に存在を主張する
別	○	○	○	-
別個	○	-	○	○

使い分け【1】「別」は、あるものとは異なり、同一ではないこと。物、事柄、人、場所、時間など広く用い

られる。また、「君は別だ」「別に用はない」のように、特別なことや、「公私の別」のように、区別の意で用いられる。また、「年齢別」のように、基準として分ける語に付く用法もある。【2】「別個」は、他と切り離されて、ひとつの内容、まとまりをもっていることをいう。性質上、他とは一緒にできないというような事件、問題、現象、人格などについていうことが多い。

9 18-24 ほか／他（た）

【関連語】◆（よそ）

共通する意味★特定の事物などと別であること。また、別の事物。【英】*other; different*《形》

使い方▼〔ほか〕▽ほかにもっと適当な人がいる▽それはほかの人に真似（まね）できないことだ▽これについてほかとの違いを列挙せよ▽ほかではもっと安売りしている 〔他〕▽他に例を見ない凶悪犯罪だ▽この性能の良さは他の追随を許さない▽居を他に移す

使い分け【1】「ほか」は、ある事柄とは別のものをいう。場所、方角、人、物、事柄、時間など広く用いられる。また、「思い」「思案」などを伴って、「これは思いのほか難しい」「恋は思案のほか」のように、程度や事柄がある基準の外にあることを表わす。「外」「他」とも書く。【2】「他」は、「この機種は他に比して消費電力が少ない」「他を淘汰（とうた）する」のように、「ほか」よりも広く用いられる。また、「ほか」よりも硬い言い方。【3】「他」は、「自分を責めて他を責めない」「全く他を顧みない暴虐ぶりだ」のように、自分以外の人の意がある。

【関連語】◆（よそ）別の所。「余所」「他所」「外」とも書く。「これはよそでは見られない珍しいものだ」「よそから移って来た人」「よそを向いて知らんふりをする」◆関係や関心がないことの意でも用いる。「周囲の心配をよそに遊び回る」「国家存亡の危機をよそにパーティーに明け暮れる」

9 18-25 特色（とくしょく）／特徴（とくちょう）

共通する意味★他と比較して目立つ点。【英】*a characteristic*

使い方▼〔特色〕▽カラフルなのが彼の作品の特色だ▽文字を大きくして特色を出した辞書▽平安文学の特色 〔特徴〕▽何の特徴もない本▽特徴のあるしゃべり方

使い分け「特徴」は、他と区別するために目印となるような点をいうが、「特色」は、他よりもすぐれている点をいうことが多い。

9 18-26 特別（とくべつ）／格別（かくべつ）／別格（べっかく）／特殊（とくしゅ）

共通する意味★他のものとは違っていること。【英】*special*《形》

使い方▼〔特別〕（形動・副）▽特別な扱いはしないでほしい▽特別に安くしてやろう▽この店のケーキは特別おいしい 〔格別〕（名・形動・副）▽今年の梅の美しさは格別だ▽格別の御厚意ありがとう存じます▽格別変わったところはない 〔別格〕▽別格の待遇を受ける▽彼だけは別格だ 〔特殊〕（名・形動）▽特殊な道具を使用する

使い分け【1】「特別」は、普通一般とは何かしら違っているさま。よいことにも悪いことにも使われる。【2】「格別」は、よいことに対して使われる場合が多い。【3】「別格」は、定められた格式とは別であること。また、他とは別のよい扱いを受けること。【4】「特殊」は、普通とは異なっていること。

反対語▼特別⇔普通

9 18-27 特質（とくしつ）／個性（こせい）／特性（とくせい）

共通する意味★事物の、他のものにはない固有の性質。【英】*a characteristic; individuality*

使い方▼〔特質〕▽江戸文学の特質を挙げる 〔個性〕▽作品の個性をよくとらえた評論▽曲の個性をつかんだ歌い方 〔特性〕▽この物質は熱に強いという特性をもつ

	素材の□を生かす	古代仏教の□	物質の□	□豊かな文章
特質	○	○	○	-
個性	○	-	-	○
特性	○	○	○	-

使い分け【1】「個性」は、それぞれに備わっていて、他と区別されるような固有の性質。人間を対象として用いられることが多い。「この自動車の個性」「この作品の個性」は、それぞれ対象事物の個体ごとの、固有の性質や特徴について、人間の「個性」になぞらえて表現したもの。【2】「特質」「特性」は、対象となる事物の能力、適性、性質、性能、特徴といった面についていう。ただし、「特質」が、その特別の性質自体に意味の中心があるのに対し、「特性」は、その特別の性質から生ずる結果に言及する過程で使うことが多い。すなわち、「物質の特質」は、その物質のもつ固有の性質をきわだたせる場合にいうが、「物質の特性」は、その物質の性質から何か生じるか、どのように応用発展できるかという文脈の中で使うことが多い。

参照▼個性⇒201-04

9 18-28 独特（どくとく）／特有（とくゆう）／固有（こゆう）／独自（どくじ）

共通する意味★他にはなく、そのものだけが持っているさま。【英】*unique*《形》

使い方▼〔独特〕（形動）▽独特の歌い方▽彼の筆づかいは独特だ 〔特有〕（名・形動）▽大都市に特有な問題 〔固

有】(名・形動)▽その土地に固有の風習【独自】(名・形動)▽独自の立場から発言する

	□の性質	このガスの□におい	社長のやり方は□だ	この病気に□の症状
独特	○	○	○	-
特有	○	○	-	○
固有	○	○	-	○
独自	○	-	-	-

使い分け【1】「独特」は、他とは異なり、そのものが自ら会得し、特別にもっているさま。「独得」とも書く。【2】「特有」「固有」は、他にはないが、そのものだけがもっているさま。【3】「独自」は、明らかにほかと違い、そのものだけにあるさま。

9 18-29 希代／絶世

【関連語】◆(希有)

共通する意味★非常にまれなこと。**【英】** *rarity*

使い方▼【希代】(名・形動)▽希代の明君とうたわれる▽希代の名勝負　【絶世】▽絶世の美女と誉れ高い人

使い分け【1】「希代」は、世にもまれなこと。文章語。「きだい」ともいう。また、「稀代」とも書く。【2】「絶世」は、非常にすぐれていることで、美人を形容する表現として使われることが多い。

【関連語】◆(希有)(形動)めったにないさま。非常に珍しいさま。「稀有」とも書く。「希有な例」

9 18-30 未曾有／前代未聞／空前

【関連語】◆(画期的)

共通する意味★今までに一度もないこと。**【英】** *unprecedented*

使い方▼【未曾有】▽未曾有の大惨事▽古今未曾有【前代未聞】▽前代未聞の怪事件▽前代未聞の珍事【空前】▽空前の大事故▽空前の大ヒット▽空前絶後

使い分け 三語とも、ほぼ同じ意味で使われる。「未曾有」は、「未(いま)だ曾(かつ)て有(あ)らず」の意。「前代未聞」は、今まで一度も聞いたことのないような変わったこと。「空前」は、他にくらべられるような例が以前にはないことをいう。

【関連語】◆(画期的)(形動)時代に一つの区切りをつけると思わせるほどに、新しい事態の現れるさま。「劃期的」とも書く。「画期的な発明」「画期的な理論」

9 18-31 殊に／特に／とりわけ／別段

【関連語】◆(なかんずく)

共通する意味★普通一般とは違った状態であることを表わす語。**【英】** *especially*

使い方▼【殊に】(副)▽殊にすぐれている▽この地区は殊に緑が多い▽その寺は殊に中国と縁が深い【特に】(副)▽今日は特に寒い▽今日は特にその点について話し合いたい▽今のところ特に問題はない【とりわけ】(副)▽花の中でもとりわけバラが好きだ▽成績は全体的に下がったが、とりわけ英語がひどかった　【別段】(副・名)▽他人が何を言っても別段気にしない▽その店が別段安いわけではないが近いからよく行く▽別段のことはない

	この花は□美しい	クラスの中でも□親しい友人	私は□あなたを選んだ	賞をもらっても□うれしくない	□数学が嫌いだ
殊に	○	○	-	-	△
特に	○	○	○	△	○
とりわけ	○	○	-	-	○
別段	-	-	-	○	-

使い分け【1】「殊に」「特に」「とりわけ」は、ある事柄の状態について、他とは非常に異なっての意で、ほぼ同じように用いられる。【2】「特に」は、状態についてだけでなく、意志的行為についても用いられるので、話者の主観を述べる際にも多く用いられることになる。一方、「殊に」は、状態について用いられ、意志的行為については用いず、主観的判断を述べる場合にもあまり用いられない。【3】「とりわけ」は、「殊に」と同様、状態について用い、意志的行為については用いないが、「花の中でもとりわけバラが好きだ」というような主観性の強い文では、「特に」と置き換えて用いても不自然ではない。また、「とりわけ」は、すでに平均的な水準を超えているいくつかの具体的な事柄のうちで、何か一つの事柄について説明するような場合に用いる。したがって、「とりわけ英語が得意だ」は、いろいろな科目、あるいはいろいろな外国語が得意だが、その中でも特に英語が得意であるの意をもつ。【4】「別段」は、打消の文で用いられ、「取りたてて言うほど…ない」の意となる。ある状況が起きたとしても、それによって自分はそれほど影響を受けないから大丈夫だという意識とともに用いられる。

【関連語】◆(なかんずく)(副)とりわけ。「就中」と当てる。文章語。「彼の作品、なかんずく後期のそれにはキリスト教の影響が色濃くみられる」

9 19 …優劣

9 19-01 異なる／違う

共通する意味★ある事物と他の事物とが同じではない。**【英】** *to differ*

使い方▼【異なる】(ラ五)▽学長と理事長は考え方が異

なる▽二つの異なった点から等しい距離にある点

〔違う〕(ワ五)▽りんごとみかんは大きさが違う▽赤と緑は違う色だ▽彼はぼくと違ってやさしい

使い分け【1】「違う」は、「異なる」よりも日常一般的に用いられる。「異なる」は、文章語的で硬い言い方。【2】「違う」は、「答えが違う」「筋が違う」のように、正常の状態から離れる意や、「頭のできが違う」のように、他のものより優れる意でも用いられる。

9 19-02 違い（ちがい）／差異（さい）／相違（そうい）

【関連語】◆(異同)いどう◆(誤差)ごさ◆(小異)しょうい◆(大差)たいさ◆(同工異曲)どうこういきょく◆(大同小異)だいどうしょうい

共通する意味★複数の事物の間の、同一でない部分。

使い方▼〔違い〕▽両者の意見にはそれほど違いがない　〔差異〕▽どう転んでも大した差異はない　〔相違〕スル▽案に相違して彼は来なかった

	両者の□を調べる	□を無視する	性格の□	皿に大小の□がある
違い	○	○	○	○
差異	○	○	-	-
相違	○	-	○	○

使い分け【1】「違い」が、最も一般的に使われる。【2】「差異」は、複数のものを相互にくらべたときの異なる部分。【3】「相違」は、一定の基準をもとにして複数の事物をくらべたときの、基準との差。**【英】** *difference*

【関連語】◆(異同)複数のものとくらべて、異なっていること。「校本間の異同を調べる」◆(誤差)正規のもの、真のものとの差。多く、数値的なものをいう。**【英】** *an error*「誤差が生じる」「誤差を最小限にくいとめる」◆(小異)対象とする事物の異なりの程度が小さいこと。**【英】** *a minor difference*「小異を捨てて大同に就く」◆(大差)対象とする事物の異なりの程度が大きいこと。**【英】** *a great difference*「どれもこれも大差ない」「大差で負ける」◆(同工異曲)作り方が同じでも結果的に味わいが異なること。また、外見は違うように見えても内容は同じであること。◆(大同小異)同じ点、似ている点が多く、異なっている点が少なくて、新鮮み、おもしろみのないこと。「どれをとっても大同小異で変わりばえしない」

9 19-03 差（さ）／較差（かくさ）／格差（かくさ）／落差（らくさ）

【関連語】◆(雲泥の差)うんでいのさ

共通する意味★複数の事物をくらべたときの違い。**【英】** *difference*

使い方▼〔差〕▽貧富の差▽差が縮まる▽実力に差はない　〔較差〕▽税率に較差がある▽較差是正　〔格差〕▽待遇に格差がある▽格差をつける　〔落差〕▽理想と現実の落差が大きい

使い分け【1】「差」が最も広く用いられる。【2】「較差」は、最高と最低、最大と最小、最良と最悪の差だが、単に二つの物を比較したときの差の意味で使われることもある。「差」よりも硬く改まった言い方。本来は、「こうさ」と読む。【3】「格差」は、資格、等級、価格、程度などで、格付けをした場合の差。【4】「落差」は、高い所から低い所へ流れ落ちる水の、その高低の差。転じて、高いものと、そこから下へ落ちた低いものとの差をいう。

【関連語】◆(雲泥の差)雲と泥ほどの大きな差。「値段は変わらないが品質には雲泥の差がある」

9 19-04 僅差（きんさ）／小差（しょうさ）

共通する意味★わずかの差。**【英】** *a narrow margin*

使い方▼〔僅差〕▽僅差で敗れる▽僅差で二位になる　〔小差〕▽小差でかろうじて勝つ▽小差で追う

使い分け「僅差」の方が「小差」より、差がわずかな場合にいう。どちらも、スポーツの試合や選挙の投票などのように、点やポイントを問題にする場合に用いることが多い。

9 19-05 割合（わりあい）／割り（わり）／率（りつ）／パーセンテージ

共通する意味★あるものと他のものとの量的関係。**【英】** *percentage*

	文中の外来語の□を出す	成功する□はどのくらいか	二対一の□で混ぜ合わせる	合格する□が高い
割合	○	○	○	△
割り	△	-	○	-
率	○	○	-	○
パーセンテージ	○	○	-	○

使い分け【1】「割合」「割り」は、あるものと他のものとの比を表わすのに幅広く使う。「割り」の方が、くだけた言い方。【2】「率」「パーセンテージ」は、全体または基準とするものを一または一〇〇として、他のものの量を数字で表わしたもの。「率」は、割（わり）（〇・一）・分（ぶ）（〇・〇一）・厘（りん）（〇・〇〇一）・毛（もう）（〇・〇〇〇一）、あるいは、%（パーセント）で表わす。「パーセンテージ」は、百分率のことで、%で表わす。【3】「割合」「割り」は、「五十歳にしては割合に（割りに）ふけている」「割合（割りに）やさしい問題だ」のように、…に応じた程度よりは、比較的に、の意でも使う。また、「割り」は「割りのいい仕事」のように、損得から考えた他との関係や、「合計額を頭割りにす

る」のように、割り当ての意もある。

参照▼割合⇒805-23

9 19-06 比（ひ）／比率（ひりつ）／歩合（ぶあい）

【関連語】◆(レート)

共通する意味★他の数量との割合。【英】*ratio*

使い方▼〔比〕▽縦・横の比が二対一の長方形▽前年比一〇パーセント増 〔比率〕▽利益を七対三の比率で分ける▽比率が高い 〔歩合〕▽公定歩合

使い分け【1】「比」は、二つ以上の物の数量が、それぞれ他の何倍になっているか、あるいは、何分の一になっているかを表わすもの。【2】「比率」は、二つ以上の数量を比較したときの割合。【3】「歩合」は、取引などの金額や数量に応じた手数料、または、報酬の割合の意でもよく使う。「歩合制の賃金」

【関連語】◆(レート)異なる通貨をくらべるときの割合。「円、ドル交換レート」「為替レート」「レートを確かめてから両替えする」

9 19-07 百分率（ひゃくぶんりつ）／百分比（ひゃくぶんひ）

共通する意味★百分の一、またはパーセントで表わした割合や歩合。【英】*percentage*

使い方▼〔百分率〕▽統計による百分率▽百分率で図示する 〔百分比〕▽百分比で結果を示す▽明快な百分比の表

使い分け「百分率」の方が一般的に用いられる。

9 19-08 能率（のうりつ）／効率（こうりつ）

共通する意味★一定時間内にでき上がる仕事の割合。【英】*efficiency*

使い方▼〔能率〕▽流れ作業でやらないと能率が悪い 〔効率〕▽窓を二重にして暖房の効率を上げる

	□が良い	燃料の□が良いストーブ	BGMがあると□が上がる
能率	○	-	○
効率	○	○	-

使い分け【1】「能率」は、一定の時間内にできる仕事の割合。【2】「効率」は、仕事の量と、そのために消費された力との比率。多く、機械などにいう。

9 19-09 確率（かくりつ）／公算（こうさん）

共通する意味★ある現象が起こる確実性の大きさ。【英】*probability*

使い方▼〔確率〕▽合格する確率はきわめて低い▽彼の勝つ確率が高い▽宝くじは確率の問題だ 〔公算〕▽株価は下がり続ける公算が大きい▽法案が可決される公算は全くなさそうだ

	成功の□	□が高い	□が強い	□が大きい
確率	○	○	-	-
公算	○	△	○	○

使い分け【1】「確率」は、確実さを計算し、数字として表わせる場合に多く使う。また、「九〇パーセント」などの数値自体も「確率」と呼ぶ。【2】「公算」は、はっきり数字には示せない予測を、「大きい」「小さい」などで表わす。また、可能性、見込みの意で使うこともあり、「公算が強い」「公算はない」のようにいう。

9 19-10 比（くら）べる／比較（ひかく）／比（ひ）する

【関連語】◆(見比べる)みくらべる◆(引き比べる)ひきくらべる◆(引き当てる)ひきあてる

共通する意味★二つ以上のものを照らし合わせて、異同、優劣などを調べて明らかにする。【英】*to compare*

使い方▼〔比べる〕(バ下一)▽大きさを比べてみる▽二人の能力を比べる 〔比較〕スル▽売上高を昨年と比較する▽比較対照 〔比する〕(サ変)▽他社に比して給与水準が高い▽他に比すべくもない

	収入に□て多すぎる支出	前年度の実績と□	どちらが速いか走って□よう	三種の酒を飲み□
比べる	-べ○	○	-べ○	○
比較する	-し○	○	-し△	-
比する	-し○	-	-し-	-

使い分け【1】「比べる」「比較する」は、ほぼ同じ意だが、「比べる」は、日常の身近なものについて使われることが多く、「比較する」は、計測したり、実験してデータを取ったりするような場合に使われることが多い。【2】「比する」は、多く「…に比して」「比すべく」の形で、文章で使う。

【関連語】◆(見比べる)(バ下一)二つ以上のものを見ながらその同じ点や違っている点を調べる。「受験生の顔と写真とを見比べて確認する」◆(引き比べる)(バ下一)比較して見きわめる。「彼の努力のさまをわが身に引き比べてみる」◆(引き当てる)(タ下一)あてはめる。「友人の失敗例をわが身に引き当てて考える」

9 19-11 突（つ）き合（あ）わせる／引（ひ）き合（あ）わせる

共通する意味★両方を照らし合わせてくらべる。【英】*to check (with, against)*

使い方▼〔突き合わせる〕(サ下一)▽原文と突き合わせて調べる▽二人の持ち物を突き合わせてみる 〔引き合わせる〕(サ下一)▽原稿と引き合わせて校正する▽他の資料と引き合わせて確かめる

使い分け「突き合わせる」は、くらべるもの同士が対等の関係である場合に使うが、「引き合わせる」は、くらべたいものを中心とし、そのくらべる相手として、もう一方がある場合に使う。

参照▼引き合わせる⇒515-28

9 20 ・・・制限・禁止

9 20-01 禁止／禁ずる

【関連語】◆（厳禁）げんきん◆（取り締まる）とりしまる◆（制する）せいする

共通する意味★ある行為をしてはならないと止めること。【英】*to forbid*

使い方▼〔禁止〕スル▽関係者以外の立ち入りを禁止する▽発行禁止　〔禁ずる〕（サ変）▽私語を禁ずる▽悲しみを禁じえない（＝悲しむ気持ちを押しとどめることができない）

使い分け【1】「禁止する」「禁ずる」は、特定の行為を規則などによってさせないようにする意。【2】「禁ずる」は、硬い言い方。「禁じる」ともいう。

【関連語】◆（厳禁）スル厳重に禁止すること。「火気厳禁」「土足厳禁」◆（取り締まる）（ラ五）警察などが違法行為がないように監督する。「駐車違反を取り締まる」◆（制する）（サ変）人がやっていること、または、やろうとしていることをおさえてやめさせる。「拍手を制する」

9 20-02 禁制／禁圧／禁断

共通する意味★ある行為を禁ずること。【英】*prohibition*

使い方▼〔禁制〕スル▽禁制の品▽女人禁制　〔禁圧〕スル▽自由を禁圧する▽禁圧に屈するな　〔禁断〕▽禁断の場所に踏み込む▽禁断の木の実

使い分け【1】「禁制」は、法律や命令である行為を禁ずること。また、その法律や命令。【2】「禁圧」は、権力や威力で圧迫し禁ずること。あまり一般的な語ではない。【3】「禁断」は、かたく禁じられていること。

9 20-03 抑制／規制／統制／管制

【関連語】◆（抑止）よくし◆（牽制）けんせい◆（留め立て）とめだて

共通する意味★物事を定め制限すること。【英】*control*

使い方▼〔抑制〕スル▽インフレを抑制する▽抑制のきいた文章　〔規制〕スル▽通行を規制する▽自主規制　〔統制〕スル▽物価を統制する▽言論の統制に反対する　〔管制〕スル▽報道管制▽灯火管制

使い分け【1】「抑制」は、勢いを押しとどめること。【2】「規制」は、規則に従って行われるようにすること。【3】「統制」は、権力や権威でとりまとめること。【4】「管制」は、政府が強制的にある事態を管理、制限すること。

【関連語】◆（抑止）スル脅威となることをさせないように制限すること。「紛争を抑止する」◆（牽制）スル相手の注意をひきつけ、自由な行動ができないようにすること。「空母を派遣して敵国を牽制する」「ピッチャーがランナーを牽制する」◆（留め立て）スル他人の行為を制止すること。「いらぬ留め立てをしてくれるな」

9 20-04 制限／制約

共通する意味★ある範囲を決めて、その中にとどめること。【英】*restriction*

使い方▼〔制限〕スル▽入場者の数を制限する▽きびしい制限を加える　〔制約〕スル▽自由を制約する▽条件に制約がある

	年齢に□のある仕事	発言を□する	身分に□される	速度を□する
制限	○	○	－	○
制約	○	－	○	－

使い分け【1】「制限」は、許容できる限度や範囲を決め、それを超えることを許さないこと。【2】「制約」は、条件をつけて自由な活動を妨げること。また、その条件。

9 20-05 コントロール／制御／加減

【関連語】◆（リモートコントロール）◆（統御）とうぎょ◆（手加減）てかげん

共通する意味★物事の動きや状態を自分の意志どおりに調節すること。

使い方▼〔コントロール〕スル▽皆の意見をうまくコントロールして話をまとめる▽感情をコントロールする　〔制御〕スル▽原子炉の出力を制御する▽怒りの感情を制御する▽自動制御　〔加減〕スル▽水の量を加減する▽子供が相手なので力を加減してやる

使い分け【1】「コントロール」は、人や機械を、自分の思いのままに動かすこと。特に、野球で、投手の制球力をいう。「針の穴を通すようなコントロールのよい投手」【2】「制御」は、人や機械などが、そのままにしておくと望ましくない状態になるかもしれないような場合に、その方向や力を調節すること。「制禦」「制馭」とも書く。【3】「加減」は、力の入れ方や熱、水、調味料などの加え方の程度を、調節すること。機械など

について は用いられない。また、「湯かげん」「おかげんが悪い」などのように、物事の状態や程度、調子などの意でも用いられる。

【関連語】◆(リモートコントロール)スル「遠隔制御(操作)」と訳され、機械類を遠く離れたところから思いどおりに動かすこと。略した「リモコン」の方が、よく使われる。比喩(ひゆ)的に、人を遠くで操ることもいう。「リモートコントロールの戦車」◆(統御)スル全体を支配し思いどおりに扱うこと。「官僚組織を統御する」◆(手加減)スル相手の程度、条件に応じて自分の力を適当に調節すること。「採点に手加減を加える」「相手が初心者なので手加減してやる」

参照▼加減⇒519-02

9 20-06 強制(きょうせい)／強要(きょうよう)／強(し)いる

【関連語】◆(無体)むたい◆(無理無体)むりむたい

共通する意味★相手が望まない物事を無理にさせること。【英】*compulsion*

使い方▼〔強制〕スル▽道路拡張のために立ち退きを強制される▽集会への出席を強制する▽強制送還▽強制執行 〔強要〕スル▽その場で返事をするよう強要した▽株券の買い取りを強要する 〔強いる〕(ア上一)▽妥協を強いられる▽服従することを強いる

	寄付を□	重役に面会を□	金品を□	無理に酒を□
強制する	○	-	-	-
強要する	○	○	○	-
強いる	○	○	-	○

使い分け「強制」「強要」は、本人の意志を無視して、無理に何かをさせること。「強要」は、要求する意を含む。「強いる」は、無理に押しつける意。

【関連語】◆(無体・無理無体)(名・形動)相手の意向を無視した無法なこと。「無体な要求をつきつけられ、閉口した」「無理無体なことを言って困らせる」◆「無体」は、「ご無体なことをなさってはいけません」のように、「ご無体」の形で使われることもある。

9 20-07 圧倒(あっとう)／飲(の)まれる／気圧(けお)される

共通する意味★勢いなどにおされる。【英】*to overwhelm*《動》

使い方▼〔圧倒〕スル▽気力で相手を圧倒する▽大観衆に圧倒される▽圧倒的多数 〔飲まれる〕(ラ下一)▽雰囲気に飲まれる▽相手に飲まれる 〔気圧される〕(ラ下一)▽あまりの豪華さに何となく気圧される▽気圧されて何も言えなかった

使い分け【1】「圧倒」は、段違いにすぐれた力で他の者をしのぎ、優勢になることをいう。【2】「飲まれる」は、相手の勢いなどの強さ、大きさに包み込まれ、精神的におされてしまって、身動きが取りにくくなってしまう意。【3】「気圧される」は、相手の勢いに、気分的、精神的におされてしまう意。

9 20-08 挫(くじ)く／弱(よわ)める／砕(くだ)く

共通する意味★力や勢いなどを衰えさせる。【英】*to crush*

使い方▼〔挫く〕(カ五)▽強きをくじき、弱きを助ける▽出鼻をくじく 〔弱める〕(マ下一)▽台風は上陸して勢力を弱めた▽沸騰したら火を弱めてください 〔砕く〕(カ五)▽彼の野望を砕く▽敵の勢力を砕かなければならない

使い分け【1】「挫く」は、元来、「手首をくじく」のように、無理な力が加わったために、関節や骨を痛める意。転じて、勢いを、ある力で瞬間的に抑える意。「出鼻をくじく」のように、慣用句として使われることが多い。【2】「弱める」は、力そのものを衰えさせる、弱くさせる意。【3】「砕く」は、「氷を砕く」のように、固い物に衝撃を与えてこなごなに壊してしまう意から。あまり一般的に用いられる語ではない。

参照▼挫く⇒017-22 砕く⇒909-02

類語例解辞典

助詞・助動詞解説編

一、助詞、助動詞およびその連接形約三八〇項目をとりあげ、それを七八のグループにくくった。

二、この編の分類コードは、上位の番号はすべて**999**で統一し、それぞれのグループには**01**から**78**までの下位の番号を付けた。

三、解説は、「本文編」同様、適宜、使い方の例、類語の対比表などを用いておこなった。

四、助詞、助動詞の別、あるいは、格助詞、副助詞、終助詞、接続助詞等の区別などは、特に必要がある場合以外は示さなかった。

また、助動詞では活用型を示すことはしなかったが、用いられる活用の形は極力その例文で示すよう努めた。

999-01

が／で／に／から／の

共通する意味★動作・状態の主体を表わす。

使い方▼〔が〕▽桃の花が咲いた▽高速道路がまた渋滞している　〔で〕▽①このことは、家族四人で決めた▽②当社で開発した新製品▽③それくらい自分でやりなさい　〔に〕▽①写真くらい私にも写せます▽②彼には子供が二人います▽③親友の裏切りが私には悲しい　〔から〕▽そのことは、私から彼に話しておきます　〔の〕▽雪の降る夜は静かだ▽話の分かる人

	この行事は生徒会□計画した	そんな話では子供□分からない	私□彼に伝える	桜□咲く季節
が	○	○	○	○
で	○	－	－	－
に	－	○	－	－
から	－	－	○	－
の	－	－	－	○

使い分け【1】動作・状態の主体は、一般に「が」で表わすが、文によっては「で」「に」「から」「の」で表わす場合がある。【2】動作の主体が複数もしくは組織・団体である場合には、「で」で表わすことができる（「で」の例文①②）。この「で」は、場所の「で」と通じるところがある。たとえば、「当社の方で」とか「こちらで」というときは、主体というより場所に近い。また、動作の主体が単数である場合でも自分、君自身などというときには、「で」を用いることができる（「で」の例文③）。【3】状態の主体を「に」で表わす場合がある。この場合、「には」「にも」のように、あとに副助詞を伴うことが多い。「に」で主体を表わすのは、主に「分かる」「読める」「見える」「話せる」などの可能を表わす動詞である（「に」の例文①）。その他、所有を表わす動詞「いる」「ある」（「に」の例文②）や、要求を表わす動詞・形容詞・形容動詞「要る」「欲しい」「必要だ」、感情を表わす形容詞「うれしい」「悲しい」「なつかしい」（「に」の例文③）なども、主体を「に（は）」で表わす。【4】動作の主体が経由点としての性格を有している場合には、主体を「から」で表わすことができる。「私から彼に話しておく」など。また、「から」には「君からまず行きなさい」のように順序を表わす副助詞的な用法もある。【5】連体修飾節の動作・状態の主体は、「の」で表わすことができる。「色の白い人」「車の走る道」など。

参照▼が⇒999-02 999-18 999-24 999-44　で⇒999-06 999-07 999-11 999-12 999-13 999-16 999-17 999-21　に⇒999-02 999-04 999-05 999-06 999-09 999-12 999-14 999-15 999-16 999-28 999-51　から⇒999-05 999-08 999-11 999-12 999-14 999-36　の⇒999-18 999-28 999-54

999-02

を／が／に

共通する意味★動作・状態の対象を表わす。

使い方▼〔を〕▽自分で豆をひいてコーヒーを沸かす　〔が〕▽役に立つ辞書が欲しい▽彼女は料理が得意だ▽海が見たい　〔に〕▽ねずみが猫に噛(か)みついた▽神に感謝する

	山□見る	山□見える	本□読みたい	海へ釣り□行く
を	○	－	○	－
が	－	○	○	－
に	－	－	－	○

使い分け【1】動作を表わす述語（いわゆる他動詞）は、対象を「を」で表わす。【2】対象でも、状態や要求などを表わす述語の対象は「が」で表わす。「英語が話せる」「勉強ができる」「鳥の声が聞こえる」「スポーツ万能の友人がうらやましい」「彼の死が悲しい」「家計が苦しい」「勉強が嫌いだ」「おばけがこわい」「あの人が憎い」「ピアノが上手だ」「運転が下手だ」「数学が得意だ」「英語が苦手だ」「金が欲しい」「努力が必要だ」【3】動詞に願望を表わす「…たい」がついたときも、「が」で対象を表わすことが多い。「水が飲みたい」「映画が見たい」。ただし、対象と動詞の間に他の言葉が入ると、「を」の方が自然で、「が」は用いにくくなる。「本を毎日たくさん読みたい」。また、「を」しか用いられない動詞もある。「今度、君の家を訪問したい」【4】対象に対する指向性が感じられる述語では、対象を「に」で表わす。「彼に頼る」「手にかみつく」「枝に飛びつく」「父に感謝する」「灯火に親しむ」「仕事に慣れる」「リーダーの意見に賛成する」「つまらないことに関わる」

参照▼を⇒999-06 999-08　が⇒999-01 999-18 999-24 999-44　に⇒999-01 999-04 999-05 999-06 999-09 999-12 999-14 999-15 999-16 999-28 999-51

999-03

について／に関(かん)して／をめぐって／に対(たい)して

【関連語】◆（につけて）◆（につき）◆（にまつわる）

共通する意味★対象・関連を表わす。

使い方▼〔について〕▽来年度の予算について話し合う▽自分の将来についてあれこれと考える▽製品の使用法についての説明書　〔に関して〕▽私に関して言えば、高校生活はそれほど楽しいものではなかった▽事件に関しての資料が山のようにある　〔をめぐって〕▽盗まれた一億円をめぐってさまざまな推測がなされた▽人事をめぐっての対立が激しくなる

〔に対して〕▽子供に対して厳しい態度で接する▽騒音に対しての苦情が相次いでいる▽親に対して反発を覚える

	方言□調査する	このあたりの地理□くわしい	遺産□争う	疑問□答える	警官□抵抗する
について	○	○	△	○	-
に関して	○	△	△	○	-
をめぐって	-	-	○	-	-
に対して	-	-	-	○	○

使い分け【1】「について」は、対象にくっつくという意味で、中心になる物事をこれと限定して取り上げるが、「に関して」は、対象とかかわりをもつといった程度で、その中心と関連する物事を取り上げる。さらに、「をめぐって」は、まわりを囲む、何かを中心にして回る、という意味から、ある物事を中心としてそれをとりまく周辺のさまざまな物事を取り上げることになる。【2】「について」は、「投資について検討する」と使えるが、「をめぐって」は「投資をめぐって検討する」といっても、「何を」検討するのかがわからない。「投資をめぐって金額や時期を検討する」のように、対象の焦点をしぼる必要がある。【3】「について」は、一般に、言語活動や思考活動に関係する動詞をとることが多い。「海洋生物について研究する」「事故について報告する」「進学について相談する」「西鶴について論じる」【4】「に対して」は、向かい合うという意味から方向性があり、こちらから受け手(対象)に何らかの作用を及ぼすことを表わす。そのため、「反発する」「反抗する」「抵抗する」のような対立関係の動詞もとることができる。「親に対して口答えするなんて」「税率に対して不平を持つ」【5】「について」にくらべて、「に関して」「をめぐって」は文章語的。

【関連語】◆**(につき)**「について」と同意だが、改まった文章で使われる。「総会決議事項につき書面をもってご報告申し上げます」◆**(にまつわる)**「をめぐる」の類似表現で、…に関連する、…にゆかりがある、の意。「ある政治家にまつわる黒い噂(うわさ)」「巨石にまつわる言い伝え」◆**(につけて)**…に関連して、…に伴って、の意。「何か」「何事」「それ」などの特定の語を受けて慣用的に使われる。「何かにつけてすぐ文句を言う」「それにつけても思い出すのは悲しいことばかりだ」

参照▼について⇒999-22　に対して⇒999-22　につき⇒999-13 999-22

999-04 と／に／まで

【関連語】◆**(のために)**

共通する意味★動作・関係の及ぶ相手を表わす。

使い方▼〔と〕▽友達とけんかした▽進学問題について親と話し合った▽甲は乙と等しい　〔に〕▽友達に消しゴムを貸した▽彼は娘にあまい　〔まで〕▽書類は窓口まで提出してください▽御用の方は電話で事務室まで連絡してください

	先生□相談する	先生□質問する	同級生□結婚する	係□申し出る
と	○	-	○	-
に	○	○	-	○
まで	-	-	-	○

使い分け【1】述語の中には、「結婚する」「戦う」「等しい」などのように、複数の主体がいないと成立しない動作や関係を表わすものがある。【2】複数の主体が主従の別なく相互にその動作・関係に関与しているとき、文型は「XがYと…」になる。この場合、「YがXと…」とも言える。このような述語には、次のものがある。

動詞：結婚する、離婚する、交際する、別れる、話し合う、仲直りする、戦う、争う、競う、けんかする、組む、契約する、異なる、など。

形容詞・形容動詞：親しい、むつまじい、仲良しだ、親密だ、懇意だ、など。

【3】主体から相手に対して一方的に動作・関係が及ぶとき、文型は「XがYに…」になる。この場合、「YがXに…」とは言えない。このような述語には、次のものがある。

動詞：教える、尋ねる、質問する、報告する、伝える、わびる、貸す、売る、預ける、渡す、贈る、勧める、など。

形容詞・形容動詞：優しい、あまい、厳しい、冷たい、親切だ、丁寧だ、いじわるだ、など。

【4】述語の中には「XがYと…」と「XがYに…」の両方言えるものがある。この場合、「XがYと等しい」「XがYに等しい」のようにほとんど意味が変わらないものもあるが、双方の間に意味の違いがみられることがある。たとえば、「バスがトラックと衝突した」では、互いにぶつかり合った場合(相互的動作)であり、「バスがトラックに衝突した」では、バスが一方的にトラックにぶつかった場合(一方的動作)をいう。したがって、「バスが車庫と衝突した」はおかしいが、「バスが車庫に衝突した」はいえる。このような述語には、ほかに「ぶつかる」「相談する」「会う」「話す」などがある。【5】「まで」は動作の相手を表わすという点では「に」と変わりはないが、その相手のいる所まで移動を伴う意味が加わるという点で異なる。この移動は具体的な移動とは限らず、電話や手紙などを用いる場合もある。「まで」と結びつく動詞には、「申し出る」「申し込む」「提出する」「届け出る」「届ける」「連絡する」「知らせる」「請求する」「問い合わせる」などがある。

【関連語】◆**(のために)**相手に恩恵・利益を与える目的でという意味を表わす。「子供のために机を買った」「家のために早くから働く」

参照▼と⇒999-28 999-40　に⇒999-01 999-02 999-05

999-06 999-09 999-12 999-14 999-15 999-16 999-28 999-51
まで⇒999-09 999-27

999-05 から／に

共通する意味★動作の起点である相手を表わす。

使い方▼〔から〕▽私はこの化粧品を彼女から買った▽先生からのことづけ▽配達人から荷物を渡された
〔に〕▽関係者に話を聞く▽友達に鉛筆を借りる▽車にはねられた

	から	に
父□英語を教わる	○	○
母□鍵（かぎ）を預かる	○	-
犬□かまれる	-	○

使い分け【1】だれかが動作を行ったとき、動作を受ける側にたってその事態を表現することがある。たとえば、相手が「教える」という動作を行うとき、動作の受け手からみるとそれは「教えられる」という受身の動作であり、また「習う」「教わる」という動作でもある。このような場合、動作の起点である相手は「から」で表わすが、「に」に言い換えられることが多い。【2】物事の移動に視点をおく場合には、相手を「から」で表わす。「から」で相手を表わす動詞には、「買う」「預かる」「奪う」などがある。【3】相手に視点をおく場合は、相手を「に」で表わす。特に、物事の移動を伴わないときには、「から」は用いにくい。「車からはねられた」とは言えない。【4】「教わる」「習う」「貰う」「借りる」などは、相手を「から」でも「に」でも表わすことができる。

参照▼から⇒999-01 999-08 999-11 999-12 999-14 999-36
に⇒999-01 999-02 999-04 999-06 999-09 999-12 999-14
999-15 999-16 999-28 999-51

999-06 で／に／を

共通する意味★動きの場所を表わす。

使い方▼〔で〕▽図書館で勉強した▽東シナ海で台風が発生した▽解説欄で詳しく説明する　〔に〕▽カバは動物園にいます▽新製品に欠陥が見つかった
〔を〕▽飛行機が空を飛んでいる▽瀬戸大橋を通って四国に行った▽家を出る

	で	に	を
校庭□遊ぶ	○	-	-
椅子（いす）□座る	-	○	-
校庭□走りまわる	△	-	○
橋□渡る	-	-	○

使い分け【1】「で」「に」「を」は、具体的あるいは抽象的な場所を表わす名詞（もしくは名詞句）につく。これらは、結びつく動詞の性質や種類によって意味に違いがある。【2】「で」は、動作・出来事の起こる場所を表わす。動作を表わす動詞には、ほとんどつくことができる。【3】「に」は、ものの存在する場所を表わす。「に」と結びつく動詞は、「ある」「いる」「住む」「勤める」「座る」「立つ」「泊まる」「止まる」など。【4】「を」は、移動するときの経路の場所を表わす。「を」と結びつく動詞は、「歩く」「走る」「泳ぐ」「飛ぶ」「渡る」「通る」など。【5】「で」は、「に」あるいは「を」とも組み合わせて用いることができる。この場合、「で」の方がより広い範囲の場所を表わす。「東京でホテルに泊まった」「高速道路で追い抜き車線を走った」

参照▼で⇒999-01 999-07 999-11 999-12 999-13 999-16
999-17 999-21　に⇒999-01 999-02 999-04 999-05 999-09
999-12 999-14 999-15 999-16 999-28 999-51　を⇒999-02

999-08

999-07 において／にあって／に際（さい）し（て）／で／にあたって／（の）折（おり）に

【関連語】◆（にあたり）◆（の）折から（のおりから）◆（の）際に（のさいに）◆（にして）

共通する意味★時・場所・状況を表わす。

使い方▼〔において〕▽明治時代においては富国強兵策がとられていた▽人間生きる限りにおいて悩みは絶えないものである▽自衛の名においての侵略は許されない▽説明会は会議室において行う　〔にあって〕▽①今日（こんにち）にあっても昔ながらの製法が生かされている▽②野（や）にあって政治を操る　〔で〕▽現時点で問題になるのは資金集めの方法だ▽調査の過程でいくつかの疑問が浮かんだ▽海で溺（おぼ）れる
〔にあたって〕▽開会にあたって一言ごあいさつを申し上げます▽海外生活をするにあたっての心構え
〔に際し（て）〕▽年頭に際しての抱負▽このたび市長に就任するに際し、多くの方々のご支援をいただき、心より感謝いたします　〔（の）折に〕▽今度お目にかかった折に、お話しいたします▽何かの折にこのことご喧伝（けんでん）ください

使い分け【1】「において」「にあって」は、動作や作用の行われる時（機会）・場所・状況（場合）を示し、格助詞「で」で言い換えられることが多い。ところが、「にあたって」「に際し（て）」は場所は示さず、「で」とも言い換えられない。また、「において」「にあって」は、「明治時代」「調査の過程」のように時間的な幅のある語句を受けるのに対し、「にあたって」「に際し（て）」は、「閉会」「出発」のように瞬間的な変化や動作の始点・終点を示す語句を受けやすいという違いもある。【2】「にあって」は、…に身があって、…に身をとどまらせての意味をもち、たとえば、

例文②のように、自分は野ゃ（＝政権の側に立たないこと）に身を置きながら、政治の世界を思いどおりに動かすことをいっている。「東京にあって故郷の母を思う」【3】「にあたって」には、「仕事をするにあたっては、君の援助が必要だ」のように、目的を示す「ために」と言い換えられる場合もある。【4】「(の)折に」は、特別の時・機会・場合を示し、場所は示さない。用言を受ける場合、「にあたって」「に際し(て)」は現在形しか受けないのに対し、「折に」は過去形（完了形）をも受けることができる。

【関連語】◆（にあたり）「にあたって」の改まった言い方。「首相は新内閣の発足にあたり、その方針を国民の前に示した」◆（（の）折から）手紙文で多く用いる表現で、「…の時であるから」「…の時であるのに」の両方の意の場合がある。「炎暑の折からあなた様には一層ご自愛なさいますように」「厳寒の折からあなた様にはお変わりもなくお過ごしのことと」◆（（の）際に）「(の)折に」と同じ意で用いられる。「先日帰省した際に、うっかり車内に旅行カバンを置き忘れてしまった」◆（にして）いろいろな語について時・場所・状況を示し、格助詞「で」で言い換えられる。少し硬い表現である。「六十にして耳に順う」

参照▼ で⇒999-01 999-06 999-11 999-12 999-13 999-16 999-17 999-21 にして⇒999-13

9 99-08 から／を

【関連語】 ◆（より）

共通する意味★移動の起点・経由点を表わす。

使い方▼〔から〕▽①大阪から新幹線で東京に来た▽②泥棒が窓から侵入した▽③娘が幼稚園から小学校に上がった　〔を〕▽①明日の便で成田を発たつ▽②正門を入って右手が講堂です▽③彼は今年、大学を出た

	部屋□出る	横浜□来た	二階□落ちる	危機□脱する
から	○	○	○	－
を	○	－	－	○

使い分け【1】「から」と「を」には、移動の起点（「から」「を」の例文①と、移動の経由点（「から」「を」の例文②）を表わす用法がある。【2】「から」は、移動の到着点が想定されている場合に用いられる。したがって、移動の到着点を表わす「に」とともに用いられることが多い（「から」の例文①）。【3】「を」は、ある領域を起点とする離脱だけが問題にされ、到着点を特に想定していない場合に用いられる。したがって、「彼は成田をアメリカに発った」とは言いにくい。【4】乗り物（バス、自動車、電車、船、馬など）からの離脱に関しては、たとえば「船から降りる」「船を降りる」のように、「から」と「を」のいずれも用いられる。ただし、自分の意志による動作でない場合には「船を落ちる」ではなく、「船から落ちる」を用いる。【5】「から」と「を」には、抽象的な移動の起点を表わす用法もある（「から」「を」の例文③）。抽象的な移動でも、到着点が想定される場合には「から」が用いられる。また、「大学を出る」に対して「大学から出る」という言い方もあるが、前者は卒業するの意であり、後者は構内から外に出るの意である。

【関連語】 ◆（より）「より」にも起点を表わす用法があるが、現在では主に文章語として用いられる。用法は「から」とほぼ重なる。「個展は明日より開催されます」「この文章は前掲書より引用した」「娘へ。父より」

参照▼ から⇒999-01 999-05 999-11 999-12 999-14 999-36 を⇒999-02 999-06

9 99-09 に／へ／まで

共通する意味★移動の目標・到着点を表わす。

使い方▼〔に〕▽修学旅行で関西に行った▽夜更けて自宅に帰った　〔へ〕▽屋根へ上がって修理した▽新製品をアメリカへ輸出した▽頂上へ向かって歩き始める　〔まで〕▽朝の便で札幌まで飛ぶ▽荷物を隣の部屋まで運んでください▽来年まで帰らない

	京都□行く	バス□乗る	学校□歩く
に	○	○	－
へ	○	△	－
まで	○	－	○

使い分け【1】「に」「へ」「まで」は、移動を表わす動詞や、運搬を表わす動詞とともに用いられる場合には、移動の目標・到着点を表わす。【2】「に」と「へ」は現在、この用法において区別があいまいになっており、どちらを用いてもほとんど違いはない。「車が電柱にぶつかった」のように、移動の目標・到着点であっても、それが場所ではなく物であるときには「へ」は用いにくい。【3】「まで」には、ある範囲を表わす用法がある。「新幹線が九州まで開通した」「五〇ページまで予習しておく」。移動を表わす動詞とともに用いられたときには、移動の範囲を表わす。この場合、起点を表わす「から」を伴うことが多い。「東京から大阪まで新幹線で行き、高知までは船で行った」

参照▼ に⇒999-01 999-02 999-04 999-05 999-06 999-12 999-14 999-15 999-16 999-28 999-51 まで⇒999-04 999-27

9 99-10 に至いたるまで／に（へ）かけて／にわたって／を通つうじて

共通する意味★終点・範囲を表わす。

使い方▼〔に至るまで〕▽頭から足先に至るまでのほ

ぼ全身がぐしょ濡れだ▽大都市の学校はもちろんのこと、山村の小さな分校に至るまで、統一されたカリキュラムで教育が行われている　**〔に(へ)かけて〕**▽①宇都宮から那須へかけての区間で道路が渋滞している▽②県の南北にかけて川が流れている　**〔にわたって〕**▽台風により町のほぼ全域にわたって被害が出た▽五〇日間にわたっての舞台公演　**〔を通じて〕**▽あらゆる民族を通じて共通に見られる意識を明らかにしたい▽環境問題を解明するため、極地の気象を通じての綿密な研究が始まった

	出会いから結婚□のトータルサービス	六月三日から九日□行われる	六月三日から五日間□行われる	大陸の東西□広がる高原	人類の歴史□いつの時代にも見られる
に至るまで	○	△	-	-	-
に(へ)かけて	-	○	-	○	-
にわたって	-	△	○	○	-
を通じて	-	-	-	-	○

使い分け【1】「に至るまで」「に(へ)かけて」は、起点の「から」を用いて、「～から…に至るまで」「～から…に(へ)かけて」の形で、時間的・空間的な範囲をさし示すことが多い。【2】「に至るまで」では、終点が明確に定められているが、「に(へ)かけて」は、かなり曖昧(あいまい)で、終点の付近でさえあればはっきり定められていなくてもよい。「に(へ)かけて」の例文②などはむしろ、またがるといった意である。【3】「に(へ)かけて」は、時間的・空間的なある点を受けて、起点と終点の両方にまたがることを表わせるが、「にわたって」は、時間的・空間的な幅のある言葉を受ける必要がある。それは、「にわたって」が、時間や場所がある範囲全体に及ぶことを表わす表現だからである。【4】「にわたって」と同じように、時間や場所がある範囲全体に及ぶことを表わすものに「を通じて」がある。「を通じて」には、この用法を一歩前進させた、物事がある期間継続して行われることを表わす用法もある。

参照▼を通じて⇒999-13

999-11 で／から

共通する意味★材料・原料を表わす。

使い方▼〔で〕▽千代紙で鶴を折る▽毛糸でセーターを編む　**〔から〕**▽蚕のまゆから絹糸をとる▽アブラナの種から油をとる▽和紙はコウゾから作る

	笹の葉□舟を作る	酒は米□造る	プラスチックは石油□作る
で	○	△	-
から	-	○	○

使い分け【1】材料から完成品への変化が少ない(できあがった物から材料を推測するのが比較的容易である)場合、材料は一般に「で」で表わす。【2】原料から完成品への変化が著しい(製品から原料を推測するのが困難である)場合には、原料を「から」で表わす。【3】「で」と「から」の関係は、英語の *of* と *from* の関係に似ている。

The chair is made of wood.
(その椅子は木でできている。)
Bread is made from wheat.
(パンは小麦から作られる。)

【4】何かを判断するときの材料(根拠)も、「で」や「から」で表わす。この場合、「から」の方がやはり推論の過程を意識した表現となる。「雲行きで明日の天気が分かる」「このデータだけから結論を出すのは困難だ」

参照▼で⇒999-01 999-06 999-07 999-12 999-13 999-16 999-17 999-21　から⇒999-01 999-05 999-08 999-12 999-14 999-36

999-12 で／から／に

共通する意味★原因・理由を表わす。

使い方▼〔で〕▽地震の影響で列車ダイヤが乱れた▽彼のおかげでわれわれは助かった　**〔から〕**▽ささいなことからけんかになった▽病は気から　**〔に〕**▽初詣での人たちは寒さに震えていた▽あまりの仕打ちに怒りがこみあげる

	不注意□事故を起こす	会社を風邪□休む	疲れ□病気になる	税金対策□苦しむ	バス□酔う
で	○	○	△	○	△
から	○	-	○	-	-
に	-	-	-	○	○

使い分け【1】ある事態が生じたときの原因・理由は、一般に「で」で表わす。【2】その原因を事態の発生源としてとらえ、因果関係を問題にするような場合には、原因を「から」で表わす。【3】原因というよりは、それを心理・生理作用の対象としてとらえる場合には、それを「に」で表わす。

参照▼で⇒999-01・999-06・999-07・999-11・999-13・999-16・999-17・999-21　から⇒999-01・999-05・999-08・999-11・999-14・999-36　に⇒999-01・999-02・999-04・999-05・999-06・999-09・999-14・999-15・999-16・999-28・999-51

999-13 によって／で／でもって／をもって／を通(とお)して

【関連語】◆(によると)◆(によれば)◆(を通じて)をつうじて◆(につき)◆(にして)

表わす。

共通する意味★動作の主体・仲介・手段・根拠・原因を表わす。

使い方▼〔**によって**〕▽ウイルスに**よって**伝染していく病気▽事業に失敗したことに**よって**大きな痛手を受ける▽一瞬の判断に**よって**勝敗が決まる　〔**で**〕▽ヨットで太平洋を渡る▽すぐれた演技力で注目を集める　〔**でもって**〕▽書面で**もって**申し入れをする▽子供だけで**もって**、山に登るのは危険だ　〔**をもって**〕▽裏切りには裏切り**をもって**報いる▽その罪人は謀反のかど**をもって**極刑に処せられた　〔**を通して**〕▽相撲は直接見るのとブラウン管**を通して**見るのとでは迫力が全く違う▽文通**を通して**の交際

	法律□罰せられる	図鑑□「蜂」を調べた	新聞紙□蜂をたたいた	古代人□描かれた壁画	知り合い□就職口を探す
によって	○	○	-	○	-
で	○	○	○	-	-
でもって	○	○	○	-	-
をもって	○	-	-	-	-
を通して	-	-	-	-	○

使い分け【1】「によって」は、㋑受身の動詞が表わす動作の主体（仲介者）、㋺手段・方法・材料・仲介物、㋩現象や判断の拠りどころ（根拠）、㊁由来・原因、を表わすが、㋑以外は格助詞「で」で言い換えることができる。㋺の中でも、「新聞紙で蜂をたたいた」のように、何かを行う際に一時利用するにすぎない媒介的な道具類には、「によって」は使えない。「ボールペンによって書く」と言えないのと同様である。【2】「電話によってのいやがらせ」は、「電話によるいやがらせ」の方が一般的。「新内閣による改革政治」「集中豪雨による被害」なども同じ。【3】「によって」と同じように「により」も使われるが、書き言葉に多く見られる。「都合により欠席いたします」【4】「でもって」「をもって」は、手段・方法・材料・仲介物・根拠などを表わす。最も広く一般的に用いられる「によって」にくらべると、「をもって」はかなり改まった感じを与え、普通の会話などには使えない。「でもって」は格助詞「で」を強めた表現。「でもって」と「によって」は、ほぼ入れ換えが可能だが、「でもって」の場合は「新聞紙でもって蜂をたたく」のような媒介的な道具類にも使える点が違う。【5】「をもって」には、「今日の医学をもってしても治療法のない難病」「君の学力をもってすれば入れない大学はない」のような、「をもってしても」「をもってすれば」といった、ほかには見られない用法がある。【6】「を通して」は、人物や物事を仲立ちとして何かを行うことを表わす表現で、「によって」より間接的である。…を経由して、…を手段として、の意味になる場合もある。

【関連語】◆（**によると・によれば**）情報の出所を明らかにするときに使う。文末が伝聞を示す「という（ことだ）」「と言われている」「そうだ」などになることが多い。「老人の語るところによると、このあたりには古い言い伝えが沢山あるそうだ」「天気予報によれば、この週末は天気に恵まれるという」◆（**を通じて**）「を通して」の類似表現だが、使用範囲がやや狭い。「大使館を通じて現地の情報を得た」「書物を通じての知識だけで現実を知らない」◆（**につき**）理由を表わす表現で、通知文、掲示物などによく使われる。一種の決まり文句になっていて、文語的で改まった印象を与えるため、会話には用いられない。「店内改装につき八月まで休業いたします」「標記の件につき討議致したく…」◆（**にして**）「一日」「一言」などの最低限を表わす語を受けて強調する表現で、文語的・慣用的である。「ローマは一日にして成らず」「私なら一言にして答えることができる」

参照▼で⇒999-01 999-06 999-07 999-11 999-12 999-16 999-17 999-21　でもって⇒999-19 999-21　をもって⇒999-19 999-21　を通じて⇒999-10　につき⇒999-03 999-22　にして⇒999-07

999-14 に／から

共通する意味★動作・状態の始まる時を表わす。

使い方▼〔**に**〕▽工事は三月に開始した▽店は一〇時に開く　〔**から**〕▽朝から彼を待っている▽仕事は九時半からです

	学校は九時□始まる	試験は昨日□始まった	彼は朝□ずっと寝ている
に	○	-	-
から	○	○	○

使い分け【1】動作や状態の始まる時は、時を表わす名詞に「に」をつけて表わす場合、「明日開店する」のように、格助詞をつけないで名詞だけで表わす場合と、「から」をつけて表わす場合とがある。【2】「～に」がつくのは、「…年」「～月…日」「…曜日」「～時…分」などのように、いつであるかがはっきりと定まっている場合である。【3】「今日」「明日」「昨日」「今朝」「来週」「先月」「去年」「現在」「将来」「最近」などのように、話している時を基準にして、いつであるかが定まり、時間的にも幅のあるような名詞の場合には、格助詞をつけないでいう。【4】「に」を用いた場合は動作や状態の始まった時点だけを問題にするが、「から」を用いた場合は動作や状態が継続することを意味する。

参照▼に⇒999-01 999-02 999-04 999-05 999-06 999-09 999-12 999-15 999-16 999-28 999-51　から⇒999-01 999-05 999-08 999-11 999-12 999-36

999-15 に

意味★動作・作用の行われる時を表わす。

使い方▼〔に〕▽三時に駅で待ち合わせた▽一九五五年に彼は生まれた▽六時に門が閉まる▽入学式は四月一日に行う▽三年後に竣工の予定▽昼ごろ(に)学校に行く

◆①動作や作用の行われる時は、時を表わす名詞に「に」をつけていう場合と、「本日決定した」のように、「に」をつけない(格助詞なし)でいう場合とがある。②「に」がつくのは、「…年」「～月…日」「…曜日」「～時…分」などのように、いつであるかがはっきりと定まっている、特定の一時点を表わす名詞の場合である。③「今日」「明日」「昨日」「今朝」「今晩」「昨夜」「来週」「先月」「去年」「現在」「将来」「最近」などのように、話している時を基準として、いつであるかが定まり、時間的にも幅のあるような名詞の場合には、「に」をつけないでいう。「明日来ます」「今朝雨が降った」④「昼」「深夜」「明け方」「暮れ」「…頃」「…前」、あるいは季節などのように、いつ頃からいつ頃までをさすのかが必ずしもはっきりしないような名詞では、「に」をつけてもつけなくてもいうことができる。また、「…(の)間」「…年間」などのような名詞では、「に」をつけたときとつけないときとでは意味が異なってくる。たとえば、「昼休みの間に宿題をやった」では、昼休み中に動作を行ったことは確かだが、昼休み全部を使ったわけではない。それに対して、「昼休みの間　宿題をやった」では、昼休みの間中ずっと動作を続けていたことになる。これも、時点を問題にする「に」と、時間的な幅を認める助詞なしとの違いからくる。

参照▼に⇒999-01 999-02 999-04 999-05 999-06 999-09 999-12 999-14 999-16 999-28 999-51

9 99-16 に／で

共通する意味★動作・状態の終わる時を表わす。

使い方▼〔に〕▽工事は六月に完了した▽銀行は三時に閉店する　〔で〕▽申し込みは明日で締め切る▽父は来月で定年だ

	窓口は四時□閉まる	試験は明日□終了する	会議は二時間□終わった
に	○	-	-
で	○	○	○

使い分け【1】動作や状態の終わる時は、時を表わす名詞に「に」をつけて表わす場合と、「本日閉店」のように格助詞をつけないで名詞だけで表わす場合、「で」をつけて表わす場合とがある。【2】「に」がつくのは、「…年」「～月…日」「…曜日」「～時…分」などのように、いつであるかがはっきりと定まっている場合である。【3】「今日」「明日」「昨日」「来週」「去年」などのように、話している時を基準にして、いつであるかが定まる場合には、格助詞をつけないでいう。また、「深夜」「明け方」「…頃」などは、「に」をつけてもつけなくてもいうことができる。【4】「で」を用いた場合、継続していた動作や状態がそこで完了するという意識が強い。

参照▼に⇒999-01 999-02 999-04 999-05 999-06 999-09 999-12 999-14 999-15 999-28 999-51　で⇒999-01 999-06 999-07 999-11 999-12 999-13 999-17 999-21

9 99-17 で

意味★動作・状態の継続する時間・期間を表わす。

使い方▼〔で〕▽彼女は大学を四年で卒業した▽横浜まで一時間で着く

◆①動作や状態が継続している時間や期間は、一般に格助詞をつけずに名詞だけで表わす。「これから四年通学する」「終日雑用に追われた」②動作がその時間・期間で完了する場合には、「で」をつけて表わす。したがって、「本を一時間読んだ」では、その本を読み終えてはいないが、「本を一時間で読んだ」という場合には、その本は必ず読み終えていることになる。

参照▼で⇒999-01 999-06 999-07 999-11 999-12 999-13 999-16 999-21

9 99-18 の／が

共通する意味★連体修飾語をつくる。

使い方▼〔の〕▽私の願い▽梅の花▽母への手紙
〔が〕▽我が願い▽梅が香▽君が代

	我ら□母校	私□国	我(わ)□国
の	○	○	-
が	○	-	○

使い分け【1】連体修飾語をつくる、いわゆる連体格は「の」を用いる。「の」で注意したいのは、そこにさまざまな意味関係が含まれていることである。
住宅の不足←住宅が不足している〈主体〉
住宅の供給←住宅を供給すること〈対象〉
木の家←木でできた家〈材料〉
そのほかにも、「東京の大学〈場所〉」「高校の先生〈所属〉」「昨日の事件〈時〉」「三匹の子豚〈数量〉」などがある。あるいは、他の格助詞や副助詞と結びついて「母からの手紙」「子供への愛」「大阪までの切符」「学校での試験」「彼とのけんか」「ここだけの話」「心ばかりのプレゼント」などのように言うこともある。【2】「が」にも連体格の用法があるが、現在では、非常に文語的な表現か、ほとんど一語化した結びつきの中でしか用いられない。

参照▼の⇒999-01 999-02 999-24 999-44　が⇒999-01 999-28 999-54

999-19 として／でもって／をもって

共通する意味★資格・立場・状態を表わす。

使い方▼〔**として**〕▽プロとしても通用する腕前▽親としての責任を感じる　〔**でもって**〕▽今の二倍の給料**でもって**大会社から引き抜かれた▽助教授**でもって**地方の大学に赴任することが決まりました　〔**をもって**〕▽①暖かい心**をもって**接する▽②東京**をもって**第一の都市とする▽③その店はカツ丼の元祖**をもって**任じています

	として	でもって	をもって
首相□立派な態度だ	○	-	-
趣味□絵をかく	○	○	-
❶優秀な成績□卒業した	-	○	○
自信□試験に臨む	-	-	○
❷美人□頭がいい	-	○	-

使い分け【1】「として」は、資格・立場・名目・部類を表わす。【2】「もって」は本来「持って」の意味である。「XでもってY」「XをもってY」は、Xという状態や立場にあってYする、という意味で、動作・作用の行われる状態・立場を表わす。【3】「でもって」は、「で」を強めるために「もって」を加えたもので、話し言葉的である。表例❶の場合、「をもって」は硬く改まった感じを与えるが、「でもって」ではくだけた印象が強い。これら格助詞的な用法とは異なるものが表例❷の接続詞的な用法で、「そして」「その上」「かつ」などと同じような働きをする。【4】「をもって」には、「で」を強めた言い方（例文①）と、「を」を強めた言い方（例文②③）があり、どちらも改まった場面で使われる。例文③の「…をもって任じる」は、自分は疑いなく…だと思いこむの意。

参照▼として⇒999-29　でもって⇒999-13　999-21　をもって⇒999-13　999-21

999-20 にとって／からみて

【関連語】◆（からいえば）◆（からいって）◆（からいうと）◆（からすれば）◆（からして）◆（からすると）◆（からみれば）◆（からみると）◆（からみたら）

共通する意味★立場・視点を表わす。

使い方▼〔**にとって**〕▽彼女**にとって**の一番の関心事はおしゃれについてである▽敬語は人間関係**にとって**潤滑油の役割を果たします　〔**からみて**〕▽親**からみて**かわいくない子供はいない▽車の運転の仕方**からみて**、彼は短気な性格のようだ

	にとって	からみて
❶生徒□頼りになる先生	○	○
❷去年の自分□格段の進歩だ	-	○
今の健康状態□旅行は無理だ	-	○
睡眠と栄養は健康□欠かせない	○	-

使い分け【1】「にとって」は、…の身から見て、の意で主に人物を受けるが、元の動詞「とる」が事物を自分側に引き入れるという意味であるところから、受け手としての立場・視点を表わす気持ちが強い。【2】「からみて」は、「にとって」にくらべて、こちらから働きかける気持ちが強い（表例❶）。人物はもちろん、抽象概念も自由に受けることができる。また比較の意味合いが加わることも多い（表例❷）。【3】「にとっては」の話し言葉的な言い方として、「にとっちゃ」がある。

【関連語】◆（**からいって・からいうと・からいえば・からして・からすると・からすれば・からみると・からみれば・からみたら**）「からみて」と同じような意味で、いろいろな言い方がある。「からみると」「からみれば」「からみたら」は、特に比較の意味合いが強く出やすい。「息子は、その性格からいって医者には向かないでしょう」「となりは資産家だが、暮らしぶりからいうとむしろ質素だ」「タバコは健康の面からいえば好ましくはない」「体罰は教育的見地からして望ましいものではない」「夫の立場からすると都合の良いことでも、妻の立場からすれば困ることもあります」「深夜には電車の音が昼間からみるとずっと近く聞こえる」「選挙期間中からみれば今はずっと静かだ」「切れ者と言われた前任者からみたら、今の担当者はかなり見劣りがする」

999-21 で／をもって／でもって

共通する意味★基準・境界を表わす。

使い方▼〔**で**〕▽これ**で**仕事が終わる▽すれすれ**で**合格する　〔**をもって**〕▽このごあいさつ**をもって**私の本日の講演を終わりにしたいと思います▽数学の試験は六〇点**をもって**合格点とする　〔**でもって**〕▽九時**でもって**閉店になった▽その候補者はわずか五〇票の差**でもって**落選した

使い分け【1】何かの開始、終了や限界点を明示する基準・境界の役割を果たす。…を区切りとしてという意味。【2】「をもって」は硬く改まった感じを与える。「でもって」がそれよりくだけた印象があるのは、「で」を強めるために「もって」を加えたもので、話し言葉的だからである。ともに「で」に置き換えることができる。【3】「をもって」には丁寧な言い方として「をもちまして」があるが、「でもって」にはない（「でもちまして」は言えない）。

参照▼で⇒999-01　999-06　999-07　999-11　999-12　999-13　999-16　999-17　をもって⇒999-13　999-19　でもって⇒999-13　999-19

999-22 について／につき／に対（たい）して

共通する意味★割合を表わす。

使い方▼〔**について**〕▽一軒について一〇〇円の寄付

をお願いしています　〔につき〕▽お買い上げ五〇〇円につきサービス券を一枚差し上げます▽お土産は一家族につき一個です　〔に対して〕▽従業員一人に対しての年間の人件費を算出する

	国民一人□千円の増税になる	一時間□八〇〇円のアルバイト料だ	教員一人□の学生数	三人の求人□五〇人の応募があった
について	○	○	○	-
につき	○	○	-	-
に対して	○	-	○	○

使い分け▶…に応じて、…を単位として、…ごとに、…あたり、などの意味を表わす。

参照▼について⇒999-03　につき⇒999-03 999-13　に対して⇒999-03

999-23 という／といった／との

共通する意味★同格・内容説明を表わす。

使い方▼〔という〕▽結婚という最も決断を必要とする問題▽今度の決定に賛成できないという人は遠慮なく言ってほしい▽彼の奇行には近所の人も迷惑しているという噂（うわさ）だ▽地質調査にはクリノメーターとかいう器械が必要だそうだ　〔といった〕▽①傷害保険、養老保険といった保険▽②喜びを隠しきれないとでもいった表情で出迎えた　〔との〕▽先生方からクラス会に喜んで参加したいとの御返事をいただいた▽彼女は運動神経抜群で頭もよいとの評判だ

	❶製造を中止せよ□命令	五〇〇名中一番□成績	定額貯金□貯蓄	山田さん□方
という	○	○	○	○
といった	○	△	△	-
との	○	-	-	-

使い分け▶【1】三語のうちでは、「という」の使用範囲が最も広い。名づけ、言い換え、婉曲（えんきょく）、伝聞、引用、未知（よく知らない事物を取り上げる）、感嘆（事物がプラスの意味でもマイナスの意味でも並はずれた状態であることを強調する）などを表わす。

【2】「といった」は、「という」の用法のそれぞれについて、種類・例示の意をつけ加える。たとえば、表例❶では、「という」を使った場合、「製造を中止せよ」が「命令」のすべてだと考えられる。ところが「といった」を使うと、命令はほかにもあったがそのうちの一つを例として出すと「製造を中止せよ」であった、または、文字通り「製造を中止せよ」と命令を受けたわけではないが、命令の意図を要約すればそうなる、というニュアンスを感じさせる。そのため、「といった」の例文①のように、複数の種類を並べてかつそれだけに限らないことを言外に含める形で用いられることも多い。これは、「など（の）」に近い用法である。

【3】「という」「といった」には、感嘆の用法が発展したものとして、数詞について強調する用法がある。予想をはるかに上回ったり下回ったりした数を受けて、…にも及ぶ程度の、…にしか過ぎない程度の、という意味を表わす。「今この瞬間にも何千という生命が失われているのだ！（「何千もの」と言い換えられる）」「一〇〇分の一ミリというミクロの世界」

【4】「との」は「という」の用法のうち、伝聞と引用にしか使えない。硬い文体で使われることが多く、「との」の後には「返事」「噂」「評判」「評価」「意向」「意見」「考え」「命令」「注意」「報告」のような名詞が現れやすい。

参照▼という⇒999-29　といった⇒999-29

999-24 が／は／も

共通する意味★主語・主題を表わす。

使い方▼〔が〕▽①桜の花が咲いている▽②冷蔵庫の中にジュースがある▽③夕焼けがきれいだ▽④私が毎朝庭の掃除をしている▽⑤私がこの子の父親です　〔は〕▽①人間は考える葦（あし）である▽②桜の花は美しい▽③君の考えは間違っている▽④この映画は先週見ました▽⑤姉は大学生で、私は高校生です▽⑥私は数学は苦手だ▽⑦私は東京には住みたくない　〔も〕▽①今日もよく晴れています▽②私は英語も数学も苦手です▽③夜もふけてきた▽④子供にも分かる道理▽⑤この一月で五キロも太った▽⑥どこにも行きたくない

	私□行きます	あっ、雨□降ってきた	日本の首都□東京だ	だれ□知らない
が	○	○	-	-
は	○	-	○	-
も	○	-	-	○

使い分け▶【1】主語を表わす助詞として、「が」と「は」、および「も」を挙げることがあるが、これらが常に主語を表わすわけではない。たとえば、「お酒は飲まない」の「お酒は」は主語ではないし、「今日は雨が降っている」では一体どちらが主語なのかという問題が生じる。「が」は主語を表わすといえるが、「は」や「も」の働きは、主語を表わすことではない。この違いは、「が」を格助詞、「は」と「も」を係助詞（あるいは副助詞）としている点にも現れている。【2】「が」は、主に名詞につき、その名詞が（述語の表わす）動作・作用・存在・状態などの主体であることを表わす。ただし、述語が習慣的動作や継続的状態を表わすような場合には、「が」は他を排除するような意味を生じる。たとえば「が」の例文④では、他のだれでもない、この私こそが、という意味が込められている。

【3】「は」の働きは、文の主題を示すことにある。主題とは、ある事柄に対して話し手が何かしらの判断を下すときに、その判断の対象となる事柄をさす。主題として取りたてられるのは主語とは限らず、さまざまな事柄がその対象となりえる（「は」の例文①

～④）。また、主題を示すだけでなく、他と対比的に述べて区別する意味がつけ加わることがある。「は」が主題を表わすか対比を表わすかは、文脈によって決定されることが多いが、例文⑤のような「Xは～、Yは…」の文型をとると、対比の意味が明確になる。例文⑥の「XはYは…」の文型では、一般に、最初の「は」は主題を、二番目以降の「は」は対比を表わす。【4】「が」と「は」の使い分けに関しては、おおよそ次のような違いがある。「が」が個別的な出来事や現象を描写する文（「が」の例文①）で用いられるのに対して、「は」は一般的な判断を下す文（「は」の例文①）や、すでに会話の中で話題となっている事柄を取り上げて述べる文（「は」の例文③）で用いられる。たとえば、「夕焼けがきれいだ」というのは、今まさに空を仰いでいるときの表現であり、きれいなのはとりあえずその日の夕焼けのことでしかない。これに対して、「夕焼けはきれいだ」と表現するときに夕焼けを見ている必要はなく、夕焼けそのものについてきれいだという一般的な判断を下している表現となる。【5】「も」も主題を示すが、「は」が一つの事柄を取りたてるのに対して、「も」は同類の事柄が他にも成立していることを前提としている。同類の事柄は、「も」の例文①のように直接示さない場合（「きのう晴れていた」ことが前提となる）と、例文②のように並立して示す場合がある。また、例文③のように同類の事柄が特定できない場合もある。その他、極端な例を示すことによって程度の著しさを強調する用法（例文④）、数量などについてその著しさを強調する用法（例文⑤）、不定称の代名詞（「何」「だれ」「どこ」など）につき、述語の否定（もしくは肯定）と呼応して全面否定（もしくは全面肯定）を表わす用法（例文⑥）などもある。

参照▼が⇒999-01 999-02 999-18 999-44

999-25 ほど／くらい／ばかり

共通する意味★おおよその数量・程度を表わす。

使い方▼〔ほど〕▽①三時間ほど待った▽②雀すずめの涙ほどのお礼▽③彼女ほどの美人はいない▽④読めば読むほど面白い▽⑤心配するほどの怪我けがではない▽⑥死ぬほど働いた　〔くらい〕▽①三時間くらい待った▽②猫くらいの大きさのネズミ▽③彼女くらい親切な人はいない▽④それくらい分かるさ▽⑤掃除くらい自分でしなさい　〔ばかり〕▽①三時間ばかり待った▽②跳びあがらんばかりに驚いた

	十人□来た	猫の額□の土地	泣く□の事ではない	名前□書ける
ほど	○	○	○	-
くらい	○	○	-	○
ばかり	○	△	-	-

使い分け【1】おおよその数量・程度を表わす場合には、副助詞「ほど」「くらい」「ばかり」のいずれかを用いる。数量を表わす用法（各語の例文①）では、各語に意味の差はほとんどみられないが、他の用法の広がりでは、各語に違いがみられる。【2】「ほど」は、時間的・空間的にある幅を持った範囲を示す名詞である「程」（「程を守る」）が助詞となったもので、範囲から基準を表わすようになった。「ほど」の例文②は、比較の基準を示すことによって、おおよその程度を表わす。その他の用法として、「～ば…ほど」の形で程度の高まりを表わす場合（例文④）、「～ほどの…ではない」の形でそこまで程度が激しくないことを表わす場合（例文⑤）、極端な程度を比喩ひゆ的に表わす場合（例文⑥）などがある。【3】「くらい」は、名詞「位」が助詞となったもの。基準を示すという意識がある。そこから、比較の基準を示すことによって、おおよその程度を示す（「くらい」の例文②）用法が生じる。同じ基準でも、例文④のように程度の低い基準を示す場合がある。これは、「ほど」にはない用法である。【4】「ばかり」は、動詞「はかる」の名詞形「はかり」から転じたものである。そこから、おおよその数量を推し量る意味が生じた。また、「ばかり」の例文②のように、「…ばかりに」や「…ばかりの」の形でおおよそそのような程度・状態であることを表わす用法もある。

参照▼ばかり⇒999-27

999-26 でも／さえ／だって／など

【関連語】◆（すら）

共通する意味★極端な例、暗示的な例などを表わす。

使い方▼〔でも〕▽①先生でも解けない難問▽②公園にでも行こうか▽③自転車でもパソコンでも好きな物を買ってあげよう▽④話だけでも聞いてほしい▽⑤この店には何でもある　〔さえ〕▽①水さえのどを通らない▽②寒いだけでなく雪さえ降ってきた▽③寝てさえいれば風邪は治る　〔だって〕▽①ミミズだって生きている▽②マンションだって車だってみんな親に買ってもらったものだ　〔など〕▽①この洋服などいかがですか▽②太郎や花子などが同級生です▽③お金など欲しくない

	❶子供（に）□分かる問題	今から□間に合う	休む時間□ない	お茶□飲みませんか
でも	○	○	-	○
さえ	○	-	○	-
だって	○	○	○	-
など	-	-	○	○

使い分け【1】表例❶はいずれも、ある極端な事柄を例に示し、それが成立するならば当たり前の事柄も当然成立することを言外に述べている。「子供に分かる問題」ならば、「大人に分かるのは当たり前だ」ということを言いたいわけである。【2】「でも」に

は、例文②のように仮に一つの例を示す用法がある。多くの場合、勧誘や意志・希望の表現で用いられる。この用法は「さえ」や「だって」にはない。これに対し、例文③は代表的な例を仮にいくつか示す用法である。例文②とは違い、「だって」で言い換え可能である。ほかに、例文④のように「だけ」を強調して一つに限定する用法や、例文⑤のように「何」「どこ」「いつ」「だれ」などの不定代名詞について、そのすべての事柄について当てはまることを表わす用法もある。【3】「さえ」の例文②は、程度の激しい事柄をさらに付け加える働きをしているが、現在ではこの用法は「まで」を用いることが多い。また、例文③のように「～さえ…ば」の形で、ある条件を満たせば結果としてある事柄が成立することを表わす用法もある。【4】「だって」の例文②は、「でも」の例文③と同じく代表的なものをいくつか例に挙げる用法である。【5】「など」は、口語では「なんか」や「なんぞ」の形をとることが多い。他の語と違って、極端な例を挙げる用法はない。例文①は、「でも」の例文②と同じように仮に一つの事柄を例示する用法である。例文②は、他の例の存在を暗示しながら、いくつか挙げた例をまとめる用法である。この用法のように複数の例を挙げる場合、「でも」や「だって」のように例ごとにつけて、「～でも…でも」「～だって…だって」のようにいうのではなく、最後の例にのみつけて、「～や…など」のようにいう。例文③は、その例を軽んじて扱う気持ちを表わす。

【関連語】◆(すら)極端な例を示す用法があるが、現在では書き言葉として用いられることが多い。「彼は自分の名前すら忘れてしまった」「財布には小銭すら残っていない」

999-27 だけ／ばかり／しか

【関連語】◆(のみ)◆(きり)◆(ほか)◆(以外)◆(まで)

共通する意味★限定を表わす。

使い方▼〔だけ〕▽千円だけ貸してあげる▽好きなだけ食べた▽勉強すればしただけ成績は上がる　〔ばかり〕▽彼は勉強ばかりしている▽彼は子供とばかり遊んでいる▽心ばかりの贈り物　〔しか〕▽小学生しか入場できない▽私には読書ぐらいしか趣味がない

	野菜□食べた	家族□は信じたい	遊んで□いる	行く□ない
だけ	○	○	－	－
ばかり	○	－	○	－
しか	－	－	－	○

使い分け【1】物事をある事柄や範囲に限定する場合には、副助詞「だけ」「ばかり」「しか」などを用いる。【2】「だけ」は、物の高さ・長さを表わす名詞「丈」からきていて、そこから事柄の範囲や数量などの許容限度を意味するようになった。また、「～ば(たら)…だけ」の形で、一方の程度の変化に応じて他方の程度も変化する意を表わす用法もある。【3】「ばかり」は、物事を推量する意の動詞「はかる」の名詞形「はかり」から。物事をある事柄に限定する意を表わす。【4】「だけ」と「ばかり」は、格助詞と並んで用いられることがあるが、「が」と「を」を除いてはその前にも後にも置くことができる(「君だけに(にだけ)話しておく」)。両者の表現には意味の違いがないことが多いが、格助詞によっては違いが生じる場合がある。たとえば、「その国は英語だけで旅行できる」と「その国は英語でだけ旅行できる」では、前者は、英語以外の言葉を用いる必要がないという意味になる。後者は、英語以外の言葉が通じないという意味になる。【5】「しか」は、文末に「ない」などの否定表現を常に伴い、その事柄に限定して他の事柄を否定する。また、格助詞や他の副助詞と並んで用いられるときは、それらの後に置く(「君にしかできない」)。

【関連語】◆(のみ)「だけ」の改まった言い方。文章語。「人はパンのみにて生くるにあらず」「とりあえず用件のみにて失礼いたします」◆(きり)くだけた会話で用いられ、「っきり」の形で使われることも多い。「だけ」に置き換えられる場合と、「しか」に置き換えられる場合とがある。「一人きりで暮らしている」「お金になる物はもうこれっきり残っていない」◆(ほか)「しか」と同様、後に否定表現を伴い、ある一つの事柄に限定してそれ以外に選択肢がない意を表わす。「あきらめるほか仕方がない」「君が行くほかない」◆(以外)「しか」や「ほか」のような副助詞的な働きをする。「彼は自然食以外口にしない」「君が行く以外ない」◆(まで)ある範囲内に限定する意を表わす。「千円までなら貸してあげよう」「会場は午後九時まで借りてある」

参照▼ばかり⇒999-25　まで⇒999-04 999-09

999-28 と／に／や／とか／だの／やら／か／なり

【関連語】◆(の)

共通する意味★並立・列挙を表わす。

使い方▼〔と〕▽文庫本と雑誌を買った▽君と僕と彼女と三人で山へ登ってみよう　〔に〕▽私が嫌いなのは、ピーマンにセロリにニンジンです▽朝は、ご飯に味噌汁と決めている　〔や〕▽サッカーやラグビーのようなスポーツが好きだ▽新聞やテレビなどで事件のことを知った▽肉や魚ばかりでなく野菜も食べなさい　〔とか〕▽京都とか金沢とかに住んでみたい▽天ぷらとか鮨などは好きですか▽休日は、映画を見るとか買い物に行くとかして過ごしています　〔だの〕▽絵本だのおもちゃだの何でも買ってもらった▽疲れただの休みたいだのとうるさい　〔やら〕▽服やら本やらが散らかった部屋▽こんなに多くの人に祝ってもらい、うれしいやら恥ずかしいやら

〔か〕▽あなたか私が行くべきだ▽買うのか買わないのかはっきりしなさい　〔なり〕▽あなたなり私なりが行くべきだ▽殴るなり蹴(け)るなり好きにしろ

	好物は刺身□うなぎです	太郎□花子の二人	五大老は徳川□前田などだ	赤□白□色とりどりの風船	行く□戻る□好きにしろ
と	○	○	－	－	－
に	○	－	－	－	－
や	○	－	○	○	－
とか	○	－	○	○	－
だの	－	－	－	○	－
やら	－	－	－	○	－
か	－	－	－	－	○
なり	－	－	－	－	○

使い分け【1】いずれも、ある事柄に該当する例を複数列挙する場合に用いる助詞である。【2】「と」と「に」は、該当する例をすべて挙げる場合に用いる。ただし、「に」が例をつけ足していくだけであるのに対して、「と」の場合はその結びつきが強く、列挙した例全体で一まとまりの名詞相当となる。たとえば、「君と僕との仲（＝二人の仲）」のような用法は「に」にはない。それに対して、「に」には「梅にうぐいす」「月に雁(かり)」などのように、対比的・対照的に並列する用法がある。なお、「と」は「XとYと」の形が本来であるが、現在では後の「と」を省いて、「XとY」の形で用いられることが多い。「に」は「XにY」の形で用いられる。【3】「や」「とか」「だの」「やら」は、代表的な例を複数挙げるが、該当する例がほかにも存在することを言外に表わす。ただし、「や」と「とか」がはっきりと例を挙げるのに対して、「だの」と「やら」は漠然と例を挙げる場合に用いる。また、「や」と「とか」では、「体言＋体言」の用法においてはほとんど意味の違いはないが、「とか」が「用言＋用言」という並立があるのに対して、「や」には普通この並立はない。「だの」と「やら」では、「やら」の方が例の示し方がよりおおまかであり、仮に例を挙げている感が強い。【4】「や」には、「XやY」「XやYなど」の形がある。「とか」は、「XとかYとか」の形のほかに「XとかY」「XとかYなど」の形もある。「だの」と「やら」は、それぞれ「XだのYだの」「XやらYやら」の形で用いるのが普通である。【5】「か」と「なり」は、複数の例を挙げて、その中から一つを選択する場合に用いる。ただし、「なり」を用いる場合には、列挙した例以外にも選択の余地がある。

【関連語】◆（の）「なんのかんのと…」などの慣用的表現を除き、多くは「…用言＋の＋用言＋の…」の形をとり、ある事柄を列挙する。また、後の用言を前の用言の否定形にして、その用言の意味を強調する用法もある。「腹がへったの疲れたのと、わがままを言う」「痛いの痛くないのって、目から火が出そうだった」

参照▼と⇒999-04　999-40　に⇒999-01　999-02　999-04　999-05　999-06　999-09　999-12　999-14　999-15　999-16　999-51　か⇒999-54　の⇒999-01　999-18　999-54

9 99-29 という／といった／といって／として／にしても

【関連語】◆（ことに（は））◆（ことは）◆（のこと（で））◆（のあまり（に））◆（のかぎり）

共通する意味★強調を表わす。

使い方▼〔という〕▽これという事態の進展もないまま、話し合いは中断された▽今日という今日は絶対に許しません　〔といった〕▽病状にはこれといった変化はありません▽これといった長所もない男だが、悪い人間ではない　〔といって〕▽そのほかにはこれといって準備するものはない▽なぜといって特に理由はないのだが、どうしても気が進まない　〔として〕▽だれ一人としてこの胸の内をわかってくれない▽息子が行方不明になってこのかた、一時(いっとき)として心安まる日はない　〔にしても〕▽部屋の飾りつけ一つにしても、その家の主人の心配りが感じられた▽御飯のおかず一つにしても好みが合ったためしがない

	一年中これ□仕事もない	どこ□特に行きたい所はない	庭の花□花が一斉に開いた	何一つ□高価な物はない	言葉づかい一つ□性格が現れる
という	○	－	○	－	－
といった	○	△	－	－	－
といって	○	○	－	○	－
として	－	－	－	○	－
にしても	－	△	－	－	○

使い分け【1】「という」「といった」「といって」は、「これという」「これといった」「これといって」の形で下に否定の語を伴い、特に取り立てて問題とすべきことのない様子を表わす。【2】「といって」には、疑問詞「どこ」「どれ」「なぜ」などを受けて下に否定の語を伴い、場所・事物・理由などが特定できないことを示す用法がある。「どこといって行きたいところもない」【3】「という」には、「XというX」の形で、上下に同じ名詞を用いて意味を強める用法がある。Xと呼ばれるものは全部、すべてのX、Xこそは、の意である。「人間という人間すべてに共通する機能」【4】「として」は、「（だれ）一人」「一つ」「一日」など、最低限を示す語について下に否定の語を伴い、全面否定を強調する。例外なく…ない、…といえども…ない、の意である。「だれ一人としてやって来なかった」「一日として忘れたことがない」【5】「にしても」は、「…一つ」などの語を受けて、ある状況のほんの一部を取り上げて評価を下しなが

ら、それ以外の場合にもそれと同等以上の評価がなされる可能性のあることを言外にほのめかす。「をとっても」「に限っても」と言い換えることができる。

【関連語】◆**(ことに(は))**前置き的、挿入句的に用い、ある感情や感動を強調する。「交通事故に巻きこまれたが、幸いなことに軽傷ですんだ」「困ったことには肝心のスポンサーがまだ見つからないのです」◆**(ことは)**「XことはX」の形で、一応Xであることは確かだが、しかし…、の意を表わす。「果物は好きなことは好きだが、毎日食べたいというほどではない」◆**(のこと(で))**副詞を受けてその意を強調する。「お姉様はもちろんのこと、御両親もさぞやお喜びのことでしょう」◆**(のあまり(に))**たいへん…ので、の意。「退屈のあまりについつい居眠りがでる」◆**(のかぎり)**その範囲内のすべてで、…の限界まで、ありったけの…で、の意。「力のかぎり引っ張る」「命のかぎり精一杯働く」

参照▼という⇒999-23 といった⇒999-23 として⇒999-19 にしても⇒999-34 999-45 999-48 ことには⇒999-42

999-30 とばかり(に)／んばかり(に)

共通する意味★強調を表わす。

使い方▼〔**とばかり(に)**〕▽相手がゆるい球を返してきたので、チャンス**とばかり**、思いきりスマッシュを打ちこんだ▽かかって来い**とばかりに**身構えた▽エイッ**とばかりに**打ちこんだ 〔**んばかり(に)**〕▽喜びのあまり今にも跳び上がら**んばかり**だった▽店の主人に、帰れと言わ**んばかり**の目つきをされた▽泣き出さ**んばかりに**しおれている▽走り出さ**んばかりに**あわてていた

使い分け【1】「とばかり(に)」は、言葉では言わないがいかにもそうである、そうであるかのように、の意味合いで、ある状況を強調する。【2】「んばかり(に)」の「ん」は打消で、実際にはその動作・作用は起こらないが、今まさに～していると言ってもいいぐらいに…、という意味になり、非常に似た状況を説明するための比喩ひゆ的な役割を果たしている。このことから、まるでそうであるかのように、という「とばかり(に)」に近い意味合いが生じたと考えられるが、動詞の未然形にしかつかないという接続の違いがある。

999-31 に限かぎらず／によらず／を問とわず

共通する意味★限定しないことを表わす。

使い方▼〔**に限らず**〕▽彼女は肉**に限らず**動物性たんぱくはいっさいとらない▽目上の人と話す場合**に限らず**、人との付き合いには敬語は欠かせない 〔**によらず**〕▽妹は何**によらず**臆病おくびょうなところが心配です▽だれ**によらず**人の不始末の尻ぬぐいなどしたくはない 〔**を問わず**〕▽休日、平日**を問わず**、一年中人出が絶えない▽経験の有無**を問わず**、人材を広く世に求める

	休日□暇な時ならいつでもいい	何事□挑戦しようという意欲がある	昼夜□働く
に限らず	○	△	-
によらず	-	○	-
を問わず	-	△	○

使い分け【1】「に限らず」は、限定しないことを表わす最も一般的な形である。Yの一部分であるXだけに限定せず、Y全体に視野を広げる、という意味を「Xに限らずY」の形で表わす。これは、「XだけでなくY」と言い換えることもできる。また、「Xに限らずY」は、Xだけに限定せず、X以外のY(この場合YはXを含まない)にも視野を広げる、という添加の意味を表わすこともあり、この場合は「XばかりかY」「XだけでなくY」と言い換えが可能である。「東京に限らず地方都市でも地価高騰が大きな問題となっている」【2】「によらず」は、「何」「だれ」などの不定称の代名詞を受けて、どの…に対しても区別をつけないで一様に、どんな…でもみな、という意味を表わす。【3】「を問わず」は、…に関係なく一様に、…を問題にせず、の意を表わす。受ける名詞は、「男女」「内外」「前後」「公私」など反対語の組み合わせで、互いに補い合って全体を示し、その他のものが入り込む余地のないものが多い。

999-32 とは／というのは

共通する意味★定義・主題化を表わす。

使い方▼〔**とは**〕▽円周率**とは**、円周の直径に対する比のことである▽手紙を勝手に読んでしまう**とは**あんまりだ▽人生**とは**何ぞや 〔**というのは**〕▽五十日ごとおび**というのは**どういう意味ですか▽祖母が大切にしていた花瓶**というのは**これに違いない

	年休□年次休暇の略だ	❶書籍代□学者にとって必要経費だ	妹さんが結婚する□本当ですか	❷彼にそんな力があった□
とは	○	-	△	○
というのは	○	○	○	-

使い分け【1】「とは」「というのは」は、定義・命題などを表わすきまり文句で、文末は「…(の)ことだ」「…という意味だ」などになりやすい。「とは」より「というのは」の方が、硬さがなく親しみやすい表現である。【2】「とは」には、表例❷の「彼にそんな

力があったとは」のように、主題をうけて、驚き、感嘆などを表わす用法がある。【3】主題化を示す「というのは」には、「というものは」に近い用法がある（表例❶）。「～というのは…（という）ものだ」の形で使われることも多い。

参照▼とは⇒999-55

999-33

といえば／というと／といったら／となると

【関連語】◆（に至ると）にいたると◆（となれば）◆（となっては）◆（に至っては）にいたっては◆（とくると）◆（ときたら）

共通する意味★ある事柄を話題とし、主題とすることを表わす。

使い方▼〔**といえば**〕▽台風**といえば**、伊勢湾台風の恐ろしさを今でも思い出す▽この店は味はいいが、料金が高いことが不満**といえば**不満だ　〔**というと**〕▽①登山**というと**大げさだが、月に何回か山歩きをする▽②「高橋さんからお電話がありましたよ」「高橋さん**というと**、例の旅行会社の人ですか」　〔**といったら**〕▽毎日仕事に追われ、自由な時間**といったら**ただの一分もなかった▽ここから見る夜景**といったら**それはもうすばらしいの一言に尽きる　〔**となると**〕▽女性の学者や医師は珍しくなくなったが、女性の学長や病院長**となると**、まだ少数のようである▽休日**ともなると**、一日中カンバスに向かったままだ

使い分け【1】「といえば」「というと」「といったら」は、…を話題にすれば、…に言及すれば、の意で、その場のだれかがすでに話題にしていたり、自分が心の中で思い浮かべていたりした事柄を積極的に自分から引き取って題目として提示し、それをきっかけに関連事項を述べていく表現である。【2】「といえば」には、「春といえば春だが風はまだ冷たい」のように、「XといえばX」の形で同じ言葉を繰り返す用法がある。これはXと言おうとすれば言うこともできる（言えないこともない）の意で、しかしXと言うほどでもないという否定の意が裏に隠されている。【3】「というと」には、相手の言った言葉を確かめるために、同じ言葉を反復するという用法もある（「というと」の例文②）。この場合、同じ内容であれば同語の反復でなくてもかまわない。【4】「といったら」には、感嘆や驚きなどの話し手の感情が強く表われることが多い。【5】「となると」は、他の三語とはかなり性格が異なる。動詞「なる」が、変化の結果ある状態に達するという意味であることから、程度の軽い事柄のいくつかを経た上で、題目の事柄に到達した、という段階性を含んだ表現となっている。

【関連語】◆（**となれば・となっては**）「となると」と同じ意味。「有名人が逮捕されたとなればマスコミも黙ってはいないだろう」「今となっては、名前も顔もはっきり思い出せない」◆（**に至ると・に至っては**）「となると」などと似ているが、段階性・終着性の意識がより強い。「私の母は家事が苦手だったが、料理に至ってはほとんどできないと言ってもいいくらいだった」◆（**とくると・ときたら**）話題の展開がある点に及ぶのを見はからってこちらがその話題を引き取るといった姿勢が感じられ、「といえば」などより消極的・受身的である。「ときたら」には、不満・非難・自嘲(じちょう)などの気持ちがこめられることが多い。「春とくると桜の花というのが日本人に定着したイメージだろう」「私たちときたら、家に着くまで財布をすられたことに全く気づかなかったのです」

参照▼といったら⇒999-55

999-34

としては／にしては

【関連語】◆（にしてみれば）◆（としても）◆（にしても）◆（にしたって）◆（にしろ）◆（といっても）◆（といえども）

共通する意味★その立場においては、の意で主題とすることを表わす。

使い方▼〔**としては**〕▽①彼女**としては**あたりまえのこととして傘を貸しただけで、特別の好意を持っていたわけではない▽②兄は長身だが、バスケットボール選手**としては**小柄なほうらしい　〔**にしては**〕▽一流デパート**にしては**品数が少ない▽このあたりは都心**にしては**静かだ

	❶一介の平社員［ ］破格の抜擢(ばってき)だ	❷私［ ］そこに行くつもりはない	彼はビリの成績で入社した［ ］昇進が早い
としては	○	○	-
にしては	○	-	○

使い分け【1】「にしては」と、例文②および表例❶の「としては」は、ある資格や立場を題目として取り立て、現実の姿がそれにふさわしくないことをほのめかす用法だが、意味合いに多少の違いがある。「XとしてはY」は、Xという資格・立場から求められる姿とYという現実の姿とのずれを客観的に描写しているだけだが、「XにしてはY」は、Xという資格・立場に対して当然期待される姿から、現実の姿Yが大幅にかけ離れていることに評価を下そうという意識が強い。そのため、話し手の感情が色濃く反映され、文脈によって、賞賛・疑問・皮肉・非難などが含まれる。表例❶の「にしては」の場合は、すごい、うらやましい、変だなどの感情を伴っている。【2】「としては」は、例文①や表例❷のように、だれそれの身になって考えると、だれそれの立場で言うと、の意味で、立場や視点を表わし、主に人物を題目として取り立てる用法もある。係助詞「は」で置き換えることもできるが、その場合は、他の人たちはどう思っているか、という対比の意識は消える。「にしては」にこの用法はない。【3】「にしては」は、「（の）わりには」と置き換えられる。

【関連語】◆（**にしてみれば**）人物を題目として取り立てる意の「としては」の用法と同じ。「子供たちに

してみれば親のみじめな姿を見るのは何よりもつらいことだろう」◆(**としても・にしても・にしたって・にしろ**)人物を題目として取り立てる意の「として は」に近いが、係助詞「も」で置き換えられる。「あなたのご両親にしても、あなたが自宅から通学するならご安心でしょう」「部長にしろ、しょせんは宮仕えの身、自分の首があぶなくなるようなことはしないさ」◆(**といっても**)「毎年夏には別荘に行く。別荘といっても掘っ建て小屋に過ぎないが」のように、「…X。XといってもY」の形で、さっきXと言ったが実際はそれほどの程度ではなくせいぜいYぐらいだ、Xと言ったがXの中にもY程度のものがある、などの意味を表わす。◆(**といえども**)たとえ…であったとしても、の意で、取りたてていう表現で、「いかなる」「どんな」などの語を伴い、それほどの～でも…できない、と強調することが多い。「いかなる権力者といえども、人々の生存の権利を奪うことはできない」

参照▼にしては⇒999-52　としても⇒999-45　999-48　にしても⇒999-29　999-45　999-48　にしたって⇒999-45　999-48　にしろ⇒999-45　999-48

999-35　～といい…といい／～といわず…といわず／～にしろ…にしろ／～につけ…につけ

【関連語】◆(～にしても…にしても)　◆(～にせよ…にせよ)

共通する意味★複数の事柄の例示を表わす。

使い方▼〔～といい…といい〕▽①色白の肌といい、茶色がかった瞳といい、母親そっくりだ▽②給料が安いことといい、転勤があることといい、私の希望にはちょっと合いません　〔**～といわず…といわず**〕▽たんすといわず押し入れといわず、部屋中いたる所が荒らされていた▽原子爆弾は、人といわず建物といわず、すべてのものを一瞬のうちに灰にしてしまう　〔**～にしろ…にしろ**〕▽①若者にしろ老人にしろ平和な社会を求める気持ちは同じだ▽②出かけるにしろ出かけないにしろ、顔ぐらいはちゃんと洗いなさい　〔**～につけ…につけ**〕▽良きにつけ悪しきにつけ言葉は移り変わっている▽被災地の惨状を見るにつけ聞くにつけ、地震の恐ろしさを痛感せずにはいられない

	～といい…といい	～といわず…といわず	～にしろ…にしろ	～につけ…につけ
❶手□足□引っかき傷だらけだ	○	○	△	-
❷手紙を書く□論文を書く□ワープロだ	-	-	○	-
❸採用□不採用□結果は文書で通知する	-	-	○	-
雨□風□息子のことばかり心配する	-	-	-	○

使い分け【1】「XといいYといい」「XといわずYといわず」は、XもYも、XだってYだって、の意味で、複数の事柄を並列させて例示するもので、それ以外の事柄の存在を暗にほのめかす意味合いがある。「といい」の方はXYを取り出す意識が強いのに対して、「といわず」は、XYだけを取り出すことができないほど、全体がある一定の状態にあることを意味している。表例❶では、「といい」は、手足のいたる所に引っかき傷があることを、「といわず」は、手足に限らず全身いたる所に引っかき傷があることを意味している。【2】「といい」は、長い語句や「…すること」でしめくくった表現の場合にも使うことができるが(例文②)、「といわず」はそのような場合には使いにくい。【3】「XにしろYにしろ」は、XもYも、Xの場合もYの場合も、の意味で、XYを含めた同類のすべてのものにもあてはまることを暗示する表現である。「といい」「といわず」が名詞しか受けないのに対し、「にしろ」は用言も自由に受けられる(表例❷)。また、例文②、表例❸のように、例示すべき事柄が「X」か「Xでない」かの二つしかなく、現実は二者択一的に起こるといった場合にも使われる。さらにこの用法の発展として、「X」と「Xでない」状況とを一括して扱う言葉(「いずれ」「どちら」など)を受けることも可能である。表例❸の例をもとにすると、「採用・不採用いずれにしろ、結果は文書で通知する」という言い方ができる。この場合は「にしろ」は一つでよい。【4】「XにつけYにつけ」は、Xの場合もYの場合も、Xに関してもYに関しても、の意味で、対になるような語句を並列させて例示する。「採用・不採用」程度の一般的な語句は受けず、例文や「嬉しいにつけ、悲しいにつけ…」など慣用的な表現が多い。

【関連語】◆(～にしても…にしても)「～にしろ…にしろ」と同じ。「あなたにしても私にしてもまず新しい環境になじむことから始めなければなりません」◆(**～にせよ…にせよ**)「～にしろ…にしろ」と同じだが、多少文語的な言い方。「賛成したにせよ、反対したにせよ、天下の大勢に影響はなかっただろう」

999-36　から／ので

共通する意味★原因・理由・根拠を表わす。

使い方▼〔から〕▽①もう遅いから早く帰りなさい▽②家が近いから一緒に帰りましょう▽③明日は晴れるだろうから洗濯をした▽④遅刻したのは、電車が遅れたからです▽⑤子供だからといって、甘えてはいけない　〔**ので**〕▽①事故が多いので運転を休止した▽②下記に転居いたしましたので一度お越しください

	寒い□服を着た	相手は強そうだ□注意しろ	未熟者です□ご指導ください
から	○	○	-
ので	○	-	○

使い分け【1】接続助詞「から」と「ので」は、それぞれ「X(だ)からY(だ)」および「X(な)のでY(だ)」の文型で、後件Yの内容に対して前件Xがその原因・理由・根拠となることを表わす。【2】「から」は、前件と後件とが主観的な立場で結びつけられるときに用いられやすい。したがって、後件が命令(例文①)・禁止・勧誘(例文②)などの表現のように、話し手の判断や気持ちを表わす場合には、「から」が用いられることが多い。また、前件が推量表現である場合に接続する用法(例文③)は、「ので」にはない。「から」にはほかに、結果にあたる事柄を先に述べて原因を後で述べる用法(例文④)や、「～からといって…(否定)」の形で、前件から帰結されるべき結論とは逆の内容を後件におく用法(例文⑤)などがある。【3】「ので」は、前件と後件との間に客観的な因果関係が認められる場合に用いられやすい(例文①)。したがって、「ので」の後件には断定や事実の叙述などの表現がくることが多い。【4】話し手の気持ちを表わす表現でも、「ので」の例文②のように、丁寧な表現や書き言葉では一般に「ので」が用いられる。これは、自分の気持ちを前面に出すのを避けるためである。このような場合に「から」を用いると、ぶっきらぼうな表現や押しつけがましい表現となりやすい。

参照▼から⇒999-01 999-05 999-08 999-11 999-12 999-14

9 99-37 からには／以上(いじょう)(は)／かぎり(は)

【関連語】◆(からは)◆(うえは)

共通する意味★前件が成立することにより、当然後件の事態が成り立つという、強い因果関係を表わす。

使い方▼〔からには〕▽いったん引き受けたからには最後まで責任を持ってやり抜かなくてはならない▽彼女を犯人と決めつけるからには何か確実な証拠でもあるに違いない 〔以上(は)〕▽二十歳を過ぎた以上親に頼ってばかりはいられない▽失敗する確率が高い以上は、計画を変更せざるをえない 〔かぎり(は)〕▽高齢者を雇うかぎり、きちんとした安全対策は欠かせない▽上司の許しを得ないかぎりは機械を動かすわけにはいかない

	ここまで来た□山頂まで登ろう	そこまで言われた□黙って引き下がれない	❶そうまで嫌がる□何かわけがあるだろう	❷そうまで嫌がる□どうしようもない	雨が降り続く□川の水位は上がり続ける
からには	○	○	○	△	-
以上(は)	○	○	△	○	△
かぎり(は)	-	-	-	△	○

使い分け【1】「からには」「以上(は)」は、「XからにはY」「X以上(は)Y」の形で、Xを理由として取りたてる表現である。Xの成立が決定的なので、その上でとるべき態度や心構え(Y)を述べるもので、文末には「なければならない」「つもりだ」「はずだ」「てはいけない」など話し手の意志を強調する表現がおかれやすい。また、Xが成立する背景にはその原因となるYがある、と想像する場合(表例❶)もあるが、「からには」にくらべて「以上(は)」は使いにくいようである。【2】「からには」と「以上(は)」では、一般に「以上(は)」の方が用法が広く、因果関係とまでいえないような、単なる順接確定条件(表例❷)にも使うことができる。【3】「かぎり(は)」は、「…するあいだは、…するうちは」の意味で、範囲を限定するのが本来の用法である。

【関連語】◆(からは)「からには」より文語的。民謡や流行歌に多く使われている。「男がこうと決めたからは、やらねばならぬ死んだとて」◆(うえは)「以上(は)」と同じ意味。「こうして日本に来たうえは、一日も早く日本の習慣に慣れるつもりだ」

参照▼かぎり(は)⇒999-42

9 99-38 だけに／だけあって／ばかりに

【関連語】◆(だけのことはある)

共通する意味★原因、理由として当然だという、因果関係を表わす。

使い方▼〔だけに〕▽①彼女は気持ちが優しいだけに、困っている人を見ると放っておけないのです▽②ふだん健康なだけに、入院が必要と言われたときはショックだった 〔だけあって〕▽生き字引というだけあって何でも知っている▽さすが本場だけあって、味は格別でした 〔ばかりに〕▽経験がないばかりに苦労した▽顔が似ていたばかりに犯人と間違われた

	❶さすが自慢する□なかなか美しい	❷旧家□しきたりが厳しい	❸期待されていた□失敗が悔やまれる	❹期待されていた□目ざましい活躍を見せた	こちらから言い出した□損をした
だけに	○	○	○	-	-
だけあって	○	○	-	○	-
ばかりに	-	-	-	-	○

使い分け【1】「だけに」は、「XだけにY」の形で、「XだからなおさらY」の意味を、「だけあって」は、「XだけあってY」の形で、「XだからやはりY」の意味を表わす。両語とも、Xにふさわしく Y、Xなら当然Yだと思っていたがやはりそのとおりだった、という意味(表例❶)が基本になっている。【2】「だけあっ

て」の場合、何かプラスに評価できる内容をXに、そのXから見て予想どおりの内容をYにおくのが普通だが(表例❹)、「だけに」の用法はそれだけではなく、むしろ、Xから見て予想を裏切るようなYをおき、Xがあることによって一層Yが強調されるといった関係を取ることが多い(「だけに」の例文②、表例❸)。【3】「だけに」「だけあって」の両方が使える表例❷の場合には、「だけあって」は「昔からの旧家」「しきたりが厳しい」をプラスに評価しているように感じられるが、「だけに」のほうはむしろ「しきたりが厳しい」ことをマイナスに評価しているように感じられる。【4】「ばかりに」は、「XばかりにY」の形で、ただXということだけが原因となってY、の意味を表わす。Yには好ましくない結果が入り、それについて話し手が後悔したり残念に思ったりしている気持ちを伴っている。

【関連語】◆**(だけのことはある)**それだけの値うちはあり、むだではない、の意。「本を読めば読んだだけのことはあるものです」◆「だけのことはあって」の形にすると、「だけあって」と同じ意味になる。「毎朝早起きして練習に励んだだけのことはあって、県大会で見事に優勝した」

999-39 おかげで／せいで／ため(に)／せいか

共通する意味★恩恵、影響を受けて、という意で、因果関係を表わす。

使い方▼**〔おかげで〕**▽①夫が家事を手伝ってくれる**おかげで**私も仕事を続けられるのです▽②赤ん坊が夜中に泣き出した**おかげで**あまり眠れなかった　**〔せいで〕**▽同僚が急に休んだ**せいで**残業しなければならなくなった▽薬の**せいで**意識がもうろうとしている　**〔ため(に)〕**▽ここは駅に近い**ために**家賃が少し高い▽自転車通学が許可された**ため**、通学が楽になった　**〔せいか〕**▽①この丁字路は見とおしが悪い**せいか**、交通事故が多い▽②素顔のままでいる**せいか**年より若く見えた

	❶温暖な□過ごしやすい	❷あなたの□ひどい目にあった	先生の□合格できた	台風の□通行止めとなっている	❸気の□少し太ったようだ
おかげで	○	○	○	-	-
せいで	○	○	-	○	-
ため(に)	○	△	-	○	-
せいか	○	-	-	-	○

使い分け【1】「おかげで」は、他から恩恵を受けた結果、望ましい事態が成立したことを表わし、話し手の感謝の気持ちを伴う。反対に、望ましくない事態が成立したことを表わすのは「せいで」で、その責任を自分以外の他者(人やものごと)に押しつける意味合いがある。【2】望ましくない事態の成立に「おかげで」の例文②表例❷のように、望ましくない事態の成立に「おかげで」が使われることもある。これは、本来なら「せいで」を使うところにわざと反対の意味の「おかげで」を使ったもので、「せいで」を使うより皮肉・非難の意味合いが強まり、話し手のマイナス感情を強調することになる。【3】「ため(に)」は、マイナス感情もプラス感情も伴わないため、望ましい事態か望ましくない事態かにかかわらず広く中立的に用いられる表現である。「おかげで」「せいで」にくらべて、人物に直接には続きにくく、表例❷の場合、「あなたのいたずらのために」のように具体的な事柄を出したほうが続きやすい。また、「ため(に)」には、「結婚のために貯金する」のように、目的を表わす用法もある。【4】「せいか」は「せいで」よりも責任の所在が曖昧(あいまい)になった表現で、原因・理由が何なのか断定はできないが、多分そのことであろう、といった意味である。望ましくない事態の成立(表例❶)にも、単に原因・理由がはっきりしない場合(例文②)にも広く用いられる。表例❸は「気のせいか」全体で慣用的な言い回しとなり、自分だけの感じ方かもしれないが、と断った上で断定を避ける表現である。

参照▼ため(に)⇒999-51

999-40 ば／と／たら／なら

共通する意味★順接を表わす。

使い方▼**〔ば〕**▽①もっと勉強すれ**ば**成績も上がるのに▽②お盆を過ぎれ**ば**涼しくなる▽③これだけ点を取れ**ば**、今日こそ勝てるだろう▽④天気予報によれ**ば**、明日は晴れです▽⑤金もなけれ**ば**力もない　**〔と〕**▽①ここで彼がヒットを打つ**と**同点だ▽②一〇を三で割る**と**一が余る▽③こんなに雪が積もる**と**家から出られない▽④新聞による**と**地価がまた上がったそうだ▽⑤トンネルを抜ける**と**そこは雪国だった　**〔たら〕**▽①試験に受かっ**たら**ステレオを買ってあげよう▽②こんなに渋滞してい**たら**、約束の時間に間に合わない▽③家へ帰っ**たら**だれもいなかった　**〔なら〕**▽外国へ行く**なら**、その前にその国の言葉を学びなさい▽食べたくない**なら**残しなさい▽それが事実(である)**なら**、恐ろしいことだ

	春になる(なれ・なっ)□桜が咲く	できる(できれ・でき)□行きたい	走る(走れ・走っ)□疲れた	帰る(帰れ・帰っ)□窓を閉めなさい
ば	(なれ)○	(できれ)○	-	-
と	○	-	-	-
たら	(なっ)○	(でき)○	(走っ)○	(帰っ)○
なら	-	○	-	○

使い分け【1】いずれも順接を表わす接続助詞である。順接とは、前件を条件として、その条件から当

然の結果として後件が成立することを表わす接続法をいう。条件は、そのあり方によって、仮定条件（前件が仮に成立した場合、その前件を条件として後件が成立することを表わす）、恒常条件（前件を条件として常に後件が成立することを表わす）、確定条件（すでに成立している前件を条件として後件が成立することを表わす）に分けられる。接続法には、順接確定条件には「から」と「ので」も含まれる。上のような条件接続とは別に、前件と後件が特別な因果関係になく、前件が単に後件への導入を表わしているに過ぎないものもある。これをここでは単純接続と呼ぶことにする。【2】「ば」は、仮定条件（例文①）、恒常条件（例文②）、確定条件（例文③）、単純接続（例文④）のほかに、並列（例文⑤）も表わす。並列の「ば」は、「し」と置き換えが可能である（「金もないし力もない」）。「ば」を用いるのは、前件と後件の結びつきがより必然的な関係にある場合（たとえば論理的関係や一般的事実など）を表わす場合が多い。【3】「と」は、仮定条件（例文①）、恒常条件（例文②）、確定条件（例文③）、単純接続（例文④）のほかに、前件が後件の直前の動作・状態を表わす用法（例文⑤）がある。「と」は、後件が命令・許可・希望・意志などの表現である場合には用いることができない。なお、「たとえ雨が降ろうと登山を決行する」のような逆接仮定条件を表わす「と」が別にある。【4】「たら」は、「…たらば」の縮まった形で、今までの文法では過去の助動詞「た」の仮定形とされていたが、用法などから現代では接続助詞化しているものとみる。「たら」には、仮定条件（例文①）、確定条件（例文②）、そして前件が後件の直前の動作・状態を表わす用法（例文③。ただしこれは事実の仮定的表現とみることもできる）がある。「ば」や「と」と違い、前件と後件のいずれもが過去の事柄であっても用いることができる。これは、「たら」が過去の助動詞「た」を本来含んでいることと関係する。「たら」は、前件と後件の結びつきが偶発的関係にあり、その場その場の個別的な出来事を表わすことが多い点が「ば」と異なっている。【5】「なら」についても、一般の文法では接続助詞ではなく、断定の助動詞「だ」の仮定形としているが、ここでは「たら」と同様接続助詞として扱う。「なら」には、仮定条件の用法しかない。しかも、条件そのものが断定的な判断を問題とするものであるため、後件は話し手の判断や推量、意志などを述べる表現に限られる。また、他の語では前件を仮定条件としてその結果を後件が表わしているのに対して、「なら」では後件が前件の結果ではなく、時間的に前件よりも先立つ行為を表わすことがある。【6】「なら」は、書き言葉では「ならば」の形で用いられることが多い。一方、「たら」は、書き言葉でも話し言葉でも「たら」が普通で、「たらば」の形はほとんど用いられない。

参照▼と⇒999-04　999-28

999-41　（よ）うものなら／ものなら

【関連語】◆（よ）うことなら

共通する意味★順接の仮定条件を強調的に表わす。

使い方▼〔（よ）うものなら〕▽①父は厳しい人で、口答えしようもんなら、平手で打たれたものだ▽②あと一時間到着が遅れようものなら、千載一遇のチャンスをのがすところだった　〔ものなら〕▽①過去の時間をとりもどせるものなら、全財産を差し出しても惜しくない▽②やれるものならやってみてほしいね

使い分け【1】「（よ）うものなら」は、「Xしようものなら Y」の形で、もしXなどということを実際にしたなら大変なことになる、という意味を表わすため、Yには必ず望ましくない事柄がおかれる。また、事実とは反対の仮定をして、実際はそうでなくてよかった、という気持ちを言外に示す用法もある（例文②）。【2】「ものなら」は、主に可能を意味する動詞を受ける。実現困難な事柄をあげて、その実現を希望したり期待したりする表現だが、実際には実現しないだろう、という話し手の予測が隠されていることが多い。例文②は、相手に何かをすることを勧める場面ともとれるが、文脈やイントネーションによっては、相手がやれないことを見越してこちらから強く出る、といった喧嘩けんか腰のせりふと見ることもできる。【3】「（よ）うものなら」「ものなら」は、くだけた言い方では「（よ）うもんなら」「もんなら」とも。

【関連語】◆（（よ）うことなら）願望を表わす慣用表現。「なろうことなら、一生おそばにお仕えしたい気持ちです」

999-42　とすると／とすれば／としたら／ては／かぎり（は）／ことには

共通する意味★順接の仮定条件を表わす。

使い方▼〔とすると〕▽このまま後継者が決まらないとすると、社内は大混乱になるでしょう　〔とすれば〕▽もし彼が負けるとすれば、よほど体調の悪いときだろう　〔としたら〕▽百人集まるとしたら会費は三千円でいいだろう　〔ては〕▽知られては都合の悪いことが山ほどある　〔かぎり（は）〕▽よほどのことがないかぎり、実家には帰らないつもりです　〔ことには〕▽早く出発しないことには日が暮れてしまう▽いまのうちに何か手を打たないことにはたいへんなことになる

使い分け【1】「とすると」「とすれば」「としたら」は、ほぼ同じように使われるが、「とすれば」はやや疑いの気持ちが強く、「としたら」は会話表現になじみやすい。また、これらの表現が事実とは反対の仮定をして、実際はそうでなかったからよかった（悪かった）、という気持ちを言外に表わすこともある。「もし私たちに法律についての知識がなかったとしたら、うまくだまされるところでした」【2】「ては」

が「XてはY」の形で順接仮定条件を表わす場合には、Yに望ましくない事態がおかれるのが普通である。【3】「かぎり（は）」は、…するうちは、…するあいだは、の意味である。【4】「ことには」は、否定の助動詞「ない」を受けて、「…しないことには」の形で、もし…しなければの意味を表わす。「ことには」には、…しなければ（一層）悪い事態が生じるだろう、という気持ちがあるので、「XことにはY」のYには望ましくない事態がおかれる。つまり、「今遊ばないことには後で遊べなくなる」はいえても、「今遊ばないことには計画どおり勉強できる」とはいえない。

参照▼ては⇒999-43　かぎり（は）⇒999-37　ことには⇒999-29

999-43 てみると／てみれば／てみたら／ては

共通する意味★順接の偶然的な確定条件を表わす。

使い方▼〔てみると〕▽夜が明け**てみると**、ゆうべの嵐が嘘（うそ）のように晴れ上がっていた　〔てみれば〕▽今となっ**てみれば**ただの笑い話にすぎない　〔てみたら〕▽いつの間にかうとうとして、気がつい**てみたら**二駅も乗り越していた　〔ては〕▽あんなに強くしかっ**ては**、お子さんがかわいそうですよ▽こんなに錆（さ）び**ては**、もう使えない

使い分け【1】「てみると」「てみれば」「てみたら」の三語はほぼ同じように使われる。無意志性の動詞や自然現象を表わす動詞を受けて、その状況が成立した時に、の意味を表わす表現である。【2】「ては」が「XてはY」の形で順接確定条件を表わす場合に、順接仮定条件を表わす場合と同様、Yには望ましくない事態がおかれるのが普通である。

参照▼ては⇒999-42

999-44 が／けれども／のに／ても

【関連語】◆（ながら）◆（とも）◆（たって）

共通する意味★逆接を表わす。

使い方▼〔が〕▽①雨が降ってきました**が**、試合は続行します▽②天気はよい**が**、風が冷たい▽③ここだけの話だ**が**、彼は秋に結婚するそうだよ　〔けれども〕▽①今日は朝早く家を出た**けれども**、遅刻してしまった▽②あの選手は打率はよい**けれども**、打点が少ない▽③伊藤と申します**けれども**、先生はご在宅でしょうか　〔のに〕▽もう三月だという**のに**、今日は雪が降った▽父は大晦日（おおみそか）には帰ると言った**のに**、年が明けても帰って来なかった　〔ても〕▽①四月になっ**ても**、朝はまだ冷える▽②たとえ彼が来なく**ても**、私は行きます▽③この地方は、冬になっ**ても**暖かい▽④私は、酒は飲ん**でも**タバコは吸わない

	よく読ん（だ）□分からない	失礼です□山田さんですか	もし雨が降る（降っ）□試合は行う
が	○	○	－
けれども	○	○	－
のに	○	－	－
ても	読んでも○	－	（降っ）○

使い分け【1】いずれの語も逆接、すなわち後件が前件の内容から予想される結果とは反対の内容であることを表わす接続助詞である。【2】「が」は、一般にもっぱら逆接を表わす接続助詞のように思われがちであるが、接続助詞の「が」は格助詞の「が」から発達したもので、本来は順接とか逆接には関わりのない接続関係を表わす。したがって、現代語でも逆接の確定条件（例文①）のように、前件と後件が特別な因果関係にあることを表わす用法だけではなく、前件と後件とを対比・対照させていることを表わす用法（対比・対照。例文②）や、後件の断り書きのように前件を提示して後件に接続させる用法（単純接続。例文③）などがある。そのほかにも、「顔もいいが性格もいい」のような順接の並列や、「課長でしたらもう帰りましたが」のような終助詞的な用法もある。【3】「けれども」は、「が」と用法上の違いはなく、ほとんどの場合言い換えが可能である（例文①②③、と用法の対応は「が」に同じ）。話し言葉で「けれども」を用いるほうが丁寧な感じを与えるという程度に過ぎない。一方、文章語としては「けれども」よりも「が」を用いることが多い。なお、「けれども」は「けれど」「けども」「けど」の形でも用いられるが、この順で丁寧さが薄れ、特に後の二つはくだけた話し言葉でしか用いられない。【4】「のに」は、確定条件にのみ用いられ、「が」「けれども」のような対比・対照や単純接続の用法はない。また、同じ確定条件を表わしても、「が」や「けれども」が単に事実関係を表現しているのに対して、「のに」の場合は情意的な性格が強く、その結果を話し手が意外に思ったり、不満に思っているといった意味合いが強く感じられる。【5】「ても」は、確定条件（例文①）だけではなく、「が」「けれども」「のに」にはない仮定条件（例文②）や恒常条件（例文③）を表わす用法がある。ほかに対比（例文④）の用法もあるが、「が」を用いた対比（「酒は飲むがタバコは吸わない」）が事実だけを述べているのにくらべると、「ても」を用いた場合には、話し手の何らかの主観（例文④でいえば、タバコに対する否定的な価値判断）を伴っている点で異なっている。また、「飲んでも」のように、ガ・ナ・バ・マ行の五段活用動詞につくときは「でも」となる。

【関連語】◆（ながら）前件と後件が矛盾する内容であることを表わす。「彼は口ではすぐやると言っておきながら、なかなか腰を上げようとしない」◆（とも）「ても」の文章語。「鶏口となるとも牛後となるなかれ」◆（たって）「ても」の話し言葉。「たとえ雨が降ったって行きます」

参照▼が⇒999-01　999-02　999-18　999-24　のに⇒999-46　999-51　ながら⇒999-47

999-45 ところが／ところで／としても／にしても／にしたって／にしろ／にせよ／(よ)うが／(よ)うと／までも

共通する意味★逆接の仮定条件を表わす。

使い方▼〔**ところが**〕▽どんなに努力した**ところが**、社長になんかなれっこない　〔**ところで**〕▽いくら綿密な計画を立てた**ところで**、途中どんなアクシデントが起こらないとも限らない　〔**としても**〕▽たとえ私が知っていた**としても**、あなたには教えなかったでしょうね　〔**にしても**〕▽苦労はする**にしても**自分が選んだ道を進みたい　〔**にしたって**〕▽部屋を借りる**にしたって**都内ではとても高くて、不可能だ　〔**にしろ**〕▽たとえ助からない**にしろ**、母には最新の医療を受けさせてやりたい　〔**にせよ**〕▽だれが社長に選ばれる**にせよ**、前途は多難だ　〔**(よ)うが**〕▽だれに何と言われ**ようが**、自分の信じた道を進むがいい　〔**(よ)うと**〕▽私が何時に家に帰ろ**うと**、あなたの知ったことじゃないでしょ　〔**までも**〕▽優勝とは言わない**までも**、せめて二回戦進出ぐらいはしてほしいね

使い分け【1】「ところが」「ところで」の後には、マイナスの結果がおかれる。条件として仮定した事柄が、無意味・むだなこと、役に立たないこと、予期に反したことに終わってしまうという話し手の意見を表現する。【2】「としても」「にしても」「にしたって」「にしろ」「にせよ」はほぼ同じように使われるが、「にしたって」は会話表現になじみやすく、「にせよ」は硬い文章に多く見られる。【3】「(よ)うが」「(よ)うと」は疑問詞(「だれ」「何」「いつ」「どこ」「どんなに」など)と一緒に使われることが多い。【4】「までも」は、「XまでもY」のXに否定表現が入る。Xには少し程度の高い事柄を出し、それを否定しながら、Xより程度の軽いYを次に出して、Yぐらいのことなら言えると主張する表現である。

参照▼ところが⇒999-50　ところで⇒999-48　としても⇒999-34　999-48　にしても⇒999-29　999-34　999-48　にしたって⇒999-34　999-48　にしろ⇒999-34　999-48　にせよ⇒999-48

999-46 くせに／のに

【関連語】◆(くせして)

共通する意味★逆接の確定条件を表わす。

使い方▼〔**くせに**〕▽①本当は知っている**くせに**知らないふりをしている▽②あいつはまだ新米の**くせに**、遅刻をしても平気な顔をしている▽③子供の**くせに**生意気なことを言う　〔**のに**〕▽何度も注意している**のに**まだわからないの▽重要な会議な**のに**欠席者が多い▽よせばいい**のに**相場などに手を出すからだ

	❶まだ朝四時の(な)□もう明るい	❷このそば屋はまずい□高い	❸ずっと待っていた□あなたは来なかった	❹私はこんなに元気な□どこが病気なのだろう	❺幼い□家の手伝いをするなんて感心だ
くせに	-	○	-	-	△
のに	(な)○	○	○	○	○

使い分け【1】「くせに」は、「XくせにY」の形で、Xから予想される事柄に反する内容のYが起こることを表わす。「のに」に近いが、自然現象(表例❶)や無生物は主体にしにくいこと、XとYの主体が同一でなければ使えないこと(表例❸)、一人称の行為や状態には使いにくいこと(表例❹)など、「くせに」のほうに語法上の制約が多い。ただし、無生物主語の場合でも、裏に人物が隠れていたり擬人法が用いられたりするときには「くせに」も使うことができる(表例❷)。【2】「くせに」と「のに」では、「くせに」のほうに、とり上げて言いたてているものを非難や反発・軽蔑(けいべつ)する気持ちが強い。そのため、同情したりほめたりする場合(表例❺)に、「くせに」を使うのはやや不自然である。「くせに」の例文②は、新米のときは遅刻をしないでちゃんと来るものだ、という話し手の見方が先にあり、そうではない「あいつ」を非難する気持ちが強い。【3】「XくせにY」「XのにY」の形からYを省略すると、「くせに」「のに」の終助詞的用法となる。Yは倒置の形であらかじめ述べられていたり、文脈から明らかであることが多い。「くせに」の場合、Xまでで言いさすことで、非難・反発・軽蔑の気持ちが強くこめられる。「内心では二度と来てやるものかと思っているくせに」「この部屋はずいぶん家賃が高いわねえ、お風呂もついてないのに」

【関連語】◆**(くせして)**「くせに」より非難や反発の気持ちが強い。一般に話し言葉として用いられる。「自分は葉書き一枚くれなかったくせして、私の筆不精を責めるんだから」「子供のくせして酒を飲むなんてとんでもない奴(やつ)だ」

参照▼のに⇒999-44　999-51

999-47 ながら／つつ

共通する意味★動作の並行を表わす。

使い方▼〔**ながら**〕▽①働き**ながら**学校に通う▽②狭い**ながら**も楽しいわが家　〔**つつ**〕▽①家族に見守られ**つつ**、彼は亡くなった▽②勉強しようとは思い**つつ**、つい遊んでしまう▽③森林は現在破壊され**つつ**ある

	悪いとは知り□…	顔色をうかがい□話す	彼は回復し□ある
ながら	○	○	-
つつ	○	△	○

使い分け【1】「ながら」「つつ」は、二つの動作が並行して行われることを表わす接続助詞である。ただし、「つつ」は文章語的である。【2】「ながら」と「つつ」には、それぞれの例文①のような順接用法のほかに、例文②のような逆接用法もある。【3】「つつ」にはさらに、例文③のように「…つつある」の形で、動作・状態の継続を表わす文章語的な用法がある。

参照▼ながら⇒999-44

999-48 にしても／とはいえ からといって に(も)かかわらず ところで

【関連語】◆(としても)◆(にしたって)◆(にしろ)◆(にせよ)◆(と(は)いっても)◆(とはいうものの)◆(ものの)◆(ものを)

共通する意味★逆接の確定条件を表わす。

使い方▼〔にしても〕▽転勤は仕方ないに**しても**、月に二、三回は帰って来たい▽無理やり結婚させられたに**しても**、一緒に暮らせば情が移ってくるはずだ 〔とはいえ〕▽知らぬこと**とはいえ**、大変失礼をいたしました▽順調に回復している**とはいえ**、いつまた発作が起きるかわからない 〔からといって〕▽暑い**からといって**そんなに冷たい物ばかり飲んではいけない▽日本女性だ**からといって**すべての人がお茶やお花ができるというわけではない 〔に(も)かかわらず〕▽①あれだけ注意した**にもかかわらず**、また同じミスを犯している▽②その店は人手不足**にもかかわらず**、いつも行き届いたサービスをしてくれる 〔ところで〕▽決まってしまったことに文句を言った**ところで**何の意味もない▽そんなに食べ物を買いこんだ**ところで**食べきれるわけがない

	❶いろいろな問題がある(あった)□校則は残すべきだ	いろいろな問題がある(あった)□校則はなくすべきではない	いろいろな問題がある(あった)□校則は残すことにした	いろいろな問題がある(あった)□たいしたことはない
にしても	○	○	○	○
とはいえ	○	○	○	○
からといって	-	○	-	-
に(も)かかわらず	-	-	○	-
ところで	△(あった)	△(あった)	-	○(あった)

使い分け【1】「にしても」は、「XにしてもY」の形で、自分のもとの考えを一歩譲って、Xを事実と認めるが、それでもY、という関係を表わし、「とはいえ」は、「XとはいえY」の形で、Xは確かに本当だが、しかし実際にはY、という関係を表わす。表例❶で見ると、「にしても」の場合は、話し手にはもともと校則を残すことに問題はないという考えがあったが、周囲の意見を受けて一歩譲り、校則を残すことにいろいろな問題はあるかもしれないと一応認めた上で、それでもやはり校則は残すべきだと主張する意識の流れが感じられる。一方、「とはいえ」の場合には、校則を残すことにいろいろな問題があることを、話し手がもともと認めている意味合いがある。【2】「からといって」は、ただそれだけの理由で…することはない、いくらそうであっても…しては困る、という意味を表わし、文末には「とは限らない」「わけではない」「べきではない」など、話し手の否定的な判断や批判を加える表現がきやすい。【3】「に(も)かかわらず」は、「Xに(も)かかわらずY」の形で、Xの状況から当然予想されるZという結果があるのに、実際はそれとは違うYが生じたことを表わしている。あるべき姿で常識的な結果であるZに反して、Yはプラスの意味(例文②)でもマイナスの意味(例文①)でも予想からずれている状況を示す。なお、この用法とは別に、「出席するしないにかかわらず、一律千円の会費をいただきます」のように、「XYにかかわらず」の形で、XでもYでも関係なく、の意を表わす場合もある。これは、「も」を入れない「にかかわらず」だけの用法で、肯定否定の表現、相補関係にある熟語(「大小」「昼夜」「晴雨」など)などを受ける。【4】「ところで」は、「XしたところでY」の形で、すでにXをしたけれど、それは無意味でむだなこと、役に立たないこと、予期に反したこと(Y)に終わるだろう、という話し手の気持ちを表わす。プラスの意味でもマイナスの意味でも用いられる。

【関連語】◆**(としても・にしたって・にしろ・にせよ)**「にしても」と同じような意味を表わす。「台風で電車が止まったとしても、今日は是非とも会社に行かなければならない」「いくら疲れているにしたって、ちょっとシャワーぐらい浴びられるでしょ」「直接の利害関係はないにしろ、あの二人がどこか裏でつながっていることは確かだ」「それなりの苦労はしたにせよ、祖父の人生は恵まれていたと言える」◆**(と(は)いっても・とはいうものの・ものの)**「とはいえ」と同じような意味を表わす。「人間はみな平等だとはいっても、現実には金持ちも貧乏人もいる」「一点リードしているとはいうものの、いつ逆転されるかわからない」「教科書を開きはしたものの、何も頭に入って来ない」◆**(ものを)**「に(も)かかわらず」と同じ意味だが、不満・非難・うらみなどの気持ちが強い。「決してしゃべってはいけないと言われていたものを、とうとうすっかり白状してしまった」

参照▼にしても⇒999-29 999-34 999-45 ところで⇒999-45 としても⇒999-34 999-45 にしたって⇒999-34

999-45　にしろ⇒999-34　999-45　にせよ⇒999-45

999-49 やいなや／そばから／と同時(どうじ)に／とたん(に)／(か)と思(おも)うと

【関連語】◆(が早いか)（がはやいか）◆(か)と思えば（かとおもえば）◆(か)と思う間もなく（かとおもうまもなく）◆(か)とみれば

共通する意味★同時性を表わす。

使い方▼〔やいなや〕▽彼女はデビューするやいなや、たちまちスターになった▽点数が表示されるやいなや場内から大きな喚声が上がった　〔そばから〕▽種をまくそばからカラスがそれをほじくっていく▽聞いたそばから忘れる　〔と同時に〕▽ドアが開くと同時に犬が飛び出してきた▽教室に着くと同時にチャイムが鳴った　〔とたん(に)〕▽あっと思ったとたん、気を失った▽やっと眠りについたとたんに電話のベルがけたたましく鳴った　〔(か)と思うと〕▽立ち上がったかと思うと、大声で話し出した▽空が急にかきくもったかと思うと突然大粒の雨が落ちてきた▽妹は手紙を奪い取ったと思うとその場で破り捨てた

使い分け【1】いずれの語も、…するとすぐに、の意で二つの事柄がほぼ同時に起こることを表わす。二つの事柄の主体は同じでも異なっていてもかまわない。「やいなや」は動詞の連体形(現在形)、「とたん(に)」は完了の助動詞「た」にしか続かないが、他の三語はどちらにもつくことができる。【2】「(か)と思うと」の用法で特徴的なのは、性質がかなり違う、時には正反対の事柄がたて続けに起こることを対比して示す用法である。「今までにこにこしていたかと思うと突然怒り出す」【3】「そばから」は、一人の一回きりの動作を表わすことはできない。一人が何回も同じ動作を繰り返したり、大勢の人が同じ動作を次々にしていくような場合にしか使えない。【4】「と同時に」は、まだ起こっていない動作(命令・意志・推量など)についても使えるが、他の四語は、現実に起こった動作を表現する場合にしか使えない。

【関連語】◆(が早いか)「やいなや」と同じ意味。「玄関にかけこむが早いか、ランドセルを放り投げて遊びに行ってしまう」◆(か)と思えば)「(か)と思うと」と同じ。正反対の事柄が続けて起こることを対比して示す。「ちょっと走ったかと思えば息切れがするといってすわりこむ」◆(か)と思う間もなく)「日が落ちたと思う間もなく気温がどんどん下がった」◆(か)とみれば)「(か)と思うと」「(か)と思えば」と同じ意味。「トンネルを抜けたかとみれば車窓いっぱいに海が広がった」

999-50 うえ(で)／すえ(に)／ところ(が)

【関連語】◆(あげく(に))◆(まま(で))

共通する意味★ある動作・行為に基づいて次の事態が起こることを表わす。

使い方▼〔うえ(で)〕▽もう一度診断をしたうえで、手術の日時を決めることにしよう▽予約の時間を確認のうえご来店ください　〔すえ(に)〕▽何年間も研究を重ねたすえに、やっと成功した▽悪戦苦闘のすえ、その難問を解いた　〔ところ(が)〕▽①友人に会ったところ、急に借金の話を切り出された▽②準備万端整ったところが、突然の雨で中止となった

	❶話し合った□決めた	❷話し合った□決めたい	❸話し合った□物別れに終わった	❹見舞いに行った□とても喜んでくれた
うえ(で)	○	○	-	-
すえ(に)	○	-	○	-
ところ(が)	-	-	○	○

使い分け【1】「うえ(で)」は、「XしたうえでY」する」の形で、Xしてから Yする、Xした結果をふまえてYする、の意味を表わす。また、未来の意志的な行為(予定・決意など)を表わす場合にも使うことができる(表例❷)。【2】「すえ(に)」は、「XしたすえにY」した」の形で、Xしたあと最終的にYした、Xしたあとやっと(のことで)Yした、の意味を表わす。すでに起こった事実の前後関係をとらえるもので、未来のことには使えない。また、XYが無理なく続いて起こったのではなく、紆余曲折(うよきょくせつ)を経ながら心ならずもXしたあと、結果的にYするにいった、の意味合いを含んでいる。そのため、表例❶では、「うえ(で)」の場合とくらべて、話し合いがなかなかまとまらなかったことを暗に伝えている。時には、表例❸のように、Xから意図した結果とは反対のYが起こったことも表わせる。【3】「ところ(が)」は、「Xしたところ(が)Yした」の形で、Xしてみたら、たまたまYになった、の意味を表わす。「うえ(で)」のような、XをふまえてY、といったつながりは薄く、また、「すえ(に)」のように、Xの紆余曲折を強調することもなく、むしろXはYのきっかけや前置きにすぎないことが多い。そのため、順接的(表例❹)にも逆接的(表例❸)にも、また、そのどちらでもなく、例文①のように中立的にも使うことができる。【4】「うえ(で)」「すえ(に)」の場合は、XYの主体が同じであることが多く、また、「Xのうえ(で)」「Xのすえ(に)」と名詞に続くことができるが、「ところ(が)」の場合、XYの主体は異なることも多く、「Xのところ(が)」ともならない。

【関連語】◆(あげく(に))「すえ(に)」と同じ意味。「しばらく迷ったあげく、断りの手紙を書いた」◆受身形を受けて、自分の本意ではない行為を無理やりやらせられた場合を表現することもできる。「さんざんあちこちの店をつれ回されたあげく、高い指輪をねだられた」◆(まま(で))Xの状態がまだ続いている間にYが起こることを表わす。並立ともとれる。「子供を他人に預けたまま、姿を消してしまっ

た」

参照▼ところが⇒999-45

999-51

ため(に)/のに/に

共通する意味★目的で、という意を表わす。

使い方▼〔ため(に)〕▽失恋の傷をいやすため、一人で旅に出た▽ワクチン開発のために一生を捧げた　〔のに〕▽心を通じ合わせるのに言葉はいらない▽この論文を書き終わるのにあと何日かかるだろう　〔に〕▽遠くから泳ぎに来た人も多い▽彼女に会いに毎日その店に通った

	町の歴史を調べる(調べ)□図書館へ行く	町の歴史を調べる(調べ)□この本を買った	❶町の歴史を調べる(調べ)□この本が便利だ	❷町の歴史を調べる(調べ)□歩き回る
ため(に)	○	○	-	○
のに	○	○	○	-
に	(調べ)○	(調べ)-	(調べ)-	(調べ)○

使い分け【1】「ため(に)」は、最も使用範囲が広く、名詞を「のため(に)」の形で受けることもできる。ただし、「Xするため(に)Y」のYには意志を表わす動詞が必要とされる。表例❶では、「この本が便利だ」は意志ではなく状態・性質を示す表現であるため不自然だが、この文に係助詞「は」を補って「町の歴史を調べるためにはこの本が便利だ」とすれば不自然ではなくなる。【2】「のに」は動詞の連体形にしか続かない。「ため(に)」と同じように使われることも多いが、「XするのにY」のYには、状態や性質を示す表現がおかれやすく、表例❷のように移動を表わす動詞(「行く」「来る」「帰る」「出る」「歩く」「通う」など)だけがおかれることは少ない。【3】「に」は、動詞の連用形にしか続かない。「XしにY」のYに移動を表わす動詞がおかれ、XとYが密接に結びついて途中に切れ目がない点が特徴的である。

参照▼ため(に)⇒999-39　のに⇒999-44　999-46　に⇒999-01　999-02　999-04　999-05　999-06　999-09　999-12　999-14　999-15　999-16　999-28

999-52

にしては/わりに(は)

【関連語】◆(わりあいに)

共通する意味★不均衡を逆接的に表わす。

使い方▼〔にしては〕▽長く日本にいるにしては日本語があまりうまくない▽スポーツ選手にしてはきゃしゃな体つきだ▽締め切りまで時間がないにしては妙に落ち着いている　〔わりに(は)〕▽かなり距離があるわりにははっきりと聞こえた▽彼は何事にもまじめなわりに人から好かれていません

	❶長年住んだ□部屋がきれいだ	❷長年住む□部屋が少ない	子供(の)□できすぎだ	年が若い□しっかりしている	❸給料(の)□仕事がきつい
にしては	○	○	○	△	-
わりに(は)	○	-	(の)-	○	(の)○

使い分け【1】「にしては」は、「XにしてはY」の形で、Xという条件から見てYという結果は予想外で順当ではないことを表わす。「わりに(は)」は、「Xわりに(は)Y」の形で、Xの程度にYの程度が釣り合わないことを表わしている。この点だけで見れば、二つの表現にそれほど差はないが、「にしては」の場合、Yという結果を中心にして考えると、むしろXという条件がまちがいなのではないか、という疑いがほのめかされることがある。つまり、Xから見るとYは順当ではない。だからむしろ、Yが事実とすれば、Xではないのかもしれない、という意識が「にしては」に生じることがある。たとえば、表例❶では、「わりに(は)」の方は、長年住んだという事実(から予想される部屋の状態)と、部屋がきれいだという事実が不釣り合いであることを客観的に述べているにすぎない。しかし、「にしては」のほうは、それにとどまらず、部屋がきれいだという事実から考えると、長年住んだというのは偽りなのではないか、と疑う意味合いも感じ取れる。【2】「わりに(は)」は、すでに起こった事実X・Yの釣り合い度を問題にするため、Xに未来のことは入れにくい(表例❷)。【3】「わりに(は)」は、表例❸のように、Xに「給料」「時間」「値段」「年齢」などの名詞が助詞「の」を介して入り、Xの割合から見てY、という評価を表わすこともある。「年のわりにふけて見える」など。

【関連語】◆(わりあいに)「わりに(は)」と同様の意味だが、用法が限られている。「文句を言っているわりあいに仕事をしない」

参照▼にしては⇒999-34

999-53

うえ(に)/ばかりか/どころか

【関連語】◆(に限らず)にかぎらず◆(のみならず)

共通する意味★添え加える意を表わす。

使い方▼〔うえ(に)〕▽夕食をごちそうになったうえ、おみやげまでもらった▽暑いうえにうるさくてとても寝つけない　〔ばかりか〕▽その噂(うわさ)は、クラスメートばかりか先生にまで広まっている▽作詞家のA氏は作詞ばかりか、作曲のほうにまで手を伸ばしている　〔どころか〕▽①漢字が読めないどころか、ひらがなでさえ満足に書けない▽②彼はフランス語どころかラテン語まで勉強しているらしい

	❶結婚している□子供が二人もいる	ハンサムな□金持ちだ	❷気温(の)□湿度も高い	❸背が低い□長身だ	❹一万円(の)□千円も持っていない
うえ(に)	○	○	(の)-	-	(の)-
ばかりか	○	△	○	-	-
どころか	○	-	△	○	○

使い分け【1】「うえ(に)」は、「Xうえ(に)Y」の形で、Xの事物にYの事物が重なった状態を最も客観的に表わす。Xに名詞だけを入れることはできないため、表例❷の場合も「気温が高いうえに湿度も高い」と文の形にすれば自然になる。【2】「ばかりか」は、「XばかりかY」の形で、程度の軽い事物Xをまず挙げ、Xだけではなく、さらにその上により重いYまで加わる、という意味を表わす。Yには「も」「まで」「さえ」などがつくことが多い。【3】「どころか」は、「XどころかY」の形で、Xくらいの軽いことではすまされず、実はYなのだ、と聞き手の常識や予想から大きくはずれたYを強調する表現となる(表例❶、例文①)。また、相手の言ったXを否定して、それとは対照的なYこそ真実であると主張する場合もある(表例❸)。【4】「どころか」が「XどころかYも…ない」(X・Yには名詞が入る)の形で使われる場合(表例❹)は、程度の重いXを、もちろん…ない、と否定した上で、それより程度の軽いYさえ打ち消すということになる。【5】「どころか」が「ばかりか」の用法と最も近づくのは、例文②のような場合であるが、「フランス語」に対する評価という点で、ニュアンスの違いがある。「どころか」を用いると、フランス語なんてありふれたものではなくラテン語を、とフランス語が否定的に聞こえるが、「ばかりか」のほうは、フランス語だけではなくその上、という気持ちで中立的である。

【関連語】◆**(に限らず)**「ばかりか」とほぼ同じ意味で用いられる。「外国人に限らず、日本人でも敬語を正しく使い分けるのはむずかしいことだ」◆**(のみならず)**「ばかりか」と同じ意味だが、文語的な言い方。「顔のつくりのみならず体つきまで父親似であった」

999-54 か／い／かしら(ん)／の

【関連語】◆(け)

共通する意味★疑問・質問を表わす。

使い方▼〔か〕▽①明日は晴れるだろうか▽②山田さんのお宅でしょうか▽③それを取っていただけますか▽④早く来ないか▽⑤この問題が僕に解けるだろうか　〔い〕▽①一緒に行くかい▽②これは何だい▽③こんなところで何をしてるんだい▽④早く本当のことを言わないかい　〔かしら(ん)〕▽①手紙はもう着いたかしら▽②どうしたらいいかしらん▽③これはあなたの本かしら▽④バスが早く来ないかしら　〔の〕▽①今年いくつになったの▽②今日は何時に帰るの▽③赤ちゃんができたの▽④あなたは来なくていいの

使い分け【1】質問の文は、通常の文の末尾を上昇調で発音するだけでも表わせる(「この映画は面白い？」)。しかし、文章ではその違いが書き分けられないだけでなく、文によってはそのような表現法が成立しない場合もある(たとえば「あなたは学生です？」という言い方はできない)。したがって、話し手自身や聞き手に対する問いかけを表わすには、文末を終助詞「か」や「かしら(ん)」「かな」などで結ぶのが普通である。【2】「か」は、文章語でも話し言葉でもよく用いられる。ただし、話し言葉でふつうの文体の文に直接続けるとぞんざいな表現や詰問調になる(「一緒に行くか」)。丁寧な表現の文に続ければ、女性でも普通に用いることができる(「一緒に行きますか」)。「か」はほかに、勧誘・依頼(例文③)、命令・禁止(例文④)、反語(例文⑤)などを表わす。【3】上で述べたように、ふつうの文体の文に直接「か」をつけた質問文は詰問調になるが、後に「い」を続けると調子が柔らかくなる(「い」の例文①)。名詞文に続ける場合も同様である(例文②)。この用法での「い」は、上昇調で発音される。同じ文でも下降調で発音すると、詰問する調子や相手を責める意が強く現れる(例文③④)。いずれの用法も、主に男性が同等以下の者に対して話し言葉で用いる。【4】「かしら(ん)」は「か知らぬ」が変化した形。現在では「かしら」の形で、主に女性が話し言葉で用いることが多い。疑問(例文①②)、質問(例文③)のほかに、願望(例文④)も表わす。【5】「の」も、主に話し言葉で用いる。女性だけではなく男性もよく用いるが、親しい間柄や目下の者に対しての使用に限られる。この用法での「の」は、必ず上昇調で発音される(例文①②)。下降調で発音した場合には、軽い断定を表わしたり(例文③)、命令文について調子をやわらげ、相手を諭すような感じを表わしたりする(例文④)。

【関連語】◆**(け)**「…っけ」の形で「回想」を表わす。「君たちが結婚したのは三年前のことだっけ」。これを相手に回答を要求する形で質問すると、「確認」の意味になる。「きみは佐藤君だったっけ」「あの子はいくつだっけ」

参照▼か⇒999-28　の⇒999-01 999-18 999-28

999-55 とは／といったら

共通する意味★期待はずれ・驚き・感嘆を表わす。

使い方▼〔とは〕▽①あれほど固く決心したのに、またまた酒の誘惑に負けてしまうとは▽②うちの子の成績が学年で一番(だ)とは！▽③こんな嵐(あらし)の日に結婚式とは　〔といったら〕▽①雪景色のそれは美しいことといったら▽②うちのインコのよくしゃべることといったら

使い分け【1】「とは」は、「Xとは」の形で、Xではないと思っていたのに、実際はXだったことがわかって意外だ、という気持ちから、期待はずれや驚きを表わす。一般に話し手のマイナス感情を表わす場合が多いが、例文②のようにプラス感情を表わす例、また、場面によってプラスにもマイナスにも受け取れる例もある。【2】「といったら」は、「Xといったら」の形で、Xの内容を強調して、驚きや感嘆を表わす。プラス・マイナスのどちらの感情を表現するときでも使える。また、例文②のように、場面によってどちらにでも受け取れる例もある。【3】話し言葉では、「といったら」の変化した「ったら」の形も使われる。

参照▼とは⇒999-32　といったら⇒999-33

999-56 ものだ／ことだ

【関連語】◆(ことか)◆(ではないか)

共通する意味★詠嘆を表わす。

使い方▼〔**ものだ**〕▽①三、四年前から見ると、私もずいぶん健康になった**ものだ**▽②へえー、ひどい先生もいた**もんだ**！▽③もう離婚しちゃったなんて、夫婦の仲ってわからない**ものですね**　〔**ことだ**〕▽①遊んで暮らせるなんて、うらやましい**ことです**▽②我ながら何て情けない**ことだ**！

	あの人のわがままにも困った□	❶子供というのは世話のやける□	❷うちの夫ときたら世話のやける□	❸カエルなんてよく平気で食べられる□
ものだ	○	○	-	○
ことだ	○	-	○	-

使い分け【1】「ものだ」は、「よく(も)…ものだ」の形で、意外性を強めることが多く(表例❸)、「ことだ」は、「何て…ことだ」の形で強調することが多い(例文②)。しかし、「よくも人前に出られたものだ」になると意外性を超えて、非難する気持ちを感じさせる。【2】「ものだ」は、自然の傾向、社会的慣習、常識、習性などをふまえた感想(表例❶)を述べることが多いのに対し、「ことだ」にはそのような制限がなく、話し手の個人的な感想が自由に述べられている(表例❷)。【3】「ものだ」には、過去から現在までの時の流れを意識した上で現在の状態を詠嘆的にとらえる「…したものだ」の用法があるが(例文①)、「ことだ」はむしろ現時点しか意識しない詠嘆になっている。【4】「ものだ」「ことだ」は、丁寧な言い方では、それぞれ、「ものです」「ことです」になる。また、「ものだ」は、話し言葉になると「もんだ」と言うこともある。

【関連語】◆(**ことか**)「どんなに」「どれほど」「何と」などの疑問詞と一緒に用いて詠嘆を表わす。「女一人でどれほどつらい思いをしてきたことか」◆(**ではないか**)予想外の事に驚いた気持ちを表わす。「赤ちゃんはお化けを見ても、こわがるどころか楽しそうに笑っているではないか」

参照▼ものだ⇒999-61　ことだ⇒999-61

999-57 なあ／ね(え)／わ(あ)／こと

共通する意味★詠嘆・感動を表わす。

使い方▼〔**なあ**〕▽①すごい**なあ**、君の食欲は▽②夕焼けがきれいだ**なあ**▽③彼って、とってもすてきだ**なあ**　〔**ね(え)**〕▽①君はずいぶん背が高い**ねえ**▽②お嬢さま、とてもお美しい**わねえ**▽③たいそう大きな車だ**ねえ**▽④とってもすてきなお宅**ね**　〔**わ(あ)**〕▽この服、すてきだ**わ**▽なつかしい**わあ**、何年ぶりかしら　〔**こと**〕▽まあ、なんて恐ろしい**こと**▽とても素晴らしいお着物です**こと**

使い分け【1】「なあ」「ね(え)」「わ(あ)」「こと」は、話し手の感動を表現する終助詞で、話し言葉で用いられる。詠嘆・感動を表わす形式には、終助詞のほかに助動詞(文語の「けり」「なり」)や感動詞(「まあ」「ああ」など)、一語文(象を見て、「大きい！」と言う類)などがある。【2】「なあ」は、主に男性が用いる。次の「ね(え)」とは違い、独り言でも用いられる(例文②)。独り言であれば、女性が用いることもある(例文③)。「なあ」にはほかに、願望の意を表わす用法(「僕もほしいなあ」)や相手の同意を求める意を表わす用法(「君も見たよなあ」)もある。【3】「ね(え)」は、話し相手のいる場合に用いる。男女の別なく用いられるが、接続のしかたが異なる。動詞・形容詞に接続する場合、男性は直接「ね(え)」をつける(例文①)が、女性は「わね(え)」となる(例文②)。名詞に接続する場合は、男性が「名詞＋だ＋ね(え)」となる(例文③)が、女性では「名詞＋ね(え)」となる(例文④)。「ね(え)」にはほかに、念を押す意を表わす用法(「君、明日も必ず来るね」)、相手の同意を求める意を表わす用法(「今日は水曜日だったよね(え)」)などがある。【4】「わ(あ)」は、主に女性が用いる。次の「こと」と違い、年齢などに関係なく女性一般が普通に用いる。年配の男性が用いることもあるが、イントネーションが異なり、女性が上昇調であるのに対して下降調である。「わ」にはほかに、断定の調子をやわらげる用法(「それなら私にもできますわ」)などがある。【5】「こと」も女性が用いる。主に年配の女性が用い、上品な感じを与えるが、場合によってはいやみな印象を与えることもある。「こと」にはほかに、「ことよ」の形で、断定の調子をやわらげたり(「そんなお話うかがっていませんことよ」)、「ないこと」の形で、相手に同意を求めたり(「あなたもそうお思いになりませんこと」)、勧誘したり(「お茶でもいかがですこと」)する用法もある。

999-58 (よ)うに／(よ)うが

【関連語】◆(まいに)

共通する意味★後悔・不満・非難・疑問・感動などを表わす。

使い方▼〔**(よ)うに**〕▽あのけがじゃ、かなり痛いでしょ**うに**▽もしもあの飛行機に乗っていたら、今ごろは死んでいただろ**うに**　〔**(よ)うが**〕▽この先どうなるかもわからないことに、今から目くじらをたてていることはないだろ**うが**▽あのとき私の言うとおりにさえしていれば、こんな結果にはならなかったでしょ**うが**

	❶今そんな仕事をしなくてもいいでしょ□	❷天気がよかったら、もっと楽しいドライブができたろ□
(よ)うに	○	○
(よ)うが	○	-

使い分け【1】「(よ)うに」「(よ)うが」には、現在の事態について不満や疑問を表わす用法と、過去の事実とは反対の仮定をし、それが実現していた場合を考えて感動や後悔を表わす用法とがある。【2】「(よ)うに」は、単に感情を表現するだけで、必ずしも聞き手を必要とせず、独り言でもかまわない。一方「(よ)うが」は、相手の理解・同意を求めて高圧的に念を押す表現であるため、聞き手のいることが前提となっている。表例❶の場合、「(よ)うが」を使うと、相手を非難してその行動をやめさせようとする気持ちが強くなる。【3】過去の事実とは反対の仮定をする用法の場合、過去の時点で自分の意志では選ぶことができなかったような種類の事柄(たとえば、天気の良し悪しや人の生死など)を仮定する文中には、「(よ)うが」は使えない。これは、人間の力ではどうにもならないことについてまで、相手の選択ミスを責めることはできないからであろう(表例❷)。

【関連語】◆(まいに)…ないだろうにの意味。やや古めかしい言い方。「そんなに人のことを笑ってばかりもいられますまいに」

9 99-59 ものか／(よ)う(か)／だろう(か)

共通する意味★反語を表わす。

使い方▼〔ものか〕▽彼になんか負けるものか▽この問題が君に解けるもんか　〔(よ)う(か)〕▽どうして彼に人が殺せよう▽どこにそんなばかな話があろうか　〔だろう(か)〕▽一体だれにそんなことができるだろうか

使い分け【1】反語とは、肯定または否定の疑問の形で問いかけ、実は逆の意を強く訴える表現形式をいう。例えば、「家になんか帰るものか」と言えば、「絶対に帰らない」ということを言いたいわけである。【2】「ものか」は、反語を表わす終助詞。話し言葉では「もんか」の形になることが多い。【3】「(よ)う(か)」「だろう(か)」は、形の上では推量の助動詞あるいはその疑問形であるが、「どうして」「だれが」「いつ」などの疑問代名詞を伴うことが多い。

9 99-60 だ／です／である／のだ

共通する意味★断定を表わす。

使い方▼〔だ〕▽彼は高校生だ▽昨日は雨だった▽今日は日曜日ではない▽次は私の番だわ　〔です〕▽私は山田です▽日本語の発音はとても易しいです▽このお菓子はとてもおいしかったです　〔である〕▽人間は考える葦(あし)である▽今年は二〇〇四年である　〔のだ〕▽彼にも都合があるのだ▽君が悪いんだ

	彼は学生□	今日は忙しい□	だれにでも失敗はある□
だ	○	-	-
です	○	○	-
である	○	-	-
のだ	-	○	○

使い分け【1】「だ」は、断定すなわち肯定的な判断を表わす。「だ」のバリエーションとして、「です」「である」「のだ」がある。「で」は「だ」の連用形。「です」は、「でございます」が変化したもの。「である」は、「で」に補助動詞「ある」が接続したもので、同様のものに「であります」「でございます」がある。「のだ」は、準体助詞「の」に「だ」が接続したもの。これらは、「だ」と同じように断定を表わすが、文体的な特徴に差異がみられる。【2】「だ」は、名詞(相当語句)に接続する。断定を表わす助動詞としては最も基本的なものであるが、用法上の制限をかなり受ける。たとえば、話し言葉では、文末を「だ」で言い切ることはほとんどない。「だ」で言い切ると、ぞんざいな表現だという印象を与えるため、その後に「よ」「ね」「わ」「ぞ」などの終助詞をつけて、語調をやわらげる。特に女性は、「だ」を省略して名詞に直接終助詞をつけることが多い(「次は私の番よ」)。文章でも、「だ」ではなく「である」を多く用いる。なお、否定形は「で(は)ない」を用いるが、話し言葉では「じゃない」になる。【3】「です」は「だ」の丁寧形であるが、「だ」と違って名詞文だけではなく形容詞文にも用いることができる(「山は高いです」「海は青いです」)。また、会話、文章の別なく用いられる。特に、話し言葉では「だ」ではなく「です」を用いるのが普通である。なお、形容詞文の過去表現は、「…でした」ではなく「…たです」を用いるのが一般的である。【4】「である」は、文章(特に論説文)で用いられる。その丁寧形は「であります」「でございます」である。「であります」は演説などの場面で用いることが多い。「でございます」は話し言葉では非常に改まった表現となる。また、改まった手紙などで「でございます」を用いることも多い。【5】「のだ」は、「のだ」がなくても文として成立する事柄につけることによって、それを話し手の判断としてとらえ直し、相手に強く訴えかけようとする表現である。なお、疑問を表わす形は「のか」、丁寧な形は「のです」を用いる。話し言葉では「んだ」「んです」の形になることがある。

9 99-61 わけだ／はずだ

【関連語】◆(ものだ)◆(ことだ)◆(ことになる)

共通する意味★当然・必然・推定・納得などを表わす。

使い方▼〔わけだ〕▽時差がありますから、パリ到着が現地時間の二十日正午になるわけです▽思わぬ事故にまきこまれることはあるわけで、そんなとき頼りになるのが保険なのです　〔はずだ〕▽明日も父は仕事のはずだ▽もう着いたはずなのに、どうして連絡が来ないのだろう

	❶道理で寒い□。外はふぶきだもの	❷長年教えてきた□が、こんな生徒は初めてだ	❸確かにきのうそこに置いたんだからある□	❹変だな。彼はもっと長身の□
わけだ	○	○	－	－
はずだ	○	－	○	○

使い分け【1】「わけだ」は当然・必然・納得を表わし、ある前提から論理的に考えるとある結論に達するということを断定的に示す表現である。「はずだ」にも似たような用法はあるが、こちらは未知の結論を推定する用法が中心である。どちらも主観的な判断ではあるが、「はずだ」のほうが話し手の主観がより強く表われやすい。【2】ある事実について、どうしてそうなのか疑問に思っていたところ、その答えとなるような他の事実を知って納得した、という状況はどちらでも表わせるが（表例❶）、「それもそのはずだ。なぜなら…」のような言い方は、「わけだ」にはできない。【3】すでにわかっている事柄を再確認する用法（表例❷）は、「わけだ」だけのものであり、一方、未知の事柄の推定（表例❸）や、予想と現実との食い違いを述べる用法（表例❹）は、「はずだ」だけのものである。

【関連語】◆**（ものだ・ことだ）**「ものだ」は、そうあることが当然だの意を表わすが、「ことだ」は特定の相手に対する話し手の勧告・忠告・要求・主張を表わす。「英語の単語の意味がわからなければ、すぐ辞書で調べるものだ」と一般に思われているようだが、そうではなくて、文の前後関係から意味を判断する練習をすることだ」◆**（ことになる）**「わけだ」より客観的に述べる表現。「面接時間は一人十分は必要だから、六十人では十時間もかかることになる」

参照▼はずだ⇒999-65　ものだ⇒999-56　ことだ⇒999-56

999-62

なければいけない
なければならない

【関連語】◆**（なくてはならない）**◆**（なくてはいけない）**◆**（ねばならぬ）**◆**（なければだめ（だ））**◆**（なくてはだめ（だ））**◆**（べきだ）**

共通する意味★義務・当然・必然・必要・勧告を表わす。

使い方▼〔**なければいけない**〕▽行きたくなくても、約束したのなら行かなければいけない▽天ぷらをおいしく揚げるためには、材料が新しくなければいけません　〔**なければならない**〕▽生きていくために朝から晩まで働かなければならなかった▽夫婦は対等でなければならないというのが母の持論だった

	家族を養わ□年齢になると転職もたいへんになる	君もそろそろ体を休め□よ	すべて国民は、ひとしく教育を受ける機会を与えられ□
なければいけない	○	○	△
なければならない	○	△	○

使い分け【1】二語とも、そうする義務や責任がある、そうするのがあたりまえだ、当然そうなるはずだ、などの意。動詞を受ける場合には、自分の決意や他からの強制、周囲の状況から見て当然と思われる行為などを表わす。形容詞・形容動詞や「名詞＋だ」を受ける場合には、本性や成り行きなどによってそういう状態であることが当然、または必要、さらには望ましい、といった意識を表わす（「政治家は心が清くなければいけない」「夫婦の仲は円満でなければならない」）。なお、「いけない」「ならない」は、文語形あるいは方言の形では「いかん」「ならぬ（ん）」のようにもなる。また、過去形・丁寧体・会話体など、さまざまな形がある。【2】「なければいけない」は、相手に向かって、その状況において最も必要とされる行為や最も望ましいと思われる行為を要求したりすすめたりする表現である。そうするのがあたりまえだ、という強制的な意味合いで使われることも多いが、実際にどのように行動するかは相手の判断に任されるような場合が多い。【3】「なければならない」は、法律・規則・道徳・慣習などによって義務づけられていて、個人の意志で選択する余地が全くない事柄や、個人的な問題でも自分の意志で勝手に変えることが許されないような事柄、また、状況から見て必然的と考えられる事柄を表わす場合に用いられる。「なければいけない」が直接相手に向かって使われることの多い表現であるのに対し、「なければならない」は人間一般や第三者について使われやすく、法律の条文などにも多く見られる。

【関連語】◆**（なくてはいけない・なくてはならない）**「なければいけない」「なければならない」と同じ関係。「あした、歯を抜かなくちゃいけないの」「今日中に終わらせなくてはなりませんでした」◆これと関連して、「ないといけない」もある。「体をこわさないように気をつけないといけません」◆**（ねばならぬ）**「なければならない」より古風な言い方。硬い文章に多く使われる。「いかに苦しくとも生きねばならぬ」◆**（なければだめ（だ）・なくてはだめ（だ））**「なければいけない」「なくてはいけない」より会話的で少しやわらかい表現。「自分で自分を売りこまなきゃだめですよ」「約束したのだから行かなくてはだめだ」◆**（べきだ）**望ましいあり方や規範としてのあり方を表わす。「親の言うことには素直に従うべきです」「その件は早急に解決を図るべきだろう」

999-63

よりほか（は）ない
ざるを得（え）ない

【関連語】◆**（しかない）**

共通する意味★当然・必然を表わす。

使い方▼**〔よりほか(は)ない〕**▽何事も天命だと思うよりほかありません▽ここまで病状が進んだのでは、手術をするよりほかないだろう　**〔ざるを得ない〕**▽不正が明るみに出た以上、社長も辞任せざるを得ないだろう▽どんな薬にでも何らかの副作用があると言わざるを得ない

使い分け【1】「よりほか(は)ない」は、事態の必然性から見て、可能な手段や方法があるものに限られることを表わす。多く、仕方なく、心ならずも、という気持ちも伴う。【2】「ざるを得ない」は、必然的にある結論に達したが、その結論が話し手にとって、いやいや、やむを得ず従うといった消極的な事柄であることを表わす。したくはないがどうしてもしないわけにはいかない、といった気持ちである。【3】これら二つの表現は、相互に入れ換えられる場合もあるが、仕方なくという気持ちがなく、手段・方法がそれだけに限られることを表わす「よりほか(は)ない」(「そこに行くのは歩くよりほかない」)、好むと好まざるとにかかわらずそう判断するしかないという気持ちで断定を下す「ざるを得ない」(「子供が待っているので帰らざるを得ない」)は、入れ換えがきかない。また、「父がうるさいので九時までには帰らざるを得ない」のように、手段・方法を問題にせず、ある事情のもとで…しないわけにはいかないことを表わす場合には「よりほか(は)ない」は使いにくいが、手段・方法を問題にするような例文に書き換えれば使えるようになる。「今日外出したことを父に知られないようにするためには、九時までに家に帰るよりほか(は)ない」

【関連語】◆**(しかない)**「よりほか(は)ない」にほぼ同じ。「こうなったら運を天に任せるしかない」

999-64 だろう／らしい／ようだ／みたいだ／(よ)う／まい

【関連語】◆**(のだろう)**

共通する意味★推量を表わす。

使い方▼**〔だろう〕**▽今日の試合はこちらが勝つだろう▽彼はもう家に着いただろう▽明日は晴れるでしょう　**〔らしい〕**▽外は雪が降っているらしい▽来年、入試制度がまた変わるらしい▽この映画は面白いらしい　**〔ようだ〕**▽彼女はどうやら忘れ物をしたようだ▽彼には、この問題は難しいようだ▽私にも非があるようだ　**〔みたいだ〕**▽彼は彼女が好きみたいだ▽だれもいないみたいだ　**〔(よ)う〕**▽娘が大学に合格して、彼もさぞや鼻が高かろう▽日本の自然は、今後ますます破壊されよう　**〔まい〕**▽今後、彼のような天才は現れまい▽今年の冬は、あまり雪は降るまい

	明日は雨が降る(降ろ)□	この事は一生忘れない□	また身長が伸びた□	彼は二度と来る□
だろう	○	○	-	-
らしい	○	-	○	-
ようだ	○	-	○	-
みたいだ	○	-	○	-
(よ)う	(降ろ)△	-	-	-
まい	○	-	-	○

使い分け【1】推量とは、話し手が何らかの情報や状況に基づいて、ある事柄について想像したり不確実な判断を下したりする表現をいう。想像には、未来に関する想像だけではなく、現在や過去の事実に対する想像もある。【2】「だろう」は、推量を表わす最も一般的な語である。話し手自身が発話時点において推量したことを表わす。じゅうぶんな根拠がないことや主観的な事柄でも表現できる。したがって、その事柄が事実である確率は必ずしも高くない。「でしょう」は「だろう」の丁寧形。【3】「らしい」は、伝聞や具体的状況などの客観的根拠に基づいた推量を表わす。その事柄が事実である確率は「だろう」よりも高い。なお、「彼はとても男らしい」などの「らしい」は接尾語であり、助動詞の「らしい」とは区別される。【4】「ようだ」は、「らしい」のような客観的根拠に基づいた推量を表わすだけでなく、主観的な判断も表わす。たとえば、「私にも非があるようだ」では「私にも非があるらしい」と、ニュアンスが異なる。前者では、私にも非があるという事実・根拠は伝聞によっていることを表わすが、後者では自分自身の判断によることを表わす。また、「みたいだ」は「ようだ」のくだけた表現で、主に話し言葉で用いる。丁寧形は、それぞれ「ようです」「みたいです」。【5】「(よ)う」は、古語の「む」が変化した語で、五段活用の動詞には「う」が、それ以外の動詞には「よう」が接続する。ただし、推量の用法は現代では文章語に限られる。話し言葉では、「(よ)う」は意志・勧誘の意味で用いられる(「さあ、早く行こう」「今日は魚を食べよう」)。【6】「まい」は、否定的な推量の意を表わし、主に文章語として用いられる。話し言葉では一般に「ないだろう」が用いられる。五段動詞は終止形に、それ以外の動詞は未然形に接続するのが原則であるが、後者では終止形接続の用法も多くなっている。カ変動詞「来る」の場合は未然形接続「こまい」の他に、終止形接続「くるまい」があり、さらに「くまい」の形も見られる。

【関連語】◆**(のだろう)**ある事柄の原因・理由を推量する場合に用いる。話し言葉では「んだろう」に、文章語では「のであろう」になる場合がある。「彼が遅刻したなんて信じられない。たぶん道が込んでいたのだろう」

参照▼ようだ⇒999-68　みたいだ⇒999-68　(よ)う⇒999-73　まい⇒999-73

999-65 に違(ちが)いない／はずだ

【関連語】◆**(に相違ない)**(にそういない)◆**(かもしれない)**◆**(にきまっている)**

す。

共通する意味★確信をもった推量・推測・推定を表わす。

使い方▼〔**に違いない**〕▽彼の実力なら合格するに違いない▽娘さんは母親似だとすれば、きっときれいな方に違いありません▽あの人の言うことは理想には違いないが、世の中そううまくはいかないものだ〔**はずだ**〕▽①あれから三年たったから、今年は高校入学のはずだ▽②このまま順調にいけば、来週あたり退院できるはずです▽③彼女と結婚していれば、今頃幸せな家庭を築いてるはずだった

	❶彼はゆうべ夜ふかししたので、けさ寝坊した▯	彼はけさ寝坊した。ゆうべ夜ふかしした▯	難しい問題（の）▯が、努力すれば必ず解ける	九時に来る▯のに、まだ来ない
に違いない	○	○	○	-
はずだ	○	-	（の）-	-な○

使い分け【1】過去・現在・未来のことについての確実性の高い（確信の高い）推測、根拠のある推定を表わす。表例❶の場合、「はずだ」の方が、夜ふかしして翌朝寝坊するようなことが過去に何度もあったので今回もそうだろうという根拠のある推定の意味合いが強くなる。【2】「はずだ」は「はずだった」と過去形にすると、実際は物事が推測どおりにいかなかったことを表わし、不満・後悔・疑問などの気持ちがこめられることが多くなる（例文③）。【3】「に違いない」は、自分の推測を自分自身で確認し納得するといった、独り言や心の中での考え事に使われ、相手の問いかけに対する答えなどには使われないため、会話文より地の文に多く見られる。「はずだ」にはそのような制限はない。

【**関連語**】◆（**かもしれない**）「に違いない」より確信の度合いが低い推量を表わすが、使用範囲はかなり広く、真実である確率がゼロに近い場合から相当に高い場合まである。話し言葉では「かもわからない」もよく使われる。「何も言わないでいるのが、彼の精一杯の愛情だったかもしれません」「明日晴れたら、遊びに行くかもわからない」◆（**に相違ない**）「に違いない」と同じ意味だが、硬い文章で使われる。「高齢化社会を迎え、福祉の見直しが求められるに相違ありません」◆（**にきまっている**）「に違いない」より確実性が高く、断定に近い。話し言葉に多い。「どんなにとめたって彼は行くにきまっているよ」

参照▼はずだ⇒999-61

999-66 たい／たがる

【**関連語**】◆（**てほしい**）◆（**てもらいたい**）◆（**ていただきたい**）◆（**お…ねがいたい**）

共通する意味★願望を表わす。

使い方▼〔**たい**〕▽①私はこの本が読みたい▽②あなたもこの本が読みたいのですか▽③この本が読みたいのなら自分で買いなさい▽④彼もこの本が読みたいそうだ〔**たがる**〕▽彼はこの本を読みたがっている

使い分け【1】「たい」「たがる」は、動詞の表わす行為が実現することを願う意を表わす。ただし、両者には主語の人称に関して制限の違いがある。【2】「たい」の主語は、言い切りの文では感情を表わす形容詞（「悲しい」「うれしい」など）と同じように、一人称の「私」に限られる（例文①）。「あなたはこの本が読みたい」とは言えない。ただし、疑問文（例文②）や条件句（例文③）の形にすれば二人称で言うことができる。あるいは、「あなたはこの本が読みたいのだ」という言い方もできる。また、推量や伝聞（例文④）の形にすれば、三人称も主語にとることができる。また、他動詞に接続する場合、「映画が見たい」のように、対象を「が」で表わすことが多いが、文によっては「を」でなければならないこともある。【3】「たがる」の主語は、三人称に限る。「私はこの本を読みたがっています」とは言えない。「たがる」は、「たい」にそういったそぶりをするという意味を表わす「がる」（「強がる」「痛がる」などの「がる」と同じ）が接続したもの。【4】他動詞に接続する場合、対象を「を」で表わす。「あなたはこの本が読みたい」とか「あなたは悲しい」と言えないのは、他人の願望や感情は推量したり聞いたりすることはできても言い切ることはできない、という認識によるものである。

【**関連語**】◆（**てほしい・てもらいたい**）他者に対する話し手の願望を表わす。「あなたにはぜひ来てほしい」「彼に行ってもらいたい」◆（**ていただきたい・お…ねがいたい**）他者に対する話し手の願望を表わす丁寧な言い方。「先生だけには分かっていただきたい」「一度お手合わせねがいたい」

999-67 ばいい／がいい

【**関連語**】◆（**ほうがいい**）◆（**といい**）◆（**たらいい**）◆（**たらどう**）◆（**てはどう**）◆（**（よ）うではないか**）

共通する意味★適当・願望・提案・勧誘を表わす。

使い方▼〔**ばいい**〕▽素直にごめんなさいと言えばいいのに、すぐ口答えをしてしまう▽当分使いませんから、ついでの時にでも返してくだされればいいんですよ▽はいはい、ここを出ていけばいいんでしょ〔**がいい**〕▽どうとでも好きなようにするがいいさ▽さっさと出ていくがいい！

	❶それなら今すぐ行け（行く）▯	差別がなくなれ（なくなる）▯と思う	妹が生まれれ（生まれる）▯なあ	ふん、地獄に落ちれ（落ちる）▯
ばいい	○	○	○	△
がいい	（行く）○	（なくなる）-	（生まれる）-	（落ちる）○

使い分け【1】「ばいい」「がいい」は、くだけた言い方で、本来は「ばよい」「がよい」を使う。【2】「ばいい」は、何らかの状況になることが適当だ、望ましいという気持ちから、相手に何かを提案したり、自分

自身の願望を強く表現したりと、広い範囲に使える。ところが、「がいい」は自分自身のことには使えず、相手に対しても提案というより、どうとでも勝手にしろといった放任・非難・軽蔑（けいべつ）などの気持ちをぶつけることになり、使用範囲が限られてくる。表例❶は、「ばいい」を使うと普通の提案だが（場面やイントネーションなどによっては放任にも受け取れる）、「がいい」を使うと放任・非難としか聞こえない。【3】「ばよかった」と過去形になると、過去の時点でそうするのが望ましかったのに、実際にはそうしなかったことを後悔（自分自身の場合）したり非難（相手の場合）したりする気持ちを表わすことが多い。「あーあ、こんなめんどうな仕事、引き受けなければよかった！」【4】会話体では、「やればいい」→「やりゃいい」、「書けばいい」→「書きゃいい」、「貸せばいい」→「貸しゃいい」、「打てばいい」→「打ちゃいい」、「死ねばいい」→「死にゃいい」、「飛べばいい」→「飛びゃいい」などに変化することがあるが、いずれも放任や非難のニュアンスが生じやすい。

【関連語】◆（といい・たらいい）「ばいい」と同じ意味を表わす。「早く試験が終わるといいなあ」「どのように話を切り出したらいいものかと考えこんでしまった」◆（ほうがいい）「ばいい」の婉曲（えんきょく）的な表現。「お盆のころはどこでも込みますから、旅行はさけたほうがいいでしょうね」◆（たらどう・てはどう）相手への提案を示す。「たまにはお見舞いに行ってあげたらどうかしら」「この薬、一度試してみてはどうかね」◆「どう」は、丁寧な表現では「…いかが」となる。「少しだけでも召し上がってみてはいかが？」◆（（よ）うではないか）不特定多数の人々に対して同意を求めたり勧誘したりする文章語的な表現。「（よ）うじゃないか」の形で一般の会話にも使う。「不正がまかり通るゆがんだ世の中を、国民の力で改革していこうではないか」「ちょっとそのへんまで行ってみようじゃないか」

9 99-68 ようだ／みたいだ

【関連語】◆（ごとき）◆（ごとく）

共通する意味★他とくらべ、それにたとえることを表わす。

使い方▼〔ようだ〕▽①雪のように白い肌▽②君のように優しい人は珍しい▽③彼には荷が重かったようだ▽④約束の時間に間に合うように急いだ▽⑤病気が早く良くなりますように▽⑥以下のような問題〔みたいだ〕▽①彼はまるで子供みたいだ▽②東京みたいな大都会には住みたくない▽③風邪をひいたみたいだ

	彼女は天使（の）□	蚊の鳴く□声
ようだ	（の）○	-な○
みたいだ	○	-な-

使い分け【1】比況、すなわちある状態や事柄を何かにたとえる表現には、助動詞「ようだ」「みたいだ」がある。それぞれの例文①が比況の例である。「ようだ」と「みたいだ」にはほかに、例示（それぞれの例文②）、不確かな断定（推量）（それぞれの例文③）の用法がある。【2】「ようだ」は、文章や会話の別なく用いられる。「ようだ」にはほかに、「ように」の形で目的（例文④）や、願望・依頼・軽い命令（例文⑤）を表わす用法、「ように」「ような」の形で指示（例文⑥）を表わす用法がある。【3】「みたいだ」は「見たようだ」が変化した語で、主に会話の中で用いる。「ようだ」にくらべるとくだけた表現なので、文章中や慣用化された比喩（ひゆ）表現では用いにくい。「竹を割ったような性格」に対し、「竹を割ったみたいな性格」は言いにくい。「まるで王子様みたい」のように、「みたい」という語形も女性がよく用いる。また近年、「みたいに」と言うべきところで、「お父さんみたくなりたい」のように、「みたく」という語形が用いられることがある。これは、「みたい」を形容詞と取り違えて活用させたもので、本来誤用である。

【関連語】◆（ごとき・ごとく）比況の意を表わす文章語。古語「ごとし」の連体形「ごとき」と連用形「ごとく」。「うんかのごとき大軍」「嵐（あらし）のごとく吹き荒れる」

参照▼ようだ⇒999-64　みたいだ⇒999-64

9 99-69 れる（られる）／エる できる

【関連語】◆（うる）◆（える）◆（ことができる）

共通する意味★可能を表わす。

使い方▼〔れる（られる）〕▽朝早く起きられる▽明朝六時に来られますか　〔エる〕▽難しい本も読める▽彼は英語が話せる　〔できる〕▽図書館は静かなので勉強できる▽予想できない事態

使い分け【1】ある動作を行うことが可能であることを表わす形式には、「れる（られる）」「エる」「できる」がある。【2】可能を表わす「れる（られる）」は本来、「れる（-areru）」が五段動詞の語幹に、「られる（-rareru）」がそれ以外の動詞の語幹に接続するものであった。

五　段：「読む」　yom-areru
上一段：「見る」　mi-rareru
下一段：「出る」　de-rareru
カ　変：「来る」　ko-rareru

しかし、現代語では「れる」はその地位を「エる」に譲っており「読まれる」などは、受身また尊敬と解される。【3】五段動詞の可能表現は、語尾の -u が -eru （ここでは「エる」と表記）に規則的に交替してできる、いわゆる「可能動詞」を用いる。

「読む」　yom-u　「読める」　yom-eru
「書く」　kak-u　「書ける」　kak-eru

一段動詞の中にも、これに類する形式がみられる。本来誤用であるが、かなり広まったものとなっている。

「見る」 mi-r-u　「見れる」 mi-r-eru
「出る」 de-r-u　「出れる」 de-r-eru

【4】可能表現の文型は、動作の主体を「に」で、動作の対象を「が」で表わすことがある（「彼には数学が教えられる」）。【5】サ変動詞の可能表現は、「られる」を用いて「せられる」とする形式もあるが、現在では文章語として用いられる程度である。その縮まった形とされる「される」も、「真実と判断される」のように用いることもあるが、あまり多くはない。話し言葉はもちろん、文章語においても「できる」を用いるのが普通である。

【関連語】◆**（うる・える）**文章語。「与党に対抗しうる勢力」「そういうこともありえる」◆**（ことができる）**活用の種類に関わりなく用いられる。改まった表現。「難しい本も読むことができる」

999-70 ない／ぬ（ん）／ず

共通する意味★否定を表わす。

使い方▼〔ない〕▽今年の梅雨は雨が降らない▽漢字が分からない　〔ぬ（ん）〕▽知らぬが花▽申し訳ありません▽おれは知らん　〔ず〕▽名前を書かずに答案を出した

使い分け【1】動作や状態を否定することを表わす助動詞に、「ない」「ぬ（ん）」「ず」がある。【2】「ない」は、動詞に接続する。なお、「赤くない」のように形容詞に接続する「ない」は形容詞として、助動詞「ない」と区別される。これは、「形容詞＋ない」が「赤くはない」といえるように、「ない」の独立性が強いことによる。【3】「ぬ」は、現在では文章語であり、ことわざや慣用句などに多く現れる。「ぬ」の変化した形である「ん」は、西日本の方言で多く用いられ、共通語では「…ません」の形で用いられる。【4】「ず」も文章語であるが、「…ずに」の形では現在でも普通に用いる。

999-71 わけではない／わけにはいかない／べきで（は）ない／もので（は）ない／とは限（かぎ）らない

共通する意味★当然・必然の否定および否定形による当為を表わす。

使い方▼〔わけではない〕▽日本人だからといって、だれもが歌舞伎や能にくわしいわけではない　〔わけにはいかない〕▽いくら平等だとはいっても、体力の違う男女に全く同じ仕事をさせるわけにはいかない　〔べきで（は）ない〕▽裏で暴力団と取引をしているような政治家には投票するべきではない　〔もので（は）ない〕▽男の子はそんなことぐらいで泣くものではない　〔とは限らない〕▽あなたは結婚するつもりでも、相手がその気になっているとは限らないじゃありませんか

使い分け【1】「わけではない」は、必然の否定を表わし、ある事実を知った聞き手がそのように推論するだろうと話し手が想像し、その推論を否定する言い方である。このほかに、極端な例をあげて否定し、現実がそれよりも程度の軽い、対応しやすい状況であることを表わす用法（「海外に行くといっても留学するわけではないのだから、簡単な会話ができれば大丈夫だよ」）、「ないわけではない」の形で、ある程度はそうであるが、と消極的に肯定する用法（「この高校でも留年する生徒がいないわけではないが、毎年ほんの数人だ」）がある。【2】「わけにはいかない」は、当然そうすべきだし、そうしたいと思うのだが、そうはできない事情がある、という気持ちから不可能を表わす。「ないわけにはいかない」の形で、「なければならない」「ざるを得ない」と同じ意味を表わす用法もある。「ふだんはつきあいのない親戚でも、病気だと知らされればお見舞いに行かないわけにはいかない」【3】「べきで（は）ない」は、道理や本性などから考えて、そうするのはいけないという判断を表わす。【4】「もので（は）ない」は「べきで（は）ない」と同じ意味を表わすことがある。また、「急にスピーチをしろと言われても、そう簡単にできるものではない」は、否定の形で物事の本性・本質・習性などを述べる用法である。【5】「とは限らない」は、…とは断定できない、…とは決まっていない、といった当然の否定を表わし、それとは反対の事柄が起こる可能性をにおわせる表現である。

参照▼ものではない⇒999-75

999-72 わけがない／はずがない／べくもない／ことはない／どころではない

共通する意味★強い否定を表わす。

使い方▼〔わけがない〕▽朝寝坊のあなたが、朝五時に起きられるわけがない　〔はずがない〕▽小さい子供が四人もいるのだから、家の中がきれいなはずがないでしょ　〔べくもない〕▽将来社長になろうなんて望むべくもない　〔ことはない〕▽多趣味なので、パーティーで話題に困ることはない　〔どころではない〕▽宿題が山ほどたまっていて、遊びに行くどころではないんです

使い分け【1】「わけがない」「はずがない」は、…する理由がない、…する道理がない、の意味で、ある事態の起こる可能性が全くないことを表わす。「わけはない」「はずもない」などの形もある。【2】「べくもない」は、…する方法がない、…しようにもとてもできない、の意味で、希望するある事態の起こる可能性が全くないことを表わす。「できるわけがない」「できるはずがない」と言い換えられる。【3】「こと

はない」も、「わけがない」「はずがない」と同様の意味を表わすことがある。また、「ないことはない」の形で、たまには…する、多少は…である、などの部分的肯定を表わす用法もある。「やろうと思えばやれないことはないが、ほかの仕事が忙しくてなかなか手が回らないんだ」【4】「どころではない」はかなり強い否定だが、その否定した事柄が話し手にとってそれほど重要ではないことを示している。「毎日子育てに追われて、とても趣味どころじゃありません」の場合、話し手にとって重要なのは子育ての方で、重要でない趣味にまで心を向ける余裕はないということを表わしている。

参照▼ことはない⇒999-76

999-73 (よ)う／つもりだ／まい

共通する意味★意志を表わす。

使い方▼〔(よ)う〕▽今日はこの本を読もう▽彼は理科系の大学を受けようと思っているらしい 〔つもりだ〕▽死ぬまで飛行機には乗らないつもりだ▽子供のときから医者になるつもりだった 〔まい〕▽二度とあんな所へは行くまい▽彼のことは信用するまい

	来年大学を受ける▯	二度と失敗は繰り返す▯	進学しない▯
(よ)う	(受け)○	-	-
つもりだ	○	-	○
まい	(受け)△	○	-

使い分け【1】三語とも、話し手の意志を表わす。話し手以外の意志を表わす場合には、「…と思っているらしい」「…と考えているそうだ」など、推測や伝聞であることを示す形式を伴う。【2】「(よ)う」は、発話時点において何かをすると決意したことの意思表示を表わす。「う」は五段動詞未然形に、「よう」はそれ以外の動詞の未然形に接続する。【3】「(よ)う」が今まさに決意したことを意思表示するのに対して、「つもりだ」は、発話時点でそのような意志を有しており、意思表示している点では同じであるが、必ずしもその時点で決意したわけではない。それ以前に決意・予定・計画したことの意思表示である。また、肯定的な意志と否定的な意志との区別なく表わすことができる。【4】「まい」は、否定の意志を表わす。すなわち、話し手があることをしないと意思表示する表現である。接続のしかたは、五段動詞では終止形に、それ以外の動詞では未然形に接続するのが本来であるが、すべての動詞にわたって終止形に接続する傾向にある。特に、「する」は「しまい」「すまい」「するまい」の形式が併用されている。

参照▼(よ)う⇒999-64　まい⇒999-64

999-74 そうだ／とのことだ

〔関連語〕◆(んだって)

共通する意味★伝聞を表わす。

使い方▼〔そうだ〕▽天気予報によると、午後から雨が降るそうだよ▽ご結婚なさったそうで、おめでとうございます 〔とのことだ〕▽新聞によると、首相は来月渡米するとのことだ▽大臣が視察に来るとのことだったが、延期になった

	彼は明日退院する▯	今日晴れる▯ったが、雨が降った
そうだ	○	-
とのことだ	○	○

使い分け【1】伝聞、すなわち話の内容が他から伝え聞いたものであることを表わすには、一般に「そうだ」を用いるが、「とのことだ」も伝聞の意を表わす。情報源は、「…によると」「…の話では」などの形式によって示す。【2】「そうだ」は、過去を表わす形式が欠けていることからも分かるように、情報を入手した時点は問題ではない。したがって、「昨日の話では、計画は中止だそうだった」とは言えない。また、情報の内容が事実であると、話し手が発話時点において認めていることを表わすため、伝聞の内容が事実と食い違うことが判明したときには用いることができない。したがって、「彼は高校生だそうだが、本当は中学生だ」とは言えない。【3】「とのことだ」は、その情報が他からのものであるということを表わすだけであり、発話時点でその内容が事実と符合するかどうかは問題としない。したがって、情報を入手した時点が以前であれば過去の形で表現することも可能であり、発話時点において情報の内容が事実と異なっている場合にも用いることができる。

〔関連語〕◆(んだって)日常会話で多く用いられる。「彼はA大学に合格したんだって」

999-75 てはいけない／てはならない

〔関連語〕◆(ことはならない)◆(ことはいけない)◆(てはいけない)◆(たらだめ(だ))◆(てはだめ(だ))◆(ものではない)◆(べからず)

共通する意味★禁止を表わす。

使い方▼〔てはいけない〕▽このままうちに帰ってはいけないですか▽こら、土足で入ってはいけない！ 〔てはならない〕▽もう二度と戦争など起こしてはなりません▽決してうそをついてはならないという教えを破ってしまった

使い分け【1】「てはいけない」は、相手に向かってその行為を禁止するような場面で多く使われる。有無を言わせずに禁ずるというときだけでなく、その行為は好ましくない、といった態度で相手の行為を認めようとしない場合にも使える。ただ、自分より目上の人に対しては、この表現を使わずに依頼(「…ないでください」など)や提案(「…ないほうがい

い」など)の形を使うことが多い。【2】「てはならない」も、ある動作や行為を禁ずる表現だが、義務感や責任感から当然禁ずるべきだと思われる事柄の場合に使われる。「てはいけない」は、ある個人のある行為をその場面で取り上げて禁止することが多いのに対し、「てはならない」は、一般論として許されない行為やあるまじき行為を並べ上げるといった客観的な表現で、法律の条文などに多く見られる。たとえば、「来てはならないところに来てしまった」というと、規則などで禁じられているような意味合いが感じられるが、「来てはいけないところに来てしまった」というと、他の人は来てもかまわないかもしれないが自分にとってはよくないという個人的な禁止意識が強く感じられる。【3】丁寧な言い方としては「てはいけません」「てはなりません」、会話体では「ちゃいけない」「ちゃならない」がある。また、西日本の方言などで、男性がきびしく禁ずる場合に「てはいかん」「てはならん」を用いる。また、文章などで「てはならぬ」を使うこともある。

【関連語】◆**(ことはいけない・ことはならない)**いくつかの禁止項目を列挙したりする場合に用いられることが多い。「許可された者以外立ち入ることはならない」◆**(てはだめ(だ)・たらだめ(だ))**「てはいけない」より会話的で少しやわらかい表現。「つまみ食いしてはだめだよ」「そんなふうに病人を動かしたらだめですよ」◆**(ものではない)**「てはならない」よりやわらかい表現。「男の子はいつまでもめそめそするものではない」◆**(べからず)**掲示・看板に多く見られる文語的な禁止表現。「芝生に入るべからず」

参照▼ものではない⇒999-71

999-76 までもない／には及(およ)ばない／ことはない

共通する意味★不必要を表わす。

使い方▼〔までもない〕▽そのことについてなら、いまさら話し合うまでもありません▽夫の実家より自分の実家の方が気が楽なのは言うまでもない　〔には及ばない〕▽①ちょっと血圧が高いだけですから、それほど心配するには及びません▽②駅までお送りしましょうかと申し上げましたら、奥様はそれには及ばないとおっしゃいまして…　〔ことはない〕▽たいしたテストじゃないんだから、できなくたってそんなに落ちこむことはないよ▽弁論大会だからといって大げさなテーマを取り上げることはありません、身近な問題を話せばいいんです

使い分け【1】三語とも、…しなくてもいい、そこまでする必要はない、という不必要の意味を表わす。【2】不必要には二種類の意味があり、一つは、わざわざそうする必要もないくらい、すでにある事柄がわかりきった事実になっている、だからいまさらそうすることにあまり意味はない、という場合、もう一つは、そうすることが必要とされる状況ではない、そこまでしてはかえってよくない、という場合である。「までもない」は前者の用法のみで、「には及ばない」「ことはない」は、前・後者両方の用法を持つが、後者の用法が中心である。例えば「離婚の原因について は両親に話すまでもない」は、両親はすでに離婚の原因を知っているのだから今さら改めて話す必要はない、ということを意味し、「には及ばない」「ことはない」を使うと後者の用法に傾き、離婚の原因は当事者が知っていればいいことで、関係のない両親にまで話す必要はない、という意味になる。また、「離婚の原因については他人に話すには及ばない(ことはない)」は後者の用法のみで、離婚の原因について身近な人には話す必要があるかもしれないが、関係のない他人にまで話す必要はない、という意味である。【3】「には及ばない」だけが名詞をそのまま受けることができる。例文①は「ご心配には及びません」の方が会話では普通である。

参照▼ことはない⇒999-72

999-77 て(も)いい／たっていい／て(も)けっこうだ／て(も)かまわない／たってかまわない／て(も)さしつかえない

共通する意味★許容・許可を表わす。

使い方▼〔て(も)いい〕▽先生、明日お宅に伺ってもいいでしょうか　〔たっていい〕▽みんなが行くと言うなら一緒に行ったっていいけど、あまり気が進まないな　〔て(も)けっこうだ〕▽パーティーには、だれをつれて来てもけっこうだ　〔て(も)かまわない〕▽連絡が取れるなら、どこにいてもかまわないよ　〔たってかまわない〕▽電話番をしているのが退屈なら、テレビを見ていたってかまわないんだよ　〔て(も)さしつかえない〕▽一日一合程度のお酒なら飲んでもさしつかえない

使い分け【1】いずれも、この程度のことなら認める、許す、という気持ちを表わす。ただ、「いい・けっこうだ」と「かまわない・さしつかえない」をくらべると、前者の方が積極的に認める気持ちが強く、後者は歓迎はしないが特に文句は言わないといった消極的態度が感じられる。【2】否定の許容は、「なくて(も)いい」「ないで(も)いい」などの形で表わされるが、…しなくても許されるの意味から発展して、…する必要はないという不必要のニュアンスになることも多い。「無職の場合はこの欄には何も書かなくていいそうです」【3】「てもよかった」と過去形にすると、過去の事実とは反対の状況のほうがよかったのにと、後悔・不満・非難などの気持ちで回想する用法となる。「こんなことなら、何も徹夜してまで仕上げなくてもよかったのに」【4】名詞や形容動詞を受ける場合は、「でもいい」「だってかまわない」などの形になる。「印鑑がなければサインでもかまいません

よ」【5】「言う」「思う」「考える」「見る」などの動詞を受けて、「と言ってもいい」「と見てよい」などの形で、比喩ひゅ的に言うと…と言える、…はほぼ確実である、といった態度を表わすこともできる。「出生率と死亡率の関係から、日本は急速に老齢化が進んでいると見てよい」

999-78 せる(させる)／す(さす) しむ

共通する意味★使役を表わす。

使い方▼**〔せる(させる)〕**▽①彼は娘に新聞を取りに行かせた▽②子どもを好きなだけ遊ばせた▽③彼女はちょっとした不注意で子どもを死なせた **〔す(さす)〕**▽死せる孔明生ける仲達を走らす **〔しむ〕**▽天に口なし人をもって言わしむ

使い分け【1】使役とは、ある者(使役主)が他の者(被使役主＝動作主)に動作を行わせることをいう。使役を表わす助動詞として、口語には「せる(させる)」、文語には「す(さす)」と「しむ」がある。【2】「せる」と「させる」は、「せる」が五段・サ変動詞に、「させる」が上一段・下一段・カ変動詞につくという接続上の違いであって用法上の違いはない。「せる(させる)」には他に、許容・放任(例文②)、間接的責任(例文③)の意を表わす用法がある。なお、「被使役主」を表わす助詞は、「に」を用いる場合と「を」を用いる場合とがある。これは動詞の違いによって使い分けられ、他動詞文ではもっぱら「に」を用いる(「生徒に本を読ませた」)。これに対して、自動詞文では、無意志動詞の場合には「を」しか用いられない(「人工的に雪を降らせた」)が、意志動詞の場合には「を」だけではなく「に」も用いられる場合がある(「息子を(に)大学に行かせた」)。【3】「す」「さす」は、文語で用い、四段・ナ変・ラ変動詞には「す」が、上一段・上二段・下一段・下二段・サ変・カ変動詞には「さす」が接続する。中古(平安時代)に発生した助動詞で、主に和文で用いられた。現代でも、西日本の方言では「さす」を用いることもある(「彼に大学を受けさす」)。【4】「しむ」も文語で、上代(奈良時代)から用いられたが、「す(さす)」の発生した中古以降は主に漢文訓読文で用いられるようになった。

類語例解辞典

英語表現索引

1、この索引は、本辞典に収録した、
類語グループの中心となる語にほぼ相当する英語表現を
アルファベット順に配列したものである。
2、配列にあたっては、a ; the などの冠詞や、to + V の型で示した動詞の to は省略した形で配列した。
3、英語表現のあとに示した日本語は、本辞典の見出し欄で掲げた語形である。
したがって、英語表現の品詞とは一致しないものもある。
4、右端の数字は、
その英語表現が示されている分類グループのコード番号である。

A

to abandon ---- 突き放す ---- 904-34
abandonment ---- 遺棄 ---- 120-67
the ABC ---- 初歩 ---- 814-07
abdomen ---- 腹 ---- 010-09
the abdomen ---- 下腹 ---- 010-11
ability ---- 能力 ---- 207-01
〃 ---- 器量 ---- 207-02
〃 ---- 腕 ---- 207-14
an able official ---- 能吏 ---- 503-20
ablution ---- 潔斎 ---- 604-28
abolition ---- 撤廃 ---- 120-46
〃 ---- 廃棄 ---- 120-66
abominable ---- いとわしい ---- 216-27
aboriginality ---- 土着 ---- 119-04
about the middle (of) ---- 中頃 ---- 817-27
about this time ---- 今ごろ ---- 816-19
above the sea ---- 標高 ---- 808-25
abrasion ---- 擦り傷 ---- 017-20
abruptly ---- 不意 ---- 815-44
absence ---- 不在 ---- 119-08
absence from office〔school〕 ---- 欠席 ---- 502-32
absence from the ring ---- 休場 ---- 615-23
absence from the stage ---- 休演 ---- 615-23
absentee voting ---- 不在者投票 ---- 507-39
absentmindedly ---- うっとり ---- 209-43
〃 ---- ぼんやり ---- 209-44
absentmindedness ---- 放心 ---- 209-39
absorbedly ---- うっとり ---- 209-43
absurd ---- とんでもない ---- 819-27
an absurd view ---- 愚論 ---- 613-10
absurdity ---- 不合理 ---- 806-14
abuse ---- 減らず口 ---- 517-17
〃 ---- 悪口 ---- 517-22
the academic world ---- 学界 ---- 506-02
an accent ---- 訛 ---- 607-22
to accept ---- 受け入れる ---- 517-62
accessories ---- 装身具 ---- 403-01
an accident ---- 事故 ---- 518-02
〃 ---- 変 ---- 518-03
〃 ---- 遭難 ---- 519-22
an accidental resemblance ---- そら似 ---- 102-16
to accompany ---- 添う ---- 516-40
to accomplish ---- 果たす ---- 814-40
〃 ---- やり遂げる ---- 814-41
accomplishment ---- 完遂 ---- 814-45
accomplishments ---- 素養 ---- 207-24
according to one's due ---- 相応 ---- 918-09
accounting ---- 経理 ---- 512-21
to accumulate ---- 盛る ---- 904-05
accumulation ---- 集積 ---- 904-08
〃 ---- 蓄積 ---- 904-09
accuracy ---- 正確 ---- 810-46
an accusation ---- 告訴 ---- 508-20
achievement ---- 達成 ---- 814-36
achievements ---- 実績 ---- 520-03
〃 ---- 業績 ---- 520-02
〃 ---- 業績 ---- 818-26
to acknowledge (a person's) services ---- ねぎらう ---- 216-07
acknowledgement ---- 認定 ---- 208-30
an acquaintance ---- 知り合い ---- 516-57
to acquire ---- 獲得 ---- 115-03
acrid ---- えぐい ---- 107-17
acrobatics ---- 曲芸 ---- 615-50
an act ---- 所業 ---- 114-04
〃 ---- 幕 ---- 615-11
to act violently ---- 暴れる ---- 204-27
an action ---- 行為 ---- 114-01
action ---- しぐさ ---- 114-05
active ---- 積極的 ---- 201-49
an active volcano ---- 活火山 ---- 702-26
an actor〔actress〕 ---- 役者 ---- 615-30
actual feeling ---- 実感 ---- 209-35

an actual profit 実利 512-53
the actual thing 現品 420-06
actuality 現実 807-02
acute pain 激痛 111-08
adaptation 改作 616-37
〃 適合 818-14
to add 加える 913-01
adding up 合算 808-12
addition 算入 808-15
additional printing 増刊 619-21
an address 住所 817-72
adjacency 隣接 905-07
〃 近接 905-09
administration 管理 507-43
admirable 殊勝 201-37
Admiral 海軍大将 510-07
admiration 感服 517-02
to admire 褒めたてる 520-09
admission into a school 入学 602-57
to admonish 戒める 602-43
an adult 大人 303-14
adultery 不倫 307-04
to advance 進む 113-03
〃 暮れる 715-12
to advance suggestions 建議 613-24
advanced 高度 819-05
an adventure 冒険 114-14
to advertise 宣伝 619-12
advocation 提唱 612-29
affability 人当たり 205-01
affected 伊達 217-09
affection 愛情 216-02
〃 恋情 216-03
affinity 相性 201-12
〃 類縁 918-06
to affirm 言い切る 612-33
affirmation 肯定 517-63
afforestation 造林 505-46
after 後 816-25
after a long time 久し振り 816-37
after that その後 816-28
after the rain 雨上がり 713-39
an afterglow 余光 715-29
afternoon 午後 711-43
an aftershock 余震 319-06
again また 815-15
age 年 303-03
one's age at death 享年 304-35
an agenda 議題 613-22
agile 速い 204-01
agility 敏捷 204-02
to agitate けしかける 515-48
ago 前前 816-03
agreement 賛成 220-16
〃 同感 220-18
〃 合致 818-15
an agreement 約款 508-04
〃 協約 515-36
〃 妥結 515-41
agricultural produce 農作物 505-36
agriculture 農業 505-19
〃 農耕 505-23
aid 救護 120-35
an aide 側近 511-48
an aim 心当たり 208-56
〃 目的 208-61
to aim (at) 目指す 220-21
〃 ねらう 220-26
air 大気 712-01
the air 空中 817-15
air transportation 空輸 505-83
an airplane 飛行機 505-66
an airport 飛行場 505-67
an alarm clock 目覚まし時計 419-10
(an) alias 通称 320-10
an alien 異邦人 305-41
alienation 乖離 904-37
alignment 同調 205-36
all 万般 805-09
〃 挙げて 805-28
all ages to come 末代 815-68
all day (long) 終日 711-34
all night 終夜 711-51
all of a sweat 汗だく 015-06
all one's life 終生 302-04
all one's power 全力 101-44
all people 万人 808-65
all the area 全域 805-12
all the members 全員 808-63
an allegory 諷喩 611-08
an allowance 手当て 513-21
an ally 同盟国 507-09
alone 一人 808-66
along a railwayline 沿線 705-42
aloofness from the world 飄飄 204-14
already もう 816-04
〃 とうに 816-05
an altar 戒壇 604-57
an alternate 補欠 807-16
alternately 代わる代わる 817-10
alternation 交替 908-20
alternation of joy and sorrow 一喜一憂 210-42

an alternative method	別途	812-04
altogether	残らず	805-29
〃	合わせて	808-14
always	いつも	815-23
〃	始終	815-24
an amateur	素人	305-34
amazement	驚嘆	210-04
ambiguous	曖昧	810-48
〃	あやふや	810-48
ambition	野心	218-26
an ambush	伏兵	510-15
amiability	愛想	205-02
among the mountains	山間	702-34
amorousness	好色	218-32
an amulet	お札	604-77
amusement quarters	盛り場	705-07
amusements	催し	605-03
〃	遊び	617-08
amusement(s)	娯楽	617-07
analysis	分析	601-23
an ancestor	先祖	314-17
anchoring	停泊	505-53
ancient and modern times	古今	816-14
ancient people	古人	305-40
and	そして	816-29
〃	それで	913-29
〃	及び	913-31
an anecdote	逸話	612-60
an angel	天使	604-31
anger	怒り	212-01
to angle	釣る	505-71
an angle	角	811-03
an animal	動物	719-02
the ankle	踝	009-07
an annex(e)	別館	412-06
to annihilate	絶やす	913-22
annihilation	全滅	913-24
the anniversary of (a person's) death	回忌	605-20
an annotation	注	610-15
to announce	発表する	514-03
〃	申し付ける	612-38
announcement	発表	514-03
〃	お披露目	615-56
annual	年次	711-04
another section	別項	609-39
another world	別世界	604-47
another's eyes	はた目	103-30
an answer	答え	613-52
to answer	答える	613-52
an answer	返事	613-53
an answer	受け答え	613-55
an antagonistic color	反対色	716-05
an anthology	選集	619-40
〃	歌集	619-56
antipathy	反感	216-38
anti-war	反戦	509-43
an antonym	反意語	607-13
anxiety	気がかり	214-01
an apartment house	長屋	411-13
to apologize	謝る	515-73
an apology	弁解	613-31
an apparition	化け物	604-41
to appear	現れる	514-08
to appear and disappear	見え隠れ	113-26
one's appearance	なり	001-09
appearance	風采	001-10
〃	世間体	001-12
〃	出現	514-11
appetite (for food)	食欲	218-30
applause	喝采	520-07
an appliance	器具	418-04
application	応用	117-03
〃	出願	613-39
the application of laws	法例	508-03
to apply	塗る	416-12
〃	申し込み	613-38
the appointed hour	定時	815-10
appointment	任命	517-75
〃	起用	517-76
〃	指定	602-35
appreciation	賞味	107-02
〃	鑑賞	208-72
apprentice	徒弟	503-31
to approach	近付く	905-06
appropriate	ふさわしい	918-20
approval	決裁	208-31
〃	賛成	220-16
approximately	おおよそ	805-18
approximation	近似	918-06
Arabic numerals	アラビア数字	607-35
arbitrary decision	独り決め	220-12
arbitration	仲裁	515-30
archaic	古風	606-11
an area	区域	805-02
the arm	腕	008-02
the armpit	わきの下	010-06
arms	兵器	510-19
〃	武具	510-30
an army	軍隊	510-10
around	辺	817-36
to arrange	調える	915-13

arrangement 配置 903-50
〃 配列 904-22
arrangements 手回し 120-23
arrearage 滞納 115-19
to arrest 逮捕 520-55
arrest 拘引 520-56
〃 縛 520-60
arrest of bleeding 血止め 018-10
arrival 到着 814-44
to arrive before 先回り 120-14
arrogance 傲慢 217-18
arrogant 野放図 203-38
〃 尊大 217-16
arrogation 越権 508-27
an arrow 矢 510-40
an arrowhead 矢じり 510-39
art 芸術 614-01
an art 芸 615-01
the art of drawing 画法 614-04
the art of invisibility 忍術 510-52
an artery 動脈 018-03
an article for sale 売り物 420-10
artificiality 人工 910-08
the artiste world 芸能界 506-02
artless あどけない 206-03
as if まるで 918-07
as like as two peas 瓜二つ 918-10
as may be expected さすがに 819-58
as was expected 果たせるかな 208-78
ascent and descent 上り下り 903-07
to ascertain 確かめる 613-47
ash (es) 灰 714-25
ashamed 気恥ずかしい 217-27
to ask 頼む 218-09
〃 誘う 515-47
〃 尋ねる 613-43
an aspect of life 世相 801-05
aspiration 志 220-03
assassination 暗殺 520-36
assent 納得 208-35
to assent (to) 受け入れる 517-62
to assert 言い立てる 612-32
assertion 主張 612-30
to assign 割り当てる 513-28
an assistant official 助役 502-43
an association 協会 504-34
association 付き合い 515-01
an assortment 詰め合わせ 419-42
astonishment 驚き 210-04
at a stroke 一気に 815-34
at any rate 何しろ 819-60
(at) any time 随時 815-11
at bedtime 寝ぎわ 112-04
at close range 至近 817-37
at last やっと 816-36
at least 少なくとも 819-53
at once すぐ 815-42
an atmosphere 雰囲気 801-13
an atrocity 凶行 520-24
atrocity 非道 520-30
to attack 攻撃 509-13
an attack by a mobile unit 遊撃 509-19
to attempt はかる 208-22
to attend 従う 516-26
to attend one's office 出勤 502-25
attendance 来場 504-16
〃 付き添い 516-39
attention 注意 120-11
an attested copy 謄本 610-37
an attitude 姿勢 203-01
one's attitude 進退 517-82
attraction 招致 516-09
an attraction 人寄せ 516-68
an auction 競り市 503-33
auction 競り売り 512-08
an audience お目見え 516-05
〃 接見 516-06
to audit 聴講 104-12
an aunt おば 314-13
an auspicious day 吉日 711-30
an auspicious event 吉事 318-06
an author 作者 616-47
〃 作家 616-49
an authority 権威 305-06
authority 権勢 508-25
〃 典拠 802-06
〃 原拠 802-06
authorization 権限 508-22
an autobiography 自伝 616-11
autumn 秋 710-12
an autumn rain 秋雨 713-28
an autumn wind 秋風 713-48
to avail oneself of 甘える 205-38
average 人並み 918-13
to avoid 避ける 120-58
to awake (to) 目覚める 112-36
to awaken 目覚め 112-35
awaking 覚醒 112-37
to award 与える 115-14
awe 畏怖 215-01
awkward ぎごちない 204-38
an ax 鉈 416-23

B

a baby ---- 赤ん坊 ---- 311-02
baby talk ---- 喃語 ---- 612-55
a baby warmer ---- 懐炉 ---- 419-11
the back ---- 背 ---- 010-08
〃 ---- 後ろ ---- 817-06
the back side ---- 裏側 ---- 817-79
a back street ---- 裏通り ---- 705-28
a background ---- 背景 ---- 817-07
bad ---- 悪い ---- 818-04
a bad custom ---- 悪風 ---- 606-17
a bad drunk ---- 酒癖 ---- 409-21
a bad friend ---- 悪友 ---- 516-53
a bad habit ---- 悪癖 ---- 201-17
bad handwriting ---- 悪筆 ---- 609-36
a bad man ---- 悪人 ---- 305-46
bad quality ---- 悪質 ---- 819-36
a bad reputation ---- 悪評 ---- 613-34
a bad road ---- 悪路 ---- 705-34
a bad smell ---- 悪臭 ---- 105-10
a badge ---- 記章 ---- 608-27
a bag ---- 鞄 ---- 403-22
〃 ---- 袋 ---- 419-38
baggage ---- 荷物 ---- 419-41
balance ---- 釣り合い ---- 917-01
to balance ---- 見合う ---- 918-19
baldness ---- 禿 ---- 002-08
a ball ---- 球 ---- 620-43
a bamboo sword ---- 竹光 ---- 510-35
a bamboo thicket ---- 竹藪 ---- 720-47
a band ---- 楽団 ---- 614-34
banishment ---- 追放 ---- 120-52
a bank ---- 銀行 ---- 512-18
〃 ---- 堤防 ---- 707-08
banking facilities ---- 金融機関 ---- 512-17
bankruptcy ---- 破産 ---- 512-59
the bank(s) ---- 河畔 ---- 704-19
a banner ---- 軍旗 ---- 608-18
a banquet ---- 宴席 ---- 409-24
〃 ---- 盛宴 ---- 409-25
a bar ---- 酒場 ---- 503-45
barbarous ---- 蛮カラ ---- 204-30
bare feet ---- はだし ---- 009-10
bare skin ---- 素肌 ---- 012-02
barely ---- ぎりぎり ---- 816-16
〃 ---- やっと ---- 816-36
bark ---- 樹皮 ---- 720-17
a barn ---- 物置 ---- 412-37
a barrel ---- 樽 ---- 410-10
barren land ---- 痩せ地 ---- 702-20
barrenness ---- 不毛 ---- 702-23
a barrier ---- 難関 ---- 519-19
a base ---- 基地 ---- 510-01
〃 ---- 拠点 ---- 802-05
a baseball ---- 野球 ---- 620-36
a basic salary ---- 本給 ---- 513-24
the basis ---- 基礎 ---- 802-01
a basket ---- 籠 ---- 419-02
a bastard ---- 私生児 ---- 311-19
bastard of a noble ---- 落胤 ---- 311-20
a bath ---- 風呂 ---- 414-01
a bathhouse ---- 銭湯 ---- 414-03
bathing ---- 垢離 ---- 604-27
a bathtub ---- 湯船 ---- 414-02
a battle ---- 合戦 ---- 509-01
〃 ---- 交戦 ---- 509-02
a battlefield ---- 戦場 ---- 509-07
a bay window ---- 出窓 ---- 417-10
to be ---- 居る ---- 901-01
to be absorbed (in) ---- 打ち込む ---- 209-46
to be accompanied by ---- 引き連れる ---- 516-37
to be accustomed to hear(ing) ---- 聞きつける ---- 104-03
to be afraid (of) ---- 恐れる ---- 215-02
to be anxious (about) ---- 案じる ---- 214-04
to be apart ---- 隔たる ---- 904-35
to be apt to (do) ---- ともすれば ---- 815-21
(to be) ashamed (of) ---- 恥じる ---- 217-25
to be astonished ---- 驚く ---- 210-05
to be attendant (on) ---- 付随 ---- 906-02
to be based on ---- 基づく ---- 802-17
to be beyond ---- 絶する ---- 814-54
to be boiled down ---- 煮詰まる ---- 408-08
to be born ---- 誕生 ---- 019-04
〃 ---- 生まれる ---- 301-06
to be born again ---- 生まれ変わる ---- 301-10
to be breathing faintly ---- 虫の息 ---- 014-07
to be broken ---- 壊れる ---- 909-03
to be bulky ---- かさばる ---- 908-59
to be carried beyond ---- 乗り越す ---- 903-21
to be caught ---- 捕まる ---- 520-57
to be choked ---- 噎せる ---- 014-04
to be choked (up) ---- つかえる ---- 906-14
to be concerned with ---- 携わる ---- 905-13
to be concluded ---- 成り立つ ---- 814-39
to be confined ---- 閉じこもる ---- 907-05
to be confused ---- あわてる ---- 210-46
to be congested ---- 込む ---- 504-23
to be contented (with) ---- 満ち足りる ---- 213-05
to be cured (of) ---- 治る ---- 020-12
to be decided ---- 決まる ---- 613-28
to be defeated ---- 負ける ---- 620-16

英語表現索引

to be delighted ---- 喜ぶ ---- 210-13
to be discovered ---- ばれる ---- 514-12
to be disheartened ---- 挫ける ---- 209-41
〃 ---- しょげる ---- 210-34
to be distorted ---- ゆがむ ---- 908-38
to be distressed ---- 苦しむ ---- 211-07
to be distressed (with) ---- 悩む ---- 210-26
to be dutiful to one's parents ---- 孝行 ---- 603-10
to be effective ---- 利く ---- 818-23
to be empty ---- すく ---- 811-30
to be enough ---- 足りる ---- 913-25
to be enthusiastic ---- 意気込む ---- 219-16
to be exhausted ---- ばてる ---- 111-27
to be fascinated (by) ---- 見とれる ---- 103-03
to be finished ---- 出来る ---- 814-39
to be fond of ---- 愛する ---- 216-05
to be foppish ---- やに下がる ---- 307-08
(to be) fussy ---- こせこせ ---- 204-10
to be glad ---- 喜ぶ ---- 210-13
to be granted ---- 授かる ---- 115-47
to be half asleep ---- 寝ぼける ---- 112-22
to be haughty ---- 威張る ---- 217-11
(to be) hesitant ---- うじうじ ---- 204-34
to be hungry ---- ひもじい ---- 111-19
〃 ---- 飢える ---- 111-20
to be idle ---- 怠ける ---- 203-13
to be impatient ---- 焦る ---- 210-47
to be in a fix ---- 手詰まり ---- 211-09
to be in a rage ---- いきり立つ ---- 212-08
to be in charge of ---- 受け持つ ---- 502-20
to be in difficulties ---- 難渋 ---- 211-09
to be in high spirits ---- 勇む ---- 219-15
to be in love with ---- 恋仲である ---- 515-04
to be infatuated (with) ---- のぼせる ---- 209-50
to be infected (with) ---- 感染 ---- 017-13
to be inferior to ---- 劣る ---- 914-11
to be inspired (by) ---- 発奮 ---- 219-17
to be irritated ---- じれる ---- 210-48
to be jealous (of) ---- ねたむ ---- 216-34
to be killed in a war ---- 戦死 ---- 304-16
to be laid up (with illness) ---- 寝つく ---- 112-05
to be latent ---- 潜在 ---- 901-05
to be moved ---- ほだされる ---- 216-53
to be muddy ---- ぬかる ---- 908-43
to be nervous (about) ---- かりかり ---- 210-51
to be paralysed ---- 痺れる ---- 111-12
to be particular (about) ---- こだわる ---- 209-53
to be peevish ---- ぐずる ---- 204-40
to be piled up ---- 重なる ---- 904-06
to be poisoned (with) ---- かぶれる ---- 017-32
to be preeminent ---- ぬきんでる ---- 818-37
to be prepared (for) ---- 待つ ---- 120-27
to be prolonged ---- 長引く ---- 814-75
to be proud (of) ---- 誇る ---- 217-01
to be put out ---- 消える ---- 714-17
to be put to rout ---- 敗走 ---- 113-38
to be puzzled ---- 迷う ---- 220-29
to be rampant ---- はびこる ---- 915-10
to be ranged ---- 並み居る ---- 904-19
to be renewed ---- 改まる ---- 908-06
(to be) restless ---- そわそわ ---- 204-08
to be restored ---- なおる ---- 908-15
to be ruined ---- 落ちぶれる ---- 914-18
to be sad ---- 悲しむ ---- 210-22
to be saved ---- 助かる ---- 517-58
to be scared (at) ---- おびえる ---- 215-02
to be settled ---- 片付く ---- 814-42
to be sharpened ---- 尖る ---- 811-15
to be shocked (at, by) ---- 呆れる ---- 210-07
to be slight intoxication ---- 微酔 ---- 409-18
to be slightly sweaty ---- 汗ばむ ---- 015-05
to be slow ---- ぐずつく ---- 814-72
to be soaking wet ---- びしょ濡れ ---- 713-65
to be sore ---- 爛れる ---- 017-33
to be stained with dirt ---- 垢染みる ---- 015-08
to be startled (at) ---- ぎくり ---- 215-11
to be steamed ---- 蒸れる ---- 408-06
to be sticky ---- 粘る ---- 908-54
〃 ---- ねばつく ---- 908-55
to be stingy ---- 物惜しみ ---- 214-11
to be submissive ---- 言いなり ---- 205-37
to be surprised ---- 驚く ---- 210-05
to be swift of foot ---- 快足 ---- 110-08
to be thirsty ---- 渇く ---- 111-23
to be tired out ---- ばてる ---- 111-27
to be tired out (to death) ---- へとへと ---- 111-28
to be transmitted ---- 伝わる ---- 618-23
to be transparent ---- 透き通る ---- 908-47
to be unworldly ---- 世間離れ ---- 204-16
to be unwounded ---- 無傷 ---- 017-28
to be upset ---- どぎまぎ ---- 210-50
to be useful ---- 役立つ ---- 818-25
to be well-equipped ---- 完備 ---- 120-25
to be wet ---- 湿る ---- 713-66
to be worn out ---- へとへと ---- 111-28
to bear ---- 産む ---- 019-03
to bear a grudge ---- 恨む ---- 216-32
to bear fruit ---- 実る ---- 720-36

to bear in mind ---------- 銘記 ---------- 602-18
a beard ---------- 顎髭 ---------- 007-05
a beast ---------- けだもの ---------- 719-03
to beat ---------- 鼓動 ---------- 018-04
to beat high ---------- 高鳴る ---------- 210-08
a beaten track ---------- 常軌 ---------- 812-06
beating time with the hand
---------- 手拍子 ---------- 614-30
beautiful ---------- 美しい ---------- 206-07
beautiful scenery ---------- 明媚 ---------- 810-21
a beautiful young girl ---------- 美少女 ---------- 306-10
a beauty ---------- 美人 ---------- 306-10
beauty culture ---------- 美容 ---------- 404-09
to be〔become〕tired ---------- 疲れる ---------- 111-26
to become ---------- 成る ---------- 814-39
to become a disciple of (a person)
---------- 師事 ---------- 602-58
to become accustomed to
---------- 慣れる ---------- 602-09
to become amorous ---------- 色めく ---------- 206-14
to become bald ---------- 禿げる ---------- 002-09
to become bloodshot ---------- 血走る ---------- 018-09
to become clear ---------- 晴れる ---------- 713-07
to become cloudy ---------- 曇る ---------- 713-13
to become desolate ---------- 衰える ---------- 914-13
to become dim ---------- ぼやける ---------- 908-50
to become dirty ---------- 汚れる ---------- 908-49
to become disgusted (with)
---------- うんざり ---------- 210-33
to become dull ---------- 鈍る ---------- 914-12
to become empty ---------- 空く ---------- 111-17
to become fatigued〔exhausted〕
---------- 疲れる ---------- 111-26
to become hoarse ---------- しわがれる ---------- 108-08
to become hollow ---------- へこむ ---------- 811-16
to become indignant ---------- 小腹 ---------- 212-05
to become loose ---------- ほつれる ---------- 915-02
to become muddy ---------- 濁る ---------- 707-15
to become pregnant ---------- 妊娠 ---------- 019-01
〃 ---------- 孕む ---------- 019-02
to become quiet ---------- 静まる ---------- 810-11
to become senile ---------- 惚け ---------- 303-28
to become silent ---------- 黙る ---------- 612-70
to become slim ---------- ひょろひょろ ---------- 001-30
to become sober ---------- 引き締まる ---------- 109-29
to become thin ---------- やせる ---------- 001-29
to become weak ---------- 衰える ---------- 914-13
a bed ---------- 寝台 ---------- 417-17
bedding ---------- 寝具 ---------- 419-34
a bedding ---------- 寝床 ---------- 417-16
a bedroom ---------- 寝室 ---------- 412-17
one's bedside ---------- 枕元 ---------- 112-31
before ---------- 前 ---------- 817-03
before and behind ---------- 前後 ---------- 817-09
before long ---------- 近日 ---------- 816-31
beforehand ---------- 前もって ---------- 816-17
〃 ---------- 未然 ---------- 911-13
to begin ---------- 始まる ---------- 814-20
〃 ---------- 始める ---------- 814-21
to begin to write ---------- 書き出す ---------- 609-15
a beginner ---------- 初心者 ---------- 305-32
the beginning ---------- 冒頭 ---------- 610-07
〃 ---------- 手始め ---------- 814-01
〃 ---------- 当初 ---------- 814-02
〃 ---------- 始まり ---------- 814-09
〃 ---------- 開始 ---------- 814-10
〃 ---------- 序の口 ---------- 814-13
the beginning of a book
---------- 巻頭 ---------- 610-08
the beginning of the year
---------- 年頭 ---------- 710-20
the beginning of the month
---------- 月初め ---------- 711-14
to behave ---------- 振る舞う ---------- 114-10
behavior ---------- 立ち居振る舞い ---------- 114-07
〃 ---------- 品行 ---------- 114-11
a belch ---------- げっぷ ---------- 014-08
belief ---------- 信念 ---------- 220-05
〃 ---------- 信仰 ---------- 604-02
believer ---------- 信者 ---------- 604-76
a bell ---------- 鈴 ---------- 419-23
one's belongings ---------- 持ち物 ---------- 420-07
beloved ---------- 懐かしい ---------- 216-10
one's beloved child ---------- 愛児 ---------- 311-15
one's beloved wife ---------- 恋女房 ---------- 309-04
a belt ---------- 帯 ---------- 401-30
to bend ---------- 曲げる ---------- 908-32
〃 ---------- 曲がる ---------- 908-33
〃 ---------- 折り曲げる ---------- 908-34
bending ---------- 屈曲 ---------- 908-36
benevolence ---------- 恩愛 ---------- 216-49
a bent back ---------- 及び腰 ---------- 101-27
bereavement ---------- 死別 ---------- 516-23
to besmear ---------- 塗りたくる ---------- 416-13
the best ---------- 最良 ---------- 819-09
〃 ---------- 極上 ---------- 819-11
one's best clothes ---------- 晴れ着 ---------- 401-04
one's best friend ---------- 親友 ---------- 516-50
one's best performance
---------- 十八番 ---------- 207-17
to bet ---------- 賭ける ---------- 513-29
to betray ---------- 背く ---------- 517-34
betrayal ---------- 内応 ---------- 517-36
a better hand (at) ---------- 上手 ---------- 207-42
between-season wear ---------- 合い着 ---------- 401-09
a bibliography ---------- 書誌 ---------- 619-60

英語表現索引

big ―― 大きい ―― 809-02
a big body ―― 巨体 ―― 001-22
a big eater ―― 大食い ―― 106-08
a big pile ―― 山積 ―― 904-10
a big power ―― 強国 ―― 507-06
bigot ―― 偏屈 ―― 201-54
bigoted ―― かたくな ―― 203-24
bigotry ―― 頑迷 ―― 203-23
to bilk ―― 焦げ付く ―― 115-32
a bill ―― 手形 ―― 513-35
〃 ―― 嘴 ―― 719-06
to bind ―― 綴じる ―― 109-15
a biography ―― 伝記 ―― 616-10
a bird ―― 鳥 ―― 719-05
a bird's-eye view ―― 鳥瞰 ―― 103-17
a bit ―― 一寸 ―― 808-54
to bite ―― 噛む ―― 106-04
〃 ―― 齧る ―― 106-05
to bite to death ―― 噛み殺す ―― 520-37
bitter ―― 苦い ―― 107-15
〃 ―― 辛辣 ―― 205-23
bitter tongue ―― 舌端 ―― 612-21
bitterness ―― 苦み ―― 107-16
〃 ―― 沈痛 ―― 210-35
black ―― 黒 ―― 716-13
〃 ―― 黒い ―― 716-14
black smoke ―― 黒煙 ―― 714-20
to blacken ―― 黒ずむ ―― 716-14
blackhearted ―― 腹黒い ―― 201-68
to blackmail ―― 巻き上げる ―― 115-07
〃 ―― ゆすり ―― 520-46
a blade ―― 刃 ―― 419-07
to blame ―― 苦しめる ―― 520-51
〃 ―― 責める ―― 613-48
a blank ―― 空白 ―― 901-06
a blank cartridge ―― 空砲 ―― 510-27
blankly ―― ぼんやり ―― 209-44
to blaspheme ―― 冒瀆 ―― 604-06
to bleed ―― 出血 ―― 018-06
to blend ―― 混ぜる ―― 109-25
a blind ―― 日除け ―― 417-13
to blink ―― 瞬く ―― 103-32
blockade ―― 封鎖 ―― 907-08
blond(e) ―― 金髪 ―― 002-05
blood ―― 血 ―― 018-01
〃 ―― 血しぶき ―― 018-07
a blood relative ―― 肉親 ―― 314-02
blood vessel ―― 血管 ―― 018-02
blood-relation ―― 血縁 ―― 314-04
bloodshed ―― 流血 ―― 018-07
bloodstained ―― 血まみれ ―― 018-08
bloody ―― 生臭い ―― 105-07
to bloom ―― 咲く ―― 720-34
to bloom all over ―― 咲き誇る ―― 720-35
a blouse ―― 上着 ―― 401-14
to blow ―― 吹く ―― 713-50
to blow off ―― 吹き飛ばす ―― 903-36
blowing up ―― 爆破 ―― 909-13
blue ―― 青 ―― 716-25
〃 ―― 青い ―― 716-26
a blue sky ―― 青空 ―― 701-02
(blue) veins ―― 青筋 ―― 018-02
a blueprint ―― 青写真 ―― 208-23
a bluff ―― 空威張り ―― 217-12
a blunder ―― ぽか ―― 114-22
blunt ―― そっけない ―― 205-08
bluntness ―― 無愛想 ―― 205-10
a board ―― 板 ―― 416-26
board ―― 船ばた ―― 505-60
a boast ―― 法螺 ―― 807-13
the body ―― 体 ―― 001-01
body ―― 柄 ―― 001-18
to boil ―― 茹でる ―― 408-04
〃 ―― 茹だる ―― 408-05
〃 ―― 沸く ―― 408-10
to boil up ―― 煮立つ ―― 408-09
to boil well ―― 煮込む ―― 408-08
boisterous ―― うるさい ―― 810-16
boldness ―― 大胆 ―― 201-46
to bolt (down) ―― かきこむ ―― 106-02
a bomb ―― 爆弾 ―― 510-23
bombing ―― 爆撃 ―― 509-17
a bone ―― 骨 ―― 011-02
a book ―― 本 ―― 619-28
a bookshelf ―― 本棚 ―― 417-05
a bookshop ―― 本屋 ―― 619-27
a bookstore ―― 本屋 ―― 619-27
boots ―― 靴 ―― 403-12
boredom ―― 退屈 ―― 209-60
boring ―― 穿孔 ―― 101-57
born and bred ―― 生一本 ―― 201-57
to borrow ―― 借りる ―― 115-28
a borrower ―― 借り主 ―― 115-34
both ―― 両人 ―― 320-17
both hands ―― 両手 ―― 008-04
both sides ―― 二手 ―― 805-37
a bottle ―― 瓶 ―― 410-09
the bottom ―― 裾 ―― 405-08
the bottom (of) ―― 底 ―― 817-21
the bottom of one's heart ―― 内心 ―― 209-25
the bottom of the water ―― 水底 ―― 704-12
a boundary ―― 境 ―― 811-28
a boundary line ―― 境目 ―― 815-52
boundless ―― 茫洋 ―― 809-18

a bouquet	花輪	419-30
a bow	弓	510-40
〃	お辞儀	515-66
bow and arrow	弓矢	510-40
a bowl	茶碗	410-06
a box	箱	419-39
a boy	坊や	306-19
〃	男の子	306-20
brain	脳	011-07
brains	頭脳	011-07
a brake	歯止め	418-05
a branch	派	504-39
〃	支社	505-18
〃	支流	704-05
〃	分流	904-44
a branch family	分家	314-07
a branch office	支署	504-43
to branch out	枝分かれ	904-43
a branch school	分校	602-52
brand-new	真新しい	810-26
brave	勇ましい	204-23
a brave figure	偉容	001-11
a brave general	勇将	510-09
a brave man	勇士	305-16
a brave woman	女傑	306-13
bravery	大胆	201-46
〃	勇気	204-24
brazenness	厚顔	205-28
a breach	違反	508-12
breach	絶交	515-25
a break	打開	519-28
〃	小降り	713-34
to break	折る	908-42
〃	壊す	909-01
a breakdown	物別れ	515-24
breakfast	朝食	406-03
to break(into)	踏み込む	113-44
breakup	解散	504-20
the breast	胸	010-07
the breasts	乳房	015-14
breath	呼吸	014-01
the breathing of a sleeping person	寝息	014-01
brewage	醸造酒	409-03
brewing	醸造	409-02
a bribe	賄賂	513-31
a bride	花嫁	308-11
a bridegroom	新郎	308-13
a bride's hood	角隠し	403-04
a bridge	橋	707-09
〃	陸橋	707-10
a bridgehead	橋頭堡	510-02
a bridle	手綱	419-05
brief	手短	810-36
a brief comment	コメント	613-33
bright	うららか	201-39
bright autumnal weather	秋晴れ	713-05
a bright man	秀才	305-09
to brighten	輝かす	715-23
brightly	てかてか	715-07
brilliantly	燦	715-05
to bring	もたらす	903-40
to bring down	倒す	101-16
to bring up	育てる	013-03
〃	育て上げる	013-04
briskly	すたすた	110-13
〃	てきぱき	204-11
briskness	活発	201-43
broad	広い	809-14
broad daylight	真昼	711-42
broadcasting	放送	619-09
broad-mindedness	闊達	201-44
〃	大らか	204-13
〃	寛大	205-41
〃	太っ腹	205-42
to broil	焼く	408-12
brokenly	とぎれとぎれ	815-18
a broom	箒	415-05
broth	汁	407-19
a brother	兄弟	313-01
brown	茶色	716-24
to browse	拾い読み	609-07
bruise	打ち身	017-21
to brush	刷く	416-12
to brush off	払う	101-29
brutality	残酷	205-22
a bubble	泡	707-22
to bubble up	沸き立つ	408-11
a bud	蕾	720-11
Buddhism	仏説	604-12
a Buddhist priest	和尚	604-66
a Buddhist service	仏事	605-13
a Buddhist temple	寺	604-50
a budget	予算	512-77
to build	建てる	416-01
〃	造る	910-01
〃	築く	910-01
a building	建物	412-01
to bundle	括る	109-10
a bundle	束	419-29
buoyantly	ふわふわ	811-25
burial	埋葬	605-17
a burn	やけど	017-24
to burn	燃える	714-05

to burn	燃やす	714-06
to bury	埋まる	906-06
a bush	茂み	720-46
business	業務	502-04
〃	実業	505-02
〃	商業	512-02
〃	景気	512-69
business depression	不景気	512-71
a business talk	用談	512-10
business world	業界	506-02
a business [lounge] suit	背広	401-13
a businessman	実業家	503-11
the bust	上半身	010-02
busy	忙しい	519-24
busyness	多忙	519-25
but	だが	120-63
〃	但し	612-73
the buttocks	尻	010-14
to buy	買う	512-11
a buyer	買い手	512-14
buying and selling	売り買い	512-05
to buy～on credit	付け	512-67
buzzing	爆音	717-04
by any chance	万一	208-52
by chance	もしかすると	208-85
〃	偶然	815-47
by nature	生まれつき	207-07
by the way	ところで	612-75

C

a cabinet	箪笥	417-04
to cackle	けらけら	102-27
to cajole	懐柔	517-38
calamity	災害	319-01
calculation	計算	808-10
a calendar	暦	711-01
a call	呼び出し	516-12
to call	呼ぶ	612-08
to call out	呼び出す	516-11
calligraphy	習字	614-47
calm	悠然	204-12
〃	平気	204-18
〃	穏やか	810-20
〃	のどか	810-24
calmness	冷静	204-17
a camp	兵営	510-01
a can	缶	419-01
a canal	運河	707-03
to cancel	取り消す	120-61
cancellation	帳消し	120-64
candidacy	立候補	507-38
a candidate	候補	807-16
cannot help (it)	仕方ない	218-23
cannot possibly	とても	819-46
a cap	帽子	403-02
a capable man	人材	305-13
capacity	能力	207-01
〃	器量	207-02
〃	容積	808-32
a capillary	毛細血管	018-03
a capital	資本	512-22
〃	首都	705-04
a capital (letter)	大文字	607-32
a captain	船長	505-61
〃	主将	510-07
a captive	捕虜	520-77
a car	車	505-74
care	配慮	120-10
〃	頓着	203-25
careful	念入り	203-04
careful selection	厳選	118-07
carelessness	不注意	120-12
〃	杜撰	203-14
a carpenter	大工	503-22
carriage	こなし	114-08
a carrier	保菌者	017-14
to carry	携帯	109-06
to carry ～ on one's back	負ぶう	109-36
to carry out	決行	120-30
to carry pickaback	おんぶ	109-37
to carry through	貫く	903-38
a case	箱	419-39
cash	現金	513-09
a cask	樽	410-10
the cast	配役	615-42
a castle	城	510-45
a catalog	目録	619-60
the catastrophe	大詰め	615-15
to catch	捕らえる	520-58
cattle-breeding	牧畜	505-41
a cause	原因	813-01
to cause	起こす	911-07
cautious	慎重	201-28
a cave	洞穴	702-41
to cede	割愛	115-48
the ceiling	天井	412-31
celebrated	有名	618-12
a celebration	祝典	605-08
celebration	祝い	605-09
a celebrity	名士	511-34
census registration	戸籍	610-36
the center	中心	802-10
〃	中核	802-12

a central nerve 中枢神経 011-05
cereals 穀物 505-37
a ceremonial hall 式場 504-28
ceremony 式 605-04
certainly きっと 220-13
a certificate 証書 610-27
a certificate of commendation 賞状 610-33
a chair 椅子 417-03
a chairman 議長 511-35
to challenge 挑戦 509-15
chance 拍子 815-35
a chance きっかけ 815-48
〃 機会 815-49
a chance of success〔winning〕 勝算 208-60
change 釣り 513-08
〃 変化 908-12
〃 推移 908-14
to change 変わる 908-01
〃 代える 908-19
to change for the worse 崩れる 713-37
the change of an era 改元 711-58
a change of clothes 着替え 404-04
a change of mind 心変わり 209-24
change of schools 転校 602-62
changing for the better 好転 914-08
a channel 海峡 703-03
to chant 唱える 612-44
chanting 吟詠 614-42
chaotic むちゃくちゃ 915-12
chaps 皹 012-03
character 人柄 201-01
〃 性質 201-02
〃 気風 201-11
〃 人品 202-02
character and conduct 性状 201-03
the character of a place 所柄 801-09
a characteristic 特色 918-25
〃 特質 918-27
charcoal 炭 419-17
charge 充電 418-13
a charge 料金 512-28
〃 手数料 512-28
charitable work 慈善事業 504-45
charm 魅惑 209-49
to chastise お仕置き 602-47
chastity 貞操 205-53
cheap 安っぽい 512-42
a cheap article 安物 818-30
to cheat 騙す 517-37
to check (with, against) 突き合わせる 919-11
a cheek 頬 003-06
cheeky 図太い 201-47
〃 厚かましい 205-27
cheerful 明朗 201-38
〃 晴れやか 201-39
cheerfully 浮き浮き 210-09
cheerfulness 快活 201-43
cherry blossom viewing 花見 617-29
chest circumference 胸囲 010-16
to chew 反芻 106-04
a chief 親方 511-39
the chief priest 住職 604-67
a child 子 311-01
〃 子供 311-04
childcare 育児 013-05
childish 子供っぽい 303-07
a childish mind 幼心 209-14
childlike 子供っぽい 303-07
a childlike face 童顔 003-05
children 子(複数) 311-01
a children's song 童歌 614-37
a chill rain 氷雨 713-20
chilly 冷たい 712-14
china 瀬戸物 410-04
Chinese and Japanese 漢和 607-23
a Chinese character 漢字 607-28
Chinese poetry 漢詩 616-29
to chip 削る 101-55
to chirp さえずる 719-14
a chisel 鑿 416-19
a chivalrous spirit 男気 603-12
choice 選択 118-04
〃 選り取り 118-05
to choose より分ける 118-01
to choose at one's own discretion 見計らう 208-46
chopsticks 箸 410-16
chroma 色相 716-03
a chronological table 年表 619-64
to chuckle くすくす 102-28
the cinema 映画 615-44
a circle 円陣 510-04
〃 円 811-04
circumstances 境遇 316-01
citation 引用 611-14
cities 都市 705-01
a citizen 市民 507-47
the citizens 国民 507-46

a civil war ---- 内戦 ---- 509-05
a civilian ---- 文民 ---- 507-48
civilities ---- 世辞 ---- 205-34
civilization ---- 文明 ---- 606-01
one's claim ---- 言い分 ---- 612-18
a clasp ---- 金具 ---- 420-18
a class ---- 組 ---- 602-67
classics ---- 古典 ---- 619-41
classification ---- 分類 ---- 904-48
a classmate ---- 級友 ---- 516-51
clean ---- 清い ---- 810-29
a clean sweep ---- 一掃 ---- 120-54
a cleaner ---- 洗剤 ---- 405-15
cleaning ---- 洗濯 ---- 405-12
〃 ---- 掃除 ---- 415-01
clear ---- 晴れやか ---- 201-39
〃 ---- 清い ---- 810-29
〃 ---- 明快 ---- 810-43
〃 ---- 明らか ---- 810-44
to clear out ---- さらう ---- 101-40
clear soup ---- すまし汁 ---- 407-21
to clear (up) ---- 澄む ---- 908-45
a clergyman ---- 牧師 ---- 604-75
clever ---- 賢い ---- 207-43
〃 ---- 上手 ---- 818-39
clever(at) ---- 器用な ---- 207-16
cleverness ---- 利口 ---- 207-38
to click one's tongue ---- 舌打ち ---- 106-07
a cliff ---- 崖 ---- 706-03
climate ---- 気候 ---- 713-01
the climax ---- 頂上 ---- 815-54
to cling to ---- しがみ付く ---- 101-36
a clinic ---- 診療所 ---- 503-40
a clock ---- 柱時計 ---- 419-10
close ---- 親しい ---- 515-34
to close ---- 閉める ---- 907-09
a close game ---- 接戦 ---- 620-23
to close one's eyes ---- つぶる ---- 103-33
a close resemblance ---- 酷似 ---- 918-06
〃 ---- 髣髴 ---- 918-06
close to one ---- 身近 ---- 817-38
close(ly) ---- ぴったり ---- 818-19
the closing ---- 閉会 ---- 907-07
closing (a) shop ---- 閉店 ---- 502-37
the closing day (of a show) ---- 千秋楽 ---- 620-33
closing the gate ---- 閉門 ---- 907-06
cloth ---- 布 ---- 402-01
a (cloth) wrapper ---- ふろしき ---- 402-06
clothing ---- 衣服 ---- 401-01
a cloud ---- 雲 ---- 713-10
a cloud of dust ---- 砂煙 ---- 718-04
a cloudy sky ---- 曇り ---- 713-11
a clown ---- 道化師 ---- 615-39
a clue ---- 手掛かり ---- 814-14
〃 ---- 糸口 ---- 814-15
clumsy ---- 不器用な ---- 207-16
coarse ---- 貧弱 ---- 206-17
coarseness ---- 粗末 ---- 203-07
the coast ---- 岸 ---- 704-17
a coat ---- 外套 ---- 401-17
a cock ---- 栓 ---- 419-32
a code ---- 符丁 ---- 608-03
a code of laws ---- 法典 ---- 508-01
coexistence ---- 共存 ---- 504-12
a coffee shop ---- 喫茶店 ---- 503-46
a coffin ---- 棺 ---- 605-23
a cold ---- 風邪 ---- 017-15
(the) cold ---- 寒気 ---- 712-12
cold ---- 寒い ---- 712-13
a cold color ---- 寒色 ---- 716-08
cold sake ---- 冷や酒 ---- 409-05
a cold sweat ---- 冷汗 ---- 015-04
a cold treatment ---- 冷遇 ---- 517-12
cold water ---- 冷や水 ---- 707-32
the cold weather ---- 寒気 ---- 712-12
cold-bloodedness ---- 冷血 ---- 018-01
cold-heartedness ---- 冷酷 ---- 205-20
coldness ---- 寒さ ---- 712-12
collapse ---- 瓦解 ---- 909-10
a collar ---- 襟 ---- 401-29
a colleague ---- 同輩 ---- 516-48
to collect ---- 回収 ---- 115-12
〃 ---- 採集 ---- 504-03
collection ---- 取り立てる ---- 115-05
〃 ---- 収集 ---- 504-03
collection of money ---- 集金 ---- 512-72
to collide with ---- 当たる ---- 905-16
a color ---- 色 ---- 716-01
to color ---- 色づく ---- 716-12
the color of hair ---- 毛色 ---- 719-09
coloring ---- 彩色 ---- 716-10
a column ---- 囲み ---- 619-07
〃 ---- 縦隊 ---- 904-24
to comb ---- 梳く ---- 404-12
combination ---- 合同 ---- 504-09
〃 ---- 結合 ---- 504-11
〃 ---- 取り合わせ ---- 917-04
to combine ---- 兼ねる ---- 908-21
to come ---- 参る ---- 113-02
〃 ---- 来る ---- 113-40
〃 ---- おいで ---- 516-44
to come down ---- 倒れる ---- 101-17
to come to front ---- 表沙汰 ---- 514-04
a comedy ---- 喜劇 ---- 615-04
comfort ---- 慰め ---- 210-43

comfortably ―― のうのう ―― 213-12
a comic ―― 漫画 ―― 619-55
a comic dialogue ―― 漫才 ―― 615-48
a comic role ―― 三枚目 ―― 615-40
a comic story ―― 落語 ―― 615-49
comical ―― 面白い ―― 810-51
coming and going ―― 往復 ―― 113-08
coming〔going〕up to the capital ―― 上り ―― 817-69
comings and goings ―― 行き来 ―― 113-07
command ―― 指揮 ―― 517-73
commendable ―― 殊勝 ―― 201-37
commendation ―― 表彰 ―― 520-13
comment ―― 批評 ―― 613-32
to commission ―― 嘱託 ―― 218-11
a commodore ―― 提督 ―― 510-56
common ―― 共用 ―― 117-06
〃 ―― 並 ―― 918-15
a common language ―― 共通語 ―― 607-06
common sense ―― 常識 ―― 207-25
common use ―― 常用 ―― 117-06
commonplace ―― 月並 ―― 918-12
communication ―― 伝達 ―― 618-02
〃 ―― 通信 ―― 618-41
communiqué ―― 声明 ―― 618-06
a company ―― 団体 ―― 504-29
〃 ―― 会社 ―― 505-07
company ―― 付き合い ―― 515-01
comparatively ―― 割りに ―― 805-23
to compare ―― 比べる ―― 919-10
to compare (to) ―― たとえる ―― 611-07
compassion ―― 思いやり ―― 216-51
compensation ―― 補償 ―― 115-37
to compete ―― 競り合う ―― 515-22
competence ―― 有能 ―― 207-05
a competition ―― 争い ―― 515-14
competition ―― 角逐 ―― 515-18
〃 ―― 競争 ―― 620-03
compilation ―― 編集 ―― 619-14
complacently ―― にんまり ―― 102-29
to complain ―― ぼやく ―― 612-54
a complaint ―― 不満 ―― 214-07
〃 ―― 苦情 ―― 517-31
complete ―― 完全 ―― 819-16
a complete recovery ―― 全治 ―― 020-11
one's complete works ―― 全集 ―― 619-38
completely ―― 皆 ―― 805-13
completion ―― 完工 ―― 416-08
〃 ―― 成立 ―― 814-35
〃 ―― 終了 ―― 814-46
complexion ―― 顔色 ―― 102-07
complicated ―― ややこしい ―― 210-29
complication ―― 紛糾 ―― 515-17
compositeness ―― 複合 ―― 504-11
composition ―― 作文 ―― 616-35
to compound (medicine) ―― 調剤 ―― 020-07
compromise ―― 妥協 ―― 516-34
compulsion ―― 強制 ―― 920-06
a comrade ―― 仲間 ―― 516-47
a concave lens ―― 凹レンズ ―― 403-17
to conceal ―― 隠す ―― 514-25
〃 ―― 隠匿 ―― 514-27
to conceal oneself ―― 逃げ隠れ ―― 113-33
concentration ―― 集中 ―― 904-02
concern ―― 頓着 ―― 203-25
〃 ―― 懸念 ―― 214-02
concerning ―― かかわる ―― 905-11
a conclusion ―― 帰着 ―― 814-52
conclusive evidence ―― 確証 ―― 806-20
concreteness ―― 具象 ―― 806-02
condemnation ―― 罵倒 ―― 517-21
condensation ―― 凝縮 ―― 707-24
a condition ―― 調子 ―― 519-02
〃 ―― 要件 ―― 820-04
the condition of a disease ―― 病状 ―― 017-11
conditions ―― 都合 ―― 519-01
a conductor ―― 指揮者 ―― 614-43
confectionary ―― 菓子 ―― 407-22
conference ―― 合議 ―― 613-18
confession ―― 自白 ―― 612-52
confidence ―― 自信 ―― 217-04
〃 ―― 信任 ―― 515-56
confidential ―― 親展 ―― 618-38
confinement ―― 監禁 ―― 520-70
〃 ―― 籠城 ―― 520-71
〃 ―― 禁足 ―― 520-72
confinement in a shrine for prayer ―― お籠り ―― 604-26
to confront ―― 向き合う ―― 120-09
a confused fight ―― 乱戦 ―― 509-04
confusion ―― 混乱 ―― 915-04
to congratulate ―― 祝う ―― 605-10
congratulation ―― 恭賀 ―― 605-12
a congressman ―― 議員 ―― 507-33
to connect ―― つなぐ ―― 109-14
〃 ―― 接続 ―― 904-17
a connection ―― つて ―― 515-05
connection ―― 繋がり ―― 515-06
conquest ―― 克服 ―― 219-04
〃 ―― 退治 ―― 509-37
consciousness ―― 意識 ―― 209-08
consensus ―― 合意 ―― 220-17
considerably ―― かなり ―― 805-22
consideration ―― 配慮 ―― 120-10

consideration ---考慮---208-04
〃 ---熟考---208-07
to console ---慰める---216-06
conspicuous ---目立つ---514-05
a constant temperature
---常温---712-03
the constitution ---憲法---508-02
constitution ---構成---803-01
to construct ---建てる---416-01
〃 ---架設---416-06
〃 ---組む---910-04
construction ---工事---416-09
〃 ---工作---416-10
a consultant ---顧問---511-32
consultation ---合議---613-18
〃 ---相談---613-20
consumption ---消費---513-13
〃 ---消耗---913-19
contact ---接触---515-03
a contagious disease ---伝染病---017-07
to contain ---含む---906-15
a container ---器---420-19
contempt ---軽蔑---517-11
to content oneself (with)
---甘んずる---213-04
the contents of a letter
---文面---610-04
contiguity of land ---地続き---702-05
continuance ---存続---912-09
continuation ---続行---912-11
〃 ---連続---912-12
to continue ---続く---904-16
continuously ---始終---815-24
〃 ---陸続---815-64
contours ---輪郭---001-15
a contract ---契約---515-36
contradiction ---矛盾---519-10
to contrast ---対照---601-16
contribution ---寄与---219-24
〃 ---寄稿---610-19
a contribution ---拠金---512-25
contrivance ---案出---208-16
control ---統括---504-10
〃 ---抑制---920-03
a controversialist ---論客---612-68
convenience ---好都合---519-04
〃 ---便利---519-05
a convex lens ---凸レンズ---403-17
to convey ---知らせる---618-07
to cook ---炊く---408-02
a cook ---板前---503-28
cooked food ---煮物---407-16
cooking ---料理---408-01
cooking ---調理---408-01
the cooking of rice ---飯炊き---408-03
cool ---冷ややか---205-09
to cool ---冷やす---712-17
a cool breeze ---涼風---713-43
coolness ---冷静---204-17
〃 ---涼しさ---712-11
cooperation ---共同---516-35
a cooperative association
---協同組合---504-34
to cope with ---対処---120-01
to copy ---写す---609-28
coquetry ---嬌態---205-07
coquettish ---なまめかしい---206-12
a coral reef ---珊瑚礁---702-11
a corner ---隅---817-61
〃 ---一角---817-63
correct ---正しい---807-09
a correct answer ---正解---613-58
correction ---矯正---602-23
〃 ---訂正---610-21
〃 ---是正---908-07
correlation ---相関---515-09
a corridor ---廊下---412-10
a corrupt time ---末世---506-07
corruption ---汚職---520-45
the cost ---元値---512-31
costume ---服装---404-08
cotton ---木綿---402-03
cough ---咳---014-03
to count ---数える---808-09
a counter ---店先---503-36
counter evidence ---反証---806-21
a counterargument ---反論---613-06
a counterattack ---逆襲---509-21
a countermeasure ---策---208-19
a country ---国---507-01
〃 ---国土---507-18
the country ---田舎---705-12
to couple ---番う---719-13
courage ---勇気---204-24
〃 ---度胸---219-07
courageous ---勇ましい---204-23
a course ---課程---602-71
〃 ---走路---705-19
the course of a river ---川筋---705-43
courtesy ---礼---515-61
the course of a disease ---病毒---017-12
a cousin ---いとこ---314-15
a cover ---覆い---419-44
to covet ---むさぼる---218-29
cowardice ---小心---201-50
〃 ---腰抜け---203-03

英語表現索引

cowardice 卑怯 203-41
craft 狡知 207-57
crafty ずるい 201-66
to cram 詰める 906-05
a crater 火口 702-31
to crawl 這う 110-16
to create 拵える 910-01
creation 創造 910-03
credit 債権 513-33
the crew 船員 505-62
a crime 罪 520-17
〃 犯罪 520-19
a criminal 犯人 520-53
a criminal record 前科 520-73
a crisis 難局 519-16
a criterion 基準 804-06
a critical moment 分け目 811-27
criticism 批評 613-32
〃 非難 663-49
crooked いじける 204-32
to cross 渡る 113-20
〃 横切る 903-22
〃 交える 904-03
cross 交差 904-04
〃 混線 915-07
to cross a river 渡河 113-21
crossing 行き違い 516-07
〃 交配 719-11
a crossroad(s) 十字路 705-38
to crouch うずくまる 101-11
a crowd 人出 504-21
a crown 冠 403-03
the Crown Prince 皇太子 511-27
cruel むごい 210-53
cruelty 意地悪 205-16
〃 冷酷 205-20
〃 残酷 205-22
to crush 砕く 909-02
〃 挫く 920-08
a crushing defeat 大敗 620-20
a cry 叫び声 108-05
to cry 鳴く 719-14
(to cry) bitterly わんわん 102-35
to cry oneself to sleep
泣き寝入り 112-14
a crying face 泣き顔 102-12
to cultivate 培う 013-03
a cultivated field 畑 505-22
cultivation 栽培 720-30
culture 教養 207-29
〃 文化 606-01
cunning ずるい 201-66
〃 悪賢い 201-68
to cure 治す 020-13
curiosity もの好き 216-20
a current 海流 703-12
the current price 時価 512-30
cursing 呪い 604-30
curt そっけない 205-08
to curtail 削る 101-55
a curtain 幕 615-28
a curve 曲線 811-05
〃 湾曲 908-37
a custom 習慣 606-03
〃 ならわし 606-05
the custom 通例 606-10
a customer 得意 516-62
customers 客種 516-65
customs 風習 606-02
to cut 切る 101-52
〃 刈る 101-54
a cut in price 値下げ 512-36
to cut off 切り離す 904-33
cute かわいい 206-01
cutting 切断 904-51
cutting in round slices
輪切り 408-14
cutting～ into irregular lumps
ぶつ切り 408-14
cutting～into tiny pieces
みじん切り 408-14

D

a dagger 短刀 510-34
one's daily life 起居 114-07
daily necessaries 小間物 420-14
daily service 日勤 502-27
damage 被災 519-23
〃 損壊 909-09
damage by a flood 水害 319-08
damp じめじめ 713-67
a dance 踊り 614-44
to dance 踊る 614-46
a dandy 伊達者 305-19
danger 危険 519-13
dangerous 危ない 519-15
dare (to do) 強いて 203-33
dark 暗い 715-13
a dark night 闇夜 711-49
darkness 暗闇 711-46
to dash 突進 113-04
a date 日付 815-05
a daughter 娘 306-04
a daughter-in-law 嫁 308-12
dauntless courage 猛勇 204-25

dawn ---- 明け方 ---- 711-37
to dawn ---- 明ける ---- 715-25
a day ---- 日 ---- 711-19
the day after tomorrow ---- あさって ---- 711-24
day and night ---- 昼夜 ---- 711-33
the day before yesterday ---- おととい ---- 711-21
day by day ---- 日に日に ---- 815-28
day service ---- 日勤 ---- 502-27
a day's schedule ---- 日程 ---- 814-65
the daytime ---- 昼 ---- 711-41
dazedly ---- きょとん ---- 209-44
to dazzle ---- 幻惑 ---- 209-54
dazzling ---- 眩しい ---- 111-16
a dead body ---- 死体 ---- 304-30
a deadlock ---- 切羽詰まる ---- 203-21
to deal with ---- 扱う ---- 120-02
dear ---- 懐かしい ---- 216-10
death ---- 死 ---- 304-01
〃 ---- 寂滅 ---- 304-07
〃 ---- 没 ---- 304-08
death at one's post (of duty) ---- 殉職 ---- 304-21
death by drowning ---- 身投げ ---- 304-23
death from cold ---- 凍死 ---- 304-18
death from hunger ---- 餓死 ---- 304-20
death in battle ---- 討ち死に ---- 304-15
death in prison ---- 獄死 ---- 304-17
death of illness ---- 病死 ---- 304-10
the deathday ---- 命日 ---- 605-19
debauchery ---- 放蕩 ---- 520-29
a debt ---- 借金 ---- 115-30
a debut ---- 台頭 ---- 514-06
to decamp ---- 退陣 ---- 113-37
the deceased ---- 故人 ---- 304-27
to deceive ---- 騙す ---- 517-37
to decide ---- 決める ---- 613-27
decipherment ---- 解読 ---- 609-09
decision ---- 決断 ---- 208-28
〃 ---- 確定 ---- 801-18
a decision ---- 決議 ---- 613-26
a decisive judgement ---- 英断 ---- 208-29
a deck ---- 甲板 ---- 505-59
a declaration ---- 申告 ---- 613-40
to declare ---- 申し立てる ---- 613-37
to declare (openly) ---- 公言 ---- 612-19
decline ---- 減退 ---- 914-14
declining ---- 辞退 ---- 517-66
to decorate ---- 飾る ---- 404-05
〃 ---- 飾る ---- 611-05
a decoration ---- 勲章 ---- 520-14
decoration ---- 飾り ---- 611-05
to decrease ---- 減る ---- 913-16
to dedicate ---- 奉納 ---- 115-42
deep ---- 深い ---- 809-21
〃 ---- 濃い ---- 809-31
a deep mountain ---- 深山 ---- 702-27
a deep water ---- 淵 ---- 704-15
to deepen ---- 深まる ---- 811-17
to defeat ---- 打ち破る ---- 519-27
defeat ---- 負け ---- 620-17
a defect ---- 欠点 ---- 818-08
defect ---- 短所 ---- 818-11
to defend ---- 守る ---- 120-33
〃 ---- 防ぐ ---- 120-39
defense ---- 防衛 ---- 120-43
〃 ---- 防備 ---- 509-27
〃 ---- 弁護 ---- 613-30
a definite answer ---- 明答 ---- 613-59
deforestation ---- 伐採 ---- 505-47
to defy ---- 突っかかる ---- 517-81
degeneration ---- 変質 ---- 908-12
degradation ---- 堕落 ---- 520-27
degree ---- 程度 ---- 808-06
a degree ---- 度 ---- 808-08
the deity of poverty ---- 貧乏神 ---- 604-33
delay ---- 渋滞 ---- 814-73
a delicacy ---- 美味 ---- 107-06
delicacy ---- 繊細 ---- 201-33
delicate ---- か細い ---- 001-32
delicious ---- うまい ---- 107-05
delicious food ---- 美食 ---- 406-09
deliciousness ---- 美味 ---- 107-06
delight ---- 喜び ---- 210-12
delivery ---- 給付 ---- 512-73
〃 ---- 配達 ---- 903-43
a demand ---- 要求 ---- 218-17
〃 ---- 催促 ---- 218-19
demand ---- 需要 ---- 512-44
demand and supply ---- 需給 ---- 512-43
demeanor ---- 品行 ---- 114-11
demise ---- 崩御 ---- 304-06
a demon ---- 夜叉 ---- 604-42
denial ---- 拒否 ---- 517-67
to deny ---- 否定 ---- 120-62
〃 ---- 断る ---- 517-68
the departed soul ---- 仏 ---- 604-34
the department of liberal arts ---- 文科 ---- 601-04
a department store ---- 百貨店 ---- 503-37
to depend on ---- 頼る ---- 218-10
dependence ---- 依拠 ---- 802-07
a dependency ---- 属国 ---- 507-10
a dependent ---- 居候 ---- 501-09
to depict ---- 描く ---- 609-12

depiction ---- 描写 ---- 614-09
deplorable ---- 情けない ---- 210-28
to deposit ---- 供託 ---- 218-14
deposit ---- 預金 ---- 512-20
depressing ---- うっとうしい ---- 210-29
a depth ---- 深み ---- 704-14
the depths of a mountain ---- 山奥 ---- 702-34
a deputy ---- 代理 ---- 807-16
to deride ---- あざ笑う ---- 102-23
〃 ---- 冷笑 ---- 102-24
〃 ---- 嘲る ---- 517-10
a descendant ---- 子孫 ---- 312-04
to describe ---- 記述 ---- 611-03
description of scenery ---- 叙情 ---- 611-04
a desert ---- 砂漠 ---- 702-18
a design ---- 意匠 ---- 614-11
desirable ---- 好ましい ---- 216-19
a desire ---- 望み ---- 208-57
〃 ---- 願い ---- 218-06
〃 ---- 欲望 ---- 218-25
〃 ---- 意欲 ---- 219-03
to desire ---- 望む ---- 218-03
desire ---- 欲求 ---- 218-25
a desk ---- 机 ---- 417-02
desolateness ---- 荒涼 ---- 810-65
to despise ---- 卑しめる ---- 517-10
destiny ---- 運 ---- 317-01
〃 ---- 宿命 ---- 604-14
destruction ---- 破壊 ---- 909-07
destruction by fire ---- 焼失 ---- 714-15
destruction of life ---- 殺生 ---- 520-35
a detachment ---- 分隊 ---- 510-17
detailed ---- 詳しい ---- 809-39
〃 ---- 精細 ---- 809-43
a detailed explanation ---- 詳論 ---- 613-14
details ---- 子細 ---- 809-40
〃 ---- 細部 ---- 809-41
a detective ---- 刑事 ---- 508-17
a detective story ---- 推理小説 ---- 616-08
detention ---- 留置 ---- 520-61
a detention house ---- 留置場 ---- 520-74
determination ---- 決意 ---- 220-10
a detour ---- 遠回り ---- 113-09
to detoxify ---- 解毒 ---- 020-24
developing ---- 現像 ---- 418-10
a developing country ---- 発展途上国 ---- 507-08
development ---- 生育 ---- 013-01
〃 ---- 発達 ---- 914-01
to devote ---- 供える ---- 115-41
to devote oneself (to) ---- 献身する ---- 219-24
devotion ---- 心酔 ---- 209-45
dew ---- 露 ---- 713-52
dialect ---- 方言 ---- 607-07
a diameter ---- 直径 ---- 808-22
a diaper ---- おしめ ---- 401-39
diarrh(o)ea ---- 下痢 ---- 017-17
a diary ---- 日記 ---- 616-13
dictation ---- 口述 ---- 612-12
dictatorship ---- 独裁 ---- 507-41
a dictionary ---- 辞書 ---- 619-44
〃 ---- 字典 ---- 619-46
to die ---- 死ぬ ---- 304-02
〃 ---- 亡くなる ---- 304-03
〃 ---- 事切れる ---- 304-04
to die in vain ---- 犬死に ---- 304-12
to differ ---- 異なる ---- 919-01
a difference ---- 懸隔 ---- 904-36
difference ---- 違い ---- 919-02
〃 ---- 差 ---- 919-03
different ---- 別 ---- 918-23
〃 ---- ほか ---- 918-24
a different father ---- 種違い ---- 315-07
difficult ---- 難しい ---- 810-38
difficulties ---- 苦境 ---- 519-18
to dig ---- 掘る ---- 101-63
digestion ---- 消化 ---- 106-15
dignity ---- 威厳 ---- 205-24
dilapidation ---- 大破 ---- 909-16
diligence ---- 勤勉 ---- 219-14
a dining room ---- 食堂 ---- 412-16
dining together ---- 会食 ---- 504-32
dinner ---- 晩餐 ---- 406-06
a diploma ---- 免状 ---- 610-32
a direct election ---- 直接選挙 ---- 507-37
the direct line of descent ---- 嫡流 ---- 314-08
direction ---- 指図 ---- 517-72
a direction ---- 方向 ---- 817-65
the direction of a wind ---- 風上 ---- 713-41
directly ---- 直接 ---- 905-08
a director ---- 取締役 ---- 511-32
〃 ---- 監督 ---- 615-43
dirt ---- 垢 ---- 015-07
dirty ---- 汚い ---- 810-30
dirty water ---- 汚水 ---- 707-16
disadvantage ---- 不利 ---- 512-56
disappearance ---- 失踪 ---- 113-24
〃 ---- 消滅 ---- 913-21
disappointment ---- がっかり ---- 218-21
disapproval ---- 不承知 ---- 517-67
to disarrange ---- 乱す ---- 915-01
disaster ---- 災害 ---- 319-01

disaster 災禍 319-02
a disaster 惨事 518-06
to discern 見極める 208-44
discernment 目利き 207-33
〃 見識 207-35
〃 識別 208-64
discharge 放水 707-12
a disciple 弟子 602-81
discipline 規律 508-06
to disclose 口外 612-19
discolo(u)ration 変色 908-13
discontinuance 廃刊 619-23
discord 不仲 515-11
discount 値引き 512-39
discouragement 気落ち 218-22
to discover 見つける 220-23
discreet 慎ましい 205-50
discretion 思慮 208-02
a discussion 議論 613-01
〃 討論 613-02
a discussion meeting 座談会 504-31
disease 病気 017-01
disgrace 恥 217-22
a disgrace 名折れ 217-30
to disgrace 踏みにじる 517-29
disguise 擬装 807-17
disheveled hair 乱れ髪 002-06
a dishonor 不名誉 217-31
dishonor 恥辱 517-27
dislike 嫌悪 216-23
to dislike 嫌う 216-25
〃 うとむ 216-26
dislocation 脱臼 017-22
dismissal 解雇 517-45
〃 解任 517-46
disobedience 違背 517-35
〃 親不孝 603-11
disorder 紊乱 509-33
〃 変調 810-60
〃 乱雑 915-05
to disparage 貶す 517-25
to dispatch 差し向ける 517-74
dispatch of a message 発信 618-44
the dispatch of troops 出兵 509-28
dispensing with the preliminaries 前略 609-37
dispersion 分散 904-39
〃 雲散 904-42
dispiritedly ぽつねんと 210-24
to display 顕示 217-02
display 発揮 514-07
displeasure 不快 210-20
disposal 処置 120-04
dispositin 気立て 201-10
disposition 気性 201-08
a disposition 気心 201-09
to dispute 争う 515-12
〃 相手取る 515-21
a dispute 論戦 613-04
disqualification 失格 517-44
disregard 無視 205-12
dissatisfaction 不満 214-07
dissolution 分裂 904-40
distance 距離 808-21
〃 遠く 817-41
distant 遠い 817-44
distinction 見分け 208-65
〃 区別 904-46
distortion こじつけ 517-18
〃 ゆがみ 908-39
distress 窮状 801-17
distress(es) 苦しみ 211-03
to distribute 配る 115-21
distribution 配給 115-22
distrust 不信 216-39
distrustful 不信 216-39
distrustly 不信 216-39
to disturb 妨げる 120-41
the disturbances of war 戦乱 509-31
disunity 不統一 917-06
ditto 同前 609-38
to dive 潜る 903-27
divergence ずれ 519-09
diversion 憂さ晴らし 210-44
a dividing ridge 分水嶺 702-32
division 分割 904-47
division into equal parts 等分 805-34
division of labor 分業 502-19
a divorce 離婚 308-08
〃 離縁 308-09
to do する 114-09
to do one's best 尽くす 219-10
〃 奮闘 219-13
to do～by force 強引 205-31
a doctor 医者 503-04
〃 博士 601-21
a doctrine 教義 604-12
〃 主義 806-15
documents 書類 610-26
dogmatism 横暴 204-22
a doll 人形 617-20
a domestic trouble 内輪もめ 515-16
a door 戸 417-07
a doorway 入り口 412-24

a dormant volcano ---------- 休火山 ---------- 702-26
a dormitory ---------- 寮 ---------- 411-15
dotage ---------- 溺愛 ---------- 216-11
double ---------- 倍 ---------- 805-35
doubt ---------- 疑い ---------- 208-68
to doubt ---------- 疑う ---------- 208-69
doubtful ---------- 疑わしい ---------- 208-70
the doves ---------- はと派 ---------- 507-35
down ---------- 産毛 ---------- 012-06
downfall ---------- 失墜 ---------- 517-43
the downstream ---------- 下流 ---------- 704-07
a doze ---------- 居眠り ---------- 112-06
to doze (off) ---------- まどろむ ---------- 112-01
to doze off ---------- こっくりこっくり ---------- 112-17
a draft ---------- 草案 ---------- 610-16
drafting ---------- 起稿 ---------- 609-16
draining ---------- 水切り ---------- 707-14
dramatization ---------- 脚色 ---------- 615-09
drastic ---------- 過激 ---------- 819-38
to draw ---------- くむ ---------- 101-40
〃 ---------- 引く ---------- 109-08
〃 ---------- 作図 ---------- 614-17
a draw ---------- 引き分け ---------- 620-24
to draw one's sword ---------- 抜刀 ---------- 510-38
a drawing room ---------- 客間 ---------- 412-14
a drawn sword ---------- 抜き身 ---------- 510-38
a dream ---------- 夢 ---------- 209-55
a dreamy state of mind
---------- 夢心地 ---------- 209-42
a dress ---------- 洋服 ---------- 401-02
dress ---------- 服装 ---------- 404-08
〃 ---------- 出で立ち ---------- 617-39
to dress up ---------- 着飾る ---------- 404-06
〃 ---------- おしゃれ ---------- 404-07
dressing ---------- 仕立て ---------- 405-01
dried fish ---------- 干物 ---------- 407-11
a drill ---------- 錐 ---------- 416-22
to drink ---------- 飲む ---------- 106-16
a drink ---------- 飲み物 ---------- 407-24
drink money ---------- 酒代 ---------- 513-11
a drink of (liquor) ---------- 一杯 ---------- 409-07
to drink oneself down ---------- 酔い潰れる ---------- 409-17
drink up ---------- 飲み干す ---------- 106-18
a drinker ---------- 辛党 ---------- 409-15
drinking ---------- 飲酒 ---------- 409-06
drinking at a gulp ---------- ぐい飲み ---------- 409-10
a drinking bout ---------- 酒宴 ---------- 409-23
drinking out of desperation
---------- やけ飲み ---------- 409-11
dripping wet ---------- ぐしょぐしょ ---------- 713-68
a drizzle ---------- 霧雨 ---------- 713-30
to drop ---------- 落ちる ---------- 903-10
〃 ---------- 垂れる ---------- 903-14
a drop ---------- 目減り ---------- 914-19
to drop below ---------- 下回る ---------- 913-11
a drop curtain ---------- 緞帳 ---------- 615-29
to drop in ---------- 寄る ---------- 516-45
a dropout ---------- 劣等生 ---------- 602-85
a drought ---------- 日照り ---------- 713-09
drowning ---------- 水死 ---------- 304-19
a drowse ---------- 居眠り ---------- 112-06
drowsiness ---------- 眠気 ---------- 112-21
drowsy ---------- 眠い ---------- 112-20
a drugstore ---------- 薬局 ---------- 503-41
a drunkard ---------- 酔っぱらい ---------- 409-14
drunken frenzy ---------- 酒乱 ---------- 409-21
drunken sickness ---------- 悪酔い ---------- 409-20
drunkenness ---------- 酔い ---------- 409-16
to dry ---------- 乾く ---------- 713-69
〃 ---------- 乾かす ---------- 713-70
to dry in the sun ---------- 日干し ---------- 713-71
dry provisions ---------- 乾物 ---------- 407-11
dubious ---------- 疑わしい ---------- 208-70
to duel ---------- 決闘 ---------- 515-15
dull ---------- どんより ---------- 713-14
dull pain ---------- 鈍痛 ---------- 111-08
dullness ---------- のろま ---------- 207-60
〃 ---------- 鈍重 ---------- 207-61
dumb ---------- 無口 ---------- 612-71
a dummy ---------- 替え玉 ---------- 807-14
dusk ---------- 夕闇 ---------- 711-45
dust ---------- ごみ ---------- 420-23
a dustcloth ---------- 布巾 ---------- 402-08
duties ---------- 職務 ---------- 502-03
a duty ---------- 務め ---------- 502-14
to dye ---------- 染める ---------- 405-17
〃 ---------- 染まる ---------- 405-18
dyeing ---------- 染色 ---------- 405-16

E

each ---------- それぞれ ---------- 805-40
each person ---------- 一人一人 ---------- 805-41
the ear ---------- 耳 ---------- 004-13
an ear of rice ---------- 稲穂 ---------- 720-23
early autumn ---------- 初秋 ---------- 710-13
an early death ---------- 早死に ---------- 301-05
an early morning ---------- 早朝 ---------- 711-36
an early morning departure
---------- 朝立ち ---------- 814-18
early rising ---------- 早起き ---------- 112-38
early spring ---------- 春先 ---------- 710-04
early summer ---------- 初夏 ---------- 710-09
early winter ---------- 初冬 ---------- 710-17
earnings and expenses
---------- 収支 ---------- 512-65

the earth ---- 地球 ---- 701-18
〃 ---- 地 ---- 702-02
earth and land ---- 土砂 ---- 709-04
an earthquake ---- 地震 ---- 319-06
an earthquake disaster
---- 震災 ---- 319-05
earth-smelling ---- 土臭い ---- 105-06
earwax ---- 耳垢 ---- 015-10
to ease ---- くつろぐ ---- 020-19
easily ---- 楽楽 ---- 810-22
east ---- 東 ---- 817-66
easy ---- 気楽 ---- 213-09
〃 ---- 安易 ---- 810-35
an easy delivery ---- 安産 ---- 019-03
easygoing ---- 気楽 ---- 213-09
easy-going ---- 安易 ---- 810-35
to eat ---- 食べる ---- 106-01
to eat by stealth ---- 盗み食い ---- 106-10
to eat mixed food ---- 雑食 ---- 406-14
to eat (while) standing
---- 立ち食い ---- 106-13
to eat with the fingers
---- つまみ食い ---- 106-10
an eater of unusual food
---- いかもの食い ---- 406-13
eating and drinking ---- 飲食 ---- 406-02
eating between meals ---- 間食 ---- 406-08
to eavesdrop ---- 盗み聞き ---- 104-04
an ebb tide ---- 干潮 ---- 703-13
an eccentric ---- 変わり者 ---- 201-60
〃 ---- 奇人 ---- 305-24
eccentric ---- 奇抜 ---- 810-58
an eccentric habit ---- 奇癖 ---- 201-17
eccentricity ---- 風変わり ---- 201-59
an echo ---- こだま ---- 717-06
〃 ---- 反響 ---- 717-08
economy ---- 倹約 ---- 501-18
〃 ---- 経済 ---- 512-01
ecstasy ---- 夢中 ---- 209-47
eczema ---- 湿疹 ---- 017-30
the edge (of a blade) ---- 刃先 ---- 510-37
editing ---- 編集 ---- 619-14
to educate ---- 育て上げる ---- 013-04
education ---- 教育 ---- 602-20
effect ---- 効き目 ---- 818-24
an effect ---- 作用 ---- 916-02
efficiency ---- 性能 ---- 418-03
〃 ---- 能率 ---- 919-08
effort ---- 努力 ---- 219-09
an egg ---- 卵 ---- 407-10
ego ---- 自我 ---- 220-07
egoism ---- 利己主義 ---- 806-16
elation ---- 会心 ---- 213-02
the elbow ---- 肘 ---- 008-05
an elder ---- 古老 ---- 303-26
an elder〔older〕brother
---- 兄 ---- 313-02
〃
---- 兄さん ---- 313-03
an elder〔older〕sister
---- 姉 ---- 313-08
〃
---- 姉さん ---- 313-09
the eldest〔oldest〕son
---- 長子 ---- 311-06
〃
---- 総領 ---- 311-06
election ---- 選出 ---- 118-03
〃 ---- 当選 ---- 118-08
〃 ---- 選挙 ---- 507-37
an electric bulb ---- 電球 ---- 715-06
an electric light ---- 電灯 ---- 715-06
electricity ---- 電気 ---- 418-12
elegance ---- 品 ---- 202-01
〃 ---- 優雅 ---- 206-09
〃 ---- 風流 ---- 810-03
elegant ---- 上品 ---- 202-03
〃 ---- ゆかしい ---- 202-04
an element ---- 要素 ---- 813-05
to eliminate ---- 除く ---- 120-47
eloquence ---- 快弁 ---- 612-23
eloquently ---- ぺらぺら ---- 612-27
elucidation ---- 解明 ---- 601-22
embarrassed ---- 恥ずかしい ---- 217-26
embarrassment ---- 困惑 ---- 211-08
embers ---- 燃え殻 ---- 420-24
to embezzle ---- 猫ばば ---- 115-08
to embrace ---- 抱き付く ---- 101-34
〃 ---- 抱える ---- 109-38
to embroider ---- 刺繡 ---- 405-01
emergency ---- 急 ---- 519-21
〃 ---- 応急 ---- 812-05
emission ---- 発散 ---- 904-41
emotion ---- 感情 ---- 209-04
an emperor ---- 皇帝 ---- 511-22
〃 ---- 天皇 ---- 511-23
emphasis ---- 主張 ---- 612-30
to employ ---- 雇う ---- 517-77
empty ---- 空しい ---- 818-27
〃 ---- 空 ---- 901-09
〃 ---- 空虚 ---- 901-10
an empty hand ---- 素手 ---- 109-41
encirclement ---- 包囲 ---- 906-18
to enclose ---- 囲う ---- 514-29
〃 ---- 囲む ---- 906-17
an enclosure ---- 囲い ---- 906-18

an encounter 出会い 516-02
〃 遭遇 516-03
to encourage 力付ける 515-55
encouragement 奨励 515-46
encouraging 心強い 213-07
〃 張り合い 219-31
to encumber oneself (with)
抱え込む 517-65
an encyclop(a)edia 事典 619-44
〃 百科事典 619-45
an end 結末 610-10
〃 終局 617-15
〃 終わり 814-26
〃 終局 814-29
〃 終息 814-48
the end 果て 814-30
to end 終わる 814-50
the end of a sentence 末文 610-09
the end of a show 終演 615-24
the end of one's life 最期 304-29
the end of the month 月末 711-16
the end of the year 年末 710-23
endeavor 努力 219-09
the ending of a word 語末 607-38
an endless dispute 水掛け論 613-09
to endure こらえる 219-22
energy 元気 020-01
〃 原動力 101-43
〃 気力 219-01
to engage (oneself) in 従事 502-07
an engineer 技師 503-08
engraving 彫り 101-58
to enjoy 楽しむ 210-02
enjoying the moon 月見 617-31
to enlighten 教化 602-24
enlightenment 教化 602-24
〃 啓発 602-25
enormous 甚だしい 819-40
enough 十分 819-17
to enter 入る 113-42
an enterprise 企業 505-04
to entertain もてなす 515-60
an entertainment 座興 615-55
enthusiasm 意気込み 219-18
entirely ごっそり 805-30
〃 すっぽり 906-25
entreaty 懇願 218-08
to entrust 委託 218-12
〃 任せる 218-15
〃 預ける 218-16
to entwine 巻く 904-26
enumeration 列挙 602-40
〃 併記 609-21
envious ねたましい 216-35
environmental pollution
公害 319-11
environs 周辺 817-33
to envy 羨む 216-36
an epigram 警句 607-10
an epoch 時代 815-31
to equal 並ぶ 515-23
〃 匹敵 918-11
equal 同じ 918-03
equality 一様 804-15
〃 対等 819-02
equal(ity) 同格 918-08
equipment 設備 416-07
〃 装置 418-02
equivalence 同量 808-33
an era 時代 815-31
erasion 消去 913-15
erosion 風化 718-05
an error 間違い 114-16
〃 失策 620-40
〃 誤差 919-02
erudition 博学 207-30
an erupting volcano 噴火山 702-26
eruption 発疹 017-29
to escape 逃亡 113-27
〃 逃げる 113-30
〃 逃げ 113-32
to escape (from) 脱出 113-29
to escape from prison 脱走 113-28
especially 殊に 918-31
espionage 探偵 503-17
an essay 随筆 616-12
essence 本質 802-03
an essence 要素 813-05
an established form 定式 804-21
an established reputation
定評 618-13
establishment 設立 911-02
〃 新設 911-03
〃 創設 911-04
〃 樹立 911-05
an estate 財産 512-23
to estimate 見込む 208-84
an estimate 見積もり 808-17
estimation 品定め 208-32
etiquette 礼儀 515-62
etymology 字源 607-26
euphemistically 婉曲 514-30
euphony 音便 607-18
euthanasia 安楽死 304-11
to evade 逃れる 113-30
evangelism 伝道 604-08

英語表現索引

evaporation 蒸発 707-23
evasion 忌避 120-59
the eve of a festival 前夜祭 605-07
even 互角 819-03
evening 夕方 711-44
the evening sun 夕日 701-10
an event 行事 605-03
an evergreen tree 常緑樹 720-21
ever-victorious 常勝の 620-14
every day 毎日 711-25
every direction 四方 817-53
every hour 毎時 711-56
every minute 毎分 711-56
every movement 一挙一動 114-06
every night 毎晩 711-54
every nook and cranny 方方 817-52
every second 毎秒 711-56
every time 毎回 815-27
every week 毎週 711-56
every year 毎年 711-09
everyday 日用 117-06
an everyday affair 日常茶飯事 918-17
everyday dress 略服 401-11
everything 万事 805-27
evidence 証拠 806-19
evident 判然 810-47
an evil deed 悪事 520-24
an evil spirit 悪霊 604-40
an evildoer 悪人 305-46
exactly alike そっくり 918-10
exaggeration 大袈裟 203-29
〃 誇張 612-28
an exaggeration 過言 612-43
examination 検討 601-11
an examination 試験 602-59
to examine 調査 601-09
an example 事例 804-25
〃 文例 804-27
to exceed 勝る 818-38
〃 上回る 913-09
to excel (at, in) 優れる 818-36
excellence 優等 818-40
〃 卓抜 818-42
an excellent opinion 名論 613-11
an excellent suggestion 卓識 207-36
an excellent view 卓見 613-12
except 以外 805-10
an exception 変わり種 804-18
an excess 余分 808-05
excess 超過 913-10
exchange 為替 513-36
to exchange 交換 908-22
〃 取り替える 908-23
excitement 熱中 209-48
〃 興奮 210-03
exclusion 除外 120-51
exclusive 占用 117-06
excrement(s) うんこ 016-01
excreta 屎尿 016-07
to excrete 用便 016-03
an excursion 遠足 617-28
an excuse 弁解 613-31
an executive 役員 511-32
to exempt 免除する 517-49
exemption 免除 517-49
to exercise 行使 117-04
exercise 体操 620-08
to exert oneself to the utmost 奮闘 219-13
to exhaust 言い尽くす 612-24
exhaustion 疲れ 111-25
an exhibition 博覧会 504-35
exhibition 展示 615-20
to exist 生存 301-07
existence 存在 901-02
exorcism 厄払い 604-29
to expand のびる 908-29
expansion 伸び 908-30
〃 伸張 908-31
expansion and contraction 伸縮 908-25
to expect 待ち望む 120-28
expectation(s) 目算 208-59
to expel 追い出す 120-49
〃 退ける 517-47
expenditure 支出 512-64
expense(s) 費用 513-15
experience 経験 303-02
an expert 名人 305-03
〃 専門家 305-35
expiation 罪滅ぼし 520-67
expiration 満了 814-47
to explain in detail 詳述 612-13
explanation 説明 602-41
to exploit 搾取 115-10
an explosion 爆音 717-04
explosion 爆発 909-14
export 輸出 512-79
to expose 暴露 514-15
exposure 露出 514-10
to express 表現 611-01
〃 物語る 612-09
expression 表情 102-05
〃 表示 602-38

expression ---- 言い回し ---- 612-20
an expressionless face
---- 無表情 ---- 102-14
expulsion ---- 排斥 ---- 120-53
to extend ---- 行き渡る ---- 916-05
extension ---- 伸び ---- 908-30
〃 ---- 伸張 ---- 908-31
extension of a building
---- 増築 ---- 416-03
extent ---- 広さ ---- 808-28
an external wound ---- 外傷 ---- 017-19
an extinct volcano ---- 死火山 ---- 702-26
to extinguish ---- 消す ---- 913-14
an extra ---- 嵩上げ ---- 913-05
an extract ---- 抜き書き ---- 609-19
extra-illustration ---- 別刷り ---- 619-25
extraordinariness ---- 風変わり ---- 201-59
extraordinary ---- 桁外れ ---- 808-46
the extremity (of) ---- 極み ---- 814-33
the eye ---- 目 ---- 004-01
an eyeball ---- 眼球 ---- 004-03
the eyebrow ---- 眉 ---- 004-11
eyelashes ---- 睫毛 ---- 004-12
the eyelid ---- 瞼 ---- 004-10
the eyes ---- 目もと ---- 004-09
one's eyes ---- 視線 ---- 103-24

F

the face ---- 顔 ---- 003-01
〃 ---- 顔付き ---- 102-06
〃 ---- 面 ---- 817-76
to face ---- 向かう ---- 120-06
face to face ---- 相対 ---- 120-08
facing ---- 対向 ---- 120-07
a fact ---- 事実 ---- 807-02
a faction ---- 派 ---- 504-39
a factor ---- 要素 ---- 813-05
a factory ---- 工場 ---- 505-11
to fade ---- 褪せる ---- 716-11
fading ---- 退色 ---- 405-14
to fail ---- やり損なう ---- 114-19
〃 ---- 損なう ---- 114-24
to fail to hear ---- 聞き逃す ---- 104-06
〃 ---- 聞き漏らす ---- 104-08
failure ---- 失敗 ---- 114-17
〃 ---- 不合格 ---- 602-65
faint ---- かすか ---- 819-24
a faint smile ---- 薄笑い ---- 102-22
fainting ---- 気絶 ---- 209-38
fair ---- 色白 ---- 102-10
a fair wind ---- 追い風 ---- 713-47
fairness ---- 方正 ---- 807-10
a fake ---- 偽物 ---- 807-12
to fall ---- 転がる ---- 101-19
〃 ---- 降る ---- 713-35
〃 ---- 落ちる ---- 903-10
fall ---- 陥落 ---- 509-40
〃 ---- 秋 ---- 710-12
〃 ---- 滅亡 ---- 913-23
a fall ---- 下落 ---- 512-37
to fall asleep ---- 寝入る ---- 112-05
to fall dead on the street
---- 行き倒れ ---- 304-14
to fall down ---- ほろり ---- 903-30
to fall ill ---- 病む ---- 017-08
〃 ---- 発病 ---- 017-09
to fall〔drop〕asleep ---- 眠り込む ---- 112-08
fallen leaves ---- 落ち葉 ---- 720-10
fallen snow ---- 降雪 ---- 713-56
falling ---- 落下 ---- 903-11
fallow ---- 遊休 ---- 120-75
a false charge ---- 言い掛かり ---- 517-26
〃 ---- 冤罪 ---- 520-22
false evidence ---- 偽証 ---- 806-21
a falsehood ---- 偽り ---- 807-13
fame ---- 名声 ---- 618-11
a family ---- 家族 ---- 315-01
〃 ---- 家庭 ---- 315-02
a family celebration ---- 内祝い ---- 605-11
a family crest ---- 紋章 ---- 608-19
a family name ---- 名字 ---- 320-02
family property ---- 跡 ---- 315-11
family rules ---- 家法 ---- 508-10
a family temple ---- 檀那寺 ---- 604-53
a family tradition ---- 家風 ---- 606-14
famous ---- 有名 ---- 618-12
a famous actor ---- 名優 ---- 615-41
a famous castle ---- 名城 ---- 510-53
to fan ---- あおぐ ---- 109-23
a fan ---- 観客 ---- 516-61
a fancy ---- 空想 ---- 209-57
a fantastic story ---- 夢物語 ---- 612-63
far away ---- 遥か ---- 817-42
far off ---- 悠遠 ---- 817-43
a farm implement ---- 農機具 ---- 505-29
a farm road ---- 農道 ---- 705-30
a farmer ---- 農民 ---- 505-38
a farmhouse ---- 農家 ---- 505-39
farmland ---- 農地 ---- 505-20
fascinating ---- あでやか ---- 206-10
fashion ---- 流行 ---- 606-19
fashionable society ---- 社交会 ---- 506-03
to fasten ---- 結ぶ ---- 109-11
〃 ---- つなぐ ---- 109-14
fasting ---- 絶食 ---- 106-14

英語表現索引

fat 脂肪 407-14
fate 運 317-01
〃 因縁 604-13
〃 宿命 604-14
〃 縁 604-15
a father 父 310-08
〃 お父さん 310-09
fatherhood 父性 201-13
a father-in-law 義父 310-11
fatigue 疲れ 111-25
fatness 肥満 001-25
a fault 過失 114-20
〃 欠陥 818-11
to favor 引き立てる 517-79
a favor 恩恵 603-04
favorite 愛用 117-06
favoritism ひいき 216-16
fear 恐れ 214-02
〃 恐れ 215-01
fearful 恐ろしい 215-03
fearfully 恐る恐る 215-10
a feast 宴会 409-22
fed up 閉口 210-32
a federation 連邦 507-03
feeble 弱い 809-36
feed 飼料 505-44
to feel 感じる 111-01
a feel 感触 111-02
to feel a pain 痛む 111-04
to feel drowsy うとうと 112-17
to feel languid だるい 111-15
(to feel) refreshed 清清 201-40
to feel relieved 伸び伸びする 810-23
to feel shy 照れる 217-24
to feel sick むかむかする 212-10
a feeling 気持ち 209-03
feeling 感じ 209-36
〃 情緒 810-01
a fellow 仲間 516-47
a fellow pupil 同門 602-82
a fellow traveler 連れ 516-55
a fellow worker 同輩 516-48
a female 雌 306-02
a fence 柵 413-01
ferocity 狂暴 204-29
fertile land 沃地 702-21
fertility 肥沃 702-22
fertilization 受精 719-12
fertilizer 肥やし 505-35
to fester 膿む 017-34
a festival 祭り 605-01
a festival car 山車 605-26
a fiancé 婚約者(男) 307-10
a fiancée 婚約者(女) 307-10
fickleness 多情 218-34
fiction 虚構 616-38
fidelity 節操 205-52
a field 原 702-15
〃 分野 805-03
a field of vision 視野 103-23
a field path 野道 705-31
fierce ものすごい 819-42
a fierce attack 猛攻 509-16
fierce heat 暑さ 712-04
fifty-fifty 互角 819-03
fight 闘志 219-06
a fight 闘争 515-14
fighting spirit 闘魂 219-21
one's figure 体つき 001-05
figure 容姿 001-08
the figure of a mountain
山容 702-35
a file 鑢 416-21
to fill 湛える 906-11
to fill (up) 満ちる 906-13
a filler 埋め草 619-06
to filter(out) こす 101-41
final 最終 814-26
finally いよいよ 816-34
finance 金融 512-16
the financial world 財界 506-02
to find employment 就職 502-06
to find out 見つける 220-23
fine 立派 207-50
〃 のどか 713-08
〃 細かい 809-37
〃 見事 818-44
the fine arts 美術 614-02
a fine expression 名文句 611-13
a fine interval 晴れ間 713-06
a fine piece of prose 名文 611-10
fine weather 晴れ 713-03
fine weather during the rainy season 梅雨晴れ 713-04
a fine work 佳作 616-44
a finger 手の指 008-08
to finish 終える 814-49
to finish writing 擱筆 609-25
fire 火 714-01
the fire 火気 714-03
a fire 火事 714-11
fire fighting 消防 714-16
firearms 火器 510-22
a fireplace いろり 417-18
firewood 薪 419-16
firm 頑丈 809-33

a firm resolve	不退転	219-30
firmly	きっぱり	220-14
the First	一世	314-20
the first	最初	814-01
〃	一番	814-03
〃	真っ先	814-05
one's first child	初子	311-06
one's first childbirth	初産	019-03
the first day of the year	元日	710-21
the first edition	初版	619-20
a first grader	一年生	602-68
one's first grandchild	初孫	312-01
the first person	一人称	320-20
the first place	一位	814-04
the first three days of a new year	三が日	710-22
fisheries	水産業	505-68
fishermen	漁師	505-73
fishing	漁獲	505-70
a fishing ground	漁場	505-69
fishy	生臭い	105-07
a fist	拳	008-07
a fit occupation	適職	502-09
a fit role	適役	818-17
〃	はまり役	818-17
fitness	適任	818-17
the five senses	五感	111-03
fixation	一定	903-53
a fixed date	期日	815-07
a fixed price	定価	512-29
a flag	旗	608-16
a flame	炎	714-01
to flare up	めらめら	714-08
a flash	閃光	715-02
flat	平ら	811-10
〃	扁平	811-11
flatly	きっぱり	220-14
to flatter	へつらう	205-33
flattery	世辞	205-34
〃	巧言	205-35
flavor	こく	107-04
〃	風情	810-02
flaw	傷	818-11
a flaw	瑕疵	818-12
to flee	逃走	113-28
to flee by night	夜逃げ	113-28
flesh-eating	肉食	406-16
to flinch	しりごみ	204-35
flinchingly	たじたじ	204-35
to flip	弾く	101-30
to flirt (with)	いちゃつく	307-07
to float	浮く	903-23
flood	水浸し	319-10
flooding	氾濫	319-09
〃	横行	915-09
a floor	階	412-09
flour	粉	420-21
to flow	流れる	903-37
flower arrangement	華道	617-03
a flower garden	花壇	413-04
fluctuation	変動	908-14
a fluorescent light	蛍光	715-06
to fly	飛ぶ	903-32
〃	翻る	903-35
to fly about	乱れ飛ぶ	903-33
fog	霧	713-10
to fold	畳む	109-24
a folded book	折り本	619-31
a folding screen	衝立	417-09
folk customs	民俗	606-06
folkcraft	民芸	614-03
folklore	昔話	616-31
to follow	尾行	113-23
to follow (on)	引き続く	904-18
to follow (a person) about	付きまとう	101-33
following	追従	516-27
to fondle	愛玩	216-08
food expenses	食費	513-41
food poisoning	食中り	017-16
food(s)	食品	407-01
a fool	馬鹿者	305-51
〃	愚者	305-52
foolish	愚か	207-52
foolishness	愚劣	207-53
the foot	足	009-01
the foot	麓	702-36
a foot warmer	行火	419-11
a foothold	足場	802-05
a footpath	歩道	705-29
footwear	履き物	403-11
for a while	ひとしきり	815-38
〃	当面	816-23
for the first time	初めて	814-08
for the time being	さしずめ	816-24
to forbid	禁止	920-01
force	力	101-42
a forced attack	強攻	509-14
a ford	浅瀬	704-13
forecast	予報	911-16
the forehead	額	003-07
a foreign book	洋書	619-29
a foreign country	外国	507-11
a foreigner	外国人	305-41
a forerunner	先駆	120-18

a forest ------ 木立 ------ 720-44
〃 ------ 樹林 ------ 720-45
to forestall ------ 先手を打つ ------ 120-15
forestry ------ 林業 ------ 505-45
to forfeit ------ 没収 ------ 115-09
forged handwriting ------ 偽筆 ------ 609-33
forgery ------ 偽造 ------ 807-18
to forget ------ 忘れる ------ 602-19
a forked road ------ 岐路 ------ 705-39
〃 ------ 二道 ------ 805-51
form ------ 形 ------ 001-14
〃 ------ 形式 ------ 804-01
〃 ------ 形態 ------ 811-01
formal ------ 正式 ------ 804-20
formal dress ------ 礼服 ------ 401-10
a formality ------ 格式 ------ 316-08
former ------ 先任 ------ 502-21
the former ------ 前者 ------ 805-39
a former example ------ 先例 ------ 804-26
one's former wife ------ 先妻 ------ 309-08
to forsake ------ 見捨てる ------ 205-15
fortitude ------ 不屈 ------ 219-29
a fortress ------ 要塞 ------ 510-46
fortune ------ 幸福 ------ 318-04
fortune and [or] misfortune
------ 吉凶 ------ 318-02
a fortune-teller ------ 易者 ------ 503-27
fortune-telling ------ 占い ------ 208-63
forward ------ 前面 ------ 817-01
forwarding ------ 転送 ------ 903-45
a foul ------ 反則 ------ 620-27
foul ------ 汚い ------ 810-30
a foundation ------ 土台 ------ 412-26
the foundation ------ 基礎 ------ 802-01
foundation ------ 拠所 ------ 802-06
〃 ------ 創業 ------ 814-25
〃 ------ 創設 ------ 911-04
foundation (of a periodical)
------ 創刊 ------ 619-18
a fountain ------ 泉 ------ 704-24
the four seasons ------ 季節 ------ 710-01
a fragment ------ かけら ------ 805-46
fragrance ------ 香り ------ 105-09
fragrant ------ 香ばしい ------ 105-04
〃 ------ 匂やか ------ 105-05
frail ------ もろい ------ 809-37
a framework ------ 骨格 ------ 802-09
frank ------ 気安い ------ 205-04
〃 ------ あらわ ------ 514-13
frankness ------ 率直 ------ 201-22
frantically ------ 必死 ------ 219-27
fraud ------ 詐欺 ------ 520-52
free ------ 自由 ------ 520-83
freely ------ 縦横 ------ 203-40
to freeze ------ 凍る ------ 707-29
frequency ------ 回数 ------ 808-07
frequent occurrence ------ 多発 ------ 911-11
fresh ------ 初初しい ------ 201-32
〃 ------ すがすがしい ------ 210-17
fresh snow ------ 新雪 ------ 713-58
fresh water ------ 淡水 ------ 707-31
fresh(ness) ------ 新鮮 ------ 810-27
a friend ------ 友だち ------ 516-49
friendship ------ 友情 ------ 216-42
〃 ------ 友好 ------ 515-02
〃 ------ よしみ ------ 515-07
〃 ------ 親善 ------ 515-33
frivolity ------ 軽薄 ------ 207-54
from ancient times ------ 古来 ------ 816-13
the front ------ 正面 ------ 817-02
a frontispiece ------ 口絵 ------ 614-06
frost ------ 霜 ------ 713-53
to frown ------ 顰める ------ 102-38
fruit ------ 果物 ------ 407-23
〃 ------ 実 ------ 720-13
a fruitless effort ------ 無駄骨 ------ 502-40
fuel ------ 燃料 ------ 419-15
full ------ 十分 ------ 819-17
a full moon ------ 望月 ------ 701-12
full speed ------ 全速力 ------ 204-03
a full stomach ------ 満腹 ------ 111-22
a full tide ------ 満潮 ------ 703-13
full-fledged ------ 一人前 ------ 501-13
fullness ------ 充満 ------ 913-26
full-time ------ 専従 ------ 502-08
full–time ------ 常勤 ------ 502-26
fully ------ ぎっしり ------ 906-24
function ------ 機能 ------ 418-03
a funeral ------ 葬式 ------ 605-16
funereally ------ しめやか ------ 210-25
funny ------ 面白い ------ 810-51
a funny story ------ 笑い話 ------ 612-59
fur ------ 獣毛 ------ 012-05
furniture ------ 家具 ------ 417-01
〃 ------ 調度 ------ 418-04
fury ------ 激怒 ------ 212-03
future ------ 今後 ------ 816-27
the future ------ 後日 ------ 816-30
〃 ------ 先行き ------ 816-33

G

to gain ------ 獲得 ------ 115-03
the Galaxy ------ 銀河 ------ 701-17
a gambler ------ 遊び人 ------ 305-21
gambling ------ 博打 ------ 617-18

a game ---------- 対局 ---------- 617-16
〃 ---------- 勝負 ---------- 620-01
a gap ---------- 切れ目 ---------- 811-27
garbage pit ---------- ごみ溜め ---------- 420-25
a garden ---------- 庭 ---------- 413-03
a gardener ---------- 庭師 ---------- 505-40
to gargle ---------- 嗽 ---------- 106-20
a gate ---------- 門 ---------- 412-35
to gather ---------- 集まる ---------- 504-01
〃 ---------- 集める ---------- 504-02
to gather and distribute
---------- 集散 ---------- 904-01
gathering ---------- 集合 ---------- 504-05
〃 ---------- 収録 ---------- 619-16
gathering young herbs
---------- 草摘み ---------- 617-30
gaudy ---------- どぎつい ---------- 819-39
the gay quarters ---------- 色里 ---------- 705-08
a gay trade ---------- 水商売 ---------- 503-43
to gaze (at) ---------- 見つめる ---------- 103-02
〃 ---------- 見入る ---------- 103-03
〃 ---------- 凝視 ---------- 103-04
a geisha ---------- 芸者 ---------- 503-24
General ---------- 陸軍大将 ---------- 510-07
a general election ---------- 総選挙 ---------- 507-37
a general meeting ---------- 総会 ---------- 504-33
general pardon ---------- 恩赦 ---------- 520-81
general remarks ---------- 汎論 ---------- 613-13
the general situation ---------- 大局 ---------- 801-04
generalization ---------- 総括 ---------- 504-10
generally ---------- 大概 ---------- 805-16
a generation ---------- 世代 ---------- 303-04
generation after generation
---------- 代代 ---------- 314-19
generosity ---------- 寛大 ---------- 205-41
a genius ---------- 天才 ---------- 207-09
〃 ---------- 天才 ---------- 305-09
genius ---------- 俊秀 ---------- 207-40
gentle ---------- 優しい ---------- 201-36
a gentle breeze ---------- そよ風 ---------- 713-42
a gentleman ---------- 紳士 ---------- 305-18
gentleness ---------- 素直 ---------- 201-29
〃 ---------- 温厚 ---------- 201-31
〃 ---------- なだらか ---------- 811-12
gently ---------- しとしと ---------- 713-38
geographical features ---------- 地理 ---------- 706-01
a germ carrier ---------- 保菌者 ---------- 017-14
germination ---------- 発芽 ---------- 720-31
to get ---------- 得る ---------- 115-01
to get angry ---------- むかっとする ---------- 212-10
to get away ---------- 遠ざかる ---------- 904-29
to get between ---------- 挟まる ---------- 906-09
to get cold ---------- 冷える ---------- 712-16
to get drunk ---------- 酔う ---------- 409-17
to get entangled ---------- もつれる ---------- 915-03
to get entangled (in, with)
---------- 絡む ---------- 904-25
to get (into) ---------- 入り込む ---------- 113-43
to get mixed ---------- まがう ---------- 918-02
to get off ---------- 降りる ---------- 113-51
〃 ---------- 下車 ---------- 113-53
to get on ---------- 乗車 ---------- 113-52
to get tired (of) ---------- 飽きる ---------- 209-61
to get up ---------- 起床 ---------- 112-27
to get used to ---------- 慣れる ---------- 602-09
〃 ---------- 慣れっこ ---------- 602-10
to get 〔become〕 angry
---------- 怒る ---------- 212-07
to get 〔be〕 injured ---------- 負傷 ---------- 017-25
getting on and off ---------- 乗り降り ---------- 113-55
a ghost ---------- 幽霊 ---------- 604-39
a giant ---------- 巨人 ---------- 305-39
a gift ---------- 贈り物 ---------- 115-49
〃 ---------- みやげ ---------- 115-51
a gifted person ---------- 俊秀 ---------- 207-40
gigantic ---------- 巨大 ---------- 809-03
a gigantic tree ---------- 大木 ---------- 720-20
to giggle ---------- くすくす ---------- 102-28
a girl ---------- 女の子 ---------- 306-03
girth ---------- 胴囲 ---------- 010-17
the gist (of) ---------- 要旨 ---------- 805-53
to give ---------- 与える ---------- 115-14
to give a cough ---------- 咳払い ---------- 014-03
to give one's name ---------- 名乗る ---------- 320-11
to give up ---------- 断つ ---------- 120-69
〃 ---------- あきらめる ---------- 218-24
glamor ---------- 肉感的 ---------- 206-13
a glare ---------- 睨み ---------- 103-26
to glare (at) ---------- にらむ ---------- 103-25
glasses ---------- 眼鏡 ---------- 403-18
gleanings ---------- 零れ話 ---------- 612-61
glib-tongued ---------- 口達者 ---------- 612-69
glitteringly ---------- ぴかぴか ---------- 715-07
gloom ---------- 憂さ ---------- 210-39
gloominess ---------- 陰気 ---------- 201-45
gloomy ---------- うっとうしい ---------- 210-37
〃 ---------- 薄暗い ---------- 715-13
glory ---------- 栄光 ---------- 618-16
gloves ---------- 手袋 ---------- 403-10
to glow light ---------- 明るむ ---------- 715-26
glueing ---------- 接着 ---------- 905-04
a glutton ---------- 大食い ---------- 106-08
to go ---------- 行く ---------- 113-01
〃 ---------- 参る ---------- 113-02
to go across ---------- 越える ---------- 903-19
to go direct ---------- 直行 ---------- 113-16

to go mad　狂う　209-58
to go out　出る　113-48
to go out of fashion　衰える　914-13
to go slowly　徐行　903-49
to go so far as to say　極論　612-36
to go through　通り抜ける　113-19
to go to and from　通る　113-14
to go to bed　就寝　112-03
to go to bed early　早寝　112-15
to go to sleep　寝る　112-01
to go to war　出征　509-30
to go up　上がる　903-04
a go-between　仲人　515-32
to go 〔come〕 home　帰省　119-11
God　ゴッド　604-31
a god　神　604-31
the god of death　死に神　604-33
a godsent child　申し子　311-20
going　行き　113-06
going abroad　渡航　505-56
〃　洋行　617-22
going east　東進　817-68
going in and out　出入り　113-46
going north　北上　817-68
going out　外出　113-49
going round　巡行　617-33
going south　南下　817-68
going to hospital　通院　020-04
going to sleep　就寝　112-03
going together　同行　516-24
going west　西進　817-68
gold　金色　716-30
good　良い　818-01
〃　良好　818-02
〃　うまい　818-39
good and bad　善悪　807-20
a good catch　大漁　505-72
a good chance　折も折　815-59
good conduct　善行　114-12
a good example　好例　804-28
a good fellow　快男子　306-22
a good fight　健闘　509-11
a good friend　良友　516-53
good government　善政　507-24
a good harvest　豊作　505-27
good luck　幸運　318-01
a good man　善人　305-44
a good medicine　良薬　020-21
good news　吉報　318-14
a good omen　幸先　318-03
good order　整理　915-14
a good plan 〔idea〕　名案　208-25
good quality　上質　819-06
good sense　良識　207-25
good-by(e)　さようなら　516-22
good-looking　見目麗しい　206-08
a good-looking boy　美少年　306-21
goods　貨物　419-41
goodwill　好意　216-45
gorgeous　華やか　206-15
〃　豪勢　501-21
a gossip　おしゃべり　612-65
to gouge out　えぐる　101-56
gourmandism　食い道楽　406-12
gourmet　食通　406-11
〃　食い道楽　406-12
to govern　治める　507-42
government　政治　507-21
〃　支配　507-41
the government　政府　507-29
government management　国営　505-13
the Government party　与党　507-34
grace　優雅　206-09
〃　恩恵　603-04
graceful　しとやか　204-15
〃　美しい　206-07
a grade　等級　511-51
a gradual decline　じり貧　512-38
gradually　だんだん　815-30
graduation　卒業　602-66
a grain　粒　811-07
grains　つぶつぶ　811-08
grammar　文法　610-02
grand　雄大　810-52
a grand festival　大祭　605-05
a grandchild　孫　312-01
a grandfather　祖父　314-12
a grandmother　祖母　314-11
a grandstand play　スタンドプレー　620-26
a graphic　画報　619-43
to grasp　掴まる　101-31
〃　つかむ　109-02
〃　手づかみ　109-03
grass　草　720-02
grassgrown　草深い　720-41
grassland　緑地　702-19
grateful　有り難い　213-08
gratitude　感謝　515-70
a grave　墓穴　604-79
a graveyard　墓場　604-82
gray　灰色　716-15
grazing　放牧　505-42
greasy sweat　脂汗　015-04
great　偉大　207-50

a great achievement 大業 505-03
great admiration 絶賛 520-06
great and small 細大 809-44
great antiquity 大昔 816-07
a great calamity 大厄 319-04
a great commander 名将 510-08
a great crime 重罪 520-18
a great difference 大差 919-02
great happiness 多幸 318-05
great laughter 大笑い 102-20
a great man 偉人 305-10
〃 傑物 305-14
great master 巨匠 305-07
a great number of people 大勢 808-61
a great obligation 大恩 603-05
a great pleasure 大慶 318-07
great progress 飛躍 914-04
a great swordsman 剣士 510-51
a great victory 大勝 620-13
the greatest 無上 819-13
a great-grandchild ひ孫 312-02
a great-great-grandchild やしゃご 312-03
greediness 欲張り 218-27
green 緑 716-27
greens 青菜 720-26
a greeting 挨拶 515-65
gregariousness 密生 720-43
grief 悲しみ 210-56
to grieve (about) 嘆く 210-27
to grill 焼く 408-12
a grimace しかめっ面 102-13
to grin にやにや 102-29
〃 にたにた 102-30
the grinding of the teeth 歯ぎしり 212-06
a grip 握り 419-27
to groan 唸る 108-07
groping 模索 601-17
a grounding 下地 207-23
a groundless rumor 流言飛語 618-19
ground(s) 理由 813-02
a group 集団 504-30
to grow 育つ 013-02
〃 生える 720-39
to grow fat 太る 001-26
to grow old 老いる 303-27
to grow thick 茂る 720-42
to grow wild 自生 720-40
growth 成長 013-01
a grudge 恨み 216-31
gruesome 気味悪い 215-04
grumbling 世迷い言 517-16
to guarantee 保証 515-57
to guard 警護 120-44
guard 警備 509-27
to guess 推し量る 208-45
a guess 推察 208-49
a guest 客 516-60
to guffaw げらげら 102-27
guidance 指導 602-20
〃 補導 602-31
〃 案内 608-21
guilty やましい 217-28
to gulp down あおる 106-18
gum 目脂 015-12
a gun 鉄砲 510-21
a gust (of wind) 突風 713-45
a gut 溝 707-05

H

habit 習性 201-14
〃 癖 201-15
habitual use 常用 117-06
a haiku 俳句 616-27
a haiku poet 俳人 616-52
hail 霰 713-20
hair 頭髪 002-03
〃 羽毛 719-08
hair 毛 012-05
a hair whirl つむじ 002-02
a haircut 散髪 404-11
hairy 毛深い 012-07
a halberd 矛 510-20
half 半分 805-33
half a year 半年 711-10
a half brother〔sister〕 異母兄弟〔姉妹〕 315-06
half the price 半額 512-40
a half-breed 混血児 305-42
half-hearted 冷ややか 205-09
to half-kill 半殺し 520-40
halfway いい加減 203-06
〃 なまじ 219-33
〃 中程 817-28
half-way 半端 819-22
a hammer 槌 416-18
the hand 手 008-01
a hand 働き手 502-46
handcraft 手芸 405-01
handicraft 工作 416-10
a handle 取っ手 419-27
handmade 手作り 910-07
a handsome man 美男 306-21

hand-to-mouth その日稼ぎ 501-15
to hang down 下がる 903-08
〃 垂らす 903-13
to hang on すがる 101-32
hanging oneself 首くくり 304-25
hangover 二日酔い 409-20
a haori 羽織 401-23
haphazard 場当たり 812-05
to happen in succession 続発 911-10
to happen to pass by 通りかかる 113-17
a happening 出来事 518-01
happiness 幸福 318-04
happiness in the other world 冥福 318-13
hara-kiri 切腹 304-24
a harbor 港 505-64
hard かたい 809-27
〃 難しい 810-38
a hard fight 苦戦 509-12
hard fighting 奮闘 509-10
to harden 固まる 908-60
a hard〔fierce〕fight 熱戦 509-09
hardness かたさ 808-73
harm 害 020-25
harmony 調和 917-02
harsh えぐい 107-17
〃 とげとげしい 205-17
harshness 過酷 205-21
a harvest 刈り入れ 505-25
〃 収穫 818-26
hastiness せっかち 201-52
〃 軽はずみ 204-05
a hasty conclusion 早のみ込み 208-47
a hasty person 慌て者 204-04
a hat 帽子 403-02
a hatchet 鉈 416-23
to hate 嫌う 216-25
hateful 嫌い 216-22
〃 憎い 216-28
〃 憎たらしい 216-29
hatred 嫌悪 216-23
haughtiness 不遜 217-18
to have a bite (at) 食いつく 106-03
to have a doze 仮眠 112-12
have a quiet〔good, sound〕sleep 安眠 112-10
to have a regard for 重んずる 517-03
to have a rest 休める 020-16
to have a sleep ひと眠り 112-11
have an itch(to do) むずむず 210-52
to have (something) ready 常備 120-25
to have〔take〕a short rest ひと休み 020-18
to have〔take〕a nap 仮眠 112-12
having a vague fear そら恐ろしい 215-05
the hawks たか派 507-36
hay 牧草 720-24
he 彼 320-32
the head 頭 002-01
〃 先 805-43
a head 主任 305-12
a head family 本家 314-06
the head of a section 部長 511-31
the head office 本社 505-17
a head temple 本山 604-51
a headband 鉢巻き 403-05
a head(ing) 見出し 610-24
the headquarters 本営 510-03
to heal 治す 020-13
health 健康 020-01
to heap up 積み重ねる 904-07
to hear 聞く 104-01
hearing from others 聞き伝え 618-24
heart 心 209-01
the heart 中心 802-10
the heart of a mountain 山懐 702-34
heartlessness 不人情 205-18
one's heart's desire 念願 218-07
heat 熱 712-18
heat haze かげろう 718-02
heathenism 異教 604-07
heaven and earth 天地 702-01
the heavenly body 天体 701-05
a heavenly maiden 天女 306-11
Heaven's help 神佑 604-10
Heaven's punishment 罰 520-65
heavily ざあざあ 713-38
heavy 重重しい 210-38
〃 重い 809-25
heavy damage 惨害 319-03
a heavy drinker 酒飲み 409-13
heavy industries 重工業 505-06
a heavy rain 大降り 713-23
〃 大雨 713-24
a heavy snowfall 大雪 713-57
a heavy tax 重税 513-40
the heel 踵 009-08
height 身長 001-19
a height 台地 702-13
an heir 跡取り(男) 311-08
〃 嫡子 311-09
an heiress 跡取り(女) 311-08
hell 地獄 604-49

a helmet	鉄兜	510-29
help	世話	515-31
〃	助力	517-55
〃	荷担	517-56
〃	手助け	517-57
to help	助ける	517-53
helpless	心細い	214-03
hemp	麻	402-03
here	ここ	817-45
〃	こちら	817-46
here and there	あちらこちら	817-51
hereditary	家伝	314-21
heredity	世襲	315-09
a hermit	隠者	305-25
〃	仙人	604-32
a hero	英雄	305-17
〃	主人公	616-46
heroic deed	快挙	114-13
a heroine	主人公	616-46
to hesitate	ためらう	220-27
hesitation	躊躇	220-28
heterogeneity	異質	804-19
a hiccup	しゃっくり	014-09
to hide	隠す	514-25
to hide (oneself)	隠れる	514-26
high	高い	809-12
high class〔grade〕	高級	819-07
a high mountain	高峰	702-30
a high price	高価	512-35
a high sea	大波	703-10
high spirits	意気	219-05
a high tree	高木	720-19
the highest	最高	819-10
the highest degree	極度	814-32
high-handed	頭ごなし	217-17
a highlight scene	さわり	615-13
high〔polite〕society	上流社会	506-03
high-spirited	凜乎	205-25
a hill	丘	702-13
the hilt	柄	419-28
to hinder	阻む	120-42
a hindrance	邪魔	519-11
a hindrance	差し障り	519-07
a hint	鍵	602-34
hire	賃借り	115-29
His〔Her〕Majesty	陛下	511-30
(historical) materials	資料	616-19
history	歴史	616-17
the history	いわれ	813-06
the history of a company	社史	616-18
to hit	打つ	109-39
〃	当てる	905-17
a hit	ヒット	620-37
〃	当たり	905-18
a hobby	趣味	617-01
a hoe	鍬	505-30
to hold	開催	615-18
to hold ～ in one's arms	だっこ	109-37
to hold an additional post	兼職	502-18
to hold an umbrella over	差し掛ける	102-03
to hold down	押さえる	101-49
to hold out	頑張る	219-11
a hole	穴	811-26
a holiday	休日	711-29
〃	休暇	711-29
a hollow	盆地	702-14
a holograph	筆跡	614-52
holy precincts	斎場	604-60
a home	家庭	315-02
one's home country	本国	507-14
the home office	本省	504-41
homely	平凡	918-15
Homeric laughter	大笑い	102-20
homesickness	郷愁	209-15
〃	里心	209-16
one's hometown	故郷	705-14
homework	宿題	602-12
homogeneity	等質	819-04
honest	まとも	201-35
honesty	正直	201-18
〃	謹厳	201-23
honor	面目	001-13
〃	名誉	618-17
an honor student	優等生	602-84
an honorary post	名誉職	502-11
an honored guest	賓客	516-63
an honorific	敬称	320-08
an honorific word	尊敬語	607-15
a hoodoo	疫病神	604-33
to hoot	やじる	517-07
hope	希望	218-01
hopeful	有望	207-44
a horn	角	719-04
horrible	憎たらしい	216-29
a hospital	病院	503-40
host and guest	主客	511-44
hostility	敵意	216-38
〃	敵視	216-40
hot	暑い	712-05
〃	熱い	712-06
hot blood	熱血	219-20
hot water	さ湯	407-26

a hot water …… 湯 …… 707-33
hot-tempered …… 癇 …… 201-55
a hot-water bottle …… 湯たんぽ …… 419-11
the hour of death …… いまわ …… 304-28
a house …… 家 …… 411-01
〃 …… 住宅 …… 411-02
〃 …… 人家 …… 411-11
one's house …… 自宅 …… 411-07
a household …… 所帯 …… 315-03
a house〔room〕for rent …… 貸家 …… 411-08
a housewife …… 主婦 …… 309-06
housework …… 家事 …… 501-03
how …… いかに …… 819-32
how many …… 幾つ …… 808-57
how much …… どれ程 …… 808-58
how old …… 幾つ …… 808-57
a human being …… 人間 …… 305-01
the human body …… 人体 …… 001-03
human feelings …… 人情 …… 216-43
〃 …… 人情味 …… 216-44
human rights …… 人権 …… 508-23
human strength …… 人力 …… 101-48
a human voice …… 肉声 …… 108-03
humanity …… 人情 …… 216-43
〃 …… 道義 …… 603-07
humanity and justice …… 仁義 …… 603-07
humble …… 卑しい …… 511-18
to humble oneself …… 畏まる …… 205-48
humidity …… 湿気 …… 713-63
humility …… 謙虚 …… 205-45
〃 …… 謙遜 …… 205-46
humor …… 機嫌 …… 209-06
hunger …… 空腹 …… 111-18
〃 …… 飢え …… 111-21
a hunger strike …… ハンスト …… 502-34
a hunter …… 猟師 …… 503-26
a hurricane …… 野分 …… 713-19
hurriedly …… そそくさ …… 204-07
to hurry (up) …… 急ぐ …… 814-66
hurt …… 怪我 …… 017-18
to hurt …… 傷付ける …… 017-26
a husband …… 夫 …… 309-11
one's husband …… 亭主 …… 309-11
husband and wife …… 夫婦 …… 309-01
a hussy …… おてんば …… 201-62
a hut …… 小屋 …… 411-04

I

I …… わたし …… 320-21
〃 …… あたし …… 320-22
〃 …… おれ …… 320-23
I …… 吾人 …… 320-24
〃 …… 小生 …… 320-25
I dare say …… さぞ …… 819-59
an "I" story …… 私小説 …… 616-07
ice …… 氷 …… 707-27
an idea …… 発想 …… 208-08
an ideal …… 理想 …… 209-56
one's identity …… 身元 …… 316-03
an idiom …… 慣用句 …… 607-08
idle …… 安逸 …… 213-10
an idle talk …… 無駄話 …… 612-65
idle thoughts …… 余念 …… 209-19
idleness …… 無為 …… 203-16
if …… もし …… 208-51
if possible …… なるべく …… 819-52
to ignite …… 発火 …… 714-02
ignorance of the world …… 世間知らず …… 207-59
ill health …… 病身 …… 001-36
ill luck …… 不運 …… 318-08
an ill omen …… 凶 …… 318-10
illegality …… 違法 …… 508-12
〃 …… 非合法 …… 508-12
illiteracy …… 文盲 …… 609-34
illness …… 病気 …… 017-01
ill-treatment …… 虐待 …… 520-50
to illuminate …… 照らす …… 715-24
an illustration …… 挿絵 …… 614-06
〃 …… 図説 …… 614-18
an image of Buddha …… 仏像 …… 604-58
imaginary fears …… 杞憂 …… 214-02
imagination …… 想像 …… 209-57
imbecility …… 蒙昧 …… 207-55
to imitate …… まねる …… 918-22
imitation …… 模造 …… 807-18
〃 …… まね …… 918-21
immaculacy …… 潔白 …… 201-20
immature …… 幼い …… 303-06
immeasurable …… 無量 …… 808-43
an immediate answer …… 速答 …… 613-59
an immediate decision …… 即断 …… 208-29
immediately …… すぐ …… 815-42
immediately after …… 直後 …… 816-25
immediately before …… 直前 …… 816-15
immense …… 甚大 …… 808-42
〃 …… すごい …… 819-41
imminent …… 目前 …… 817-05
immorality …… 不義 …… 520-30
〃 …… 不徳義 …… 603-09
immortality …… 不朽 …… 815-69
to impair …… 損なう …… 909-05
impartiality …… 公平 …… 517-04

impatience ---------- 苛立ち ---------- 210-45
an Imperial gift ---------- 恩賜 ---------- 520-16
the Imperial Palace ---------- 皇居 ---------- 412-03
the Imperial Throne ---------- 皇位 ---------- 511-25
an Imperial tomb ---------- 御陵 ---------- 604-83
an implication ---------- 含み ---------- 906-16
implicitly ---------- それとなく ---------- 203-34
impoliteness ---------- 失礼 ---------- 515-64
import ---------- 輸入 ---------- 512-80
importance ---------- 重要 ---------- 818-21
an important matter ---------- 用事 ---------- 820-08
an important mission ---------- 大役 ---------- 502-15
an important place ---------- 要衝 ---------- 706-08
the important point ---------- 要項 ---------- 805-56
an important post ---------- 要職 ---------- 502-11
to importune ---------- せびる ---------- 218-20
imposing ---------- 厳めしい ---------- 205-26
impossible ---------- 不可能 ---------- 810-41
an impregnable castle ---------- 堅城 ---------- 510-47
an impregnable pass ---------- 険 ---------- 706-05
an impression ---------- 印象 ---------- 209-36
impression ---------- 感動 ---------- 210-01
one's impressions ---------- 感想 ---------- 208-09
imprisonment ---------- 懲役 ---------- 520-63
〃 ---------- 収監 ---------- 520-69
improvement ---------- 改良 ---------- 908-05
impudent ---------- 図太い ---------- 201-47
〃 ---------- 厚かましい ---------- 205-27
an impulse of the moment
---------- 出来心 ---------- 209-18
impure ---------- 不潔 ---------- 810-31
in ---------- 中 ---------- 817-25
in a twinkling ---------- 瞬く間 ---------- 815-33
in a whispering ---------- ぼそぼそ ---------- 612-49
in addition to that ---------- それに ---------- 913-28
in dumb surprise ---------- 呆然 ---------- 209-40
in fragments ---------- 木っ端微塵 ---------- 909-17
in general ---------- 概して ---------- 805-20
in great fear ---------- 慄然 ---------- 215-08
in one's face ---------- 目の前 ---------- 817-04
(in) one's first sleep ---------- 寝入りばな ---------- 112-04
in one's hands ---------- 手中 ---------- 116-03
in places ---------- 所所 ---------- 817-54
in short ---------- つまり ---------- 814-56
in swarms ---------- うようよ ---------- 504-26
in the end ---------- ついに ---------- 816-35
in the midst (of) ---------- 最中に ---------- 815-53
in these times ---------- 時節柄 ---------- 710-02
inappropriate ---------- 不相応 ---------- 918-14
in〔at〕school ---------- 在校 ---------- 602-61
inauguration ---------- 発足 ---------- 814-23
incapacity ---------- 無才 ---------- 207-11
incarnation ---------- 権化 ---------- 604-19
an incendiary fire ---------- 放火 ---------- 714-18
an incitement ---------- 起因 ---------- 813-03
an income ---------- 収入 ---------- 512-74
incomparable ---------- 格段 ---------- 819-25
incompetence ---------- 無能 ---------- 207-12
incomplete ---------- 未完 ---------- 814-53
inconstancy ---------- 多情 ---------- 218-34
to incorporate ---------- 組み入れる ---------- 906-01
to increase ---------- 増す ---------- 913-02
increase ---------- 増進 ---------- 913-07
〃 ---------- 増殖 ---------- 913-08
an incurable disease ---------- 難病 ---------- 017-04
indecency ---------- 卑猥 ---------- 202-07
indecent ---------- 見苦しい ---------- 203-30
〃 ---------- みだら ---------- 204-31
indefinite ---------- うやむや ---------- 810-48
an index ---------- 索引 ---------- 619-62
a index finger ---------- 人差し指 ---------- 008-09
indication ---------- 表示 ---------- 602-38
indifference ---------- 無関心 ---------- 205-13
indignation ---------- 憤激 ---------- 212-04
an indirect election ---------- 間接選挙 ---------- 507-37
indirectly ---------- 遠回し ---------- 514-30
〃 ---------- 間接 ---------- 905-10
indiscreet ---------- 大人気ない ---------- 303-16
indispensability ---------- 必需 ---------- 818-33
indistinct ---------- 不明 ---------- 810-49
an individual ---------- 個人 ---------- 808-68
individuality ---------- 個性 ---------- 201-04
〃 ---------- 特質 ---------- 918-27
indomitability ---------- 不屈 ---------- 219-29
indoor service ---------- 内勤 ---------- 502-28
to induce ---------- 唆す ---------- 515-49
induction ---------- 誘導 ---------- 602-30
to indulge ---------- 甘やかす ---------- 205-39
to indulge(in) ---------- ふける ---------- 209-52
industry ---------- 勤勉 ---------- 219-14
〃 ---------- 産業 ---------- 505-01
ineloquent ---------- 口下手 ---------- 612-48
inequality ---------- 不平等 ---------- 517-05
inevitable ---------- 必然 ---------- 613-29
inexhaustible ---------- 無尽蔵 ---------- 808-45
inexperienced ---------- つたない ---------- 207-21
infamy ---------- 悪名 ---------- 618-22
infancy ---------- 幼少 ---------- 303-05
〃 ---------- 幼年 ---------- 303-08
an infant ---------- 幼児 ---------- 311-03
an infant prodigy ---------- 神童 ---------- 311-21
inferior ---------- 貧弱 ---------- 206-17
〃 ---------- 劣等 ---------- 819-20
inferiority ---------- 劣勢 ---------- 801-15
inferiority complex ---------- 劣等感 ---------- 217-21
infidelity ---------- 背教 ---------- 604-04

influence 勢力 508-25
to influence 教化 602-24
influential 有力 818-48
influenza 風邪 017-15
to inform 知らせる 618-07
an informal way 略式 804-21
information 情報 618-01
〃 知らせ 618-04
〃 報道 619-04
to inhabit 生息 301-07
inhabitants 住民 507-49
to inhale 吸う 014-10
〃 吸引 014-11
inheritance 相続 315-10
inhumanity 薄情 205-19
an initial 頭文字 607-31
to injure 傷付ける 017-26
injury 傷 017-18
〃 害 020-25
injustice 非道 520-30
〃 不正 807-19
ink marks 墨痕 614-54
an inlet 湾 703-02
one's inmost thoughts 腹 209-26
an inn 宿 503-39
〃 旅館 503-39
innocence 無邪気 201-21
〃 無罪 520-21
innocent あどけない 206-03
innovation 革新 908-02
innovations 趣向 208-21
innumerable 無数 808-43
to inquire 問い合わせる 613-45
to inquire after 慰問する 216-06
to inquire into 突き詰める 220-25
inquisition 糾問 613-51
an insanity 気違いざた 520-32
insensitive 鈍感 207-62
an inseparable relation 腐れ縁 604-13
the inside 部内 511-46
〃 内 817-82
inside 内輪の 514-19
〃 内側 817-82
the inside affairs 内情 514-21
inside and outside 表裏 817-74
the inside (corner) 内角 620-39
the inside of one's thigh 内股 009-04
an inside story 楽屋話 612-62
insight 先見 120-13
〃 眼力 207-34
an insignificant person 小人 305-55
insincerity 不誠実 201-30
inspection 検問 509-51
〃 検査 601-10
〃 監査 601-13
inspiration 霊感 604-43
an instant とっさ 815-32
〃 片時 815-37
instantly 即刻 815-43
instigation 挑発 515-50
to instruct carefully 言い含める 612-37
instruction 伝授 602-49
instructions 教示 602-29
〃 お達し 618-09
an instructor 師 602-77
instrument 器械 418-01
an instrument 道具 418-04
〃 用具 418-04
insufficiency 不行き届き 114-15
〃 不足 214-07
insult 侮辱 517-28
〃 汚辱 517-28
insurance 保険 512-78
intellect 知能 207-26
an intellectual インテリ 511-12
the intellectual class 知識階級 511-12
intelligence 知性 207-27
to intend 志す 220-04
intense 強烈 819-37
intensity 強度 819-42
intention 意志 220-01
an intention 意図 220-02
intentionally わざと 203-31
interception 迎撃 509-18
〃 遮断 903-54
interest 興味 220-30
〃 金利 513-37
interesting 面白い 210-18
interior decoration 内装 412-07
the interior of a room 屋内 412-08
internal organs 内臓 011-01
an interpreter 通訳 611-16
an interrogation 尋問 613-51
an interval 間 617-06
〃 距離 808-21
intimate 親しい 515-34
intoxication 酩酊 409-19
to introduce 紹介 515-28
introduction 紹介 515-28
〃 手ほどき 602-20
〃 手引き書 619-47
an introduction 序説 610-06

to intrude	出過ぎる	205-30
intrusion	乱入	509-24
〃	侵害	509-25
intuition	勘	209-10
an intuition	直感	209-37
invalidity	無効	512-57
an invasion	襲来	509-23
investigation	探究	601-08
investment	出資	512-24
invitation	招待	516-08
to invite	招待する	516-08
involuntarily	思わず	208-73
involvement	かかりあい	515-07
〃	巻き添え	905-15
ironware	金物	420-17
irony	皮肉	517-32
〃	反語	611-09
irregularity	変則	801-16
irrigation	水利	707-01
irritating	もどかしい	210-49
〃	腹立たしい	212-09
an island	島	702-07
an island country	島国	507-16
an isolated castle	孤塁	510-54
an isolated island	離島	702-08
itching	かゆい	111-14
an item	事項	820-02
〃	種目	820-03
an itinerant priest	雲水	604-68

J

a jacket	上着	401-14
Japanese	和文	607-24
a Japanese book	和書	619-30
(Japanese) sandals	草履	403-14
(Japanese) socks	足袋	401-41
Japanese style	和風	804-23
the Japanese syllabary	仮名	607-27
jaws	顎	007-03
jealousy	ねたみ	216-30
〃	嫉妬	216-33
to join	入れる	113-41
a joint	関節	011-03
joint ownership	共有	116-06
joint use	両用	117-05
a joint work	合作	616-36
a joint-stock company	株式会社	505-09
a joke	冗談	612-58
a journey	旅	617-21
joy	喜び	210-12
judgement	判断	208-28
judgment	裁判	508-18
〃	判決	613-25
judo	柔道	620-52
jugglery	奇術	615-51
jujutsu	柔道	620-52
to jump	跳ぶ	110-05
to jump at	飛び付く	101-35
to jump up	躍る	110-06
a junior	後輩	516-59
junk	廃品	420-22
just then	折から	815-46
just under	真下	817-19
justice	理	806-05
〃	方正	807-10
〃	正当	807-11

K

kana	仮名	607-27
a kanji	漢字	607-28
a kanji difficult to read	難訓	607-19
keen	鋭い	207-48
keenly	つくづく	209-63
keenness	鋭敏	207-47
a keep	天守閣	510-48
to keep	留める	814-69
to keep oneself awake	目覚まし	112-37
to keep secret	伏せる	514-28
to keep silent	だんまり	612-72
a keeper	番人	509-54
a key	錠	419-25
〃	鍵	602-34
〃	手掛かり	814-14
a key money	頭金	513-12
a keyboard	鍵盤	419-33
to kick	蹴る	110-17
a kid	餓鬼	311-05
kidnapping	誘拐	520-43
to kill	殺す	520-33
killing of insects	殺虫	520-35
a kimono	和服	401-03
kin	一族	314-05
a kind	種類	804-12
〃	一類	804-13
kindheartedness	親切	205-40
to kindle	焚く	714-07
kindness	親切	205-40
〃	厚情	216-47
〃	恩	603-03
a king	王	511-22

King's X ……たんま……617-42
a kitchen ……台所……412-15
a kitchen knife ……包丁……410-20
kitchen smoke ……人煙……714-21
a kitchen-dining room ……ダイニングキッチン……412-15
to knead ……捏ねる……109-27
the knee ……膝……009-06
to knit ……編む……405-04
knitting ……編み物……405-01
to knock to death ……殴り殺す……520-37
know-how ……情報……618-01
knowingly ……知ったかぶり……217-13

L

labor ……労……211-02
a labor dispute ……争議……502-35
a laborer ……労働者……503-01
a laborious work ……労作……616-44
a labyrinth ……迷路……705-26
to lack ……欠ける……906-22
〃 ……欠く……906-23
lacquer(ed) ware ……漆器……410-05
a ladder ……梯子……412-33
a ladle ……柄杓……410-19
a lady-killer ……プレーボーイ……305-22
a lagoon ……潟……704-21
a lake ……湖……704-21
a lakeside ……湖畔……704-19
land ……陸……702-03
〃 ……地所……805-06
〃 ……用地……805-07
land transportation ……陸運……505-81
a landlord ……大家……511-43
a lane ……小道……705-20
language ……言葉……607-01
large ……大きい……809-02
a large amount ……巨額……513-03
large build ……大柄……001-23
a large country ……大国……507-06
a large number ……数多……808-39
a large river ……大河……704-04
large snowflakes ……綿雪……713-60
large-scale ……大規模……809-05
the largest ……最大……808-44
the last ……最後……814-26
the last day of the year ……大みそか……710-24
to the last extremity ……絶体絶命……519-17
last month ……先月……711-12
the last month of pregnancy ……臨月……019-06
last night ……昨夜……711-52
the last stage ……終期……815-56
last year ……去年……711-05
late autumn ……晩秋……710-14
late spring ……暮春……710-05
lateness ……遅刻……814-74
later ……後……816-25
〃 ……後程……816-26
one's later years ……晩年……303-21
the latter ……後者……805-39
a laudable custom ……良俗……606-16
to laugh ……笑う……102-17
a laugh ……笑い……102-18
to laugh aloud ……からから……102-26
a law ……法律……508-01
〃 ……法令……508-03
〃 ……法則……508-08
the law governing ……法例……508-03
lawfulness ……適法……508-13
a law-governed country ……法治国……507-04
a lawn ……芝生……720-28
laws and regulations ……法規……508-03
a lawsuit ……訴訟……508-19
a lawyer ……弁護士……503-09
to lay ……埋設……416-05
〃 ……架設……416-06
to lay down ……横たえる……112-32
laziness ……ずぼら……203-12
to lead ……率先……120-19
〃 ……引率……516-38
〃 ……誘導……602-30
the leader ……首脳……511-07
leading ……有数……819-08
the leading part ……主役……615-31
a leaf ……葉……720-07
a leaflet ……パンフレット……619-50
〃 ……びら……619-50
a leak in the roof ……水漏れ……707-19
leakage of water ……水漏れ……707-19
lean ……痩身……001-33
to lean ……傾ける……101-13
〃 ……傾く……101-14
to lean (against, on) ……寄り掛かる……101-23
to lean backward ……反り返る……101-21
to leap ……跳躍……110-07
to learn ……習う……602-03
to learn from others ……伝え聞く……618-26
learning ……学問……601-01
〃 ……学習……602-01
〃 ……修得……602-04

英語表現索引

to lease 賃貸 115-26
leather 革 419-21
to leave 退く 113-34
〃 放置 120-72
to leave a message 書き残す 609-22
to leave a message (with “a person”) 言い残す 612-41
to leave (behind) 残す 912-02
to leave open 開け放す 907-02
to leave…to〔with〕 一任 218-13
leaving 退散 113-35
〃 退場 504-19
leaving a matter to chance 出たとこ勝負 120-26
leaving early 早退 502-33
leaving school 退学 602-64
a lecture 授業 602-70
a ledge 崖道 705-33
(the) left 左 817-22
the left wing 左翼 510-06
the leg 足 009-01
legal circles 法曹界 506-02
a legal wife 本妻 309-12
a legend 伝説 616-30
legislation 立法 507-28
〃 法制 508-03
a legitimate child 嫡出子 311-09
leisure 余暇 617-04
〃 暇 617-05
to lend 貸す 115-24
a lender 貸し主 115-33
lending 貸与 115-25
length 丈 405-06
〃 長さ 808-26
〃 縦 817-29
the length of the sleeve 裄 405-05
lengthy 冗長 612-46
to let (a person) go to sleep 寝かす 112-02
to let～escape 逃がす 113-31
to let～loose 放す 109-19
a letter 字 607-25
〃 手紙 618-29
〃 封書 618-29
a letter box 受け箱 419-40
a letter of divorce 離縁状 308-10
lewd みだら 204-31
lewdness 卑猥 202-07
a library 叢書 619-39
to lick 舐める 106-06
to lick one’s lips 舌なめずり 106-07
a lid 蓋 419-37
a lie 嘘 807-13
lie down 寝転ぶ 112-32
to lie (down) 横たわる 112-32
to lie on one’s face うつ伏せる 112-33
〃 腹這い 112-34
to lie (with) 共寝 112-29
life 命 301-01
〃 生 302-01
〃 生活 501-01
a life 一生 302-02
one’s lifetime 一世 302-03
light 光 715-01
〃 明るい 715-28
〃 軽い 809-26
〃 軽やか 810-32
〃 簡単 810-33
a light 明かり 715-03
to light 点ける 715-21
light industries 軽工業 505-06
light seasoning 薄味 107-19
a light summer kimono 浴衣 401-28
light-fingered 手癖 201-16
lightheartedly 浮き浮き 210-09
lightheartedness 気軽 205-03
to like 好む 216-18
(like) (a flash of) lightning 電光石火 204-02
likes and dislikes 好き嫌い 216-21
limitation 限度 814-31
a limited responsibility company 有限会社 505-09
a line 線 608-06
line drawing 線描 614-10
the line of the nose 鼻筋 005-02
lineage 家系 316-07
a lined kimono 袷 401-26
one’s lines せりふ 615-10
the lingering cold 余寒 712-15
a lip 唇 006-03
liquid 液 420-20
liquidation 清算 808-16
liquor 酒 409-01
listen again 聞き返す 613-46
a list of names 名簿 619-59
to listen attentively to 聞き入る 104-02
〃 傾聴 104-11
to listen to 聴取 104-10
literary talent 文才 207-37
literature 文芸 616-01
a little 少し 808-47

L

a little … ちょっと … 808-48
〃 … いささか … 808-52
little … 小さい … 809-06
a little finger … 小指 … 008-09
a little while ago … 先程 … 816-02
to live … 住む … 119-01
〃 … 在世 … 301-07
〃 … 生きる … 301-07
〃 … 暮らす … 501-04
live broadcasting … 生放送 … 619-10
to live on … 生き永らえる … 301-08
〃 … 生き延びる … 301-08
liveliness … 活発 … 201-43
〃 … 活気 … 219-34
living … 生計 … 501-02
a living body … 生体 … 001-02
a living room … 居間 … 412-13
living together … 同居 … 501-07
a loan … 貸借 … 115-23
local … 地元 … 705-16
local color … 地方色 … 705-15
a local election … 地方選挙 … 507-37
a lock … 錠 … 419-25
to lodge … 泊まる … 617-37
lodging … 寄宿 … 501-08
lodging house … 宿舎 … 503-38
lodging together … 同宿 … 617-38
loftiness … 崇高 … 207-51
logical connection … 系統 … 515-08
a loincloth … 褌 … 401-38
loneliness … 孤独 … 808-70
〃 … 寂寥 … 810-08
loneliness on a journey
… 旅愁 … 617-40
lonely … 寂しい … 210-23
long … 長い … 809-10
a long distance … 長距離 … 808-24
a long life … 長寿 … 301-03
a long novel … 長編小説 … 616-05
a long rain … 長雨 … 713-32
a long road … 遠路 … 113-10
long sight … 遠視 … 004-05
long thin strips … 千切り … 408-14
longing … 切望 … 218-02
a look … 表情 … 102-05
〃 … 面構え … 102-06
〃 … 一目 … 103-20
〃 … 目つき … 103-27
to look (a person) in the face
… 直視 … 103-06
to look around … 見回す … 103-11
to look aside … よそ見 … 103-29
to look at … 見やる … 103-14
to look at each other … 見合う … 103-12
to look back … 振り返る … 101-22
〃 … 見返る … 103-11
to look down … 見下ろす … 103-11
to look down on … 見下げる … 517-10
to look for … さがす … 220-22
to look forward to … 待ち望む … 120-28
to look like a grown-up
… 大人びる … 303-15
the look of the sky … 空模様 … 713-02
to look out over … 見渡す … 103-15
to look over … 一覧 … 103-21
to look over again … 見直す … 103-13
to look up to … 見上げる … 103-11
looking and listening … 視聴 … 103-31
looks … 顔立ち … 102-06
〃 … 容貌 … 102-06
loose … 散漫 … 203-10
to loosen … 緩む … 908-40
looseness … 放縦 … 203-39
to lose … 無くす … 913-18
to lose one's nerve … 気後れ … 215-06
loss … 紛失 … 120-65
〃 … 損 … 512-58
a lost battle … 敗戦 … 620-18
a lost property … 落とし物 … 420-09
a lot … たんと … 808-40
a lot (of) … 大量 … 808-41
a lottery … くじ … 617-19
a loud voice … 大声 … 108-04
love … 恋 … 216-01
〃 … 愛情 … 216-02
〃 … 恋情 … 216-03
to love … かわいがる … 216-04
〃 … 愛する … 216-05
〃 … 恋う … 216-09
〃 … 恋慕 … 216-14
a love … 恋人(女) … 307-11
a love affair … 情事 … 307-03
〃 … 艶聞 … 618-20
a love scene … 濡れ場 … 615-14
lovely … いとおしい … 206-02
a lover … 恋人(男) … 307-11
〃 … 情夫 … 307-13
a lovers' suicide … 情死 … 304-26
low … 卑しい … 511-18
〃 … 低い … 809-13
〃 … 下 … 817-17
a low pressure … 低気圧 … 713-19
a low price … 安価 … 512-41
low-class … 低級 … 819-18
to lower … 下げる … 903-09

the lower half of one's body 下半身 010-03
the lower lay 下積み 904-11
the lower part 下手 817-18
a lower seat 下座 511-20
the lowest 最低 819-21
loyalty 忠 603-08
a lucid explanation 明解 602-42
luggage 荷物 419-41
lukewarm ぬるい 712-09
a lump 塊 811-13
a lump of ice 氷塊 707-28
lunch 昼食 406-04
〃 弁当 406-07
luncheon 弁当 406-07
to lure away 釣り出す 515-54
luster 光沢 716-09
luxury 贅沢 501-20

M

machine 機械 418-01
madness 気違い 209-59
a magazine 雑誌 619-42
magic 魔法 615-52
magnanimity 太っ腹 205-42
〃 度量 207-02
a magnifying glass 虫眼鏡 403-19
a maid 女中 503-30
a mailbox 受け箱 419-40
main 主 802-14
a main cause 要因 813-04
the main part 主部 802-11
the main point 要点 802-13
〃 重点 802-15
a main road 本道 705-24
the main stream 本流 504-38
a main street 大通り 705-27
the main thread (of) 本筋 806-12
mainly 主に 805-14
maintenance 保持 912-10
to make 作る 910-01
to make a great fuss (about) ざわめく 810-19
to make a noise 騒ぐ 810-18
to make a note of 書き留める 609-17
to make a pillow of one's arm 手枕 112-30
to make a round 巡る 617-34
to make fun of からかう 517-06
to make one's appearance 出演 615-21
to make progress はかどる 914-02
makeshift やりくり 120-03
〃 その場逃れ 517-13
makeup 化粧 404-10
makings 質 201-06
male 雄 306-17
malice 悪意 216-37
a mamma ママ 310-03
a man 人 305-02
〃 男 306-17
man and woman 男女 306-01
a man impervious to reason 分からず屋 305-53
a man of great promise 大人物 305-11
a man of strict morals 堅物 305-28
a man of taste 粋人 305-20
a man of the world 俗人 305-27
a man of virtue 君子 305-04
a man of wealth 金持ち 305-38
management 運営 505-12
a manager 支配人 511-37
a managing treasurer 幹事 511-33
a maniac マニア 305-36
manly 男らしい 201-58
a man-made calamity 人災 319-05
a manner of speaking 口調 612-14
a manner of writing 書き方 609-26
manners 礼儀 515-62
〃 礼法 515-63
〃 風俗 606-02
a mansion 邸宅 411-03
a manual 便覧 619-49
manual industry 手工業 505-06
manufacture 製作 910-02
a manuscript 原稿 610-16
〃 刊本 619-32
many countries 諸国 507-05
many words 多言 612-26
many years 永年 815-66
〃 積年 816-08
a map 地図 614-20
a margin 差益 512-52
a mark 印 608-01
a market 市場 503-33
〃 売れ口 512-04
market conditions 市況 512-69
marriage 結婚 308-01
〃 縁結び 308-06
to marry 娶る 308-02
〃 嫁ぐ 308-03
to marry into the family of one's bride 婿入り 308-04

英語表現索引

M

a marsh ― 沼 ― 704-21
marshland ― 湿地 ― 704-22
masculine ― 男らしい ― 201-58
massacre ― 虐殺 ― 520-39
the masses ― 大衆 ― 507-50
to master ― 使いこなす ― 120-05
a master ― 名人 ― 305-03
the master ― 主人 ― 511-38
〃 ― 店主 ― 511-40
master and servant ― 主従 ― 511-44
the maternal line ― 母系 ― 314-10
mathematics ― 数学 ― 601-05
a matter ― 事 ― 820-01
〃 ― 一件 ― 820-05
a matter of grave concern
― 大事 ― 518-04
a maxim ― 金言 ― 607-10
a meal ― 食事 ― 406-01
meaning ― 意味 ― 806-09
a means ― 仕方 ― 812-01
a means of escape ― 逃げ道 ― 113-39
to measure ― 計る ― 808-19
〃 ― 実測 ― 808-20
a mechanism ― 仕組み ― 803-03
meddling ― 口出し ― 205-29
to mediate ― 取り持つ ― 515-29
medical examination ― 診察 ― 020-05
medical science ― 医学 ― 020-03
(medical) treatment ― 治療 ― 020-06
medicine ― 薬 ― 020-20
a medium ― 霊媒 ― 604-74
meek ― おとなしい ― 201-36
meekness ― 素直 ― 201-29
to meet ― あう ― 516-01
〃 ― 迎える ― 516-15
〃 ― 臨む ― 816-22
a meeting ― 会 ― 504-31
meeting ― 対面 ― 516-04
〃 ― 迎え ― 516-14
a meeting place ― 会場 ― 504-28
melancholy ― 陰気 ― 201-45
〃 ― 憂愁 ― 210-36
a melody ― 節 ― 614-26
to melt ― 溶ける ― 908-56
〃 ― とろける ― 908-57
〃 ― 溶かす ― 908-58
a member ― 一員 ― 504-13
a member of the staff ― 職員 ― 503-03
a membrane ― 膜 ― 011-06
a memo ― 書き付け ― 610-29
a memorial service ― 供養 ― 605-14
memorizing ― 暗記 ― 602-16
a memory ― 思い出 ― 208-79
memory ― 記憶 ― 602-15
one's men ― 手勢 ― 510-12
to mend ― 直す ― 416-15
mental ― 心理的 ― 209-21
mental fatigue ― 気疲れ ― 211-05
mentality ― 気 ― 209-05
a menu ― 献立 ― 619-63
merchandise ― 商品 ― 420-10
a merchant ― 商売人 ― 503-12
mercy killing ― 安楽死 ― 304-11
a mere clerk ― 平社員 ― 511-31
a merit ― 利点 ― 818-05
〃 ― 特長 ― 818-06
merits ― 功績 ― 520-01
merry ― 明朗 ― 201-38
a merry drinker ― 笑い上戸 ― 409-21
merrymaking ― 大騒ぎ ― 810-14
a message ― 伝言 ― 618-03
a messenger ― 使者 ― 502-44
metal ― 金属 ― 420-16
a metaphor ― 隠喩 ― 611-08
a meter ― 計器 ― 808-72
microscopic ― 微小 ― 809-07
midair ― 中空 ― 701-03
a (midday) nap ― 昼寝 ― 112-16
the middle ― 真ん中 ― 817-24
middle age ― 中年 ― 303-18
a middle finger ― 中指 ― 008-09
the middle of the month
― 月半ば ― 711-15
midnight ― 夜中 ― 711-50
midsummer ― 真夏 ― 710-10
midway ― 中間 ― 817-26
a midwife ― 助産婦 ― 503-07
mild ― 穏やか ― 201-36
〃 ― 物柔らか ― 205-05
〃 ― のどか ― 810-24
mild spring weather ― 小春 ― 710-07
military force ― 兵力 ― 510-18
military preparations ― 軍備 ― 509-27
military science ― 武道 ― 620-51
milk ― 乳 ― 015-14
a millennium ― 千載 ― 815-67
millions ― 巨万 ― 808-38
mincingly ― しゃなりしゃなり ― 110-13
one's mind ― 内心 ― 209-25
〃 ― 胸中 ― 209-28
mind ― 心神 ― 209-29
mind and body ― 心身 ― 209-64
a mine ― 鉱山 ― 505-49
a mineral ― 鉱物 ― 709-07
mining ― 鉱業 ― 505-48
〃 ― 採掘 ― 505-50

a minister 大臣 507-31
a minor difference 小異 919-02
a minor part 端役 615-35
minute 微細 809-38
〃 精緻 809-42
minuteness 綿密 203-05
a mirage 蜃気楼 718-03
a mirror 鏡 403-20
misbelief 誤信 604-03
miscellaneous business 雑務 502-04
〃 小用 820-09
miscellaneous news 雑報 619-06
mischief いたずら 520-31
mischievous 腕白 201-63
a mischievous boy 悪太郎 311-23
misconduct 不始末 520-25
〃 不良 520-26
a misconduct 暴行 520-28
a miser けち 201-64
misery 惨め 210-54
misfortune 不運 318-08
〃 不幸 318-09
〃 災禍 319-02
misgovernment 悪政 507-25
to mishear 聞き損なう 104-05
mishearing そら耳 104-14
to misjudge 見誤る 208-66
mismanagement 不行き届き 114-15
miso soup 味噌汁 407-20
Miss. さん 320-12
to miss a chance to tell 言いそびれる 612-47
a mission 天職 502-09
mist 霞 713-10
a mistake 間違い 114-16
to mistake 誤る 114-23
to mister さん付け 320-14
a mistress 情婦 307-12
〃 おかみ 511-41
misunderstanding 誤解 208-67
to mix 混ぜる 109-25
mixture 交錯 915-06
a moat 堀 707-04
a mode of expression 口調 612-14
a model 型式 804-02
〃 手本 804-08
〃 模型 804-09
to moderate 和らぐ 908-41
the modern age 近代 816-21
a modest word 謙譲語 607-15
modesty 謙虚 205-45
modesty 謙遜 205-46
modification 修飾 611-05
〃 変更 908-04
molding 造形 910-06
a moment 瞬間 815-32
a monarchy 君主国 507-03
a monastery 修道院 604-63
the money 代金 512-28
money 金 513-01
a monk 僧 604-65
a monologue 独り言 612-51
〃 独白 615-10
a monomaniac 偏執狂 305-37
monopolization 独占 116-08
monopoly 専売 512-09
monotony 単調 918-16
a monster 化け物 604-41
a month 月 711-11
the monthly installment 月賦 512-68
a monument 碑 708-13
a monumental work 遺産 520-04
〃 大作 616-44
mood 気分 209-03
the moon 月 701-11
moonlight 月光 715-15
morale 士気 219-05
morals 道徳 603-01
more or less 多少 808-55
moreover 更に 913-32
morning 朝 711-35
the morning 午前 711-40
morning and evening 朝晩 711-32
a morning fair 朝市 503-33
the morning star 明星 701-16
the morning sun 朝日 701-08
a mortgage 担保 513-34
most 大部分 805-15
〃 最も 819-35
most part 多く 805-11
a mother 母 310-02
〃 お母さん 310-03
one's mother country 母国 507-13
a mother ship 本船 505-58
one's mother tongue 母語 607-05
motherhood 母性 201-13
a mother-in-law 義母 310-06
a motion 動議 613-23
a motive 起因 813-03
a mound 墓 604-81
a mountain 山 702-24
mountain climbing 登山 620-44
a mountain mass 山塊 702-33

a mountain path ---- 山道 ---- 705-32
a mountain range ---- 山脈 ---- 702-33
a mountain stream ---- 谷川 ---- 704-02
to mourn ---- 悼む ---- 605-15
mourning ---- 忌み ---- 605-22
a moustache ---- 口髭 ---- 007-05
the mouth ---- 口 ---- 006-01
〃 ---- 口元 ---- 006-02
move ---- 引っ越し ---- 119-09
〃 ---- 移転 ---- 119-10
to move ---- 移る ---- 903-01
to move backward ---- 後ずさり ---- 113-36
to move the bowels ---- 排便 ---- 016-02
to move up ---- 繰り上げる ---- 814-67
a movement ---- 動作 ---- 114-02
a movie ---- 映画 ---- 615-44
to mow ---- 刈る ---- 101-54
Mr. ---- さん ---- 320-12
Mrs. ---- さん ---- 320-12
Ms. ---- さん ---- 320-12
much ado about nothing
---- 空騒ぎ ---- 810-15
much moisture ---- 高湿 ---- 713-64
much more ---- まして ---- 819-54
mud ---- 泥 ---- 709-02
〃 ---- ぬかるみ ---- 908-44
muddle ---- 乱雑 ---- 915-05
a muffler ---- 襟巻き ---- 403-06
a mug ---- ジョッキ ---- 410-08
multi-layered ---- 重層 ---- 906-19
multiple ---- 多角 ---- 817-55
multistory ---- 高層 ---- 817-16
municipal ---- 市立 ---- 504-47
murder ---- 殺人 ---- 520-34
muscle ---- 筋肉 ---- 011-04
muscular ---- もりもり ---- 001-27
music ---- 音楽 ---- 614-25
〃 ---- 楽譜 ---- 614-40
to mutter ---- 呟く ---- 612-07
(mutual) agreement ---- 合意 ---- 220-17
mutual aid ---- 互助 ---- 517-59
a mutual financing association
---- 講 ---- 504-36
mutual love ---- 相思 ---- 216-13
the muzzle of a gun ---- 砲門 ---- 510-26
my company ---- 社 ---- 505-08
my elder〔older〕brother
---- 愚兄 ---- 313-04
my friends ---- 諸君 ---- 320-15
my manuscript ---- 拙稿 ---- 610-17
my son ---- 愚息 ---- 311-13
my wife ---- 愚妻 ---- 309-07
my (younger) brother ---- 愚弟 ---- 313-07
mysterious ---- 不思議 ---- 810-56
a mystery ---- 推理小説 ---- 616-08
〃 ---- 神秘 ---- 810-62

N

a nail ---- 爪 ---- 008-10
〃 ---- 釘 ---- 416-24
a name ---- 氏名 ---- 320-01
〃 ---- 名 ---- 320-03
the name of an era ---- 元号 ---- 711-57
a nameplate ---- 表札 ---- 608-25
〃 ---- 名札 ---- 608-26
naming ---- 命名 ---- 320-04
a nap ---- 居眠り ---- 112-06
the nape ---- 首筋 ---- 007-02
a nappy ---- おしめ ---- 401-39
narrow ---- 狭い ---- 809-19
〃 ---- 窮屈 ---- 809-20
to narrow ---- 狭める ---- 908-28
narrow eyes ---- 細目 ---- 004-07
a narrow margin ---- 僅差 ---- 919-04
narrowly ---- ぎりぎり ---- 816-16
narrow-mindedness ---- 狭量 ---- 205-43
a nation ---- 国 ---- 507-01
national ---- 国立 ---- 504-46
(national) administration
---- 国政 ---- 507-22
national customs and manners
---- 国風 ---- 606-12
the (National) Diet ---- 国会 ---- 507-30
a national flag ---- 国旗 ---- 608-17
a national holiday ---- 祝日 ---- 605-06
national interest ---- 国益 ---- 512-55
national power ---- 国力 ---- 507-20
native ---- 土着 ---- 119-04
one's native place ---- 生まれ ---- 316-04
a natural calamity ---- 天災 ---- 319-05
the natural consequence of one's acts ---- 自業自得 ---- 604-17
a natural gift ---- 天賦 ---- 207-08
one's natural shape ---- 正体 ---- 209-08
〃 ---- 正体 ---- 807-06
naturally ---- 自ずと ---- 203-18
〃 ---- 元来 ---- 816-09
nature ---- 質 ---- 201-06
〃 ---- 心根 ---- 201-09
〃 ---- 気立て ---- 201-10
〃 ---- 自然 ---- 718-01
〃 ---- 性質 ---- 809-01
one's nature ---- 性分 ---- 201-07
a naughty boy ---- きかん坊 ---- 311-22
naïve ---- 野暮 ---- 201-25

naïve ― 初初しい ― 201-32
the navel ― 臍 ― 010-12
naïvety ― 素朴 ― 201-24
navigation ― 通航 ― 505-55
near ― 近い ― 817-39
a near relation ― 近親 ― 314-02
nearby ― そばの ― 817-35
nearly ― ほぼ ― 805-25
neatly ― きちんと ― 915-16
necessity ― 必要 ― 818-32
the neck ― 首 ― 007-01
a necrology ― 過去帳 ― 619-65
to need ― 要る ― 818-31
need ― 必要 ― 818-32
a needle ― 針 ― 405-09
needy ― 貧しい ― 501-16
neglect ― 手落ち ― 114-21
to neglect ― 打ち捨てる ― 120-73
〃 ― ほったらかし ― 120-74
neglectful ― おろそか ― 203-08
negligence ― 怠慢 ― 203-11
negotiation ― 交渉 ― 613-21
to neigh ― いななく ― 719-14
the neighborhood ― 町内 ― 705-06
〃 ― 近所 ― 817-34
neighborhood ― ほとり ― 817-62
a neighboring country ― 隣国 ― 507-12
a nephew ― 甥 ― 314-16
nerve ― 神経 ― 011-05
a net ― 網 ― 419-04
a net income ― 実収 ― 512-76
a net profit ― 純益 ― 512-51
neutral tints ― 中間色 ― 716-06
never ― まさか ― 208-53
〃 ― 決して ― 819-48
nevertheless ― そのくせ ― 612-74
new ― 新しい ― 810-26
〃 ― 新規の ― 908-03
a new book ― 新本 ― 619-34
a new face ― 新人 ― 305-30
one's new house ― 新居 ― 411-12
a new model ― 新式 ― 804-22
a new road ― 新道 ― 705-22
the New Year ― 正月 ― 710-19
the New Year's pine decorations ― 松飾り ― 605-28
a newcomer ― 新人 ― 305-30
news ― 便り ― 618-30
〃 ― 報道 ― 619-04
〃 ― 記事 ― 619-06
news of one's death ― 訃報 ― 318-16
a newspaper ― 新聞 ― 619-05
a newspaperman ― 記者 ― 503-10
next ― 次 ― 815-57
〃 ― 隣 ― 817-40
next month ― 来月 ― 711-13
next morning ― 明くる朝 ― 711-39
next spring ― 明春 ― 710-06
next week ― 来週 ― 711-18
next year ― 来年 ― 711-08
next-door ― 隣 ― 817-40
a niece ― 姪 ― 314-16
night ― 夜 ― 711-47
a night attack ― 夜襲 ― 509-22
a night journey ― 闇路 ― 705-35
night sweat ― 寝汗 ― 015-04
a night view ― 夜景 ― 708-07
night watch ― 夜回り ― 509-47
a night watcher ― 夜回り ― 509-47
night work ― 夜勤 ― 502-27
a nightgown ― 寝巻 ― 401-43
no charge ― 無料 ― 513-07
no relation ― 無関係 ― 515-10
noble ― 尊い ― 511-17
a noble cause ― 大義 ― 806-10
to nod ― 頷く ― 102-04
noise ― 雑音 ― 717-03
〃 ― 騒ぎ ― 810-12
noisily ― どやどや ― 504-25
noisy ― うるさい ― 810-16
non-confidence ― 不信任 ― 515-56
none ― 皆無 ― 901-12
nonpayment ― 未納 ― 115-19
nonsense ― たわ言 ― 517-14
〃 ― 無意味 ― 909-12
noodles ― 麺類 ― 407-09
north ― 北 ― 817-66
a north wind ― 木枯らし ― 713-49
the nose ― 鼻 ― 005-01
a nose dive ― 急降下 ― 903-12
nosebleed(ing) ― 鼻血 ― 018-06
nostalgia ― 郷愁 ― 209-15
not a bit ― 全く ― 819-47
not at all ― 全く ― 819-47
not necessarily ― 必ずしも ― 819-49
not so ― あまり ― 819-23
notables ― お歴歴 ― 320-16
a note ― 備考 ― 610-13
〃 ― 手記 ― 616-14
a notebook ― ノート ― 610-28
a noted place ― 名所 ― 708-09
a noted priest ― 名僧 ― 604-71
a noted product ― 名物 ― 115-52
nothing ― 無 ― 901-08
〃 ― 無し ― 901-11

to notice ---------- 気づく ---------- 209-12
a notice ---------- 掲示 ---------- 602-39
〃 ---------- 知らせ ---------- 618-04
a notification ---------- 告示 ---------- 618-08
a notion ---------- 概念 ---------- 806-01
nourishment ---------- 栄養 ---------- 020-10
a novel ---------- 小説 ---------- 616-04
novel ---------- 目新しい ---------- 810-26
〃 ---------- 珍奇 ---------- 810-57
〃 ---------- 奇抜 ---------- 810-58
a novice ---------- 若輩 ---------- 303-11
〃 ---------- 新米 ---------- 305-31
now ---------- 今 ---------- 816-18
a nude ---------- 裸 ---------- 001-34
a nuisance ---------- 鼻つまみ ---------- 216-24
a number ---------- 数 ---------- 808-01
〃 ---------- 番号 ---------- 808-71
the number of days ---------- 日数 ---------- 711-27
the number of persons ---------- 人数 ---------- 808-59
numeral ---------- 数字 ---------- 607-34
a nun ---------- 尼 ---------- 604-69
to nurse ---------- 看護 ---------- 120-37
a nurse ---------- 看護婦 ---------- 503-06
a nursery story ---------- 童話 ---------- 616-33

O

an oath ---------- 誓約 ---------- 515-36
obedience ---------- 服従 ---------- 516-28
an obedient son〔daughter〕 ---------- 孝行者 ---------- 305-45
obediently ---------- 諾諾 ---------- 517-64
to obey ---------- 守る ---------- 516-33
an objection ---------- 異論 ---------- 613-07
objective ---------- 客観的 ---------- 209-23
objectivity ---------- 客観 ---------- 806-04
an obligation ---------- 恩 ---------- 603-03
an obscene〔indecent〕talk ---------- 猥談 ---------- 612-64
observation ---------- 視察 ---------- 509-52
〃 ---------- 観察 ---------- 601-15
an obstacle ---------- 支障 ---------- 519-06
〃 ---------- 邪魔 ---------- 519-11
obstinacy ---------- 頑固 ---------- 203-22
obstinate ---------- かたくな ---------- 203-24
to obstruct ---------- 障る ---------- 519-08
obvious ---------- 截然 ---------- 810-45
an occasion ---------- 場合 ---------- 815-03
〃 ---------- 折 ---------- 815-03
occasionally ---------- 時時 ---------- 815-16
an occupation ---------- 職業 ---------- 502-01
to occupy ---------- 占める ---------- 116-02
to occur ---------- 生まれる ---------- 911-06
occurrence ---------- 発生 ---------- 911-08
the ocean ---------- 大洋 ---------- 703-01
odd ---------- 変 ---------- 810-59
an odd man out ---------- 仲間外れ ---------- 515-26
odious ---------- 憎たらしい ---------- 216-29
of course ---------- もちろん ---------- 816-10
〃 ---------- 当たり前 ---------- 816-11
off duty ---------- 非番 ---------- 502-31
to offend ---------- 障る ---------- 519-08
offense and defense ---------- 攻守 ---------- 509-26
to offer ---------- 申し出る ---------- 613-36
to offer a prayer ---------- 願掛け ---------- 604-25
an offering ---------- 供物 ---------- 115-45
an office ---------- 役 ---------- 502-13
an office girl ---------- ＯＬ ---------- 503-02
office work ---------- 事務 ---------- 502-04
an official ---------- 役人 ---------- 503-19
official ---------- 公 ---------- 514-01
an official residence ---------- 官邸 ---------- 411-14
the offing ---------- 沖 ---------- 703-05
an offprint ---------- 抜き刷り ---------- 619-25
often ---------- 再三 ---------- 815-17
〃 ---------- よく ---------- 815-22
old ---------- 古い ---------- 810-28
old age ---------- 老年 ---------- 303-19
an old body ---------- 老軀 ---------- 001-35
an old book ---------- 古本 ---------- 619-35
an old boy ---------- ＯＢ ---------- 602-83
an old castle ---------- 古城 ---------- 510-53
old clothes ---------- 古着 ---------- 401-05
an old custom ---------- 旧習 ---------- 606-08
an old customer ---------- 顔馴染み ---------- 516-56
an old evil ---------- 旧弊 ---------- 606-18
an old friend ---------- 旧友 ---------- 516-54
an old girl ---------- ＯＧ ---------- 602-83
an old man ---------- 古老 ---------- 303-26
an old name ---------- 古名 ---------- 320-07
an old priest ---------- 老師 ---------- 604-70
an old road ---------- 旧道 ---------- 705-23
an old story ---------- 昔話 ---------- 616-32
the old system ---------- 旧制 ---------- 606-09
an old tree ---------- 老木 ---------- 720-22
an old woman ---------- おばあさん ---------- 303-24
an old〔aged〕man ---------- 年寄り ---------- 303-20
〃 ---------- おじいさん ---------- 303-25
an omen ---------- 験 ---------- 317-02
omen ---------- 兆し ---------- 911-14
omission ---------- 手落ち ---------- 114-21
〃 ---------- 落ち ---------- 906-20
〃 ---------- 欠落 ---------- 906-21
to omit ---------- 略す ---------- 913-27
omnipotence ---------- 万能 ---------- 207-04

英語表現索引

on a table〔desk〕 ―― 卓上 ―― 417-15
on duty ―― 当直 ―― 502-30
on intimate terms (with)
―― 怪しい ―― 307-09
on one's way (to) ―― 途中で ―― 814-63
once ―― 一度 ―― 815-13
one day ―― ある日 ―― 711-26
one end ―― 片端 ―― 805-44
one man ―― 一人 ―― 808-67
one night ―― 一夜 ―― 711-48
one road ―― 一路 ―― 814-64
one round ―― 一周 ―― 902-09
one side ―― 片方 ―― 805-36
〃 ―― 片側 ―― 805-38
one thing ―― 一事 ―― 820-06
oneself ―― 自分 ―― 320-26
one-sided love ―― 片思い ―― 216-15
only ―― 唯一 ―― 808-18
〃 ―― 少し ―― 808-47
the only child ―― 一人っ子 ―― 311-10
onomatopoeia ―― 擬声語 ―― 607-16
to ooze ―― 滲む ―― 903-18
to ooze out ―― あふれ出る ―― 903-17
open ―― 公 ―― 514-02
〃 ―― あらわ ―― 514-13
〃 ―― 開けっ広げ ―― 514-14
to open ―― 開く ―― 907-01
to open and shut ―― 開け閉め ―― 907-03
to open one's eyes wide
―― 見開く ―― 103-08
to open one's heart ―― 打ち解ける ―― 515-35
an open space ―― 広場 ―― 413-05
an opening ―― すきま ―― 811-19
the opening of a shop ―― 開店 ―― 502-38
an opera ―― 歌劇 ―― 615-03
operation ―― 運転 ―― 418-14
opinion ―― 意見 ―― 208-10
opportunism ―― 御都合主義 ―― 203-36
to oppose ―― 敵対 ―― 216-38
〃 ―― 逆らう ―― 515-19
opposite ―― 反対 ―― 817-08
the opposite bank ―― 向こう岸 ―― 704-18
opposition ―― 対立 ―― 515-20
the Opposition party ―― 野党 ―― 507-34
oppression ―― 抑圧 ―― 507-44
or ―― または ―― 913-30
an oracle ―― 託宣 ―― 604-09
oral tradition ―― 口伝え ―― 618-25
orange ―― 橙色 ―― 716-29
an order ―― 命令 ―― 517-69
〃 ―― 注文 ―― 517-71
order ―― 順序 ―― 817-71
〃 ―― 秩序 ―― 917-03
orderly ―― 端正 ―― 915-15
ordinary ―― 普通 ―― 918-17
〃 ―― ひと通り ―― 918-18
an ordinary person ―― 凡人 ―― 305-26
organization ―― 結成 ―― 504-08
the origin ―― いわれ ―― 813-06
〃 ―― 始まり ―― 814-09
〃 ―― 起こり ―― 814-12
the original ―― 原作 ―― 616-41
〃 ―― 底本 ―― 619-37
〃 ―― 原書 ―― 619-57
the original form ―― 原型 ―― 804-11
the original plan ―― 案 ―― 208-24
one's original purpose
―― 初心 ―― 209-13
originally ―― 元来 ―― 816-09
origination ―― 創始 ―― 814-24
the originator ―― 元祖 ―― 314-18
an orphan ―― 孤児 ―― 311-18
an orphaned child ―― 遺児 ―― 311-17
ostentation ―― 虚飾 ―― 611-05
other ―― ほか ―― 918-24
other people's business
―― 人事 ―― 514-17
the other side ―― 向こう ―― 817-67
the other world ―― 彼の世 ―― 604-48
others ―― 他人 ―― 320-19
our company ―― 本社 ―― 505-08
our country ―― 本邦 ―― 507-15
out of place ―― 場違い ―― 519-12
an outbreak ―― 出来 ―― 911-09
an outbuilding ―― 離れ ―― 412-11
the outcome ―― 首尾 ―― 814-61
outdoor service ―― 外勤 ―― 502-28
an outing ―― 遊山 ―― 617-26
an outlaw ―― ならず者 ―― 305-48
an outlet ―― コンセント ―― 419-12
an outline ―― 概略 ―― 805-54
to outlive ―― 死に後れる ―― 301-08
an outlook ―― 眺望 ―― 103-16
outrageous ―― とんでもない ―― 819-27
the outside ―― 外 ―― 817-78
〃 ―― 場外 ―― 817-86
the outside (corner) ―― 外角 ―― 620-38
outside the hall ―― 場外 ―― 817-86
(outside) a radius (of)
―― 圏外 ―― 817-84
outsize ―― 特大 ―― 809-04
the outskirts ―― 郊外 ―― 705-09
outward appearance ―― 外見 ―― 001-07
〃 ―― 上面 ―― 817-77
over ―― 以上 ―― 805-10
over there ―― あそこ ―― 817-48

an overall view ---- 全景 ---- 708-06
overbearing ---- 頭ごなし ---- 217-17
overcrowding ---- 過密 ---- 504-22
overeating ---- 食い過ぎ ---- 106-09
to overflow ---- あふれる ---- 903-15
overhead ---- 頭上 ---- 002-10
to overlook ---- 見過ごす ---- 103-18
〃 ---- 見落とし ---- 103-19
overnight ---- 一朝一夕 ---- 815-36
overnight knowledge ---- 付け焼き刃 ---- 602-14
to overproduce ---- 濫作する ---- 616-43
overprotectiveness ---- 過保護 ---- 013-09
oversensitiveness ---- 過敏 ---- 207-46
to oversleep (oneself) ---- 寝過ぎる ---- 112-24
oversleeping ---- 寝坊 ---- 112-23
to overtake ---- 追い越す ---- 903-20
to overthrow ---- ひっくり返す ---- 902-07
overtime work ---- 残業 ---- 502-29
overturning ---- 転倒 ---- 902-06
to overwhelm ---- 圧倒 ---- 920-07
one's own efforts ---- 独力 ---- 101-47
one's own handwriting
---- 自筆 ---- 609-31
one's own making ---- 自製 ---- 910-09

P

P. S. ---- 追伸 ---- 618-40
packing ---- 荷造り ---- 419-43
a padded dressing gown
---- 綿入れ ---- 401-24
a paddy field ---- 田 ---- 505-21
a pail ---- 桶 ---- 419-01
to pain ---- 痛めつける ---- 101-51
pain ---- 苦痛 ---- 211-03
painful ---- 痛い ---- 111-06
〃 ---- 苦しい ---- 211-10
pains ---- 労 ---- 211-02
to paint ---- 塗る ---- 416-12
paint ---- 塗料 ---- 416-14
to paint out ---- 塗り潰す ---- 416-13
a painter ---- 画家 ---- 614-15
painting ---- 塗装 ---- 416-11
a pair ---- 対 ---- 805-49
a palace ---- 御殿 ---- 412-02
pale ---- 青白い ---- 716-18
the palm of the hand ---- 手の平 ---- 008-06
a pan ---- 鍋 ---- 410-01
panic ---- 恐慌 ---- 509-34
〃 ---- 恐慌 ---- 512-71
a papa ---- パパ ---- 310-09
paper ---- 用紙 ---- 419-18
〃 ---- 紙 ---- 420-26
paper money ---- 紙幣 ---- 513-02
papers ---- 書類 ---- 610-26
paradise ---- 楽園 ---- 604-46
a paradox ---- 逆説 ---- 613-16
a paragraph ---- 段落 ---- 610-12
parallel ---- 平行 ---- 904-27
pardon ---- 赦免 ---- 520-80
a parent ---- 親 ---- 802-04
parent and child ---- 親子 ---- 315-05
parental affection ---- 親心 ---- 216-54
parents ---- 親 ---- 310-01
one's parents'home ---- 生家 ---- 314-22
a park ---- 公園 ---- 413-02
parking ---- 駐車 ---- 505-75
a parliament man ---- 議員 ---- 507-33
a parlor ---- 座敷 ---- 412-11
parlor tricks ---- 隠し芸 ---- 615-54
a part ---- 部分 ---- 805-31
a part (of) ---- 一環 ---- 805-32
a part of speech ---- 品詞 ---- 607-39
partial destruction ---- 半焼 ---- 714-14
to participate (in) ---- 与る ---- 905-12
participation ---- 参加 ---- 504-06
a parting gift ---- はなむけ ---- 115-40
to partition ---- 分ける ---- 904-45
a partner ---- 相手 ---- 516-66
parts ---- 部品 ---- 420-13
part-time ---- 非常勤 ---- 502-26
a party ---- 団体 ---- 504-29
to pass ---- 通る ---- 113-14
〃 ---- 通過 ---- 814-59
〃 ---- 過ぎる ---- 814-60
to pass away ---- 崩ずる ---- 304-05
a passage ---- 通り道 ---- 113-18
〃 ---- 段落 ---- 610-12
a passenger ---- 旅客 ---- 516-64
passing ---- 通行 ---- 113-15
passing an examination
---- 合格 ---- 602-60
passion ---- 情熱 ---- 209-33
the past ---- 過去 ---- 816-06
past ---- 元 ---- 816-12
one's (past) career ---- 経歴 ---- 303-01
a pasture ---- 牧場 ---- 505-43
the paternal line ---- 父系 ---- 314-09
the path of life ---- 人生行路 ---- 501-01
patience ---- 根気 ---- 219-02
〃 ---- 忍耐 ---- 219-23
a patient ---- 患者 ---- 017-35
patient ---- 我慢強い ---- 203-28
a patrol ---- 見回り ---- 509-50
a pattern ---- 模様 ---- 614-21
〃 ---- 型 ---- 804-03

a pawnshop 質屋 503-42
to pay 納付 115-16
〃 返済 115-36
〃 払う 512-60
to pay (a tax) 納入 115-17
to pay for another 立て替える 512-62
to pay in addition 後納 115-18
to pay no attention to 聞き流す 104-07
paying one's own expense
自弁 513-20
payment 支払い 512-61
payment in advance 前金 512-63
〃 前払い 512-63
payment in installments
分割払い 512-68
payment in kind 物納 115-20
payment in money 金納 115-20
peace 平和 509-41
〃 和平 509-42
peace of mind 安心 213-06
peddling 街商 503-35
pedigree 家系 316-07
to peel (off) 剝がす 120-56
to peel off 剝げる 120-57
to peep のぞく 103-10
peerless 無双 819-15
a pen name 筆名 320-06
penal servitude 服役 520-68
penalty 罰則 520-64
penetration 徹底 916-07
a peninsula 半島 702-06
penniless 裸 601-14
a pension 年金 513-30
the people 国民 507-46
people 人人 808-64
percentage 割合 919-05
〃 百分率 919-07
perception 察知 208-40
perfect 完全 819-16
perfectly ぴったり 818-19
to perform 奏でる 614-33
〃 出演 615-21
performance 性能 418-03
〃 上演 615-22
a performance 演奏 614-32
〃 演芸 615-01
performing arts 芸能 615-01
perfunctory おざなり 203-09
perhaps おそらく 805-24
a perilous pass 難所 706-04
a period 期間 815-06
the period of mourning
忌中 605-18
one's period of office 任期 815-09
a peripheral nerve 末梢神経 011-05
permanence 永久 815-65
permission 許可 517-60
〃 許容 517-61
perpendicular 垂直 817-64
to persist (in) 言い張る 612-31
〃 押し通す 814-51
persistent しつこい 203-27
persistently あくまで 220-15
a person 人 808-60
the person himself〔herself〕
本人 320-18
(personal) charms 愛嬌 205-02
personal connections 人脈 515-05
one's personal history
生い立ち 316-05
personality 人柄 201-01
personification 擬人 611-06
perspiration 汗 015-04
to perspire 汗する 015-05
to persuade 説き伏せる 612-34
perusal 精読 609-05
perverse いじける 204-32
perversity へそ曲がり 201-54
a petition 陳情 613-41
a phantom 幻影 715-18
a pharmacy 薬局 503-41
a phenomenon 現象 801-12
philanthropy 博愛 216-12
philosophy 哲学 603-02
a phone 電話 618-42
to photograph 撮影 418-09
a phrase 句 607-36
physical education 体育 620-09
physical exercise 体技 620-45
physical labor 肉体労働 502-45
physical strength 腕力 101-45
a physician 医者 503-04
to pick つまむ 109-04
〃 採取 504-03
to pick up 拾う 109-31
pickles 漬物 407-17
a picture 絵 614-05
〃 映像 615-06
a picture book 図鑑 619-54
a picture postcard 絵はがき 618-29
picturesque scenery 景勝 708-03
a piece 切片 805-45
a piece of music 楽曲 614-35
a piece of wood 木切れ 805-47
a (piece of) work 作品 616-02
to pierce 突き刺す 101-60

to pilfer ---- 分捕る ---- 115-06
a pillar ---- 柱 ---- 412-30
a pillbox ---- トーチカ ---- 510-02
a pillow ---- 寝具 ---- 419-34
pink ---- 桃色 ---- 716-23
a pipe ---- 管 ---- 418-08
〃 ---- 筒 ---- 418-08
pit-a-pat ---- どきどき ---- 210-10
pitiable ---- 気の毒 ---- 210-55
〃 ---- 哀憐 ---- 216-50
pitiful ---- 気の毒 ---- 210-55
〃 ---- 哀憐 ---- 216-50
pity ---- 哀憐 ---- 216-50
〃 ---- あわれみ ---- 216-51
to pity ---- あわれむ ---- 216-52
the pivot ---- 中核 ---- 802-12
a place ---- 場所 ---- 805-01
to place ---- 置く ---- 911-01
a place of production ---- 産地 ---- 705-17
one's place of work ---- 職場 ---- 502-42
(a place) where one should die ---- 死所 ---- 304-34
plagiarism ---- 盗作 ---- 616-40
plain ---- あっさり ---- 107-18
〃 ---- 無地 ---- 614-24
a plain ---- 平野 ---- 702-12
a plain below a mountain ---- 裾野 ---- 702-37
plain food ---- 粗食 ---- 406-10
plain(ly) ---- からっと ---- 201-41
plainness ---- 平淡 ---- 810-25
a plan ---- 策 ---- 208-19
〃 ---- 計画 ---- 208-23
a plane ---- 鉋 ---- 416-21
planning ---- 企画 ---- 208-20
a plant ---- 植物 ---- 720-01
to plant ---- 植える ---- 720-29
plant-eating ---- 草食 ---- 406-15
a play ---- 演劇 ---- 615-02
to play ---- 遊ぶ ---- 617-09
to play (with) ---- じゃれる ---- 101-39
to play with ---- いじる ---- 109-21
〃 ---- もてあそぶ ---- 517-09
a player ---- 役者 ---- 615-30
〃 ---- 選手 ---- 620-29
pleasant ---- 嬉しい ---- 210-15
a pleasant sleep ---- 快眠 ---- 112-10
a pleasant talk ---- 談笑 ---- 612-11
please ---- どうぞ ---- 205-44
pleasure ---- 快楽 ---- 210-19
〃 ---- 楽しみ ---- 617-07
a pleat ---- ひだ ---- 405-07
a pledge by hooking and crossing one's little fingers ---- 指切り ---- 515-43
plenty of ---- 多い ---- 808-36
ploddingly ---- てくてく ---- 110-13
a plot ---- 筋書 ---- 208-23
〃 ---- 筋 ---- 616-39
plunder ---- 略奪 ---- 115-11
pocket money ---- 小遣い ---- 513-10
a poem ---- 詩 ---- 616-22
a poet ---- 詩人 ---- 616-50
poetry ---- 詩 ---- 616-22
the point ---- 目的 ---- 208-61
〃 ---- 先 ---- 805-43
a point ---- 点 ---- 608-02
the point of a brush ---- 筆先 ---- 614-51
one's point of view ---- 管見 ---- 208-11
a point of view ---- 見方 ---- 208-15
〃 ---- 観点 ---- 806-22
to point to ---- 指す ---- 602-37
poison ---- 毒 ---- 020-22
〃 ---- 毒薬 ---- 020-23
the police ---- 警察 ---- 508-14
the police riot squad ---- 機動隊 ---- 508-17
a police state ---- 警察国家 ---- 507-04
a police station ---- 警察署 ---- 508-15
a policeman ---- 警察官 ---- 508-16
〃 ---- 巡査 ---- 508-17
a policewoman ---- 婦警 ---- 508-17
policy ---- 政策 ---- 507-27
to polish ---- 磨く ---- 416-16
polished rice ---- 白米 ---- 407-04
polishing ---- 精白 ---- 407-05
〃 ---- 改稿 ---- 610-20
polite ---- 丁寧 ---- 515-72
a polite word ---- 丁寧語 ---- 607-15
politeness ---- 丁寧 ---- 203-04
the political world ---- 政界 ---- 506-02
a politician ---- 政治家 ---- 507-33
politics ---- 政治 ---- 507-21
a pond ---- 池 ---- 704-21
poor ---- 貧しい ---- 501-16
a poor harvest ---- 不作 ---- 505-28
a poor work ---- 拙作 ---- 616-45
poor writing ---- 悪文 ---- 611-11
popular election ---- 民選 ---- 507-37
a popular song ---- 俗謡 ---- 614-39
popularity ---- 人望 ---- 618-15
porcelain ---- 瀬戸物 ---- 410-04
the porch ---- 玄関 ---- 412-25
a porter ---- 赤帽 ---- 503-25
a portrait ---- 像 ---- 614-13
a position ---- 立場 ---- 316-02
〃 ---- 陣地 ---- 510-02

a position ---------- 地位 ---------- 511-02
one's position ---------- 所属 ---------- 516-31
positive ---------- 積極的 ---------- 201-49
to possess ---------- 有する ---------- 116-01
〃 ---------- 具有 ---------- 116-04
possibility ---------- 可能性 ---------- 810-42
possible ---------- 可能 ---------- 810-40
a postcard ---------- はがき ---------- 618-29
a posthumous Buddhist name
---------- 戒名 ---------- 605-21
a postmark ---------- 消印 ---------- 608-10
to postpone ---------- 持ち越す ---------- 814-71
postponement ---------- お預け ---------- 814-68
〃 ---------- 延期 ---------- 814-70
a postscript ---------- 追記 ---------- 609-20
〃 ---------- 後書き ---------- 610-11
a postscript ---------- 追伸 ---------- 618-40
a posture ---------- 身構え ---------- 120-24
〃 ---------- 姿勢 ---------- 203-02
〃 ---------- 構え ---------- 203-02
posture ---------- 体位 ---------- 203-02
postures ---------- 振り ---------- 114-05
a pot ---------- 壺 ---------- 410-14
to pour (tea) ---------- (茶を)つぐ ---------- 408-15
to pour～into ---------- 注入 ---------- 707-13
poverty ---------- 貧困 ---------- 501-17
powder ---------- 火薬 ---------- 510-28
powder smoke ---------- 硝煙 ---------- 714-22
powdery snow ---------- 粉雪 ---------- 713-59
power ---------- 力 ---------- 101-42
〃 ---------- 勢力 ---------- 508-25
〃 ---------- 権勢 ---------- 508-25
〃 ---------- 威勢 ---------- 508-25
powerful ---------- 強い ---------- 809-34
practical business ---------- 実務 ---------- 502-04
practice ---------- 実行 ---------- 120-29
〃 ---------- 練習 ---------- 602-02
〃 ---------- 実習 ---------- 602-73
a practice ---------- ならわし ---------- 606-05
to praise ---------- 称賛 ---------- 520-05
〃 ---------- 褒める ---------- 520-08
〃 ---------- 賞する ---------- 520-10
praise ---------- 褒め言葉 ---------- 520-11
to pray ---------- 祈る ---------- 604-21
a prayer ---------- 祈り ---------- 604-20
preaching ---------- 説教 ---------- 602-26
〃 ---------- 教訓 ---------- 602-28
prearrangement ---------- 下準備 ---------- 120-22
precaution ---------- 警戒 ---------- 509-46
preceding ---------- 先行 ---------- 120-16
the precincts ---------- 寺内 ---------- 604-56
precious ---------- 貴重 ---------- 818-22
precision ---------- 正確 ---------- 810-46
preconception ---------- 先入観 ---------- 209-22
prediction ---------- 予測 ---------- 208-54
a preface ---------- 序 ---------- 610-05
pregnancy ---------- 受精 ---------- 719-12
a pregnant woman ---------- 産婦 ---------- 019-05
prejudice against some food
---------- 食わず嫌い ---------- 106-11
a preliminary inspection
---------- 下見 ---------- 601-12
a prelude ---------- 序幕 ---------- 615-12
a premonition ---------- 予感 ---------- 209-37
preparation ---------- 準備 ---------- 120-21
〃 ---------- 予習 ---------- 602-11
preparation for flight ---------- 逃げ腰 ---------- 101-26
a preparatory school ---------- 塾 ---------- 602-54
to prepare ---------- 調剤 ---------- 020-07
preparedness ---------- 心がけ ---------- 209-32
to prescribe ---------- 投薬 ---------- 020-08
presence ---------- 出席 ---------- 504-15
to present ---------- 贈る ---------- 115-39
〃 ---------- 進呈 ---------- 115-43
a present ---------- 贈り物 ---------- 115-49
the present ---------- 今 ---------- 816-18
the present age ---------- 現代 ---------- 816-21
the present condition ---------- 現況 ---------- 801-10
the present fashion ---------- 今様 ---------- 816-21
the present post ---------- 現職 ---------- 502-10
preservation ---------- 保存 ---------- 116-05
a president ---------- 大統領 ---------- 511-21
〃 ---------- 社長 ---------- 511-31
〃 ---------- 学長 ---------- 602-75
to press on ---------- にじり寄る ---------- 101-38
pressure ---------- 圧力 ---------- 101-46
prestige ---------- 信望 ---------- 618-15
to pretend not to know
---------- 知らんぷり ---------- 205-14
pretended illness ---------- 仮病 ---------- 807-17
pretext ---------- 口実 ---------- 612-16
pretty ---------- かわいい ---------- 206-01
to prevent ---------- 防ぐ ---------- 120-39
〃 ---------- 妨げる ---------- 120-41
prevention ---------- 予防 ---------- 120-40
a previous engagement
---------- 先約 ---------- 515-39
a previous life ---------- 前世 ---------- 604-45
a (previous) notice ---------- 予告 ---------- 911-16
a price ---------- 値段 ---------- 512-27
to prick ---------- ちくちく ---------- 111-11
pride ---------- 誇り ---------- 217-05
〃 ---------- 高慢 ---------- 217-18
a priest ---------- 僧 ---------- 604-65
a priest's lodge ---------- 僧坊 ---------- 604-54
prim ---------- つんつん ---------- 205-17

primary colors 原色 716-02
the Prime Minister 内閣総理大臣 507-32
the prime (of) 盛り 815-55
the prime of life 壮年 303-17
the prime of womanhood 娘盛り 306-06
a prince 王子 511-28
a princess 王女 511-29
the principal 元金 513-38
a principle 原則 508-07
〃 法則 508-08
〃 理論 806-06
〃 主義 806-15
the printed style of writing 楷書 614-48
printing 焼き付け 418-11
〃 印刷 619-24
a prison 刑務所 520-75
prison breach 脱獄 520-78
a prisoner 受刑者 520-76
privacy 私事 514-16
private 私立 504-48
〃 内輪 514-19
private expense 私費 513-19
a private lodging house 民宿 503-39
private management 民営 505-14
the private parts 局部 010-15
a private road 私道 705-21
a private room 個室 412-21
private rules 内規 508-09
a private seal 認め印 608-09
private talk 私語 612-53
private visit 忍び 514-24
private(ly) こっそり 810-09
a privilege 特権 508-26
a prize 賞 520-12
〃 賞品 520-15
probability 確率 919-09
probably おそらく 805-24
procedure 手順 815-58
process 過程 814-58
processing 加工 910-08
a prodigal son どら息子 311-14
a producer 監督 615-43
a product 産物 115-53
production 生産 910-05
proficiency 上達 207-19
profile 横顔 003-04
to profit 儲ける 501-05
profit 利益 512-47
〃 ため 512-48
〃 得 512-49
profit and loss 利害 512-46
profundity 幽遠 810-64
a program 番組 615-07
progress 上達 207-19
〃 進度 914-22
the progress (of) 成り行き 814-57
prohibition 禁制 920-02
a projection 突起 811-14
prolific 多作の 616-43
prominence 傑出 818-41
a promise 約束 515-36
promising 有望 207-44
to promote 引き上げる 517-79
promotion 昇進 517-40
〃 発起 814-22
〃 推進 914-03
promptly てきぱき 204-11
promptness 機敏 207-47
pronunciation 発音 607-20
proof 証明 806-17
to propaganda 宣伝 619-12
propagandizing extensively 鳴り物入り 618-27
proper 適当 818-13
property 資産 512-23
a proposal 提言 613-23
to propose 申し込み 613-38
to propose (marriage) 求婚 308-05
a proposition 命題 806-11
prose 散文 616-03
prose and poetry 詩文 616-23
prospect(s) 見当 208-58
to prosper 栄える 914-05
prosperity 好況 512-70
to prostrate oneself on the ground 土下座 515-68
to protect 保護 120-36
a protected state 保護国 507-10
protection 保護 120-38
proud 誇らしげ 217-14
〃 誇らしい 217-15
a proverb ことわざ 607-09
providence 加護 604-11
provision 支給 512-73
provoking 腹立たしい 212-09
prudence 自重 217-07
psychological 心理的 209-21
psychology 気 209-05
public 公用 117-06
〃 国立 504-46
〃 公 514-02
public attention 衆目 103-07
public auction 公売 512-09

英語表現索引

a public corporation ── 公社 ── 504-44
public election ── 公選 ── 507-37
public expenditure ── 公費 ── 513-18
a public hall ── 会館 ── 412-04
a public office ── 役所 ── 504-40
〃 ── 公職 ── 511-05
public opinion ── 世論 ── 613-17
public peace ── 治安 ── 509-44
〃 ── 公安 ── 509-45
a public road ── 公道 ── 705-21
a public servant ── 公務員 ── 503-18
public service ── 公務 ── 502-05
public undertaking ── 公共事業 ── 504-45
publication ── 掲載 ── 619-15
〃 ── 出版 ── 619-17
publicity ── 他聞 ── 104-13
a publishing company ── 出版社 ── 619-26
to pull ── 引っ張る ── 109-09
pulsation ── 脈搏 ── 018-05
the pulse ── 脈搏 ── 018-05
punctuation ── 句点 ── 608-04
pungent ── 辛い ── 107-09
pungent taste ── 辛み ── 107-10
to punish ── とっちめる ── 602-46
a punishment ── 刑 ── 520-62
punishment ── 処罰 ── 520-66
〃 ── 懲戒 ── 602-48
a pupil ── 弟子 ── 602-81
the pupil(of the eye) ── 瞳 ── 004-02
purchase ── 買い物 ── 512-12
a purchase price ── 買い値 ── 512-33
pure ── 純真 ── 201-34
pure and beautiful ── 楚楚 ── 206-06
to purify ── 浄化 ── 908-48
purity ── 潔白 ── 201-20
〃 ── 純粋 ── 201-56
purple ── 紫 ── 716-32
the purport (of) ── 趣旨 ── 805-55
purposely ── わざと ── 203-31
a purse ── 財布 ── 403-24
to pursue ── 追う ── 113-22
pursuit ── 追求 ── 220-19
a purveyor ── 御用達 ── 503-13
pus ── 膿 ── 015-15
to push away ── 押しのける ── 101-50
to put into practice ── 施行 ── 120-31
to put on ── 被せる ── 102-02
〃 ── 着る ── 404-01
〃 ── 着せる ── 404-02
to put on airs ── 勿体ぶる ── 217-10
to put out ── 出す ── 113-47
to put to death ── 誅する ── 509-38
to put up with ── こらえる ── 219-22
to put～between ── 挟む ── 906-08
to put～in(to) ── 入れる ── 113-41
to put～to sleep ── 眠らせる ── 101-16
a put-up job ── 結託 ── 516-36

Q

a quack (doctor) ── 藪医者 ── 503-05
to quaff ── がぶ飲み ── 409-09
qualification(s) ── 資格 ── 508-21
quality ── 品質 ── 818-35
quantity ── 数量 ── 808-01
quarrel ── 喧嘩 ── 515-14
a quarrel ── 口論 ── 613-03
a queen ── 女帝 ── 511-24
a question ── 問い ── 613-42
quick ── 速い ── 204-01
a quick pace ── 早足 ── 110-09
quickly ── てきぱき ── 204-11
quickness ── 敏速 ── 204-02
〃 ── 機敏 ── 207-47
quiet ── 悠然 ── 204-12
〃 ── 物柔らか ── 205-05
〃 ── 穏やか ── 810-20
a quiet〔good, sound〕sleep ── 安眠 ── 112-10
quietly ── しんみり ── 210-25
〃 ── しんと ── 810-10
quite a lot ── 大分 ── 805-21
〃 ── 山ほど ── 808-37
quotation ── 引用 ── 611-14

R

a race ── 人種 ── 507-51
〃 ── 競走 ── 620-04
〃 ── 駆け比べ ── 620-05
a racket ── 大騒ぎ ── 810-14
radiance ── 輝き ── 715-19
radical ── 過激 ── 819-38
rage ── 激怒 ── 212-03
a raging fire ── 烈火 ── 714-04
rags ── ぼろ ── 401-06
a railing ── 手摺り ── 707-11
a railroad ── 鉄道 ── 505-76
rain ── 雨 ── 713-20
a rain cloud ── 雨雲 ── 713-12
a raindrop ── 雨粒 ── 707-18
a rainfall ── 雨降り ── 713-22
the rainy season ── 梅雨 ── 713-26
to raise ── 育てる ── 013-03
〃 ── 飼う ── 013-06
〃 ── 上げる ── 903-05

英語表現索引

to raise an army (against) 挙兵 509-29
raising and lowering 上げ下げ 903-06
random いい加減 203-06
〃 恣意 203-15
a random guess 当て推量 208-55
to range 連なる 904-14
〃 連ねる 904-15
a rank 格 511-02
〃 横隊 904-24
the ranks 隊伍 904-23
rape 凌辱 517-28
〃 暴行 520-44
rapidly どんどん 815-45
rapture(s) 歓喜 210-14
rare たま 815-19
a rare book 希書 619-36
rarely ろくに 815-20
a rarity 逸品 420-12
rarity 希代 918-29
rashness 無謀 203-20
〃 軽はずみ 204-05
rather むしろ 819-55
ratio 比 919-06
rational 合理的 806-13
to rattle on 言いまくる 612-24
a ravine 谷間 702-39
〃 山峡 702-40
raw material 原料 420-02
a ray 光線 715-01
a razor 剃刀 419-06
to reach 届く 905-19
〃 及ぶ 905-20
reaction 反応 613-52
〃 反作用 916-02
to read 読む 609-01
to read aloud 音読 609-06
to read silently 黙読 609-06
to read (through) 読破 609-03
a reader 読者 616-53
reading 読書 609-02
reading extensive 多読 609-08
a ready answer 二つ返事 613-53
〃 即答 613-59
ready-made 既製 910-12
the real condition 事情 801-11
real evidence 物証 806-21
one's real intention 真意 209-31
one's real name 本名 320-05
the real number 実数 808-04
real power 実権 508-25
a real thing 実物 807-05
reality 実在 901-03
realization 悟り 604-05
really 本当に 819-44
to reap 刈る 101-54
to rear 飼う 013-06
the rear しんがり 814-34
a rear guard 後陣 510-05
reason 理 806-05
〃 理由 813-02
reasoning 推理 208-50
rebellion 謀反 517-33
a receipt 受け取り 610-30
to receive 受け取る 115-02
〃 貰う 115-46
〃 被る 905-14
the recent situation 近況 801-10
recently 最近 816-20
reception 応対 515-59
〃 応対 613-55
〃 受信 618-45
a reception desk 受付 503-16
a receptionist 受付係 503-16
recess 休憩 020-15
reckless valor 蛮勇 204-24
recklessness 無謀 203-20
to reclaim 埋め立てる 707-02
reclamation 開墾 505-26
recognition 認識 208-41
recollection 追憶 208-81
to recommend 勧める 515-51
recommendation 世話 515-31
〃 推賞 515-52
〃 推薦 515-53
〃 勧告 602-27
reconciliation 仲直り 515-27
reconnaissance 偵察 509-48
to reconnoiter 探り 509-48
a record 成績 520-03
〃 記録 616-14
to recover 取り返す 115-12
〃 奪回 115-13
to recover from one's illness 床上げ 112-28
recreation 息抜き 020-17
recruitment 募集 504-04
recurrence 再発 911-12
red 赤 716-20
〃 赤い 716-21
red hair 赤毛 002-05
red leaves 紅葉 720-09
a redcap 赤帽 503-25
to redden 赤らむ 716-22
redoubling 倍増 913-06
reduction 削減 913-17

redundant ---- くだくだしい ---- 210-29
reference ---- 論及 ---- 613-05
〃 ---- 参照 ---- 613-44
a reference book ---- 参考書 ---- 619-52
refining ---- 精錬 ---- 505-51
to reflect ---- 映る ---- 715-27
reflected light ---- 反照 ---- 715-10
reflection ---- 反省 ---- 214-08
〃 ---- 反射 ---- 715-11
to refrain (from) ---- 控える ---- 205-51
refreshing ---- 快い ---- 210-16
refugees ---- 難民 ---- 305-43
refusal ---- 拒否 ---- 517-67
to refuse ---- 断る ---- 517-68
refutation ---- 論破 ---- 613-08
one's registered seal ---- 実印 ---- 608-09
registration ---- 登録 ---- 609-14
regret ---- 心残り ---- 214-05
〃 ---- 後悔 ---- 214-09
regrettable ---- 悔しい ---- 214-06
a regular occupation ---- 定職 ---- 502-10
one's regular occupation
---- 本業 ---- 502-23
regulation ---- 調整 ---- 917-05
regulations ---- 政令 ---- 508-05
〃 ---- 規則 ---- 508-06
reinforcements ---- 援軍 ---- 510-13
〃 ---- 新手 ---- 510-14
relation ---- 関係 ---- 515-04
〃 ---- 繋がり ---- 515-06
〃 ---- ゆかり ---- 515-07
〃 ---- 縁 ---- 515-07
a relative ---- 親類 ---- 314-01
〃 ---- 縁者 ---- 314-03
relatives ---- 身内 ---- 314-02
to relax ---- くつろぐ ---- 020-19
relaxation ---- 息抜き ---- 020-17
to relay ---- 中継 ---- 619-10
release ---- 釈放 ---- 520-79
〃 ---- 解除 ---- 520-82
〃 ---- 排出 ---- 906-10
reliable ---- 頼もしい ---- 207-44
a relic ---- 遺髪 ---- 304-33
relieved ---- のんびり ---- 213-11
religion ---- 宗教 ---- 604-01
to remain ---- 残る ---- 912-01
the remainder ---- 残高 ---- 912-05
the remaining snow ---- 残雪 ---- 713-61
to remember ---- 思い出す ---- 208-80
reminiscence ---- 追憶 ---- 208-81
remittance ---- 送金 ---- 903-46
remodeling ---- 改装 ---- 416-02
to remonstrate ---- 諫める ---- 602-44
a remote place ---- 僻地 ---- 705-13
removal ---- 撤廃 ---- 120-46
〃 ---- 除去 ---- 120-50
to remove ---- 取り去る ---- 120-48
to renew ---- 改める ---- 908-05
renewal ---- 更改 ---- 908-08
to rent ---- 貸す ---- 115-24
〃 ---- 借りる ---- 115-28
a rent ---- 釘裂き ---- 811-29
a rented house ---- 借家 ---- 411-09
to repair ---- 赴く ---- 113-01
〃 ---- 直す ---- 416-15
a repartee ---- 当意即妙 ---- 818-20
repayment ---- 償還 ---- 115-38
to repeat ---- 反復 ---- 912-13
to rephrase ---- 言い直す ---- 612-42
to replace ---- 代わる ---- 908-18
a reply ---- 答え ---- 613-52
to reply ---- 答える ---- 613-52
a reply ---- 返事 ---- 613-53
〃 ---- 返信 ---- 618-32
a report ---- 報告 ---- 616-16
repose ---- 静養 ---- 020-14
reprehension ---- 問責 ---- 613-50
to reprint ---- 再版 ---- 619-19
reproduction ---- 複写 ---- 609-29
a republic ---- 共和国 ---- 507-03
republication ---- 復刊 ---- 619-19
to republish ---- 復刊 ---- 619-19
〃 ---- 復刻 ---- 619-19
reputation ---- 評判 ---- 618-10
〃 ---- 名声 ---- 618-11
〃 ---- 高評 ---- 618-14
〃 ---- 名望 ---- 618-15
a request ---- 求め ---- 218-18
a requirement ---- 要求 ---- 218-17
to rescue ---- 助ける ---- 120-32
rescue ---- 救助 ---- 120-34
to research ---- 研究 ---- 601-07
resemblance ---- 類似 ---- 918-06
〃 ---- 相似 ---- 918-06
to resemble ---- 似る ---- 918-01
resentment ---- 憤慨 ---- 212-02
〃 ---- 憤激 ---- 212-04
reservation ---- 遠慮 ---- 205-47
〃 ---- 保留 ---- 208-33
〃 ---- 予約 ---- 515-40
a reservoir ---- 貯水池 ---- 707-07
a reshuffle ---- 配置換え ---- 517-42
residence ---- 在住 ---- 119-02
residents ---- 住民 ---- 507-49
a resignation ---- 辞表 ---- 610-34
resources ---- 資源 ---- 420-01

to respect 尊敬 517-01
a response 手応え 613-56
response 反響 717-08
responsibility 責任 508-28
rest 静養 020-14
〃 休憩 020-15
〃 休み 711-29
a rest ひと休み 020-18
the rest その他 912-06
a restaurant 料亭 503-44
restoration 復元 908-16
restraint 束縛 520-59
restriction 制限 920-04
a result 結果 813-07
〃 成果 818-26
the result 出来 814-38
the résumé (of) 要旨 805-53
a retainer 家来 511-47
retaliation 腹いせ 216-41
〃 仕返し 517-23
to retire (from) 退く 113-34
retirement 引退 517-50
to retort 言い返す 613-54
retribution 報い 604-16
retrogression 退歩 914-17
retrospection 懐古 208-82
to return 帰る 113-12
〃 返還 115-35
〃 返済 115-36
〃 返す 902-12
〃 返送 903-44
a return 復帰 517-52
revenge 仕返し 517-23
to revere 尊敬 517-01
a reversal 逆転 902-10
the reverse (side) 裏 817-81
revival 蘇生 908-17
〃 再興 914-09
to revive よみがえる 208-83
〃 生き返る 301-09
a revolution 改革 507-45
to revolve 回転 902-08
to reward 報いる 603-06
rhetoric 修辞 611-02
rhythm 拍子 614-28
rice 米 407-04
rice cake 餅 407-08
rice flour 米粉 407-13
(rice) gruel 粥 407-07
rice polishing 精米 407-05
a rice tub 飯櫃 410-11
a riddle なぞなぞ 617-12
a ridge 尾根 702-32
ridicule 嘲り 517-08
to ridicule 嘲る 517-10
ridiculous 馬鹿らしい 818-28
riding 乗馬 620-49
riding together 同乗 516-25
a right 権利 508-21
right 正 807-08
〃 正しい 807-09
〃 是 807-11
(the) right 右 817-23
right above 真上 817-14
right and wrong 正否 807-21
a right arm 右腕 008-02
one's right hand 右腕 511-50
right or wrong 良否 807-20
〃 適否 818-16
the right wing 右翼 510-06
a ring finger 薬指 008-09
a riot 暴動 509-32
〃 騒乱 509-55
to ripen 熟れる 720-38
ripeness 成熟 720-37
to rise 起床 112-27
〃 興る 914-07
rise and fall 浮き沈み 914-20
〃 興廃 914-21
to rise〔get up〕early
早起き 112-38
rising 新進 305-29
the rising sun 旭光 715-14
rituals 祭事 605-02
a rival 相手 516-67
a river 川 704-01
a riverhead 源 704-23
a riverside 川岸 704-20
a rivulet 小川 704-03
a road 道 705-18
〃 道のり 814-62
a road sign 道路標識 608-20
the roadside 道端 705-41
〃 沿道 705-42
a roadside stand 露店 503-34
to roam さすらう 617-35
roaming 放浪 617-36
to roar 高鳴る 717-07
〃 吠える 719-14
to roast 焼く 408-12
〃 いる 408-13
to rob (a person) of (a thing)
奪う 115-04
a robber 泥棒 305-57
a rock 岩 709-06
a rocky mountain 岩山 702-25

英語表現索引

a rogue ならず者 305-48
the role of a beau 二枚目 615-40
to roll 転がす 101-18
a roll call vote 指名投票 507-39
Roman numerals ローマ数字 607-35
a roof 屋根 412-28
the roof top 屋上 412-28
a room 部屋 412-12
room ゆとり 912-03
a root 根 720-05
the root 根源 814-09
a rope 綱 419-03
rosy face 美顔 102-09
to rot 腐る 908-52
rough ごつごつ 001-28
〃 荒い 204-28
〃 大まか 805-17
〃 ざらざら 811-23
a rough sketch 下図 610-16
roughly ざっと 805-19
roughness 乱暴 204-21
〃 凸凹 811-18
round 丸い 811-09
to row 漕ぐ 418-15
a row 並び 904-20
a row of houses 家並み 411-16
row of teeth 歯並び 006-05
a royal family 皇室 511-26
Royal Government 王政 507-23
to rub 揉む 109-13
rudeness 失礼 515-64
a ruffian 暴漢 305-47
to ruin 冒す 017-10
〃 ぶち壊す 909-04
ruin 滅亡 913-23
a ruined castle 荒城 510-53
ruins 遺跡 708-10
the ruins 廃墟 708-11
the ruins of a castle 城址 708-12
rule 支配 507-41
a rule 規則 508-06
a rumor 噂 618-18
to run 走る 110-03
to run (about) 奔走 219-13
to run about busily 東奔西走 519-26
to run away 出奔 113-25
to run (into) 駆け込む 113-45
to run over to death 轢き殺す 520-37
to run through(a book)
走り読み 609-07
running fast 駆け足 110-09
running the whole distance
完走 620-06
a runoff 決選投票 507-39
to rush 突進 113-04
to rush about 飛び回る 110-04
to rush (into) 駆け込む 113-45
to rush(on) 押し寄せる 101-37
to rust 錆びる 908-53

S

a sack 袋 419-38
a sacred mountain 霊山 702-28
a sacred place 霊地 604-61
sacred(ness) 神聖 810-55
a sacrifice 犠牲 219-25
sad 悲しい 210-21
sad news 悲報 318-15
sagacity 聡明 207-39
a sage 賢人 305-05
sailing 出帆 505-52
a sailor 船員 505-62
sake 日本酒 409-04
a sake bottle 徳利 409-26
a salaried man サラリーマン 503-01
a salary 給料 513-22
sale by measure〔weight〕
量り売り 512-07
salesmanship 商魂 209-17
salty 塩辛い 107-13
salty taste 塩気 107-14
a salute 敬礼 515-67
the same kind 同類 918-04
to sample 試食 106-12
a samurai 武士 510-50
a sanatorium 療養所 503-40
sand 砂 709-03
a sand hill 砂山 702-25
a sandbank 州 702-09
sanity 正気 209-08
sarcasm 皮肉 517-32
a satellite (state) 衛星国 507-10
satisfaction 満足 213-01
〃 堪能 213-03
saucy 生意気 217-19
a savage 野蛮人 305-50
savagery 狂暴 204-29
a savanna(h) 草原 702-16
saving 貯蓄 512-19
to savor 味わう 107-01
a saw 鋸 416-17
to say 言う 612-01
a scandal 醜聞 618-21
scandal 悪名 618-22
a scapegoat 身代わり 807-14

scar	傷跡	017-23
scarcity	不足	913-12
to scatter	ばらまく	109-34
〃	飛び散る	903-34
〃	散る	904-38
scattering	散在	901-04
scatteringly	ちらほら	504-27
a scenario	台本	615-08
a scene	情景	708-02
the scene	現場	807-07
scenic beauty	風致	810-05
to scent out	かぎ出す	220-24
a scholar	学者	601-20
scholarship	学識	207-28
a school	学校	602-50
a school building	校舎	602-56
school tradition	校風	606-15
a schoolmate	学友	516-52
〃	ＯＢ	602-83
science	科学	601-03
〃	理科	601-06
science fiction	ＳＦ	616-09
scissors	鋏	419-08
to scold	叱る	602-45
scolding	小言	517-30
a scoop	特種	619-08
to scorch	焦げる	714-10
a score	得点	620-28
scorn	嘲り	517-08
to scout	スカウト	517-78
to scramble (for)	我先に	203-37
to scratch	掻く	109-22
a scrawl	走り書き	609-24
to scream	泣き叫ぶ	102-33
a scream	悲鳴	108-12
screening	映写	615-45
a screw	螺子	416-25
a screwdriver	ねじ回し	416-20
to scribble	書き流す	609-23
scrupulous	丹念	203-04
〃	周到	203-04
scrutiny	精査	601-14
sculpture	彫刻	614-12
the sea	海	703-01
a sea route	航路	505-54
one's seal	印	608-11
to seal	押印	608-13
a seal	封印	608-14
a search (for)	捜索	220-20
the seashore	浜	703-07
the season	時候	710-25
a seat	座席	817-73
secession	脱退	504-18
seclusion	隠遁	119-03
one's second child	次子	311-06
a second look	二目	103-22
a second marriage	再婚	308-07
a second offense	再犯	520-20
the second person	二人称	320-20
a second wife	後妻	309-09
second-class	二流	819-19
secrecy	内緒	514-20
a secret	秘密	514-18
〃	秘め事	514-22
〃	秘訣	601-19
the secret	極意	802-16
a secret meeting	あいびき	307-02
a secret promise	密約	515-38
a secretary	秘書	503-15
secretion	分泌	015-01
secretly	ひそひそ	612-50
secret(ly)	こっそり	810-09
a section	省	504-42
secular thought	俗念	209-20
to see	見る	103-01
〃	見掛ける	103-09
to see through	見抜く	208-42
〃	見透かす	208-43
a seed	種	720-03
a seedling	苗	720-14
to select	より分ける	118-01
selection	選択	118-04
〃	淘汰	120-55
self	自分	320-26
self-abandonment	やけ	203-19
self-conceit	自負	217-03
self-control	自制	205-49
self-education	独習	602-12
self-effacement	無我	220-08
self-help	自助	501-12
self-indulgence	放縦	203-39
self-interest	利欲	218-28
〃	私益	512-54
selfishness	勝手	203-35
selflessness	無我	220-08
self-management	自営	505-16
self-praise	うぬぼれ	217-06
self-protection	自衛	120-40
self-support	独立	501-10
self-will	意地	220-06
to sell	売る	512-03
a seller	売り手	512-13
a selling price	売り値	512-32
semi-governmental management	半官半民	505-15
to send	送る	903-39

to send off ---------- 送る ---------- 516-18
to send [drive] away ---------- 追い出す ---------- 120-49
sending ---------- 送致 ---------- 903-42
a send-off ---------- 見送り ---------- 516-19
a senior ---------- 目上 ---------- 511-16
〃 ---------- 先輩 ---------- 516-58
seniority ---------- 年上 ---------- 511-15
sense ---------- 感覚 ---------- 209-07
〃 ---------- 意味 ---------- 806-09
a sense (of) ---------- 意 ---------- 209-02
senselessness ---------- 非常識 ---------- 520-30
sensibility ---------- 感受性 ---------- 209-11
sensitiveness ---------- 敏感 ---------- 207-46
a sentence ---------- 文 ---------- 610-01
a sentimental drinker
---------- 泣き上戸 ---------- 409-21
sentimentality ---------- 多感 ---------- 207-49
a sentry ---------- 哨兵 ---------- 510-16
to separate ---------- 別れる ---------- 516-21
〃 ---------- 離れる ---------- 904-30
a separate volume ---------- 別冊 ---------- 619-22
separately ---------- 別れ別れ ---------- 904-31
〃 ---------- 別口 ---------- 918-05
separation ---------- 別れ ---------- 516-20
a series ---------- 叢書 ---------- 619-39
a series of battles ---------- 連戦 ---------- 509-06
a serious illness ---------- 大病 ---------- 017-03
seriously ill ---------- 危篤 ---------- 017-05
seriousness ---------- まじめ ---------- 201-19
〃 ---------- 切実 ---------- 209-62
a serious [severe, heavy] wound
---------- 重傷 ---------- 017-27
to serve ---------- 盛る ---------- 408-15
to serve (wine) ---------- (酒を)つぐ ---------- 408-15
service ---------- 奉仕 ---------- 502-39
a set ---------- 揃い ---------- 805-48
to set ---------- はめる ---------- 906-07
a set phrase ---------- 決まり文句 ---------- 611-13
the setting-in of the rainy season
---------- 梅雨入り ---------- 713-27
to settle down ---------- 落ち着く ---------- 210-11
settlement ---------- けり ---------- 814-28
〃 ---------- 解決 ---------- 814-43
severally ---------- 一つ一つ ---------- 805-42
severe ---------- 手厳しい ---------- 205-23
〃 ---------- 厳重 ---------- 205-54
severe criticism ---------- 冷評 ---------- 613-35
severity ---------- 過酷 ---------- 205-21
to sew ---------- 縫う ---------- 405-02
sewing ---------- 裁縫 ---------- 405-01
sexual desire ---------- 性欲 ---------- 218-31
sexual intercourse ---------- 性交 ---------- 307-06
sexual love ---------- 色情 ---------- 218-33
the shade ---------- 陰 ---------- 817-88
the shade of a tree ---------- 葉陰 ---------- 817-89
to shake ---------- 動く ---------- 902-01
〃 ---------- 揺らす ---------- 902-03
〃 ---------- 振る ---------- 902-04
shaking ---------- 震え ---------- 101-25
shallow ---------- 浅い ---------- 809-22
shallow wit ---------- 猿知恵 ---------- 207-58
shallow(ness) ---------- 浅慮 ---------- 204-06
〃 ---------- 浅はか ---------- 207-54
a sham ---------- 偽物 ---------- 807-12
shame ---------- 恥 ---------- 217-22
shamelessly ---------- しゃあしゃあ ---------- 204-19
shamelessness ---------- 厚顔 ---------- 205-28
〃 ---------- 恥知らず ---------- 217-29
sham[feign] sleep ---------- 狸寝入り ---------- 112-13
shapelessness ---------- 不恰好 ---------- 001-17
a share ---------- 取り分 ---------- 513-27
sharing ---------- 頭割り ---------- 512-66
sharp ---------- とげとげしい ---------- 205-17
to sharpen ---------- 研ぐ ---------- 416-16
a shaven head ---------- 丸坊主 ---------- 002-07
a shawl ---------- 肩掛け ---------- 403-07
she ---------- 彼女 ---------- 320-32
a shelf ---------- 棚 ---------- 417-06
to shelter ---------- 匿う ---------- 514-29
the shin ---------- 脛 ---------- 009-05
to shine ---------- 光る ---------- 715-22
a Shinto priest ---------- 神主 ---------- 604-73
a Shinto shrine ---------- 神社 ---------- 604-64
a ship ---------- 船 ---------- 505-57
to ship ---------- 搭載 ---------- 904-12
a shipwreck ---------- 難破 ---------- 505-63
a shirt ---------- ワイシャツ ---------- 401-34
a shock ---------- 衝撃 ---------- 916-03
shoes ---------- 靴 ---------- 403-12
a shōji ---------- 障子 ---------- 417-08
to shoot ---------- 撃つ ---------- 510-43
shooting ---------- 射撃 ---------- 510-41
a shop ---------- 店 ---------- 503-32
a shopboy ---------- 売り子 ---------- 512-13
a shopgirl ---------- 売り子 ---------- 512-13
the shore ---------- 水際 ---------- 703-06
〃 ---------- 海岸 ---------- 703-08
short ---------- 短い ---------- 809-11
〃 ---------- 手短 ---------- 810-36
a short course ---------- 講習 ---------- 602-72
a short distance ---------- 短距離 ---------- 808-23
a short humorous verse
---------- 川柳 ---------- 616-28
a short life ---------- 短命 ---------- 301-04
a short novel ---------- 短編小説 ---------- 616-06
a short rest ---------- ひと休み ---------- 020-18

英語表現索引

short sight …… 近視 …… 004-04
a short sword …… 脇差 …… 510-33
a shortcut …… 近道 …… 113-11
shortly …… 間もなく …… 816-32
short-tempered …… 気短 …… 201-53
a shot …… 弾丸 …… 510-24
the shoulder …… 肩 …… 010-04
〃 …… 肩口 …… 010-05
to shoulder …… 担ぐ …… 109-35
the shoulders …… 双肩 …… 010-04
the shoulders and elbows …… 肩肘 …… 010-04
a shout …… 叫び声 …… 108-05
〃 …… 掛け声 …… 108-11
to shout …… 叫ぶ …… 108-06
a shout of joy …… 歓声 …… 108-09
a shout of victory …… 勝ちどき …… 108-10
to show …… 現す …… 514-09
〃 …… 見せる …… 602-36
a show …… 興行 …… 615-16
to show off …… 見せびらかす …… 217-20
to show signs (of) …… 兆す …… 911-15
a shower …… 俄か雨 …… 713-31
a shrine …… 堂 …… 604-59
〃 …… 廟 …… 604-62
to shrink …… 縮む …… 908-26
to shrink (from) …… しりごみ …… 204-35
shrinking …… 収縮 …… 908-27
a shrub …… 低木 …… 720-18
to shut …… 閉める …… 907-09
to shut one's eyes …… つぶる …… 103-33
to shut oneself up …… こもる …… 907-04
shy …… 気恥ずかしい …… 217-27
shyness …… 恥じらい …… 217-23
a sickle …… 鎌 …… 505-31
sickliness …… 多病 …… 017-06
side …… 横腹 …… 010-10
the side …… 横 …… 817-31
a side …… 面 …… 817-76
a side effect …… 副作用 …… 916-02
a side job …… 副業 …… 502-24
a sidelong glance …… 流し目 …… 103-28
a sieve …… 篩 …… 505-33
a sigh …… ため息 …… 014-06
the sight of one's back …… 後ろ姿 …… 001-16
sightseeing …… 観光 …… 617-26
〃 …… 見物 …… 617-27
a sign …… 印 …… 608-01
〃 …… 合図 …… 608-22
a sign of autumn …… 秋気 …… 710-15
a signal …… 合図 …… 608-22
a signature …… 署名 …… 608-15
a signboard …… 看板 …… 619-13
signs of defeat …… 負け色 …… 509-36
signs of rains …… 雨模様 …… 713-17
silence …… 無沙汰 …… 618-33
〃 …… 静か …… 810-06
silently …… しんと …… 810-10
a silhouette …… 輪郭 …… 001-15
〃 …… 影 …… 715-16
silk …… 絹 …… 402-03
silver …… 銀色 …… 716-31
a simile …… 直喩 …… 611-08
simple …… 簡単 …… 810-33
〃 …… たやすい …… 810-34
〃 …… 純粋 …… 810-37
simple honesty …… 馬鹿正直 …… 201-18
a simple system …… 単式 …… 804-21
simplicity …… 素朴 …… 201-24
〃 …… 単純 …… 207-54
〃 …… 質素 …… 501-19
a sin …… 罪 …… 520-17
sincerity …… 謹厳 …… 201-23
〃 …… 誠実 …… 201-26
to sing …… 歌う …… 612-45
a singer …… 歌手 …… 614-45
singing loudly …… 放歌 …… 614-41
single …… 独身 …… 808-69
a single life …… 一人暮らし …… 501-11
a (single) reading …… 一読 …… 609-04
single-fire …… 単発 …… 909-15
singleness …… 単一 …… 808-18
singular …… 単数 …… 808-18
to sink …… 沈む …… 903-26
to sip (soup) …… 吸う …… 106-19
a sister …… 姉妹 …… 313-01
〃 …… 尼 …… 604-69
to sit down …… 座る …… 101-05
〃 …… しゃがみ込む …… 101-12
to sit opposite …… 対座 …… 101-09
to sit still …… 正座 …… 101-07
to sit with (a person) …… 同席 …… 504-17
to sit [stay] up (till) late at night …… 夜更かし …… 112-39
the situation …… 様子 …… 801-01
〃 …… 風向き …… 801-07
a situation …… 事態 …… 801-03
the sixth sense …… 第六感 …… 209-37
size …… 大きさ …… 808-29
skeletal structure …… 骨組み …… 001-06
sketching …… 写生 …… 614-07
skill …… 腕 …… 207-14
skillful …… 腕利き …… 207-15
〃 …… 巧み …… 818-39
skillful penmanship …… 能書 …… 609-35

the skin	皮膚	012-01
a skull	されこうべ	304-32
a skunk	零敗	620-19
the sky	空	701-01
slander	悪口	517-22
〃	誣告	517-24
slang	俗語	607-03
a slant	斜め	817-60
a slanting rain	横殴り	713-33
to sleep	寝る	101-17
〃	寝る	112-01
sleep	眠り	112-07
to sleep calmly〔peacefully〕	すやすや	112-18
to sleep (with)	共寝	112-29
sleepiness	眠気	112-21
one's sleeping posture	寝相	112-25
sleepy	眠い	112-20
sleet	霙	713-20
a sleeve	袖	401-25
slender	なよなよ	001-31
slice	薄切り	408-14
to slide	滑る	903-03
a sliding door	襖	417-08
a slight wound	軽傷	017-28
slippery	滑らか	811-21
a slogan	標語	607-11
a slope	坂	705-36
〃	傾き	817-59
a slouch	前かがみ	101-20
slow	遅い	204-39
to slow down	減速	903-57
slowly	そろそろ	204-36
〃	ぐずぐず	204-37
slumber(s)	眠り	112-07
small	短身	001-21
〃	小柄	001-24
〃	小さい	809-06
a small amount	少額	513-04
small arms	銃	510-21
a small country	小国	507-07
small money	小金	513-05
a small number	少数	808-62
a small quantity	少量	808-50
a small sum	はした金	513-06
the smallest	最小	809-08
small-mindedness	小量	207-06
small-scale communication	ミニコミ	619-02
to smart	ひりひり	111-10
smart	粋	206-05
a smarting pain	ずきずき	111-09
smashing	粉砕	909-08
a smattering	生かじり	208-48
to smear	塗り付ける	416-13
to smell	嗅ぐ	105-01
〃	香る	105-02
to smell bad	臭い	105-03
(to smell) strongly	ぷんと	105-08
to smile	笑う	102-17
a smile	微笑み	102-19
(to smile) sweetly	にこり	102-25
a smiling face	笑い顔	102-11
smilingly	にこにこ	102-25
to smoke	吸う	106-19
〃	煙る	714-09
smoke	煙	714-19
smoky	煙い	111-29
smooth	順調	519-03
〃	つるつる	811-22
smuggling	密売	512-09
〃	闇取引	512-82
a snap	近影	614-14
to snatch	ひったくる	109-07
to sneer	冷笑	102-24
a sneeze	くしゃみ	014-05
sniping	狙撃	510-42
snivel	洟	015-13
snow	雪	713-20
snow removal	雪掻き	713-62
a snow scene	雪景色	708-08
so little	こればかり	808-53
to soak	漬かる	903-28
so-and-so	誰それ	320-36
soap	石鹸	405-15
to sob	すすり泣く	102-32
to sob bitterly	泣きしきる	102-33
soberness	素面	102-08
a social gathering	懇親会	504-32
a social stratum	階層	511-01
social work	社会事業	504-45
a society	協会	504-34
society	世間	506-01
socks	靴下	401-40
soft	やわらかい	809-28
soil	土	709-01
a soldier	軍人	510-11
solely	ひたすら	219-32
solemn	厳か	810-53
solid	頑丈	809-33
some	幾らか	808-56
some days ago	この間	816-01
some reason	一理	806-07
somehow	何だか	203-17

something to think about
考え事 208-06
somewhat 心持ち 808-51
somnolent 眠い 112-20
a son 息子 311-12
a son of a noble family
御曹司 311-07
a song 歌謡 614-36
a son-in-law 婿 308-14
〃 義子 311-16
soon 間もなく 816-32
soot 煤 714-23
soot and smoke 煤煙 714-24
sophism 詭弁 806-08
to sophisticate 洗練 206-16
sophistication 世間擦れ 205-32
sorrow 哀悼 210-40
a soul 魂 604-35
〃 精霊 604-37
sound 音 717-01
a sound 響き 717-02
to sound 鳴る 717-07
the sound of gunfire 銃声 717-05
a sound sleep 熟睡 112-09
soup 汁 407-19
sour 酸っぱい 107-11
a source 出所 802-08
sourness 酸味 107-12
south 南 817-66
the southern country 南国 507-17
a souvenir みやげ 115-51
a sovereign 元首 511-21
〃 帝王 511-22
sovereignty 主権 508-24
The sovereignty rests with the
people 主権在民 507-26
a spa 温泉 414-04
space 空間 811-20
a spade 鍬 505-30
the span of life 寿命 301-02
to speak 言う 612-01
a speaker 話者 612-67
a spear 槍 510-20
special 特別 918-26
special establishment
特設 416-04
a special grade 特等 819-12
special make 特製 910-10
special mention 特筆 609-30
a special product 名物 115-52
a special sale 売り出し 512-06
a special school 専修学校 602-53
special selection 特選 118-06
one's special skill 特技 207-18
specially せっかく 203-32
specialty 専門 601-02
a specimen 標本 804-05
a spectacle 景観 708-04
spectacles 眼鏡 403-18
a spectator 観客 516-61
speech 発言 612-05
〃 弁舌 612-20
a speech 演説 612-35
speech and behavior 言動 114-03
speed 速さ 808-34
spelling 綴り 609-27
spice 香辛料 407-15
to spill こぼれる 903-15
spirit 心根 201-09
〃 気風 201-11
〃 気迫 219-19
the spirit 精神 209-01
〃 精霊 604-38
the spirit of the dead み霊 604-36
to spit 吐く 014-12
spit つば 015-02
spittle つば 015-02
a splash しぶき 707-20
splendid 素晴らしい 818-45
to split 分かれる 904-49
to spoil 甘やかす 205-39
a spoiled child 駄駄っ子 311-22
spoken language 話し言葉 607-03
a spoon 匙 410-17
sporadically 飛び飛び 904-32
a (sports) stadium 競技場 620-31
a spot 斑 614-23
〃 汚れ 818-10
a spouse 配偶者 309-02
sprain 挫創 017-21
spray 水煙 707-21
to spread 流布 618-28
〃 広まる 916-04
〃 波及 916-06
to spread a rumor 言い触らす 612-39
the spread of a fire 延焼 714-13
a spring ばね 418-06
spring 春 710-03
a sprout 芽 720-04
to sprout 芽生える 720-32
a square 方陣 510-04
to squat (down) 横座り 101-08
to squeeze しぼる 109-30
a squint 藪睨み 004-08
to stab at 切りつける 101-53
to stab to death 刺し殺す 520-37

stability ---- 安定 ---- 903-52
the staff ---- 参謀 ---- 510-56
the stage ---- 舞台 ---- 615-27
to stagger ---- ふらつく ---- 110-12
stairs ---- 階段 ---- 412-32
to stand ---- 立つ ---- 101-01
to stand all the way ---- 立ち通し ---- 101-03
to stand erect ---- 直立 ---- 101-02
to stand for a while ---- 佇む ---- 101-01
to stand on one's head
---- 逆立ち ---- 101-04
a standard ---- 基準 ---- 804-06
〃 ---- 規格 ---- 804-07
the standard language
---- 標準語 ---- 607-06
a stand-in ---- 代役 ---- 615-34
standing in a row ---- 整列 ---- 904-21
the staple food ---- 主食 ---- 407-02
a star ---- 名優 ---- 615-41
〃 ---- 星 ---- 701-15
starlight ---- 星影 ---- 715-17
start ---- 出足 ---- 808-35
the start ---- 出だし ---- 814-06
to start ---- 発つ ---- 814-17
〃 ---- 着手 ---- 814-19
to start afresh ---- 蒔き直し ---- 517-51
to start in life ---- 巣立ち ---- 013-08
the start of a new thing
---- 事始め ---- 814-01
to start〔begin〕(to do; doing)
---- 仕掛ける ---- 517-80
starting ---- 始動 ---- 814-11
〃 ---- 出発 ---- 814-16
the starting point ---- 原点 ---- 802-02
starvation ---- 飢え ---- 111-21
to starve ---- 飢える ---- 111-20
to state ---- 申し述べる ---- 612-04
the state ---- 様子 ---- 801-01
a state of mind ---- 心境 ---- 209-09
state ownership ---- 国有 ---- 116-07
a statement ---- 声明 ---- 618-06
a statesman ---- 政治家 ---- 507-33
a station ---- 駅 ---- 505-79
station lunch ---- 駅弁 ---- 406-07
stationery ---- 文房具 ---- 419-36
stationing ---- 進駐 ---- 903-51
one's status ---- 身分 ---- 511-03
the status of a family ---- 家柄 ---- 316-06
a stay ---- 滞在 ---- 119-05
stay ---- 駐在 ---- 119-07
to stay ---- 泊まる ---- 617-37
to stay in bed sulkily ---- ふて寝 ---- 112-14
a stay in Japan ---- 滞日 ---- 119-06
steadiness ---- 堅実 ---- 201-27
to steal ---- 盗む ---- 520-42
to steal a ride ---- ただ乗り ---- 113-54
to steal (a thing) from (a person)
---- 奪う ---- 115-04
to steal (into) ---- 入り込む ---- 113-43
stealthy steps ---- 忍び足 ---- 110-10
to steam ---- 蒸す ---- 408-06
steam ---- 水蒸気 ---- 707-25
steep ---- 険しい ---- 706-06
〃 ---- 険阻 ---- 706-07
a stem ---- 茎 ---- 720-06
steps ---- 段階 ---- 819-01
stern ---- 冷厳 ---- 205-23
〃 ---- きつい ---- 819-41
a stick ---- 杖 ---- 403-16
〃 ---- 棒 ---- 419-26
to stick it out ---- 頑張る ---- 219-11
to stick to ---- 粘る ---- 219-12
to stick (to) ---- 付く ---- 905-02
stickiness ---- 粘り ---- 809-29
still ---- やはり ---- 819-56
stillness ---- 静か ---- 810-06
〃 ---- 深閑 ---- 810-07
a stimulus ---- 刺激 ---- 916-01
to sting ---- 刺す ---- 101-59
stinginess ---- けち ---- 201-64
stingy ---- けちくさい ---- 201-65
to stir ---- かき回す ---- 109-26
a stir ---- ざわめき ---- 810-13
to stitch ---- 縫う ---- 405-02
a stock ---- 群落 ---- 720-43
a stole ---- 肩掛け ---- 403-07
stolen goods ---- 盗品 ---- 420-11
a stone ---- 石 ---- 709-05
a stony mountain ---- 石山 ---- 702-25
to stoop (over) ---- かがむ ---- 101-10
to stop ---- やめる ---- 120-69
〃 ---- やむ ---- 120-70
〃 ---- 停止 ---- 903-55
〃 ---- とまる ---- 903-56
a stop ---- 区切り ---- 811-28
a store ---- 店 ---- 503-32
a storm ---- 嵐 ---- 713-18
stormy weather ---- 荒天 ---- 713-15
〃 ---- 時化 ---- 713-16
straight ---- まっすぐ ---- 811-02
a straight line ---- 直線 ---- 608-07
straightforwardness ---- 率直 ---- 201-22
to strain ---- こじつける ---- 517-19
strained endurance ---- やせ我慢 ---- 807-17
strange ---- 変 ---- 810-59
a strange story ---- 奇談 ---- 612-66

to strangle to death ---- 絞め殺す ---- 520-37
a stratagem ---- 策略 ---- 208-26
strategy ---- 戦略 ---- 208-27
a street ---- 道 ---- 705-18
〃 ---- 街頭 ---- 705-40
〃 ---- 町筋 ---- 705-43
to strengthen ---- 強める ---- 914-10
strict ---- 厳重 ---- 205-54
to stride ---- またぐ ---- 110-15
strife ---- 紛争 ---- 515-14
to strike ---- 打つ ---- 109-39
a strike ---- ストライキ ---- 502-34
stripes ---- 縞 ---- 614-22
to stroke ---- さする ---- 109-20
a stroke of the pen ---- 筆勢 ---- 614-53
a stroll ---- 散歩 ---- 617-25
strong ---- 濃い ---- 809-31
〃 ---- 強い ---- 809-34
a strong wind ---- 強風 ---- 713-44
a stronghold ---- 本城 ---- 510-55
structure ---- 構造 ---- 803-01
to struggle ---- もがく ---- 101-24
struggle ---- 戦い ---- 509-01
a struggle ---- 闘争 ---- 515-14
stubborn ---- かたくな ---- 203-24
stubbornness ---- 頑固 ---- 203-22
a student ---- 学生 ---- 602-79
a student studying abroad
---- 留学生 ---- 602-80
a studio ---- 画室 ---- 412-20
a study ---- 書斎 ---- 412-18
study ---- 探究 ---- 601-08
〃 ---- 学習 ---- 602-01
〃 ---- 修行 ---- 602-06
studying ---- 修学 ---- 602-05
studying abroad ---- 留学 ---- 602-13
to stumble (over) ---- のめる ---- 101-15
stupid ---- 愚か ---- 207-52
a stupid fellow ---- ぼんくら ---- 207-56
stupidity ---- 愚劣 ---- 207-53
〃 ---- のろま ---- 207-60
〃 ---- 鈍重 ---- 207-61
style ---- 文体 ---- 610-03
a style of handwriting
---- 筆致 ---- 614-49
a subject ---- 科目 ---- 602-69
〃 ---- 題 ---- 610-22
subjective ---- 主観的 ---- 209-23
subjectivity ---- 主観 ---- 806-03
to sublease ---- 又貸し ---- 115-27
〃 ---- 又借り ---- 115-31
sublimity ---- 荘厳 ---- 810-54
a subordinate ---- 部下 ---- 511-49
subordination ---- 従属 ---- 516-32
a subsidiary food ---- 副食 ---- 407-03
substance ---- 物質 ---- 420-04
〃 ---- 内容 ---- 817-80
a substitute ---- 代わり ---- 807-15
〃 ---- 代用 ---- 812-05
a subtitle ---- 副題 ---- 610-23
〃 ---- 小見出し ---- 610-24
to subtract ---- 引く ---- 913-13
the suburbs ---- 郊外 ---- 705-09
a subway ---- 地下道 ---- 705-37
to succeed (to) ---- 継ぐ ---- 315-08
success ---- 成功 ---- 814-37
success in life ---- 出世 ---- 517-39
successive victories ---- 連勝 ---- 620-12
successively ---- 順順に ---- 815-29
〃 ---- 続けざま ---- 815-63
a successor ---- 後任 ---- 502-22
such ---- こんな ---- 819-28
to suckle ---- 授乳 ---- 013-07
sudden ---- 急 ---- 815-39
〃 ---- 急激 ---- 815-40
a sudden change ---- 一変 ---- 908-10
a sudden death ---- 急死 ---- 304-09
a sudden illness ---- 急病 ---- 017-02
a (sudden) rise ---- 騰貴 ---- 512-34
a sudden spontaneous discharge
---- 暴発 ---- 909-15
suddenly ---- ふと ---- 208-74
to suffer ---- 被る ---- 905-14
sufferings ---- 受難 ---- 519-22
to suggest ---- 仄めかす ---- 602-33
suggestion ---- 示唆 ---- 602-32
suicide ---- 自殺 ---- 304-22
to suit ---- 似合う ---- 918-19
suitable (for) ---- 誂え向き ---- 818-18
sultry ---- むしむし ---- 712-07
the sum total ---- 総額 ---- 512-26
a summary ---- 概略 ---- 805-54
summer ---- 夏 ---- 710-08
summer wear ---- 夏物 ---- 401-07
summering ---- 消暑 ---- 710-11
to summon ---- 召す ---- 516-10
a summons ---- 召喚 ---- 516-12
a sumo wrestler ---- 力士 ---- 620-34
sumo wrestling ---- 相撲 ---- 620-32
the sun ---- 太陽 ---- 701-06
a sunken rock ---- 暗礁 ---- 702-10
sunrise ---- 日の出 ---- 701-07
sunset ---- 日の入り ---- 701-09
sunshine ---- 日光 ---- 715-09
〃 ---- 日向 ---- 817-87
a sun-shower ---- 天気雨 ---- 713-25

superannuation 老朽 914-16
a superb view 美景 708-05
superficiality 浅慮 204-06
a superhighway 高速道路 705-25
one's superior 上司 511-09
superiority 優勢 801-14
〃 優越 818-40
〃 卓抜 818-42
〃 上等 819-06
a superman 超人 305-23
supernatural powers 魔力 604-43
〃 神通力 604-43
supper 夕食 406-06
a supplement 付き物 420-08
a supplementary reader 副読本 619-53
supplementation 付加 913-03
supply 供給 512-45
〃 補給 913-04
to supply (goods) 納入 115-17
support 援助 517-54
to support 支える 912-08
a supporting actor 脇役 502-17
〃 わき役 615-32
supporting evidence 傍証 806-21
supposition 仮定 208-12
suppression 抑圧 507-44
〃 鎮定 509-53
a supreme order 至上命令 517-70
surely きっと 220-13
surface 表 817-75
to surface 浮上 903-25
the surface of a river 川面 704-09
the surface of the earth 地面 702-04
the surface of the sea 海面 703-04
the surface of the water 水面 704-11
to surpass 勝る 818-38
surprise 驚き 210-04
to surprise 驚かす 210-06
a surprise (attack) 奇襲 509-20
surrender 降参 516-29
to surround 囲む 906-17
the surroundings まわり 817-32
survival 残存 912-04
to survive 存命 301-07
〃 生き残る 301-08
a suspect 容疑者 520-54
a suspected case of arson 不審火 714-12
suspension 中止 120-71
suspicion 容疑 520-23
to swallow 飲み込む 106-17
a swamp 沢 704-21
sweat 汗 015-04
to sweat 汗する 015-05
to sweep 掃く 415-02
sweeping 掃除 415-01
sweet 甘い 107-07
〃 いとおしい 206-02
sweetness 甘み 107-08
to swell 腫れる 017-31
〃 膨らむ 908-61
a swift stream 急流 704-08
to swim 泳ぐ 620-48
swimming 水泳 620-47
to swing 振る 902-04
a switch 転換 908-09
to switch over to 乗り換える 908-24
a sword 刀 510-32
a sword guard 鍔 510-36
a symbol 象徴 611-06
〃 象徴 804-10
symmetry 対称 805-52
sympathy 同情 216-51
symptoms 兆し 911-14
a synonym 同義語 607-14
synthesis 総合 504-10
a synthetic fiber 化学繊維 402-05
a system 制度 508-11
〃 組織 803-02

T

a table 膳 410-15
〃 表 614-16
a table of contents 目次 619-61
tableware 食器 410-03
a taboo word 禁句 607-12
tacit understanding 以心伝心 613-57
taciturn 無口 612-71
a tail 尾 719-10
to tailor 仕立てる 910-01
to take 飲む 106-16
〃 とる 109-01
〃 乗る 113-50
to take a nap 昼寝 112-16
take a rest 休憩 020-15
to take a seat 着席 101-06
to take advantage of 乗じる 515-44
to take care of いたわる 216-06
to take charge of 担当 502-12
to take (medicine) 服用 020-09
to take off 脱ぐ 404-03

take (one thing) into consideration with (another) ---- 思い合わせる ---- 208-05
to take out ---- 取り出す ---- 118-02
to take over ---- 渡す ---- 903-41
to take root ---- 根付く ---- 720-33
to take [have] a bath ---- 入浴 ---- 414-05
taking first ---- 先取 ---- 120-17
taking notes ---- 筆記 ---- 609-13
takings ---- 売り上げ ---- 512-75
talent ---- 才気 ---- 207-03
〃 ---- 俊秀 ---- 207-40
a talented girl ---- 才女 ---- 306-14
a talk ---- 話し合い ---- 613-19
to talk together ---- 話し合う ---- 612-10
talkativeness ---- 饒舌 ---- 612-25
talking in delirium ---- うわ言 ---- 517-15
talking in sleep ---- 寝言 ---- 517-15
tall ---- 長身 ---- 001-20
〃 ---- 高い ---- 809-12
a tanka manuscript ---- 歌稿 ---- 610-16
a tanka poet ---- 歌人 ---- 616-51
a tap ---- 蛇口 ---- 419-31
tardy ---- 遅い ---- 204-39
the target ---- 目標 ---- 208-62
tartar ---- 歯垢 ---- 015-11
to taste ---- 試食 ---- 106-12
〃 ---- 味わう ---- 107-01
taste ---- 味 ---- 107-03
〃 ---- 好み ---- 216-17
〃 ---- 風情 ---- 810-02
〃 ---- 興 ---- 810-04
tasteless ---- 無味 ---- 818-29
tasty ---- うまい ---- 107-05
a tatami mat ---- 畳 ---- 417-14
a tattoo ---- 入れ墨 ---- 404-13
a tax ---- 税 ---- 513-39
tea ---- 茶 ---- 407-25
a tea arbor ---- 茶室 ---- 412-36
the tea ceremony ---- 茶道 ---- 617-02
a tea party ---- 茶話会 ---- 504-32
to teach ---- 教える ---- 602-20
〃 ---- 仕込む ---- 602-22
a teacher ---- 先生 ---- 602-76
〃 ---- 師 ---- 602-77
one's teacher ---- 恩師 ---- 602-78
teaching ---- 指南 ---- 602-20
〃 ---- 教え ---- 602-21
〃 ---- 授業 ---- 602-70
teaching materials ---- 教材 ---- 419-35
a teacup ---- 湯飲み ---- 410-07
a tea-pot ---- 土瓶 ---- 410-13
tear ---- 涙 ---- 102-37
to tear ---- 破る ---- 904-50
to tease ---- からかう ---- 517-06
technique ---- 技術 ---- 207-13
tedious ---- 冗長 ---- 612-46
tediousness ---- 退屈 ---- 209-60
teeth ---- 歯 ---- 006-04
a telephone ---- 電話機 ---- 419-09
〃 ---- 電話 ---- 618-42
telephone conversation ---- 通話 ---- 618-46
(to tell) tone ---- ぼそぼそ話す ---- 612-49
a temper ---- 気心 ---- 201-09
temper ---- 機嫌 ---- 209-06
temperament ---- 気性 ---- 201-08
temperature ---- 温度 ---- 712-02
a temple bell ---- 釣鐘 ---- 604-55
temporary absence from school ---- 停学 ---- 602-63
a temporary residence ---- 仮住まい ---- 411-10
to tempt ---- 誘い ---- 515-45
〃 ---- 誘う ---- 515-47
〃 ---- 唆す ---- 515-49
tenacity ---- 固守 ---- 203-26
〃 ---- 気力 ---- 219-01
tenacity of purpose ---- 執念 ---- 220-05
a tenant ---- 借り主 ---- 115-34
a tendency ---- 傾向 ---- 801-08
tension ---- 緊張 ---- 220-09
a term ---- 年限 ---- 815-08
a termination ---- 終局 ---- 814-29
the terminus ---- 終点 ---- 814-27
terrible ---- ひどい ---- 819-41
〃 ---- ものすごい ---- 819-42
territorial waters ---- 領海 ---- 703-01
a territory ---- 領域 ---- 805-04
territory ---- 領土 ---- 805-05
a test ---- 試験 ---- 602-59
a textbook ---- 教科書 ---- 619-51
textile ---- 織物 ---- 402-02
thanks ---- 表敬 ---- 515-69
〃 ---- 礼 ---- 515-71
that ---- あれ ---- 817-56
that fellow ---- あいつ ---- 320-34
a thatched cottage ---- 庵 ---- 411-05
the ---- それ ---- 817-56
a theater ---- 劇場 ---- 615-26
theft ---- 窃盗 ---- 520-41
a theme ---- 話題 ---- 612-56
then ---- そうすると ---- 813-09
a theory ---- 説 ---- 613-15
theory ---- 理論 ---- 806-06
〃 ---- 理屈 ---- 806-08

英語表現索引

there ------あちら------817-46
〃 ------そこ------817-47
therefore ------だから------813-08
a thesis ------論文------610-25
thick ------太い------809-23
〃 ------厚い------809-30
〃 ------濃い------809-31
thickness ------厚み------808-27
a thief ------泥棒------305-57
a thigh ------股------009-02
〃 ------太もも------009-03
thin ------痩身------001-33
〃 ------細い------809-24
〃 ------薄い------809-32
to thin ------薄らぐ------908-51
a thin arm ------細腕------008-02
〃 ------やせ腕------008-02
a thing ------物------420-05
a thing left behind ------忘れ物------420-09
to think of ------思いやる------216-52
to think (of,about, over)
------思う------208-03
to think of〔up〕------思いつく------208-17
the third person ------三人称------320-20
thirst ------渇き------111-24
this ------これ------817-56
this and that ------何やかや------817-58
this life ------この世------506-05
this man ------こいつ------320-35
this morning ------今朝------711-38
this time ------今度------815-14
this world ------この世------506-05
〃 ------俗世間------506-06
this year ------今年------711-07
a thorn ------とげ------720-12
thou ------あなた------320-28
thought ------思い------208-01
〃 ------思想------208-13
thread ------糸------402-04
a threat ------脅し------520-47
to threat ------脅かす------520-48
thrift ------倹約------501-18
the throat ------喉------007-04
a throng ------人込み------504-24
to throw ------投げる------109-32
to throw oneself down crying
------泣き伏す------102-33
to throw out ------投げ出す------109-33
to throw～into ------投入------906-04
a thumb ------親指------008-09
thunder ------雷------713-54
a ticket ------券------610-38
tickling ------くすぐったい------111-13
the tide ------潮------703-13
tidings ------便り------618-30
the tidings of the blossoms
------花便り------618-34
to tie ------結ぶ------109-11
to tighten ------締める------109-28
〃 ------締まる------109-29
tightly ------しっかり------809-35
to till ------耕す------505-24
time ------拍子------614-28
〃 ------たんま------617-42
〃 ------月日------711-02
〃 ------時------711-55
〃 ------時間------815-01
〃 ------時刻------815-02
〃 ------時期------815-04
timidity ------小心------201-50
〃 ------物おじ------215-07
timidly ------おずおず------204-33
a tip ------心付け------513-32
the tip of the nose ------鼻先------005-03
the tip of the tongue ------口先------612-22
tiptoe ------爪先------009-09
tiredness ------疲れ------111-25
a title ------肩書き------511-02
〃 ------題------610-22
a toast ------乾杯------409-12
today ------今日------711-22
a toe ------足の指------008-08
together ------一緒に------817-11
a toilet ------便所------412-19
a tomboy ------おてんば------201-62
a tombstone ------墓石------604-80
tomorrow ------明日------711-23
tone ------声色------108-02
a tone ------調子------614-27
a tone of color ------色合い------716-04
the tongue ------舌------006-06
tonight ------今夜------711-53
a tooth ------歯------006-04
a toothpick ------楊枝------419-22
the top ------頂------702-29
the top seat ------首席------511-08
〃 ------上座------511-19
a topic ------話題------612-56
〃 ------語りぐさ------612-57
topography ------地形------706-02
to torment ------いじめる------520-49
a torpedo ------水雷------510-25
to torture ------苦しめる------520-51
the total ------合計------808-11
〃 ------計------808-13
total destruction ------全焼------714-14

英語表現索引

a tottering step ---------- 千鳥足 ---------- 110-11
totteringly ---------- よちよち ---------- 110-13
a touch ---------- 筆使い ---------- 614-50
to touch ---------- 触る ---------- 905-01
tough ---------- 強靭 ---------- 020-02
a tour ---------- 周遊 ---------- 617-32
to tour the provinces ---------- 巡業 ---------- 615-17
a tourist ---------- 旅行者 ---------- 617-41
a tournament ---------- 試合 ---------- 620-07
touting ---------- 客引き ---------- 516-13
a tower ---------- 塔 ---------- 412-05
〃 ---------- 櫓 ---------- 510-49
to tower ---------- 聳える ---------- 706-09
a town ---------- 町 ---------- 705-05
a toy ---------- おもちゃ ---------- 617-11
a trace ---------- 跡 ---------- 912-07
a track ---------- 線路 ---------- 505-78
trade ---------- 取引 ---------- 512-81
a trademark ---------- 商標 ---------- 608-23
a trading company ---------- 商社 ---------- 505-10
tradition ---------- 伝統 ---------- 606-07
traffic expenses ---------- 交通費 ---------- 513-17
tragedy ---------- 惨め ---------- 210-54
a tragedy ---------- 悲劇 ---------- 615-05
a train ---------- 汽車 ---------- 505-77
to train ---------- 鍛える ---------- 602-08
a train run by electricity
---------- 電車 ---------- 505-77
a trainee ---------- 研修生 ---------- 602-80
training ---------- 練習 ---------- 602-02
〃 ---------- 修練 ---------- 602-07
transcendence ---------- 超越 ---------- 818-46
to transcribe ---------- 写す ---------- 609-28
transcription ---------- 表記 ---------- 609-27
to transfer ---------- 譲る ---------- 115-15
transfer ---------- 交付 ---------- 512-73
transference ---------- 転勤 ---------- 517-41
transformation ---------- 変形 ---------- 908-11
translation ---------- 訳 ---------- 611-15
a translation ---------- 訳本 ---------- 619-58
transmigration of souls
---------- 輪廻 ---------- 604-18
transmission of electricity
---------- 送電 ---------- 903-47
transparency ---------- 透明 ---------- 908-46
to transport ---------- 運ぶ ---------- 505-80
a travel ---------- 旅 ---------- 617-21
a traveler ---------- 旅行者 ---------- 617-41
traveling expenses ---------- 旅費 ---------- 513-16
traversing ---------- 縦走 ---------- 904-52
a tray ---------- 膳 ---------- 410-15
to tread on ---------- 踏む ---------- 110-14
to tread underfoot ---------- 踏みにじる ---------- 909-06
a treasure ---------- 宝 ---------- 420-15
treasuring ---------- 秘蔵 ---------- 116-09
to treat ---------- 扱う ---------- 120-02
treatment ---------- 待遇 ---------- 515-58
a treaty ---------- 条約 ---------- 515-37
a tree ---------- 木 ---------- 720-15
to tremble ---------- おののく ---------- 215-09
to tremble like an aspen leaf
---------- ぶるぶる震える ---------- 215-12
trembling ---------- 震え ---------- 101-25
tremendous ---------- 甚大 ---------- 808-42
the trend of the world
---------- 時流 ---------- 801-06
the trend of thought ---------- 思潮 ---------- 208-14
a trial ---------- 試み ---------- 208-18
〃 ---------- 試練 ---------- 211-03
a trick ---------- 策略 ---------- 208-26
〃 ---------- 曲芸 ---------- 615-01
〃 ---------- からくり ---------- 615-53
a trifle ---------- 些事 ---------- 820-07
trifling ---------- 些少 ---------- 808-49
trivial ---------- 些細 ---------- 809-09
trouble ---------- 手数 ---------- 210-31
〃 ---------- 苦心 ---------- 211-04
〃 ---------- もめ事 ---------- 515-13
trouble(s) ---------- 苦労 ---------- 211-01
troublesome ---------- 煩わしい ---------- 210-29
〃 ---------- 面倒 ---------- 210-30
trousers ---------- ズボン ---------- 401-21
trudingly ---------- とぼとぼ ---------- 110-13
one's true character ---------- 本性 ---------- 201-05
a true heart ---------- 真心 ---------- 209-30
one's true mother ---------- 実母 ---------- 310-05
truly ---------- 本当に ---------- 819-44
the trunk ---------- 胴 ---------- 010-01
a trunk ---------- 幹 ---------- 720-16
trust ---------- 信用 ---------- 515-56
〃 ---------- 信用 ---------- 618-15
the truth ---------- 本当 ---------- 807-03
truth ---------- 真理 ---------- 807-04
truth or falsehood ---------- 真偽 ---------- 807-01
to try ---------- 試みる ---------- 601-18
to try to (do) ---------- 努める ---------- 219-08
a tub ---------- たらい ---------- 419-01
tufty ---------- もじゃもじゃ ---------- 811-24
to tumble ---------- 転がる ---------- 101-19
a tune ---------- 節 ---------- 614-26
〃 ---------- 調子 ---------- 614-27
a tunnel ---------- 隧道 ---------- 705-37
one's turn ---------- 出番 ---------- 502-31
to turn a somersault ---------- 宙返り ---------- 902-11
to turn and off ---------- 明滅 ---------- 715-20
to turn aside ---------- そらす ---------- 904-28

to turn over ---- めくる ---- 109-17
〃 ---- 渡す ---- 903-41
to turn over in bed ---- 寝返り ---- 112-26
a turning point ---- 一転機 ---- 815-50
〃 ---- 岐路 ---- 815-51
〃 ---- 分け目 ---- 815-52
twins ---- ふたご ---- 311-11
to twist ---- 縒る ---- 109-12
a twisted-paper string
---- 紙縒 ---- 419-20
a type of occupation ---- 業種 ---- 502-41
a typhoon ---- 台風 ---- 713-19
tyranny ---- 悪政 ---- 507-25

U

ugly ---- 不器量 ---- 102-15
an ugly woman ---- 不美人 ---- 306-12
ullage ---- 目減り ---- 914-19
an umbrella ---- 洋傘 ---- 403-15
uncanny ---- 気味悪い ---- 215-04
unceasingly ---- 綿綿 ---- 815-62
uncertain ---- 不確か ---- 810-48
an uncertain memory ---- うろ覚え ---- 602-17
an uncle ---- おじ ---- 314-14
unclean ---- 不潔 ---- 810-31
unclear ---- 不明瞭 ---- 810-49
unconcernedly ---- のこのこ ---- 110-13
〃 ---- さりげない ---- 204-20
unconcerned(ness) ---- 洒落 ---- 205-06
unconstitutionality ---- 違憲 ---- 508-12
under ---- 以下 ---- 805-10
〃 ---- 下 ---- 817-17
under the floor ---- 床下 ---- 412-34
underground ---- 地下 ---- 817-85
an underground market
---- 地下街 ---- 705-37
an underline ---- 傍線 ---- 608-08
underpants ---- 股引き ---- 401-37
an underpass ---- 地下道 ---- 705-37
an underservant ---- 下働き ---- 503-29
to understand ---- 悟る ---- 208-39
understanding ---- 理解 ---- 208-34
〃 ---- 了解 ---- 208-36
〃 ---- 物分かり ---- 208-37
〃 ---- 会得 ---- 208-38
an understanding ---- 申し合わせ ---- 515-42
underwear ---- 下着 ---- 401-33
undeserved ---- 過分 ---- 819-51
unduly ---- やたら ---- 819-26
unduly wide ---- 空漠 ---- 809-16
uneasiness ---- 不安 ---- 214-01
unemployment ---- 失業 ---- 517-48
uneven ---- 不ぞろい ---- 915-08
an unexpected occurrence
---- 珍事 ---- 518-05
unexpectedly ---- 図らずも ---- 208-75
〃 ---- 思いのほか ---- 208-76
unexpectedness ---- 不慮 ---- 208-77
unfairness ---- 不公平 ---- 517-05
an unfortunate incident
---- 凶事 ---- 318-11
an ungracious part ---- 憎まれ役 ---- 502-16
unhappiness ---- 不幸 ---- 318-09
a uniform ---- 制服 ---- 401-12
uniformity ---- 均一 ---- 804-14
an unimportant fellow
---- 小物 ---- 305-54
unintentionally ---- 思わず ---- 208-73
〃 ---- ふと ---- 208-74
a union ---- 大同団結 ---- 504-07
〃 ---- 連邦 ---- 507-03
unique ---- 独特 ---- 918-28
uniqueness ---- 異色 ---- 207-45
a unit ---- 単位 ---- 808-03
the United States of America
---- 合衆国 ---- 507-03
unity ---- 団結 ---- 504-07
the universe ---- 宇宙 ---- 701-04
a university ---- 大学 ---- 602-51
unkindness ---- 不人情 ---- 205-18
unknown ---- 不詳 ---- 810-50
unlawfulness ---- 無法 ---- 520-30
unlined clothes ---- 単 ---- 401-27
an unlucky day ---- 悪日 ---- 711-31
an unnatural death ---- 変死 ---- 304-13
unnecessary ---- 不要 ---- 818-34
unpainted face ---- 素顔 ---- 003-03
unparalleled ---- 不世出 ---- 818-43
unpolished rice ---- 玄米 ---- 407-04
unprecedented ---- 破天荒 ---- 819-43
〃 ---- 未曾有 ---- 918-30
unprolific ---- 寡作の ---- 616-43
unreasonableness ---- 不合理 ---- 806-14
unrelatedness ---- 無関係 ---- 515-10
unrest ---- 物騒 ---- 519-14
unskillfulness ---- 下手 ---- 207-20
unsociability ---- 無愛想 ---- 205-10
unsteadily ---- ぐらりと ---- 902-05
to untie ---- ほどく ---- 109-18
untrimmed ---- ぼうぼう ---- 915-11
unyielding ---- きかん気 ---- 201-48
upbringing ---- 育ち ---- 316-05
a upper arm ---- 二の腕 ---- 008-03
the upper classes ---- 上流 ---- 511-14
the upper part ---- 上 ---- 817-12

the upper part — 上手 — 817-13
the upper stream — 上流 — 704-06
uproar — 囂囂 — 810-17
up-to-date — 最新 — 810-26
an urge — 欲 — 218-25
urgency — 切迫 — 519-20
urgent — 至急 — 815-41
an urgent message — 急報 — 618-05
to urinate — 放尿 — 016-05
urine — 小便 — 016-04
to use — 使う — 117-01
use — 使用 — 117-02
a use — 使い先 — 812-03
useful — 有益 — 512-50
useless — 無益 — 512-57
〃 — 駄目 — 909-11
a user — 使用者 — 512-15
usual(ly) — ふだん — 815-25
uterine — 同腹 — 315-04
to the utmost of one's power — 力一杯 — 219-26

V

vacant — すく — 811-30
vacant land — 空き地 — 413-05
a vacant position — 空位 — 511-04
a vacant seat — 空席 — 511-04
vacantly — きょとん — 209-44
vague — 曖昧 — 810-48
〃 — あやふや — 810-48
〃 — 漠然 — 810-48
a vague answer — 生返事 — 613-53
a valley — 谷 — 702-38
value — 価値 — 818-07
a vanguard — 先陣 — 510-05
vanity — 虚栄心 — 217-08
vapor — 湯気 — 707-26
varieties (of) — 各種 — 804-16
a variety — 変種 — 804-18
a variety hall — 寄席 — 615-46
vast — 悠悠 — 809-17
vast(ness) — 広大 — 809-15
a vegetable diet — 菜食 — 406-15
vegetables — 野菜 — 720-25
a vein — 静脈 — 018-03
the velocity of the wind — 風力 — 713-40
to venture (into, on) — 思い切る — 220-11
a veranda(h) — 縁側 — 412-22
verification — 検証 — 806-18
verse — 韻文 — 616-21
very — たいへん — 819-33
very long — 延延 — 815-61
a vest — 胴着 — 401-20
veteran — 古顔 — 305-33
vibration — 震動 — 902-02
vicinity — そば — 817-35
vicissitudes — 変転 — 908-14
victory — 勝ち — 620-11
the victory — 優勝 — 620-15
victory or defeat — 勝ち負け — 620-02
videotape — 録画 — 619-11
a view — 眺望 — 103-16
〃 — 説 — 613-15
〃 — 風景 — 708-01
one's viewpoint — 着眼 — 806-23
vigor — 元気 — 020-01
〃 — 活気 — 219-34
a villa — 別宅 — 411-06
a village — 村 — 705-10
〃 — 里 — 705-11
a villain — 凶漢 — 305-49
the villain — 悪役 — 615-36
violation — 暴行 — 520-44
violence — 乱暴 — 204-21
〃 — 暴行 — 520-28
violent — 荒い — 204-28
〃 — 激しい — 819-41
〃 — ものすごい — 819-42
violent language — 暴言 — 517-20
a virgin — 処女 — 306-05
virtue — 快挙 — 114-13
〃 — 善 — 818-03
to visit — 訪ねる — 516-41
〃 — 参る — 604-22
〃 — お参り — 604-23
a visit — 来訪 — 516-42
a visit to a grave — 墓参り — 605-25
a visit to Japan — 来日 — 516-46
a visitor — 客 — 516-60
vivid — いきいき — 201-42
〃 — 鮮やか — 715-08
vocabulary — 語彙 — 607-02
a voice — 声 — 108-01
voice — 声色 — 108-02
a voiced sound — 濁音 — 607-17
a voiceless sound — 清音 — 607-17
a volume — 本 — 619-28
volume — 体積 — 808-32
voluntary — 任意 — 203-15
voluptuous — あでやか — 206-10
to vomit — 反吐 — 015-03
vote — 投票 — 507-39
a vote — 票 — 507-40
〃 — 採決 — 613-26

vulgar ---- 下品 ---- 202-05
〃 ---- 低俗 ---- 202-06
〃 ---- 凡俗 ---- 918-15

W

a wage raise ---- 賃上げ ---- 513-26
wages ---- 賃金 ---- 513-22
to wail ---- 号泣 ---- 102-34
the waist ---- 腰 ---- 010-13
waist measurement ---- 腰回り ---- 010-18
to wake (from sleep) ---- 目覚め ---- 112-35
to wake up ---- 覚める ---- 112-36
to walk ---- 歩く ---- 110-01
〃 ---- 歩み ---- 110-02
a walk ---- 散歩 ---- 617-25
walking ---- 徒歩 ---- 110-02
a wall ---- 壁 ---- 412-29
a wallet ---- 財布 ---- 403-24
to wander ---- さすらう ---- 617-35
wandering ---- 放浪 ---- 617-36
to want ---- 欲しい ---- 218-04
war ---- 戦争 ---- 509-01
〃 ---- 交戦 ---- 509-02
a war drum ---- 陣太鼓 ---- 510-44
war fire ---- 戦火 ---- 509-03
the (war) front ---- 第一線 ---- 509-08
the war situation ---- 戦局 ---- 509-35
warm ---- あたたかい ---- 712-08
a warm color ---- 暖色 ---- 716-07
to warm (up) ---- 熱する ---- 712-10
warmheartedness ---- 温情 ---- 216-46
a warrior ---- 武士 ---- 510-50
to wash ---- 洗う ---- 405-13
to waste one's money ---- 無駄遣い ---- 513-14
a watch ---- 腕時計 ---- 419-10
watch ---- 監視 ---- 509-49
to watch ---- 観劇 ---- 615-25
to watch and wait ---- 待機 ---- 120-20
to watch carefully ---- 注目 ---- 103-05
a watchman ---- 監視人 ---- 509-49
water ---- 水 ---- 707-30
a water level ---- 水位 ---- 704-10
water supply ---- 給水 ---- 903-48
water transportation ---- 水運 ---- 505-82
a waterdrop ---- 滴 ---- 707-17
a waterfall ---- 滝 ---- 704-16
watering ---- 水撒き ---- 415-04
a watering pot ---- 如雨露 ---- 505-34
a waterway ---- 水路 ---- 707-03
watery ---- 水臭い ---- 107-20
a wave ---- 波 ---- 703-09
to wave ---- 波打つ ---- 703-11
a way ---- 仕方 ---- 812-01
one's way home ---- 帰り ---- 113-13
one's way of talking ---- 口振り ---- 612-15
a way out (of the difficulty) ---- 活路 ---- 113-05
ways ---- 風 ---- 606-04
we ---- 私達 ---- 320-27
weak ---- 不得意 ---- 207-22
〃 ---- 薄い ---- 809-32
〃 ---- 弱い ---- 809-36
the weak ---- 弱者 ---- 305-56
a weak point ---- 弱点 ---- 818-09
to weaken ---- 弱る ---- 914-12
〃 ---- 弱まる ---- 914-12
weakening ---- 衰弱 ---- 914-15
weakness ---- 弱気 ---- 201-51
a wealthy merchant ---- 豪商 ---- 503-13
a weapon ---- 兵器 ---- 510-19
to wear ---- 被る ---- 102-01
〃 ---- 装着 ---- 905-03
wear (and tear) ---- 摩耗 ---- 913-20
weariness ---- 疲れ ---- 111-25
weather ---- 気候 ---- 713-01
weather threatening to snow ---- 雪模様 ---- 713-55
to weave ---- 織る ---- 405-03
a wedding ---- 結婚式 ---- 308-15
a week ---- 週 ---- 711-17
a weekday ---- 平日 ---- 711-28
to weep ---- 泣く ---- 102-31
〃 ---- さめざめ ---- 102-36
to weep silently ---- 忍び泣く ---- 102-32
weight ---- 重さ ---- 808-30
a weight ---- 重り ---- 808-31
welcome ---- 歓迎 ---- 516-16
to welcome and send off ---- 送り迎え ---- 516-17
a welcome rain ---- お湿り ---- 713-21
welfare ---- 福祉 ---- 318-12
to well up ---- 浮き出る ---- 903-24
〃 ---- 込み上げる ---- 906-12
a well-known person ---- 著名人 ---- 511-34
well-thumbed ---- 手垢 ---- 015-09
west ---- 西 ---- 817-66
westernization ---- 洋風 ---- 606-13
wet blanket ---- 興醒め ---- 220-31
to wet the bed (at night) ---- 粗相 ---- 016-06
a wharf ---- 波止場 ---- 505-65
what ---- 何 ---- 817-57
(wheat) flour ---- 小麦粉 ---- 407-12
a wheel ---- 輪 ---- 418-07
when ---- いつ ---- 815-12

when ---------- いつか ---------- 817-57
where ---------- どこ ---------- 817-49
〃 ---------- どちら ---------- 817-50
〃 ---------- どこか ---------- 817-57
one's whereabouts ---------- 行方 ---------- 817-70
to whet ---------- 研ぐ ---------- 416-16
which ---------- どちら ---------- 817-50
〃 ---------- どれ ---------- 817-56
to whimper ---------- さめざめ ---------- 102-36
a whirlpool ---------- 渦 ---------- 811-06
a whirl-wind ---------- つむじ風 ---------- 713-46
whiskers ---------- 頬髭 ---------- 007-05
to whisper in one's ear ---------- 耳打ち ---------- 104-09
white ---------- 白 ---------- 716-16
〃 ---------- 白い ---------- 716-17
a white bone ---------- 白骨 ---------- 304-31
the white of the eye ---------- 白目 ---------- 004-06
a white paper ---------- 白書 ---------- 616-20
white〔gray〕hair ---------- 白髪 ---------- 002-04
to whiten ---------- 白む ---------- 716-19
a whitewash ---------- 零敗 ---------- 620-19
who ---------- 誰 ---------- 320-37
the whole ---------- 全体 ---------- 805-08
the whole audience ---------- 満場 ---------- 504-14
the whole body ---------- 全身 ---------- 001-04
the whole country ---------- 全土 ---------- 507-19
the whole year ---------- 年中 ---------- 815-26
wholeheartedness ---------- 熱心 ---------- 219-28
wholesale business ---------- 卸 ---------- 503-48
a wholesale dealer ---------- 問屋 ---------- 503-47
a who's who ---------- 紳士録 ---------- 619-59
why ---------- なぜ ---------- 208-71
wicked thoughts ---------- 邪念 ---------- 209-20
a wicked woman ---------- 悪女 ---------- 306-16
wickedness ---------- 奸悪 ---------- 203-42
wide ---------- 広い ---------- 809-14
a widow ---------- 未亡人 ---------- 309-10
width ---------- 間口 ---------- 412-27
〃 ---------- 横 ---------- 817-30
a wife ---------- 妻 ---------- 309-03
wild joy ---------- 歓喜 ---------- 210-14
a wilderness ---------- 荒野 ---------- 702-17
wildness ---------- 殺伐 ---------- 204-26
wiles ---------- 狡知 ---------- 207-57
〃 ---------- 手管 ---------- 812-02
will ---------- 意志 ---------- 220-01
one's will ---------- 遺言状 ---------- 610-31
to win ---------- 勝つ ---------- 620-10
to win over (to) ---------- 引き入れる ---------- 906-03
to wind ---------- 折れ曲がる ---------- 908-35
wind and rain ---------- 風雨 ---------- 713-29
a window ---------- 窓 ---------- 417-10
a winecup ---------- 杯 ---------- 409-27
the wings ---------- 翼 ---------- 719-07
a winner ---------- 勝者 ---------- 620-21
winter ---------- 冬 ---------- 710-16
winter wear ---------- 冬物 ---------- 401-08
a wintry sky ---------- 寒空 ---------- 710-18
to wipe ---------- 拭く ---------- 415-03
wire ---------- 針金 ---------- 416-27
wisdom ---------- 英知 ---------- 207-32
〃 ---------- 利口 ---------- 207-38
〃 ---------- 聡明 ---------- 207-39
wise ---------- 賢い ---------- 207-43
wise and great ---------- 英邁 ---------- 207-41
a wise mother ---------- 賢母 ---------- 310-07
a wise saying ---------- 名句 ---------- 611-12
a wish ---------- 望み ---------- 208-57
〃 ---------- 願い ---------- 218-06
to wish ---------- 望む ---------- 218-03
wit ---------- 機知 ---------- 207-31
a wit ---------- 才子 ---------- 305-08
with a flash ---------- ぴかり ---------- 715-07
with calculation ---------- 計算ずくで ---------- 201-67
to wither ---------- しおれる ---------- 720-49
withering ---------- 草枯れ ---------- 720-48
within ---------- 以内 ---------- 805-10
(within) a radius (of) ---------- 圏内 ---------- 817-83
within the campus ---------- 学内 ---------- 602-55
within the province ---------- 管内 ---------- 511-45
without a weapon ---------- 丸腰 ---------- 101-28
without notice ---------- 無断 ---------- 514-23
without occupation ---------- 無職 ---------- 502-10
without office ---------- 無官 ---------- 511-06
without voting ---------- 無投票 ---------- 507-39
a witticism ---------- 寸鉄 ---------- 607-10
a worker ---------- 勤労者 ---------- 503-01
a woman ---------- 女 ---------- 306-02
woman〔lady〕 ---------- 女流 ---------- 306-15
wonder ---------- 驚嘆 ---------- 210-04
wonderful ---------- 不思議 ---------- 810-56
〃 ---------- 素晴らしい ---------- 818-45
a wonderful performance ---------- 妙技 ---------- 620-25
the wood ---------- 木質 ---------- 420-03
wooden ---------- 木製 ---------- 910-11
(wooden) clogs ---------- 下駄 ---------- 403-13
wool ---------- 羊毛 ---------- 402-03
a word ---------- 単語 ---------- 607-37
〃 ---------- ひとこと ---------- 612-17
word ---------- 伝言 ---------- 618-03
word-of-mouth communication ---------- 口コミ ---------- 618-24
to work ---------- 働く ---------- 502-02
a work ---------- 著書 ---------- 616-34

(to work) hard …… あくせく働く …… 204-09
working together …… 共稼ぎ …… 501-06
a workman …… 工員 …… 503-21
workmanship …… 拵え …… 803-04
the world …… 世間 …… 506-01
world nations …… 万国 …… 507-02
the world of letters …… 文壇 …… 506-04
worldly affairs …… 俗事 …… 820-10
worldly thoughts …… 雑念 …… 209-20
worldly wisdom …… 世知 …… 207-10
worry …… 悩み …… 211-06
〃 …… 心配 …… 214-01
to worship …… 拝む …… 604-21
〃 …… 礼拝 …… 604-24
wound …… 傷 …… 017-18
to wound …… 傷付ける …… 017-26
to wrap …… 包む …… 109-16
to wrest …… もぐ …… 109-05
wrinkles …… 皺 …… 012-04
the wrist …… 手首 …… 008-05
to write …… 書く …… 609-10
to write and throw away
…… 書き捨てる …… 609-22
to write for …… 代筆 …… 609-32
to write in …… 書き入れる …… 609-18
〃 …… 書き込み …… 610-14
to write (to) …… 言い送る …… 612-40
a writer …… 作者 …… 616-47
〃 …… 文筆家 …… 616-48
〃 …… 作家 …… 616-49
writing …… 執筆 …… 609-11
a written appointment
…… 辞令 …… 610-35
written language …… 書き言葉 …… 607-04
wrong …… 不正 …… 807-19
a wry smile …… 苦笑い …… 102-21

Y

a yawn …… 欠伸 …… 014-02
a year …… 年 …… 711-03
the year before last …… おととし …… 711-06
a year-end fair …… 年の市 …… 503-33
yearning …… 憧憬 …… 218-05
yellow …… 黄色 …… 716-28
yes or no …… 賛否 …… 120-60
yesterday …… 昨日 …… 711-20
yet …… まだ …… 819-57
to yield …… 屈する …… 516-30
you …… あなた …… 320-28
〃 …… 君 …… 320-29
〃 …… 貴君 …… 320-30
〃 …… 貴殿 …… 320-31
young …… 若い …… 303-09
〃 …… 若年 …… 303-10
young and old …… 老弱 …… 303-22
young leaves …… 若葉 …… 720-08
a young man …… 青年 …… 303-13
a young priest …… 小僧 …… 604-72
a (younger) brother …… 弟 …… 313-06
a (younger) sister …… 妹 …… 313-10
the youngest child …… 末っ子 …… 311-06
your company …… 貴社 …… 505-08
your face …… 尊顔 …… 003-02
your kindness …… 芳情 …… 216-48
your name …… 尊名 …… 320-09
your visit …… 光臨 …… 516-43
your〔his, her〕mother
…… 母君 …… 310-04
your〔his, her〕son …… 御曹司 …… 311-07
your〔his, her〕elder〔older〕brother
…… 令兄 …… 313-05
your〔his,her〕father …… 父君 …… 310-10
youth …… 青春 …… 303-12

Z

a zone …… 区域 …… 805-02

類語例解辞典

この辞典に協力してくださった方々（五十音順・敬称略）

原稿執筆

秋本克子　秋元登志子　秋元美晴　浅田秀子　浅野敏彦　安東守仁
石井みち江　糸川　優　井上　優　今井多衣子　越前谷明子　遠藤織枝
王寺聰江　大島中正　沖　久雄　沖　裕子　片田万津野　加藤和夫
上条　厚　上条町子　木川行央　久池井紀子　桑原香苗　桑原文代
小林賢次　小林澄子　小林美恵子　小檜山耕二　小矢野哲夫　酒井恵美子
坂入啓子　新屋映子　管　宗次　関　正昭　高瀬正一　高田治美
田中宣広　田中　寛　田原広史　坪井佐奈枝　照木ミドリ　戸田綾子
中里理子　中道知子　中山史恵　西崎　亨　沼田善子　原田國男
藤田勝良　藤田保幸　松本旬子　三井昭子　村木新次郎　村田　年
森山卓郎　森山由紀子　吉沢　靖　吉野政治　米沢文彦

助詞・助動詞解説執筆

松木正恵　山本清隆

英語欄執筆

秋元実治

校正等

今井かよ子　エッグ舎　神達輝子　三堀和枝　山崎千恵子

新装版　装丁・本文デザイン

山口了児

使い方の分かる

類語例解辞典 新装版

一九九四年一月一日　第一版第一刷発行
二〇〇三年一一月一日　新装版第一刷発行
二〇二三年一一月一五日　　第八刷発行

編　集　小学館辞典編集部
発行者　吉田兼一
印刷所　図書印刷株式会社
製本所　図書印刷株式会社
発行所　株式会社　小学館

〒一〇一―八〇〇一　東京都千代田区一ツ橋二丁目三―一
電話　編集〇三―三二三〇―五一七〇　販売〇三―五二八一―三五五五

造本には十分注意しておりますが、印刷、製本など製造上の不備がございましたら「制作局コールセンター」（フリーダイヤル 0120-336-340）にご連絡ください。（電話受付は、土・日・祝休日を除く 9：30～17：30）

ISBN4-09-505522-7

類語例解辞典

利用のてびき

101…全身の動き

中分類
この辞典では、類語グループが、合計二〇〇の中分類の枠の中に収められている。この中分類は、さらに大きく全部で一〇の大分類に含まれる。→分類一覧

分類コード
大分類、中分類、類語グループと段階を追った分類をコード化した数字。このコードは各グループ個別のもので、検索の際に用いる。

見出し
グループを構成する類語を一括して示した。

関連語
類語のグループと意味が近かったり関連が深かったりする語をとりあげ、解説や例文などを添えた。

共通する意味
類語グループをまとめるよりどころとなった共通する意味を記述した。

使い方
類語グループの各語の共通する意味での用法が明らかになるような例文や複合語例を示した。また、品詞表示もこの欄でおこなった。

---

1 01-01

立つ（た）／佇む（たたず）／立ち尽くす（た・つ）／突っ立つ（つ・た）

【関連語】◆(**起立**)きりつ◆(**起こす**)おこす◆(**立てる**)たてる◆(**引き起こす**)ひきおこす

共通する意味★足で体を支えるなどしてまっすぐに姿勢を保ち、位置を占める。

使い方▼〔**立つ**〕(タ五)▽見知らぬ男が**立**っている▽山頂に**立つ**▽**立**って答える　〔**佇む**〕(マ五)▽窓辺にじっと**たたずん**でいた　〔**立ち尽くす**〕(サ五)▽あまりの驚きにしばし**立ち尽くし**た　〔**突っ立つ**〕(タ五)▽ぼうっと**突っ立**っていないで手伝ってくれ

	ぼんやりと□	川のほとりに□	人影が□	いすから□
立つ	-っている ○	○	-っている △	○
佇む	○	○	○	-
立ち尽くす	-っている ○	○	-っている △	-